WISSEN FÜR DIE PRAXIS

Weiterführend empfehlen wir:

BtOG – Das neue Betreuungsorganisationsgesetz
ISBN 978-3-8029-8443-5

Vermögensverwaltung in der Betreuung
ISBN 978-3-8029-8444-0

Betreuerentscheidungen im medizinischen Grenzbereich
ISBN 978-3-8029-8442-6

Das gesamte Betreuungsrecht
ISBN 978-3-8029-5242-5

Das gesamte Sozialgesetzbuch SGB I bis SGB XIV
ISBN 978-3-8029-5040-7

Die Elektronische Vorsorge-Mappe – Download
Bestellnummer 1324800
ISBN 978-3-8029-1324-2

E-Mail: WALHALLA@WALHALLA.de
http://www.WALHALLA.de

Walhalla Fachverlag · Haus an der Eisernen Brücke · 93042 Regensburg
Telefon 0941 5684-0 · Telefax 0941 5684-111

WALHALLA

Böhm · Friedrich · Spanl

Betreuungsrecht Betreuungspraxis

Systematische Erläuterung des Betreuungsrechts und der Grundzüge des Sozialrechts

Mit kostenlosem Download der Arbeitshilfen

11., aktualisierte Auflage

Bibliografische Information der Deutschen Nationalbibliothek
Die Deutsche Nationalbibliothek verzeichnet diese Publikation in der Deutschen Nationalbibliografie; detaillierte bibliografische Daten sind im Internet über www.dnb.de abrufbar.

Zitiervorschlag:
Böhm, H./Friedrich, J./Spanl, R., Betreuungsrecht – Betreuungspraxis Ausgabe 2026/2027
Walhalla Fachverlag, Regensburg 2026

Walhalla
Mediengruppe

WALHALLA – eine Marke der Walhalla Mediengruppe

Bearbeitungsstand: 1. September 2026
11., aktualisierte Auflage

Kontakt bei Fragen zur Produktsicherheit:
Walhalla u. Praetoria Verlag GmbH & Co. KG, Haus an der Eisernen Brücke, 93042 Regensburg, E-Mail: produktsicherheit@walhalla.de, Telefon: 0941 5684-0

Satz und Produktion: Walhalla Mediengruppe, Regensburg
Umschlaggestaltung: grubergrafik, Augsburg
Printed in Germany
ISBN 978-3-8029-8446-4

Zur Walhalla Mediengruppe gehören die Marken WALHALLA, Deichmann+Fuchs und metropolitan.

MSF-CPI-1026-2519-O

Vorwort

Personen, die im sozialen Bereich ihre Arbeit erfüllen oder eine Betreuung übernommen haben, sind mit zum Teil schwierigen juristischen Zusammenhängen konfrontiert.

Die Anwendung des Rechts ist nicht allein dem Juristen vorbehalten. Vielmehr beeinflusst und verändert auch der soziale Rechtsanwender Lebenssituationen, indem er Sachverhalte einer konkreten Lösung zuführt. Hierzu benötigt er praxisnahe rechtsübergreifende Fachliteratur.

Dieses Handbuch erfüllt diese Anforderungen: Für berufliche Betreuer, Angehörige beratender Berufe, interessierte Laien sowie ehrenamtliche Betreuer ist es die zuverlässige Arbeitshilfe in allen Betreuungsfragen. Es dient als

- umfassende Einführung in die Betreuungsarbeit,
- tägliches Arbeitsmittel und
- immer aktuelles Nachschlagewerk für Einzelprobleme.

Das setzt voraus, dass sowohl das Betreuungsrecht als auch das Sozialrecht kompakt und praxisnah dargestellt werden. Denn der Betreuer ist auf beide ineinandergreifenden Rechtsgebiete angewiesen, um seine Aufgabe sorgfältig und vertrauensvoll gegenüber dem Betreuten zu erfüllen.

Über das Basiswissen hinaus befasst sich das Handbuch immer auch mit aktuellen Fragestellungen. Änderungen im Gesetz und der Rechtsprechung werden zeitnah verarbeitet.

Ergänzend abgedruckte Praxishinweise, Formalien und Beschlüsse aus der gerichtlichen Praxis verschaffen einen Eindruck davon, wie das Verfahren in der Praxis tatsächlich abläuft.

Arbeitshilfen wie Checklisten, Tabellen, Grafiken, Übersichten und Musterschreiben erleichtern die Arbeit zusätzlich.

Der praktische Nutzen steht im Mittelpunkt dieses Handbuchs. Der aus erfahrenen Experten bestehende Autorenkreis sorgt für interessante Beiträge sowie für die Aktualität von Rechtsprechung und Vorschriften.

Wir wünschen Ihnen viel Erfolg bei Ihrer Betreuungsarbeit!

Gerne nimmt das Autorenteam Hinweise und Anregungen entgegen.

Autorinnen, Autoren und Verlag

Autoren und Mitwirkende

Horst Böhm hat 1999 das „Handbuch für Betreuer" mitbegründet und betreut das Werk seitdem als Herausgeber und Mitautor. Daneben ist er Mitautor verschiedener Fachbücher und Verfasser zahlreicher betreuungsrelevanter Aufsätze in Fachzeitschriften. Er war zwölf Jahre als Betreuungsrichter und fünf Jahre als Vorsitzender einer für Betreuungssachen zuständigen Beschwerdekammer tätig und hat das Betreuungsrecht mit all seinen Facetten in der Praxis erlebt. Als Lehrbeauftragter an der Hochschule Wismar und der Technischen Hochschule Deggendorf bildet er seit vielen Jahren Berufsbetreuer aus.

Reinhold Spanl, Dipl.Rpfl., Hochschullehrer a. D., lehrte hauptamtlich von 1984 bis zu seiner Pensionierung 2011 an der Hochschule für den öffentlichen Dienst in Bayern – Fachbereich Rechtspflege. Er ist derzeit Lehrbeauftragter an der Technischen Hochschule Deggendorf für den „Curator de Jure". Neben Seminartätigkeiten im Betreuungs- und Erbrecht ist er Fachbuchautor in diesen Rechtsgebieten. Zudem referiert er an der DeutscheAnwaltAkademie.

Johannes Friedrich ist Richter am Sozialgericht Regensburg und Lehrbeauftragter der Technischen Hochschule Deggendorf im Studiengang „Zertifizierter Berufsbetreuer". Vorangegangen sind Tätigkeiten als Gründungspartner einer Kanzlei für Wirtschaftsrecht (unter anderem im Bereich Arbeits- und Sozialrecht) und im Geschäftsbereich des Bayerischen Staatsministeriums für Familie, Arbeit und Soziales, wo er beim Zentrum Bayern Familie und Soziales in Regensburg für die erste Schwerpunktstelle Bayerns für Opferentschädigung verantwortlich war.

Kristin Bauer ist Richterin am Sozialgericht Regensburg. Zuvor war sie im Geschäftsbereich des Bayerischen Staatsministeriums für Familie, Arbeit und Soziales beim Zentrum Bayern Familie und Soziales in Regensburg sowie als Referatsleiterin bei der Deutschen Rentenversicherung Bayern Süd in Landshut tätig.

Antje Beckhove ist Richterin des Sozialgerichts Regensburg. Vor dem Wechsel nach Regensburg war sie Richterin an den Sozialgerichten Heilbronn, Mannheim und Nürnberg.

Malbine Friedrich ist Steueramtfrau beim Finanzamt Regensburg. Zuvor war sie im Zentralfinanzamt Nürnberg tätig.

Ernst Riedel, Dipl.Rpfl., ist Hochschullehrer an der Hochschule für den öffentlichen Dienst in Bayern – Fachbereich Rechtspflege. Er ist Autor/Mitautor verschiedener Fachliteratur. Als Referent ist er unter anderem für die DeutscheAnwaltAkademie sowie für die Rechtsanwaltskammer im Bezirk des Oberlandesgerichts München tätig.

Evelyn Stadler ist Richterin am Sozialgericht Regensburg. Zuvor war sie im Geschäftsbereich des Bayerischen Staatsministeriums für Familie, Arbeit und Soziales beim Zentrum Bayern Familie und Soziales in Landshut tätig.

Astrid Vincenc ist Präsidentin des Sozialgerichts München. Vorangegangen sind Tätigkeiten als Richterin an den Sozialgerichten Nürnberg, Augsburg und München sowie am bayerischen Landessozialgericht. Vor dem Wechsel nach München war sie Präsidentin des Sozialgerichts Regensburg.

Gesamtübersicht

Teil A Betreuungsrecht

Teil B Sozialrecht

Abkürzungen

a. A.	anderer Auffassung
a. a. O.	am angegebenen Ort
Abs.	Absatz
a. F.	alte Fassung
AGBtG	Gesetz zur Ausführung des Betreuungsgesetzes
AGG	Allgemeines Gleichbehandlungsgesetz
AmtshilfeRLUmsG	Amtshilferichtlinie-Umsetzungsgesetz
AO	Abgabenordnung
ArbGG	Arbeitsgerichtsgesetz
ARGE	Arbeitsgemeinschaft
Art.	Artikel
AU-Bescheinigung	Arbeitsunfähigkeitsbescheinigung
AufenthG	Aufenthaltsgesetz
Az.	Aktenzeichen
BAföG	Bundesausbildungsförderungsgesetz
BAG	Bundesarbeitsgericht
BayAGBtG	Bayerisches Gesetz zur Ausführung betreuungsrechtlicher Vorschriften
BayDSG	Bayerisches Datenschutzgesetz
BayGVBl.	Gesetz- und Verordnungsblatt für den Freistaat Bayern
BayMRVG	Bayerisches Maßregelvollzugsgesetz
BayObLG	Bayerisches Oberstes Landesgericht
BayPsychKHG	Bayerisches Psychisch-Kranken-Hilfe-Gesetz
BayStMAS	Bayerisches Staatsministerium für Arbeit und Sozialordnung, Familie und Frauen
BayVBl.	Bayerische Verwaltungsblätter
BayVGH	Bayerischer Verwaltungsgerichtshof
BÄK	Bundesärztekammer
beA	besonderes elektronisches Anwaltspostfach
BEG	Bundesentschädigungsgesetz
BEEG	Bundeselterngeld- und Elternzeitgesetz
BEEP	Gesetz zur Befugniserweiterung und Entbürokratisierung in der Pflege
BerHG	Beratungshilfegesetz
BestG	Bestattungsgesetz
BetrAVG	Betriebsrentengesetz
BetrInASG	Betreuer-Inflationsausgleichs-Sonderzahlungsgesetz
BeurkG	Beurkundungsgesetz
BfArM	Bundesinstitut für Arzneimittel und Medizinprodukte
BFH	Bundesfinanzhof
BGB	Bürgerliches Gesetzbuch
BGBl.	Bundesgesetzblatt
BGG	Behindertengleichstellungsgesetz
BGH	Bundesgerichtshof
BGHZ	Entscheidungen des Bundesgerichtshof in Zivilsachen
BKGG	Bundeskindergeldgesetz
BMG	Bundesmeldegesetz

BMG	Bundesministerium für Gesundheit
BMI	Bundesministerium des Innern
BMJ	Bundesministerium der Justiz
BNotO	Bundesnotarordnung
BR-Drucks.	Bundesrat-Drucksache
BSG	Bundessozialgericht
BtÄndG	Betreuungsrechtsänderungsgesetz
BtBG	Betreuungsbehördengesetz (seit 1.1.2023 gilt das BtOG)
BT-Drucks.	Bundestag-Drucksache
BtG	Betreuungsgesetz
BtMan	Betreuungsmanagement
BtOG	Betreuungsorganisationsgesetz
BtPrax	Zeitschrift für Betreuungsrechtliche Praxis
BtRegV	Betreuerregistrierungsverordnung
Bufdi	Bundesfreiwilligendienstler
BVA	Bundesversicherungsamt
BVerfG	Bundesverfassungsgericht
BVerwG	Bundesverwaltungsgericht
BVerwGE	Entscheidungssammlung des Bundesverwaltungsgerichts
BVG	Bundesversorgungsgesetz
BZRG	Bundeszentralregistergesetz
bzw.	beziehungsweise
DGVZ	Deutsche Gerichtsvollzieher Zeitung
DSGVO	Datenschutzgrundverordnung (= Verordnung (EU) 2016/679 des Europäischen Parlaments und des Rates vom 27. April 2016 zum Schutz natürlicher Personen bei der Verarbeitung personenbezogener Daten, zum freien Datenverkehr und zur Aufhebung der Richtlinie 95/46/EG)
DVO	Durchführungsverordnung
eBO	elektronisches Bürger- und Organisationspostfach
EGBGB	Einführungsgesetz zum Bürgerlichen Gesetzbuche
EGGVG	Einführungsgesetz zum Gerichtsverfassungsgesetz
EGZPO	Einführungsgesetz zur Zivilprozessordnung
ErbStG	Erbschaftsteuer- und Schenkungsteuergesetz
ErwSÜAG	Erwachsenenschutzübereinkommens-Ausführungsgesetz
EStG	Einkommensteuergesetz
ESÜ	Haager Erwachsenen-Schutzübereinkommen
EuGH	Europäischer Gerichtshof
EuGHMR	Europäischer Gerichtshof für Menschenrechte
EUR	Euro (Währung)
EWR	Europäischer Wirtschaftsraum
e.V.	eingetragener Verein
FamRZ	Zeitschrift für das gesamte Familienrecht
FEVS	Fürsorgerechtliche Entscheidungen der Verwaltungs- und Sozialgerichte
FamFG	Gesetz über das Verfahren in Familiensachen und in den Angelegenheiten der freiwilligen Gerichtsbarkeit
FGG	Gesetz über die Angelegenheiten der freiwilligen Gerichtsbarkeit

FlurbG	Flurbereinigungsgesetz
FPflZG	Familienpflegezeitgesetz
FrühV	Frühförderungsverordnung
FSJ	Freiwilliges Soziales Jahr
GBO	Grundbuchordnung
GdB	Grad der Behinderung
GenG	Genossenschaftsgesetz
GewHG	Gewalthilfegesetz
GewSchG	Gewaltschutzgesetz
GG	Grundgesetz
GKG	Gerichtskostengesetz
GKV	Gesetzliche Krankenversicherung
GmbHG	Gesetz betreffend die Gesellschaften mit beschränkter Haftung
GNotKG	Gerichts- und Notarkostengesetz
GrusiGV	Grundsicherungsgeld-Verordnung
GVG	Gerichtsverfassungsgesetz
HeimG	Heimgesetz
HGB	Handelsgesetzbuch
HHG	Häftlingshilfegesetz
h. M.	herrschende Meinung
ICD-10	Internationale Klassifikation der Krankheiten
IfSG	Infektionsschutzgesetz
i. H. v.	in Höhe von
InsO	Insolvenzordnung
i. V. m.	in Verbindung mit
JVEG	Justizvergütungs- und -entschädigungsgesetz
JVKostG	Justizverwaltungskostengesetz
KastrG	Kastrationsgesetz
KG	Kammergericht
KI	Künstliche Intelligenz
KOF	Kriegsopferfürsorge
KostBRÄG 2025	Kosten- und Betreuervergütungsrechtsänderungsgesetz 2025
KostO	Kostenordnung
KostVfg	Kostenverfügung
KSchG	Kündigungsschutzgesetz
KVfG	Kostenverzeichnis zu § 3 Abs. 2 GNotKG
LAG	Lastenausgleichsgesetz
LG	Landgericht
LPartG	Lebenspartnerschaftsgesetz
LSG	Landessozialgericht
m. Anm.	mit Anmerkung
MdE	Minderung der Erwerbsfähigkeit
MDK	Medizinischer Dienst der Krankenversicherung
MuSchG	Mutterschutzgesetz
m. w. N.	mit weiteren Nachweisen
MwStSystRL	Mehrwertsteuer-Systemrichtlinie (EU-RL 2006/112)

NDV	Nachrichtendienst des Deutschen Vereins für öffentliche und private Fürsorge
NDV-RD	Rechtsprechungsdienst des NDV
NJW	Neue Juristische Wochenschrift
Nr.	Nummer
NZI	Neue Zeitschrift für das Recht der Insolvenz und Sanierung
OEG	Opferentschädigungsgesetz
OLG	Oberlandesgericht
OVG	Oberverwaltungsgericht
OWiG	Gesetz über Ordnungswidrigkeiten
PAuswG	Personalausweisgesetz
PflegeZG	Pflegezeitgesetz
PfleWoqG	Gesetz zur Regelung der Pflege-, Betreuungs- und Wohnqualität im Alter und bei Behinderung (Pflege- und Wohnqualitätsgesetz, bayerisches Landesgesetz, früheres Heimgesetz)
PNG	Pflege-Neuausrichtungs-Gesetz
PSG	Pflegestärkungsgesetz
PUEG	Pflegeunterstützungs- und -entlastungsgesetz
PsychKG	Psychisch-Kranken-Gesetz
Rn.	Randnummer
RPflG	Rechtspflegergesetz
RVG	Rechtsanwaltsvergütungsgesetz
ScheckG	Scheckgesetz
SchuFV	Schuldnerverzeichnisführungsverordnung
SEG	Soldatenentschädigungsgesetz
SEV	Soldatenentschädigungsverordnung
SGB I	Sozialgesetzbuch – Erstes Buch (Allgemeiner Teil)
SGB II	Sozialgesetzbuch – Zweites Buch (Grundsicherung für Arbeitsuchende)
SGB III	Sozialgesetzbuch – Drittes Buch (Arbeitsförderung)
SGB IV	Sozialgesetzbuch – Viertes Buch (Gemeinsame Vorschriften für die Sozialversicherung)
SGB V	Sozialgesetzbuch – Fünftes Buch (Gesetzliche Krankenversicherung)
SGB VI	Sozialgesetzbuch – Sechstes Buch (Gesetzliche Rentenversicherung)
SGB VII	Sozialgesetzbuch – Siebtes Buch (Unfallversicherung)
SGB VIII	Sozialgesetzbuch – Achtes Buch (Kinder- und Jugendhilfe)
SGB IX	Sozialgesetzbuch – Neuntes Buch (Rehabilitation und Teilhabe von Menschen mit Behinderungen)
SGB X	Sozialgesetzbuch – Zehntes Buch (Sozialverwaltungsverfahren und Sozialdatenschutz)
SGB XI	Sozialgesetzbuch – Elftes Buch (Soziale Pflegeversicherung)
SGB XII	Sozialgesetzbuch – Zwölftes Buch (Sozialhilfe)
SGB XIV	Sozialgesetzbuch – Vierzehntes Buch (Soziales Entschädigungsrecht)
SGG	Sozialgerichtsgesetz
StGB	Strafgesetzbuch
StPO	Strafprozessordnung
str.	streitig
StrRehaG	Strafrechtliches Rehabilitierungsgesetz

StVollzG	Strafvollzugsgesetz
SvEV	Sozialversicherungsentgeltverordnung
ThUG	Therapieunterbringungsgesetz
TPG	Transplantationsgesetz
UN-BRK	UN-Behindertenrechtskonvention
UStG	Umsatzsteuergesetz
UVschG	Unterhaltsvorschussgesetz
VBVG	Vormünder- und Betreuervergütungsgesetz
VN-BRK	Übereinkommen über die Rechte von Menschen mit Behinderungen (Vereinte Nationen)
VG	Verwaltungsgericht
VGH	Verwaltungsgerichtshof
vgl.	vergleiche
v. H.	vom Hundert
VO	Verordnung
VRegV	Vorsorgeregister-Verordnung
VwGO	Verwaltungsgerichtsordnung
VwRehaG	Verwaltungsrechtliches Rehabilitierungsgesetz
VwVfG	Verwaltungsverfahrensgesetz
WBVG	Wohn- und Betreuungsvertragsgesetz
WM	Wertpapier-Mitteilungen
WoBauG	Wohnungsbau- und Familienheimgesetz
WoGG	Wohngeldgesetz
WoGV	Wohngeldverordnung
WÜK	Wiener Übereinkommen über konsularische Beziehungen
z. B.	zum Beispiel
ZDG	Zivildienstgesetz
ZfF	Zeitschrift für Fürsorgewesen
ZIdPrüfV	Zahlungskonto-Identitätsprüfungsverordnung
ZInsO	Zeitschrift für das gesamte Insolvenzrecht
ZKG	Zahlungskontengesetz
ZPO	Zivilprozessordnung
ZVR	Zentrales Vorsorgeregister

Horst Böhm

Grundsätze und Geschichte des Betreuungsrechts

1. Grundsätze des Betreuungsrechts

1.1 Vormundschaft, Entmündigung und Gebrechlichkeitspflegschaft

1 Bis 1991 wurden Menschen entmündigt, wobei die Gründe dafür unterschiedlich waren. Geisteskrankheit, Geistesschwäche, Trunk- oder Rauschgiftsucht sowie Verschwendungssucht wurden der Entscheidung zugrunde gelegt. Folge der Entmündigung war die im Gesetz geregelte Geschäftsunfähigkeit oder beschränkte Geschäftsfähigkeit; dem Entmündigten wurde ein Vormund bestellt. Ohne Entmündigungsverfahren konnte für einen geistig wie körperlich „Gebrechlichen" ein Pfleger für bestimmte Aufgabenbereiche bestellt werden (sog. Gebrechlichkeitspflegschaft); die Pflegschaft hatte keinen Einfluss auf die Geschäftsfähigkeit. Dieses auf Repression, Entrechtung und nicht auf Hilfe ausgerichtete Recht stand im eklatanten Widerspruch zu einer neuen Gesellschaft und einem Staat, der sich auch die Fürsorge für die Schwachen zur Aufgabe gemacht hat.

1.2 Das Betreuungsgesetz als Kontrastprogramm zum alten Recht

2 Am 1.1.1992 ist das Betreuungsgesetz (BtG) in Kraft getreten. Folgende wesentlichen Neuerungen wurden verankert:

- Die Entmündigung wurde abgeschafft.
- Eine neue zeitgerechte Terminologie wurde eingeführt (z. B. „psychische Krankheit" statt „geistiges Gebrechen").
- Vormundschaft und Pflegschaft über Volljährige wurden durch das neue Rechtsinstitut der „Betreuung" ersetzt.
- Die Bestellung eines Betreuers schränkt die Geschäfts- und Einwilligungsfähigkeit des Betreuten nicht automatisch ein.
- Nur soweit es erforderlich ist, kann das Gericht die Geschäftsfähigkeit durch einen „Einwilligungsvorbehalt" einschränken.
- An die Stelle anonymer Verwaltung (vor allem Behörden- und Vereinsbetreuungen) soll eine persönliche Betreuung treten.
- Der Betreuer soll Wünschen des Betreuten grundsätzlich entsprechen.
- Die Personensorge wird durch Genehmigungsvorbehalte bei Heilbehandlungen, Unterbringung, unterbringungsähnlichen Maßnahmen und Wohnungsauflösung gestärkt.
- Die Bestellung eines Betreuers setzt die persönliche Anhörung, die Verschaffung eines unmittelbaren Eindrucks des Betroffenen und eine genaue Sachaufklärung voraus.
- Über Betreuerbestellungen muss spätestens nach fünf (heute: sieben bzw. zwei) Jahren neu entschieden werden.
- In Verfahren, die eine Betreuung betreffen, ist der Betroffene ohne Rücksicht auf seine Geschäftsfähigkeit verfahrensfähig.
- Durch Vorsorgevollmachten und Betreuungsverfügungen werden eigenverantwortliche und vorausschauende Regelungen gefördert.

3 Die bisherige Bilanz des Betreuungsrechts kann sich durchaus sehen lassen, wobei selbstverständlich nicht jedes gesetzgeberische Ziel erreicht werden konnte. Studien und Forschungsvorhaben zur Evaluation, Seminare, Informations- sowie Fort- und Ausbildungsveranstaltungen, die Herausgabe einer speziellen Fachzeitschrift (BtPrax) und die Gründung überörtlicher Arbeitsgemeinschaften stehen für eine Umsetzung der gesetzlichen Vorgaben und eine stetige Weiterentwicklung. Zur Mitarbeit sind alle Privatpersonen, Vereine und Behörden aufgerufen, die am Betreuungsverfahren beteiligt oder davon betroffen sind.

Die folgende Übersicht zeigt die Vielzahl der beteiligten Protagonisten: 4

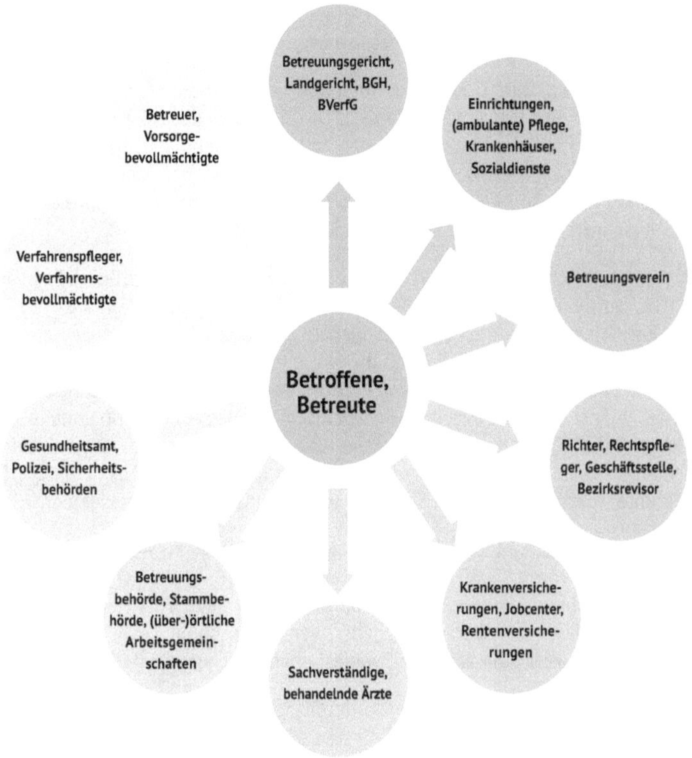

Erfolge im Interesse der Betreuten lassen sich nur durch eine vertrauensvolle Zusammenarbeit aller, die Verantwortung tragen, erreichen. 5

Hinweis:
Wer sich für die Übernahme einer ehrenamtlichen Betreuung interessiert, sollte sich nicht durch eine zum Teil pessimistische Berichterstattung in den Medien abschrecken lassen. Mit einer ehrenamtlichen Tätigkeit können dauerhafte Erfolge erzielt und es kann bewiesen werden, dass soziales Engagement wichtiger ist als viele Worte.

2. Veränderungen des Betreuungsrechts

Das Betreuungsrecht war niemals statisch. Der Gesetzgeber und die Rechtsprechung des BVerfG bzw. des BGH haben dem Betreuungsrecht immer wieder neue Impulse gegeben, sodass wir uns heute mit einem modernen und aktualisierten Rechtsgebiet beschäftigen. 6

2.1 Die wichtigsten Betreuungsrechtsänderungsgesetze

Mit dem Ersten Gesetz zur Änderung des Betreuungsrechts (1. BtÄndG) vom 25.6.1998, das zum 1.1.1999 in Kraft getreten ist, wurden insbesondere die Vergütungsvorschriften und der Umfang von Vorsorgevollmachten geändert. 7

8 Weitere Reformen brachte das Zweite Gesetz zur Änderung des Betreuungsrechts (2. BtÄndG) vom 21.4.2005 mit dem Inkrafttreten zum 1.7.2005. Neben Verfahrensvereinfachungen wurden erneut die Vergütungs- und Auslagenerstattungsregelungen für Berufsbetreuer geändert; es wurde das sog. Pauschalsystem eingeführt. Außerdem wurden Beratungs- und Beurkundungsregelungen zur Vorsorgevollmacht neu geschaffen.

9 Am 1.9.2009 ist das Dritte Gesetz zur Änderung des Betreuungsrechts in Kraft getreten (3. BtÄndG). In den §§ 1901a, 1901b und 1904 BGB (jeweils a. F.) wurden die Patientenverfügung, das Gespräch zur Feststellung des Patientenwillens und die Genehmigungspflicht bei der Einwilligung, Nichteinwilligung oder dem Widerruf der Einwilligung in bestimmte schwerwiegende ärztliche Maßnahmen geregelt. Ergänzend dazu wurden die dazugehörigen Verfahrensvorschriften in den §§ 287 Abs. 3, 298 FamFG geändert.

10 Durch das Vormundschafts- und Betreuungsrechtsänderungsgesetz (BGBl. I S. 1306), in Kraft seit 5.7.2011, wurde in § 1840 Abs. 1 BGB (a. F.) die Regelung eingefügt, dass der Betreuer im jährlichen Bericht Angaben zu den persönlichen Kontakten zum Betreuten zu machen hat. Ferner hat das Betreuungsgericht die Einhaltung der erforderlichen Kontakte zu beaufsichtigen, § 1837 Abs. 2 Satz 2 BGB (a. F.). Die Vorschriften der §§ 1837 und 1840 BGB finden gemäß § 1908i Abs. 1 Satz 1 BGB (jeweils a. F.) auch auf die Betreuung sinngemäße Anwendung. Zudem kann der Betreuer aus dem Amt entlassen werden, wenn er den erforderlichen persönlichen Kontakt zum Betreuten nicht gehalten hat, § 1908b Abs. 1 Satz 3 BGB (a. F.). Eine bestimmte Anzahl persönlicher Kontakte wurde im Gesetz nicht festgelegt.

11 Mit dem „Gesetz zur Regelung der betreuungsgerichtlichen Einwilligung in eine ärztliche Zwangsmaßnahme" vom 18.2.2013, in Kraft getreten am 26.2.2013 (BT-Drucks. 17/12086 und 17/11513), wurde eine Lücke geschlossen, die durch eine Entscheidung des BGH vom 20.6.2012 entstanden war. Der Gesetzgeber versuchte damit, eine verfassungskonforme gesetzliche Grundlage für eine ärztliche Zwangsbehandlung zu schaffen.

12 Im Zuge der Evaluation des 2. BtÄndG wurde das „Gesetz zur Stärkung der Funktionen der Betreuungsbehörden" vom 28.8.2013 (BT-Drucks. 17/13419) verabschiedet. Es ist am 1.7.2014 in Kraft getreten. Ziel des sog. Betreuungsbehördenstärkungsgesetzes war es, den Erforderlichkeitsgrundsatz stärker zur Geltung zu bringen. Wieder einmal sollten Betreuungen vermieden werden und zwar diesmal durch eine intensivere Nutzung „anderer Hilfen". Besser in Stellung gebracht wurde die Betreuungsbehörde, die sich verstärkt durch umfassende Information und Beratung im Allgemeinen sowie durch Beratungsangebote, qualifizierte Berichte und den obligatorischen Einsatz von Fachkräften in das Betreuungsverfahren einbringen sollte. Das Aufzeigen und Vermitteln anderer Hilfen durch die Betreuungsbehörde sollte vermeidbare Betreuungen verhindern (siehe dazu A 2, Rn. 29). Das Potenzial geeigneter anderer Hilfen, die bisher nicht genutzt wurden, war überschaubar. Zusätzlich ging der Gesetzgeber davon aus, dass seine Wohltaten zum Nulltarif erreicht werden könnten. Bereits damals stellte sich die Frage, wie ohne Mehraufwand mehr Qualität (Fachkräfte, qualifizierte Berichte, Vorfeldarbeit) generiert und noch mehr Pflichtaufgaben erledigt werden können. Das Ziel, die Justiz zu entlasten und Betreuungen zu vermeiden, wurde verfehlt.

13 Der Bundestag hat am 22.6.2017 das „Gesetz zur Änderung der materiellen Zulässigkeitsvoraussetzungen von ärztlichen Zwangsmaßnahmen und zur Stärkung des Selbstbestimmungsrechts von Betreuten" (BT-Drucks. 18/11240 und 18/11617) beschlossen. Der Gesetzgeber folgte damit einer Vorgabe des BVerfG und regelt unter anderem Zwangsbehandlungen ohne geschlossene Unterbringung während eines stationären Aufenthalts im Krankenhaus, die zwangsweise Verbringung dorthin, die Notwendigkeit der positiven Feststellung und Berücksichtigung des Willens des Betroffenen gemäß § 1901a BGB (a. F.; Patientenverfügung, Behandlungswunsch, mutmaßlicher Wille), die Pflicht des Betreuers, den Betreuten auf eine Patientenverfügung hinzuweisen und ihn bei der Errichtung einer solchen zu unterstützen. Zwangsbehandlung und geschlossene Unterbringung werden entkoppelt und eigenständigen Normen zugeführt.

2.2 Das FGG-Reformgesetz

Das FGG-Reformgesetz hat das FGG abgeschafft und durch das „Gesetz über das Verfahren in Familiensachen und in den Angelegenheiten der freiwilligen Gerichtsbarkeit (FamFG)" ersetzt. Es trat am 1.9.2009 in Kraft und sollte dem modernen materiellen Betreuungsrecht ein gleichwertiges Verfahrensrecht zur Seite stellen. Abgeschafft wurde der Begriff „Vormundschaftsgericht", der von vielen zu Recht mit Entmündigung und umfassendem Verlust der persönlichen Rechte gleichgesetzt wurde. Die zuständige Abteilung beim Amtsgericht ist das Betreuungsgericht und die dort tätigen Richter treten als Betreuungsrichter auf. Auch bei den Rechtsmitteln kam es zu gravierenden Einschnitten. Anfechtbar mit der Beschwerde sind nur noch Endentscheidungen und solche Entscheidungen, die das Gesetz ausdrücklich der sofortigen Beschwerde unterwirft. Gegen die Beschwerdeentscheidung der Landgerichte gibt es nunmehr nur noch die Rechtsbeschwerde beim BGH. Das gesamte Verfahrensrecht wurde zudem übersichtlicher gestaltet, sodass der Zugang zu der schwierigen Materie des Verfahrensrechts erleichtert wurde. 14

2.3 VN-Behindertenrechtskonvention (VN-BRK)

Ein völlig neues Regelwerk stellt das Übereinkommen über die Rechte von Menschen mit Behinderungen dar. Dieser völkerrechtliche Vertrag ist am 26.3.2009 in Kraft getreten und entfaltet zunehmend seine Wirkung im deutschen Rechtsleben. 15

Dem Deutschen Institut für Menschenrechte wurde entsprechend Art. 33 Abs. 2 VN-BRK die Aufgabe einer sog. Monitoring-Stelle für „die Förderung, den Schutz und die Überwachung der Durchführung dieses Übereinkommens" übertragen. Vielfältige Infos sind unter www.institut-fuer-menschenrechte.de/das-institut/abteilungen/monitoring-stelle-un-behindertenrechtskonvention zu finden. 16

Daneben gibt es die staatliche Anlaufstelle (Focal Point), die staatliche Koordinierungsstelle, den Inklusionsbeirat und die Fachausschüsse (vgl. dazu die interessanten Ausführungen des Behindertenbeauftragten der Bundesregierung, zu finden unter: www.behindertenbeauftragter.de/DE/AS/rechtliches/un-brk/un-brk-node.html). 17

Es muss ferner gemäß Art. 35 VN-BRK einem internationalen Ausschuss über die Umsetzung berichtet werden. Der Erste Staatenbericht vom 3.8.2011 zeigt die vielfältigen Umsetzungsversuche auf (vgl. www.institut-fuer-menschenrechte.de). Zum Staatenberichtsverfahren informiert umfassend auch die Monitoring-Stelle UN-BRK (siehe Rn. 16) unter www.institut-fuer-menschenrechte.de/das-institut/abteilungen/monitoring-stelle-un-behindertenrechtskonvention/staatenberichtsverfahren. 18

Einzelpersonen oder Gruppen können sich nach Ausschöpfung aller innerstaatlichen Rechtsbehelfe mit einer Individualbeschwerde an den VN-Ausschuss für die Rechte behinderter Menschen wenden (Art. 1 Fakultativprotokoll). Sie müssen vortragen können, „Opfer einer Verletzung des Übereinkommens durch den betreffenden Vertragsstaat" zu sein. 19

Der Kernsatz der VN-BRK findet sich in Art. 12 Abs. 2, wonach die „Vertragsstaaten anerkennen, dass Menschen mit Behinderungen in allen Lebensbereichen gleichberechtigt mit anderen Rechts- und Handlungsfähigkeit genießen." Dazu gehört auch der ungehinderte Zugang zur Justiz gemäß Art. 13 VN-BRK, der sich nicht auf Rampen für Rollstuhlfahrer beschränken darf, sondern zu Regelungen führen muss, die z. B. eine effektive Vertretung vor Gericht gewährleisten (Verfahrenspfleger, Pflichtverteidiger etc.) oder eine behindertengerechte Kommunikation (Art. 13 Abs. 2 VN-BRK). Wichtig ist auch der Schutz vor rechtswidriger oder willkürlicher Freiheitsentziehung und vor unmenschlicher oder erniedrigender Behandlung nach Art. 14 und 15 VN-BRK. Freiheitsentziehende Maßnahmen wie Fixieren, Bettgitter oder Bauchgurt sind auch an diesen Maßstäben zu messen. Behinderteneinrichtungen müssen gemäß Art. 16 Abs. 3 VN-BRK „wirksam von unabhängigen Behörden überwacht werden". 20

Diesen neuen Anforderungen müssen Betreuungsbehörden, Betreuungsrichter und alle im Betreuungsnetzwerk eingebundenen Institutionen und Funktionsträger gerecht werden. 21

Deswegen betont auch das BVerfG, dass die VN-BRK Gesetzeskraft hat und als „Auslegungshilfe für die Bestimmung von Inhalt und Reichweite der Grundrechte herangezogen werden kann" (BVerfG, Beschl. v. 23.3.2011 – 2 BvR 882/09). Der Maßstab der VN-BRK kann hinter bereits bestehenden Rechten von Menschen mit Behinderung zurückbleiben. In Deutschland gelten ja bereits sehr fortschrittliche Gesetze für Menschen mit Behinderungen, sodass Art. 4 Abs. 4 Satz 2 VN-BRK mit dem Hinweis relevant werden kann, dass die „in einem Vertragsstaat durch Gesetze, Übereinkommen, Verordnungen oder durch Gewohnheitsrecht anerkannten oder bestehenden Menschenrechte und Grundfreiheiten" nicht unter dem Vorwand beschränkt oder außer Kraft gesetzt werden dürfen, „dass dieses Übereinkommen derartige Rechte oder Freiheiten nicht oder nur in einem geringeren Ausmaß anerkenne".

2.4 Gesetz zur Reform des Vormundschaftsrechts- und Betreuungsrechts

2.4.1 Das Gesetzgebungsverfahren

22 Die umfassendste Reform des Betreuungsrechts hat uns das Gesetz zur Reform des Vormundschafts- und Betreuungsrechts gebracht. Das BMJV hat zunächst eine umfangreiche Evaluation des Betreuungsrechts mit dem Forschungsvorhaben „Qualität in der rechtlichen Betreuung" angestoßen. Das beauftragte Institut für Sozialforschung und Gesellschaftspolitik (ISG) hat 2017 einen dreibändigen Abschlussbericht vorgelegt. Das lesenswerte ISG-Gutachten ist unter www.bmj.de/SharedDocs/Downloads/DE/Service/Fachpublikationen/Forschungsbericht_Qualitaet_rechtliche_Betreuung.html zu finden. Darauf aufbauend wurde ein mehrjähriges Gesetzgebungsverfahren durchgeführt, das mit einer umfassenden Anhörung vieler Verbände und Sachverständiger einherging. Zahlreiche, z. T. sehr interessante Stellungnahmen der Verbände finden sich auf der Homepage des BMJV unter www.bmj.de/SharedDocs/Gesetzgebungsverfahren/DE/Reform_Betreuungsrecht_Vormundschaft.html.

23 Das Gesetz zur Reform des Vormundschafts- und Betreuungsrechts vom 4.5.2021 hat Bundestag und Bundesrat passiert (BT-Drucks. 19/27287) und wird am 1.1.2023 in Kraft treten. Die Begründung finden Sie unter der BT-Drucks. 19/24445 (https://dserver.bundestag.de/btd/19/244/1924445.pdf).

2.4.2 Was bringt die Reform?

24 Als prägnante Überschriften zur Reform bzw. als roter Faden, der durch zahllose Einzelregelungen führt, können das „Gebot größtmöglicher Selbstbestimmung von Menschen mit Behinderungen", die Stärkung des Erforderlichkeitsgrundsatzes und generell eine Steigerung der Qualität der Betreuung und der Auswahl und Kontrolle der Betreuer benannt werden. Ferner geht es um eine Modernisierung der Vorschriften zur Vermögenssorge, den Vorrang sozialrechtlicher Hilfen vor rechtlicher Betreuung und das Unterstützen vor Vertreten.

25 Beispiele für neue Einzelregelungen:

- BtOG – Betreuungsorganisationsgesetz
  Ersatz für das BtBG und Fokussierung der „maßgeblichen öffentlich-rechtlich geprägten Vorschriften"; Regelungen für Betreuungsbehörden, Stammbehörde, Betreuungsvereine und rechtliche Betreuer
- Einführung der Stammbehörde zur Verwaltung der Berufsbetreuer
- Registrierung von Berufsbetreuern (Eignung, Zuverlässigkeit, Sachkunde, Berufshaftpflichtversicherung, §§ 23 bis 30 BtOG, BtRegVO)
- Neues Vormünder- und Betreuervergütungsgesetz – VBVG (2023)
- Verschiebung der Vorschriften zur Vermögenssorge ins Betreuungsrecht
- Medizinische Voraussetzungen werden neu umschrieben
- Aufgabenbereich „Alle Angelegenheiten" wird abgeschafft
- Aufenthaltsbestimmungsrecht genügt nicht mehr für die Genehmigung von Unterbringungssachen

- Freiheitsentziehende Maßnahmen im häuslichen Bereich nur mit entsprechendem Aufgabenbereich
- Bestimmung des gewöhnlichen Aufenthalts im Ausland muss ausdrücklich als Aufgabenbereich angeordnet werden
- Generelle Erweiterung der ausdrücklich im Beschluss zu nennenden Aufgaben (Unterbringungssachen, Umgang des Betreuten, Bestimmung des gewöhnlichen Aufenthalts im Ausland, Telekommunikation, Post, § 1815 Abs. 2 und 3 BGB)
- Aufgabenkreis und Aufgabenbereich werden präzise und verbindlich definiert
- Bestimmung des Umgangs des Betreuten mit gerichtlicher Entscheidungsmöglichkeit
- Unterstützung statt Eingriff, unterstützende Entscheidungsfindung, Vertretungsrecht statt Vertretungspflicht, §§ 1821 Abs. 1 Satz 2, 1823 BGB
- Information der Angehörigen durch den Betreuer, § 1822 BGB
- Änderungen bei der internationalen Zuständigkeit, Art. 24 EGBGB
- Neue gesetzliche Vertretung: gegenseitige Vertretung von Ehegatten in Angelegenheiten der Gesundheitssorge, § 1358 BGB
- Verhinderungsbetreuer soll regelhaft vorgeschlagen werden, § 12 Abs. 1 Satz 6 BtOG
- Kontrollbetreuung wurde völlig neu geregelt, Richterzuständigkeit, Gutachten erforderlich, Möglichkeit eines vorübergehenden gerichtlichen Verbots der Ausübung einer Vorsorgevollmacht, Widerruf der Vorsorgevollmacht muss nicht mehr ausdrücklich als Aufgabenbereich genannt werden, enge Voraussetzungen und Genehmigungspflicht für Widerruf der Vollmacht
- Neue Terminologie bzw. Legaldefinitionen, z. B. Vertretener und vertretender Ehegatte, § 1358 BGB, Stammbehörde § 2 Abs. 4 Satz 1 BtOG, Sozialbericht § 11 Abs. 1 Satz 2 Nr. 1 BtOG, Vertretungsbetreuer und Ergänzungsbetreuer, § 1817 Abs. 4 und 5 BGB

Highlights der Reform:

- „Wunsch" und „mutmaßlicher Wille" ersetzen die Trias „Wohl, Wille, Wunsch"; Streichung des Begriffs „Wohl" des Betreuten in allen Bereichen des Betreuungs- und Unterbringungsrechts
- Ehrenamt vor Berufsbetreuer, Individualbetreuer vor Organisationsbetreuung, Betreuungsverein vor Betreuungsbehörde, § 1816 Abs. 5, § 1818 Abs. 1 BGB
- Ehegattenvertretungsrecht in engen Grenzen als eine neue Form der gesetzlichen Vertretung
- Registrierung durch die Stammbehörde als Voraussetzung für die Bestellung als Berufsbetreuer

2.4.3 Übergangsvorschriften

Wichtig sind auch die Übergangsvorschriften, die in Art. 229 § 54 EGBGB Übergangsvorschrift 26
zum Gesetz zur Reform des Vormundschafts- und Betreuungsrechts zu finden sind. Dort wird der Umgang mit den Bestandsverfahren geregelt, etwa für den Aufgabenbereich „Gegenbetreuer", „Alle Angelegenheiten" sowie § 1815 Abs. 2 Nr. 1 bis 4 BGB mit der nunmehr erforderlichen ausdrücklichen Anordnung von bestimmten Aufgabenbereichen.

Für Betreuungen, die bereits am 1.1.2023 bestanden haben, aber den Anforderungen an die 27
ausdrückliche Anordnung nicht genügen, besteht bis zum 1.1.2028 nur eine Anpassungspflicht. Dieser muss das Gericht bei der „nächsten Entscheidung über die Aufhebung oder Verlängerung der Betreuung oder im Rahmen eines gerichtlichen Genehmigungsverfahrens nach § 1831 Abs. 2 des BGB" nachkommen, Art. 229 EGBGB, § 54 Abs. 4 Satz 2 FamFG.

Für das Verfahren bei der Anpassung sind „die Vorschriften über die Erweiterung der Betreuung 28
nach § 293 FamFG entsprechend anzuwenden" (BGH, Beschl. v. 7.2.2024 – XII ZB 130/23,

Rn. 16). Der BGH will den Betreuungsgerichten die Arbeit erleichtern und hält § 293 Abs. 3 FamFG für anwendbar, sodass auf ein Gutachten oder ein ärztliches Zeugnis verzichtet werden kann. Diese Regelung greift aber nur, „wenn der Aufgabenkreis des Betreuers nicht aufgrund einer Änderung des Krankheits- oder Behinderungsbildes des Betroffenen, sondern aufgrund der Änderung seiner Lebensumstände oder einer unzureichenden Wirkung anderer Hilfen erweitert werden soll", § 293 Abs. 3 FamFG. Eine Änderung des Krankheits- oder Behinderungsbilds liegt zwar bei einer Gesetzesänderung nicht vor, aber ebenso wenig kann man von einer Änderung der Lebensumstände oder einer unzureichenden Wirkung anderer Hilfen sprechen, wenn der Gesetzgeber neue Regelungen trifft.

Horst Böhm

Betreuungsanordnung und Betreuerbestellung

A

1. Allgemeine Voraussetzungen, Erforderlichkeit und Nachrang einer Betreuung

1 Für einen Volljährigen, der aufgrund einer Krankheit oder Behinderung nicht mehr in der Lage ist, seine Angelegenheiten ganz oder teilweise rechtlich zu besorgen, muss das Betreuungsgericht einen rechtlichen Betreuer bestellen. Eine Betreuung kann von Amts wegen oder auf Antrag des Betroffenen angeordnet werden. Die Begriffe psychische Krankheit bzw. körperliche, geistige oder seelische Behinderung wurden abgeschafft.

2 Bei der Prüfung der Voraussetzungen für die Anordnung einer Betreuung sind zahlreiche gesetzliche Tatbestandsmerkmale zu beachten.

Allgemeine Voraussetzungen für eine Betreuung und zugleich Prüfungsreihenfolge
1. Volljährigkeit
2. Krankheit oder Behinderung
3. Unfähigkeit zur Erledigung der eigenen Angelegenheiten bedingt durch Krankheit oder Behinderung
4. Verfahrenseinleitender Antrag nur beim echten Antragsverfahren
5. Einwilligung oder nicht vorhandener freier Wille
6. Erforderlichkeit und Nachrangigkeit
7. Fehlen betreuungsvermeidender „anderer Hilfen"
8. Vorsorgevollmacht (siehe A 5)
9. Betreuungsfähigkeit bzw. Betreubarkeit
10. Vertreter von Amts wegen

1.1 Hat die betroffene Person das 18. Lebensjahr vollendet?

3 Die Volljährigkeit tritt mit der Vollendung des 18. Lebensjahres ein, § 2 BGB. § 1814 Abs. 5 BGB bildet hier nur scheinbar eine Ausnahme vom Erfordernis der Volljährigkeit. Die Betreuung für einen Minderjährigen, der das 17. Lebensjahr vollendet hat, kann zwar angeordnet werden; sie wird jedoch erst mit Vollendung des 18. Lebensjahres wirksam.

1.2 Liegt eine Behinderung oder Krankheit vor?

4 Die Frage, ob und welche Krankheiten oder Behinderungen vorliegen und welche Auswirkungen sie haben, kann nur unter Beiziehung ärztlichen Sachverstands beurteilt werden. Schon der Begriff „Krankheit" ist schwer zu definieren. Man versteht darunter im Allgemeinen körperliche, geistige und seelische Veränderungen oder Störungen, unter denen der Betroffene selbst leidet.

5 Für die Einordnung und Abgrenzung sollte man auf die anerkannte Klassifikation ICD-10 abstellen oder auf die ICD-11, die zum 1.1.2022 völlig neu konzipiert wurde. Die ICD-11 für Mortalitäts- und Morbiditätsstatistiken enthält unter dem Überpunkt 06 Psychische, Verhaltens- und neurologische Entwicklungsstörungen sowie zahlreiche Krankheitsbilder, die wie folgt zusammengefasst werden:

> *Mentale, Verhaltens- und neurologische Entwicklungsstörungen sind Syndrome, die durch klinisch signifikante Störungen der Kognition, der emotionalen Regulation oder des Verhaltens eines Individuums gekennzeichnet sind, die eine Dysfunktion in den psychologischen, biologischen oder Entwicklungsprozessen widerspiegeln, die der mentalen und Verhaltensfunktion zugrunde liegen. Diese Störungen sind in der Regel mit Belastungen oder Beeinträchtigungen in persönlichen, familiären, sozialen, pädagogischen, beruflichen oder anderen wichtigen Funktionsbereichen verbunden.*

6 Vgl. auch die vollständige ICD-11-Liste unter https://icd.who.int/browse11/l-m/en.

Bezüglich der Einführung der ICD-11 in Deutschland sind jedoch noch keine Aussagen möglich. Bis dahin ist die ICD-10 weiter die gültige amtliche Klassifikation für Deutschland. Die aktuelle Version 2022 der ICD-10-GM (German Modification) kann beim BfArM heruntergeladen werden unter: https://www.dimdi.de/static/de/klassifikationen/icd/icd-10-gm/kode-suche/htmlgm2022/ 7

Kapitel V enthält folgende Gruppen, die auch für Betreuungen relevant sein können: 8

- F00–F09: Organische, einschließlich symptomatischer psychischer Störungen
- F10–F19: Psychische und Verhaltensstörungen durch psychotrope Substanzen
- F20–F29: Schizophrenie, schizotype und wahnhafte Störungen
- F30–F39: Affektive Störungen
- F40–F48: Neurotische, Belastungs- und somatoforme Störungen
- F50–F59: Verhaltensauffälligkeiten mit körperlichen Störungen und Faktoren
- F60–F69: Persönlichkeits- und Verhaltensstörungen
- F70–F79: Intelligenzstörung
- F80–F89: Entwicklungsstörungen
- F90–F98: Verhaltens- und emotionale Störungen mit Beginn in der Kindheit und Jugend
- F99–F99: Nicht näher bezeichnete psychische Störungen

Unter den Nummern F00–F03 (sog. Sternschlüsselnummern) finden sich die besonders wichtigen und sehr unterschiedlichen demenziellen Krankheiten. 9

Die frühere betreuungsrechtliche Einordnung (psychische Krankheit, geistige und seelische Behinderung) hat sich bewährt und kann zur Einordnung relevanter Krankheitsbilder herangezogen werden. 10

Als psychische Krankheiten sind anzusehen: 11

- körperlich nicht begründbare (endogene) Psychosen, z. B. affektive Psychosen (manisch-depressive Krankheiten, endogene Depressionen)
- Psychosen aus dem schizophrenen Formenkreis, körperlich begründbare seelische Störungen als Folge von Krankheiten oder Verletzungen des Gehirns, von Anfallsleiden oder von anderen Krankheiten oder körperlichen Beeinträchtigungen, unter anderem neurologische Erkrankungen, die zu Bewusstseinsstörungen, Demenz oder Wesensveränderungen führen (z. B. Alterskrankheiten wie die Alzheimer-Krankheit, Hirninfarkte, Chorea Huntington, die Creutzfeld-Jakob-Krankheit, Wachkoma)
- Abhängigkeitskrankheiten (Alkohol-, Medikamenten-, Drogenabhängigkeit)
- Neurosen und Persönlichkeitsstörungen (Psychopathien), z. B. Borderline-Störung

Als geistige Behinderung sind anzusehen: 12
Einschränkungen bei Erwachsenen, deren geistige Entwicklung durch angeborene oder erworbene Störungen hinter der altersgemäßen Norm zurückgeblieben ist, sodass sie für ihre Lebensführung besonderer Hilfen bedürfen.

Als seelische Behinderung sind anzusehen: 13
bleibende psychische Beeinträchtigungen, die Folgen von psychischen Krankheiten sind.

1.3 Ist der Betroffene nach Art und Schwere seiner Behinderung oder Krankheit außerstande, seine Angelegenheiten ganz oder teilweise selbst zu besorgen?

Allein der medizinische Befund einer (psychischen) Krankheit oder Behinderung bei einem Volljährigen rechtfertigt für sich allein keine Betreuung. Vielmehr muss er aus diesem Grund auch außerstande sein, regelungsbedürftige Angelegenheiten ganz oder teilweise selbst zu besorgen. 14

Da es nach § 1821 Abs. 1 BGB darum geht, dass die Angelegenheiten des Betroffenen „rechtlich zu besorgen" sind, müssen diese auch einen rechtlichen Bezug aufweisen. Die Unfähigkeit, seine Einkäufe, beruflichen Angelegenheiten oder die Personensorge für seine 15

Kinder zu erledigen, kann der Betreuer nicht dadurch aus der Welt schaffen, dass er die genannten Aufgaben selbst erledigt. Hier wäre es denkbar, dem Betreuer die Aufgabe zu übertragen, Verträge abzuschließen und Anträge auf finanzielle Unterstützung zu stellen, um die notwendige Versorgung – z. B. durch ambulante Dienste – und die Wahrung der Rechte aus den Verträgen zu sichern, wenn der Betroffene auch dazu krankheitsbedingt nicht mehr in der Lage ist.

16 Kaum ein Mensch ist in der Lage, alle seine Angelegenheiten optimal zu erledigen. Zu respektieren ist es selbstverständlich auch, wenn Defizite bewusst in Kauf genommen werden. Nicht jede unaufgeräumte Wohnung, nicht jeder unhygienische Zustand und schon gar nicht die Realisierung „normaler" Verhältnisse rechtfertigen den Ruf nach einem Betreuer. Die Rechtsprechung verlangt vielmehr, dass der Betroffene in der Wahrnehmung seines Selbstbestimmungsrechts erheblich beeinträchtigt und deshalb zu eigenverantwortlichen Entscheidungen nicht mehr in der Lage ist.

Beispiel:

Der 90-jährige Erwin Gold (G) hat eine bescheidene Rente, mit der er gerade so über die Runden kommt. Alte Schulden ignoriert er und neue Schulden in akzeptablem Umfang laufen immer wieder auf, ohne dass G in Schwierigkeiten kommen würde.

Dieses Verhalten und die Unfähigkeit, seine finanziellen Angelegenheiten zur Gänze zu überblicken, ist für sich allein noch kein Nachweis für eine so gravierende Normabweichung, dass ein Betreuer bestellt werden muss.

17 Daran ändert sich auch nichts, wenn der psychisch Kranke ausdrücklich die Betreuung wünscht und beantragt, die Feststellungen aber ergeben, dass er trotz psychischer Krankheit seine Angelegenheiten selbst oder mithilfe eines Bevollmächtigten erledigen kann.

1.4 Liegt ein Antrag des Betroffenen vor oder kann von Amts wegen eine Betreuung angeordnet werden?

18 Eine Betreuung kann sowohl auf Antrag des Betroffenen als auch von Amts wegen angeordnet werden. Ein Antragsrecht „Dritter", also von weiteren Personen oder Behörden, sieht das Gesetz nicht vor. Mitteilungen von Angehörigen, Nachbarn, Ärzten, Heimleitern usw. sind als Anregungen auszulegen. Die Anregung an das Betreuungsgericht, tätig zu werden, kann von jedem eingereicht werden, § 24 FamFG. Das Betreuungsgericht wird dann im Rahmen seiner Amtsermittlungspflicht selbstständig tätig, § 26 FamFG. Legt der „Anregende" Wert auf eine Benachrichtigung über den Ausgang und hat er auch ein berechtigtes Interesse an der Unterrichtung, muss das Gericht ihn unterrichten, wenn es der Anregung nicht folgt, § 24 Abs. 2 FamFG.

Hinweis:

Für (ausschließlich) körperlich behinderte Menschen, die noch ihren Willen kundtun können, kann nur auf Antrag des Betroffenen ein Betreuer bestellt werden, § 1814 Abs. 4 Satz 2 BGB. Es handelt sich dann um ein sog. echtes Antragsverfahren.

1.5 Ist die Freiheit der Willensbildung eingeschränkt?

19 Nach § 1814 Abs. 2 BGB darf gegen den freien Willen des Volljährigen kein Betreuer bestellt werden. Das gilt auch dann, wenn die Betreuung für den Betroffenen objektiv vorteilhaft wäre (BGH, Beschl. v. 26.2.2014 – XII ZB 577/13, Rn. 12).

20 Das verfassungsrechtlich garantierte Selbstbestimmungsrecht verbietet dem Staat zu weitgehende Eingriffe in die Rechte der Bürger. Die Einschränkung nach § 1814 Abs. 2 BGB stellt daher unmissverständlich fest, dass gegen den Willen des Betroffenen eine Betreuung nur dann angeordnet werden kann, wenn infolge der Krankheit oder Behinderung kein „freier Wille"

A

mehr vorhanden ist. Da andererseits nach § 104 Nr. 2 BGB jeder geschäftsunfähig ist, der sich in einem die freie Willensbildung ausschließenden Zustand krankhafter Störung der Geistestätigkeit befindet, kann eine Betreuung ohne Einverständnis des Betroffenen wohl nur bei geschäftsunfähigen Personen angeordnet werden, zumindest nur in den Bereichen einer partiellen Geschäftsunfähigkeit.

Die Frage nach dem freien Willen zielt darauf ab, ob die Ablehnung der Betreuung auf einem 21
freien Willen beruht. Das lässt sich aus dem Wortlaut des § 1814 Abs. 2 BGB erschließen, wonach die Bestellung eines Betreuers nicht gegen den freien Willen erfolgen darf (BGH, Beschl. v. 16.3.2016 – XII ZB 455/15).

Die Willensfreiheit ist zweiaktig zu prüfen und zwar sowohl im Hinblick auf die Erkennt- 22
nisfähigkeit als auch auf die Fähigkeit, nach dieser Einsicht zu handeln. Im ersten Schritt (Erkenntnisfähigkeit) ist zu prüfen, ob der Betroffene „Grund, Bedeutung und Tragweite einer Betreuung" und seine Defizite wenigstens im Wesentlichen erfassen kann. Fehlende Krankheitseinsicht führt nur dann zur Einsichtsunfähigkeit, wenn der Betroffene krankheitsbedingt gesundheitliche Einschränkungen nicht zur Kenntnis nimmt und deshalb per se keinen Hilfebedarf erkennen kann. Verschließt er dagegen bewusst die Augen vor seiner Krankheit, weil er sich in seinem Lebensstil nicht einschränken will oder die ärztliche Behandlung z. B. aus religiösen Gründen ablehnt, kann nicht von einer fehlenden Erkenntnisfähigkeit gesprochen werden (vgl. dazu BGH, Beschl. v. 26.2.2014 – XII ZB 577/13, Rn. 15 ff.). Grob gesagt muss der Betroffene in der Lage sein, die „für und wider eine Betreuerbestellung sprechenden Gesichtspunkte zu erkennen und gegeneinander abzuwägen".

Überspannte Anforderungen an die Auffassungsgabe des Betroffenen sind nicht angebracht. Zu 23
prüfen ist somit die Fähigkeit, „Grund, Bedeutung und Tragweite einer Betreuung" zu erfassen. Dazu gehören in erster Linie seine eigenen Beeinträchtigungen und Defizite sowie die daraus resultierende Befähigung, seine Angelegenheiten zu erledigen.

Im zweiten Schritt ist zu prüfen, ob der Betroffene die für oder gegen eine Betreuung 24
sprechenden Gesichtspunkte frei abwägen und sich von fremden Einflüssen lösen kann.

Das Betreuungsgericht muss aber abschließend eine widerspruchsfreie, positive und eindeutige 24a
Feststellung treffen. Ausführungen, wonach Betroffene ihren Willen „teilweise nicht frei bestimmen bzw. nach dieser Einsicht handeln" können oder dass die Fähigkeit, den „eigenen Willen frei zu bestimmen, nur noch eingeschränkt", „nicht ausreichend" oder „vermindert" bestehe, genügen nicht. Der Betreuungsrichter muss wissen, dass derart ausweichend formulierte Aussagen in einem Gutachten zu unbestimmt sind, und hat dann die Aufgabe, für Klarheit zu sorgen. Eingehend dazu BGH, Beschl. v. 25.6.2025 – XII ZB 89/25.

Hinweis: Feststellung erfordert Gutachten!

Die Feststellung, dass der Betroffene krankheitsbedingt nicht zu einer freien Willensbestimmung in der Lage ist, muss durch ein Sachverständigengutachten belegt sein. Bloße Feststellungen zu den allgemeinen Folgen einer Krankheit, ohne konkreten Bezug zum Betroffenen, genügen nicht. Der Sachverständige sollte dieses Problem bei der nach § 280 Abs. 3 Nr. 3 FamFG gebotenen Darstellung des „psychischen Zustands des Betroffenen" abhandeln.

1.5.1 Freiheit der Willensbildung bei Suchtkrankheit und Unterbringung

Die Beachtung des Selbstbestimmungsrechts des Betroffenen ist auch bei Suchtkrankheiten 25
sehr wichtig. Sie liefe aber ins Leere, wenn ein mangelnder freier Wille des zu Betreuenden allein mit dem von ihm nicht steuerbaren Genuss von Alkohol begründet werden könnte. Denn eine Alkoholabhängigkeit ist regelmäßig gerade dadurch gekennzeichnet, dass der daran Leidende seinen Alkoholkonsum nicht steuern kann. Es bedarf zunächst genauer Prüfung, ob die Sucht nach Alkohol oder anderen Suchtmitteln, die gemeinhin als Alkoholismus, Trunksucht oder Drogenabhängigkeit bezeichnet wird, überhaupt als Krankheit oder Behinderung nach

A

§ 1814 Abs. 1 BGB angesehen werden kann (siehe dazu Rn. 4 sowie A 6, Rn. 197). Selbst die Bejahung einer psychischen Krankheit darf nicht ohne Weiteres dazu führen, dass ein der Betreuung entgegenstehender Wille unbeachtlich wird (BVerfG, Beschl. v. 20.1.2015 – 1 BvR 665/14, Leitsatz 1b und Rn. 27).

26 Auch bei der Genehmigung einer Unterbringung hat das Betreuungsgericht zu prüfen, ob „der Betreute aufgrund seiner psychischen Krankheit oder seiner geistigen oder seelischen Behinderung seinen Willen nicht frei bestimmen kann" (BGH, Beschl. v. 13.4.2016 – XII ZB 236/15). Soweit der BGH formuliert, dass die freie Willensbestimmung ohne Krankheitseinsicht unmöglich sei, ist das grundsätzlich richtig. Man darf allerdings Krankheitseinsicht nicht mit der Frage verwechseln, ob der Betreute sich dafür entscheidet, die ärztlich vorgeschlagenen Therapien und Medikamente zu akzeptieren. Dem Irrtum, Ablehnung trotz ärztlicher Indikation sei gleichbedeutend mit Unfähigkeit zur Krankheitseinsicht, unterliegen häufig Ärzte und ärztliche Sachverständige, wenn Patienten Therapien verweigern. Auch die Krankheitseinsicht setzt aber voraus, dass der Betroffene das Vorliegen der Symptome, die Art der Beschwerden und ihre Folgen erkennen und seinen Willen bezüglich der Frage der Behandlung frei bilden kann, in Kenntnis der Tatsachen (siehe A 3, Rn. 3 sowie A 6, Rn. 193).

1.5.2 Zusammenfassung der Varianten bei § 1814 Abs. 2 FamFG

Freier Wille liegt vor:	
Betroffener ist einverstanden	Betreuung ist möglich
Betroffener ist nicht einverstanden	Betreuung ist nicht möglich
Freier Wille liegt nicht mehr vor:	
Betroffener mit natürlichem Willen ist einverstanden	Betreuung ist möglich
Betroffener mit natürlichem Willen ist nicht einverstanden	Betreuung ist möglich
Betroffener kann Willen nicht äußern (z. B. Wachkoma)	Betreuung ist möglich

1.6 Erforderlichkeit und Nachrang der Betreuung

1.6.1 Konkrete Tatsachen müssen subjektiven und konkreten Behandlungsbedarf belegen

27 Der Erforderlichkeitsgrundsatz gilt sowohl für die Betreuerbestellung als auch für die Anordnung der einzelnen Aufgabenbereiche, § 1814 Abs. 3 Satz 1 BGB und § 1815 Abs. 1 Satz 3 BGB. Anlass zur Prüfung der Erforderlichkeit besteht also nicht nur bei der erstmaligen Bestellung eines Betreuers, der Verlängerung und der Erweiterung, sondern auch dann, wenn das Gericht die Aufhebung der Betreuung oder einzelner Aufgabenbereiche untersucht. Will man diesem Grundsatz gerecht werden, müssen nacheinander erst die subjektive Betreuungsbedürftigkeit und dann der konkrete bzw. objektive Betreuungsbedarf geprüft werden. Ersteres bezieht sich auf die Unfähigkeit des Betroffenen zur Besorgung seiner Angelegenheiten, Letzteres auf die konkret zu besorgenden Angelegenheiten. Es müssen demgemäß kumulativ folgende Voraussetzungen vorliegen: Unfähigkeit aufgrund Krankheit oder Behinderung (subjektive Betreuungsvoraussetzungen) und hieraus resultierendes Unvermögen, bestimmte Angelegenheiten ganz oder teilweise zu besorgen (objektive Betreuungsvoraussetzungen).

27a Steht eine Krankheit oder Behinderung des Betroffenen fest und kann er deswegen eigene Angelegenheiten ganz oder teilweise nicht besorgen, dann betrifft dies die subjektive Betreuungsbedürftigkeit. Es muss aber anhand konkreter Tatsachen – und zwar für jeden einzelnen Aufgabenbereich – festgestellt werden, dass der Betroffene seine Angelegenheiten auch künftig nicht regeln kann.

27b Danach ist im zweiten Schritt entsprechend dem Grundsatz der Erforderlichkeit und der Nachrangigkeit der konkrete Handlungsbedarf zu prüfen. Anhand konkreter Tatsachen muss festgestellt werden, ob ein Bedarf für eine gesetzliche Vertretung in einzelnen Bereichen zumindest absehbar ist. Maßgeblich ist die gegenwärtige Lebenssituation, wobei die Indizwirkung einzelner Sachverhalte umso schwächer wird, je länger sie zurückliegen. Dabei genügt es allerdings, wenn ein Handlungsbedarf in dem betreffenden Aufgabenbereich jederzeit auftreten kann.

Pauschale Aussagen von Gutachtern sind dabei oft wenig hilfreich. Die Angabe eines Sachverständigen, dass die Aufrechterhaltung der Betreuung mit umfassendem Aufgabenkreis wegen ihrer „wichtigen Schutzfunktion" für den Betroffenen dringend empfohlen wird, genügt beispielsweise nicht. Das Gleiche gilt für die Behauptung, der Betroffene sei nach wie vor nicht in der Lage, seine Angelegenheiten „selbst zu betreiben, weil er weiterhin unter beträchtlichen kognitiven Auffälligkeiten leide" (vgl. zum Ganzen BGH, Beschl. v. 2.4.2025 – XII ZB 501/24 und Beschl. v. 13.3.2024 – XII ZB 439/23). Gutachter verlassen mit derartigen Aussagen den ihnen gemäß § 280 Abs. 3 FamFG zustehenden Arbeitsbereich und wechseln in die Rolle des Richters. 28

1.6.2 „Andere Hilfen" und Vorsorgevollmacht

Die Erforderlichkeit der Betreuung kann entfallen, wenn andere Hilfen durch Angehörige, Freunde, Nachbarn, Behörden etc. oder eine Vorsorgevollmacht (siehe A 5) ausreichen. Diese Subsidiarität der Betreuung umschreibt das Gesetz in § 1814 Abs. 3 Satz 2 Nr. 2 BGB mit den Worten „soweit die Angelegenheiten des Volljährigen durch andere Hilfen, bei denen kein gesetzlicher Vertreter bestellt wird, erledigt werden können, insbesondere durch solche Unterstützung, die auf sozialen Rechten oder anderen Vorschriften beruht". Zur Betreuungsvermeidung durch eine Vorsorgevollmacht vgl. § 1814 Abs. 3 Satz 2 Nr. 1, § 1816 Abs. 6 BGB und A 5. 29

1.7 „Andere Hilfen" müssen geprüft werden

Mit „anderen Hilfen" werden die private Unterstützung und die öffentlichen Hilfen bezeichnet, die Vorrang vor einer Betreuung haben. Andere Hilfen und Vorsorgevollmacht sind Ausfluss des Selbstbestimmungsrechts der Bürger. Hoheitliche Akte sind überflüssig, soweit die Bürger ihre Probleme selbst regeln und davon in sinnvoller Art und Weise Gebrauch machen können. Der Staat kann sich dann darauf beschränken, Missbrauch und ungerechte Benachteiligung im Einzelfall zu verhindern. Durch entsprechende Gestaltung vorsorgender Regelungen können in nicht unerheblichem Umfang rechtliche Betreuungen ganz oder teilweise verhindert werden, ohne dass der Betroffene Einbußen erleidet und mit einer Benachteiligung rechnen muss. Jeder an Vorsorge interessierte Bürger sollte nach seinen Wünschen und Möglichkeiten Vorsorge treffen. Das sollte an sich so selbstverständlich sein wie die Regelung der Erbfolge durch Errichtung eines Testaments. 30

1.7.1 Andere Hilfen durch private Unterstützung

Pflege, Begleitung und Unterstützung zur Beseitigung einer Hilfsbedürftigkeit oder einer Notlage sind nach allgemeinem Verständnis Angelegenheiten der Familie, im weiteren Sinne der Freunde, Bekannten und Nachbarn. Hilfen in rechtlicher und tatsächlicher Hinsicht sind in mannigfacher Form vorstellbar, z. B. durch Versorgung des Haushalts, körperliche Pflege, Begleitung zum Arzt oder zu Behördengängen, Erledigung von oder Begleitung zu Einkäufen, Organisation von Dritthilfe, Wohnungssuche, Heimplatzsuche, Fahrdienste, Besuch von Freizeitveranstaltungen – aber auch durch Mithilfe bei Maßnahmen zur Sicherung des Lebensunterhalts wie Antrag auf Leistungen der Grundsicherung im Alter und bei Erwerbsminderung (SGB XII), Antrag auf Leistungen zur Sicherung des Lebensunterhalts nach SGB II (Bürgergeld), Wohngeldantrag, Rentenantrag etc. 31

Ein wesentliches Merkmal der Hilfen durch Angehörige, Freunde, Bekannte und Nachbarn ist die Freiwilligkeit der Unterstützungsangebote – diese lassen sich nicht erzwingen – sowohl auf der Seite des Hilfsbedürftigen als auch des Helfers. Es gilt, die Eigenheiten und Besonderheiten, die Wünsche und Bedürfnisse zu akzeptieren und vorhandene Fähigkeiten zu fördern, nicht zu unterdrücken (Schlagworte: „Hilfe zur Selbsthilfe", aber auch „Gefahr des überbeschützenden Helfers"). Der Hilfsbedürftige und der Helfer müssen lernen, aufeinander zuzugehen und eine partnerschaftliche, vertrauensvolle Beziehung zu pflegen. Die Grenzen 32 dieser privaten Hilfe können persönlicher (z. B. Ablehnung, Überforderung, physische und psychische Belastung) oder rechtlicher Natur (z. B. Vertretung bei Abgabe oder Entgegennahme rechtsverbindlicher Willenserklärungen) sein.

33 Hinzu kommen im Bereich der privaten Unterstützung die vielfältigen Angebote von Verbänden, Vereinen und Initiativgruppen. Eine umfassende Zusammenstellung der angebotenen Hilfen in diesem Bereich zu liefern ist wegen institutioneller und regionaler Unterschiede nicht möglich.

34 Auszugsweise ist auf folgende Hilfeangebote für die Betroffenen zu verweisen: Beratungsstellen (Allgemeiner Sozialdienst bei Städten und Landkreisen, Sozialpsychiatrische Dienste), Tagesstätten einschließlich Werkstätten, Kontaktgruppen (Freizeitgestaltung, Hobbykurse), Heime (Wohngemeinschaften, Wohnheime, Übergangseinrichtungen, Pflegeheime) für Behinderte und sonstige Gruppen mit sozialen Auffälligkeiten bzw. Schwierigkeiten, Fahrdienste, Angehörigentreffs, Beratungsstellen für ältere Mitbürger, ambulante sozialpflegerische Dienste und Sozialstationen, Essen auf Rädern, Hausnotruf, Freizeit- und Bildungsmaßnahmen, Tagespflegeeinrichtungen, Kurzzeitpflegeeinrichtungen, Heime (Altenwohnheime, Altenpflegeheime und Seniorenwohnungen), Angehörigentreffs (Gesprächskreise für pflegende Angehörige), Beratungsstellen für Suchtkranke/Drogenabhängige, Beratungsstellen für Nichtsesshafte, Krankenhäuser und Einrichtungen.

35 Die Hilfen von Verbänden, Vereinen und Initiativgruppen werden in der Regel von professionellen Diensten angeboten. Dem einzelnen Hilfesuchenden so umfassend wie nötig und so gut wie möglich zu helfen, kann vor allem im Zusammenwirken des Netzwerks der Hilfsdienste erreicht werden. Aber auch bei professioneller privater Unterstützung gilt der Grundsatz der Freiwilligkeit.

1.7.2 Öffentliche Hilfen

36 Die Kommune ist Träger sozialer Einrichtungen und Dienste aufgrund ihrer Verantwortung für das Wohlergehen ihrer Bürger im Rahmen der Daseinsvorsorge aufgrund gesetzlicher Bestimmungen. In der Begründung des Gesetzentwurfs wird als wichtiges Hilfeangebot auf den „Allgemeinen Sozialdienst" verwiesen. Ein Grundsatz im Allgemeinen Sozialdienst ist seine Allzuständigkeit. Er bietet neben zahlreichen Hilfeangeboten auch Information, Beratung und Sozialbehandlung sowie Vermittlung und Kooperation von Hilfen an. Der Allgemeine Sozialdienst ist bei den Landkreisen und kreisfreien Städten in der Regel den Jugendämtern zugeordnet.

37 In Bayern sind bei den Gesundheitsämtern nach dem Gesundheitsdienst- und Verbraucherschutzgesetz und nach anderen Rechtsvorschriften Sozialdienste unter anderem auch für Hilfen bei psychischer Krankheit oder körperlicher, geistiger oder seelischer Behinderung zuständig. Der Auftrag zur gesundheitlichen Aufklärung und Beratung ist umfassend und bezieht sich auf alle Lebensumstände und Lebensgewohnheiten der Menschen. Allerdings orientiert sich die Arbeit der Gesundheitsämter immer am jeweiligen Bedarf einer Region. Das Gesundheitsamt ergänzt die bestehenden Angebote der Freien Träger, deren durch das Subsidiaritätsprinzip begründeter Vorrang nicht angetastet wird. Es empfiehlt sich, über das Leistungsspektrum des Gesundheitsamts, wegen der unterschiedlichen örtlichen und regionalen Standards, vor Ort Informationen (z. B. bei den Betreuungsbehörden und Betreuungsvereinen) einzuholen.

38 Sozialdienste in Krankenhäusern öffentlicher Träger (z. B. Bezirkskliniken, Universitätskliniken) werden ebenfalls der „öffentlichen Hilfe" zugerechnet. Das dortige Hilfeangebot der Sozialdienste orientiert sich an individuellen Konzepten, die sich allerdings an den Anforderungen des Betreuungsrechts, insbesondere am Grundsatz der Erforderlichkeit und Nachrangigkeit messen sollten.

39 Im Gegensatz zur privaten Hilfe sind die öffentlichen Träger, bei denen auch Hilfen auf freiwilliger Basis angeboten werden, nach gesetzlichen Bestimmungen im sozialen Bereich zur Beratung und Begleitung verpflichtet. Die vielfältigen Sozialdienste dürfen nicht darüber hinwegtäuschen, dass derartige sinnvolle Unterstützungsmaßnahmen dann ins Leere laufen, wenn eine Vertretung erforderlich wird, die nur über § 1823 BGB oder eine ausreichende

Vollmacht erreichbar ist. Jede Verfügung über das eigene Einkommen oder Vermögen, jeder Antrag auf finanzielle Unterstützung, jede Einwilligung in ärztliche Maßnahmen bedarf gesetzlicher Vertretung, wenn der Betroffene geschäftsunfähig oder einwilligungsunfähig ist (vgl. BGH, Beschl. v. 20.5.2015 – XII ZB 96/15).

§ 1814 Abs. 3 Satz 2 Nr. 2 BGB hat mit dem Hinweis auf die betreuungsvermeidende 39a „Unterstützung, die auf sozialen Rechten oder anderen Vorschriften beruht", einiges bewegt. Der Sozialdienst der Krankenhäuser, das betreute Wohnen oder die verbindliche Unterstützung durch die Senioreneinrichtung gemäß „Rahmenvertrag für die vollstationäre Dauerpflege", wurden von den Betreuungsgerichten schon als „betreuungsverhindernd" eingestuft – aus gutem Grund aber nur für einwilligungsfähige und geschäftsfähige Personen, bei denen andere Hilfen in der Tat häufig genügen können. Allerdings leiden die genannten Organisationseinheiten oft an Personalmangel, fehlender Kompetenz und Effektivität. Das „Sozialrecht" hat zudem dschungelhaften Charakter und der Zugang zu ihm ist alles andere als barrierefrei. Deswegen können sich vermeintliche Ansprüche in der Praxis als hohles Versprechen erweisen. Der Hilfebedarf der Betroffenen wird dann im schlimmsten Fall nicht befriedigt.

In akuten Situationen können auch die Krisendienste bzw. Kriseninterventionsteams nach den 40 PsychKGs bzw. dem BayPsychKHG helfen und Betreuungen vermeiden (vgl. Art. 1 und 5 Abs. 1 Satz 2 BayPsychKHG).

Hinweis:

Es wäre aber blauäugig und realitätsfern zu glauben, „öffentliche Hilfen" wären Selbstläufer, die immer zur Verfügung stehen und dem Betreuten schnell und unbürokratisch gewährt oder sogar nachgetragen werden. Das Gegenteil ist häufig der Fall und man muss um öffentliche Hilfen kämpfen – und zwar manchmal bis zu gerichtlichen Auseinandersetzungen. Diesen „Kampf um das Recht" können viele – krankheitsbedingt – selbst nicht mehr führen und benötigen dafür einen Betreuer.

1.7.3 Grenzen professioneller, privater und öffentlicher Hilfe

Öffentliche Hilfen und private Unterstützung stehen nicht konkurrierend zueinander. Bei der 41 Koordination der Hilfen und Kooperation der Helfer kann im Einzelfall bei Mitwirkung der Klienten eine umfassende Hilfestellung, Wegbegleitung und Unterstützung bedarfsorientiert gewährt werden. Dieses Ziel kann jedoch nicht immer erreicht werden. Diese Aussagen treffen für psychisch Kranke und geistig oder seelisch Behinderte gleichermaßen zu.

Die Grenzen professioneller privater und öffentlicher Hilfe können sein: Ablehnung durch den 42 Klienten, die Schwere der Krankheit oder Behinderung, nicht ausreichende örtliche Standards, rechtliche Gründe (z. B. Notwendigkeit von Eingriffsmaßnahmen), Individualität oder Kompetenz des Helfers. Soweit Angebote im Rahmen der privaten und öffentlichen Hilfen nicht ausreichen, wird der Helfer eine Betreuung anregen.

Hinweis:

... vor allem an die professionellen Helfer im Bereich der „anderen Hilfen":

Da eine Betreuung regelmäßig eine Einschränkung in der gesamten Lebensgestaltung des Betroffenen darstellt, müssen private und professionelle Helfer im Bereich der „anderen Hilfen" ihre Maßnahmen/Vorgehensweisen streng am Grundsatz der Nachrangigkeit und der Erforderlichkeit orientieren. Eine Betreuung sollte in der Regel nur angeregt werden, wenn aufgrund der Schwere der Erkrankung und/oder aus rechtlichen Gründen die Kompetenzen der Begleiter ausgeschöpft sind. Dabei kann es sinnvoll sein, eine Betreuung mit beschränktem Aufgabenkreis anzuregen, wenn die anderen Hilfen wenigstens in Teilbereichen greifen.

1.8 Betreuungsfähigkeit, Betreubarkeit

43 Neben der subjektiven „Betreuungsbedürftigkeit" und dem objektiven „Betreuungsbedarf" kann im Einzelfall die im Gesetz nicht erwähnte „Betreuungsfähigkeit" fraglich sein. Es gibt Betroffene, die – psychisch – krank oder behindert sind und ihre Angelegenheiten deshalb nicht mehr erledigen können, die sich aber jeder Zusammenarbeit mit dem Betreuer verweigern oder ihren Aufenthaltsort verschweigen und deshalb nicht erreichbar sind. Wird der Betreuer dadurch handlungsunfähig und kann mit einer Betreuung nichts mehr erreicht werden, wäre sie nicht (mehr) erforderlich. Bei der Annahme einer solchen „Unbetreubarkeit" ist jedoch Zurückhaltung geboten, zumal die ablehnende Haltung des Betroffenen in der Regel Ausdruck seiner Krankheit ist. Die staatliche Schutzpflicht gebietet eine sorgfältige Auslotung aller Möglichkeiten, damit der Betroffene nicht wegen seiner ablehnenden Haltung wichtige Unterstützungsmöglichkeiten verliert. Betreuungsstelle, Betreuungsgericht und Betreuer sollten sich daher bemühen, trotz der Ablehnung „geeignete Rahmenbedingungen für eine erfolgreiche rechtliche Betreuung zu schaffen". Der Betreuer kann unter Umständen durch rechtliche Entscheidungen einen für diesen positiven Einfluss nehmen oder, wenn sich abzeichnet, dass ein „konkreter Betreuungsbedarf entsteht, falls der Aufenthalt des Betroffenen ermittelt wird", Vorsorge treffen (vgl. zum Ganzen BGH, Beschl. v. 9.4.2025 – XII ZB 235/24). Diese Grundsätze gelten auch, wenn sich die Unbetreubarkeit erst nachträglich herausstellt.

1.9 Spezielle Voraussetzungen für Vertreter von Amts wegen für Verwaltungsverfahren

44 Auch außerhalb der Betreuerbestellung gemäß §§ 1814 ff. BGB finden sich Anwendungsfälle. Es kann z. B. ein gesetzlicher Vertreter auf Ersuchen von Verwaltungsbehörden bestellt werden. Das Betreuungsgericht hat dann zu prüfen, ob der Betroffene bestimmte Angelegenheiten in dem Verwaltungsverfahren krankheitsbedingt nicht mehr wahrnehmen kann. Diese sog. Vertreter von Amts wegen sind somit Betreuer, die speziell für bestimmte Verfahren bestellt werden können. Geregelt wird das etwa in § 81 Abs. 1 Nr. 4 AO, § 15 Abs. 1 Nr. 4 SGB X, § 16 Abs. 1 Nr. 4 VwVfG und § 3 BDG. Bemerkenswert ist insoweit, dass die alte Terminologie des § 1896 Abs. 1 Satz 1 BGB (a. F.) bezüglich der Voraussetzungen beibehalten wurde, sodass eine Betreuung nur anzuordnen ist, wenn der Betroffene infolge „einer *psychischen Krankheit oder körperlichen, geistigen oder seelischen Behinderung* nicht in der Lage ist, in dem Verwaltungsverfahren selbst tätig zu werden".

45 Örtlich zuständig ist das Betreuungsgericht, in dessen Bezirk der Betroffene seinen gewöhnlichen Aufenthalt hat. Fehlt ein gewöhnlicher Aufenthalt, ist das Gericht zuständig, in dessen Bezirk die ersuchende Behörde ihren Sitz hat. Im Übrigen gelten für die Bestellung und für das Amt des Vertreters in diesen Fällen (jeweils geregelt in Absatz 1 Nummer 4 der oben genannten Vorschriften) die Vorschriften über die Betreuung, also die §§ 271 ff. FamFG und die §§ 1814 ff. BGB, entsprechend. Es handelt sich wegen der Formulierung „auf Ersuchen" wohl um ein echtes „Antragsverfahren" im Sinne von § 7 Abs. 1 FamFG bzw. einen verfahrenseinleitenden Antrag gemäß § 23 FamFG.

2. Aufgabenkreis und Aufgabenbereich

2.1 Unterscheidung: Aufgabenkreis und Aufgabenbereich

46 „Es wird daher nunmehr klargestellt, dass der ‚Aufgabenkreis' weiterhin die Gesamtheit der vom Betreuer zu regelnden Aufgaben meint, während einzelne Bestandteile des Aufgabenkreises bzw. die konkret zu regelnden Bereiche künftig als ‚Aufgabenbereiche' bezeichnet werden" (BT-Drucks. 19/24445, S. 234). Die Begriffe „Aufgabenkreise" und „Aufgabenbereiche" waren schon bisher eindeutig bestimmt. In allen Bereichen der Juristerei, also in Gesetzestexten, Kommentaren, Lehrbüchern und Aufsätzen, wurden aber die Begriffe häufig falsch verwendet. Am eklatantesten war die Formulierung in § 1896 Abs. 2 BGB (a. F.), wonach

der Betreuer für mehrere Aufgabenkreise bestellt werden kann, was nach der obigen Definition unmöglich ist, weil der Aufgabenkreis alle Aufgabenbereiche umfasst.

2.2 Umschreibung der Aufgabenbereiche

Nachdem ein Betreuer nur für die Aufgabenbereiche bestellt werden darf, in denen die 47
Betreuung erforderlich ist, muss die Praxis klare und verständliche Umschreibungen der Aufgabenbereiche verwenden, die einerseits das Prinzip der Erforderlichkeit beachten, andererseits mit einer möglichst konkret gefassten Formulierung zur Sicherheit des Rechtsverkehrs beitragen. Im Idealfall sollten die Aufgabenbereiche differenziert auf die jeweilige Lebenssituation des Betroffenen zugeschnitten sein. So können die relativ unbestimmten, früher sehr verbreiteten und in gewissem Umfang noch heute zulässigen Standardaufgabenbereiche wie etwa Aufenthaltsbestimmung, Vermögensverwaltung und Gesundheitsfürsorge in Einzelaufgabenbereiche unterteilt werden:

- Aufenthaltsangelegenheiten

  Aufenthaltsbestimmung; Aufenthaltsbestimmung für nervenärztliche Behandlung; Umgang mit Verwandten, Bekannten und Dritten, Bestimmung des gewöhnlichen Aufenthalts im Ausland
- Wohnungsangelegenheiten

  Durchführung von Maßnahmen zur Sicherung und Erhaltung einer Wohnung; Sicherung des Zutritts sowie Erteilung der Schlüsselgewalt an Dritte (z. B. ambulante Dienste); Wohnungs- und Haushaltsauflösung; Entrümpeln und Renovieren der Wohnung; Beschaffung einer Wohnung mit Mietvertragsabschluss; Abschluss, Änderung und Kontrolle der Einhaltung des Heim- und Pflegevertrags
- Vermögensangelegenheiten

  Vermögenssorge; Vermögensverwaltung zur Sicherung der Lebenshaltung; Verwaltung der Liegenschaften; Verwaltung des Kapitalvermögens, der Renteneinkommen oder Arbeitseinkommen; Beitreibung von Forderungen; Geltendmachung von Unterhaltsansprüchen (gegenüber ...); Geltendmachung, Sicherung und Überwachung des vertraglichen Anspruchs aus ...; Beantragen von Versicherungs- und Sozialleistungen sowie Vertretung gegenüber dem Träger ... ; Vertretung gegenüber Behörden, Versicherungen, Renten- und Sozialleistungsträgern (kritisch gesehen vom BGH, siehe unten); Vertretung gegenüber Gläubigern; Vereinbarung und Überwachung der Schuldentilgung; Vertretung bei der Erbauseinandersetzung (zwischen ...); Kontrolle der Taschengeldverwaltung; Beantragung und Verwaltung des „Persönlichen Budgets" (§ 17 Abs. 2 SGB IX)
- Gesundheitsangelegenheiten

  Gesundheitsfürsorge; Einwilligung, Nichteinwilligung oder Widerruf von Einwilligungen in Untersuchungen des Gesundheitszustands, Heilbehandlungen oder ärztliche Eingriffe; Einwilligung in ärztliche Zwangsmaßnahmen; Gesundheitsfürsorge für nervenärztliche Behandlung; Gesundheitsfürsorge für psychische Krankheiten; Einwilligung in eine Sterilisation

  Anregung einer Genehmigung und Einwilligung in freiheitsentziehende Maßnahmen (Fixierung mit Gurten im Bett oder Rollstuhl, Bettgitter etc.) in einer Pflegeeinrichtung oder im häuslichen Bereich und deren Kontrolle, ... in die Genehmigung einer geschlossenen Unterbringung in einem Krankenhaus, ... in einer Pflegeeinrichtung
- Sonstige Aufgabenbereiche

  Vertretung der Interessen des Betreuten gegenüber der Einrichtung (XY) bzw. gegenüber dem psychiatrischen Krankenhaus (XY); Organisation und Überwachung von Maßnahmen im Bereich der „anderen Hilfen", einschließlich der Abwicklung der daraus resultierenden Forderungen; Vertretung im Rechtsstreit gegen (...); Entgegennahme, Öffnen und Anhalten der Geschäftspost/Privatpost (BGH, Beschl. v. 19.3.2023 – XII ZB 462/22); Entscheidung über die Telekommunikation einschließlich der elektronischen Kommunikation; Überwachung des Bevollmächtigten und Geltendmachung der Rechte des Betreuten gegenüber dem Bevollmächtigten; Widerruf folgender Vollmachten: erteilt am ... an ... (vgl. § 1820 Abs. 5 BGB)

2.3 Konkret und bestimmt oder umfassender und allgemein?

48 In der Praxis finden sich sehr vielfältige und kreative Formulierungen der Aufgabenbereiche. Ein Problem stellt sich insoweit, als die Aufgabenbereiche möglichst konkret umschrieben werden müssen, damit die Betreuung nicht über das Nötige hinaus in die Rechte des Betroffenen eingreift. Andererseits darf die Beschreibung auch nicht so eng gefasst sein, dass erwartbare Aufgaben nicht erfasst sind. Häufig lässt es sich nicht vermeiden, die Aufgabenbereiche allgemeiner zu formulieren, sodass die klassischen Aufgaben „Aufenthaltsbestimmung", „Vermögensverwaltung" und „Gesundheitsfürsorge" durchaus noch ihre Berechtigung haben können. Diese gewährleisten den Betreuern im Bedarfsfall eine schnelle Handlungs- und Eingriffsmöglichkeit. Eine vorhersehbare Erweiterung der Aufgabenkreise kann so weitgehend vermieden werden. Die notwendige Einhaltung der umfangreichen Verfahrensgarantien – insbesondere die erforderliche Begutachtung und erneute persönliche Anhörung – kann für den Betroffenen sehr belastend sein. Gesichtspunkte wie die zusätzliche Belastung der Betreuungsgerichte und der Betreuer, aber auch die kostenrechtlichen Folgen rechtfertigen in besonderen Fällen die Standardaufgabenbereiche. Der Gesetzgeber hat die Verwendung von Oberbegriffen wie „Vermögensverwaltung" auch unter dem Regime des neuen Rechts nicht ausgeschlossen. Dafür spricht schon der Begriff „Bereich", der natürlich umfassender ist als einzelne Angelegenheiten (BT-Drucks. 19/24445, S. 234). Es darf aber keine „Vorratsbetreuung" entstehen. Das lässt sich durch die Voraussetzung des Betreuungsbedarfs regulieren.

2.4 Betreuungsbedarf für einen Aufgabenbereich

49 Die Notwendigkeit eines Betreuungsbedarfs ergibt sich schon aus § 1815 Abs. 1 Satz 3 BGB, wonach ein Aufgabenbereich nur angeordnet werden darf, „wenn und soweit dessen rechtliche Wahrnehmung durch einen Betreuer erforderlich ist". Der Bedarf muss aber noch nicht aktuell gegeben sein. Vielmehr muss aufgrund der konkreten gegenwärtigen Lebenssituation des Betroffenen beurteilt werden, für welchen Aufgabenbereich ein Betreuungsbedarf besteht. Das heißt, man muss auf seine soziale Stellung und seine bisherige Lebensgestaltung achten.

50 Dabei genügt es, wenn ein Handlungsbedarf in dem betreffenden Aufgabenbereich zukünftig absehbar regelungsbedürftig ist und somit jederzeit auftreten kann (BGH, Beschl. v. 19.4.2023 – XII ZB 462/22).

Beispiel:

Amalia Gold leidet an einer mittelgradigen Demenz und kann schriftliche Anträge bei Behörden, Einwilligungen in ärztlich indizierte Maßnahmen und die Geltendmachung von Rechten gegenüber dem Vermieter nicht mehr leisten. Gold soll aufgrund gravierenden Fehlverhaltens im Straßenverkehr auf ihre Fahrerlaubnis verzichten, jedoch sind regelmäßig Arztbesuche erforderlich; der Vermieter will mehr Miete. Im Übrigen ist die Betroffene in der Wohnung gut versorgt.

Im Betreuungsverfahren erklärt die von der Betroffenen als Betreuerin vorgeschlagene Tochter, dass Gold über kurz oder lang in eine Pflegeeinrichtung wechseln müsse und regt an, den Aufgabenbereich „Abschluss, Änderung und Kontrolle eines Heimpflegevertrags" bereits jetzt anzuordnen.

51 Das Gericht kann diesem Wunsch nur nachkommen, wenn bereits jetzt ein Betreuungsbedarf besteht. Die aktuelle Lebenssituation lässt aber keinen Bedarf für einen Heimvertrag erkennen. Erst bei einer weiteren Verschlechterung der Versorgungslage und sich abzeichnender Gefährdung der Betroffenen könnte davon ausgegangen werden, dass ein Handlungsbedarf jederzeit (!) auftreten könnte. Jetzt wäre dieser Aufgabenbereich eine unzulässige „Vorratsbetreuung". Gesundheitsfürsorge, Vertretung gegenüber der Führerscheinstelle und Geltendmachung von Rechten aus dem Mietvertrag müssen daher genügen.

2.5 Wichtige Aufgabenbereiche und ihre Probleme

2.5.1 Besorgung aller Angelegenheiten

Der Aufgabenbereich „Besorgung aller Angelegenheiten" kann nicht mehr angeordnet werden. 52
Der Gesetzgeber hat das dadurch klargestellt, dass die Aufgabenbereiche vom Betreuungsgericht im Einzelnen angeordnet werden müssen, § 1815 Abs. 1 Satz 2 BGB (BT-Drucks. 19/24445, S. 234). Für alle am 1.1.2023 bestehenden Aufgabenbereiche „Besorgung aller Angelegenheiten" bestand eine Änderungspflicht bis zum 1.1.2024 nach Maßgabe des § 54 in Art. 229 EGBGB, Rn. 70.

2.5.2 Gesundheitsfürsorge

Nicht immer ist die Zuordnung einzelner Tätigkeiten zu dem Aufgabenbereich unproblema- 53
tisch. So kann ein Betreuer z. B. im Rahmen des Aufgabenbereichs „Gesundheitsfürsorge" gemäß § 1823 BGB einen Behandlungsvertrag abschließen, der die Auswahl des Arztes oder Krankenhauses beinhaltet und in notwendige Behandlungen und Eingriffe einwilligen. Abhängig von der Art des Krankenversicherungsschutzes und eventueller Zusatzversicherungen kann jedoch für den Abschluss eines Behandlungsvertrags der Aufgabenbereich „Vermögensverwaltung" bzw. „Abschluss eines Behandlungsvertrags" erforderlich werden. Den Behandlungsvertrag regeln §§ 630a ff. BGB. Problematisch ist die Frage, ob allein der Aufgabenbereich „Gesundheitsfürsorge" den Erwerb von Heil- und Hilfsmitteln umfasst. Der Kauf eines kostspieligen Treppenlifts soll jedenfalls möglich sein. Aus Gründen der Rechtsklarheit und -sicherheit sollte zusätzlich der Aufgabenbereich „Vermögensverwaltung" angeordnet werden, damit die Einkäufe auf sicherer Grundlage erfolgen können.

2.5.3 Vermögensverwaltung, Erbausschlagung

Die Frage, welcher Aufgabenbereich für eine Erbausschlagung erforderlich ist, hat der BGH 54
entschieden. Demnach hat die Ausschlagung als Willenserklärung keine personenrechtlichen, sondern vermögensrechtliche Folgen und ist deshalb der Vermögenssorge zuzuordnen (BGH, Beschl. v. 29.6.2016 – XII ZB 300/15, Rn. 20). Die in der Literatur bisher vertretene Ansicht, dass der Aufgabenbereich „Entscheidung über die Ausschlagung der Erbschaft" oder „Erbangelegenheiten" erforderlich sei, dürfte damit überholt sein. Sollte ein Betreuungs- oder Nachlassgericht die Ansicht vertreten, dass zur Erbausschlagung der Aufgabenbereich „Entscheidung über die Ausschlagung der Erbschaft" oder „Erbangelegenheiten" neben der „Vermögenssorge" erforderlich sei, sollte der Betreuer auf die Entscheidung des BGH verweisen.

2.5.4 Betreten der Wohnung, Überprüfung der Wohnverhältnisse

Gegen den Willen des Betreuten darf der Betreuer dessen Wohnung bzw. Wohnhaus nicht 55
betreten oder zwangsweise öffnen lassen. §§ 1814, 1823 BGB und der Aufgabenbereich „Wohnungsangelegenheiten" bieten hierfür keine gesetzliche Grundlage. Auch eine betreuungsgerichtliche Genehmigung schafft keine Erlaubnis. Das gebietet der Grundrechtsschutz des Art. 13 GG. Sollten vom Haus ausgehende Gefahren zu beseitigen sein, kann Art. 13 Abs. 7 GG herangezogen werden (LG Darmstadt, Beschl. v. 14.3.2012 – 5 T 475/10).

Die Aufgabenbereiche „Vermögenssorge" und „Zuführung zur ärztlichen Behandlung und 56
Aufenthaltsbestimmung" sollen nach der Rechtsprechung dem Betreuer die Überprüfung der Wohnverhältnisse des Betroffenen zur Vermeidung von Vermüllung und Gesundheitsgefahren erlauben, wenn der Betroffene zur Verwahrlosung neigt. Das ist aber schwierig, wenn der Betreute seinem Betreuer das Betreten seiner Wohnung verweigert. Der Betreuer ist nicht berechtigt, die Wohnung des Betreuten gegen dessen Willen zu betreten oder zwangsweise öffnen zu lassen. Auch eine vormundschaftsgerichtliche Genehmigung begründet keine Erlaubnis. Ausnahmen gelten nur zur Abwehr einer gemeinen Gefahr oder einer Lebensgefahr für einzelne Personen, aufgrund eines Gesetzes auch zur Verhütung dringender Gefahren für die öffentliche Sicherheit und Ordnung.

A

2.5.5 Vertretung gegenüber Behörden und Gerichten

57 Für den Aufgabenbereich „Vertretung gegenüber Behörden und Gerichten" besteht nach Ansicht des BGH kein Betreuungsbedarf. Etwas anderes soll nur gelten, wenn der Betreute krankheitsbedingt dazu neigt, sich durch das Betreiben einer Vielzahl von sinnlosen Verfahren zu schädigen (so BGH, Beschl. v. 18.11.2015 – XII ZB 16/15, Rn. 17, 18). Diese enge Auslegung des BGH wird dem Gesetz und den Bedürfnissen der Praxis nicht gerecht. Es sind oft kleine bürokratische Formalien zu erledigen, die keinen konkreten Bezug zu einem Aufgabenbereich haben, wie der Verzicht auf die Fahrerlaubnis, Befreiung von der Ausweispflicht oder Verlängerung der Gültigkeit.

2.5.6 Umgang und Aufenthalt des Betroffenen, § 1834 BGB

58 § 1834 BGB überlässt es grundsätzlich dem Betreuten, selbst zu bestimmen, mit wem er sich treffen und kommunizieren will. Er darf auf keinen Fall von seinem sozialen Umfeld abgeschottet werden. Auch Personen, die aus Sicht des Betreuers einen negativen Einfluss auf den Betreuten haben und vielleicht nicht den persönlichen Präferenzen des Betreuers entsprechen, dürfen nicht per se mit pauschalen Begründungen abgewiesen werden. Der Gesetzgeber wollte dem Selbstbestimmungsrecht des Betreuten „in möglichst weitem Umfang" Raum geben (BT-Drucks. 19/24445, S. 264). Deshalb kann der Betreuer den Umgang des Betreuten mit Wirkung für und gegen Dritte nur regeln, wenn und soweit der Betreute diese Regelung wünscht oder wenn eine konkrete Gefährdung im Sinne des § 1821 Abs. 3 Nr. 1 BGB droht. Der Wunsch des Betroffenen, mit bestimmten Menschen Kontakte zu pflegen, muss deshalb genauso umgesetzt und respektiert werden wie der Wunsch des Betroffenen, bestimmte Menschen nicht zu sehen. Ferner darf der Umgang des Betreuten gegen seinen Willen nur dann eingeschränkt werden, wenn andernfalls seine Person oder sein Vermögen erheblich gefährdet würde und der Betreute diese Gefahr aufgrund seiner Erkrankung oder Behinderung nicht erkennen oder nicht nach dieser Einsicht handeln kann. Der Aufgabenbereich „Umgang des Betreuten" muss immer ausdrücklich angeordnet werden, § 1815 Abs. 2 Nr. 5 BGB, Rn. 69 ff.

59 § 1834 Abs. 2 BGB regelt Inhalt und Reichweite des Aufenthaltsbestimmungsrecht, das mit Wirkung gegen den Betreuten, aber auch gegen Dritte ausgeübt werden kann. Der Betreuer kann gegenüber dem Dritten auch verlangen, dass der Betreute „herausgegeben" wird. Streitigkeiten über das Aufenthaltsbestimmungsrecht, aber auch über Umgangsregelungen müssen auf Antrag vom Betreuungsgericht entschieden werden, § 1834 Abs. 3 BGB. Wer kann den „Antrag" auf Entscheidung des Betreuungsgerichts stellen? Die Gesetzesbegründung schweigt zu dieser Frage. Dem Wortlaut des Gesetzes kann ebenfalls nichts entnommen werden. Allerdings erscheint es logisch, wenn auf Antrag über „Streitigkeiten" zu entscheiden ist, dass die den Streit führenden Personen den Antrag stellen können. Grundsätzlich können dann der Betreuer und der Betreute den Antrag stellen. Richtet sich die vom Betreuer getroffene Umgangsregelung oder die Bestimmung des Aufenthalts und das Herausgabeverlangen gegen Dritte, müssen auch diese den Antrag stellen können. Die Betreuungsgerichte bestätigen diese Auffassung (AG Elmshorn, Beschl. v. 11.8.2023 – 75 XVII 13951).

2.5.7 Überwachung eines Bevollmächtigten und Vollmachtswiderruf

60 Vgl. zu diesem Aufgabenbereich A 5.

2.5.8 Sterilisation

61 Die Voraussetzungen der Sterilisation finden sich in § 1830 BGB. Es muss immer ein eigener Betreuer für diesen Aufgabenbereich bestellt werden und zwar nur eine natürliche Person. Betreuungsverein und Betreuungsbehörde dürfen daher nicht bestellt werden, § 1818 Abs. 5 BGB. In der Praxis kommen Sterilisationen zu Recht kaum noch vor.

2.6 Umfang der Vertretungsbefugnis in den Aufgabenbereichen, Erweiterung

2.6.1 Gesetzliche Vertretung

Der Betreuer kann gemäß § 1823 BGB innerhalb seines Aufgabenkreises den Betreuten 62 gerichtlich und außergerichtlich vertreten. Die Eigenständigkeit und Selbstständigkeit des Betreuten für Angelegenheiten, die er selbst wahrnehmen kann, wird dadurch sichergestellt, dass nunmehr das Gesetz mit dem Wort „kann" ausdrücklich keine Vertretungspflicht mehr ausspricht, sondern es dem Betreuer überlässt, über den Umfang der Vertretung zu entscheiden. Eine unterstützte Entscheidungsfindung hat auf jeden Fall Vorrang gegenüber der Vertretung, die den Betroffenen verdrängt.

Hinweis:
Der Betreuer kann den Betreuten gerichtlich vertreten. Das bezieht sich in erster Linie auf Zivilprozesse, aber z. B. auch auf Verfahren beim Arbeits-, Sozial- oder Verwaltungsgericht. Im Zivilprozess ist § 53 ZPO zu beachten. Der geschäftsfähige Betreute wird dabei erst ab einer sog. Ausschließlichkeitserklärung nur noch von seinem Betreuer vertreten. Vorher können Betreuer und Betreuter selbstständig agieren.

Achtung: Im Betreuungs- und Unterbringungsverfahren kann der Betreuer zwar kraft ausdrücklicher Vorschrift, § 303 Abs. 4, § 335 Abs. 3 FamFG, im Namen des Betroffenen Beschwerde einlegen. Diese gesetzliche Vertretungsmacht gilt aber nicht im übrigen Verfahren, da der Betroffene ja selbst umfassend verfahrensfähig ist, § 275 Abs. 1, § 316 FamFG. Im Rubrum betreuungsgerichtlicher Beschlüsse finden sich häufig noch Bezeichnungen wie etwa: „Amanda Gold, Betroffene, gesetzlich vertreten durch den Betreuer Roland Zitter." Das ist falsch!

Ein Betreuter könnte wohl sogar eine in seinem Namen vom Betreuer eingelegte Beschwerde zurücknehmen.

2.6.2 Vertretungsausschlüsse, §§ 1824, 181 BGB

Ausschluss nach § 1824 Abs. 1 Nr. 1 BGB

Der Betreuer ist kraft Gesetzes von der Vertretung ausgeschlossen bei Rechtsgeschäften, die er 63 in Vertretung des Betreuten mit seinem Ehegatten oder seinen geradlinig Verwandten vornimmt.

Beispiel:

Der Betreuer möchte seinem Sohn den Pkw des Betreuten veräußern, da dieser nicht mehr Auto fahren kann und der Sohn einen guten Preis bezahlen würde. Der Betreuer kann nicht handeln; ein weiterer Betreuer (sog. Ergänzungsbetreuer) muss bestellt werden.

Ausschluss nach § 1824 Abs. 1 Nr. 2 BGB

Der Betreuer ist kraft Gesetzes von der Vertretung ausgeschlossen, wenn eine gesicherte 64 Forderung des Betreuten gegen den Betreuer besteht und der Betreuer durch Rechtsgeschäft die Forderung übertragen oder belasten bzw. die Sicherheit aufheben oder mindern will.

Beispiel:

Für den Betreuten besteht am Grundstück des Betreuers (seines Sohnes) eine Reallast auf Lebenszeit, die eine monatliche Geldzahlung von 300 EUR sichert, die der Sohn (Betreuer) zu erbringen hat. Da der Betreuer ein Darlehen benötigt und dafür als Sicherheit der Bank eine Grundschuld bestellen soll, möchte er im Namen des Betreuten mit dessen Wohnungsrecht im Rang hinter das neu zu bestellende Grundpfandrecht der Bank zurücktreten.

Die Rücktrittserklärung gibt er im Namen des Betreuten gegenüber der Bank ab; dadurch wird die Sicherheit des Betreuten gemindert. Der Betreuer kann nicht handeln; ein weiterer Betreuer (sog. Ergänzungsbetreuer, § 1817 Abs. 5 BGB) muss bestellt werden.

Ausschluss nach § 1824 Abs. 1 Nr. 3 BGB

65 Der Betreuer ist kraft Gesetzes von der Vertretung bei einem Rechtsstreit (Prozess) ausgeschlossen, soweit bei einem Rechtsgeschäft die Nummern 1 oder 2 greifen würden.

Ausschluss nach § 1824 Abs. 2 BGB i. V. m. § 181 BGB

66 Der Betreuer ist kraft Gesetzes von der Vertretung bei einem Rechtsgeschäft ausgeschlossen, das er in Vertretung des Betreuten mit sich selbst oder mit einem anderen von ihm Vertretenen vornimmt (sog. Insichgeschäft oder Selbstkontrahieren).

Beispiele:

- *Der Betreuer möchte dem Betreuten in seinem Haus eine Wohnung vermieten, um ihn besser versorgen zu können. Dazu ist der Abschluss eines Mietvertrags erforderlich. Dieser Mietvertrag muss durch einen weiteren Betreuer (sog. Ergänzungsbetreuer, § 1817 Abs. 5 BGB) geschlossen werden.*
- *B ist Betreuer von X und Y. Er möchte Y einen Kühlschrank von X verkaufen. Da B beide, also Verkäufer und Käufer, vertritt, kann er nicht handeln; ein weiterer Betreuer (sog. Ergänzungsbetreuer) muss bestellt werden.*

Entziehung des Aufgabenbereichs bei Interessengegensatz

67 Falls das Interesse des Betreuten erheblich im Gegensatz zum Interesse des Betreuers oder einer der in § 1824 Abs. 1 Nr. 1 BGB genannten Person steht, eines Dritten, den der Betreuer ebenfalls vertritt, und nicht bereits ein Ausschluss kraft Gesetzes vorhanden ist, kann das Betreuungsgericht dem Betreuer den relevanten Aufgabenbereich entziehen.

Beispiel:

Betreuer und Betreuter sind Brüder und werden nach dem Tod des Vaters Miterben je zur Hälfte. Der Betreuer möchte die Erbschaft des kinderlosen Betreuten ausschlagen; dadurch wird er Alleinerbe. Ein gesetzlicher Ausschluss besteht nicht, da die Erklärung gegenüber dem Nachlassgericht erfolgt; allerdings besteht für den Betreuer ein nicht unerhebliches Eigeninteresse.

2.7 Erfordernis der ausdrücklichen Anordnung eines Aufgabenbereichs

2.7.1 Ziel des Gesetzgebers und gesetzliche Übergangsregelungen

68 Das Gebot der „ausdrücklichen Anordnung" verbietet Oberbegriffe und verengt den Aufgabenbereich auf einzelne Angelegenheiten. Die im Katalog des § 1815 Abs. 2 Nr. 1 bis 6 BGB beschriebenen Angelegenheiten sind mit einer hohen Eingriffsintensität bzw. sogar grundrechtsrelevanten Beschränkungen verbunden. Der Richter soll deshalb sensibilisiert werden und auch außerhalb eines Genehmigungsvorbehalts eine gerichtliche Prüfung bzw. Kontrolle wahrnehmen. Der schwere Eingriff könnte ansonsten hinter nichtssagenden Oberbegriffen wie „Personensorge", „Aufenthaltsbestimmung", „Gesundheitsfürsorge" oder „Rechts-/Antrags- und Behördenangelegenheiten" verschwinden, sodass die Schwere des Eingriffs vom Richter nicht wahrgenommen wird. Es sollte daher eine Formulierung gewählt werden, die den Gesetzeswortlaut des § 1831 Abs. 1 und 4 BGB sowie des § 1832 Abs. 1 BGB klar zum Ausdruck bringt.

69 Allerdings gibt es eine Übergangsregelung in § 54 Abs. 4 des Art. 229 EGBGB zu beachten.

Übergangsvorschrift für § 1815 Abs. 2 Nr. 1 bis 4 BGB:

Art. 229 EGBGB:

§ 54 Übergangsvorschrift zum Gesetz zur Reform des Vormundschafts- und Betreuungsrechts

(...)

(3) Ist am 1. Januar 2023 ein Betreuer zur ***Besorgung aller Angelegenheiten*** *bestellt, ist der Aufgabenkreis bis zum* ***1. Januar 2024*** *nach Maßgabe des § 1815 Absatz 1 des Bürgerlichen Gesetzbuchs zu ändern.*

(4) Auf Betreuungen, die am 1. Januar 2023 bestehen, findet ***§ 1815 Absatz 2 Nummer 1 bis 4*** *des Bürgerlichen Gesetzbuchs bis zum* ***1. Januar 2028*** *keine Anwendung. Bei der nächsten Entscheidung über die Aufhebung oder Verlängerung der Betreuung oder im Rahmen eines gerichtlichen Genehmigungsverfahrens nach § 1831 Absatz 2 des Bürgerlichen Gesetzbuchs hat das Betreuungsgericht über den Aufgabenkreis nach Maßgabe des § 1815 Absatz 2 des Bürgerlichen Gesetzbuchs zu entscheiden.*

(...)

Gesetzgeber und BGH gehen davon aus, dass § 293 Abs. 3 FamFG anwendbar ist, wenn das Betreuungsgericht im Rahmen der Übergangsvorschrift (siehe. Rn. 69) bei einer Unterbringungsentscheidung vor Fristablauf „über den Aufgabenkreis nach Maßgabe des § 1815 Abs. 2 BGB zu entscheiden" hat. Dies erscheint zweifelhaft, weil zwar keine Änderung des Krankheitsbilds die Erweiterung verursacht hat, aber auch eine „Änderung seiner Lebensumstände" nicht die Ursache war, sondern ein neues Gesetz. § 293 Abs. 3 FamFG stellt aber ausdrücklich auf beides ab. Zum Ganzen BGH, Beschl. v. 7.2.2024 – XII ZB 130/23, Rn. 16 ff. 70

2.7.2 Zu den Einzelregelungen des § 1815 Abs. 2 BGB

Unterbringungen verbunden mit Freiheitsentziehungen nach § 1831 Abs. 1 BGB sowie freiheitsentziehende Maßnahmen im Sinne des § 1831 Abs. 4 BGB sind grundsätzlich genehmigungspflichtig. Deshalb hat der Gesetzgeber bisher bewusst davon abgesehen, eine ausdrückliche Bestimmung im Aufgabenbereich anzuordnen, da die gewünschte Warnfunktion beim Genehmigungsvorbehalt ja noch sehr viel stärker funktioniert. Aktuell sieht er jedoch einen Bedarf für mehr Rechtssicherheit und liefert dazu zwei Begründungen. Zum einen verweist er auf die genehmigungsfreien Eilmaßnahmen der Betreuer bei „Gefahr im Verzug". Allerdings vermittelt nach einhelliger Rechtsansicht § 1831 Abs. 2 Satz 2 BGB keine Eingriffsbefugnis und ist daher in der Praxis ohne Bedeutung geblieben. 71

Richtig ist allerdings der zweite Hinweis des Gesetzgebers auf Freiheitsentziehungen, die „außerhalb eines Krankenhauses, Heimes oder einer sonstigen Einrichtung durchgeführt werden". Stichwort: Zwangsmaßnahmen im häuslichen Bereich. Im Gesetzestext taucht der Hinweis auf diese Fälle versteckt in § 1815 Abs. 2 Nr. 2 BGB auf mit dem 2. Halbsatz: „unabhängig davon, wo der Betroffene sich aufhält". Hält sich der Betroffene im privaten Bereich auf, ist eine gerichtliche Genehmigung für freiheitsentziehende Maßnahmen nicht erforderlich oder – besser ausgedrückt – eine Legitimierung durch eine Genehmigung nicht möglich. Fazit: „Will der Betreuer also über die Anwendung einer freiheitsentziehenden Maßnahme in der ‚Häuslichkeit' entscheiden, benötigt er dafür den entsprechenden ausdrücklichen Aufgabenbereich" (BT-Drucks. 19/24445, S. 235). Jeder, der ab dem 1.1.2023 z. B. den dementen Ehegatten während einer Abwesenheit im Zimmer einsperrt, fixiert oder Bettgitter anbringt, benötigt dafür einen ausdrücklichen Aufgabenbereich. Allerdings wird er ihn nicht bekommen, da der Gesetzgeber übersehen hat, dass es für das Einsperren und Festbinden zu Hause keine Eingriffsbefugnis gibt. Der Aufgabenbereich „Freiheitsentziehende Unterbringung bzw. unterbringungsähnliche Maßnahmen (Bettgitter etc.) im häuslichen Bereich" würde daher eine rechtswidrige Handlung als Aufgabenbereich bestimmen und ist daher unzulässig. Gerichtlich angeordnete Aufgabenbereiche allein können keine Straftaten wie Freiheitsberaubung und Nötigung legalisieren. Das können nur „Genehmigungen". Ergebnis: ohne Aufgabenbereich keine Kompetenz. Eine Anordnung des Aufgabenbereichs ist aber unzulässig. Der erste Schritt des Gesetzgebers zur Regelung von Zwangsmaßnahmen im häuslichen Bereich war daher ein Fehlschritt. 72

Bestimmung des gewöhnlichen Aufenthalts des Betreuten im Ausland, § 1815 Abs. 2 Nr. 3 BGB

Ein sehr wichtiger und gefährlicher Aufgabenbereich ist die Bestimmung des gewöhnlichen Aufenthalts des Betreuten im Ausland. Der Gesetzgeber will damit vor allem die häufig zu 73 beobachtende missbräuchliche „Verbringung eines pflegebedürftigen Betreuten in eine im Ausland gelegene Pflegeeinrichtung" bekämpfen. Der Betreute soll nicht aus Kostengründen und zulasten seiner Lebensqualität ins Ausland verbracht werden. Das soll in Zukunft nur noch möglich sein, wenn dem Betreuer ein entsprechender Aufgabenbereich ausdrücklich zugewiesen ist, damit das Betreuungsgericht eine Kontrollmöglichkeit erhält. Das erreicht aber der Gesetzgeber nicht. Der gewöhnliche Aufenthalt ist ein rein tatsächlicher Begriff und keine Willenserklärung, die der Betreuer für den Betroffenen abgibt. Wird der Betroffene z. B. in ein Heim in Tschechien verbracht, entsteht aufgrund des neuen Lebensmittelpunkts auch ohne Aufgabenbereich und „Bestimmung" des Betreuers ein gewöhnlicher Aufenthalt in Tschechien und es kommt zwangsläufig zu einer Zuständigkeit der tschechischen Gerichte, Art. 5 Abs. 2 ESÜ.

Bestimmung des Umgangs des Betreuten

74 Der Gesetzgeber hat ein besonderes Augenmerk auf den Umgang des Betroffenen gelegt. Die Bestimmung des Aufenthaltsorts und des Kontakts mit Dritten kann die Lebensqualität des Betroffenen schwächen, aber auch seine Persönlichkeit als soziales Wesen, das den Kontakt mit Menschen erfordert. Zudem ist der Kontakt mit Dritten häufig wichtig, um den Dritten eine Kontrolle der Lebenssituation zu ermöglichen. Neben § 1834 BGB schafft nunmehr auch § 1815 Abs. 2 Nr. 4 BGB mehr Rechtsschutz.

Telekommunikation einschließlich der elektronischen Kommunikation, § 1815 Abs. 2 Nr. 5 BGB

75 Die Entscheidung über die Telekommunikation des Betreuten durfte schon bisher nicht aus einem anderen Aufgabenbereich herausgelesen werden. Sie muss daher weiterhin ausdrücklich vom Gericht angeordnet werden. Die Terminologie des § 1896 Abs. 4 BGB (a. F.) wurde unter Abschaffung des Begriffs „Fernmeldeverkehr" nur auf den neuesten technischen Stand gebracht. Unter „Telekommunikation" ist der „technische Vorgang des Aussendens, Übermittelns und Empfangens von Signalen mittels Telekommunikationsanlagen" zu verstehen, § 3 Nr. 59 TKG. Die aus Art. 10 GG resultierenden verfassungsrechtlich gebotenen engen Voraussetzungen sind die gleichen wie beim Postverkehr (siehe Rn. 77).

Entscheidung über die Entgegennahme, das Öffnen und das Anhalten der Post des Betreuten, § 1815 Abs. 2 Nr. 6 BGB

76 Die Notwendigkeit der ausdrücklichen Anordnung durch das Gericht resultiert ebenfalls aus Art. 10 GG. Brief-, Post- und Fernmeldegeheimnis sind unverletzlich. Eingriffe müssen daher auf schwerwiegenden Gründen beruhen. Der Aufgabenbereich „Entgegennahme, Öffnen und Anhalten der Post" darf deshalb nur angeordnet werden, wenn die Befugnis erforderlich ist, um dem Betreuer die Erfüllung einer ihm übertragenen „Betreuungsaufgabe in der gebotenen Weise zu ermöglichen" und eine „erhebliche Gefährdung oder Beeinträchtigung von wesentlichen Rechtsgütern des Betroffenen zu beseitigen". Die Notwendigkeit für die Aufgabenerfüllung und die Gefährdung wesentlicher Rechtsgüter muss durch konkrete tatrichterliche Feststellungen belegt werden. Dabei müssen auch weniger einschneidende Maßnahmen als Alternativen geprüft werden. Auf keinen Fall darf dieser sensible Aufgabenbereich ausschließlich der Arbeitserleichterung der Betreuer dienen (BGH, Beschl. v. 21.10.2020 – XII ZB 153/20, Rn. 23 ff.).

77 In den Pflegeeinrichtungen wird die Post des Betreuten häufig an die Angehörigen oder den Betreuer weitergeleitet. Diese Sachbehandlung verletzt das Briefgeheimnis und somit ein Grundrecht und ist eindeutig rechtswidrig, auch wenn der Betroffene die Post nicht mehr verstehen und angemessen reagieren kann. Die Weiterleitung der Post des Betreuten ist nur an den Betreuer zulässig, soweit die Entgegennahme, das Öffnen und Anhalten der Post zu seinem Aufgabenkreis zählen.

78 Nach dem Grundsatz der Erforderlichkeit mag dieser Aufgabenbereich nur teilweise etwa für sog. „Geschäftspost" (Rechnungen, Behördenpost) in Betracht kommen, für die „Privatpost" kann der Aufgabenbereich dagegen nur in wenigen Ausnahmefällen begründet werden. Ordnet das Gericht die Briefkontrolle nur für Geschäfts- oder Behördenpost an, lässt sich das häufig

nicht immer genau unterscheiden. Hier muss der Betreuer selbst versuchen, die Trennung vorzunehmen, oder er sichtet gemeinsam mit dem Betreuten den Postverkehr.

Hinweis:

Es gibt allerdings Schriftverkehr, der trotz des Aufgabenbereichs „Postangelegenheiten" unmittelbar mit dem Betreuten zu führen ist. Das Betreuungsgericht muss z. B. sämtliche Post wie etwa die Übersendung von verfahrensrelevanten Unterlagen, Gutachten und Stellungnahmen Dritter, aber auch fristbegründende Zustellungen direkt an den Betroffenen adressieren, da er gemäß den §§ 275, 316 FamFG ohne Rücksicht auf seine geistigen Fähigkeiten verfahrensfähig ist. Diese uneingeschränkte Verfahrensfähigkeit geht daher dem Aufgabenbereich „Entgegennahme und Anhalten der Post" vor (BGH, Beschl. v. 26.6.2019 – XII ZB 35/19).

Umgekehrt muss auch ohne diesen Aufgabenbereich Post an den Betreuer gesendet werden, wenn das gesetzlich vorgeschrieben ist. Sind dem Betreuer die Vermögenssorge und Behördenangelegenheiten übertragen, hat z. B. der Träger der Grundsicherung für Arbeitsuchende die Bescheide dem Betreuer zu übersenden (SG Chemnitz, Gerichtsbescheid v. 1.4.2014 – S 3 AS 415/14). Dass dabei die Entgegennahme der Post nach § 1815 Abs. 2 Nr. 6 BGB nicht angeordnet ist, spielt keine Rolle, da es sich nicht um die Post des Betreuten, sondern um eine an den Betreuer zu richtende handelt. Einschlägig für das Gerichtsverfahren ist § 53 ZPO (siehe Rn. 63), der gemäß § 11 Abs. 2 SGB X im sozialrechtlichen Verwaltungsverfahren entsprechend gilt.

2.8 Vollmacht des geschäftsfähigen Betreuten im Aufgabenbereich des Betreuers

Ob sich ein Betreuer von einem zweifelsfrei geschäftsfähigen Betreuten mit einer Vollmacht zur Wahrnehmung bestimmter Angelegenheiten beauftragen lässt, um eine notwendige Erweiterung des Aufgabenkreises oder eine Genehmigungspflicht zu vermeiden, sollte er im Einzelfall unter Berücksichtigung seiner Kompetenz und seiner Stellung zum Betreuten prüfen. Jedenfalls sollte er immer die Bevollmächtigung im Rahmen seiner Berichtspflicht dem Betreuungsgericht anzeigen. Bedenklich ist dagegen, wenn die Vollmacht für Rechtsgeschäfte erteilt wird, für die eine betreuungsgerichtliche Genehmigung erforderlich ist. 79

2.9 Rechtliche Organisation der notwendigen Hilfen innerhalb des Aufgabenkreises

Der Betreuer hat in erster Linie die Angelegenheiten des Betreuten „rechtlich zu besorgen" (vgl. § 1821 Abs. 1 Satz 1 BGB). Eine rigorose Trennung der rechtlichen Fürsorge von der tatsächlichen ist aber nicht immer möglich und wäre mit einer persönlichen, den Wünschen und dem mutmaßlichen Willen des Betroffenen verpflichteten Betreuung nicht zu vereinbaren. Deshalb geht auch der Gesetzgeber davon aus, dass „vertrauensbildende Maßnahmen", Gespräche und persönliche Zuwendung von der rechtlichen Betreuung umfasst werden. Das 1. BtÄndG hat besonders betont, dass Betreuung Rechtsfürsorge bedeutet. Das wurde auch durch die neue Titelüberschrift „Rechtliche Betreuung" plakativ herausgestellt. Deshalb muss besonders darauf geachtet werden, dass die Organisation der notwendigen Hilfen im Vordergrund steht und dabei die vielfältigen Hilfsangebote in Anspruch genommen werden müssen. 80

Inwieweit ein Betreuer sich darüber hinaus selbst engagiert, um dem Betreuten aus verwandtschaftlicher Verbundenheit oder aus Freundschaft zu helfen, bleibt ihm überlassen. Die beiden Bereiche müssen aber möglichst genau voneinander abgegrenzt werden. 81

Der Betreuer ist nur zur Organisation notwendiger Hilfen und evtl. zur rechtlichen Abwicklung der erbrachten Hilfen verpflichtet. Ihm obliegt weder die persönliche Pflege des Betreuten noch die hauswirtschaftliche Versorgung. Die Betreuung sollte jedoch nicht dahingehend missverstanden werden, dass die Zuwendung zum Betreuten, die für vertrauensbildende und -erhaltende Maßnahmen erforderlich ist, verloren geht. Das Betreuungsverhältnis befasst sich 82 mit Menschen und ist sicher mehr als die Übernahme und Erledigung einer Summe von Verwaltungsaufgaben. Fehlt jedoch dieser Bezug zur Organisation notwendiger Hilfen, befindet sich der Betreuer außerhalb der ihm durch Gesetz zugewiesenen Kompetenz. Leistungen dieser Art sind keine Aufgaben der Betreuung, sondern ggf. Ausdruck einer verwandtschaftlichen oder freundschaftlichen Beziehung.

83 Abhängig von den Aufgabenbereichen und den individuellen Bedürfnissen eines Betreuten ist der Handlungs- und Regelungsbedarf für den Betreuer sehr unterschiedlich. Die Bandbreite reicht vom Schwerpunkt der persönlichen Betreuung (z. B. bei einem Altenheimbewohner) bis hin zu umfangreichen Verwaltungsaufgaben mit vermögens- und steuerrechtlichen Problemstellungen. Grundsätzlich sind Aufgaben und Inhalte der Tätigkeit des Betreuers von der Persönlichkeit des Betreuten, der Art seiner Probleme, vom Krankheitsbild bzw. der Art und der Schwere seiner Behinderung, seinem gegenwärtigen sozialen Umfeld, den institutionellen Rahmenbedingungen sowie den rechtlichen Erfordernissen abhängig. Die Feststellung der Eignung eines Betreuers obliegt einerseits der im Rahmen der Sachverhaltsaufklärung tätigen Betreuungsstelle bzw. Stammbehörde (vgl. § 21 Abs. 2, § 23 Abs. 1 BtOG), andererseits der eigenen Einschätzung des ausgewählten Betreuers (§ 1819 Abs. 1 und 2 BGB) und letztlich dem Betreuungsrichter.

84 Der Betreuer sollte seine Eignung nur bejahen, wenn er damit Aufgaben übernimmt, die er selbst in seinem Privatbereich mit ausreichender Kompetenz erledigen könnte. Wer diesen Maßstab gewissenhaft beachtet, wird weder sich noch andere Beteiligte enttäuschen.

3. Auswahl und Eignung der Betreuer

3.1 Auswahl des Betreuers

85 Das Betreuungsgericht soll grundsätzlich eine natürliche Person zum Betreuer bestellen. Sie muss geeignet sein, die Angelegenheiten des Betreuten im gerichtlich bestimmten Aufgabenkreis nach Maßgabe des § 1821 BGB rechtlich zu besorgen und ihn im hierfür erforderlichen Umfang persönlich zu betreuen. Die Feststellung, ob jemand diese Eignung besitzt und als Betreuer bestellt werden kann, muss daher von der Prognose ausgehen, dass die Anforderungen des § 1816 BGB (Besorgung der Angelegenheiten des Betroffenen, Nutzung aller Möglichkeiten, die Krankheit oder Behinderung zu beseitigen, Beachtung der Wünsche und des mutmaßlichen Willens des Betreuten) erfüllt werden können. Das Betreuungsgericht muss diese Eignung positiv feststellen und darf nicht pauschal von ihr ausgehen (BGH, Beschl. v. 8.11.2017 – XVII ZB 90/17). Berufsbetreuer müssen geeignet, zuverlässig und sachkundig sein und das auch gegenüber der Stammbehörde nachweisen, §§ 23 ff. BtOG). Für ehrenamtliche Betreuer wird ebenfalls eine persönliche Eignung und Zuverlässigkeit gefordert, die auch in eingeschränktem Umfang nachzuweisen ist, § 21 BtOG.

3.2 Vorschlagsrecht des Betroffenen (§ 1816 Abs. 2 und 3 BGB)

86 Der Betroffene kann eine oder mehrere Personen unter Umständen auch nur für bestimmte Aufgabenbereiche zum Betreuer vorschlagen. Sein Vorschlag für die Betreuerauswahl ist dann bindend, es sei denn, die gewünschte Person ist zur Führung der Betreuung nach Absatz 1 (siehe Rn. 96) nicht geeignet. Den Betreuerwunsch kann auch ein Geschäfts- oder Einwilligungsunfähiger verbindlich äußern. Selbst „natürliche Einsichtsfähigkeit" muss bei Kundgabe des Wunsches nicht vorliegen. Ausreichend ist, dass der Betroffene „seinen Willen oder Wunsch kundtut, eine bestimmte Person solle sein Betreuer werden". Irrationale oder unsinnige Motive des Betroffenen, Verwirrtheit, fehlende örtliche, zeitliche oder situative Orientierung, Ernst und Dauerhaftigkeit sind für die Frage, ob dem Vorschlag zu folgen ist, ebenfalls bedeutungslos (BGH, Beschl. v. 1.3.2023 – XII ZB 285/22, Rn. 19). Das Gesetz räumt in § 1816 Abs. 2 Satz 3 BGB dem gegenwärtigen Wunsch sogar einen Vorrang gegenüber Vorschlägen ein, die er selbst vor dem Betreuungsverfahren im Zustand der Geschäftsfähigkeit gemacht hat. Das ist ein positives Beispiel dafür, dass Menschen mit Behinderung das „Recht haben, überall als

Rechtssubjekt anerkannt zu werden" (Art. 12 Abs. 1 UN-BRK). Eine Korrektur rechtfertigt sich nicht mehr, weil das „Wohl" des Betroffenen tangiert wird, sondern nur noch bei fehlender Eignung des vorgeschlagenen Betreuers. Gewichtige Gründe des „Wohls des Betreuten" will aber der BGH heranziehen, obwohl der Begriff des Wohls vom Gesetzgeber als Maßstab im Betreuungsrecht abgeschafft wurde (BGH a. a. O., Rn. 21).

Da dem Betreuungsgericht bei einem ausdrücklichen Betreuerwunsch kein Ermessen zusteht, 87
muss auch die gesetzlich zulässige Abweichung im Hinblick auf die Eignung des Betreuten ausreichend begründet werden. Erforderlich ist eine umfassende „Abwägung aller relevanten Umstände". Aus dieser Gesamtschau müssen sich „Gründe von ganz erheblichem Gewicht ergeben", die gegen die persönliche Eignung und Zuverlässigkeit der vorgeschlagenen Person und somit gegen ihre Bestellung als Betreuer sprechen. Schließlich muss „anhand aussagekräftiger Erkenntnisse eine konkrete Gefahr festgestellt werden", dass der Vorgeschlagene die Betreuung des Betroffenen aufgrund seiner fehlenden Eignung oder Unzuverlässigkeit nicht führen kann oder will – mit der Folge, dass die Angelegenheiten des Betreuten nicht erledigt werden können. Eine Eintragung im Schuldnerverzeichnis ist sicher für den Bereich der Vermögensverwaltung ein Indiz für mangelnde Eignung, kann aber auch auf unverschuldete Armut zurückzuführen sein. Geht es um die Eignung eines nahen Angehörigen, muss auch berücksichtigt werden, dass in einem derartigen Näheverhältnis regelmäßig eine „vertrauensvolle Zusammenarbeit" gewährleistet ist, die für die Qualität der Betreuung von großer Bedeutung sein kann. Im Hinblick auf den Wunsch des Betroffenen darf dann die Eignung nicht vorschnell verneint werden. Bestehen Bedenken gegen die Eignung einer vorgeschlagenen Person, dann muss sie unter Umständen sogar persönlich vom Gericht angehört werden. Der Richter darf sich nicht ausschließlich auf Mitteilungen Dritter berufen. Dies ergibt sich aus dem Amtsermittlungsgrundsatz, § 26 FamFG. Vgl. zum Ganzen BGH, Beschl. v. 18.3.2026 – XII ZB 409/25 und BT-Drucks. 19/24445, S. 237 f.

Hinweis:

In der Rechtsprechung des BGH wird der Wortlaut des Gesetzes in unzulässiger Weise verkürzt wahrgenommen. Dort steht:

„Wünscht der Volljährige eine Person als Betreuer, so ist diesem Wunsch zu entsprechen, es sei denn, die gewünschte Person ist zur Führung der Betreuung **nach Absatz 1** nicht geeignet." Der Hinweis auf Absatz 1 umfasst wiederum den § 1821 BGB, sodass es in erster Linie auf den natürlichen Willen oder den mutmaßlichen Willen des Betroffenen ankommt. Am Anfang der Prüfung müsste daher wieder § 1821 BGB stehen, der die Eignung der vorgeschlagenen Person dem Regime des Willens des Betroffenen unterstellt.

Ist die vorgeschlagene Person nur in einem bestimmten Aufgabenbereich nicht geeignet, hat 88
das Betreuungsgericht im Hinblick auf die weiteren Angelegenheiten die Anordnung einer Mitbetreuung zu prüfen, um dem Vorschlag des Betroffenen möglichst weitgehend Rechnung zu tragen (vgl. noch zum alten Recht BGH, Beschl. v. 22.4.2015 – XII ZB 577/14). Im Ergebnis kann dann ein Aufgabenbereich, in dem der vorgeschlagene Betreuer nicht geeignet ist, durch einen anderen Betreuer erledigt werden, § 1817 Abs. 1 BGB.

Beispiel:

Amanda Gold ist sehr vermögend (Grundbesitz, Aktien, Gold, Antiquitäten). Aufgrund einer fortgeschrittenen Demenz ist sie völlig überfordert und kann auch ihre gesundheitlichen Probleme nicht mehr angemessen lösen. Ihr insolventer Sohn Anton hat sich schon immer sein Leben durch Betrug und Steuerhinterziehungen leichter gemacht und auf Kosten anderer gelebt. Allerdings hat er sich auch immer zuverlässig und liebevoll um die Pflege seiner Mutter gekümmert. Gold will ihren Sohn als Betreuer für alle Bereiche und keinen Berufsbetreuer.

In diesem Fall kann Anton für die Vermögensverwaltung nicht zum Betreuer bestellt werden, weil er seine Unzuverlässigkeit im Umgang mit Geld nachhaltig unter Beweis gestellt hat. Es besteht die konkrete Gefahr, dass er sich aus dem Vermögen seiner Mutter bedient. Im Bereich der Gesundheitsfürsorge muss aber Anton bestellt werden, da er insoweit bestens geeignet wäre.

89 Das Vorschlagsrecht steht dem Betreuten bei einer Verlängerungsentscheidung erneut zu, weil mit der Verlängerung abermals die Betreuung angeordnet und eine Person als Betreuer bestellt wird. Die vorangegangene Betreuerbestellung wird durch eine neue Einheitsentscheidung über die Bestellung und die Auswahl eines Betreuers ersetzt. Folglich ist auch § 1816 Abs. 2 BGB zu beachten.

3.3 Verfassungsrechtliche Gesichtspunkte, Ehe und Familie

90 Art. 6 GG schützt Ehe und Familie in besonderer Weise. Die Verfassung gebietet deshalb eine bevorzugte Berücksichtigung der Familienangehörigen bei der Auswahl eines Betreuers, vor allem dann, wenn das zu betreuende erwachsene Kind seine Eltern als Betreuer wünscht. Die familiäre Bindung zwischen den Eltern und ihren Kindern, auch wenn sie bereits erwachsen sind, realisiert sich auch im „Wert der familiären Beziehungen, dem innerfamiliären Zusammenhalt und der Familie als Schutzraum der Betroffenen". Eine betreute Person aus diesem „Schutzraum" heraus in eine Pflegeeinrichtung zu verbringen und deswegen die Mutter als Betreuerin zu entlassen, die das nicht zulassen will, ist nur möglich, wenn von der Beziehung Mutter-betreutes Kind eine erhebliche Gefahr ausgeht, was auch durch Fakten belegbar sein muss (BVerfG, Beschl. v. 31.3.2021 – 1 BvR 413/20).

91 Die Bestellung eines Familienangehörigen, den der Betroffene als Betreuer wünscht, kann aber nicht mehr mit dem Hinweis auf das Wohl des Betroffenen abgelehnt werden, weil der Betroffene unter den Spannungen zwischen seinen Familienangehörigen spürbar leidet oder die sachgerechte Regelung seiner wirtschaftlichen oder sonstigen Verhältnisse wegen der Spannungen innerhalb der Familie nicht gewährleistet ist (so noch der BGH zum alten Recht, Beschl. v. 12.2.2020 – XII ZB 475/19). Ein Angehöriger, der zur Übernahme der Betreuung bereit ist, darf grundsätzlich nur dann zugunsten eines Berufsbetreuers übergangen werden, wenn er hierfür nicht geeignet ist (vgl. Rn. 85 und BGH, Beschl. v. 5.3.2025 – XII ZB 260/24). Diese Umstände müssen allerdings vom Gericht unter dem Gesichtspunkt der Eignung des vorgeschlagenen Familienangehörigen anhand konkreter Sachverhalte geprüft werden.

3.4 Vorrang ehrenamtlicher Betreuung vs. Betreuervorschlag

92 § 1816 Abs. 5 BGB bestimmt, dass ein Berufsbetreuer nur dann zum Betreuer bestellt werden soll, wenn auf keine für die ehrenamtliche Führung der Betreuung geeignete Person zurückgegriffen werden kann. Fraglich ist, ob der Vorschlag, einen bestimmten Berufsbetreuer zu bestellen, selbst dann verbindlich ist, wenn ein geeigneter ehrenamtlicher Betreuer zur Verfügung steht. Der Wortlaut des § 1816 Abs. 2 BGB spricht für einen ausnahmslosen Vorrang, sodass der Vorschlag nur dann nicht verbindlich wäre, wenn der Berufsbetreuer ungeeignet wäre. Allerdings muss man auch die Bestellung überqualifizierter Betreuer vermeiden. Der Gesetzgeber hat zudem mit der Bevorzugung ehrenamtlicher Betreuer legitime fiskalische Interessen verfolgt. Der BGH präzisiert diese Argumentation zu Recht mit dem Hinweis, es sei ein legitimes „Ziel, Betreuer mit besonderer Qualifikation dem Einsatz für diejenigen Betroffenen vorzubehalten, welche die entsprechenden Kenntnisse und Fähigkeiten des Betreuers wirklich benötigten, um damit eine angemessene Versorgung aller Betroffenen gewährleisten zu können". Ausnahmen im Einzelfall wie eine sehr enge Beziehung des gewünschten Berufsbetreuers mit dem Betroffenen müssen aber immer möglich sein, um dem Einzelfall gerecht zu werden, so der BGH (Beschl. v. 11.7.2018 – XII ZB 642/17). Das Gesetz gibt hierzu die Möglichkeit, da § 1816 Abs. 5 BGB als Sollvorschrift ausgestaltet wurde (BT-Drucks. 19/24445, S. 239).

3.5 Negativauswahl

93 Trifft der Betroffene nur eine Negativauswahl, dann ist diese ebenfalls bindend, es sei denn, die Ablehnung bezieht sich nicht auf die Person des Betreuers, sondern auf die Bestellung eines Betreuers als solche, § 1816 Abs. 2 Satz 2 BGB.

3.6 Sonstige Kriterien für die Betreuerauswahl

Äußert sich der Betroffene nicht, ist er dazu nicht mehr in der Lage oder ist der vorgeschlagene 94
Betreuer ungeeignet, ist bei der Betreuerauswahl auf seine verwandtschaftlichen und sonstigen persönlichen Bindungen Rücksicht zu nehmen, insbesondere auf die Bindung zum Ehegatten, zu den Eltern oder Kindern. Auch die Gefahr von Interessenkonflikten ist zu beachten. Dem verwandtschaftlichen und sozialen Umfeld wird aber damit kein absoluter Vorrang eingeräumt. Sie sollen im Auswahlverfahren lediglich nicht übergangen werden, § 1816 Abs. 3 BGB.

3.7 Interessenkollision von Mitarbeitern einer versorgenden Einrichtung

„Eine Person, die zu einem Träger von Einrichtungen oder Diensten, der in der Versorgung des 95
Volljährigen tätig ist, in einem Abhängigkeitsverhältnis oder in einer anderen engen Beziehung steht, darf nicht zum Betreuer bestellt werden", § 1816 Abs. 6 Satz 1 BGB. Das gilt nicht, wenn im Einzelfall keine konkrete Gefahr einer Interessenkollision besteht. Der Ausschluss als Betreuer wegen einer möglichen Interessenkollision gilt mit der Neufassung nicht mehr nur für Mitarbeiter in Heimen der Alten- oder Behindertenhilfe, sondern auch für die Werkstätten und Schulen der Einrichtungen und vor allem die ambulanten Versorgungsdienste. Dieser Ausschluss kann auch nicht durch eine Vollmacht umgangen werden, da insoweit die betreuungsvermeidende Wirkung einer Vorsorgevollmacht gemäß § 1814 Abs. 3 Satz 2 Nr. 1 BGB aufgehoben würde.

Die Vorschrift des § 1816 Abs. 6 BGB muss zugunsten enger Familienangehöriger, zu denen der 96
Ehegatte, die Eltern und die Kinder zählen, verfassungskonform ausgelegt werden, sodass eine Bestellung trotz einer Bindung des vorgesehenen Betreuers an die Einrichtung erfolgen müsste (BVerfG, Beschl. v. 20.3.2006 – 1 BvR 1702/01). Das will der Gesetzgeber mit der Ausnahmeregelung lösen, wonach das Verbot nicht gilt, „wenn im Einzelfall die konkrete Gefahr einer Interessenkollision nicht besteht". Allerdings erscheint diese Lösung kaum zielführend, da die Ausnahmeregelung in Satz 2 eng auszulegen ist und „das Fehlen einer Interessenkollision im Einzelfall positiv festgestellt werden muss" (BT-Drucks. 19/24445, S. 240).

3.8 Eignung des Betreuers

Das Gesetz deutet in § 1816 Abs. 1 BGB mit den Worten „rechtlich zu besorgen" und „in dem 97
erforderlichen Umfang persönlichen Kontakt mit dem Betreuten zu halten" und in § 21 BtOG mit der Formulierung „die persönliche Eignung und Zuverlässigkeit" zwei unterschiedliche Eignungskomponenten an – und zwar eine „sachliche/fachliche" sowie eine „persönliche Komponente". Die sachliche Eignung ist in Bezug auf die konkreten Aufgaben zu prüfen, wobei eine differenzierte Eignung je nach Aufgabe möglich ist. Die persönliche Eignung kann sich dagegen auf alle Aufgabenbereiche erstrecken. Als Beispiele hebt der BGH erhebliche Interessenkonflikte oder den Missbrauch der Vertretungsmacht hervor, wobei beides anhand „konkreter Tatsachen" festzustellen ist. Ist der Betreuer unzuverlässig, weil er Geld zum Nachteil eines Betreuten für sich vereinnahmt, notwendige ärztliche Behandlungen nicht veranlasst oder gegenüber weiblichen Betreuten sexuell übergriffig geworden ist, begründet diese in einem besonderen Bereich aufgetretene persönliche Unzuverlässigkeit berechtigte Zweifel auch für andere Bereiche. Gerade in der Gesundheitsfürsorge und der Vermögensverwaltung kann aber die persönliche Eignung häufig auseinanderfallen, weil der – ehrenamtliche – Betreuer vielleicht im Umgang mit Geld charakterliche Defizite oder individuelle Unfähigkeit aufweist oder zu Leichtsinn neigt, aber bei der Gesundheitsfürsorge und Aufenthaltsbestimmung sehr empathisch und verständnisvoll, z. B. gegenüber seinen Eltern, agiert. Eine ehrenamtliche Betreuung in diesem Teilbereich wäre daher wohl sogar geboten. Ausschlaggebend ist immer eine Einzelfallprüfung.

Allerdings wird sich die Rechtsprechung darauf besinnen müssen, dass § 1816 Abs. 1 BGB mit 97a
seinem Hinweis auf § 1821 BGB auch neue Maßstäbe gesetzt und Wille, Wunsch und mutmaßlichen Willen in den Vordergrund gerückt hat. Auch der BGH wird diese neue Dimension berücksichtigen müssen. Bisher wurde nur die alte Kasuistik fortgeschrieben,

obwohl § 1821 BGB eine völlig neue Prüfungsreihenfolge entwickelt hat, die auch bei der Eignungsprüfung zugrunde gelegt werden muss. Für die positiv festzustellende Eignung ist ausschlaggebend, „ob der Betreuer zur Besorgung der Angelegenheiten des Betroffenen und zu der dafür erforderlichen persönlichen Betreuung in der Lage ist" (BGH, Beschl. v. 3.2.2021 – XII ZB 181/20; Beschl. v. 28.2.2024 – XII ZB 213/23).

98 Der Betreuer muss zu einer individuellen Lösung der Probleme unter Berücksichtigung der Wünsche, Bedürfnisse und des mutmaßlichen Willens des Betreuten beitragen können. Zeichnet sich eine vielschichtige und anspruchsvolle Problematik beim Betroffenen ab, wird man auf Vereins-, Berufs- bzw. Behördenbetreuer zurückgreifen.

99 Alle Protagonisten (Gericht, Betreuungsbehörden, Betreuungsvereine) müssen aber die Betreuer so unterstützen, dass eine Überforderung, die zu Misserfolgen und Frustration führt, tunlichst vermieden wird. Unter diesen Vorgaben ist ein Großteil der Menschen als Betreuer geeignet, eine ehrenamtliche Betreuung zu übernehmen.

3.9 Mehrere Betreuer

3.9.1 Anlass für die Bestellung mehrerer Betreuer

100 Soweit die Angelegenheiten eines Betreuten durch mehrere Betreuer besser besorgt werden können, kann das Betreuungsgericht auch mehrere Betreuer bestellen und festlegen, welcher Betreuer mit welchem Aufgabenbereich betraut wird. Das Modell, „mehrere Betreuer" für einen Betreuten zu bestellen, kann aus vielerlei Gründen geboten sein:

- Kompromiss zur Vermeidung von familiären Spannungen zwischen Verwandten
- Bezugspersonen mit unterschiedlichen wichtigen Kompetenzen sind vorhanden
- Stärkung der Individualität in der Betreuung
- Wahrung der Betreuerkontinuität (Aufbau bzw. Einführung eines nachfolgenden Betreuers)
- Schutz vor Überforderung eines Betreuers bei einem komplizierten Aufgabenbereich bzw. bei einem schwierigen Betreuten
- Vermeidung von Interessenkollisionen

3.9.2 Einschränkung, mehrere Berufs- oder Vereinsbetreuer zu bestellen

101 Mehrere Betreuer, die eine Vergütung erhalten (Berufs- oder Vereinsbetreuer), dürfen gemäß § 1817 Abs. 1 Satz 3 BGB nur bestellt werden, wenn

- es um die Einwilligung in eine Sterilisation geht,
- für den Fall der tatsächlichen Verhinderung ein Verhinderungsbetreuer oder
- ein Ergänzungsbetreuer bei einer rechtlichen Verhinderung zu bestellen ist.

102 Zur Vergütung in diesen Sonderfällen vgl. Kapitel A 16, Rn. 18 ff.

3.9.3 Betreuer mit dem gleichen Aufgabenbereich

103 Werden mehrere Betreuer mit dem gleichen Aufgabenkreis betraut, können diese gemäß § 1817 Abs. 3 BGB die Angelegenheiten des Betreuten im Aufgabenkreis nur gemeinsam erledigen. In diesem Fall ist auch die Vertretung nach außen nur gemeinschaftlich möglich. Das gilt nicht, wenn das Betreuungsgericht etwas anderes bestimmt hat oder wenn mit einem Aufschub der Entscheidung Gefahr verbunden wäre. Das wäre z. B. der Fall, wenn nur einer der Betreuer erreichbar ist, die Einwilligung in eine dringende Operation erklärt werden muss und bei zu langem Warten gesundheitliche Schäden drohen. Mehrere Berufsbetreuer dürfen nicht als gemeinschaftliche Betreuer bestellt werden, § 1817 Abs. 1 Satz 3 BGB.

3.9.4 Verhinderungs- und Ergänzungsbetreuer

104 Das Betreuungsgericht kann aber auch gemäß § 1817 Abs. 4 BGB einen sog. Verhinderungsbetreuer in der Weise bestellen, dass eine Vertretungsregelung getroffen wird, soweit der erstbestellte Betreuer an der Ausübung aus tatsächlichen Gründen (Krankheit, Urlaub,

Abwesenheit) verhindert ist. Zur Sicherung der Betreuungsqualität, zur Vermeidung unnötiger Fluktuation, aber auch aus verwaltungsökonomischen Gründen sollte die Möglichkeit, einen Vertretungsbetreuer einzusetzen, in jedem Einzelfall geprüft werden. Der Verhinderungsbetreuer kann zwar den Betreuten nach außen wirksam vertreten, auch wenn der Vertretungsfall nicht eingetreten ist; das Ausüben der Verhinderungsvollmacht ohne tatsächliche Verhinderung des Hauptbetreuers ist aber im Innenverhältnis eine Pflichtverletzung, die zu einer Haftung führen kann. Als Verhinderungsbetreuer kann auch ein anerkannter Betreuungsverein bestellt werden, ohne dass die engen Voraussetzungen des § 1818 Abs. 1 BGB zur Anwendung kommen, § 1817 Abs. 4 Satz 2 BGB.

Hinweis: Kein Ersatz des Verhinderungsbetreuers durch Vollmachten!

Häufig erteilen Betreuer, die aufgrund von Urlaub, Fortbildung oder Krankheit vorübergehend verhindert sind, an Dritte eine Vollmacht oder umschreiben das als Delegation von Aufgaben. Das ist wegen des in § 1816 Abs. 1 BGB „hervorgehobenen Grundsatzes der persönlichen Betreuung grundsätzlich unzulässig". Schließlich kann der Betreuer nicht selbst einen weiteren Betreuer bestellen. Das bleibt dem Gericht vorbehalten (vgl. dazu BT-Drucks. 19/24445, S. 242). Deshalb muss und kann ein Verhinderungsbetreuer bestellt werden.

Bei einer Verhinderung aus rechtlichen Gründen ist ein sog. Ergänzungsbetreuer zu bestellen, 105
§ 1817 Abs. 5 BGB. Zur Entscheidung ist funktionell der Rechtspfleger berufen, da gemäß § 15 Abs. 1 Nr. 1 RPflG der § 1817 Abs. 5 BGB nicht unter den Richtervorbehalt fällt. Sehr wohl benannt sind dagegen § 1817 Abs. 1 bis 4 BGB, sodass z. B. der Verhinderungsbetreuer unter den Richtervorbehalt fällt.

Terminologie bei mehreren Betreuern	
Gemeinschaftliche Betreuer	Für einen Aufgabenbereich werden mehrere Betreuer bestellt, die nur gemeinsam vertreten können und dürfen, § 1817 Abs. 3 BGB.
Verhinderungsbetreuer	Ein Betreuer, der die Angelegenheiten des Betreuten zu besorgen hat, soweit der Betreuer aus tatsächlichen Gründen verhindert ist, § 1817 Abs. 4 BGB
Ergänzungsbetreuer	Ein weiterer Betreuer, der die Angelegenheiten des Betreuten zu besorgen hat, soweit der Betreuer aus rechtlichen Gründen gehindert ist, diese zu erledigen, § 1817 Abs. 5 BGB
Sterilisationsbetreuer	Ein besonderer Betreuer, der nur über die Einwilligung in eine Sterilisation des Betreuten entscheidet, § 1817 Abs. 2 BGB

3.10 Der ehrenamtliche Betreuer

3.10.1 Allgemeine Stellung des ehrenamtlichen Betreuers nach dem BGB

Das Betreuungsrecht favorisiert eindeutig den ehrenamtlichen Betreuer als Regelbetreuer, 106
§ 1816 Abs. 5 BGB. Die berufsmäßige Ausübung muss vom Gericht bereits bei der Betreuerbestellung ausdrücklich festgestellt werden. In der Beschlussformel muss die Bezeichnung als „beruflicher Betreuer" gemäß § 286 Abs. 1 Nr. 4 FamFG enthalten sein. Einen Berufsbetreuer lässt § 1816 Abs. 5 Satz 1 BGB nur zu, wenn kein geeigneter ehrenamtlicher Betreuer zur Verfügung steht. Wird nachträglich ein geeigneter „Ehrenamtlicher" gefunden, soll das Gericht nach § 1868 Abs. 3 BGB den Berufsbetreuer bzw. einen Betreuungsverein, Behördenbetreuer oder die Betreuungsbehörde entlassen. Ein bereits bestellter Berufsbetreuer wird durch § 1864 Abs. 2 Satz 2 Nr. 6 BGB verpflichtet, nachträglich eingetretene Umstände dem Gericht mitzuteilen, die es ermöglichen, die Betreuung ehrenamtlich zu führen.

Ehrenamtliche Betreuer sind Menschen, die bereit sind, sich unentgeltlich für den Betreuten zu 107
engagieren und Verantwortung innerhalb des zugewiesenen Aufgabenkreises zu übernehmen,

§ 19 Abs. 1 BtOG. Bei der Auswahl des Betreuers muss sehr genau auf einen Interessenausgleich zwischen den Anforderungen für den Betreuten und den Vorstellungen des ehrenamtlichen Betreuers geachtet werden. Der Ehrenamtliche hat in der Regel klare Vorstellungen, wie viel Zeit er bei überschaubarer Verpflichtung einbringen möchte, sodass auf den Umfang des zu erwartenden Engagements, seine Lebenserfahrung, seine individuellen Kenntnisse und auf seine Interessen Rücksicht genommen werden muss. Nur ein zufriedener ehrenamtlicher Betreuer ist Garant für eine positive Öffentlichkeitsarbeit, um weitere, dringend benötigte Laienbetreuer zu gewinnen. Auch wenn von Angehörigen, schon wegen ihrer moralischen Verpflichtung gegenüber dem Betreuten, die Übernahme des Ehrenamts als Selbstverständlichkeit erwartet wird, muss bei diesem Personenkreis auf eine mögliche Überforderung geachtet werden.

108 Bei umfangreichen und komplizierten Betreuungen ist dem Vereins-, Behörden- oder Berufsbetreuer der Vorzug gegenüber dem Laienbetreuer einzuräumen, soweit der Laienbetreuer überfordert (das heißt ungeeignet) wäre. Besondere Schwierigkeiten und Fachkenntnisse sind meist nur am Anfang der Betreuung – bei umfangreichem Regelungsbedarf – gegeben. Die professionelle Betreuung sollte aber dann in eine ehrenamtliche Betreuung übergeführt werden, sobald sie einem Laien zumutbar ist und zwischen dem Laien und dem Betreuten eine positive Beziehung besteht.

3.10.2 Prüfung der Zuverlässigkeit und persönlichen Eignung durch die Betreuungsbehörde

109 Zum ehrenamtlichen Betreuer finden sich auch Regelungen in § 21 BtOG mit Verweis auf § 23 Abs. 2 Nr. 1, 2 und 4 BtOG und in § 22 BtOG. Voraussetzung für die Führung einer Betreuung als ehrenamtlicher Betreuer ist demnach „persönliche Eignung und Zuverlässigkeit". In der Regel fehlt die Zuverlässigkeit, wenn ein (vorläufiges) „Berufsverbot" (§ 70 StGB, § 132a StPO) besteht oder bei rechtskräftiger Verurteilung des Betreuers „wegen eines Verbrechens oder eines vorsätzlich begangenen, für die Führung einer Betreuung relevanten Vergehens" innerhalb der letzten drei Jahre. Sie fehlt auch, wenn die Vermögensverhältnisse der als Betreuer zu bestellenden Personen ungeordnet sind. Das wiederum ist in der Regel der Fall, wenn „über das Vermögen der Person das Insolvenzverfahren eröffnet worden" ist oder „sie in das vom zentralen Vollstreckungsgericht zu führende Schuldnerverzeichnis (§ 828b ZPO) eingetragen ist". Deshalb sind der Betreuungsbehörde folgende Nachweise vorzulegen, die jeweils nicht älter als drei Monate sein sollen:

- Führungszeugnis nach § 30 Abs. 5 BZRG
- Auskunft aus dem zentralen Schuldnerverzeichnis nach § 882b ZPO

Hinweis:

Die Vorlage des Führungszeugnisses und der Auskunft aus dem Schuldnerverzeichnis erfordern einen zeitlichen Vorlauf. Das Gesetz verzichtet deshalb auf schriftliche Nachweise, wenn die betreffende Person „im Wege der einstweiligen Anordnung nach den §§ 300 und 301 des FamFG zum vorläufigen Betreuer bestellt wird". Vor der endgültigen Bestellung sind die Nachweise allerdings vorzulegen.

3.11 Betreuungsbehörde als Betreuerin

110 Kann der Volljährige weder durch eine oder mehrere natürliche Personen noch durch einen Verein hinreichend betreut werden, kann das Gericht die zuständige Behörde (Betreuungsstelle) zur Betreuerin bestellen, § 1818 Abs. 4 BGB. Die Bestellung kann von der Behörde nicht abgelehnt werden; auf die Einwilligung der Behörde kommt es nicht an. Der Auffangtatbestand des § 1818 Abs. 4 Satz 1 BGB gilt auch für den Fall eines quantitativen Mangels an (anderen) Betreuern.

111 Findet sich später eine bereite natürliche Person (auch Berufs- oder Vereinsbetreuer), ist die Behörde als Betreuer zu entlassen, § 1868 Abs. 3 BGB. Eine entsprechende Informationspflicht der Behörde an das Gericht ergibt sich aus § 1818 Abs. 4 Satz 2 i. V. m. Abs. 3 BGB.

A

Die Bestellung der örtlichen Betreuungsbehörde zur Betreuerin kann auch dann geboten sein, wenn die Betreuungsbehörde im Einzelfall keinen geeigneten und übernahmebereiten Einzelbetreuer und auch keinen Betreuungsverein vorschlagen kann bzw. vorschlägt. Die Amtsermittlungspflicht des Gerichts nach § 26 FamFG gebietet es in diesem Fall nicht, selbst eigene umfangreiche Ermittlungen zur Suche eines geeigneten Betreuers anzustellen. Das wird wohl nur bei einstweiligen Anordnungen in Betracht kommen. 112

3.12 Betreuungsverein und Vereinsbetreuer als Betreuer

Die Vereinsbetreuung ist nachrangig gegenüber der Bestellung einer natürlichen Person und bedarf der Einwilligung des Vereins. Allerdings kann der Betreuungsverein ohne Nachrang bestellt werden, wenn der Betreute das wünscht. Zur Ausnahme beim Verhinderungsbetreuer vgl. § 1817 Abs. 4 Satz 2 BGB. Der Verein muss die Wahrnehmung der Betreuung einzelnen natürlichen Personen übertragen und dabei auf die Vorschläge des Betreuten eingehen, § 1818 Abs. 2 BGB. Diese dürfen nicht mit den echten Vereinsbetreuern verwechselt werden, die vom Gericht bestellt werden. Zur Überprüfung der Auswahl auf Verlangen des Betreuten vgl. § 291 FamFG. 113

4. Pflicht zur Übernahme der Betreuung?

Der vorgeschlagene bzw. vom Gericht ausgewählte Betreuer ist grundsätzlich verpflichtet, die Betreuung zu übernehmen. Die Pflicht zur Übernahme der Betreuung richtet sich an deutsche und ausländische Mitbürger. Der Ausgewählte muss aber geeignet und bereit sein, die Betreuung mit den entsprechenden Aufgabenbereichen zu übernehmen, wobei das unter Berücksichtigung seiner familiären, beruflichen oder sonstigen Verhältnisse zumutbar sein muss. 114

Im Interesse des Betreuten kann gemäß § 1819 Abs. 2 BGB nur zum Betreuer bestellt werden, wer seine Bereitschaft zur Übernahme des Ehrenamts erklärt hat. Die Übernahme einer Betreuung kann man nicht erzwingen. Das macht Sinn, da von einem „erzwungenen Betreuer" das notwendige Engagement für die persönliche Betreuung nicht erwartet werden kann. Wer sich bereit erklärt hat, die Betreuung zu übernehmen, kann diese Erklärung bis zur Wirksamkeit der Betreuerbestellung widerrufen. Will dagegen der wirksam bestellte Betreuer „das Betreueramt niederlegen" bzw. die Bereiterklärung widerrufen, ändert ein Widerruf der Erklärung nichts an der erfolgten Betreuerbestellung. Das Gericht kann dann nur noch die Eignung überprüfen und den Betreuer evtl. entlassen (BGH, Beschl. v. 12.2.2020 – XII ZB 475/19). 115

Hinweis:

Ein Betreuer kann also das Betreueramt nicht einfach niederlegen, sondern er muss seine Entlassung beantragen. Gründe können z. B. sein: Wohnungswechsel, Krankheit, Alter, Berufsausübung usw. Ein ehrenamtlicher Betreuer muss deshalb keine Angst haben, dieses Amt auf Lebenszeit ausüben zu müssen.

Die Bestellung eines Vereinsbetreuers bedarf der Einwilligung des Betreuungsvereins.

5. Verpflichtung des Betreuers

Der Betreuer wird vom Rechtspfleger des Betreuungsgerichts gemäß § 1861 Abs. 2 BGB mündlich verpflichtet und über seine Aufgaben unterrichtet. Ferner muss er auf die Beratungs- und Unterstützungsangebote nach den örtlichen Gegebenheiten hinweisen, insbesondere auf die des Betreuungsgerichts, der Betreuungsvereine, der Betreuungsstelle und der Institutionen im Bereich der „anderen Hilfen". Die Verpflichtung gilt aber nur für ehrenamtliche Betreuer, die nur eine Betreuung führen oder in den letzten zwei Jahren geführt haben. 116

5.1 Inhalt und Gestaltung des Verpflichtungsgesprächs

5.1.1 Verpflichtungsgespräch gemäß § 1861 Abs. 2 BGB

117 Der Rechtspfleger wird bei der mündlichen Verpflichtung eines ehrenamtlichen Betreuers, im Regelfall nach Aktenlage, die wesentlichen Aufgaben, Rechte und Pflichten des Betreuers im konkreten Einzelfall unter Beachtung der Aufgabenbereiche besprechen. Die Verpflichtung ist Ausfluss der allgemeinen Beratungspflicht des Betreuungsgerichts, die in § 1861 Abs. 1 BGB vorangestellt wurde. Allerdings kann man keine vertiefte Behandlung über allgemeine Rechtsfragen erwarten und schon gar keine konkreten Vorgaben für die Betreuertätigkeit. Der unabhängig davon bestehende Anspruch des Betreuers auf Beratung und Unterstützung durch die Betreuungsbehörde und die Betreuungsvereine bleibt unberührt. Der Rechtspfleger sollte die ehrenamtlichen Betreuer auf diese Beratungsmöglichkeiten, „insbesondere auf die Möglichkeit des Abschlusses einer Vereinbarung zur Begleitung und Unterstützung" nach § 15 Abs. 1 Satz 1 Nr. 4 BtOG sowie § 5 Abs. 2 BtOG hinweisen (BT-Drucks. 19/24445, S. 297).

5.1.2 Anfangsgespräch mit dem Betreuten gemäß § 1863 Abs. 2 BGB

118 Ehrenamtliche Betreuer mit einer familiären Beziehung oder persönlichen Bindung zum Betreuten müssen keinen Anfangsbericht gemäß § 1863 Abs. 1 BGB erstellen. Zum Ausgleich führt das Betreuungsgericht nach Absatz 1 Satz 2 mit dem Betreuten auf dessen Wunsch oder in anderen geeigneten Fällen ein Anfangsgespräch zur Ermittlung der Sachverhalte, die ansonsten im Anfangsbericht enthalten sein müssten (persönliche Beziehung, Ziele der Betreuung, Wünsche des Betreuten). Der ehrenamtliche Betreuer soll an dem Gespräch teilnehmen. Von einem geeigneten Fall ist auszugehen, wenn mit dem Betreuten eine sinnvolle Verständigung möglich und dieser damit einverstanden ist. Damit soll die Basis für eine vertrauensvolle Zusammenarbeit der Beteiligten untereinander und mit dem Gericht hergestellt werden. Die durch die Anordnung einer Betreuung veränderte rechtliche Situation kann vom Rechtspfleger mit den Beteiligten besprochen werden. Anlässlich dieser Besprechung können auch sich abzeichnende Schwierigkeiten erörtert werden.

119 Das Verpflichtungsgespräch (siehe oben) und das gemeinsam geführte Anfangsgespräch können auch zu einem Gespräch zusammengeführt werden (BT-Drucks. 19/24445, S. 298).

5.2 Wichtige Gesichtspunkte für das Verpflichtungsgespräch

120 Der Betreuer sollte beim Verpflichtungsgespräch das grundsätzliche Ergebnis der persönlichen Unterredung mit der Betreuungsstelle (wenn diese ihn zum Betreuer vorgeschlagen hat) einfließen lassen und unabhängig vom Aufgabenkreis mit dem Rechtspfleger folgende Fragen klären:

- Ist der Betreute nach dem vorliegenden fachärztlichen Gutachten zeitweise oder auf Dauer geschäftsunfähig?
- In welchem Umfang ist die persönliche Betreuung des Betreuten notwendig und erforderlich?
- Welcher voraussichtliche Handlungsbedarf ist im Rahmen der Aufgabenbereiche erkennbar? Wie sind die Aufgabenbereiche im Einzelfall abzugrenzen?
- Wie ist ggf. der Abrechnungsnachweis für die Aufwandsentschädigung/den Aufwendungsersatz zu führen?
- Welche Grundsätze sind für die Erstellung des Vermögensverzeichnisses zu beachten?
- Wie wird die Rechnungslegung erwartet?
- Welche Genehmigungsvorbehalte des Betreuungsgerichts sind absehbar?
- Welche Unterlagen liegen dem Gericht bereits vor, die für die Führung der Betreuung relevant sind (wichtig, soweit Betreuung zur Weiterführung übernommen wird)?

5.3 Weitere Gespräche

Im Zusammenhang mit dem Anfangsbericht über die persönlichen Verhältnisse kann mit einem ehrenamtlichen Fremdbetreuer und dem Betreuten ein Gespräch nach § 1863 Abs. 1 Satz 5 BGB geführt werden. 121

5.4 Bestellungsurkunde (Betreuerausweis)

Zum Nachweis für den Rechtsverkehr erhält der Betreuer einen Betreuerausweis (Bestellungsurkunde), § 290 FamFG. Diese Urkunde enthält: 122

- die Bezeichnung des Betroffenen und des Betreuers
- bei Bestellung eines Vereinsbetreuers oder Behördenbetreuers diese Bezeichnung und die Bezeichnung des Vereins oder der Behörde
- den Aufgabenkreis des Betreuers unter Benennung der einzelnen Aufgabenbereiche
- bei Anordnung eines Einwilligungsvorbehalts die Bezeichnung des Kreises der einwilligungsbedürftigen Willenserklärungen
- bei der Bestellung eines vorläufigen Betreuers durch einstweilige Anordnung das Ende der einstweiligen Maßnahme
- Angaben über eine Befreiung gemäß §§ 1859, 1860 BGB

Hinweis:

Bei Vorlage der Bestellungsurkunde im Rechtsverkehr können Dritte unter Umständen ohne berechtigtes Interesse die Aufgabenbereiche oder die Anordnung eines Einwilligungsvorbehalts zur Kenntnis nehmen. Dem trägt § 290 Abs. 2 FamFG mit folgender Formulierung Rechnung:

„Soweit dies zur Beachtung berechtigter Interessen des Betroffenen erforderlich ist und der Schutz des Rechtsverkehrs dem nicht entgegensteht, erstellt das Gericht auf Antrag des Betreuers eine weitere Urkunde, in welcher die Angaben zu den Aufgabenbereichen des Betreuers oder die Anordnung eines Einwilligungsvorbehalts nur eingeschränkt ausgewiesen werden."

5.5 Anspruch auf Vorlage der Bestellungsurkunde

Im Verkehr zwischen dem Betreuer und den Banken tritt immer wieder die Frage auf, ob die Bestellungsurkunde (der sog. Betreuerausweis) jedes Mal im Original vorzulegen ist, wenn der Betreuer Bankgeschäfte tätigt. Das LG Oldenburg (Beschl. v. 7.10.2009 – 13 S 62/09) hat hierzu festgestellt, dass die Bank nicht berechtigt sei, die Entgegennahme und vertragsgerechte Umsetzung rechtsgeschäftlicher Erklärungen des Betreuers von der Vorlage eines Betreuerausweises abhängig zu machen, wenn der Bank dieser Ausweis einmal vorgelegt worden ist. Gegen diese Entscheidung des LG Oldenburg wurde Nichtzulassungsbeschwerde zum BGH eingelegt; sie wurde als unzulässig abgewiesen (BGH, Urt. v. 30.3.2010 – XI ZR 184/09). 123

Der BGH hat in der Begründung seiner Entscheidung unter den Randnummern 8 bis 10 Folgendes ausgeführt: 124

Die Bank kann „durch die streitige Prüfungspraxis, vor jeder einzelnen Verfügung den Betreuerausweis im Original einzusehen, nicht erreichen", „vor Anweisungen eines nicht mehr bevollmächtigten Betreuers im Giroverhältnis geschützt zu sein", „da die Bestellungsurkunde eines Betreuers nach § 290 FamFG keine Vollmachtsurkunde gemäß § 172 ff. BGB ist (...)". 125

„Beruht die Vertretungsmacht nicht auf der Erteilung einer Vollmacht durch den Vertretenen, sondern – wie hier – auf gesetzlicher Grundlage, so scheidet eine Zurückweisung der Vollmacht nach § 174 BGB aus; die mit der Inanspruchnahme gesetzlicher Vertretung 126 verbundene Unsicherheit, ob die Vertretungsmacht wirksam besteht, wird dem Empfänger der Erklärung zugemutet (...)."

127 „Zudem könnte sich die Bank selbst im Falle einer Vorlage des Betreuerausweises nicht nach § 172 BGB auf eine mit der Bestellungsurkunde verknüpfte Rechtsscheinwirkung berufen, da diese einer rechtsgeschäftlichen Vollmachtsurkunde nicht gleichsteht (...)."

5.6 Beispiel für eine Bestellungsurkunde

Amtsgericht *Aburg* – Betreuungsgericht – Amtsweg 20, 00000 Aburg Telefon: 000000; Fax: 00000	BETREUUNGEN
	Aburg, 27.9.2023
Geschäftsnummer: XVII 1111/22	
Betreuungsverfahren	
Helga Gold, geboren am 23.5.1933, Musterweg 1, 00000 Aburg – Betroffene – RA Herbert Mustermann, Kranichweg 1, 00000 Aburg – Verfahrenspfleger –	
Bestellungsurkunde	
Herr Peter Zitter, geboren am 23.5.1950, Auweg 3, 00000 Aburg	
ist für	
Frau Helga Gold, geboren am 23.5.1933, Musterweg 1, 00000 Aburg **zum Betreuer** bestellt.	
Sein Aufgabenkreis umfasst:	
Aufenthaltsbestimmung *Gesundheitsfürsorge* *Vermögensverwaltung* *Entgegennahme, Öffnen und Anhalten der Post*	
Der Betreuer kann die Betroffene im Rahmen seines Aufgabenkreises gerichtlich und außergerichtlich vertreten. Diese Bestellungsurkunde ist nach Beendigung der Betreuung an das Gericht zurückzugeben.	
Wolfegger **Rechtspflegerin**	

Horst Böhm

Führung der Betreuung, Pflichten des Betreuers

A

1. Pflichten des Betreuers

1.1 Wünsche des Betreuten

1 Wohl, Wille und Wunsch waren seit der Einführung des Betreuungsrechts die bekannte Trias für die Arbeit der Betreuer. Diese drei Maßstäbe wurden durch die Reform völlig auf den Kopf gestellt – mit dem Ziel, durch das Eliminieren des objektiven „Wohles" die Arbeit noch intensiver als bisher auf die Betroffenen hin zu fokussieren. § 1821 gilt dabei als zentrale Norm und „Magna Charta für das gesamte Betreuungswesen", BT-Drucks. 19/24445, S. 249. Am besten lässt sich der Paradigmenwechsel anhand der einschlägigen Schlagwörter darstellen.

- **Primat der Unterstützung**
  leitet sich her aus Art. 12 Abs. 3 UN-BRK mit der Forderung: „Menschen mit Behinderungen Zugang zu der Unterstützung zu verschaffen, die sie bei der Ausübung ihrer Rechts- und Handlungsfähigkeit gegebenenfalls benötigen".
- **Selbstbestimmungsrecht des Betreuten**
  leitet sich her aus Art. 1, 2 GG.
- **Methode der unterstützten Entscheidungsfindung**
  leitet sich her aus § 1821 Abs. 2 BGB; Umsetzung der eigenen Wünsche durch den Betreuten, wobei er rechtlich durch den Betreuer zu unterstützen ist. Sie bedeutet die Abkehr von der zwingend ersetzenden zu einer Kann-Entscheidung des Betreuers, §§ 1823, 1821 Abs. 2 Satz 2 BGB.
- **Schutzpflicht des Staats** gegenüber hilfebedürftigen Erwachsenen,
  herzuleiten aus Art. 2 Abs. 2 GG (BVerfG, Beschl. v. 12.5.2020 – 1 BvR 1027/20); dient der Grenzziehung für die „Wünsche" des Betreuten.

2 Der Begriff „Wohl" wurde abgeschafft, weil er als objektiver Maßstab im Verdacht stand, die Selbstbestimmung zu vernachlässigen. Das „Wohl" war aber nicht nur eine gut gemeinte, aber fremdbestimmte paternalistische Fürsorge, sondern auch eine sinnvolle Brandmauer gegen krankheits- oder behinderungsbedingte Selbstschädigungen. Es verbleiben daher nur noch die Maßstäbe „Wünsche des Betroffenen" oder „mutmaßlicher Wille". Für den Betreuer sind also die Wünsche des Betreuten die relevante Richtschnur bei der Besorgung der Angelegenheiten.

1.2 Klärung der neuen Terminologie und der Frage: Wo bleibt der „Wille"?

1.2.1 Freier Wille, natürlicher Wille, Wünsche, mutmaßlicher Wille

3 Die Gesetzesbegründung räumt ein, den Begriff „freier Wille" nicht mehr erwähnt zu haben. Dieses Manko wird folgendermaßen erklärt:

> *Ungeschriebene – da selbstverständliche – Norm ist, dass der Wille des Betreuten, solange dieser ihn frei bilden kann, stets zu beachten ist und nicht von ihm abgewichen werden darf. Aber auch dann, wenn die Fähigkeit zur freien Willensbildung aufgehoben ist, darf nicht auf ein objektives Wohl zurückgegriffen werden, sondern es sind die Wünsche und hilfsweise der mutmaßliche Wille des Betreuten zu beachten. Soweit im Gesetz vom ‚Willenò£ gesprochen wird, ist damit der frei gebildete Wille gemeint. (BT-Drucks. 19/24445, S. 250)*

4 Der Wunsch umfasst somit einen mit freiem Willen geäußerten Wunsch, aber auch den mit natürlichem Willen zum Ausdruck gebrachten Wunsch. So umfassend ist auch der „erklärte Wille" zu verstehen, der für die Bestellung eines Kontrollbetreuers relevant sein kann, § 1820 Abs. 3 Nr. 2 BGB. Kann beides nicht festgestellt werden, wird der mutmaßliche Wille des Betreuten relevant, der zwar nicht auf einer Kundgabe des Betreuten beruht, aber einen individuellen subjektiven Willen darstellen soll.

1.2.2 Grafik zum besseren Verständnis

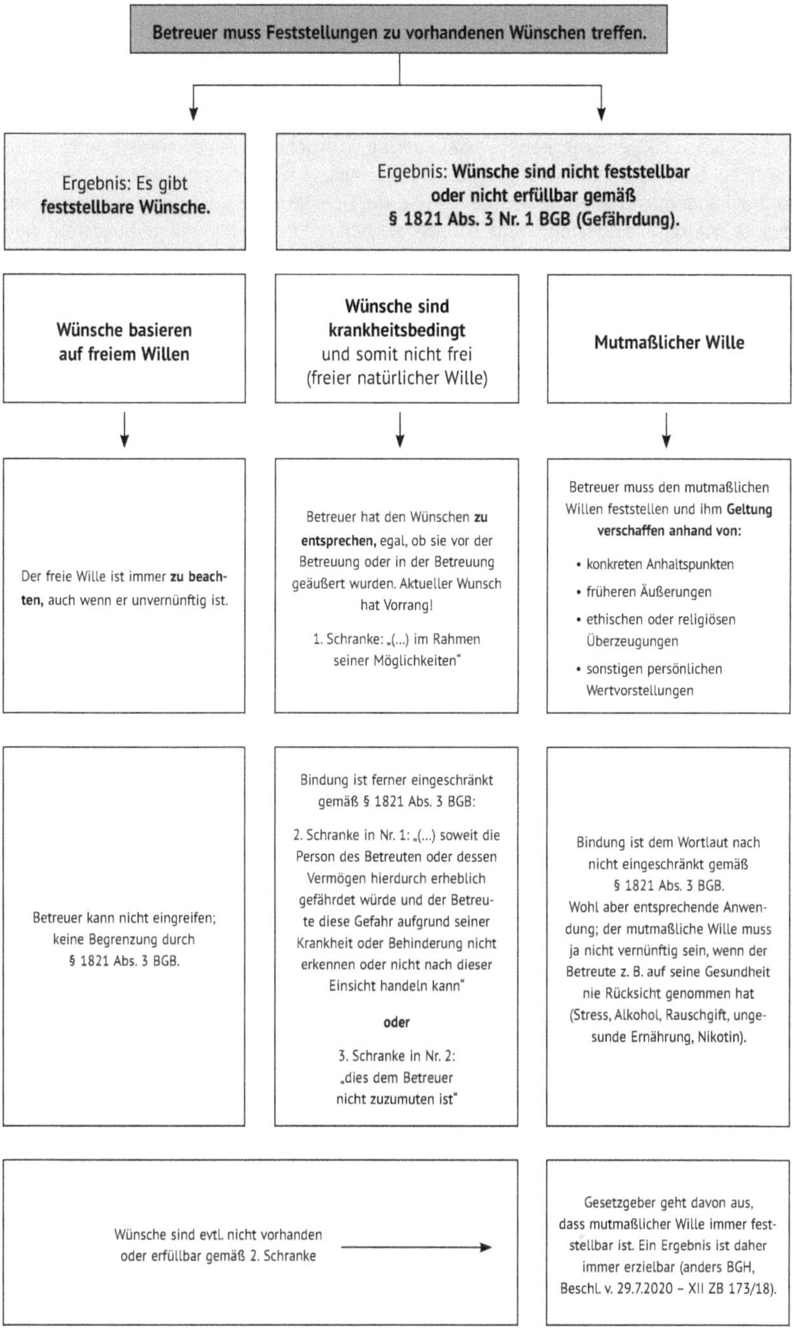

5 Eine Betreuung kann auch angeordnet werden, wenn der Betroffene seinen Willen noch frei bilden kann. Das ergibt sich schon aus § 1814 Abs. 2 BGB. Der freie Wille wurde bisher immer im Gegensatz zu dem defizitären natürlichen Willen gesehen. Das Defizit besteht darin, dass krankheitsbedingt die für den freien Willen notwendige Erkenntnisfähigkeit und die Fähigkeit, eine selbstbestimmte Abwägung und Entscheidung zu treffen, ganz oder teilweise außer Kraft gesetzt sind. Der freie Wille eines Menschen ist immer bindend – und zwar auch für den Betreuer. Den Wünschen, die auf einem unfreien Willen beruhen, muss der Betreuer grundsätzlich auch „entsprechen", wobei aber die Wünsche „nur im Rahmen seiner Möglichkeiten" zu beachten sind und gemäß § 1821 Abs. 3 BGB beschränkt sein können. Die Einschränkungen sind aber die Ausnahme und die Beachtlichkeit die Regel. Können keinerlei relevante Wünsche festgestellt werden, muss auf den mutmaßlichen Willen abgestellt werden, der nach Maßgabe des § 1821 Abs. 4 BGB festzustellen ist.

1.3 Erläuterung des Pflichtenkatalogs in § 1821 BGB

1.3.1 Grundlegende Verpflichtung, § 1821 Abs. 1 BGB

6 Die grundlegende Pflicht besteht darin, dass der Betreuer alle Tätigkeiten vornimmt, die erforderlich sind, um die Angelegenheiten des Betreuten rechtlich zu besorgen. Das Gesetz erwähnt die Erledigung der Angelegenheiten des Betreuten schon als Voraussetzung für die Betreuung in § 1814 Abs. 1 BGB und als Kriterium für die Eignung des Betreuers in § 1816 Abs. 1 BGB. Umgekehrt darf der Betreute selbst nicht mehr in der Lage sein, diese Angelegenheiten selbst zu erledigen bzw. es müssen alternative Erledigungsmöglichkeiten (andere Hilfen, erweiterte Unterstützung, § 8 BtOG) fehlen. Eine fremdbestimmte Erledigung der Angelegenheiten ist jedoch nicht gewollt. Vielmehr muss der Betreuer den Betreuten dabei unterstützen, seine Angelegenheiten rechtlich selbst zu besorgen, weshalb er von seiner Vertretungsmacht nach § 1823 BGB nur Gebrauch macht, soweit das erforderlich ist. Insoweit realisiert § 1821 Abs. 1 BGB die Methode der unterstützten Entscheidungsfindung. Hierbei ist allerdings zu berücksichtigen, dass der Gesetzgeber einräumt, dass das „Konzept der ‚unterstützten Entscheidungsfindungò£ noch relativ neu ist und es bislang an einheitlichen und generell akzeptierten Standards fehlt, mit welchen Methoden diese von Betreuern in der Kommunikation mit dem Betreuten praktisch umgesetzt werden kann und wo ihre Grenzen liegen" (BT-Drucks. 19/24445, S. 251).

1.3.2 Wünsche zur Lebensgestaltung des Betreuten, wegweisender Maßstab für den Betreuer, § 1821 Abs. 2 BGB

7 Zur existenziellen Lebensgrundlage aller Menschen gehört die Möglichkeit, im Rahmen ihrer Fähigkeiten das Leben nach ihren eigenen Wünschen zu gestalten. Bei der Erledigung der Angelegenheiten des Betreuten muss der Betreuer beachten, dass der Betreute „im Rahmen seiner Möglichkeiten sein Leben nach seinen Wünschen gestalten kann". Objektive Maßstäbe oder die Grundsätze einer wirtschaftlichen Vermögensverwaltung spielen also keine Rolle. Die Wünsche müssen nicht vernünftig sein und dürfen nicht aufgrund rationaler Überlegungen abgelehnt werden. Eine Erfüllung der Wünsche des Betreuten ist aber – wie bei jedem anderen auch – nur im Rahmen seiner persönlichen, wirtschaftlichen und sonstigen Ressourcen möglich.

1.3.3 Was versteht man unter Wünschen?

8 Wünsche geben wieder, was man gerne haben möchte, und sind Ausdruck eines Verlangens des Betreuten. Sie werden durch verbale Äußerungen bzw. im Einzelfall durch Gesten erkennbar. Unerheblich ist, ob und inwieweit der Betreute geschäftsfähig ist. Die Vorschrift ist gerade bei Geschäftsunfähigen bedeutsam; denn der Geschäftsfähige kann selbst handeln, bedarf also meist nicht seines Betreuers zur Verwirklichung eigener Wünsche. Die Pflicht des Betreuers, den Wünschen zu entsprechen, besteht grundsätzlich in allen Lebensbereichen wie Wohnsitz, Art und Auswahl des Pflegeheims, Lebensstil, Erwerbstätigkeit, Urlaub, Freizeit, Entscheidung

zwischen Konsum und Kapitalbildung sowie Maßnahmen der Vermögensverwaltung. Der Wunsch des Betroffenen bei Geldausgaben hat Vorrang, auch wenn es um die Alternativen „Sparen" oder „Ausgeben" geht. Das Gesetz bietet dem Betreuer keine Handhabe für die Sicherung seines zukünftigen Vergütungsanspruchs, der erst später vom Betreuungsgericht festzusetzen ist, Rücklagen zu bilden.

1.3.4 Sicherstellung der Pflicht des Betreuers, den Wünschen des Betreuten zu entsprechen

Das Gesetz hat flankierende Maßnahmen getroffen, damit die Orientierung an den Wünschen des Betreuten auch umgesetzt wird. 9

Feststellungs- und Berichtspflicht zu den „Wünschen"

Der Betreuer muss aktiv werden und die Wünsche des Betroffenen feststellen, § 1821 Abs. 2 Satz 2 BGB. Bei der Anhörung im Betreuungsverfahren muss der Richter die Wünsche des Betroffenen aktiv erfragen, § 278 Abs. 1 Satz 1 FamFG. Im Anfangsbericht muss der Betreuer zudem Angaben zu den Wünschen des Betreuten machen, § 1863 Abs. 1 Satz 2 Nr. 3 BGB. Ergeben sich Anhaltspunkte dafür, dass der Betreuer seiner Pflicht, den Wünschen zu entsprechen, pflichtwidrig nicht nachkommt, muss der Betreute vom Gericht hierzu persönlich angehört werden, § 1862 Abs. 2 BGB. 10

Die Feststellung der Wünsche erfolgt in erster Linie in einem Gespräch. Dabei können folgende Fragen und Überlegungen zu Wünschen des Betreuten in das Gespräch einfließen: 11

- Welche Vorstellungen hat der Betreute bezüglich seiner Lebensführung, -gestaltung?
- Welche Fähigkeiten sind bei ihm vorhanden und sind diese ausreichend, um eventuelle Defizite in anderen Bereichen auszugleichen?
- Welche Möglichkeiten bieten sich an, um positive Lebensbedingungen zu schaffen bzw. zu erhalten (Einsatz von „anderen Hilfen", insbesondere ambulante, sozialpflegerische und hauswirtschaftliche Dienste, aber auch Nachbarschaftshilfen)?
- Wie können Benachteiligungen vermieden bzw. abgebaut werden?
- Was kann man zur sozialen und individuellen Entwicklung beitragen? Welche Perspektiven hat der Betreute bzw. welche Möglichkeiten bestehen, diese zu verwirklichen (z. B. berufliche Rehabilitation)?
- Liegt die Kontinuität der Lebensführung oder eine Veränderung der derzeitigen Situation im Interesse des Betreuten (z. B. Verbleib oder räumliche Trennung von Angehörigen und sonstigen Bezugspersonen, Erhalt der Wohnung oder Heimunterbringung)?
- Kann der Betreute seine eigene Situation realistisch einschätzen?
- Wie wirken sich Handeln und Eingriffe des Betreuers auf das Leben des Betreuten aus (Eingriffsschwelle nicht zu niedrig ansetzen)?

Persönliche Kontakte zum Betreuten, Berichts- und Besprechungspflicht

Eine weitere Sicherung hat der Gesetzgeber in § 1821 Abs. 5 BGB eingebaut, wonach der Betreuer verpflichtet ist, den „erforderlichen persönlichen Kontakt mit dem Betreuten zu halten, sich regelmäßig einen persönlichen Eindruck von ihm zu verschaffen und dessen Angelegenheiten mit ihm zu besprechen". Der regelmäßige Kontakt ist gemäß § 1863 Abs. 3 Satz 3 Nr. 1 BGB auch Gegenstand der Berichtspflicht des Betreuers. 12

Bereits mit dem Vormundschafts- und Betreuungsrechtsänderungsgesetz vom 5.7.2011 (siehe A 1, Rn. 10) wurde bestimmt, dass der jährliche Bericht des Betreuers auch Angaben zu den persönlichen Kontakten des Betreuers zum Betreuten zu enthalten hat. Aus dem Bericht haben sich nunmehr „Art, Umfang und Anlass der persönlichen Kontakte" zu ergeben, das heißt die Anzahl der Kontakte, deren Dauer, Art und Weise sowie Ort und Zeitpunkt. Der Gesetzgeber hat aber keine bestimmte Anzahl der Kontakte vorgegeben, sondern diese dem Erforderlichkeitsgrundsatz unterstellt; auch das Betreuungsgericht kann keine verbindlichen Vorgaben machen. Der Betreuer hat von sich aus zu prüfen, wie häufig Kontakte zu erfolgen haben. Die Häufigkeit kann sich aus der Person des Betreuten, seinem Alter, seiner körperlichen Verfassung, aber auch 13 daraus ergeben, ob er noch selbstständig in seiner Wohnung oder in einer Pflegeeinrichtung lebt. Der Betreuer wird in seinem jährlichen Bericht begründen, warum er seine Kontakte für ausreichend angesehen hat. Das Gericht kann auch die Weisung erteilen, die Daten der Besuche bei dem Betroffenen zu erfassen und diese in den Bericht mit aufzunehmen, da es nur so eine effektive Kontrolle der Pflicht des Betreuers zum persönlichen Kontakt mit dem Betreuten ausüben kann.

14 Zwar ist es richtig, dass das Gesetz nur wenige Vorgaben zum Berichtsinhalt macht, jedoch kann dem Sinn der Norm, nämlich der Führung der Aufsicht über die Tätigkeit des Betreuers durch das Gericht, nur durch einen Bericht Rechnung getragen werden, der über Anzahl, Ort, Zeitpunkt sowie Dauer der persönlichen Kontakte des Betreuers mit dem Betreuten Auskunft erteilt. Das erfordert auch die Angabe der Kalenderdaten. Das gilt unabhängig davon, ob konkrete Hinweise auf mögliche Pflichtverletzungen durch den Betreuer vorliegen oder ob das Gericht an der pflichtgemäßen Betreuertätigkeit zweifelt. Nur so kann der zuständige Rechtspfleger seiner Pflicht gerecht werden, die „erforderlichen persönlichen Kontakte" des Betreuers zum Betreuten zu beaufsichtigen, § 1862 BGB.

15 Eine „Mindestkontaktfrequenz" gibt es für Betreuer somit nicht, aber sehr wohl eine Richtschnur. In der Regel wird der Betreuer den Betreuten daher einmal im Monat aufsuchen müssen, entsprechend der Regelung für den Vormund in § 1790 Abs. 3 Satz 2 BGB (jetzt auch nachzulesen in BT-Drucks. 19/24445, S. 255).

Hinweis:

Das Gesetz spricht ausdrücklich nicht nur von einem persönlichen Kontakt des Betreuers mit dem Betreuten. Sowohl beim Pflichtenkatalog wie auch bei der Berichtspflicht differenziert das Gesetz zwischen

- den erforderlichen persönlichen Kontakten,
- der Verschaffung eines persönlichen Eindrucks und
- der Besprechungspflicht.

Selbst wenn der Betreute zu keiner Kommunikation mehr fähig ist, muss der Betreuer ihn regelmäßig aufsuchen und sich einen persönlichen Eindruck verschaffen.

1.3.5 Pflichtwidrigkeit, Aufsicht des Betreuungsgerichts, Haftung bei unberechtigter Nichterfüllung der Wünsche

16 Die Nichtbeachtung gerechtfertigter Wünsche stellt für den Betreuer eine Pflichtwidrigkeit dar, die Maßnahmen des Betreuungsgerichts (§ 1821 Abs. 1 und 2, § 1862 Abs. 3 BGB) auslösen kann. Die wiederholte Vernachlässigung der Wünsche des Betreuten kann Zweifel an der Eignung des Betreuers begründen; gemäß § 1868 BGB kommt unter Umständen seine Entlassung in Betracht. Entsteht dem Betreuten aus der nicht begründeten Übergehung der Wünsche ein Schaden, haftet der Betreuer gemäß § 1826 BGB. Verweigert der Betreuer den regelmäßigen persönlichen Kontakt mit dem Betreuten und erfährt er deshalb schon gar nicht, welche Wünsche er hat, ist das ein „wichtiger Grund", der eine Entlassung rechtfertigt, § 1868 Abs. 1 Satz 2 BGB.

1.3.6 Unbeachtlichkeit der „Wünsche", § 1821 Abs. 3 BGB

17 Die Verpflichtung, den Wünschen des Betreuten zu entsprechen, ist nicht unbeschränkt. Wie bereits ausgeführt kann die Erfüllung nur im Rahmen der Möglichkeiten des Betreuten erfolgen, § 1821 Abs. 2 BGB. Unmögliches bzw. nicht finanzierbare Wünsche müssen schon nach dieser Vorschrift nicht erfüllt werden.

18 Darüber hinaus muss die Schutzpflicht des Staats gegenüber dem Betreuten gewahrt bleiben. Bereits bisher wurde diese Frage in der Rechtsprechung bei der Bestimmung der Grenzen des vorrangigen objektiven Wohles diskutiert. Dabei bestand ein Konsens dahingehend, dass ein

Wunsch des Betreuten seinem Wohl nicht schon dann zuwiderläuft, wenn er dem objektiven Interesse des Betreuten widerspricht. Vielmehr musste eine Gefahr für „höherrangige Rechtsgüter" des Betreuten bestehen oder die Gefahr, dass sich seine gesamte Lebens- und Versorgungssituation erheblich verschlechtert. Diese Einschränkungen wurden nunmehr in Gesetzesform gegossen.

1.3.7 Schranke gemäß § 1821 Abs. 3 Nr. 1 BGB

Wünsche sind nicht zu beachten, soweit „die Person des Betreuten oder dessen Vermögen 19
hierdurch erheblich gefährdet würde und der Betreute diese Gefahr aufgrund seiner Krankheit oder Behinderung nicht erkennen oder nicht nach dieser Einsicht handeln kann". Bei der Vermögensgefährdung ist das etwa dann der Fall, wenn eine Verschlechterung der gesamten „Lebens- und Vermögenssituation" droht. Höherrangig sind natürlich die Rechtsgüter Leben und Gesundheit. Beim Vermögen ist zudem wichtig, dass der Betreute bis zu seinem Tod von seinen Einkünften leben kann. Der Wunsch der Erben, das Vermögen zu erhalten, spielt dagegen bei einem entgegenstehenden Wunsch des Betreuten keine Rolle.

1.3.8 Schranke gemäß § 1821 Abs. 3 Nr. 2 BGB

Wünschen muss der Betreuer nicht entsprechen, soweit ihm das nicht zumutbar ist. Diese 20
Schranke stellt eine Kollision zwischen dem Selbstbestimmungsrecht des Betreuten und den legitimen Rechten des Betreuers dar. Die Belastung des Betreuers muss aber unangemessen hoch sein. In Betracht kommen Wünsche, deren Erfüllung zu einer Gefährdung von Dritten oder zu einer Selbstschädigung führen könnte. Selbstverständlich darf sich der Betreuer weigern, Wünschen zu entsprechen, die nur mit rechtswidrigen Handlungen erfüllbar oder mit einem unverhältnismäßigen Aufwand verbunden wären. Kritisch zu sehen ist die Ablehnung, wenn sie nur aufgrund eigener ethischer, religiöser oder allgemeiner Wertvorstellungen des Betreuers erfolgt. Hier wird die Ansicht vertreten, dass es dabei nicht um „Unzumutbarkeit" geht, sondern um eine mangelnde Eignung des Betreuers. Eine sinnvolle Abgrenzung zur „Unzumutbarkeit" ist wohl nicht möglich, da auch dem Mainstream nicht entsprechende Wertvorstellungen dem Betreuer die Umsetzung der Wünsche erschweren können.

Beispiel:

Egon Gold ist sehr vermögend und hat immer sehr ausschweifend gelebt. Nunmehr ist er mittelgradig dement und sein Bruder Franz wurde zum Betreuer bestellt mit den Aufgabenbereichen „Vermögensverwaltung mit Einwilligungsvorbehalt" und „Gesundheitsfürsorge". Sein Betreuer ist katholischer Priester und wurde auf Wunsch des Betreuten als Betreuer eingesetzt. Die Betreuung funktioniert hervorragend, weil sich die Brüder sehr gut verstehen. Egon wünscht sich aber wöchentliche Besuche der feschen Lola, die seit Jahren der Prostitution nachgeht. Der Lohn dafür in Höhe von 2.500 EUR monatlich fällt beim Millionenvermögen von Egon nicht ins Gewicht.

Franz will dem Sündenfall seines ebenfalls katholischen Bruders nicht Vorschub leisten und weigert sich, Lola für ihr sündiges Treiben zu bezahlen.

Lösungsweg:

1. *Grundsätzlich muss der Betreuer den Wünschen seines Betreuten „entsprechen", § 1821 Abs. 2 Satz 3 BGB.*
2. *Die 1. Schranke*

   Die Pflicht beschränkt sich auf das, was im Rahmen der Möglichkeiten des Betreuten liegt. Die 2.500 EUR liegen im Rahmen dessen, was Egon sich problemlos leisten kann.
3. *Die 2. Schranke*

   § 1821 Abs. 3 Nr. 1 BGB: Erhebliche Gefährdung der Person oder des Vermögens des Betreuten.

   Die Liebesdienste sind mit keinerlei Gefährdung verbunden.

4. Die 3. Schranke

§ 1821 Abs. 3 Nr. 2 BGB: Unzumutbarkeit für den Betreuer

Für einen Pfarrer ist der regelmäßige Besuch einer „Liebesdienerin" eine Gefahr für das Seelenheil und ein eklatanter Verstoß gegen die katholische Sexualmoral. Diese Ansicht dürfte angesichts der immensen Zahl von Prostituierten keinen gesellschaftlichen „Mainstream" darstellen. Man kann die Sorge des Bruders wohl mit guten Gründen als Unzumutbarkeit für einen Pfarrer werten, dem das Seelenheil seines Bruders sehr am Herzen liegt. Nimmt man dagegen teilweise Ungeeignetheit an, könnte man einen Verhinderungsbetreuer bestellen.

1.3.9 Der „mutmaßliche Wille" als Auffangtatbestand für fehlende oder nicht erfüllbare Wünsche, § 1821 Abs. 4 BGB

Wünsche des Betreuten dürfen nicht feststellbar sein

21 Diese Voraussetzung kann bejaht werden, wenn sich der Betreute überhaupt nicht mehr sinnvoll äußern kann oder will. Bei einer fortgeschrittenen Demenz, einem massiven frühkindlichen Hirnschaden oder einem Wachkomazustand kann das der Fall sein. Darüber hinaus ist aber der Betreuer verpflichtet, die Wünsche des Betreuten zu ermitteln. Dabei greifen verschiedene Regelungen zur Intensivierung und Kontrolle der Ermittlungspflicht (siehe Rn. 7 ff.).

Vorhandene Wünsche, die aber nicht erfüllt werden dürfen, § 1821 Abs. 3 Nr. 1 BGB

22 **Achtung:** Der Auffangtatbestand greift nach dem Wortlaut nur, wenn die Gefährdungstatbestände vorliegen, und nicht bei Unzumutbarkeit für den Betreuer gemäß § 1821 Abs. 3 Nr. 2 BGB.

Was ist der mutmaßliche Wille und wie findet man ihn?

23 Der Gesetzgeber hat auf einen Begriff abgestellt, der zunächst bei der Regelung der Patientenverfügung bzw. Behandlungswünsche in den § 1827 Abs. 2 BGB und später durch die Verweisung bei der Zwangsbehandlung in § 1832 Abs. 1 Satz 1 Nr. 3 BGB und in zahlreiche landesrechtliche PsychKGs und PsychKHGs Eingang gefunden hat. Der mutmaßliche Wille ist zunächst kein geäußerter, sondern ein fiktiver Wille, der aber anhand subjektiver Kriterien festgestellt werden muss und zwar wie folgt:

- Konkrete Anhaltspunkte sind zu ermitteln.
- Frühere Äußerungen sind zu berücksichtigen.
- Ethische oder religiöse Wertvorstellungen sind mit einzubeziehen.
- Angaben naher Angehöriger und sonstiger Vertrauenspersonen sind zu erfragen.

24 Den Betreuer trifft also eine umfassende und sehr schwierige Ermittlungs- und Berücksichtigungspflicht. Konkrete Anhaltspunkte und frühere Äußerungen sind da noch am ehesten faktenbezogen. Allerdings müssen verlässliche und vor allem zuverlässige Informationen vorliegen. Problematisch sind Angaben aus dem sozialen Umfeld. Jede unbedachte Äußerung gegenüber einem Menschen, wobei man vielleicht nur dem Erwartungshorizont des Gesprächspartners entgegengekommen ist, wird plötzlich zu einer vielleicht lebensentscheidenden Wertvorstellung, wobei auch noch die Filterwirkung eigener Wertvorstellungen des Gesprächspartners unerkannt bleiben. Gemeint ist, dass man geneigt ist, alle Aussagen auszublenden, bis eine gern gehörte Äußerung fällt. „Für die Feststellung des behandlungsbezogenen Patientenwillens gelten zudem beweismäßig strenge Maßstäbe", die der hohen Bedeutung der betroffenen Grundrechte (Leben, Selbstbestimmung, körperliche Unversehrtheit) gerecht werden müssen. Das kann den Betreuer schnell überfordern. Der BGH dazu: Es „ist darauf zu achten, dass nicht die Werte und Vorstellungen des Betreuers zum Entscheidungsmaßstab werden". Bei so vielen Thesen, Spekulationen und Hypothesen können sehr schnell die eigenen Befindlichkeiten überhandnehmen (BGH, Beschl. v. 17.9.2014 – XII ZB 202/13, Rn. 37).

25 Bei den ethischen oder religiösen Wertvorstellungen bewegt man sich auf einem noch unsichereren Terrain. Wer kann schon erklären, was „Ethik" bedeutet, ohne in schön klingende

Worthülsen zu verfallen. Wertvorstellungen sind in der Regel flüchtig, wechselhaft, situationsgebunden und höchstpersönlich. Es gibt kaum Gelegenheiten, allgemeine Wertvorstellungen zu äußern, aus denen man auf einen subjektiven Willen schließen könnte. Wie sollte eine derartige allgemeine Wertvorstellung lauten? Man nehme nur die oft gehörte Aussage: „Ich will keinem zur Last fallen, wenn ich alt und pflegebedürftig bin." Sonnt sich der Sprecher hier nicht in einem altruistischen Licht und handelt es sich dabei vielleicht um eine Lebenslüge, die mit zunehmendem Alter verblasst? Gibt es da nicht den bewussten oder unbewussten Hintergedanken eines noch jungen Menschen „Hoffentlich halten sich die alten Menschen jetzt schon an meine Einstellung."? Sollte man sich nicht z. B. selbst die Frage stellen, ob man in eine schwierige Operation zur Entfernung eines Hirntumors einwilligen sollte, bei der die Überlebenschance bei 40 % liegt und die wahrscheinliche Restlebenszeit ohne Operation zwei Jahre beträgt? Die Antwort auf diese Frage ist an sich schon spekulativ, weil man bei der realen Konfrontation mit einer existenziellen Frage ganz andere Gefühlsmomente durchlebt. Wie soll man dann die Frage beantworten, wie ein anderer Mensch entschieden hätte?

1.3.10 Was tun, wenn sich der mutmaßliche Wille nicht ermitteln lässt?

Die vom Gesetzgeber vorgesehenen Schritte zur Feststellung des mutmaßlichen Willens führen 26 häufig zu keinem Ergebnis, etwa bei Personen mit frühkindlichen Hirnschäden mit der Folge einer völlig unmöglichen Kommunikation oder alleinstehenden, schwer dementen Personen, die über kein soziales Umfeld verfügen. Jedoch lässt sich der Gesetzgeber selbst dann nicht von der Relevanz des mutmaßlichen Willens abbringen, wenn keine Grundlage für einen subjektiv begründbaren Willen besteht. Er übernimmt Formulierungen des BGH aus dem Jahr 1988 und spricht vom hypothetischen Willen des Betroffenen.

So die folgende Passage aus der Gesetzesbegründung BT-Drucks. 19/24445, S. 254 f.: 27

> *„Objektive Kriterien, insbesondere die Beurteilung einer Maßnahme als gemeinhin vernünftig und normal sowie den Interessen eines verständigen Patienten üblicherweise entsprechend, haben keine eigenständige Bedeutung, sondern dienen lediglich der Ermittlung des individuellen hypothetischen Willens. Liegen keine Anhaltspunkte dafür vor, daß sich der Patient anders entschieden hätte, wird allerdings davon auszugehen sein, daß sein (hypothetischer) Wille mit dem übereinstimmt, was gemeinhin als normal und vernünftig angesehen wird." Diese Ausführungen sind über den gesundheitlichen Zusammenhang hinaus zu verallgemeinern für jedes Betreuerhandeln. Wenn die konkreten Anhaltspunkte unzureichend sind, dürfte bei medizinischen Fragen im Zweifel eine Einwilligung in die individuell ärztlich indizierte Maßnahme naheliegend sein, bei sonstigen Angelegenheiten allgemein übliche und wirtschaftlich sinnvolle Entscheidungen für Menschen in der konkreten Situation des Betreuten. Bei einzelnen Vermögensangelegenheiten gelten die Auffangregelungen der §§ 1839 ff. BGB-E (vergleiche § 1838 Absatz 1 Satz 2 BGB).*

Dabei ist zu berücksichtigen, dass bei der Entscheidung über „nicht unmittelbar bevorstehende 28 Untersuchungen seines Gesundheitszustands, Heilbehandlungen oder ärztliche Eingriffe" § 1827 Abs. 2 BGB den § 1821 Abs. 4 BGB als Lex specialis verdrängt. Für § 1827 Abs. 2 BGB i. V. m. § 1832 Abs. 1 Satz 1 Nr. 3 BGB bei ärztlichen Zwangsmaßnahmen hat der BGH allerdings mit guten Gründen entschieden, dass nicht in jedem Fall ein mutmaßlicher Wille ermittelt werden kann. In diesem Fall muss trotz fehlender konkreter Anhaltspunkte für einen mutmaßlichen Willen der Betreuer dennoch zum Wohl und Schutz des Betreuten über die Einwilligung in die ärztliche Maßnahme entscheiden (vgl. dazu BGH, Beschl. v. 29.7.2020 – XII ZB 173/18, Rn. 21 und 22 sowie BT-Drucks. 18/12842, S. 8). Im Übrigen sind die vom Gesetzgeber jetzt genannten Kriterien „Gemeinhin als normal und vernünftig", „Ärztlich indizierte Maßnahme" und „Allgemein übliche und wirtschaftlich sinnvolle Entscheidungen" nichts anderes als das, was unter dem Begriff „objektives Wohl" zu verstehen ist, auch wenn sich der moderne Gesetzgeber mit aller Macht und einem unglaubwürdigen verbalen Eiertanz dagegen wehrt. Man darf sich hier nicht in die eigene Tasche lügen.

Hinweis:
Was tun, wenn kein mutmaßlicher Wille feststellbar ist?

Der Betreuer hat nach folgenden Kriterien zu entscheiden:

- Kann man die Vorgehensweise gemeinhin als normal und vernünftig bezeichnen?
- Liegt eine ärztlich indizierte Maßnahme vor?
- Handelt es sich um eine allgemein übliche und wirtschaftlich sinnvolle Entscheidung?

Beispiel:

Wir gehen von der Frage aus, ob eine Immobilie des Betroffenen mit einer Rendite von ca. 5 % oder ein Aktienpaket mit einer aktuellen Rendite von ca. 25 % zur Deckung des laufenden Unterhalts verkauft werden soll. Der Betreute, 26 Jahre alt, befindet sich seit zehn Jahren unfallbedingt in einem Wachkomazustand. Seine frühere Persönlichkeit wird vage als sehr wechselhaft und selbst für einen 16-Jährigen als risikobereit beschrieben. Weitere Fakten sind nicht zu eruieren.

Die Voraussetzungen gemäß § 1821 Abs. 4 BGB (siehe oben) bringen uns nicht weiter. Folgen wir nun dem BGH, der dem Betreuer Folgendes mit auf den Weg gibt:

„Der Betreuer stellt letztlich eine These auf, wie sich der Betroffene selbst in der konkreten Situation entschieden hätte, wenn er noch über sich selbst bestimmen könnte."

Der Ansatz des BGH ist schon deshalb sehr unglücklich, weil eine These eine Behauptung aufstellt und nicht eine Frage, die gestellt wird, beantwortet. Wie der Betroffene sich entschieden hätte, wenn er noch über sich selbst bestimmen könnte, ist auch nach den Vorgaben des BGH letztlich reine Spekulation. Vor dem Unfall war der Betroffene gerade mal 16 Jahre alt. Er konnte zwar über sich selbst bestimmen, aber mangels Geschäftsfähigkeit nicht Rechtsgeschäfte abschließen. Wie er sich weiterentwickelt und wie er als 26 Jahre alter Mensch entschieden hätte, bleibt völlig nebulös und undurchsichtig. Deshalb wird man entsprechend der Gesetzesbegründung eine „allgemein übliche und wirtschaftlich sinnvolle Entscheidung" treffen, aber dabei jeden Bezug zu einem „mutmaßlichen Willen" des Betreuten verlieren.

1.3.11 Allgemeine Fallbeispiele zu den Pflichten des Betreuers

Beispiel 1:

Eine Betreute wünscht sich einen Nerzmantel zum Preis von 9.000 EUR. Die Betreuerin ist Anhängerin einer Umweltorganisation und lehnt den Kauf eines Pelzmantels kategorisch ab. Die Betreute verfügt über Vermögen. Mit dem Kauf des Pelzmantels sind weitere geplante Vermögensdispositionen, die der Lebenshaltung und Existenzsicherung dienen, nicht beeinträchtigt.

Bei dieser Fallgestaltung ist der Wunsch der Betreuten zu respektieren. Die Betreuerin muss den Pelzmantel für die Betreute kaufen. Der Kauf ist ihr auch zumutbar, da die individuellen Wünsche und Bedürfnisse der Betreuten und nicht die Lebenseinstellungen der Betreuerin maßgebend sind.

Beispiel 2:

Ein Betreuter wünscht sich den Kauf eines Autos der gehobenen Mittelklasse. Er ist seit Jahren ein schwer suchtkranker Alkoholiker, verfügt über die entsprechenden finanziellen Mittel und einen Führerschein. Aufgrund des langjährigen übermäßigen Alkoholkonsums kommt es regelmäßig zu epileptischen Anfällen. Der Betreuer lehnt den Erwerb des Autos mit der Begründung ab, dass das Führen eines Kraftfahrzeugs für den Betreuten und die Allgemeinheit eine erhebliche Gefahr darstelle, zumal er nach kurzen Abstinenzphasen immer wieder rückfällig werde.

Bei dieser Fallgestaltung ist der Wunsch des Betreuten nicht erfüllbar, da man die Person erheblich gefährden würde, § 1821 Abs. 3 Nr. 1 BGB. Die Erfüllung des Wunschs ist dem Betreuer auch nicht zumutbar, da strafbare Handlungen durch den Betreuten nicht auszuschließen sind.

Beispiel 3:

Der Betreute ist Eigentümer mehrerer sehr rentabler Immobilien. Zur Sicherung des Unterhalts muss der Betreuer ein Grundstück veräußern. Ein Objekt in Österreich wirft nur sehr wenig Rendite ab und könnte wegen eines größeren Bauvorhabens auf dem Nachbargrundstück sehr günstig verkauft werden. Der Betreute äußert den Wunsch, sein Grundstück in Österreich nicht zu verwerten, weil dieses Grundstück sein Lieblingsobjekt ist, mit dem er sehr viele schöne Erinnerungen verbindet. Der Wunsch des Betreuten, sich am ehesten von einem Grundstück in München zu trennen, ist zu beachten. Anhaltspunkte für einen gesetzlichen Hinderungsgrund sind nicht ersichtlich.

Achtung: Der Betreuer dürfte aber verpflichtet sein, bei einem Geschäft von so großer Bedeutung fachlichen Rat einzuholen, um den Betreuten umfassend informieren zu können, z. B. über die Vor- und Nachteile eines Immobilienverkaufs oder in welcher Höhe mögliche Steuerforderungen das Vermögen beeinträchtigen könnten. Angesichts der Wichtigkeit des beabsichtigten Rechtsgeschäfts ist eine Aufklärung über die ungefähre Höhe der im ungünstigsten Fall zu erwartenden steuerlichen Belastung erforderlich. Klärt der Betreuer den Betreuten nicht ausreichend auf, bleibt ihm gleichwohl die Möglichkeit, darzulegen und zu beweisen, dass der Betreute den (vom Betreuer später umgesetzten) Wunsch auch dann geäußert hätte, wenn der Betreuer ihn zuvor im erforderlichen Umfang aufgeklärt hätte.

Beispiel 4:

Nach einer Operation hat die Betreute einen Schlaganfall erlitten und wird zusehends verwirrter. Gegenüber ihren Freunden und Nachbarn hat sie immer erklärt, im Pflegefall ins Alten- und Pflegeheim Sonnenschein umziehen zu wollen.

Dieser Wunsch ist für den Betreuer verpflichtend. Er muss die notwendigen Maßnahmen zur Unterbringung der Betreuten im Alten- und Pflegeheim Sonnenschein einleiten. Die Umsetzung des Wunsches wäre aber nicht möglich, wenn die Einrichtung keine ausreichende Versorgung gewährleisten könnte und deshalb mit gesundheitlichen Schäden zu rechnen wäre, § 1821 Abs. 3 Nr. 1 BGB.

1.4 Anfangsbericht, Anfangsgespräch, Betreuungsplan (abgeschafft)

Die Möglichkeit, zu Beginn der Betreuung einen sog. Betreuungsplan zu erstellen, wurde in der Praxis nur selten in Anspruch genommen. Mit der Reform wurde daher der Betreuungsplan abgeschafft. Zur Kompensation haben alle beruflichen Betreuer zu Beginn der Betreuung die Ziele der Betreuung und die zu ihrer Erreichung zu ergreifenden Maßnahmen darzustellen. Sie werden daher gemäß § 1863 Abs. 1 BGB verpflichtet, einen sog. Anfangsbericht zu erstellen. Dieser hat insbesondere Angaben 29

- zur persönlichen Situation des Betreuten,
- zu Zielen der Betreuung,
- zu bereits durchgeführten und beabsichtigten Maßnahmen, insbesondere im Hinblick auf § 1821 Abs. 6 BGB, und
- zu den Wünschen des Betreuten hinsichtlich der Betreuung

zu enthalten.

Davon sind nur die ehrenamtlichen Betreuer ausgenommen, die schon vor ihrer Bestellung eine familiäre Beziehung oder persönliche Bindung zu dem Betreuten hatten. Für sie kann das Gericht auf Wunsch des Betreuten oder in anderen geeigneten Fällen ein Gespräch (Anfangsgespräch) mit ihm und dem Betreuer führen (vgl. § 1863 Abs. 2 Satz 2 BGB und A 2, Rn. 120). 30

A

1.5 Auskunftspflicht gegenüber nahestehenden Angehörigen, § 1822 BGB

1.5.1 Wer kann Auskunft verlangen?

31 Das Gesetz spricht von nahestehenden Angehörigen oder sonstigen Vertrauenspersonen und geht daher über den in § 274 Abs. 4 Nr. 1 FamFG genannten Personenkreis hinaus. Der Begriff „Angehörige" umfasst alle familiären bzw. verwandtschaftlichen Beziehungen, also auch Schwägerschaft oder das Verhältnis zu Adoptiv- und Pflegeeltern. Die Einschränkung erfolgt über den Begriff „nahestehend". Erforderlich ist insoweit ein tatsächliches persönliches Verhältnis, das bis zum Auskunftsverlangen zum Ausdruck gekommen ist, etwa durch regelmäßige Kontakte, Besuche, Gespräche, tatsächliche oder finanzielle Hilfeleistungen, Vertraulichkeit im Umgang etc. Die nahe Abstammung wie bei Kindern und Enkeln oder die nahe Verwandtschaft wie unter Geschwistern mögen ein Indiz dafür sein, das aber durch die tatsächlichen Verhältnisse widerlegt werden kann. Der Sohn, der weit entfernt wohnt und jahrelang keinen Kontakt mehr gesucht oder gar gewollt hat, ist dann nicht mehr nahestehend. Vertrauenspersonen sind Freunde, Bekannte, Nachbarn und Arbeitskollegen, die genau das gerade beschriebene Näheverhältnis zum Betreuten haben.

1.5.2 Worüber muss Auskunft erteilt werden?

32 Der Betreuer muss nur über die „persönlichen Lebensumstände" Auskunft erteilen. Das umfasst den Aufenthaltsort, die Wohnungsverhältnisse, die Versorgungs- und Pflegesituation bzw. -bedürftigkeit und die gesundheitlichen Einschränkungen, aber nicht die Vermögensverhältnisse im Detail. Nur im Einzelfall ist zu prüfen, ob eine pauschale Auskunft zur finanziellen Situation (Einkommen und Vermögen) notwendig ist.

1.5.3 Wie kann der Betreute bzw. Betreuer die Auskunftserteilung beeinflussen?

33 Es gibt zwei Einschränkungen für die Auskunftspflicht, die nur gilt „soweit dies einem nach § 1821 Absatz 2 bis 4 BGB zu beachtenden Wunsch oder dem mutmaßlichen Willen des Betreuten entspricht und dem Betreuer zuzumuten ist". Somit sind die Wünsche des Betreuten zu berücksichtigen und zwar grundsätzlich unabhängig von seiner Geschäfts- und Einwilligungsfähigkeit. Der freie Wille und der krankheitsbedingte Wunsch, solange nicht die Gefährdungstatbestände des § 1821 Abs. 3 Nr. 1 BGB vorliegen, sind also immer relevant. Sind Wünsche nicht feststellbar oder erfüllbar, greift wieder der Begriff „mutmaßlicher Wille" (siehe Rn. 21). Der Wunsch bzw. der mutmaßliche Wille muss immer positiv festgestellt werden.

34 Der Betreuer kann sich dagegen auf „Unzumutbarkeit" berufen, wenn der Anspruch rechtsmissbräuchlich und sehr häufig geltend gemacht wird.

1.5.4 Wie kann die Auskunftspflicht durchgesetzt werden?

35 Die Durchsetzung obliegt in erster Linie den Betreuungsgerichten, die entsprechende Weisungen erteilen und sie mit Zwangsgeld verbinden können. Bei eklatanten und wiederholten Verstößen muss sogar an der Eignung gezweifelt und eine Entlassung geprüft werden. Die Auskunftspflicht begründet keinen Rechtsanspruch der nahestehenden Angehörigen und sonstigen Vertrauenspersonen des Betreuten, der zivilrechtlich durchgesetzt werden könnte (BT-Drucks. 19/24445, S. 257).

1.6 Auskunftspflicht auf Verlangen des Betreuungsgerichts

36 Das Betreuungsgericht kann von dem Betreuer gemäß § 1864 Abs. 1 BGB über die Führung der Betreuung und über die persönlichen und wirtschaftlichen Verhältnisse des Betreuten Auskunft verlangen. Personen, die nach § 1822 BGB keine ausreichende Auskunft vom Betreuer bekommen oder nicht verlangen können, aber den Verdacht hegen, dass der Betreuer die Angelegenheiten des Betreuten nicht korrekt erledigt, können dem Betreuungsgericht ihre Bedenken mitteilen, das bei entsprechenden Hinweisen nach § 1864 BGB oder § 1862 BGB tätig werden muss. Dies gilt auch für die wirtschaftlichen Verhältnisse, die nach § 1822 BGB

nicht unter die Auskunftspflicht fallen. Für dieses „Aufsichtsverfahren" gemäß § 1862 BGB bzw. das Auskunftsverlangen des Betreuungsgerichts nach § 1864 BGB können die nahestehenden Angehörigen und sonstigen Vertrauenspersonen eine Beteiligung unter Berufung auf ihr Recht aus § 1822 BGB einfordern gemäß § 7 Abs. 2 Nr. 1 FamFG. Jeder, der ein Verfahren anregt, kann aber zumindest eine Unterrichtung über die Ablehnung eines angeregten Verfahrens verlangen.

1.7 Mitteilungspflicht des Betreuers bei Veränderung der Umstände

1.7.1 Außerordentliche Mitteilungen, § 1864 BGB

Die engen Voraussetzungen für die Anordnung einer Betreuung, insbesondere der Grundsatz 37 der Erforderlichkeit, sind sehr stark mit der konkreten Situation des Betreuten verknüpft. Die Beachtung der Wünsche des Betreuten, aber auch der staatliche Schutzgedanke verpflichten den Betreuer, von sich aus über die Führung der Betreuung sowie über die persönlichen und wirtschaftlichen Verhältnisse des Betreuten Auskunft zu erteilen, wenn wesentliche Änderungen eintreten. Dazu gehören insbesondere Umstände, die eine Aufhebung, Einschränkung, Erweiterung der Betreuung oder eines angeordneten Einwilligungsvorbehalts oder die Bestellung eines weiteren Betreuers bzw. die erstmalige Anordnung eines Einwilligungsvorbehalts erforderlich machen. Der Betreuer muss nicht nur seinen Aufgabenkreis überblicken, sondern auch durch eine ganzheitliche Sichtweise erkennen, ob diese Änderungen geboten sind. Den Berufsbetreuer trifft zusätzlich die Pflicht, solche Umstände mitzuteilen, die es ermöglichen, die Betreuung künftig ehrenamtlich zu führen.

1.7.2 Mitteilungen im Jahresbericht, § 1863 Abs. 3 BGB

Der Jahresbericht hat insbesondere Angaben zu folgenden Sachverhalten zu enthalten: 38

- Art, Umfang und Anlass der persönlichen Kontakte zum Betreuten und der persönliche Eindruck vom Betreuten
- Umsetzung der bisherigen Betreuungsziele und Darstellung der bereits durchgeführten und beabsichtigten Maßnahmen, insbesondere solcher gegen den Willen des Betreuten
- Gründe für die weitere Erforderlichkeit der Betreuung und des Einwilligungsvorbehalts, insbesondere auch hinsichtlich des Umfangs
- bei einer beruflich geführten Betreuung die Mitteilung, ob die Betreuung zukünftig ehrenamtlich geführt werden kann
- die Sichtweise des Betreuten zu den genannten Sachverhalten

1.7.3 Mitteilungen im Schlussbericht, § 1863 Abs. 4 BGB

Der Schlussbericht hat die seit dem letzten Jahresbericht eingetretenen Änderungen der 39 persönlichen Verhältnisse und Angaben zur Herausgabe des der Verwaltung des Betreuers unterliegenden Vermögens des Betreuten und aller im Rahmen der Betreuung erlangten Unterlagen zu enthalten.

2. Tod des Betreuten, Vorsorge und Pflichten des Betreuers

In einer diesseitsorientierten Gesellschaft verliert man ungern Gedanken an den Tod. Der 40 Betreuer wird aber möglicherweise sehr schnell, insbesondere bei schwerstkranken oder senil dementen Personen, mit dieser Problematik konfrontiert und sollte sich unbefangen mit den damit verbundenen Angelegenheiten beschäftigen. Das umfasst die Vorsorge für den Todesfall, aber auch das Verhalten des Betreuers nach dem Tod des Betreuten.

2.1 Bestattungsvorsorgeverträge

Der Abschluss eines Vorsorgevertrags für die Bestattung kann dem Betreuer nur bedingt 41 empfohlen werden. Er ist sicher hilfreich, wenn keine Angehörigen oder Bekannten vorhanden sind, die sich um die Bestattung kümmern können. Sinnvoll und sogar verpflichtend ist das nur, wenn der Betreute das wünscht und er seinen Lebensunterhalt trotz der Rücklage aus eigenem Einkommen oder Vermögen bestreiten kann. Der Abschluss eines Bestattungsvertrags muss dann von einem Aufgabenbereich (z. B. Vermögenssorge) gedeckt sein. Eine betreuungsgerichtliche Genehmigung ist nicht erforderlich. Gegen den ausdrücklichen Wunsch des Betreuten darf generell kein derartiger Vertrag abgeschlossen werden (vgl. zur Relevanz der Wünsche Rn. 6 ff.).

42 Soweit es von dem Betreuten angesprochen, vielleicht sogar gewünscht wird, sollten seine Wünsche für den Todesfall mit ihm besprochen und im Rahmen des Möglichen realisiert werden, § 1821 Abs. 2 BGB. Dass derartige Fragen, wenn überhaupt, nur mit dem notwendigen Fingerspitzengefühl besprochen werden dürfen, ist eine Selbstverständlichkeit. Die Erfahrung lehrt, dass viele ältere Personen mit diesem Thema gut umgehen können und eine Vorsorge für den Fall des Todes wünschen.

43 Bei Beziehern von Sozialhilfe ist die (neue) Finanzierung eines Bestattungsvorsorgevertrags aus Mitteln der Sozialhilfe nicht möglich. Die Auffassung der Sozialhilfeverwaltungen, dass die an den Bestattungsunternehmer abgetretenen Guthaben bzw. Versicherungsansprüche bei der Ermittlung des geschützten Vermögens mit einzubeziehen sind, ist allerdings überholt. Das dem Betreuten zur Verfügung stehende Vermögen (Schonvermögen) wird daher durch den Abschluss eines solchen Vertrags nicht gebunden und steht deshalb weiterhin für andere eventuell erforderliche Anschaffungen zur Verfügung, die von der öffentlichen Hand nicht finanziert werden. Der Einsatz dieser Mittel wäre eine unzumutbare Härte im Sinne von § 90 Abs. 3 SGB XII, „da der Wunsch vieler Menschen, für ein angemessenes Begräbnis und die Zeit nach ihrem Tod vorzusorgen, dahin zu respektieren sei, dass ihnen die Mittel erhalten bleiben müssten, die sie für eine angemessene Bestattung und Grabpflege zurückgelegt hätten" (OLG Schleswig, Beschl. v. 14.2.2007 – 2 W 252/06).

2.2 Aufgaben des Betreuers nach dem Tod des Betreuten

44 Sind Angehörige vorhanden und erreichbar, sollte der Betreuer diese umgehend vom Tod des Betreuten benachrichtigen. Das gilt auch für den oder die Erben, wenn sie bekannt sind. Falls keine Angehörigen bzw. Erben vorhanden oder bekannt sind und kein Bestattungsvertrag vorliegt, ist die nach Landesrecht zuständige Behörde zur Durchführung der Bestattung zu informieren.

45 Ferner sollte das Nachlassgericht vom Todesfall benachrichtigt werden, damit ggf. schnell ein Erbe ermittelt werden kann. Das Nachlassgericht ist auch zur Sicherung des Nachlasses verpflichtet, wozu erforderlichenfalls ein Nachlasspfleger bestellt wird. Zum Nachlasspfleger kann auch der ehemalige Betreuer ernannt werden.

2.2.1 Grundsätzliche Aufgaben nach Bestattungsrecht, Leichenschau etc.

46 Jede Leiche muss „zur Feststellung des Todes, der Todesart (natürlicher oder nicht natürlicher Tod) und der Todesursache von einem Arzt untersucht werden (Leichenschau)". Soweit zum Aufgabenkreis des Betreuers die Personensorge gehört hat, kann er verpflichtet sein, diese Leichenschau zu veranlassen. In Bayern regeln das die Art. 2 und 15 Abs. 2 Nr. 3 BestG sowie § 1 Abs. 1 Satz 2 Nr. 3 BestV. Aus den Ländergesetzen können sich zudem weitere Aufgaben ergeben.

2.2.2 Fortlaufende Betreuertätigkeit gegenüber dem Gericht

47 Mit dem Tod des Betreuten ist die Betreuung beendet, § 1870 BGB. Dem Betreuungsgericht ist ein Schlussbericht über die persönlichen Verhältnisse vorzulegen und die Bestellungsurkunde/n zurückzugeben, § 290 Abs. 3 FamFG. War der Betreuer auch mit der Vermögenssorge betraut, hat zudem eine Schlussrechnung zu erfolgen. Betreuer, die als Vereins- oder Behördenbetreuer oder als naher Angehöriger von der Rechnungslegung befreit waren, müssen auf Verlangen eine abschließende Vermögensübersicht einreichen, § 1872 Abs. 5 BGB, und

nach § 1863 Abs. 4 BGB einen Schlussbericht erstellen (Angaben zur Herausgabe des Vermögens etc.), § 290 Abs. 3 FamFG (Herausgabe der Bestellungsurkunde/n).

2.2.3 Auskunfts- und Rechnungslegungsanspruch der Berechtigten

Mit dem Tod des Betreuten gehen auch automatisch dessen Vermögen und Schulden auf den oder die Erben über. Der Betreuer ist nicht mehr berechtigt, das Vermögen zu verwalten und kann auch nicht über dessen Konten verfügen. Die Konten werden nunmehr als Nachlasskonten geführt, wobei Daueraufträge und Lastschriften bis zum Widerruf durch die Erben ausgeführt werden. Dem Erben des Betreuten steht ein Auskunfts- und Rechenschaftslegungsanspruch gegen den (ehemaligen) Betreuer gemäß §§ 1872, 1873 BGB zu. 48

2.2.4 Erledigung unaufschiebbarer Angelegenheiten

Bis zu dem Zeitpunkt, ab dem die Erben tätig werden können, hat der Betreuer ausnahmsweise gemäß § 1874 Abs. 2 BGB die vermögensrechtlichen Geschäfte zu besorgen, die nicht ohne Gefahr aufgeschoben werden können, also zur Vermeidung eines Schadens erforderlich sind. Voraussetzung für eine Befugnis und Verpflichtung aus § 1874 Abs. 2 BGB ist, dass der Betreuer mit dem Aufgabenbereich „Vermögenssorge" betraut war. 49

In Betracht kommen die Einlegung von fristgebundenen Rechtsbehelfen und die Erledigung von sonstigen Fristsachen, z. B. Zahlung von Prämien für Sachversicherungen. Auch Tätigkeiten zur Verhinderung einer Terminversäumung, z. B. Zahlung einer Geldschuld, bei der hohe Verzugszinsen drohen, werden erfasst. Unter Umständen kann auch die Kündigung der Wohnung hierunter fallen, um die Erben nicht mit unnötigen Zahlungen zu belasten. Von der Rechtsprechung wurde ebenso die Fortführung der Verwaltung eines Hauses anerkannt, einschließlich der Einziehung der Mieten sowie Bezahlung der anfallenden Unkosten, Abgaben und Handwerkerrechnungen. Auch auszuzahlende Gelder von Lebens-, Unfall-, Kranken- und Sterbegeldversicherungen sind noch in Empfang zu nehmen und zinsgünstig anzulegen. Für derartige Tätigkeiten kann der Betreuer Vergütung und Entschädigung verlangen. 50

Hinweis:

Welche Eilgeschäfte nach dem Ende der Betreuung vom Betreuer noch erledigt werden müssen, ist in der Literatur und Rechtsprechung umstritten. Der Betreuer sollte, soweit das zeitlich möglich ist, zur Vermeidung von Schadensersatzansprüchen mit dem Betreuungsgericht Rücksprache nehmen. In jedem Fall sollte der Betreuer beim Nachlassgericht darauf hinwirken, dass vorrangig ein Nachlasspfleger bestellt wird.

Ist der Betreuer auch Erbe, hat er nunmehr als Erbe Sorge für den Nachlass zu tragen. Gleiches gilt, wenn der Betreuer zu Lebzeiten mit dem geschäftsfähigen Betreuten eine Vereinbarung getroffen hat und wirksam bevollmächtigt wurde. Eine derartige Regelung wird aber nur bei einem besonderen Vertrauensverhältnis zwischen Betreuer und Betreutem in Betracht kommen. 51

Grundsätzlich sind die Erben für die Abwicklung des Nachlasses zuständig. Nicht selten sind aber keine Erben erreichbar. Zur Vermeidung ständig eingehender Nachfragen empfiehlt es sich daher, alsbald nach dem Todesfall (evtl. mittels eines Serienbriefs) die wichtigsten Einrichtungen vom Tod des Betreuten und der Beendigung der Betreuung zu benachrichtigen. In Betracht kommen unter anderem: Arbeitgeber, Vermieter, Heimverwaltung, Träger betreuter Wohnformen, Sozialhilfeträger, Arbeitsagentur, Versorgungsamt, Gläubiger, Gerichte, kirchliche Stellen, Banken/Sparkassen, Ärzte, Rentenversicherungsträger, Krankenkasse, ambulante Dienste, Versicherungen, ARD-ZDF-Deutschlandfunk-Beitragsservice, Telekom, Postdienst, Handyvertragspartner, Versorgungsunternehmen (Gas, Wasser, Strom), Finanzamt, Vereine, Kommunalbehörde. 52

A

53 Da die Erstattung des hiermit verbundenen Zeitaufwands sowie der Auslagen gesetzlich nicht zwingend vorgeschrieben ist, empfiehlt es sich, diesbezüglich zuvor Rücksprache mit dem Betreuungsgericht zu nehmen.

2.2.5 Einzelfragen

Bestattung

54 Die Durchführung der Bestattung fällt nicht mehr in den Aufgabenkreis des Betreuers. Liegen keine entsprechenden Abreden mit dem Betreuten bzw. den Totensorgeberechtigten vor, die zur Sicherheit schriftlich festgehalten werden sollten, ist von einem Tätigwerden im Zusammenhang mit der Bestattung abzuraten. Es ist ausreichend, die Angehörigen bzw. die jeweilige Kommunalverwaltungsbehörde zu informieren und die erforderlichen Unterlagen zu übergeben, um ihnen dann die weiteren Schritte zu überlassen. Dem Betreuer steht für die Durchführung der Bestattung kein Vergütungsanspruch zu, da diese Tätigkeit nicht unter die Aufgaben des Betreuers fällt.

55 Die Kommunalverwaltungsbehörden kümmern sich um den Verbleib der Leiche und die Bestattung, falls keine Angehörigen bekannt oder erreichbar sind. Die Ansicht, in Bayern könne der Betreuer, der die Personensorge des Betroffenen innehatte, zur Durchführung der Bestattung verpflichtet werden, ist unzutreffend. Aus der BestV ergibt sich eindeutig, dass derzeit nur Angehörige, nicht der Betreuer, zur Bestattung verpflichtet sind.

56 Der Betreuer ist zur Übernahme der Bestattungskosten nur verpflichtet, wenn er entsprechende rechtsgeschäftliche Verpflichtungen eingeht. Neben der öffentlich-rechtlich geregelten Einstandspflicht bestimmter Verwandter (z. B. gemäß Art. 14 Abs. 2 Satz 2 BestG) haben zivilrechtlich die Erben die Kosten der Beerdigung zu tragen, § 1968 BGB. Der Betreuer sollte deshalb nach dem Tod keine Erklärungen gegenüber einem Bestattungsunternehmen abgeben und immer auf die Erben verweisen. Ansonsten besteht die Gefahr, dass er bei einem komplexen Vertrag Erklärungen unterschreibt, die später als Kostenübernahmeerklärung ausgelegt werden können (VGH Baden-Württemberg, Beschl. v. 17.4.2018 – 1 S 419/18).

Fürsorge für die Wohnung

57 Vor allem wenn keine Erben bekannt oder erreichbar sind, stellt sich die Frage, was mit der angemieteten Wohnung und den Einrichtungsgegenständen geschehen soll. Auf alle Fälle hat der Betreuer noch dafür zu sorgen, dass von der nunmehr unbewohnten Wohnung keine Gefahren ausgehen (Abstellen von Strom, Wasser, Gas; Unterbringung von Haustieren; Verhinderung von Frostschäden; Abschließen der Wohnung und Verwahrung des Schlüssels; Information des Vermieters; Schutz des Bargelds und der Wertsachen vor dem Zugriff Dritter).

Sorge um das Eigentum

58 Bezüglich der weiteren Maßnahmen zur Eigentumssicherung ist es grundsätzlich ratsam, mit dem zuständigen Rechtspfleger Rücksprache zu halten.

Vergütungsfragen

59 Aufwendungsersatz, Aufwandsentschädigungen und Vergütungen, die sich auf Tätigkeiten beziehen, die vor dem Tod angefallen sind, sind abzurechnen und gegenüber den Erben oder der Staatskasse geltend zu machen. Auch Tätigkeiten des Betreuers nach dem Tod des Betreuten können noch zu vergüten sein, zumindest dann, wenn es sich um eilbedürftige Tätigkeiten handelt.

2.3 Organentnahmen

60 Bei überraschend eintretenden Todesfällen werden Betreuer seitens des Krankenhauses gelegentlich nach einer Einwilligung zu einer Organentnahme gefragt. Nach dem TPG hat der Betreuer bezüglich einer Organentnahme keine Entscheidungsbefugnis. Eine Organentnahme bei toten Organspendern ist nur zulässig, wenn entweder der einwilligungsfähige Verstorbene schriftlich eingewilligt oder der nächste Angehörige zugestimmt hat und kein schriftlicher

Widerspruch des Verstorbenen vorliegt (vgl. §§ 3, 4 TPG). Liegen dem Betreuer Unterlagen (Organspendeausweis, schriftliche Erklärung) vor, hat er diese dem Krankenhaus zur Verfügung zu stellen. Die Entnahme von Organen (unter anderem) bei einer lebenden Person zum Zwecke der Übertragung auf andere ist nur zulässig, wenn der Spender volljährig und einwilligungsfähig ist (§ 8 TPG). Daran hat auch das Gesetz zur Regelung der Entscheidungslösung im Transplantationsgesetz nichts geändert.

2.4 Haftung für Handlungen nach dem Tod des Betreuten

Häufig erledigt der Betreuer im Rahmen der Vermögensverwaltung noch anstehende Aufgaben 61
für den verstorbenen Betreuten, da er von dessen Versterben noch keine Kenntnis erlangt hat. Verwendet der Betreuer z. B. Rentenbeträge, die zu Unrecht überwiesen wurden, für die Tilgung von Schulden des Betreuten, kann er persönlich für die Rückzahlung nicht in Anspruch genommen werden, wenn er in Unkenntnis des Todes gehandelt hat (vgl. BSG, Urt. v. 14.12.2016 - B 13 R 9/16 R).

A

Horst Böhm

Änderungen und Beendigung der Betreuung

A

1. Erweiterung, Verlängerung und Aufhebung der Betreuung

1.1 Erweiterung der Betreuung

1.1.1 Erweiterung der Aufgabenbereiche

1 Der Umfang der Betreuung ist von der krankheits- oder behinderungsbedingten Betreuungsbedürftigkeit geprägt sowie vom Betreuungsbedarf, also den Tätigkeiten, die der Betroffene erledigen muss, aber nicht mehr erledigen kann. Betreuungsbedürftigkeit und Betreuungsbedarf können sich verändern, sodass eine Erweiterung des Aufgabenkreises erforderlich wird. Ist das der Fall, muss das Betreuungsgericht eine Erweiterung durchführen, wobei die Vorschriften über die Bestellung eines Betreuers entsprechend anzuwenden sind, § 1871 Abs. 3 BGB, § 293 Abs. 1 Satz 1 FamFG.

1a Allerdings gibt es gemäß § 293 Abs. 2 und 3 FamFG weitreichende Möglichkeiten, auf bedeutende Verfahrensschritte zu verzichten. Die persönliche Anhörung und die Einholung eines Gutachtens oder ärztlichen Zeugnisses können unterbleiben, wenn „diese Verfahrenshandlungen nicht länger als sechs Monate zurückliegen oder die beabsichtigte Erweiterung nach Absatz 1 nicht wesentlich ist". Wesentlich sind aber die Verfahren, die in § 1815 Abs. 2 oder §§ 1829 bis 1832 BGB genannt sind. Neu geregelt wurde in § 293 Abs. 3 FamFG der Verzicht auf die Einholung eines Gutachtens, wenn der Aufgabenkreis des Betreuers nicht aufgrund einer Änderung des Krankheits- oder Behinderungsbilds des Betroffenen, sondern aufgrund der Änderung seiner Lebensumstände oder einer unzureichenden Wirkung anderer Hilfen erweitert werden soll. Diese Variante will der BGH trotz entgegenstehenden Wortlauts auch auf die Fälle der Anpassung der Bestandsverfahren gemäß Art. 229 § 56 EGBGB anwenden (siehe A 1, Rn. 26).

1.1.2 Nachträglicher Einwilligungsvorbehalt

2 Besteht für den Betreuten aufgrund seiner Handlungen eine erhebliche Gefahr für die Person oder sein Vermögen, kann das Betreuungsgericht auch nachträglich einen Einwilligungsvorbehalt oder dessen Erweiterung zur Abwendung dieser Gefahr anordnen, § 1871 Abs. 4 und § 1825 Abs. 1 BGB, § 293 Abs. 1 Satz 1 FamFG.

3 Die Notwendigkeit für eine Erweiterung der Aufgabenkreise oder der Anordnung eines Einwilligungsvorbehalts wird häufig der Betreuer erkennen und dem Betreuungsgericht mitteilen (siehe A 3, Rn. 37). Die nachträgliche Anordnung eines Einwilligungsvorbehalts bei bestehender Betreuung erfordert dieselben Verfahrensgarantien wie die Anordnung zugleich mit der Bestellung eines Betreuers (siehe A 7). Bei nachträglicher Änderung des Einwilligungsvorbehalts (Aufhebung, Einschränkung oder Erweiterung) gelten die gleichen Vorschriften wie bei nachträglicher Änderung oder Betreuung.

1.1.3 Bestellung eines weiteren Betreuers

4 § 1817 BGB ermöglicht die Bestellung eines weiteren Betreuers für verschiedene Aufgabenbereiche oder den gleichen Aufgabenbereich gemäß § 1817 Abs. 3 BGB. Dies gilt nicht für Berufsbetreuer gemäß § 1817 Abs. 1 Satz 3 BGB, außer beim Sterilisationsbetreuer sowie Verhinderungs- und Ergänzungsbetreuer. Für die Entscheidung über die Einwilligung in eine Sterilisation des Betreuten ist sogar stets neben dem bestellten Betreuer ein besonderer Betreuer zu bestellen, § 1817 Abs. 2 BGB.

5 Diese zusätzlichen Betreuerbestellungen können auch nachträglich erfolgen, wobei die besonderen Voraussetzungen für eine erstmalige Betreuerbestellung gemäß § 293 Abs. 4 FamFG nur gelten, wenn zugleich eine Erweiterung des Aufgabenkreises gemäß § 293 Abs. 1 bis 3 FamFG erfolgen muss.

1.2 Verlängerung der Betreuung

Über die Verlängerung der Betreuung oder des Einwilligungsvorbehalts entscheidet das Betreuungsgericht spätestens sieben Jahre nach der Anordnung dieser Maßnahmen, § 295 Abs. 2 FamFG. Neu ist die kurze Frist von zwei Jahren, wenn die erstmalige Anordnung einer Betreuung oder eines Einwilligungsvorbehalts gegen den erklärten Willen erfolgt ist, § 295 Abs. 2 Satz 2 FamFG. Innerhalb dieses kürzeren Zeitraums können Anhaltspunkte für eine Aufhebung oder Änderung der Maßnahmen anhand der Betreuungsführung erkannt und geprüft werden. Für Altverfahren, die vor dem 1.1.2023 angeordnet wurden, ist § 493 Abs. 5 FamFG zu beachten (vgl. BGH, Beschl. v. 24.1.2024 – XII ZB 321/23). Mit den Fristen zur Überprüfung soll generell vermieden werden, dass eine einmal angeordnete Maßnahme auf unbestimmte Zeit ohne Überprüfung der (anhaltenden) Erforderlichkeit fortbesteht. Zum Verfahrensrecht siehe A 7, Rn. 245. 6

Achtung: Unterlassene Verlängerung der Betreuung führt bei Fristablauf nicht dazu, dass die Betreuung wegfallen würde, außer bei einer vorläufigen Bestellung eines Betreuers im Wege einer einstweiligen Anordnung, § 302 FamFG, und der Genehmigung einer Unterbringungsmaßnahme, § 323 Abs. 1 Nr. 2 FamFG. 7

1.3 Aufhebung der Betreuung

1.3.1 Wegfall der Voraussetzungen

Die Betreuung ist aufzuheben, wenn ihre Voraussetzungen wegfallen. Fallen diese Voraussetzungen nur für einen Teil der Aufgaben des Betreuers weg, ist sein Aufgabenkreis einzuschränken. Das gilt auch für den Einwilligungsvorbehalt, § 1871 BGB. Ist der Betreuer auf Antrag des Betreuten bestellt (§ 1814 Abs. 4 Satz 2 BGB), ist die Betreuung auf dessen Antrag aufzuheben; das gilt uneingeschränkt für den körperlich behinderten Betroffenen. Hat der Betreute die Betreuung beantragt und stellt er später den Aufhebungsantrag, müsste zunächst aufgehoben werden, aber bei (weiterem) Vorliegen der Voraussetzungen die Betreuung von Amts wegen erneut angeordnet werden. Für diesen Fall ist vorgesehen, dass dem Aufhebungsantrag nicht entsprochen und das Verfahren fortgeführt wird. Das gilt für die Einschränkung des Aufgabenkreises entsprechend, § 1871 Abs. 1 Satz 2 BGB. Um tatsächlich Ermittlungen durchführen zu können, bedarf es greifbarer Anhaltspunkte für eine Veränderung der einer Betreuerbestellung zugrunde liegenden tatsächlichen Umstände, die, wenn sie dem Gericht nicht bereits auf anderem Wege bekannt geworden sind, namentlich vom Betroffenen vorzubringen sind (BGH, Beschl. v. 2.2.2011 – XII ZB 467/10). 8

1.3.2 Aufhebung bei „Unbetreubarkeit"

Die fehlende Bereitschaft des Betroffenen zur Zusammenarbeit mit dem Betreuer (Unbetreubarkeit, siehe A 2, Rn. 43) kann sich erst nachträglich herausstellen oder entwickeln. Das lässt die Erforderlichkeit einer Betreuung nicht generell entfallen, wenn der Betreuer auch ohne Kommunikation mit dem Betroffenen in dessen Interesse rechtlich tätig werden kann. Zwar kommt eine Aufhebung der Betreuung in Betracht, wenn sich herausstellt, dass der mit der Bestellung des Betreuers erstrebte Erfolg nicht zu erreichen ist, weil der Betreuer seine Aufgaben nicht wirksam wahrnehmen und im Interesse des Betroffenen nichts bewirken kann. Das kann ausnahmsweise der Fall sein, wenn der Betroffene trotz nachhaltiger Versuche des Betreuers jeden Kontakt mit seinem Betreuer verweigert und der Betreuer dadurch handlungsunfähig geworden ist, das heißt, eine sog. Unbetreubarkeit vorliegt. Bei der Annahme einer solchen Unbetreubarkeit des Betroffenen ist allerdings Zurückhaltung geboten, zumal die fehlende Bereitschaft, vertrauensvoll mit dem Betreuer zusammenzuarbeiten, Ausdruck der Erkrankung des Betroffenen sein kann (im Detail siehe A 2, Rn. 43). 9

A

2. Entlassung, Wechsel, Neubestellung eines Betreuers

10 Mit der Entlassung eines Betreuers oder seinem Tod wird die Betreuung nicht beendet, vielmehr ist ein neuer Betreuer zu bestellen, § 1869 BGB. Eine Entlassung des Betreuers ist aus vielfältigen Gründen möglich oder sogar notwendig.

2.1 Mangelnde Eignung, § 1868 Abs. 1 und 2 BGB

11 Das Betreuungsgericht muss als Ausfluss seiner Aufsichts- und Fürsorgepflicht den Betreuer entlassen, wenn ein wichtiger Grund für die Entlassung vorliegt. Das Gesetz benennt in § 1868 Abs. 1 und 2 BGB als wichtige Gründe:

- Die Eignung des Betreuers, die Angelegenheiten des Betreuten zu besorgen, ist nicht mehr gewährleistet.
- Der Betreuer hat eine erforderliche Abrechnung vorsätzlich falsch erstellt.
- Der Betreuer hat den erforderlichen persönlichen Kontakt zum Betreuten nicht gehalten.
- Ein anderer wichtiger Grund liegt vor.
- Neu: Die Registrierung des Berufsbetreuers (§ 1868 Abs. 2 BGB) wurde widerrufen oder zurückgenommen.

2.2 Entlassung aufgrund eines anderen wichtigen Grundes

2.2.1 Beispielhafte Übersicht

12 Ein anderer wichtiger Grund kann in der Person sowie in den Verhältnissen des Betreuten begründet sein. Beispielhaft können die Voraussetzungen für eine Entlassung des Betreuers gegeben sein, wenn

- er eine Vermögensverwaltung infolge mangelnder Sachkenntnis oder Sorgfalt nur unzulänglich und unter Gefährdung der Interessen des Betreuten bewältigen kann,
- er ein unzureichendes Engagement zeigt und dadurch die Interessen des Betreuten beeinträchtigt,
- er wiederholt und über einen längeren Zeitraum gegen seine Berichtspflichten verstößt,
- er wegen eines Ortswechsels infolge der räumlichen Entfernung nicht mehr die erforderliche persönliche Betreuung gewährleisten kann,
- zwischen dem Betreuer und dem Betreuten das notwendige Vertrauensverhältnis irreparabel gestört ist.

2.2.2 Straftaten des Betreuers

13 Die Tatsache, dass der Betreuer wegen einer Straftat rechtskräftig verurteilt wurde, muss nicht zwingend zu einer Entlassung führen. Aus der begangenen Tat muss sich die begründete Erkenntnis ergeben, dass ein schädigendes Verhalten gegenüber dem Betreuten wahrscheinlich ist. Wurde der Betreuer wegen (mehrfacher) Unterschlagung verurteilt, muss sorgfältig geprüft werden, ob er weiterhin eine nicht unerhebliche Vermögensverwaltung für den Betreuer ausüben soll. Ein Betreuer darf nicht entlassen werden, wenn dem Betreuten vonseiten des Betreuers lediglich abstrakte Gefahren drohen; vielmehr müssen sich konkrete und erhebliche Gefahren für die Person oder das Vermögen des Betreuten feststellen lassen. So reicht es nicht aus, wenn der Betreuer nach § 184 StGB wegen Besitzes pornografischer Schriften, die sexuellen Missbrauch von Kindern zum Gegenstand hatten, verurteilt wurde, da kein Schaden für einen erwachsenen Betreuten erwartet werden muss (OLG Naumburg, Beschl. v. 6.6.2007 – 8 Wx 12/07).

14 Die Entlassung eines Betreuers, dem die Vermögenssorge oblag, kann aber darauf gestützt werden, dass er nicht in der Lage war, die Differenz von mehreren Tausend Euro zwischen nachgewiesenen Fahrtkosten und tatsächlich dem Vermögen des Betreuten entnommenen Beträgen nachvollziehbar zu erläutern (OLG München, Beschl. v. 4.5.2005 – 33 Wx 10/05).

2.2.3 Mangelnde Kooperation mit dem Betreuungsgericht

Ein „anderer wichtiger Grund" für die Entlassung eines Betreuers kann auch darin gesehen werden, dass er trotz mehrerer Aufforderungen sowie einer Fristsetzung mit Entlassungsandrohung seiner Berichts- und Rechnungslegungspflicht nicht nachgekommen ist. Das gilt jedenfalls dann, wenn das Betreuungsgericht infolge des Verhaltens des Betreuers seine Aufsichts- und Kontrollfunktion nicht mehr sachgerecht wahrnehmen kann. Auch der Umstand, dass der Betreuer über einen langen Zeitraum jede Kooperation mit dem Betreuungsgericht verweigert, kann einen wichtigen Grund für die Entlassung abgeben. Das Gericht hat in allen Fällen nach dem Verhältnismäßigkeitsgrundsatz zunächst die milderen Mittel der Aufsicht und des Weisungsrechts über die Tätigkeit des Betreuers zu nutzen (§ 1862 BGB), bevor es den Betreuer entlässt. 15

Beispiel:

Allein die ablehnende Haltung des Betreuers zu lebensverlängernden Maßnahmen führt nicht notwendig zu seiner Ungeeignetheit. Es kommt vielmehr auf die näheren Umstände, insbesondere die medizinische Indikation für derartige Maßnahmen, und ggf. den wirklichen, früher geäußerten oder mutmaßlichen Willen den Betroffenen an (vgl. § 1827 BGB).

2.3 Entlassung wegen Vorrangs ehrenamtlicher bzw. individueller Betreuung

Ein ehrenamtlicher Betreuer hat Vorrang vor allen anderen Betreuern! § 1868 Abs. 3 und 7 BGB sichern mit Entlassungsgeboten und -möglichkeiten den Vorrang der ehrenamtlichen und der individuellen Betreuung. Das Betreuungsgericht „soll" einen beruflichen Betreuer (einschließlich der Vereinsbetreuer gemäß § 19 Abs. 2 BtOG), Betreuungsverein, Behördenbetreuer oder die Betreuungsbehörde entlassen, wenn der Betreute zukünftig ehrenamtlich betreut werden kann, § 1868 Abs. 3 BGB. Die individuelle Betreuung durch eine natürliche Person hat Vorrang vor dem Betreuungsverein oder der Betreuungsbehörde! 16

Die anonyme Betreuung durch einen Betreuungsverein oder die Betreuungsbehörde muss sogar beendet werden, wenn der Betreute durch eine oder mehrere natürliche Personen „hinreichend betreut" werden kann. Der Betreute kann aber durch einen entsprechenden „Wunsch" verhindern, dass der bestellte Betreuungsverein entlassen wird. Bemerkenswert ist, dass der Vorrang zugunsten jeder natürlichen Person gilt (ehrenamtlicher, Berufs-, Behörden- und Vereinsbetreuer), § 1868 Abs. 7 BGB. 17

2.4 Entlassung eines Vereins- oder Behördenbetreuers

Der Vereinsbetreuer ist gemäß § 1868 Abs. 6 BGB auch dann zu entlassen, wenn der Betreuungsverein das beantragt. Wünscht der Betreute die Fortführung der Betreuung durch den bisherigen Vereinsbetreuer, kann das Betreuungsgericht statt der Entlassung des Vereinsbetreuers mit dessen Einverständnis feststellen, dass dieser die Betreuung künftig als Privatperson weiterführt. Das gilt für den Behördenbetreuer entsprechend. Zuständig für die Entlassung ist der Rechtspfleger, da es insoweit keinen Richtervorbehalt gibt, § 15 Abs. 1 Nr. 1 RPflG. 18

Hinweis:

Die Bestellung eines Vereinsbetreuers darf nicht mit der Übertragung der Wahrnehmung der Betreuung auf einen Mitarbeiter des Betreuungsvereins gemäß § 1818 Abs. 2 BGB verwechselt werden. Dabei soll Vorschlägen des Betroffenen entsprochen werden, wenn nicht „wichtige Gründe entgegenstehen". Der Betroffene kann verlangen, dass das Betreuungsgericht die Auswahl der Person überprüft, § 291 FamFG. Zuständig ist der Richter, § 15 Abs. 1 Satz 1 Nr. 3 RPflG.

2.5 Entlassung auf eigenen Wunsch des Betreuers

19 Der Betreuer kann auch selbst beim Betreuungsgericht seine Entlassung verlangen. Es müssen allerdings nach seiner Bestellung Umstände eingetreten sein, nach denen ihm die Weiterführung der Betreuung nicht mehr zuzumuten ist, § 1868 Abs. 4 BGB. Der Betreuer kann sich auf seine eigenen familiären, beruflichen oder sonstigen Verhältnisse berufen (Verschlechterung des eigenen Gesundheitszustandes, fortgeschrittenes Alter, Pflege einer nahestehenden Person aus dem Familienkreis, Verschlechterung der Verkehrsverbindungen). Unter Umständen kann auch eine tiefgreifende, vom Betroffenen ausgehende Störung des Vertrauensverhältnisses zwischen ihm und dem Betreuten ein Grund sein. Jede Unstimmigkeit oder Schwierigkeit mit dem Betreuten, seinem Umfeld oder bei der Erledigung verwaltungsmäßiger Aufgaben sollte aber zunächst in einem Beratungsgespräch relativiert, wenn nicht gar bereinigt werden. Für dieses Gespräch bietet sich ein Mitarbeiter der Betreuungsbehörde an. Die Gründe für den Entlassungsantrag des Betreuers müssen objektiv nachvollziehbar sein. Zum Verfahren vgl. § 296 FamFG und A 7.

2.6 Entlassung des Betreuers auf Antrag des Betreuten

20 Nach § 1868 Abs. 5 BGB kann das Gericht den Betreuer entlassen, wenn der Betreute eine in gleicher Weise geeignete, übernahmebereite Person als Betreuer vorschlägt. Der Wunsch des Betreuten hinsichtlich der Person des Betreuers soll nicht nur bei der erstmaligen Auswahl, sondern auch bei einer etwaigen Entlassung zu berücksichtigen sein. Allerdings wird dem Betreuten die Pflicht auferlegt, selbstständig eine gleich geeignete und übernahmebereite Person zu suchen. Er hat zusammen mit dem Entlassungsantrag bezüglich des bisherigen Betreuers diese Person zu benennen. Da es sich um eine Kannvorschrift handelt, hat das Gericht einen Ermessensspielraum. Die Vornahme eines Betreuerwechsels ist nicht zwingend. Systemwidrig wäre es aber, wenn das Gericht im Rahmen seines pflichtgemäßen Ermessens prüfen würde, ob ein solcher Betreuerwechsel dem Wohl des Betreuten zuwiderläuft, da der Begriff „Wohl" in allen relevanten Bereichen aus dem Gesetz entfernt wurde. Richtig und konsequent ist es daher, die neuen Kriterien des § 1821 Abs. 3 Nr. 1 und Abs. 4 BGB heranzuziehen (siehe A3, Rn. 6 ff.).

21 Eine derartige erhebliche Gefährdung des Vermögens oder der Person kann gegeben sein, wenn der Betreuerwechsel in Wahrheit nicht dem eigenen Wunsch des Betroffenen entspringt, sondern auf eine Täuschung, Drohung oder sachfremde Beeinflussung, z. B. durch einen mit Erbaussichten rechnenden Verwandten, zurückzuführen ist.

2.7 Bestellung eines neuen Betreuers

22 Mit der Entlassung des Betreuers oder nach dessen Tod ist ein neuer Betreuer zu bestellen, § 1869 BGB unter Beachtung des § 296 FamFG. Zu den wesentlichen Verfahrensvorschriften zur Entlassung und Bestellung eines neuen Betreuers siehe A 7.

A

Horst Böhm

Vorsorge und Alternativen

A

1. Vorsorge und Alternativen zur Betreuungsvermeidung

1.1 Betreuungen werden mehr und kosten mehr

1 Betreuungsverfahren sind für den Staat sehr kostspielig, mit steigender Tendenz. Der wachsende Anteil von Berufsbetreuern, die häufigere Anpassung an geänderte Verhältnisse aufgrund des Erforderlichkeitsgrundsatzes, Zwangsbehandlungen, Fälle mit Auslandsbezug, die Rechtsprechung des BVerfG (Fixierungsentscheidung, Anhörung vor der Bestellung eines Gutachters) und des BGH (zuletzt: neue Beteiligungsrechte für Dritte), aber auch konstant hohe Betreuungs- und Unterbringungszahlen sind nur die wichtigsten Kostentreiber. Die Betreuungsrechtsreform wird diese Entwicklung nicht aufhalten, sondern zumindest kurzfristig eher befeuern.

Kostenrelevante Neuerungen der Betreuungsrechtsreform	
Andere Hilfen, erweiterte Unterstützung	§ 8 BtOG im Vorfeld und § 11 BtOG im gerichtlichen Verfahren; Betreuungsbehörde muss aktiver werden; Hinweise auf Hilfen genügen nicht mehr. Alternativ: Kostenintensive Übertragung auf Betreuungsvereine und Berufsbetreuer
Aufgabenbereiche	Wesentliche Erweiterung der Aufgabenbereiche, die ausdrücklich angeordnet werden müssen, in § 1815 Abs. 2 Nr. 1 bis 6 BGB. Dies hat zur Folge, dass diese Aufgabenbereiche im Wege der Erweiterung bei Erforderlichkeit angeordnet werden müssen. Pauschale Überbegriffe (Vermögensverwaltung, Aufenthaltsbestimmung, Gesundheitsfürsorge) sind als Aufgabenbereich zu vermeiden. Beispiel: Bestimmung des Umgangs und Fixierung im häuslichen Bereich erfordert nunmehr einen ausdrücklich angeordneten Aufgabenbereich.
Aufsicht über Betreuer	Wünsche und mutmaßlicher Wille sind bei Geboten, Verboten und Genehmigungen zu beachten, § 1862 Abs. 1 Satz 2 BGB; persönliche Anhörung bezüglich pflichtwidrig nicht erfüllter „Wünsche" oder Pflichtverstöße gegenüber Betreuten in anderer Weise erforderlich gemäß § 1862 Abs. 2 BGB.
Auskunftsverlangen	„Neuer Anspruch", § 1822 BGB; Umsetzung zunächst durch Betreuer und dann im Wege der Aufsicht gemäß § 1862 BGB
Umgangsrecht	Entscheidung des Betreuungsgerichts in einem sehr schwierigen Kontext erforderlich, § 1834 Abs. 3 BGB
Stammbehörde	Registrierungsverfahren, Zuverlässigkeit, Sachkunde, Berufshaftpflicht, zahlreiche Mitteilungspflichten der Berufsbetreuer (siehe A 3, Rn. 36 bis 39); ablehnende Entscheidungen der Stammbehörde können vor dem Verwaltungsgericht angegriffen werden.
Ehegattenvertretung, § 1358 BGB	Mehrarbeit bei den behandelnden Ärzten (Ausstellen einer komplexen schriftlichen Bestätigung und Vorlage einer Bestätigung, Rückfrage beim zentralen Vorsorgeregister (ZVR) der Bundesnotarkammer, Übergabe eines Dokuments zum Nachweis); Prüfung vorhandener Vorsorgevollmachten und Patientenverfügung; evtl. Betreuung, Ehegattenvertretung und Vollmacht nebeneinander und ausgeübt von verschiedenen Personen
§ 285 Abs. 2 FamFG	Herausgabe bzw. Vorlage einer Abschrift der Vorsorgevollmacht muss durch Beschluss angeordnet werden (Abschrift vom Besitzer, Original bei Suspendierung, Aufhebung der Suspendierung, Genehmigung des Widerrufs). Beschlüsse sind wohl Endentscheidungen und daher beschwerdefähig; Vollstreckung unter Umständen erforderlich.

Kostenrelevante Neuerungen der Betreuungsrechtsreform	
Vorsorgevollmacht, Kontrollbetreuer	Kontrollbetreuer sind jetzt vom Richter zu bestellen, Gutachten erforderlich, enge Voraussetzungen; neue Möglichkeit der Suspendierung der Vorsorgevollmacht durch richterlichen Beschluss; Aufhebung ebenfalls durch Beschluss; richterliche Genehmigung des Widerrufs ist nach persönlicher Anhörung erforderlich.
§ 1817 Abs. 4 BGB, § 12 Abs. 1 Satz 6 BtOG	Verhinderungsbetreuer kann bestellt werden; als Verhinderungsbetreuer kann auch ein anerkannter Betreuungsverein bestellt werden, ohne dass die engen Voraussetzungen des § 1818 Abs. 1 BGB zur Anwendung kommen, § 1817 Abs. 4 Satz 2 BGB. Die Betreuungsbehörde „soll in geeigneten Fällen einen weiteren Betreuer vorschlagen, der nach § 1817 Abs. 4 des Bürgerlichen Gesetzbuchs bestellt werden kann", § 12 Abs. 1 Satz 6 BtOG.

1.2 Vorsorge und Alternativen schaffen nur bedingt Abhilfe

Deshalb hat der Gesetzgeber schon immer versucht, betreuungsvermeidende bzw. kosten- 2
mindernde Maßnahmen zu fördern. Dazu gehören Vorsorgevollmachten, Betreuungsverfügungen, andere Hilfen, erweiterte Unterstützung, Wegfall von Genehmigungspflichten (z. B. § 1829 Abs. 4 BGB bei Einvernehmen zwischen Arzt und Betreuer bei schwerwiegenden ärztlichen Maßnahmen und bei Abbruch lebenserhaltender Maßnahmen) und die neue gesetzliche Ehegattenvertretung, § 1358 BGB. Die Sparmaßnahmen bringen aber häufig kurz- und mittelfristig einen Zuwachs an Arbeit, z. B. bei der Ehegattenvertretung oder der erweiterten Unterstützung. Die erhoffte Entlastung bleibt dann häufig aus und die Belastung bleibt.

2. Betreuungsverfügung

2.1 Gesetzliche Regelungen zur Betreuungsverfügung

Wer für den Fall künftiger Hilfsbedürftigkeit eine Betreuung nicht verhindern will, kann durch 3
eine Betreuungsverfügung Einfluss auf die Person des Betreuers und die Führung der Betreuung nehmen. Das Gesetz enthält nunmehr in § 1816 Abs. 2 Satz 4 BGB eine Legaldefinition für die Betreuungsverfügung. Demnach handelt es sich um ein „Dokument ..., in dem der Volljährige für den Fall, dass für ihn ein Betreuer bestellt werden muss, Wünsche zur Auswahl des Betreuers oder zur Wahrnehmung der Betreuung geäußert hat (Betreuungsverfügung)".

Möglich sind: 4

- Wünsche zur Person des Betreuers, § 1816 Abs. 2 Satz 3 BGB
- Wünsche zur Führung der Betreuung, § 1821 Abs. 2 Satz 4 BGB

Verfahrensrechtlich regelt § 285 Abs. 1 FamFG die Pflicht des Gerichts, beim ZVR bezüglich 5
Betreuungsverfügungen nachzufragen, und die Vorlagepflicht des Besitzers einer Betreuungsverfügung. Zur Eintragung im ZVR siehe § 78a Abs. 2 Nr. 4, 5 und 6 und § 78b BNotO.

2.2 Anwendungsfälle

Personen, die nicht in der Lage sind, ausreichendes Vertrauen zu einem Bevollmächtigten 6
aufzubringen oder die Handlungsbeschränkungen im Innenverhältnis für nicht ausreichend halten, werden keine Vorsorgevollmacht errichten. Viele schrecken davor zurück, ihr soziales Umfeld anzusprechen oder zu belasten, und wollen wenigstens ihre Wünsche für eine künftige Betreuung niederlegen.

In solchen Fällen ist von der Vollmacht abzuraten und die Errichtung einer Betreuungs- 7
verfügung empfehlenswert. Hier kann der Beteiligte sicher sein, dass das Gericht zum einen die Notwendigkeit des Beginns der Vertretung prüft, zum anderen aber auch der Betreuer einer ständigen gerichtlichen Kontrolle unterliegt. Ein wichtiger Anwendungsbereich sind Äußerungen zur Person des Betreuers.

A

Äußerungen zur Person des künftigen Betreuers oder Führung der Betreuung in einer Betreuungsverfügung	
Person des Betreuers	**Führung der Betreuung**
Person muss zur Führung der Betreuung geeignet sein, § 1816 Abs. 1 und Abs. 2 Satz 1 BGB.	Wunsch • bewegt sich im Rahmen der Möglichkeiten des Betreuten, • darf die Person des Betreuten oder dessen Vermögen nicht erheblich gefährden und • ist dem Betreuer zuzumuten.
Person muss bereit sein, die Betreuung zu übernehmen, § 1819 Abs. 2 BGB.	Keine Befreiung von gesetzlichen Regelungen (z. B. Geldanlage, Vertretungsausschluss, betreuungsgerichtliche Genehmigung)
Ablehnung einer Person ist möglich, § 1816 Abs. 2 Satz 2 BGB.	Ablehnung muss sich auf die Person beziehen und nicht auf die Betreuung an sich.
Es darf kein Hinderungsgrund gemäß § 1816 Abs. 6 BGB vorliegen.	

2.3 Inhalt, Umfang und Form der Betreuungsverfügung

8 Das Betreuungsgericht bestellt einen Betreuer, der geeignet ist, im gerichtlich bestimmten Aufgabenkreis die Angelegenheiten des Betreuten rechtlich zu besorgen und ihn im erforderlichen Umfang persönlich zu betreuen.

2.3.1 Vorschlag einer bestimmten Person zum Betreuer

9 Soweit der Betroffene in einer Betreuungsverfügung Vorschläge in Bezug auf eine bestimmte Person gemacht oder sich gegen eine bestimmte Person ausgesprochen hat, muss dies das Betreuungsgericht beachten, soweit die vorgeschlagene Person zur Führung der Betreuung geeignet und bereit ist. Der Betroffene selbst bestimmt somit die Person des Betreuers (§ 1816 Abs. 2 BGB). Lehnt der Volljährige eine bestimmte Person als Betreuer ab, ist diesem Wunsch ebenfalls zu entsprechen, es sei denn, die Ablehnung bezieht sich nicht auf die Person des Betreuers, sondern auf die Betreuung als solche (zum Hinderungsgrund gemäß § 1816 Abs. 6 BGB siehe A 2, Rn. 96 f.).

2.3.2 Wünsche des Betreuten

10 § 1821 BGB bestimmt, dass der Betreuer Wünschen des Betreuten zu entsprechen hat. Dies gilt auch für Wünsche und Anregungen, die der Betroffene bereits in einer Betreuungsverfügung geäußert hat. Somit kann man rechtzeitig Einfluss auf die Gestaltung der Betreuung nehmen und man gibt Richtlinien vor, wie die Betreuung geführt werden soll. Allerdings kann man den vorgeschlagenen Betreuer nicht von der gesetzlichen Überwachung durch das Betreuungsgericht befreien. Natürlich kann man auch Vorstellungen zu ärztlichen Behandlungen und Eingriffen äußern sowie Einwilligungen in Maßnahmen erteilen und verweigern. Dies geschieht mittels Patientenverfügung (antizipierter Wille), Behandlungswunsch oder mutmaßlichen Willen. Der Betreuer muss sich grundsätzlich am Willen des Betreuten orientieren und Wünschen entsprechen, die in einer Betreuungsverfügung festgelegt sind, soweit eine Abkehr von der damals geäußerten Meinung nicht erkennbar wird und gesetzliche Grenzen (Stichworte: Erforderlichkeit, Möglichkeiten, Gefährdung, Zumutbarkeit) nicht entgegenstehen.

2.3.3 Form der Betreuungsverfügung

11 Eine bestimmte Form ist im Gesetz nicht vorgeschrieben. Die Beglaubigung der Unterschrift unter einer Betreuungsverfügung durch die Urkundsperson der Betreuungsbehörde ist wie bei

der Vorsorgevollmacht möglich, § 7 BtOG; dafür fällt, sofern sie überhaupt erhoben wird, eine Gebühr von 10 EUR an.

2.3.4 Einsichtsfähigkeit des Betreuten bei Abfassung der Betreuungsverfügung

Da es in der Betreuungsverfügung um Vorschläge und Wünsche des Betreuten, nicht aber um 12
ein rechtsgeschäftliches Handeln geht, ist das Vorliegen einer Geschäftsfähigkeit sicher nicht erforderlich. Es wurde aber lange Zeit behauptet, dass der Betroffene bei Festlegung der Betreuungsverfügung in die von ihm geforderten Maßnahmen einsichtsfähig sein müsse. Er solle zumindest in der Lage sein, die Folgen seiner Vorstellungen noch klar einzuschätzen (so BayObLG, Beschl. v. 18.6.2003 – 3 Z BR 108/03). Dies würde aber dem Selbstbestimmungsrecht des Betreuten eklatant widersprechen, sodass bei Abfassung der Betreuungsverfügung wohl keine besonderen intellektuellen Fähigkeiten erforderlich sind.

Wünsche, die während der Betreuung geäußert werden, sind beachtlich, und zwar unabhängig 13
davon, ob der Betreute einsichtsfähig ist oder nicht. Umgekehrt kann der Betreute sogar wirksam erklären, dass er an einem vor der Betreuung im Zustand der freien Willensbildung geäußerten Wunsch nicht mehr festhalten will, § 1821 Abs. 4 Satz 3 BGB. Dies gilt auch dann, wenn er bei Ablehnung der früheren Wünsche zur freien Willensbildung nicht mehr in der Lage ist. Für den Vorschlag eines Betreuers im Wege der Betreuungsverfügung hat dies der BGH bereits anerkannt (Beschl. v. 18.8.2021 – XII ZB 151/20).

Ergebnis: Es gibt keine Fremdbestimmung des Gesunden gegen sich selbst als krank bzw. 14
behindert gewordenen Menschen.

2.3.5 Aufbewahrung der Betreuungsverfügung, ZVR

Die Betreuungsverfügung kann man zu Hause aufbewahren oder einer Person des Vertrauens 15
zur Aufbewahrung geben. Nach § 1816 Abs. 2 Satz 4 BGB muss jeder, der eine Betreuungsverfügung besitzt, diese unverzüglich beim Betreuungsgericht abliefern, nachdem er von der Einleitung eines Betreuungsverfahrens Kenntnis erlangt hat.

Auf der Grundlage von § 78a Abs. 2 Nr. 4 bis 6 BNotO können im ZVR die Daten einer 16
Betreuungsverfügung gespeichert werden. Aufgenommen werden Vorschläge zur Auswahl des Betreuers, Wünsche zur Wahrnehmung der Betreuung und Daten zur Person des Vorschlagenden, § 78a BNotO, § 9 VRegV.

§ 285 Abs. 1 FamFG bestimmt, dass vor der Bestellung eines Betreuers das Gericht die Auskunft 17
einholen soll, „ob eine Vorsorgevollmacht oder eine Betreuungsverfügung des Betroffenen im Zentralen Vorsorgeregister registriert ist. Hat das Gericht von der Einholung einer Auskunft nur wegen Gefahr in Verzug abgesehen, ist die Auskunft unverzüglich nachträglich einzuholen." Damit ist sichergestellt, dass nicht nur die Vorsorgevollmacht, sondern auch die Betreuungsverfügung dem mit einem Betroffenen befassten Betreuungsgericht bekannt wird. Die Eintragung im ZVR kann daher uneingeschränkt empfohlen werden.

2.3.6 Überwachung des Betreuers

Der Betreuer ist gesetzlicher Vertreter des Betreuten im zugewiesenen Aufgabenkreis, § 1823 18
BGB. Er unterliegt der Überwachung durch das Betreuungsgericht in persönlichen sowie vermögensrechtlichen Bereichen, §§ 1835 ff., §§ 1861 ff. BGB. In seiner Vertretungsmacht ist er häufig durch betreuungsgerichtliche Genehmigungen beschränkt. Diese Sicherungsmechanismen bleiben trotz Betreuungsverfügung erhalten.

3. Vorsorgevollmacht

Die zentrale Vorschrift zum materiellen Recht der Vorsorgevollmacht und der damit eng 19
verknüpften Kontrollbetreuung ist § 1820 BGB. Die Verfahrensvorschrift des § 285 FamFG regelt die Pflicht der Betreuungsgerichte, Auskünfte beim ZVR einzuholen und Beschlüsse zu erlassen bezüglich der Vorlage, Übersendung und Übermittlung relevanter Dokumente. Eine

A

entsprechende Anwendung auf Bevollmächtigte bestimmen § 1827 Abs. 6 BGB (z. B. Patientenverfügung), § 1829 Abs. 5 BGB (Genehmigung schwerwiegender bzw. lebenserhaltender ärztlicher Maßnahmen) und für die Unterbringungssachen § 1831 Abs. 5 und § 1832 Abs. 5 BGB.

3.1 Vorsorgevollmacht – ein unverzichtbares Vorsorgeinstrument

20 Die herausragende Bedeutung der Vorsorgevollmacht ergibt sich aus der stetig steigenden Zahl von registrierten Vorsorgeverfügungen. Zum 31.12.2021 lagen bereits über fünf Millionen Registrierungen im ZVR (www.vorsorgeregister.de) vor, wobei ca. 95 % Vorsorgevollmachten enthalten.

3.2 Vorsorgevollmacht kann Betreuungen verhindern, beschränken bzw. beenden

21 Die Vorsorgevollmacht verhindert regelmäßig eine Betreuung, § 1814 Abs. 3 Satz 2 Nr. 1 BGB. Errichtet der geschäftsfähige Betreute eine Vorsorgevollmacht, muss die bereits angeordnete Betreuung ganz oder teilweise aufgehoben werden, § 1871 Abs. 1 BGB, § 48 Abs. 1 FamFG. Insoweit ist nachträglich eine wesentliche Änderung der Sachlage eingetreten. Wird eine vor der Betreuungsanordnung verfasste Vorsorgevollmacht erst bekannt, nachdem die Bestellung eines Betreuers rechtskräftig geworden ist, liegt zunächst keine „nachträgliche" Änderung der Sachlage im Sinne von § 48 FamFG vor. Auch der Wortlaut des § 1871 Abs. 1 BGB greift nicht, da die Voraussetzungen nicht wegfallen, sondern objektiv nicht gegeben waren. Die vorrangige Vorsorgevollmacht war von Beginn an vorhanden, sodass kein nachträglicher Wegfall der Voraussetzungen und keine Änderung der Sach- oder Rechtslage eingetreten ist. Dennoch kann auch in diesem Fall eine nachträgliche Änderungsmöglichkeit zu bejahen sein, weil das nunmehrige Auftreten eines Bevollmächtigten, der aktuell die Angelegenheiten wahrnimmt, als neue „Sachlage" im Sinne von § 48 Abs. 1 Satz 1 FamFG bzw. als „Wegfall der Voraussetzungen" der Betreuung anzusehen ist.

3.3 Grenzen der Vorsorgevollmacht

22 Eine Vorsorgevollmacht steht der Bestellung eines Betreuers nicht entgegen, wenn der Bevollmächtigte ungeeignet ist. Die Eignung des Bevollmächtigten prüft der BGH anhand der in § 1821 Abs. 3 Nr. 3 BGB genannten Kriterien. Der Bevollmächtigte muss daher in der Lage sein, „eine erhebliche Gefährdung für die Person des Betroffenen oder dessen Vermögen entgegen dessen geäußerten Wünschen abzuwenden, wenn der Betroffene die Gefahr aufgrund seiner Krankheit oder Behinderung nicht erkennen oder nicht nach dieser Einsicht handeln kann" (BGH, Beschl. v. 2.8.2023 – XII ZB 303/22). Die Bestellung eines Betreuers muss dann aber auch verhältnismäßig sein, weshalb weniger einschneidende Maßnahmen vorrangig in Betracht kommen. Bezieht sich der Eignungsmangel nur auf einen bestimmten Aufgabenbereich, kommt die Bestellung eines Betreuers auch nur für diesen Bereich in Betracht. Trotz einer Vorsorgevollmacht kann es erforderlich werden, eine Betreuung anzuordnen. Dabei empfiehlt es sich, anhand folgender Checkliste die Wirkkraft der Vollmacht zu prüfen.

Checkliste: Vorsorgevollmacht	
Fragen zur Vorsorgevollmacht	**Beispiele, Antworten**
Umfasst die Vollmacht alle aktuell erforderlichen Aufgabenbereiche?	• Vollmacht erfasst nicht die Vermögensverwaltung, da kein Vermögen vorhanden war. • An eine geschlossene Unterbringung, unterbringungsähnliche Maßnahmen oder Zwangsbehandlungen hat niemand gedacht. • Eignung des Bevollmächtigten fehlt für bestimmte Aufgabenbereiche.
Muss/kann die Betreuung nur für den fehlenden Aufgabenbereich angeordnet werden, wenn die Vollmacht nicht alles umfasst?	• Evtl. genügt das Ehegattenvertretungsrecht (siehe Rn. 207 ff.). • Ansonsten muss für fehlende Bereiche ein Betreuer bestellt werden.

Checkliste: Vorsorgevollmacht	
Fragen zur Vorsorgevollmacht	**Beispiele, Antworten**
Ist der Bevollmächtigte geeignet und bereit, den Betroffenen zu vertreten?	• Bevollmächtigter weigert sich, für den Betroffenen tätig zu werden. • Bevollmächtigter wohnt weit entfernt. • Bevollmächtigter ist gesundheitlich selbst nicht mehr in der Lage, die Angelegenheiten des Betroffenen zu erledigen. • Es besteht die Gefahr von Missbrauch und Unzuverlässigkeit.
Hat die Vollmacht Mängel?	• Vollmacht entspricht nicht dem Gebot der Schriftlich- und Ausdrücklichkeit, § 1820 Abs. 2 BGB. • Vollmacht wird durch den geschäftsfähigen Betroffenen oder einen Kontrollbetreuer widerrufen. • Vollmacht wird im Rechtsverkehr nicht anerkannt bzw. akzeptiert (Banken, Telekom, Grundbuchamt). • An der Wirksamkeit der Vollmacht, die konkrete Schwierigkeiten des Bevollmächtigten im Rechtsverkehr erwarten lassen, bestehen Zweifel. • Es gibt Anhaltspunkte für eine fehlende Geschäftsfähigkeit bei der Erstellung der Vollmacht.

3.4 Vorsorgevollmacht muss dem Gericht bekannt sein/werden

Der Gesetzgeber stellt mit § 1820 Abs. 1 BGB sicher, dass Vorsorgemaßnahmen im Ernstfall 23
dem Betreuungsgericht zur Verfügung stehen. Der Besitzer einer Vorsorgevollmacht muss das Betreuungsgericht darüber unterrichten und auf Wunsch eine Abschrift vorlegen. Die sicherste Möglichkeit, dafür zu sorgen, dass dem Betreuungsgericht Vorsorgevollmachten, Betreuungsverfügungen und Patientenverfügungen bekannt werden, ist die Registrierung im ZVR (§ 285 Abs. 1 FamFG, §§ 78a, 78b BNotO, §§ 1, 6, 9 VRegV).

Achtung: Wird eine Vorsorgevollmacht nachträglich bekannt, muss der Betreuer dies dem 24
Betreuungsgericht mitteilen, da dieser Umstand zur Aufhebung einer Betreuung führen kann, § 1864 Abs. 2 Satz 2 Nr. 1 BGB.

3.5 Beratung und Aufklärung der Bevollmächtigten

3.5.1 Anerkannte Betreuungsvereine

Pflichtaufgaben

Anerkannte Betreuungsvereine müssen gemäß § 15 Abs. 1 Satz 1 Nr. 5 BtOG Bevollmächtigte 25
bei der Wahrnehmung ihrer Aufgaben „beraten und unterstützen". Darüber hinaus müssen sie „planmäßig über allgemeine betreuungsrechtliche Fragen, Vorsorgevollmachten, Betreuungsverfügungen und Patientenverfügungen" informieren.

Ermessensentscheidung („können") im Einzelfall

Neben diesen Pflichtaufgaben können sie im Einzelfall Betroffene, Angehörige und sonstige 26
Personen zu allgemeinen betreuungsrechtlichen Fragen, zu Vorsorgevollmachten und zu

anderen Hilfen nach § 15 Abs. 1 BtOG, bei denen kein Betreuer bestellt wird, beraten. Dies umfasst auch eine Beratung bei der Errichtung einer Vorsorgevollmacht oder Betreuungsverfügung, § 15 Abs. 3 BtOG.

3.5.2 Betreuungsbehörden

27 Die Betreuungsbehörde fördert die Aufklärung und Beratung über Vorsorgevollmachten, Betreuungsverfügungen und Patientenverfügungen, § 6 Abs. 3 BtOG. Hierbei handelt es sich um allgemeine Informationen zur Errichtung dieser Vorsorgemaßnahmen in Broschüren oder im Rahmen von Veranstaltungen. Eine Einzelberatung zur Errichtung einer Vorsorgevollmacht ist nach dieser Vorschrift nicht vorgesehen. Die Behörde sorgt ferner dafür, „dass in ihrem Zuständigkeitsbereich ein ausreichendes Angebot zur Einführung der Betreuer und der Bevollmächtigten in ihre Aufgaben und zu ihrer Fortbildung vorhanden ist", § 6 Abs. 1 BtOG.

28 § 5 Abs. 1 BtOG verpflichtet die Betreuungsbehörde auch zu einer eigenen Einzelfallberatung. Die Betreuungsbehörde darf sich wohl nicht darauf beschränken, allgemeine Informationen und allgemein gehaltene Hilfestellungen anzubieten. Die Behörde muss vielmehr einen Mittelweg finden zwischen Broschüren verteilen, gepaart mit der Produktion von Allgemeinplätzen, und einer eingehenden individuellen Beratung und Hilfestellung bei Errichtung der Vorsorgevollmacht durch eine bestimmte Person.

29 Noch konkreter wird die Pflicht zur Beratung und Unterstützung der Betreuer und Bevollmächtigten bei der Wahrnehmung ihrer Aufgaben. Diese muss gemäß § 5 Abs. 2 Satz 1 BtOG auf Wunsch des Bevollmächtigten durch entsprechende Fachkräfte erfolgen, § 3 BtOG.

30 Im Übrigen ist die Urkundsperson der Behörde bei der (öffentlichen) Beglaubigung der Unterschrift unter einer Vorsorgevollmacht (§ 7 BtOG) verpflichtet, auf Fehler oder Ungenauigkeiten in der Urkunde hinzuweisen und den Ersteller einer Vollmacht insoweit beratend aufzuklären.

31 Damit die Behörde ihre Aufgaben erfüllen kann, sind geeignete Mitarbeiter mit fundierten Kenntnissen des Vertretungs- und Beurkundungsrechts notwendig, § 7 Abs. 3 BtOG. Auch über die Wirkungen einer durch die Behörde beglaubigten Vollmacht muss Klarheit herrschen.

3.5.3 Betreuungsgerichte

32 Gleichermaßen muss der Betreuungsrichter im Rahmen der Anhörung des Betroffenen in geeigneten Fällen auf die Möglichkeit der Vorsorgevollmacht und ihrer Registrierung im ZVR hinweisen (§ 278 Abs. 2 Satz 2 FamFG).

3.6 Selbstbestimmte juristische Vorsorge

3.6.1 Abgrenzung der Ver- und Vorsorgemaßnahmen

33 Rein „tatsächliche" Versorgungsmaßnahmen können Angehörige, Bekannte oder Institutionen ohne Weiteres erbringen. Häufig ist aber zur Versorgung eine Vertretung erforderlich. Eine echte gesetzliche Vertretung gibt es neben der Betreuung in engen Grenzen nur für die Ehegatten (siehe Rn. 207 ff.). Die Vorsorgevollmacht beruht dagegen nicht auf einem Gesetz wie § 1823 und § 1358 Abs. 1 BGB, sondern auf einer selbstbestimmten Willenserklärung.

34 Betreuungsverfügungen erlauben selbstbestimmte Regelungen und Wünsche für den Fall der Betreuung (Betreuerauswahl und Wahrnehmung der Betreuung). Patientenverfügungen sind in die Zukunft gerichtete (antizipierte) Willensbekundungen, die von Betreuern und Bevollmächtigten umgesetzt werden müssen. Behandlungswünsche und eventuelle Grundlagen für die Entscheidung über den mutmaßlichen Willen können auch dazu beitragen, die Gestaltung der Betreuung oder Vollmacht den Bedürfnissen und Interessen anzupassen.

3.6.2 Broschüren zum Nachlesen

Ausführungen zur Vorsorgevollmacht und Patientenverfügung findet man in unterschiedlichen Broschüren, unter anderem: 35

1. Betreuungsrecht, Vorsorge und rechtliche Betreuung, mit ausführlichen Informationen zur Vorsorgevollmacht
2. Patientenverfügung, Vorsorge und Patientenrechte

   Jeweils zu beziehen beim Bundesministerium der Justiz, Stand: 8/2021: www.bmj.de/SiteGlobals/Forms/Suche/Publikationensuche_Formular.html
3. Vorsorge für Unfall, Krankheit, Alter durch Vollmacht, Betreuungsverfügung und Patientenverfügung, Bayerisches Staatsministerium der Justiz, 20. Aufl., Stand: 9/2021
4. Die Vorsorgevollmacht, Was darf der Bevollmächtigte, Prof. Dr. Bernhard Knittel, 5. Aufl., Stand: 7/2019
5. Der große Vorsorgeberater, Bayerisches Staatsministerium der Justiz, 3. Aufl., Stand: 2019, zum Download über das Broschürenportal der Bayerischen Staatsregierung: www.bestellen.bayern.de/application/applstarter?APPL=ESHOP&DIR=eshop&ACTIONxSETVAL(index_portal.htm,USERxPORTAL:TRUE,ALLE:X)=X
6. Meine Vorsorge in nur 30 Minuten, 2. Aufl., Walhalla Fachverlag, Stand: 2020

3.7 Grundsätzliches zur Vollmacht

3.7.1 Vollmachtserteilung, Umfang, Form

Bei der Vorsorgevollmacht handelt es sich zunächst um eine Vollmacht, sodass die Vorschriften für die Vollmacht grundsätzlich auch für die Vorsorgevollmacht gelten. Die Erteilung einer Vollmacht ist ein einseitiges, empfangsbedürftiges Rechtsgeschäft. Der Vollmachtgeber kann sie gegenüber dem Vertreter erteilen (Innenvollmacht) oder gegenüber dem Geschäftspartner des Vertreters erklären (Außenvollmacht), § 167 Abs. 1 BGB. 36

Mit der Erteilung der Vollmacht wird auch der Umfang der Berechtigung, für den Vollmachtgeber Rechtsgeschäfte zu tätigen, festgelegt. Die Vollmacht kann ein einzelnes Rechtsgeschäft oder Rechtsgeschäfte schlechthin umfassen oder aber als Generalvollmacht umfassend ausgestaltet sein. Ist der Umfang oder Inhalt der Vollmacht nicht eindeutig, greifen die Auslegungsregeln über Willenserklärungen, §§ 133, 157 BGB. Maßgebend ist, wie der Erklärungsempfänger die Bevollmächtigung verstehen durfte und nicht, wozu der Vollmachtgeber bevollmächtigen wollte. 37

Die Vollmacht kann grundsätzlich formlos erteilt werden. Dies gilt auch dann, wenn der Bevollmächtigte formgebundene Rechtsgeschäfte wie ein Grundstücksgeschäft abschließen darf, § 167 Abs. 2 BGB. Allerdings muss bei der Eintragung in das Grundbuch die Vollmacht gemäß §§ 30 und 29 GBO durch öffentliche oder öffentlich beglaubigte Urkunden nachgewiesen werden. Ausnahmsweise kann das Gesetz auch für die Vollmacht eine Form wie für die Erbausschlagung verlangen, § 1945 Abs. 3 BGB. Darüber hinaus ist Schriftlichkeit im Interesse der Rechtssicherheit dringend anzuraten. 38

3.7.2 Die Vollmacht und das zugrunde liegende Rechtsgeschäft

Mit der Vollmacht kann der Bevollmächtigte Rechtsgeschäfte für den Vertretenen abschließen oder Willenserklärungen wie eine Kündigung wirksam abgeben. Sie besagt nichts darüber, ob und wie der Vertreter verpflichtet ist, für den Vertretenen ein Rechtsgeschäft abzuschließen, oder ob der Vertreter für seine Tätigkeit ein Entgelt erhält. Der Umfang der Rechte und Pflichten im Verhältnis des Bevollmächtigten zum Vollmachtgeber ergibt sich vielmehr aus den der Vollmacht zugrunde liegenden Vereinbarungen. In Betracht kommt ein sog. Geschäftsbesorgungsvertrag (§§ 675, 611 BGB). Falls keine ausdrückliche Vereinbarung getroffen wurde, geht man davon aus, dass konkludent ein Auftragsvertrag gemäß § 662 BGB zustande gekommen ist. 39

40 Ist das Grundgeschäft nicht wirksam zustande gekommen, bleibt die Vollmacht grundsätzlich wirksam. Es ist somit zwischen dem Außenverhältnis der Vollmachtserteilung, die den Vertreter berechtigt, Rechtsgeschäfte mit Dritten zu tätigen, sowie der Festlegung der Rechte und Pflichten im Innenverhältnis des Bevollmächtigten zum Vollmachtgeber zu unterscheiden.

41 Wenn der Vollmachtgeber mit dem Vertreter vereinbart hat, dass von der Vollmacht nur in einem bestimmten Umfang oder unter bestimmten Voraussetzungen Gebrauch gemacht werden darf, wird dies die Bedeutung haben, dass der Vertreter verpflichtet ist, von einer unbegrenzten Vollmacht nur in einem beschränkten Umfang Gebrauch zu machen. Das hat zur Folge, dass die Verletzung dieser Verpflichtung den Vertreter nur gegenüber dem Vertretenen schadensersatzpflichtig macht, während das Rechtsgeschäft dem Partner gegenüber wirkt, da die Vertretungsmacht davon unberührt geblieben ist (Abstraktionsprinzip).

Hinweis:

Der Umfang der Vollmacht richtet sich nach dem Inhalt der Bevollmächtigung, nicht nach dem des Innenverhältnisses. Der Umfang einer Vollmacht und damit das rechtliche Können reichen in der Regel weiter als das im Innenverhältnis vereinbarte „rechtliche Dürfen".

3.7.3 Das Erlöschen der Vollmacht

42 Das Erlöschen der Vollmacht regelt § 168 BGB. Die Vollmacht erlischt mit Wirkung für die Zukunft, wenn

- das zugrunde liegende Rechtsgeschäft erlischt, § 168 Satz 1 BGB,
- der Vollmachtgeber die Vollmacht einseitig widerruft, § 168 Satz 2 BGB, oder
- ein einseitiger Verzicht des Bevollmächtigten vorliegt.

43 Daneben kommen als Erlöschensgründe z. B. noch in Betracht:

- Anfechtung der Vollmacht (z. B. §§ 119, 142 BGB)
- Geschäftsunfähigkeit des Bevollmächtigten (Argument aus § 165 BGB)
- Erlöschen, weil das zugrunde liegende Rechtsgeschäft erlischt

44 Mit der Beendigung des zugrunde liegenden Geschäftsbesorgungsvertrags oder Auftrags erlischt auch die Vollmacht, § 168 Satz 1 BGB. Gemäß § 671 Abs. 1 BGB kann der Vollmachtgeber widerrufen oder der Bevollmächtigte kündigen. Probleme ergeben sich, wenn der Vollmachtgeber widerrufen will, er aber aktuell geschäftsunfähig ist. In diesem Fall muss ein etwa durch ihn bestimmter „Überwachungsbevollmächtigter" handeln oder das Betreuungsgericht bestellt einen Kontrollbetreuer nach § 1820 Abs. 3 BGB, der allerdings nur widerrufen kann, wenn das Betreuungsgericht die Genehmigung erteilt, § 1820 Abs. 5 Satz 2 BGB (siehe Rn. 113). Auch wenn der Bevollmächtigte kündigen will, der Vollmachtgeber jedoch nicht mehr geschäftsfähig ist, muss ein gesetzlicher Vertreter bei der Entgegennahme der Kündigung handeln, § 131 BGB, oder ein Empfangsvertreter (Vollmacht zur Entgegennahme von Willenserklärungen). Mit dem Tod des Beauftragten (Bevollmächtigten) erlischt in der Regel auch die Vollmacht, § 168 Satz 1, § 673 Satz 1, § 675 BGB. Stirbt der Vollmachtgeber oder wird er geschäftsunfähig, bleibt die Vollmacht bestehen, § 168 Satz 1, §§ 672, 675 BGB.

Erlöschen der Vollmacht durch Widerruf

45 Gemäß § 168 Satz 2 BGB kann die Vollmacht auch bei Fortbestehen des Grundverhältnisses durch Widerruf erlöschen – es sei denn, sie ist als unwiderrufliche Vollmacht erteilt worden.

46 Auch hier ergibt sich ein Problem, wenn der Vollmachtgeber nicht mehr geschäftsfähig ist. Will der Bevollmächtigte auf die Vollmacht durch (einseitige) Erklärung verzichten und ist der Vollmachtgeber zwischenzeitlich geschäftsunfähig geworden, muss die Erklärung gegenüber einem Vertreter abgegeben werden. Der Widerruf erfolgt durch einseitige, empfangsbedürftige Willenserklärung des Vollmachtgebers, für die § 168 Satz 3 und § 167 Abs. 1 BGB entsprechend gelten. Danach kann die Vollmacht sowohl gegenüber dem Bevollmächtigten als auch

gegenüber dem Empfänger der Erklärung, dem Geschäftspartner, wirksam widerrufen werden. Das gilt nach h. A. unabhängig davon, wem gegenüber die Vollmacht erteilt worden ist. Der auf den Fortbestand der Vollmacht vertrauende Dritte (Geschäftspartner) wird durch §§ 170 ff. BGB geschützt; ihm gegenüber gilt die Vollmacht als bestehend, bis ihm das Erlöschen vom Vollmachtgeber angezeigt oder ihm das Original der Vollmachtsurkunde vorgelegt wird.

Beispiel:

Gold hat dem V eine Bankvollmacht erteilt, indem er vor dem Mitarbeiter der Bank B eine entsprechende Erklärung abgegeben hat. Bevor V tätig geworden ist, kommt es zu Unstimmigkeiten. G erklärt dem V, er sei nicht berechtigt, für ihn Bankgeschäfte zu tätigen. Trotzdem hebt V vom Konto des G einen Betrag von 1.000 EUR ab.

V war nicht vertretungsberechtigt, weil die Außenvollmacht des G erloschen ist, da G gegenüber V die Vollmacht widerrufen hat, § 168 Satz 3, § 167 Abs. 1 BGB. Die Bank, deren Mitarbeiter auf den Fortbestand der Vollmacht gutgläubig vertraut haben, wird gemäß §§ 170 und 173 BGB geschützt. Da der Bank das Erlöschen der Vollmacht von G nicht angezeigt wurde und die Bank auch nicht das Erlöschen kannte oder kennen musste, wird die Vollmacht ihr gegenüber als fortbestehend behandelt.

Unwiderrufliche Vollmacht

Eine Unwiderruflichkeit kann sich aus dem der Vollmacht zugrunde liegenden Rechtsgeschäft 47
ergeben (§ 168 Satz 2 BGB, „sofern"). Bei Erteilung eines unwiderruflichen Auftrags wird § 671 Abs. 1 BGB abbedungen. Die Widerruflichkeit der Vollmacht kann aber nach h. M. nur dann wirksam ausgeschlossen oder beschränkt werden, wenn der Bevollmächtigte (oder ein Dritter) ein besonderes Eigeninteresse an der Bevollmächtigung hat, das dem Interesse des Vollmachtgebers an der Widerruflichkeit zumindest gleichwertig ist. Bei einer ausschließlich oder überwiegend im Interesse des Vollmachtgebers erteilten Vollmacht ist die Unwiderruflichkeitsklausel dagegen unwirksam.

Beispiel:

Gold hat dem V ein Grundstück notariell verkauft und erteilt dem V unwiderruflich unter Befreiung vom Verbot des § 181 BGB Vollmacht, das Grundstück an sich aufzulassen. Da ein eigenes Erfüllungsinteresse des V gegeben ist, besteht ein rechtfertigender Grund für die Vereinbarung der Unwiderruflichkeit der Vollmacht.

Das Recht zum jederzeitigen Widerruf einer Vollmacht kann nur durch Vertrag wirksam 48
ausgeschlossen werden. Das ergibt sich aus § 168 Satz 1 und 2 BGB. Ein einseitiger Verzicht des Vollmachtgebers auf sein Widerrufsrecht reicht nicht aus.

Eine Vollmacht kann auch teilweise widerrufen werden, § 168 Satz 2 BGB. Es handelt sich dann 49
um eine Beschränkung der Vertretungsmacht. Ein solcher Teilwiderruf kann im Widerspruch zum Grundverhältnis stehen. Das schadet der Zulässigkeit des Widerrufs wegen der Abstraktheit der Vollmacht nicht. Nach § 671 Abs. 1 BGB kann der Auftraggeber den Auftrag jederzeit teilweise widerrufen. Dadurch erlischt die Vollmacht nach § 168 Satz 1 BGB eben nur in diesem Bereich.

Anfechtung der Vollmacht

Da die Vollmachtserteilung eine Willenserklärung ist, kann der Vollmachtgeber, der sich bei der 50
Erteilung der Vollmacht in einem Irrtum im Sinne von § 119 BGB befunden hat oder arglistig getäuscht bzw. bedroht wurde (§ 123 BGB), nach dem Wortlaut des Gesetzes die Vollmachtserteilung anfechten. Bedenken ergeben sich jedoch daraus, dass nach dem Abschluss des Vertretergeschäfts unmittelbar eine dritte Person, der Vertragspartner, durch die Anfechtung der Vollmachtserteilung berührt wird.

Umstritten ist, ob die Vollmacht auch dann noch angefochten werden kann, wenn der Vertreter 51
das Rechtsgeschäft mit dem Dritten abgeschlossen hat. Nach h. M. ist die Bevollmächtigung – wie jede andere Willenserklärung auch – selbst nach Abschluss des Vertretergeschäfts

grundsätzlich anfechtbar. Auch nach Anfechtung einer Vollmacht kann sich aber die Vertretungsmacht aus den §§ 170 bis 173 BGB oder aus den Grundsätzen zur Rechtsscheinsvollmacht ergeben (siehe Rn. 54).

Was ist beim Widerruf einer Vollmacht zu beachten?

52 Der Widerruf erfolgt durch den Vollmachtgeber oder dessen Vertreter (z. B. Betreuer mit erforderlichem Aufgabenkreis) gegenüber dem Bevollmächtigten. Es empfehlen sich Schriftform und Zugangsnachweis. Der Vollmachtgeber muss geschäftsfähig sein und die erforderliche Einsichts- und Steuerungsfähigkeit bezogen auf die vorzunehmenden Rechtshandlungen, den Widerruf und die Vollmachtserteilung haben (BGH, Beschl. v. 2.8.2017 – XII ZB 502/16).

53 Im Widerrufsschreiben sollte der Bevollmächtigte aufgefordert werden, die Originalvollmachtsurkunde herauszugeben; sollten Abschriften der Vollmachtsurkunde vorhanden sein, auch diese. Das ist wichtig, da die Vertretungsmacht bestehen bleibt, bis die Vollmachtsurkunde zurückgegeben oder für kraftlos erklärt wurde, § 172 Abs. 2 BGB. Der Bevollmächtigte ist auch zur Rückgabe der Vollmacht verpflichtet, § 175 BGB. Kommt er dieser Verpflichtung nicht nach, muss auf Herausgabe geklagt werden. Auch kann die Vollmachtsurkunde durch öffentliche Bekanntmachung für kraftlos erklärt werden, § 176 BGB. Bezieht sich der Widerruf nur auf einen bestimmten Teil der Vollmacht (z. B. Verwaltung des bei einer Bank angelegten Kapitals), kann nicht die Herausgabe der Vollmachtsurkunde verlangt werden, sondern nur die Vorlage zur Anbringung eines einschränkenden Vermerks. Den Widerruf sollte man unbedingt auch den Banken, die Konten des Vollmachtgebers führen, und bekannten wichtigen Geschäftspartnern gegenüber erklären, § 168 Satz 3, § 167 Abs. 1 BGB. Bei notariell beurkundeten Vollmachten empfiehlt es sich, den Widerruf dem Notar anzuzeigen, damit dieser keine weiteren Ausfertigungen erteilt.

Der gute Glaube an die Vollmacht

54 Grundsätzlich wird derjenige, der mit einem vollmachtlosen Vertreter ein Rechtsgeschäft tätigt, nicht geschützt. Der gute Glaube an den Bestand der Vollmacht ist unerheblich. Der Erklärungsempfänger, der erkennen kann, dass der Erklärende die Erklärung nicht im eigenen Namen, sondern für einen anderen abgibt, muss sich davon überzeugen, ob der Erklärende von demjenigen, für und gegen den das Rechtsgeschäft wirken soll, die entsprechende Vollmacht erhalten hat. Diese grundsätzliche Regelung gilt nicht, das heißt der gute Glaube an die Vollmacht wird ausnahmsweise geschützt, wenn die Voraussetzungen der §§ 170 bis 173 BGB vorliegen. Nach §§ 170 bis 173 BGB wird der Erklärungsempfänger geschützt, wenn er das Erlöschen der Vollmacht des Vertreters nicht kennt und auch nicht kennen musste (§ 173 BGB) und wenn

- die Vollmacht ihm gegenüber erklärt worden war (Außenvollmacht, § 170 BGB),
- die Bevollmächtigung ihm mitgeteilt worden war (§ 171 BGB) oder
- der Vertreter eine Vollmachtsurkunde vorgelegt hat (§ 172 BGB).

55 Die Vollmacht des Vertreters „bleibt" im Verhältnis zum gutgläubigen Geschäftspartner so lange „bestehen", bis ihm das Erlöschen der Vollmacht in gleicher Weise mitgeteilt worden ist, wie die Vollmachtserteilung kundgetan worden war. Nach h. M. handelt es sich bei diesen Regelungen um sog. Rechtsscheinstatbestände.

3.8 Grundsätzliches zur Vorsorgevollmacht

3.8.1 Definition und Bedeutung der Vorsorgevollmacht

56 Es gibt – immer noch – keine Legaldefinition der Vorsorgevollmacht. Eine Begriffsbestimmung kann daher nur unter Heranziehung der Aufgabenumschreibung der Vorsorgevollmacht erfolgen. Die Vorsorgevollmacht soll für den Fall, dass aufgrund einer Krankheit oder Behinderung ein Volljähriger seine Angelegenheiten ganz oder teilweise nicht mehr besorgen kann, durch die Bevollmächtigung einer Person die Anordnung einer Betreuung verhindern (BGH, Beschl. v. 12.11.2020 – V ZB 148/19). Eine Betreuung kann aber nur verhindert werden, wenn die Angelegenheiten des Volljährigen durch einen Bevollmächtigten, der nicht zu den in

§ 1816 Abs. 6 BGB bezeichneten Personen gehört, gleichermaßen besorgt werden können, § 1814 Abs. 3 Satz 2 Nr. 1 BGB. Man spricht deshalb von einer Vorsorgevollmacht, weil der Bevollmächtigte erst dann handeln soll, wenn beim Vollmachtgeber selbst Geschäfts- oder Handlungsunfähigkeit eintritt, die Vollmacht somit „vorsorglich" erteilt wird. Neben einer Vorsorgevollmacht bereits bestehende „andere" Vollmachten wie Bankvollmachten bleiben bei Eintritt des Vorsorgefalls grundsätzlich weiter bestehen.

Hinweise:

- Es gibt keine Legaldefinition der Vorsorgevollmacht.
- Wesentliches Kriterium ist aber die betreuungsvermeidende Funktion einer Vollmacht.
- Vorsorgevollmachten lassen sich deshalb nicht ohne Weiteres von allgemeinen Vollmachten unterscheiden.
- Es kann daher empfohlen werden, die Urkunde als „Vorsorgevollmacht" zu überschreiben und in den Urkundentext eine Passage aufzunehmen, die wie folgt lauten könnte: „Diese Vorsorgevollmacht dient zur Verhinderung oder Ersetzung einer Betreuung."

Achtung: Für eine Vorsorgevollmacht spricht zunächst ihre Bezeichnung in der Überschrift oder 57 im Text. Es sollte aber bei der Abfassung der Vorsorgevollmacht tunlichst darauf geachtet werden, dass sich die Beschränkung auf den Fall der Betreuungsbedürftigkeit nur auf das Innenverhältnis bezieht und nicht auf die Vollmacht. Ansonsten muss der Vertreter bei jedem Geschäft in Vertretung des Betroffenen prüfen und evtl. auch nachweisen, dass der Vollmachtgeber aktuell geschäftsunfähig ist. Dies macht die Vollmacht für die Praxis unbrauchbar.

3.8.2 Altvollmachten

Probleme können auftauchen, wenn eine Vorsorgevollmacht vor vielen Jahren erteilt wurde 58 und nunmehr zwingend erforderliche Angaben nicht enthält, die der Gesetzgeber nachträglich eingeführt hat. Das sind ärztliche Maßnahmen nach § 1829 Abs. 1 Satz 1 und Abs. 2 BGB, freiheitsentziehende Unterbringungen und Maßnahmen gemäß § 1831 Abs. 4 BGB, ärztliche Zwangsmaßnahmen nach § 1832 BGB und die dazu erforderliche Verbringung in ein Krankenhaus nach § 1832 Abs. 4 BGB, die in einer schriftlichen Vollmacht ausdrücklich genannt sein müssen, § 1820 Abs. 3 BGB. Hier ist auf die Gesetzeslage zum Zeitpunkt der gerichtlichen Entscheidung über die Betreuungsanordnung abzustellen, sodass die genannten Maßnahmen von der Vollmacht nicht erfasst sind.

Es ist daher empfehlenswert, früher erteilte Vorsorgevollmachten („Altvollmachten") zu 59 überprüfen und falls nötig der neuen Lage anzupassen. Dies ist aber nur möglich, wenn der Vollmachtgeber noch geschäftsfähig ist.

3.8.3 Widerruflichkeit der Vorsorgevollmacht

Eine Vorsorgevollmacht wird grundsätzlich widerruflich erteilt. Unwiderruflichkeit könnte sich 60 aus dem der Vollmacht zugrunde liegenden Rechtsgeschäft ergeben (siehe Rn. 47). Die Widerruflichkeit der Vollmacht kann aber nach h. M. nur dann wirksam ausgeschlossen oder beschränkt werden, wenn der Bevollmächtigte (oder ein Dritter) ein besonderes Eigeninteresse an der Bevollmächtigung hat, das dem Interesse des Vollmachtgebers an der Widerruflichkeit zumindest gleichwertig ist. Bei einer ausschließlich oder überwiegend im Interesse des Vollmachtgebers erteilten Vollmacht ist die Unwiderruflichkeitsklausel dagegen unwirksam. Bei der Vorsorgevollmacht kann schwerlich ein besonderes Eigeninteresse des Bevollmächtigten und damit eine Unwiderruflichkeit angenommen werden, vielmehr errichtet sie der Vollmachtgeber vorrangig zur Verhinderung einer Betreuung. Zur Verwendung einer inländischen Vollmacht im Ausland oder einer ausländischen Vollmacht im Inland siehe A 13.

A

3.8.4 Umfang der Vollmacht

61 Der Gesetzgeber hat nirgends bestimmt, wie diese Vollmacht ausgestaltet sein soll. Man kann eine umfassende Vertretungsmacht erteilen (Generalvollmacht), diese aber auch auf bestimmte Bereiche beschränken. Im letzteren Fall kann aber unter Umständen eine Betreuung nicht vollständig verhindert werden, wenn die Besorgung solcher Aufgaben erforderlich wird, die von der Vollmacht nicht abgedeckt werden.

62 Wer eine staatliche Betreuung verhindern und möglichst alle zu erledigenden Angelegenheiten erfassen will, muss den Umfang einer Vorsorgevollmacht großzügig gestalten. Er wird sich daher häufig für eine Generalvollmacht entscheiden. Die Vollmacht wird sich dann auf alle Vermögensangelegenheiten erstrecken. In den Bereichen „Gesundheit und Heilbehandlung", „Ärztliche Zwangsmaßnahmen" sowie „Freiheitsentziehende oder freiheitsbeschränkende Maßnahmen" kann der Bevollmächtigte befinden, ob und in welchem Umfang ärztliche Untersuchungen oder Eingriffe vorgenommen werden. Auch liegt dann die Entscheidung beim Bevollmächtigten, ob der Betroffene geschlossen untergebracht werden muss oder freiheitsentziehende Maßnahmen wie etwa Anbringung von Bettgittern, Fixiergurten oder Eingabe von Medikamenten angewendet werden dürfen. Für diese Bereiche gilt aber die Generalvollmacht nur, wenn diese Bereiche schriftlich und ausdrücklich formuliert werden.

Beispiele für Texte aus der Praxis:

- *Die bevollmächtigte Person darf in allen Angelegenheiten der Gesundheitssorge entscheiden, ebenso über alle Einzelheiten einer ambulanten oder (teil-)stationären Pflege. Sie ist befugt, meinem in einer Patientenverfügung festgelegten Willen Ausdruck und Geltung zu verschaffen.*
- *Sie darf insbesondere in sämtliche Maßnahmen zur Untersuchung des Gesundheitszustands und in Heilbehandlungen einwilligen, auch wenn diese mit Lebensgefahr verbunden sein könnten oder ich einen schweren oder länger dauernden gesundheitlichen Schaden erleiden könnte (§ 1829 Abs. 1 BGB).*
- *Der Bevollmächtigte darf auch dann in eine erforderliche ärztliche Maßnahme einwilligen, wenn sie meinem natürlichen Willen widerspricht, sofern die Voraussetzungen des § 1832 Abs. 1 Satz 1 BGB vorliegen. Das ist der Fall, wenn ich aufgrund einer psychischen Krankheit, einer geistigen oder seelischen Behinderung die Notwendigkeit der ärztlichen Maßnahme nicht erkennen oder nicht nach dieser Einsicht handeln kann und die Maßnahme im Rahmen einer Unterbringung zu meinem Wohl erforderlich ist, um einen drohenden erheblichen gesundheitlichen Schaden abzuwenden.*
- *Die Vollmacht umfasst die Nichteinwilligung oder den Widerruf der Einwilligung in eine Untersuchung des Gesundheitszustands, eine Heilbehandlung oder einen ärztlichen Eingriff, die lebensverlängernd oder lebenserhaltend wirken, auch dann, wenn die begründete Gefahr besteht, dass ich aufgrund des Unterbleibens oder des Abbruchs der Maßnahme sterben sollte oder einen schweren und länger dauernden gesundheitlichen Schaden erleiden könnte (§ 1829 Abs. 2 BGB).*
- *Krankenunterlagen dürfen eingesehen und deren Herausgabe an Dritte bewilligt werden. Ich entbinde alle mich behandelnden Ärzte und nichtärztliches Personal gegenüber meiner bevollmächtigten Vertrauensperson von der Schweigepflicht.*
- *Die von mir bevollmächtigte Person darf über meine Unterbringung mit freiheitsentziehender Wirkung (§ 1831 Abs. 1 BGB) und über freiheitsentziehende Maßnahmen (z. B. Bettgitter, Bauchgurt, Medikamente und Ähnliches) in einem Heim oder in einer sonstigen Einrichtung (§ 1831 Abs. 4 BGB) entscheiden, solange dergleichen zu meinem Wohle erforderlich ist. Die Maßnahmen sind nicht auf die beispielhafte Aufzählung beschränkt.*

63 Der BGH hat schon immer klargestellt, dass der Bevollmächtigte in eine der in § 1829 Abs. 1 Satz 1 und Abs. 2 BGB genannten Maßnahme nur einwilligen, nicht einwilligen oder die Einwilligung widerrufen kann, wenn der Vollmachttext hinreichend klar umschreibt, dass sich die Entscheidungskompetenz des Bevollmächtigten auf die im Gesetz genannten ärztlichen

Maßnahmen sowie darauf bezieht, sie zu unterlassen oder am Betroffenen vornehmen zu lassen. Hierzu muss aus der Vollmacht auch deutlich werden, dass die jeweilige Entscheidung mit der begründeten Gefahr des Todes oder eines schweren und länger dauernden gesundheitlichen Schadens verbunden sein kann (vgl. BGH, Beschl. v. 6.7.2016 – XII ZB 61/16). Nur so wird man auch dem neuen § 1820 Abs. 2 Nr. 1 BGB gerecht.

In der Rechtsprechung ist bisher nicht geklärt, ob eine Vorsorgevollmacht (Generalvollmacht) 64 ausdrücklich die „Befugnis zur Entgegennahme und zum Öffnen der Post" enthalten muss. Eine gesetzliche Regelung hierfür fehlt. § 1815 Abs. 2 Nr. 6 BGB ist nur bei Betreuungen anwendbar und § 1820 Abs. 2 BGB schweigt zu dieser Frage. Als Ergebnis dürfte daher gelten, dass die Post- und Telekommunikationsangelegenheiten nicht ausdrücklich in die Vollmacht aufgenommen werden müssen. Um Missverständnissen entgegenzuwirken und die Akzeptanz bei den einschlägigen Dienstleistern zu stärken, wird die ausdrückliche Aufnahme dringend empfohlen.

3.8.5 Geschäftsfähigkeit bei Vollmachtserteilung

Nur ein Geschäftsfähiger kann wirksam eine Vollmacht erteilen. Grundsätzlich ist aber jeder 65 volljährige Mensch geschäftsfähig, allerdings schafft § 104 Nr. 2 BGB eine nachzuweisende und begründungsbedürftige Ausnahme. Geschäftsunfähig ist demnach nur, wer sich in einem die freie Willensbestimmung ausschließenden Zustand krankhafter Störung der Geistestätigkeit befindet, sofern nicht der Zustand seiner Natur nach ein vorübergehender ist. Kann die Unwirksamkeit einer Vorsorgevollmacht aufgrund einer Geschäftsunfähigkeit nicht positiv festgestellt werden, bleibt es bei der wirksamen Bevollmächtigung. Geschäftsfähigkeit ist die Regel, Geschäftsunfähigkeit ist die zu beweisende Ausnahme. Die Frage, ob der Betroffene im Zeitpunkt der Vollmachterteilung nach § 104 Nr. 2 BGB geschäftsunfähig war, hat das Gericht nach § 26 FamFG von Amts wegen aufzuklären. Dabei ist die Geschäftsunfähigkeit nach § 104 Nr. 2 BGB kein medizinischer Befund, sondern ein Rechtsbegriff, dessen Voraussetzungen das Gericht unter kritischer Würdigung des Sachverständigengutachtens festzustellen hat (BGH, Beschl. v. 29.7.2020 – XII ZB 106/20). Die Notwendigkeit der Einholung eines Gutachtens ergibt sich dabei nicht aus § 280 Abs. 1 Satz 1 FamFG, sondern in der Regel aus § 26 FamFG.

Beispiel aus der Rechtsprechung:

Eine Vorsorgevollmacht wird am 27.11.2024 erstellt. Ein Gutachter stellt positiv fest, dass der Betroffene am 11.5.2025 geschäftsunfähig war. Eine ergänzende Stellungnahme des Sachverständigen führt aus, dass der Gutachter die Frage einer Geschäftsunfähigkeit zum 27.11.2024 nicht beantworten könne. Aufgrund der Art der Erkrankung und der aktuellen Symptomatik sei jedoch „mit Sicherheit aktuell zu erwähnen, dass bei dem Betroffenen seit Ende des Jahres 2024, Anfang des Jahres 2025 keine Geschäftsfähigkeit vorhanden gewesen" sei. Mit dieser Aussage des Gutachters lässt sich eine Geschäftsunfähigkeit zeitlich nicht positiv feststellen, sodass die Vollmacht vom 27.11.2024 wirksam war (BGH, Beschl. v. 9.10.2024 – XII ZB 289/24, Rn. 16 f.).

Zweifel an der Geschäftsfähigkeit zum Zeitpunkt einer Vollmachtserteilung beeinträchtigen die 66 Eignung der Vollmacht als Alternative zur Betreuung nur dann, wenn sie konkrete Schwierigkeiten des Bevollmächtigten im Rechtsverkehr erwarten lassen.

Umstritten ist, ob für eine Vollmacht zur Einwilligung in Heilbehandlungen oder freiheits- 67 entziehende Maßnahmen Geschäftsfähigkeit erforderlich ist oder Einwilligungsfähigkeit genügt. Diese liegt vor, wenn der Vollmachtgeber über Grund, Art, Risiken und Konsequenzen in verständlicher Form aufgeklärt werden kann, weil er die Aufklärung erfassen und seinen Willen danach bestimmen kann. Betrachtet man die Vorschriften § 630d Abs. 1 BGB und § 1827 Abs. 1 BGB, genügt für die Einwilligung in eine ärztliche Maßnahme die sog. Einwilligungsfähigkeit. Daraus kann man ableiten, dass sie zur Erteilung einer diesbezüglichen Vollmacht ausreichen kann. Letztlich ist der Begriff des „freien Willens" maßgebend und der hat überall eine einheitliche Definition (siehe A 6, Rn. 81 und 193; A 3, Rn. 3; A 2, Rn. 19 und 25).

3.8.6 Vollmacht über den Tod hinaus

68 Grundsätzlich erlöschen Vollmacht und Auftragsverhältnis nicht mit dem Tod des Vollmachtgebers, sondern wirken über den Tod hinaus (§ 675 Abs. 1, § 672 Satz 1, § 168 Satz 1 BGB). Allerdings erlischt die Vollmacht gemäß § 672 Satz 1 BGB nur im Zweifel nicht. Es handelt sich also nur um eine Auslegungsregel. Bei einer Vorsorgevollmacht, die für den Fall der Geschäfts- bzw. Einwilligungsunfähigkeit erteilt wurde, um eine Betreuung zu vermeiden, ist davon auszugehen, dass die Vollmacht mit dem Tod des Vollmachtgebers erlischt, weil es nicht Sinn und Zweck der Vorsorgevollmacht ist, eine Vertretung für den Nachlass zu schaffen. Allerdings kann in der Vorsorgevollmacht die Geltung über den Tod hinaus bestimmt werden (BGH, Beschl. v. 12.11.2020 – V ZB 148/19). Will der Vollmachtgeber, dass die Vorsorgevollmacht über den Tod des Vollmachtgebers hinaus wirksam bleibt, sollte dies ausdrücklich in der Vollmachtsurkunde vermerkt werden, etwa durch den Zusatz: „Die Vollmacht gilt über meinen Tod hinaus."

69 Bei einer von der Betreuungsbehörde öffentlich beglaubigten Vorsorgevollmacht endet allerdings gemäß § 7 Abs. 1 Satz 2 BtOG die Wirkung der Beglaubigung mit dem Tod des Vollmachtgebers. Das heißt, dass die Vollmacht nach dem Tod des Vollmachtgebers zwar wirksam bleibt, aber z. B. beim Grundbuchamt oder bei einer Erbausschlagung die Unterschrift nicht mehr als öffentlich beglaubigte akzeptiert werden darf (siehe Rn. 93).

3.8.7 Person des Bevollmächtigten

70 Der Bevollmächtigte sollte eine Vertrauensperson sein, schon wegen der Risiken aufgrund der zahlreichen Möglichkeiten des Missbrauchs der Vollmacht. Eine Absprache mit ihm dürfte die Regel sein. Auch empfiehlt es sich, die Reaktionen weiterer Familienangehöriger zu bedenken oder die Sachlage mit ihnen zu besprechen.

71 Befindet sich der Vollmachtgeber in einer Pflegeeinrichtung oder wird er von einem ambulanten Pflegedienst versorgt und steht der Bevollmächtigte zu dieser Einrichtung oder diesem Pflegedienst in einem Abhängigkeitsverhältnis oder in einer anderen engen Beziehung, kann die erteilte Vollmacht eine Betreuerbestellung nicht verhindern. Zwar ist die Vollmacht, die einem Mitarbeiter der Einrichtung oder des Dienstes erteilt wurde, wirksam, dennoch muss ein Betreuer bestellt werden, § 1814 Abs. 3 Satz 2 BGB i. V. m. § 1816 Abs. 6 BGB. Der Ausschluss gilt aber für Ehegatten, Eltern oder Kinder nur sehr eingeschränkt (vgl. BVerfG, Beschl. v. 20.3.2006 – 1 BvR 1702/01). § 1816 Abs. 6 Satz BGB ermöglicht trotz des Abhängigkeitsverhältnisses des Betreuers bzw. Vorsorgebevollmächtigten die Vertretung, wenn „im Einzelfall die konkrete Gefahr einer Interessenkollision nicht besteht" (zur gleichen Problematik beim Betreuer siehe A 2, Rn. 96 f.).

72 Fraglich könnte sein, ob ein Minderjähriger Bevollmächtigter sein kann. Dies muss bejaht werden. Ebenso wie ein beschränkt Geschäftsfähiger eine wirksame Willenserklärung abgeben kann, wenn sie ihm einen rechtlichen Vorteil bringt (§ 107 BGB), ist auch eine Willenserklärung gegenüber dem beschränkt Geschäftsfähigen mit dem Zugang an ihn wirksam (§ 131 Abs. 2 Satz 2 BGB), sofern sie für ihn rechtlich vorteilhaft ist. Hierher gehören auch rechtlich neutrale Geschäfte, die weder einen Vorteil bringen, noch zu etwas verpflichten. Allerdings ist zu beachten, dass zwischen Vollmachtgeber und bevollmächtigtem Minderjährigen kein Auftragsverhältnis gemäß §§ 662 ff. BGB zustande kommt, da dieses rechtliche Nachteile beinhaltet. Willenserklärungen, die der bevollmächtigte Minderjährige im Namen des Vollmachtgebers abgibt, sind wirksam, § 165 BGB (zur Eignung des Bevollmächtigten siehe Rn. 87).

3.8.8 Mehrere Bevollmächtigte

73 Natürlich kann man mehrere Personen bevollmächtigen – und zwar entweder zu einer gemeinschaftlichen Vertretung oder man gibt jedem ein Alleinvertretungsrecht. Auch kann man ein gemeinschaftliches Handeln nur für bestimmte Geschäfte vorschreiben. Grundsätzlich gilt, dass eine Mehrzahl von Bevollmächtigten die Ausübung des Vertretungsrechts erschwert. Trotzdem kann es den Vollmachtgeber beruhigen, wenn er – zumindest in bestimmten

Bereichen – eine gegenseitige Überwachung der Bevollmächtigten will. Ob es dabei hilfreich ist, z. B. den Sohn in Vermögensangelegenheiten und die Tochter im Bereich der persönlichen Fürsorge zu bevollmächtigen, mag dahingestellt bleiben.

Wird die Vollmacht mehreren Personen, insbesondere Abkömmlingen, so erteilt, dass sie nur gemeinschaftlich vertretungsberechtigt sind, ist allerdings darauf zu achten, dass die Bevollmächtigten (mehr als zwei Personen sollten dies nur ausnahmsweise sein) auch erreichbar sind, um die Aufgaben zu erledigen. Gerade in Angelegenheiten der Gesundheitsfürsorge ist zu bedenken, dass unter Umständen schnelle Entscheidungen getroffen werden müssen. Wenn hier einer der Bevollmächtigten nur umständlich erreicht werden kann, dürfte eine so gestaltete Vollmacht praxisuntauglich sein. 74

Es empfiehlt sich, die Ausübung der Vollmacht zumindest in wichtigen Bereichen jedem Bevollmächtigten allein zu gestatten. Besser ist es aber, jedem der mehreren Bevollmächtigten ein uneingeschränktes und nicht nur auf bestimmte Bereiche beschränktes Alleinvertretungsrecht einzuräumen. Diese Erleichterung im Außenverhältnis kann durch eine Bestimmung im Innenverhältnis dahingehend beschränkt werden, dass der allein vertretende Bevollmächtigte unverzüglich die Sachlage mit dem anderen Bevollmächtigten zu besprechen hat. Wichtig dürfte es in diesem Fall sein, jedem Bevollmächtigten eine unterschriebene Vollmachtsurkunde auszuhändigen, damit jeder mit ihr sofort handeln kann. 75

Hat der Vollmachtgeber mehrere Personen in der Weise bevollmächtigt, dass sie ihn nur gemeinschaftlich vertreten können, können die Bevollmächtigten nur dann die Angelegenheiten des Vollmachtgebers ebenso gut wie ein Betreuer besorgen, wenn davon auszugehen ist, dass sie zu einer gemeinschaftlichen Vertretung in der Lage sind. Dazu bedarf es einer Zusammenarbeit und Abstimmung der Bevollmächtigten und damit jedenfalls eines Mindestmaßes an Kooperationsbereitschaft und -fähigkeit (BGH, Beschl. v. 31.1.2018 – XII ZB 527/17). 76

Probleme können entstehen, wenn mehrere – verschiedenen Personen (wirksam) erteilte – Vorsorgevollmachten vorliegen. Die Frage, welche gegenüber verschiedenen Personen erteilte Vorsorgevollmacht wirksam ist, kann im gerichtlichen Verfahren über die Anordnung einer Betreuung aufzuklären sein. Kann die Frage nicht geklärt werden, ist ein Betreuer zu bestellen, weil in diesem Fall die Angelegenheiten der Betroffenen durch einen Bevollmächtigten nicht ebenso gut wie durch einen Betreuer besorgt werden können. Das Gericht kann möglicherweise feststellen, dass mit der Erteilung der jüngeren Vorsorgevollmacht zumindest konkludent der Widerruf der zuerst erteilten Vollmacht erklärt wurde. Dies ist eine Frage der Auslegung. 77

Erhalten mehrere Personen (jede für sich) gleichrangige Generalvollmachten (Solidarvollmacht), ist mangels abweichender Bestimmungen des Vollmachtgebers keiner der Bevollmächtigten befugt, die Vollmacht des anderen zu widerrufen. Der BGH geht davon aus, dass diese Frage durch Auslegung der konkreten Vorsorgevollmacht geklärt werden muss. In vielen Fällen müsse davon ausgegangen werden, dass dem Bevollmächtigten „die Möglichkeit zum Widerruf der gleichrangigen Vollmacht eines anderen Bevollmächtigten nicht eingeräumt werden soll". Dies gilt gerade für den Fall, dass der Vollmachtgeber mangels Geschäftsfähigkeit nicht mehr in der Lage ist, selbst über den Widerruf der Vollmacht zu befinden. In einem solchen Fall ist erforderlichenfalls ein Kontrollbetreuer (§ 1820 Abs. 3 BGB) für diesen Bevollmächtigten zu bestellen, der dann auch über den Widerruf entscheiden kann (vgl. dazu BGH, Beschl. v. 8.5.2024 – XII ZB 577). 78

Mehrere Bevollmächtigte (Problemübersicht)		
gemeinschaftliche Vertretung	**Einzelvertretung**	**Vertretung nach Aufgabenkreisen**
• schwerfällig • Erreichbarkeit • Meinungsverschiedenheiten	• Besprechungspflicht • Meinungsverschiedenheiten	• fehlende Koordination • Meinungsverschiedenheiten

A

3.8.9 Ersatzbevollmächtigter

79 Der Ersatzfall kann beim Tod des Bevollmächtigten, dessen Handlungsunfähigkeit durch Beeinträchtigung seiner Geistestätigkeit, schwerer Krankheit oder Abwesenheit eintreten. Zudem sollte der Fall erfasst werden, dass der Bevollmächtigte von sich aus die Vollmachtstätigkeit nicht mehr ausüben will. Diesem weiteren Bevollmächtigten ist eine gesonderte Vollmacht zu erteilen, damit er bei Bedarf im Außenverhältnis sofort auftreten kann. Im Innenverhältnis sind Bestimmungen darüber zu treffen, ab wann und unter welchen Voraussetzungen seine Stellung als Bevollmächtigter beginnen soll. Dies kann z. B. für den Fall bestimmt werden, wenn der zunächst Bevollmächtigte nicht mehr in der Lage oder willens bzw. vorübergehend verhindert ist (z. B. Urlaub oder Krankheit), die Vollmacht auszuüben.

80 Wichtig ist, dass die Voraussetzungen des Eintritts der Ersatzbevollmächtigung nicht in der Vollmachtsurkunde selbst, sondern nur im Innenverhältnis definiert sind, sonst würde der Ersatzbevollmächtigte wieder den erforderlichen Nachweis zum Eintritt der Bedingung erbringen müssen. Dieser Nachweis wird schwierig zu führen sein.

3.8.10 Beachtung des RDG

81 Nach dem RDG können Vorsorgevollmachten unentgeltlich für Familienangehörige, Nachbarn oder andere Personen, zu denen eine enge persönliche Beziehung besteht, geführt werden, selbst wenn die Schwelle der Rechtsdienstleistung überschritten wird, § 6 RDG. Soweit eine Geschäftsbesorgung aufgrund einer Vorsorgevollmacht als berufliche und entgeltliche Tätigkeit ausgeübt wird, ist davon auszugehen, dass sie eine rechtliche Prüfung mit umfasst, wenn bei Eintritt des Vorsorgefalls umfangreiche, rechtliche Fragestellungen und Tätigkeiten zu erwarten sind. Gleiches gilt, wenn eine Tätigkeit in behördlichen und gerichtlichen Verfahren erforderlich wird. In diesen Fällen liegt eine Rechtsdienstleistung vor, die nur von einem Rechtsanwalt erbracht werden darf. Soll die Vollmacht entgeltlich geführt werden, wird ein Dienstvertrag im Rahmen einer Geschäftsbesorgung zugrunde liegen, § 675 Abs. 1 BGB. Hier könnte das RDG eine Rolle spielen, wenn die bevollmächtigte Person kein Rechtsanwalt oder Notar ist. In der Literatur wird die Ansicht vertreten, dass die Vollmacht und das zugrunde liegende Vorsorgeverhältnis unwirksam sind, wenn eine nicht privilegierte Person entgeltlich tätig ist (vgl. hierzu auch Zimmermann, FamRZ 2013, 1535).

82 Zunächst muss geklärt werden, ob es sich bei dem Geschäftsbesorgungsvertrag zur Ausübung einer Vollmacht überhaupt um eine Rechtsdienstleistung nach dem RDG handelt. Denn im Mittelpunkt der Begriffsdefinition „Rechtsdienstleistung" steht nach § 2 Abs. 1 RDG das Erfordernis der besonderen rechtlichen Prüfung. Eine solche rechtliche Prüfung, die über die bloße Anwendung von Rechtsnormen auf einen Sachverhalt hinausgeht, muss entweder objektiv – nämlich nach der maßgeblichen Verkehrsanschauung – oder subjektiv – also aufgrund eines vom Rechtsuchenden zum Ausdruck gebrachten Wunsches – Bestandteil der Dienstleistung sein. Ob dies bei einer Vorsorgevollmacht gegeben ist, wird überwiegend bejaht.

83 Voraussetzung ist, dass im Rahmen des Geschäftsbesorgungsvertrags umfangreiche juristische Prüfungen erforderlich werden oder wenn der Auftraggeber zum Ausdruck bringt, dass er eine fundierte rechtliche Prüfung im Einzelfall erreichen will. Damit scheiden zunächst alle Lebensvorgänge aus dem Anwendungsbereich des Gesetzes aus, die ohne jede rechtliche Prüfung auskommen, weil sie nach Inhalt, Formen und Rechtsfolgen jedermann derart vertraut sind, dass sie nicht als „rechtliche" Lebensvorgänge empfunden werden. Diese Geschäfte werden nicht allein dadurch zur Rechtsdienstleistung, dass ein Dritter mit ihrer Durchführung beauftragt wird.

3.9 Einzelfragen

3.9.1 Keine Betreuung, wenn Betroffene eine Vorsorgevollmacht erteilen könnten?

84 Eine Betreuung soll regelmäßig schon dann nicht erforderlich sein, wenn der Betroffene in der Lage ist, eine Vollmacht zu erteilen (BGH, Beschl. v. 21.11.2013 – XII ZB 481/12). Dem

widerspricht bereits der Wortlaut des § 1814 Abs. 3 Satz 2 Nr. 1 BGB, der von einem Bevollmächtigten ausgeht und nicht von einer zu bevollmächtigenden Person. Eine Vollmacht ist zudem eine sehr persönliche Angelegenheit, die nur bei einem sehr engen Vertrauensverhältnis anzuraten ist. Der Vollmachtgeber verzichtet zudem auf zahlreiche Sicherungs- und Kontrollmaßnahmen, die nur bei der Betreuung greifen. Hinzu kommt, dass viele ihren Angehörigen oder Freunden die Last einer Vollmacht nicht zumuten wollen. Schließlich müsste der Betreuungsrichter, der bei der persönlichen Anhörung in geeigneten Fällen auf eine Vorsorgevollmacht hinweisen muss (siehe § 278 Abs. 2 Satz 2 FamFG), aufgrund der vorliegenden „Eignung" einer potenziellen Vollmacht die Betreuung sofort ablehnen.

3.9.2 Bevollmächtigter muss die Angelegenheiten „gleichermaßen" erledigen können wie ein Betreuer

Eine Betreuung ist nicht erforderlich, soweit die Angelegenheiten durch einen Bevollmächtig- 85
ten oder Betreuer „gleichermaßen besorgt werden können". Die Einrichtung einer rechtlichen Betreuung ist grundsätzlich nachrangig zu einer wirksam erteilten Vorsorgevollmacht. Die Angelegenheiten des Betroffenen durch einen Bevollmächtigten können auch dann nicht „gleichermaßen" wie durch einen Betreuer besorgt werden, wenn eine Vorsorgevollmacht im Rechtsverkehr auf Akzeptanzprobleme stößt und letztlich wichtige Angelegenheiten des Betroffenen unerledigt bleiben.

Bestehen z. B. bei möglichen Adressaten des Bevollmächtigten Zweifel an der Geschäftsfähig- 86
keit des Vollmachtgebers bei Erteilung der Vollmacht, kann eine Betreuerbestellung erforderlich sein; allerdings in der Regel nur, wenn diese Zweifel konkrete Schwierigkeiten des Bevollmächtigten im Rechtsverkehr erwarten lassen.

3.9.3 Eignung des Bevollmächtigten

Die Bestellung eines Betreuers ist jedoch geboten, wenn der Bevollmächtigte ungeeignet ist, 87
weil die Interessen des Betroffenen bei Ausübung der Vorsorgevollmacht ernsthaft gefährdet wären oder die Wünsche bzw. der mutmaßliche Wille des Betroffenen keine Beachtung finden würden.

Soweit Zweifel bestehen, ob der Bevollmächtigte im Interesse des Vollmachtgebers handelt, 88
darf zunächst bloß ein Kontrollbetreuer bestellt werden, aber nur wenn der Vollmachtgeber aufgrund einer Krankheit oder Behinderung nicht mehr in der Lage ist, seine Rechte selbst gegenüber dem Bevollmächtigten auszuüben und zusätzlich die Voraussetzungen des § 1820 Abs. 3 Nr. 2 BGB vorliegen, weil

> *aufgrund konkreter Anhaltspunkte davon auszugehen ist, dass der Bevollmächtigte die Angelegenheiten des Vollmachtgebers nicht entsprechend der Vereinbarung oder dem erklärten oder mutmaßlichen Willen des Vollmachtgebers besorgt.*

Der BGH (Beschl. v. 2.8.2023 – XII ZB 303/22) folgt zwar diesen Grundsätzen, vermischt aber 88a
die Frage der Eignung des Bevollmächtigten mit den Regelungen zu den Kompetenzen eines Kontrollbetreuers. Demnach soll der Bevollmächtigte ungeeignet sein, wenn „zu befürchten ist, dass er die Angelegenheiten des Vollmachtgebers nicht entsprechend der Vereinbarung oder dem erklärten oder mutmaßlichen Willen des Vollmachtgebers besorgt" (vgl. § 1820 Abs. 3 Nr. 2 BGB). Der BGH sieht demnach eine mangelnde Eignung, „wenn der Bevollmächtigte Wünschen des Betroffenen nachgeht, denen der Betreuer nach § 1821 Abs. 3 Nr. 1 BGB nicht zu entsprechen hätte, weil hierdurch die Person des Betreuten oder dessen Vermögen erheblich gefährdet würde". Der Gesetzgeber hat jedoch für diesen Sachverhalt detailliert und abschließend bestimmt, dass dann nur ein Kontrollbetreuer zu bestellen ist. Ferner müssen „konkrete Anhaltspunkte" vorhanden sein und nicht nur eine Befürchtung, damit das Betreuungsgericht überhaupt eingreifen kann. Der BGH gewichtet auch zu wenig, dass die Prüfung nicht mit der Eignung zur Ablehnung des Wunsches des Vollmachtgebers endet, vielmehr muss dann nach § 1821 Abs. 4 Satz 1 BGB der mutmaßliche Wille festgestellt werden, wobei frühere Äußerungen eine maßgebliche Rolle spielen. Im Fall des BGH hatte der

A

„Betroffene eine notarielle Vorsorgevollmacht" errichtet, „durch die er seinen Bruder (...) als Bevollmächtigten und ein Mitglied eines Interessenverbands Psychiatrieerfahrener (...) als Ersatzbevollmächtigten" eingesetzt hat. Mit gleicher Urkunde wurde aber eine Patientenverfügung errichtet, „welche die Erstellung jeglicher psychiatrischer Diagnosen sowie sämtliche psychiatrischen Untersuchungen und Behandlungen ausschließt". Daran müssten sich der Bevollmächtigte ebenso wie ein Betreuer halten, weil es sein mutmaßlicher Wille wäre. Deshalb sollten die neuen Instrumente der Kontrollbetreuung, der Suspendierung der Vollmacht und des Widerrufs effektiv angewendet werden, wenn sich die Gefahren der Vollmacht konkret zeigen und nicht schon, wenn spekulativ in der Zukunft Fehler des Bevollmächtigten befürchtet werden.

3.10 Beteiligung und Beschwerderecht des Vorsorgebevollmächtigten

89 Ein Vorsorgebevollmächtigter hat kein eigenständiges Beschwerderecht gegen die Bestellung eines Betreuers für seinen Vollmachtgeber, er kann aber im Namen des Betroffenen Rechtsmittel gegen die Bestellung und Auswahl des Betreuers einlegen, § 303 Abs. 4 FamFG. Die Möglichkeit des Vorsorgebevollmächtigten, Beschwerde im Namen des Betroffenen gegen die Bestellung eines Kontrollbetreuers einzulegen, besteht auch dann noch, wenn der Betreuer die Vorsorgevollmacht wirksam widerrufen hat.

Beispiel:

Die 85-jährige Gold leidet an vaskulärer Demenz und kann ihre Angelegenheiten nicht mehr selbst erledigen. Vor Jahren hatte sie ihrer Tochter Silber und ihrem Schwiegersohn Bronze eine korrekte General- und Vorsorgevollmacht erteilt. Auf Anregung der Tochter ordnet das Betreuungsgericht eine Betreuung für die Aufgabenbereiche der Gesundheitssorge, Aufenthaltsbestimmung und Vermögenssorge an und bestellt die Tochter als Betreuerin. Diese widerruft mit betreuungsgerichtlicher Genehmigung die für Bronze erteilte Vollmacht. Bronze legt im Namen der Betroffenen und im eigenen Namen Beschwerde gegen die Beschlüsse des Amtsgerichts ein.

Eine Beschwerdebefugnis des Bevollmächtigten im Namen der Betroffenen ergibt sich unmittelbar aus § 303 Abs. 4 FamFG. Da dem Bevollmächtigten durch die Befugnis, im Namen des Betroffenen Beschwerde einzulegen, die Überprüfung der Betreuerbestellung ermöglicht werden soll, kann der Widerruf der Vollmacht durch einen Betreuer dieses Beschwerderecht nicht beseitigen. Damit wird gewährleistet, dass dem Rechtsmittel nicht nach dem Windhundprinzip durch einen eilig vom Betreuer erklärten Widerruf der Vollmacht die Grundlage entzogen werden kann, bevor rechtskräftig über die Betreuerbestellung und Genehmigung des Widerrufs der Vollmacht entschieden wurde (BGH, Beschl. v. 12.12.2018 – XII ZB 387/18).

Im eigenen Namen besteht hingegen mangels unmittelbarer Beeinträchtigung eigener Rechte keine Beschwerdebefugnis bei bestehender Vollmacht und erst recht nicht nach deren Widerruf.

90 **Achtung:** Handelt es sich bei dem Vorsorgebevollmächtigten um einen Angehörigen oder eine Vertrauensperson gemäß § 303 Abs. 2 FamFG, kann sich bei erfolgter Beteiligung in erster Instanz ein eigenes Beschwerderecht dieser Person aus § 303 Abs. 2 FamFG ergeben, und zwar unabhängig von der Vorsorgevollmacht. Im obigen Beispiel gehört der Schwiegersohn nicht zu den privilegierten Angehörigen, er könnte aber unter Umständen eine Vertrauensperson sein.

91 Vorsorgebevollmächtigte sind gemäß § 274 Abs. 1 Nr. 3 FamFG Muss-Beteiligte im Betreuungsverfahren, aber nur wenn ihr Aufgabenkreis betroffen ist. Im Unterbringungsverfahren gemäß § 315 Abs. 1 Nr. 3 FamFG sind sie ebenfalls Muss-Beteiligte, auch wenn der Aufgabenkreis nicht betroffen ist.

3.11 Verzicht auf Genehmigungspflicht in einer Vorsorgevollmacht

92 Im Rahmen einer Vorsorgevollmacht greifen viele Sicherheitsmechanismen der Betreuung nicht. Genehmigungspflichten in der Vermögensverwaltung sowie Berichts- und Aufsichtspflichten gelten nicht. Allerdings finden sich im Bereich der schwerwiegenden ärztlichen Maßnahmen und in Unterbringungssachen Genehmigungspflichten, die ausdrücklich auch die

Vorsorgevollmacht einschränken, § 1829 Abs. 5, § 1831 Abs. 5, § 1832 Abs. 5 BGB. Diese Genehmigungspflichten sind unverzichtbar und rechtfertigen sich gegenüber dem Selbstbestimmungsrecht durch das staatliche Wächteramt. Vollmachtgeber und Vollmachtnehmer können daher nicht wirksam vereinbaren, dass die Erholung einer Genehmigung in diesen Fällen nicht notwendig sei (BVerfG, Beschl. v. 10.6.2015 – 2 BvR 1967/12).

3.12 Beglaubigen und Registrieren

3.12.1 Öffentliche Beglaubigung

In seltenen Fällen greift für Vollmachten eine Formvorschrift (siehe Rn. 38). Für die Erteilung 93 einer Vollmacht für Grundstücksgeschäfte gilt grundsätzlich keine Formvorschrift, wohl aber für die Eintragung in das Grundbuch: Hier muss die Vollmacht gemäß §§ 30, 29 GBO durch öffentliche oder öffentlich beglaubigte Urkunden nachgewiesen werden. Die gleiche Form wird für die Erbausschlagung verlangt, § 1945 Abs. 3 Satz 1 BGB. Die Urkundsperson bei der Betreuungsbehörde kann Unterschriften oder Handzeichen auf Betreuungsverfügungen und auf Vollmachten öffentlich beglaubigen. Die Wirkung der Beglaubigung endet bei einer Vollmacht allerdings mit dem Tod des Vollmachtgebers. Für die Beglaubigungen gibt es keine örtliche Zuständigkeit, sodass jede Betreuungsbehörde zuständig ist. Dieser Service für die Bürger ist erstaunlich preiswert, da nur eine Gebühr in Höhe von 10 EUR erhoben wird, § 7, § 2 Abs. 3 BtOG.

Die öffentliche Beglaubigung ist in den gesetzlich vorgeschriebenen Fällen erforderlich, aber 94 auch generell anzuraten, da mit der öffentlichen Beglaubigung häufig eine größere Akzeptanz bei misstrauischen Adressaten erreicht wird (Banken, Telekom, Ärzte etc.).

3.12.2 Registrierung im ZVR

Man kann seine Vorsorgevollmacht im ZVR registrieren lassen; die Meldung erfolgt über das 95 Internet (www.vorsorgeregister.de) oder per Post. Detaillierte Verfahrenshinweise findet man dort unter dem Menüpunkt „Privatpersonen/Informationen" oder bei der Bundesnotarkammer – Zentrales Vorsorgeregister, Postfach 080151, 10001 Berlin, Tel. 01805 355050. Für die Registrierung werden aufwandsbezogene einmalige Gebühren erhoben, und zwar maximal 26 EUR. Grundsätzlich ist die Registrierung der Vorsorgevollmacht im ZVR zu empfehlen, damit das Vorhandensein der Vollmacht insbesondere dem Betreuungsgericht oder Ärzten bekannt wird.

Im ZVR finden sich Vorsorgevollmachten, Betreuungsverfügungen, Patientenverfügungen und 96 Erklärungen zum Ehegattenvertretungsrecht (siehe Rn. 207 ff.). Registriert werden nicht nur notarielle Urkunden, sondern auch privatschriftliche Vorsorgevollmachten. Folgende Inhalte sind gemäß § 78a Abs. 2 BNotO möglich:

1. Vollmachtgeber
2. Bevollmächtigte
3. die Vollmacht und deren Inhalt
4. Vorschläge zur Auswahl des Betreuers
5. Wünsche zur Wahrnehmung der Betreuung
6. der Vorschlagende
7. der einer Vertretung durch den Ehegatten nach § 1358 BGB Widersprechende
8. der Ersteller einer Patientenverfügung

Nähere Ausführungen zum Inhalt finden sich in § 1 VRegV. 97

3.13 Kontrollbetreuer

3.13.1 Bedeutung und Definition

Einem Betreuer können unter den Voraussetzungen des § 1820 Abs. 3 auch die Aufgaben- 98 bereiche der Geltendmachung von Rechten des Betreuten gegenüber seinem Bevollmächtigten

A

sowie zusätzlich der Geltendmachung von Auskunfts- und Rechenschaftsansprüchen des Betreuten gegenüber Dritten übertragen werden (Kontrollbetreuer). In erster Linie kann der Kontrollbetreuer über die laufenden Tätigkeiten vom Bevollmächtigten Auskunft verlangen, ihm Weisungen erteilen und Rechenschaft von ihm einfordern. Er muss und kann aber auch z. B. Schadensersatzansprüche des Betroffenen gegen den Bevollmächtigten geltend machen (BGH, Beschl. v. 12.10.2022 – XII ZB 273/22). Neu und sinnvoll ist die Möglichkeit, den Aufgabenbereich „Auskunfts- und Rechenschaftsansprüche gegenüber Dritten" zu übertragen, da der Bevollmächtigte häufig nicht kooperativ sein wird.

99 Die Bedeutung einer mit dem Aufgabenbereich „Geltendmachung von Rechten des Betreuten gegenüber seinem Bevollmächtigten", § 1896 Abs. 3 BGB (a. F.), versehenen Betreuung, also einer sog. Kontrollbetreuung, wurde zunächst völlig unterschätzt. Die Bestellung wurde dem Rechtspfleger übertragen und anstelle der Einholung eines Gutachtens begnügte man sich mit einem ärztlichen Zeugnis, sodass erhebliche Abstriche bei den Sicherheitsstandards in Kauf genommen wurden. Nunmehr wurden die Negativprivilegien abgeschafft und es gelten die gleichen Vorschriften wie bei jeder Betreuerbestellung.

100 Die Vorsorgevollmacht ist ein bewährtes Instrument privatautonomer Rechtsfürsorge (BT-Drucks. 19/24445, S. 244) und erlaubt ein millionenfach genutztes Selbstbestimmungsrecht zur Vermeidung eines staatlichen Eingriffs im Wege der Betreuung. Gleichzeitig werden dem Selbstbestimmungsrecht Sicherheiten geopfert, die im Rahmen der Betreuung Missbrauch verhindern oder zumindest erschweren (Auswahl geeigneter und zuverlässiger Betreuer, qualifizierte Berichte und persönliche Anhörung der Betroffenen, Einholung eines Gutachtens, wiederkehrende Prüfungen der Notwendigkeit, laufende Aufsicht und Kontrolle der Betreuer, Genehmigungspflichten in Vermögensangelegenheiten, Beachtung der Wünsche und des mutmaßlichen Willens des Betroffenen).

101 Abhilfe kann teilweise auch durch die Bestellung eines Kontrollbevollmächtigten geschaffen werden, wenn ihm die Vollmacht und im Innenverhältnis vertraglich die gleichen Rechte eingeräumt werden wie dem Kontrollbetreuer. Er kann dann den Bevollmächtigten kontrollieren und den Vollmachtgeber schützen. Dies ist auch zu empfehlen, da die Schutzmechanismen des Gesetzes (Bestellung eines Kontrollbetreuers, vorübergehende Suspendierung der Vollmacht und schließlich der Widerruf der Vollmacht) sehr chaotisch und zum Teil sehr kraftlos auch bei massivem Missbrauch wirken.

3.13.2 Voraussetzungschaos bei den Schutzmechanismen

102 Zur Orientierung dient folgende Übersicht der dogmatisch und systematisch schwer nachvollziehbaren Voraussetzungen bei den Schutzmechanismen gegen einen Missbrauch der Vorsorgevollmacht:

Bestellung eines Kontrollbetreuers	**Suspendierung der Vorsorgevollmacht**	**Widerruf der Vollmacht**
1. Der Vollmachtgeber ist aufgrund einer Krankheit oder Behinderung nicht mehr in der Lage, seine Rechte gegenüber dem Bevollmächtigten auszuüben.	2. Der Bevollmächtigte **behindert** den Betreuer bei der Wahrnehmung seiner Aufgaben.	1. Gegenstand des Widerrufs: Vollmacht, die den Bevollmächtigten zu Maßnahmen der **Personensorge** oder zu Maßnahmen in **wesentlichen Bereichen der Vermögenssorge** ermächtigt

Bestellung eines Kontrollbetreuers	Suspendierung der Vorsorgevollmacht	Widerruf der Vollmacht
2. Es ist aufgrund konkreter Anhaltspunkte davon auszugehen, dass der Bevollmächtigte die Angelegenheiten des Vollmachtgebers nicht entsprechend der **Vereinbarung** oder dem **erklärten oder mutmaßlichen Willen** des Vollmachtgebers besorgt.	oder 1. Es besteht die dringende Gefahr, dass der Bevollmächtigte nicht den **Wünschen** des Vollmachtgebers entsprechend handelt und dadurch die **Person** des Vollmachtgebers oder dessen **Vermögen erheblich gefährdet**, oder	2. Das Festhalten an der Vollmacht lässt eine künftige **Verletzung** der **Person oder des Vermögens** des Betreuten mit hinreichender **Wahrscheinlichkeit** und in **erheblicher Schwere** befürchten.
		3. Mildere Maßnahmen erscheinen zur Abwehr eines Schadens für den Betreuten nicht geeignet. 4. BT-Drucks. 19/24445, S. 248: Widerruf ist Ultima Ratio, Einwirkungsversuch auf Bevollmächtigten, Bindung an Wünsche des Betroffenen
Achtung: Eine Gefährdung des Betroffenen ist nicht erforderlich! Was gilt bei Widerspruch zwischen Vereinbarung und erklärtem Willen bzw. mutmaßlichem Willen?	**Achtung:** Eine Behinderung des Betreuers ist eine sehr weitgehende auslegungsbedürftige Voraussetzung. Eine Suspendierung kann dann sehr lange andauern.	**Achtung:** Hier gibt es eine eigenartige Beschränkung des Gegenstands. Was sind wesentliche Bereiche der Vermögenssorge?

3.13.3 Kontrollbetreuung im Kontext mit Schutzvorschriften gegen Missbrauch durch Vorsorgebevollmächtigte

§§ im BGB und FamFG	Inhalt der Neuerung bzw. Regelung
§ 1820 Abs. 1 BGB, § 285 Abs. 1 FamFG	**Betreuungsgericht führt Regelanfrage beim ZVR durch** Gericht soll beim ZVR gemäß § 285 Abs. 1 FamFG anfragen **Unterrichtungs- und evtl. Vorlagepflicht Dritter** Wer von der Einleitung eines Verfahrens über die Bestellung eines Betreuers für einen Volljährigen Kenntnis erlangt und ein Dokument (Schriftstück oder Datei) besitzt, in dem der Volljährige eine andere Person mit der Wahrnehmung seiner Angelegenheiten bevollmächtigt hat, muss das Betreuungsgericht hierüber unverzüglich unterrichten. Das Betreuungsgericht kann die Vorlage einer Abschrift mit Beschluss verlangen.

A

§§ im BGB und FamFG	Inhalt der Neuerung bzw. Regelung
§ 285 Abs. 2 FamFG	**Gericht kann/muss Beschlüsse über Herausgabe bzw. Vorlage von Vollmachtsurkunden erlassen** a. **Vorlage** einer Abschrift von Dokumenten, in denen ein Volljähriger eine andere Person mit der Wahrnehmung seiner Angelegenheiten bevollmächtigt hat, § 1820 Abs. 1 BGB b. Das Betreuungsgericht kann anordnen, dass der Bevollmächtigte die ihm erteilte Vollmacht nicht ausüben darf und die Vollmachtsurkunde an den Betreuer **herauszugeben** hat, wenn 1. die dringende Gefahr besteht, dass der Bevollmächtigte nicht den Wünschen des Vollmachtgebers entsprechend handelt und dadurch die Person des Vollmachtgebers oder dessen Vermögen erheblich gefährdet oder 2. der Bevollmächtigte den Betreuer bei der Wahrnehmung seiner Aufgaben behindert, § 1820 Abs. 4 Satz 1 BGB. c. Liegen die Voraussetzungen für die Herausgabe nach b. nicht mehr vor, hat das Betreuungsgericht die Anordnung aufzuheben und den Betreuer zu verpflichten, dem Bevollmächtigten die Vollmachtsurkunde **herauszugeben**, wenn die Vollmacht nicht erloschen ist, § 1820 Abs. 4 Satz 2 BGB. d. Mit der Genehmigung des Widerrufs einer Vollmacht kann das Betreuungsgericht die **Herausgabe** der Vollmachtsurkunde an den Betreuer anordnen, § 1820 Abs. 5 Satz 3 BGB.
§ 1814 Abs. 3 Satz 2 Nr. 1, § 1816 Abs. 6 BGB	Betreuung trotz Vollmacht bei **Mitarbeitern von Einrichtungen und Diensten** (Pflegeeinrichtung, ambulante Dienste) Um Interessenkollisionen, die zum Missbrauch verleiten können, zu begegnen, soll zukünftig gemäß § 1814 Abs. 3 Satz 2 Nr. 1 BGB ein Betreuer auch dann bestellt werden können, wenn einem Mitarbeiter von Pflegediensten oder anderen ambulanten Diensten, die in der Versorgung des Vollmachtgebers tätig sind, eine Vollmacht erteilt wurde. Der Kreis derjenigen Personen, deren Bevollmächtigung nicht zur Vermeidung einer rechtlichen Betreuung geeignet ist, wird durch diese Neuregelung deutlich ausgeweitet (BT-Drucks. 19/2445, S. 244).
§ 1829 Abs. 5, § 1831 Abs. 5, § 1832 Abs. 5 BGB	Wichtige **Genehmigungsvorbehalte** gelten teilweise auch für Bevollmächtigte.
§ 1827 Abs. 6, § 1828 Abs. 3 BGB	Es gelten viele **Genehmigungsvorbehalte** nicht für den Bevollmächtigten. Bevollmächtigter muss allerdings einer **Patientenverfügung** Ausdruck und Geltung verschaffen und die **Behandlungswünsche** oder den **mutmaßlichen Willen** des Vollmachtgebers feststellen und beachten.

§§ im BGB und FamFG	Inhalt der Neuerung bzw. Regelung
§ 1815 Abs. 3 BGB	**Auskunfts- und Rechenschaftsberichte** Einem Betreuer können unter den Voraussetzungen des § 1820 Abs. 3 BGB auch die Aufgabenbereiche der Geltendmachung von Rechten des Betreuten gegenüber seinem Bevollmächtigten sowie zusätzlich der Geltendmachung von Auskunfts- und Rechenschaftsansprüchen des Betreuten gegenüber Dritten übertragen werden (Kontrollbetreuer). **Stärkung der Kontrolle** Der Kontrollbetreuer hat dann auch die Auskunfts- und Rechenschaftsansprüche des Vollmachtgebers gegenüber Dritten!
§ 1814 Abs. 3 Satz 2 Nr. 1 BGB	**Überprüfung der Vollmacht im gerichtlichen Betreuungsverfahren** Die Vollmacht muss geeignet sein, eine Betreuung zu vermeiden. Das Betreuungsgericht muss feststellen, ob die Vollmacht wirksam erstellt wurde, evtl. durch das Einholen eines Sachverständigengutachtens zur Geschäftsfähigkeit zum Zeitpunkt der Erstellung der Vollmacht.
§ 1820 Abs. 2 BGB	**Schriftform und Ausdrücklichkeitsgebot** Für schwere Grundrechtseingriffe: Schwerwiegende ärztliche Maßnahmen und lebenserhaltende Maßnahmen, § 1829 BGB; Unterbringung und unterbringungsähnliche Maßnahmen, § 1831 BGB; ärztliche Zwangsmaßnahmen, § 1832 BGB
§ 1820 Abs. 5 BGB	**Endgültige Lösung durch Widerruf der Vollmacht** Der Widerruf der Vollmacht ist nunmehr wieder Bestandteil des Aufgabenbereichs eines Kontrollbetreuers. Die Ausübung des Widerrufsrechts ist aber nur unter engen Voraussetzungen und nur mit Genehmigung des Gerichts möglich.

3.13.4 Voraussetzungen für die Bestellung eines Kontrollbetreuers

Die Voraussetzungen für die Bestellung eines Kontrollbetreuers regelt § 1820 Abs. 3 BGB, 103 wobei von dem generellen Erfordernis der Erforderlichkeit ausgegangen wird, das im Detail konkretisiert wird. Die z. T. sehr engen Voraussetzungen der Kontrollbetreuung gehen auf das BVerfG (Beschl. v. 10.10.2008 – 1 BvR 1415/08) mit folgendem wichtigen Grundsatz zurück:

> *(...) Die gerichtliche Bestellung eines Betreuers (§ 1896 BGB, § 65 FGG) stellt für den unter Betreuung Gestellten einen solchen gewichtigen Grundrechtseingriff dar. Dies gilt auch für die Bestellung eines so genannten Kontrollbetreuers gemäß § 1896 Abs. 3 BGB. Der Betreute wird in seiner Entscheidungsfreiheit aus Art. 2 Abs. 1 GG ganz oder teilweise in den vom Gericht bestimmten Angelegenheiten eingeschränkt. An seiner Stelle und für ihn entscheidet in den vom Gericht angeordneten Aufgabenkreisen der Betreuer, der den Wünschen des Betreuten nur insoweit zu entsprechen hat, als dies dessen Wohl nicht entgegensteht (§ 1901 Abs. 2 und Abs. 3 BGB). Auch in höchstpersönlichen Angelegenheiten kann es deshalb zu Entscheidungen gegen den ausdrücklichen Willen des Betreuten kommen. (...)*

Deshalb bestimmt § 1820 Abs. 3 Nr. 1 BGB, dass der Vollmachtgeber aufgrund einer Krankheit 104 oder Behinderung nicht mehr in der Lage sein darf, seine Rechte gegenüber dem Bevollmächtigten selbst auszuüben. Im Umkehrschluss heißt dies, dass auch bei Missbrauch der Vollmacht durch den Bevollmächtigten kein Kontrollbetreuer bestellt werden darf, solange der Vollmachtgeber geschäfts- oder einwilligungsfähig ist.

Zusätzlich zur Unfähigkeit, seine Rechte gegenüber dem Bevollmächtigten selbst auszuüben, 105 muss aufgrund konkreter Anhaltspunkte davon ausgegangen werden, dass der Bevollmächtigte die Angelegenheiten des Vollmachtgebers nicht entsprechend der Vereinbarung oder dem erklärten oder mutmaßlichen Willen des Vollmachtgebers besorgt, § 1820 Abs. 3 Nr. 2 BGB. Die Gründe, die dazu geführt haben, können vielfältig sein. In Betracht kommen z. B. eine „Überforderung des Bevollmächtigten wegen der Schwierigkeit der Rechtsgeschäfte oder einer eigenen Erkrankung oder sonstiger Änderungen seiner Lebensbedingungen, ernsthafte Zweifel an der Redlichkeit des Bevollmächtigten oder neu auftretende Interessenkonflikte" (BT-Drucks. 19/24445, S. 247). Auf ein Verschulden oder eigennütziges Verhalten des Bevollmächtigten kommt es nicht an.

105a Problematisch bei § 1820 Abs. 3 Nr. 2 BGB ist die Verknüpfung mit dem Wort „oder" im Satzteil „entsprechend der Vereinbarung **oder** dem erklärten oder mutmaßlichen Willen". Bei einem Widerspruch zwischen der ursprünglichen Vereinbarung und dem nunmehr erklärten Willen würde der Bevollmächtigte immer gegen eine der beiden Alternativen verstoßen und es müsste immer ein Kontrollbetreuer bestellt werden. Problematisch ist auch die Frage, was zu tun ist, wenn „sich aus der Vereinbarung und dem erklärten Willen des Vollmachtgebers keine konkreten Vorgaben" ergeben, der „Betroffene seine Wünsche nicht mehr äußern" kann und sich auch „keine individuellen Anhaltspunkte für seinen mutmaßlichen Willen" finden lassen. Der BGH will hier gelten lassen, dass der Bevollmächtigte den „objektiven Bedürfnissen" des Vollmachtgebers nicht gerecht wird (BGH, Beschl. v. 29.3.2023 – XII ZB 515/22, Rn. 15). Dies steht im Widerspruch zur Abschaffung des „Wohls" im Betreuungsrecht. Richtig wäre es in Übereinstimmung mit dem Gesetzgeber, den individuell hypothetischen Willen heranzuziehen (siehe).

105b Über den Wortlaut des § 1820 Abs. 3 Nr. 1 und 2 BGB hinaus können andere Voraussetzungen keine Kontrollbetreuung rechtfertigen. Soweit der BGH davon ausgeht, dass „der durch hinreichende tatsächliche Anhaltspunkte untermauerte Verdacht, dass mit der Vollmacht dem Betreuungsbedarf nicht Genüge getan wird." einen Kontrollbetreuer rechtfertigt, kann ihm nicht gefolgt werden (BGH, Beschl. v. 26.3.2025 – XII ZB 178/24, Rn. 17).

105c Muss z. B. gegen den Bevollmächtigten ein Anspruch geltend gemacht werden, dann muss ein Betreuer bestellt werden, da der Bevollmächtigte nicht gegen sich selbst klagen oder sogar einen Titel erwirken und vollstrecken kann.

3.13.5 Vorübergehende Suspendierung der Vorsorgevollmacht

Anordnung der Suspendierung

106 Ein völlig neues Sicherungsinstrument generiert § 1820 Abs. 4 BGB. Das Betreuungsgericht kann von Amts wegen mit Beschluss „anordnen, dass der Bevollmächtigte die ihm erteilte Vollmacht nicht ausüben darf und die Vollmachtsurkunde an den Betreuer herauszugeben hat". Sinn und Zweck der Suspendierung ist die Schaffung einer niederschwelligen Sicherungsmaßnahme, die zunächst den Widerruf der Vollmacht ersetzen kann. Der Widerruf wäre ja endgültig und es müsste eine neue Vollmacht ausgestellt werden. Dies scheitert häufig an der aktuellen Geschäftsunfähigkeit des Betroffenen.

107 Es muss aber auch bei der Suspendierung festgestellt werden, dass die dringende Gefahr besteht, dass der Bevollmächtigte nicht den Wünschen des Vollmachtgebers entsprechend handelt und dadurch die Person des Vollmachtgebers oder dessen Vermögen erheblich gefährdet oder der Bevollmächtigte den Betreuer bei der Wahrnehmung seiner Aufgaben behindert, § 1820 Abs. 4 Nr. 1 und 2 BGB, § 285 Abs. 2 FamFG. Es muss sich um eine konkrete Gefahr handeln, die mit Sachverhalten zu begründen ist. Das Vermögen muss zudem „erheblich" gefährdet werden, sodass der Verlust eines nicht geringen Teils des Vermögens drohen muss. Relativ geringer sind die Anforderungen bei der zweiten Alternative. Es genügt dem Wortlaut nach jede Behinderung der Arbeit des Betreuers.

108 Dieser Beschluss ist auch gemäß § 86 Abs. 1 Nr. 1 FamFG vollstreckbar. Ein Kontrollbetreuer muss im Zeitpunkt der Suspendierung noch nicht bestellt sein. Allgemeine Vermutungen, Verdächtigungen oder Gerüchte genügen nicht.

Nicht ganz geklärt ist die Frage, ob mit der Suspendierung die Vollmacht selbst beschränkt 109 wird, also unmittelbar im Außenverhältnis wirkt oder aber nur im Innenverhältnis ein Verbot ausspricht. In der Gesetzesbegründung ist die Rede von einem „Ausübungsverbot" und das Gesetz spricht davon, dass der Bevollmächtigte die ihm erteilte Vollmacht nicht ausüben darf (BT-Drucks. 19/24445, S. 247). Daraus lässt sich schließen, dass nur das „Innenverhältnis" betroffen ist.

Ebenso fehlen konkrete Aussagen zu der Frage, ob gegen den Beschluss eine Beschwerde 110 eingelegt werden kann. Der Verfahrensgegenstand ist die vorübergehende Suspendierung der Vollmacht. Der Beschluss erledigt diesen Verfahrensgegenstand, sodass es sich wohl um eine Endentscheidung handelt, die man gemäß §§ 58 ff. FamFG anfechten kann.

Aufhebung bzw. Dauer der Suspendierung

Die Anordnung muss erst aufgehoben werden, wenn die Voraussetzungen der Anordnung nicht 111 mehr vorliegen. Eine Abhängigkeit von einem Verfahren zum Widerruf der Vollmacht besteht nicht. Die Aufhebung erfolgt ebenfalls durch Beschluss gemäß § 285 Abs. 2 FamFG. Es handelt sich dabei um eine Endentscheidung gemäß § 58 Abs. 1 und § 38 Abs. 1 Satz 1 FamFG, sodass grundsätzlich die Beschwerde statthaft ist. Die Suspendierung ist also nicht per se „vorübergehend und kurzfristig", sondern hängt ausschließlich vom Zeitpunkt des Wegfalls der Voraussetzungen ab (vgl. BT-Drucks. 19/24445, S. 247).

Achtung: Die Suspendierung und ihre Aufhebung erfolgen ohne Antrag von Amts wegen. Die 112 beiden Verfahren sind selbstständig und hängen nicht von einem laufenden oder einzuleitenden Widerrufsverfahren nach § 1820 Abs. 5 BGB ab. Missverständlich daher die Gesetzesbegründung, wonach „die Voraussetzungen für einen Widerruf einer Vollmacht, ... nun in den Absätzen 4 und 5 gesetzlich geregelt" werden. Die in Absatz 4 geregelte Suspendierung der Vollmacht geht eigene Wege, hat völlig andere Voraussetzungen und hat mit dem Widerruf formal nichts zu tun (BT-Drucks. 19/24445, S. 245).

3.13.6 Widerruf der Vollmacht

Der Widerruf musste bisher aufgrund der Rechtsprechung des BGH als spezieller Aufgaben- 113 bereich ausdrücklich angeordnet werden. Diese im Gesetz auch nicht ansatzweise angedeutete Voraussetzung hat der Gesetzgeber beseitigt und durch einen Genehmigungsvorbehalt ersetzt.

Welche Vollmachten können widerrufen werden?

Der Gesetzgeber zielt aber nicht auf alle Vollmachten ab, sodass z. B. Bankvollmachten, 114 Postvollmachten und Vollmachten für Steuerberater oder in Versicherungsangelegenheiten nicht erfasst werden. Die Abgrenzung zu diesen „sonstigen Vollmachten" wollte der Gesetzgeber mit der Formulierung „Vollmacht, die den Bevollmächtigten zu Maßnahmen der Personensorge oder zu Maßnahmen in wesentlichen Bereichen der Vermögenssorge ermächtigt," erreichen. Dieser Versuch wurde aber unglücklich umgesetzt und führt in die Irre. Schon der Begriff „ermächtigt" irritiert, da eine Ermächtigung die Befugnis umschreibt, im eigenen Namen ein fremdes Recht auszuüben. Vollmachten ermöglichen aber nur eine Vertretung, also ein Handeln in fremdem Namen. Wenig zielführend ist auch die Einschränkung auf „Maßnahmen in wesentlichen Bereichen der Vermögenssorge". Was ist ein wesentlicher Bereich der Vermögenssorge? Gemeint ist wohl eine wesentliche Aufgabe und keine Sparte aus dem Überbegriff „Vermögenssorge". Warum sollen alle Vollmachten im Bereich der Personensorge erfasst sein? Eine Postvollmacht gehört sicher zur Personensorge, ist aber keine typische Vorsorgemaßnahme, sondern etwa bei Leseschwierigkeiten allgemein üblich.

Ausdrücklich benannte Voraussetzungen für einen Widerruf

Ebenso holprig sind die Voraussetzungen des Widerrufs umschrieben. Die Vollmacht muss eine 115 Verletzung der Person oder eine Verletzung des Vermögens mit hinreichender Wahrscheinlichkeit und in erheblicher Schwere befürchten lassen. Mildere Maßnahmen, geeignet zur Schadensabwehr, sind vorrangig.

116 Ungeklärt sind die Fragen:

- Was ist unter der „Verletzung" des Vermögens zu verstehen?
- Wohin muss die Wahrscheinlichkeit reichen, damit sie „hinreichend" ist? Der Begriff „erhebliche Schwere" klingt immer sehr massiv, grenzt aber wohl nur ab zur „unerheblichen Schwere".
- Schließen sich „unerheblich" und „schwere Verletzungen" aber nicht aus?

117 Als mildere Maßnahme gegenüber dem endgültigen Ende der Vollmacht durch Widerruf dürfte immer die Suspendierung gemäß § 1820 Abs. 4 BGB zu prüfen sein (siehe Rn. 106). Die Rechtsprechung wird hier für klare Abgrenzungen sorgen müssen.

Nicht ausdrücklich benannte Voraussetzungen für den Widerruf

118 Die Gesetzesbegründung benennt weitere Voraussetzungen für einen Widerruf. Der Betreuer soll an § 1821 Abs. 2 bis 4 BGB gebunden sein, weil diese Vorschrift „für jedes Betreuerhandeln gilt". Demnach muss der Kontrollbetreuer prüfen, ob der Widerruf der Vollmacht den berücksichtigungsfähigen Wünschen des Vollmachtgebers bzw. dem mutmaßlichen Willen entspricht oder „ob dieser die Gefährdung bzw. den Schaden in Kauf genommen und an dem Bevollmächtigten festgehalten hätte" (BT-Drucks. 19/24445, S. 248).

119 Der Widerruf muss Ultima Ratio sein. Der Verhältnismäßigkeitsgrundsatz fordert, dass der Kontrollbetreuer auf den Bevollmächtigten positiv einzuwirken versucht, „insbesondere durch Verlangen nach Auskunft und Rechenschaftslegung nach § 666 BGB sowie durch die Ausübung bestehender Weisungsrechte". Misslingt dieser Versuch oder ist ein Erfolg von vornherein aussichtslos, weil der Bevollmächtigte z. B. jeden Kontakt strikt ablehnt, ist der Weg frei für einen Widerruf der Vollmacht.

Verfahrensrechtliche Vorschriften zum Widerruf

120 Der Widerruf steht unter einem Genehmigungsvorbehalt. Da § 15 Abs. 1 Nr. 1 RpflG den § 1820 Abs. 5 BGB ausdrücklich erwähnt, gilt der Richtervorbehalt auch für den Widerruf der Vollmacht. Es handelt sich zudem um eine Betreuungssache gemäß § 271 Nr. 3 FamFG, sodass insbesondere die §§ 272 ff. FamFG zur Anwendung kommen. Gemäß § 299 Satz 1 FamFG muss der Betroffene persönlich angehört werden. Der Beschluss wird gemäß § 40 Abs. 1 FamFG mit Bekanntgabe an den Beteiligten wirksam, für den er seinem wesentlichen Inhalt nach bestimmt ist. Dies dürfte der Bevollmächtigte sein. Gegen den Beschluss, der eine Endentscheidung darstellt, kann Beschwerde gemäß §§ 58 ff. FamFG eingelegt werden. Wichtig ist die Möglichkeit des Gerichts, mit der Genehmigung des Widerrufs die Herausgabe des Beschlusses anzuordnen. Diese Anordnung kann das Gericht auch vollstrecken.

Beispiel:

Sachverhalt:

Gold erteilt dem Silber eine Vorsorgevollmacht mit den Aufgaben „Vermögensverwaltung", „Vertretung gegenüber Behörden und Versicherungen" und „Gesundheitsfürsorge". Bei der Betreuungsbehörde gehen Anzeigen einer Verwandten wegen Veruntreuung von Geldern des Vollmachtgebers ein. Es wird deshalb ein Kontrollbetreuer bestellt. Der Bevollmächtigte Silber ist über diese Anzeige verärgert und torpediert die Arbeit des Kontrollbetreuers mit Konto- und Bankwechsel, Hetze beim Betroffenen gegen den Betreuer und Drohungen gegenüber den Banken mit Schadensersatzforderungen, falls sie mit dem Betreuer kooperieren. Schließlich löst er ein Festgeldkonto auf und verwahrt das Geld für Gold nach eigenen Angaben in seinem Safe. Beweise für eine Veruntreuung lassen sich zunächst nicht finden, aber der Betreuer wird durch diese Aktionen ständig in seiner Kontrolltätigkeit behindert und kann vor allem mit dem Betroffenen nicht sprechen.

Lösung:

Der Kontrollbetreuer kann beim Betreuungsgericht anregen, dass eine Suspendierung der Vorsorgevollmacht gemäß § 1820 Abs. 4 Satz 1 Nr. 2 BGB ausgesprochen und die Herausgabe der Vollmachtsurkunde angeordnet wird. Die Behinderung des Kontrollbetreuers bei der Wahrnehmung seiner Aufgaben, die hier unzweifelhaft vorliegt, genügt nach dem Wortlaut der

Norm. Ein Widerruf nach § 1820 Abs. 5 BGB ist dagegen noch nicht genehmigungsfähig, weil eine künftige Verletzung des Vermögens mit hinreichender Wahrscheinlichkeit und in erheblicher Schwere nicht feststeht. Silber wird ohne Vollmachtsurkunde nicht in der Lage sein, weiteres Geld oder Vermögensbestandteile zu veruntreuen. Die „Behinderung" besteht aber weiterhin, sodass die Suspendierung nicht aufgehoben werden kann.

3.13.7 Übersicht zu Suspendierung und Widerruf einer Vorsorgevollmacht

	Suspendierung und deren Aufhebung, § 1820 Abs. 4 BGB	**Widerruf, § 1820 Abs. 5 BGB**
Dauer	Bis zur Aufhebung der Anordnung nach Wegfall der Voraussetzungen, § 1820 Abs. 4 Satz 2 BGB; Gesetzesbegründung spricht von „vorübergehend und kurzfristig", obwohl das Gesetz davon gerade nicht ausgeht (BT-Drucks. 19/24445, S. 247).	Mit Rechtskraft der Genehmigungsentscheidung entfällt die Vorsorgevollmacht auf Dauer.
Voraussetzungen	..., wenn 1. die **dringende Gefahr** besteht, dass der Bevollmächtigte nicht den **Wünschen** des Vollmachtgebers entsprechend handelt und dadurch die Person des Vollmachtgebers oder dessen Vermögen **erheblich gefährdet** oder 2. der Bevollmächtigte den Betreuer bei der **Wahrnehmung seiner Aufgaben** behindert.	..., wenn das Festhalten an der Vollmacht eine **künftige Verletzung** der Person oder des Vermögens des Betreuten mit **hinreichender Wahrscheinlichkeit** und in **erheblicher Schwere** befürchten lässt und **mildere Maßnahmen** nicht zur Abwehr eines Schadens für den Betreuten geeignet erscheinen.
		Mildere Maßnahmen gibt es nicht. Erforderlich ist immer als milderes Mittel vorab ein Versuch des Betreuers, auf den Bevollmächtigten einzuwirken.
Weitere Voraussetzungen aus der Gesetzesbegründung		Entspricht der Widerruf der Vollmacht den berücksichtigungsfähigen Wünschen des Vollmachtgebers bzw. dem mutmaßlichen Willen oder hätte der Betroffene die Gefährdung bzw. den Schaden in Kauf genommen und an dem Bevollmächtigten festgehalten; Kontrollbetreuer ist an § 1821 BGB gebunden (BT-Drucks. 19/24445, S. 248).
		Widerruf muss Ultima Ratio sein.
Antrag?	nicht erforderlich	nicht erforderlich

3.14 Zusammenfassung zur Vorsorgevollmacht

Eine rechtzeitig erteilte Vorsorgevollmacht verhindert die Anordnung einer Betreuung. Der 121
Bevollmächtigte handelt im Namen der hilfsbedürftigen Person nach den Vorgaben des

A

erteilten Auftrags. Eine Überwachung durch das Betreuungsgericht ist grundsätzlich nicht vorgesehen. Soweit erforderlich kann jedoch ein Kontrollbetreuer (§ 1896 Abs. 3 BGB) bestellt werden. Im Übrigen müssen einige schwerwiegende Entscheidungen des Vorsorgebevollmächtigten vom Betreuungsgericht genehmigt werden (§ 1831 Abs. 5, § 1832 Abs. 5, § 1829 Abs. 5 BGB).

121a Es gibt Entscheidungen, Schutzmechanismen und Verfahren, die einem Bevollmächtigten nicht zustehen. Dazu gehören z. B. die Einwilligung in eine Sterilisation, ein Einwilligungsvorbehalt, verschiedene Genehmigungsvorbehalte im Bereich der Vermögensverwaltung oder eine gerichtliche Entscheidung über Streitigkeiten im Zusammenhang mit Umgang und Aufenthalt (siehe dazu A 2, Rn. 59).

Vorsorgevollmacht und Kontrollbetreuer: Schwerpunkte im Überblick	
§ 1820 BGB	Es gibt keine Legaldefinition der Vorsorgevollmacht.
§ 1820 Abs. 1 BGB	Unterrichtungspflicht des Besitzers einer Vorsorgevollmacht an Betreuungsgericht
§ 285 Abs. 1 FamFG, §§ 78a, 78b BNotO, § 6 VRegV	Regelanfrage des Betreuungsgerichts bzw. Beschwerdegerichts beim ZVR; Auskunft bei dringender medizinischer Behandlung auch an Ärzte
§ 1820 Abs. 2 Nr. 1 bis 3 BGB	Ausnahmsweise schriftliche und ausdrückliche Ausführungen in der Vollmacht bei bestimmten ärztlichen Maßnahmen und Freiheitsentziehungen einschließlich Zwangsbehandlung
§ 1815 Abs. 3 BGB	Legaldefinition für Kontrollbetreuer, Betreuung mit den nachfolgenden Befugnissen des Kontrollbetreuers: 1. Geltendmachung von Rechten des Betreuten gegenüber seinem Bevollmächtigten sowie zusätzlich 2. Geltendmachung von Auskunfts- und Rechenschaftsansprüchen des Betreuten gegenüber Dritten **(neu!)**
§ 1820 Abs. 3 BGB Gefährdung des Betroffenen ist nicht erforderlich!	Voraussetzungen für Erforderlichkeit eines **Kontrollbetreuers**: 1. Vollmachtgeber ist aufgrund einer Krankheit oder Behinderung nicht mehr in der Lage, seine Rechte gegenüber dem Bevollmächtigten auszuüben, und 2. es ist aufgrund konkreter Anhaltspunkte davon auszugehen, dass der Bevollmächtigte die Angelegenheiten des Vollmachtgebers nicht entsprechend der **Vereinbarung** oder dem **erklärten oder mutmaßlichen Willen** des Vollmachtgebers besorgt.
§ 1820 Abs. 4 BGB, § 285 Abs. 2 FamFG	**Vorübergehende Suspendierung** (Ausübungsverbot und Herausgabe der Urkunde) der Vorsorgevollmacht Voraussetzungen für einen Beschluss: 1. Es besteht die dringende Gefahr, dass der Bevollmächtigte nicht den **Wünschen** des Vollmachtgebers entsprechend handelt und dadurch die Person des Vollmachtgebers oder dessen Vermögen **erheblich gefährdet** oder 2. der Bevollmächtigte **behindert den Betreuer** bei der Wahrnehmung seiner Aufgaben.
§ 1820 Abs. 4 Satz 2 BGB	Dauer der Suspendierung, Aufhebung durch Beschluss erst, wenn die Voraussetzungen für die Suspendierung nicht mehr vorliegen

Vorsorgevollmacht und Kontrollbetreuer: Schwerpunkte im Überblick	
§ 1820 Abs. 5 BGB, § 285 Abs. 2 FamFG	**Widerruf der Vorsorgevollmacht** Gegenstand des Widerrufs: Vollmacht oder Teil einer Vollmacht, die den Bevollmächtigten zu Maßnahmen der **Personensorge** oder zu Maßnahmen **in wesentlichen Bereichen der Vermögenssorge** ermächtigt Gesetzliche Voraussetzungen des Widerrufs: 1. Das Festhalten an der Vollmacht lässt eine künftige **Verletzung** der Person oder des Vermögens des Betreuten mit **hinreichender Wahrscheinlichkeit** und in **erheblicher Schwere** befürchten und 2. **mildere Maßnahmen** erscheinen zur Abwehr eines Schadens für den Betreuten nicht geeignet. Weitere Voraussetzungen des Widerrufs gemäß BT-Drucks. 19/24445, S. 248 Ultima Ratio, Einwirkungsversuch auf Bevollmächtigten, Bindung an die Wünsche des Betroffenen
§ 1820 Abs. 5 Satz 2 BGB	**Genehmigungsvorbehalt** Mit der Genehmigung des Widerrufs einer Vollmacht kann das Betreuungsgericht die Herausgabe der Vollmachtsurkunde an den Betreuer durch Beschluss anordnen.

4. Patientenverfügung, Behandlungswünsche, mutmaßlicher Wille

4.1 Patientenverfügung

4.1.1 Gesellschaftspolitische Grundlagen

Der wissenschaftliche und technische Fortschritt macht es möglich, schwerstkranken Menschen zu helfen, für die es früher keine Rettung gegeben hätte. Dies verursacht aber auch Angst vor einer Leidens- und Sterbensverlängerung. Zur Klarstellung: Jeder hat das verfassungsrechtlich verbürgte Recht, selbst zu entscheiden, wann und wie er stirbt und welche medizinischen Maßnahmen für ihn durchgeführt werden. Man sollte sich aber bei seiner selbstbestimmten Entscheidung nicht durch eine einseitige Berichterstattung über ein seelenloses Leben an Maschinen und Schläuchen, die mit der Realität des „Sterbens" in deutschen Kliniken nichts zu tun hat, genötigt fühlen, für eine (zu) schnelle Beendigung seines Lebens zu votieren. Ein Irrtum über die Tragweite seiner Entscheidung, basierend auf einer Unkenntnis gangbarer menschenwürdiger Alternativen, kann im wahrsten Sinne des Wortes tödlich sein. Die Möglichkeiten der Palliativmedizin – unter Umständen sogar ambulant durchführbar – sind nur ein wichtiger Aspekt, der bedacht werden sollte. Nur wer das weiß, kann sich autonom und selbstbestimmt für den Tod entscheiden. 122

4.1.2 Direkte und antizipative Einwilligung

Ärzte brauchen für jede Behandlung die Zustimmung des Betroffenen (§ 630d BGB). Das gilt für die Durchführung einer medizinischen Maßnahme, insbesondere bei einem Eingriff in den Körper oder die Gesundheit. Solange der kranke Mensch einwilligungsfähig ist, muss er selbst dem Arzt diese Zustimmung erteilen oder verweigern. Problematisch ist die Entscheidungs- 123 findung durch einen gesetzlichen Vertreter, wenn der Betroffene nicht mehr in der Lage ist, seinen Willen rechtswirksam zu äußern. Wer in einer solchen Situation nicht möchte, dass ein anderer (Vorsorgebevollmächtigter oder Betreuer) über das Ob und Wie der ärztlichen Behandlung entscheidet, kann versuchen, in einer Patientenverfügung festzulegen, ob er bei einem konkret beschriebenen Krankheitszustand bestimmte medizinische Maßnahmen wünscht oder ob sie zu unterlassen sind. Auf diese Weise kann er für den Fall der Entscheidungsunfähigkeit über die ärztliche Behandlung antizipativ (in die Zukunft gerichtet) entscheiden und sein Selbstbestimmungsrecht optimal wahren.

4.1.3 Bindung, Adressierung und Umsetzung der Patientenverfügung

124 Die zur Realisierung des Selbstbestimmungsrechts erforderliche Bindungswirkung der Patientenverfügung bringt der Gesetzgeber in § 1827 Abs. 1 Satz 2 BGB mit der Formulierung „hat der Betreuer dem Willen des Betreuten Ausdruck und Geltung zu verschaffen" zum Ausdruck. Der Vertreter kann also nicht selbst entscheiden, sondern er muss die Entscheidung des Betroffenen umsetzen. Behandlungswunsch und mutmaßlicher Wille sind bei fehlender Patientenverfügung dagegen nur die zu beachtende Grundlage für die Entscheidung des Betreuers, § 1827 Abs. 2 Satz 1 BGB.

Beispiel:

Variante 1: Gold bestimmt schriftlich, dass er keine Behandlung mit Neuroleptika zulässt – und zwar auch bei geschlossener Unterbringung aufgrund zivilrechtlicher oder öffentlich-rechtlicher Gesetze. Er beschreibt zahlreiche frühere Behandlungen in psychiatrischen Kliniken, die bei ihm zu schlimmen Nebenfolgen geführt hätten, und er wolle lieber einen längeren Klinikaufenthalt oder eine Chronifizierung seiner Krankheit in Kauf nehmen.

Variante 2: Gold äußert sich wie bei der Patientenverfügung, erklärt aber, dass er dem Silber eine Vorsorgevollmacht erteile und dieser unter Berücksichtigung seiner Behandlungswünsche entscheiden solle.

Frage:

Wer entscheidet über die Behandlung bei einer akuten Einlieferung aufgrund wahnhafter Selbstverletzungen in einem psychiatrischen Krankenhaus?

Variante 1 muss wohl als wirksame Patientenverfügung gewertet werden. Gold hat selbst wirksam antizipativ die Einwilligung abgelehnt. Betreuer oder Vorsorgebevollmächtigte müssen diese Entscheidung gegenüber den Ärzten durchsetzen.

Variante 2 ist ein Behandlungswunsch, da Gold die Entscheidung dem Silber überlassen hat. Silber muss auf der Grundlage des Behandlungswunsches ablehnen und seine Entscheidung dem Arzt mitteilen.

125 Die Patientenverfügung bindet zwar jedermann, doch nicht jedermann kann sich die Umsetzung anmaßen. Diese Rolle steht nur dem Betreuer, Vorsorgebevollmächtigten und Ehegatten zu und nicht den Ärzten, Pflegekräften oder sonstigen Verwandten, § 1827 Abs. 1 Satz 2 und Abs. 6 BGB und § 1358 Abs. 6 BGB. Dieser Personenkreis ist Adressat der Patientenverfügung. Umsetzung heißt, dass die Wirksamkeit der Patientenverfügung festgestellt werden muss. Zu prüfen sind dabei vor allem Form, Authentizität und Bestimmtheit der Erklärungen des Betroffenen. Außerdem muss die Frage geprüft werden, ob der Betroffene nach Abfassung der Patientenverfügung diese eventuell widerrufen, einen gegenteiligen Willen geäußert hat oder aktuell mit natürlichem Willen äußert. Die wichtigste Aufgabe besteht wohl darin, dass der Vertreter prüft, ob die Patientenverfügung noch der aktuellen Lebens- und Behandlungssituation entspricht. Erst wenn dies alles bejaht wird, gibt der Vertreter grünes Licht für die Umsetzung der Patientenverfügung. In der politischen und gesellschaftlichen Diskussion, aber auch unter Juristen werden die Begriffe „Bindungswirkung", „Adressierung" und „Umsetzung" häufig nicht sauber definiert und angewendet.

4.1.4 Rechtliche Beziehungen zwischen Arzt und Betroffenem

Zielrichtung der Patientenverfügung

Durch eine Patientenverfügung soll im Voraus, also antizipierend für den Fall der Einwilligungs- und Entscheidungsunfähigkeit, Einfluss auf eine ärztliche Behandlung genommen werden. Man kann in einer solchen antizipierten Verfügung Anweisungen erteilen, in bestimmten Situationen keine lebensverlängernden Maßnahmen anwenden zu lassen; zudem besteht die Möglichkeit, für bestimmte Erkrankungen Behandlungsmethoden zu fordern oder abzulehnen. Man kann auch grundsätzlich Organtransplantationen und Bluttransfusionen zustimmen oder sie ablehnen. Selbstverständlich kann der Aussteller der Patientenverfügung auch klarstellen, dass er eine maximale Ausschöpfung aller medizinisch noch indizierten Maßnahmen wünscht. 126

Untersuchung, Heilbehandlung und ärztlicher Eingriff

Zum Verständnis einer solchen Verfügung ist auf einige Grundsätze des Behandlungsrechts hinzuweisen. Der ärztliche Behandlungsvertrag wurde erst relativ spät in den §§ 630a ff. BGB geregelt. Eingefügt wurde der Untertitel „Behandlungsvertrag" durch das am 26.2.2013 in Kraft getretene Patientenrechtegesetz. Die Begründung des Gesetzesentwurfs findet sich unter BT-Drucks. 17/10488. Nach deutschem Recht stellt jede Heilbehandlung einen Eingriff in das Grundrecht der körperlichen Unversehrtheit dar und ist nur zulässig, wenn der Patient oder sein Vertreter eine wirksame Einwilligung erteilt hat (§ 630d Abs. 1 BGB). Erst die Einwilligung beseitigt die Strafbarkeit bzw. eine mögliche zivilrechtliche Haftung des behandelnden Arztes. Der Verantwortungs- und Kompetenzbereich des Arztes ist somit immer klar von der Einwilligung des Patienten oder seines Vertreters abzugrenzen. Dem Arzt obliegt zwar die Untersuchung des Patienten, die Diagnose, ein Eingriff und die Indikation für eine bestimmte Behandlung. Er entscheidet somit über das „Wie", jedoch nicht über das „Ob". Eine Behandlung ohne Einwilligung des Patienten oder seines Vertreters ist grundsätzlich nicht möglich. Erst die Einwilligung legitimiert das ärztliche Handeln. Der Arzt muss dann bei der Behandlung die „allgemein anerkannten fachlichen Standards" einhalten. In der Praxis werden die an sich genau abgegrenzten Kompetenzen häufig nicht eingehalten. Ärzte neigen zu einem fürsorglichen Paternalismus und die Patienten vertrauen häufig blind der Kompetenz der Mediziner. 127

Einwilligung des Patienten

Die Patientenautonomie begründet ein Abwehrrecht, aber keinen Anspruch auf ein bestimmtes ärztliches Handeln. Die Handlungspflicht des Arztes wird grundsätzlich allein durch die medizinische Indikation bestimmt; zu medizinisch nicht indizierten Maßnahmen ist ein Arzt nicht verpflichtet (BGH, Beschl. v. 17.3.2003 – XII ZB 2/03 LS 2). Jede ärztlich empfohlene Maßnahme bedarf, als Eingriff in die körperliche Integrität, der Einwilligung des Patienten. Auch lebenserhaltende Maßnahmen sind vom Einwilligungserfordernis nicht freigestellt; die Selbstbestimmung des Patienten umfasst auch das Recht, selbstbestimmt zu sterben. Das Erfordernis der Patienteneinwilligung gilt für den Beginn und die Fortsetzung einer ärztlichen Behandlung: Nur der Patient bestimmt das Ob und die Dauer der Maßnahme. 128

Eine erteilte Einwilligung kann auch jederzeit widerrufen werden. Es macht rechtlich keinen Unterschied, ob der Patient sich einer Behandlung widersetzt oder deren Abbruch (etwa die Einstellung seiner künstlichen Ernährung) verlangt. In beiden Fällen begehrt er rechtlich ein Unterlassen. Die apparative Behandlung ist ein fortdauernder Eingriff in die körperliche Integrität; die Beendigung dieses dauerhaften Eingriffs ist rechtlich ein Unterlassen. 129

Probleme treten auf, wenn der Patient nicht mehr einwilligungsfähig ist und sich zum Behandlungsangebot des Arztes nicht mehr vernünftig äußern kann. Einwilligungsunfähigkeit liegt vor, wenn der Patient Grund, Bedeutung, Tragweite, Risiken, alternative Möglichkeiten und Konsequenzen der Maßnahme, evtl. auch erst nach einer Aufklärung in einer ihm verständlichen Form, nicht korrekt erfassen kann und/oder nicht in der Lage ist, seinen Willen hiernach frei zu bestimmen. Für die notwendige Einwilligung ist keine Geschäftsfähigkeit 130

A

erforderlich (siehe Rn. 67). Ist der Betroffene einwilligungsunfähig und fehlt eine selbstbestimmte antizipative Entscheidung in Form einer Patientenverfügung, ist die Einwilligung des Vertreters erforderlich, § 630d Abs. 1 Satz 2 BGB. Der Vertreter muss dann auch über „Art, Umfang, Durchführung, zu erwartende Folgen und Risiken der Maßnahme sowie ihre Notwendigkeit, Dringlichkeit, Eignung und Erfolgsaussichten im Hinblick auf die Diagnose oder die Therapie" aufgeklärt werden, § 630d Abs. 2, § 630e Abs. 1 bis 4 BGB. Die Wirksamkeit einer Einwilligung setzt die Aufklärung voraus. Zusätzlich muss dem einwilligungsunfähigen Patienten die Maßnahme erläutert werden, § 630e Abs. 5 BGB und Rn. 136.

4.1.5 Die gesetzlich geregelte Patientenverfügung

Begriff der Patientenverfügung

131 Eine Patientenverfügung liegt vor, wenn ein einwilligungsfähiger Volljähriger für den Fall seiner Einwilligungsunfähigkeit schriftlich festlegt, ob er in bestimmte, zum Zeitpunkt der Festlegung noch nicht unmittelbar bevorstehende Untersuchungen seines Gesundheitszustands, Heilbehandlungen oder ärztliche Eingriffe einwilligt oder sie untersagt (Legaldefinition in § 1827 Abs. 1 Satz 1 BGB).

Adressat der Patientenverfügung

132 Die mit der Patientenverfügung verbundenen Handlungs- und Prüfungspflichten richten sich ausschließlich an den Betreuer, Bevollmächtigten oder Ehegatten (Vertreter). Neben verschiedenen anderen Gesichtspunkten (siehe Rn. 125) hat der Vertreter zu prüfen, ob die in der Patientenverfügung gemachten Festlegungen auf die aktuelle Lebens- und Behandlungssituation zutreffen. Ist das der Fall, hat er dem Willen des Vollmachtgebers Ausdruck und Geltung zu verschaffen. Dem Bevollmächtigten und Ehegatten wird generell die gleiche Rechtsposition eingeräumt wie dem Betreuer, § 1827 Abs. 1 Satz 2 und Abs. 6, § 1828 Abs. 3, § 1829 Abs. 5, § 1358 Abs. 6 BGB.

133 Ärzte und Pflegekräfte sind dagegen keine Adressaten der Patientenverfügung, auch wenn sich die Verfügung auf den ersten Blick als eindeutig darstellt. Der häufig gebrachte Hinweis auf § 630d Abs. 1 Satz 2 BGB geht fehl. Diese Norm besagt, dass grundsätzlich bei Einwilligungsunfähigkeit die Einwilligung eines Vertreters einzuholen ist. Die Ausnahme „soweit nicht eine Patientenverfügung nach § 1901a Absatz 1 Satz 1 die Maßnahme gestattet oder untersagt" ist richtig, weil der Vertreter aufgrund der Bindungswirkung selbstverständlich nicht mehr einwilligen kann (siehe Rn. 124). Aber nur er kann die nach § 1827 Abs. 1 BGB erforderliche Umsetzung bewirken. Nur „soweit" der Vertreter die von § 1827 Abs. 1 BGB geforderte Umsetzung bewirkt, wird die Maßnahme schon durch die Patientenverfügung gestattet oder untersagt. § 630d Abs. 1 Satz 2 BGB bestätigt somit die hier vertretene Ansicht.

Schriftform, Ort und Zeit

134 Die Festlegungen müssen schriftlich erfolgt sein (§ 1827 Abs. 1 Satz 1 BGB). Dieser Bestimmung genügt ein Schriftstück, das eigenhändig durch Namensunterschrift oder mittels notariell beglaubigtem Handzeichen unterzeichnet ist (§ 126 BGB). Der Text selbst kann handschriftlich, maschinell oder formularmäßig gestaltet sein. Ort und Zeit der Unterschrift müssen nicht angegeben werden. Diese Basisangaben sind aber sehr zu empfehlen, da bei mehreren Patientenverfügungen davon auszugehen ist, dass die zuletzt errichtete Version gelten soll. Ferner ist der zeitliche Zusammenhang für die Frage der Kongruenz der aktuellen Lebens- und Behandlungssituation zu derjenigen bei Ausstellung der Patientenverfügung von Bedeutung.

Gegenstand der Verfügung

135 Eine Patientenverfügung muss sich inhaltlich auseinandersetzen mit Untersuchungen des Gesundheitszustands, Heilbehandlungen oder ärztlichen Eingriffen und der Frage, ob der Betroffene in sie einwilligt oder sie untersagt.

Maßnahmen, die „nicht unmittelbar bevorstehen"

Die ärztlichen Maßnahmen dürfen nicht unmittelbar bevorstehen, da das Gesetz davon ausgeht, 136
dass der Betroffene insoweit selbst ohne Vertreter entscheiden könnte. Operationen etwa, die genau bestimmbar sind und in allen Punkten wegen der Risiken, möglichen Komplikationen und Erfolgschancen dargestellt werden können, müssen mit dem einwilligungsfähigen und aufgeklärten Patienten besprochen werden und dürfen nur bei einer von ihm aktuell erklärten Einwilligung durchgeführt werden. Der einwilligungsunfähige Patient kann sich zwar ebenfalls äußern und es müssen ihm auch die wesentlichen Umstände der Maßnahme entsprechend seinem Verständnis erläutert werden, soweit er aufgrund seines Entwicklungsstands und seiner Verständnismöglichkeiten in der Lage ist, die Erläuterung aufzunehmen, und soweit dies seinem Wohl nicht zuwiderläuft, § 630e Abs. 5 Satz 1 BGB. Es entscheidet dann aber der Vertreter, der auch über die ärztliche Maßnahme aufgeklärt werden muss, § 630e Abs. 4 BGB. Die Erklärungen des einwilligungsunfähigen Betreuten müssen dann aber vom Vertreter als Behandlungswunsch berücksichtigt werden.

Bestimmtheitsgebot

Die vom Gesetz geforderte „Bestimmtheit" der von der Festlegung betroffenen Maßnahmen 137
wird häufig nur sehr schwer zu erfüllen sein. Nach der Gesetzesbegründung (BT-Drucks. 16/8442, S. 13) sollen damit „allgemeine Richtlinien für eine künftige Behandlung", Wünsche über die „Art und Weise oder den Ort der Behandlung" oder der Ruf nach einem bestimmten behandelnden Arzt des Vertrauens ausgeschieden werden. Darüber hinaus wird man aber auch bei der Beschreibung der konkreten Maßnahme (z. B. operative Entfernung eines Hirntumors, Anlegen einer PEG-Sonde, Wiederbelebungsmaßnahmen, Bestrahlung, Chemotherapie) eine so klare Beschreibung durch den Betroffenen fordern müssen, dass keine wesentlich abweichenden Alternativen denkbar sind.

Lösungsversuch des BGH

Der BGH hat deutlich gemacht, dass eine Patientenverfügung nur dann eine unmittelbare 138
Bindungswirkung entfaltet, wenn ihr konkrete Entscheidungen des Betroffenen über die Einwilligung oder Nichteinwilligung in bestimmte, noch nicht unmittelbar bevorstehende ärztliche Maßnahmen entnommen werden können. Von vornherein nicht ausreichend sind allgemeine Anweisungen wie die Aufforderung, ein würdevolles Sterben zu ermöglichen oder zuzulassen, wenn kein Therapieerfolg mehr zu erwarten ist.

Die Anforderungen an die Bestimmtheit einer Patientenverfügung dürfen aber nach Ansicht des 139
BGH auch nicht überspannt werden. Vorausgesetzt werden könne nur, dass der Betroffene umschreibend festlegt, was er in einer bestimmten Lebens- und Behandlungssituation will und was nicht. Maßgeblich sei nicht, dass der Betroffene seine eigene Biografie als Patient vorausahnt und die zukünftigen Fortschritte in der Medizin vorwegnehmend berücksichtigt.

Sehr viel weiter helfen diese Formulierungen des BGH nicht. Das Verbot, die Anforderungen zu 140
überspannen, setzt inhaltlich keine Grenzen, weil nicht definiert wird, wann die Grenze zu überspannten Forderungen gerissen wird. „Umschreibend festlegen" ist ebenfalls eine nichtssagende amorphe Begriffsbildung. Jedes geschriebene Wort umschreibt einen realen Vorgang und versucht, ihn festzulegen. Das Vorausahnen medizinischer Fortschritte wird selbstverständlich nicht erwartet und schon gar nicht problematisiert, weil hier schon das Kriterium der „aktuellen Lebens- und Behandlungssituation" weiterhilft. Das Gleiche gilt für die von niemandem erhobene Forderung, dass der Aussteller der Patientenverfügung seine eigene Biografie vorausahnen soll. Hier beantwortet der BGH letztlich nur nicht gestellte Fragen, weil die wichtigen Kernfragen schwer oder gar nicht zu beantworten sind (vgl. zum Ganzen BGH, Beschl. v. 6.7.2016 – XII ZB 61/16).

Konkretisierung durch konkrete Krankheiten oder Behandlungssituationen

Die Äußerung, „keine lebenserhaltenden Maßnahmen" zu wünschen, enthält jedenfalls für 141
sich genommen keine hinreichend konkrete Behandlungsentscheidung. Die insoweit erforderliche Konkretisierung kann aber ggf. durch die Benennung bestimmter ärztlicher Maßnahmen

oder die Bezugnahme auf ausreichend spezifizierte Krankheiten oder Behandlungssituationen erfolgen.

142 Findet sich in der Patientenverfügung die Formulierung „schwere Dauerschädigung des Gehirns", prüft der BGH die Möglichkeit, ob mit dieser Umschreibung der Behandlungssituation die notwendige Bestimmtheit des Eingriffs erreicht werden kann (BGH, Beschl. v. 8.2.2017 – XII ZB 604/15). In der vom BGH zu behandelnden Patientenverfügung waren lebensverlängernde Maßnahmen genannt, die untersagt wurden, wenn eine schwere Dauerschädigung des Gehirns vorliege. Folgerichtig prüft der BGH, ob über die Benennung der konkreten Behandlungssituation ein Rückschluss auf „einen gegen konkrete Behandlungsmaßnahmen – im BGH-Fall die künstliche Ernährung mittels PEG-Sonde – gerichteten Willen" des Betroffenen möglich wäre. Dies wäre wohl zu bejahen gewesen, wenn die PEG-Sonde die einzig sinnvolle lebenserhaltende Maßnahme bei einem derartigen Gehirnschaden gewesen wäre. Dies hat der BGH zu Recht verneint (vgl. zum Ganzen Albrecht/Albrecht/Böhm/Böhm-Rößler, Die Patientenverfügung, 3. Aufl. 2024, Rn. 195 ff.).

143 Der BGH hat zuletzt erklärt, dass die Formulierung „keine lebensverlängernden Maßnahmen" für sich gesehen nicht bestimmt genug wäre. In der Patientenverfügung war aber als Voraussetzung für das Wirksamwerden bestimmt, dass „keine Aussicht auf Wiedererlangung des Bewusstseins mehr besteht". Das allgemein gehaltene Verbot lebenserhaltender Maßnahmen werde – so der BGH – durch diese Zustandsbeschreibung so bestimmt, dass damit auch die künstliche Ernährung sicher bezeichnet sei, ohne dass diese in der Patientenverfügung ausdrücklich erwähnt wurde (BGH, Beschl. v. 14.11.2018 – XII ZB 107/18).

Antizipative Einwilligung ohne Aufklärung gemäß § 630e BGB

144 Besonders problematisch erweist sich die Einwilligung in bestimmte ärztliche Maßnahmen (§ 630d Abs. 1 Satz 1 BGB) in der Patientenverfügung, da diese eine ärztliche Aufklärung voraussetzt, § 630d Abs. 2 i. V. m. § 630e BGB. Entweder bescheinigt ein Arzt in einem Anhang zur Patientenverfügung, dass er über alle in der Verfügung getroffenen Einwilligungen zu den künftigen Maßnahmen ausführlich aufgeklärt hat, oder der Errichter der Patientenverfügung verzichtet ausdrücklich auf jedwede Aufklärung in Bezug auf seine getroffene Einwilligung in künftige ärztliche Maßnahmen. Das ist nach § 630e Abs. 3 Alt. 2 BGB grundsätzlich möglich. Allerdings wird es wohl auch dem Arzt unmöglich sein, vorab und abstrakt ohne Kenntnis der noch nicht vorhandenen Erkrankung eine umfassende Aufklärung zu erteilen. Übersehen wird dabei auch, dass gemäß § 630e Abs. 1 BGB der behandelnde Arzt aufklären muss und es müsste wohl auch der Verzicht dem behandelnden Arzt gegenüber erklärt werden. Sinnvoll bzw. möglich wird daher eine positive, antizipative Einwilligung nur dann sein, wenn bereits eine langwierige Krankheit (z. B. eine amyotrophe Lateralsklerose) diagnostiziert ist. Die im Verlauf einer sich über Jahre hinziehenden Behandlung notwendig werdenden ärztlichen Maßnahmen sind dann vorhersehbar und können rational abgehandelt werden. In einem derartigen Fall kann sich der Betroffene auch vernünftig beraten und aufklären lassen.

Antizipative Ablehnung ärztlicher Maßnahmen

145 Für das Ablehnen ärztlicher Maßnahmen (Nichteinwilligung) ist dagegen keine Aufklärung erforderlich. In der Praxis wird wohl infolge der oben geschilderten Umstände nahezu ausschließlich die Ablehnung ärztlicher Maßnahmen diskutiert und nicht die Einwilligung.

Gleichstellung von Betreuer und Bevollmächtigtem

146 Dem Bevollmächtigten ist generell die gleiche Rechtsposition eingeräumt wie dem Betreuer, § 1827 Abs. 6, § 1828 Abs. 3, § 1829 Abs. 5 BGB. Der BGH hat aber für den Inhalt der Vollmacht für ärztliche Maßnahmen gemäß § 1829 BGB strenge Maßstäbe entwickelt (Beschl. v. 6.7.2016 – XII ZB 61/16, Rn. 17). Demnach muss hinreichend klar umschrieben werden, „dass sich die Entscheidungskompetenz des Bevollmächtigten auf die im Gesetz genannten ärztlichen Maßnahmen sowie darauf bezieht, sie zu unterlassen oder am Betroffenen vornehmen zu lassen". Zusätzlich muss die Vollmacht deutlich machen, „dass die jeweilige Entscheidung mit der begründeten Gefahr des Todes oder eines schweren und länger dauernden gesundheitli-

chen Schadens verbunden sein kann". § 1820 Abs. 1 Nr. 2 BGB verlangt nur eine schriftliche Vollmacht und das ausdrückliche Umfassen der Maßnahmen des § 1829 BGB. Soweit im Folgenden der Einfachheit halber nur die Rede vom Betreuer ist, gilt die Aussage in gleicher Weise für den Bevollmächtigten.

4.2 Prüfungsreihenfolge bei Vorliegen einer Patientenverfügung

4.2.1 Checkliste

Checkliste bei Vorliegen einer Patientenverfügung	
Liegen schriftliche Aufzeichnungen des Betroffenen zu ärztlichen Maßnahmen vor? Einhalten der Form?	§ 1827 Abs. 1 Satz 1 BGB § 126 BGB
Handelt es sich um Festlegungen (Einwilligung oder Untersagung) für noch nicht unmittelbar bevorstehende Untersuchungen des Gesundheitszustands, Heilbehandlungen oder ärztliche Eingriffe?	§ 1827 Abs. 1 Satz 1 BGB
Sind die ärztlichen Maßnahmen ausreichend „bestimmt"?	§ 1827 Abs. 1 Satz 1 BGB
War der Betroffene bei Abfassung der Patientenverfügung volljährig und einwilligungsfähig?	§ 1827 Abs. 1 Satz 1 BGB § 2 BGB
Stammt das Schriftstück vom Betroffenen? Aufbewahrungsort? Aktueller Besitzer?	§ 1827 Abs. 1 Satz 1 BGB
Liegt ein Widerruf vor? Hat der Betroffene die Patientenverfügung widerrufen oder sich gegenteilig geäußert?	§ 1827 Abs. 1 Satz 3 BGB
Ist der Betroffene aktuell einwilligungsunfähig?	§ 1827 Abs. 1 Satz 1 BGB
Welche ärztlichen Maßnahmen sind indiziert?	§ 1828 BGB
Erfasst die Patientenverfügung die ärztlich angezeigten Maßnahmen?	§ 1827 Abs. 1 Satz 1 BGB
Entsprechen die Festlegungen in der Patientenverfügung der aktuellen Lebens- und Behandlungssituation?	§ 1827 Abs. 1 Satz 1 BGB
Stimmt der behandelnde Arzt der Einschätzung zu, dass eine bindende Patientenverfügung vorliegt?	§ 1829 Abs. 4 BGB
Kann zu den Feststellungen ohne erhebliche Verzögerung den nahen Angehörigen und sonstigen Vertrauenspersonen Gelegenheit zur Äußerung gegeben werden?	§ 1828 Abs. 2 § 1827 Abs. 6 BGB
Gehört die Umsetzung der Patientenverfügung zum Aufgabenbereich des Betreuers oder zum Umfang der Vollmacht?	§ 1823 BGB

4.2.2 Erläuterungen zur Checkliste

Liegen schriftliche Aufzeichnungen des Betroffenen zu ärztlichen Maßnahmen vor?

Die Festlegungen müssen schriftlich erfolgt sein. Dieser Bestimmung genügt ein Schriftstück, das eigenhändig durch Namensunterschrift oder mittels notariell beglaubigtem Handzeichen unterzeichnet ist, § 126 BGB. Der Text selbst kann handschriftlich, maschinell oder formularmäßig gestaltet sein. 147

Untersuchungen des Gesundheitszustands, Heilbehandlungen oder ärztliche Eingriffe

Eine Patientenverfügung muss sich inhaltlich mit Untersuchungen des Gesundheitszustands, Heilbehandlungen oder ärztlichen Eingriffen und der Frage auseinandersetzen, ob der Betroffene in sie einwilligt oder sie untersagt. Diese Maßnahmen dürfen nicht unmittelbar bevorstehen, da das Gesetz davon ausgeht, dass der Betroffene insoweit selbst ohne Vertreter entscheiden kann. 148

Bestimmtheitsgebot

149 Sind die Festlegungen des Betreuten so genau, dass man von bestimmten Untersuchungen, Heilbehandlungen oder ärztlichen Eingriffen sprechen kann? Die vom Gesetz geforderte „Bestimmtheit" der von der Festlegung betroffenen Maßnahmen wird häufig nur sehr schwer zu erfüllen sein. Nach der Gesetzesbegründung (BT-Drucks. 16/8442, S. 13) soll der Bestimmtheitsgrundsatz zum Ausdruck bringen, dass „allgemeine Richtlinien (...) nicht Gegenstand einer Patientenverfügung sein können". Darüber hinaus wird man aber auch bei der Beschreibung der konkreten Maßnahme (z. B. operative Entfernung eines Hirntumors, Anlegen einer PEG-Sonde, Wiederbelebungsmaßnahmen, Bestrahlung, Chemotherapie) eine so klare Beschreibung durch den Betroffenen fordern müssen, dass keine wesentlich abweichenden Alternativen denkbar sind (siehe Rn. 137).

War der Betreute zum Zeitpunkt der Abfassung volljährig und einwilligungsfähig?

150 Volljährig ist gemäß § 2 BGB, wer das 18. Lebensjahr vollendet hat. Der Gesetzgeber hat sich mit der Entscheidung für die Volljährigkeitsgrenze bewusst für eine klare Grenzziehung entschieden. Da die Einwilligungsfähigkeit bereits vor Volljährigkeit vorhanden sein kann, muss man den einwilligungsfähigen, 17 Jahre alten Patienten, der seine Krankheit am besten kennt, selbst in eine unmittelbar bevorstehende Maßnahme einwilligen lassen. Darüber hinaus kann der Minderjährige aber keine Festlegungen zur künftigen Behandlung im Rahmen einer Patientenverfügung treffen. Seine Festlegungen müssen aber als Behandlungswunsch berücksichtigt werden (zur Einwilligungsfähigkeit siehe Rn. 67 und 130; A 6, Rn. 81; A 3, Rn. 3; A 2, Rn. 19 und 25).

Stammt das Schriftstück vom Betroffenen? Aufbewahrungsort, Auskunft?

151 Wo werden die Aufzeichnungen (Originale, Kopien) aufbewahrt? Wer ist im Besitz der Originale? Wer erteilt Auskunft? Die Patientenverfügung sollte (auffindbar) verwahrt werden. Zweckmäßig könnte eine Notiz sein, die der Betroffene mit sich führt, in der auf das Vorhandensein und den Verbleib hingewiesen wird. Ein gesetzlich eingeführtes, bundesweit organisiertes Archiv ausschließlich zur Aufbewahrung von Patientenverfügungen gibt es nicht. Im Internet finden sich Angebote für diesen Service bzw. für Formulare für Patientenverfügungen dubioser Firmen, die angeblich von Ärzten empfohlen werden. In Wahrheit sind es dann Versicherungsvermittler, die hier Lockangebote unter das Volk bringen. In Verbindung mit einem Notfallausweis soll dann das sichere und schnelle Auffinden der Patientenverfügung gewährleistet werden. Regelmäßig werden aber die ersten ärztlichen Maßnahmen so schnell erfolgen müssen, dass eine umfangreiche Recherche nach einer Patientenverfügung keinen Sinn macht. Hier ist in der Tat Vorsicht geboten.

Eintragung im ZVR?

152 Sehr viel sicherer, absolut seriös und gut organisiert ist dagegen das ZVR. In das ZVR können seit dem 1.1.2023 auch Patientenverfügungen isoliert eingetragen werden. Schriftstücke werden nicht verwahrt. Die gesetzliche Grundlage findet sich in § 78 Abs. 2 Nr. 1 und § 78a Abs. 2 Nr. 8 BNotO sowie in der VRegV. Gemäß § 1 Abs. 1 Nr. 6 VRegV sind eintragungsfähig:

Besondere Anordnungen oder Wünsche hinsichtlich Art und Umfang medizinischer Versorgung

153 Dies gilt gemäß § 9 VRegV auch für Betreuungsverfügungen und Patientenverfügungen.

154 Die Bestellung eines Vorsorgebevollmächtigten ist sehr ratsam; jedoch ist auch die sehr kostengünstige Registrierung zumindest für Betreuungsverfügungen, wenn kein geeigneter Bevollmächtigter vorhanden ist, nachdrücklich zu empfehlen. Die neuen Möglichkeiten bezüglich der Patientenverfügung und der Auskunft an Ärzte wird zu einer sinnvollen Erweiterung führen. Nähere Informationen finden sich unter: www.zvr-online.de/zvr/login.aspx

155 Bemerkenswert ist § 78b Abs. 1 Satz 1 Nr. 1 BNotO, in dem festgelegt ist, dass die Registerbehörde Gerichten und Ärzten auf Ersuchen Auskunft aus dem ZVR erteilt. Ärzte dürfen nur um Auskunft ersuchen, soweit diese für die Entscheidung über eine dringende medizinische Behandlung erforderlich ist. Es besteht deshalb nach einer akuten Notlage (z. B. Notarzt-

einlieferung nach Schlaganfall oder Unfall) die Möglichkeit, dass ein Betreuerantrag bei Gericht nach einer Regelanfrage beim ZVR hinfällig und der Vertreter benachrichtigt wird. Ebenfalls können besondere Anordnungen oder Wünsche hinsichtlich einer medizinischen Behandlung bekannt werden.

Allerdings sollte im Hinblick auf das gesetzlich vorgeschriebene Vorgehen nicht die vorschnelle 156 und unkontrollierte Aktion nach einem Notfall gefördert werden. Im Vordergrund stehen die Konsultation des Vertreters mit dem Arzt, der dialogische Prozess mit Verwandten und Vertrauenspersonen und schließlich eine abgewogene Entscheidung, ob eine wirksame Patientenverfügung vorliegt, die im Fall eines Dissenses betreuungsgerichtlich genehmigt werden muss.

Was spricht eigentlich dagegen, diesen sicheren Weg einzuschlagen und nicht schon dem 157 Notarzt mit einem Notfallausweis eine Schnellentscheidung abzuverlangen? Eine auf den Notfall ausgerichtete, stets abrufbare Datenbank für Patientenverfügungen darf nicht eine Kultur der Hektik, die bei einer derart existenziellen Fragestellung unangebracht ist, fördern. Zudem sind die Ärzte in der Lage, diese Zeit für den Patienten schmerzfrei zu gestalten. Der Vertreter kann dann immer noch gemäß § 1829 Abs. 2 BGB die Einwilligung widerrufen, wenn eine angemessene Prüfung erfolgt ist (a. A. BT-Drucks. 19/24445, S. 441 ff.). Diese Vorgehensweise dürfte auch dem mutmaßlichen Willen des Betroffenen entsprechen.

Hat sich der Betreute in irgendeiner Form von seiner Patientenverfügung distanziert bzw. sie widerrufen?

§ 1827 Abs. 1 Satz 3 BGB bestimmt ausdrücklich, dass ein Widerruf formlos möglich ist. Die für 158 die Errichtung einer Patientenverfügung vorgesehene Schriftform muss deshalb nicht eingehalten werden. Bejaht wird ein Widerruf sogar durch „schlüssiges Verhalten" (Albrecht/Albrecht/Böhm/Böhm-Rößler, Die Patientenverfügung, 3. Aufl., 2024, Rn. 223) oder entsprechend der Begründung des Gesetzes durch „nonverbales Verhalten". Erforderlich ist nur, dass die Willensänderung hinreichend deutlich zum Ausdruck gebracht wird (BT-Drucks. 16/8442, S. 13). Einwilligungsfähigkeit kann wohl nicht verlangt werden. Vielmehr muss auch den mit „natürlichem Willen" vorgetragenen abweichenden Wünschen Rechnung getragen werden. Dies ergibt sich schon aus § 1821 Abs. 2 bis 4 BGB und dem Rechtsgedanken des Art. 12 Abs. 2 UN-BRK. § 1821 Abs. 2 Satz 4 BGB bestimmt für die Verbindlichkeit von Wünschen:

„Dies gilt auch für die Wünsche, die der Betreute vor der Bestellung des Betreuers geäußert hat, es sei denn, dass er an diesen Wünschen erkennbar nicht festhalten will."

Beispiel:

Der einwilligungsfähige Betroffene verweigert in einer schriftlichen Erklärung die Einwilligung in eine Amputation, weil er sich ein Leben ohne Bein nicht vorstellen kann. Nach Eintritt der Einwilligungsunfähigkeit und Fortschreiten der Krankheit schreit er um Hilfe, weil er den Schmerz und den Anblick des verfaulenden Fußes nicht mehr aushalten kann. Dies wäre wohl als ein wirksamer Widerruf der Patientenverfügung zu werten. Der Betroffene hat durch schlüssiges Verhalten gezeigt, dass sein Lebenswille stärker geworden ist als seine zuvor geäußerte Ablehnung.

Kann der Betreute aktuell nicht selbst entscheiden, weil er einwilligungsunfähig ist?

Der Eintritt der Einwilligungsunfähigkeit ist Voraussetzung dafür, dass auf die Patientenver- 159 fügung zurückgegriffen werden kann. Dies wird häufig offensichtlich sein (Wachkoma), sollte aber im Zweifelsfall immer von einem Facharzt festgestellt werden. Charakteristisch für die juristische Qualifizierung intellektueller Fähigkeiten (z. B. Geschäftsfähigkeit gemäß § 104 Nr. 2 BGB, Testierfähigkeit gemäß § 2229 Abs. 4 BGB, Ehefähigkeit gemäß § 1304 BGB, Schuldfähigkeit gemäß § 20 StGB und Beurteilung des sog. freien Willens gemäß § 1814 Abs. 2 BGB) ist die Zweiaktigkeit bei der Feststellung. Zunächst müssen Defizite auf der kognitiven Ebene vorhanden sein, sodass der Betroffene nicht in der Lage ist, die Sachverhalte richtig zu erkennen (Bewusstlosigkeit, wahnhaftes Erleben, demenzielle Einschränkungen). Im zweiten Teil muss festgestellt werden, ob er entsprechend der Erkenntnisse selbstbestimmt entscheiden kann (zur Einwilligungsfähigkeit im Detail siehe A 3, Rn. 3; A 2, Rn. 19 und 25; A 6, Rn. 81 und 193).

A

Ärztliche Indikation und Basisversorgung

160 Welche Untersuchung, Heilbehandlung oder welcher ärztliche Eingriff wird von dem behandelnden Arzt für den einwilligungsunfähigen Betreuten vorgeschlagen?

161 Der Arzt muss zunächst unabhängig von der Patientenverfügung die sog. Basisversorgung sicherstellen. Dazu gehören nach den Grundsätzen der Bundesärztekammer zur ärztlichen Sterbebegleitung vom 21.1.2011 (www.bundesaerztekammer.de/fileadmin/user_upload/downloads/Sterbebegleitung_17022011.pdf) eine menschenwürdige Unterbringung, Zuwendung, Körperpflege, das Lindern von Schmerzen, Atemnot und Übelkeit sowie das Stillen von Hunger und Durst auf natürlichem Weg (vgl. BT-Drucks. 16/8442, S. 13). Die Basisversorgung ist immer indiziert und mangels ausdrücklicher Ablehnung auch stets vom Betroffenen gewollt. Sind etwa Eingriffe (z. B. Schmerzlinderung durch Medikamentenverabreichung über Infusion) erforderlich, müssen aber die Einwilligungen des Betroffenen oder Vertreters vorliegen.

162 Über diese ärztliche Grundversorgung hinaus wird der Arzt prüfen, welche Behandlungen im Hinblick auf den Zustand des Patienten und die gestellte Prognose „angezeigt" sind. Hat z. B. der Sterbeprozess bereits unumkehrbar eingesetzt, wird man von weiteren Versuchen der Heilung und Besserung Abstand nehmen müssen und nur noch das Ziel der Schmerzlinderung verfolgen. Gefährlich wird die ärztliche Freiheit zur Feststellung der Indikation, wenn man z. B. senil dementen Personen ab einem bestimmten Grad der Demenz das Recht auf ärztliche Hilfe versagen will und dann Wiederbelebungsmaßnahmen generell verweigert. Hier feiert der ärztliche Paternalismus eine Wiedergeburt, der man als Betreuer oder Vorsorgebevollmächtigter entgegentreten sollte. Der Betreuer wird auch kritisch hinterfragen, ob sich hinter einer ärztlichen Indikation nicht auch wirtschaftliche Überlegungen verbergen. Im Zweifel sollte man auch daran denken, den Arzt oder die Klinik zu wechseln. Soweit der Gesetzgeber in § 1828 Abs. 1 Satz 1 BGB den Begriff „indiziert" und in § 1829 Abs. 2 BGB die Formulierung „ärztlich angezeigt" verwendet, sollte man sich nicht irritieren lassen. Diese (unnötige) Differenzierung hat keinen sachlichen Grund und ist wohl der gesetzgeberischen Hektik geschuldet.

Wer ist behandelnder Arzt und zuständig für die ärztliche Indikation?

163 Problematisch ist aber die Frage, wer als behandelnder Arzt im Rahmen des § 1828 Abs. 1 BGB anzusehen ist. Sowohl auf der vertikalen als auch auf der horizontalen Ebene können viele Ärzte in die Behandlung eingebunden sein. Hausarzt, Notarzt, Aufnahmearzt, Anästhesist, Chirurg, Stationsarzt, Oberarzt, Chefarzt, Ärztlicher Leiter der Klinik, Konsiliararzt und Fachärzte können beteiligt sein und vielleicht auch unterschiedliche Meinungen zur Frage der im konkreten Fall angezeigten Maßnahmen vertreten. Der Betreuer, Vorsorgebevollmächtigte oder Ehegatte wird im Zweifelsfall auch noch einen weiteren Arzt heranziehen oder die Klinik wechseln. Der Gesetzgeber hat diese Problematik nicht angesprochen, weil möglicherweise die parlamentarischen Entscheidungsträger den Alltagsbetrieb einer Klinik oder Arztpraxis jedenfalls aus der Sicht eines Kassenpatienten noch nicht erlebt haben bzw. erleben mussten. Man wird sich daher im Einzelfall mit den Ärzten unterhalten müssen, um den behandelnden Arzt, der ja von Gesetzes wegen in den Entscheidungsprozess eingebunden ist, bestimmen zu können. Maßgebend wird wohl sein, welcher Arzt befugt ist, über die Indikation ärztlicher Maßnahmen in eigener Verantwortung zu entscheiden und dies auch gegenüber dem Patienten erklärt.

Erfasst die Patientenverfügung die ärztlich angezeigten Maßnahmen?

164 Erst wenn der Arzt weitere Behandlungen für angezeigt erachtet, muss man prüfen, ob für diese die Patientenverfügung eine Regelung enthält. Im Einzelfall sollte der Arzt dem Betreuer bei dem Vergleich der Patientenverfügung mit den indizierten Maßnahmen behilflich sein.

Entsprechen die Festlegungen in der Patientenverfügung der aktuellen Lebens- und Behandlungssituation?

165 Das Gesetz führt, sobald eine wirksame Patientenverfügung bejaht wird, zu einem rigorosen Automatismus. Der Betreuer trifft dann keine Entscheidung mehr, sondern hat nur noch die Aufgabe, dem Willen des Betreuten „Ausdruck und Geltung zu verschaffen". Besondere Brisanz

erhält dieser Automatismus aufgrund des Verzichts des Gesetzgebers auf eine Beratungs- oder Aktualisierungspflicht (BT-Drucks. 16/8442, S. 14). Eine Patientenverfügung kann daher verbindlich sein, obwohl sich der Betroffene über Jahrzehnte hinweg keine Gedanken mehr darüber gemacht und vielleicht sogar vergessen hat, was er in einem Formblatt alles unterschrieben hat. Zudem wird ärztliche Beratung, die nur für teures Geld zu haben ist, wohl nur äußerst selten in Anspruch genommen. Es ist daher eine verantwortungsbewusste Prüfung im Ernstfall geboten. Die dem Vertreter in § 1827 Abs. 1 Satz 1 BGB auferlegte Prüfungspflicht, „ob die Festlegungen in der Patientenverfügung auf die aktuelle Lebens- und Behandlungssituation zutreffen", stellt dabei eine „wichtige Relativierung der Verbindlichkeit der Patientenverfügung" dar.

Dieses Rechtsinstitut ist vergleichbar mit dem in § 313 BGB geregelten „Wegfall der 166 Geschäftsgrundlage". Der Betreuer hat dabei einen nicht unerheblichen Beurteilungsspielraum, da die Begriffe „Lebenssituation" und „Behandlungssituation" sehr offen und vielschichtig sind und durch viele Sachverhalte mit Leben erfüllt werden müssen. Spickhoff (Medizinrecht, 4. Aufl., 2022, § 1827 BGB, Rn. 13) bringt hier als Beispiel für eine abweichende Lebenssituation den Fall einer Frau, die sich in gesunden Tagen die Verabreichung von Antibiotika verbeten hat und nunmehr friedlich in einem Pflegeheim lebt und von einer Lungenentzündung bedroht wird. In der Tat zwei völlig verschiedene Lebenssituationen. Man wird sich fragen müssen, ob die Situation des zufriedenen Lebens in einer Pflegeeinrichtung, die Situation war, die sich die junge Frau bei der Abfassung vorgestellt hat. War ihr klar, dass im hohen Alter eine Lungenentzündung lebensbedrohlich ist und nur durch Antibiotika bekämpft werden kann? War die Ablehnung vielleicht nur Ausdruck einer kämpferischen Protesthaltung gegenüber einer sorglosen Verschreibungspraxis bei Antibiotika? Ist dieser kurzen kämpferischen Lebensphase längst eine ruhigere Lebenseinstellung gefolgt?

Die Patientenverfügung muss somit auf den Prüfstand der aktuellen Lebens- und Behand- 167 lungssituation gestellt werden. Das ist eine sehr verantwortungsvolle und menschlich schwierige Prüfungssituation gerade für Berufsbetreuer, die keine genaue persönliche Kenntnis von der betreuten Person und ihrer Biografie haben.

Bei der aktuellen Lebenssituation muss man das derzeitige Verhalten und das soziale Umfeld 168 des Betroffenen erforschen und berücksichtigen. Möglicherweise lässt dies den sicheren Schluss auf eine andere Einstellung zu bestimmten Behandlungsmaßnahmen zu. Allerdings darf man sich nicht auf Spekulationen einlassen, sondern muss konkrete Anhaltspunkte suchen. Diese können sich z. B. „aus situativ spontanem Verhalten des Patienten gegenüber vorzunehmenden oder zu unterlassenden ärztlichen Maßnahmen" ergeben (BT-Drucks. 16/8442, S. 15). Gespräche mit Pflegekräften, Verwandten und Vertrauenspersonen sind dabei unabdingbar. Ein vorschnelles „So ein Leben hätte er niemals gewollt!" erweist sich häufig nur als eigene subjektive Einschätzung und nicht als eine fundierte Analyse der Lebenssituation des Betroffenen.

Bei der Behandlungssituation ist zu erwägen, dass der technische Fortschritt in der Medizin 169 rasant voranschreitet und eben nicht nur auf der Intensivstation mit zahlreichen Schläuchen und Apparaten endet. Die Inanspruchnahme intensiver medizinischer Maßnahmen kann oft noch zu einem Leben mit beachtlicher Lebensqualität führen, das vor einigen Jahren nicht vorstellbar gewesen wäre. Darüber wird man sich mit dem behandelnden Arzt auseinandersetzen müssen.

Stimmt der behandelnde Arzt der Einschätzung zu, dass eine bindende Patientenverfügung vorliegt (§ 1829 Abs. 4 BGB)?

Die Regelung der Patientenverfügung muss immer im Zusammenhang gesehen werden mit der 170 Umsetzung, die teilweise in § 1829 BGB geregelt ist. Eine sehr weitgehende Änderung findet sich dort in Absatz 4, wonach eine betreuungsgerichtliche Genehmigung nicht erforderlich ist, wenn zwischen Betreuer und behandelndem Arzt Einvernehmen darüber besteht, dass die Erteilung, die Nichterteilung oder der Widerruf der Einwilligung dem nach § 1827 BGB festgestellten Willen des Betreuten entspricht. Hier zeigt sich die besondere Bedeutung des

Begriffs „behandelnder Arzt“, der vom Gesetzgeber nicht näher eingegrenzt wurde (siehe Rn. 163).

171 **Achtung:** Die Genehmigungspflicht aus § 1829 Abs. 2 BGB und die damit im Zusammenhang stehende Ausnahme bei Einvernehmen gelten nur für den Behandlungswunsch und den mutmaßlichen Willen, weil bei der Patientenverfügung keine Einwilligung des Vertreters erteilt wird, sondern die antizipative Entscheidung des Betroffenen zu beachten ist (vgl. BGH, Beschl. v. 17.9.2014 – XII ZB 202/13, Rn. 13).

Sofern zeitlich möglich, soll nahen Angehörigen und Vertrauenspersonen Gelegenheit zur Äußerung gegeben werden (dialogischer Prozess)

172 Nach der Konsultation mit dem behandelnden Arzt und der dabei erfolgten Abklärung der ärztlich indizierten Maßnahmen soll der Betreuer nahen Angehörigen und sonstigen Vertrauenspersonen des Betroffenen Gelegenheit zur Äußerung geben, sofern dies ohne zeitliche Verzögerung möglich ist. Es handelt sich um eine Soll-Vorschrift und ein Verstoß dagegen dürfte sanktionslos sein. Derartige Normen, die nur einen Appell an die Beteiligten richten, sind erfahrungsgemäß das Papier nicht wert, auf dem sie geschrieben sind. Kommt es zu einem derartigen Gespräch, sollten die Teilnehmer und der Inhalt der Gespräche schriftlich dokumentiert werden, um spätere Vorwürfe entkräften oder Missverständnisse ausräumen zu können.

Bindende Anweisung an den Arzt, entsprechend der Patientenverfügung vorzugehen und anschließende Kontrolle

173 Steht das Vorliegen einer wirksamen Patientenverfügung im Ergebnis fest, ist es Aufgabe des Betreuers, dem Willen des Betreuten Ausdruck und Geltung zu verschaffen. Da die Patientenverfügung als Einwilligung einerseits ohne das obligatorische Aufklärungsgespräch errichtet werden kann, andererseits § 630e BGB den behandelnden Arzt dazu verpflichtet, müssen Arzt und Betreuer dies erledigen, sofern der Betroffene in der Patientenverfügung in einen Eingriff eingewilligt hat oder wenn auch bei Befolgung einer ablehnenden Entscheidung Eingriffe wie schmerzstillende Infusionen etc. notwendig sind. Diese Aufklärung ist auch sinnvoll, da eine umfassende Aufklärung dem Vertreter möglicherweise erst nahebringt, dass die aktuelle Lebens- und Behandlungssituation nicht mit den Festlegungen in der Patientenverfügung übereinstimmt.

173a Im Regelfall geht es jedoch um den Widerruf einer Einwilligung oder um eine Nichteinwilligung, sodass kein Aufklärungsgespräch notwendig ist. Auch in diesen Fällen sollten behandelnder Arzt und Betreuer die Überlegungen, die zu der Entscheidung geführt haben, dokumentieren. Schlussendlich wird sich der Betreuer vergewissern, dass entsprechend der Patientenverfügung verfahren wird.

4.3 Prüfung bei fehlender Patientenverfügung

4.3.1 Behandlungswünsche

174 In der gesellschaftlichen Wahrnehmung, aber auch in der juristischen Diskussion dominiert die Patientenverfügung. In der Praxis dürfte aber die Zahl der wirksamen Patientenverfügungen deutlich hinter den Anwendungsfällen „Behandlungswunsch“ und „Mutmaßlicher Wille“ zurückbleiben. Mit der Betreuungsrechtsreform hat sich aber das Blatt gewendet. Die Blaupause des § 1901a BGB (a. F.) mit dem antizipierten Willen (Patientenverfügung) und ihm nachfolgend dem Behandlungswunsch und schließlich dem mutmaßlichen Willen hat sich auf breiter Front im Betreuungsrecht mit der Trias Wille, Wunsch, mutmaßlicher Wille bei gleichzeitiger Eliminierung des objektiven Wohls durchgesetzt.

Liegt keine wirksame Patientenverfügung vor?

175 Der Vorrang der Patientenverfügung ergibt sich daraus, dass es sich bei ihr um den antizipierten Willen des selbstbestimmten Menschen handelt. Die Prüfung nach § 1827 Abs. 2 BGB setzt zunächst voraus, dass keine Patientenverfügung vorliegt. Der darin zum Ausdruck kommende

Vorrang der eigenverantwortlichen Regelung ist Ausdruck des durch Art. 2 Abs. 1 i. V. m. Art. 1 GG garantierten Selbstbestimmungsrechts.

Liegen Behandlungswünsche des Betreuten vor (mündliche oder schriftliche Aussagen)?

Behandlungswünsche können sich zunächst aus einer gescheiterten Patientenverfügung ergeben. Das Selbstbestimmungsrecht ist auch dann zu respektieren, wenn „nur" Behandlungswünsche geäußert werden. Häufig sind es Patientenverfügungen, die z. B. am Bestimmtheitsgebot gescheitert sind oder an der erforderlichen Einwilligungsfähigkeit des Ausstellers bei der Abfassung. Ein zunächst als Patientenverfügung gedachtes und konzipiertes Schriftstück wird häufig an den hohen Hürden des § 1827 Abs. 1 BGB scheitern. So kann etwa bei Änderung der Rechtsprechung des BGH eine bisher akzeptierte Formulierung mangels „Bestimmtheit" nicht mehr als Patientenverfügung angesehen werden. Das Gleiche gilt, wenn eine Patientenverfügung nicht der aktuellen Lebens- oder Behandlungssituation entspricht. Auch hinreichend bestimmte Festlegungen können als Patientenverfügung scheitern, wenn sie nur mündlich geäußert wurden oder von einem 17-Jährigen stammen. Schließlich wird auch der Fall erfasst, dass der Betroffene seine Festlegungen dahingehend relativiert hat, dass diese nicht unmittelbar gelten sollen, sondern die Entscheidung einem Bevollmächtigten oder Betreuer überlassen wird (vgl. BT-Drucks. 16/8442, S. 15). In all diesen Punkten kann man aus den Äußerungen unmittelbare Hinweise auf Wünsche erschließen, die bei der Entscheidung des Vertreters als Grundlage berücksichtigt werden müssen. 176

Grenzen für Behandlungswünsche

Behandlungswünsche erfordern weder Geschäfts- noch Einwilligungsfähigkeit. Wünsche müssen auch nicht vernünftig sein oder sich an Grundsätzen einer wirtschaftlichen Vermögensverwaltung orientieren. Das früher all diese Kriterien rechtfertigende objektive Wohl wurde abgeschafft. Relevant können auch die Äußerungen eines Betroffenen sein, die er vor oder nach der Bestellung eines Betreuers gemacht hat. Es gelten sogar immer die aktuell geäußerten Behandlungswünsche, die ältere ablösen, wenn der Betroffene zeigt, dass er an ihnen nicht mehr festhalten will, § 1821 Abs. 2 Satz 4 BGB. 177

Man kann also seine Zukunft als Patient auch bewusst mit Behandlungswünschen organisieren, die dann von einem Betreuer, Bevollmächtigten oder Ehegatten nach § 1827 Abs. 2 bzw. § 1821 Abs. 2 Satz 2 BGB festzustellen und zu beachten sind. Dazu gehören die äußeren Umstände der Behandlung (bevorzugter Arzt, spezielles Krankenhaus, Chefarztbehandlung, einzelne Medikamente, Einzelzimmer etc.). Ebenso kann man aber gezielt Behandlungsformen ausschließen wie etwa Amputationen, Chemotherapien, Bestrahlungen, Organtransplantationen, künstliche Gelenke etc. Dabei sind die Grenzen für Wünsche des Betreuten zu prüfen (siehe A 3, Rn. 6 ff.). Der Betreuer kann aber Behandlungswünsche nicht einfach ignorieren. Das Gesetz verpflichtet den Vertreter vielmehr, die Behandlungswünsche festzustellen. 178

Die echten Grenzen festgestellter Behandlungswünsche sind: 179

Grenze	Begründung, Umfang
Erforderlichkeitsgrundsatz	§ 1821 Abs. 1 Satz 1 BGB „Der Betreuer ist zu einer Unterstützung nicht verpflichtet, wenn der Betreute selbst oder mit anderer Hilfe in der Lage ist, die Angelegenheit zu besorgen. Nicht nur die Bestellung eines Betreuers, sondern auch die Tätigkeit des Betreuers bei einem konkreten Regelungsbedarf ist gegenüber anderen Unterstützungsmöglichkeiten nachrangig." BT-Drucks.19/24445, S. 251 „(...) hilft die Vorschrift (...) dem beruflichen Betreuer, unberechtigte Erwartungen an ein umfassendes Kümmern abzuwehren."

A

Grenze	Begründung, Umfang
Wünsche sind nur im Rahmen der Möglichkeiten des Betroffenen zu erfüllen	§ 1821 Abs. 2 Satz 1 BGB Es gelten weder allgemein übliche objektive Maßstäbe noch die Grundsätze einer wirtschaftlichen Vermögensverwaltung. Eine Begrenzung erfolgt nur durch äußere Rahmenbedingungen z. B. „im Rahmen seiner Möglichkeiten". Wünsche, die aufgrund mangelnder persönlicher, wirtschaftlicher oder sonstiger Ressourcen nicht zu verwirklichen sind, hat/kann der Betreuer demnach nicht verfolgen. BT-Drucks.19/24445, S. 252 Einzelzimmer und Chefarztbehandlung muss man sich eben leisten können. Das Gleiche gilt für kostspielige Behandlungen, die von der Krankenversicherung nicht bezahlt werden.
Die Grenzen des § 1821 Abs. 3 BGB, vgl. A 3, Rn. 6 ff., gelten auch für Behandlungswünsche.	Nr. 1: erhebliche Gefährdung für die Person oder deren Vermögen Nr. 2: Erfüllung des Wunsches ist dem Betreuer nicht zumutbar

180 Bewegt sich der Wunsch außerhalb der Möglichkeiten oder ist die Erfüllung unzumutbar, kann nach dem Wortlaut des § 1821 BGB nicht auf den mutmaßlichen Willen (§ 1821 Abs. 4 BGB; A 3, Rn. 21) abgestellt werden.

Vorteile der Behandlungswünsche

181 Im Grunde genommen sind Behandlungswünsche, die dem Vertreter gegenüber zum Ausdruck bringen, was der Betroffene will, sehr viel flexibler und ungefährlicher als das starre Korsett einer Patientenverfügung, das dem Vertreter kaum eine Chance lässt, auf besondere Problemlagen angemessen zu reagieren. Steht ein Vorsorgebevollmächtigter zur Verfügung, der den Vollmachtgeber schon länger kennt und zu dem ein gutes Vertrauensverhältnis besteht, dann kann man davon ausgehen, dass die eigenen Wünsche im Rahmen des Möglichen erfüllt werden.

Dokumentation geäußerter Behandlungswünsche

182 Der Betreuer sollte diese Behandlungswünsche dokumentieren und auch darlegen, woraus sich diese Wünsche ergeben. Schriftliche Äußerungen des Betroffenen, Briefe, Gespräche und Angaben Dritter sollten festgehalten werden. Das hilft dem Vertreter, wenn seine Entscheidung von Dritten später infrage gestellt wird. Sie hilft dem Vertreter aber auch dann, wenn später Selbstzweifel entstehen und man sich anhand der Dokumentation die Gründe vor Augen halten kann.

Ist der Betreute aktuell einwilligungsunfähig? Welcher Arzt hat die Einwilligungsunfähigkeit festgestellt?

183 Ist der Betroffene aktuell einwilligungsfähig, kann nur er selbst entscheiden, auch wenn der Betreuer den Aufgabenbereich „Gesundheitsfürsorge" hat. Früher geäußerte Behandlungswünsche treten dann völlig zurück.

Welche Untersuchung, Heilbehandlung oder welcher ärztliche Eingriff wird von dem behandelnden Arzt für den einwilligungsunfähigen Betreuten vorgeschlagen?

184 Bezüglich dieser Prüfungspunkte ist genauso zu verfahren wie bei der Patientenverfügung.

Beziehen sich die feststellbaren Behandlungswünsche auf die vorbenannten ärztlich angezeigten Maßnahmen?

185 Bezüglich dieser Prüfungspunkte ist genauso zu verfahren wie bei der Patientenverfügung.

4.3.2 Der mutmaßliche Wille

186 Liegen weder eine Patientenverfügung noch Behandlungswünsche vor, muss auf den mutmaßlichen Willen abgestellt werden. Dessen Feststellung ist häufig sehr schwierig und manchmal auch unmöglich. Es stellt sich konkret die Frage, wie sich der Betreute im Zustand der Entscheidungsfähigkeit entschieden hätte (mutmaßlicher Wille)? Für die Beantwortung dieser Frage müssen konkrete Anhaltspunkte für einen derartigen Willen festgestellt werden.

Vorrang des erklärten Willens

187 Schon vor der gesetzlichen Regelung hat die Rechtsprechung die Prüfung des erklärten Willens des Patienten in den Vordergrund gestellt. Nur soweit dieser nicht feststellbar war, sollte sich die Zulässigkeit der Maßnahmen nach dem mutmaßlichen Willen des Patienten richten, der dann individuell, also aus dessen Lebensentscheidungen, Wertvorstellungen und Überzeugungen zu ermitteln war. § 1827 Abs. 2 Satz 3 BGB baut auf diese Rechtsprechung auf und fordert, dass bei der Ermittlung des mutmaßlichen Willens „insbesondere frühere mündliche oder schriftliche Äußerungen, ethische oder religiöse Überzeugungen und sonstige persönliche Wertvorstellungen des Betreuten" zu berücksichtigen sind. Wichtig ist dabei, dass die Erkenntnisse nicht abstrakt oder unbestimmt in den Raum gestellt werden können, sondern „aufgrund konkreter Anhaltspunkte zu ermitteln" sind. Häufig anzutreffende Aussagen wie „So wollte er nicht dahinvegetieren." genügen also nicht.

Vorgaben des BGH

188 Der BGH umschreibt den Vorgang der Feststellung damit, dass der Vertreter eine These aufzustellen habe, „wie sich der Betroffene selbst in der konkreten Situation entschieden hätte, wenn er noch über sich selbst bestimmen könnte". Das ist ein schwieriges Unterfangen, weil man ja berücksichtigen muss, dass der Betroffene auch aktuell häufig noch einen zumindest natürlichen Willen hat, der ja auch in die Entscheidungsbildung einfließen muss (BGH, Beschl. v. 8.2.2017 – XII ZB 604/15).

189 Ungewöhnlich ist auch die Formulierung des BGH: „(...) wenn er noch über sich selbst bestimmen könnte." Ist damit gemeint, dass auf den Zeitpunkt abzustellen ist, an dem der Betroffene geschäftsfähig oder einwilligungsfähig war, bzw. genügt ein Zustand, in dem er noch über einen natürlichen Willen verfügt hat? Selbstbestimmt ist der Mensch aber nur, wenn er keinen äußeren Einflüssen ausgesetzt ist. Beim mutmaßlichen Willen muss man aber auf seine intellektuellen Fähigkeiten abstellen. Der Gesetzgeber hat daher in seiner Begründung zu § 1821 Abs. 4 BGB den BGH in diesem Punkt zu Recht mit den Ausführungen revidiert: „Es ist der individuelle subjektive mutmaßliche Wille des Betreuten zu ermitteln. Letztlich muss der Betreuer mit den ihm zur Verfügung stehenden Mitteln versuchen herauszufinden, wie sich der Betreute in der konkret anstehenden Situation entschieden hätte, wenn er aktuell noch entscheidungsfähig wäre" (BT-Drucks. 19/24445, S. 254).

190 Hat man nun irgendeinen Zeitpunkt gefunden, der dem vom BGH geforderten Zustand entspricht, müssen noch konkrete Anhaltspunkte für die Nachbildung des Willens genau ab diesem Zeitpunkt gefunden werden. War der Betroffene zuletzt mit 18 Jahren entscheidungsfähig, kann man dem nunmehr 30 Jahre alten Betreuten wohl nicht die Entscheidung des unerfahrenen und unreifen 18 Jahre alten Betroffenen ausliefern, sondern müsste noch prüfen, wie er sich ohne Behinderung weiterentwickelt hätte. Diese Prüfung führt aber mit Sicherheit zu wilden Spekulationen und nicht zu seriösen Ergebnissen.

191 Meistens werden dabei Aussagen aus dem sozialen Umfeld zitiert, dass der Betroffene irgendwann einmal erklärt habe, er wolle nicht so sterben wie Herr X oder Y. Es sei sein Wunsch gewesen, in Würde zu sterben und er wollte nicht an den – „berühmten" – Schläuchen hängen. Das sind oft Äußerungen, die ohne Verbindlichkeit und ohne ernsthafte Beschäftigung mit dem Thema dahingesagt wurden, weil man das ja öfters so hört und bei einer belanglosen Konversation von sich gibt. Häufig erinnern sich Gesprächsteilnehmer jetzt nach Jahren nur deshalb so genau an diese Äußerungen, weil sie jetzt mit einer schwierigen Situation dieser Art konfrontiert werden. Häufig vermischen sich aber auch eigene Wertungen

und Wünsche mit der Erinnerung an Aussagen des Betroffenen. Wer kann denn davon ausgehen, dass derartige Aussagen verbindlich sein sollten und wer kann sicher behaupten, dass der Betroffene seine wahren Ängste und Befürchtungen offenbart hat. Wurden vielleicht dem Mainstream angepasste Ansichten vorgetragen, um nicht als ichbezogener Mensch zu erscheinen, der möglichst lange am Leben bleiben will und nicht heldenhaft Rücksicht auf sein Umfeld nimmt? Es ist wohl eine Utopie, zu glauben, man könne die Entscheidung einer Person, die diese z. B. vor drei Jahren getroffen hätte, mit der erforderlichen Sicherheit feststellen. Menschen, die sich ernsthaft Gedanken machen, was sie tun würden, wenn es nach einem Schlaganfall darum geht, über lebenserhaltende Maßnahmen zu entscheiden, gibt es wohl sehr selten. Viele Menschen sind sich in ihrer Vorstellung über ihr Verhalten in Grenzsituationen gar nicht sicher und wollen abwarten, was die Zukunft bringt. Auch dieser Inhalt eines mutmaßlichen Willens muss erlaubt sein. Es liegt sogar häufig sehr nahe, dass sich Menschen bewusst keine derartigen Gedanken gemacht haben und gar nicht machen wollten. Der Wunsch, sorglos das Leben zu genießen und nicht griesgrämig jeden Tag über neue schlimme Krankheiten nachzudenken, ist zu respektieren und darf nicht durch spekulative Konstruktionen einer Entscheidung ersetzt werden.

192 Es bietet sich an, gedanklich folgende Punkte kritisch abzuarbeiten:

- Gibt es belastbare, frühere mündliche oder schriftliche Äußerungen?
- Hat sich der Betreute ärztlich beraten lassen?
- Gab es einen konkreten Anlass für frühere Äußerungen?
- Kann man Feststellungen zu relevanten ethischen Überzeugungen, religiösen Wertvorstellungen oder persönlichen Wertvorstellungen treffen?
- Kann sich der Betreute trotz Einwilligungsunfähigkeit noch selbst zur Behandlung äußern?

193 Knapp gehalten sind dazu die Forderungen des Gesetzes in § 1827 Abs. 2 Satz 3 BGB:

Zu berücksichtigen sind insbesondere frühere mündliche oder schriftliche Äußerungen, ethische oder religiöse Überzeugungen und sonstige persönliche Wertvorstellungen des Betreuten.

Ethik, Religion und persönliche Wertvorstellungen

194 Ethik, Religion und persönliche Wertvorstellungen lassen sich nur schwer begrifflich darstellen und wenn dann nur als positive Einschätzung. In der Regel werden derartige Wertvorstellungen gelebt und nicht formuliert. Allein die Zugehörigkeit zu einer christlichen Konfession bedeutet z. B. nicht, dass die christlichen Wertvorstellungen vom Betroffenen umfassend adaptiert wurden. Es gibt durchaus egoistische, jähzornige, rücksichtlose und brutale Menschen, deren negative Wertvorstellungen kaum Berücksichtigung finden.

195 Deshalb wird man in vielen Fällen mangels konkreter Anhaltspunkte an einer Festlegung des mutmaßlichen Willens scheitern. Es bieten sich dann nur noch folgende Lösungen für den Fall der unmöglichen Feststellung an:

Objektiv mutmaßlicher Wille

196 Eine Meinung stellt dabei auf den objektiven mutmaßlichen Willen des Patienten ab, das heißt auf die Frage, wie sich ein gedachter vernünftiger Patient entscheiden würde. Dieser objektive mutmaßliche Wille erweist sich aber letztlich auch als irreale Fiktion. Der Wille ist immer subjektiv und kann nicht auf einen objektiven Inhalt reduziert werden. Rein vernunftbezogene Entscheidungen können gerade bei existenziellen Fragen kaum zum Tragen kommen. Hier spielen immer höchstpersönliche Erwägungen eine Rolle.

Subjektiv mutmaßlicher Wille

197 Der Gesetzgeber hat dem rein objektiv bestimmten mutmaßlichen Willen eine Absage erteilt. Maßgeblich ist demnach der „individuelle subjektive mutmaßliche Wille" (BT-Drucks. 19/24445, S. 254). Das große Problem besteht aber in der zumeist unsicheren und dünnen Datenlage, die einen sicheren Schluss auf das zulassen würde, was der Betroffene gewollt hätte, wenn er noch entscheidungsfähig wäre. Es gibt zunehmend vereinsamte Menschen ohne soziales Umfeld, die an einer schweren Demenz leiden. Völlig „bodenlos" wird der subjektiv

mutmaßliche Wille bei einem Menschen mit einem frühkindlichen oder bereits bei der Geburt bestehenden Hirnschaden, der sich niemals artikulieren, geschweige denn eine selbstbestimmte Entscheidung treffen konnte. Selbst für diese Fälle kann sich der Gesetzgeber von einem „subjektiven" Moment einfach nicht lösen. Er schreibt (a. a. O.):

> *Objektive Kriterien, insbesondere die Beurteilung einer Maßnahme als gemeinhin vernünftig und normal sowie den Interessen eines verständigen Patienten üblicherweise entsprechend, haben keine eigenständige Bedeutung, sondern dienen lediglich der Ermittlung des individuellen hypothetischen Willens. Liegen keine Anhaltspunkte dafür vor, daß sich der Patient anders entschieden hätte, wird allerdings davon auszugehen sein, daß sein (hypothetischer) Wille mit dem übereinstimmt, was gemeinhin als normal und vernünftig angesehen wird.*

Interessant ist, dass im Grenzbereich der unauffindbaren subjektiven Elemente zusätzlich der 198
Begriff „hypothetischer Wille" verwendet wird. Für diesen Fall finden sich in der Gesetzesbegründung (a. a. O.) zwei Handlungsanweisungen für den Betreuer:

1. Mutmaßlicher Wille bei medizinischen Fragen:

   „Wenn die konkreten Anhaltspunkte unzureichend sind, dürfte bei medizinischen Fragen im Zweifel eine Einwilligung in die individuell ärztlich indizierte Maßnahme naheliegend sein."

2. Entscheidungen in Vermögens- und sonstigen Angelegenheiten

   Bei sonstigen Angelegenheiten gelten „allgemein übliche und wirtschaftlich sinnvolle Entscheidungen für Menschen in der konkreten Situation des Betreuten". Bei Vermögensangelegenheiten gelten auch die „Auffangregelungen der §§ 1839 ff. BGB".

Das Wohl des Betroffenen wird durch den hypothetischen Willen ersetzt

Besser und vor allem ehrlicher wäre es in diesem Grenzbereich, wieder das Kriterium „Wohl des 199
Betroffenen" anzuwenden. Geht es z. B. um schwere, nicht zu verhindernde Schmerzzustände oder Atemnot und ist der Tod irreversibel zeitnah zu erwarten, könnte man den Verzicht und vor allem den richtigen Zeitpunkt des Verzichts auf lebenserhaltende Maßnahmen sachgerecht, human und somit dem Wohl entsprechend begründen. Der Gesetzgeber wollte im Hinblick auf die Maßstäbe der UN-BRK die generelle Abschaffung des Wohls auch im Grenzbereich nicht aufgeben und setzt auf den hypothetischen Willen. Der BGH will aber dies nicht akzeptieren und kreiert den völlig neuen Begriff „objektive Bedürfnisse" (BGH, Beschl. v. 29.3.2023 – XII ZB 515/22; Beschl. v. 2.8.2023 – XII ZB 303/22). Da letztlich das gleiche Ergebnis erzielt wird wie bei dem Begriff „hypothetischer Wille", trägt der BGH mehr zur Verwirrung als zur Klärung in der Praxis bei.

4.3.3 Verfahren bei Behandlungswünschen und mutmaßlichem Willen

Dialogischer Prozess, § 1828 Abs. 2 BGB

Sofern zeitlich möglich, soll nahen Angehörigen und Vertrauenspersonen Gelegenheit zur 200
Äußerung gegeben werden. Die obigen Ausführungen zum dialogischen Prozess sind auch im Rahmen des § 1827 Abs. 2 BGB zu beachten. Die Gelegenheit zur Äußerung ist nicht erforderlich, wenn sie zu erheblichen Verzögerungen führen würde. Darüber hinaus handelt es sich um eine Soll-Vorschrift, die nicht sanktioniert ist. Die Äußerungen dienen nur der Entscheidungsfindung. Der Vertreter muss auf der Grundlage der festgestellten Behandlungswünsche oder des mutmaßlichen Willens immer selbst entscheiden.

Genehmigungspflicht bei lebenserhaltenden Maßnahmen, § 1829 Abs. 2 und 4 BGB

Der Vertreter muss, wenn es bei dem Behandlungswunsch oder mutmaßlichen Willen um die 201
Nichteinwilligung oder den Widerruf der Einwilligung in eine Untersuchung des Gesundheitszustands, eine Heilbehandlung oder einen ärztlichen Eingriff geht, die Genehmigung des Betreuungsgerichts einholen, „wenn die Maßnahme medizinisch angezeigt ist und die begründete Gefahr besteht, dass der Betreute auf Grund des Unterbleibens oder des Abbruchs der Maßnahme stirbt oder einen schweren und länger dauernden gesundheitlichen Schaden erleidet".

202 Stimmt der behandelnde Arzt den Feststellungen des Betreuers bezüglich des Willens des Betreuten zu, ist die Genehmigung nicht erforderlich. Diese Konsenslösung ist problematisch, da es schließlich um eine existenzielle Frage geht und eine staatliche Schutzpflicht bejaht werden muss. Die Argumentation, dass ein Generalverdacht gegen Betreuer und Arzt nicht gerechtfertigt sei, geht fehl. Im vermögensrechtlichen Bereich sind es häufig Bagatellen, die der Genehmigungspflicht unterworfen sind. Warum man dann offensichtlich einen Generalverdacht gegen Vertreter und Bankberater nicht befürchtet, erschließt sich nicht. Behandelnde Ärzte sind zudem abhängige Mitarbeiter von Krankenhäusern, die durchaus ihren Gewinn im Auge behalten und das auch von ihren Angestellten erwarten.

Anweisung an den Arzt, entsprechend dem festgestellten Willen zu verfahren und anschließende Kontrolle

203 Hier ergibt sich die gleiche Vorgehensweise wie bei der Patientenverfügung.

4.4 Besonderheiten der gesetzlichen Regelung

4.4.1 Abschaffung der sog. Reichweitenbegrenzung bei der Patientenverfügung

204 Eine der wenigen klaren gesetzgeberischen Vorgaben findet sich in § 1827 Abs. 3 BGB, wonach die Bindungswirkung der Patientenverfügung und die Entscheidung des Betreuers unter Berücksichtigung der Behandlungswünsche und des mutmaßlichen Willens des Betroffenen unabhängig „von Art und Stadium einer Erkrankung des Betreuten" gelten. Die Frage, ob das Grundleiden bereits einen irreversiblen tödlichen Verlauf genommen hat, stellt sich daher nicht mehr. Der Betroffene darf somit ärztliche Maßnahmen auch ablehnen, wenn sie eine unweigerlich zum Tod führende Krankheit besiegen oder den Eintritt des Todes hinausschieben könnten.

4.4.2 Keine unbeschränkte Verpflichtung des Betreuers

205 Grundsätzlich muss der Betreuer bei der Patientenverfügung dem Willen des Betreuten Ausdruck und Geltung verschaffen bzw. sich nach § 1827 Abs. 2 BGB auf Basis der Behandlungswünsche und dem mutmaßlichen Willen des Betreuten entscheiden. § 1821 Abs. 3 Nr. 2 BGB gibt ihm aber die Möglichkeit, die Erfüllung der Behandlungswünsche abzulehnen, weil es ihm z. B. unzumutbar erscheint, dem Leben des Betroffenen ein Ende zu setzen. Er sollte diese Gewissensentscheidung aber dem Betreuungsgericht rechtzeitig anzeigen. Die Befugnis, dem Betreuer über § 1862 BGB etwas zu ge- oder verbieten, scheitert schon daran, dass unzumutbare Tätigkeiten nicht verlangt werden können und somit auch keine Pflichtwidrigkeit darstellen. Im Zweifel wird das Gericht einen neuen Betreuer bestellen müssen.

4.4.3 Keine unbeschränkte Verpflichtung des Bevollmächtigten

206 Eine Verpflichtung für den Bevollmächtigten ergibt sich zwar grundsätzlich aus § 1827 Abs. 1, 2 und 6 BGB, womit die Pflichten des Bevollmächtigten bei Patientenverfügung, Behandlungswünschen und mutmaßlichem Willen identisch sind. Allerdings gilt dies nur, solange die Vollmacht nicht zusammen mit dem zugrunde liegenden Rechtsgeschäft erloschen ist. Im Zweifel wird man dem Bevollmächtigten die Befugnis einräumen, das Grundgeschäft zu kündigen, sodass er sich auf diese Art und Weise einer Entscheidung entziehen kann, die er eventuell mit seinem Gewissen nicht vereinbaren kann. Stehen weder Betreuer noch Vorsorgebevollmächtigter zur Verfügung, muss das Betreuungsgericht eingeschaltet werden, damit ein (vorläufiger) Betreuer bestellt werden kann. Da der Vollmachtgeber in dieser Situation wohl geschäftsunfähig sein wird, muss der Bevollmächtigte wegen § 131 BGB die Bestellung eines Betreuers anregen, zu dessen Aufgabenkreis die Entgegennahme der Kündigung gehören müsste. Stehen weder Betreuer noch Vorsorgebevollmächtigter noch Ehegatte zur Verfügung, muss das Betreuungsgericht eingeschaltet werden, damit ein (vorläufiger) Betreuer bestellt werden kann.

4.5 Grenzen der Vorsorge im strafrechtlichen Grenzbereich

Menschen wollen für das Lebensende vorsorgen und benötigen dann Hilfe zum bzw. beim Sterben. Sehr schnell gerät man dabei als Vertreter in den Bereich Tötung auf Verlangen oder sogar zu einem Tötungsdelikt in mittelbarer Täterschaft. 207

Das Betreuungsrecht hat mit der Formulierung „Unterlassen, Begrenzen und Beenden lebenserhaltender Maßnahmen" in § 1829 Abs. 2 BGB eine zivilrechtliche Grundlage für die Sterbehilfe durch Betreuer, Bevollmächtigte und Ehegatten geschaffen. Es geht dabei um entscheidungsunfähige Personen, über deren Behandlung am Lebensende von einem Vertreter zu befinden ist. Das Selbstbestimmungsrecht des Betroffenen (Patientenverfügung, Wunsch, Wille, mutmaßlicher Wille) bildet dabei die Grundlage für eine Rechtfertigung der Sterbehilfe. 208

Im Strafrecht findet sich aber keine gesetzliche Regelung für die Sterbehilfe. 209

Strafloser Suizid

Zunächst scheidet begrifflich der Suizid als Tötungsdelikt aus. Bei der Selbsttötung sind vielmehr Täter und Opfer identisch. Das ändert den strafrechtlichen Bewertungsmaßstab radikal, weil der Suizid straflos ist. Die Straflosigkeit gilt allerdings immer nur, wenn der Sterbewillige selbstbestimmt und aus freiem Entschluss sich selbst tötet. 210

Tötung auf Verlangen

Am nächsten kommt der Thematik § 216 StGB, der sich mit der Tötung aufgrund eines ausdrücklichen und ernstlichen Verlangens des Getöteten befasst. Das entscheidende Kriterium für Strafbarkeit ist dabei, dass dem Sterbewilligen auf dessen Wunsch das Heft des Handelns aus der Hand genommen wird und somit der „Helfer" zum „Täter" wird, weil er die sog. Tatherrschaft übernimmt. Das ist der klassische Fall der „aktiven Sterbehilfe". Beim vorsätzlichen Tötungsdelikt geht es darum, dass jemand die „Tatherrschaft" innehat, weil er über die Tötungshandlung entscheidet. Er hat die „Herrschaft über den todbringenden Moment". § 216 StGB stellt – so banal das klingt – die Tötung eines anderen Menschen unter Strafe, selbst wenn er die Tötung verlangt bzw. in diese einwilligt. Eines beweist § 216 StGB auf jeden Fall: Die aktive Sterbehilfe, der gezielte Eingriff in das Leben (z. B. durch die Todesspritze), ist und bleibt ein Tötungsdelikt. Die zivilrechtliche Lösung über die Zulässigkeit des Unterlassens, Begrenzens und Beendens lebenserhaltender Maßnahmen wird strafrechtlich dahingehend relativiert, dass sich bei diesen Maßnahmen der Betreuer dem Sterben zwar nicht „entgegenstellt", aber keinen gezielten Eingriff vornimmt, der zum Tod führt. 211

Der Konflikt zwischen Zivilrecht und Strafrecht wird dadurch aber nicht gelöst. Bezeichnend für die aktuelle Unsicherheit bei der Beurteilung des § 216 StGB ist der Hinweis des BGH, dass er der „Auffassung zuneige", „dass die vom BVerfG ... entwickelten Grundsätze (...) auf § 216 Abs. 1 StGB übertragbar sind, weil diese Vorschrift in vergleichbarer Weise in das Grundrecht auf selbstbestimmtes Sterben eingreift". Das vom BVerfG betonte „Recht auf selbstbestimmtes Sterben" scheint dies zu rechtfertigen (BVerfG, Urt. v. 26.2.2020 – 2 BvR 2347/15). Gegenüber diesem Recht könnten dann die Abgrenzungsversuche über die Tatherrschaft bzw. ein zielgerichtetes Handeln ausgehebelt werden, wenn der Betroffene nicht in der Lage ist, sein Leben selbst zu beenden, und deshalb die Tatherrschaft einem anderen übertragen muss. 212

Mittelbare Täterschaft

Fehlt es an einem frei verantwortlichen Entschluss zur Selbsttötung, dann kann sich ein Dritter der fahrlässigen Tötung oder sogar des Totschlags gemäß §§ 211 und 212 StGB schuldig machen. Letzteres ist über eine sog. „mittelbare Täterschaft" möglich. Täter ist demnach derjenige, der die Tatherrschaft ausübt. Mittelbar ist diese Tatherrschaft, wenn das Opfer bei seinem Suizid wie ein Werkzeug benutzt wird. Ist der Entschluss dagegen freiverantwortlich gefasst, dann kann der Sterbewillige einem anderen die Tatherrschaft übertragen, der sich dann nur wegen „Tötung auf Verlangen" verantworten muss. 213

A

5. Gesetzliche Ehegattenvertretung

5.1 Gesetzlicher Vorlauf

214 Nach vielen vergeblichen Anläufen und erfolglosen Gesetzesentwürfen hat sich der Gesetzgeber nunmehr mit § 1358 BGB für eine Minimallösung entschieden. Die gesetzliche Vertretung findet nur zwischen Ehegatten statt und ist zeitlich auf maximal sechs Monate begrenzt. Eine Vertretung ist im Kern nur für den Bereich der Gesundheitsfürsorge und damit eng verbundenen Verträgen sowie den Maßnahmen nach § 1831 Abs. 4 BGB (Fixierung, Bettgitter etc.) aus dem Bereich der Unterbringungssachen zulässig.

Hinweis:

Für freiheitsentziehende Unterbringungen und ärztliche Zwangsmaßnahmen gibt es keine gesetzliche Ehegattenvertretung.

5.2 Voraussetzungen der Ehegattenvertretung

5.2.1 Missverständliche Legaldefinitionen

215 Die Legaldefinitionen in § 1358 Abs. 1 BGB sind sprachlich falsch bzw. irreführend. Ein Ehegatte, der „aufgrund von Bewusstlosigkeit oder Krankheit seine Angelegenheiten der Gesundheitssorge rechtlich nicht besorgen" kann, ist demnach bereits ein „vertretener Ehegatte" und der andere ist ebenfalls schon ein „vertretender Ehegatte", auch wenn eine Vertretung noch gar nicht ansteht oder aufgrund der noch zu prüfenden Formalien noch gar nicht angedacht ist. Gemäß § 21 LPartG gilt die Ehegattenvertretung auch für eingetragene Lebenspartnerschaften.

5.2.2 Materielle Voraussetzungen des Ehegattenvertretungsrechts

Checkliste zur Ehegattenvertretung	
Grundlage im BGB	**Konkret zu prüfende Voraussetzungen**
§ 1358 Abs. 1	a. Bewusstlosigkeit oder Krankheit des vertretenen Ehegatten b. Ehegatte kann wegen dieser Defizite seine Angelegenheiten der Gesundheitssorge rechtlich nicht besorgen
§ 1358 Abs. 1	Pflicht zur Vertretung? § 1358 BGB räumt dem vertretenden Ehegatten ein Vertretungsrecht ein und äußert sich nicht über eine mögliche Pflicht des vertretenden Ehegatten. Diese Pflicht ergibt sich aber aus § 1353 Abs. 1 Satz 2 BGB: „Die Ehegatten sind einander zur ehelichen Lebensgemeinschaft verpflichtet; sie tragen füreinander Verantwortung."
§ 1358 Abs. 1 Nr. 1 bis 4	Umfang der Vertretung? 1. Untersuchungen des Gesundheitszustands, Heilbehandlungen oder ärztliche Eingriffe (Einwilligung, Untersagung, Aufklärung) 2. Behandlungsverträge, Krankenhausverträge oder Verträge über eilige Maßnahmen der Rehabilitation und der Pflege (Abschluss und Durchsetzung) 3. Maßnahmen nach § 1831 Abs. 4 BGB (Fixierung), sofern die Dauer der Maßnahme im Einzelfall sechs Wochen nicht überschreitet 4. Ansprüche, die seinem Ehegatten aus Anlass der Erkrankung gegenüber Dritten zustehen, kann er geltend machen (z. B. Versicherungsleistungen). Er kann aber nur eine Zahlung an Leistungserbringer verlangen oder die Abtretung an die Leistungserbringer erklären.

A

Checkliste zur Ehegattenvertretung	
Grundlage im BGB	**Konkret zu prüfende Voraussetzungen**
§ 1358 Abs. 2	Eingeschränkte gesetzliche Entbindung von der Schweigepflicht
§ 1358 Abs. 3	Ausschlussgründe für Vertretung
Muss objektiv vorliegen	Ehegatten leben getrennt gemäß § 1567 Abs. 1 BGB (keine häusliche Gemeinschaft und Trennungswille)
Kenntnis des Ehegatten oder Arztes erforderlich	Ablehnung durch den vertretenen Ehegatten? Vollmacht, die § 1358 Abs. 1 BGB abdeckt?
Muss nur objektiv vorliegen	Betreuung, die § 1358 Abs. 1 BGB abdeckt? Voraussetzungen liegen nicht mehr vor bzw. sechs Monate nach dem vom Arzt festgestellten Zeitpunkt des Beginns der Bewusstlosigkeit oder Krankheit

5.2.3 Betreuung, Vorsorgevollmacht oder Widerspruch verhindern Ehegattenvertretungsrecht

Eine dem Arzt oder Ehegatten bekannte Vorsorgevollmacht verhindert gemäß § 1358 Abs. 3 216
Nr. 2b BGB das Ehegattenvertretungsrecht. Die Vorsorgevollmacht kann zudem gemäß § 78 Abs. 2 Nr. 1 und § 78a BNotO im ZVR eingetragen werden (siehe Rn. 95 ff.). Nunmehr kann der Ehegatte in dem Register auch einen Widerspruch gegen das Ehegattenvertretungsrecht, der bei Kenntnis des Ehegatten oder des Arztes ebenfalls die Berechtigungen des Ehegatten beseitigt, im ZVR eintragen lassen. Der behandelnde Arzt kann somit das Register einsehen und die Eintragungen bei der zu erstellenden Bestätigung und der schriftlichen Erklärung nach § 1358 Abs. 4 BGB berücksichtigen. Bisher konnte dies nur das Betreuungsgericht. § 78b Abs. 1 Satz 1 und 2 BNotO bestimmt nunmehr, dass die Registerbehörde Gerichten und Ärzten auf Ersuchen Auskunft aus dem ZVR erteilt. Ärzte dürfen nur um Auskunft ersuchen, soweit diese für die Entscheidung über eine dringende medizinische Behandlung erforderlich ist. Das insoweit automatisierte Verfahren regelt § 6 VRegV. Eine einschlägige Betreuung oder das Getrenntleben der Ehegatten verhindert auch ohne Kenntnis des Arztes oder Ehegatten das Ehegattenvertretungsrecht.

5.3 Schriftliche Bestätigung und Erklärung zum Ehegattenvertretungsrecht

Eine ungewöhnliche Form der Generierung des Nachweises eines Ehegattenvertretungsrechts 217
findet sich in § 1358 Abs. 4 BGB. Bei diesem Vorgang müssen der Arzt, gegenüber dem das Ehegattenvertretungsrecht erstmalig geltend gemacht wird, und der vertretende Ehegatte zusammenwirken. Der Arzt hat die gesundheitlichen Defizite und deren Folgen zu bestätigen und vor dem Abschluss der Abfassung des Dokuments dem vertretenden Ehegatten diese Bestätigung sowie eine vorgefertigte schriftliche Erklärung vorzulegen und wohl auch zu erläutern. Der Ehegatte muss dem Arzt „schriftlich versichern", dass dieses Ehegattenvertretungsrecht von ihm noch nicht ausgeübt wurde und keine Ausschlussgründe (Getrenntleben, Widerspruch, Vollmacht, Betreuung) vorliegen. Nach diesem Vorgang hat der Arzt das Dokument mit seiner schriftlichen Bestätigung und der unterschriebenen Versicherung dem Ehegatten zu übergeben.

Achtung: Die Wirksamkeit des Ehegattenvertretungsrechts ist auch ohne diesen Nachweis gegeben. Trotz des großen Aufwands ist mit der Vorlage des Dokuments kein Gutglaubensschutz verbunden.

A

5.3.1 Zeitlicher Ablauf

Der Arzt erstellt eine **schriftliche Bestätigung** über ...	a. die Bewusstlosigkeit oder Krankheit des vertretenen Ehegatten, b. die Unfähigkeit des vertretenen Ehegatten, seine Angelegenheiten der Gesundheitssorge rechtlich zu besorgen, und zwar als Folge der Bewusstlosigkeit oder Krankheit und c. den Zeitpunkt, zu dem diese Sachverhalte (a und b) spätestens eingetreten sind.
Der Arzt legt diese Bestätigung dem vertretenden Ehegatten vor und zusätzlich eine **schriftliche Erklärung** über ...	a. das Vorliegen der Voraussetzungen des § 1358 Abs. 1 BGB und b. das Nichtvorliegen der Ausschlussgründe des Absatzes 3 (Getrenntleben, Ablehnung des Ehegattenvertretungsrechts durch den vertretenen Ehegatten, einschlägige Vorsorgevollmacht oder Betreuung).
Der Arzt lässt sich von dem vertretenden Ehegatten **schriftlich bestätigen**, dass ...	a. das Vertretungsrecht wegen der Bewusstlosigkeit oder Krankheit, aufgrund derer der Ehegatte seine Angelegenheiten der Gesundheitssorge rechtlich nicht besorgen kann, bisher nicht ausgeübt wurde und b. kein Ausschlussgrund des § 1358 Abs. 3 BGB vorliegt.
Der Arzt händigt dem vertretenden Ehegatten ein **Dokument** aus.	Das Dokument enthält die **Bestätigung des Arztes** und die **Versicherung des vertretenden Ehegatten**, die dem Arzt gegenüber abgegeben wurde. Sinnvollerweise wird auch die gesetzliche Dauer des Vertretungsrechts (§ 1358 Abs. 3 Nr. 4 BGB) anzugeben sein.

218 Das ist ein komplexer Vorgang, der wohl von den Klinikleitungen mit entsprechenden Formblättern geregelt werden wird.

5.3.2 Sinn und Zweck des Dokuments

219 Das Dokument dient dem Nachweis der Vertretungsberechtigung, aber auch der Information des vertretenden Ehegatten. Das Ehegattenvertretungsrecht entsteht aber als unmittelbare Folge des Gesetzes, ohne dass es auf das vom Arzt ausgestellte Dokument ankommt. Auf den Inhalt des Dokuments kann man sich bei Vorlage im Rechtsverkehr nicht verlassen. Erklärt z. B. der vertretende Ehegatte der Klinik, dass er die Forderung der Vertretenen gegenüber der Krankenversicherung an sie abtrete, dann kann sich die Klinik nicht darauf verlassen, dass die Voraussetzungen des § 1358 BGB zum Zeitpunkt der Abtretung vorgelegen haben.

5.3.3 Dauer des Ehegattenvertretungsrechts

220 Die Dauer bestimmt etwas kompliziert § 1358 Abs. 3 Nr. 4 BGB, wonach die Berechtigung nicht besteht, wenn „mehr als sechs Monate seit dem durch den Arzt nach Absatz 4 Satz 1 Nummer 1 festgestellten Zeitpunkt vergangen sind". Es handelt sich um den Zeitpunkt während der Bewusstlosigkeit oder Krankheit des vertretenen Ehegatten, seit dem er seine Angelegenheiten der Gesundheitssorge rechtlich nicht mehr besorgen konnte. Allerdings ist hier der Zeitpunkt maßgeblich, an dem die genannten Voraussetzungen spätestens eingetreten sind. Spätestens hier wird das neue Recht der Ehegattenvertretung für Nichtjuristen unverständlich und bürokratisch.

5.4 Entscheidung des vertretenden Ehegatten

5.4.1 Umfang des Vertretungsrechts

221 Es geht in erster Linie um die Erledigung des Aufgabenbereichs „Gesundheitsfürsorge". Allerdings werden aufgrund ihres engen Zusammenhangs auch vermögensrechtliche Kom-

petenzen und die unterbringungsähnlichen Maßnahmen erfasst. Im Detail werden folgende Aufgaben aufgeführt:

1. Untersuchungen des Gesundheitszustands, Heilbehandlungen oder ärztliche Eingriffe

   Der vertretende Ehegatte kann wirksam einwilligen oder die Einwilligung versagen und die ärztliche Aufklärung (§ 630e BGB) entgegennehmen.

2. Behandlungsverträge, Krankenhausverträge oder Verträge über eilige Maßnahmen der Rehabilitation und der Pflege

   Der Ehegatte kann die Verträge auch durchsetzen und die Einhaltung der Rechte des vertretenen Ehegatten verlangen bzw. sie gerichtlich einfordern.

3. Er kann unterbringungsähnliche Maßnahmen (Bettgitter, Bauchgurt etc.) nach § 1831 Abs. 4 BGB zulassen, sofern die Dauer der Maßnahme im Einzelfall sechs Wochen nicht überschreitet.

4. Er kann Ansprüche, die dem vertretenen Ehegatten aus Anlass der Erkrankung gegenüber Dritten zustehen, geltend machen und an die Leistungserbringer aus den Verträgen nach Nummer 2 abtreten oder eine Zahlung an diese verlangen.

5.4.2 Entscheidungsmaßstab, Genehmigungspflichten

§ 1358 Abs. 6 BGB verweist auf viele Vorschriften im Betreuungsrecht. Bei den zu treffenden 222
Entscheidungen muss der vertretende Ehegatte die Wünsche bzw. den mutmaßlichen Willen des vertretenen Ehegatten wie ein Betreuer befolgen (siehe A 3, Rn. 6 ff.). Die Regelungen zu Patientenverfügung, Behandlungswunsch und mutmaßlichem Willen sind für den Ehegatten ebenfalls obligatorisch und zwar einschließlich der dabei zu führenden Gespräche gemäß § 1827 Abs. 1 bis 3 sowie § 1828 Abs. 1 und 2 BGB (siehe Rn. 124). Die Genehmigungspflichten des § 1829 Abs. 1 bis 4 BGB (schwerwiegende ärztliche Maßnahme, lebenserhaltende Maßnahme) sowie § 1831 Abs. 4 BGB gelten ebenfalls uneingeschränkt für den entscheidenden Ehegatten.

§§ 1827, 1828 BGB dürften wohl den § 1821 BGB teilweise verdrängen, da § 1827 BGB für 223
Untersuchungen des Gesundheitszustands, Heilbehandlungen oder ärztliche Eingriffe greift, die auch § 1358 Abs. 1 BGB regelt. Die Verweisung auf § 1821 BGB kann aber bei den Behandlungswünschen eine Rolle spielen, soweit es um die Grenzen der Wünsche geht (Möglichkeit, Gefährdung, Zumutbarkeit).

Leider wurde das Ehegattenvertretungsrecht im Verfahrensrecht in wichtigen Punkten nicht 224
ausreichend berücksichtigt, sodass sich weitere Fragen und Probleme ergeben.

- § 324 Abs. 2 Satz 2 Nr. 1 FamFG z. B. ermöglicht die sofortige Wirksamkeit nur durch Bekanntgabe an Betroffenen, Verfahrenspfleger, Betreuer oder Bevollmächtigten, aber nicht an den vertretenden Ehegatten. Das ist systemwidrig, da ein wichtiger gesetzlicher Vertreter ignoriert wird.
- § 334 FamFG i. V. m. § 1867 BGB ermöglicht in dringenden Fällen einstweilige Maßnahmen des Betreuungsgerichts. § 1867 BGB bezieht sich aber ausschließlich auf Betreuungsverfahren. Ist der Ehegatte kurzfristig daran gehindert, sein Vertretungsrecht auszuüben, kann das Betreuungsgericht keine einstweiligen Maßnahmen treffen. Relevant wird dies vor allem für dringend notwendige Maßnahmen nach § 1831 Abs. 4 BGB.
- Es gibt Amtsgerichte, die eine vorläufige freiheitsentziehende Maßnahme im Wege einer einstweiligen Anordnung ablehnen, wenn ein Ehegatte bekannt ist. Zwar dient das Ehegattenvertretungsrecht der Reduzierung von Betreuungen, aber für ein Verbot einer Betreuung gibt es im Gesetz selbst keine Anhaltpunkte. Hier regelt § 1358 Abs. 3 Nr. 3 BGB nur, dass bei einer – wirksamen – Betreuung keine Berechtigung nach § 1358 BGB besteht. Demnach kann ein vorläufiger Betreuer wirksam bestellt werden, wenn der Betreuungsrichter dies trotz Ehegattenvertretungsrecht für erforderlich hält (z. B. fehlende Eignung des Ehegatten, Sprachbarrieren).

A

- Das Gesetz sieht für den Ehegatten nur eine Kann-Beteiligung im Betreuungs- und Unterbringungsverfahren vor, vgl. § 315 Abs. 4 Satz 1 Nr. 1 und § 274 Abs. 4 Nr. 2 FamFG. Sofern man diese Normen nicht als abschließende Regelung ansieht, könnte man an eine Muss-Beteiligung gemäß § 7 Abs. 2 Nr. 1 FamFG denken, da ein Recht des Ehegatten unmittelbar betroffen ist. Schließlich formuliert § 1358 Abs. 1 BGB: „(...) ist der andere Ehegatte (vertretender Ehegatte) berechtigt (...)". Dieses dem Ehegatten unmittelbar vom Gesetz eingeräumte Recht wird durch die grundrechtlich geschützte eheliche Lebensgemeinschaft ein Recht des vertretenden und des vertretenen Ehegatten. Deshalb ist die Position des Ehegatten, den das Gesetz ausgesucht hat, mit der Position des Betreuers nicht vergleichbar, der vom Betreuungsgericht ausgewählt wird. Der Ehegatte könnte dann auch ein sicheres Beschwerderecht gemäß § 59 Abs. 1 FamFG für sich beanspruchen.

5.5 Probleme des Ehegattenvertretungsrechts

225 • Gilt nicht für geschlossene Unterbringung oder ärztliche Zwangsbehandlung.
- Eignung des vertretenden Ehegatten bleibt ungeprüft.

  § 1358 BGB enthält keine Ausführungen über die Eignung des vertretenden Ehegatten. Somit wird bei Vorliegen der Voraussetzungen des § 1358 Abs. 1 BGB auch ein Alkoholiker, ein jähzorniger Mensch, der seinen Ehegatten regelmäßig geschlagen und das Familienvermögen hemmungslos verprasst hat, oder eine Person, die selbst geistige, kognitive und emotionale Defizite aufweist, gesetzlicher Vertreter. Das gilt auch für „Sprachbarrieren" des vertretenden Ehegatten (AG Frankfurt, Beschl. v. 15.1.2023 – 43 XVII 178/23).
- Unfähigkeit des Ehegatten

  Was ist zu tun, wenn der Ehegatte „die Angelegenheiten des Volljährigen" objektiv ganz, teilweise oder zeitweise nicht erledigen kann oder will?
- Unterstützung oder Beratung des vertretenden Ehegatten fehlt.

  Es gibt keine Stelle, die Unterstützung oder Beratung leisten könnte. Betreuungsgerichte, Betreuungsbehörden und Betreuungsvereine sind dafür nicht zuständig.
- Verhältnis Vorsorgevollmacht, Betreuung und gesetzliches Ehegattenvertretungsrecht ist ungeklärt.

  Kann ein Richter z. B. nur den Aufgabenbereich ärztliche Zwangsmaßnahme anordnen und im Übrigen auf das Ehegattenvertretungsrecht verweisen?
- Feststellung des Getrenntlebens durch Angaben eines Partners bringt Unsicherheiten mit sich. Getrenntleben ist ein nicht ganz einfacher rechtlicher Begriff und schwierig festzustellen.
- Wirksamkeit und Inhalt der vorläufigen Betreuung können unbekannt sein.
- Die einstweilige Anordnung mit vorläufiger Betreuung kann ablaufen und der Richter lehnt eine Verlängerung unter Verweis auf § 1358 BGB ab.
- Die Dauer des Ehegattenvertretungsrechts ist für eine Rechtsanwendung durch Laien unpraktikabel geregelt.

A

Horst Böhm

Unterbringungssachen

1. Allgemeine Grundlagen der Unterbringungssachen

1.1 Gesetzliche Grundlagen

1.1.1 § 312 Nr. 1 bis 4 FamFG

§ 312 FamFG regelt nur Unterbringungssachen für volljährige Betroffene. Die Nummern 1 bis 3 gelten grundsätzlich für Betreuer und Vorsorgebevollmächtigte gemäß § 1820 Abs. 2 Nr. 2 BGB. „Unterbringungssachen" ist der Überbegriff für Genehmigungen und Anordnungen, die in § 312 Nr. 1 bis 4 FamFG aufgezählt werden: 1

Unterbringungssachen nach § 312 FamFG: 2

Das sind alle gerichtlichen Verfahren zur **Genehmigung oder Anordnung** der

1. **freiheitsentziehenden Unterbringung nach § 1831 Abs. 1 und 2 BGB.**
   Dazu zählen die klassischen geschlossenen Unterbringungen in abgeschlossenen Räumen psychiatrischer Krankenhäuser und Pflegeeinrichtungen.
2. **freiheitsentziehenden Maßnahme nach § 1831 Abs. 4 BGB.**
   Dazu gehören vor allem die Einschränkung der Bewegungsfreiheit durch Fixierung, Bettgitter, Gurte am Rollstuhl, sedierende Medikamente etc.
3. **ärztlichen Zwangsmaßnahmen einschließlich Verbringung zu einem stationären Aufenthalt nach § 1832 Abs. 1 und 2 BGB.**
   Ärztliche Maßnahmen gegen den natürlichen Willen des Betroffenen haben mit der Bewegungsfreiheit nichts zu tun, werden aber rechtlich dazu gezählt.
4. **Unterbringungssachen (Nummern 1 bis 3), geregelt in den Landesgesetzen über die Unterbringung psychisch Kranker (sog. PsychKHG oder PsychKG).**
   Dazu gehören die freiheitsentziehende Unterbringung, freiheitsentziehende Maßnahme oder ärztliche Zwangsmaßnahme bei Volljährigen, wenn sie in den Landesgesetzen über die Unterbringung psychisch Kranker geregelt sind.

1.1.2 Art. 104 GG

Bei der Umsetzung sind zahlreiche Gesetze zu beachten. Überragende Bedeutung hat für alle Unterbringungsmaßnahmen aber Art. 104 GG. Danach kann die Freiheit der Person nur aufgrund eines förmlichen Gesetzes beschränkt werden. Festgehaltene Personen dürfen weder seelisch noch körperlich misshandelt werden. Über die Zulässigkeit und Fortdauer einer Freiheitsentziehung hat unverzüglich der Richter zu entscheiden. Das Nähere ist gesetzlich zu regeln. Deshalb muss jede rechtmäßige freiheitsentziehende Maßnahme auf einer gesetzlichen Grundlage beruhen. Der Schutz der Grundrechte des Untergebrachten fordert zudem effektive verfahrensmäßige Sicherungen (vgl. dazu BVerfG, Beschl. v. 23.3.2011 – 2 BvR 882/09). 3

1.1.3 Art. 14 VN-BRK

Darüber hinaus ist die VN-BRK zu beachten. Art. 14 VN-BRK bestimmt, dass Menschen mit Behinderungen gleichberechtigt „mit anderen das Recht auf persönliche Freiheit und Sicherheit genießen" und ihnen „die Freiheit nicht rechtswidrig oder willkürlich entzogen" werden darf. Weder die VN-BRK noch das GG verbieten aber ausnahmslos Maßnahmen, die gegen den natürlichen Willen gerichtet sind. Unterbringungsmaßnahmen dürfen als „letztes Mittel" ergriffen werden, wenn sie im Hinblick auf das „Behandlungsziel, das ihren Einsatz rechtfertigt, Erfolg versprechen und für den Betroffenen nicht mit Belastungen verbunden sind, die außer Verhältnis zu dem erwartbaren Nutzen stehen" (zur VN-BRK siehe A 1, Rn. 15). 4

1.1.4 Art. 5 EMRK

Art. 5 EMRK enthält weitgehend identische Regelungen zum Grundgesetz. Der insoweit zuständige EGMR bemüht sich wie das BVerfG um eine effektive Umsetzung durch die Gerichte. Oberflächlichen und nicht von Sachverhalten getragenen gerichtlichen Entscheidungen tritt 5 auch der EGMR entgegen. Beispiel: „... müssen die Gründe überzeugend und unter konkreter Eingehung auf die Argumente (...) dargelegt werden. Stereotype oder abstrakte Begründungen reichen nicht" (EGMR, Urt. v. 9.2.2021 – 73329/16). Diesen Anforderungen werden die Entscheidungen der Betreuungsgerichte nicht immer gerecht.

1.1.5 Allgemeine Übersicht zu den Rechtsgrundlagen

Beispielhafte Rechtsgrundlagen für Freiheitsentziehungen		
Zivilrechtliche Unterbringung	**Öffentlich-rechtliche Unterbringung**	**Strafrechtliche Unterbringung**
1. Minderjährige gemäß § 1631b BGB 2. Erwachsene gemäß §§ 1831 und 1832 BGB, §§ 312 ff. FamFG	1. Landesgesetze Gesetze über die Unterbringung psychisch Kranker und deren Betreuung, PsychKG, BayPsychKHG Art. 17 PAG – Bayern 2. Bundesrecht (z. B. § 30 IfSG, § 62 AufenthG, Abschiebungshaft) 3. Verfahren, die die aufgrund von Bundesrecht angeordnete Freiheitsentziehung betreffen, regeln die §§ 415 bis 432 FamFG	Nach dem StGB, StPO, z. B. 1. Unterbringung in einem psychiatrischen Krankenhaus gemäß § 63 StGB 2. Unterbringung in einer Entziehungsanstalt gemäß § 64 StGB 3. Unterbringung in der Sicherungsverwahrung gemäß § 66 StGB

6 Im Folgenden werden vorrangig nur die zivilrechtlichen Unterbringungssachen Erwachsener nach § 312 Nr. 1 bis 3 FamFG sowie die öffentlich-rechtliche Unterbringung nach den Psychisch-Kranken-Gesetzen behandelt.

1.2 Entwicklung der gesetzlichen Grundlagen

7 Die Begründung des Betreuungsgesetzes (BT-Drucks. 11/4528, S. 79 ff.) enthält zu den Unterbringungssachen nur den Satz, dass die Personensorge durch Regelungen über „... Unterbringung und unterbringungsähnliche Maßnahmen gestärkt werden soll", sowie den Hinweis auf die Schaffung eines einheitlichen Verfahrens für zivilrechtliche und öffentlich-rechtliche Unterbringungen.

8 Mit dem BtÄndG (BT-Drucks. 13/7158) wurde unter anderem durch den neu eingefügten § 1906 Abs. 5 BGB (a. F.) die Unterbringung durch einen Vorsorgebevollmächtigten geregelt.

9 Das Gesetz zur Regelung der betreuungsrechtlichen Einwilligung in eine ärztliche Zwangsmaßnahme vom 11.3.1997 verfolgte das Ziel, die ärztliche Zwangsmaßnahme zu regeln. Die Genehmigung kann nur unter „strengen materiellen und verfahrensrechtlichen Anforderungen" erteilt werden, unter Achtung der „Selbstbestimmung der Betreuten" (BT-Drucks. 17/12086).

10 Das Gesetz zur Änderung der materiellen Zulässigkeitsvoraussetzungen von ärztlichen Zwangsmaßnahmen und zur Stärkung des Selbstbestimmungsrechts von Betreuten (BT-Drucks. 18/12842) war eine Folge der Entscheidung des BVerfG vom 26.7.2016 (1 BvL 8/15). Die ärztliche Zwangsmaßnahme wurde mit dem neuen § 1906a BGB (a. F.) von der Unterbringung „entkoppelt". Die Zwangsbehandlung muss nunmehr gemäß § 1906a Abs. 1 Nr. 3 BGB (a. F.) dem nach § 1901a BGB (a. F.) zu beachtenden und positiv festzustellenden Willen entsprechen. Die Verbringung zur Zwangsbehandlung in ein Krankenhaus mit Zwang wurde ebenfalls geregelt.

1.3 Die Unterbringungsmaßnahmen in der Praxis

11 Wann eine „Freiheitsentziehung" durch eine geschlossene Unterbringung oder eine unterbringungsähnliche Maßnahme vorliegt, kann streitig sein. Augenscheinlich ist das der Fall,

A

wenn jemand in einem beschränkten Raum festgehalten, sein Aufenthalt ständig überwacht und die Kontaktaufnahme mit Personen außerhalb dieses Raums durch Sicherungsmaßnahmen verhindert oder erschwert wird. Dieser klassische Fall der Unterbringung liegt vor bei einer:

- geschlossenen Einrichtung (z. B. Heim oder Einrichtung)
- geschlossenen Abteilung (z. B. eines Heims oder einer Einrichtung)

In der Praxis können das sein die geschlossenen Abteilungen oder Stationen: 12

- einer Fachklinik für Psychiatrie
- eines Alten- oder Pflegeheims
- eines Wohnheims bzw. einer Einrichtung für geistig behinderte oder psychisch kranke Menschen
- einer Werkstatt für geistig behinderte Menschen

Unterbringungsähnliche Maßnahmen werden in der Praxis vor allem relevant bei: 13

- Fixierungen
- Bettgittern
- Gurt am Rollstuhl
- sedierenden Medikamenten

Bagatellisierende und euphemistische Bezeichnungen wie „behütende" oder „beschützende" 14
Station verschleiern nur, dass es Lebensbereiche sind, in denen Menschen gefesselt bzw. ein- oder weggesperrt werden. Trotz der massiv eingeschränkten Grundrechte neigen auch die Betreuungsgerichte dazu, den Anwendungsbereich der Genehmigungspflicht restriktiv auszulegen. Dahinter steckt auch die Befürchtung, bei einem konsequenten Vorgehen eine Lawine an Verfahren loszutreten, die die Betreuungsgerichte nicht mehr bewältigen können. Es darf aber auch keine Grauzone entstehen, in der unkontrolliert die Freiheitsrechte und die Menschenwürde missachtet werden können.

1.4 Begriffliche Begrenzungen der Freiheitsentziehung

1.4.1 Betroffener kann wirksam in die Maßnahme einwilligen

Wird ein Betroffener auf eigenen Wunsch geschlossen untergebracht oder stimmt er einer 15
unterbringungsähnlichen Maßnahme (z. B. Bettgittern) zu, ist zu erwägen, ob er eine Freiwilligkeitserklärung abgeben kann. Das Gleiche gilt, wenn der Betroffene während einer Unterbringung oder unterbringungsähnlichen Maßnahme seine Einwilligung erklärt (zu den Folgen siehe Rn. 224).

Wirksame Einwilligung setzt Einwilligungsfähigkeit voraus

Entziehen kann man Freiheit nur gegen den Willen eines Menschen, sodass bei einer 16
Einwilligung keine Freiheitsentziehung vorliegen kann. Entsprechend dem Rechtsgrundsatz „Volenti non fit iniuria" kann bei Vorliegen einer wirksamen Einwilligung keine rechtlich relevante Beeinträchtigung gegeben sein. Die erste Frage muss somit lauten: Kann der Betroffene wirksam einwilligen?

Die Einwilligungsfähigkeit ist strukturell in ähnlicher Weise und doch mit beachtlichen 17
Unterschieden im Detail wie Geschäfts-, Testier-, Ehe-, Delikts- oder Schuldfähigkeit zu definieren. Es geht immer um die Fähigkeit des Menschen, eigenverantwortlich über seine Rechtsgüter entscheiden zu können. Nach der Rechtsprechung ist ein Mensch einwilligungsfähig, solange er zum einen in der Lage ist, Art, Bedeutung, Tragweite und Folgen einer Maßnahme zu erkennen bzw. zu verstehen, und zum anderen fähig ist, seinen Willen hiernach frei zu bestimmen. Die zweiaktige Prüfung muss sich daher zunächst auf die Erkenntnisfähigkeit beziehen und – falls diese bejaht werden kann – auf die Fähigkeit, seinen Willen noch selbst zu bilden.

18 Einwilligungsfähigkeit setzt also Erkenntnisfähigkeit und Fähigkeit zur Abwägung voraus. Bei den freiheitsentziehenden Maßnahmen geht es z. B. darum, ob

- die drohenden Sturzgefahren,
- die gesundheitlichen Folgen eines Sturzes,
- das Ausmaß der vorhandenen Orientierungslosigkeit,
- die Verkehrstüchtigkeit oder
- generell die eigene Leistungsfähigkeit

noch richtig erfasst werden und mit

- den Folgen der Einschränkung der Bewegungsfreiheit,
- den Möglichkeiten alternativer Schutzmaßnahmen,
- dem Verlust an Lebensqualität und
- der eingeschränkten Teilnahme am gesellschaftlichen Leben

abgewogen werden können. Bei alten Menschen ist dabei der Übergang oft fließend und zum Teil stündlich schwankend. Zu akzeptieren sind bei einer Einwilligungsfähigkeit auch unsinnige Entscheidungen, die den Betroffenen massiv gefährden.

Folgen einer Einwilligung in Freiheitsentziehungen

19 Dabei ist immer zu berücksichtigen: Die Einwilligung ist stets widerruflich und zwar formfrei auch durch schlüssiges Handeln. Ein schlichtes Nein oder eine Abwehrhaltung beenden die Einwilligung und die Rechtmäßigkeit der freiheitsbeschränkenden Maßnahme. Für diesen Widerruf kommt es nur auf den natürlichen Willen an und nicht mehr auf die Einwilligungsfähigkeit. Der Betreuer sollte grundsätzlich mit dem behandelnden Arzt das Vorliegen der Einsichts- und Steuerungsfähigkeit des Betreuten besprechen und dem Betreuungsgericht das Ergebnis dieser Unterredung sowie die eventuell „freiwillige" geschlossene Unterbringung nachrichtlich anzeigen.

20 Folgende Probleme sind mit dem Arzt zu klären:
Der Betroffene kann die Freiwilligkeitserklärung jederzeit widerrufen. Der behandelnde Arzt sollte wissen, was bei einem Widerruf zu tun ist, insbesondere, ob bei einem Widerruf unverzüglich eine betreuungsgerichtliche Genehmigung zur Unterbringung vom Betreuer eingeholt werden kann oder der Betreute entlassen werden muss. Dabei klingt es immer etwas unredlich, wenn dem Betroffenen gesagt wird, dass er selbst entscheiden kann, aber im Ernstfall seine Entscheidung für die Freiheit nicht respektiert wird. Psychisch kranke Personen mit forensischer Erfahrung zeigen sich ganz bewusst „einsichtsfähig" und unterschreiben entsprechende Freiwilligkeitserklärungen, um möglichst schnell die Freiheit wiederzugewinnen. Ferner ist zu beachten, dass sich bei festgestellter Einwilligungsfähigkeit auch Zweifel an der Notwendigkeit einer Betreuung zumindest für diesen Aufgabenbereich aufdrängen. Wer selbst entscheiden kann, braucht auch keinen gesetzlichen Vertreter. Diese Konsequenz sollte den Ärzten, die aus nachvollziehbaren und verständlichen Gründen lieber auf Compliance und Freiwilligkeit setzen, deutlich vor Augen geführt werden.

1.4.2 Einwilligungserklärungen für die Zukunft sind unverbindlich

21 Niemand kann sich für die Zukunft verbindlich verpflichten, ärztliche Zwangsmaßnahmen oder freiheitsentziehende Maßnahmen zu dulden. Derartige antizipative Erklärungen, die sich häufig in sog. Behandlungsvereinbarungen finden, mögen therapeutisch sinnvoll sein, können aber dem Betroffenen, der aktuell Zwangsmaßnahmen ablehnt, nicht rechtswirksam entgegengehalten werden.

1.4.3 Unfähigkeit zur Fortbewegung oder zur Vornahme gewillkürter Handlungen

22 Eine Freiheitsentziehung kann nicht nur aufgrund einer wirksamen Einwilligung entfallen, sondern auch wenn der Betroffene jede Möglichkeit zum selbstbestimmten Agieren verloren hat, weil er zu einer willensgesteuerten (gewillkürten) Aufenthaltsveränderung oder Bewegung

nicht mehr in der Lage ist. Die früher verwendete Formulierung, eine freiheitsentziehende Maßnahme liege nicht vor, wenn der Betroffene „geh- und stehunfähig" sei, ist wenig aussagekräftig, um nicht zu sagen falsch. Konsequenterweise müssen auch diejenigen schutzwürdig sein, die sich nur im Bett – ohne Gurt – frei bewegen oder ihr Bett bzw. den Rollstuhl verlassen und auf allen Vieren davonkriechen können und wollen.

Es wird daher zu prüfen sein, ob jemand noch gewillkürte Bewegungen durchführen kann, die 23
wiederum durch die geplanten Maßnahmen unterbunden werden sollen. Dabei muss auf den natürlichen Willen abgestellt werden, sodass jede Abwehr- oder Fluchthandlung erfasst wird. Es genügt, wenn der Betroffene nicht ausschließbar noch zu willensgesteuerten Aufenthaltsveränderungen oder Bewegungen in der Lage wäre, an denen er durch die Maßnahme über einen längeren Zeitraum oder regelmäßig gehindert wird (BGH, Beschl. v. 27.6.2012 – XII ZB 24/12, Rn. 10).

Beispiele aus der Praxis:

Eine freiheitsentziehende Maßnahme liegt etwa dann nicht vor, wenn der Gurt am Stuhl nur dazu dient, ein schwerkraftbedingtes Abrutschen zu verhindern oder wenn der Bewohner völlig bewegungsunfähig ist.

Der Betroffene liegt bewegungsunfähig im Bett. Auf die Frage, warum man ein Bettgitter anbringen wolle, wird mitgeteilt, dass der Betroffene gelegentlich heftige Hustenanfälle habe und sich dabei auch drehe. Hier kann von gewillkürten Bewegungen nicht mehr die Rede sein.

Nur in diesen sehr engen Ausnahmefällen gibt es mangels Freiheitsentziehung keine 24
Genehmigungspflicht.

Jeder noch so schwache Versuch aufzustehen, der durch einen Gurt oder ein Bettgitter 25
verhindert wird, ist dagegen eine genehmigungspflichtige Freiheitsentziehung. Für den Betreuer oder Richter kann es dabei sehr aufschlussreich sein, den Betroffenen zu bitten, die Hand oder einen Fuß zu bewegen. Kommt er der Aufforderung nach, ist das ein dringendes Indiz für die Notwendigkeit einer betreuungsgerichtlichen Genehmigung.

Viele Einrichtungen benutzen Formblätter, die in der Regel einen kurzen Sachverhalt, eine 26
ärztliche Bescheinigung sowie eine Einverständniserklärung des Betreuers enthalten. Leider ist das Ganze häufig wenig professionell gemacht und verleitet auch zum Missbrauch. Formulierungen wie „... eine Genehmigung ist nicht erforderlich, weil der Bewohner keinen Freiheitswillen entfalten kann" werden der Fragestellung nicht gerecht. Völlig abwegig ist es, wenn Ärzte Unfähigkeit zu gewillkürter Bewegung attestieren, trotzdem einen Bauchgurt als adäquates Mittel ansehen und das auch noch im Formblatt zum schnellen Ankreuzen angeboten wird.

1.5 Abgrenzung Unterbringung, unterbringungsähnliche Maßnahmen; Freiheitsentziehung, Freiheitsbeschränkung

Der Gesetzgeber ging davon aus, dass eine Unterbringung, die mit Freiheitsentziehung 27
verbunden ist, den schwersten Eingriff in das Freiheitsrecht des Betroffenen darstelle. Er hat deshalb die formellen Voraussetzungen sehr hoch angesiedelt. Bei einer Unterbringung muss ein Gutachten von einem besonders qualifizierten Sachverständigen (siehe A 7, Rn. 101) eingeholt werden, während bei freiheitsentziehenden Maßnahmen wie einem Bauchgurt ein ärztliches Zeugnis genügt. Deshalb ist es notwendig, eindeutige Abgrenzungsmerkmale zu bestimmen. Dazu bedarf es einer klaren Definition der Begriffe „Unterbringung", „geschlossen" mit „Freiheitsentziehung" und „freiheitsentziehende Maßnahmen" im Sinne des § 1831 Abs. 1 und 4 BGB.

Der Begriff „Unterbringung" ist zunächst völlig wertfrei und nicht erklärtermaßen mit 27a
Genehmigungspflichten verbunden. Gemeint ist damit in der Regel der Aufenthalt in einer Klinik, Pflegeeinrichtung oder in der ambulanten Pflege. Betreuer und Vorsorgebevollmächtige mit entsprechendem Aufgabenbereich (z. B. Aufenthaltsbestimmung) können „unterbringen". Der BGH betont häufig, dass er von einem „engen" Unterbringungsbegriff ausgeht, und schafft

damit eine dem Gesetz unbekannte und nicht definierte Komponente der Unterbringung. Eine Unterbringung soll nur vorliegen, wenn die persönliche Bewegungsfreiheit des Betroffenen nicht nur kurzfristig auf einen bestimmten räumlichen Lebensbereich begrenzt wird. Ein Zeitraum von 30 Minuten genügt jedenfalls nicht (zum Ganzen vgl. BGH, Beschl. v. 7.1.2015 – XII ZB 395/14).

27b Der nicht vom Gesetz, aber im allgemeinen Sprachgebrauch oft verwendete Begriff „geschlossene" Unterbringung wird synonym verwendet zum gesetzlichen Begriff „mit Freiheitsentziehung" verbundene Unterbringung. Alle anderen z. T. bagatellisierenden Bezeichnungen (siehe Rn. 11) spielen juristisch keine Rolle. Für die Genehmigungspflichten kommt es deshalb entscheidend darauf an, ob die Maßnahme mit einer Freiheitsentziehung verbunden ist.

1.5.1 Definition des Begriffs „Freiheitsentziehung"

Allgemeine Auslegungsversuche

28 Wenig aussagekräftig ist die folgende gesetzliche Definition für die sog. Freiheitsentziehungssachen (Abschiebehaft, Quarantänemaßnahmen etc.) in § 415 Abs. 2 FamFG:

Freiheitsentziehung liegt vor, wenn einer Person gegen ihren Willen oder im Zustand der Willenlosigkeit insbesondere in einer abgeschlossenen Einrichtung, wie einem Gewahrsamsraum oder einem abgeschlossenen Teil eines Krankenhauses, die Freiheit entzogen wird.

29 Diese Definition orientiert sich entsprechend dem öffentlich-rechtlichen Sicherungsbedürfnis nur an bestimmten vorgegebenen Anstalten. Bei der humaneren zivilrechtlichen Unterbringung kann das anders organisiert sein. Die Kurzfassung „Freiheitsentziehung liegt vor, wenn einer Person (...) die Freiheit entzogen wird" zeigt deutlich, dass eine echte Definition verfehlt wurde (Zirkelschluss).

30 Im Lichte des Art. 104 GG besehen darf es keinen Unterschied machen, ob jemand in einem „abgeschlossenen" Gebäude oder einem Gebäudeteil festgehalten wird, in dem generell alle oder nur bestimmte Bewohner eingeschlossen sind. Auch die Intensität der Beschränkung (Mauer, Stacheldraht, abgeschlossene Türen, Zahlencode oder nur „sanftes körperliches Zurückhalten") kann nicht ausschlaggebend sein, da die geringere Intensität häufig nur der relativ geringen Widerstandskraft der Senioren angepasst ist.

31 Der EGMR hat in der berühmten „Vera-Stein-Entscheidung" (Urt. v. 16.6.2005 – 61603/00) die Freiheitsentziehung sehr weit definiert und zwar als Unterbringung einer Person an einem räumlich begrenzten Ort für eine nicht unerhebliche Dauer.

32 Ähnlich hat das der BGH beurteilt, der aber betont, dass § 1831 Abs. 1 BGB von einem engen Unterbringungsbegriff ausgehe (siehe Rn. 27). Wichtig ist der vom BGH bestätigte Satz aus der Vorentscheidung: „Entscheidendes Kriterium für eine zivilrechtliche freiheitsentziehende Unterbringung sei die nicht nur kurzfristige Beschränkung der persönlichen Bewegungsfreiheit auf einen bestimmten Lebensbereich." Ferner verlangt der BGH gelegentlich, dass „der Betroffene gegen seinen Willen oder im Zustand der Willenlosigkeit in einem räumlich begrenzten Bereich eines geschlossenen Krankenhauses, einer anderen geschlossenen Einrichtung oder dem abgeschlossenen Teil einer solchen Einrichtung festgehalten, sein Aufenthalt ständig überwacht und die Kontaktaufnahme mit Personen außerhalb des Bereichs eingeschränkt" werde (BGH, Beschl. v. 7.1.2015 – XII ZB 395/14, Rn. 12).

33 Diese Aussage des BGH kann als nicht abschließende Aufzählung von Beispielen verstanden werden. Die Frage, wann eine Unterbringung „freiheitsentziehend" ist, muss aber mit dem BVerfG subjektiv beantwortet werden, indem darauf abgestellt wird, ob die Fortbewegungsmöglichkeit des Betroffenen nach allen Seiten „eingeschränkt oder behindert wird".

Verfassungsrechtlich orientierte Definition

34 Im Hinblick auf die überragende Bedeutung des Grundrechts, wonach die Freiheit des Menschen unverletzlich ist, kann der Begriff „geschlossen" bzw. „freiheitsentziehend" nur so definiert werden, dass es auch genügt, wenn der Raum nur für einen Teil der Bewohner

abgeschlossen ist. Es wäre unverständlich, wenn man mit technischen Einrichtungen einigen Heimbewohnern das freie Verlassen verwehrt und ihnen weniger Rechtsschutz einräumt, weil sie dieses Schicksal nicht mit allen Bewohnern teilen. Das BVerfG hat deshalb ausgeführt, dass eine Freiheitsentziehung nach Art. 104 Abs. 2 GG erst dann vorliege, „wenn die tatsächlich und rechtlich gegebene körperliche Bewegungsfreiheit nach allen Seiten aufgehoben wird" (BVerfG, Beschl. v. 8.3.2011 – 1 BvR 47/05). Demnach handelt es sich um eine Freiheitsentziehung, wenn jemand – egal, wie – an einem bestimmten Ort festgehalten wird. Einer weiteren Einschränkung durch Einziehen einer zeitlichen Schranke erteilt das BVerfG (a. a. O.) eine Absage mit der Feststellung, dass bei einer Gesamtdauer von drei Stunden von einer relevanten Freiheitsentziehung ausgegangen werden muss. Eine bloße Freiheitsbeschränkung (Art. 104 Abs. 1 GG) liegt demgegenüber vor, wenn etwa nur verhindert wird, dass ein bestimmter Ort betreten wird.

1.5.2 Unterbringung und unterbringungsähnliche Maßnahme

Demgegenüber betrifft § 1831 Abs. 4 BGB andere freiheitsentziehende Maßnahmen. Die 35
Vorschrift regelt die Voraussetzungen freiheitsentziehender Handlungen, die

- lediglich in Bezug auf einen bestimmten Betreuten zur Anwendung kommen oder
- zeitlich soweit begrenzt sind, dass sie die Intensität einer klassischen Unterbringung nach § 1831 Abs. 1 BGB nicht erreichen.

Bei den individuellen Maßnahmen geht es nicht darum, dass der Betroffene sich nicht frei 36
bewegen kann, sondern dass er aufgrund der Maßnahme einen vermeintlich sicheren Platz (Bett, Rollstuhl, Zimmer) nicht mehr verlassen kann (vgl. zum Ganzen BGH, Beschl. v. 7.1.2015 – XII ZB 395/14).

Bei der Abgrenzung dieser beiden Formen der Freiheitsentziehung entscheidet der Zweck der 37
Maßnahme. Soll jemand am Verlassen eines Ortes gehindert werden, handelt es sich um eine freiheitsentziehende Unterbringung. Soll jedoch die körperliche Bewegungsfreiheit nur eingeschränkt werden, um etwa Stürze zu verhindern, liegen unterbringungsähnliche Maßnahmen vor. Objektiv überschneiden sich natürlich beide Maßnahmen, weil etwa bei angelegtem Bauchgurt der Betroffene in der intensivsten Form nicht nur am Verlassen des Heimes, sondern sogar am Verlassen des Bettes gehindert wird.

1.5.3 Beispiel: „Ortungsanlagen"

Deutlich werden die Abgrenzungsschwierigkeiten bei den verschiedenen Ortungsanlagen mit 38
Alarmfunktion (versteckte Chips im Schuh, elektronische Armbänder, Lichtschranken, Radiofrequenz-Identifikation RFID-Technik, sog. Funksocken etc.).

Die Rechtsprechung tendiert bei diesen elektronischen Hilfsmitteln dazu, generell eine 39
Genehmigungspflicht zu verneinen. Zur Begründung wird angeführt, dass es sich um keine freiheitsentziehende Maßnahme handle, weil die körperliche Bewegungs- und Entschließungsfreiheit nicht beeinträchtigt werde. Dem ist in der Tat so; aber das ist nur die halbe Wahrheit. Die Probleme beginnen erst, wenn der „Chipträger" den Alarm auslöst. Das mag im Einzelfall nicht sehr häufig vorkommen, aber auch in den geschlossenen Abteilungen kommt es eher selten vor, dass jemand an der Tür rüttelt. Die Einschränkung der Freiheit besteht somit darin, dass der Betroffene nach dem Alarm am Verlassen des Heims – also nach allen Seiten hin – gehindert wird. Dieser Vorgang muss im Hinblick auf die Genehmigungspflicht geprüft werden. Die Ortungsanlage wird ja nicht installiert, um sich freundlich von dem Bewohner zu verabschieden und tatenlos zuzusehen, wie der verwirrte Betroffene das Heim verlässt und tapfer versucht, die viel befahrene Straße zu überqueren. Es gibt nun Gerichte, die diesen Sachverhalt nur als unterbringungsähnliche Maßnahme definieren und dem Personal erlauben, den ausschwärmenden Betroffenen „sanft zurückzuhalten". Das mag im Hinblick auf die Intensität des Eingriffs als verhältnismäßige, staatlich zu billigende Reaktion empfunden werden, entspricht aber nicht dem Gesetz und dem Zweck der Maßnahme.

40 Beim – sanften – Zurückhalten auf dem Gelände des Heims handelt es sich deshalb um eine sehr fürsorgliche Form der Unterbringung, aber um eine Unterbringung mit Freiheitsentziehung. Nur zur Klarstellung: Die Ortungssysteme ermöglichen oft eine sehr humane Form der Unterbringung, weil sie schwerere Eingriffe vermeiden und der Bewegungsraum optimal ausgedehnt werden kann.

41 Die auch vertretene Meinung, dass der Betroffene durch die Ortungsanlage stigmatisiert werde und deshalb ein Verstoß gegen die Menschenwürde vorliege, der eine Genehmigung unmöglich mache, erweist sich als abwegig und letztlich inhuman. Das hätte nämlich häufig zur Folge, dass Betroffene räumlich „weggesperrt" werden müssten und dadurch ein elementares Stück Freiheit und Menschenwürde verlieren. Daraus ergibt sich zwanglos, dass humane Ortungsanlagen den Vorrang gegenüber einer Unterbringung haben. Solange die Überwachung durch eine Ortungsanlage genügt, um Gefährdungen zu verhindern, ist eine Unterbringung mit engeren Einschränkungen der Bewegungsfreiheit (Zimmer, Station etc.) unverhältnismäßig und daher nicht genehmigungsfähig.

1.5.4 Zahlencode, schwer gehende Türen, sensorgesteuerte Weglaufsperre u. Ä.

42 Maßnahmen zur individuellen Verhinderung des Verlassens eines räumlich umgrenzten Bereichs durch sensorgesteuertes Abschließen der Eingangstür, Türschließer mit zu großem Widerstand für die Bewohner, Zahlencodes oder ähnliche Vorkehrungen sind als Unterbringung zu werten. Auch hier gilt der Grundsatz, dass jedes Unterbinden des bewussten Verlassens eines räumlich beschränkten Bereichs eine freiheitsentziehende Unterbringung darstellt. Das Freiheitsrecht muss als individuelles Recht verstanden werden, sodass es unerheblich ist, ob das Mittel der Freiheitsentziehung anstaltsbezogen oder nur individuell ausgestaltet wurde. Dem überzeugenden und klaren Definitionsansatz des BVerfG – Einschränkung der Bewegungsfreiheit nach allen Seiten – gebührt daher der Vorrang.

1.5.5 Genehmigungsfreie kurzfristige Beeinträchtigungen der Freiheit?

43 Sehr bedenklich ist die häufig anzutreffende Erklärung, dass eine kurzfristige Einschränkung der Bewegungsfreiheit nicht genehmigungsbedürftig sei.

Negativbeispiel:

Eine Wohngruppe für Menschen mit Behinderungen mit z. T. hochgradiger Intelligenzminderung wird zwischen 20 Uhr und 6 Uhr abgeschlossen. Es besteht die Möglichkeit, über einen Notruf eine „Aufsichtsperson" zu holen, die nach maximal 30 Minuten kommt und die Tür öffnet. Die Einrichtung sieht darin eine nicht genehmigungspflichtige kurzfristige Beeinträchtigung.

44 Das Beispiel zeigt, dass 30 Minuten im Hinblick auf Notfälle nicht nur grob fahrlässig sein können, sondern auch eine massive Einschränkung der Freiheit darstellen. Unabhängig davon, ob man diese Maßnahme als Unterbringung oder als unterbringungsähnliche Maßnahme definiert, muss sie genehmigungsbedürftig bleiben. Die Einschränkung der Fortbewegungsfreiheit kann nur dann genehmigungsfrei und rechtlich nicht zu beanstanden sein, wenn sie sich nur als „unerhebliche Verzögerung" darstellt. Der Zeitraum von 30 Minuten liegt dabei „deutlich oberhalb einer unerheblichen Verzögerung". Es darf vor allem keine behindertenspezifischen Freiräume geben, da „Menschen mit Behinderungen in allen Lebensbereichen gleichberechtigt mit anderen Rechts- und Handlungsfähigkeit genießen" (Art. 12 VN-BRK).

45 Schließlich gebietet Art. 14 VN-BRK, „dass Menschen mit Behinderungen gleichberechtigt mit anderen das Recht auf persönliche Freiheit und Sicherheit genießen" und „dass das Vorliegen einer Behinderung in keinem Fall eine Freiheitsentziehung rechtfertigt".

46 Man muss sich daher immer ernsthaft die Frage stellen, ob der Zeitraum einer Einschränkung der freien Fortbewegung auch bei einem nicht behinderten Menschen, etwa beim Verlassen eines Krankenhauses oder Hotels, akzeptabel wäre. Aufgabe der Betreuungsgerichte und der Gesetzgebung ist es, den Missbrauch aus Kostengründen, wie er der obigen Sachverhaltsdarstellung zugrunde liegt, zu verhindern.

Eine unzulässige Umkehr der Beweislast ist die Rechtsansicht, dass für eine betreuungsgerichtliche Genehmigung kein Bedürfnis bestehe, wenn man mit hinreichender Sicherheit ausschließen kann, dass der Betroffene von seiner Bewegungsfreiheit Gebrauch machen wird oder will und die einschränkende Maßnahme (Absperren) für ihn deshalb keine Beschränkung darstellt. In diesem Fall besteht eher kein Bedürfnis dafür, diese Person einzusperren (zum Ganzen vgl. BGH, Beschl. v. 7.1.2015 – XII ZB 395/14). 47

1.6 Folgen bei rechtswidrigen Unterbringungen, unterbringungsähnlichen Maßnahmen und Zwangsbehandlungen

Die Konsequenzen rechtswidriger Eingriffsmaßnahmen werden von Ärzten, Pflegekräften, Amtsärzten, aber auch Richtern und Staatsanwälten häufig unterschätzt. Dazu eine kleine Übersicht: 48

Folgen bei rechtswidrigen Zwangsmaßnahmen

Gericht	**Datum**	**Az.**	**Gegenstand**
BVerfG	15.1.2020	2 BvR 1763/16	Ermittlungsverfahren wegen rechtswidriger Fixierung in einem Krankenhaus, Anspruch auf effektive Strafverfolgung
LAG Mecklenburg-Vorpommern	19.11.2019	5 Sa 97/19	Kündigung der Pflegekraft wegen zwangsweiser Körperpflege
OLG Frankfurt	16.7.2019	8 U 59/18	Rechtwidrigkeit einer Fixierung und Zwangsmedikation ohne richterliche Genehmigung und Schmerzensgeldanspruch der an einer Wochenbettpsychose leidenden Patientin; für die Fixierung und Zwangsmedikation über mehrere Stunden bzw. Tage steht der untergebrachten Patientin hier ein Schmerzensgeld in Höhe von 12.000 EUR zu.
LG Berlin	28.1.2015	86 O 88/14	Amtshaftung, Schadensersatz bei Zwangsbehandlung etc. „2. Für eine zwangsweise Fixierung von 16 Stunden und einer medikamentösen Verabreichung von Neuroleptika mit erheblichen Nebenwirkungen gegen den Willen des Betroffenen ist ein Schmerzensgeld in Höhe von 5.000 EUR angemessen."
OLG Karlsruhe	12.11.2015	9 U 78/11	Bei einer rechtswidrigen Unterbringung von zwei Monaten in einem psychiatrischen Krankenhaus, die mit einer Zwangsmedikation verbunden ist, kann ein Schmerzensgeld von 25.000 EUR in Betracht kommen.
LG Düsseldorf	8.12.2020, 14.8.2020	DG 6/2020, DG 1/2020	Nichteinhaltung wesentlicher Verfahrensvorschriften bei Unterbringungen und Zwangsbehandlungen

Schadensersatz und strafrechtliche Verfolgung sind durchaus naheliegend, wenn trotz fehlender gesetzlicher Voraussetzungen fixiert, eingesperrt oder medikamentös behandelt wird. Aufgrund der wegweisenden Entscheidung des BVerfG kann auch nicht mehr davon ausgegangen werden, dass rechtswidrige Maßnahmen strafrechtlich toleriert oder als Bagatelle 49 über eine Einstellung nach § 153 StPO abgetan werden können, weil die Täter „Gutes" tun wollten. Die penible Einhaltung aller formellen und materiellen Voraussetzungen für Eingriffsmaßnahmen ist daher dringend anzuraten, damit alle Maßnahmen auf einer ausreichenden Rechtsgrundlage beruhen. Das gilt für zivilrechtliche und öffentlich-rechtliche Maßnahmen in gleicher Weise. Lesenswert zur Problematik vor allem BVerfG (Beschl. v. 15.1.2020 – 2 BvR 1763/16). An Bedeutung gewonnen hat auch die Durchführung disziplinarrechtlicher Maßnahmen.

2. Zivilrechtliche Unterbringungsmaßnahmen

2.1 Freiheitsentziehende Unterbringung

50 Die Entscheidung, ob eine zivilrechtliche Unterbringung erfolgt, liegt zunächst allein beim Betreuer oder Bevollmächtigten. Weder ein Mediziner mit der berühmten „Einweisung durch einen Arzt" noch das Pflegepersonal im Heim können sich darüber hinwegsetzen. Daneben muss das Betreuungsgericht diese Freiheitsentziehung genehmigen; ohne diese gerichtliche Gestattung ist sie rechtswidrig. Nur wenn mit einem Aufschub Gefahr für den Betroffenen verbunden wäre, genügt die unverzügliche nachträgliche Genehmigung.

2.1.1 Voraussetzungen der Unterbringung

51 Die Voraussetzungen der zivilrechtlichen Unterbringung ergeben sich aus § 1831 Abs. 1 und 5 BGB:

Voraussetzungen einer Unterbringung nach § 1831 Abs. 1 Nr. 1 und 2 BGB		
	Nr. 1 Selbstgefährdung	**Nr. 2 Behandlungsbedürftigkeit**
Gemeinsam für Nr. 1 und 2	• Unterbringung durch Betreuer oder Vorsorgebevollmächtigten • Genehmigung des Betreuungsgerichts, ausnahmsweise Anordnung des Gerichts • Ausnahme: Anordnung des Gerichts ist nur bei Gefahr im Verzug möglich, § 332 FamFG; Genehmigung der Betreuerentscheidung ist nachzuholen • psychische Krankheit, geistige oder seelische Behinderung • Aufhebung der Freiheit, seinen Willen frei zu bilden • mildere Alternativen nicht vorhanden (Ultima Ratio) • Beendigung durch Betreuer oder Bevollmächtigten	
Speziell für Nr. 1 bzw. Nr. 2	Gefahr, dass der Betroffene aufgrund einer psychischen Krankheit oder geistigen oder seelischen Behinderung sich selbst tötet oder erheblichen gesundheitlichen Schaden zufügt	a) Untersuchung des Gesundheitszustandes, eine Heilbehandlung oder ein ärztlicher Eingriff ist zur Abwendung eines drohenden erheblichen gesundheitlichen Schadens notwendig. b) Ärztliche Maßnahmen können ohne die Unterbringung des Betreuten nicht durchgeführt werden. c) Betreuter kann aufgrund einer psychischen Krankheit oder geistigen oder seelischen Behinderung die Notwendigkeit der Unterbringung nicht erkennen oder nicht nach dieser Einsicht handeln.

52 Zur Voraussetzung der krankheitsbedingten Unfähigkeit, einen freien Willen zu bilden, vgl. BGH (Beschl. v. 13.1.2010 – XII ZB 248/09; A 3, Rn. 3; A 2, Rn. 19 und 25; A 6, Rn. 193).

2.1.2 Erforderlichkeit (Ultima Ratio), Wohl des Betroffenen

Die Unterbringung kann stets nur die Ultima Ratio darstellen. Es sind daher alle gangbaren und sinnvollen Alternativen zu prüfen. Mildere Maßnahmen wie eine betreute, aber offene Wohneinrichtung oder eine ambulante Therapie können die Erforderlichkeit infrage stellen (BGH, Beschl. v. 13.1.2010 – XII ZB 248/09). 53

Achtung: Nicht mehr enthalten ist in § 1832 BGB die Voraussetzung der Erforderlichkeit „zum Wohl des Betreuten". Der Begriff „Wohl" wurde im Betreuungsrecht generell gestrichen. Im Unterbringungsrecht ergibt sich aber aus den Begrifflichkeiten, wie etwa der Gefahr, „dass er sich selbst tötet oder erheblichen gesundheitlichen Schaden zufügt" oder „Abwendung eines drohenden erheblichen gesundheitlichen Schadens", dass es weiterhin um die Sicherung des nicht mehr erwähnten „Wohls" des Betroffenen geht. Die Streichung des Begriffs „Wohl" aus dem Gesetz wird bisweilen noch von der Rechtsprechung übersehen oder ignoriert, so z. B. BGH, Beschl. v. 6.11.2024 – XII ZB 254/24, Rn. 7. 54

2.1.3 Selbstschädigungs- oder Suizidgefahr, § 1831 Abs. 1 Nr. 1 BGB

Konkrete und ernstliche Gefahr

Es muss die konkrete und ernstliche Gefahr bestehen, dass der Betreute sich selbst tötet oder erheblichen gesundheitlichen Schaden zufügt. Die Gefahr von Vermögensschäden oder strafrechtlichen Sanktionen genügt nicht. Selbstgefährdung setzt kein zielgerichtetes Tun des Betroffenen voraus; es genügt etwa die Gefahr, die durch planloses Herumirren auf verkehrsreichen Straßen entsteht. Eine erhebliche Verwahrlosung will der BGH genügen lassen, wenn deshalb eine körperliche „Verelendung" und Unterversorgung drohen, die wiederum eine erhebliche Gesundheitsschädigung verursachen würden. Die Selbstgefährdung kann auch im Unterlassen bestimmter Handlungen bestehen, z. B. der Verweigerung der Nahrungsaufnahme oder der Sorge für die Hygiene in der Wohnung (Vermüllungsgefahr und Gefahr des Kontakts mit schädlichen Krankheitserregern). Häufig wird aber eine alternative Wohnmöglichkeit genügen, um die Gefahr zu beseitigen. 55

Die Gefahr muss zwar konkret und ernstlich, aber nicht akut sein oder unmittelbar bevorstehen. Wie man die Begriffe „konkret", „ernstlich", „akut" und „unmittelbar bevorstehend" genau abgrenzen kann, ist wohl nicht nur für juristische Laien schwer nachvollziehbar. Trotzdem dürfen die Anforderungen an die Dringlichkeit und qualitative Intensität der Gefahr nicht relativiert werden. Konsequent, aber erschwerend für den Anwender ist die Forderung des BGH, dass man den Grad der Gefahr in Relation zum möglichen Schaden ohne Vornahme der freiheitsentziehenden Maßnahme zu bemessen habe. Geht es also erkennbar um Tod oder Leben, muss man die Begriffe so definieren, dass man niederschwelliger zur Zulässigkeit der Freiheitsentziehung kommt. Es müssen aber immer objektivierbare und konkrete Anhaltspunkte für den Eintritt eines erheblichen Gesundheitsschadens vorliegen. Substanzlose Spekulationen, bloße Behauptungen oder eine erhöhte Wahrscheinlichkeit genügen nicht. Vgl. zum Ganzen BGH, Beschl. v. 15.5.2024 – XII ZB 98/24. 56

In der Praxis werden von den behandelnden oder begutachtenden Ärzten häufig nur negative Folgen geschildert, die erfahrungsgemäß bei einer bestimmten Erkrankung eintreten können, wie sozialer Rückzug, Antriebsverminderung, Verschlechterung oder Chronifizierung (siehe Rn. 107). Dabei handelt es sich aber nur um abstrakte Gefahren, wobei hinterfragt werden muss, ob die bloße Unterbringung diese gesundheitlichen Schädigungen verhindern oder minimieren kann. Auch die Betreuungsgerichte zitieren häufig nur die Rechtsprechung und führen keine realen, festgestellten Sachverhalte an, die z. B. eine konkrete gesundheitliche Selbstgefährdung begründen könnten. Vgl. zum Ganzen BGH, Beschl. v. 17.1.2024 – XII ZB 434/23, Rn. 13 f. 57

Vorrang anderer Hilfen, Ursachenbeseitigung vor Unterbringung

Spekulationen über einen krankheitsbedingten Verlust der Wohnung sowie folgender Obdachlosigkeit verbunden mit Unterversorgung und völliger Verwahrlosung blenden Vermeidungsstrategien und alternative Möglichkeiten völlig aus. Es ist ja primäre Aufgabe des Betreuers, die 58

Aufgaben zu erledigen, deren Bewerkstelligung dem Betreuten schwerfallen. Somit muss der Betreuer Schritt für Schritt entsprechend den Wünschen des Betreuten tätig werden und Schäden wie den Wohnungsverlust abwenden. Außerdem müssen andere Hilfen, Kriseninterventionen und alle relevanten Möglichkeiten der öffentlichen Daseinsvorsorge genutzt werden (vgl. BGH, Beschl. v. 9.1.2019 – XII ZB 280/18).

Achtung: Fremdgefährdung allein genügt nicht

59 Bei einer Gefährdung anderer Personen (Fremdgefährdung) stehen nur öffentlich-rechtliche Unterbringungsmaßnahmen zur Verfügung. Ausnahmsweise können aber Dritt- und Selbstgefährdung so eng miteinander verknüpft sein, dass man weiterhin auf die zivilrechtliche Unterbringung abstellen kann. Das wurde von der Rechtsprechung anerkannt, wenn der Betroffene fortwährend Schlägereien heraufbeschwört, dabei vielfach den Kürzeren zieht und Verletzungen erleidet.

60 Allerdings darf der Wortlaut des § 1831 Abs. 1 Nr. 1 BGB nicht zu weit ausgelegt werden. Der Betroffene muss mit der Provokation der tätlichen Auseinandersetzung schon „sich selbst erheblichen gesundheitlichen Schaden" zufügen. Das ist nur der Fall, wenn sich die Aggressionen regelmäßig gegen Personen richten, die sich massiv wehren und dem Betroffenen bei der Abwehr regelmäßig Verletzungen zufügen. Der Ablauf wäre dann für einen Beobachter so zu bewerten, dass sich der Betroffene die Verletzungen selbst zufügt.

61 Folgende Fälle sind zu unterscheiden: Die ausschließliche Gefährdung „Dritter" genügt in keinem Fall. Dieser Fall wäre gegeben, wenn z. B. der körperlich überlegene Betroffene Mitbewohner, die sich nicht wehren können, schlägt, ärgert und drangsaliert. Hier müssen andere Lösungsmöglichkeiten gesucht werden (z. B. Wechsel des Heimes, der Station, therapeutische Maßnahmen, intensive Betreuung und Beobachtung). Führt die Unterbringung auch dazu, dass Dritte vor den Angriffen des Betroffenen geschützt werden, weil der Betroffene „selbst- und fremdaggressiv" ist, handelt es sich beim Schutz der Drittinteressen nur um eine Folge der Unterbringung und nicht um ein Ziel, das mit freiheitsentziehenden Maßnahmen erreicht werden soll. Führen rein fremdaggressive Handlungen des Betroffenen zu Reaktionen der angegriffenen Mitbewohner oder Pflegekräfte, die untrennbar mit erheblichen gesundheitlichen Schäden des Betroffenen verbunden sind, kann eine zivilrechtliche Unterbringung in Betracht kommen. Maßgeblich ist, dass ein enger und zeitlicher Zusammenhang zwischen dem krankheitsbedingten Verhalten des Betroffenen und der dadurch verursachten bzw. provozierten Reaktion besteht. Das Gesamtbild des Verhaltens und der Reaktion muss sich so darstellen, dass der Betroffene mittelbar über die provozierte Reaktion „sich selbst erheblichen Schaden zufügt".

Mildere Alternativen haben Vorrang

62 Bei der gerichtlichen Entscheidung über die Genehmigung bzw. Anordnung der Freiheitsentziehung müssen im Rahmen der Verhältnismäßigkeitsprüfung auch mildere Alternativen geprüft werden. Fraglich ist, wie viel unterbringungsvermeidende Alternativen kosten dürfen. Kann man die Genehmigung versagen, weil eine permanente Besetzung der Pforte oder bauliche Änderungen die Unterbringung überflüssig machen würden? Der Betreuer – und im Unterbringungsverfahren das Gericht – haben zu prüfen, ob eine für den Betroffenen mildere Form der Freiheitsentziehung zur Not in einer anderen Einrichtung in Betracht kommt, z. B. in einem Heim, das dem Betroffenen mehr Freiraum zur – auch ziellosen – Fortbewegung bieten würde. Hierbei sind im Rahmen einer Gesamtabwägung sämtliche Umstände des Einzelfalls zu berücksichtigen. Ein erheblicher Gesichtspunkt ist, wie sich die Unterbringung konkret für den Betroffenen auswirkt und vor allem in welchem Ausmaß sie von ihm als Einschränkung der ihm verbliebenen Lebensqualität empfunden wird.

63 Es ist zweifelhaft, ob gerichtliche Entscheidungen, die im Ergebnis der Gewinnmaximierung der Heime dienen, der überragenden Bedeutung der Freiheitsgarantie und der Menschenwürde gerecht werden. Die Freiheit der Person ist ein so hohes Rechtsgut, dass sie nur aus besonders gewichtigem Grund angetastet werden darf. Die Einschränkung dieser Freiheit ist daher stets der strengen Prüfung am Grundsatz der Verhältnismäßigkeit zu unterziehen. Dann aber muss es

auch möglich sein, vermeidbaren Unterbringungen die Genehmigung zu versagen und vernünftige Alternativen einzufordern.

Hinweis:

Gerade für einen ehrenamtlichen Betreuer ist es schwierig, sinnvolle Alternativen oder weniger einschneidende freiheitsentziehende Maßnahmen gegenüber dem Heim durchzusetzen. Das Pflegepersonal hat in der Regel auch eine höhere fachliche Kompetenz bei der Beantwortung dieser Fragen. Trotzdem sollte sich niemand scheuen, humanere Alternativen nachzufragen. Hat der Betreuer den Eindruck, dass vernünftige Vorschläge nicht aufgegriffen werden oder die Zahl der Pflegepersonen auf den Stationen zur Reduzierung der Personalkosten unverantwortlich beschränkt wird, sollte er die zuständige Heimaufsicht, die Betreuungsbehörde oder das Betreuungsgericht informieren.

Psychische Krankheit oder geistige oder seelische Behinderung

Krankheit oder Behinderung genügen zwar für eine Betreuung, aber nicht für Unterbringungssachen. Die Gefahr der Selbstschädigung muss aufgrund einer psychischen Krankheit oder geistigen oder seelischen Behinderung gegeben sein. Mit diesem Erfordernis schließt das Gesetz Maßnahmen gegen Personen aus, die sich lediglich aus Freude an den Genüssen des Lebens oder aus Leichtsinn gesundheitlich schädigen (starkes Rauchen, Trinken oder übermäßiges Essen). Der Betroffene muss aufgrund seiner Krankheit außerstande sein, seinen Willen frei zu bestimmen. Daher rechtfertigt auch der in freier Selbstbestimmung unternommene Versuch der Selbsttötung für sich gesehen keine Unterbringung. Schwierig ist die Grenzziehung in den Fällen eines Abhängigkeitssyndroms, verursacht durch Alkohol, Medikamente und andere Suchtstoffe (siehe dazu Rn. 182 ff.). 64

2.1.4 Notwendigkeit ärztlicher Maßnahmen (Untersuchung, Heilbehandlung, ärztlicher Eingriff), § 1831 Abs. 1 Nr. 2 BGB

Zu den notwendigen ärztlichen Maßnahmen, die eine Unterbringung rechtfertigen können, zählt das Gesetz die Untersuchung des Gesundheitszustandes, eine Heilbehandlung oder einen ärztlichen Eingriff. Diese ärztlichen Maßnahmen müssen zunächst notwendig, das heißt ärztlich indiziert, sein und den allgemein anerkannten fachlichen Standards entsprechen, § 630a Abs. 2 BGB. Die Frage der Notwendigkeit wird vor allem bei der sog. „Elektrokonvulsionstherapie" und dem sog. „Off-Label-Use" diskutiert. 65

Elektrokonvulsionstherapie

Der BGH hat für die sog. Elektrokonvulsionstherapie (EKT) den Begriff „notwendig" sehr eng gefasst und verlangt, dass die Durchführung einem breiten medizinisch-wissenschaftlichen Konsens entsprechen muss. Ein derartiger Konsens könne sich namentlich in wissenschaftlichen Stellungnahmen des Beirats der Bundesärztekammer (BÄK) sowie in medizinischen Leitlinien zeigen. 65a

Achtung:

Ein breiter medizinisch-wissenschaftlicher Konsens findet sich wohl nur in den offiziellen S3-Leitlinien. Der BÄK fehlt insoweit jede Legitimation und Kompetenz. Die Corona-Pandemie hat zudem gezeigt, wie flüchtig, beliebig und selbstgefällig Gutachten, Studien und Forschungen sein können. Ein häufig wohl mitbedachter Vergleich mit den furchtbaren Nazi-Elektroschock-Versuchen hinkt gewaltig. Beides war und ist nicht vergleichbar. Es ist unanständig (unethisch), aufgrund politischer Korrektheitsangst nicht entscheidungsfähige Personen leiden zu lassen!

65b In einer weiteren Entscheidung greift auch der BGH auf S3-Leitlinien zurück:

„(a) Gemäß der veröffentlichten Stellungnahme des Wissenschaftlichen Beirats der Bundesärztekammer ist die EKT als Therapie der zweiten Wahl indiziert für therapie-resistente, nicht lebensbedrohliche Katatonien und andere akut exazerbierte schizophrene Psychosen nach erfolgloser Neuroleptikabehandlung. Nach den getroffenen Feststellungen fällt das hier vorliegende Krankheitsbild der schizophrenen Psychose in akut exazerbiertem, teils katatonem Zustand unter diese Indikation. Auch in der S3-Leitlinie „Schizophrenie" der DGPPN (...) ist die EKT als eine Behandlungsalternative bei Schizophrenie für den Fall medikamentöser Behandlungsresistenz dargestellt. (...)", (BGH, Beschl. v. 15.1.2020 – XII ZB 381/19 und v. 30.6.2021 – XII ZB 191/21).

Off-Label-Use

65c Es geht dabei um die Verabreichung eines Medikaments außerhalb des zugelassenen Gebrauchs. Schon bei der normalen Verschreibung ist dies nur aufgrund gültiger Leitlinien oder anerkannter wissenschaftlicher Literatur zulässig. Eine Zwangsbehandlung folgt diesen Grundsätzen. Voraussetzung ist eine „medizinisch-wissenschaftlich konsentierte Grundlage" und Beachtung einschlägiger Leitlinien. Dies gilt auch dann, wenn ein Medikament in einer nicht zugelassenen „Applikationsform" verabreicht werden soll (BGH, Beschl. v. 23.6.2025 – XII ZB 361/24). Darauf muss auch bei der „Aufklärung" hingewiesen werden.

66 Ferner müssen diese Maßnahmen erforderlich sein, um erhebliche Gesundheitsschäden abzuwenden, die dem Betreuten ohne die geplante medizinische Maßnahme drohen. Der drohende Gesundheitsschaden muss also so schwer wiegen, dass der mit der beabsichtigten Maßnahme verbundene Freiheitseingriff gerechtfertigt erscheint und zwar auch dann, wenn die Maßnahmen mit gesundheitlichen Risiken verbunden sind.

67 Eine ärztliche Maßnahme ist aber nicht notwendig, wenn sich die gesundheitliche Gefahr auf weniger einschneidende Weise abwenden lässt. Sie entfällt aber auch, wenn die vorgesehene Behandlung keinen hinreichenden Erfolg verspricht (z. B. Alkoholentziehungskuren gegen den Willen des Betroffenen, anders bei der „Entgiftungsphase") oder nicht durchgeführt werden kann.

68 Weigert sich der Betroffene, die ärztliche Maßnahme durchführen zu lassen, ist die Unterbringung nur zulässig, wenn eine ärztliche Zwangsmaßnahme gemäß § 1832 Abs. 2 BGB (wirksam) genehmigt wurde oder die Annahme gerechtfertigt ist, dass der Betroffene in der Unterbringung der ärztlichen Maßnahme nicht mehr widerspricht. Der BGH formuliert dies negativ dahin, dass eine Unterbringung auch zulässig ist, wenn nicht auszuschließen ist, dass der Betreute eine Behandlung ohne Zwang vornehmen lassen wird (BVerfG, Beschl. v. 26.5.2020 – 2 BvR 1529/19; BGH, Beschl. v. 5.2.2025 – XII ZB 547/24, Rn. 10). Lehnt der Betroffene aber wider Erwarten nach der Einlieferung ins psychiatrische Krankenhaus die ärztliche Maßnahme ab, müsste wohl die Unterbringung sofort beendet, die Genehmigung aufgehoben und die wirksame Genehmigung nach § 1832 Abs. 2 BGB abgewartet werden.

68a Diese Grundsätze sollen entsprechend gelten, wenn die Verlängerung der Genehmigung einer Unterbringung zur Durchführung der Heilbehandlung über die angeordnete Dauer einer Zwangsbehandlung hinaus geprüft werden muss. Die Verlängerung soll nach dem BGH möglich sein, wenn der Richter davon ausgeht, dass die notwendige Heilbehandlung in der Folgezeit sichergestellt sei, weil zu erwarten ist, dass sich der Betroffene im Anschluss an die Zwangsbehandlung freiwillig behandeln lässt, aber (lediglich) die Notwendigkeit der Unterbringung nicht einsieht, oder wenn eine weitere Zwangsbehandlung gerichtlich genehmigt werden kann (BGH a. a. O). Dies ist widersprüchlich, soweit man von dem Betroffenen erwartet, dass er die Notwendigkeit einer Unterbringung einsieht. Werden Medikamente freiwillig eingenommen, dann wäre die Unterbringung sinnlos und nicht mehr erforderlich. Auch die zweite Variante, dass eine weitere gerichtliche Genehmigung erfolgen kann, ist widersprüchlich, da wohl eine wirksame Verlängerung der Zwangsbehandlung vorliegen muss. Der BGH fordert ja nunmehr dezidiert, dass in diesen Fällen eine wirksame Genehmigung der Zwangsbehandlung vorliegen muss (BGH, Beschl. v. 23.7.2025 – XII ZB 68/25, Rn. 4 und 13).

Beispiele:

Es reicht für die Rechtfertigung der geschlossenen Unterbringung eines Betreuten nicht aus, wenn feststeht, dass er die Einnahme der zur Behandlung erforderlichen Medikamente ablehnt, aber die Folgen der Nichtbehandlung nicht ausreichend dargelegt bzw. vom Gericht nicht ermittelt werden.

Häufig wird von den Ärzten geäußert, dass die Gefahr der Chronifizierung der Krankheit mit der Notwendigkeit dauerhafter stationärer Behandlung vermieden werden muss. Dabei ist zu berücksichtigen, dass Art, Dauer und Intensität einer Chronifizierung wohl kaum individuell feststellbar sind. Erforderlich ist vielmehr, dass konkrete krankheitsbedingte Ereignisse feststehen, aus denen sich mit der erforderlichen Wahrscheinlichkeit einer Gefahr auf Selbsttötung eine erhebliche Gesundheitsgefährdung oder Behandlungsbedürftigkeit des Betroffenen erschließen lassen.

Besteht die psychische Krankheit des Betroffenen bereits seit mehreren Jahren, wird häufig nicht mehr auf die Chronifizierung abgestellt, sondern die Gefahr behauptet, dass sich die Krankheit durch weitere psychotische Ausbrüche erheblich verschlimmern würde. Die Prognose einer derartigen Verschlimmerung darf aber nicht rein spekulativ sein, sondern muss konkret begründet werden und die Verschlechterung muss durch die ärztliche Maßnahme im Rahmen der Unterbringung zu verhindern sein.

Voraussetzungen müssen durchgehend vorliegen

Eine Unterbringung kann nicht genehmigt werden bzw. bleiben, wenn z. B. die angestrebte Heilbehandlung nicht oder nicht mehr durchgeführt wird. Deshalb darf eine bereits erteilte Genehmigung nicht länger aufrechterhalten werden, wenn der Betreute bereits untergebracht ist, sich aber sodann herausstellt, dass die in der Unterbringungseinrichtung tätigen Ärzte, in Abweichung von dem der Genehmigung zugrunde liegenden ärztlichen Gutachten, eine Heilbehandlung für medizinisch nicht oder nicht mehr geboten erachten und eine solche Behandlung deshalb nicht durchführen (BGH, Beschl. v. 28.12.2009 – XII ZB 225/09). 69

Die Rechtsprechung zur Frage der Erfolgsaussicht und zum Gewicht des drohenden Gesundheitsschadens ist schwer umzusetzen. Zum Zeitpunkt der Entscheidung des Betreuers muss eine schwierige Prognoseentscheidung getroffen werden. Darüber hinaus sind Behandlungen psychischer Krankheiten in der Regel weder vorhersehbar noch planbar, wie etwa eine Bilddarmoperation. Unterschätzt wird von der Rechtsprechung wohl auch die hohe Belastung des psychisch Kranken in einer akuten Krankheitsphase (Getriebenheit, ständige Unruhe, Angst, Vereinsamung und Verzweiflung). Das viel beschworene „Recht zur Krankheit" kann so schnell zum Alptraum werden. Deshalb muss der Betreuer die Anregungen der behandelnden Ärzte und anderer kritisch hinterfragen. Wenn er aber die Unterbringung für verhältnismäßig, erforderlich und zulässig hält, darf er sich nicht davon abhalten lassen, zur Beseitigung der Gefahren für den Betroffenen die Unterbringung genehmigen zu lassen. Der Betreuer sollte aber dem Gericht zur Begründung den zugrunde liegenden Sachverhalt möglichst umfassend vortragen. 70

2.2 Ärztliche Zwangsmaßnahme

2.2.1 Neuregelung in § 1832 BGB

Legaldefinition einer ärztlichen Zwangsmaßnahme

§ 1832 Abs. 1 Satz 1 BGB definiert die ärztliche Zwangsmaßahme mit den Worten: 71

Widerspricht eine Untersuchung des Gesundheitszustands, eine Heilbehandlung oder ein ärztlicher Eingriff dem natürlichen Willen des Betreuten (ärztliche Zwangsmaßnahme) ...

Die ärztlichen Maßnahmen sind wortgleich formuliert wie in § 1831 Abs. 1 Nr. 2 BGB. Entscheidend ist, dass die ärztlichen Maßnahmen dem „natürlichen Willen" widersprechen. 72

Natürlicher Wille

73 Der natürliche Wille liegt unterhalb der Schwelle der Einwilligungsfähigkeit. Es genügt jede „bewusste Äußerung" gegen eine ärztliche Maßnahme. Motiv, Intensität, Form der Ablehnung und Ziel sind unbeachtlich. Die Grenze wird nur zu den Bewegungen gezogen, die losgelöst vom Willen, etwa durch eine reflexartige oder krampfartige Bewegung, erfolgen.

Unzulänglichkeiten und Zweifelsfragen

74 Der Gesetzgeber hat auch mit der aktuellen Regelung nicht alle Unzulänglichkeiten und Zweifelsfragen der „Zwangsbehandlung" einer vernünftigen Regelung zugeführt. Dabei wurde auch in diesem Handbuch auf folgende problematische Punkte hingewiesen:

Erledigt:	Zulässigkeit auch bei freiwilligem Aufenthalt im psychiatrischen Krankenhaus
Erledigt:	Zulässigkeit der Zwangsbehandlung somatischer Beschwerden in nicht geschlossenen Krankenhäusern
Erledigt:	Zivilrechtliche Zwangsbehandlung im Rahmen des Maßregelvollzugs bzw. beim PsychKG/PsychKHG
Abgelehnt:	Zulässigkeit der ambulanten Zwangsbehandlung?
Abgelehnt:	Zwangsbehandlung in Pflegeeinrichtungen oder im häuslichen Bereich?

75 Mit dem Gesetz vom 22.6.2017 wurden wesentliche Punkte des Problemkatalogs gelöst. Die Zwangsbehandlung kann nunmehr „im Rahmen eines stationären Aufenthalts in einem Krankenhaus, in dem die gebotene medizinische Versorgung des Betreuten einschließlich einer erforderlichen Nachbehandlung sichergestellt ist, durchgeführt" werden. Stationär heißt nicht mehr geschlossen, sodass bei freiwilligem Aufenthalt, soweit erforderlich auch in einem Krankenhaus, das nur somatische Beschwerden behandelt, gegen den Willen des Betroffenen ärztliche Maßnahmen durchgeführt werden können. Ebenso sind zivilrechtliche Zwangsbehandlungen im Maßregelvollzug oder PsychKG/PsychKHG möglich, da der bisherige Einwand einer fehlenden zivilrechtlichen Unterbringung durch die Entkopplung der ärztlichen Zwangsmaßnahme von der Unterbringung gegenstandslos geworden ist. Das BVerfG hat über den Ausschluss der ǒrztlichen Zwangsbehandlung außerhalb eines stationären Aufenthaltes eine Entscheidung ohne inhaltliche Änderungen getroffen. Vielmehr wurde der Gesetzgeber aufgefordert, die Frage bis zum 1.1.2027 unter Beachtung der Vorgaben des BVerfG zu lösen.

2.2.2 Die materiell-rechtlichen Voraussetzungen der ärztlichen Zwangsmaßnahme

Ärztliche Maßnahme

76 § 1832 Abs. 1 Satz 1 BGB benennt als ärztliche Maßnahmen, die gegen den natürlichen Willen durchgeführt werden können, eine Untersuchung des Gesundheitszustandes, eine Heilbehandlung oder einen ärztlichen Eingriff. Das Waschen des Betroffenen kann wohl nicht als „Heilbehandlung" angesehen und gegen den natürlichen Willen des Betroffenen mit körperlicher Gewalt durchgeführt werden.

Widerspricht die ärztliche Maßnahme dem natürlichen Willen?

77 Nach § 1832 Abs. 1 Satz 1 BGB liegt eine ärztliche Zwangsmaßnahme vor, wenn die ärztliche Maßnahme dem „natürlichen Willen" des Betreuten widerspricht. Zum „Widerspruch" hat schon das das BVerfG (Beschl. v. 23.3.2011 – 2 BvR 882/09) Folgendes ausgeführt:

> *Die Eingriffsqualität entfällt auch nicht bereits dann, wenn der Betroffene der abgelehnten Behandlung keinen physischen Widerstand entgegensetzt. Das bloße Aufgeben einer bestimmten Form des Protests kann nicht ohne Weiteres als Zustimmung gedeutet werden.*

78 Nur wenn die Erklärung „von der frei, auf der Grundlage der gebotenen ärztlichen Aufklärung, erteilten Einwilligung des Untergebrachten gedeckt ist" und kein unzulässiger Druck ausgeübt wurde, kann auch von einer rechtlich wirksamen Zustimmung bzw. einem nicht entgegenstehenden natürlichen Willen gesprochen werden. Nachteile können nur angekündigt werden,

wenn sie sich „als notwendige Konsequenzen aus dem Zustand ergeben, in dem der Betroffene unbehandelt voraussichtlich verbleiben oder in den er aufgrund seiner Weigerung voraussichtlich geraten wird".

Eine durch Täuschung bewirkte Duldung der ärztlichen Maßnahme beseitigt den Zwangscharakter der Maßnahme nicht. Widerspricht der Betreute der Einnahme von Medikamenten, stellt es eine genehmigungspflichtige „Zwangsmaßnahme" dar, auch wenn die Medikamente unbemerkt dem Essen beigemischt werden. § 1832 Abs. 1 Satz 1 BGB verlangt ja nur einen Widerspruch zur ärztlichen Behandlung. Widerspricht der Betroffene mit natürlichem Willen der Einnahme, ist ein Erkennen der Verabreichung oder eine physische Gegenwehr nicht notwendig. Ein „Nein" des Betroffenen zur Verabreichung des Medikaments ist grundsätzlich uneingeschränkt zu beachten. 79

Achtung: Die Legaldefinition der ärztlichen Zwangsmaßnahme verlangt nur einen Widerspruch und keinen Widerstand. Mehr oder weniger geschickte Täuschungsmanöver sind ärztliche Zwangsmaßnahmen und nur mit Genehmigung möglich. Irritierend ist insoweit nur der Wortteil „Zwang" in der Überschrift des § 1832 BGB, der aber in der Legaldefinition der ärztlichen Zwangsmaßnahme nicht mehr auftaucht, vgl. dazu AG Fulda, Beschl. v. 25.3.2024 – 88 XVII 810/23. Daran zweifelt zu Unrecht das BVerfG (siehe Rn. 75). 79a

Zusammenfassung:

Wann widerspricht die Maßnahme dem natürlichen Willen?

- Physischer Widerstand des Betroffenen ist nicht erforderlich.
- Aufgabe des Protests ist nicht ohne Weiteres eine Zustimmung.
- Es darf kein unzulässiger Druck zur „Zustimmung" geführt haben.
- Es darf keine Täuschung zur „Zustimmung" geführt haben.

2.2.3 Übersicht zu den speziellen Voraussetzungen, § 1832 Abs. 1 Satz 1 Nr. 1 bis 7 BGB

Gemäß § 1832 Abs. 1 Satz 1 Nr. 1 bis 7 BGB muss festgestellt werden können, dass 80

- die ärztliche Zwangsmaßnahme notwendig ist, um einen drohenden erheblichen gesundheitlichen Schaden abzuwenden,
- der Betreute aufgrund einer psychischen Krankheit oder einer geistigen oder seelischen Behinderung die Notwendigkeit der ärztlichen Maßnahme nicht erkennen oder nicht nach dieser Einsicht handeln kann (Einwilligungsunfähigkeit),
- die ärztliche Zwangsmaßnahme dem nach § 1827 BGB zu beachtenden Willen des Betreuten entspricht,
- zuvor ernsthaft, mit dem nötigen Zeitaufwand und ohne Ausübung unzulässigen Drucks versucht wurde, den Betreuten von der Notwendigkeit der ärztlichen Maßnahme zu überzeugen (Überzeugungsversuch),
- der drohende erhebliche gesundheitliche Schaden durch keine andere, den Betreuten weniger belastende Maßnahme abgewendet werden kann,
- der zu erwartende Nutzen der ärztlichen Zwangsmaßnahme die zu erwartenden Beeinträchtigungen deutlich überwiegt und
- die ärztliche Zwangsmaßnahme im Rahmen eines stationären Aufenthalts in einem Krankenhaus, in dem die gebotene medizinische Versorgung des Betreuten einschließlich einer erforderlichen Nachbehandlung sichergestellt ist, durchgeführt wird.

2.2.4 Einwilligungsunfähigkeit

Die Einwilligungsfähigkeit setzt die Möglichkeit voraus, Sachverhalte realitätsgerecht zu erkennen. Psychische Krankheiten sind oft mit einer Verkennung der Realität verbunden, sodass der Betroffene aufgrund von Wahnvorstellungen Sachverhalte falsch erkennt oder 81 deutet. Der zweite Aspekt ist die Steuerungsfähigkeit. Der Betroffene muss seinen Willen frei bilden können. Bereits ein fehlender Aspekt führt zur Einwilligungsunfähigkeit (vgl. dazu A 3, Rn. 3; A 2, Rn. 19 und 25; A 6, Rn. 193).

2.2.5 Überzeugungsversuch

82 Die Aufklärungs- und Überzeugungspflicht gemäß § 1832 Abs. 1 Satz 1 Nr. 4 BGB war auch eine nachhaltige Forderung des BVerfG. Neben der Einwilligungsunfähigkeit verlangt das BVerfG zu Recht, „dass der Behandlung der ernsthafte, mit dem nötigen Zeitaufwand und ohne Ausübung unzulässigen Drucks unternommene Versuch vorausgegangen ist, seine auf Vertrauen gegründete Zustimmung zu erlangen" (BVerfG, Beschl. v. 8.6.2021 – 2 BvR 1866/17, Rn. 67).

Sinn und Zweck des Überzeugungsversuchs

83 Der Betreute darf über die geplante Maßnahme nicht im Unklaren gelassen werden. Ziel kann dabei nicht sein, eine rechtfertigende Einwilligung zu erreichen. Es geht vielmehr darum, Verständnis für die Maßnahme zu wecken. Ändert sich dadurch die Einstellung des Betreuten so weit, dass der natürliche Wille nicht mehr im Widerspruch zur ärztlichen Maßnahme steht, liegt kein Fall des § 1832 Abs. 1 BGB mehr vor. Unzulässiger Druck, Drohungen, das In-Aussicht-Stellen von krankheitsunabhängigen Nachteilen, Versprechungen oder gar Täuschung dürfen die Bildung des natürlichen Willens nicht beeinflussen. Erfolgreiche Überzeugungsversuche beseitigen den Widerspruch des Betroffenen. Diese Zustimmung darf nicht mit der Einholung einer rechtfertigenden Einwilligung verwechselt werden. Diese wird vom Betreuer gemäß § 630d Abs. 1 Satz 2 BGB erteilt, der auch über die wesentlichen Umstände und vor allem Risiken aufgeklärt werden muss, § 630e Abs. 4 und § 630d Abs. 2 BGB.

Ernsthaftigkeit des Überzeugungsversuchs

84 Der Versuch, den Betroffenen zu überzeugen, muss mit der entsprechenden Ernsthaftigkeit betrieben werden, das heißt, er muss „mit dem nötigen Zeitaufwand und ohne Ausübung unzulässigen Drucks" durchgeführt werden. Das erfordert häufig einen längeren Zeitaufwand. Teilweise wird verlangt, dass sich die Überzeugungsbemühungen über einen Zeitraum von zehn bis 14 Tagen erstrecken sollten, um dem Betroffenen eine angemessene Zeit einzuräumen. Von Pauschalierungen sollte aber Abstand genommen werden und individuell unter Berücksichtigung der Gesamtsituation des Betroffenen der Zeitaufwand festgelegt werden. Relativ knapp bemessen werden kann der Überzeugungsversuch, wenn der Betroffene z. B. aufgrund eines schweren frühkindlichen Hirnschadens oder wegen einer fortgeschrittenen Demenz zu keiner sinnvollen Kommunikation in der Lage ist. Das gilt auch dann, wenn er bei jedem Versuch eines Gesprächs in einen Erregungszustand gerät. In diesen Fällen müssen die Umstände ausreichend dokumentiert und durch ein ärztliches Attest und/oder eine Bestätigung der Pflegedienstleitung belegt werden. Das Betreuungsgericht kann dann im Rahmen der persönlichen Anhörung des Betroffenen diese Angaben überprüfen. Der Versuch muss vor und unabhängig von der ärztlichen Aufklärung erfolgen, die für die Maßnahme gemäß § 630e BGB erforderlich ist.

Gesetzgeberischer Grund

85 Grund für den geforderten Überzeugungsversuch ist der Verhältnismäßigkeitsgrundsatz. Der Gesetzgeber wollte erreichen, dass ausreichend Zeit investiert wird, um den Betroffenen von der Notwendigkeit der Maßnahme zu überzeugen und eine Änderung seines Willens herbeizuführen. Der Versuch, den Betreuten zu überzeugen, ist sicher im Hinblick auf die Schwere des Grundrechtseingriffs einer Zwangsbehandlung eine unabdingbare Voraussetzung. Darüber hinaus kann dadurch das Selbstbestimmungsrecht gestärkt werden.

Folgen bei unzureichendem Überzeugungsversuch

86 Es handelt sich deshalb auch um eine materiell-rechtliche Voraussetzung für die Wirksamkeit der Einwilligung durch den Betreuer. Unterbleibt der Überzeugungsversuch, ist die Einwilligung unwirksam und die Zwangsmaßnahme rechtswidrig (BGH, Beschl. v. 4.6.2014 – XII ZB 121/14).

Wer übernimmt den Überzeugungsversuch?

Das Gesetz schweigt zur Frage, wer den Versuch unternehmen soll. Die Rechtsprechung verlangt eine „überzeugungsfähige und bereite Person". In erster Linie ist der Betreuer selbst dazu berufen, der sich jedoch von einem Arzt beraten lassen sollte. In Betracht kommen aber auch der behandelnde Arzt oder ein Angehöriger, Freund oder sonstiger Vertrauter. Der Betreuer muss sich aber in jedem Fall Kenntnis davon verschaffen, ob der Überzeugungsversuch ordnungsgemäß durchgeführt wurde. Deshalb wird er in der Regel an dem Überzeugungsversuch teilnehmen müssen (vgl. BGH a. a. O.). In jedem Fall sollte der Betreuer oder der behandelnde Arzt den Überzeugungsversuch schriftlich dokumentieren. Der pauschale Hinweis in der Dokumentation, dass bei den Visiten erfolglos versucht wurde, den Patienten von der Notwendigkeit zu überzeugen, dürfte nicht ausreichen. 87

Ausführungen zum Überzeugungsversuch im Beschluss

Das Betreuungsgericht muss die Durchführung des Überzeugungsversuchs in jedem Einzelfall in der Begründung des Beschlusses feststellen und „in nachprüfbarer Weise" darlegen. Die aus dem Beschluss nachvollziehbare und nachprüfbare Darlegung muss sich logischerweise auf alle vom Gesetz angegebenen Merkmale wie etwa „Ernsthaftigkeit", „Zeitaufwand" und „ohne Ausübung unzulässigen Drucks" beziehen. Pauschale Ausführungen, die lediglich den Gesetzestext wiederholen und nur die Einhaltung der Kriterien behaupten, entbehren jeder Nachprüfbarkeit. 88

Beispiele aus der Praxis

Als ausreichend hat es der BGH angesehen, wenn über zwei Monate im Krankenhaus zweimal wöchentlich während der Visite der Stationsarzt und die Oberärztin versuchen, dem Betroffenen „Sinnhaftigkeit, Notwendigkeit und Gründe der Behandlung zu vermitteln" (BGH, Beschl. v. 2.9.2015 – XII ZB 226/15). 89

Der BGH hat die Ausführungen im Beschluss genügen lassen, dass die Betroffene die notwendige Behandlung „trotz hinreichender Versuche einer freiwilligen Medikation ablehne". Diese pauschalen Ausführungen sind nicht überprüfbar. Allerdings hat das Amtsgericht mit dem Beschluss ein Schreiben der Klinik übersandt, in dem die vergeblichen Versuche eingehender dargestellt wurden (BGH, Beschl. v. 12.9.2018 – XII ZB 87/18). Der BGH widerspricht damit seiner ständigen Rechtsprechung, dass das Gericht „in seiner Entscheidung" das Vorliegen der Voraussetzungen des § 1832 Abs. 1 Satz 1 Nr. 4 BGB darlegen muss. Der Betroffene sollte sich die Begründung nicht aus übersandten Mitteilungen Dritter oder z. B. Protokollniederschriften sowie Berichten anderer Beteiligter zusammensuchen müssen, sondern sich auf den Beschluss konzentrieren können. 90

2.2.6 Stationärer Aufenthalt in einem Krankenhaus

Ärztliche Zwangsmaßnahmen sind nur im Rahmen einer Unterbringung oder zumindest eines stationären Aufenthalts in einem Krankenhaus zulässig, in dem die gebotene medizinische Versorgung des Betreuten einschließlich einer erforderlichen Nachbehandlung sichergestellt ist. Derzeit gibt es keine Zwangsmaßnahme ambulant, in der Klinik, zu Hause, in der Pflegeeinrichtung oder beim Hausarzt. 91

Eine ambulante Zwangsbehandlung hat der Gesetzgeber bisher abgelehnt. Deshalb genügt es nicht, wenn der Betreute gegen seinen natürlichen Willen zu Hause, in der Arztpraxis oder ambulant in einem Krankenhaus oder in einer Pflegeeinrichtung behandelt werden könnte. Die Begründung: 92

> *Mit einer Zulassung von ambulant durchgeführten Zwangsbehandlungen namentlich im psychiatrischen Bereich wäre aber die Gefahr verbunden, dass solche möglicherweise traumatisierende Zwangsbehandlungen in der Praxis regelmäßig, ohne ausreichende Prüfung von weniger eingriffsintensiven Alternativen und damit auch in vermeidbaren Fällen durchgeführt werden. (BT-Drucks. 18/11240, S. 15)*

93 Dieses Argument überzeugt nicht. Die engen Voraussetzungen des § 1832 Abs. 1 BGB würden auch bei ambulanter Behandlung greifen und Zwangsbehandlungen in „vermeidbaren" Fällen verhindern. Man muss aus der Sicht der Betroffenen argumentieren und berücksichtigen, dass die „Traumatisierung" eher mit dem gewaltsamen Eindringen in die Wohnung und der anschließenden Verbringung in die Klinik einhergehen wird, während man in seiner gewohnten Umgebung die Behandlung sehr viel humaner gestalten könnte. Das Wohl (respektive der mutmaßliche Wille) der Betroffenen sollte nicht nur Maßstab für Betreuer und Betreuungsgerichte sein, sondern auch für den Gesetzgeber.

2.2.7 Patientenorientierte Behandlungskonzepte derzeit nicht nutzbar

94 Die Ablehnung ärztlicher Zwangsmaßnahmen in Einrichtungen oder ambulanter Zwangsmaßnahmen zu Hause muss überdacht werden. Seit 2018 besteht die Möglichkeit der Versorgung durch eine sog. stationsäquivalente psychiatrische Behandlung. Dieses „Home-Treatment" (siehe Rn. 99) durch Klinikteams hat sich bewährt und könnte auch in Richtung ärztliche Zwangsmaßnahmen in Pflegeeinrichtungen oder zu Hause weiterentwickelt werden. Der Erhalt der gewohnten Umgebung ist für die Akzeptanz und die Verarbeitung der Eingriffe mehr als wertvoll, da ein häufig patientenfeindliches Umfeld beim Klinikaufenthalt (aggressive Mitpatienten, Mehrbettzimmer, Unruhe, sterile Umgebung, Toiletten am Gang u. a.) Grundlage traumatischer Erlebnisse sein kann.

2.2.8 Keine Zwangsmaßnahme in Alten- oder Pflegeeinrichtung

95 Besonders drastisch wirkt sich die Traumatisierung durch die Verbringung in eine Klinik bei senil dementen Menschen aus. Für sie ist in der Regel jeder Ortswechsel mit Ängsten verbunden. Man möge bedenken, dass es diesen Patienten nicht vermittelt werden kann, wie schnell sie nach einer Behandlung wieder in ihre gewohnte Umgebung zurückkehren können. Deshalb treten hier massive Verlust- und Existenzängste auf. Bei der Rückkehr kommt es dann erneut zu Problemen, weil der Patient seine gewohnte Umgebung nicht mehr erkennt. Der Hinweis der Gesetzesbegründung (BT-Drucks. 18/11240, S. 15) auf die Hilfe durch multiprofessionelle Teams in der Klinik oder gar auf eine mögliche Beteiligung einer klinischen Ethikberatung verkennt die personellen und sachlichen Möglichkeiten der gerontopsychiatrischen Stationen, vernachlässigt das „Wohl" der Betroffenen und beruhigt sein Gewissen mit sinnlosen Scheinlösungen.

95a Mit diesem seit Jahren beklagten Dilemma musste sich das BVerfG befassen, nachdem der BGH sich der hier seit Langem vertretenen Meinung angeschlossen hat (BGH, Beschl. v. 8.11.2023 – XII ZB 459/22). In einem Verfahren zur Genehmigung einer Zwangsbehandlung konnte der BGH gemäß Art. 100 GG dem BVerfG seine Ansicht vortragen, dass § 1906a Abs. 1 Satz 1 Nr. 7 BGB a. F. verfassungswidrig sei. Das sei der Fall, soweit diese Norm eine ärztliche Zwangsmaßnahme nur in einem Krankenhaus zulasse, obwohl sie aus medizinischer Sicht ebenso in der Einrichtung, in der die Person untergebracht ist, möglich wäre, weil dort die erforderliche medizinische Versorgung einschließlich Nachbehandlung sichergestellt werden könnte, andererseits aber „die Verbringung in ein Krankenhaus zur Durchführung einer ärztlichen Zwangsmaßnahme eine gesundheitliche Beeinträchtigung verursachen würde". Dies sei ein Verstoß gegen die sich aus Art. 2 Abs. 2 Satz 1 GG ergebende Schutzpflicht des Staates.

95b Das BVerfG hat die formellen Voraussetzungen des Art. 100 GG bejaht, den ausnahmslosen „Krankenhausvorbehalt" als unangemessen bezeichnet und den Gesetzgeber zur Neuregelung spätestens bis zum Ablauf des 31.12.2026 verpflichtet (BVerfG, Beschl. v. 26.11.2024 – 1 BvL 1/24). Dabei hat es erneut betont, dass ärztliche „Zwangsmaßnahmen gegenüber nicht einwilligungsfähigen Betreuten in Erfüllung der staatlichen Schutzpflicht aus Art. 2 Abs. 2 Satz 1 GG" zulässig sind, aber an strenge Voraussetzungen gebunden werden müssen und nur als letztes Mittel infrage kommen.

95c Allerdings hält das BVerfG die mit dem Krankenhausvorbehalt verfolgten Zwecke für legitim. Das sei der „Schutz vor Zwangsmaßnahmen im privaten Umfeld", die „Prüfung der Voraussetzungen durch ein multiprofessionelles Team", die Verhinderung von „Fehlanreizen" und die „Sicherstellung einer angemessenen fachlichen Versorgung". Dabei handelt es sich zum Teil sicher um „Wunschvorstellungen", die im Klinikalltag kaum umsetzbar sind. Die Kenntnis individueller Eigenheiten der Patienten und die Effektivität professioneller Pflege unter ärztlicher Aufsicht in den Pflegeeinrichtungen dürfen demgegenüber als Vorteil nicht unterschätzt werden. Der Gesetzgeber kann und wird diese Gesichtspunkte bei einer neuen Regelung angemessen würdigen. Dabei würde es sich anbieten, zu berücksichtigen, dass sich die Problemlage auch bei der häuslichen und der ambulanten Pflege ergibt und man sich endlich dem „Tabuthema" häuslicher Gewalt bei der Pflege widmen muss, vgl. dazu ausführlich A 6, Rn. 173 ff.

Das BVerfG hat trotz der partiellen Verfassungswidrigkeit bestimmt, dass bis zum Inkrafttreten einer Neuregelung die bisherige Regelung gilt. Eine abweichende analoge Anwendung, verfassungskonforme Auslegung oder eine richterliche Rechtsfortbildung kommt daher nicht in Betracht (BGH, Beschl. v. 29.1.2025 – XII ZB 459/22). 95d

2.2.9 Zwangsmaßnahme auch bei freiwilligem Aufenthalt oder „Bewegungsunfähigkeit"

Eine ärztliche Zwangsmaßnahme ist jetzt auch zulässig und kann genehmigt werden, wenn der Betroffene freiwillig in der geschlossenen Abteilung verbleibt und keine Anstalten macht, den geschlossenen Bereich räumlich zu verlassen. Dasselbe gilt, wenn die betroffene Person sich aufgrund körperlicher Einschränkungen nicht mehr bewegen kann und keine Versuche unternimmt, sich wegbringen zu lassen. Es genügt der stationäre Aufenthalt in einem geeigneten Krankenhaus. 96

2.2.10 Zwangsmaßnahme bei Unterbringung wegen „Selbstschädigungsgefahr"?

Die frühere Auffassung, dass eine Unterbringung wegen Selbstgefährdung nach § 1831 Abs. 1 Nr. 1 BGB für eine ärztliche Zwangsmaßnahme nicht genüge, kann aus dem Wortlaut des neuen § 1832 BGB wohl nicht mehr hergeleitet werden. Besteht aktuell eine genehmigte Unterbringung, die nur auf § 1831 Abs. 1 Nr. 1 BGB gestützt ist, genügt das für eine Zwangsbehandlung (vgl. dazu BGH, Beschl. v. 12.9.2018 – XII ZB 87/18, Rn. 13, 14). 97

2.2.11 Keine mildere Alternative zur ärztlichen Zwangsmaßnahme

§ 1832 Abs. 1 Satz 1 Nr. 5 BGB bestimmt als weitere Voraussetzung, dass der dem Betreuten drohende erhebliche gesundheitliche Schaden durch keine andere, weniger belastende Maßnahme abgewendet werden kann. Diese Forderung hat erhebliche Brisanz und verlangt kreatives Denken aufseiten der behandelnden Ärzte, Pflegekräfte und Gutachter. Es ist nachzuweisen, dass der erhebliche gesundheitliche Schaden durch keine andere, den Betreuten weniger belastende und damit zumutbare Maßnahme abgewendet werden kann. Die ärztliche Zwangsmaßnahme muss also Ultima Ratio sein und nicht nur eine Möglichkeit neben anderen Behandlungsmaßnahmen. 98

Vorrangig können alternative therapeutische Maßnahmen sein, wie sie Jürgens (Betreuungsrecht, 5. Aufl., § 1906 BGB, Rn. 35) beschreibt. Das sog. Home-Treatment (Behandlungsteam kommt in der akuten Phase zum Patienten) und andere alternative Behandlungsformen, aber auch psychotherapeutische Verfahren dürfen nicht unter den Tisch fallen. 99

2.2.12 Abwägung zwischen Nutzen und Beeinträchtigungen durch die Behandlungen

Alle Vor- und Nachteile müssen ernsthaft diskutiert werden! Ebenfalls dem Grundsatz der Verhältnismäßigkeit geschuldet ist die gesetzliche Forderung, dass „der zu erwartende Nutzen der ärztlichen Zwangsmaßnahme die zu erwartenden Beeinträchtigungen deutlich überwiegt" (§ 1832 Abs. 1 Satz 1 Nr. 6 BGB). Alle Nachteile der Behandlung müssen demnach offen und eingehend diskutiert werden. 100

Beispiele: Nebenwirkungen der Antipsychotika

101 So müssen etwa die Nebenwirkungen der Antipsychotika bedacht werden. Die berüchtigten Spätdyskinesien, also zeitlich verzögert auftretende motorische Störungen mit ungesteuerten Bewegungsabläufen, Zuckungen, Bewegungsanomalien an der Zunge, im Gesicht (Grimassieren) sind allgemein bekannt. Diese zum Teil sehr starken und intensiven Beeinträchtigungen sind therapeutisch kaum zu beeinflussen.

102 Beunruhigend ist vor allem auch die Diskussion, inwieweit durch Antipsychotika eine Hirnatrophie (Gehirnschwund) verursacht oder verstärkt werden kann. Sehr wichtig ist es deshalb auch, Dosis und Dauer der Medikamentierung individuell zu bestimmen und gutachterlich zu begründen.

Sonderfall: Neuroleptika

103 Das BVerfG hat die zwangsweise Gabe von Neuroleptika als besonders schweren Grundrechtseingriff bezeichnet – und zwar im Hinblick auf die Wirkungen dieser Medikamente. Das stellt das BVerfG „schon mit Blick auf die nicht auszuschließende Möglichkeit schwerer, irreversibler und lebensbedrohlicher Nebenwirkungen" fest. Psychopharmaka verändern seelische Abläufe, sodass die Verabreichung gegen den natürlichen Willen des Betroffenen in „besonderem Maße den Kern der Persönlichkeit" betrifft. Diese Fakten erschweren sicher die notwendige Feststellung, dass der Nutzen der Zwangsbehandlung die zu erwartenden Beeinträchtigungen deutlich überwiegt. Häufig werden aber diese Nebenwirkungen von Neuroleptika von Ärzten und Gutachtern nicht nachhaltig genug gewürdigt, um die Betroffenen und ihre gesetzlichen Vertreter nicht zu verunsichern (BVerfG, Beschl. v. 8.6.2021 – 2 BvR 1866/17, Rn. 58).

2.2.13 Notwendig ist ein deutliches Überwiegen des Nutzens der Zwangsmaßnahme

104 Anhand dieser Risiken wird ersichtlich, dass man eine nachhaltige ärztliche Aufklärung einfordern muss, die sich auch mit den Nebenfolgen auseinandersetzt. Betreuer und Bevollmächtigte sollten sich daher nicht scheuen, lästig zu werden, und pauschale Begründungen wie „Zur Vermeidung einer Chronifizierung" nicht akzeptieren. Ob, wann und in welchem Umfang eine Chronifizierung eintritt, kann im konkreten Fall nicht festgestellt werden. Die Frage, ob ein „Weniger" nicht mehr wäre, darf auch gestellt werden, da das Schrauben an der Dosis bei unbefriedigendem Erfolg die schädlichen Folgen erheblich verstärken kann.

105 **Achtung:** Im Ergebnis genügt ein Überwiegen der Vorteile (Nutzen) der Zwangsbehandlung nicht, sondern nur ein deutliches Überwiegen. Bei den Beeinträchtigungen ist auch zu berücksichtigen, dass Zwangsbehandlungen bei psychisch Kranken ein schwerwiegendes Trauma verursachen können.

106 Die Voraussetzungen „Wohl des Betroffenen" und „Zur Abwendung eines drohenden erheblichen gesundheitlichen Schadens" hat der Gesetzgeber in § 1906 Abs. 1 Satz 1 Nr. 1 BGB (a. F.) besonders betont, um diese Ausformung des Verhältnismäßigkeitsgrundsatzes eindringlich hervorzuheben. Die unter diesem Aspekt entwickelten Anforderungen gelten daher auch nach der Streichung des Begriffs „Wohl" aufgrund des Verhältnismäßigkeitsgrundsatzes.

107 Deshalb müssen die behandelnden Ärzte genau und konkret darlegen, welche Schäden drohen, wenn die Zwangsmaßnahme unterbleiben würde. Die häufig nicht belegte Behauptung, es drohe eine „Chronifizierung" der Krankheit, muss hinterfragt werden. Ob und wann der Übergang von einer „vorübergehenden zur dauerhaften Präsenz einer Krankheit" (Chronifizierung) droht, kann in der Regel nicht vorhergesagt werden. Vor allem ist es kaum möglich zu prognostizieren, ob die geplante Behandlung geeignet ist, einer Chronifizierung Einhalt zu gebieten, oder – was die Regel sein wird – ohne Bedeutung für den späteren Verlauf der Krankheit oder einen möglichen „Rückfall" ist. Insbesondere bei wiederholten Behandlungen sind ernstliche Zweifel an der Vermeidung einer Chronifizierung angebracht, da sie dann ja bereits eingetreten ist. Soweit ein Gutachten ausführt, dass die Chronifizierung der Erkrankung ohne die ärztliche Behandlung „fortschreiten" könnte, besagt das für sich genommen noch nichts über eine bestehende erhebliche Gesundheitsgefährdung, der nur mit einer Unter-

bringung bzw. Zwangsbehandlung begegnet werden könnte (BGH, Beschl. v. 30.11.2022 – XII ZB 257/22, Rn. 13).

Die Vermeidung aggressiver Zustände und der Schutz des sozialen Umfelds sind für sich 108
genommen keine drohenden erheblichen gesundheitlichen Schäden, sondern nur als Indiz für das Vorliegen oder Drohen erheblicher Gesundheitsschäden zu werten. Sachdienlich ist es immer, die Ergebnisse und Verlaufsformen früherer Behandlungen zu ermitteln und zu berücksichtigen. Wurden bereits früher gravierende und erhebliche Beschwerden (Leiden) verursachende Krankheitssymptome durch eine medikamentöse Behandlung wirksam beseitigt, spricht das dafür, dass bei einer aktuellen Erkrankung derartige erhebliche gesundheitliche Schäden mit der Behandlung erfolgreich vermieden werden können.

2.2.14 Die ärztliche Zwangsmaßnahme muss dem nach § 1827 BGB zu beachtenden Willen des Betreuten entsprechen

§ 1832 Abs. 1 Satz 1 Nr. 3 BGB verlangt die positive Feststellung, dass die ärztliche 109
Zwangsmaßnahme dem nach § 1827 BGB festzustellenden Willen entspricht. Dies gilt primär für eine Patientenverfügung im Sinne von § 1827 Abs. 1 Satz 1 BGB (vgl. A 5 Rn. 131). Diese steht einer ärztlichen Zwangsmaßnahme aber nur dann entgegen, wenn sie wirksam errichtet wurde, eine Regelung zu Zwangsbehandlungen enthält und auch in der konkreten Behandlungssituation Geltung beanspruchen soll (BGH, Beschl. v. 5.2.2025 – XII ZB 547/24; Beschl. v. 15.3.2023 – XII ZB 232/21). § 1832 Abs. 1 Satz 1 Nr. 3 BGB besagt aber auch, dass nicht nur eine vorhandene Patientenverfügung gemäß § 1827 Abs. 1 BGB zu beachten ist, sondern gemäß § 1827 Abs. 2 BGB auch Behandlungswünsche und der mutmaßliche Wille.

1. Variante: Patientenverfügung, Behandlungswunsch und mutmaßlicher Wille erlauben künftige ärztliche Maßnahmen

Eine verbindliche (antizipative) Einwilligung in künftige ärztliche Zwangsmaßnahmen ist nicht 110
umsetzbar, wenn der aktuelle natürliche Wille entgegensteht. Nach h. M. (BGH, Beschl. v. 6.7.2016 – XII ZB 61/16; BT-Drucks. 16/8442, S. 14/15) ist immer zu prüfen, „ob das aktuelle Verhalten des nicht mehr entscheidungsfähigen Betroffenen konkrete Anhaltspunkte dafür liefert, dass er unter den gegebenen Umständen den zuvor schriftlich geäußerten Willen nicht mehr gelten lassen will". Das heißt, dass eine Patientenverfügung, Behandlungswünsche und der mutmaßliche Wille wertlos sind, wenn der Betroffene mit natürlichem Willen aktuell widerspricht. Er muss sich dann seine Erklärungen von früher nicht entgegenhalten lassen. Der Betreuer wird deshalb kaum geeignete Fälle finden, den Betreuten „auf die Möglichkeit einer Patientenverfügung" hinzuweisen „und ihn auf dessen Wunsch bei der Errichtung einer Patientenverfügung" zu unterstützen, wie es der neue § 1827 Abs. 4 BGB vorsieht.

2. Variante: Patientenverfügung, Behandlungswunsch und mutmaßlicher Wille verbieten künftige ärztliche Maßnahmen

Realistischer ist das Szenario, dass der – unwiderlegbar einwilligungsfähige – Betreute in einer 111
Patientenverfügung jede Behandlung mit Neuroleptika oder anderen Mitteln ablehnt. Die Ablehnung ärztlicher Maßnahmen ist ohne ärztliche Aufklärung möglich und auch der Bestimmtheitsgrundsatz setzt keine so engen Grenzen wie bei der Einwilligung. Lehnt der Betreute im Ernstfall eine Behandlung aufgrund seiner Wahnvorstellung ab, kann er also auf seine frühere, bindende Patientenverfügung verweisen. Sollten die Voraussetzungen der Patientenverfügung nicht erfüllt sein, müsste man diese Ausführungen häufig als bindenden Behandlungswunsch ansehen – mit der Konsequenz, dass ebenfalls jede Behandlung blockiert wäre, soweit nicht die Grenzen des § 1821 Abs. 3 BGB greifen (siehe A 3, Rn. 6 ff.). Soweit der Gesetzgeber (BT-Drucks. 18/11240, S. 18) an die in der Psychiatrie häufig angestrebten „Behandlungsvereinbarungen" gedacht hat, wird übersehen, dass diese zwar einen sehr guten therapeutischen Ansatz darstellen, der aber entwertet wird, wenn man seine Verrechtlichung über § 1827 BGB betreibt. Fehlen Patientenverfügung oder Behandlungswünsche, muss auch noch der mutmaßliche Wille geprüft werden.

112 Der mutmaßliche Wille ist anhand konkreter Anhaltspunkte zu ermitteln, insbesondere unter Berücksichtigung früherer mündlicher oder schriftlicher Äußerungen, ethischer oder religiöser Überzeugungen und sonstiger persönlicher Wertvorstellungen des Betroffenen, § 1827 Abs. 2 BGB. Der BGH fordert, dass der Betreuer letztlich eine These aufstellt, wie sich der Betroffene selbst in der konkreten Situation entschieden hätte, wenn er noch über sich selbst bestimmen könnte. Das dürfte kaum möglich sein, ohne in unzulässige Spekulationen zu verfallen (siehe A 3, Rn. 21).

2.2.15 Einwilligungsfähigkeit oder „zu beachtender Wille" sind nicht feststellbar

113 Die Frage, ob der Betroffene bei der Festlegung einer Patientenverfügung oder eines Behandlungswunsches einwilligungsfähig war, also „mit freiem Willen und im Bewusstsein über ihre Reichweite" entschieden hat, ist häufig auch mit Unterstützung eines Gutachters nicht sicher feststellbar. Das BVerfG hat unter Hinweis darauf, dass es sich um einen schwerwiegenden Eingriff in ein hochrangiges Grundrecht handelt, bestimmt, dass „Unklarheiten in der Bewertung von Tatsachen grundsätzlich nicht zu Lasten des Grundrechtsträgers gehen". Das heißt, im Zweifel muss von der Wirksamkeit der antizipativen Erklärung ausgegangen werden (BVerfG, Beschl. v. 8.6.2021 – 2 BvR 1866/17, Rn. 74).

114 Der Wortlaut des § 1832 Abs. 1 Satz 1 Nr. 3 BGB legt die Vermutung nahe, dass der Gesetzgeber von der irrigen Meinung ausgegangen ist, dass immer eine Patientenverfügung, ein Behandlungswunsch oder zumindest ein mutmaßlicher Wille feststellbar ist. In der Praxis scheitert aber häufig der Versuch, einen derartigen antizipativen Willen festzustellen. Man denke an schwere frühkindliche Hirnschäden oder Alleinstehende ohne soziales Umfeld. Die Einwilligung des Vertreters in eine ärztliche Zwangsmaßnahme kann aber auch dann genehmigt werden, wenn ein nach § 1827 BGB zu beachtender Wille des Betroffenen nicht festgestellt werden kann (vgl. zum Ganzen BGH, Beschl. v. 6.7.2016 – XII ZB 61, Rn. 16, und v. 29.7.2020 – XII ZB 173, Rn. 18).

2.2.16 Verbringung zum stationären Aufenthalt in einem Krankenhaus

115 Die ärztliche Zwangsmaßnahme findet in der Regel im Rahmen einer geschlossenen Unterbringung statt. Nach § 1832 Abs. 1 Satz 1 Nr. 7 BGB genügt es aber, wenn die ärztliche Zwangsmaßnahme im Rahmen eines stationären Aufenthalts in einem Krankenhaus, in dem die gebotene medizinische Versorgung des Betreuten einschließlich einer erforderlichen Nachbehandlung sichergestellt ist, durchgeführt wird.

116 Muss der Betroffene gegen seinen natürlichen Willen zu einem stationären Aufenthalt in ein Krankenhaus gebracht werden, muss ein sog. Verbringungsbeschluss ergehen. Während bei einer genehmigten geschlossenen Unterbringung die gewaltsame Verbringung dorthin vom Unterbringungsbeschluss umfasst ist, musste die Verbringung zum stationären Aufenthalt in einem Krankenhaus gegen den natürlichen Willen gesetzlich geregelt werden. Gemäß § 1832 Abs. 4 BGB gilt „für die Verbringung des Betreuten gegen seinen natürlichen Willen zu einem stationären Aufenthalt in ein Krankenhaus" § 1831 Abs. 1 Nr. 2, Abs. 2 und 3 Satz 1 BGB entsprechend. Das heißt, die Verbringung ist nur mit Genehmigung des Betreuungsgerichts zulässig, wenn die Voraussetzungen für eine Unterbringung wegen Behandlungsbedürftigkeit vorliegen, wenn „also zur Abwendung eines drohenden erheblichen gesundheitlichen Schadens eine Untersuchung des Gesundheitszustands, eine Heilbehandlung oder ein ärztlicher Eingriff notwendig ist, die Maßnahme, ohne die Unterbringung des Betreuten nicht durchgeführt werden kann und der Betreute auf Grund einer psychischen Krankheit oder geistigen oder seelischen Behinderung die Notwendigkeit der Unterbringung nicht erkennen oder nicht nach dieser Einsicht handeln kann". Ohne die nach § 1831 Abs. 2 Satz 1 BGB erforderliche Genehmigung ist die Verbringung nur zulässig, wenn mit dem Aufschub Gefahr verbunden ist; die Genehmigung ist dann unverzüglich nachzuholen.

2.2.17 Genehmigung der ärztlichen Zwangsmaßnahme erst nach Vollzug des Verbringungsbeschlusses

Erst aus der Begründung (BT-Drucks. 18/12842, S. 8) ergibt sich, dass „erreicht werden" sollte, „dass grundsätzlich zunächst nur über die (zwangsweise) Verbringung in ein Krankenhaus entschieden wird, bevor später in einem zweiten Schritt darüber zu entscheiden ist, ob die Genehmigung der Einwilligung in eine ärztliche Zwangsmaßnahme erteilt werden darf". Nur ansatzweise kommt diese Absicht des Gesetzgebers in der Formulierung zum Ausdruck: „Kommt eine ärztliche Zwangsmaßnahme in Betracht, ..." Das Verfahren wird dadurch sehr komplex und unübersichtlich. Zunächst ist eine Genehmigung zur Verbringung in ein Krankenhaus unter Einhaltung aller Verfahrensvorschriften anzuregen. Nach Erteilung der Genehmigung kann der Transport durchgeführt werden. Im Krankenhaus angekommen muss im zweiten Schritt geprüft werden, ob der Betroffene jetzt vielleicht doch einwilligt. Falls nicht, muss das Betreuungsgericht ein weiteres Genehmigungsverfahren durchführen und prüfen, ob die ärztliche Zwangsmaßnahme zulässig ist und genehmigt werden kann. Im Krankenhaus darf der Betroffene aber nicht festgehalten werden, bis die Genehmigung erteilt ist, sodass er zurückgebracht werden muss. Allerdings wird man als Betreuer die doppelte Genehmigung anregen können, da die unklare Andeutung eines Verfahrens in zwei Schritten nicht als Verbot einer Einheitsentscheidung verstanden werden muss. 117

Checkliste für eine ärztliche Zwangsmaßnahme

Die Einwilligung in eine ärztliche Zwangsmaßnahme stellt einen schwerwiegenden Eingriff in das Grundrecht auf körperliche Unversehrtheit und das Selbstbestimmungsrecht dar. Sie ist Ultima Ratio und bedarf eingehender Begründung.

- Genügen die angeordneten Aufgabenbereiche (z. B. Gesundheitsfürsorge, freiheitsentziehende Unterbringung)?
- Widerspricht eine erforderliche ärztliche Maßnahme nach § 1832 Abs. 1 Satz 1 BGB dem natürlichen Willen des Betroffenen?
- Hat der Arzt die erforderliche Maßnahme möglichst konkret und präzise umschrieben (z. B. Name des Medikaments und Wirkstoffs, Verabreichungsform, Dauer, Konzentration, Nebenwirkungen)?
- Ist der Betroffene einwilligungsunfähig? Kann das durch ärztliche Aussagen belegt werden?
- Hat ein qualifizierter Überzeugungsversuch stattgefunden?
  1. Wann und wo wurde der Überzeugungsversuch durchgeführt?
  2. Welche „überzeugungsfähige und -bereite Person" hat den Versuch unternommen?
  3. Welche Personen waren dabei anwesend?
  4. Ist die Vorlage einer Dokumentation möglich?
  5. Wie hat der Betroffene reagiert?
- *Welche gesundheitlichen Schäden (z. B. Selbstgefährdung, Chronifizierung oder Verschlimmerung der bestehenden Krankheit, kognitive Einbußen) drohen und wie gewichtig sind diese? Können diese Schäden durch ein ärztliches Gutachten/Zeugnis belegt werden?*
- Hat der behandelnde Arzt alternative Maßnahmen geprüft, die den drohenden Schaden abwenden könnten?
- Welche Beeinträchtigungen sind durch die ärztlichen Zwangsmaßnahmen zu erwarten (z. B. Nebenwirkungen, Langzeitfolgen, Gefahr von Komplikationen, psychische Belastung durch die Anwendung von Zwang)?
- Überwiegt der Nutzen der ärztlichen Zwangsmaßnahme die zu erwartenden Beeinträchtigungen erheblich?
- Wie lange wird die ärztliche Zwangsmaßnahme erforderlich sein?

Checkliste für eine ärztliche Zwangsmaßnahme
• Liegt eine wirksame Patientenverfügung vor, die einer Zwangsbehandlung entgegenstehen würde? Besonders zu prüfen ist die Frage der Einwilligungsfähigkeit im Zeitpunkt der Erstellung der Patientenverfügung. Falls nicht: Gibt es darüber hinaus formlose Behandlungswünsche? Gibt es konkrete Anhaltspunkte für einen mutmaßlichen Willen?

2.2.18 Verhältnis zur Zwangsbehandlung im Maßregelvollzug oder währende der Unterbringung nach PsychKG/PsychKHG

118 Zwangsbehandlungen werden auch in den PsychKG/PsychKHG und den Maßregelvollzugsgesetzen der Länder geregelt (siehe Rn. 321 und 352). Allerdings gibt es sehr unterschiedliche Voraussetzungen, sodass Raum für Zwangsbehandlungen bleibt, z. B. bei somatischen Erkrankungen, die nicht oder nicht ausreichend in den Landesgesetzen geregelt sind. Eine zivilrechtliche Zwangsbehandlung kann daher genehmigt werden. Da es sich bei den Maßregelvollzugsgesetzen um Landesgesetze handelt, können diese auch nicht das BGB, also ein Bundesgesetz, aufheben und notwendige ärztliche Maßnahmen verhindern. Dasselbe gilt für zivilrechtliche Zwangsbehandlungen während einer Unterbringung nach dem PsychKG oder PsychKHG.

2.3 Unterbringungsähnliche bzw. freiheitsentziehende Maßnahmen

119 Für freiheitsentziehende Maßnahmen, die keine Unterbringungen sind, gilt gemäß § 1831 Abs. 4 BGB grundsätzlich das zur Unterbringung Dargelegte „entsprechend". Diese Maßnahmen sind nur zulässig, wenn das Betreuungsgericht sie genehmigt.

2.3.1 Katalog der Maßnahmen

120 Es geht um Maßnahmen, die eine Freiheitsentziehung durch mechanische Vorrichtungen, Medikamente oder auf andere Weise herbeiführen. Eine abschließende Aufzählung gibt es nicht, da der technische Fortschritt und die individuellen Gestaltungsmöglichkeiten ein sehr breites Anwendungsgebiet eröffnen. Als unterbringungsähnliche Maßnahmen gemäß § 1831 Abs. 4 BGB sind aber folgende Vorgänge zu verstehen:

Übersicht möglicher freiheitsentziehender Maßnahmen

- Festbinden mit einem Leib- oder Bauchgurt im Bett oder auf dem Stuhl
- Fixierung der Extremitäten durch Hand- oder Fußfesseln
- Bettgitter, die das Verlassen des Betts verhindern
- Tisch/Brett am Stuhl, die das Aufstehen unmöglich machen
- Sitzhose am Stuhl, die das Aufstehen oder Herausrutschen verhindert
- Wegnahme einer zur Fortbewegung notwendigen Beinprothese, eines Gehstocks, Rollators oder Rollstuhls
- Anlegen nicht abziehbarer Handschuhe (Schutz vor Herausziehen einer Infusionsnadel oder Verhinderung der Öffnung von Schließmechanismen)
- Der Betroffene wird gezielt durch Schlafmittel oder andere Medikamente daran gehindert, aufzustehen und sich fortzubewegen.
- Anbringen sog. Schutzdecken
- Anlegen eines besonderen „Schlafsacks", der auch fixiert werden kann
- Einige Stimmen in der Literatur und Rechtsprechung wenden die Vorschriften für unterbringungsähnliche Maßnahmen auch an, wenn
  1. das Verlassen der Einrichtung nur bei Betätigung ungewöhnlich komplizierter Schließmechanismen möglich ist.
  2. die Eingangstür zeitweilig – insbesondere nachts – verschlossen wird, ohne dass der Betreute einen Schlüssel erhält oder ein Portier das jederzeitige Verlassen der Einrichtung ermöglicht.

Übersicht möglicher freiheitsentziehender Maßnahmen
3. der Pförtner oder anderes Personal den Betreuten zurückhält, wenn er die Einrichtung verlassen will.

Von einer Unterbringung muss man dagegen ausgehen, wenn die persönliche Bewegungsfreiheit des Betroffenen auf einen bestimmten räumlichen Lebensbereich begrenzt und nach allen Richtungen verhindert wird. Anhand dieser Definition lässt sich auch die Frage leicht entscheiden, ob niedrigschwellige Rückhaltemaßnahmen wie Trickschlösser, schwer gehende Türen und Zahlenkombinationen eine freiheitsentziehende Unterbringung darstellen. Selbstverständlich ja, wenn der Betroffene aufgrund dieser Maßnahmen auf bestimmte Örtlichkeiten beschränkt wird. Das gilt dann auch für den fürsorglichen Pförtner, der das Verlassen des Hauses verhindert, Überwachung und Zurückhaltung nach Kontrolle über Videoanlagen, Lichtschranken etc. (siehe Rn. 38 und 42). 121

Der Gesetzgeber sollte die wenig aussagekräftige Unterscheidung zwischen Unterbringung und unterbringungsähnlichen Maßnahmen aufgeben und das Ausmaß der Prüfung der Intensität des Eingriffs anpassen. Die mit einem teuren Gutachten genehmigte Unterbringung in einer weitläufig angelegten „beschützenden Abteilung" mit Innenhof, Nachtcafé oder einem sog. Snoezelenraum dürfte für einen Bewohner, der mit Bauchgurt und Fixierung der Extremitäten jede Nacht an sein Bett gefesselt wird, einen geradezu paradiesischen Zustand darstellen. Letztere Maßnahme kann aber immer noch mit einem dünnen ärztlichen Zeugnis begründet werden. 122

Ein Betreuer sollte sich auf diesen juristischen Streit nicht einlassen. Er kann und muss ohne Rücksicht auf die Ansicht des für den Betroffenen zuständigen Gerichts die seiner Ansicht nach notwendige Maßnahme beantragen. Bei den vorläufigen Maßnahmen spielt die Unterscheidung zudem keine Rolle, da sowohl bei der Unterbringung als auch bei den unterbringungsähnlichen Maßnahmen ein ärztliches Zeugnis genügt. 123

2.3.2 Voraussetzungen für den Einsatz der Maßnahmen

- Der Betroffene muss sich in einem Krankenhaus, einem Heim oder einer sonstigen Einrichtung befinden.
- Die Maßnahmen werden über einen längeren Zeitraum oder regelmäßig angewandt.

  Definition: Längerer Zeitraum

Die Frage, wann ein „längerer Zeitraum" vorliegt, wurde bisher sehr unterschiedlich beurteilt. Mit den Grundrechten unvereinbar und letztlich willkürlich war die Ansicht, der Klinik einen Zeitraum von mindestens drei Tagen (!) einzuräumen und zwar ohne ärztliche Anordnung. Drei Tage lang einen Menschen ans Bett zu fesseln grenzt an Folter und ist menschenunwürdig (so OLG Bamberg, Urt. v. 5.12.2011 – 4 U 72/11). Es wurden auch andere Grenzen vertreten wie etwa 24 Stunden oder bis zum Ablauf des nächsten Tages, analog § 128 StPO. Eine sachliche Begründung gibt es aber für keine bestimmte Dauer, sodass jede zeitliche Begrenzung letztlich willkürlich erscheint. 124

Das BVerfG hat entschieden, „dass von einer kurzfristigen Maßnahme" in der Regel auszugehen ist, „wenn sie absehbar die Dauer von ungefähr einer halben Stunde unterschreitet". Das Urteil vom 24.7.2018 (2 BvR 502/16) betraf unmittelbar Fixierungen nach den PsychKG/PsychKHG der Länder und bestimmt, dass nur kurzfristige Fixierungen von bis zu 30 Minuten keine Freiheitsentziehung darstellen und somit nicht dem Richtervorbehalt des Art. 104 Abs. 2 GG unterliegen. Diese Rechtsprechung wurde auch auf die zivilrechtlich begründete Fixierung angewendet, weil der Staat aufgrund seiner Schutzpflicht einerseits notwendige Fixierungen zulassen muss, andererseits dann auch die staatliche Kontrolle mittels einer richterlichen Genehmigungspflicht ausüben muss. Dabei kann es keinen Unterschied machen, ob § 1831 Abs. 4 BGB, ein Strafvollzugsgesetz, ein PsychKHG oder ein Maßregelvollzugsgesetz als Ermächtigungsgrundlage herangezogen wird, da in allen Fällen die Eingriffsintensität sehr 125 hoch ist und der Rechtsschutz die gleichen Maßstäbe anlegen muss. Zudem betont das BVerfG, dass Art. 104 Abs. 2 GG unmittelbar geltendes Recht darstellt. Deshalb hat über jede Freiheitsentziehung nur der Richter zu entscheiden und nur im Ausnahmefall genügt die nach einer bereits durchgeführten Freiheitsentziehung unverzüglich nachzuholende richterliche Entscheidung.

Definition: Regelmäßiges Entziehen

126 Die zweite gesetzliche Alternative ist das regelmäßige Entziehen der Freiheit. Diese durchaus gängige Form der Fixierung hat das BVerfG in seiner grundlegenden Entscheidung nicht angesprochen. Regelmäßig erfolgt die Freiheitsentziehung, wenn sie sich in bestimmten Abständen wiederholt, das heißt, in zeitlich festgelegten Intervallen oder bei wiederkehrenden Anlässen angewendet wird. Das Festbinden einer Person zur gefahrlosen Verabreichung einer einmaligen Injektion (z. B. Impfung) ist daher nicht regelmäßig. Muss die Injektion wöchentlich erfolgen, bei immer wieder auftretenden Unruhezuständen oder epileptischen Anfällen, und wird der Patient dabei festgebunden, ist das eine freiheitsentziehende Maßnahme. Auf die Dauer kommt es bei der Alternative „regelmäßig" nicht an (BGH, Beschl. v. 7.1.2015 – XII ZB 395/14).

127 Diese Fälle müssen aber deutlich von sog. Vorratsbeschlüssen abgegrenzt werden. Diese gehen nur von einem möglichen künftigen Bedarf aus und basieren nicht auf begründet zu erwartenden Wiederholungen von Fixierungssituationen.

2.3.3 Selbstgefährdung oder Behandlungsbedürftigkeit

128 Es muss aufgrund einer psychischen Krankheit oder geistigen bzw. seelischen Behinderung die Gefahr bestehen, dass sich der Betroffene selbst tötet bzw. erheblichen gesundheitlichen Schaden zufügt. Oder es sind eine Untersuchung des Gesundheitszustandes, eine Heilbehandlung oder ein ärztlicher Eingriff notwendig, die ohne die Maßnahme nicht durchgeführt werden können.

2.3.4 Einwilligungsunfähigkeit

129 Der Betroffene kann aufgrund einer psychischen Krankheit oder geistigen oder seelischen Behinderung die Notwendigkeit der Maßnahme nicht erkennen oder nicht nach dieser Einsicht handeln (siehe Rn 81).

2.3.5 Zusätzliche (ungeschriebene) Voraussetzungen

130 Bei der Anwendung des § 1831 Abs. 4 BGB müssen wohl die etwas strengeren Voraussetzungen und Durchführungsbestimmungen beachtet werden, die das BVerfG in seiner Entscheidung vom 24.7.2018 festgelegt hat. Die Fixierung muss unerlässlich (Ultima Ratio) sein, das heißt,

- keine milderen Alternativen sind gangbar und erfolgversprechend (evtl. Isolierung, therapeutische Gespräche, Spaziergänge, Angebot beruhigender Medikamente, Festhalten etc.).
- Es muss ferner um die Abwendung einer gegenwärtigen erheblichen Selbstgefährdung gehen. Die Anordnung und Überwachung durch einen Arzt müssen gewährleistet sein.
- Achtung: Eine Eins-zu-eins-Betreuung während der Fixierung durch geschultes Personal ist geboten.
- Eine Dokumentation muss erstellt werden (Anordnung, Gründe, Durchsetzung, Dauer, Überwachung).
- Beim Scheitern des Richtervorbehalts muss über die Möglichkeit belehrt werden, die Rechtmäßigkeit überprüfen zu lassen.
- Diese zusätzlichen Voraussetzungen können wohl im Wege der verfassungskonformen Auslegung berücksichtigt werden.

2.3.6 Besonderheiten der betreuungsgerichtlichen Genehmigung

Die Maßnahmen des Betreuers bzw. Bevollmächtigten bedürfen einer betreuungsgerichtlichen 131 Genehmigung, § 1831 Abs. 4 i. V. m. Abs. 2 BGB. Das Verfahren läuft wie bei einer Unterbringung ab, allerdings genügt ein ärztliches Zeugnis anstelle eines Sachverständigengutachtens, § 321 Abs. 2 FamFG.

Das Gericht muss und darf sich nicht immer mit einem ärztlichen Zeugnis zufriedengeben. 132 Gerade bei schwerwiegenden Maßnahmen, die nachhaltig die Grundrechte des Betroffenen beeinträchtigen (Bauchgurt im Bett, Fixieren der Extremitäten etc.), kann die Amtsermittlungspflicht gemäß §§ 26 und 30 Abs. 1 FamFG dazu führen, dass der Richter ein Sachverständigengutachten einholen muss.

Auch andere Formen der Sachverhaltsermittlung können geboten sein. Häufig ist es für den 133 Richter unabdingbar, die Pflegedokumentation (vgl. § 13 Abs. 1 Satz 2 Nr. 9 HeimG bzw. Art. 7 PfleWoqG) einzusehen, um zu überprüfen, ob früher bereits Stürze vorgefallen sind und wie sich diese abgespielt haben. Nur so kann festgestellt werden, ob ein Sturz den Schluss zulässt, dass zur Sturzprophylaxe nachts ein Bauchgurt angelegt werden muss. Ist der Betroffene am Tag im Gemeinschaftsraum ausgerutscht, kann das keinen Bauchgurt während der Bettruhe begründen.

2.3.7 Beispiels- und Problemfälle

Überreden ohne Zwang?

Keine Freiheitsentziehung liegt vor, solange der Betreute ausschließlich durch bloße 134 Überredung dazu gebracht werden soll, in der Einrichtung zu bleiben. Das ist der Fall, wenn ein Pförtner den Betreuten davon überzeugt, dass es besser wäre, nicht ohne Begleitung auszugehen. Der Fortbewegung dürfen aber keine Hindernisse in den Weg gelegt werden. Wird die Überzeugungsarbeit mithilfe der Androhung von Nachteilen verstärkt, wird psychischer Druck ausgeübt oder wird dem Betroffenen keine Entscheidungsfreiheit eingeräumt, so ist die Schwelle zur Freiheitsentziehung überschritten. Das Ganze ist schon deshalb problematisch, weil man beim „Überreden" von einem einsichtigen, einwilligungsfähigen Bewohner ausgeht, der noch selbst über seine Fortbewegung entscheiden kann. Einwilligungsfähigkeit dürfte aber bei den meisten Bewohnern nicht mehr vorliegen, vor allem wenn sie besonders überwacht werden (Ortungsanlagen etc.).

Einsatz von Medikamenten

Genehmigungspflichtig sind Maßnahmen nur, wenn durch sie die Freiheit „entzogen werden 135 soll", die also zumindest auch darauf abzielen, den Betreuten an der Fortbewegung zu hindern. Das trifft nicht zu, wenn ein anderer, z. B. therapeutischer Zweck verfolgt wird und die Freiheitsentziehung eine nur in Kauf genommene Folge darstellt.

Vor allem bei Medikamenten ist dieser Gesichtspunkt wichtig. Schlafmittel, die gegeben 136 werden, um Schlaflosigkeit zu beheben oder um wenigstens in der Nacht die Schmerzen des Betroffenen zu lindern, fallen nicht unter § 1831 Abs. 4 BGB, auch nicht der therapeutisch begründete Einsatz von Beruhigungsmitteln bei akuten Anfällen. Hingegen greift § 1931 Abs. 4 BGB ein, wenn Sedativa verabreicht werden, um die Pflege zu erleichtern, die Hausruhe zu fördern oder die Bewohner einer Einrichtung allgemein ruhigzustellen. Die Differenzierung wird oft schwierig sein, zumal therapeutische Zwecke bewusst in den Vordergrund gestellt werden können. Besonders auffällig wird das, wenn für den Fall nächtlicher Unruhe eine sog. Bedarfsmedikation vom Arzt verschrieben und vom Pflegepersonal verabreicht wird. Hier liegt der Verdacht nahe, dass bei nächtlicher Unruhe, bei einer Tag-Nacht-Umkehr oder altersbedingter Schlaflosigkeit keine pflegerische Versorgung möglich ist und der Personalmangel mit dem Medikamenteneinsatz ausgeglichen wird. Jeder Arzt wird zudem bestätigen, dass mit steigendem Alter das Schlafbedürfnis rapide abnimmt, sodass man mit den Arzneimitteln häufig nur eine natürliche Alterserscheinung „bekämpft".

137 Der Betreuer sollte daher regelmäßig die Medikamente überprüfen oder zumindest die Beipackzettel durchlesen und bei Bedenken mit dem Arzt Rücksprache halten. Im Zweifel ist eine Maßnahme, die objektiv freiheitsentziehend ist, genehmigungspflichtig.

Fehlmedikation im Alter vermeiden!

138 Bis heute unterschätzen oder verkennen auch Ärzte und Pflegekräfte, dass mit zunehmendem Alter Medikamente anders wirken. Zur Vermeidung einer gefährlichen Fehlmedikation aufgrund der im Alter neu strukturierten Reaktion auf Psychopharmaka und andere Medikamente sollte die Auswahl der Arzneimittel von einem gerontopsychiatrischen Arzt vorgenommen oder kontrolliert werden. Seit 2010 gibt es die sog. PRISCUS-Liste mit einer systematischen Zusammenstellung „potenziell inadäquater Medikation (PIM) für ältere Patienten". Diese für Deutschland vom Forschungsverbund „priscus" erstellte Liste findet man im Internet unter „priscus.net" bzw. www.gelbe-liste.de.

139 Die sog. Beers-Kriterien beruhen auf einer US-amerikanischen Studie und beinhalten ebenfalls eine derartige PIM-Liste mit Arzneimitteln, deren Verabreichung bei Menschen über 65 Jahren problematisch sein kann. Es sollte zusätzlich eine sorgfältige Dokumentation aller einschlägigen Medikationen, ihrer Zwecke und ihrer Anlässe verlangt, eingesehen und überprüft werden.

Initiative München – ein erfolgversprechender neuer Ansatz

140 Interessante Ansätze zur Vermeidung unterbringungsähnlicher Maßnahmen durch Einsatz von Medikamenten hat das Betreuungsgericht München im Rahmen der sog. Initiative München erarbeitet. Dabei wendet das AG München ähnliche Strategien an, die sich auch schon beim Werdenfelser Weg als sehr zielführend erwiesen haben. Das Gericht hat in bestimmten Fällen die jährliche Berichtspflicht auch auf dieses Thema fokussiert und stellt gezielt Fragen nach der Medikamentierung. Dabei kann der Betreuer auf den persönlichen Medikamentenplan (vgl. dazu § 31a SGB V) verweisen oder eine Kopie des Medikamentenblatts der Pflegeeinrichtung vorlegen. Das Gericht überprüft diese Übersicht und hakt bei Auffälligkeiten nach. Nach einer fachlichen Diskussions- und Kommunikationsphase wird unter Umständen ein Genehmigungsverfahren angestoßen. Hier kommen dann pflegefachlich geschulte Verfahrenspfleger und bei Bedarf Gutachter zum Einsatz. Es können aber auch ergänzend Stellungnahmen der Betreuungsbehörden eingeholt werden. Ziel ist es, eine möglichst geringe Eingriffsintensität zu erreichen, Alternativen aufzuzeigen und so eine optimale Vorgehensweise im Konsens zu ermöglichen. Weiterführende Informationen findet man auf der Homepage des AG München (www.justiz.bayern.de/gerichte-und-behoerden/amtsgerichte/muenchen/spezial_1.php) unter dem Reiter „Projekte" und in Promies, Die Initiative München, BtPrax 4/2019, S. 141.

Absperren der Zimmertür (Time-out, nächtlicher Einschluss)

1. Zusätzlich zur genehmigten Unterbringung

141 Im Grunde genommen handelt es sich um eine Ausgestaltung der Unterbringung, ähnlich dem nächtlichen Zelleneinschluss in einer Justizvollzugsanstalt. Die Zimmertür ist genauso eine mechanische Vorrichtung wie die Ausgangstür der geschlossenen Station. Andererseits darf man es nicht der willkürlichen Entscheidung der Einrichtung überlassen, die Freiheit gravierend weiter und vor allem intensiver einzuschränken. Deshalb sollte im Unterbringungsbeschluss die Möglichkeit des zeitlich begrenzten Absperrens der Zimmertür zusätzlich aufgeführt werden. Das Gericht muss aber dann auch die Notwendigkeit dieser Maßnahme anhand der Voraussetzungen für eine Unterbringung prüfen.

142 Das Betreuungsgericht muss schließlich wissen, was es genehmigt. Ansonsten könnte man dem Richter eine paradiesisch angelegte „beschützende Abteilung" vorführen und dann die Leute im Zimmer einsperren. Wird ein sog. Time-out im Rahmen einer geschlossenen Unterbringung regelmäßig nötig, muss zusätzlich eine betreuungsgerichtliche Genehmigung vorliegen (§ 1831 Abs. 4 und 2 BGB).

2. Das sog. Time-out ohne genehmigte Unterbringung

Beim sog. Time-out soll in erster Linie die Bewegungsfreiheit und das unkontrollierte 143
Ausagieren auto- oder fremdaggressiver Verhaltensweisen eingeschränkt werden. Sobald sich der Betroffene beruhigt hat, kann und soll er sich wieder frei bewegen. Die Einschränkung der Bewegungsfreiheit wird also nicht körpernah (Zwangsjacke, Fixierung, Bauchgurt etc.) ausgeübt, sondern aus Gründen der Verhältnismäßigkeit in einem sicheren Raum. Außerdem wird durch eine derartige Maßnahme nicht die Lebensführung des Betroffenen erfasst. Es handelt sich demnach um eine unterbringungsähnliche Maßnahme, die allerdings mangels Nachhaltigkeit nur dann genehmigungspflichtig ist, wenn zu erwarten ist, dass dieses Time-out sich regelmäßig wiederholen wird (vgl. dazu OLG Karlsruhe, Beschl. v. 15.7.2008 – 19 Wx 36/08).

Regelmäßiges Abschließen (z. B. Nachtzeit, abgeschlossene Werkstatt für Behinderte)

Dagegen handelt es sich beim regelmäßigen Einschluss im Zimmer zur Nachtzeit oder während 144
der Arbeitszeiten in den Werkstatträumen aufgrund der beachtlichen Zeit um eine Beschränkung auf eine bestimmte Örtlichkeit und somit um eine genehmigungspflichtige Unterbringung.

„Aussperren" innerhalb der geschlossenen Abteilung

Zur Vermeidung von Diebstählen, unkontrolliertem Betreten der Zimmer durch Mitbewohner 145
oder einfach zur besseren Überwachbarkeit wird in manchen Heimen der Bewohner zu bestimmten Zeiten aus seinem Zimmer ausgesperrt. Auf jeden Fall ist hier die Zustimmung des Betreuers erforderlich. Dabei handelt es sich aber nur um eine Ausgestaltung der genehmigten geschlossenen Unterbringung. Eine gravierende Einschränkung der Bewegungsfreiheit ist darin wohl nicht zu sehen, sodass man keine spezielle Genehmigung benötigt. Das Gleiche gilt für das Absperren der Gemeinschaftsräume, eines Innenhofs oder anderer Räumlichkeiten. Trotz der Einbuße an Lebensqualität, die man vermeiden sollte, ist das Aussperren wohl kein Einsperren. Die Bewegungsfreiheit wird nur in einer Richtung eingeschränkt.

Anlegen nicht abziehbarer Handschuhe

Mit dieser Maßnahme sollen das Herausziehen von Kanülen, unkontrolliertes Kotschmieren 146
oder gesundheitsschädliches Kratzen der Haut verhindert werden. Als Ziel kann aber auch festgestellt werden, dass das Öffnen der Bettgitter oder die Lösung der Wegfahrsperre am Rollstuhl unmöglich gemacht werden soll.

Die Anwendung des § 1831 Abs. 4 BGB wird bei den erstgenannten Zielen abgelehnt, weil diese 147
Norm nur die Einschränkung der Fortbewegungsfreiheit erfasse. Diese Auffassung kann sich auch auf die Gesetzesbegründung stützen (BT-Drucks. 11/4528, S. 149, 82, 54). Beim Vorliegen der zweitgenannten Ziele muss aber § 1831 Abs. 4 BGB angewendet werden. Die rechtliche Einordnung basiert daher auf einer Einschätzung der verfolgten Ziele. Geht es um die Bettgitter oder um die Wegfahrsperre, die aufgrund der Handschuhe nicht geöffnet werden können, liegt eine freiheitsentziehende Maßnahme im Sinne von § 1831 Abs. 4 BGB vor.

Aber auch die anderen Ziele führen zu Einschränkungen der körperlichen Bewegungsfreiheit 148
der Finger und stellen eine massive Beeinträchtigung des Rechts auf freie Entfaltung der Persönlichkeit dar. Im Normalfall wäre das Anbringen der Handschuhe strafrechtlich als Nötigung zu werten, die nur wegen der fehlenden Verwerflichkeit rechtmäßig wäre. Es gilt also nicht § 1831 Abs. 4 BGB, aber auch in diesen Fällen müssen Grundvoraussetzungen beachtet werden. Deshalb sind in jedem Fall hohe Anforderungen zu erfüllen:

- Die Maßnahmen müssen den Wünschen des Betroffenen oder seinem mutmaßlichen Willen dienen.
- Das Vorgehen muss alternativlos sein.
- Entsprechende Handschuhe dürfen nur angelegt werden, wenn die Sicherheit gewährleistet ist.

- Es darf nur professionelles, bewährtes Material angewendet werden und zwar so, dass die allgemein anerkannten fachlichen Standards erfüllt sind.

149 Obwohl es professionelles Equipment (z. B. gepolsterte Patientenschutzhandschuhe/Fäustlinge) gibt, erfolgt die Umsetzung häufig auf eine amateurhafte und gefährliche Art und Weise, z. B. durch „Umwickeln der Hand mit einem Waschlappen". Verhindert wird in der Regel auch die Möglichkeit, einen Alarmknopf zu bedienen. Die fehlende Möglichkeit, den Alarmknopf zu betätigen, muss durch andere Maßnahmen kompensiert werden (Sitzwache oder engmaschige Überprüfung).

150 Das Ziel der Entlastung des Pflegepersonals, insbesondere zur Nachtzeit, wäre sicher keine Rechtfertigung dieser Einschränkung und würde unter Umständen den Vorwurf der Verwerflichkeit gemäß § 240 Abs. 2 StGB erfüllen. Selbstverständlich muss immer der Betreuer die Maßnahme bestimmen und nicht die Einrichtung.

Fixieren auf dem Toilettenstuhl

151 Dazu ein Beispiel aus der Rechtsprechung (AG Nidda, Beschl. v. 14.3.2007 – 6 XVII 37/05): Eine 72-jährige Betroffene wehrt sich nicht gegen Bauchgurt bzw. Schranke auf dem Toilettenstuhl.

152 Nach Ansicht des Gerichts bestehe keine Genehmigungspflicht, da die Fixierung nur kurze Zeit erfolge und kein Widerstand geleistet werde. Allerdings sei eine Zustimmung des Betreuers erforderlich. Es handle sich nur um eine „Beaufsichtigungsmaßnahme". Vom Ergebnis her mag man dem zustimmen. Die Begründung ist aber nicht haltbar. Einen Widerstand zu verlangen erscheint abwegig, weil ansonsten derjenige, der sich einschüchtern lässt, auch noch den Rechtsschutz verliert. Der Begriff „Beaufsichtigungsmaßnahme" bezeichnet nur das Motiv der Maßnahme und steht ebenfalls nicht im Gegensatz zu einer Freiheitsentziehung. Die Kürze der Zeit ist gleichfalls kein Kriterium, weil es das Gesetz genügen lässt, wenn die Beschränkung regelmäßig erfolgt. Man wird sich aber fragen müssen, ob man bei diesem Sachverhalt nicht davon ausgehen muss, dass die Betroffene keine gewillkürten Bewegungen mehr ausführen kann und deshalb die Zustimmung des Betreuers genügt.

Verwenden von Sicherheitsgurten während der Fahrt mit dem Pkw/Bus

152a Die Verwendung normaler Sicherheitsgurte während einer Fahrt stellt keine freiheitsentziehende Maßnahme dar, da das Anlegen gesetzlich vorgeschrieben ist, § 21a StVO. Das muss wohl auch gelten, wenn der gesetzlich vorgeschriebene Gurt durch weitere Sicherungsmaßnahmen wie etwa ein Segufix-Rückhaltegurtsystem ergänzt oder ersetzt wird. Die Benutzung eines Kraftfahrzeugs ist in der Regel ohne Freiheitsbeschränkung mit Gurten nicht möglich. Sinn und Zweck bleibt also die Einhaltung der Gurtpflicht (a. A. AG Rüdesheim, Beschl. v. 12.12.2024 – 4 XVII 158/16). Die wohl nur rhetorische Frage, ob ein Pkw eine sonstige Einrichtung ist, stellt sich daher nicht. Zulässigkeit und Genehmigungspflicht sind aber streitig und sollten deshalb mit dem zuständigen Betreuungsgericht abgeklärt werden.

2.3.8 Mindeststandards in Bezug auf eine Fixierung

153 Das Europäische Komitee zur Verhütung von Folter und unmenschlicher oder erniedrigender Behandlung (CPT) hat für „Zwangsmaßnahmen in psychiatrischen Einrichtungen für Erwachsene" insbesondere Fixierungsstandards vorgelegt, die aufgrund der Besuche des Komitees in derartigen Einrichtungen in Deutschland und Europa entwickelt wurden. Ausführlich dazu „CPT-Standards" S. 54, Rn. 43 bis 54, aktuell nachzulesen unter www.coe.int/en/web/cpt/standards_DE bzw. https:// rm.coe.int/16806ccea6.

154 Hierzu folgende Zusammenfassung:

- Fixierungen dürfen nur als letztes Mittel („letzter Ausweg") eingesetzt werden, als eine „extreme Maßnahme", die angewendet wird, um eine unmittelbare Verletzung abzuwenden oder eine akute Erregung und/oder Gewalt zu reduzieren.
- Sie sollen das Schadensrisiko für den Einzelnen oder andere abwenden und zwar nur, wenn alle anderen vernünftigen Alternativen nicht helfen; sie sollten nie als Bestrafung oder zum Ausgleich von Personalmangel im Fachkräftebereich eingesetzt werden.

- Es ist absolut notwendig, dass jeder Fall von Fixierung von einem Arzt genehmigt oder zumindest unverzüglich einem Arzt zur Genehmigung vorgelegt wird. Nach Erfahrung des CPT wird die Fixierung häufiger angewendet, wenn eine Blankogenehmigung vom Arzt im Voraus erteilt wird, als wenn die Entscheidung von Fall zu Fall getroffen wird (je nach Situation).
- Im Allgemeinen sollte der Ort, an dem ein Patient fixiert wird, speziell für diesen Zweck vorgesehen sein. Er sollte sicher sein, entsprechend beleuchtet und geheizt sein sowie eine beruhigende Umgebung für den Patienten darstellen.
- Außerdem sollte ein fixierter Patient angemessen bekleidet und nicht den Blicken anderer Patienten ausgesetzt sein, es sei denn, er fordert das ausdrücklich oder bei einem Patienten ist bekannt, dass er das Zusammensein mit anderen vorzieht. Es muss unter allen Umständen garantiert sein, dass fixierte Patienten nicht von anderen Patienten verletzt werden. Natürlich sollte sich das Personal nicht von anderen Patienten helfen lassen, wenn es einen Patienten fixiert.
- Professionelles Fixierungsmaterial: Die eingesetzte Ausrüstung sollte mit dem Ziel entwickelt worden sein, schädliche Auswirkungen, Beschwerden und Schmerzen während der Beschränkung der Freiheit zu begrenzen. Das Personal muss im Umgang mit der Ausrüstung regelmäßig geschult werden.
- Die Dauer der Fixierung sollte so kurz wie möglich sein (üblicherweise Minuten oder ein paar Stunden). Tagelang dauernde Beschränkungen der Bewegungsfreiheit können keinesfalls gerechtfertigt werden und stellen Misshandlungen dar.
- Die Fixierung erfordert beträchtliche Personalressourcen. Nach Auffassung des CPT muss, wenn die Gliedmaßen eines Patienten mit Gurten oder Riemen festgeschnallt werden, ständig ein geschulter Mitarbeiter anwesend sein, um therapeutische Hilfe zu leisten. Eine solche Hilfe kann darin bestehen, den Patienten zur Toilette zu begleiten oder in Ausnahmefällen, wenn die Fixierung nicht innerhalb von Minuten beendet werden kann, ihm zu helfen, Essen zu sich zu nehmen.
- Die Videoüberwachung kann jedenfalls nicht die ständige Anwesenheit des Personals ersetzen. In Fällen, in denen ein Patient abgesondert wird, kann sich ein Mitarbeiter außerhalb des Raums des Patienten aufhalten, vorausgesetzt, der Patient kann den Mitarbeiter sehen und Letzterer kann den Patienten ständig beobachten und hören.
- Jede Fixierung einer Person muss in einem speziellen Register festgehalten werden, das zu diesem Zweck erstellt wird. Im Eintrag sollten Zeitangaben zu Beginn und Ende der Maßnahme, die Umstände des Falls, die Gründe für den Rückgriff auf die Maßnahme, der Name des Arztes, der die Maßnahme anordnete oder bewilligte, und eine Darstellung eventueller Verletzungen, die die Person oder das Personal erlitt, enthalten sein.
- Fixierte Personen sollten vollständig über die Gründe der Maßnahme informiert werden.
- Die Leitung jeder Einrichtung, in der die Fixierung angewendet werden könnte, sollte allen Pflegekräften formelle schriftliche Leitlinien zur Verfügung stellen, die die obigen Kriterien berücksichtigen.

In Bezug auf die Überwachung von fixierten Personen sollten in Anbetracht der potenziellen 155
Risiken, die mit dem Rückgriff auf diese Maßnahme verbunden sind, folgende zusätzliche Sicherheitsmaßnahmen getroffen werden:

- Im Zusammenhang mit einer medizinischen Behandlung sollten der Geisteszustand und der körperliche Zustand einer fixierten Person jederzeit ununterbrochen und unmittelbar durch einen bestimmten, zum medizinischen Personal gehörenden Mitarbeiter überwacht werden, der der betroffenen Person unmittelbaren menschlichen Kontakt ermöglichen kann, ihre Ängste mindern kann, mit ihr sprechen und schnell auf sie eingehen kann, auch auf ihre persönlichen Bedürfnisse in Bezug auf die Nahrungsaufnahme, die Hygiene sowie das Urinieren und die Darmentleerung. Diese individuelle Überwachung durch das Personal sollte innerhalb des betreffenden Raums selbst stattfinden (Sitzwache) oder, wenn der Patient das wünscht, in unmittelbarer Nähe der Tür (in Hörweite und so, dass sofort persönlicher Kontakt hergestellt werden kann). Der überwachende Mitarbeiter sollte

A

verpflichtet sein, einen schriftlichen Verlaufsbericht zu führen. Des Weiteren sollte die betroffene Person die Möglichkeit haben, während und auf jeden Fall baldmöglichst nach der Beschränkung in ihrer Bewegungsfreiheit über ihre Erfahrung zu sprechen. Diese Besprechung sollte immer vom medizinischen Personal oder von einem anderen, angemessen geschulten Mitarbeiter durchgeführt werden.

156 **Fazit:** Man kann davon ausgehen, dass diese Standards zurzeit in der Altenpflege nicht eingehalten werden. Die Umsetzung einiger Kernforderungen (z. B. Sitzwache, Fixierung nur für Minuten oder ein paar Stunden) wird mit dem Hinweis auf einen erheblichen Personalaufwand abgelehnt. Andere Punkte wie etwa die Berücksichtigung vernünftiger Alternativen, Schulung des Personals, Verwendung moderner und sicherer Fixierungsmittel, schriftliche Leitlinien und das Erstellen einer vernünftigen Dokumentation können und müssen aber bereits jetzt beachtet werden.

157 Die grundlegende Entscheidung des BVerfG (Beschl. v. 24.7.2018 – 2 BvR 502/16) setzt auch hier neue Maßstäbe und zwar vor allem für die sog. Fünf- oder Sieben-Punkt-Fixierung und funktionsäquivalente Maßnahmen. Verlangt wird grundsätzlich eine Eins-zu-eins-Betreuung durch „therapeutisches oder pflegerisches Personal" (BVerfG a. a. O., Rn. 83). Fehlt in der Einrichtung Personal zur Umsetzung der Eins-zu-eins-Betreuung, darf eine Fixierung nicht genehmigt werden. Sichtkontakt allein ist keine Betreuung und genügt daher nicht. Es muss vielmehr eine Möglichkeit zu einer persönlichen Ansprache gewährleistet sein (AG Frankfurt, Beschl. v. 31.12.2019 – 49 XVI 35/20 L).

2.3.9 Zwang zur Reduzierung von Zwangsmaßnahmen (Alternativen)

Gesetzliche Grundlagen zur Regulierung und Reduzierung

1. Grundgesetz

158 Das Bestreben, freiheitsbeschränkende Maßnahmen zu verhindern oder durch mildere Maßnahmen humaner zu gestalten, hat einen hohen verfassungsrechtlichen Rang. Dem Satz „Die Freiheit der Person ist unverletzlich" (Art. 2 Abs. 2 Satz 2 GG) folgt die Verfahrensgarantie, wonach in diese Freiheit nur aufgrund eines förmlichen Gesetzes eingegriffen werden darf. Das besondere Gewicht der Freiheitsgarantie des Art. 2 Abs. 2 GG hat das BVerfG mehrfach hervorgehoben, vor allem auch mit der Forderung, dass die Freiheit des Einzelnen nur in einem mit wesentlichen formellen Garantien ausgestatteten Verfahren entzogen werden darf. Die Freiheit der Person ist ferner ein so hohes Rechtsgut, dass sie nur aus besonders wichtigem Grund angetastet werden darf. Wie bereits in der Entscheidung des BVerfG zur Zwangsmedikation (Beschl. v. 12.10.2011 – 2 BvR 633/11) muss man auch bei den freiheitsentziehenden Maßnahmen von einer Missachtung des Selbstbestimmungsrechts ausgehen, wenn die gesetzlichen Vorgaben nicht genau eingehalten werden.

2. VN-BRK

159 Ferner muss bei § 1831 Abs. 4 BGB die VN-BRK berücksichtigt werden. Es ist daher sicherzustellen, dass „Menschen mit Behinderungen gleichberechtigt mit anderen die Freiheit nicht rechtswidrig oder willkürlich entzogen wird, dass jede Freiheitsentziehung im Einklang mit dem Gesetz erfolgt und dass das Vorliegen einer Behinderung in keinem Fall eine Freiheitsentziehung rechtfertigt" (Art. 14 VN-BRK). Ebenso wird der Staat gemäß Art. 16 Abs. 3 VN-BRK verpflichtet, zur „Verhinderung jeder Form von Ausbeutung, Gewalt und Missbrauch" zu gewährleisten, dass „alle Einrichtungen und Programme, die für Menschen mit Behinderungen bestimmt sind, wirksam von unabhängigen Behörden überwacht werden". An diesem Maßstab muss sich die Heimaufsicht orientieren. Ähnliche Kontrollinstanzen müssen aber auch für andere „Unterbringungen" wie etwa die geschlossenen gerontopsychiatrischen Abteilungen in den psychiatrischen Krankenhäusern eingerichtet werden.

Sonstige Regelungen, Verhältnismäßigkeitsgrundsatz

160 In zahlreichen einfachgesetzlichen Regelungen werden die verfassungsrechtlichen Vorgaben, aber auch die der VN-BRK konkretisiert und damit letztendlich auch zum Maßstab für die

rechtlichen Beziehungen, nicht nur durch die betreuungsrechtlichen Regelungen im BGB und FamFG, sondern z. B. auch zwischen Heim, Pflegekassen und Bewohnern durch die §§ 11 und 12 SGB XI bzw. §§ 2 und 11 HeimG (bzw. Art. 1 und 3 PfleWoqG).

Die Einschränkung dieser Freiheit ist daher stets der strengen Prüfung am Grundsatz der Verhältnismäßigkeit zu unterziehen. Daraus rechtfertigt sich auch die intensive Suche nach Alternativen. Was im Strafvollzug zugunsten verurteilter Straftäter längst anerkanntes Allgemeingut ist, muss im Bereich der zivilrechtlichen Unterbringung in das Bewusstsein der Verantwortlichen gerückt werden. Sicherheitsdenken, Routine, Lethargie und das falsche Bewusstsein, dass man nichts ändern kann, dürfen neue Wege nicht versperren. 161

Todesfälle und Unfälle bei angewandter freiheitsentziehender Maßnahme

Neben den gesetzlichen Vorgaben gebieten die mit freiheitsbeschränkenden Maßnahmen verbundenen gesundheitlichen Gefahren (bis hin zu zahlreichen Todesfällen) eine intensive Prüfung der Erforderlich- und Verhältnismäßigkeit. Für den Zeitraum 1997 bis 2010 hat eine Untersuchung der Rechtsmedizin für den Bereich Südbayern 22 Todesfälle festgestellt, bei denen der Todeseintritt allein auf die jeweilige Fixierung zurückzuführen war (Deutsches Ärzteblatt 2012, Nr. 27). Die Rechtsmedizin in Hamburg hat 17 derartige Fälle begutachtet. Das Bundesinstitut für Arzneimittel und Medizinprodukte (BfArM) berichtet schließlich von 16 tödlichen Unfällen, verursacht durch Einklemmungen bei Kranken- und Pflegebetten (vgl. www.bfarm.de, unter „Suche" eingeben „Pflegebetten"). Darüber hinaus gibt es wohl eine nicht unerhebliche Dunkelziffer und eine Vielzahl von nicht tödlich verlaufenden Unfällen. Der Wunsch nach mehr Sicherheit durch Fixierungen verkehrt sich damit häufig in sein Gegenteil. 162

Strafrechtliche Folgen bei freiheitsentziehenden Maßnahmen

Es stellt sich natürlich die Frage nach den strafrechtlichen Konsequenzen. Diese Folgen werden von den Akteuren (Pflegepersonal, Heimleitung) häufig unterschätzt. Kommt es zu Unfällen im Zusammenhang mit unterbringungsähnlichen Maßnahmen können neben den menschlichen auch die strafrechtlichen Folgen sehr gravierend sein. In Betracht kommen fahrlässige Körperverletzung gemäß § 229 StGB, strafbar mit Freiheitsstrafe bis zu drei Jahren, oder fahrlässige Tötung gemäß § 222 StGB, Freiheitsberaubung gemäß § 239 StGB oder Aussetzung gemäß § 221 StGB mit einer Höchststrafe von fünf Jahren. Da es sich um Höchststrafen handelt, mag es einem wohlgesonnenen Staatsanwalt oder Strafrichter noch möglich sein, eine milde Geldstrafe zu verhängen oder gar einer Einstellung zuzustimmen. Es gibt allerdings einige Qualifikationen, die zu einem bedrohlicheren Strafrahmen führen. Kommt es etwa während einer nicht genehmigten Freiheitsentziehung oder Aussetzung („in hilflose Lage versetzt") zum Tod des hilflosen Heimbewohners bzw. des der Freiheit Beraubten, sehen § 239 Abs. 4 und § 221 Abs. 3 StGB eine Mindestfreiheitsstrafe von drei Jahren vor, die nicht mehr zur Bewährung ausgesetzt werden kann. Nur in minderschweren Fällen, die angesichts des oft qualvollen Todes kaum zu begründen sein werden, kann man diesen Strafrahmen unterschreiten und zu einer Mindeststrafe von immerhin noch einem Jahr gelangen. 163

Man sollte nur bei Missständen, unverantwortlicher Sorglosigkeit und offensichtlichem Unwillen der Heimverwaltung mit drohendem Unterton auch diese strafrechtlichen Folgen offen ansprechen, damit den Verantwortlichen die möglichen Konsequenzen klar werden. Häufig hat man den Eindruck, dass fehlende Genehmigungen nicht dramatisiert werden, weil in der Regel niemand ein Interesse an der Strafverfolgung hat und daher in der Tat nichts passiert. 164

Wege zur Vermeidung unterbringungsähnlicher Maßnahmen

Auf der anderen Seite wird im Hinblick auf spezielle Projekte (Stichwort: „Freimut", „ReduFix-Projekt", Werdenfelser Weg) behauptet, man könne zahlreiche freiheitsentziehende Maßnahmen bei demenziell Erkrankten mit der richtigen Einstellung vermeiden. Dieses Potenzial muss erkannt und ausgeschöpft werden. 165

Man muss allerdings zunächst realistisch die Vor- und Nachteile der Zwangsmaßnahme abwägen. 166

Vorteile	Nachteile
Selbst- und Fremdgefährdungen werden vermieden: • Stürze • Weglaufen und hilfloses Herumirren • Aufsuchen fremder Zimmer • Aggressionen gegenüber Pflegepersonal und Mitbewohnern	Gesundheitsschäden: • Muskelabbau • Minderung der Ausdauer • Gelenkversteifung • Kontrakturen • Dekubitus • Thrombose • Embolie • Pneumonie • Gleichgewichtsstörungen • Immobilität fördert Bettlägerigkeit • Unfälle mit tödlichem Ausgang oder schweren Körperverletzungen
• Strafrechtliche Folgen z. B. wegen fahrlässiger Körperverletzung, weil Sicherungsmaßnahmen pflichtwidrig unterlassen wurden • Vermeidung der zivilrechtlichen Haftungsgefahr bei Unfällen	• Strafrechtliche Folgen bei Unfällen mit oder ohne Genehmigung • Zivilrechtliche Haftungsgefahr bei Unfällen
Sturzfolgeschäden (ca. 100.000 Oberschenkelhalsbrüche jährlich bei älteren Menschen): • schmerzhafte Einschränkungen • erhöhter Pflegebedarf • soziale und seelische Nachteile (Angst vor weiteren Stürzen, Rückzug, Unsicherheit und Isolation)	• Steigerung der Angst, Erregung und Unruhe • Aggressivität oder Depressionen erhöhen sich und machen intensivere freiheitsentziehende Maßnahmen und höheren Medikamenteneinsatz erforderlich (Teufelskreis)
Kostenminderung: • Personal- und Kosteneinsparung (in der Regel nur zu erzielen, wenn die korrekte Überwachung und Kontrolle fixierter Bewohner unterlassen wird) • Professionelle Sturzprophylaxe kostet Geld und personelle Ressourcen	Arbeits- und Kostensteigerung: • Dokumentation • Antrag auf Genehmigung • Aus- und Fortbildung des Personals • Anschaffungspreis • Höherer Kontrollaufwand • Heimleitung muss Einhaltung der Standards überprüfen
	Schnelle Evakuierung bei Gefahr (Brand) nicht möglich
	Schuldgefühle beim Personal (Grund: Freiheitsentzug ist eine menschenunwürdige Körperkontrolle, Demütigung, Unterdrückung)

Ermittlung von Alternativen

167 Eine sinnvolle Kontrolle und eigenverantwortliche Entscheidung ist aber dem Betreuer nur möglich, wenn er die verschiedenen Alternativen kennt. Es gibt eine Fülle von Maßnahmen, deren Sinnhaftigkeit im konkreten Einzelfall geprüft werden muss. Dazu folgt eine unsystematische Übersicht, die keinen Anspruch auf Vollständigkeit bieten kann:

Maßnahmen zur Vermeidung oder Reduzierung von Fixierung, Fesselung und anderer Zwangsmaßnahmen				
Räumliche Gestaltung	**Dokumentation**	**Personal**	**Hilfsmittel**	**Aktivitäten bei Betroffenen**
Farbe, Lichtverhältnisse, Markierungen, Hinweisschilder, Wegweiser	Biografiearbeit, Angehörige und Betreuer einbinden und beraten	Personaleinsatz optimieren	Hüftprotektoren, Sturzhelme, Rollatoren, Gehfrei	Zuwendung, Aufmerksamkeit, Steigerung des Selbstwertgefühls
Automatische Beleuchtung, Bewegungsmelder, sicherer Weg zur Toilette in der Nacht	Sturzdokumentation und regelmäßige Analyse zur Vermeidung neuer Unfälle	Personalmotivation und Weiterbildung	Sensormatten	Nachtcafé, Abendbetreuung (evtl. stationsübergreifend bei großen Heimen), späteres Zubettgehen, Genussmittel am Abend
„Snoezelraum", Wohlfühlbereich, Kuschelecke mit Sphärenmusik	Krankheitsverlauf (z. B. epileptische Anfälle, Kreislaufprobleme)	Wadlbeißer als Ombudsmann für Betroffene, interdisziplinäres Team bilden, regelmäßige Prüfungen, Arbeitsgruppe „Entfesselung"	Alarmsystem bei Verlassen des geschützten, sicheren Bereichs, Funkglocken, Notrufanlagen, Sturzalarmierung, Funkfinger	Spaziergängergruppe, Fitnessraum, Musik
Garten mit Gestaltungsmöglichkeit, Anbau, gefahrloser Ausgang	Ernährungskontrolle (insbesondere ausreichende Flüssigkeitszufuhr)	Externen Sachverstand nutzen (z. B. Psychiater, Ergotherapeuten)	Videoüberwachung	Kochen, Backen, Hauswirtschaft, Gartenarbeit
Handläufe, Sitzgelegenheiten auf dem Gang (Ermüdung)	Dauer und Art der u. ä. Maßnahme, Reaktionen des Betroffenen	Regelmäßige Fallbesprechungen	Antirutschsocken, stabiles orthopädisches Schuhwerk	Körperliches Training: Gymnastik, Kraft-, Balance-, Gleichgewichtstraining
Stolperfallen beseitigen	Medikamentenkontrolle (Vermeidung von Medikamenten mit Nebenwirkung Unruhe)	Supervision	Sehkraftkontrolle beim Augenarzt, Brillen anpassen	
Sitz- und Ruhegelegenheiten auf den Gängen		Expertenstandard „Sturzprophylaxe in der Pflege" implementieren	Dreigeteilte Bettgitter an den Pflegebetten	
Rutschsichere Bodenbeläge			Absenkbare Pflegebetten (Niederflurbetten)	
			Erhöhung des Bettgitters (dafür kein Bauchgurt)	
			Pflege-, Bettnest (Matratze am Boden, seitliche Stütze durch Polster)	
			„Schlafsack" anstatt Bauchgurt	

Sturzprophylaxe, Medikamentenkontrolle

168 Eine Sturzprophylaxe ohne Fixierung sollte immer mit einer Medikamentenkontrolle beginnen, da zahlreiche Arzneimittel im Alter andere Wirkungen verursachen, wozu auch ein höheres Sturzrisiko gehören kann (vgl. dazu die sog. PRISCUS-Liste, Rn. 138). Auch in der Rechtsprechung finden sich bereits einige Ansätze, die eine strikte Beachtung des Verhältnismäßigkeitsgrundsatzes anmahnen.

169 Es gibt aber keinen Königsweg, kein alles revolutionierendes Projekt, sondern nur einen Umdenkungsprozess. Die lapidare Begründung „Sturzgefahr", „Motorische Unruhe" oder „Zum Selbstschutz" sollte man aber nicht mehr ungeprüft akzeptieren. Wichtig ist in diesem Zusammenhang, dass der Betreuer nachhakt, die Pflegedokumentation, die häufig sehr interessant ist, durchsieht und Alternativen diskutiert oder anmahnt.

Werdenfelser Weg

170 Wer sich aktuell über die Möglichkeiten der Vermeidung von Fixierungen, die freiheitsentziehende Verabreichung von Medikamenten und andere freiheitsbeschränkende Maßnahmen informieren will, sollte die Homepage des Werdenfelser Weges (www.werdenfelser-weg-original.de) besuchen und sich dort auch in den E-Mail-Verteiler aufnehmen lassen. Es handelt sich dabei um ein weit über die Grenzen Bayerns hinaus bekanntes Projekt des Betreuungsgerichts und des Landratsamts Garmisch-Partenkirchen. In entsprechenden Unterbringungsverfahren werden besonders fachkundige Verfahrenspfleger vom Gericht herangezogen, um eine möglichst professionelle Suche nach Ursachen und Alternativen zu erreichen. Darüber hinaus werden Pflegeeinrichtungen informiert und bei Bedarf geschult. Hier finden sich aber auch interessante aktuelle Gerichtsentscheidungen sowie neue technische Entwicklungen.

S3-Leitlinie „Verhinderung von Zwang"

171 Umfassende Informationen aus dem Bereich der wissenschaftlichen Medizin zum Thema „Umgang mit aggressivem Verhalten und Zwang in der Psychiatrie" können in der S3-Leitlinie „Verhinderung von Zwang: Prävention und Therapie aggressiven Verhaltens bei Erwachsenen" (Langversion – Fassung v. 1.7.2018 kostenlos herunterzuladen unter www.awmf.org/leitlinien/detail/ll/038-022.html) nachgelesen werden.

172 Dort finden sich etwa die Ergebnisse zahlreicher, auch internationaler Untersuchungen zu der Frage, welche Zwangsmaßnahmen die Patienten am wenigsten belastend empfinden. Erstaunlich ist, dass zu fast jeder Zwangsmaßnahme unterschiedliche Ergebnisse präsentiert werden. Das Spektrum reichte dabei von Time-out, Eins-zu-eins-Betreuung und Isolierung über Angebot oder Verabreichen von Medikamenten sowie therapeutische Gespräche bis hin zu Spaziergängen und Festhalten durch das Pflegepersonal. Im Ergebnis muss daher präferiert werden, dass möglichst viele Reaktionsmöglichkeiten angeboten werden müssen, damit die individuell beste Lösung gefunden werden kann. Auch zu anderen Fragen aus dem Bereich freiheitsbeschränkender Maßnahmen finden sich in der aktuellen S3-Leitlinie Antworten auf höchstem wissenschaftlichen Niveau.

2.3.10 Maßnahmen außerhalb einer Einrichtung im häuslichen Bereich

Ungeklärte Grauzone

173 Freiheitsentziehende Maßnahmen im häuslichen Bereich fallen nicht unter die Genehmigungspflicht des § 1831 Abs. 4 BGB. Dort müssen wir weiterhin eine rechtliche Grauzone akzeptieren, weil es mangels Genehmigungsverfahrens keine sicher festgestellte, rechtliche Befugnis gibt. Eigentlich ist diese Wertung des Gesetzgebers, der nur bei einem Aufenthalt in einer Anstalt, einem Heim oder einer sonstigen Einrichtung ein förmliches Genehmigungsverfahren anbietet, unverständlich. Die Gefahrenlage ist gerade im Heim geringer. Viel Personal, viele Besucher und die Heimaufsicht schaffen schon eine hohe Transparenz, die im häuslichen Bereich immer fehlt. Der Fürsorgepflicht des Staats, effektive Kontrollen zugunsten der Betroffenen zu schaffen, wird hier in eklatanter Weise nicht nachgekommen.

Ausnahmefall: Komplettversorgung durch ambulante Dienste

Einen Ausnahmefall hat das LG München allerdings dann bejaht, wenn der häusliche Bereich durch ambulante Dienste bei fehlender privater Pflege so umgestaltet wird, dass faktisch eine Heimsituation gegeben ist. Allen weiteren Versuchen, den häuslichen Bereich unter den Begriff „sonstige Einrichtung" zu subsumieren, hat aber das BayObLG (Beschl. v. 4.9.2002 – 3 Z BR 132/02) zu Recht einen Riegel vorgeschoben. 174

Eingriffsnorm im häuslichen Bereich?

Die Aussage, dass zu Hause alles erlaubt sei, ist aber trotzdem falsch. Auch hier muss eine Rechtsgrundlage vorliegen, wobei regelmäßig auf den rechtfertigenden Notstand gemäß § 34 StGB zurückgegriffen wird. Es bedürfe nur nicht der richterlichen Genehmigung (AG Garmisch-Partenkirchen, Beschl. v. 28.5.2019 – A XVII 9/18). 175

Die Anwendung des § 34 StGB für eine auf Dauer erforderliche Maßnahme im häuslichen Bereich würde diese strafrechtliche Rechtfertigungsnorm unzulässigerweise in eine allgemeine Eingriffsbefugnis umfunktionieren. Darüber hinaus liegt keine „anders nicht abwendbare Gefahr" im Sinne des § 34 StGB vor. Eine ständige Beaufsichtigung, Niederflurbetten und andere „Sturzvermeidungsstrategien" haben absoluten Vorrang und entziehen dem § 34 StGB die Anwendbarkeit. 176

Indirekt hat auch das BVerfG in seiner Fixierungsentscheidung (BVerfG, Urt. v. 24.7.2018 – 2 BvR 309/15) den § 34 StGB als Rechtfertigungsgrundlage abgelehnt. Die zugrundeliegende, vom BVerfG aufgehobene Entscheidung des OLG München wurde nämlich in erster Instanz auf § 34 StGB gestützt. In Kenntnis dieses Umstands hat das BVerfG jedoch die Entscheidung aufgehoben, weil es keine rechtliche Grundlage für die Fixierung gegeben habe. 177

Es stellt sich dann im Rahmen des § 34 StGB auch die Frage, wo die Grenzen sind (Unterbringung, Fixierung, Ruhigstellung mit Medikamenten, Zwangsbehandlung etc.). Die antiquierte Begründung – keine staatliche Einmischung im häuslichen Bereich – erinnert fatal an die längst aufgegebene Theorie vom „besonderen Gewaltverhältnis". Nach den Soldaten, Strafgefangenen und Schülern sollten auch hilfsbedürftige Familienangehörige in den Genuss der Abschaffung des besonderen Gewaltverhältnisses kommen. 178

Ein gesetzlich geregelter Genehmigungsvorbehalt wäre daher keine Einschränkung der Möglichkeiten im häuslichen Bereich, sondern eine Erweiterung. 179

Möglicherweise wird das BVerfG auch für den häuslichen Bereich die von ihm immer betonte staatliche Fürsorge einbringen, die es zur Pflicht machen kann, Fixierungen zu erlauben und staatlich zu kontrollieren. Das BVerfG hat in seiner Entscheidung (a. a. O., Rn. 82) Folgendes ausgeführt: 180

> *Die Geschlossenheit der Einrichtung und die dadurch für alle Beteiligten eingeschränkte Möglichkeit der Unterstützung und Begleitung durch Außenstehende versetzen die untergebrachte Person in eine Situation außerordentlicher Abhängigkeit, in der sie besonderen Schutzes bedarf. Sie muss vor allem davor geschützt werden, dass ihre Grundrechte etwa aufgrund von Eigeninteressen der Einrichtung oder ihrer Mitarbeiter – insbesondere bei Überforderungen, die im Umgang mit oft schwierigen Patienten auftreten können, bei nicht aufgabengerechter Personalausstattung oder aufgrund von Betriebsroutinen unzureichend gewürdigt werden (...).*

Diese Missbrauchsgefahr kann auch bei pflegenden Angehörigen bestehen, die durch die immensen Anforderungen, die eine Pflege der Verwandten mit sich bringen kann, überfordert sind. 181

Hinweis:

§ 1815 BGB enthält nunmehr erstmals einen ersten gesetzlichen Vorstoß in diese Problematik in § 1815 Abs. 2 Nr. 2 BGB:

(...)

(2) Folgende Entscheidungen darf der Betreuer nur treffen, wenn sie als Aufgabenbereich vom Betreuungsgericht ausdrücklich angeordnet worden sind:

(...)

2. eine freiheitsentziehende Maßnahme im Sinne des § 1831 Absatz 4, unabhängig davon, wo der Betreute sich aufhält,

(...)

Mit der Formulierung „unabhängig davon, wo sich der Betreute aufhält" wurde bewusst auf die Einschränkung „in einem Krankenhaus, einem Heim oder einer sonstigen Einrichtung" aufhältlich, die § 1831 Abs. 4 BGB enthält, verzichtet. Zwangsmaßnahmen im häuslichen Bereich sind somit im Wege der gesetzlichen „Vertretung" nur noch zulässig, wenn ein ausdrücklicher Aufgabenbereich angeordnet wurde. Eine alte juristische Weisheit besagt aber, dass eine „Aufgabe" allein noch keine Eingriffsbefugnis begründen kann. Diese Befugnis kann nur über eine Genehmigungsnorm verschafft werden, die aber § 1831 Abs. 4 BGB nur für den Bereich der Einrichtungen verschafft.

Achtung: Völlig unabhängig von der Diskussion über die Befugnis, im häuslichen Bereich freiheitsentziehende Maßnahmen (Einsperren, Fixieren, Bettgitter etc.) durchzuführen, errichtet § 1815 Abs. 2 Nr. 2 BGB als erste Hürde die Verschaffung eines ausdrücklich angeordneten Aufgabenbereichs. Fehlt dieser Aufgabenbereich, ist jede Zwangsmaßnahme im häuslichen Bereich rechtswidrig und strafbar ab 1.1.2023. Die Aufgabe ist aber nur die halbe Miete, da für die Aufgabe eine Eingriffsbefugnis geschaffen werden muss.

Vgl. zum Ganzen im Detail A 2, Rn. 72.

2.4 Unterbringung/Betreuung bei Alkohol-, Rauschgift-, Medikamentenabhängigkeit (Suchtkrankheit)

182 Betreuungen für Suchtkranke zählen zu den problematischen Verfahren, die häufig nur durch erfahrene Berufsbetreuer erfolgreich geführt werden können. Die Probleme beginnen bereits bei der Feststellung der Betreuungsbedürftigkeit, der Organisation der sog. Entgiftung, ambulanter oder stationärer Behandlungen bzw. Therapien. Alkoholprobleme können in mannigfacher Form auftreten, ohne dass die Erledigung der eigenen Angelegenheiten des Betroffenen durch Dritte erforderlich wird. Vielfach wird aber von den Betroffenen eine staatlich finanzierte Betreuung als bequeme Unterstützung bei der Bewältigung der üblichen Anforderungen zur Lebenserhaltung angesehen. Der lästige Umgang mit Behörden, das Ausfüllen von Formularen, ja sogar die Unterstützung beim Umgang mit alkoholbedingten Strafverfahren werden dann gerne dem Betreuer übertragen. In letzter Konsequenz werden die Betreuten dadurch immer lebensunfähiger und widmen sich verstärkt dem Alkohol oder anderen Drogen. Auch freiheitsentziehende Maßnahmen zur Behandlung, zur Verhinderung einer Selbstgefährdung oder zur Ermöglichung einer Heilbehandlung gehören zum notwendigen Repertoire des Betreuers. Unzuverlässigkeit, Lethargie, Rückfälle, fehlende Krankheitseinsicht und z. T. aggressives Verhalten erschweren den Umgang mit den suchtkranken Betroffenen.

2.4.1 Psychische Krankheit bei Sucht gemäß § 1831 Abs. 1 Nr. 1 und 2 BGB

183 Bei der Frage, ob eine Betreuung angeordnet werden kann, geht es nur noch um Krankheiten oder Behinderungen. Bei der Prüfung der Voraussetzungen einer Unterbringung muss dagegen geprüft werden, ob der Zustand des Betroffenen die Voraussetzungen einer psychischen

Krankheit erfüllt. Verhaltensstörungen, verursacht durch psychotrope, das heißt die Psyche beeinflussende Substanzen, können grundsätzlich als psychische Krankheiten definiert werden, vgl. ICD-10, F10 bis F19. Generell zur ICD siehe A 2, Rn. 5.

Abhängigkeitssyndrom nach ICD

Als relevante Störung kommt neben den temporär auftretenden Zuständen wie der akuten Intoxikation oder einem Entzugssyndrom vor allem das Abhängigkeitssyndrom in Betracht. Nach ICD-10, F10.2.2, definiert sich dieses als: 184

(...) eine Gruppe von Verhaltens-, kognitiven und körperlichen Phänomenen, die sich nach wiederholtem Substanzgebrauch entwickeln. Typischerweise besteht ein starker Wunsch, die Substanz einzunehmen, Schwierigkeiten, den Konsum zu kontrollieren und anhaltender Substanzgebrauch trotz schädlicher Folgen. Dem Substanzgebrauch wird Vorrang vor anderen Aktivitäten und Verpflichtungen gegeben. Es entwickelt sich eine Toleranzerhöhung und manchmal ein körperliches Entzugssyndrom. Das Abhängigkeitssyndrom kann sich auf einen einzelnen Stoff beziehen (z. B. Tabak, Alkohol oder Diazepam), auf eine Substanzgruppe (z. B. opiatähnliche Substanzen) oder auch auf ein weites Spektrum pharmakologisch unterschiedlicher Substanzen.

Offizielle Fundstelle: www.dimdi.de/static/de/klassifikationen/icd/icd-10-gm/kode-suche/htmlgm2022/block-f10-f19.htm

Diese Definition gilt grundsätzlich auch bei einer Abhängigkeit von anderen Stoffen (Opioide, 185 Cannabinoide, Sedativa, Hypnotika, Kokain, Stimulanzien, Halluzinogene, flüchtige Lösungsmittel gemäß F11 bis F18). Eine Suchterkrankung sollte daher als Abhängigkeitssyndrom definiert und so dem Sachverständigen zur Feststellung vorgelegt werden, damit sinnvoll eine psychische Krankheit diagnostiziert oder ausgeschlossen werden kann.

Mit diesem aus der Definition des Abhängigkeitssyndroms gewonnenen Maßstab verbieten sich 186 bereits Maßnahmen gegen Personen, die sich lediglich aus Freude an den Genüssen des Lebens oder aus Leichtsinn gesundheitlich schädigen (gewöhnlicher Genuss von alkoholischen Getränken, starkes Rauchen, übermäßiges Essen etc.).

Andere Umschreibungen der Suchtkrankheiten insbesondere aus der Alltagssprache wie 187 „Trunksucht", „Alkoholkrankheit" oder „Alkoholismus" sind medizinisch und juristisch unergiebig und sollten nicht verwendet werden. Insoweit ist die Aussage, dass „Alkoholismus für sich gesehen keine psychische Krankheit" sei, bereits vom Ansatz her wenig zielführend.

Wie sind Alkoholismus und geistiges Gebrechen zu verstehen?

Die von Gerichten häufig formulierte Forderung, es müsse ein ursächlicher „Zusammenhang 188 zwischen Alkoholismus und einem geistigen Gebrechen" bestehen oder es müsse aufgrund eines Alkoholmissbrauchs ein Zustand eingetreten sein, der das Ausmaß eines „geistigen Gebrechens" erreicht, knüpft an Begriffe, die amorph und ohne Aussagekraft sind (so BGH, Beschl. v. 17.8.2011 – XII ZB 241/11). Ursache für diesen terminologischen Fehlgriff ist die unbesehene Übernahme von Textbausteinen über viele Richtergenerationen und Gesetzesnovellen hinweg (so zuletzt BGH, Beschl. v. 16.11.2022 – XII ZB 184/22, Rn. 11).

Die Verwendung des Begriffs „geistiges Gebrechen" beinhaltet bei genauerem Hinsehen sogar 189 einen Zirkelschluss, weil der Gesetzgeber diesen altertümlichen Begriff durch die Formulierung „psychische Krankheit" oder „geistige oder seelische Behinderung" ersetzt hat, um das Recht der Vormundschaft und Gebrechlichkeitspflegschaft auch terminologisch zu beseitigen (vgl. §§ 1910 und 1748 Abs. 3 BGB (a. F.), geändert durch das BtG v. 12.9.1990, BGBl. I, S. 2002). Die überholten Begriffe „Trunksucht", „Alkoholismus" und „geistiges Gebrechen" verhindern außerdem die notwendige Verzahnung zwischen der psychiatrischen und juristischen Terminologie (vgl. dazu Böhm, FamRZ 2017, 15 m. w. N.).

Amnestisches Syndrom, Korsakow- oder Wernicke-Syndrom

Neben der unmittelbaren alkoholbedingten Wirkung können massive Gedächtnisstörungen 190 auftreten, die als sog. amnestisches Syndrom bezeichnet werden bzw. als Korsakow-Psychose,

A

Korsakow-Syndrom oder Wernicke-Syndrom (vgl. F10.2.6.). Ferner sind als Folgeerscheinung psychotische Störungen zu beobachten. Vergleiche dazu die Definition bei ICD-10 „Restzustand und verzögert auftretende psychotische Störung" (Alkoholdemenz, chronisches hirnorganisches Syndrom, residuale affektive Störung) unter F10.2.7.

191 Die genaue Diagnose ist jeweils schwierig und bleibt natürlich den Ärzten überlassen. Vgl. dazu Wetterling, Veltrup, Neubauer, Neubauer, Betreuung von Süchtigen (Abhängigkeitskranken), BtPrax 1995, 86–90.

192 Die Schwierigkeiten bei der Diagnose sollten nicht dadurch umgangen werden, dass man Sammelbegriffe wie „hirnorganisches Psychosyndrom" verwendet, die, wie der Begriff „Syndrom" schon sehr nahelegt, keine exakte Diagnose darstellen (so aber BGH, Beschl. v. 14.3.2018 – XII ZB 629/17, Rn. 10). Die ICD-10 erweist sich hier als Fundgrube für exakte Diagnosen, die jedem qualifizierten Gutachter geläufig sind.

2.4.2 Krankheitsbedingte Unfähigkeit, einen freien Willen zu bilden

193 Die Bejahung einer suchtbedingten Krankheit ist nur der erste Prüfungsschritt. Sowohl die Unterbringung wie auch die Betreuung gegen den Willen des Betroffenen setzen zusätzlich voraus, dass der Betroffene aufgrund einer Krankheit seinen Willen nicht frei bilden kann. Diese Voraussetzung erschließt sich für Unterbringungssachen zumindest mittelbar aus dem Gesetz nur bei der ärztlichen Zwangsmaßnahme in § 1832 Abs. 1 Satz 1 Nr. 2 BGB und der Unterbringung gemäß § 1831 Abs. 1 Nr. 2 BGB. Generell ergibt sich dieses Erfordernis aber aus einer verfassungskonformen Auslegung, denn der Staat hat von Verfassung wegen nicht das generelle Recht, seine erwachsenen und zur freien Willensbestimmung fähigen Bürger zu erziehen, zu bessern oder zu hindern, sich selbst gesundheitlich zu schädigen (BVerfG, Urt. v. 18.7.1967 – 2 BvF 3/62, Rn. 129). Das OLG Rostock (Beschl. v. 23.10.2009 – 6 W 33/09) hat hierzu ausgeführt, dass es nicht Aufgabe des Staats ist, seine Bürger zu hindern, sich gesundheitlich – etwa durch exzessiven Alkoholgenuss – zu schädigen. Diese vom Staat zu akzeptierende Entscheidung des Betroffenen zur Selbstaufgabe setzt aber dessen freie Willensbildung voraus.

Recht auf Krankheit?

194 Auch beim Abhängigkeitssyndrom gilt der Satz, dass jeder Mensch in gewissen Grenzen auch ein Recht auf seine Krankheit hat. Diese „Freiheit zur Krankheit" gilt auch für den psychisch Kranken, zumindest in weniger gewichtigen Fällen (BVerfG, Beschl. v. 23.3.1998 – 2 BvR 2270/96). In diesen Grenzen darf der Kranke gerade bei behandlungsbedürftigen psychischen Erkrankungen selbst entscheiden, ob er das Durchleben seiner Krankheit einer aus seiner Sicht unzumutbaren Behandlung in einer psychiatrischen Klinik vorziehen will.

195 Anhand der zur freien Willensbildung entwickelten Grundsätze können Betreuungen und Unterbringungen sinnvoll auf einen Personenkreis beschränkt werden, der tatsächlich nicht mehr in der Lage ist, seine Angelegenheiten selbst zu erledigen. Zu einer freien Willensbildung ist vor allem nicht fähig, wer außerstande ist, seine Entscheidungen von vernünftigen Erwägungen abhängig zu machen. Das ist z. B. der Fall, wenn dem Betroffenen die Fähigkeit abhandengekommen ist, seinen Alkoholkonsum selbstbestimmt zu kontrollieren und er deshalb trotz einer sich abzeichnenden massiven oder sogar lebensbedrohlichen gesundheitlichen Gefährdung weiter trinkt. Ein Indiz für mangelnde Steuerungsfähigkeit ist auch das Leugnen der Alkoholabhängigkeit oder der bereits durchgemachten Rückfälle. Die Rückfallgefahr darf aber nicht isoliert gesehen werden, da sie allein nicht genügt, um eine psychische Krankheit oder eine daraus resultierende Einschränkung des freien Willens zu begründen (BGH, Beschl. v. 14.3.2018 – XII ZB 629/17, Rn. 10).

196 Allerdings muss man berücksichtigen, dass die fehlende Steuerung des Genusses von Suchtmitteln allein keine psychische Krankheit begründen kann, da die schwindende Konsumkontrolle eine regelmäßige Folge des Suchtmittelkonsums darstellt. Die freie Willensbildung kann nur dann verneint werden, wenn der Kontrollverlust das Denken und Handeln so massiv beeinträchtigt, dass andere Faktoren wie etwa soziale Kontakte, berufliche Interessen und

somit wesentliche Lebensbereiche hinter dem Suchtdruck zurückstehen (BVerfG, Beschl. v. 20.1.2015 – 1 BvR 665/14).

Häufig wird als Voraussetzung für die freie Willensbestimmung eine Krankheitseinsicht 197
gefordert (BGH, Beschl. v. 13.4.2016 – XII ZB 236/15). Darunter darf man aber nicht die Akzeptanz der Therapie- und Medikamentierungsvorschläge verstehen, sondern nur die Fähigkeit des Betroffenen, die Diagnose, das heißt in erster Linie die Symptome, die Art der Beschwerden und ihre Folgen, zu erkennen und über die Behandlung aufgrund selbstbestimmter Erwägungen zu entscheiden (siehe dazu auch A 3, Rn. 3 und A 2, Rn. 19 bis 25).

Hinweis:
Der Betreuer sollte versuchen, möglichst viele aussagekräftige und belastbare Fakten zu sammeln, um einen Unterbringungsantrag ausreichend begründen zu können. Wichtig sind folgende Fragen:

- Besteht Krankheitseinsicht oder bagatellisiert der Betroffene sein Problem?
- Wie häufig nimmt er Alkohol zu sich?
- Trinkt er regelmäßig jeden Tag oder nur zu bestimmten Anlässen (Wochenende, Feiern etc.)?
- Beginnt der Alkoholkonsum zu ungewöhnlichen Zeiten, etwa morgens?
- Welche Getränke nimmt er zu sich (Bier, Wein, Schnaps)?
- Gab es bereits erfolglose Abstinenzversuche?
- Gab es bereits ambulante oder stationäre Therapieversuche?
- Hat der Alkoholkonsum bereits zu sozialen, familiären oder beruflichen Problemen geführt?
- Ist bereits ein erheblicher Verlust der körperlichen oder geistigen Leistungsfähigkeit eingetreten?
- Gab es bereits Krankheitsaufenthalte wegen Alkoholintoxikation?
- Hat der Alkoholkonsum bereits zu körperlichen Schäden geführt?
- Werden zusätzlich andere Drogen oder Medikamente unkontrolliert eingenommen?

2.4.3 Die Unterbringungsgründe gemäß § 1831 Abs. 1 Nr. 1 und 2 BGB

Selbstschädigungsgefahr gemäß § 1831 Abs. 1 Nr. 1 BGB bei Suchtkrankheit

Eine nach den oben dargestellten Grundsätzen festgestellte psychische Krankheit muss 198
ursächlich für die konkrete und ernstliche Gefahr sein, dass der Betreute sich selbst tötet oder erheblichen gesundheitlichen Schaden zufügt. Hinreichender Unterbringungsgrund kann es aber nicht sein, durch eine Freiheitsentziehung die Alkoholabstinenz des Betroffenen zu erzwingen, um ihn allgemein vor einem weiteren Verfall seiner Persönlichkeit zu bewahren. Droht dagegen konkret die Gefahr eines Rückfalls mit lebensbedrohlichen Zuständen, kann die Unterbringung genehmigt werden. Einen Schwerpunkt bilden dabei vor allem Suchtkranke, die bereits seit Jahren an ihrer Abhängigkeit leiden, durch den übermäßigen Alkoholkonsum auch erhebliche somatische Schäden (Leber) verursacht haben und generell körperlich geschwächt, gesundheitlich angeschlagen und anfällig sind. Muss der Sachverständige dann feststellen, dass bei einem fortgesetzten unkontrollierten Alkoholkonsum bzw. einem Rückfall akute, das Leben gefährdende Zustände drohen, ist die Unterbringung geboten. Wird die Genehmigung auf die Selbstschädigungsgefahr gestützt, bleibt eine Therapiefähigkeit des Suchtkranken unberücksichtigt. In diesen Fällen können sich lange Unterbringungszeiten ergeben, da in der Regel die Gefährdung unverändert bestehen bleibt, wenn der Betroffene therapie- und behandlungsresistent ist (BGH, Beschl. v. 17.8.2011 – XII ZB 241/11, Rn. 17).

Unterbringung zur Heilbehandlung, evtl. mit „ärztlichen Zwangsmaßnahmen" (§ 1831 Abs. 1 Nr. 2 und § 1832 Abs. 1 BGB)

199 Die Unterbringung muss zunächst zur Abwendung eines drohenden erheblichen gesundheitlichen Schadens erforderlich sein. Notwendig sind deshalb nicht nur konkrete Feststellungen zur notwendigen Heilbehandlung und deren Erfolgsaussichten. Darzulegen sind ferner ein Therapiekonzept sowie der Inhalt der Behandlung und geplanten Therapien. Schließlich müssen dann noch der zu erwartende Behandlungserfolg und der therapeutische Nutzen mit den Gesundheitsschäden abgewogen werden, die beim Unterlassen der Behandlung eintreten würden.

200 Eine Zwangsbehandlung ist aber nur unter den Voraussetzungen des § 1832 Abs. 1 BGB möglich (siehe dazu die Ausführungen unter Rn. 71 ff.). Ohne wirksame Genehmigung der Zwangsmaßnahme kann es daher keine Genehmigung der Unterbringung geben.

Intoxikation, pathologischer Rausch, Entzugssyndrom, Delir

201 Unproblematisch sind dabei die Fälle eines akuten, pathologischen Rausches (Intoxikation). Eine Umschreibung findet sich bei den ICD-10 Definitionen F10–F19 unter der vierten Stelle .0:

> *Ein Zustandsbild nach Aufnahme einer psychotropen Substanz mit Störungen von Bewusstseinslage, kognitiven Fähigkeiten, Wahrnehmung, Affekt und Verhalten oder anderer psychophysiologischer Funktionen und Reaktionen. Die Störungen stehen in einem direkten Zusammenhang mit den akuten pharmakologischen Wirkungen der Substanz und nehmen bis zur vollständigen Wiederherstellung mit der Zeit ab, ausgenommen in den Fällen, bei denen Gewebeschäden oder andere Komplikationen aufgetreten sind. Komplikationen können ein Trauma, Aspiration von Erbrochenem, Delir, Koma, Krampfanfälle und andere medizinische Folgen sein. Die Art dieser Komplikationen hängt von den pharmakologischen Eigenschaften der Substanz und der Aufnahmeart ab.*

202 Ähnlich gravierende Zustände können mit dem Entzugssyndrom einhergehen, evtl. mit Delir und alkoholbedingten psychotischen Störungen. Liegt ein derartiger Zustand vor, der regelmäßig mit einer offenkundigen Aufhebung der freien Willensbildung verbunden ist, kann zur erforderlichen, häufig sogar akut notwendigen Heilbehandlung eine Unterbringung genehmigt werden. Diese akuten Zustände klingen aber sehr schnell ab, sodass auch die Voraussetzungen der Unterbringung entfallen. In einigen Fällen können aber auch noch während der Entgiftungsphase die Voraussetzungen vorliegen.

203 Eine im Anschluss daran erforderliche Behandlung im Rahmen einer stationären Therapie wird aber in der Regel nur auf freiwilliger Basis möglich sein. Darüber hinaus sind die Betroffenen dann für gewöhnlich schon wieder zur freien Willensbildung fähig. Im Extremfall kann auch ein Zustand erreicht sein, der jede Therapie unmöglich macht. Therapiefähigkeit ist aber im Rahmen des § 1831 Abs. 1 Nr. 2 BGB unabdingbare Voraussetzung, sodass in diesen Fällen nur § 1831 Abs. 1 Nr. 1 BGB in Betracht kommt. Spätestens nach der „Entgiftung" wird daher eine Unterbringung zur Heilbehandlung nur sehr schwer zu begründen sein.

2.5 Erforderliche Aufgabenbereiche

204 Bringt ein Betreuer den Betroffenen unter, benötigt er zunächst einen entsprechenden Aufgabenbereich. Dieser kann lauten:

1. bei § 1831 Abs. 1 Nr. 1 BGB (Selbstgefährdung):
   Freiheitentziehende Unterbringung des Betroffenen
   Aufenthaltsbestimmung, Personensorge oder alle Angelegenheiten können nicht mehr herangezogen werden, da der Aufgabenbereich „alle Angelegenheiten" abgeschafft wurde und Aufenthaltsbestimmung bzw. Personensorge dem „Ausdrücklichkeitsgebot" nicht mehr genügen (vgl. dazu § 1815 Abs. 2 Nr. 1 und 2 BGB und A 2, Rn. 68 ff.)
2. bei § 1831 Abs. 1 Nr. 2 BGB (Untersuchung, ärztliche Behandlung und Eingriffe):
   1. zunächst die oben genannten Aufgabenbereiche und
   2. zusätzlich Gesundheitsfürsorge

Ein Betreuer mit den angeordneten Aufgabenbereichen „Aufenthaltsbestimmung und Gesundheitsfürsorge" kann ab 1.1.2023 ein Verfahren auf Genehmigung der Unterbringung aufgrund der Übergangsbestimmung betreiben. Im Rahmen eines gerichtlichen Genehmigungsverfahrens nach § 1831 Abs. 2 BGB hat das Betreuungsgericht aber über den Aufgabenkreis nach Maßgabe des § 1815 Abs. 2 BGB zu entscheiden, Art. 229 § 54 Abs. 4 EGBGB. 205

Für die ärztliche Zwangsmaßnahme gilt das Ausdrücklichkeitsgebot des § 1815 Abs. 2 BGB nicht, jedoch der Aufgabenbereich „Aufenthaltsbestimmung und Gesundheitsfürsorge". Der Aufgabenbereich „Wahrnehmung der Rechte bei der psychiatrischen Heilbehandlung" ohne gleichzeitige Übertragung des Aufenthaltsbestimmungsrechts reicht nicht aus, wenn die Zwangsbehandlung nur im Rahmen einer geschlossenen Unterbringung des Betroffenen nach § 1831 Abs. 1 Nr. 2 und Abs. 3 BGB möglich ist. Allein die Gesundheitssorge ohne das Aufenthaltsbestimmungsrecht genügt ebenfalls nicht. Handelt ein Bevollmächtigter, muss die Vollmacht schriftlich erteilt sein und die angestrebte Unterbringungsmaßnahme ausdrücklich umfassen (§ 1831 Abs. 5 und § 1820 Abs. 2 BGB). 206

Achtung: Bei der Vollmacht gilt das Ausdrücklichkeits- und Schriftlichkeitsgebot auch für ärztliche Zwangsmaßnahmen! 207

Zum Schutz vor unüberlegtem Handeln soll der Vollmachtgeber durch das „ausdrückliche" Erwähnen der Maßnahme gewarnt werden. Eine Auslegung unklarer, mehrdeutiger oder unbestimmter Begriffe in der Vollmacht ist daher unzulässig oder nur in sehr engen Grenzen möglich (a. A. ohne Begründung BGH, FamRZ 2012, 969 m. Anm. Böhm). 208

2.6 Betreuungsgerichtliche Genehmigung

2.6.1 Genehmigung der Unterbringung bzw. unterbringungsähnlicher Maßnahmen

Die Unterbringung durch einen Betreuer oder Bevollmächtigten ist nur mit Genehmigung des Betreuungsgerichts (Richters) zulässig, § 1831 Abs. 2 Satz 1 BGB. Das bedeutet jedoch nicht, dass das Gericht unterbringt, es genehmigt nur die Handlung des Betreuers bzw. Bevollmächtigten; dieser bleibt „Herr des Verfahrens". 209

Hinweis:
Bei einer Unterbringung oder freiheitsentziehenden Maßnahme (z. B. Bettgittern) ist stets zu beachten:

- Der Betreuer ordnet die Maßnahme an.
- Der Richter genehmigt die Maßnahme.
- Die Einrichtung führt die Maßnahme aus.
- Allein der Betreuer trägt für die Anordnung und Beendigung die Verantwortung; der Richter gestattet ihm nur die Freiheitsentziehung, ohne sie anzuordnen.
- Hat das Betreuungsgericht die freiheitsentziehende Maßnahme genehmigt, bleibt es immer noch dem Betreuer bzw. Bevollmächtigten überlassen, die Maßnahme zu vollziehen oder von ihr abzusehen.

In der Genehmigung müssen der Betroffene, die nähere Bezeichnung der Unterbringungsmaßnahme und der Zeitpunkt, zu dem die Unterbringung endet, enthalten sein (§ 323 FamFG). Die zulässige Dauer der Unterbringung ergibt sich aus § 329 FamFG. 210

2.6.2 Dauer der Unterbringung

Höchstfristen bei freiheitsentziehenden Unterbringungen oder Maßnahmen

Die Genehmigung darf den Zeitraum von einem Jahr nicht überschreiten, § 329 Abs. 1 FamFG. Nur bei offensichtlich langer Unterbringungsbedürftigkeit kann die Frist bis zur absoluten Höchstgrenze von zwei Jahren ausgedehnt werden. Wird entgegen der regelmäßigen Höchst- 211 frist von einem Jahr eine Unterbringung von bis zu zwei Jahren genehmigt, ist näher zu begründen, weshalb eine geringere Unterbringungsfrist nicht ausreicht. Gründe können z. B. eine Therapie, die über ein Jahr dauern muss, oder völlig fehlende Heilungs- und Besserungsaussichten sein. Das Gesetz fordert, dass diese Ausnahmetatbestände offensichtlich vorliegen, also „deutlich und erkennbar" hervortreten (BGH, Beschl. v. 7.8.2024 – XII ZB 169/24, Rn. 10). Eine nachhaltige Sachaufklärung, die Ermittlung konkreter Anhaltspunkte und die Begründung durch das Gericht sind daher im Hinblick auf den hohen Rang des Rechts auf Freiheit der Person unabdingbar. Zum Ganzen BGH, Beschl. v. 7.2.2024 – XII ZB 458/23.

Ärztliche Zwangsmaßnahmen

212 Gemäß § 329 Abs. 1 Satz 2 FamFG darf die Genehmigung einer Einwilligung in eine ärztliche Zwangsmaßnahme oder deren Anordnung die Dauer von sechs Wochen nicht überschreiten, wenn sie nicht vorher verlängert wird.

Einstweilige Anordnungen

213 Bei einer einstweiligen Anordnung darf die Dauer von sechs Wochen (zwei Wochen bei ärztlicher Zwangsmaßnahme) nicht überschritten werden. Bei mehrfacher Verlängerung darf die Gesamtdauer von drei Monaten (sechs Wochen bei ärztlicher Zwangsmaßnahme) nicht überschritten werden, § 333 Abs. 2 FamFG.

214 **Achtung:** Die Dauer der Unterbringung muss in der Beschlussformel angegeben werden. Nach Fristablauf endet die Unterbringungsmaßnahme.

Anforderungen bei längerfristigen Unterbringungssachen

215 Im Hinblick auf den hohen Rang des Rechts auf Freiheit der Person muss die Begründung längerer Fristen aussagekräftig sein. Unterbringungssachen sind immer nur Ultima Ratio, wenn der Staat seiner Schutzpflicht gegenüber Personen, die sich krankheitsbedingt selbst schädigen, anders nicht nachkommen kann. Der Grundsatz, dass die staatliche Gemeinschaft den hilflosen Menschen auch gegen seinen Willen nicht sich selbst überlassen darf, setzt aber ständige Kontrolle und Rechtfertigung von Eingriffen voraus. Je länger die Unterbringung dauert, umso schwerwiegender wird der andauernde Grundrechtseingriff. Es gelten folgende Grundsätze:

- Früher festgestellte Sachverhalte verlieren mit steigender Vollzugsdauer an Gewicht.
- Die Begründung einer weiteren Unterbringung (Verlängerung) darf sich noch weniger mit allgemeinen Formulierungen und spekulativen Erwägungen begnügen.
- Die ernstliche und konkrete Gefahr einer Selbstschädigung bedarf einer mit der Unterbringungsdauer steigenden Begründungstiefe und Kontrolldichte.
- Die Wiederholung alter Begründungen genügt daher nicht.
- Erforderlich sind konkrete Feststellungen.
- Der Satz „Das Gericht habe bei der Fristsetzung die Ausführungen des Sachverständigen berücksichtigt." genügt nicht.
- Der bei Gutachtern häufig zu lesende Satz „Aus fachärztlicher Sicht sei eine Unterbringung der Betroffenen für ... Jahre erforderlich." ist ebenfalls nicht aussagekräftig.
- Das Gesetz fordert bei einem Überschreiten der normalen Höchstfrist eine „offensichtliche Unterbringungsbedürftigkeit". Das lässt keinen Platz für Vermutungen und Spekulationen.

Dazu BGH, Beschl. v. 9.4.2025 – XII ZB 1/25, Rn. 7 ff., BGH, Beschl. v. 16.11.2022 – XII ZB 184/22.

216 Der Betreuer bzw. Vorsorgebevollmächtigte ist für die Einholung der notwendigen betreuungsgerichtlichen Genehmigung allein verantwortlich. In der Praxis ist eine „Anregung" des Betreuers ausreichend. In seiner Begründung sollte er nicht nur die tatsächlichen Voraussetzungen der freiheitsentziehenden Maßnahme darlegen und – soweit vorhanden – ein ärztliches Zeugnis beifügen, sondern auch darstellen, ob bei einer Zuführung zur Unterbringung Schwierigkeiten zu erwarten sind. Gegebenenfalls kann der Betreuer, aber auch der Vorsorgebevollmächtigte anregen, dass die Betreuungsstelle beim Vollzug behilflich sein und dieser – unter Zuziehung polizeilicher Vollzugsorgane – die Anwendung unmittelbaren Zwangs

(Gewaltanwendung) sowie die Öffnung und das Betreten der Wohnung gestattet werden soll (§ 326 FamFG). Das gilt auch für die Verbringung zu einem Krankenhaus, in dem während eines stationären Aufenthalts eine ärztliche Zwangsmaßnahme durchgeführt werden soll, § 1832 Abs. 4 BGB, § 326 Abs. 1 und 2 FamFG.

Der BGH (a. a. O.) hat eine sehr großzügige Vollzugslockerung in seiner Entscheidung 216a
stillschweigend toleriert. Dabei wurden sehr weitgehende Freiheiten eingeräumt, etwa die Möglichkeit, die Einrichtung tagsüber unbegleitet zu verlassen, und es wurden weitere Öffnungsmaßnahmen angedacht. Diese starke Annäherung an eine offene Station hätte man aber wohl als eigenen „Typ" der Unterbringung definieren und ausdrücklich genehmigen müssen.

2.6.3 Unterbringungssachen ohne Genehmigung

Ist mit dem Aufschub der Unterbringung Gefahr für den Betroffenen verbunden, kann ihn der 217
Betreuer bzw. Bevollmächtigte zunächst auch ohne gerichtliche Genehmigung unterbringen; diese ist allerdings unverzüglich nachzuholen, § 1831 Abs. 2 Satz 2 BGB.

Für eine ärztliche Zwangsmaßnahme sieht das Gesetz in § 1832 BGB keine derartige Befugnis 218
(außer für die Verbringung zum stationären Aufenthalt in einem Krankenhaus) vor. In extrem dringenden Fällen wird man zur Abwendung einer „gegenwärtigen, nicht anders abwendbaren Gefahr" für das Leben oder bei einer ebenso dringenden Gefahr einer erheblichen gesundheitlichen Schädigung (vgl. § 34 StGB) auch vor einer Genehmigung handeln dürfen.

Die betreuungsgerichtliche Genehmigung zur Unterbringung in einer geschlossenen Abteilung 219
eines psychiatrischen Krankenhauses schließt die Genehmigung der Einwilligung des Betreuers in eine Untersuchung des Gesundheitszustandes, eine Heilbehandlung oder einen ärztlichen Eingriff nach § 1829 BGB grundsätzlich nicht ein. Auch die „ärztliche Zwangsmaßnahme" muss vom Betreuungsgericht zusätzlich genehmigt werden, § 1832 Abs. 2 BGB. Der nachfolgende Beschluss umfasst nur die Unterbringung gemäß § 1831 Abs. 1 Nr. 2 BGB.

2.6.4 Beispiel für einen Beschluss zur Genehmigung einer vorläufigen Unterbringung

Amtsgericht *Aburg* – Betreuungsgericht – Amtsweg 20, 82126 Aburg Telefon: 000000; Fax: 00000		
Akten- zeichen:	**XVII 31/23 UL 23/23**	**Aburg, 2.1.2023**
Unterbringungsverfahren		
In dem Verfahren für **Helga Gold**, geboren am 23.5.1941, Musterweg 1, 82126 Aburg		– Betroffene –
Rechtsanwalt Detlev Lustig Veitsweg 3, 82126 Aburg		–Verfahrensbevollmächtigter –
Weitere Beteiligte:		
Rechtsanwalt Herbert Mustermann, Kranichweg 1, 82126 Aburg		– Verfahrenspfleger –
Elmar Herrler, Schlauweg1, 82226 Frankenburg		– Sohn und vorläufiger Betreuer –
Horst Grau, Erikaweg 3, 94321 Oberburg		– Vertrauensperson –
Stadt Aburg, Schnellweg 1, 82126 Aburg		– Betreuungsbehörde –

erlässt das Amtsgericht – Betreuungsgericht – Aburg durch die Richterin am Amtsgericht Dr. Kerscher folgenden

Beschluss

Es wird **durch einstweilige Anordnung bestimmt**:

1. Die vorläufige Unterbringung der Betroffenen in der geschlossenen Abteilung eines psychiatrischen Krankenhauses wird **bis längstens 10.2.2023** genehmigt.
2. Wirkt die zuständige Behörde bei der Zuführung zur Unterbringung mit, darf sie – soweit nötig mit Unterstützung der polizeilichen Vollzugsorgane – Gewalt anwenden und erforderlichenfalls auch gegen den Willen der Betroffenen deren Wohnung betreten.
3. Soweit die Freiheitsentziehung nicht mehr erforderlich ist, hat der Betreuer sie zu beenden. Ansonsten wird die Genehmigung mit Fristablauf wirkungslos.
4. Die sofortige Wirksamkeit wird angeordnet.

Gründe:

Die Betroffene leidet an einer psychischen Krankheit, nämlich einer senilen Demenz vom Alzheimer-Typ. Das folgt aus dem Ergebnis der gerichtlichen Ermittlungen, insbesondere aus dem aktuellen ärztlichen Zeugnis des Dr. Sauer vom 31.12.2022 und dem Bericht der Betreuungsbehörde. Dr. Sauer ist Facharzt für Psychiatrie und hat die Betroffene persönlich am 31.12.2022 untersucht. Er berichtet, dass ihr Kurzzeitgedächtnis erheblich beeinträchtigt war. Ein vernünftiges Gespräch mit ihr war nicht möglich. Sie sei weder zeitlich noch örtlich orientiert und habe schon nach kurzer Zeit nicht mehr gewusst, dass er Arzt sei.

Die Betreuungsbehörde hat berichtet, dass die Betroffene ihre körperliche Pflege extrem vernachlässigt habe und kaum mehr Nahrung zu sich nehme. Sie leide an Diabetes und kümmere sich nicht um eine entsprechende Ernährung und ärztliche Kontrolle. Vor Kurzem sei sie kollabiert und musste vom Notarzt versorgt werden. Die Polizei habe sie vor einer Woche in verwirrtem Zustand angetroffen und nach Hause gebracht, weil sie den Weg zu ihrer Wohnung nicht mehr gefunden habe. Medikamente und Ärzte lehne sie rigoros ab. Der vorläufige Betreuer hat telefonisch den Sachverhalt bestätigt und um eine Genehmigung der Unterbringung durch Beschluss gebeten.

Die Betroffene hat demnach zurzeit keine ausreichende Krankheitseinsicht, ist zu einer freien Willensbildung zumindest hinsichtlich der Entscheidungen im Zusammenhang mit der Erkrankung nicht in der Lage und vermag auch die Notwendigkeit ihrer Unterbringung in einem psychiatrischen Krankenhaus nicht zu erkennen. Es besteht deshalb die Gefahr, dass sie sich erheblichen gesundheitlichen Schaden zufügt.

Die Betroffene bedarf zudem ärztlicher Behandlung, die derzeit ohne geschlossene Unterbringung nicht geschehen kann. Erforderlich, geplant und ohne Unterbringung nicht durchführbar sind die Bestimmungen einer angemessenen Dosierung der Medikamente zur Bekämpfung der Diabetes bzw. weiterer notwendiger Arzneimittel und die Durchführung einer Computertomografie.

Die Betroffene muss geschlossen untergebracht werden, weil sie weglaufgefährdet ist und aufgrund mangelnder Orientierung bzw. Verkehrssicherheit erheblich gefährdet wäre. Zur Sicherung der Behandlung und der Verhinderung selbstschädigender Handlungen der Betroffenen ist es notwendig, sie ständig zu beaufsichtigen und ärztlich zu betreuen.

Eine endgültige Entscheidung zur Unterbringung war wegen der noch nicht abgeschlossenen Untersuchung und Begutachtung der Betroffenen noch nicht möglich. Aufgrund des fortgeschrittenen Krankheitsbilds würde ein Zuwarten mit hoher Wahrscheinlichkeit zu weiteren gefährlichen Situationen und/oder zu erheblichen Gesundheitsschäden führen. Es ist daher eine Entscheidung im Weg der einstweiligen Anordnung nach § 1831 Abs. 1 Nr. 1 und 2 BGB, §§ 331 und 332 FamFG erforderlich. Die persönliche Anhörung der Betroffenen wird unverzüglich nachgeholt werden, § 332 Satz 2 FamFG.

Die Entscheidung über die Gewaltanwendung beruht auf §§ 326 und 51 Abs. 2 FamFG. Die Entscheidung über die sofortige Wirksamkeit beruht auf § 324 Abs. 2 und § 51 Abs. 2 FamFG. Die Genehmigung der vorläufigen Unterbringung erlischt mit Ablauf der vorgenannten Frist, es sei denn, dass das Gericht über die Fortdauer nach Anhörung der Betroffenen und eines Sachverständigen erneut entschieden hat (§ 333 Satz 2 und 3 FamFG).

Rechtsbehelfsbelehrung

Gegen diese Entscheidung ist das Rechtsmittel der Beschwerde zulässig.

Einlegung der Beschwerde:
Sie ist beim Amtsgericht Aburg einzulegen. Die Einlegung erfolgt durch Einreichung einer Beschwerdeschrift oder zur Niederschrift in der Geschäftsstelle. Eine untergebrachte Person kann die Beschwerde auch bei dem Amtsgericht einlegen, in dessen Bezirk sie untergebracht ist.

Notwendiger Inhalt und Form der Beschwerde:
Die Beschwerde muss die Bezeichnung des angefochtenen Beschlusses sowie die Erklärung enthalten, dass Beschwerde gegen diesen Beschluss eingelegt wird. Sie ist von dem Beschwerdeführer oder seinem Bevollmächtigten zu unterzeichnen.

Frist für die Einlegung der Beschwerde:
Die Beschwerde ist binnen einer Frist von zwei Wochen einzulegen. Die Frist beginnt jeweils mit der schriftlichen Bekanntgabe des Beschlusses an die Beteiligten. Kann die schriftliche Bekanntgabe an einen Beteiligten nicht bewirkt werden, beginnt die Frist spätestens mit Ablauf von fünf Monaten nach Erlass des Beschlusses.

Weitere Hinweise:
Die Beschwerde soll begründet werden. Wird die Beschwerde zu Protokoll der Geschäftsstelle eines anderen Amtsgerichts erklärt, wird die Niederschrift unverzüglich an das zuständige Amtsgericht weitergeleitet. Die Beschwerde muss aber innerhalb der Frist von zwei Wochen bei dem Amtsgericht eingehen, dessen Entscheidung angefochten wird.

Rechtsbehelfe können auch als elektronisches Dokument eingereicht werden. Eine einfache E-Mail genügt den gesetzlichen Anforderungen nicht. Das elektronische Dokument muss

- mit einer qualifizierten elektronischen Signatur der verantwortenden Person versehen sein oder
- von der verantwortenden Person signiert und auf einem sicheren Übermittlungsweg eingereicht werden.

Ein elektronisches Dokument, das mit einer qualifizierten elektronischen Signatur der verantwortenden Person versehen ist, darf

- auf einem sicheren Übermittlungsweg oder
- an das für den Empfang elektronischer Dokumente eingerichtete Elektronische Gerichts- und Verwaltungspostfach (EGVP) des Gerichts übermittelt werden.

Wegen der sicheren Übermittlungswege wird auf § 14 Abs. 2 FamFG, § 130a Abs. 4 ZPO verwiesen. Hinsichtlich der weiteren Voraussetzungen zur elektronischen Kommunikation mit den Gerichten wird auf die Verordnung über die technischen Rahmenbedingungen des elektronischen Rechtsverkehrs und über das besondere elektronische Behördenpostfach (ERRV) sowie auf die Internetseite www.justiz.bayern.de/service/elektronischer-rechtsverkehr verwiesen.

Dr. Kerscher
Richterin am Amtsgericht

A

> Vermerk der Geschäftsstelle:
> Erlass des Beschlusses (§ 38 Abs. 3 Satz 3 FamFG) und Zeitpunkt der sofortigen Wirksamkeit: Übergabe an die Geschäftsstelle zum Zwecke der Bekanntgabe an die Beteiligten am 2.1.2023 um 8 Uhr.
>
> Wankerl, Justizsekretärin
> Urkundsbeamte der Geschäftsstelle

2.7 Beendigung der Unterbringung

2.7.1 Wegfall der Voraussetzungen

Beendigung der Unterbringung bzw. unterbringungsähnlichen Maßnahmen

220 Nach § 1831 Abs. 3 Satz 1 BGB beendet der Betreuer bzw. Vorsorgebevollmächtigte die Unterbringung, wenn die Voraussetzungen weggefallen sind oder er sie nicht mehr für erforderlich hält. Hier ist zu beachten, dass sich mit der Beendigung der Unterbringung die gerichtliche Genehmigung erledigt hat und gegenstandslos geworden ist. Der Betreuer bzw. Bevollmächtigte teilt die Beendigung dem Gericht mit, § 1831 Abs. 3 Satz 2 BGB. Eine gerichtliche Aufhebung der Genehmigung wäre zwar nicht erforderlich, aber als rein deklaratorische Aufhebung des Beschlusses angezeigt, um den Rechtsschein der Genehmigung zu beseitigen. § 1832 Abs. 3 BGB regelt die Folgen der Beendigung bei der Genehmigung einer Zwangsbehandlung in gleicher Weise. Der Betreuer muss dabei die Einwilligung gegenüber dem behandelnden Arzt widerrufen und den Widerruf dem Gericht unverzüglich anzeigen.

221 Das Gericht kann dem Betreuer gebieten, die Unterbringung aufrechtzuerhalten, wenn es der Meinung ist, dass die Voraussetzungen noch vorliegen, § 1862 Abs. 3 Satz 1 BGB; es könnte ihn auch aus dem Amt entlassen, wenn durch die Beendigung eine Gefahr für den Betreuten entstehen würde und dadurch die Eignung des Betreuers, die Angelegenheiten des Betreuten zu besorgen, nicht mehr gewährleistet ist, § 1868 Abs. 1 Satz 1 BGB.

222 Das Betreuungsgericht hat von sich aus die Unterbringungsgenehmigung aufzuheben, wenn ihre Voraussetzungen weggefallen sind, § 330 FamFG. In diesem Fall muss der Betreuer bzw. Bevollmächtigte sofort die Unterbringung beenden, da er für diese Maßnahme keine ausreichende Rechtsbefugnis mehr hat; das gilt auch dann, wenn er anderer Ansicht ist.

222a Der Wegfall der Voraussetzungen führt zwingend zur Entlassung. Es gibt keine Schonfrist für den Betreuer mit der Möglichkeit, für einen angemessenen „Empfangsraum" zu sorgen. Die Suche nach einer geeigneten Wohneinrichtung, der Aufbau der Verkehrstüchtigkeit und andere flankierende Maßnahmen wären häufig sinnvoll. Die freiheitsentziehende Maßnahme kann aber auch für eine Übergangszeit nicht aufrechterhalten bleiben, wenn die Voraussetzungen weggefallen sind (BGH, Beschl. v. 5.6.2024 – XII ZB 463/23).

Hinweis:

Eine Entlassung durch die Einrichtung ohne Rücksprache mit dem Betreuer bzw. Bevollmächtigten ist grundsätzlich nicht zulässig.

Die ausdrücklichen Regelungen zur Beendigung durch den Betreuer bzw. Vorsorgebevollmächtigten sind abschließend und lassen keinen Raum für eine Befugnis der Einrichtung. In der Praxis wird das vor allem durch die Krankenhäuser nicht beachtet.

Beendigung einer ärztlichen Zwangsmaßnahme

223 Ähnliches gilt für die Einwilligung in eine ärztliche Zwangsmaßnahme. Die Wirksamkeit der genehmigten Einwilligung bleibt aber bis zum „Widerruf" der Einwilligung bestehen, die gegenüber dem behandelnden Arzt erklärt werden muss. Der Widerruf hat keine Rückwirkung, sodass bereits durchgeführte ärztliche Zwangsmaßnahmen wirksam bleiben. Der Betreuer muss

die Einwilligung in die ärztliche Zwangsmaßnahme widerrufen, wenn ihre Voraussetzungen – § 1832 Abs. 3 BGB – wegfallen. Er hat den Widerruf dem Betreuungsgericht anzuzeigen.

2.7.2 Sonderfall: Freiwilligkeitserklärung während des Vollzugs der Unterbringung

Zeigt sich der Betroffene während der Unterbringung kooperativ, um die restriktiven Folgen 224
einer geschlossenen Unterbringung zu vermeiden, kann bei einem behutsamen Vorgehen des behandelnden Arztes und des Betreuers bzw. Bevollmächtigten eine Freiwilligkeitserklärung des Betroffenen erreicht und damit ein größerer therapeutischer Handlungsspielraum ermöglicht werden. Der nunmehr freiwillige Aufenthalt ist dem Betreuungsgericht mitzuteilen, damit die betreuungsgerichtliche Genehmigung aufgehoben wird.

Die Genehmigung der geschlossenen Unterbringung ist aufzuheben, wenn der Betroffene sich 225
ernstlich und verlässlich bereit erklärt, freiwillig in der Einrichtung zu verbleiben und sich der erforderlichen Therapie zu unterziehen. Diese Anforderungen erfüllt nicht die Erklärung, in erster Linie nach Hause zurückkehren zu wollen und nur „unter Umständen" für einen von vornherein begrenzten Zeitraum freiwillig in der Einrichtung zu bleiben (siehe dazu im Detail Rn. 15).

2.7.3 Folgen der Entlassung, probeweise Entlassung, Vollzugslockerung

Eine probeweise Entlassung oder eine Beurlaubung ist bei der zivilrechtlichen Unterbringung 226
gesetzlich nicht geregelt, sie wird aber in Anlehnung an die öffentlich-rechtlichen Vorschriften grundsätzlich für zulässig erachtet. Es wird die Ansicht vertreten, dass die probeweise Verlegung des Untergebrachten aus der geschlossenen auf eine offene Station dann nicht zur Wirkungslosigkeit der betreuungsgerichtlichen Genehmigung führt, wenn die ihr zugrunde liegenden Voraussetzungen weiter bestehen und die Verlegung in engem zeitlichem Zusammenhang mit dem Ende des genehmigten Unterbringungszeitraums steht. Das soll bei einer probeweisen Verlegung zehn Tage vor Entlassung des Untergebrachten noch der Fall sein (vgl. KG Berlin, Beschl. v. 20.12.2005 – 1 W 170/03). Dies ist ein Widerspruch in sich, da bei Vorliegen der Voraussetzungen einer Freiheitsentziehung eine offene Unterbringung nicht möglich sein kann. Es gibt hier nur ein Entweder-oder.

Das Gleiche gilt für sog. Vollzugslockerungen, die man aus dem Strafvollzug kennt. Häufig 226a
werden dem Untergebrachten ohne Einbeziehung des Betreuers „weitgehende Freiheiten eingeräumt", etwa „die Möglichkeit, die Einrichtung tagsüber unbegleitet zu verlassen", und „weitere Öffnungsmaßnahmen". Dies ist mit einer im Beschluss ausgesprochenen „freiheitsentziehenden Unterbringung" nicht mehr zu vereinbaren. Der Betroffene könnte zudem ohne Weiteres zu Hause bleiben, da es keine Möglichkeit gäbe, ihn mit Gewalt zurückzubringen, da § 326 Abs. 1 FamFG nur für die Zuführung zur Unterbringung gilt, aber nicht für die Rückführung. Zudem würde diese Gestaltung dem „engen Unterbringungsbegriff" widersprechen, der voraussetzt, dass der Betroffene in einem räumlich begrenzten Bereich festgehalten, sein Aufenthalt ständig überwacht und die Kontaktaufnahme mit Personen außerhalb des Bereichs eingeschränkt wird (vgl. Rn. 32 und BGH, Beschl. v. 15.1.2025 – XII ZB 517/24, Rn. 4). Der BGH (a. a. O.) hat eine sehr großzügige Vollzugslockerung in seiner Entscheidung stillschweigend toleriert. Dabei wurden sehr weitgehende Freiheiten eingeräumt, etwa die Möglichkeit, die Einrichtung tagsüber unbegleitet zu verlassen und es wurden weitere Öffnungsmaßnahmen angedacht. Diese starke Annäherung an eine offene Station hätte man aber wohl als eigenen „Typ" der Unterbringung definieren und ausdrücklich genehmigen müssen.

Keine Regelung findet sich zu der Frage, wer die Verlegung in eine andere geschlossene 227
Einrichtung bewirken kann. Das wird relevant, wenn z. B. die Behandlung in einer Spezialklinik fortgesetzt werden muss. In erster Linie ist das Sache des Betreuers, der für die Gesundheitsangelegenheiten zuständig ist. Die Umsetzung und Verbringung müssen von der Einrichtung mit entsprechend ausgebildetem Personal erledigt werden. § 326 Abs. 1 FamFG deckt diesen Fall nicht ab (a. A. LG Wiesbaden, Beschl. v. 22.7.2019 – 4 T 217/19).

228 Jede echte Entlassung führt zum „Verbrauch" der gerichtlichen Genehmigung; vor einer erneuten Unterbringung muss eine neue eingeholt werden. Die Verlegung auf eine offene Station begründet die Aussage, dass die Voraussetzungen der Unterbringung nicht mehr vorliegen (siehe Rn. 226). Flucht oder eigenmächtiges Verlassen des Untergebrachten lässt die Genehmigung weiter bestehen. Eine Unterbringungsgenehmigung verliert aber auch bei Flucht ihre Gültigkeit, wenn der Betroffene eine nicht unerhebliche Zeit nicht (mehr) untergebracht ist.

2.8 Vorschriften zum gerichtlichen Verfahren im Detail

229 Das vom Betreuungsgericht einzuhaltende Verfahren vor Erlass eines Genehmigungsbeschlusses dient der effektiven Sachaufklärung. Dabei müssen im Hinblick auf den mit der Unterbringung verbundenen schwerwiegenden Grundrechtseingriff strenge Maßstäbe auch im Verfahren zur Anwendung kommen. Die Gerichte bezeichnen eine zureichende richterliche Sachaufklärung daher zu Recht als „unverzichtbare Voraussetzung eines rechtsstaatlichen Verfahrens" (BGH, Beschl. v. 14.3.2018 – XII ZB 629/17, Rn. 18; siehe A 5).

3. Rechtsmittel

3.1 Beschwerde

230 Endentscheidungen in Unterbringungsverfahren (auch vorläufige) sind mit der Beschwerde anfechtbar. Die eingelegte Beschwerde bewirkt, dass der Unterbringungsbeschluss noch nicht wirksam wird (§ 324 Abs. 1 und § 45 FamFG), da sie den Eintritt der Rechtskraft hemmt (§ 45 FamFG); das gilt dann nicht, wenn die sofortige Wirksamkeit über § 324 Abs. 2 FamFG angeordnet und nach § 324 Abs. 2 Satz 2 Nr. 1, 2 oder 3 FamFG verfahren wurde.

3.1.1 Beschwerdeberechtigte

231 Zum Kreis der beschwerdeberechtigten Personen siehe A 7. Legt der Verfahrenspfleger gegen die Genehmigung der geschlossenen Unterbringung des Betroffenen Beschwerde ein, kann er das nur in dieser Funktion. Er kann nicht als Vertreter des Betroffenen dessen persönliches Beschwerderecht ausüben, § 317 Abs. 3 Satz 3 FamFG. Betreuer und Vorsorgebevollmächtigte können dagegen gemäß § 335 Abs. 3 FamFG auch im Namen des Betroffenen Beschwerde einlegen, wenn ihr Aufgabenkreis betroffen ist.

232 Dem Betroffenen steht gegen die Entscheidung des Betreuungsgerichts, mit dem ein Antrag des Betreuers auf Genehmigung der geschlossenen Unterbringung abgelehnt worden ist, kein Beschwerderecht zu. Allerdings kann der Betreuer oder Vorsorgebevollmächtigte Beschwerde gegen den ablehnenden Beschluss im Namen des Betroffenen einlegen, da das „subjektive Recht auf den staatlichen Erwachsenenschutz" den Betroffenen materiell beschwert (BGH, Beschl. v. 2.2.2022 – XII ZB 530/21). Allerdings stellt sich die Frage, ob der Betroffene, der keine Unterbringung will, aufgrund seiner umfassenden Verfahrensfähigkeit gemäß § 316 FamFG die in seinem Namen eingelegte Beschwerde zurücknehmen kann, § 67 Abs. 4 FamFG. Der Betroffene bleibt und ist Beschwerdeführer, auch wenn die Beschwerde von Dritten eingelegt wurde, aber in seinem Namen und nicht aufgrund eines eigenen Beschwerderechts.

3.2 Rechtsbeschwerde

233 Grundsätzlich kann zulassungsfrei Rechtsbeschwerde gegen die anordnenden oder genehmigenden Entscheidungen des Beschwerdegerichts eingelegt werden. Ablehnende Entscheidungen des Beschwerdegerichts bedürfen aber der Zulassung, § 70 Abs. 3 Satz 2 FamFG. Bei einstweiligen Anordnungen ist eine Rechtsbeschwerde gemäß § 70 Abs. 4 FamFG generell ausgeschlossen.

3.3 Nachträgliche gerichtliche Prüfung der Rechtmäßigkeit von Fixierungen

234 Das BVerfG hat mit seiner Entscheidung zu öffentlich-rechtlich begründeten Fixierungen neue Maßstäbe gesetzt (BVerfG, Beschl. v. 24.7.2018 – 2 BvR 502/16). Diese Grundsätze sind im

Kernbereich auf alle Fixierungen (BGB, BayMRVG, BayPsychKHG, StVollzG etc.) anzuwenden. Im Leitsatz 4c betont das Gericht: „Nach Beendigung einer jeden Fixierung ist der Betroffene auf die Möglichkeit einer nachträglichen gerichtlichen Überprüfung hinzuweisen. Ähnliches findet sich in der Entscheidung des BVerfG unter Rn. 104, 59 und vor allem 85. Dort heißt es:

> *Zusätzlich folgt aus dem Freiheitsgrundrecht (Art. 2 Abs. 2 Sätze 2 und 3 i. V. m. Art. 104 Abs. 1 Satz 1 GG) die Verpflichtung, den Betroffenen nach Beendigung der Maßnahme auf die Möglichkeit hinzuweisen, die Zulässigkeit der durchgeführten Fixierung gerichtlich überprüfen zu lassen. Nur so kann gewährleistet werden, dass sich der Betroffene bewusst ist, dass er auch noch nach Erledigung der Maßnahme ihre gerichtliche Überprüfung herbeiführen kann.*

Im Bereich der zivilrechtlich begründeten Fixierung gibt es aber keine gesetzlich vorgesehene 235 nachträgliche Entscheidung zur Rechtswidrigkeit einer bereits erledigten Fixierung. Die fehlende Rechtsgrundlage könnte durch eine entsprechende Anwendung des § 327 FamFG erreicht werden oder durch eine analoge Anwendung des § 62 FamFG. Der BGH hat bisher ein derartiges isoliertes Feststellungsverfahren abgelehnt (BGH, Beschl. v. 10.10.2012 – XII ZB 660/11). Angesichts der präzisen Vorgaben des BVerfG wird man aber für eine Übergangszeit beschränkt auf Zwangsbehandlungen und Fixierungen ein isoliertes Feststellungsverfahren akzeptieren müssen. Dieser nachträgliche Rechtsschutz ist ein notwendiger Ausgleich dafür, dass der Richtervorbehalt nur in wenigen Fällen greift und völlig ins Leere laufen würde. Darauf muss der Betroffene auch hingewiesen werden.

4. Einstweilige Anordnungen bzw. Maßnahmen (Eilmaßnahmen)

Oftmals steht für ein normales – zeitraubendes – Unterbringungsverfahren keine Zeit zur 236 Verfügung. Unterbringungsmaßnahmen müssen in der Regel „schnellstmöglich" erfolgen, weil Gefahr droht. In diesen Fällen muss die Möglichkeit einer einstweiligen Anordnung bzw. von Maßnahmen durch das Gericht geprüft werden. Gesetzlich geregelt ist die vorläufige Unterbringung in den §§ 331 bis 334 FamFG. Die Einzelheiten werden dargestellt:

a) allgemein unter A 7

b) bezüglich der Rechtswidrigkeit bei vorläufigen Unterbringungsmaßnahmen unter A 7

c) bezüglich weiterer Besonderheiten bei den Unterbringungssachen unter Rn. 254

d) bezüglich des Wirksamwerdens unter Rn. 245

Nachfolgend werden die einstweiligen Anordnungen deshalb nur in Kurzform erläutert. 237

4.1 Voraussetzungen für Eilmaßnahmen, §§ 331 ff. FamFG

4.1.1 Dringende Gründe, dringendes Bedürfnis für ein sofortiges Tätigwerden

Gemäß § 331 Satz 1 Nr. 1 FamFG müssen dringende Gründe für die Annahme bestehen, dass 238 eine endgültige zivilrechtliche Unterbringungsmaßnahme getroffen werden kann, weil die Voraussetzungen einer Unterbringung nach § 1831 BGB vorliegen. Ferner verlangt § 331 Satz 1 Nr. 1 FamFG ein „dringendes Bedürfnis für ein sofortiges Tätigwerden". Das ist zu bejahen, wenn mit einem Aufschub der Maßnahme für den Betroffenen eine Gefahr für wichtige Rechtsgüter verbunden wäre.

4.1.2 Ärztliches Zeugnis bei einstweiliger Anordnung

Im Rahmen einer einstweiligen Anordnung lässt es § 331 Satz 1 Nr. 2 FamFG genügen, wenn 239 ein ärztliches Zeugnis vorliegt, das allerdings im Wesentlichen zu den gleichen Fragen wie das Gutachten Stellung nehmen muss. Grundsätzliche Informationen zum ärztlichen Zeugnis finden sich in A 7.

Der Aussteller des ärztlichen Zeugnisses muss ein Arzt sein, der Erfahrung auf dem Gebiet der 240 Psychiatrie hat oder Arzt für Psychiatrie ist. Der normale Hausarzt wird diesen Anforderungen in der Regel nicht gerecht. Der Arzt muss den Betroffenen zeitnah zu der Erstellung persönlich untersuchen oder befragen. Ein Telefongespräch mit dem Betroffenen genügt nicht. Die

Erstellung nach Aktenlage ist bei der Schwere des Eingriffs nicht ausreichend. Das Zeugnis muss den aktuellen Zustand des Betroffenen beschreiben und die Notwendigkeit der freiheitsentziehenden Maßnahme bzw. ärztlichen Zwangsmaßnahme begründen. Im Übrigen darf sich das ärztliche Zeugnis in der Begründungstiefe auf die wesentlichen Aussagen beschränken.

Beispiel aus der Rechtsprechung:

Ein mehr als drei Monate zurückliegendes ärztliches Zeugnis zum Zweck der Begründung einer befristeten geschlossenen Unterbringung zur Heilbehandlung im Wege einer einstweiligen Anordnung, das weder die mit der befürworteten Behandlung für den Betreuten zu erwartenden Vorteile noch die ohne die Behandlung entstehenden Nachteile aufzeigt, reicht für eine richterliche Unterbringungsgenehmigung nicht aus (OLG Köln, Beschl. v. 17.5.2006 – 16 Wx 95/06).

241 **Folgen:** Ein ärztliches Zeugnis, das den Anforderungen in wesentlichen Punkten nicht genügt (z. B. fehlende Untersuchung oder Befragung durch den ausstellenden Arzt, unzureichende Diagnose der Krankheit, fehlende Qualifikation, unzureichende Feststellung einer Gefährdung), kann einer gerichtlichen Entscheidung nicht zugrunde gelegt werden (siehe A 7).

4.1.3 Persönliche Anhörung

242 Der Betroffene muss vor Anordnung der Maßnahme persönlich angehört werden, § 331 Nr. 4 FamFG. Die Anhörung kann auch im Wege der Rechtshilfe durchgeführt werden, § 331 Satz 2 FamFG. Sie kann nur in eng begrenzten Ausnahmefällen unterbleiben, § 319 Abs. 3 FamFG i. V. m. § 34 FamFG. Die Ausnahmetatbestände sind mit den Regelungen der persönlichen Anhörung beim Betreuungsverfahren identisch. Es wird darauf in A 7 Bezug genommen.

4.1.4 Verfahrenspfleger

243 Soweit es zur Wahrnehmung der Interessen des Betroffenen erforderlich ist, muss vor Erlass der Anordnung ein Verfahrenspfleger bestellt werden, § 331 Satz 1 Nr. 3 und § 317 FamFG. Das ist in der Regel erforderlich, wenn von einer Anhörung des Betroffenen abgesehen werden soll, § 317 Abs. 1 Satz 1 FamFG. Die Anhörung des Verfahrenspflegers kann auch schriftlich oder telefonisch erfolgen. Bei der Anordnung einer vorläufigen Unterbringung muss dem Betroffenen bereits vor Erlass des Unterbringungsbeschlusses ein Verfahrenspfleger auch dann bestellt werden, wenn das vorliegende Gutachten bzw. ärztliche Zeugnis nicht an ihn ausgehändigt werden soll.

4.2 Voraussetzungen für Eilmaßnahmen bei gesteigerter Dringlichkeit, § 332 FamFG

244 Ist Gefahr im Verzug anzunehmen (sog. Eilfall), können gemäß § 332 FamFG zunächst weitere Verfahrenshandlungen unterbleiben. Von der persönlichen Anhörung des Betroffenen und der Bestellung und Anhörung eines Verfahrenspflegers kann vor Erlass der Anordnung abgesehen werden. Diese elementaren Verfahrensvoraussetzungen müssen aber unverzüglich nachgeholt werden. Im Gesetz ist der Begriff der „Unverzüglichkeit" für das Nachholen der Verfahrenshandlungen nicht definiert. Die Nachholung muss wohl im Grundsatz spätestens mit Ablauf des nächsten Werktags erfolgen. Gefahr im Verzug besteht, „wenn konkrete Gründe dafür vorliegen, dass bereits der durch die Anhörung bedingte zeitliche Aufschub der Unterbringungsmaßnahme die Gefahr erheblicher Nachteile für den Betroffenen oder Dritte mit sich bringen würde" (BVerfG, Beschl. v. 4.8.2020 – 2 BvR 1692/19, Rn. 31).

4.3 Dauer, Wirksamwerden, Beschwerdefrist, Durchführung

245 Zur Höchstfrist bei einstweiligen Anordnungen siehe A 7.

246 Für die Bekanntgabe und die Wirksamkeit gelten die gleichen Vorschriften wie für das Hauptverfahren. Die Beschwerdefrist beträgt zwei Wochen, eine Rechtsbeschwerde findet nicht statt, § 63 Abs. 2 Nr. 1 und § 70 Abs. 4 FamFG. Die Unterbringung selbst erfolgt nach § 326 FamFG unter Zuhilfenahme der Betreuungsstelle, wobei diese wiederum die Polizei

zuziehen kann. Eine Gewaltanwendung, die Hinzuziehung der Polizei und das Eindringen in die Wohnung erfordern eine ausdrückliche Anordnung des Gerichts.

4.4 Einstweilige Maßnahmen nach § 1867 BGB, § 334 FamFG

Nach § 1867 BGB kann das Betreuungsgericht selbst einstweilige Anordnungen treffen („erforderliche Maßnahmen"), wenn ein Betreuer noch nicht bestellt oder an der Erfüllung seiner Pflichten verhindert ist; dies gilt auch, wenn dem Betreuer für die aktuelle Tätigkeit der entsprechende Aufgabenbereich fehlt. Die zu erledigende Maßnahme muss so dringlich sein, dass ein bestellter vorläufiger (weiterer) Betreuer mit dem erforderlichen Aufgabenbereich nicht mehr rechtzeitig die aktuell anstehende Vertretungshandlung erbringen kann. 247

Bei der Einwilligung in eine ärztliche Zwangsmaßnahme ist § 1867 BGB „nur anwendbar, wenn der Betreuer an der Erfüllung seiner Pflichten verhindert ist", § 1832 Abs. 1 Satz 2 BGB. Ist noch kein Betreuer bestellt, muss dies durch eilige Bestellung eines vorläufigen Betreuers ausgeglichen werden. In der Gesetzesbegründung (BT-Drucks. 17/11513, S. 7) wird für Akutfälle auf die PsychKG bzw. Unterbringungsgesetze der Länder verwiesen, die jedoch flächendeckend noch keine entsprechenden Möglichkeiten bieten. 248

Verhinderung bedeutet, dass der Betreuer tatsächlich nicht eingreifen kann, z. B. bei Urlaubsabwesenheit oder Krankheit. Will der Betreuer nicht tätig werden, scheidet ein gerichtliches Eingreifen aus. Die Weigerung eines Betreuers steht einer tatsächlichen oder rechtlichen Verhinderung des Betreuers, in bestimmtem Sinne tätig zu werden, nicht gleich. Das Betreuungsgericht darf die Befugnis zur Nothilfe für Betreuer und Betreuten nach § 1867 BGB nicht dazu benutzen, Angelegenheiten, in denen der Betreuer eine gegenteilige Auffassung vertritt, gegen den Willen des Betreuers selbst anderweitig zu regeln. 249

4.5 Verfahren bei einstweiligen Maßnahmen

Bei Unterbringungen, unterbringungsähnlichen Maßnahmen und ärztlichen Zwangsmaßnahmen, die das Betreuungsgericht selbst als einstweilige Maßnahmen anordnet, ist § 334 FamFG zu beachten, der §§ 331 und 332 FamFG für entsprechend anwendbar erklärt. Es müssen zusätzlich zu den Voraussetzungen nach §§ 331 und 332 FamFG dringende Gründe dafür vorliegen, dass künftig ein Betreuer bestellt wird, der eine Unterbringung für erforderlich hält. Der Betreuungsrichter muss, da er die Aufgaben des Betreuers wahrnimmt, zusätzlich die konkrete Einrichtung bezeichnen, in der die Unterbringung zu vollziehen ist. 250

4.5.1 Zwang zur gleichzeitigen Bestellung eines (vorläufigen) Betreuers

Grundsätzlich muss das Betreuungsgericht zugleich mit der einstweiligen Maßnahme einen vorläufigen Betreuer bestellen, der möglichst schnell selbst die Verantwortung übernehmen soll. Da in „Eilfällen" häufig kein geeigneter Betreuer zur Verfügung steht, ist es zulässig, dass eine Unterbringungsmaßnahme angeordnet wird, ohne dass zugleich ein Betreuer bestellt wird. Allerdings muss der Richter „gleichzeitig mit der Anordnung dafür Sorge tragen (...), daß unverzüglich ein Betreuer bestellt wird, der die Interessen des Betreuten wahrnehmen und die Entscheidung über die Fortdauer der Unterbringung in eigener Verantwortung treffen kann, so wie es § 1906 BGB (a. F.) vorschreibt". Ergeht die Maßnahme im Bereitschaftsdienst (Samstag, Sonntag, Feiertag), muss die Einleitung des Verfahrens zur Bestellung eines Betreuers unverzüglich, spätestens am nächsten Werktag, nachgeholt werden (BGH, Beschl. v. 13.2.2002 – XII ZB 191/00). 251

Ist der Betreuer bestellt, kann er die Maßnahme beenden oder aber alles in die Wege leiten, damit die Genehmigung des Betreuungsgerichts „zur Fortdauer der Unterbringung im vorgesehenen Verfahren eingeholt wird". Nur so werden die mit der zivilrechtlichen Unterbringung für den Betroffenen verbundenen Vorteile gewahrt. Die richterlichen Maßnahmen sind immer nur ein Notbehelf und dürfen nicht als eine eigene Form staatlicher Unterbringung missbraucht werden. Trifft das Betreuungsgericht nicht gleichzeitig mit der Anordnung der Unterbringung die zur unverzüglichen Bestellung eines Betreuers erforderlichen Maßnahmen, ist die Anordnung der Unterbringung von vornherein unzulässig. 252

A

4.5.2 Besondere zeitliche Begrenzung für einstweilige Maßnahmen

253 Fraglich ist, für welchen Zeitraum die einstweiligen Maßnahmen nach § 1867 BGB angeordnet werden können. Zwar verweist § 334 FamFG auf § 333 FamFG (sechs Wochen), allerdings wird in der Literatur und Rechtsprechung regelmäßig ein kürzerer Zeitraum für angemessen gehalten. Da mit der Anordnung zumindest ein Verfahren nach § 300 FamFG auf Bestellung eines vorläufigen Betreuers eingeleitet werden muss, sollte dieser nach Ablauf von zwei Wochen bestellt und in der Lage sein, über die Maßnahme zu bestimmen.

5. Verfahrensrechtliche Besonderheiten im Unterbringungsverfahren

254 Die Einwilligung des Betreuers allein genügt nicht. Unterbringungssachen sind massive Eingriffe in die Rechte des Betroffenen, die immer der Genehmigung des Betreuungsgerichts bedürfen (§ 1831 Abs. 2 und § 1832 Abs. 2 BGB) und die nur unter Einhaltung bestimmter Verfahrensvorschriften ergehen dürfen. Ohne Genehmigung ist die Unterbringung nur bei Gefahr im Verzug möglich, aber in der Praxis nicht zu empfehlen, da der Betreuer keine Gewalt anwenden darf (§ 1831 Abs. 2 Satz 2 BGB oder A 7). Bei ärztlichen Zwangsmaßnahmen gibt es diese Ausnahme nicht. Fehlt ein Betreuer oder ist er „an der Erfüllung seiner Pflichten" verhindert, kann das Betreuungsgericht selbst die Unterbringungsmaßnahme im Eilverfahren anordnen (§ 1867 BGB, § 334 FamFG). Bei ärztlichen Zwangsmaßnahmen gilt das nur, wenn der Betreuer verhindert ist, sodass zunächst ein vorläufiger Betreuer bestellt werden muss.

255 Zur Sicherheit müssen für diese Genehmigungsverfahren sehr strenge verfahrensrechtliche Vorschriften beachtet werden.

256 Im Detail werden die Verfahrensvorschriften in A 7 behandelt. Die Verfahrensvorschriften gelten z. T. sowohl für Betreuungs- als auch für Unterbringungsverfahren, weil sie im „Allgemeinen Teil" behandelt werden (z. B. Ablehnung wegen Ablehnung des Richters gemäß § 6 FamFG) oder die Vorschriften für Betreuungssachen weitgehend identisch mit den Regelungen für Unterbringungssachen sind. Deshalb wurden die Verfahrensvorschriften gemeinsam in A 7 beschrieben, wobei die Besonderheiten für das Unterbringungsverfahren hervorgehoben wurden. Zur besseren Auffindbarkeit dient die nachfolgende Übersicht.

5.1 Zusammenfassung und Fundstellen der wichtigsten Verfahrensvorschriften

Verfahrensrecht	Gesetz, Verweis auf A 7
Sachliche Zuständigkeit	Die sachliche Zuständigkeit der Amtsgerichte in Unterbringungssachen ergibt sich aus § 23a Abs. 2 Nr. 1 und Abs. 1 Satz 1 Nr. 2 GVG. Innerhalb des Amtsgerichts ist die Abteilung „Betreuungsgericht" zuständig, § 23c GVG.
Örtliche Zuständigkeit	Die örtliche Zuständigkeit ist in § 313 Abs. 1 Nr. 1 bis 4 FamFG in einer strikt einzuhaltenden Reihenfolge geregelt. Eilmaßnahmen gemäß § 313 Abs. 2 FamFG können außerhalb der Rangfolge vor jedem Amtsgericht, in dessen Bezirk das Bedürfnis für die Unterbringungsmaßnahme bekannt wird, geführt werden.
	Nachträgliche Änderung der örtlichen Zuständigkeit und isolierte Abgabe an ein anderes Gericht siehe A 7.
Funktionelle Zuständigkeit	Die Anordnung bzw. die Ablehnung einer Unterbringung, unterbringungsähnlichen Maßnahme oder ärztlichen Zwangsmaßnahme ist immer dem Richter zur Entscheidung vorbehalten. Das gilt auch für Unterbringungsmaßnahmen nach den landesrechtlichen PsychKG/PsychKHG.
Internationale Zuständigkeit	Im Detail siehe A 7.

Verfahrensrecht	Gesetz, Verweis auf A 7
Persönliche Anhörung des Betroffenen	§ 319 FamFG Im Detail siehe A 7.
	Die Anhörung kann nur in eng begrenzten Ausnahmefällen unterbleiben. § 319 Abs. 3 FamFG regelt das wortgleich wie § 278 Abs. 4 FamFG. Die Ausnahmetatbestände sind auch im Übrigen mit den Regelungen der persönlichen Anhörung beim Betreuungsverfahren identisch. Im Detail A 2.
Anhörung sonstiger Beteiligter	Im Detail siehe A 7.
Rechtshilfe bei der Anhörung	§ 319 Abs. 4 FamFG bestimmt, dass die Anhörung nicht im Wege der Rechtshilfe durchgeführt werden soll. Im Detail siehe A 7.
Verfahrenspfleger	§ 317 FamFG Im Detail siehe A 7 ebenso zum Absehen von der Bestellung eines Verfahrenspflegers.
	Regelungen zu den Pflichten und Rechten des Verfahrenspflegers, Person, Verhältnis zu Verfahrensbevollmächtigten, Anfechtbarkeit und Kosten, § 317 Abs. 3 bis 8 sind identisch mit § 276 Abs. 3 bis 8 FamFG. Dazu siehe A 7.
	Rechtsmittel und Verfassungsbeschwerde des Verfahrenspflegers siehe A 7.
	Neu: § 319 Abs. 2 Satz 2 FamFG zur Anwesenheit des Verfahrenspfleger bei der persönlichen Anhörung des Betroffenen
Sachverständiger, Gutachten, ärztliches Zeugnis	§§ 321 und 322 FamFG Im Detail siehe A 7.
	Zur Qualifikation des Gutachters siehe A 7.
	Zu ausgeschlossener Gutachter bei Unterbringung einschließlich ärztlicher Zwangsmaßnahme siehe im Detail A 7.
Inhalt des Gutachtens	Im Detail siehe A 7.
Vorführung und Unterbringung zur Begutachtung	Im Detail siehe A 7.
Zum ärztlichen Zeugnis	Im Detail siehe A 7.
	Qualifikation Der ausstellende Arzt muss „Erfahrung auf dem Gebiet der Psychiatrie haben und soll Arzt für Psychiatrie sein", § 331 Satz 1 Nr. 2 FamFG. Für unterbringungsähnliche Maßnahmen genügt die Ausstellung durch einen Arzt, § 1831 Abs. 4 BGB.
Beteiligung am gerichtlichen Verfahren	§ 315 FamFG Im Detail siehe A 7.
Wirksamwerden der Beschlüsse	§ 324 FamFG Im Detail siehe A 7.

5.2 Ergänzend zur persönlichen Anhörung des Betroffenen

Die persönliche Anhörung wird detailliert abgehandelt in A 7. Nur ergänzend und wiederholend 257
für den Sachzusammenhang folgende Ausführungen für die Unterbringungssachen:

A

258 Die persönliche Anhörung ist der bedeutendste Teil des gerichtlichen Verfahrens. Sie dient dem Richter zur Kontrolle der bisherigen Feststellungen, zur Gewährung des rechtlichen Gehörs und zur Ermittlung des Sachverhalts (Amtsermittlung). Die Bedeutung der persönlichen Anhörung ergibt sich aus dem Grundrecht des Art. 103 Abs. 1 GG, der die Einhaltung der Verfahrensvorschrift mit grundrechtlichem Schutz versieht. Der BGH bewertet das Unterbleiben der persönlichen Anhörung als so schwerwiegenden Mangel, „dass der genehmigten Unterbringungsmaßnahme insgesamt der Makel einer rechtswidrigen Freiheitsentziehung anhaftet". Das gilt auch, wenn die persönliche Anhörung an einem schwerwiegenden Verfahrensmangel leidet, weil z. B. das Gutachten dem Betroffenen nicht rechtzeitig vor der Anhörung übersandt wurde (BGH, Beschl. v. 12.5.2021 – XII ZB 587/20).

259 In jedem Fall muss sich das Gericht neben der Anhörung einen „persönlichen Eindruck von dem Betroffenen verschaffen". Damit wollte der Gesetzgeber deutlich machen, dass nicht nur die Gewährung des rechtlichen Gehörs sichergestellt wird, sondern auch die notwendige Sachverhaltsermittlung. Beides zusammen ermöglicht erst eine kritische Würdigung des Gutachtens und des Berichts der Betreuungsbehörde. Selbst bei einem langjährigen Verwirrtheitszustand, einem Wachkoma oder bei einem Verzicht des Betroffenen muss das Gericht wie im Betreuungsverfahren diesen Pflichten nachkommen (BGH, Beschl. v. 4.11.2020 – XII ZB 344/20; Beschl. v. 28.2.2024 – XII ZB 496/23).

260 Verweigert der Betreute die persönliche Anhörung durch das Gericht (z. B. lässt er den Richter nicht in die Wohnung), kann dieser eine zwangsweise Vorführung durch die Betreuungsstelle anordnen, § 319 Abs. 5 FamFG.

5.3 Ergänzend zur Bestellung eines Verfahrenspflegers

261 Die Bestellung eines Verfahrenspflegers wird detailliert abgehandelt in A 7, Rn. 72 ff. Nur ergänzend und wiederholend für den Sachzusammenhang folgende Ausführungen für die Unterbringungssachen:

- Unterbringungssachen behandeln „besonders schwerwiegende Eingriffe" in Grundrechte der Betroffenen. Deshalb muss hier besonders darauf geachtet werden, dass der Betroffene „nicht allein" dem Gericht gegenübertreten muss, sondern „fachkundig beraten und begleitet werden kann". Der BGH betont deshalb in Unterbringungssachen besonders, dass der Verfahrenspfleger „vom Gericht im selben Umfang wie der Betroffene an den Verfahrenshandlungen zu beteiligen" ist (BGH, Beschl. v. 13.11.2024 – XII ZB 282/24).
- Die Bestellung hat so frühzeitig zu erfolgen, dass der Verfahrenspfleger noch Einfluss auf die Entscheidung nehmen kann (BGH, Beschl. v. 22.2.2017 – XII ZB 341/16, Rn. 17).
- Bei der Genehmigung einer Einwilligung in eine ärztliche Zwangsmaßnahme ist die Bestellung eines Verfahrenspflegers sogar stets erforderlich, § 317 Abs. 1 Satz 3 FamFG.

262 Das Gesetz verlangt vom Verfahrenspfleger, dass er „die Wünsche, hilfsweise den mutmaßlichen Willen des Betroffenen" feststellt und im „gerichtlichen Verfahren zur Geltung" bringt. „Er hat den Betroffenen über Gegenstand, Ablauf und möglichen Ausgang des Verfahrens in geeigneter Weise zu informieren und ihn bei Bedarf bei der Ausübung seiner Rechte im Verfahren zu unterstützen. Er ist nicht gesetzlicher Vertreter des Betroffenen."

- Das Betreuungsgericht muss die rechtzeitige Bestellung eines Verfahrenspflegers und dessen Benachrichtigung vom Anhörungstermin sicherstellen, damit er an der Anhörung des Betroffenen teilnehmen kann. Hat der Verfahrenspfleger z. B. wegen verspäteter Mitteilung des Termins keine Möglichkeit, an der persönlichen Anhörung des Betroffenen teilzunehmen, stellt das einen schwerwiegenden Verfahrensmangel dar. Der trotz dieses Mangels genehmigten Unterbringungsmaßnahme haftet der „Makel einer rechtswidrigen Freiheitsentziehung" an. Der Makel der Rechtswidrigkeit ist durch Nachholung der Anhörung nicht mehr zu tilgen (BGH, Beschl. v. 21.9.2016 – XII ZB 57/16).
- Bei unterbringungsähnlichen Maßnahmen empfiehlt sich die Bestellung besonders fachkundiger und geschulter Verfahrenspfleger wie beim „Werdenfelser Weg" (vgl. dazu Rn. 170 und https://werdenfelser-weg-original.de).

5.4 Ergänzend zu persönlichen Anforderungen, Qualifikation und Ausschluss der Gutachter

Grundsätzlich gelten für den Gutachter und den Aussteller eines ärztlichen Zeugnisses dieselben Regelungen wie im Betreuungsverfahren (siehe A 7, Rn. 96 ff.). Speziell für Unterbringungssachen ist zu beachten: 262a

- In einer Unterbringungssache soll der Gutachter Arzt für Psychiatrie sein bzw. muss Erfahrung auf dem Gebiet der Psychiatrie vorweisen können (§ 321 Abs. 1 Satz 4 FamFG).
- Bei ärztlichen Zwangsmaßnahmen soll der zwangsbehandelnde Arzt nicht als Gutachter handeln (§ 321 Abs. 1 Satz 5 FamFG).
  Grund: Vier-Augen-Prinzip mit einem behandelnden und zusätzlich einem begutachtenden Arzt (BGH, Beschl. v. 30.10.2013 – XII ZB 482/13)
- Bei einer Einwilligung in eine ärztliche Zwangsmaßnahme oder deren Anordnung mit einer Gesamtdauer von mehr als zwölf Wochen soll das Gericht keinen Sachverständigen bestellen, der den Betroffenen bisher behandelt oder begutachtet hat oder in der Einrichtung tätig ist, in der der Betroffene untergebracht ist (§ 329 Abs. 3 FamFG).
- Will das Betreuungsgericht die Unterbringung eines Betreuten über eine Dauer von vier Jahren hinaus verlängern, soll kein Sachverständiger mehr herangezogen werden, der den Betroffenen bisher behandelt oder begutachtet hat oder in der Unterbringungseinrichtung tätig ist, § 329 Abs. 2 Satz 2 FamFG (dazu BGH, Beschl. v. 23.11.2016 – XII ZB 458/16).

5.5 Genehmigungs- bzw. Anordnungsbeschluss

Zum Aufbau und Inhalt der Beschlüsse finden sich umfassende Ausführungen in A 7 mit Hinweisen auf Besonderheiten in Unterbringungssachen. Nachfolgend finden sich deshalb nur Besonderheiten und Übersichten. 263

5.5.1 Vorsorgevollmacht im Genehmigungsverfahren

Soweit im Folgenden vom Betreuer gesprochen wird, gilt das Gesagte auch für Vorsorgebevollmächtigte (§ 1831 Abs. 5 und § 1832 Abs. 5 BGB). Insbesondere müssen der Vorsorgebevollmächtigte sowie der Betreuer die erforderlichen Genehmigungen des Gerichts einholen. In einer Vorsorgevollmacht kann man nicht auf die Einhaltung der Genehmigungspflicht und somit den Richtervorbehalt verzichten. Der Gesetzgeber hat die Genehmigungspflicht für Unterbringungssachen auch zum Schutz des Vollmachtgebers angeordnet. Ein Verzicht auf die Genehmigung ist daher nicht möglich, da ansonsten der Betroffene der Willkür des Bevollmächtigten ausgeliefert wäre (BVerfG, Beschl. v. 10.6.2015 – 2 BvR 1967/12; BGH, Beschl. v. 27.6.2012 – XII ZB 24/12). Die Vollmacht für freiheitsentziehende Unterbringung und unterbringungsähnliche Maßnahmen, aber auch für ärztliche Zwangsmaßnahmen muss schriftlich erteilt sein und die genannten Maßnahmen ausdrücklich umfassen, § 1820 Abs. 2 BGB. 264

5.5.2 Inhalt der Beschlussformel, § 323 FamFG

Die Probleme und ihre Darstellung zeigt die folgende Tabelle: 265

Beschlussformel in Unterbringungssachen	
Bezeichnung der Einrichtung und der Unterbringungsmaßnahme im Beschlusstenor	**§ 323 FamFG und A 7, Rn. 233** Die Einrichtung für die freiheitsentziehende Unterbringung wird der Art nach bezeichnet. Der BGH verwendet anstelle „der Art nach" den Begriff „Typus der Einrichtung"! Es darf nicht die konkrete Einrichtung benannt werden. Die Maßnahme gemäß § 1831 Abs. 4 BGB muss konkret und abgrenzbar beschrieben werden; nicht: „die Fixierung wird genehmigt", sondern: „die Fixierung mittels Fünf-Punkt-Fixierung durch Gurte und zusätzliches Bettgitter".

Beschlussformel in Unterbringungssachen	
Bezeichnung der ärztlichen Zwangsmaßnahme	**§ 323 Abs. 2 FamFG und A 7** Die Maßnahme muss sehr präzise beschrieben werden.
	§ 323 Abs. 2 FamFG und A 7 Angaben zur Durchführung und Dokumentation
	A 7 Dokumentation
	A 7 Verantwortung eines Arztes
Dauer und Verlängerung	**§§ 329 und 333 FamFG, A 7**

5.6 Erlass, Bekanntgabe, Wirksamwerden, Beschwerde, Begründung

5.6.1 Erlass

266 Der Erlass wird durch „Übergabe des Beschlusses an die Geschäftsstelle" gemäß § 38 Abs. 3 Satz 3 FamFG oder durch Verlesen der Beschlussformel gemäß § 41 Abs. 2 FamFG bewirkt. Das Gericht erlässt einen Genehmigungsbeschluss, wenn nach Durchführung aller vorgeschriebenen Verfahrensschritte die sog. Entscheidungsreife erreicht ist. Der Beschluss enthält die Genehmigung bzw. Anordnung der Unterbringungssache oder deren Ablehnung. Da der Verfahrensgegenstand dadurch erledigt wird, handelt es sich um eine sog. Endentscheidung (§ 38 Abs. 1 Satz 1 FamFG). Der Erlass führt zur Existenz des Beschlusses. Vor dem Erlass liegt nur ein „Entwurf" vor, vgl. BGH, Beschl. v. 30.7.2025 – XII ZB 51/25 Rn. 9 und A 7 Rn. 213.

5.6.2 Bekanntgabe

267 Der Beschluss wird den Beteiligten, also dem Betroffenen, dem Verfahrenspfleger, dem Betreuer bzw. Vorsorgebevollmächtigten und den übrigen Personen, die im Verfahren beteiligt wurden, bekannt gegeben (§ 41 Abs. 1 Satz 1 und Abs. 2, § 15 Abs. 2 FamFG). Ferner erfolgt nach § 325 Abs. 2 FamFG die Bekanntgabe an den Leiter der Einrichtung, in der die Unterbringung durchgeführt werden soll, ferner an die Betreuungsbehörde – und zwar auch dann, wenn sie nicht beteiligt wurde. Die Bekanntgabe wird durch förmliche Zustellung, Aufgabe zur Post oder durch Verlesen der Beschlussformel gegenüber den anwesenden Personen bewirkt, § 15 Abs. 2 und § 41 Abs. 2 FamFG.

268 Förmlich zugestellt werden muss der Unterbringungsbeschluss nur demjenigen, dessen erklärtem Willen der Beschluss nicht entspricht (§ 15 Abs. 2 und § 41 Abs. 1 und 2 FamFG). Erfolgt trotz entgegenstehendem Willen unter Missachtung des § 41 Abs. 1 Satz 2 FamFG keine Zustellung, sondern eine Bekanntgabe durch Aufgabe zur Post, dann wird dadurch z. B. die Beschwerdefrist gemäß § 63 Abs. 3 FamFG nicht in Gang gesetzt. Eine Heilung der fehlerhaften Zustellung gemäß § 189 ZPO „kommt nur bei vorliegendem Zustellungswillen in Betracht.

5.6.3 Begründung

269 Der Beschluss ist zu begründen, § 38 Abs. 3 Satz 1 FamFG. Die zugrunde liegenden Sachverhalte und deren Feststellung müssen deshalb neben der rechtlichen Würdigung im Beschluss zu finden sein. Die Feststellung, für den Betreuten bestehe aufgrund seiner Krankheit die Gefahr, dass er sich selbst tötet oder erheblichen gesundheitlichen Schaden zufügt, genügt nicht, da nur der Gesetzestext wiederholt und das Vorliegen der Voraussetzungen behauptet wird. Gutachten und gerichtliche Entscheidungen müssen konkrete Tatsachen benennen, aus denen sich z. B. Art und Umfang sowie die Wahrscheinlichkeit der gesundheitlichen Selbstschädigung ergeben. Auch im Fall eines wiederholt untergebrachten Betroffenen darf sich die Begründung nicht auf formelhafte Wendungen beschränken, sondern muss die Tatbestandsvoraussetzungen im jeweiligen Einzelfall durch die Angabe von Tatsachen konkret nachvoll-

ziehbar machen. Die Voraussetzungen des § 1832 Abs. 1 Satz 1 Nr. 1 bis 7 BGB müssen angesprochen werden.

5.6.4 Wirksamkeit, Rechtskraft

Die Genehmigungsentscheidung wird grundsätzlich mit Rechtskraft, das heißt mit Ablauf der 270
Beschwerdefrist, wirksam (§ 324 Abs. 1, §§ 45 und 63 Abs. 1 FamFG). Die Genehmigung kann allerdings bereits mit der Bekanntgabe an den Betroffenen, seinen Verfahrenspfleger, den Betreuer oder Vorsorgebevollmächtigten wirksam werden, wenn das Gericht die sofortige Wirksamkeit angeordnet hat (§ 324 Abs. 2 FamFG). Neben der Bekanntgabe kann das Gericht die Wirksamkeit auch dadurch herbeiführen, dass es die „Entscheidung einem Dritten zum Zwecke des Vollzugs mitteilt" oder der Geschäftsstelle des Gerichts der Beschluss zur Bekanntgabe übergeben wird. Der Zeitpunkt der sofortigen Wirksamkeit wird auf dem Beschluss vermerkt.

Achtung: Die Anordnung der sofortigen Wirksamkeit verführt häufig zu der Annahme, dass mit 271
dem Erlass der Beschluss „sofort wirksam" wird. Insoweit darf man den Gesetzeswortlaut nicht wörtlich nehmen, sondern muss die weiteren Voraussetzungen wie Bekanntgabe, Übermittlung an Dritte zum Vollzug des Beschlusses oder Übergabe an die Geschäftsstelle abwarten.

5.7 Beschwerde

Beschwerde einlegen können der Betreute und sein Verfahrenspfleger. Der Betreuungsbehörde 272
steht ein Beschwerderecht unabhängig von einer Beteiligung im ersten Rechtszug oder dem Interesse des Betreuten zu, § 335 Abs. 4 FamFG. Ferner können der Betreuer oder Vorsorgebevollmächtigte, wenn die Entscheidung ihren Aufgabenbereich betrifft, auch im Namen des Betreuten Beschwerde einlegen (§ 335 Abs. 3 FamFG).

Sehr eingeschränkt ist das Beschwerderecht der in § 335 Abs. 1 Nr. 1 bis 3 FamFG genannten 273
Personen:

1. der Ehegatte oder Lebenspartner, soweit nicht dauernd getrennt lebend (§ 1567 BGB)
2. Eltern oder Kinder, bei denen der Betroffene lebt oder bei Einleitung des Verfahrens gelebt hat
3. Pflegeeltern
4. eine vom Betroffenen benannte Person seines Vertrauens
5. der Leiter der Einrichtung, in der der Betroffene lebt

Deren Beschwerderecht hängt davon ab, ob sie im ersten Rechtszug beteiligt waren. Die 274
Beschwerde ist zudem nur im Interesse des Betroffenen zulässig.

5.8 Durchführung der Unterbringung

Hat der Betreuer eine wirksame Genehmigungsentscheidung erhalten, kann er die Maßnahme 275
durchführen, allerdings darf er keine Gewalt anwenden. Sollte diese erforderlich sein, wendet er sich an die Betreuungsstelle, die ihn dabei zu unterstützen hat, § 326 Abs. 1 FamFG.

5.8.1 Gewaltanwendungsbeschluss

Gewalt darf diese aber auch nur anwenden, wenn ein richterlicher „Gewaltanwendungs- 276
beschluss" vorliegt, § 326 Abs. 2 FamFG. Der Betreuer sollte diesen bereits mit seiner Anregung auf Genehmigung der Unterbringung veranlassen, zumindest wenn zu erwarten ist, dass der Betreute nicht freiwillig in die Unterbringungseinrichtung mitgeht. Liegt dieser Gewaltanwendungsbeschluss vor, kann die Betreuungsstelle die Unterstützung der Polizei in Anspruch nehmen, § 326 Abs. 2 Satz 2 FamFG.

5.8.2 Wohnungsöffnung

Ist zu erwarten, dass der Betreute die Wohnungstür nicht öffnet, sollte mit dem Antrag auf 277
Genehmigung der Unterbringung bzw. Verbringung zum Krankenhaus eine Entscheidung des

Gerichts über die Zulässigkeit des Betretens der Wohnung angeregt werden. Vor der Entscheidung muss der Betroffene persönlich angehört werden (§ 326 Abs. 3 Satz 1 FamFG). Vor der richterlichen Entscheidung ist der Betroffene persönlich anzuhören.

278 Probleme entstehen häufig bei der Frage, wer die Auslagen der Betreuungsbehörde für die Unterstützung des Betreuers nach § 326 FamFG (z. B. Türöffnung, Polizei, Transport) zu tragen hat. Da es sich um eine eigene Verpflichtung der Behörde handelt, steht ihr kein Erstattungsanspruch gegen die Staatskasse zu. Die Auslagen können durch die Behörde vom Betreuten eingefordert werden, wenn dieser zu einer Erstattung vermögensrechtlich in der Lage ist.

279 Weitgehend ungeklärt ist die Frage, welche Rechtsgrundlagen für Maßnahmen der Klinik während des Vollzugs herangezogen werden können. Aus der vertraglichen Verpflichtung, die Unterbringung zu vollziehen, sind nur Maßnahmen, die unmittelbar den Freiheitsentzug regeln und sichern, zu rechtfertigen. Lockerungen wie Ausgang mit oder ohne Begleitung, kurzfristige Wochenendurlaube etc. gehören in diese Kategorie. Einschränkende Regelungen für Tabakkonsum, Telefonieren, Fernsehen, Benutzung von Laptops, Tablets, Smartphones, Postverkehr oder das Vorschreiben einer einzuhaltenden Bettruhe können nur teilweise aus dem Vertrag abgeleitet werden, der vom Betreuer mit der Klinik abgeschlossen wird. Der Betreuer kann dabei nur im Rahmen der ihm übertragenen Aufgabenbereiche Maßnahmen erlauben. Eine Ermächtigung zu weitergehenden Rechtseingriffen in Form von Maßnahmen zur Disziplinierung oder gar zur Aufrechterhaltung der Ordnung erscheint zweifelhaft. Der Gesetzgeber hat sich einer Regelung der Vollzugsangelegenheiten bzw. der Möglichkeiten einer gerichtlichen Kontrolle zu enthalten (vgl. dazu Bienwald, BtPrax 2015, 14). § 327 FamFG regelt den Rechtsschutz in Vollzugsangelegenheiten nur für den Bereich der öffentlich-rechtlichen Unterbringung.

6. Öffentlich-rechtliche Unterbringung

6.1 Gesetzliche Grundlage

6.1.1 Anwendbarkeit der §§ 312 ff. FamFG, spezielle Vorschriften

280 § 312 Nr. 4 FamFG fasst die nach den Landesgesetzen geregelten, freiheitsentziehenden Unterbringungen, freiheitsentziehenden Maßnahmen und ärztlichen Zwangsmaßnahmen bei volljährigen psychisch Kranken zusammen, die zu den Unterbringungssachen zählen. Für die gerichtlichen Entscheidungen über die Genehmigung oder Anordnung derartiger Maßnahmen sind daher die §§ 312 ff. FamFG anwendbar.

6.1.2 Spezielle Regelungen für Maßnahmen nach § 312 Nr. 4 FamFG

281 Spezielle Regelungen für diese Unterbringungsmaßnahmen finden sich z. B. in § 313 Abs. 3 FamFG zur ausschließlichen Zuständigkeit der Gerichte, in deren Bezirk das Bedürfnis für die Unterbringungsmaßnahme hervortritt oder in deren Bezirk sich die Einrichtung befindet, in der sich der Betroffene bereits aufhält. § 327 FamFG eröffnet einen eigenen Rechtsbehelf gegen Maßnahmen zur Regelung einzelner Angelegenheiten im Vollzug der Unterbringung (siehe Rn. 279). Der Betroffene kann – im Gegensatz zu den zivilrechtlich untergebrachten Personen – eine Entscheidung des Gerichts beantragen. Sonderregeln zur Aussetzung des Vollzugs finden sich in § 328 FamFG, ferner in § 330 Satz 2 FamFG zur Anhörung der zuständigen Behörde vor Aufhebung einer Unterbringungsmaßnahme und in § 337 Abs. 2 FamFG zur Auferlegung der Auslagen des Betroffenen, wenn die Maßnahme vom Gericht abgelehnt oder der Antrag der Behörde zurückgenommen wurde.

6.1.3 Unterbringungsgesetze, Psychisch-Kranken-Gesetze der Länder

282 Die öffentlich-rechtliche Unterbringung ist in sehr unterschiedlichen Ländergesetzen geregelt. In Bayern galt das alte Unterbringungsgesetz bis zum 1.1.2019. Es wurde relativ spät neu konzipiert und den veränderten gesellschaftlichen Entwicklungen angepasst.

Die Brisanz des Reformbedarfs wurde mit einer zu hohen Quote von Unterbringungen in Bayern begründet. Öffentlich-rechtliche Unterbringungen gibt es aber nur noch selten. Das UnterbrG diente in der Regel nur dazu, in einer akuten Situation die Verbringung in das psychiatrische Krankenhaus durch die Polizei oder Kreisverwaltungsbehörde bzw. das Festhalten durch die Leiter der Einrichtungen zu legitimieren. Bevor eine richterliche Entscheidung über eine öffentlich-rechtliche Unterbringung ergeht, wird in der Regel eine zivilrechtliche Unterbringung eingeleitet, die weitere Entscheidungen nach dem BayPsychKHG oder PsychKG überflüssig macht. 283

6.2 Das neue BayPsychKHG

Das BayPsychKHG vom 24.7.2018 hat sich mit seiner Präambel die Messlatte sehr hoch gehängt. Es soll „die psychiatrische, psychotherapeutische, psychosomatische und psychosoziale Versorgung für Menschen mit psychischem Hilfebedarf" stärken, psychisch Kranke entstigmatisieren und frühzeitig wirksam helfen. Unterbringung und Zwangsmaßnahmen sollen Ultima-Ratio-Fälle bleiben. 284

> *Bei allen Hilfen und Maßnahmen auf Grund dieses Gesetzes ist auf die individuelle Situation des betroffenen Menschen besondere Rücksicht zu nehmen. Seine Würde, seine Rechte und sein Wille sind stets zu achten. Die Behandlung und Hilfe stehen immer im Zentrum des Handelns. (BayPsychKHG – Präambel)*

6.3 Rechte und Pflichten des Betreuers nach dem BayPsychKHG

6.3.1 Übersicht der Rechte und Pflichten

Der Betreuer kann und soll sich bei einer Unterbringung nach dem BayPsychKHG in das Verfahren einbringen und den Betroffenen nach Maßgabe seiner Aufgabenbereiche unterstützen. 285

Übersicht der Rechte und Pflichten des Betreuers nach dem BayPsychKHG	
Art. 5 Abs. 2 Satz 1	Der Betreuer wird herangezogen, um eine Unterbringung zu vermeiden.
Art. 7 Abs. 3 Satz 2	Der Betreuer wird „über wesentliche Entscheidungen und Anordnungen informiert".
Art. 18 Abs. 1 Satz 3	Der Betreuer muss die Gelegenheit haben, an der Unterrichtung des Betroffenen anlässlich der Aufnahme teilzunehmen.
Art. 14 Abs. 2 Satz 3	Der Betreuer wird über die sofortige vorläufige Unterbringung durch die Kreisverwaltungsbehörde oder Polizei benachrichtigt.
Art. 14 Abs. 4 Satz 4 Art. 16 Abs. 2	Der Betreuer wird rechtzeitig über die Entlassung aus der sofortigen vorläufigen Unterbringung benachrichtigt.
Art. 19 Abs. 2 Satz 2	Der Betreuer wird über die Erörterung des Behandlungsplans in Kenntnis gesetzt.
Art. 20 Abs. 2 Satz 2 i. V. m. § 630d BGB	Der Betreuer willigt in ärztliche Maßnahmen bei einem einwilligungsunfähigen Untergebrachten ein, der mit natürlichem Willen zustimmt.

6.3.2 Krisendienste nutzen!

Im Vordergrund soll die Stärkung der psychiatrischen Versorgung stehen. Die sog. Krisendienste (vgl. dazu Art. 1 BayPsychKHG) spielen dabei eine große Rolle. Dieser Teil ist bereits mit Wirkung vom 1.8.2018 in Kraft getreten. Die Angebote der Krisendienste und die Möglichkeit der Inanspruchnahme findet man unter www.krisendienste.bayern/wie-wir-helfen. 286

6.4 Ziel und Struktur der Unterbringung nach dem BayPsychKHG

Ziel des BayPsychKHG ist die Stärkung der psychiatrischen, psychotherapeutischen, psychosomatischen und psychosozialen Versorgung für Menschen mit psychischem Hilfebedarf. Es 287 geht aber auch weiterhin darum, die „Voraussetzungen und die Gestaltung der öffentlich-rechtlichen Unterbringung psychisch kranker Menschen sowie die Anwendung von Zwangsmaßnahmen" zu regeln. Voraussetzung der Unterbringung ist gemäß Art. 5 Abs. 1 BayPsychKHG, dass „auf Grund einer psychischen Störung, insbesondere Erkrankung, die erhebliche Gefahr besteht, dass sich der Betroffene selbst, Rechtsgüter anderer oder das Allgemeinwohl erheblich gefährdet".

288 Ziel der Unterbringung ist es gemäß Art. 6 BayPsychKHG, den Betroffenen wegen seiner psychischen Erkrankung oder Störung so weit stabilisierend zu behandeln („heilen"), damit von ihm keine Gefährdungen der in Art. 5 Abs. 1 Satz 1 BayPsychKHG genannten Art ausgehen. Die Unterbringung nach dem BayPsychKHG ist nur die Ultima Ratio und darf daher nur angeordnet werden, wenn die Gefährdung nicht durch weniger einschneidende Mittel behoben werden kann. Vorhandene vorsorgende, begleitende und nachsorgende Hilfen sind deshalb auszuschöpfen (z. B. Krisendienste bzw. Hinzuziehung eines Vertreters).

289 Weitere Ausprägungen des Verhältnismäßigkeitsgrundsatzes, auch für Maßnahmen während der Unterbringung, finden sich in Art. 5 Abs. 2 Satz 2 bis 5 BayPsychKHG, wonach

- die Unterbringung nicht zu einem Nachteil führen darf, der zu dem angestrebten Erfolg erkennbar außer Verhältnis steht,
- die Unterbringung immer nur so lange zulässig ist, bis das Ziel erreicht ist oder nicht mehr erreicht werden kann und
- schließlich immer Alternativen vorrangig sind, die den Betroffenen am wenigsten beeinträchtigen.

290 Die Unterbringung ist nach vorstehenden Voraussetzungen auch zulässig, wenn jemand sein Leben oder seine Gesundheit gefährdet.

6.5 Verhältnis der Unterbringung nach dem BGB und StGB zum BayPsychKHG

291 Bisher war bei Selbstgefährdung die zivilrechtliche Unterbringung gegenüber der öffentlich-rechtlichen Unterbringung vorrangig, da diese als der mildere Eingriff in die Lebenssphäre der Betroffenen angesehen wurde. Das Verhältnis zur Unterbringung nach § 1831 BGB sieht die Gesetzesbegründung (BayLT-Drucks. 17/21573, S. 32) nunmehr sehr differenziert:

- Grundsatz der Gleichrangigkeit

  Die öffentlich-rechtliche und zivilrechtliche Unterbringung sind grundsätzlich gleichrangig.
- Vorrang des BayPsychKHG bei ausschließlicher oder überwiegender Fremdgefährdung
  - Eine Unterbringung nach dem BayPsychKHG kommt ausschließlich zur Anwendung, wenn nur ein Fall der Fremdgefährdung vorliegt – und zwar auch dann, wenn als Reflexwirkung zur Fremdgefahr dem Betroffenen selbst geholfen wird.
  - Liegen gleichzeitig Fremd- und Selbstgefährdung vor, soll die BayPsychKHG-Unterbringung vorrangig sein, wenn die Fremdgefährdung überwiegt.
- Ausschließliche oder überwiegende Selbstgefährdung
  - In den Fällen der ausschließlichen oder überwiegenden Selbstgefährdung muss das Gericht im jeweiligen Einzelfall abwägen, welche Art der Unterbringung für die betroffene Person die geeignetste und mildeste ist.
  - Das BayPsychKHG soll bei einer voraussichtlichen Unterbringungszeit von maximal sechs Wochen vorrangig sein, Art. 5 Abs. 1 Satz 2 BayPsychKHG.

292 Diese „gesetzliche Vermutung" geht davon aus, dass in Fällen kurzfristiger Unterbringungsbedürftigkeit, in denen kein Vertreter oder Betreuer handelt, eine öffentlich-rechtliche Unterbringung unter Berücksichtigung der Umstände des Einzelfalls vorzugswürdig sein kann/soll.

293 **Kritik:** Art. 5 Abs. 1 Satz 2 BayPsychKHG tangiert mit dieser gesetzlichen Vermutung die bundesrechtliche Norm des § 1831 BGB, die durch Landesrecht nicht verdrängt werden kann, Art. 31 GG. Das Motiv, kostspielige Betreuungsverfahren zu vermeiden, um die Betreuungsgerichte zu entlasten, ist zwar fiskalisch verständlich, aber im Hinblick auf den Grundsatz

„Bundesrecht bricht Landesrecht" nicht vertretbar. Ein Anwendungsbereich bleibt wohl nur, wenn ein Vertreter nicht handeln kann oder will. Etwas eigenartig und für ein Gesetz untypisch ist auch die Formulierung: „Für eine Unterbringung nach diesem Gesetz anstelle einer Unterbringung nach den Vorschriften des Bürgerlichen Gesetzbuches (BGB) kann in Fällen der Selbstgefährdung insbesondere sprechen, dass (...)." Der Gesetzgeber regelt nichts, sondern liefert nur halbherzig eine Interpretationshilfe.

Da sowohl für die zivilrechtliche als auch für die öffentlich-rechtliche Unterbringung die gleichen Verfahrensvorschriften gelten und für beide Unterbringungsarten das Betreuungsgericht zuständig ist, muss der Betreuungsrichter im Rahmen seiner Amtsermittlungspflicht korrigierend eingreifen. Steht die Selbstgefährdung im Vordergrund, lässt sich eine öffentlich-rechtliche Unterbringung nur schwer begründen. 294

Die Unterbringung nach dem BayPsychKHG wird aber nur auf Antrag der Kreisverwaltungsbehörde angeordnet und ist ihr zuzurechnen. 295

Ein Vollzugshindernis stellen strafrechtliche Maßnahmen gemäß §§ 81, 126a, 63, 64 und 67a StGB dar (vgl. Art. 5 Abs. 3 BayPsychKHG). 296

6.6 Vorgehensweise in akuten Krisensituationen

Die öffentlich-rechtliche Unterbringung ist das – effektivste – Mittel der Wahl in einem unaufschiebbaren Fall („Eilfall"), wenn akute Gefahren drohen. Hier kann die Kreisverwaltungsbehörde – und in besonders eiligen Fällen die Polizei – den Betroffenen in ein psychiatrisches oder bei hoch akuter somatischer Erkrankung in ein somatisches Krankenhaus verbringen. Gefährdet ein Betreuter sein Leben oder in einem erheblichen Maße seine Gesundheit und ist der Betreuungsrichter nicht erreichbar, sollte sich der Betreuer daher unmittelbar an die Kreisverwaltungsbehörde oder an die Polizei wenden. 297

6.7 Voraussetzungen der Unterbringung im Einzelnen

6.7.1 Psychische Störung, insbesondere Erkrankung

Die Voraussetzungen der öffentlich-rechtlichen Unterbringung ergeben sich aus Art. 5 BayPsychKHG. Zunächst muss das Vorliegen einer „psychischen Störung, insbesondere Erkrankung" festgestellt werden. Die Begriffe orientieren sich an der allgemein anerkannten ICD-Terminologie ICD-10-GM Version 2019, Kapitel V (F00–F99). Erfasst werden demenzielle Erkrankungen, Schizophrenie, affektive Störungen, Abhängigkeitserkrankungen (Sucht), Persönlichkeits- und Verhaltensstörungen usw. Zwischen der psychischen Störung/Erkrankung und der Gefährdung muss ein Kausalzusammenhang bestehen („aufgrund"). Schließlich muss die Einsichts- und Steuerungsfähigkeit erheblich beeinträchtigt sein. 298

6.7.2 Erhebliche Gefährdung für Rechtsgüter anderer oder das Allgemeinwohl

Art. 5 BayPsychKHG spricht nur von einer erheblichen Gefährdung. Die Gesetzesbegründung verlangt, dass eine konkrete, ernstliche und erhebliche Gefahr bestehen muss. Konkrete Gefahr bedeutet: eine Situation, „die bei ungehindertem Ablauf des objektiv zu erwartenden Geschehens im Einzelfall mit hinreichender Wahrscheinlichkeit zu einer Verletzung der in Art. 5 Abs. 1 Satz 1 BayPsychKHG genannten Schutzgüter führt". Andere Ländergesetze wie § 13 BW PsychKHG verlangen eine „gegenwärtige" Gefahr. Der BGH stuft eine Gefahr als „gegenwärtig" ein, „wenn ein schadenstiftendes Ereignis unmittelbar bevorsteht oder sein Eintritt zwar unvorhersehbar, wegen besonderer Umstände jedoch jederzeit zu erwarten ist" (BGH, Beschl. v. 19.12.2018 – XII ZB 505/18). 299

Welche Rechtsgüter müssen gefährdet sein?

Die Gefährdung muss sich auf die „Rechtsgüter anderer und das Allgemeinwohl" beziehen. Die Gesetzesbegründung (S. 30) knüpft an die in Art. 11 Abs. 3 Satz 2 BayPAG genannten bedeutenden Rechtsgüter an, also Bestand oder Sicherheit des Staats, Leben, Gesundheit oder 300

Freiheit, sexuelle Selbstbestimmung, erhebliche Eigentumspositionen, Sachen, deren Erhalt im besonderen öffentlichen Interesse liegt.

Grundsatz der Verhältnismäßigkeit

301 Die Schutzwürdigkeit der gefährdeten Rechtsgüter muss mit der Schwere des Eingriffs in die persönliche Freiheit abgewogen werden, das heißt, dass überwiegende Belange des Gemeinwohls die Unterbringung zwingend gebieten.

Nur nachgewiesene Sachverhalte zählen

302 Häufig wird von Ärzten nur auf eine Diagnose hingewiesen und betont, dass bei dieser Krankheit mit Selbstverletzungen, unvorhersehbaren Reaktionen im Straßenverkehr oder Suizid zu rechnen sei. Die Unberechenbarkeit des Verhaltens eines psychisch Kranken reicht aber allein nicht aus. Hinzukommen müssen weitere Umstände, die den Eintritt der Gefahr mit sehr hoher Wahrscheinlichkeit und in allernächster Zeit erwarten lassen. Zu beachten ist dabei, dass Art. 2 GG hohe Maßstäbe auch an die Aufklärung des Sachverhalts setzt. So genügen etwa Briefe der Nachbarn nicht, die von verbalen Aggressionen gegenüber Kindern berichten. Der Wahrheitsgehalt ist zu überprüfen, vor allem wenn der Betroffene die Vorwürfe abstreitet. Belästigungen, Beleidigungen, Beschimpfungen oder leichte körperliche Beeinträchtigungen Dritter genügen nicht.

303 Der BGH (a. a. O.) will z. B. bei krankheitsbedingtem Stalking eine Unterbringung nur ausnahmsweise zulassen, wenn die Gesundheit der attackierten Person erheblich gefährdet wird. Die Anforderungen an die Feststellung einer derartigen Gefahr dürfen aber nicht so hoch angesiedelt werden, dass die massiven Verletzungen bereits eingetreten sein müssen. Eine Gefahr liegt aber vor, wenn der massive Schadenseintritt drohend bevorsteht und diese Prognose etwa durch ein Sachverständigengutachten auch belegt werden kann. Die Gefährdungssituation muss durch den psychischen Defektzustand des Betroffenen verursacht worden sein. Die Vorschriften dienen der Unterbringung von kranken Personen, nicht hingegen der allgemeinen Vermeidung von Gefahrenlagen.

Eigengefährdung

304 Wenn jemand sein Leben oder in erheblichem Maß seine Gesundheit gefährdet, kann ebenfalls eine öffentlich-rechtliche Unterbringung angeordnet werden. Die Selbstgefährdung setzt kein zielgerichtetes Tun des Betreuten voraus und kann auch im Unterlassen bestimmter Handlungen bestehen, z. B. der Unterlassung von Nahrungsaufnahme oder der Sorge für die Hygiene in der Wohnung (Vermüllungsgefahr, Schimmel etc.).

6.7.3 Erhebliche Beeinträchtigung der Einsichts- und Steuerungsfähigkeit, freie Willensbestimmung

305 Solange ein Betroffener noch zu einer freien Willensbestimmung in der Lage ist, kann er trotz Vorliegens einer psychischen Anomalie (Sexualstraftäter) und der Gefahr krimineller Handlungen nicht nach Art. 5 BayPsychKHG untergebracht werden. Das bestimmt nunmehr Art. 5 Abs. 1 Satz 2 BayPsychKHG mit der Formulierung „es sei denn, seine Einsichts- und Steuerungsfähigkeit ist nicht erheblich beeinträchtigt". Es genügt aber schon eine erhebliche Beeinträchtigung, sodass keine Aufhebung der Einsichts- und Steuerungsfähigkeit erforderlich ist. Der BGH geht zusätzlich davon aus, dass eine Unterbringung nach Art. 5 Abs. 1 Satz 1 BayPsychKHG in verfassungskonformer Auslegung voraussetze, dass die freie Willensbestimmung des Betroffenen insgesamt aufgehoben ist (BGH, Beschl. v. 12.5.2021 – XII ZB 505/20).

306 **Achtung:** Im Gegensatz zur zivilrechtlichen Unterbringung genügt es beim BayPsychKHG, dass der Betroffene in seiner Einsichts- und/oder Steuerungsfähigkeit erheblich beeinträchtigt ist. Eine Aufhebung der Einsichtsfähigkeit ist nicht erforderlich!

6.8 Verfahren

6.8.1 Einleitung und Anordnung

Die Anordnung der Unterbringung erfolgt durch das Betreuungsgericht. Die Kreisverwaltungsbehörde beantragt das Verfahren. Das vorbereitende Verfahren ergibt sich aus Art. 15 BayPsychKHG. Es handelt sich also um ein echtes Antragsverfahren, Art. 15 Abs. 3 BayPsychKHG. 307

6.8.2 Vollzug der Unterbringung

Im Vollzug der Unterbringung soll die Selbstgefährdung bzw. die Gefährdung der Rechtsgüter anderer oder des Allgemeinwohls beseitigt werden. Zugleich ist der Untergebrachte wegen seiner psychischen Erkrankung bzw. Störung zu behandeln, mit dem Ziel der Heilung oder zumindest Stabilisierung, um ihm ein Leben in der Gemeinschaft ohne Eigen- oder Fremdgefährdung zu ermöglichen. Die Rechte und Pflichten des Betroffenen (z. B. Gesundheitsfürsorge, Besuch, persönlicher Besitz, Schriftverkehr, Telekommunikation, Therapie) ergeben sich aus Art. 18 ff. BayPsychKHG. 308

Regelmäßig erfolgt die Einlieferung in ein psychiatrisches Krankenhaus. Ist die Behandlung „hoch akuter somatischer Erkrankungen“ erforderlich, kann der Betroffene in ein somatisches Krankenhaus eingeliefert werden. Dieses gilt dann als mit hoheitlichen Befugnissen beliehen im Sinne von Art. 8 Abs. 4 BayPsychKHG, sodass alle Zwangsmaßnahmen nach dem PsychKHG dort vorgenommen werden können. 309

Übersicht der wichtigsten Grundsätze	
Vorbereitendes Verfahren gemäß Art. 15 BayPsychKHG	
Erster Prüfungsschritt	Liegen gewichtige Anhaltspunkte für eine Unterbringung gemäß Art. 5 BayPsychKHG vor?
Falls gewichtige Anhaltspunkte vorliegen:	Es wird ein ärztliches Zeugnis erstellt, das gemäß Art. 14 Abs. 5 Satz 5 und 6 BayPsychKHG auf folgende Punkte eingehen muss:
Ärztliches Zeugnis für das Gericht	„1. das Vorliegen der Voraussetzungen für die Unterbringung nach Art. 5 Abs. 1 und 2, 2. Ausführungen, ob die betroffene Person offensichtlich nicht in der Lage ist, ihren Willen frei zu bilden und kundzutun, und 3. Ausführungen, ob von der persönlichen Anhörung der betroffenen Person durch das Gericht erhebliche Nachteile für ihre Gesundheit oder eine Gefährdung für den Anhörenden oder andere Personen zu besorgen sind.
	Das ärztliche Zeugnis muss auf den gegenwärtigen Gesundheitszustand der betroffenen Person abstellen.“
Richtervorbehalt	„Die betroffene Person ist unverzüglich, spätestens am Tag nach der Einlieferung oder dem Beginn des Festhaltens, der Richterin oder dem Richter vorzustellen.“
Ermittlungen	Die Kreisverwaltungsbehörde führt die Ermittlungen von Amts wegen durch.
Vorladung und Vorführung zum Arzt	Eine Vorladung und Vorführung zum Arzt durch die Polizei ist gemäß Art. 15 Abs. 1 Satz 3 BayPsychKHG möglich. Ist damit eine Freiheitsentziehung verbunden, ist unverzüglich eine gerichtliche Entscheidung (§§ 322, 283, 284 FamFG) herbeizuführen. Der Arzt kann einfache diagnostische Eingriffe auch gegen den natürlichen Willen durchführen (ärztliche Zwangsmaßnahme).

A

Übersicht der wichtigsten Grundsätze	
Vorbereitendes Verfahren gemäß Art. 15 BayPsychKHG	
Antragsverfahren	Werden die Voraussetzungen festgestellt, beantragt die Behörde bei Gericht die Anordnung der Unterbringung oder eine vorläufige Unterbringung mit einstweiliger Anordnung. Die persönliche Untersuchung darf nur 14 Tage zurückliegen, Art. 15 Abs. 3 BayPsychKHG.
Begründung	Der Antrag ist zu begründen. Die Ermittlungsergebnisse sind beizufügen. Der Antrag muss das Prüfergebnis und einen Vorschlag enthalten, in welcher Einrichtung oder Einrichtungsart die Person untergebracht werden soll. Das ärztliche Zeugnis ist beizufügen, Art. 14 Abs. 3 BayPsychKHG.
Antrag auf gerichtliche Entscheidung	Gegen eine Maßnahme zur Regelung einzelner Angelegenheiten im Rahmen der Vorbereitung der Unterbringung kann der Betroffene auch schon vor der gerichtlichen Anordnung der Unterbringung einen Antrag auf gerichtliche Entscheidung stellen.
Art. 15 Abs. 3 Satz 2 und Art. 16 BayPsychKHG	Es handelt sich um ein echtes Antragsverfahren.
Art. 17 BayPsychKHG	Für den Vollzug ist die Kreisverwaltungsbehörde zuständig.

6.9 Eilmaßnahmen, Art. 11 bis 14 und 16 BayPsychKHG

310 Von Bedeutung ist die Unterbringung vor allem für Eilmaßnahmen.

6.9.1 Vorläufige Unterbringung durch gerichtliche Anordnung, §§ 331 und 332 FamFG, Art. 16 BayPsychKHG

311 Das Betreuungsgericht kann im Wege einer einstweiligen Anordnung eine vorläufige Unterbringung beschließen, wenn die Voraussetzungen nach § 331 FamFG bzw. bei Gefahr im Verzug nach § 332 FamFG vorliegen und eine vorläufige öffentlich-rechtliche Unterbringungsmaßnahme rechtfertigen. Voraussetzung ist ein Antrag der Kreisverwaltungsbehörde. „Der Antrag muss das Prüfergebnis" nach Art. 15 Abs. 1 BayPsychKHG „sowie einen Vorschlag enthalten, in welcher Einrichtung oder Einrichtungsart die Person untergebracht werden soll. Ihm ist das ärztliche Zeugnis beizufügen. Die persönliche Untersuchung der betroffenen Person darf zum Zeitpunkt der Antragstellung höchstens 14 Tage zurückliegen" (Art. 15 Abs. 3 BayPsychKHG).

312 Nach Ablauf der vom Gericht bestimmten Dauer der vorläufigen Unterbringung ist der Betroffene gemäß Art. 16 Abs. 2 BayPsychKHG vom Leiter der Einrichtung zu entlassen, sofern das Gericht nicht inzwischen die vorläufige Unterbringung durch eine weitere einstweilige Anordnung verlängert (§ 333 Abs. 1 Satz 2 FamFG) oder eine endgültige Unterbringung angeordnet hat. Ist die Unterbringung des Betroffenen, dessen vorläufige Unterbringung angeordnet wurde, nach Auffassung des Leiters der Einrichtung aus medizinischen Gründen schon vor Fristablauf nicht mehr erforderlich, kann er den Betroffenen entlassen (Art. 16 Abs. 3 BayPsychKHG).

6.9.2 Sofortige vorläufige Unterbringung durch Kreisverwaltungsbehörde, Art. 11 BayPsychKHG

313 Kann eine gerichtliche Entscheidung nach den §§ 331 und 332 FamFG nicht mehr rechtzeitig ergehen, um eine erhebliche Eigengefährdung oder die erhebliche Gefährdung der Rechtsgüter anderer oder des Allgemeinwohls zu verhindern, kann die Kreisverwaltungsbehörde eine sofortige vorläufige Unterbringung anordnen und nach Art. 11 BayPsychKHG vollziehen. Es müssen nur dringende Gründe für die Annahme vorhanden sein, dass die Voraussetzungen des

Art. 5 BayPsychKHG vorliegen. Das Betreuungsgericht ist bis spätestens 12 Uhr des Tages nach der Ergreifung zu verständigen (Art. 14 Abs. 1 BayPsychKHG).

6.9.3 Sofortige vorläufige Unterbringung durch die Polizei, Art. 12 BayPsychKHG

Kann in unaufschiebbaren Fällen keine behördliche Entscheidung gemäß Art. 11 BayPsychKHG 314
ergehen, kann die Polizei nach Art. 12 BayPsychKHG den Betroffenen ohne Anordnung der Kreisverwaltungsbehörde in eine Einrichtung im Sinne des Art. 8 bzw. 11 Satz 2 BayPsychKHG einliefern. Die Polizei hat nach Art. 14 BayPsychKHG das zuständige Gericht und die zuständige Kreisverwaltungsbehörde unverzüglich, spätestens bis 12 Uhr des auf das Ergreifen folgenden Tages, über die Einlieferung zu verständigen. Bei „Personen, für die ein Betreuer oder ein Vorsorgebevollmächtigter bestellt ist, benachrichtigt die Polizei unverzüglich diejenige Person, der die Sorge für die Person obliegt", Art. 14 Abs. 2 Satz 3 BayPsychKHG.

Diese Befugnisse der Polizei gelten auch in den Fällen, in denen sich ein Betroffener entgegen 315
der Entscheidung des Gerichts, der Kreisverwaltungsbehörde oder der ärztlichen Leitung der Einrichtung der Obhut der Einrichtung entzieht.

6.9.4 Festhalten eines Patienten im psychiatrischen Krankenhaus durch die fachliche Leitung der Einrichtung, Art. 13 BayPsychKHG

Befindet sich der Betroffene ohne gerichtliche oder behördliche Entscheidung (z. B. freiwillig) 316
in einem psychiatrischen Krankenhaus im Sinne des Art. 8 Abs. 1 BayPsychKHG, kann die fachliche Leitung der Einrichtung die sofortige Unterbringung anordnen und den Betroffenen festhalten, wenn die Kreisverwaltungsbehörde nicht mehr rechtzeitig entscheiden kann. Das Gericht und die Kreisverwaltungsbehörde müssen aber ebenfalls bis 12 Uhr des nächsten Tages verständigt werden. Bei „Personen, für die ein Betreuer oder ein Vorsorgebevollmächtigter bestellt ist, benachrichtigt der Anordnende unverzüglich diejenige Person, der die Sorge für die Person obliegt" (Art. 14 Abs. 2 Satz 3 BayPsychKHG).

Achtung: Der Betreuer muss in allen Fällen einer sofortigen vorläufigen Unterbringung 317
(Kreisverwaltungsbehörde, Polizei, fachliche Leitung, siehe oben) oder einer vorläufigen gerichtlichen Unterbringung benachrichtigt werden. Im gerichtlichen Verfahren ist der Betreuer Beteiligter und muss sogar angehört werden.

6.9.5 Gerichtliche Entscheidung nach Unterbringung durch Behörde, Polizei, Leiter der Einrichtung, Art. 14 Abs. 5 BayPsychKHG

Die fachliche Leitung der Einrichtung muss die sofortige Untersuchung des Betroffenen 318
veranlassen, Art. 14 Abs. 3 Satz 1 BayPsychKHG. Können die Voraussetzungen für eine Unterbringung nicht festgestellt werden, muss der Betroffene entlassen werden, sofern er nicht freiwillig bleibt. Gericht, Behörde und Betreuer sind unverzüglich davon zu verständigen. Liegen „begründete Anhaltspunkte für das Vorliegen der Voraussetzungen" einer Unterbringung vor, muss das der Leiter der Einrichtung dem Gericht und der Behörde bis spätestens 12 Uhr des der Maßnahme folgenden Tages mitteilen. Der Mitteilung muss ein ärztliches Zeugnis eines Arztes mit Erfahrung auf dem Gebiet der Psychiatrie beigelegt werden. Der Aussteller soll Arzt für Psychiatrie sein. Zum Inhalt vgl. oben „Übersicht der wichtigsten Grundsätze". Ergeht an diesem Tag keine Entscheidung des Gerichts, muss der Betroffene ebenfalls entlassen werden.

6.10 Rechtsmittel und Rechtsbehelfe während der Unterbringung

Gegen die Anordnung der Unterbringung sind die gleichen Rechtsmittel wie bei einer 319
zivilrechtlichen Unterbringung gegeben. Zusätzlich kann der Betroffene gegen eine Maßnahme zur Regelung einzelner Angelegenheiten im Vollzug eine Entscheidung des Gerichts beantragen. Es kann dabei auch die Verpflichtung zum Erlass einer abgelehnten oder unterlassenen Maßnahme begehrt werden, § 327 FamFG. Dieser Rechtsbehelf, der im Übrigen den zivilrechtlich untergebrachten Betreuten nicht zusteht, ist nur zulässig, wenn die Verletzung eines

Rechts geltend gemacht wird. Die Entscheidung des Gerichts ist unanfechtbar. Der Antrag auf gerichtliche Entscheidung kann sich gegen vielfältige Sachverhalte in der Unterbringung richten (z. B. Sicherungsmaßnahmen, Behandlungsmaßnahmen, Einkauf, Telefonkontakte, Besuchsregelungen, Postverkehr, erledigte Fixierung).

319a § 327 FamFG betrifft aber nur „die Regelung einzelner Angelegenheiten im Vollzug einer Unterbringungsmaßnahme". Ausgeschlossen sind jedoch weitere Maßnahmen, die selbst Unterbringungssachen sind. Kommt es also während einer freiheitsentziehenden Unterbringung zu freiheitsentziehenden Maßnahmen (Fixierungen) oder ärztlichen Zwangsmaßnahmen, sind dies selbstständige Unterbringungssachen, die nach den §§ 312 ff. FamFG zu behandeln sind. Gegen derart massive grundrechtsrelevante Eingriffe kann § 327 FamFG mit seiner nicht anfechtbaren Entscheidung nicht zur Anwendung kommen (a. A. in einem obiter dictum ohne nähere Begründung BVerfG, Beschl. v. 1.8.2024 – 2 BvR 1458/23).

320 Als Betreuer sollte man zunächst auf Abhilfe bei der Leitung des psychiatrischen Krankenhauses dringen, wenn das Anliegen berechtigt erscheint. Erweist sich das als nicht erfolgreich und erscheint es auch dem Betreuer wichtig, dass die Interessen des Betreuten durchgesetzt werden, sollte man auch nicht davor zurückschrecken, den Betreuten bei einem Antrag auf gerichtliche Entscheidung zu unterstützen. Bei einem entsprechenden Aufgabenbereich kann der Betreuer auch für den Betroffenen handeln.

6.11 Zwangsbehandlung

321 Ein Kernstück des neuen BayPsychKHG war die Regelung der Zwangsbehandlung in Art. 20 Abs. 3 bis 6 BayPsychKHG.

6.11.1 Definition der Zwangsmaßnahme

322 Die ärztlichen Zwangsmaßnahmen werden als Behandlungsmaßnahmen im Sinne des Art. 20 Abs. 1 BayPsychKHG definiert, die dem natürlichen Willen der untergebrachten Person widersprechen. Damit wird die Terminologie dem § 1832 Abs. 1 Satz 1 BGB angeglichen und ist identisch mit der Definition in Art. 6 Abs. 3 BayMRVG. Ärztliche Zwangsmaßnahmen nach Art. 20 BayPsychKHG sind für den Maßregelvollzug in Art. 6 BayMRVG weitgehend identisch geregelt.

6.11.2 Anwendungsbereiche

323 Es gibt gemäß Art. 20 Abs. 3 BayPsychKHG drei Anwendungsbereiche:

- Vollzugsziel, Erreichen der Entlassungsfähigkeit
- Selbstgefährdung, Abwendung einer konkreten Gefahr für das Leben oder eine konkrete schwerwiegende Gefahr für die Gesundheit des Untergebrachten
- Fremdgefahr, Abwehr einer konkreten Gefahr für das Leben oder die Gesundheit anderer

324 Es muss sich jeweils um eine konkrete Gefahr handeln, sodass die bloße Möglichkeit oder Wahrscheinlichkeit nicht ausreicht.

6.11.3 Zulässigkeitsvoraussetzungen

325 Auch im BayPsychKHG werden im Hinblick auf den massiven Grundrechtseingriff hohe Anforderungen für die Zulässigkeit bestimmt. Behandlungsmaßnahmen dürfen nach Art. 20 Abs. 4 BayPsychKHG zwangsweise nur durchgeführt werden, wenn

- ärztlich über Art, Dauer, Erfolgsaussichten und Risiken der beabsichtigten Maßnahmen aufgeklärt wurde,
- zuvor frühzeitig, ernsthaft und ohne Druck auszuüben versucht wurde, die Zustimmung der untergebrachten Person zu erhalten,
- die Maßnahmen geeignet sind, das Behandlungsziel zu erreichen,
- mildere Mittel keinen Erfolg versprechen,

- der zu erwartende Nutzen die zu erwartenden Beeinträchtigungen deutlich überwiegt,
- Art und Dauer auf das zwingend erforderliche Maß beschränkt werden und
- in den Fällen der Vollzugszielerreichung und Selbstgefährdung zusätzlich:
  a) die untergebrachte Person krankheitsbedingt zur Einsicht in die Schwere und die Behandlungsbedürftigkeit ihrer Krankheit oder zum Handeln gemäß dieser Einsicht nicht fähig ist und
  b) der nach § 1827 BGB zu beachtende Wille der untergebrachten Person den Maßnahmen nicht entgegensteht.

Die Maßnahmen müssen dokumentiert werden. Die Anordnung und Durchführung müssen 326 durch einen Arzt erfolgen. Die Maßnahmen sind ferner durch einen Arzt zu überwachen und in regelmäßigen Abständen auf ihre Eignung, Notwendigkeit und Angemessenheit zu überprüfen, Art. 20 Abs. 4 Satz 3 BayPsychKHG.

6.11.4 Verfahren

Eine Zwangsbehandlung ist nur mit vorheriger Genehmigung des Gerichts zulässig. Bei Gefahr 327 im Verzug darf in den Fällen der Selbst- und Fremdgefährdung von einer vorherigen ärztlichen Aufklärung, einem Überzeugungsversuch und dem Richtervorbehalt abgesehen werden. Die Aufklärung ist nachzuholen, die richterliche Genehmigung muss unverzüglich nachgeholt werden, Art. 20 Abs. 5 BayPsychKHG.

Für das Verfahren gelten im Übrigen die Vorschriften der §§ 313 ff. FamFG. 328

6.12 Fixierungen gemäß Art. 29 Abs. 2 Nr. 2 BayPsychKHG

6.12.1 Voraussetzungen einer Fixierung

Art. 29 BayPsychKHG regelt nicht nur die Fixierung, sondern eine Vielzahl von weiteren 329 besonderen Sicherungsmaßnahmen: ständige Beobachtung (auch per Video), Entzug oder Vorenthaltung von Gegenständen, nächtliche Nachschau, Trennung von anderen untergebrachten Personen, Entzug oder Beschränkung des gemeinschaftlichen Aufenthalts im Freien, Unterbringung in einem besonders gesicherten Raum, Einschränkung der Bewegungsfreiheit durch unmittelbaren Zwang. Allgemeine Voraussetzungen für besondere Sicherungsmaßnahmen sind: Es muss in erhöhtem Maße die Gefahr bestehen, dass der Betroffene

- sich selbst tötet oder verletzt oder
- gegen Personen oder Sachen gewalttätig wird oder
- entweicht.

Art. 29 Abs. 1, Abs. 2 Nr. 2 und Abs. 3 BayPsychKHG erlaubt als besondere Sicherungs- 330 maßnahme Fixierungen. Die Voraussetzungen für diesen besonders schwerwiegenden Eingriff sind noch enger und daher nur zulässig,

> *(...) wenn und solange sie zur Abwendung einer gegenwärtigen erheblichen Gefahr von Gewalttätigkeiten gegen Personen oder der Selbsttötung oder der Selbstverletzung unerlässlich sind.*

Gewalt gegen Sachen oder Fluchtgefahr genügen daher nicht. Es gilt ferner ein Richter- 331 vorbehalt. Die Regeln zum Richtervorbehalt gelten gemäß Art. 29 Abs. 1 Nr. 2,3, 8 und 9, Abs. 8 und 9 BayPsychKHG nicht nur für die Fixierung, sondern auch für eine sonstige Einschränkung der Bewegungsfreiheit durch eine mechanische Vorrichtung, die Unterbringung in einem besonders gesicherten Raum und die Einschränkung der Bewegungsfreiheit durch unmittelbaren Zwang. Bei der Fixierung greift der Richtervorbehalt allerdings nur, wenn es sich nicht um eine kurzfristige Maßnahme handelt und in den übrigen Fällen, wenn durch die Maßnahmen über einen längeren Zeitraum oder regelmäßig die Freiheit entzogen werden soll. In beiden Fällen wird die 30-Minuten-Regel des BVerfG ein wichtiger Richtwert sein.

6.12.2 Gerichtliche Zuständigkeit

332 Zuständig ist das Amtsgericht (Betreuungsgericht). Ohne richterliche Entscheidung kann nur fixiert werden, wenn ein Aufschub mit Gefahr verbunden wäre. Die Entscheidung ist unverzüglich nachzuholen. Ergeht keine Entscheidung des Gerichts vor Erledigung, kann der Betroffene die Feststellung der Rechtswidrigkeit nachträglich beantragen. Im Übrigen gilt Art. 29 Abs. 8 Satz 3 BayPsychKHG i. V. m. § 312 Nr. 2 FamFG, sodass die §§ 313 ff. FamFG heranzuziehen sind.

6.12.3 Vorgaben des BVerfG

333 Die strengen Voraussetzungen und Durchführungsbestimmungen, die das BVerfG in seiner Fixierungsentscheidung festgelegt hat, wurden weitgehend umgesetzt. Folgende Voraussetzungen sind nunmehr für das Verfahren gesetzlich vorgeschrieben:

- Die Fixierung ist anzukündigen.
- Die untergebrachte Person ist im Fall der Fixierung durch geeignete Beschäftigte ständig und unmittelbar zu beobachten.
- Bei der Fixierung dürfen nur Beschäftigte zur Beobachtung eingesetzt werden, die ärztlich in solche Aufgaben eingewiesen wurden.
- Nach Beendigung einer Fixierung ist die untergebrachte Person auf die Möglichkeit hinzuweisen, die Zulässigkeit der Fixierung nachträglich gerichtlich überprüfen zu lassen.
- Die Anordnung erfolgt durch einen Arzt, der eine angemessene ärztliche Überwachung sicherstellen muss.
- Dokumentation: Anordnung, Fortdauerentscheidungen, Durchführung und Überwachung, Gründe der Anordnung, Hinweis auf die Möglichkeit, die Zulässigkeit der Fixierung nachträglich gerichtlich überprüfen zu lassen

334 Im Hinblick auf die Fixierungsentscheidung des BVerfG dürften darüber hinaus folgende Hinweise zu beachten sein:

- Die Fixierung muss unerlässlich sein, das heißt, keine milderen Alternativen sind gangbar und erfolgversprechend (evtl. Isolierung, therapeutische Gespräche, Spaziergänge, freiwillige Einnahme von Medikamenten etc.).
- Ein längerer Zeitraum liegt bei 30 Minuten vor.
- Eine Eins-zu-eins-Betreuung während der Fixierung muss durch „therapeutisches oder pflegerisches Personal" erfolgen. Gefordert ist Betreuung und nicht Beobachtung.

335 Unglücklich ist die Definition der „Fixierung" in Art. 29 Abs. 2 Nr. 2 BayPsychKHG. Die Umschreibung mit „Aufhebung (!) der Bewegungsfreiheit an allen Gliedmaßen" ist zu eng. Eine gänzliche Aufhebung wäre nur bei einer völligen Bewegungsunfähigkeit zu bejahen, die in der klinischen Praxis eigentlich nicht vorkommt. Wichtig ist das Festhalten an einer bestimmten Stelle, wobei es völlig irrelevant ist, ob noch ein Bein frei bewegt werden kann oder ob das Ergebnis mit einer Drei-, Vier-, Fünf- oder Neun-Punkt-Fixierung erreicht wird.

7. Maßregelvollzugsgesetze für strafrechtliche Unterbringungen gemäß §§ 63 und 64 StGB

7.1 Grund für die Neuregelung

336 Für die Vollstreckung dieser sog. „Maßregeln der Besserung und Sicherung" gilt in Bayern das BayMRVG. Ähnliche Gesetze wurden in fast allen Bundesländern neu erlassen.

7.2 Übersicht der wichtigsten Regelungen

337 Die im Maßregelvollzug untergebrachten Personen leiden regelmäßig unter einer psychischen Krankheit, die zu ihrer strafrechtlichen Unterbringung geführt hat. Es liegt daher nahe, dass es sich um Menschen handelt, die ihre Angelegenheiten nicht mehr selbst besorgen können und

daher betreuungsbedürftig sind. Die nachfolgende Übersicht enthält die gesetzlichen Regelungen für die Einbeziehung der Betreuer:

BayMRVG	Inhalt
Art. 3 Abs. 4 Satz 2	Hat der Untergebrachte einen Betreuer, „so erhält dieser eine Ablichtung von schriftlich gegenüber der untergebrachten Person erlassenen Entscheidungen und Anordnungen".
Art. 4 Abs. 1 Satz 3	Unterrichtung bei Aufnahme über die Rechte und Pflichten; der Betreuer hat ein Anwesenheitsrecht.
Art. 5 Abs. 3 Satz 4	Die Erörterung des Behandlungs- und Vollzugsplans findet auch mit dem Betreuer statt; gilt auch bei wesentlichen Änderungen oder Anpassungen (spätestens alle sechs Monate).
Art. 6 (Regelungslücke)	Einwilligung als Vertreter in ärztliche Maßnahmen, denen der einwilligungsunfähige Untergebrachte mit natürlichem Willen zustimmt.

Nachfolgend sollen daher einige Vorschriften des BayMRVG dargestellt werden, die speziell für die Arbeit des Betreuers von Bedeutung sein können. 338

7.3 Aufnahmeverfahren, Art. 4 BayMRVG

Der Betroffene wird in der Einrichtung unverzüglich über seine Rechte und Pflichten unterrichtet. Eine schriftliche Unterrichtung wird „sobald als möglich nachgeholt". Dem Betreuer als gesetzlichen Vertreter hat die Einrichtung Gelegenheit zu geben, an der Unterrichtung teilzunehmen. Dem Vertreter muss der Termin wohl auch mitgeteilt werden, damit er von seinem Recht Gebrauch machen kann. Zweifelhaft ist, ob der Betreuer an der mündlichen oder bei der schriftlichen Unterrichtung oder an beiden teilnehmen kann. Diese Möglichkeiten sollte der Betreuer wahrnehmen, um die Einrichtung über alle wichtigen Umstände in Kenntnis zu setzen. Sollte er an der Teilnahme verhindert sein, könnte er eine Abschrift der schriftlichen Unterrichtung anfordern. Der Betreuer sollte darauf hinwirken, dass der Betroffene entsprechend Art. 4 Abs. 2 BayMRVG unverzüglich ärztlich untersucht wird. 339

7.4 Stellung der untergebrachten Person, Art. 3 BayMRVG

Grundsätzlich soll der Betroffene an der Gestaltung seiner Behandlung mitwirken. Beschränkungen, die ihm auferlegt werden, müssen zur Aufrechterhaltung der Sicherheit oder zur Abwendung einer schwerwiegenden Störung des geordneten Zusammenlebens unerlässlich sein. Wichtig ist für den Betreuer Art. 3 Abs. 4 Satz 2 BayMRVG, wonach er „eine Ablichtung von schriftlich gegenüber der untergebrachten Person erlassenen Entscheidungen und Anordnungen" erhält. 340

7.5 Behandlungs- und Vollzugsplan, Art. 5 BayMRVG

Für jeden Untergebrachten muss ein Behandlungs- und Vollzugsplan erstellt und alle sechs Monate angepasst werden. Gegenstand des Plans sind unter anderem „Möglichkeiten für Lockerungen des Vollzugs, für Beurlaubungen, für eine Aussetzung der Vollstreckung der Unterbringung zur Bewährung und für eine Entlassung". Ferner sollen „spätestens, wenn abzusehen ist, dass die Vollstreckung zur Bewährung ausgesetzt wird oder dass die untergebrachte Person entlassen wird, (...) in den Behandlungs- und Vollzugsplan auch Angaben über die notwendigen vorbereitenden Maßnahmen aufgenommen werden". 341

Die Einrichtung soll den Behandlungs- und Vollzugsplan und wesentliche Änderungen mit dem Untergebrachten erörtern. Mit dem Betreuer ist gemäß Art. 5 Abs. 3 Satz 4 BayMRVG ebenfalls eine „Erörterung" durchzuführen. Sinnvoll erscheint es, wenn die Erörterungen nicht getrennt durchgeführt werden, sondern gemeinsam mit dem Betroffenen sowie Vertretern und Mitarbeitern der Einrichtung. 342

7.6 Zimmerbelegung, Art. 8 BayMRVG

343 Art. 8 BayMRVG kann leicht missverstanden werden. Soweit formuliert wird, dass „der untergebrachten Person ein Einzel- oder Zweibettzimmer zugewiesen werden soll", klingt das sehr positiv. Der Realität kommt die Formulierung „Eine Zimmerbelegung mit mehr als vier Personen ist nicht zulässig" schon näher. Für die Untergebrachten ist das Zimmer der Lebensmittelpunkt über Monate und Jahre hinweg. Räume mit maximal drei psychisch kranken Zimmergenossen, einer gemeinsamen Toilette und von unbestimmter Größe sind nicht nur grenzwertig, sondern menschenunwürdig. Keine Intimsphäre, keine Möglichkeit zur individuellen Gestaltung des Raums, keine Rückzugsmöglichkeit, kein effektiver Schutz gegen Übergriffe, dafür Förderung ungesunder bzw. gefährlicher Machtstrukturen, kein individuelles Lüften und Einhalten der Nachtruhe, Schnarchen, geräuschvolles Aufstoßen von Luft aus dem oberen Verdauungstrakt (Rülpsen), Körperausdünstungen, keine individuelle Auswahl des Fernsehprogramms, religiöse Eigenheiten etc. – alles Punkte, die bei vier Zimmergenossen zur existenziellen Frage führen: Kann ich so leben, will ich so leben, kann ich so gesund werden? Hier sind Konflikte vorprogrammiert. Der Betreuer kann hier sehr viel für das Wohlergehen des Untergebrachten tun, wenn er für humane Lebensbedingungen kämpft, und im Konfliktfall auch eine gerichtliche Entscheidung in Erwägung ziehen.

7.7 Persönlicher Besitz und Ausstattung des Unterbringungsraums, Art. 9 BayMRVG

344 Art. 9 BayMRVG regelt den Erwerb, die Benutzung und die Aufbewahrung persönlicher Gegenstände. Generell kann der Untergebrachte alles individuell gestalten, soweit nicht „die Ziele der Unterbringung, die Sicherheit, das geordnete Zusammenleben in der Maßregelvollzugseinrichtung oder die Übersichtlichkeit des Unterbringungsraums" gefährdet werden. Der Betreuer sollte versuchen, dem Untergebrachten die Verwendung eigener individueller Gegenstände zu ermöglichen.

7.8 Arbeit, Beschäftigung, Bildung, Deutsch- und Integrationsunterricht, Art. 10 BayMRVG

345 Eine Zusammenarbeit zwischen Betreuer und Maßregelvollzugseinrichtung bietet sich besonders bei den für ein geordnetes Leben in Freiheit wichtigen Bereichen „Arbeit", „Beschäftigung", „Bildung", „Berufsausbildung" und „berufliche Weiterbildung" an. Bei Personen mit Migrationshintergrund sind die Deutsch- und Integrationskurse von besonderer Bedeutung. Der Betreuer kann sich dabei durch die Unterstützung des Untergebrachten und die Formulierung seiner Wünsche und Vorstellungen gegenüber der Einrichtung einbringen.

7.9 Außenkontakte, Art. 13 BayMRVG

346 Schriftverkehr, Pakete und Telefongespräche können von der Einrichtung überwacht werden, um eine Gefährdung der Ziele der Unterbringung, der Sicherheit oder des geordneten Zusammenlebens in der Einrichtung zu verhindern.

7.10 Beschwerdemöglichkeiten und Rechtsbehelfe gegen Maßnahmen der Einrichtung

7.10.1 Antrag auf gerichtliche Entscheidung, § 109 StVollzG

347 Der für den Strafvollzug übliche Rechtsbehelf des § 109 StVollzG gilt auch für den Maßregelvollzug in Bayern. Somit kann der Betroffene gegen eine „Maßnahme zur Regelung einzelner Angelegenheiten auf dem Gebiet (...) des Vollzuges freiheitsentziehender Maßregeln der Besserung und Sicherung (...) gerichtliche Entscheidung beantragen". Beantragt werden kann auch die „Verpflichtung zum Erlass einer abgelehnten oder unterlassenen Maßnahme". Er muss allerdings geltend machen können, dass er in seinen Rechten verletzt wird. Der Betreuer, der selbst von einer Vollzugsmaßnahme betroffen ist, kann ebenfalls einen Antrag stellen. Das wäre z. B. der Fall, wenn ihm ein Besuch verweigert wird oder wenn seine Briefe an den Betreuten zurückgehalten werden. Zuständig für die Entscheidung ist grundsätzlich die „Strafvollstreckungskammer, in deren Bezirk die beteiligte Vollzugsbehörde ihren Sitz hat".

7.10.2 Beschwerde bei Richtervorbehalt

Eine Ausnahme wurde für alle Fälle des sog. Richtervorbehalts (z. B. Fixierungen, ärztliche Zwangsmaßnahmen) geschaffen. §§ 121a und 121b StVollzG bestimmen für den Fall, dass nach den Vollzugsgesetzen eine Maßnahme der vorherigen gerichtlichen Anordnung oder der gerichtlichen Genehmigung bedarf, dass das Amtsgericht zuständig ist, in dessen Bezirk die Maßnahme durchgeführt wird. Das gerichtliche Verfahren richtet sich nach dem FamFG. Über die Beschwerde entscheidet dann das Landgericht und über die Rechtsbeschwerde der BGH. 348

7.10.3 Maßregelvollzugsbeiräte, Patientenfürsprecher, Art. 52 BayMRVG, Art. 185 Abs. 2, 186 bis 188 BayStVollzG

In der Regel bestehen die Beiräte aus fünf Mitgliedern, nämlich dem Vorsitzenden und seinem Vertreter, die „aus der Mitte des Bayerischen Landtags gewählt" werden. Die übrigen Mitglieder werden vom Justizministerium ernannt. Der Beirat hat gegenüber der Einrichtung beratende Funktion. Der Untergebrachte oder sein Betreuer können sich an den Beirat mit Beschwerden oder Verbesserungswünschen wenden (Art. 187 Abs. 1 Satz 1 BayStVollzG). Dieser trägt sie dann dem Leiter der Einrichtung vor. Da zwei Mitglieder dem Parlament angehören, kann man davon ausgehen, dass derartige Mitteilungen ernst genommen werden. In den Einrichtungen sollen Patientenfürsprecher berufen werden. Sie sollen „unabhängige Vermittler zwischen der Klinik und den Patienten" sein „und sind eine wichtige Ergänzung zum Beschwerdemanagement der Klinik" (vgl. dazu www.zbfs.bayern.de/massregelvollzug/ansprechpartner). Näheres kann bei der Maßregelvollzugseinrichtung erfragt werden. 349

7.10.4 Leiter der Einrichtung, Fachaufsicht, Maßregelvollzugsamt, Art. 49 und 50 BayMRVG

Beschwerden können zunächst an den Leiter der Einrichtung herangetragen werden. Als Fachaufsichtsbehörde bestimmt Art. 50 BayMRVG das Zentrum Bayern Familie und Soziales (ZBFS). Das Amt für Maßregelvollzug ist in Nördlingen eingerichtet. Näheres zu der Zuständigkeit, der Erreichbarkeit und den Aufgaben des Amts findet man unter www.zbfs.bayern.de/massregelvollzug. 350

Zum Aufgabenbereich gehören auch die Entgegennahme und Prüfung von Beschwerden. 351

7.11 Zwangsbehandlung nach dem BayMRVG

7.11.1 Arten der Zwangsbehandlung

Die Bundesländer haben unterschiedliche, aber strukturell vergleichbare Gesetze. Die Darstellung erfolgt anhand der Regelungen des BayMRVG. Neben der generellen Regelung in Art. 6 Abs. 3 BayMRVG finden sich im BayMRVG an verschiedenen Stellen, speziell für bestimmte Vorgänge, Zwangsbehandlungen. 352

Eingangsuntersuchung gemäß Art. 4 Abs. 2 BayMRVG

Das Gesetz spricht nur von einer durchzuführenden ärztlichen Untersuchung. Versteckt in der Begründung des Gesetzes (BayLT-Drucks. 17/4944, S. 30) wird aber ausgeführt: 353

> *Die Eingangsuntersuchung ist unverzichtbar für jede stationäre Behandlung. Sie muss alsbald, das heißt unverzüglich nach der Aufnahme erfolgen und eine körperliche Untersuchung umfassen, welche notfalls auch zwangsweise (Art. 27) durchgeführt werden kann.*

Die Regelungen in Art. 4 Abs. 2 und Art. 27 BayMRVG dürften den Anforderungen des BVerfG nicht genügen, da sie nicht hinreichend klar und bestimmt sind (BVerfG, Beschl. v. 4.7.2018 – 2 BvR 502/16, Rn. 77). Die zwangsweise Durchsetzung einer ärztlichen Maßnahme in der Gesetzesbegründung zu verstecken und mit einem nur dort enthaltenen Hinweis auf Art. 27 BayMRVG zu rechtfertigen, genügt diesen Anforderungen nicht. 354

Zwangsbehandlung zur Kontrolle, Überwachung von Behandlungsmaßnahmen, dem Gesundheitsschutz und der Hygiene gemäß Art. 6 Abs. 8 BayMRVG

355 Art. 6 Abs. 8 BayMRVG beschränkt sich auf die Entnahme von Haarproben sowie die Gewinnung einer Urinprobe. Insoweit handelt es sich aber um ganz normale Teilhandlungen ärztlicher Maßnahmen, die wesentlicher Bestandteil der Behandlung sind. Es erscheint zumindest bedenklich, wenn man glaubt, für Teilaspekte einer ärztlichen Behandlung die Forderungen des BVerfG nicht erfüllen zu müssen. Gesundheitsschutz und Hygiene sind wohl zu allgemein gefasst, sodass ebenfalls verfassungsrechtliche Probleme bestehen.

7.11.2 Behandlung nach Art. 6 BayMRVG ohne Zwang

356 Art. 6 Abs. 1 Satz 1 BayMRVG begründet einen Anspruch der Untergebrachten auf „die nach den anerkannten Regeln der ärztlichen Kunst gebotene Behandlung ihrer psychischen Erkrankung, um die Ziele der Unterbringung zu erreichen". Der Begriff der „anerkannten Regeln der ärztlichen Kunst" ist als „allgemein anerkannte fachliche Standards" im Sinne von § 630a Abs. 2 BGB zu lesen. Satz 2 regelt dann die ärztliche Versorgung „anderer als psychischer Erkrankungen" durch Verweis auf Art. 59 bis 61, 63 und 64 BayStVollzG. Nicht geregelt ist die Behandlung psychischer Erkrankungen, die nichts mit dem Erreichen des Vollzugsziels zu tun haben, z. B. eine Depression, die sich erst in der Einrichtung entwickelt hat.

357 Art. 6 Abs. 2 BayMRVG regelt die Behandlung bei einwilligungsfähigen Patienten. Verlangt wird die „möglichst" schriftliche Einwilligung auf der Grundlage ärztlicher Aufklärung und es muss ein „freier Wille" vorhanden sein. Nicht geregelt ist die Behandlung eines einwilligungsunfähigen Untergebrachten, der mit natürlichem Willen der Behandlung „zustimmt". Ein Verweis auf § 630d BGB, wie ihn Art. 20 Abs. 2 Satz 2 BayPsychKHG enthält, fehlt (siehe unten).

7.11.3 Zwangsbehandlung nach Art. 6 BayMRVG

358 Die Voraussetzungen ergeben sich aus der nachfolgenden Tabelle – Teil I, wobei zum besseren Verständnis die entsprechenden Voraussetzungen der zivilrechtlichen Zwangsbehandlung in der rechten Spalte gegenübergestellt werden. In Teil II werden die Vorschriften zum Verfahren vorgestellt.

Gegenüberstellung Art. 6 Abs. 3 BayMRVG und § 1832 BGB	
I. Materiell-rechtliche Voraussetzungen	
Regelung der Zwangsbehandlung im Maßregelvollzug, Art. 6 Abs. 3 BayMRVG	**Regelung bei zivilrechtlicher Zwangsbehandlung, § 1832 BGB**
Definition/Anwendungsbereich	
Abs. 3 „Behandlungsmaßnahmen (...), die dem natürlichen Willen der untergebrachten Person widersprechen"	**Abs. 1 Satz 1** „(...) eine Untersuchung des Gesundheitszustands, eine Heilbehandlung oder ein ärztlicher Eingriff", die bzw. der „dem natürlichen Willen des Betreuten" widerspricht
Einwilligungsunfähigkeit	
Abs. 4 Nr. 7	**Abs. 1 Satz 1 Nr. 2**
„(...) in den Fällen des Abs. 3 Nr. 1 und 2 [Behandlungsziel, Selbstgefährdung] zusätzlich":	In allen Fällen erforderlich.
„a) die untergebrachte Person krankheitsbedingt zur Einsicht in die Schwere und die Behandlungsbedürftigkeit ihrer Krankheit oder zum Handeln gemäß dieser Einsicht nicht fähig ist (...)"	„(...) der Betreute aufgrund einer psychischen Krankheit oder einer geistigen oder seelischen Behinderung die Notwendigkeit der ärztlichen Maßnahme nicht erkennen oder nicht nach dieser Einsicht handeln kann"

Gegenüberstellung Art. 6 Abs. 3 BayMRVG und § 1832 BGB	
Patientenverfügung, Behandlungswunsch, mutmaßlicher Wille	
Abs. 4 Nr. 7 „b) der nach § 1901a des Bürgerlichen Gesetzbuchs (BGB) zu beachtende Wille der untergebrachten Person den Maßnahmen **nicht entgegensteht**."	**Abs. 1 Satz 1 Nr. 3** „die ärztliche Zwangsmaßnahme dem nach § 1827 zu **beachtenden Willen** des Betreuten entspricht"
	Unterschied: Kongruenz zwischen § 1827 BGB und Maßnahme muss hier **positiv festgestellt** werden.
Ziel der Zwangsbehandlung	
Abs. 3	
Nr. 1 „um die Entlassungsfähigkeit zu erreichen"	kein Äquivalent
Nr. 2 „um eine konkrete Gefahr für das Leben oder eine konkrete schwerwiegende Gefahr für die Gesundheit der untergebrachten Person abzuwenden"	**Abs. 1** „Eine Unterbringung des Betreuten durch den Betreuer, die mit Freiheitsentziehung verbunden ist, ist nur zulässig, solange sie erforderlich ist, weil"
Nr. 3 „um eine konkrete Gefahr für das Leben oder die Gesundheit einer anderen Person in der Einrichtung abzuwenden"	kein Äquivalent
Voraussetzungen	
Abs. 4 Satz 1 „Behandlungsmaßnahmen nach Abs. 3 dürfen nur angewendet werden, wenn	**Abs. 1 Nr. (...)**
1. ärztlich über Art, Dauer, Erfolgsaussichten und Risiken der beabsichtigten Maßnahmen aufgeklärt wurde,	**§ 630e Abs. 1 Satz 1, Abs. 4 und 5 Satz 1 BGB** „(1) Der Behandelnde ist verpflichtet, den Patienten über sämtliche für die Einwilligung wesentlichen Umstände aufzuklären. (...) (4) Ist nach § 630d Absatz 1 Satz 2 die Einwilligung eines hierzu Berechtigten einzuholen, ist dieser nach Maßgabe der Absätze 1 bis 3 aufzuklären. (5) Im Fall des § 630d Absatz 1 Satz 2 sind die wesentlichen Umstände nach Absatz 1 auch dem Patienten entsprechend seinem Verständnis zu erläutern, soweit dieser aufgrund seines Entwicklungsstandes und seiner Verständnismöglichkeiten in der Lage ist, die Erläuterung aufzunehmen, und soweit dies seinem Wohl nicht zuwiderläuft."
2. zuvor frühzeitig, ernsthaft und ohne Druck auszuüben versucht wurde, die Zustimmung der untergebrachten Person zu erhalten,	**§ 1832 Abs. 1 Satz 1 Nr. 4 BGB** „zuvor ernsthaft, mit dem nötigen Zeitaufwand und ohne Ausübung unzulässigen Drucks versucht wurde, den Betreuten von der Notwendigkeit der ärztlichen Maßnahme zu überzeugen"

A

Gegenüberstellung Art. 6 Abs. 3 BayMRVG und § 1832 BGB	
3. die Maßnahmen geeignet sind, das Behandlungsziel zu erreichen,	Kein Äquivalent; Maßnahme muss aber gemäß § 1832 Abs. 1 Satz 1 Nr. 1 BGB ärztlich indiziert und „notwendig" sein, „um einen drohenden erheblichen gesundheitlichen Schaden abzuwenden".
4. mildere Mittel keinen Erfolg versprechen,	**§ 1832 Abs. 1 Satz 1 Nr. 5 BGB** „der drohende erhebliche gesundheitliche Schaden durch keine andere den Betreuten weniger belastende Maßnahme abgewendet werden kann"
5. der zu erwartende Nutzen die zu erwartenden Beeinträchtigungen deutlich überwiegt,	**§ 1832 Abs. 1 Satz 1 Nr. 6 BGB** „der zu erwartende Nutzen der ärztlichen Zwangsmaßnahme die zu erwartenden Beeinträchtigungen deutlich überwiegt"
6. Art und Dauer auf das zwingend erforderliche Maß beschränkt werden (...)"	
Abs. 8 Zwangsbehandlungen finden in einem psychiatrischen Krankenhaus statt, da das BayMRVG nur anwendbar ist, wenn der Betroffene untergebracht ist. Ausnahme: Art. 6 Abs. 7 BayMRVG – Verbringung in ein geeignetes Krankenhaus	**§ 1832 Abs. 1 Satz 1 Nr. 7 BGB** „die ärztliche Zwangsmaßnahme im Rahmen eines stationären Aufenthalts in einem Krankenhaus, in dem die gebotene medizinische Versorgung des Betreuten einschließlich einer erforderlichen Nachbehandlung sichergestellt ist, durchgeführt wird"
II. Verfahren/Frist	
Abs. 4	
Satz 2 „Die Behandlungsmaßnahmen sind durch einen Arzt oder eine Ärztin anzuordnen."	
Satz 3 (siehe unten) und zusätzlich Art. 32 Abs. 1 BayMRVG: „Zu jeder untergebrachten Person ist eine Patientenakte entsprechend § 630f BGB zu führen."	**§ 323 Abs. 2 FamFG** „Die Beschlussformel enthält bei der Genehmigung einer Einwilligung in eine ärztliche Zwangsmaßnahme oder bei deren Anordnung auch Angaben zur Durchführung und Dokumentation dieser Maßnahme in der Verantwortung eines Arztes."
Satz 3 „Die Maßnahmen sind zu dokumentieren und durch einen Arzt oder eine Ärztin durchzuführen, zu überwachen und in regelmäßigen Abständen auf ihre Eignung, Notwendigkeit und Angemessenheit zu überprüfen."	**§ 1832 Abs. 3 Satz 1 BGB** „Der Betreuer hat die Einwilligung in die ärztliche Zwangsmaßnahme zu widerrufen, wenn ihre Voraussetzungen weggefallen sind."
Satz 4 „Die Anordnung der Maßnahme gilt höchstens für zwölf Wochen und kann wiederholt getroffen werden."	**§ 329 Abs. 1 Satz 2 FamFG** „Die Genehmigung einer Einwilligung in eine ärztliche Zwangsmaßnahme oder deren Anordnung darf die Dauer von sechs Wochen nicht überschreiten, wenn sie nicht vorher verlängert wird."

Gegenüberstellung Art. 6 Abs. 3 BayMRVG und § 1832 BGB	
Persönliche Anhörung: § 115 Abs. 1a StVollzG schweigt dazu; OLG Nürnberg (Urt. v. 18.12.2017 – SR StVK 904/17) verlangt persönliche Anhörung, weil sonst kein faires Verfahren gegeben ist, andere Verfahrensvorschriften das so regeln und das Recht auf rechtliches Gehör verfassungsrechtlich unabdingbar ist.	Persönliche Anhörung: § 319 Abs. 1 FamFG
Gutachten: § 121b Abs. 1 StVollzG und §§ 321, 322 FamFG	Gutachten: § 321 FamFG
Bei Gefahr im Verzug, keine Genehmigung des Gerichts, keine vorherigen Überzeugungsversuche, keine ärztliche Aufklärung, Art. 6 Abs. 6 BayMRVG.	Eilmaßnahmen: §§ 331 und 332 FamFG
§ 121b Abs. 1 StVollzG erklärt § 312 Nr. 4 und damit § 317 FamFG für anwendbar.	Verfahrenspfleger: § 317 FamFG
Richtervorbehalt/Genehmigung	
Art. 6 Abs. 5 und 6 BayMRVG „Eine Behandlung nach Abs. 3 ist nur mit vorheriger Genehmigung des Gerichts zulässig." „Für das Verfahren zur gerichtlichen Genehmigung der Behandlung nach Abs. 5 Satz 1 gelten die §§ 121a, 121b StVollzG. Zuständig ist somit das Amtsgericht und das FamFG kommt als Verfahrensrecht zur Anwendung."	**§ 1832 Abs. 2 BGB** „Die Einwilligung in die ärztliche Zwangsmaßnahme bedarf der Genehmigung des Betreuungsgerichts." **§ 312 Nr. 2 FamFG**

Der nach § 1827 BGB zu beachtende Wille

Art. 6 Abs. 4 Satz 1 Nr. 7b BayMRVG spricht generell von einem nach § 1901a BGB (richtig: § 1827 BGB) zu beachtenden Willen. Dazu gehören nicht nur die Patientenverfügung, sondern auch ein Behandlungswunsch nach § 1827 Abs. 2 BGB und der mutmaßliche Wille (vgl. dazu BayLT-Drucks. 17/21573 zu dem insoweit wortgleichen BayPsychKHG). Das kann erhebliche Gefahren generieren. Zwangsbehandlungen könnten etwa durch vordatierte Patientenverfügungen oder frühere Behandlungswünsche (übermittelt durch „wohlwollende" Angaben Dritter über frühere Gespräche) erreicht werden. Das OLG Nürnberg (Beschl. v. 23.2.2018 – 2 Ws 60/18) will den Anwendungsbereich einengen und verlangt, dass die notwendige Bestimmtheit der Patientenverfügung nur bejaht werden könnte, wenn die Patientenverfügung eine Regelung zur Zwangsbehandlung im Maßregelvollzug enthält. Das Bestimmtheitsgebot des § 1827 Abs. 1 BGB fordert aber nur, dass es sich um „bestimmte (...) Untersuchungen seines Gesundheitszustands, Heilbehandlungen oder ärztliche Eingriffe" handeln muss. Die Bestimmtheit bezieht sich daher nur auf die ärztlichen Maßnahmen (Anlass der Behandlung, Ziel der Behandlung wie etwa Symptombekämpfung oder Ursachenbekämpfung bzw. Heilung der psychischen Krankheit, Wirkung der Medikamente) und nicht auf die begleitende Unterbringungssituation. 359

Verbietet jemand mit ausführlicher – nicht unbedingt vernünftiger – Begründung die Verabreichung von Neuroleptika, kann man von ihm nicht erwarten und verlangen, dass er dezidiert erklärt, im Maßregelvollzug diese Medikamente auch nicht einnehmen zu wollen. Es handelt sich zudem bei der Behandlung im Maßregelvollzug um ein psychiatrisches Krankenhaus, sodass auch insoweit Vergleichbarkeit besteht. Auch bei einer zivilrechtlichen Zwangsbehandlung in einem psychiatrischen Krankenhaus geht es darum, eine längerfristige Unterbringung, 360

z. B. wegen Suizidgefahr, zu vermeiden, also vergleichbar dem Vollzugsziel im Maßregelvollzug (z. T. abweichend BVerfG, Beschl. v. 8.6.2021 – 2 BvR 1886/17).

361 Beim mutmaßlichen Willen wird mehr oder weniger spekulativ anhand konkreter Anhaltspunkte bestimmt, was der Betroffene gewollt hätte, wenn er selbst in der konkreten Situation entschieden hätte und er dabei noch über sich selbst hätte bestimmen können, so der BGH (Beschl. v. 8.2.2017 – XII ZB 604/15). Die Gefahr, dass letztlich Spekulationen und eigene Wertvorstellungen Platz greifen, ist daher offensichtlich (siehe A 3, Rn. 21).

Eilmaßnahmen, Art. 6 Abs. 6 BayMRVG

362 Eilmaßnahmen zur Erreichung des Vollzugsziels gibt es allerdings nicht. Bei konkreter „Gefahr im Verzug" kann nur in den Fällen des Art. 6 Abs. 3 Nr. 2 (Selbstgefährdung) und Nr. 3 (Fremdgefährdung) BayMRVG von den Vorgaben des Abs. 4 Satz 1 Nr. 1 und 2 und Abs. 5 Satz 1 und 3 BayMRVG abgesehen werden. Also:

- keine ärztliche Aufklärungspflicht
- keine Überzeugungsversuche
- keine vorherige Genehmigung des Gerichts

363 **Aber Pflicht:**

- Aufklärung nachzuholen, wenn es der Gesundheitszustand zulässt
- Vorlage an das Gericht unverzüglich nachzuholen

Umsetzung des Richtervorbehalts

364 Der Richtervorbehalt besagt, dass eine Maßnahme nur mit zustimmender Entscheidung eines Richters möglich ist. Dieser klaren Forderung wird die Neufassung nunmehr mit Art. 6 Abs. 5 Satz 1 BayMRVG gerecht, wonach eine Behandlung nach Absatz 3 nur noch mit vorheriger Genehmigung des Gerichts zulässig ist.

Rechtsmittel und Verfahren, §§ 121a und 121b StVollzG

365 § 121a Abs. 1 StVollzG bestimmt, dass, soweit „nach den Vollzugsgesetzen eine Maßnahme der vorherigen gerichtlichen Anordnung oder der gerichtlichen Genehmigung bedarf", das „Amtsgericht zuständig" ist, „in dessen Bezirk die Maßnahme durchgeführt wird". Das Verfahren in diesen Fällen regelt § 121b StVollzG dahingehend, dass alle Vorschriften, die für Unterbringungen und ärztliche Zwangsmaßnahmen nach den Landesgesetzen über die Unterbringung psychisch Kranker (§ 312 Nr. 4 FamFG) gelten, auch für die MRVG anzuwenden sind. Für die Beschwerden sind die Landgerichte zuständig und für die Rechtsbeschwerden der BGH.

7.12 Fixierungen gemäß Art. 25 Abs. 2 Nr. 2 und 3 BayMRVG

366 Art. 25 BayMRVG regelt die Voraussetzungen für besondere Sicherungsmaßnahmen, zu denen auch die Fixierung zählt. Die Fixierung regeln speziell Art. 2 Abs. 2 Nr. 2, Abs. 3, 6, 7 Satz 1 Nr. 4, Abs. 8 und 9 BayMRVG. Darüber hinaus gelten für die Fixierung auch die allgemeinen Vorschriften für besondere Sicherungsmaßnahmen in Art. 25 BayMRVG.

7.12.1 Voraussetzungen einer Fixierung

367 Art. 25 BayMRVG regelt nicht nur die Fixierung, sondern eine Vielzahl weiterer besonderer Sicherungsmaßnahmen: ständige Überwachung (auch per Video), Entzug und Vorenthaltung von Gegenständen, nächtliche Nachschau, Trennung von anderen untergebrachten Personen, Entzug oder Beschränkung des gemeinschaftlichen Aufenthalts im Freien, Unterbringung in einem besonders gesicherten Raum, Einschränkung der Bewegungsfreiheit durch unmittelbaren Zwang. Voraussetzung dafür ist: Es muss in erhöhtem Maße die Gefahr bestehen, dass der Betroffene

- sich selbst tötet oder verletzt,
- gegen Personen oder Sachen gewalttätig wird oder
- entweicht.

Art. 25 Abs. 1, 2 Nr. 2 und Abs. 3 BayMRVG ermöglicht als besondere Sicherungsmaßnahme Fixierungen auch im Maßregelvollzug. Die Voraussetzungen für diesen schwerwiegenden Eingriff sind noch enger und nur zulässig, 368

> *wenn und solange sie zur Abwendung einer gegenwärtigen erheblichen Gefahr von Gewalttätigkeiten gegen Personen oder der Selbsttötung oder der Selbstverletzung unerlässlich sind.*

Gewalt gegen Sachen oder Fluchtgefahr genügen daher nicht. Wie bereits zu der wortgleichen Definition des Begriffs „Fixierung" im BayPsychKHG ausgeführt ist diese etwas verunglückt und bedarf entsprechender Auslegung (siehe Rn. 335). 369

7.12.2 Übersicht der aktuellen gesetzlichen Vorgaben

- Die Anordnung hat durch einen Arzt zu erfolgen, der eine angemessene ärztliche Überwachung sicherstellen muss.
- Es gilt der Richtervorbehalt, wobei wie bei der Zwangsbehandlung (siehe oben) das Amtsgericht zuständig ist.
- Ohne richterliche Entscheidung kann nur fixiert werden, wenn ein Aufschub mit Gefahr verbunden wäre. Die Entscheidung ist unverzüglich nachzuholen.
- Der Betroffene ist bei der Fixierung durch geeignete Beschäftigte ständig und unmittelbar zu beobachten. Die Beschäftigten müssen ärztlich in solche Maßnahmen eingewiesen werden.
- Es muss eine Befristung ausgesprochen werden (maximal 24 Stunden, grenzt an Misshandlung).
- Die Fixierung muss angekündigt werden.
- Ergeht keine Entscheidung des Gerichts vor Erledigung, kann der Betroffene die Feststellung der Rechtswidrigkeit nachträglich beantragen.
- Dokumentiert werden müssen: Anordnung, Fortdauerentscheidung, Durchführung, Überwachung einschließlich der ärztlichen Tätigkeit, Gründe der Anordnung, Hinweis auf mögliche richterliche Entscheidung.

Der Gesetzgeber hat die strengen Voraussetzungen und Durchführungsbestimmungen, die das BVerfG in seiner Fixierungsentscheidung vom 24.7.2018 (2 BvR 502/16) festgelegt hat, weitgehend umgesetzt. Zusätzlich zu den erfolgten Anpassungen sind wohl noch folgende (ungeschriebene) Voraussetzungen bzw. Hinweise zu beachten: 370

- Die Fixierung muss unerlässlich sein, das heißt, es sind keine milderen Alternativen gangbar und erfolgversprechend (evtl. Isolierung, therapeutische Gespräche, Spaziergänge, freiwillige Einnahme von Medikamenten etc.).
- Anordnung und Überwachung durch einen Arzt (keine Delegation oder nur Sicherstellung der ärztlichen Überwachung)
- Eins-zu-eins-Betreuung während der Fixierung durch therapeutisches oder pflegerisches Personal; gefordert ist Betreuung und nicht nur Beobachtung.

Diese zusätzlichen Voraussetzungen können wohl im Wege der verfassungskonformen Auslegung berücksichtigt werden. 371

7.12.3 Vorschriften zum gerichtlichen Verfahren, Rechtsbehelfe

Art. 25 Abs. 8 BayMRVG besagt: 372

> *Wenn der untergebrachten Person durch besondere Sicherungsmaßnahmen nach Abs. 2 Nr. 3, 8 oder 9 über einen längeren Zeitraum oder regelmäßig die Freiheit entzogen werden soll, bedarf es der vorherigen Genehmigung des zuständigen Gerichts. Ohne Genehmigung sind diese Maßnahmen nur zulässig, wenn mit dem Aufschub Gefahr verbunden ist. Die Genehmigung ist unverzüglich nachzuholen, es sei denn, es ist absehbar, dass die besondere Sicherungsmaßnahme vor der Erlangung einer richterlichen Entscheidung beendet sein und eine zeitnahe Wiederholung nicht erforderlich werden wird. Ist eine richterliche Entscheidung beantragt und*

die Maßnahme vor deren Erlangung beendet worden, so ist dies dem Gericht unverzüglich mitzuteilen.

373 Gemäß Art. 25 Abs. 9 BayMRVG bedarf speziell die Fixierung stets der vorherigen Genehmigung des zuständigen Gerichts, es sei denn, es handelt sich um eine kurzfristige Maßnahme (bis zu 30 Minuten). Im Übrigen gilt Absatz 8 entsprechend.

8. Betreuung während einer öffentlich- oder strafrechtlichen Unterbringung

8.1 Maßregelvollzug oder öffentlich-rechtliche Unterbringungen machen Betreuung nicht generell überflüssig

374 Sowohl die öffentlich-rechtliche als auch die strafrechtliche Unterbringung nach §§ 63 und 64 StGB zeichnen sich dadurch aus, dass der Staat die Verantwortung für die Freiheitsentziehung in einem – psychiatrischen – Krankenhaus übernimmt. Er verfolgt damit gesetzlich vorgegebene Ziele, die sich nicht nur am Wohl des Betroffenen, sondern auch oder sogar in erster Linie am öffentlichen Interesse orientieren. Dazu gehört vor allem die Beseitigung der Gefährlichkeit des Betroffenen, damit er möglichst schnell entlassen werden kann.

375 Da der Betreuer entsprechend seinem Aufgabenkreis und nach Maßgabe des § 1821 Abs. 2 BGB unter Beachtung der Wünsche oder des mutmaßlichen Willens des Betreuten handelt, kann es zu Unklarheiten über die Aufgaben und Kompetenzen der Ärzte, Betreuer, Betroffenen und Gerichte kommen. Missverständnisse beruhen häufig darauf, dass bei Unterbringungen soziale Dienste, Sozialpädagogen und die Verwaltung der Einrichtung dem Betroffenen wichtige Aufgaben abnehmen. Diese durchaus sinnvolle Assistenz hat aber ihre Grenzen, wenn eine Vertretung erforderlich wird. Jede Verfügung über das eigene Einkommen oder Vermögen, jeder Antrag auf finanzielle Unterstützung, jede Einwilligung in ärztliche Maßnahmen bedarf gesetzlicher Vertretung, wenn der Betroffene geschäftsunfähig oder einwilligungsunfähig ist (vgl. BGH, Beschl. v. 20.5.2015 – XII ZB 96/15). Deshalb ist der Betreuer auch bei Unterbringungen gefordert.

8.2 Die Aufgaben des Betreuers bleiben grundsätzlich unberührt

376 Anordnung und Durchführung der „staatlichen" Unterbringung haben grundsätzlich keinen Einfluss auf die Rechte, Pflichten und Aufgaben des Betreuers. Der Betreuer muss und kann deshalb im Rahmen seines Aufgabenbereichs für den Betreuten tätig werden. Im Interesse des Betreuten sollte sich der Betreuer aber mit den behandelnden Ärzten, der Klinikleitung und dem dort tätigen Sozialdienst absprechen, um unnötige Konflikte zu vermeiden. Einen problematischen Schwerpunkt wird in dieser Zeit die Gesundheitsfürsorge bilden, wobei während der Unterbringung einige Besonderheiten zu beachten sind, die anhand der bayerischen Regelungen im UnterbrG und im BayMRVG dargestellt und kommentiert werden. Die Pflicht, alle Möglichkeiten zu nutzen, die Fähigkeit des Betreuten, seine eigenen Angelegenheiten zu besorgen, wiederherzustellen oder zu verbessern, verbleibt immer auch dem Betreuer, § 1821 Abs. 6 BGB.

8.3 Besonderheiten bei der Gesundheitsfürsorge

8.3.1 Anspruch auf ärztliche Behandlung im Vollzug

377 Art. 20 Abs. 1 BayPsychKHG und Art. 6 Abs. 1 BayMRVG begründen einen Anspruch des Untergebrachten auf notwendige Heilbehandlung nach den „anerkannten Regeln der ärztlichen Kunst" (richtig: „den zum Zeitpunkt der Behandlung bestehenden, allgemein anerkannten fachlichen Standards"). Soweit der untergebrachte Betreute selbst krankheitsbedingt nicht über die Behandlung entscheiden kann, muss das der Betreuer als gesetzlicher Vertreter tun.

Einwilligung im Rahmen des BayPsychKHG

Bei einer Unterbringung nach dem BayPsychKHG sind die behandelnden Ärzte auf die Einwilligung des Betreuers und seine Entscheidungen angewiesen. Das ergibt sich nunmehr aus Art. 20 Abs. 2 BayPsychKHG, der auf § 630d BGB verweist. § 630d Abs. 1 Satz 2 bestimmt, dass bei Einwilligungsunfähigkeit „die Einwilligung eines hierzu Berechtigten einzuholen" ist, „soweit nicht eine Patientenverfügung nach § 1827 Absatz 1 Satz 1 die Maßnahme gestattet oder untersagt". Adressat einer Patientenverfügung ist aber der Betreuer mit einem entsprechenden Aufgabenbereich und der Vorsorgebevollmächtigte. Das gilt für die Behandlung rein somatischer Beschwerden genauso wie für die Behandlung einer psychischen Krankheit. Bei Letzterer kann es aber Entscheidungskonflikte mit der Klinik geben, wenn es um unaufschiebbare Behandlungsmaßnahmen oder um Zwangsbehandlungen zur Erreichung des Vollzugsziels geht (siehe oben). In dem Bereich der Zwangsbehandlungen wird häufig die ausschließliche Zuständigkeit der Einrichtung behauptet und die Vertretungsbefugnis des Betreuers verneint. Sicher ist die Priorität zu bejahen, wenn es sich um eine Zwangsbehandlung nach Art. 20 Abs. 3 BayPsychKHG handelt. Für eine vom Gesetz gewollte ausschließliche Kompetenz spricht der Wortlaut des Art. 20 Abs. 3 Satz 2 BayPsychKHG, der von einer „Anordnung" eines Arztes der Einrichtung ausgeht, und Absatz 5 Satz 2, wonach es der Einwilligung der untergebrachten Person bei Zwangsbehandlungen nicht bedarf. 378

Einwilligung nach Art. 6 BayMRVG

Art. 6 Abs. 2 BayMRVG bestimmt, dass „Behandlungsmaßnahmen, die in die körperliche Unversehrtheit eingreifen (...), der möglichst schriftlichen Einwilligung der untergebrachten Person" bedürfen. Einen Verweis auf §§ 630d und 630e BGB gibt es nicht. Dennoch dürfte eine Einwilligung des berechtigten Vertreters (Betreuer, Vorsorgebevollmächtigter) genügen, wenn es sich nicht um Zwangsbehandlungen handelt. Die Zwangsbehandlungen nach Art. 6 Abs. 3 BayMRVG liegen dagegen allein in der Verantwortung und Befugnis der Einrichtung. 379

8.3.2 Ärztliche Zwangsbehandlung nach Zivilrecht trotz Unterbringung nach dem BayMRVG?

Im Rahmen einer Unterbringung nach dem UnterbrG hat keine Norm den Vorgaben des BVerfG zur Zwangsbehandlung genügt. Auch das BayMRVG enthält Lücken, die zu einer Unterversorgung des Patienten führen können. So kann nach Art. 6 Abs. 3 Nr. 2 BayMRVG bzw. Art. 20 Abs. 3 Nr. 2 BayPsychKHG nur bei einer konkreten „Gefahr für das Leben oder einer konkreten schwerwiegenden Gefahr für die Gesundheit der untergebrachten Person" eine Zwangsbehandlung erfolgen, während es nach § 1832 Abs. 1 Satz 1 Nr. 1 BGB genügt, wenn „die ärztliche Zwangsmaßnahme notwendig ist, um einen drohenden erheblichen gesundheitlichen Schaden abzuwenden". 380

Es kann daher festgestellt werden, dass die zwangsweisen Behandlungsmöglichkeiten des BayMRVG teilweise hinter denen des Zivilrechts zurückbleiben. Liegen zwar die Voraussetzungen für die Genehmigung einer ärztlichen Zwangsmaßnahme gemäß § 1832 BGB vor, während die Voraussetzungen nach Art. 6 BayMRVG oder Art. 20 Abs. 3 Nr. 2 BayPsychKHG (noch) nicht greifen, muss diese Lücke auch während der – staatlich angeordneten – Unterbringung durch eine zivilrechtliche Zwangsbehandlung geschlossen werden. Es wäre völlig unverständlich, wenn eine dringend erforderliche ärztliche Maßnahme unterbleiben müsste, nur weil sich der betroffene, psychisch kranke Mensch in staatlichem Gewahrsam befindet. Das wäre mit dem staatlichen Schutz- und Fürsorgegedanken unvereinbar. Der Betreute kann und darf nicht recht- und schutzlos gestellt werden, weil er sich in einem besonderen Gewaltverhältnis befindet und gerade deshalb nachhaltig auf die staatliche Fürsorge angewiesen ist. 381

Der Betreuer oder Bevollmächtigte sollte sich daher nicht scheuen, auch für den – staatlich – Untergebrachten Anregungen nach § 1832 BGB beim Betreuungsgericht zu stellen. Das gilt umso mehr, als das einzige Argument der Befürworter des ausschließlichen Vorrangs des BayMRVG bzw. BayPsychKHG weggefallen ist. War früher die ärztliche Zwangsmaßnahme nur im Rahmen der Unterbringung nach § 1831 Abs. 1 BGB möglich, die bei gleichzeitiger 382

A

Unterbringung im Maßregelvollzug angeblich ausgeschlossen war, hat das Gesetz die zivilrechtliche ärztliche Zwangsmaßnahme von der Unterbringung „entkoppelt". Nunmehr genügt ein stationärer Aufenthalt in einem Krankenhaus, der im Maßregelvollzug uneingeschränkt vorliegt.

8.4 Zivilrechtliche Fixierung und Fixierung nach BayPsychKHG oder BayMRVG

383 Die Anwendungsbereiche unterscheiden sich erheblich. Das BGB regelt in § 1831 Abs. 4 alle Formen der Freiheitsentziehung, also neben der Fixierung durch mechanische Vorrichtungen auch die Sedierung mit Medikamenten, die Wegnahme von Rollstuhl bzw. Rollator oder die Freiheitsentziehung auf jede andere Weise. Die Fixierung ist daher nur ein Teilbereich. Zur besseren Übersicht können die unterschiedlichen Voraussetzungen der folgenden Tabelle entnommen werden.

Vergleich der Voraussetzungen für Fixierungen nach: Zivilrecht, BayPsychKHG, BayMRVG		
Norm	**Art der Maßnahme**	**Voraussetzungen**
§ 1831 BGB	(...), wenn (...) durch mechanische Vorrichtungen, Medikamente oder auf andere Weise über einen längeren Zeitraum oder regelmäßig die Freiheit entzogen werden soll.	weil 1. aufgrund einer psychischen Krankheit oder geistigen oder seelischen Behinderung des Betreuten die Gefahr besteht, dass er sich selbst tötet oder erheblichen gesundheitlichen Schaden zufügt, oder 2. zur Abwendung eines drohenden erheblichen gesundheitlichen Schadens eine Untersuchung des Gesundheitszustands, eine Heilbehandlung oder ein ärztlicher Eingriff notwendig ist, die Maßnahme ohne die Unterbringung des Betreuten nicht durchgeführt werden kann und der Betreute auf Grund einer psychischen Krankheit oder geistigen oder seelischen Behinderung die Notwendigkeit der Unterbringung nicht erkennen oder nicht nach dieser Einsicht handeln kann.
Art. 29 Abs. 3 Satz 1 BayPsychKHG	(...) 2. die Aufhebung der Bewegungsfreiheit an allen Gliedmaßen (Fixierung), (...) 3. die sonstige Einschränkung der Bewegungsfreiheit durch eine mechanische Vorrichtung	(...) Maßnahmen nach Abs. 2 Nr. 2 oder Nr. 3 sind nur zulässig, wenn und solange sie zur Abwendung einer gegenwärtigen erheblichen Gefahr von Gewalttätigkeiten gegen Personen oder der Selbsttötung oder der Selbstverletzung unerlässlich sind. Die untergebrachte Person ist (...) im Fall der Fixierung durch geeignete Beschäftigte ständig und unmittelbar zu beobachten. Bei der Fixierung dürfen nur Beschäftigte zur Beobachtung eingesetzt werden, die ärztlich in solche Aufgaben eingewiesen wurden. Die Fixierung ist der untergebrachten Person durch die Einrichtung anzukündigen. Nach Beendigung einer Fixierung ist die untergebrachte Person auf die Möglichkeit hinzuweisen, die Zulässigkeit der Fixierung nachträglich gerichtlich überprüfen zu lassen.

A

Vergleich der Voraussetzungen für Fixierungen nach: Zivilrecht, BayPsychKHG, BayMRVG		
Norm	**Art der Maßnahme**	**Voraussetzungen**
Art. 25 Abs. 2 Nr. 2 BayMRVG	(...) 2. die Aufhebung der Bewegungsfreiheit an allen Gliedmaßen (Fixierung), 3. die sonstige Einschränkung der Bewegungsfreiheit durch mechanische Vorrichtung, (...)	(...) Maßnahmen nach Abs. 2 Nr. 2 oder Nr. 3 sind nur zulässig, wenn und solange sie zur Abwendung einer gegenwärtigen erheblichen Gefahr von Gewalttätigkeiten gegen Personen oder der Selbsttötung oder der Selbstverletzung unerlässlich sind. Die untergebrachte Person ist (...) im Fall der Fixierung durch geeignete Beschäftigte ständig und unmittelbar zu beobachten. Bei der Fixierung dürfen nur Beschäftigte zur Beobachtung eingesetzt werden, die ärztlich in solche Aufgaben eingewiesen wurden. Die Fixierung ist der untergebrachten Person durch die Maßregelvollzugseinrichtung anzukündigen. Eine Fixierung darf nur befristet angeordnet werden, längstens für 24 Stunden. Nach Beendigung einer Fixierung ist die untergebrachte Person auf die Möglichkeit hinzuweisen, die Zulässigkeit der Fixierung nachträglich gerichtlich überprüfen zu lassen.

8.4.1 Fixierung zur Ermöglichung ärztlicher Maßnahmen

Exklusiv gegenüber BayMRVG und BayPsychKHG ist die Fixierungsmöglichkeit zur Ermöglichung ärztlicher Maßnahmen ausdrücklich in § 1831 Abs. 4 i. V. m. Abs. 1 Nr. 2 BGB geregelt. 384

Beim BayPsychKHG und dem BayMRVG muss wohl zunächst eine Zwangsbehandlung entsprechend Art. 20 Abs. 3 BayPsychKHG bzw. Art. 6 Abs. 3 BayMRVG möglich sein, die dann im Wege des unmittelbaren Zwangs (Fixierung) nach Art. 30 BayPsychKHG bzw. Art. 27 BayMRVG durchgeführt werden muss. Inwieweit das dem Bestimmtheitsgebot des Art. 104 Abs. 1 GG oder dem Art. 104 Abs. 2 GG entspricht, wenn die Fixierung zur Behandlung über 30 Minuten dauert, bedarf einer Klärung durch das BVerfG. Eine Regelung entsprechend dem § 1831 Abs. 4 i. V. m. Abs. 1 Nr. 2 BGB hätte diese Unsicherheit sicher vermieden. 385

8.4.2 Exklusiver Bereich der Fixierung nach BayPsychKHG bzw. BayMRVG

Es gibt auch Bereiche, die im BGB nicht geregelt sind. Insbesondere bei einer Fremdgefährdung scheidet das BGB aus. Begeht der Betreute Gewalttätigkeiten gegen andere Personen oder Sachen, fügt er sich selbst sicher keinen erheblichen gesundheitlichen Schaden zu, sodass § 1831 Abs. 1 Nr. 1 BGB nicht angewendet werden kann. 386

8.4.3 Anwendung der verschiedenen Fixierungsmöglichkeiten

Aus den obigen Ausführungen ergeben sich sehr unterschiedliche Anwendungsbereiche. Da Ländergesetze den Anwendungsbereich des BGB nicht schmälern können, muss bei Vorliegen der Voraussetzungen des § 1831 Abs. 4 BGB eine Fixierung möglich sein, auch wenn der Betroffene sich im Maßregelvollzug oder einer öffentlich-rechtlichen Unterbringung befindet. Herr des Verfahrens ist aber dann der Betreuer oder Vorsorgebevollmächtigte, nicht die Einrichtung. 387

A

Horst Böhm

Verfahren vor dem Betreuungsgericht

A

1. Einstieg in das Verfahrensrecht

1.1 Wie finde ich Entscheidungen, Gesetzesbegründungen und Gesetzestexte?

Die Arbeit der Gerichte orientiert sich grundsätzlich an den Gesetzen, aber auch an der 1
Rechtsprechung des BGH, der versucht, grundlegende Fragen zu beantworten, die Fortbildung des Rechts voranzutreiben und eine einheitliche Rechtsprechung zu sichern, § 70 Abs. 2 FamFG. Gesetzesbegründungen helfen uns, die nicht selten verworren und kryptisch klingenden Gesetzestexte zu verstehen.

1.1.1 Ich will eine Entscheidung des BVerfG, des BGH und anderer Gerichte nachlesen.

Sie können jede BGH-Entscheidung kostenlos über die Webseite des BGH nachlesen und auch 2
herunterladen. Auch die Entscheidungen des BVerfG sind kostenlos auf dessen Webseite nachzulesen. Andere Gerichtsentscheidungen können häufig über die Webseite des betreffenden Gerichts oder über die Google-Suche mithilfe des Aktenzeichens gefunden werden.

- BGH: http://juris.bundesgerichtshof.de/cgi-bin/rechtsprechung/list.py?Gericht=bgh&Art=en&Datum=Aktuell&Sort=12288
- BVerfG: www.bundesverfassungsgericht.de/SiteGlobals/Forms/Suche/Entscheidungensuche_Formular.html?language_=de

In diesem Handbuch werden sehr viele Entscheidungen zum Nachlesen zitiert. Die durch- 3
gehende Angabe des Erscheinungsdatums und des Aktenzeichens müssen Sie nur auf der entsprechenden Webseite in die angebotene Suchmaske eingeben.

1.1.2 Ich möchte eine Gesetzesbegründung nachlesen.

Gesetze werden vor dem Erlass intensiv diskutiert. Der Gesetzgeber begründet seine Gesetze in 4
der Regel auch sehr ausführlich. Es ist Ihnen beim Nachlesen möglich, wichtige Gesichtspunkte für eine authentische Gesetzesauslegung zu finden. Geben Sie dazu BT-Drucks. 19/24445 ein unter: www.bundestag.de/dokumente

1.1.3 Ich habe keine Gesetzessammlung und möchte z. B. den Text des § 132g SGB V nachlesen.

Es werden viele Gesetzessammlungen im Internet angeboten. Wenn Sie eine kostenlose, 5
absolut aktuelle und umfassende Sammlung suchen, dann empfiehlt es sich, die Webseite des Bundesministeriums der Justiz und für Verbraucherschutz und des Bundesamtes für Justiz zu verwenden: www.gesetze-im-internet.de/aktuell.html

1.2 Gesetzliche Regelungen zum Verfahren vor dem Betreuungsgericht

§ 23a Abs. 2 Nr. 1 GVG ordnet Betreuungs- und Unterbringungssachen den Angelegenheiten der 6
freiwilligen Gerichtsbarkeit zu. Das anzuwendende Verfahrensgesetz für die freiwillige Gerichtsbarkeit ist seit dem 1.9.2009 das FamFG – häufig, aber irreführend auch als Familienverfahrensgesetz bezeichnet. Neben den allgemeinen Vorschriften im „Buch 1" enthält das FamFG im „Buch 3" (§§ 271 bis 339) besondere Vorschriften für das „Verfahren in Betreuungs- und Unterbringungssachen". Das Verfahren läuft in der Regel wie folgt ab:

Verfahrensstadium	Vorgänge im Verfahren
Einleitung des Verfahrens und Vorbereitung der Entscheidung	Anregung durch – psychiatrisches – Krankenhaus, Pflegeeinrichtung nach akutem Handlungsbedarf oder Dritte; Anregung kann durch jeden beim Betreuungsgericht erfolgen, § 24 FamFG
	Formblätter zur Einleitung sind häufig beim Gericht zum Download erhältlich: https://www.justiz.bayern.de/gerichte-und-behoerden/amtsgerichte/muenchen/verfahren_04.php

Verfahrensstadium	Vorgänge im Verfahren
	evtl. vorher Beratung bei der Betreuungsbehörde und Anregung durch die Behörde
	Anregung kann immer schriftlich oder zu Protokoll der Geschäftsstelle erklärt werden, § 25 Abs. 1 FamFG (Beteiligte).
	Alternative: Vorlage eines Schriftsatzes durch bevollmächtigten Rechtsanwalt eines Beteiligten oder Dritten
	Anzuraten ist: Vorlage eines ärztlichen Zeugnisses und Angabe naher Verwandter mit Adresse (Benachrichtigungspflicht gemäß § 7 Abs. 4 FamFG)
Akt mit Aktenzeichen wird für neues Betreuungsverfahren angelegt (nicht bei Genehmigung, Erweiterung etc. im laufenden Verfahren)	Aktenordnung (Bay), Übersicht der Register II. Besondere Register (...) A. Zivilsachen und freiwillige Gerichtsbarkeit a. Amtsgericht „**XVII** Register für Betreuungssachen Liste 7b"
Datenerfassung	Wichtig: Sind alle Beteiligten richtig eingetragen? Das ist von Bedeutung, weil diese Daten später regelmäßig automatisch in die Entscheidungen eingetragen werden.
Erste Prüfung des Gerichts und Reaktion	evtl. Ablehnung durch Beschluss (Unzuständigkeit, Rechtskraft)
Alles bis zur Entscheidungsreife erledigen	Ermittlungen von Amts wegen
	Anschreiben an Betroffene, Information über Einleitung und Verfahrensrechte, künftig Information auch über Kosten, § 275 Abs. 2 FamFG
	Anschreiben an bereits bekannte Kann-Beteiligte; Hinweis auf Beteiligungsrechte gemäß § 7 Abs. 4 FamFG
	Zentral: Berichtsanforderung an Betreuungsbehörde
	Zentral: Gutachtensauftrag; Mitteilung an Betroffenen
	Zentral: Verfahrenspflegerbestellung prüfen
	Achtung: Betroffener muss an sich zur geplanten Gutachtenerholung oder Verfahrenspflegerbestellung angehört werden
	Sozialbericht der Betreuungsbehörde weiterleiten an Gutachter, § 280 Abs. 2 Satz 2 FamFG
Aktenbestandteile prüfen, auswerten und reagieren	eingegangene Stellungnahmen abarbeiten
	neue Beteiligte bestimmen und in Datenbank eintragen, ggf. beantragte Beteiligung durch Beschluss ablehnen
	Gutachten lesen und überprüfen
	Dokumente (Gutachten, Stellungnahmen, Bericht der Betreuungsbehörde) an Beteiligte zur Wahrung des rechtlichen Gehörs versenden
	soweit erforderlich Ergänzungen bei Gutachter oder Betreuungsstelle anfordern

Verfahrensstadium	Vorgänge im Verfahren
Zwischenentscheidungen	z. B. Verfahrenspfleger, Eilmaßnahmen, Vorführung, Ablehnung, Beteiligung (vgl. §§ 276, 278 Abs. 5, §§ 283, 300, 301 bzw. 331, 332, 7 Abs. 5 FamFG)
Erörterungstermin	nur bei komplexen Verfahren, §§ 32, 33 FamFG
Anhörung Dritter	Die Anhörung dient dem rechtlichen Gehör und der Amtsermittlung der relevanten Sachverhalte. Es soll die Möglichkeit geboten werden, Einfluss auf das Verfahren zu nehmen, §§ 279, 326 FamFG.
Persönliche Anhörung des Betroffenen (immer nach Gutachten: § 278 Abs. 2 Satz 1 FamFG; BGH, Beschl. v. 3.7.2019 – XII ZB 62/19)	Ladungen veranlassen **Immer:** Betroffener, Verfahrensbevollmächtigter, Verfahrenspfleger, Beistand, Person des Vertrauens, § 170 Abs. 2 Satz 3 GVG **Nach Sachlage:** Sachverständiger, behandelnder Arzt, Betreuungsbehörde, Verwandte, Vertrauensperson als Beteiligter
Erlass des Beschlusses	**Betreuung, Unterbringung, Einwilligungsvorbehalt, Verlängerung, Aufhebung, Erweiterung, Beschränkung, Genehmigung oder Ablehnung**
Umsetzung des Beschlusses	**Erlass, Bekanntgabe, Mitteilung, Wirksamwerden, Rechtskraft oder Rechtsmittel**
Rechtsmittel oder Rechtskraft	Abhilfe, Vorlage an das Beschwerdegericht, Entscheidung des Beschwerdegerichts etc.
Laufende Tätigkeiten	Bestellungsurkunde (Betreuerausweis), Vergütung etc., Vermögensverzeichnis, Berichte u. a.
Abänderung	Berichtigung, Ergänzung, §§ 42, 43 FamFG Abänderung bei Dauerwirkung, Wiederaufnahme, § 48 Abs. 1 FamFG

Die Übersicht des Verfahrens ist sehr rudimentär und es ergeben sich in der Praxis sicher oft andere Abläufe. Dennoch ist die Übersicht ein Wegweiser durch das Verfahren und dient der Orientierung, wenn man Vorgänge vom Gericht übersandt bekommt. Man kann dann immer prüfen, in welchem Verfahrensstadium man sich befindet. 7

2. Die Zuständigkeit im gerichtlichen Verfahren

Bei den Zuständigkeiten darf nichts dem Zufall und der Manipulierbarkeit überlassen werden. 8
Für jedes Verfahren müssen also von vornherein das Gericht und die zuständigen Richter feststehen. Eine Festlegung bei Eingang würde die richterliche Unabhängigkeit beeinträchtigen, da man bei der Zuordnung zu einem Gericht/Richter unsachliche und die Entscheidung beeinflussende Erwägungen anstellen könnte. In Betracht kommen folgende Zuständigkeiten: internationale, örtliche, sachliche, funktionelle, interne Zuständigkeit und die Zuordnung zu einer der Gerichtsbarkeiten.

3. Internationale Zuständigkeit

Die internationale Zuständigkeit regelt das Verhältnis deutscher Betreuungsgerichte zu 9
ausländischen Gerichten. Die grundlegende Vorschrift ist zunächst § 104 FamFG. Allerdings gilt der Vorrang völkerrechtlicher Vereinbarungen gemäß § 97 FamFG. In fast allen Fällen greift Art. 5 Abs. 1 ESÜ, wonach deutsche Gerichte zuständig sind, wenn der Betroffene seinen gewöhnlichen Aufenthalt in Deutschland hat (siehe A 14).

A

4. Sachliche Zuständigkeit

10 Gesetzliche Regelungen finden sich in den §§ 23a, 23c, 72 Abs. 1 Satz 2 und § 133 GVG. Die sachliche Zuständigkeit klärt die Frage, ob ein AG, LG, OLG oder der BGH zur Entscheidung eines bestimmten Verfahrensgegenstands in einem bestimmten Verfahrensabschnitt berufen ist. Im Verfahrensabschnitt erste Instanz obliegt die Entscheidung für Betreuungs- und Unterbringungssachen dem AG. Dort werden Abteilungen für Betreuungssachen und Unterbringungssachen gebildet, die als Betreuungsgerichte bezeichnet werden, § 23a Abs. 1 Satz 1 Nr. 2 i. V. m. Abs. 2 Nr. 1 GVG und § 23c GVG. Für die Beschwerdeverfahren ist das LG zuständig und als dritte und letzte Instanz für die Rechtsbeschwerde der BGH, § 72 Abs. 1 Satz 2 GVG und § 133 GVG.

5. Örtliche Zuständigkeit

5.1 Betreuungssachen

11 Gesetzliche Regelungen finden sich in den §§ 2 bis 5 FamFG und § 272 FamFG. Die örtliche Zuständigkeit regelt, welches der 688 deutschen AG das Verfahren bearbeiten muss. Im Betreuungsverfahren gibt es vier ausschließlich örtliche Zuständigkeiten, § 272 Abs. 1 Nr. 1 bis 4 FamFG. „Ausschließlich" sind die Zuständigkeiten, weil die Aufzählung als Rangfolge zu behandeln ist, wobei jede örtliche Zuständigkeit der Nummer 1 bis 4 die nachfolgenden ausschließt.

12 An erster Stelle ist das Gericht zuständig, bei dem bereits eine Betreuung anhängig und ein Betreuer zumindest vorläufig wirksam bestellt wurde, § 272 Abs. 1 Nr. 1 FamFG. Zum Wirksamwerden einer Betreuerbestellung siehe Rn. 214. Ist die Nummer 1 nicht erfüllt, ist das Betreuungsgericht zuständig, in dessen Bezirk der Betroffene seinen „gewöhnlichen Aufenthalt" hat, § 272 Abs. 1 Nr. 2 FamFG. „Gewöhnlicher Aufenthalt" steht für den Daseins- oder Lebensmittelpunkt des Betroffenen, an dem sich der Schwerpunkt seiner Bindungen in familiärer, sozialer oder beruflicher Hinsicht befindet. Ist weder Nummer 1 noch Nummer 2 erfüllt, kann gemäß Nummer 3 das AG handeln, in dessen Gerichtsbezirk das Bedürfnis der Fürsorge hervortritt. Liegt keine der drei Zuständigkeiten vor, ist für deutsche Staatsangehörige gemäß Nummer 4 das AG Schöneberg in Berlin zuständig.

13 § 272 Abs. 2 FamFG enthält außerhalb der strikten Reihenfolge eine zusätzliche Sonderzuständigkeit für Eilfälle. Für Verfahren, die im Wege der einstweiligen Anordnung oder durch eine vorläufige Maßregel zu erledigen sind, ist auch das Gericht zuständig, in dessen Bezirk das „Bedürfnis der Fürsorge bekannt wird". Diese Zuständigkeit gilt zusätzlich auch dann, wenn bei einem anderen Gericht eine ausschließliche Zuständigkeit begründet ist.

5.2 Besonderheiten für Unterbringungssachen

14 §§ 313, 272 FamFG enthalten nahezu wortgleiche Regelungen. Lediglich § 313 Abs. 1 Nr. 1 FamFG lässt es für eine örtliche Zuständigkeit genügen, dass ein Verfahren zur Bestellung eines Betreuers eingeleitet oder das Betreuungsverfahren anhängig ist. Im Gegensatz zur Zuständigkeit für Betreuungsverfahren muss noch kein Betreuer wirksam bestellt sein.

5.3 Nachträgliche Änderung der die Zuständigkeit begründenden Umstände

5.3.1 Betreuungsverfahren

15 Ein örtlich zuständiges Gericht bleibt gemäß § 2 Abs. 2 FamFG zuständig, auch wenn sich die Umstände z. B. beim gewöhnlichen Aufenthalt während des Betreuungsverfahrens ändern. Es kann aber gemäß § 4 Satz 1 FamFG das Verfahren aus wichtigem Grund an ein anderes Gericht abgeben. Ein solcher Grund liegt nach § 273 Satz 1 FamFG in der Regel dann vor, wenn sich der gewöhnliche Aufenthalt geändert hat und die wesentlichen Aufgaben am neuen Aufenthaltsort zu erledigen sind. Allerdings muss das abgebende Gericht noch alle Entscheidungen treffen, die zum Zeitpunkt der Abgabe ergehen müssen (sog. Abgabereife). Die verständliche Abneigung,

auswärtige Verfahren zu übernehmen, darf aber nicht zur krampfhaften Suche nach unerledigten Aufgaben führen. Maßgeblich ist immer das Wohl des Betroffenen, der in der Regel auf ein ortsnahes Gericht angewiesen ist. Einigen sich die Gerichte über die Abgabe nicht, bestimmt das nächsthöhere gemeinsame Gericht gemäß § 5 Abs. 1 Nr. 5 FamFG das örtlich zuständige Gericht.

5.3.2 Unterbringungsverfahren, isolierte Abgabe

Mit der Abgabe des Betreuungsverfahrens gemäß §§ 4, 273 FamFG geht auch das Unter- 16
bringungsverfahren über. Darüber hinaus gibt es aber eine isolierte Abgabe des Unterbringungsverfahrens gemäß § 314 FamFG, wenn sich der Betroffene in einem anderen Gerichtsbezirk aufhält und dort auch die Unterbringung vollzogen werden soll.

5.4 Verweisung bei örtlicher/sachlicher Unzuständigkeit von Anfang an

Stellt sich dagegen heraus, dass ein mit dem Betreuungs- oder Unterbringungsverfahren 17
befasstes Gericht von Anfang an unzuständig war, muss dieses Gericht nach obligatorischer Anhörung der Beteiligten das Verfahren mit unanfechtbarem und bindendem Beschluss an das zuständige Gericht verweisen, § 3 FamFG. Die Verweisung ist nur unwirksam, wenn sie willkürlich ergangen ist oder der Anspruch auf rechtliches Gehör verletzt wurde.

6. Interne Zuständigkeit

Für die Bearbeitung der Betreuungs- und Unterbringungssachen wurde bei den AG neben der 18
Familien-, Zivil- und Strafabteilung die Abteilung Betreuungsgericht geschaffen. Die dort tätigen Richter werden als Betreuungsrichter bezeichnet, § 23c GVG. Die konkrete Person, die zur Entscheidung berufen ist, bestimmt der Geschäftsverteilungsplan (GVP), § 21e GVG. Der GVP wird jeweils zum Beginn des neuen Kalenderjahres vom Präsidium beschlossen. Das Präsidium ist ein von Richtern gewähltes Gremium. Ein Richter auf Probe (Dienstanfänger) darf im ersten Jahr nach seiner Ernennung keine Geschäfte des Betreuungsrichters wahrnehmen, § 23c Abs. 2 Satz 2 GVG.

7. Funktionelle Zuständigkeit

Gesetzliche Regelungen finden sich in § 3 Nr. 2b, § 15 Abs. 1 Satz 1 Nr. 1 bis 7 RPflG. Als 19
Entscheider können in den Betreuungsgerichten neben den Richtern auch Rechtspfleger tätig werden. Für Richter und Rechtspfleger ergibt sich die Abgrenzung der Zuständigkeit aus dem RPflG. Rechtspfleger absolvieren einen Vorbereitungsdienst von drei Jahren, der ein Studium an einer Fachhochschule, berufspraktische Studienzeiten und eine Rechtspflegerprüfung umfasst.

7.1 Grundsätzliche Übertragung der Betreuungssachen auf die Rechtspfleger, § 3 Nr. 2b RPflG

Dem Rechtspfleger überträgt § 3 Nr. 2b RPflG unter anderem die „Betreuungssachen" nach 20
§ 271 FamFG. Er ist aber in seinem Aufgabengebiet gemäß § 4 Abs. 2 RPflG nicht befugt, Beeidigungen anzuordnen oder einen Eid abzunehmen. Unterbringungssachen verbleiben schon aufgrund Art. 104 Abs. 2 Satz 2 GG dem Richter und werden daher von § 3 Nr. 2b RPflG nicht erwähnt.

7.2 Richtervorbehalt, § 15 Abs. 1 Satz 1 Nr. 1 bis 7 RPflG

Auch bei den Betreuungssachen gibt es Angelegenheiten, die im Hinblick auf ihre Bedeutung 21
für die Betroffenen dem Richter vorbehalten bleiben. Es handelt sich bei § 15 Abs. 1 Satz 1 Nr. 1 bis 7 RPflG um folgende Fälle:

1. *Verrichtungen aufgrund der §§ 1814 bis 1816, 1817 Absatz 1 bis 4, der §§ 1818, 1819, 1820 Absatz 3 bis 5 und des § 1868 Absatz 1 bis 4 und 7 des Bürgerlichen Gesetzbuchs sowie die anschließende Bestellung eines neuen Betreuers;*

A

22 Mangels Richtervorbehalts verbleiben aber die Bestellung eines Ergänzungsbetreuers gemäß § 1817 Abs. 5 BGB, die Entlassung eines Betreuers nach § 1868 Abs. 5 BGB bei Benennung einer zumindest gleich geeigneten Person durch den Betreuten und die Entlassung eines Vereinsbetreuers nach § 1868 Abs. 6 BGB beim Rechtspfleger.

2. die Bestellung eines neuen Betreuers im Fall des Todes des Betreuers nach § 1869 des Bürgerlichen Gesetzbuchs;

3. Verrichtungen auf Grund des § 1871 des Bürgerlichen Gesetzbuchs, des § 291 des Gesetzes über das Verfahren in Familiensachen und in den Angelegenheiten der freiwilligen Gerichtsbarkeit;

23 Dem Richter verbleiben daher die Aufhebungs- und Änderungsentscheidungen bezüglich Betreuung und Einwilligungsvorbehalt und die gemäß § 291 FamFG auf Antrag mögliche Entscheidung über „die Auswahl der Person, der ein Verein oder eine Behörde die Wahrnehmung der Betreuung übertragen hat".

24 **Achtung:** Die Entlassung des Vereinsbetreuers obliegt dagegen dem Rechtspfleger.

4. Verrichtungen auf Grund der §§ 1825, 1829 und 1830 des Bürgerlichen Gesetzbuchs;

25 Dem Richter verbleiben somit die Entscheidung über einen Einwilligungsvorbehalt, die Genehmigung bei schwerwiegenden ärztlichen Maßnahmen, die Entscheidung über lebenserhaltende Maßnahmen und über eine Sterilisation.

6. die Anordnung einer Betreuung oder Pflegschaft auf Grund dienstrechtlicher Vorschriften;

26 Zu den Betreuungen aufgrund dienstrechtlicher Vorschriften siehe Rn. 47.

7. die Entscheidung nach § 1834 des Bürgerlichen Gesetzbuchs; (...)

27 Dem Richter obliegen daher die Entscheidungen der Streitigkeiten über Aufenthaltsbestimmung und Umgangsrechte.

7.3 Ausnahme nach Landesrecht durch sog. Öffnungsklausel, § 19 Abs. 1 Satz 1 Nr. 1 RPflG

28 Von den Richtervorbehalten können durch Landesrecht Ausnahmen gemacht werden. Dies gilt nicht für die Geschäfte nach § 15 Abs. 1 Nr. 1 bis 6 RPflG, soweit sie nicht die Entscheidung über die Anordnung einer Betreuung und die Festlegung des Aufgabenkreises des Betreuers aufgrund von §§ 1814, 1815 und 1820 Abs. 3 BGB sowie die Verrichtungen aufgrund von § 1820 Abs. 4 und 5, §§ 1825, 1829, 1830 und 1871 BGB und von §§ 278 Abs. 5 und § 283 FamFG betreffen.

29 In Bayern gibt es hierzu die Betreuungsverfahrenaufhebungsverordnung, die die Bestellung eines Ergänzungsbetreuers (§ 1899 Abs. 4 BGB a. F.) und die Bestellung eines neuen Betreuers (§ 1908c BGB a. F.), sofern diese wegen Todes des bisherigen Betreuers erforderlich wird, wieder den Rechtspflegern anvertraut. Es gibt unterschiedliche Landesgesetze. Eine Anpassung an die Betreuungsrechtsreform ist bisher zumindest in Bayern noch nicht erfolgt.

Übersicht zur Rechtspflegerzuständigkeit		
Übertragung durch	**Norm**	**Inhalt**
Generalklausel	§ 3 Nr. 2b RPflG	Betreuungssachen nach § 271 FamFG
		Vorsicht: Unterbringungsverfahren sind nicht genannt und daher Richtersache!
Richtervorbehalt	§ 15 Abs. 1 Nr. 1 bis 7 RPflG	Kernentscheidungen zur Betreuung (Betreuung, neuer Betreuer, Betreuerwechsel, Einwilligungsvorbehalt, schwerwiegende ärztliche Maßnahmen, Sterilisation u. a.)
Ausnahme vom Richtervorbehalt	§ 19 Abs. 1 Satz 1 Nr. 1 RPflG	Öffnungsklausel für die Länder (z. B. Betreuungsverfahrenaufhebungsverordnung)

7.4 Streitigkeit oder Klärungsbedarf zur funktionellen Zuständigkeit

7.4.1 Streitige Entscheidung

Hat der Rechtspfleger ein Geschäft des Richters wahrgenommen, das ihm nach dem RPflG 30 weder übertragen ist noch übertragen werden kann, ist das Geschäft unwirksam, § 8 Abs. 4 Satz 1 RPflG. Deswegen gibt es klare Regelungen, wie ein Kompetenzstreit ausgefochten werden kann. Bei Streit oder Ungewissheit darüber, ob ein Geschäft vom Richter oder vom Rechtspfleger zu bearbeiten ist, entscheidet der Richter verbindlich über die Zuständigkeit durch Beschluss. Der Beschluss ist unanfechtbar, § 7 RPflG. Diese Entscheidung hat gemäß § 8 Abs. 4 Satz 2 RPflG zur Folge, dass ein nach § 7 RPflG dem Rechtspfleger zugewiesenes Geschäft wirksam ist, auch wenn der Rechtspfleger gar nicht zuständig gewesen wäre.

7.4.2 Vorlage zur Übernahme im Einzelfall

Auch wenn der Rechtspfleger nach den obigen Vorschriften eindeutig zuständig wäre, kann er 31 die Sache im Einzelfall dem Richter vorlegen, der anschließend über die weitere Bearbeitung entscheidet. Dazu folgende Übersicht:

Zu erledigende Aufgabe	Grundlage der Vorlage	Kann- oder Muss-Vorlage
Einholung einer „Entscheidung des Bundesverfassungsgerichts oder eines für Verfassungsstreitigkeiten zuständigen Gerichts eines Landes nach **Artikel 100** des Grundgesetzes"	§ 5 Abs. 1 Nr. 1 RPflG	Muss-Vorlage
Zwischen dem übertragenen Geschäft und einem vom Richter wahrzunehmenden Geschäft besteht ein so **enger Zusammenhang**, dass eine getrennte Behandlung nicht sachdienlich ist.	§ 5 Abs. 1 Nr. 2 RPflG § 6 RPflG	Muss-Vorlage Richter soll die gesamte Angelegenheit bearbeiten
Die Anwendung **ausländischen Rechts** kommt in Betracht.	§ 5 Abs. 2 RPflG	Kann-Vorlage

8. Rechtswegezuständigkeit, Gerichtsbarkeiten

8.1 Übersicht zu den Gerichtsbarkeiten

Der Begriff „Gerichtsbarkeit" umfasst die Summe der staatlichen Gerichte. Die nationalen 32 staatlichen Gerichte wiederum unterteilen sich in die verschiedenen Rechtswege. Rechtsweg bedeutet die Zusammenfassung mehrerer Gerichte, die dem gleichen Rechtszug unterliegen. Folgende Rechtswege gibt es in der deutschen Gerichtsbarkeit:

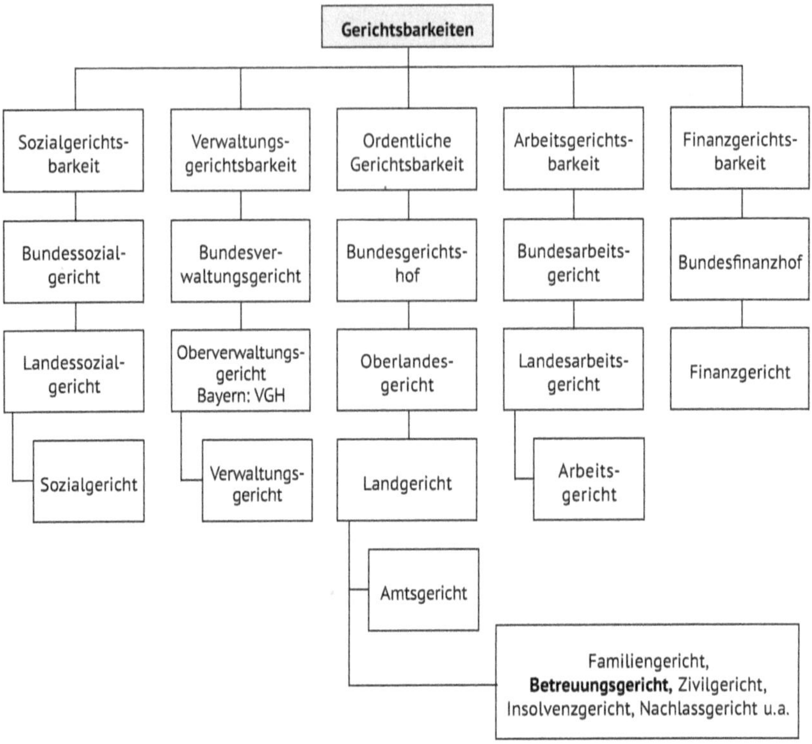

8.2 Zuständigkeiten der einzelnen Gerichtsbarkeiten

33 Für welchen Rechtsweg man sich entscheiden muss, ergibt sich für die ordentliche Gerichtsbarkeit aus § 13 GVG („Vor die ordentlichen Gerichte gehören die bürgerlichen Rechtsstreitigkeiten, die Familiensachen und die Angelegenheiten der freiwilligen Gerichtsbarkeit (Zivilsachen) sowie die Strafsachen (...)."), für die Verwaltungsgerichtsbarkeit aus § 40 VwGO und für die Finanzgerichtsbarkeit aus § 33 FGO. Die Regelung bei Streit über den richtigen Rechtsweg ergibt sich aus § 17a GVG und den Regelungen in den anderen Verfahrensordnungen. Welche Gerichte sich im jeweiligen Rechtsweg befinden, ergibt sich aus § 12 GVG, § 1 ArbGG, § 2 VwGO, § 35 FGO und § 2 SGG.

34 Eine besondere Stellung nimmt die Verfassungsgerichtsbarkeit ein. Art. 93 GG bestimmt die Zuständigkeit des BVerfG. Die Gerichtsorganisation dieses Gerichts ergibt sich aus dem BVerfGG. Das Verfahren vor dem Bayerischen Verfassungsgerichtshof ist geregelt in Art. 60 ff. BV und die Organisation regelt gemäß Art. 69 BV das Verfassungsgerichtshofgesetz.

9. Anhörungen

9.1 Allgemeine Fragen

9.1.1 Bedeutung der Anhörungen

35 Anhörungen der Beteiligten haben einen hohen Stellenwert und sind wichtig für die Entscheidungsfindung. Die persönliche Anhörung des Betroffenen geht noch weit darüber hinaus. Sie ist der letzte Verfahrensschritt vor der Entscheidung, weil dem Betroffenen alle relevanten Ermittlungsergebnisse zugänglich gemacht werden müssen. Der BGH würdigt dies

mit den Worten: „Außerdem gehört die persönliche Anhörung zu den bedeutsamen Verfahrensgarantien, deren Beachtung Art. 104 Abs. 1 GG fordert, zum Verfassungsgebot erhebt und so mit grundrechtlichem Schutz versieht. Sie ist Kernstück der Amtsermittlung" (BGH, Beschl. v. 11.6.2025 – XII ZB 183/25, Rn. 7).

9.1.2 Wer darf an einer Anhörung teilnehmen?

Anhörungen in der freiwilligen Gerichtsbarkeit sind grundsätzlich nicht öffentlich. Allerdings 35a kann das Gericht die Öffentlichkeit zulassen, sofern kein Beteiligter widerspricht. Einer Person des Vertrauens muss aber auf Verlangen des Betroffenen in Betreuungs- und Unterbringungssachen die Anwesenheit gestattet werden, § 170 Abs. 1 GVG.

9.1.3 Haben die Beteiligten ein Anwesenheitsrecht?

Wird eine Anhörung im Rahmen eines Erörterungstermins gemäß § 32 Abs. 1 Satz 1 FamFG 35b abgehalten, werden die übrigen Beteiligten anwesend sein. Ein generelles Anwesenheitsrecht der Beteiligten bei einer isolierten Anhörung wird jedoch verneint (vgl. BT-Drucks. 16/6308, S. 192). Dies wäre aber zu erwägen, wenn die persönliche Anhörung vorrangig der Sachverhaltsermittlung dient und nicht überwiegend der Gewährung des rechtlichen Gehörs. Betroffene, Verfahrensbevollmächtigte sowie Beistände im Sinne von § 12 FamFG müssen aber immer die Gelegenheit haben, an einer persönlichen Anhörung des Betroffenen teilzunehmen. Die persönliche Anhörung soll in Anwesenheit des bestellten Verfahrenspflegers stattfinden, § 279 Abs. 2 Satz 2, § 319 Abs. 2 Satz 2 FamFG. Eine Abweichung von dieser Soll-Vorschrift muss im Beschluss begründet werden (siehe Rn. 84).

9.1.4 Wie unterscheiden sich einfache und persönliche Anhörung?

Verlangt das Gesetz nur eine Anhörung, genügt es, wenn den Beteiligten die Gelegenheit zur 36 schriftlichen Stellungnahme eingeräumt wird oder sie telefonisch bzw. per Videoübertragung erfolgt. Die Anhörung der sonstigen Beteiligten, der Betreuungsbehörde und des gesetzlichen Vertreters muss beispielsweise nicht persönlich erfolgen. Eine Ausnahme gilt für die Entlassung des Betreuers gegen den Willen des Betroffenen. In diesem Fall muss auch der Betreuer persönlich angehört werden. Es gibt auch Anhörungen, die für alle Beteiligten, also auch für die Betroffenen, nicht persönlich erfolgen müssen wie vor einer Verweisung an das zuständige Gericht gemäß § 3 Abs. 1 Satz 2 FamFG. Auch das Ergebnis einer einfachen Anhörung muss aber „aktenkundig" gemacht werden (§ 29 Abs. 3 FamFG), während für persönliche Anhörungen gemäß § 28 Abs. 4 Satz 1 FamFG ein Vermerk zu fertigen ist.

9.1.5 Belange des Gerichts

Die Verpflichtung zur persönlichen Anhörung eines Betroffenen in Betreuungs- und Unter- 37 bringungssachen kann für das zuständige Gericht mit einem erheblichen Zeit- und Reiseaufwand verbunden sein. Dies darf jedoch im Hinblick auf die besondere Bedeutung der Entscheidungen keine Rolle spielen, auch wenn das Gericht davon ausgeht, dass sich an der Sachlage nichts geändert habe und der Betroffene dem Gericht „bestens" bekannt sei (vgl. BGH, Beschl. v. 11.6.2025 – XII ZB 183/25, Rn. 7 bis 9).

Hinweis:

Persönlich ist eine Anhörung nur, wenn ein direkter Eindruck im Sinne einer „unmittelbaren visuellen und akustischen Wahrnehmung des Betroffenen" möglich ist. Eine lediglich fernmündlich geführte Unterhaltung mit dem Betroffenen genügt daher den Anforderungen an eine „persönliche Anhörung" nicht (BGH, Beschl. v. 4.11.2020 – XII ZB 220/20).

A

9.2 Übersicht zu den gesetzlichen Regelungen einer Anhörung der Betroffenen

38 Gesetzlich vorgeschrieben ist die persönliche Anhörung des Betroffenen fast durchgehend, wie der folgenden Übersicht entnommen werden kann.

Eine persönliche Anhörung ist gesetzlich vorgeschrieben gemäß ...	
§ 34 Abs. 1 Nr. 1 FamFG	(...), wenn dies zur Gewährleistung des rechtlichen Gehörs des Beteiligten erforderlich ist.
§ 34 Abs. 1 Nr. 2 FamFG	(...), wenn dies in diesem oder in einem anderen Gesetz vorgeschrieben ist.
§ 278 Abs. 1 Satz 1 FamFG	(...) vor der Bestellung eines Betreuers oder der Anordnung eines Einwilligungsvorbehalts.
§ 293 Abs. 1 Satz 1 FamFG	bei einer Erweiterung des Aufgabenkreises des Betreuers und einer Erweiterung des Kreises der einwilligungsbedürftigen Willenserklärungen, da die Vorschriften über die Anordnung dieser Maßnahmen entsprechend gelten. Evtl. entfallen die Verpflichtungen gemäß § 293 Abs. 2 und 3 FamFG (weniger wie sechs Monate zurückliegend, Erweiterung nicht wesentlich); keine Änderung des Krankheits- oder Behinderungsbilds.
§ 295 Abs. 1 Satz 1 und 2 FamFG	bei einer Verlängerung der Betreuung oder der Anordnung eines Einwilligungsvorbehalts. Hier gelten die Vorschriften über die erstmalige Anordnung dieser Maßnahmen entsprechend.
§ 283 Abs. 1 Satz 2 FamFG	bei einer Vorführung zur Untersuchung durch den Gutachter („soll vorher persönlich angehört werden").
§ 283 Abs. 3 Satz 2 FamFG	bei einer Wohnungsbetretung zum Zwecke der Vorführung zum Sachverständigen.
§ 284 Abs. 1 Satz 2 FamFG	bei einer Unterbringung zur Begutachtung.
§ 296 FamFG	bei einer Entlassung und Neubestellung eines Betreuers, wenn der Betroffene widerspricht.
§ 297 Abs. 1 Satz 1 FamFG	vor der Genehmigung einer Einwilligung des Betreuers in eine Sterilisation (§ 1830 Abs. 2 BGB).
§ 298 Abs. 1 Satz 1 FamFG	in den Fällen des § 1829 Abs. 1, 2 und 5 BGB
§ 299 Satz 2 FamFG	bei Entscheidungen nach § 1833 Abs. 3 BGB (selbst genutzter Wohnraum) oder § 1820 Abs. 5 Satz 2 BGB (Widerruf einer Vorsorgevollmacht). Das Gericht „soll" bei den Genehmigungen gemäß §§ 1850 bis 1854 BGB persönlich anhören.
§ 319 Abs. 1 Satz 1 FamFG	vor einer Unterbringungsmaßnahme.
§ 322 FamFG	bei einer Vorführung zur Untersuchung und einer Unterbringung zur Begutachtung gemäß §§ 283, 284 FamFG (siehe oben) entsprechend.
§ 326 Abs. 3 Satz 1 und 2 FamFG	vor dem gewaltsamen Öffnen, Betreten und Durchsuchen der Wohnung bei Zuführung zur Unterbringung oder Verbringung zu einem stationären Aufenthalt.
§ 1862 Abs. 2 BGB	(...), wenn Anhaltspunkte bestehen, dass die „Wünsche" des Betreuten pflichtwidrig nicht erfüllt werden.

Zu den Besonderheiten bei der Anhörung im Beschwerdeverfahren gemäß § 68 Abs. 3 FamFG siehe A 8 Rn. 110.

9.3 Persönliche Anhörung des Betroffenen, persönlicher Eindruck

Der Betreuungsrichter muss den Betroffenen vor der Bestellung eines Betreuers, der Anordnung 39
eines Einwilligungsvorbehalts und vor einer Unterbringungssache persönlich anhören (§ 278 Abs. 1, § 319 Abs. 1 FamFG). Darüber hinaus muss sich das Gericht einen persönlichen Eindruck von dem Betroffenen verschaffen. Beides wird in der Regel gleichzeitig stattfinden. Den persönlichen Eindruck muss sich der Richter aber auch dann verschaffen, wenn eine Anhörung unmöglich ist (z. B. Wachkomapatient) oder auf sie verzichtet werden kann. Nur im Ausnahmefall kann auf die persönliche Anhörung und die Verschaffung eines persönlichen Eindrucks verzichtet werden (siehe Rn. 53 ff.).

Hinweise:

§ 278 Abs. 1 Satz 1 und § 319 Abs. 1 Satz 1 FamFG verpflichten zur persönlichen Anhörung nur vor der Bestellung eines Betreuers, der Anordnung eines Einwilligungsvorbehalts oder einer Unterbringungsgenehmigung.

Bei einer ablehnenden Entscheidung gilt dies nicht aufgrund von § 278 Abs. 1 Satz 1 und § 319 Abs. 1 Satz 1 FamFG. Eine Pflicht zur persönlichen Anhörung kann sich aber auch aus der Ermittlungspflicht des Gerichts ergeben (§ 26 FamFG). Weigert sich das Gericht, im Hinblick auf eine geplante ablehnende Entscheidung den Betroffenen persönlich anzuhören, verkürzt es unter Umständen seine Ermittlungspflicht „in einer Weise, die mit dem durch das Betreuungsrecht gewährleisteten Erwachsenenschutz nicht zu vereinbaren ist". Die Betreuung und die Unterbringungsmaßnahme sind keine „Bestrafung" des Betroffenen, sondern eine staatliche Fürsorgemaßnahme, die ohne ausreichende Ermittlungen nicht verweigert werden darf (BGH, Beschl. v. 2.8.2023 – XII ZB 303/22, Rn. 12 f.).

9.3.1 Definition: Persönliche Anhörung

Das rechtliche Gehör kann auf vielfältige Weise, insbesondere auch schriftlich oder telefonisch, 40
gewährt werden. Schreibt das Gesetz eine „persönliche" Anhörung vor, müssen engere Voraussetzungen erfüllt sein.

Wichtig: Die Kommunikation des Richters mit dem Betroffenen muss mit der „Gewinnung eines 41
unmittelbaren persönlichen Eindrucks im Sinne einer unmittelbaren visuellen und akustischen Wahrnehmung des Betroffenen" einhergehen. Die persönliche Anhörung erfordert demnach einen direkten Kontakt des Richters mit dem Betroffenen. Eine schriftliche Anhörung, ein Telefongespräch, eine Videokonferenz oder eine Videotelefonie genügen daher nicht (BGH, Beschl. v. 4.11.2020 – XII ZB 220/20).

9.3.2 Gesetzliche Vorgaben zum Inhalt der Anhörung

In geeigneten Fällen weist der Richter auf die Möglichkeit einer Vorsorgevollmacht, deren 42
Inhalt und die Möglichkeit der Registrierung im zentralen Vorsorgeregister hin, § 278 Abs. 2 Satz 2 FamFG. Eine rechtliche Beratung darf und wird der Richter allerdings nicht erbringen. Das Gesetz schreibt für die Anhörung weitere Details ausdrücklich vor:

- Erfragen der Wünsche des Betroffenen, § 278 Abs. 1 Satz 1 FamFG
- Unterrichtung über den möglichen Verlauf des Verfahrens (gilt wortgleich bei Unterbringungssachen), § 319 Abs. 2 FamFG
- Erörterung des übermittelten Gutachtens
- Umfang des Aufgabenkreises
- Personen oder Stellen, die als Betreuer in Betracht kommen
- Dauer der Betreuung
- in geeigneten Fällen die Möglichkeit einer Vorsorgevollmacht und einer Registrierung

Zum Inhalt der persönlichen Anhörung im Unterbringungsverfahren siehe Rn. 62 ff. 43

44 Inhaltlich wird sich das Gespräch im Rahmen einer sinnvollen Kommunikation auf weitere Essentialia der Betreuung erstrecken: Diagnose (Krankheit, Behinderung), Erforderlichkeit, andere Hilfen, Freiheit der Willensbildung.

9.3.3 Wo verschafft sich das Gericht einen persönlichen Eindruck?

45 Regelungen zum Ort finden sich im Gesetz nur für die Gewinnung des persönlichen Eindrucks. In der Regel dient es der Sachaufklärung, wenn der Richter sich den persönlichen Eindruck in der üblichen Umgebung des Betroffenen, z. B. in seiner Wohnung, verschafft. Deshalb „soll" der Richter ihn dort aufsuchen, vor allem wenn der Betroffene dies wünscht, § 278 Abs. 1 Satz 3 FamFG. Ist dies der Fall, wird das Gericht diesem Wunsch nachkommen müssen. Es handelt sich zwar nur um eine Soll-Vorschrift, es dürften aber keine sachlichen Gründe gegen eine Anhörung beim Betroffenen sprechen. Widerspricht er der Anhörung bzw. Verschaffung des persönlichen Eindrucks in seiner Wohnung, muss dieser Wunsch respektiert werden. Der Betroffene darf gegen seinen Willen in seiner Wohnung weder angehört noch begutachtet werden. Eine trotz Widerspruchs in der Wohnung durchgeführte Anhörung ist rechtswidrig (BGH, Beschl. v. 17.10.2020 – XII ZB 181/12). Verweigert der Betroffene seine Anhörung in der Wohnung, muss das Gericht ihn zur persönlichen Anhörung in das Gericht laden.

46 Im Unterbringungsverfahren muss sich das Gericht gemäß § 319 Abs. 1 Satz 1 FamFG den persönlichen Eindruck in der üblichen Umgebung des Betroffenen verschaffen, soweit dies erforderlich ist. Gegen den Willen darf das Gericht allerdings die Wohnung des Betroffenen nicht betreten.

9.3.4 Vorführung, Zwangsanwendung, Wohnungsöffnung

47 Verweigert der Betroffene generell die Anhörung, kann das Gericht seine Vorführung durch die Betreuungsbehörde anordnen. Die Anordnung muss ausdrücklich die Befugnis der Behörde zur Gewaltanwendung enthalten und ggf. beinhalten, dass die Wohnung des Betroffenen betreten werden darf. Diese Maßnahme dient allein dem Ziel, den Betroffenen aufzufinden, um ihn der persönlichen Anhörung zuzuführen und die Verschaffung eines persönlichen Eindrucks zu ermöglichen. Bei Gefahr im Verzug kann die Betreuungsbehörde die Anordnung bezüglich der gewaltsamen Öffnung, dem Betreten und der Durchsuchung der Wohnung treffen. Gefahr im Verzug darf aber nur ausnahmsweise bei einer konkreten und nachhaltigen Gefahr für die Gesundheit des Betroffenen angenommen werden, § 278 Abs. 5 bis 7, § 319 Abs. 5 bis 7 FamFG.

48 Für die Zwangs- und Gewaltanwendungsanordnungen müssen stets Anhaltspunkte dafür vorliegen, dass der Betroffene nicht freiwillig zu einem Termin erscheinen wird, weil er z. B. trotz einer Ladung nicht zum Termin erschienen ist oder dem Gericht mitgeteilt hat, dass er sich nicht anhören lassen will.

Hinweis:
Die Vorführungsanordnung wird erst mit der Bekanntgabe (§ 15 Abs. 2, § 41 Abs. 2 FamFG) an den Betroffenen wirksam, § 40 Abs. 1 FamFG. Die Anordnung kann selbstständig nicht mit der Beschwerde angegriffen werden, da es sich nur um eine Zwischenentscheidung handelt.

9.3.5 Ort der Anhörung, Rechtshilfe

49 Grundsätzlich existieren keine gesetzlichen Regeln, wo die persönliche Anhörung stattzufinden hat. § 278 Abs. 1 Satz 2 FamFG regelt nur, dass die Verschaffung eines unmittelbaren Eindrucks in der gewöhnlichen Umgebung des Betroffenen stattfinden soll. Regelmäßig werden aber die persönliche Anhörung und die Verschaffung des unmittelbaren Eindrucks in einem Termin vorgenommen. Bei der Auswahl des Anhörungsorts hat das Gericht die geistigen und körperlichen Fähigkeiten des Beteiligten zu berücksichtigen (BT-Drucks. 16/6308, S. 192). Ist

der Anzuhörende weder mobil noch transportfähig, muss er an seinem Aufenthaltsort gehört werden. Bei mittellosen Betreuten, die sich die Fahrt zum Gericht nicht leisten können, kann der Betroffene einen Antrag auf Verfahrenskostenhilfe stellen und einen Vorschuss für die Fahrtkosten zum Termin beantragen. Dies gilt genauso für Unterbringungssachen.

Anhörung und Verschaffung eines persönlichen Eindrucks dürfen nur dann im Wege der 50
Rechtshilfe erfolgen, wenn anzunehmen ist, dass die Entscheidung ohne eigenen Eindruck vom Betroffenen getroffen werden kann, § 278 Abs. 3 FamFG. Dies wird nur sehr selten zu begründen sein, da der eigene Eindruck eine wesentliche und sehr individuelle Erkenntnismöglichkeit darstellt, die man kaum von einem anderen übernehmen kann (BGH, Beschl. v. 11.6.2025 – XII ZB 183/25).

§ 319 Abs. 4 FamFG bestimmt für Unterbringungssachen, dass die Anhörung nicht im Wege der 51
Rechtshilfe durchgeführt werden soll.

9.3.6 Vorbereitung der persönlichen Anhörung

Die persönliche Anhörung macht nur Sinn, wenn der Betroffene sich zu allen Sachverhalten, 52
Ermittlungen und Beweisaufnahmen äußern kann, die einer gerichtlichen Entscheidung zugrunde gelegt werden sollen (§ 30 Abs. 4 bzw. § 37 Abs. 2 FamFG). Dazu gehört der gesamte „verwertete Verfahrensstoff". Schriftliche Äußerungen des Betreuers und der „qualifizierte" Sozialbericht der Betreuungsbehörde (§ 279 Abs. 2 FamFG, § 11 Abs. 1 Satz 2 Nr. 1 BtOG) seien beispielhaft erwähnt. Vor allem muss dem Betroffenen aber das erholte Gutachten mit vollem Wortlaut rechtzeitig vor der Anhörung überlassen werden und nicht etwa erst mit Beginn der persönlichen Anhörung (siehe unten und BGH, Beschl. v. 4.3.2020 – XII ZB 485/19). Dies bezieht sich nicht nur auf das schriftliche Hauptgutachten, sondern auch auf alle Äußerungen des Gutachters, die z. B. ergänzend in einem Telefongespräch oder in einer Vorbesprechung in Abwesenheit des Betroffenen gemacht wurden (BGH, Beschl. v. 2.8.2023 – XII ZB 107/23). Die Übersendung relevanter Unterlagen an andere Beteiligte (Verfahrenspfleger, Betreuer und andere) genügt nicht. Ausreichend ist jedoch die Übersendung an den Verfahrensbevollmächtigten, weil er den Betroffenen im Verfahren wirksam vertritt (§§ 10, 11 FamFG). Zur Übersendung des Gutachtens an den Verfahrenspfleger mit der Aufforderung, das Gutachten mit dem Betroffenen zu besprechen, siehe Rn. 87.

9.3.7 Absehen von der persönlichen Anhörung im Ausnahmefall

Die persönliche Anhörung kann in folgenden Fällen unterbleiben: 53

Verzicht auf die Anhörung nach § 34 Abs. 2 FamFG – 1. Alternative

Eine Anhörung des Betroffenen kann unterbleiben, wenn „hiervon erhebliche Nachteile für 54
seine Gesundheit zu besorgen sind". Gemäß § 278 Abs. 4 FamFG muss aber ein ärztliches Gutachten vorliegen, aus dem sich die aus der geplanten persönlichen Anhörung resultierenden erheblichen Nachteile für die Gesundheit erschließen lassen. Es müssen schwerwiegende, irreversible oder lebensgefährliche Schäden drohen. Vorübergehende Erregungszustände zählen nicht dazu. Diese „erheblichen Nachteile" dürfen nicht pauschal vermutet werden, sondern es muss die konkrete Besorgnis bestehen, dass sie eintreten. In der Regel befindet sich der Betroffene in einer Belastungssituation und empfindet klare Hinweise und die Möglichkeit, sich einzubringen, eher als positiv. Unbelegte Spekulationen und Behauptungen der behandelnden Ärzte, Gutachter, Pfleger oder Beteiligter genügen nicht. Bestehen Zweifel am Vorliegen der Gefahr erheblicher gesundheitlicher Nachteile, sollte eine Anhörung zumindest versucht werden, die dann bei einer erkennbaren gesundheitlichen Gefährdung abgebrochen werden kann. § 278 Abs. 4 Satz 2 FamFG bestimmt nunmehr ausdrücklich, dass bei einem zulässigen Verzicht auf die Anhörung wegen Besorgnis erheblicher Nachteile für die Gesundheit das Gericht auch darauf verzichten kann, sich einen persönlichen Eindruck zu verschaffen (BGH, Beschl. v. 29.3.2023 – XII ZB 515/22). Für die anderen Verzichtsmöglichkeiten sieht das Gesetz keine derartige Möglichkeit vor.

Verzicht auf die Anhörung nach § 34 Abs. 2 FamFG – 2. Alternative

55 „Per se" unmöglich ist eine persönliche Anhörung, wenn „der Beteiligte offensichtlich nicht in der Lage ist, seinen Willen kundzutun". Dies muss aber näher geprüft werden. „Offensichtlich" bedeutet, dass sich der Richter selbst ein Bild machen und einen persönlichen Eindruck verschaffen muss, § 278 Abs. 1 Satz 2 und 3 FamFG. Das heißt, er muss den Betroffenen aufsuchen. Die vom Sachverständigen mitgeteilte Momentaufnahme im Gutachten oder sogar nur der Anruf bei der Station und die flüchtige Auskunft eines Pflegers sind in diesem Zusammenhang völlig ungeeignet, da es um elementare Rechte des Betroffenen geht, die der Richter selbst sicher feststellen muss. Auch das Tatbestandsmerkmal „Nicht in der Lage ist, seinen Willen kundzutun" muss eng ausgelegt werden. Es kann nur bejaht werden, wenn der Betroffene „überhaupt nichts oder jedenfalls nichts irgendwie auf die Sache Bezogenes zu äußern imstande ist" (BGH, Beschl. v. 28.9.2016 – XII ZB 269/16). Es genügt für die Fähigkeit, etwas kundzutun, wenn er z. B. nonverbal kommunizieren kann.

Verzicht auf die Anhörung nach § 34 Abs. 3 FamFG – 3. Alternative

56 Grundsätzlich kommt auch § 34 Abs. 3 FamFG zur Anwendung. Auf eine persönliche Anhörung kann verzichtet werden, wenn der Beteiligte in einem anberaumten Anhörungstermin unentschuldigt ausbleibt und der Betroffene auf die Folgen seines Ausbleibens hingewiesen wurde (BGH, Beschl. v. 2.7.2014 – XII ZB 120/14).

57 Im Hinblick auf die zentrale Bedeutung der persönlichen Anhörung ergeben sich aber bei dieser Variante zusätzliche Voraussetzungen. Die Notwendigkeit einer restriktiven Anwendung des § 34 Abs. 3 FamFG erschließt sich zwanglos aus Sinn und Zweck der persönlichen Anhörung. Es wird nicht nur das rechtliche Gehör gewährt, vielmehr geht es auch darum, den Sachverhalt zu ermitteln, sowie um die Möglichkeit, eine kritische Überprüfung der vorhandenen Beweismittel zu eröffnen. Man muss sich immer vor Augen halten, dass ohne Anhörung wesentliche Erkenntnisquellen verloren gehen können. Der Richter muss daher zunächst alle Möglichkeiten des § 278 FamFG ausschöpfen. Dazu gehört die Vorführung, die der Gesetzgeber speziell für das Betreuungsverfahren in § 278 Abs. 5 FamFG vorgesehen hat. Da die „persönliche Anhörung" von eminenter Wichtigkeit ist, muss dieser Weg vorrangig gegenüber dem kurzen Prozess sein, den § 34 Abs. 3 FamFG ermöglicht.

58 Nur wenn die Vorführung „unverhältnismäßig" oder unmöglich wäre, kann man auch auf sie verzichten. Eine solche Unverhältnismäßigkeit kann ebenfalls nur in eng begrenzten Ausnahmefällen angenommen werden. Eine aus dem Akteninhalt abgeleitete Prognose, dass der zu erwartende Erkenntnisgewinn gering sein werde, ist regelmäßig spekulativ und wird der richterlichen Pflicht, von Amts wegen zu ermitteln, nicht gerecht (BGH, Beschl. v. 12.10.2016 – XII ZB 246/16). Darüber hinaus müssen alle zwanglosen Möglichkeiten ausgeschöpft werden, den Betroffenen anzuhören bzw. sich von ihm einen persönlichen Eindruck zu verschaffen. Deshalb wird der Richter die Anhörung beim Betroffenen anstreben und auch die Betreuungsstelle, Bekannte, Verwandte und Freunde einschalten, um über diese einen Zugang zum Betroffenen zu erreichen. Erst wenn diese Aktivitäten scheitern, kann sowohl auf die persönliche Anhörung als auch auf die Verschaffung des persönlichen Eindrucks verzichtet werden. Darauf muss der Richter im Beschluss in nachprüfbarer Weise eingehen.

58a In seltenen Fällen kann es unmöglich sein, eine Anhörung durchzuführen. Verweigert der Betroffene z. B. die Anhörung und ist eine Vorführung nicht möglich, weil der Betroffene sich im Ausland aufhält, muss eine Anhörung im Wege der Rechtshilfe versucht werden. Scheitert auch diese, kann das Betreuungsgericht nach § 34 Abs. 3 FamFG notfalls auch ohne Anhörung entscheiden. Auch in diesem Fall muss auf der Grundlage einer umfassenden Amtsaufklärung nach § 26 FamFG alles unternommen werden, um eine ausreichende Grundlage für einen Beschluss zu schaffen (BGH, Beschl. v. 12.2.2025 – XII ZB 128/24).

Hinweis:

§ 34 Abs. 3 FamFG ist mit großer Vorsicht zu genießen, weil die Betroffenen häufig aufgrund diffuser Ängste oder krankheitsbedingt die Folgen falsch einschätzen und deshalb Termine nicht wahrnehmen. Letztlich dürfte ein Verzicht bei Betreuungen, Einwilligungsvorbehalten oder gar Unterbringungssachen wegen der massiven Grundrechtseingriffe nicht in Betracht kommen. Lediglich weniger gewichtige Erweiterungen des Aufgabenkreises wie etwa die Fertigung verloren gegangener Zweitschlüssel für den ambulanten Dienst kommen hier in Betracht.

9.3.8 Verfahrenspfleger als Ersatz für unterlassene persönliche Anhörung

Soweit die Anhörung nach § 34 Abs. 2 FamFG unterbleibt, wird in der Regel ein Verfahrenspfleger (siehe unten) bestellt, der zusätzlich selbst angehört werden muss (§ 276 Abs. 1 Satz 2 Nr. 1, § 279 Abs. 1 bzw. § 317 Abs. 1 Satz 2, § 320 Satz 1 FamFG). Dies wird auch für den Fall des § 34 Abs. 3 FamFG anzunehmen sein (zum Verfahren siehe Rn. 83). 59

9.3.9 Pflicht zur persönlichen Anhörung bei Infektionsgefahr (Pandemie)

Von einer persönlichen Anhörung sehen einige Gerichte ab, wenn sich Anhörende oder Anzuhörende einer gesundheitlichen Gefahr aussetzen würden. Dies könnte der Fall sein, wenn der Anzuhörende an einer ansteckenden Krankheit leidet. § 420 Abs. 2 FamFG, der dies für sog. Freiheitsentziehungssachen vorsieht, wird dabei entsprechend auch für den Fall angewendet, dass keine ansteckende Krankheit bekannt ist, aber generell eine hohe Ansteckungsgefahr besteht. Selbst wenn diese Vorschrift entsprechend anwendbar wäre, muss das Gericht die Ansteckungsgefahr durch ein ärztliches Gutachten belegen, und diese Vorschrift darf nicht durch ausreichende Schutzvorkehrungen (Trennscheibe, Mundschutz, Schutzkleidung) abwendbar sein (BGH, Beschl. v. 22.6.2017 – V ZB 146/16). 60

Die vom Gesetz vorgegebenen persönlichen Anhörungspflichten sind auch in Zeiten einer Pandemie zu beachten. Der BGH hat dies klar zum Ausdruck gebracht. Trotz Coronapandemie kann somit „nur unter den engen Voraussetzungen des § 278 Abs. 4 i. V. m. § 34 Abs. 2 FamFG und damit lediglich ausnahmsweise von der gemäß § 278 Abs. 1 Satz 1 FamFG erforderlichen persönlichen Anhörung des Betroffenen abgesehen werden". Die Risiken der Pandemie verursachen lediglich eine „abstrakte Gesundheitsgefahr". Dieser Gefahr wird „regelmäßig durch Einhaltung der empfohlenen Hygienemaßnahmen etwa durch Einhaltung des Abstandsgebots, Tragen von Schutzmasken, Schutzkleidung und entsprechender räumlicher Gestaltung der Anhörungssituation begegnet werden können" (BGH, Beschl. v. 4.11.2020 – XII ZB 220/20, Rn. 12). 61

9.3.10 Besonderheiten für Unterbringungssachen

Verschaffung des persönlichen Eindrucks

§ 319 FamFG weicht nur marginal von der Regelung des § 278 FamFG ab. Den persönlichen Eindruck muss sich das Gericht – soweit dies erforderlich ist – in der üblichen Umgebung des Betroffenen verschaffen. Der Betroffene kann die Anhörung in der üblichen Umgebung weder verlangen noch ihr widersprechen. Allerdings kann die Anhörung in der Wohnung nicht erzwungen werden. Anhörung und Verschaffung des persönlichen Eindrucks sollen generell nicht im Wege der Rechtshilfe erfolgen. Eine Rechtshilfe muss daher als Ausnahmefall eingehend begründet werden. 62

Inhalt der persönlichen Anhörung, § 319 FamFG

- Das Gericht unterrichtet den Betroffenen über den möglichen Verlauf des Verfahrens.
- Das Gericht erörtert mit dem Betroffenen das Ergebnis des übermittelten Gutachtens und
- die mögliche Dauer einer Unterbringung.

A

63 Darüber hinaus werden die Diagnose, die Frage der Einwilligungsunfähigkeit und der relevante Sachverhalt (z. B. Suizidgefahr, kognitive Einbußen etc.) zu erörtern sein.

9.4 Anhörung der sonstigen Beteiligten und der Betreuungsbehörde

64 Die Erforderlichkeit der Anhörung weiterer Personen regeln die §§ 279 und 320 FamFG für folgende Personen und Institutionen:

9.4.1 Die sonstigen Beteiligten, § 279 Abs. 1 FamFG

65 Vor der Betreuerbestellung und der Anordnung eines Einwilligungsvorbehalts hat das Gericht die sonstigen Beteiligten anzuhören. Somit müssen alle angehört werden, die im Verfahren den Status eines Beteiligten eingenommen haben. Das sind, soweit vorhanden: Verfahrenspfleger, Betreuungsbehörde, Betreuer, Bevollmächtigte (jeweils in ihrem Aufgabenkreis) und die Kann-Beteiligten Ehegatte bzw. Lebenspartner (soweit nicht dauernd getrennt lebend), Eltern, Pflegeeltern, Großeltern, Abkömmlinge, Geschwister oder eine Person des Vertrauens. Zur Beteiligung und zu den Formen der Hinzuziehung siehe Rn. 141 ff.

9.4.2 Die zuständige Behörde

66 Die Behörde muss auf Antrag beteiligt und dann gemäß § 279 Abs. 1 FamFG angehört werden. Die Betreuungsbehörde muss bei den Kernentscheidungen (Betreuerbestellung, Einwilligungsvorbehalt) immer angehört werden – und zwar auch dann, wenn sie mangels Antrags nicht „beteiligt" wurde. Der Gesetzgeber schreibt mit § 279 Abs. 2 Satz 2 FamFG vor, dass sich die Anhörung der Betreuungsbehörde insbesondere auf folgende Kriterien beziehen soll:

1. persönliche, gesundheitliche und soziale Situation des Betroffenen
2. Erforderlichkeit der Betreuung einschließlich geeigneter anderer Hilfen (§ 1814 Abs. 3 BGB)
3. Betreuerauswahl unter Berücksichtigung des Vorrangs der Ehrenamtlichkeit (§ 1816 BGB)
4. diesbezügliche Sichtweise des Betroffenen

67 Die Pflicht des Betreuungsgerichts, die Betreuungsbehörde zu den genannten Kriterien anzuhören, korreliert mit der Pflicht der Betreuungsbehörde, das Betreuungsgericht durch Erstellung eines qualifizierten Sozialberichts, der auf diese Kriterien eingeht, zu unterstützen, § 11 Abs. 1 Satz 2 Nr. 1 und Abs. 2 BtOG. Die Erstellung des Sozialberichts erfolgt aufgrund einer Überlastung der Behörde häufig zu spät, überhaupt nicht oder mit ungenügender Qualität. Streitig ist, ob die Verpflichtung der Behörde zur Erstellung des Sozialberichts nach entsprechender Androhung vom Betreuungsgericht mit Zwangsgeld gemäß § 35 FamFG durchgesetzt werden kann. Zuletzt verneint dies das LG Frankfurt mit nicht überzeugender Begründung (LG Frankfurt, Beschl. v. 11.3.2022 – 19 T 32/22; a. A. LG Lübeck, Beschl. v. 14.12.2022 – 7 T 585/21).

9.4.3 Eine ihm nahestehende Person, § 279 Abs. 3 FamFG

68 Eine dem Betroffenen nahestehende Person ist immer anzuhören, wenn der Betroffene dies verlangt und seine Anhörung ohne erhebliche Verzögerung möglich ist.

Hinweis:

Etwas verwirrend ist die Terminologie bei verschiedenen Personen aus dem sozialen Umfeld des Betroffenen. Es gilt:

- **Person des Vertrauens** als Kann-Beteiligter in Betreuungssachen, § 274 Abs. 4 Nr. 1 FamFG
- **benannte Person des Vertrauens** als Kann-Beteiligter in Unterbringungssachen, § 315 Abs. 4 Satz 1 Nr. 2 FamFG
- **Person des Vertrauens** als Anwesenheitsberechtigter bei Verhandlungen, Erörterungen und Anhörungen, § 170 Abs. 1 Satz 3 GVG

- **nahestehende Person** als anzuhörende Person auf Verlangen des Betroffenen, § 279 Abs. 3 FamFG
- **nahestehende Angehörige oder sonstige Vertrauenspersonen** als Berechtigte bezüglich der Auskunftspflicht des Betreuers, § 1822 BGB
- **Beistand** kann mit einem Beteiligten im Termin erscheinen, § 12 FamFG

9.4.4 Gesetzliche Vertreter, § 279 Abs. 4 FamFG

Die Anhörungspflicht gilt auch für die Eltern von Minderjährigen, wenn im Fall des § 1814 Abs. 5 und § 1825 Abs. 4 BGB vorzeitig ein Betreuer bestellt oder Einwilligungsvorbehalt angeordnet werden soll. 69

9.4.5 Besonderheiten für Unterbringungssachen

§ 320 Satz 1 FamFG bestimmt ebenfalls, dass alle sonstigen Beteiligten angehört werden müssen. Zu den sonstigen Beteiligten gehören aber nach § 315 Abs. 1 Nr. 2 und 3 FamFG Betreuer und Vorsorgebevollmächtigte, auch wenn die Unterbringungsmaßnahme nicht zu ihrem Aufgabenkreis gehört. Bei den Kann-Beteiligten kommen nur der Ehegatte oder Lebenspartner, wenn die Ehegatten oder Lebenspartner nicht dauernd getrennt leben, sowie dessen Eltern und Kinder, wenn der Betroffene bei diesen lebt oder bei Einleitung des Verfahrens gelebt hat, sowie die Pflegeeltern in Betracht. Die Vertrauensperson kann nur dann hinzugezogen werden, wenn sie vom Betroffenen benannt wurde. Zusätzlich kann der Leiter der Einrichtung, in der der Betroffene lebt, beteiligt und muss dann angehört werden. Der Leiter der Einrichtung, in der der Betroffene untergebracht werden soll, muss nicht angehört werden, allerdings ist ihm die Genehmigung oder Anordnung der Unterbringungsmaßnahme förmlich bekannt zu geben. Die Betreuungsbehörde „soll" gemäß § 320 Satz 2 FamFG angehört werden. In der Regel ist dies auch sinnvoll, da sie in der Regel die Vorführung umsetzen muss. Wurde die Betreuungsbehörde aufgrund eines Antrags beteiligt, gilt für sie die Anhörungspflicht gemäß § 320 Satz 1 FamFG. 70

9.5 Gesetzlich nicht vorgeschriebene Anhörungen

Das Gericht kann auch ohne gesetzliche Vorgabe eine – persönliche – Anhörung durchführen, wenn es dies bei seinen Ermittlungen von Amts wegen für sachdienlich erachtet. Er muss dies sogar, wenn es erforderlich ist, um das rechtliche Gehör eines Beteiligten sicherzustellen, § 26 FamFG, § 34 Abs. 1 Nr. 1 FamFG. Der BGH betont, dass die fehlende spezielle gesetzliche Vorgabe eine persönliche Anhörung des Betroffenen nicht generell überflüssig macht. Kommt der Richter z. B. zu dem Ergebnis, dass eine Betreuerbestellung oder die Anordnung eines Einwilligungsvorbehalts vom Betreuungsgericht abgelehnt werden muss, besteht keine spezielle gesetzliche Pflicht zur persönlichen Anhörung (siehe Rn. 39). Der staatliche Schutzauftrag wird es aber häufig nahelegen, die Voraussetzungen sorgfältig zu prüfen. Das Gericht wird deshalb vor der Ablehnung nur dann von Amts wegen keine persönliche Anhörung durchführen, „wenn keine hinreichenden Anhaltspunkte dafür gegeben sind, dass die gesetzlichen Betreuungsvoraussetzungen vorliegen" (BGH, Beschl. v. 8.5.2019 – XII ZB 506/18). Ein Verstoß gegen den Amtsermittlungsgrundsatz liegt aber vor, wenn der Richter in seiner Entscheidung Sachverhalte wie die Eignung oder die Redlichkeit eines Vorsorgebevollmächtigten bzw. vorgeschlagenen Betreuers in Zweifel zieht und sich hierbei auf Mitteilungen Dritter beruft, ohne diese Personen – unter Umständen sogar persönlich – zu den von Dritten mitgeteilten Tatsachen anzuhören (BGH, Beschl. v. 11.12.2024 – XII ZB 251/24). Der Anhörung kommt somit „auch in den Fällen, in denen sie nicht durch Gesetz vorgeschrieben ist, eine zentrale Stellung im Rahmen der gemäß § 26 FamFG von Amts wegen durchzuführenden Ermittlungen zu". 71

10. Verfahrenspfleger

10.1 Bestellung in Betreuungsverfahren

72 Menschen, die ihre eigenen Angelegenheiten nicht mehr erledigen können, geraten in einem Betreuungs- oder Unterbringungsverfahren schnell in die Gefahr, benachteiligt zu werden. Nach Art. 3 Abs. 3 Satz 2 GG darf aber niemand wegen seiner Behinderung benachteiligt werden. Daher ist es geboten, dass ein Verfahrenspfleger vom Gericht bestellt wird, damit die Verfahrensrechte des Betroffenen wahrgenommen werden (BVerfG, Beschl. v. 6.7. 2020 – 1 BvR 2843/17, Rn. 17). Dies gilt grundsätzlich auch, wenn die beabsichtigte Entscheidung dem natürlichen Willen des Betroffenen entspricht. Damit er nicht zum bloßen Objekt im Verfahren degradiert wird, muss er zur Kompensation seiner Behinderung fachkundige Unterstützung haben, also eine Person, die seine Interessen wahrnimmt und ihn gegen das Gericht, aber auch andere Beteiligte und deren nicht immer altruistischen Belange verteidigt. Deshalb bestimmt § 276 Abs. 1 Satz 1 FamFG, dass ein Verfahrenspfleger bestellt werden muss, „wenn dies zur Wahrnehmung der Interessen des Betroffenen erforderlich ist".

10.1.1 Regelbeispiel für die Erforderlichkeit zur Wahrnehmung der Interessen

73 Der allgemeine Grundsatz wird durch zwei Regelbeispiele erläutert, zum einen, wenn ausnahmsweise von der persönlichen Anhörung nach § 276 Abs. 1 Satz 2 Nr. 1, 278 Abs. 4 FamFG abgesehen werden soll (siehe Rn. 53 ff.) zum anderen wenn die Bestellung eines Betreuers oder die Anordnung eines Einwilligungsvorbehalts gegen den erklärten Willen des Betroffenen erfolgen soll. Das Gesetz gilt nach dem Wortlaut der zweiten Alternative nur für die Verfahren zur Bestellung eines Betreuers. Prüft das Gericht aber auf Wunsch des Betroffenen die Aufhebung einer Betreuung, dann gilt das Regelbeispiel aber entsprechend.

10.1.2 Bestellung des Verfahrenspflegers in Betreuungssachen außerhalb der benannten Regelbeispiele

74 Liegt kein Regelfall vor, hängt die Frage der Notwendigkeit der Bestellung vom Grad der Krankheit oder Behinderung sowie von der Bedeutung des jeweiligen Verfahrensgegenstands ab. Für die Einzelfallentscheidung ist zu beachten: „Je weniger der Betroffene in der Lage ist, seine Interessen selbst wahrzunehmen, je eindeutiger erkennbar ist, dass die geplanten Betreuungsmaßnahmen gegen seinen natürlichen Willen erfolgen und je schwerer und nachhaltiger der beabsichtigte Eingriff in die Rechte des Betroffenen ist, umso dringender erforderlich ist die Bestellung des Verfahrenspflegers" (BGH, Beschl. v. 9.5.2018 – XII ZB 577/17, Rn. 11). Die Anordnung eines Einwilligungsvorbehalts für vermögensrelevante Entscheidungen erfüllt z. B. mit Sicherheit diese Kriterien.

10.2 Besonderheit in Unterbringungssachen

75 § 317 FamFG kennt keine Regelbeispiele. Dafür bestimmt § 317 Abs. 1 Satz 2 FamFG, dass die Bestellung insbesondere erforderlich ist, wenn von einer Anhörung des Betroffenen abgesehen werden soll. Zu weiteren Besonderheiten der Verfahrenspflegerbestellung in Unterbringungssachen siehe A 6, Rn. 261.

10.3 Verfahrenspfleger für Sterilisation oder ärztliche Zwangsmaßnahme

76 Bei der Sterilisation ist die Verfahrenspflegerbestellung stets erforderlich, wenn nicht ein geeigneter Verfahrensbevollmächtigter (vor allem Rechtsanwalt) bestellt wurde, § 297 Abs. 5 FamFG. Ausnahmslos zwingend vorgeschrieben ist auch die Bestellung eines Verfahrenspflegers, wenn es um die Genehmigung der Einwilligung in eine ärztliche Zwangsmaßnahme geht, § 276 Abs. 1 Satz 3 FamFG. Dies ist in beiden Fällen der besonderen Schwere des Eingriffs geschuldet.

10.4 Absehen von der Bestellung

10.4.1 Absehen im Betreuungsverfahren

Von der Bestellung kann trotz Regelbeispiels in den Fällen des § 276 Abs. 1 Satz 2 FamFG 77 abgesehen werden, wenn ein Interesse des Betroffenen an der Bestellung des Verfahrenspflegers offensichtlich nicht besteht, § 276 Abs. 2 FamFG. Aus der Formulierung „offensichtlich" ergibt sich, dass das Fehlen eines Interesses evident sein muss. Die Feststellung, „dass aufgrund der durchgeführten Ermittlungen die Betreuungsbedürftigkeit" und „die Geeignetheit des Betreuers offenkundig" seien, genügt nicht. Die Behauptung des Gerichts, dass alle Voraussetzungen für eine Betreuung vorliegen, steht am Schluss der Ermittlungen und des Verfahrens. Die Wahrnehmung der Interessen des Betroffenen ist aber gerade auf dem Weg des Gerichts zur Entscheidungsreife notwendig und vorgeschrieben. Zur Vermeidung einer derartigen richterlichen „Bevormundung", hat der Gesetzgeber bestimmt, dass sich die Offensichtlichkeit auf das mangelnde „Interesse an der Bestellung eines Verfahrenspflegers" bezieht und nicht darauf, ob der Betreuungsbedarf für das Gericht offensichtlich ist.

Von der Bestellung eines Verfahrenspflegers soll aber unter den Voraussetzungen des § 276 77a Abs. 1 Satz 2 Nr. 2 FamFG dann abgesehen werden können, wenn das Gericht nicht in nennenswerte Tatsachenermittlungen eintritt. Der BGH begründet dies damit, dass bei unveränderter Sachlage die Bestellung eines Verfahrenspflegers nur einen rein formalen Charakter hätte (BGH, Beschl. v. 5.2.2025 – XII ZB 431/24). Dem widerspricht aber das BGH-Argument (s. o.), dass die Wahrnehmung der Interessen des Betroffenen gerade auf dem Weg des Gerichts zur Entscheidungsreife notwendig und vorgeschrieben ist. Dies muss wohl auch gelten, wenn das Gericht „kurzen Prozess" machen will.

Dieser Ausnahmefall muss gemäß § 276 Abs. 2 Satz 2 FamFG vom Gericht im Beschluss 78 begründet werden. Ist in erster Instanz die Bestellung eines Verfahrenspflegers unterblieben, hat das Landgericht für die Beschwerdeinstanz das Vorliegen der Voraussetzungen des § 276 Abs. 1 FamFG erneut zu prüfen und seine Entscheidung zu begründen. Fehlt auch in der Entscheidung des Beschwerdegerichts eine Begründung, wird der Beschluss in der Rechtsbeschwerde regelmäßig aufgehoben, weil der BGH nicht prüfen kann, ob das Gericht von seinem Ermessen Gebrauch gemacht hat und die Entscheidung ermessensfehlerfrei zustande gekommen ist (BGH, Beschl. v. 5.6.2024 – XII ZB 521/23). Das vom BGH angesprochene Ermessen beschränkt sich aber nur auf die Entscheidung, von der Bestellung trotz vorliegender Regelbeispiele abzusehen, weil offensichtlich kein Interesse des Betroffenen an der Bestellung eines Verfahrenspflegers besteht. Das Gericht könnte also sein Ermessen so ausüben, dass auch bei offensichtlich fehlendem Interesse ein Verfahrenspfleger bestellt wird.

Achtung: Im Übrigen gibt es kein Ermessen, wenn die Bestellung zur Wahrnehmung der 79 Interessen erforderlich ist, da § 276 Abs. 1 Satz 1 FamFG mit der Formulierung „Hat dem Betroffenen einen Verfahrenspfleger zu bestellen" jede Ermessensentscheidung ausschließt.

10.4.2 Absehen von der Bestellung in Unterbringungssachen

In Unterbringungssachen muss das Gericht das Absehen von der Bestellung eines Verfahrens- 80 pflegers immer begründen, § 317 Abs. 2 FamFG. Eine Ablehnung, weil an der Bestellung eines Verfahrenspflegers offensichtlich kein Interesse des Betroffenen besteht, ist im Gegensatz zum Betreuungsverfahren nicht vorgesehen.

10.5 Verfahrenspfleger muss sofort bestellt werden!

Aufgrund der besonderen Bedeutung des Verfahrenspflegers muss dieser sofort bestellt 81 werden, damit er die krankheitsbedingten Defizite des Betroffenen im Verfahren rechtzeitig ausgleichen kann. Wird die Notwendigkeit der Bestellung erst im Verlauf des Verfahrens erkennbar, muss er ab diesem Zeitpunkt bestellt werden. Das kann der Fall sein, wenn erst bei der Anhörung erkennbar wird, dass der Betroffene seine Interessen nicht selbst wahrnehmen kann oder wenn ein Verfahrensbevollmächtigter während des Verfahrens wegfällt. Der Grund für die späte Bestellung des Verfahrenspflegers muss im Beschluss nachvollziehbar dargestellt und begründet werden. Hat die Anhörung des Betroffenen bereits vor der Bestellung stattgefunden, muss die Anhörung nachgeholt werden. Der BGH macht dies davon abhängig, dass der Verfahrenspfleger die erneute Anhörung verlangt (BGH, Beschl. v. 14.2.2018 – XII ZB 465/17).

10.6 Rechte und Aufgaben des Verfahrenspflegers

10.6.1 Pflichten gemäß § 276 Abs. 3 Satz 1 und § 317 Abs. 3 Satz 1 FamFG

82 Der Verfahrenspfleger hat

- die Wünsche, hilfsweise den mutmaßlichen Willen (siehe A 3, Rn. 21), des Betroffenen festzustellen und im gerichtlichen Verfahren zur Geltung zu bringen,
- den Betroffenen über Gegenstand, Ablauf und möglichen Ausgang des Verfahrens in geeigneter Weise zu informieren und
- ihn bei Bedarf bei der Ausübung seiner Rechte im Verfahren zu unterstützen.

83 Der Verfahrenspfleger ist nicht gesetzlicher Vertreter des Betroffenen. Dieser schon immer geltende Grundsatz wird nunmehr ausdrücklich im Gesetz angeführt, § 276 Abs. 3 Satz 3 , § 317 Abs. 3 Satz 3 FamFG. Dies ist schon dem Umstand geschuldet, dass der Betroffene im Gegensatz zum Verfahrensbevollmächtigten keinen Einfluss auf den Verfahrenspfleger hat und auch von ihm nicht umfassend über das Verfahren hinaus informiert werden muss. Das Wissen des Verfahrenspflegers darf deshalb auch nicht dem Betroffenen in anderen Verfahren, z. B. in einem Zivilverfahren gegen die Klinik, zugerechnet werden. Der Verfahrenspfleger ist also auch kein Wissensvertreter des Betroffenen (a. A. OLG Dresden, Beschl. v. 28.7.2025 – 4 U 580/25, Rn. 11).

10.6.2 Rechte des Verfahrenspflegers

Teilnahme an der persönlichen Anhörung des Betroffenen

84 Der Verfahrenspfleger muss die Verfahrensrechte des Betroffenen wahren (z. B. Anspruch auf rechtliches Gehör). Deshalb ist das Betreuungsgericht, aber auch das Beschwerdegericht verpflichtet, ihm die Möglichkeit einzuräumen, an der persönlichen Anhörung des Betroffenen teilzunehmen. Ein Verstoß gegen diese elementare Verpflichtung führt dazu, dass die persönliche Anhörung des Betroffenen verfahrensfehlerhaft wäre und eine Betreuerbestellung durch das Rechtsbeschwerdegericht aufgehoben werden müsste. Das Gesetz formuliert dies in § 278 Abs. 2 Satz 3 und § 319 Abs. 2 Satz 2 FamFG nunmehr dahingehend, dass die persönliche Anhörung in dessen Anwesenheit stattfinden soll. Aufgrund der zentralen Bedeutung der persönlichen Anhörung des Betroffenen muss die fehlende Anwesenheit auf gut begründete Ausnahmetatbestände beschränkt bleiben. Dies gilt auch in folgenden Fällen:

- Das Betreuungsgericht bemerkt erst nach der persönlichen Anhörung des Betroffenen, aber noch vor der Endentscheidung die Notwendigkeit der Bestellung eines Verfahrenspflegers.
- die Ladung des bestellten Verfahrenspflegers erfolgte nicht oder zu spät
- in allen sonstigen Fällen einer unfreiwilligen Abwesenheit des Verfahrenspflegers

85 In der Folge muss in diesen Fällen auf Verlangen des Verfahrenspflegers und wohl auch des Betroffenen die persönliche Anhörung wiederholt werden. Das Betreuungsgericht wird, um das Verfahren fair zu gestalten, den Verfahrenspfleger und den Betroffenen über diese Möglichkeit informieren müssen (vgl. zum Ganzen BGH, Beschl. v. 15.5.2019 – XII ZB 57/19, Rn. 9 ff.).

Weitere Rechte des Verfahrenspflegers

86 Der Verfahrenspfleger muss auch selbst „angehört" werden, wobei keine persönliche Anhörung geboten ist und die Einräumung einer Frist zur schriftlichen Stellungnahme genügt, § 279 Abs. 1 FamFG bzw. § 320 Satz 1 FamFG. Bei seiner Tätigkeit muss der Verfahrenspfleger den Betroffenen bei der Ausübung seiner Rechte im Verfahren unterstützen. Er muss sich aber immer im Klaren darüber sein, dass er kein „Vertreter" ist. Sieht der Verfahrenspfleger, dass der Betroffene Verfahrenskostenhilfe im Betreuungsverfahren beantragen könnte, kann er den

Betroffenen darauf hinweisen, das erforderliche Formular mit ihm zusammen auszufüllen, oder den Betreuer bitten, dies zu erledigen. Er kann aber in keinem Fall Verfahrenskostenhilfe als Vertreter des Betroffenen bei Gericht beantragen (BGH, Beschl. v. 5.7.2023 – XII ZA 13/23).

10.7 Der Verfahrenspfleger ist unabhängig

Der Verfahrenspfleger muss die Interessen des Betroffenen wahrnehmen und kann dies nur, 87 wenn er unabhängig und weisungsfrei gegenüber dem Gericht auftreten kann. Es kann deshalb von ihm nicht verlangt werden, dass er ein Gutachten mit dem Betroffenen bespricht, wenn die Gefahr besteht, dass der Betroffene durch die Übermittlung einen gesundheitlichen Schaden erleiden könnte und deshalb das Gericht von der Mitteilung absehen will. Der Verfahrenspfleger darf sich nicht zum Gehilfen des Gerichts degradieren lassen und das Gericht darf ihm keine derartigen Anweisungen erteilen. Es steht dem Verfahrenspfleger allerdings frei, das Gutachten mit dem Betroffenen zu besprechen, wenn er dies für richtig hält. Der BGH macht aber ein Absehen von der Übersendung eines Gutachtens wegen einer gesundheitlichen Gefährdung gemäß § 288 Abs. 1 FamFG davon abhängig, dass der Verfahrenspfleger das Gutachten erhält und „zusätzlich die Erwartung gerechtfertigt ist, dass der Verfahrenspfleger mit dem Betroffenen über das Gutachten spricht (...)". Letzteres setze sogar einen entsprechenden Hinweis des Betreuungsgerichts an den Verfahrenspfleger voraus. Der BGH verkennt den Status des Verfahrenspflegers vollends, wenn er aktuell fordert, dass die Übersendungsverfügung die „Maßgabe" für den Verfahrenspfleger enthalten müsse, dass er das Gutachten mit dem Betroffenen zu besprechen habe (BGH, Beschl. v. 1.2.2023 – XII ZB 130/22).

10.8 Sonstiges

10.8.1 Wer Verfahrenspfleger werden kann

Betreuungsvereine und Betreuungsbehörden scheiden als Verfahrenspfleger aus, da nur 88 natürliche Personen bestellt werden dürfen. Ein beruflicher Verfahrenspfleger soll nur dann bestellt werden, wenn kein ehrenamtlicher Verfahrenspfleger zur Verfügung steht. In der Praxis werden überwiegend beruflich tätige Verfahrenspfleger bestellt, da geeignete ehrenamtliche Personen kaum zu finden sind. Das Betreuungsgericht kann die Betreuungsbehörde auffordern, einen geeigneten Verfahrenspfleger vorzuschlagen, § 276 Abs. 4 FamFG, § 11 Abs. 1 Satz 1 Nr. 5 BtOG.

10.8.2 Kostentragungspflicht, Vergütung und Aufwendungsersatz

Dem Verfahrenspfleger dürfen keine Kosten auferlegt werden, § 276 Abs. 7, § 317 Abs. 7 89 FamFG. Zu Vergütung und Aufwendungsersatz siehe § 277 FamFG.

10.8.3 Rechtsmittel und Verfassungsbeschwerde der Verfahrenspfleger

Rechtsmittel kann der Verfahrenspfleger nur im eigenen Namen einlegen, § 303 Abs. 3, § 335 90 Abs. 2 FamFG. Hat der Verfahrenspfleger eine Beschwerde eingelegt, kann er gemäß § 62 Abs. 3 FamFG nach Erledigung der Hauptsache die Feststellung der Rechtswidrigkeit der angefochtenen Entscheidung beantragen, wenn ein berechtigtes Interesse an der Feststellung besteht. Das BVerfG gesteht ihm auch das Recht zur Erhebung der Verfassungsbeschwerde zu, selbst wenn die anzugreifende Entscheidung bereits in Rechtskraft erwachsen ist und die Bestellung des Verfahrenspflegers gemäß § 276 Abs. 5 FamFG beendet wäre (BVerfG, Beschl. v. 22.5.2013 – 1 BvR 372/13, Rn. 6 ff.).

10.8.4 Beginn und Ende der Verfahrenspflegschaft

Beginn

Die Bestellung des Verfahrenspflegers wird nach der allgemeinen Vorschrift des § 40 Abs. 1 91 FamFG mit der Bekanntgabe (§ 15 Abs. 2, § 41 Abs. 2 FamFG) an den zu bestellenden

Verfahrenspfleger wirksam. Dem Betroffenen und anderen Beteiligten ist die Bestellung nach § 41 Abs. 1 Satz 1 FamFG bekannt zu geben.

Ende

92 Die Verfahrenspflegschaft endet mit Rechtskraft der Endentscheidung oder bei sonstigem Abschluss des Verfahrens. Die Regelungen für das Betreuungs- und Unterbringungsverfahren in § 276 Abs. 6 und § 317 Abs. 6 FamFG sind wortgleich. Die Bestellung erfolgt für das gesamte Verfahren, sodass in der Beschwerdeinstanz keine erneute Bestellung erfolgen muss. Eine Aufhebung ist nur bei Änderung der Sachlage möglich, wenn die „Wahrnehmung der Interessen des Betroffenen" nicht mehr erforderlich wäre. Gesetzlich vorgesehen ist diese Möglichkeit bei Bestellung eines Verfahrensbevollmächtigten, § 276 Abs. 5, § 317 Abs. 5 FamFG.

Hinweis:

In den Endentscheidungen der Rechtspfleger wird häufig die Verfahrenspflegschaft ohne Angabe von Gründen aufgehoben. Dies ist falsch und verhindert nur, dass der Verfahrenspfleger Rechtsmittel einlegen kann. Eine Aufhebung ist nur möglich, wenn die Voraussetzungen für die Verfahrenspflegerbestellung weggefallen sind.

10.8.5 Verhältnis Verfahrensbevollmächtigter versus Verfahrenspfleger

93 Die Bestellung eines Verfahrenspflegers soll unterbleiben oder aufgehoben werden, wenn die Interessen des Betroffenen von einem Rechtsanwalt oder einem anderen geeigneten Verfahrensbevollmächtigten vertreten werden, § 276 Abs. 5, § 317 Abs. 5 FamFG. Dies gilt auch, wenn im Rahmen einer Verfahrenskostenhilfe ein Rechtsanwalt beigeordnet wird, § 78 FamFG.

94 Es handelt sich um eine Soll-Bestimmung. Häufig ist ein Nebeneinander von Verfahrenspfleger und Verfahrensbevollmächtigtem gerechtfertigt, wenn die sachgerechte Wahrnehmung der Interessen des Betroffenen nicht gesichert ist. Der Betroffene ist verfahrensfähig und könnte daher krankheitsbedingt jederzeit die Vertretung durch einen Verfahrensbevollmächtigten beenden und müsste dann auf eine sachgerechte Vertretung seiner Interessen verzichten.

11. Sachverständigengutachten und ärztliches Zeugnis

95 Die Klärung der medizinischen Vorfragen ist ein wesentlicher Bestandteil des Betreuungs- und Unterbringungsverfahrens, wobei sich viele Fragen nur über Sachverständige beantworten lassen. Der Einfluss der medizinischen Sachverständigen auf die Entscheidung ist daher enorm.

11.1 Anwendbare Vorschriften, §§ 30, 280 bis 284, 321, 322 FamFG, §§ 402 bis 414 ZPO

11.1.1 Förmliche Beweisaufnahme

96 Die §§ 280 bis 284 FamFG befassen sich mit der „Einholung eines Gutachtens". § 280 Abs. 1 Satz 1 und § 321 Abs. 1 FamFG bestimmen, dass vor der „Bestellung eines Betreuers oder der Anordnung eines Einwilligungsvorbehalts (...) und vor einer Unterbringungsmaßnahme eine förmliche Beweisaufnahme durch Einholung eines Gutachtens über die Notwendigkeit der Maßnahme stattzufinden" hat. Die Ablehnung einer Betreuung, eines Einwilligungsvorbehalts oder einer Unterbringungsmaßnahme kann dagegen ohne Gutachten erfolgen. Allerdings kann sich bei der ablehnenden Entscheidung die Notwendigkeit der Einholung eines Gutachtens aus der Pflicht zur Amtsermittlung ergeben, § 26 FamFG (BGH, Beschl. v. 2.8.2023 – XII ZB 303/22 Leitsatz a).

96a Die gesetzliche Forderung einer „förmlichen Beweisaufnahme" führt zu § 30 Abs. 1 FamFG, der wiederum auf die §§ 402 bis 414 ZPO verweist.

11.1.2 Gutachten bei Vorfragen

Die Pflicht zur Erholung eines Gutachtens gilt nicht für alle Vorfragen wie die Frage nach der Geschäftsfähigkeit des Betroffenen bei Ausstellung einer Vorsorgevollmacht. Wird dem Gericht eine Vollmacht vorgelegt, die eine Betreuung gemäß § 1814 Abs. 3 Satz 2 Nr. 1 BGB verhindern würde, muss es prüfen, ob der Betroffene zum Zeitpunkt der Erstellung der Vollmacht geschäftsfähig war. Für die Geschäftsfähigkeit spricht zwar eine Vermutung, die aber häufig durch entsprechende Sachverhalte infrage gestellt wird. Obwohl sich die Vollmacht auf die „Notwendigkeit der Maßnahme" auswirkt, soll die Frage der Geschäftsfähigkeit nicht zwingend durch ein Gutachten gemäß § 280 Abs. 1 Satz 1 FamFG zu klären sein (BGH, Beschl. v. 29.7.2020 – XII ZB 106/20, Rn. 14). Im Ergebnis wird aber immer ein Gutachten erforderlich sein, da die Geschäftsfähigkeit zwar ein Rechtsbegriff ist, der sich aber ohne medizinischen Befund nicht klären lässt, §§ 26, 30 Abs. 1 FamFG. 97

11.2 Voraussetzung für die Einholung eines Gutachtens

11.2.1 Hinreichende Anhaltspunkte für die „Einholung eines Gutachtens"

Das Betreuungsgericht muss bereits vor der Beauftragung des Gutachters prüfen, ob hinreichende Anhaltspunkte für die Notwendigkeit einer Betreuung, eines Kontrollbetreuers, eines Einwilligungsvorbehalts oder einer Unterbringungsmaßnahme festgestellt werden können. Allerdings muss das Gericht die zur Feststellung der entscheidungserheblichen Tatsachen erforderlichen Ermittlungen durchführen. Bei dieser Gratwanderung darf man nicht „einzelne Indizien isoliert in den Blick" nehmen. Geboten ist eine „Gesamtschau", die eine Prognose zu der Frage ermöglicht , „ob mit hinreichender Wahrscheinlichkeit" eine Betreuung oder ein Einwilligungsvorbehalt angeordnet oder eine Unterbringungsmaßnahme genehmigt werden muss (BGH, Beschl. v. 5.11.2025 – XII ZB 105/25). 98

Das gebietet schon der Verhältnismäßigkeitsgrundsatz, weil die Begutachtung für den Betroffenen sehr belastend und bei Bekanntwerden auch „stigmatisierend" sein kann. Da bereits der Gutachtensauftrag einen Eingriff darstellt, muss vor dem Auftrag der Betroffene „Gelegenheit haben, die Willensbildung des Gerichts zu beeinflussen". Dies gilt umso mehr, als die Entscheidung, ein Gutachten zu erholen, unanfechtbar ist (siehe unten). 98a

11.2.2 Obligatorisches Gutachten auch bei offenkundigem Betreuungsbedarf

Abgesehen von den gesetzlich bestimmten Ausnahmen ist die Einholung eines Gutachtens in den Fällen des § 280 Abs. 1 Satz 1 FamFG immer obligatorisch (BGH, Beschl. v. 24.7.2019 – XII ZB 160/19). Der Einwand, dass „aus ärztlicher Sicht bereits auf der Grundlage anderer Erkenntnisse der sichere Schluss auf eine erkrankungsbedingte Betreuungsbedürftigkeit gezogen werden könnte", macht ein neues Gutachten nicht obsolet. Das auch zu Recht, da es ansonsten zu einem ungeprüften Fort- bzw. Abschreiben alter Gutachten kommen würde. Das Betreuungsgericht kann aber in bestimmten Fällen von der Einholung eines Gutachtens absehen und seiner Entscheidung ein ärztliches Zeugnis zugrunde legen (siehe unten). 99

11.2.3 Einhaltung von Verfahrensvorschriften und anderer Förmlichkeiten

Ein förmlicher Beweisbeschluss ist die Regel, wird entgegen § 358 ZPO allerdings nicht für erforderlich gehalten. Das Gutachten muss nicht zwingend schriftlich erstellt werden. Da allerdings Art und Ausmaß der Erkrankung, die Vorgeschichte und die durchgeführten Untersuchungen darzustellen und wissenschaftlich zu begründen sind, erscheint die mündliche Erstellung eines Gutachtens kaum möglich. 100

Hinweis:

Mündliche Gutachten sind nur ausnahmsweise (z. B. Ergänzung eines bereits vorliegenden Gutachtens) unter den folgenden Voraussetzungen möglich:

Zu einem mündlichen Gutachten müssen sich die Beteiligten gemäß § 37 Abs. 2 FamFG zum einen sinnvoll äußern können; zum anderen gebietet § 28 Abs. 4 FamFG, dass das mündliche Gutachten in einem Aktenvermerk festgehalten wird, der wohl den Anforderungen an ein schriftliches Gutachten entsprechen müsste. Das Gericht muss den Betroffenen auf die Möglichkeit einer Stellungnahmefrist hinweisen und seine Anhörung nach Fristablauf erneut durchführen. Ansonsten wäre es weder den Beteiligten noch den Rechtsmittelgerichten möglich, das mündliche Gutachten zu bewerten (BGH, Beschl. v. 9.2.2022 – XII ZB 159/21).

11.2.4 Qualifikation des Gutachters

In Betreuungsverfahren, § 280 Abs. 1 Satz 2 FamFG

101 Der Sachverständige soll Facharzt für Psychiatrie oder ein in der Psychiatrie erfahrener Arzt sein. Nicht jede Facharztbezeichnung genügt. Bei einem Facharzt für Innere Medizin, Geriatrie oder Allgemeinmedizin lässt sich die Qualifikation nicht allein aus der Facharztbezeichnung des Arztes ableiten. Das Gericht muss dann gesondert prüfen, ob der Gutachter wenigstens Erfahrungen auf dem Gebiet der Psychiatrie hat, und dies in der Entscheidungsbegründung abhandeln. Eine Abweichung von der Soll-Vorschrift ist zwar grundsätzlich möglich und etwa bei körperlichen Behinderungen sogar geboten, muss aber wegen des „Ausnahmecharakters" in der gerichtlichen Entscheidung besonders begründet werden (BGH, Beschl. v. 23.11.2016 – XII ZB 385/16). Bei den Mitarbeitern der gerichtsärztlichen Dienste (Landgerichtsärzte) kann das Gericht davon ausgehen, dass sie insbesondere aufgrund ihrer Ausbildung und praktischen Erfahrungen im gerichtsärztlichen Dienst den Anforderungen des § 280 Abs. 1 Satz 2 FamFG genügen (BGH, Beschl. v. 16.10.2013 – XII ZB 320/13).

Hinweis:

Die Facharztbezeichnungen und deren Inhalte finden sich auf der Homepage der Bundesärztekammer in der sog. (Muster-)Weiterbildungsordnung 2018 unter https://www.bundesaerztekammer.de/fileadmin/user_upload/downloads/pdf-Ordner/Weiterbildung/20210630_MWBO_2018.pdf.

102 Allerdings kann ein an sich nicht qualifizierter Arzt die Qualifikation erreichen, wenn er das Fachwissen anderer Ärzte einbezieht (vgl. dazu BT-Drucks. 17/12086, S. 12). Zu dieser Verwertung fremden Fachwissens müssen aber ausreichende Ausführungen im Gutachten oder ärztlichen Zeugnis bei Unterbringungen gemacht werden (z. B. Qualifikation des anderen Arztes, Art der Vermittlung des fremden Fachwissens). In der Praxis erscheint dieser Weg der Wissensvermittlung nur im Ausnahmefall zielführend.

In Unterbringungssachen, § 321 Abs. 1 Satz 4 FamFG

103 Der Sachverständige soll Arzt für Psychiatrie sein bzw. muss zumindest Erfahrung auf dem Gebiet der Psychiatrie vorweisen können. Im Gegensatz zum Betreuungsverfahren ist die Qualifikation keine durchgehende Soll-Vorschrift, sondern wenigstens bei der zweiten Alternative zwingend. Fehlt die einschlägige Facharztbezeichnung, müssen Erfahrungen auf dem Gebiet der Psychiatrie vorliegen.

Qualifikation bei einstweiligen Anordnungen und einstweiligen Maßnahmen

104 Im Betreuungsverfahren genügt es, wenn ein Arzt das ärztliche Zeugnis ausstellt. In Unterbringungsverfahren muss der ausstellende Arzt zumindest Erfahrung auf dem Gebiet der

Psychiatrie haben, § 331 Satz 1 Nr. 2 FamFG; Ausnahme: unterbringungsähnliche Maßnahmen gemäß § 321 Abs. 2 FamFG.

Qualifikation des Ausstellers eines Gutachtens oder ärztlichen Zeugnisses		
	Betreuungssachen	**Unterbringungssachen**
Hauptverfahren	**In der Regel Gutachten:** Sachverständiger **soll** Arzt für Psychiatrie oder Arzt mit Erfahrung auf dem Gebiet der Psychiatrie sein.	**Immer Gutachten:** Sachverständiger **soll** Arzt für Psychiatrie sein; er **muss** Erfahrung auf dem Gebiet der Psychiatrie haben.
Einstweilige Anordnung	**Ärztliches Zeugnis** genügt; Qualifikation: **Arzt mit Approbation** genügt.	**Ärztliches Zeugnis, aber ...** **Aussteller soll** Arzt für Psychiatrie sein; er **muss** Erfahrung auf dem Gebiet der Psychiatrie haben. **Ausnahme:** Freiheitsentziehende Maßnahmen: **Arzt mit Approbation genügt!**

11.2.5 Behandelnder Arzt bzw. Hausarzt als Sachverständiger

Auch der behandelnde Arzt bzw. Hausarzt kann grundsätzlich als Gutachter bestellt werden. 105
Besonders häufig geschieht dies, wenn der Betroffene in einem psychiatrischen Krankenhaus – geschlossen – untergebracht ist. Dies ist aber im Hinblick auf das Arzt-Patienten-Verhältnis, die Schweigepflicht und die Strafbarkeit gemäß § 203 Abs. 1 Nr. 1 StGB untunlich. Selbstverständlich muss auch bei ihm zunächst die erforderliche Qualifikation geprüft werden. Bei der Untersuchung oder Befragung muss er dem Betroffenen gegenüber „deutlich zu erkennen geben, dass er jetzt als Gutachter tätig sein wird" und er kann sich für sein Gutachten nicht darauf beschränken, die im Zuge der bisherigen Behandlung gewonnenen Erkenntnisse zu verwerten. Allein die Mitteilung der Bestellung eines Gutachters verhindert nämlich nicht, dass der Betroffene davon ausgeht, dass ihm „sein" Arzt weiter als Behandler gegenübertritt. Er muss auch nicht ohne Weiteres mit einer Begutachtung für ein Gericht rechnen. In jedem Fall muss die immer erforderliche und unverzichtbare persönliche Untersuchung oder Befragung des Betroffenen gesondert durch den bestellten Gutachter durchgeführt werden, § 280 Abs. 2 Satz 1, § 321 Abs. 1 Satz 2 FamFG. Schließlich wird der behandelnde Arzt auch die Frage der Entbindung von der Schweigepflicht ansprechen müssen, da ihm die Bestellung zum Gutachter allein nicht erlaubt, seine ärztliche Schweigepflicht zu brechen. Dies alles muss sich auch aus den Feststellungen des Gerichts, der Endentscheidung oder dem Akteninhalt ergeben. Vgl. zum Ganzen BGH, Beschl. v. 7.2.2024 – XII ZB 130/23.

11.2.6 Persönlicher Ausschluss des Gutachters bei Vorbegutachtung oder des Arztes der Einrichtung

Will das Betreuungsgericht die Unterbringung eines Betreuten über eine Dauer von vier 106
Jahren hinaus verlängern, soll ein Sachverständiger nicht mehr bestellt werden, der den Betroffenen bisher behandelt oder begutachtet hat oder in der Einrichtung tätig ist, in der der Betroffene untergebracht ist. Ausnahmen von dieser Soll-Vorschrift müssen besonders begründet werden. Der Vollzug von vier Jahren ist schon dann überschritten, wenn während des Zeitraums der geplanten Verlängerung der Unterbringung die vier Jahre überschritten werden. Zum Ganzen siehe § 329 Abs. 2 Satz 2 FamFG (BGH, Beschl. v. 23.11.2016 – XVII ZB 458/16, Rn. 14).

11.2.7 Besondere Ausschlüsse bei ärztlichen Zwangsmaßnahmen

107 Zusätzlich soll es sich beim Aussteller nicht um den zwangsbehandelnden Arzt handeln, § 321 Abs. 1 Satz 5 FamFG. Dem schwerwiegenden Grundrechtseingriff soll ein neutrales Gutachten zugrunde liegen. Die Einführung eines Vier-Augen-Prinzips (behandelnder und begutachtender Arzt) ist dem Umstand geschuldet, dass „die Genehmigung einer ärztlichen Zwangsmaßnahme oder deren Anordnung bei dem Betroffenen zu einem besonders schweren Grundrechtseingriff führt, der über die mit der Unterbringung verbundenen Beschränkungen des Betroffenen hinausgeht" (BGH, Beschl. v. 30.10.2013 – XII ZB 482/13, Rn. 9). Es wäre in der Tat wenig überzeugend, wenn der zwangsbehandelnde Arzt, der eine Zwangsmaßnahme befürwortet, „unparteiisch und nach bestem Wissen und Gewissen" seinen eigenen Vorschlag kritisch begutachten soll. Eine Abweichung von dieser Soll-Vorschrift darf deshalb nur in „eng begrenzten Ausnahmefällen" erfolgen, wobei das Gericht diese Abweichung nachvollziehbar begründen muss. In der Regel wird eine Abweichung nur bei besonderer Eilbedürftigkeit in Betracht kommen. Auch der behandelnde Arzt (z. B. Hausarzt, Stations- oder Oberarzt, der mit der Zwangsbehandlung nicht befasst ist), soll nach Ansicht des BGH (a. a. O.) als Gutachter für die Zwangsbehandlung in der Regel nicht in Betracht kommen. Für die Unterbringung kann der behandelnde Arzt dagegen herangezogen werden.

108 Bei der Genehmigung einer Einwilligung in eine ärztliche Zwangsmaßnahme oder deren Anordnung mit einer Gesamtdauer von mehr als zwölf Wochen soll das Gericht keinen Sachverständigen bestellen, der den Betroffenen bisher behandelt oder begutachtet hat oder in der Einrichtung tätig ist, in der der Betroffene untergebracht ist, § 329 Abs. 3 FamFG. Die engen Grenzen für ein Abweichen von der Soll-Vorschrift (siehe oben) gelten auch für § 329 Abs. 3 FamFG.

108a Die Gesamtdauer umfasst nur die ununterbrochene Zeit der genehmigten ärztlichen Zwangsmaßnahme. Kurzzeitige Unterbrechungen einer Zwangsbehandlung (Medikament nicht verfügbar, kurze Entweichungen etc.) beeinflussen den Fristlauf nicht (BGH, Beschl. v. 4.6.2025 – XII ZB 412/24).

11.2.8 Persönliche Untersuchung oder Befragung des Betroffenen

109 Der Gutachter ist gemäß § 280 Abs. 2, § 321 Abs. 1 Satz 2 FamFG verpflichtet, den Betroffenen persönlich zu untersuchen oder zu befragen. Ein Telefongespräch oder eine Videokonferenz genügen nicht. Persönlich ist die Untersuchung oder Befragung nur, wenn die Kommunikation des Sachverständigen mit dem Betroffenen mit der „Gewinnung eines unmittelbaren persönlichen Eindrucks im Sinne einer unmittelbaren visuellen und akustischen Wahrnehmung des Betroffenen" einhergeht (vgl. BGH, Beschl. v. 4.11.2020 – XII ZB 220/20 zur persönlichen Anhörung gemäß § 278 FamFG). Der Gutachter muss dem Betroffenen vor der Untersuchung eröffnen, dass die Befragung oder Untersuchung der Gutachtenserstellung dient und nicht etwa der Behandlung (BGH, Beschl. v. 7.8.2013 – XII ZB 691/12).

11.2.9 Anhörung der Betreuungsbehörde soll vor der Einholung eines Gutachtens erfolgen

110 Das Ergebnis einer Anhörung der Betreuungsbehörde, die gemäß § 279 Abs. 2 FamFG, § 11 Abs. 1 Satz 2 Nr. 1, Abs. 2 und 3 BtOG hohe gesetzliche Standards zu erfüllen hat, muss der Sachverständige berücksichtigen, wenn der qualifizierte Sozialbericht ihm bei Erstellung des Gutachtens vorliegt. Dies will das Gesetz fördern, indem es gemäß § 278 Abs. 2 Satz 2 FamFG bestimmt, dass die Anhörung der Betreuungsbehörde vor der Einholung eines Gutachtens erfolgen soll. Diese Reihenfolge darf nicht dem Zufall überlassen bleiben. Alle Beteiligten müssen daher darauf drängen, dass der qualifizierte Sozialbericht möglichst schnell erstellt und dem Gutachter vorgelegt wird. Ein aussagekräftiger Bericht kann die Qualität des Gutachtens wesentlich erhöhen. Erreicht der qualifizierte Sozialbericht – entgegen der Soll-Vorschrift – den Gutachter vor der Erstellung nicht mehr, muss geprüft werden, ob aufgrund der Erkenntnisse in dem Bericht eine Ergänzung des Gutachtens vom Gericht angefordert werden muss.

11.3 Vorführung zur Untersuchung und Unterbringung zur Begutachtung

11.3.1 §§ 283, 322 FamFG: Vorführung zur Untersuchung

Nicht selten verweigern Betroffene jede Zusammenarbeit mit dem Gutachter. Eine Befragung 111
(Exploration) oder persönliche Untersuchung ist dann zunächst unmöglich. In diesem Fall kann das Betreuungsgericht gemäß § 283 Abs. 1 und 3 FamFG eine Vorführung oder die Unterbringung zur Begutachtung anordnen, § 284 FamFG. Der Vorführung „soll" eine persönliche Anhörung vorausgehen. Davon kann nicht mit der Begründung abgesehen werden, dass der Betroffene bereits früher eine Untersuchung und die Mitwirkung im Verfahren verweigert hat (BVerfG, Beschl. v. 24.6.2019 – 1 BvQ 51/19). Ärztliche Zeugnisse oder relevante Stellungnahmen müssen dem Betroffenen vorher zur Kenntnis übersandt werden.

11.3.2 §§ 284, 322 FamFG: Unterbringung zur Begutachtung

Vor einer Unterbringung zur Begutachtung muss der Betroffene persönlich angehört werden, 112
§ 284 Abs. 1 Satz 2 FamFG. Verweigert der Betroffene auch nach der Vorführung zur Untersuchung und Unterbringung zur Begutachtung eine „verbale Kommunikation", genügt es für eine Untersuchung, wenn sich der Gutachter wenigstens einen persönlichen Eindruck verschafft hat. Außerdem sollte der Gutachter dann verstärkt seine Erkenntnisse auf weitere Ermittlungen stützen – so z. B. frühere Anhörungen, Angaben aus dem sozialen Umfeld bzw. von pflegenden oder behandelnden Personen etc. (BGH, Beschl. v. 17.4.2019 – XII ZB 570/18, Rn. 15 f.).

11.3.4 Untersuchungskonzept vor Durchführung der Unterbringung zur Begutachtung

Problematisch ist die Unterbringung zur Begutachtung, wenn der Betroffene nicht zu einer 113
Zusammenarbeit mit dem psychiatrischen Sachverständigen bereit ist. Die Unterbringung dient regelmäßig der Beobachtung des Betroffenen. Diese Maßnahme muss aber den Verhältnismäßigkeitsgrundsatz strikt beachten und unerlässlich sein, um die Betreuungsvoraussetzungen feststellen zu können. Das heißt, es müssen vorab alle anderen Mittel ausgeschöpft sein, um zu einer Beurteilung zu kommen. Ferner ist ein konkretes Untersuchungskonzept erforderlich. Eine Totalbeobachtung ist unzulässig. Dem Gericht, das die Unterbringung zur Begutachtung anordnet, muss klar sein, was mit dem Betroffenen während der Unterbringung passiert, das heißt, es muss ein konkretes Untersuchungskonzept vorliegen (vgl. dazu BVerfG, Beschl. v. 9.10.2001 – 2 BvR 1523/01 zu der ähnlichen Regelung in § 81 StPO). Erweist sich die Unterbringung als ungeeignet für die Gewinnung neuer Erkenntnisse, muss sie beendet werden.

11.3.5 Anwesenheitsrecht Dritter bei der Untersuchung oder Befragung

Fraglich ist, ob Verfahrensbeteiligte wie Verfahrenspfleger, Verfahrensbevollmächtigte oder 114
Vertrauenspersonen bei der Exploration des Betroffenen durch den Sachverständigen anwesend sein können. Die Sachverständigen empfinden die Anwesenheit Dritter häufig als wenig zielführend und wollen ungestört mit dem Betroffenen reden. Aus dem Gesetz kann man keine Pflicht des Sachverständigen herleiten, den Dritten den Termin mitzuteilen. Ungeklärt ist auch, ob zumindest der Betroffene die Anwesenheit eines Dritten bei der Exploration verlangen kann. Im Hinblick auf die besondere Bedeutung des Gutachtens für die richterliche Entscheidung muss wohl allen, die für den Betroffenen auftreten und seine Interessen vertreten oder wahrnehmen (Verfahrenspfleger, Verfahrensbevollmächtigte, Beistände und Vertrauenspersonen), eine Teilnahme ermöglicht werden. Gemäß § 280 Abs. 1 Satz 1, § 321 Abs. 1 Satz 1 und § 30 FamFG i. V. m. § 404a Abs. 4 ZPO sollte der Betreuungsrichter dem Sachverständigen mitteilen, wann er den Beteiligten die Teilnahme an der Exploration gestatten muss. Ein Beteiligter, der Wert auf eine Teilnahme legt, sollte bei Gericht eine derartige Weisung an den Sachverständigen anregen (vgl. zum Ganzen BGH, Beschl. v. 8.3.2017 – XII ZB 507/16).

A

11.4 Notwendiger Inhalt des Gutachtens, § 280 Abs. 3 FamFG

115 Gutachten in Betreuungssachen müssen sich mit

- dem Krankheits- oder Behinderungsbild einschließlich dessen Entwicklung (Art und Ausmaß der Erkrankung, Vorgeschichte),
- den durchgeführten Untersuchungen und den diesen zugrunde gelegten Forschungserkenntnissen,
- dem körperlichen und psychischen Zustand des Betroffenen,
- dem aus medizinischer Sicht aufgrund der Krankheit oder Behinderung erforderlichen Unterstützungsbedarf und
- der voraussichtlichen Dauer der Maßnahme

befassen.

116 Neben diesen gesetzlichen Vorgaben muss sich das Gutachten auch auf die Frage der freien Willensbildung und die Erforderlichkeit der Betreuung erstrecken (BGH, Beschl. v. 4.3.2020 – XII ZB 485/19, Rn. 11 bis 13).

117 Gutachten in Unterbringungssachen müssen sich gemäß § 321 Abs. 1 Satz 1 und 3 FamFG auf die Notwendigkeit der Unterbringung und die Dauer der Unterbringungsmaßnahme erstrecken. Selbstverständlich muss der Gutachter auch zur psychischen Krankheit bzw. geistigen oder seelischen Behinderung Stellung nehmen.

118 Darüber hinaus müssen auch ohne gesetzliche Vorschriften ähnliche Vorgaben erfüllt werden wie im Betreuungsverfahren gemäß § 280 Abs. 3 FamFG. Das Gutachten wird sich daher mit Art und Ausmaß der Erkrankung auseinandersetzen, die Vorgeschichte skizzieren, die durchgeführten Untersuchungen darlegen und auch die sonstigen Erkenntnisse „darstellen und wissenschaftlich" begründen müssen. Eine schriftliche Darstellung erscheint angesichts dieser Vorgaben unabdingbar. Der Gutachter muss aber auch zur Einwilligungsunfähigkeit, zum aktuellen gesundheitlichen Zustand und zur Notwendigkeit der ärztlichen Zwangsmaßnahmen (Alternativen, Beeinträchtigung ohne Behandlung, mögliche Nachteile der ärztlichen Zwangsmaßnahme) Stellung nehmen. Selbstverständlich muss die Diagnose ausreichend bestimmt sein, sodass eine „Verdachtsdiagnose" weder für ein Gutachten noch für ein ärztliches Zeugnis genügt.

11.5 Funktion, Bedeutung, Nachvollziehbarkeit und Bestimmtheit des Gutachtens

119 Die Betreuung kann sich erheblich auf die Persönlichkeitsrechte des Betroffenen auswirken. Deshalb fordert die Rechtsprechung zu Recht eine „sorgfältige Sachverhaltsaufklärung zu den medizinischen Voraussetzungen einer Betreuerbestellung". Zu beachten ist daher, dass das Gericht aufgrund der Ausführungen des Sachverständigen in der Lage sein muss, die Richtigkeit seiner Schlussfolgerungen auf seine „wissenschaftliche Begründung, seine innere Logik und seine Schlüssigkeit hin zu überprüfen". Dies ist nur der Fall, wenn die Diagnose vom Gutachter nachvollziehbar begründet wird und deutlich erkennen lässt, welche Feststellungen bzw. Untersuchungsergebnisse die Diagnose rechtfertigen. Die dem Gutachten zugrunde gelegten Sachverhalte müssen auf korrekten Tatsachengrundlagen beruhen. Das Betreuungsgericht muss dies auch überprüfen. Häufig fehlen auch Tests oder Untersuchungen, die eine Diagnose begründen könnten (BGH, Beschl. v. 15.2.2017 – XII ZB 510/16).

120 Sachverständige neigen gelegentlich dazu, die Diagnose mit dem Hinweis zu relativieren, dass der Verdacht für eine bestimmte psychische Krankheit bestehe. Das Gutachten muss jedoch mit „hinreichender Sicherheit" ergeben, dass die Voraussetzungen für die Betreuung vorliegen. Eine bloße Verdachtsdiagnose des Sachverständigen genügt daher nicht (BGH, Beschl. v. 26.10.2016 – XII ZB 622/15).

11.6 Verwendung anderer Gutachten

11.6.1 Ersatz des Gutachtens durch anderweitig erstellte Gutachten

Das Gericht kann unter den engen Voraussetzungen des § 282 FamFG von der Einholung eines 121 Gutachtens absehen, soweit ein aussagekräftiges ärztliches Gutachten des Medizinischen Dienstes (MD) nach § 18 SGB XI vorliegt. In der Praxis wird aufgrund des komplexen Verfahrens davon kaum Gebrauch gemacht. Die sog. MD-Gutachten werden auch der erforderlichen Qualifikation der Aussteller (Ärzte!) nicht immer gerecht.

Das Betreuungsgericht kann gemäß § 280 Abs. 1 Satz 1, § 30 Abs. 1 und 2 FamFG und § 411a 122 ZPO das von einem Gericht oder einer Staatsanwaltschaft in einem anderen Verfahren angeordnete Gutachten verwenden. Das gilt insbesondere für ein Gutachten aus einem früheren Betreuungs- oder Unterbringungsverfahren. Allerdings müssen diese Gutachten zeitnah erstellt sein und die Voraussetzungen des § 280 Abs. 3 FamFG erfüllen. Die Einführung kann durch eine förmliche oder konkludente Entscheidung des Betreuungsgerichts erfolgen. Dem Betroffenen und den Beteiligten muss aber rechtliches Gehör zur Einbeziehung des Gutachtens gewährt werden. Wie ein normales Gutachten muss der volle Inhalt des ersetzenden Gutachtens allen Beteiligten zur Verfügung gestellt werden, und zwar vor der persönlichen Anhörung des Betroffenen (BGH, Beschl. v. 30.7.2025 – XII ZB 207/25). Fraglich ist, ob der Aussteller des einbezogenen Gutachtens sein Einverständnis erklären muss, da er sein Gutachten ja nur für ein anderes Verfahren erstellt und autorisiert hat. Sinnvoll und möglich ist ein Ersatz durch andere Gutachten wohl nur, wenn für den Betroffenen zeitnah ein Gutachten für andere Unterbringungs- oder Betreuungssachen erstellt wurde. Für strafrechtliche Gutachten zur Schuldfähigkeit oder aus einem Verfahren bei einem Sozialgericht bleibt dann nur die ergänzende, aber nicht eine ersetzende Verwendung, vgl. Rn. 123.

11.6.2 Ergänzung des aktuellen Gutachtens durch frühere Gutachten

Die Erstellung eines Gutachtens „muss grundsätzlich in jedem Verfahren eigenständig 123 erfolgen", also auch im nachfolgenden Unterbringungsverfahren, bei isolierter Erweiterung des Aufgabenbereichs oder der Anordnung eines Einwilligungsvorbehalts. Bei der Erstellung kann aber der Gutachter auf seine früheren Gutachten zurückgreifen, um sein aktuelles Gutachten zu ergänzen. Es handelt sich dabei nicht um einen Ersatz für das aktuell zu erstellende Gutachten, sondern um eine ergänzende Verwendung. Dies gilt insbesondere dann, wenn frühere Gutachten erst wenige Tage vorher erstattet wurden. Der Gutachter muss aber für das neue Gutachten seinen Kenntnisstand durch aktuelle Untersuchungen oder Befragungen ergänzen, damit er auch die neue Fragestellung fundiert beantworten kann (BGH, Beschl. v. 6.5.2020 – XII ZB 483/19, Rn. 10 und 11).

11.6.3 Privatgutachten

Legt ein Beteiligter ein nicht vom Gericht in Auftrag gegebenes Gutachten vor, handelt es sich 124 um ein sog. Privatgutachten, das ein gerichtliches Gutachten nicht ersetzen kann. Allerdings muss das Gericht das Privatgutachten prüfen und entscheidungserheblichen Widersprüchen von Amts wegen nachgehen. In der Regel wird das Gericht dann eine ergänzende Stellungnahme einholen oder den Sachverständigen mündlich anhören. Mit den Ergebnissen dieser „Nachermittlungen" und den „Streitpunkten zwischen den beiden Gutachten" muss sich das Gericht sorgfältig und kritisch auseinandersetzen. In der Entscheidung ist zu begründen, warum es einem der Gutachter folgt. Ist eine Klärung der Widersprüche nicht möglich, muss das Gericht ein neues Gutachten erholen (BGH, Beschl. v. 29.4.2020 – XII ZB 242/19).

11.7 Mitteilung des Gutachtens

11.7.1 Grundsatz: Vollständige und rechtzeitige Übermittlung ist unabdingbar

Dem Betroffenen muss das Gutachten rechtzeitig und vollständig vor der persönlichen 125 Anhörung mitgeteilt werden. Eine Übergabe des schriftlichen Gutachtens im Anhörungstermin oder die Übersendung einen Tag vorher ermöglicht keine sinnvolle und kritische Auseinandersetzung mit dem Gutachten. Dies kann auch nicht durch eine eingehende Erörterung des zu spät übersandten Gutachtens ausgeglichen werden. Nur bei rechtzeitiger Übersendung wird ihm ausreichend rechtliches Gehör gewährt. Dies ergibt sich zwingend aus § 30 Abs. 4 und § 37 Abs. 2 FamFG, wonach dem Beteiligten Gelegenheit zu geben ist, zum Ergebnis einer förmlichen Beweisaufnahme Stellung zu nehmen. Ferner wird bestimmt, dass eine Entscheidung, die die Rechte eines Beteiligten beeinträchtigt, nur auf Tatsachen gestützt werden darf, zu denen sich der Beteiligte äußern konnte (zum Ganzen BGH, Beschl. v. 3.9.2025 – XII ZB 295/25). Ergibt sich aus der Beschwerdeschrift, dass dem Betroffenen jedenfalls bei Abfassung der Begründung seiner Beschwerde das Gutachten „ersichtlich vorgelegen" hatte, genügt dies sicher nicht, da für eine verwertbare „persönliche Anhörung" das Gutachten vor der Anhörung vorliegen muss (a. A. BGH, Beschl. v. 8.4.2020 – XII ZB 561/19, Rn. 8).

11.7.2 Absehen von der Mitteilung

126 Das Absehen von der Mitteilung wäre eine partielle Einschränkung der persönlichen Anhörung und somit nur unter den Voraussetzungen von § 278 Abs. 4 und § 319 Abs. 3 FamFG möglich. Der BGH wendet systemwidrig § 288 Abs. 1 und § 325 FamFG an. Beide Varianten verlangen, dass „erhebliche Nachteile für die Gesundheit des Betroffenen" drohen müssen, wobei § 288 Abs. 1 FamFG zum Nachweis ein ärztliches Zeugnis genügen lässt, während § 278 Abs. 4 FamFG ein ärztliches Gutachten fordert.

11.7.3 Ersatz: Verfahrenspfleger soll das Gutachten mit dem Betroffenen besprechen

127 Zum Ausgleich dieser Einschränkung der Rechte des Betroffenen ist ihm gemäß § 276 Abs. 1 Nr. 1 und § 317 Abs. 1 Satz 2 FamFG in der Regel ein Verfahrenspfleger zu bestellen. Dies sichert nach dem BGH ein Mindestmaß an rechtlichem Gehör nur dann, wenn zu erwarten ist, dass der Verfahrenspfleger mit dem Betroffenen das Gutachten bespricht. Darauf müsse das Gericht den Verfahrenspfleger sogar hinweisen. Dieser „Auftrag" ist mit der Unabhängigkeit des Verfahrenspflegers unvereinbar. Er müsste dann die wesentliche gesundheitliche Gefährdung riskieren, die das Gericht ablehnt (vgl. BGH, Beschl. v. 12.2.2020 – XII ZB 179/19).

11.7.4 Ersatz: Übermittlung an den Verfahrensbevollmächtigten

128 Die Mitteilung des Gutachtens an den Verfahrenspfleger genügt also nicht. Einem Bevollmächtigten, der den Betroffenen im Betreuungs- oder Unterbringungsverfahren vertritt, § 10 Abs. 2 Satz 1 FamFG, kann dagegen das Gutachten übermittelt werden. Da er in Vertretung handelt, die ja von dem Betroffenen gewollt ist, muss sich der Betroffene die rechtzeitige Übermittlung des Gutachtens an den Bevollmächtigten zurechnen lassen.

11.8 Anhörung zur/vor Einholung des Gutachtens

129 Bereits die Erholung eines Gutachtens bringt zum Ausdruck, dass Zweifel daran bestehen, dass der Betroffene seine Angelegenheiten noch selbst erledigen kann. Aufgrund dieser stigmatisierenden Wirkung muss das Betreuungsgericht im Betreuungsverfahren vor der Erstellung eines Gutachtens dem Betroffenen rechtliches Gehör gewähren. Das Gericht wird dem Anspruch auf rechtliches Gehör (Art. 103 Abs. 1 GG) nur gerecht, wenn es die Ausführungen der Verfahrensbeteiligten zur Kenntnis nimmt und in Erwägung zieht. Dem Betroffenen muss demnach Gelegenheit gegeben werden, die Willensbildung des Gerichts bezüglich der Notwendigkeit eines Gutachtens zu beeinflussen. Die ohne Anhörung des Betroffenen getroffene Entscheidung, ein Sachverständigengutachten einzuholen, verletzt somit diesen in seinem Anspruch auf rechtliches Gehör, auch wenn noch keine zwangsweise Untersuchung und Vorführung des Beschwerdeführers angeordnet worden ist. Die Anhörung des Betroffenen vor der Beauftragung ist auch deshalb für den Schutz seiner Rechte von besonderer Bedeutung, weil nach geltendem Recht kein Rechtsmittel gegen die Beauftragung des Gutachters vorgesehen ist. Das BVerfG hat klargestellt, dass vor Erlass eines Beweisbeschlusses zur Einholung eines Sachverständigengutachtens gemäß §§ 30, 280 Abs. 1 FamFG dem Betroffenen

gemäß Art. 103 Abs. 1 GG rechtliches Gehör zu gewähren ist (zum Ganzen BVerfG, Beschl. v. 7.12.2010 – 1 BvR 2157/10, und ihm folgend BGH, Beschl. v. 18.3.2015 – XII ZB 370/14, Rn. 13 und 14).

11.9 Wie lange kann ein Gutachten verwendet werden?

Sachverständigengutachten haben kein „Haltbarkeitsdatum" und dürfen daher unter Umständen auch mehrere Monate nach Fertigstellung zur Begründung einer Betreuerbestellung herangezogen werden. Je älter das Gutachten ist, umso näher liegt aber die Vermutung, dass es für die erforderliche Sachverhaltsermittlung nicht mehr geeignet ist. Geht das Gutachten von einer Krankheit aus, die eine Besserung generell nicht mehr zulässt oder zumindest über einen längeren Zeitraum ausschließt, kann es selbst nach mehreren Monaten noch verwendet werden. Bei einer weit fortgeschrittenen schweren Demenz kann dies vielleicht bejaht werden, aber nicht bei Depressionen, Suchtkrankheiten oder paranoiden Psychosen mit Verfolgungswahn, die sich sehr dynamisch und unberechenbar positiv oder negativ entwickeln können. Maßgeblich ist daher die Frage, ob ein Gutachten für eine belastbare Sachverhaltsfeststellung noch geeignet ist. Ein in diesem Sinne noch aktuelles Gutachten kann aber immer durch neue Sachverhalte ernsthaft infrage gestellt werden. Aktuellere ärztliche Zeugnisse oder Entlassungsberichte mit abweichenden Feststellungen zwingen daher zu einer neuen Begutachtung. Der Zeitraum zwischen der Erstellung des Gutachtens und der persönlichen Untersuchung und Befragung darf ebenfalls nicht zu groß sein (vgl. zum Ganzen BGH, Beschl. v. 21.9.2016 – XII ZB 606/15 und v. 29.9.2016 – XII ZB 227/16). 130

Beispiel:

Ein mehr als drei Monate zurückliegendes ärztliches Zeugnis zur Begründung einer befristeten geschlossenen Unterbringung zur Heilbehandlung im Wege einer einstweiligen Anordnung, das weder die mit der befürworteten Behandlung für den Betreuten zu erwartenden Vorteile noch die ohne die Behandlung entstehenden Nachteile aufzeigt, reicht für eine richterliche Unterbringungsgenehmigung nicht aus (OLG Köln, Beschl. v. 17.5.2006 – 16 Wx 95/06).

11.10 Verwendung ärztlicher Zeugnisse originär oder als Ersatz für Gutachten

Vergleich: Inhalt und Verfahren bei Gutachten/ärztlichen Zeugnissen	
Gutachten, § 280 FamFG	**Ärztliches Zeugnis, § 281 FamFG**
Das Gutachten hat sich auf folgende Bereiche zu erstrecken: 1. das Krankheitsbild einschließlich der Krankheitsentwicklung 2. die durchgeführten Untersuchungen und die diesen zugrunde gelegten Forschungserkenntnisse 3. den körperlichen und psychiatrischen Zustand des Betroffenen 4. den Umfang des Aufgabenkreises 5. die voraussichtliche Dauer der Maßnahme Zusätzlich: Freiheit der Willensbildung	Bei ärztlichem Zeugnis müssen die Antworten auf dieselben Fragen gegeben werden. Im Unterschied zum Gutachten muss die Begründung nicht so tief gehen wie beim Gutachten.
Persönliche Untersuchung oder Befragung und die Berücksichtigung des qualifizierten Sozialberichts durch den Arzt	Beides ist auch beim ärztlichen Zeugnis notwendig, § 281 Abs. 2, § 280 Abs. 2 FamFG

A

Vergleich: Inhalt und Verfahren bei Gutachten/ärztlichen Zeugnissen	
Gutachten, § 280 FamFG	**Ärztliches Zeugnis, § 281 FamFG**
Qualifikation: Facharzt für Psychiatrie oder Erfahrung auf dem Gebiet der Psychiatrie	Es genügt, dass ein Arzt mit Approbation das Zeugnis ausstellt.
Achtung: § 331 Abs. 1 Nr. 2 FamFG	Bei einer Unterbringung oder ärztlichen Zwangsmaßnahme gilt dies nur, wenn „der Arzt, der das ärztliche Zeugnis erstellt, Erfahrung auf dem Gebiet der Psychiatrie hat" und er soll zudem Arzt für Psychiatrie sein. Diese Qualifikation gilt aber nicht für unterbringungsähnliche Maßnahmen.

131 Ein ärztliches Zeugnis kann ein Sachverständigengutachten ersetzen bei:

- Einverständnis und Verzicht des Betroffenen auf die Begutachtung und Unverhältnismäßigkeit eines Gutachtens im Hinblick auf den Umfang des Aufgabenkreises des Betreuers, § 281 Abs. 1 Nr. 1 FamFG
- der Verlängerungsentscheidung gemäß § 295 Abs. 1 Satz 2 FamFG
- der Erweiterungsentscheidung, § 293 FamFG
- einstweiligen Anordnungen bzw. Maßnahmen, § 300 Abs. 1 Nr. 2, §§ 301, 331, 332, 334 FamFG
- Absehen von der Mitteilung der Gründe des Beschlusses, § 288 Abs. 1, § 325 Abs. 1 FamFG

11.10.1 Mindeststandards, Inhalt, Qualifikation des Ausstellers, Übermittlung

132 Auch ein ärztliches Zeugnis muss Mindeststandards erfüllen. So besteht die Pflicht zur persönlichen Untersuchung oder Befragung des Betroffenen durch den ausstellenden Arzt gemäß § 281 Abs. 2 FamFG nicht nur für die Erstellung eines Gutachtens, sondern auch für die Erstellung eines ärztlichen Zeugnisses. Das Ergebnis einer Anhörung in Form eines qualifizierten Sozialberichts nach § 279 Abs. 2 Satz 2 FamFG hat der Aussteller des ärztlichen Zeugnisses ebenfalls zu berücksichtigen, wenn es ihm bei Erstellung seines ärztlichen Zeugnisses vorlag, § 281 Abs. 2 und § 280 Abs. 2 FamFG. Grundsätzlich muss sich das ärztliche Zeugnis mit den gleichen Inhalten befassen wie das Gutachten nach § 280 Abs. 3 FamFG. Der Unterschied besteht darin, dass der Aussteller zwar ein Arzt sein muss, aber keine spezielle Qualifikation aufzuweisen hat und die einzelnen Inhalte mit einer geringeren Begründungstiefe dargestellt werden können (BGH, Beschl. v. 23.8.2017 – XII ZB 18/17; OLG Köln, Beschl. v. 17.5.2006 – 16 Wx 95/06).

133 Auch das ärztliche Zeugnis muss dem Betroffenen rechtzeitig vor seiner Anhörung in vollem Umfang zur Verfügung gestellt werden. Die zur Übermittlung des Gutachtens vorgetragenen Argumente (siehe Rn. 125) gelten auch beim ärztlichen Zeugnis (BGH, Beschl. v. 6.12.2024 – XII ZB 401/22).

11.10.2 Kostentragung bei ärztlichem Zeugnis

134 Wendet sich das Gericht im Rahmen einer Überprüfung der Voraussetzungen einer Betreuung aus verfahrensökonomischen Gründen mit der Bitte um Vorlage einer ärztlichen Bescheinigung an den Betreuer, ist für die Erstellung des ärztlichen Zeugnisses eine Vergütung nach dem JVEG festzusetzen, da der Umstand, dass der Betreuer Kontakt mit dem Arzt aufnimmt, nichts daran ändert, dass die Einholung der Bescheinigung auf Veranlassung des Gerichts und im Rahmen seiner eigenen Überprüfungspflicht gemäß § 26 FamFG erfolgt (OLG Brandenburg, Beschl. v. 13.8.2020 – 2 Wx 1/10). Eine Verpflichtung des Betreuers, ein ärztliches Zeugnis vorzulegen, besteht allerdings nicht.

Die Höhe der Entschädigung ist umstritten. Anwendbar für die Kosten eines ärztlichen Zeugnisses wäre § 10 Abs. 1 JVEG mit der Anlage 2 Nr. 200 bzw. 202. Somit kann je nach Ausprägung ein Betrag von 25 bis 55 EUR oder von 45 bis 90 EUR anfallen (vgl. dazu AG Bad Segeberg, Beschl. v. 24.6.2019 – 3 XIV 7748). 135

Das Gericht muss aber nicht die Möglichkeit nutzen, ein weniger aussagekräftiges ärztliches Zeugnis zu verwenden. Es kann zur Sachverhaltsermittlung ein gesetzlich nicht vorgeschriebenes Gutachten einholen und es anstelle eines ärztlichen Zeugnisses heranziehen. Für dieses Gutachten müssen aber alle für das Sachverständigengutachten bestehenden Verfahrensvorschriften beachtet werden. 136

11.11 Folgen bei unzureichendem Gutachten oder ärztlichem Zeugnis

Ein Gutachten oder ärztliches Zeugnis, das den Anforderungen in wesentlichen Punkten nicht genügt (z. B. fehlende persönliche Untersuchung oder Befragung durch den ausstellenden Arzt, unzureichende Angabe von Befundtatsachen, nicht vorhandene Qualifikation des Arztes, keine konkrete Feststellung einer Diagnose oder anderer entscheidungsrelevanter medizinischer Sachverhalte), kann einer gerichtlichen Entscheidung, die in die Grundrechte des Betroffenen eingreift, nicht zugrunde gelegt werden (BGH, Beschl. v. 11.7.2018 – XII ZB 399/17). Ärzte, die in einem psychiatrischen Krankenhaus arbeiten und nach Einlieferung eines Betroffenen bei Gericht eine richterliche Genehmigung anregen, äußern sich dabei häufig auch in Form eines ärztlichen Zeugnisses. Dabei müssen auch sie den genannten Standards gerecht werden. 137

Hinweis:

In der Praxis werden ärztliche Zeugnisse den Vorgaben sehr häufig nicht gerecht. Formulierungen wie „Die Behandlung mit Neuroleptika auch gegen den Willen des Betroffenen ist ärztlicherseits dringend zu befürworten" sind ebenso häufig wie ungenügend. Vielfach wird allein aufgrund einer bestimmten Diagnose auf eine Gefährdung oder Behandlungsbedürftigkeit geschlossen. Allein die Feststellung einer Depression oder „Psychose mit Verfolgungswahn" kann keine Gefährdungsprognose begründen (OLG Karlsruhe, Beschl. v. 12.11.2015 – 9 U 78/11). Das Zeugnis muss aktuell sein und sollte nach einem Monat keine Berücksichtigung mehr finden. Formelhafte Formulierungen werden ebenfalls nicht vermieden (BVerfG, Beschl. v. 14.7.2015 – 2 BvR 1549/14, Rn. 37). Viele Betreuungsgerichte lassen aber derartige nichtssagende und nicht mehr aktuelle „ärztliche Zeugnisse" zu.

11.12 Besonderheiten für Unterbringungssachen

Zu den Besonderheiten eines ärztlichen Zeugnisses in Unterbringungssachen siehe nachfolgende Synopse. 138

Vergleich: Gutachten und ärztliche Zeugnisse	
Betreuungssachen	**Unterbringungssachen**
Anwendbare Vorschriften §§ 30, 280 bis 284 FamFG, §§ 402 bis 414 ZPO	**Anwendbare Vorschriften** §§ 30, 321, 322 FamFG, §§ 402 bis 414 ZPO
Vorführung und Unterbringung zur Begutachtung, §§ 283, 284 FamFG	... gemäß §§ 322, 283, 284 FamFG
Förmliche Beweisaufnahme gemäß §§ 30, 280 Abs. 1 Satz 1 FamFG führt zu §§ 402 ff. ZPO.	... gemäß §§ 30, 321 Abs. 1 Satz 1 FamFG führt zu §§ 402 ff. ZPO.

A

Vergleich: Gutachten und ärztliche Zeugnisse	
Betreuungssachen	**Unterbringungssachen**
Hinreichende Anhaltspunkte für die „Einholung eines Gutachtens" müssen gegeben sein.	gilt entsprechend
Obligatorisches Gutachten auch bei offenkundigem **Betreuungsbedarf**	Obligatorisches Gutachten auch bei offenkundigem **Unterbringungsbedarf**
Beweisbeschluss erforderlich, aber nicht immer üblich, keine **Formvorschrift** (mündlich, schriftlich)	gilt entsprechend
Qualifikation des Gutachters (zweimal „soll") Der Sachverständige **soll** Facharzt für Psychiatrie oder ein in der Psychiatrie erfahrener Arzt sein.	**Qualifikation des Gutachters (einmal „muss")** Der Sachverständige **soll** Arzt für Psychiatrie sein; er **muss** Arzt mit Erfahrung auf dem Gebiet der Psychiatrie sein.
Für die einstweilige Anordnung genügt die Qualifikation: Arzt (Approbation)	Für die einstweilige Anordnung genügt die Qualifikation „Arzt" nur bei freiheitsentziehenden Maßnahmen. Ansonsten: Arzt, der das ärztliche Zeugnis ausstellt, **soll** Arzt für Psychiatrie sein; er **muss** Erfahrung auf dem Gebiet der Psychiatrie haben.
Behandelnder Arzt bzw. Hausarzt als Sachverständiger ist grundsätzlich möglich.	gilt entsprechend
	Ausnahmen: • Bei Unterbringungen mit einer Gesamtdauer von **mehr als vier Jahren** soll das Gericht keinen Sachverständigen bestellen, der den Betroffenen **bisher behandelt oder begutachtet hat oder in der Einrichtung tätig ist**, in der der Betroffene untergebracht ist. • Bei der Genehmigung einer Einwilligung in eine **ärztliche Zwangsmaßnahme** oder bei deren Anordnung – soll der Sachverständige **nicht der zwangsbehandelnde** Arzt sein. – mit einer **Gesamtdauer von mehr als zwölf Wochen** soll das Gericht keinen Sachverständigen bestellen, der den Betroffenen **bisher behandelt oder begutachtet** hat oder **in der Einrichtung tätig** ist, in der der Betroffene untergebracht ist.
Persönliche Untersuchung oder **Befragung** des Betroffenen, § 280 Abs. 2 FamFG	Der Gutachter hat den Betroffenen vor der Erstattung des Gutachtens persönlich zu untersuchen oder zu befragen, § 321 Abs. 1 Satz 2 FamFG.
Qualifizierter Bericht der Betreuungsbehörde ist zu beachten:	fehlt

Vergleich: Gutachten und ärztliche Zeugnisse	
Betreuungssachen	**Unterbringungssachen**
– Anwesenheitsrecht Dritter – Funktion, Bedeutung und Nachvollziehbarkeit – Verwendung anderer Gutachten – Aktualität des Gutachtens	gilt entsprechend
Inhalt des Gutachtens, § 280 Abs. 3 FamFG Zusätzlich: Frage der freien Willensbildung und die Erforderlichkeit der Betreuung	§ 321 FamFG, Aussage zur Notwendigkeit der Maßnahme und voraussichtliche Dauer der Unterbringungsmaßnahme Zusätzlich: Diagnose, Notwendigkeit der Behandlung, Einwilligungsfähigkeit, Selbstgefährdung etc.
Ärztliches Zeugnis: siehe oben	Nur für freiheitsentziehende Maßnahmen und einstweilige Anordnungen oder einstweilige Maßregeln
Übersendung des Gutachtens immer rechtzeitig vor der persönlichen Anhörung; Ausnahme entsprechend § 288 Abs. 1 FamFG	gilt entsprechend

11.13 Checkliste, Tatsachenkontrolle

11.13.1 Checkliste

- Kann man die Richtigkeit der Schlussfolgerungen auf ihre wissenschaftliche Begründung und ihre innere Logik und Schlüssigkeit hin überprüfen?
  Stichwort: Kein unverständliches Fachchinesisch, kein begründungsloses Behaupten!
- Liegt eine nachvollziehbare Begründung der Diagnose vor?
- Klare Erkennbarkeit der Feststellungen bzw. Untersuchungsergebnisse, die die Diagnose rechtfertigen?
- Tatsachengrundlagen (Befundtatsachen, Zusatztatsachen, Anknüpfungstatsachen, siehe Rn. 139) müssen erkennbar und überprüfbar sein.
- Hinreichende Sicherheit bzw. Bestimmtheit für das Vorliegen der medizinischen Voraussetzungen? Verdachtsdiagnosen genügen nicht.
- Differenzialdiagnostische Ausführungen sind gefährlich, wenn sie die Diagnose relativieren.

11.13.2 Tatsachen

Tatsachen in einem Gutachten können unterschiedliche Qualifikationen haben. Sie lassen sich 139
wie folgt beschreiben:

- **Befundtatsachen:** Tatsachen, die sich nur dem Sachverständigen aufgrund seiner besonderen Fähigkeiten erschließen (z. B. Durchblutungsstörung, Hirntumor)
- **Zusatztatsachen:** Tatsachen, die dem Gutachter zugetragen werden; Angabe in der Befragung bzw. durch und von nahestehenden Personen
- **Anknüpfungstatsachen:** Alle Tatsachen, die sich in den bisherigen Vorgängen im Akt finden lassen

Der Sachverständige muss deutlich zu erkennen geben, woher die Tatsachen kommen, damit 140
der Betroffene deren Wahrheitsgehalt überprüfen kann.

12. Beteiligung am Verfahren

141 Grundsätzlich kann sich jeder an das Gericht wenden, um z. B. die Betreuungsbedürftigkeit einer Person mitzuteilen, § 24 FamFG. Eine Teilnahme am gerichtlichen Verfahren mit eigenen Rechten und Pflichten ist aber nur denen möglich, die als Beteiligte unmittelbar vom Gesetz benannt oder vom Gericht hinzugezogen werden. Als besondere Vorschriften sind für das Betreuungsverfahren § 274 FamFG und für das Unterbringungsverfahren § 315 FamFG zu nennen. Die allgemeinen Regelungen für die Beteiligung in den §§ 7 und 8 FamFG müssen ebenfalls Beachtung finden (z. B. BGH, Beschl. v. 20.12.2017 – XII ZB 426/17, zur Beteiligteneigenschaft einer Ordensgemeinschaft). Die Rechte und Pflichten der Beteiligten werden bei den jeweiligen Verfahrensvorgängen geregelt, z. B. das Akteneinsichtsrecht der Beteiligten in § 13 Abs. 1 FamFG, das Anhörungsrecht der Beteiligten gemäß § 279 Abs. 1 und § 320 Satz 1 FamFG bzw. die Anhörung vor der Verweisung des Verfahrens wegen Unzuständigkeit durch § 3 Abs. 1 Satz 2 FamFG.

12.1 Entstehen der Beteiligteneigenschaft

142 Das Gesetz kennt drei Gruppen von Beteiligten:

1. Ist-Beteiligte, die „per se" ohne Hinzuziehung Beteiligtenstatus haben
2. Muss-Beteiligte, die beteiligt werden müssen, optional Muss-Beteiligte, wenn sie auf Antrag hinzugezogen werden müssen
3. Kann-Beteiligte, die beteiligt werden können

143 Bestimmte Personen und Berufsgruppen sind dagegen keine Beteiligten. Richter, Verfahrensbevollmächtigte, Beistand, Sachverständige, Geschäftsstellenbeamte oder Zeugen haben bestimmte Funktionen im Verfahren, sind aber keine Beteiligten.

12.1.1 Ist-Beteiligte: Beteiligte kraft Gesetzes ohne Hinzuziehung

144 Zur ersten Gruppe gehören nach § 7 Abs. 1 und § 23 FamFG die Antragsteller im echten Antragsverfahren. Dies ist im Betreuungsverfahren der Betroffene, wenn er ausschließlich aufgrund einer körperlichen Behinderung seine Angelegenheiten nicht mehr besorgen kann, § 1814 Abs. 4 Satz 2 BGB. Aufgrund ausdrücklicher gesetzlicher Bestimmung in § 274 Abs. 2 und § 315 Abs. 2 FamFG werden auch die Verfahrenspfleger mit Bestellung ohne weitere Hinzuziehung Verfahrensbeteiligte.

12.1.2 Muss-Beteiligte: Personen, die hinzugezogen werden müssen

145 Dazu gehören gemäß § 7 Abs. 2 Nr. 1 FamFG alle, deren Rechte durch das Verfahren unmittelbar betroffen sind. Diese Rechtsbetroffenheit erfordert, dass die zu treffende Entscheidung unmittelbar in ein dem Beschwerdeführer zustehendes Recht eingreifen würde. Allgemeine wirtschaftliche Interessen genügen daher nicht. Ein Vermieter des Betroffenen etwa, der Beschädigungen seiner Wohnung befürchtet und sich um die pünktliche Zahlung der Miete sorgt, wird durch die Betreuerbestellung oder Unterbringung nicht unmittelbar in seinen Rechten betroffen, sondern nur mittelbar, da er für die Geltendmachung seiner Ansprüche einen Ansprechpartner erhält.

Hinweis:

Es wird ausnahmsweise eine „unmittelbare Rechtsbetroffenheit" bejaht, wenn der Gläubiger eines Betroffenen auf die gesetzliche Vertretung des Betroffenen angewiesen ist, um seine Forderung gerichtlich gegen den prozessunfähigen Betroffenen geltend machen zu können oder wenn gegenüber dem Geschäftsunfähigen eine Willenserklärung (z. B. Widerruf) abgegeben werden muss und ein gesetzlicher Vertreter gemäß § 131 Abs. 1 BGB erforderlich ist. Der BGH hat dies so für die Beschwerdeberechtigung gemäß § 59 Abs. 1 FamFG entschieden, der inhaltsgleich mit § 7 Abs. 2 Nr. 1 FamFG ist (BGH, Beschl. v. 27.1.2021 – XII ZB 450/20).

Der von der Betreuungsbehörde vorgeschlagene und vom Gericht ins Auge gefasste Berufsbetreuer wird dagegen durch die Bestellung als Betreuer unmittelbar in seinen Rechten betroffen, da mit dem Betreuerstatus zahlreiche Pflichten verbunden sind (vgl. § 1821 BGB allgemeine Pflichten, § 1822 BGB Auskunftspflicht gegenüber nahestehenden Angehörigen, persönliche Kontakte, § 1821 Abs. 5 BGB, Vermögensverzeichnis, § 1835 BGB, Berichtspflichten, Vermögensverwaltung etc.). 146

Ferner sind im Betreuungsverfahren gemäß § 274 Abs. 1 und 3 FamFG Muss-Beteiligte: 147

- der Betroffene immer
- der bestellte Betreuer, sofern sein Aufgabenkreis betroffen ist
- der Vorsorgebevollmächtigte, sofern seine Aufgaben aus der Vollmacht tangiert sind

12.1.3 Betreuungsbehörde als optional Muss-Beteiligte

Die Betreuungsbehörde muss auf Antrag beteiligt werden, und zwar in Verfahren über die Bestellung eines Betreuers oder die Anordnung eines Einwilligungsvorbehalts sowie in Verfahren über Umfang, Inhalt oder Bestand der genannten Entscheidungen gemäß § 274 Abs. 3 FamFG, aber auch im Unterbringungsverfahren gemäß § 315 Abs. 3 FamFG. 148

Hinweis:

In der Praxis werden die Betreuungsbehörden nur sehr selten einen Antrag auf Hinzuziehung stellen, weil sie aufgrund zahlreicher Verfahrensvorschriften (z. B. § 288 Abs. 2, § 325 Abs. 2 Satz 2, § 279 Abs. 2, § 320 Satz 2 FamFG) ihre Aufgaben weitgehend ohne Beteiligtenstellung erfüllen können und müssen. Die Betreuungsbehörde kann insbesondere Beschwerde einlegen, ohne beteiligt zu sein, § 303 Abs. 1 FamFG und im Unterbringungsverfahren gemäß § 335 Abs. 4 FamFG.

Im Unterbringungsverfahren gehören zu den Muss-Beteiligten nach § 7 Abs. 2 Nr. 2 und § 315 Abs. 1 und 3 FamFG: 149

- der Betroffene
- der Betreuer bzw. Vorsorgebevollmächtigte ohne Rücksicht auf den Aufgabenkreis
- die zuständige Behörde, die aber nur auf Antrag hinzugezogen werden muss

12.1.4 Kann-Beteiligte: Personen, die beteiligt werden können

Beteiligt werden können im Betreuungsverfahren gemäß § 274 Abs. 4 FamFG der Ehegatte oder Lebenspartner, wenn die Ehegatten oder Lebenspartner nicht dauernd getrennt leben, sowie die Eltern, Pflegeeltern, Großeltern, Abkömmlinge, Geschwister und eine Person des Vertrauens. Diese Aufzählung ist abschließend und erfasst nur natürliche Personen. Der BGH hat mit diesem Argument die Beteiligung einer Ordensgemeinschaft, der sich der Betroffene angeschlossen hatte, abgelehnt und sie nicht einer Vertrauensperson gleichgestellt (BGH, Beschl. v. 20.12.2017 – XII ZB 426/17). Im Gegensatz zum Unterbringungsverfahren muss die Vertrauensperson im Betreuungsverfahren vom Betroffenen nicht benannt werden. Allerdings muss der Betroffene mit der Vertrauensperson eng verbunden sein und ihr in besonderem Maß Vertrauen entgegenbringen (BGH, Beschl. v. 25.1.2017 – XII ZB 438/16). 150

Hinweis:

Lebensgefährten, die eventuell jahrzehntelang mit dem Betroffenen in eheähnlicher Gemeinschaft zusammengelebt haben, gehören nicht zu den ausdrücklich genannten Beteiligten. Sie kommen nur als Personen des Vertrauens infrage, wobei im Unterbringungsverfahren der Lebensgefährte als Vertrauensperson vom Betroffenen benannt werden muss.

A

12.1.5 Zusätzliche Voraussetzungen für die Kann-Beteiligung

151 Bei den Kann-Beteiligten gilt zunächst die Beschränkung auf Verfahren über die Bestellung eines Betreuers oder die Anordnung eines Einwilligungsvorbehalts sowie auf Verfahren über Umfang, Inhalt oder Bestand der genannten Entscheidungen.

Im Interesse des Betroffenen

152 Die Beteiligung muss zusätzlich im Interesse des Betroffenen erfolgen. Bezüglich dieser Voraussetzung besteht ein Gleichlauf mit dem wortgleichen Begriff bei der Beschwerdeberechtigung nach § 303 Abs. 2 und § 335 Abs. 2 FamFG (vgl. dazu BGH, Beschl. v. 18.10.2017 – XII ZB 336/17). Häufig sind die Interessen der zu Beteiligenden und des Betroffenen sogar ganz oder teilweise deckungsgleich. Kann-Beteiligte können also durchaus auch eigene Interessen verfolgen, aber sie dürfen nicht erkennbar ausschließlich eigene Interessen verfolgen.

Ermessensgrundsätze

153 Schlussendlich handelt es sich um eine Ermessensentscheidung des Gerichts, sodass weitere Punkte zu prüfen sind. Die Beteiligung soll sachgerecht und verfahrensfördernd sein. Hier können sich natürlich Überschneidungen zum „Interesse des Betroffenen" ergeben. Bei der Ermessensentscheidung hat das Gericht zu prüfen, ob eine Beteiligung sachgerecht und verfahrensfördernd ist. Maßstab ist das wohlverstandene Interesse des Betroffenen, da die Beteiligung der selbst in ihren Rechten nicht berührten Personen zu seinen Gunsten erfolgt.

Checkliste bei einer Kann-Beteiligung
1. Gesetzliche Grundlagen für eine Kann-Beteiligung § 274 Abs. 4 FamFG im Betreuungsverfahren (Bestellung eines Betreuers, Anordnung eines Einwilligungsvorbehalts, Umfang, Inhalt oder Bestand dieser Entscheidungen), § 315 Abs. 4 FamFG in Unterbringungsverfahren **2. Im Interesse des Betroffenen** Objektives Interesse ist maßgeblich; Unzulässigkeit der Beteiligung nur, wenn der Angehörige (etc.) mit der Beteiligung ausschließlich seine eigenen Interessen verfolgt. **3. Kann heißt Ermessensentscheidung** Bei der Ermessensentscheidung hat das Gericht zu prüfen, ob eine Beteiligung sachgerecht und verfahrensfördernd ist. Maßstab ist das wohlverstandene Interesse des Betroffenen, da die Beteiligung der selbst in ihren Rechten nicht berührten Personen zu seinen Gunsten erfolgt.

12.1.6 Besonderheiten bei Ehegatten und Vertreter der Staatskasse

154 Die Beteiligungsmöglichkeit für Ehegatten gemäß § 274 Abs. 4 Nr. 1 FamFG und im Unterbringungsverfahren gemäß § 315 Abs. 4 Nr. 1 FamFG ist eingeschränkt. Ein Ehegatte kann nur beteiligt werden, „wenn die Ehegatten (...) nicht dauernd getrennt leben". Der Begriff „getrennt lebend" ist in § 1567 Abs. 1 BGB definiert. Ein „dauerndes Getrenntleben" liegt somit erst vor, wenn zur räumlichen Trennung ein nach außen erkennbarer Trennungswille eines Ehegatten zur Lösung des einvernehmlich gewählten Ehemodells hinzukommt (BSG, Urt. v. 18.2.2010 – B 4 AS 49/09).

155 Ferner kann der Vertreter der Staatskasse im Betreuungsverfahren beteiligt werden, soweit das Interesse der Staatskasse durch den Ausgang des Verfahrens betroffen sein kann.

12.1.7 Besonderheiten für Unterbringungssachen

156 Im Unterbringungsverfahren können gemäß § 7 Abs. 3 und § 315 Abs. 4 FamFG der Ehegatte oder Lebenspartner beteiligt werden, wenn die Ehegatten oder Lebenspartner nicht dauernd getrennt leben, sowie die Eltern und Kinder, wenn der Betroffene bei diesen lebt oder bei Einleitung des Verfahrens gelebt hat, sowie die Pflegeeltern, eine von ihm benannte Person seines Vertrauens und zusätzlich der Leiter der Einrichtung, in der der Betroffene lebt. Auch hier muss die Beteiligung zusätzlich im Interesse des Betroffenen erfolgen. § 315 Abs. 4 Satz 2

FamFG enthält eine Öffnungsklausel, sodass landesrechtlich die Beteiligung weiterer „Personen und Stellen" vorgesehen werden kann.

12.2 Übersicht der Beteiligungsmöglichkeiten nach §§ 7, 274, 315 FamFG

Beteiligungskandidaten		
Beteiligung nach § 7 Abs. 1 und Abs. 2 Nr. 1 FamFG		
Betroffener	Antragsverfahren	Ist
Alle mit unmittelbarer Rechtsbetroffenheit	Amtsverfahren	Muss
Beteiligung nach §§ 274 und 315 FamFG (verfahrensbezogene Regelungen)		
Betreuungssachen	*Unterbringungssachen*	*Ist-, Kann-, Muss-, optional Muss-Beteiligter*
Betroffener	Betroffener	Muss
Betreuer (Aufgabenkreis)	Betreuer	Muss
Vorsorgebevollmächtigter (Aufgabenkreis)	Vorsorgebevollmächtigter	Muss
Verfahrenspfleger	Verfahrenspfleger	Ist
Behörde	Behörde	Optional-Muss (Antrag)
Ehegatte, Lebenspartner nicht dauernd getrennt lebend	Ehegatte, Lebenspartner nicht dauernd getrennt lebend	Können im Interesse des Betroffenen beteiligt werden
Eltern	Eltern mit gemeinsamer Wohnung (...)	
Pflegeeltern	Pflegeeltern	
Großeltern	**nein**	
Abkömmlinge	Nur Kinder mit gemeinsamer Wohnung (...)	
Geschwister	**nein**	
Person des Vertrauens	Person des Vertrauens (nur, wenn benannt!)	
Vertreter der Staatskasse	**nein**	Kann (im Interesse der Staatskasse)
nein	Leiter der Einrichtung, in der der Betroffene lebt	Kann (im Interesse des Betroffenen)
nein	Beteiligung nach Landesrecht	Kann

12.3 Rechte und Pflichten der Beteiligten

Die Rechte sind vielfältig. Nur beispielhaft seien das Anhörungsrecht, die Übermittlung von 157
Schriftstücken, die Vertretung durch Rechtsanwälte, Akteneinsicht, Mitteilungspflichten oder Anwesenheits- und Antragsrechte erwähnt. Daneben gibt es aber auch Mitwirkungs- und Erklärungspflichten, eine Pflicht zum Erscheinen und unter Umständen eine Pflicht zur Übernahme der Kosten. Hervorzuheben ist, dass sowohl bei den Betreuungsverfahren wie auch bei den Unterbringungsverfahren das Beschwerderecht der privilegierten Personen (Ehegatten etc.) davon abhängig gemacht wird, dass in der ersten Instanz eine Beteiligung erfolgt ist (§ 303 Abs. 2, § 335 Abs. 1 FamFG).

12.4 Bezeichnung der Beteiligten im Beschlussrubrum

158 Die Beteiligten müssen im sog. Beschlussrubrum aufgeführt werden, § 38 Abs. 2 Nr. 1 FamFG. Die Erwähnung im Rubrum ist aber nur deklaratorisch, begründet also nicht die Beteiligung und entfaltet auch keine Indizwirkung. Auch das Unterlassen der Bezeichnung eines Beteiligten im Rubrum ist kein zwingendes Indiz dafür, dass keine Hinzuziehung erfolgt ist (BGH, Beschl. v. 18.9.2024 – XII ZB 107/24 und v. 3.2.2016 – XII ZB 493/15).

Hinweis:

Rubrum ist der Urteilskopf, der früher rot (lat. rubrum für rot) geschrieben wurde. Er enthält das Aktenzeichen und alle Angaben des § 38 Abs. 2 Nr. 1 und 2 FamFG (die Beteiligten, ihre gesetzlichen Vertreter (bei Minderjährigen) und Verfahrensbevollmächtigten, die Bezeichnung des Gerichts, die Namen der Gerichtspersonen, die bei der Entscheidung mitgewirkt haben).

Falsch ist die Bezeichnung „Amanda Gold, Betreute, gesetzlich vertreten durch den Betreuer" im Rubrum. Gold ist verfahrensfähig und wird daher nicht gesetzlich vertreten! Es fehlt ja schon am einschlägigen Aufgabenbereich, der zudem mangels Erforderlichkeit nicht angeordnet werden dürfte.

12.5 Verpflichtung des Gerichts, potenzielle Beteiligte zu benachrichtigen

159 Das Betreuungsgericht muss gemäß § 7 Abs. 4 FamFG diejenigen, die „auf ihren Antrag als Beteiligte zu dem Verfahren hinzuzuziehen sind oder hinzugezogen werden können", über die Einleitung des Verfahrens benachrichtigen und sie über ihr Antragsrecht belehren. Dies gilt aber nur, soweit sie bekannt sind. Das Gericht wird aber gerade bei nahen Verwandten nicht die Augen davor verschließen, dass z. B. Abkömmlinge existieren, und deshalb zusammen mit der zuständigen Behörde versuchen, diese ausfindig zu machen. Dies ergibt sich schon aus der Pflicht des Gerichts gemäß § 26 FamFG, „von Amts wegen" die entscheidungserheblichen Tatsachen zu ermitteln, da nahe Angehörige hierzu in der Regel sehr viel beitragen können.

12.6 Hinzuziehung zum Verfahren

12.6.1 Hinzuziehung durch Beschluss, formlos oder konkludent?

160 Eine Entscheidung ist von Amts wegen zu treffen und sollte immer ausdrücklich durch Beschluss oder Mitteilung erfolgen, wenn ein Hinzuziehungsantrag gestellt oder zumindest erkennbar zum Ausdruck gebracht wird, dass eine Mitwirkung im Verfahren gewünscht wird.

161 Eine positive Entscheidung des Gerichts muss aber nicht im Wege eines Beschlusses ergehen, es genügt vielmehr, wenn die Beteiligung formlos mitgeteilt oder konkludent zum Ausdruck gebracht wird. Die Ablehnung der beantragten Beteiligung erfolgt immer durch Beschluss, der mit der sofortigen Beschwerde angefochten werden kann, § 7 Abs. 5 FamFG.

12.6.2 Konkludente Hinzuziehung

162 Konkludent kann das Gericht die Hinzuziehung dadurch bewirken, dass die Einleitung eines Verfahrens mitgeteilt wird, Schriftstücke übersandt werden, Gelegenheit zur Stellungnahme eingeräumt wird oder eine Ladung zum Termin bzw. eine Terminmitteilung erfolgt. Die Mitteilung der Endentscheidung genügt für sich genommen nicht, da es zum „Wesen der Beteiligung" gehört, dass der Beteiligte auf das Verfahren noch Einfluss nehmen kann. Das Verhalten des Gerichts muss daher so verstanden werden können, dass es dem zu Beteiligenden die Einflussnahme ermöglichen will. Der BGH spricht dabei von einem „gewollten Hinzuziehungsakt". Ein derartiger gerichtlicher „Hinzuziehungswille" liegt noch nicht vor, wenn einer Person formlos die Anwesenheit bei einer Anhörung gestattet wird. Dies kann gemäß § 170 Abs. 1 Satz 3 GVG auch ohne Hinzuziehungswillen erfolgen, um auf Verlangen des Betroffenen einer Person seines Vertrauens die Anwesenheit zu gestatten (vgl. zum Ganzen BGH, Beschl. v. 18.9.2024 – XII ZB 107/24, Rn. 17, und v. 27.3.2019 – XII ZB 417/18, Rn. 7).

12.6.3 Ablehnung immer durch Beschluss

Die Ablehnung muss dagegen immer durch Beschluss erfolgen, der mit der sofortigen Beschwerde angefochten werden kann, § 7 Abs. 5 FamFG. Hat das Gericht ausdrücklich oder durch konkludentes Handeln bereits positiv über die Hinzuziehung entschieden, kann es nicht mehr ohne Weiteres durch Beschluss die Hinzuziehung ablehnen. Ignoriert das Betreuungsgericht die faktisch bereits erfolgte Beteiligung und lehnt im Laufe des Verfahrens die Beteiligung durch Beschluss nach § 7 Abs. 5 FamFG ab, muss im Beschwerdeverfahren das Gericht trotzdem von einer Beteiligung im ersten Rechtszug und damit von einer Beschwerdebefugnis ausgehen (BGH, Beschl. v. 9.4.2014 – XII ZB 595/13). 163

12.6.4 Aufhebung der Hinzuziehung

Das Betreuungsgericht kann aber eine konkludent oder förmlich erfolgte Hinzuziehung aufheben. Die Aufhebung erfolgt immer nur mit Wirkung für die Zukunft und beseitigt die Beteiligung für die Zeit bis zur Aufhebung nicht. Zur Klarstellung der Rechtslage muss ein förmlicher Aufhebungsbeschluss im Sinne des § 38 FamFG erfolgen. Gegen die Aufhebung bzw. den damit verbundenen ablehnenden Beschluss nach § 7 Abs. 5 FamFG kann dann sofortige Beschwerde eingelegt werden. Eine Aufhebung der Hinzuziehung kann jedoch durch das Betreuungsgericht nur bis zum Erlass der Entscheidung im Betreuungsverfahren (§ 38 Abs. 3 Satz 3 FamFG) ergehen, da es nach Abschluss der Instanz keine „Zwischenentscheidung" mehr über Vorfragen geben kann (BGH, Beschl. v. 12.2.2020 – XII ZB 347/19, Rn. 11). 164

Hinweis:

Die nachträgliche Aufhebung der Hinzuziehung oder die Ablehnung der Hinzuziehung eines Kann-Beteiligten von Anfang an kann zwar mit der sofortigen Beschwerde angefochten werden. Die Nichtabhilfeentscheidung, die Vorlage der sofortigen Beschwerde an das Landgericht und die Bearbeitung durch das Landgericht werden in der Regel aber Monate in Anspruch nehmen. In der Zwischenzeit kann und wird das Betreuungsgericht in der Hauptsache entscheiden – und zwar ohne Beteiligung des Kann-Beteiligten, der noch um sein Beteiligungsrecht vor dem Landgericht kämpft. Mit der Hauptsacheentscheidung des Betreuungsgerichts kann aber auch das Landgericht nicht mehr über die Beteiligung an der ersten Instanz entscheiden, da das Verfahren bereits abgeschlossen wurde. Das ist eine Situation, die sich aus der Sicht des Kann-Beteiligten (z. B. ein Kind des Betroffenen) als unfaires Verfahren darstellen kann. Schließlich verliert der verhinderte Kann-Beteiligte ja auch sein Beschwerderecht in der Hauptsache und kann so die möglicherweise rechtswidrige Bestellung eines Berufsbetreuers nicht mehr verhindern.

Der abgelehnte Kann-Beteiligte sollte daher beantragen, dass die Hauptsacheentscheidung unterbleibt, bis das Landgericht über die sofortige Beschwerde gegen die Ablehnung entschieden hat.

12.6.5 Doppelte Hinzuziehung

Die vielfältigen Beteiligungsgründe können dazu führen, dass eine Person unterschiedlichen Beteiligungstypen (Betreuer, Bevollmächtigte, Vertrauenspersonen, nahe Verwandte, Verfahrenspfleger) angehören kann. Der BGH geht aber ohne Begründung davon aus, dass es keine doppelte Hinzuziehung geben darf und die Beteiligung nicht in verschiedene Funktionen aufgespalten erfolgen kann. Eine doppelte Hinzuziehung scheint aber geboten, um den Rechtsfolgen der unterschiedlichen Beteiligungsformen gerecht zu werden. Je nach Beteiligungstyp gibt es z. B. eine eigene oder abgeleitete Beschwerdebefugnis. Der Vorsorgebevollmächtigte z. B. hat nach Ansicht des BGH nur ein Beschwerderecht im Namen des Betroffenen, während eine Vertrauensperson nur im eigenen Namen Beschwerde einlegen kann. Die Zulassung der Verwandten und Vertrauenspersonen erfolgt zudem aufgrund einer Ermessensentscheidung und nur im Interesse des Betroffenen, während der Bevollmächtigte als 165

Muss-Beteiligter ohne diese Prüfung hinzugezogen werden muss. Erfüllt man mehrere Beteiligungstatbestände, sollte man in erster Instanz die Zulassung unter allen Gesichtspunkten anregen (BGH, Beschl. v. 25.1.2017 – XII ZB 438/16; FamRZ 2017, 552 m. Anm. Böhm).

12.6.6 Dauer der Hinzuziehung

166 Die Beteiligung gilt für das gesamte Verfahren. Sie wirkt sich auch auf das Beschwerdeverfahren aus. Zum einen ist sie Voraussetzung für die Beschwerdebefugnis bestimmter privilegierter Personen; zum anderen muss auch in der Beschwerdeinstanz nicht mehr erneut über die Hinzuziehung entschieden werden, da die Beteiligung sich auf das gesamte Verfahren erstreckt (BGH, Beschl. v. 11.4.2012 – XII ZB 66/10).

167 Spätestens mit Rechtskraft endet die „Beteiligung". Für den Verfahrenspfleger ergibt sich dies schon aus § 276 Abs. 5 FamFG, da spätestens mit der Rechtskraft auch die Verfahrenspflegschaft endet. Auch für die übrigen Beteiligten beendet die Rechtskraft den Status als „Beteiligter", weil diese Position im Verfahren untrennbar mit dem konkreten Verfahren verbunden ist. Wird nach der Betreuerbestellung z. B. eine Erweiterung des Aufgabenkreises erforderlich, muss in diesem eigenständigen Verfahren, das § 293 FamFG speziell regelt, neu über die „Beteiligung" befunden werden. Eine allgemeine Hinzuziehung zu dem Dauerverfahren Betreuung gibt es dagegen nicht (BGH, Beschl. v. 10.6.2020 – XII ZB 355/19).

12.6.7 Zeitpunkt der Hinzuziehung zum Verfahren

168 Grundsätzlich kann während des laufenden Verfahrens jederzeit die Hinzuziehung verlangt werden. Da ohne Beteiligung in erster Instanz gemäß § 303 Abs. 2 und § 335 Abs. 1 FamFG nahen Angehörigen bzw. einer Person des Vertrauens die Beschwerdebefugnis verwehrt ist, gehen Rechtsprechung und Literatur z. T. davon aus, dass man auch noch mit der Beschwerde die Hinzuziehung beantragen kann bzw. dass die Beschwerde konkludent einen Hinzuziehungsantrag beinhaltet.

169 Über diesen Antrag müsste dann das Ausgangsgericht im Abhilfeverfahren gemäß § 7 Abs. 5 FamFG entscheiden oder abhelfen. Diese Vorgehensweise wird auf jeden Fall dann gelten müssen, wenn der Beschwerdeführer mangels Benachrichtigung keine Kenntnis vom laufenden Betreuungsverfahren hatte. Erst mit Eintritt der Rechtskraft endet endgültig die Möglichkeit der Hinzuziehung.

170 Der BGH (zuletzt Beschl. v. 8.3.2023 – XII ZB 283/22) vertritt dagegen die Ansicht, dass nach Abschluss des ersten Rechtszugs eine nachträgliche Erlangung der Beschwerdebefugnis durch Hinzuziehung von Angehörigen in einem Zwischen- oder Abhilfeverfahren ausscheide, weil es nach dem Wortlaut des § 303 Abs. 2 FamFG auf die tatsächliche Beteiligung der Angehörigen im ersten Rechtszug ankomme. Dieser ende mit dem Erlass des angefochtenen Beschlusses durch das AG. Das im Rahmen einer Beschwerde sich anschließende Abhilfeverfahren nach § 68 Abs. 1 Satz 1 FamFG gehöre nicht mehr zum ersten Rechtszug. Belege und dogmatische Argumente dafür fehlen.

171 Der BGH verkennt Sinn und Zweck sowie die Folgen des Abhilfeverfahrens, das ja die Beschwerdeinstanz entlasten soll. Nach der Beschwerde muss das Gericht in erster Instanz über die Abhilfe entscheiden. Es kann und muss im Rahmen der Abhilfe Fehler korrigieren und wird dann abweichend von der ursprünglichen Entscheidung einen neuen Beschluss fassen. Aufgrund dieser Möglichkeit, in der ersten Instanz die Entscheidung abzuändern, gehört das Abhilfeverfahren selbstverständlich zumindest auch in einer Art „Brückenfunktion" zur ersten Instanz. Erkennt das Gericht, dass ein ergänzendes Gutachten dem Betroffenen nicht mitgeteilt wurde, wird der Betreuungsrichter die Mitteilung nachholen müssen und dann aber auch die Anhörung des Betroffenen gemäß § 278 FamFG erneut durchführen. Ergeben sich in der Anhörung neue Gesichtspunkte, muss der Richter dem auch nachgehen. Stellt sich z. B. heraus, dass der Gutachter Bestechungsgelder angenommen hat, wird das Betreuungsgericht ein neues Gutachten einholen. Soll das alles schon Bestandteil des dem Landgericht zugehörigen Beschwerdeverfahrens sein?

Diese Dimension des Abhilfeverfahrens wird angesichts einer geringen Zahl positiver Abhilfeentscheidungen häufig übersehen, wobei das nicht an einer geringen Fehlerquote liegt, sondern daran, dass das Festhalten an einer falschen Entscheidung weniger arbeitsintensiv ist als das kritische Überdenken und das Eingestehen von Fehlern. Der BGH will nur den Kann-Beteiligten ausbremsen, beschneidet dabei das Abhilfeverfahren und macht die Amtsrichter ungewollt zu Landrichtern, § 72 Abs. 1 Satz 2 GVG. Es besteht jedoch überhaupt kein Grund, den Kann-Beteiligten ein „faires Verfahren" und vor allem rechtliches Gehör mit dem Argument zu verwehren, dass mit dem Erlass der Entscheidung das Verfahren beendet sei. Zum Abhilfeverfahren siehe A 8. 171a

Nunmehr will der BGH an seiner Ansicht auch festhalten, wenn das Amtsgericht im Beschwerdeverfahren abhilft und eine der Beschwerde entsprechende, neue Entscheidung trifft. In dem vom BGH entschiedenen Fall wurde zunächst vom Betreuungsgericht eine Betreuung abgelehnt im Hinblick auf eine Vorsorgevollmacht. Nach Beschwerde wurde im Abhilfeverfahren ein Kann-Beteiligter konkludent hinzugezogen. Schließlich wurde abgeholfen und eine Betreuung angeordnet. Diese Entscheidung will der BGH der zweiten Instanz zuordnen und erklärt, dass sie nicht mehr zum ersten Rechtszug gehöre (BGH, Beschl. vom 8.3.2023 – XII ZB 283/22). 171b

Hinweis:

Alles, was zur „zweiten Instanz" gehört, wird aber gemäß § 72 Abs. 1 Satz 2 GVG von einer Zivilkammer beim Landgericht entschieden. Nur was in erster Instanz entschieden wird, muss und kann der Betreuungsrichter beim Amtsgericht entscheiden. Nach Ansicht des BGH würde bei der positiven Abhilfeentscheidung der Amtsrichter aber in zweiter Instanz entscheiden – eine völlig neue Rolle des Betreuungsgerichts. Handelt es sich bei der Entscheidung im Abhilfeverfahren um eine Entscheidung in der zweiten Instanz, ist gegen diese Endentscheidung keine Beschwerde möglich, da § 58 Abs. 1 FamFG eine Beschwerde nur gegen Entscheidungen erster Instanz zulässt. Im vorliegenden Fall wäre dann die in der zweiten Instanz erfolgte Bestellung eines Betreuers unanfechtbar. Daran kann der BGH auch nichts mit der Formulierung ändern, dass die Beschwerde gegen den Beschluss des Amtsgerichts vom 11.6.2021 in der Fassung des Abhilfebeschlusses vom 28.3.2022 verworfen wird. Man kann wohl nicht die Anordnung einer Betreuung nach einer Ablehnung der Betreuung als die neue Fassung einer einzigen Endentscheidung deklarieren. Es liegen einfach zwei unterschiedliche Endentscheidungen vor, wobei die nach BGH in der zweiten Instanz ergangene Entscheidung die erste aufgehoben hat, weil sich die Ablehnung einer Betreuung und die Bestellung eines Betreuers gegenseitig ausschließen. Nunmehr zu sagen, dass die frühere, nicht mehr existente Entscheidung immer noch Gegenstand der Beschwerde sei, ist schon deswegen abwegig, weil sich für die Beschwerdeführerin die Beschwerde erledigt hat und ihr Rechtsschutzbedürfnis weggefallen ist. Angesichts dieser dogmatischen Verwicklungen sollte der BGH sein Dogma von der Zugehörigkeit der Abhilfe zur zweiten Instanz endlich aufgeben.

12.6.8 Hinweis auf Fehlerquellen im Zusammenhang mit der Beteiligung

Verfahrensbevollmächtigter und Vorsorgebevollmächtigter

Betreuer und Vorsorgebevollmächtigte sind in ihrem Aufgabenkreis Muss-Beteiligte und im Unterbringungsverfahren ist kein entsprechender Aufgabenkreis erforderlich. Verfahrensbevollmächtigte sind keine Vorsorgebevollmächtigten! Sie vertreten Beteiligte im Verfahren und sind deshalb selbst keine Beteiligten. 172

Was sind eigentlich Vorsorgebevollmächtigte?

Das sind betreuungsvermeidende Bevollmächtigte im Sinne des § 1814 Abs. 3 Satz 2 Nr. 1 BGB: 173

> *Die Betreuung ist nicht erforderlich, soweit die Angelegenheiten des Volljährigen „durch einen Bevollmächtigten, der nicht zu den in § 1816 Abs. 6 bezeichneten Personen gehört, (...) besorgt werden können".*

Vorgeschlagener Betreuer

174 Schwierig ist die Einordnung des vorgeschlagenen Betreuers. § 274 Abs. 1 Nr. 1 und § 315 Abs. 1 Nr. 2 FamFG betreffen nur den bestellten Betreuer. Im Betreuungsverfahren greift jedoch § 7 Abs. 2 Nr. 1 FamFG, da mit der Bestellung zum Betreuer Rechte und Pflichten entstehen, die eine Rechtsbetroffenheit des vorgeschlagenen Betreuers begründen.

Sonstige Besonderheiten und Unterbringungssachen

175 Ehegatten/Lebenspartner sind immer nur dann Kann-Beteiligte, wenn sie nicht dauernd getrennt leben. In Unterbringungssachen fehlen als mögliche Beteiligte der Vertreter der Staatskasse, Geschwister und Abkömmlinge (nur Kinder!). Eltern und Kinder sind in Unterbringungssachen nur beteiligungsfähig, wenn der Betroffene bei ihnen lebt oder bei Verfahrenseinleitung gelebt hat. Im Unterbringungsverfahren kann zusätzlich der Leiter der Einrichtung beteiligt werden, in der der Betroffene wohnt. Der Leiter der Einrichtung, in der die Unterbringung vollzogen werden soll, ist kein Beteiligter, allerdings muss ihm die Genehmigung bekannt gegeben werden, § 325 Abs. 2 Satz 1 FamFG. Im Unterbringungsverfahren muss ferner die Vertrauensperson vom Betroffenen benannt werden. Beteiligung in erster Instanz ist für Kann-Beteiligte Voraussetzung für die Beschwerdebefugnis.

13. Allgemeine Verfahrensgrundsätze

176 Gerichtliche Verfahren werden durch wichtige allgemeine Verfahrensgrundsätze geprägt. Dazu gehören der Grundsatz der Öffentlichkeit, der richterlichen Unabhängigkeit und Unparteilichkeit, der Amtsermittlung oder Parteimaxime, des fairen Verfahrens und speziell im Betreuungsverfahren der sog. Einheitsentscheidung.

13.1 Grundsatz der Öffentlichkeit

177 Der Zwang, in der Regel öffentlich zu verhandeln, ist Ausfluss des Grundsatzes, dass alle Staatsgewalt vom Volk ausgeht und somit auch die rechtsprechende Gewalt sich öffentlich und damit kontrollfähig zeigen muss. Die Ausnahme für Betreuungs- und Unterbringungsverfahren rechtfertigt sich jedoch aufgrund der besonderen Schutzwürdigkeit der Beteiligten, da sehr häufig vertrauliche, intime und diskriminierende Sachverhalte besprochen werden müssen. Gerade psychische Krankheiten sollten in der Öffentlichkeit nicht breitgetreten werden. Der Betreuungsrichter kann die Öffentlichkeit zulassen, jedoch nicht gegen den Willen eines Beteiligten (vgl. zum Ganzen §§ 169, 170 GVG).

Grundsatz der Öffentlichkeit in Betreuungs- und Unterbringungssachen	
Grundsatz der Öffentlichkeit § 169 Abs. 1 Satz 1 GVG	„Die Verhandlung vor dem erkennenden Gericht einschließlich der Verkündung der Urteile und Beschlüsse ist öffentlich."
Generelle **Ausnahme** für Angelegenheiten der freiwilligen Gerichtsbarkeit § 23a Abs. 2 GVG § 170 Abs. 1 Satz 1 GVG	„Verhandlungen, Erörterungen und Anhörungen in Familiensachen sowie in Angelegenheiten der freiwilligen Gerichtsbarkeit sind nicht öffentlich."
Ausnahme von der Ausnahme für Betreuungs- und Unterbringungssachen § 170 Abs. 1 Satz 2 GVG	„Das Gericht kann die Öffentlichkeit zulassen, jedoch nicht gegen den Willen eines Beteiligten."
Wichtige Besonderheit: Anwesenheitsrecht einer Person des Vertrauens § 170 Abs. 1 Satz 3 GVG	„In Betreuungs- und Unterbringungssachen ist auf Verlangen des Betroffenen einer Person seines Vertrauens die Anwesenheit zu gestatten."

Grundsatz der Öffentlichkeit in Betreuungs- und Unterbringungssachen	
Regelung für das Verfahren vor dem BGH § 170 Abs. 2 GVG	„Das Rechtsbeschwerdegericht kann die Öffentlichkeit zulassen, soweit nicht das Interesse eines Beteiligten an der nicht öffentlichen Erörterung überwiegt."

13.2 Richterliche Unabhängigkeit und Unparteilichkeit

Die richterliche Unabhängigkeit garantiert Art. 97 GG. Dieses Recht ist kein Privileg des 178
Richters, sondern eine Grundlage dafür, dass Richter unparteiisch und unvoreingenommen entscheiden können, weil sie keinerlei Weisungen beachten müssen. Die Unparteilichkeit ist das Spiegelbild zur Unabhängigkeit. Der Richter muss als neutraler und weisungsunabhängiger Entscheider fungieren und darf daher nicht den Eindruck erwecken, befangen, also voreingenommen, zu sein. Dabei kommt es nicht auf die objektive, sondern auf die subjektive Sicht eines vernünftig denkenden Beteiligten an.

13.2.1 Gewährleistung der Unparteilichkeit, Ausschluss und Ablehnung

Das Gesetz reagiert mit § 6 FamFG und §§ 41 bis 49 ZPO mit zwei unterschiedlichen Rechts- 179
instituten auf eine mögliche Voreingenommenheit des Richters. Der Richter kann bei bestimmten Voraussetzungen

- von der Ausübung des Amts ausgeschlossen sein, § 6 Abs. 1 FamFG, § 41 ZPO, oder
- es kann eine Ablehnungsmöglichkeit wegen der Besorgnis der Befangenheit, § 6 Abs. 1 FamFG, § 42 FamFG, bestehen.

13.2.2 Ausschluss des Richters gemäß § 41 ZPO

Bei einem Ausschlusstatbestand ist der Richter auch ohne Ablehnung durch einen Beteiligten 180
an der Ausübung seines Richteramts gehindert. Dies muss auch von Amts wegen, das heißt ohne förmliche Entscheidung, berücksichtigt werden. Der Beteiligte kann aber auch in diesen Fällen einen Ablehnungsantrag stellen. Eine Entscheidung ergeht auch dann, wenn kein Ablehnungsgesuch vorliegt, aber der Richter eine sog. Selbstanzeige schreibt, § 48 ZPO. § 6 FamFG verweist für die Ausschließung und Ablehnung der Gerichtspersonen auf §§ 41 bis 49 ZPO. Im Vordergrund stehen beim Ausschluss gemäß § 41 ZPO persönliche Beziehungen zum Verfahren, aber auch persönliche Bezüge zu bestimmten Verwandten und zum Lebenspartner. Ebenso führt die Mitwirkung als Prozessbevollmächtigter, Beistand, gesetzlicher Vertreter, Zeuge oder Sachverständiger bzw. die Mitwirkung in einem Verfahren des früheren Rechtszugs (z. B. Beschwerderichter war schon entscheidender Richter in erster Instanz) zum Ausschluss. Ausgeschlossen ist zusätzlich gemäß § 6 Abs. 1 Satz 2 FamFG, wer bei einem vorausgegangenen Verwaltungsverfahren (z. B. als Mitarbeiter der Betreuungsstelle) mitgewirkt hat.

13.2.3 Ablehnung wegen Besorgnis der Befangenheit gemäß § 42 ZPO

Die Besorgnis der Befangenheit muss von einem Beteiligten geltend gemacht oder im Wege 181
der Selbstanzeige des Richters bekannt (aktenkundig) werden, § 48 ZPO. Der dem Antrag zugrunde liegende Sachverhalt muss geeignet sein, Misstrauen gegen eine unparteiliche Amtsübung des Richters zu rechtfertigen. Maßgeblich sind nur objektive Gründe, die vom Standpunkt des Ablehnenden aus bei vernünftiger Betrachtung die Befürchtung wecken können, der Richter stehe der Sache voreingenommen und damit parteiisch gegenüber. Subjektive – unvernünftige – Vorstellungen des Ablehnenden scheiden aus. Entscheidend ist, ob ein Verfahrensbeteiligter bei vernünftiger Würdigung aller Umstände Anlass hat, an der Unvoreingenommenheit eines Richters zu zweifeln. Erforderlich sind also berechtigte Zweifel an der Unvoreingenommenheit.

13.2.4 Unzulässigkeit des Antrags

182 Der Beteiligte muss bei seinem Ablehnungsantrag beachten, dass nur bestimmte Personen abgelehnt werden können. Es dürfen z. B. nicht pauschal alle Mitglieder einer Kammer abgelehnt werden, sondern nur jeder Einzelne. Die sog. Kollektivablehnung ist unzulässig.

183 § 43 ZPO zwingt den Beteiligten, die Ablehnung rechtzeitig geltend zu machen, bevor er sich in eine Verhandlung einlässt oder Anträge stellt. Danach muss er glaubhaft machen, dass der Ablehnungsgrund erst später entstanden bzw. bekannt geworden ist, § 44 Abs. 4 ZPO. Das Ablehnungsgesuch kann auch wegen Rechtsmissbrauchs unzulässig sein. Dies ist dann der Fall, wenn durch die Ablehnung das Verfahren offensichtlich nur verschleppt oder mit ihr nur verfahrensfremde Zwecke verfolgt werden sollen. Hergeleitet wird dies aus einem allgemeinen Rechtsgrundsatz, der in § 26a Abs. 1 Nr. 3 StPO gesetzlich formuliert wurde. Die Ausübung eines Antragsrechts ist insbesondere dann unzulässig, wenn sie nur dem Zweck dienen soll, das Gericht zu belästigen, oder völlig antragsfremde Zwecke verfolgt werden. Begründet wird dies auch mit der prozessrechtlichen Ausprägung des allgemeinen Schikaneverbots des § 226 BGB.

Hinweis:

Ist ein Ablehnungsgesuch unzulässig, kann der abgelehnte Richter selbst entscheiden. Eine dienstliche Äußerung des abgelehnten Richters ist dann nicht erforderlich.

13.2.5 Beispiele für geltend gemachte Ablehnungsgründe

Beispiel: Ablehnung eines Verlegungsantrags

Die Besorgnis der Befangenheit ist begründet, wenn offensichtlich zwingende Gründe für die Terminsverlegung vorliegen, die Zurückweisung des Antrags für den betreffenden Beteiligten schlechthin unzumutbar wäre und somit dessen Grundrecht auf rechtliches Gehör verletzen würde.

Beispiel: Hinweise des Richters zur Sach- und Rechtslage

Rechtliche Hinweise zur Sach- oder Rechtslage sind häufig sogar vorgeschrieben, vgl. § 28 FamFG. Der Hinweis muss aber im Verfahren gegenüber allen Beteiligten erfolgen und muss mit der Möglichkeit zum rechtlichen Gehör verbunden sein.

Beispiel: Strafanzeigen

Strafanzeigen gegen eine beteiligte Person oder deren Ankündigung durch einen Richter oder Rechtspfleger rechtfertigen nicht ohne Weiteres die Besorgnis der Befangenheit. Dies ergibt sich schon aus § 149 ZPO und § 183 GVG. Das Erstatten einer Strafanzeige stellt keinen Befangenheitsgrund dar, wenn der Richter zuvor die vorhandenen Verdachts- und Entlastungsumstände sorgfältig abgewogen und der Partei vor Erstattung der Anzeige Gelegenheit zur Stellungnahme gegeben hat. Die Androhung einer Strafanzeige für den Fall, dass z. B. Anträge nicht zurückgenommen werden oder ein Vergleichsangebot nicht angenommen wird, führen immer zur Befangenheit.

Beispiel: Verfahrens- oder Rechtsanwendungsfehler

Verfahrensfehler oder Rechtsansichten rechtfertigen in aller Regel keine Ablehnung des Richters. Das Ablehnungsverfahren dient nicht der Fehlerkontrolle, die dem Rechtszug der Hauptsache vorbehalten bleibt. Grenzwertig sind jedoch willkürliche oder völlig unvertretbare Ansichten.

184 Sonstige Gründe für eine Ablehnung können sein:

- Richter hat ein besonderes Verhältnis zu einem Beteiligten.
- Richter lässt sich Geschenke machen und zum Essen einladen.

- Richter drängt zu einem Vergleich mit unseriösen Mitteln.
- Richter bekundet deutliches Desinteresse. Beispiel: „Jetzt schließen Sie den Vergleich! Ich möchte jetzt endlich Mittag machen."

13.2.6 Verfahrensvorschriften für Ablehnungsverfahren

Ablehnungsgesuch

Ein Ablehnungsgesuch ist gemäß § 44 Abs. 1 ZPO erforderlich. Ausnahme: Selbstanzeige eines 185
Ablehnungsgrundes gemäß § 48 ZPO. Der Ablehnungsgrund ist glaubhaft zu machen, ein Ablehnender kann keine eigene Versicherung an Eides statt (§ 31 FamFG) vorlegen. Möglich ist aber die Berufung auf eine dienstliche Stellungnahme des Richters. Diese muss der Richter gemäß § 44 Abs. 2 und 3 ZPO abgeben.

Entscheidung über das Ablehnungsgesuch

Gemäß § 6 Abs. 1 Satz 1 FamFG und § 45 Abs. 2 ZPO entscheidet ein anderer Richter des 186
Amtsgerichts über das Ablehnungsgesuch. Wer dies ist, ergibt sich aus dem Geschäftsverteilungsplan des Amtsgerichts. Ausnahme: Wenn das Ablehnungsgesuch wegen fehlendem Rechtschutzbedürfnis als unzulässig zurückgewiesen wird, entscheidet der abgelehnte Richter selbst.

Zeitliche Grenze: Rechtskraft der Entscheidung

Eine Richterablehnung ist begrifflich nur bis zum vollständigen Abschluss der Instanz 187
(Rechtskraft der Entscheidung) denkbar. Die Ablehnung soll nur die Unparteilichkeit der zur Entscheidung berufenen Richter sichern. Mit der Rechtskraft ist das Verfahren abgeschlossen und die beteiligten Richter haben ihre richterliche Tätigkeit beendet. Die getroffene Entscheidung kann nicht mehr geändert werden.

13.2.7 Anfechtbarkeit der Ablehnungsentscheidungen

§ 6 Abs. 2 FamFG bestimmt: „Der Beschluss, durch den das Ablehnungsgesuch für unbegründet 188
erklärt wird, ist mit der sofortigen Beschwerde in entsprechender Anwendung der §§ 567 bis 572 der Zivilprozessordnung anfechtbar." Gegen den Beschluss, der die Ablehnung für begründet erklärt, gibt es keine Beschwerdemöglichkeit. Besonderheiten gelten bei der Ablehnung der Kammermitglieder in der Beschwerdeinstanz. Hier ist § 567 Abs. 1 ZPO vorrangig, wonach eine sofortige Beschwerde nur gegen erstinstanzliche Entscheidungen der Amts- und Landgerichte statthaft ist.

13.3 Grundsatz der Einheitsentscheidung

Kommt der Betreuungsrichter zu dem Ergebnis, dass die Voraussetzungen für die Anordnung 189
einer Betreuung vorliegen, ordnet er die Betreuung und im Einzelnen bestimmmte Aufgabenbereiche an. Ferner legt er die Dauer der Betreuung fest und bestellt einen Betreuer (sog. Einheitsentscheidung). Nach dem Grundsatz der Einheitsentscheidung kann also keine Betreuung angeordnet werden, ohne dass gleichzeitig ein Betreuer bestellt wird. Der Grundsatz der Einheitsentscheidung gilt auch im Verlängerungsverfahren. Dabei muss das Betreuungsgericht, wenn es die Betreuung verlängern will, zwingend auch die Betreuerauswahl bzw. neue Betreuerwünsche anhand der Kriterien des § 1816 BGB überprüfen – wie bei der Erstbestellung. Schließlich muss auch das Beschwerdegericht den Grundsatz der Einheitsentscheidung beachten (BGH, Beschl. v. 14.2.2018 – XII ZB 507/17).

13.4 Offizialmaxime und Grundsatz der Ermittlungen von Amts wegen

In keinem gerichtlichen Verfahren ist das Gericht so souverän und bestimmend wie im 190
Betreuungs- und Unterbringungsverfahren. Schon bei der Frage, ob ein Verfahren überhaupt eingeleitet wird, trägt das Gericht die volle Verantwortung, wenn entsprechende Sachverhalte bei Gericht bekannt werden, vgl. § 24 FamFG. Etwas anderes gilt nur, wenn es sich um den

seltenen Fall eines echten „Antragsverfahrens" wie etwa die Betreuung bei ausschließlich körperlicher Behinderung handelt, § 1814 Abs. 4 BGB.

191 Dies wird mit dem Begriff „Offizialmaxime" im Gegensatz zur „Dispositionsmaxime" umschrieben, die es z. B. im Zivilprozess den Parteien überlässt, ob und wie ein Verfahren bei Gericht behandelt wird. Entsprechend setzt sich diese starke Position des Betreuungsrichters im Verfahren fort, da § 26 FamFG bestimmt, dass das Gericht von Amts wegen die zur Feststellung der entscheidungserheblichen Tatsachen erforderlichen Ermittlungen durchzuführen hat. Dies kann dazu führen, dass z. B. vor der Ablehnung einer Betreuung eine persönliche Anhörung des Betroffenen oder ein Gutachten erforderlich ist, obwohl dies § 278 bzw. § 280 FamFG nicht vorschreiben (BGH, Beschl. v. 2.8.2023 – XII ZB 303/22).

191a Verweigert der Betroffene die persönliche Anhörung, muss in der Regel eine Vorführung erfolgen, um nicht gegen § 26 FamFG zu verstoßen. Der Amtsermittlungsgrundsatz schließt aber nicht aus, dass die Beteiligten bei der Sachverhaltsermittlung mitwirken sollen und sich der Wahrheit gemäß über tatsächliche Umstände äußern müssen, § 27 FamFG.

14. Entscheidungsformen bei Dringlichkeit und Eilbedürfnis

14.1 Einstweilige Anordnungen

192 Selbst bei zügiger Bearbeitung kann das Verfahren bis zur Wirksamkeit der betreuungsgerichtlichen Entscheidung zu lange dauern. Zur Vermeidung einer Gefahr für die Person oder das Vermögen des Betroffenen können daher vorläufige Entscheidungen im Wege einer einstweiligen Anordnung gemäß den allgemeinen Regelungen in §§ 49 bis 57 FamFG getroffen werden. Speziell gelten §§ 300 bis 302 FamFG im Betreuungsverfahren und §§ 331 bis 334 FamFG im Unterbringungsverfahren.

14.1.1 Vorläufiger Betreuer und vorläufiger Einwilligungsvorbehalt

193 Das Betreuungsgericht kann in einem selbstständigen Verfahren (§ 51 Abs. 3 Satz 1, § 300 FamFG) einen vorläufigen Betreuer bestellen, wenn

- dringende Gründe für die Annahme bestehen, dass die Voraussetzungen für die Bestellung eines Betreuers oder die Anordnung eines Einwilligungsvorbehalts gegeben sind,
- ein dringendes Bedürfnis für ein sofortiges Tätigwerden besteht,
- ein ärztliches Zeugnis über den Zustand des Betroffenen vorliegt,
- ein Verfahrenspfleger bestellt und angehört wurde, wenn dieser nach den Voraussetzungen des § 276 FamFG zur Wahrnehmung der Interessen des Betroffenen zu bestellen ist, oder
- der Betroffene persönlich angehört wurde.

14.1.2 Entlassung eines Betreuers durch einstweilige Anordnung

194 Das Gericht kann gemäß § 300 Abs. 2 FamFG durch einstweilige Anordnung einen Betreuer entlassen, wenn

- dringende Gründe für die Annahme bestehen, dass die Voraussetzungen für die Entlassung vorliegen und
- ein dringendes Bedürfnis für ein sofortiges Tätigwerden besteht.

14.2 Einstweilige Anordnung bei gesteigerter Dringlichkeit

195 Auf fast alle bedeutsamen Voraussetzungen kann bei der sog. einstweiligen Anordnung bei gesteigerter Dringlichkeit verzichtet werden, § 301 Abs. 1 FamFG. Demnach kann bei Vorliegen von „Gefahr im Verzug" eine einstweilige Anordnung – ohne persönliche Anhörung des Betroffenen und ohne vorherige Bestellung bzw. Anhörung eines Verfahrenspflegers – erlassen werden. Letztlich genügt dann für die Bestellung eines vorläufigen Betreuers ein ärztliches Zeugnis. Allerdings müssen die Bestellung eines Verfahrenspflegers und die persönliche

Anhörung unverzüglich nachgeholt werden. „Gefahr im Verzug" liegt vor, wenn die einstweilige Anordnung zur Abwendung einer erheblichen Gefährdung des Wohls des Betroffenen so dringend erforderlich ist, dass die persönliche Anhörung des Betroffenen und die Bestellung und Anhörung eines Verfahrenspflegers nicht abgewartet werden können. Für die Auswahl des vorläufigen Betreuers bestimmt § 301 Abs. 2 FamFG, dass auf Betreuerwünsche und familiäre und soziale Beziehungen (§ 1816 Abs. 2 und 3 BGB) keine Rücksicht genommen werden muss. Bei Gefahr im Verzug wird häufig die Betreuungsbehörde, ein Betreuungsverein oder ein Berufsbetreuer zum vorläufigen Betreuer bestellt.

Zunächst gilt im Betreuungsverfahren bei „Gefahr im Verzug" oder besonderer Dringlichkeit 196 der Grundsatz „Schnelligkeit vor Gründlichkeit". Dies ist der Fürsorge für den Betroffenen geschuldet, der zügig vor Schaden bewahrt werden soll. Allerdings wird dadurch häufig die Angst der Angehörigen bzw. einer vom Betreuten vorgeschlagenen Person geschürt, bei der endgültigen Betreuerbestellung übergangen zu werden. Die Furcht, schlichtweg nicht beachtet zu werden, ist jedoch unbegründet. In der Regel schlägt die Betreuungsstelle nach sorgfältiger Ermittlung einen geeigneten Betreuer vor, den sie im Rahmen der Sachverhaltsaufklärung geprüft hat. Dabei muss sie sogar die Betreuerauswahl unter Berücksichtigung des Vorrangs der Ehrenamtlichkeit und der individuellen Betreuung treffen, § 279 Abs. 2 Satz 2 Nr. 3 FamFG, §§ 1816, 1818 Abs. 1 BGB. § 301 Abs. 2 FamFG gilt nicht für das Hauptverfahren.

14.3 Konkrete Sachverhaltsfeststellungen sind auch bei einstweiligen Anordnungen geboten!

Jede Betreuung stellt einen „tiefen Eingriff in das allgemeine Persönlichkeitsrecht" der 197 Betroffenen dar. Darüber hinaus ist es unverzichtbarer Bestandteil eines rechtsstaatlichen Verfahrens, dass Entscheidungen, die massiv in ein Grundrecht eingreifen, auf „zureichender richterlicher Sachaufklärung beruhen und eine in tatsächlicher Hinsicht genügende Grundlage haben" (BVerfG, Beschl. v. 23.3.2016 – 1 BvR 184/13, Rn. 13).

Diese Forderung gilt vor allem für 198

- dringende Gründe, die für die Annahme erforderlich sind, dass die Voraussetzungen für die Bestellung eines Betreuers oder die Anordnung eines Einwilligungsvorbehalts gegeben sind,
- das dringende Bedürfnis für ein sofortiges Tätigwerden und
- „Gefahr im Verzug".

Behauptungen ins Blaue hinein oder die nicht konkret belegte Annahme von Verhaltensweisen, 199 die häufig mit einer diagnostizierten Krankheit einhergehen (z. B. Suizidalität bei Depressionen), genügen nicht. Diffuse Hinweise auf Familienstreitigkeiten oder drohenden sozialen Rückzug des Betroffenen bzw. der Abbruch von sozialen Kontakten genügen ebenfalls nicht, um die genannten Tatbestände der §§ 300 und 301 FamFG zu belegen. Elegante, aber inhaltsleere Floskeln, die nicht vorhandene Erkenntnisse vortäuschen und mit Fachausdrücken mehr verschleiern als belegen, sind in der Regel leicht zu hinterfragen. Suizidalität, Chronifizierung einer psychischen Krankheit, akute Selbstgefährdung, Verwahrlosung, Exazerbation einer psychischen Krankheit, Verwirrtheitszustand etc. sind pauschale Einordnungen, die mit konkreten Sachverhalten hinterfragt werden müssen. Die Bitte des Betroffenen oder Betreuers um Angabe der konkreten Sachverhalte ist daher in jedem Fall legitim.

14.4 Fristen, Verfahrenserleichterungen und Besonderheiten

14.4.1 Fristen allgemein und Besonderheiten für Eilverfahren

Tabelle zu den wichtigsten Regelungen: 200

Allgemeine Regelungen	
	§ 16 FamFG zur Berechnung (Beginn und Ende)
	§§ 222, 224 Abs. 2 und 3, 225 ZPO
	§§ 186 bis 193 BGB gemäß Verweis in § 222 Abs. 1 ZPO

A

Betreuungsverfahren	
	§ 295 Abs. 2 FamFG, Dauer bei Betreuung, Einwilligungsvorbehalt
	§ 286 Abs. 3 FamFG, Beschlussformel
	§ 302 FamFG, Dauer bei einstweiliger Anordnung
Unterbringungssachen	
	§ 329 FamFG, Dauer bei Unterbringungsmaßnahmen
	§ 323 Abs. 1 Nr. 2 FamFG, Beschlussformel
	§§ 333, 334 FamFG, Dauer bei einstweiliger Anordnung
Beschwerdefrist	Beginn mit schriftlicher Bekanntgabe; Dauer ein Monat; zwei Wochen bei einstweiliger Anordnung oder Genehmigung eines Rechtsgeschäfts, § 63 FamFG

Fristablauf im Hauptverfahren bzw. bei einstweiliger Anordnung

200a Läuft die Frist für die Verlängerung der Betreuung oder des Einwilligungsvorbehalts ab, dann bleiben Betreuung und Einwilligungsvorbehalt bis zur Verlängerung wirksam. Ansonsten endet bei Fristablauf die einstweilige Anordnung oder Unterbringungsmaßnahme.

Einstweilige Anordnungen

200b Für die einstweilige Anordnung gelten besonders kurze Fristen. Im Gegensatz zur endgültigen Betreuung endet die Wirksamkeit mit Fristablauf, da sie gemäß § 302 FamFG spätestens nach sechs Monaten außer Kraft tritt, sofern nicht das Gericht einen früheren Zeitpunkt bestimmt hat. Eine Verlängerung bis zu einer Gesamtdauer von einem Jahr kann nach Anhörung eines Sachverständigen durch weitere einstweilige Anordnungen bestimmt werden. Für Unterbringungsmaßnahmen gelten gemäß § 333 FamFG kürzere Fristen.

200c In der Praxis wird im Beschluss oft formelhaft ausgeführt, „dass das Gericht bei der Festsetzung der Dauer der Maßnahme die Ausführungen der Sachverständigen berücksichtigt habe". Dies genügt nicht als Begründung für die vom Gesetz geforderte „offensichtlich" lange Unterbringungsbedürftigkeit von mehr als einem Jahr gemäß § 329 FamFG.

Berechnung der Frist

200d Es gelten grundsätzlich die komplizierten Regelungen in der ZPO und im BGB (siehe Tabelle bei Rn. 200). Der Betreuungsrichter darf aber nicht den vom Gutachter benannten Zeitraum eins zu eins umsetzen. Maßgebend für die zulässige Unterbringungsdauer ist grundsätzlich der Zeitpunkt der Erstellung des Gutachtens. Wird das Gutachten beispielsweise am 1.7.2025 erstellt und hält der Gutachter eine Dauer von einem Jahr für erforderlich, dann darf der richterliche Beschluss, der am 1.9.2025 erlassen wird, nur noch eine Frist von zehn Monaten bestimmen (BGH, Beschl. v. 15.1.2025 – XII ZB 517/24).

14.4.2 Rechtshilfe

201 Rechtshilfe ist gemäß § 300 Abs. 1 Satz 2 FamFG möglich. Für die örtliche Zuständigkeit der Gerichte gibt es eine weitere, nicht „ausschließliche" Zuständigkeit in jedem Bezirk, in dem „das Bedürfnis der Fürsorge bekannt wird", § 272 Abs. 2 FamFG.

14.4.3 Ärztliches Zeugnis

202 Wie bereits ausgeführt, ersetzen ärztliche Zeugnisse die im Hauptverfahren erforderlichen Gutachten. Die für Sachverständige erforderliche besondere Qualifikation „Arzt für Psychiatrie oder Arzt mit Erfahrungen auf dem Gebiet der Psychiatrie" gilt grundsätzlich nicht für ärztliche Zeugnisse bei einstweiligen Anordnungen. Es genügt, wenn der ausstellende Arzt eine Approbation (staatliche Bestätigung der Zulassung) hat. Zu ärztlichen Zeugnissen siehe Rn. 131.

14.5 Rechtswidrigkeit der vorläufigen Unterbringungsmaßnahme nicht „heilbar"

Aufgrund der besonderen Bedeutung des Freiheitsgrundrechts kommt vor allem der Pflicht zur 203
persönlichen Anhörung, aber auch der rechtzeitigen Bestellung eines Verfahrenspflegers bei Unterbringungsmaßnahmen große Bedeutung zu. Lag kein dringendes Bedürfnis für ein sofortiges Tätigwerden vor, keine besondere Dringlichkeit in Form einer Gefahr im Verzug oder waren die Anordnungsgründe des § 331 Satz 1 FamFG nicht ausreichend, ist und bleibt die Freiheitsentziehung rechtswidrig. Das rechtswidrige Unterbleiben einer richterlichen Anhörung kann rückwirkend nicht geheilt werden. Wird die Anhörung unverzüglich nachgeholt, kann ihr nur für die Zukunft „heilende Wirkung" beigemessen werden, „so dass die Aufrechterhaltung der Unterbringung nach Anhörung einem erstmals formell ordnungsgemäßen Neuerlass der Anordnung gleichzuachten ist" (BVerfG, Beschl. v. 4.8.2020 – 2 BvR 692/19). Diese Folgen gelten auch dann, wenn nach einer „einstweiligen Maßnahme" des Richters die erforderlichen Maßnahmen in puncto Betreuerbestellung nicht rechtzeitig getroffen werden.

14.6 Besonderheiten bei Unterbringungssachen

Die Regelungen in §§ 331 bis 333 FamFG sind in den wesentlichen Punkten identisch, ja sogar 204
wortgleich.

14.6.1 Ärztliches Zeugnis, Qualifikation des Ausstellers

Das Zeugnis eines approbierten Arztes genügt aber nur für unterbringungsähnliche Maß- 205
nahmen (Fixierung, Bettgitter etc.). Bei allen anderen Unterbringungssachen soll der Aussteller Facharzt für Psychiatrie sein, muss aber zumindest Erfahrungen auf dem Gebiet der Psychiatrie haben. Das ärztliche Zeugnis hat sich auch mit dem Zustand der Person und der Notwendigkeit der Unterbringungsmaßnahme zu befassen.

14.6.2 Einstweilige Maßnahmen (Maßregeln gemäß § 1846 BGB a. F.) des Betreuungsgerichts, § 334 FamFG

Gemäß § 334 FamFG gelten die §§ 331, 332 und 333 entsprechend, wenn nach § 1867 BGB 206
eine Unterbringungsmaßnahme getroffen werden soll. Irreführend ist die Bezeichnung „Einstweilige Maßregeln" in der Überschrift des § 334 FamFG, da nunmehr § 1867 BGB von „Einstweiligen Maßnahmen" des Betreuungsgerichts spricht und nicht mehr von „Einstweiligen Maßregeln" wie § 1846 BGB (a. F.).

Bei Unterbringungsmaßnahmen kann eine Entscheidung erforderlich sein, obwohl noch kein 207
Betreuer bestellt oder er an der Erfüllung seiner Pflichten verhindert ist. Die Lösung ergibt sich aus § 1867 BGB, wonach das Betreuungsgericht in diesen Fällen die im Interesse des Betroffenen erforderlichen Maßnahmen zu treffen hat. Der Richter entscheidet demnach wie ein Betreuer. Dies muss natürlich die zeitlich beschränkte Ausnahme bleiben. Vorrangig muss geprüft werden, ob es genügt, wenn ein vorläufiger Betreuer bestellt wird, oder abgewartet werden kann, bis der bestellte Betreuer nicht mehr verhindert ist. Verhinderung bedeutet, dass der Betreuer tatsächlich nicht eingreifen kann, so z. B. bei Urlaubsabwesenheit oder Krankheit.

Einstweilige Maßnahme darf den Betreuer nicht umgehen!

Will der Betreuer nicht tätig werden, scheidet ein gerichtliches Eingreifen nach § 1867 BGB aus. 208
Eine Maßnahme darf also nicht erfolgen, wenn sich der Betreuer etwa aus sachfremden Motiven weigert, einer Unterbringungsmaßnahme zuzustimmen und die Genehmigung des Gerichts einzuholen. Hier muss geprüft werden, ob der Betreuer entlassen werden muss.

Entscheidet der Richter nach § 1867 BGB, muss spätestens am nächsten Werktag die Bestellung 209
eines Betreuers eingeleitet und beschleunigt betrieben werden. War der Betreuer verhindert, muss er mit Ende der Verhinderung selbst entscheiden (BGH, Beschl. v. 13.2.2002 – XII ZB 191/00).

A

Einstweilige Maßnahme bei ärztlicher Zwangsmaßnahme

210 Bei einer ärztlichen Zwangsmaßnahme kommt eine einstweilige Maßnahme nur in Betracht, wenn der Betreuer an der Erfüllung seiner Pflichten verhindert ist, § 1832 Abs. 1 Satz 2 BGB. Allerdings kann im Eilfall ein vorläufiger Betreuer (z. B. die Betreuungsbehörde) bestellt werden, der im Fall der Unerreichbarkeit (z. B. am Wochenende) an der Erfüllung seiner Pflichten verhindert ist.

Umsetzung einer einstweiligen Maßnahme

211 Bei Unterbringungen, unterbringungsähnlichen Maßnahmen und ärztlichen Zwangsmaßnahmen, die das Betreuungsgericht selbst als einstweilige Maßnahmen anordnet, ist § 334 FamFG zu beachten, der die §§ 331 und 332 FamFG für entsprechend anwendbar erklärt. Es müssen zusätzlich zu den Voraussetzungen der §§ 331 und 332 FamFG dringende Gründe dafür vorliegen, dass künftig ein Betreuer bestellt wird, der eine Unterbringung für erforderlich hält. Der Betreuungsrichter muss, da er die Aufgaben des Betreuers wahrnimmt, zusätzlich die konkrete Einrichtung bezeichnen, in der die Unterbringung zu vollziehen ist.

14.7 Checkliste für einstweilige Anordnungen (Maßnahmen), §§ 300, 301, 331, 332 und 334 FamFG

Checkliste: Notwendige Voraussetzungen für ...	
Normale einstweilige Anordnung gemäß §§ 300 und 331 FamFG	**Einstweilige Anordnung bei gesteigerter Dringlichkeit gemäß §§ 301, 332 und 333 FamFG**
Dringende Gründe für die Annahme, dass die Voraussetzungen für die Genehmigung oder Anordnung einer vorläufigen Betreuung bzw. Unterbringungsmaßnahme gegeben sind	
Dringendes Bedürfnis für ein sofortiges Tätigwerden	
Ärztliches Zeugnis über **den Zustand** des Betroffenen und über die **Notwendigkeit** der vorläufigen Betreuung bzw. Maßnahme muss vorliegen. Arzt, der das ärztliche Zeugnis ausstellt, **muss** Arzt sein (Approbation); bei Unterbringungssache soll er Facharzt für Psychiatrie sein; er **muss** Erfahrung auf dem Gebiet der Psychiatrie haben. Für unterbringungsähnliche Maßnahmen (z. B. Fixierung, Bettgitter) genügt als Qualifikation: Arzt.	
Im Fall des § 317 bzw. § 276 FamFG muss ein **Verfahrenspfleger** bestellt und angehört werden.	Nein, ist aber unverzüglich nachzuholen
Der Betroffene muss **persönlich angehört** werden.	Nein, ist aber unverzüglich nachzuholen
Anhörung im Wege der **Rechtshilfe** ist zulässig.	
Gefahr im Verzug ist nicht erforderlich.	**Gefahr im Verzug** muss geprüft werden.
Fristen, Dauer der Wirksamkeit: maximal **sechs Wochen**, verlängerbar durch neue Beschlüsse auf insgesamt **drei Monate** Bei ärztlicher Zwangsmaßnahme: maximal **zwei Wochen**, verlängerbar durch neue Beschlüsse auf **sechs Wochen** Nach Fristablauf tritt die einstweilige Anordnung **außer Kraft**.	
nein	**Einstweilige Maßnahmen des Gerichts**, § 334 FamFG möglich; zusätzlich müssen dringende Gründe dafür vorliegen, dass künftig ein Betreuer bestellt wird, der eine Unterbringung für erforderlich hält.

14.8 Erlass, Bekanntgabe und Wirksamwerden der Beschlüsse

Erlass, Wirksamwerden und Bekanntgabe sind besonders häufig bei den Eilentscheidungen 212
relevant und werden deshalb auch hier dargestellt.

Beschlüsse werden generell mit dem Erlass existent und für den Richter grundsätzlich 213
unabänderbar gemäß § 38 Abs. 3 Satz 3 FamFG. Formen des Erlasses sind nur und ausschließlich die Übergabe an die Geschäftsstelle oder das Verlesen der Beschlussformel. Das Datum des Erlasses muss auf dem Beschluss vermerkt werden. Der Beschluss ist vor dem Erlass nur ein Entwurf, auch wenn der Betreuungsrichter oder alle Mitglieder der Beschwerdekammer den Beschluss unterschrieben haben (BGH, Beschl. v. 30.7.2025 – XII ZB 51/25 Rn. 9). Der Erlass führt aber noch nicht zur Wirksamkeit, die gerade bei Eilbedürftigkeit von entscheidender Bedeutung ist.

14.8.1 Wirksamwerden der Beschlüsse im Betreuungsverfahren

Im Normalfall werden Beschlüsse durch Bekanntgabe an den Beteiligten wirksam, für den er 214
seinem wesentlichen Inhalt nach bestimmt ist, § 40 Abs. 1 FamFG.

Sondervorschriften enthalten §§ 287 und 324 FamFG für das Unterbringungsverfahren. 215
„Beschlüsse über Umfang, Inhalt oder Bestand der Bestellung eines Betreuers, über die Anordnung eines Einwilligungsvorbehalts oder über den Erlass einer einstweiligen Anordnung nach § 300 werden mit der Bekanntgabe an den Betreuer wirksam", § 287 FamFG. Auch die einstweilige Anordnung nach §§ 300, 301 FamFG wird mit der Bekanntgabe an den Betreuer wirksam, § 287 Abs. 1 FamFG. Die Bekanntgabe erfolgt durch Zustellung, Aufgabe zur Post oder Verlesen der Beschlussformel unter Anwesenden, § 15 Abs. 2, § 41 Abs. 2 FamFG.

Dieses Prozedere kann gemäß § 287 Abs. 2 FamFG abgekürzt werden, wenn die Bekanntgabe 216
an den Betreuer nicht möglich ist oder bei Gefahr im Verzug. Dann muss der Richter zunächst die sofortige Wirksamkeit des Beschlusses anordnen. Fehlt die Anordnung der sofortigen Wirksamkeit, dann bleibt es beim Wirksamwerden nach § 287 Abs. 1 FamFG. Der Beschluss und die Anordnung seiner sofortigen Wirksamkeit müssen dann entweder dem Betroffenen oder dem Verfahrenspfleger bekannt gegeben oder der Geschäftsstelle zum Zweck der Bekanntgabe nach Nummer 1 übergeben werden.

Übersicht zum Wirksamwerden einer einstweiligen Anordnung		
1.	**Bekanntgabe an den Betreuer**	Förmliche Zustellung, Aufgabe zur Post, Verlesen der Beschlussformel in Anwesenheit des Betreuers
Bei **Gefahr im Verzug** oder **Unmöglichkeit der Bekanntgabe** an den Betreuer genügen, wenn die **sofortige Wirksamkeit** angeordnet wird, die ...		
2.	**Bekanntgabe an den Betroffenen oder Verfahrenspfleger**	Bekanntgabe des Beschlusses und der Anordnung der sofortigen Wirksamkeit durch Zustellung, Aufgabe zur Post oder Verlesen der Beschlussformel in Anwesenheit des Betroffenen oder Verfahrenspflegers
3.	**Übergabe an die Geschäftsstelle**	Beschluss und Anordnung der sofortigen Wirksamkeit sind zum Zwecke der Bekanntgabe an den Betroffenen oder Verfahrenspfleger der Geschäftsstelle zu übergeben.
4.	**Zeitpunkt der sofortigen Wirksamkeit ist auf dem Beschluss zu vermerken.**	§ 287 Abs. 2 Satz 3 FamFG

14.8.2 Wirksamwerden in Unterbringungssachen, § 324 FamFG

Beschlüsse über die Genehmigung oder die Anordnung einer Unterbringungsmaßnahme 217
werden grundsätzlich erst mit **Rechtskraft** (siehe A 11, Rn. 4) und damit vor allem für Eilmaßnahmen viel zu spät wirksam. Das Gericht muss deshalb versuchen, das Verfahren zu beschleunigen, und wird zunächst die sofortige Wirksamkeit des Beschlusses anordnen. Fehlt

im Beschluss die Anordnung der sofortigen Wirksamkeit, dann erfolgt die Unterbringungsmaßnahme bis zur formellen Rechtskraft ohne Genehmigung und wäre vorher rechtswidrig (BGH, Beschl. v. 12.3.2025 – XII ZB 417/24). Der Beschluss und die Anordnung seiner sofortigen Wirksamkeit müssen entweder dem Betroffenen, dem Verfahrenspfleger, dem Betreuer oder dem Vorsorgebevollmächtigten im Sinne des § 1814 Abs. 3 Satz 2 Nr. 1 BGB bekannt gegeben werden. Beschluss und Anordnung der sofortigen Wirksamkeit können aber auch einem Dritten zum Zweck des Vollzugs des Beschlusses formlos mitgeteilt (§ 15 Abs. 3 FamFG) oder der Geschäftsstelle des Gerichts zum Zweck der Bekanntgabe übergeben werden, § 324 FamFG.

Übersicht zum Wirksamwerden einer einstweiligen Anordnung im Unterbringungsverfahren, § 324 FamFG		
1.	**Rechtskraft** des Beschlusses	Der Ablauf der Rechtsmittelfrist bzw. einer Beschwerdeentscheidung kann in Eilverfahren aber nicht abgewartet werden.
Im Regelfall muss daher die sofortige Wirksamkeit angeordnet werden, außerdem ...		
2.	**Bekanntgabe** an den Betroffenen, Verfahrenspfleger, Betreuer oder Vorsorgebevollmächtigten	Bekanntgabe des Beschlusses und der Anordnung der sofortigen Wirksamkeit durch Zustellung, Aufgabe zur Post oder Verlesen der Beschlussformel unter den Anwesenden
3.	**Mitteilung** an einen Dritten zum Zweck des Vollzugs des Beschlusses	z. B. an behandelnden Arzt oder zuständige Pflegekraft in der Einrichtung; Mitteilung ist formlos möglich (telefonisch, Fax, E-Mail, mündlich)
4.	**Übergabe an die Geschäftsstelle** des Gerichts zum Zweck der Bekanntgabe	Beschluss und Anordnung der sofortigen Wirksamkeit müssen mit dem Auftrag der Bekanntgabe der Geschäftsstelle übergeben werden.
5.	Zeitpunkt der sofortigen Wirksamkeit ist auf dem Beschluss zu **vermerken**.	§ 324 Abs. 3 FamFG

218 Im Detail siehe für das Unterbringungsverfahren A 6, Rn. 266.

15. Keine Benachteiligung sozial schwacher Personen im Verfahren

219 In nahezu allen gerichtlichen Verfahren können sozial schwache Personen Verfahrenskostenhilfe (Prozesskostenhilfe) und Beratungshilfe in Anspruch nehmen. Besonderheiten in Betreuungs- und Unterbringungsverfahren ergeben sich bei der Verfahrenskostenhilfe aus den §§ 76 bis 78 FamFG. Wichtig ist zunächst die Verweisung in § 76 Abs. 1 FamFG auf die §§ 114 bis 127a ZPO. Beschlüsse im Verfahrenskostenhilfeverfahren sind mit der sofortigen Beschwerde anfechtbar, § 76 Abs. 2 FamFG. Den übrigen Beteiligten kann das Gericht Gelegenheit zur Stellungnahme geben, § 77 Abs. 1 Satz 1 FamFG. Einem Beteiligten kann ein zur Vertretung bereiter Rechtsanwalt seiner Wahl beigeordnet werden, wenn wegen der Schwierigkeit der Sach- und Rechtslage die Vertretung durch einen Rechtsanwalt erforderlich erscheint. Dies muss aber ausdrücklich beantragt werden. Findet der Beteiligte keinen zur Vertretung bereiten Anwalt, ordnet der Vorsitzende ihm auf Antrag einen Rechtsanwalt bei, § 78 Abs. 5 FamFG.

Hinweis:

Eine Besonderheit hat der BGH für den Fall entwickelt, dass nicht der Betroffene selbst Verfahrenskostenhilfe beantragt, sondern sonstige Beteiligte. Verfahrenskostenhilfe soll demnach nur der bedürftige Beteiligte erhalten, der eigene Rechte geltend zu machen beabsichtigt, während für eine rein fremdnützige Verfahrensbeteiligung keine Gewährung von Verfahrenskostenhilfe möglich ist. Damit scheiden wohl alle Kann-Beteiligten aus, da diese nur im Interesse des Betroffenen herangezogen werden, sodass sie fremdnützig handeln (vgl. zum Ganzen BGH, Beschl. v. 31.5.2017 – XII ZB 550/16).

Die Beiordnung eines Rechtsanwalts behandelt der BGH sehr restriktiv. Eine möglicherweise existenzielle Bedeutung der Sache sei nicht relevant, sondern nur die Schwierigkeit der Sach- und Rechtslage. Zu berücksichtigen seien allerdings die subjektiven Fähigkeiten des Betroffenen, insbesondere dessen Fähigkeiten, sich schriftlich oder mündlich auszudrücken. Allerdings soll bei einfach gelagertem Sachverhalt die Wahrnehmung der Interessen des Betroffenen durch einen Verfahrenspfleger ausreichend sein. Bestimmte Verfahrenspfleger werden aber vom Gericht häufiger bestellt, sodass die Gefahr besteht, dass diese sich mehr an den Erwartungen der Betreuungsrichter orientieren als an den Interessen der Betroffenen (zum Ganzen BGH, Beschl. v. 14.8.2023 – XII ZA 2/23). Die Aufgaben eines unabhängigen Verfahrenspflegers und die Möglichkeiten einer echten Vertretung im Verfahren durch einen Rechtsanwalt sind nicht vergleichbar, sodass an sich keine Austauschbarkeit möglich ist. 219a

Zusammenfassung der Schwerpunkte zur Verfahrenskostenhilfe

- **Gesetze:** § 76 bis 78 FamFG, §§ 114 bis 127a ZPO
- **Sofortige Beschwerde** findet gegen Verfahrenskostenhilfeentscheidungen statt
- **Antrag**, Formblattzwang für Bedürftigkeitsnachweis
- **Bedürftigkeit** (Formblattnachweis)
- Besonderheit: Verfolgung eigener Interessen erforderlich, Fremdnützigkeit genügt nicht (nur für Dritte relevant!)
- **Erfolgsaussichten**
  Schlagwort: nur summarische Prüfung bei Verfahrenskostenhilfe; keine Vorwegnahme der Hauptsache; antizipierte Beweiswürdigung nur im Ausnahmefall
- Kein **Missbrauch**, Rechtsverfolgung darf nicht mutwillig sein, § 114 Abs. 2 ZPO
- Keine **zumutbaren und vorrangigen Hilfen**
- **Beiordnung eines Rechtsanwalts**, § 78 Abs. 2 FamFG
  Immer bei Anwaltszwang! Ansonsten, wenn die Beiordnung wegen Schwierigkeit der Sach- und Rechtslage geboten ist

16. Verfahrensfähigkeit des Betroffenen

Der Betroffene ist ohne Rücksicht auf seine Geschäftsfähigkeit verfahrensfähig, §§ 275, 316 FamFG. Mit der umfassenden Verfahrensfähigkeit versucht das FamFG auch Art. 12 UN-BRK gerecht zu werden, wonach Menschen mit Behinderungen das Recht haben, überall als Rechtssubjekt anerkannt zu werden und in allen Lebensbereichen gleichberechtigt mit anderen Rechts- und Handlungsfähigkeit genießen. Die umfassende Verfahrensfähigkeit schließt auch eine Vertretung bei den Verfahrenshandlungen des Betreuten durch seinen Betreuer aus. Dabei wird häufig schon übersehen, dass die Vertretungsbefugnis gemäß § 1823 BGB nur im Rahmen eines entsprechenden Aufgabenbereichs möglich ist, der schon wegen § 275 FamFG niemals für die Vertretung im Betreuungsverfahren angeordnet werden dürfte. 220

16.1 Regelungsinhalt

§§ 275 und 316 FamFG stellen abweichend von § 9 FamFG sicher, dass der Betroffene in allen Betreuungs- und Unterbringungssachen ohne Rücksicht auf seine Geschäftsfähigkeit als verfahrensfähig zu behandeln ist. Die von der Geschäftsfähigkeit unabhängige Verfahrensfähigkeit stärkt die Rechtsposition des Betroffenen. In anderen Verfahrensgesetzen, aber auch in anderen FamFG-Verfahren hängt die Prozess- bzw. Verfahrensfähigkeit von der Geschäftsfähigkeit ab. 221

16.2 Verfahrensbefugnisse und Rechte des Betroffenen

16.2.1 Übersendung aller entscheidungsrelevanten Unterlagen

Der Betroffene hat persönlich alle Befugnisse eines Verfahrensbeteiligten. Dies gilt auch, wenn ein Verfahrenspfleger bestellt wurde. Die Rechtsstellung des Verfahrenspflegers als selbst- 222 ständiger und unabhängiger Verfahrensbeteiligter schmälert nicht die verfahrensrechtliche Stellung des Betroffenen. Dem Betroffenen müssen uneingeschränkt sämtliche Vorgänge, die Grundlage der gerichtlichen Entscheidung werden sollen, zur Kenntnis gebracht werden. Dies gilt für den Bericht der Betreuungsbehörde gemäß § 279 Abs. 2 FamFG, Aktenvermerke gemäß § 28 Abs. 4 und § 29 Abs. 3 FamFG, die Stellungnahmen anderer Beteiligter, Auskünfte, ärztliche Zeugnisse und vor allem für ein eingeholtes Sachverständigengutachten, das dem Betroffenen im vollen Wortlaut übermittelt werden muss (siehe dazu im Detail Rn. 93). Beschlüsse sind dem Betroffenen persönlich bekannt zu geben, § 41 FamFG.

16.2.2 Anhörungen

223 Als Ausdruck der Verfahrensfähigkeit sind auch die (persönlichen) Anhörungen des Betreuten anzusehen, die vor gerichtlichen Entscheidungen durchzuführen sind. Darüber hinaus darf das Gericht eine Entscheidung, die die Rechte des Betreuten beeinträchtigt, nur auf Tatsachen stützen, zu denen sich der Betreute äußern konnte, § 38 Abs. 2 FamFG. Insbesondere die §§ 278, 293, 296, 297, 298, 299, 300, 319 und 331 FamFG fordern zusätzlich eine persönliche Anhörung des Betroffenen, von der nur unter besonderen Voraussetzungen abgesehen werden kann (siehe Rn. 53 ff.).

16.2.3 Vornahme von Verfahrenshandlungen

224 Der Betroffene kann aufgrund seiner Verfahrensfähigkeit uneingeschränkt Tatsachen und Rechtsansichten im Verfahren vortragen und die zu treffenden Entscheidungen beeinflussen. Er ist zu sämtlichen Verfahrenshandlungen befugt. Der Betroffene kann Rechtsbehelfe einlegen oder zurücknehmen. Er ist berechtigt, zu seiner Vertretung im Verfahren gemäß § 10 FamFG einen Verfahrensbevollmächtigten zu bestellen, insbesondere einen Rechtsanwalt. Die Verfahrensfähigkeit gilt für das gesamte Betreuungs- und Unterbringungsverfahren, sodass dem Betroffenen insoweit alle Befugnisse eines Geschäftsfähigen zur Verfügung stehen. Dies schließt die Geschäftsfähigkeit zum Abschluss eines schuldrechtlichen Geschäftsbesorgungsvertrags mit einem Rechtsanwalt ein, weil nur auf diese Weise eine anwaltliche Vertretung gewährleistet werden kann (BGH, Beschl. v. 24.4.2024 – XII ZB 531/23). Ein Betreuer muss deshalb im Rahmen seines Aufgabenkreises den Vergütungsanspruch des bevollmächtigten Rechtsanwalts aus dem Einkommen oder Vermögen des Betroffenen erfüllen. Dies gilt auch dann, wenn ein Einwilligungsvorbehalt angeordnet wurde.

16.2.4 Wirksamkeit von Verfahrenshandlungen des Betroffenen und gegenüber dem Betroffenen

225 Aus seiner Verfahrensfähigkeit folgt zunächst, dass sämtliche Verfahrenshandlungen wirksam gegenüber dem Betroffenen vorgenommen werden können. Dies gilt insbesondere für die Bekanntgabe einer Entscheidung (§ 41 FamFG), die eine Beschwerdefrist gemäß § 63 Abs. 1 Satz 1 FamFG für die Einlegung eines Rechtsmittels durch den Betroffenen in Lauf setzt. Wirksam sind aber auch eigene Verfahrenshandlungen, die dem Betroffenen zum Nachteil gereichen können, wie etwa eine Beschwerderücknahme oder ein Rechtsmittelverzicht.

16.2.5 Natürlicher Wille des Betroffenen ist nicht erforderlich

226 Erörtert wurde, ob Erklärungen des Betreuten trotz seiner Verfahrensfähigkeit von einem „natürlichen Willen" getragen sein müssen. Grundsätzlich ergibt sich aus dem Wortlaut des § 275 bzw. § 316 FamFG nicht, dass als Voraussetzung der Verfahrensfähigkeit wenigstens ein „natürlicher Wille" noch vorhanden sein müsste. Es dürfte vielmehr dem Sinn der gesetzlichen Vorschriften widersprechen, dass der Betroffene seine Befugnis zu eigenen Verfahrenshandlungen durch ein Mindestmaß ihm verbliebener intellektueller Fähigkeiten rechtfertigen muss. Der Begriff „Natürlicher Wille" lässt sich zudem kaum sicher definieren, geschweige denn nachweisen (vgl. zum Ganzen BGH, Beschl. v. 30.12.2013 – XII ZB 317/13).

Andererseits können den Erklärungen des Betroffenen wenig Bedeutung zugemessen werden, wenn er jegliche Fähigkeit eingebüßt hat, sich verständlich zu artikulieren oder Sinn und Folge seiner Erklärungen auch nur ansatzweise zu erkennen. Richter und Rechtspfleger des Betreuungsgerichts haben deshalb in jedem Fall zu prüfen, ob überhaupt verfahrensrechtliche Erklärungen von dem Betreuten zum Ausdruck gebracht wurden. Insbesondere wenn z. B. ersichtlich ist, dass Betreute nur den Namen unter ein vorbereitetes Schriftstück gesetzt haben, das sie nicht mehr verstehen oder nicht einmal mehr lesen konnten. Hier geht es nicht mehr um Verfahrensfähigkeit, vielmehr sind Betreute, die letztlich nur durch Täuschung und Arglist manipuliert wurden, dann zum bloßen Objekt Dritter geworden. Die Abgrenzung zwischen einem zurechenbaren Handeln des Betreuten und dem völlig von Dritten manipulierten Handeln kann im Einzelfall sehr schwierig sein. Dem Gesetzeswortlaut wird aber nur eine Auslegung gerecht, die im Zweifel von einem zurechenbaren Handeln und damit von Verfahrensfähigkeit ausgeht. 227

16.2.6 Verfahrenshandlungen Dritter

In der Praxis steht die Problematik im Vordergrund, wie verhindert werden kann, dass Personen mit einer zweifelhaften Verfahrensvollmacht im Namen des Betreuten Verfahrenshandlungen vornehmen können und dabei nur eigene Interessen verfolgen. Nach § 10 FamFG kann sich der Betreute durch Rechtsanwälte, aber auch durch volljährige Familienangehörige (§ 15 AO, § 11 LPartG), Personen mit Befähigung zum Richteramt und die Beteiligten, wenn die Vertretung nicht im Zusammenhang mit einer entgeltlichen Tätigkeit steht, vertreten lassen. Hilfreich kann sein, dass die Vollmacht nicht nur zu behaupten, sondern nach § 11 FamFG schriftlich zu den Gerichtsakten einzureichen ist; das Gericht muss zwar den Mangel der Vollmacht von Amts wegen berücksichtigen, dies gilt aber nicht für Rechtsanwälte (vgl. zum Ganzen BGH, Beschl. v. 3.5.2023 – XII ZB 442/22). 228

Grundsätzlich können alle Personen, denen eine Verfahrensvollmacht vom Betroffenen ausgestellt wurde, ihn wirksam im Betreuungs- und Unterbringungsverfahren vertreten, auch wenn sie nicht zu dem privilegierten Kreis gehören, der in § 10 Abs. 2 FamFG benannt wird. Das Gericht kann aber gemäß § 10 Abs. 3 Satz 1 FamFG Bevollmächtigte, die nicht im Sinne des § 10 Abs. 2 FamFG vertretungsbefugt sind, durch unanfechtbaren Beschluss zurückweisen. § 10 Abs. 3 Satz 3 FamFG eröffnet dem Gericht die weitere Möglichkeit, Bevollmächtigten aus dem Kreis des § 10 Abs. 2 FamFG durch unanfechtbaren Beschluss die weitere Vertretung zu untersagen, wenn sie nicht in der Lage sind, das Sach- und Streitverhältnis sachgerecht darzustellen. Die Zurückweisungsbeschlüsse gelten aber nur ab Wirksamwerden des Zurückweisungsbeschlusses (§ 40 FamFG) und nicht für Rechtsanwälte oder Notare (vgl. zum Ganzen BGH, Beschl. v. 24.4.2024 – XII ZB 531/23). 228a

Achtung: Wichtig ist, dass § 275 FamFG nur für eine rein verfahrensbezogene Bevollmächtigung gilt, nicht jedoch für eine inhaltlich umfassendere Vorsorgevollmacht, aus der der Bevollmächtigte auch das Recht herleiten kann, den Betroffenen außerhalb des Betreuungsverfahrens zu vertreten. 228b

16.2.7 Verfahrensfähigkeit als Nachteil für den Betroffenen

Die Verfahrensfähigkeit des Betroffenen ist Ausdruck der Anerkennung seiner Menschenwürde, seines Persönlichkeits- und Selbstbestimmungsrechts. Allerdings soll die unbeschränkte Verfahrensfähigkeit gemäß §§ 275, 316 FamFG die Rechtsposition des Betroffenen im Verfahren stärken und darf nicht gegen ihn verwendet werden. Es verstößt deshalb gegen das Grundrecht auf effektiven Rechtsschutz, wenn das Betreuungsgericht dem aufgrund einer relevanten Behinderung in seiner Handlungsfähigkeit eingeschränkten Betroffenen im Hinblick auf § 275 FamFG die Bestellung eines Verfahrenspflegers versagt und ihm dann auch noch (so der BGH) die wirksame schriftliche Bekanntgabe und den damit verbundenen Beginn der Rechtsbeschwerdefrist vorhält und sogar die Wiedereinsetzung versagt. Der auf sich gestellte Betroffene wäre dann mit § 275 FamFG um die Möglichkeit gebracht worden, Rechtsmittel einzulegen. Im Gegensatz zum BVerfG fordert der BGH die Einhaltung aller Verfahrens- 229 vorschriften – wie die Formvorschriften für die Beschwerde – wie bei einem Geschäftsfähigen mit der falschen Begründung, § 275 FamFG dürfe nicht zu einer Besserstellung führen. Das BVerfG weist zu Recht darauf hin, dass nach „Art. 3 Abs. 3 Satz 2 GG (...) niemand wegen seiner Behinderung benachteiligt werden" darf. Im Nachgang zum BVerfG hat der BGH zumindest teilweise und widerwillig das Benachteiligungsverbot akzeptiert. Ausnahmsweise soll im Rahmen der Verschuldensprüfung bei der Wiedereinsetzung nach Versäumung der Rechtsmittelfrist gemäß § 17 Abs. 1 FamFG durch das Rechtsmittelgericht eine die Betreuungsbedürftigkeit begründende Erkrankung des Betroffenen berücksichtigt werden, wenn die Vorinstanz unter offensichtlichem Verstoß gegen § 276 FamFG keinen Verfahrenspfleger bestellt hat (BVerfG, Beschl. v. 6.7.2020 – 1 BvR 2843/17, Rn. 19; rigoros a. A. noch BGH, Beschl. v. 15.7.2020 – XII ZB 78/20, Rn. 4, und teilweise einschränkend v. 2.12.2020 – XII ZB 456/17).

17. Aufbau eines gerichtlichen Beschlusses

230 Eine gerichtliche Entscheidung – egal, ob Urteil oder Beschluss – muss bestimmten gesetzlichen Vorgaben genügen. Allgemeine Regelungen finden sich in § 38 FamFG, die durch § 286 FamFG im Betreuungsverfahren und § 323 FamFG im Unterbringungsverfahren ergänzt werden.

17.1 Übersicht zum Aufbau von Beschlüssen

<table>
<tr><th colspan="2">Inhalt und Aufbau von Beschlüssen</th></tr>
<tr><th>Betreuungsverfahren</th><th>Unterbringungsverfahren</th></tr>
<tr><td colspan="2">Überschrift</td></tr>
<tr><td colspan="2">Gesetzlich nicht vorgeschrieben, aber üblich und sinnvoll; es werden in der Regel angegeben:
1. Aktenzeichen (z. B. Az. XVII 123/2022)
2. Datum
3. Verfahrensart: Betreuungsverfahren, Unterbringungsverfahren
4. Entscheidungsform: Beschluss, evtl. Bezeichnung als einstweilige Anordnung</td></tr>
<tr><td colspan="2">Rubrum</td></tr>
<tr><td colspan="2">1. Bezeichnung der Beteiligten, ihrer gesetzlichen Vertreter und Bevollmächtigten
Achtung: Der Betreuer ist im Betreuungsverfahren kein gesetzlicher Vertreter (Aufgabenbereich, Verfahrensfähigkeit).
2. Bezeichnung des Gerichts und die Namen der Gerichtspersonen, die bei der Entscheidung mitgewirkt haben</td></tr>
<tr><td colspan="2">Beschlussformel</td></tr>
<tr><td colspan="2">Die Beschlussformel bestimmt Inhalt und Reichweite der Rechtskraft. Sie beschreibt den Verfahrensgegenstand und wie über ihn entschieden wurde. Erfasst werden auch Nebenentscheidungen wie die Anordnung der sofortigen Wirksamkeit oder eine Kostenentscheidung.</td></tr>
<tr><td>1. Bezeichnung des
a. Aufgabenkreises des Betreuers
b. Vereinsbetreuers und Vereins
c. Behördenbetreuers und der Betreuungsbehörde
d. Berufsbetreuers</td><td>1. Nähere Bezeichnung der genehmigten oder angeordneten Unterbringungsmaßnahme</td></tr>
<tr><td>2. Zeitpunkt, bis zu dem das Gericht über die Aufhebung oder Verlängerung einer Maßnahme zu entscheiden hat</td><td>2. Zeitpunkt, zu dem die Unterbringungsmaßnahme endet</td></tr>
</table>

Inhalt und Aufbau von Beschlüssen	
Betreuungsverfahren	**Unterbringungsverfahren**
3. Bei Anordnung eines Einwilligungsvorbehalts: Bezeichnung des Kreises der einwilligungsbedürftigen Willenserklärungen	3. Bei ärztlicher Zwangsmaßnahme zusätzlich: Angaben zur Durchführung und Dokumentation dieser Maßnahme in der Verantwortung eines Arztes
Gründe	
Sachverhaltsdarstellung zu den herangezogenen Tatbeständen	
Alle relevanten Tatsachen, die das Gericht herangezogen und für festgestellt erachtet hat; nur der wesentliche Inhalt in Form einer „gedrängten Darstellung des Sach- und Verfahrensstandes" ist darzulegen.	
Rechtliche Begründung	
Es muss dem Leser nachvollziehbar sein, welche Gesetze das Gericht herangezogen hat und welche Sachverhalte unter bestimmten gesetzlichen Tatbeständen subsumiert wurden.	
Rechtsbehelfsbelehrung	
Belehrung erfolgt über die statthaften Rechtsmittel (Beschwerde, sofortige Beschwerde und Rechtsbeschwerde, ausgenommen wurde die Sprungrechtsbeschwerde). Ferner über die statthaften Rechtsbehelfe (Einspruch, Widerspruch, Erinnerung). Ferner wird das Gericht benannt, bei dem diese Rechtsbehelfe einzulegen sind, dessen Sitz und die einzuhaltende Form und Frist. Bei einem Wiedereinsetzungsantrag nach Fristversäumnis wird das Fehlen des Verschuldens vermutet, wenn eine Rechtsbehelfsbelehrung unterblieben oder fehlerhaft ist.	
Abschluss	
Unterschrift(en) des/r Richter(s)	
Vermerk wichtiger Daten auf dem Beschluss	
Das Datum der Übergabe des Beschlusses an die Geschäftsstelle oder der Bekanntgabe durch Verlesen der Beschlussformel (Erlass) ist auf dem Beschluss zu vermerken, § 38 Abs. 3 Satz 3 FamFG.	
Der Zeitpunkt der sofortigen Wirksamkeit ist ebenfalls auf dem Beschluss zu vermerken, § 287 Abs. 2 Satz 3 und § 324 Abs. 2 Satz 3 FamFG.	

17.2 Umsetzung in der Praxis, Einzelfragen

17.2.1 Rubrum, Tenor

In der Praxis wird nicht immer sauber getrennt zwischen Überschrift und Rubrum. Rubrum, 231
Begründung, Rechtsmittelbelehrung und die gesetzlich vorgeschrieben Zeitpunktangaben sind aber in der Regel nachvollziehbar.

17.2.2 Beteiligte, Gericht, Gerichtspersonen, gesetzliche Vertreter, Bevollmächtigte

Die Beteiligten müssen eindeutig identifizierbar sein, sodass die Adresse angegeben werden 232
müsste. Diese fehlt in der Praxis häufig. Bei Verstößen ist der Beschluss trotzdem erlassen und kann gemäß §§ 40, 287, 324 FamFG wirksam werden. Das Gericht muss mit der entscheidenden Abteilung (Amtsgericht Aburg, Betreuungsgericht) bezeichnet werden. Der Name des Richters oder Rechtspflegers – und beim Landgericht aller entscheidenden Kammermitglieder – muss ausgewiesen sein. Falsche oder fehlende Angaben im Rubrum ändern an der tatsächlichen Beiziehung oder einer unterlassenen Beteiligung nichts.

17.2.3 Besonderheiten bei Unterbringungssachen, insbesondere bei ärztlichen Zwangsmaßnahmen

Bezeichnung der Unterbringungsmaßnahme

233 Gemäß § 323 Abs. 1 Nr. 1 und 2 FamFG müssen eine „nähere Bezeichnung der Unterbringungsmaßnahme" bzw. der ärztlichen Zwangsmaßnahme und ihr Ende angegeben werden. Die freiheitsentziehende Unterbringung muss nur der Art nach in der Beschlussformel aufgenommen werden. Das Betreuungsgericht bestimmt daher, ob die Unterbringung in einem psychiatrischen Krankenhaus, einer Rehabilitationsklinik, einem Altenheim oder einer Pflegeeinrichtung genehmigt wird. Die Begründung muss sich auf die besondere Art beziehen. Der BGH spricht hier vom „Typus der Unterbringungseinrichtung". Mehrere Arten (Typen) von Einrichtungen können genannt werden, wenn sich aus dem Beschluss ergibt, wann welcher Typ zur Anwendung kommt. Ein Vorratsbeschluss für mehrere Typen ist darüber hinaus unzulässig (vgl. zum Ganzen BGH, Beschl. v. 15.5.2024 – XII ZB 490/23; Mazur BtPrax 2024, 209). Das jeweilige Krankenhaus bzw. die konkrete Einrichtung bestimmt dagegen der Betreuer. Bei einer einstweiligen Maßnahme nach § 334 FamFG i. V. m. § 1867 BGB muss das Gericht neben dem Typ aber auch die konkrete Einrichtung bestimmen.

233a Der BGH lässt aber eine großzügige Auslegung an sich unzulässiger Umschreibungen zu. Die Benennung „Unterbringung im „S.-Hospital" oder „in einer anderen geschlossenen Einrichtung" soll demnach zu verstehen sein als „Krankenhaus" und die Einschränkung auf psychiatrisches Krankenhaus soll im Hinblick auf das Krankheitsbild des Betroffenen überflüssig gewesen sein (BGH, Beschl. v. 23.7.2025 – XII ZB 68/25).

233b Freiheitsentziehende Maßnahmen nach § 1831 Abs. 4 BGB sind genau und abgrenzbar zu bezeichnen (z. B. Fixierung mittels Fünf-Punkt-Gurtsystem). Ferner müssen die Anwendungszeiten der Fixierungen benannt werden. Pauschale Umschreibungen wie etwa „bei Bedarf" genügen nicht. Im Hinblick auf § 1815 Abs. 2 Nr. 2 BGB muss Krankenhaus, Pflegeeinrichtung oder häuslicher Bereich (Privatwohnung) aufgeführt sein.

Bezeichnung der ärztlichen Zwangsmaßnahme

234 Besonderheiten gelten für die Bezeichnung einer ärztlichen Zwangsmaßnahme. Es ist Aufgabe der Betreuungsgerichte, den genauen Umfang und die Art der Konkretisierung der ärztlichen Zwangsmaßnahme in der Beschlussformel festzulegen. Der BGH hat schon zur früheren Rechtslage darauf hingewiesen, dass in der Genehmigung einer Unterbringung nach § 1831 Abs. 1 Nr. 2 BGB die von dem Betreuten zu duldende Behandlung so präzise wie möglich anzugeben ist, weil sich nur aus diesen Angaben der Unterbringungszweck sowie der Inhalt, Gegenstand und das Ausmaß der von dem Betreuten zu duldenden Behandlung hinreichend konkret und bestimmbar ergeben; dazu gehören bei einer Behandlung durch Einnahme von Medikamenten in der Regel auch die möglichst genaue Angabe des Arzneimittels, des Wirkstoffs und deren (Höchst-)Dosierung sowie Verabreichungshäufigkeit und Verabreichungsart (oral, mit Spritze, Infusion). Erweist sich die so beschriebene ärztliche Zwangsmaßnahme als nicht zielführend, muss für eine abweichende ärztliche Zwangsmaßnahme ein neuer Beschluss ergehen.

234a Die Wirkung von Medikamenten kann aber je nach Alter, Geschlecht, Gewicht, Nieren- oder Leberfunktion sehr unterschiedlich sein. Ein Handlungsspielraum, der sich an den individuellen Reaktionen des Betroffenen orientiert, muss daher möglich sein. Deshalb kann die Angabe einer Höchstdosierung und/oder einer zusätzlichen Verabreichung von Medikamenten für den Bedarfsfall genügen, um den Rahmen für eine Zwangsbehandlung hinreichend konkret abzustecken. Auch bei der Festlegung eines solchen Rahmens kann das Gericht die stets durchzuführende Prüfung der Erforderlichkeit und Angemessenheit der beabsichtigten Maßnahme vornehmen, indem es prüft, ob die Haupt- und/oder Ergänzungsmedikation bis zur jeweiligen Höchstdosierung notwendig ist. Im Rahmen der zu dokumentierenden Durchführung müssen die Gründe für eine Anpassung oder Ergänzung im vorgegebenen Rahmen angegeben werden. Der Handlungsbedarf kann sich beispielsweise aus den Ergebnissen von Untersuchungen ergeben, etwa der Messung der Konzentration eines Medikaments im Blutserum (Medikamentenspiegel). Vgl. zum Ganzen BGH, Beschl. v. 12.2.2025 – XII ZB 433/24.

Hinweis:

Der Betreuer wird darauf achten müssen, dass bei dem „Antrag" auf Genehmigung einer ärztlichen Zwangsmaßnahme die geforderten Beschreibungen bereits enthalten sind. Man sollte daher beim behandelnden Arzt darauf dringen, dass er in seinem ärztlichen Zeugnis dazu Stellung nimmt.

Angaben zur Durchführung und Dokumentation, § 323 Abs. 2 FamFG

Die Beschlussformel muss bei der Genehmigung einer Einwilligung in eine ärztliche Zwangsmaßnahme oder bei deren Anordnung auch Angaben zur Durchführung und Dokumentation dieser Maßnahme in der Verantwortung eines Arztes enthalten. 235

„Durchführung und Dokumentation"

Die Gesetzesbegründung enthält für die Auslegung Hinweise. Demnach 236

„sollen die Durchführung und Dokumentation der Maßnahme in der Verantwortung eines Arztes gewährleistet werden. Dazu wird in der Regel fachärztliche Erfahrung notwendig sein, um insbesondere Veränderungen des Krankheitsbilds und etwa auftretende Nebenwirkungen festzustellen und dokumentieren zu können" (BT-Drucks. 17/12086, S. 11).

Sinn und Zweck der „Dokumentation"

- *Garantie effektiven Rechtsschutzes*

Das BVerfG (Beschl. v. 23.3.2011 – 2 BvR 882/09, Rn. 67) versteht die Dokumentationspflicht als „Vorwirkung der grundrechtlichen Garantie gerichtlichen Rechtsschutzes". Es leitet daraus die Notwendigkeit her, dass die „gegen den Willen des Untergebrachten ergriffenen Behandlungsmaßnahmen, einschließlich ihres Zwangscharakters, der Durchsetzungsweise, der maßgeblichen Gründe und der Wirkungsüberwachung, zu dokumentieren" sind. Auch diese Verpflichtung muss im Beschluss hinreichend konkret dargestellt werden. „Sinn und Zweck der Dokumentation" gehen allerdings weiter. 237

- *Qualitätssicherung*

Es soll ein fachgerechtes und dem Behandlungsstand entsprechendes, verhältnismäßiges Handeln aller Akteure ermöglicht werden. Pflegekräfte und Ärzte, die arbeitsteilig und im Schichtwechsel behandeln (z. B. Facharzt, Anästhesist, Stationsarzt, Chirurg, Kardiologe), sollen die relevanten Daten abfragen können. Das Festhalten der Auswirkungen aller ärztlichen Maßnahmen im Zeitverlauf soll zudem die Wiederholung von Fehlbehandlungen vermeiden. Die Dokumentation ist auch Grundlage für die Fortschreibung ärztlicher Maßnahmen. Eine umfassende Dokumentation dient demnach auch der Qualitätssicherung ärztlichen Handelns und sollte nicht undifferenziert als sinnloser Bürokratismus abgetan werden. Die Verpflichtung des behandelnden Arztes, aber auch Inhalt, Umfang und Verfahren bei der ärztlichen Dokumentation sind in § 630f BGB geregelt. 238

„Verantwortung eines Arztes"

Das Gesetz kann hier entsprechend den Ausführungen des BVerfG nur so ausgelegt werden, dass die Anordnung und Überwachung einer medikamentösen Zwangsbehandlung durch einen Arzt „zur Wahrung der Verhältnismäßigkeit unabdingbar ist". Dies muss deshalb auch in der Beschlussformel zum Ausdruck kommen. 239

Verstoß gegen § 323 Abs. 2 FamFG führt zur Rechtswidrigkeit

Nach dem Wortlaut muss die Beschlussformel ausführen, dass die Zwangsmaßnahme unter der Verantwortung eines Arztes durchzuführen und zu dokumentieren ist. Der BGH hat klargestellt, 240 dass „es sich nicht lediglich um einen klarstellenden Ausspruch" handelt. „Vielmehr wird durch den Beschlusstenor die Rechtmäßigkeit der ärztlichen Zwangsmaßnahme unabhängig von aus dem zivilrechtlichen Behandlungsvertrag folgenden Pflichten daran geknüpft, dass diese Vorgaben erfüllt sind" (BGH, Beschl. v. 30.9.2020 – XII ZB 57/20; Beschl. v. 2.9.2015 – XII ZB 226/15, Rn. 16).

Dauer der Genehmigung, §§ 329, 333 FamFG

241 Zu den Fristen siehe A 6, Rn. 211 ff. Nach Fristablauf endet die Unterbringungsmaßnahme.

17.2.4 Begründung der Entscheidung

242 Eine Begründung ist im Betreuungsverfahren schon wegen § 38 Abs. 5 Nr. 3 FamFG immer erforderlich. In Unterbringungssachen ist keine der in § 38 Abs. 4 FamFG benannten Ausnahmen von der Begründungspflicht denkbar. Die Gründe sollten vorab eine Sachverhaltsdarstellung enthalten und die Tatbestände des Gesetzes, die durch die benannten Sachverhalte erfüllt werden (z. B. besondere Dringlichkeit, psychische Krankheit, Erforderlichkeit der Aufgabenbereiche, freie Willensbildung, Dauer). Das Gesetz bzw. der BGH verlangen darüber hinaus in wichtigen Fragen eine ausdrückliche Begründung. Dies ist in folgenden Fällen zu beachten:

- Betreuungsgericht sieht von der Bestellung eines Verfahrenspflegers wegen offensichtlich fehlenden Interesses an der Bestellung ab, § 276 Abs. 2 Satz 2 FamFG
- Verfahrenspfleger wird erst spät im Laufe des Verfahrens bestellt
- mehrere widersprüchliche Gutachten liegen vor
- Qualifikation des Gutachters ergibt sich nur aufgrund „Erfahrungen auf dem Gebiet der Psychiatrie"
- Rechtshilfe als Ausnahmeentscheidung gemäß § 278 Abs. 3 und § 319 Abs. 4 FamFG
- Gericht entscheidet sich für die Dauer der Betreuung für die Maximalfrist von sieben Jahren, §§ 294, 295 Abs. 2 Satz 1 FamFG
- Speziell in Unterbringungssachen:
  - Ablehnung der Bestellung eines Verfahrenspflegers im Unterbringungsverfahren, § 317 Abs. 2 FamFG
  - Anordnung der Maximalfrist wegen offensichtlich langer Unterbringungsbedürftigkeit, § 329 Abs. 1 Satz 1 FamFG
  - Zwangsbehandlung: Durchführung des Überzeugungsversuchs ist in der Begründung des Beschlusses festzustellen und „in nachprüfbarer Weise" darzulegen
  - Angaben zur Durchführung und Dokumentation der ärztlichen Zwangsmaßnahme in der Verantwortung eines Arztes, § 323 Abs. 2 FamFG
  - Rechtshilfe bei einer Unterbringungssache entgegen der Soll-Vorschrift des § 319 Abs. 4 FamFG

17.3 Beispiel für einen Beschluss (Betreuung, einstweilige Anordnung)

Amtsgericht ***Aburg*** – Betreuungsgericht – Amtsweg 20, 82126 Aburg Telefon: 000000; Fax: 00000	
Aktenzeichen: XVII 1111/22	Aburg, 2.1.2023
Betreuungsverfahren	
In dem Verfahren für **Helga Gold**, geboren am 23.5.1941, Musterweg 1, 82126 Aburg	– Betroffene –
Rechtsanwalt Detlev Lustig Veitsweg 3, 82126 Aburg	– Verfahrensbevollmächtigter –
Weitere Beteiligte:	
Rechtsanwalt Herbert Mustermann, Kranichweg 1, 82126 Aburg	– Verfahrenspfleger –
Elmar Herrler, Schlauweg1, 82226 Frankenburg	– Sohn –
Horst Grau, Erikaweg 3, 94321 Oberburg	– Vertrauensperson –
Stadt Aburg, Schnellweg 1, 82126 Aburg	– Betreuungsbehörde –
erlässt das Amtsgericht – Betreuungsgericht – Aburg durch die Richterin am Amtsgericht Dr. Kerscher folgenden	
Beschluss	
Es wird **durch einstweilige Anordnung bestimmt:**	
1. Vorläufige Betreuung mit den Aufgabenbereichen: Aufenthaltsbestimmung, mit Freiheitsentziehung verbundene Unterbringung des Betreuten, Gesundheitsfürsorge, Vermögenssorge, Entgegennahme, Öffnen und Anhalten der Post ohne privaten Postverkehr	
2. Als vorläufige **Betreuerin** wird **bestellt**: Stadt Aburg – Betreuungsstelle –, Schnellweg 1, 82126 Aburg	
3. Diese einstweilige Anordnung ist **befristet** bis **1.5.2023**.	
4. Die sofortige Wirksamkeit des Beschlusses wird angeordnet.	
Gründe:	
Die Betroffene Helga Gold ist seit Jahren bettlägerig, somnolent und nicht mehr in der Lage, zu kommunizieren. Es sind deshalb dringende Gründe für die Annahme vorhanden, dass die Voraussetzungen für die Bestellung eines Betreuers gegeben sind (§ 300 Abs. 1 Nr. 1 FamFG). Die Betroffene leidet an einer Krankheit, nämlich einer senilen Demenz vom Alzheimer-Typ.	

Ihr Ehemann hat sie viele Jahre aufgrund einer Vollmacht umfassend vertreten. Seit dem Tod des Ehemanns am 26.11.2022 ist sie völlig hilflos und musste in eine Pflegeeinrichtung gebracht werden. Viele Zahlungen werden nicht mehr geleistet, sodass Heimvertrag und Versicherungsverträge nicht mehr bedient werden. Mehrere Gallen- und Nierensteine müssen dringend operativ entfernt werden, um den drohenden gesundheitlichen Schaden einer Sepsis zu verhindern. Mit einem Aufschub wäre deshalb Gefahr verbunden, weil die Vertretung der Interessen der Betroffenen dringend erforderlich ist, um gesundheitliche Schäden zu verhindern.
Dies folgt aus dem Ergebnis der gerichtlichen Ermittlungen, insbesondere aus dem aktuellen ärztlichen Zeugnis von Dr. Döber vom 29.12.2022, dem Bericht der Betreuungsbehörde und dem Schreiben der Einrichtung vom 29.12.2022.
Die Anhörung der Betroffenen war wegen der beschriebenen Eilbedürftigkeit einer Operation vor Erlass der Entscheidung nicht möglich. Sie wird unverzüglich nachgeholt werden (§ 301 Abs. 1 Satz 2 FamFG). Bei der Auswahl des Betreuers hat das Gericht es für erforderlich angesehen, die Betreuungsbehörde zu bestellen, die in der Lage ist, die anstehenden rechtlichen, medizinischen und wirtschaftlichen Entscheidungen mit der notwendigen Sachkunde schnell zu treffen. Ein geeigneter Berufsbetreuer oder eine Vereinsbetreuung konnte aufgrund des mit der Auswahl verbundenen Zeitbedarfs nicht organisiert werden.
Eine abschließende Auswahl nach § 1816 BGB wurde wegen Gefahr im Verzug zunächst nicht getroffen. Wer endgültiger Betreuer wird und welchen Umfang die gesetzliche Vertretung später umfasst, wird im weiteren Verfahren geprüft.
Die Anordnung der sofortigen Wirksamkeit beruht auf § 287 Abs. 2 FamFG. Im Hinblick auf die erforderliche Operation besteht die unmittelbare Gefahr erheblicher gesundheitlicher Schäden (Sepsis).
Rechtsbehelfsbelehrung
Gegen diese Entscheidung ist das Rechtsmittel der Beschwerde zulässig.
Einlegung der Beschwerde:
Sie ist beim Amtsgericht Aburg einzulegen. Die Einlegung erfolgt durch Einreichung einer Beschwerdeschrift oder zur Niederschrift in der Geschäftsstelle. Eine untergebrachte Person kann die Beschwerde auch bei dem Amtsgericht einlegen, in dessen Bezirk sie untergebracht ist.
Notwendiger Inhalt und Form der Beschwerde:
Die Beschwerde muss die Bezeichnung des angefochtenen Beschlusses sowie die Erklärung enthalten, dass Beschwerde gegen diesen Beschluss eingelegt wird. Sie ist von dem Beschwerdeführer oder seinem Bevollmächtigten zu unterzeichnen.
Frist für die Einlegung der Beschwerde:
Die Beschwerde ist binnen einer Frist von zwei Wochen einzulegen. Die Frist beginnt jeweils mit der schriftlichen Bekanntgabe des Beschlusses an die Beteiligten. Kann die schriftliche Bekanntgabe an einen Beteiligten nicht bewirkt werden, beginnt die Frist spätestens mit Ablauf von fünf Monaten nach Erlass des Beschlusses.
Weitere Hinweise:
Die Beschwerde soll begründet werden. Wird die Beschwerde zu Protokoll der Geschäftsstelle eines anderen Amtsgerichts erklärt, wird die Niederschrift unverzüglich an das zuständige Amtsgericht weitergeleitet. Die Beschwerde muss aber innerhalb der Frist von zwei Wochen bei dem Amtsgericht eingehen, dessen Entscheidung angefochten wird.

Rechtsbehelfe können auch als elektronisches Dokument eingereicht werden. Eine einfache E-Mail genügt den gesetzlichen Anforderungen nicht. Das elektronische Dokument muss
- mit einer qualifizierten elektronischen Signatur der verantwortenden Person versehen sein oder
- von der verantwortenden Person signiert und auf einem sicheren Übermittlungsweg eingereicht werden.

Ein elektronisches Dokument, das mit einer qualifizierten elektronischen Signatur der verantwortenden Person versehen ist, darf wie folgt übermittelt werden:
- auf einem sicheren Übermittlungsweg oder
- an das für den Empfang elektronischer Dokumente eingerichtete Elektronische Gerichts- und Verwaltungspostfach (EGVP) des Gerichts.

Wegen der sicheren Übermittlungswege wird auf § 14 Abs. 2 FamFG und § 130a Abs. 4 ZPO verwiesen. Hinsichtlich der weiteren Voraussetzungen zur elektronischen Kommunikation mit den Gerichten wird auf die Verordnung über die technischen Rahmenbedingungen des elektronischen Rechtsverkehrs und über das besondere elektronische Behördenpostfach (Elektronischer-Rechtsverkehr-Verordnung – ERRV) sowie auf die Internetseite www.justiz.bayern.de/service/elektronischer-rechtsverkehr verwiesen.

Dr. Kerscher
Richterin am Amtsgericht

Erlass des Beschlusses (§ 38 Abs. 3 Satz 3 FamFG) und Zeitpunkt der sofortigen Wirksamkeit: Übergabe an die Geschäftsstelle zum Zweck der Bekanntgabe an die Beteiligten am 2.1.2023 um 8 Uhr

Wankerl, Justizsekretärin
Urkundsbeamte der Geschäftsstelle

18. Besondere Verfahrensvorschriften bei speziellen Betreuungssachen

18.1 Erweiterung der Betreuung oder des Einwilligungsvorbehalts, § 293 FamFG

Die Vorschriften über die erstmalige Anordnung einer Betreuung oder eines Einwilligungs- 243 vorbehalts gelten entsprechend für die Anordnung weiterer Aufgabenbereiche und die Erweiterung der einwilligungsbedürftigen Willenserklärungen.

Ausnahmen: 244

- Die Betreuungsbehörde ist nur anzuhören, wenn der Betroffene dies wünscht oder es zur Sachaufklärung erforderlich ist, § 293 Abs. 1 Satz 2 FamFG.
- Einer persönlichen Anhörung nach § 278 Abs. 1 FamFG sowie der Einholung eines Gutachtens oder ärztlichen Zeugnisses (§§ 280, 281 FamFG) bedarf es gemäß § 293 Abs. 2 FamFG nicht, wenn diese Verfahrenshandlungen nicht länger als sechs Monate zurückliegen oder die beabsichtigte Erweiterung nach § 293 Abs. 1 FamFG nicht wesentlich ist. Eine wesentliche Erweiterung des Aufgabenkreises des Betreuers liegt insbesondere vor, wenn erstmals ganz oder teilweise die Personensorge, Vermögensverwaltung oder eine der in § 1815 Abs. 2 BGB oder §§ 1829 bis 1832 BGB genannten Aufgaben einbezogen wird.
- Die Anhörung muss aber in einer Betreuungssache stattgefunden haben und darf nicht im Rahmen einer Unterbringungssache erfolgt sein (BGH, Beschl. v. 30.8.2023 – XII ZB 186/23). Das Gericht kann von der Einholung eines Gutachtens oder eines ärztlichen Zeugnisses absehen, wenn der Aufgabenkreis des Betreuers nicht aufgrund einer Änderung des Krankheits- oder Behinderungsbilds des Betroffenen, sondern aufgrund der Änderung seiner Lebensumstände oder einer unzureichenden Wirkung anderer Hilfen erweitert werden soll, § 293 Abs. 3 FamFG.

A

18.2 Verlängerung

245 Für die Verlängerung der Betreuung oder der Anordnung eines Einwilligungsvorbehalts gelten die Vorschriften über die erstmalige Anordnung dieser Maßnahmen entsprechend, § 295 Abs. 1 Satz 1 FamFG. Erforderlich sind somit die persönliche Anhörung des Betroffenen und die Verschaffung des unmittelbaren Eindrucks durch das Gericht in dessen üblicher Umgebung, § 278 Abs. 1 FamFG.

246 Ausnahmen:

- Die Betreuungsbehörde ist nur anzuhören, „wenn es der Betroffene verlangt oder es zur Sachaufklärung erforderlich ist", § 295 Abs. 1 Satz 3 FamFG bzw. im Fall einer Beteiligung (Optional-Muss) gemäß § 295 Abs. 1 Satz 1, § 279 Abs. 1, § 274 Abs. 3 FamFG. Soweit Angehörige an dem Verfahren beteiligt wurden, sind auch sie anzuhören, § 295 Abs. 1 Satz 1, § 279 Abs. 1, § 274 Abs. 4 FamFG.
- Die Einholung eines Sachverständigengutachtens gemäß § 280 FamFG im Rahmen einer förmlichen Beweisaufnahme (oder eines ärztlichen Zeugnisses in den genannten Ausnahmefällen des § 281 FamFG) ist grundsätzlich erforderlich. Von der erneuten Einholung eines Gutachtens kann aber abgesehen werden, wenn sich aus der persönlichen Anhörung des Betroffenen und einem ärztlichen Zeugnis ergibt, dass sich der Umfang der Betreuungsbedürftigkeit offensichtlich nicht verringert hat, § 295 Abs. 1 Satz 2 FamFG. Allerdings darf die Verlängerung der Betreuung nicht dem erklärten Willen des Betroffenen widersprechen.

Hinweis:

Der erklärte Wille spielt bei der Verlängerungsentscheidung eine wichtige Rolle. Das Gericht muss ein Gutachten erholen, wenn sich der Betreute gegen die Verlängerung der Betreuung ausspricht. Darüber hinaus verkürzt sich die maximale Überprüfungsfrist bei entgegenstehendem Willen auf zwei Jahre für die erstmalige Überprüfung. Grund: Es sollen „unverhältnismäßige Grundrechtseinschränkungen" vermieden werden (BT-Drucks. 19/24445, S. 158).

18.3 Aufhebung und Einschränkung

18.3.1 Einleitung des Verfahrens

247 Ein Verfahren zur Aufhebung/Einschränkung einer Betreuung bzw. eines Einwilligungsvorbehalts kann immer angeregt werden. Über die Aufhebung hat das Gericht aber, unabhängig von aktuellen Aufhebungsgründen, spätestens zwei Jahre nach der Anordnung dieser Maßnahmen zu entscheiden, wenn diese gegen den erklärten Willen erfolgt ist; in den übrigen Fällen spätestens nach sieben Jahren, § 294 Abs. 3 i. V. m. § 295 Abs. 2 Satz 2 FamFG. Soweit § 294 Abs. 3 FamFG für die Aufhebung nur die Maximalfrist von sieben Jahren erwähnt, ist dies missverständlich, da bei der erstmaligen Verlängerung und ursprünglichen Anordnung gegen den Willen des Betreuten gemäß § 295 Abs. 2 Satz 2 nach zwei Jahren zu entscheiden ist. Die Entscheidung über die Verlängerung ist aber immer auch eine Entscheidung über die Aufhebung, wenn eben ganz oder teilweise nicht verlängert wird. Nichtverlängern ist eben auch Aufhebung der Betreuung.

18.3.2 Verfahrensvorschriften zur Aufhebung/Einschränkung

248 Im Verfahren über die Aufhebung der Betreuung oder eines Einwilligungsvorbehalts und für die Einschränkung des Aufgabenkreises oder des Kreises der einwilligungsbedürftigen Willenserklärungen gelten grundsätzlich die §§ 271 ff. FamFG, da es sich um ein Betreuungsverfahren handelt.

- Demnach gelten also die Regelungen zur Beteiligung in § 274 FamFG.
- Eine zwingende persönliche Anhörung des Betreuten ist nicht vorgesehen. § 294 FamFG verweist nicht auf § 278 FamFG, der unmittelbar nur für die Anordnung gilt und nicht für die Aufhebung. Damit scheidet auch eine Vorführung nach § 278 Abs. 5 FamFG aus.

- Auch die Einholung eines Sachverständigengutachtens ist gesetzlich nicht vorgeschrieben.
  - Hat der Betreute zunächst selbst beantragt, einen Betreuer zu bestellen (§ 1814 Abs. 4 BGB), und begehrt er nunmehr die Aufhebung der Betreuung oder deren Einschränkung im Aufgabenkreis, muss nach § 294 Abs. 2 FamFG ein Sachverständigengutachten eingeholt werden, wenn die ursprüngliche Maßnahme nur aufgrund eines ärztlichen Zeugnisses vorgenommen worden ist, § 281 Abs. 1 Nr. 1 FamFG.
  - Wurde bei der Erstanordnung die Einholung eines Gutachtens unter Verstoß gegen § 280 Abs. 1 FamFG unterlassen, gebietet die Amtsermittlungspflicht ebenfalls die Nachholung des Gutachtens im Rahmen des Aufhebungsverfahrens (BGH, Beschl. v. 21.11.2012 – XII ZB 296/12).
- Die Bestellung eines Verfahrenspflegers ist unter den Voraussetzungen des § 276 FamFG geboten. § 276 FamFG gilt für alle Betreuungssachen, § 271 Nr. 1 FamFG.

  Ergeben sich aber keine greifbaren Anhaltspunkte dafür, dass sich seit der Betreuerbestellung die tatsächlichen Umstände geändert hätten, sodass keine tatsächlichen Ermittlungen anzustellen sind, kann auf die Bestellung des Verfahrenspflegers verzichtet werden (BGH, Beschl. v. 29.6.2011 – XII ZB 19/11). Allerdings darf das Gericht diese Voraussetzungen nicht unbesehen unterstellen oder sich gar auf eine vorweggenommene Beweiswürdigung einlassen.

Hinweis:

Stellt sich der Wunsch nach Aufhebung der Betreuung als substanzlos oder gar krankheitsbedingt querulatorische Eingabe dar, kann sicher auf Gutachten und persönliche Anhörung verzichtet werden. Diese Verfahrenshandlungen können aber im Einzelfall nach den Grundsätzen der Amtsermittlung (§ 26 FamFG) geboten sein. Entscheidet sich das Gericht für die Einholung eines gesetzlich nicht vorgeschriebenen Gutachtens und zieht es zur Begründung seiner Entscheidung heran, müssen nicht nur alle Voraussetzungen des § 280 FamFG erfüllt sein, sondern es muss auch eine persönliche Anhörung des Betroffenen durchgeführt werden (BGH, Beschl. v. 24.8.2016 – XII ZB 531/15).

- Anhörung sonstiger Beteiligter

  Da § 294 Abs. 1 FamFG auf § 279 Abs. 1, 3 und 4 FamFG verweist, sind die beteiligten Angehörigen und die Betreuungsbehörde für den Fall der Beteiligung, ein bestellter Verfahrenspfleger, auf Verlangen eine nahestehende Person und die gesetzlichen Vertreter bei Minderjährigen anzuhören. Liegt keine Beteiligung vor, ist die Betreuungsbehörde nur anzuhören, „wenn es der Betroffene verlangt oder es zur Sachaufklärung erforderlich ist".
- Bekanntgabe der Entscheidung und Wirksamwerden

  Die Entscheidung ist gemäß § 41 Abs. 1 Satz 1 FamFG den Beteiligten und – unabhängig von einer Beteiligung – den Betreuungsbehörden (§ 294 Abs. 1 i. V. m. § 288 Abs. 2 Satz 1 FamFG) bekannt zu geben. Zu den Formen der Bekanntgabe vgl. § 15 Abs. 2, § 41 Abs. 2 FamFG. Die Beschlüsse werden wirksam gemäß § 287 FamFG.
- Beschwerdebefugnis

  Es gelten die allgemeinen Vorschriften in den §§ 58 ff. und 303 FamFG. Der Betroffene ist beschwerdebefugt, wenn die Aufhebung abgelehnt wird, aber auch wenn das Gericht die Betreuung aufhebt und der Betroffene die Aufrechterhaltung wünscht. Dem Betreuer steht gegen die Aufhebung der Betreuung keine Beschwerdebefugnis aus eigenem Recht zu (BGH, Beschl. v. 4.12.2013 – XII ZB 33/13), wohl aber gegen die Einschränkung.

18.4 Entlassung des Betreuers

Die Entlassung des Betreuers regelt § 1868 BGB (siehe A 4, Rn. 9 ff.). Spezielle Verfahrens- 249
vorschriften finden sich in § 296 FamFG.

18.4.1 Anhörungen

250 Das Gericht hat den Betroffenen und den Betreuer persönlich anzuhören, wenn der Betroffene einer Entlassung des Betreuers widerspricht. Vor der Bestellung eines neuen Betreuers (§ 1869 BGB) hat das Gericht den Betroffenen persönlich anzuhören. Das gilt nicht, wenn der Betroffene sein Einverständnis mit dem Betreuerwechsel erklärt hat. Bezüglich der Anhörungen sonstiger Beteiligter gilt § 279 Abs. 1, 3 und 4 FamFG entsprechend (vgl. § 296 Abs. 2 FamFG). Die zuständige Behörde hat das Gericht nur anzuhören, wenn es der Betroffene verlangt oder es zur Sachaufklärung erforderlich ist.

18.4.2 Wirksamwerden der Entlassung

251 Das Wirksamwerden regelt § 287 FamFG auch für die Entlassung des Betreuers. Wirksam wird die Entlassung demnach mit Bekanntgabe des gerichtlichen Beschlusses an den Betreuer, § 287 Abs. 1 FamFG. In Eilfällen kann das Betreuungsgericht die sofortige Wirksamkeit anordnen; in diesem Fall tritt Wirksamkeit entweder mit Bekanntgabe an den Betreuten, den Verfahrenspfleger oder Übergabe des Beschlusses an die Geschäftsstelle zum Zweck der Bekanntmachung ein, § 287 Abs. 2 FamFG.

252 Die Entlassung kann durch einstweilige Anordnung erfolgen, wenn dringende Gründe für die Annahme bestehen, dass die Voraussetzungen für die Entlassung vorliegen und ein dringendes Bedürfnis für ein sofortiges Tätigwerden besteht, § 300 Abs. 2 FamFG.

18.4.3 Rechtsmittel gegen die Entlassung

253 Gegen Entscheidungen des Betreuungsgerichts, durch die ein Betreuer entlassen oder die beantragte Entlassung abgelehnt wurde, kann Beschwerde eingelegt werden, §§ 58 ff. FamFG.

254 Beschwerdeberechtigt sind:

- der gegen seinen Willen entlassene Betreuer, § 59 Abs. 1 FamFG
- der Betreute, wenn die Entlassung gegen seinen Willen erfolgt ist, § 59 Abs. 1 FamFG
- der Betreuer/Vorsorgebevollmächtigte im Namen des Betreuten, § 303 Abs. 4 Satz 1 FamFG
- der Verfahrenspfleger, § 303 Abs. 3 FamFG
- die Betreuungsbehörde, § 303 Abs. 1 Nr. 2 FamFG
- die Angehörigen und eine Vertrauensperson, wenn sie im ersten Rechtszug beteiligt worden sind, § 303 Abs. 2 i. V. m. § 274 Abs. 4 FamFG

255 Das Beschwerderecht der Betreuungsbehörde ist zwar gemäß § 303 Abs. 1 Nr. 1 FamFG auf die Bestellung eines Betreuers beschränkt, wird aber über die Nummer 2 auf die Entscheidung über den Bestand der Bestellung eines Betreuers erweitert. Dazu gehört auch die Entlassung eines Betreuers. Für die Angehörigen bzw. Vertrauenspersonen gilt die gleiche Einschränkung, da ihr Beschwerderecht davon abhängt, dass sie in der ersten Instanz beteiligt wurden (BGH, Beschl. v. 7.5.2014 – XII ZB 138/13). Die Beteiligung setzt gemäß § 274 Abs. 4 Nr. 1 i. V. m. Abs. 3 Nr. 2 FamFG ebenfalls nur voraus, dass es um den Bestand der Bestellung eines Betreuers geht. Deshalb steht auch ihnen das Beschwerderecht gegen die Entlassung oder die Ablehnung derselben zu (BGH, a. a. O.)

256 Das Recht der Beschwerde steht dem Vertreter der Staatskasse zu, soweit die Interessen der Staatskasse durch den Beschluss betroffen sind. Hat der Vertreter der Staatskasse geltend gemacht, der Betreuer habe eine Abrechnung falsch erteilt oder der Betreute könne anstelle eines Berufs-/Vereinsbetreuers durch eine oder mehrere ehrenamtliche Personen betreut werden, steht ihm gegen einen die Entlassung des Betreuers ablehnenden Beschluss die Beschwerde zu. Die Frist zur Einlegung der Beschwerde beträgt drei Monate und beginnt mit der formlosen Mitteilung (§ 15 Abs. 3 FamFG) an den Vertreter der Staatskasse, § 304 FamFG. Ein Betreuungsverein ist berechtigt, gegen die Entlassung eines Vereinsbetreuers selbst Beschwerde einzulegen.

Hinweis:

Mit der Wirksamkeit der Entlassung des Betreuers dürfte sich eine Beschwerde erledigen bzw. vor ihrer Einlegung unzulässig werden. Die Beschwerde könnte nämlich die wirksam gewordene Entlassung durch seine Entscheidung nicht mehr abändern, da die wirksame Entlassung des Betreuers die Betreuerbestellung endgültig beseitigt hat. Der entlassene Betreuer müsste demnach neu bestellt werden. Dafür wäre aber nur das Betreuungsgericht zuständig.

18.4.4 Bestellung eines neuen Betreuers

Vor der Bestellung eines neuen Betreuers hat das Gericht den Betroffenen persönlich 257
anzuhören; das gilt nicht, wenn der Betroffene sein Einverständnis mit dem Betreuerwechsel erklärt hat, § 296 Abs. 2 FamFG. Auch die beteiligten Angehörigen (§ 274 Abs. 4 FamFG) und die Betreuungsbehörde sowie ein bestellter Verfahrenspfleger sind anzuhören, § 296 Abs. 2 Satz 2 FamFG i. V. m. § 279 Abs. 1 und 2 FamFG.

A

Horst Böhm

Rechtsbehelfe

1. Überblick

1.1 Entscheidungshilfen

1 Irren ist menschlich. Dieser Grundsatz gilt selbstverständlich auch für gerichtliche Entscheidungen, sodass logischerweise auch die Rechtsbehelfe in Betreuungssachen vorzustellen sind. Damit soll einerseits niemand aufgefordert werden, jede Entscheidung anzufechten, die als falsch empfunden wird. Andererseits soll niemand, der sich ungerecht behandelt fühlt, davor zurückschrecken, einen Rechtsbehelf einzulegen.

2 Bei der Entscheidung, ob ein Rechtsbehelf in Anspruch genommen wird, gilt es, verantwortungsvoll, kostenbewusst und erfolgsorientiert zu denken und nicht aus brotloser Rechthaberei die Gerichte zu beanspruchen, die bereits ausreichend belastet sind. Rechtsbehelfe, die häufig das Verfahren erheblich verzögern, sollten daher nur im Interesse des Betreuten bzw. bei erheblichen Beeinträchtigungen der Rechte eines Beteiligten eingelegt werden.

3 Im Zweifel kann man bei der Betreuungsstelle Rat einholen oder bei der Rechtsantragsstelle der Gerichte nachfragen. Nicht selten lassen sich so Missverständnisse ausräumen und die Einlegung eines überflüssigen Rechtsbehelfs vermeiden. In der Praxis wenden sich Betroffene und Verwandte z. B. häufig gegen die Bestellung eines Berufsbetreuers, der Betreuungsbehörde oder eines Betreuungsvereins als vorläufigen Betreuer und übersehen, dass in Eilsachen häufig keine aufwendige Suche nach einem ehrenamtlichen Betreuer erfolgen kann. Ein Betreuerwechsel kann immer beantragt werden, aber auch Vorschläge für das Hauptverfahren sind sinnvoll. Dies wird ebenso von der Betreuungsbehörde bzw. dem Betreuungsverein unterstützt. Zudem beruhen – unzulässige – Beschwerden gegen die Bestellung eines Verfahrenspflegers oftmals auf dem Irrtum, dass dieser nun die Funktion eines Betreuers übernimmt und nahe Angehörige auf Dauer verdrängt.

1.2 Kostenbewusst handeln!

4 Das mit einem Rechtsmittel verbundene Kostenrisiko sollte im Hinblick auf die Unwägbarkeiten einer gerichtlichen Kostenentscheidung besonders sorgfältig geprüft werden. Diese steht häufig im Ermessen des Gerichts und kann daher nicht sicher kalkuliert werden.

1.3 Umfang und Definition der Kosten

5 §§ 80 ff. FamFG regeln den Umfang der Kosten und die Frage, wem das Gericht die Kosten des Verfahrens auferlegen kann. Für die Auslagen des Betroffenen im Betreuungsverfahren gilt zusätzlich die Sondervorschrift des § 307 FamFG und für das Unterbringungsverfahren § 337 FamFG. Unter Kosten versteht man gemäß § 80 Satz 1 FamFG die „Gerichtskosten (Gebühren und Auslagen)" und die zur „Durchführung des Verfahrens notwendigen Aufwendungen der Beteiligten". In der Regel gehören dazu auch die Kosten des von einem Beteiligten beauftragten Rechtsanwalts. § 80 Satz 2 FamFG verweist auf § 91 Abs. 1 Satz 2 ZPO, sodass die zu erstattenden Kosten auch die Entschädigung für die durch notwendige Reisen oder die notwendige Wahrnehmung von Terminen entstandene Zeitversäumnis umfassen. Die für die Entschädigung von Zeugen geltenden Vorschriften sind entsprechend anzuwenden, vgl. §§ 20, 22 JVEG.

6 **Achtung:** Dem Verfahrenspfleger dürfen keine Kosten auferlegt werden, § 276 Abs. 8, § 317 Abs. 8 FamFG.

1.3.1 Wer trägt die Kosten, wenn sie das Gericht niemandem auferlegt hat?

7 Kosten können in der Endentscheidung des Gerichts bestimmten Personen auferlegt werden. Fehlt eine derartige Entscheidung, muss derjenige die Gerichtskosten tragen, der nach dem GNotKG allgemein dazu verpflichtet ist. Kostenschuldner ist gemäß § 23 Nr. 1 GNotKG

> *in Betreuungssachen (...) der Betroffene, wenn ein Betreuer oder vorläufiger Betreuer bestellt (...) worden ist;*

In Beschwerdeverfahren bestimmt § 25 Abs. 2 GNotKG: 8

> *Richtet sich eine Beschwerde gegen eine Entscheidung des Betreuungsgerichts und ist sie von dem Betreuten (...) oder im Interesse dieser Personen eingelegt, so schuldet die Kosten nur derjenige, dem das Gericht die Kosten auferlegt hat. Entsprechendes gilt für ein sich anschließendes Rechtsbeschwerdeverfahren und für das Verfahren über die Rüge wegen Verletzung des Anspruchs auf rechtliches Gehör.*

Für Unterbringungssachen bestimmt § 26 Abs. 3 GNotKG: 9

> *In Unterbringungssachen schuldet der Betroffene nur Auslagen nach Nummer 31015 des Kostenverzeichnisses und nur, wenn die Gerichtskosten nicht einem anderen auferlegt worden sind.*

Hinweis:

Nr. 31015 KV GNotKG betrifft die Kosten des Verfahrenspflegers.

1.3.2 Kostenverteilung bei erfolglosem Rechtsmittel

Bleibt ein Rechtsmittel ohne Erfolg, „soll" das Gericht dem Beteiligten, der es eingelegt hat, 10 die Kosten auferlegen (§ 84 FamFG). Die Kostenauferlegung wäre bei Erfolglosigkeit daher die Regel. Eine Abweichung kommt nur bei besonderen Umständen in Betracht. In diesem Fall erfolgt die Kostenverteilung nach den üblichen Grundsätzen. In der Praxis werden aber bei Beschwerden des Betroffenen überwiegend keine Kosten gemäß § 84 Abs. 1 FamFG auferlegt. Die Entscheidung lautet dann häufig: „Das Beschwerdeverfahren ist gemäß § 25 Abs. 2 GNotKG gerichtsgebührenfrei. Für eine Anordnung nach §§ 81, 84 FamFG bestand keine Veranlassung." Oder: „Gerichtsgebühren für das Beschwerdeverfahren werden nicht erhoben (§ 25 Abs. 2 Satz 1 GNotKG)."

1.3.3 Kosten bei erfolgreichem Rechtsmittel

Die Kosten können nach billigem Ermessen den Beteiligten ganz oder zum Teil auferlegt 11 werden. Bei grobem Verschulden, aussichtslosen Anträgen, schuldhaft unwahren Angaben etc. „sollen" die Kosten einem Beteiligten gemäß § 81 Abs. 2 FamFG auferlegt werden. Es gibt daher keine zwingenden Vorschriften, sodass die Kostenauferlegung nur schwer vorhersehbar ist.

1.3.4 Eigene Anwaltskosten

Wird ein Rechtsanwalt im Betreuungs- oder Unterbringungsverfahren beauftragt, müssen die 12 anfallenden Anwaltskosten in der Regel von dem Beteiligten selbst getragen werden. Gleiches gilt für andere Auslagen des Beschwerdeführers (z. B. Reisekosten, Verdienstausfall). Nur wenn die Kosten einem anderen Beteiligten nach § 81 oder § 84 FamFG auferlegt werden, können die zur Durchführung des Verfahrens notwendigen Aufwendungen der anderen Beteiligten festgesetzt werden (§§ 80, 85 FamFG). Das mit einem Rechtsmittel verbundene Kostenrisiko sollte daher besonders sorgfältig geprüft werden.

1.3.5 Ausnahme: Staatskasse, Unterbringungsbehörde

Nur in wenigen Fällen „kann" das Gericht die Auslagen des Betroffenen der Staatskasse 13 auferlegen (vgl. §§ 307, 337 FamFG). Voraussetzung ist, dass eine Betreuungs- oder Unterbringungsmaßnahme abgelehnt, als ungerechtfertigt aufgehoben, eingeschränkt oder das Verfahren ohne Entscheidung über eine Maßnahme beendet wurde. Das Betreuungsgericht trifft diese Entscheidung nach pflichtgemäßem Ermessen. Das Gericht hat eine wertende Gesamtschau vorzunehmen und dabei das Verhalten des Betroffenen und mögliche Verfahrensfehler des Gerichts abzuwägen.

14 Bei öffentlich-rechtlichen Unterbringungen wird dem Gericht unter bestimmten Voraussetzungen kein Ermessen eingeräumt (vgl. § 337 Abs. 2 FamFG). Die Auslagen des Betroffenen sind daher der Behörde aufzuerlegen, wenn ein begründeter Anlass, den Unterbringungsantrag zu stellen, nicht vorgelegen hat.

1.4 Kosten des Gerichts im Rechtsmittelverfahren

15 Ein Rechtsmittel verursacht oft einen nicht unerheblichen Aufwand (Gutachter, Verfahrenspfleger, Reisekosten, Anhörungen etc.), sodass bei einem erfolglosen Rechtsmittel vom Beschwerdeführer auch Gerichtskosten (Gebühren und Auslagen gemäß § 80 Satz 1 FamFG) verlangt werden können.

1.5 Gerichtsgebühren

16 Wie viele Gerichtsgebühren in einem Verfahren anfallen, regelt das sog. Kostenverzeichnis (Anlage 1 zum GNotKG). Gerichtsgebührenfrei sind auch Rechtsmittelverfahren in Unterbringungssachen. Diese Gebührenfreiheit gilt sogar für unstatthafte Rechtsmittel (BGH, Beschl. v. 7.5.2014 – XII ZB 540/13).

17 Bei einer Verwerfung oder Zurückweisung der Beschwerde (Rechtsbeschwerde) ist eine volle (bei Rechtsbeschwerde: 1,5-fache) Gebühr zu bezahlen, Nr. 11200 (Rechtsbeschwerde: Nr. 11300) KV zu § 3 Abs. 2 GNotKG. Deren Höhe richtet sich nach der Geschäftswertgebührentabelle zu § 34 Abs. 3 GNotKG. Die Rücknahme der Beschwerde (Rechtsbeschwerde) führt gemäß Nr. 11201 (Rechtsbeschwerde: Nr. 11301) KV GNotKG dazu, dass nur die Hälfte einer Gebühr fällig wird.

18 Der Geschäftswert ist in allen Fällen nach § 36 GNotKG zu bestimmen und beträgt deshalb in nichtvermögensrechtlichen Angelegenheiten regelmäßig 5.000 EUR, § 36 Abs. 3 GNotKG. Das gilt mangels genügender tatsächlicher Anhaltspunkte auch für vermögensrechtliche Angelegenheiten.

1.6 Rechtsbehelf gegen den Ansatz der Kosten gemäß § 81 GNotKG

19 Die Kosten des Betreuungs- bzw. Rechtsmittelverfahrens werden zunächst vom Kostenbeamten festgesetzt (§ 18 GNotKG und § 1 KostVfg). Wer sich damit nicht abfinden will, kann eine Erinnerung nach § 81 GNotKG mit der Folge einlegen, dass nunmehr das Gericht (Rechtspfleger) entscheidet. Gegen seine Entscheidung kann dann Beschwerde eingelegt werden. Das Gericht muss abhelfen, wenn es die Beschwerde für zulässig und begründet hält (§ 81 Abs. 3 GNotKG). Ansonsten entscheidet das Beschwerdegericht (Landgericht). Allerdings muss der Wert des Beschwerdegegenstandes 200 EUR übersteigen oder das Gericht, das die angefochtene Entscheidung erlassen hat, lässt „wegen der grundsätzlichen Bedeutung der zur Entscheidung stehenden Frage" die Beschwerde in seinem Beschluss zu. Das Beschwerdegericht wiederum kann sogar die weitere Beschwerde zum OLG zulassen, wenn es dem Fall grundsätzliche Bedeutung beimisst (§ 81 Abs. 4 GNotKG). Gebühren werden in diesem Verfahren nicht erhoben. Liegt der Wert unter 200 EUR, kann die sog. Rechtspflegererinnerung eingelegt werden.

1.7 Verfahrenskostenhilfe

20 Die Verfahrenskostenhilfe kann sowohl im Betreuungs- als auch im Rechtsmittelverfahren beantragt werden. Das zugehörige Antragsformular wurde zur Vereinfachung des Verfahrens einheitlich gestaltet und enthält in einem Hinweisblatt die wichtigsten Ausfüllhinweise. Die Unterlagen sind bei jedem Gericht und den Rechtsantragstellen der Amtsgerichte erhältlich oder im „Justizportal des Bundes und der Länder" (www.justiz.de) unter der Rubrik „Formulare" herunterzuladen. Die Verwendung des Formulars ist zwingend vorgeschrieben (§ 117 Abs. 4 ZPO). Das Gericht prüft zum einen die Einkommens- und Vermögensverhältnisse, zum anderen die Erfolgsaussichten. Genügt beides den gesetzlichen Voraussetzungen und wird daher die Verfahrenskostenhilfe gewährt, entfällt auch die Pflicht zur Zahlung der Gerichts-

kosten ganz oder aber es wird Ratenzahlung angeordnet. Wer vor dem Betreuungsgericht bereits Verfahrenskostenhilfe erhalten hat, muss in der nächsten Instanz erneut einen Antrag stellen. Der Antrag auf Bewilligung von Prozesskostenhilfe für das Rechtsmittelverfahren ist beim „Prozessgericht" zu stellen, das heißt beim Beschwerdegericht (§ 117 Abs. 1 Satz 1 ZPO, § 76 Abs. 1 FamFG). Anträge auf Bewilligung von Verfahrenskostenhilfe für eine beabsichtigte Beschwerde sind dagegen bei dem Gericht einzulegen, dessen Beschluss angefochten werden soll (§ 64 Abs. 1 Satz 2 FamFG). Hat ein anderer Beteiligter das Rechtsmittel eingelegt und beantragt der in der ersten Instanz erfolgreiche Beteiligte Verfahrenskostenhilfe, muss das Rechtsmittelgericht weder die Erfolgsaussichten noch Mutwilligkeit prüfen (§ 76 Abs. 1 FamFG, § 119 Abs. 1 Satz 2 ZPO).

Der BGH verlangt als zusätzliche Voraussetzung für die Bewilligung der Verfahrenskostenhilfe 21 die Verfolgung eigener Rechte. Die Verfolgung „fremdnütziger Ziele" genüge nicht (BGH, Beschl. v. 22.10.2014 – XII ZB 125/14). Dies betrifft nicht den Betroffenen, sondern Beteiligte gemäß § 274 Abs. 4 und § 315 Abs. 4 FamFG.

1.8 Rechtsbehelfe und Rechtsmittel im Überblick

Übersicht der wichtigsten Rechtsbehelfe
• Beschwerde • Sofortige Beschwerde • Rechtspflegererinnerung • Rechtsbeschwerde • Sprungrechtsbeschwerde • Gehörsrüge • Antrag auf gerichtliche Entscheidung • Erinnerung • Widerspruch • Einspruch

1.9 Keine Angst vor juristischer Terminologie!

Lassen Sie sich durch die oft kompliziert anmutende juristische Terminologie der Rechts- 22 behelfe nicht verunsichern. Eine falsche Bezeichnung schadet nicht, wenn Sie nur deutlich zum Ausdruck bringen, dass Sie mit einer bestimmten Entscheidung des Gerichts nicht einverstanden sind und eine erneute Überprüfung wünschen. Im Übrigen muss jeder Beschluss eine Belehrung über das statthafte Rechtsmittel enthalten. Ihr kann man das für die Einlegung zuständige Gericht, dessen Sitz und die einzuhaltende Form und Frist entnehmen, aber auch einen bestehenden Anwaltszwang (z. B. bei der Rechtsbeschwerde zum BGH). Auf die Richtigkeit der Belehrung kann man sich grundsätzlich verlassen und im Zweifelsfall berufen. Über die komplizierten Voraussetzungen der Sprungrechtsbeschwerde muss allerdings nicht mehr belehrt werden (§ 39 Satz 2 FamFG).

Fehlt die Rechtsbehelfsbelehrung oder ist sie fehlerhaft, kann dies einen Wiedereinsetzungs- 23 antrag begründen. Weist die Belehrung fälschlich eine kürzere Frist aus, gilt selbstverständlich die gesetzlich bestimmte längere Frist.

2. Beschwerde

2.1 Ablauf des Beschwerdeverfahrens

Das FGG-Reformgesetz hat zu einer grundlegenden Änderung des Rechts der Beschwerde 24 geführt. Am auffälligsten sind dabei die generelle Befristung aller Beschwerden und die direkte Einbindung des BGH in den Instanzenzug als Rechtsbeschwerdegericht. In weiten Bereichen des Betreuungs- und Unterbringungsrechts hat der BGH nunmehr über zulassungsfreie

A

Rechtsbeschwerden zu entscheiden. Der Gesetzgeber hat bewusst auf die über Jahrzehnte gewachsene Kompetenz der 24 Oberlandesgerichte verzichtet. Der BGH muss sich innerhalb der umfassenden Zuständigkeiten, die mit den Strukturen dieses Elitegerichts nicht unbedingt kompatibel sind, zurechtfinden. Zur besseren Verständlichkeit soll die nachfolgende Übersicht den Weg einer Beschwerde bis zum BGH aufzeigen.

Übersicht zum Gang der Beschwerde	
Endentscheidung des Amtsgerichts (Betreuungsgerichts)	Endentscheidungen sind alle Beschlüsse, die den Verfahrensgegenstand ganz oder teilweise erledigen (§ 38 Abs. 1 Satz 1 FamFG).
↓ Sprungrechtsbeschwerde zum Bundesgerichtshof im Ausnahmefall	Nur, wenn alle Beteiligten einwilligen und der Bundesgerichtshof die Sprungrechtsbeschwerde zulässt (§ 75 Abs. 1 FamFG) Achtung: Antrag auf Zulassung der Sprungrechtsbeschwerde und Erklärung der Einwilligung gelten als Verzicht auf die normale Beschwerde
→ Beschwerde	Rechtsmittel gegen Endentscheidungen der Betreuungsgerichte (§ 58 Abs. 1 FamFG) Ausnahme: Sofortige Beschwerde, soweit vom Gesetz ausdrücklich vorgesehen (vgl. dazu die Übersicht unter 2.2.4 und 4)
↓ Abhilfeentscheidung durch das Betreuungsgericht	Zunächst prüft das Betreuungsgericht, ob der Beschwerde abgeholfen werden muss, weil sie begründet ist. Andernfalls legt es die Beschwerde dem zuständigen Landgericht vor (§ 68 Abs. 1 Satz 1 FamFG).

Übersicht zum Gang der Beschwerde	
Prüfung der Zulässigkeit durch das Landgericht; gegebenenfalls wird die Beschwerde als unzulässig verworfen	Prüfungsgegenstand sind die Statthaftigkeit, Form und Frist (§ 68 Abs. 2 FamFG) Zuständig wäre in FamFG-Sachen grundsätzlich das Oberlandesgericht, für die Entscheidungen des Betreuungsgerichts und in Freiheitsentziehungssachen ist jedoch das Landgericht zuständig (§§ 72 Abs. 1 Satz 2, 119 Abs. 1 Nr. 1b GVG).
Beschluss des Landgerichts	Eigene Entscheidung in der Sache (§ 69 Abs. 1 Satz 1 FamFG) oder Aufhebung und Zurückverweisung (§ 69 Abs. 1 Satz 2 FamFG), wenn • das Betreuungsgericht noch nicht entschieden hat oder • ein wesentlicher Verfahrensmangel vorliegt, eine umfangreiche oder aufwändige Beweiserhebung notwendig wäre und ein Beteiligter die Zurückverweisung beantragt.
Rechtsbeschwerde zum Bundesgerichtshof	Zuständig ist der Bundesgerichtshof gem. § 133 GVG. Die Rechtsbeschwerde ist ohne Zulassung und Beschränkung gem. § 70 Abs. 3 FamFG statthaft gegen Beschlüsse des Beschwerdegerichts in • Betreuungssachen zur Bestellung eines Betreuers, zur Aufhebung einer Betreuung, zur Anordnung oder Aufhebung eines Einwilligungsvorbehalts, • Unterbringungssachen auch bei Genehmigungen und Anordnungen für Minderjährige gem. § 151 Nr. 6 und 7 FamFG sowie in Freiheitsentziehungssachen Allerdings nur bei Entscheidungen, die eine Unterbringung oder freiheitsentziehende Maßnahme „anordnen" (§ 70 Abs. 3 Satz 2 FamFG). Entgegen des Wortlauts sind damit auch Genehmigungsbeschlüsse erfasst. Ansonsten mit bindender Zulassung des Beschwerdegerichts, die erfolgt, wenn • die Sache grundsätzliche Bedeutung hat oder • die Fortbildung des Rechts oder die Sicherung einer einheitlichen Rechtsprechung eine Entscheidung des Rechtsbeschwerdegerichts erfordert. Gem. § 70 Abs. 4 FamFG ist die Rechtsbeschwerde nicht statthaft gegen einstweilige Anordnung (Anordnung, Abänderung, Aufhebung).

A

Übersicht zum Gang der Beschwerde	
1. Prüfung der Zulässigkeit durch den Bundesgerichtshof. Gegebenenfalls wird die Rechtsbeschwerde als unzulässig verworfen	Prüfungsgegenstand sind die Statthaftigkeit, Form, Frist und das Vorliegen einer Begründung (§ 74 Abs. 1 FamFG)
2. Prüfung, ob Zurückweisungsbeschluss ergehen kann	Der Bundesgerichtshof ist einstimmig der Überzeugung, dass • Zulassungsgründe nicht vorliegen und die • Rechtsbeschwerde keine Aussicht auf Erfolg hätte § 74a FamFG gilt also nicht für die zulassungsfreie Rechtsbeschwerde.
Beschluss des Bundesgerichtshofs	§ 74 Abs. 2, 5 und 6 FamFG eröffnen dem Bundesgerichtshof folgende Entscheidungsmöglichkeiten: • Eigene Entscheidung bei Entscheidungsreife (Aufhebung, Zurückweisung) ansonsten • Aufhebung und Zurückverweisung zur anderweitigen Behandlung und Entscheidung an das – Beschwerdegericht oder – Ausgangsgericht (besondere Gründe) • Zurückweisung der Rechtsbeschwerde trotz Vorliegens einer Rechtsverletzung, wenn sich die Entscheidung aus anderen Gründen als richtig darstellt (§ 74 Abs. 2 FamFG)

2.2 Statthaftigkeit

2.2.1 Die Beschwerde ist statthaft gegen Endentscheidungen (§ 58 Abs. 1, § 38 Abs. 1 Satz 1 FamFG)

25 Das Gericht entscheidet in der Regel durch Beschluss. Dieser kann mit einer Beschwerde angefochten werden, wenn er den Verfahrensgegenstand ganz oder teilweise erledigt (Endentscheidung). Dies gilt ohne Unterschied für Entscheidungen des Richters sowie des Rechtspflegers (§ 11 Abs. 1 RPflG).

26 Neben den Beschwerden gegen „Endentscheidungen" gibt es noch – sofern vom Gesetz ausdrücklich zugelassen – die sofortige Beschwerde gegen sonstige Entscheidungen. Somit sind alle anderen Entscheidungen und Anordnungen des Gerichts im Grundsatz unanfechtbar.

2.2.2 Beispiele für „unanfechtbare Entscheidungen"

27 Mangels Zulassung ausgeschlossen ist daher die Anfechtung der Anordnung und der Vorführung des Betroffenen zur Untersuchung durch den Sachverständigen gemäß § 283

Abs. 1 FamFG, da es sich um eine Anordnung und nicht um eine Endentscheidung durch Beschluss handelt (vgl. Stellungnahme des Bundesrats, BR-Drucks. 309/07, S. 64).

Dagegen wird für die Unterbringung zum Zweck der Vorbereitung eines Gutachtens nach § 284 FamFG durch Beschluss ausdrücklich bestimmt, dass diese Entscheidung mit der sofortigen Beschwerde anfechtbar ist. Bei einer Begutachtung zur Prüfung der Voraussetzungen einer Unterbringung ergibt sich dies aus § 322 FamFG. Daraus folgt zwanglos auch die Unanfechtbarkeit für die Einleitung des Verfahrens oder die Entscheidung, ein Sachverständigengutachten einzuholen. 28

2.2.3 Beschwerdegericht beurteilt z. T. auch vorausgegangene Entscheidungen

Das Beschwerdegericht ist aber bei der Beurteilung nicht auf die angefochtene „Endentscheidung" beschränkt. Wird eine Endentscheidung mit der Beschwerde angegriffen, unterliegen gemäß § 58 Abs. 2 FamFG die der Endentscheidung vorausgegangenen Entscheidungen der Beurteilung durch das Beschwerdegericht. Dazu gehören nicht die selbstständig anfechtbaren Entscheidungen, also alle, die mit der sofortigen Beschwerde angefochten wurden oder hätten angefochten werden können. Ferner unterliegen der Beurteilung nicht die Entscheidungen, die uneingeschränkt für unanfechtbar erklärt werden. 29

Für absolut unanfechtbar werden z. B. folgende Entscheidungen erklärt: 30

Übersicht der uneingeschränkt unanfechtbaren Entscheidungen	
FamFG	**Gegenstand der Regelung**
§ 3 Abs. 3 Satz 1	Verweisung bei Unzuständigkeit
§ 5 Abs. 3	Gerichtliche Bestimmung der Zuständigkeit
§ 6 Abs. 1 Satz 1 i. V. m. § 46 Abs. 2 ZPO	Ablehnungsgesuch wird für begründet erklärt
§ 10 Abs. 3 Satz 1	Zurückweisung nicht vertretungsbefugter Bevollmächtigter
§ 10 Abs. 3 Satz 3	Zurückweisung unfähiger Bevollmächtigter
§ 12 Abs. 1 Satz 3, § 10 Abs. 3 Satz 1 und 3	Zurückweisung nicht vertretungsbefugter oder unfähiger Beistände
§ 13 Abs. 4 Satz 3	Überlassung der Akten in den Amts- oder Geschäftsräumen eines Rechtsanwalts, Notars oder einer Behörde zur Akteneinsicht
§ 19 Abs. 2	Wiedereinsetzung
§ 22 Abs. 2 Satz 3	Erklärung der Wirkungslosigkeit einer noch nicht rechtskräftigen Endentscheidung durch Beschluss nach Antragsrücknahme
§ 32 Abs. 1 Satz 2 i. V. m. § 227 Abs. 4 Satz 2 ZPO	Verlegung eines Termins oder Vertagung
§ 32 Abs. 3 i. V. m. § 128a Abs. 3 Satz 2 ZPO	Entscheidungen über die Verhandlung im Wege der Bild- und Tonübertragung
§ 42 Abs. 3 Satz 1	Zurückweisung des Antrags auf Berichtigung
§ 44 Abs. 4 Satz 3	Zurückweisung der Gehörsrüge als unzulässig oder unbegründet
§ 55 Abs. 1 Satz 2	Aussetzung der Vollstreckung einer einstweiligen Anordnung
§ 93 Abs. 1 Satz 3	Einstellung der Vollstreckung

Wird dagegen im Gesetz nur ausgesprochen, dass die Entscheidung nicht selbstständig anfechtbar ist, und ist sie der Endentscheidung vorausgegangen, unterliegt sie auch der Beurteilung durch das Beschwerdegericht – so etwa die Bestellung, Aufhebung oder Ablehnung der Bestellung eines Verfahrenspflegers (§ 58 Abs. 2, § 276 Abs. 6, § 317 Abs. 6 FamFG). 31

2.2.4 Sofortige Beschwerde bei bestimmten Zwischen- und Nebenentscheidungen

32 Bei einigen Zwischen- oder Nebenentscheidungen wird ausdrücklich die Anfechtung durch die sofortige Beschwerde zugelassen (vgl. Rn. 131).

Entscheidungen, die mit der sofortigen Beschwerde anfechtbar sind	
FamFG	**Gegenstand der Regelung**
§ 6 Abs. 2	Ablehnungsgesuch wurde für unbegründet erklärt
§ 7 Abs. 5	Einem Antrag auf Hinzuziehung als Beteiligter wird nicht entsprochen
§ 10 Abs. 4 Satz 3 i. V. m. § 78b Abs. 2 ZPO	Ablehnung der Bestellung eines Notanwalts
§ 10 Abs. 4 Satz 3 i. V. m. § 78c Abs. 3 ZPO	Entscheidungen zur Auswahl des Notanwalts
§ 21 Abs. 2	Aussetzung des Verfahrens
§ 33 Abs. 3 Satz 5	Ordnungsmittel bei Ausbleiben eines Beteiligten, dessen persönliches Erscheinen angeordnet war
§ 35 Abs. 5	Zwangsgeld, Zwangshaft
§ 42 Abs. 3 Satz 2	Berichtigung eines Beschlusses
§ 76 Abs. 2	Beschlüsse im Verfahrenskostenhilfeverfahren
§ 87 Abs. 4	Beschlüsse im Vollstreckungsverfahren
§ 284 Abs. 3 Satz 2	Beschlüsse über die Unterbringung zur Vorbereitung eines Gutachtens bzw. Verlängerung eines derartigen Beschlusses
§§ 322, 284 Abs. 3 Satz 2	Beschlüsse über die Unterbringung zur Vorbereitung eines Gutachtens über die Notwendigkeit einer Unterbringung

2.2.5 End-, Zwischen- oder Nebenentscheidungen

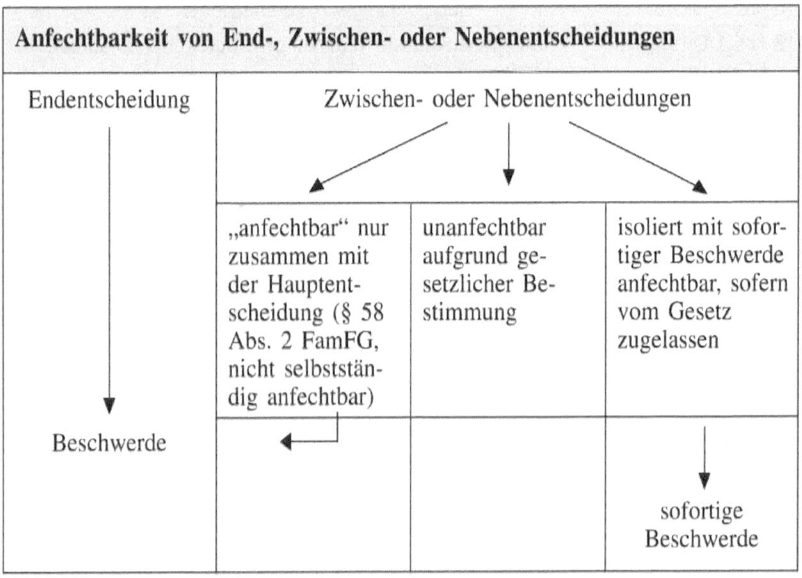

2.2.6 Statthaftigkeit nach Erledigung

Die Beschwerde dient nur dazu, bestehende Rechtsbeeinträchtigungen zu beseitigen. Nach 33 Wegfall der Rechtsbeeinträchtigung wird deshalb auf entsprechenden Antrag hin nur noch über die Kosten entschieden. Eine derartige Erledigung der Hauptsache tritt ein, wenn während des Verfahrens „der Verfahrensgegenstand durch ein Ereignis, welches eine Veränderung der Sach- und Rechtslage herbeiführt, weggefallen ist, so dass die Weiterführung des Verfahrens keinen Sinn mehr hätte, weil eine Sachentscheidung nicht mehr ergehen kann" (BGH, Beschl. v. 7.8.2019 – XII ZB 29/19). Sobald also die angefochtene Entscheidung hinfällig oder durch eine andere ersetzt wird, kann keine Entscheidung in der Sache mehr ergehen.

Beispiele für Erledigungsfälle:

- *Wegfall der einzigen Aufgabe des Betreuers (z. B. Verzicht auf Fahrerlaubnis, Waffenbesitzkarte oder Anwaltszulassung)*
- *Entlassung des Betroffenen aus einem psychiatrischen Krankenhaus bei Anfechtung der betreuungsgerichtlichen Genehmigung der Unterbringung*
- *Bestellung des endgültigen Betreuers nach Beschwerde gegen die Bestellung eines vorläufigen Betreuers*
- *Genehmigung der endgültigen Unterbringung nach einer vorläufigen Maßnahme*
- *Aufhebung der Betreuung nach Beschwerde gegen die Bestellung eines bestimmten Betreuers*
- *Erlass einer Endentscheidung führt zur Erledigung einer sofortigen Beschwerde gegen die Ablehnung einer Beteiligung*
- *Tod des Betreuten*

Mit der Erledigung entfallen die Beschwerde des Beschwerdeführers und sein Rechtsschutz- 34 bedürfnis. § 62 Abs. 1 FamFG geht daher davon aus, dass die Beschwerde dann auch unstatthaft ist. Nur bei einem „berechtigten Interesse an der Feststellung", dass die Entscheidung des Gerichts des ersten Rechtszugs seine Rechte verletzt habe, kann man die Beschwerde mit diesem eingeschränkten Ziel weiterverfolgen.

Ein derartiges „berechtigtes Interesse" liegt in der Regel gemäß § 62 Abs. 2 FamFG vor, wenn 35 ein schwerwiegender Grundrechtseingriff behauptet wird oder konkret eine Wiederholung zu erwarten ist. Unter diesen Voraussetzungen kann eine Beschwerde zulässig bleiben, wenn die Feststellung beantragt wird, dass die angefochtene und erledigte Entscheidung den Beschwerdeführer in seinen Rechten verletzt hat. Das Beschwerdegericht wird zumindest den anwaltlich nicht vertretenen Beschwerdeführer auf die Möglichkeit der Stellung eines Feststellungsantrags hinweisen müssen (BGH, Beschl. v. 2.9.2015 – XII ZB 138/15). Im Hinblick auf die in der Regel eingeschränkten Möglichkeiten der Betroffenen genügt es, wenn sich aus dem „gesamten Vorbringen des Betroffenen konkludent das Begehren ergibt", dass die Rechtmäßigkeit der getroffenen Maßnahme trotz der Erledigung geprüft werden soll (BGH, Beschl. v. 7.8.2019 – XII ZB 29/19).

In Betracht kommen Fälle, in denen sich der belastende Hoheitsakt auf eine kurze Zeitspanne 36 beschränkt und der Betroffene eine gerichtliche Entscheidung kaum erlangen kann. Dies wird z. B. der Fall sein bei einer

- Wohnungsdurchsuchung (§ 283 Abs. 3 Satz 1, §§ 323, 326 Abs. 3 Satz 1 FamFG),
- vorläufigen Unterbringung (§§ 331, 332 FamFG) oder
- vorläufigen unterbringungsähnlichen Maßnahme (§§ 331, 332 FamFG).

Besonderheiten für die Zulässigkeit des Feststellungsantrags gelten nach dem Tod des 37 Betreuten. Der BGH (Beschl. v. 24.10.2012 – XII ZB 404/12) hat den beschwerdeberechtigten Verfahrenspflegern, aber auch Angehörigen und Vertrauenspersonen das Antragsrecht nach § 62 Abs. 1 FamFG mit der Begründung abgelehnt, dass diese nicht in „ihren" Rechten verletzt seien. Für den Verfahrenspfleger hat der Gesetzgeber mit der Neufassung des § 62 Abs. 3

FamFG diese Entscheidung des BGH korrigiert. Der Verfahrenspfleger kann daher den Feststellungsantrag unter den gleichen Voraussetzungen stellen wie der Betroffene.

38 Dies führt zu dem eigenartigen Ergebnis, dass der Gesetzgeber den Angehörigen und der Vertrauensperson ein Beschwerderecht einräumt (§ 303 Abs. 2 FamFG), mit dem z. B. die gesamte Betreuerbestellung eliminiert werden kann. Nach dem Tod des Betreuten wird dagegen mangels Befugnis aus § 62 FamFG eine möglicherweise eklatante Fehlentscheidung auf ewig perpetuiert. Das postmortale Persönlichkeitsrecht und der Schutz von Ehe und Familie bleiben dabei möglicherweise auf der Strecke. Man sollte daher nicht nur den Angehörigen, sondern allen Beschwerdeberechtigten die Befugnis, einen Feststellungsantrag zu stellen, nicht generell versagen (vgl. Argumente des LG Lübeck, Beschl. v. 9.10.2015 – 7 T 388/15). Der BGH versagt auch der Betreuungsbehörde die Antragsbefugnis nach § 62 Abs. 1 FamFG, weil ihre eigene Rechtssphäre nicht betroffen sei und so ein berechtigtes Feststellungsinteresse nach § 62 Abs. 2 FamFG fehle (BGH, Beschl. v. 20.8.2014 – XII ZB 205/14).

39 **Achtung:** § 62 FamFG ermöglicht nur die Feststellung der Rechtswidrigkeit einer erledigten Maßnahme im Beschwerdeverfahren. Man kann also diese Feststellung nicht isoliert vor einem erstinstanzlichen Gericht erreichen (BGH, Beschl. v. 10.10.2012 – XII ZB 660/11).

2.3 Zuständigkeit für die Beschwerdeentscheidung

40 Die Frage, wer über eine Beschwerde zu entscheiden hat, regeln § 72 Abs. 1 und § 119 Abs. 1 Nr. 1b GVG. In den Angelegenheiten der freiwilligen Gerichtsbarkeit sind grundsätzlich die bundesweit 24 Oberlandesgerichte zuständig. Mit den Beschwerden gegen Entscheidungen der Betreuungsgerichte und in Freiheitsentziehungssachen sind jedoch die Landgerichte betraut. Aufgrund der weitaus größeren Zahl (116) soll eine effektivere und ortsnähere Erledigung erreicht werden.

2.4 Beschwerdeberechtigung

2.4.1 Allgemeine Regelung des § 59 FamFG

41 Das Gesetz muss den Zugang zum Beschwerdegericht filtern und kanalisieren. Für FamFG-Verfahren gilt gemäß § 59 Abs. 1 FamFG allgemein, dass ein konkretes Recht des Beschwerdeführers direkt beeinträchtigt sein muss, denn die Beschwerdeberechtigung setzt eine „unmittelbare Beeinträchtigung eigener Rechte" voraus. Ein bloß wirtschaftliches oder ideelles Interesse genügt ebenso wenig wie eine mittelbare Auswirkung der anzufechtenden Entscheidung. Als beeinträchtigtes Recht des Beschwerdeführers kommt jede durch Gesetz verliehene oder durch die Rechtsordnung anerkannte, von der Staatsgewalt geschützte Rechtsposition in Betracht. Das Recht eines Vermieters, dem Betroffenen zu kündigen, wird durch die Anordnung einer Betreuung nicht tangiert. Er bekommt nur einen Ansprechpartner und gesetzlichen Vertreter für eine Zivilklage gegen den prozessunfähigen Betreuten.

42 **Achtung:** Es wird ausnahmsweise eine systemwidrige „Rechtsbeeinträchtigung" bejaht, wenn der Gläubiger eines Betroffenen auf die gesetzliche Vertretung des Betroffenen angewiesen ist, um seine Forderung gerichtlich gegen den prozessunfähigen Betroffenen geltend machen zu können, oder wenn gegenüber dem geschäftsunfähigen Betroffenen eine Willenserklärung (z. B. Widerruf) abgegeben werden muss und ein gesetzlicher Vertreter gemäß § 131 Abs. 1 BGB erforderlich ist (BGH, Beschl. v. 27.1.2021 – XII ZB 450/20). Dies wäre z. B. der Fall, wenn der Vermieter dem geschäftsunfähigen Mieter nicht kündigen und ihn beispielsweise auch nicht auf Räumung verklagen kann, da der Mieter im Zivilprozess prozessunfähig wäre und der Zugang der Kündigung nach § 131 Abs. 1 BGB scheitern würde.

2.4.2 Erweiterung in Betreuungsverfahren gemäß § 303 FamFG

43 Darüber hinaus erweitern die Sondervorschriften §§ 303 und 335 FamFG den Kreis der Beschwerdeberechtigten für die Betreuungs- und Unterbringungsverfahren.

Betreuungsbehörde, Verfahrenspfleger, Betreuer, Vorsorgebevollmächtigte

Eine umfassende Beschwerdeberechtigung ergibt sich für die Betreuungsbehörde aus § 303 Abs. 1 FamFG, soweit Entscheidungen über die Bestellung eines Betreuers oder die Anordnung eines Einwilligungsvorbehalts sowie über Umfang, Inhalt oder Bestand dieser Maßnahmen ergangen sind. Bei diesen Kernentscheidungen des Betreuungsrechts wird der Behörde sogar die Möglichkeit eingeräumt, gegen den Willen des Betroffenen und sogar im echten Antragsverfahren (siehe Rn. 48) Beschwerde einzulegen. Der Gesetzgeber wollte damit eine Kontrollmöglichkeit schaffen, um etwa kostenintensive, aber nicht erforderliche Betreuungen oder Fehler bei der Auswahl des Betreuers zu verhindern. 44

Für den Verfahrenspfleger, der gemäß § 276 FamFG die Interessen des Betroffenen wahrnehmen muss, ergibt sich die Beschwerdeberechtigung unmittelbar aus § 303 Abs. 3 FamFG. Er vertritt den Betroffenen allerdings nicht und kann daher nur im eigenen Namen Beschwerde einlegen (BGH, Beschl. v. 11.2.2015 – XII ZB 48/14). Betreuer und Vorsorgebevollmächtigte können, wenn ihre Aufgabenkreise betroffen sind, im Namen des Betreuten bzw. Vollmachtgebers gemäß § 303 Abs. 4 FamFG Beschwerde einlegen. 45

Der Vorsorgebevollmächtigte kann aber nicht im eigenen Namen gegen die Anordnung einer Betreuung Beschwerde einlegen. Auch dem Betreuer steht etwa gegen die Aufhebung der Betreuung keine Beschwerdebefugnis im eigenen Namen zu, weil die Betreuung ausschließlich im Interesse des Betroffenen angeordnet wird und somit die Rechtssphäre des Betreuers nicht tangiert. Nach der Rechtsprechung des BGH ist somit die Formulierung „auch im Namen des Betroffenen" in § 303 Abs. 4 Satz 1 FamFG zu lesen als „nur im Namen des Betroffenen" (BGH, Beschl. v. 15.4.2015 – XII ZB 330/14 und Beschl. v. 4.12.2013 – XII ZB 333/13). Für den Vorsorgebevollmächtigten ist eine Besonderheit zu beachten, wenn ein Betreuer bestellt wurde, der die Vorsorgevollmacht widerrufen hat. Auch nach einem wirksamen Widerruf der Vorsorgevollmacht durch den Betreuer kann der Bevollmächtigte noch im Namen des Betroffenen, nicht aber im eigenen Namen Rechtsmittel gegen die Betreuerbestellung einlegen (BGH, Beschl. v. 12.12.2018 – XI ZB 387/18). 46

Ehegatte, Lebenspartner, Eltern, Großeltern, Pflegeeltern, Abkömmlinge, Geschwister, Person des Vertrauens

Ein eingeschränktes Beschwerderecht wird den Ehegatten oder Lebenspartnern (vgl. § 1 LPartG), sofern sie nicht dauernd getrennt leben, sowie Eltern, Großeltern, Pflegeeltern, Abkömmlingen und Geschwistern des Betroffenen bzw. einer Person seines Vertrauens eingeräumt (§ 303 Abs. 2 FamFG). Es besteht für sie in folgenden Fällen: 47

- *gegen Entscheidungen, die von Amts wegen ergangen sind*

Eine Entscheidung „von Amts wegen" liegt nur vor, solange der Betroffene keinen „Antrag" gemäß § 1814 Abs. 1 Satz 1 und 2 BGB gestellt hat. Mit dem Antrag entfällt das erweiterte Beschwerderecht. Dies gilt wohl auch, wenn die Verlängerung einer Betreuung auf „Wunsch" des Betreuten erfolgt ist. 48

Ist ein Antrag des Betroffenen sogar zwingend erforderlich wie etwa bei der Betreuungsbedürftigkeit aufgrund körperlicher Beeinträchtigung gemäß § 1814 Abs. 4 Satz 2 BGB, kann gegen die Ablehnung des Antrags nur der Betroffene Beschwerde einlegen (§ 59 Abs. 2 FamFG). 49

- *im Interesse des Betroffenen*

Besonders nachhaltig betont das Gesetz, dass für die privilegierten Angehörigen und die Personen des Vertrauens die Beschwerde nur in Betracht kommt, wenn sie im „Interesse des Betroffenen" erfolgt. Der BGH schränkt die Voraussetzung ein, dass die Beschwerde im Interesse des Betroffenen erfolgen müsse. Nur wenn der Beschwerdeführer lediglich seine eigenen Interessen verfolge, könne man davon ausgehen, dass die Beschwerde nicht im Interesse des Betroffenen sei (BGH, Beschl. v. 17.7.2020 – XII ZB 147/20). Maßgeblich müssen aber immer die Interessen des Betroffenen bleiben und nicht die Frage, ob ausschließlich eigennützige Motive verfolgt werden. Zudem kann man sicher trefflich darüber streiten, was 50 nur den Interessen des Beschwerdeführers dient. Es ist schließlich auch möglich, dass ein Angehöriger ausschließlich eigene Interessen verfolgt, diese aber deckungsgleich mit denen des Betroffenen sind.

51 Das Beschwerdegericht muss bei der Ermittlung der Interessen des Betroffenen zunächst seine Wünsche und Belange feststellen, § 1821 Abs. 2 bis 4 BGB. Dabei orientiert sich das Interesse des Betroffenen nicht nur an seinen subjektiven Vorstellungen, sondern auch an seinen objektiven Interessen, die er selbst vielleicht krankheitsbedingt nicht erkennen kann. Somit muss unter Umständen auch gegen den ausdrücklich geäußerten natürlichen Willen des Betroffenen einem objektiv gegenteiligen Interesse der Vorrang eingeräumt werden. Dies muss im Hinblick auf den allgemeinen Rechtsgedanken, der sich aus § 1821 Abs. 2 bis 4 BGB ergibt, die Ausnahme bleiben.

- *soweit diese Personen im ersten Rechtszug beteiligt worden sind*

52 Die Angehörigen bzw. Vertrauenspersonen sind aber gemäß § 274 Abs. 4 Nr. 1 FamFG nur dann beschwerdeberechtigt, wenn sie vom Betreuungsgericht beteiligt wurden. Näheres zur Frage, wer, wann, wie und wie lange als Beteiligter hinzugezogen wurde, ergibt sich aus den Ausführungen unter A 7, Rn. 160 ff.

53 Der BGH geht davon aus, dass die Beschwerdebefugnis – unabhängig davon, „aus welchen Gründen eine Beteiligung am erstinstanzlichen Verfahren nicht erfolgte" – versagt werden muss (BGH, Beschl. v. 4.3.2015 – XII ZB 396/14, Rn. 6). Dies erscheint im Hinblick auf den verfassungsrechtlich garantierten effektiven Rechtsschutz (vgl. BVerfG, Beschl. v. 10.10.2008 – 1 BvR 1415/08, Rn. 18) bedenklich, vor allem wenn das Betreuungsgericht seiner Benachrichtigungs- und Belehrungspflicht gemäß § 7 Abs. 4 FamFG nicht nachgekommen ist und der Verwandte von dem Verfahren erster Instanz vor dem Beschluss keine Kenntnis hatte.

- *bei Beschränkung auf die Kernentscheidungen*

54 Für die Beschwerdebefugnis dieser Personen aus dem sozialen und familiären Umfeld gelten jedoch weitere Einschränkungen. Sie haben eine Beschwerdebefugnis nur in Verfahren über die Bestellung eines Betreuers oder die Anordnung eines Einwilligungsvorbehalts und in Verfahren über Umfang, Inhalt oder Bestand dieser Entscheidungen. Dies ergibt sich schon als Folge der erforderlichen Beteiligung in erster Instanz. Diese kommt nämlich gemäß § 274 Abs. 4 Nr. 1 FamFG nur in den Fällen des § 274 Abs. 3 FamFG in Betracht (vgl. dazu BGH, Beschl. v. 18.3.2020 – XII ZB 474/19, Rn. 15).

55 Den Angehörigen aus dem privilegierten Personenkreis des § 303 Abs. 2 FamFG ist daher anzuraten, im Verfahren vor dem Betreuungsgericht unverzüglich zu beantragen, als Beteiligte zugelassen zu werden, und im Fall der Ablehnung sofortige Beschwerde gemäß § 7 Abs. 5 Satz 2 FamFG einzulegen. Ansonsten verlieren sie jede Chance, eine möglicherweise falsche Entscheidung anzufechten.

56 Dem Lebensgefährten (nicht zu verwechseln mit dem Lebenspartner) steht dagegen kein eigenes Beschwerderecht zu, weil sich diese Beziehung wegen der bewusst gewählten rechtlichen Unverbindlichkeit nicht sicher bestimmen lässt. Der Lebensgefährte kann aber unter Umständen als „Person des Vertrauens" beteiligt werden. Ebenso bleiben Personen unberücksichtigt, die mit dem Betroffenen nicht verwandt, sondern nur verschwägert sind.

- *als Vertreter der Staatskasse*

57 Soweit die Interessen der Staatskasse betroffen sind, eröffnet § 304 FamFG die Möglichkeit der Beschwerde. Dem Vertreter der Staatskasse wird zudem eine längere Beschwerdefrist eingeräumt, damit die Beschwerde noch als Folge der regelmäßigen Revisionen der Bezirksrevisoren eingelegt werden kann.

2.4.3 Erweiterung in Unterbringungsverfahren gemäß § 335 FamFG

58 Ähnliche Erweiterungen der Beschwerdeberechtigung regelt § 335 FamFG für die Beschwerden gegen Unterbringungsmaßnahmen.

Das Recht der Beschwerde steht zu: 59

- dem Ehegatten und Lebenspartner, soweit sie nicht getrennt leben
- Eltern oder Kindern, wenn der Betroffene bei ihnen zumindest bei Einleitung des Verfahrens gelebt hat
- den Pflegeeltern
- einer vom Betroffenen benannten Person seines Vertrauens
- dem Leiter der Einrichtung, in der der Betroffene lebt

Die Beschwerde muss aber „im Interesse des Betroffenen" eingelegt werden. Ferner müssen 60 auch die in § 315 Abs. 4 FamFG genannten Personen vom Betreuungsgericht beteiligt worden sein.

Das Beschwerderecht der Betreuungsbehörde und des Verfahrenspflegers ergibt sich aus § 335 61 Abs. 2 und 4 FamFG. Betreuer und Vorsorgebevollmächtigter haben die Möglichkeit, im Namen des Betroffenen Beschwerde einzulegen, wenn ihr Aufgabenkreis betroffen ist (§ 335 Abs. 3 FamFG).

2.5 Beschwerdewert

2.5.1 Vermögensrechtliche Streitigkeiten

Vermögensrechtliche Streitigkeiten führen in der Regel nicht zu gravierenden oder sogar 62 grundrechtsrelevanten Eingriffen wie Unterbringungen oder der Einrichtung einer Betreuung. Deshalb geht § 61 Abs. 1 FamFG davon aus, dass eine Instanz genügt, wenn der Wert des Beschwerdegegenstandes 1.000 EUR nicht übersteigt.

2.5.2 Kosten- und Auslagenentscheidungen

Das FamFG verzichtet auf eine eigenständige Regelung der Anfechtbarkeit der Kosten- und 63 Auslagenentscheidungen. Entscheidet das Gericht über die Kosten, hat es darüber in der Endentscheidung zu befinden (§ 82 FamFG). Dies hat zur Folge, dass auch diese Entscheidungen nur beschwerdefähig sind, wenn der Beschwerdegegenstand die 1.000-Euro-Grenze überschreitet. Bei grundsätzlicher Bedeutung oder wenn die Fortbildung des Rechts oder die Sicherung einer einheitlichen Rechtsprechung eine Beschwerde erfordert, kann das Gericht die Beschwerde – bindend – zulassen (§ 61 Abs. 3 FamFG).

2.6 Formvorschriften

Wann, wie und wo man die Beschwerde einlegen kann, regelt § 64 FamFG. 64

2.6.1 Ab wann kann man eine Beschwerde einlegen?

Die Beschwerde richtet sich gegen „ergangene Endentscheidungen", § 58 Abs. 1 FamFG. Der 65 Beschwerdeführer muss daher zumindest den Erlass der Entscheidung abwarten, der in § 38 Abs. 3 Satz 2 FamFG geregelt ist.

2.6.2 Wo kann man die Beschwerde einreichen?

Die Beschwerde muss grundsätzlich bei dem Gericht eingelegt werden, dessen Entscheidung 66 aufgehoben werden soll, § 64 Abs. 1 und 2 FamFG, das heißt dem Amtsgericht, dessen Betreuungsgericht entschieden hat. Da ein Untergebrachter in der Wahrnehmung seiner Rechte beschränkt ist, kann er die Beschwerde in Betreuungssachen nach § 305 FamFG und in Unterbringungssachen nach § 336 FamFG auch bei dem Amtsgericht einlegen, in dessen Bezirk sich die Einrichtung befindet, in der er untergebracht ist.

2.6.3 Äußere Form der Beschwerde, Beschwerdeschrift

Das Gesetz bietet zwei Wege für die Einlegung an, nämlich die Beschwerdeschrift oder die 67 Niederschrift bei der Geschäftsstelle des Betreuungsgerichts, § 64 Abs. 2 Satz 1 FamFG.

Beschwerdeschrift

68 Da § 64 Abs. 2 Satz 1 FamFG eine Beschwerdeschrift verlangt, muss die Schriftform gewahrt sein. Insoweit bestimmt § 126 Abs. 1 BGB, dass die Beschwerde „eigenhändig durch Namensunterschrift oder mittels notariell beglaubigten Handzeichens unterzeichnet werden" muss. Das Erfordernis der Unterschrift ergibt sich aber auch direkt aus § 64 Abs. 2 Satz 4 FamFG, der ausdrücklich davon spricht, dass die Beschwerdeschrift von dem „Beschwerdeführer oder seinem Bevollmächtigten zu unterzeichnen ist". Beschwerdeschreiben sind der klassische Idealfall – egal, ob hand- oder maschinenschriftlich verfasst, aber mit eigenhändiger Unterschrift versehen.

68a Für bestimmte Berufsgruppen gilt gemäß § 14b Abs. 1 FamFG die Pflicht, elektronische Dokumente zu verwenden, wenn gesetzlich Schriftform gefordert wird wie in § 64 Abs. 2 Satz 1 FamFG. Wird diese Form nicht eingehalten, ist die Erklärung unwirksam und wahrt die Rechtsmittelfrist nicht. Der BGH hat diese Pflicht für die in § 14b FamFG genannten Berufe der Rechtsanwälte und Notare, aber auch für die Staatskasse als „juristische Person des öffentlichen Rechts" bejaht. Für Rechtsanwälte gilt dies auch, wenn sie als Verfahrenspfleger handeln (BGH, Beschl. v. 8.11.2023 – XII ZB 72/23). Da § 64 Abs. 2 Satz 1 FamFG alternativ zur Schriftform die Niederschrift zur Geschäftsstelle zulässt, kann man auf diese Möglichkeit anstelle eines elektronischen Dokuments ausweichen.

69 Im Hinblick auf die vielfältigen modernen Kommunikationsmöglichkeiten ergeben sich noch folgende Varianten:

Elektronisches Dokument

70 Die elektronische Übermittlung einer Datei gemäß § 14 Abs. 2 Satz 1 FamFG i. V. m. § 130a Abs. 1 ZPO genügt, wenn das Dokument (Beschwerde) mit einer qualifizierten Signatur nach dem Signaturgesetz versehen ist. Bezüglich der Zugangswege siehe: www. justiz.bayern.de/ejustice/eRV/

Telegramm, Fernschreiben

71 Ebenso wurde die heute unüblich gewordene Übersendung eines Telegramms oder Fernschreibens für ausreichend gehalten, wobei auf das bei Gericht maschinenschriftlich erstellte Dokument abgestellt wird, das technisch nicht unterschrieben sein konnte.

Fax des Beschwerdeführers zum Faxgerät des Gerichts

72 Auch die Übermittlung eines unterschriebenen Originals per Fax an das Gericht genügt. Maßgeblich ist der Ausdruck der Faxkopie beim Gericht. Der Übersender eines Faxes trägt aber die Verantwortung dafür, dass die Unterschrift auf dem Ausdruck beim Empfänger grundsätzlich lesbar ist. Bei einer Unterschrift mit Bleistift auf dem Original kann nicht sicher damit gerechnet werden, dass die beim Faxempfänger ausgedruckte Kopie eine Unterschrift erkennen lässt, (BGH, Beschl. v. 15.7.2020 – XII ZB 78/20, Rn. 2 wendet § 130 Nr. 6 ZPO entsprechend an).

Computerfax

73 Die Übersendung eines sog. Computerfaxes wird zumindest in Prozessen mit Anwaltszwang als formwirksam anerkannt, wobei durch elektronische Übertragung einer Textdatei mit eingescannter Unterschrift auf ein Faxgerät des Gerichts die „Beschwerdeschrift" übermittelt wird. Das wird vom BGH deshalb zugelassen, weil allein die bei Gericht erstellte körperliche Urkunde zählt und eine „Unterschrift" auf der Datei natürlich technisch unmöglich ist (BGH, Beschl. v. 28.8.2003 – I ZB 1/03, Rn. 9).

E-Mail

74 Die Beschwerde kann dagegen nicht durch den Text einer einfachen E-Mail eingelegt werden (OLG Düsseldorf, Beschl. v. 15.1.2014 – I-3 Wx 231/13).

E-Mail mit gescannter Beschwerdeschrift im Anhang

75 Wird eine im Original eigenhändig unterzeichnete Beschwerde eingescannt und im Anhang einer E-Mail (z. B. als PDF-Datei) an das E-Mail-Postfach des Betreuungsgerichts geschickt, genügt nach der Rechtsprechung des BGH der Ausdruck der auf diesem Weg übermittelten Datei der Schriftform. Allerdings ist die Beschwerde erst eingereicht, wenn dem Gericht ein Ausdruck des Anhangs vorliegt. Der Ausdruck verkörpert dann die Beschwerdeschrift in einem Schriftstück und schließt mit der Unterschrift ab (BGH, Beschl. v. 8.5.2019 – XII ZB 8/19).

Faksimilestempel

76 Die Einreichung eines mit einem Faksimilestempel versehenen Schriftsatzes genügt dem eigenhändigen Unterschrifterfordernis nicht (BAG, Urt. v. 5.8.2009 – 10 AZR 692/08, Rn. 18, Ausnahme siehe Rn. 73). Von dem grundsätzlichen Erfordernis der eigenhändigen Unterschrift sind Ausnahmen bislang stets nur dann zugelassen worden, wenn eine Unterschrift aufgrund der technischen Besonderheiten des Übermittlungswegs nicht möglich war.

Niederschrift bei der Geschäftsstelle des Betreuungsgerichts

77 Die Beschwerde kann aber auch „zur Niederschrift der Geschäftsstelle" eingelegt werden. Die Niederschrift kann jedes Amtsgericht aufnehmen, auch wenn es für die Einlegung nicht zuständig ist. Dieses unzuständige Gericht hat dann die Niederschrift unverzüglich an das zuständige Gericht zu übermitteln, § 25 Abs. 2 FamFG.

78 **Achtung:** Erst mit dem Eingang der Niederschrift beim zuständigen Gericht wird die Beschwerdefrist gewahrt.

79 Niederschriften der Geschäftsstellen können nicht gleichgesetzt werden mit den Vermerken, die gemäß § 28 Abs. 4 FamFG über Termine und persönliche Anhörungen gefertigt werden müssen. Allerdings kann sich ein Richter oder Rechtspfleger bei einem Termin oder einer Anhörung bereit erklären, die Funktion der Geschäftsstelle zu übernehmen. Indes muss er dann unabhängig vom „Vermerk" die strengeren Formerfordernisse des § 25 FamFG einhalten (Unterschrift des Richters, Abfassen in Anwesenheit des Beschwerdeführers evtl. durch Diktat, Vorlesen oder Vorspielen der Niederschrift und Genehmigung durch den Beschwerdeführer, genaue Angaben zur Person, Unabänderlichkeit etc.). Zur Klarstellung muss der Richter wohl auch den Rollenwechsel darlegen, da er insoweit Verwaltungstätigkeit ausübt (BeckOK FamFG/Burschel FamFG, § 25 Rn. 6, 6a).

80 Das Erfordernis der Unterschrift gilt auch für die Variante „Niederschrift der Geschäftsstelle", die somit ebenfalls vom Beschwerdeführer zu unterzeichnen ist (str. LG Meiningen, Beschl. v. 17.1.2014 – 4 T 2/14). Der Gesetzgeber hat mit § 64 Abs. 2 Satz 4 FamFG den § 24 FGG ausdrücklich ergänzt und anders geregelt.

81 **Achtung:** Davon will aber der BGH ohne nähere Begründung abweichen und geht dabei auf § 64 Abs. 2 Satz 4 FamFG nicht ein (BGH, Beschl. v. 4.9.2019 – XII ZB 148/19, Rn. 6).

2.6.4 Notwendiger Inhalt

82 Die Beschwerde muss Folgendes enthalten:

- Bezeichnung des angefochtenen Beschlusses
- Erklärung, dass Beschwerde gegen diesen Beschluss eingelegt wird
- Unterschrift des Beschwerdeführers oder seines Bevollmächtigten

2.7 Frist

2.7.1 Dauer der Frist

83 Generell muss man die Beschwerde binnen eines Monats einlegen. Bei einer Beschwerde gegen Endentscheidungen im Verfahren der einstweiligen Anordnung oder Entscheidungen über Anträge auf Genehmigung eines Rechtsgeschäfts beträgt die Frist zwei Wochen, § 63 Abs. 2 FamFG.

A

84 Für die Beschwerde des Vertreters der Staatskasse beträgt die Frist drei Monate (§ 304 Abs. 2 FamFG).

2.7.2 Wiedereinsetzung bei Fristversäumnis

85 War jemand ohne Verschulden verhindert, die Frist einzuhalten, kann er binnen zwei Wochen nach Wegfall des Hindernisses die Wiedereinsetzung beantragen. Ist der Beteiligte verhindert, die Frist zur Begründung der Rechtsbeschwerde einzuhalten, beträgt die Frist einen Monat, § 18 Abs. 1 Satz 2 FamFG. Die Tatsachen zur Begründung des Antrags sind glaubhaft zu machen, § 18 Abs. 3 Satz 1, § 31 FamFG. Fehlendes Verschulden wird unterstellt, wenn eine Rechtsbehelfsbelehrung unterblieben oder fehlerhaft ist, § 17 Abs. 2 FamFG. Nur bei einer offenkundig falschen Belehrung, die nicht einmal den Anschein der Richtigkeit zu erwecken vermag, soll dies nach der Rechtsprechung nicht gelten, vor allem wenn sich ein Rechtsanwalt, der für seinen Mandanten die Frist hätte einhalten müssen, auf die falsche Belehrung beruft (BGH, Beschl. v. 24.1.2018 – XII ZB 534/17).

86 Die Tatsachen zur Begründung des Antrags sind glaubhaft zu machen (dazu § 31 FamFG). Der Antrag ist in der gleichen Form einzulegen wie die Beschwerde. Innerhalb der Frist für die Wiedereinsetzung muss auch die Beschwerde selbst eingelegt werden, § 18 FamFG.

Beispiel:

Bei der Postzustellung an den Betroffenen durch Ersatzzustellung an die Klinik als Gemeinschaftseinrichtung gemäß § 15 Abs. 2 FamFG und § 178 Abs. 1 Nr. 3 ZPO können innerhalb der Klinik nicht unerhebliche Verzögerungen auftreten, die dem Patienten nicht zugerechnet werden dürfen. Hat dieser dadurch die Frist zur Einlegung einer Beschwerde versäumt, ist ihm Wiedereinsetzung in den vorigen Stand zu gewähren.

2.7.3 Fristberechnung, Fristbeginn

87 Die Fristberechnung erfolgt nach § 16 Abs. 2 FamFG i. V. m. §§ 222, 224 Abs. 2 und 3 und § 225 ZPO sowie §§ 186 ff. BGB. Der Lauf der Frist beginnt mit der schriftlichen Bekanntgabe an die Beteiligten (§ 63 Abs. 3 FamFG). Gibt es mehrere Beschwerdeberechtigte, beginnt die Frist immer mit der schriftlichen Bekanntgabe an den jeweiligen Beschwerdeberechtigten, sodass Beginn und Ende sich für jeden individuell berechnen. Mit dem ausdrücklichen Hinweis „schriftlich" wird klargestellt, dass eine mündliche Bekanntgabe gemäß § 41 Abs. 2 Satz 1 FamFG oder Sonderformen des Wirksamwerdens durch Übergabe an die Geschäftsstelle zum Zweck der Bekanntgabe (§ 287 Abs. 2 Satz 2 Nr. 2 FamFG) nicht geeignet sind, die Beschwerdefrist in Gang zu setzen.

88 Die förmliche Bekanntgabe kann gemäß § 15 Abs. 2 Satz 1 FamFG wahlweise durch förmliche Zustellung (§§ 166 bis 195 ZPO) oder durch Aufgabe zur Post erfolgen. Widerspricht der Beschluss dem erklärten Willen eines Beteiligten, ist bei dem, dessen erklärtem Willen er nicht entspricht, nur die förmliche Zustellung möglich (§ 41 Abs. 1 Satz 2 FamFG). Kann die Bekanntgabe an einen Beteiligten nicht erfolgen, beginnt die Frist spätestens mit Ablauf von fünf Monaten nach Erlass (§ 38 Abs. 3 Satz 3 FamFG) zu laufen.

89 Probleme entstehen, wenn dem Betreuer der Aufgabenbereich „Entgegennahme, Öffnen und Anhalten der Post" gemäß § 1815 Abs. 2 Nr. 6 BGB auferlegt wurde. Würde man der Verweisung des § 15 Abs. 2 Satz 1 FamFG auf die §§ 166 bis 195 ZPO folgen, wäre auch § 170 ZPO anwendbar, wonach bei nicht prozessfähigen Personen an den gesetzlichen Vertreter zuzustellen ist. Im Betreuungs- und Unterbringungsverfahren ist der Betroffene aber gemäß §§ 275 und 316 FamFG immer verfahrensfähig, sodass die Entscheidung auch ihm selbst schriftlich bekannt gegeben werden muss, damit die Beschwerdefrist zu laufen beginnt.

90 Erhält der Betreuer im Betreuungsverfahren versehentlich eine Zustellung für den Betreuten, muss er das Schreiben dem Betreuten zur Kenntnis bringen, sodass der Zustellungsmangel in diesem Augenblick gemäß § 15 Abs. 2 Satz 1 FamFG und § 189 ZPO (BGH, Beschl. v. 26.6.2019 – XII ZB 35/19) geheilt würde. Man kann nicht mehr davon ausgehen, dass der Lauf der

Beschwerdefrist nicht beginnt, wenn das Gericht die gemäß § 39 FamFG gebotene Rechtsmittelbelehrung nicht erteilt hat. Das FamFG will diese Fälle vielmehr über die Wiedereinsetzung lösen (vgl. § 17 Abs. 2 FamFG).

Die Monatsfrist endet mit Ablauf des Tages, der zahlenmäßig dem Tag entspricht, an dem die schriftliche Bekanntgabe erfolgte. 91

> ***Beispiel:***
>
> *War die Bekanntgabe am 15.12.2022, endet die Frist mit Ablauf des 15.1.2023.*
>
> *Wird eine Entscheidung, die mit der Beschwerde binnen zwei Wochen anzufechten ist, an einem Dienstag schriftlich bekannt gemacht, endet die Frist mit Ablauf des Dienstags der zweiten Woche nach der Bekanntmachung.*

Endet die Frist an einem Samstag, Sonntag oder einem allgemeinen Feiertag, verlängert sich die Frist gemäß § 222 Abs. 2 ZPO bis zum Ablauf des nächsten Werktages. 92

2.7.4 Was tun, wenn die Entscheidung nicht mehr anfechtbar ist?

Die Befristung dient dazu, sichere Rechtsverhältnisse zu schaffen. Nach Ablauf der Frist kann aber in einem neuen Verfahren eine Aufhebung der Entscheidung nur dann beantragt werden, wenn sich die zugrunde liegende Sach- oder Rechtslage nachträglich wesentlich geändert hat. (§§ 294, 48 bzw. 330 FamFG). 93

2.8 Beschwerdebegründung

2.8.1 Pflicht zur Begründung der Beschwerde (§ 65 Abs. 1 und 2 FamFG)

Wer mit einer Entscheidung unzufrieden ist, darf in der Beschwerdeinstanz nicht aus taktischen Beweggründen mit seiner Begründung hinter dem Berg halten und das Verfahren verzögern. Deshalb soll er die Beschwerde begründen und kann dazu vom Beschwerdegericht oder dem Vorsitzenden der Kammer unter Fristsetzung aufgefordert werden. Kommt der Beschwerdeführer der Begründungspflicht nicht nach, führt dies nicht zu einer Zurückweisung, da es sich bei § 65 FamFG nur um eine „Sollvorschrift" handelt. 94

2.8.2 Inhalt der Begründung (§ 65 Abs. 2 und 3 FamFG)

Die Beschwerde kann auf die bereits vorgetragenen, aber auch auf neue Tatsachen und Beweismittel gestützt werden. Nicht gerügt werden kann die fehlende Zuständigkeit des erstinstanzlichen Gerichts. Gerügt werden kann aber die internationale Zuständigkeit deutscher Gerichte (siehe A 13, Rn. 7 ff.). 95

2.9 Wirkung der Beschwerde

Eine wirksame Endentscheidung des Gerichts wird durch das Einlegen einer Beschwerde nicht hinfällig. Allerdings kann das Beschwerdegericht eine einstweilige Anordnung erlassen und die Vollziehung aussetzen (§ 64 Abs. 3 FamFG). 96

Häufig werden aber Entscheidungen des Betreuungsgerichts erst mit Rechtskraft wirksam, sodass mit der Beschwerde der Eintritt der Rechtskraft und damit die Wirksamkeit hinausgezögert werden, sofern nicht die sofortige Wirksamkeit angeordnet wurde (Beispiel: Betreuungssachen gemäß § 287 Abs. 2 FamFG und Unterbringungssachen gemäß § 324 FamFG). 97

2.10 Anschlussbeschwerde

Ein Beschwerdeberechtigter, der selbst keine Beschwerde eingelegt hat, kann sich einer Beschwerde durch Einreichen einer „Beschwerdeanschlussschrift" anschließen, auch wenn die Frist verstrichen ist oder er sogar auf die Beschwerde wirksam verzichtet hat. Wird allerdings die Beschwerde zurückgenommen oder als unzulässig verworfen, verliert auch die Anschließung ihre Wirkung (§ 66 FamFG). 98

2.11 Gang des Beschwerdeverfahrens, Beschwerdeentscheidung

2.11.1 Abänderungs- und Abhilfebefugnis des Ausgangsgerichts

99 Zunächst kann und muss das Betreuungsgericht prüfen, ob es die Beschwerde für begründet hält. In diesem Fall hat es die Endentscheidung im Wege der Abhilfe aufzuheben oder abzuändern (§ 68 Abs. 1 Satz 1 FamFG).

100 Streitig ist, ob eine Abhilfeentscheidung denkbar ist, wenn die Beschwerde unstatthaft oder unzulässig wäre. Dafür spricht, dass § 68 Abs. 1 Satz 1 FamFG die Voraussetzungen für eine Abhilfe darauf beschränkt, dass das Ausgangsgericht die Beschwerde für begründet hält. Deshalb lassen viele eine Abhilfe zu, wenn die Beschwerde nicht statthaft oder unzulässig ist.

101 Dies ist bedenklich, weil dadurch die Rechtskraft durchbrochen werden könnte. Wäre z. B. die Beschwerde verfristet, müsste das Beschwerdegericht die Beschwerde als unzulässig verwerfen, ohne dass es die Möglichkeit hätte, die Begründetheit zu prüfen. Dem Ausgangsgericht diese Befugnis bei der Abhilfe einzuräumen würde auch gegen § 48 Abs. 1 Satz 1 FamFG verstoßen, weil diese Norm die Aufhebung oder Änderung einer rechtskräftigen Endentscheidung nur zulässt, wenn sich nach der Rechtskraft die zugrunde liegende Sach- oder Rechtslage wesentlich geändert hat.

102 Die vorgeschriebene Abhilfeentscheidung soll dem Betreuungsgericht die Chance eröffnen, seine Entscheidung im Licht der Beschwerde zu überprüfen und notwendige Korrekturen zeitnah vorzunehmen. Auf diese Weise wird das Verfahren beschleunigt und ein unnötiges zeitraubendes Tätigwerden des Beschwerdegerichts vermieden. Dieses Ziel des Gesetzes wird nur erreicht, wenn das Abhilfeverfahren mit einer ausreichend begründeten Entscheidung endet. Die Beteiligten haben einen Anspruch darauf, zu erfahren, was das Betreuungsgericht von den Einwendungen hält und warum es an seiner ursprünglichen Entscheidung festhält. Dies gilt vor allem, wenn neue Argumente oder Sachverhalte vorgetragen werden oder sich der Beschwerdeführer erstmals äußert. Der häufig zu lesende pauschale Hinweis, der Beschwerde werde im Hinblick auf die Begründung des angefochtenen Beschlusses nicht abgeholfen, wird diesen Anforderungen nicht gerecht. Hat der Beschwerdeführer eine Begründung angekündigt, wird das Ausgangsgericht eine angemessene Zeit abwarten oder dem Beschwerdeführer eine Frist für die Begründung setzen und sich dann mit einer evtl. noch eingegangenen Begründung auseinandersetzen.

103 Ein weiterer Anwendungsfall ergibt sich, wenn eine Person, die bis zur Entscheidung noch nicht beteiligt war, Beschwerde einlegt und die Entscheidung über die Beteiligung im Abhilfeverfahren nachgeholt werden soll (siehe A 7, Rn. 170 f.)

2.11.2 Verfahren bei den Abhilfeentscheidungen und ihre Anfechtbarkeit

1. Alternative: Das Betreuungsgericht hilft ab.

104 Hält das Betreuungsgericht die Beschwerde für begründet, hat es ihr abzuhelfen. Die Abhilfe oder Nichtabhilfe selbst ist nicht anfechtbar (BGH, Beschl. v. 25.11.2020 – XII ZB 394/20). Das Verfahren wird nach der Abhilfe fortgeführt, das heißt, es werden etwaige neue Beweise erhoben, Anhörungen durchgeführt und es wird dann erneut eine Endentscheidung getroffen, die mit der Beschwerde anfechtbar sein kann. Der BGH will systemwidrig dies alles dem Beschwerdeverfahren zuordnen (siehe A 7, Rn. 170 f.).

2. Alternative: Das Betreuungsgericht hilft nicht ab.

105 Die Ablehnung einer Abhilfe (Nichtabhilfeentscheidung) durch das Betreuungsgericht ist ebenfalls nur eine Zwischenentscheidung, die nicht selbstständig anfechtbar ist (BGH, a. a. O.).

106 Die Beschwerde muss dann unverzüglich dem Beschwerdegericht vorgelegt werden, § 68 Abs. 1 Satz 1 Halbsatz 2 FamFG. Mit der Forderung nach unverzüglicher Vorlage will das Gesetz das Verfahren beschleunigen, um die mit der Beschwerde verbundenen Verzögerungen möglichst kurz zu gestalten. Trotzdem wird man dem Ausgangsgericht eine „angemessene Überprüfungsfrist" einräumen müssen.

3. Alternative: Das Beschwerdegericht hebt die Vorlage auf.

Das Landgericht kann bei einer unzureichenden Nichtabhilfe den Nichtabhilfebeschluss und die Vorlage aufheben und das Verfahren dem Betreuungsgericht zur Nachbesserung der Abhilfeentscheidung zurückgeben. Unzureichend ist z. B. die floskelhafte Begründung „wird aus den zutreffenden Gründen der Entscheidung nicht abgeholfen". Das Betreuungsgericht muss vielmehr auf die Argumente der Beschwerde eingehen und darf sie nicht einfach ignorieren. Die Entscheidung des Beschwerdegerichts, den Nichtabhilfe- und Vorlagebeschluss aufzuheben und die Sache zur erneuten Durchführung des Abhilfeverfahrens an das erstinstanzliche Gericht zurückzuverweisen, kann von den Beteiligten ebenfalls nicht angefochten werden (BGH, Beschl. v. 25.11.2020 – XII ZB 394/20). 107

2.11.3 Verwerfung der Beschwerde als unzulässig (§ 68 Abs. 2 FamFG)

Das Beschwerdegericht prüft zunächst Statthaftigkeit, Form und Frist der Beschwerde. Bei Verstößen muss die Beschwerde als unzulässig verworfen werden. Allerdings muss dem Rechtsmittelführer vor dem Verwerfungsbeschluss rechtliches Gehör gemäß Art. 103 GG gewährt werden (BGH, Beschl. v. 23.7.2025 – XII ZB 156/25, Rn. 7). 108

2.11.4 Gegenstand des Verfahrens, Verschlechterungsverbot

Gegenstand des Beschwerdeverfahrens ist der gesamte Verfahrensgegenstand, über den das Ausgangsgericht entschieden hat. Prüft das Ausgangsgericht z. B. die Bestellung eines Betreuers für Vermögensverwaltung, Gesundheitsfürsorge, Post etc. und ordnet es die Betreuung dann nur für einen bestimmten Aufgabenbereich an, kann das Beschwerdegericht wieder alle früher geprüften Angelegenheiten anordnen (a. A. BGH, Beschl. v. 11.12.2013 – XII ZB 280/11). Ansonsten könnte eine neue Tatsache wie eine sich rapide verschlechternde Demenz, die erst während des Beschwerdeverfahrens eingetreten ist und nunmehr eine umfassende Betreuung erforderlich macht, nicht mehr zu einer umfassenden Betreuung führen. Nach Ansicht des BGH wären andere Aufgabenbereiche nicht mehr Gegenstand des Verfahrens. Ein neues Verfahren beim Ausgangsgericht, das der BGH in Erwägung zieht, würde an § 48 Abs. 1 FamFG scheitern, da die neuen Umstände vor der Rechtskraft eingetreten sind. Da es sich beim Betreuungsrecht um eine staatliche Fürsorge und Hilfe handelt, ist weder das Beschwerdegericht noch das Ausgangsgericht nach einer positiven Abhilfeentscheidung an das sog. Verschlechterungsverbot gebunden (str.). 109

2.11.5 Beschwerdeverfahren und -entscheidung

Grundsätzlich gelten für das Beschwerdegericht die gleichen Vorschriften über das Verfahren wie im ersten Rechtszug. Die Wiederholung von Verfahrenshandlungen wie etwa eine persönliche Anhörung des Betroffenen, die im ersten Rechtszug bereits durchgeführt wurde, kann aber unterbleiben, wenn „keine zusätzlichen Erkenntnisse zu erwarten sind", § 68 Abs. 3 FamFG. Letzteres ist z. B. der Fall, wenn die Verfahrenshandlung in erster Instanz nicht lange zurückliegt, Anhaltspunkte für neue entscheidungserhebliche Tatsachen oder rechtliche Gesichtspunkte fehlen, keine Abweichung vom Ergebnis der erstinstanzlichen Verfahrenshandlung in Betracht kommt und der persönliche Eindruck nicht entscheidend ist. Eine völlig andere Situation liegt jedoch vor, „wenn der Betroffene an seinem in der amtsgerichtlichen Anhörung erklärten Einverständnis mit einer Betreuung im Beschwerdeverfahren nicht mehr festhält" oder wenn das Gericht weitere Ermittlungen für erforderlich hält und z. B. Berichte der Wohneinrichtung oder anderer Stellen einholt. In diesem Fall ist eine erneute Anhörung unabdingbar. Ein „Absehen" von der Wiederholung einer Verfahrenshandlung ist dem Beschwerdegericht auch dann verwehrt, wenn im ersten Rechtszug gegen zwingende Verfahrensvorschriften verstoßen wurde. In diesem Fall muss der betreffende Teil des Verfahrens nachgeholt werden. 110

Neue Tatsachen führen aber dann nicht zu einer erneuten Anhörung, wenn sie offensichtlich für die Entscheidung unerheblich sind. Will aber das Beschwerdegericht eine neue Tatsache 110a berücksichtigen oder ein ergänzendes Gutachten verwenden, dann muss auch eine erneute Anhörung erfolgen (BGH, Beschl. v. 19.3.2025 – XII ZB 101/24 und Beschl. v. 6.7.2016 – XII ZB 477/15).

111 Im Zweifel sollte sich das Beschwerdegericht für eine erneute Vornahme der Verfahrenshandlung entscheiden, um sich ein authentisches Bild von der Sachlage zu verschaffen, auch wenn dies mit einem nicht unerheblichen Aufwand verbunden ist.

111a Das Beschwerdegericht soll in der Sache selbst entscheiden. Nur im Ausnahmefall lässt daher das Gesetz die Zurückverweisung an das Ausgangsgericht zu, weil dadurch das Verfahren bis zur neuen Entscheidung, die ja erneut der Anfechtung unterliegt, unzumutbar verzögert wird. Eine Zurückverweisung erfolgt daher nur, wenn

- das Gericht in der Sache noch nicht entschieden hat oder
- ein wesentlicher Verfahrensmangel vorliegt und eine umfangreiche oder aufwändige Beweiserhebung notwendig wäre und ein Beteiligter die Zurückverweisung beantragt.

112 Das Beschwerdegericht muss dem Beschwerdeführer rechtliches Gehör gewähren. Dies folgt nicht nur unmittelbar aus Art. 103 GG, sondern primär aus § 68 Abs. 3 Satz 1 und § 37 Abs. 2 FamFG. So darf eine Beschwerde nicht als verfristet verworfen werden, wenn der Beschwerdeführer sich zur Frage der fristgerechten Einreichung nicht äußern konnte (BGH, a. a. O.).

113 Die Entscheidung wird von einer Kammer getroffen, die mit einem Vorsitzenden und zwei Beisitzern besetzt sein muss, § 75 GVG. Die Kammer kann das Verfahren auf den Einzelrichter gemäß § 68 Abs. 4 FamFG übertragen. Entscheidet der Einzelrichter ohne Übertragung und liegt auch keine spezialgesetzliche originäre Einzelrichterzuständigkeit (z. B. § 81 Abs. 6 Satz 1 GNotKG) vor, stellt dies einen Verstoß gegen den gesetzlichen Richter (Art. 101 Abs. 1 Satz 1 GG) und einen absoluten Rechtsbeschwerdegrund im Sinne von § 72 Abs. 3 FamFG und § 547 Nr. 1 ZPO dar.

114 Die Verfahrenshandlungen müssen grundsätzlich von dem Gericht – bestehend aus allen Mitgliedern – vorgenommen werden. Macht die Kammer von § 68 Abs. 3 Satz 2 FamFG Gebrauch und sieht im Hinblick auf die in erster Instanz durchgeführte Anhörung von einer erneuten Anhörung ab, kann sie aber dennoch ein Kammermitglied beauftragen, die Anhörung allein vorzunehmen. Allerdings darf dann auch nur der „objektive Ertrag" als dessen persönlicher Eindruck der Anhörung durch den beauftragten Richter berücksichtigt werden und nicht sein persönlicher Eindruck (z. B. Wahrnehmungsfähigkeit des Betroffenen). Ergibt sich, dass es auf den persönlichen Eindruck ankommt, muss eine Anhörung durch die komplette Kammer erfolgen (BGH, Beschl. v. 1.3.2023 – XII ZB 285/22, Rn. 14). Alternativ könnte die Kammer gemäß § 68 Abs. 4 Satz 1 FamFG dem Mitglied der Kammer, das die persönliche Anhörung durchgeführt hat, die Entscheidung als Einzelrichter übertragen.

3. Rechtsbeschwerde

3.1 Zuständigkeit für die Entscheidung über die Rechtsbeschwerde

115 Über eine Rechtsbeschwerde bzw. Sprungrechtsbeschwerde entscheidet gemäß § 133 GVG der BGH. Soweit das Gesetz die sofortige Beschwerde (siehe Rn. 131) unter Verweis auf die §§ 567 bis 572 ZPO zulässt, bestimmt sich die Rechtsbeschwerde nicht nach § 70 FamFG, sondern nach §§ 574 ff. ZPO (vgl. BGH, Beschl. v. 15.2.2012 – XII ZB 451/11).

3.2 Statthaftigkeit

116 Die Konzentration auf ein Rechtsbeschwerdegericht zwingt dazu, dieses Rechtsmittel nur unter sehr engen Voraussetzungen zuzulassen. Deshalb muss das Beschwerdegericht grundsätzlich über die Zulassungsgründe gemäß § 70 Abs. 2 Nr. 1 und 2 FamFG entscheiden. Allerdings gibt es Ausnahmen vom Zulassungserfordernis für bestimmte Betreuungssachen (Bestellung eines Betreuers, Aufhebung einer Betreuung, Anordnung oder Aufhebung eines Einwilligungsvorbehalts), ferner für Unterbringungssachen, wobei der erleichterte Zugang gemäß § 70 Abs. 3

Satz 2 FamFG nur für Entscheidungen gilt, die eine Unterbringung oder freiheitsentziehende Maßnahme „anordnen". Entgegen dem Wortlaut sind davon auch Genehmigungsbeschlüsse erfasst. Wurde in der Beschwerdeentscheidung eine Unterbringung oder freiheitsentziehende Maßnahme jedoch abgelehnt, handelt es sich nicht um eine zulassungsfreie Rechtsbeschwerde.

Es ergeben sich folgende Unterschiede: 117

Allgemeine Voraussetzungen der Statthaftigkeit der Rechtsbeschwerde	
Entscheidung des Beschwerdegerichts (bzw. Sprungrechtsbeschwerde)	
Vorliegen folgender Zulassungsgründe:	**Keine Zulassung/Zulassungsgründe in:**
• grundsätzliche Bedeutung der Rechtssache oder sie ist erforderlich für die • Fortbildung des Rechts oder • Sicherung einer einheitlichen Rechtsprechung	• Betreuungssachen zur Bestellung eines Betreuers, zur Aufhebung einer Betreuung, zur Anordnung oder Aufhebung eines Einwilligungsvorbehalts (§ 70 Abs. 3 Nr. 1 FamFG entspricht § 271 Nr. 1 und 2 FamFG) • Unterbringungssachen und Verfahren nach § 151 Nr. 6 und 7 (§ 70 Abs. 3 Nr. 2 FamFG) • Freiheitsentziehungssachen (§ 70 Abs. 3 Nr. 3 FamFG)
Zulassung durch das Beschwerdegericht	**Zulassung ist nicht erforderlich**
Zurückweisung der Rechtsbeschwerde durch einstimmigen Beschluss ohne mündliche Verhandlung möglich (§ 74a FamFG)	Zurückweisungsbeschluss ist nicht vorgesehen
Keine Rechtsbeschwerde gegen Beschlüsse im Verfahren über die Anordnung, Abänderung oder Aufhebung einer einstweiligen Anordnung (§ 70 Abs. 4 FamFG)	

Die zulassungsabhängige Rechtsbeschwerde dient nicht mehr der Einzelfallgerechtigkeit und 118 verwehrt in wichtigen Bereichen dem Betroffenen seinen „Kampf ums Recht" mit rechtsstaatlichen Mitteln. Auch in Betreuungssachen werden wichtige Bereiche den BGH nur noch sehr eingeschränkt erreichen. Der BGH verschärft diese Entwicklung zusätzlich, indem er die Voraussetzungen für eine zulassungsfreie Rechtsbeschwerde eng auslegt. Unter „Betreuungssachen zur Bestellung eines Betreuers" fallen demnach nicht die Bestellung eines Ergänzungsbetreuers oder die Entlassung des bisherigen Betreuers nach § 1817 Abs. 5 und § 1868 BGB (BGH, Beschl. v. 29.6.2011 – XII ZB 65/11).

Schon nach dem Gesetz ausgeschlossen sind genehmigungspflichtige ärztliche Maßnahmen, 119 die Bestellung eines weiteren Betreuers und die Genehmigung einer Sterilisation. Die ärztliche Zwangsmaßnahme einschließlich einer dazu erforderlichen „Verbringung zu einem stationären Aufenthalt" fällt dagegen unter die zulassungsfreien Unterbringungssachen gemäß § 70 Abs. 3 Satz 1 Nr. 2 und § 312 Nr. 3 FamFG.

Das Beschwerdegericht muss deshalb die Frage der Zulassung sorgfältig prüfen, sachlich 120 rechtfertigen und die Begründung im Beschluss wiedergeben. Da es keine Nichtzulassungsbeschwerde gibt und der Rechtszug durch die Ablehnung abgeschnitten wird, kann das „grundrechtsgleiche Recht" auf den gesetzlichen Richter verletzt sein, Art. 101 Abs. 1 Satz 1 GG. Ferner kann der Anspruch des Beschwerdeführers auf Gewährung effektiven Rechtsschutzes verletzt sein, der aus dem „Rechtsstaatsprinzip" herzuleiten ist.

Geht es um die Klärung einer Rechtssache von grundsätzlicher Bedeutung gemäß § 70 Abs. 2 121 Satz 1 Nr. 1 FamFG, wäre es mit dem effektiven Rechtsschutz nicht vereinbar, wenn die Auslegung und Anwendung des Begriffs „grundsätzliche Bedeutung" sachlich nicht begründet und somit objektiv willkürlich wäre. Dies würde den Zugang zur nächsten Instanz unzumutbar einschränken (vgl. zum Ganzen BVerfG, Beschl. v. 28.5.2019 – 1 BvR 2006/16).

122 Beim Zulassungsgrund „Sicherung einer einheitlichen Rechtsprechung" muss das Beschwerdegericht prüfen, ob es von der Entscheidung eines höher- oder gleichrangigen Gerichts abweicht, indem es ein und dieselbe Rechtsfrage anders beantwortet.

122a Da es sich bei der „Zulassungsentscheidung" um eine „Nebenentscheidung" handelt, wird sie nicht selten vergessen. Eine Berichtigung nach § 42 Abs. 1 FamFG kommt dann nur in Betracht, wenn „für Dritte ohne weiteres erkennbare Umstände ersichtlich sind, welche hier die Annahme rechtfertigen könnten, dass die Zulassung der Rechtsbeschwerde durch das Beschwerdegericht beschlossen und nur versehentlich nicht im Ausgangsbeschluss ausgesprochen war" (BGH, Beschl. v. 14.6.2023 – XII ZB 517/22).

122b Findet sich im Beschluss nichts zur Frage der Zulassung, ist nach Ansicht des BGH „die Rechtsbeschwerde nicht zugelassen", und zwar auch dann nicht, wenn das Beschwerdegericht die Zulassung gar nicht bedacht, sondern schlicht vergessen hat. Eine Ergänzung nach § 43 FamFG oder Entscheidung im Wege der Abhilfeentscheidung lässt der BGH deshalb nicht zu, da keine Nachholung erfolge, sondern die bereits getroffene Entscheidung geändert werde (BGH, a. a. O.). Allerdings übersieht der BGH, dass Schweigen im Rechtsverkehr grundsätzlich nicht als Entscheidung interpretiert werden darf, sodass die vom BGH konstruierte Ablehnung der Zulassung eine reine Fiktion darstellt.

Wichtig: Wer den Verlust der Rechtsbeschwerde mangels Zulassungsentscheidung vermeiden will, sollte während des Verfahrens die Zulassung der Rechtsbeschwerde „beantragen" und dies auch begründen. Dies könnte eine „Ergänzung" begründen, wenn der „Antrag" kommentarlos übergangen wird, oder aber zumindest die Anhörungsrüge gemäß § 44 FamFG begründen (BGH, a. a. O.).

123 Hat sich die mit der Rechtsbeschwerde angefochtene Entscheidung erledigt, kann auf Antrag festgestellt werden, dass die Beschwerdeentscheidung den Rechtsmittelführer in seinen Rechten verletzt hat (siehe Rn. 33 ff.). § 62 FamFG ist im Rechtsbeschwerdeverfahren entsprechend anwendbar.

3.3 Form und Frist

3.3.1 Übersicht

- Frist: einen Monat
- Einzulegen beim Rechtsbeschwerdegericht
- Rechtsbeschwerdeschrift
  - Bezeichnung des angefochtenen Beschlusses
  - Erklärung, dass gegen diesen Beschluss Rechtsbeschwerde eingelegt wird
  - Unterschrift
  - Ausfertigung oder beglaubigte Abschrift des Beschlusses (Sollvorschrift)
- Begründung
  - Frist: einen Monat nach schriftlicher Bekanntgabe des Beschlusses; Verlängerung möglich
  - Rechtsbeschwerdeanträge (§ 71 Abs. 3 Nr. 1 FamFG)
  - Rechtsbeschwerdegründe (§ 71 Abs. 3 Nr. 2 FamFG)

3.3.2 Vertretung durch einen beim BGH zugelassenen Rechtsanwalt

124 Rechtsbeschwerden oder andere Rechtsbehelfe zum BGH können in Betreuungs- und Unterbringungssachen formgerecht nur durch einen beim BGH zugelassenen Rechtsanwalt eingelegt werden (§ 10 Abs. 4 FamFG). Eine Ausnahme sieht § 10 Abs. 4 Satz 1 FamFG nur im Verfahren „über die Ausschließung und Ablehnung von Gerichtspersonen und im Verfahren über die Verfahrenskostenhilfe" vor. Der BGH beschränkt diese Ausnahme aber auf Anträge in Verfahren vor dem BGH, also bei einer Ablehnung von BGH-Richtern oder beim Antrag auf Verfahrenskostenhilfe vor dem BGH. Bei Rechtsbeschwerden gegen eine von dem Landgericht

versagte Verfahrenskostenhilfe muss dagegen ein beim BGH zugelassener Rechtsanwalt beauftragt werden. Entspricht eine als Rechtsmittel bezeichnete oder als solche auszulegende Eingabe, die beim BGH eingereicht oder ihm von der unteren Instanz zuständigkeitshalber vorgelegt wird, dieser formellen Anforderung nicht, ist sie als unzulässig zu verwerfen (BGH, Beschl. v. 27.1.2010 – XII ZB 5/10).

Allerdings kann man beim BGH die Beiordnung eines Rechtsanwalts zur Wahrnehmung seiner 125 Rechte beantragen, wenn man keinen zu seiner Vertretung bereiten Rechtsanwalt findet und die Rechtsverfolgung oder Rechtsverteidigung nicht mutwillig oder aussichtslos erscheint (§ 10 Abs. 4 Satz 3 FamFG, §§ 78a und 78b ZPO).

Freilich wehrt sich der BGH auch gegen die Bestellung eines Notanwalts, indem er unzumut- 126 bare Hürden aufbaut, die sich aus dem Gesetz nicht herleiten lassen. Der Beschwerdeführer muss etwa nachweisen, dass er mindestens fünf (!) zugelassene Anwälte vergeblich um eine Vertretung ersucht hat. Lehnt der Beschwerdeführer die Zahlung eines Vorschusses an den ersuchten BGH-Anwalt ab oder beharrt der Anwalt auf einem Stundenhonorar oder lehnt der Rechtsanwalt die vom Beschwerdeführer gewünschte Rechtsbeschwerdebegründung ab, zählen diese Versuche nicht zu den vom BGH geforderten fünf Beauftragungsversuchen (BGH, Beschl. v. 12.9.2012 – XII ZB 18/12 und Beschl. v. 17.1.2018 – XII ZB 500/17). Der BGH, der keine sachlichen Argumente für diesen steinigen Weg benennen kann, will wohl möglichst viele Beschwerdeführer abschrecken und nimmt dabei in Kauf, dass sich diese dann mit einer möglicherweise rechtswidrigen Zwangsbehandlung oder einem Einwilligungsvorbehalt abfinden müssen. Zu berücksichtigen ist, dass es sich hier häufig um psychisch kranke Menschen handelt, die mit normalen Maßstäben nicht gemessen werden können, da ihre Krankheit häufig verhindert, dass sie sachgerecht und angemessen reagieren. Hier eine komplexe Korrespondenz mit fünf auswärtigen Rechtsanwälten zu verlangen, ist nicht zielführend.

3.4 Prüfungsmaßstab der Rechtsbeschwerde

Die Rechtsbeschwerde dient nicht mehr der Feststellung des Sachverhalts. Der BGH ist 127 grundsätzlich an die Feststellungen des Beschwerdegerichts gebunden, sodass keine Beweisaufnahme erfolgt. Lediglich die Tatsachen können frei festgestellt werden, die eine allgemeine Verfahrensvoraussetzung der weiteren Beschwerde betreffen. Der Grundsatz, dass die Entscheidungsgrundlage mit Beendigung der letzten Tatsacheninstanz abgeschlossen ist, gilt ausnahmsweise nicht für nach Erlass der Beschwerdeentscheidung entstandene Sachverhalte, wenn die neuen Tatsachen ohne Beweis feststehen und ihre Berücksichtigung einer abschließenden Sachentscheidung dient und schützenswerte Interessen der Beteiligten nicht berührt werden (vgl. dazu BGH, Beschl. v. 2.7.2025 – XII ZB 572/24, Rn. 6).

Geprüft wird grundsätzlich nur, ob die Entscheidung des Beschwerdegerichts auf einer 127a Rechtsverletzung beruht. Dies ist der Fall, wenn eine Rechtsnorm nicht richtig angewendet wurde (§ 72 FamFG, §§ 547, 556, 560 ZPO).

3.5 Sprungrechtsbeschwerde, § 75 FamFG

Die Sprungrechtsbeschwerde sollte der Beschleunigung dienen – und zwar bevorzugt dann, 128 wenn es dem Beschwerdeführer nur um die Klärung von Rechtsfragen geht. Dies wird dadurch erreicht, dass man mit der Sprungrechtsbeschwerde direkt vom Amtsgericht zum BGH gelangen und eine Beschwerdeinstanz umgehen kann.

Abweichend von § 71 FamFG muss die Sprungrechtsbeschwerde in der in § 63 FamFG 129 bestimmten Frist eingelegt werden, § 75 Abs. 2 Satz 1 FamFG. Neben der Regelfrist von einem Monat kommt daher bei Genehmigung eines Rechtsgeschäfts auch eine auf zwei Wochen verkürzte Frist in Betracht. Zusätzlich zu den bereits besprochenen Voraussetzungen für das Rechtsbeschwerdeverfahren muss neben dem Antrag auf Zulassung der Sprungrechtsbeschwerde die Zustimmung aller Beteiligten vorliegen. Schon die Zustimmung aller Beteiligten (vgl. dazu §§ 7, 8, 274, 315 FamFG) wird nur schwer zu erlangen sein, zumal sich jeder darüber klar sein muss, dass nicht nur der Beschwerdeführer, sondern auch jeder Beteiligte mit seiner Zustimmung auf sein normales Recht auf Beschwerde verzichtet (§ 75 Abs. 1 Satz 2 FamFG). Schlussendlich muss das Rechtsbeschwerdegericht (BGH) die Sprungrechtsbeschwerde auch noch zulassen (§ 75 Abs. 1 Satz 1 Nr. 2 FamFG). Diese Vorschrift überträgt aber dem Rechtsbeschwerdegericht nur die Zuständigkeit im Rahmen der nach § 70 Abs. 1 FamFG erforderlichen Zulassung. Da im Rechtsbeschwerdeverfahren über eine notwendige Zulassung das Beschwerdegericht entscheidet und dieses bei der Sprungrechtsbeschwerde umgangen wird, muss der BGH selbst entscheiden. Die Zulassung der Rechtsbeschwerde nach § 75 Abs. 1 Satz 1 Nr. 2 FamFG begründet daher kein eigenständiges Zulassungserfordernis, das über § 70 Abs. 1 und 2 FamFG hinausgehen würde. Demnach ist die Zulassung der Sprungrechtsbeschwerde für bestimmte Betreuungssachen (Bestellung eines Betreuers, Aufhebung einer Betreuung, Anordnung oder Aufhebung eines Einwilligungsvorbehalts) und für alle Unterbringungssachen zulassungsfrei (vgl. dazu § 70 Abs. 3 FamFG).

130 Im Hinblick auf diese Gefahren und Risiken sollte man nur nach anwaltlicher Beratung in besonderen Einzelfällen die Sprungrechtsbeschwerde anstelle der Beschwerde einlegen.

4. Sofortige Beschwerde

131 Grundsätzlich gibt es die Unterscheidung zwischen einfacher (nicht fristgebundener) und sofortiger Beschwerde nicht mehr, da § 63 FamFG eine generelle Befristung eingeführt hat. Eine Ausnahme ergibt sich für die Beschwerden gegen Beschlüsse, die keine Endentscheidung darstellen, aber aufgrund ausdrücklicher Bestimmung mit der sofortigen Beschwerde der ZPO anfechtbar sind. Anwendbar sind dann durch besondere Verweisung die Vorschriften der ZPO zur sofortigen Beschwerde (§§ 567 bis 572 ZPO). Kennzeichnend für die sofortige Beschwerde ist die kurze Frist von zwei Wochen (§ 569 Abs. 1 Satz 1 ZPO) und die Entscheidung durch den sog. originären Einzelrichter (§ 568 ZPO). Ziel ist es, möglichst schnell Rechtsklarheit zu schaffen, damit das Verfahren nicht behindert wird.

132 Gegen die Entscheidung des Beschwerdegerichts über die sofortige Beschwerde kann grundsätzlich die Rechtsbeschwerde eingelegt werden. Sie richtet sich allerdings nicht nach §§ 70 ff. FamFG, sondern nach §§ 574 ff. ZPO. Deshalb ist auch generell eine Zulassung durch das Beschwerdegericht erforderlich, § 574 Abs. 1 Satz 1 Nr. 2 ZPO (BGH, Beschl. v. 15.2.2012 – XII ZB 451/11).

5. Verzögerungsrüge, Untätigkeitsbeschwerde

5.1 Entstehungsgeschichte

133 Was ist zu tun, wenn ein Beteiligter glaubt, in seinen Rechten beeinträchtigt zu sein, weil Gericht oder Staatsanwaltschaft nicht schnell genug oder überhaupt nicht entscheiden? Im Betreuungsverfahren würde man mit einer Beschwerde nach § 58 FamFG schon kläglich an der Statthaftigkeit scheitern, da gerade das Fehlen einer Endentscheidung oder sogar die Vornahme verfahrensfördernder Handlungen moniert wird. Lange Zeit war es daher einhellige Meinung, dass man den Betroffenen auf die Einlegung einer Dienstaufsichtsbeschwerde bzw. Gegenvorstellung verweisen könne. Der EuGHMR und das BVerfG haben jedoch immer deutlicher das Recht auf eine angemessene Verfahrensdauer betont, sodass die Gerichte auch im Bereich der freiwilligen Gerichtsbarkeit die Untätigkeitsbeschwerde zugelassen haben, um den verfassungsrechtlichen Vorgaben gerecht zu werden. Mit dem Gesetz v. 24.11.2011 (BGBl. I S. 2302) wurde der Rechtsschutz bei überlangen Gerichtsverfahren in den §§ 198 bis 201 GVG geregelt. Dabei hat sich der Gesetzgeber für eine Entschädigungslösung entschieden, sodass der außerordentliche Rechtsbehelf der Untätigkeitsbeschwerde nicht mehr zulässig ist. Der Weg zur gerichtlichen Entscheidung über die Entschädigung ist zweiaktig, er beginnt mit der Verzögerungsrüge beim Ausgangsgericht und wird mit der Entschädigungsklage beim OLG bzw. BGH fortgeführt.

5.2 Die Verzögerungsrüge (§ 198 Abs. 3 GVG)

Vor einer Klage zur Durchsetzung einer Entschädigung muss die sog. Verzögerungsrüge bei dem mit der Sache befassten Gericht erhoben werden. Mit der Verzögerungsrüge soll das Gericht auf die drohende Entschädigungsklage hingewiesen werden und die Möglichkeit erhalten, den Verfahrensfortgang so zügig zu gestalten, dass Nachteile vermieden werden. Eine Verzögerungsrüge setzt aber voraus, dass ein „Anlass zur Besorgnis besteht, dass das Verfahren nicht in einer angemessenen Zeit abgeschlossen wird". Eine Rüge auf Vorrat oder ins Blaue hinein – bzw. bevor ein konkreter Anlass zur Besorgnis der Verfahrensverzögerung besteht – ist daher unzulässig und ermöglicht nicht die nachfolgende Entschädigungsklage. Eine weitere Verzögerungsrüge ist erst nach Ablauf von sechs Monaten zulässig. 134

5.3 Entschädigungsklage

Die Entschädigungsklage, die frühestens sechs Monate nach Erhebung der Verzögerungsrüge und nur vor Ablauf von sechs Monaten nach Rechtskraft (Erledigung) des Verfahrens zulässig ist, muss bei dem OLG erhoben werden, in dessen Bezirk das „streitgegenständliche Verfahren" durchgeführt wurde. Bei Verzögerungen vor einem Bundesgericht ist dagegen der BGH zuständig. Begründet ist die Entschädigungsklage, wenn die unangemessene Dauer des Verfahrens zu einem Nachteil geführt hat. Kann der Betroffene keinen materiellen Vermögensnachteil nachweisen, wird ein Nachteil vermutet und es kann ein Betrag in Höhe von 1.200 EUR für jedes Jahr der Verzögerung verlangt werden. Im Einzelfall kann auch dieser Anspruch entfallen, wenn Wiedergutmachung auf andere Weise ausreichend ist. Dies kann dann der Fall sein, wenn das Entschädigungsgericht feststellt, dass die Verfahrensdauer unangemessen war. Eine derartige Feststellung als Entschädigung zu akzeptieren fällt demjenigen, dessen Verfahren auf die lange Bank geschoben wurde, sehr schwer und überschätzt den Wert einer gerichtlichen Feststellung. Das Vertrauen in die Justiz wird dadurch nicht gefördert. 135

5.4 Übersicht der Voraussetzungen für eine Entschädigungsklage

5.4.1 Verzögerungsrüge beim Ausgangsgericht (§ 198 Abs. 3 GVG)

- Laufendes Gerichtsverfahren einschließlich Prozess- oder Verfahrenskostenhilfe und einstweiligem Rechtsschutz:
  - bei der Verfassungsgerichtsbarkeit (§§ 97a bis 97e BVerfGG)
  - bei der ordentlichen Gerichtsbarkeit (§§ 12, 13 GVG)
  - bei der Arbeitsgerichtsbarkeit (§ 9 Abs. 2 ArbGG)
  - bei der Sozialgerichtsbarkeit (§ 202 Satz 2 SGG)
  - bei der Finanzgerichtsbarkeit (§ 155 Satz 2 FGO)
  - bei der Verwaltungsgerichtsbarkeit (§ 173 VwGO)
  - im Ordnungswidrigkeitenverfahren (§ 46 Abs. 1 OWiG)
  - im staatsanwaltschaftlichen Verfahren zur Vorbereitung der öffentlichen Klage (§ 199 Abs. 2 GVG)
- Anlass zur Besorgnis, dass das Verfahren nicht in angemessener Zeit abgeschlossen wird

5.4.2 Entschädigungsverfahren

Formelle Voraussetzungen: 136

- Klage steht nur Verfahrensbeteiligten zu (§ 198 Abs. 1, 3 und 6 Nr. 2 GVG)
- Klage richtet sich gegen Bundesland oder Bund (§ 200 GVG)
- Klageerhebung beim zuständigen Gericht (§ 201 GVG)
- erhobene Verzögerungsrüge (§ 198 Abs. 3 GVG)
- Einhaltung der Fristen (§ 198 Abs. 5 GVG)

137 Materielle Voraussetzungen:

- unangemessene Dauer des Verfahrens (§ 198 Abs. 1 Satz 2 GVG)
- Nachteil

138 Schwierig ist es, die unangemessene Dauer eines Gerichtsverfahrens festzustellen. § 198 Abs. 1 Satz 2 GVG nennt als Kriterien z. B. die Umstände des Einzelfalls, insbesondere die Schwierigkeit und Bedeutung des Verfahrens und das Verhalten der Verfahrensbeteiligten und Dritter. Eine pauschale Bestimmung oder feste Grenzwerte für die Dauer sind nicht möglich. Der BGH geht von einer unangemessenen Verfahrensdauer aus, „wenn eine insbesondere an den Merkmalen des § 198 Abs. 1 Satz 2 GVG ausgerichtete und den Gestaltungsspielraum der Gerichte bei der Verfahrensführung beachtende Gewichtung und Abwägung aller bedeutsamen Umstände des Einzelfalls ergibt, dass ... die Verpflichtung des Staats, Gerichtsverfahren in angemessener Zeit zum Abschluss zu bringen, verletzt ist" (BGH, Beschl. v. 14.11.2013 – III ZR 376/12). Eine isolierte Betrachtung einzelner unangemessen verzögerter Verfahrensabschnitte verbietet sich, wenn in späteren Abschnitten die Verzögerung kompensiert wurde. Dem Gericht muss immer „eine angemessene Vorbereitungs- und Bearbeitungszeit" und ein ausreichender Gestaltungsspielraum eingeräumt werden.

139 Im Entschädigungsverfahren gilt der „Beibringungsgrundsatz". Das heißt, dass der Kläger alle relevanten Tatsachen vortragen und im Fall des Bestreitens beweisen muss.

5.5 Vergütungsrelevante Gesichtspunkte aus der Rechtsprechung

140 Für Berufsbetreuer sind die Fragen etwa bei einer lange dauernden Vergütungsfestsetzung relevant. Dazu aus der Rechtsprechung (Pflichtverteidigervergütung):

141 Berufsbetreuer lebt von der Vergütung

Angesichts dessen, dass der Kläger als Rechtsanwalt unter anderem von aus der Staatskasse zu zahlenden und festzusetzenden Vergütungen lebt, hat diese Frage im Hinblick auf Art. 12 GG auch durchaus Grundrechtsrelevanz. (OLG Karlsruhe, Beschl. v. 16.10.2018 – 16 EK 10/18, Rn. 90)

142 Aktenversendung ist keine Ausrede für Untätigkeit

In Bezug auf den Aktenversand verweise der Kläger auf das von ihm selbst erwirkte Urteil des OLG München, Az. 22 EK 2/16, wonach ein Aktenversand keine zulässige Einwendung gegen eine erhobene Verzögerungsrüge darstelle. Notfalls müssten die Akten dupliziert werden. Der Aktenversand sei jedenfalls nicht erfolgt, um den Vergütungsantrag des Klägers zu bearbeiten. (OLG Karlsruhe, Beschl. v. 16.10.2018 – 16 EK 10/18, Rn. 30)

6. Rechtspflegererinnerung

143 In Betreuungssachen entscheidet in erster Instanz in zahlreichen Fällen der Rechtspfleger. Ihm überträgt § 3 Nr. 2b RPflG sogar generell alle Verfahren, die nicht ausdrücklich dem Richter vorbehalten sind (§ 15 RPflG). Seine Entscheidungen sind, soweit es sich um Endentscheidungen handelt, gemäß § 11 Abs. 1 RPflG ebenfalls mit der Beschwerde anfechtbar.

144 Soweit allerdings gegen die Entscheidung des Rechtspflegers kein Rechtsmittel gegeben wäre, kann binnen einer Frist von zwei Wochen (§ 11 Abs. 2 Satz 1 RPflG) die sog. Rechtspflegererinnerung eingelegt werden. Dies ist z. B. der Fall, wenn der Beschwerdewert gemäß § 61 FamFG nicht erreicht und die Beschwerde nicht zugelassen wurde. Der Rechtspfleger kann dann der Erinnerung selbst sofort abhelfen oder sie dem Richter zur Entscheidung vorlegen. Dieser entscheidet dann abschließend über die Erinnerung.

7. Gehörsrüge gemäß § 44 FamFG

145 Das BVerfG hat nachhaltig erklärt, dass es gegen rechtsstaatliche Grundsätze und den Justizgewährungsanspruch verstoße, wenn die Verfahrensgesetze keine Abhilfemöglichkeiten

für den Fall gewähren, dass ein Richter den Anspruch auf rechtliches Gehör verletzt. Deshalb wurde am 1.1.2005 durch das AnhRügG die Gehörsrüge eingeführt. Die Beachtung des Anspruchs auf rechtliches Gehör ist ein wichtiger verfassungsrechtlicher Grundsatz (vgl. Art. 103 Abs. 1 GG, Art. 6 Abs. 1 EMRK). Die Verletzung dieses Anspruchs muss in erster Linie im Rahmen der vorher beschriebenen Rechtsbehelfe gerügt werden. Steht aber eine reguläre Abänderungsmöglichkeit nicht zur Verfügung, kann mit der sog. Gehörsrüge die Fortführung des Verfahrens beantragt werden. Allerdings muss diese Rüge innerhalb von zwei Wochen nach Kenntnis von der Verletzung des rechtlichen Gehörs und spätestens innerhalb eines Jahres seit Bekanntgabe der angegriffenen Entscheidung eingelegt werden. Die Rüge ist schriftlich oder zu Protokoll der Geschäftsstelle bei dem Gericht zu erheben, dessen Entscheidung angegriffen wird.

Die Gehörsrüge ist begründet, wenn der Anspruch des Beschwerdeführers auf rechtliches Gehör 146
verletzt wurde. Darüber hinaus muss sich der Verstoß auf die angegriffene Entscheidung ausgewirkt haben. Diese Umstände müssen in der Gehörsrüge dargelegt werden, § 44 Abs. 2 Satz 4 i. V. m. Abs. 1 Nr. 2 FamFG. Der BGH verlangt eine „schlüssige und substantiierte Darlegung einer entscheidungserheblichen Gehörsverletzung", da keine generelle Überprüfung der angegriffenen Entscheidung erfolgt (BGH, Beschl. v. 4.7.2018 – XII ZA 58/17). Ist die Rüge begründet, hilft ihr das Gericht ab und führt das Verfahren fort. Die unbegründete Rüge wird dagegen durch unanfechtbaren Beschluss zurückgewiesen (§ 44 Abs. 4 Satz 3 FamFG).

Eine später wegen Verstoßes gegen das Recht auf rechtliches Gehör erhobene Verfassungs- 147
beschwerde wäre unzulässig, wenn die Gehörsrüge nicht erhoben wurde. § 90 Abs. 2 Satz 1 BVerfG erfordert die Erschöpfung des Rechtswegs, die Gehörsrüge gehört insoweit zum Rechtsweg.

Wird mit der Verfassungsbeschwerde keine Verletzung des rechtlichen Gehörs geltend 148
gemacht, obwohl eine Gehörsrüge erfolgreich gewesen wäre und in dem fortzuführenden Verfahren auch die anderen Grundrechtsverstöße beseitigt worden wären, könnte die Verfassungsbeschwerde wegen eines Verstoßes gegen das Subsidiaritätsprinzip unzulässig sein. Wer auf Nummer sicher gehen will, sollte in diesem Fall die Verfassungsbeschwerde fristwahrend einlegen und die Gehörsrüge parallel betreiben.

Übersicht der Voraussetzungen für eine Gehörsrüge	
§ 44 Abs. 1 Satz 2 FamFG	Richtet sich nur gegen **Endentscheidungen**
§ 44 Abs. 1 Satz 1 Nr. 1 FamFG	Grundsatz der **Subsidiarität**: Rechtsmittel, Rechtsbehelfe oder andere Abänderungsmöglichkeiten bezüglich der Endentscheidung sind nicht gegeben
§ 44 Abs. 2 Satz 1 und 2 FamFG	**Frist:** Zwei Wochen nach Kenntnis der Gehörsverletzung, spätestens ein Jahr seit Bekanntgabe der Entscheidung
§ 44 Abs. 2 Satz 3 FamFG	**Form:** a. Schriftlich oder zu Protokoll der Geschäftsstelle des Gerichts, das die Entscheidung getroffen hat
§ 44 Abs. 2 Satz 1 FamFG	b. **Zeitpunkt der Kenntnis** von der Gehörsrüge muss glaubhaft gemacht werden
§ 44 Abs. 2 Satz 4 FamFG	c. **Bezeichnung der Entscheidung**, Darlegung der entscheidungserheblichen Gehörsverletzung
§ 44 Abs. 1 Satz 1 Nr. 2 FamFG	**Begründetheit:** Verletzung des rechtlichen Gehörs in entscheidungserheblicher Art und Weise

Entscheidungsmöglichkeiten des Gerichts	
§ 44 Abs. 4 Satz 1 FamFG	Verwerfung als unzulässig (Form, Frist, Glaubhaftmachung etc.)
§ 44 Abs. 4 Satz 2 FamFG	Zurückweisung als unbegründet (z. B. Gehörsverletzung war nicht entscheidungsrelevant)
§ 44 Abs. 5 FamFG	Folge: Verfahren wird fortgeführt
§ 44 Abs. 4 Satz 3 FamFG	Entscheidung ist nicht anfechtbar

8. Antrag auf gerichtliche Entscheidung

149 Dieser Rechtsbehelf setzt zunächst die Entscheidung einer anderen Stelle voraus, deren Rechtmäßigkeit auf Antrag gerichtlich überprüft werden kann. Es handelt sich daher eigentlich nicht um einen „Rechtsbehelf", sondern um die Entscheidung des Gerichts in erster Instanz.

150 Der Antrag ist z. B. zulässig gegen die Übertragung der Wahrnehmung der Betreuung auf einen Mitarbeiter der Betreuungsbehörde bzw. des Betreuungsvereins gemäß § 291 FamFG i. V. m. § 1818 Abs. 2 BGB oder gegen Maßnahmen im Vollzug der öffentlich-rechtlichen Unterbringung gemäß § 327 FamFG. Demgegenüber kann sich ein zivilrechtlich Untergebrachter gegen die gleichen Maßnahmen im psychiatrischen Krankenhaus oder Altenheim gerichtlich nicht zur Wehr setzen. Aus der Sicht des Betroffenen ist dieses Defizit wohl nicht zu rechtfertigen.

9. Gegenvorstellung/Dienstaufsichtsbeschwerde

151 Neben den ordentlichen Rechtsbehelfen gibt es noch die Möglichkeit der gesetzlich nicht geregelten Gegenvorstellung. Eine Dienstpflichtverletzung kann schließlich mit einer Aufsichtsbeschwerde beim Dienstvorgesetzten gerügt werden.

152 Die Gegenvorstellung ist als formloser Rechtsbehelf ohne „Devolutiveffekt" anerkannt, das heißt, nur das entscheidende Gericht prüft, ob es seine Entscheidung abändern muss. Soweit Abhilfe oder Abänderbarkeit möglich ist, kann das Gericht der Gegenvorstellung stattgeben, bei Unabänderbarkeit grundsätzlich nicht. Vor der Einführung der sog. Gehörsrüge (§ 44 FamFG) wurden im Wege der Gegenvorstellung häufig Verstöße gegen das Recht auf rechtliches Gehör gerügt und durch Fortführung des Verfahrens verbeschieden. Dabei wurde auch die Unanfechtbarkeit durchbrochen, wenn ein „grobes Verfahrensunrecht" anders nicht zu beseitigen gewesen wäre.

153 Nach Einführung der Gehörsrüge (vgl. § 44 FamFG) stellt sich die Frage, ob es noch einen Anwendungsbereich für die Gegenvorstellung gibt. Dies ist z. B. für den Fall vorstellbar, dass nicht der „gesetzliche Richter" im Sinne des Art. 101 GG entschieden hat und diese Grundrechtsverletzung auf andere Weise nicht gerügt werden kann. In jedem Fall sollte aus Gründen der Rechtssicherheit die zweiwöchige Rügefrist des § 44 Abs. 2 FamFG analog angewendet werden. Es geht nicht an, dass man einen gesetzlich nicht geregelten, außerordentlichen Rechtsbehelf zeitlich unbeschränkt zulässt, während alle anderen Entscheidungen nur befristet angefochten werden können (vgl. OLG Koblenz, Beschl. v. 26.2.2008 – 13 WF 2/08).

Hinweis:

Wegen der verfassungsrechtlich garantierten Unabhängigkeit der Richter und Rechtspfleger bei der Verfahrensgestaltung und Entscheidungsfindung kann mit einer Dienstaufsichtsbeschwerde niemals eine andere gerichtliche Entscheidung erwirkt werden! Dies ist nur im Rahmen der ordentlichen Rechtsbehelfe bzw. mit einer Gehörsrüge möglich. Erreicht werden kann die Durchführung eines Disziplinarverfahrens, wenn etwa der Richter einen Beteiligten beleidigt oder Kosten verursacht, weil er schuldhaft zu spät zu einem Termin kommt.

10. Allgemeiner Hinweis

Der Betreuer sollte nach Prüfung der Sach- und Rechtslage das Rechtsmittel oder den 154 Rechtsbehelf einlegen und auch möglichst schnell begründen. Die Begründung kann nachgereicht oder ergänzt werden – und zwar auch nach Ablauf der Frist für die Einlegung der Beschwerde. Das Beschwerdegericht wird ggf. eine Frist setzen (§ 65 Abs. 2 FamFG). Der Betreuer sollte das Rechtsmittel zurücknehmen (§ 67 Abs. 4 FamFG), wenn er nach weiterer Beratung und Information die Entscheidung akzeptieren kann.

11. Berichtigung, Ergänzung, Wiederaufnahme

Berichtigung und Ergänzung können in Ausnahmefällen zu einer Korrektur falscher bzw. 155 unvollständiger Entscheidungen führen und zwar durch eine Entscheidung des gleichen Gerichts. Beide Verfahren sind kostenfrei, unkompliziert und schnell. Die Voraussetzungen sind aber sehr eng begrenzt.

11.1 Berichtigung (§ 42 FamFG)

Mit einer Berichtigung können „Schreibfehler, Rechenfehler und ähnliche offenbare Unrichtig- 156 keiten" revidiert werden. Sie kann von Amts wegen oder auf Antrag erfolgen. Eine Berichtigung ist bei allen Beschlüssen jederzeit möglich, selbst nach Eintritt der Rechtskraft. Neben der Berichtigung kann auch gleichzeitig eine Beschwerde eingelegt werden. Soweit mit der Beschwerde ein Ziel verfolgt wird, das auch mit der Berichtigung erreicht werden kann, erledigt sich eine gleichzeitig eingelegte Beschwerde. Mit der Berichtigung können keine inhaltlichen Fehler revidiert werden. Vielmehr greift sie nur, wenn der „Wille" des Gerichts von dem tatsächlich Erklärten abweicht.

Schreibfehler sind z. B. die falsche Schreibweise eines Namens, ein Zahlendreher oder 157 unmögliche Datumsangaben (etwa 31.2.2023). Rechenfehler können mathematische Fehler sein, aber auch das Übersehen eines Rechnungspostens. „Ähnliche Unrichtigkeiten" können bei klaren Widersprüchen zwischen dem Tenor der Entscheidung und der Begründung bejaht werden. So die Bezeichnung im Rubrum als „Familiensache", obwohl es sich dem Inhalt nach um eine „Betreuungssache" handelt (vgl. BGH, Beschl. v. 14.12.2011 – XII ZB 171/11). Führt das Gericht z. B. in der Begründung aus, dass bewusst ein Berufsbetreuer ausgesucht wurde, weil kein ehrenamtlicher Betreuer zur Verfügung stand, kann die fehlende „Bezeichnung als Berufsbetreuer" in der Beschlussformel (vgl. § 284 Abs. 1 Nr. 4 FamFG) im Wege der Berichtigung nachgeholt werden (BGH, Beschl. v. 29.1.2014 – XII ZB 372/13). „Offenbar" im Sinne der Vorschrift ist die Unrichtigkeit nur, wenn sie sich aus dem „Zusammenhang des Beschlusses selbst oder aus den Vorgängen bei seiner Verkündung bzw. Bekanntgabe ergibt und wenn sie ohne weiteres erkennbar ist" (BGH, a. a. O.).

Wird ein Antrag auf Berichtigung zurückgewiesen, ist diese Entscheidung nicht anfechtbar. Mit 158 der sofortigen Beschwerde kann dagegen ein Beschluss angefochten werden, der eine Berichtigung ausspricht, § 42 Abs. 3 Satz 2 FamFG, §§ 567 bis 572 ZPO.

11.2 Ergänzung (§ 43 FamFG)

Die Ergänzung dient der Schließung von Entscheidungslücken. Nur unbewusst unterlassene 159 Entscheidungen können auf Antrag nachträglich ergänzt werden. Sieht das Gericht dagegen bewusst von einer Entscheidung ab, kann gegen diese Entscheidung nur ein normales Rechtsmittel (Beschwerde) eingelegt werden.

Voraussetzung ist, dass ein von einem Beteiligten gestellter „Antrag" übergangen wurde. Es 160 muss sich aber nicht um einen formellen Antrag handeln, vielmehr genügt jedes Begehren eines Beteiligten, dem das Gericht im Wege einer Entscheidung hätte nachgehen müssen.

Auch das Unterbleiben einer Kostenentscheidung kann im Wege der Ergänzung korrigiert 161 werden. Allein das Fehlen einer Kostenentscheidung indiziert aber noch kein „Unterbleiben" im Sinne des § 43 FamFG, da § 81 FamFG im Regelfall die Entscheidung über die Kosten in das Ermessen des Gerichts stellt. Man kann daher auch davon ausgehen, dass bei fehlender Kostenentscheidung diese stillschweigend, aber bewusst unterlassen wurde.

162 Ein Antrag auf Ergänzung eines Beschlusses muss innerhalb der nach § 43 Abs. 2 FamFG gesetzlich vorgeschriebenen Frist von zwei Wochen, die mit der schriftlichen Bekanntgabe des Beschlusses beginnt, beantragt werden. Die Ergänzungsentscheidung kann mit den allgemeinen Rechtsmitteln angegriffen werden.

11.3 Abänderung und Wiederaufnahme (§ 48 FamFG)

163 Auch rechtskräftige Entscheidungen können in sehr engem Rahmen aufgehoben oder geändert werden. Diese Regelungen betreffen somit die formelle und materielle Rechtskraft. Eine Endentscheidung mit Dauerwirkung kann nach § 48 Abs. 1 FamFG aufgehoben oder geändert werden, wenn sich die zugrunde liegende Sach- oder Rechtslage nachträglich geändert hat. Dies ist etwa der Fall, wenn sich bei einer angeordneten Betreuung der Gesundheitszustand und damit der erforderliche Aufgabenkreis entscheidungserheblich geändert hat.

164 Der BGH umgeht diese eindeutige, aber auch angemessene Regelung und erklärt, dass eine „jederzeitige Korrektur- bzw. Abänderungsmöglichkeit" bestehe, obwohl § 48 Abs. 1 FamFG ausdrücklich eine Abänderung oder Aufhebung nur eingeschränkt zulässt (BGH, Beschl. v. 26.3.2025 – XII ZB 178/24, Rn. 14). Die Begründung, dass Gerichte in Betreuungssachen „fürsorgerisch die Interessen eines Betroffenen" wahrnehmen und eine „gesteigerte Einstandspflicht für materiell richtige Entscheidungen" bestehe, überzeugt angesichts der klaren Regel des § 48 Abs. 1 FamFG nicht. Auf diese Art und Weise könnten ja auch richtige Entscheidungen durch falsche ersetzt werden und persönliche Rechtsansichten eines Richters bei einem Referatswechsel könnten zahlreiche Entscheidungen hinfällig werden lassen. Eine derartige Beliebigkeit und Unverbindlichkeit kann den Rechtsfrieden massiv stören. Offensichtlich ist der frühere Rechtszustand, wonach derartige Entscheidungen zeitlich unbegrenzt anfechtbar waren, noch in den Köpfen der Entscheider verankert. Das Vertrauen des Gesetzgebers in die Qualität der Entscheidungen der Betreuungsrichter scheint größer gewesen zu sein als aktuell beim BGH.

165 Bei sehr gravierenden Fehlern kann gemäß § 48 Abs. 2 FamFG eine Wiederaufnahme des Verfahrens in entsprechender Anwendung der §§ 578 bis 591 ZPO erfolgen.

12. Checkliste: Rechtsbehelfe

Was ist zu beachten?
1. Abklärung der Frage, ob und wie eine Anfechtung der Entscheidung möglich und sinnvoll ist • Was ist an der Entscheidung des Gerichts zu beanstanden? • Welchen Nachteil erleidet der Beschwerdeführer? • Was bringt dem Betroffenen die Beschwerde? • Soll bzw. kann ein Rechtsmittel im eigenen Namen oder als Vertreter des Betreuten eingelegt werden? • Ist die professionelle Hilfe eines Rechtsanwalts erforderlich? • Welches Rechtsmittel oder welcher Rechtsbehelf ist möglich? • Welches Kostenrisiko besteht? • Kann man Verfahrenskostenhilfe beantragen? • Einreichen einer Beschwerdeschrift oder Angaben zu Protokoll der Geschäftsstelle beim Ausgangsgericht • Welche Form- und Fristvorschriften sind zu beachten?

Was ist zu beachten?
2. Inhalt des Beschwerdevorbringens • Aktenzeichen des Verfahrens und Personalien des Betreuten möglichst genau angeben • genaue Bezeichnung der Entscheidung, die angefochten wird (z. B. „... Beschwerde gegen die Ablehnung der Aufhebung der Betreuung durch Beschluss des Amtsgerichts Aburg v. 2.12.2016“) • ausdrücklich erklären, dass gegen diesen Beschluss (sofortige) Beschwerde eingelegt wird • Darlegung, welche Entscheidung gewünscht wird • Gründe, die belegen, dass die erste Entscheidung falsch war • Beweismittel angeben (Zeugen, Urkunden, ärztliche Zeugnisse) oder die Erhebung von Beweisen anregen (z. B. Einholung eines Sachverständigengutachtens) • Unterschrift des Beschwerdeführers

Reinhold Spanl

Wohnraum des Betreuten, Heimangelegenheiten

A

1. Abschluss von Wohnungsmietverträgen

Hinweis:

Grundsätzlich schließt der Betreute selbst den Mietvertrag über einen Wohnraum ab und kann ihn auch selbst beenden (kündigen oder vertraglich auflösen). Der Betreuer mit dem Aufgabenbereich „Wohnungsangelegenheiten", „Mietangelegenheiten" oder „Aufenthaltsbestimmung" unterstützt dabei den Betreuten, § 1821 Abs. 1 Satz 2 BGB. Rechtsgeschäfte des Betreuten bedürfen zu ihrer Wirksamkeit keiner Genehmigung durch das Betreuungsgericht, allerdings ist der Betreuer gehalten, dem Gericht unverzüglich Änderungen in den Wohnverhältnissen des Betreuten mitzuteilen, § 1864 Abs. 2 Satz 1 BGB.

Der Betreuer mit den o. g. Aufgabenbereichen vertritt den Betreuten gemäß § 1821 Abs. 1 Satz 2, § 1823 BGB, wenn bei ihm Geschäftsunfähigkeit nach § 104 Nr. 2 BGB vorliegt (zumindest partiell in den o. g. Bereichen). Ist ein Einwilligungsvorbehalt in diesen Aufgabenbereichen angeordnet (§ 1825 Abs. 1 BGB), muss der Betreuer zum Eintritt der Wirksamkeit des rechtsgeschäftlichen Handelns des Betreuten zustimmen. Soweit der Betreuer im Namen des Betreuten handelt oder dessen Handeln im Rahmen des Einwilligungsvorbehalts zustimmt, unterliegen die Rechtsgeschäfte gerichtlichen Genehmigungsvorschriften.

Die Ausführungen in diesem Kapitel finden grundsätzlich nur dann Anwendung, wenn der Betreuer als Vertreter des Betreuten rechtsgeschäftliche Handlungen vornimmt.

1 Ein Mietvertrag über Wohnraum für den Betreuten bedarf nur dann der Schriftform, wenn er für längere Zeit als ein Jahr geschlossen wird; Verträge auf unbestimmte Zeit sind grundsätzlich auch mündlich möglich, § 550 BGB. Zum Zweck der Nachweisbarkeit sollte der Betreuer einen Mietvertrag über Wohnraum aber in der Regel schriftlich schließen.

2 Soll das Vertragsverhältnis länger als vier Jahre dauern, bedarf der Betreuer zum Abschluss eines Mietvertrags einer betreuungsgerichtlichen Genehmigung, unabhängig davon, ob der Betreute Vermieter oder Mieter ist, § 1853 Satz 1 Nr. 1 BGB. Keine Genehmigung ist allerdings erforderlich, wenn der Betreute das Vertragsverhältnis ohne eigene Nachteile vorzeitig kündigen kann, § 1853 Satz 2 BGB. Genehmigungsbedürftig sind Mietverträge somit nur, wenn eine Lösung vom Vertrag (z. B. durch Kündigung) mit Wirkung vor Ablauf von vier Jahren entweder überhaupt nicht möglich oder mit Einbußen verbunden ist. Bei einem befristeten Wohnraummietvertrag mit einer Mietdauer von mehr als vier Jahren wird in der Regel Genehmigungsbedürftigkeit bestehen.

3 Verträge, die auf unbestimmte Zeit geschlossen werden und vor Ablauf von vier Jahren vom Betreuten beendet werden können, unterliegen grundsätzlich nicht dem Genehmigungstatbestand, wenn der Betreute Mieter ist. Mietet z. B. der Betreuer im Namen des Betreuten eine Wohnung durch Vertrag auf unbestimmte Dauer (Regelfall), kann dieses Mietverhältnis ohne Angabe von Gründen innerhalb von drei Monaten gekündigt werden, § 573c Abs. 1 Satz 1 BGB; Nachteile entstehen für den Betreuten dadurch nicht.

Hinweis:

Auch wenn keine Genehmigungspflicht besteht, sollten Mietverträge mit dem Betreuungsrechtspfleger besprochen werden. Im Übrigen hat der Betreuer dem Gericht unverzüglich Änderungen in den Wohnverhältnissen des Betreuten mitzuteilen, § 1864 Abs. 2 Satz 1 BGB.

4 Fraglich könnte sein, ob ein Mietvertrag mit unbestimmter Dauer genehmigungsbedürftig ist, wenn der Betreute auf der Vermieterseite steht. Zum Teil vertreten Rechtsprechung und Literatur die Ansicht, dass auch bei unbefristeten Mietverträgen Genehmigungsbedürftigkeit bestehen würde, da dem Vermieter eine Kündigung nur sehr eingeschränkt möglich wäre. Im Wesentlichen könne der Vermieter wegen Eigenbedarfs kündigen oder dann, wenn der Mieter durch sein

Verhalten einen wichtigen Grund zur Kündigung setzt. Eine „freie" Kündigungsmöglichkeit für den Vermieter bestünde demgegenüber nicht. Danach binde sich der Vermieter durch den Vertragsschluss auf eine unbestimmte Zeit, die – je nach dem Willen des Mieters – wesentlich länger als vier Jahre dauern kann. Unbefristete Verträge seien genehmigungsbedürftig, wenn vernünftigerweise mit der Möglichkeit gerechnet werden muss, dass sie über vier Jahre fortdauern werden (siehe hierzu z. B. LG Wuppertal, Beschl. v. 18.1.2007 – 6 T 38/07). Im Übrigen würden auch bestehende Sozialklauseln eine Beendigung des Mietverhältnisses vor Ablauf von vier Jahren erschweren oder unmöglich machen. Dieser Ansicht wird in der Literatur teilweise widersprochen.

Genehmigungsbedürftigkeit nach § 1833 Abs. 4 Satz 1 Nr. 3 BGB liegt vor, wenn der Betreuer 4a
im Namen des Betreuten Wohnraum vermietet, den dieser bisher selbst genutzt hat. Hier spielt es keine Rolle, ob befristet oder unbefristet vermietet wird. Es handelt sich um Mietverträge für eine Wohnung in einem Haus, das im Eigentum des Betreuten steht, oder für eine Eigentumswohnung des Betreuten.

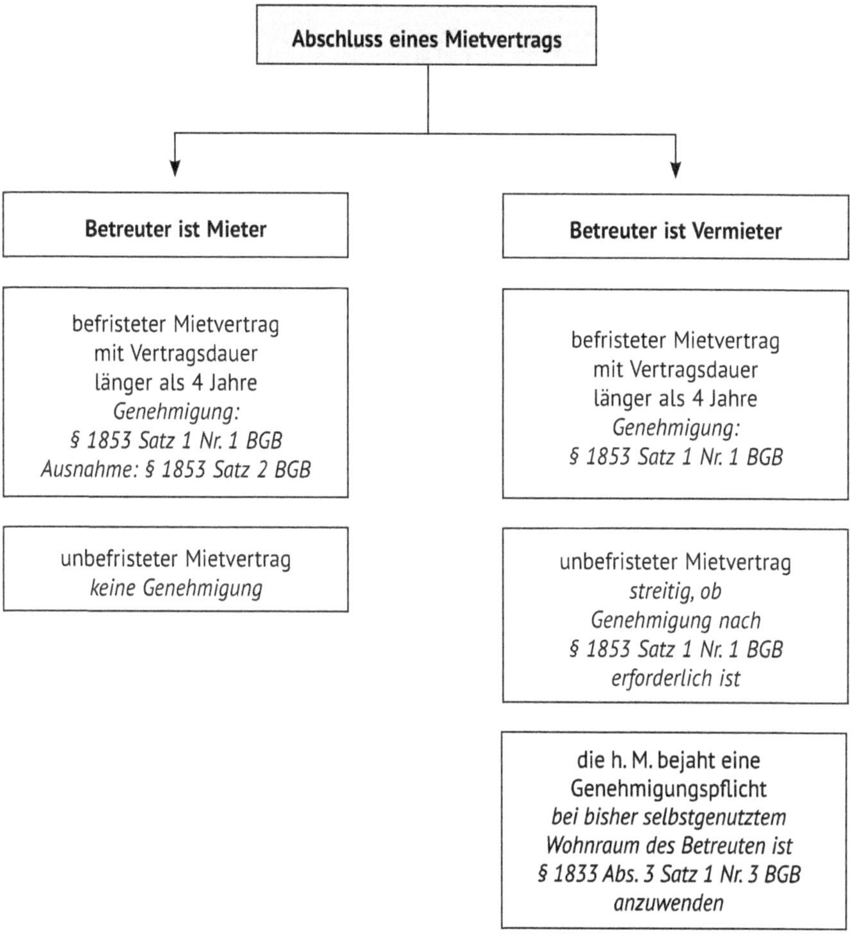

Hinweis:

Der Betreuer sollte mit dem Rechtspfleger abklären, ob eine Genehmigung gefordert wird, wenn er im Namen des Betreuten einen Mietvertrag als Vermieter schließt. Es ist zweckmäßig, eine Genehmigung zu beantragen; sofern der Rechtspfleger die Genehmigungsbedürftigkeit verneint, wird er ein Negativattest erteilen.

A

2. Aufgabe von Wohnraum

5 Eine Wohnungsauflösung ist ein massiver Eingriff in die Persönlichkeitsrechte eines Betreuten. In der Literatur bzw. in vielen Untersuchungen wird die herausragende Bedeutung der Wohnung für die Erhaltung der Selbstständigkeit der älteren Menschen – diese sind in der Betreuungspraxis am häufigsten von Wohnungsauflösungen betroffen – betont. Ältere pflegebedürftige Betreute sind in einem besonderen Maß auf eine angemessene und ihren Bedürfnissen entsprechende Wohnung angewiesen. Unzulänglichkeiten der Wohnung sind nicht selten die Ursache einer Heimunterbringung. Möglichkeiten der Wohnungsanpassung durch kleinere bauliche Veränderungen bzw. durch eine zweckgerichtete Ausstattung sind weitgehend unbekannt, obwohl Beratungsstellen speziell für dieses Anliegen eingerichtet sind. Eine alters- und behindertengerechte Wohnraumgestaltung ist eine Grundbedingung für den effektiven Einsatz ambulanter sozialpflegerischer Dienste.

6 § 1833 Abs. 1 BGB stellt klar, dass eine Aufgabe von Wohnraum, der vom Betreuten selbst genutzt wird, durch den Betreuer nur nach Maßgabe des § 1821 Abs. 2 bis 4 BGB zulässig ist. Eine Gefährdung im Sinne des § 1821 Abs. 3 Nr. 1 BGB, die zur Abweichung vom Wunsch des Betreuten berechtigt, liegt insbesondere dann vor, wenn eine Finanzierung des Wohnraums trotz Ausschöpfung aller dem Betreuten zur Verfügung stehenden Ressourcen nicht möglich ist oder eine häusliche Versorgung trotz umfassender Zuhilfenahme aller ambulanten Dienste zu einer erheblichen gesundheitlichen Gefährdung des Betreuten führen würde.

7 Die vorübergehende stationäre Behandlung eines älteren Betreuten bedingt immer die Prüfung der Wohn- und Versorgungsalternativen für die Zukunft. Aus Unkenntnis der Möglichkeiten der Wohnungsanpassung und der vielfältigen Angebote im Bereich der „anderen Hilfen" wird in der Perspektivendiskussion sehr schnell die für den Betreuer und alle übrigen Beteiligten unkomplizierte Lösung – die Heimunterbringung zum Wohl des Betreuten – als einzige Lösung betrachtet.

8 Wille und Wunsch des Betreuten sowie Art und Umfang der notwendigen Hilfestellungen sind nach Absprache mit dem Betreuten und nach Rücksprache mit dem behandelnden Arzt genau abzuwägen, bevor eine Wohnungsauflösung voreilig veranlasst wird. Interessen Dritter bleiben prinzipiell unbeachtet. Dem Betreuten ist ein Verbleiben in der eigenen Wohnung grundsätzlich sicherzustellen. Andererseits wird nicht verkannt, dass bei einer ungünstigen Prognose des Krankheitsverlaufs eine frühzeitige Unterbringung in einem Alten- und Pflegeheim für den Betreuten eine humanere Lösung sein kann.

9 Wegen des Selbstbestimmungsrechts und des Schutzes der Wohnung des Betreuten ist selbst irrationalen Wünschen wie objektiv unsinnigen Mietausgaben zu folgen, solange nicht höherrangige Rechtsgüter gefährdet sind. Allerdings ist der Betreuer nicht verpflichtet und berechtigt, Wünschen nachzukommen, deren Verwirklichung z. B. die gesamte Lebens- und Versorgungssituation des Betreuten merklich verschlechtert, weil die Gefahr droht, künftig einen angemessenen Unterhalt nicht mehr ohne die Hilfe Dritter bestreiten zu können (OLG Oldenburg, Beschl. v. 5.7.2002 – 5 W 113/02).

10 Eine Heimunterbringung ist niemals die einzige Lösung. Grundsätzlich muss der Wunsch der meisten älteren Menschen, möglichst lange zu Hause wohnen zu bleiben, respektiert werden. Der Betreuer sollte sich deshalb über Wohnangebote im Alter informieren. Viele wegweisende und zukunftsträchtige Projekte werden zum Thema „Wohnen zu Hause" initiiert und realisiert. „Betreutes Wohnen" in der eigenen Wohnung kann durchaus auch bei Durchführung kleinerer Wohnungsanpassungsmaßnahmen ein Verbleiben von betreuungsbedürftigen älteren Menschen ermöglichen. Die Inanspruchnahme professioneller Beratung ist hier zu empfehlen.

11 Bei einer Entscheidung über die Genehmigung zur Aufgabe von Wohnraum des Betreuten nach § 1833 Abs. 3 BGB ist die persönliche Anhörung des Betroffenen nach § 299 Satz 1 FamFG zwingend vorgesehen.

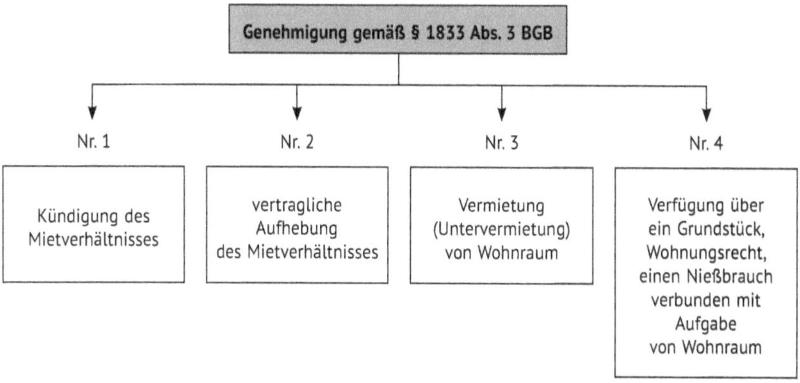

Hinweis:

Vor einer Aufgabe von vom Betreuten bisher selbst genutztem Wohnraum durch den Betreuer ist vorrangig der Wunsch und Wille des Betreuten zu ergründen. Sind Wünsche nicht feststellbar, hat der Betreuer den mutmaßlichen Willen aufgrund konkreter Anhaltspunkte zu ermitteln und zur Geltung zu bringen. Wenn es um selbst genutzten Wohnraum geht, ist auch die persönliche Bindung daran einzubeziehen. Diese wird an Eigentum (Haus, Wohnungseigentum) oder dinglichen Nutzungsrechten (z. B. Nießbrauch, Wohnungsrecht) unter Umständen intensiver zu beurteilen sein als die Bindung an gemieteten Wohnraum.

Gegen den Willen oder die Wünsche des Betreuten darf der Betreuer vertretungsweise Wohnraum nur aufgeben, wenn eine Gefährdung nach § 1821 Abs. 3 Nr. 1 BGB entstehen würde. § 1833 Abs. 1 Satz 2 BGB nennt ausdrücklich zwei Gefährdungsfälle: wenn die Finanzierung des zur Aufgabe beabsichtigten Wohnraums unter Ausschöpfung aller Ressourcen nicht möglich wäre oder die häusliche Versorgung trotz aller denkbaren ambulanten Hilfen zu einer erheblichen gesundheitlichen Gefährdung führen würde.

2.1 Beendigung eines Mietverhältnisses über Wohnraum

Die Vertretung bei der Beendigung von Wohnungsmiet- und Heimverträgen fällt in den 12
Aufgabenbereich „Aufenthaltsbestimmung". Der Aufgabenbereich „Wohnungsangelegenheiten" ist genauer zugeschnitten und ermächtigt jedenfalls zur Beendigung des Mietverhältnisses. Der Zusatz „einschließlich der Kündigung der Wohnung" besitzt keine eigenständige rechtliche Bedeutung und hat deshalb schon aus Klarstellungsgründen zu entfallen. Bereits der Aufgabenbereich „Wohnungsangelegenheiten" umfasst grundsätzlich auch die Kündigung des Mietvertrags über die Wohnung des Betroffenen (BGH, Beschl. v. 6.7.2016 – XII ZB 131/16).

Der Betreuer bedarf einer betreuungsgerichtlichen Genehmigung zur Aufgabe eines Miet- 13
verhältnisses über Wohnraum, der von oder für den Betreuten angemietet wurde, § 1833 Abs. 3 Satz 1 Nr. 1 und 2 BGB. Ob der Mietvertrag in schriftlicher Form vorliegt, es sich um einen Haupt- oder Untermietvertrag handelt, ist grundsätzlich ohne Bedeutung.

Unter diesen Genehmigungstatbestand fällt nur „angemieteter" Wohnraum, nicht aber z. B. die 14
Aufgabe eines im Grundbuch eingetragenen Wohnungsrechts (§ 1093 BGB) oder die Veräußerung (Eigentumsübertragung) eines durch den Betreuten selbst bewohnten Hausgrundstücks oder einer Eigentumswohnung; hier ist § 1833 Abs. 3 Satz 1 Nr. 4 BGB zu beachten.

Möchte der Betreuer im Namen des Betreuten dessen bisher selbst genutzten, in seinem 14a
Eigentum stehenden Wohnraum (Hausgrundstück, Eigentumswohnung) vermieten, ist eine Genehmigung nach § 1833 Abs. 3 Satz 1 Nr. 3 BGB einzuholen. Eine Untervermietung von

A

gemietetem Wohnraum des Betreuten fällt ebenfalls unter diese Vorschrift (zu beachten ist jedoch, dass der Vermieter in der Regel damit einverstanden sein muss).

2.1.1 Kündigung des Mietverhältnisses durch den Betreuer

15 Die Kündigung ist dem Vermieter gegenüber zu erklären und bedarf der schriftlichen Form, § 568 Abs. 1 BGB. Dabei ist die Kündigungsfrist zu beachten, § 573c Abs. 1 Satz 1 BGB. Eine Kündigung ist nach dieser Vorschrift spätestens am dritten Werktag eines Kalendermonats zum Ablauf des übernächsten Monats zulässig. Im Mietvertrag abweichend vereinbarte längere Kündigungsfristen (zum Nachteil des Mieters) sind grundsätzlich unwirksam, § 573c Abs. 4 BGB.

Beispiel:

Kündigt der Betreuer am 2.4., läuft die Frist bis zum 30.6.; kündigt er am 5.4., endet sie erst am 31.7.

16 Besonderheiten bei Altmietverträgen: Bis zum 1.9.2001 verlängerte sich die Kündigungsfrist für den Mieter nach § 565 Abs. 2 Satz 2 BGB (a. F.) nach fünf, acht und zehn Jahren jeweils um drei Monate. Grundsätzlich gilt nunmehr für vor dem 1.9.2001 abgeschlossene Mietverträge die aktuelle Kündigungsfrist des § 573c Abs. 1 Satz 1 BGB. Hierzu ist aber Übergangsrecht zu beachten. Nach Art. 229 § 3 Abs. 10 Satz 1 EGBGB gilt § 573c Abs. 4 BGB nicht, wenn im Mietvertrag vor dem 1.9.2001 vertraglich (ausdrücklich) eine Verlängerung der Kündigungsfrist vereinbart wurde; in diesem Fall ist die vereinbarte Frist zu beachten. Für Kündigungen ab dem 1.6.2005 gelten diese Fristverlängerungen aber nicht, wenn sie durch Allgemeine Geschäftsbedingungen festgelegt worden sind, Art. 229 § 3 Abs. 10 Satz 2 EGBGB.

17 Allgemeine Geschäftsbedingungen sind alle für eine Vielzahl von Verträgen vorformulierten Vertragsbedingungen, die eine Vertragspartei (in der Regel der Vermieter) der anderen Vertragspartei (dem Mieter) bei Abschluss des Mietvertrags stellt. Sie liegen nicht vor, soweit die Vertragsbedingungen zwischen den Vertragsparteien im Einzelnen besprochen und ausgehandelt sind.

18 **Wichtig:** vor dem 1.9.2001 längere Kündigungsfristen (ausdrücklich) „vereinbart", müssen sie bei einer aktuellen Kündigung beachtet und eingehalten werden.

19 Zur Kündigung eines Mietverhältnisses über Wohnraum, den der Betreute gemietet hat, bedarf der Betreuer der Genehmigung des Betreuungsgerichts (Rechtspflegers) nach § 1833 Abs. 3 Satz 1 Nr. 1 BGB.

20 Dabei ist zu beachten, dass es sich bei der Kündigung um ein einseitiges Rechtsgeschäft handelt, das der vorherigen Genehmigung bedarf, § 1833 Abs. 3 Satz 2 i. V. m. § 1858 Abs. 1 BGB. Der Betreuer muss zwingend vor Abgabe der Kündigungserklärung die gerichtliche Genehmigung einholen, da sonst die Kündigung nichtig ist und die Kündigungsfrist nicht in Lauf gesetzt wird. Eine spätere „Nachreichung" der Genehmigung ist ohne Wirkung. Die Kündigungserklärung müsste nach Erhalt der gerichtlichen Genehmigung nochmals erfolgen, um Wirkung zu zeigen.

2.1.2 Auflösungsvertrag zum Mietverhältnis

21 Jedes Vertragsverhältnis kann durch eine andere vertragliche Vereinbarung wieder aufgehoben werden. Der Betreuer kann das Mietverhältnis des Betreuten durch einen sog. Auflösungsvertrag beenden, den er mit dem Vermieter schließt. Für diesen Vertrag sind weder eine bestimmte Form noch eine Frist vorgegeben, er sollte jedoch zu Beweiszwecken schriftlich geschlossen werden. Ein solcher Vertrag ist zumindest dann anzustreben, wenn eine kurzfristige Aufgabe der Mietwohnung, z. B. nach Heimunterbringung, erforderlich wird.

22 Die vertragliche Auflösung eines Mietverhältnisses über Wohnraum, den der Betreute gemietet hat, unterliegt ebenfalls der Genehmigung des Betreuungsgerichts (Rechtspflegers) nach § 1833 Abs. 3 Satz 1 Nr. 2 BGB. Da es sich nunmehr um einen Vertrag handelt, kann der Betreuer zunächst die Auflösungsvereinbarung mit dem Vermieter treffen und nachträglich

eine Genehmigung beim Betreuungsgericht beantragen (§ 1833 Abs. 3 Satz 2 i. V. m. § 1856 Abs. 1 BGB). Mit Erteilung der Genehmigung an den Betreuer und Mitteilung des rechtskräftigen Beschlusses durch diesen an den Vermieter (§ 1856 Abs. 1 Satz 2 BGB), ist der Auflösungsvertrag (von Anfang an, § 184 Abs. 1 BGB) wirksam.

Hinweis:

Der Betreuer sollte den Vermieter rechtzeitig auf eine Wohnungsaufgabe sowie auf eine bestehende Mittellosigkeit des Betreuten hinweisen. Nach Rücksprache mit dem Betreuungsgericht kann eine vertragliche Aufhebung des Mietverhältnisses mit sofortiger Wirkung angestrebt werden, damit der Vermieter bereits vor Ablauf der an sich für ihn bindenden Kündigungsfrist eine Neuvermietung herbeiführen kann.

2.1.3 Übernahme der doppelten Mietaufwendungen

Doppelte Mietaufwendungen sind dann als sozialhilferechtlicher Bedarf zu übernehmen, wenn 23
der Auszug aus der bisherigen Wohnung notwendig war und deswegen die Mietzeiträume wegen der Kündigungsfrist nicht nahtlos aufeinander abgestimmt werden konnten. Allerdings muss der Hilfeempfänger alles ihm Mögliche getan haben, die Aufwendungen für die frühere Wohnung so gering wie möglich zu halten, wozu auch die Suche nach einem Nachmieter gehört. Die Überschneidungskosten, die auf dem bis zur Beendigung des Mietverhältnisses über eine Wohnung nach vorzeitig notwendig gewordenem Umzug in eine stationäre Einrichtung noch entstanden sind, sind keine Kosten des notwendigen Lebensunterhalts in einer Einrichtung gemäß § 35 SGB XII. Sie sind jedoch vom Sozialhilfeträger als notwendiger Unterkunftsbedarf gemäß § 42 Satz 1 Nr. 2 SGB XII i. V. m. § 29 SGB XII zu übernehmen. Hierzu siehe unter anderem LSG Berlin-Brandenburg, Urt. v. 10.3.2011 – L 15 SO 23/09; LSG Nordrhein-Westfalen, Urt. v. 18.2.2010 – L 9 SO 6/08 und Urt. v. 23.9.2009 – L 19 B 39/09 AS; LSG Baden-Württemberg, Urt. v. 22.12.2010 – L 2 SO 2078/10 und Urt. v. 23.11. 2006 – L 7 SO 4415/05; BVerwG, Beschl. v. 30.12.1997 – 5 B 21/97.

2.1.4 Sozialhilfe für Wohnraum bei krankheitsbedingter Abwesenheit

Um Meinungsverschiedenheiten mit dem Sozialhilfeträger vorzubeugen, sollte der Betreuer 24
nach einer Krankenhauseinweisung bzw. vorübergehenden Unterbringung in einer sonstigen Einrichtung bereits bei der Klärung der Kostenübernahme für vorstehenden Hilfebedarf die reale Wohn- und Versorgungssituation ansprechen. Hilfreich erscheint zusätzlich ein ärztliches Attest, das eine konkrete Aussage zur voraussichtlichen Behandlungs- oder Rehabilitationsdauer und zur Wahrscheinlichkeit trifft, dass der Betroffene in seine Wohnung zurückkehren kann. Tritt tatsächlich eine Verschlechterung des Gesundheitszustands ein, der eine dauernde Unterbringung in einer Einrichtung erfordert, oder ist der Gesundheitszustand schwankend, sollte der Betreuer sofort mit dem Betreuungsgericht und dem Sozialhilfeträger sein weiteres Vorgehen abstimmen.

2.1.5 Eintritt in einen Mietvertrag beim Tod des Mieters

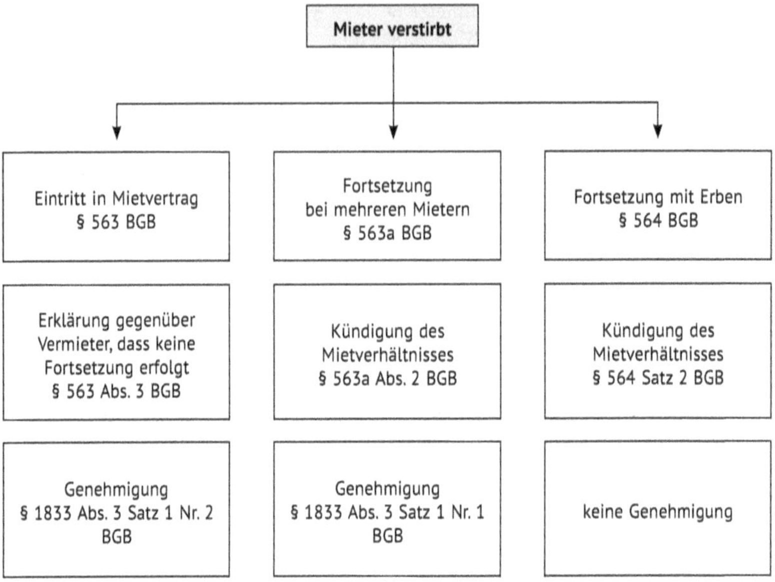

25 Stirbt der (alleinige) Mieter einer Wohnung, tritt nach § 563 Abs. 1 BGB dessen im gemeinsamen Haushalt lebender Ehegatte in das Mietverhältnis ein. Ist ein solcher nicht vorhanden oder will er nicht eintreten, treten die im gemeinsamen Haushalt lebenden Kinder (§ 563 Abs. 2 Satz 1 BGB) oder sonstige Familienmitglieder (§ 563 Abs. 2 Satz 2 BGB) ein. Treten beim Tod des Mieters keine Personen im Sinne des § 563 BGB in das Mietverhältnis ein, wird es mit dem Erben des verstorbenen Mieters fortgesetzt, § 564 BGB. Sind mehrere Personen im Sinne von § 563 BGB gemeinsam Mieter, wird das Mietverhältnis mit den überlebenden Mietern fortgesetzt, § 563a BGB.

26 Tritt der Betreute in das Mietverhältnis gemäß § 563 BGB ein oder ist er Erbe bzw. Miterbe des verstorbenen Mieters, muss der Betreuer abklären, ob die Aufrechterhaltung des Mietverhältnisses für den Betreuten vorteilhaft ist. Kommt eine Fortsetzung für den Betreuten nicht infrage, muss er reagieren. Im Fall des Eintritts gemäß § 563 Abs. 1 und 2 BGB muss innerhalb eines Monats, nachdem vom Tod des Mieters Kenntnis erlangt wurde, dem Vermieter gegenüber erklärt werden, dass das Mietverhältnis nicht fortgesetzt werden soll, § 563 Abs. 3 BGB. Dazu ist eine bereuungsgerichtliche Genehmigung nach § 1833 Abs. 3 Satz 1 Nr. 2 BGB erforderlich, weil damit Wohnraum aufgegeben wird, den der Betreute bisher (schon) selbst genutzt hat (er war ja schon Mitbewohner). Da es sich hierbei um ein einseitiges Rechtsgeschäft handelt, ist § 1833 Abs. 3 Satz 2 i. V. m. § 1858 Abs. 1 BGB zu beachten; die Genehmigung muss vor Abgabe der Erklärung eingeholt werden.

27 § 563 Abs. 3 Satz 2 BGB verweist bei geschäftsunfähigen Betreuten oder bei Betreuten, für die im Bereich Wohnungsangelegenheiten ein Einwilligungsvorbehalt besteht, auf § 210 BGB. Die entsprechende Anwendung dieser Norm soll bewirken, dass Geschäftsunfähige oder Betreute, für die ein entsprechender Einwilligungsvorbehalt besteht, vor einem endgültigen Eintritt in das Mietverhältnis, der auch mit Pflichten verbunden ist, geschützt werden; der Fristablauf wird gehemmt. Die Frist endet nicht vor Ablauf eines Monats, nachdem der Mangel der Vertretung aufgehört hat. Es kommt in diesen Fällen auf die Kenntnis des Betreuers vom Eintritt nach § 563 BGB an; § 166 Abs. 1 BGB gilt entsprechend.

28 Tritt der Betreute als Erbe gemäß § 564 BGB in das Mietverhältnis ein, kann innerhalb eines Monats außerordentlich mit der gesetzlichen Frist von drei Monaten (§ 573d Abs. 2 Satz 1 BGB)

gekündigt werden, nachdem der Betreute bzw. der Betreuer (bei Geschäftsunfähigkeit des Betreuten bzw. angeordnetem Einwilligungsvorbehalt) vom Tod des Mieters und davon Kenntnis erlangt hat, dass ein Eintritt in das Mietverhältnis oder dessen Fortsetzung (nach §§ 563, 563a BGB) nicht erfolgt ist, § 564 Satz 2 BGB. Hierzu ist keine betreuungsgerichtliche Genehmigung erforderlich, da es sich nicht um Wohnraum handelt, den der Betreute bisher selbst genutzt hat. Lebte der Betreute mit dem verstorbenen alleinigen Mieter zusammen in der Mietwohnung und erklärt der Betreuer zunächst die Nichtfortsetzung des Mietverhältnisses (§ 563 Abs. 3 BGB), tritt daraufhin aber der Betreute als Erbe in das Mietverhältnis ein, ist für die Kündigung nach § 564 Satz 2 BGB eine betreuungsgerichtliche Genehmigung nach § 1833 Abs. 3 Satz 1 Nr. 1 BGB erforderlich, da ein vom Betreuten genutzter Wohnraum aufgegeben wird.

2.1.6 Kündigung des Mietverhältnisses durch Vermieter

Kündigt der Vermieter das Mietverhältnis, hat der Betreuer dies unverzüglich dem Gericht 29
anzuzeigen, § 1833 Abs. 2 Satz 2 BGB; gleichzeitig teilt er mit, welche Maßnahmen er zu ergreifen beabsichtigt, z. B. ob er gegen eine Kündigung vorgehen oder diese akzeptieren will. Dies gilt allerdings nur dann, wenn der Aufgabenkreis des Betreuers die entsprechende Angelegenheit umfasst (z. B. Wohnungs- bzw. Mietangelegenheiten). Besteht die Gefahr, dass der Betreute seinen Wohnraum verliert, diese Angelegenheit aber nicht vom Aufgabenkreis des Betreuers umfasst ist (z. B. nur Vermögensangelegenheiten), hat der Betreuer das Betreuungsgericht gemäß § 1864 Abs. 2 Nr. 3 BGB hierauf hinzuweisen, um eine Erweiterung des Aufgabenkreises zu ermöglichen.

Liegt eine ordentliche Kündigung (§ 573 bis § 573c BGB) oder außerordentliche Kündigung mit 30
gesetzlicher Frist (§ 573d BGB) vor, prüft der Betreuer zunächst, ob die Kündigung wirksam ist (ob z. B. die angegebenen Gründe zutreffen). Ist die Kündigung wirksam erfolgt, wird der Betreuer zunächst mit dem Vermieter in Verbindung treten und eine Lösung suchen. Scheitert dies, könnte ein Widerspruch nach § 574 BGB angezeigt sein, wenn die Kündigung für den Betreuten eine Härte bedeuten würde. Ist die Kündigung erkennbar nicht wirksam erfolgt, sollte der Betreuer in der Regel erst im Räumungsklageverfahren reagieren.

Liegt eine außerordentliche fristlose Kündigung nach § 569 i. V. m. § 543 BGB vor, ist ein 30a
Widerspruch nach § 574 BGB ausgeschlossen. Es ist zu prüfen, ob die Kündigung wirksam erfolgt ist. Es bietet sich auch hier an, mit dem Vermieter in Verbindung zu treten und eine Lösung zu suchen. Scheitert dies, wird der Betreuer in der Regel erst im Räumungsklageverfahren weiter tätig werden. Liegen die Voraussetzungen des § 569 BGB vor (wichtiger Grund gemäß § 543 BGB), dürfte es sinnvoll sein, der Räumungsklage aus dem Weg zu gehen, da diese mit nicht unerheblichen Kosten verbunden sein kann.

Interessant ist das Urteil des BGH (Urt. v. 9.11.2016 – VIII ZR 73/16). Kündigt der Vermieter 30b
fristlos, verlangt § 543 Abs. 1 Satz 2 BGB eine Abwägung der beiderseitigen Interessen der Mietvertragsparteien und eine Berücksichtigung aller Umstände des Einzelfalls; hierzu gehören auch etwaige Härtegründe aufseiten des Mieters. Etwa kann die Besorgnis einer ernsthaften Verschlechterung des Gesundheitszustands eines 97-jährigen bettlägerigen Mieters infolge eines erzwungenen Wechsels der bisherigen häuslichen Umgebung und Pflegesituation bei der Gesamtabwägung nach § 543 Abs. 1 Satz 2 BGB zur Folge haben, dass trotz einer erheblichen Pflichtverletzung aufseiten des Mieters wegen besonders schwerwiegender persönlicher Härtegründe kein wichtiger Grund für eine außerordentliche Kündigung vorliegt (BGH, Urt. v. 9.11.2016 – VIII ZR 73/16).

2.2 Aufgabe von Wohnraum des Betreuten durch Vermietung

Nachdem der Betreute z. B. in einem Heim dauerhaft aufgenommen wurde, stellt sich für den 31
Betreuer häufig die Frage, ob er die Eigentumswohnung oder das Einfamilienhaus des Betreuten veräußern oder vermieten soll. In der Regel sind finanzielle Gründe die Ursache.

2.2.1 Vermietung von Wohnraum, den der Betreute selbst genutzt hat

32 Ist der Betreute Eigentümer eines Wohnhauses oder einer Eigentumswohnung und hat er bisher den Wohnraum selbst bewohnt, kann der Betreuer diesen fremdvermieten. Dabei wird er zwischen einer unbefristeten oder befristeten Vermietung wählen. Letztere wird sich dann anbieten, wenn eine Rückkehr des Betreuten in die Wohnung in absehbarer Zeit nicht ausgeschlossen werden kann; dabei sind die §§ 575 und 575a BGB zu beachten. Der befristete Mietvertrag für längere Zeit als ein Jahr muss schriftlich geschlossen werden, § 550 BGB. Der unbefristete Mietvertrag bedarf keiner Form, sollte aber zu Beweiszwecken immer schriftlich abgefasst sein. Beim unbefristeten Vertrag sind die Kündigungsvoraussetzungen und Fristen sowie das Widerspruchsrecht des Mieters zu beachten, falls eine Beendigung des Mietverhältnisses erforderlich wird, §§ 573 bis 574c BGB.

33 Zum Mietvertrag ist eine gerichtliche Genehmigung nach § 1833 Abs. 3 Satz 1 Nr. 3 BGB erforderlich, unabhängig davon, ob das Mietverhältnis unbefristet oder befristet und auf welchen Zeitraum es geschlossen wird. Die Genehmigung kann dem Vertragsschluss nachfolgen, § 1833 Abs. 3 Satz 2 i. V. m. § 1856 Abs. 1 BGB. Der Betreuer kann zunächst den Mietvertrag schließen und dann die erforderliche Genehmigung beantragen. In einem solchen Fall ist es aber sinnvoll, den Mieter darauf hinzuweisen, dass die Wirksamkeit des Vertrags von der Erteilung einer gerichtlichen Genehmigung abhängt.

2.2.2 Untervermietung von Wohnraum

34 Möchte der Betreuer gemieteten Wohnraum des Betreuten (befristet) untervermieten, damit bei dessen Rückkehr der Lebensmittelpunkt noch zur Verfügung steht, kann er dies nicht ohne Erlaubnis des Vermieters durchführen, §§ 549 Abs. 1, 540 BGB. Für den Untermietvertrag ist generell eine gerichtliche Genehmigung nach § 1833 Abs. 3 Satz 1 Nr. 3 BGB erforderlich, unabhängig von der vereinbarten Mietdauer. Die Wirksamkeit des Vertrags hängt somit von der gerichtlichen Genehmigung ab; darauf sollte der Untermieter hingewiesen werden.

2.2.3 Vermietung von Wohnraum, den der Betreute nicht selbst genutzt hat

35 Vermietet der Betreuer eine im Eigentum des Betreuten stehende Wohnung, die dieser vorher nicht selbst genutzt hat (nicht Lebensmittelpunkt), bedarf der Betreuer nach § 1853 Satz 1 Nr. 1 BGB einer gerichtlichen Genehmigung, wenn das Mietverhältnis auf einen längeren Zeitraum als vier Jahre geschlossen werden soll. Das ist der Fall, wenn durch einen befristeten Mietvertrag der Zeitrahmen überschritten wird. Bei unbefristeten Mietverträgen siehe oben Rn. 4.

2.2.4 Nutzung einer Eigentumswohnung durch eine nichteheliche Lebensgemeinschaft

36 Nicht unproblematisch kann sich in der Praxis der Fall darstellen, wenn der Betreute mit einer anderen Person in einer nichtehelichen Lebensgemeinschaft gemeinsam eine Eigentumswohnung nutzt, die in seinem Alleineigentum steht und er dauerhaft in ein Pflegeheim übersiedelt. Im Zweifel wird die Mitbenutzung durch den anderen Partner nicht auf vertraglicher, sondern auf tatsächlicher Grundlage beruhen. Zwar wäre grundsätzlich der Abschluss eines (formlosen) Leihvertrags möglich, in der Regel wird aber eine unentgeltliche Gebrauchsüberlassung aus tatsächlichem Leistungsgefüge vorliegen. Ist für den Wohnungseigentümer ein Betreuer im Aufgabenbereich „Vermögenssorge und/oder Wohnungsangelegenheiten“ bestellt und ist der Betreute geschäftsunfähig oder ist für diesen Bereich ein Einwilligungsvorbehalt angeordnet, kann der Betreuer vom anderen Partner gemäß § 985 BGB die Herausgabe der im Alleineigentum des Betreuten stehenden und bis dahin gemeinsam genutzten Wohnung verlangen. Dies gilt nicht, wenn die Partner generell oder für diesen Fall eine anderweitige und auch den Betreuer bindende rechtliche Regelung (etwa durch Einräumung eines Wohnrechts) getroffen haben. Vom Zeitpunkt des Umzugs des Betreuten und dem Herausgabeverlangen seines Betreuers an ist der in dem Haus verbliebene Partner gemäß § 987 BGB mangels anderer Vereinbarung zur Zahlung einer Nutzungsentschädigung verpflichtet (BGH, Beschl. v. 30.4.2008 – XII ZR 110/06).

2.3 Faktische Aufgabe von Wohnraum

Übersiedelt der Betreute in ein Pflegeheim, können sich in Bezug auf seinen bisherigen 37 Wohnraum verschiedene Gestaltungsmöglichkeiten ergeben. Bewohnte der Betreute bisher eine Mietwohnung, wird das Mietverhältnis in der Regel durch den Betreuer beendet werden. Dafür ist eine Genehmigung nach § 1833 Abs. 3 Satz 1 Nr. 1 oder Nr. 2 BGB erforderlich. Wird aber zunächst die Wohnung geräumt oder entrümpelt, aber eine Beendigung des Mietverhältnisses (zunächst) nicht vorgenommen, oder werden Tatsachen geschaffen, durch die eine Unbewohnbarkeit hergestellt wird (z. B. durch Kündigung von Wasser-, Strom- und Gasbezug oder Veräußerung des Hausrats), hat der Betreuer dies unter Angabe der Gründe und der Sichtweise des Betreuten dem Betreuungsgericht unverzüglich anzuzeigen, § 1833 Abs. 2 Satz 1 BGB.

Lebte der Betreute bisher in seiner Eigentumswohnung oder im eigenen Haus und ist eine 38 Rückkehr in die Wohnung auf Dauer ausgeschlossen, wird der Betreuer überlegen, ob er das Objekt vermietet oder veräußert. Sicherlich gibt es Fälle, in denen die Wohnung weiter gehalten werden kann, weil der Betreute dies wünscht und dies ohne Gefahr für seine weitere Versorgung zu finanzieren ist. Auch kann ein geplanter Verkauf oder eine Vermietung sich verzögern, weil die Wohnung erst geräumt oder entmüllt werden muss. In diesen Fällen hat der Betreuer dies unter Angabe der Gründe und der Sichtweise des Betreuten dem Betreuungsgericht unverzüglich anzuzeigen, § 1833 Abs. 2 Satz 1 BGB.

Besteht für den Betreuten ein dingliches Nutzungsrecht, z. B. ein Wohnungsrecht (§ 1093 BGB) 39 oder ein Nießbrauch (§ 1030 ff. BGB), und ist eine Rückkehr auf Dauer ausgeschlossen, steht die Frage der weiteren Nutzung oder einer Löschung des Rechts im Raum. Da ein Wohnungsrecht in der Regel nicht Dritten überlassen werden kann, bleibt der Wohnraum unbenutzt oder er wird durch den Betreuer dem Eigentümer zur Nutzung überlassen. Dies hat der Betreuer unter Angabe der Gründe und der Sichtweise des Betreuten dem Betreuungsgericht unverzüglich anzuzeigen, § 1833 Abs. 2 Satz 1 BGB. Besteht für den Betreuten ein Nießbrauch, kann nach § 1059 Satz 2 BGB die Nutzung des bisherigen Wohnraums des Betreuten einem Dritten überlassen werden (z. B. durch Vermietung). In diesem Fall ist eine Genehmigung nach § 1833 Abs. 3 Satz 1 Nr. 3 BGB erforderlich. Ist vertraglich entgegen § 1059 Satz 2 BGB eine Vermietung ausgeschlossen, bleibt somit der Wohnraum unbenutzt, hat der Betreuer dies ebenfalls unter Angabe der Gründe und der Sichtweise des Betreuten dem Betreuungsgericht unverzüglich anzuzeigen, § 1833 Abs. 2 Satz 1 BGB. § 1833 Abs. 2 BGB ermöglicht dem Gericht ein Eingreifen im Rahmen der Aufsicht nach § 1862 BGB. Das Betreuungsgericht hat eine Prüfung durchzuführen und dabei auf die Einhaltung der Pflichten des Betreuers zu achten, die sich aus § 1833 Abs. 1 i. V. m. § 1821 Abs. 2 bis 4 BGB ergeben.

2.4 Ansprüche des Vermieters nach Beendigung des Mietvertrags

2.4.1 Mietzahlung bis zur Beendigung des Mietverhältnisses

Der Vermieter hat Anspruch auf die Mietzahlung bis zum Ablauf der Kündigungsfrist, § 535 40 Abs. 2 BGB. Dies ist regelmäßig unproblematisch, wenn der Betreute über ausreichendes Einkommen und Vermögen verfügt. Ist der Betreute vermögenslos, kann das wirtschaftliche Risiko nicht auf den Vermieter abgewälzt werden; der Sozialhilfeträger ist verpflichtet, die Mietzahlung zu übernehmen, bis das Vertragsverhältnis ordnungsgemäß beendet ist. Siehe hierzu auch oben Rn. 22.

2.4.2 Rückgabe der Mietsache

Mit Beendigung des Mietverhältnisses hat der Mieter (Betreute) die Wohnungsschlüssel an den 41 Vermieter zu übergeben. Solange er dies nicht tut, ist er rechtlich noch Besitzer der Wohnung.

Der Mieter hat die Mietsache in dem Zustand zurückzugeben, in dem sie sich zur Zeit der 42 Beendigung des Mietverhältnisses befindet (geräumt). Allerdings hat er Veränderungen oder Verschlechterungen zu vertreten, die über den vertragsgemäßen Gebrauch (§ 538 BGB) hinaus herbeigeführt wurden. Bei einer Mittellosigkeit des Betreuten kann der Vermieter eine evtl.

A

erforderliche Wohnungsrenovierung nicht mehr durchsetzen. Selbst die Kosten, die ihm dadurch entstehen, dass er das Inventar und den Hausrat des Betreuten entfernen muss, werden ihm unter Umständen nicht erstattet. Klagt er diese Kosten ein, erhält er einen Vollstreckungstitel, der ihm 30 Jahre lang einen Zugriff ermöglicht. Hier ist für den Betreuer Vorsicht geboten, denn in der Zwangsvollstreckung gilt die Vermögensfreigrenze des § 90 SGB XII nicht.

43 Das LSG Baden-Württemberg, Urt. v. 23.11.2006 – L 7 SO 4415/05 hat entschieden, dass die Kosten für Schönheitsreparaturen in der gemieteten Wohnung nicht im Regelsatz enthalten sind. Kosten der Unterkunft im Sinne von SGB XII sind nicht nur laufende Kosten, sondern auch einmalige Aufwendungen, die mit Bezug, Unterhaltung und Wechsel der Unterkunft zusammenhängen. Die Kosten einer Auszugsrenovierung sind im Rahmen der Grundsicherung jedenfalls dann zu erstatten, wenn der Hilfeempfänger hierzu mietvertraglich verpflichtet ist und der Wechsel in eine andere Wohnung unter dem Gesichtspunkt der Angemessenheit der Kosten notwendig war. Dieser Anspruch steht unter dem Vorbehalt des Nachrangs der Sozialhilfe (§ 2 SGB XII), wenn und soweit der Hilfeempfänger in der Lage ist, die Renovierung selbst durchzuführen. Zu den tatsächlichen Aufwendungen gemäß § 29 Abs. 1 Satz 1 SGB XII gehören neben den Kosten der Schönheitsreparaturen auch vertragliche Schadenersatzansprüche des Vermieters, die wegen der verspäteten Ausführung der Schönheitsreparaturen entstanden sind. Für die Entscheidung über die Kosten einer Auszugsrenovierung bleibt der Träger der Sozialhilfe zuständig, in dessen Bezirk sich die bisherige Wohnung des Hilfeempfängers befindet, auch wenn dieser aus diesem Bezirk fortzieht, bevor der Hilfefall tatsächlich geregelt ist.

44 Das LSG Niedersachsen-Bremen (Urt. v. 16.7.2007 – L 13 SO 26/07) hat entschieden, dass zu den Unterkunftskosten nach § 29 Abs. 1 SGB XII auch notwendige Auszugsrenovierungskosten gehören. Kosten der Unterkunft nach § 29 Abs. 1 SGB XII sind nicht nur laufende Kosten, sondern auch einmalige Aufwendungen, die mit Bezug, Unterhaltung und Wechsel der Unterkunft zusammenhängen. Die Kosten einer Auszugsrenovierung sind im Rahmen der Grundsicherung gemäß § 41 ff. SGB XII dann zu erstatten, wenn der Sozialhilfeempfänger hierzu mietvertraglich verpflichtet ist und der Wechsel in eine andere Wohnung unter dem Gesichtspunkt der Angemessenheit der Kosten notwendig war. Auch Kosten einer Auszugsrenovierung, die wegen der verspäteten Ausführung der Schönheitsreparaturen entstanden sind, gehören zu den Unterkunftskosten im Sinne des § 29 Abs. 1 Satz 1 SGB XII. Wohnungsräumungskosten sind nicht vom Regelsatz erfasst, sondern den Unterkunftskosten nach § 29 Abs. 1 Satz 1 SGB XII zuzuordnen. Ebenso wie die Kosten der Auszugsrenovierung stellen auch Räumungskosten einmalige Aufwendungen dar, die mit dem Wechsel der Unterkunft zusammenhängen. Insoweit gilt auch der Nachranggrundsatz des § 2 SGB XII, wonach grundsätzlich der Sozialhilfeempfänger gehalten ist, die Räumung der Wohnung selbst bzw. mithilfe von Freunden und Bekannten durchzuführen. Unter Umständen sind „Umzugskosten" auch Kosten der Räumung und Entsorgung in der alten Wohnung vorhandener Möbel und Geräte bei Aufnahme ins Pflegeheim.

45 Das LSG Niedersachsen-Bremen (Urt. v. 8.3.2012 – L 13 AS 22/12 B ER) stellt fest, dass eine notwendige Grundreinigung und Renovierung einer Messie-Wohnung zwar nicht auf der Grundlage von §§ 24 Abs. 1 Satz 1, 21 Abs. 6 Satz 1 SGB II zu regeln sind, als Anspruchsgrundlage für das Aufräumen der Wohnung aber § 67 SGB XII i. V. m. § 4 VO zu § 69 SGB XII in Betracht kommen kann.

Hinweis:

Der Betreuer ist nicht verpflichtet, Renovierungs- oder Entrümpelungsmaßnahmen selbst durchzuführen. Sollte er diese Tätigkeiten im „Verwandtenkreis" des Betreuten organisieren können, wäre dies sicherlich von Vorteil. Ob der Sozialhilfeträger die Kosten übernimmt, ist im Einzelfall zu klären. Im Übrigen sollte der Betreuer zunächst prüfen, ob Schönheitsreparaturen überhaupt durchzuführen sind.

2.5 Kündigung durch den Betreuten oder dessen Angehörige

2.5.1 Kündigung durch Betreuten selbst

Kündigt der geschäftsfähige Betreute seinen Wohnraum selbst, bedarf er weder der Zustimmung des Betreuers noch einer gerichtlichen Genehmigung. Sollte eine solche Maßnahme im Raum stehen und würde sich der Betreute durch die beabsichtigte Kündigung objektiv schädigen, muss der Betreuer einen Einwilligungsvorbehalt (§ 1825 BGB) anregen und evtl. seinen Aufgabenkreis erweitern lassen, § 1864 Abs. 2 Satz 2 Nr. 3 und 4 BGB. 46

2.5.2 Kündigung durch Angehörige

Häufig kündigen nahe Angehörige nach Umzug des Betroffenen in ein Pflegeheim, aber noch vor Bestellung eines Betreuers das Mietverhältnis über den Wohnraum des Betreuten. Diese Kündigung ist nicht wirksam, denn die Angehörigen handeln als Vertreter ohne Vertretungsmacht. Da ein einseitiges Rechtsgeschäft vorliegt, ist eine Heilung der Kündigung durch den Betreuer grundsätzlich nicht möglich, § 180 Satz 1 BGB. Soweit allerdings der Vermieter die behauptete Vertretungsmacht nicht beanstandet oder mit ihr einverstanden ist, kann die Kündigung durch eine Genehmigung des Betreuers mit vorher eingeholter betreuungsgerichtlicher Genehmigung nachträglich zur Wirksamkeit gebracht werden, § 180 Satz 2, § 184 Abs. 1 BGB. 47

2.6 Aufgabe eines auf Lebenszeit bestehenden Wohnungsrechts

2.6.1 Umfang des Wohnungsrechts

Das Wohnungsrecht gestattet es dem Berechtigten, ein Gebäude oder einen Teil des Gebäudes unter Ausschluss des Eigentümers als Wohnung zu benutzen, § 1093 BGB. Das Recht wird unter der Bezeichnung „Wohnungsrecht" in das Grundbuch eingetragen. Um den genauen Inhalt des Rechts herauszufinden, muss die Eintragungsbewilligung, auf die bei der Eintragung Bezug genommen wird, herangezogen werden. Soweit diese nicht in den Unterlagen des Betreuten aufzufinden ist, lässt sich dies durch Einsicht in die Grundakten beim zuständigen Grundbuchamt in Erfahrung bringen. 48

2.6.2 Beendigung der Ausübung durch den Berechtigten

Wird die Ausübung des Wohnungsrechts durch einen Umzug in ein Pflegeheim beendet, ergibt sich die Frage, ob für den Betreuten eine weitergehende Nutzung erzielt werden kann. Besteht das Wohnungsrecht als Bestandteil eines Leibgedings bzw. Altenteils (§ 49 GBO), sehen die meisten Ausführungsgesetze zum BGB (i. V. m. § 96 EGBGB) die Zahlung einer Geldrente durch den Verpflichteten vor, z. B. Art. 18 BayAGBGB, der ausführt: „Muss der Berechtigte aus besonderen Gründen das Grundstück auf Dauer verlassen, so hat der Verpflichtete ihm für die Befreiung von der Pflicht zur Gewährung der Wohnung und zu Dienstleistungen eine Geldrente zu zahlen, die dem Wert der Befreiung nach billigem Ermessen entspricht." 49

Anders verhält es sich, wenn ein Wohnungsrecht außerhalb eines Leibgedings besteht. Hier führt allein der Eintritt der Pflegebedürftigkeit des Wohnungsberechtigten und der damit einhergehende Umzug in ein Pflegeheim nicht zum Erlöschen des Rechts. Allerdings ist der Verpflichtete (Grundstückseigentümer) auch nicht berechtigt, das Wohnungsrecht in eigener Person auszuüben. Fraglich könnte sein, ob der Berechtigte seinerseits die Wohnung weitervermieten und die erzielbaren Beträge einziehen kann. Dies verneint jedoch § 1093 Abs. 2 BGB, der dem Berechtigten lediglich die Aufnahme seiner Familie sowie die zur standesgemäßen Bedienung und Pflege erforderlichen Personen zulässt. Das stellt sich anders dar, wenn der Eigentümer bei der Einräumung des Wohnungsrechts dem Berechtigten etwas anderes ausdrücklich gestattet hat, § 1092 Abs. 1 Satz 2 BGB. 50

Hinweis:

Der Betreuer sollte unbedingt die Bestellungsurkunde einsehen, um herauszufinden, in welchem Umfang das Wohnungsrecht besteht, ob eine Entschädigung durch den Eigentümer für den Fall des Umzugs in ein Pflegeheim vereinbart und evtl. vertraglich die Vermietung der Wohnung durch den Berechtigten gestattet wurde. Soweit die Urkunde nicht aufgefunden werden kann, empfiehlt sich die Einsicht in die Grundakte beim Grundbuchamt, in der sich die sog. Eintragungsbewilligung befindet, aus der sich die erforderlichen Daten ergeben.

2.6.3 Aufhebung des Wohnungsrechts durch den Berechtigten

51 Verlässt der Berechtigte (Betreute) dauerhaft die Wohnung, meist durch Umzug in ein Pflegeheim, kann er sein Recht nicht mehr ausüben; im Regelfall, soweit keine andere Vereinbarung gemäß § 1092 Abs. 1 Satz 2 BGB getroffen wurde, kann er das Recht auch nicht Dritten überlassen.

52 Meist möchte der Grundstückseigentümer erreichen, dass das Wohnungsrecht aufgehoben und im Grundbuch gelöscht wird. Dazu ist allerdings eine Aufhebungserklärung des berechtigten Betreuten nach § 875 BGB und die Abgabe einer Löschungsbewilligung erforderlich. Handelt ein Betreuer, bedarf dieser einer betreuungsgerichtlichen Genehmigung nach § 1833 Abs. 3 Satz 1 Nr. 4 BGB (verdrängt § 1850 Nr. 1 BGB). Zunächst ist festzuhalten, dass ein in der Person des Berechtigten liegendes Ausübungshindernis generell nicht zum Erlöschen des Wohnungsrechts führt, selbst wenn das Hindernis auf Dauer besteht. Das Recht erlischt nur, wenn seine Ausübung aus tatsächlichen oder rechtlichen Gründen dauernd unmöglich wird. Das ist unter anderem der Fall, wenn das Recht niemandem mehr einen Vorteil bietet. An diesen Voraussetzungen fehlt es aber, wenn das Wohnungsrecht aufgrund der Aufnahme des Berechtigten in ein Pflegeheim nicht ausgeübt werden kann (BGH, Urt. v. 19.1.2007 – V ZR 163/06). Somit hat das Recht weiterhin Bestand und ist grundsätzlich auch nicht wertlos. Der Umzug des Wohnberechtigten in ein Pflegeheim stellt ein subjektives Ausübungshindernis dar, das den Grundeigentümer auch nicht automatisch zur Zahlung einer Geldrente in Höhe des Mietwerts verpflichtet. Vielmehr kommt ein solcher Anspruch allenfalls nach den Grundsätzen einer Änderung der Geschäftsgrundlage dann in Betracht, wenn der Eigentümer durch den endgültigen Wegfall wirtschaftliche Vorteile erlangt (OLG Celle, Beschl. v. 15.10.2007 – 4 W 195/07). Gibt der Berechtigte das Wohnrecht auf, weil er aufgrund seiner gesundheitlichen Entwicklung pflegebedürftig wird, geht die Anpassung nach den Grundsätzen der Änderung der Geschäftsgrundlage je nach den Umständen des Einzelfalls dahin, dass der Eigentümer jedenfalls die durch den Wegfall des Wohnrechts erlangten wirtschaftlichen Vorteile oder ersparte Aufwendungen zu entgelten hat; es kann auch die Vermietung der dem Wohnrecht unterliegenden Räume und Abführung des Erlöses an den Wohnberechtigten in Betracht kommen. Denkbar wäre auch eine Geldrente nach Maßgabe des Mietwerts, wenn der Eigentümer nicht vermietet, sondern selbst nutzt.

53 Der Wert eines Wohnungsrechts kann unter anderem nach folgender Methode grob berechnet werden:

54 Man stellt die ortsübliche Gebrauchsmiete fest und rechnet die Gesamtsumme der Mietzahlungen aus, die bis zu dem nach der aktuellen statistischen Lebenserwartung zu erwartenden Ende des Wohnungsrechts erspart werden. Der Kapitalwert einer lebenslänglichen Nutzung oder Leistung berechnet sich gemäß Anlage zu § 14 Abs. 1 BewG unter Zugrundelegung der am 4.10.2021 veröffentlichten Allgemeinen Sterbetafel 2018/2020 des Statistischen Bundesamts unter Berücksichtigung von Zwischenzinsen und Zinseszinsen ab dem Bewertungsstichtag 1.1.2022 wie folgt:

Auszug: 55

Vollendetes Lebensalter	Männer		Frauen	
	durchschnittliche Lebenserwartung	Kapitalwert	durchschnittliche Lebenserwartung	Kapitalwert
70	14,39	10,036	17,03	11,175
75	11,10	8,370	13,18	9,457
80	8,09	6,567	9,59	7,502
85	5,55	4,803	6,53	5,512

Beispiel:

Das Wohnungsrecht umfasst 90 m²; die erzielbare Nettomiete pro m² beträgt 7 EUR. Der Betreute ist 75 Jahre alt und männlich.

90 × 7 × 12 = 7.560,00 EUR Jahresnettomiete
durchschnittliche Lebenserwartung: 11,10 Jahre; Kapitalwert: 8,370

Wert des Wohnungsrechts: 7.560,00 EUR × 8,370 = 63.277,20 EUR

Soll das Wohnungsrecht gelöscht werden, sollte eine gütliche Einigung zwischen dem 56 Berechtigten und dem Verpflichteten dahingehend getroffen werden, dass der Berechtigte verbindlich auf das Wohnrecht in vollem Umfang verzichtet, dem Verpflichteten eine Löschungsbewilligung erteilt und dieser im Gegenzug

- eine Abfindung zahlt, deren Höhe sich nach dem Wert des Wohnungsrechts unter Berücksichtigung der gegenwärtigen Lebenserwartung des Berechtigten richtet.
- durch Vereinbarung erklärt, die Pflegeheimkosen vollständig oder teilweise zu übernehmen.
- die Mieteinnahmen ganz oder teilweise dem Berechtigten zur Verfügung stellt.

Eine Aufhebung des Wohnungsrechts ohne jegliche Gegenleistung würde an sich eine 57 Schenkung nach § 516 BGB darstellen (unentgeltliche Bereicherung des Grundstückseigentümers aus dem Vermögen des Berechtigten), sodass neben dem Genehmigungstatbestand des § 1833 Abs. 3 Satz 1 Nr. 4 BGB noch § 1854 Nr. 8 BGB zu beachten sein könnte. Grundsätzlich kann nicht davon ausgegangen werden, dass die Aufhebung des Wohnungsrechts ein Gelegenheitsgeschenk darstellt oder nach den Lebensverhältnissen des Betreuten als üblich betrachtet werden kann. Besteht nach Übersiedelung des Betreuten in ein Pflegeheim jedoch keine Aussicht auf eine Rückkehr und Nutzung des Rechts zugunsten des Betreuten und darf der Berechtigte das Recht auch einem Dritten nicht zur Ausübung überlassen (§ 1092 Abs. 1 Satz 2 BGB), stellt das Recht an sich keinen (echten) Vermögenswert für den Betreuten mehr dar. Es stellt nur insoweit einen aktiven Wert dar, als es ihm persönlich die Wohnungsnutzung ermöglicht. Daher liegt in dem Verzicht auf das Wohnungsrecht nur dann eine unentgeltliche Vermögenszuwendung, solange eine Wiederaufnahme der Wohnnutzung durch den Betreuten in Betracht kommt. Besteht jedoch endgültig kein Interesse an der Wohnnutzung mehr, verliert das Wohnungsrecht seinen Nutzwert und – da es auch durch Vermietung nicht fruchtbar gemacht werden kann – auch seinen Vermögenswert insgesamt. Der Verzicht auf ein wertlos gewordenes Wohnungsrecht erfüllt aber nicht den Begriff einer Schenkung (Bereicherung eines anderen). Da das Wohnungsrecht keinen Vermögenswert mehr darstellt, kann der Verzicht auf das Recht auch nicht von einer Abfindungszahlung durch den Grundstückseigentümer abhängig gemacht werden (BGH, Beschl. v. 25.1.2011 – XII ZB 479/11). Die Genehmigung nach § 1833 Abs. 3 Satz 1 Nr. 4 BGB bleibt jedoch erforderlich.

Das Wohnungsrecht erlischt mit dem Tod des Berechtigten (es ist nicht vererblich). Häufig 57a befinden sich aber noch Einrichtungsgegenstände des verstorbenen Berechtigen in der Wohnung, deren Eigentum auf den/die Erben übergegangen ist. Da der Besitzanspruch an den Wohnräumen durch das Erlöschen des Rechts untergegangen ist, kann der Immobilieneigentümer die Räumung verlangen. Der Betreuer eines Erben sollte die Räumung bewerkstelligen, da sonst mit einer Räumungsklage des Eigentümers zu rechnen ist.

A

2.7 Zusammenfassung

Handlung	**Genehmigung**
Kündigung eines Mietverhältnisses über Wohnraum des Betreuten	§ 1833 Abs. 3 Satz 1 Nr. 1 BGB
Beendigung eines Mietverhältnisses über Wohnraum des Betreuten durch Auflösungsvertrag	§ 1833 Abs. 3 Satz 1 Nr. 2 BGB
Nichtfortsetzungserklärung nach § 563 Abs. 3 BGB	§ 1833 Abs. 3 Satz 1 Nr. 2 BGB
Kündigung als Erbe gemäß § 564 BGB	keine Genehmigung
Vermietung von Wohnraum, den der Betreute selbst genutzt hat	§ 1833 Abs. 3 Satz 1 Nr. 3 BGB
Untervermietung von Wohnraum, den der Betreute selbst nutzt	§ 1833 Abs. 3 Satz 1 Nr. 3 BGB
Vermietung von Wohnraum, den der Betreute nicht selbst genutzt hat; das Mietverhältnis dauert länger als vier Jahre an	§ 1853 Satz 1 Nr. 1 BGB
Vermietung von Wohnraum, den der Betreute nicht selbst genutzt hat; das Mietverhältnis wird auf unbestimmte Zeit geschlossen	keine Genehmigung – streitig –
Veräußerung eines Hausgrundstücks bzw. einer Eigentumswohnung, wenn damit die Aufgabe von Wohnraum des Betreuten verbunden ist	§ 1833 Abs. 3 Satz 1 Nr. 4 BGB
Veräußerung eines Hausgrundstücks bzw. einer Eigentumswohnung, wenn damit die Aufgabe von Wohnraum des Betreuten nicht verbunden ist	§ 1850 Nr. 1 BGB
Aufgabe eines Wohnungsrechts (§ 1093 BGB) des Betreuten	§ 1833 Abs. 3 Satz 1 Nr. 4 BGB
	Mitteilungspflicht
faktische Aufgabe von Wohnraum des Betreuten, den dieser selbst genutzt hat	§ 1833 Abs. 2 Satz 1 BGB
Kündigung eines Mietverhältnisses durch den Vermieter	§ 1833 Abs. 2 Satz 2 BGB
Kündigung eines Heimplatzes nach den Regeln des WBVG	§ 1833 Abs. 2 Satz 1 BGB

3. Hausgrundstück und Eigentumswohnung

58 Soweit der Betreuer für den Betreuten den Erwerb oder die Veräußerung eines Hausgrundstücks oder einer Eigentumswohnung vornimmt, sind betreuungsgerichtliche Genehmigungen einzuholen. Auch wenn regelmäßig für diese Rechtsgeschäfte die Mitwirkung eines Notars erforderlich ist, sollte der Betreuer erforderliche Genehmigungspflichten erkennen. Bevor ein Grundstücksgeschäft durch den Betreuer vorgenommen wird, ist eine Rücksprache mit dem Betreuungsrechtspfleger und dessen Beratung nach § 1861 Abs. 1 BGB angebracht. Unterlagen zur Sachverhaltsaufklärung und Wertgutachten sind, soweit vorhanden, vorzulegen.

3.1 Erwerb eines Hausgrundstücks zur Wohnraumbeschaffung

3.1.1 Entgeltlicher Erwerb

59 Kauft der Betreuer ein Hausgrundstück oder eine Eigentumswohnung im Namen des Betreuten, um diesem Wohnraum zu beschaffen, ist eine betreuungsgerichtliche Genehmigung nach § 1850 Nr. 6 BGB erforderlich. Es handelt sich um ein (schuldrechtliches) Verpflichtungsgeschäft, durch das der Betreute zum Erwerb verpflichtet wird und ein Entgelt schuldet.

3.1.2 Unentgeltlicher Erwerb

Erwirbt der Betreute ein Hausgrundstück unentgeltlich, z. B. durch Schenkung, bedarf der Betreuer für seine Handlung als gesetzlicher Vertreter keiner betreuungsgerichtlichen Genehmigung (§ 1850 Nr. 6 BGB ist nicht einschlägig). 60

Wird dem Betreuten Wohnungs- oder Teileigentum geschenkt, ist allerdings eine Genehmigung nach § 1850 Nr. 5 i. V. m. Nr. 4 BGB erforderlich; die dingliche Eigentumsverschaffung (§ 873 BGB) erfordert die Genehmigung nach § 1850 Nr. 4 BGB. Umfasst sind somit Verfügungs- und Verpflichtungsgeschäfte. Der entgeltliche Erwerb von Wohnungs- und Teileigentum wird bereits von § 1850 Nr. 6 BGB erfasst. Zwar ist der unentgeltliche Erwerb von Eigentum an einem Grundstück genehmigungsfrei, die besondere Gefährlichkeit des unentgeltlichen Erwerbs von Wohnungs- und Teileigentum liegt aber darin, dass unter Umständen umfangreiche Haftungsfolgen (§ 10 Abs. 8 WEG) eintreten. Die doppelte Sicherung beim Erwerb (Verpflichtungs- und Verfügungsgeschäft) ist hinnehmbar, da beide Geschäfte in der Regel in einer einheitlichen notariellen Urkunde vorgenommen werden. Das Gericht wird nur eine Genehmigungsentscheidung erlassen, die beide Genehmigungstatbestände umfasst. 61

3.2 Veräußerung eines Hausgrundstücks oder einer Eigentumswohnung

Veräußert der Betreuer im Namen des Betreuten ein Hausgrundstück oder eine Eigentumswohnung, ist für den Kaufvertrag (Eingehung einer Verpflichtung zur Verfügung über das Grundstück, § 433 Abs. 1 BGB) eine Genehmigung nach § 1850 Nr. 5 i. V. m. Nr. 1 BGB erforderlich. Die dingliche Auflassung des Grundstücks (Übertragung des Eigentums, §§ 873, 925 BGB) stellt eine Verfügung über das Grundstück dar. Der Betreuer unterliegt insoweit dem Genehmigungstatbestand des § 1850 Nr. 1 BGB. Hat der Betreute das Haus oder die Eigentumswohnung bisher selbst genutzt (bewohnt), ist für die Eigentumsübertragung (Verfügung) der Genehmigungstatbestand des § 1833 Abs. 3 Satz 1 Nr. 4 BGB anzuwenden, der dem § 1850 Nr. 1 BGB vorgeht. Das zugrunde liegende Verpflichtungsgeschäft (z. B. Kaufvertrag) fällt unter den Genehmigungstatbestand des § 1850 Nr. 5 BGB, da hierdurch der Lebensmittelpunkt noch nicht aufgegeben, wohl aber eine Verpflichtung zur Verfügung über das Grundstück bzw. die Eigentumswohnung (als Vermögensbestandteil) abgegeben wird. Siehe hierzu A 11, Rn. 82 bis 90. 62

Maßstab für die Erteilung oder Versagung der betreuungsgerichtlichen Genehmigung für Grundstücksgeschäfte sind das Interesse und die Wünsche des Betreuten (§ 1821 Abs. 2 bis 4 BGB). 63

3.3 Zusammenfassung

Handlung	**Genehmigung**
Kauf eines Grundstücks, einer Eigentumswohnung	§ 1850 Nr. 6 BGB
Schenkung eines Grundstücks	keine Genehmigung
Schenkung von Wohnungs- und Teileigentum	§ 1850 Nr. 5 i. V. m. Nr. 4 BGB
Eigentumserwerb an Wohnungs- und Teileigentum	§ 1850 Nr. 4 BGB
Verkauf eines Grundstücks/einer Eigentumswohnung	§ 1850 Nr. 5 i. V. m. Nr. 1 BGB
Auflassung eines Grundstücks, einer Eigentumswohnung	
• verbunden mit Aufgabe von Wohnraum des Betreuten	§ 1833 Abs. 3 Satz 1 Nr. 4 BGB
• nicht mit Aufgabe von Wohnraum des Betreuten verbunden	§ 1850 Nr. 1 BGB

4. Wohn- und Betreuungsverträge (Heimverträge)

Die zivilrechtlichen Grundlagen des Heimvertrags ergeben sich aus dem Wohn- und Betreuungsvertragsgesetz (WBVG). Daneben haben die einzelnen Bundesländer ergänzende Heimgesetze erlassen, z. B. Bayern das Pflege- und Wohnqualitätsgesetz (PfleWoqG) und die dazugehörige Ausführungsverordnung (AVPfleWoqG). 64

4.1 Wohn- und Betreuungsvertragsgesetz (WBVG)

65 Beim Gesetz zur Regelung von Verträgen über Wohnraum mit Pflege- oder Betreuungsleistungen (Wohn- und Betreuungsvertragsgesetz – WBVG) handelt es sich um Vorschriften des bürgerlichen Rechts (Art. 74 Abs. 1 Nr. 1 GG), somit werden abweichende landesrechtliche Regelungen verdrängt.

66 § 1 Abs. 1 Satz 1 WBVG definiert den Vertrag als Vereinbarung der „Überlassung von Wohnraum und zur Erbringung von Pflege- oder Betreuungsleistungen, die der Bewältigung eines durch Alter, Pflegebedürftigkeit oder Behinderung bedingten Hilfebedarfs dienen". Zum Anwendungsbereich enthält das WBVG in den §§ 1 und 2 weitere Erläuterungen, Einschränkungen und Ausnahmen.

67 Im Sinne eines modernen Verbraucherschutzrechts werden die Begriffe Verbraucher (§ 13 BGB) und Unternehmer (§ 14 BGB) als Bezeichnung der Vertragsparteien verwendet. Damit finden sich die gewohnten Begriffe wie Träger, Heimträger und Bewohner nur noch in den Landesgesetzen.

68 Das WBVG soll den speziellen Anliegen beim Abschluss der „Heimverträge" gerecht werden. Dabei geht es um die Bedürfnisse von Menschen im Alter, bei Pflegebedarf und bei Behinderung. Entsprechend einem neuen Qualitätsverständnis in der Pflege soll die „Selbstständigkeit und Selbstverantwortung" der Verbraucher durch „Hilfe zur Selbsthilfe" stärker als bisher unterstützt werden.

4.2 Heimvertrag

4.2.1 Abschluss eines Heimvertrags

69 Gemäß § 6 Abs. 1 Satz 1 WBVG ist Schriftform erforderlich. Der Heimvertrag wird grundsätzlich auf unbestimmte Zeit geschlossen, § 4 Abs. 1 Satz 1 WBVG. Eine Befristung kann nur vereinbart werden, wenn sie den Interessen des Verbrauchers nicht widerspricht. Im Einzelfall kann also eine befristete Aufnahme vereinbart werden, wenn es sich z. B. um eine Kurzzeitpflege handelt. Zum Schutz des künftigen Bewohners hat dieser Anspruch auf (umfangreiche) vorvertragliche Informationen in leicht verständlicher Sprache über Leistungen, Entgelte und das Ergebnis von Qualitätsprüfungen, § 3 WBVG. Soweit ein Betreuer vertritt, ist dieser zu informieren; allerdings muss der Betreute einbezogen werden.

70 Handelt ein Betreuer beim Abschluss des Vertrags für den Betreuten, muss er zunächst prüfen, ob ihm ein ausreichender Aufgabenbereich übertragen ist. Zum Abschluss eines Vertrags und zur Wahrnehmung der daraus resultierenden Rechte und Pflichten berechtigen Aufgabenbereiche wie „Abschluss und Kontrolle eines Heimvertrags" oder „Heimangelegenheiten". Aufenthaltsbestimmung" allein oder zusammen mit „Vermögenssorge" genügen zum Abschluss des Heimvertrags; „Vermögenssorge" allein ist nicht ausreichend. Zwar verpflichtet ein Heimvertrag den Betreuten zu wiederkehrenden Leistungen, § 7 Abs. 2 WBVG, dennoch scheidet eine betreuungsgerichtliche Genehmigung zum Abschluss des Heimvertrags gemäß § 1853 BGB aus, da die Vertragsdauer auf unbestimmte Zeit läuft und jederzeit vor Ablauf von vier Jahren beendet werden kann (§ 11 WBVG). Nachteile sind für den Betreuten durch eine Kündigung nicht gegeben.

71 Schließt der geschäftsfähige Betreute, ohne dass ein Einwilligungsvorbehalt besteht, selbst einen Heimvertrag, ist eine Mitwirkung des Betreuers nicht erforderlich. War aber der Betreute geschäftsunfähig (§ 104 Nr. 2 BGB) oder wurde ein Einwilligungsvorbehalt angeordnet (§ 1825 BGB), hängt die Wirksamkeit des (zunächst schwebend unwirksamen) Vertrags von der Genehmigung des Betreuers ab (§ 4 Abs. 2 Satz 1 und 2 WBVG, § 108 Abs. 2 BGB). Unter Berücksichtigung von bewirkten Leistungen und Gegenleistungen gilt der Vertrag allerdings als wirksam geschlossen, § 4 Abs. 2 Satz 3 WBVG. Solange der Betreuer nicht genehmigt hat, steht dem Heimbetreiber ein Auflösungsrecht (nur) aus wichtigem Grund zu (§ 4 Abs. 2 Satz 4 WBVG).

4.2.2 Wunsch des Betreuten

Gegen den ausdrücklichen Willen (Wunsch) des Betreuten kann der Betreuer den Vertrag nicht schließen, §§ 1823, 1821 Abs. 2 BGB, soweit nicht ausnahmsweise § 1821 Abs. 3 BGB gegeben ist. Eine (gewaltsame) Zuführung des Betreuten durch den Betreuer in ein Pflegeheim, ohne dass die Voraussetzungen des § 1831 BGB vorliegen, ist nicht möglich; eine Unterstützung durch die Betreuungsbehörde nach § 326 FamFG scheidet aus (LG Hannover, Beschl. v. 2.9.2019 – 4 T 70/19). 72

4.2.3 Vereinbarung von Zusatzleistungen

In Heimverträgen mit Leistungsempfängern der Pflegeversicherung bedürfen die Gewährung und Berechnung von Zusatzleistungen (z. B. Einzelzimmer in Pflegeheim) der vorherigen schriftlichen Vereinbarung. Fehlt es hieran, hat der Heimträger wegen der Nutzung einer solchen Zusatzleistung auch keinen Bereicherungsanspruch (BGH, Urt. v. 13.10.2005 – III ZR 400/04). 73

4.3 Beendigung eines Wohn- und Betreuungsvertrags (Heimvertrag)

4.3.1 Tod des Heimbewohners

Der Heimvertrag endet durch den Tod des Heimbewohners, § 4 Abs. 3 Satz 1 WBVG. Eine Fortgeltung des Vertrags kann für die Überlassung des Wohnraums gegen Fortzahlung der darauf entfallenden Entgeltbestandteile vereinbart werden, soweit ein Zeitraum von zwei Wochen nach dem Sterbetag des Verbrauchers nicht überschritten wird. In diesen Fällen ermäßigt sich das geschuldete Entgelt um den Wert der ersparten Aufwendungen des Unternehmers, § 4 Abs. 3 Satz 3 und 4 WBVG. Soweit im Wohn- und Betreuungsvertrag eine Klausel enthalten ist, nach der nach dem Versterben des Heimbewohners noch die Entgeltbestandteile für Investitionskosten zu zahlen sind, ist diese gemäß § 307 Abs. 1, Abs. 2 Nr. 1 BGB i. V. m. § 16 WBVG unwirksam. Es können nur Entgeltansprüche gefordert werden, die für die Überlassung des Wohnraums geschuldet sind, nicht jedoch solche für Investitionen gemäß § 3 Abs. 3 Satz 1 Nr. 3 WBVG. 74

4.3.2 Beendigung des Pflegeheimvertrags

Möchte der Betreuer auf Wunsch des Betreuten diesen in einem anderen Heim unterbringen, wird er den bestehenden Heimvertrag auflösen. Der Wohn- und Betreuungsvertrag kann durch Kündigung seitens des Heimbewohners (Betreuten) gemäß § 11 WBVG oder des Heimbetreibers nach § 12 WBVG oder durch einen Auflösungsvertrag beendet werden. Fraglich könnte sein, ob die Kündigung oder einvernehmliche Auflösung eines Heimvertrags unter § 1833 Abs. 3 Nr. 1 oder Nr. 2 BGB fällt. Will der Betreuer in Vertretung des Betreuten einen Heimplatz nach den Regeln des WBVG kündigen, kommt der Genehmigungstatbestand nicht in Betracht, da es sich nicht um ein Mietverhältnis handelt, sondern um einen eigenen zivilrechtlichen Vertragstyp, der Wohnraum zuweist. Der Schutzgedanke des WBVG ist ein anderer. Es geht um die Freiheit des Bewohners (Verbrauchers), auszuziehen, wann er will. Ein übliches Genehmigungsverfahren, bei dem erst der Eintritt der Rechtskraft der Genehmigung abgewartet werden muss, würde die kurzen Kündigungsfristen aus dem WBVG unwirksam machen. Deshalb ist eine beabsichtigte Heimplatzkündigung bzw. ein Auflösungsvertrag dem Gericht lediglich nach § 1833 Abs. 2 BGB anzuzeigen (BT-Drucks. 19/24445, S. 263). 75

Ist das Betreuungsgericht der Ansicht, der Aufenthaltswechsel würde die Person des Betreuten erheblich gefährden (§ 1821 Abs. 3 Nr. 1 BGB), kann es Aufsichtsmaßnahmen nach § 1862 BGB ergreifen und, falls der Betreuer den Wechsel dennoch vornehmen möchte, seine Entlassung gemäß § 1868 Abs. 1 Satz 1 BGB in Erwägung ziehen. 76

4.3.3 Rückgabe des Wohnraums im Heim

Nicht explizit geregelt ist die Rückgabe des Wohnraums nach Vertragsbeendigung. Insoweit ist auf die mietrechtlichen Bestimmungen, hier § 546 BGB, zurückzugreifen. Danach ist der 77

Wohnraum geräumt an den Leistungserbringer zurückzugeben. Notfalls muss der Heimbetreiber auf Räumung klagen. Eine Befugnis zur eigenmächtigen Inbesitznahme der Räumlichkeiten nebst Inventar sieht das Gesetz nicht vor. Eine Räumung ohne gerichtlichen Titel oder Erlaubnis des Gewahrsamsinhabers stellt verbotene Eigenmacht im Sinne von § 858 BGB dar, sofern der Vertrag eine Klausel enthält, die fordert, dass der Bewohner bzw. sein Erbe bis zum Ende des Vertragsverhältnisses die eingebrachten Sachen zu entfernen hat. Anderenfalls kann der Heimbetreiber die Sachen auf Kosten des Bewohners oder dessen Erben entfernen oder anderweitig einlagern, und diese Klausel (Befugnis zur Selbsträumung durch den Leistungserbringer) ist nach § 307 Abs. 1, Abs. 2 Nr. 1 BGB unwirksam (LG Berlin, Urt. v. 13.11.2012 – 15 O 181/12).

78 Lässt der Heimbewohner nach Beendigung des Heimvertrags Einrichtungsgegenstände zurück, kommt es darauf an, ob auf den Willen des Heimbewohners bzw. nach dessen Tod des Erben zum weiteren Besitz geschlossen werden muss. Ist das der Fall, kann der Heimträger die Räumung nur auf dem Weg der Klage erreichen; die Inbesitznahme des Eigentums durch den Träger würde eine verbotene Eigenmacht darstellen. Fehlt indes ein Besitzwille des Heimbewohners bzw. des Erben an den Sachen, was regelmäßig angenommen werden kann, wenn nur einzelne geringwertige Gegenstände zurückgelassen werden, darf der Heimträger die zurückgelassenen Sachen entfernen. Ihn trifft dann eine Obhuts- und Verwahrungspflicht, sofern nicht angenommen werden kann, dass der Heimbewohner sein Eigentum an den Sachen nach § 959 BGB aufgegeben hat (OLG Celle, Urt. v. 23.11.2000 –13 U 73/00).

4.4 Barbetrag zur persönlichen Verfügung

4.4.1 Funktion des Barbetrags

79 Beim Barbetrag zur persönlichen Verfügung handelt es sich um die Gewährung des notwendigen Lebensunterhalts in Einrichtungen gemäß § 27b Abs. 3 Satz 1 SGB XII, der in Höhe von mindestens 27 % der Regelbedarfsstufe 1 nach der Anlage zu § 28 SGB XII ausbezahlt wird (ab 1.1.2023: 135,54 EUR). Als Teil der Lebensunterhaltungskosten erfasst er alle durch die Einrichtung bzw. den Träger der Sozialhilfe nicht gedeckten Aufwendungen zur Deckung der persönlichen Bedürfnisse. Er ist (jedenfalls auch) zur Deckung solchen Bedarfs gedacht, der bei der Hilfegewährung außerhalb von Einrichtungen zum Regelbedarf gehört und durch die Regelsatzleistungen gedeckt wird. Der Barbetrag ist somit ein Anteil des Regelsatzes zur freien Verfügung (§ 27b Abs. 2 SGB XII).

4.4.2 Ansammeln des Barbetrags

80 Es kommt vor, dass Barbetragsleistungen im Sinne von § 27b Abs. 2 Satz 1 SGB XII im Monat der Zahlung nicht verbraucht werden und so durch Ansammlung der Schonbetrag nach der Verordnung zur Durchführung des § 90 Abs. 2 Nr. 9 SGB XII überschritten wird. Für den Betreuer ist zu beachten, dass mit Beginn des Kalendermonats, der auf den Monat der Zahlung folgt, der angesparte Barbetrag zum Vermögen des Betreuten zählt. Nach § 60 SGB I muss der Leistungsberechtigte (oder ggf. sein Betreuer) die Änderung dieser Verhältnisse dem Leistungsträger mitteilen. Dies würde letztlich bedeuten, dass der übersteigende Betrag für den (laufenden) Lebensunterhalt einzusetzen ist und zukünftig die Leistung verringert wird, § 27b Abs. 2 Satz 4 SGB XII. Denkbar könnte eine Vereinbarung mit dem Leistungsträger sein, dass eine Ansparung für eine demnächst erforderliche und zweckentsprechende größere Anschaffung verwendet werden darf.

81 Nach dem Wortlaut des § 27b SGB XII kommt es nicht darauf an, was der Leistungsberechtigte tatsächlich mit dem Barbetrag macht. Ob er diesen Betrag anspart, verschenkt oder einer anderen Verwendung zuführt, liegt grundsätzlich in seiner Entscheidung. Von daher beschränkt sich der Anwendungsbereich der Minderungsmöglichkeit auf die Fälle, in denen der Leistungsberechtigte wegen Krankheit oder Behinderung gehindert ist, persönliche Bedürfnisse zu äußern oder zu befriedigen. Kann kein Verbrauch für den Lebensunterhalt erfolgen, bezieht der

Betreute zu Unrecht die Leistung und ist unter Umständen nach § 103 SGB XII zur Rückzahlung verpflichtet; diese Pflicht kann auch den Betreuer treffen.

Der Anspruch des Betreuten gegen den Träger der Pflegeeinrichtung auf Auszahlung des gegenwärtig auf einem „Taschengeldkonto" verwalteten Guthabens ist gemäß § 851 Abs. 1 ZPO und § 399 1. Fall BGB jeweils bis zu der Höhe unpfändbar, die in § 27b Abs. 3 SGB XII für den angemessenen Barbetrag geregelt ist. Diese Vorschriften stehen einer Pfändbarkeit indes grundsätzlich nicht entgegen, soweit das jeweils vorhandene Guthaben den sich aus § 27b Abs. 3 SGB XII für einen Monat anzusetzenden Betrag übersteigt (BGH, Beschl. v. 30.4.2020 – VII ZB 82/17). 82

4.4.3 Schuldentilgung aus dem Barbetrag

Der Barbetrag dient grundsätzlich nicht der Schuldentilgung. Im Übrigen ist die Zahlung als Teil der Sozialhilfe nicht pfändbar, § 17 Abs. 1 Satz 2 SGB XII. Wird der Barbetrag aber nicht verbraucht, bildet er Vermögen und unterliegt der Pfändung durch Gläubiger. Da der Barbetrag dem Betreuten zur freien Verfügung steht, kann der Betreuer bei Bedarf damit auch Schulden tilgen. 83

4.4.4 Barbetragsverwaltung in vollstationärer Einrichtung

Eine Verwaltung des Barbetrags der Heimbewohner durch den Heimbetreiber gibt es seit dem Inkrafttreten des BTHG an sich nicht mehr, da der „extra" Barbetrag entfällt. Auch der Heimbewohner muss grundsätzlich seine Ein-/Ausgaben über ein Girokonto bei einer Bank abwickeln. Prinzipiell spricht aber nichts dagegen, dass der Heimbewohner (vertreten durch den Betreuer) mit dem Heimbetreiber (Leistungserbringer) Absprachen zur Verwaltung eines zu bestimmenden Bargeldbetrags trifft. Dies wird aber nur zustande kommen, wenn der Heimbetreiber dies „freiwillig" wahrnimmt (und wahrscheinlich dafür Kosen geltend macht). Dazu gibt es eine Stellungnahme des Patienten- und Pflegebeauftragten der Bayerischen Staatsregierung vom 27.2.2020: 84

> *Zweck des Bayerischen PfleWoqG ist es, die menschliche Würde zu schützen, die Interessen und Bedürfnisse pflegebedürftiger Menschen und Menschen mit Behinderung vor Beeinträchtigung zu wahren, sowie eine dem allgemein anerkannten Stand fachlicher Erkenntnisse entsprechende Betreuung sicherzustellen. Hieraus resultierend haben der Träger und die Leitung einer stationären Einrichtung sicherzustellen, dass die Selbständigkeit, die Selbstbestimmung und die Selbstverantwortung der Bewohnerinnen und Bewohner gewahrt und gefördert (Art. 3 Abs. 2 Nr. 2 PfleWoqG) sowie eine angemessene Qualität der sozialen Betreuung gewährleistet wird (Art. 3 Abs. 2 Nr. 6 PfleWoqG).*
>
> *Kann ein Pflegebedürftiger sich nicht mehr selbst um die Bargeldverwaltung kümmern, so ist dies in Subsumtion der o. g. Vorschriften sicherzustellen, da mit der Möglichkeit das Konsums von Gegenständen Wünsche und Bedürfnisse erfüllt werden (siehe auch VG Minden, Beschl. v. 13.3.2019 – 6 L 1550/18). Das Führen eines Taschengeldkontos fällt unter den Begriff der sozialen Betreuung, da es sich um eine Tätigkeit handelt, die Menschen in einer selbstbestimmten Lebensführung und insbesondere der Erfüllung ihrer sozialen und kognitiven Bedürfnisse unterstützt sowie eine unabhängige Lebensführung fördert und der vollen Teilhabe am Leben in der Gesellschaft dient. Dies gilt auch, wenn für den Pflegebedürftigen ein Betreuer im Aufgabenbereich der Vermögensorge bestellt ist, da der Betreuer nur zur Organisation der Hilfeleistung, nicht aber zur tatsächlichen Erbringung verpflichtet ist (BGH, Urt. v. 2.12.2010 – III ZR 19/10). Das bedeutet, dass ein Betreuer nicht verpflichtet werden kann, anstelle des Einrichtungsträgers Barbeträge zu verwalten, die dem Betreuten zur persönlichen Verfügung bewilligt worden sind.*

Der BGH (Urt. v. 2.12.2010 – III ZR 19/10) hat entschieden, dass nach den Bestimmungen des Rahmenvertrags (hier Sachsen-Anhalt) die Verwaltung der Barbeträge eine mögliche Leistung der Eingliederungshilfe ist, auch wenn sie nicht im exemplarischen Leistungskatalog des § 54 SGB XII aufgenommen ist. Der zu gewährende Barbetrag dient der Befriedigung persönlicher 85

Bedürfnisse und dabei insbesondere der Erhaltung der Beziehungen zur Umwelt, der Teilnahme am kulturellen und gesellschaftlichen Leben und der Befriedigung allgemeiner Informationsbedürfnisse. Seine Verwaltung ist für Personen, die wegen ihrer geistigen Behinderung hiervon nicht selbstverantwortlich Gebrauch machen können, eine Maßnahme, die im Sinne des § 53 Abs. 3 SGB XII die Folgen der Behinderung mildern sowie die Teilnahme am Leben in der Gemeinschaft ermöglichen oder erleichtern kann.

86 Überlässt der Betreuer dem im Pflegeheim lebenden Betreuten monatlich ein Taschengeld zur freien Verfügung und verwaltet das Heim die auf dem Taschengeldkonto einbezahlten Beträge, ist der Betreuer nicht zu einer Rechnungslegung für dieses Konto verpflichtet. Zwar erstreckt sich die Rechnungslegung auf das gesamte zu verwaltende Vermögen, auch auf dasjenige, das kraft Gesetzes einer Drittverwaltung unterliegt, jedoch liegt hier keine solche Drittverwaltung kraft Gesetzes vor. Vielmehr überlässt der Betreuer dem Betreuten den jeweiligen Betrag zur freien Verfügung, auch wenn es speziell auf ein dafür errichtetes Konto eingezahlt wird. Damit unterliegen diese Gelder nicht der jährlichen Abrechnung, vielmehr hat der Betreuer nur nachzuweisen, wo sie entnommen worden sind. Dabei spielt es keine Rolle, ob es sich um ein Bankkonto oder um ein internes Konto des Pflegeheims handelt. Es reicht völlig aus, wenn der Betreuer in seiner jährlichen Abrechnung die monatlichen Taschengeldzahlungen aufführt; einen Kontoauszug über das Konto hat er nicht vorzulegen. Die Rechtslage wäre anders zu beurteilen, wenn Anhaltspunkte für missbräuchliche Verwendungen gegeben wären (LG Mönchengladbach, Beschl. v. 17.2.2010 – 5 T 529/09; LG Leipzig, Beschl. v. 26.9.2002 – 16 T 3093/02).

87 Das Heim ist aber weder verpflichtet noch berechtigt, das „Verwahrgeldkonto" als Zahlungskonto zu verwenden (z. B. Überweisungen vorzunehmen), zumindest dann nicht, wenn dies gewerbsmäßig erfolgt. Das Verwahrgeldkonto im Heim ist kein Ersatz für ein Girokonto des Betreuten.

4.5 Krankenfahrten

88 Häufig kommt es zum Streit zwischen der Heimleitung und dem Betreuer über die Frage, wer die Durchführung und Begleitung des Betreuten wahrzunehmen hat, wenn er zu einem externen Arztbesuch verbracht werden muss. Der VGH Baden-Württemberg (Urt. v. 9.7.2012 – 6 S 773/11) hat entschieden, dass der Rahmenvertrag für die vollstationäre Pflege für das Land Baden-Württemberg die vom Heimbetreiber zu gewährleistende Begleitung eines Heimbewohners zum Arzt nicht zu den allgemeinen Pflegeleistungen zählt. Nach dem Rahmenvertrag für Baden-Württemberg muss die Einrichtung nicht begleiten, sondern nur bei der Organisation der Termine behilflich sein. Der HessVGH (Urt. v. 24.3.2015 – 10 A 272/14; dem VGH Baden-Württemberg nachgehend) hat in seiner Entscheidung in den allgemeinen Pflegeleistungen eine ausdrückliche Pflicht zur Begleitung gesehen, wenn diese für notwendige Verrichtungen außerhalb der Pflegeeinrichtung, die das persönliche Erscheinen des pflegebedürftigen Menschen erfordern, notwendig ist. Die notwendige Begleitung zum Besuch externer Ärzte oder Therapeuten ist von den allgemeinen Pflegeleistungen umfasst. Das Planen von Arzt- oder Therapeutenbesuchen erfasst sicher nicht notwendig auch die Begleitung zum Arzt oder Therapeuten. Anders liegen die Dinge jedoch hinsichtlich des Organisierens derartiger Besuche. Aus der Zusammenschau der Begriffe „Planen" und „Organisieren" folgt bereits, dass das Organisieren ein Mehr an Tätigkeiten erfasst als das Planen. Organisieren ist konkreter und praxisbezogener als Planen und kann Maßnahmen der Umsetzung eines Arzt- oder Therapeutenbesuchs beinhalten. Die Rechtsprechung ist sich jedenfalls einig, dass der Betreuer nicht verpflichtet ist, die Durchführung in eigener Person vorzunehmen.

89 Aus einem Schreiben des Ministeriums für Gesundheit, Emanzipation, Pflege und Alter des Landes Nordrhein-Westfalen vom 20.6.2016, Az. 415-5427, ergibt sich, dass die Begleitung zu notwendigen ärztlichen Besuchen zwar als Regelleistung anzusehen ist, solange keine gegenteilige Regelung im derzeit verhandelten Rahmenvertrag nach § 75 SGB XI erfolgt; die Verpflichtung der Einrichtung ist aber nachrangig. Die Verpflichtung des Arztes zum Besuch in der Einrichtung ist gegenüber der Verpflichtung der Einrichtung, Begleitpersonal zu stellen, als

vorrangig anzusehen. Der Arzt ist nach den im Bundesmantelvertrag Ärzte geregelten Voraussetzungen zum Hausbesuch verpflichtet, wenn dem Patienten das Aufsuchen der Praxisräume wegen Krankheit nicht möglich oder nicht zumutbar ist. Notwendig ist daher die Begleitung nur dann, wenn der Hausbesuch durch den Arzt in der Einrichtung nicht möglich ist oder nach den genannten Voraussetzungen keine Verpflichtung des Arztes zum Hausbesuch besteht. Weiterhin ist vorrangig eine Begleitung durch Angehörige oder sonstige geeignete Begleitpersonen sicherzustellen. Inwieweit Krankenfahrten von der Krankenkasse bezahlt werden, ergibt sich aus den Richtlinien des Gemeinsamen Bundesausschusses über die Verordnung von Krankenfahrten, Krankentransportleistungen und Rettungsfahrten nach § 92 Abs. 1 Satz 2 Nr. 12 SGB V (Krankentransport-Richtlinien), z. B. unter www.g-ba.de/richtlinien/25/.

4.6 Wäschekennzeichnung im Heim

Die Wäschekennzeichnung in Pflegeheimen ist als Teil der Regelleistung „Wäscheversorgung" 90
mit den Pflegesätzen abgegolten und nicht als Zusatzleistung gesondert zu vergüten. Die Heimaufsichtsbehörden des Landes sind berechtigt, Verpflichtungen der Heimbetreiber, die sich aus dem Rahmenverträgen über die vollstationäre pflegerische Versorgung gemäß § 75 Abs. 1 SGB XI ergeben, im Einzelfall festzustellen und falls erforderlich durch heimordnungsrechtliche Anordnungen durchzusetzen (HessVGH, Urt. v. 8.8.2013 – 10 A 902/13).

4.7 Ärztliche Behandlung und Medikamentengabe im Pflegeheim

Untersucht der Arzt im Heim den Betreuten und verabreicht Spritzen oder Medikamente, ist 91
hierfür die Einwilligung des Patienten erforderlich, § 630d Abs. 1 Satz 1 BGB. Ist der Betreute nicht mehr einsichts- und einwilligungsfähig, benötigt der Arzt die Einwilligung des Betreuers, den er vorher aufzuklären hat, § 630d Abs. 1 Satz 2, Abs. 2 BGB.

Hinweis:

Der Betreuer sollte anhand der Heimunterlagen regelmäßig überprüfen, ob eine ärztliche Maßnahme stattgefunden hat und wie er die Einwilligungsfähigkeit seines Betreuten zu diesem Zeitpunkt einschätzt. Ggf. muss er sich mit dem Arzt in Verbindung setzen.

Medikamente werden in Pflegeheimen aus unterschiedlichen Gründen dem dort wohnhaften 92
Betreuten verabreicht. Schlafmittel, die gegeben werden, um Schlaflosigkeit zu beheben oder um wenigstens in der Nacht die Schmerzen des Betroffenen erträglich zu machen, fallen nicht unter § 1831 Abs. 4 BGB, auch nicht der therapeutisch begründete Einsatz von Beruhigungsmitteln bei akuten Anfällen. Hingegen greift § 1831 Abs. 4 BGB ein, wenn Sedativa verabreicht werden, um die Pflege zu erleichtern, die Hausruhe zu fördern oder die Bewohner einer Einrichtung allgemein ruhigzustellen. Die Differenzierung wird oft schwierig sein, zumal therapeutische Zwecke auch vorgetäuscht werden können. Nach Erhebungen der AOK im Heimbereich wurde festgestellt, dass Heimbewohner Psychopharmaka mit sedierender Wirkung oder Nebenwirkung häufig mit der Bedarfsindikation „Unruhe" verabreicht bekommen; Genehmigungsverfahren werden hierzu aber kaum angeregt.

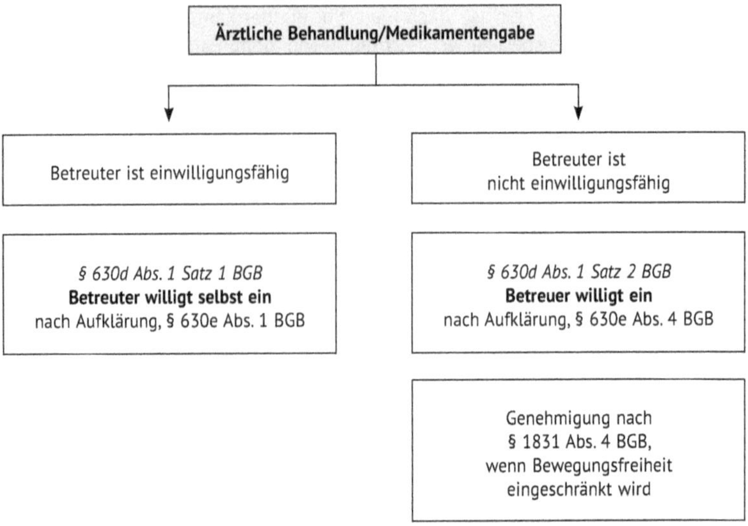

93 In der Regel werden Medikamente allerdings zu Heilzwecken gegeben und unterliegen dann nicht § 1831 Abs. 4 BGB (auch wenn sie als Nebenwirkung die Bewegungsfreiheit des Betreuten beschränken). Ist der einwilligungsfähige Betreute damit einverstanden, genügt dies und eine Mitwirkung des Betreuers ist entbehrlich. Ist der Betreute nicht einsichts- und einwilligungsfähig, bedarf die Medikamentengabe durch das (nichtärztliche) Heimpersonal grundsätzlich einer Einwilligung durch den Betreuer, da es sich um eine Heilbehandlung (ärztlichen Eingriff) handelt und das Heimpersonal als Gehilfe des verordnenden Arztes auftritt.

94 Für den medizinischen Laien ist es schwierig, festzustellen, ob ein bestimmtes Medikament für den Betreuten indiziert ist und welche Ziele Arzt oder Pflegepersonal mit der Verabreichung verfolgen. Der Betreuer sollte aber regelmäßig die Medikamente, die verabreicht werden, eruieren und zumindest die Gebrauchsinformationen (Beipackzettel) durchlesen und bei Bedenken mit dem Arzt Rücksprache nehmen. Im Zweifel ist eine Maßnahme, die objektiv freiheitsentziehend ist, genehmigungspflichtig. Bis heute wird auch von den Ärzten und Pflegekräften oft unterschätzt oder gar nicht erkannt, dass mit zunehmendem Alter Medikamente anders wirken. Zur Vermeidung einer gefährlichen Fehlmedikation aufgrund der im Alter neu strukturierten Reaktion auf Psychopharmaka und andere Medikamente sollte die Auswahl der Arzneimittel von einem gerontopsychiatrischen Arzt vorgenommen oder kontrolliert werden. Seit 2010 gibt es die sog. PRISCUS-Liste mit einer systematischen Zusammenstellung potenziell inadäquater Medikation (PIM) für ältere Patienten. Diese für Deutschland vom Forschungsverband PRISCUS erstellte Liste findet man im Internet unter: www.priscus.net

Hinweis:

Der Betreuer hat regelmäßig darauf zu achten, dass dem einwilligungsunfähigen Betreuten durch Heimpersonal – in der Regel auf Anordnung des Heimarztes – keine Medikamente verabreicht werden, in deren Gabe er nicht eingewilligt hat. Vor seiner Einwilligung muss er eine ausreichende Aufklärung verlangen. Der Arzt hat auch bei „Medikamentenumstellungen" grundsätzlich den Betreuer zu informieren und dessen Einwilligung einzuholen, soweit der Betreute selbst nicht einsichts- und einwilligungsfähig ist.

95 Ausgehend vom Amtsgericht München (München Initiative) fordern Betreuungsgerichte mit dem Jahresbericht nach § 1863 Abs. 3 Satz 1 BGB vom Betreuer eine „Medikamentenliste" an, wenn sich Betreute in einer Einrichtung befinden. Ziel ist es, unter anderem festzustellen, ob

durch die Medikamentengabe eine freiheitsentziehende Maßnahme im Sinne von § 1831 Abs. 4 BGB vorliegen könnte, die einer gerichtlichen Genehmigung unterliegt.

4.8 Verbot von Zuwendungen

Gemäß den weitgehend gleichlautenden Ländervorschriften (z. B. Art. 8 Abs. 4 PfleWoqG in 96 Bayern und § 9 Abs. 4 LHeimG in Baden-Württemberg) ist es der Leitung, den Beschäftigten oder sonstigen Mitarbeitern des Heims untersagt, sich von oder zugunsten von Bewohnern Leistungen für die Erfüllung der Pflichten aus dem Heimvertrag versprechen oder gewähren zu lassen. Dies gilt allerdings nicht, soweit es sich um geringwertige Aufmerksamkeiten handelt.

Damit soll verhindert werden, dass die Hilf- oder Arglosigkeit alter und pflegebedürftiger 97 Menschen in finanzieller Hinsicht ausgenutzt wird. Sie sollen vor der nochmaligen oder überhöhten Abgeltung von Pflegeleistungen bewahrt werden. Zudem soll der Heimfriede geschützt werden. Es soll verhindert werden, dass durch die Gewährung von finanziellen Zusatzleistungen oder Zusatzversprechen eine unterschiedliche (privilegierende oder benachteiligende) Behandlung der Bewohner eines Altenheims eintritt.

4.9 Heimentgelt und Leistungen des Heimträgers

4.9.1 Angaben im Wohn- und Betreuungsvertrag

Im Wohn- und Betreuungsvertrag sind die Rechte und Pflichten des Trägers und des 98 Bewohners, insbesondere die Leistungen des Trägers und das von dem Bewohner insgesamt zu entrichtende Entgelt, zu regeln. Der Heimvertrag muss die Leistungen des Unternehmers nach „Art, Inhalt und Umfang einzeln beschreiben". Es müssen die für diese Leistungen zu zahlenden Entgelte getrennt nach Überlassung des Wohnraums, Pflege- oder Betreuungsleistungen, ggf. Verpflegung sowie weiteren Leistungen angegeben werden, § 6 Abs. 3 Nr. 1 und 2 WBVG.

Der Träger hat den Bewohner vor Vertragsabschluss in Textform und in leicht verständlicher 99 Sprache über sein allgemeines Leistungsangebot sowie den wesentlichen Inhalt seiner für den Bewohner in Betracht kommenden Leistungen zu informieren, § 3 WBVG. Dazu zählen z. B. Ausstattung und Lage des Gebäudes, Einrichtungen, zu denen der Verbraucher Zugang hat, Leistungen nach Art, Inhalt und Umfang, Darstellung des Wohnraums, der Pflege- oder Betreuungsleistungen, das den Pflege- oder Betreuungsleistungen zugrunde liegende Leistungskonzept, Voraussetzungen für mögliche Leistungs- und Entgeltveränderungen. Die Informationen müssen als Vertragsgrundlage benannt und mögliche Abweichungen von den vorvertraglichen Informationen gesondert kenntlich gemacht werden (§ 6 Abs. 3 Nr. 3 WBVG).

In Verträgen mit Personen, die Leistungen nach der sozialen Pflegeversicherung in Anspruch 100 nehmen, müssen Art, Inhalt und Umfang der Leistungen sowie die jeweiligen Entgelte den Regelungen der Pflegeversicherung entsprechen sowie die gesondert berechenbaren Investitionskosten ausgewiesen werden. In Verträgen mit Personen, denen Hilfe in Einrichtungen nach dem SGB XII gewährt wird, müssen Art, Inhalt und Umfang der Leistungen sowie die jeweiligen Entgelte den aufgrund des 10. Kapitels des SGB XII getroffenen Vereinbarungen entsprechen.

Das Entgelt sowie die Entgeltbestandteile müssen im Verhältnis zu den Leistungen angemes- 101 sen sein (§ 7 Abs. 2 WBVG). Sie sind für alle Bewohner einer Einrichtung nach einheitlichen Grundsätzen zu bemessen. Eine Differenzierung ist zulässig, soweit eine öffentliche Förderung von betriebsnotwendigen Investitionsaufwendungen nur für einen Teil eines Heims erfolgt ist. Dagegen ist eine Differenzierung nach Kostenträgern nach § 7 Abs. 3 Satz 1 WBVG grundsätzlich unzulässig.

4.9.2 Erstattung ersparter Aufwendungen

Soweit der Bewohner länger als drei Tage abwesend ist, muss sich der Träger den Wert der 102 dadurch ersparten Aufwendungen kraft Gesetzes (§ 7 Abs. 5 WBVG) auf seinen Entgeltanspruch anrechnen lassen. Im Vertrag kann eine Pauschalierung des Anrechnungsbetrags vereinbart werden. In Verträgen mit Bewohnern, die Leistungen nach der sozialen Pflegeversicherung in Anspruch nehmen, ergibt sich die Höhe des Anrechnungsbetrags aus den in § 87a Abs. 1 Satz 7 SGB XI genannten Vereinbarungen.

103 Ist der Bewohner aufgrund einer Behinderung auf Sondennahrung angewiesen (die von der Krankenkasse bezahlt wird) und nimmt deshalb die „normale" Verpflegung (außer gelegentlichen Teegetränken) nicht in Anspruch, muss der Träger die ersparten Aufwendungen auf seinen Entgeltanspruch anrechnen lassen (BGH, Urt. v. 22.1.2004 – III ZR 68/03).

4.9.3 Kürzung des Heimentgelts

104 Erbringt der Träger die vertraglichen Leistungen ganz oder teilweise nicht oder weisen sie nicht unerhebliche Mängel auf, kann der Bewohner unbeschadet weitergehender zivilrechtlicher Ansprüche grundsätzlich bis zu sechs Monate rückwirkend eine angemessene Kürzung des vereinbarten Heimentgelts verlangen, § 10 WBVG.

4.9.4 Anpassungspflicht

105 Ändert sich der Pflege- oder Betreuungsbedarf des Bewohners, muss der Träger eine entsprechende Anpassung der Leistungen anbieten, § 8 WBVG. Der Bewohner kann das Angebot ganz oder auch teilweise annehmen. Die Leistungspflicht des Trägers und das vom Bewohner zu zahlende angemessene Entgelt erhöhen oder verringern sich in dem Umfang, in dem der Bewohner das Angebot angenommen hat. Besonderheiten gelten auch hier für Bewohner, die Leistungen nach der sozialen Pflegeversicherung in Anspruch nehmen oder bei Gewährung von Hilfe in Einrichtungen nach SGB XII. Eine Pflicht zur Anpassung durch den Träger kann nur durch gesonderte Vereinbarung mit dem Bewohner ausgeschlossen werden, wobei ein berechtigtes Interesse in der Vereinbarung begründet wird.

105a In Verträgen mit Bewohnern, die Leistungen nach dem SGB XI in Anspruch nehmen oder denen Hilfe in Einrichtungen nach dem SGB XII gewährt wird, ist der Heimträger dazu berechtigt, bei einer Änderung des Pflege- oder Betreuungsbedarfs des Bewohners den Vertrag durch einseitige Erklärung anzupassen. Er hat das Angebot zur Anpassung des Vertrags dem Bewohner durch Gegenüberstellung der bisherigen und der angebotenen Leistungen sowie der dafür jeweils zu entrichtenden Entgelte schriftlich darzustellen und zu begründen, § 8 Abs. 2 und 3 WBVG. Der Vertrag passt sich jedoch nicht automatisch an den neuen Pflegegrad an (OLG Naumburg, Urt. v. 13.3.2023 – 12 U 149/22).

4.9.5 Erhöhung des Entgelts

106 Der Träger kann gemäß § 9 WBVG eine Erhöhung des Entgelts verlangen, wenn sich die bisherige Berechnungsgrundlage verändert und sowohl die Erhöhung als auch das erhöhte Entgelt angemessen sind. Entgelterhöhungen aufgrund von Investitionsaufwendungen des Heims sind nur zulässig, soweit sie nach der Art des Betriebs notwendig sind und nicht durch öffentliche Förderung gedeckt werden.

107 Nach § 9 Abs. 2 WBVG muss der Träger dem Bewohner die beabsichtigte Erhöhung schriftlich mitteilen und begründen. Aus der Mitteilung muss der Zeitpunkt hervorgehen, zu dem der Unternehmer die Erhöhung des Entgelts verlangt. In der Begründung müssen unter Angabe des Umlagemaßstabs die Positionen benannt sein, für die sich durch die veränderte Berechnungsgrundlage Kostensteigerungen ergeben. Es müssen die bisherigen Entgeltbestandteile den vorgesehenen neuen Entgeltbestandteilen gegenübergestellt sein. Der Bewohner muss rechtzeitig Gelegenheit erhalten, die Angaben des Trägers durch Einsichtnahme in die Kalkulationsunterlagen zu überprüfen. Das erhöhte Entgelt wird frühestens vier Wochen, nachdem der Träger dem Bewohner die Erhöhung schriftlich mit ausreichender Begründung mitgeteilt hat, geschuldet.

108 Entgelterhöhungen wegen veränderter Kosten in einem Seniorenheim, bei dem es sich um eine gemäß §§ 72 ff. SGB XI zugelassene Pflegeeinrichtung handelt, bedürfen der Zustimmung der (auch teilweise) selbstzahlenden Bewohner. Ein einseitiger Preisvorbehalt in einem Wohn- und

Betreuungsvertrag ist nach § 16 WBVG unwirksam. Lediglich Beziehern von Sozialleistungen nach SGB XI und SGB XII gegenüber bedarf es nur der Mitteilung der Erhöhung, da die Entgelterhöhung und ihre Angemessenheit bereits aufgrund Vereinbarung mit dem Träger der Pflegeversicherung oder Sozialhilfe festgestellt sind (LG Berlin, Beschl. v. 13.11.2012 – 15 O 181/12; LG Mainz, Beschl. v. 31.5.2013 – 4 O 113/12).

4.9.6 Abtretung des Heimentgelts an Dritte

Eine Klausel im Wohn- und Betreuungsvertrag, nach der die Abtretung der Entgeltansprüche 109
des Heimbetreibers an eine Abrechnungsstelle oder ein Inkassounternehmen zulässig ist, verstößt gegen § 134 BGB i. V. m. § 203 Abs. 1 Nr. 1 StGB und ist nichtig. Zu den Personen, die Heilberufe im Sinne von § 203 Abs. 1 Nr. 1 StGB ausüben, zählen auch Alten- und Krankenpfleger. Da eine Einwilligung in die Erhebung personenbezogener Daten durch Allgemeine Geschäftsbedingungen grundsätzlich nicht möglich ist, kann auch die Unterschrift des Heimbewohners daran nichts ändern (LG Mainz, Beschl. v. 31.5.2013 – 4 O 113/12).

4.9.7 Fortzahlung des Heimentgelts über den Sterbetag hinaus

Eine Klausel in Heimverträgen mit Leistungsempfängern der sozialen Pflegeversicherung, die 110
eine Fortgeltung des Heimvertrags und eine Pflicht zur Fortzahlung von Bestandteilen des Heimentgelts über den Sterbetag des Bewohners hinaus vorsieht, ist unzulässig und unwirksam (BVerwG, Urt. v. 2.6.2010 – 8 C 24/09). Damit werden z. B. Heimverträge mit sog. Selbstzahlern nicht erfasst. Zum anderen regelt § 87a Abs. 1 Satz 2 SGB XI nicht die Fortgeltung des Heimvertrags schlechthin, sondern nur das Fortbestehen der heimvertraglichen Zahlungspflicht des Bewohners.

4.9.8 Einsicht in Pflegedokumentationen

Liegt eine Einwilligung des Heimbewohners oder seines gesetzlichen Betreuers vor, kann dem 111
Krankenversicherer aus übergegangenem Recht gemäß § 116 Abs. 1 SGB X i. V. m. § 401 Abs. 1 BGB analog und § 412 BGB ein Anspruch auf Herausgabe von Kopien der Pflegedokumentation gegen Kostenerstattung zustehen (BGH, Urt. v. 23.3.2010 – VI ZR 327/08). Problematisch dürfte in diesem Zusammenhang sein, in welchem Umfang die Entbindung der Ärzte von der Schweigepflicht erfolgen kann. Auch muss bei der Einwilligung des Betreuers unbedingt der Aufgabenkreis beachtet werden.

4.10 Obhutspflicht des Heims

Das OLG Düsseldorf (Urt. v. 14.10.2008 – 24 U 45/07) hat sich in seiner Entscheidung mit der 112
Obhutspflicht eines Pflegeheims befasst und kommt zu folgendem Ergebnis:

- Pflegeheimen obliegt eine Obhutspflicht aus dem Heimvertrag, Heimbewohner in ihrer körperlichen Unversehrtheit zu schützen. Eine schuldhafte Verletzung dieser Pflichten kann geeignet sein, einen Schadenersatzanspruch zu begründen.
- Die Pflichten des Heims sind begrenzt auf Maßnahmen, die mit einem vernünftigen finanziellen und personellen Aufwand realisierbar sind. Maßstäbe sind das Erforderliche sowie das für die Heimbewohner und das Pflegepersonal Zumutbare.
- In besonderer Weise ist die menschliche Würde der Bewohner zu beachten, wozu das Interesse und Bedürfnis nach einem möglichst selbstbestimmten und selbstverantwortlichen Leben gehören.
- In einer Gefahrensituation ist die Obhutspflicht gesteigert mit der Folge, dass dem Pflichtigen im Schadensfall der Entlastungsbeweis obliegt.

Auszug aus den Gründen der Entscheidung:

> *Der Heimbewohner war starker Raucher. Da er zwar noch selbstständig und relativ sicher zu rauchen vermochte, jedoch nicht mehr in der Lage war, für umfassende Sicherheit während des Rauchens zu sorgen, wurde ihm das Rauchen nur noch in der ausgewiesenen Raucherecke*

gestattet, seine Tabakwaren wurden vom Pflegedienst verwahrt. Während eines kurzen Moments des unbeaufsichtigten Zigarettengenusses in der Raucherecke hatte sich das Hemd des Versicherten entzündet. Er erlitt schwerste Brandverletzungen und verstarb an deren Spätfolgen.

Nach Ansicht des Gerichts sei den Obhuts- und Aufsichtspflichten in ausreichendem Maße nachgekommen worden. Der Unfall hätte nur dann verhindert werden können, wenn der Heimbewohner entweder ununterbrochen beaufsichtigt worden wäre oder ihm der Tabakkonsum vollständig verboten worden wäre. Weder die eine noch die andere Maßnahme wäre jedoch verhältnismäßig gewesen. Nicht jeder abstrakten Gefahr könne vorgebeugt werden. Es sind solche Sicherheitsvorkehrungen zu treffen, die ein umsichtiger und gewissenhafter Angehöriger der jeweiligen Berufsgruppe für ausreichend halten darf, um andere Personen vor Schaden zu bewahren und die ihm den Umständen nach zumutbar sind.

4.11 Anforderung an die Wohnqualität

113 Wohnqualität bedeutet zunächst Wohnen (zu Hause sein in einem privaten Raum, den der Bewohner kontrollieren kann), Versorgung (Verpflegung, Hauswirtschaft, Hygiene), soziale Betreuung und Alltagsgestaltung, besonderen Umgang mit kranken und behinderten Bewohnern.

114 Eine besondere Wohnqualität muss (schwer) dementen Bewohnern von Betreuungseinrichtungen zukommen, denn sie sind ohne Einschränkung in ihrer Würde und vor Verletzungen ihrer Intimsphäre zu schützen und ihre diesbezüglichen Interessen gegenüber denen anderer Heimbewohner dürfen in keiner Weise zurückstehen. Aufgrund ihrer Hilflosigkeit bedürfen Schwerstdemente besonderem Schutz, da sie sich gegen Verletzungen ihrer Intimsphäre nicht mehr zur Wehr setzen können. Eine Beeinträchtigung ihrer Menschenwürde wiegt schwerer als bei anderen Bewohnern, die außer dem Wunsch nach Respektierung ihrer Würde noch andere Interessen und Wünsche aktiv artikulieren können. Die Unterbringung von schwerstdementen Bewohnern in Vierbettzimmern erfüllt nicht die Anforderungen an die Wohnqualität in Betreuungseinrichtungen (VG Köln, Beschl. v. 4.5.2012 – 22 L 13/12).

115 Heimaufsichtsbehörden können durch die Landesgesetzgeber dazu ermächtigt werden, die Einhaltung von Regelungen in Rahmenverträgen nach §§ 75, 88 SGB XI durch die Heimträger zu überwachen und gegen Verstöße einzuschreiten (BVerwG, Beschl. v. 28.5.2014 – 8 B 71/13). Eine Heimaufsichtsbehörde kann gemäß Art. 13 Abs. 1 Satz 1 PfleWoqG einem Heimträger gegenüber anordnen, zur Vermeidung einer freiheitsentziehenden Maßnahme anstelle eines Betts mit Bettgitter ein Niederflurbett anzuschaffen (VG Würzburg, Beschl. v. 1.9.2014 – W 3 S 14.788).

4.12 Meldepflicht, Ausweis

4.12.1 Meldepflicht

116 Nach § 17 Abs. 3 Satz 3 BMG obliegt dem Betreuer mit dem Aufgabenkreis „Aufenthaltsbestimmung" die An- und Abmeldung des Betreuten beim Ein- und Auszug in eine Wohnung oder in ein Pflegeheim. Die Anmeldung hat innerhalb von zwei Wochen zu erfolgen, § 17 Abs. 1 BMG. Ein Unterlassen der An- und Abmeldung kann mit einer Geldbuße bis zu 1.000 EUR geahndet werden, § 54 Abs. 3 BMG.

117 Der Heimbetreiber (Wohnungsgeber) ist verpflichtet, bei der Anmeldung mitzuwirken. Hierzu hat er der meldepflichtigen Person (bzw. deren Betreuer) den Einzug schriftlich oder gegenüber der Meldebehörde innerhalb der Zweiwochenfrist zu bestätigen, § 19 Abs. 1 BMG.

4.12.2 Personalausweis

118 Deutsche sind verpflichtet, einen gültigen Ausweis zu besitzen, sobald sie 16 Jahre alt sind und der allgemeinen Meldepflicht unterliegen, § 1 Abs. 1 PAuswG. Dies gilt grundsätzlich auch dann, wenn sie in einem Pflegeheim wohnen. Für volljährige Personen, die geschäftsunfähig sind, kann (soweit kein Bevollmächtigter im Sinne von § 9 Abs. 1 Satz 5 PAuswG vorhanden ist)

nur der Betreuer mit dem Aufgabenbereich „Aufenthaltsbestimmung" den Antrag auf Erteilung stellen, § 9 Abs. 2 PAuswG. Die Verletzung dieser Pflicht ist bußgeldbewehrt (§ 32 PAuswG). Bei der Antragspflicht des Betreuers handelt es sich um eine ausschließliche Antragszuständigkeit, sie tritt nicht neben ein weiter bestehendes Antragsrecht des Betreuten. Freilich ist der geschäftsfähige Betreute (auch wenn ein Einwilligungsvorbehalt besteht) weiterhin antragsberechtigt und -verpflichtet. Allerdings dürfte nach dem Wortlaut des § 9 Abs. 1 PAuswG auch in diesem Fall eine Antragstellung durch den Betreuer zulässig sein.

Nach § 1 Abs. 3 PAuswG kann die zuständige Personalausweisbehörde Personen von der 119
Ausweispflicht befreien, wenn

1. für sie ein Betreuer nicht nur durch einstweilige Anordnung bestellt ist oder sie handlungs- oder einwilligungsunfähig sind und von einem mit öffentlich beglaubigter Vollmacht Bevollmächtigten vertreten werden.
2. sie voraussichtlich dauerhaft in einem Krankenhaus, einem Pflegeheim oder einer ähnlichen Einrichtung untergebracht sind.
3. sie sich wegen einer dauerhaften Behinderung nicht allein in der Öffentlichkeit bewegen können.

An sich genügt die Bestellung eines Betreuers, da nur eine der drei Voraussetzungen vorliegen 120
muss. Da es sich aber um eine Ermessensentscheidung der Personalausweisbehörde handelt („kann"), wird in der Praxis die Befreiung häufig nur erteilt werden, wenn zusätzlich eine weitere Voraussetzung vorliegt.

4.12.3 Ausländische Betreute

In Deutschland lebende Ausländer müssen ein Ausweispapier haben, § 48 AufenthG. Außerdem 121
benötigen sie einen Aufenthaltstitel, § 4 AufenthG. Die Vertretung bei der Antragstellung zu einem erforderlichen Identitätspapier durch den Betreuer mit dem Aufgabenbereich „Aufenthaltsbestimmung" dürfte sich aus § 80 AufenthG ergeben. Nach § 80 Abs. 1 AufenthG ist zur Vornahme von Verfahrenshandlungen ein Ausländer fähig, der volljährig ist, sofern er nicht nach Maßgabe des BGB geschäftsunfähig oder in dieser Angelegenheit zu betreuen und einem Einwilligungsvorbehalt zu unterstellen wäre. Gemäß § 80 Abs. 2 AufenthG ist der gesetzliche Vertreter (Betreuer) verpflichtet, für den Ausländer die erforderlichen Anträge auf Erteilung und Verlängerung des Aufenthaltstitels und auf Erteilung und Verlängerung des Passes, des Passersatzes und des Ausweisersatzes zu stellen.

5. Unterschiedliche Wohnformen für ältere Menschen

5.1 Informationsmöglichkeiten

Um den individuellen Bedürfnissen älterer Menschen gerecht zu werden, haben sich im Lauf 122
der Zeit unterschiedliche Wohnformen herausgebildet. Viele neu entwickelte Modelle haben das Ziel, möglichst lange ein selbstständiges Wohnen zu ermöglichen und basieren auf Eigeninitiativen, sozialen Netzen und gegenseitiger Hilfe. Wer sich als Betreuer über die Wohnmöglichkeiten für einen konkret Betroffenen informieren will bzw. muss, sieht sich allerdings einer verwirrenden Begriffsvielfalt gegenüber. Seniorenwohnen, Servicewohnen, betreutes Wohnen, barrierefreies und integriertes Wohnen, Mehrgenerationenhaus, Senioren-WG, Quartierskonzepte, Wohnen mit Service, ambulante Hausgemeinschaften oder generationenübergreifende Wohnformen sind nur eine beispielhafte Aufzählung. Seriöse Angebote von profitorientierten Lockangeboten zu unterscheiden ist dabei genauso schwierig, wie die passende individuelle Wohnform zu finden. Informationen gibt es bei den Betreuungsbehörden und örtlichen Beratungsstellen. So können etwa in Bayern hilfebedürftige Menschen und ihre Betreuer bei den Fachstellen für Pflege- und Behinderteneinrichtungen – Qualitätsentwicklung und Aufsicht (FQA) rasch und unbürokratisch kompetente Ansprechpartner finden und ihre Sorgen vortragen. Kontaktadressen findet man z. B. in Bayern unter www.stmgp.bayern.de/service/ansprechpartner-und-fachstellen/. Der Einstieg zu weiteren Informationsmöglichkeiten

findet sich etwa bei der Koordinationsstelle Wohnen zu Hause unter www.wohnen-zu-hause.de sowie der Fachstelle für ambulant betreute Wohngemeinschaften in Bayern unter www.ambulant-betreute-wohngemeinschaften.de.

5.2 Einordnung der Wohnform

123 Problematisch sind unter Umständen die Einordnung und Abgrenzung der Wohnform. Folgende Fragestellungen sind unter anderem möglich:

- Liegt eine „stationäre Einrichtung" gemäß Art. 2 Abs. 1 PfleWoqG vor?
- Handelt es sich um „Betreutes Wohnen" gemäß Art. 2 Abs. 2 PfleWoqG, um „ambulante Wohngemeinschaften" gemäß Art. 2 Abs. 3 PfleWoqG oder um „ambulant betreute Wohngruppen" gemäß Art. 2 Abs. 4 PfleWoqG (ähnliche Formulierungen in den Heimgesetzen der Länder)?
- Handelt es sich um einen „Vertrag zur Überlassung von Wohnraum und zur Erbringung von Pflege- oder Betreuungsleistungen, die der Bewältigung eines durch Alter, Pflegebedürftigkeit oder Behinderung bedingten Hilfebedarfs dienen", sodass das Wohn- und Betreuungsvertragsgesetz zur Anwendung kommen kann?
- Ist von einer „Anstalt, einem Heim oder einer sonstigen Einrichtung" entsprechend § 1831 Abs. 4 BGB auszugehen?

5.3 Beispiele unterschiedlicher Wohnformen aus der Praxis

5.3.1 Seniorenwohnungen

124 Seniorenwohnungen stehen älteren Menschen zur Verfügung, die eine seniorengerecht ausgestattete und barrierefrei geplante Wohnung suchen. Hauswirtschaftliche Hilfen und pflegerische Betreuung werden von den Trägern (Vermietern) nicht angeboten.

5.3.2 Betreutes Wohnen

125 Betreutes Wohnen/Service-Wohnen ist eine Alternative zum Seniorenheim. Die Selbstständigkeit der Bewohner bleibt weitgehend erhalten und benötigte Hilfen können bedarfsgerecht angefordert werden.

126 Im Idealfall bietet Betreutes Wohnen:

- den Komfort einer eigenen, für die Bedürfnisse älterer Menschen geplanten und ausgestatteten Wohnung
- ein Paket von Grundleistungen wie Beratung, Vermittlung von Hilfen und Diensten, Freizeitangeboten und Hausmeisterdiensten, für die monatlich eine sogenannte Betreuungspauschale entrichtet werden muss
- zusätzliche Wahlleistungen wie Mahlzeiten-Dienste, Hausnotruf, Wohnungsreinigung, Wäschedienst, Fahrdienst und ambulante Pflege, die bei Bedarf in Anspruch genommen und bezahlt werden können

127 Die verschiedenen Formen des Betreuten Wohnens unterscheiden sich. Es lohnt sich über das individuell passende Angebot nachzudenken und auch für die Zukunft Folgendes im Auge zu behalten:

- Betreutes Wohnen mit technischer Betreuung durch den Hausmeister

  Weitere Betreuungsleistungen und Pflegedienste werden nicht angeboten und müssen von den Bewohnern selbst organisiert werden. Bei erhöhter Pflegebedürftigkeit ist in der Regel ein Heimumzug nötig.
- Betreutes Wohnen mit Ansprechpartner, aber ohne eigene soziale Dienste

  Die Beratung beinhaltet das Spektrum sozialer Fragen, z. B. Einkaufsdienste, pflegerische Hilfe. Alle Hilfen werden jedoch extern erbracht. Bei schwerer Pflegebedürftigkeit ist ein Umzug ins Pflegeheim nicht zu vermeiden.

- Betreutes Wohnen mit Ansprechpartner und eigenem Pflegedienst im Haus

  Wenn die Rund-um-die-Uhr-Versorgung im Haus durch einen hausinternen Pflegedienst gewährleistet werden kann, kann dem Bewohner sehr lange ein Umzug ins Pflegeheim erspart bleiben.
- Betreutes Wohnen mit gesonderter Pflegeabteilung

  Der Verbleib in diesen Einrichtungen ist auch bei Schwerstpflegebedürftigkeit garantiert. Es muss bei höherem Pflegebedarf nur ein Umzug von der betreuten Wohnung in die Pflegeabteilung in Kauf genommen werden.
- Betreutes Wohnen in einer an ein Pflegeheim angekoppelten Wohnanlage

  In der Regel können alle Leistungen, die auch den Pflegeheimbewohnern angeboten werden, in Anspruch genommen werden. Auch hier ist die Pflege jedoch nur begrenzt möglich; bei dauerhaft schwerer Pflege ist ein Umzug ins Pflegeheim notwendig.
- Betreutes Wohnen im Rahmen einer Senioren- bzw. Altenwohnung

  In einigen Seniorenheimen existieren „heimverbundene" Altenwohnungen. Die Bewohner führen hier einen eigenständigen Haushalt. Art und Umfang zusätzlicher Leistungen sind von Heim zu Heim unterschiedlich. Pflegeleistungen durch den Träger können häufig nur kurzfristig übernommen werden. Ist Dauerpflege notwendig, können ambulante Pflegedienste ins Haus geholt werden.

5.3.3 Gemeinschaftliche Wohnprojekte für selbstständig lebende ältere Menschen

Bei dieser Wohnform leben entweder nur ältere oder ältere und junge Menschen gemeinsam in 128 einer Wohnung oder in einem Haus. Jeder lebt selbstständig im eigenen Wohnbereich, daneben gibt es Räume, die gemeinschaftlich genutzt werden. Häufig werden diese Wohnprojekte von privaten Personen gegründet und geführt. Die Bewohner organisieren das Gemeinschaftsleben selbst oder sind zumindest an der Organisation beteiligt. Solche Wohnprojekte können spezielle selbstorganisierte Wohn- oder Hausgemeinschaften umfassen.

5.3.4 Ambulant betreute Wohngemeinschaften für Pflegebedürftige

Hier lebt eine kleine Gruppe pflege- bzw. hilfebedürftiger älterer Menschen in einer Wohnung 129 oder in einem Haus zusammen. Jeder Bewohner hat einen eigenen Wohn-/Schlafbereich. Das Alltagsleben findet weitgehend in einem oder mehreren Gemeinschaftsräumen und einer dazugehörigen Küche statt. Die Betreuung wird stundenweise oder rund um die Uhr durch Betreuungspersonal dergestalt sichergestellt, dass die Haushaltsführung und die Organisation des Gruppenlebens je nach Bedarf unterstützt oder übernommen werden. Weitere individuelle Hilfe- und Pflegeleistungen werden durch ambulante Dienste erbracht. Diese wohngruppenorientierte Betreuungsform wird in der Regel im Rahmen der ambulanten Versorgung praktiziert und dürfte dem Heimrecht nicht unterliegen. Für diese Wohnform werden auch Bezeichnungen wie Pflegewohngruppen, Pflegewohnungen oder begleitete Wohngruppen verwendet.

5.3.5 Stationär betreute Hausgemeinschaften für Pflegebedürftige

Dabei handelt es sich um eine wohngruppenorientierte Betreuungsform. Sie wird mehrheitlich 130 im Rahmen der stationären Versorgung praktiziert. In diesem Fall unterliegt sie dem Heimrecht. Häufig werden in einer Einrichtung mehrere solcher kleiner Hausgemeinschaften betrieben. Jede dieser Hausgemeinschaften ist aber eine weitgehend autonom wirtschaftende Einheit. Wie bei den betreuten Wohngemeinschaften steht der Wohnalltag in einem Gemeinschaftsraum mit Küche im Mittelpunkt, unterstützt von einer hauswirtschaftlichen Präsenzkraft. Pflegekräfte werden nach Bedarf zusätzlich eingesetzt.

5.3.6 Alten- und Pflegeheime

Ältere Menschen, die ihren Haushalt nicht mehr führen können und für die häusliche Pflege 131 nicht ausreicht, können hier umfassend versorgt und betreut werden. Die Versorgung erfolgt je nach Einrichtung in Wohnplätzen (ein oder mehrere Räume zum Wohnen und Schlafen mit Sanitärraum), Wohnschlafräumen (ohne eigenen Sanitärraum) oder in Räumen einer Pflegeabteilung. Die Haushaltsführung und die Essensversorgung werden vom Heim übernommen.

5.3.7 Beschützende Pflege

132 Im Bereich der „Beschützenden Pflege“ finden verwirrte Menschen Schutz und Betreuung. Geeignet sind diese Pflegeabteilungen in Pflegeheimen ausschließlich für Menschen, die unter selbstgefährdender Desorientierung leiden. Für die Unterbringung in dem beschützenden Pflegebereich ist eine betreuungsgerichtliche Genehmigung nach § 1831 Abs. 4 BGB erforderlich.

Reinhold Spanl

Vermögensverwaltung und Vermögenssorge

1. Betreuer als Fremdverwalter

Hinweis:

Grundsätzlich verwaltet der Betreute sein Vermögen (selbst), auch wenn der Aufgabenbereich „Vermögenssorge" oder „Vermögensverwaltung" angeordnet ist. Soweit der Betreute selbst handeln kann, macht der Betreuer von seinem Vertretungsrecht nach § 1823 BGB keinen Gebrauch, sondern unterstützt den Betreuten bei seiner Handlung, § 1821 Abs. 1 Satz 2 BGB. Der Betreute ist weder an betreuungsgesetzliche Vorgaben gebunden, noch unterliegt er der Aufsicht des Betreuungsgerichts.

Der Betreuer muss aber dennoch Maßnahmen treffen, z. B. Sperren nach § 1845 BGB vereinbaren, aufgrund derer er nicht über die Konten oder Wertpapiere ohne gerichtliche Genehmigung verfügen kann (Sperren beeinträchtigen jedoch nicht den Betreuten). Auch hat er ein Vermögensverzeichnis und Abrechnungen zu erstellen.

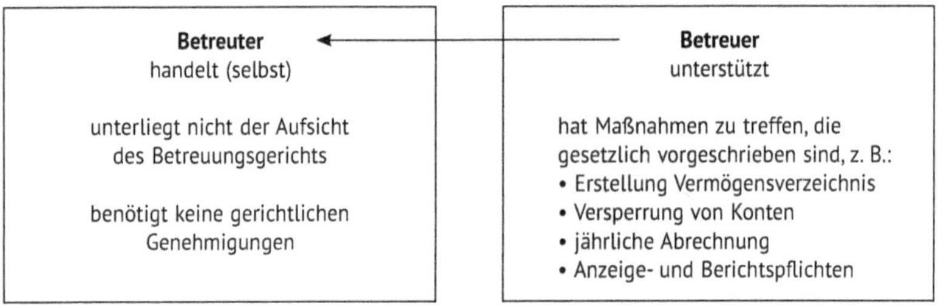

1 Der Betreuer hat in dem ihm übertragenen Aufgabenkreis (§ 1815 BGB) die Angelegenheiten des Betreuten rechtlich zu besorgen, § 1821 Abs. 1 Satz 1 BGB; er kann ihn in diesem Bereich gerichtlich und außergerichtlich vertreten (§ 1823 BGB), soweit dies erforderlich ist, § 1821 Abs. 1 Satz 2 BGB.

1a Nimmt der Betreuer im Rahmen der Vermögenssorge Handlungen im Namen des Betreuten vor, hat er nach § 1838 Abs. 1 Satz 1 BGB die Wünsche des Betreuten gemäß § 1821 BGB zu berücksichtigen. Der Betreuer hat bei seinen Vertretungshandlungen die Vorschriften nach §§ 1839 ff. BGB zu beachten und unterliegt der Aufsicht des Betreuungsgerichts, § 1862 Abs. 1 BGB.

1.1 Pflichten des Betreuers in der Vermögensverwaltung

2 Bei der Führung seines Amts handelt der Betreuer eigenverantwortlich und selbstständig. Er ist bei seinen Handlungen durch gesetzliche Regelungen beschränkt und hat gemäß § 1838 Abs. 1 Satz 1 BGB die Vermögensangelegenheiten des Betreuten nach Maßgabe des § 1821 BGB wahrzunehmen.

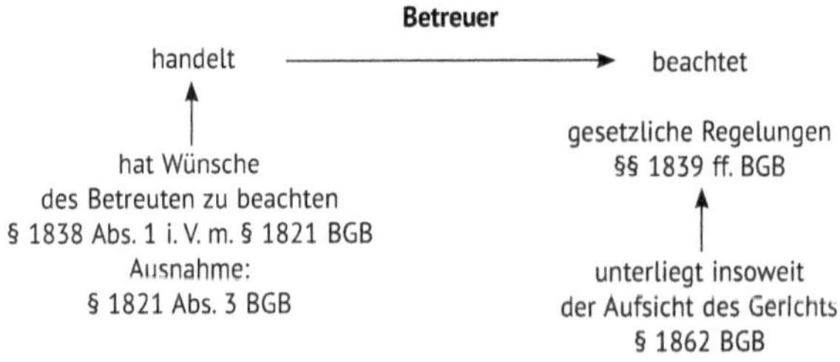

Wichtig: Soweit der Betreute selbst in einzelnen Angelegenheiten der Vermögenssorge rechtlich handeln kann, hat der Betreuer gemäß § 1821 Abs. 1 BGB von seiner Vertretungsmacht keinen Gebrauch zu machen.

Nach BGH (Beschl. v. 7.12.2022 – XII ZB 158/21) kann auch der an einer Erkrankung im Sinne 3
des § 1814 Abs. 1 BGB leidende Betroffene in der Lage sein, einen freien Willen zu bilden und ihn zu äußern. Abzustellen ist jeweils auf das Krankheitsbild des Betroffenen. Dass die Willensbildung des Betroffenen nur noch eingeschränkt besteht, begründet für sich noch keinen Ausschluss der freien Willensbildung oder -betätigung.

1.1.1 Wahrnehmung der Verwaltung nach dem Willen des Betreuten

Den durch die Selbstbestimmung des Betreuten orientierten grundlegenden Handlungsmaßstab 4
hat der Betreuer auch in der Vermögenssorge zur Geltung zu bringen. Der Willensvorrang des Betreuten gilt jedoch nur insoweit, wie die Wünsche des Betreuten Ausdruck der Selbstbestimmung sind. Dieses Prinzip ist konsequent umzusetzen. Die Selbstbestimmung steht gerade nicht in Konkurrenz zu anderen hohen Rechtsgütern des Betreuten, sondern überragt sie. Jeder hat das Recht, sich selbst zu schädigen, soweit er in der Lage ist, die Folgen einzuschätzen. Die Abwägung zwischen der Selbstbestimmung und dem Schutz vor einer Selbstschädigung hat ausschließlich aus der Perspektive des Betreuten zu erfolgen. Er hat selbst sein Wohl zu definieren und hat das Recht, sich und auch sein Vermögen zu gefährden oder gar zu schädigen.

Für den Betreuten ist es keine gesetzliche Zielvorgabe, das Vermögen für die Zukunft zu 5
erhalten oder gar zu vermehren. Der erwachsene Betreute hat zum Zeitpunkt der Bestellung des Betreuers in der Regel bereits sein Vermögen nach seinen eigenen Wertvorstellungen verwaltet und gebraucht. Dies soll auch mit der Erforderlichkeit der Betreuung fortgesetzt werden, soweit die Umstände dies erlauben. Oberstes Gebot der Betreuung ist es nicht, das Vermögen des Betreuten zu wahren oder gar zu mehren, sondern die Selbstbestimmung des Betreuten zu gewährleisten. Der Betreuer hat dem Betreuten den Genuss des Vermögens und der Einkünfte zu ermöglichen, soweit dieser es wünscht. Die Wünsche des Betreuten sind gegenüber objektiven wirtschaftlichen Interessen vorrangig. Dabei ist es zunächst ohne Bedeutung, ob die Wünsche auf einer rationalen Grundlage entstanden oder gar vernünftig sind. Von den Wünschen darf nur dann abgewichen werden, wenn sie nicht einem frei gebildeten Willen entsprechen – und zwar nur nach den Vorgaben des § 1821 Abs. 3 BGB. In diesem Fall ist sodann der individuelle mutmaßliche Wille festzustellen und maßgeblich. Der Erhalt des Vermögens oder eine Verwaltung nach objektiv sinnvollen wirtschaftlichen Gesichtspunkten ist für den Betreuer nur dann handlungsleitend, wenn dies auch das Bestreben des Betreuten war und auch weiterhin seinen Wünschen oder hilfsweise seinem mutmaßlichen Willen entspricht. Ansonsten ist das Vermögen nach seinen Wünschen oder nach seinem mutmaßlichen Willen zu verwalten und entsprechend anzulegen oder auch auszugeben.

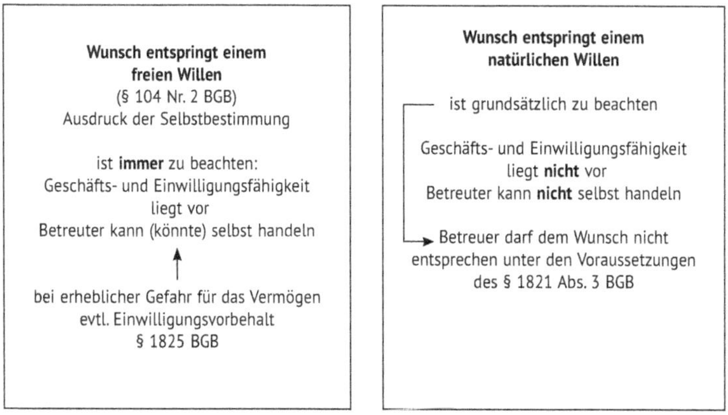

A

1.1.2 Handlungen des Betreuers

6 Zunächst hat der Betreuer zu prüfen, ob der Betreute selbst handeln kann oder ob er von seiner Vertretungsmacht nach § 1823 BGB Gebrauch machen muss. Soweit der Betreuer für den Betreuten handelt, sind vorrangig dessen Wünsche nach § 1821 Abs. 2 BGB maßgeblich. Wünscht der Betreute eine Wahrnehmung der Vermögensangelegenheiten nach Maßgabe der §§ 1839 bis 1843 BGB, hat der Betreuer dem selbstverständlich zu folgen. Weichen die Wünsche des Betreuten hinsichtlich der Wahrnehmung der Vermögensangelegenheiten hiervon ab, hat der Betreuer ihnen auch dann zu folgen, wenn sie wirtschaftlich unvernünftig sind, sofern sie auf dem freien Willen des Betreuten beruhen.

7 Hat der Betreuer den Eindruck, dass der Betreute sich durch seine eigenen Handlungen schädigt, ohne dies erkennen oder steuern zu können, und ist die Fähigkeit zur freien Willensbildung fraglich, hat er die Anordnung eines Einwilligungsvorbehalts nach § 1825 BGB anzuregen.

8 Soweit der Betreute in Bezug auf die konkrete vermögensrechtliche Angelegenheit jedoch nicht mehr geschäftsfähig ist, hat der Betreuer gemäß § 1821 Abs. 3 Nr. 1 BGB zum Schutz des Betreuten dessen Wunsch dann nicht zu entsprechen, wenn das Vermögen des Betreuten durch die Wunschbefolgung erheblich gefährdet wäre und der Betreute diese Gefahr gerade aufgrund seiner Erkrankung oder Behinderung nicht erkennen oder nicht nach dieser Erkenntnis handeln kann. Entspricht der Wunsch des Betreuten nicht dem aktuell frei gebildeten Willen und würde die Befolgung eine erhebliche Vermögensgefährdung bedeuten, hat der Betreuer gemäß § 1821 Abs. 4 BGB nach dem mutmaßlichen Willen zu handeln. Dabei ist zu fragen, ob der Betreute auch dann diesen Wunsch äußern würde, wenn er die bei Befolgung eintretende Gefährdung oder den Vermögensschaden erkennen würde. Wenn er die Gefährdung mutmaßlich in Kauf nehmen würde, ist seinem Wunsch zu folgen. Aufgabe des Betreuers bleibt es, den Betreuten so gut wie möglich zu beraten. In diesem Zusammenhang hat er den Betreuten insbesondere auf die Vorgaben der §§ 1839 ff. BGB hinzuweisen und mit dem Betreuten die aus einer Abweichung resultierenden Gefahren zu besprechen.

9 Nach § 1821 Abs. 3 Nr. 2 BGB hat der Betreuer Wünschen des Betreuten nicht zu entsprechen, die ihm nicht zumutbar sind. Denkbar sind Fälle, in denen das Handeln für ihn persönlich unverhältnismäßig belastend wäre, z. B. wenn sich ein Wunsch des Betreuten auf ein rechtswidriges Verhalten richten würde. Fertigt und unterschreibt der Betreuer z. B. die Steuererklärung des Betreuten und soll er dabei wunschgemäß bestimmte Einnahmen nicht aufführen, wäre er gemäß §§ 34, 370 AO selbst wegen der Steuerverkürzung haftbar. Unzumutbar wäre auch der Wunsch des Betreuten, beim Umzug in ein Pflegeheim Vermögensbestandteile zu verschweigen, damit die Heimkosten vom Sozialhilfeträger übernommen werden.

1.1.3 Ermittlung des mutmaßlichen Willens

10 Bei der Ermittlung des mutmaßlichen Willens sind insbesondere auch veränderte Rahmenbedingungen zu berücksichtigen. Der Betreuer hat zu fragen, wie der Betreute entscheiden würde, wenn er die Gefährdung, die sich möglicherweise aufgrund einer veränderten Lebenssituation anders darstellt als bisher, in seine Entscheidungsfindung aufnehmen könnte. Allein der Umstand, dass jemand große Mengen Bargeld zu Hause verwahrt, muss noch nicht auf einen mutmaßlichen Willen schließen lassen, dies auch dauerhaft, unter einer veränderter Wohnsituation und nachlassender Eigensicherung zu tun. Schließlich gibt es einen Grund, dass die Person betreuungsbedürftig ist und mit der Bestellung des Betreuers festgestellt wurde, dass sie krankheitsbedingt nicht (mehr) in der Lage ist, vermögensrechtliche Angelegenheiten selbst zu besorgen. Zu fragen ist, ob der Betreute auch weiterhin sein Bargeld zu Hause verwahren würde, wenn er weiß, dass sich nun mehrere fremde Personen, z. B. zur Durchführung von Haushalts- oder Pflegemaßnahmen, in seinem privaten Wohnumfeld aufhalten, und er nicht mehr wie früher in der Lage ist, auf sein Bargeld aufzupassen.

Gleichzeitig ist zu vermeiden, die Verantwortung für eine schädigende Entscheidung auf einen entscheidungsunfähigen Betreuten abzuwälzen. Der Betreuer bleibt in der Verantwortung, zu erkennen, ob der Wunsch des Betreuten Ausdruck seiner Selbstbestimmung ist. Daher greift die Aufsicht des Gerichts ein, wenn der Betreuer von einer sicheren Vermögensverwaltung abweichen will. Der Betreuer kann sich der Haftung nicht mit einer nicht hinterfragten Behauptung entziehen, dass er mit der schädigenden Entscheidung dem Wunsch des Betreuten gefolgt sei. 11

Äußert der Betreute keinen Wunsch in Bezug auf die Vermögensverwaltung oder muss der Betreuer gemäß § 1821 Abs. 3 BGB Wünsche des Betreuten übergehen, so ist der mutmaßliche Wille des Betreuten zu ergründen und nach ihm zu handeln, § 1838 Abs. 1 Satz 1 i. V. m. § 1821 Abs. 4 BGB. Dabei gibt das Gesetz in § 1838 Abs. 1 Satz 2 BGB die gesetzliche Vermutung vor, dass eine Wahrnehmung der Vermögensangelegenheiten durch den Betreuer nach §§ 1839 bis 1843 BGB dem mutmaßlichen Willen des Betreuten entspricht, wenn keine hinreichenden konkreten Anhaltspunkte für einen hiervon abweichenden mutmaßlichen Willen bestehen. 12

Hinweis:

Äußert der Betreute keine Wünsche und kann der Betreuer keinen mutmaßlichen Willen des Betreuten ermitteln, hält er sich gemäß § 1838 Abs. 1 Satz 2 BGB an die Vorschriften §§ 1839 bis 1843 BGB.

1.1.4 Abweichen von den §§ 1839 bis 1843 BGB

Eine Abweichung von den §§ 1839 bis 1843 BGB durch den Betreuer ist nur dann möglich, wenn ein nachweisbarer Wunsch des Betreuten vorliegt oder ein mutmaßlicher Wille nachweislich begründet vorgebracht werden kann. Will der Betreuer eine Abweichung vornehmen, hat er dies dem Betreuungsgericht unverzüglich unter Darlegung der Wünsche des Betreuten anzuzeigen, § 1838 Abs. 2 Satz 1 BGB. Das Gericht hat dann im Rahmen der Aufsicht zu prüfen, ob die Art der abweichenden Vermögensverwaltung dem Ausdruck des Selbstbestimmungsrechts des Betreuten entspricht. 13

Wunsch des Betreuten ist festzustellen und zu beachten
§ 1838 Abs. 1 Satz 1 i. V. m. § 1821 Abs. 2 BGB

Wunsch des Betreuten weicht von § 1839 bis § 1843 BGB ab

↓

Mitteilung an Betreuungsgericht
§ 1838 Abs. 2 Satz 1 BGB

Beispiel:

Der Betreuer verwaltet ein Vermögen des geschäftsunfähigen Betreuten in Höhe von 500.000 EUR. Darunter befinden sich Aktien des FC Bayern München in effektiven Stücken (als Papiere) im Wert von 20.000 EUR. Er möchte, dass die Aktien in seinem häuslichen Besitz bleiben und nicht in eine Depotverwaltung genommen werden. Der Betreuer erklärt dem Betreuten evtl. auftretende Risiken, die dieser als vertretbar hinnimmt.

Dem Wunsch des Betreuten entsprechend müsste der Betreuer von der Verpflichtung aus § 1843 Abs. 1 BGB abweichen. Dies hat er unverzüglich dem Betreuungsgericht anzuzeigen, wenn er dem Wunsch folgen möchte, § 1838 Abs. 2 Satz 1 BGB. Dieses müsste unter anderem auch prüfen, ob § 1843 Abs. 3 BGB Anwendung finden könnte.

Das Betreuungsgericht kann die Anwendung der §§ 1839 bis 1843 BGB oder einzelner Vorschriften ausdrücklich anordnen, wenn andernfalls eine Gefährdung im Sinne des § 1821 14

Abs. 3 Nr. 1 BGB zu besorgen wäre, § 1838 Abs. 2 Satz 2 BGB. Der Prüfungsmaßstab des Gerichts ist auch hier wieder § 1821 BGB. Das Gericht hat insbesondere zu prüfen, ob der vom Betreuer angegebene Wunsch des Betreuten, im Rahmen der Vermögensverwaltung von den §§ 1839 bis 1843 BGB abzuweichen, tatsächlich besteht, ohne unangemessene Einflussnahme zustande gekommen ist und der Betreute das hierin liegende Risiko erkennen kann. Wenn dies nicht der Fall ist, hat es den mutmaßlichen Willen des Betreuten zu ermitteln und jedenfalls dann, wenn es keine Anhaltspunkte dafür hat, dass der Betreute mutmaßlich ein Abweichen von einer Vermögensverwaltung nach §§ 1839 bis 1843 BGB wünscht, deren Anwendung anzuordnen.

1.2 Individualität in der Vermögensverwaltung

15 Der Aufgabenbereich „Vermögensverwaltung" umfasst die geldwerten Güter, das Einkommen und die Verbindlichkeiten (Schulden) des Betreuten. Die Aufgabenstellung des Betreuers in der Vermögensverwaltung ist individuell unter Betrachtung der gesamten Lebensverhältnisse und möglicher Perspektiven des Betreuten zu erörtern.

16 Die Vermögensverwaltung orientiert sich ausschließlich an dem Willen und den Wünschen des Betreuten. Vorrang hat immer die Gewährleistung der individuellen Lebensqualität des Betreuten, § 1821 Abs. 2 Satz 1 BGB.

17 Bei der Verwaltung bedeutender Vermögen ist es selbstverständlich, dass der Betreuer die Hilfe eines Spezialisten in Anspruch nimmt (z. B. Steuerberater, Anlagenberater, Hausverwalter), soweit er nicht selbst über die notwendige Fachkenntnis verfügt.

18 Stellt der Betreuer nach Sichtung der Einkommens- und Vermögensverhältnisse seines Betreuten eine Überschuldung fest, sollte er rechtlichen Rat einholen, um die Rechtmäßigkeit der Verbindlichkeiten (Liegt ein wirksames Rechtsgeschäft zugrunde, war der Betreute beim Abschluss geschäftsfähig oder kann Verjährung eingewandt werden?) zu überprüfen und um eine Strategie zur Schuldenregulierung zu entwickeln. Wichtig dabei ist, dass der Betreuer die Schuldenregulierung nicht allein vereinbaren sollte. Vielmehr ist es notwendig, den Betreuten aktiv in sie mit einzubeziehen. Aus pädagogischen Gründen kann z. B. der gemeinsame Besuch einer Schuldnerberatungsstelle sinnvoll sein.

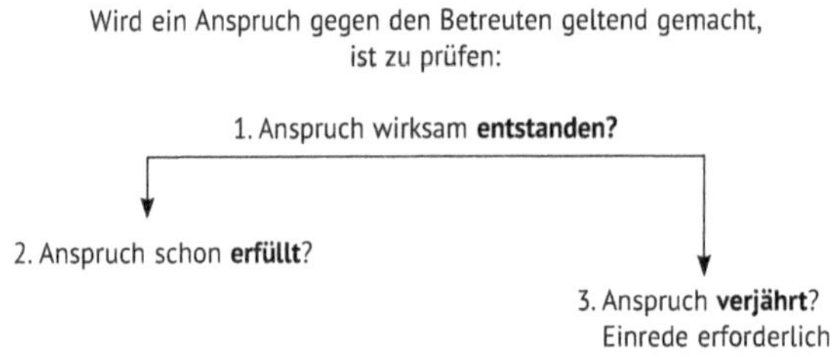

19 Im Fall der Zahlungsunfähigkeit des Betreuten sollte auch die Möglichkeit in Betracht gezogen werden, ein Verbraucherinsolvenzverfahren mit nachfolgender Restschuldbefreiung zu beantragen.

20 Besonders zu beachten ist, dass der Betreuer die steuerlichen Pflichten des Betreuten zu erfüllen hat, § 34 AO. Dazu gehört unter anderem die Pflicht zur Abgabe einer Einkommensteuererklärung. Diese Pflicht erstreckt sich auch auf die vor seinem Eintritt in die Funktion als Betreuer liegenden Veranlagungszeiträume. Verletzt er die ihm obliegenden steuerlichen Erklärungspflichten, kann unter Umständen der Tatbestand einer Steuerhinterziehung vorliegen (FG Rheinland-Pfalz, Urt. v. 18.7.2012 – 5 K 1348/09).

1.3 Aufgaben der Vermögensverwaltung

21 Soweit ihm Aufgaben der Vermögenssorge übertragen sind, hat der Betreuer detaillierte gesetzliche Regeln zu beachten, z. B. §§ 1835 bis 1860, § 1865, §§ 1872 bis 1874 BGB. Das

„Sorgen" bedeutet ein Verwalten des bereits vorhandenen sowie des weiter hinzukommenden Vermögens und die Verbesserung einer überschuldeten Vermögenslage.

Problematisch erweist sich in der Praxis oft ein ungenau oder unvollständig formulierter 22
Aufgabenkreis. Wird z. B. die „Durchsetzung eines Renten- oder Sozialhilfeanspruchs" angeordnet, endet der Wirkungskreis mit dem Eingang von Zahlungen auf dem Konto des Betreuten; Auskünfte zum Vermögensstand wird die Bank nicht erteilen. Auch bremst das Postgeheimnis nach Art. 10 Abs. 1 GG häufig einen willigen Betreuer aus, der zwar Vermögen verwalten und evtl. Schulden abbauen soll, aber Mahnungen und Kontoauszüge, die an den Betreuten selbst adressiert sind, nicht öffnen darf. Eine ausdrückliche Anordnung des Gerichts für diesen Aufgabenbereich ist regelmäßig erforderlich, § 1815 Abs. 2 Nr. 6 BGB. Die Zuordnung dieses Aufgabenkreises ist allerdings dann entbehrlich, wenn der „verständige" Betreute dem Betreuer das Öffnen der Post gestattet.

Hinweis:

Der „vermögensverwaltende" Betreuer sollte sich die „Entscheidung über die Entgegennahme, das Öffnen und das Anhalten der Post des Betreuten" durch das Betreuungsgericht als Aufgabenbereich anordnen lassen, um einen Einblick in dessen Vermögenswerte und Verbindlichkeiten zu erlangen. Andererseits genügt die Gestattung durch den Betreuten selbst, soweit dieser die Sachlage erfassen kann.

1.4 Gesetzliche Vertretung

Das Recht zur gesetzlichen Vertretung des Betreuten durch den Betreuer ergibt sich aus § 1823 23
BGB (i. V. m. § 1815 BGB); sie ist immer auf die zugeordneten Aufgabenbereiche begrenzt. Der Betreuer ist befugt, im Namen des Betreuten zu handeln, Rechtsgeschäfte vorzunehmen, insbesondere Willenserklärungen abzugeben und in Empfang zu nehmen, § 164 Abs. 1, § 131 BGB. Auch kann er für den Betreuten Prozesse führen, § 51 ZPO, sowie sonstige gerichtliche und verwaltungsrechtliche Verfahren betreiben.

Die Formulierung „Der Betreuer kann vertreten" stellt klar, dass für den Betreuer keine Pflicht 24
zur Vertretung gegeben ist, sondern er bei jeder Willenserklärung eigens prüfen muss, ob er von seiner Vertretungsmacht Gebrauch machen darf oder ob der Betreute die Willenserklärung selbst abgeben kann. Die Entscheidung, ob der Betreuer bei einzelnen zu besorgenden Angelegenheiten als Vertreter handelt oder nicht, ist also von ihm selbst vorzunehmen und Dritten im Rechtsverkehr kundzutun (vgl. §§ 164 ff. BGB). Dabei darf er nicht willkürlich entscheiden, sondern ist an § 1821 BGB gebunden.

Hinweis:

In den angeordneten Aufgabenbereichen ist der Betreuer gesetzlicher Vertreter des Betreuten, § 1823 BGB (Vertretungsrecht im Außenverhältnis). Dabei spielt es keine Rolle, ob dieser geschäftsfähig oder geschäftsunfähig ist. Die Pflichten des Betreuers gegenüber dem Betreuten aus § 1821 BGB betreffen nur das Innenverhältnis; sie schränken das Vertretungsrecht Dritten gegenüber nicht ein. Allerdings ist der Betreuer bei seinen Handlungen an das Innenverhältnis gebunden.

Vertretungsrecht des Betreuers

§ 1823 BGB **Außenverhältnis**		**§ 1821 BGB** **Innenverhältnis**
Betreuer ist gesetzlicher Vertreter Dritten gegenüber	←	Betreuer hat bei seinem Handeln Willen und Wünsche des Betreuten zu beachten
	→	Dritte haben nicht das Recht zu prüfen, ob der Betreuer § 1821 BGB einhält
Einschränkung durch betreuungsgerichtliche Genehmigung	←	Gericht hat bei der Erteilung der Genehmigung § 1821 BGB zu beachten

1.5 Vertretungsausschlüsse

25 In gesetzlich vorgeschriebenen Fällen ist der Betreuer von der Vertretung des Betreuten ausgeschlossen.

1.5.1 Insichgeschäfte, § 1824 Abs. 2 i. V. m. § 181 BGB

26 Der Betreuer ist grundsätzlich nicht zur Vornahme von Rechtsgeschäften im Namen des Betreuten berechtigt, wenn er das Geschäft mit sich selbst oder einer anderen von ihm vertretenen Person (z. B. minderjähriges Kind, anderer Betreuter) schließen will.

Beispiel:

a) Der Betreuer A mit dem Aufgabenbereich „Vermögensverwaltung" betreibt einen Elektrohandel. Er verkauft seinem geschäftsunfähigen Betreuten auf dessen Wunsch eine Stereoanlage.

b) B ist Betreuer in Vermögensangelegenheiten der geschäftsunfähigen Betreuten X und Z. Als X in ein Pflegeheim übersiedelt, verkauft B im Wege der Wohnungsauflösung dessen Stereoanlage an Z.

Den Kaufvertrag schließt der Betreuer im Fall a) als Verkäufer und zugleich als Vertreter des Betreuten; im Fall b) als Vertreter des Betreuten X und des Betreuten Z. Sein Vertretungsrecht ergibt sich jeweils aus § 1823 BGB.

Der Betreuer ist in den vorliegenden Fällen von der Vertretung kraft Gesetzes ausgeschlossen, § 1824 Abs. 2 i. V. m. § 181 BGB. Dabei reicht dem Gesetzgeber die Möglichkeit einer Interessenkollision, gleichgültig ob eine solche tatsächlich besteht.

Die durch den Betreuer geschlossenen Verträge sind schwebend unwirksam, § 177 Abs. 1 BGB, da er als Vertreter ohne Vertretungsmacht gehandelt hat. Erforderlich wird die Bestellung eines Ergänzungsbetreuers nach § 1817 Abs. 5 BGB. Genehmigt dieser die Kaufverträge, § 182 Abs. 1 BGB, sind diese von Anfang an wirksam, § 184 Abs. 1 BGB.

27 Sind die Betreuten geschäftsfähig und liegt kein Einwilligungsvorbehalt vor, können sie die Kaufverträge selbst schließen; es besteht weder ein Vertretungsausschluss noch die Notwendigkeit einer Ergänzungspflegerbestellung.

1.5.2 Rechtsgeschäfte mit Verwandten und dem Ehegatten des Betreuers

28 Der Betreuer kann grundsätzlich kein Rechtsgeschäft im Namen des Betreuten schließen, wenn der Geschäftspartner sein Ehegatte (bzw. Lebenspartner nach LPartG) oder ein geradlinig Verwandter (§ 1589 Abs. 1 Satz 1 BGB) von ihm ist.

Beispiel:

Der geschäftsunfähige Betreute hat ein Auto geerbt. Da er keine Fahrerlaubnis besitzt, verkauft der Betreuer (mit dem Aufgabenbereich „Vermögensverwaltung") den Pkw im Namen des

Betreuten an seine Ehefrau zum Listenpreis von 20.000 EUR. Der Betreute ist ausdrücklich damit einverstanden.

Den Kaufvertrag gemäß § 433 BGB schließt der Betreuer als Vertreter des Betreuten mit seiner Ehefrau; sein Vertretungsrecht ergibt sich aus § 1823 BGB. Allerdings ist er im vorliegenden Fall von der Vertretung kraft Gesetzes ausgeschlossen, § 1824 Abs. 1 Nr. 1 BGB.

Das von ihm geschlossene Rechtsgeschäft ist schwebend unwirksam, § 177 Abs. 1 BGB, da er als Vertreter ohne Vertretungsmacht gehandelt hat. Erforderlich wird die Bestellung eines Ergänzungsbetreuers, § 1817 Abs. 5 BGB, im Aufgabenbereich „Vertretung des Betreuten beim Kaufvertrag zwischen dem Betreuer und dessen Ehefrau bezüglich des Pkw der Marke ...". Genehmigt der Ergänzungsbetreuer den Kaufvertrag, § 182 Abs. 1 BGB, ist dieser von Anfang an wirksam, § 184 Abs. 1 BGB.

Das ausdrückliche Einverständnis des Betreuten beseitigt nicht den Vertretungsausschluss.

Ist der Betreute geschäftsfähig und liegt kein Einwilligungsvorbehalt vor, kann er den Kaufvertrag selbst schließen; ein Ausschluss besteht nicht. 29

Hinweis:

Der Ausschluss besteht, wenn Vertragspartner des Betreuers sind:

- Ehegatte oder Lebenspartner (nach LPartG) des Betreuers
- Eltern, Voreltern des Betreuers (gradlinige Verwandte)
- Abkömmlinge des Betreuers (gradlinige Verwandte)

1.5.3 Erfüllungsgeschäfte

Die vorstehend genannten Ausschlüsse betreffen (nur) das Verpflichtungsgeschäft (in den oben 30 genannten Beispielen jeweils den Kaufvertrag). Wurde dieses durch den Ergänzungsbetreuer wirksam genehmigt oder neu vorgenommen, sind die Vertragspartner verpflichtet zu erfüllen (in den oben genannten Beispielen die Übereignungen vorzunehmen). Dabei besteht für den Betreuer kein Vertretungsausschluss; §§ 181 und 1824 Abs. 1 Nr. 1 BGB nehmen Rechtsgeschäfte aus, durch die eine Verbindlichkeit erfüllt wird.

Beispiel:

Bei der Übereignung der Stereoanlage und des Kaufpreises, jeweils gemäß § 929 BGB, ist der Betreuer nicht mehr ausgeschlossen, da es sich um die Erfüllung von (wirksamen) Verbindlichkeiten aus dem Kaufvertrag handelt; § 181 BGB.

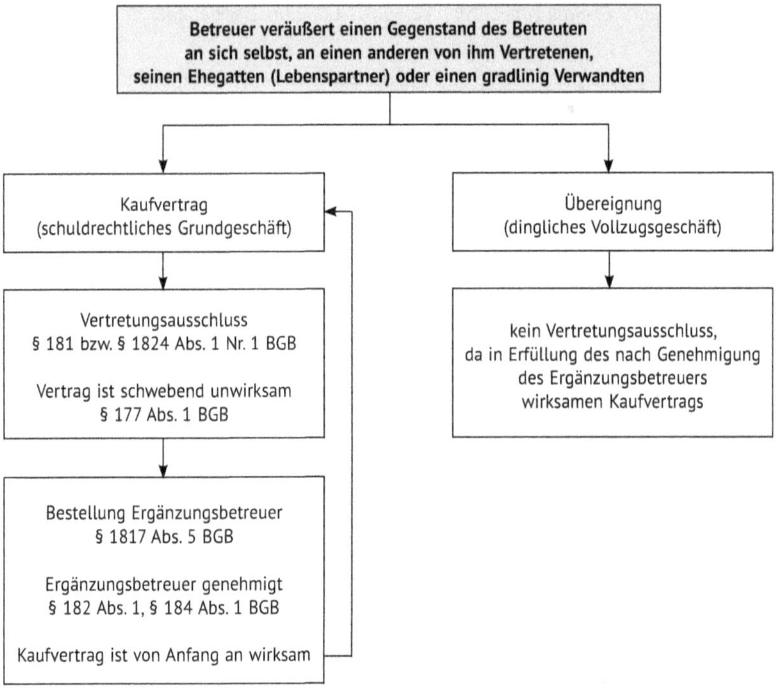

1.5.4 Lediglich rechtlich vorteilhafte Rechtsgeschäfte

31 Rechtsgeschäfte, die dem Betreuten lediglich einen rechtlichen Vorteil bringen, fallen nicht unter den Vertretungsausschluss, da ein Interessenwiderstreit ausgeschlossen ist. Der Schutzzweck der Ausschlussnormen ist nicht erforderlich, da keine Schädigung des Betreuten eintreten kann.

32 Es ist allein auf die rechtlichen Folgen des Geschäfts abzustellen, wirtschaftliche Betrachtungen sind unbeachtlich. Ein rechtlicher Nachteil liegt vor, wenn das Rechtsgeschäft persönliche Verpflichtungen des Betreuten begründet oder ein Recht des Betreuten aufgehoben wird. Dabei spielt es keine Rolle, wenn sich dabei wirtschaftliche Vorteile ergeben. Unerheblich sind allerdings mittelbar durch das Geschäft ausgelöste Nachteile wie eine Steuerpflicht.

Beispiele:

- *Der Betreuer verkauft dem geschäftsunfähigen Betreuten einen Computer für 200 EUR, obwohl der tatsächliche Wert bei 800 EUR liegt. Es liegt kein rechtlicher Vorteil vor, da durch den Kaufvertrag gemäß § 433 Abs. 2 BGB für den Betreuten eine Kaufpreisverbindlichkeit begründet wird. Der wirtschaftliche Vorteil des Geschäfts ist unerheblich. Es besteht Ausschluss nach § 1824 Abs. 2 i. V. m. § 181 BGB; eine Ergänzungsbetreuung nach § 1817 Abs. 5 BGB ist erforderlich.*
- *Der Vater des Betreuers schenkt dem geschäftsunfähigen Betreuten ein unbebautes Grundstück, von einem Notar beurkundet. Der Schenkungsvertrag nach § 516 Abs. 1 BGB bringt dem Betreuten lediglich einen rechtlichen Vorteil, da dieser keine Verpflichtung eingeht. Ein Vertretungsausschluss nach § 1824 Abs. 1 Nr. 1 BGB besteht nicht; der Betreuer kann für den Betreuten beim Abschluss des Schenkungsvertrags handeln.*

33 Problematisch sind die Geschäfte, die sich für den Betreuten rechtlich vorteilhaft darstellen, bei denen aber das Erfüllungsgeschäft rechtliche Nachteile mit sich bringt.

Beispiel:

Der Vater des Betreuers schenkt dem geschäftsunfähigen Betreuten eine Eigentumswohnung; sie wird anschließend an den Betreuten im Eigentum übertragen („aufgelassen").

Der Schenkungsvertrag nach § 516 Abs. 1 BGB bringt dem Betreuten lediglich einen rechtlichen Vorteil, da dieser aus ihm keine Verpflichtung eingeht. Ein Vertretungsausschluss nach § 1824 Abs. 1 Nr. 1 BGB besteht nicht; der Betreuer kann für den Betreuten handeln. Bei einem lediglich rechtlichen Vorteil sind die Ausschlusstatbestände nach ihrem Normzweck nicht anwendbar, da hier ein Interessenkonflikt nicht besteht.

Die Auflassung der Eigentumswohnung an den Betreuten gemäß § 873 Abs. 1, § 925 BGB erfolgt in Erfüllung einer Verbindlichkeit aus dem Schenkungsvertrag, sodass grundsätzlich wiederum ein Ausschluss entfallen würde, § 1824 Abs. 1 Nr. 1 BGB (... es sei denn ...). Allerdings ist der Erwerb von Wohnungseigentum wegen der aus der Eigentümerstellung folgenden Mitgliedschaft in der Wohnungseigentümergemeinschaft und den sich daraus ergebenden persönlichen Verpflichtungen rechtlich nachteilig.

In solchen Fällen geht das in Erfüllung der Verbindlichkeit bestehende Rechtsgeschäft über den reinen Erfüllungserfolg hinaus und führt zu rechtlichen Nachteilen für den Vertretenen. Damit trifft die § 1824 Abs. 1 Nr. 1 BGB zugrunde liegende Annahme, dass es bei der bloßen Erfüllung einer bestehenden Verbindlichkeit zu keiner Interessenkollision kommen kann, nicht zu. Es verbleibt beim grundsätzlichen Vertretungsverbot. Um das Rechtsgeschäft (Auflassung) zur Wirksamkeit zu bringen, ist die Bestellung eines Ergänzungsbetreuers nach § 1817 Abs. 5 BGB erforderlich, der den Vertrag genehmigt.

1.5.5 Vertretungsausschluss bei einem Rechtsstreit

Soweit der Betreuer nach § 1824 Abs. 1 Nr. 1 BGB von der Vertretung bei Rechtsgeschäften 34 ausgeschlossen ist, kann er den Betreuten auch nicht in einem Rechtsstreit vertreten, § 1824 Abs. 1 Nr. 3 BGB.

1.5.6 Gesicherte Forderung des Betreuten gegen den Betreuer

Besteht eine Forderung des Betreuten gegen den Betreuer, die durch Pfandrecht, Hypothek, 35 Schiffshypothek oder Bürgschaft gesichert ist, kann der Betreuer nicht im Namen des Betreuten die Forderung an einen Dritten übertragen oder sie zugunsten eines Dritten belasten. Auch kann er die Sicherheit nicht aufheben oder mindern, § 1824 Abs. 1 Nr. 2 BGB. Dies gilt für das Verpflichtungs- und Verfügungsgeschäft.

Beispiel:

Der Betreute hat eine Darlehensforderung in Höhe von 20.000 EUR gegen den Betreuer, sie ist durch eine Grundschuld am Grundstück des Betreuers gesichert. Im Rahmen einer Renovierungsmaßnahme möchte der Betreuer mit der Grundschuld im Rang hinter eine neu zu bestellende Hypothek der Sparkasse zurücktreten. Bei der Rücktrittseinigung zwischen dem Betreuten und der Sparkasse (§ 880 Abs. 2 BGB) kann der Betreuer nicht vertreten, § 1824 Abs. 1 Nr. 2 BGB, da es sich um eine Minderung der Sicherheit für die Forderung handelt.

1.6 Genehmigungsbedürftigkeit

Das Vertretungsrecht des Betreuers aus § 1823 BGB wird durch das Erfordernis einer 36 betreuungsgerichtlichen Genehmigung eingeschränkt. Soweit der Betreuer ohne die erforderliche Genehmigung handelt, tut er dies als Vertreter ohne (ausreichende) Vertretungsmacht. Getätigte Verträge sind schwebend unwirksam (§ 1856 Abs. 1 Satz 1 BGB), einseitige Rechtsgeschäfte regelmäßig unwirksam (§ 1858 Abs. 1 BGB).

Die Genehmigung macht die eingeschränkte Vertretungsmacht zu einer uneingeschränkten, 37 sodass der Betreuer mit ihr das Rechtsgeschäft wirksam schließen oder zur Wirksamkeit bringen kann. Dieser Zustand ist erreicht, wenn die Rechtskraft des Genehmigungsbeschlusses eingetreten ist (§ 40 Abs. 2 FamFG) und dieser mit dem Rechtskraftzeugnis (§ 46 FamFG) dem

Betreuer durch das Betreuungsgericht erteilt wurde (§ 1855 BGB). Zur betreuungsgerichtlichen Genehmigung siehe A 11.

1.7 Verwendung von Vermögen des Betreuten für den Betreuer

1.7.1 Trennungsgebot

38 Der Betreuer hat das Vermögen des Betreuten getrennt von seinem eigenen Vermögen zu halten, § 1836 Abs. 1 Satz 1 BGB.

Trennungsgebot
§ 1836 Abs. 1 BGB

Grundsatz

Der Betreuer hat das Vermögen des Betreuten getrennt von seinem Vermögen zu halten.

§ 1836 Abs. 1 Satz 1 BGB

strikte Trennung

z. B. müssen Konten des Betreuten auf seinen Namen lauten

Ausnahme

gemeinschaftliches Vermögen des Betreuten und des Betreuers, das bei der Bestellung vorhanden ist oder während der Betreuung hinzukommt

§ 1836 Abs. 1 Satz 2 BGB

z. B. gemeinschaftliches Haushaltskonto

39 Gefordert ist eine strikte Trennung von Betreutenvermögen vom eigenen Vermögen des Betreuers. Auf diese Weise wird zum einen ein Zugriff des Betreuers auf das Vermögen des Betreuten verhindert, zum anderen wird der Betreute vor etwaigen gegen den Betreuer gerichteten Zwangsvollstreckungsmaßnahmen oder einer Insolvenz des Betreuers geschützt. Der Betreuer darf Vermögenswerte des Betreuten nicht zusammen mit seinem Vermögen aufbewahren, sondern er hat für Dritte klar erkennbar jegliche Vermischung zu vermeiden und Vermögenswerte entweder bei dem Betreuten zu belassen oder in gesonderte Verwahrung zu geben, z. B. in ein Bankschließfach. Dies gilt zur Vermeidung von Missbrauch grundsätzlich auch dann, wenn Betreuer und Betreuter in einem Haushalt leben.

40 Ausnahmsweise gilt das Trennungsgebot nicht für das bei Bestellung des Betreuers bestehende und das während der Betreuung hinzukommende gemeinschaftliche Vermögen des Betreuers und des Betreuten, wenn das Betreuungsgericht nichts anderes anordnet, § 1836 Abs. 1 Satz 2 BGB.

41 Oftmals besteht das Bedürfnis des Betreuten und seines Betreuers (insbesondere bei Ehegatten oder nahen Angehörigen), ein bestehendes gemeinschaftliches Vermögen nicht aufzulösen bzw. während der Betreuung hinzukommendes gemeinschaftliches Vermögen nicht trennen zu müssen. Dieses gemeinschaftliche Vermögen (z. B. ein gemeinsames Depot) darf weiterbestehen bleiben, wenn und soweit das Betreuungsgericht nichts anderes anordnet.

42 Da der Betreuer nach § 1821 Abs. 2 Satz 1 BGB grundsätzlich den Wünschen des Betreuten zu entsprechen hat, kann ein gemeinschaftliches Konto von Ehegatten grundsätzlich fortgeführt werden, wenn dies dem Wunsch oder mutmaßlichen Willen des betreuten Ehegatten entspricht. Allerdings ist die Ausnahmeregelung weder auf Ehegatten noch auf gemeinsame Konten beschränkt. Auch in anderen familiären Konstellationen oder persönlichen Näheverhältnissen kann es gemeinschaftliche Vermögenswerte geben. Es ist zunächst davon auszugehen, dass die bei Bestellung des Betreuers vorgefundene Vermögenskonstellation dem Wunsch des Betreuten entspricht. Gleiches gilt für das während der Betreuung hinzukommende gemeinschaftliche Vermögen, etwa die auf einem gemeinsamen Konto

eingehenden Rentenzahlungen beider Ehegatten. Auch hierfür gilt das Trennungsgebot grundsätzlich nicht.

Wird Geld zur Bestreitung von Ausgaben auf einem Konto bereitgehalten (§ 1839 Abs. 1 Satz 1 43
BGB), muss der Betreute Inhaber des Kontos sein. Es darf nicht auf den Namen des Betreuers oder eines Dritten lauten und insoweit auch nicht als Ander- oder Treuhandkonto geführt werden (OLG Köln, Beschl. v. 4.7.1996 – 16 Wx 139/9). Die Anlegung bzw. Bereithaltung von Geld auf einem Konto für eine Vielzahl von Betreuten – z. B. auf den Namen eines Betreuungsvereins – ist unzulässig. Ergibt sich nur aus der internen Buchführung, welcher Geldbetrag welchem Betreuten zuzuordnen ist, verstößt dies gegen das Trennungsgebot des § 1836 Abs. 1 Satz 1 BGB.

Ein Verstoß gegen § 1836 Abs. 1 Satz 1 BGB stellt eine Pflichtwidrigkeit des Betreuers dar, die 44
regelmäßig zum Einschreiten des Betreuungsgerichts führt, § 1862 Abs. 1 und 3 BGB. Soweit ein Schaden für den Betreuten entsteht, kann eine Haftung des Betreuers begründet sein, § 1826 Abs. 1 BGB.

1.7.2 Verwendungsverbot

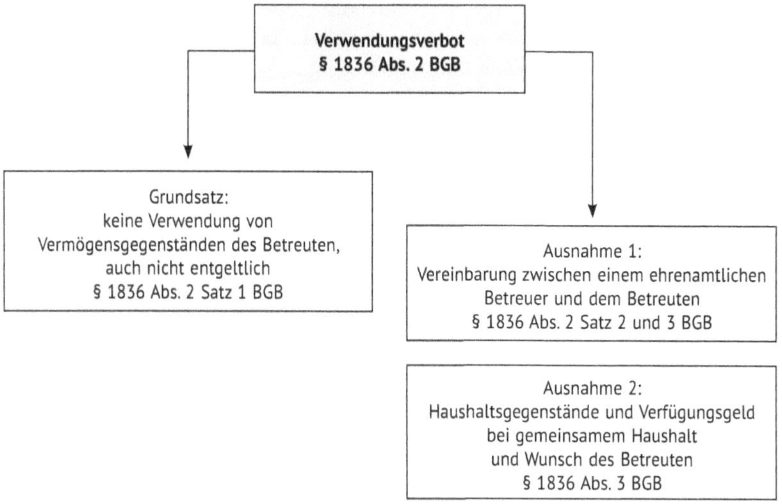

Der Betreuer darf das Vermögen des Betreuten (ausnahmslos) nicht für sich verwenden, § 1836 45
Abs. 2 Satz 1 BGB. Es handelt sich um ein Verbot, Vermögenbestandteile des Betreuten für sich zu verbrauchen oder zu nutzen. Dies gilt grundsätzlich auch für solche Verwendungen, für die eine Gegenleistung erbracht wird.

Wenn die Betreuung ehrenamtlich ausgeübt wird, kann es jedoch durchaus dem Wunsch des 46
Betreuten entsprechen, dass der Betreuer als nahestehende Person Vermögenswerte des Betreuten nutzt. Für diesen Fall gibt es eine Ausnahme vom Verwendungsverbot, wenn über die Verwendung eine Vereinbarung getroffen wurde. Diese muss nicht zwingend schriftlich abgeschlossen worden sein, vielmehr kann auch eine konkludente Vereinbarung diesem Erfordernis genügen. Hierdurch werden insbesondere solche Vereinbarungen erfasst, die stillschweigend vor der Bestellung zum Betreuer getroffen worden sind, insbesondere zur Nutzung gemeinsamer Vermögensgegenstände, § 1836 Abs. 2 Satz 2 BGB.

Verwendungen sind unter Darlegung der Vereinbarung dem Betreuungsgericht anzuzeigen und 47
zu erläutern, § 1836 Abs. 2 Satz 3 BGB. Soweit das Betreuungsgericht Anhaltspunkte für eine missbräuchliche Behauptung oder Verwendung vermutet oder es zu Streitigkeiten zwischen

Angehörigen kommt, kann es die üblichen Aufsichtsmaßnahmen ergreifen, also z. B. den Betreuten anhören, Zeugen befragen und Auflagen oder Weisungen erteilen, § 1862 BGB.

Beispiel:

Der Betreute ist Eigentümer eines Grundstücks mit einem Zweifamilienhaus. Sein Sohn ist ehrenamtlicher Betreuer mit dem Aufgabenkreis „Vermögenssorge". Nachdem der Betreute hilfsbedürftig geworden ist, möchte der Betreuer (Sohn) mit seiner Familie auf Bitten des Vaters in die zweite Wohnung einziehen und einen Mietvertrag mit dem Betreuten (Vater) schließen. § 1836 Abs. 2 Satz 2 BGB lässt die Verwendung zu; eine mündliche Vereinbarung liegt vor. Die Verwendung ist dem Betreuungsgericht anzuzeigen, § 1836 Abs. 2 Satz 3 BGB. Allerdings ist zu beachten, dass der Betreuer beim Abschluss des Mietvertrags ausgeschlossen ist, wenn der Betreute geschäftsunfähig und eine Vertretung erforderlich ist. In diesem Fall muss ein Ergänzungsbetreuer gemäß § 1817 Abs. 5 BGB bestellt werden, der den Vertrag schließen kann.

1.7.3 Haushaltsgegenstände

48 Das Verwendungsverbot nach § 1836 Abs. 2 Satz 1 BGB gilt nicht für Haushaltsgegenstände und das Verfügungsgeld im Sinne des § 1839 BGB, wenn der Betreuer mit dem Betreuten einen gemeinsamen Haushalt führt oder geführt hat, § 1836 Abs. 3 BGB. Er kann Haushaltsgegenstände sowie das Geld, das für die laufenden Ausgaben benötigt wird, auch nach seiner Bestellung zum Betreuer verwenden, mithin gebrauchen, sofern die weitere Verwendung dem Wunsch oder mutmaßlichen Willen des Betreuten entspricht. Der Begriff der Haushaltsgegenstände entspricht dem des § 1361a BGB, sodass die gesamte Wohnungseinrichtung, aber auch ein Pkw, der für den Haushalt genutzt wird, hierunter fällt.

1.8 Weisungsgebundene Vermögensverwaltung

49 Wird dem Betreuten in einem Testament unentgeltlich auf den Todesfall Vermögen zugewendet oder wird ihm unter Lebenden Vermögen von einem Dritten zugewendet (z. B. durch Schenkung), hat der Betreuer dieses Vermögen nach den Anordnungen des Erblassers oder des Zuwendenden, die sich an ihn richten, zu verwalten, wenn die Anordnungen von dem Erblasser im Testament oder von dem Dritten bei der Zuwendung getroffen worden sind.

50 Der Betreuer darf das insoweit erworbene Vermögen des Betreuten nur so verwalten bzw. verwenden, als ihm der Zuwendende dies vorgegeben hat; er ist im Verhältnis zum Betreuten gebunden, § 1837 Abs. 1 BGB. Allerdings schränkt die Bestimmung nicht sein Vertretungsrecht (§ 1823 BGB) ein. Schließt er weisungswidrig ein Rechtsgeschäft, ist dies wirksam. Da er aber pflichtwidrig handeln würde, ist mit Aufsichtsmaßnahmen des Betreuungsgerichts zu rechnen, § 1862 BGB.

Beispiel:

Hat der Vater des behinderten und geschäftsunfähigen Betreuten diesem einen Geldbetrag in Höhe von 20.000 EUR schenkungsweise mit der Bestimmung zugewendet, dass der Betreuer dieses Geld nur für Urlaube, Konzert- oder Sportveranstaltungsbesuche verwenden darf, ist insoweit der Betreuer gebunden. Er kann auf dieses Geld nicht zugreifen, um z. B. für den Betreuten eine Wohnungseinrichtung zu erwerben.

Würde er dennoch Einrichtungsgegenstände erwerben, wäre das Rechtsgeschäft wirksam, da seine Vertretungsmacht nicht eingeschränkt wäre. Da er pflichtwidrig handeln würde, wäre er dem Betreuten gegenüber schadensersatzpflichtig, wenn ein Schaden entstehen würde, § 1826 Abs. 1 BGB.

51 Möchte der Betreuer von der Anordnung abweichen und lebt der Zuwendende noch, ist seine Zustimmung erforderlich und genügend, § 1837 Abs. 2 Satz 1 BGB. Stimmt er zu, kann der Betreuer ohne Mitwirkung des Gerichts von der Anordnung abweichen. Lebt der Zuwendende nicht mehr, kann das Betreuungsgericht (Rechtspfleger) die Anordnung aufheben, wenn durch die Befolgung der Anordnungen das Vermögen des Betreuten erheblich gefährdet würde,

§ 1837 Abs. 2 Satz 1 BGB. Ist der Zuwendende zur Abgabe einer Erklärung dauerhaft außerstande oder ist sein Aufenthalt dauerhaft unbekannt, kann das Betreuungsgericht die Zustimmung des (lebenden) Zuwendenden ersetzen, wenn durch die Befolgung der Anordnungen das Vermögen des Betreuten erheblich gefährdet würde, § 1837 Abs. 2 Satz 3 BGB.

Die Gefährdung des Vermögens des Betreuten muss jedenfalls so gewichtig sein, dass sie ein 52
Abweichen von der Anordnung des Zuwendenden zu rechtfertigen vermag. So liegt z. B. keine erhebliche Vermögensgefährdung vor, solange der Betreute sich von seinen Einkünften und aus seinem sonstigen Vermögen voraussichtlich bis zu seinem Tod unterhalten können wird.

1.9 Einwilligungsvorbehalt

1.9.1 Stellung des Betreuten

Zunächst ist zu beachten, dass nach Art. 12 Abs. 2 UN-BRK grundsätzlich ein Mensch mit 53
Behinderung die gleiche Rechts- und Handlungsfähigkeit hat wie jede andere Person auch.

Die Betreuung als solche nimmt keinen Einfluss auf die Handlungsfähigkeit des Betreuten. Ein 54
volljähriger Mensch ist grundsätzlich geschäftsfähig; eine Geschäftsunfähigkeit ergibt sich (nur) aus § 104 Nr. 2 BGB. Eine „gerichtliche Feststellung" im Betreuungsverfahren gibt es nicht; medizinische Gutachten, die der Betreuerbestellung vorausgehen, sind hilfreich, aber grundsätzlich nur „Momentaufnahmen".

Der Begriff der Geschäftsfähigkeit lässt sich nach dem Inhalt der gesetzlichen Regelung 54a
bestimmen als die Fähigkeit, Rechtsgeschäfte durch Abgabe oder Entgegennahme von Willenserklärungen in eigener Person wirksam vorzunehmen, soweit sie einsichts- und steuerungsfähig ist. Nach § 104 Nr. 2 BGB ist dann von Geschäftsunfähigkeit auszugehen, wenn ein volljähriger Mensch sich aufgrund einer krankhaften Störung der Geistestätigkeit in einem die freie Willensbestimmung ausschließenden Zustand befindet, der seiner Natur nach nicht ein vorübergehender ist.

Geschäftsunfähigkeit einer volljährigen Person
§ 104 Nr. 2 BGB

Ausschluss der freien Willensbestimmung	durch krankhafte Störung der Geistestätigkeit	Zustand ist nicht nur vorübergehend

Willenserklärungen sind unwirksam
§ 105 Abs. 1 BGB

Nichtig sind zunächst die Willenserklärungen der bei ihrer Abgabe geschäftsunfähigen 54b
Personen, § 105 Abs. 1 BGB. Da sie nichtig und damit absolut unwirksam ist, kann die Willenserklärung eines Geschäftsunfähigen auch nicht durch Genehmigung seitens des gesetzlichen Vertreters wirksam werden. Erforderlich ist vielmehr die erneute Vornahme des Geschäfts durch den Vertreter mit der Folge einer bloßen Ex-nunc-Wirkung.

§ 105a BGB soll dem volljährigen Geschäftsunfähigen eine gewisse Betätigungsfreiheit im 54c
gewöhnlichen Alltagsverkehr eröffnen. Erfasst werden sowohl Erwerbsgeschäfte über Sachen des täglichen Bedarfs des Geschäftsunfähigen als auch Geschäfte über einfache Dienstleistungen. Als Beispiele für Gegenstände des täglichen Bedarfs nennen die Gesetzesmaterialien einfache, zum alsbaldigen Gebrauch bestimmte Nahrungs- und Genussmittel, die nach Menge und Wert das übliche Maß nicht übersteigen, wie Lebensmittel sowie kosmetische Artikel (Zahnpasta), einfache medizinische Produkte (Halsschmerztabletten), Presseerzeugnisse (Illustrierte), die Versendung von Briefen und den Erwerb von Textilien; als einfache Dienstleistungen werden solche des Friseurs, ferner Museumsbesuche und Fahrten im Personennahverkehr bezeichnet.

54d Schließt der geschäftsunfähige Betreute Verträge der vorgenannten Art und werden diese in Ansehung von Leistung und Gegenleistung bewirkt, sind sie wirksam.

Rechtsgeschäftliche Willenserklärungen eines geschäftsunfähigen Volljährigen

Rechtsgeschäfte allgemein § 105 Abs. 1 BGB ↓ unwirksam	**(Rechts-)Geschäfte des täglichen Lebens** § 105a BGB ↓ wirksam, wenn allseitig erfüllt wurde

Beispiele:

- *Kauft sich der Betreute ein Brot, bekommt er dieses übereignet, und zahlt den Kaufpreis, so ist der Kaufvertrag wirksam geschlossen. Würde er aber das Brot ohne zu zahlen mitnehmen, wäre der Kaufvertrag nicht zustande gekommen (unwirksam).*
- *Erwirbt der Betreute eine Fahrkarte und fährt mit der S-Bahn von A nach B, ist der Beförderungsvertrag zustande gekommen. Wäre er ohne Fahrkarte gefahren (hätte er nicht bewirkt), wäre der Beförderungsvertrag nicht zustande gekommen.*

1.9.2 Funktion des Einwilligungsvorbehalts

55 Der krankheitsbedingt beeinträchtigte Betreute kann grundsätzlich trotz angeordneter Betreuung weiterhin rechtlich wirksam handeln, soweit er nicht geschäftsunfähig im Sinne des § 104 Nr. 2 BGB ist. Er muss aber in bestimmten Fällen davor geschützt werden, sich selbst durch eigene rechtlich wirksame Handlungen an Personen oder Vermögen zu schädigen. Dieser Schutz wird durch die Bestellung eines Betreuers allein nicht erreicht. Erst die Anordnung eines Einwilligungsvorbehalts nach § 1825 BGB führt eine Beschränkung des rechtsgeschäftlich wirksamen Handelns des Betreuten herbei und kann die Gefahr einer Selbstschädigung des Betreuten verhindern. Der Betreute bedarf im Umfang des angeordneten Einwilligungsvorbehalts zur Abgabe einer wirksamen rechtsgeschäftlichen Willenserklärung der Zustimmung des Betreuers.

Folge: Der Einwilligungsvorbehalt schränkt die Handlungsfreiheit des Betreuten ein, gibt aber dem Betreuer nicht mehr Rechte in der Vertretung!

55a Durch die Verweisung in § 1825 Abs. 1 Satz 3 BGB auf §§ 108 bis 113, 131 Abs. 2 und § 210 BGB greift der Einwilligungsvorbehalt das Regelungsprinzip der beschränkten Geschäftsfähigkeit auf. Mit dem Einwilligungsvorbehalt wird der Betroffene aber nicht vollständig einem beschränkt Geschäftsfähigen gleichgestellt, schon deshalb nicht, weil der Einwilligungsvorbehalt niemals sämtliche Angelegenheiten des Betreuten umfasst. Seine Anordnung schafft für den Betroffenen aber im angeordneten Bereich eine ähnliche Rechtsstellung, wie sie der beschränkt geschäftsfähige Minderjährige innehat (partiell eingeschränkte Geschäftsfähigkeit).

Folge: Die Anordnung des Einwilligungsvorbehalts wirkt nur für die Zukunft. Der Rechtsverkehr genießt keinen Vertrauensschutz.

55b Der Einwilligungsvorbehalt soll zum einen den Betreuten davor schützen, dass er sich durch fehlgeleitete Willenserklärungen erheblich schädigt. Er kann aber auch davor geschützt werden, sich durch gerichtliche Verfahren unüberlegt zu schädigen.

Beispiele:

- *Besteht ein Einwilligungsvorbehalt in Vermögensangelegenheiten und schließt der Betreute zum wiederholten Mal einen Mobilfunkvertrag mit Erwerb eines Geräts, obwohl er bereits verschuldet ist, kommt dieses Rechtsgeschäft nicht zustande, wenn der Betreuer weder einwilligt noch genehmigt.*

- *Verklagt der Betreute ständig Dritte oder Behörden und verliert er alle Verfahren unter Auferlegung der Kosten, die er nicht bezahlen kann, könnte ein Einwilligungsvorbehalt diese Gefahr abwenden. Nach § 53 Abs. 1 ZPO richtet sich bei Personen, für die ein Betreuer bestellt ist, die Prozessfähigkeit unter anderem nach § 52 ZPO. Prozessfähig ist, wer sich durch Verträge binden kann. Diese Fähigkeit besteht aber nicht, wenn ein Einwilligungsvorbehalt z. B. im Aufgabenbereich „Behördenangelegenheiten und gerichtliche Auseinandersetzungen" besteht.*

Der Einwilligungsvorbehalt hat seine maßgebliche praktische Bedeutung im Bereich der Vermögenssorge. In den Bereichen der Personensorge hat er in der Praxis dagegen eine verschwindend geringe Bedeutung. 55c

1.9.3 Voraussetzungen des Einwilligungsvorbehalts

Für die Anordnung eines Einwilligungsvorbehalts müssen die folgenden Voraussetzungen erfüllt sein: 56

- **Es besteht eine Betreuung im betroffenen Aufgabenbereich.**

  Ein Einwilligungsvorbehalt kann nur angeordnet werden, wenn bereits ein Betreuer für den entsprechenden Aufgabenkreis bestellt ist oder gleichzeitig bestellt wird.

  Beispiel:

  Besteht die Betreuung mit dem Aufgabenkreis „Vermögenssorge", kann in diesem Umfang ein Einwilligungsvorbehalt angeordnet werden, denkbar aber auch nur z. B. im Aufgabenbereich „Kontenangelegenheiten oder Grundstücksangelegenheiten". Lautet der Aufgabenkreis der Betreuung „Gesundheitssorge und Aufenthaltsbestimmung", kann in Vermögensangelegenheiten kein Einwilligungsvorbehalt angeordnet werden.

- **Es fehlt die Selbstbestimmungsmöglichkeit bzw. ein Unvermögen zu eigenverantwortlichen Entscheidungen.**

  Eine Einschränkung der rechtlichen Handlungsfähigkeit durch Anordnung eines Einwilligungsvorbehalts kommt nur in Betracht, wenn und soweit der Betroffene in seiner Fähigkeit zur Selbstbestimmung wesentlich eingeschränkt ist. Ein Einwilligungsvorbehalt kann deshalb nicht gegen den freien Willen des Betroffenen angeordnet werden (§ 1825 Abs. 1 Satz 2 BGB), denn der Staat hat von Verfassung wegen nicht das Recht, seine erwachsenen und zu freier Willensbestimmung fähigen Bürger zu erziehen, zu bessern oder daran zu hindern, sich selbst zu schädigen. Die beiden entscheidenden Kriterien für den Begriff der freien Willensbildung sind die Einsichtsfähigkeit des Betroffenen und dessen Fähigkeit, nach dieser Einsicht zu handeln. Die Unfähigkeit des Betroffenen, einen freien Willen zu bilden, bedarf der positiven Feststellung (BGH, Beschl. v. 11.1.2023 – XII ZB 277/22). Der Betreute muss aufgrund einer psychischen Erkrankung, einer geistigen oder einer seelischen Behinderung außerstande sein, seinen Willen frei zu bestimmen. Beim Vorliegen einer ausschließlich körperlichen Behinderung fehlt grundsätzlich nicht die Möglichkeit zu einer freien Selbstbestimmung.

  Der Einwilligungsvorbehalt soll grundsätzlich den geschäftsfähigen Betreuten vor Schädigung bewahren. Eine mögliche Geschäftsunfähigkeit steht der Anordnung eines Einwilligungsvorbehalts allerdings nicht entgegen. Zwar sind die Willenserklärungen eines Geschäftsunfähigen unwirksam, § 105 Abs. 1 BGB, da aber die Grenzen zwischen Geschäftsfähigkeit und Geschäftsunfähigkeit fließend sind, der Betroffene für die Einwendung der Geschäftsunfähigkeit die Beweislast trägt und dem Betreuer durch den Einwilligungsvorbehalt in Streitfällen mit dem Geschäftsgegner sein Amt wesentlich erleichtert werden kann, kann die Anordnung eines Einwilligungsvorbehalts zur Vermeidung von Unsicherheiten auch bei Geschäftsunfähigen geboten sein. Darin liegt auch kein Verstoß gegen den Verhältnismäßigkeitsgrundsatz. Denn soweit der Betroffene ohnehin geschäftsunfähig ist, wird er durch den Einwilligungsvorbehalt nicht über Gebühr in seinen Rechten beeinträchtigt (BGH, Beschl. v. 24.11.2018 – XII ZB 141/17; BGH, Beschl. v. 26.2.2014 –

XII ZB 301/13). Jedoch vermag allein die Unsicherheit darüber, ob der Betroffene geschäftsunfähig ist, die Anordnung eines Einwilligungsvorbehalts in Vermögensangelegenheiten nicht zu rechtfertigen; vielmehr schließt sie die Anordnung eines Einwilligungsvorbehalts lediglich nicht aus.

- **Es besteht eine erhebliche Gefahr für die Person oder das Vermögen des Betroffenen.**

  Die Anordnung eines Einwilligungsvorbehalts setzt voraus, dass eine erhebliche Gefahr für die Person oder das Vermögen des Betroffenen durch eine Selbstschädigung droht. Die Gefahr muss dabei hinsichtlich der Art des Rechtsgutes und des Gewichts des drohenden Schadens erheblich sein. Im Bereich der Vermögenssorge ist dabei die Feststellung erforderlich, dass eine konkrete Gefährdung des Vermögens des Betroffenen durch sein aktives Tun vorliegt, indem er etwa vermögenserhaltende und -schützende Maßnahmen des Betreuers konterkariert oder andere vermögensschädigende Maßnahmen trifft.

  Von dem Genuss seiner Einkünfte und seines Vermögens soll der Betroffene an sich nicht ausgeschlossen werden. Dies muss insbesondere stets im Rahmen der Prüfung des Vorliegens einer Gefahr für den Betroffenen mitberücksichtigt werden. So liegt eine erhebliche Gefahr für das Vermögen nicht schon vor, wenn der wohlhabende Betreute einen weit überdurchschnittlich großzügigen Lebensstil pflegt, der die Substanz seines Vermögens allerdings nur geringfügig schmälert. Einem wohlhabenden Betreuten muss außerdem grundsätzlich auch das Recht zugestanden werden, großzügige Schenkungen vorzunehmen. Selbst wenn durch die Erfüllung der Wünsche des Betreuten dessen Vermögen erheblich geschmälert wird, ist der Wunsch in diesem Fall zu respektieren. Wenn sich der Betroffene nicht zu verschulden droht, besteht in der Regel keine Notwendigkeit eines Einwilligungsvorbehalts.

  Ist der Betreute nicht in der Lage, sich um sein umfangreiches Vermögen zu kümmern oder sein Vermögen für die Zukunft zu erhalten, rechtfertigt dies für sich genommen zunächst nur die Anordnung einer Betreuung mit dem Aufgabenkreis der Vermögenssorge. Ein Einwilligungsvorbehalt kann aber bei einem großen Vermögen des Betreuten dann angeordnet werden, wenn konkrete Anhaltspunkte für eine Vermögensgefährdung erheblicher Art vorliegen.

  Nicht zulässig ist es, bei Meinungsverschiedenheiten zwischen Betreuer und Betreutem über die Verwendung des Vermögens einen Einwilligungsvorbehalt anzuordnen. Ein Einwilligungsvorbehalt ist deshalb auch nicht erforderlich, wenn der Betreuer gegen den erklärten Willen des Betreuten rechtsgeschäftlich handelt. Der Einwilligungsvorbehalt darf nicht als Disziplinierungsinstrument für den Betreuer betrachtet werden. Er darf auch nicht lediglich dem Ziel dienen, die Arbeit des Betreuers zu erleichtern (LG München I, Beschl. v. 22.1.1999 – 13 T 4311/98).

- **Der Einwilligungsvorbehalt ist in diesem Bereich erforderlich.**

  Die Anordnung eines Einwilligungsvorbehalts steht unter dem eng auszulegenden Merkmal der Erforderlichkeit. Der Einwilligungsvorbehalt muss das letzte Erfolg versprechende Mittel sein, um den Betreuten vor erheblichen Gefahren, die mit der Abgabe seiner Willenserklärungen entstehen, zu schützen. Seine Anordnung soll sich deshalb nach dem Willen des Gesetzgebers auf besonders gelagerte Ausnahmefälle beschränken. Deshalb ist für jeden einzelnen Aufgabenbereich, für den ein Einwilligungsvorbehalt angeordnet wird, die Erforderlichkeit eigens festzustellen.

  Der Grundsatz der Erforderlichkeit bedingt dabei unter anderem, dass der Einwilligungsvorbehalt je nach den Umständen auf ein einzelnes Objekt oder eine bestimmte Art von Geschäften beschränkt werden kann (BGH, Beschl. v. 24.11.2018 – XII ZB 141/17); auch kann er betragsmäßig beschränkt werden. Daneben besteht die Möglichkeit, den Einwilligungsvorbehalt von vornherein ausdrücklich auf den Abschluss von Dauerschuldverhältnissen (z. B. Mobilfunkverträge) zu beschränken.

- **Der Einwilligungsvorbehalt ist zur Abwendung der Gefahr geeignet.**

  Der Einwilligungsvorbehalt muss geeignet sein, die erhebliche Gefahr abzuwenden. Ungeeignet ist z. B. die Anordnung eines sich auf finanzielle Angelegenheiten beziehenden

Einwilligungsvorbehalts für Betreute, die vermögenslos sind und über keine Einkünfte in nennenswerter Höhe verfügen (z. B. Sozialhilfeempfänger). Allerdings könnte ein Einwilligungsvorbehalt auch bei einem vermögenslosen Betreuten dann zulässig sein, wenn er z. B. vermögensrechtlich tätig ist und durch den Abschluss von Verträgen Verbindlichkeiten eingeht, die er nicht erfüllen kann. Der Einwilligungsvorbehalt kann in derartigen Fällen den Zweck haben, den Betreuten vor weiterer erheblicher Verschuldung zu bewahren oder ein völliges Absinken ins soziale Abseits zu verhindern.

- **Vom Einwilligungsvorbehalt ausgenommene Bereiche**

  Ein Einwilligungsvorbehalt kann sich nach § 1825 Abs. 2 BGB nicht auf folgende Bereiche erstrecken; er darf insoweit auch nicht angeordnet werden:

  - Willenserklärungen, die auf Eingehung einer Ehe gerichtet sind (Eheschließung oder Begründung einer Lebenspartnerschaft)
  - Willenserklärungen, die auf Verfügungen von Todes wegen gerichtet sind (Errichtung eines Testaments oder Abschluss eines Erbvertrags)
  - Aufhebung eines (bestehenden) Erbvertrags durch Vertrag
  - Willenserklärungen, die nach den Vorschriften des vierten und fünften Buches des BGB nicht der Zustimmung des gesetzlichen Vertreters bedürfen (z. B. Abschluss eines Erbverzichtsvertrags, § 2347 Abs. 1 Satz 1 BGB; Anfechtung einer Vaterschaft, § 1600a Abs. 2 BGB)

  Ausgenommen vom Einwilligungsvorbehalt sind Realakte/Tathandlungen, denn er kann sich nur auf ein rechtsgeschäftliches Handeln erstrecken. So unterliegt z. B. die Einwilligung in ärztliche Maßnahmen nicht dem Einwilligungsvorbehalt. Ist der Betreute einsichtsfähig, willigt er selbst ein, ist er dies nicht, kann der Betreuer einwilligen, § 630d Abs. 1 BGB. Die Einwilligung des Betreuten in eine ärztliche Maßnahme ist keine Zustimmung zu einem Rechtsgeschäft, sondern die Gestattung der Vornahme einer tatsächlichen Handlung; die Bestimmung des eigenen Aufenthalts ist Realakt und keine rechtsgeschäftliche Erklärung.

1.9.4 Anordnungsverfahren

Das Verfahren zur Anordnung eines Einwilligungsvorbehalts ist ein Amtsverfahren und bedarf 57
lediglich einer Anregung, die der Betreuer auch als Antrag geben kann. Örtlich zuständig ist das Betreuungsgericht, bei dem die Betreuung anhängig ist. Die Entscheidung trifft der Betreuungsrichter.

Der Betreute ist vor der Anordnung zwingend anzuhören (§ 278 Abs. 1 Satz 1 FamFG). Das 57a
Gericht hat sich einen unmittelbaren Eindruck von dem Betreuten zu verschaffen (§ 278 Abs. 1 Satz 2 FamFG). Einer Anhörung bedarf es ausnahmsweise nicht, wenn lediglich der Kreis der einwilligungsbedürftigen Willenserklärungen erweitert wird. Voraussetzung ist aber, dass die letzte Anhörung nicht länger als sechs Monate zurückliegt oder die beabsichtigte Erweiterung nicht wesentlich ist (§ 293 Abs. 2 FamFG).

Die Betreuungsbehörde ist anzuhören (§ 279 Abs. 2 Satz 1 FamFG); die Anhörung erstreckt sich 57b
insbesondere auf die persönliche, gesundheitliche und soziale Situation des Betreuten und die Erforderlichkeit des Einwilligungsvorbehalts. Die Anhörung der Betreuungsbehörde soll gemäß § 279 Abs. 2 Satz 2 FamFG vor der Einholung eines (psychiatrischen) Gutachtens nach § 280 FamFG erfolgen. Sonstige Beteiligte (§ 274 Abs. 4 FamFG) sind ebenfalls anzuhören (§ 279 Abs. 1 FamFG).

Die Bestellung eines Verfahrenspflegers ist im Rahmen der Anordnung eines Einwilligungs- 57c
vorbehalts gemäß § 276 Abs. 1 Satz 2 Nr. 2 FamFG in der Regel dann erforderlich, wenn die Anordnung gegen den erklärten Willen des Betroffenen erfolgen soll. Das Betreuungsgericht muss durch die Benachrichtigung des Verfahrenspflegers vom Anhörungstermin sicherstellen, dass dieser an der Anhörung des Betreuten teilnehmen kann. Außerdem steht dem Verfahrenspfleger ein eigenes Anhörungsrecht zu.

57d Die Einholung eines ärztlichen Sachverständigengutachtens ist zwingend erforderlich (§ 280 Abs. 1 Satz 1 FamFG). Ein ärztliches Zeugnis reicht nicht aus, es sei denn, die Anordnung erfolgt im Rahmen einer einstwilligen Anordnung gemäß §§ 300, 301 FamFG. Das Gutachten soll von einem Arzt für Psychiatrie oder einem solchen mit Erfahrung auf diesem Gebiet erstellt werden (§ 280 Abs. 1 Satz 2 FamFG).

57e Die Entscheidung über die Anordnung des Einwilligungsvorbehalts ergeht durch Beschluss, § 38 FamFG. Dieser erlangt Wirksamkeit gemäß § 287 Abs. 1 FamFG mit Bekanntgabe an den Betreuer. Soweit das Gericht die sofortige Wirksamkeit anordnet, tritt in der Regel die Wirksamkeit ein, wenn der Richter den Beschluss der Geschäftsstelle des Gerichts zum Zweck der Bekanntgabe an den Betreuten oder den Verfahrenspfleger übergibt, § 287 Abs. 2 FamFG.

1.9.5 Wirkungen des Einwilligungsvorbehalts

58 Ist ein Einwilligungsvorbehalt angeordnet, bedarf der Betreute zu einer Willenserklärung, die in den angeordneten Bereich des Vorbehalts fällt, der Einwilligung (vorherige Zustimmung) des Betreuers, § 1925 Abs. 1 Satz 1 BGB. Zusätzlich gelten nach § 1825 Abs. 1 Satz 3 BGB die §§ 108 bis 113 sowie § 131 Abs. 2 und § 210 BGB entsprechend. Auf den Einwilligungsvorbehalt sind die Vorschriften entsprechend anzuwenden, die für den beschränkt geschäftsfähigen Minderjährigen gelten.

Zustimmung	
Einwilligung § 183 BGB = vorherige Zustimmung	**Genehmigung** § 184 BGB = nachträgliche Zustimmung

58a Ein ohne Einwilligung des Betreuers geschlossener Vertrag ist schwebend unwirksam; seine Wirksamkeit hängt von der Genehmigung des Betreuers ab, § 108 Abs. 1 BGB. Einseitige Rechtsgeschäfte, die der Betreute ohne Einwilligung des Betreuers abgeschlossen hat, sind unwirksam, § 111 BGB. Willenserklärungen, die gegenüber dem Betreuten abgegeben werden, werden erst wirksam, wenn sie dem Betreuer zugegangen sind, § 131 Abs. 2 BGB.

Vertrag	**Einseitiges Rechtsgeschäft**
§ 1825 Abs. 1 Satz 3 BGB i. V. m. § 108 Abs. 1 BGB ↓ **schwebend unwirksam** kann durch Genehmigung des Betreuers zur Wirksamkeit gebracht werden	§ 1825 Abs. 1 Satz 3 BGB i. V. m. § 111 BGB ↓ **unwirksam** muss mit Einwilligung des Betreuers neu vorgenommen werden

Beispiele:

Es besteht ein Einwilligungsvorbehalt in Vermögensangelegenheiten.

- *Der Betreute B schließt ohne Einwilligung des Betreuers A mit dem Händler H einen Kaufvertrag über einen Schaukelstuhl ab. Der Vertrag ist schwebend unwirksam, § 108 Abs. 1 BGB. Genehmigt der Betreuer den Vertrag, ist er von Anfang an wirksam, § 184 Abs. 1 BGB. Die Genehmigungserklärung kann dem Händler oder dem Betreuten gegenüber abgegeben werden, § 182 Abs. 1 BGB. Verweigert der Betreuer die Genehmigung, ist der Vertrag unwirksam.*

- *Der Betreute B kündigt seinen Mobilfunkvertrag schriftlich gegenüber dem Vertragspartner V ohne Einwilligung des Betreuers A. Da es sich bei der Kündigung um ein einseitiges Rechtsgeschäft handelt, ist sie unwirksam, § 111 BGB. Eine Genehmigung durch den Betreuer würde daran nichts ändern, kann aber ggf. als Einwilligung in die Kündigung betrachtet werden, sodass der Betreute mit ihr neu kündigen kann. Die Einwilligung kann dem Betreuten oder dem Vertragspartner gegenüber abgegeben werden, § 184 Abs. 1 BGB.*

Der Betreuer kann dem Betreuten Geldmittel oder Vermögensgegenstände zu einem **58b** bestimmten Zweck oder zur freien Verfügung überlassen, § 110 BGB. Würde er allerdings zu einer Verfügung über die Mittel einer betreuungsgerichtlichen Genehmigung bedürfen, kann er ohne diese Genehmigung auch die Mittel nicht überlassen.

Einwilligungsfrei sind nach § 1825 Abs. 3 Satz 2 BGB Willenserklärungen, die eine geringfügige **58c** Angelegenheit des täglichen Lebens betreffen, es sei denn, das Gericht hat etwas anderes angeordnet. Unter „geringfügige Angelegenheiten des täglichen Lebens" fallen überwiegend alltägliche Bargeschäfte über geringwertige Gegenstände (z. B. Kauf von zum alsbaldigen Verbrauch bestimmten Lebensmitteln, Pflege- und Putzmitteln, Zeitschriften, Friseurbesuche, Fahrten mit dem öffentlichen Nahverkehr). Eine Abgrenzung lässt sich nicht generell bestimmen. Das Gericht kann etwas anderes anordnen, wenn im Einzelfall ein Bedürfnis dafür besteht.

Überlassung von Geldmitteln oder Vermögensgegenständen zur freien Verfügung oder zu einem bestimmten Zweck an den Betreuten durch den Betreuer § 1825 Abs. 1 Satz 3 BGB i. V. m. § 110 BGB ↓ Ein vom Betreuten geschlossener Vertrag ist wirksam, wenn er mit den überlassenen Mitteln bewirkt (erfüllt) wird.	geringfügige Angelegenheiten des täglichen Lebens § 1825 Abs. 3 Satz 2 BGB ↓ Diese Rechtsgeschäfte werden vom Einwilligungsvorbehalt nicht erfasst und sind sofort wirksam.

Beispiele:

Es besteht ein Einwilligungsvorbehalt in Vermögensangelegenheiten.

- *Der Betreute B erwirbt beim Händler H Brot, Wurst, fünf Flaschen Bier und Putzmittel, beim Frisör F lässt er sich die Haare schneiden und zu seinem Bruder fährt er mit der S-Bahn. Alle geschlossenen Verträge sind ohne Zustimmung des Betreuers A wirksam, da es sich um geringfügige Mittel des täglichen Lebens handelt, § 1825 Abs. 3 Satz 2 BGB.*
- *Der Betreuer A überlässt dem Betreuten B den Kontobestand des Girokontos bei der X-Bank zur freien Verfügung und erklärt dies gegenüber der Bank. Der Betreute hebt vom Konto Geld ab und kauft ein Fahrrad, das er mit den vom Konto entnommenen Geldmitteln bezahlt. Der Kaufvertrag und die Übereignung der Geldscheine sind wirksam, § 1825 Abs. 1 Satz 3 i. V. m. § 110 BGB.*

Hinweise:

- Besteht bei einer Bank für den Betreuten (mit Einwilligungsvorbehalt in Vermögens- oder Kontenangelegenheiten) ein zweites Girokonto (sog. Eigengeldkonto), sollte der Betreuer der Bank mitteilen, dass er dieses Konto dem Betreuten zur freien Verfügung überlässt. Dann kann der Betreute jeweils ohne Zustimmung des Betreuers über das Konto verfügen.
- Problematisch ist die Überlassung z. B. eines Spar- oder Tagesgeldkontos an den Betreuten zur freien Verfügung. Da der Betreuer zu einer Verfügung über das

(Anlage-)Konto einer betreuungsgerichtlichen Genehmigung nach § 1849 Abs. 1 Satz 1 Nr. 1 BGB bedarf, kann er dem Betreuten das Konto nicht ohne diese Genehmigung überlassen.

59 Nach § 1825 Abs. 3 Satz 1 BGB bedarf der Betreute bei angeordnetem Einwilligungsvorbehalt keiner Einwilligung des Betreuers, wenn ihm die Willenserklärung lediglich einen rechtlichen Vorteil bringt.

Beispiel:

Es besteht ein Einwilligungsvorbehalt in Vermögensangelegenheiten.

Schenkt der Bruder des Betreuten diesem einen Geldbetrag, kann der geschäftsfähige Betreute den (Schenkungs-)Vertrag ohne Zustimmung des Betreuers schließen, da er durch dieses Rechtsgeschäft zu keiner Gegenleistung verpflichtet wird, es somit lediglich rechtlich vorteilhaft für ihn ist.

59a In der Praxis eher selten vorkommen wird, dass der Betreuer den Betreuten mit betreuungsgerichtlicher Genehmigung zum selbstständigen Betrieb eines Erwerbsgeschäfts ermächtigt, § 112 BGB. Auch kann er ihn dazu ermächtigen, in Dienst oder Arbeit zu treten, mit den sich daraus ergebenden Folgen, § 113 BGB.

60 In § 1825 Abs. 1 Satz 3 BGB wird unter anderem auf § 131 Abs. 2 BGB verwiesen. Wird eine Willenserklärung an den Betreuten in einem Aufgabenbereich abgegeben, für den ein Einwilligungsvorbehalt angeordnet ist, tritt die Wirksamkeit erst mit Zugang beim Betreuer ein, § 131 Abs. 2 Satz 1 BGB. Bringt die Erklärung dem Betreuten aber lediglich einen rechtlichen Vorteil oder hat der Betreuer seine Einwilligung erteilt, wird die Erklärung in dem Zeitpunkt wirksam, in dem sie dem Betreuten zugeht, § 131 Abs. 2 Satz 2 BGB.

61 § 210 BGB, auf den ebenfalls verwiesen wird, kann eine Rolle spielen, wenn z. B. ein Betreuer verstorben, noch kein Nachfolger bestellt ist und ein Einwilligungsvorbehalts besteht. Eine laufende Verjährungsfrist endet nicht vor dem Ablauf von sechs Monaten nach dem Zeitpunkt, in dem der Betreute den Einwilligungsvorbehalt verliert oder wieder ein Betreuer bestellt ist.

62 Die in § 104 Nr. 2 und § 105 Abs. 1 BGB enthaltene Regelung, wonach die Willenserklärung eines im natürlichen Sinn Geschäftsunfähigen nichtig ist, bleibt von der Anordnung eines Einwilligungsvorbehalts unberührt. Das bedeutet, dass die Willenserklärung eines geschäftsunfähigen Betreuten auch dann nichtig ist, wenn ein Einwilligungsvorbehalt angeordnet ist und der Betreuer in die Erklärung eingewilligt oder sie genehmigt hat. Dies dürfte in der Praxis aber nur dann von Bedeutung sein, wenn sich ein Beteiligter auf die Geschäftsunfähigkeit des Betreuten beruft.

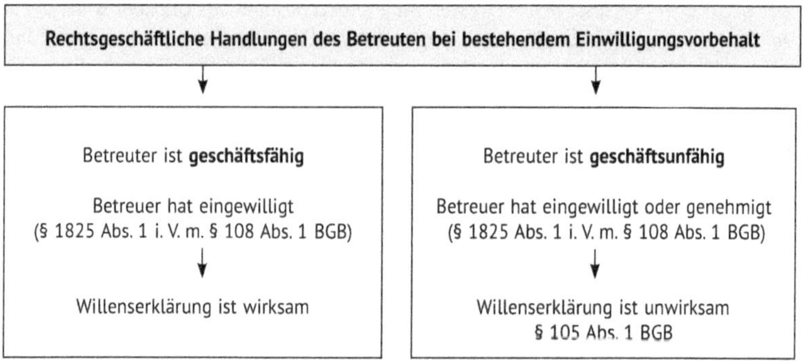

Hinweis:

Die Willenserklärung des geschäftsfähigen Betreuten ist wirksam, die des geschäftsunfähigen dagegen ist unwirksam. Ist bei einem geschäftsfähigen Betreuten ein Einwilligungsvorbehalt angeordnet, kann er im angeordneten Bereich ohne Zustimmung des Betreuers wirksam keine Rechtsgeschäfte mehr vornehmen (Ausnahmen ergeben sich aus § 1825 Abs. 3 BGB). Besteht der Einwilligungsvorbehalt bei einem geschäftsunfähigen Betreuten, sind seine Willenserklärungen nichtig; daran ändert auch die Zustimmung des Betreuers nichts.

2. Vermögensverzeichnis

Soweit die Verwaltung des Vermögens des Betreuten zum Aufgabenkreis des Betreuers gehört, 63
hat er zum Zeitpunkt seiner Bestellung ein Verzeichnis über das Vermögen des Betreuten zu erstellen und dieses dem Betreuungsgericht mit der Versicherung der Richtigkeit und Vollständigkeit einzureichen, § 1835 Abs. 1 Satz 1 BGB. Dabei kann er einen vom Betreuungsgericht überlassenen Vordruck benutzen, was empfehlenswert ist. Der Betreuer kann jedoch das Verzeichnis auch auf andere Weise erstellen und vorlegen.

Das Vermögensverzeichnis ist Ausgangspunkt für die Verantwortlichkeit des Betreuers in der 64
Vermögensverwaltung. Es ist Grundlage für die erste Rechnungslegung (§ 1865 BGB) und für den Herausgabeanspruch des Betreuten (bzw. dessen Rechtsnachfolger) gegen den Betreuer nach dem Ende der Betreuung (§ 1872 BGB).

Von der Pflicht zur Erstellung und Einreichung des Vermögensverzeichnisses gibt es keine 65
Befreiung. Ist (gar) kein Vermögen vorhanden, muss der Betreuer diesen Umstand dem Betreuungsgericht mitteilen und die Richtigkeit dieser Aussage versichern.

Mehrere Betreuer im Aufgabenbereich der Vermögensverwaltung haben das Vermögensver- 66
zeichnis gemeinsam zu erstellen, § 1835 Abs. 1 Satz 4 BGB.

Das Vermögensverzeichnis ist wiederkehrend um die Vermögensgegenstände zu ergänzen, die 67
der Betreute später hinzuerwirbt (Nachtragsverzeichnis), § 1835 Abs. 1 Satz 3 BGB.

2.1 Stichtag und Vorlage an das Gericht

Stichtag für die Errichtung des Vermögenverzeichnisses ist der Tag der wirksamen Bestellung 68
zum Betreuer, § 1835 Abs. 1 Satz 1 BGB.

Die Bestellung ist wirksam erfolgt, wenn der gerichtliche Bestellungsbeschluss dem Betreuer 68a
bekannt gemacht wurde (in seinen Herrschaftsbereich gelangt ist), § 287 Abs. 1 FamFG. Dies ist unproblematisch, wenn der Beschluss nach den §§ 166 bis 195 ZPO zugestellt wird. Erfolgt die Bekanntgabe durch einen einfachen Brief, gilt an sich nach § 15 Abs. 2 Satz 2 FamFG der Zugang vier Tage nach Aufgabe zur Post durch das Gericht. Allerdings schließt diese Vermutung einen früheren Zugang nicht aus (BGH v. 12.9.2012 – XII ZB 27/12). Macht der Betreuer glaubhaft geltend, dass ihm der Beschluss bereits vor Ablauf der vier Tage zugegangen ist, gilt dieser Zeitpunkt.

Wird der Beschluss an einen Betreuer, der nicht Rechtsanwalt ist, elektronisch zugestellt, so gilt 68b
nach § 173 Abs. 4 ZPO (anwendbar über § 15 Abs. 2 Satz 1 FamFG) die Zustellung am vierten Tag nach der in der Regel sofort erstellten Eingangsbestätigung und damit nach Absendung als zugegangen. In diesem Fall kommt es nicht auf den Zeitpunkt der Zugangsmöglichkeit des Betreuers zu seinem Postfach oder einer tatsächlichen Kenntnisnahme an; auch bei sofortiger Kenntnisnahme beginnt eine nach dem Zustellungsdatum berechnete Frist daher nicht, früher zu laufen (es handelt sich um eine Zugangsfiktion, nicht um eine Zugangsvermutung).

Wird durch das Gericht die sofortige Wirksamkeit des Bestellungsbeschlusses angeordnet, tritt 68c
in der Regel die Wirksamkeit ein, wenn der Bestellungsbeschluss und die Anordnung der

sofortigen Wirksamkeit der Geschäftsstelle des Betreuungsgerichts zum Zweck der Bekanntgabe an den Betroffenen oder den Verfahrenspfleger durch den Richter übergeben werden, § 287 Abs. 2 Satz 1 und 2 Nr. 2 FamFG. Dieser Zeitpunkt wird auf dem Beschluss vermerkt, § 287 Abs. 2 Satz 3 FamFG.

Beispiel:

Der Betreuungsrichter erlässt den Bestellungsbeschluss am 28.4. um 13.40 Uhr, zugleich ordnet er die sofortige Wirksamkeit an. Um 15.54 Uhr übergibt er den Beschluss seiner Geschäftsstellenmitarbeiterin zum Zweck der Bekanntgabe; der Übergabezeitpunkt wird auf dem Beschluss vermerkt. Am 2.5. um 10.28 Uhr übergibt der Postbote dem Betreuer den Brief mit dem gerichtlichen Beschluss.

Der Betreuer ist wirksam am 28.4. um 15.54 Uhr bestellt worden; für diesen Zeitpunkt hat er das Vermögensverzeichnis zu erstellen.

Ein guter Geschäftsstellenmitarbeiter sollte den Betreuer zumindest telefonisch von der wirksamen Bestellung informieren, damit dieser tätig werden kann.

68d Möglich ist auch, dass der Richter dem (physisch) **anwesenden** Betreuer den Beschluss durch Verlesen der Beschlussformel bekannt gibt (§ 41 Abs. 2 Satz 1 FamFG); auch dies bewirkt die Wirksamkeit der Betreuerbestellung. Eine bloße Absichtserklärung des Richters gegenüber einer anwesenden Person, sie als Betreuer zu bestellen, schafft aber noch keine wirksame Bestellung. Die telefonische Bekanntgabe der Bestellung an den Betreuer erfüllt auch nicht die Voraussetzungen des § 41 Abs. 2 Satz 1 FamFG, da keine Anwesenheit gegeben ist.

69 Eine eigenständige Frist, binnen der der Betreuer das Verzeichnis bei Gericht einzureichen hat, ist im Gesetz nicht enthalten. Da nach § 1863 Abs. 1 Satz 3 BGB das Vermögensverzeichnis dem Anfangsbericht beizufügen ist und dieser dem Betreuungsgericht nach § 1863 Abs. 1 Satz 4 BGB innerhalb von drei Monaten übersandt werden soll, gilt die Dreimonatsfrist auch für das Vermögensverzeichnis. Soweit kein Anfangsbericht nach § 1863 Abs. 2 BGB zu erstellen ist, kann das Betreuungsgericht nach pflichtgemäßem Ermessen eine Frist bestimmen.

2.2 Inhalt

70 Ist die gesamte Vermögensverwaltung dem Betreuer übertragen, muss das Vermögen vollständig mit allen Aktiva und Passiva verzeichnet werden. Ist nur ein Teilbereich der Vermögensverwaltung angeordnet, z. B. „Kontenverwaltung" oder „Verwaltung der Immobilien", hat sich das Vermögensverzeichnis auch nur auf den betroffenen Teilbereich zu beschränken.

71 Ist der Betreute Miterbe in einer Erbengemeinschaft, ist der gesamte Nachlassbestand im Vermögensverzeichnis zu erfassen und dann der (Quoten-)Anteil des Betreuten anzugeben. Ebenso verhält es sich, wenn der Betreute Mitgesellschafter einer Personengesellschaft oder BGB-Gesellschaft ist.

72 Der Betreuer hat das Vermögen lediglich insoweit zu verzeichnen, als sein Aufgabenkreis dessen Verwaltung umfasst. Fraglich ist, ob z. B. der Nachlass anzugeben ist, wenn für diesen Testamentsvollstreckung angeordnet wurde. Insoweit unterliegt dem Betreuer keine Verwaltung des Nachlasses; diese ist dem Testamentsvollstrecker zugeordnet, § 2205 BGB. In der Gesetzesbegründung (BT-Drucks. 19/24445 S. 265) wird dazu ausgeführt, dass insoweit keine Aufnahme des Nachlassvermögens in das Vermögensverzeichnis zu erfolgen hat. Dazu werden in der Literatur und Rechtsprechung zum Teil andere Ansichten vertreten, nach denen der Betreuer die Aufnahme vorzunehmen hat. Folgt man dieser Ansicht, erholt sich der Betreuer beim Testamentsvollstrecker ein Nachlassverzeichnis (soweit nicht bereits vorhanden), § 2215 BGB, und legt dieses mit dem Vermögensverzeichnis dem Gericht vor.

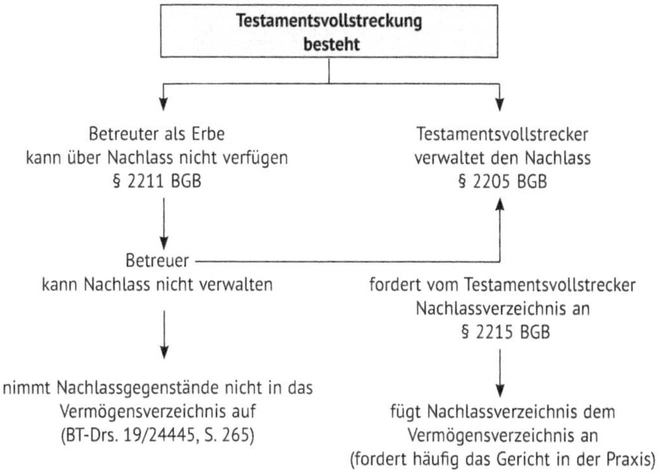

In das Verzeichnis sind die regelmäßigen Einnahmen (z. B. Arbeits- und Renteneinkommen, 73
Sozialleistungen, Mieteinnahmen, Unterhaltsleistungen) und Ausgaben (z. B. Miete, Unterhaltszahlungen, Abgaben, Steuern) des Betreuten aufzunehmen, § 1835 Abs. 1 Satz 2 BGB. Sie sind zu belegen, § 1835 Abs. 2 BGB.

2.2.1 Bezeichnung der Vermögensgegenstände

Aufgrund des in § 1835 Abs. 1 Satz 1 BGB gebrauchten Begriffs „Vermögen" ist keine 74
gesetzliche Differenzierung nach den jeweiligen Vermögensbestandteilen erforderlich. Auf diese Weise wird dem Betreuer eine gewisse Flexibilität bei der Erfassung und Verzeichnung des Vermögens eingeräumt. So kann sich der Betreuer beim Hausrat oder den sonstigen zum persönlichen Gebrauch bestimmten Gegenständen von geringem Wert auf zusammenfassende Angaben beschränken. Demgegenüber ist Sachvermögen von erheblichem Wert schon im Interesse der eigenen Absicherung des Betreuers von diesem detailliert anzugeben. Diese Gegenstände sind so genau zu bezeichnen, dass keine Zweifel über die Identität aufkommen können. Auch die Schulden sind genau (einschließlich Herkunft der Verbindlichkeit und Zinssatz) aufzuführen.

Der Betreuer ist nicht verpflichtet, einzelne Vermögensgegenstände gegenüber dem Gericht zu 75
bewerten. Eine solche Pflicht wäre zu aufwendig und würde vermeidbare Sachverständigenkosten nach sich ziehen (BT-Drucks. 19/24445, S. 266).

Hinweis:

Das Betreuungsgericht (Rechtspfleger) fordert i. d. R. die Angabe von Werten. Hier ist der Sinn zu hinterfragen, denn die Werte spielen grundsätzlich erst eine Rolle, wenn über die Gegenstände verfügt werden soll. Ausnahmen sind sicherlich gegeben, wenn es sich um leicht verwertbare Gegenstände (z. B. Gemälde) handelt, die einen großen Wert haben können. In diesem Fall muss das Gericht Kenntnis haben, um der Aufsichtspflicht gerecht werden zu können.

Da der Betreuer sämtliche Güter und Rechte zu verzeichnen hat, denen ein wirtschaftlicher 75a
Wert beizumessen ist, hat er automatisch eine gewisse Bewertung bei der Entscheidung vorzunehmen, welche Vermögensbestandteile in das Verzeichnis aufgenommen werden und ob bestimmte Sachgesamtheiten zusammengefasst werden können. Oft sind dem Betreuer Wertschätzungen, z. B. bei Kunstgegenständen, nur schwer möglich. In derartigen Fällen muss

der Betreuer Sachverständige hinzuziehen, wenn die Hinzuziehung erforderlich und mit Rücksicht auf das Vermögen des Betreuten angemessen ist. Dem Betreuer steht ein Beurteilungsspielraum bei der Prüfung der Voraussetzungen für das Hinzuziehen zu, wobei er insbesondere die Kosten zu bedenken hat (BT-Drucks. 19/24445, S. 266).

2.2.2 Beweis der Angaben

76 Die Angaben im Verzeichnis sind vom Betreuer in geeigneter Weise zu belegen, § 1835 Abs. 2 BGB. Es ist im Gesetz keine Festlegung getroffen, welcher Art diese Belege sein müssen, vielmehr wird dies in das Ermessen des Gerichts gestellt. Die Einreichung von Kopien oder Ausdrucken digitaler Dokumente kann dabei ausreichen.

77 Die Richtigkeit und die Vollständigkeit des Verzeichnisses hat der Betreuer gegenüber dem Betreuungsgericht zu versichern, § 1835 Abs. 1 Satz 1 BGB.

2.2.3 Hinzuziehung Dritter

78 Nach § 1835 Abs. 3 BGB kann der Betreuer zur Erstellung des Vermögensverzeichnisses unter anderem die Betreuungsbehörde, einen Notar oder Sachverständigen hinzuziehen, § 1835 Abs. 3 BGB. Diese Vorschrift soll die Erstellung eines ordnungsgemäßen Vermögensverzeichnisses, insbesondere von ehrenamtlichen Betreuern, gewährleisten. Von beruflichen Betreuern ist grundsätzlich zu erwarten, dass sie zur Erstellung ohne Hinzuziehung eines Dritten in der Lage sind. Bei ehrenamtlichen Betreuern bietet sich die Hinzuziehung der Betreuungsbehörde an. Die Unterstützung durch einen Sachverständigen kommt z. B. bei der Bewertung von Kunstgegenständen oder Sammlungen infrage.

79 Die Kosten für die Inanspruchnahme des Dritten trägt der Betreute, aber nur dann, wenn dies für die ordnungsgemäße Erstellung des Vermögensverzeichnisses erforderlich und mit Rücksicht auf das Vermögen des Betreuten angemessen ist, anderenfalls muss der Betreuer selbst die entstandenen Auslagen tragen.

2.3 Hinzuziehung von Zeugen durch das Betreuungsgericht

80 In bestimmten Konstellationen kann es erforderlich sein, dass das Betreuungsgericht durch Beschluss für die Erstellung des Verzeichnisses einen Zeugen hinzuzieht, § 1835 Abs. 4 BGB. Das passiert in erster Linie dann, wenn das Betreuungsgericht bereits bei Bestellung des Betreuers Kenntnis vom Vorhandensein erheblicher Vermögenswerte hat – etwa durch entsprechende Hinweise im Sozialbericht der Betreuungsbehörde – oder wenn es aufgrund der äußeren Umstände auf das Vorhandensein bestimmter Vermögenswerte schließen kann. Natürlich kann auch der Betreuer die Hinzuziehung einer dritten Person anregen.

81 Die Hinzuziehung dient zum einen dem Schutz des Betreuten vor einem Missbrauch der Betreuerstellung, zum anderen der Absicherung des Betreuers, etwa vor dem Vorwurf, er habe Vermögenswerte an sich genommen oder beiseitegeschafft. Die Hinzuziehung wird in der Regel bei der erstmaligen Inaugenscheinnahme von Vermögensgegenständen erfolgen, etwa dem erstmaligen Betreten einer Wohnung oder der Öffnung eines Schließfachs.

82 In der Regel wird ein Mitarbeiter der Betreuungsbehörde hinzugezogen werden, aber auch Dritte als Zeugen ohne weitere spezifische Fachkenntnisse kommen infrage. In jedem Fall ist es die Aufgabe des Betreuers, der dritten Person die Wahrnehmung ihrer Aufgaben zu ermöglichen, dazu gehört insbesondere auch, ihr Einsichtnahme in Unterlagen und Zugang zu Räumlichkeiten des Betreuten zu gewähren und die gemeinsame Inaugenscheinnahme sicherzustellen.

83 Die dritte Person hat dem Betreuungsgericht über die Erstellung des Verzeichnisses und insbesondere das Ergebnis der Inaugenscheinnahme zu berichten.

84 Für die Entschädigung der dritten Person sind die Vorschriften über die Entschädigung von Zeugen nach dem JVEG anwendbar (Stundensatz bis 25 EUR zuzüglich Fahrtauslagen

0,35 EUR/km). Der an die dritte Person gezahlte Geldbetrag wird im Wege der Gerichtskostenerhebung in der Regel beim Betreuten geltend gemacht.

2.4 Ersatzerrichtung

Ist das durch den Betreuer eingereichte Vermögensverzeichnis ungenügend oder legt der 85
Betreuer auch nach der Verhängung von Zwangsgeld (§ 1862 Abs. 3 BGB) überhaupt kein Verzeichnis vor, kann das Gericht anordnen, dass das Verzeichnis durch die Betreuungsbehörde oder einen Notar errichtet wird, § 1835 Abs. 5 BGB. Die entstandenen Kosten hat der Betreuer zu tragen.

2.5 Wechsel des Betreuers

Bei einem Wechsel des Betreuers trifft den neuen Betreuer ebenfalls eine Verzeichnispflicht. Er 86
hat zum Zeitpunkt seiner Bestellung ein Vermögensverzeichnis zu errichten, § 1835 Abs. 1 Satz 1 BGB. Er braucht indes kein neues „Gesamtverzeichnis" zu erstellen, sofern das ursprünglich bei Gericht eingereichte Verzeichnis lückenlos erstellt wurde. Vielmehr ist es ausreichend, wenn der neue Betreuer das vorliegende Verzeichnis auf Aktualität prüft und bei Bedarf ergänzt. Allerdings hat er eine Versicherung der Richtigkeit und Vollständigkeit abzugeben.

2.6 Bekanntgabe an den Betreuten

Dem Betreuten ist das vom Betreuer erstellte Vermögensverzeichnis durch das Betreuungs- 87
gericht bekannt zu geben. Er soll in die Lage versetzt werden, nachzuvollziehen, welche Angaben zu den Vermögensgegenständen sein Betreuer dem Gericht gegenüber macht. Eine Ausnahme von dieser Pflicht ist nur für den Fall vorgesehen, dass hiervon erhebliche Nachteile für die Gesundheit des Betreuten zu besorgen sind oder der Betreute offensichtlich nicht in der Lage ist, das Verzeichnis zur Kenntnis zu nehmen, § 1835 Abs. 6 BGB.

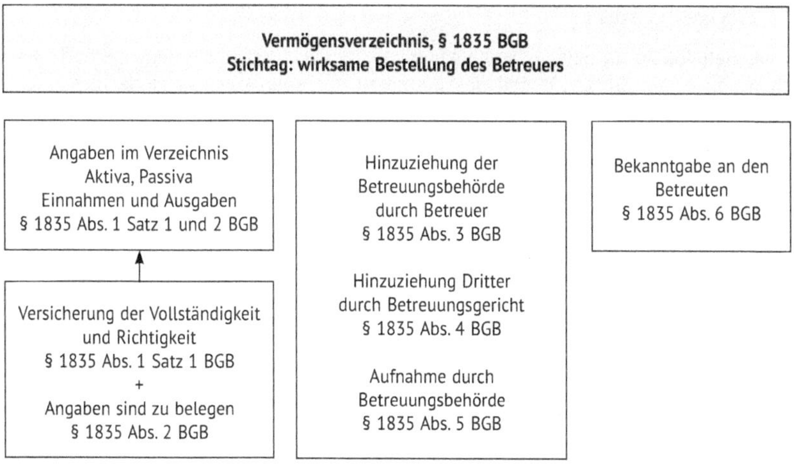

2.7 Hinweise zu einzelnen Vermögenswerten

2.7.1 Grundstücke

Zu Grundstücken des Betreuten, Eigentumswohnungen und Rechten des Betreuten an Grund- 88
stücken (z. B. Nießbrauch, Wohnungsrecht) sind die Gemeinde (Gemarkung), das Grundbuchblatt, die Flurstücknummer sowie Straße und Hausnummer anzugeben. Ein unbeglaubigter Grundbuchauszug, den man beim zuständigen Grundbuchamt erhält, ist beizufügen.

A

89 Kaufverträge zu Grundstücken und Eigentumswohnungen sowie Bestellungsurkunden bei Grundstücksrechten sollte der Betreuer mit vorlegen, soweit er sie vorfindet. Der Grundstückswert (ohne Bebauung) kann über den jeweiligen Gutachterausschuss ermittelt werden (Richtwertkartei), der bei Gemeinden oder Landratsämtern zu finden ist. Eine genaue Wertberechnung ist nicht erforderlich.

2.7.2 Erwerbsgeschäfte

90 Bei den Erwerbsgeschäften des Betreuten ist anzugeben, um welche Art des Geschäfts es sich handelt, ob es einen Firmennamen trägt und unter welcher Handelsregisternummer es im Handelsregister eingetragen ist. Beim zuständigen Registergericht ist ein Auszug aus dem Handelsregister anzufordern. Auch Handwerksbetriebe gehören grundsätzlich hierzu.

91 Zunächst kann die jüngste Bilanz oder Einnahmenüberschussrechnung vorgelegt werden, soweit vorhanden.

92 Eine klare Trennung zwischen dem Privat- und dem Betriebsvermögen des Betreuten ist zu beachten.

2.7.3 Unternehmensbeteiligungen

93 Alle Beteiligungen, etwa an einer Gesellschaft, sind anzugeben. Darzulegen sind alle in die Gemeinschaft fallenden Sachen sowie der (Quoten-)Anteil des Betreuten daran.

94 Ist der Betreute Gesellschafter einer oHG, einer KG oder einer GmbH, sind dem Betreuungsgericht mit dem Vermögensverzeichnis der Gesellschaftsvertrag mit Nachträgen, ggf. die Satzung und der Betriebseinheitswertbescheid vorzulegen. Die genaue Bezeichnung der Gesellschaft und die quotenmäßige Beteiligung des Betreuten hieran sind im Vermögensverzeichnis anzugeben.

2.7.4 Erbengemeinschaft

95 Bei der Beteiligung an einer Erbengemeinschaft müssen alle in die Gemeinschaft fallenden Sachen sowie der (Quoten-)Anteil des Betreuten dargelegt werden. Findet der Erwerb im Rahmen einer Erbfolge während einer bestehenden Betreuung statt, muss nach der Bestimmung des § 1835 Abs. 1 Satz 3 BGB ein Nachtragsverzeichnis – unabhängig von der jährlichen Rechnungslegung – erstellt werden.

2.7.5 Bankkonten

96 Zu Kontoguthaben bei Kreditanstalten sind der Name und die Anschrift der Bank oder Sparkasse anzugeben; Angaben über die Art der Konten des Betreuten sind zu machen. Auch die Höhe der Verzinsung ist mitzuteilen.

97 Sind keine Bankverbindungen des Betreuten bekannt, kann man eine Anfrage beim Bundesverband deutscher Banken, Burgstraße 28, 10178 Berlin, beim Deutschen Sparkassen- und Giroverband e. V. Charlottenstraße 47, 10117 Berlin, und beim Bundesverband der Deutschen Volksbanken und Raiffeisenbanken e. V. (BVR), Schellingstraße 4, 10785 Berlin, starten, in der man bittet mitzuteilen, ob der Betreute bei einer Bank, die einer dieser Organisationen angehört, eine Kontoverbindung unterhält.

2.7.6 Wertpapiere

98 Wertpapiere müssen im Vermögensverzeichnis genau bezeichnet werden. Die Kreditinstitute erteilen auf Antrag Depotbestätigungen, aus denen sich die Bezeichnung der Wertpapiere und der (Kurs-)Wert zum Stichtag ergeben. Zu jedem Wertpapierdepot gehört in der Regel ein Korrespondenzkonto, auf dem die Coupons- und Dividendengutschriften erfolgen und über das auch Käufe, Verkäufe, Einlösungen und die Belastung mit Depotgebühren abgewickelt werden.

Die börsenmäßige Beschreibung von Aktien beinhaltet die Bezeichnung der Gesellschaft sowie ggf. die Unterscheidung nach Stamm- oder Vorzugsaktie, Inhaber- oder Namensaktie. Außerdem ist jeder Aktie eine Wertpapierkennnummer zugeordnet. Die mengenmäßige Bestimmung erfolgt durch die Angabe der Stückzahl. Schließlich sind ggf. auch noch Beteiligungen an Investmentgesellschaften im Vermögensverzeichnis anzugeben. Diese besitzen ebenfalls einen Kurswert, den man der Depotbestätigung der Bank entnehmen kann. 99

2.7.7 Forderungen

Unter Forderungen sind im Vermögensverzeichnis Ansprüche jeder Art anzugeben. Es kann sich um Kaufpreisforderungen oder Ansprüche aus gegebenen Darlehen handeln. Zu berücksichtigen sind auch Vermächtnis- und Pflichtteilsforderungen, die aus einem vorausgegangenen Erbfall entstanden sind. Beihilfeansprüche oder Ansprüche gegen private Krankenversicherungen sowie Forderungen gegen einen Sozialhilfeträger sind zu berücksichtigen. Nicht vergessen sollte der Betreuer Kautionsforderungen gegen den Vermieter. 100

Besteht für die Forderung des Betreuten zur Sicherung eine Hypothek oder Grundschuld, wird diese im Vermögensverzeichnis mit ihrem Nominalbetrag, dem Zinssatz, der grundbuchmäßigen Beschreibung des Sicherungsobjekts (Grundstück, Eigentumswohnung, Erbbraurecht) und des Eigentümers angegeben. Außerdem ist darzulegen, in welcher Höhe die dem Grundpfandrecht zugrunde liegende Forderung zum Zeitpunkt der Betreuungsübernahme noch besteht (effektiver Schuldenstand, Zeitpunkt der Fälligkeit und erforderlichenfalls der Rückstand an fälligen Zinsen und Tilgungsraten). 101

2.7.8 Lebensversicherungen

Bei Lebensversicherungen sind die Gesellschaft, die Versicherungssumme, die Versicherungsnummer, die versicherte Person und die Fälligkeit im Vermögensverzeichnis anzugeben. Die Bewertung entspricht dem Rückkaufswert, den man bei der Lebensversicherungsgesellschaft auf Anfrage erhalten kann. 102

2.7.9 Hausrat

Der Wert der persönlichen Gegenstände, der Kleidung, der Hausratsgegenstände und der Wohnungseinrichtung ist oft sehr gering. Eine detaillierte Aufstellung ist in der Regel nicht erforderlich. Den einfachen, normalen Hausrat setzt man mit Null an (abgewohnt). Keinesfalls sollte die Versicherungssumme einer Hausratversicherung angegeben werden, da es sich hierbei um einen „Neuwert" handelt. 103

2.7.10 Andere Wertgegenstände

Antiquitäten und Kunstgegenstände unterliegen einer gesonderten Betrachtung. Diese Gegenstände sind zu bezeichnen (evtl. zu fotografieren) und einzeln anzugeben. Dies gilt auch bei Münz- oder Briefmarkensammlungen. Genaue Wertbestimmungen, evtl. durch Schätzung eines Sachverständigen, sind grundsätzlich nicht erforderlich. 104

Goldbarren, Gold- oder Silbermünzen haben täglich neu notierte Preise, die sich nahezu ausschließlich am Edelmetallkurs orientieren und die man entweder in der Tageszeitung, dem Internet oder bei einer Bank in Erfahrung bringen kann. 105

Unter dem Punkt „Fahrzeuge" im Vermögensverzeichnis sind z. B. ein Pkw, ein Kraftrad oder ein Boot zu verzeichnen. Die Beschreibung erfordert die Angaben zum Baujahr, Erhaltungszustand, ggf. amtlichen Kennzeichen und zur Fahrgestellnummer. 106

2.7.11 Aufstellung der Schulden

Alle Schulden bei Banken, Privatpersonen (z. B. Vermietern), Versandhäusern, Finanzämtern usw. sind zu verzeichnen. Die Gläubiger, der Schuldgrund, der Schuldenstand am Stichtag, die 107

Fälligkeit, der Zinssatz, die Laufzeit des Darlehens und die Höhe der vereinbarten Raten sind anzugeben.

108 Sind zur Sicherung der Schulden Hypotheken, Grundschulden oder Reallasten an Grundstücken des Betreuten eingetragen, werden sie ins Vermögensverzeichnis aufgenommen. Der Gläubiger, der Nominalbetrag, der Zinssatz, die Laufzeit und die Valuta zum Stichtag sind zu bezeichnen. Sind Hypotheken oder Grundschulden nicht mehr valutiert, werden sie dennoch im Vermögensverzeichnis (ggf. mit Wertansatz Null) angegeben.

2.7.12 Versicherung der Richtigkeit

109 Der Betreuer hat das Verzeichnis mit einer „Versicherung der Richtigkeit und Vollständigkeit" zu versehen.

110 Beim Erstvermögensverzeichnis kann es oft einige Zeit dauern, bis sich der Betreuer Klarheit über den (gesamten) Bestand des Vermögens verschafft hat. Für Betreuer empfiehlt es sich, unter Hinweis auf bestehende Ungewissheiten die Versicherung der Richtigkeit und Vollständigkeit des Vermögensverzeichnisses dahingehend einzuschränken, dass die Angaben dem derzeitigen Erkenntnisstand entsprechen („Soweit derzeit ermittelbar und mir bekannt").

3. Verwaltung von Geld des Betreuten

111 Der Betreuer hat gemäß § 1838 Abs. 1 Satz 1 BGB die Verwaltung von Geld des Betreuten nach Maßgabe des § 1821 BGB wahrzunehmen. Er ist verpflichtet, den Betreuten so zu unterstützen, dass dieser seine Angelegenheiten rechtlich selbst besorgen kann, und von seiner Vertretungsmacht nach § 1823 BGB nur Gebrauch zu machen, wenn ein Handeln durch den Betreuten nicht (mehr) möglich ist, § 1821 Abs. 1 BGB.

112 Handelt der Betreuer im Rahmen der Geldverwaltung als Vertreter, hat er insbesondere die Vorgaben der §§ 1838 bis 1845 BGB zu beachten.

113 Maßgeblich bei der Geldanlage und Geldverwaltung sind die Wünsche und Vorstellungen des Betreuten, dahingehend, wie er sein Leben gestalten möchte, § 1821 Abs. 2 Satz 1 BGB. Der Betreuer hat diese festzustellen, § 1821 Abs. 2 Satz 2 BGB, und die Angelegenheit mit ihm zu besprechen, § 1821 Abs. 5 BGB. Hat der Betreute bereits vor der Bestellung des Betreuers Wünsche geäußert (z. B. in einer Betreuungsverfügung oder Dritten gegenüber), müssen auch diese durch den Betreuer beachtet werden, es sei denn, der Betreute will an ihnen erkennbar nicht mehr festhalten, § 1821 Abs. 2 Satz 4 BGB. Ein Abweichen von den Wünschen des Betreuten ist nur im Rahmen von § 1821 Abs. 3 BGB möglich – und zwar dann, wenn durch das Festhalten das Vermögen des Betreuten erheblich gefährdet würde und der Betreute diese Gefahr aufgrund seiner Krankheit oder Behinderung nicht zu erkennen vermag oder wenn dem Betreuer eine Umsetzung der Wünsche des Betreuten nicht zuzumuten ist.

Hinweis:

Der Betreuer hat zu Beginn der Vermögensverwaltung, spätestens aber im Zusammenhang mit der Erstellung des Vermögensverzeichnisses (§ 1835 BGB), die Wünsche und den Willen des Betreuten in Bezug auf die Geldverwaltung und Geldverwendung festzustellen. Dazu ist ein persönliches Gespräch mit ihm zu führen und ihm die vorhandene Vermögensituation zu erläutern.

3.1 Bereithaltung und Anlage von Geld

114 Der Gesetzgeber unterscheidet zwischen „Verfügungsgeld" (§ 1839 BGB), das der Bereithaltung für Ausgaben dient und „Anlagegeld" (§ 1841 BGB), das der Betreuer auf einem „Anlagekonto" anzulegen hat, soweit er das Geld nicht für Ausgaben bereithalten muss.

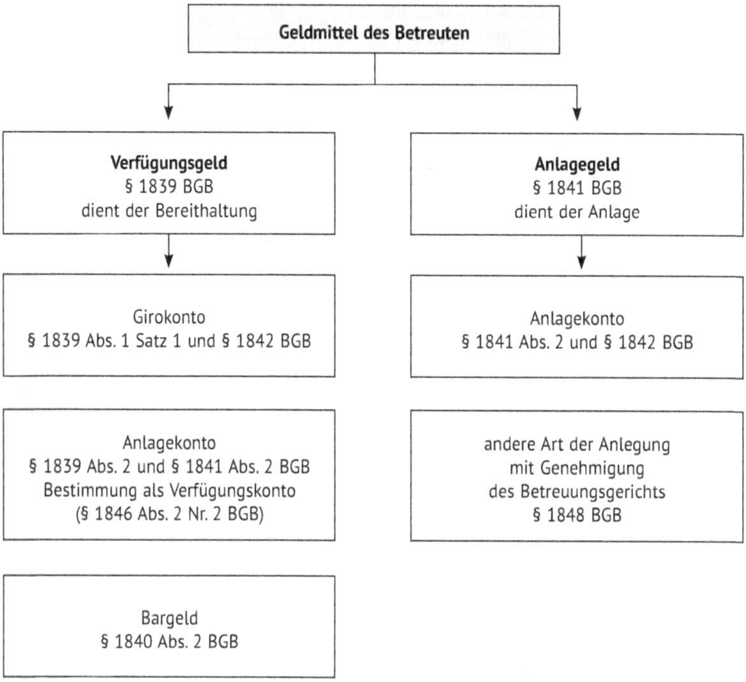

3.2 Verfügungsgeld

Geld, das der Betreuer zur Bestreitung von Ausgaben benötigt (Verfügungsgeld), muss er nicht 115
(verzinslich) anlegen, er kann es „bereithalten“, § 1839 BGB.

Unter Ausgaben sind unstreitig Gelder für Unterhalt, Taschengeld, Verwaltungskosten, Mieten 116
usw. zu sehen. Ein gewisser Spielraum bezüglich der Mittel ist dem Betreuer zuzubilligen, da die genauen Ausgaben nicht immer exakt abgeschätzt werden können; die Höhe der bereitgehaltenen Geldmittel bemisst sich nach den konkreten Umständen. Der Betreuer hält aber auch dann Geld für Ausgaben bereit, wenn er beabsichtigt, für den Betreuten alsbald Einrichtungs- oder Gebrauchsgegenstände zu beschaffen, unabhängig von der Höhe der Mittel. Soweit er beabsichtigt, ein Grundstück, eine Eigentumswohnung, Beteiligungen an einer Gesellschaft oder Aktien zu erwerben, hält er ebenfalls Geld bereit. Für die Anlagen selbst benötigt er betreuungsgerichtliche Genehmigungen.

Es liegt grundsätzlich im Ermessen des Betreuers, welche Summen an Verfügungsgeld er 117
benötigt und ob sie auf einem Giro- oder einem Anlagekonto zur Verfügung gehalten werden. Lediglich bei einem Verstoß gegen § 1821 BGB oder einem Ermessensfehlgebrauch ist das Betreuungsgericht berufen, im Rahmen seiner Aufsicht mit den erforderlichen Geboten (etwa Geld vom Girokonto zu nehmen und versperrt anzulegen) einzuschreiten, § 1862 BGB.

Der Betreuer ist grundsätzlich verpflichtet, den Zahlungsverkehr für den Betreuten bargeldlos 118
unter Verwendung eines Girokontos durchzuführen, § 1840 Abs. 1 BGB. Hierzu kann der Betreuer sich auch der elektronischen Kontoführung bedienen, was den Vorteil bietet, dass er dann über elektronische Belege verfügt, die er als Ausdruck beim Gericht vorlegen kann.

3.2.1 Girokonto

Geld ist grundsätzlich auf einem Girokonto bei einem Kreditinstitut bereitzuhalten, § 1839 119
Abs. 1 Satz 1 BGB. Das Konto kann ein bereits bestehendes oder ein neu für den Betreuten zu eröffnendes Girokonto sein. Das Konto muss auf den Namen des Betreuten lauten; ein für den

Betreuten eingerichtetes Anderkonto des Betreuers ist nicht zulässig. Das Konto kann online – auch bei einer Direktbank – geführt werden.

120 Grundsätzlich hat jeder Bürger ein Recht auf ein Girokonto (Basiskonto), § 31 ZKG. Jede Bank (Institut, das Zahlungskonten für Verbraucher anbietet) muss mit einem Berechtigten einen Basiskontovertrag (Zahlungsdiensterahmenkonto, § 675f Abs. 2 BGB) schließen. Berechtigter ist jeder Verbraucher mit rechtmäßigem Aufenthalt in der Europäischen Union, einschließlich Personen ohne festen Wohnsitz und Asylsuchende sowie Personen ohne Aufenthaltstitel, die aber aus rechtlichen oder tatsächlichen Gründen nicht abgeschoben werden können. Eine Ablehnung der Kontenführung kann nur nach §§ 34 bis 37 ZKG erfolgen, insbesondere, wenn der Antragsteller bereits ein Zahlungskonto in Deutschland hat und nutzen kann, § 35 ZKG.

Hinweis:

Der Betreuer hat dem Betreuungsgericht die Eröffnung eines Girokontos für den Betreuten anzuzeigen und das Anfangsguthaben mitzuteilen, § 1846 Abs. 2 Nr. 1 BGB.

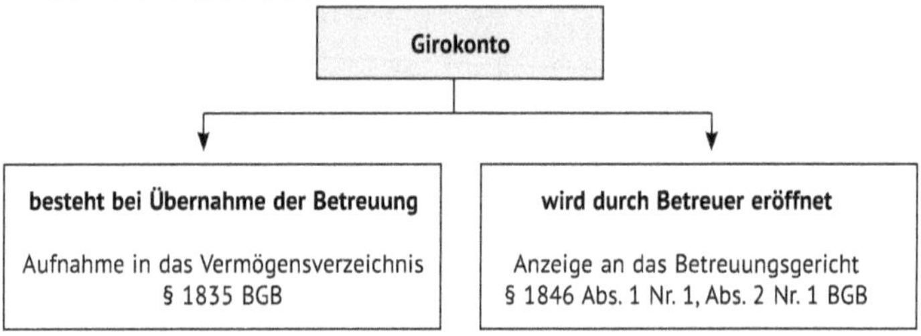

3.2.2 Verfügungsgeld auf einem Anlagekonto

121 Nach § 1839 Abs. 2 BGB kann der Betreuer Verfügungsgeld nicht nur als Einlage auf dem Girokonto bereithalten, sondern auch bei einem Kreditinstitut vorübergehend und schnell verfügbar auf einem von ihm neu zu eröffnenden gesonderten Konto nach § 1841 Abs. 2 BGB anlegen, das von den zu versperrenden Anlagekonten für Anlagegeld getrennt ist. Infrage kommen insbesondere Tagesgeldkonten, die eine Verzinsung und eine schnelle Verfügbarkeit des Geldes ermöglichen.

122 Der Betreuer ist bei Verfügungsgeld nicht verpflichtet, auf dem Konto einen Sperrvermerk zu vereinbaren; dies gilt auch nach § 1845 Abs. 1 Satz 2 BGB, wenn es sich um ein Anlagekonto gemäß § 1839 Abs. 2 i. V. m. § 1841 Abs. 2 BGB handelt.

123 Auch die Eröffnung eines Kontos für den Betreuten gemäß § 1839 Abs. 2 BGB hat der Betreuer dem Betreuungsgericht anzuzeigen und das Anfangsguthaben mitzuteilen, § 1846 Abs. 1 Nr. 2, Abs. 2 Nr. 2 BGB.

Hinweis:

Eröffnet der Betreuer ein Anlagekonto (z. B. Tagesgeldkonto) zur Bereithaltung von Verfügungsgeld (§ 1839 Abs. 2 BGB), sollte er der Bank eine Bescheinigung des Betreuungsgerichts vorlegen, aus der sich dies ergibt und zudem die Tatsache, dass eine Versperrung nicht erforderlich ist (§ 1845 Abs. 1 Satz 2 BGB). Ohne diese Bescheinigung wird in der Regel die Bank versperren und eine Verfügung nur mit gerichtlicher Genehmigung (§ 1949 Abs. 1 Satz 1 Nr. 1 BGB) zulassen. Dies gilt auch, wenn der Betreuer ein bereits vorhandenes Anlagekonto übernimmt, das er künftig zur Bereithaltung von Verfügungsgeld verwenden will.

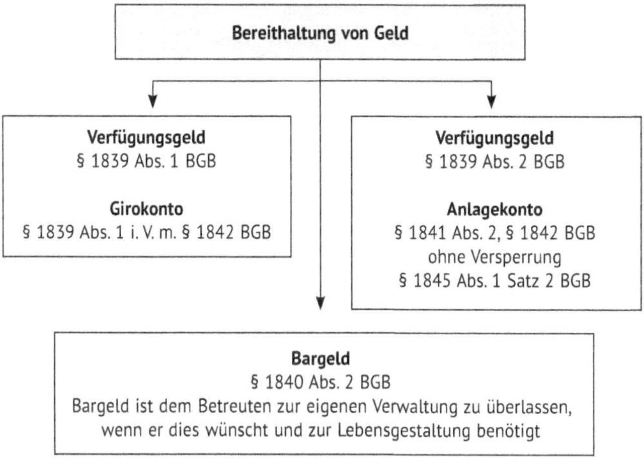

3.2.3 Sicheres Kreditinstitut

Girokonten gemäß § 1839 Abs. 1 Satz 1 bzw. andere Konten gemäß § 1839 Abs. 2 und § 1841 124
Abs. 2 BGB müssen bei einem Kreditinstitut (Sparkassen und Banken) eingerichtet sein, das einer ausreichenden Sicherungseinrichtung angehört, § 1842 BGB. Die Einlagensicherung in Deutschland wird von Einrichtungen durchgeführt, die nach den verschiedenen Bankengruppen (private Banken, öffentliche Banken, Sparkassen und Kreditgenossenschaften) organisiert sind. Es bestehen gesetzliche und parallel dazu freiwillige Systeme auf Ebene der Bankenverbände.

Der gesetzliche Einlegerschutz ist im EinSiG geregelt. Die gesetzliche Mindestgarantiesumme 125
liegt je Bankkunde bei 100.000 EUR; ihr unterliegen alle deutschen Kreditinstitute und inländische Zweigstellen ausländischer Banken. Abgesichert sind Geldkonten jedweder Art. Für Kunden, die bei einer Bank Geldkonten mit einer Einlage von mehr als 100.000 EUR haben, gelten unter Umständen zusätzliche Sicherungssysteme des jeweiligen Bankensystems.

Auskünfte über die Zugehörigkeit zu einem Sicherungssystem und dessen Absicherung holt der 126
Betreuer bei dem Kreditinstitut ein, bei dem er das Betreutenkonto führt. Informationen findet man unter anderem auf der Internetseite der Bundesbank: www.bundesbank.de/de/aufgaben/bankenaufsicht/einzelaspekte/einlagensicherung/einlagensicherung-597886

Soweit die Anlage von Geld die gesetzliche Sicherungsgrenze von 100.000 EUR übersteigt und 127
der Betreuer auf zusätzliche Sicherungssysteme der Banken zurückgreift, ist Vorsicht geboten. So hat z. B. das LG Berlin (Beschl. v. 15.6.2010 – 10 O 360/09) klargestellt, dass für Bankkunden grundsätzlich kein Rechtsanspruch auf Leistungen aus dem Einlagensicherungsfonds der privaten Banken besteht. Es erscheint deshalb sicherer, wenn der Betreuer Beträge, die über 100.000 EUR hinausgehen, bei einer anderen (weiteren) Bank anlegt.

3.2.4 Bargeldbestand

Eine Bereithaltung als Bargeldbestand ist möglich, § 1839 Abs. 1 Satz 2 BGB, wenn übliche 128
Barzahlungen oder Auszahlungen an den Betreuten vorzunehmen sind, § 1840 Abs. 2 BGB.

Gemäß § 1840 Abs. 2 BGB kann vom bargeldlosen Zahlungsverkehr abgewichen werden, soweit 128a
Barzahlung im Geschäftsverkehr üblich ist oder vom Betreuten gewünscht wird, z. B. die Bezahlung von Frisör oder Fußpflege im Heim oder sonstige Bargeschäfte des täglichen Lebens wie der Lebensmittelkauf.

Die Auszahlung von Bargeld an den Betreuten, soweit dieser nicht selbst Abhebungen vom 128b
Konto durchführen kann, ist möglich. Dem Betreuten ist Bargeld zur eigenen Verwaltung zu

überlassen, wenn er es wünscht. Dies ist sogar geboten, wenn dies seine eigenständige Lebensgestaltung fördert. Selbst wenn der Betreute geschäftsunfähig ist, muss er über einen Bargeldbestand verfügen können, um die Geschäfte des täglichen Lebens vornehmen zu können, § 105a BGB. Dies setzt voraus, dass der Betreuer eine sog. Bargeldkasse für den Betreuten hält, um die Auszahlungen vornehmen zu können. Dabei darf es aber nicht zu einer Vermischung von Betreutengeld und eigenem Geld des Betreuers kommen, § 1836 Abs. 1 BGB.

3.2.5 Eigengeldkonto

129 Die Einrichtung eines Eigengeldkontos (sog. Taschengeldkonto) in Form eines Girokontos, mit dem der Betreute Verfügungsgeld eigenständig verwalten kann, ist neben einem Verfügungskonto (zusätzlich) möglich.

129a In der Praxis gehen Kreditinstitute mit den Eigengeldkonten nicht immer gesetzeskonform um. Ist der Betreute geschäftsfähig, kann er problemlos über das Konto verfügen (er kann es auch selbst einrichten). Besteht ein Einwilligungsvorbehalt in Vermögensangelegenheiten, kann der Betreute nur mit Zustimmung des Betreuers verfügen. In diesem Fall bietet sich eine Überlassung der Kontenforderung zur freien Verfügung an; dies ist der Bank durch den Betreuer mitzuteilen (§ 1825 Abs. 1 Satz 3 i. V. m. § 110 BGB). Hier gibt es häufig Probleme: Die Banken wollen dies aus unterschiedlichen Gründen nicht akzeptieren. Ist der Betreute geschäftsunfähig, sind seine Verfügungen grundsätzlich unwirksam (§ 105 Abs. 1 BGB), soweit man die Barentnahmen nicht unter § 105a BGB einordnet.

3.2.6 Dispokredit

130 Die (erstmalige) Vereinbarung eines Überziehungskredits durch den Betreuer bedarf der Genehmigung des Gerichts, § 1854 Nr. 2 BGB. Die wiederholte Ausnutzung eines eingeräumten Dispokredits auf dem Girokonto ist jedoch genehmigungsfrei zulässig. Dabei spielt es keine Rolle, ob der Kredit noch vom Betreuten vor der Betreuerbestellung oder vom Betreuer vereinbart wurde, siehe A 11 Rn. 149.

3.2.7 Kredit- und Bankkarten

131 Eine Kreditkarte darf dem Betreuer für das Konto nicht ausgestellt werden, es sei denn, das Betreuungsgericht hat diese nach § 1854 Nr. 2 BGB ausdrücklich genehmigt. Unbenommen bleibt aber die Möglichkeit, das Konto mittels einer auf das Guthaben begrenzten Girocard am Automaten zu verwalten.

3.2.8 Andere Zahlungsmittel

132 Anderer Zahlungsmittel kann sich der Betreuer dagegen nicht bedienen. Dies gilt z. B. für elektronische Bezahlverfahren (z. B. PayPal), insbesondere aber auch für die von einem Emittenten im klassischen Sinn losgelösten, im Internet generierten Zahlungsmittel (z. B. Bitcoin). Im Fall der Betreuung hat die Sicherheit der gesetzlichen Zahlungsmittel (Euro gemäß § 14 Abs. 1 Satz 2 BBankG) und ihre sichere Verwahrung bei einem Kreditinstitut Vorrang vor etwa gegebenen praktischen Zahlungserleichterungen oder sonstigen Vorteilen. Dies gilt auch bei einem Auslandsbezug des Betreuten für die bankkontenmäßige Verwaltung von Geld des Betreuten in Fremdwährungen.

3.2.9 Kontoeröffnung durch den Betreuer

133 Bei einer Kontoeröffnung für den Betreuten durch den Betreuer müssen keine Ausweispapiere des Betreuten vorgelegt werden, auch ist dessen persönliche Anwesenheit nicht erforderlich. Es reicht nach § 1 Abs. 1 Nr. 2 ZIdPrüfV bei einem Betreuten die Bestellungsurkunde des Betreuers nach § 290 FamFG i. V. m. der Überprüfung der Identität des Betreuers anhand eines Dokuments nach § 12 Abs. 1 Satz 1 Nr. 1 GwG. Dies bedeutet, dass sich lediglich der Betreuer mit seinem Personalausweis oder Reisepass ausweisen muss unter Vorlage der Bestellungsurkunde.

Nach § 154 Abs. 2a AO haben sich Verfügungsberechtigte (unter anderem auch Betreuer als gesetzliche Vertreter der Kontoinhaber) durch Vorlage ihrer Steuer-ID zu legitimieren. Das Bundesministerium der Finanzen hat in einem Runderlass vom 11.12.2017, IV A 3-S 0325/17/10001 (BStBl. I 2017, 1604) allerdings Erleichterungen (gemäß § 154 Abs. 2d AO) für Betreuer bekannt gegeben. So kann das Kreditinstitut auf die Identifizierung, die Aufzeichnung, die Herstellung der Auskunftsbereitschaft und die Erhebung der steuerlichen Ordnungsmerkmale verzichten. 133a

Nach dem Runderlass des Bundesministeriums der Finanzen **kann** das Kreditinstitut auf die Speicherung der steuerlichen Ordnungsmerkmale des Betreuers verzichten. Diese Kannbestimmung legen die Banken häufig so aus, dass sie dies nicht müssen und auch nicht wollen. Allerdings fordert Art. 5 Abs. 1 Buchst. c DSGVO, dass personenbezogene Daten dem Zweck angemessen und erheblich sowie auf das für die Zwecke der Verarbeitung notwendige Maß beschränkt sein müssen („Datenminimierung"). Wenn nun die Banken trotz des Runderlasses die Daten speichern, begehen sie eine Datenschutzverletzung, da die Speicherung nicht erforderlich ist. 133b

3.3 Anlagegeld

Geld des Betreuten, das nicht für Ausgaben benötigt wird, hat der Betreuer anzulegen (Anlagegeld), § 1841 Abs. 1 BGB. Insoweit besteht eine Anlagepflicht. 134

Zweck des Anlegens ist, das Vermögen für den Betreuten zu erhalten und nach Möglichkeit einen Vermögensertrag zu erwirtschaften. Zum anderen soll das Anlegen der sicheren und vor unberechtigten Verfügungen des Betreuers oder von Dritten geschützten Verwahrung des Vermögens dienen. 135

Anlagen bzw. Anlageformen sind abhängig von der Gesamtvermögenssituation sowie den Wünschen des Betreuten. Größere Vermögen sollten in kurz-, mittel- und langfristige Anlagen gesplittet werden. Wo die Vermögensgrenze liegt, ergibt sich aus dem Einzelfall, wobei auch das Alter des Betreuten und die Verfügbarkeit eine Rolle spielen. Immer zu beachten ist der Wunsch des Betreuten, § 1838 Abs. 1 Satz 1 i. V. m. § 1821 Abs. 2 bis 4 BGB. 136

Bei größeren Anlagen sollten immer Vergleichsangebote eingeholt und bei der Hausbank mögliche Sonderkonditionen offen angesprochen werden. 137

Es spielt grundsätzlich keine Rolle, wo das Geld herkommt; auch Arbeits- und Renteneinkünfte sowie fällige Versicherungssummen sind anzulegen. Geld, das sich in den Händen des Betreuten befindet, unterliegt ebenfalls der Anlagepflicht, soweit nicht der Wille des Betreuten dies verhindert. Wann das Geld dem Betreutenvermögen zugeflossen ist, ist unerheblich. 138

Der Betreuer legt Geld nach den Wünschen des Betreuten an. Dieser kann jederzeit seine Wünsche ändern, sofern bei ihm Geschäftsfähigkeit gegeben ist. Er kann auch Handlungen des Betreuers rückgängig machen. Soweit durch die Befolgung der Änderungswünsche des Betreuten diesem ein Schaden entsteht, muss der Betreuer unter Umständen § 1821 Abs. 3 BGB beachten und die Wünsche übergehen. In Fällen, in denen eine erhebliche Gefahr für das Vermögen des Betreuten durch dessen unbedachte Handlungen entsteht, kann die Anordnung eines Einwilligungsvorbehalts nach § 1825 Abs. 1 Satz 1 BGB ins Auge gefasst werden. 139

Beispiel:

Äußert der Betreute von sich aus den Wunsch, einen Geldbetrag von 15.000 EUR nicht anlegen zu wollen, ist es fraglich, ob der Betreuer diesem Ansinnen folgen muss.

Grundsätzlich hat der Betreuer den Wünschen des Betreuten zu entsprechen, doch gilt dies nur insoweit, als ein solcher Wunsch nicht das Vermögen des Betreuten erheblich gefährden würde, somit also seine Lebens- und Versorgungsgrundlage beeinträchtigen würde. Er kann dann Wünsche übergehen, wenn eine solche Beeinträchtigung vorliegt, jedoch muss zusätzlich der Betreute diese Gefahr aufgrund seiner Krankheit oder Behinderung nicht erkennen oder nicht nach dieser Einsicht handeln können. Insoweit muss der Betreuer durch ein Aufklärungs- 140 gespräch den Betreuten auf die Sachlage hinweisen. Folgt der Betreuer den Wünschen des Betreuten und weicht dadurch von der Anlagepflicht nach § 1841 BGB ab, hat er dies unverzüglich dem Betreuungsgericht anzuzeigen, § 1838 Abs. 2 Satz 1 BGB.

3.3.1 Befreiung von der Anlagepflicht

141 Das Betreuungsgericht kann gemäß § 1860 Abs. 1 BGB auf Antrag des Betreuers diesen von der Anlagepflicht des § 1841 BGB und der Genehmigungspflicht nach § 1848 BGB befreien. Die Befreiung ist nur möglich, wenn der Wert des Vermögens ohne Berücksichtigung von Immobilien und Verbindlichkeiten 6.000 EUR nicht übersteigt (Kleinvermögen). Die Befreiung darf nur angeordnet werden, wenn eine Gefährdung des Vermögens im Sinne von § 1821 Abs. 3 Nr. 1 BGB nicht zu besorgen ist, § 1860 Abs. 4 BGB.

3.3.2 Regelanlage auf einem Anlagekonto

142 Im Regelfall soll der Betreuer das Anlagegeld auf einem zur verzinslichen Anlage geeigneten Konto des Betreuten bei einem Kreditinstitut anlegen (Anlagekonto), § 1841 Abs. 2 BGB. Hierbei handelt es sich um jegliche Art von Konto, soweit es für die verzinsliche Anlegung geeignet ist, z. B. Sparkonten, Tagesgeld- und Festgeldkonten, auf den Namen lautende Sparbriefe, aber auch Bausparkonten. Gemäß § 1842 BGB ist zwingend erforderlich, dass das Kreditinstitut für die jeweilige Anlage einer ausreichenden Sicherungseinrichtung angehört, siehe Rn. 124 ff.

143 § 1842 BGB beschränkt die geeigneten Kreditinstitute nicht auf inländische Institutionen, sondern macht die Geeignetheit lediglich von der ausreichenden Sicherungseinrichtung abhängig. Ihr Vorliegen muss der Betreuer gründlich recherchieren. Das Recht der Einlagensicherung ist durch zwei europäische Richtlinien weitgehend vereinheitlich worden (RL 1994/19/EG mit Änderung durch RL 2009/14/EG und RL 1997/9/EG). Zur Einlagensicherung siehe Rn. 124 bis 125a (Verfügungsgeld).

144 Einlagen bei verschiedenen Kreditinstituten werden nicht zusammengerechnet, auch nicht, wenn die gleiche Entschädigungseinrichtung dafür haftet. Das gilt sowohl bei einer Anlage im Inland als auch in jedem anderen EU-Mitgliedstaat, der die entsprechenden Richtlinien umgesetzt hat. Bei Gemeinschaftskonten gilt die 100.000-EUR-Grenze für jeden Kontomitinhaber (Einleger).

145 Deckt die Einlagesicherung nicht die gewünschte Anlageart oder nicht die gesamte Höhe der Einlage, fällt die Anlage unter die Genehmigungspflicht nach § 1848 BGB.

3.3.3 Anzeigepflicht und Sperrvereinbarung

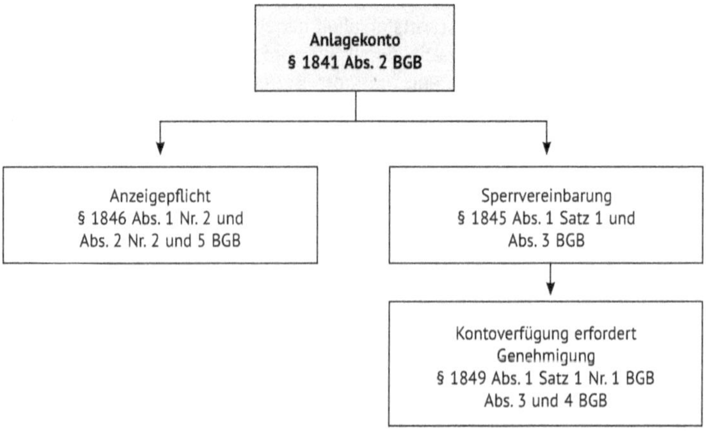

Eröffnet der Betreuer ein Anlagekonto, hat er dies unverzüglich dem Betreuungsgericht 146
anzuzeigen, § 1846 Abs. 1 Nr. 2 BGB; dabei hat er die Höhe des Guthabens, die Verzinsung und die Sperrvereinbarung anzugeben, § 1846 Abs. 2 Nr. 2 und 5 BGB.

Nach § 1845 Abs. 1 Satz 1 BGB hat der Betreuer beim Anlegen von Geld auf einem Anlagekonto 147
(§ 1841 Abs. 2 BGB) mit dem Kreditinstitut zu vereinbaren, dass er über die Anlage nur mit Genehmigung des Betreuungsgerichts verfügen darf (Sperrvereinbarung). Findet er bei Übernahme der Betreuung ein Anlagekonto vor, hat er ebenfalls eine Sperrvereinbarung zu treffen, § 1845 Abs. 3 BGB.

Befreiungen von § 1845 Abs. 1 BGB

§ 1859 Abs. 1 Satz 1 Nr. 1 BGB kraft Gesetzes	**§ 1860 Abs. 1 BGB Anordnung durch Gericht**
Ehegatten, Lebenspartner, gradlinig Verwandte, Geschwister, Betreuungsverein, Vereinsbetreuer, Betreuungsbehörde, Behördenbetreuer	Wert des Vermögens übersteigt nicht 6.000 EUR Antrag durch Betreuer erforderlich

Hinweis:

Gemäß § 1809 BGB (a. F.) war Betreutengeld mit der Bestimmung anzulegen, dass „zur Erhebung des Geldes" eine Genehmigung des Gerichts erforderlich war. Nunmehr lautet die Vereinbarung in § 1845 Abs. 1 Satz 1 BGB, dass „nur mit Genehmigung des Betreuungsgerichts verfügt werden kann". Da nach neuem Recht alle „Verfügungen" erfasst werden, nicht nur die „Entnahmen vom Konto", sollte der Betreuer die getroffene Vereinbarung überprüfen und ggf. erweitern.

Die Einordnung, was nicht zu versperrendes Verfügungsgeld (§ 1839 Abs. 1 BGB) ist und welche 148
Konten er versperrt anzulegen hat, obliegt dem Betreuer; das Kreditinstitut trifft insoweit keine Prüfpflicht. Legt der Betreuer für den Verbrauch gedachtes Geld auf einem Anlagekonto an (§ 1839 Abs. 2 BGB), wird das Kreditinstitut unter Umständen Probleme bereiten. Siehe hierzu den Hinweis bei Rn. 123.

Von der Pflicht zur Vereinbarung eines Sperrvermerks bleibt ein Anlagekonto unberührt, das der 149
Betreuer zum Zweck der Bereithaltung von Verfügungsgeld (§ 1839 Abs. 1 Satz 2 BGB) eröffnet hat, § 1845 Abs. 1 Satz 2 BGB. Hierüber kann er genehmigungsfrei verfügen.

Die Sperrvereinbarung enthält ein rechtsgeschäftliches Verfügungsverbot für das Kreditinstitut 150
(§ 137 Satz 2 BGB) und stellt ihm gegenüber klar, dass es sich um Anlagegeld handelt, für das der Betreuer der Genehmigung des Gerichts bedarf, wenn er darüber verfügen will.

Zu jeder Verfügung über die Kontenforderung benötigt der Betreuer gemäß § 1849 Abs. 1 Nr. 1 151
i. V. m. Abs. 3 BGB eine betreuungsgerichtliche Genehmigung. Auch die Entnahme vom Konto (Annahme der Leistung) ist genehmigungsbedürftig, § 1849 Abs. 4 i. V. m. Abs. 1 Satz 1 Nr. 1 BGB. Eine Verfügung des Betreuers über die Geldanlage ohne Genehmigung des Gerichts ist nicht wirksam, die Bank kann also nicht mit befreiender Wirkung leisten. Dagegen sind Zinsen, wenn sie nach den Anlagebedingungen nicht bereits dem Anlageguthaben zugeschlagen wurden, nicht von der Sperrvereinbarung umfasst und können als Nutzungen des Vermögens gemäß § 1849 Abs. 2 Nr. 1 Buchst. d BGB genehmigungsfrei an den Betreuer ausgezahlt

werden. Insoweit ist auch dann keine Genehmigung erforderlich, wenn das Kapital versperrt angelegt ist.

152 Bei einer entgegen der getroffenen Sperrvereinbarung erfolgten Auszahlung an den Betreuer ohne gerichtliche Genehmigung hat diese nicht nur keine leistungsbefreiende Wirkung, sondern macht das Kreditinstitut gegenüber dem Betreuten auch schadensersatzpflichtig.

3.3.4 Anlage von Geld auf andere Art

153 Will der Betreuer Geld des Betreuten abweichend von § 1841 Abs. 2 BGB anlegen (nicht auf einem Anlagekonto), bedarf er zur Wirksamkeit der Anlage einer Genehmigung des Betreuungsgerichts, § 1848 BGB.

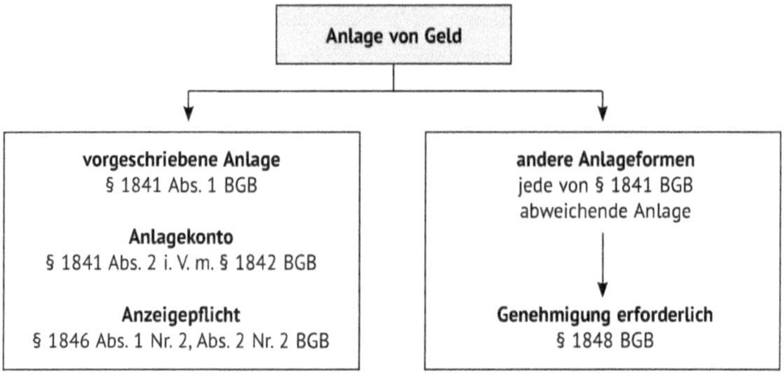

154 Dies betrifft das Anlegen in den bis 31.12.2022 gemäß § 1807 Abs. 1 Nr. 1 bis 4 BGB (a. F.) vorgeschriebenen sog. mündelsicheren Anlagen wie Forderungen gegen den Bund oder ein Land (z. B. Bundesanleihen), Pfandbriefe oder Kommunalobligationen und Städteanleihen. Aber auch das Anlegen in sonstigen Wertpapieren und anderen Anlagen wie etwa Investmentfonds einschließlich ausländischer Werte (Finanzinstrumente nach § 1 Abs. 1a Nr. 1 KWG) und der Anlage bei einem Finanzdienstleistungsinstitut. Aktien oder Exchange Traded Funds (ETF) fallen ebenso unter die Genehmigungspflicht. Dies betrifft ferner die Anlage in Sachwerten einschließlich Wertgegenständen, wobei der Kauf von Immobilien bereits ein gemäß § 1850 Nr. 6 BGB genehmigungsbedürftiges Rechtsgeschäft darstellt. Auch die Geldanlage bei einem Kreditinstitut, das keiner § 1842 BGB entsprechenden Sicherungseinrichtung angehört, ist genehmigungsbedürftig.

155 Durch das Rechtskrafterfordernis der Genehmigung (§ 40 Abs. 2 FamFG) sind insbesondere Geschäfte am Finanzmarkt zuweilen nicht in der wünschenswerten Schnelligkeit durchführbar. Dies soll jedoch in Kauf genommen werden. Insoweit wird der Sicherheit der Anlage und der gerichtlichen Kontrolle Vorrang vor möglichen kurzfristigen Kursgewinnen gegeben. Im Einzelfall kann allerdings das Gericht dem Betreuer eine Befreiung von der Genehmigungspflicht für bestimmte Anlagegeschäfte erteilen, wenn ein Wertpapierdepot des Betreuten häufige Wertpapiergeschäfte erfordert und der Betreuer über hinreichende Kapitalmarktkenntnis und Erfahrung verfügt, § 1860 Abs. 3 BGB.

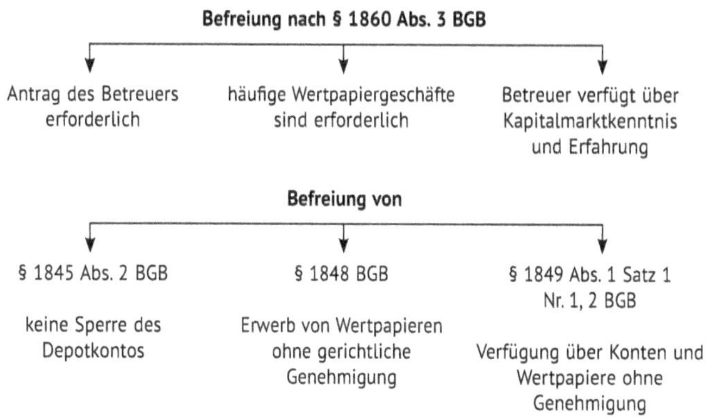

Bei der Anlage von Geld des Betreuten hat sich der Betreuer vorrangig an die Wünsche des 156
Betreuten zu halten, § 1838 Abs. 1 Satz 1 i. V. m. § 1821 Abs. 2 BGB. Er kann nur insoweit abweichen, als die Voraussetzungen des § 1821 Abs. 3 BGB gegeben wären, die Wunschbefolgung eine erhebliche Gefährdung der Person oder des Vermögens des Betreuten daraus folgen würde oder die Wunschbefolgung ihm nicht zumutbar wäre. Liegen zur Vermögensanlage keine geäußerten Wünsche des Betreuten vor, hat der Betreuer den mutmaßlichen Willen zu ergründen, § 1821 Abs. 4 BGB. Dabei hilft ihm § 1838 Abs. 1 Satz 2 BGB. Diese Vorschrift gibt die gesetzliche Vermutung wieder, dass Anlagen nach § 1841 Abs. 2, § 1842 BGB dem mutmaßlichen Willen des Betreuten entsprechen. Kann der Betreuer allerdings einen anderen mutmaßlichen Willen feststellen, ist diesem zu folgen. In diesem Fall hat er die Anlage dem Betreuungsgericht unter Darlegung der ermittelten Wünsche anzuzeigen, § 1838 Abs. 2 Satz 1 BGB.

Hinweis:

Bei einer Geldanlage durch den Betreuer sind die Wünsche des Betreuten zu beachten. Eine Grenze ergibt sich aus § 1821 Abs. 3 BGB. Liegt kein geäußerter Wunsch des Betreuten vor, hat der Betreuer die Anlage grundsätzlich nach § 1841 Abs. 2, § 1843 BGB vorzunehmen, da § 1838 Abs. 1 Satz 2 BGB insoweit den mutmaßlichen Willen des Betreuten vermutet. Nur wenn der Betreuer einen anderen mutmaßlichen Willen ergründen kann, folgt er diesem und zeigt dies dem Betreuungsgericht unverzüglich an.

3.3.5 Vorgefundene Anlagen

Die Mitteilungspflicht aus § 1846 BGB sowie die Genehmigungspflicht nach § 1848 BGB 157
erfassen nur Geldanlagen, die der Betreute selbst vornimmt. Anlagen, die der Betreute vor Bestellung eines Betreuers bereits vorgenommen hat und die der Betreuer zu Beginn seines Amts vorfindet, sind nicht betroffen.

In der Gesetzesbegründung zur Reform des Vormundschafts- und Betreuungsrechts (BT-Drucks. 158
19/24445, S. 282) wird dazu ausgeführt, dass der Betreuer vorgefundene andere Anlagen des Betreuten zur Sicherung umzuwandeln hat, soweit die vorrangige Pflicht, Wünsche und den mutmaßlichen Willen des Betreuten zu entsprechen, nicht entgegensteht. Das Betreuungsgericht hat im Rahmen seiner Aufsicht den Betreuer zu überwachen und ihn erforderlichenfalls mit entsprechenden Geboten zur pflichtgemäßen Verwaltung anzuhalten. Fallen für fortbestehende andere Anlagen des Betreuten neue Anlageentscheidungen an, die durch den Betreuer getroffen werden müssen, bedarf der Betreuer hierfür der Genehmigung des Gerichts.

A

3.4 Beispiele zu möglichen Anlagen

159 Wenn Betreute Wünsche zu Anlagen äußern, die von § 1841 Abs. 2, § 1842 BGB abweichen, ist der Betreuer gehalten, festzustellen, ob die Anlage nach Abwägung aller Vor- und Nachteile tatsächlich dem Willen des Betreuten entspricht oder ob er unter Umständen von dritten Personen dazu gedrängt wird.

160 Erforderlich ist eine Klärung, warum der Betreute eine bestimmte Anlage wünscht:

- Soll sie einen möglichst hohen Ertrag abwerfen?
- Ist er bereit, auf Sicherheit zu verzichten?
- Nimmt er in Kauf, dass unter Umständen eine langfristige Bindung besteht?

161 Soll durch den Betreuer eine Geldanlage nach dem Wunsch des Betreuten vorgenommen werden und weicht diese von § 1841 Abs. 2, § 1842 BGB ab, wird der Betreuer den Wunsch hinterfragen und den Betreuten über die evtl. bestehenden Nachteile aufklären.

3.4.1 Schuldbuchforderungen gegen Bund oder Länder

162 Es handelt sich um Schuldverschreibungen und Anleihen des Bundes und der Länder, die in der Regel als sog. Buchforderungen ausgegeben werden. Diese Buchforderungen stehen Wertpapieren gleich.

163 Schuldbuchforderungen (sog. Wertrechte) wurden bis 2012 in das Bundesschuldbuch bei der Finanzagentur GmbH in Frankfurt (bzw. in die Landesschuldbücher) eingetragen; anwendbar ist das BSchuWG. Alle ab dem 22.8.2012 ausgegebenen börsennotierten Bundeswertpapiere können grundsätzlich nicht mehr auf einem Schuldbuchkonto bei der Finanzagentur gebucht werden, sondern lassen sich nur noch über ein Kreditinstitut erwerben und dort auf einem Depotkonto buchen.

164 Die wichtigsten, für den Betreuer derzeit in Betracht kommenden Anlageformen sind Bundesanleihen und Bundesobligationen. Umfassende Informationen sind im Internet erhältlich unter: www.deutsche-finanzagentur.de/de/private-anleger/bundeswertpapiere.

3.4.2 Pfandbriefe

165 Pfandbriefe sind festverzinsliche Anleihen, sie werden von zugelassenen Pfandbriefbanken ausgegeben. Der Pfandbrief dient Kreditinstituten zur Refinanzierung bestimmter – durch Grundpfandrechte, Schiffs- oder Flugzeughypotheken besicherter – Kredite sowie zur Refinanzierung von Forderungen gegen staatliche Stellen. Je nach Art der Besicherung werden sie als Hypothekenpfandbriefe, Schiffspfandbriefe, Flugzeugpfandbriefe sowie Öffentliche Pfandbriefe bezeichnet. Pfandbriefe werden meist als Inhaber-, aber auch als Namensschuldverschreibungen ausgegeben. Die Bonität des Pfandbriefs liegt begründet in den gesetzlichen Rahmenbedingungen und der besonderen Aufsicht, der die Pfandbriefbanken unterliegen. Zusätzlich zu den allgemeinen Vorschriften des deutschen KWG, das für sämtliche deutsche Kreditinstitute gilt, unterliegen Pfandbriefbanken den Bestimmungen des PfandBG.

3.4.3 Lebensversicherungsverträge

166 Lebensversicherungsverträge dienen der Geldanlage, wenn es sich nicht um reinen Todesfallschutz handelt. Fraglich ist bei dieser Anlageart, ob sie gegenüber regelmäßigen Anlageformen wirtschaftliche Vorteile bietet. Dies kann durchaus bejaht werden. Zum einen werden Gewinnanteile gezahlt, die regelmäßig ein hohes Ablaufguthaben erwirtschaften, zum anderen ergeben sich zumindest derzeit steuerliche Vorteile. Eine Sicherheit, wie sie regelmäßige Anlagen bieten, dürfte zwar nicht gegeben sein, das Risiko hält sich aber in Grenzen. Die Genehmigung kann, zumindest in konkreten Fällen, erteilt werden.

167 Unabhängig von der Genehmigung nach § 1848 BGB kann der Abschluss eines Lebensversicherungsvertrags noch eine betreuungsgerichtliche Genehmigung nach § 1853 Satz 1 Nr. 1 BGB erfordern, da der Betreute zu wiederkehrenden Leistungen verpflichtet wird, allerdings nur, wenn die Leistungen länger als vier Jahre andauern. Dabei spielt § 1853 Satz 2 BGB keine

Rolle, da durch die vorzeitige Kündigung ein unter Umständen erheblicher Vermögensverlust eintritt, zumindest in den ersten Jahren der Laufzeit durch Risikorücklagen.

3.4.4 Bausparverträge

Die Anlage von Geld des Betreuten in einem Bausparvertrag ist nach § 1848 BGB 168 genehmigungsbedürftig. Genehmigungsfähigkeit kann vorliegen, wenn der Betreuer den Erwerb eines Grundstücks oder einer Eigentumswohnung (vor allem zur Eigennutzung) beabsichtigt oder ein bereits bestehendes Objekt umbauen bzw. renovieren möchte. Wegen der günstigen Darlehensgewährung kann in diesen Fällen dem Bausparvertrag gegenüber einer Regelanlage der Vorzug gegeben werden.

Eine betreuungsgerichtliche Genehmigung nach § 1853 Satz 1 Nr. 1 BGB fällt grundsätzlich 169 nicht an. Zwar wird der Betreute regelmäßig zu wiederkehrenden Leistungen verpflichtet, die je nach Vertragsdauer über vier Jahre hinaus andauern können, allerdings kann der Vertrag jederzeit durch Kündigung beendet werden, auch entstehen regelmäßig keine erheblichen finanziellen Einbußen.

3.4.5 Aktien

Als Aktieninhaber ist der Betreute Miteigentümer eines Unternehmens; er ist am geschäftlichen 170 Risiko beteiligt, haftet allerdings nur mit seiner Aktieneinlage. Der Aktionär als Mitinhaber des Unternehmens wird am Gewinn des Unternehmens beteiligt, soweit ein solcher erzielt wird. Der Gewinn wird als Ausschüttung an die Aktionäre (Dividende) oder als Rücklage der Gesellschaft verwendet. Eine gezahlte Dividende bildet für den Aktionär seinen Anteil am Geschäftsgewinn. Allerdings ergibt nicht die Höhe der Dividende allein den Ertrag einer Aktie, wichtig ist vielmehr die tatsächliche Rendite, die entsteht, wenn man die Dividende ins Verhältnis zum Kaufpreis der Aktie setzt. Die Dividendenzahlung an sich erbringt regelmäßig eine zu geringe Rendite, um von der Regelanlage abzuweichen.

Eine weitere Ertragsquelle, auf die der Aktionär spekuliert, ist ein Gewinn aus steigenden 171 Aktienkursen. Da ein solcher aber nicht mit Sicherheit vorausgesagt werden kann, eignet sich diese Einnahmequelle nicht für eine Anlage von Betreutengeld.

Aktien werden grundsätzlich in der Rechtsprechung nicht als geeignet zur Betreutengeldanlage 172 betrachtet. Ausgenommen werden können unter Umständen sog. Belegschaftsaktien. Sie werden durch einige Aktiengesellschaften den eigenen Beschäftigten angeboten. Es handelt sich an sich um völlig „normale" Papiere, bei denen der Preis allerdings erheblich unter dem Börsenkurs liegen kann. Ihr Erwerb kann im Einzelfall ausnahmsweise genehmigt werden, da es sich zu einem erheblichen Teil um eine betriebliche Zuwendung handelt. Der große finanzielle Vorteil verdrängt hier in der Regel das Sicherheitsrisiko.

Wird das Kapital einer Aktiengesellschaft durch Fremdmittel erhöht, werden neue (weitere) 173 Aktien ausgegeben, die bedingt durch die höhere Anzahl der Gesamtaktien einen niedrigeren Kurswert haben. Die bisherigen Aktionäre haben einen rechtlichen Anspruch auf den Bezug dieser Aktien. Ihnen wird ein sog. Bezugsrecht in einem Verhältnis zur Zahl ihrer alten Aktien überlassen.

Wird das Grundkapital der Aktiengesellschaft aus eigenen Rücklagen erhöht, werden Zusatz- 174 aktien ausgegeben. Jeder Aktionär bekommt in einem Verhältnis zu seinen alten Aktien zusätzliche Aktien, ohne dass er dafür etwas aufwenden muss. Allerdings vermindert sich durch die größere Anzahl der Aktien der Kurs aller Aktien. Den Aktionären wird wieder ein Bezugsrecht in einem Verhältnis zur Zahl ihrer alten Aktien überlassen.

Verwaltet der Betreuer bereits einen Aktienbestand, hat er zu prüfen, ob er die Bezugsrechte 175 auf neue Aktien oder Zusatzaktien ausüben will. Der Erwerb von Zusatzaktien mit ausreichenden Bezugsrechten ist unproblematisch möglich, da hier kein Betreutengeld anzulegen ist. Müssen weitere Bezugsrechte hinzuerworben werden, ist eine Genehmigung nach § 1848 BGB einzuholen.

3.4.6 Gesellschaftsanteile

176 Neben dem Aktienerwerb als Gesellschaftsbeteiligung sind Betreutengeldanlagen in Gesellschaftsanteilen denkbar. Allerdings ist hier zu unterscheiden, ob die Beteiligung an einer Personen- oder Kapitalgesellschaft erfolgt (siehe hierzu A 11, Rn. 130 ff.).

3.4.7 Genossenschaftsanteile

177 Tritt der Betreuer im Namen des Betreuten einer Genossenschaft als Mitglied bei, muss er in der Regel einen Anteil durch Zahlung eines bestimmten festgelegten Geldbetrags erwerben. Eine Genossenschaft bezeichnet einen Zusammenschluss oder Verband von (natürlichen oder juristischen) Personen zu Zwecken der Erwerbstätigkeit oder der wirtschaftlichen oder sozialen Förderung der Mitglieder durch gemeinschaftlichen wirtschaftlichen Geschäftsbetrieb. Anders als bei Kapitalgesellschaften hängt die Geschäftspolitik nicht von den Interessen außenstehender Investoren ab, sondern wird allein von den Belangen der Mitglieder bestimmt. Die Rechtsgrundlage ergibt sich aus dem GenG. Nach den Satzungen wird regelmäßig eine Verwendung des Jahresüberschusses zum Teil als Ausschüttung (Dividende) bestimmt.

177a In der betreuungsrechtlichen Praxis eröffnen häufig Betreuer für den Betreuten ein (Giro-)Konto bei einer Genossenschaftsbank (z. B. Volks-, Raiffeisenbanken). In der Regel ist zur Eröffnung des Kontos der Erwerb eines Genossenschaftsanteils Voraussetzung.

178 Nicht unproblematisch ist die Sicherheitsfrage, denn die Genossenschaftsanteile werden nicht durch die Einlagensicherung der Banken erfasst. Abzuwägen sind die Bonität der einzelnen Genossenschaft und die Höhe der Anlage. Ebenfalls zu beachten ist die sog. Nachschusspflicht gemäß § 105 GenG. Soweit die Ansprüche der Massegläubiger oder die bei der Schlussverteilung (§ 196 InsO) berücksichtigten Forderungen der Insolvenzgläubiger aus dem vorhandenen Vermögen der Genossenschaft nicht berichtigt werden, sind die Genossen verpflichtet, Nachschüsse zur Insolvenzmasse zu leisten, es sei denn, dass das Statut die Nachschusspflicht ausschließt. Regelmäßig wird eine Haftsumme bestimmt sein, die im Fall der Insolvenz noch zu erbringen ist. Der Genosse verliert somit nicht nur seine Einlage, sondern muss noch eine weitere Leistung erbringen.

179 Während für die Eröffnung eines Girokontos für den Betreuten keine betreuungsgerichtliche Genehmigung, sondern nur eine Anzeige nach § 1846 BGB erforderlich ist, dürfte fraglich sein, ob es sich beim Erwerb des Genossenschaftsanteils um eine von § 1841 Abs. 2 BGB abweichende Geldanlage handelt, die der Genehmigungspflicht nach § 1848 BGB unterliegt. Dies wird in der Literatur und Praxis unterschiedlich gesehen. Unstreitig ist, dass die Genossenschaft ihrer gesetzlichen Struktur nach keine Erwerbsgesellschaft im Sinne von § 1852 BGB darstellt.

179a Zunächst ist zu klären, ob es sich beim Erwerb des Anteils um eine Geldanlage im Sinne von § 1848 BGB oder lediglich um den (genehmigungsfreien) Zugang zu einem (unter Umständen günstigeren) Girokonto handelt. Da in der Regel eine gute Rendite durch die jährliche Dividendenauszahlung erlangt wird, spricht vieles für eine genehmigungspflichtige Geldanlage. Dies ist jedenfalls immer dann gegeben, wenn mehr als ein (notwendiger) Anteil erworben wird. Nach der hier vertretenen Ansicht „kauft" der Betreuer dem Betreuten kein Girokonto, sondern legt eine Geldsumme bei einer Genossenschaft an, sodass eine Genehmigung nach § 1848 BGB erforderlich ist.

179b Da in der Praxis bei Gerichten und Banken unterschiedliche Ansichten herrschen, sollte der Betreuer immer um eine Genehmigung nachsuchen. Soweit der Rechtspfleger keine Genehmigungspflicht sieht, wird er ein Negativzeugnis erstellen, das der Betreuer der Bank vorlegen kann.

3.4.8 Investment- und Immobilienfonds

180 Eine Investmentgesellschaft legt die Einlagen in bestimmten Werten an. Je nach Zusammensetzung des Fondsvermögens ergeben sich Aktienfonds (überwiegend Aktien verschiedener

Gesellschaften), Rentenfonds (überwiegend festverzinsliche Wertpapiere) oder gemischte Fonds (Aktien und festverzinsliche Wertpapiere).

Dies bedeutet eine Risikoverringerung durch die Mischung der Papiere verschiedener 181 Unternehmen und evtl. Regionen. Der Käufer eines Investmentzertifikats erwirbt einen Anteil am Vermögen des Fonds und erhält einen Anteilsschein (Zertifikat). Die Dividendeneinnahmen und Gewinne der gesamten Werte werden teilweise auf die einzelnen Anteilsscheine ausgeschüttet (Ausschüttungsfonds). Ob eine Ausschüttung erfolgt, muss sich aus den Vertragsbedingungen ergeben.

Der Wert eines Investmentanteils wird täglich aufgrund der Börsenkurse errechnet. Zertifikate 182 können zum Tagesrücknahmepreis an die Investmentgesellschaft zurückgegeben werden.

Zu beachten ist, dass der Ausgabe- und Rücknahmekurs differiert. Bei der Ausgabe werden 183 regelmäßig Aufschläge zwischen 3 % und 6 % des Anteilswerts erhoben; die Rücknahme erfolgt zum Inventurwert (= Wert des gesamten Fondsbestands geteilt durch die Anzahl der Anteile).

Investmentanteile sind beschränkt zur Anlage von Betreutengeld geeignet, da regelmäßig die 184 Risiken durch Streuung der zusammengefassten Werte nach Branchen und Gesellschaften minimiert werden. Bei der Erteilung der Genehmigung nach § 1848 BGB entscheiden die Betreuungsgerichte uneinheitlich. Häufig wird wie folgt verfahren: reine Rentenfonds – ja; reine Aktienfonds – nein; gemischte Fonds – ja, wenn überwiegend Rentenwerte enthalten sind. Vorsicht ist bei ausländischen Investmentgesellschaften geboten.

Bei größerem Vermögen können für längerfristige Anlagen von Geld auch Renten- und Aktien- 185 fonds in Betracht zu ziehen sein. Bei Zweifeln an der Wirtschaftlichkeit einer Anlageform ist ggf. ein Sachverständigengutachten einzuholen.

Im Zusammenhang mit Investmentanteilen kann man Rat einholen bei: 186

- Bundesverband Investment und Asset Management e. V. (BVI), www.bvi.de
- Bundesanstalt für Finanzdienstleistungsaufsicht (BaFin), www.bafin.de

Durch eine Immobiliengesellschaft werden Grundstücke in den Fonds eingebracht und hierüber 187 Anteilsscheine ausgegeben (Zertifikate). Man unterscheidet „offene" und „geschlossene" Immobilienfonds.

Die offenen Fonds können fortlaufend neue Zertifikate verkaufen und so neue Objekte 188 hinzuerwerben, wodurch sich eine Risikostreuung ergibt. Die Fonds unterliegen der Aufsicht des deutschen InvG.

Die geschlossenen Fonds unterliegen nicht dem deutschen InvG; eine Rücknahme der 189 Zertifikate ist meist ausgeschlossen; eine freie Veräußerung mangels Markt problematisch. Auch werden die Fondsmittel in der Regel nur in einem oder wenigen Objekten angelegt, was wenig zu einer Risikostreuung beiträgt. Das Zertifikatskapital richtet sich nach der Höhe des für den Erwerb bzw. die Bebauung des Fondsobjekts benötigten Eigenkapitals. Wenn alle Zertifikate gezeichnet sind, wird der Fonds geschlossen.

Offene Fonds erbringen in der Regel durch Barausschüttungen und Wertsteigerungen der 190 Grundstücke ansehnliche Gewinne bei an sich geringem Risiko, wobei aber nicht außer Acht bleiben darf, dass es wegen mangelnder Vermietbarkeit der Objekte zu marktgerechten Preisen keine Ertragsgarantie geben kann. Auch kann der Anleger sein Zertifikat jederzeit an den Fonds zurückgeben, wobei allerdings zu beachten ist, dass Ausgabe- und Rücknahmekurs differieren; üblicherweise werden ca. 5 % an Ausgabekosten berechnet.

Immobilienzertifikate offener Fonds bringen wegen der regelmäßig gezahlten Barausschüttun- 191 gen und des Wertzuwachses von Grundstücken wirtschaftliche Vorteile zu einer regelmäßigen Anlage. Wegen der besonderen Überwachung durch das InvG und der jederzeitigen Rückgabemöglichkeit der Anteilsscheine besteht auch eine relative Sicherheit. Sie sind grundsätzlich zur Anlage von Betreutengeld geeignet, allerdings sollten immer die im Fonds vorhandenen Grundstücke mit Blick auf mögliche Unvermietbarkeit betrachtet werden (Verkaufsprospekt!).

192 Immobilienzertifikate geschlossener Fonds scheiden regelmäßig für die Anlage von Betreutengeld aus.

192a Ein börsengehandelter Fonds (exchange-traded fund = ETF) ist ein Investmentfonds, der fortlaufend an einer Börse gehandelt wird. Er wird im Normalfall nicht über die emittierende Investmentgesellschaft, sondern über die Börse am Sekundärmarkt erworben und veräußert. Die meisten börsengehandelten Fonds sind passiv verwaltete Indexfonds, die die Zusammensetzung und Entwicklung eines Wertpapierindexes nachbilden. ETF-Anteile sind für die meisten Anlageklassen verfügbar; dazu zählen unter anderem Aktien, Rohstoffe oder Anleihen. Sie verbriefen ebenso wie normale Investmentfondsanteile einen anteiligen Besitz an einem Sondervermögen, das getrennt vom Vermögen der emittierenden Investmentgesellschaft geführt wird. Die Zusammensetzung des Sondervermögens wird einmal täglich veröffentlicht.

192b ETF-Anteile sind in der Regel sehr liquide, haben ein hohes Volumen und enge Geld-Brief-Spannen (spreads) und der Preis variiert im Lauf des Tages. Verlustrisiken bestehen für einen Anleger primär aus den aus Preisschwankungen des ETF resultierenden Marktpreisrisiken. Die Anlageklasse des ETFs bestimmt, welche Art des Marktpreisrisikos hauptsächlich zum Tragen kommt (Aktienrisiken, Zinsänderungsrisiken etc.). Bei einer Investition des ETFs in Anleihen kommt das Adressenausfallrisiko (Bonitätsrisiko) der Anleiheschuldner im Sondervermögen hinzu.

192c Die jährlichen Managementkosten liegen in der Regel unter 1 Prozent. Es fallen ggf. geringere Transaktionskosten an und die Kosten für ein aktives Fondsmanagement entfallen. Da ETF-Anteile nicht über die Investmentgesellschaft gekauft werden, entfällt ein Ausgabeaufschlag.

3.4.9 Bestattungsvorsorgevertrag

193 Häufig schließen Betreuer Bestattungsvorsorgeverträge im Namen ihres Betreuten ab. Unklar ist, ob es sich hierbei um eine Geldanlage handelt.

194 Zu klären ist, ob hierbei die Elemente eines Werkvertrags (spätere Durchführung der Bestattung) mit denen eines Verwahrungs- oder Darlehensvertrags (verzinsliche oder unverzinsliche Verwahrung der Geldsumme) verbunden sind. Bejaht man die Verwahrung, liegt eine Geldanlage mit der Genehmigungspflicht nach § 1848 BGB vor. Verneint man die Verwahrung und geht lediglich von einem Werkvertrag mit einer (evtl. langfristigen) Vorleistungspflicht des Betreuten aus, ist keine Genehmigung erforderlich.

195 Es wird den Betreuern angeraten, Bestattungsvorsorgeverträge vor ihrem Abschluss dem Betreuungsgericht anzuzeigen.

3.4.10 Sachwertanlagen

196 Beim Erwerb von Sachwerten ist zu unterscheiden zwischen solchen, die der reinen Geldanlage dienen sollen, und denen, die für den Betreuten noch andere Zwecke erfüllen.

197 Erwirbt der Betreuer z. B. Goldbarren, Goldmünzen, Diamanten, Gemälde oder Sammlungen zur reinen Geldanlage, handelt es sich um Spekulationsobjekte. Diese Anlageformen bringen weder Zinsen noch anderweitige regelmäßige Erträgnisse, man hofft auf Wertzuwachs oder zumindest Werterhaltung. Im Übrigen ist zum Erwerb großer Sachverstand erforderlich und zudem macht ein Wiederverkauf zum erhofften Preis oft Schwierigkeiten.

198 Sachwertanlagen eignen sich grundsätzlich nicht zur Anlage von Betreutengeld; Ausnahmen mögen sich in Einzelfällen bei sehr großen Vermögen ergeben. Allerdings sollte die Anlage nicht ohne ausreichende Sachverständigenbegutachtung erfolgen. Eine betreuungsgerichtliche Genehmigung nach § 1848 BGB ist erforderlich.

199 Anders verhält es sich bei Grundstücken und Wohnungs- bzw. Sondereigentum. Ist eine Vermietung des Objekts geplant, ist die Rendite berechenbar; Sicherheit und Werterhaltung sind bei Grundvermögen gegeben. Wird eine Eigennutzung durch den Betreuten angestrebt, fällt zwar der Gewinn aus den Mieteinnahmen weg, jedoch wird hier nicht allein eine Geldanlage betrieben, vielmehr sollen das Hausgrundstück bzw. die Eigentumswohnung dem

Betreuten unmittelbar dienen. Im Übrigen werden dadurch wieder Kosten einer Mietwohnung eingespart.

Der Kauf von Grundeigentum kann als Geldanlage gemäß § 1848 BGB genehmigt werden. 200
Daneben ist aber noch die betreuungsgerichtliche Genehmigung nach § 1850 Nr. 6 BGB erforderlich.

4. Behandlung und Sicherung angelegter Vermögenswerte

Der Betreuer verwaltet Vermögenswerte des Betreuten, somit Fremdvermögen in Vertretung. 201
Gesetz und Betreuungsgericht übernehmen die Überwachung und sichern das Vermögen im Interesse des Vertretenen. Häufig reicht es aus, wenn betreuungsgerichtliche Genehmigungen eine Verfügung des Betreuers über Vermögenswerte verhindern.

Beispiel:

Hat der Betreuer Betreutenvermögen in einer Eigentumswohnung angelegt und möchte er diese Wohnung wieder veräußern, so sind Kaufvertrag und Auflassungserklärung ohne die Genehmigungen nach § 1850 Nr. 5 bzw. Nr. 1 BGB nicht wirksam; das Grundbuchamt nimmt die Eintragung des Käufers als neuen Eigentümer nicht ohne Vorlage der Genehmigung vor.

Bei bestimmten Anlageformen reicht jedoch die Notwendigkeit einer betreuungsgerichtlichen 202
Genehmigung nicht aus. Wurde z. B. Betreutenvermögen in Pfandbriefen angelegt oder gehören zum Vermögensbestand Aktien, handelt es sich in der Regel um sog. Inhaberpapiere. Werden sie dem Betreuer gestohlen, könnte der Dieb diese an einen gutgläubigen Dritten zum Nachteil des Betreuten veräußern, §§ 932, 935 Abs. 2 BGB; auch könnte er aus dem Pfandbrief die Leistung vom Ausgeber erlangen, § 792 Abs. 1 Satz 2 BGB. Für diese Fälle sind besondere Sicherungsmaßnahmen vorgesehen. Dem Betreuer werden für die Behandlung und Sicherung bestimmter Vermögensbestandteile durch das Gesetz Vorgaben gemacht.

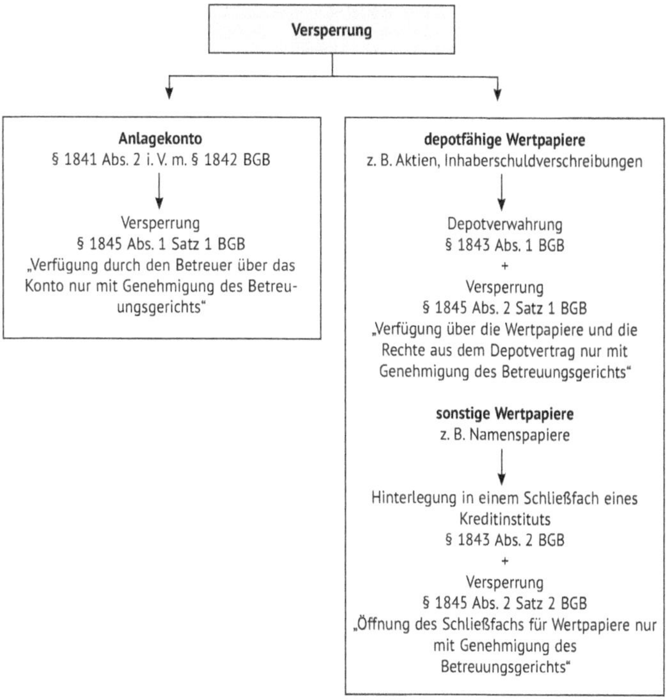

4.1 Anlagekonten

203 Legt der Betreuer Geld des Betreuten nach § 1841 Abs. 2 und § 1842 BGB bei einem sicheren Kreditinstitut an, hat er dies mit der Bestimmung zu tun, dass er nur mit Genehmigung des Betreuungsgerichts über die Anlage verfügen kann, § 1845 Abs. 1 Satz 1 BGB. Die Vereinbarung könnte lauten: „Verfügungen durch den Betreuer über das Anlagekonto bedürfen zu ihrer Wirksamkeit der betreuungsgerichtlichen Genehmigung."

204 Die Sperrung setzt eine entsprechende Vereinbarung zwischen dem Kontoinhaber (Betreuten), vertreten durch den Betreuer, und dem Kreditinstitut voraus. Die Sperre ist von dem Kreditinstitut auf dem Papier (z. B. Sparbuch) zu vermerken, soweit ein solches ausgegeben wird. Wichtig für die Sperrwirkung ist allerdings die Vereinbarung, nicht der Vermerk. Sie enthält ein rechtsgeschäftliches Verfügungsverbot für das Kreditinstitut (§ 137 Satz 2 BGB) und stellt klar, dass es sich um Anlagegeld handelt, für das der Betreuer der Genehmigung des Gerichts bedarf, wenn er darüber verfügen will.

205 Zu versperren sind alle Anlagekonten bei Sparkassen und Banken. Nicht zu versperren sind Girokonten, da sie kein Anlagegeld, sondern Verfügungsgeld gemäß § 1839 Abs. 1 Satz 1 BGB darstellen. Ebenfalls nicht zu versperren ist nach § 1839 Abs. 2 BGB Verfügungsgeld, das auf einem zur Anlage geeigneten Konto des Betreuten (§ 1841 Abs. 2 BGB) bereitgehalten wird, § 1845 Abs. 1 Satz 2 BGB (z. B. ein Tagesgeldkonto, das als Verfügungsgeldkonto dient).

206 Die Versperrung verhindert, dass der Betreuer über angelegtes Geld ohne Überwachung durch das Betreuungsgericht verfügen kann (z. B. durch Abhebung, Überweisung oder Abtretung). Zwar benötigt er hierzu grundsätzlich eine Genehmigung nach § 1849 Abs. 1 Satz 1 Nr. 1 BGB, jedoch mit der Freistellung nach § 1849 Abs. 2 Satz 1 Nr. 1 Buchst. a BGB. Ist die Sperrvereinbarung getroffen, ist diese Erleichterung aufgehoben und er bedarf dennoch der Genehmigung, § 1849 Abs. 3 BGB. Missachtet das Kreditinstitut die Sperrvereinbarung, leistet sie nicht schuldbefreiend und haftet unter Umständen dem Betreuten auf Schadensersatz.

207 **Wichtig:** Die Sperre gilt nicht für Verfügungen des Betreuten; dieser kann immer genehmigungsfrei über sein Konto verfügen, soweit er geschäftsfähig ist und kein Einwilligungsvorbehalt besteht.

208 Findet der Betreuer bei Amtsantritt bereits Anlagekonten vor, hat er ebenfalls die Sperrvereinbarung zu treffen, § 1845 Abs. 3 Satz 1 BGB, und diese dem Betreuungsgericht anzuzeigen, § 1845 Abs. 3 Satz 2 BGB.

209 Das Betreuungsgericht hat dafür zu sorgen, dass der Betreuer die Sperre nach § 1845 Abs. 1 Satz 1 BGB unverzüglich herbeiführt, insoweit besteht Aufsichtspflicht nach § 1862 Abs. 1 BGB.

210 Die Sperrvereinbarungen erlöschen mit Beendigung der Betreuung ohne weiteres Zutun des Gerichts oder des Betreuers. Dem Kreditinstitut ist durch den ehemaligen Betreuten oder dessen Rechtsnachfolger lediglich die Beendigung nachzuweisen.

211 Eine Befreiung von der Versperrung nach § 1845 Abs. 1 Satz 1 BGB kann auf Anordnung des Gerichts erfolgen oder besteht kraft Gesetzes.

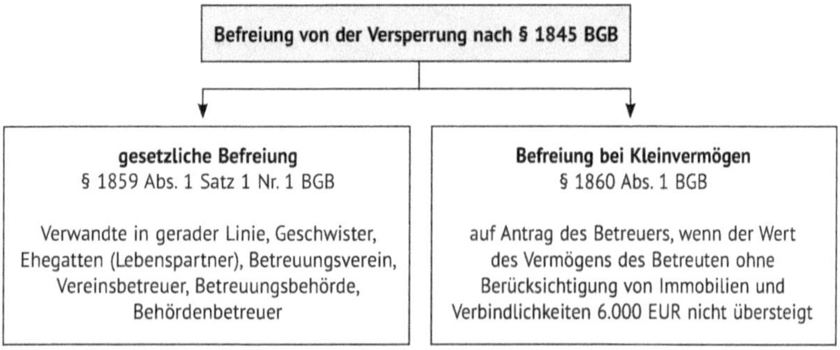

4.2 Wertpapiere

4.2.1 Depotfähige Wertpapiere

Möglicherweise bewahrt der Betreute Wertpapiere bei sich zu Hause oder in einem Bankschließfach auf; dies dürfte aber eher selten der Fall sein. Üblicherweise besitzen Anleger keine effektiven Stücke, sondern Miteigentumsanteile an bei der deutschen Wertpapiersammelbank verwahrten Globalurkunden. Diese Miteigentumsteile werden von einem Kreditinstitut (Depotinstitut nach § 1 Abs. 1 Nr. 5 KWG) auf einem Depotkonto des Anlegers verwahrt und verwaltet. 212

Im Depot zu verwahren sind die in § 1 Abs. 1 DepotG genannten Wertpapiere und alle ihnen gleichgestellten Anlagen, etwa Sammelschuldbuchforderungen des Bundes gemäß § 6 Abs. 2 Satz 1 und 6 des BSchuWG, § 1843 Abs. 1 BGB. Es handelt sich um Aktien, Kuxe, Zwischenscheine, Zins-, Gewinnanteil- und Erneuerungsscheine, auf den Inhaber lautende oder durch Indossament übertragbare Schuldverschreibungen, ferner andere Wertpapiere, wenn diese vertretbar sind, mit Ausnahme von Banknoten und Papiergeld. Auch Namensschuldverschreibungen, soweit sie auf den Namen einer Wertpapiersammelbank ausgestellt wurden, und elektronisch begebene Wertpapiere im Sinne des Gesetzes über elektronische Wertpapiere fallen darunter. Zulässig sind Einzel- oder Sammelverwahrungen gemäß §§ 2 und 5 DepotG. 213

Die Verwaltung der Wertpapiere im Depot unterliegt den Sonderbedingungen für Wertpapiergeschäfte. Danach sorgt die Depotbank für die Einlösung von Zins-, Gewinnanteil- und Ertragsscheinen sowie von rückzahlbaren Wertpapieren bei Fälligkeit von im Inland verwahrten Wertpapieren. Handlungen des Betreuers sind hierfür nicht vorgesehen. Er hat lediglich mit der Depotbank zu vereinbaren, dass die eingelösten Zinsen, Gewinne und Veräußerungserlöse auf ein Girokonto oder ein zu versperrendes Anlagekonto ausgezahlt werden, je nachdem, ob es sich um Verfügungsgeld (etwa Zinsen) oder Anlagegeld (Einlösung eines fälligen Wertpapiers) handelt. 214

Gemäß § 1846 Abs. 1 Nr. 3 und Abs. 2 Nr. 3 BGB hat der Betreuer dem Betreuungsgericht die erstmalige Verwahrung im Depot unter Angabe von Art, Umfang und Wert der Papiere sowie die sich daraus ergebenden Aufwendungen und Nutzungen anzuzeigen, damit dieses über den Verbleib und die Verwaltung der Wertpapiere informiert ist. 215

Der Betreuer hat mit dem verwahrenden Kreditinstitut zu vereinbaren, dass er über die Wertpapiere bzw. Schuldbuchforderungen mit Ausnahme von Zinsen und Ausschüttungen sowie über die Rechte aus dem Depotvertrag nur mit Genehmigung des Betreuungsgerichts verfügen kann, § 1845 Abs. 2 Satz 1 BGB. Die Vereinbarung ist dem Betreuungsgericht anzuzeigen, § 1846 Abs. 2 Nr. 5 BGB; eine Bestätigung des Kreditinstituts ist beizufügen. 216

Beispiel:

Die Vereinbarung könnte lauten: „Verfügungen über die verwahrten Wertpapiere bzw. gebuchten Schuldbuchforderungen mit Ausnahme von Zinsen und Ausschüttungen sowie über die Rechte aus dem Depotvertrag bedürfen der Genehmigung des Betreuungsgerichts."

Die Sperrvereinbarung ist auch dann zu treffen, wenn ein Depot des Betreuten bei der Bestellung des Betreuers unversperrt ist. Der Betreuer hat dem Betreuungsgericht die Sperrvereinbarung anzuzeigen, § 1845 Abs. 3 BGB. 217

4.2.2 Sonstige Wertpapiere

Nicht depotfähige Wertpapiere hat der Betreuer bei einem Kreditinstitut in einem Schließfach zu hinterlegen; es können auch mehrere Schließfächer bei verschiedenen Banken geführt werden, § 1843 Abs. 2 BGB. Das Schließfach muss auf den Namen des Betreuten angemietet werden. Insbesondere dürften Namenspapiere hinterlegungspflichtig sein und so vor Verlust geschützt werden. Die Hinterlegung dieser Papiere hat der Betreuer gemäß § 1846 Abs. 1 Nr. 3 und Abs. 2 Nr. 3 BGB dem Betreuungsgericht anzuzeigen. 218

A

219 Der Betreuer hat mit dem Kreditinstitut zu vereinbaren, dass er die Öffnung des Schließfachs für Wertpapiere im Sinne des § 1843 Abs. 2 BGB nur mit Genehmigung des Betreuungsgerichts verlangen kann, § 1845 Abs. 2 Satz 2 BGB.

Beispiel:

Die Vereinbarung könnte lauten: „Das Öffnen des Schließfachs kann der Betreuer nur mit Genehmigung des Betreuungsgerichts verlangen."

220 Die Sperrvereinbarung ist auch dann zu treffen, wenn bei der Bestellung des Betreuers bereits ein Schließfach vorhanden ist, in dem Wertpapiere verwahrt sind. Der Betreuer hat dem Betreuungsgericht die Sperrvereinbarung anzuzeigen, § 1845 Abs. 3 BGB.

4.2.3 Freistellung von Depotverwahrung und Hinterlegung

221 Die Pflicht zur Depotverwahrung oder zur Einlegung in ein Schließfach entfällt, wenn diese nach der Art der Wertpapiere und den Umständen des Einzelfalls zur Sicherung des Vermögens des Betreuten nicht geboten ist, § 1843 Abs. 3 BGB. Die Sicherung ist im Einzelfall dann nicht erforderlich, wenn der Betreute sie (ausdrücklich) nicht wünscht (siehe hierzu § 1838 Abs. 1 Satz 1 i. V. m. § 1821 Abs. 2 bis 4 BGB). So müssen bestimmte effektive Liebhaberstücke wie etwa Aktien oder Anleihen von Fußballvereinen oder dem (ehemaligen) Arbeitgeber des Betreuten nicht verwahrt werden. Weiterhin wird eine Depotverwahrung auch dann nicht geboten sein, wenn die Depotführungs- oder Schließfachkosten die zu erwartenden Erträge der Wertpapiere erreichen oder gar überschreiten.

222 Die Hinterlegung in einem Schließfach ist aufgrund der Art des Wertpapiers z. B. bei Wertpapieren, die demnächst verbraucht werden (etwa einem Sparbuch, auf dem Verfügungsgeld angelegt ist, oder bei einem dem Unterhalt dienenden Scheck), nicht geboten. Sie wird in der Regel auch nicht bei einem Sparbuch mit Sperrvermerk erforderlich sein, das anderweitig zuverlässig verwahrt und damit vor Verlust geschützt ist. Schließlich ist nach den Umständen des Einzelfalls immer zu prüfen, ob die Hinterlegung wirtschaftlich sinnvoll ist. Dies ist etwa dann der Fall, wenn der wirtschaftliche Wert der in den Wertpapieren verkörperten Rechte im Verhältnis zu den Kosten der Hinterlegung diese Sicherung gegen den Untergang der Papiere rechtfertigt.

223 Zusammenfassend gilt, dass der Betreuer sich bei der Wertpapierverwaltung in erster Linie von den Wünschen des Betreuten, hilfsweise von dem Wert der Papiere, ihrer Funktion für den Unterhalt des Betreuten und den zu erwartenden Kosten einer Depotverwahrung oder Hinterlegung in einem Schließfach leiten zu lassen hat. Für die Ausnahme von der Hinterlegungspflicht ist weiter der Umstand maßgeblich, wie die fraglichen Papiere anderweitig so aufbewahrt werden können, dass sie gegen zufälligen Verlust gesichert sind.

224 Der Betreuer hat dem Gericht anzuzeigen, wenn er eine Depotverwahrung oder Hinterlegung in einem Schließfach unterlässt, und Angaben zu den Gründen hierfür sowie zu der anderweitigen Aufbewahrung zu machen, § 1846 Abs. 1 Nr. 4, Abs. 2 Nr. 4 BGB.

4.2.4 Befreiungen

225 Von der Pflicht zur Depotverwahrung und der Hinterlegung in einem Schließfach (§ 1843 Abs. 1 und 2 BGB) gibt es keine gesetzliche Befreiung und auch keine Möglichkeit der Befreiungsanordnung durch das Betreuungsgericht.

226 Nach § 1859 Abs. 1 Satz 1 Nr. 1 und Abs. 2 Satz 1 BGB sind von der Sperrvereinbarung nach § 1845 Abs. 2 BGB kraft Gesetzes befreit: Ehegatten, Lebenspartner, gradlinig Verwandte (z. B. Eltern, Abkömmlinge) und Geschwister des Betreuten, Vereins- und Behördenbetreuer, Betreuungsvereine und die Betreuungsbehörde als Betreuer. Das Betreuungsgericht kann weitere Personen befreien, wenn der Betreute dies vor der Bestellung des Betreuers schriftlich verfügt hat, § 1859 Abs. 2 Satz 2 BGB.

227 Das Betreuungsgericht kann den Betreuer auf seinen Antrag nach § 1860 Abs. 1 BGB von der Sperrvereinbarung nach § 1845 Abs. 2 BGB befreien, wenn der Wert des Vermögens des

Betreuten ohne Berücksichtigung von Immobilien und Verbindlichkeiten 6.000 EUR nicht übersteigt. Eine Gefährdung des Betreutenvermögens darf dadurch nicht zu besorgen sein, § 1860 Abs. 4 BGB.

Das Betreuungsgericht kann den Betreuer auf dessen Antrag von der Pflicht zur Sperrver- 228
einbarung nach § 1845 Abs. 2 BGB befreien, wenn ein Wertpapierdepot des Betreuten häufige Wertpapiergeschäfte erfordert und der Betreuer über hinreichende Kapitalmarktkenntnis und Erfahrung verfügt, § 1860 Abs. 3 BGB. Eine Gefährdung des Betreutenvermögens darf dadurch nicht zu besorgen sein, § 1860 Abs. 4 BGB.

Befreiungen von § 1845 Abs. 2 BGB

§ 1859 Abs. 1 Satz 1 Nr. 1 BGB kraft Gesetzes	**§ 1860 Abs. 1 BGB Anordnung durch Gericht**	**§ 1860 Abs. 3 BGB Anordnung durch Gericht**
Ehegatten, Lebenspartner, gradlinig Verwandte, Geschwister, Betreuungsverein, Vereinsbetreuer, Betreuungsbehörde, Behördenbetreuer	Wert des Vermögens übersteigt nicht 6.000 EUR Antrag durch Betreuer erforderlich	häufige Wertpapiergeschäfte, Betreuer hat Kapitalmarktkenntnisse Antrag durch Betreuer erforderlich

4.2.5 Behandlung von Wertgegenständen des Betreuten

Das Betreuungsgericht kann anordnen, dass der Betreuer Wertgegenstände des Betreuten bei 229
einer Hinterlegungsstelle oder einer anderen geeigneten Stelle hinterlegt, wenn dies zur Sicherung des Vermögens des Betreuten geboten ist, § 1844 BGB. Ein Grund für die Anordnung ist nicht die Unzuverlässigkeit des Betreuers, die zu einer Gefährdung des Vermögens des Betreuten führen würde; in diesem Fall müsste er ganz oder teilweise aus dem Amt entlassen werden, § 1868 Abs. 1 Satz 1 BGB. Erforderlich für die Anordnung kann jedenfalls eine mangelhafte, insbesondere nicht sichere Aufbewahrung durch den Betreuer sein.

Die Anordnung lässt eine Hinterlegung bei einer Hinterlegungsstelle (besteht bei jedem 230
Amtsgericht), aber auch bei einer anderen geeigneten Stelle zu, wenn dies etwa zur Substanzerhaltung des Wertgegenstands erforderlich ist. Dies kann z. B. für wertvolle Gemälde eine dafür besonders geeignete Lagerhalle sein. Die Hinterlegungsmöglichkeit bei einem Kreditinstitut ist nicht vorgesehen, da die Kreditinstitute keine klassische Verwahrung für Wertgegenstände anbieten, sondern lediglich Schrank- bzw. Tresorfächer vorsehen.

Was (hinterlegungsfähige) Wertgegenstände sind, richtet sich nach der Verkehrsanschauung; 231
dazu gehören z. B. Kunstwerke, Gemälde, seltene Bücher und Handschriften oder Antiquitäten. Handelt es sich z. B. um Goldbarren, Münzen, Briefmarken und ähnliche Dinge, wird in der Regel die Verwahrung in einem Bankschließfach angezeigt sein und genügen; in diesem Fall entfällt eine Anordnung gemäß § 1844 BGB, da diese zur Sicherung des Vermögens nicht erforderlich ist.

Der Betreuer hat mit der Stelle, bei der die Hinterlegung erfolgt, zu vereinbaren, dass die 232
Herausgabe von nach § 1844 BGB hinterlegten Wertgegenständen nur mit Genehmigung des Betreuungsgerichts verlangt werden kann, § 1845 Abs. 2 Satz 2 BGB.

4.2.6 Erforderlichkeit betreuungsgerichtlicher Genehmigungen

Soweit über ein Wertpapier des Betreuten, über einen hinterlegten Wertgegenstand oder über 233
ein Recht, kraft dessen der Betreute die Leistung eines Wertpapiers verlangen kann, durch den

Betreuer verfügt wird bzw. die Verpflichtung zu einer solchen Verfügung eingegangen wird, ist § 1849 BGB zu beachten.

234 Eine Genehmigung ist immer entbehrlich, wenn die Verfügung über ein Wertpapier (§ 1849 Abs. 1 Satz 1 Nr. 2 BGB) eine Nutzung des Vermögens des Betreuten darstellt, § 1849 Abs. 2 Satz 1 Nr. 2 Buchst. a BGB. So kann der Betreuer ohne gerichtliche Genehmigung wirksam z. B. die Einlösung von Zins-, Renten- und Gewinnanteilscheinen vornehmen, wenn die Papiere nicht ohnehin im Depot gehalten und vom Kreditinstitut verwaltet werden (siehe hierzu A 11, Rn. 66).

4.2.7 Eigene Sicherungsmaßnahmen des Betreuers

235 Der Betreuer hat die Pflicht, für das Vermögen des Betreuten zu sorgen, soweit ihm die Vermögensverwaltung übertragen ist, § 1838 Abs. 1 Satz 1 i. V. m. § 1821 Abs. 1 Satz 1 BGB. Er hat aus einer ordnungsgemäßen Verwaltung insbesondere auch die Pflicht, Vermögensgegenstände in Besitz zu nehmen und zu sichern.

236 Soweit der Betreuer Vermögenswerte des Betreuten unsicher aufbewahrt, weder gegen Diebstahl, Brand oder Wertverlust sichert, begeht er eine Pflichtwidrigkeit und muss mit Schadensersatzforderungen nach § 1826 BGB rechnen, falls ein Schaden entsteht. Dies ist insbesondere bei stark verwirrten Betreuten zu bedenken, die noch selbstständig in ihrer Wohnung leben und denen Wertgegenstände belassen werden, obwohl erkennbar ist, dass sie diese nicht beaufsichtigen oder selbst sichern können. Allerdings hat der Betreuer den Willen bzw. die Wünsche des Betreuten zu beachten, § 1821 Abs. 2 BGB, soweit nicht eine erhebliche Gefährdung des Vermögens im Raum steht und der Betreute die Gefahr aufgrund seiner Krankheit oder Behinderung nicht erkennen oder nicht nach dieser Einsicht handeln kann, § 1821 Abs. 3 Nr. 1 BGB.

237 Dem Betreuer steht es bei Wertgegenständen frei, ein Schließfach für den Betreuten bei einer Bank zu mieten oder diese freiwillig bei einer geeigneten Stelle zu hinterlegen. Abzulehnen ist die Einbringung von Wertgegenständen des Betreuten in den Tresor des Betreuers. Dies widerspricht dem sich aus § 1836 Abs. 1 Satz 1 BGB ergebenden Trennungsgebot (siehe Rn. 38 ff.). Sollte der Betreuer dennoch einen Wertgegenstand des Betreuten in seinem Tresor verwahren, muss sichergestellt sein, dass für den objektiven Dritten eindeutig klar ist, dass dieser Gegenstand nicht im Eigentum des Betreuers, sondern des Betreuten steht. Erreicht werden kann dies unter anderem damit, dass der Gegenstand in ein Behältnis eingelegt wird, das dem Betreuten klar zugeordnet werden kann.

5. Aufsicht durch das Betreuungsgericht

238 Der Betreuer wird bei der Führung seines Amts durch das Betreuungsgericht beaufsichtigt, § 1862 Abs. 1 Satz 1 BGB. Es hat darüber zu wachen, dass die gesetzlichen Vorgaben eingehalten werden. Die Aufsicht wird in Vermögensangelegenheiten durch den Betreuungsrechtspfleger wahrgenommen.

5.1 Auskunftspflicht des Betreuers

239 Der Betreuer hat dem Betreuungsgericht auf dessen Verlangen jederzeit über die Führung der Betreuung und über die wirtschaftlichen Verhältnisse des Betreuten Auskunft zu erteilen, § 1864 Abs. 1 BGB. Das Betreuungsgericht kann während der gesamten Dauer der Tätigkeit des Betreuers jederzeit Auskunft über dessen Amtsführung verlangen, auch über die Vermögensverhältnisse. Eine Begründung seitens des Gerichts ist grundsätzlich nicht erforderlich.

240 Der Betreuer hat dem Betreuungsgericht wesentliche Änderungen der wirtschaftlichen Verhältnisse des Betreuten unverzüglich mitzuteilen, § 1864 Abs. 2 Satz 1 BGB. Dies ist erforderlich, damit das Gericht zeitnah in die Lage versetzt wird, seiner Aufsichtspflicht nachzukommen.

5.2 Rechnungslegung

Der Betreuer hat dem Betreuungsgericht über die Vermögensverwaltung Rechnung zu legen, 241
soweit sein Aufgabenkreis die Vermögensverwaltung umfasst, § 1865 Abs. 1 BGB.

Die Rechnungslegung ist nur insoweit geschuldet, als der Betreuer Vermögen des Betreuten 242
„verwaltet". Auch wenn dem Betreuer der Aufgabenbereich „Vermögenssorge oder Vermögensverwaltung" insgesamt übertragen ist, wird nur das Vermögen erfasst, das seiner Verwaltung oder Mitverwaltung (z. B. Erbengemeinschaft) unterliegt, nicht hingegen das Vermögen, das der Betreute selbst verwaltet oder das kraft Gesetzes von Dritten verwaltet wird, z. B. bei einer Testamentsvollstreckung.

Besteht Testamentsvollstreckung, verwaltet nicht der Betreute als Erbe, sondern der 242a
Testamentsvollstrecker das Nachlassvermögen, §§ 2205, 2211 BGB. Allerdings hat der Betreuer im Rahmen der Vermögensverwaltung gemäß § 2218 Abs. 1 i. V. m. § 666 BGB die Auskunftsrechte des Betreuten gegenüber dem Testamentsvollstrecker wahrzunehmen und in der Regel gemäß § 2218 Abs. 2 BGB von diesem jährlich eine Rechnungslegung zu verlangen. Diese legt er dem Betreuungsgericht mit seiner Rechnungslegung vor.

Über die Verwendung von Mitteln, die dem Betreuten überlassen sind, oder über Vermögen, das 243
der Betreute ausschließlich selbst verwaltet (z. B. ein Girokonto- oder Sparguthaben), braucht der Betreuer keine Rechnung zu legen; hier reicht vielmehr eine entsprechende Mitteilung an das Betreuungsgericht. Zum Nachweis für die Eigenverwaltung des Betreuten ist vom Betreuer eine Erklärung des Betreuten hierüber beim Betreuungsgericht einzureichen. Ist eine solche Erklärung vom Betreuten nicht zu erlangen, kann hilfsweise auch eine Versicherung des Betreuers an Eides statt über die Richtigkeit seiner Mitteilung genügen, § 1865 Abs. 3 Satz 4 und 5 BGB. Bevor der Betreuer die Richtigkeit an Eides statt versichert, hat er ernsthaft zu versuchen, eine Erklärung des Betreuten zu erlangen. Die Vergeblichkeit der Erklärungserlangung hat er dem Gericht zu erläutern. Sollten beim Gericht Zweifel verbleiben, steht es ihm frei, sich auf andere Weise, etwa durch Anhörung des Betreuten, Gewissheit zu verschaffen.

Eigengeldkonto des Betreuten (sog. Taschengeldkonto)

Erklärung des Betreuten, dass er das Konto selbst verwaltet

Erklärung des Betreuers, dass der Betreute das Konto selbst verwaltet, sowie Versicherung der Richtigkeit an Eides statt

Vorlage der jeweiligen Erklärung mit der Jahresabrechnung;
Erklärung des Betreuers dann, wenn Betreuter keine Erklärung abgibt

Der Betreuer ist nicht verpflichtet, über ein bei einer Einrichtung (z. B. Pflegeheim) geführtes 244
Taschengeldkonto des Betreuten Rechnung zu legen. Es genügt, wenn der Betreuer bei seiner Rechnungslegung die Einzahlungen auf das Taschengeldkonto aufführt (LG Mönchengladbach, Beschl. v. 17.2.2010 – 5 T 529/09). Allerdings hat die Einrichtung die Verwendung der überlassenen Beträge zu dokumentieren und dem Betreuer nachzuweisen.

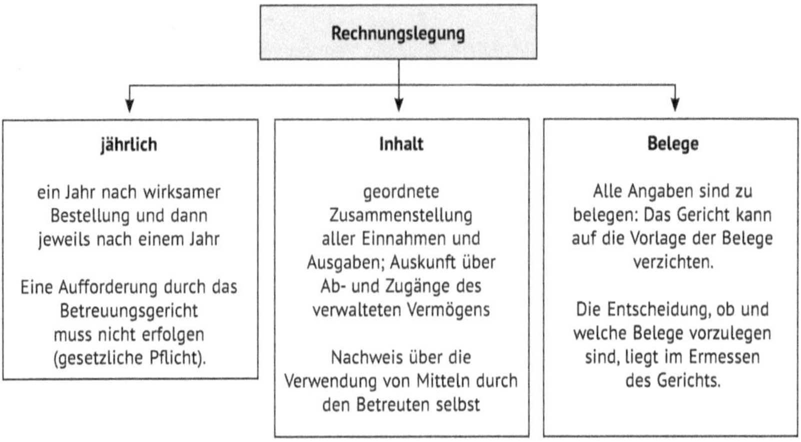

5.2.1 Abrechnungszeitraum

245 Die Rechnung ist jährlich zu legen, § 1865 Abs. 2 Satz 1 BGB. Das Rechnungsjahr wird vom Betreuungsgericht bestimmt, § 1865 Abs. 2 Satz 2 BGB. Auch das Datum, bis zu dem die jährliche Rechnungslegung dem Gericht vorzulegen ist, legt das Gericht fest.

246 Als Rechnungsjahr wird häufig der Jahreszeitraum nach der Wirksamkeit der Bestellung des Betreuers wiederkehrend bestimmt.

Beispiel:

Wirksame Bestellung am 25.4.2020. Das Rechnungsjahr umfasst den Zeitraum vom 25.4.2020 bis zum 24.4.2021, vom 25.4.2021 bis 24.4.2022, usw.

247 Allerdings kann auch das Kalenderjahr als Rechnungsjahr bestimmt werden, um dem Betreuer die Möglichkeit zu geben, Jahresabschlüsse (z. B. der Konten und Erwerbsgeschäfte) zu verwenden, die er bei abweichenden Zeiträumen kostenpflichtig erstellen lassen müsste. Der Betreuer kann diese Vorgehensweise beim Gericht anregen.

248 Grundlage ist bei der ersten Abrechnung das Vermögensverzeichnis, für die späteren die jeweils vorhergehende Jahresabrechnung.

5.2.2 Gestaltung der Rechnungslegung

249 Die Rechnung soll eine geordnete Zusammenstellung der Einnahmen und Ausgaben enthalten und über den Ab- und Zugang des vom Betreuer verwalteten Vermögens Auskunft geben, § 1865 Abs. 3 Satz 1 BGB. Das Betreuungsgericht kann Einzelheiten zur Erstellung der geordneten Zusammenstellung bestimmen, § 1865 Abs. 3 Satz 2 BGB.

250 Alle Angaben sind zu belegen. Das Betreuungsgericht kann allerdings in geeigneten Fällen auf die Vorlage von Belegen verzichten, § 1865 Abs. 3 Satz 3 BGB. Dies kann z. B. bei jährlich gleichbleibenden oder ähnlichen Ausgaben erfolgen. Diese Vorlage soll sowohl das Gericht als auch den Betreuer entlasten, da in geeigneten Fällen nicht zwingend bei jeder Rechnungslegung zu jedem Rechnungsposten ein Beleg mit zu übersenden ist. Ein vereinfachter Nachweis bietet sich insbesondere dann an, wenn die Einkünfte des Betreuten vollständig für einen gleichbleibenden Lebensunterhalt verwendet werden. Bei Daueraufträgen genügt in der Regel die einmalige Vorlage der Auftragsbestätigung durch das Kreditinstitut als Zahlungsbeleg.

251 Sind keine Belege vorhanden, genügt ein entsprechender Hinweis des Betreuers. Ob bei Ausgaben für den Lebensunterhalt des Vertretenen die Angabe von Pauschbeträgen ohne Belegnachweis genügt, sollte zwischen Betreuer und Betreuungsgericht abgeklärt werden.

Die Frage, ob und welche Belege vom Gericht zur Vorlage verlangt werden, liegt im Ermessen des Rechtspflegers. Er kann auch Originalkontoauszüge verlangen, wenn konkrete Anhaltspunkte dafür vorliegen, dass Auszüge nicht richtig erstellt, manipuliert oder gefälscht worden sind. Liegen solche Erkenntnisse nicht vor, genügen in der Regel auch Onlineausdrucke (LG Neuruppin, Beschl. v. 20.9.2016 – 5 T 80/16). Sind keine Anhaltspunkte für etwaige Manipulationen oder Fälschungen ersichtlich, führt allein der Umstand, dass am eigenen Computer ausgedruckte Kontoauszüge grundsätzlich als nicht fälschungssicher erachtet werden, nicht zu einer Vorlagepflicht nur der Originale. Vielmehr ist dem Umstand Rechnung zu tragen, dass die digitale Verwaltung von Bankgeschäften mittels Onlinebanking sowohl im Geschäfts- als auch im privaten Gebrauch mittlerweile üblich und anerkannt ist (LG Hamburg, Beschl. v. 26.1.2018 – 301 T 28/18). Ohne konkrete Anhaltspunkte für ein manipulatives Vorgehen entspricht die Vorlage von Originalbelegen auch nicht einem zwingenden Schutzbedürfnis des Betroffenen (LG Hamburg, Beschl. v. 6.11.2020 – 301 T 351/20). 252

Zum Nachweis der Zu- und Abgänge bei Anlage- und Depotkonten ist eine Bescheinigung der Bank vorzulegen; Kopien der Sparbücher und Depotscheine genügen in der Regel nicht. 253

Im Hinblick auf den in § 1840 Abs. 1 BGB geforderten bargeldlosen Zahlungsverkehr werden alle Zahlungsvorgänge über Konten abgewickelt, sodass die Abrechnung durch Kontenbelege geführt werden kann. Soweit Barzahlungen nach § 1840 Abs. 2 BGB erfolgen, muss diese der Betreuer selbst auflisten und so weit möglich belegen. Wird eine Bargeldkasse gehalten, ist diese mit dem jeweiligen Bestand in die Rechnungslegung aufzunehmen. 254

Unter Umständen kann die Ablichtung von Girokontoauszügen oder ein Onlinekontoauszug mit einem kurzen Verwendungshinweis bzw. mit einer Begründung versehen die formularmäßige Aufstellung der Einnahmen und Ausgaben ersetzen; Belege sind beizufügen. Dies gilt allerdings nur bei einer einfachen Abrechnung (von geringem Vermögen), die trotz der beschriebenen Vorgehensweise noch aus sich heraus verständlich ist (z. B. bei wenigen überwiegend wiederkehrenden Einnahmen und Ausgaben). 255

5.2.3 Erwerbsgeschäft

Wird vom Betreuten ein Erwerbsgeschäft mit kaufmännischer Buchführung betrieben, genügt als Rechnung ein aus den Büchern gezogener Jahresabschluss (Bilanz). Das Betreuungsgericht kann die Vorlage der Bücher und sonstigen Belege verlangen, § 1865 Abs. 4 BGB. 256

5.2.4 Prüfung durch das Betreuungsgericht

Das Betreuungsgericht hat die Rechnung sachlich und rechnerisch zu prüfen und – soweit erforderlich – ihre Berichtigung und Ergänzung durch den Betreuer herbeizuführen, § 1866 Abs. 1 BGB. Das Gericht ist nicht berechtigt, die Rechnung eigenständig zu korrigieren. 257

Die gerichtliche Prüfung umfasst insbesondere die formelle Prüfung, ob die Rechnung in sich schlüssig ist, ob die angegebenen Ausgaben plausibel sind sowie mit den eingereichten Belegen korrespondieren und ob der Abschluss korrekt ist. Im Rahmen der sachlichen Prüfung hat das Gericht nachzuvollziehen, ob alle Einnahmen aufgeführt sind, ob die Ausgaben erforderlich und angemessen waren und ob die Vorschriften über die Verwaltung des Geldes des Betreuten gemäß §§ 1838 ff. BGB beachtet wurden. Auch ist zu prüfen, ob alle erforderlichen Mitteilungen erfolgt sind und Genehmigungen eingeholt wurden. 258

Sind Ansprüche zwischen dem Betreuten und dem Betreuer streitig geblieben, sind diese vor dem Prozessgericht geltend zu machen (nicht vor dem Betreuungsgericht), § 1866 Abs. 2 Satz 1 BGB. Sollen sie bereits während der laufenden Betreuung durchgesetzt werden, ist für den Betreuten ein Ergänzungsbetreuer nach § 1817 Abs. 5 BGB zu bestellen. 259

Unstimmigkeiten können nach Beendigung des Betreuungsverfahrens endgültig geklärt werden. Eine Verjährung der Ansprüche des Betreuten gegen den Betreuer tritt während des laufenden Verfahrens nicht ein, § 207 Abs. 1 Satz 2 Nr. 4 BGB. Die Ansprüche sind vor dem Prozessgericht geltend zu machen (nicht vor dem Betreuungsgericht). Erscheint es allerdings 260 zweckmäßig, Ansprüche des Betreuten noch während des laufenden Verfahrens im Rechtsweg geltend zu machen, lässt dies § 1866 Abs. 2 Satz 2 BGB zu. Der geschäftsfähige Betreute kann die Ansprüche selbst einklagen; besteht in diesem Aufgabenkreis ein Einwilligungsvorbehalt (§ 1825 Abs. 1 BGB) oder liegt bei ihm Geschäftsunfähigkeit vor, bedarf es der Bestellung eines Ergänzungsbetreuers nach § 1817 Abs. 5 BGB.

261 Die Verpflichtung zur Rechnungslegung betrifft nur das Verhältnis des Betreuers zum Betreuungsgericht, nicht jedoch sein zivilrechtliches Verhältnis zum Betreuten (OLG Karlsruhe, Urt. v. 8.8.2003 – 15 U 76/01). Erklärt der zuständige Rechtspfleger des Betreuungsgerichts sein Einverständnis mit der Abrechnung des Betreuers, ergeben sich dadurch keine Auswirkungen auf die Ansprüche des Betreuten gegen den Betreuer. Die Aufgabe des Betreuungsgerichts besteht in einer staatlichen Aufsicht gegenüber dem Betreuer. Dementsprechend können Handlungen oder Genehmigungserklärungen des Betreuungsgerichts, die sich auf die Tätigkeit des Betreuers beziehen, auch keine Rechtswirkungen im zivilrechtlichen Verhältnis zwischen dem Betreuten und dem Betreuer entfalten.

262 Gesichtspunkte von Treu und Glauben (§ 242 BGB) führen nicht zu einer anderen Bewertung. Der Betreuer kann sich nicht darauf berufen, aufgrund des Einverständnisses des Betreuungsgerichts mit seiner Tätigkeit habe er darauf vertrauen dürfen, sich auch später gegenüber dem Betreuten nicht mehr wegen der nicht genauer abgerechneten und nicht näher dokumentierten Aufwendungen rechtfertigen zu müssen.

5.2.5 Befreiung von der Rechnungslegung

263 Nach § 1859 Abs. 1 Satz 1 Nr. 3 und Abs. 2 Satz 1 BGB sind von der Pflicht zur Rechnungslegung nach § 1865 BGB Ehegatten, Lebenspartner, gradlinig Verwandte (z. B. Eltern, Abkömmlinge) und Geschwister des Betreuten, Vereins- und Behördenbetreuer, Betreuungsvereine und die Betreuungsbehörde als Betreuer befreit.

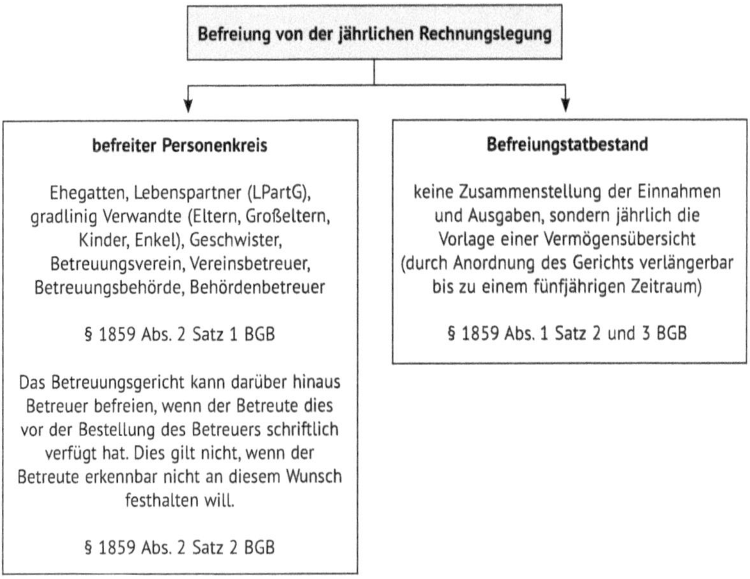

264 Das Betreuungsgericht kann weitere Personen befreien, wenn der Betreute dies vor der Bestellung des Betreuers schriftlich verfügt hat, § 1859 Abs. 2 Satz 2 BGB. Dies gilt jedoch nicht, wenn der Betreute erkennbar an diesem Wunsch nicht festhalten will.

265 Die befreiten Betreuer haben dem Betreuungsgericht jährlich eine Übersicht über den Bestand des ihrer Verwaltung unterliegenden Vermögens des Betreuten (Vermögensübersicht) einzureichen, § 1859 Abs. 1 Satz 2 BGB. Das Betreuungsgericht kann anordnen, dass die

Vermögensübersicht in längeren, höchstens fünfjährigen Zeiträumen einzureichen ist, § 1859 Abs. 1 Satz 3 BGB; diese Verlängerung hat kaum praktische Bedeutung, da auch der befreite Betreuer jährlich einen Bericht über die persönlichen Verhältnisse gemäß § 1863 Abs. 3 BGB vorzulegen hat.

Das Betreuungsgericht hat nach § 1859 Abs. 3 BGB die Befreiungen aufzuheben, wenn bei ihrer 266 Fortgeltung eine Gefährdung im Sinne des § 1821 Abs. 3 Nr. 1 BGB zu besorgen wäre, wenn somit das Vermögen des Betreuten durch die Freistellung erheblich gefährdet würde.

5.3 Vermögensübersicht bzw. Schlussrechnungslegung

5.3.1 Betreuung endet

Endet das Amt des Betreuers durch Aufhebung der Betreuung oder den Tod des Betreuten 267 (Ende der Betreuung), hat der Betreuer gemäß § 1872 Abs. 2 BGB eine Vermögensübersicht mit der Versicherung der Richtigkeit und Vollständigkeit beim Betreuungsgericht einzureichen. Die Vermögensübersicht soll auch Angaben zu den regelmäßigen Einnahmen und Ausgaben des Betreuten enthalten.

Die im Rahmen der Vermögensübersicht darzulegenden Einnahmen und Ausgaben sollen 268 lediglich einen groben Überblick über **regelmäßige** Vermögenszugänge und -abgänge geben. Es handelt sich hierbei nicht um eine „kleine" Rechnungslegung unter Auflistung sämtlicher Einnahmen und Ausgaben. Entsprechend können die Regelungen zum Vermögensverzeichnis in § 1835 Abs. 1 Satz 2 BGB herangezogen werden.

Die Vermögensübersicht ist mit der Versicherung der Richtigkeit und Vollständigkeit ein- 269 zureichen (keine Versicherung an Eides statt). Belege sind nicht beizufügen. Eine Vorlagefrist ist dem Gesetz nicht zu entnehmen. Die Vorlage hat innerhalb eines „angemessenen" Zeitraums zu erfolgen. Legt man die Rechtsprechung zu § 1865 BGB zugrunde, wird regelmäßig eine Frist von zwei Wochen bis zu einem Monat als ausreichend gesehen.

§ 1872 Abs. 2 BGB gilt auch für den nach § 1859 BGB befreiten Betreuer, § 1872 Abs. 4 BGB. 270

5.3.2 Zivilrechtliche Rechenschaft

Nach § 1872 Abs. 1 BGB hat der ehemalige Betreuer auf Verlangen des Berechtigten (z. B. 271 ehemaliger Betreuter, Erbe des Betreuten bzw. Testamentsvollstrecker oder Nachlasspfleger) über die Verwaltung des Vermögens Rechenschaft abzulegen. Damit ist klargestellt, dass ein zivilrechtlicher Anspruch des Berechtigten gegen den Betreuer auf Rechnungslegung besteht, eine Schlussabrechnung gegenüber dem Betreuungsgericht aber nicht zu erfolgen hat. Der Berechtigte muss seinen Anspruch ggf. vor dem Prozessgericht geltend machen (nicht beim Betreuungsgericht).

5.3.3 Wechsel des Betreuers

Bei einem Wechsel des Betreuers hat der bisherige Betreuer über die Verwaltung seit der 272 letzten beim Betreuungsgericht eingereichten Rechnungslegung Rechenschaft durch eine Schlussrechnung zu legen, § 1872 Abs. 3 Satz 2 BGB. Zum Inhalt der Schlussrechnungslegung siehe die Ausführungen zur jährlichen Rechnungslegung in Rn. 249 ff.

Die Schlussrechnung ist beim Betreuungsgericht einzureichen, § 1872 Abs. 3 Satz 3 BGB. Auch 273 hier erfolgt die Vorlage innerhalb eines angemessenen Zeitraums (in der Regel 2 Wochen bis zu einem Monat).

Dem Gericht wird eine lückenlose Aufsichtsführung und dem neuen Betreuer die Kontrolle 274 ermöglicht, ob die bisherige Betreuungsführung ordnungsgemäß war. Zudem obliegt dem Gericht weiterhin die Fürsorgepflicht gegenüber der betreuten Person, die nach wie vor betreuungsbedürftig ist.

275 War der bisherige Betreuer bei der Beendigung seines Amts gemäß § 1859 BGB befreit, legt er gemäß § 1872 Abs. 4 BGB dem Betreuungsgericht nur eine Vermögensübersicht nach § 1872 Abs. 2 BGB vor.

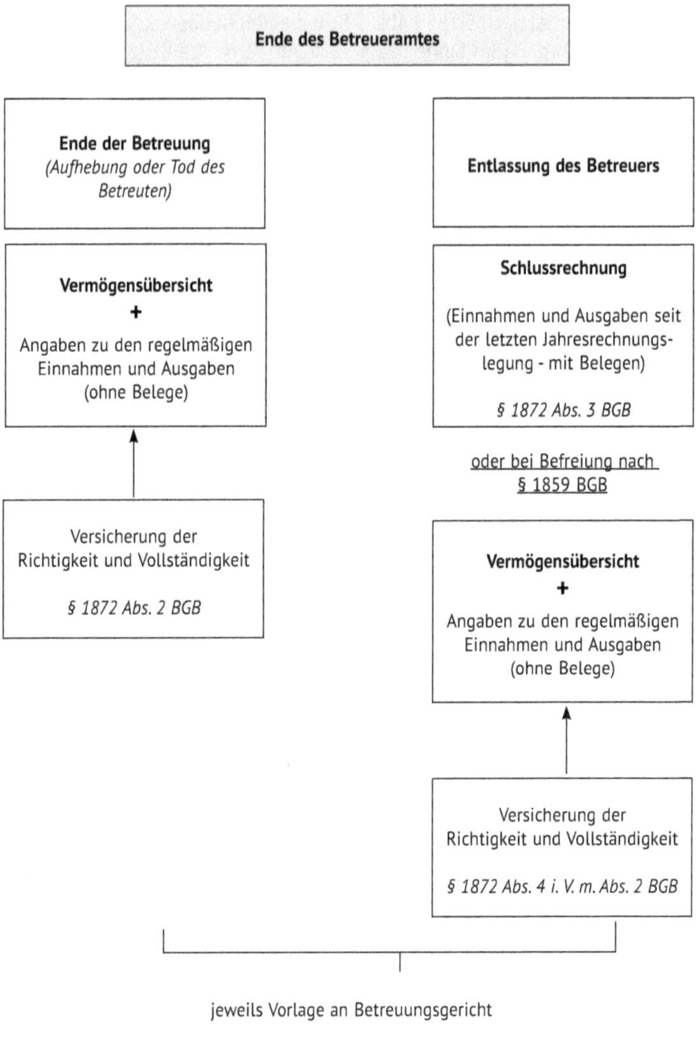

5.3.4 Pflicht vor Vorlage

276 Da es sich bei § 1872 Abs. 2, Abs. 3 Satz 2 und Abs. 4 BGB um eine Abwicklungstätigkeit der Betreuung (Pflicht) gegenüber dem Betreuungsgericht handelt, kann dieses gegen den ehemaligen Betreuer nach § 1862 Abs. 3 BGB vorgehen, wenn er der Vorlagepflicht nicht nachkommt. Dies gilt auch für den Fall, dass Ergänzungen erforderlich sind.

5.3.5 Rechnungsprüfung

277 Reicht der (bisherige) Betreuer bei einem Betreuerwechsel eine von ihm zu erstellende Schlussrechnung (§ 1872 Abs. 3 BGB) oder die Vermögensübersicht (§ 1872 Abs. 4 BGB) beim Betreuungsgericht ein, hat dieses eine sachliche und rechnerische Prüfung vorzunehmen und,

soweit erforderlich, ihre Ergänzung herbeizuführen, § 1873 Abs. 2 Satz 1 BGB. Das Gericht nimmt Ergänzungen bzw. Berichtigungen nicht selbst vor, sondern fordert den ehemaligen Betreuer dazu auf.

Das Betreuungsgericht übersendet das Ergebnis seiner Prüfung an den neuen Betreuer, § 1873 278
Abs. 2 Satz 2 BGB.

5.4 Herausgabeverpflichtung

Herausgabe

Vermögensbestandteile die im Besitz des Betreuers sind (Bargeld, Wertpapiere, Schmuck)	**alle im Rahmen der Betreuung erlangten Unterlagen** (Schriftverkehr, Urkunden) erst nach Erstellung der Schlussrechnung

an

ehemaligen Betreuten bei Aufhebung der Betreuung den Nachfolger als Betreuer bei einem Betreuerwechsel	(alle) Erben des Betreuten bei dessen Tod Nachweis der Berechtigung: Erbschein *oder* Testament mit Eröffnungsniederschrift des Nachlassgerichts *oder* sonstig glaubhaft gemachte Erbenstellung Nachlasspfleger § 1960 Abs. 2 BGB *Nachweis durch Bestellungsurkunde*	Testamentsvollstrecker beim Tod des Betreuten Nachweis: Erbschein Testament mit Eröffnungsniederschrift des Nachlassgerichts und Annahmeerklärung gegenüber Nachlassgericht

§ 1872 Abs. 1 BGB verpflichtet den Betreuer bei Beendigung seines Amts, also beim Tod des 279
Betreuten oder bei Aufhebung der Betreuung sowie bei einer Entlassung aus dem Amt, das von ihm verwaltete Vermögen und alle im Rahmen der Betreuung erlangten Unterlagen an den Berechtigten herauszugeben. Berechtigte sind der Betreute nach Aufhebung der Betreuung, die Erben beim Tod des Betreuten oder sonstige Berechtigte (z. B. Testamtsvollstrecker, Nachlasspfleger). Bei einem Betreuerwechsel erfolgt die Herausgabe an den Nachfolgebetreuer (als Vertreter des Betreuten). Im Gegensatz zu den Vermögensbestandteilen sollten die Unterlagen jedoch erst nach Erstellung der Vermögensübersicht bzw. der Schlussrechnung herausgegeben werden.

Es handelt sich um eine sog. Holschuld. Der ehemalige Betreuer muss die Vermögensbestand- 280
teile und Unterlagen zur Abholung bereitstellen. Er ist weder verpflichtet, sie dem Berechtigten zu überbringen, noch muss er sie an ihn versenden. Es steht ihm aber frei, bei einer entsprechenden Vereinbarung eine Übersendung vorzunehmen (in der Regel gegen Portoerstattung).

Bestehende Sperrvermerke auf Konten hat nicht der Betreuer zu löschen, sondern der Betreute 281
oder dessen Rechtsnachfolger.

Wird die Betreuung durch den Tod des Betreuten beendet, treffen den ehemaligen Betreuer 282
unter Umständen steuerrechtliche Verpflichtungen nach § 20 Abs. 6 ErbStG. Nach dieser Vorschrift haften Personen, in deren Gewahrsam sich Vermögen des Erblassers befindet, in Höhe des ausgezahlten Betrags für die Steuer, soweit sie das Vermögen vorsätzlich oder

fahrlässig vor Entrichtung oder Sicherstellung der (Erbschafts-)Steuer in ein Gebiet außerhalb des Geltungsbereichs dieses Gesetzes bringen oder außerhalb des Geltungsbereichs dieses Gesetzes wohnhaften Berechtigten zur Verfügung stellen. Das bedeutet, dass dann, wenn der Erbe einen Wohnsitz im Ausland hat (oder sich dauerhaft dort aufhält), der Betreuer verpflichtet sein dürfte, einen entsprechenden Betrag für die Steuerschuld sicherzustellen (zurückzuhalten). Praktisch ist dieses Problem damit zu lösen, dass sich der Erbe beim zuständigen Finanzamt (für Erbschaftsteuererhebung) eine sog. Unbedenklichkeitsbescheinigung einholt und diese dem ehemaligen Betreuer vorlegt. In diesem Fall kann problemlos das gesamte verwaltete Vermögen ins Ausland herausgegeben werden.

283 Der Betreuer lässt sich das Erbrecht in der Regel durch einen Erbschein nachweisen. Liegt ein Testament oder ein Erbvertrag vor, genügt in der Regel die Abschrift eines Testaments oder Erbvertrags mit Abschrift der nachlassgerichtlichen Eröffnungsniederschrift; in diesem Fall kann es sich empfehlen, beim Nachlassgericht anzufragen, ob evtl. weitere Verfügungen von Todes wegen vorliegen.

284 Auch kann es genügen, wenn der Erbe glaubhaft machen kann, dass er die Erbenstellung innehat. Dies kann bei gesetzlicher Erbfolge evtl. dadurch erfolgen, dass lückenlos Personenstandsurkunden vorliegen.

285 Sollte sich aus dem Erbschein oder dem Testament ergeben, dass Testamentsvollstreckung besteht, dürfen das Vermögen und die Unterlagen grundsätzlich nur an den Testamentsvollstrecker herausgegeben werden, der sich durch ein „Testamentsvollstreckerzeugnis" ausweisen kann. Auch genügt zum Nachweis die Abschrift des Testaments, in dem seine Anordnung erfolgt ist, die Eröffnungsniederschrift des Nachlassgerichts und die Annahmeerklärung des Testamentsvollstreckers gegenüber dem Gericht. Bei bestehender Testamentsvollstreckung fehlt dem Erben das Verfügungsrecht über den Nachlass, § 2211 BGB, das Verwaltungsrecht steht nur dem Testamentsvollstrecker zu, § 2205 BGB.

286 Wurde durch den Verstorbenen zu Lebzeiten ein Vertrag zugunsten Dritter auf den Todesfall geschlossen, §§ 328, 331 BGB, ist besondere Vorsicht geboten. Es handelt sich meist um Spar-, Depot- oder Lebensversicherungsverträge. Dies kann mit der Maßgabe geschehen, dass der Dritte das Recht aus dem Vertrag mit dem Tod des Vertragspartners unmittelbar erwirbt, § 331 Abs. 1 BGB, sodass das jeweilige Guthaben nicht in den Nachlass fällt. Nicht immer ist das Bestehen eines solchen Vertrags zugunsten Dritter auf den Todesfall aus dem Sparbuch, Sparbrief oder dem Depotauszug ersichtlich, sodass es sinnvoll sein kann, entsprechende Auskünfte bei dem Vertragspartner des Erblassers, also dem Kredit- oder Versicherungsinstitut, einzuholen.

287 Der Begünstigte erwirbt das Recht mit dem Tod des Erblassers unmittelbar gegenüber der angewiesenen Gesellschaft. Es handelt sich um einen eigenen Anspruch des Bezugsberechtigten, der nicht in den Nachlass fällt. Ergeben sich für den ehemaligen Betreuer (nach dem Tod des Betreuten) Anhaltspunkte für einen solchen Vertrag (z. B. aus Unterlagen, Vermerken in Sparbüchern oder Lebensversicherungsurkunden), sollte nicht an den/die Erben oder einen Testamentsvollstrecker ausgehändigt werden. Weist der begünstigte Dritte sein Recht nach, ist an ihn z. B. das Sparbuch oder die Lebensversicherungsurkunde herauszugeben, da er mit dem Tod des Betreuten das Recht auf Leistung und somit auch an der Urkunde (§ 852 Abs. 2 BGB) erworben hat.

Tod des Betreuten

gesamtes Vermögen des Betreuten fällt in den Nachlass (Erbschaft) § 1922 Abs. 1 BGB	Recht aus einem Vertrag zugunsten Dritter auf den Todesfall (§§ 328, 331 BGB) fällt nicht in den Nachlass, sondern unmittelbar an den Begünstigten

Der Betreuer kann ein Zurückbehaltungsrecht auf der Grundlage der §§ 273, 274, 670, 677 288
und 683 BGB geltend machen, wenn ihm eigene Ansprüche aus dem Betreuungsverfahren zustehen (z. B. offene Vergütungsansprüche). Der Anspruch des Berechtigten auf Herausgabe besteht dann nur Zug um Zug (§ 274 BGB) gegen Zahlung der dem Betreuer zustehenden Forderung (OLG Zweibrücken, Urt. v. 12.11.2009 – 4 U 135/08).

Eine Quittierung über den Empfang der herausgegebenen Vermögensbestandteile und der 289
Unterlagen ist zu fordern, § 368 BGB.

Sind beim Tod des Betreuten dem ehemaligen Betreuer keine Erben und sonstigen 290
Berechtigten bekannt, kann er Vermögensbestandteile und Unterlagen nach den Hinterlegungsgesetzen der Bundesländer bei den Hinterlegungsstellen der Amtsgerichte hinterlegen. So sind beispielsweise nach § 6 des Bayerischen Hinterlegungsgesesetzes (BayHintG) Wertpapiere und sonstige Urkunden sowie Kostbarkeiten hinterlegungsfähig.

Gemäß § 1873 Abs. 1 BGB hat der Betreuer nach Beendigung der Betreuung dem Betreuungs- 291
gericht eine Schlussmitteilung zu übersenden, mit Angaben über die Herausgabe des der Verwaltung des Betreuers unterliegenden Vermögens des Betreuten und aller im Rahmen der Betreuung erlangten Unterlagen (vgl. § 1872 Abs. 1 BGB). Ist eine Herausgabe von nicht hinterlegungsfähigen Unterlagen im Fall unbekannter Erben nicht möglich, kann in der Schlussmitteilung auf diesen Umstand hingewiesen werden.

Bei einem Wechsel des Betreuers hat der bisherige Betreuer gemäß § 1863 Abs. 4 BGB einen 292
abschließenden Bericht (Schlussbericht) zu erstellen, der auch Angaben über die Erfüllung der Herausgabepflicht nach § 1872 Abs. 3 Satz 1 BGB zu enthalten hat. Er ist dem Betreuungsgericht zu übersenden.

5.5 Besorgung von Angelegenheiten nach dem Ende der Betreuung

Ende der Betreuung

§ 1874 Abs. 1 BGB	**§ 1874 Abs. 2 BGB**
Solange der Betreuer das Ende der Betreuung oder seines Amtes nicht kennt oder kennen muss, kann er noch wirksam handeln.	Endet die Betreuung durch den Tod des Betreuten, muss der Betreuer unaufschiebbare Angelegenheiten, die keinen Aufschub dulden, erledigen.

5.5.1 Tätigkeit nach Beendigung der Betreuung

Erledigt der Betreuer Angelegenheiten des Betreuten, nachdem der Betreute verstorben ist, hat 293
er aber von der Beendigung der Betreuung noch keine Kenntnis erlangt und/oder hätte er die Beendigung auch nicht kennen müssen, sind seine Handlungen dennoch wirksam, § 1874 Abs. 1 Satz 1 BGB. Wird die Betreuung aufgehoben oder wird der Betreuer aus dem Amt entlassen, wird die Entscheidung grundsätzlich erst mit Bekanntgabe an ihn wirksam, § 287 Abs. 1 FamFG, sodass Kenntnis gegeben ist. Anders wäre es nur, wenn das Gericht die sofortige Wirksamkeit der Entscheidung anordnet, § 287 Abs. 2 FamFG; in diesem Fall könnte die Kenntnis erst später gegeben sein. Ist für eine solche Handlung eine betreuungsgerichtliche Genehmigung erforderlich, kann diese jedoch nicht mehr erteilt werden. Um das Geschäft zur Wirksamkeit zu bringen, müssten der Betreute oder seine Erben die Genehmigung erteilen, § 1856 Abs. 3 BGB.

A

5.5.2 Unaufschiebbare Geschäfte

294 Endet die Betreuung durch den Tod des Betreuten, hat der Betreuer im Rahmen der ihm übertragenen Vermögensverwaltung die Angelegenheiten, die keinen Aufschub dulden, zu besorgen, bis der Erbe diese besorgen kann, § 1874 Abs. 2 BGB.

295 Voraussetzung ist zunächst, dass die Erben nicht feststehen oder nicht innerhalb kurzer Zeit erreichbar sind. Außerdem müssen vermögensrechtliche Handlungen erforderlich sein, deren Unterlassung zu einer Schädigung der Erben führen würde.

296 In Betracht kommen im vermögensrechtlichen Bereich unter anderem die Einlegung von fristgebundenen Rechtsbehelfen und die Erledigung von sonstigen Fristsachen, z. B. Zahlung von Prämien für Sachversicherungen. Auch Tätigkeiten zur Verhinderung einer Terminversäumung, z. B. Zahlung einer Geldschuld, bei der Verzugszinsen drohen, werden erfasst. Unter Umständen kann auch die Kündigung der Wohnung hierunter fallen, um die Erben nicht mit unnötigen Zahlungen zu belasten. Von der Rechtsprechung wurde ebenso die Fortführung der Verwaltung eines Hauses anerkannt, einschließlich der Einziehung der Mieten sowie die Bezahlung der anfallenden Unkosten, Abgaben und Handwerkerrechnungen. Auch auszuzahlende Gelder von Lebens-, Unfall-, Kranken- und Sterbegeldversicherung sind noch in Empfang zu nehmen und – wie auch vorgefundenes Bargeld – auf ein Konto des verstorbenen Betreuten einzuzahlen. Zudem ist die Sicherstellung der Versorgung von Haus- oder Nutztieren zu bedenken.

297 Welche Eilgeschäfte nach dem Ende der Betreuung vom Betreuer noch erledigt werden müssen, ist in der Literatur und Rechtsprechung umstritten. Der Betreuer sollte, soweit dies zeitlich möglich ist, zur Vermeidung von Schadensersatzansprüchen mit dem Betreuungsgericht Rücksprache halten.

298 Die Pflichten und Befugnisse des Betreuers enden dann, wenn der Erbe zur Besorgung der Geschäfte selbst in der Lage ist. Ist für den Erben ein Betreuer bestellt, liegt kein Fall des § 1874 Abs. 2 BGB vor, weil dann dessen Betreuer die Angelegenheiten besorgen kann.

299 In jedem Fall sollte der ehemalige Betreuer darauf hinwirken, dass vorrangig durch das Nachlassgericht ein Nachlasspfleger gemäß § 1960 BGB bestellt wird; mit dessen Bestellung endet seine „Notgeschäftsführung".

300 Der Betreuer haftet für Pflichtwidrigkeiten nach § 1826 BGB. Überschreitet er seine Befugnisse, ist er Vertreter ohne Vertretungsmacht, sodass die §§ 177 ff. und §§ 677 ff. BGB einschlägig sind.

A

Reinhold Spanl

Die betreuungsgerichtliche Genehmigung

1. Wesen der betreuungsgerichtlichen Genehmigung

Für bedeutsame Rechtsgeschäfte und Rechtshandlungen des Betreuers hat der Gesetzgeber zur 1
Wahrung der Persönlichkeitsrechte und zum Schutz des Vermögens des Betreuten Genehmigungsvorbehalte durch das Betreuungsgericht als Wirksamkeitsvoraussetzungen geregelt.

Genehmigungsvorbehalte beinhalten eine Kontroll- und Aufsichtsfunktion des Betreuungs- 2
gerichts über den Betreuer. Die Genehmigung schafft für den Betreuten eine Sicherheit und bestätigt den Betreuer in seiner Handlungsweise. Die Orientierung am Willen und Wunsch des Betreuten bindet den Betreuer und das Gericht. Der Betreute wird in den entscheidungsrelevanten Sachverhalt eingebunden und angehört. Sollte eine Verständigung mit ihm nicht möglich sein, wird regelmäßig ein Verfahrenspfleger für das Genehmigungsverfahren bestellt, der seine Wünsche ermittelt und in das Verfahren einbringt. Wünsche und Interessen des Betroffenen sind alleiniger Maßstab der gerichtlichen Entscheidung, Drittinteressen und Interessen der Allgemeinheit sind grundsätzlich unbeachtlich. Ein Rechtsgeschäft bedarf nur dann der Genehmigung durch das Betreuungsgericht, wenn ein Gesetz dies erfordert; Analogie scheidet grundsätzlich aus.

Hinweis:

Grundsätzlich schließt der Betreute selbst Rechtsgeschäfte ab. Der Betreuer unterstützt ihn in den angeordneten Aufgabenbereichen, § 1821 Abs. 1 Satz 2 BGB.

- Rechtsgeschäfte des Betreuten bedürfen zu ihrer Wirksamkeit keiner Genehmigung durch das Betreuungsgericht, auch wenn sie in den angeordneten Aufgabenbereich der Betreuung fallen.

Der Betreuer vertritt den Betreuten gemäß § 1821 Abs. 1 Satz 2, § 1823 BGB nur dann, wenn bei diesem Geschäftsunfähigkeit nach § 104 Nr. 2 BGB vorliegt. Ist ein Einwilligungsvorbehalt in dem Bereich angeordnet, in den das Geschäft fällt (§ 1825 Abs. 1 BGB), muss zum Eintritt der Wirksamkeit der Betreuer zustimmen.

- Soweit der Betreuer im Namen des Betreuten handelt oder dessen Handeln im Rahmen des Einwilligungsvorbehalts zustimmt, unterliegen die Rechtsgeschäfte gerichtlichen Genehmigungsvorschriften.

Die Ausführungen in diesem Kapitel finden grundsätzlich nur dann Anwendung, wenn der Betreuer als Vertreter des Betreuten rechtsgeschäftliche Handlungen vornimmt oder ihnen im Rahmen eines Einwilligungsvorbehalts zustimmt.

1.1 Rechtsgeschäfte

Grundsätzlich handelt der Betreuer aus seinem Vertretungsrecht für den Betreuten, § 1823 3
BGB; jedoch schränkt das Gesetz durch das Erfordernis einer betreuungsgerichtlichen Genehmigung die vorhandene Vertretungsmacht ein. Soweit der Betreuer ohne die erforderliche Genehmigung handelt, tut er dies als Vertreter ohne (ausreichende) Vertretungsmacht. Getätigte Verträge sind schwebend unwirksam (§ 1856 Abs. 1 Satz 1 BGB), einseitige Rechtsgeschäfte regelmäßig unwirksam (§ 1858 Abs. 1 BGB).

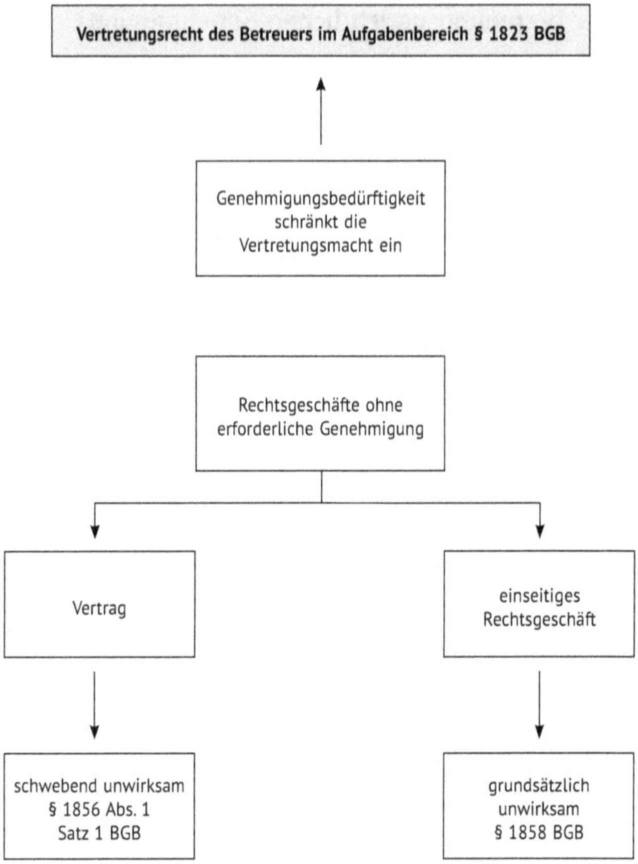

4 Die Genehmigung macht die eingeschränkte Vertretungsmacht zu einer uneingeschränkten, sodass der Betreuer mit ihr das Rechtsgeschäft wirksam schließen oder zur Wirksamkeit bringen kann. Dieser Zustand tritt ein, wenn die Rechtskraft des Genehmigungsbeschlusses eingetreten ist (§ 40 Abs. 2 FamFG) und dieser mit dem Rechtskraftzeugnis (§ 46 FamFG) dem Betreuer durch das Betreuungsgericht erteilt wurde (§ 1855 BGB). Rechtskraft tritt gemäß § 45 Satz 1 FamFG nach Ablauf der Rechtsmittelfrist ein. Sie tritt auch ein, wenn alle beschwerdeberechtigten Beteiligten auf Einlegung der Beschwerde gegenüber dem Betreuungsgericht verzichten, § 67 Abs. 1 FamFG. Nach § 46 FamFG ist ein Rechtskraftzeugnis von der Geschäftsstelle des Betreuungsgerichts zu erstellen.

5 Besonderheiten ergeben sich bei Genehmigungen zu Tathandlungen (nicht Rechtsgeschäften).

- Die Genehmigung nach § 1829 Abs. 1 Satz 1 BGB (Einwilligung in ärztliche Maßnahme) wird mit Zugang des Beschlusses an den Betreuer (§ 40 Abs. 1 FamFG) wirksam. Die Genehmigung nach § 1829 Abs. 2 BGB (Nichteinwilligung in eine ärztliche Maßnahme oder deren Widerruf) wird erst zwei Wochen nach Bekanntgabe an den Betreuer wirksam, § 287 Abs. 3 FamFG.
- Die Genehmigung der Einwilligung in eine Sterilisation (§ 1830 Abs. 2 Satz 1 BGB) wird mit Bekanntgabe an den Sterilisationsbetreuer und den Verfahrenspfleger (bzw. Verfahrensbevollmächtigten) wirksam, § 297 Abs. 7 FamFG. Die Maßnahme selbst darf erst zwei Wochen nach Eintritt der Wirksamkeit erfolgen, § 1830 Abs. 2 Satz 2 BGB.
- Die Genehmigung zu einer Unterbringung (§ 1831 Abs. 2 Satz 1 BGB) oder freiheitsentziehenden Maßnahme (§ 1831 Abs. 4 i. V. m. Abs. 2 Satz 1 BGB) wird mit Eintritt der

Rechtskraft wirksam (§ 324 Abs. 1 FamFG). Allerdings kann die sofortige Wirksamkeit angeordnet werden (§ 324 Abs. 2 FamFG); in diesem Fall tritt in der Regel die Wirksamkeit mit Übergabe des Beschlusses an die Geschäftsstelle des Gerichts zum Zweck der Bekanntgabe ein (§ 324 Abs. 2 Satz 1 Nr. 3 FamFG). Dies gilt auch für die Genehmigung zur Einwilligung in eine ärztliche Zwangsmaßnahme nach § 1832 Abs. 2 BGB, da diese als Unterbringungssache definiert wird, § 312 Nr. 3 FamFG.

1.2 Inhalt der Genehmigung

Das Betreuungsgericht kann die begehrte Genehmigung erteilen oder verweigern. Zulässig ist 6 die Erteilung unter einer Auflage. In diesem Fall wird die Genehmigung unbedingt erteilt, der Betreuer kann das genehmigte Rechtsgeschäft sofort wirksam vornehmen; daran ändert auch die Tatsache nichts, dass er die Auflage nicht erfüllt. Allerdings kann das Betreuungsgericht die Erfüllung der Auflage nach § 1862 Abs. 3 BGB mit Zwangsmitteln durchsetzen.

Das Zeugnis, dass ein bestimmtes Rechtsgeschäft keiner Genehmigung bedarf (sog. Negativ- 7 zeugnis), steht einer Genehmigung nicht gleich (BGH, Beschl. v. 30.11.1965 – V ZR 58/63), da eine Prüfung der Interessen und Wünsche des Betreuten zur Ausstellung weder erfolgt noch erforderlich ist. Das Zeugnis drückt nur aus, dass das Betreuungsgericht ein Genehmigungsbedürfnis verneint; genehmigungsbedürftige Rechtsgeschäfte bleiben aber auch nach einem Negativzeugnis genehmigungspflichtig, somit schwebend unwirksam bzw. unwirksam. Insbesondere ist das Grundbuchamt nicht an ein Negativattest gebunden.

1.3 Genehmigung von Verträgen

Wird die betreuungsgerichtliche Genehmigung vor Abschluss eines Vertrags rechtskräftig erteilt 8 (sog. Vorgenehmigung), wird dieser sofort (mit Abschluss) wirksam, denn der Betreuer hatte ja bereits uneingeschränkte Vertretungsmacht.

Schließt der Betreuer einen Vertrag ohne die erforderliche Genehmigung, ist dieser schwebend 9 unwirksam. Sobald der Betreuer den ihm erteilten rechtskräftigen Genehmigungsbeschluss dem Vertragspartner mitteilt, ist der Vertrag wirksam geworden, § 1856 Abs. 1 Satz 2 BGB. Da die Genehmigung zurückwirkt, ist der Vertrag in entsprechender Anwendung von § 184 Abs. 1 BGB von Anfang an wirksam (nicht erst ab wirksamer Genehmigungserteilung).

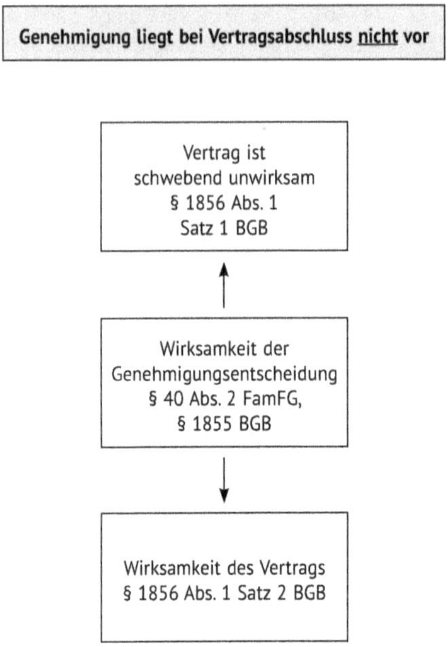

10 Der Betreuer kann, insbesondere bei Grundstücksgeschäften, dem beurkundenden Notar Vollmacht erteilen. Von Bedeutung ist dabei die sog. Doppelvollmacht. Der Betreuer bevollmächtigt den Notar, die erforderliche Genehmigung zu beantragen, sie für ihn entgegenzunehmen und dem Vertragspartner mitzuteilen; der Vertragspartner bevollmächtigt den Notar, für ihn die Genehmigung entgegenzunehmen.

Hinweis:

Es ist überaus wichtig, dass der Betreuer die ihm durch das Gericht erteilte und rechtskräftig gewordene Genehmigung an den Vertragspartner weitergibt und nicht nur zu seinen Unterlagen nimmt. Die Wirksamkeit des Rechtsgeschäfts hängt von dieser Mitteilung ab.

11 Soweit das Betreuungsgericht die Erteilung einer Genehmigung verweigert, ist diese Entscheidung dem Betreuer gegenüber zu erklären (§ 1855 BGB); der Schwebezustand des Vertrags ist auch in diesem Fall erst beendet, wenn der Betreuer dem Vertragspartner die Verweigerung mitgeteilt hat (§ 1856 Abs. 1 Satz 2 BGB). Teilt der Betreuer dem Vertragspartner mit, dass ihm die Genehmigung verweigert wurde oder er von der ihm erteilten Genehmigung keinen Gebrauch machen wird, tritt endgültige Unwirksamkeit ein.

Hinweis:

Eine betreuungsgerichtliche Genehmigung schafft für den Betreuer die Voraussetzung, ein Rechtsgeschäft wirksam vorzunehmen zu können, sie verpflichtet ihn aber nicht. Der Betreuer hat somit das Recht – im Rahmen seiner Pflichten aus § 1821 BGB –, von der Genehmigung keinen Gebrauch zu machen, sodass das Rechtsgeschäft nicht wirksam zustande kommt.

12 Dem Vertragspartner steht die Aufforderung nach § 1856 Abs. 2 BGB zu. Wird vom Betreuer ein Vertrag ohne die erforderliche Genehmigung abgeschlossen, kann der andere Teil den Vertreter zur Mitteilung darüber auffordern, ob die Genehmigung erteilt ist. Teilt der Betreuer bis zum

Ablauf des zweiten Monats nach dem Empfang dieser Aufforderung die Genehmigung nicht mit, gilt sie als verweigert (der Vertrag ist endgültig unwirksam).

Hinweis:

Hat der Betreuer einen Vertrag ohne die erforderliche Genehmigung abgeschlossen und wird er vom Vertragspartner aufgefordert, ihm die Genehmigung vorzulegen, muss er handeln. Der Betreuer sollte den Rechtspfleger des Betreuungsgerichts unverzüglich in Kenntnis setzen, dass ihm die Aufforderung zugegangen ist und um rasche Bearbeitung bitten.

Wird die Betreuung aufgehoben, bevor der Betreuer die Genehmigung zum bereits geschlossenen Vertrag erhalten oder dem Vertragspartner mitgeteilt hat, ist die gerichtliche Genehmigung bedeutungslos. Der ehemalige Betreute genehmigt oder verweigert nun selbst, § 1856 Abs. 3 BGB. Stirbt der Betreute, bevor die Wirksamkeit des Vertrags eingetreten ist, sind die Erben berufen, eine Genehmigung zu erteilen oder zu verweigern. 13

1.4 Genehmigung von einseitigen Rechtsgeschäften

Bei einseitigen Rechtsgeschäften (z. B. Kündigung) muss die gerichtliche Genehmigung vorher erteilt sein (sog. Vorgenehmigung); fehlt sie, ist das Rechtsgeschäft unwirksam, § 1858 Abs. 1 BGB. Dieses unwirksame einseitige Rechtsgeschäft kann nicht durch eine nachträglich eingeholte gerichtliche Genehmigung geheilt werden, vielmehr ist es neu mit der wirksamen Genehmigung vorzunehmen, wenn es ohne die erforderliche Genehmigung vorgenommen wurde. 14

Beispiel:

Der Betreuer kündigt am 28.5. das Mietverhältnis über den Wohnraum des Betreuten schriftlich gegenüber dem Vermieter zum nächstmöglichen Zeitpunkt, nachdem eine dauerhafte Pflegeheimaufnahme erfolgt ist. Am 4.6. bittet er um Erteilung der erforderlichen betreuungsgerichtlichen Genehmigung (§ 1833 Abs. 3 Satz 1 Nr. 1 BGB), die ihm am 10.7. (mit Rechtskraftvermerk) erteilt wird.

Da es sich um ein einseitiges Rechtsgeschäft handelt, ist eine sog. Vorgenehmigung vorgeschrieben (§ 1858 Abs. 1 BGB), die laut Sachverhalt nicht vorliegt. Die Kündigung zum 31.8. (§§ 568 Abs. 1, 573c Abs. 1 Satz 1 BGB) ist nichtig. Der Betreuer muss zur wirksamen Beendigung des Mietverhältnisses mit der am 10.7. erteilten Genehmigung nochmals kündigen, wobei nunmehr die Kündigungsfrist erst entsprechend später abläuft.

Hätte der Betreuer am 28.5. mit dem Vermieter einen Auflösungsvertrag über das Mietverhältnis zum 31.8. geschlossen, wäre dieser zunächst schwebend unwirksam gewesen (§ 1856 Abs. 1 Satz 1 BGB), nach Erteilung der rechtskräftigen gerichtlichen Genehmigung (§ 1833 Abs. 3 Satz 1 Nr. 2 BGB) an den Betreuer und Weitergabe durch diesen an den Vermieter wäre die Beendigung zum 31.8. wirksam geworden.

Legt der Betreuer dem Erklärungsempfänger beim einseitigen Rechtsgeschäft die (ihm bereits rechtskräftig erteilte) Genehmigung nicht vor und weist Letzterer das Rechtsgeschäft aus diesem Grund unverzüglich zurück, ist das Rechtsgeschäft ebenfalls unwirksam, § 1858 Abs. 2 BGB. 15

Hinweis:

Wird eine Kündigung des Mietverhältnisses des Betreuten erforderlich, muss der Betreuer die erforderliche gerichtliche Genehmigung vorher einholen und kann dann erst durch die Kündigung die Kündigungsfrist in Lauf setzen.

A

Möchte der Betreuer das Mietverhältnis alsbald beenden, sollte er mit dem Vermieter einen Auflösungsvertrag aushandeln, der durch eine nachträgliche Genehmigung des Betreuungsgerichts wirksam gemacht werden kann. Dabei könnte auch das Ende der gesetzlichen Kündigungsfrist vertraglich als Ende des Mietverhältnisses vereinbart werden.

16 Vom Erfordernis der Vorgenehmigung schafft § 1858 Abs. 3 BGB eine Ausnahme, wenn der Betreuer das einseitige Rechtsgeschäft gegenüber einem Gericht oder einer Behörde vornimmt. In diesem Fall hängt die Wirksamkeit des Rechtsgeschäfts von der nachträglichen Genehmigung des Betreuungsgerichts ab; das Rechtsgeschäft wird dann mit Eintritt der Rechtskraft der Genehmigungsentscheidung wirksam, § 1858 Abs. 3 Satz 2 BGB.

17 Der Ablauf einer gesetzlichen Frist wird während der Dauer des Genehmigungsverfahrens gehemmt, § 1858 Abs. 3 Satz 3 BGB. Die Hemmung endet mit Rechtskraft des Beschlusses über die Erteilung der Genehmigung, § 1858 Abs. 3 Satz 4 BGB. Das Betreuungsgericht teilt dem Gericht oder der Behörde nach Rechtskraft des Beschlusses die Erteilung oder Versagung der Genehmigung unmittelbar mit, § 1858 Abs. 3 Satz 5 BGB.

Einseitiges Rechtsgeschäft gegenüber einem Gericht oder einer Behörde (z. B. Erbausschlagung)		
ohne erforderliche Genehmigung, ist schwebend unwirksam § 1858 Abs. 3 Satz 1 BGB	eine gesetzliche Frist wird gehemmt § 1858 Abs. 3 Satz 3 BGB	Rechtsgeschäft wird wirksam mit Eintritt der Rechtskraft der Genehmigungsentscheidung § 1858 Abs. 3 Satz 2 BGB
	Fristhemmung endet mit Rechtskraft der Genehmigungsentscheidung § 1858 Abs. 3 Satz 4 BGB	Betreuungsgericht teilt die Genehmigung dem Gericht oder der Behörde mit § 1858 Abs. 3 Satz 5 BGB

1.4.1 Erbausschlagung

18 Die Erbausschlagung als einseitiges Rechtsgeschäft unterliegt dem Genehmigungstatbestand des § 1851 Nr. 1 BGB. Der Betreuer kann die Ausschlagung ausschließlich dem Nachlassgericht gegenüber erklären (§ 1945 Abs. 1 BGB) und zwar nur innerhalb der in § 1944 Abs. 1 bzw. 3 BGB bestimmten Frist (sechs Wochen bzw. sechs Monate). Da das genehmigungsbedürftige Rechtsgeschäft gegenüber einem Gericht (dem Nachlassgericht) erfolgt, kann die betreuungsgerichtliche Genehmigung nachträglich eingeholt werden, § 1858 Abs. 3 Satz 1 BGB; die Ausschlagungserklärung ist schwebend unwirksam.

19 Der Ablauf der Ausschlagungsfrist wird während der Dauer des Genehmigungsverfahrens gehemmt (somit ab Beantragung der Genehmigungserteilung durch den Betreuer beim Betreuungsgericht), § 1858 Abs. 3 Satz 3 BGB. Die Hemmung endet mit Rechtskraft des Genehmigungsbeschlusses, § 1858 Abs. 3 Satz 4 BGB, zu diesem Zeitpunkt wird die Ausschlagungserklärung wirksam, § 1858 Abs. 3 Satz 2 BGB. Eine Mitteilung des Beschlusses durch den Betreuer an das Nachlassgericht ist nicht (mehr) erforderlich, denn das Betreuungsgericht teilt von sich aus dem Nachlassgericht nach Eintritt der Rechtskraft der Entscheidung die Erteilung oder Versagung der Genehmigung mit, § 1858 Abs. 3 Satz 5 BGB.

19a Zur Wahrung der Ausschlagungsfrist nach § 1944 BGB reicht es aus, wenn die Genehmigung des Betreuungsgerichts innerhalb der Frist beantragt wird, § 1858 Abs. 3 Satz 2 bis 4 BGB. Weiterer Handlungen zur Wahrung der Ausschlagungsfrist bedarf es nicht mehr. Das seit 1.1.2023 geltende Recht findet für die Erteilung der Genehmigung durch das Betreuungsgericht unabhängig davon Anwendung, wann das genehmigungspflichtige Rechtsgeschäft vorgenommen bzw. das Genehmigungsverfahren eingeleitet worden ist (OLG Karlsruhe, Beschl. v. 22.7.2024 – 14 W 28/24).

Beispiel:

Der geschäftsunfähige Betreute ist testamentarischer Miterbe geworden. Am 13.3.2023 werden dem Betreuer und dem Betreuten das Testament und dessen Eröffnung mitgeteilt. Am 20.4.2023 zeichnet sich für den Betreuer eine Überschuldung des Nachlasses deutlich ab. Er schlägt am 22.4.2023 zur Niederschrift des Nachlassgerichts die Erbschaft für den Betreuten aus (Aufgabenbereich des Betreuers ist unter anderem die Vermögensverwaltung). Die erforderliche Genehmigung beantragt er am 23.4.2023 beim Betreuungsgericht. Der Genehmigungsbeschluss ergeht am 6.5.2023; Rechtskraft tritt ein am 28.5.2023.

Die Ausschlagungsfrist (§ 1944 Abs. 1 BGB) von sechs Wochen ist weder am 22.4.2023 (Ausschlagung) noch am 23.4.2023 (Genehmigungsantrag) abgelaufen, da die Frist unter Beachtung von § 1944 Abs. 2 Satz 2 und § 187 Abs. 1 BGB am 14.3.2023 begonnen hat.

Die erforderliche gerichtliche Genehmigung kann der Ausschlagungserklärung nachfolgen, sie muss aber noch innerhalb der Ausschlagungsfrist beantragt werden. Der Zeitraum zwischen der Beantragung der Genehmigung beim Betreuungsgericht und dem Eintritt der Rechtskraft hemmt die Frist, § 1858 Abs. 3 Satz 3 und 4 BGB. Der Eintritt der Rechtskraft der Genehmigungsentscheidung macht die Ausschlagung sofort wirksam, § 1848 Abs. 3 Satz 2 BGB.

- *Beginn der Ausschlagungsfrist (§ 187 Abs. 1 BGB) 14.3.2023*
- *Ende der Ausschlagungsfrist (§ 188 Abs. 2 BGB) 24.4.2023*
- *Ausschlagungserklärung gegenüber dem Nachlassgericht (§ 1945 Abs. 1 BGB) 22.4.2023*
- *Antrag auf Erteilung der Genehmigung beim Betreuungsgericht (= Eintritt der Fristhemmung, § 1858 Abs. 3 Satz 3 BGB) 23.4.2023*
- *Rechtskraft der Genehmigungsentscheidung (= Ende der Fristhemmung, § 1858 Abs. 3 Satz 4 BGB, und Wirksamkeit der Ausschlagung, § 1858 Abs. 3 Satz 2 BGB) 28.5.2023*

1.4.2 Einseitige Rechtsgeschäfte im Zusammenhang mit Grundbucheintragungen

Soweit ein einseitiges materielles Rechtsgeschäft Grundlage einer Grundbucheintragung ist, 20 z. B. die Aufhebung eines Grundstücksrechts, § 875 Abs. 1 BGB (Aufhebung einer Grundschuld, Hypothek, Dienstbarkeit, eines Wohnungsrechts usw.), kann die erforderliche Genehmigung nach § 1850 Nr. 1 BGB noch bis zur Eintragung nachgereicht werden, da das Rechtsgeschäft aus der Erklärung und der Eintragung in das Grundbuch besteht. Das Grundbuchamt, das die Eintragung vorzunehmen hat, kann durch Setzung einer Zwischenverfügungsfrist die Vorlage der Genehmigung zeitlich begrenzen. Wird innerhalb der gesetzten Frist keine Genehmigung vorgelegt, weist das Grundbuchamt den Eintragungsantrag zurück.

Da in § 1858 Abs. 3 Satz 3 BGB nur eine gesetzliche, nicht aber auch eine vom Gericht gesetzte 21 Frist gehemmt wird, ist der Lauf solcher Fristen (z. B. die vom Rechtspfleger eines Grundbuchamts gesetzte Frist) nicht kraft Gesetzes gehemmt. In diesem Fall muss der Betreuer notfalls Fristverlängerung beantragen und ggf. gegen deren Ablehnung vorgehen.

1.5 Erlangung einer Genehmigung

1.5.1 Antragstellung

Der Betreuer möchte eine Genehmigung zu einem Rechtsgeschäft erlangen. Das Gesetz 22 schreibt keinen Antrag des Betreuers auf Erteilung der Genehmigung vor, da es sich beim Genehmigungsverfahren um ein Amtsverfahren handelt. Weil aber der Betreuer sein Amt eigenverantwortlich und selbstständig führt, muss es seiner Initiative überlassen bleiben, ob ein von ihm vorgenommenes oder vorzunehmendes Rechtsgeschäft durch Genehmigung des Betreuungsgerichts wirksam werden soll. Beim Begehren des Betreuers handelt es sich somit um eine Anregung zum Amtsverfahren. Eine bestimmte Form hierfür ist nicht erforderlich; die Anregung (häufig als Antrag bezeichnet) kann mündlich oder schriftlich gestellt werden; das zu genehmigende Rechtsgeschäft sollte eindeutig erkennbar sein. Der Betreuer kann sich im

Genehmigungsverfahren vertreten lassen, § 10 Abs. 2 i. V. m. § 11 FamFG, z. B. durch einen Notar oder Rechtsanwalt.

1.5.2 Zuständigkeiten

23 Die Zuständigkeiten für das Genehmigungsverfahren sind wie folgt geregelt:

- Sachlich zuständig ist das Amtsgericht – Betreuungsgericht, § 23a Abs. 2 Nr. 1 GVG i. V. m. §§ 271, 340 FamFG; die örtliche Zuständigkeit ergibt sich aus § 272 Abs. 1 Nr. 1 (und § 341) FamFG.
- Funktionell ist grundsätzlich der Rechtspfleger zuständig, § 3 Nr. 2b RPflG; eine Richterzuständigkeit ist bei der Genehmigung von Rechtsgeschäften grundsätzlich nicht gegeben. Allerdings ist § 15 Abs. 1 Satz 1 Nr. 4, 8, 9 und 10 RPflG zu beachten; so erteilt der Richter die Genehmigungen nach § 1820 Abs. 5, § 1829 Abs. 1 und 2, § 1830 Abs. 2 BGB; außerdem nach § 125 Abs. 2 Satz 2 FamFG, § 6 KastrG und nach dem Gesetz über die Änderung der Vornamen und der Geschlechtszuständigkeit. Da Freiheitsentziehungen dem Rechtspfleger in § 3 Nr. 2b RPflG nicht übertragen sind, erteilt der Richter auch die Genehmigungen nach § 1831 Abs. 2, § 1832 Abs. 2 BGB.

1.5.3 Zeitpunkt der Antragstellung

24 Fraglich könnte sein, zu welchem Zeitpunkt der Genehmigungsantrag beim Gericht zu stellen ist. Bei einseitigen Rechtsgeschäften ist immer die Vorgenehmigung erforderlich, § 1858 Abs. 1 BGB mit den Ausnahmen nach § 1858 Abs. 3 BGB. Bei Verträgen kann die Genehmigung vor Abschluss des Rechtsgeschäfts eingeholt werden. Es kann aber der Vertrag zunächst ohne die Genehmigung geschlossen und nachträglich genehmigt werden.

25 Bei der Genehmigung von Verträgen wird der Rechtspfleger des Betreuungsgerichts in der Regel auf die Vorlage des Vertrags oder zumindest eines verbindlichen Vertragsentwurfs bestehen, damit er den vollen Umfang des zu genehmigenden Geschäfts erkennen kann. Damit sind aber häufig schon nicht unerhebliche Kosten entstanden. Aus diesem Grund ist es üblich und ratsam, insbesondere bei bedeutsamen Rechtsgeschäften, den Betreuungsrechtspfleger vor Abschluss des Vertrags unter Darlegung der wesentlichen Punkte um Stellungnahme zu bitten. Meistens wird vom Gericht dann die Genehmigung in Aussicht gestellt, soweit der endgültige Vertrag dem Vorgebrachten entspricht. Es handelt sich hier nicht um einen Genehmigungsbeschluss, sondern um eine Meinungsäußerung des Rechtspflegers.

1.6 Genehmigungsbedürftigkeit und Genehmigungsfähigkeit

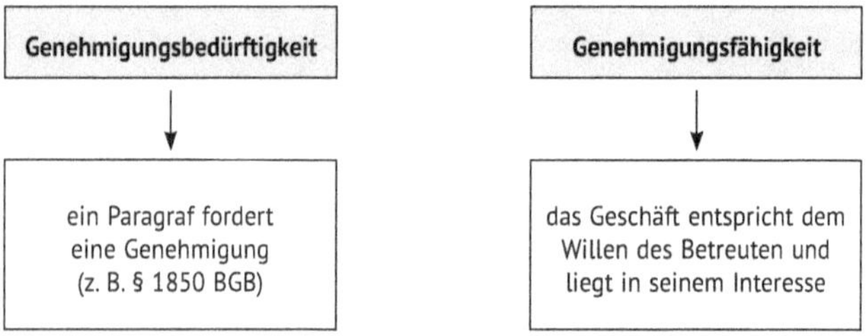

1.6.1 Genehmigungsbedürftigkeit

26 Der Tatbestand des Rechtsgeschäfts ist unter eine Genehmigungsnorm zu subsumieren. Es kann nicht ausgeschlossen werden, dass für ein Rechtsgeschäft mehrere Normen greifen.

Schließt z. B. ein Betreuer im Namen des Betreuten mit der Bank einen Darlehensvertrag mit einer Laufzeit von zehn Jahren, ist zunächst § 1854 Nr. 2 BGB (Kreditaufnahme) und daneben noch § 1853 Satz 1 Nr. 1 BGB erfüllt (Vertrag, der zu wiederkehrenden Leistungen über vier Jahre hinaus verpflichtet).

Natürlich reicht es in einem solchen Fall, das (ausreichend bezeichnete) Rechtsgeschäft „genehmigen" zu lassen; die mehreren Genehmigungstatbestände spielen lediglich eine Rolle bei der Frage, ob die Genehmigung im Interesse des Betreuten erteilt werden kann. 27

1.6.2 Genehmigungsfähigkeit

Maßstab für die gerichtliche Entscheidung über eine Genehmigung sind unter Beachtung von § 1821 Abs. 2 bis 4 BGB die Wünsche (und das darin liegende subjektive Interesse) des Betreuten, § 1862 Abs. 1 Satz 2 BGB. Das Gericht hat bei seiner Entscheidung die Wünsche des Betreuten zu berücksichtigen. Es muss aber immer auch prüfen, ob eine Übergehung der Wünsche im Rahmen des § 1821 Abs. 3 Nr. 1 BGB erforderlich ist. Belange Dritter sind im Genehmigungsverfahren unerheblich. Maßgebender Gesichtspunkt sind die Tatsachen, wie sie sich zur Zeit der gerichtlichen Entscheidung darstellen (Zeitpunkt der Entscheidung und nicht der der Vornahme des Rechtsgeschäfts). 28

Zunächst richtet sich § 1821 BGB an den Betreuer. Die in der Vorschrift gemachten Vorgaben gelten aber auch für die Aufsicht des Betreuungsgerichts sowie für sämtliche gerichtlichen Genehmigungsverfahren. § 1821 Abs. 2 bis 4 BGB wirkt unmittelbar in das gerichtliche Genehmigungsverfahren hinein, da dort das Handeln des Betreuers überprüft wird. Mit der Vorschrift soll sichergestellt werden, dass die Wahrung und die Verwirklichung der Selbstbestimmung der Betreuten im Mittelpunkt stehen und ihr Schutz gewährleistet wird. Der Wille des Betreuten, solange dieser ihn frei bilden kann, ist stets zu beachten und es darf nicht von ihm abgewichen werden. Aber auch dann, wenn die Fähigkeit zur freien Willensbildung aufgehoben ist, darf nicht auf ein objektives Wohl zurückgegriffen werden, sondern es sind die Wünsche und hilfsweise der mutmaßliche Wille des Betreuten zu beachten. Soweit im Gesetz vom „Willen" gesprochen wird, ist damit der frei gebildete Wille gemeint. Als Wünsche gelten dabei sowohl solche Äußerungen, die auf einem freien Willen beruhen, als auch solche, denen kein freier Wille (mehr) zugrunde liegt. Nur von solchen Wünschen, die krankheitsbedingt gebildet sind und deren Befolgung den Betreuten schädigen würden, darf unter bestimmten Voraussetzungen zu seinem Schutz abgewichen werden, § 1821 Abs. 3 BGB. Es besteht auch stets eine Möglichkeit, den mutmaßlichen Willen festzustellen bzw. diesen individuell zu bestimmen. 29

Lässt sich eine (erhebliche) Gefährdung für die Person oder das Vermögen des Betreuten bei der Durchführung eines Geschäfts (auch nach der im Rahmen der Amtsermittlung vorzunehmenden Prüfung) nicht verlässlich abschätzen, ist die Genehmigung zu versagen (siehe auch BGH, Beschl. v. 9.1.2013 – XII ZB 334/12). Das Gericht trifft seine Entscheidung über die Genehmigung nach pflichtgemäßem Ermessen unter Beachtung der Wünsche des Betreuten. Zur Prüfung, ob die Wünsche und die Interessen des Betreuten beachtet sind, ist dieser in der Regel (persönlich) anzuhören (z. B. § 299 FamFG). 30

1.7 Taktik zur Erlangung einer Genehmigung

1.7.1 Begründung des Genehmigungsantrags

Es bringt wenig, wenn der Betreuer das abgeschlossene Rechtsgeschäft dem Rechtspfleger des Betreuungsgerichts (kommentarlos) mit dem „Antrag" auf Genehmigung übersendet. Zwar muss das Gericht nach § 26 FamFG von Amts wegen alle entscheidungserheblichen Tatsachen (selbst) ermitteln, jedoch sollte der Betreuer diese Tatsachen ansprechen und begründen (nicht unbedingt beweisen). Insoweit trifft ihn die Mitwirkungspflicht des § 27 FamFG. 31

A

Hinweis:
Als Grundgerüst lassen sich folgende Punkte heranziehen, die bei den meisten Rechtsgeschäften (zumindest im vermögensrechtlichen Bereich) anwendbar sind:

- Warum wird das Rechtsgeschäft vorgenommen? Worin liegt das subjektive Interesse des Betreuten?
- Welcher Wille liegt bzw. welche Wünsche des Betreuten liegen vor?
- Wie stellt sich der finanzielle Hintergrund dar? Könnte sich eine erhebliche Schädigung des Betreutenvermögens ergeben, die er aufgrund seiner Krankheit nicht erkennen kann?

Beispiel:

Der Betreute befindet sich nach einer Herzoperation in einem Reha-Aufenthalt. Nach Auskunft des ihn behandelnden Arztes wird sich der Betreute nach Abschluss der Behandlungen dauerhaft nicht mehr in seiner Eigentumswohnung selbst versorgen können (ein entsprechendes Attest hat der Arzt erteilt). Der Betreuer beschließt, nachdem er mit dem Pflegeheim „Seniorenresidenz" in Starnberg einen Vertrag über die Aufnahme in die Einrichtung geschlossen hat, die Eigentumswohnung zu veräußern. Für die Wohnung konnte der Betreuer durch Heranziehen von vor Kurzem erfolgten Verkäufen vergleichbarer Objekte einen Wert von 200.000 EUR ermitteln. Für diesen Preis gibt es einen Kaufinteressenten. Der Betreute ist im Hinblick auf die Heimauswahl derzeit nicht ansprechbar, allerdings hat er gegenüber seinen entfernt wohnenden Brüdern bereits vor der Betreuerbestellung geäußert, dass er seine Eigentumswohnung verlassen und in ein gutes Pflegeheim gehen würde, wenn es erforderlich wird, am liebsten nach Starnberg. Der Betreute hat ein kleines Renteneinkommen und verfügt kaum über Barmittel. Angehörige oder Bekannte, die ihn in seiner Wohnung versorgen könnten, sind nicht vorhanden. Fremden gegenüber ist der Betreute äußerst misstrauisch und hat sie in der Vergangenheit nicht in seine Wohnung gelassen. Auch hat er immer gesagt, dass seine Eigentumswohnung nicht fremdvermietet werden darf. Zur anstehenden Veräußerung kann er derzeit keinen Willen äußern.

32 Zur Veräußerung der Eigentumswohnung ist eine betreuungsgerichtliche Genehmigung nach § 1833 Abs. 3 Satz 1 Nr. 4 BGB erforderlich, deren Erteilung der Betreuer beim Betreuungsgericht anregt.

33 Die Begründung der Genehmigungsanregung kann wie folgt aufgebaut werden:

Fortführung des Beispiels:

- *Grund für die Vornahme des Geschäfts*

  Der ledige Betreute ist Eigentümer der Eigentumswohnung Bauerstraße 3 in Andechs. Durch eine schwere Erkrankung war ein ärztlicher Eingriff am Herzen des Betreuten notwendig. Nach dem voraussichtlich längeren Krankenhaus- und Rehaaufenthalt ist ein selbstständiges Leben des Betreuten in seiner Wohnung nach meiner Ansicht und der des behandelnden Arztes nicht mehr möglich. Mein Betreuter kann seinen Haushalt nicht mehr führen. Angehörige oder Bekannte, die Hilfe zum selbstständigen Wohnen erbringen könnten, sind nicht vorhanden. Eine Versorgung durch ambulante Dienste ist unzureichend und wird am Verhalten des Betreuten Fremden gegenüber scheitern. Der Umzug in ein Pflegeheim ist zwingend erforderlich und wurde von mir bereits in die Wege geleitet.

  Siehe das in der Anlage befindliche ärztliche Attest.

  Die Verwertung der Eigentumswohnung ist zwingend notwendig, da seine Renteneinkünfte und sein geringes Geldvermögen es wirtschaftlich erfordern. Zwar könnte auch durch eine Vermietung der Eigentumswohnung die finanzielle Lage verbessert werden, jedoch lässt der Wunsch des Betreuten dies nicht zu. Er widerspricht einer Fremdvermietung.

- *Wille und Wünsche des Betreuten*

  Mein Betreuter ist derzeit nicht ansprechbar, hat aber gegenüber seinen Brüdern bereits vor der Betreuerbestellung geäußert, dass er in ein Pflegeheim gehen würde, falls dies erforder-

lich würde. Auch hat er gesagt, seine Eigentumswohnung in diesem Fall verlassen zu wollen; eine Fremdvermietung hat er ausgeschlossen. Insoweit liegt ein beachtlicher Wunsch meines Betreuten vor. Ich habe keine Zweifel an den Äußerungen der Geschwister, auch habe ich keine Erkenntnisse, dass er den Umzug und die Aufgabe seiner Eigentumswohnung nunmehr missbilligen würde.

- *Finanzieller Hintergrund*

  Die Vermögensverhältnisse meines Betreuten lassen grundsätzlich die Beibehaltung seiner Eigentumswohnung neben dem angestrebten Aufenthalt im Pflegeheim nicht zu; sein Renteneinkommen ist eher gering, Geldmittel sind kaum vorhanden. Wegen der eindeutigen Aussage des behandelnden Arztes, dass ein selbstständiges Wohnen nicht mehr möglich erscheint, und dem mir bekannten Willen des Betreuten werde ich eine Veräußerung durchführen. Der zu erzielende Kaufpreis von 200.000 EUR entspricht dem Verkehrswert, den ich durch vor Kurzem erfolgte Verkäufe vergleichbarer Objekte ermitteln konnte. Eine erhebliche Schädigung des Betreutenvermögens steht nicht im Raum.

1.7.2 Rücksprache mit dem Gericht

Bevor man einen Genehmigungsantrag (zumindest in wichtigen Angelegenheiten) stellt, sollte man mit dem Rechtspfleger Rücksprache nehmen. Zum einen kann dieser seine Ansicht für das zu erwartende Genehmigungsverfahren darlegen, § 1862 Abs. 1 BGB, zum anderen kann er um Rat (Ratschläge) für das durchzuführende Geschäft angegangen werden, § 1861 Abs. 1 BGB. Soweit der Betreuer Beweismittel besitzt (z. B. ärztliche Zeugnisse oder Gutachten, Wertfeststellungen, Aussagen Dritter, öffentliche Bescheide), sollte er diese dem Gericht mit seinem Genehmigungsantrag vorlegen, § 27 Abs. 1 FamFG. Dies dient der Mitwirkung bei der Ermittlung des Sachverhalts und erleichtert das Verfahren. 34

1.8 Aufgaben des Verfahrenspflegers im Genehmigungsverfahren

Im Genehmigungsverfahren wird ein Verfahrenspfleger bestellt, wenn dies zur Wahrnehmung der Interessen des Betreuten erforderlich ist, § 276 Abs. 1 Satz 1 FamFG. Das ist meist gegeben, wenn der Betreute den Gegenstand des Verfahrens nicht begreifen und/oder sich dazu nicht sinnvoll äußern kann. Ist der Betreute offensichtlich nicht in der Lage, seinen Willen kundzutun, und wird aus diesem Grund von der persönlichen Anhörung nach § 299 FamFG abgesehen (§ 34 Abs. 2 FamFG), ist in der Regel ein Verfahrenspfleger zu bestellen. 35

Der Verfahrenspfleger hat gemäß § 276 Abs. 3 FamFG die Wünsche, hilfsweise den mutmaßlichen Willen, des Betroffenen festzustellen und im gerichtlichen Verfahren zur Geltung zu bringen. Er hat den Betroffenen über Gegenstand, Ablauf und möglichen Ausgang des Verfahrens in geeigneter Weise zu informieren und ihn bei Bedarf bei der Ausübung seiner Rechte im Verfahren zu unterstützen. Er ist nicht gesetzlicher Vertreter des Betroffenen. 36

Nach BGH (Beschl. v. 22.7.2009 – XII ZR 77/06) soll der Verfahrenspfleger im Genehmigungsverfahren nicht (neben dem Gericht) die Interessen des Betreuten gegenüber dem Betreuer schützen und über dessen Amtsführung wachen. Seine Aufgabe ist vielmehr darauf beschränkt, die verfahrensmäßigen Rechte des Betreuten zur Geltung zu bringen. Dazu gehört insbesondere der Anspruch des Betreuten auf Gewährung rechtlichen Gehörs. Vorrangig hat der Verfahrenspfleger deshalb darauf Bedacht zu nehmen, dass das Gericht nicht zu Unrecht von einer offensichtlichen Unfähigkeit des Betreuten ausgeht, seinen Willen kundzutun. Hat der Verfahrenspfleger nach persönlicher Rücksprache mit dem Betreuten den Eindruck gewonnen, dieser sei entgegen der Einschätzung des Gerichts doch in der Lage, zumindest in beschränktem Umfang seinen Willen zu äußern oder wichtige Informationen zu erteilen, hat er auf eine persönliche Anhörung durch das Gericht hinzuwirken. Sodann gehört es zu den Aufgaben des Verfahrenspflegers, den tatsächlichen oder mutmaßlichen Willen des Betreuten zu erforschen und in das Verfahren einzubringen. Ist der Betreute in der Lage, seine Wünsche zu äußern, hat der Verfahrenspfleger den Betreuten im Gespräch über seine Wünsche und Interessen zu befragen. Dabei hat der Verfahrenspfleger auch ihm bekannte Umstände, die für 37 die Willensbildung des Betreuten von Bedeutung sein könnten, anzusprechen. Über Ablauf und Ergebnis des Gesprächs mit dem Betreuten hat der Verfahrenspfleger das Gericht (in wesentlichen Zügen) zu informieren und ggf. auch darüber zu berichten, wie der Betreute auf etwaige Hinweise zu Risiken des beabsichtigten Geschäfts reagiert hat. Kann der Betreute dagegen keinen Willen mehr bilden oder seine Wünsche nicht mehr artikulieren, hat der Verfahrenspfleger (in angemessenem Rahmen) Möglichkeiten zu nutzen, den wirklichen oder mutmaßlichen Willen des Betreuten anderweitig zu erkunden. Dabei ist etwa an eine Kontaktaufnahme mit Bezugspersonen des Betreuten zu denken, wenn deren Befragung (etwa im Hinblick auf zurückliegende Äußerungen des Betreuten) Aufschlüsse über dessen tatsächlichen oder hypothetischen Willen erwarten lässt. Auch in diesem Fall hat der Betreuer dem Gericht (hier über die Möglichkeiten sowie über Art, Umfang und Ergebnis etwaiger Erkundigungen) zu berichten. Schließlich hat der Verfahrenspfleger auf der Grundlage dieser Gespräche und Erkundigungen für den Betreuten dessen Verfahrensrechte wahrzunehmen, indem er ggf. zu einzelnen Verfahrensergebnissen Stellung nimmt oder Rechtsmittel einlegt. Hinzu kommt die Aufgabe des Verfahrenspflegers, dem Betreuten (soweit möglich) den Gegenstand des jeweiligen Verfahrens und das Verfahrensgeschehen zu erläutern. Eine darüber hinausgehende Pflicht zur Aufklärung von Umständen, die für die Würdigung des Betreuerhandelns, insbesondere für die Wirtschaftlichkeit des von ihm beabsichtigten Rechtsgeschäfts, von Bedeutung sein könnten, trifft den Verfahrenspfleger hingegen nicht.

37a Wird ein Rechtsanwalt in einem Genehmigungsverfahren als Verfahrenspfleger herangezogen, kann im Einzelfall seine Tätigkeit anwaltsspezifisch sein, wenn ein juristischer Laie in gleicher Lage vernünftigerweise einen Rechtsanwalt zuziehen würde (BGH, Beschl. v. 24.9.2014 – XII ZB 444/13; Beschl. v. 8.1.2025 – XII ZB 477/22). In den entschiedenen Verfahren ging es um die Genehmigung eines Grundstückskaufvertrags und die Aufhebung eines im Grundbuch eingetragenen Nießbrauchs. Der BGH geht in seinen Entscheidungen davon aus, dass die Rechtsgeschäfte eingehend auf ihre Auswirkungen für den Betreuten zu untersuchen waren. Dabei würde es sich nicht um eine rein wirtschaftliche Betrachtung eines Rechtsvorgangs handeln, sondern eine Anknüpfung an rechtliche Maßstäbe. Erfolgt die Beiordnung ausdrücklich als anwaltsspezifisch, kann der Verfahrenspfleger nach RVG abrechnen.

1.9 Beteiligte am Genehmigungsverfahren

38 Der abstrakt formulierte Begriff des Beteiligten in § 7 FamFG wird im Betreuungsverfahren in § 274 FamFG konkretisiert. Im Genehmigungsverfahren ist neben dem Betreuten und dem Betreuer (§ 274 Abs. 1 Nr. 1 und 2 FamFG) letztlich nur ein bestellter Verfahrenspfleger beteiligt (§ 274 Abs. 2 FamFG). Weder die zuständige Betreuungsbehörde noch Angehörige oder Vertrauenspersonen sind in einem Genehmigungsverfahren beteiligt. Vertragspartner des Betreuten sind im Genehmigungsverfahren nie Beteiligte.

39 Volljährige Familienangehörige des Betreuten können aber dadurch eine Verfahrensbeteiligung erlangen, indem sie durch den Betreuten bevollmächtigt werden, ihn im Genehmigungsverfahren zu vertreten, § 10 Abs. 2 Nr. 2 Alt. 1 FamFG. Da der Betreute ohne Rücksicht auf seine Geschäftsfähigkeit für „seine Betreuungssache" verfahrensfähig ist (§ 9 Abs. 1 Nr. 4 i. V. m. § 275 FamFG), kann er wirksam eine Verfahrensvollmacht erteilen. Durch die Bezugnahme auf § 15 AO wird der Angehörigenbegriff definiert.

1.10 Verfahren zur Erlangung der Genehmigung

1.10.1 Anhörung des Betreuten

40 Zur Prüfung, ob die Wünsche und die Interessen des Betreuten beachtet sind, muss dieser bei den vorgegebenen Genehmigungstatbeständen (persönlich) angehört werden, § 299 FamFG (§ 34 Abs. 1 Nr. 2 FamFG). Zudem ist § 37 Abs. 2 FamFG zu beachten. Vor einer Genehmigungsentscheidung muss sich ein Beteiligter äußern können, wenn in seine Rechte eingegriffen wird; das dürfte bei Betreuten immer gegeben sein. Zweckmäßig könnte sein, dass ihm der „Genehmigungsantrag" des Betreuers zur Möglichkeit einer Stellungnahme übersandt wird.

Nach § 34 Abs. 2 FamFG kann die Anhörung unterbleiben, wenn hiervon erhebliche Nachteile für die Gesundheit des Betreuten zu befürchten sind oder er offensichtlich nicht in der Lage ist, seinen Willen kundzutun.

1.10.2 Ermittlung aller entscheidungserheblichen Tatsachen und Beweiserhebung

Das Gericht hat von Amts wegen die zur Feststellung der entscheidungserheblichen Tatsachen erforderlichen Ermittlungen durchzuführen, § 26 FamFG. Nach § 29 FamFG erhebt das Gericht die erforderlichen Beweise in geeigneter Form. Es ist hierbei an das Vorbringen der Beteiligten nicht gebunden. Das Gericht hat die Ergebnisse der Beweiserhebung aktenkundig zu machen. Gemäß § 30 FamFG entscheidet das Gericht nach pflichtgemäßem Ermessen, ob es die entscheidungserheblichen Tatsachen durch eine förmliche Beweisaufnahme entsprechend § 355 ff. ZPO feststellt. Eine förmliche Beweisaufnahme über die Richtigkeit einer Tatsachenbehauptung soll stattfinden, wenn das Gericht seine Entscheidung maßgeblich auf die Feststellung dieser Tatsache stützen will und die Richtigkeit von einem Beteiligten ausdrücklich bestritten wird, § 30 Abs. 3 FamFG (siehe auch § 30 Abs. 4 FamFG). 41

Ist zur Entscheidung des Gerichts die Einholung eines ärztlichen Zeugnisses oder eines Gutachtens erforderlich, hat das Gericht dies zu veranlassen, da dieses alle Voraussetzungen für seine Entscheidung von Amts wegen zu ermitteln hat, § 26 FamFG; das Gericht trifft die Feststellungslast und es hat den Beweis zu erheben, § 29 FamFG. Bittet das Gericht aus verfahrensökonomischen Gründen den Betreuer, ein Gutachten oder Zeugnis vorzulegen, hat zunächst das Gericht den Ersteller aus der Staatskasse zu vergüten – mit der Möglichkeit der Auslageneinforderung (KVfG 31005 zum GNotKG). Siehe hierzu auch das Brandenburgische OLG, Beschl. v. 13.8.2010 – 2 Wx 1/10. 42

1.10.3 Termin

Das Gericht kann nach § 32 FamFG die Sache mit den Beteiligten in einem Termin erörtern. Das persönliche Erscheinen eines Beteiligten zu einem Termin kann das Gericht anordnen und ihn anhören, wenn dies zur Aufklärung des Sachverhalts sachdienlich erscheint, § 33 Abs. 1 FamFG. Dabei ist jeder verfahrensfähige Beteiligte selbst zu laden, auch wenn er einen Bevollmächtigten hat; dieser ist von der Ladung zu benachrichtigen. Bleibt ein ordnungsgemäß geladener Beteiligter unentschuldigt dem Termin fern, kann gegen ihn durch Beschluss Ordnungsgeld verhängt werden. Der Beteiligte wird auf die Folgen seines Ausbleibens in der Ladung hingewiesen (§ 33 Abs. 4 FamFG). 43

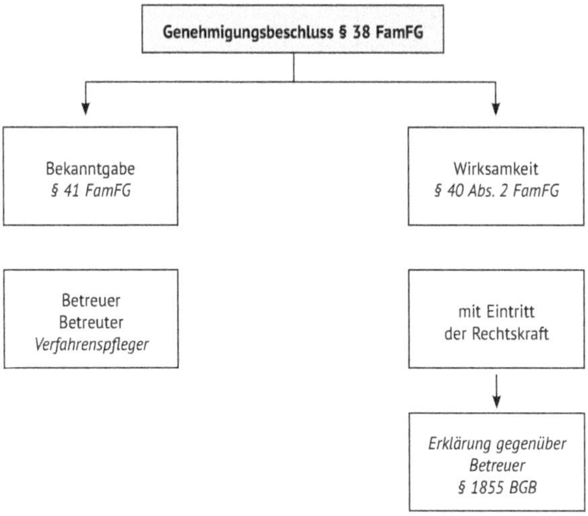

A

1.10.4 Entscheidung

44 Das Betreuungsgericht kann die begehrte Genehmigung erteilen oder verweigern. Die Entscheidung ergeht als Beschluss, da der Verfahrensgegenstand erledigt wird (sog. Endentscheidung), § 38 Abs. 1 Satz 1 FamFG. Nach § 38 Abs. 2 FamFG hat der Beschluss die Bezeichnung der Beteiligten, ihrer gesetzlichen Vertreter und der Bevollmächtigten, die Bezeichnung des Gerichts, die Namen der Gerichtspersonen, die bei der Entscheidung mitgewirkt haben, und die Beschlussformel zu enthalten. Der Beschluss ist zu begründen. Das Datum der Übergabe des Beschlusses an die Geschäftsstelle oder der Bekanntgabe durch Verlesen der Beschlussformel (Erlass) ist auf dem Beschluss zu vermerken, § 38 Abs. 3 FamFG. Jeder Beschluss hat eine Belehrung über das statthafte Rechtsmittel (Beschwerde oder Erinnerung) sowie das Gericht, bei dem diese Rechtsbehelfe einzulegen sind, dessen Sitz und die einzuhaltende Form und Frist zu enthalten, § 39 FamFG.

1.10.5 Bekanntmachung des Genehmigungsbeschlusses

45 Der Beschluss ist allen Beteiligten bekannt zu geben, § 41 Abs. 1 Satz 1 FamFG. Die Bekanntgabe hat zwingend an den Betreuten (selbst) zu erfolgen, da er im gesamten Betreuungsverfahren verfahrensfähig ist, § 275 FamFG. Daran ändert auch die Bestellung eines Verfahrenspflegers nichts. Dieser ist kein gesetzlicher Vertreter des Betreuten, sondern nimmt dessen Interessen (zusätzlich) wahr. Die Tatsache, dass der Betreute sich im Genehmigungsverfahren nicht äußern konnte (§ 34 Abs. 2 FamFG), ist dabei grundsätzlich ohne Belang. Nach § 41 Abs. 3 FamFG muss der Beschluss, der die Genehmigung zu einem Rechtsgeschäft beinhaltet, (zwingend) an den Betreuten schriftlich (wegen § 63 Abs. 3 FamFG) bekannt gegeben werden. Der Beschluss muss auch an den Verfahrenspfleger bekannt gegeben werden (er ist Beteiligter nach § 274 Abs. 2 FamFG). Die Bekanntgabe an den Verfahrenspfleger macht die Bekanntgabe an den Betreuten selbst nicht überflüssig, denn er ist kein Verdrängender, sondern nur ein zusätzlicher Garant dafür, dass die Interessen des Betreuten wahrgenommen werden. Die Beschwerdefrist wird ohne Bekanntgabe an den Betreuten nicht in Gang gesetzt.

Hinweis:
Häufig wird im Pflegeheim die gerichtliche Post, die an den Betreuten gerichtet ist, gesammelt und nicht ihm, sondern dem Betreuer ausgehändigt. Dies muss der Betreuer unterbinden und dem Heimpersonal klarmachen, dass diese Post unbedingt in den „Herrschaftsbereich" des Betreuten zu bringen ist (z. B. in die Hand geben, auf das Nachtkästchen legen). Erfolgt dies nicht, werden z. B. Fristen nicht in Lauf gesetzt.

46 Die Bekanntgabe des Genehmigungsbeschlusses kann gemäß § 15 Abs. 2 FamFG erfolgen durch:

- Zustellung nach §§ 166 bis 195 ZPO
- Übersendung eines einfachen Briefs (Schriftstück wird zur Post gegeben)

Auch durch Verlesen der Beschlussformel in (physischer) Anwesenheit des Empfängers kann die Bekanntgabe erfolgen, § 40 Abs. 2 Satz 1 FamFG. Widerspricht der Genehmigungsbeschluss dem erklärten Willen eines Beteiligten, muss er diesem nach den Vorschriften des § 15 Abs. 2 FamFG i. V. m. §§ 166 bis 195 ZPO zwingend zugestellt werden, § 41 Abs. 1 Satz 2 FamFG (siehe hierzu auch BGH, Beschl. v. 29.3.2017 – XII ZB 51/16).

46a Ein Fax mit Empfangsbestätigung ist eine Form der Zustellung, § 175 Abs. 2 ZPO (der Betreuer ist ein besonders vertrauenswürdiger Empfänger). Ein Fax ohne Empfangsbestätigung ist weder eine „Zustellung" noch ein „einfacher Brief" gemäß § 15 Abs. 2 FamFG und damit auch keine wirksame Bekanntgabe. Es stellt lediglich eine formlose Mitteilung nach § 15 Abs. 3 FamFG dar, die für § 41 Abs. 1 Satz 1 FamFG nicht ausreicht.

Gemäß § 173 Abs. 4 Satz 1 ZPO können elektronische Dokumente durch das Gericht auch an Betreuer zugestellt werden, wenn diese der Übermittlung zugestimmt haben. Zwar muss die Zustimmung nicht ausdrücklich erklärt werden, sondern es reicht aus, wenn sich diese im Einzelfall aus den konkreten Umständen ergibt. Nach § 173 Abs. 4 Satz 2 ZPO gilt die Zustimmung als erteilt, wenn der sichere Übermittlungsweg des besonderen elektronischen Postfachs oder Nutzerkontos initiativ durch den Inhaber genutzt wird, um in einem Verfahren ein Schriftstück an das Gericht zu übermitteln. In diesem Fall ist regelmäßig davon auszugehen, dass die Person in diesem Verfahren auch auf dem „Rückweg" die Zustellung gegen sich auf diesem Übermittlungsweg gelten lassen muss. Im Übrigen muss erkennbar sein, dass die im eigenen Interesse bestehende Sorgfaltspflicht zur regelmäßigen Kontrolle des besonderen elektronischen Postfachs dem Postfachinhaber deutlich vor Augen steht. Daher reicht die Einrichtung eines besonderen elektronischen Postfachs allein regelmäßig nicht aus, um von einer Zustimmung auszugehen. Siehe hierzu BT-Drs. 19/28399, S. 36. 46b

1.10.6 Wirksamkeit des Genehmigungsbeschlusses

Wirksam wird der Genehmigungsbeschluss mit Eintritt der Rechtskraft, § 40 Abs. 2 FamFG; er ist dem Betreuer gegenüber zu erklären, § 1855 BGB. Davon zu unterscheiden ist die Wirksamkeit des Rechtsgeschäfts, das entweder mit der rechtskräftigen Genehmigungsentscheidung vorgenommen wird oder bei dem (soweit es sich um einen Vertrag handelt) nachträglich Wirksamkeit eintritt, wenn der Betreuer die ihm erteilte Genehmigung dem Vertragspartner mitteilt, § 1856 Abs. 1 Satz 2 BGB. 47

1.10.7 Doppelvollmacht des Notars

Zur Erlangung der erforderlichen Genehmigung ist ein Antrag des Betreuers erforderlich. Wirksam wird die Genehmigung mit Eintritt der Rechtskraft (§ 40 Abs. 2 FamFG) und Zugang des Beschlusses an den Betreuer, § 1855 BGB. Das Rechtsgeschäft wird mit Bekanntgabe des rechtskräftigen Genehmigungsbeschlusses durch den Betreuer an den Vertragspartner wirksam, § 1856 Abs. 1 Satz 2 BGB. Durch die Doppelvollmacht bevollmächtigt der Betreuer den Notar zur Antragstellung, Entgegennahme des rechtskräftigen Genehmigungsbeschlusses für ihn und Mitteilung des Beschlusses an den Vertragspartner; dieser bevollmächtigt ihn zur Entgegennahme des Genehmigungsbeschlusses. Dabei wird dem Notar die Befreiung von § 181 BGB erteilt. Der Notar kann die Ausübung der Doppelvollmacht dem Grundbuchamt gegenüber dadurch erkenntlich machen, dass er einen entsprechenden Vermerk bei der Antragstellung anbringt. 48

Die Erteilung dieser Doppelvollmacht des Notars könnte im Widerspruch zu dem mit § 1855 ff. BGB verfolgten Ziel stehen, dem Betreuer nach Erteilung der Genehmigung die Gelegenheit zu geben, im Interesse und den Wünschen des Betreuten nochmals zu prüfen, ob er den Vertrag schließen will. Denn die erforderliche Prüfung, ob der genehmigte Vertrag weiterhin dem Interesse und den Wünschen des Betreuten entspricht, obliegt nach wie vor dem Betreuer. Diese Prüfungsmöglichkeit könnte ausgeschlossen sein, wenn der Notar sofort nach Eingang des rechtskräftigen Genehmigungsbeschlusses bei ihm diesen Beschluss sich selbst als Vertreter des Vertragspartners mitteilt. Allerdings hat es der Betreuer bis zur Vornahme der Mitteilung nach § 1856 Abs. 1 Satz 2 BGB durch den Notar in der Hand, die diesem erteilte Vollmacht zu widerrufen oder ihn (auch der Bevollmächtigung zeitlich nachfolgend) anzuweisen, die Mitteilung etwa erst dann vorzunehmen, wenn eine gesonderte Zustimmung durch ihn erfolgt oder ab Kenntnisnahme von der Genehmigung durch ihn eine bestimmte Frist ohne Zustimmungsverweigerung verstrichen ist (BGH, Beschl. v. 2.12.2015 – XII ZB 283/15). 49

1.10.8 Rechtsmittel gegen den Genehmigungsbeschluss

Tipp:

Zum Beschwerdeverfahren wird auf noch folgende Ausführungen in Leitziffer A verwiesen; im Folgenden werden einige Besonderheiten für das Genehmigungsverfahren erläutert.

50 Gegen die im ersten Rechtszug ergangene Endentscheidung, den Genehmigungsbeschluss, findet die Beschwerde statt, § 58 Abs. 1 FamFG. Die Beschwerde ist nach § 63 Abs. 2 Nr. 2 FamFG binnen einer Frist von zwei Wochen einzulegen, wenn sie sich gegen einen Beschluss, der die Genehmigung eines Rechtsgeschäfts zum Gegenstand hat, richtet. Die Beschwerdefrist für den Betreuten beginnt im Verfahren über die Erteilung einer gerichtlichen Genehmigung mit der nach § 41 Abs. 3 FamFG erforderlichen (schriftlichen) Bekanntgabe des Beschlusses an ihn selbst, § 63 Abs. 3 Satz 1 FamFG. Die Bekanntgabe der betreuungsgerichtlichen Genehmigung an den Betreuer wirkt nicht gegen den Betroffenen, der in Betreuungssachen gemäß § 275 FamFG ohne Rücksicht auf seine Geschäftsfähigkeit verfahrensfähig ist. Eine Vertretung durch den Betreuer findet insoweit nicht statt, was auch dann gilt, wenn dessen Aufgabenkreis die Entgegennahme, das Anhalten und das Öffnen der Post umfasst. Auch eine Bekanntgabe an eine vom Betreuer hierfür bevollmächtigte Person (z. B. Doppelvollmacht des Notars) ist keine wirksame Bekanntgabe an den Betreuten. Die Beschwerde steht nach § 59 Abs. 1 FamFG demjenigen zu, der durch den Beschluss in seinen Rechten beeinträchtigt ist (Beschwerdeberechtigung).

51 Wird die Genehmigung versagt, ist der Betreute nach § 59 Abs. 1 FamFG beschwerdeberechtigt. Durch die Versagung der Genehmigung kann sich eine Rechtsbeeinträchtigung des Betreuten ergeben, wenn das Rechtsgeschäft seinem Willen entspricht und in seinem Interesse liegt. Da der Betreute immer verfahrensfähig ist (§ 275 FamFG), kann er auch selbstständig sein Beschwerderecht wahrnehmen. Ein Beschwerderecht des Verfahrenspflegers ergibt sich aus § 303 Abs. 3 FamFG, da er die Interessen des Betreuten zu wahren hat.

52 Ob auch der Betreuer ein eigenes Beschwerderecht aus § 59 Abs. 1 FamFG hat, wenn die Genehmigung versagt wird, ist umstritten. Der BGH (Beschl. v. 18.3.2020 – ZB 474/19) lehnt dies mit der Begründung ab, dass nur der Betroffene selbst, nicht aber der Betreuer in seiner Rechtsstellung unmittelbar beeinträchtigt wird. Unabhängig davon kann der Betreuer immer im Namen und als Vertreter des Betreuten für diesen das Beschwerderecht ausüben, § 303 Abs. 4 Satz 1 FamFG.

53 Wird die gerichtliche Genehmigung eines vom Betreuer abgeschlossenen Vertrags abgelehnt, steht dem Vertragspartner grundsätzlich kein Beschwerderecht zu (OLG München, Beschl. v. 15.6.2009 – 13 Wx 79/09).

54 Wird die Genehmigung erteilt, ist der Betreute beschwerdeberechtigt, § 59 Abs. 1 FamFG. Die Genehmigung macht das Handeln des Betreuers und das Rechtsgeschäft möglich, deshalb greift sie in subjektive Rechte des Vertretenen ein. Auch kann die Rechtsbeeinträchtigung darin liegen, dass das Rechtsgeschäft für den Vertretenen nicht interessensgerecht ist. Ein Beschwerderecht des Verfahrenspflegers ergibt sich aus § 303 Abs. 3 FamFG.

55 Die Genehmigungserteilung kann nicht durch den Betreuer im eigenen Namen angefochten werden, da er in seinen Rechten nicht beeinträchtigt ist. Fraglich ist, ob der Betreuer im Namen und auf Wunsch des Betreuten für diesen Beschwerde einlegen kann, was § 303 Abs. 4 Satz 1 FamFG grundsätzlich zulassen würde. Es bestehen zumindest Bedenken, ob der Betreuer in diesem Fall nicht von der Vertretung ausgeschlossen ist, da er (durch sein Wollen) und der Betreute im Genehmigungsverfahren Gegner sind. Im Übrigen dürfte der Fall eher selten sein, dass einerseits der Betreuer eine Genehmigung erlangen will, dann aber nach Erlangung der positiven Entscheidung im Namen des Betreuten dagegen Rechtsmittel einlegt; problematisch könnte schon die Begründung des Rechtsmittels für ihn werden.

1.10.9 Abkürzung der Fristen

56 Um einen schnelleren Eintritt der Wirksamkeit der Genehmigungsentscheidung herbeizuführen, kommt zunächst ein Rechtsmittelverzicht der (beschwerten) Beteiligten in Betracht, § 67 Abs. 1 FamFG. Der Rechtsmittelverzicht kann (erst) nach Bekanntgabe des Genehmigungsbeschlusses durch Erklärung gegenüber dem Betreuungsgericht erfolgen (siehe Wortlaut des § 67 Abs. 1 FamFG); eine Erklärung vor Erlass der Entscheidung ist nicht wirksam. Bekanntgabe der Entscheidung bedeutet entweder schriftliche Bekanntgabe an den Beschwerdeberechtigten

(§ 41 Abs. 1 bzw. 3 FamFG) oder Verlesen der Beschlussformel (§ 41 Abs. 2 Satz 1 FamFG); jedenfalls verlangt § 67 Abs. 1 FamFG nicht zwingend eine schriftliche Bekanntgabe (wie z. B. § 63 Abs. 3 Satz 1 FamFG). Durch seine Verfahrensfähigkeit (§ 275 FamFG) kann der Betreute selbst auf die Einlegung eines Rechtsmittels verzichten. Wird ein Verzicht auf Rechtsmittel gegen die Genehmigungserteilung durch den Betreuer abgegeben, bindet dies den Betreuten nicht, weil es dem Betreuer insoweit an der Vertretungsmacht fehlt.

In eiligen Genehmigungsverfahren könnte das Betreuungsgericht (Rechtspfleger) auf Anregung 57 einen Termin anberaumen, zu dem der Betreuer, der Betreute und ggf. der Verfahrenspfleger zu laden sind, §§ 32 Abs. 1, 33 Abs. 1 FamFG. Im Termin können der Betreute und ggf. der Verfahrenspfleger mündlich angehört werden, § 34 Abs. 1 i. V. m. § 299 FamFG. Soweit das Verfahren entscheidungsreif ist, ergeht der Genehmigungsbeschluss und wird durch Verlesen der Beschlussformel bekannt gemacht, § 41 Abs. 2 Satz 1 FamFG, außerdem ergeht die Rechtsbehelfsbelehrung nach § 39 FamFG. Erklären der Betreute und ggf. der Verfahrenspfleger gegenüber dem Betreuungsgericht einen Verzicht auf (jegliche) Rechtsmittel (§ 67 Abs. 1 FamFG), tritt sofort Rechtskraft ein (§ 45 FamFG) und der Beschluss zur Genehmigung des Rechtsgeschäfts ist wirksam, § 40 Abs. 2 FamFG. Das Rechtskraftzeugnis nach § 46 FamFG kann durch den Urkundsbeamten erstellt werden. Ist der Betreute zur Abgabe einer erheblichen Verzichtserklärung nicht imstande, muss allerdings die Beschwerdefrist abgewartet werden; ein Verzicht scheidet in diesem Fall aus.

2. Verfügung über Rechte und Wertpapiere

Mit den Genehmigungstatbeständen des § 1849 BGB soll (vorrangig) der Schutz des Betreuten 58 vor Veruntreuung von Geld und Wertpapieren durch den Betreuer gewährleistet werden.

Dem Genehmigungserfordernis des § 1849 BGB Abs. 1 Satz 1 Nr. 1 und 2, Satz 2 BGB 58a unterliegen als Betreuer kraft Gesetzes nach § 1859 Abs. 1 Satz 1 Nr. 2, Abs. 2 BGB nicht:

- Verwandte in gerader Linie, Geschwister, Ehegatten und (gleichgeschlechtliche) Lebenspartner
- Betreuungsverein und Vereinsbetreuer
- Betreuungsbehörde und Behördenbetreuer

Zu den Befreiungen siehe Rn. 166 ff.

2.1 Verfügung über ein Recht auf Geldleistung

Der Betreuer bedarf der Genehmigung des Betreuungsgerichts zu einer Verfügung über ein 59 Recht, kraft dessen der Betreute eine Geldleistung verlangen kann, § 1849 Abs. 1 Satz 1 Nr. 1 Alt. 1 BGB.

Die Verfügung ist nur auf Geldleistungen beschränkt. Damit sind Ansprüche, die auf eine Sach-, 60 Dienst- oder sonstige Leistung gerichtet sind, ausgeschlossen. Der Verfügungsbegriff umfasst insbesondere Veräußerung, Erlass, Verzicht, Abtretung, Belastung und Kündigung. Verfügt der Betreuer über einen Zahlungsanspruch des Betreuten, der nicht mehr als 3.000 EUR beträgt, entfällt eine Genehmigung, § 1849 Abs. 2 Nr. 1 Buchst. a BGB.

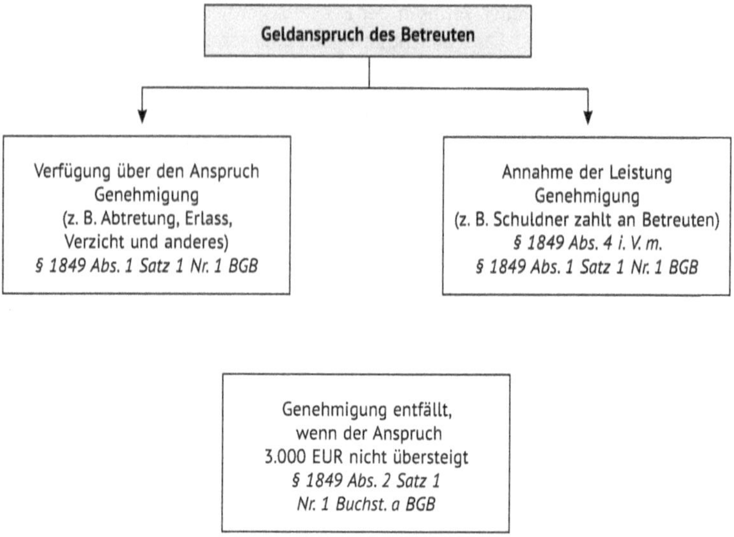

61 Eine Verfügung über einen Zahlungsanspruch kann auch dann vorliegen, wenn die Leistung erbracht wird und damit der Anspruch erlischt, § 362 Abs. 1 BGB. Zwar kann die Annahme einer geschuldeten (Geld-)Leistung als reale Leistungsbewirkung nicht als Verfügung klassifiziert werden, allerdings wird in § 1849 Abs. 4 BGB ausdrücklich geregelt, dass auch die Annahme einer Leistung unter § 1849 Abs. 1 BGB fällt. Die Genehmigung entfällt auch hier grundsätzlich, wenn der Zahlungsanspruch des Betreuten nicht mehr als 3.000 EUR beträgt, § 1849 Abs. 2 Nr. 1 Buchst. a BGB.

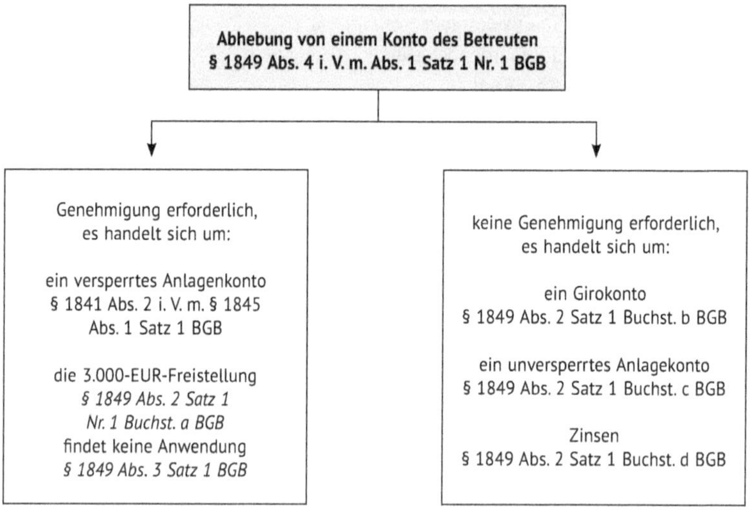

62 Die Annahme einer geschuldeten Leistung spielt insbesondere auch bei der Geldabhebung von Konten des Betreuten durch den Betreuer eine Rolle. Mit der Entnahme verfügt der Betreuer über einen Anspruch des Betreuten gegen das Kreditinstitut aus dem Kontovertrag, der Anspruch erlischt in Höhe des entnommenen Betrags. Zur Abhebung ist eine gerichtliche Genehmigung nach § 1849 Abs. 4 i. V. m. Abs. 1 Satz 1 Nr. 1 Alt. 1 BGB erforderlich. Davon gibt es allerdings Ausnahmen.

- Handelt es sich um ein Girokonto (Verfügungskonto, § 1839 Abs. 1 Satz 1 BGB) des Betreuten, ist zur Entnahme keine Genehmigung erforderlich, § 1849 Abs. 2 Nr. 1 Buchst. b BGB.
- Hält der Betreuer Verfügungsgeld des Betreuten auf einem Anlagekonto bereit (§ 1839 Abs. 2 BGB) und wurde *keine* Sperrvereinbarung getroffen (§ 1845 Abs. 1 Satz 2 BGB), kann er genehmigungsfrei abheben, § 1849 Abs. 2 Nr. 1 Buchst. c BGB.
- Zinsen kann der Betreuer auch von versperrten Anlagekonten (§ 1841 Abs. 2 i. V. m. § 1845 Abs. 1 Satz 1 BGB) in unbeschränkter Höhe genehmigungsfrei entnehmen, § 1849 Abs. 2 Nr. 1 Buchst. d BGB, da sie zu den Nutzungen des Vermögens gehören. Dies gilt aber nur, solange sie dem Guthaben noch nicht zugeschlagen wurden, was nach den „Sonderbedingungen der Banken und Sparkassen für den Sparverkehr" regelmäßig nach Ablauf von zwei Monaten nach Zinsgutschrift erfolgt (dann sind sie Kapital und die Befreiung entfällt). Nach Zuschlag zum Kapital unterliegen sie der Genehmigungsbedürftigkeit, § 1849 Abs. 3 Satz 2 BGB. Dies gilt auch, wenn über die Zinsen (extra) eine Sperrvereinbarung getroffen wird (was nicht erforderlich ist, § 1845 Abs. 1 Satz 2 BGB).
- Beträgt der Kontostand bei einem Anlagekonto nicht mehr als 3.000 EUR, entfällt an sich die Genehmigungspflicht nach § 1849 Abs. 2 Nr. 1 Buchst. a BGB. Allerdings ist hier noch § 1849 Abs. 3 Satz 1 BGB zu beachten. Mit der Sperrvereinbarung nach § 1845 Abs. 1 Satz 1 BGB entfällt die Freistellung – es bleibt bei der Genehmigungsbedürftigkeit des § 1849 Abs. 1 Satz 1 Nr. 1 BGB.

Hinweis:

Ohne Genehmigung kann nur dann über einen Anspruch aus einem Anlagekonto verfügt werden, wenn der gesamte Kontostand (es kommt nicht auf den Betrag an, der abgehoben werden soll) nicht mehr als 3.000 EUR beträgt und **keine** Sperrvereinbarung nach § 1845 Abs. 1 Satz 1 BGB getroffen ist.

Beispiele:

a) Der Betreute hat einen Kaufpreisanspruch in Höhe von 5.000 EUR gegen S. Wenn der Betreuer im Namen des Betreuten den Anspruch an X abtritt, ist eine Genehmigung nach § 1849 Abs. 1 Satz 1 Nr. 1 Alt. 1 BGB erforderlich.

Würde der Kaufpreisanspruch nicht mehr als 3.000 EUR betragen, entfiele die Genehmigungspflicht nach § 1849 Abs. 2 Nr. 1 Buchst. b BGB.

b) Wenn S die Kaufpreisschuld begleicht, die 5.000 EUR also an den Betreuten zu Händen des Betreuers zahlt, nimmt dieser eine dem Betreuten geschuldete Leistung an, sodass § 1849 Abs. 4 i. V. m. Abs. 1 Satz 1 Nr. 1 Alt. 1 BGB anzuwenden ist.

Würde der Kaufpreisanspruch nicht mehr als 3.000 EUR betragen, entfiele die Genehmigungspflicht nach § 1849 Abs. 2 Nr. 1 Buchst. b BGB.

c) Der Betreuer hat bei seiner Bestellung ein Anlagekonto des Betreuten nach § 1841 Abs. 2 BGB vorgefunden und gemäß § 1845 Abs. 3 Satz 1 i. V. m. Abs. 1 Satz 1 BGB mit dem Kreditinstitut eine Sperrvereinbarung getroffen. Möchte er später einen bestimmten Geldbetrag abheben, benötigt er eine gerichtliche Genehmigung nach § 1849 Abs. 4 i. V. m. Abs. 1 Satz 1 Nr. 1 Alt. 1 BGB.

Würde der Kontostand nicht mehr als 3.000 EUR betragen, entfiele an sich die Genehmigungspflicht nach § 1849 Abs. 2 Nr. 1 Buchst. a BGB. Allerdings ist noch § 1849 Abs. 3 Satz 1 BGB zu beachten. Mit der Sperrvereinbarung nach § 1845 Abs. 1 Satz 1 BGB entfällt die Freistellung – es ist doch wieder eine Genehmigung erforderlich.

Hinweis:

Über das Guthaben auf dem Girokonto (Verfügungskonto) kann der Betreuer (in der Höhe nicht beschränkt) genehmigungsfrei verfügen. Die Kündigung des Girovertrags ist ebenfalls genehmigungsfrei, da diese Verfügung, wenn das Guthaben bereits ausgezahlt ist, nicht mehr auf eine Geldleistung gerichtet ist.

2.2 Verfügung über ein Recht auf Leistung eines Wertpapiers

63 § 1849 Abs. 1 Satz 1 Nr. 1 Alt. 2 BGB erweitert das Genehmigungserfordernis um die Verfügung über Rechte, deren Geltendmachung zu einem Anspruch auf Leistung eines Wertpapiers führen. Damit soll unter anderem die Kündigung eines Depotvertrags durch den Betreuer erfasst werden oder die Übertragung der Rechte aus dem Depotvertrag auf einen Dritten (Abtretung des Herausgabeanspruchs) nach § 398 BGB. Es handelt sich dogmatisch nur um die Verfügung über eine vertragliche Nebenleistung (z. B. die Rückgabepflicht aus dem Verwahrvertrag). Die Kündigung eines Depot- oder Verwahrvertrags stellt keine Verfügung über das jeweilige Wertpapier selbst dar, sodass die Genehmigungsbedürftigkeit aus § 1849 Abs. 1 Satz 1 Nr. 2 BGB nicht greift.

64 Soweit die nach § 1845 Abs. 2 Satz 1 BGB erforderliche Sperrvereinbarung mit der depotführenden Stelle getroffen wurde, liegt an sich schon ein rechtsgeschäftliches Verfügungsverbot gemäß § 137 Satz 2 BGB vor. Zu einer Verfügung über den Anspruch ist darüber hinaus die Genehmigung nach § 1849 Abs. 1 Satz 1 Nr. 1 Alt. 1 BGB erforderlich. Erst die wirksame Genehmigung lässt eine Verfügung zu.

Beispiel:

Nach seiner Bestellung kündigt der Betreuer im Namen des Betreuten den Depotvertrag bei der Stadtsparkasse M. Zur Kündigung ist eine Genehmigung nach § 1849 Abs. 1 Satz 1 Alt. 2 BGB erforderlich, denn aus dem Depotvertrag ergibt sich für den Betreuten das Recht, die Leistung (Rückgabepflicht) der gebuchten Wertpapiere zu verlangen. Durch die Kündigung wird über dieses Recht verfügt (nicht aber über die verwahrten Wertpapiere).

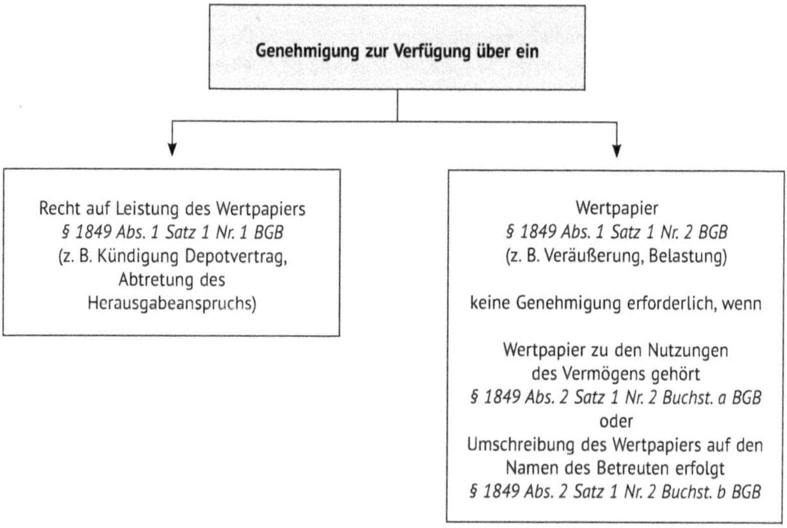

2.3 Verfügung über ein Wertpapier des Betreuten

Nach § 1849 Abs. 1 Satz 1 Nr. 2 BGB bedarf der Betreuer zur Verfügung (z. B. Veräußerung) über ein Wertpapier des Betreuten einer gerichtlichen Genehmigung. Dies gilt für alle Wertpapiere nach § 1843 Abs. 1 und 2 BGB, auch für ihnen gleichgestellte Anlagen gemäß § 1 Abs. 1 DepotG wie Schuldbuchforderungen (z. B. Sammelschuldbuchforderungen des Bundes gemäß § 6 Abs. 2 Satz 1 und 6 BSchuWG). Es spielt keine Rolle, ob die Wertpapiere in einem versperrten Depot verwahrt oder hinterlegt sind. Soweit der Betreuer bereits eine Vereinbarung mit der depotführenden Stelle nach § 1845 Abs. 2 Satz 1 BGB getroffen hat, ist zur Verfügung dennoch die Genehmigung nach § 1849 Abs. 1 Satz 1 Nr. 2 BGB erforderlich. Erst die wirksame Genehmigung lässt eine Verfügung zu. Hat der Betreuer unter § 1843 Abs. 2 BGB fallende Wertpapiere (z. B. auf den Namen des Betreuten lautende Papiere) in einem Schließfach eines Kreditinstituts eingelegt und nach § 1845 Abs. 2 Satz 2 BGB die Vereinbarung getroffen, dass die Herausnahme (aus dem Schließfach) nur mit gerichtlicher Genehmigung erfolgen kann, ist auch zu einer Verfügung über die Wertpapiere eine gerichtliche Genehmigung nach § 1849 Abs. 1 Satz 1 Nr. 2 BGB erforderlich. 65

Nach § 1849 Abs. 2 Satz 1 Nr. 2 Buchst. a BGB werden Verfügungen über Wertpapiere von der Genehmigungsbedürftigkeit ausgenommen, wenn sie zu den Nutzungen des Vermögens gehören. Der Betreuer kann ohne gerichtliche Genehmigung z. B. die Einlösung von Zins-, Renten- und Gewinnanteilscheinen wirksam vornehmen. Soweit aber auch die Nutzungen von der Sperrvereinbarung erfasst werden (was nicht erforderlich ist), bedarf der Betreuer für Verfügungen über sie dennoch wieder der Genehmigung, § 1849 Abs. 3 Satz 2 i. V. m. § 1849 Abs. 1 Satz 1 Nr. 2 BGB. Die Umschreibung von Wertpapieren auf den Namen des Betreuten (z. B. Inhaberpapiere in Namenspapiere) ist nicht genehmigungsbedürftig, § 1849 Abs. 2 Nr. 2 Buchst. b BGB; sie unterliegt nur einer Mitteilungspflicht nach § 1846 Abs. 1 Nr. 4 und Abs. 2 Nr. 4 BGB. 66

Beträgt das Guthaben aus der Einlösung fälliger Wertpapiere nicht mehr als 3.000 EUR und verfügt der Betreuer darüber (z. B. durch Annahme), entfällt an sich die Genehmigungspflicht nach § 1849 Abs. 2 Nr. 1 Buchst. a BGB. Allerdings ist hier noch § 1849 Abs. 3 Satz 1 Alt. 1 BGB zu beachten. Mit einer Vereinbarung nach § 1845 Abs. 2 Satz 1 oder Satz 2 BGB wird die Freistellung wieder aufgehoben. Gemäß § 1849 Abs. 3 Satz 1 Alt. 2 BGB ist auch das Guthaben aus der Einlösung nicht versperrter Wertpapiere (z. B. nicht hinterlegter Namenspapiere) geschützt. Der Guthabenbetrag darf auch bei Beträgen von nicht mehr als 3.000 EUR nur auf einem versperrten Konto verbucht oder mit gerichtlicher Genehmigung ausgezahlt werden. 67

2.4 Verfügung über einen hinterlegten Wertgegenstand

Verfügung über bewegliche Sachen unterliegen grundsätzlich keinem Genehmigungsvorbehalt. Die Verfügung über Wertgegenstände des Betreuten bedarf aber dann einer Genehmigung nach § 1849 Abs. 1 Satz 1 Nr. 3 BGB, wenn sie auf gerichtliche Anordnung hin zu hinterlegen waren (§ 1844 BGB). Allerdings ist auch bei nicht hinterlegten Wertgegenständen zu beachten, dass zur Annahme des Verkaufserlöses durch den Betreuer eine Genehmigung nach § 1849 Abs. 4 i. V. m. Abs. 1 Satz 1 Nr. 1 BGB erforderlich sein kann, soweit nicht § 1849 Abs. 2 Nr. 1 Buchst. a BGB greift. 68

2.5 Verpflichtungsgeschäfte

Die Eingehung einer (schuldrechtlichen) Verpflichtung zu einer Verfügung nach § 1849 Abs. 1 Satz 1 BGB ist genehmigungsbedürftig, § 1849 Abs. 1 Satz 2 BGB. Auch die Verpflichtung zu einer Verfügung über ein Wertpapier fällt darunter (§ 1849 Abs. 1 Satz 2 i. V. m. Abs. 1 Satz 1 Nr. 2 BGB). Dies gilt jedoch gemäß § 1849 Abs. 2 Satz 2 BGB wieder nicht, soweit es sich um eine Verfügung über ein Wertpapier handelt, das zu den Nutzungen des Vermögens gehört oder umgeschrieben werden soll, § 1849 Abs. 2 Satz 1 Nr. 2 BGB. 69

70 Eine Genehmigung zu einer Verfügung nach § 1849 Abs. 1 Satz 1 BGB ist nicht mehr erforderlich, wenn zuvor die Eingehung der Verpflichtung zu ihr bereits gerichtlich genehmigt worden ist, § 1849 Abs. 2 Satz 1 Nr. 3 BGB.

Beispiel:

Verkauft der Betreuer ein Wertpapier des Betreuten und erhält hierfür die gerichtliche Genehmigung nach § 1849 Abs. 1 Satz 2 i. V. m. Satz 1 Nr. 2 BGB, dann ist darin zugleich die Genehmigung für die dingliche Eigentumsübertragung an dem Wertpapier enthalten, die an sich nach § 1849 Abs. 1 Satz 1 Nr. 2 BGB (zusätzlich) zu genehmigen wäre.

3. Anlage von Geld des Betreuten

71 Geld des Betreuten, das nicht für Ausgaben benötigt wird (siehe A 10), hat der Betreuer anzulegen (Anlagegeld). Er soll das Anlagegeld auf einem zur verzinslichen Anlage geeigneten Konto des Betreuten bei einem Kreditinstitut (Anlagekonto) anlegen, § 1841 BGB. Das Kreditinstitut muss für die jeweilige Anlage einer ausreichenden Sicherungseinrichtung angehören, § 1842 BGB. Weicht der Betreuer von der in § 1841 BGB vorgeschriebenen Anlage ab, ist § 1848 BGB zu beachten.

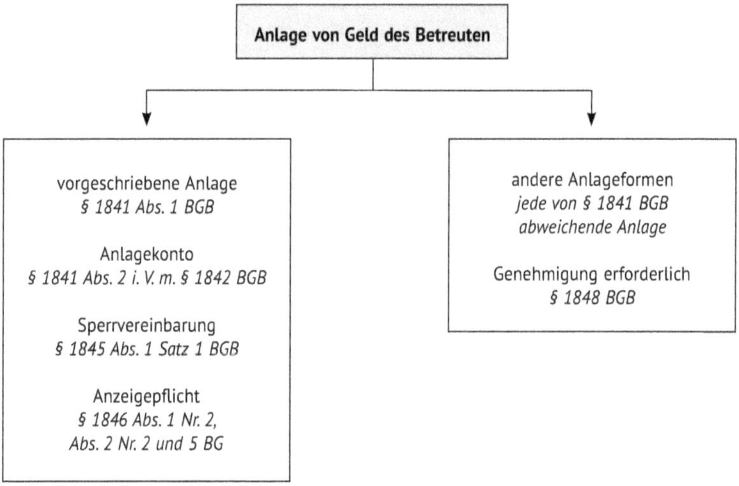

3.1 Anzeigepflicht

72 Der Betreuer hat dem Betreuungsgericht unverzüglich anzuzeigen, wenn er ein Anlagekonto für den Betreuten eröffnet, § 1846 Abs. 1 Nr. 2 BGB. Die Anzeige hat insbesondere Angaben zu Höhe und Verzinsung der Anlage, ihrer Bestimmung als Anlage- oder Verfügungsgeld sowie zur Sperrvereinbarung (§ 1845 Abs. 1 BGB) zu enthalten, § 1846 Abs. 2 Nr. 2 und 5 BGB.

3.2 Genehmigungspflicht

73 Wählt der Betreuer für das Anlagegeld eine andere Art der Anlegung als die in § 1841 Abs. 2 BGB vorgeschriebene Regelanlage auf einem Anlagekonto, bedarf es zur Wirksamkeit der Anlage der Genehmigung des Betreuungsgerichts, § 1848 BGB.

74 Betroffen ist z. B. die Anlage in verbrieften Forderungen oder Schuldbuchforderungen gegen den Bund oder ein Bundesland, in Pfandbriefen, Kommunalobligationen, Städteanleihen sowie auch in Investment- oder Immobilienfonds und die Anlage bei einem Finanzdienstleistungs-

institut. Dies betrifft ferner die Anlage in Sachwerten – einschließlich Wertgegenständen –, wobei der Kauf von Immobilien gemäß § 1850 Nr. 6 BGB eine weitere Genehmigung erfordert. Auch die Geldanlage bei einem Kreditinstitut, das keiner § 1842 BGB entsprechenden Sicherungseinrichtung angehört, fällt darunter. In Fällen, in denen der Betreute Kapitalvermögen in ausländischen Werten besitzt (Finanzinstrumente nach § 1 Abs. 1a Nr. 1 KWG), kann die weitere Anlage von Geld in diesen Werten erforderlich sein, um sonst drohende Verluste durch Ausübung eines Bezugsrechts oder Nachzahlungen zu vermeiden.

Soweit die vorrangige Pflicht des Betreuers, den Wünschen und dem mutmaßlichen Willen des 75
Betreuten zu entsprechen, nicht entgegensteht, hat er vorgefundene andere Anlangen nach § 1848 BGB des Betreuten zur Sicherung umzuwandeln. Fallen für fortbestehende andere Anlagen des Betreuten neue Anlageentscheidungen an, die durch den Betreuer getroffen werden müssen, bedarf der Betreuer hierfür der Genehmigung des Gerichts.

4. Rechtsgeschäfte über Grundstücke, Schiffe, Schiffsbauwerke

Soweit der Betreuer für den Betreuten den Erwerb oder die Veräußerung eines Grundstücks 76
oder einer Eigentumswohnung oder aber die Bestellung, Veränderung oder Aufhebung eines Grundstücksrechts vornehmen will, sind betreuungsgerichtliche Genehmigungen einzuholen. Auch wenn regelmäßig für diese Rechtsgeschäfte die Mitwirkung eines Notars erforderlich ist, sollte der Betreuer erforderliche Genehmigungspflichten erkennen. Bevor ein Grundstücksgeschäft durch den Betreuer vorgenommen wird, ist eine Rücksprache mit dem Betreuungsrechtspfleger und dessen Beratung nach § 1861 Abs. 1 BGB angebracht. Unterlagen zur Sachverhaltsaufklärung und Wertgutachten sind, soweit vorhanden, vorzulegen.

4.1 Erwerb von Grundstücken, Schiffen, Schiffsbauwerken

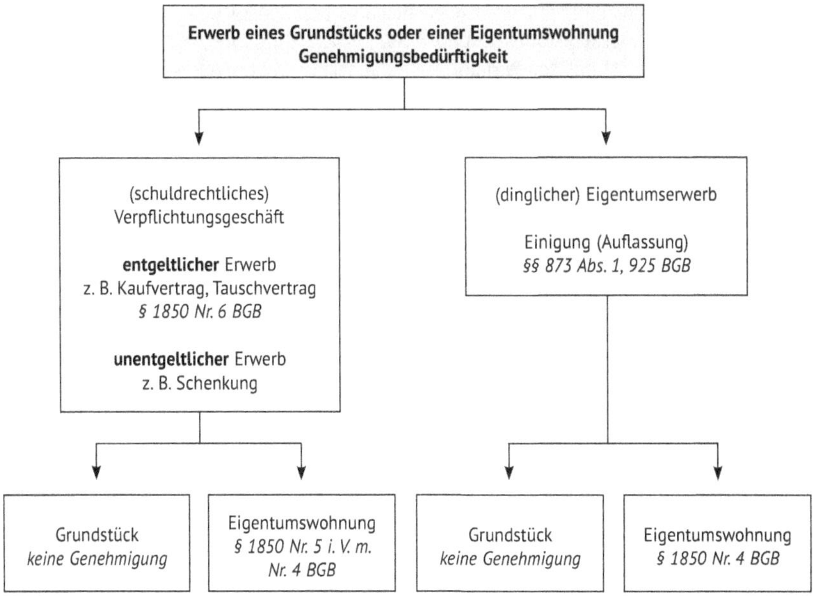

4.1.1 Entgeltlicher Erwerb

Kauft der Betreuer ein Grundstück, eine Eigentumswohnung oder ein Erbbaurecht im Namen 77
des Betreuten, ist eine betreuungsgerichtliche Genehmigung nach § 1850 Nr. 6 BGB

erforderlich. Entgeltlich ist auch ein Tauschvertrag, die Ausübung eines Vorkaufsrechts, Wiederkaufs- oder Optionsrechts. Es handelt sich um (schuldrechtliche) Verpflichtungsgeschäfte, durch die der Betreute zum Erwerb verpflichtet wird. Der Genehmigungstatbestand ist auch anzuwenden, wenn es sich um ein eingetragenes Schiff oder Schiffsbauwerk handelt.

4.1.2 Unentgeltlicher Erwerb

78 Erwirbt der Betreute ein Grundstück (oder ein Erbbaurecht), ein eingetragenes Schiff oder Schiffsbauwerk unentgeltlich, z. B. durch Schenkung, bedarf der Betreuer für seine Handlung als gesetzlicher Vertreter keiner betreuungsgerichtlichen Genehmigung (§ 1850 Nr. 6 BGB ist nicht einschlägig). Achtung: Dies gilt nicht für Wohnungs- oder Teileigentum.

79 Gemischte Schenkungen, bei denen die Gegenleistung bewusst niedriger angesetzt wird, als sie dem Grundstückswert entspricht, sind genehmigungsbedürftig. Die Schenkung unter einer Auflage ist dann genehmigungsbedürftig, wenn diese nicht lediglich in der Bestellung eines Rechts zugunsten des Schenkers liegt und das Recht nicht zu persönlichen Leistungen verpflichtet (keine Genehmigung z. B. bei Wohnungsrecht oder Nießbrauch; allerdings doch Genehmigung bei Reallast wegen § 1108 BGB).

80 Erwirbt der Betreute ein Grundstück oder einen Miteigentumsanteil an einem Grundstück unentgeltlich (z. B. im Wege der vorweggenommenen Erbfolge) und verpflichtet er sich hierbei vertraglich zur Rücküberlassung an den Schenker unter bestimmten Voraussetzungen, begründet die Rückforderungsklausel eine aufschiebend bedingte Verpflichtung zur Verfügung über ein Grundstück, sodass eine betreuungsgerichtliche Genehmigung gemäß § 1850 Nr. 5 i. V. m. Nr. 1 BGB erforderlich ist (OLG Köln, Beschl. v. 11.6.2003 – 2 Wx 18/03). Dies gilt nicht beim (gesetzlichen) Vorbehalt der Rückforderung wegen Verarmung des Schenkers nach § 528 BGB oder wegen Widerrufs bei grobem Undank nach § 530 BGB, denn in diesen Fällen ist das Zugewandte nach bereicherungsrechtlichen Grundsätzen zurückzugeben. Anderes gilt für die Verpflichtung des Beschenkten zur selbstständigen Rückübertragung, wenn dem Schenker ein Rückforderungsrecht eingeräumt ist, weil hier der beschenkte Betreute für die Übertragung nach dem Recht der Leistungsstörungen (§ 280 ff. BGB) und daher nicht nur mit dem übertragenen Gegenstand, sondern ggf. auch mit seinem weiteren Vermögen haftet.

81 Wird dem Betreuten Wohnungs- oder Teileigentum geschenkt (unentgeltlicher Erwerb), ist eine Genehmigung nach § 1850 Nr. 5 i. V. m. Nr. 4 BGB erforderlich; der dingliche Erwerb (§ 873 BGB) erfordert die Genehmigung nach § 1850 Nr. 4 BGB. Umfasst sind somit Verfügungs- und Verpflichtungsgeschäfte. Der entgeltliche Erwerb von Wohnungs- und Teileigentum wird bereits von § 1850 Nr. 6 BGB erfasst. Zwar ist der unentgeltliche Erwerb von Eigentum an einem Grundstück genehmigungsfrei; die besondere Gefährlichkeit des unentgeltlichen Erwerbs von Wohnungs- und Teileigentum liegt aber darin, dass unter Umständen umfangreiche Haftungsfolgen (z. B. §§ 15 und 21 WEG) eintreten. Die doppelte Sicherung beim Erwerb (Verpflichtungs- und Verfügungsgeschäft) ist hinnehmbar, da beide Geschäfte in der Regel in einer einheitlichen notariellen Urkunde vorgenommen werden. Das Gericht wird nur eine Genehmigungsentscheidung erlassen, die beide Genehmigungstatbestände umfasst.

4.2 Veräußerung eines Grundstücks, Schiffs, Schiffsbauwerks

82 Veräußert der Betreuer im Namen des Betreuten ein Grundstück, ist das schuldrechtliche vom dinglichen Geschäft zu trennen. Dies gilt grundsätzlich auch bei Wohnungseigentum und Erbbaurecht.

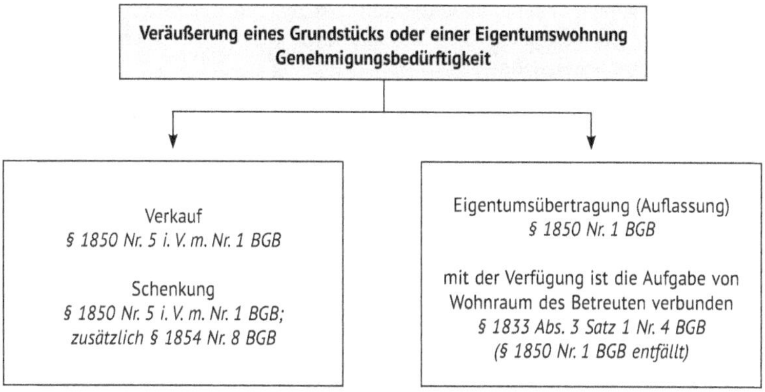

4.2.1 Verkauf eines Grundstücks

Mit dem Kaufvertrag wird der Verkäufer verpflichtet, das Grundstück (Wohnungseigentum oder 83
Erbbaurecht) auf den Käufer zu übereignen, § 433 Abs. 1 BGB, und somit über das Grundstück zu verfügen. Jede Eingehung einer Verpflichtung zu einer Verfügung über ein Grundstück (oder Erbbaurecht) oder eine Eigentumswohnung bedarf einer Genehmigung nach § 1850 Nr. 5 i. V. m. Nr. 1 BGB. Dabei spielt es keine Rolle, ob das Rechtsgeschäft entgeltlich oder unentgeltlich vorgenommen wird. Allerdings ist zusätzlich zu beachten, dass der Betreuer ein Grundstück bzw. eine Eigentumswohnung grundsätzlich nicht ohne Genehmigung des Betreuungsgerichts verschenken kann, § 1854 Nr. 8 BGB. Es ist unerheblich, ob das Grundstück bzw. die Eigentumswohnung im Alleineigentum des Betreuten steht oder ob er nur Miteigentümer ist. Handelt es sich um ein eingetragenes Schiff oder Schiffsbauwerk, greift ebenfalls § 1850 Nr. 5 i. V. m. Nr. 1 BGB.

4.2.2 Übertragung des Eigentums an einem Grundstück

Die dingliche Auflassung des Grundstücks oder einer Eigentumswohnung (Übertragung des 84
Eigentums, §§ 873, 925 BGB) stellt eine Verfügung über das Grundstück dar. Der Betreuer unterliegt dem Genehmigungstatbestand des § 1850 Nr. 1 BGB.

Hat das Betreuungsgericht den „Kaufvertrag" genehmigt, wird vermutet, dass diese Genehmi- 85
gung auch die dingliche Auflassung erfassen soll, soweit sich aus der Genehmigung nichts anderes ergibt, Verfügungs- und Verpflichtungsgeschäft sich decken (der Genehmigungsbeschluss soll beide Geschäfte umfassen) und der Beschluss so ausgelegt werden kann.

> ***Beispiel:***
>
> *Der Betreuer verkauft im Namen des Betreuten dessen Eigentumswohnung und lässt sie an den Erwerber auf – beides in einer einheitlichen notariellen Urkunde, die dem Gericht zur Genehmigung vorgelegt wird.*
>
> *Der Genehmigungsbeschluss des Betreuungsgerichts könnte in etwa lauten: „Der Verkauf der Eigentumswohnung, eingetragen im Grundbuch von Starnberg, Blatt 1000, durch den Betreuer Benno Beil im Namen des Anton Alt an Erwin Eigen zum Kaufpreis von 300.000 EUR wird betreuungsgerichtlich genehmigt."*
>
> ***Wichtig:*** *Besser und vollständig wäre: „Die Genehmigung erfasst auch die Auflassung der Eigentumswohnung."*

§ 1850 Nr. 1 BGB findet keine Anwendung, wenn bereits der Genehmigungstatbestand des 86
§ 1833 Abs. 3 Satz 1 Nr. 4 BGB anzuwenden ist (Verfügung ist mit der Aufgabe des Wohnraums verbunden). Siehe hierzu A 9, Rn. 62. Das zugrunde liegende Verpflichtungsgeschäft (z. B. Kaufvertrag) fällt aber auch in diesem Fall unter den Genehmigungstatbestand des § 1850 Nr. 5

i. V. m. Nr. 1 BGB, da hierdurch der Lebensmittelpunkt zwar noch nicht aufgegeben, wohl aber eine Verpflichtung zur Verfügung über das Grundstück bzw. die Eigentumswohnung (als Vermögensbestandteil) eingegangen wird.

87 Maßstab für die Erteilung oder Versagung der betreuungsgerichtlichen Genehmigung für Grundstücksgeschäfte sind die Wünsche des Betreuten (§ 1821 Abs. 2 bis 4 BGB); nur wenn Wünsche (auch nicht der mutmaßliche Wille) ermittelt werden können, hat der Betreuer im Rahmen eines hypothetischen Wunsches so zu verfahren, wie die Mehrheit der Bevölkerung in diesem Fall handeln würde. Das Betreuungsgericht hat das Geschäft auch einer rechtlichen Prüfung zu unterziehen und dessen Genehmigung insbesondere dann zu versagen, wenn es wegen Gesetzes- oder Sittenwidrigkeit nach §§ 134, 135 BGB nichtig ist. Es ist allgemein anerkannt, dass Rechtsgeschäfte, die nach Inhalt, Zweck und Beweggrund darauf abzielen, trotz eigenen Vermögens oder eigener Einkunftsmöglichkeiten zu Ansprüchen auf Sozialhilfe zu gelangen, grundsätzlich als sittenwidrig einzustufen und deshalb nach § 138 Abs. 1 BGB nichtig sind. Das gilt auch, wenn der Betroffene derzeit noch keine Sozialhilfe bezieht, es jedoch absehbar ist, dass er zukünftig auf staatliche Unterstützung angewiesen sein wird, und wenn er das Eigentum an dem Hausgrundstück auf einen Dritten überträgt, ohne hierfür eine Gegenleistung zu erhalten, die zur Bestreitung seines Lebensunterhalts verwendet werden kann.

- Ein Vertrag, mit dem ein Betreuter ein Grundstück auf einen seiner Angehörigen überträgt, um diesen Vermögensgegenstand bei einer absehbaren späteren Inanspruchnahme staatlicher Unterstützung dem Zugriff des Sozialhilfeträgers zu entziehen, ist sittenwidrig und darf vom Betreuungsgericht nicht genehmigt werden (OLG Frankfurt, Beschl. v. 22.6.2004 – 20 W 332/03).

88 Der Erhalt von Grundvermögen ist nicht Selbstzweck. Ein Verkauf kann gegenüber einem fortgesetzten Leerstand des Hausanwesens als deutlich vorteilhaft angesehen werden. Auch ein unbewohntes Grundstück verursacht beständig nicht unerhebliche Kosten, die nicht immer aus dem Barvermögen des Betroffenen zu bestreiten sind (z. B. Kosten der Heizung und der Aufrechterhaltung einer Wasserversorgung). Unter Umständen müssen auch Erschließungskosten als Straßenanlieger und Kosten der Verkehrssicherung erbracht werden. Eine Vermietung ist oft bei länger leer stehenden Häusern nur mit erheblichen Renovierungskosten zu bewerkstelligen. Aus diesen Gründen kann auch die Veräußerung eines Hausgrundstücks wirtschaftlich sein, selbst wenn genügend sonstiges Vermögen vorhanden ist (BGH, Beschl. v. 30.11. 2016 – XII ZB 335/16).

89 Die Veräußerung eines Hausgrundstücks gegen den erklärten Willen des Betreuten ist rechtlich dann nicht zu beanstanden, wenn das Gebäude bereits so erhebliche Schäden aufweist, dass es nicht mehr bewohnbar ist, ein weiterer Verfall sowie Schadensersatz- und Instandsetzungsforderungen der unmittelbaren Nachbarn drohen und weder der Betreute noch ein Miteigentümer in der Lage sind, die hohen Kosten der Sanierung zu tragen (OLG Frankfurt, Beschl. v. 19.7.2004 – 20 E 232/04).

90 Möchte der Betreuer zu Verkaufszwecken das noch nicht geräumte Wohnhaus des im Pflegeheim lebenden Betreuten gegen dessen Willen zwangsweise öffnen lassen, um es zu betreten, gibt es hierfür keine Gesetzesgrundlage (OLG Schleswig, Beschl. v. 7.11.2007 – 2 W 196/07).

4.3 Belastung eines Grundstücks

91 Wird ein Grundstück mit einem dinglichen Recht belastet – egal, ob es sich um eine Hypothek oder Grundschuld, Reallast, Dienstbarkeit oder einen Nießbrauch handelt –, liegt immer eine Verfügung über das Grundstück vor. Soweit ein Betreuer die Belastung herbeiführt, ist der Genehmigungstatbestand des § 1850 Nr. 1 BGB erfüllt (Verfügung über das Grundstück).

Beispiel:

Der Betreuer mit dem Aufgabenkreis „Vermögensverwaltung" benötigt zur Renovierung des Hausgrundstücks des Betreuten ein Darlehen über 40.000 EUR, das die X-Bank gewährt. Zur Sicherung der Darlehensrückzahlungsforderung vereinbaren Bank und Betreuer die Bestellung einer Grundschuld am Grundstück des Betreuten. Der Betreuer handelt bei den Geschäften im Namen des Betreuten; sie entsprechen seinem Wunsch.

Zur Wirksamkeit des Darlehensvertrags ist eine betreuungsgerichtliche Genehmigung nach § 1854 Nr. 2 BGB erforderlich. Soweit die Zins- und Tilgungsleistungen über vier Jahre hinaus andauern, wäre noch der Genehmigungstatbestand § 1853 Satz 1 Nr. 1 BGB erfüllt.

Die Bestellung der Grundschuld erfordert eine Genehmigung nach § 1850 Nr. 1 BGB.

Der Genehmigungsbeschluss könnte in etwa lauten: „Der durch den Betreuer Benno Beil im Namen des Betreuten Anton Alt mit der X-Bank geschlossene Darlehensvertrag über 40.000 EUR bei 2 % Jahreszinsen und 2 % Tilgung jährlich sowie die Bestellung einer Grundschuld über 40.000 EUR am Grundstück des Betreuten, Gemarkung Starnberg, Blatt 1000, Fl.-Nr. 10, wird betreuungsgerichtlich genehmigt."

Werden Grundstücksbelastungen im Zusammenhang mit dem Erwerb eines Grundstücks 92 durchgeführt, ist die Bestellung des Rechts in der Regel nicht gesondert genehmigungsbedürftig. Es soll nur das dem Betreuten bereits gehörende Grundvermögen geschützt werden, sodass Genehmigungsvorschriften auf Belastungen, die im Zusammenhang mit dem Erwerb des Grundstücks erfolgen, keine Anwendung finden. Es kann sich um Grundpfandrechte zur Finanzierung des Kaufpreises handeln, aber auch um andere, im Zusammenhang mit dem Grundstückserwerb vorgenommene Belastungen wie einem Nießbrauch. Das gilt nicht, wenn der Erwerber des Grundstücks auch zu Leistungen aus seinem bereits vorhandenen Vermögen verpflichtet wird wie bei einer Reallast.

Beispiel:

Der Betreuer kauft in einem notariellen Vertrag für den Betreuten ein Grundstück; zu dieser Urkunde wird auch die Auflassung erklärt und vereinbart, dass die Zahlung der Hälfte des Kaufpreises in Höhe von 200.000 EUR auf zwei Jahre gestundet wird. Zur Sicherung des Kaufpreises bestellt der Betreuer eine Hypothek zugunsten des Verkäufers am neu erworbenen Grundstück.

Der Kaufvertrag unterliegt der betreuungsgerichtlichen Genehmigung gemäß § 1850 Nr. 6 BGB; die Auflassung des Grundstücks an den Betreuten ist genehmigungsfrei.

Die Bestellung der Hypothek stellt eine Belastung des Grundstücks dar, somit eine Verfügung, die an sich § 1850 Nr. 1 BGB auslösen würde. Allerdings erfolgt die Belastung im Zusammenhang mit dem Grundstückserwerb, sodass nicht bereits vorhandenes Betreutenvermögen, sondern lediglich das erworbene belastet werden soll. Das Ganze ist so zu betrachten, als ob das Grundstück bereits mit dem Recht belastet erworben worden wäre. Eine zusätzliche Genehmigung für die Bestellung des Rechts ist nicht erforderlich.

4.4 Veränderungen an Belastungen

Veränderungen von Grundstücksrechten können vielfältig sein. Es wird nur auf in der Praxis 93 häufiger auftretende Beispiele eingegangen.

4.4.1 Rangrücktritt eines Rechts

Ist der Betreute Inhaber eines dinglichen Rechts und möchte der Betreuer mit diesem Recht 94 hinter ein Recht eines Dritten zurücktreten, unterliegt er einer betreuungsgerichtlichen Genehmigung nach § 1850 Nr. 1 BGB (Verfügung über ein Recht an einem Grundstück). Auch der Rücktritt mit einer Auflassungsvormerkung fällt unter den Genehmigungstatbestand; wenn auch die Vormerkung kein dingliches Recht darstellt, verleiht sie dem geschützten schuldrechtlichen Anspruch doch gewisse dingliche Wirkungen.

Beispiel:

Für den Betreuten besteht am Hausgrundstück seines Bruders ein Wohnungsrecht auf Lebenszeit, das auch wahrgenommen wird. Zur Renovierung des Hauses benötigt der Bruder ein

A

Darlehen, das ihm von der Bank gewährt wird, wenn die zur Sicherung zu bestellende Grundschuld Rang vor dem eingetragenen Wohnungsrecht des Betreuten erhält. Der Betreuer möchte im Namen des Betreuten den Rangrücktritt vornehmen, da durch die Renovierung auch die Wohnqualität für den Betreuten erheblich verbessert werden kann.

Der Rangrücktritt erfordert eine Genehmigung des Betreuungsgerichts nach § 1850 Nr. 1 BGB.

95 Tritt der Betreuer mit einer Hypothek oder Grundschuld im Rang hinter ein anderes Recht zurück, findet noch § 1854 Nr. 7 BGB Anwendung, da das Grundpfandrecht in der Regel eine (Darlehens-)Forderung sichert. Durch den Rangrücktritt wird die für die Forderung bestehende Sicherheit gemindert. Das gilt nicht bei einer sog. abstrakten Grundschuld, der keine Forderung (mehr) zugrunde liegt.

4.4.2 Aufhebung eines Rechts

96 Bei der Aufhebung eines Grundstücksrechts des Betreuten gelten grundsätzlich die zum Rangrücktritt gemachten Ausführungen. Soll ein Recht gelöscht werden, handelt es sich um eine Verfügung über das Recht, und es greift § 1850 Nr. 1 BGB. Bei Grundpfandrechten greift zusätzlich § 1854 Nr. 7 BGB, wenn eine Betreutenforderung gesichert wird.

Beispiel:

Für den Betreuten ist am Hausgrundstück seines Sohns ein Wohnungsrecht im Grundbuch eingetragen. Für ihn besteht Betreuung mit dem Aufgabenkreis „Aufenthaltsbestimmung und Vermögensverwaltung". Der Betreuer musste den Betreuten in einem Pflegeheim einmieten, da durch die angeschlagene Gesundheit eine Versorgung in den vorbehaltenen Räumen nicht mehr möglich war. Der Betreuer möchte auf Bitten des Grundstückseigentümers die Löschung des Wohnungsrechts erreichen; er legt ein ärztliches Gutachten vor, nach dem eine Rückkehr völlig ausgeschlossen erscheint, und beantragt die erforderliche Genehmigung mit dem Hinweis, dass der Betreute eine Rückkehr nicht wünsche und die Aufhebung des Rechts ausdrücklich befürworte.

Erforderlich ist eine Genehmigung nach § 1833 Abs. 3 Satz 1 Nr. 4 BGB (geht § 1850 Nr. 1 BGB vor). Siehe hierzu die Ausführungen in A 9, Rn. 50 ff.

4.5 Zusammenfassung

Handlung	**Genehmigung**
Kauf *(auf entgeltlichen Erwerb gerichtet)* • eines Grundstücks, einer Eigentumswohnung • eines eingetragenen Schiffs, Schiffsbauwerks	§ 1850 Nr. 6 BGB
→ Kaufpreis wird in Raten bezahlt, diese dauern über vier Jahre hinaus an	§ 1853 Satz 1 Nr. 1 BGB
Schenkung *(auf unentgeltlichen Erwerb gerichtet)* • eines Grundstücks • eines eingetragenen Schiffs, Schiffsbauwerks	keine Genehmigung
Schenkung *(auf unentgeltlichen Erwerb gerichtet)* • von Wohnungs- und Teileigentum	§ 1850 Nr. 5 i. V. m. Nr. 4 BGB
Eigentumserwerb *(auf unentgeltlichen Erwerb gerichtet)* • von Wohnungs- und Teileigentum	§ 1850 Nr. 4 BGB
Abtretung oder Verpfändung des Auflassungsanspruchs des Betreuten	§ 1850 Nr. 2 BGB
Verkauf	
• eines Grundstücks, einer Eigentumswohnung	§ 1850 Nr. 5 i. V. m. Nr. 1 BGB
• eines eingetragenen Schiffs oder Schiffsbauwerks	§ 1850 Nr. 5 i. V. m. Nr. 3 BGB

Handlung	Genehmigung
Verschenken • eines Grundstücks, einer Eigentumswohnung	§ 1850 Nr. 5 i. V. m. Nr. 1 BGB § 1854 Nr. 8 BGB
Auflassung eines Grundstücks, einer Eigentumswohnung → verbunden mit Aufgabe von Wohnraum des Betreuten	§ 1833 Abs. 3 Satz 1 Nr. 4 BGB
Auflassung eines Grundstücks, einer Eigentumswohnung → nicht mit Aufgabe von Wohnraum des Betreuten verbunden	§ 1850 Nr. 1 BGB
Eigentumsübertragung eines eingetragenen Schiffs, Schiffsbauwerks	§ 1850 Nr. 3 BGB
Belastung eines Grundstücks, einer Eigentumswohnung	§ 1850 Nr. 1 BGB
Belastung eines eingetragenen Schiffs, Schiffsbauwerks	§ 1850 Nr. 3 BGB
Verfügung über ein Grundstücksrecht → wenn das Grundpfandrecht eine Forderung sichert, zusätzlich	§ 1850 Nr. 1 BGB § 1854 Nr. 7 BGB

5. Erbschaftsangelegenheiten

Vertretungen in Erbschaftsangelegenheiten können mit dem Aufgabenkreis „Vermögenssorge" 97 erledigt werden, dies gilt auch für die Erbausschlagung (BGH, Beschl. v. 29.6.2016 – XII ZB 300/15).

5.1 Erbvertrag

5.1.1 Abschluss eines Erbvertrags

Einen Erbvertrag kann nur der geschäftsfähige Erblasser selbst schließen, §§ 2274, 2275 BGB. 98 Eine Vertretung durch den Betreuer ist ausgeschlossen.

5.1.2 Aufhebung eines Erbvertrags

Besteht für den Erblasser eine Betreuung, kann er den Aufhebungsvertrag nur selbst schließen, 99 was aber Geschäftsfähigkeit voraussetzt (bei bestehender Geschäftsunfähigkeit scheitert die Aufhebung). Eine Vertretung durch den Betreuer ist ausgeschlossen, § 2290 Abs. 2 BGB. Ein bestehender Einwilligungsvorbehalt erfordert keine Zustimmung des Betreuers, da Verfügungen von Todes wegen nicht vom Einwilligungsvorbehalt erfasst werden, § 1825 Abs. 2 Nr. 2 BGB. Steht der (nicht selbst auch verfügende) Vertragspartner unter Betreuung, kann ihn der Betreuer beim Vertrag über die Aufhebung des Erbvertrags oder einer einzelnen vertragsmäßigen Verfügung vertreten; er benötigt eine betreuungsgerichtliche Genehmigung nach § 1851 Nr. 5 BGB. Soll eine Verfügung des Erbvertrags (bezogen auf Vermächtnis, Auflage, Rechtswahl) durch das Testament des Erblassers aufgehoben werden, muss der Vertragspartner zustimmen, § 2291 BGB. Bei dieser Zustimmung kann der Betreuer ihn vertreten; er bedarf einer Genehmigung nach § 1851 Nr. 6 BGB. Wird ein zwischen Ehegatten oder Lebenspartnern geschlossener Erbvertrag durch gemeinschaftliches Testament aufgehoben, § 2292 BGB, kann der nicht verfügende Teil durch einen Betreuer vertreten werden; er bedarf der Genehmigung nach § 1851 Nr. 7 BGB.

Wird ein Erbvertrag aus der amtlichen oder notariellen Verwahrung genommen (§ 2300 Abs. 2 100 BGB), erfolgt die Rückgabe an die Vertragsschließenden gemeinschaftlich (persönlich); die vertraglichen Verfügungen werden aufgehoben, einseitige Verfügungen widerrufen. Nur der nicht verfügende Vertragspartner kann durch einen Betreuer vertreten werden; dieser bedarf der Genehmigung nach § 1851 Nr. 8 BGB; der verfügende Vertragspartner (Erblasser) kann nicht vertreten werden.

5.1.3 Anfechtung des Erbvertrags

101 Ein Erbvertrag kann angefochten werden – und zwar aus den Gründen, die für eine Testamentsanfechtung gelten, § 2279 Abs. 1 BGB. Als Besonderheit gilt, dass der Erblasser selbst zur Anfechtung des Erbvertrags berechtigt ist, § 2281 Abs. 1 BGB. Die Anfechtung erfolgt durch notariell beurkundete Erklärung des Erblassers an den Vertragspartner, § 2282 BGB; nach dem Tod des Vertragspartners dem Nachlassgericht gegenüber, § 2281 Abs. 2 BGB. Die Anfechtung führt zur Nichtigkeit der angefochtenen vertragsmäßigen Verfügung, § 142 Abs. 1 BGB. Der Erbvertrag kann durch den geschäftsfähigen Erblasser nur selbst angefochten werden; ein bestehender Einwilligungsvorbehalt erfordert keine Zustimmung des Betreuers, § 1825 Abs. 2 BGB. Für einen geschäftsunfähigen Betreuten kann der Betreuer anfechten, § 2282 Abs. 2 Nr. 3 BGB; hierfür ist eine betreuungsgerichtliche Genehmigung nach § 1851 Nr. 4 BGB erforderlich.

5.2 Erbverzicht

102 Zu Lebzeiten des Erblassers können Verwandte und Ehegatten durch einen Vertrag auf ihr Erbrecht dem Erblasser gegenüber verzichten. Zweck des Erbverzichts ist der sichere Ausschluss des Verzichtenden vom Erbrecht und vom Pflichtteilsrecht, § 2346 Abs. 1 Satz 2 BGB. Der Verzicht kann auf das Pflichtteilsrechts beschränkt werden, § 2346 Abs. 2 BGB. Praktische Bedeutung hat der Erbverzicht im Zusammenhang mit einem Abfindungsvertrag. Man kann auch auf ein Erbrecht oder Vermächtnis verzichten, das durch Verfügung von Todes wegen bereits zugewandt wurde, § 2352 BGB (sog. Zuwendungsverzicht). Dies könnte dann eine Rolle spielen, wenn der Erblasser eine bereits erfolgte Erbeinsetzung rückgängig machen will, aber infolge von Geschäfts- bzw. Testierunfähigkeit dies nicht mehr kann. Beim Verzicht kann er durch einen Betreuer vertreten werden, § 2352 Satz 3 i. V. m. § 2347 Satz 2 BGB.

5.2.1 Abschluss des Erbverzichtsvertrags

103 Der Erbverzichtsvertrag muss zwischen dem Erblasser und dem Verzichtenden geschlossen werden, § 2346 Abs. 1 Satz 1 BGB. Ist der Verzichtende geschäftsfähig, handelt er selbst; besteht eine Betreuung samt Einwilligungsvorbehalt, ist die Zustimmung des Betreuers erforderlich, § 1825 Abs. 1 BGB. Ist der Verzichtende geschäftsunfähig, kann der Betreuer vertreten. Der Betreuer bedarf einer betreuungsgerichtlichen Genehmigung, § 1851 Nr. 9 BGB. Der geschäftsfähige Erblasser kann den Vertrag nur persönlich schließen, § 2347 Satz 1 Halbsatz 1 BGB. Besteht ein Einwilligungsvorbehalt, ist keine Zustimmung des Betreuers erforderlich, § 1825 Abs. 2 BGB. Der geschäftsunfähige Betreute kann durch den Betreuer vertreten werden, § 2347 Satz 2 BGB. Vertritt der Betreuer, bedarf er einer betreuungsgerichtlichen Genehmigung, § 1851 Nr. 9 BGB. Gleiches gilt beim Zuwendungsverzicht, § 2352 BGB.

Beispiel:

Der vermögende Vater des geschäftsunfähigen 25-jährigen Betreuten bietet dem Betreuer den Abschluss eines Erbverzichtsvertrags an – unter gleichzeitiger Schenkung und Übertragung eines Geldbetrags von 200.000 EUR sowie Verpflichtung zur lebenslangen Übernahme der Wohn- bzw. Pflegeheimkosten. Der Betreute hat noch drei Geschwister. Der Verzicht könnte für den Betreuten von Vorteil sein, weil er sofort die Zuwendungen erhält und nicht warten muss, bis der Vater verstirbt. Durch die Zuwendungen ist sein Lebensunterhalt gesichert.

5.2.2 Aufhebung des Erbverzichts

104 Der Erbverzicht kann wieder aufgehoben werden, § 2351 BGB.

105 Der geschäftsfähige Erblasser handelt selbst, § 2351 i. V. m. § 2347 Satz 1 Halbsatz 1 BGB; besteht ein Einwilligungsvorbehalt, bedarf er der Zustimmung des Betreuers, § 1825 Abs. 1 BGB. Für den geschäftsunfähigen Erblasser kann der Betreuer handeln, § 2351 i. V. m. § 2347 Satz 2 BGB. Vertritt der Betreuer, bedarf er einer Genehmigung nach § 1851 Nr. 9 BGB.

106 Der geschäftsfähige Verzichtende kann selbst handeln; besteht ein Einwilligungsvorbehalt, bedarf er nicht der Zustimmung des Betreuers, da für ihn lediglich ein rechtlicher Vorteil vorliegt, § 1825 Abs. 3 Satz 1 BGB (er erlangt wieder das Erbrecht). Handelt der Betreuer für den Verzichtenden (z. B. weil dieser geschäftsunfähig ist), ist fraglich, ob eine betreuungsgerichtliche Genehmigung nach § 1851 Nr. 9 BGB erforderlich ist. Der Wortlaut des § 1851 Nr. 9 BGB spricht für die Genehmigung, da er nicht (mehr) zwischen Erblasser und Verzichtendem (im Unterschied zur Rechtslage bis zum 31.12.2022) unterscheidet, es wird der „Vertrag" als solcher in Anspruch genommen. Aus der Begründung in der BT-Drucks. 19/24445, S. 288, kann nicht entnommen werden, dass sich die Rechtslage hätte ändern sollen; es dürfte letztlich ein Versehen des Gesetzgebers vorliegen. Festzuhalten ist, dass kein besonderes Schutzbedürfnis vorliegt, das einen Genehmigungsvorbehalt fordern würde. Nach der hier vertretenen Ansicht ist die Vorschrift teleologisch zu reduzieren, zumindest dann, wenn keine Gegenleistungen vereinbart waren oder sie nicht zurückzuerstatten sind. Die gerichtliche Überprüfung eines ausschließlich rechtlich vorteilhaften Rechtsgeschäfts erscheint sinnlos. Eine Genehmigung nach § 1851 Nr. 9 BGB ist unter den dargestellten Voraussetzungen nicht erforderlich.

5.3 Anfechtung eines Testaments

107 Nach dem Tod des Erblassers kann ein von ihm errichtetes Testament angefochten werden. Als Anfechtungsgründe kommen §§ 2078, 2079 BGB in Betracht, eine besondere Bedeutung hat insbesondere § 2079 Abs. 1 BGB. Die Anfechtungserklärung hat dem Nachlassgericht gegenüber zu erfolgen, § 2081 Abs. 1 BGB. Die Anfechtung ist kein höchstpersönliches Geschäft, sodass der Betreuer die Erklärung im Namen des Betreuten abgeben kann. Eine gerichtliche Genehmigung ist nicht erforderlich.

108 Wenn ein zur Zeit des Erbfalls vorhandener Pflichtteilsberechtigter im Testament übergangen wird, ist eine Anfechtung möglich. Hat z. B. der Erblasser ein Testament errichtet und in ihm einen Dritten als Erben bestimmt und heiratet er nach der Testierung, ändert aber die Verfügung vor seinem Tod nicht mehr, dann könnte sie angefochten werden, da der Ehegatte erst nach Testamentserrichtung pflichtteilsberechtigt geworden ist. Allerdings ist § 2079 Abs. 2 BGB zu beachten, der eine Anfechtung ausschließt, wenn anzunehmen ist, dass der Erblasser auch bei Kenntnis der Sachlage die Verfügung getroffen hätte. Anfechtungsberechtigt ist der Pflichtteilsberechtigte (§ 2080 Abs. 3 BGB). Auch nach der Testierung geborene Abkömmlinge des Erblassers können sie anfechten, wenn sie im Testament übergangen wurden.

Hinweis:
Der Betreuer sollte immer anfechten, wenn die Voraussetzungen des § 2079 BGB gegeben sind. Ob Absatz 2 greift, hat das Nachlassgericht zu prüfen.

5.4 Annahme und Ausschlagung einer Erbschaft oder eines Vermächtnisses

5.4.1 Annahme der Erbschaft

109 Für den Betreuten kann der Betreuer die Annahme der Erbschaft erklären. Eine betreuungsgerichtliche Genehmigung ist nicht erforderlich. In der Regel wird durch Verstreichenlasssen der Ausschlagungsfrist ohne ausdrückliche Erklärung des Betreuers die Erbschaft angenommen.

5.4.2 Ausschlagung der Erbschaft

110 Der Betreuer kann für den Betreuten die Ausschlagung der Erbschaft oder eines Erbteils erklären; er bedarf hierzu einer betreuungsgerichtlichen Genehmigung nach § 1851 Nr. 1 BGB. Die Genehmigung kann, obwohl die Ausschlagung ein einseitiges Rechtsgeschäft darstellt, der Erklärung nachfolgen. Die Ausschlagung ist zunächst schwebend unwirksam, § 1858 Abs. 3 Satz 1 BGB. Sie wird mit Eintritt der Rechtskraft der Genehmigungsentscheidung wirksam, § 1858 Abs. 3 Satz 2 BGB.

A

Beispiel:

Der Betreuer schlägt im Namen des Betreuten innerhalb der Ausschlagungsfrist (§ 1944 BGB) gegenüber dem Nachlassgericht (§ 1945 BGB) die Erbschaft aus und beantragt noch innerhalb der Ausschlagungsfrist die betreuungsgerichtliche Genehmigung. Nunmehr wird die Ausschlagungsfrist gehemmt, § 1858 Abs. 3 Satz 3 BGB. Ist der Genehmigungsbeschluss rechtskräftig geworden, teilt das Betreuungsgericht die Genehmigung dem Nachlassgericht mit, § 1858 Abs. 3 Satz 5 BGB. Eine Vorlage der Genehmigungsentscheidung durch den Betreuer an das Nachlassgericht ist nicht erforderlich.

Siehe hierzu Rn. 16 ff.

111 Zur Ausschlagung einer werthaltigen Erbschaft bei einer bestehenden Sozialhilfebedürftigkeit gibt es widersprüchliche Entscheidungen.

112 Der BGH (Urt. v. 19.1.2011 – IV ZR 7/10) ist der Auffassung, dass die Entscheidung darüber, ob jemand eine Erbschaft erhalten will, zunächst durch die Privatautonomie gedeckt wird. Grundsätzlich ist jeder in seiner Entscheidung frei, ob er Erbe eines anderen werden oder auf andere Art etwas aus dessen Nachlass bekommen will. Es gibt keine Pflicht, zu erben oder etwas aus einem Nachlass anzunehmen. Das gilt unabhängig davon, dass Gläubiger von einem erbrechtlichen Erwerb des Betroffenen profitieren würden (z. B. der Sozialhilfeträger).

113 Das OLG Stuttgart (Beschl. v. 25.6.2001 – 8 W 494/99) hatte dagegen (früher) entschieden, dass eine vom Betreuer erklärte Ausschlagung der Erbschaft eines Menschen mit Behinderung nicht vom Betreuungsgericht genehmigt werden könne, insbesondere auch deswegen, weil eine solche Ausschlagung nicht mit dem sozialhilferechtlichen Nachrangprinzip zu vereinbaren sei. Der Betroffene entziehe durch die Ausschlagung bereits angefallenes Vermögen dem Zugriff des Sozialhilfeträgers und treffe daher eine sittenwidrige (§ 138 Abs. 1 BGB) Disposition zulasten der hilfeleistenden Allgemeinheit. Dem hat sich das OLG Hamm (Beschl. v. 16.7.2009 – 15 Wx 85/09) weitgehend angeschlossen.

114 Soweit der geschäftsunfähige Betreute als Erbe die Erbschaft vehement ablehnt (Wunschbefolgung, § 1821 Abs. 2 bis 4 BGB), sollte der Betreuer die Erbschaft ausschlagen und die erforderliche Genehmigung beantragen, sofern nicht durch die Ausschlagung die Lebens- und Versorgungssituation des Betreuten erheblich beeinträchtigt wird. Nach der Rechtsprechung des BGH (a. a. O.) ist die Ausschlagung eines werthaltigen Nachlasses durch den Erben auch dann grundsätzlich nicht sittenwidrig, wenn dieser Sozialleistungen erhält.

5.4.3 Ausschlagung eines Vermächtnisses oder Pflichtteils

115 Schlägt der Betreuer ein dem Betreuten angefallenes Vermächtnis (§ 2180 BGB) aus oder verzichtet er nach Eintritt des Erbfalls auf einen Pflichtteilsanspruch (§ 2303 BGB) des Betreuten (§ 397 BGB), ist jeweils eine Genehmigung nach § 1851 Nr. 1 BGB erforderlich. Die Ausschlagung eines Vermächtnisanspruchs oder der Verzicht auf einen angefallenen Pflichtteilsanspruch durch einen Menschen mit Behinderung steht dem sozialhilferechtlichen Nachrangprinzip nicht entgegen. Insoweit gilt nichts anderes wie bei der Ausschlagung einer Erbenstellung (BGH, a. a. O.). In der Praxis ist in der Regel die Ausschlagung eines Vermächtnisses bzw. Pflichtteilsanspruchs nicht erforderlich. Da es sich um schuldrechtliche Ansprüche handelt, wird der Betreuer diese auf Wunsch des Betreuten einfach nicht geltend machen.

Hinweis:

Die Rechtsprechung des BGH wird im sozialrechtlichen Bereich jedoch unter Verweis auf § 2 SGB XII nicht immer geteilt. Inwieweit die Ausschlagung einer werthaltigen Erbschaft (eines Vermächtnisses oder Pflichtteils) als sozialwidriges Verhalten zur Kürzung von Leistungen der Sozialhilfe nach § 26 Abs. 1 Satz 1 Nr. 1 SGB XII oder zum Ausschluss von Grundsicherung im Alter oder bei voller Erwerbsminderung nach § 41 Abs. 4 SGB XII führen kann, ist derzeit nicht höchstrichterlich geklärt.

5.4.4 Anfechtung von Annahme und Ausschlagung

Beispiel:

Der geschäftsunfähige Betreute ist Alleinerbe geworden und hat nicht ausgeschlagen. Auch der Betreuer hat nichts unternommen, da er nach entsprechenden Recherchen von einem schuldenfreien Nachlass ausgehen konnte. Acht Monate später werden erhebliche Nachlassforderungen gegenüber dem Betreuten geltend gemacht, von denen der Betreuer vorher nichts wusste und auch nichts wissen konnte; der Nachlass stellt sich nunmehr als überschuldet dar.

Das Erbrecht enthält keine speziellen Anfechtungsgründe. Bei der Anfechtung einer Annahme 116 oder Ausschlagung gelten die Vorschriften über Anfechtungen von Willenserklärungen. Insbesondere sind Anfechtungsgründe aus § 119 BGB (Irrtum) denkbar. Die Überschuldung des Nachlasses wird überwiegend als eine verkehrswesentliche Eigenschaft nach § 119 Abs. 2 BGB angesehen, sodass eine Anfechtung möglich ist. Dabei wird die Erbschaft als eine Sache im Sinne dieser Vorschrift verstanden.

An sich ist nur eine Willenserklärung (ausdrückliche Annahmeerklärung) anfechtbar. Hat der 117 Erbe nur die Ausschlagungsfrist verstreichen lassen (somit keine Willenserklärung abgegeben), hilft § 1956 BGB, der die Versäumung der Ausschlagungsfrist einer Willenserklärung gleichstellt.

Nach § 142 Abs. 1 BGB vernichtet die Anfechtung die angefochtene Willenserklärung. 118 Allerdings wird nunmehr kein neuerlicher Schwebezustand geschaffen, vielmehr schafft § 1957 Abs. 1 BGB eine gesetzliche Rechtsfolge, die unabhängig vom Willen des Anfechtenden eintritt. Die Anfechtung der Annahme gilt als Ausschlagung und die Anfechtung der Ausschlagung gilt als Annahme. Da in der Anfechtung der Annahme eine Ausschlagung liegt, §§ 142 Abs. 1, 1957 Abs. 1 BGB, bedarf die Anfechtungserklärung des Betreuers einer betreuungsgerichtlichen Genehmigung nach § 1851 Nr. 1 BGB; die Anfechtung der Ausschlagung ist genehmigungsfrei.

Hinweis:

Wer keine Nachforschungen anstellt, kann sich auch nicht irren.

5.5 Erbauseinandersetzung

Hinterlässt der Erblasser mehrere Erben, wird der Nachlass gemeinschaftliches Vermögen der 119 Erben. Sie bilden eine Erbengemeinschaft (§ 2032 BGB), die auseinandergesetzt werden muss, damit die einzelnen Miterben Zugriff auf die Nachlassgegenstände erhalten, §§ 2042, 2047 BGB.

Die Miterben können eine schuldrechtliche Vereinbarung über die Zuteilung der einzelnen 120 Nachlassgegenstände treffen, den sog. Erbauseinandersetzungs- oder Erbteilungsvertrag. Beim Abschluss dieses Erbauseinandersetzungsvertrags kann der Betreuer vertreten, allerdings benötigt er eine betreuungsgerichtliche Genehmigung nach § 1851 Nr. 1 BGB.

Sofern vertraglich die vollständige Übertragung des Miterbenanteils des Betreuten an einen 121 anderen Miterben (oder Dritten) gegen Zahlung einer Geldsumme vereinbart wird, liegt eine sog. Erbanteilsübertragung vor. Handelt hierbei der Betreuer für den Betreuten, so greift der Genehmigungstatbestand nach § 1851 Nr. 3 BGB; der Verpflichtungsvertrag (der im Auseinandersetzungsvertrag enthalten sein kann) bedarf der Genehmigung nach § 1851 Nr. 2 BGB. Scheidet der Miterbe aus der Gemeinschaft gegen Abfindung aus, spricht man von einer Abschichtungsvereinbarung; hierfür ist ebenfalls eine Genehmigung nach § 1851 Nr. 3 BGB erforderlich.

Die Übertragung der einzelnen Gegenstände bzw. Forderungen – wie im Teilungsvertrag 122 festgelegt – erfolgt nach sachenrechtlichen Normen. Wird ein Grundstück an einen Erben übertragen, ist für die anderen (verlierenden) Erben, soweit sie von einem Betreuer vertreten

A

werden, eine Genehmigung nach § 1851 Nr. 1 BGB erforderlich. Wird eine Geldforderung einem Miterben übertragen, spielt § 1849 BGB eine Rolle.

5.6 Verpflichtung zur Verfügung über einen Erbteil bzw. künftigen Erb- oder Pflichtteil

123 Verpflichtet der Betreuer den Betreuten durch Vereinbarung zur Verfügung über die angefallene Erbschaft oder einen angefallenen Erbteil, z. B. durch einen Erbschaftsverkauf (§ 2371 BGB) oder Erbteilsverkauf (§ 1922 Abs. 2 i. V. m. § 2371 BGB), greift der Genehmigungstatbestand des § 1851 Nr. 2 BGB. Soweit durch den Betreuer eine Verpflichtung zur Verfügung über einen künftigen gesetzlichen Erb- oder Pflichtteil (§ 311b Abs. 5 BGB) im Namen des Betreuten abgegeben wird, ist ebenfalls einen Genehmigung nach § 1851 Nr. 2 BGB erforderlich.

Beispiel:

Der Betreute und sein Bruder sind die künftigen gesetzlichen Erben nach der noch lebenden Mutter. Der Betreuer schließt im Namen des Betreuten mit dem Bruder eine Vereinbarung, dass diesem nach dem Tod der Mutter der Erbanteil des Betreuten übertragen wird. Im Gegenzug übereignet der Bruder dem Betreuten einen bestimmten Geldbetrag sofort.

124 Auch die (schuldrechtliche) Verpflichtung zum Abschluss eines Erbverzichts fällt unter § 1851 Nr. 2 BGB; der Verzicht selbst fällt unter § 1851 Nr. 9 BGB.

5.7 Zusammenfassung

Handlung	**Genehmigung**
Aufhebung eines Erbvertrags	
• durch Vertrag, § 2290 BGB	§ 1851 Nr. 5 BGB
• durch Testament des Erblassers, § 2291 BGB	§ 1851 Nr. 6 BGB
• durch gemeinschaftliches Testament, § 2292 BGB	§ 1851 Nr. 7 BGB
• durch Herausnahme aus amtlicher Verwahrung, § 2300 BGB	§ 1851 Nr. 8 BGB
Anfechtung des Erbvertrags, § 2281 BGB	§ 1851 Nr. 4 BGB
Erbverzichtsvertrag	
• Abschluss, §§ 2346, 2347 BGB	§ 1851 Nr. 9 BGB
• (schuldrechtliche) Verpflichtung zum Verzicht	§ 1851 Nr. 2 BGB
• Aufhebung, § 2351, 2347 BGB	–
• durch Erblssser	§ 1851 Nr. 9 BGB
• durch Verzichtenden	keine Genehmigung (entgegen Gesetzeswortlaut)
Anfechtung eines Testaments, §§ 2078, 2079 BGB	keine Genehmigung
Ausschlagung	
• einer Erbschaft oder eines Erbanteils	§ 1851 Nr. 1 BGB
• eines Vermächtnisses, eines Pflichtteils	§ 1851 Nr. 1 BGB
Anfechtung einer Erbschaftsannahme	§ 1851 Nr. 1 BGB
Erbauseinandersetzung	
• durch Auseinandersetzungsvertrag	§ 1851 Nr. 1 BGB
• durch Anteilsübertragung bzw. Abschichtung	§ 1851 Nr. 3 BGB
Verfügung über einen Miterbenanteil	
• durch Übertragung, § 2033 BGB	§ 1851 Nr. 3 BGB
• durch Verpfändung	§ 1851 Nr. 3 BGB
• durch Abschichtung	§ 1851 Nr. 3 BGB

Handlung	Genehmigung
Verpflichtung zur Verfügung	
• über angefallene Erbschaft (Erbanteil)	§ 1851 Nr. 2 BGB
• über künftigen gesetzlichen Erb- oder Pflichtteil	§ 1851 Nr. 2 BGB

6. Beteiligung an einem Erwerbsgeschäft

Bei der Überlegung, ob der Betreute ein neues Erwerbsgeschäft (mit) beginnen oder in ein bestehendes Geschäft eintreten soll, müssen vor allem die wirtschaftlichen Vorteile und Risiken beachtet werden. Bei der Mitwirkung in einer Gesellschaft sind auch die charakterliche und fachliche Eignung der Mitgesellschafter zur Führung eines Erwerbsgeschäfts und deren Vermögensverhältnisse zu berücksichtigen. Es sind alle erheblichen materiellen und ideellen Kriterien abzuwägen, z. B. Stimmrecht, Gewinnbeteiligung, Entnahmerecht, Kapitalbeteiligung, Austrittsrecht, Abfindungsguthaben, persönliche Beziehungen zum Unternehmen und den Mitgesellschaftern. 125

Über allem stehen der Wille und der Wunsch des Betreuten, § 1821 Abs. 2 bis 4 BGB. 126

Die Definition eines Erwerbsgeschäfts lautet wie folgt: „Jede berufsmäßig ausgeübte, auf selbstständigen Erwerb gerichtete Tätigkeit, bei der die Absicht der Gewinnerzielung besteht." (BayObLG, Urt. v. 6.7.1995 – 1 Z BR 157/94) 127

Beim Betreiben des Erwerbsgeschäfts ist immer zu unterscheiden, ob der Betreuer als gesetzlicher Vertreter es mit entsprechendem Aufgabenkreis betreibt, § 1823 BGB, oder der Betreute selbst. Letzteres setzt bei ihm Geschäftsfähigkeit voraus. Soweit der Betreuer im Namen des Betreuten handelt, unterliegt er unter Umständen betreuungsgerichtlichen Genehmigungstatbeständen. 128

6.1 Betreuter als Einzelunternehmer

Die Gründung eines Erwerbsgeschäfts durch den Betreuer – sei es unter Anlage eigener vorhandener Mittel des Betreuten oder auch geschenkter Mittel – unterliegt der Anzeigepflicht des § 1847 BGB. Eine Genehmigung ist nicht erforderlich, allerdings kann das Betreuungsgericht Aufsichtsmaßnahmen nach § 1862 Abs. 3 BGB ergreifen, wenn es feststellt, dass der Wille des Betreuten missachtet wird. Der Vertrag, der sich auf den Erwerb eines bestehenden Erwerbsgeschäfts bezieht, unterliegt der Genehmigung nach § 1852 Nr. 1 Buchst. a BGB. Dabei spielt es keine Rolle, ob der Erwerb entgeltlich (z. B. durch Kauf) oder unentgeltlich (z. B. durch Schenkung) erfolgt. Genehmigungsbedürftig sind das Verpflichtungs- und Verfügungsgeschäft. Die Veräußerung (auch Teilveräußerung) des Erwerbsgeschäfts unterliegt ebenfalls der Genehmigung des § 1852 Nr. 1 Buchst. a BGB. Wird allerdings der Betrieb ohne Veräußerung eingestellt (beendet), unterliegt der Betreuer nur der Anzeigepflicht des § 1847 BGB. 129

6.2 Betreuter als Mitglied einer Personengesellschaft

6.2.1 Gründung einer Personengesellschaft

Erforderlich ist ein Gesellschaftsvertrag, § 105 HGB, § 705 BGB. Der Betreuer bedarf einer gerichtlichen Genehmigung nach § 1852 Nr. 2 BGB. Ist der Betreute Gesellschafter einer OHG (Offene Handelsgesellschaft) oder Komplementär einer KG (Kommanditgesellschaft), haftet er unbeschränkt persönlich. Er wird unter Umständen durch Handlungen jedes vertretungsberechtigten Gesellschafters verpflichtet, sodass dieser ihn überschulden kann. Die erteilte gerichtliche (Start-)Genehmigung ermöglicht verfassungskonform die handelsrechtliche Haftung. Somit kann der Betreute, ohne dass weitere gerichtliche Genehmigungen zu beachten sind, sein gesamtes Vermögen verlieren (ein Mitgesellschafter unterliegt keinem Genehmigungstatbestand). Die Beteiligung des Betreuten als Kommanditist ist nach § 1852 Nr. 2 BGB genehmigungsbedürftig; auch die bloße kapitalistische Beteiligung fällt unter diese Norm. 130

A

6.2.2 Erwerb eines Gesellschaftsanteils

131 Der Anteil an einer Personengesellschaft ist übertragbar (Übertragung der Mitgliedschaft). Sie erfolgt durch Vereinbarung zwischen dem bisherigen Gesellschafter und dem Erwerber. Dazu ist die Zustimmung der übrigen Gesellschafter erforderlich, entweder zur einzelnen Abtretung oder sie ist generell im Gesellschaftsvertrag erklärt. Erforderlich für den Eintritt des Betreuten in eine bestehende Gesellschaft (Erwerb eines Gesellschaftsanteils) ist die Genehmigung nach § 1852 Nr. 1 Buchst. b BGB. Dies gilt für das Verpflichtung- und Verfügungsgeschäft. Auch die unentgeltliche Übertragung eines Gesellschaftsanteils (auch Kommanditanteils) auf einen Betreuten bedarf der betreuungsgerichtlichen Genehmigung gemäß § 1852 Nr. 1 Buchst. b BGB.

6.2.3 Erwerb eines Anteils an einer Personengesellschaft von Todes wegen

132 Beim Tod eines Kommanditisten wird die Gesellschaft (mangels einer abweichenden Bestimmung im Gesellschaftsvertrag) mit den Erben weitergeführt (§ 177 HGB). Soweit nichts anderes im Gesellschaftsvertrag bestimmt ist, wird die Personengesellschaft beim Tod des persönlich haftenden Gesellschafters ohne ihn fortgeführt. Der Gesellschafter scheidet mit dem Tod aus, § 131 Abs. 3 Nr. 1 HGB; grundsätzlich tritt der Erbe des verstorbenen Gesellschafters nicht ein. Der Anteil des verstorbenen Gesellschafters wächst den Mitgesellschaftern an; der Erbe hat regelmäßig ein Abfindungsrecht. Der Gesellschaftsvertrag kann aber vorsehen, dass die Gesellschaft mit dem oder den (sämtlichen) Erben fortgesetzt wird (Nachfolgeklausel). Die Nachfolge im Gesellschaftsanteil bestimmt sich allein nach Erbrecht; der Anteil geht auf den oder die Erben kraft Gesetzes über. Eine gerichtliche Genehmigung ist nicht erforderlich, wenn der Betreute als Erbe nachfolgt, da dies im Wege der Erbfolge geschieht. Tritt der Betreute im Wege der Erbfolge als Gesellschafter der OHG oder als persönlich haftender Gesellschafter (Komplementär) in die KG ein, kann er wählen, ob er mit voller Haftung in der Gesellschaft verbleiben oder sein Verbleiben von der Einräumung des Kommanditistenstatus durch alle Mitgesellschafter abhängig machen will, § 139 Abs. 1 HGB. Dies bringt den Vorteil, dass er nicht mit seinem gesamten Vermögen, sondern nur mit der Einlage haftet, § 172 HGB. Der Betreuer muss in Vertretung des Betreuten (Aufgabenkreis „Vermögenssorge") mit den übrigen Mitgesellschaftern eine entsprechende Vereinbarung schließen. Allerdings kann der Betreute (als Erbe) nur innerhalb einer Frist von drei Monaten sein Recht geltend machen, wobei die Frist an dem Zeitpunkt beginnt, an dem er (oder der Betreuer) von dem Anfall der Erbschaft Kenntnis erlangt hat, § 139 Abs. 3 HGB. Nehmen die übrigen Gesellschafter den Antrag des Betreuten (Erben) nicht an, kann dieser ohne Einhaltung einer Kündigungsfrist aus der Gesellschaft ausscheiden, § 139 Abs. 2 HGB, und in der Regel ein Auseinandersetzungsguthaben geltend machen (soweit kein Ausschluss im Gesellschaftsvertrag enthalten ist). Auch das Ausscheiden muss innerhalb der Dreimonatsfrist des § 139 Abs. 3 HGB erklärt werden. Eine betreuungsgerichtliche Genehmigung ist hierfür an sich nicht erforderlich. Nimmt der Betreuer im Namen des Betreuten die Abfindungszahlung (Geldleistung) an, ist allerdings § 1849 Abs. 4 i. V. m. Abs. 1 Satz 1 Nr. 1 BGB zu beachten, soweit nicht Abs. 2 Nr. 1 Buchst. a anwendbar ist. Enthält der Gesellschaftsvertrag keine erbrechtliche Nachfolgeklausel, kann nach Eintritt des Erbfalls zwischen den verbleibenden Gesellschaftern und dem Erben eine Eintrittsvereinbarung getroffen werden (Eintrittsklausel). Diese begründet für einen Erben ein rechtsgeschäftliches Eintrittsrecht; in der Regel tritt der Begünstigte durch einen Aufnahmevertrag (mit den vorhandenen Gesellschaftern) in die Gesellschaft ein. Handelt für den Eintretenden der Betreuer, ist eine gerichtliche Genehmigung nach § 1852 Nr. 2 BGB erforderlich (Abschluss eines Gesellschaftsvertrags).

6.2.4 Ausscheiden aus der Gesellschaft

133 Die Veräußerung eines Anteils an einer Personengesellschaft ist genehmigungspflichtig nach § 1852 Nr. 1 Buchst. b BGB. Für die Auflösung der Erwerbsgesellschaft durch Beschluss der Gesellschafter unterliegt der Betreuer der Anzeigepflicht nach § 1847 BGB.

6.3 Betreuter als Gesellschafter einer BGB-Gesellschaft

Wenn die BGB-Gesellschaft (§§ 705 ff. BGB) zum Betrieb eines Erwerbsgeschäfts eingegangen 134 wird, was zulässig ist, unterliegt die Gründung der Genehmigungspflicht aus § 1852 Nr. 2 BGB (Gründungsvertrag). Der entgeltliche Erwerb eines Gesellschaftsanteils bedarf der betreuungsgerichtlichen Genehmigung nach § 1852 Nr. 1 Buchst. b BGB. Durch den Mangel an organschaftlicher Struktur wird zwar der Betreute als Gesellschafter beim Betrieb des Geschäfts durch den Betreuer vertreten und nicht die Gesellschaft, aber die erwerbsgeschäftlich betriebene BGB-Gesellschaft wird einer Personengesellschaft insoweit gleichgestellt. Der Gesellschafter haftet nach §§ 714, 164 BGB unmittelbar persönlich als Gesamtschuldner (§ 421 ff. BGB) den Gläubigern, was ein erhebliches Haftungsrisiko darstellt und eine Genehmigungsfähigkeit grundsätzlich infrage stellt. Die Veräußerung eines Anteils an einer erwerbsgeschäftlichen BGB-Gesellschaft ist genehmigungspflichtig nach § 1852 Nr. 1 Buchst. b BGB. Für die Auflösung der Erwerbsgesellschaft durch Beschluss der Gesellschafter unterliegt der Betreuer der Anzeigepflicht nach § 1847 BGB. § 1852 Nr. 1 Buchst. b BGB erfasst das Verpflichtungs- und Verfügungsgeschäft.

6.4 Betreuter als Gesellschafter einer GmbH

6.4.1 Gesellschaftsgründung

Zum Abschluss des Gesellschaftsgründungsvertrags gemäß § 2 GmbHG ist die betreuungs- 135 gerichtliche Genehmigung nach § 1852 Nr. 2 BGB erforderlich. Das gilt allerdings nur, wenn die Gesellschaft ein „Erwerbsgeschäft" betreibt, nicht wenn es sich um eine rein „vermögensverwaltende" GmbH handelt.

6.4.2 Erwerb eines GmbH-Anteils

Der Erwerb eines GmbH-Anteils fällt unter den Genehmigungstatbestand des § 1852 Nr. 1 136 Buchst. b BGB. Die Genehmigungspflicht gilt auch für den unentgeltlichen Erwerb, da hier trotz der Unentgeltlichkeit für den Betreuten entsprechende Haftungsrisiken entstehen können. Auch das Verpflichtungsgeschäft ist genehmigungsbedürftig. Erlangt der Betreute mehr als 50 % der Gesellschaftsanteile und trifft den Betreuten ein eigenes unternehmerisches Risiko (die Beteiligung ist mehr als eine Geldanlage), erwirbt er die Gesellschaft als Erwerbsgeschäft, sodass die Genehmigung nach § 1852 Nr. 1 Buchst. a BGB erforderlich ist. Siehe hierzu BGH, Urt. v. 28.1.2003 – X ZR 199/99 – zu § 1822 Nr. 3 BGB a. F.).

6.4.3 Veräußerung eines GmbH-Anteils

Der Genehmigungstatbestand des § 1852 Nr. 1 Buchst. b BGB greift, wenn Gesellschaftsanteile 137 veräußert werden. Ist der Betreute Inhaber von mehr als 50 % der Gesellschaftsanteile und veräußert er seine Anteile, verfügt er über das Erwerbsgeschäft, sodass die Genehmigung nach § 1852 Nr. 1 Buchst. a BGB erforderlich ist (BGH, a. a. O.). Auch das Verpflichtungsgeschäft ist genehmigungsbedürftig.

6.5 Betreuter als Gesellschafter einer Aktiengesellschaft

6.5.1 Gründung

Die Gründung der Aktiengesellschaft unterliegt § 1852 Nr. 2 BGB. 138

6.5.2 Erwerb von Aktien

Der Erwerb eines Anteils an einer Aktiengesellschaft (Aktie) gilt nicht als handels- oder 139 gesellschaftliches Geschäft, sondern wird nur als Erwerb eines Wertpapiers angesehen (BT-Drucks. 19/24445, S. 288). Der entgeltliche Erwerb von Aktien ist als Geldanlage nach § 1848 BGB genehmigungsdürftig.

A

6.5.3 Veräußerung von Aktien

140 Veräußert der Betreuer Aktien, greift der Genehmigungstatbestand des § 1849 Abs. 1 Satz 1 Nr. 2 BGB (Verfügung über ein Wertpapier); auch das Verpflichtungsgeschäft ist genehmigungsbedürftig, § 1849 Abs. 1 Satz 2 i. V. m. Abs. 1 Satz 1 Nr. 2 BGB.

6.6 Prokuraerteilung

141 Erteilt der Betreuer im Namen des Betreuten im Rahmen der Führung eines Erwerbsgeschäfts eine Prokura (§ 48 HGB), ist die Genehmigung nach § 1852 Nr. 3 BGB erforderlich. Zu beachten ist hierbei § 1858 Abs. 1 BGB; da es sich um ein einseitiges Rechtsgeschäft handelt, muss die Genehmigung vor Erteilung eingeholt werden. Bei der Erteilung ist Vorsicht geboten, da der Prokurist bei späteren Handlungen keinen betreuungsgerichtlichen Genehmigungen unterliegt, auch wenn dies auf den Betreuer zutreffen würde.

6.7 Zusammenfassung

Handlung	
	Genehmigung
Erwerb eines Erwerbsgeschäfts	§ 1852 Nr. 1 Buchst. a BGB
Erwerb eines Gesellschaftsanteils (Personen- oder Kapitalgesellschaft – außer Aktiengesellschaft)	§ 1852 Nr. 1 Buchst. b BGB
Erwerb eines Gesellschaftsanteils an einer Personengesellschaft durch Erbfolge	genehmigungsfrei
Abschluss eines Gesellschaftsvertrags	§ 1852 Nr. 2 BGB
Veräußerung eines Erwerbsgeschäfts	§ 1852 Nr. 1 Buchst. a BGB
Veräußerung eines Gesellschaftsanteils	§ 1852 Nr. 1 Buchst. b BGB
(entgeltlicher) Erwerb einzelner Aktien	§ 1848 BGB
Veräußerung von Aktien	§ 1849 Abs. 1 Satz 1 Nr. 2 BGB
Erteilung einer Prokura	§ 1852 Nr. 3 BGB
	Anzeigepflicht
Beginn eines Erwerbsgeschäfts	§ 1847 BGB
Aufgabe (Beendigung) eines Erwerbsgeschäfts	§ 1847 BGB

7. Verträge über wiederkehrende Leistungen

142 Zum Abschluss eines Miet- oder Pachtvertrags oder eines anderen Vertrags, durch den der Betreute zu wiederkehrenden Leistungen verpflichtet wird, wenn das Vertragsverhältnis länger als vier Jahre dauern soll, bedarf der Betreuer einer betreuungsgerichtlichen Genehmigung, § 1853 Satz 1 Nr. 1 BGB, unabhängig davon, auf welcher Seite des Vertrags der Betreute steht.

143 Zu Wohnraummietverträgen und Heimverträgen siehe A 9, Rn. 1 ff., 32 ff. sowie 69 ff.

144 Eine Genehmigung ist nicht erforderlich, wenn der Betreute das Vertragsverhältnis ohne eigene Nachteile vorzeitig kündigen kann, § 1853 Satz 2 BGB. Verträge, die auf unbestimmte Zeit geschlossen sind und vor Ablauf von vier Jahren vom Betreuten beendet werden können, unterliegen somit grundsätzlich nicht dem Genehmigungstatbestand. Genehmigungsbedürftig sind diese auf unbestimmte Zeit geschlossenen Verträge, wenn eine Lösung vom Vertrag (z. B. durch Kündigung) mit Wirkung vor Ablauf von vier Jahren entweder überhaupt nicht möglich oder mit Einbußen verbunden ist. Ein Lebensversicherungsvertrag z. B. kann zwar jederzeit beendet werden, aber nur mit finanzieller Einbuße (Rückkaufswert). Ähnlich sieht es mit

Darlehensverträgen aus, die zwar vorzeitig beendet werden können, jedoch in der Regel nur gegen Leistung einer sog. Vorfälligkeitsentschädigung.

Hinweis:

Auch wenn keine Genehmigungspflicht vorliegt, sollten Miet-, Pacht- und sonstige Verträge, die zu wiederkehrenden Leistungen verpflichten, mit dem Betreuungsrechtspfleger besprochen werden, da sie in der Regel weitreichende finanzielle Folgen haben.

Ebenfalls genehmigungsbedürftig ist der Abschluss eines Pachtvertrags über einen gewerblichen oder land- bzw. forstwirtschaftlichen Betrieb, § 1853 Satz 1 Nr. 2 BGB. Ein land- bzw. forstwirtschaftlicher Betrieb setzt eine Besitzung voraus, die eine zum selbstständigen Betrieb der Landwirtschaft einschließlich der Viehzucht oder der Forstwirtschaft geeignete und bestimmte Wirtschaftseinheit darstellt und mit den nötigen Wohn- und Wirtschaftsgebäuden versehen ist. Ein gewerblicher Betrieb als Pachtobjekt kann ein gewerblich betriebenes Unternehmen in jedem erdenklichen Bereich sein. 145

8. Sonstige Rechtsgeschäfte

8.1 Verfügung über das Vermögen des Betreuten im Ganzen

Der Genehmigungstatbestand des § 1854 Nr. 1 BGB ist nur dann anzuwenden, wenn eine Verpflichtung zur Verfügung über das Vermögen im Ganzen (Vermögen als solches) eingegangen wird (sog. Gesamttheorie). Er ist nach h. M. nicht anzuwenden, wenn ein Geschäft über Einzelgegenstände wirtschaftlich das gesamte oder nahezu das gesamte Vermögen betrifft (im Gegensatz zu § 1365 BGB), wo die sog. Einzeltheorie angewandt wird. Sofern also z. B. ein Grundstück des Betreuten, das dessen einzigen Vermögensgegenstand ausmacht, vom Betreuer an einen Dritten verkauft wird, ist damit nicht der Tatbestand des § 1854 Nr. 1 BGB erfüllt, wohl aber der des § 1851 Nr. 5 i. V. m. Nr. 1 BGB. 146

8.2 Darlehensverträge

8.2.1 Kreditaufnahme

Jede Art von Kreditaufnahme, in welcher Rechtsform auch immer, fällt unter den Genehmigungstatbestand nach § 1854 Nr. 2 BGB. Genehmigungsbedürftig ist der Verpflichtungsvertrag, nicht erst die Darlehensauszahlung. Ob es sich um einen Real- oder Ratenkredit handelt, ist unerheblich. Soweit der Darlehensvertrag zu wiederkehrenden Leistungen verpflichtet, die länger als vier Jahre andauern, ist zudem in der Regel der Genehmigungstatbestand des § 1853 Satz 1 BGB erfüllt. 147

Vom Genehmigungstatbestand des § 1854 Nr. 2 BGB wird der Darlehensvertrag (Verpflichtungsgeschäft) erfasst. Wird die Darlehenssumme an den Betreuten zu Händen des Betreuers ausbezahlt, erlischt die Geldforderung des Betreuten gegen den Darlehensgeber durch Erfüllung (§ 362 Abs. 1 i. V. m. § 488 Abs. 1 Satz 1 BGB). Mit der Annahme der Geldleistung verfügt der Betreuer über sie, sodass eine Genehmigung nach § 1849 Abs. 4 i. V. m. Abs. 1 Satz 1 Nr. 1 BGB erforderlich wäre. Da der Darlehensvertrag (Verpflichtungsgeschäft) aber bereits gerichtlich genehmigt wurde, ist § 1849 Abs. 2 Satz 1 Nr. 3 BGB zu beachten – eine Genehmigung entfällt. 148

8.2.2 Überziehungskredit

Ausgenommen von der Genehmigungsbedürftigkeit ist die Inanspruchnahme einer eingeräumten Überziehungsmöglichkeit für das auf einem Girokonto des Betreuten bei einem Kreditinstitut bereitzuhaltende Verfügungsgeld (§ 1839 Abs. 1 BGB). Die Bestellung eines Betreuers nimmt dem Betreuten bzw. seinem Betreuer nicht die Möglichkeit, von einem 149

Dispositionskredit auf einem Girokonto Gebrauch zu machen. Da die Genehmigungspflicht für die eingeräumte Überziehungsmöglichkeit nur schwer umsetzbar wäre, weil nicht einmalig eine bezifferte Geldsumme ausgezahlt wird, sondern lediglich die Möglichkeit besteht, das Girokonto kurzfristig oder länger andauernd abhängig von der eingeräumten Dispositionsgrenze zu überziehen, wird von einer Genehmigungspflicht abgesehen. Die Neuvereinbarung eines Dispositionskredits durch den Betreuer mit dem Kreditinstitut unterliegt nach der hier vertretenen Ansicht allerdings dem Genehmigungstatbestand des § 1854 Nr. 2 BGB

8.2.3 Befreiung

150 Wird dem Betreuer auf Antrag durch das Gericht eine Befreiung nach § 1860 Abs. 2 BGB erteilt, kann dieser innerhalb einer gesetzten Obergrenze Kredite ohne weitere Genehmigungen vereinbaren. Dies ist dann möglich, wenn mit der Vermögensverwaltung der Betrieb eines Erwerbsgeschäfts verbunden ist oder besondere Gründe der Vermögensverwaltung dies erfordern.

8.3 Wechselverbindlichkeiten, Orderschecks

151 Geht der Betreuer eine Wechselverbindlichkeit jeglicher Art im Namen des Betreuten ein, ist hierfür eine betreuungsgerichtliche Genehmigung erforderlich, § 1854 Nr. 3 BGB. Ohne Genehmigung kann keinerlei wechselmäßige Haftung begründet werden, weder durch Ausstellung noch durch Wechselakzept oder Indossament. Bei der Ausstellung an eigene Order ist erst die Begebung, also die Indossierung, genehmigungspflichtig, da erst zu diesem Zeitpunkt eine Verbindlichkeit entsteht. Eine praktische Bedeutung zur Eingehung einer Wechselverbindlichkeit kann entstehen, wenn der Betreuer im Namen des Betreuten ein Handelsgeschäft führt.

152 Auch die Ausstellung eines sog. Orderschecks fällt unter § 1854 Nr. 3 BGB, da auch dieser durch Indossament übertragen werden kann. Die in der Vorschrift genannte Ausstellung von Inhaberschuldverschreibungen dürfte in der Praxis kaum eine Rolle spielen.

153 Wird dem Betreuer auf Antrag durch das Gericht eine Befreiung nach § 1860 Abs. 2 BGB erteilt, kann dieser innerhalb einer gesetzten Grenze ohne Genehmigung Wechselverbindlichkeiten eingehen und Orderschecks ausstellen. Dies ist dann möglich, wenn mit der Vermögensverwaltung der Betrieb eines Erwerbsgeschäfts verbunden ist oder besondere Gründe der Vermögensverwaltung dies erfordern.

8.4 Übernahme fremder Verbindlichkeiten

154 Beim Genehmigungstatbestand nach § 1854 Nr. 4 BGB – der Übernahme einer fremden Verbindlichkeit – wird an Fälle gedacht, in denen die Verbindlichkeit eines Dritten *nicht* als „wirtschaftliche eigene" übernommen wird. Ausgenommen ist die Haftung des Betreuten für eine Verbindlichkeit, die sich lediglich als Nebenfolge eines anderen Rechtsgeschäfts ergibt, da sonst alle möglichen gesetzlichen Folgen erfasst werden würden. So liegt z. B. in den alltäglichen Fällen der gesamtschuldnerischen Verpflichtung im Rahmen eines Rechtsgeschäfts kein besonders großes Schutzbedürfnis vor.

Beispiel:

Der Betreute erwirbt mit seinem Bruder ein Grundstück zu je einem ideellen Hälfteanteil. Sie verpflichten sich im Kaufvertrag jeweils zur Zahlung des halben Kaufpreises bei gesamtschuldnerischer Haftung.

Handelt der Betreuer im Namen des Betreuten, benötigt er eine Genehmigung nach § 1850 Nr. 6 BGB. Wegen der gesamtschuldnerischen Haftung könnte noch § 1854 Nr. 4 BGB Anwendung finden, da der Verkäufer vom Betreuten die gesamte Kaufpreisschuld geltend machen und dieser im Innenverhältnis vom Bruder Ausgleich verlangen kann, §§ 421, 426 BGB. Da es sich hier aber um eine Nebenverpflichtung zum Kaufvertrag handelt, ist die Genehmigung nicht erforderlich.

Die Vorschrift will den Betreuten davor schützen, dass die Erwartung, er werde nicht in Anspruch genommen oder könne beim Schuldner der Primärverbindlichkeit Regress nehmen, enttäuscht wird. Durch die Norm wird daher nur die Übernahme von Schulden erfasst, für die der Betreute nur subsidiär haftet und Regress nehmen kann. Nicht erfasst sind danach Fälle, in denen er die Schuld eines Dritten als eigene Schuld übernimmt und auch nicht bei einem anderen Regress nehmen kann. Danach ist z. B. der Schuldbeitritt bzw. die Schuldmitübernahme erfasst, da der Betreute einen Ersatzanspruch gegen den ursprünglichen Schuldner erwirbt. Die privative (befreiende) Schuldübernahme ist hingegen nur erfasst, wenn der Betreute im Innenverhältnis einen Rückgriffs- oder Befreiungsanspruch gegen den ursprünglichen Schuldner hat. Zu beachten ist allerdings, dass sich eine Schuldübernahme, bei der dem Betreuten kein Rückgriff gegen den ursprünglichen Schuldner zusteht, als Schenkung darstellen kann. 155

8.5 Eingehen einer Bürgschaft

Geht der Betreuer im Namen des Betreuten eine Bürgschaft (§§ 765 ff. BGB) für die Verpflichtung eines Dritten ein, ist eine Genehmigung nach § 1854 Nr. 5 BGB erforderlich. 156

8.6 Abschluss eines Vergleichs oder einer Schiedsvereinbarung

Schließt der Betreuer im Namen des Betreuten einen Vergleich, § 779 BGB, (auch Prozessvergleich) oder eine auf ein Schiedsverfahren gerichtete Vereinbarung, § 1029 ff. ZPO, ist grundsätzlich eine betreuungsgerichtliche Genehmigung nach § 1854 Nr. 6 BGB erforderlich. Dies gilt nicht, wenn der Wert des Streits oder der Ungewissheit in Geld schätzbar ist und den Wert von 6.000 EUR nicht übersteigt. Wird dieser Betrag überschritten oder ist eine betragsmäßige Bezifferung nicht möglich, ist eine Genehmigung erforderlich. 157

Beispiel:

Der Betreuer fordert im Namen des Betreuten eine Kaufpreiszahlung über 18.000 EUR; der Schuldner ist der Ansicht, dass er nur 16.000 EUR zu zahlen habe. Einigt man sich auf einen Betrag von 17.000 EUR, ist keine Genehmigung erforderlich, denn der Wert des Streits ist bezifferbar und beträgt nur 2.000 EUR.

Soweit der Vergleich einem schriftlichen oder protokollierten gerichtlichen Vergleichsvorschlag entspricht (mit ihm übereinstimmt), ist keine Genehmigung erforderlich, unabhängig vom Wert des Streits. Der Vergleich muss dabei nicht vor einem Gericht geschlossen werden. 158

8.7 Aufhebung oder Verschlechterung einer Sicherheit für eine Forderung

Von § 1854 Nr. 7 BGB werden Rechtsgeschäfte erfasst, durch die die bestehende Sicherheit für eine Forderung aufgehoben oder gemindert wird (auch das Verpflichtungsgeschäft ist genehmigungsbedürftig). Voraussetzung für die Genehmigungsbedürftigkeit ist, dass die Forderung weiterhin Bestand hat. Würde auch diese erlöschen, ist § 1854 Nr. 7 BGB nicht anwendbar. 159

8.7.1 Aufhebung der Sicherheit

Erfasst wird die Freigabe eines jeden Rechts, das die Durchsetzbarkeit einer Forderung verstärkt, unter anderem die Freigabe gepfändeter Sachen, der Verzicht auf eine Bürgschaft, die Aufgabe von Sicherungseigentum sowie die Aufgabe von Reallasten und Grundpfandrechten wie der Hypothek und Grundschuld (siehe hierzu Rn. 96). 160

Beispiel:

Der Betreute ist Berechtigter einer Rentenreallast (monatliche Zahlung von 500 EUR) am Grundstück seines Bruders. Der Bruder möchte das Grundstück veräußern und bittet um Aufhebung (Löschung) des Rechts durch den Betreuten. Die Rentenzahlungen würde er weiterhin erbringen. Erforderlich ist eine Genehmigung nach § 1850 Nr. 1 BGB (Verfügung über ein Recht an einem Grundstück) und nach § 1854 Nr. 7 BGB (Aufhebung der Sicherheit für eine Forderung des Betreuten).

A

8.7.2 Minderung einer Sicherheit

161 Eine Minderung einer Sicherheit liegt z. B. in der Einräumung des Rangs eines Drittrechts vor dem Recht des Betreuten (Rangrücktritt; siehe hierzu Rn. 95).

Beispiel:

Der Betreute ist Berechtigter einer Rentenreallast (monatliche Zahlung von 500 EUR) am Grundstück seines Bruders. Der Bruder benötigt ein Darlehen, das gegen Bestellung einer Grundschuld gewährt werden würde, aber nur, wenn der Betreute mit seinem Recht der Grundschuld den Vorrang einräumt. Erforderlich ist eine Genehmigung nach § 1850 Nr. 1 BGB (Verfügung über ein Recht an einem Grundstück) und nach § 1854 Nr. 7 BGB (Minderung der Sicherheit für eine Forderung des Betreuten).

8.8 Schenkung oder unentgeltliche Zuwendung

8.8.1 Genehmigungsbedürftige Schenkungen

162 Das bis 31.12.2022 geltende allgemeine Schenkungsverbot wurde zum 1.1.2023 aufgehoben und durch den in § 1854 Nr. 8 BGB normierten gerichtlichen Genehmigungsvorbehalt ersetzt. Der Genehmigungsmaßstab für das Betreuungsgericht folgt aus § 1862 Abs. 2 i. V. m. § 1821 Abs. 2 bis 4 BGB.

163 Maßgebliches Kriterium für die Zulässigkeit einer in Vertretung durch den Betreuer gemachten Schenkung ist damit der Wunsch oder der mutmaßliche Wille des Betreuten. Gemäß § 1821 Abs. 2 BGB hat der Betreuer die Wünsche des Betreuten festzustellen, diesen grundsätzlich zu entsprechen und den Betreuten bei deren Umsetzung rechtlich zu unterstützen. Die Wünsche des Betreuten kommen allerdings an ihre Grenze, wenn hierdurch die Person des Betreuten oder dessen Vermögen erheblich gefährdet würde und der Betreute diese Gefahr aufgrund seiner Erkrankung oder Behinderung nicht erkennen oder nicht nach dieser Einsicht handeln kann (§ 1821 Abs. 3 BGB). Der Betreuer kann grundsätzlich auch wirtschaftlich unvernünftige Schenkungswünsche des Betreuten erfüllen, sofern nicht höherrangige Rechtsgüter des Betreuten gefährdet sind oder seine gesamte Lebens- und Versorgungssituation erheblich verschlechtert wird. Selbst wenn also durch die Erfüllung der Wünsche des Betreuten dessen Vermögen erheblich geschmälert wird, ist der Wunsch in diesem Fall grundsätzlich zu respektieren. Wünsche des Betreuten sind auch dann maßgeblich, wenn sie zu einem früheren Zeitpunkt geäußert worden sind. Liegt kein auf die konkrete Situation feststellbarer Wunsch des Betreuten vor, ist sein mutmaßlicher Wille zur Prüfung heranzuziehen, ob die Schenkung vorgenommen werden kann. Damit können auch Schenkungen gemacht werden, die einer sittlichen Pflicht oder Anstandspflichten entsprechen und nicht auf einen konkreten, aktuell geäußerten Wunsch des Betreuten zurückgehen.

163a Wegen des Schutzzwecks des § 1854 Nr. 8 BGB wird in der Literatur überwiegend vertreten, dass nicht nur der schuldrechtliche Teil (Schenkungsvertrag), sondern auch die dinglichen Erfüllungsgeschäfte genehmigungsbedürftig sind.

Beispiel:

Schenkt der Betreuer im Namen des Betreuten und aufgrund dessen ausdrücklichen Wunsches einem Angehörigen des Betreuten ein wertvolles Gemälde, so sind der Schenkungsvertrag (§ 516 BGB) sowie die Übertragung des Eigentums (§ 929 BGB) genehmigungsbedürftig.

8.8.2 Genehmigungsfreie Schenkungen

164 Eine Genehmigung ist nicht erforderlich, wenn die Schenkung oder unentgeltliche Zuwendung nach den Lebensverhältnissen des Betreuten angemessen oder als Gelegenheitsgeschenk üblich ist. Beide Ausnahmetatbestände sind alternativ anwendbar. Die Frage, ob (Gelegenheits-)Schenkungen üblich sind, setzt eine entsprechende Übung des Betreuten voraus, sodass der Betreuer eine Schenkung vornehmen darf, wenn der Betreute zuvor bereits vergleichbare Schenkungen vorgenommen hat. Schenkungen aus einem einmaligen Anlass, z. B. anlässlich eines bestandenen

Abiturs des einzigen Enkels, werden als zulässig qualifiziert, wenn sie mit Rücksicht auf die Lebensverhältnisse des Betreuten angemessen sind. Unter genehmigungsfreie Schenkungen fallen insbesondere Geburtstags- und Weihnachts-, Verlobungs- und Hochzeitsgeschenke an Bezugspersonen des näheren Umfelds sowie Spenden an Vereine und Einrichtungen.

8.8.3 Ausstattung nach § 1624 BGB

Was einem Kind mit Rücksicht auf seine Verheiratung oder auf die Erlangung einer selbstständigen Lebensstellung zur Begründung oder zur Erhaltung der Wirtschaft oder der Lebensstellung vom Vater oder der Mutter zugewendet wird, gilt nur insoweit als Schenkung, als die Ausstattung das den Umständen – insbesondere den Vermögensverhältnissen des Vaters oder der Mutter – entsprechende Maß übersteigt. Als Faustregel kann der Pflichtteilsanspruch des Kindes herangezogen werden, den dieses hätte, wenn es enterbt wäre; die zu erwartende Summe sollte keinesfalls überschritten werden. Da eine dem Maß entsprechende Ausstattung keine Schenkung darstellt, ist fraglich, ob eine Genehmigung erforderlich ist, wenn der Betreuer sie im Namen des Betreuten gewährt. Nach Herberger in jurisPK-BGB Band 4, § 1854, Rn. 78, ist die Vorschrift auf Ausstattungen grundsätzlich nicht anwendbar. Wird jedoch das Maß der Angemessenheit überschritten, läge eine Schenkung vor, die genehmigungsbedürftig wäre. Nach der hier vertretenen Ansicht ist jedoch, auch wenn die Angemessenheit nicht überschritten ist, immer noch eine entgeltliche Zuwendung anzunehmen, die unter den Genehmigungstatbestand fällt. Allerdings könnte er entfallen, wenn die Zuwendung nach den Lebensverhältnissen des Betreuten angemessen ist. 165

Hinweis:

Es erscheint sinnvoll, eine Genehmigung beim Betreuungsgericht zu beantragen, wenn eine Ausstattung im Namen des Betreuten gewährt wird.

Beispiele:

a) Der vermögende verwitwete Betreute hat vor Jahren seiner Tochter (seinem einzigen Kind) versprochen, dass sie bei einer künftigen Heirat einen Betrag von 50.000 EUR zu erwarten habe; er hat ihr dies handschriftlich auf einer Papierserviette bestätigt. Die Tochter spricht nunmehr beim Betreuer vor und bittet um Überweisung des versprochenen Betrags unter Vorlage der Heiratsurkunde. Der Betreute ist insoweit nicht mehr ansprechbar.

b) Der geschäftsunfähige Betreute äußert gegenüber dem Betreuer den Wunsch, dieser soll der Kirchengemeinde St. Josef einmalig einen Betrag von 20.000 EUR schenken. Seine Vermögensverhältnisse lassen die Schenkung problemlos zu.

c) Der Betreute spendet seit vielen Jahren dem örtlichen Tierschutzverein zu Weihnachten einen Betrag von 100 EUR. Durch diese Zahlung wird seine Lebens- und Versorgungssituation nicht beeinträchtigt. Da er nicht mehr ansprechbar ist, möchte der Betreuer diese Spende fortführen.

d) Der Enkel des vermögenden geschäftsunfähigen Betreuten hat seine Fahrausbildung abgeschlossen. Der Betreuer möchte ihm aus dem Vermögen des Betreuten die Kosten der Fahrschule auf Wunsch des Betreuten schenkungsweise zukommen lassen.

Im Fall a) handelt es sich um eine Ausstattung gemäß § 1624 BGB. Da das entsprechende Maß nicht überschritten ist (was natürlich geklärt werden muss), handelt es sich nicht um eine Schenkung. Sie entspricht dem (früher geäußerten) Wunsch des Betreuten und kann durch den Betreuer gewährt werden. Das Versprechen der Ausstattung ist formfrei möglich (§ 518 Abs. 1 BGB würde nur Anwendung finden, wenn das übliche Maß überschritten wäre). Umstritten ist, ob eine gerichtliche Genehmigung eingeholt werden muss. Sie würde entbehrlich sein, wenn die Zuwendung nach den Lebensverhältnissen des Betreuten angemessen wäre. Im Zweifel sollte der Betreuer sie beantragen.

Im Fall b) liegt ein aktueller Wunsch des Betreuten vor. Durch die Schenkung wird weder seine Person noch sein Vermögen erheblich gefährdet; seine gesamte Lebens- und Versorgungs-

situation wird nicht erheblich verschlechtert. Der Rechtspfleger des Betreuungsgerichts wird die Genehmigung gemäß § 1854 Nr. 8 BGB erteilen.

Im Fall c) liegt eine unentgeltliche Zuwendung vor, die nach den Lebensverhältnissen des Betreuten angemessen ist. Eine entsprechende Übung des Betreuten geht voraus, da der Betreute zuvor vergleichbare Schenkungen vorgenommen hat (seit vielen Jahren). Von einem mutmaßlichen Willen des Betreuten ist auszugehen. Der Betreuer kann die Spende vornehmen; eine gerichtliche Genehmigung ist nicht erforderlich.

Im Fall d) handelt es sich um ein Geschenk, das dem Wunsch des Betreuten entspricht und nach seinen Vermögensverhältnissen angemessen ist. Der Betreuer kann die Schenkung vornehmen; eine gerichtliche Genehmigung ist nicht erforderlich.

8.9 Zusammenfassung

Handlung	Genehmigung
Verpflichtung zur Verfügung über das Vermögen im Ganzen	§ 1854 Nr. 1 BGB
Darlehensverträge	
• Kreditaufnahme	§ 1854 Nr. 2 BGB
→ Ausnutzung eines Überziehungskredits	keine Genehmigung
• Ausstellung Inhaberschuldverschreibung • Eingehen einer Wechselverbindlichkeit • Ausstellung eines Orderschecks	§ 1854 Nr. 3 BGB
→ Befreiungsmöglichkeit bei der Kreditaufnahme	§ 1860 Abs. 2 BGB
Übernahme einer fremden Verbindlichkeit	§ 1854 Nr. 4 BGB
Eingehung einer Bürgschaft	§ 1854 Nr. 5 BGB
Vergleich oder auf ein Schiedsverfahren gerichtete Vereinbarung • Gegenstand des Streits oder der Ungewissheit übersteigt 6.000 EUR • entspricht keinem gerichtlichen Vergleichsvorschlag	§ 1854 Nr. 6 BGB
Aufhebung oder Minderung einer Sicherheit bei bestehen bleibender Forderung	§ 1854 Nr. 7 BGB
Schenkung oder unentgeltliche Zuwendung genehmigungsfrei: • nach den Lebensverhältnissen angemessene Schenkung • übliches Gelegenheitsgeschenk • Ausstattung (§ 1624 BGB), soweit das übliche Maß nicht überschritten wird – wenn ja, dann § 1854 Nr. 8 BGB • Ausstattung (§ 1624 BGB), soweit das übliche Maß nicht überschritten wird und die Zuwendung nach den Lebensverhältnissen des Betreuten angemessen ist; wenn dies zu verneinen ist: Genehmigungsbedürftigkeit	§ 1854 Nr. 8 BGB

9. Befreiung von Genehmigungspflichten

9.1 Gesetzliche Befreiungsvorschriften

9.1.1 Befreite Betreuer

166 Befreite Betreuer sind Verwandte in gerader Linie, Geschwister, Ehegatten, Betreuungsverein und Vereinsbetreuer, Betreuungsbehörde und Behördenbetreuer; das Betreuungsgericht kann andere Betreuer befreien, wenn der Betreute dies vor der Bestellung des Betreuers schriftlich verfügt hat, § 1859 Abs. 2 BGB.

9.1.2 Umfang der Befreiung

Befreite Betreuer unterliegen gemäß § 1859 Abs. 1 Satz 2 BGB nicht der Genehmigungs- 167
bedürftigkeit zu einer Verfügung über ein Recht, kraft dessen der Betreute eine Geldleistung oder die Leistung eines Wertpapiers verlangen kann (§ 1849 Abs. 1 Satz 1 Nr. 1 BGB), sowie zu einer Verfügung über ein Wertpapier des Betreuten (§ 1849 Abs. 1 Satz 1 Nr. 2 BGB). Auch die Eingehung einer Verpflichtung zu einer solchen Verfügung ist genehmigungsfrei, § 1849 Abs. 1 Satz 2 BGB. Das Betreuungsgericht hebt die Befreiungen auf, wenn bei ihrer Fortgeltung eine Gefährdung des Betreuten nach § 1821 Abs. 3 Nr. 1 BGB zu besorgen wäre, § 1859 Abs. 3 BGB.

9.2 Befreiungen auf Anordnung des Betreuungsgerichts

Das Betreuungsgericht (Rechtspfleger) kann auf Antrag des Betreuers eine Befreiung von 168
bestimmten Genehmigungstatbeständen anordnen, aber nur, wenn eine Gefährdung im Sinne des § 1821 Abs. 3 Nr. 1 BGB nicht zu besorgen ist, § 1860 Abs. 4 BGB. Das Betreuungsgericht hat eine Befreiung aufzuheben, wenn ihre Voraussetzungen nicht mehr vorliegen, § 1860 Abs. 5 BGB.

9.2.1 Befreiung nach § 1860 Abs. 1 BGB

Vollständige oder teilweise Befreiung von der Genehmigungsbedürftigkeit ist möglich nach 169

- § 1848 BGB (andere Anlage von Geld des Betreuten) oder
- § 1849 Abs. 1 Satz 1 Nr. 1 und Nr. 2 und Satz 2 BGB (Verfügung über ein Recht, kraft dessen der Betreute eine Geldleistung oder die Leistung eines Wertpapiers verlangen kann, sowie Verfügung über ein Wertpapier des Betreuten und das Eingehen einer Verpflichtung zu einer solchen Verfügung),

wenn der Wert des Vermögens des Betreuten ohne Berücksichtigung von Immobilien und Verbindlichkeiten 6.000 EUR nicht übersteigt.

Beispiel:

Der Betreute hat neben einem unbebauten Grundstück im Wert von 50.000 EUR ein Sparkonto mit einer Einlage von 15.000 EUR. Es bestehen noch offene Darlehensverbindlichkeiten in Höhe von 10.000 EUR. Eine Befreiung ist nicht möglich, da sein Vermögen ohne Berücksichtigung des Grundstücks 15.000 EUR beträgt und die Verbindlichkeiten nicht abgezogen werden dürfen.

9.2.2 Befreiung nach § 1860 Abs. 2 BGB

Befreiung von der Genehmigungsbedürftigkeit ist möglich nach 170

- § 1848 BGB (andere Anlage von Geld des Betreuten),
- § 1849 Abs. 1 Satz 1 Nr. 1 und Nr. 2 und Satz 2 BGB (Verfügung über ein Recht, kraft dessen der Betreute eine Geldleistung oder die Leistung eines Wertpapiers verlangen kann, sowie Verfügung über ein Wertpapier des Betreuten und das Eingehen einer Verpflichtung zu einer solchen Verfügung),
- § 1854 Nr. 2 BGB (Kreditaufnahme),
- § 1854 Nr. 3 BGB (Ausstellung einer Schuldverschreibung auf den Inhaber, Eingehen einer Verbindlichkeit aus einem Wechsel oder Papier, das durch Indossament übertragen wird),
- § 1854 Nr. 4 BGB (Übernahme einer fremden Verbindlichkeit) oder
- § 1854 Nr. 5 BGB (Eingehen einer Bürgschaft),

soweit mit der Vermögensverwaltung der Betrieb eines Erwerbsgeschäfts verbunden ist oder besondere Gründe der Vermögensverwaltung dies erfordern.

Hier geht es vor allem darum, dass der Betreuer etwa im Zusammenhang mit einem 171
Erwerbsgeschäft Schulden machen und Forderungen einziehen kann, ohne dass das Gericht dies jedes Mal genehmigen muss. Auch soll er Gelder ohne Genehmigung anders als auf einem Anlagekonto anlegen können. Besondere Umstände der Vermögensverwaltung liegen auch dann vor, wenn etwa im Zusammenhang mit einem umfangreichen Vermögen regelmäßige

Vermögenszuflüsse und häufige Überweisungen verbunden sind (OLG Köln, Beschl. v. 29.11.2006 – 16 Wx 230/06).

9.2.3 Befreiung nach § 1860 Abs. 3 BGB

172 Befreiung von der Genehmigungsbedürftigkeit ist möglich nach

- § 1848 BGB (andere Anlage von Geld des Betreuten) oder
- § 1849 Abs. 1 Satz 1 Nr. 1 und 2 und Satz 2 BGB (Verfügung über ein Recht, kraft dessen der Betreute eine Geldleistung oder die Leistung eines Wertpapiers verlangen kann, sowie Verfügung über ein Wertpapier des Betreuten und das Eingehen einer Verpflichtung zu einer solchen Verfügung),

wenn ein Wertpapierdepot des Betreuten häufige Wertpapiergeschäfte erfordert und der Betreuer über hinreichende Kapitalmarktkenntnis und Erfahrung verfügt. Das kann z. B. bei großen Vermögen der Fall sein, wenn in einem bei Anordnung der Betreuung vorhandenen Depot zahlreiche kurzfristige Anlagen enthalten sind, ohne dass der Depotvertrag eine Neuanlage durch die Bank vorsieht. Voraussetzung für eine Befreiung von den Genehmigungserfordernissen für die Veräußerung, insbesondere aber für die Neuanlage, ist, dass der Betreuer über hinreichende Kenntnis und Erfahrung verfügt.

10. Genehmigungsvorbehalte und Zustimmungen im Familienrecht

10.1 Genehmigungen im ehelichen Güterrecht

10.1.1 Abschluss eines Ehevertrags

173 Beim Abschluss eines Ehevertrags kann der Betreuer mit einem entsprechenden Aufgabenkreis den geschäftsunfähigen Betreuten vertreten. Er bedarf allerdings einer betreuungsgerichtlichen Genehmigung nach § 1411 Abs. 2 Satz 2 BGB. Gütergemeinschaft kann er weder vereinbaren noch aufheben. Ist der Betreute beim Abschluss des Vertrags geschäftsfähig, kann der Betreuer nicht an seiner Stelle einen Ehevertrag schließen, § 1411 Abs. 1 Satz 3 BGB. Besteht bei einem Geschäftsfähigen für diese Angelegenheit ein Einwilligungsvorbehalt, muss der Betreuer zustimmen. Außerdem ist eine betreuungsgerichtliche Genehmigung erforderlich, wenn der Ausgleich des Zugewinns ausgeschlossen oder eingeschränkt oder wenn Gütergemeinschaft vereinbart oder aufgehoben wird, § 1411 Abs. 1 Satz 2 BGB.

10.1.2 Gütergemeinschaft

174 Haben die Ehegatten durch Ehevertrag vereinbart, dass die Gütergemeinschaft nach dem Tod eines Ehegatten zwischen dem überlebenden Ehegatten und den gemeinschaftlichen Abkömmlingen fortgesetzt wird, kann der überlebende Ehegatte die Fortsetzung der Gütergemeinschaft ablehnen. Steht der überlebende Ehegatte unter Betreuung und lehnt der Betreuer im Namen des betreuten Ehegatten ab, ist die Genehmigung des Betreuungsgerichts erforderlich, § 1484 Abs. 2 Satz 2 und 3 BGB. Tritt beim Tod eines Ehegatten vereinbarungsgemäß fortgesetzte Gütergemeinschaft ein, kann ein anteilsberechtigter Abkömmling auf seinen Anteil am Gesamtgut verzichten. Besteht Betreuung und erklärt der Betreuer den Verzicht im Namen des Betreuten, ist eine betreuungsgerichtliche Genehmigung erforderlich, § 1491 Abs. 3 BGB. Der überlebende Ehegatte kann die fortgesetzte Gütergemeinschaft jederzeit durch Erklärung gegenüber dem Nachlassgericht oder durch Vertrag mit den Abkömmlingen aufheben. Besteht Betreuung und gibt der Betreuer im Namen des Betreuten eine entsprechende Erklärung ab, ist eine betreuungsgerichtliche Genehmigung erforderlich, § 1492 Abs. 3 BGB.

10.2 Zustimmungsregelungen im ehelichen Güterrecht

175 Im ehelichen Güterrecht gibt es mehrere Vorschriften, die das Mitwirken eines Ehegatten zu Rechtshandlungen des anderen Ehegatten erfordern. Dies ist dann problematisch, wenn beim zustimmenden Ehegatten Geschäftsunfähigkeit vorliegt. Ist ein Betreuer bestellt, muss

zunächst der ausreichende Aufgabenkreis überprüft werden; dieser liegt vor, wenn Ehe- oder Güterstandsangelegenheiten angeordnet sind.

10.2.1 Zugewinngemeinschaft (gesetzlicher Güterstand)

Es sind die Zustimmungsvorschriften der §§ 1365 Abs. 1, 1366 Abs. 1, 1367 BGB zu beachten. 176
Verpflichtet sich ein Ehegatte, über sein Vermögen im Ganzen zu verfügen, bedarf er der Zustimmung des anderen Ehegatten. Nach gängiger Rechtsprechung genügt es, wenn über einzelne Vermögensgegenstände verfügt werden soll, die mehr als 85 bis 90 % des Gesamtvermögens ausmachen. Fraglich ist, ob in diesem Fall das Familiengericht nach § 1365 Abs. 2 BGB die Zustimmung ersetzen muss oder diese ein vorhandener Betreuer in Vertretung erteilt, wenn ein Ehegatte geschäftsunfähig ist. Nach h. M. stimmt der Betreuer im Namen des Betreuten zu, wenn ein deckender Aufgabenkreis vorliegt. Ist der Betreuer zugleich der verfügende Ehegatte, ist ein Ergänzungsbetreuer (§ 1817 Abs. 5 BGB) zu bestellen. Eine betreuungsgerichtliche Genehmigung für das Rechtsgeschäft selbst ist nicht erforderlich.

10.2.2 Gütergemeinschaft

Aus der Gütergemeinschaft ergeben sich mehrere Zustimmungserfordernisse eines Ehegatten. 177

- Verwaltet ein Ehegatte das Gesamtgut allein, bedarf er zu einer Verfügung über das Gesamtgut im Ganzen oder über ein zum Gesamtgut gehörendes Grundstück der Zustimmung des anderen Ehegatten, §§ 1423, 1424 BGB. Dies gilt auch für Schenkungen aus dem Gesamtgut, § 1425 BGB. Ist der zustimmungspflichtige Ehegatte geschäftsunfähig, kann ein Betreuer mit ausreichendem Aufgabenkreis zustimmen. Handelt es sich um eine Schenkung, ist § 1854 Nr. 8 BGB zu beachten. Werden durch die Zustimmung Rechte des zustimmenden Ehegatten betroffen, bedarf der Betreuer betreuungsgerichtlicher Genehmigungen nach §§ 1849 bis 1854 BGB, z. B. bei der Veräußerung eines im Gesamtgut stehenden Grundstücks (§ 1850 Nr. 1 BGB). Steht der alleinverwaltende Ehegatte unter Betreuung mit entsprechendem Aufgabenkreis, vertritt der Betreuer, § 1436 Satz 1 BGB. Dies gilt auch, wenn der andere Ehegatte zum Betreuer bestellt ist. Soweit für Rechtsgeschäfte betreuungsgerichtliche Genehmigungen nach §§ 1849 bis 1854 BGB erforderlich sind, muss sie der Betreuer einholen. Verwalten die Ehegatten das Gesamtgut gemeinsam, ist jeder von ihnen dem anderen zur Mitwirkung an ordnungsgemäßen Verwaltungsmaßnahmen verpflichtet, § 1451 BGB. Soweit ein Ehegatte geschäftsunfähig ist, nimmt seine Aufgaben der Betreuer mit ausreichendem Aufgabenkreis wahr, § 1436 BGB. Soweit für Rechtsgeschäfte betreuungsgerichtliche Genehmigungen nach §§ 1849 bis 1854 BGB erforderlich sind, muss sie der Betreuer einholen.

10.3 Vertretung durch den Betreuer im Eheverfahren

Für einen geschäftsunfähigen Ehegatten kann der Betreuer mit entsprechendem Aufgabenkreis 178
Antrag auf Scheidung oder Aufhebung der Ehe stellen. Er bedarf hierzu einer betreuungsgerichtlichen Genehmigung, § 125 Abs. 2 FamFG, die vom Betreuungsrichter zu erteilen ist, § 15 Abs. 1 Nr. 10 RPflG. Der Antrag darf grundsätzlich nur gestellt werden, wenn er dem Willen/Wunsch des Betreuten entspricht.

10.4 Anerkennung der Vaterschaft, gemeinsame Sorgeerklärung

Sind die Eltern des Kinds nicht miteinander verheiratet, kann die Vaterschaft zum Kind nach 179
§§ 1594 ff. BGB anerkannt werden.

A

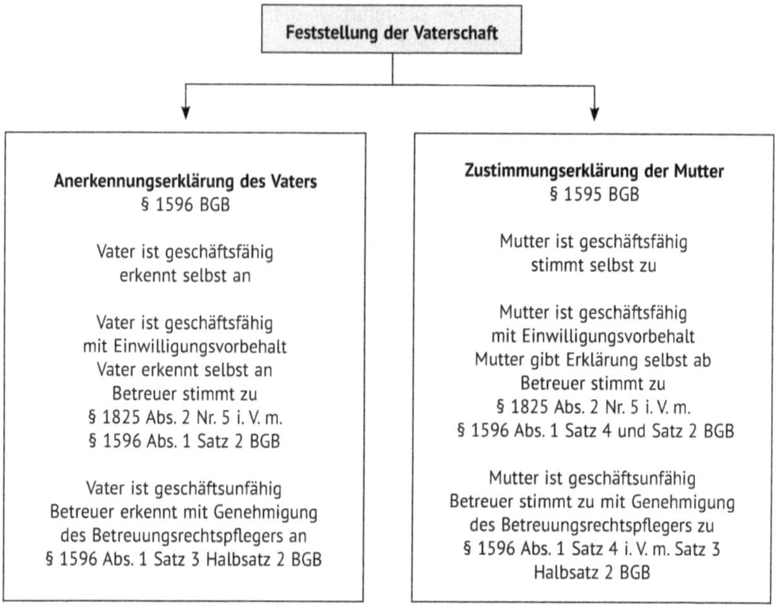

10.4.1 Anerkennung durch den Vater

180 Ist der Vater geschäftsunfähig, kann der Betreuer mit einem entsprechenden Aufgabenkreis die Vaterschaft in seinem Namen anerkennen; er benötigt eine gerichtliche Genehmigung, § 1596 Abs. 1 Satz 3 BGB. Ist der Vater zwar geschäftsfähig, besteht aber in diesem Bereich Betreuung und ist ein Einwilligungsvorbehalt angeordnet, erkennt der Vater selbst an, bedarf jedoch der Zustimmung des Betreuers, § 1596 Abs. 3 i. V. m. § 1825 Abs. 1 Satz 1 BGB. Eine gerichtliche Genehmigung ist nicht erforderlich.

10.4.2 Zustimmung der Mutter

181 Zur Wirksamkeit der Anerkennung einer Vaterschaft ist die Zustimmung der Mutter erforderlich, § 1595 Abs. 1 BGB. Ist die Mutter geschäftsunfähig, kann der Betreuer mit einem entsprechenden Aufgabenkreis die Zustimmung in ihrem Namen erklären; er benötigt eine betreuungsgerichtliche Genehmigung, § 1596 Abs. 1 Satz 4 i. V. m. Satz 3 BGB. Ist die Mutter zwar geschäftsfähig, besteht aber in diesem Bereich Betreuung und ist ein Einwilligungsvorbehalt angeordnet, erkennt sie selbst an, bedarf jedoch der Zustimmung des Betreuers, § 1596 Abs. 3 i. V. m. § 1825 Abs. 1 Satz 1 BGB. Eine gerichtliche Genehmigung ist nicht erforderlich.

10.4.3 Gemeinsame Sorgeerklärung

182 Sind die Eltern eines Kinds nicht miteinander verheiratet, können sie durch formgerechte Erklärung (vor einem Notar oder einem Jugendamt) eine gemeinsame Sorge für das Kind erreichen, §§ 1626a Abs. 1 Nr. 1, 1626d Abs. 1 BGB. Die Eltern können die Sorgeerklärungen nur selbst (persönlich) abgeben, § 1626c Abs. 1 BGB. Ist einer der beiden geschäftsunfähig, scheitert die gemeinsame Sorge; eine Vertretung durch einen Betreuer ist nicht möglich. Soweit ein Elternteil zwar geschäftsfähig ist, aber in diesem Bereich ein Einwilligungsvorbehalt besteht, muss er die Erklärung ebenfalls persönlich abgeben. Er bedarf nach h. M. nicht der Zustimmung des Betreuers; eine Verweisung auf § 1825 BGB besteht nicht.

Ernst Riedel

Kontoschutz, Verbraucherinsolvenz, Restschuldbefreiung

A

1. Girokonto und Pfändung

1.1 Pfändung von Kontoguthaben

1 Der Zahlungsanspruch eines Kontoinhabers gegen die kontoführende Bank oder Sparkasse, gerichtet auf das Kontoguthaben, unterliegt der Pfändung. Die Pfändung erstreckt sich auf das bei Zustellung des Pfändungsbeschlusses bestehende sowie auf die sich nach der Pfändung ergebenden künftigen Guthaben (§ 833a ZPO). Geht nach der Pfändung etwa eine Gutschrift auf dem gepfändeten Girokonto ein und ergibt sich unter Berücksichtigung verrechenbarer Sollposten ein Guthaben zugunsten des Kontoinhabers, hat das Kreditinstitut dieses an den Pfändungsgläubiger auszuzahlen.

2 Infolge der Pfändung eines Girokontos lassen die Banken regelmäßig keine Verfügung über ein vorhandenes Guthaben oder einen eingeräumten Dispositionskredit mehr zu. Lastschriften werden nicht mehr eingelöst und Überweisungsaufträge nicht mehr ausgeführt.

3 Dem Pfändungszugriff auf ein Konto und den damit einhergehenden Problemen kann dadurch begegnet werden, dass das bestehende Girokonto in ein Pfändungsschutzkonto (sog. P-Konto) umgewandelt wird. Das kann innerhalb kurzer Fristen auch nach einer bereits bewirkten Pfändung veranlasst werden. Mit einer Umwandlung wird erreicht, dass dem Kontoinhaber bestehende und künftige Guthaben zumindest teilweise pfändungsfrei erhalten bleiben. Zu beachten ist jedoch, dass eingehende Gutschriften nur in einem zeitlich engen Rahmen angespart werden können. Über Gutschriften sollte deshalb durch Abhebungen oder Überweisungen zeitnah verfügt werden. Zu beachten ist auch, dass pfandfreie Beträge nicht auf andere Konten wie etwa Sparkonten übertragen werden sollten, da in der Folge der Pfändungsschutz entfällt.

4 Die Möglichkeit, ein P-Konto einzurichten, besteht im Übrigen auch innerhalb eines eröffneten Insolvenzverfahrens, insbesondere eines sog. Verbraucherinsolvenzverfahrens. Damit kann der Insolvenzschuldner die geschützten Guthaben dem Zugriff des Insolvenzverwalters entziehen (vgl. § 36 Abs. 1 InsO). Nach Eröffnung eines Insolvenzverfahrens über das Vermögen des Schuldners ist die Einrichtung eines P-Kontos demnach dringend anzuraten.

5 Die Kreditinstitute sind dazu verpflichtet, bestehende Girokonten (Zahlungskonten) auf Verlangen des Kontoinhabers in ein P-Konto umzuwandeln. Die für ein solches Konto anfallenden Gebühren dürfen nicht höher bemessen werden als die Gebühren, die für sonstige Girokonten verlangt werden (BGH, Urt. v. 13.11.2012 – XI ZR 500/11). Das Gericht führte unter anderem aus, dass die im Preis- und Leistungsverzeichnis eines Kreditinstituts enthaltene Bestimmung über die Kontoführungsgebühr für ein P-Konto im Verkehr mit Verbrauchern gemäß § 307 Abs. 1 Satz 1 und Abs. 2 Nr. 1 BGB unwirksam ist, wenn

- der Kunde bei Umwandlung seines schon bestehenden Girokontos in ein P-Konto ein über der für das Girokonto zuvor vereinbarten Kontoführungsgebühr liegendes Entgelt zu zahlen hat oder
- das Kreditinstitut bei der Neueinrichtung eines P-Kontos ein Entgelt verlangt, das über der Kontoführungsgebühr für ein Neukunden üblicherweise als Gehaltskonto angebotenes Standardkonto mit vergleichbarem Leistungsinhalt liegt.

6 Die Pfändbarkeit eines Kontoguthabens ist grundsätzlich unabhängig davon, aus welcher Art von eingehenden Leistungen sich das Guthaben ergibt. Das vom Arbeitgeber überwiesene Einkommen ist ebenso betroffen wie etwa die vom Finanzamt angewiesene Steuererstattung oder gutgeschriebene Sozialleistungen. Hinsichtlich des Arbeitseinkommens oder Lohnersatzleistungen ist dabei sogar unbeachtlich, dass es sich bei dem überwiesenen Betrag ggf. nur um den unpfändbaren Einkommensteil handelt, weil der pfändbare Teil bereits vom Arbeitgeber bzw. der Sozialleistungsstelle an einen Gläubiger abgeführt wurde, der den Anspruch des Schuldners auf Lohnzahlung oder Lohnersatzleistung gepfändet hat (Pfändung „an der Quelle"). Auch der Pfändungszugriff eines Gläubigers auf gutgeschriebene Sozialleistungen kann nur durch die Einrichtung eines P-Kontos verhindert werden. Dies unabhängig davon, dass die jeweilige Sozialleistung für sich betrachtet unpfändbar ist.

1.2 Einrichtung eines Pfändungsschutzkontos

1.2.1 Umwandlung eines bestehenden Girokontos

Eine natürliche Person kann jederzeit und unabhängig von einer bestehenden Kontopfändung 7 von dem Kreditinstitut verlangen, dass ein von ihr dort unterhaltenes Girokonto als P-Konto geführt wird (§ 850k Abs. 1 Satz 1 ZPO). Voraussetzung für die Einrichtung eines P-Kontos ist demnach, dass ein Girokonto besteht, das in ein P-Konto umgewandelt werden kann. Die Umwandlung bedarf einer entsprechenden Vereinbarung zwischen dem kontoführenden Kreditinstitut und dem Kontoinhaber. Die Vereinbarung kann durch den gesetzlichen Vertreter des Kontoinhabers getroffen werden. Auch eine rechtsgeschäftliche Vertretung, etwa in Form einer Vorsorgevollmacht, ist zulässig. Ein Betreuer, der für den Betreuten eine Kontoumwandlung veranlassen möchte, benötigt hierzu keine betreuungsgerichtliche Genehmigung.

Weitere Voraussetzung für die Umwandlung eines bestehenden Girokontos in ein P-Konto ist, 8 dass der Kunde nicht bereits über ein P-Konto verfügt. Es kann demnach stets nur ein P-Konto geführt werden. Weiterhin muss es sich um ein Einzelkonto handeln. Ein sog. Gemeinschaftskonto kann nicht in ein P-Konto umgewandelt werden (siehe nachfolgend Rn. 10).

1.2.2 Umwandlung eines gepfändeten Kontos

Liegt bereits eine Kontopfändung vor, kann die Umwandlung des Kontos frühestens mit 9 Wirkung ab dem vierten, der Erklärung folgenden Geschäftstag vereinbart werden (§ 850k Abs. 2 ZPO). Die Umstellung eines bereits gepfändeten Girokontos auf ein P-Konto innerhalb eines Monats seit der Zustellung des Überweisungsbeschlusses an das kontoführende Kreditinstitut entfaltet in gleicher Weise Pfändungsschutz, wie ihn auf einem bereits vorhandenen P-Konto gepfändetes Guthaben genießt (§ 899 Abs. 1 Satz 2 ZPO). Entsprechendes gilt im Fall einer Insolvenzverfahrenseröffnung.

Tipp:

Wird die Monatsfrist versäumt, kann zwar weiterhin eine Umwandlung verlangt werden, der damit zu erzielende Pfändungsschutz bezieht sich jedoch nur auf diejenigen Guthaben, die sich nach der Umstellung ergeben. Eine Rückwirkung auf die davor eingegangenen Gutschriften sowie ein weiteres Moratorium sind ausgeschlossen.

1.2.3 Umwandlung eines Gemeinschaftskontos

Ein Gemeinschaftskonto – egal, ob es als „Oder-Konto" oder als „Und-Konto" geführt wird – 10 kann nicht in ein P-Konto umgewandelt werden. Um ein P-Konto einzurichten, muss deshalb zunächst das Gemeinschaftskonto in Einzelkonten aufgeteilt werden. Dazu setzt der Gesetzgeber den Beteiligten eine Frist von einem Monat, die mit der Zustellung des Überweisungsbeschlusses an das Kreditinstitut beginnt (§ 850l Abs. 1 und 2 ZPO). Anwendbar ist die Regelung nur dann, wenn das Guthaben auf dem Gemeinschaftskonto wirksam gepfändet wird. Eine prophylaktische Aufteilung und Umwandlung sind demnach – im Gegensatz zur Umwandlung eines Einzelkontos in ein P-Konto – nicht möglich.

Innerhalb der genannten Monatsfrist kann die natürliche Person vom Kreditinstitut verlangen, 11 Guthaben vom Gemeinschaftskonto auf ein bei dem Kreditinstitut allein auf ihren Namen lautendes Girokonto zu übertragen und dieses Zahlungskonto als P-Konto zu führen. Unerheblich ist dabei, ob es sich bei der natürlichen Person um den Schuldner handelt: Auch der Nichtschuldner hat einen Anspruch auf die Übertragung von Guthaben auf ein für ihn einzurichtendes Einzelkonto (§ 850l Abs. 3 ZPO). Die erfolgte Kontopfändung stellt gleichsam den Grund für eine Auflösung der bestehenden Gemeinschaft dar.

Der Übertragungsbetrag beläuft sich auf den Kopfteil des Schuldners an dem Guthaben. Ist der 12 Schuldner etwa zusammen mit einer weiteren Person Inhaber des gepfändeten Kontos, wird die Hälfte des Guthabens auf ein auf den Schuldner lautendes Einzelkonto übertragen (§ 850l

Abs. 2 Satz 4 ZPO). Sämtliche Kontoinhaber und der Gläubiger können sich auf eine von der kopfteiligen Verteilung abweichende Aufteilung des Übertragungsbetrags einigen; die Vereinbarung ist dem Kreditinstitut in Textform mitzuteilen (§ 850l Abs. 2 Satz 5 ZPO). Maßgebender Zeitpunkt für die Berechnung des aufzuteilenden Guthabens ist der Ablauf der Monatsfrist des § 850l Abs. 1 ZPO.

13 **Wichtig:** Das Gemeinschaftskonto wird nicht allein durch die Bildung von Einzelkonten aufgelöst. Auch die Beteiligung des Pfändungsschuldners hieran bleibt bestehen. Die Kontopfändung setzt sich aber nur an dem Einzelkonto fort, das für den Pfändungsschuldner eingerichtet wird. Hierfür besteht Pfändungsschutz. Dagegen ergibt sich für das Gemeinschaftskonto kein Pfändungsschutz, da es kein P-Konto darstellt. Beträge, die nach Ablauf der genannten Monatsfrist auf das Gemeinschaftskonto eingehen, können demnach mittels eines neuerlichen Pfändungsbeschlusses uneingeschränkt gepfändet werden. Es ist deshalb darauf zu achten, dass zu erwartende Überweisungen auf das eingerichtete P-Konto überwiesen werden. Probleme können sich in diesem Zusammenhang dann ergeben, wenn etwa der Arbeitgeber oder die Sozialleistungsstelle für eine Umstellung des Empfängerkontos längere Zeit benötigt und folglich Leistungen für den Schuldner weiterhin auf das Gemeinschaftskonto überwiesen werden. In diesem Fall kann der Schuldner einen Antrag auf Pfändungsschutz beim Vollstreckungsgericht stellen, der aber nur erfolgreich sein wird, wenn nachgewiesen werden kann, dass der Schuldner alles in seiner Macht Stehende unternommen hat, um eine Gutschrift auf das eingerichtete P-Konto zu erreichen.

1.2.4 Umwandlung eines debitorischen Kontos

Zwei-Konten-Modell

14 Ein P-Konto kann nur im Guthabenbereich geführt werden (§ 850k Abs. 1 Satz 3 ZPO). Der Kontoinhaber kann jedoch die Umwandlung seines Girokontos auch dann verlangen, wenn es einen negativen Saldo aufweist (§ 850k Abs. 1 Satz 2 ZPO). Das Gesetz überlässt die insoweit notwendige technische Umsetzung dem Kreditinstitut. Empfohlen wird das sog. Zwei-Konten-Modell. Der debitorische Saldo wird dabei auf ein zweites Konto „ausgelagert". Das als P-Konto zu führende Erstkonto wird auf Guthabenbasis zur Verfügung gestellt.

Verrechnungsverbot

15 Verlangt eine natürliche Person von dem Kreditinstitut, dass ein von ihr dort geführtes Zahlungskonto, das einen negativen Saldo aufweist, als P-Konto geführt wird, darf das Kreditinstitut ab dem Verlangen nicht mit seinen Forderungen gegen Forderungen des Kontoinhabers aufrechnen oder einen zugunsten des Kontoinhabers bestehenden Saldo mit einem zugunsten des Kreditinstituts bestehenden Saldo verrechnen, soweit die Gutschrift auf dem Zahlungskonto als Guthaben auf einem P-Konto nicht von der Pfändung erfasst sein würde (§ 901 Abs. 1 ZPO). Soweit das Guthaben zum Zeitpunkt des Umwandlungsverlangens den rechnerischen Freibetrag übersteigt, ist eine Aufrechnung zulässig.

16 Das Verbot der Aufrechnung und Verrechnung gilt für ein Zahlungskonto, auf das sich eine Pfändung erstreckt, bereits ab dem Zeitpunkt der Kenntnis des Kreditinstituts von der Pfändung (§ 901 Abs. 2 Satz 1 ZPO). Das Verbot der Aufrechnung oder Verrechnung entfällt jedoch, wenn der Schuldner nicht innerhalb eines Monats verlangt, dass das Zahlungskonto als P-Konto geführt wird (§ 901 Abs. 2 Satz 2 ZPO).

17 Es soll vermieden werden, dass Gutschriften, die in der Zeit zwischen seinem Verlangen, sein Zahlungskonto als P-Konto zu führen, und der tatsächlichen Ausführung dieses Verlangens erfolgen, verrechnet werden und damit nicht als Guthaben auf dem P-Konto zur Verfügung stehen. Denn solche Gutschriften würden ansonsten den negativen Saldo verringern und dieser geringere negative Saldo würde seitens des Kreditinstituts – entsprechend dem in der Praxis bislang weitgehend verfolgten „Zwei-Konten-Modell" – „ausgebucht" werden. Solche Gutschriften sollen aber dem Inhaber eines P-Kontos zur Sicherung des Lebensunterhalts innerhalb der Pfändungsfreigrenzen zur Verfügung stehen.

1.2.5 Rückumwandlung

Der Kontoinhaber kann mit einer Frist von mindestens vier Geschäftstagen zum Monatsende 18 von dem Kreditinstitut verlangen, dass das dort geführte P-Konto als Zahlungskonto ohne Pfändungsschutz geführt wird. Ein solches Verlangen führt nicht zur Auflösung des Vertragsverhältnisses zwischen dem Kontoinhaber und dem Kreditinstitut (§ 850k Abs. 5 ZPO).

Wichtig: Die Möglichkeit der Rückumwandlung kann z. B. dazu dienen, die mehrfache Führung 19 von P-Konten zu verhindern.

1.3 Umfang des Pfändungsschutzes

1.3.1 Sockelfreibetrag (erste Schutzstufe)

Das auf einem P-Konto bestehende Guthaben wird im Umfang des jeweils auf den nächsten 20 vollen Zehn-Euro-Betrag aufgerundeten, pfändungsfreien monatlichen Grundbetrag nach § 850c Abs. 1 ZPO nicht von einer Kontopfändung erfasst (§ 899 Abs. 1 Satz 1 ZPO). Derzeit bedeutet das, dass der Schuldner pro Kalendermonat über einen Betrag von 1.590 EUR (Stand: 1.7.2026) ungeachtet einer erfolgten Pfändung verfügen kann („Sockelfreibetrag"). Der Freibetrag gilt ab dem Zeitpunkt, an dem eine Pfändung des Kontos durch die Zustellung des Pfändungsbeschlusses an die kontoführende Bank wirksam wurde. Es kommt demnach nicht darauf an, ob und in welchem Umfang das Kontoguthaben durch Verfügungen über die Gutschrift bereits im laufenden Monat vor der Pfändung reduziert wurde.

Beispiel:

Am 1.4. wird dem P-Konto des Schuldners dessen Arbeitseinkommen in Höhe von 2.000 EUR gutgeschrieben. Unter Abzug des aktuellen Sollstands von 200 EUR ergibt sich ein Guthabensaldo von 1.800 EUR. Am 2.4. werden Lastschriften eingelöst und Daueraufträge ausgeführt, was zu einer Reduzierung des Guthabens auf 1.400 EUR führt. Am 3.4. wird der kontoführenden Bank ein Pfändungs- und Überweisungsbeschluss zugestellt, mittels dem ein Gläubiger das Kontoguthaben des Schuldners pfändet. Von dem am 3.4. vorhandenen Guthaben in Höhe von 1.600 EUR hat die Bank dem Gläubiger aufgrund der Pfändung 10 EUR (1.600–1.590 EUR) auszuzahlen. Hinsichtlich der in den Folgemonaten eingehenden Gutschriften gilt, dass hiervon jeweils 1.590 EUR monatlich unpfändbar sind und demzufolge dem Schuldner verbleiben müssen (Stand: 1.7.2026).

1.3.2 Erhöhung des Sockelfreibetrags (zweite Schutzstufe)

Erhöhungsfälle

Der Sockelfreibetrag erhöht sich unter den Voraussetzungen des § 902 Satz 1 ZPO um die dort 21 genannten Beträge. Im Einzelnen gilt Folgendes:

- Gewährt der Schuldner aufgrund einer gesetzlichen Unterhaltspflicht – also z. B. seinem Ehegatten oder seinen leiblichen bzw. adoptierten Kindern – Unterhalt, sind dem Schuldner von den auf dem P-Konto gutgeschriebenen Beträgen über den Sockelfreibetrag hinaus die unpfändbaren Grundbeträge nach § 850c Abs. 2 ZPO zu belassen. Derzeit (Stand: 1.7.2026) bedeutet das, dass dem Schuldner für den ersten Unterhaltsberechtigten monatlich 597,42 EUR und für den zweiten bis fünften Unterhaltsberechtigten monatlich 332,83 EUR zusätzlich zum Sockelfreibetrag verbleiben. Es kommt dabei nicht darauf an, aus welchen Beträgen sich das Guthaben generiert.

  Beispiel:

  Schuldner S ist verheiratet und gegenüber einem Kind zum Unterhalt verpflichtet. Am 25.5. wird das gegenwärtige und künftige Guthaben, das sich jeweils auf dem P-Konto des S ergibt, durch Gläubiger G gepfändet. Zu diesem Zeitpunkt weist das Konto ein Guthaben von 100 EUR auf. Am 1.6. wird dem Konto ein Betrag in Höhe von 2.500 EUR gutgeschrieben. Von der Pfändung nicht umfasst sind neben dem Sockelfreibetrag in Höhe von 1.590 EUR die pfandfreien Grundbeträge gemäß § 850c Abs. 2 ZPO für die Ehefrau in Höhe von derzeit 597,42 EUR sowie für das Kind in

Höhe von derzeit 332,83 EUR, insgesamt also 2.520,25 EUR. Von dem sich am 1.6. ergebenden Guthaben in Höhe von 2.600 EUR ist demnach ein Betrag in Höhe von 89,75 EUR an den Gläubiger abzuführen (Stand: 1.7.2026). Der Rest verbleibt dem Pfändungsschuldner.

- In derselben Höhe sind dem Schuldner Gutschriften auf dem P-Konto zu belassen, die sich aus Geldleistungen nach dem SGB II (Grundsicherung für Arbeitsuchende) oder SGB XII (Sozialhilfe) für Personen ergeben, die mit dem Pfändungsschuldner und Kontoinhaber in einer Bedarfsgemeinschaft im Sinne des § 7 Abs. 3 SGB II oder in einer Gemeinschaft nach den §§ 19, 20, 27, 39 Satz 1 oder § 43 SGB XII leben und denen der Schuldner nicht aufgrund gesetzlicher Vorschriften zum Unterhalt verpflichtet ist.
- Ebenfalls in derselben Höhe sind dem Schuldner zusätzlich zum Sockelfreibetrag Gutschriften auf dem P-Konto zu belassen, die sich aus Geldleistungen nach dem AsylbLG für Personen ergeben, mit denen der Pfändungsschuldner und Kontoinhaber in einem gemeinsamen Haushalt zusammenlebt und denen er nicht aufgrund gesetzlicher Vorschriften zum Unterhalt verpflichtet ist.
- Zusätzlich zum Sockelfreibetrag ist des Weiteren die Gutschrift einer Geldleistung im Sinne des § 54 Abs. 2 (einmalige Sozialgeldleistung) oder § 54 Abs. 4 Nr. 3 SGB I (Geldleistungen, die dafür bestimmt sind, den durch einen Körper- oder Gesundheitsschaden bedingten Mehraufwand auszugleichen) dem Pfändungszugriff auf einem P-Konto entzogen.
- Zusätzlich zum Sockelfreibetrag sind dem Schuldner auch Gutschriften auf dem P-Konto zu belassen, die sich aus Geldleistungen nach § 5 Abs. 1 MuKStiftG ergeben.
- Unter Anrechnung auf den Sockelfreibetrag sind dem Schuldner Gutschriften zu belassen, die sich aus Geldleistungen ergeben, die dem Schuldner selbst nach SGB II (Grundsicherung für Arbeitsuchende) oder nach SGB XII (Sozialhilfe) auf sein P-Konto überwiesen werden. Im Ergebnis verbleibt dem Schuldner die Sozialleistung in voller Höhe.

Erforderliche Nachweise

22 Die Freistellung der genannten Beträge setzt voraus, dass der Schuldner dem kontoführenden Kreditinstitut nachweisen kann, dass die Voraussetzungen für die Freistellung vorliegen. Der Nachweis ist nach § 903 ZPO zu führen, nämlich durch die Vorlage einer Bescheinigung

1. der Familienkasse, des Sozialleistungsträgers oder einer mit der Gewährung von Geldleistungen im Sinne des § 902 Satz 1 ZPO befassten Einrichtung (z. B. Jobcenter),
2. des Arbeitgebers oder
3. einer geeigneten Person oder Stelle im Sinne des § 305 Abs. 1 Nr. 1 InsO (z. B. anerkannte Schuldnerberatungsstelle).

23 Die unter 1. genannten Institutionen sind zur Erteilung der Bescheinigung verpflichtet, soweit von ihnen entsprechende Leistungen erbracht werden. Eine solche Verpflichtung besteht für die übrigen genannten Stellen nicht.

24 **Wichtig:** Die Nachweise müssen spätestens bis zum Ablauf des der Gutschrift folgenden Monats vorgelegt werden. Ist absehbar, dass diese Zeitvorgabe nicht angehalten werden kann, sollte beim Vollstreckungsgericht der Antrag auf Ersetzung des jeweils notwenigen Nachweises gestellt werden (vgl. Rn. 26).

25 Wird die Bescheinigung mit einer Befristung ausgestellt, ist darauf zu achten, dass seitens des Kontoinhabers rechtzeitig vor Fristablauf dem Kreditinstitut eine neue Bescheinigung vorgelegt wird. Ist eine Bescheinigung nicht befristet, kann gleichwohl das Kreditinstitut nach Ablauf von zwei Jahren eine aktuelle Bescheinigung verlangen (§ 903 Abs. 2 Satz 2 ZPO). Eine solche Absicht hat das Kreditinstitut dem Kontoinhaber mindestens zwei Monate zuvor anzuzeigen (§ 908 Abs. 3 ZPO).

Einschaltung des Vollstreckungsgerichts

26 Kann der Schuldner eine erforderliche Bescheinigung nicht in zumutbarer Weise beschaffen, hat das Vollstreckungsgericht in dem Beschluss auf Antrag die Erhöhungsbeträge nach § 902 ZPO festzusetzen und die Angaben nach § 903 Abs. 3 Satz 2 ZPO zu bestimmen. Der Schuldner muss im Rahmen seiner Antragstellung glaubhaft machen, dass er bei mindestens zwei

zuständigen Stellen im Sinne des § 903 ZPO um eine entsprechende Bescheinigung nachgesucht hat (§ 905 Satz 1 ZPO).

Erfolgt die Pfändung im Wege der Verwaltungsvollstreckung, etwa durch die Finanzbehörde 27 oder eine Kommune, ist diese Behörde auch für die Festsetzung der Erhöhungsbeträge zuständig (§ 910 ZPO). Ist über das Vermögen des Schuldners das Insolvenzverfahren eröffnet, tritt hinsichtlich der angesprochenen gerichtlichen Zuständigkeiten an die Stelle des Vollstreckungsgerichts das Insolvenzgericht.

1.3.3 Weitere Regelungen zum Umfang des Pfändungsschutzes (dritte Schutzstufe)

Der Umfang des geschützten Guthabens kann sowohl zugunsten wie auch zulasten des 28 Kontoinhabers mittels entsprechender Entscheidungen des Vollstreckungsgerichts abweichend vom Sockelbetrag und vom erhöhten Sockelbetrag festgelegt werden (§ 906 ZPO). Dabei finden insbesondere die Vorschriften entsprechende Anwendung, die für die Pfändung von Arbeitseinkommen und Lohnersatzleistungen gelten. Damit können die persönlichen Verhältnisse des Schuldners und des Gläubigers berücksichtigt werden. Das Gericht wird dabei grundsätzlich nur auf Antrag tätig.

Erfolgte die Pfändung des Guthabens wegen gesetzlicher Unterhaltsansprüche oder wegen 29 einer Forderung aus einer vom Schuldner vorsätzlich begangenen unerlaubten Handlung wie etwa einer vorsätzlichen Körperverletzung, setzt das Vollstreckungsgericht auf Antrag des Gläubigers einen unpfändbaren Betrag fest, der dem Schuldner nur noch das nötigste Auskommen sichert (§ 906 Abs. 1 Satz 1 ZPO).

Auf Antrag des Pfändungsgläubigers kann das Vollstreckungsgericht z. B. anordnen, dass ein 30 Unterhaltsberechtigter bei der Bestimmung des unpfändbaren Guthabens unberücksichtigt bleibt, weil dieser über ein eigenes Einkommen in einer Höhe verfügt, das seinen Unterhaltsbedarf abdeckt (vgl. § 850c Abs. 6 ZPO). In der Folge verbleibt dem Kontoinhaber deutlich weniger von seinem Kontoguthaben als ohne eine solche Anordnung.

Soweit auf das P-Konto Arbeitseinkommen oder Lohnersatzleistungen eingehen, kann das 31 Vollstreckungsgericht auf Antrag des Kontoinhabers anordnen, dass dem Schuldner neben dem Sockelfreibetrag und dem Erhöhungsbetrag auch ein Betrag zu belassen ist, der dem unpfändbaren Mehrbetrag nach § 850c Abs. 3 ZPO entspricht. Damit verbleibt dem Schuldner der Betrag, der sich aus der sog. Pfändungstabelle ergibt. Im Ergebnis kann der Schuldner damit über denselben Betrag verfügen, der ihm auch verbleibt, wenn sein Arbeitseinkommen oder seine Lohnersatzleistungen beim Drittschuldner – also bei seinem Arbeitgeber oder gegenüber der Sozialleistungsstelle – gepfändet wird („Pfändung an der Quelle").

Über eine entsprechende Anwendung des § 850f Abs. 1 ZPO kann der Schuldner beim 32 Vollstreckungsgericht beantragen, dass ihm für besondere Aufwendungen, etwa im Bereich medizinischer Versorgung, ein Mehrbetrag verbleibt.

Das Vollstreckungsgericht kann auf Antrag des Kontoinhabers auch bestimmen, dass 33 Gutschriften, die von seinem Arbeitgeber herrühren, insgesamt von der Pfändung des Kontoguthabens nicht erfasst werden. Voraussetzung hierfür ist, dass das Arbeitseinkommen bei dem Arbeitgeber gepfändet ist („Pfändung an der Quelle") und ständig in unterschiedlichem Maße von den Sockelbeträgen der §§ 899, 902 ZPO abweicht, weil etwa die Anzahl der Überstunden stets variiert. In diesen Fällen wird daher auf ein P-Konto des Schuldners vom Arbeitgeber monatlich nur der unpfändbare Betrag überwiesen; hinsichtlich dieser Zahlungseingänge ist daher bereits die Berechnung des pfändungsfreien Einkommens erfolgt. Umstritten ist, ob das Vollstreckungsgericht auch anordnen kann, dass wiederkehrende unpfändbare Erstattungsleistungen der (privaten) Krankenkasse dem Schuldner ausgezahlt werden müssen, auch wenn nicht jede einzelne Gutschrift vom Gericht freigestellt wird. Ein entsprechender Antrag sollte in geeigneten Fällen gestellt werden, auch wenn nicht sicher ist, dass dem Antrag stattgegeben wird. Gehen auf das P-Konto des Schuldners ausschließlich unpfändbare Bezüge ein (z. B. Grundsicherung für Arbeitsuchende), so kann das Vollstreckungs-

A

gericht auf Antrag des Schuldners festsetzen, dass das Guthaben auf dem P-Konto für die Dauer von bis zu zwölf Monaten der Pfändung nicht unterworfen ist (§ 907 ZPO).

1.3.4 Auszahlungsmoratorium

34 Nicht vom Pfändungsschutz des P-Kontos umfasste Beträge hat das Kreditinstitut an den Pfändungsgläubiger auszuzahlen. Aus Beträgen, die nach dem Wirksamwerden der Kontopfändung gutgeschrieben werden, darf an den Gläubiger jedoch erst nach Ablauf des Kalendermonats, der auf die jeweilige Gutschrift folgt, eine Zahlung geleistet werden (§ 900 Abs. 1 Satz 1 ZPO). Im Zusammenwirken mit § 900 Abs. 2 ZPO wird damit unter anderem gewährleistet, dass Gutschriften, die zwar im Vormonat eingehen, aber für den Folgemonat gedacht sind (Überweisung an Ultimo), dem Kontoinhaber tatsächlich zur Verfügung stehen.

35 **Wichtig:** Gerade bei der Überweisung von Sozialleistungen ist es durchaus üblich, dass die für den Folgemonat geltende Zahlung bereits am letzten Banktag des Vormonats gutgeschrieben wird. Hat der Schuldner in diesem Vormonat bereits die Freibeträge des P-Kontos ausgeschöpft, würde die an Ultimo eingehende Zahlung insgesamt dem Gläubiger zustehen. Das wird mit der Regelung des § 900 ZPO verhindert.

36 Im Übrigen dient das Moratorium z. B. einer Antragstellung für den Fall einer Nachzahlung von Leistungen für mehrere Monate (vgl. Rn. 39). Ebenso kann die Frist dazu genutzt werden, um dem Kreditinstitut einen Nachweis über die Art der gutgeschriebenen Beträge vorzulegen (vgl. Rn. 31).

1.4 Ansparmöglichkeit

37 Hat der Schuldner im jeweiligen Kalendermonat nicht über ein Guthaben in Höhe des gesamten pfändungsfreien Betrags verfügt, wird dieses nicht verbrauchte Guthaben in den drei nachfolgenden Kalendermonaten – zusätzlich zu dem aktuell geschützten Guthaben – nicht von der Pfändung erfasst (§ 899 Abs. 2 Satz 1 ZPO). Damit kann der Schuldner in Summe vier monatliche Freibeträge ansparen. Es sollen damit Anschaffungen ermöglicht werden, die einen höheren finanziellen Aufwand erforderlich machen. Nach Ablauf des Ansparzeitraums besteht jedoch kein weiterer Pfändungsschutz.

38 **Wichtig:** Es ist demnach darauf zu achten, dass über die angesparten Beträge rechtzeitig verfügt wird. Die Verfügungen sind jeweils mit dem Guthaben zu verrechnen, das zuerst dem P-Konto gutgeschrieben wurde (§ 899 Abs. 2 Satz 2 ZPO; „first in – first out").

1.5 Nachzahlungen

39 Mit einer beruflichen Beförderung oder einer Nachberechnung von Sozialleistungen sind regelmäßig Gutschriften verbunden, die für mehrere zurückliegende Monate gelten. Gehen solche Zahlungen auf ein P-Konto ein, ist laut § 904 ZPO wie folgt zu unterscheiden:

- Von der Pfändung werden solche Gutschriften insgesamt nicht erfasst, wenn es sich um Geldleistungen gemäß § 902 Satz 1 Nr. 1 Buchstabe b oder c oder Nr. 4 bis 6 ZPO handelt. Damit sind z. B. Nachzahlungen auf Grundsicherung für Arbeitsuchende oder Sozialhilfe von der Pfändung des Kontoguthabens nicht umfasst (§ 904 Abs. 1 ZPO).

  Wichtig: Der Kontoinhaber muss der Bank auf deren Verlangen nachweisen, dass es sich um eine entsprechende Leistung handelt (vgl. Rn. 22). Der Antrag muss spätestens bis zum Ablauf des dem Monat der Gutschrift folgenden Monats gestellt werden (vgl. Rn. 24).
- Laufende Geldleistungen nach dem SGB, die nicht in Absatz 1 genannt sind, sowie Arbeitseinkommen nach § 850 Abs. 2 und 3 ZPO werden von der Pfändung des Guthabens auf dem P-Konto nicht erfasst, wenn der nachgezahlte Betrag 500 EUR nicht übersteigt (§ 904 Abs. 2 ZPO).

  Wichtig: Der Kontoinhaber muss der Bank auf deren Verlangen nachweisen, dass es sich um eine entsprechende Leistung handelt (vgl. Rn. 22). Der Antrag muss spätestens bis zum Ablauf des dem Monat der Gutschrift folgenden Monats gestellt werden (vgl. Rn. 24).

- Laufende Geldleistungen nach Absatz 2, bei denen der nachgezahlte Betrag 500 EUR übersteigt, werden von der Pfändung des Guthabens auf dem P-Konto nicht erfasst, soweit der für den jeweiligen Monat nachgezahlte Betrag in dem Monat, auf den er sich bezieht, nicht zu einem pfändbaren Guthaben geführt hätte. Wird die Nachzahlung pauschal und für einen Bewilligungszeitraum gewährt, der länger als ein Monat ist, ist die Nachzahlungssumme zu gleichen Teilen auf die Zahl der betroffenen Monate aufzuteilen (§ 904 Abs. 3 ZPO). Für die Festsetzung der Höhe des pfändungsfreien Betrags auf Antrag des Schuldners ist das Vollstreckungsgericht zuständig.

  Wichtig: Der Antrag ist spätestens bis zum Ende des dem Monat der Gutschrift folgenden Monats zu stellen (vgl. Rn. 24). Um einen Rechtsverlust seitens des Kontoinhabers zu verhindern, kann und sollte das Vollstreckungsgericht eine einstweilige Anordnung treffen.

1.6 Festsetzung der allgemeinen Unpfändbarkeit

Auf Antrag des Schuldners kann das Vollstreckungsgericht festsetzen, dass das Guthaben auf dem P-Konto für die Dauer von bis zu zwölf Monaten nicht der Pfändung unterworfen ist, wenn der Schuldner 40

1. nachweist, dass dem Konto in den letzten sechs Monaten vor Antragstellung ganz überwiegend nur unpfändbare Beträge gutgeschrieben worden sind, und
2. glaubhaft macht, dass auch innerhalb der nächsten sechs Monate ganz überwiegend nur die Gutschrift unpfändbarer Beträge zu erwarten ist. Die Festsetzung ist abzulehnen, wenn ihr überwiegende Belange des Gläubigers entgegenstehen (§ 907 Abs. 1 ZPO).

Wichtig: In Betracht kommt die Regelung insbesondere in Fällen, in denen außer einer monatlich gleichbleibenden und innerhalb der Pfändungsfreigrenzen liegenden Sozialleistung keine weiteren Gutschriften auf das P-Konto eingehen. 41

Auf Antrag jedes Gläubigers ist die Festsetzung der Unpfändbarkeit aufzuheben, wenn deren Voraussetzungen nicht mehr vorliegen oder die Festsetzung den überwiegenden Belangen des den Antrag stellenden Gläubigers entgegensteht. Der Schuldner hat die Gläubiger auf eine wesentliche Veränderung seiner Vermögensverhältnisse unverzüglich hinzuweisen (§ 907 Abs. 2 ZPO). 42

1.7 Stellung des Kreditinstituts

Das Kreditinstitut ist dem Schuldner zur Leistung aus dem nicht von der Pfändung erfassten Guthaben im Rahmen des vertraglich Vereinbarten verpflichtet (§ 908 Abs. 1 ZPO). 43

Das Kreditinstitut informiert den Schuldner gemäß § 908 Abs. 2 ZPO in einer für diesen geeigneten und zumutbaren Weise zum einen über das im laufenden Kalendermonat noch verfügbare, von der Pfändung nicht erfasste Guthaben. Zum anderen informiert es ihn über einen aus vorangegangenen Monaten stammenden zusätzlichen pfändungsfreien Betrag im Sinne von § 899 Abs. 2 ZPO und den jeweiligen Zeitpunkt des Ablaufs des Schutzes (Ansparbeträge). Der Gesetzgeber geht davon aus, dass die entsprechende Mitteilung durch das Kreditinstitut zumindest einmal im Monat erfolgt, ansonsten jedoch jeweils auf Nach- bzw. Abfrage durch den Schuldner. Dabei ist erforderlich, dass das Kreditinstitut dem Schuldner die genannten Informationen in für ihn zumutbarer und geeigneter Weise zur Verfügung stellt. Daraus folgt, dass eine bestimmte Form nicht vorgeschrieben wird, jedoch eine bloß mündliche Information als nicht ausreichend angesehen wird. 44

Das Kreditinstitut darf zum Zweck der Überprüfung der Richtigkeit der Versicherung nach § 850k Abs. 3 Satz 2 ZPO Auskunfteien (z. B. SCHUFA) mitteilen, dass es für den Kontoinhaber ein P-Konto führt. Nur zu diesem Zweck dürfen die Auskunfteien diese Angabe verarbeiten und sie nur auf Anfrage anderer Kreditinstitute an diese übermitteln. Die Verarbeitung zu einem anderen Zweck ist auch mit Einwilligung des Kontoinhabers unzulässig. Wird das P-Konto für den Kontoinhaber nicht mehr geführt, hat das Kreditinstitut die Auskunfteien, die eine entsprechende Mitteilung erhalten haben, unverzüglich darüber zu unterrichten. Die Aus- 45 kunfteien haben nach Erhalt dieser Unterrichtung die Angabe über die Führung des P-Kontos unverzüglich zu löschen.

1.8 Verwaltungsvollstreckung

46 Wird die Kontopfändung von der Behörde wie etwa dem Finanzamt oder einer Kommune betrieben, ist diese Behörde auch zuständig für Entscheidungen, die ansonsten dem Vollstreckungs- oder Insolvenzgericht obliegen (§ 910 ZPO). Damit ist die jeweilige Behörde auch Adressat eines Antrags des Schuldners, der z. B. die Geltendmachung besonderer Aufwendungen betrifft (vgl. Rn. 32). Davon ausgenommen und dem Vollstreckungsgericht vorbehalten ist die Behandlung von Nachzahlungen gemäß § 904 Abs. 4 ZPO (Rn. 39) sowie die Anordnung nach § 907 ZPO (Rn. 40).

1.9 Geldverwaltungskonto

47 Ist der Schuldner etwa aufgrund seiner Alkoholabhängigkeit nicht in der Lage, eigenverantwortlich mit dem ihm monatlich zur Verfügung stehenden Betrag umzugehen, und ist er deshalb auf die Verwahrung „seines" Geldes durch einen (hier: als Drittschuldner in Anspruch genommenen) Dritten auf einem Geldverwaltungskonto angewiesen, versagen die im Vollstreckungsrecht angelegten Wege zum Schutz des pfändungsfreien Einkommens. Der verfassungsrechtlich gebotene Schutz des für den notwendigen Unterhalt erforderlichen Betrags ist in einer solchen Ausnahmesituation daher auf Antrag nach § 765a ZPO sicherzustellen. Der Antrag ist an das Amtsgericht – Vollstreckungsgericht – bzw. die Vollstreckungsbehörde zu richten.

2. Verbraucherinsolvenz und Restschuldbefreiung

2.1 Verfahrensziel: Restschuldbefreiung

48 Um eine Restschuldbefreiung zu erlangen, muss der Schuldner ein Insolvenzverfahren durchlaufen. In diesem verwertet ein vom Insolvenzgericht bestellter Insolvenzverwalter das Vermögen des Schuldners. Es ist demnach nicht möglich, Vermögen zu behalten und gleichzeitig von seinen Verbindlichkeiten befreit zu werden. Gesetzlich geregelt ist das Verfahren zur Erlangung einer Restschuldbefreiung in der InsO.

49 Aus § 1 InsO ist zu entnehmen, dass dem „redlichen" Schuldner Gelegenheit gegeben wird, sich von seinen restlichen Verbindlichkeiten zu befreien. Voraussetzung für eine Restschuldbefreiung ist demnach, dass der Schuldner normierte Obliegenheiten erfüllt und im Vorfeld des Insolvenzverfahrens keine Versagungsgründe verursacht hat.

50 Zu unterscheiden ist zwischen dem Regel- und dem Verbraucherinsolvenzverfahren. Das Verbraucherinsolvenzverfahren findet dem Namen nach nur auf Verbraucher Anwendung. Als Verbraucher gelten in diesem Sinne natürliche Personen, die keine selbstständige Tätigkeit ausüben (§ 304 Abs. 1 Satz 1 InsO). Über das Vermögen von Kaufleuten und Freiberuflern wie Rechtsanwälten oder Ärzten ist deshalb grundsätzlich nicht das Verbraucher-, sondern das sog. Regelinsolvenzverfahren zu eröffnen. Eine Ausnahme bilden ehemalige Selbstständige, deren Vermögensverhältnisse überschaubar sind und gegen die keine Forderungen aus Arbeitsverhältnissen bestehen (§ 304 Abs. 1 Satz 2 InsO). Überschaubar sind die Vermögensverhältnisse eines Schuldners nach § 304 Abs. 2 InsO dann, wenn die Anzahl der Gläubiger höchstens 19 beträgt.

51 Auch wenn eine natürliche Person aufgrund ihrer selbstständigen oder ehemals selbstständigen Tätigkeit nicht unter das Verbraucherinsolvenzverfahren fällt, kann sie gleichwohl die Restschuldbefreiung erlangen (vgl. § 286 InsO). Nur für juristische Personen wie Aktiengesellschaften oder Gesellschaften mit beschränkter Haftung ist eine Restschuldbefreiung ausgeschlossen. Ebenso ausgeschlossen ist eine Restschuldbefreiung für einen Nachlass. Ein Verstorbener kann demnach nicht posthum von seinen Verbindlichkeiten befreit werden.

Der mit dem Aufgabenkreis „Vermögenssorge" bestellte Betreuer ist berechtigt und ggf. auch 52 verpflichtet, für den Betreuten einen Antrag auf Eröffnung des Insolvenzverfahrens zu stellen (Eigenantrag). Eine dahingehende Verpflichtung des Betreuers besteht wohl insbesondere dann, wenn durch ein Insolvenzverfahren die Möglichkeit eröffnet werden kann, dass der Betreute von seinen (Rest-)Verbindlichkeiten befreit wird. Ist jedoch absehbar, dass der Betreute auf Dauer auf Sozialleistungen angewiesen sein wird, so ist das Ziel eines wirtschaftlichen Neuanfangs letztlich nicht zu erreichen, womit sich eine Restschuldbefreiung meist erledigen wird.

2.2 Der Ablauf des Verbraucherinsolvenzverfahrens

	Eröffnungsantrag	**Eröffnungs-beschluss**	**Aufhebungsbe-schluss**	**Entscheidung über die Erteilung der Restschuld-befreiung**
Außergerichtliches Schuldenbereinigungsverfahren	Eröffnungsverfahren; gerichtliches Schuldenbereinigungsverfahren (fakultativ); Sicherungsmaßnahmen können angeordnet werden	Eröffnetes Verfahren	Wohlverhaltensphase, die rechnerisch aber bereits mit der Verfahrenseröffnung beginnt	Möglichkeit des Widerrufs der erteilten Restschuldbefreiung
Innerhalb von sechs Monaten vor Antragstellung	Soll eine Dauer von drei Monaten nicht überschreiten		Drei Jahre ab Eröffnungsbeschluss mit der Möglichkeit der Verkürzung für den Fall, dass keine Forderung angemeldet wird	Innerhalb eines Jahres nach Erteilung der Restschuldbefreiung

2.3 Vorverfahren und Antragstellung

2.3.1 Normzweck

Insgesamt läuft das Verbraucherinsolvenzverfahren in **drei Schritten** ab. Als Erstes muss der 53 Schuldner innerhalb von **sechs Monaten**, bevor der Antrag auf Eröffnung des Verbraucherinsolvenzverfahrens gestellt wird, versuchen, sich **außergerichtlich** mit seinen Gläubigern auf eine Schuldenbereinigung zu einigen (§ 305 Abs. 1 Nr. 1 InsO). Das soll nach dem erklärten Willen des Gesetzgebers den Schuldner dazu anhalten, sich mit seiner desolaten finanziellen Situation auseinanderzusetzen.

Der Einigungsversuch erfolgt auf der Grundlage eines Schuldenbereinigungsplans, den der 54 Schuldner seinen Gläubigern mit der Aufforderung übersendet, seinem Planvorschlag zuzustimmen.

Den Planvorschlag kann der Schuldner selbst erstellen. In der Praxis wird sich der Schuldner 55 aber regelmäßig an eine karitative oder kommunale Schuldnerberatungsstelle wenden und sich dort einen Planvorschlag erarbeiten lassen. Aufgrund der langen Wartezeiten bei den einschlägigen Schuldnerberatungsstellen wenden sich Schuldner mitunter auch an die sonstigen, nach § 305 Abs. 1 Nr. 1 InsO geeigneten Personen wie Rechtsanwälte, Steuerberater und ähnliche Berufsgruppen. Deren Tätigkeit muss der Schuldner im Gegensatz zu den genannten Schuldnerberatungsstellen jedoch aus eigenen Mitteln vergüten. Allerdings besteht die Möglichkeit, dass dem Schuldner durch das Amtsgericht Beratungshilfe gewährt wird und in diesem Rahmen die Kosten von der Staatskasse übernommen werden (BVerfG, Urt. v. 18.3.2003 – 1 BvR 329/03). Die Gewährung von Beratungshilfe kommt insbesondere dann in Betracht, wenn innerhalb eines zumutbaren Zeitraums bei einer alternativen Beratungsstelle kein Termin vereinbart werden kann (BVerfG, Urt. v. 4.9.2006 – 1 BvR 1911/06).

2.3.2 Planinhalt

56 Der Inhalt des außergerichtlichen Schuldenbereinigungsplans ist nicht reglementiert. Der Schuldner ist vollkommen frei in der Gestaltung seines Planvorschlags. Es handelt sich gleichsam um einen Vergleichsvorschlag für die Gläubiger. Soweit keine Mittel für eine quotenmäßige Einmalzahlung zur Verfügung stehen, werden dem einzelnen Gläubiger regelmäßig wiederkehrende Leistungen angeboten, deren Höhe sich am Einkommen des Schuldners und an der Summe der bestehenden Verbindlichkeiten orientiert. Nicht selten ergeben sich dabei für den einzelnen Gläubiger monatliche Centbeträge, deren Verbuchung über dem Eingang liegende Kosten verursacht.

2.3.3 Entscheidung über die Annahme des Plans

57 Die Entscheidung über eine Annahme oder Ablehnung des Planvorschlags trifft allein der Gläubiger im Rahmen der bestehenden Vertragsfreiheit. Innerhalb der öffentlichen Verwaltung werden die Kriterien für eine Annahme eines außergerichtlichen Plans meist durch entsprechende Erlasse geregelt. Ein Schuldenbereinigungsplan wird regelmäßig nur dann angenommen werden, wenn er neben einem akzeptablen Tilgungsbetrag auch eine sog. Wiederauflebungsklausel enthält. Damit wird vertraglich festgehalten, dass der erlassene Teil der Forderung insgesamt und ohne Zahlungsfrist zu leisten ist, wenn der Schuldner mit seinen zugesagten Ratenzahlungen in Verzug gerät (vgl. § 245 InsO).

58 Eine Zustimmung der Gläubiger wird meist dann nicht zu erreichen sein, wenn kein fester Ratenzahlungsbetrag, sondern eine quotenmäßige Befriedigung vorgeschlagen wird, die sich an den jeweiligen Einkommensverhältnissen orientiert. Ebenso dann, wenn der Schuldner nur verspricht, Zahlungen für den Fall zu leisten, dass er künftig zu einem entsprechenden Einkommen gelangen sollte (sog. Besserungsschein).

59 Die Ablehnung der Zustimmung muss nicht ausdrücklich erklärt werden, da der Planvorschlag nur dann als angenommen gilt, wenn alle beteiligten Gläubiger ihm ausdrücklich zustimmen. Das gilt auch für den Fall, dass der Planvorschlag dem Gläubiger mit der Maßgabe übersandt wird, dass die Zustimmung als erteilt gilt, wenn nicht innerhalb einer bestimmten Frist die ausdrückliche Ablehnung erklärt wird. Das Schweigen ist insoweit mangels entsprechender Vereinbarung bzw. Verkehrssitte nicht als Willenserklärung auszulegen (vgl. § 148 BGB).

60 Wird der Plan von allen beteiligten Gläubigern angenommen, erübrigt sich ein weiteres gerichtliches Verfahren. Allerdings gilt der angenommene Plan nur gegenüber den einbezogenen Gläubigern. Gläubiger, die der Schuldner vorsätzlich oder fahrlässig nicht benennt, werden nicht tangiert.

61 Wird der Plan nicht von allen beteiligten Gläubigern angenommen, ist das außergerichtliche Schuldenbereinigungsverfahren gescheitert. Darüber hat die Schuldnerberatungsstelle bzw. die sonstige geeignete Person im Sinne des § 305 Abs. 1 Nr. 1 InsO dem Schuldner eine entsprechende Bescheinigung auszustellen. Der Erteilung der Bescheinigung muss eine persönliche Beratung und eine eingehende Prüfung der Einkommens- und Vermögensverhältnisse des Schuldners vorausgehen. Umstritten ist, ob die geforderte persönliche Beratung auch fernmündlich oder online erfolgen kann.

62 Während eines außergerichtlichen Schuldenbereinigungsverfahrens ist ein Gläubiger weder daran gehindert, gegen den Schuldner einen Vollstreckungstitel zu erwirken, noch ist die Einzelzwangsvollstreckung in irgendeiner Weise eingeschränkt. Letztlich wird durch die Einleitung des Verfahrens auch der Anfall von Verzugszinsen nicht gehemmt. Der Versuch, eine außergerichtliche Einigung mit den Gläubigern über die Schuldenbereinigung herbeizuführen, gilt gemäß § 305a InsO als gescheitert, wenn ein Gläubiger die Zwangsvollstreckung betreibt, nachdem die Verhandlung über die außergerichtliche Schuldenbereinigung aufgenommen wurde.

2.4 Antrag des Schuldners auf Eröffnung des Insolvenzverfahrens

Mit der erteilten Bescheinigung über das gescheiterte außergerichtliche Schuldenbereinigungsverfahren kann der Schuldner anschließend beim zuständigen Insolvenzgericht die Eröffnung des Verbraucherinsolvenzverfahrens über sein Vermögen beantragen. Für den unter Betreuung stehenden Insolvenzschuldner kann der bestellte Betreuer den Eröffnungsantrag stellen. Auch besteht die Möglichkeit, dass der Antrag durch eine Schuldnerberatungsstelle oder von einer sonstigen geeigneten Person oder Stelle vorbereitet wird und der Schuldner bzw. dessen Betreuer den vorbereiteten Antrag nur noch unterzeichnet. 63

Für seinen Antrag hat der Schuldner das nach der Verbraucherinsolvenzvordruckverordnung (BGBl. I 2002, S. 703) normierte Formular zu verwenden. Dieses ist abrufbar unter www.bmj.de. Ein formlos gestellter Antrag ist unzulässig (§ 305 Abs. 5 Satz 2 InsO). 64

In dem Vordrucksatz enthalten und vom Schuldner auszufüllen sind: 65

- Der Antrag auf Erteilung der Restschuldbefreiung bzw. die Erklärung, dass Restschuldbefreiung nicht beantragt werden soll (vgl. § 305 Abs. 1 Nr. 2 InsO)
- Ein Verzeichnis des vorhandenen Vermögens und des Einkommens (Vermögensverzeichnis), eine Zusammenfassung des wesentlichen Inhalts dieses Verzeichnisses (Vermögensübersicht, ein Verzeichnis der Gläubiger und ein Verzeichnis der gegen den Schuldner gerichteten Forderungen sowie eine Erklärung, dass die enthaltenen Angaben richtig und vollständig sind (vgl. § 305 Abs. 1 Nr. 3 InsO).
  - Hierzu sind die Gläubiger ihrerseits verpflichtet, dem Schuldner auf Anfrage eine kostenfreie Aufstellung ihrer Forderungen zu übermitteln (§ 305 Abs. 2 Satz 2 InsO).
  - Bei der Erstellung des Vermögensverzeichnisses reicht es, Sachgesamtheiten wie etwa die Wohnungseinrichtung oder ausstehende Forderungen mit ihrem Gesamtwert unter Abzug eventueller Drittrechte anzugeben. Zumindest hinsichtlich des unbeweglichen Vermögens genügt es, dieses konkret anzugeben. Den genauen Wert muss der Schuldner nicht ermitteln (BGH, Urt. v. 8.5.2008 – IX ZB 54/07).
  - Ist die Höhe der Forderung eines Gläubigers dem Schuldner nicht bekannt, kann er diese zunächst mit „0" angeben; wichtig ist, dass der Gläubiger bzw. die Forderung überhaupt benannt wird (BGH, Urt. v. 12.6.2008 – IX ZB 205/07). Wird ein Gläubiger vom Schuldner als solcher nicht genannt und damit auch nicht in das Gläubigerverzeichnis aufgenommen, kann das in der Folge zu einer Versagung der Restschuldbefreiung führen (§ 290 Abs. 1 Nr. 6 InsO).
  - Die Erklärung der Richtigkeit und Vollständigkeit des Gläubiger- und Forderungsverzeichnisses ist höchstpersönlicher Natur und nicht der Stellvertretung zugänglich. Neben dem Betreuer ist deshalb auch der Betreute verpflichtet, eine Wissenserklärung mit abzugeben, sofern es keine Hinweise gibt, dass der Betreute tatsächlich nicht in der Lage ist, eine entsprechende Erklärung abzugeben (AG Hannover, Beschl. v. 13.11.2018 – 908 IK 784/18).
- Die Erklärung über die Abtretung des pfändbaren Einkommens oder gleichgestellter Lohnersatzleistungen für die Zeit von drei Jahren, beginnend mit der Verfahrenseröffnung, an den vom Insolvenzgericht zu bestellenden Treuhänder (§ 287 Abs. 2 Satz 1 InsO; „Wohlverhaltensphase").
  - Stellt der für den Schuldner bestellte Betreuer den Antrag auf Erteilung der Restschuldbefreiung, gilt der Schuldner nach § 53 ZPO als nicht prozessfähig, auch wenn er tatsächlich prozessfähig ist. Für die Abtretungserklärung gilt das nicht. Vielmehr kann der prozessfähige Schuldner die Abtretungserklärung nur selbst abgeben. Ist der Schuldner prozessunfähig, bedarf die Abtretungserklärung des Betreuers oder Pflegers der betreuungsgerichtlichen Genehmigung. Insoweit ist zu berücksichtigen, dass die Abtretungserklärung nicht allein prozessuale Wirkungen hat, sondern materiellrechtlich zum Anspruchsverlust führt. Die Genehmigungsbedürftigkeit der Abtretungserklärung ergibt sich aus § 1849 BGB.

- Vereinbarungen, die eine Abtretung ausschließen, sind insoweit unwirksam, als sie die Abtretungserklärung vereiteln oder beeinträchtigen würden (§ 287 Abs. 3 InsO).

- Ein Schuldenbereinigungsplan (vgl. § 305 Abs. 1 Nr. 4 InsO); dieser kann inhaltlich dem im außergerichtlichen Verfahren verwendeten Plan entsprechen.
  - Das Gericht nimmt keine inhaltliche Prüfung des Plans vor, sodass auch die Vorlage eines sog. Nullplans zulässig ist, in dem der Schuldner seinen Gläubigern anbietet, nichts zu bezahlen und die Gläubiger somit auf ihre gesamten Ansprüche verzichten.
  - Auch ein sog. flexibler Nullplan, mit dem der Schuldner seinen Gläubigern Zahlungen für den Fall verspricht, dass er innerhalb eines zu bestimmenden Zeitraums Vermögen erlangt, kann vorgelegt werden. Letztlich ist es Sache der Gläubiger, den vom Schuldner vorgeschlagenen Modalitäten zuzustimmen oder diese abzulehnen.
  - In den Schuldenbereinigungsplan ist mit aufzunehmen, ob und inwieweit Bürgschaften, Pfandrechte und andere Sicherheiten der Gläubiger vom Plan berührt werden sollen (amtliches Formular). Soweit solche Rechte nicht bestehen, ist das ebenfalls anzugeben.
  - Daneben bedarf es der Angabe der zustellungsfähigen Anschriften der einbezogenen Gläubiger.

66 Kein Formularzwang ist für die Antragstellung auf Gewährung der Kostenstundung nach § 4a InsO vorgesehen. Dieser Antrag kann demnach formlos gestellt werden.

2.5 Kostenstundung

2.5.1 Voraussetzungen

67 Auch völlig mittellosen Schuldnern soll die Möglichkeit eröffnet werden, die Restschuldbefreiung zu erlangen. Andererseits darf der Schuldner keine Anstrengung unterlassen, um aus eigener Kraft dieses Ziel zu erreichen. Der Schuldner ist aber grundsätzlich nicht verpflichtet, Rücklagen für die zu erwartenden Kosten eines Insolvenzverfahrens über sein Vermögen zu bilden (BGH, Urt. v. 21.9.2006 – IX ZB 24/06).

68 Dem Schuldner darf nicht durch übersteigerte Informationsauflagen die Verfahrenskostenstundung erschwert werden. Ein Recht – und bei einem (trotz etwaiger Lücken und Widersprüche) zulässigen Antrag auch eine Pflicht – zur Nachfrage hat das Insolvenzgericht, wenn der Antrag Lücken oder Widersprüche aufweist. Ggf. hat das Insolvenzgericht die Mängel konkret zu bezeichnen und dem Schuldner aufzugeben, binnen angemessener Frist eine Darlegung und Nachweise zu ergänzen (BGH, Urt. v. 4.11.2004 –IX ZR 70/03).

69 Als Kosten des eröffneten Verfahrens gelten die Gerichtskosten sowie die Vergütung des Verwalters. Unter Berücksichtigung der Mindestvergütung des Verwalters, dessen Auslagen sowie der Gebühren und Auslagen des Gerichts wird davon auszugehen sein, dass bei einem Verbraucher ca. 1.500 EUR in Ansatz zu bringen sind.

70 Die Kostenstundung eröffnet die Möglichkeit, ein Insolvenzverfahren mit dem Ziel der Restschuldbefreiung auch dann durchzuführen, wenn der Schuldner nicht in der Lage ist, die Kosten des Verfahrens aufzubringen, zu denen auch die Vergütung des Insolvenzverwalters/Treuhänders gehört. Dagegen sind solche Kosten, die ggf. im Rahmen eines außergerichtlichen Einigungsversuchs entstehen, von der Kostenstundung nicht umfasst.

71 Die gestundeten Kosten sind vorweg aus den Erlösen zu begleichen, die während des eröffneten Verfahrens oder während der Wohlverhaltensphase vom Insolvenzverwalter/Treuhänder erzielt werden. Werden solche Erlöse mangels Vermögen oder laufenden Einkünften des Schuldners nicht erzielt, ist der Schuldner noch vier Jahre nach Beendigung der Wohlverhaltensphase verpflichtet, die gestundeten Kosten zu berichtigen, soweit er in dieser Zeit zu Vermögen bzw. Einkünften gelangt, deren Höhe eine Ratenzahlung nach § 115 ZPO auslösen würde (§ 4b InsO). Ist das nicht der Fall, gilt die Kostenforderung mit Ablauf der Vier-Jahres-Frist als erlassen.

2.5.2 Antrag des Schuldners

Die Kostenstundung setzt einen Antrag des Schuldners voraus, für den es keinen Formularzwang gibt. Zur Benutzung eines vom Insolvenzgericht ggf. ausgegebenen Formulars ist der Schuldner nicht verpflichtet (BGH, Urt. v. 24.7.2003 – IX ZB 539/02). Im Rahmen der dem Gericht gegenüber dem Schuldner obliegenden Fürsorgepflicht ist es wichtig, den Schuldner auf die Möglichkeit der Kostenstundung hinzuweisen. Damit wird letztlich auch vermieden, dass eine Abweisung mangels Masse im Beschwerdeverfahren deshalb aufgehoben wird, weil der Schuldner im Rahmen der Beschwerde die Kostenstundung beantragt. 72

Der Antrag auf Kostenstundung kann frühestens zusammen mit dem Antrag auf Restschuldbefreiung gestellt werden (§ 4a Abs. 1 Satz 1 InsO). Der Antrag auf Restschuldbefreiung soll seinerseits mit dem Eröffnungsantrag verbunden werden (§ 287 Abs. 1 Satz 1 InsO). Wurden der Antrag auf Restschuldbefreiung und der Eigenantrag rechtzeitig gestellt, kann der Stundungsantrag auch noch im eröffneten Verfahren oder im Rahmen des Restschuldbefreiungsverfahrens eingereicht werden. Stellt sich die fehlende Kostendeckung im eröffneten Verfahren oder im Restschuldbefreiungsverfahren heraus, kann der Antrag z. B. zur Vermeidung der Verfahrenseinstellung mangels Masse (§ 207 Abs. 1 Satz 2 InsO) oder zur Verhinderung der Versagung der Restschuldbefreiung mangels die Vergütung des Treuhänders deckender Einnahmen gestellt werden. 73

Die notwendigen Erklärungen sind grundsätzlich vom Schuldner persönlich abzugeben. Ist der Schuldner dazu krankheitsbedingt nicht mehr in der Lage, können diese Erklärungen auch durch einen als gesetzlichen Vertreter des Schuldners bestellten Betreuer abgegeben werden. 74

Muster: Antrag auf Kostenstundung

Antragsteller: Name: .... *Anschrift: ....*
vertreten durch: Name: .... *Anschrift: ....*

An das Amtsgericht
– Insolvenzgericht –

....

Geschäftszeichen des Gerichts (soweit bekannt): ....

Antrag auf Kostenstundung

Für den unter Betreuung stehenden Schuldner beantrage ich – ausgewiesen durch in Ablichtung beiliegender Bestallungsurkunde – die Stundung der Kosten des Verfahrens bis zur Erteilung der Restschuldbefreiung.

Wie aus dem vorgelegten Vermögensverzeichnis zu entnehmen ist, reicht das Vermögen des Schuldners nicht aus, um die Kosten des Verfahrens zu decken.

Im Namen des Schuldners erkläre ich, dass dieser in den letzten fünf Jahren vor dem Eröffnungsantrag oder nach diesem Antrag nicht wegen einer Straftat nach den §§ 283 bis 283c StGB rechtskräftig zu einer Geldstrafe von mehr als 90 Tagessätzen oder einer Freiheitsstrafe von mehr als drei Monaten verurteilt worden ist.

Mir ist keine Person oder Einrichtung bekannt, die bereit wäre, die Kosten des Verfahrens zu übernehmen.

Mir ist bekannt, dass

- *eine Kostenstundung nur bewilligt werden kann, wenn das zur Masse gehörende Vermögen des Schuldners voraussichtlich nicht ausreicht, um die Verfahrenskosten zu decken;*
- *die entstehenden Verfahrenskosten, soweit diese nicht während des Insolvenzverfahrens oder der Wohlverhaltensperiode beglichen werden können, nach Erteilung der Restschuldbefreiung bezahlt werden müssen;*
- *die Bewilligung der Kostenstundung nur in Betracht kommt, wenn der Schuldner rechtzeitig einen Antrag auf Restschuldbefreiung stellt bzw. gestellt hat.*

Ich versichere die Richtigkeit und Vollständigkeit der gemachten Angaben.

....	....	....
Ort, Datum	*Unterschrift des Betreuers*	*Unterschrift des Schuldners*

2.5.3 Beiordnung eines Anwalts

75 Werden dem Schuldner die Verfahrenskosten gestundet, wird ihm auf Antrag ein zur Vertretung bereiter Rechtsanwalt seiner Wahl beigeordnet, wenn die Vertretung durch einen Rechtsanwalt trotz der dem Gericht obliegenden Fürsorgepflicht erforderlich erscheint (§ 4a Abs. 2 InsO). Da die Anwaltsbeiordnung die Stundung der Verfahrenskosten voraussetzt, kommt eine Beiordnung für das Stundungsverfahren selbst nicht in Betracht (BGH, Urt. v. 5.12.2002 – IX ZR 20/02, NZI 2003, 270).

76 Allein die Tatsache, dass z. B. ein Gläubiger bei der Forderungsanmeldung anwaltlich vertreten ist, macht eine Anwaltsbeiordnung seitens des Schuldners noch nicht erforderlich. Ebenso ist die Beiordnung eines Rechtsanwalts nicht allein deshalb gerechtfertigt, weil dem Schuldner ein Betreuer bestellt ist. Maßgeblich ist vielmehr, ob die Beiordnung eines Rechtsanwalts trotz der bestehenden Betreuung erforderlich ist. Entwickelt sich z. B. die Frage der Restschuldbefreiung zu einem kontradiktorischen Verfahren und ist dabei ein Gläubiger, der die Versagung der Restschuldbefreiung beantragt, anwaltlich vertreten, ist die Beiordnung eines Anwalts angezeigt.

2.6 Gerichtliches Schuldenbereinigungsverfahren

77 Mittels des vom Schuldner vorzulegenden Schuldenbereinigungsplans kann das Insolvenzgericht in einem zweiten Schritt ein gerichtliches Schuldenbereinigungsverfahren durchführen (§ 306 InsO). Die Entscheidung für oder gegen dieses Verfahren hängt maßgeblich davon ab, dass voraussichtlich zumindest die Mehrheit der vom Schuldner benannten Gläubiger dem Planvorschlag zustimmen wird.

78 Vom außergerichtlichen Schuldenbereinigungsverfahren unterscheidet sich das gerichtliche Verfahren insbesondere dadurch, dass die Zustimmung einzelner Gläubiger durch eine gerichtliche Entscheidung ersetzt werden kann (§ 309 InsO). Voraussetzung dafür ist allerdings, dass mehr als die Hälfte der Gläubiger dem Plan zustimmt. In der Praxis ist das gerichtliche Schuldenbereinigungsverfahren folglich nur selten anzutreffen.

2.7 Eröffnetes Verfahren

2.7.1 Eröffnungsbeschluss

79 Bleibt das gerichtliche Schuldenbereinigungsverfahren erfolglos oder wurde es aufgrund mangelnder Erfolgsaussichten gar nicht erst eingeleitet, wird in einem dritten Schritt das Verfahren über den Antrag auf Eröffnung des Insolvenzverfahrens aufgenommen (§ 306 Abs. 1 InsO). Soweit zur Überzeugung des Insolvenzgerichts ein Insolvenzgrund gegeben und der Schuldner – ggf. mithilfe der Kostenstundung – in der Lage ist, für die Kosten des Verfahrens aufzukommen, wird das Verbraucherinsolvenzverfahren eröffnet.

2.7.2 Wirkungen der Verfahrenseröffnung

80 Mit der Eröffnung des Verfahrens verliert der Schuldner (sowie ggf. der Betreuer) die Befugnis, über sein pfändbares Vermögen im Sinne des § 35 InsO (Insolvenzmasse) zu verfügen. Diese Verfügungsbefugnis geht auf den Insolvenzverwalter über (§ 80 InsO). Verfügungen, die der Schuldner ungeachtet der Verfahrenseröffnung vornimmt, sind grundsätzlich unwirksam (§ 81 InsO). Die Schuldner des Schuldners können schuldbefreiend nur noch an den Insolvenzverwalter leisten (§ 82 InsO).

81 Zur Insolvenzmasse gehört das (pfändbare) Vermögen, das der Schuldner zum Zeitpunkt der Verfahrenseröffnung hatte oder danach erwirbt (§ 35 InsO). Hierzu zählen neben Geld-

forderungen (z. B. Sparguthaben) auch Gegenstände wie das Auto des Schuldners, das allerdings dann nicht zur Masse gehört, wenn es der Schuldner oder dessen Ehefrau benötigt, um in vertretbarer Zeit zur Arbeitsstelle zu gelangen (BGH, Urt. v. 28.1.2010 – VII ZB 16/09).

Im Gegensatz zu den Vorschriften des SGB gibt es insoweit kein Schonvermögen. Das laufende 82 Arbeitseinkommen oder entsprechende Lohnersatzleistungen des Schuldners zählen zur Insolvenzmasse, soweit die Ansprüche nach den Vorschriften der ZPO (§§ 850 ff. ZPO) bzw. des SGB I (§ 54 SGB I) der Pfändung unterliegen, also insbesondere in Höhe der sich aus der sog. Pfändungstabelle ergebenden Einkommensteile.

Lohnansprüche, die erst aufgrund entsprechender Anordnungen des Vollstreckungsgerichts 83 pfändbar sind (z. B. § 850c Abs. 6 ZPO: Unterhaltsberechtigter mit eigenem Einkommen), gehören dann zur Masse, wenn das Insolvenzgericht eine entsprechende Anordnung trifft (§ 36 Abs. 4 InsO). Eine solche Anordnung kann der Insolvenzverwalter beantragen.

Umgekehrt kann der Schuldner beim Insolvenzgericht den Antrag stellen, dass ihm von seinem 84 Einkommen ein weiterer Teil verbleibt, wenn er z. B. Aufwendungen zum Erhalt der Gesundheit zu machen hat, die von einer Krankenkasse nicht übernommen werden (§ 850f ZPO; BGH, Urt. v. 23.4.2009 – IX ZB 35/08).

Der Rückkaufswert einer Lebensversicherung mit widerruflichem Bezugsrecht, die der 85 Insolvenzverwalter gekündigt hat, steht der Insolvenzmasse zu.

Mit der Einrichtung eines Pfändungsschutzkontos kann erreicht werden, dass zumindest Teile 86 gutgeschriebener Beträge dem Zugriff des Insolvenzverwalters entzogen werden und dem Schuldner zu verbleiben haben (siehe Rn. 7). Die Einrichtung eines Pfändungsschutzkontos ist deshalb dringend anzuraten.

Neben dem Entzug der Verwaltungs- und Verfügungsbefugnis hat die Verfahrenseröffnung 87 weitere bedeutsame Wirkungen. So können Insolvenzgläubiger gemäß § 38 InsO bzw. § 39 InsO ihre Ansprüche nach Verfahrenseröffnung nur noch nach den Vorschriften der InsO geltend machen (§ 87 InsO). Es kann demnach gegen den Schuldner nach Verfahrenseröffnung grundsätzlich keine Zwangsvollstreckung mehr betrieben werden (§ 89 InsO).

Gläubiger von Ansprüchen, die erst nach Verfahrenseröffnung entstanden sind (Neugläubiger), 88 unterliegen nicht dem Vollstreckungsverbot des § 89 InsO. Sie können wegen dieser Ansprüche ungeachtet des Insolvenzverfahrens in das Vermögen des Schuldners vollstrecken, das nicht in die Masse fällt. Nachdem aber gemäß § 35 InsO auch das nach Verfahrenseröffnung vom Schuldner erworbene, pfändbare Vermögen zur Masse gehört, ist de facto kein Vermögen vorhanden, in das diese Gläubiger vollstrecken können. Eine Ausnahme besteht für Unterhaltsansprüche, die nach Eröffnung des Insolvenzverfahrens fällig werden (§ 89 Abs. 2 InsO).

Um zu verhindern, dass die Mietzinsverbindlichkeiten Masseverbindlichkeiten werden und 89 somit aus der Insolvenzmasse befriedigt werden müssten, kann der Insolvenzverwalter gegenüber dem Vermieter des Schuldners erklären, dass die nach Ablauf der Kündigungsfrist entstehenden Mietverbindlichkeiten keine Masseansprüche begründen (§ 109 Abs. 1 Satz 2 InsO; „Enthaftungserklärung"). Nach Ablauf der Kündigungsfrist fällig werdende Mietforderungen hat der Schuldner aus seinem unpfändbaren Einkommen zu bestreiten. Ist er dazu nicht in der Lage, droht ihm die Kündigung des Mietvertrags. Das Insolvenzverfahren hat hierauf keinen Einfluss. Entgegen § 112 Nr. 1 InsO kann im Fall einer Enthaftungserklärung dem Schuldner auch aufgrund von Mietrückständen aus der Zeit vor dem Antrag auf Eröffnung des Insolvenzverfahrens gekündigt werden (BGH, Urt. v. 17.6.2015 – VIII ZR 19/14).

2.7.3 Beendigung des Insolvenzverfahrens

Das Insolvenzverfahren ist abzuschließen, sobald die Verwertung der Insolvenzmasse beendet 90 ist (§ 196 Abs. 1 InsO). Die Tatsache, dass der Schuldner über ein laufendes Einkommen verfügt, behindert die Aufhebung des Verfahrens nicht. In der Praxis werden Verbraucherinsolvenzverfahren regelmäßig bereits nach etwa neun Monaten aufgehoben. In Ausnahmefällen dauert ein Verbraucherinsolvenzverfahren aber auch mehrere Jahre.

2.8 Restschuldbefreiung

2.8.1 Voraussetzungen

91 Neben einem entsprechenden Antrag des Schuldners setzt die Erteilung einer Restschuldbefreiung voraus, dass das Insolvenzverfahren über das Vermögen des Schuldners eröffnet wurde. Abgeschlossen muss das Insolvenzverfahren dagegen nicht sein. Es genügt, dass seit der Eröffnung des Verfahrens drei Jahre verstrichen sind und kein begründeter Antrag auf Versagung der Restschuldbefreiung vorliegt (vgl. Rn. 93). Über die Erteilung der Restschuldbefreiung ist spätestens nach Ablauf dieser drei Jahre durch das Insolvenzgericht zu entscheiden, auch dann, wenn das Insolvenzverfahren zu diesem Zeitpunkt noch nicht beendet ist.

92 Der Antrag des Schuldners auf Erteilung der Restschuldbefreiung ist bereits in dem im Verbraucherinsolvenzverfahren zwingend zu verwendenden Formular enthalten. Anzugeben ist darin unter anderem, ob dem Schuldner die Restschuldbefreiung schon einmal erteilt oder versagt wurde. Eine erneute Restschuldbefreiung kann erst nach Ablauf von elf Jahren beantragt werden. Nach einer Versagung der Restschuldbefreiung besteht eine Sperrfrist von drei bzw. fünf Jahren.

2.8.2 Versagung der Restschuldbefreiung im eröffneten Insolvenzverfahren

93 Bis zum sog. Schlusstermin, also bis zur letzten Gläubigerversammlung in einem Insolvenzverfahren, kann ein Gläubiger des Schuldners die Versagung der Restschuldbefreiung beantragen (§ 290 Abs. 2 InsO). Eine Versagung der Restschuldbefreiung von Amts wegen ist nicht vorgesehen. Voraussetzung für das Antragsrecht ist, dass der Gläubiger seine Forderung zum Insolvenzverfahren angemeldet hat. Dass seit der Verfahrenseröffnung bereits drei Jahre verstrichen sind, ist dagegen nicht erforderlich.

94 Die Gründe, die mit einem Versagungsantrag während des eröffneten Verfahrens geltend gemacht werden können, sind in § 290 Abs. 1 InsO abschließend aufgelistet. Danach ist die Restschuldbefreiung zu versagen, wenn

- der Schuldner in den letzten fünf Jahren vor dem Antrag auf Eröffnung des Insolvenzverfahrens oder nach diesem Antrag wegen einer Straftat nach §§ 283 bis 283c StGB rechtskräftig zu einer Geldstrafe von mehr als 90 Tagessätzen oder einer Freiheitsstrafe von mehr als drei Monaten verurteilt worden ist.
- der Schuldner in den letzten drei Jahren vor dem Antrag auf Eröffnung des Insolvenzverfahrens oder nach diesem Antrag vorsätzlich oder grob fahrlässig schriftlich unrichtige oder unvollständige Angaben über seine wirtschaftlichen Verhältnisse gemacht hat, um einen Kredit zu erhalten, Leistungen aus öffentlichen Mitteln zu beziehen oder Leistungen an öffentliche Kassen zu vermeiden.

  Eine Bestätigung in einem Kreditvertrag, die vereinbarten Raten zu zahlen, stellt keine Erklärung in diesem Sinne dar, wenn nicht sonstige unzutreffende schriftliche Angaben zu den wirtschaftlichen Verhältnissen des Schuldners gemacht worden sind. Die (unrichtige) Erklärung muss vom Schuldner eigenhändig unterschrieben worden sein. Unrichtige schriftliche Angaben des Schuldners liegen jedoch auch dann vor, wenn ein Dritter die schriftliche Erklärung über die wirtschaftlichen Verhältnisse mit Wissen und Billigung des Schuldners abgegeben hat und diese Erklärung mit Wissen und Billigung des Schuldners an den Empfänger weitergeleitet worden sind.
- der Schuldner in den letzten drei Jahren vor dem Antrag auf Eröffnung des Insolvenzverfahrens oder nach diesem Antrag vorsätzlich oder grob fahrlässig die Befriedigung der Insolvenzgläubiger dadurch beeinträchtigt hat, dass er unangemessene Verbindlichkeiten begründet oder Vermögen verschwendet oder ohne Aussicht auf eine Besserung seiner wirtschaftlichen Lage die Eröffnung des Insolvenzverfahrens verzögert hat.

  Eine Verschwendung liegt vor, wenn der Schuldner einen unangemessen luxuriösen Lebensstil führt.

- der Schuldner Auskunfts- oder Mitwirkungspflichten nach der InsO vorsätzlich oder grob fahrlässig verletzt hat.

  Die Restschuldbefreiung kann wegen der Verletzung von Auskunfts- und Mitwirkungspflichten des Schuldners nur versagt werden, wenn die Pflichtverletzung ihrer Art nach geeignet ist, die Befriedigung der Gläubiger zu gefährden, während es allerdings nicht darauf ankommt, ob die Befriedigungsaussichten tatsächlich geschmälert worden sind (BGH, Beschl. v. 16.7.2020 – IX ZB 77/18). Ganz geringfügige Pflichtverletzungen führen nach dem Grundsatz der Verhältnismäßigkeit nicht zur Versagung der Restschuldbefreiung. Die Versagung der Restschuldbefreiung ist regelmäßig auch dann unverhältnismäßig, wenn der Schuldner die unterlassene Auskunft von sich aus nachholt, bevor sein Fehlverhalten aufgedeckt und ein Versagungsantrag gestellt worden ist.
- der Schuldner in der nach § 287 Abs. 1 Satz 3 InsO vorzulegenden Erklärung und in den nach § 305 Abs. 1 Nr. 3 InsO vorzulegenden Verzeichnissen seines Vermögens und seines Einkommens, seiner Gläubiger und der gegen ihn gerichteten Forderungen vorsätzlich oder grob fahrlässig unrichtige oder unvollständige Angaben gemacht hat (vgl. Rn. 65).

  Lässt der Schuldner z. B. einen Vermögensanspruch unerwähnt oder benennt er einen Gläubiger nicht, sollte das Anlass für einen Gläubiger sein, den Antrag auf Versagung der Restschuldbefreiung zu stellen. Der Versagungsgrund ist unabhängig davon gegeben, dass der vom Schuldner nicht genannte Gläubiger von dem Verfahren noch anderweitig erfahren und deshalb seine Forderung rechtzeitig angemeldet hat.
- der Schuldner seine Erwerbsobliegenheit nach § 287b InsO verletzt und dadurch die Befriedigung der Insolvenzgläubiger beeinträchtigt; das gilt nicht, wenn den Schuldner kein Verschulden trifft; § 296 Abs. 2 Satz 2 und 3 InsO gilt entsprechend.

  Der Versagungsgrund kommt regelmäßig nur dann in Betracht, wenn der Schuldner nach seinen persönlichen Verhältnissen tatsächlich in der Lage ist, eine Beschäftigung auszuüben, die eine über die Pfändungsfreigrenzen hinausgehende Entlohnung erwarten lässt, das aber unterlässt.

2.8.3 Wohlverhaltensphase

Dauer

Wird das Insolvenzverfahren vor Ablauf der Drei-Jahres-Frist beendet und wurde dem Schuldner nicht bereits während des eröffneten Insolvenzverfahrens die Restschuldbefreiung versagt (vgl. Rn. 93), schließt sich an das beendete Verfahren die sog. Wohlverhaltensphase an. Diese erstreckt sich über die Zeitspanne, die von der Verfahrensbeendigung bis zum Ablauf der Drei-Jahres-Frist noch verbleibt. Ist demnach seit der Eröffnung des Insolvenzverfahrens z. B. ein Jahr verstrichen, schließt sich an diese Verfahrensbeendigung noch eine Wohlverhaltensphase von zwei Jahren an. 95

Die Wohlverhaltensphase beginnt mit der Beendigung des Insolvenzverfahrens. Die dreijährige Abtretungsfrist beginnt dagegen bereits mit der Eröffnung des Insolvenzverfahrens. Dauert das Insolvenzverfahren demnach länger als drei Jahre, ist über die Erteilung der Restschuldbefreiung nach Ablauf der Frist zu entscheiden. Ggf. ist dem Schuldner die Restschuldbefreiung demnach zu erteilen, ohne dass er eine Wohlverhaltensphase durchlaufen muss. Man spricht von einem asymmetrischen Verfahren. 96

Bestellung eines Treuhänders

Der mit der Verfahrensbeendigung durch das Insolvenzgericht zu bestellende Treuhänder (vgl. § 288 Satz 2 InsO) hat die Aufgabe, die pfändbaren Einkommensteile oder Lohnersatzleistungen, die der Schuldner während der Wohlverhaltensphase erzielt, einzuziehen und an die Insolvenzgläubiger zu verteilen (§ 292 InsO). Die Abtretung an den Treuhänder umfasst die nach §§ 850 ff. ZPO pfändbaren Einkünfte. Einkommensteile, die erst aufgrund einer entsprechenden gerichtlichen Anordnung pfändbar sind, können durch das Insolvenzgericht 97 für pfändbar erklärt werden (§ 292 Abs. 1 Satz 3 InsO i. V. m. § 36 Abs. 1 Satz 2 und Abs. 4 InsO), womit sie dem Treuhänder zufallen.

98 Der Treuhänder ist anders als der Insolvenzverwalter nicht Inhaber der Verfügungsbefugnis hinsichtlich der Vermögenswerte des Schuldners; er ist auch nicht zur Verwertung von Vermögenswerten befugt. Nach Aufhebung des Insolvenzverfahrens gilt der Entzug der Verfügungsbefugnis nach §§ 80 ff. InsO nicht mehr. Die zurückgewonnene Verfügungsmacht betrifft mithin insbesondere den Neuerwerb, also solche Vermögenswerte, die der Schuldner nach Beendigung des Verfahrens erwirbt. Angesichts der Tatsache, dass dem Schuldner während der Wohlverhaltensphase nur die unpfändbaren Teile seines Einkommens verbleiben, dürfte sich der Umfang eines solchen Neuerwerbs allerdings in Grenzen halten. Über die abgetretenen Einkommensteile kann der Schuldner indes nicht verfügen, da diese aufgrund der Abtretung aus seinem Vermögen ausgeschieden sind.

Obliegenheiten des Schuldners

99 Während der Wohlverhaltensphase hat der Schuldner die in §§ 295, 295a InsO aufgelisteten Obliegenheiten zu erfüllen. Verletzt er diese Pflichten, kann jeder seiner Gläubiger die Versagung der Restschuldbefreiung beantragen (vgl. Rn. 108). Eine Versagung der Restschuldbefreiung von Amts wegen sieht das Gesetz hingegen nicht vor.

100 Um eine Versagung der Restschuldbefreiung zu verhindern, obliegt es dem Schuldner,

- eine angemessene Erwerbstätigkeit auszuüben und – wenn er ohne Beschäftigung ist – sich um eine solche zu bemühen und keine zumutbare Tätigkeit abzulehnen.

  Ist der Schuldner aus gesundheitlichen Gründen jedoch nicht in der Lage, eine Erwerbstätigkeit auszuüben, kann ihm das ebenso wenig zum Nachteil gereichen wie eine familiäre Situation, die ihm die Aufnahme einer Erwerbstätigkeit unmöglich macht. Der Schuldner, der bereits das Rentenalter erreicht hat, ist grundsätzlich nicht verpflichtet, sich um eine Erwerbstätigkeit zu bemühen.

- Vermögen, das er von Todes wegen oder mit Rücksicht auf ein künftiges Erbrecht oder durch Schenkung erwirbt, zur Hälfte des Werts sowie Vermögen, das er als Gewinn in einer Lotterie, Ausspielung oder in einem anderen Spiel mit Gewinnmöglichkeit erwirbt, zum vollen Wert an den Treuhänder herauszugeben; von der Herausgabepflicht sind gebräuchliche Gelegenheitsgeschenke und Gewinne von geringem Wert ausgenommen.

  Während der Wohlverhaltensphase anfallende Erbschaften, Pflichtteile oder Vermächtnisse sowie Zuwendungen mit Rücksicht auf ein künftiges Erbrecht gebühren dem Schuldner zur Hälfte pfandfrei. Die andere Hälfte muss der Schuldner an den Treuhänder herausgeben. Eine Erbschaft, die dem Schuldner im eröffneten Insolvenzverfahren anfällt, ist insgesamt zur Insolvenzmasse zu ziehen. Das Recht zur Annahme oder Ausschlagung einer Erbschaft oder eines Vermächtnisses wird als höchstpersönliches Recht nicht berührt (vgl. auch § 83 InsO). Die Ausschlagung einer Erbschaft führt auch dann nicht zur Versagung der Restschuldbefreiung, wenn dadurch etwa die Kinder des Schuldners in den Genuss des ererbten Vermögens kommen.

- jeden Wechsel des Wohnsitzes oder der Beschäftigungsstelle unverzüglich dem Insolvenzgericht und dem Treuhänder anzuzeigen, keine von der Abtretungserklärung erfassten Bezüge und kein erfasstes Vermögen zu verheimlichen sowie dem Gericht und dem Treuhänder auf Verlangen Auskunft über seine Erwerbstätigkeit oder seine Bemühungen um eine solche sowie über seine Bezüge und sein Vermögen zu erteilen.

  Unverzüglich anzuzeigen sind die Aufnahme eines Beschäftigungsverhältnisses sowie jeder Wechsel des Arbeitgebers. Selbst dann, wenn der Schuldner durch die Aufnahme einer Beschäftigung nur unpfändbares Einkommen erzielen sollte, ist ihm wegen Nichtanzeige der Beschäftigungsaufnahme die Restschuldbefreiung zu versagen. Der Schuldner muss jeden Wohnsitzwechsel oder Wechsel der Arbeitsstelle unverzüglich dem Insolvenzgericht und dem Treuhänder anzeigen (BGH, Urt. v. 8.6.2010 – IX ZB 153/09, ZInsO 2010, 439).

- Zahlungen zur Befriedigung der Insolvenzgläubiger nur an den Treuhänder zu leisten und keinem Insolvenzgläubiger einen Sondervorteil zu verschaffen.

Führt ein Schuldner Zahlungen nicht an den Treuhänder ab und befriedigt die Forderungen einzelner Insolvenzgläubiger im vollen Umfang, Forderungen anderer Insolvenzgläubiger jedoch nur teilweise, liegt darin ein Verstoß gegen die Obliegenheit, der eine Versagung der Restschuldbefreiung begründet.

- keine unangemessenen Verbindlichkeiten zu begründen (vgl. Rn. 94).

Rechtsstellung der Gläubiger

Die Insolvenzgläubiger unterliegen für die Dauer der Wohlverhaltensphase einem Vollstreckungsverbot gegen den Schuldner (§ 294 Abs. 1 InsO). Sie dürfen weder in das Arbeitseinkommen noch in sonstiges Vermögen des Schuldners die Zwangsvollstreckung betreiben. Insoweit ist das Nachforderungsrecht der Insolvenzgläubiger aus § 201 InsO eingeschränkt. Das gilt auch für Unterhalts- oder Deliktsgläubiger, soweit diese Insolvenzgläubiger sind, ihre Ansprüche also zum Zeitpunkt der Eröffnung des Insolvenzverfahrens bereits bestanden. 101

Das Vollstreckungsverbot während der Laufzeit der Abtretungserklärung gilt auch für Insolvenzgläubiger, die am Insolvenzverfahren nicht teilgenommen haben und die der Schuldner nicht in das Forderungsverzeichnis aufgenommen hat (BGH, Urt. v. 13.7.2006 – IX ZB 288/03). 102

Rechtsstellung des Drittschuldners

Der Arbeitgeber bzw. der Leistungsträger von Lohnersatzleistungen des Schuldners hat die pfändbaren Einkommensteile aufgrund der erklärten Abtretung an den Treuhänder abzuführen. Die Höhe des abzuführenden Betrags bestimmt sich nach § 850c ZPO, letztlich also nach der sog. Pfändungstabelle, soweit nicht das Insolvenzgericht anderweitige Anordnungen getroffen hat. 103

2.8.4 Erteilung der Restschuldbefreiung

Wird weder im eröffneten Verfahren (vgl. Rn. 93) noch während der Wohlverhaltensphase ein begründeter Versagungsantrag gestellt, erteilt das Insolvenzgericht dem Schuldner die Restschuldbefreiung. In der Folge können die Insolvenzgläubiger ihre Forderungen nicht mehr gegen den Schuldner durchsetzen. 104

Die Restschuldbefreiung wirkt gegen alle Insolvenzgläubiger nach § 38 InsO, auch wenn sie ihre Forderungen im Insolvenzverfahren verspätet oder nicht angemeldet haben (§ 301 Abs. 1 InsO). Die Forderungen der Gläubiger werden zu unvollkommenen Verbindlichkeiten (BT-Drucks. 12/2443, S. 194). Der Schuldner kann die Forderungen weiterhin erfüllen, der jeweilige Gläubiger kann sie aber nicht mehr einfordern. Gegen eine Zwangsvollstreckung steht dem Schuldner die Vollstreckungsgegenklage nach § 767 ZPO zu. Geleistete Zahlungen kann der Schuldner nicht zurückfordern. 105

Pfandrechte wie etwa eine Grundschuld oder Sicherungsrechte der Gläubiger wie auch die Schuld eines Bürgen bleiben von einer erteilten Restschuldbefreiung unberührt (§ 301 Abs. 2 InsO). Der Gläubiger kann auf diese Rechte ungehindert Zugriff nehmen. Der Schuldner wird durch die Restschuldbefreiung aber gegenüber dem Bürgen oder einem anderen Rückgriffsberechtigten befreit (§ 301 Abs. 2 Satz 2 InsO). Dagegen kann die Pfändung oder Abtretung von Lohnansprüchen oder von Ansprüchen auf Lohnersatzleistungen nach erteilter Restschuldbefreiung nicht mehr geltend gemacht werden. 106

Von der Erteilung der Restschuldbefreiung bleiben unberührt und können gemäß § 302 InsO weiterhin gegenüber dem Schuldner geltend gemacht werden: 107

- Verbindlichkeiten des Schuldners aus einer vorsätzlich begangenen unerlaubten Handlung; dies gilt z. B. für Ansprüche auf Schmerzensgeld, die aufgrund einer vorsätzlich begangenen Verletzungshandlung entstanden sind.
- Verbindlichkeiten aus rückständigem gesetzlichen Unterhalt, den der Schuldner vorsätzlich pflichtwidrig nicht gewährt hat; Voraussetzung ist, dass der Schuldner aufgrund seiner Vermögensverhältnisse den geschuldeten Unterhalt hätte leisten können, dies aber verweigert hat.

- Verbindlichkeiten aus einem Steuerschuldverhältnis, sofern der Schuldner im Zusammenhang damit wegen einer Steuerstraftat nach den §§ 370, 373 oder 374 AO rechtskräftig verurteilt worden ist; der Gläubiger hat die entsprechende Forderung unter Angabe dieses Rechtsgrundes nach § 174 Abs. 2 InsO anzumelden.
- Geldstrafen und die diesen in § 39 Abs. 1 Nr. 3 InsO gleichgestellten Verbindlichkeiten des Schuldners; der Schuldner kann sich mit einer Restschuldbefreiung nicht einer Geldstrafe oder einer Geldbuße entziehen.
- Verbindlichkeiten aus zinslosen Darlehen, die dem Schuldner zur Begleichung der Kosten des Insolvenzverfahrens gewährt wurden.

2.8.5 Versagung der Restschuldbefreiung

108 Die Versagung der Restschuldbefreiung nach Ablauf der Wohlverhaltensphase setzt den hierauf gerichteten Antrag eines Insolvenzgläubigers oder – im Fall des § 298 InsO – des Treuhänders voraus.

109 Der Antrag auf Versagung der Restschuldbefreiung kann auf die schuldhafte Verletzung der dem Schuldner auferlegten Obliegenheiten und der damit verursachten Beeinträchtigung der Gläubigerbefriedigung gestützt werden. Beides muss der Gläubiger glaubhaft machen (§ 300 Abs. 3 i. V. m. § 296 Abs. 1 Satz 3 InsO). Der Treuhänder kann seinen Antrag auf Versagung der Restschuldbefreiung darauf stützen, dass seine Mindestvergütung durch die erzielten Einnahmen nicht gedeckt ist (§ 300 Abs. 3 i. V. m. § 298 InsO). Diese Möglichkeit entfällt, soweit dem Schuldner gemäß § 4a InsO die Verfahrenskosten gestundet sind bzw. werden (vgl. Rn. 67).

110 Das Insolvenzgericht hat den Schuldner zu einem gestellten Versagungsantrag anzuhören und ihn ggf. aufzufordern, die Richtigkeit seiner Angaben an Eides statt zu versichern. Kommt der Schuldner dieser Aufforderung nicht nach oder nimmt er einen entsprechenden Termin unentschuldigt nicht wahr, ist ihm bereits deshalb die Restschuldbefreiung zu versagen (§ 296 Abs. 2 Satz 3 InsO; BGH, Urt. v. 4.2.2016 – IX EB 13/15).

111 Der Antrag auf Versagung der Restschuldbefreiung kann nur binnen eines Jahres nach dem Zeitpunkt gestellt werden, an dem die Obliegenheitsverletzung dem Gläubiger bekannt geworden ist. Dabei ist zu beachten, dass mit dem Ende der Wohlverhaltensperiode kein neuer Fristbeginn ausgelöst wird.

112 Ein neuerlicher Antrag auf Erteilung der Restschuldbefreiung kann je nach dem Grund einer Versagung der Restschuldbefreiung erst wieder nach drei bzw. fünf Jahren gestellt werden (§ 287a Abs. 2 InsO).

113 Wird dem Schuldner die Restschuldbefreiung versagt, leben Pfändungen oder Abtretungen wieder auf. Der Gläubiger, der den Lohnanspruch des Schuldners vor Eröffnung des Insolvenzverfahrens gepfändet hat, kann diese Pfändung nach Beendigung des Insolvenzverfahrens und der Versagung der Restschuldbefreiung wieder geltend machen.

A

Horst Böhm

Besonderheiten bei Auslandsbezug

1. Handlungsbedarf bei Auslandsbezug?

1 Migration, Flucht, Massentourismus, Mallorca-Rentner, osteuropäische Pflegeeinrichtungen, Mobilität und Globalisierung führen vermehrt zu einer länderübergreifenden staatlichen Fürsorgepflicht. Die Zahl der Betreuungsfälle mit Auslandsbezug – häufig verbunden mit vielfältigen und schwierigen Rechtsfragen – wächst ständig. Erschöpfende und klare Antworten kann ein Handbuch nicht liefern, sodass die nachfolgenden Ausführungen nur einen Einstieg bieten und Wege zur vertieften Information eröffnen sollen.

2. Wann liegt ein Auslandsbezug vor?

2 Die Prüfung von internationalen Kollisionsvorschriften und länderübergreifender Rechtsanwendung erfordert als Auslöser immer einen Auslandsbezug. Ein Sachverhalt hat Auslandsbezug bzw. ist international, wenn er einen Bezugspunkt zu dem Recht mindestens zweier Staaten hat. Dieser kann sich aus der Staatsangehörigkeit eines Beteiligten, bei Betreuungsbedarf deutscher Staatsangehöriger während Auslandsaufenthalten, aus Vermögen des Betroffenen im Ausland, Rechtsgeschäften für den Betroffenen im Ausland, aber auch bei im In- oder Ausland errichteten Vorsorgevollmachten oder Patientenverfügungen ergeben. Es stellen sich also vor allem folgende Fragen:

- Wo kann man sich beraten lassen?
- Kann ein Betreuer mit ausländischer Staatsangehörigkeit bestellt werden?
- Wann sind deutsche Gerichte international zuständig?
- Welches materielle und formelle Recht kommt zur Anwendung?
- Gibt es Sonderregeln bei Eilmaßnahmen?
- Werden die Entscheidungen deutscher Gerichte im Ausland bzw. umgekehrt anerkannt?
- Kann der Betreuer im Rahmen seines Aufgabenkreises auch im Ausland handeln?
- Gelten Vorsorgemaßnahmen, Vollmachten und Patientenverfügungen auch im Ausland?

3. Beratung, Auskunft und Information

3 Bei Zweifelsfragen mit Auslandsbezug sollten die Beratungsmöglichkeiten bei den Betreuungsbehörden und -gerichten intensiv genutzt werden. Informativ, auch für Spezialisten, ist der aktuelle Aufsatz „Betreuungsverfahren mit Auslandsberührung" von Prof. Gojowczyk, FamRZ 2020, S. 1615 ff. Einen verständlichen Überblick und Einstieg in das internationale Recht bietet auch der Beschluss des BGH v. 18.8.2021 – XII ZB 145/21. Zum Nachlesen dringend empfohlen, weil das Landgericht Fehler gemacht hat, die in der Praxis wohl öfter vorkommen.

4 Weiterführende Informationen finden sich auch auf der Homepage des Bundesamts für Justiz (BfJ) unter: www.bundesjustizamt.de/DE/Themen/Buergerdienste/ErwSUE/ErwSUE_node.html.

5 Diese Behörde erfüllt auch die Aufgaben der sog. Zentralen Behörde für internationale Erwachsenenschutzangelegenheiten gemäß Art. 28 ESÜ und § 1 ErwSÜAG. Zum internationalen Betreuungsrecht und zu den Strukturen ausländischer Regelungen finden sich tiefergehende und länderspezifische Informationen im Europäischen Vorsorge-Portal unter: CNUE – Europäisches Vorsorge-Portal (the-vulnerable.eu) und beim Forschungsinstitut für internationales Betreuungsrecht unter: www.internationales-betreuungsrecht.de.

4. Betreuer mit ausländischer Staatsangehörigkeit

6 Zum Betreuer bestellt das Betreuungsgericht gemäß § 1816 Abs. 1 BGB eine natürliche Person, die geeignet ist, die Angelegenheiten des Betreuten rechtlich zu besorgen. Die Staatsangehörigkeit spielt dabei keine Rolle. Im Einzelfall kann es sogar sehr sinnvoll sein, für eine ausländische Person einen Betreuer zu bestellen, der die gleiche Staatsangehörigkeit hat und die Mentalität des Betreuten besser verstehen kann. Ebenso spielt die Staatsangehörigkeit

beim Vereins- oder Behördenbetreuer keine Rolle. Auch hier entscheidet nur die persönliche Kompetenz.

5. Wann sind deutsche Betreuungsgerichte international zuständig?

5.1 Zuständigkeitsprüfung gemäß § 104 FamFG

Zuständig für Betreuungs- und Unterbringungsverfahren wären gemäß § 104 FamFG deutsche 7
Betreuungsgerichte, wenn der Betroffene Deutscher ist oder der Ausländer seinen gewöhnlichen Aufenthalt im Inland hat. Fehlt es an beidem wie etwa bei der Durchreise oder vorübergehendem Aufenthalt eines Ausländers in Deutschland, wären die deutschen Gerichte zuständig, soweit der Betroffene „der Fürsorge durch ein deutsches Gericht bedarf", § 104 Abs. 1 Satz 2 FamFG. § 104 FamFG gilt aber gemäß § 97 Abs. 1 FamFG nur, wenn es keine abweichenden Regelungen in völkerrechtlichen Vereinbarungen gibt. Insoweit hat das ESÜ mit seinen Zuständigkeitsregelungen in den Art. 5 bis 12 ESÜ den § 104 FamFG weitgehend abgelöst.

5.2 Die Art. 5 bis 12 ESÜ verdrängen überwiegend den § 104 FamFG

Das Gesetz zur Umsetzung des Abkommens und das Zustimmungsgesetz sind zum 1.1.2009 in 8
Kraft getreten. Eine aktuelle Liste der beigetretenen Länder findet sich auf der Homepage des BfJ unter: https://www.bundesjustizamt.de/DE/Themen/Familieinternational/Betreuungsrecht/Vertragsstaaten/Vertragsstaaten_node.html

6. Ziele und Regelungen des ESÜ

Ausgangspunkt war ein unübersichtlicher Rechtszustand. Nahezu jeder Staat hat sein eigen- 9
ständiges Fürsorgerecht für Erwachsene. Selbst in Europa finden sich alle Formen der Fürsorge für Erwachsene – von der althergebrachten Entmündigung und Vormundschaft bis hin zu modernen Formen mit flexiblen staatlichen Reaktionsmöglichkeiten. Ebenso unübersichtlich waren die internationalen Zuständigkeiten geregelt. Beides soll mit dem ESÜ ein Ende finden. Zuständigkeit, materielles Recht, Anerkennung und Vollstreckung sowie die internationale Zusammenarbeit wurden in diesem Abkommen neu und übersichtlich geregelt. Eine umfassende Einführung findet sich bei Ludwig, Der Erwachsenenschutz im Internationalen Privatrecht nach Inkrafttreten des Haager Erwachsenenschutzabkommens, DNotZ 2009, S. 251.

7. Zuständigkeitsregeln gemäß Kapitel II (Art. 5 bis 12) ESÜ

7.1 Zuständigkeit bei gewöhnlichem Aufenthalt in Deutschland

Art. 5 Abs. 2 ESÜ bestimmt, dass nach einem Wechsel des gewöhnlichen Aufenthalts in einen 10
anderen Vertragsstaat dieser Staat sofort zuständig wird. Eine Abgabe oder gar Fortdauer der bisherigen Zuständigkeit ist daher ausgeschlossen. Zieht der Betreute von Deutschland nach Österreich und begründet dort einen gewöhnlichen Aufenthalt, sind die Gerichte in Österreich zuständig, da Österreich Vertragsstaat des ESÜ ist. Die Staatsangehörigkeit spielt dabei keine Rolle. Bei einem Wechsel in einen Nichtvertragsstaat gilt die internationale Zuständigkeit nach Art. 5 Abs. 1 ESÜ nicht mehr, da es eine Regelung, wie sie § 2 Abs. 2 FamFG für die örtliche Zuständigkeit enthält, im ESÜ nicht gibt. Mangels vorrangiger Regelung in einer völkerrechtlichen Vereinbarung gelten daher die §§ 104 und 97 FamFG (BGH, Beschl. v. 12.2.2025 – XII ZB 128/24).

7.2 Wechsel des gewöhnlichen Aufenthalts in einen anderen Vertragsstaat

Art. 5 Abs. 2 ESÜ bestimmt, dass nach einem Wechsel des gewöhnlichen Aufenthalts in einen 11
anderen Vertragsstaat dieser Staat sofort zuständig wird. Eine Abgabe oder gar Fortdauer der bisherigen Zuständigkeit ist daher ausgeschlossen. Zieht der Betreute von Deutschland nach

Österreich und begründet dort einen gewöhnlichen Aufenthalt, sind die Gerichte in Österreich zuständig, da Österreich Vertragsstaat des ESÜ ist. Die Staatsangehörigkeit spielt dabei keine Rolle. Bei einem Wechsel in einen Nichtvertragsstaat gilt die internationale Zuständigkeit nach Art. 5 Abs. 1 ESÜ nicht mehr, da es eine Regelung, wie sie § 2 Abs. 2 FamFG für die örtliche Zuständigkeit enthält, im ESÜ nicht gibt. Mangels vorrangiger Regelung in einer völkerrechtlichen Vereinbarung gelten daher die §§ 104 und 97 FamFG (BGH, Beschl. v. 12.2.2025 – XII ZB 128/24).

7.3 Gewöhnlicher Aufenthalt gemäß Art. 5 Abs. 2 ESÜ

12 Da es um die gerichtliche Zuständigkeit verschiedener Staaten, Kulturen und Rechtsordnungen geht, sollten die Dauer, die Regelmäßigkeit und die Umstände des Aufenthalts in dem Mitgliedstaat sowie die Gründe für den Aufenthaltswechsel und den Umzug in einen fremden Staat, die Staatsangehörigkeit, Ort und Umstände der Unterbringung, die Sprachkenntnisse sowie die familiären und sozialen Bindungen in dem neuen Staat zur Auslegung des Rechtsbegriffs „gewöhnlicher Aufenthalt" mit herangezogen werden. Ein Lebens- oder Daseinsmittelpunkt wird nicht allein durch den Umzug in das Ausland begründet. Neben dem schlichten Aufenthalt müssen weitere Umstände wie das Vorhandensein von persönlichen Beziehungen, ein familiäres Umfeld, soziale Integration, Vermögen und Immobilien, Rentenbezug im bisherigen Aufenthaltsland, kurze Zeit des Aufenthalts sowie potenzielle Besuche aus dem familiären und sozialen Umfeld hinzukommen. Maßgeblich ist eine Gesamtschau aller Umstände (vgl. dazu LG Cottbus, Beschl. v. 9.5.2018 – 7 T 28/17; LG Augsburg, Beschl. v. 30.1.2018 – 054 T 161/18).

7.4 Probleme beim Wechsel des gewöhnlichen Aufenthalts in einen Vertragsstaat

13 Art. 5 ESÜ kann im Einzelfall zu großen Problemen führen. Wird z. B. der Betreute, der sich in einer deutschen Pflegeeinrichtung befindet, in eine günstigere Einrichtung in Tschechien verbracht, können die strengen Kontroll- und Genehmigungsvorschriften des deutschen Rechts leicht umgangen werden. Sobald man einen Wechsel des gewöhnlichen Aufenthalts annehmen muss, führt dies zur Zuständigkeit der tschechischen Gerichte und zur Anwendung des dortigen Rechts gemäß Art. 5 Abs. 2 und Art. 13 ESÜ. Gleichzeitig erlischt die Zuständigkeit des deutschen Betreuungsgerichts. Deshalb sollte der Begriff des gewöhnlichen Aufenthalts nach den oben beschriebenen Kriterien und somit anders als bei § 272 Abs. 1 Nr. 2 FamFG bestimmt werden. Im Sinne von Art. 5 ESÜ ist unter gewöhnlichem Aufenthalt der Ort zu verstehen, der Ausdruck einer gewissen sozialen und familiären Integration ist (siehe Rn. 12).

7.5 Flüchtlinge, durch Unruhen Vertriebene oder nicht feststellbarer gewöhnlicher Aufenthalt

14 Art. 6 ESÜ befasst sich mit Personen, die Flüchtlinge sind oder die infolge von Unruhen in ihrem Land in ein anderes Land gelangt sind, und mit Erwachsenen, für die kein gewöhnlicher Aufenthalt festgestellt werden kann. Für diesen Personenkreis genügt, dass sie sich in Deutschland aufhalten. Die Flüchtlingseigenschaft wird durch die Genfer Flüchtlingskonvention festgelegt. Zusätzlich werden deutsche Gerichte für Personen zuständig, die das Land, in dem sie einen gewöhnlichen Aufenthalt hatten, infolge von Unruhen verlassen haben. Kann ein gewöhnlicher Aufenthalt nicht festgestellt werden, genügt für diese Person ebenfalls der schlichte Aufenthalt.

7.6 Zuständigkeit für „Schutzmaßnahmen" in Eilfällen

15 In dringenden Angelegenheiten bestimmt Art. 10 ESÜ eine Zuständigkeit, wenn der Erwachsene sich in Deutschland (Vertragsstaat) befindet, ohne hier einen gewöhnlichen Aufenthalt zu haben. Diese Eilzuständigkeit endet mit dem Außerkrafttreten der getroffenen Maßnahmen, sobald die nach Art. 5 bis 9 ESÜ zuständigen Gerichte die gebotenen Maßnahmen getroffen haben (Art. 10 Abs. 2 ESÜ) oder wenn Personen mit gewöhnlichem Aufenthalt in einem Nichtvertragsstaat betroffen waren, sobald dort die gebotenen und von den Behörden eines anderen Staats getroffenen Maßnahmen anerkannt werden (Art. 10 Abs. 3 ESÜ).

7.7 Schutz des Vermögens

Befindet sich nur Vermögen des Betroffenen in einem Vertragsstaat, können gemäß Art. 9 ESÜ ebenfalls Schutzmaßnahmen erforderlich sein. Die Gerichte/Behörden „eines Vertragsstaats, in dem sich Vermögen des Erwachsenen befindet, sind zuständig, Maßnahmen zum Schutz dieses Vermögens zu treffen, soweit sie mit den Maßnahmen vereinbar sind, die von den nach Art. 5 bis 8 ESÜ zuständigen Behörden getroffen wurden". 16

8. Materielles Recht, Verfahrensrecht, Staatsangehörigkeits- oder Gleichlaufprinzip

Nach Bejahung der internationalen Zuständigkeit muss geprüft werden, welches Recht das zuständige Gericht anzuwenden hat. Ist das deutsche Amtsgericht für die Betreuung eines in Regensburg seit Jahren wohnhaften Österreichers z. B. nach Art. 5 Abs. 1 ESÜ zuständig, stellt sich die Frage, ob eine Betreuung nach deutschem Recht angeordnet werden kann und ob auch das deutsche Verfahrensrecht, sprich FamFG, anzuwenden ist. 17

8.1 Art. 24 EGBGB – eine von Art. 13 ESÜ verdrängte allgemeine Regelung

Art. 24 EGBGB, der sich mit dem anzuwendenden Recht befasst, wurde neu gefasst und entspricht nunmehr weitgehend dem ESÜ. Die Entstehung, die Ausübung, die Änderung und das Ende der Betreuung unterliegen somit dem Recht des Staats, in dem der Fürsorgebedürftige seinen gewöhnlichen Aufenthalt hat. Für den Angehörigen „eines fremden Staats, der seinen gewöhnlichen Aufenthalt in Deutschland hat, kann nach deutschem Recht (§§ 1814 ff. BGB) ein Betreuer bestellt werden. Die Staatsangehörigkeit spielt dabei keine Rolle mehr. Maßnahmen, die in Ausübung der Betreuung erfolgen (Genehmigungen, Aufsicht etc.) „unterliegen dem deutschen Recht". 18

Es kann ausnahmsweise dann ausländisches Recht zur Anwendung kommen, wenn „mit dem Recht eines anderen Staats eine wesentlich engere Verbindung als mit dem deutschen Recht" besteht (Art. 24 Abs. 2 Satz 2 EGBGB). 19

Jede im Ausland angeordnete „Betreuung" bzw. eine ihr entsprechende ausländische Entscheidung, die im Inland Entscheidungen erforderlich macht, richtet sich bezüglich der Ausübung nach deutschem Recht. 20

8.2 Art. 13 ESÜ bestimmt das sog. Gleichlaufprinzip

Die Grundsätze des Art. 24 EGBGB spielen gemäß Art. 3 Nr. 2 EGBGB in der Praxis kaum eine Rolle, da das ESÜ in den meisten Fällen eine deutsche Gerichtszuständigkeit begründet (siehe Rn. 10) und Art. 13 ESÜ für alle diese Fälle den Gleichlauf von Zuständigkeitsrecht und materiellem deutschen Recht anordnet. Demnach gilt der Vorrang völkerrechtlicher Vereinbarungen auch für das materielle Recht. Das insoweit zentrale ESÜ sieht vor, dass grundsätzlich alle nach Art. 5 bis 12 ESÜ international zuständigen Gerichte gehalten sind, ihr eigenes Landesrecht anzuwenden. Diese Gleichlaufregelung gilt somit für alle Zuständigkeiten, die in Kapitel II ESÜ (Art. 5 bis 12) geregelt sind. 21

8.3 Verfahrensrecht

Auch beim Verfahrensrecht gilt das sog. Gleichlaufprinzip, Art. 24 EGBGB und Art. 13 Abs. 1 ESÜ. Entsprechend dem Gleichlaufprinzip gilt demnach für die nach dem ESÜ zuständigen Betreuungsgerichte das FamFG. 22

8.4 Ausnahmen vom Gleichlaufprinzip

Art. 13 Abs. 2 ESÜ lässt jedoch Ausnahmen vom Gleichlaufprinzip zu. „Soweit es der Schutz der Person oder des Vermögens des Erwachsenen erfordert, können" die Gerichte „jedoch ausnahmsweise das Recht eines anderen Staats anwenden oder berücksichtigen, zu dem der 23

Sachverhalt eine enge Verbindung hat". Ähnlich formuliert es Art. 24 Abs. 2 Satz 2 EGBGB. Es handelt sich aber in beiden Fällen um Ermessensentscheidungen des Betreuungsgerichts und dürfte nur in seltenen Ausnahmefällen ergehen (BGH, Beschl. v. 18.8.2021 – XII ZB 145/21).

8.5 „Ordre Public", Art. 21 ESÜ

24 Bei der Anwendung ausländischen Rechts ist aber immer der sog. Ordre Public zu beachten, wonach die Rechtsnorm eines anderen Staats nicht anzuwenden ist, wenn ihre Anwendung zu einem Ergebnis führt, das mit wesentlichen Grundsätzen des deutschen Rechts offensichtlich unvereinbar wäre, Art. 6 EGBGB. Dies kann z. B. der Fall sein, wenn die Anwendung des ausländischen Rechts zur Folge haben würde, dass die in Deutschland abgeschaffte Vormundschaft und Entmündigung über das ausländische Recht (z. B. in Polen) Anwendung finden müsste. Dies dürfte dem Ordre Public widersprechen. Mit der Einführung des Betreuungsrechts wurde ja in Deutschland die mit der Vormundschaft und Entmündigung einhergehende umfassende Entrechtung der Betroffenen abgeschafft und durch eine flexible, auf die konkreten Bedürfnisse des Betroffenen eingehende, rechtliche Betreuung ersetzt. Deshalb kann die im „Heimatrecht" geltende Vormundschaft gemäß Art. 6 EGBGB in Deutschland nicht angewendet werden.

9. Weitere wichtige Regelungen des ESÜ

9.1 ESÜ gilt nicht, wenn die Regelung einen zweiten Vertragsstaat fordert!

25 Das ESÜ gilt zunächst unabhängig davon, ob ein betroffener Ausländer aus einem Vertragsstaat beteiligt ist. Einige Vorschriften beziehen sich aber explizit darauf, dass ein weiterer Vertragsstaat involviert ist (vgl. Art. 8 Abs. 1 Satz 1 oder Art. 5 Abs. 2 ESÜ), sodass dann das ESÜ in diesem Punkt keinen Vorrang hat, wenn der betroffene Ausländer nicht aus einem Vertragsstaat kommt.

9.2 Anwendungsbereich und Definitionen des ESÜ

26 Art. 1 ESÜ regelt den Anwendungsbereich, wonach das ESÜ bei internationalen Sachverhalten (Auslandsbezug) zum Schutz von Erwachsenen anzuwenden ist, wenn die Betroffenen „aufgrund einer Beeinträchtigung oder der Unzulänglichkeit ihrer persönlichen Fähigkeiten nicht in der Lage sind, ihre Interessen zu schützen". Die Staatsangehörigkeit wie etwa die Zugehörigkeit zu einem Vertragsstaat spielt dabei keine Rolle. Art. 2 Abs. 1 ESÜ definiert den Begriff „Erwachsener" als Personen, die das 18. Lebensjahr vollendet haben.

9.3 ESÜ-Regelung zur Vorsorgevollmacht

27 Auch das Institut der Vorsorgevollmacht wird im ESÜ abgebildet. Maßgeblich ist wiederum der gewöhnliche Aufenthalt. Art. 15 ESÜ bestimmt, dass grundsätzlich das Recht des Staats zur Anwendung kommt, in dem der Erwachsene zum Zeitpunkt der Vereinbarung oder des Rechtsgeschäfts seinen gewöhnlichen Aufenthalt hatte. Es kann aber auch schriftlich das Recht eines anderen Staats vereinbart werden. Wählbar ist das Recht des Staats, dem der Erwachsene angehört, wo er früher seinen gewöhnlichen Aufenthalt hatte oder wo sich Vermögen des Erwachsenen befindet. Zum Schutz des Betroffenen und seines Vermögens kann die Vorsorgevollmacht durch das nach dem ESÜ zuständige Gericht aufgehoben oder geändert werden.

28 Das Rechtsinstitut der Vorsorgevollmacht ist jedoch zumindest im europäischen Bereich nicht sehr verbreitet. Im sog. Europäischen Vorsorge-Portal findet man eine interessante Übersicht zur Rechtslage in 22 europäischen Ländern. Die Regelung im ESÜ könnte der Vorsorgevollmacht auch im internationalen Bereich Anerkennung verschaffen.

9.4 ESÜ begründet Sonderzuständigkeiten für zentrale Behörden und Gerichte

§ 1 ErwSÜAG bestimmt das Bundesamt für Justiz als zentrale Behörde im Sinne von Art. 28 ESÜ. 29
Die zentralen Behörden der Vertragsstaaten kooperieren und fördern die Zusammenarbeit der zuständigen Behörden und Gerichte. Im Zusammenhang mit der Anwendung dieses Übereinkommens treffen sie die geeigneten Maßnahmen, um Auskünfte über das Recht ihrer Staaten sowie die in ihren Staaten für den Schutz von Erwachsenen verfügbaren Dienste zu erteilen, Art. 29 Abs. 2 ESÜ. Beispielhaft ist zu erwähnen, dass vor dem Erlass einer Schutzmaßnahme – wozu Betreuung und Unterbringung zählen (vgl. Art. 3 ESÜ) – die nach dem ESÜ zuständigen Behörden, sofern dies erforderlich ist, jede Behörde eines anderen Vertragsstaats, die über sachdienliche Informationen für den Schutz des Erwachsenen verfügt, ersuchen können, um sie ihnen mitzuteilen, Art. 32 ESÜ. Ist der Aufenthalt eines Betreuten unbekannt und gibt es Anhaltspunkte dafür, dass er in einem anderen Vertragsstaat ist, dann können die zentralen Behörden bei der Aufenthaltsermittlung Hilfe leisten, Art. 30 ESÜ.

Gemäß § 6 ErwSÜAG wird das Betreuungsgericht, in dessen Bezirk ein OLG seinen Sitz hat, 30
zuständig für Maßnahmen nach Art. 23, 25 und 33 ESÜ. Dazu gehören die Feststellung der Anerkennung oder Nichtanerkennung einer in einem anderen Vertragsstaat getroffenen Maßnahme, die Vollstreckbarerklärung einer in einem anderen Vertragsstaat getroffenen Maßnahme nach Art. 23 ESÜ und das sog. Konsultationsverfahren nach Art. 33 ESÜ.

10. Checkliste bei Auslandsbezug

Checkliste bei Auslandsbezug	
Liegt ein Auslandsbezug vor?	Die internationale Zuständigkeit muss nur bei entsprechendem Anlass geprüft werden (ausländische Staatsangehörigkeit, Aufenthalt im Ausland, Ausländer im Inland, Vermögen im Ausland, Flüchtlinge etc.).
Internationale Zuständigkeit eines – deutschen – Gerichts?	**a. § 104 FamFG** **b. Völkerrechtliche Vereinbarungen verdrängen § 104 FamFG** Vorrang gemäß § 97 FamFG; es kommt Kapitel II des ESÜ in Betracht. **c. Kann man das ESÜ anwenden?** **aa. Sachlicher Anwendungsbereich des Übereinkommens** Es muss sich um einen internationalen Sachverhalt bezüglich des Schutzes eines Erwachsenen handeln, der aufgrund einer Beeinträchtigung oder der Unzulänglichkeit seiner persönlichen Fähigkeiten nicht in der Lage ist, seine Interessen zu schützen (Art. 1 Abs. 1 ESÜ). **bb. Persönlicher Anwendungsbereich (Erwachsener)** Ist gemäß Art. 2 Abs. 1 ESÜ gegeben, wenn es sich bei dem Betroffenen um eine Person handelt, die das 18. Lebensjahr vollendet hat. **cc. Schutzbereich des Übereinkommens** Der Schutzbereich des Übereinkommens ist betroffen, wenn es sich um eine Maßnahme betreffend die Vormundschaft, die Pflegschaft oder eine entsprechende Einrichtung im Sinne von Art. 3 Buchst. c ErwSÜ handelt.

A

Checkliste bei Auslandsbezug	
	d. In Betracht kommt somit das ESÜ mit seinen Zuständigkeitsregeln Im ESÜ regelt sich die gerichtliche Zuständigkeit nach Kapitel II, Art. 5 bis 12: • Art. 5 Abs. 1 ESÜ: klärt den Regelfall, auch wenn kein anderer Vertragsstaat im Feuer steht • Art. 5 Abs. 2 ESÜ: Wechsel des gewöhnlichen Aufenthalts in einen anderen Vertragsstaat • Art. 6 Abs. 1 ESÜ: behandelt Zuständigkeit für Flüchtlinge und anderes • Art. 6 Abs. 2 ESÜ: wenn gewöhnlicher Aufenthalt nicht feststellbar • Art. 9 ESÜ: Vermögen des Betroffenen in einem Vertragsstaat • Art. 10 ESÜ: Zuständigkeit für dringende Schutzmaßnahmen
Anwendbares Recht (BGB, BtOG, FamFG)?	**a. Völkerrechtliche Vereinbarungen?** Art. 3 Nr. 2 EGBGB begründet den Vorrang völkerrechtlicher Vereinbarung. Somit kommt das ESÜ auch für das anzuwendende Recht zur Anwendung und es gilt gemäß Art. 13 ESÜ der Gleichlauf mit der Zuständigkeit. Kurz: Deutsches Gericht – deutsches Recht! **Achtung:** Ausnahme Art. 13 Abs. 2 ESÜ **b. Kein Vorrang feststellbar** Art. 24 EGBGB, Staatsangehörigkeit, gewöhnlicher Aufenthalt etc.
Anwendbares ausländisches Recht darf nicht dem Ordre Public widersprechen	Art. 21 ESÜ und Art. 6 EGBGB Es darf kein Widerspruch zur öffentlichen Ordnung bestehen

11. Einzelprobleme zur Betreuung mit Auslandsbezug

11.1 Behandlung der im Ausland für einen Deutschen angeordneten Betreuung

11.1.1 Nichtvertragsstaat

31 Zum einen besteht innerhalb der Grenzen des § 108 Abs. 1 FamFG die Möglichkeit der Anerkennung. Ausgeschlossen ist dies gemäß § 109 FamFG, wenn

- das ausländische Gericht nach deutschem Recht unzuständig war,
- einem Beteiligten rechtliches Gehör gemäß § 109 Abs. 1 Nr. 2 FamFG versagt wurde,
- die ausländische Entscheidung mit einem früher in Deutschland rechtshängig gewordenen Verfahren unvereinbar ist oder
- die Anerkennung der Entscheidung zu einem Ergebnis führen würde, das mit wesentlichen Grundsätzen des deutschen Rechts offensichtlich unvereinbar wäre, insbesondere wenn die Anerkennung mit den Grundrechten unvereinbar wäre.

32 Ein abstraktes Anerkennungsverfahren gibt es nicht. Die Frage der Anerkennung stellt sich daher nur als Vorfrage und kann von dem deutschen Gericht inzidenter entschieden werden. Beteiligte, die ein rechtliches Interesse haben, können allerdings eine Entscheidung über die

Anerkennung einer ausländischen Entscheidung beantragen. Die örtliche Zuständigkeit regelt § 108 Abs. 3 FamFG.

Neben den §§ 108 und 109 FamFG kommen auch noch völkerrechtliche Vereinbarungen über die gegenseitige Anerkennung betreuungsrechtlicher Entscheidungen in Betracht. 33

11.1.2 ESÜ-Vertragsstaat

Anerkennung und Vollstreckbarerklärung regeln sich nach Kapitel IV ESÜ (Art. 22 bis 27). Im Grundsatz werden gemäß Art. 22 Abs. 1 ESÜ die „von den Behörden eines Vertragsstaats getroffenen Maßnahmen (...) kraft Gesetzes in den anderen Vertragsstaaten anerkannt". Versagensgründe ergeben sich aus Art. 22 Abs. 2 Buchst. a bis e ESÜ. Auch bei der Anerkennung gilt der Ordre Public gemäß Art. 22 Abs. 2 Buchst c ESÜ. 34

11.2 Tätigkeit des Betreuers im Ausland

Für die im Ausland vorzunehmenden Rechtsgeschäfte gelten grundsätzlich die ausländischen Vorschriften. Die Genehmigungsbedürftigkeit und das dabei zu beachtende Prozedere richten sich aber nach dem deutschen Betreuungsrecht. Ebenso findet das deutsche Recht Anwendung für die Frage, ob für den Betreuten aufgrund der mit der Betreuung verbundenen gesetzlichen Vertretung wirksam rechtsgeschäftliche Erklärungen abgegeben werden können. Allerdings kann es im Einzelfall durchaus erforderlich sein, dass im Ausland besondere Nachweise verlangt werden. 35

12. Zusammenfassung und Fazit

- Das ESÜ ist die wichtigste Rechtsgrundlage bei Auslandsbezug in Betreuungs- und Unterbringungssachen.
- Maßgeblich für die internationale Zuständigkeit ist der gewöhnliche Aufenthalt und der normale Aufenthalt bei Flüchtlingsstatus oder fehlender Feststellbarkeit eines gewöhnlichen Aufenthalts und dringenden Eil- und Schutzmaßnahmen, Art. 5 bis 12 ESÜ.
- Es gilt das Gleichlaufprinzip, das heißt, das international zuständige Gericht wendet grundsätzlich das für sein Land geltende Recht an, Art. 13 ESÜ.
- Wechselt der gewöhnliche Aufenthalt von Deutschland in einen anderen Vertragsstaat, geht die Zuständigkeit über. Bei einem Wechsel in einen Nichtvertragsstaat gilt grundsätzlich § 104 FamFG.
- Kommt ausländisches Recht zur Anwendung, kann die Anwendung unterbleiben, wenn es der öffentlichen Ordnung offensichtlich widerspricht, Ordre Public, Art. 21 ESÜ.
- Die Anerkennung getroffener Maßnahmen erfolgt unter den Vertragsstaaten kraft Gesetzes, wobei Versagungsgründe zu beachten sind, Art. 22 ESÜ.

13. Auslandsbezug bei Patientenverfügung, Behandlungswunsch und mutmaßlichem Willen

13.1 Einordnung der Patientenverfügung in die Kategorien des ESÜ

Bei der Patientenverfügung handelt es sich um eine antizipative Einwilligung oder Ablehnung ärztlicher Untersuchungen, Heilbehandlungen oder ärztlicher Eingriffe. Betreuer oder Vorsorgebevollmächtigte können bei einer wirksamen Patientenverfügung keine eigene Entscheidung treffen, sondern sie prüfen nur die Übereinstimmung der Festlegungen des Betroffenen mit der aktuellen Lebens- und Behandlungssituation und verschaffen ihr, wenn alle Voraussetzungen vorliegen, „Ausdruck und Geltung", § 1827 Abs. 1 BGB. Die Patientenverfügung selbst stellt zunächst keine Schutzmaßnahme dar und räumt auch keine Vertretungsmacht im Sinne von § 1823 BGB bezüglich der festgelegten medizinischen Maßnahmen ein. Diesbezüglich hat der Aussteller der Patientenverfügung bindend entschieden. Eine für das ESÜ relevante Maßnahme ist aber sehr wohl die Bestellung eines Betreuers, der – sofern sein Aufgabenkreis betroffen 36 ist – die bei der Umsetzung der Patientenverfügung anfallenden Aufgaben zu erledigen hat und sich insoweit auch auf § 1823 BGB berufen kann. Die Vorsorgevollmacht im Sinne von § 1820 BGB, die dem Bevollmächtigten – sofern sein Aufgabenkreis betroffen ist – die gleiche Position wie die des Betreuers verschafft, ist ebenfalls keine Schutzmaßnahme, unterliegt aber dem Art. 15 ESÜ (siehe Rn. 27). Die Patientenverfügung bestimmt also nur Umfang und Inhalt der Betreuung und der Vorsorgevollmacht, sodass für die internationale Zuständigkeit auf die Betreuung und die Vorsorgevollmacht abzustellen ist.

Hinweis:

Liegt eine wirksame Patientenverfügung vor, gilt für den Betreuer oder Vorsorgebevollmächtigten bei Auslandsbezug die Zuständigkeit nach dem ESÜ und die Anwendbarkeit des deutschen Rechts nach Maßgabe des Art. 13 ESÜ. Außerhalb des Anwendungsbereichs des ESÜ ist Art. 24 EGBGB anzuwenden und für die Vorsorgevollmacht wohl auch Art. 8 EGBGB.

13.2 Auslandsbezug bei bestehender Betreuung bzw. Vorsorgevollmacht

37 Besteht bereits eine Betreuung und befindet sich der Betreute im Ausland, trifft der Betreuer im Rahmen seines Aufgabenkreises alle Entscheidungen der Gesundheitsfürsorge. Dies gilt z. B. auch für das in einer Patientenverfügung vom Betroffenen angeordnete Verbot bestimmter lebenserhaltender Maßnahmen. Der Betreuer muss dann für den einwilligungsunfähigen Betreuten die Übereinstimmung seiner früheren, in Form der Patientenverfügung erfolgten Festlegungen mit der aktuellen Lebens- und Behandlungssituation prüfen und bei Kongruenz dem Willen des Betreuten Ausdruck und Geltung auch im Ausland verschaffen. Befindet sich der Betreute in einem anderen ESÜ-Vertragsstaat, dann ergibt sich dies aus Art. 22 Abs. 1 ESÜ, da die Patientenverfügung Bestandteil der ESÜ-Maßnahme „Betreuung" ist und daher – so wie vom deutschen Gesetz ausgeformt – „kraft dieses Gesetzes" zu akzeptieren ist. Besteht bei dieser Fallkonstellation eine Vorsorgevollmacht, dann kann sich das Gleiche aus Art. 15 ESÜ ergeben. Die Patientenverfügung wird über § 1827 Abs. 6 BGB zum notwendigen Inhalt der Vorsorgevollmacht, die von Art. 15 ESÜ erfasst wird.

13.3 Behandlungswunsch, mutmaßlicher Wille, § 1827 Abs. 2 BGB

38 Die gleichen Mechanismen gelten auch für Behandlungswünsche und die Feststellung des mutmaßlichen Willens gemäß § 1827 Abs. 2 und 6 BGB. Hier wird der Betreuer oder Vorsorgebevollmächtigte sogar zum Entscheidungsträger, sodass er selbst die Einwilligungserklärung oder die Ablehnungsentscheidung trifft.

13.4 Grenzen der Betreuung oder Vorsorgevollmacht im Ausland

39 Allerdings kann z. B. der Abbruch lebenserhaltender Maßnahmen infolge einer Patientenverfügung, eines Behandlungswunsches oder eines festgestellten mutmaßlichen Willens dann nicht erfolgen, wenn dies im Ausland ausdrücklich verboten ist und vielleicht sogar strafrechtlich relevant wäre. Ferner kann ein nach dem ESÜ zuständiges ausländisches Gericht zum Schutz des Betroffenen Entscheidungen des Bevollmächtigten aufheben oder ändern, Art. 16 ESÜ.

40 Außerhalb des Anwendungsbereichs des ESÜ ergeben sich die gleichen Ergebnisse für deutsche Staatsangehörige und Ausländer mit gewöhnlichem Aufenthalt in Deutschland aus Art. 24 EGBGB. Bei einer Vorsorgevollmacht dürften Art. 8 Abs. 4 und 5 EGBGB gelten, die für das anzuwendende Recht auf den sog. Gebrauchsort verweisen.

41 **Achtung:** Die Umsetzung einer Patientenverfügung, eines Behandlungswunsches oder eines festgestellten mutmaßlichen Willens dürfte im Ausland auf praktische Schwierigkeiten stoßen, da das Rechtsinstitut der Patientenverfügung in der Ausformung des § 1827 BGB im Ausland kaum bekannt ist. Darüber hinaus muss im internationalen Recht selbst unter Rechtskundigen mit einer geringen fachlichen Kompetenz gerechnet werden. Dazu kommt, dass Fragen in

diesem Zusammenhang auch unter Experten sehr umstritten sind. Bei einem längeren Aufenthalt im Ausland sollte man sich deshalb vor Ort bei einem Rechtsanwalt oder Notar über die Möglichkeit antizipativer Entscheidungen im Bereich der Gesundheitsfürsorge erkundigen und evtl. dort auch eine Patientenverfügung oder ein ähnliches juristisches Gestaltungskonstrukt nach ausländischem Recht erstellen. Deutschsprachige Rechtsanwälte lassen sich über die Homepage der Bundesrechtsanwaltskammer (www.brak.de) und das Europäische Justizportal (www.europa.eu) finden.

14. Mitteilungen an den Heimatstaat

Bei einem ausländischen Betreuten ist Art. 37 WÜK zu beachten, sofern Deutschland zum Heimatstaat diplomatische Beziehungen unterhält. Eine Einleitung des Betreuungsverfahrens, Anordnung der Betreuung und Unterbringung müssen daher der konsularischen Vertretung mitgeteilt werden. 42

Gemäß Art. 36 WÜK gilt bei Unterbringungen Folgendes: Den Konsularbeamten steht es frei, mit Angehörigen des Entsendestaats zu verkehren und sie aufzusuchen. Angehörigen des Entsendestaats steht es in gleicher Weise frei, mit den Konsularbeamten ihres Staats zu verkehren und sie aufzusuchen. Die zuständigen Behörden des Empfangsstaats haben die konsularische Vertretung des Entsendestaats auf Verlangen des Betroffenen unverzüglich zu unterrichten, wenn in deren Konsularbezirk ein Angehöriger dieses Staats festgenommen, in Straf- oder Untersuchungshaft genommen wird oder ihm anderweitig die Freiheit entzogen ist. Jede von dem Betroffenen an die konsularische Vertretung gerichtete Mitteilung hat die genannte Behörde ebenfalls unverzüglich weiterzuleiten. Diese Behörden haben den Betroffenen unverzüglich über seine Rechte aufgrund dieser Bestimmung zu unterrichten; Konsularbeamte sind berechtigt, einen Angehörigen des Entsendestaats aufzusuchen, der sich in Straf- oder Untersuchungshaft befindet oder dem anderweitig die Freiheit entzogen ist, mit ihm zu sprechen und zu korrespondieren sowie für seine Vertretung in rechtlicher Hinsicht zu sorgen. Sie sind ferner berechtigt, einen Angehörigen des Entsendestaats aufzusuchen, der sich in ihrem Konsularbezirk aufgrund eines Urteils in Strafhaft befindet oder dem aufgrund einer gerichtlichen Entscheidung anderweitig die Freiheit entzogen ist. Jedoch dürfen Konsularbeamte nicht für einen Staatsangehörigen tätig werden, der in Straf- oder Untersuchungshaft genommen oder dem anderweitig die Freiheit entzogen ist, wenn er ausdrücklich Einspruch dagegen erhebt. 43

Die Folgen eines Verstoßes können insbesondere bei der Unterbringung gravierend sein. Das Bundesverfassungsgericht hat dem Art. 36 WÜK besondere Bedeutung zuerkannt und sieht in der Einhaltung der Belehrungspflicht nach Art. 36 Abs. 1b des WÜK einen unerlässlichen Bestandteil für ein faires Verfahren. Unterlässt der Betreuungsrichter die Belehrung des Untergebrachten und die Mitteilung an das Konsulat, ist die Unterbringung rechtswidrig und muss aufgehoben werden. Die versäumte oder fehlerhafte Belehrung nach Art. 36 WÜK oder vergleichbaren bilateralen Abkommen führt aber nach der Rechtsprechung des BGH nur dann zur Rechtswidrigkeit der Haftanordnung, wenn das Verfahren ohne den Fehler zu einem anderen Ergebnis hätte führen können (BGH, Beschl. v. 22.10.2015 – V ZB 79/15). 44

Es bietet sich aber immer an, dass die Betreuer bei der Anregung zur Genehmigung der Unterbringung ausdrücklich darauf hinweisen, dass der Betroffene eine ausländische Staatsangehörigkeit hat und deshalb die Information des Konsulats zu prüfen ist. 45

Hinweis:

Die Schwierigkeiten bei einer Betreuung mit Auslandsbezug (internationale Sachverhalte) werden in der Regel die meisten Betreuer bzw. Vorsorgebevollmächtigten überfordern. Auch die Gerichte werden sich mit der Lösung der damit zusammenhängenden Probleme erst eingehend befassen müssen. Es empfiehlt sich daher, auf jeden Fall rechtzeitig die Beratungsmöglichkeiten vor allem auch beim Betreuungsgericht in Anspruch zu nehmen.

A

Horst Böhm

Wichtige Regelungen im BtOG

A

1. Betreuungsbehörde, Aufgaben und Stellung

1 Bereits bei der Einführung des Betreuungsrechts im Jahr 1992 wurden die zuständigen Behörden neu aufgestellt. Die Betreuungsbehörde sollte von Beginn an weniger Betreuungen führen und dafür mehr im Vorfeld, aber auch zur Unterstützung der Betreuungsgerichte und der Betreuer tätig werden. Die Stellung der Betreuungsbehörden wurde bis heute kontinuierlich ausgebaut und gestärkt. Im Ergebnis ist die Betreuungsbehörde aktuell der wichtigste Akteur im Spannungsfeld des Betreuungsnetzwerks.

1.1 Gesetz zur Stärkung der Funktionen der Betreuungsbehörde

2 Mit dem Betreuungsbehördenstärkungsgesetz vom 28.8.2013 (BT-Drucks. 17/3419) hat der Gesetzgeber die Betreuungsbehörden gestärkt und ihnen eine neue und zentrale Rolle im Betreuungsverfahren zugewiesen. Obligatorische Anhörung bei zentralen Entscheidungen, inhaltlich konkretisiertes Anhörungsrecht korrespondierend mit einer detaillierten Berichtspflicht, Verpflichtung des Gutachters und des Ausstellers eines ärztlichen Zeugnisses, den Sozialbericht der Behörde zu berücksichtigen, Beratungsangebote bei Betreuungsbedarf, Pflicht zur Vermittlung anderer Hilfen und Erfüllung der Aufgaben durch qualifizierte Fachkräfte sind hier zu erwähnen.

1.2 Gesetz zur Reform des Vormundschafts- und Betreuungsrechts

3 Die Betreuungsrechtsreform hat nunmehr zu einem echten Paradigmenwechsel und einer bemerkenswerten Umverteilung der Verantwortung für Betreuungsverfahren zugunsten der Betreuungsbehörden geführt. Als sog. Stammbehörde trägt Sie über das Registrierungsverfahren (Sachkunde, persönliche Eignung und Zuverlässigkeit, Haftpflichtversicherung) die alleinige Verantwortung für die Qualitätssicherung bei den Berufsbetreuern. Ohne Registrierung darf das Betreuungsgericht keinen Berufsbetreuer mehr bestellen, § 1816 Abs. 4 BGB, § 19 Abs. 2 BtOG. Vergütung und Aufwendungsersatz stehen gemäß § 7 Abs. 1 VBVG (2023) nur noch den von der Stammbehörde (vorläufig) registrierten Berufsbetreuern zu. Aus- und Fortbildungsnachweise sowie eine umfangreiche Kontrolle werden durch zahlreiche Mitteilungs- und Nachweispflichten erreicht. Die „erweiterte Unterstützung" und die Präzisierung der Vermittlungspflicht „anderer Hilfen" geben dem „Beratungs- und Unterstützungsangebot" gemäß § 8 BtOG ein völlig neues Gewicht. Der qualifizierte Sozialbericht im Rahmen der obligatorischen Anhörung der Betreuungsbehörde erlangt ebenfalls mehr Bedeutung.

1.3 Verfahrensrechtliche Stellung der Betreuungsbehörde

4 Rechte und Pflichten der Betreuungs- bzw. Stammbehörde sind in allen Abschnitten des Betreuungs- und Unterbringungsrechts bzw. im zugehörigen Verfahrensrecht zu finden. Die wichtigsten Rechte und Pflichten der Betreuungsbehörde sind:

- **Benachrichtigung über die Verfahrenseinleitung**
  Obligatorisch ist die Benachrichtigung von der Einleitung eines Betreuungs- oder Unterbringungsverfahren gemäß § 7 Abs. 4 FamFG. Dies gilt beispielsweise auch für das Verfahren zur Verlängerung einer Betreuung.
- **Beschwerderecht**
  Die Betreuungsbehörde hat bei den Kernentscheidungen ein umfassendes Beschwerderecht, benötigt keinen Nachweis einer Beschwerdeberechtigung und kann auch gegen den Willen des Betroffenen Beschwerde einlegen, § 303 Abs. 1, § 335 Abs. 4 FamFG.
- **Beteiligungsrecht**
  Als Optional-Muss-Beteiligter muss die Behörde nach einem Antrag als Beteiligter hinzugezogen werden und hat dann zusätzlich alle Rechte und Pflichten eines Beteiligten, § 274 Abs. 3, § 315 Abs. 3 FamFG.

- **Bekanntgabe und Mitteilungen**
  Wichtige Beschlüsse sind der Betreuungsbehörde immer bekannt zu geben, § 288 Abs. 2, § 325 Abs. 2 Satz 2 FamFG. Dazu gehört auch die neue Regelung zu Mitteilungen an die Betreuungsbehörde gemäß § 309a FamFG.
- **Obligatorische Anhörung und Sozialbericht**
  Eine obligatorische Anhörung erfolgt unabhängig von der „Beteiligung" im Wege eines qualifizierten Sozialberichts, § 279 Abs. 2 FamFG, § 11 Abs. 1 Satz 2 Nr. 1 und Abs. 2 BtOG. Auch im Unterbringungsverfahren soll die Behörde gemäß § 320 Satz 2 FamFG angehört bzw. muss gemäß Satz 1 angehört werden, wenn eine Beteiligung erfolgt ist.
- **Sozialbericht vor Gutachten und obligatorische Berücksichtigung**
  Der Sozialbericht soll vor der Einholung eines Gutachtens nach § 280 FamFG erfolgen und muss vom Gutachter berücksichtigt werden und zwar auch beim ärztlichen Zeugnis, § 279 Abs. 2 Satz 2, § 280 Abs. 2 Satz 2, § 281 Abs. 2 FamFG.
- **Verlängerungsverfahren**
  Im Verlängerungsverfahren muss die Betreuungsbehörde nach der obligatorischen Benachrichtigung durch das Gericht gemäß § 7 Abs. 4 FamFG die weitere Erforderlichkeit der Betreuung überprüfen, § 11 Abs. 1 Satz 2 Nr. 4 BtOG.
- **Vorschlagsrecht, Betreuer und Verfahrenspfleger**
  Die Behörde hat immer einen geeigneten Betreuer vorzuschlagen und nach gerichtlicher Aufforderung auch einen geeigneten Verfahrenspfleger.

1.4 Sachliche und örtliche Zuständigkeit der Betreuungsbehörde

1.4.1 Sachliche Zuständigkeit

Die sachliche Zuständigkeit verbindet Behörden bzw. Gerichte mit bestimmten Verfahrens- 5
gegenständen, die wiederum mit Rechten und Pflichten verbunden sein können. Das FamFG spricht in den §§ 271 bis 311 FamFG häufig von der „zuständigen Behörde" und weist ihnen damit Aufgaben und Rechte zu (z. B. § 274 Abs. 3, § 279 Abs. 2, § 288 Abs. 2, § 283 FamFG). Weitere Verfahrensgegenstände ergeben sich aus den §§ 312 bis 339 FamFG für Unterbringungssachen und aus den §§ 5 bis 13 BtOG.

Geregelt wird die sachliche Zuständigkeit der „zuständigen Behörden" und der „Behörden" 6
nach §§ 5 ff. BtOG in § 1 BtOG. Demnach bestimmt sich die Frage, welche Behörde in Betreuungsangelegenheiten sachlich zuständig ist, nach Landesrecht. Dieselbe – nach Landesrecht bestimmte – Behörde ist auch in Unterbringungssachen nach § 312 Nr. 1 bis 3 FamFG zuständig.

Beispiel für sachliche Zuständigkeit:

Welche Behörde ist für die Erstellung eines Sozialberichts sachlich zuständig?

Gemäß § 11 Abs. 1 Satz 2 Nr. 1 BtOG hat die „Behörde" bzw. nach § 279 Abs. 2 FamFG die „zuständige Behörde" einen inhaltlich bestimmten „Sozialbericht" zu erstellen. Nach § 1 BtOG ist sachlich für diese Behördenaufgaben die nach Landesrecht bestimmte Behörde zuständig. In Bayern werden nach Art. 1 BayAGBtG die Landkreise und kreisfreien Städte im eigenen Wirkungskreis als sachlich zuständig bestimmt. Die zuständige Behörde trägt, soweit sie Aufgaben bei der Betreuung Volljähriger auf örtlicher Ebene wahrnimmt, die Bezeichnung „Betreuungsstelle".

Zur Durchführung überörtlicher Aufgaben oder zur Erfüllung einzelner Aufgaben der örtlichen 7
Behörde nach § 1 Abs. 1 BtOG können nach Landesrecht weitere Behörden vorgesehen werden, § 1 Abs. 2 BtOG. In Bayern bestimmt Art. 2 BayAGBtG die Zuständigkeit der Regierungen für die Anerkennung, staatliche Förderung und Beratung von Betreuungsvereinen, während für die Anerkennung von Studien- sowie Aus- und Weiterbildungsgängen nach § 5 BtRegV und von Sachkundelehrgängen nach § 6 Abs. 1 und § 8 BtRegV die Regierung von Mittelfranken zuständig ist.

A

1.4.2 Örtliche Zuständigkeit

8 Gesetzlich geregelt ist die örtliche Zuständigkeit in § 2 BtOG.

9 Örtlich zuständig ist grundsätzlich die Behörde, in deren Bezirk der Betroffene seinen gewöhnlichen Aufenthalt hat. Hat der Betroffene keinen gewöhnlichen Aufenthalt im Geltungsbereich dieses Gesetzes, ist ein solcher nicht feststellbar oder betrifft die behördliche Maßnahme keine Einzelperson, so ist die Behörde zuständig, in deren Bezirk das Bedürfnis für die behördliche Maßnahme hervortritt. Gleiches gilt, wenn mit dem Aufschub einer Maßnahme Gefahr verbunden ist.

10 Ändern sich die für die örtliche Zuständigkeit nach § 2 Abs. 1 BtOG maßgebenden Umstände im Laufe eines gerichtlichen Betreuungs- oder Unterbringungsverfahrens, so bleibt für dieses Verfahren die zuletzt durch das Betreuungsgericht angehörte Behörde allein zuständig, bis die nunmehr nach Absatz 1 zuständige Behörde dem Betreuungsgericht den Wechsel der Zuständigkeit schriftlich anzeigt.

11 **Achtung:** Im Umkehrschluss bedeutet dies für die Zuständigkeit außerhalb eines gerichtlichen Verfahrens, dass sie sofort mit Änderung der die Zuständigkeit begründenden Sachverhalte wechselt.

12 Beglaubigungen nach § 7 Abs. 1 Satz 1 BtOG kann jede in Betreuungsangelegenheiten zuständige Behörde vornehmen.

13 Besondere Zuständigkeiten ergeben sich für die Stammbehörden. Maßgeblich ist in erster Linie der Sitz des beruflichen Betreuers, also sein Büro, von dem aus er seine berufliche Tätigkeit ausübt. Fehlt ein besonderer Ort für die Arbeit des Berufsbetreuers, ist auf den Wohnsitz abzustellen. Fehlen beide Anknüpfungspunkte, weil er beispielsweise im grenznahen Ausland wohnt und von dort aus die Betreuungen bearbeitet, ist der Schwerpunkt der beruflichen Tätigkeit relevant. Verlegt der berufliche Betreuer seinen Sitz oder Wohnsitz ins Ausland, bleibt die bisherige Stammbehörde örtlich zuständig. Verlegt der berufliche Betreuer seinen Sitz oder Wohnsitz in den Zuständigkeitsbereich einer anderen Behörde, so wird diese zur neuen Stammbehörde.

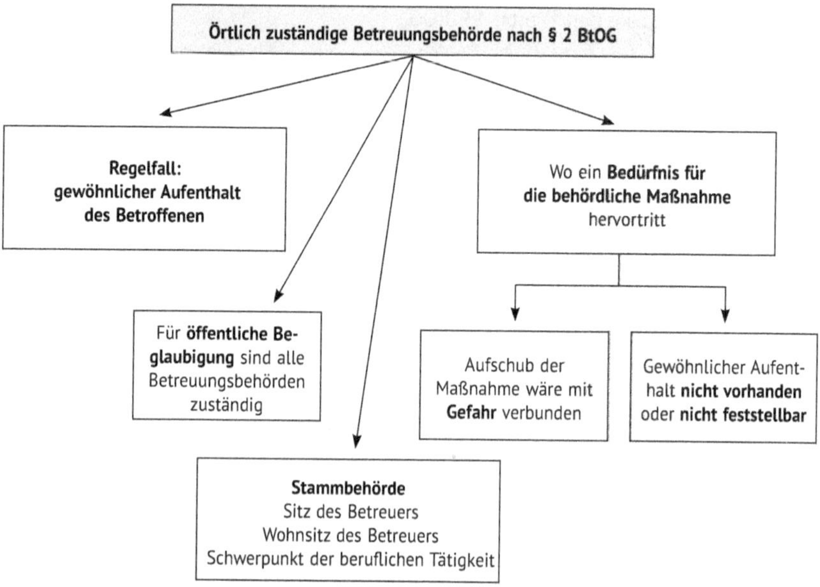

2. Aufgaben der „Stammbehörde", Rechte und Pflichten der Berufsbetreuer

Die sog. „Stammbehörde" erledigt Verwaltungsaufgaben im Hinblick auf Berufsbetreuer. Deshalb werden die Arbeit der Stammbehörde und das im BtOG geregelte Recht der Berufsbetreuer gemeinsam dargestellt. 14

2.1 Übersicht

Völlig neu ist die Aufgabe als sog. „Stammbehörde", die den Betreuungsbehörden gemäß § 2 Abs. 4 BtOG übertragen wurde. Die konkreten Aufgaben der Stammbehörde ergeben sich aus der etwas verunglückten Legaldefinition in § 2 Abs. 4 BtOG. Sie lautet: „Für die Registrierung eines beruflichen Betreuers nach § 24 und die weiteren behördlichen Maßnahmen nach Abschnitt 3 Titel 3 ist diejenige nach Landesrecht in Betreuungsangelegenheiten zuständige Behörde örtlich zuständig, in deren Zuständigkeitsbereich sich der Sitz des beruflichen Betreuers befindet oder errichtet werden soll (Stammbehörde)." Abschnitt 3 Titel 3 (§ 23 bis 30 BtOG) befasst sich umfassend mit den Rechten und Pflichten des Berufsbetreuers. Die Bündelung der Registrierung und der im Nachgang erforderlichen Erfassung von Informationen und anderen Maßnahmen in Bezug auf die Berufsbetreuer ermöglicht eine effektivere Verwaltung und Kontrolle, da nicht wie bisher verschiedene Betreuungsbehörden für einen Berufsbetreuer zuständig sein können. Die Stammbehörden werden für die zuständigen Betreuungsgerichte und Betreuungsbehörden einen gesetzlich „klar definierten Ansprechpartner bilden, um bei Bedarf im Rahmen der Erfüllung ihrer gesetzlichen Aufgaben, insbesondere im Bestellungsverfahren, die gesamten Informationen über einen beruflichen Betreuer abfragen" zu können. Zudem werden nunmehr alle für die „persönliche Eignung und Zuverlässigkeit eines beruflichen Betreuers bedeutsamen Erkenntnisse" bei einer Behörde erfasst und können im Bedarfsfall an sämtliche Betreuungsbehörden und -gerichte im Bundesgebiet weitergeleitet werden. Ein Ausweichen durch Verlegung des Tätigkeitsgebiets oder Verlegung des Dienstsitzes führt daher nicht mehr zu Informations- und Kontrollverlusten. 15

2.2 Registrierungsverfahren für Berufsbetreuer

2.2.1 Bedeutung, Normen und Gesetzesbegründung

Das Registrierungsverfahren dient der Qualitätssicherung bei den Berufsbetreuern und stellt einen Schwerpunkt der Betreuungsrechtsreform dar. Im Registrierungsverfahren müssen Eignung, Zuverlässigkeit und Sachkunde geprüft werden. Dieses wichtige neue Betätigungsfeld führt zu einem enormen personellen und sachlichen Mehrbedarf. Die Lösung der mit der Registrierung verbundenen rechtlichen Probleme wird zunächst von der Stammbehörde über die gesetzlichen Regelungen in den §§ 23 und 24 BtOG, der BtRegV und der Gesetzesbegründung zu finden sein. Darüber werden dann die Betreuungs- und Verwaltungsgerichte wegweisende Entscheidungen zu treffen haben. Vieles wird erst nach gerichtlicher Überprüfung verbindlich darstellbar sein. 16

Die Verordnung über die Registrierung von beruflichen Betreuern (Betreuerregistrierungsverordnung – BtRegV) ist zu finden in BGBl. 2022 Teil I Nr. 26 S. 1154.[1] Der mit Begründung versehene Entwurf und Stellungnahmen dazu sind zu finden unter www.bmj.de/SharedDocs/Gesetzgebungsverfahren/DE/VO_Registrierung_berufliche_Betreuer.html. Die Gesetzesbegründung zu § 2 Abs. 4, §§ 23 und 24 BtOG befinden sich auf S. 375 und 379 der BT-Drucks. 19/24445. 17

2.2.2 Voraussetzungen und Verfahren im Überblick

Die örtliche Zuständigkeit der Stammbehörde ist geregelt in § 2 Abs. 4 BtOG, vgl. dazu BT-Drucks 19/24445, S. 344. Soweit entsprechende Räume für die berufliche Arbeit des Betreuers genutzt werden, muss auf diesen „Sitz" abgestellt werden. Mangels solcher Büroräume kommt es auf den Wohnsitz und, wenn beides fehlt, auf den Schwerpunkt der 18

[1] Sie ist auch abgedruckt in der Textausgabe „Das gesamte Betreuungsrecht", Walhalla Fachverlag.

beruflichen Tätigkeit an. Ändert sich der Sitz oder Wohnsitz, dann ändert sich auch die örtliche Zuständigkeit der Stammbehörde, wenn sich der neue (Wohn-)Sitz im Bezirk einer anderen Stammbehörde befindet. Dieser Umstand muss der neuen Stammbehörde mitgeteilt werden, § 24 BtOG. Findet der Umzug nur innerhalb des Bezirks der Stammbehörde statt, muss dies gemäß § 25 Abs. 1 Satz 2 BtOG mitgeteilt werden.

Die Voraussetzungen der Registrierung im Überblick	
Grundlegende Voraussetzungen	
§ 23 Abs. 1 Nr. 1 BtOG	Persönliche Eignung
	Zuverlässigkeit
§ 23 Abs. 1 Nr. 2 BtOG	Sachkunde
§ 23 Abs. 1 Nr. 3 BtOG	Ausreichende Berufshaftpflichtversicherung
Vorzulegende Unterlagen	
§ 24 Abs. 1 Satz 2 Nr. 1 bis 5 BtOG (Unterlagen)	**Führungszeugnis** nach § 30 Abs. 5 des BZRG, das nicht älter als drei Monate sein soll
	Auskunft aus dem zentralen Schuldnerverzeichnis nach § 882b ZPO, die nicht älter als drei Monate sein soll
	Erklärung, ob ein **Insolvenz-, Ermittlungs- oder Strafverfahren** anhängig ist
	Erklärung, ob in den letzten drei Jahren vor Antragstellung eine Registrierung als Berufsbetreuer **versagt, zurückgenommen oder widerrufen wurde**
	Geeignete Nachweise über den Erwerb der nach § 23 Abs. 1 Nr. 2 und Abs. 3 BtOG erforderlichen **Sachkunde**. Die Nachweise können evtl. bis 30.6.2025 nachgereicht werden, wenn die hierfür notwendigen Studien-, Aus- oder Weiterbildungsangebote nicht verfügbar sind, § 33 BtOG
§ 24 Abs. 1 Satz 3 BtOG, § 11 BtRegV	Erklärung über beabsichtigten **zeitlichen Gesamtumfang** und die **Organisationsstruktur**, § 24 Abs. 1 Satz 3 BtOG
§ 24 Abs. 3 Satz 5 BtOG, § 10 BtRegV	Nachweis einer **Berufshaftpflichtversicherung**, § 23 Abs. 1 Nr. 3 BtOG, wird von der Stammbehörde angefordert, wenn persönliche Eignung, Zuverlässigkeit und ausreichende Sachkunde für die Tätigkeit als beruflicher Betreuer vorliegen

19 Das Verfahren zur Registrierung ist sehr komplex. Insbesondere die Nachweise der erforderlichen Sachkunde, die unterschiedlichen Fristen und die verschiedenen Voraussetzungen für Bestandsberufsbetreuer und Neuanfänger sind sehr diffizil geregelt. Zum Einstieg dient folgende Übersicht:

Das Verfahren im Überblick	
§ 24 Abs. 1 Satz 1 BtOG	**Antrag** bei der zuständigen Stammbehörde; mit dem Eingang der vollständigen Unterlagen beginnt die dreimonatige **Erledigungsfrist**.
§ 24 Abs. 1 Satz 2 BtOG	Antrag mit Vorlage folgender **Unterlagen**: • **Führungszeugnis** • **Auskunft aus dem zentralen Schuldnerverzeichnis** • Erklärung über **Insolvenz-, Ermittlungs- oder Strafverfahren** • Erklärung, ob in den letzten drei Jahren vor Antragstellung eine Registrierung als Berufsbetreuer **versagt, zurückgenommen oder widerrufen wurde**

Das Verfahren im Überblick	
	Sachkundenachweise; die Nachweise können evtl. bis 30.6.2025 nachgereicht werden, wenn die hierfür notwendigen Studien-, Aus- oder Weiterbildungsangebote nicht verfügbar sind, § 33 BtOG.
§ 24 Abs. 1 Satz 3 BtOG, § 11 BtRegV	**Zeitlicher Gesamtumfang und Organisationsstruktur** • **Vollzeit, Teilzeit, Nebentätigkeit** (z. B. Arbeitskraftanteil bei 40-Stunden-Woche) • Vorhandensein, Anzahl und Beschäftigungsumfang von **Mitarbeitern** • Art und Umfang der **Räumlichkeiten**, in denen die Tätigkeit ausgeübt wird • Art und Umfang der **Erreichbarkeit**
§ 24 Abs. 3 BtOG	Die Frist für die Bearbeitung des Antrags durch die Stammbehörde beträgt drei Monate und kann einmal mit einer obligatorischen Begründung angemessen verlängert werden.
§ 24 Abs. 2 BtOG, § 12 BtRegV	Zur Feststellung der persönlichen Eignung nach § 23 Abs. 1 Nr. 1 BtOG hat die Stammbehörde mit dem Antragsteller ein persönliches Gespräch zu führen.
§ 24 Abs. 3 Satz 5 BtOG, § 10 BtRegV	Nachweis einer **Berufshaftpflichtversicherung**, § 23 Abs. 1 Nr. 3 BtOG; diese wird von der Stammbehörde angefordert, wenn persönliche Eignung, Zuverlässigkeit und ausreichende Sachkunde für die Tätigkeit als beruflicher Betreuer vorliegen. Bestandsbetreuer müssen den Nachweis sofort vorlegen.
§ 24 Abs. 3 Satz 6 BtOG	Sobald sämtliche Voraussetzungen nach § 23 Abs. 1 BtOG nachgewiesen sind, nimmt die Stammbehörde die Registrierung vor. • Die Registrierung gilt **bundesweit**. • Es handelt sich um einen **Verwaltungsakt**, sodass die Verwaltungsverfahrensgesetze der Länder gelten. • Die Registrierung wird **wirksam** mit Bekanntgabe an den Antragsteller. • Gegen die Entscheidungen der „Stammbehörde" kann Widerspruch und bei Erfolgslosigkeit Klage zum **Verwaltungsgericht** erhoben werden.

2.2.3 Persönliche Eignung und Zuverlässigkeit

Die persönliche Eignung ist sehr knapp geregelt. Neben der Bestimmung als Registrierungsvoraussetzung durch § 23 Abs. 1 Satz 1 Nr. 1 verlangt § 24 Abs. 2 BtOG zu ihrer Feststellung ein persönliches Gespräch der Stammbehörde mit dem Antragsteller, vgl. § 12 BtRegV und Rn. 33. Ergänzend bestimmt § 2 BtRegV, dass der Antragsteller die Gewähr dafür bieten muss, dass er seine „Aufgaben als rechtlicher Betreuer, insbesondere diejenigen, die sich aus § 1821 des BGB ergeben," erfüllen kann. Damit muss er in der Lage sein, die Angelegenheiten des Betroffenen zu besorgen und zwar nach den Grundsätzen der unterstützenden Entscheidungsfindung. Ferner muss er als Maßstab Wille, Wunsch und mutmaßlichen Willen des Betroffenen anlegen, vgl. dazu A 3, Rn. 1 ff. 20

Allgemeine Grundsätze zur Eignung

Zur Eignung gehört allgemein auch die Fähigkeit, im erforderlichen Umfang persönlichen Kontakt zu halten, § 2 BtRegV, § 1821 Abs. 5 BGB (bisher missverständlich: persönlich zu 21 betreuen). Die Gesetzesbegründung nennt als Beispiel für fehlende Eignung „erhebliche Interessenkonflikte" oder die Gefahr des Missbrauchs „eines zu der betroffenen Person bestehenden Vertrauensverhältnisses durch den potenziellen Betreuer". Dazu gehören berufliche Kontakte (z. B. zu einem Arzt, Rechtsanwalt, Bankberater oder Steuerberater). Es muss aber durch konkrete Tatsachen die Gefahr begründet sein, dass die bestehende Vertrauensbeziehung zum eigenen Vorteil ausgenutzt wird, BT-Drucks. 19/24445, S. 238.

22 **Achtung:** Dies gilt nicht nur für natürliche Personen, sondern auch für alle Arten von Betreuern.

Regelbeispiele zur Zuverlässigkeit

23 Die persönliche Zuverlässigkeit muss gemäß § 23 Abs. 2 BtOG auch anhand sog. Regelbeispiele geprüft werden. Demnach fehlt sie in der Regel, wenn

- die Person hinsichtlich der Tätigkeit als beruflicher Betreuer einem Berufsverbot nach § 70 StGB oder einem vorläufigen Berufsverbot nach § 132a StPO unterliegt,
- die Person in den letzten drei Jahren vor Stellung des Registrierungsantrags wegen eines Verbrechens oder eines vorsätzlich begangenen, für die Führung einer Betreuung relevanten Vergehens rechtskräftig verurteilt worden ist,
- in den letzten drei Jahren vor der Antragstellung eine Registrierung nach § 27 BtOG widerrufen worden ist, oder
- die Vermögensverhältnisse der Person ungeordnet sind, was in der Regel der Fall ist, wenn über das Vermögen der Person das Insolvenzverfahren eröffnet worden oder sie in das vom zentralen Vollstreckungsgericht zu führende Schuldnerverzeichnis (§ 882b ZPO) eingetragen ist.

24 Es handelt sich dabei weder um eine abschließende Aufzählung noch um Fälle, die zwingend zur Annahme einer Unzuverlässigkeit führen. Regelbeispiele sind somit widerlegbare Vermutungen des Gesetzgebers.

2.2.4 Antrag

25 Verpflichtet zur Antragstellung sind alle selbstständigen Berufs- und Vereinsbetreuer. Für Behördenbetreuer gibt es keine Registrierungspflicht, da sie nicht unter die Legaldefinition des § 19 Abs. 2 BtOG fallen. Einzureichen ist der Antrag bei der zuständigen Stammbehörde, vgl. dazu Rn. 13. Vorgeschrieben wird die sog. Textform gemäß § 13 BtRegV i. V. m. 126b BGB. Eine eigenhändige Unterschrift ist nicht erforderlich. Es genügt vielmehr eine lesbare Erklärung, in der die Person des Erklärenden genannt ist. Vordrucke für den Normalfall der Neubestellung bzw. die Registrierung von Bestandsbetreuern werden wohl zeitnah nach dem 1.1.2023 bei der Stammbehörde vorgehalten.

26 Erfreulich aus der Sicht der Antragsteller ist die vorgeschriebene Bearbeitungszeit von drei Monaten bis zur Entscheidung in der Form eines Verwaltungsakts, § 24 Abs. 3 Satz 1 BtOG. Sie beginnt, sobald der Antrag mit allen gemäß § 24 Abs. 1 Satz 2 Nr. 1 bis 5 und Satz 3 BtOG vorzulegenden Unterlagen eingereicht wurde. Allerdings kann die Frist einmal angemessen verlängert werden. Für die Registrierung wird eine Gebühr in Höhe von 200 EUR erhoben, § 24 Abs. 5 BtOG.

2.2.5 Führungszeugnis, Auskunft aus dem zentralen Schuldnerverzeichnis und weitere Erklärungen

27 Ein Führungszeugnis kann gemäß § 30 BZRG von jeder Person, die mindestens 14 Jahre alt ist, beantragt werden. Dies kann persönlich bei der örtlichen Meldebehörde erfolgen. Erforderlich ist die Vorlage des Personalausweises oder Reisepasses. Das Führungszeugnis kann aber auch direkt beim Bundesamt für Justiz online beantragt werden. Die Gebühr beträgt derzeit 13 EUR. Die Gebührenpflicht gilt nach der Vorbemerkung zu Hauptabschnitt 1, Register- und Grundbuchangelegenheiten, Abschnitt 3, Bundeszentral- und Gewerbezentralregister, der Anlage zu § 4 Abs. 1 JVKostG nicht, wenn ein Führungszeugnis zur Ausübung einer ehrenamtlichen Tätigkeit benötigt wird.

Näheres zu den Modalitäten findet man auf der Webseite des Bundesamts für Justiz unter: https://www.fuehrungszeugnis.bund.de 28

Die Auskunft aus dem zentralen Schuldnerverzeichnis erfolgt über das Vollstreckungsportal der Länder unter: https://www.vollstreckungsportal.de/zponf/allg/willkommen.jsf 29

Zur Erlangung einer Auskunft aus dem Vollstreckungsportal ist zunächst die Einsicht in das Schuldnerverzeichnis erforderlich. Zur Einsichtnahme bedarf es der einmaligen Registrierung und anschließenden Freischaltung im gemeinsamen Vollstreckungsportal der Länder. Dies kann online erfolgen. Gemäß § 11 SchuFV kann man eine Registrierung auch bei jedem Amtsgericht veranlassen und nach erfolgter Registrierung beim Amtsgericht Einsicht nehmen und einen Ausdruck der Datenabfrage verlangen (siehe BayObLG, Beschl. v. 18.11.2020 – 101 VA 124/20). 30

Formblätter zum Antrag auf Registrierung als Berufsbetreuer, zum zeitlichen Aufwand und zur Organisationsstruktur finden sich auf den Webseiten der Betreuungs- bzw. Stammbehörden (z. B. https://stadt.muenchen.de/service/info/schuldner-insolvenzberatung-betreuungsstelle-und-fachstelle-armutsbekaempfung/10313181/). 31

Leider werden die Formblätter und Hinweise nicht bundes- oder landesweit in einheitlicher Form angeboten, sondern in etwas verwirrender Vielfalt. 32

2.2.6 Persönliches Gespräch, Form und Inhalt

Gemäß § 24 Abs. 2 BtOG hat die Stammbehörde mit dem Antragsteller ein persönliches Gespräch zu führen. Dieses dient der Feststellung der persönlichen Eignung. Die BtRegV enthält in § 12 dazu eine Sollvorschrift. Aufseiten der Stammbehörde sollen mindestens zwei Mitarbeiter (Vier-Augen-Prinzip) das Gespräch führen. Ein Mitarbeiter muss über Berufserfahrung auf dem Gebiet der rechtlichen Betreuung verfügen. Anstelle eigener Mitarbeiter können auch Mitarbeiter anderer Behörden herangezogen werden. Das Gespräch ist zu protokollieren. Es sollten deshalb mindestens Dauer, Ort und Tag des persönlichen Gesprächs, die Teilnehmer und der wesentliche Inhalt wiedergegeben werden. 33

Die Stammbehörde sollte auch die normierten Tatbestände zur Eignung zum Gegenstand des Gesprächs machen und die Ausführungen des zu registrierenden Berufsbetreuers hierzu niederschreiben. Die Maßstäbe der Eignung ergeben sich aus § 2 BtRegV und § 1816 Abs. 1 BGB. Es geht somit um die Eignung, „in dem gerichtlich angeordneten Aufgabenkreis die Angelegenheiten des Betreuten nach Maßgabe des § 1821 rechtlich zu besorgen und insbesondere in dem hierfür erforderlichen Umfang persönlichen Kontakt mit dem Betreuten zu halten", vgl. A 3, Rn. 6 ff. 34

2.2.7 Besonderheiten für Bestandsbetreuer

Für Berufsbetreuer, die bereits vor dem 1.1.2023 Berufsbetreuungen geführt haben (Bestandsbetreuer) gelten Besonderheiten gemäß § 32 BtOG. 35

Antrag kann ab **1.1.2023** und muss bis **spätestens 30.6.2023** gestellt werden	Die Bestandsbetreuer gelten ab 1.1.2023 zunächst als **vorläufig registriert**. Der Antrag auf endgültige Registrierung muss aber bis 30.6.2023 gestellt werden. Form des Antrags wie Rn. 25
§ 32 Abs. 1 Satz 6 und 7 BtOG	Die vorläufige Registrierung **endet** mit der Entscheidung über den Registrierungsantrag.
	Wird bis zum 1.7.2023 kein Antrag gestellt, endet die vorläufige Registrierung mit Ablauf des 30.6.2023. Bei Fristversäumnis besteht also ab 1.7.2023 kein Anspruch mehr auf Vergütung.
Vordrucke	Vordrucke werden möglicherweise bei den Stammbehörden zur Verfügung gestellt.
Anlagen	**siehe auch Rn. 19 und 27**

A

§ 32 Abs. 1 Satz 3 BtOG	**Führungszeugnis** und Auskunft aus dem **Schuldnerverzeichnis**
§ 32 Abs. 1 Satz 2 BtOG	Ferner: Aktuell noch wirksamer (§ 287 FamFG) **Beschluss** über Bestellung als Berufsbetreuer vor dem 1.1.2020 oder 1.1.2023
§ 32 Abs. 1 Satz 4 BtOG	Mitteilung des zeitlichen **Gesamtumfangs und der Organisationsstruktur** der beruflichen Betreuertätigkeit
§ 32 Abs. 1 Satz 4 BtOG	**Liste** mit Aktenzeichen aller aktuell geführten Betreuungen
§ 32 Abs. 1 Satz 3 BtOG	**Berufshaftpflichtversicherungsnachweis**
Sachkundenachweis	
§ 32 Abs. 2 Satz 1 BtOG	Nicht erforderlich bei Bestandsbetreuern, die erstmals vor dem 1.1.2020 als Berufsbetreuer bestellt wurden
§ 32 Abs. 2 Satz 2 BtOG	Bei Erstbestellung zwischen dem 1.1.2020 und dem 31.12.2022 müssen die Sachkundenachweise **bis 30.6.2025** vorgelegt werden. Bis dahin gilt weiter die vorläufige Betreuerbestellung. Nach Ablauf der Frist und fehlendem Nachweis hat die Stammbehörde die vorläufige Bestellung zu widerrufen.

36 Besonderheiten bei Vereinsbetreuer bezüglich Sachkundenachweis und Berufshaftpflichtversicherung

§ 23 Abs. 4 BtOG Achtung: Volle Registrierung und nicht vorläufig	Beantragt ein Vereinsbetreuer oder eine Person mit einer Anstellungszusage eine Registrierung als beruflicher Betreuer und kann sie zum Zeitpunkt der Antragstellung das Vorliegen der Sachkunde nicht vollständig, aber in wesentlichen Teilen nachweisen, kann die Stammbehörde die Person als beruflichen Betreuer registrieren, wenn 1. die Voraussetzungen für die Registrierung nach § 23 Abs. 1 Nr. 1 und 3 vorliegen und 2. der Betreuungsverein sicherstellt, dass die Person bis zum vollständigen Nachweis ihrer Sachkunde durch einen Mitarbeiter, der als beruflicher Betreuer registriert ist, bei den von ihr geführten Betreuungen angeleitet und kontrolliert wird. Die Sachkunde ist gegenüber der Stammbehörde bis zum Ablauf **eines Jahres ab Registrierung** vollständig nachzuweisen. Die Behörde kann die Frist für die Erbringung des Nachweises verlängern, wenn die registrierte Person nachweist, dass sie ohne ihr Verschulden verhindert ist, die Frist einzuhalten.
§ 13 Abs. 2 BtRegV	Ist der Antragsteller Vereinsbetreuer, teilt die Stammbehörde Entscheidungen, die diesen betreffen, auch dem Betreuungsverein mit. Der Betreuungsverein teilt der Stammbehörde das Ausscheiden eines als beruflicher Betreuer tätigen Mitarbeiters aus dem Beschäftigungsverhältnis unverzüglich mit.
§ 10 Abs. 4 BtRegV	Der Mitarbeiter eines anerkannten Betreuungsvereins kann die nach § 23 Abs. 1 Nr. 3 BtOG erforderliche Berufshaftpflichtversicherung durch Vorlage einer dem anerkannten Betreuungsverein ausgestellten Bescheinigung nach § 113 Abs. 2 VVG nachweisen, aus der sich das Bestehen eines den Anforderungen des § 23 Abs. 1 Nr. 3 BtOG und § 10 BtRegV entsprechenden Versicherungsschutzes für diesen Mitarbeiter ergibt.

2.2.8 Berufshaftpflicht

Die ausreichende Berufshaftpflichtversicherung ist eine unabdingbare Voraussetzung für eine Registrierung, § 23 Abs. 1 Nr. 3 BtOG. Der Nachweis muss von allen neu zu registrierenden Berufsbetreuern, aber auch von den Bestandsbetreuern erbracht werden, § 24 Abs. 3 Satz 5, § 32 Abs. 1 Satz 3 BtOG. Bei den zu registrierenden Betreuern prüft die Stammbehörde zunächst, ob Zuverlässigkeit, persönliche Eignung und Sachkunde vorliegen, und fordert dann erst den Nachweis über die Berufshaftpflichtversicherung, um einen voreiligen und kostspieligen Vertragsabschluss zu vermeiden. Die Versicherung muss zur Deckung der sich aus der Berufstätigkeit ergebenden Haftpflichtgefahren abgeschlossen werden und Vermögensschäden mit einer Mindestversicherungssumme von 250.000 EUR für jeden Versicherungsfall und von 1 Million EUR für alle Versicherungsfälle eines Versicherungsjahres abdecken. Weitere Einzelheiten wie der Ausschluss für Ersatzansprüche wegen wissentlicher Pflichtverletzung, der Selbstbehalt bis zu 1 % der Mindestversicherungssumme sowie die Mitteilungs- und Auskunftspflichten zwischen Versicherung, Stammbehörden und geschädigten Dritten ergeben sich aus § 10 BtRegV. Zur Besonderheit bei Vereinsbetreuern siehe § 10 Abs. 4 BtRegV. 37

2.2.9 Sachkunde

Geregelt ist die erforderliche Sachkunde und ihr Nachweis in § 23 Abs. 1 Nr. 2 und Abs. 3 BtOG, § 3 BtRegV und in der Anlage zu § 3 Abs. 4 BtRegV mit den inhaltlichen Anforderungen an die Sachkunde (Module, Zeitaufwand für bestimmte Lernstoffe). 38

§ 23 Abs. 1 Nr. 2 BtOG

- Die Sachkunde muss für die Tätigkeit als beruflicher Betreuer ausreichend sein.

§ 23 Abs. 3 Satz 2 Nr. 1 bis 3 BtOG ergänzt durch § 3 BtRegV

Die nach § 23 Abs. 1 Nr. 2 BtOG erforderliche Sachkunde umfasst: 39

- Kenntnisse des Betreuungs- und Unterbringungsrechts
- Kenntnisse des dazugehörigen Verfahrensrechts
- Kenntnisse auf den Gebieten der Personen- und Vermögenssorge
  - *Kenntnisse über die gesetzlichen Voraussetzungen der Betreuerbestellung und der Anordnung eines Einwilligungsvorbehalts,*
  - *die rechtlichen Grundlagen der Betreuungsführung, insbesondere die Pflichten des Betreuers gegenüber dem Betreuten und dem Betreuungsgericht, sowie über*
  - *die gesetzlichen Voraussetzungen für Freiheitsentziehungen und ärztliche Zwangsmaßnahmen,*
  - *jeweils einschließlich des dazugehörigen Verfahrensrechts*
  - *Kenntnisse auf dem Gebiet der Personensorge, insbesondere*
  - *Grundkenntnisse über typische betreuungsrelevante Erkrankungen und Behinderungen, deren Auswirkungen, Gefahren und Behandlungsmöglichkeiten, Patientenrechte, Einwilligungsfähigkeit,*
  - *Anforderungen an und Rechtsfolgen von Patientenverfügungen,*
  - *Möglichkeiten der Vermeidung von Freiheitsentziehungen und ärztlichen Zwangsmaßnahmen und*
  - *Kenntnisse auf dem Gebiet der Vermögenssorge, insbesondere über die Grundlagen der Rechtsgeschäftslehre, des Miet- und Kaufvertragsrechts, der Haftung, der Vermögensverwaltung und der Schuldenregulierung*
- Kenntnisse des sozialrechtlichen Unterstützungssystems und zwar zu
  - *Grundlagen und Umfang der Leistungen zur Sicherung des Lebensunterhalts einschließlich der Kosten der Unterkunft, vor allem nach dem Zweiten und Zwölften Buch Sozialgesetzbuch,*
  - *Sozialleistungsansprüchen nach dem Fünften, Sechsten und Elften Buch Sozialgesetzbuch,*
  - *Ermittlung, Geltendmachung und Durchsetzung von sozialrechtlichen Ansprüchen unter Beachtung sozialrechtlicher Mitwirkungspflichten und*

  - *Kenntnisse zu Sozial- und Hilfestrukturen in der Praxis, insbesondere zu*
  - *Teilhabeleistungen vor allem nach dem Neunten Buch Sozialgesetzbuch,*
  - *Pflegeleistungen in Kombination mit anderen Leistungen nach dem Sozialgesetzbuch und*
  - *Methoden zur fallbezogenen Erschließung und Nutzung von Sozial- und Hilfestrukturen sowie von Netzwerken*
- Kenntnisse der Kommunikation mit Personen mit Erkrankungen und Behinderungen
- Kenntnisse von den Methoden zur Unterstützung bei der Entscheidungsfindung
  - *Grundlagen der Kommunikation und Umsetzung in der Praxis*
  - *betreuungsspezifische Kommunikation und Methoden zur Unterstützung bei der Entscheidungsfindung*

Anlage zu § 3 Abs. 4 BtRegV, inhaltliche Anforderungen an die Sachkunde (Module)

40 Die Einzelheiten der inhaltlichen Anforderungen an die Sachkunde nach den Absätzen 1 bis 3 ergeben sich aus den in der Anlage bestimmten Modulen. Diese umfassen „lehrplanhaft" die genauen Unterrichtsinhalte und den jeweils aufzubringenden Zeitaufwand.

2.2.10 Nachweis der Sachkunde

Mögliche Nachweise der Sachkunde

41 Der Nachweis der Sachkunde ist in den §§ 4 bis 9 BtRegV geregelt. Grundsätzlich bietet § 4 BtRegV drei Möglichkeiten an, um die Sachkunde nachzuweisen. Die erforderliche Sachkunde ist wie folgt nachzuweisen:

- Zeugnis über den erfolgreichen Abschluss eines anerkannten **Studien-, Aus- oder Weiterbildungsgangs** nach § 5 BtRegV
- Zeugnis über den erfolgreichen Abschluss eines anerkannten **Sachkundelehrgangs** nach § 6 BtRegV
- **anderweitiger Nachweis** nach § 7 BtRegV
- Anerkennung im Ausland erworbener Berufsqualifikationen, § 9 BtRegV

Zuständige Behörden

42 Die zuständige Behörde für die Anerkennung von Studien- sowie Aus- und Weiterbildungsgängen nach § 5 BtRegV und von Sachkundelehrgängen nach § 6 Abs. 1 und § 8 BtRegV wird in den Ländergesetzen zur Ausführung betreuungsrechtlicher Vorschriften bestimmt. Diese Ausführungsgesetze ermächtigen zum Erlass von Rechtsverordnungen mit Detailregelungen (z. B. Gebührenerhebung). In Bayern wurde die Anerkennung nach Art. 2 Abs. 3 BayAGBtG der Regierung von Mittelfranken übertragen. Die Gebühren für die erforderlichen Anerkennungen nach § 5 Abs. 2 Satz 1 BtRegV, eines Aus- oder Weiterbildungsgangs nach § 5 Abs. 3 BtRegV oder eines vollständigen Sachkundelehrgangs nach § 8 Abs. 1 BtRegV oder eines einzelnen Moduls nach § 8 Abs. 6 BtRegV finden sich in § 5 BayFGV.

43 Für die Prüfung des „anderweitigen Nachweises" ist die Stammbehörde zuständig, wobei die Prüfung des anderweitigen Sachkundenachweises zusammen mit dem bzw. während des Registrierungsverfahrens erfolgt. § 7 Abs. 4 BtRegV ermöglicht der Stammbehörde auf Antrag eine gesonderte Entscheidung vor Einleitung des Registrierungsverfahrens. Die Stammbehörde kann in Zweifelsfällen eine Stellungnahme der nach Landesrecht für die Anerkennung nach § 8 Abs. 1 BtRegV zuständigen Behörde (siehe Rn. 13) einholen.

Nachweis durch Studiengänge oder Sachkundelehrgänge, §§ 5 und 6 BtRegV

44 Der Nachweis der Sachkunde durch betreuungsspezifische Studien-, Aus- oder Weiterbildungsgänge und der Nachweis der Sachkunde durch einen Sachkundelehrgang ist unproblematisch, da für all diese Ausbildungen eine staatliche Anerkennung erforderlich ist, die bundesweit gilt. Ein Anbieter, der diese staatliche Anerkennung erworben hat, kann Zeugnisse ausstellen, die einen ausreichenden Nachweis der Sachkunde darstellen und von der Stammbehörde inhaltlich nicht mehr geprüft werden müssen.

Anderweitiger Nachweis, § 7 BtRegV

Ein anderweitiger Nachweis ist gemäß § 7 Abs. 3 BtRegV „nur geführt, soweit die nachgewiesenen Kenntnisse nach Inhalt und Umfang den Anforderungen gemäß § 6 Abs. 2 einschließlich der Anlage im Wesentlichen gleichwertig sind". Im Hinblick auf das Erfordernis der Gleichwertigkeit müssen die vorgelegten Zeugnisse, Leistungsnachweise und weiteren Unterlagen genau geprüft werden. Eine zu großzügige Auslegung würde die Studiengänge und Sachkundelehrgänge entwerten. 45

Teilweiser anderweitiger Nachweis der Sachkunde und Modulausbildung

Aufgrund sehr unterschiedlicher Berufs- und Schulausbildungen der Antragsteller können variable Teilbereiche der nach § 3 BtRegV erforderlichen Kenntnisse erbracht werden. Für die noch nicht nachgewiesenen Kenntnisse kann der Antragsteller seine „Sachkunde durch den erfolgreichen Abschluss eines oder mehrerer Module eines nach § 8 Abs. 1 BtRegV anerkannten Sachkundelehrgangs oder eines nach § 5 BtRegV anerkannten Studien-, Aus- oder Weiterbildungsgangs" nachweisen, § 7 Abs. 2 BtRegV. 46

Anderweitiger – teilweiser – Nachweis und Berufserfahrung

Die beim anderweitigen Nachweis geforderte Strenge und Genauigkeit gilt vor allem für die „nutzbare Berufserfahrung" gemäß § 7 Abs. 5 BtRegV. Demnach kann ein Antragsteller, der Teilbereiche der Kenntnisse nach § 3 BtRegV anderweitig nachweist, „eine mehrjährige für die Führung der Betreuung nutzbare Berufserfahrung, die einem Nachweis nach Absatz 2 im Wesentlichen gleichwertig ist, oder eine entsprechende mehrjährige Erfahrung als ehrenamtlicher Betreuer" vortragen. Die Stammbehörde kann dann auf Antrag im Einzelfall entscheiden, dass seine Sachkunde im Übrigen vermutet wird. Diese doch etwas spekulative „Entscheidung ist bezogen auf den Einzelfall" von der Stammbehörde zu begründen. 47

Anderweitiger – vollständiger – Nachweis der Sachkunde durch Studiengänge

Der Gesetzgeber erkennt – ohne Prüfung betreuungsspezifischer Kenntnisse – den Nachweis der Sachkunde an, wenn der Antragsteller die Befähigung zum Richteramt hat (bestandenes zweites juristisches Staatsexamen) bzw. ein erfolgreich abgeschlossenes Studium der Sozialpädagogik oder der Sozialen Arbeit nachweist, § 7 Abs. 6 BtRegV. 48

Präzisierung der Nachweise durch die Anlage zu § 3 Abs. 4 BtRegV

Die Anlage enthält folgende elf Module: 49

- Betreuerbestellung und Zusammenarbeit mit dem Betreuungsgericht
- Betreuungsführung
- Recht der Unterbringung und der ärztlichen Zwangsmaßnahmen
- Personensorge 1 und 2
- Vermögenssorge 1 und 2
- Sozialrecht 1 und 2
- Grundlagen der Kommunikation und Praxistransfer
- Betreuungsspezifische Kommunikation/Methoden der unterstützten Entscheidungsfindung

Für jedes Modul wird der aufzuwendende Zeitaufwand benannt. In einer Vorbemerkung wird zur Unterrichtsform, praktischen Tätigkeiten, Selbstlernphasen und Prüfungen bestimmt: „Die Inhalte der Module werden grundsätzlich in Lehrveranstaltungen vermittelt, die in Präsenz oder online durchgeführt werden und praktische Übungen umfassen. Prüfungszeiten sind in den vorgeschriebenen Zeitstunden enthalten. Antragsteller, die über einen Hochschulabschluss verfügen, können bis zu 50 Prozent der Zeitstunden des jeweiligen Moduls mit Ausnahme der Module 10 und 11 in Selbstlernphasen absolvieren. Alle übrigen Antragsteller können bis zu 15 Prozent der Zeitstunden des jeweiligen Moduls mit Ausnahme der Module 10 und 11 in Selbstlernphasen absolvieren." 50

Übersicht anhand der vorzulegenden Anlagen

Mögliche Anlagen zum Antrag auf (vorläufige) Registrierung	
Nachweis der **Befähigung zum Richteramt** oder eines erfolgreich abgeschlossenen Studiums der **Sozialpädagogik** oder der **Sozialen Arbeit**	**§ 7 Abs. 6 BtRegV** Befähigung zum Richteramt erfordert gemäß § 5 DRiG ein erfolgreiches zweites Staatsexamen.
Nachweis der Sachkunde durch einen anerkannten betreuungsspezifischen Studiengang	**§ 5 Abs. 1 und 2, § 3 Abs. 1 bis 3 BtRegV** Aussteller ist die Hochschule. Anerkennung des Studiengangs (z. B. Bachelor, Master) erfolgt auf Antrag der Hochschule. Anerkennung erfolgt, wenn alle für den Nachweis der Sachkunde erforderlichen Kenntnisse nach § 3 Abs. 1 bis 3 vermittelt werden. Die Inhalte der Module aus der Anlage gemäß § 3 Abs. 4 sind nicht erforderlich. Studiengänge wie Rechtswissenschaft, Sozialpädagogik, Soziale Arbeit sind nicht „betreuungsspezifisch", fallen aber unter § 7 Abs. 6 BtRegV.
Nachweis über den erfolgreichen **Abschluss eines anerkannten Aus- oder Weiterbildungsgangs** bei einer Hochschule bzw. eines Anbieters, der in Kooperation der ausstellenden Stelle mit einer Hochschule arbeitet	**§ 5 Abs. 3 und § 3 BtRegV** Hier müssen alle Kenntnisse nach § 3 vermittelt werden und zwar mit den in der Anlage zu § 3 konkretisierten Inhalten.
Zeugnis über den erfolgreichen Abschluss eines anerkannten **Sachkundelehrgangs**	**§ 6 BtRegV** Anerkennung erfolgt auf Antrag des Anbieters gemäß § 8 BtRegV. Aus der Anlage ergibt sich: • 11 Module mit jeweils vorgeschriebenen Unterrichtsinhalten und Zeiteinheiten (normale Stunden) • gesamte Zeitstunden 270 (360 Unterrichtseinheiten mit 45 Minuten) • Theorie und praktische Übungen • Für jedes Modul muss der Anbieter eine Prüfung abhalten.
Anderweitige Zeugnisse oder **sonstige Leistungsnachweise**, unter Umständen ergänzt durch weitere Unterlagen	**§ 7 BtRegV** Entscheidung über die Anerkennung durch die Stammbehörde
Antrag auf **Anerkennung** der anderweitigen Nachweise durch gesonderten Bescheid möglich	§ 7 Abs. 4 BtRegV
Kombination durch teilweisen Nachweis der Kenntnisse nach § 3 BtRegV durch • Studiengang (§ 5 BtRegV) oder Sachkundelehrgang (§ 6 BtRegV) und • anderweitigen Nachweis	§ 7 Abs. 2 BtRegV Summe der beiden Nachweise muss kompletten Nachweis ergeben.

Mögliche Anlagen zum Antrag auf (vorläufige) Registrierung	
Kombination durch teilweisen Nachweis der Kenntnisse nach § 3 BtRegV durch • anderweitigen Nachweis nach § 7 Abs. 1 BtRegV • und Nachweis einer mehrjährigen, für die Führung der Betreuung **nutzbaren Berufserfahrung**, die einem Nachweis nach § 7 Abs. 2 BtRegV im Wesentlichen gleichwertig ist, oder einer entsprechenden mehrjährigen Erfahrung als **ehrenamtlicher Betreuer**	§ 7 Abs. 5 BtRegV Es entscheidet die Stammbehörde auf Antrag im Einzelfall, dass seine Sachkunde im Übrigen vermutet wird. Diese Entscheidung ist bezogen auf den Einzelfall zu begründen.
Erklärungen:	**§ 7 und § 3 BtRegV** Ich verfüge über Teilbereiche der Kenntnisse nach § 3 BtRegV und eine mehrjährige, für die Führung der Betreuung nutzbare Berufserfahrung ...
Alternative Erklärung:	Ich habe mehrjährige Erfahrung als ehrenamtlicher Betreuer, die einem Sachkundenachweis im Wesentlichen gleichwertig ist. ...

Besonderheiten für Vereinsbetreuer, § 23 Abs. 4 BtOG

Erleichterungen wurden auch für Vereinsbetreuer und Personen mit einer Anstellungszusage 51 des anerkannten Vereins geschaffen. Können diese Personen zum Zeitpunkt der Antragstellung das Vorliegen der Sachkunde nicht vollständig, aber in wesentlichen Teilen nachweisen, kann die Stammbehörde diejenige Person als beruflichen Betreuer registrieren, wenn

1. die Voraussetzungen für die Registrierung nach Abs. 1 Nummer 1 und 3 vorliegen und
2. der Betreuungsverein sicherstellt, dass die Person bis zum vollständigen Nachweis ihrer Sachkunde durch einen Mitarbeiter, der als beruflicher Betreuer registriert ist, bei den von ihr geführten Betreuungen angeleitet und kontrolliert wird.

Es genügt also der Nachweis der persönlichen Eignung und Zuverlässigkeit sowie einer 52 ausreichenden Berufshaftpflichtversicherung. Zusätzlich muss bis zum vollständigen Nachweis der Sachkunde sichergestellt sein, dass der Vereinsbetreuer durch einen registrierten Vereinsbetreuer „angeleitet und kontrolliert" wird. Der Nachweis der Sachkunde muss bis zum Ablauf eines Jahres ab Registrierung erfolgen. Eine Fristverlängerung ist nur möglich, wenn die registrierte Person ohne ihr Verschulden verhindert war, die Frist einzuhalten.

Im Registrierungsverfahren teilt die Stammbehörde Entscheidungen, die den Vereinsbetreuer 53 betreffen, auch dem Betreuungsverein mit. Der Betreuungsverein teilt der Stammbehörde das Ausscheiden eines als beruflicher Betreuer tätigen Mitarbeiters aus dem Beschäftigungsverhältnis unverzüglich mit, § 13 Abs. 2 BtRegV.

Besonderheiten für Bestandsbetreuer

Bestandsbetreuer (vgl. Rn. 35) können ebenfalls Erleichterungen in Anspruch nehmen. § 32 54 Abs. 2 BtOG verzichtet bei Bestandsbetreuern, die am 1.1.2023 seit mindestens drei Jahren berufsmäßig Betreuungen geführt haben, gänzlich auf den Sachkundenachweis.

Die übrigen Bestandsbetreuer müssen bis zum 30.6.2025 ihre Sachkunde nach § 24 Abs. 1 55 Satz 2 Nr. 5 BtOG nachweisen. Erfolgt dieser Nachweis nicht, hat die Behörde die Registrierung entsprechend § 27 BtOG zu widerrufen, § 32 Abs. 2 Satz 2 BtOG. Darüber hinaus kann die Stammbehörde abweichend von § 7 BtRegV diese Antragsteller auch dann registrieren, wenn sie „ihre Sachkunde durch die Vorlage von Unterlagen nachweisen können, die den Erwerb von

Kenntnissen belegen, die nach Inhalt und Umfang den in § 6 Abs. 2 in Verbindung mit den in der Anlage vorgesehenen Modulen genannten Voraussetzungen des Sachkundelehrgangs im Wesentlichen entsprechen". Es genügt also, wenn der Besuch eines Lehrgangs nachgewiesen wird, der nicht alle Modulinhalte umfasst oder etwa keine obligatorischen Modulprüfungen vorgesehen hat.

56 **Achtung:** Der für den erfolgreichen Registrierungsantrag notwendige Sachkundenachweis stellt keine Garantie für eine Qualifizierung auf Dauer dar. Die Berufsbetreuer müssen daher durch eine regelmäßige berufsbezogene Fortbildung sicherstellen, dass ihre Sachkunde aktualisiert wird, § 29 BtOG. Nachweise über die erfolgte Fortbildung sind der Stammbehörde vorzulegen. Mangelnde Fortbildung sollte von den Stammbehörden zum Anlass genommen werden, weitere Vorschläge als Berufsbetreuer von der Vorlage entsprechender Nachweise abhängig zu machen.

Anerkennung im Ausland erworbener Berufsqualifikationen

57 § 9 BtRegV ermöglicht den Sachkundenachweis unter besonderen Voraussetzungen auch für im Ausland erworbene Berufsqualifikationen.

Übergangsvorschriften für Neubewerber

58 An sich müssen alle, die erstmals nach dem 1.1.2023 als Berufsbetreuer tätig und registriert werden wollen, sämtliche Voraussetzungen erfüllen. Allerdings musste der Gesetzgeber dafür Sorge tragen, dass der Zugang zum Betreuerberuf nicht an fehlenden Aus- und Weiterbildungsmöglichkeiten scheitert. Die Anerkennung der Studiengänge, Aus- und Weiterbildungslehrgänge bzw. Sachkundelehrgänge wird sicher einige Zeit in Anspruch nehmen. Deshalb muss der Neubewerber nach § 33 Abs. 1 BtOG zwar die Voraussetzungen nach § 23 Abs. 1 Nr. 1 und 3 BtOG erfüllen, also die persönliche Eignung und Zuverlässigkeit sowie die ausreichende Berufshaftpflichtversicherung nachweisen, vgl. Rn. 37. Bei der Sachkunde genügt aber zunächst, dass er sie teilweise nachweisen kann und darlegt, dass er den „vollständigen Nachweis der Sachkunde nach § 24 Abs. 1 Satz 2 Nummer 5 nur noch nicht erbringen" konnte, „weil die hierfür notwendigen Studien-, Aus- oder Weiterbildungsangebote nicht verfügbar" waren. Die Stammbehörde kann den Antragsteller dann vorläufig registrieren und ihm dadurch die Möglichkeit verschaffen, den Beruf eines Betreuers auszuüben. Die fehlenden Nachweise müssen dann bis zum 30.6.2025 vorliegen, weil zu diesem Zeitpunkt die vorläufige Registrierung endet. Das Ende der vorläufigen Registrierung muss die Stammbehörde gemäß § 33 Abs. 2 Satz 2 BtOG allen „Betreuungsgerichten, bei welchen der berufliche Betreuer Betreuungen führt, sowie den jeweils für den Gerichtsbezirk zuständigen Betreuungsbehörden" mitteilen (vgl. dazu im Detail die Begründung des Referentenentwurfs: www.bmj.de/SharedDocs/Gesetzgebungsverfahren/Dokumente/RefE_Grenzueberschreitende_Zustellungen.pdf?__blob=publicationFile&v=2).

2.3 Weitere Aufgaben der Stammbehörde und Pflichten der Berufsbetreuer

2.3.1 Mitteilungs- und Nachweispflichten der Berufsbetreuer, § 25 BtOG

59 Die bisherigen Mitteilungspflichten aus § 1897 Abs. 7 und 8 BGB, § 8 Abs. 2 Satz 2 BtBG und § 10 Abs. 1 VBVG werden durch eine gebündelte Erfassung bei der Stammbehörde ersetzt.

Übersicht zu den Mitteilungspflichten	
§ 25 Abs. 1 Satz 1 BtOG: alle **Änderungen im Bestand der von ihm geführten Betreuungen** Mitteilung **alle sechs Monate**	Das heißt, mitzuteilen sind die • Übernahme neuer Betreuungen, aber auch • Abgabe oder die Beendigung laufender Betreuungen. **Achtung:** Wichtig ist die Angabe der Aktenzeichen einschließlich der Bezeichnung des Gerichts; keine Angabe von personenbezogenen Daten der Betreuten sowie weiterer Personen. Die Angaben führen dazu, dass die Stammbehörde für jeden bei ihr registrierten Betreuer die Anzahl der aktuell geführten Betreuungen kennt. Verhinderungsbetreuungen, Erweiterungen oder Einschränkungen von Betreuungen sind nicht mitteilungspflichtig.
§ 25 Abs. 1 Satz 1 BtOG Mitteilung muss **unverzüglich** erfolgen.	Alle Änderungen, die sich auf die Registrierung auswirken können Beispiele: strafrechtliche Verurteilungen, Eröffnung eines Insolvenzverfahrens, Eintragung in das Schuldnerverzeichnis, jeweils gemäß § 23 Abs. 2 Nr. 1, 2 und 4 BtOG
§ 25 Abs. 1 Satz 2 BtOG Mitteilung **muss** erfolgen.	Änderungen des zeitlichen **Gesamtumfangs** und der **Organisationsstruktur** (vgl. Rn. 19) seiner beruflichen Betreuertätigkeit
§ 25 Abs. 2 BtOG: Unaufgefordert sind vorzulegen ... Mitteilung **alle drei Jahre** ab Registrierung	• aktuelles **Führungszeugnis** (vgl. Rn. 27) nach § 30 Abs. 5 des BZRG • aktuelle Auskunft aus dem **zentralen Schuldnerverzeichnis** (vgl. Rn. 27) • Erklärung, ob ein **Insolvenz-, Ermittlungs- oder Strafverfahren** anhängig ist, § 24 Abs. 1 Satz 2 Nr. 3
§ 10 Abs. 3 Satz 1 BtRegV	Das Fortbestehen der **Berufshaftpflichtversicherung** muss vom Berufsbetreuer nicht mitgeteilt werden. Änderungen werden vielmehr von der Versicherung direkt bei der Stammbehörde angezeigt.
§ 25 Abs. 4 BtOG Es genügt eine **einmalige** Mitteilung.	Ergebnis der Feststellung der anzuwendenden Vergütungstabelle durch den Vorstand des zuständigen Amtsgerichts nach § 8 Abs. 3 VBVG (2023); Mitteilungspflichtig ist auch eine Änderungsentscheidung bezüglich der Vergütungstabelle.

A

Übersicht zu den Mitteilungspflichten	
§ 25 Abs. 1 Satz 2 und § 28 BtOG Eine **unverzügliche** Anzeige ist erforderlich. **Achtung:** Im Gesetz fehlt die Mitteilungspflicht bei Änderung des Ortes des Schwerpunkts der beruflichen Tätigkeit des Betreuers, § 2 Abs. 4 Satz 3 BtOG.	• Mitteilung der Änderung des **Sitzes** oder **Wohnsitzes** innerhalb der Zuständigkeit der Stammbehörde • Mitteilung der Änderung des **Sitzes** oder **Wohnsitzes** an die neue Stammbehörde, wenn sich die örtliche Zuständigkeit ändert; Folge der Anzeige: Registrierung durch die neue Stammbehörde; Übermittlung sämtlicher Unterlagen und Daten
§ 29 BtOG **Fortbildung** Nachweise sind nach erfolgter Fortbildung vorzulegen, § 29 Satz 2 BtOG.	Der berufliche Betreuer stellt in eigener Verantwortung seine regelmäßige berufsbezogene Fortbildung sicher.

Stammbehörde als Adressat von Mitteilungen des Gerichts	
§ 30 Abs. 3 Satz 2 BtOG	Das Betreuungsgericht kann auf Antrag des Berufsbetreuers im Einzelfall Ausnahmen von dem Verbot des Abs. 1 Satz 1 und 2 zulassen, soweit der Schutz des Betreuten dem nicht entgegensteht. Entscheidungen nach Satz 1 sind der für den beruflichen Betreuer zuständigen Stammbehörde mitzuteilen.
§ 308 FamFG	Entscheidungen und im gerichtlichen Verfahren gewonnene Erkenntnisse teilt das Gericht (...) Behörden oder sonstigen öffentlichen Stellen mit, soweit dies unter Beachtung berechtigter Interessen des Betroffenen erforderlich ist, um eine erhebliche Gefahr für das Wohl des Betroffenen, für Dritte oder für die öffentliche Sicherheit abzuwenden.
§ 309a FamFG	Das Betreuungsgericht muss mitteilen, wenn das Verfahren durch den Tod des Betroffenen beendet wurde. Das Gericht kann der Betreuungsbehörde Umstände mitteilen, die die Eignung oder Zuverlässigkeit des Betreuers betreffen. Das Gericht unterrichtet zugleich den Betreuer über die Mitteilung und deren Inhalt. Die Unterrichtung des Betreuers unterbleibt, solange der Zweck der Mitteilung hierdurch gefährdet würde. Sie ist nachzuholen, sobald die Gründe nach Satz 3 entfallen sind. Da diese Mitteilungen für die Stammbehörden im Hinblick auf Widerruf, Rücknahme und Löschung der Registrierung von Bedeutung sind (§ 27 BtOG), sind die Mitteilungen auch an die jeweiligen Betreuungsbehörden als Stammbehörden zu übermitteln.

2.3.2 Befugnis der Stammbehörde zur Übersendung und Erhalt von Daten, § 26 BtOG

60 Grundsätzlich dürfen Stammbehörden Daten – und zwar auch personenbezogene, die sie bei der Erfüllung ihrer Aufgaben erhalten – verarbeiten (vgl. zu den Begriffen Art. 4 Nr. 1 und 4 DSGVO), soweit dies zur Erfüllung der Aufgaben erforderlich ist. Die Stammbehörde kann dem Betreuungsgericht die gespeicherten Daten über einen Berufsbetreuer übermitteln und muss dies tun, wenn das Gericht die Übersendung verlangt. Datenschutzrechtlich bedingt muss die Datenübersendung zur Erfüllung der gesetzlichen Aufgaben des Betreuungsgerichts erforderlich sein, § 26 Abs. 2 BtOG. Anderen Betreuungsbehörden dürfen die Daten ebenfalls übermittelt werden, soweit dies für die Aufgabenerfüllung bei den anderen Betreuungsbehörden erforderlich ist, § 26 Abs. 3 BtOG.

Gerichte (nicht nur das Betreuungsgericht!) und Behörden dürfen der Stammbehörde personenbezogene Daten übermitteln, soweit deren Kenntnis für die Registrierung oder die Rücknahme oder den Widerruf der Registrierung erforderlich ist. Dies gilt nur, „soweit durch die Übermittlung der Daten schutzwürdige Interessen der betroffenen Person nicht beeinträchtigt werden oder soweit das öffentliche Interesse das Geheimhaltungsinteresse der betroffenen Person überwiegt", § 26 Abs. 4 BtOG. 61

Problematisch und nicht geregelt ist der einzuhaltende Datenschutz bei der Datenübermittlung zwischen Betreuungsbehörde und der bei ihr angesiedelten Stammbehörde. Die Praxis wird wohl davon ausgehen, dass es sich bei den Betreuungsbehörden und Stammbehörden nicht um zwei Behörden handelt, sondern um eine. Die Betreuungsbehörde hat § 4 BtOG bei der Verarbeitung personenbezogener Daten zu beachten. 62

2.3.3 Widerruf, Rücknahme und Löschung der Registrierung, § 27 BtOG

Die Registrierung wird **widerrufen**, wenn die persönliche Eignung oder Zuverlässigkeit nicht mehr gegeben ist, keine Berufshaftpflicht mehr „unterhalten" wird oder „der berufliche Betreuer die Betreuungen dauerhaft unqualifiziert führt". Davon ist auszugehen, wenn der berufliche Betreuer mehrfach wegen fehlender Eignung aus einem Betreuerverhältnis entlassen worden ist. Eine Rücknahme der Registrierung erfolgt, wenn „der berufliche Betreuer im Registrierungsantrag in wesentlichen Punkten vorsätzlich unrichtige Angaben gemacht oder für die Registrierung relevante Umstände pflichtwidrig verschwiegen" hat. Dies gilt aber nur, wenn die Registrierung darauf beruhte. Eine Löschung erfolgt auf Antrag oder bei Tod des Betreuers. 63

Achtung: Widerruf, Rücknahme oder Löschung der Registrierung gelten bundesweit. Die Begriffe sind präzise in § 27 BtOG umschrieben. Man sollte daher immer die richtige Terminologie verwenden: 64
Widerruf: Beruht auf nachträglich eingetretenen Umständen, § 27 Abs. 1 Nr. 1 bis 3 BtOG
Rücknahme: Beruht auf unrichtigen Angaben im Registrierungsantrag, § 27 Abs. 2 BtOG
Löschung: Beruht auf Antrag oder Tod des registrierten Betreuers, § 27 Abs. 3 BtOG

Widerruf und Rücknahme der Registrierung nach § 27 Abs. 1 und 2 BtOG haben gravierende Folgen, § 1868 Abs. 2 BGB und § 23 BtOG: 65

- **§ 1868 BGB, Entlassung des Betreuers**
  (...)
  (2) Das Betreuungsgericht hat den beruflichen Betreuer zu entlassen, wenn dessen Registrierung nach § 27 Absatz 1 und 2 des Betreuungsorganisationsgesetzes widerrufen oder zurückgenommen wurde. (...)
  § 1868 BGB regelt auch die Entlassung eines bestellten Betreuers in den einzelnen Betreuungsverfahren. Grundsätzlich muss beispielsweise nach § 1868 Abs. 1 BGB für jede Betreuung des Berufsbetreuers gesondert geprüft werden, „ob dessen Eignung, die Angelegenheiten des Betreuten zu besorgen, nicht oder nicht mehr gewährleistet ist oder ein anderer wichtiger Grund für die Entlassung vorliegt". Bei einem Widerruf oder Rücknahme der Registrierung liegt jedoch ein Entlassungsgrund für alle Betreuungsverfahren des Berufsbetreuers vor. Man kann deshalb von einem Berufsverbot sprechen.
- **§ 23 Abs. 1 Nr. 1, Abs. 2 Nr. 3 BtOG, Hinderung erneuter Registrierung**
  Der Charakter eines Berufsverbots wird dadurch verstärkt, dass auch eine erneute Registrierung nach § 23 BtOG „in der Regel" für einen Zeitraum von drei Jahren nach einem Widerruf ausgeschlossen ist.

Achtung: Eine Rücknahme der Registrierung nach § 27 Abs. 2 BtOG führt nicht zu einer Ausschlussfrist für einen neuen Antrag! 66

2.4 Rechtsweg gegen die Entscheidungen der Stamm- bzw. Betreuungsbehörde

Der Rechtsweg für die Anfechtung der Ablehnung der Registrierung oder gegen den Widerruf wird sehr wichtig werden. Die Entscheidung erfolgt durch Verwaltungsakt, § 24 Abs. 3 BtOG. Das Registrierungsverfahren ist also ein verwaltungsbehördliches. Gegen die Versagung des 67

Zugangs bzw. den Widerruf oder die Rücknahme einer erfolgten Registrierung ist gemäß § 40 Abs. 1 Satz 1 VwGO der Verwaltungsrechtsweg gegeben, BT-Drucks. 19/24445, S. 375.

68 Gleiches muss wohl gelten, wenn sich der Berufsbetreuer beispielsweise gegen die Übermittlung der Daten an andere Betreuungsbehörden oder an das Betreuungsgericht wendet oder wenn die Betreuungsbehörde eine öffentliche Beglaubigung gemäß § 7 BtOG abgelehnt hat.

69 Die Anerkennung von Studiengängen gemäß § 5 Abs. 2 BtRegV und Sachkundelehrgängen gemäß § 8 BtRegV erfolgt ebenfalls durch Verwaltungsakt mit den oben beschriebenen Folgen.

2.5 Betreuungs- und Stammbehörde und ehrenamtliche Betreuer

70 Eine Registrierung der ehrenamtlichen Betreuung findet nicht statt. Für alle Vorgänge wie etwa die Erstellung eines Sozialberichts und Vorschlag einer Person als ehrenamtlicher Betreuer, aber auch die Entgegennahme eines Führungszeugnisses und der Auskunft aus dem zentralen Schuldnerverzeichnis ist die Betreuungsbehörde und nicht die Stammbehörde zuständig. Im Einzelnen siehe dazu A 2, Rn. 106 ff.

2.6 Verbot von Leistungen an Berufsbetreuer, § 30 BtOG

71 Eine neue und sehr wichtige Berufspflicht ergibt sich aus § 30 BtOG. Diese Pflicht gilt aber nicht für ehrenamtliche Betreuer. Dem Berufsbetreuer ist es untersagt, „von dem von ihm Betreuten Geld oder geldwerte Leistungen anzunehmen". Dies gilt auch für Zuwendungen im Rahmen einer Verfügung von Todes wegen (Erbschaft, Vermächtnis). Ein Verstoß gegen diese „Berufspflicht" führt aber nicht zur Nichtigkeit der Zuwendung, da § 30 BtOG die Schenkung oder Zuwendung selbst nicht verbietet, sondern nur die Annahme untersagt. § 30 BtOG beinhaltet also kein gesetzliches Verbot, sodass § 134 BGB nicht anzuwenden ist. Die letztwillige Verfügung des Betreuten/Erblassers ist trotz des Pflichtenverstoßes wegen des umfassenden Schutzes der Testierfreiheit wirksam. Eine Prüfung der Sittenwidrigkeit der letztwilligen Verfügung gemäß § 138 BGB wird ohne weitere Anhaltspunkte ebenso zu verneinen sein (OLG Nürnberg, Beschl. v. 19.7.2023 – 15 Wx 988/23). Diese Anhaltspunkte können vorliegen, wenn z. B. ein Betreuer seine Position dazu benutzt, gezielt auf den „leicht beeinflussbaren Erblasser einzuwirken und ihn dazu zu bewegen", in seinem Sinne letztwillig zu verfügen (OLG Celle, Urt. v. 7.1.2021 – 6 U 22/20). Der Gesetzgeber und die Rechtsprechung wollen verhindern, dass Betreute, die häufig vulnerabel, vertrauensselig sowie hilf- und arglos sind, ausgenutzt werden. Ähnliches regeln § 14 HeimG und die entsprechenden Ländergesetze gegenüber dem Träger einer Einrichtung und deren Beschäftigten, wobei diese Regelungen ein gesetzliches Verbot beinhalten und zur Unwirksamkeit der letztwilligen Verfügungen führen (BGH, Beschl. v. 9.2.1990 – V ZR 139/88).

72 Das Annahmeverbot gilt auch, wenn der Berufsbetreuer von der Erbeinsetzung bzw. dem Vermächtnis zu Lebzeiten des Betreuten nichts gewusst hat (sog. stille Testierung). Ausnahmen finden sich in § 30 Abs. 2 BtOG, wenn Leistungen abgegolten werden, die nicht mit der Betreuervergütung abgegolten sind, oder für geringwertige Zuwendungen.

Beispiel:

Der Berufsbetreuer ist Rechtsanwalt und führt für den Betreuten einen Zivilprozess, weil der Betreute nach einer misslungenen Operation Schmerzensgeld von dem behandelnden Arzt einklagt. Hier kann der Betreuer sein Honorar als Aufwendungsersatz gemäß § 1877 Abs. 3 BGB verlangen.

Zu Weihnachten und zum Geburtstag schenkt ein Betreuter seinem engagierten Berufsbetreuer eine Flasche Whiskey im Wert von 50 EUR. Dies dürfte eine „geringwertige Aufmerksamkeit" darstellen.

73 Eine umfassendere Ausnahme ermöglicht § 30 Abs. 3 BtOG, wonach auf Antrag des Betreuers das Betreuungsgericht Ausnahmen zulassen kann. Die positive Entscheidung muss aber vor der Zuwendung ergehen. Eine nachträgliche Genehmigung scheidet aus. Das Gericht entscheidet durch Beschluss, der beschwerdefähig ist. Im Hinblick auf den Ausnahmecharakter der

„Zulassung" müssen gewichtige Argumente für eine positive Entscheidung vorgetragen und von Amts wegen geprüft werden.

3. Betreuungsgerichte, Aufgaben und Stellung

3.1 Akteneinsicht für Beteiligte, dritte Personen und Behörden

Akteneinsicht kann unter datenschutzrechtlichen Gesichtspunkten, aber auch im Hinblick auf 74 die Persönlichkeitsrechte aller Beteiligten gravierende Folgen haben. Die Forderung nach Akteneinsicht kann auf sehr unterschiedliche Gründe zurückzuführen sein. Das soziale Umfeld des Betroffenen beobachtet die Tätigkeit des Betreuers häufig sehr kritisch, wobei es nicht immer um uneigennützige Motive, sondern auch um handfeste finanzielle Interessen gehen kann. Mit dem Ziel, Pflichtwidrigkeiten des Betreuers aufzuspüren, verlangen Angehörige, Schuldner, Gläubiger, Vermieter und andere Personen häufig Einsicht in die Betreuungsakten. Staatsanwaltschaften, Behörden und Gerichte versprechen sich ebenfalls wichtige Erkenntnisse für ihre Verfahren und wollen sie deshalb einsehen und auswerten. Die problematischen Fälle ergeben sich bei der Akteneinsicht Dritter und nicht beteiligter Behörden, sodass die Darstellung hier bei den besonderen Aufgaben des Betreuungsgerichts und nicht beim Verfahrensrecht erfolgt.

3.2 Akteneinsicht gemäß § 13 FamFG

Das Recht auf Einsicht in die Betreuungsakten, die Entscheidungsbefugnis und die Modalität 75 der Durchführung regelt § 13 FamFG. Dabei ist zu unterscheiden, ob ein Verfahrensbeteiligter, ein nicht beteiligter Dritter oder ein/e Behörde/Gericht Akteneinsicht begehrt.

3.2.1 Akteneinsicht für einen Beteiligten, § 13 Abs. 1 FamFG

Beantragt eine Person Akteneinsicht, die gemäß §§ 7, 8, 274 und 315 FamFG am Verfahren 76 beteiligt wurde, richtet sich die Entscheidung nach § 13 Abs. 1 FamFG. Als Beteiligter kann der Antragsteller „die Gerichtsakten auf der Geschäftsstelle einsehen, soweit nicht schwerwiegende Interessen eines Beteiligten oder eines Dritten entgegenstehen". Aufgrund der besonderen Stellung der Beteiligten, denen das Recht zusteht, das gerichtliche Verfahren zu beeinflussen und die deshalb auf umfassende Informationen angewiesen sind, wurde die Ablehnung der Akteneinsicht somit als enger Ausnahmetatbestand formuliert. Bei einer Ablehnung der Akteneinsicht müssen daher besondere Umstände vom Gericht vorgebracht werden, die auch besonders schwer wiegen. Die tangierten Interessen des Beteiligten oder Dritter müssen daher existenziell sein.

Es muss eine sorgfältige Interessenabwägung vorgenommen werden. Erforderlich ist immer 77 eine Einzelfallentscheidung, wobei generell das Persönlichkeitsrecht, Details aus der Intimsphäre, Gefahren und Bedrohungslagen durch persönliche Anfeindungen (z. B. Stalking) und ähnliche Umstände unter dem Gesichtspunkt „schwerwiegende Interessen" abgewogen werden müssen mit dem berechtigten Interesse des Verfahrensbeteiligten, der z. B. konkreten Hinweisen auf eine missbräuchliche Ausbeutung des Betroffenen oder ein fehlerhaftes Verfahren des Gerichts nachgehen will. Der beliebte Hinweis des Gerichts auf den „Datenschutz", ohne gesetzliche Begründung, genügt aufgrund der Einräumung eines weitgehend einschränkungslosen Akteneinsichtsrechts nicht. Deshalb sollte bereits bei der Heranziehung als Beteiligter sorgfältig geprüft werden, ob die Voraussetzungen erfüllt sind, insbesondere dann, wenn es das Gesetz ermöglicht, im Interesse des Betroffenen von einer Beteiligung abzusehen, § 274 Abs. 4 Nr. 1 und § 315 Abs. 4 Satz 1 FamFG. Bei einer Ablehnung der Akteneinsicht muss sich das Gericht aber auch bewusst sein, dass es eine Entscheidung, die die Rechte eines Beteiligten beeinträchtigt, nur auf Tatsachen und Beweisergebnisse stützen kann, zu denen dieser Beteiligte sich äußern konnte. Mangels Akteneinsicht kann sich sehr schnell die Unmöglichkeit einer Äußerung ergeben.

A

3.2.2 Akteneinsicht für Nichtbeteiligte, § 13 Abs. 2 FamFG

78 Personen, die nicht beteiligt wurden (Dritte), kann Akteneinsicht dagegen nur gestattet werden, soweit sie ein berechtigtes Interesse glaubhaft machen und schutzwürdige Interessen eines Beteiligten oder eines Dritten nicht entgegenstehen. Die Einsicht ist immer zu versagen, wenn ein Fall des § 1758 BGB (Gefahr der Aufdeckung einer Adoption) vorliegt.

Berechtigtes Interesse des Antragstellers

79 Unter berechtigtem Interesse ist jedes „nach vernünftiger Erwägung durch die Sachlage gerechtfertigte Interesse" zu verstehen, das nicht „nur rechtlicher, sondern auch wirtschaftlicher oder wissenschaftlicher Art sein" kann. Es wird bejaht, „wenn ein künftiges Verhalten des Antragstellers durch die Kenntnis vom Akteninhalt beeinflusst sein kann" (OLG München, Beschl. v. 4.8.2005 – 33 Wx 81/05, Rn. 10). Darüber hinaus muss der Dritte sein berechtigtes Interesse glaubhaft machen (§ 31 FamFG).

Schutzwürdiges Interesse eines Beteiligten oder Dritten

80 Die Akteneinsicht kann bei Dritten trotz glaubhaft gemachten berechtigten Interesses schon dann versagt werden, wenn schutzwürdige Interessen eines Beteiligten oder eines Dritten, die nicht schwerwiegend sein müssen, entgegenstehen. Ohne konkrete Anhaltspunkte geäußerte Verdächtigungen, dass ein Betreuer seine Stellung zur Verschiebung von Vermögenswerten des Betreuten in sein eigenes Vermögen missbrauche und dadurch Erbansprüche schmälere, kann somit ein Recht auf Einsicht in die Betreuungsakten nicht begründen. Auch enge Angehörige eines Betreuten, die nicht beteiligt wurden, haben kein Akteneinsichtsrecht, wenn sie lediglich ein Interesse an der Meinungsbildung des Betreuungsgerichts vor der Entscheidung behaupten. Das Recht, auf ein Betreuungsverfahren Einfluss zu nehmen, steht den Angehörigen im Interesse des Betreuten nur zu, wenn sie beteiligt worden sind, § 274 Abs. 4 Nr. 1 und § 303 Abs. 2 FamFG.

81 Lehnt der Betreute die Akteneinsicht durch eines seiner Kinder ab, steht dem Interesse des Kindes, den Vermögensstatus des Betroffenen zu kontrollieren, dem höher zu bewertenden Recht auf informationelle Selbstbestimmung des Betreuten entgegen. Dieses umfasst auch das Recht des Betreuten, die Einsichtnahme Dritter, zu denen auch leibliche Verwandte zählen, in seine Vermögensverhältnisse zu unterbinden. Die Ablehnung der Akteneinsicht durch den Betroffenen führt grundsätzlich dazu, dass selbst einem nahen Angehörigen die beantragte Akteneinsicht zu verweigern ist. Die Position als künftiger Alleinerbe, selbst wenn sich das Erbrecht aus einem Erbvertrag ergibt, begründet keinen Rechtsanspruch auf Einsichtnahme in die Abrechnungen und Vermögensaufstellungen des Betreuers in den Betreuungsakten, wenn dies dem ausdrücklich erklärten natürlichen oder freien Willen des Betreuten widerspricht (LG Stendal, Beschl. v. 12.11.2018 – 25 T 133/18).

Ermessensentscheidung des Gerichts

82 Schließlich handelt es sich aufgrund der Formulierung „kann Einsicht nur gestattet werden" um eine Ermessensentscheidung des Gerichts. Es müssen daher die Interessen der Dritten und der Betroffenen abgewogen werden. Dabei ist auch das Recht auf informationelle Selbstbestimmung des Betroffenen zu berücksichtigen.

Wille, Wunsch und mutmaßlicher Wille des Betroffenen

83 Der Gesetzgeber hat die Grundnorm des § 1821 Abs. 2 bis 4 BGB auch dann für verbindlich erklärt, wenn das Gesetz diese Norm nicht ausdrücklich erwähnt, BT-Drucks. 19/24445, S. 248. Dies muss nicht nur für den Betreuer gelten, sondern auch für Entscheidungen des Gerichts, wobei der Rechtsgedanke des § 1862 Abs. 1 Satz 2 BGB dies nahelegt.

Wer entscheidet über die Gewährung oder Versagung der Akteneinsicht? Beschwerde?

84 Die Entscheidung obliegt gemäß § 13 Abs. 7 FamFG immer dem zuständigen Richter und nicht dem Gerichtsvorstand. Eine Beschwerde ist daher zulässig, wenn die Voraussetzungen der §§ 58 ff. FamFG vorliegen. Es handelt sich zumindest bei dem Akteneinsichtsgesuch Dritter

nicht um eine der Beschwerde entzogene Zwischenentscheidung, da über das Akteneinsichtsgesuch gegenüber dem Dritten abschließend entschieden wird.

Abweichend davon hat der BGH in einem Nachlassverfahren entschieden, dass die Entscheidung über die Akteneinsicht an Dritte einen Justizverwaltungsakt darstelle, insbesondere dann, wenn das Verfahren bereits abgeschlossen sei. Zuständig für die Entscheidung sei zwar der Nachlassrichter oder der Vorsitzende der Beschwerdekammer, gegen deren Entscheidung sei aber der Antrag auf gerichtliche Entscheidung nach § 23 EGGVG der statthafte Rechtsbehelf. Zum Ganzen BGH, Beschl. v. 15.11.2023 – IV ZB 6/23. Das Gleiche muss aber dann für das Betreuungsverfahren gelten. Die wohl herrschende Meinung geht aber davon aus, dass dem BGH nur für abgeschlossene Verfahren gefolgt werden kann. In laufenden Verfahren ist die Entscheidung über das Akteneinsichtsrecht eines Dritten kein Justizverwaltungsakt, sondern ein Akt der Rechtsprechung, so dass gegen die Entscheidung eine Beschwerde gemäß § 58 Abs. 1 FamFG statthaft ist (BayObLG, Beschl. v. 7.7.2025 – 102 VA 60/25). 84a

3.3 Akteneinsicht für nicht am Verfahren beteiligte Behörden im Wege der Amtshilfe

Akteneinsicht wird von Behörden z. B. in Sozialhilfeverfahren, Rentenangelegenheiten, Schwerbehindertenverfahren, Fahrtauglichkeitsüberprüfungen, zum Vollzug des Rechts der Heilberufe (Approbation), von Gerichtsvollziehern im Rahmen von Vollstreckungsmaßnahmen oder von Staatsanwaltschaften bzw. (Straf-)Gerichten gefordert. Diese Behörden und Gerichte sind am Betreuungsverfahren nicht beteiligt, wollen aber unter Umständen im Interesse einer zügigen Sachverhaltsermittlung oder zur Einsparung der Gutachtenkosten die Inhalte des Betreuungsverfahrens verwerten. 85

3.3.1 Rechtsgrundlage für die Akteneinsicht

Für die Gewährung der Akteneinsicht in diesen Fällen kann § 13 Abs. 2 FamFG nicht herangezogen werden, da es sich nicht um den Ausfluss einer rechtsprechenden Tätigkeit handelt, sondern um eine allgemeine Amtshilfe nach Art. 35 Abs. 1 GG. Das Gewähren oder Versagen der Akteneinsicht ist dann ein sog. Justizverwaltungsakt. Amtshilfe obliegt dem Vorstand des Gerichts und nicht dem für das Verfahren zuständigen Richter. Diese Verwaltungsaufgabe kann jedoch an den für das Verfahren zuständigen Betreuungsrichter delegiert werden. Auch er handelt aber dann als Organ der Justizverwaltung und nicht als unabhängiger Richter. 86

Als Rechtsbehelf gegen die Gewährung oder Versagung der Akteneinsicht kann man einen Antrag auf gerichtliche Entscheidung gemäß § 23 EGGVG stellen. Zuständig für die Verbescheidung des Antrags ist das zuständige Oberlandesgericht bzw. in Bayern das BayObLG. Allerdings ist fraglich, ob eine Staatsanwaltschaft gegen die Ablehnung der Akteneinsicht durch ein Gericht nach § 23 EGGVG vorgehen kann, wenn Staatsanwaltschaft und Gericht in der Justizverwaltung der Dienstaufsicht des gleichen Justizministeriums unterstehen. Die Entscheidung über die Akteneinsicht würde dann im Konfliktfall letztlich dem Justizministerium übertragen. Dies ist aber im Hinblick auf den mit der Akteneinsicht verbundenen Eingriff in das Recht auf informationelle Selbstbestimmung abzulehnen (a. A. OLG Karlsruhe, Beschl. v. 3.9.2020 – 6 VA 23/20). 87

Das Gericht entscheidet nicht im Beschlusswege, sondern erlässt einen „Bescheid". Das Verfahren (Bekanntgabe etc.) richtet sich nach dem jeweiligen Verwaltungsverfahrensgesetz der Länder. Der Bescheid kann binnen einer Frist von einem Monat mit dem Antrag auf gerichtliche Entscheidung angefochten werden. Einzulegen ist der Antrag beim zuständigen OLG (BayObLG). Zum Verfahren vgl. Art. 24 ff. EGGVG. 88

3.3.2 Doppeltürmodell und Datenschutzgesetze

Eine Datenübermittlung, die in das Grundrecht des Betroffenen auf informationelle Selbstbestimmung eingreift, kann aber nicht allein auf Art. 35 Abs. 1 GG gestützt werden. Sie bedarf vielmehr einer gesetzlichen Regelung. Da zwei Behörden beteiligt sind, muss sowohl für die um Amtshilfe ersuchende Behörde (z. B. Staatsanwaltschaft) als auch für die ersuchte akten- 89

A

führende Behörde eine gesetzliche Grundlage (Ermächtigung) vorhanden sein (sog. „Doppeltürmodell"; BVerfG, Beschl. v. 24.1.2012 – 1 BvR 1299/05 und v. 2.12.2014 – 1 BvR 3106/09). Als Rechtsgrundlage für die Übermittlung personenbezogener Daten durch Betreuungsgerichte an andere öffentliche Stellen sind die Datenschutzgesetze der Länder, z. B. in Bayern Art. 5 Abs. 1 Satz 1 Nr. 1 BayDSG, heranzuziehen. Sie ist daher zulässig, wenn sie zur Erfüllung der in der Zuständigkeit der empfangenden Stelle liegenden Aufgaben erforderlich ist. Die Verantwortung für die Zulässigkeit der Übermittlung trägt der Empfänger, wenn sie auf sein Ersuchen hin erfolgt, Art. 5 Abs. 4 Satz 1 BayDSG.

90 Eine wichtige Abweichung ergibt sich aber aus Art. 5 Abs. 4 Satz 3 BayDSG. Kommt eine „Plausibilitätsprüfung" zu dem Ergebnis, dass sich das Übermittlungsersuchen im allgemeinen Rahmen der Aufgaben des Empfängers hält, dann ist trotzdem eine weitere Prüfung geboten, wenn hierfür ein besonderer Anlass gegeben ist. Dies ist der Fall, wenn offenkundige Zweifel an der Zulässigkeit bestehen oder der Übermittlung gewichtige Gründe entgegenstehen. Ein derartiger „besonderer Anlass zur Überprüfung" im Sinne des Art. 5 Abs. 4 Satz 3 BayDSG kann sich bei Betreuungs- und Unterbringungsverfahren sehr häufig ergeben. Hier sind aufgrund der zu ermittelnden medizinischen Voraussetzungen und der Prüfung der Eignung von Betreuern viele höchstpersönliche und sensible Sachverhalte festgehalten. Insoweit muss eine Interessensabwägung stattfinden. Zum Ganzen OLG Zweibrücken, Beschl. v. 15.11.2022 – 6 VA 6/22.

91 Bei der Staatsanwaltschaft und den Strafgerichten muss zusätzlich geprüft werden, ob sie sich auf § 95 StPO stützen. Dies ist nicht der Fall, wenn allgemein um Übersendung der Akten gebeten wird. Stützt sich die Staatsanwaltschaft auf § 95 StPO, dann ergibt sich aus dieser Norm die Ermächtigungsgrundlage für die aktenführende Justizverwaltung und die Staatsanwaltschaft, vgl. zum Ganzen BayObLG, Beschl. v. 2.6.2022 – 102 VA 7/22.

3.3.3 Beispiele – Akteneinsicht für Behörden

92 Ein überwiegendes Interesse für das von einer Behörde betriebene Verfahren für Heilberufe (z. B. Widerruf der Approbation) kann (nur) für Atteste und Gutachten bejaht werden, die für eine Prüfung der Fähigkeiten relevant sein können. Ein Gerichtsvollzieher kann ein überwiegendes Interesse an der Auskunft haben, ob eine Betreuung besteht und wer Betreuer ist. Abzulehnen ist jedoch die Bitte des Sozialhilfeträgers, der ohne konkreten Anlass nur zum Zweck des Datenabgleichs die regelmäßige Übersendung der Jahresberichte eines Betreuers verlangt.

93 Die Betreuer werden sich in die Entscheidung einbringen und die Beachtung der Interessen der Betreuten einfordern. Betroffene und Betreuer müssen zur Frage der Akteneinsicht angehört werden. Im Einzelfall kann der Betreute oder der Betreuer im Rahmen seines Aufgabenkreises die Zustimmung zur Erteilung der Akteneinsicht erklären. Die Entscheidung muss aber auch dann die Rechte Dritter berücksichtigen, wenn sich deren personenbezogene Daten im Akt befinden. Umfassende Ausführungen finden sich in dem Beschluss des BayObLG (Beschl. v. 27.1.2021 – 1 VA 37/20).

3.3.4 Beschränkte Akteneinsicht

94 Häufig wird bei der Entscheidung über eine Akteneinsicht übersehen, dass sich die Hinderungsgründe nur auf abgrenzbare Aktenbestandteile beziehen. Es kann dann sinnvoll sein, die Akteneinsicht durch Übersendung von Aktenbestandteilen (z. B. ärztliche Zeugnisse oder Gutachten) oder Kopien mit geschwärzten Passagen zu beschränken.

3.3.5 Rechtliches Gehör

95 Die obigen Ausführungen zeigen auf, dass in vielen Fällen die Akteneinsicht mit schwerwiegenden Eingriffen in die Rechte der Beteiligten und Dritter verbunden ist. Deshalb muss den Beteiligten vor jeder Entscheidung rechtliches Gehör gewährt werden.

3.4 Aufsicht durch das Betreuungsgericht

Das Betreuungsgericht hat auch die Aufgabe, über die Tätigkeit des Betreuers die Aufsicht zu führen und gegen Pflichtwidrigkeiten durch geeignete Gebote und Verbote einzuschreiten, § 1862 BGB. 96

3.4.1 Aufsichtsführung

Mit der Aufsicht ist auch eine Kontrollfunktion gegenüber dem Betreuer durch das Betreuungsgericht verbunden. Zunächst erfordert die bereits angesprochene Beratungspflicht als vorrangiges Ziel eine individuelle Praxisanleitung für den Betreuer, um Fehler und somit notwendige Aufsichtsmaßnahmen zu vermeiden. Die Aufsicht durch das Betreuungsgericht umfasst die gesamte Tätigkeit des Betreuers, § 1862 BGB. Neben dieser generellen Bestimmung dient eine Anzahl von weiteren Vorschriften der Kontrolle und Aufsicht, so z. B.: 97

- Vermögensverzeichnis, § 1835 BGB
- Anfangsbericht über die persönlichen Verhältnisse, § 1863 Abs. 1 BGB
- Anfangsgespräch, § 1863 Abs. 2 Satz 2 BGB
- jährlicher Bericht über die persönlichen Verhältnisse, § 1863 Abs. 3 BGB
- jährliche Rechnungslegung, § 1865 BGB
- Schlussbericht, § 1863 Abs. 4 BGB
- Schlussrechnung, § 1872 Abs. 2 BGB

Einholung von Genehmigungen durch den Betreuer

- über Vermögensanlagen etc., §§ 1848 bis 1854 BGB,
- zu Wohnraum, § 1833 BGB, und
- nach §§ 1829, 1830, 1831 und 1832 BGB.

Der jährliche Bericht des Betreuers hat auch Angaben zu den persönlichen Kontakten des Betreuers zum Betreuten zu enthalten, § 1863 Abs. 3 Satz 3 Nr. 1 BGB. Aus dem Bericht hat sich die Anzahl der Kontakte, deren Dauer, Art und Weise sowie Ort und Zeitpunkt zu ergeben. 98

Zur Gewährleistung einer effektiven Aufsicht besteht eine Auskunftspflicht des Betreuers gegenüber dem Betreuungsgericht und zwar jederzeit auf dessen Verlangen. Die Auskunftspflicht erstreckt sich auf die Führung der Betreuung und die persönlichen Verhältnisse des Betreuten, dem Grunde nach also auf alle Angelegenheiten, mit denen der Betreuer in seinem Aufgabenkreis befasst wird, § 1864 BGB. 99

Häufig werden dem Betreuungsgericht tatsächliche oder vermeintliche Pflichtwidrigkeiten durch Angehörige des Betreuten angezeigt. Hier ist in jedem Fall zunächst zu prüfen, ob Anhaltspunkte für ein Fehlverhalten vorliegen, bevor Maßnahmen ergriffen werden. 100

3.4.2 Aufsichtsmaßnahmen des Gerichts, Gebot, Verbot, Zwangsgeld

Das Betreuungsgericht schreitet gegen Pflichtwidrigkeiten des Betreuers durch „geeignete Gebote und Verbote" ein, § 1862 Abs. 3 BGB. Ein gerichtliches Gebot oder Verbot schafft für den Betreuer eine Verpflichtung; missachtet er die Anordnung, begeht er eine Pflichtwidrigkeit im Sinne von § 1862 Abs. 2 Satz 1 BGB. Das Gericht kann dann den Betreuer durch Zwangsgeld zur Befolgung seiner Anordnungen anhalten, § 1862 Abs. 3 Satz 2 BGB i. V. m. § 35 Abs. 1 bis 3 FamFG. Gegen die Betreuungsbehörde, einen Behördenbetreuer oder einen Betreuungsverein wird kein Zwangsgeld verhängt, § 1862 Abs. 3 Satz 3 BGB. 101

Voraussetzung für ein Einschreiten ist eine objektive Pflichtwidrigkeit, z. B. ein Gesetzesverstoß; keinesfalls darf eine Meinungsverschiedenheit über Zweckmäßigkeitsfragen, die in der Individualität der Betreuungsführung bzw. in der Lebensanschauung begründet ist, zu einem Einschreiten führen. Das selbstständige Handeln des Betreuers darf grundsätzlich nicht angetastet werden. 102

Wird der Betreuer z. B. mehrfach zur Vorlage der Jahresabrechnung aufgefordert, ohne dass er hierauf reagiert, kann Zwangsgeld gegen ihn festgesetzt werden. 103

A

104 Das Betreuungsgericht ist in der Erteilung von Weisungen, die ein Gebot oder ein Verbot enthalten, auf die Fälle pflichtwidrigen Verhaltens des Betreuers beschränkt. Für den Fall einer präventiven Weisung ist eine solche nur berechtigt, wenn die auf Tatsachen begründete Besorgnis besteht, der Betreuer werde pflichtwidrig handeln (OLG Karlsruhe, Beschl. v. 12.4.2005 – 19 Wx 7/05).

105 Das Betreuungsgericht hat insbesondere die Einhaltung der erforderlichen persönlichen Kontakte des Betreuers zum Betreuten zu beaufsichtigen, § 1863 Abs. 3 Satz 3 Nr. 1 BGB. Sollten diese Vorschriften nicht eingehalten werden, kann das Gericht durch entsprechende Gebote (Anweisungen) an den Betreuer herantreten.

106 Ein betreuungsgerichtliches Verbot an Betreuer, Betroffene ohne gerichtliche Zustimmung in ein anderes Heim zu verlegen, ist dagegen regelmäßig unzulässig. Die Aufenthaltsbestimmung ist zunächst ausschließliche Aufgabe des Betreuers. Führt ein Aufenthaltswechsel zu einer Gefährdung des Wohls des Betreuten, muss ggf. an eine (teilweise) Entlassung des bisherigen Betreuers und die Bestellung eines neuen Betreuers gedacht werden. Diese Vorgehensweise kann nicht dadurch umgangen werden, dass dem Betreuer die eigenverantwortliche Ausübung des Aufenthaltsbestimmungsrechts untersagt und seine diesbezüglichen Maßnahmen der Entscheidung des Gerichts unterstellt werden. Wird der Aufenthalt des Betreuten dagegen in eine im Ausland gelegene Pflegeeinrichtung ohne ausdrücklichen Aufgabenbereich, der in § 1815 Abs. 2 Nr. 3 BGB vorgeschrieben ist, verlegt, dann liegt eine Pflichtverletzung vor, da er hierzu nicht befugt war. Das Betreuungsgericht darf ihm dann das Gebot erteilen, den Betreuten wieder nach Deutschland zu verbringen.

4. Übergreifender Maßnahmenkatalog vor und während einer Betreuung

4.1 Maßnahmenkatalog und Akteure

107 Im Vorfeld einer Betreuung können mehrere Akteure auftreten, die ein reibungsloses Betreuungsverfahren und die Wahrung des Erforderlichkeitsgrundsatzes gewährleisten sollen. Information, Beratung, Vermittlung anderer Hilfen und erweiterte Unterstützung garantieren die Betreuungsbehörden, Betreuungsvereine, Betreuungsgerichte und jetzt auch unter Umständen die Berufsbetreuer gemäß § 8 Abs. 4 Satz 2 BtOG. Da diese Akteure den Maßnahmenkatalog unterschiedlich, aber mit gleicher Zielsetzung nutzen, soll auch die Darstellung des Maßnahmenkatalogs nicht getrennt nach Akteuren, sondern in seiner Komplexität dargestellt werden.

108 Ergeben sich bei einem Erwachsenen Anhaltspunkte für einen Betreuungsbedarf, dann führt dies zunächst bei der Betreuungsbehörde zu einem umfangreichen Handlungsbedarf, § 8 BtOG. Das Gesetz bezeichnet dies mit dem Überbegriff „Beratungs- und Unterstützungsangebot". Dieser der Betreuungsvermeidung dienende Werkzeugkasten umfasst Information, Beratung, Förderung, Vermittlung geeigneter Hilfen („anderer Hilfen") und die „erweiterte Unterstützung".

4.2 Andere Hilfen und einfache Unterstützung

109 Die Vermittlung anderer Hilfen wurde im Zuge der Reform präzisiert. Zunächst umfasst schon die allgemeine Beratungs- und Informationspflicht gemäß § 5 Abs. 1 BtOG auch die anderen Hilfen. Mit Zustimmung des Betroffenen müssen dann andere Hilfen aber auch „vermittelt" werden, § 8 Abs. 1 Satz 2 BtOG. Insbesondere ist ein Kontakt zwischen dem Betroffenen und dem Beratungs- und Unterstützungsangebot des sozialen Hilfesystems herzustellen. Das heißt, es genügt nicht, Anlaufstellen zu benennen, vor allem dann nicht, wenn z. B. eine behinderungsbedingte Antriebsschwäche ersichtlich ist. Eine Kontaktvermittlung muss gewährleisten, dass der Betroffene und die Verantwortlichen der „anderen Hilfen" zusammenfinden. Die Betreuungsbehörde muss sich also vergewissern, dass der Kontakt hergestellt wurde. Dies

dient auch der Vermeidung des Eindrucks beim Betroffenen, man schiebe die Verantwortung auf eine andere Stelle ab.

Häufig scheitern Betroffene beim Ausfüllen von Formularen oder der Vorsprache bei der zuständigen Stelle. Hier kann die Betreuungsbehörde Hilfe zur Selbsthilfe leisten. Bei antragsabhängigen Leistungen muss der Betroffene dabei unterstützt werden, die notwendigen Anträge selbst zu stellen, § 8 Abs. 1 Satz 4 BtOG. Die Behörde arbeitet bei der Vermittlung geeigneter Hilfen zur Betreuungsvermeidung mit den zuständigen Sozialleistungsträgern zusammen. 110

4.3 Erweiterte Unterstützung

4.3.1 Erweiterte Unterstützung in den verschiedenen Verfahrensabschnitten

Die dargestellte „einfache Unterstützung" wurde zu einer erweiterten Unterstützung ausgebaut, die Betreuungen noch effektiver vermeiden soll. Dies wird durch eine helfende Begleitung, eine Art „Betreuung" ohne gesetzliche Vertretung auf freiwilliger Basis umgesetzt und ist zwischen den anderen Hilfen und der rechtlichen Betreuung angesiedelt. Gesetzliche Regelungen finden sich in § 8 Abs. 2 und § 4 BtOG sowie § 11 Abs. 3, 4 und 5 BtOG. Die erweiterte Unterstützung greift in verschiedenen Verfahrensabschnitten. 111

Zeitliche Einordnung: Information, Beratung, andere Hilfen, Unterstützung und (erweiterte) Unterstützung	
Unabhängig von der Einleitung eines Betreuungsverfahrens	§ 5 Abs. 1 BtOG, allgemeine Information für alle, unter anderem über andere Hilfen
Bei Anhaltspunkten für einen **Betreuungsbedarf**	§ 8 Abs. 1 und 2 BtOG
Im Rahmen der Erstellung des **Sozialberichts**	§ 11 Abs. 3 BtOG, Prüfung erforderlich, ob erweiterte Unterstützung betreuungsvermeidend wäre
Nach **Aufforderung des Betreuungsgerichts**	§ 11 Abs. 4 BtOG, Prüfung, ob erweiterte Unterstützung betreuungsvermeidend wäre, und Durchführung in geeigneten Fällen
Betreuung eingerichtet bzw. Vorsorgebevollmächtigter bei Eintritt des Vorsorgefalls	§ 5 Abs. 2 BtOG, Beratung und Unterstützung für Betreuer und Bevollmächtigte. Ehrenamtliche Betreuer werden beim Abschluss einer Vereinbarung mit einem anerkannten Betreuungsverein unterstützt

Achtung: Eine erweiterte Unterstützung 112

- bedarf immer der Zustimmung des Betroffenen,
- muss immer geeignet sein, Betreuungen zu vermeiden,
- ist zeitlich begrenzt und
- umfasst keine rechtliche Vertretung.

Stichworte sind hier „zeitlich begrenzte Fallverantwortung" und „erweiterte Assistenz". 113

4.3.2 Zuständigkeit und Umsetzung

Die erweiterte Unterstützung ist eine originäre Aufgabe der Betreuungsbehörde. Allerdings kann die Behörde gemäß § 8 Abs. 4, § 11 Abs. 3 Satz 2 Halbsatz 2 und Abs. 4 Satz 2 BtOG „mit der Wahrnehmung der erweiterten Unterstützung (...) auch einen anerkannten Betreuungsverein oder einen selbständigen beruflichen Betreuer beauftragen". Auch nach der Übertragung ist aber sicherzustellen, dass die „Durchführung durch einen für den konkreten Fall geeigneten Betreuer erfolgt". 114

115 Insgesamt handelt es sich bei der erweiterten Unterstützung im Vorfeld gemäß § 8 Abs. 2 BtOG um eine Kann-Bestimmung. Nach Ansicht des Gesetzgebers soll die „Entscheidung, ob und in welchem Umfang dieses neue Instrument im Rahmen der Beratung und Unterstützung der Behörde nach § 8 BtOG-E zum Einsatz" kommt, davon abhängig sein, welche „personellen und sächlichen Kapazitäten" vor Ort verfügbar sind, „d. h. es obliegt wie bisher primär der kommunalen Entscheidung, ob und inwieweit bei den Betreuungsbehörden hierfür Kapazitäten vorgesehen bzw. neu aufgebaut werden", BT-Drucks. 19/24445, S. 353. Dies ist aber mit dem Wortlaut „kann" nach allgemeinem Rechtsverständnis nicht vereinbar. Mit dem Wort „kann" wird eine Ermessensentscheidung ermöglicht und dabei darf das Diktat des „Haushalts" keine absolut ausschlaggebende Rolle spielen. Die Betreuungsstelle hat den Auftrag, vermeidbare Betreuungen zu verhindern und muss dazu alle Möglichkeiten ausschöpfen. Eine Ablehnung muss sachlich begründet werden. Im Rahmen eines gerichtlichen Verfahrens handelt es sich aber um eine obligatorische Entscheidung, das heißt, die Betreuungsbehörde hat in geeigneten Fällen die erweiterte Unterstützung zu leisten.

116 Die Halbherzigkeit, mit der dieses neue Instrument der Betreuungsvermeidung eingeführt wird, ergibt sich aus § 11 Abs. 5 BtOG, wonach die Länder durch Gesetz „die Aufgabenzuweisung nach den Absätzen 3 und 4 im Rahmen von Modellprojekten auf einzelne Behörden innerhalb eines Landes beschränken" können. Vom Wortlaut her gilt diese Beschränkungsmöglichkeit nur für die erweiterte Unterstützung im Betreuungsverfahren (Sozialbericht, Aufforderung durch Gericht) und nicht im Vorfeld, gemäß § 8 Abs. 2 BtOG. Modellprojekte sollen der Evaluation neuer Handlungsformen dienen. Die erweiterte Unterstützung ist dagegen nur eine „Betreuung light" auf freiwilliger Basis und ohne Vertretung und dürfte für das Fachpersonal der Betreuungsbehörden, einen Betreuungsverein mit geeigneten Mitarbeitern und Berufsbetreuern ein sicheres Terrain darstellen, auf dem keine großartigen Evaluationen erfolgen müssten.

4.4 Information, Beratung, Begleitung und Unterstützung

4.4.1 Information und Beratung für alle Bürger

Informationspflicht

117 Eine Informationspflicht besteht für Betreuungsbehörden und Betreuungsvereine. Adressaten sind jeweils alle Bürger. Für die Betreuungsbehörde ergibt sich die Pflicht zur Information aus § 5 Abs. 1 BtOG und bezieht sich auf „allgemeine betreuungsrechtliche Fragen, Vorsorgevollmachten und andere Hilfen, bei denen kein gesetzlicher Vertreter bestellt wird". Die Pflicht gilt allgemein und ist nicht auf einen speziellen Fall bezogen. Ein Betreuungsverein hat ebenfalls alle Bürger „planmäßig über allgemeine betreuungsrechtliche Fragen, Vorsorgevollmachten, Betreuungsverfügungen und Patientenverfügungen zu informieren", § 15 Abs. 1 Satz 1 Nr. 1 BtOG.

Pflicht bzw. Befugnis zur Beratung für alle Bürger

118 Für die Betreuungsbehörde besteht zusätzlich eine allgemeine Beratungspflicht aus § 5 Abs. 1 BtOG. Diese Beratungspflicht bezieht sich ebenfalls auf „allgemeine betreuungsrechtliche Fragen, Vorsorgevollmachten und andere Hilfen, bei denen kein gesetzlicher Vertreter bestellt wird".

119 Für die Betreuungsvereine gibt es keine Pflicht, sondern nur eine Kann-Bestimmung aus § 15 Abs. 3 BtOG. Betroffene, Angehörige und sonstige Personen können daher nach § 15 Abs. 3 BtOG zu allgemeinen betreuungsrechtlichen Fragen, über Vorsorgevollmachten und andere Hilfen, bei denen kein Betreuer bestellt wird, beraten werden. Diese Befugnis ermöglicht auch eine Beratung bei der konkreten Errichtung einer Vorsorgevollmacht oder Betreuungsverfügung.

4.4.2 Beratung und Unterstützung speziell für Betreuer und Vorsorgebevollmächtigte

120 Betreuer und Vorsorgebevollmächtigte können bei der Betreuungsbehörde Beratung und Unterstützung nach Maßgabe des § 5 Abs. 2 BtOG in Anspruch nehmen. Das Betreuungsgericht

berät nach § 1861 Abs. 1 BGB nur Betreuer über ihre Rechte und Pflichten bei der Wahrnehmung ihrer Aufgaben.

Anerkannte Betreuungsvereine beraten und unterstützen ehrenamtliche Betreuer und Vorsor- 121
gebevollmächtigte bei der Wahrnehmung ihrer Aufgaben gemäß § 15 Abs. 1 Satz 1 Nr. 3 und 5 BtOG. Der Verein muss ehrenamtliche Betreuer darüber hinaus in ihre Aufgaben einführen und sie fortbilden und kann mit ihnen eine Vereinbarung über eine Begleitung und Unterstützung abschließen, siehe § 15 Abs. 1 Satz 1 Nr. 3 und 4 BtOG sowie Rn. 123.

Betreuern und Bevollmächtigten bleibt es selbst überlassen, bei wem und wo sie um 122
Information, Rat und Hilfe nachsuchen. Die Beratungsangebote stehen jedenfalls nicht konkurrierend zueinander. Beratung und Unterstützung für Betreute und Vollmachtgeber bei Eintritt des Vorsorgefalls findet dagegen nicht statt. Ebenso wenig steht Ehegatten, die ein Ehegattenvertretungsrecht nach § 1358 BGB haben, eine gesetzlich vorgeschriebene Beratung oder Unterstützung zu.

4.4.3 Begleitung und Unterstützung ehrenamtlicher Betreuer durch Betreuungsverein oder Betreuungsbehörde

Ehrenamtliche Betreuer können bzw. sollen zusätzlich zur Beratung und Unterstützung eine 123
„Begleitung" und Unterstützung in Anspruch nehmen. Die etwas unübersichtliche gesetzliche Regelung kann folgender Übersicht entnommen werden:

Übersicht zur Vereinbarung über eine Begleitung und Unterstützung der ehrenamtlichen Betreuer durch einen Betreuungsverein	
geregelt in	**Inhalt**
§ 1816 Abs. 4 BGB **Regelung für sog. „Fremdbetreuer"**	„Eine Person, die keine familiäre Beziehung oder persönliche Bindung zu dem Volljährigen hat, soll nur dann zum ehrenamtlichen Betreuer bestellt werden, wenn sie mit einem (...) anerkannten Betreuungsverein oder mit der zuständigen Behörde eine **Vereinbarung über eine Begleitung und Unterstützung** gemäß § 15 Absatz 1 Satz 1 Nummer 4 oder § 5 Absatz 2 Satz 3 des Betreuungsorganisationsgesetzes geschlossen hat."
§ 5 Abs. 2 Satz 2 und 3 BtOG	„(2) (...) Sie (Betreuungsbehörde) unterstützt ehrenamtliche Betreuer beim Abschluss einer Vereinbarung über eine **Begleitung und Unterstützung** nach § 15 Absatz 1 Satz 1 Nummer 4 mit einem (...) anerkannten Betreuungsverein. Die Behörde hat die Begleitung und Unterstützung des ehrenamtlichen Betreuers mittels einer Vereinbarung nach § 15 Abs. 1 Satz 1 Nummer 4 und Absatz 2 **selbst zu gewährleisten**, wenn in ihrem Zuständigkeitsbereich kein anerkannter Betreuungsverein zur Verfügung steht."
§ 15 Abs. 1 BtOG	„(1) Ein anerkannter Betreuungsverein hat (...) 3. vom Betreuungsgericht bestellte **ehrenamtliche Betreuer** in ihre Aufgaben einzuführen, sie fortzubilden und sie bei der Wahrnehmung ihrer Aufgaben zu **beraten und zu unterstützen**, 4. mit ehrenamtlichen Betreuern eine Vereinbarung über eine **Begleitung und Unterstützung** im Sinne von Nummer 3 abzuschließen, sofern eine solche Vereinbarung nach § 22 Absatz 2 in Verbindung mit § 1816 Absatz 4 des BGB erforderlich ist oder von dem ehrenamtlichen Betreuer gewünscht wird, und (...)"

A

Übersicht zur Vereinbarung über eine Begleitung und Unterstützung der ehrenamtlichen Betreuer durch einen Betreuungsverein	
geregelt in	**Inhalt**
§ 15 Abs. 2 BtOG **Inhalt der Vereinbarung, Verein ehrenamtlicher Betreuer**	„(2) Eine Vereinbarung nach Absatz 1 Satz 1 Nummer 4 hat mindestens zu umfassen: 1. die Verpflichtung des ehrenamtlichen Betreuers zur Teilnahme an einer **Einführung** über die Grundlagen der Betreuungsführung, 2. die Verpflichtung des ehrenamtlichen Betreuers zur regelmäßigen Teilnahme an **Fortbildungen**, 3. die Benennung eines Mitarbeiters des Betreuungsvereins als **festen Ansprechpartner** und (...)"
§ 22 BtOG	„(1) Ein **ehrenamtlicher Betreuer** kann eine Vereinbarung über eine **Begleitung und Unterstützung** nach § 15 Absatz 1 Satz 1 Nummer 4 mit einem anerkannten Betreuungsverein oder hilfsweise nach § 5 Absatz 2 Satz 3 mit der zuständigen Behörde abschließen. (2) Eine Person, die ehrenamtlich Betreuungen führen möchte und keine familiäre Beziehung oder persönliche Bindung zum Betroffenen hat, **soll** vor ihrer ersten Bestellung als ehrenamtlicher Betreuer eine Vereinbarung nach Absatz 1 abschließen."

5. Das Beratungsverständnis: Betreuungsbehörde, Betreuungsverein

5.1 Leitbild für Berater

124 Betreuungsgericht, Betreuungsbehörde und Betreuungsverein werden nur auf Wunsch des Betreuers als Berater tätig. Die professionellen Berater der Institutionen sollen nicht als überlegene Sachkenner auftreten, sondern als partnerschaftliche Helfer des Betreuers. Dieses Grundverständnis resultiert aus der Tatsache, dass es sich bei einer Beratung nicht um einen einseitigen Kommunikationsprozess handelt. Die Berater sind grundsätzlich für sachgemäße Auskünfte verantwortlich, nicht aber für die Entscheidung des Betreuers, die dieser nach dem Beratungsgespräch trifft.

125 Die Verantwortlichkeit des Betreuers für seine Entscheidung bedingt allerdings eine korrekte und fachkundige Beratung durch die Institutionen. Erforderlich ist eine klare Sachverhaltsaufklärung hinsichtlich des Beratungsgegenstands, das Aufzeigen der Folgen eines möglichen Tuns oder Unterlassens, orientiert am freien oder natürlichen Willen (Wunsch) des Betreuten bzw. am mutmaßlichen Willen.

126 Da Beratungsprozesse sowohl Rechts- als auch Lebensberatung umfassen können, muss auch eine interdisziplinäre Zusammenarbeit von Beratern in Erwägung gezogen werden. Ein sach- und zweckgerichteter Beratungsprozess ist abhängig vom Gegenstand der Beratung und nicht unbedingt schon mit einer Weitervermittlung an andere Stellen abgeschlossen.

127 Die Beratung des Betreuungsgerichts, der Betreuungsbehörde oder des Betreuungsvereins richtet sich nur an den Betreuer, nicht an den Betreuten. Grundlage dafür ist das Prinzip der Selbstständigkeit des Betreuers. Ob der Betreute in einen Beratungsprozess einbezogen werden soll, liegt in der Entscheidung des Betreuers. Ausgehend von seiner Besprechungspflicht mit dem Betreuten in wichtigen Angelegenheiten gemäß § 1821 Abs. 5 BGB kann dies im Einzelfall durchaus sinnvoll und sachgerecht sein.

A

5.2 Kompetenz der Berater, Beratungsschwerpunkte

Die notwendige Kompetenz zur Beratung der Betreuer ist bei allen Institutionen vorhanden. § 3 BtOG stellt klar: „Zur Durchführung der Aufgaben der Behörde werden Personen beschäftigt, die sich hierfür nach ihrer Persönlichkeit eignen und die in der Regel entweder eine ihren Aufgaben entsprechende Ausbildung erhalten haben (Fachkräfte) oder über vergleichbare Erfahrungen verfügen." Für einen Betreuungsverein verlangt § 14 Abs. 1 Nr. 2 und 3 BtOG, dass er „eine ausreichende Zahl geeigneter Mitarbeiter hat und diese beaufsichtigen, weiterbilden und gegen Schäden, die diese anderen im Rahmen ihrer Tätigkeit zufügen können, angemessen versichern (siehe dazu § 10 BtRegV) wird, und einen Erfahrungsaustausch zwischen den Mitarbeitern ermöglicht". 128

5.3 Besonderheit bei der Beratung durch das Betreuungsgericht

Das Betreuungsgericht ist verpflichtet, alle Betreuer zu beraten, § 1861 BGB. Funktionell zuständig ist der Rechtspfleger, siehe A 7, Rn. 19. Dies kann aber wohl nicht für Unterbringungssachen gelten, da § 3 Nr. 2b RPflG dem Rechtspfleger nur Betreuungssachen übertragen hat und die Unterbringungssachen nicht betrifft. Die Beratung beschränkt sich nicht auf eine Einführung zu Beginn einer Betreuung, sondern muss „bei Bedarf dauerhaft während der gesamten Betreuung" geleistet werden. Es handelt sich um ein Recht des Betreuers; er hat darauf einen Anspruch. Dieser Beratungsanspruch darf aber nicht überdehnt werden; er beschränkt sich auf Grundfragen der Amtsführung und wichtige Entscheidungen im Verfahren. Er wird bei allen mit Genehmigungsvorbehalt versehenen Angelegenheiten sowie bei schwierigen betreuungsrechtlichen Fragen in Erwägung gezogen werden. Vgl. zum Ganzen BT-Drucks. 19/24445, S. 297. 129

Für die Lösung von Konflikten zwischen Betreuer und Betreutem sieht das Gesetz an sich keine klärende Beratung oder Moderation des Betreuungsgerichts vor, allerdings kann auf die Bereinigung solcher Auseinandersetzungen hingewirkt werden. Dies wird sich anbieten, wenn „Anhaltspunkte dafür bestehen, dass der Betreuer pflichtwidrig den Wünschen des Betreuten nicht oder nicht in geeigneter Weise oder seinen Pflichten gegenüber dem Betreuten in anderer Weise nicht nachkommt", § 1862 Abs. 2 BGB. Das Gericht muss hier den Betroffenen persönlich anhören und kann dabei auch moderierend und vermittelnd tätig werden. Dabei taucht erstmals der Betreute im Bereich der Aufsicht, Beratung, Unterstützung und Information während der Betreuung auf. Ein Zeichen dafür, dass man es mit der Orientierung am Selbstbestimmungsrecht der Betreuten in diesem Kontext bisher noch nicht weit gebracht hat. 130

Gemäß § 1861 Abs. 2 BGB wird der ehrenamtliche Betreuer alsbald nach seiner Bestellung mündlich verpflichtet, über seine Aufgaben unterrichtet und auf Beratungs- und Unterstützungsangebote hingewiesen. Das gilt nur für solche ehrenamtlichen Betreuer, die nur eine Betreuung führen und auch in den letzten zwei Jahren jeweils nur eine Betreuung geführt haben Dabei spielt die mündliche Verpflichtung des Betreuers durch den Rechtspfleger eine besondere Rolle. 131

5.4 Besonderheiten bei der Beratung durch die Betreuungsbehörde (Betreuungsstelle)

5.4.1 Beratung, Information

Generell muss die Behörde auch über allgemeine betreuungsrechtliche Fragen, Vorsorgevollmachten und andere Hilfen beraten und informieren, § 5 Abs. 1 BtOG, vgl. Rn. 109. Zeichnet sich ein Betreuungsbedarf ab, soll der betroffenen Person ein Beratungsangebot unterbreitet werden. Aber auch für die Arbeit der Betreuer stellt die Betreuungsbehörde konkret Beratung und Unterstützung zur Verfügung, § 5 Abs. 2 Satz 1 BtOG. Bezüglich der ehrenamtlichen Betreuer siehe auch Rn. 131. 132

5.4.2 Unterstützung

Die Betreuungsbehörde ist neben der Beratung auch zur Unterstützung der Betreuer und Vorsorgebevollmächtigten verpflichtet. Im Einzelfall berät sie den Betreuer und Bevoll- 133 mächtigten nicht nur im Sinne der „Hilfe zur Selbsthilfe", sondern sie muss ebenfalls problemlösend unterstützen, auch wenn der Betreuer bzw. Bevollmächtigte nach seiner Entscheidungsfindung mit der Erledigung einer Angelegenheit überfordert ist, § 5 Abs. 2 BtOG.

134 Die Unterstützung kann z. B. in der Abfassung von Schriftstücken, dem Ausfüllen von Anträgen, der Vermittlung von ambulanten sozialpflegerischen Diensten und in der Vermittlung eines Heimplatzes bestehen. Diesen umfassenden Auftrag werden die Betreuungsbehörden wegen der häufig mangelnden personellen Ausstattung nicht immer zeitgerecht erfüllen können. Eine vorherige telefonische Terminvereinbarung mit dem Berater der Betreuungsbehörde wird dringend empfohlen.

135 In der Praxis zeichnet sich bei den Betreuungsbehörden ein Beratungsschwerpunkt bei der Vermittlung „anderer Hilfen", zum Sozialrecht, zu allgemeinen Fragen des Betreuungsrechts und zu Fragen des Umgangs mit dem Betreuten ab.

5.5 Besonderheiten bei der Beratung und Begleitung durch den Betreuungsverein

5.5.1 Adressaten: Betreuer, Vorsorgebevollmächtigte

136 Die Betreuungsvereine haben sich zusätzlich zu den oben beschriebenen Aufgaben gemäß § 15 Abs. 1 Satz 1 Nr. 2 BtOG planmäßig um die Gewinnung ehrenamtlicher Betreuer zu bemühen. Ferner hat der Verein die vom Betreuungsgericht bestellten ehrenamtlichen Betreuer „in ihre Aufgaben einzuführen, sie fortzubilden und sie bei der Wahrnehmung ihrer Aufgaben zu beraten und zu unterstützen". Es handelt sich also um einen umfassenden Auftrag zur Beratung, Begleitung und Unterstützung von Beginn an und über die gesamte Dauer der Betreuung hinweg. Bei den Bevollmächtigten formuliert es der Gesetzgeber einfacher, wenn er die Pflicht ausspricht, „Bevollmächtigte bei der Wahrnehmung ihrer Aufgaben zu beraten und zu unterstützen".

137 Regional haben sich sehr unterschiedliche Arbeitskonzepte entwickelt. Ehrenamtliche Betreuer sollten sich das Informationsmaterial über die örtlichen Betreuungsvereine von der Betreuungsbehörde oder dem Betreuungsgericht aushändigen lassen bzw. sich selbst an den Betreuungsverein wenden. Häufig kann auch eine Recherche im Internet die Existenz der Vereine und deren Angebote ermitteln.

138 In der Regel werden von einem Betreuungsverein neben der Beratung in rechtlichen, medizinischen, psychologischen und organisatorischen Fragen auch Gesprächskreise angeboten, die einen Erfahrungsaustausch der Betreuer untereinander und somit Kontakte fördern. Darüber hinaus sollten sich ehrenamtliche Betreuer und Vorsorgebevollmächtigte nicht scheuen, auf die genannten Beratungs- und Unterstützungspflichten hinzuweisen und sie auch einfordern.

5.5.2 Adressaten: Dritte außerhalb der Betreuung

139 In § 15 Abs. 3 BtOG wird keine Pflicht des Betreuungsvereins begründet, sondern es wird ihm die Möglichkeit („können") eingeräumt, weitere Personen zu beraten. Demnach können im Einzelfall „Betroffene, Angehörige und sonstige Personen" zu allgemeinen betreuungsrechtlichen Fragen, zu Vorsorgevollmachten und über andere Hilfen nach § 5 Abs. 1 BtOG beraten werden, bei denen kein Betreuer bestellt wird. Schließlich kann eine Beratung auch bei der Errichtung einer Vorsorgevollmacht oder Betreuungsverfügung erfolgen. Ein Betreuungsverein, der sich dieser Aufgabe stellt, könnte für die Beratung auch Geld verlangen.

6. Recht des Betreuungsvereins

6.1 Anerkennungsvoraussetzungen für den Betreuungsverein

140 Als Betreuungsverein kann gemäß § 14 BtOG ein rechtsfähiger Verein anerkannt werden, wenn er gewährleistet, dass er

- die Aufgaben nach den §§ 15 und 16 BtOG wahrnehmen wird,
- eine ausreichende Zahl geeigneter Mitarbeiter hat und diese beaufsichtigen, weiterbilden und gegen Schäden, die diese anderen im Rahmen ihrer Tätigkeit zufügen können, angemessen versichern wird, und
- einen Erfahrungsaustausch zwischen den Mitarbeitern ermöglicht.

Diese nach Bundesrecht normierten Anforderungen sind aufgrund der Öffnungsklausel in § 14 Abs. 3 BtOG z. B. in Bayern mit Art. 4 BayAGBtG um nachfolgende Voraussetzungen erweitert worden: 141

- Die Leitung der Betreuungsarbeit muss einer oder mehreren nach Ausbildung oder Berufserfahrung geeigneten Fachkräften übertragen werden, die nicht in einem Abhängigkeitsverhältnis oder einer anderen engen Beziehung zu Einrichtungen stehen, in denen Personen, für die ein Mitarbeiter des Vereins als Betreuer bestellt ist, untergebracht sind oder wohnen.
- Der Betreuungsverein muss sich verpflichten, der Anerkennungsbehörde jährlich einen Tätigkeitsbericht vorzulegen, der insbesondere Auskunft über die Zahl und Art der übernommenen Betreuungen sowie die Zahl der vom Verein in ihre Aufgaben eingeführten, fortgebildeten und beratenen Einzelbetreuer gibt und Kosten sowie Finanzierung der Verwaltungs- und Betreuungsarbeit darstellt.
- Er muss ausschließlich und unmittelbar gemeinnützige Zwecke im Sinn von § 52 der Abgabenordnung verfolgen und seinen Sitz und seinen überwiegenden Tätigkeitsbereich in Bayern haben.
- Die örtliche Betreuungsstelle, auf deren Gebiet sich die Tätigkeit des Betreuungsvereins erstreckt, muss festgestellt haben, dass in dem betreffenden Landkreis oder der betreffenden kreisfreien Stadt ein Bedarf für dessen Tätigkeit besteht.

6.2 Anerkennung als Betreuungsverein und Widerruf

Wenn ein rechtsfähiger Verein die bundes- und landesrechtlichen Anforderungen erfüllt, ist er auf seinen Antrag hin als Betreuungsverein anzuerkennen. Für die Anerkennung der Betreuungsvereine sind in Bayern die Regierungen zuständig, Art. 2 Abs. 1 und 2 BayAGBtG. 142

Die Anerkennung ist ein widerruflicher Verwaltungsakt, der unter Nebenbestimmungen erteilt werden kann. Sie gilt für das jeweilige Land, kann aber auf einzelne Landesteile beschränkt werden. Ein (teilweiser) Widerruf der Anerkennung als Betreuungsverein mit Wirkung für die Zukunft ist gemäß § 14 Abs. 2 Satz 2 BtOG und Art. 49 Abs. 2 Nr. 1 BayVwVfG möglich, wenn die Behörde aufgrund nachträglich eingetretener Tatsachen berechtigt wäre, den Verwaltungsakt nicht zu erlassen, oder wenn ohne den Widerruf das öffentliche Interesse gefährdet würde. Die Rechtsprechung der Verwaltungsgerichte ist dabei sehr zurückhaltend. Selbst bei gravierendem Fehlverhalten eines Mitarbeiters des Betreuungsvereins wird häufig festgestellt, dass dies nicht generell zu dessen Ungeeignetheit führen könne. Wenn der Mitarbeiter fortwährend von den Betreuungsgerichten als Betreuer eingesetzt wird, belege dies nach Ansicht der Rechtsprechung, dass er keineswegs allgemein als ungeeignet angesehen wird. Daran ändert nichts, dass im Einzelfall eine betreuungsrelevante strafrechtliche Verurteilung erfolgte und durch Gerichtsbeschluss die Ungeeignetheit des Mitarbeiters für die Betreuung in einem bestimmten Einzelfall gerichtlich festgestellt worden ist. Er könne dann ja Querschnittaufgaben erfüllen, so das VG Ansbach, Urt. v. 17.11.2015 – AN 1 K 15.01184, und BayVGH, Beschl. v. 14.4.2010 – 4 ZB 09.910. 143

Eine bestimmte Quantität der Bemühungen wird von § 14 BtOG nicht vorgeschrieben. Die entsprechenden Bemühungen hängen somit ersichtlich von der Größe des Vereins, der Anzahl seiner Mitarbeiter und den ihm zur Verfügung stehenden Fördermitteln ab. 144

Dem § 14 BtOG ist im Einzelnen nicht zu entnehmen, wie, unter welchen Umständen und mit welcher Organisationsstruktur Vereinsmitarbeiter zu beaufsichtigen sind. Auch der Landesgesetzgeber hat hierzu, obwohl ihm in § 14 Abs. 3 BtOG die Kompetenz hierfür eingeräumt ist, 145 in seinem Gesetz zur Ausführung des Betreuungsgesetzes (BayAGBtG) keine konkreteren Anforderungen geregelt.

6.3 Aufgaben des Betreuungsvereins (Zusammenfassung)

146 Der Betreuungsverein muss entsprechend den Anerkennungsvoraussetzungen die Erfüllung nachfolgender Aufgaben gewährleisten:

- planmäßige Information über allgemeine betreuungsrechtliche Fragen, Vorsorgevollmachten, Betreuungsverfügungen und Patientenverfügungen
- planmäßiges Bemühen um die Gewinnung ehrenamtlicher Betreuer
- die vom Betreuungsgericht bestellten ehrenamtlichen Betreuer in ihre Aufgaben einführen, sie fortbilden und sie bei der Wahrnehmung ihrer Aufgaben beraten und unterstützen
- mit ehrenamtlichen Betreuern eine Vereinbarung über eine Begleitung und Unterstützung im Sinne von Nummer 3 abschließen, sofern eine solche Vereinbarung nach § 22 Abs. 2 i. V. m. § 1816 Abs. 4 BGB erforderlich ist oder von dem ehrenamtlichen Betreuer gewünscht wird
- Bevollmächtigte bei der Wahrnehmung ihrer Aufgaben beraten und unterstützen
- Führung von Betreuungen durch Vereinsbetreuer bzw. Führung von Betreuungen durch den Verein nach Maßgabe der §§ 1818, 1819 BGB und bzgl. Verhinderungsbetreuer nach § 1817 Abs. 4 Satz 2 BGB
- im Einzelfall Personen zu „allgemeinen betreuungsrechtlichen Fragen, zu Vorsorgevollmachten und über andere Hilfen nach § 5 Abs. 1 BtOG, bei denen kein Betreuer bestellt wird" beraten, einschließlich der Beratung über die Errichtung einer Vorsorgevollmacht oder Betreuungsverfügung, § 15 Abs. 3 BtOG.

147 Als Betreuer wird in der Regel ein Mitarbeiter des Vereins, der dort ausschließlich oder teilweise tätig ist, persönlich bestellt (Vereinsbetreuer), § 1897 Abs. 2 Satz 1 BGB.

148 Der Verein selbst kann nur zum Betreuer bestellt werden, wenn der Betreute dies wünscht oder durch eine oder mehrere natürliche Personen nicht hinreichend betreut werden kann, § 1818 Abs. 1 BGB. Gemäß § 1817 Abs. 4 Satz 2 BGB kann der Betreuungsverein als Verhinderungsbetreuer bestellt werden und zwar ohne Rücksicht auf den Vorrang individueller Betreuung. Nach der Intention des Betreuungsrechts, die der natürlichen Person als Betreuer einen Vorrang einräumt, muss die Bestellung des Vereins zum Betreuer dennoch als Ausnahme gesehen werden.

6.4 Der ehrenamtliche Betreuer beim Betreuungsverein

149 Aufgabe des Betreuungsvereins ist es unter anderem, planmäßig ehrenamtliche Betreuer zu gewinnen und diese in ihre Aufgaben einzuführen, fortzubilden, zu beraten und zu unterstützen. Ehrenamtliche Betreuer, die mit der Ausübung ihrer Tätigkeit ein Stück weit Gemeinschaft erleben wollen und eine qualifizierte Anleitung und Hilfestellung wünschen, sollten sich einem Betreuungsverein anschließen.

6.5 Wie findet man einen Betreuungsverein?

150 In Bayern findet sich eine Übersicht auf der Homepage des Bayerischen Staatsministeriums für Familie, Arbeit und Soziales (Startseite, Themen, Soziale Hilfen, Betreuungsvereine): www.stmas.bayern.de/betreuungsvereine/

6.6 Zusammenfassung der Rechte und Pflichten des Betreuungsvereins

Neuregelung der **gesetzlichen Grundlagen** der Betreuungsvereine	§ 14 bis 18 BtOG, Anerkennung, Aufgaben, finanzielle Ausstattung
Bestellung auf **Wunsch** des Betroffenen; Durchbrechung des Grundsatzes natürliche Personen vor juristischen Personen	§ 1818 Abs. 1 Satz 1 BGB
Erleichterte Bestellung als **Verhinderungsbetreuer**	§ 1817 Abs. 4 Satz 2 BGB
Übertragung der sog. **„erweiterten Unterstützung"**; Chance für Weiterentwicklung der Betreuungsvereine	§ 8 Abs. 2 und 4 BtOG und § 11 Abs. 3 Satz 2 Halbsatz 2 und Abs. 4 BtOG
Paradigmenwechsel bei der Unterstützung ehrenamtlicher Betreuer; Abschluss einer Vereinbarung über Begleitung und Unterstützung	§ 22 BtOG § 15 Abs. 1 Satz 1 Nr. 3 und 4 BtOG § 1816 Abs. 4 BGB
Mitteilung an Betreuungsverein Die Behörde teilt Name und Anschrift der ehrenamtlichen Betreuer, von deren Bestellung sie durch die Bekanntgabe des Betreuungsgerichts nach § 288 Abs. 2 Satz 1 FamFG Kenntnis erlangt hat, unverzüglich einem am Wohnsitz des ehrenamtlichen Betreuers anerkannten Betreuungsverein mit, um dem Verein eine Kontaktaufnahme zu ermöglichen. Dies gilt nicht für ehrenamtliche Betreuer, die keine familiäre Beziehung oder persönliche Bindung zu dem Betroffenen haben.	§ 10 BtOG
Die **finanzielle Ausstattung** anerkannter Betreuungsvereine nach § 17 Satz 1 BtOG erfolgt durch staatliche Zuschüsse nach einem Einwohnerschlüssel pro Landkreis oder kreisfreie Stadt. Zuschussfähig sind die erforderlichen Personal- und Sachkosten für die Erfüllung der gesetzlichen Aufgaben der Betreuungsvereine nach § 15 BtOG. Stehen für das jeweilige Haushaltsjahr Haushaltsmittel nicht in der erforderlichen Höhe zur Verfügung, wird der jeweilige Zuschussbetrag für jeden Empfänger anteilig vermindert.	Art. 5 BayAGBtG und andere Ländergesetze
Vergütung und Aufwendungsersatz für Betreuungsvereine	
Ist ein beruflicher Betreuer nach § 19 Abs. 2 des BtOG, der als Mitarbeiter eines anerkannten Betreuungsvereins rechtliche Betreuungen führt, als Vereinsbetreuer bestellt, kann der Betreuungsverein vom Betreuten Vergütung und Aufwendungsersatz nach Maßgabe der §§ 8 bis 12, 15 und 16 VBVG (2023) verlangen. Der Vereinsbetreuer selbst kann keine Vergütung und keinen Aufwendungsersatz geltend machen.	**§ 7 Abs. 2 VBVG (2023)**
Ist der Betreuungsverein nach § 1818 Abs. 1 des BGB als Betreuer bestellt, ist ihm eine Vergütung nach den §§ 8 bis 10 VBVG (2023) zu bewilligen, wenn der Mitarbeiter, dem die Führung der Betreuung gemäß § 1818 Abs. 2 Satz 1 BGB übertragen worden ist, als beruflicher Betreuer registriert ist. Die Höhe der Vergütung richtet sich nach der aufgrund der Feststellung nach § 8 Abs. 3 VBVG (2023) für den Mitarbeiter anzuwendenden Vergütungstabelle. Eine Vergütung ist auch dann zu bewilligen, wenn der Mitarbeiter spätestens sechs Monate nach Beginn seiner Tätigkeit für den Betreuungsverein registriert ist.	**§ 13 Abs. 1 VBVG (2023)** Betreuungsverein überträgt die Führung der Betreuung einem als Berufsbetreuer registrierten Mitarbeiter

In den Fällen des **§ 1817 Abs. 4 und 5 BGB** sind dem Betreuungsverein nach Maßgabe von Absatz 1 Vergütung und Aufwendungsersatz nach § 12 Abs. 2 VBVG (2023) zu bewilligen. Aufwendungen im Sinne von § 1877 Abs. 3 BGB kann der Verein nicht geltend machen. Allgemeine Verwaltungskosten werden nicht ersetzt.	Betreuungsverein als Verhinderungsbetreuer
Ein Vereinsbetreuer kann die nach § 23 Abs. 1 Nr. 3 BtOG erforderliche Berufshaftpflichtversicherung durch Vorlage einer dem anerkannten Betreuungsverein ausgestellten Bescheinigung nach § 113 Abs. 2 VVG nachweisen, aus der sich das Bestehen eines den Anforderungen des § 23 Abs. 1 Nr. 3 BtOG in Verbindung mit den Absätzen 1 bis 3 entsprechenden Versicherungsschutzes für diesen Mitarbeiter ergibt.	**§ 10 BtRegV: Berufshaftpflichtversicherung**
Registrierung des Mitarbeiters Ist die Person, die eine Registrierung als beruflicher Betreuer beantragt, Mitarbeiter eines anerkannten Betreuungsvereins oder legt sie eine Anstellungszusage eines anerkannten Betreuungsvereins vor und kann sie zum Zeitpunkt der Antragstellung das Vorliegen der Sachkunde nicht vollständig, aber in wesentlichen Teilen nachweisen, kann die Stammbehörde die Person als beruflichen Betreuer registrieren, wenn • die Voraussetzungen für die Registrierung nach § 23 Abs. 1 Nr. 1 und 3 BtOG vorliegen und • der Betreuungsverein sicherstellt, dass die Person bis zum vollständigen Nachweis ihrer Sachkunde durch einen Mitarbeiter, der als beruflicher Betreuer registriert ist, bei den von ihr geführten Betreuungen angeleitet und kontrolliert wird. Die Sachkunde ist gegenüber der Stammbehörde bis zum Ablauf eines Jahres ab Registrierung vollständig nachzuweisen. Die Behörde kann die Frist für die Erbringung des Nachweises verlängern, wenn die registrierte Person nachweist, dass sie ohne ihr Verschulden verhindert ist, die Frist einzuhalten.	§ 23 Abs. 4 BtOG
Widerruf der Registrierung des Mitarbeiters Die Stammbehörde widerruft die Registrierung, wenn der als Mitarbeiter eines anerkannten Betreuungsvereins registrierte berufliche Betreuer den vollständigen Nachweis seiner Sachkunde nicht bis zum Ablauf eines Jahres ab Registrierung oder bis zum Ablauf der verlängerten Frist erbringt (§ 23 Abs. 4 Satz 2 und 3 BtOG).	§ 27 Abs. 1 Satz 1 Nr. 4 BtOG

7. Ehrenamtliche Betreuer, Stellung und Aufgaben

7.1 Allgemeines

151 Das BtOG hat nunmehr auch die Stellung des ehrenamtlichen Betreuers geregelt und mit einer Legaldefinition erfasst. Ehrenamtliche Betreuer sind natürliche Personen, die außerhalb einer beruflichen Tätigkeit rechtliche Betreuungen führen. Aufgrund unterschiedlicher Regelungen werden die Ehrenamtlichen in „Angehörigenbetreuer" mit familiärer Beziehung oder persönlicher Bindung zum Betreuten und sog. „Fremdbetreuer" unterteilt. Zum Tragen kommt diese Differenzierung etwa bei § 1816 Abs. 4 BGB und § 22 Abs. 2 BtOG. Neben den §§ 21 und 22 BtOG gelten für die ehrenamtlichen Betreuer alle Vorschriften des BGB, insbesondere § 1821 Abs. 2 bis 4 BGB. Vgl. zum Ganzen auch A 2, Rn. 106 f.

7.2 Voraussetzungen für einen ehrenamtlichen Betreuer

Auch der ehrenamtliche Betreuer muss persönlich geeignet und zuverlässig sein. An der 152 Zuverlässigkeit fehlt es gemäß § 21 Abs. 1 Satz 2, § 23 Abs. 2 Nr. 1, 2 und 4 BtOG

- bei „einem Berufsverbot nach § 70 des Strafgesetzbuchs oder einem vorläufigen Berufsverbot nach § 132a der Strafprozessordnung",
- bei Vorliegen einer in den letzten drei Jahren erfolgten rechtskräftigen Verurteilung wegen eines Verbrechens oder eines für die Führung einer Betreuung relevanten vorsätzlich begangenen Vergehens bzw.
- wenn die „Vermögensverhältnisse der Person ungeordnet sind, was in der Regel der Fall ist, wenn über das Vermögen der Person das Insolvenzverfahren eröffnet worden oder sie in das vom zentralen Vollstreckungsgericht zu führende Schuldnerverzeichnis (§ 882b der Zivilprozessordnung) eingetragen ist".

Zum Nachweis muss der Betreuer ein Führungszeugnis und eine Auskunft aus dem zentralen 153 Schuldnerverzeichnis (vgl. Rn. 27) der Betreuungsbehörde vorlegen, die jeweils nicht älter als drei Monate sein sollen. Dies gilt nicht beim vorläufigen Betreuer, § 21 Abs. 2 Satz 2 BtOG. Die Betreuungsbehörde berücksichtigt dies bei ihrem Betreuervorschlag, § 12 Abs. 3 BtOG.

Das Führungszeugnis und die Auskunft aus dem Schuldnerverzeichnis können auch online 154 beantragt werden:

- Führungszeugnis bundesweit: www.fuehrungszeugnis.bund.de
- Auskunft aus dem Schuldnerverzeichnis (Bayern): www.freistaat.bayern (BayernPortal, dort in der A–Z-Liste: Vollstreckungsmaßnahme; Beantragung der ganzen oder teilweisen Aufhebung, Untersagung oder einstweilen Einstellung)

Die einmalige Vorlage vor der Bestellung des ehrenamtlichen Betreuers genügt und muss nicht 155 wiederholt werden.

Achtung: Zur Eignung und Zuverlässigkeit des vorgesehenen Betreuers sollte sich auch der 156 Betroffene gegenüber der Betreuungsbehörde äußern können. Deshalb kann die Betreuungsbehörde auf Wunsch des Betreuten ein persönliches Kennenlernen vermitteln und entsprechende Erkenntnisse über die Sicht des Betroffenen gewinnen, § 12 Abs. 2 BtOG.

7.3 Stärkung des Ehrenamts in der Betreuung

7.3.1 Ehrenamt geht vor

Das Gesetz geht vom Vorrang des ehrenamtlichen Betreuers aus, § 1816 Abs. 5 BGB. Den 157 Vorrang „Ehrenamt vor Beruf" betont der Gesetzgeber in der Begründung auch gegenüber einem Wunsch des Betroffenen nach einem Berufsbetreuer:

> *„Es bleibt damit auch bei der Rechtsprechung des Bundesgerichtshofs (BGH, Beschluss vom 11. Juli 2018 – XII ZB 642/17), wonach dieser Vorrang zwar grundsätzlich auch gegenüber einem Wunsch des Betroffenen, einen beruflichen Betreuer zu bestellen, gilt. Die als Soll-Vorschrift ausgestaltete Norm lässt dem Betreuungsgericht im Einzelfall jedoch genügend Spielraum, gegebenenfalls doch einen geeigneten Berufsbetreuer zu bestellen und so letztlich auch dem Selbstbestimmungsrecht des Betroffenen Rechnung zu tragen; in einem solchen Fall wäre der ehrenamtliche Betreuer keine geeignete Person im Sinne dieser Norm." (BT-Drucks. 19/24445, S. 239)*

7.3.2 Anbindung an einen Betreuungsverein

Ehrenamtliche Betreuer haben keine besondere Ausbildung im Hinblick auf die mit der 158 Betreuung verbundenen Rechte und Pflichten. Der Gesetzgeber fördert deshalb die Anbindung an einen Betreuungsverein. Dieser hat die Aufgabe, „vom Betreuungsgericht bestellte ehrenamtliche Betreuer in ihre Aufgaben einzuführen, sie fortzubilden und sie bei der Wahrnehmung ihrer Aufgaben zu beraten und zu unterstützen". Zusätzlich hat der Verein mit ehrenamtlichen Betreuern eine Vereinbarung über eine Begleitung und Unterstützung abzuschließen, „sofern eine solche Vereinbarung nach § 22 Absatz 2 BtOG in Verbindung mit § 1816 Absatz 4 des Bürgerlichen Gesetzbuchs erforderlich ist oder von dem ehrenamtlichen Betreuer gewünscht wird", § 15 Abs. 1 Satz 1 Nr. 3 und 4 BtOG. Eine derartige Vereinbarung umfasst gemäß § 15 Abs. 2 BtOG,

- die Verpflichtung des ehrenamtlichen Betreuers zur Teilnahme an einer Einführung über die Grundlagen der Betreuungsführung,
- die Verpflichtung des ehrenamtlichen Betreuers zur regelmäßigen Teilnahme an Fortbildungen,
- die Benennung eines Mitarbeiters des Betreuungsvereins als festen Ansprechpartner und
- die Erklärung der Bereitschaft des Betreuungsvereins zur Übernahme einer Verhinderungsbetreuung nach § 1817 Absatz 4 des Bürgerlichen Gesetzbuchs.

159 Diese effektive Unterstützung durch fachkundige Mitarbeiter sollte jeder ehrenamtliche Betreuer in Anspruch nehmen. Für den Angehörigenbetreuer ist der Abschluss einer Vereinbarung mit dem Betreuungsverein freiwillig. Für den Fremdbetreuer gilt, dass er nur nach Abschluss einer Vereinbarung bestellt werden soll, § 1816 Abs. 4 BGB, § 22 Abs. 2 und § 15 Abs. 1 Satz 1 Nr. 4 BtOG. Gemäß § 10 BtOG teilt das Betreuungsgericht Name und Anschrift eines neu bestellten ehrenamtlichen „Angehörigenbetreuers" dem zuständigen Betreuungsverein mit, damit dieser Kontakt aufnehmen kann. Ferner wird bei einem „Verpflichtungsgespräch" durch das Betreuungsgericht auf die örtlichen Beratungs- und Unterstützungsangebote hingewiesen, § 1861 Abs. 2 BGB.

7.4 Grundsätzliche Gedanken zum Ehrenamt

160 Ehrenamtliche Betreuer leisten nicht nur gegenüber den Betreuten, sondern auch für die Gesellschaft einen herausragenden Beitrag zur Kultur der Mitmenschlichkeit. In unserem sich wandelnden Sozialstaat setzt man mehr denn je auf die Ehrenamtlichkeit. Zur Stärkung des sozialen Ehrenamts „der Betreuung" sind neben den gesellschaftlichen Kräften in erster Linie die Betreuungsgerichte, die Betreuungsbehörden und die Betreuungsvereine verpflichtet. Das Ehrenamt ist eine tragende Säule unserer sozialen Gemeinschaft. Vor allem im Betreuungsrecht ist ehrenamtliches Engagement unverzichtbar; in Deutschland gibt es derzeit über 800.000 ehrenamtliche Betreuer. Die Betreuung von Menschen, die dringend auf die Hilfe anderer angewiesen sind, ist eine anspruchsvolle Aufgabe. Das Anforderungsprofil für Betreuer unterscheidet sich kaum von Stellenanzeigen hochdotierter Jobs. Gefragt sind Kommunikationsfähigkeit, Einfühlungsvermögen, Organisationstalent sowie die Bereitschaft, sich mit rechtlichen und medizinischen Fragen auseinanderzusetzen (Auszug aus der Rede von der damaligen Justizministerin Zypries zum Tag der Betreuung am 19.3.2009).

7.5 Verpflichtung gegenüber ehrenamtlichen Betreuern

161 Die Verpflichtung gegenüber den ehrenamtlichen Helfern und ihren Rechten wird beispielhaft an der Charta für ehrenamtliche Mitarbeiter in Schottland aufgezeigt:

VOLUNTEER DEVELOPMENT SCOTLAND: Charta des Ehrenamtes
Merkmale der ehrenamtlichen Tätigkeiten:

Sie werden nicht gegen Bezahlung ausgeführt.
Sie werden nach eigener Wahl übernommen.
Sie kommen dem ehrenamtlichen Helfer selbst, der Organisation, der Gemeinde und dem größeren sozialen Umfeld zugute.
Sie erfolgen durch Vermittlung eines Dritten oder einer Organisation.

Status und Anerkennung: Die ehrenamtlichen Mitarbeiter haben ein Anrecht darauf, von den Organisationen, die sie heranziehen, anerkannt zu werden und einen Status zu erhalten. Die Organisationen sollten daher ihren eigenen Verhaltenskodex gegenüber ehrenamtlichen Mitarbeitern entwickeln.

Ehrenamtliche und bezahlte Mitarbeiter: Wenn Organisationen ehrenamtliche Mitarbeiter heranziehen, ist das kein Ersatz für bezahlte Mitarbeiter. Was die ehrenamtlichen Helfer einbringen, ist ganz speziell und andersartig und hat seinen eigenen Wert. Die Organisationen, die ehrenamtliche Mitarbeiter heranziehen, sind dafür verantwortlich, eine gute Arbeitsbeziehung zwischen den ehrenamtlichen und den bezahlten Mitarbeitern sicherzustellen.

Chancengleichheit: Organisationen, die ehrenamtliche Mitarbeiter beschäftigen, sollten danach trachten, eine Politik der Chancengleichheit zu betreiben, die auch die ehrenamtlichen Mitarbeiter umfasst.

Führung von ehrenamtlichen Mitarbeitern: Ehrenamtliche Mitarbeiter sind kosteneffizient. Sie sind aber nicht völlig kostenlos. Sie brauchen eine angemessene Unterstützung entsprechend ihren individuellen Bedürfnissen, sie brauchen eine richtige Anleitung und finanzielle Ressourcen. Am besten wird dies durch eine vertragliche Vereinbarung zwischen dem ehrenamtlichen Mitarbeiter und der Organisation unterstützt.

Informationen und Verantwortung: Die ehrenamtlichen Mitarbeiter sollten über den von ihnen gewählten Arbeitsbereich gut unterrichtet werden, beispielsweise eine Arbeitsplatzbeschreibung und eine klare Vorstellung ihrer Verantwortung gegenüber der Organisation bekommen.

Beratung: Ehrenamtliche Mitarbeiter sollten in allen größeren Entscheidungen, die ihre Arbeit beeinflussen, befragt werden.

Vertraulichkeit: Ehrenamtliche Mitarbeiter sollten nur um Informationen über die geplante Arbeit gebeten werden und erfahren, wozu diese Auskunft benötigt wird. Alle schriftlich vorgelegten Informationen sind vertraulich zu behandeln.

Kontaktpersonen und Beschwerdeverfahren: Den ehrenamtlichen Mitarbeitern soll eine Kontaktperson innerhalb der Organisation zugewiesen werden, um Unterstützung, Verbindung und Koordinierung zu gewährleisten. Ein Beschwerdeverfahren für ehrenamtliche Mitarbeiter würde sowohl der Organisation als auch dem Mitarbeiter und dem Leistungsempfänger helfen.

Ausbildung: Den ehrenamtlichen Mitarbeitern sollte die Möglichkeit gegeben werden, in den für ihre Arbeit erforderlichen Fähigkeiten angemessen ausgebildet zu werden, und wenn möglich sollte diese Ausbildung auch bescheinigt werden.

Sicherheit und Gesundheit: Die ehrenamtlichen Mitarbeiter dürfen nicht unter unsicheren oder ungesunden Umständen arbeiten. Jede Organisation, die ehrenamtliche Mitarbeiter heranzieht, soll danach trachten, eine Politik der Sicherheit und Gesundheit entsprechend den gesetzlichen Anforderungen zu betreiben.

Versicherung: Die Organisationen sollen ihren ehrenamtlichen Mitarbeitern einen angemessenen Versicherungsschutz bieten.

Arbeitsunterbrechung: Ehrenamtliche Mitarbeiter sollten Pausen in ihren ehrenamtlichen Tätigkeiten erhalten.

Spesenzahlungen: Den ehrenamtlichen Mitarbeitern sind Spesen zu bezahlen, die als grundsätzlicher Teil der Finanzplanung der Organisation zu betrachten sind.

Arbeitszeugnisse: Den ehrenamtlichen Mitarbeitern ist aufgrund ihrer ehrenamtlichen Tätigkeit ein Arbeitszeugnis auszustellen.

Ausdruck der Staatsbürgerschaft: Ehrenamtliche Tätigkeiten sind ein wesentlicher Bestandteil einer freien und demokratischen Gesellschaft und ein wichtiger Ausdruck der Staatsbürgerschaft. Es ist unerlässlich, dass die Rechte der Mitbürger, an ehrenamtlichen Aktionen beteiligt zu sein, gewahrt werden.

Mit freundlicher Genehmigung aus „Blätter der Wohlfahrtspflege" – Deutsche Zeitschrift für Sozialarbeit 9/95.

Reinhold Spanl

Haftung des Betreuers

A

1. Grundsätzliches zur Haftung des Betreuers

1 Der Betreuer kann einerseits dem Betreuten einen Schaden zufügen, andererseits aus seiner Tätigkeit heraus auch Dritte schädigen und diesen zum Schadensersatz verpflichtet sein.

Hinweis:

Die folgenden Ausführungen sollen auf Gefahren hinweisen, die im Rahmen einer Betreuung zu beachten sind. Sie sind keinesfalls so zu verstehen, dass der Betreuer ständig Schadensersatzansprüchen gegenüberstehen würde. Bei pflichtgemäßer Führung des Betreueramts dürften keinerlei Probleme entstehen.

Den größten Fehler, den man im Leben machen kann, ist,
immer Angst zu haben, einen Fehler zu machen.

Dietrich Bonhoefer

1.1 Haftung gegenüber dem Betreuten

2 Es sind an sich zwei Fallgruppen denkbar, nach denen der Betreuer dem Betreuten gegenüber schadensersatzpflichtig sein kann. Die wichtigste Vorschrift ist § 1826 Abs. 1 Satz 1 BGB. Hierbei handelt es sich um Schäden, die aus einer Pflichtverletzung des Betreuers heraus entstehen. Daneben ist noch § 823 BGB denkbar, der einen Schadensersatz auslöst, wenn der Betreuer sich dem Betreuten gegenüber einer Rechtsgutverletzung schuldig macht.

1.1.1 Ansprüche aus Pflichtverletzungen

3 Der Betreuer haftet gegenüber dem Betreuten aus einer Pflichtverletzung für Schäden aus einer schuldhaften Pflichtverletzung bei der Amtsführung, § 1826 Abs. 1 Satz 1 BGB. Es müssen folgende Voraussetzungen vorliegen:

- Entstehung eines Schadens
- Pflichtverletzung des Betreuers
- Kausalität zwischen Schadensentstehung und Betreuerhandlung

Entstehung eines Schadens

4 Schaden stellt eine Einbuße dar, die jemand infolge eines bestimmten Ereignisses an seinen Lebensgütern, insbesondere der Gesundheit oder dem Eigentum, erleidet. Der Schadensbegriff des BGB umfasst den Vermögens- und Nichtvermögensschaden.

5 Nur wenn dem Betreuten ein Schaden entstanden ist, kann ein Schadensersatz geltend gemacht werden.

Beispiele:

a) Der (nach § 1859 BGB befreite) Betreuer belässt grundlos und ohne einen entsprechenden Wunsch des Betreuten ein Betreutenvermögen von 300.000 EUR auf dem Girokonto des Betreuten über einen Zeitraum von fünf Jahren; in dieser Zeit wäre bei einer nach § 1841 BGB erforderlichen Anlage eine Verzinsung von zumindest 0,5 % möglich gewesen. Da eine jährliche Rechnungslegung beim befreiten Betreuer entfällt (§ 1859 Abs. 1 Satz 1 Nr. 3 BGB), hat der Rechtspfleger diesen Umstand nicht erkannt.

Dem Betreuten ist ein zu ersetzender Vermögensschaden von ca. 7.500 EUR entstanden.

b) Der schwer psychotische Betreute vernachlässigt eine regelmäßige Nahrungsaufnahme und gerät dadurch in einen lebensbedrohlichen Unterernährungszustand. Der Betreuer, dem auch die Gesundheitssorge obliegt, verkennt die Situation und unternimmt nichts. Infolge der Mangelernährung erleidet der Betreute einen schwerwiegenden Nierenschaden.

A

Dem Betreuten könnte ein Anspruch auf die Heilkosten und darüber hinaus ein Schmerzensgeldanspruch wegen der Funktionseinbuße der Niere zustehen (nichtvermögensrechtlicher Schaden).

Pflichtverletzung

Dem Betreuer obliegen gegenüber dem Betreuten mannigfaltige Verpflichtungen, die z. T. 6 ausdrücklich im Gesetz beschrieben sind oder sich aus der „Generalregel" des § 1821 BGB ergeben. Die Pflichten des Betreuers sind bereits in A 3, Rn. 6 ff., ausführlich dargestellt und werden hier nur noch insoweit angesprochen, als sie Grundlage einer Pflichtverletzung sein könnten.

Eine Pflichtverletzung liegt vor, wenn der Betreuer 7

- die Angelegenheiten des Betreuten gemäß § 1821 BGB nicht so besorgt, wie es dessen Willen bzw. Wünschen entspricht,
- gegen gesetzliche Vorschriften verstößt, z. B. gegen die Verpflichtung, Betreutengeld gemäß §§ 1841, 1842, 1845 BGB anzulegen, oder
- Anordnungen und Weisungen des Betreuungsgerichts nach § 1862 Abs. 3 BGB nicht befolgt.

Der Betreuer führt die Betreuung selbstständig und eigenverantwortlich. Pflichtwidrig handelt 8 der Betreuer, wenn er gegen gesetzliche Regelungen verstößt, gegen gerichtliche Anordnungen handelt, seinen Ermessensspielraum überschreitet und/oder sich zum Nachteil des Betreuten von unsachgemäßen Erwägungen leiten lässt und ungerechtfertigt Wünsche des Betreuten nicht erfüllt (BayObLG, Beschl. v. 8.9.1999 – 3Z BR 260/99).

Wunsch und Wille des Betreuten

Das Gesetz fordert in § 1821 Abs. 2 BGB, dass der Betreuer die Angelegenheiten des Betreuten 9 so zu besorgen hat, wie es dessen Wünschen/Willen entspricht und er im Rahmen seiner Möglichkeiten sein Leben nach seinen Wünschen gestalten kann. Die Nichtbeachtung der Wünsche stellt für den Betreuer eine Pflichtwidrigkeit dar. Entsteht dem Betreuten aus der nicht begründeten Übergehung der Wünsche ein Schaden, haftet der Betreuer gemäß § 1826 Abs. 1 Satz 1 BGB.

§ 1821 Abs. 2 Satz 1 BGB umschreibt die Gesamtheit der persönlichen sowie der wirt- 10 schaftlichen Interessen des Betreuten. Besonders erwähnt wird in § 1821 Abs. 6 BGB das Interesse des Betreuten an der Wiederherstellung bzw. Verbesserung seiner Fähigkeiten, seine Angelegenheiten zu besorgen.

Um die Wünsche des Betreuten zu ergründen, hat der Betreuer den erforderlichen persönlichen 11 Kontakt mit dem Betreuten zu halten, sich regelmäßig einen persönlichen Eindruck von ihm zu verschaffen und dessen Angelegenheiten mit ihm zu besprechen, § 1821 Abs. 5 BGB.

Wünsche des Betreuten sind jedoch dann nicht mehr zu beachten (§ 1821 Abs. 3 Nr. 1 BGB), 12

- wenn sie seine Rechtsgüter erheblich gefährden oder seine Lebenslage insgesamt erheblich verschlechtern würden (z. B. wirtschaftlich unvertretbarer Umgang mit dem Vermögen, wenn daraus die Gefahr erwächst, dass künftig der angemessene Unterhalt nicht mehr bestritten werden kann) und
- wenn er diese Gefahr aufgrund seiner Krankheit oder Behinderung nicht erkennen oder nicht nach dieser Einsicht handeln kann.

Beispiele:

a) Der geschäftsunfähige in seiner Mietwohnung lebende Betreute hat ein Sparvermögen von 10.000 EUR bei einer jährlichen Verzinsung von 0,5 %. Er wünscht, dass der Betreuer den gesamten Sparbetrag in hochriskanten Wertpapieren anlegt. Weiteres Vermögen hat der Betreute nicht, sein Renteneinkommen deckt gerade seinen Lebensunterhalt; für Sonderbeschaffungen oder unvorhersehbare Ausgaben bleibt nichts übrig.

b) Der vermögende geschäftsunfähige Betreute möchte einen Barbetrag von 30.000 EUR in seiner Wohnung belassen. Er verweigert die Herausgabe zum Zweck einer in § 1841 BGB geforderten Anlegung.

Im Beispiel a) würde der Verlust der 10.000 EUR die Lebens- und insbesondere die Versorgungslage des Betreuten insgesamt erheblich gefährden. Der Betreuer wird zunächst ergründen, ob der Betreute diese Gefahr aufgrund seiner Krankheit oder Behinderung nicht erkennen oder nicht nach dieser Einsicht handeln kann. Ist dies gegeben, wird er den Wunsch unter Berücksichtigung des § 1838 Abs. 1 i. V. m. § 1821 Abs. 3 Nr. 1 BGB nicht befolgen.

Die Belassung der 30.000 EUR im Beispiel b) als Bargeldbestand in der Wohnung des Betreuten beeinträchtigt weder seine Lebens- noch Versorgungslage. Zwar hat der Betreuer eine Anlageverpflichtung nach § 1841 BGB, jedoch insbesondere auch eine Pflicht zur Befolgung der Wünsche des Betreuten, § 1821 Abs. 2 Satz 3 BGB. Er wird den Betreuten über mögliche Folgen und Gefahren der Bargeldbelassung aufklären (z. B. Zinsverlust, mögliches Abhandenkommen der Geldscheine) und, soweit der Betreute weiterhin am Wunsch festhält, ihm den Bargeldbestand belassen. Allerdings ist er verpflichtet, den Sachverhalt dem Betreuungsgericht unverzüglich anzuzeigen, § 1838 Abs. 2 Satz 1 BGB.

13 Die Einordnung des Vorrangs der Wünsche des Betreuten betont auch die Entscheidung des OLG Schleswig (Beschl. v. 23.5.2001 – 2 W 7/01). Auch irrationale Wünsche des Betreuten, die objektiv betrachtet nicht seinen Interessen entsprechen, sind vom Betreuer zu beachten. Ist z. B. der in einem Pflegeheim lebende Betreute aus irrationalen Erwägungen gegen die Vermietung seines Einfamilienhauses, ist dieser Wunsch beachtlich, solange er in der Lage ist, seine Lebenshaltungskosten und die mit dem Leerstand des Hauses verbundenen Kosten aus eigenen Einkünften zu decken.

14 Ein Betreuer haftet z. B. nicht für vermögensrechtliche Nachteile (Steuerbelastungen) aus dem Verkauf von Grundstücken des Betreuten, wenn der Verkauf auf dessen ausdrücklichen Wunsch erfolgt und der Betreuer nach Einholung fachkundigen Rats den Betreuten umfassend über die Nachteile informiert (BGH, Beschl. v. 22.7.2009 – XII ZR 77/06). Der Wunsch wäre lediglich dann unbeachtlich, wenn der Betreute infolge seiner Erkrankung entweder nicht mehr in der Lage ist, eigene Wünsche und Vorstellungen zu bilden und zur Grundlage und Orientierung seiner Lebensgestaltung zu machen, oder wenn er die der Willensbildung zugrunde liegenden Tatsachen infolge seiner Erkrankung verkennt.

15 Nach OLG Karlsruhe (Beschl. v. 15.6.2010 – 12 U 235/09) hat der Betreuer den Willen und die Lebensplanung des Betreuten zu respektieren und zu fördern. Dies schließt bei einem vermögenden Betreuten den Wunsch nach einem vertretbaren Luxus ebenso ein wie den Wunsch, den bisherigen Lebensstandard zu erhalten oder wieder zu erreichen, sodass auch ein angeblich unwirtschaftlicher Umgang mit Betreutenvermögen gerechtfertigt sein kann. Im entschiedenen Fall hat der Betreuer auf ausdrücklichen Wunsch des Betreuten dessen 18 Jahre alten Pkw mit einem wirtschaftlichen Totalschaden zu einem Preis von 12.000 EUR reparieren lassen. Nach Ansicht des Gerichts stellt dies jedenfalls bei einem beträchtlichen Vermögen des Betreuten (hier: ca. 6.000.000 EUR) keine Handlung dar, die den Betreuer zum Schadensersatz verpflichten würde.

16 Der Betreuer ist gehalten, Angelegenheiten vor ihrer Erledigung mit dem Betreuten zu besprechen, § 1821 Abs. 5 BGB. Nur so kann er Wünsche des Betreuten ergründen.

Beispiel:

Dem geschäftsfähigen Betreuten wurde die Fahrerlaubnis dauerhaft entzogen. Er ist Eigentümer eines Pkw mit einem Schätzwert von ca. 5.000 EUR. Der Betreuer mit dem Aufgabenkreis Vermögenssorge verkauft den Pkw am 5.5. zu einem Preis von 5.100 EUR an A.; dieser soll den Wagen am 8.5. abholen. Der Betreute selbst verkauft den Pkw am 7.5. für 5.000 EUR an B und übereignet ihn sofort.

Beide Kaufverträge sind wirksam geschlossen worden. Der Betreute ist geschäftsfähig und der Betreuer ist gesetzlicher Vertreter, § 1823 BGB. Auch die Übereignung des Pkw durch den

Betreuten an B am 7.5. ist wirksam. Dadurch ist eine Übereignung durch den Betreuer am 8.5. unmöglich geworden. Ist dem A ein Schaden entstanden (z. B. weil er den Pkw bereits für 6.000 EUR weiterverkauft hat und nun nicht erfüllen kann), wird er Schadensersatz verlangen und zwar zunächst vom Betreuten, da der Betreuer als dessen Vertreter tätig geworden ist, § 278 BGB. Allerdings ist der Betreuer dem Betreuten gegenüber schadensersatzpflichtig nach § 1826 Abs. 1 Satz 1 BGB, da er den Schaden schuldhaft (fahrlässig) und pflichtwidrig (Verstoß gegen die Besprechungspflicht aus § 1821 Abs. 5 BGB) verursacht hat. Zudem hätte er von seiner Vertretungsmacht keinen Gebrauch machen dürfen, § 1821 Abs. 1 Satz 2 BGB.

Hinweis:

Die Wirksamkeit einer rechtlichen Handlung des Betreuers im Rahmen seines Aufgabenkreises (§ 1823 BGB) ist Dritten gegenüber grundsätzlich unabhängig von der Einhaltung der Pflichten im Innenverhältnis nach § 1821 BGB wirksam. Im Innenverhältnis können jedoch Schadensersatzansprüche des Betreuten entstehen, wenn der Betreuer Wünschen des Betreuten nicht entspricht oder andererseits Wünschen entspricht, durch die die Person oder das Vermögen des Betreuten erheblich gefährdet würde.

Der Betreuer tut gut daran, Wünsche des Betreuten zu ermitteln und dann zu prüfen, ob er diesen folgen muss (§ 1821 Abs. 2 BGB) oder nicht entsprechen darf (§ 1821 Abs. 3 BGB). Dabei ist nicht zu unterschätzen, dass die Wunschermittlung aufwendig und schwierig sein dürfte, und die Frage, ob der Wunsch gemäß § 1821 Abs. 3 Nr. 1 BGB zu übergehen ist, insbesondere, ob der Betreute die Gefahr aufgrund seiner Krankheit oder Behinderung nicht erkennen oder nicht nach dieser Einsicht handeln kann, häufig medizinische/psychiatrische Kenntnis erfordert, die der Betreuer nicht hat.

Gesetzliche Pflichten

Pflichten, die sich aus dem Gesetz unmittelbar ergeben und haftungsauslösend sein können, sind unter anderem: 17

- Anlegung und Sicherung von Geld des Betreuten in bestimmter Art und Weise, §§ 1841, 1842, 1845 Abs. 1 BGB
- Verwahrung und Sicherung von Wertpapieren und Wertrechten, §§ 1843, 1845 Abs. 2 BGB
- Nichteinholung von erforderlichen betreuungsgerichtlichen Genehmigungen, z. B. § 1833 Abs. 3, §§ 1849 bis 1854 BGB

Der Betreuer ist immer verpflichtet, alle Handlungen vorzunehmen, die sich aus seinem Aufgabenkreis ergeben, § 1821 Abs. 1 Satz 1 BGB. Eine Unterlassung kann zum Schadensersatz führen. 18

Beispiele für haftungsrelevante Tätigkeiten bzw. Unterlassungen: 19

- Nicht rechtzeitige Geltendmachung von Grundsicherung für Arbeitsuchende, Sozialhilfe und Rentenansprüchen (z. B. Erwerbsunfähigkeitsrente)
- Unterlassene Abwehr unberechtigter Forderungen Dritter
- Unterlassene Durchsetzung von Unterhalts-, Erb- und Pflichtteilsansprüchen
- Nicht rechtzeitige Auflösung der Wohnung des Betreuten, wenn die Umstände dies gebieten
- Unterlassene Maßnahmen zum Erhalt des Krankenversicherungsschutzes

Wichtig: Der Betreuer kann zum Schadensersatz verpflichtet sein, wenn er ihm obliegende Aufgaben nicht sorgfältig genug erledigt: 20

- Er übersieht Fristen zur Geltendmachung berechtigter Ansprüche,
- er stellt Anträge zu spät, sodass auch die Leistungen erst nachträglich erbracht werden, oder
- er unterlässt die Durchsetzung von Ansprüchen aus früheren, im Zustand der Geschäftsunfähigkeit abgeschlossenen und erfüllten Verträgen.

Anordnungen und Weisungen des Betreuungsgerichts

21 Das Betreuungsgericht hat gemäß § 1862 Abs. 3 BGB diejenigen Gebote und Verbote gegen den Betreuer zu erlassen, die geeignet sind, Beeinträchtigungen durch eine Nichtbeachtung der Wünsche des Betreuten oder der Missachtung seiner Interessen abzuwehren. Die Gebote und Verbote müssen das konkrete Handeln des Betreuers betreffen. Ein Verstoß gegen derartige gerichtliche Verbote und Gebote führt zu einer Pflichtwidrigkeit und kann unter Umständen einen Schadensersatz zur Folge haben.

22 Macht der Betreute gegen den Betreuer Schadensersatzansprüche geltend, muss er zunächst beweisen (wenn der Anspruch bestritten wird), dass dieser eine objektive Pflichtverletzung begangen hat. Dabei umfasst zunächst die nachgewiesene Pflichtverletzung auch die Schuldhaftigkeit, die durch den Betreuten nicht ausdrücklich zu beweisen ist. Dies ergibt sich aus § 1826 Abs. 1 Satz 1 BGB. Es wird zugunsten des Betreuten ein Verschulden des Betreuers angenommen.

23 Wird der Betreuer wegen einer Pflichtverletzung in Anspruch genommen, kann er sich vom Schuldvorwurf dadurch entlasten, dass er die Pflichtwidrigkeit nicht zu vertreten habe, § 1826 Abs. 1 Satz 2 BGB.

Hinweis:

Der Betreute muss beweisen, dass der Betreuer etwas falsch gemacht hat (eine Pflichtwidrigkeit begangen hat). Der Betreuer muss dann wiederum beweisen, dass er dafür nichts kann (nicht vorsätzlich oder fahrlässig gehandelt hat).

24 Ein Verschulden des Betreuers im Sinne von § 276 BGB liegt vor, wenn er mit Vorsatz, grober oder einfacher Fahrlässigkeit handelt.

25 Der Betreuer haftet für jeden Verschuldensgrad, das heißt auch für einfache Fahrlässigkeit. Er kann sich grundsätzlich nicht mit dem Hinweis entlasten, er habe so sorgfältig gehandelt, wie er auch in eigenen Angelegenheiten handeln würde.

26 Allerdings werden nach allgemeiner Ansicht bei dem Betreuer die besonderen Lebensverhältnisse seines Lebenskreises berücksichtigt. Es ist daher darauf Rücksicht zu nehmen, welche Sorgfalt in den Lebenskreisen, denen er angehört, geübt wird und billigerweise in diesen Kreisen auch erwartet werden kann (BGH, Beschl. v. 15.1.1964 – IV ZR 106/63).

27 Bei einem Berufsbetreuer wird man ausreichende rechtliche und wirtschaftliche Kenntnisse und somit professionelles Handeln erwarten können. Den gleichen Maßstab kann man jedoch bei einem ehrenamtlich tätigen Betreuer, der häufig mit „Herz und Verstand" handelt, nicht immer heranziehen.

28 Wurde zu einer Rechtshandlung die erforderliche Genehmigung durch das Betreuungsgericht erteilt, schließt dies eine Haftung des Betreuers nicht grundsätzlich aus. Da die Genehmigungspflicht dem Schutz des Betreuten dient, kann die Genehmigung nur im Ausnahmefall zu einer Entlastung des Betreuers führen. Auf die erteilte Genehmigung kann sich unter Umständen der juristisch nicht gebildete Betreuer verlassen, wenn es im Wesentlichen um Rechtsfragen geht und dem Betreuungsgericht alle relevanten Tatsachen bekannt sind.

29 Der Betreuer muss bis zur Vornahme des genehmigten Geschäfts selbst prüfen, ob es dem Wunsch und Interesse des Betreuten dient. Dies gilt vor allem, wenn sich nach der Genehmigung die Umstände ändern (BGH, Beschl. v. 18.9.2003 – XII ZR 13/01).

Hinweis:

Um keinen Schaden entstehen zu lassen, sollte sich insbesondere der ehrenamtliche Betreuer an die zuständigen Stellen wenden, um Rat und Unterstützung einzuholen. Dabei kann er primär den Rechtspfleger des Betreuungsgerichts in Anspruch nehmen, § 1861 Abs. 1 BGB, aber auch die Betreuungsbehörde, § 5 Abs. 2 Satz 1 BtOG, oder einen Betreuungsverein, § 15 Abs. 1 Satz 1 Nr. 3 BtOG.

Kausalität zwischen Schadensentstehung und Betreuerhandlung

Der dem Betreuten erwachsene Schaden muss auf der Pflichtverletzung des Betreuers beruhen. 30
Zwischen dem pflichtwidrigen Verhalten des Betreuers und dem Verletzungserfolg muss ein ursächlicher Zusammenhang bestehen. Es muss eine dem Betreuer zurechenbare (und willensgesteuerte) Handlung bzw. ein entsprechendes Unterlassen vorliegen, was den Schaden auslöst.

Beispiel:

Der Betreuer hält grundlos einen hohen Bestand auf dem Girokonto des Betreuten; dieser hat keinen diesbezüglichen Wunsch geäußert. Durch das pflichtwidrige (Verstoß gegen § 1841 i. V. m. § 1838 Abs. 1 Satz 2 BGB) Handeln ist der Schaden entstanden.

Einige gerichtliche Entscheidungen

- *Verfügt der Betreuer ohne Genehmigung des Betreuungsgerichts über ein Wertpapierdepot mit* 31
einem Kurswert von über 200.000 EUR, händigt er ferner dem Betreuten Geldbeträge von über 2.000 EUR monatlich zur freien Verfügung aus und überlässt er eine EC-Karte mit PIN-Nummer einer dritten Person, mit der Geld bei einem Automaten abgehoben wurde, handelt er pflichtwidrig und hat (ggf. gegenüber dem Erben) einzustehen (LG Berlin, Beschl. v. 19.10.2009 – 25 O 456/09).

  Diese Entscheidung muss hinterfragt werden. Wichtig wäre zu wissen, welche Mittel insgesamt vorhanden sind; denn bei einem großen Vermögen ist ein monatlicher Taschengeldbetrag von 2.000 EUR durchaus vertretbar, insbesondere dann, wenn der Betreute sich damit Wünsche erfüllen will und kann. Die Verfügung über das Wertpapierdepot unterliegt dem Genehmigungstatbestand nach § 1849 Abs. 1 Satz 1 Nr. 2 BGB. Ein Schadensersatz durch die Nichteinholung der Genehmigung kann aber nur entstehen, wenn durch die Verfügung auch ein Schaden entstanden ist. Problematisch kann sich die Überlassung der EC-Karte an eine dritte Person erweisen, wenn die entnommenen Beträge nicht entsprechend der Wünsche des Betreuten verwendet werden.

- *Der Betreute ist geschäftsfähig. Eine Betreuung ist unter anderem in Vermögensangelegenheiten* 32
angeordnet; in diesem Aufgabenbereich besteht ein Einwilligungsvorbehalt. Der Betreute hebt von einem Tagesgeldkonto, von dem der Betreuer bisher keine Kenntnis hat, 2.000 EUR ab und übergibt das abgehobene Geld einem Freund, dem er angeblich diesen Betrag schuldet. Als der Betreuer davon erfährt, verlangt er von der Bank, dass diese den Betrag wieder dem Konto des Betreuten gutschreibt, da sie zu Unrecht geleistet habe. Die Bank verweigert die Gutschrift mit dem Hinweis, dass sie gar nicht wusste, dass ein Einwilligungsvorbehalt angeordnet war, was der Kunde bzw. dessen Betreuer mitzuteilen verpflichtet gewesen wäre. Außerdem sei der Betreute um den abgehobenen Betrag ungerechtfertigt bereichert. Deshalb würde sie mit ihren Ansprüchen aufrechnen.

  Zunächst ist festzustellen, dass die Zahlung an eine Person, für die ein Betreuer bestellt und ein Einwilligungsvorbehalt für den Bereich der Vermögenssorge angeordnet ist, keine Erfüllungswirkung hat. Erfüllung wäre nur eingetreten, wenn der Betreuer in die Abhebung eingewilligt oder diese genehmigt hätte (BGH, Beschl. v. 21.4.2015 – XI ZR 234/14).

  In der Entscheidung wird weiter ausgeführt:

  Die Erfüllungswirkung einer Leistung an den Betreuten hängt – entgegen der Auffassung der Bank – nicht davon ab, ob sie Kenntnis oder fahrlässige Unkenntnis von der Betreuung und dem Einwilligungsvorbehalt hat. Maßgeblich ist allein die objektive Sachlage. Da der gute Glaube an die Geschäftsfähigkeit des Vertragspartners nicht geschützt wird, sondern der Schutz Geschäftsunfähiger und beschränkt Geschäftsfähiger Vorrang vor den Interessen des Rechtsverkehrs hat, trägt der Vertragspartner eines Betreuten im Fall der Anordnung eines Einwilligungsvorbehalts (oder der Geschäftsunfähigkeit) das Risiko der Unwirksamkeit des Rechtsgeschäfts.

  Ein vertraglicher Schadensersatzanspruch der Bank gegen den Betreuten wegen der unterlassenen Mitteilung des Einwilligungsvorbehalts (oder einer Geschäftsunfähigkeit) scheidet mangels Pflichtverletzung im Sinne von § 280 Abs. 1 BGB aus. Der Betreute bzw. dessen Betreuer war nicht verpflichtet, die Bank ungefragt über die bestehende Betreuung sowie den Einwilligungsvorbehalt (bzw. eine Geschäftsunfähigkeit) aufzuklären.

Zwar steht der Bank ein Bereicherungsanspruch gegen den Betreuten zu, da dieser die Zahlung ohne rechtlichen Grund erlangt hat. Sie kann jedoch nur dasjenige herausverlangen, was der Betreute infolge der Auszahlung noch in seinem Vermögen hat. Da er die Geldscheine an eine dritte Person übergeben hat, ist er lediglich verpflichtet, den ihm zustehenden Bereicherungsanspruch gegen diese Person durch Abtretung an die Bank herauszugeben. Der Betreute ist nicht entreichert im Sinne von § 818 Abs. 3 BGB, weil ihm ein Herausgabeanspruch gegen den Dritten zusteht; wegen des Einwilligungsvorbehalts hat er an diesen nicht wirksam geleistet. Der Betreute hat somit einen ausgleichenden Wert im Sinne von § 818 Abs. 2 BGB erworben.

Fordert der Betreuer in diesem Fall die Gutschrift bei der Bank nicht ein, liegt eine Pflichtverletzung durch Unterlassen vor; auch ist ein fahrlässiges Handeln gegeben. Sollte aber ein Wille des Betreuten dahingehend ermittelt werden, dass eine Rückgutschrift nicht erfolgen soll, hat ein Handeln durch den Betreuer zu unterbleiben, soweit die Voraussetzungen des § 1821 Abs. 3 BGB nicht vorliegen.

33 • *Der Betreuer mit dem Aufgabenkreis „Gesundheitsfürsorge" versäumt die rechtzeitige Beantragung der freiwilligen Versicherung in der gesetzlichen Krankenversicherung seines Betreuten.*

Der Betreuungstatbestand der Gesundheitsfürsorge fordert von dem Betreuer, dass er die Angelegenheiten des Betreuten rechtlich zu besorgen hat (§ 1821 Abs. 1 Satz 1 BGB). Hierzu gehört auch, dass die betreute Person selbst über eine entsprechende Krankenversicherung verfügt, da anderenfalls für die in diesem Zusammenhang mit der Inanspruchnahme der ärztlichen Versorgung entstehenden Kosten der Betreute selbst einzustehen hat. Demgemäß trifft den Betreuer im Rahmen des ihm übertragenen Aufgabenbereichs der Gesundheitsfürsorge eine eigene Pflicht, sich um den Krankenversicherungsschutz des Betreuten zu kümmern und diesen durch den fristgerechten Beitritt zur freiwilligen Krankenversicherung abzusichern. Dabei ist die Versäumung der gesetzlichen Dreimonatsfrist nach § 9 Abs. 2 Nr. 1 SGB V zumindest durch leichte Fahrlässigkeit verschuldet (OLG Nürnberg, Beschl. v. 17.12.2012 – 4 U 2022/12).

1.1.2 Ansprüche aus unerlaubten Handlungen

34 Eine über § 1826 Abs. 1 BGB hinausgehende Haftung des Betreuers kann sich aus unerlaubten Handlungen (Deliktsrecht) ergeben. Insbesondere ist § 823 BGB zu beachten.

35 Bei der Anwendung von § 823 Abs. 1 BGB müssen folgende Tatbestandsvoraussetzungen (kumulativ) erfüllt sein:

- Schaden
- Rechtsgutverletzung (z. B. Körper/Gesundheit, Freiheit, Eigentum, sonstiges Recht)
- Ursächlichkeit
- Rechtswidrigkeit
- Verschulden

Schaden

36 Ein Schaden (Personen- oder Sachschaden) muss entstanden sein.

Beispiel:

Hat der Betreuer unter anderem mit dem Aufgabenkreis „Verwaltung des Hausgrundstücks" im Winter die Streupflicht des Zugangs zum Haus des Betreuten vernachlässigt, stürzt der Betreute und bricht sich den Arm, sind eine Körperverletzung und die damit zusammenhängenden Heilkosten als Schaden entstanden.

37 Ist dem Betreuten ein Schaden durch das Handeln oder Unterlassen des Betreuers entstanden, muss für einen Schadensersatz im Rahmen von § 823 Abs. 1 BGB geprüft werden:

Rechtsgutverletzung

- *Körperverletzung*

Herkömmlich wird unter einer Körperverletzung die Verletzung der äußeren Integrität des Körpers verstanden, die allerdings auch „von Innen" angegriffen werden kann, etwa durch Verabreichung aggressiver Substanzen (Säure). 38

- *Gesundheitsverletzung*

Die Gesundheitsverletzung bezieht sich auf das Funktionieren der inneren Lebensvorgänge ohne Rücksicht auf die Integrität der Organe und Körperteile. Es ist grundsätzlich an dem Krankheitsbegriff der Medizin festzuhalten. Auch somatische Beeinträchtigungen, die nicht auf einer Verletzung der körperlichen Integrität beruhen, sowie psychische Störungen aller Art fallen darunter. 39

- *Freiheitsverletzung*

Das Rechtsgut Freiheit wird überwiegend auf die körperliche Fortbewegungsfreiheit beschränkt. Es wird die Freiheit sowohl vor Beschränkungen als auch vor ihrem völligen Entzug, etwa durch Einsperren oder durch das sog. Fixieren eines psychisch Kranken, geschützt. 40

- *Eigentumsverletzung*

Das Eigentum ist ein umfassendes Herrschaftsrecht über eine Sache, kraft dessen der Rechtsinhaber nach Belieben mit ihr verfahren und andere von jeder Einwirkung ausschließen kann. Daraus ergeben sich die drei Verletzungsmodalitäten, die geeignet sind, Schadensersatzansprüche auszulösen, nämlich: Entziehung oder Belastung des Eigentumsrechts; nachteilige Einwirkung auf den jeweiligen körperlichen Gegenstand, insbesondere durch Substanzverletzung und durch Vorenthaltung des Besitzes; sonstige Störungen der Nutzbarkeit der Sache. 41

Beispiel:

Der Betreuer nimmt dem an sich fahrtüchtigen Betreuten die Kfz-Papiere und Schlüssel weg und hindert ihn so an der Benutzung des Pkw.

Ursächlichkeit

Zwischen dem Verhalten (pflichtwidriges Tun oder Unterlassen) des Betreuers und der eingetretenen Rechtsgutverletzung muss ein ursächlicher Zusammenhang bestehen. 42

Beispiel:

Der Betreute ist Eigentümer eines Hausgrundstücks. Der Betreuer mit dem Aufgabenkreis „Verwaltung des Hausgrundstücks" vernachlässigt im Winter die Organisation der Streupflicht des Zugangs zum Haus (Verkehrssicherungspflicht). Auf dem Glatteis stürzt der Betreute und bricht sich den Arm.

Ursache für den Sturz und die Schädigung war, dass der Betreuer es unterlassen hatte, einen Winterdienst zu beauftragen (ausgehend davon, dass der Betreute selbst nicht in der Lage war, seiner Streupflicht nachzukommen).

Rechtswidrigkeit

Grundsätzlich ist jedes Verhalten, das einen anderen schädigt, rechtswidrig. Allerdings könnten Rechtfertigungsgründe wie Notwehr, Notstand und Nothilfe vorliegen. 43

Beispiel:

Die pflegende Ehefrau als Betreuerin schließt ihren Ehemann ab und zu kurzfristig in der Wohnung ein, wenn sie einkaufen geht. Grund hierfür ist aus ihrer Sicht die Gefahr, dass der Betreute unkontrolliert das Haus verlässt und sich im Straßenverkehr verletzt.

An sich besteht eine Freiheitsverletzung mittels Entziehung der körperlichen Bewegungsfreiheit durch Zwang. Hier kann unter Umständen jedoch ein rechtfertigender Notstand gemäß 44

A

§ 34 StGB vorliegen, wenn die gegenwärtige Gefahr für Leib und Leben des Betreuten nicht anders abgewendet werden kann und die Einschließung ein angemessenes Mittel darstellt.

Schuldhaftigkeit

45 Die Haftung nach § 823 Abs. 1 BGB setzt ein vorsätzliches oder fahrlässiges Verhalten voraus.

1.2 Haftung gegenüber Dritten

1.2.1 Haftung aus Rechtsgeschäften

46 Schließt der Betreuer als gesetzlicher Vertreter des Betreuten (§ 1823 BGB) innerhalb des zugewiesenen Aufgabenbereichs für diesen Rechtsgeschäfte ab, haftet grundsätzlich der Betreute für ein Verschulden des Betreuers, § 278 BGB. Der geschädigte Dritte hat sich an den Betreuten zu halten. Wichtig ist dabei, dass der Betreuer erkennbar in seiner Funktion als gesetzlicher Vertreter für den Betreuten aufgetreten ist.

47 Bei den sog. Alltagsgeschäften (Bargeschäfte des täglichen Lebens) muss dieser Wille, für einen anderen handeln zu wollen, nicht nach außen in Erscheinung treten, da in diesen Fällen der Vertragspartner kein Interesse daran hat, ob der andere Teil im eigenen oder fremden Namen handelt. Dies wäre etwa der Fall, wenn der Betreuer Lebensmittel im Namen des Betreuten einkauft.

48 **Wichtig:** Der Betreute hat aber unter Umständen einen Regressanspruch aus § 1826 Abs. 1 BGB gegen den Betreuer, falls dieser pflichtwidrig den Schaden verursacht hat.

Beispiel:

Der Betreuer schließt erkennbar in seiner Betreuereigenschaft für den Betreuten einen Pflegevertrag ab. Rechte, Pflichten und Ansprüche aus dem Vertrag werden dann nur zwischen dem Betreuten (Vertretenen) und dem Dienstleister begründet, § 164 Abs. 1 BGB.

49 Schließt der Betreuer für seinen Betreuten, von dem ihm bekannt ist, dass er unter Umständen die Wohnung beschädigt und verwüstet („Problemmieter"), einen Mietvertrag ab, muss er den Vermieter auf die ihm bekannte Tatsache hinweisen. Tut er dies nicht und entsteht dem Vermieter ein Schaden, kann ein Schadensersatz aus § 280 Abs. 1 und § 241 Abs. 2 BGB entstehen, zunächst gegen den Betreuten (§ 278 Satz 1 BGB), der sich das Verschulden des Betreuers zurechnen lassen muss. Kann der Vermieter aber belegen, dass der Betreuer gegen die Offenbarungspflicht verstoßen hat und damit der Betreute gegen ihn einen Schadensersatzanspruch nach § 1826 Abs. 1 BGB (Verstoß gegen eine Betreuerpflicht) hat, könnte der Vermieter diesen Anspruch pfänden und direkt gegen den Betreuer vorgehen (vgl. OLG Düsseldorf, Beschl. v. 26.8.2009 – 15 U 26/09).

50 Grundsätzlich gilt, dass die rechtsgeschäftliche Tätigkeit des Betreuers in Wahrnehmung der Vermögensverwaltung nicht zu „einer allgemeinen Einstandspflicht gegenüber Dritten" führt. Auch kann sich nicht jeder ohne Weiteres auf die Pflichten berufen, die der Betreuer gegenüber dem Betreuten zu erfüllen hat („Drittwirkung").

Betreuer als Vertreter ohne Vertretungsmacht

51 Der Grundsatz, dass der Betreute haftet, gilt nur, wenn die Handlung des Betreuers von seiner Vertretungsmacht gedeckt war. Dies ist etwa dann nicht der Fall, wenn

- der Aufgabenkreis des Betreuers ein bestimmtes Rechtsgeschäft nicht umfasst (z. B. wenn der Betreuer lediglich für den Aufgabenbereich „Ärztliche Behandlung" bestellt ist und den bestehenden Mietvertrag des Betreuten kündigt),
- er kraft Gesetzes gemäß § 1824 BGB von der Vertretung ausgeschlossen ist (z. B. wenn der Betreuer mit seiner Ehefrau einen Vertrag im Namen des Betreuten schließt) oder
- er unbefugt nach dem Tod des Betreuten handelt.

52 In diesen Fällen sind die einseitigen Rechtsgeschäfte (z. B. Kündigung) nichtig, § 180 BGB (Ausnahme § 180 Satz 2 BGB); Verträge sind dagegen schwebend unwirksam, § 177 Abs. 1 BGB.

Verträge könnten durch den geschäftsfähigen Betreuten, durch einen Ergänzungsbetreuer (§ 1817 Abs. 5 BGB) oder durch den Erben des Betreuten genehmigt und dadurch rückwirkend wirksam werden (§ 182 Abs. 1, § 184 Abs. 1 BGB). 53

Wird die Zustimmung zu dem Vertrag verweigert, kann der Vertragspartner vom Betreuer Vertragserfüllung oder Schadensersatz verlangen, § 179 BGB. Es gilt der sog. Erfüllungsschaden, z. B. wenn ein möglicher entgangener Gewinn des Vertragspartners zu ersetzen ist (der Vertragspartner ist so zu stellen, als ob der Vertrag zustande gekommen wäre). Diese Haftung des Betreuers entsteht allerdings nicht, wenn der Vertragspartner den Mangel in der Vertretungsmacht kannte oder kennen musste, § 179 Abs. 3 BGB. 54

Der Schadensersatz ist nach § 179 Abs. 2 BGB auf den sog. Vertrauensschaden begrenzt, wenn der Betreuer den Mangel seiner Vertretungsmacht (fahrlässigerweise) nicht kannte (er geht irrtümlich davon aus, dass der bestehende Aufgabenbereich das Rechtsgeschäft deckt). Als Vertrauensschaden sind z. B. die Porto-, Telefon- und Fahrtkosten zu ersetzen. Der Geschädigte ist so zu stellen, als ob das Rechtsgeschäft nie zustande gekommen wäre. 55

Hinweis:

Im Lauf einer Betreuung kann es dazu kommen, dass der genaue Umfang der Aufgabenbereiche etwas in Vergessenheit gerät. Der Betreuer sollte sich daher bei jedem Vertragsabschluss für den Betreuten darüber vergewissern, dass der Aufgabenbereich ausreicht und keine Ausschlusstatbestände vorliegen. Er gerät ansonsten in die Gefahr, als Vertreter ohne Vertretungsmacht nach § 179 BGB unmittelbar von einem Dritten in Anspruch genommen zu werden.

Schließt der Betreuer einen Vertrag ohne die erforderliche Genehmigung des Betreuungsgerichts, handelt er letztlich auch als Vertreter ohne (ausreichende) Vertretungsmacht. Sollte eine erforderliche Genehmigung nicht erteilt werden, ist das Rechtsgeschäft von Anfang an unwirksam. Eine Haftung für den Betreuer entsteht allerdings nicht, da der Vertragspartner den Mangel kennen musste (soweit der Betreuer erkennbar als Vertreter aufgetreten ist), sodass § 179 Abs. 3 BGB greift. 56

Sachwalterhaftung des Betreuers

Es kann für den geschädigten Dritten ein Schadensersatzanspruch gegen den Betreuer auch dann begründet sein, wenn der Betreuer auf der Basis eines besonderen persönlichen Vertrauens mit dem Vertragspartner des Betreuten verhandelt hat. Eine solche Eigenhaftung wird von der Rechtsprechung bejaht, wenn der Betreuer als der „wirtschaftliche Herr des Geschäftes" auftritt, ein unmittelbar eigenes wirtschaftliches Interesse zeigt oder in besonderem Maße das Vertrauen des Geschäftspartners in Anspruch nimmt und dadurch die Verhandlungen beeinflusst werden, das Geschäft also nur wegen der Person des Betreuers so zustande kommt (vgl. § 311 Abs. 3 BGB). 57

Beispiele aus der Rechtsprechung:

a) Der BGH (Beschl. v. 2.4.1987 – III ZR 149/85) hat noch vor dem Betreuungsrecht zur Haftung eines Vormunds ausgeführt: Verhandelt der Vormund eines wegen Geisteskrankheit entmündigten Mündels über einen Arbeitsvertrag für sein Mündel, können ihm ausnahmsweise Amtspflichten auch gegenüber dem Vertragspartner obliegen. Der Vormund hatte bei den Vertragsverhandlungen trotz Nachfrage nach „Vorstrafen" nicht auf die krankhafte Neigung des Mündels zum Feuerlegen hingewiesen. Konsequenterweise ist diese Entscheidung auch auf die Betreuung und den Betreuer anzuwenden (BGH, Beschl. v. 8.12.1994 – III ZR 175/93), sodass eine Haftung wegen Verschuldens bei Vertragsverhandlungen (vgl. § 311 Abs. 2 BGB) für solche Fälle in Betracht kommt.

b) Ein Krankenhaus verlangt vom Betreuer Zahlung noch offener Krankenhausrechnungen. Es ist der Auffassung, dass der Betreuer – diesem hatte das Krankenhaus schriftlich mitgeteilt, dass die Krankenkasse die Kostenübernahme eingestellt habe – für die vermögenslose Betreute Sozialhilfeleistungen hätte beantragen müssen, um auf diese Weise die Begleichung der Krankenhausrechnungen sicherzustellen. Wegen dieses Versäumnisses sei der Betreuer, da er in besonderem Maße persönliches Vertrauen in Anspruch genommen habe, auch dem Krankenhaus gegenüber zum Schadensersatz verpflichtet. Hätte dieses gewusst, dass die Betreute vermögenslos sei und der Betreuer keinen Sozialhilfeantrag gestellt habe, hätte das Krankenhaus nicht mehr weiterversorgt.

Nach dem BGH (Beschl. v. 8.12.1994 – III ZR 175/93) kommt bei der Frage, ob der Betreuer dem Krankenhaus gegenüber als Sachwalter haftet, weder seine Funktion als Betreuer noch der beruflichen Stellung als Rechtsanwalt eine besondere Bedeutung zu. Entscheidungserheblich ist vielmehr allein, ob er durch sein Verhalten auf die Entscheidung des Krankenhauses, weiter zu pflegen, Einfluss genommen hat und zwar so, dass er ihm gegenüber über das allgemeine Vertrauen hinaus eine zusätzliche, von ihm persönlich ausgehende Gewähr für die Seriosität und Erfüllung des Geschäfts geboten hat.

Die Entscheidung verneint dies, da der Betreuer lediglich darum gebeten hat, ihm die Pflegekostenrechnungen persönlich zuzusenden, und die erste Rechnung beglichen hat. Daraus lässt sich allenfalls schließen, dass sich der Betreuer um einen Ausgleich der Rechnungen bemühen werde. Er hat aber unter Zugrundelegung dieser Feststellungen kein besonderes Vertrauen dahin erweckt, dass die Begleichung der Rechnungen „ohne Weiteres sichergestellt" sei oder dass er alle rechtlich möglichen Schritte ergreifen werde, um die Bezahlung der Rechnungen zu gewährleisten. Vielmehr hat er lediglich das getan, was als Betreuer Aufgabe seines Amts war, und mithin auch nur das normale Verhandlungsvertrauen in Anspruch genommen, das bei der Anbahnung oder Fortsetzung von Geschäftsbeziehungen immer vorauszusetzen ist.

c) Verschweigt der Betreuer den Sammelwahn des Betreuten bzw. die unterlassene Angabe in der „Selbstauskunft Mietinteressent" gegenüber dem Vermieter, kommt ein Schadensersatzanspruch grundsätzlich nur gegen den späteren Vertragspartner, den Betreuten, und nicht gegen den für diesen als Vertreter auftretenden Betreuer in Betracht (OLG Düsseldorf, Beschl. v. 26.8.2009 – 15 U 26/09).

1.2.2 Haftung aus unerlaubter Handlung und Pflichtverletzung

Haftung aus unerlaubter Handlung

58 Es ist an § 823 Abs. 2 BGB zu denken. Eine Haftung kann entstehen, wenn der Betreuer gegen ein Schutzgesetz verstößt und kausal daraus ein Schaden entsteht.

59 Unterlässt z. B. der Betreuer eine Mitteilung nach dem Waffengesetz (§ 37 Abs. 1 Nr. 2 WaffG) an die zuständige Behörde darüber, dass der Betreute eine erlaubnispflichtige Waffe besitzt, und verletzt der Betreute mit dieser Waffe einen Dritten, könnte eine Schadensersatzpflicht durch den Betreuer entstehen, wenn durch eine Meldung die Schädigung vermieden worden wäre.

60 Findet der Betreuer Waffen, die der Betreute legal oder illegal in Besitz hatte, ist es seine vorrangige Aufgabe, die Sicherheit zu gewährleisten. Bei einem illegalen Waffenbesitz des Betreuten sollte die Polizei informiert werden, auch wenn dadurch ein Ermittlungsverfahren in Gang gesetzt wird. Im Übrigen muss der Betreuer für eine sichere Aufbewahrung sorgen, bis der Betreute selbst wieder diese Aufgabe wahrnehmen kann. In jedem Fall muss es der Betreuer vermeiden, dass er selbst die Waffe unerlaubt „führt" (z. B. Transport zur Polizeidienststelle) oder die tatsächliche Sachherrschaft übernimmt. Näheres über den ordnungsgemäßen Umgang erfährt man bei der zuständigen Behörde oder Polizeidienststelle (vgl. dazu Thar, „Waffenfund in der Wohnung des Betreuten" in BtPrax 2008, S. 67).

61 Spiegelt der Betreuer dem Vermieter einer Wohnung beim Abschluss des Mietvertrags eine bestehende Zahlungsfähigkeit des Betreuten vor, obwohl es ihm eindeutig bewusst ist, dass dieser völlig überschuldet ist und die Einkünfte den Mietzins keinesfalls decken, kann eine Schadensersatzpflicht nach § 823 Abs. 2 BGB i. V. m. § 263 StGB (Betrug) entstehen.

Haftung aus einer Aufsichtspflichtverletzung

Eine Haftung des Betreuers gegenüber Dritten, denen der Betreute einen Schaden zugefügt hat, wird auch unter dem Gesichtspunkt der Verletzung der Aufsichtspflicht diskutiert. Zu einer Schadensersatzpflicht des Betreuers kann es aber nach § 832 Abs. 1 Satz 1 BGB nur kommen, wenn der Betreuer „kraft Gesetzes zur Führung der Aufsicht über eine Person verpflichtet" wäre, die „wegen ihres geistigen oder körperlichen Zustandes der Beaufsichtigung bedarf". Die Eigenhaftung des Betreuers würde dann eingreifen, wenn er den Betreuten nicht genügend beaufsichtigt und er deshalb einem anderen widerrechtlich einen Schaden zufügt. 62

Die Frage, ob dem Betreuer überhaupt eine Aufsichtspflicht obliegen kann, ist umstritten. Während die Rechtsprechung grundsätzlich eine Aufsichtspflicht bejaht, wird in der wissenschaftlichen Diskussion darauf hingewiesen, dass dem Betreuer nur solche Aufgaben übertragen werden können, die der Betreute selbst nicht mehr wahrnehmen kann. Die Aufsicht richtet sich aber gegen den Betreuten und kann daher wohl keinen übertragbaren Aufgabenbereich darstellen. Ferner erscheint es auch problematisch, die Aufsichtspflicht mit der gesetzlichen Formulierung des § 1821 Abs. 1 Satz 1 BGB in Einklang zu bringen, wonach der Betreuer die Angelegenheiten des Betreuten „rechtlich zu besorgen" hat. 63

Die Rechtsprechung versucht ebenfalls, die Eigenhaftung des Betreuers zu begrenzen. Sie geht von einer gesetzlichen Aufsichtspflicht nur dann aus, wenn zu seinem Aufgabenbereich die „gesamte Personensorge" zählt oder wenn die „Beaufsichtigung" des Betreuten ausdrücklich vom Gericht angeordnet wurde. 64

Unabhängig vom Streitpunkt, ob überhaupt eine Aufsichtspflicht besteht, dürfte sie in der Praxis kaum eine Rolle spielen, da die Aufgabenbereiche „Personensorge" oder „Beaufsichtigung des Betreuten" in dieser Form kaum angeordnet werden. 64a

Wie weit eine Aufsichtspflicht reicht, muss nach den Umständen des Einzelfalls beurteilt werden, wobei vor allem die Vorhersehbarkeit eines schädigenden Verhaltens zu prüfen ist. Eine jedes Risiko ausschließende Überwachung ist nicht möglich (OLG Hamm, Beschl. v. 7.10.1993 - 6 U 73/9). 65

Beispiel für eine Aufsichtspflicht:

Der Betreuer ist im Aufgabenbereich „Personensorge" bestellt. Der Betreute wohnt selbstständig in einer Mietwohnung; er kocht mit einem Gasherd und ist starker Raucher. Bei Besuchen stellt der Betreuer wiederholt Gasgeruch in der Wohnung fest, unternimmt aber nichts. Eines Tages kommt es zu einer Gasexplosion.

Eine Aufsichtspflicht ist dem Aufgabenbereich zugeordnet. Auch ist eine gewisse Vorhersehbarkeit durch den wiederholten Gasgeruch in der Wohnung und dadurch gegeben, dass der Betreute starker Raucher ist.

1.2.3 Haftung aus gesetzlichen Vorschriften

Haftung gegenüber Sozialhilfeträger

Nach § 103 Abs. 1 Satz 2 SGB XII ist zum Ersatz der Kosten zu Unrecht erbrachter Leistungen verpflichtet, wer sie durch vorsätzliches oder grob fahrlässiges Verhalten herbeigeführt hat. Als Verursacher im Sinne dieser Vorschrift kommen insbesondere auch Betreuer in Betracht. Dies ergibt sich aus der Klarstellung: 66

Zum Kostenersatz ist auch verpflichtet, wer als leistungsberechtigte Person oder als deren Vertreter die Rechtswidrigkeit des der Leistung zu Grunde liegenden Verwaltungsaktes kannte oder infolge grober Fahrlässigkeit nicht kannte.

Grobe Fahrlässigkeit liegt vor, wenn die im Verkehr erforderliche Sorgfalt in ungewöhnlich hohem Maße verletzt wird, wenn also Sorgfaltsregeln verletzt werden, die eigentlich jedem ohne Weiteres einleuchten müssten. Wenn der Betreuer also ihm bekannte Mitteilungspflichten an den Bezirk (z. B. über zugeflossenes Vermögen) ignoriert, handelt er unter Umständen grob 67 fahrlässig und kann persönlich auf Rückzahlung von deshalb zu Unrecht an den Betreuten gezahlter Sozialhilfe verpflichtet werden.

68 Handelt der Betreuer in solchen Fällen vorsätzlich (z. B. um dem Betreuten Vorteile zu verschaffen), muss er daneben auch mit einer strafrechtlichen Verfolgung wegen Betrugs nach § 263 StGB rechnen.

69 Ein Betreuer, der ohne Kenntnis vom Tod des Betreuten eine zu Unrecht über dessen Tod hinaus gezahlte Rente zur Begleichung offener Rechnungen verwendet, ist nicht zur Rückzahlung der Rente verpflichtet (BSG, Beschl. v. 14.12.2016 – B 13 R 9/16 R). Nach § 118 Abs. 4 Satz 1 SGB VI sind – soweit Geldleistungen für die Zeit nach dem Tod des Berechtigten zu Unrecht erbracht worden sind – auch Personen, die als Verfügungsberechtigte über den entsprechenden Betrag ein bankübliches Zahlungsgeschäft zulasten des Kontos vorgenommen oder zugelassen haben (Verfügende), dem Rentenversicherungsträger zur Erstattung des entsprechenden Betrags verpflichtet. Die Betreuerin hat als Verfügungsberechtigte zivilrechtlich wirksam über das Konto verfügt, da sie trotz des Todes des Betreuten aufgrund ihrer Gutgläubigkeit hinsichtlich des Fortbestehens der Betreuungsbefugnis gemäß § 1874 Abs. 1 BGB erlaubt tätig wurde. Die vorgenommenen Verfügungen über das Konto sind ihr aber nicht persönlich zurechenbar.

Haftung für eine Steuerschuld

70 Der Betreuer mit dem Aufgabenkreis „Vermögenssorge" hat die steuerlichen Verpflichtungen des Betreuten zu erledigen. Der Betreuer ist gesetzlicher Vertreter im Sinne von § 34 AO. Nach dieser Vorschrift muss der Betreuer so handeln, wie der Steuerpflichtige handeln müsste, wenn er handlungsfähig wäre. Dem Betreuer obliegen die Erstellung von Steuererklärungen und die Vertretung des Betreuten gegenüber dem Finanzamt; er hat insbesondere dafür zu sorgen, dass die Steuern aus den Mitteln entrichtet werden, die er verwaltet. Ferner hat er alle Pflichten (des Betreuten) zu erfüllen, die in der AO und den einzelnen Steuergesetzen normiert sind.

71 Nach § 69 AO haftet der Betreuer, soweit Ansprüche der Finanzbehörden infolge vorsätzlicher oder grob fahrlässiger Verletzung der ihm auferlegten Pflichten nicht oder nicht rechtzeitig festgesetzt oder erfüllt werden oder soweit infolgedessen Steuervergünstigungen oder Steuererstattungen ohne rechtlichen Grund gezahlt werden. Die Haftung umfasst auch die infolge der Pflichtverletzung zu zahlenden Säumniszuschläge.

72 Zu den steuerlichen Pflichten eines Betreuers gehört die Pflicht zur Abgabe einer Einkommensteuererklärung für die von ihm betreute Person. Diese Pflicht erstreckt sich auch auf die vor seinem Eintritt in die Funktion als Betreuer liegenden Veranlagungszeiträume. Der Betreuer hat sich daher über die Einkommens- und Vermögensverhältnisse der betreuten Person zu informieren, sich beim Finanzamt über den Stand der Veranlagung zu erkundigen und die für die Steuererklärungen erforderlichen Unterlagen zu beschaffen. Zu einer Verletzung der ihm obliegenden steuerlichen Erklärungspflichten kann der Tatbestand einer Steuerhinterziehung vorliegen, der dem Steuerpflichtigen zuzurechnen ist (FG Rheinland-Pfalz, Beschl. v. 18.7.2012 – 5 K 1348/09).

1.3 Haftung für Hilfskräfte

73 Aus dem Grundsatz der persönlichen Betreuung folgt, dass Betreuertätigkeiten vom Betreuer in eigener Person wahrgenommen werden müssen und dass die Übertragung von Aufgaben des Betreuers an Dritte grundsätzlich unzulässig ist. Die Bevollmächtigung Dritter zur Wahrnehmung von Betreuungsaufgaben kann sich nur auf einzelne Tätigkeiten beziehen, die keine Entscheidung erfordern. Der Betreuer darf die persönliche Betreuung nicht delegieren; er kann einen Dritten nur für untergeordnete, überschaubare einzelne Verwaltungsaufgaben einsetzen (BayObLG, Beschl. v. 25.11.2002 – 3Z BR 189/02). Auch in Fällen vorübergehender – etwa urlaubs- und krankheitsbedingter – Abwesenheit darf der Betreuer die Tätigkeit nicht insgesamt auf einen Dritten übertragen.

Delegiert der Betreuer zulässigerweise Aufgaben an einen Dritten und liegt ein Geschäft vor, das er auch selbst hätte vornehmen können (z. B. Ausarbeitung einer Jahresabrechnung), haftet er analog § 278 BGB für ein Verschulden des Dritten, wie wenn es sein eigenes Verschulden wäre. 74

Bei unzulässiger Heranziehung Dritter (z. B. Einwilligung in eine ärztliche Maßnahme) haftet der Betreuer auch ohne ein Verschulden des Dritten, weil die Aufgabe von ihm selbst hätte wahrgenommen werden müssen. Das Verschulden bezüglich des Schadens wird in der unzulässigen Heranziehung des Dritten gesehen. 75

Beauftragt der Betreuer im Namen des Betreuten einen (qualifizierten) Dritten (z. B. Steuerberater für Bilanz, Anwalt im Anwaltsprozess), haftet der Betreuer nur dann, wenn ihm bezüglich der Auswahl, Unterweisung oder Beaufsichtigung ein Verschulden nachgewiesen werden kann. Soweit der Dritte einen Schaden in Ausübung seiner Tätigkeit verursacht, ist er selbst aus dem Vertragsrecht schadensersatzpflichtig. 76

Entweicht der Betreute aus einer freiheitsentziehenden Unterbringung, z. B. aus einer geschlossenen Abteilung eines Pflegeheims, wird er meist von der Einrichtung als „abgängig" bei der Polizei gemeldet. Wird er dann im Rahmen einer Personenfahndung aufgegriffen und zurückgeführt, ist oft unklar, wer die Kosten zu übernehmen hat. Anhaltspunkte geben das BPolG sowie die Ordnungsbehörden- und Polizeigesetze der Länder. Es ist immer der Aufgabenbereich des Betreuers zu beachten. Wichtig ist auch die Feststellung, ob vom (entwichenen) Betreuten eine Fremd- oder Eigengefährdung ausgeht. Die Beseitigung einer reinen Fremdgefährdung ist z. B. nicht Gegenstand des Aufgabenbereichs „Aufenthaltsbestimmung". 77

1.4 Geltendmachung eines Schadensersatzanspruchs

1.4.1 Anspruch des Betreuten gegen den Betreuer

Geltendmachung durch Betreuten selbst

Der Betreute ist aus rechtlichen Gründen nicht gehindert, gegen den Betreuer wegen der Leistung von Schadensersatz vorzugehen, soweit nicht natürliche Geschäftsunfähigkeit im Sinne von § 104 Nr. 2 BGB vorliegt. Der Betreuer kann nicht als Vertreter des Betreuten gegen sich selbst tätig werden (Grundgedanke aus § 181 BGB); er kann in einem Prozess nicht Beklagter und Vertreter des Klägers sein. 78

Die Beauftragung eines Bevollmächtigten (anwaltlich oder nichtanwaltlich) zum Zweck der Geltendmachung eines Schadensersatzanspruchs durch den Betreuten ist bei bestehender Geschäftsfähigkeit jederzeit möglich. 79

Das Betreuungsgericht kann für den Betreuten die Bestellung eines Ergänzungsbetreuers (§ 1817 Abs. 5 BGB) mit dem Aufgabenkreis „Prüfung von Pflichtwidrigkeiten und Geltendmachung von Schadensersatzansprüchen des Betreuten gegen den Betreuer" vornehmen. Dies bietet sich insbesondere dann an, wenn die Durchsetzung der Ansprüche aktuell erfolgen soll und nicht erst zum Ende des Betreueramts. 80

Geltendmachung durch nachfolgenden Betreuer

Ist ein Betreuer entlassen worden, zählt die Geltendmachung von Schadensersatzansprüchen durch einen nachfolgend bestellten Betreuer zu dessen Pflichten im Rahmen des Aufgabenbereichs „Vermögenssorge", ein eigener spezifischer Aufgabenbereich ist nicht erforderlich. 81

Geltendmachung durch die Erben des Betreuten

Schadensersatzansprüche des verstorbenen Betreuten gehen auf den Erben über, § 1922 Abs. 1 BGB. Der Erbe kann somit als Rechtsnachfolger diese Ansprüche verfolgen. Bei mehreren Erben (in ungeteilter Erbengemeinschaft) ist § 2039 BGB zu beachten. Jeder Miterbe kann allein die Leistung an alle Erben fordern; der Verpflichtete kann aber nur an alle Miterben gemeinschaftlich leisten. 82

A

83 Kein Schadensersatzanspruch des Erben wird durch Handlungen oder Unterlassungen des Betreuers begründet, durch die der Betreute selbst nicht geschädigt wurde, aber die Erbenstellung sich verschlechterte. Dies kann z. B. gegeben sein, wenn der Erbe der Ansicht ist, der Betreuer habe für den Betreuten zu viel aus dessen Mitteln für überflüssige Hilfestellungen aufgewendet und den Nachlass dadurch geschmälert. Auch dann, wenn der Betreuer die Weiterzahlung einer Lebensversicherung eingestellt hat und deshalb dem Erben ein geringerer Versicherungsbeitrag gezahlt wurde, fehlt es an einem Schaden des Betreuten (AG Hamburg-Harburg, Beschl. v. 9.10.2001 – 641 C 609/00).

1.4.2 Anspruch des Erben gegen den Betreuer

84 Bei der Notgeschäftsführungsbefugnis des Betreuers nach dem Tod des Betreuten (§ 1874 Abs. 2 BGB) hat der Betreuer die unaufschiebbaren Maßnahmen im Interesse des Erben getroffen. Entsteht durch eine schuldhafte Handlung des Betreuers dem Erben ein Schaden, kann er vom ehemaligen Betreuer Schadensersatz fordern.

1.5 Durchsetzung des Schadensersatzanspruchs

85 Die Ansprüche werden nicht im FamFG-Verfahren vor dem Betreuungsgericht, sondern im Prozessverfahren vor dem Zivilgericht geltend gemacht. Der Haftungsprozess kann bereits während der laufenden Betreuung durch Klageerhebung begonnen werden; dabei benötigt der geschäftsunfähige Betreute einen Vertreter (Ergänzungsbetreuer gemäß § 1817 Abs. 5 BGB), soweit er Ansprüche gegen den Betreuer durchsetzen will.

86 Die Beweislast für Pflichtverletzung, Kausalität und Schadenseintritt trägt der Kläger. Dies ist der Betreute bzw. sein Erbe, wenn er den Betreuer in Anspruch nimmt. Die vorgebrachte Pflichtverletzung impliziert zunächst auch die Schuldhaftigkeit der Betreuerhandlung. Allerdings kann der Betreuer beweisen, dass er nicht schuldhaft gehandelt hat, § 1826 Abs. 1 Satz 2 BGB (siehe Rn. 24).

1.6 Verjährung von Schadensersatzansprüchen

87 Die regelmäßige Verjährungsfrist beträgt drei Jahre, § 195 BGB. Sie gilt für sämtliche Ansprüche, soweit nicht besondere Verjährungsvorschriften greifen. Die Verjährungsfrist beginnt gemäß § 199 Abs. 1 BGB mit dem Schluss des Jahres, in dem der Anspruch entstanden ist und der Gläubiger Kenntnis davon erlangt hat oder er zumindest ohne grobe Fahrlässigkeit Kenntnis davon hätte erlangen können. Entstanden ist ein Anspruch dann, wenn er fällig geworden ist, also klageweise geltend gemacht werden kann.

88 Nach § 199 Abs. 2 BGB verjähren Schadensersatzansprüche wegen der Verletzung des Lebens, des Körpers, der Gesundheit und der Freiheit erst nach 30 Jahren. Die Frist beginnt mit der Begehung der Handlung, der Pflichtverletzung oder dem sonstigen den Schaden auslösenden Ereignis. Sonstige Schadensersatzansprüche verjähren gemäß § 199 Abs. 3 BGB zehn Jahre nach ihrer Entstehung, spätestens 30 Jahre nach der den Schaden auslösenden Handlung oder Pflichtverletzung bzw. dem sonstigen auslösenden Ereignis. Der Schadensersatzanspruch entsteht nämlich erst mit Eintritt des Schadens, die (schädigende) Handlung kann aber viel früher begangen worden sein.

89 Einige Ansprüche verjähren nach den §§ 197 und 201 BGB erst nach 30 Jahren, dazu zählen unter anderem Herausgabeansprüche aus Eigentum und anderen dinglichen Rechten (§ 197 Abs. 1 Nr. 1 BGB), rechtskräftig festgestellte Ansprüche (§ 197 Abs. 1 Nr. 3 BGB), Ansprüche aus vollstreckbaren Vergleichen oder vollstreckbaren Urkunden (§ 197 Abs. 1 Nr. 4 BGB) sowie vollstreckbare Ansprüche aus Insolvenzverfahren und Ansprüche aus einer Kostenerstattung der Zwangsvollstreckung (§ 197 Abs. 1 Nr. 5 und 6 BGB).

90 Gemäß §§ 203 ff. BGB wird der Ablauf der Verjährung durch bestimmte Ereignisse gehemmt, dazu zählen z. B. die Verhandlungen über einen Anspruch oder die klageweise Geltendmachung.

Der Ablauf der Verjährung z. B. von Ansprüchen zwischen Betreuer und Betreutem ist gemäß § 207 Abs. 1 Nr. 4 BGB bis zum Ablauf dieses Betreuungsverhältnisses gehemmt. 91

Nach § 210 BGB tritt die Verjährung von Ansprüchen eines Geschäftsunfähigen nicht vor Ablauf von sechs Monaten nach Eintritt der Geschäftsfähigkeit oder dem Ende des Mangels der Vertretung (also z. B. der Bestellung eines Betreuers) ein. 92

2. Person des Haftenden

2.1 Einzelbetreuer

Der Einzelbetreuer haftet für alle Schäden selbst. In den meisten Bundesländern sind die ehrenamtlichen Betreuer in einer Sammelhaftpflichtversicherung aufgenommen. Soweit sie sich darüber hinaus versichern, können sie sich die Kosten für eine angemessene Haftpflichtversicherung gemäß § 1877 Abs. 2 BGB vom Betreuten ersetzen lassen; bei Mittellosigkeit des Betreuten werden die Haftpflichtversicherungskosten aus der Staatskasse getragen (§ 1879 BGB). Nimmt der ehrenamtliche Betreuer jedoch die Aufwandspauschale (§ 1878 BGB) in Anspruch, ist keine separate Geltendmachung von Versicherungskosten möglich. 93

Der beruflich tätige Betreuer muss eine ausreichende Berufshaftpflichtversicherung auf eigene Kosten abschließen, um registriert zu werden, § 23 Abs. 1 Nr. 3 BtOG. Unterhält er nach seiner Registrierung keine Versicherung mehr, wird die Registrierung widerrufen, § 27 Abs. 1 Nr. 2 BtOG (Verlust der Eigenschaft eines beruflichen Betreuers). 94

2.2 Vereinsbetreuer

§ 14 Abs. 1 Nr. 2 BtOG verlangt als Anerkennungsvoraussetzung für einen Betreuungsverein, dass dieser eine ausreichende Zahl an Mitarbeitern beschäftigt, die für die Betreuungsarbeit geeignet sind. Es handelt sich hierbei um Arbeitnehmer, da sie sich aufgrund eines privatrechtlichen Vertrags zur Leistung von Arbeit im Dienst eines anderen gegen Zahlung von Arbeitsentgelt verpflichten. 95

Ist ein Mitarbeiter als Vereinsbetreuer tätig (§ 1819 Abs. 3 Satz 1 BGB, § 19 Abs. 2 BtOG), haftet er als natürliche Person für Pflichtverletzungen gemäß § 1826 Abs. 1 BGB. 96

BT-Drucks. 19/24445, S. 260, führt dazu aus: 97

> *Nur, wenn der Betreuungsverein selbst Betreuer ist, kommt eine Haftung für seine Angestellten in Betracht. Ist der Angestellte persönlich als Vereinsbetreuer bestellt, bleibt es bei seiner Haftung nach § 1826 Abs. 1 BGB.*

Eine vertragliche Haftung des Vereins nach den Vorschriften der §§ 241, 280 Abs. 1 und § 278 Satz 1 BGB ist ebenfalls nicht gegeben (OLG Koblenz, Beschl. v. 11.12.2009 – 8 U 1274/08). Im Übrigen besteht aus § 14 Abs. 1 Nr. 2 BtOG für den Verein die Verpflichtung, seinen Mitarbeiter gegen Schäden ausreichend zu versichern. 98

2.3 Behördenbetreuer

Es handelt sich um den persönlich bestellten Mitarbeiter der Betreuungsbehörde, (Behördenbetreuer) gemäß § 1819 Abs. 3 Satz 2 BGB. Dieser Mitarbeiter wird vom Betreuungsgericht (mit Zustimmung der Betreuungsbehörde) bestellt. 99

Von der Konstruktion des Betreuungsgesetzes her gesehen ist der persönlich bestellte Behördenbetreuer hinsichtlich seiner Tätigkeit Einzelbetreuer. Dadurch ist er persönlich als Einzelperson gegenüber dem Betreuten gemäß § 1826 Abs. 1 BGB unmittelbar verantwortlich. Ob eine Haftungsübernahme im Rahmen einer Amtshaftung gemäß § 839 BGB i. V. m. Art. 34 GG durch die Betreuungsbehörde besteht, ist in der Literatur umstritten. 100

Der Abschluss einer Haftpflichtversicherung durch die Betreuungsbehörde für den Behördenbetreuer ist gesetzlich nicht vorgeschrieben. Weder der Behördenbetreuer kann die Kosten 101 einer privat abgeschlossenen Amtshaftpflichtversicherung geltend machen, da er selbst keinen Aufwendungsersatz fordern kann, § 14 Abs. 2 VBVG, noch die Behörde, § 14 Abs. 1 Satz 3 VBVG.

2.4 Betreuungsverein und Betreuungsbehörde als Betreuer

2.4.1 Betreuungsverein

102 Wird ein Arbeitnehmer des Vereins nicht als Vereinsbetreuer (§ 1819 Abs. 3 Satz 1 BGB), sondern im Rahmen einer auf ihn delegierten Vereinsbetreuung (§ 1818 Abs. 1 BGB) tätig, fungiert der Verein selbst als Betreuer und hat lediglich die konkrete Betreuungsführung übertragen (§ 1818 Abs. 2 BGB). Der Verein haftet in diesem Fall stets unmittelbar aus § 1826 Abs. 3 BGB für das Verschulden jedes Mitglieds oder Mitarbeiters sowie für das Verschulden des Vorstands, dessen Mitglieder und anderer verfassungsberufener Vertreter (§ 31 BGB) gegenüber dem Geschädigten. Eine direkte Haftung des Mitarbeiters scheidet aus.

103 In § 14 Abs. 1 Nr. 2 BtOG ist eine Haftpflichtversicherung des Vereins selbst nicht vorgeschrieben, er hat nur seine Mitglieder zu versichern. Allerdings ist es sinnvoll, dass der Verein nicht nur seine Mitarbeiter, sondern auch sich selbst haftpflichtversichert. Die Angemessenheit der versicherungsrechtlichen Absicherung ist weder bundes- noch landesrechtlich näher geregelt. Die in § 23 Abs. 1 Nr. 3 BtOG vorgesehenen Versicherungssummen für berufliche Betreuer in Höhe von 250.000 EUR für jeden Versicherungsfall und 1.000.000 EUR für alle Versicherungsfälle eines Versicherungsjahres können als Vergleich herangezogen werden.

104 Der Rückgriff des in Anspruch genommenen Vereins regelt sich bei Vereinsmitgliedern nach der Satzung, bei angestellten Mitarbeitern nach dem Inhalt des Arbeitsverhältnisses. Soweit Angestelltentarife Anwendung finden, ist ein Rückgriff möglich, wenn Vorsatz oder grobe Fahrlässigkeit gegeben ist.

2.4.2 Betreuungsbehörde

105 Auch die Betreuungsbehörde selbst (als Bestandteil der Trägerkörperschaft Stadt oder Landkreis einer juristischen Person des öffentlichen Rechts) kann zum Betreuer bestellt werden, § 1818 Abs. 4 Satz 1 BGB. Gemäß § 1818 Abs. 4 Satz 2 i. V. m. Abs. 2 BGB werden Bedienstete mit der Ausführung der Betreuungsaufgaben beauftragt.

106 Die Anstellungskörperschaft des die Pflichtwidrigkeit verursachenden Beamten oder Angestellten trifft die Haftung nach § 1826 Abs. 1 BGB oder wahlweise nach § 839 BGB i. V. m. Art. 34 GG. Der Rückgriff der Körperschaft gegen den einzelnen Mitarbeiter ist nach Art. 34 Satz 2 GG i. V. m. den jeweiligen Landesbeamtengesetzen bzw. Angestelltentarifen auf Vorsatz und grobe Fahrlässigkeit beschränkt.

3. Haftpflichtversicherung

3.1 Schäden, die aus der Amtsführung entstehen

107 Es handelt sich um Schäden, die dem Betreuten durch den Betreuer zugefügt werden können oder die dem Betreuer dadurch entstehen, dass er einem Dritten zum Ersatz eines durch die Führung der Betreuung verursachten Schadens verpflichtet ist.

108 Die Haftpflichtversicherung gewährt dem Betreuer Versicherungsschutz für den Fall, dass er wegen eines während der Wirksamkeit der Versicherung eingetretenen Schadensereignisses auf Schadensersatz in Anspruch genommen wird.

3.1.1 Pflicht zum Versicherungsschutz

109 Nach § 23 Abs. 1 Nr. 3 BtOG ist der berufliche Betreuer verpflichtet, eine angemessene Haftpflichtversicherung abzuschließen. Im Rahmen der Registrierung fordert die Betreuungsbehörde (Stammbehörde) das Vorhandensein einer Berufshaftpflichtversicherung als Grund-

A

voraussetzung. Als Mindestversicherungssummen sind 250.000 EUR für jeden Versicherungsfall und 1.000.000 EUR für alle Versicherungsfälle eines Versicherungsjahres vorgeschrieben. Betreuungsvereine können als solche nur anerkannt werden, wenn sie für ihre Mitarbeiter eine angemessene Haftpflichtversicherung abgeschlossen haben (§ 14 Abs. 1 Nr. 2 BtOG).

3.1.2 Sammelhaftpflichtversicherungen für ehrenamtliche Betreuer

Ehrenamtliche Betreuer sind im Rahmen der jeweils von den Bundesländern abgeschlossenen 110
Sammelhaftpflichtversicherungen versichert.

Mit der Bestellung zum Betreuer werden sie in den Versicherungsschutz der Sammelver- 111
sicherung einbezogen, ohne dass es einer weiteren Erklärung bedarf. Die Versicherungssummen sind in den einzelnen Bundesländern unterschiedlich. In Bayern gilt eine Summe bei Personen- und Sachschäden von pauschal bis 5.000.000 EUR und bei Vermögensschäden bis 100.000 EUR. Bei den Betreuungsgerichten liegen jeweils Merkblätter zur Haftpflichtversicherung für ehrenamtliche Betreuer mit weiterführenden Nachweisen aus; die Summen sind auch im Internet abrufbar.

Soweit die Sammelversicherungssummen im Einzelfall nicht ausreichend sind, insbesondere im 112
Bereich der Vermögensschäden, kann durch den Betreuer eine Höherversicherung vorgenommen werden. Vermögensschäden sind z. B. auch Ersatzansprüche wegen finanzieller Verluste aufgrund einer fehlerhaften Anlage des Betreutenvermögens. Diese Beträge kann der Betreuer nach § 1877 Abs. 2 BGB als Auslagenersatz aus dem Betreutenvermögen entnehmen. Wählt der ehrenamtliche Betreuer die pauschale Aufwandsentschädigung nach § 1878 BGB (jährlich 425 EUR), bekommt er die Versicherungsleistungen nicht zusätzlich erstattet.

Hinweis:
Der ehrenamtliche Betreuer mit dem Aufgabenbereich „Vermögensverwaltung" sollte nach der Erstellung des Vermögensverzeichnisses prüfen, ob die Deckungssummen der Sammelversicherung ausreichen. Dies dürfte allerdings regelmäßig der Fall sein.

Der Versicherungsschutz umfasst die Befriedigung begründeter und die Abwehr unbegründeter 113
Schadensersatzansprüche, die dem Betreuer gegenüber aus seiner Tätigkeit als Betreuer geltend gemacht werden. Der Versicherungsschutz bezieht sich auch auf Haftpflichtansprüche eines Betreuten, soweit dieser Angehöriger des Betreuers ist oder mit ihm in häuslicher Gemeinschaft lebt; dies gilt bei Haftpflichtansprüchen wegen Vermögensschäden allerdings nur, sofern der Betreuer mit dem Aufgabenbereich der Vermögenssorge betraut ist.

Auf Schäden, die der Betreuer selbst bei der Führung der Betreuung erleidet, bezieht sich dieser 114
Versicherungsschutz nicht. Auf die Haftpflicht des Betreuers als Eigentümer, Besitzer, Halter oder Führer eines Kraftfahrzeugs wegen Schäden, die durch den Gebrauch des Kraftfahrzeugs verursacht werden, auch wenn das Fahrzeug aus Anlass der Betreuung genutzt wird, bezieht sich die Versicherung grundsätzlich nicht.

Sollte der ehrenamtliche Betreuer von seinem Betreuten oder von Dritten wegen der Führung 115
der Betreuung auf Schadensersatz in Anspruch genommen werden, muss er dies, um den Versicherungsschutz nicht zu gefährden, unverzüglich der jeweiligen Versicherungsanstalt formlos melden. Beizufügen ist eine Bestätigung, dass der Betreuer zum Personenkreis der ehrenamtlichen Betreuer gehört; sie wird vom zuständigen Betreuungsgericht erteilt.

Die Anschriften der Versicherungsanstalten, über die die Sammelversicherungen abgewickelt 116
werden, können bei den Betreuungsgerichten erfragt werden. Dort liegen in der Regel auch Merkblätter aus, die über die Details der in den jeweiligen Ländern geltenden Bestimmungen Auskunft geben.

3.2 Eigenschäden des Betreuers

117 Erleidet der Betreuer Eigenschäden durch das Verhalten des Betreuten, sind die allgemeinen Schadensersatzbestimmungen (§§ 823 ff. BGB) anwendbar; problematisch könnte sein, dass der Betreute wegen Deliktunfähigkeit (§ 827 BGB) nicht für den Schaden aufzukommen hat.

118 Eine Haftpflichtversicherung, die auf den Namen des Betreuten abgeschlossen ist, deckt nach den Ausschlüssen in den Allgemeinen Versicherungsbedingungen in der Regel keine Schäden, die der Versicherte seinem gesetzlichen Vertreter zufügt.

119 Personenschäden, die der Betreuer im Rahmen seiner ehrenamtlichen Tätigkeit erleidet, sind im Regelfall durch die gesetzliche Unfallversicherung abgesichert. Er ist kraft Gesetzes über die Eigenunfallversicherung der einzelnen Bundesländer – und zwar als selbstständig Tätiger in der Wohlfahrtspflege nach § 2 Abs. 1 Nr. 9 SGB VII – pflichtversichert.

120 Der Versicherungsschutz des ehrenamtlichen Betreuers hat in Bayern mit der Einführung der „Bayerischen Ehrenamtsversicherung" eine wichtige Ergänzung gefunden. Die Ehrenamtsversicherung stellt eine Unfallversicherung zur Verfügung. Diese begründet Ansprüche des Betreuers für Schäden, die er bei der ehrenamtlichen Tätigkeit erlitten hat. Versicherte Leistungen:

- 175.000 EUR maximal bei 100 % Invalidität
- 10.000 EUR im Todesfall
- 2.000 EUR für Zusatzheilkosten
- 1.000 EUR für Bergungskosten

Beispiel:

Der Betreuer will in der Bank des Betreuten Überweisungen tätigen. Vor der Bank stürzt er und zieht sich eine Hüftfraktur zu, die zu einer dauernden Bewegungseinschränkung führt.

121 Die Schadensmeldung kann der Betreuer über den Rechtspfleger beim Betreuungsgericht oder – wie in der Praxis üblich – nach der Erstversorgung über die eigene Krankenkasse abwickeln.

3.3 Haftpflichtversicherungsschutz der betreuten Person

122 Eine generelle Pflicht des Betreuers zum Abschluss einer Haftpflichtversicherung für den Betreuten gibt es nicht. Der Abschluss einer Haftpflichtversicherung wird jedoch von der Rechtsprechung in den Fällen für erforderlich gehalten, in denen aufgrund der besonderen Umstände eine erhöhte Gefahr der haftpflichtrechtlichen Inanspruchnahme des Betreuten besteht. Pflichtwidrig ist das Unterlassen der Haftpflichtversicherung daher nur dann, wenn der Betreute aufgrund seiner krankheits- oder behinderungsbedingten persönlichen Eigenschaften und Lebensverhältnisse zu drittschädigendem Verhalten neigt und dem Betreuer dies bekannt ist.

123 **Wichtig:** Nach der Entscheidung des BGH (Beschl. v. 4.6.1980 – IVb ZR 514/80) ist ein Betreuer nicht grundsätzlich verpflichtet, seinen Betreuten gegen gesetzliche Haftpflicht zu versichern. Jedoch können besondere Eigenschaften und Lebensverhältnisse des Betreuten den Abschluss einer Haftpflichtversicherung erfordern, wenn sie ihn in besonderem Maße der Gefahr aussetzen, sich durch Schädigung Dritter haftpflichtig zu machen.

124 Betreute Personen sind nicht automatisch mit in der Berufshaftpflichtversicherung des Betreuers mitversichert! Sollen Betreute privathaftpflichtversichert werden, ist dies nur durch einen separaten Vertrag möglich. Bereits bestehende ältere Verträge beinhalten z. T. noch eine Gruppenhaftpflichtversicherung. Mit ihr sind Betreute, die bei Abschluss des Vertrags angemeldet oder nachgemeldet wurden, versichert.

125 Es gibt Versicherungsunternehmen, die auch für deliktsunfähige Betreute (§ 827 BGB) Privathaftpflichtversicherungsverträge anbieten. Bei einem Schadensfall wird dann in der Regel auf den Einwand der Deliktsunfähigkeit verzichtet und Schadensersatz geleistet. Siehe

hierzu unter anderem: https://gl-versicherungsmakler.de/berufsbetreuer/privathaftpflicht-fuer-betreute

Daneben müssen aus dem Vermögen oder Einkommen des Betreuten die Versicherungsbeiträge gezahlt werden können. Bei Sozialhilfeempfängern wird der Beitrag zu einer Haftpflichtversicherung regelmäßig nicht zum notwendigen Lebensunterhalt gezählt, sodass Leistungen nicht erfolgen, zumindest dann, wenn die Versicherung erst während des Sozialhilfebezugs abgeschlossen werden soll. Das VG Düsseldorf (Beschl. v. 26.6.1989 – 19 K 5008/88) hat dargelegt, dass ein Sozialhilfeträger nicht verpflichtet ist, im Rahmen der Hilfe zum Lebensunterhalt die Kosten für eine private Haftpflichtversicherung zu übernehmen; dies würde einem Grundprinzip der Sozialhilfe widersprechen, nämlich Mittel nur zur Überwindung einer gegenwärtigen Notlage bereitzustellen. Dies ist allerdings nicht unstreitig und wird z. T. von verschiedenen Sozialbehörden anders gesehen. Der Betreuer sollte versuchen, den Beitrag zur Haftpflichtversicherung – insbesondere bei bestehenden Verträgen – als Teil des notwendigen Lebensunterhalts im Sinne des § 27a SGB XII bzw. § 20 SGB II geltend zu machen. 126

Beiträge zur Haftpflichtversicherung können zumindest als „nach Grund und Höhe angemessene Versicherung" gemäß § 82 Abs. 2 SGB XII bzw. § 11b Abs. 2 Nr. 3a SGB II vom Einkommen abgesetzt werden. Voraussetzung ist allerdings, dass ein anderweitiges Einkommen neben Sozialhilfe oder Bürgergeld-Leistungen vorhanden ist. 127

Eine bestehende Krankheit muss bei Vertragsabschluss gemeldet werden, da sonst ein Bestehen des Versicherungsschutzes infrage steht. Bei laufenden Verträgen sollten Erkrankungen, die zur Folge haben, dass der Betroffene versicherungsrechtlich ein erhöhtes Risiko hat (z. B. Alzheimer-Krankheit), nach der Diagnose angegeben werden; zumindest dann, wenn die Versicherungsbedingungen es vorschreiben. 128

Es sei aber nochmals darauf hingewiesen, dass die Haftpflichtversicherung nur für fahrlässig verursachte Schäden aufkommt. 129

- Handelt der Betreute bei der Schadensverursachung vorsätzlich, entfällt eine Leistung.
- Ist der Betreute deliktunfähig, fehlt es bei jeder Art der Schadensverursachung am Merkmal des Verschuldens, das aber Voraussetzung des Schadensersatzanspruchs ist.

Ein einmal bestehender Haftpflichtversicherungsvertrag sollte nicht gekündigt werden. Es muss nämlich für jeden Schadensfall neu ermittelt werden, ob jeweils zum Zeitpunkt einer schädigenden Handlung Deliktunfähigkeit besteht; bei psychisch Kranken (wechselnde Bewusstseinszustände) muss das nicht immer so sein. Da auch die Deliktfähigkeit als Vorfrage für die Übernahme des Schadens durch die Versicherung Gegenstand eines gerichtlichen Verfahrens sein kann, ist der Rechtsschutz, den die Versicherung gewährt, auf jeden Fall nützlich. 130

Ein Betreuer kann gegenüber dem Betreuten zur Leistung von Schadensersatz verpflichtet sein, wenn er für diesen eine bestehende private Krankenversicherung kündigt und kurze Zeit später der – die Versicherung aufgrund der Vertragskündigung nicht mehr zur Leistung verpflichtende – Versicherungsfall eintritt (OLG Koblenz, Beschl. v. 28.2.2018 – 4 W 79/18). 131

4. Strafrechtliche Folgen einer Betreuerhandlung

Nach der Begehungsform kann eine Handlung des Täters in einem aktiven Tun (Begehungsdelikt) oder Unterlassen (Unterlassungsdelikt) bestehen; ein Unterlassen (Abwenden eines Erfolgs) ist nur strafbar, wenn für den Täter eine besondere Verpflichtung zum Tätigwerden, eine sog. Garantenstellung, besteht (§ 13 StGB). Eine Garantenstellung kann sich aus der Betreuerbestellung ergeben, soweit der Aufgabenkreis reicht. Hat der Betreuer z. B. die Gesundheitsfürsorge inne, muss er, soweit möglich, gesundheitliche Schäden vom Betreuten abwenden. Unterlässt er die Abwendung und erleidet dadurch der Betreute einen körperlichen Schaden, könnte er sich wegen Körperverletzung (§ 223 StGB) durch Unterlassen strafbar gemacht haben. Obliegt dem Betreuer nur die Vermögenssorge und unternimmt er bei einer plötzlich auftretenden Herzattacke des Betreuten nichts, kommt unter Umständen unterlassene Hilfeleistung zum Zug (§ 323c StGB), da er in diesem Fall keine Garantenstellung hat. 132

133 Es gibt im Übrigen keinen allgemeinen Garantenbegriff, sondern nur einen, der auf den jeweiligen Tatbestand bezogen ist. Zum Teil werden der sog. Beschützergarant (er hat rechtlich dafür einzustehen, dass ein bestimmtes Rechtsgut, für das er Verantwortung trägt, nicht beschädigt wird) und der sog. Aufpassergarant (er hat rechtlich dafür einzustehen, dass von einer bestimmten Gefahrenquelle, für die er Verantwortung trägt, keine Schädigung ausgeht) genannt.

134 Der Betreuer ist Beschützergarant für die Rechtsgüter des Betreuten, soweit sein Aufgabenkreis reicht. Hat er nur die „Vermögenssorge", kann er z. B. Vermögensdelikte durch Unterlassen begehen. Ist er für die Gesundheit des Betreuten verantwortlich, kann er wegen Unterlassung aus den §§ 223 und 229 StGB (Körperverletzung) oder auch aus den §§ 211, 212 und 222 StGB (Tötungsdelikte) bestraft werden, wenn er vorsätzlich oder fahrlässig eine Beschädigung der Gesundheit oder den Tod des Betreuten nicht abgewendet hat.

135 Im Strafrecht gilt grundsätzlich das Prinzip der Eigenverantwortung, wonach es ausgeschlossen ist, für das rechtswidrige Verhalten eines Menschen einen anderen zur Verantwortung zu ziehen. Grundsätzlich besteht auch keine Überwachungspflicht hinsichtlich des Verhaltens anderer erwachsener Personen. Als Aufpassergarant wäre der Betreuer dann dafür verantwortlich, dass der Betreute keinen Dritten schädigt, wenn ihm die Aufsicht über den Betreuten übertragen ist, das heißt, wenn sein Aufgabenkreis entweder explizit auf die Aufsicht über den Betreuten oder allgemein auf die gesamte Personensorge lautet. Dann kann er evtl. auch bestraft werden, wenn der Betreute einen Dritten vorsätzlich oder fahrlässig tötet oder verletzt sowie sonstigen Schaden herbeiführt (siehe Rn. 66; vgl. zur „strafrechtlichen Verantwortung des Betreuers" auch: www.projekt-geben.de/downloads/btg/btg34.pdf).

136 Im Folgenden wird auf einige Tatbestände hingewiesen, die für den Betreuer eine Rolle spielen könnten.

4.1 Straftaten gegen die körperliche Unversehrtheit

4.1.1 Körperverletzung (§ 223 StGB)

137 Sie kann durch Unterlassen in Betracht kommen, wenn der Betreuer mit dem Aufgabenbereich „Gesundheitssorge" z. B. bei einer akuten Erkrankung nichts unternimmt, um eine Besserung des Gesundheitszustands des Betreuten zu erreichen.

4.1.2 Misshandlung Schutzbefohlener (§ 225 StGB)

138 Wer eine wegen Gebrechlichkeit oder Krankheit wehrlose Person, die seiner Fürsorge oder Obhut untersteht, quält, roh misshandelt oder sie durch böswillige Vernachlässigung seiner Pflicht, für sie zu sorgen, an der Gesundheit schädigt, macht sich strafbar. Böswilligkeit liegt insbesondere vor, wenn der Täter aus verwerflichen Beweggründen, z. B. aus Hass oder Eigennutz, handelt. Der Betreute untersteht der „Fürsorge" des Betreuers, da es sich bei einem entsprechenden Aufgabenkreis um ein auf längere Dauer angelegtes Abhängigkeitsverhältnis handelt.

4.2 Tötungsdelikte

4.2.1 Tötung auf Verlangen, § 216 StGB (aktive Sterbehilfe)

139 Die bewusste und zielgerichtete Tötung eines anderen Menschen ist auch im Fall der sog. Mitleidstötung eines unheilbar erkrankten Patienten selbst dann strafbar, wenn sie auf den ausdrücklichen Wunsch des Betroffenen hin erfolgt und lediglich eine geringe Lebensverkürzung zur Folge hat.

4.2.2 Beihilfe zur Selbsttötung

140 Im Gegensatz zur Tötung auf Verlangen ist die Beihilfe zur Selbsttötung straflos, sofern es sich um eine wirklich freiverantwortliche Selbsttötung handelt. Das ergibt sich daraus, dass eine

strafbare Beihilfe nur im Fall einer strafbaren Haupttat möglich ist, eine Selbsttötung ist aber nicht strafbar. Erforderlich ist, dass der Suizidant den lebensbeendenden Akt selbst ausführt, der Gehilfe ihm also z. B. lediglich eine tödlich wirkende Dosis eines Schlafmittels besorgt, das der Selbstmordwillige dann selbst einnimmt. Es würde sich aber bereits dann um eine strafbare Tötung auf Verlangen handeln, wenn der Helfer das Gift dem Suizidenten auf dessen ausdrücklichen Wunsch hin einflößt, weil die Tatherrschaft in diesen Fällen nicht mehr beim Suizidanten liegt.

Ist die Selbsttötung nicht freiverantwortlich, kann schon im Fall reiner Untätigkeit eines Dritten 141
eine Strafbarkeit in Betracht kommen.

- Sofern der Dritte eine Garantenstellung (z. B. als Angehöriger oder Betreuer) innehat, wäre er unter Umständen aufgrund eines Tötungsdelikts durch Unterlassen strafbar.
- Da es sich bei einem nicht freiverantwortlichen (also krankheitsbedingten) Suizidversuch nach h. M. um einen Unglücksfall handelt, wäre selbst ein Dritter, der zu dem Suizidenten in keinem Garantenverhältnis steht, im Fall des Unterlassens von Rettungsmaßnahmen wegen unterlassener Hilfeleistung zu bestrafen.

4.3 Unterlassene Hilfeleistung

Für alle Bürger besteht nach § 323c StGB die Verpflichtung, bei Unglücksfällen oder gemeiner 142
Gefahr die erforderliche und zumutbare Hilfe zu leisten. Als Unglücksfall kommen z. B. Verletzungen und auch die plötzliche Verschlimmerung einer Krankheit in Betracht.

Die Hilfeleistung muss dem Betreuer ohne erhebliche eigene Gefahr möglich sein; es wird in 143
solchen Fällen immer zumutbar sein, per Telefon einen Arzt, die Polizei oder Feuerwehr zu informieren. Für den Betreuer bedeutet das, dass er im Fall einer schweren Erkrankung des Betreuten auch dann zur Hilfeleistung verpflichtet ist, wenn ihm nicht die Gesundheitssorge übertragen wurde.

4.4 Vermögensdelikte

4.4.1 Unterschlagung, § 246 StGB

Wer eine fremde bewegliche Sache sich oder einem Dritten rechtswidrig zueignet, wird bestraft. 144
Anders als bei einem Diebstahl ist es hier nicht notwendig, dass die fremde Sache aus dem Herrschaftsbereich eines anderen entfernt wird, die Sache kann sich bereits im Herrschaftsbereich des Täters befinden, dieser eignet sich die Sache dann unberechtigt zu (Betreuer legt z. B. den Pfandbrief des Betreuten in seinen Safe, um ihn bei Fälligkeit für sich einzulösen).

4.4.2 Betrug, § 263 StGB

Wer in der Absicht, sich oder einem Dritten einen rechtswidrigen Vermögensvorteil zu 145
verschaffen, das Vermögen eines anderen dadurch beschädigt, dass er durch Vorspiegelung falscher oder durch Entstellung oder Unterdrückung wahrer Tatsachen einen Irrtum erregt oder unterhält, wird bestraft.

Das bedeutet, dass der Täter einen anderen täuschen muss, durch diese Täuschung muss bei 146
dem Opfer ein Irrtum hervorgerufen werden, aufgrund dieses Irrtums nimmt das Opfer dann eine Vermögensverfügung vor. Das Opfer wird also getäuscht und schädigt sich aufgrund dieser Täuschung selbst.

Betrug kann es z. B. sein, wenn ein Betreuer unter Verletzung der Mitwirkungspflicht (§§ 60 ff. 147
SGB I) gegenüber dem Bezirk verschweigt, dass der Betreute noch über erhebliche Ersparnisse verfügt, der zuständige Sachbearbeiter deswegen unzutreffend annimmt, dass der Betreute Ansprüche auf Leistungen nach dem SGB II bzw. SGB XII hat und eine entsprechende Auszahlung vorgenommen wird.

A

4.4.3 Untreue, § 266 StGB

148 Wer die ihm durch behördlichen Auftrag obliegende Pflicht, fremde Vermögensinteressen wahrzunehmen, verletzt und dadurch dem, dessen Vermögensinteressen er zu betreuen hat, einen Nachteil zufügt, wird bestraft.

149 Ein Missbrauch der Befugnis liegt vor, wenn die Grenze des Könnens im Außenverhältnis (Vertretungsrecht des Betreuers) zwar eingehalten wird, die Grenze des rechtlichen Dürfens im Innenverhältnis (Handeln zum Wohl des Betreuten) aber überschritten wird. Wenn der Betreuer ein Grundstück des Betreuten an seinen Bruder zu einem niedrigen Preis veräußert und dabei dem Betreuungsgericht im Genehmigungsverfahren verschweigt, dass mehrere Angebote zu einem weit höheren Preis vorliegen, liegt Untreue vor.

150 Daneben ist noch der sog. Treubruchtatbestand zu beachten. Dieser könnte z. B. gegeben sein, wenn ein Betreuer Bargeld des Betreuten, das er in Verwahrung hat, für eigene Zwecke verwendet und versucht, den Fehlbetrag durch falsche Angaben bei der Rechnungslegung zu verschleiern. Auch eine unordentliche Buchführung oder das Beiseiteschaffen von Belegen, wenn sich daraus die Gefahr ergibt, dass begründete und durchsetzbare Ansprüche nicht mehr geltend gemacht werden können, dürfte diesen Tatbestand auslösen.

151 Wird die Tat durch fehlende Kontrolle oder Aufsicht erleichtert oder sogar möglich gemacht, entlastet dies den Täter nicht.

4.5 Freiheitsberaubung und Nötigung

152 Freiheitsentziehende Maßnahmen sind nur mit gerichtlicher Genehmigung zulässig (Art. 104 GG, § 1831 BGB). Wird diese Genehmigung nicht eingeholt, handelt es sich um eine strafbare Freiheitsberaubung, § 39 StGB. Soweit die betroffene Person einsichtsfähig ist und in die Freiheitsentziehung einwilligt, liegt allerdings keine strafbare Handlung vor.

153 Als Tathandlungen kommen außer dem Einsperren des Betreuten alle Maßnahmen in Betracht, die geeignet sind, die Freiheit des Betreuten einzuschränken. Darunter fällt auch das Verabreichen von Medikamenten, wenn sie gezielt eingesetzt werden, um einen nicht untergebrachten Betreuten am Verlassen seines Aufenthaltsorts zu hindern, das Anlegen von Hand-, Fuß- oder Körperfesseln, das Anlegen von Bauchgurten, sofern für den Betroffenen keine Möglichkeit besteht, diese selbst zu lösen oder lösen zu lassen, das Aufstellen von Bettgittern, das Abschließen des Zimmers oder einer Station, das Verriegeln der dem Betreuten bekannten und für ihn benutzbaren Ausgänge einer Einrichtung, die Verwendung sog. Trickschlösser, die Ausübung psychischen Drucks oder auch die Wegnahme von Schuhen oder Kleidung. Steht nicht die Fortbewegungsfreiheit im Raum, sondern die Nötigung zu einer Handlung, Duldung oder Unterlassung, kommt eine Bestrafung wegen Nötigung (§ 240 StGB) in Betracht.

154 Sofern eine kurzfristige Maßnahme erforderlich ist, um drohende schwere gesundheitliche Schäden abzuwenden, liegt ein Rechtfertigungsgrund (§ 34 StGB) vor; keinesfalls darf die freiheitsbeschränkende Maßnahme aber regelmäßig oder über einen längeren Zeitraum ohne richterliche Genehmigung erfolgen.

4.6 Hausfriedensbruch

155 Nach § 123 StGB ist das widerrechtliche Eindringen in die Wohnung eines anderen strafbar. Für den Betreuer ist zu beachten, dass die Betreuung an sich – selbst der Aufgabenkreis „Wohnungsangelegenheiten" – noch nicht dazu berechtigt, gegen den Willen des Betreuten in die Wohnung einzudringen.

156 Ob das Betreuungsgericht dem Betreuer die Befugnis zum Eindringen in die Wohnung erteilen kann, ist umstritten. Nach überwiegender Meinung wird dies verneint. Dieser Rechtsansicht folgt wohl auch das FamFG, das eine Befugnis zum Betreten der Wohnung des Betroffenen durch die Betreuungsbehörde nur in bestimmten Fällen und nur nach ausdrücklichem richterlichem Beschluss zulässt (vgl. § 278 Abs. 7, § 283 Abs. 3, § 319 Abs. 7, § 322 FamFG bei

der Vorführung zum Betreuungsgericht oder zur Untersuchung zum Zweck der Erstellung eines Gutachtens sowie § 326 Abs. 3 FamFG bei der Zuführung zur Unterbringung). Lediglich bei Gefahr im Verzug ist in den genannten Fällen kein richterlicher Beschluss erforderlich; die Anordnung kann dann durch die Betreuungsbehörde erfolgen.

Bei einer gegenwärtig nicht anders abwendbaren Gefahr, insbesondere für Leib und Leben, 157 rechtfertigt zudem § 34 StGB einen Hausfriedensbruch.

4.7 Verletzung des Briefgeheimnisses

Es ist nach § 202 StGB strafbar, ein verschlossenes Schriftstück, das an einen Dritten gerichtet 158 ist, zu öffnen oder sich von dessen Inhalt Kenntnis zu verschaffen.

Soweit dem Betreuer der Aufgabenkreis zur Entscheidung über das Entgegennehmen, das 159 Öffnen und das Anhalten der Post des Betreuten gemäß § 1815 Abs. 2 Nr. 6 BGB übertragen ist, handelt er nicht rechtswidrig. Erkennbar private Post oder Briefe, die ausdrücklich an den Betreuten persönlich gerichtet sind, darf der Betreuer nicht öffnen. Unabhängig von der Aufgabenbereichszuteilung kann der Betreuer alle Schriftstücke öffnen, die ihm im Rahmen einer Betreuungsführung unter seiner Anschrift direkt übersandt werden.

4.8 Vollstreckungsvereitelung

Nach § 288 Abs. 1 StGB macht sich strafbar, wer bei einer ihm drohenden Zwangsvollstreckung 160 in der Absicht, die Befriedigung des Gläubigers zu vereiteln, Bestandteile seines Vermögens veräußert oder beiseiteschafft. Gemäß § 14 StGB macht sich auch strafbar, wer als gesetzlicher Vertreter eines anderen handelt und die Merkmale zwar nicht bei ihm, aber beim Vertretenen vorliegen.

4.9 Strafvereitelung

In § 258 StGB ist die Strafvereitelung unter Strafe gestellt. Gemeint sind Handlungen, die ganz 161 oder z. T. verhindern, dass ein anderer wegen einer rechtswidrigen Tat bestraft wird. Der Betreuer ist zwar grundsätzlich nicht zur Mitarbeit an der Strafverfolgung verpflichtet, er darf sie aber auch nicht behindern. Als Tathandlung kommen z. B. das Verbergen des Täters, Fluchthilfe, begünstigende Falschaussagen und auch eine wahrheitswidrige Aussage gegenüber der Polizei in Betracht.

4.10 Aussagedelikte

Ein Betreuer darf nicht aus falsch verstandener Solidarität mit dem Betreuten in gerichtlichen 162 Verfahren falsch aussagen, um den Betreuten zu schützen. Die falsche uneidliche Aussage und die falsche Aussage unter Eid sind unter Strafe gestellt. Auch unzutreffende Angaben im Rahmen der Abgabe einer Versicherung an Eides statt stehen unter Strafe. In allen Fällen ist auch fahrlässiges Verhalten strafbar. Dem Betreuer steht im Rahmen einer Zeugenvernehmung auch kein Zeugnisverweigerungsrecht im Strafverfahren zu.

4.11 Steuerhinterziehung

§ 34 AO legt eigene Pflichten des Betreuers fest, Verstöße stellen deshalb eigene Straftaten des 163 Betreuers dar.

Als Beispiel für eine Steuerhinterziehung kann das Verschweigen von verwahrten Wertpapieren 164 oder Kapitalguthaben im Ausland gesehen werden.

Bereits dann, wenn z. B. eine Einkommensteuererklärung nicht abgegeben und deshalb die 165 eigentlich geschuldeten Steuern nicht gezahlt werden, ist der objektive Tatbestand des § 370 Abs. 1 AO erfüllt:

> *Bestraft wird, wer den Finanzbehörden oder anderen Behörden über steuerlich erhebliche Tatsachen unrichtige oder unvollständige Angaben macht oder die Finanzbehörden pflichtwidrig*

A

über steuerlich erhebliche Tatsachen in Unkenntnis lässt und dadurch Steuern verkürzt oder für sich oder einen anderen nicht gerechtfertigte Steuervorteile erlangt.

166 Ebenso kann eine unterlassene Berichtigung unzutreffender Angaben gemäß § 153 AO unter Umständen eine eigenständige Steuerhinterziehung darstellen:

Erkennt ein Steuerpflichtiger nachträglich vor Ablauf der Festsetzungsfrist, dass eine von ihm oder für ihn abgegebene Erklärung unrichtig oder unvollständig ist und dass es dadurch zu einer Verkürzung von Steuern kommen kann oder bereits gekommen ist, so ist er verpflichtet, dies unverzüglich anzuzeigen und die erforderliche Richtigstellung vorzunehmen.

167 Daraus kann sich eine Konfliktsituation für den Betreuer ergeben, weil die Korrektur der Angaben des Betreuten zu einem gegen den Betreuten gerichteten Strafverfahren (wegen der unzutreffenden Angaben in der ursprünglichen Steuererklärung) führen kann. Andererseits setzt sich der Betreuer selbst der Gefahr einer Strafverfolgung aus, falls er die Korrektur unterlässt.

4.12 Verletzung von Privatgeheimnissen

168 § 203 StGB sieht es als strafbare Handlung an, wenn man als Angehöriger einer bestimmten Berufsgruppe ein fremdes Geheimnis, namentlich ein zum persönlichen Lebensbereich gehörendes Geheimnis offenbart, das einem z. B. als Rechtsanwalt oder staatlich anerkanntem Sozialarbeiter bzw. Sozialpädagogen anvertraut worden oder sonst bekannt geworden ist.

169 Fraglich ist nun, ob dies auch dann gilt, wenn dieser Personenkreis als Betreuer oder Verfahrenspfleger tätig wird. In der Literatur wird teilweise unterschieden, ob der Angehörige der betroffenen Berufsgruppe nur dann unter § 203 StGB fällt, wenn er für seinen Beruf „spezifische" Tätigkeiten erbringt, oder ob es sich lediglich um „berufsübliche" Tätigkeiten handelt, die nicht nur diesem Berufsstand vorbehalten sind. Sieht man die Tätigkeit als Betreuer oder Verfahrenspfleger nur als berufsübliche, aber nicht spezifische an, findet § 203 StGB keine Anwendung, anders wäre es nur, wenn die Bestellung ausdrücklich auf den Berufsstand bezogen erfolgt („(...) Frau/Herr XY wird in ihrer/seiner Eigenschaft als Rechtsanwältin/Rechtsanwalt bestellt.").

170 Das OLG Dresden (Beschl. v. 26.1.2004 – 21 WF 783/03) vertritt die Auffassung, dass die Schweigepflicht von Sozialarbeitern bzw. Sozialpädagogen auch dem Schutz der Individualsphäre des Klienten gemäß § 203 Abs. 1 Nr. 5 StGB dient. Daran würde sich auch nichts ändern, wenn der Sozialpädagoge als Verfahrenspfleger nicht aufgrund eines zwischen ihm und der von ihm im Rahmen des gerichtlichen Verfahrens unterstützten Person geschlossenen Vertrags tätig wurde, sondern auf Beiordnung des Gerichts.

Reinhold Spanl

Vergütung und Aufwandsentschädigung des Betreuers

1. Grundlagen für die Ansprüche des Betreuers

Die Vorschriften über Vergütung, Auslagenersatz und Aufwandspauschale sind zunächst in §§ 1875 bis 1881 BGB geregelt. Die unmittelbare Anwendung der materiellen Vorschriften findet grundsätzlich nur für den ehrenamtlichen Betreuer statt, während für den berufsmäßig tätigen Betreuer, die Betreuungsvereine und -behörden die §§ 7 bis 19 VBVG angewendet werden, § 1875 Abs. 2 BGB. Die Verfahrensvorschriften zur Zahlung an den Betreuer bzw. die Regressansprüche der Staatskasse findet man in §§ 292, 292a FamFG. 1

Wird in einer betreuungsgerichtlichen Zuweisungssache gemäß § 340 FamFG ein Pfleger bestellt, verweist § 1888 Abs. 1 BGB zunächst auf die §§ 1875 bis 1881 BGB; außerdem nimmt § 1888 Abs. 2 BGB für den beruflich tätigen Pfleger die §§ 1 bis 6 VBVG in Anspruch. 2

Der Betreuer will diejenigen Aufwendungen erstattet bekommen, die er zum Zweck der Führung der Betreuung macht, den Aufwendungsersatz. Daneben möchte er die Zeit, die er für die Betreuung aufwendet, als Vergütung geltend machen; dies gilt insbesondere für denjenigen, der Betreuungen im Rahmen seiner Berufsausübung führt, den beruflichen Betreuer. 3

Ansprüche richten sich grundsätzlich gegen den Betreuten (das Betreutenvermögen) und bei Mittellosigkeit gegen die Staatskasse. 4

Wird in einer Betreuungssache ein Verfahrenspfleger bestellt (§ 276 FamFG), ergeben sich seine Ansprüche auf Auslagenersatz und Vergütung aus § 277 FamFG; in Unterbringungssachen verweist § 318 FamFG auf § 277 FamFG. Der Aufwendungsersatz und die Vergütung werden stets aus der Staatskasse bezahlt, § 277 Abs. 4 FamFG, jedoch kann diese im Wege des Auslagenersatzes nach KVfG Nr. 31015 (zu § 3 Abs. 2 GNotKG) beim Betreuten Rückgriff nehmen, soweit dieser nicht mittellos im Sinne des § 1880 BGB ist. 5

Hinweis:

Zum 1.1.2026 sind nach dem KostBRÄG 2025 (BGBl. Teil I, Nr. 109/2025) Änderungen bei der Vergütung und den Auslagen eingetreten. Alle Änderungen sind in den folgenden Randnummern berücksichtigt.

2. Ansprüche des ehrenamtlichen Betreuers

2.1 Vergütung

Nach § 1876 Satz 1 BGB ist eine Betreuung grundsätzlich unentgeltlich zu führen. Dem ehrenamtlichen Betreuer kann allerdings eine angemessene Vergütung bewilligt werden, wenn der Betreute nicht mittellos ist und der Umfang oder die Schwierigkeit der Betreuungsgeschäfte es rechtfertigen, § 1876 Satz 2 BGB. 6

2.1.1 Voraussetzungen einer (ausnahmsweisen) Vergütungsgewährung

Die Höhe des Vermögens spielt grundsätzlich keine Rolle, allerdings darf der Betreute nicht mittellos sein. Dem Vermögen kommt somit nur eine negative Bedeutung zu. Begründen kann das Vermögen des Betreuten den Vergütungsanspruch indirekt, wenn es nämlich Umfang und Schwierigkeit der Betreuungsgeschäfte beeinflusst. 7

Die aufgewendete Zeit des Betreuers bestimmt den Umfang. Wann ein überdurchschnittlicher Zeitaufwand vorliegt, ist nicht definiert; zum Teil werden durchschnittlich ein bis zwei Wochenstunden je Betreuung angesetzt. Nur wenn über einen längeren Zeitpunkt und regelmäßig dieses Maß überschritten wird, rechtfertigt der Umfang eine Vergütungsgewährung. Der Zeitaufwand kann in seiner ungefähren Größenordnung festgestellt und ggf. geschätzt werden (BayObLG, Beschl. v. 16.3.1998 – 3Z BR 373/97). 8

9 Besonders schwierig kann die Betreuungstätigkeit durch unterschiedlichste Gründe sein – so z. B. durch die Verwaltung eines umfangreichen Vermögens, insbesondere wenn dessen Zusammensetzung besonderes Wissen erfordert. Unterbringungsmaßnahmen, besonders wiederholte, können erhöhte Schwierigkeiten hervorrufen. Auch die Person des Betreuten selbst kann die Ursache sein; aber auch dieses Kriterium führt nur zu einer Vergütung, wenn das „normale Maß" überschritten wird. Umfang oder Schwierigkeit sind unabhängige Voraussetzungen; jeder einzelne Tatbestand für sich reicht aus.

2.1.2 Höhe der Vergütung

10 Die Höhe der Vergütung kann sich nur aus dem Umfang und der Schwierigkeit der Betreuungsgeschäfte ergeben; Stunden- oder Prozentsätze des Vermögens sind nicht vorgesehen. Umfang und Schwierigkeit bestimmen nicht nur das „Ob" einer Vergütung, sondern sind auch für deren Bemessung maßgebend, während das Vermögen kein eigenständiges Bemessungskriterium darstellt. Einer besonderen Sachkunde des ehrenamtlichen Betreuers wird dabei – anders als bei berufsmäßig tätigen Betreuern – keine entscheidende Bedeutung beigemessen. Die Vergütung soll dem Betreuer als Entschädigung für seine in einem Ehrenamt aufgewandte Zeit dienen, darf jedoch nicht als Einkommen oder Einkommensersatz gesehen werden (BayObLG, Beschl. v. 31.3.2004 – 3Z BR 250/03).

11 Die pauschalierte Vergütung eines beruflichen Betreuers kann nicht als Maßstab für die Angemessenheit herangezogen werden. Denn während ein beruflicher Betreuer eine Vielzahl von Betreuungen führt, die nach Ansicht des Gesetzgebers im Wege einer Mischkalkulation zwischen aufwändigen und weniger aufwändigen Fällen insgesamt zu einer angemessenen Vergütung führen sollen, führt der ehrenamtliche Betreuer typischerweise nur diese eine Betreuung (z. B. OLG Karlsruhe, Beschl. v. 1.3.2007 – 11 Wx 74/06). Die Vergütung des ehrenamtlichen Betreuers kann in der Höhe nicht durch die Fallpauschalen des berufsmäßigen Betreuers begrenzt werden (OLG München, Beschl. v. 9.7.2008 – 33 Wx 119/07).

12 Das Betreuungsgericht hat vor der Festsetzung einer Vergütung den Zeitaufwand, den der ehrenamtliche Betreuer erbracht hat, zu ermitteln (LG Mainz, Beschl. v. 18.2.2013 – 8 T 225/12).

13 Bei der Beantragung einer Vergütung des ehrenamtlichen Betreuers muss dargestellt werden, welcher Zeitaufwand betrieben (in Stunden darstellen) und dass dadurch das Normalmaß überstiegen wird. Daneben ist anzugeben, welche besondere Schwierigkeit mit den getätigten Geschäften verbunden war und welches positive Ergebnis für den Betreuten erzielt werden konnte. Zudem sollte erläutert werden, dass das Betreutenvermögen die beantragte Vergütung rechtfertigt.

14 Liegen die Voraussetzungen für eine Vergütungsgewährung im Sinne des § 1876 Satz 2 BGB vor, kann der ehrenamtliche Betreuer die Höhe nach dem Zeitaufwand (Stundenanzahl) berechnen. Aufgetretene Schwierigkeiten werden regelmäßig durch einen erhöhten Zeitaufwand abzudecken sein.

2.1.3 Antrag, Anspruchsgegner, Ausschlussfrist, Verjährung

15 Die Festsetzung der Vergütung durch das Betreuungsgericht erfolgt auf Antrag des Betreuers, § 292 Abs. 1 Nr. 2 FamFG. Der Anspruch richtet sich (nur) gegen den Betreuten, nach dessen Tod gegen seine Erben. Eine Vergütung aus der Staatskasse scheidet aus, § 1876 Satz 2 Nr. 2 BGB.

16 Eine Geltendmachung innerhalb einer bestimmten Frist nach Entstehung beim Betreuungsgericht ist nicht vorgesehen; ein Erlöschen des Anspruchs durch Fristablauf tritt somit nicht ein.

17 Der Vergütungsanspruch verjährt allerdings drei Jahre nach dem Ende des Jahres, in dem die Betreuung beendet ist, §§ 195, 199 Abs. 1 Nr. 1, § 207 Abs. 1 Satz 2 Nr. 4 BGB.

A

2.1.4 Vergütung bei mehreren Betreuern

Wird ein ehrenamtlicher Betreuer neben einem beruflichen Betreuer bestellt (§ 1817 Abs. 1 Satz 3 BGB steht dem nicht entgegen), ist fraglich, ob dem ehrenamtlichen Betreuer eine Vergütung gewährt werden kann, wenn die Voraussetzungen des § 1876 Satz 2 BGB vorliegen. Möglicherweise würde dies dem Sinn und Zweck des § 1817 Abs. 1 Satz 3 BGB widersprechen. Allerdings geht der Wortlaut des § 1817 Abs. 1 Satz 3 BGB ausdrücklich nur von mehreren „beruflichen" Betreuern aus. 18

Werden mehrere ehrenamtliche Betreuer nebeneinander bestellt, kann unter der Voraussetzung des § 1876 Satz 2 BGB an sich jedem eine Vergütung gewährt werden. 19

2.2 Aufwendungsersatz

Macht der Betreuer zur Führung der Betreuung Aufwendungen, kann er nach den für den Auftrag geltenden Vorschriften der §§ 669 und 670 BGB vom Betreuten Vorschuss oder Ersatz verlangen, § 1877 Abs. 1 Satz 1 BGB. Der Betreuer soll davor bewahrt werden, durch seine Tätigkeit eine Minderung seines eigenen Vermögens zu erleiden, also ein Vermögensopfer zu erbringen. Er kann Ersatz für solche Aufwendungen geltend machen, die er zum Zweck der Führung der Betreuung den Umständen nach für erforderlich hält oder die er auf Weisung des Betreuungsgerichts erbringt. 20

Ob Aufwendungen erforderlich sind, richtet sich grundsätzlich nach der Sicht des Betreuers (Wortlaut des § 670 BGB), nicht nach dem Blickwinkel eines unbeteiligten Dritten. Der Betreuer muss die Aufwendung unter Beachtung der ihm obliegenden Sorgfalt den Umständen nach für erforderlich halten, auch wenn sich dies nachträglich als Fehleinschätzung erweist (BayObLG, Beschl. v. 31.10.2001 – 3Z BR 198/01). 21

- Wichtigste Voraussetzung für den Ersatz ist immer, dass die Aufwendung zum Zweck der Führung der Betreuung erbracht wird. Mit ihr muss die Wahrnehmung der Aufgaben des Betreuers ermöglicht oder erleichtert werden.
- Nicht erstattungsfähig sind Aufwendungen, die außerhalb des Aufgabenkreises der Betreuung gemacht werden oder die nicht unmittelbar der Führung der Betreuung dienen.
- Auch kann der Betreuer keinen Ersatz aus der Staatskasse erhalten, wenn er dem (mittellosen) Betreuten Beträge zur Führung des Lebensunterhalts „vorschießt". Diese Aufwendungen kann er nur vom Betreuten selbst verlangen oder bei Sozialhilfeträgern bzw. Krankenversicherungen im Namen des Betreuten einfordern.

Zu beachten ist auch, dass die Betreuung mit dem Tod des Betreuten endet. Tätigkeiten des Betreuers über den Tod hinaus sind nicht erstattungsfähig, soweit nicht § 1874 BGB Anwendung findet. Hierbei handelt es sich um Geschäfte, die der Betreuer erledigt, solange er vom Tod des Betreuten noch keine Kenntnis hat (§ 1874 Abs. 1 BGB), oder um Geschäfte, die nicht ohne Gefahr aufgeschoben werden können, bis der Erbe Fürsorge treffen kann (§ 1874 Abs. 2 BGB). Die Bestattung des Betreuten ist keine Angelegenheit der Betreuung und des Betreuers; somit handelt der ehemalige Betreuer immer als Vertreter der Angehörigen und muss seine Auslagenerstattung von diesen verlangen. 22

2.2.1 Erstattungsfähige Aufwendungen

Bei den Aufwendungen im Sinne von § 1877 Abs. 1 Satz 1 BGB handelt sich um sog. Barauslagen des Betreuers. 23

Porto, Telefon-/Faxkosten sind erstattungsfähig in tatsächlich angefallener Höhe im Einzelfall. Hat der Betreuer eine sog. Telefonflatrate, sind die einzelnen Gespräche nicht mehr einer bestimmten Betreuung zuzuordnen und können deshalb nicht angesetzt werden. 24

Fotokopierkosten sind grundsätzlich erstattungsfähig. Die Höhe der zu ersetzenden Kopierkosten ist gesetzlich nicht festgelegt, insbesondere nicht auf bestimmte Beträge beschränkt. Vielmehr sind die Kosten nach Aufwand zu ersetzen. Soweit der Betreuer die Kopien an einem Fremdgerät fertigt, kann er die Kosten ansetzen, die er tatsächlich entrichten musste. Unklar ist, 25 welchen Betrag er erstattet bekommt, wenn er die Kopie auf seinem eigenen Gerät erstellt. Die Rechtsprechung stellt sich hierzu nicht einheitlich dar; 0,15 EUR pro Seite dürften aber allgemein anerkannt werden. Stellt man auf die Vorschriften Nr. 31000 KV GNotKG oder auf Nr. 7000 VVRVG ab, kann eine Pauschale in Höhe von 0,50 EUR für die ersten 50 Kopien und eine in Höhe von 0,15 EUR für jede weitere Seite angesetzt werden. Können die entstandenen Kopierkosten nicht konkret dargelegt werden, kann das Gericht die Höhe der erstattungsfähigen Aufwendungen schätzen.

26 **Fahrt- und Reisekosten** sind notwendig und erstattungsfähig, wenn sie durch Besuche beim Betreuten, einen gemeinsamen Arztbesuch oder durch die Wahrnehmung von Gerichts- oder Behördenterminen im Rahmen der Amtsführung entstehen. Dient die Fahrt dem Besuch mehrerer Betreuter (Heim, Bezirkskrankenhaus), sind die Kosten anteilsmäßig zu verteilen.

27 Ist einem Betreuer auch der Aufgabenbereich der Gesundheitsfürsorge übertragen, gehören zu seinen Aufgaben die Sicherstellung und Kontrolle der ärztlichen Behandlung sowie der Befolgung der ärztlichen Anweisungen und Ratschläge. In diesem Bereich kann im Einzelfall die Teilnahme des Betreuers an für die Diagnose oder die weitergehende Behandlung wichtigen Arztbesuchen gerechtfertigt sein (LG Osnabrück, Beschl. v. 2.2.2017 – 7 T 770/16).

28 Für den Ersatz von Fahrtkosten sind die in § 5 JVEG für Sachverständige getroffenen Regelungen entsprechend anzuwenden.

- Bei der Benutzung öffentlicher Verkehrsmittel werden die tatsächlich angefallenen Kosten (gezahlter Fahrpreis) erstattet, § 5 Abs. 1 JVEG.
- Verwendet der Betreuer einen eigenen (oder von einem Dritten unentgeltlich zur Verfügung gestellten) Pkw, kann er für jeden angefangenen Kilometer des Hin- und Rückwegs 0,42 EUR verlangen (§ 1877 Abs. 1 Satz 2 BGB i. V. m. § 5 Abs. 2 Satz 1 Nr. 2 JVEG). Neben der Kilometerpauschale können insbesondere Parkgebühren in tatsächlich entstandener Höhe geltend gemacht werden, § 5 Abs. 2 Satz 2 JVEG.
- Höhere Fahrtkosten (z. B. Flugzeug, Taxi) werden ersetzt, wenn dadurch Mehrbeträge an Vergütung erspart werden können oder wenn sie wegen besonderer Umstände notwendig sind, § 5 Abs. 3 JVEG.

29 **Verpflegungsmehraufwendungen** können anfallen, wenn der Betreuer eine Reise durchführt. Eine Orientierung an § 6 JVEG und die dort in Bezug genommenen (Pauschal-)Sätze des EStG ist sinnvoll: Eine Abwesenheit von mehr als acht Stunden ergibt 14 EUR. Anders sieht dies das BayObLG (Beschl. v. 10.9.2003 – 3Z BR 73/03), das bei eintägigen Reisen an Werktagen keine Pauschale für Verpflegungsaufwand zubilligt, soweit diese die Kosten selbst beschaffter Verpflegung übersteigt.

30 Fraglich ist, ob ein **Verdienstausfall** geltend gemacht werden kann. Der ehrenamtliche Betreuer führt grundsätzlich sein Amt unentgeltlich. Dies kann jedoch nicht so weit gehen, dass er einen Verdienstausfall erleidet, weil er z. B. während seiner Arbeitszeit zu einem Termin beim Betreuungsgericht geladen wird oder eine unaufschiebbare Unterbringung zu erledigen hat. Der Zweck des § 1877 BGB geht dahin, den Betreuer vor Vermögenseinbußen zu bewahren; eine solche tritt aber ein, wenn der Arbeitgeber einen Lohnabzug vornimmt oder der Selbstständige eine Vertretung bezahlen muss. Die Literatur ist hier unterschiedlicher Ansicht; Erstattungsfähigkeit dürfte aber gegeben sein, wenn der Betreuer einen (nachweisbaren) Ausfall hat und die Tätigkeit aus Gründen, die nicht seiner Beeinflussung unterliegen, nicht außerhalb seiner Arbeitszeit erledigt werden kann.

31 Wird der Betreuer nicht als Zeuge, sondern als gesetzlicher Vertreter in einem gerichtlichen Verfahren gegen den Betreuten geladen, kann er keine Entschädigung nach den Vorschriften des JEVG geltend machen (AG Köln, Beschl. v. 11.9.2013 – 707 Ds 16/13).

32 Soweit der Betreuer an **Fortbildungsveranstaltungen** teilnimmt – wobei es nicht darauf ankommt, wer diese anbietet –, kann er weder die Seminargebühren noch Fahrtkosten im Rahmen des § 1877 BGB zur Erstattung verlangen. Auch der Erwerb von **Fachliteratur** kann regelmäßig nicht einer Betreuung zugeordnet und damit erstattet werden.

2.2.2 Aufwendungen für Versicherungsleistungen

Die Kosten einer angemessenen Versicherung sind nach § 1877 Abs. 2 BGB erstattungsfähig, wenn die Versicherung folgende Risiken umfasst: 33

- Schäden, die der Betreuer dem Betreuten zufügt
- Schäden, die dem Betreuer dadurch entstehen, dass er bei der Führung seines Amts einem Dritten gegenüber schadensersatzpflichtig wird
- Unfallschäden, die auf direkten Wegen von und zu Betreuertätigkeiten eintreten

Nicht erstattungsfähig sind Versicherungsbeiträge, die entstehen, wenn sich der Betreuer gegen Schäden versichert, die er selbst bei der Führung der Betreuung erleiden könnte. Ebenfalls nicht erstattungsfähig sind die Kosten der Kfz-Haftpflichtversicherung des Betreuers, § 1877 Abs. 2 Satz 1 Halbsatz 2 BGB. 34

Der überwiegende Teil der Bundesländer hat für ehrenamtliche Betreuer eine Sammelhaftpflichtversicherung abgeschlossen. In diesen Versicherungsschutz ist jeder ehrenamtliche Betreuer eingeschlossen, ohne dass es eines ausdrücklichen Beitritts bedarf. 35

In der Regel bestehen zwei Versicherungsverträge: 36

- eine Vermögensschadenhaftpflichtversicherung mit einer Versicherungssumme von 100.000 EUR je Versicherungsfall
- eine allgemeine Haftpflichtversicherung mit einer Versicherungssumme von bis zu 10 Mio. EUR (unterschiedliche Summen in den Bundesländern) pauschal für Personen- und/oder Sachschäden je Schadensereignis

Soweit die Sammelversicherungssummen im Einzelfall nicht ausreichend sind, insbesondere im Bereich der Vermögensschäden, kann der Betreuer eine Höherversicherung vornehmen. Vermögensschäden sind z. B. auch Ersatzansprüche wegen finanzieller Verluste aufgrund einer fehlerhaften Anlage des Betreutenvermögens. Allerdings sind nur die Kosten einer angemessenen Versicherung erstattungsfähig; das bedeutet, dass der Umfang des Versicherungsschutzes dem zu deckenden Risiko entsprechen muss. 37

Ehrenamtliche Betreuer, die ausnahmsweise eine Vergütung nach § 1876 Satz 2 BGB erhalten, sind nach dem Wortlaut des § 1877 Abs. 2 Satz 1 BGB nicht ausgeschlossen; ihnen können neben der Vergütung auch Versicherungsleistungen erstattet werden, wenn sie sich über die Sammelhaftpflicht hinaus versichern. 38

2.2.3 Aufwendungen im Sinne von § 1877 Abs. 3 BGB

Nach dieser Vorschrift erlangt der Betreuer für seinen Zeitaufwand eine Erstattung, wenn er seine berufseinschlägige Arbeitskraft einsetzt. Erstattungsfähig sind solche gewerbe- und berufsspezifischen Dienste des Betreuers, für die ein anderer Betreuer, der nicht diese Qualifikationen besitzt, berechtigterweise einen entsprechend qualifizierten Dritten hinzugezogen hätte. Die vom Betreuer insoweit erledigten Tätigkeiten müssen durch den ihm erteilten Aufgabenkreis gedeckt sein und zum Zweck der Führung der Betreuung erfolgen. Die Vorschrift des § 1877 Abs. 3 BGB hat Ausnahmecharakter und ist deshalb eng auszulegen. 39

Es erweist sich als zweckmäßig, die vergütungsrelevante Tätigkeit vor ihrer Ausführung mit dem Rechtspfleger des Betreuungsgerichts abzusprechen. 40

2.2.4 Inhalt und Erfüllung des Aufwendungsersatzanspruchs

Der Betreuer hat einen Anspruch auf Ersatz seiner Aufwendungen nach § 670 BGB; dieser entsteht kraft Gesetzes. Der Anspruch richtet sich grundsätzlich gegen den Betreuten und ist aus dessen Vermögen zu erfüllen. Für vorhersehbare Aufwendungen kann ggf. auch ein Vorschuss beantragt werden, § 669 BGB. 41

Vermögender Betreuter

Soweit der Betreuer durch seinen Aufgabenkreis Zugang zum Vermögen hat (Vermögenssorge), kann er seinen Ersatz oder Vorschuss direkt dem Vermögen des Betreuten entnehmen; dabei ist 42 er nicht ausgeschlossen oder eingeschränkt nach § 1824 Abs. 2 i. V. m. § 181 BGB, da es sich um die Erfüllung einer Verbindlichkeit handelt. Wenn der Betreuer auf versperrte Anlagen zurückgreifen muss (z. B. Sparkonto), bedarf er allerdings der betreuungsgerichtlichen Genehmigung nach § 1849 Abs. 1 Satz 1 Nr. 1 BGB, soweit er nicht nach § 1859 BGB ein befreiter Betreuer ist. Entnimmt er den Betrag dem Girokonto des Betreuten, ist unabhängig vom Kontostand keine Genehmigung erforderlich; § 1849 Abs. 2 Satz 1 Nr. 1b BGB.

43 Das Betreuungsgericht kann, auch wenn es den Aufwendungsersatz nicht festzusetzen hat, auf Art und Höhe Einfluss nehmen. Stellt es bei der jährlichen Abrechnung des Betreuers (§ 1865 BGB) fest, dass Aufwendungen überflüssig oder überhöht als Ersatz entnommen oder als Vorschuss gewährt wurden, kann es den Betreuer zur Rückerstattung anhalten.

44 Ist dem Betreuer als Anspruchsinhaber ein Zugang zum Vermögen des Betreuten verwehrt, da ihm die Vermögenssorge nicht zusteht, muss er seinen Anspruch beim Betreuten selbst oder demjenigen Betreuer geltend machen, der die Vermögenssorge führt. Auch kann er sich seinen Anspruch durch das Betreuungsgericht auf Antrag festsetzen lassen, § 292 Abs. 1 Nr. 1 FamFG.

Mittelloser Betreuter

45 Ist der Betreute mittellos im Sinne von § 1880 BGB, richtet sich der Ersatzanspruch gegen die Staatskasse, § 1879 BGB.

46 Der Aufwendungsersatz wird aus der Staatskasse erbracht. Es erfolgt eine Festsetzung oder Zahlbarmachung durch das Betreuungsgericht auf Antrag des Betreuers, § 292 Abs. 1 Nr. 2 oder Abs. 5 FamFG. Der festgestellte Betrag wird auf das Konto des Betreuers überwiesen.

2.2.5 Erlöschen des Aufwendungsersatzanspruchs

47 Die Ansprüche des Betreuers auf Erstattung seiner Aufwendungen erlöschen, wenn sie nicht binnen 15 Monaten nach ihrer Entstehung gerichtlich geltend gemacht werden, § 1877 Abs. 4 BGB. Sofern sich die Ansprüche gegen den Betreuten richten, genügt auch Geltendmachung gegenüber dem Betreuungsgericht (§ 1877 Abs. 4 Satz 2 BGB).

48 Geltendmachung bedeutet, dass der Anspruch gegenüber dem Betreuungsgericht – verbunden mit einer Erstattungsforderung – beziffert wird; Belege können dabei nachgereicht werden. Die Angabe eines „Phantombetrags" ohne jegliche Aufschlüsselung genügt jedoch nicht (OLG Frankfurt, Beschl. v. 13.8.2001 – 20 U 113/01).

2.3 Aufwandspauschale des Betreuers

2.3.1 Wesen der Aufwandsentschädigung

49 Die Aufwandspauschale des § 1878 BGB ist dem Grunde nach ein pauschalierter Aufwendungsersatz für ehrenamtliche Betreuer. Sie umfasst seit 1.1.2026 einen Betrag von 450 EUR jährlich (bis 31.12.2025: 425 EUR). Für die Berechnung kommt es auf die Fälligkeit (nicht Geltendmachung) der Aufwandsentschädigung an; tritt diese nach dem 1.1.2026 ein (z. B. am 3.1.2026), gilt der neue Betrag (zur Fälligkeit siehe § 1878 Abs. 3 Satz 1 BGB).

50 Der Betreuer kann wählen, ob er die Aufwandspauschale nach § 1878 BGB geltend macht – ohne Nachweis der tatsächlich angefallenen Auslagen – oder ob er die Aufwendungen einzeln nachweist und sie sich erstatten lässt, § 1877 BGB.

51 Der Betreuer muss den Anspruch auf Aufwandspauschale geltend machen, § 1878 Abs. 1 Satz 1 BGB. Ist der Anspruch einmalig ausdrücklich gerichtlich geltend gemacht worden, so gilt in den Folgejahren die Einreichung des Jahresberichts (§ 1863 Abs. 3 BGB) jeweils als Antrag, es sei denn, dass der Betreuer ausdrücklich auf eine weitere Geltendmachung verzichtet, § 1878 Abs. 4 Satz 3 BGB.

2.3.2 Anspruchsberechtigte

52 Berechtigt sind Betreuer, die keinen Anspruch auf Vergütung haben, § 1878 Abs. 1 Satz 1 BGB; dies sind letztlich nur ehrenamtliche Betreuer, die zudem keine Vergütung nach § 1876 Satz 2 BGB erhalten.

Der Anspruch gilt für jede Betreuung getrennt. Führt ein Betreuer mehrere Verfahren, kann er 53 für jede Betreuung (für die er keine Vergütung erhält) den Pauschalbetrag geltend machen.

Sind für einen Betreuten mehrere Betreuer bestellt (§ 1817 BGB), steht jedem von ihnen die 54 volle Aufwendungspauschale zu, auch dann, wenn die übertragenen Aufgabenkreise identisch und mehrere Betreuer zur gemeinsamen Führung bestellt sind, § 1878 Abs. 2 Satz 1 BGB (BayObLG, Beschl. v. 14.8.2001 – 3Z BR 234/01). Im Fall der Bestellung eines Verhinderungsbetreuers nach § 1817 Abs. 4 BGB (Hauptbetreuer ist tatsächlich verhindert, z. B. durch Urlaub, Krankheit) läuft die Pauschale beim Hauptbetreuer in voller Höhe weiter, während der Verhinderungsbetreuer einen Anspruch nur für den Zeitraum geltend machen kann, in dem er tatsächlich tätig geworden ist, § 1878 Abs. 2 Satz 2 BGB.

Beispiel:

Der ehrenamtliche Betreuer A ist wirksam am 3.12.2025 bestellt. In der Zeit vom 7.7. bis 30.7.2026 (23 Tage – der 7.7. wird dem A zugerechnet, § 187 Abs. 1 BGB) ist er im Urlaub. Für diese Zeit ist der ehrenamtliche Betreuer B bestellt. A kann auch für die Zeit des Urlaubs seine Aufwandspauschale in voller Höhe geltend machen, während B für die 23 Tage einen 23/365-Anteil aus 450 EUR = 28,36 EUR erhält.

2.3.3 Umfang der Aufwandsentschädigung

Dem Betreuer steht pro Jahr ein Betrag von 450 EUR zu (18-facher Satz des Höchstbetrags von 55 25 EUR, den ein Zeuge pro Stunde erlangen kann, § 22 JVEG), § 1878 Abs. 1 Satz 2 BGB.

Gemäß § 4 BetrInASG (Betreuer-Inflationsausgleichs-Sonderzahlungsgesetz) kann ein ehren- 56 amtlicher Betreuer in der Zeit vom 1.1.2024 bis 31.12.2025 zusätzlich zur Aufwandspauschale die Zahlung einer Inflationsausgleichssonderzahlung in Höhe von 24 EUR jährlich verlangen. Sie kann nur gemeinsam mit der Aufwandsentschädigung geltend gemacht werden, § 5 Abs. 1 BetrInASG.

Beispiel:

Wird der Betreuer

- *am 4.12.2024 bestellt, kann am 5.12.2025 die Pauschale von 449 EUR (425 EUR + 24 EUR) geltend gemacht werden;*
- *am 4.1.2025 bestellt, kann nur eine Pauschale von 450 EUR geltend gemacht werden, da die Fälligkeit erst am 5.1.2026 eintritt (keine Inflationssonderzahlung mehr, aber die seit 1.1.2026 geltende höhere Pauschale).*

Endet das Amt des Betreuers, ist die Aufwandspauschale anteilig nach den Monaten des bis zur 57 Beendigung des Amts laufenden Betreuungsjahres zu zahlen. Dies gilt auch für die bis 31.12.2025 geltende Inflationsausgleichssonderzahlung. Ein angefangener Monat gilt als voller Monat (§ 1878 Abs. 3 Satz 2 Halbsatz 2 BGB, § 4 Abs. 2 BetrInASG).

Beispiel:

A wird am 2.2.2026 als ehrenamtlicher Betreuer wirksam bestellt. Der Betreute verstirbt am 10.8.2026 (Ende der Betreuung, § 1870 BGB). A macht geltend: 450 EUR : 12 × 7 = 262,50 EUR.

Hat der Betreuer für seine Aufwendungen bereits Vorschuss oder Ersatz nach § 1877 BGB 58 erlangt, verringert sich die Aufwandspauschale um diesen Betrag, § 1878 Abs. 1 Satz 3 BGB.

Beispiel:

Der Betreuer wird am 8.4.2025 bestellt. Bis zum 31.7.2025 sind ihm Aufwendungen zum Zweck der Führung der Betreuung in Höhe von 150 EUR entstanden. Er entnimmt am 3.8.2025 dem Betreutenvermögen diesen Betrag (§ 1877 Abs. 1 Satz 1 BGB). Da im weiteren Verlauf der Betreuung keine nennenswerten Auslagen mehr angefallen sind, macht er am 15.4.2026 die Aufwandspauschale für die Zeit vom 9.4.2025 bis 8.4.2026 gemäß § 1878 Abs. 1 BGB geltend und entnimmt dem Betreutenvermögen weitere 300 EUR (unter Beachtung von § 1878 Abs. 1 Satz 3 BGB), ohne dass er die Entstehung der Auslagen insgesamt zu belegen hat.

A

2.3.4 Fälligkeit der Aufwandsentschädigung

59 Die Aufwandspauschale ist erstmals ein Jahr nach Bestellung des Betreuers fällig, § 1878 Abs. 3 Satz 1 BGB. Das bedeutet, dass für den Betreuer erst nach Ablauf des ersten Jahres der Anspruch entsteht, nach Ablauf jeweils eines weiteren Jahres wird erneut ein Anspruch fällig. Damit scheidet auch ein Vorschuss aus.

60 Endet das Amt des Betreuers vor Ablauf eines Jahres, wird eine entsprechend gekürzte Aufwandspauschale zum Zeitpunkt der Amtsbeendigung fällig.

2.3.5 Anspruchsgegner

Vermögender Betreuter

61 Der Anspruch richtet sich gegen den Betreuten, denn es handelt sich um den Ersatz von Aufwendungen des Betreuers, den der Betreute zu erbringen hat, § 1877 Abs. 1 BGB. Soweit der Betreuer durch seinen Aufgabenkreis Zugang zum Vermögen hat, kann er die Aufwandspauschale direkt entnehmen; dabei ist er nach § 1824 Abs. 2 i. V. m. § 181 BGB nicht ausgeschlossen, da es sich um die Erfüllung einer Verbindlichkeit handelt. Wenn der Betreuer auf versperrte Anlagen zurückgreifen muss, bedarf er der betreuungsgerichtlichen Genehmigung nach § 1849 Abs. 1 Satz 1 Nr. 1 BGB, soweit er nicht befreiter Betreuer ist (§ 1859 BGB).

62 Ist der Betreute verstorben, richtet sich der Anspruch des Betreuers gegen die Erben (§ 1922 Abs. 1 BGB). Ein selbstständiges Entnahmerecht hat der Betreuer nicht mehr, da sein Amt durch den Tod des Betreuten beendet ist. Eine Festsetzung gemäß § 292 Abs. 1 Nr. 1 FamFG gegen die Erben durch das Betreuungsgericht kann grundsätzlich erfolgen.

Mittelloser Betreuter

63 Ist der Betreute mittellos im Sinne von § 1880 BGB, richtet sich der Anspruch auf Zahlung der Aufwandspauschale gegen die Staatskasse, § 1879 BGB.

64 Die Geltendmachung gegen die Staatskasse kann auf unterschiedliche Art erfolgen. Entweder beantragt der Betreuer die Zahlung auf dem Verwaltungsweg oder die Festsetzung durch das Betreuungsgericht nach § 292 Abs. 1 Nr. 1 oder Abs. 5 FamFG.

2.3.6 Erlöschen des Anspruchs

65 Der Anspruch auf Aufwandspauschale erlischt, wenn er nicht binnen sechs Monaten nach Ablauf des (Kalender-)Jahres, in dem der Anspruch entstanden ist, geltend gemacht wird, § 1878 Abs. 4 Satz 1 BGB.

Beispiele:

Der Betreuer wird am 19.1.2025 bestellt, damit wird der Anspruch mit Ablauf des 19.1.2026 fällig. Somit hat der Betreuer bis zum 30.6.2027 Zeit, um den Anspruch geltend zu machen.

Wird der Betreuer am 19.12.2025 bestellt, tritt die Fälligkeit des Anspruchs mit Ablauf des 19.12.2026 ein; die Frist zur Geltendmachung läuft aber ebenfalls am 30.6.2027 ab.

66 Die Geltendmachung des Anspruchs beim Betreuungsgericht gilt auch als Geltendmachung gegenüber dem Betreuten, § 1878 Abs. 4 Satz 2 i. V. m. § 1877 Abs. 4 Satz 2 BGB. Es spielt somit keine Rolle, ob der Anspruch sich gegen die Staatskasse oder den Betreuten richtet; die Geltendmachung gegenüber dem Betreuungsgericht wahrt immer die Frist, auch wenn das Betreuungsgericht beim vermögenden Betreuten unter Umständen gar keine Festsetzung zu betreiben hat.

2.3.7 Verhältnis der Aufwandspauschale zu § 1877 BGB

67 Der Betreuer hat ein Wahlrecht, ob er zur Abdeckung seiner Aufwendungen die Pauschale nach § 1878 BGB in Anspruch nimmt, ohne Nachweise erbringen zu müssen, oder ob er seine Auslagen nachweist und Erstattung nach § 1877 BGB begehrt. Hat er nach § 1877 BGB bereits

Aufwendungsersatz erlangt, kann er die Pauschale noch geltend machen, allerdings unter Anrechnung des Erlangten, § 1878 Abs. 1 Satz 3 BGB.

Hat der Betreuer Aufwendungsersatz für berufsbezogene Leistungen nach § 1877 Abs. 3 BGB 68 erlangt, schließt dieser die Pauschale nach § 1878 BGB nicht aus; allerdings kommt auch hier die Anrechnung des Erlangten zum Zug.

2.3.8 Verhältnis der Aufwandspauschale zu § 1876 Satz 2 BGB

Problematisch stellt sich der Fall dar, wenn einem ehrenamtlichen Betreuer eine Vergütung 69 nach § 1876 Satz 2 BGB gewährt wird. Nach dem Wortlaut des § 1878 Abs. 1 Satz 1 BGB verbietet sich damit die Zahlung einer Aufwandsentschädigung; der Betreuer hat seine Auslagen nachzuweisen und gemäß § 1877 BGB geltend zu machen.

2.3.9 Steuerliche Behandlung

Einnahmen aus selbstständiger Tätigkeit, § 18 Abs. 1 Nr. 3 EStG

Bei der Aufwandspauschale für ehrenamtliche Betreuer nach § 1878 BGB handelt es sich nach 70 der Entscheidung des BFH (Urt. v. 17.10.2012 – VIII R 57/09) um Einnahmen aus selbstständiger Tätigkeit gemäß § 18 Abs. 1 Nr. 3 EStG.

Steuerfreibetrag nach § 3 Nr. 26b EStG

§ 3 Nr. 26b EStG erfasst Aufwandspauschalen nach § 1878 BGB (450 EUR jährlich) und stellt sie 71 steuerfrei, soweit sie zusammen mit den steuerfreien Einnahmen nach § 3 Nr. 26 EStG (sog. Übungsleiterpauschale) den Freibetrag von 3.300 EUR pro Jahr nicht überschreiten (§ 3 Nr. 26 Satz 1 EStG).

Steuerliche Berechnung

Unter Berücksichtigung des geltenden Steuerfreibetrags nach § 3 Nr. 26 bzw. 26b Satz 1 EStG 72 auf die Aufwandspauschalen können die Einkünfte der ehrenamtlichen Betreuer steuerlich berechnet werden.

Der ehrenamtliche Betreuer (sofern keine anderen steuerfreien Einkünfte im Rahmen von § 3 73 Nr. 26 EStG vorliegen) kann jährlich bis zu siebenmal die Pauschale von 450 EUR steuerfrei erhalten. Die Gesamtsumme liegt dann bei 3.150 EUR; erst ab der achten Pauschale wird der Freibetrag überschritten.

Erhält der Betreuer häufiger als siebenmal (8 × 450 EUR = 3.600 EUR) innerhalb eines 74 Kalenderjahres Aufwandspauschalen nach § 1878 BGB, sind diese im Rahmen der Einkommensteuererklärung zu deklarieren.

Ist der Betreffende aufgrund anderer Umstände steuererklärungspflichtig (z. B. bei Einkünften 75 aus Renten, selbstständiger oder gewerblicher Tätigkeit, ausländischen Kapitalerträgen, Vermietung und Verpachtung oder weil Einnahmen aus der Steuerklasse 6 erzielt wurden – sowie dann, wenn Ehegatten die Steuerklassen 3/5 gewählt haben), dann müssen die Einnahmen aus den Aufwandspauschalen stets angegeben werden. Für die Frage, zu welchem Steuerjahr die Pauschalen gehören, kommt es darauf an, wann sie an den Betreuer zur Auszahlung kamen (nicht für welchen Tätigkeitszeitraum sie gewährt wurden). Einkünfte nach § 1878 BGB stellen dabei Einkünfte aus selbstständiger Tätigkeit dar (BFH, Urt. v. 17.10.2012 – VIII R 57/0).

Überschreiten die Einnahmen den steuerfreien Betrag von 3.300 EUR, können die mit den 76 Tätigkeiten in unmittelbarem wirtschaftlichem Zusammenhang stehenden Ausgaben als Betriebsausgaben oder Werbungskosten abgezogen werden. Diese Ausgaben müssen sich aber auf die Tätigkeiten beziehen, für die nicht bereits der Steuerfreibetrag von 3.000 EUR in Anspruch genommen wurde, § 3 Nr. 26b Satz 2 i. V. m. Nr. 26 Satz 2 EStG.

Erhält der (ehrenamtliche) Betreuer nur seine tatsächlich angefallenen Aufwendungen im 77 Rahmen des § 1877 Abs. 1 BGB (also nicht die Aufwandspauschale nach § 1878 BGB) erstattet, handelt es sich in der Regel nicht um einkommensteuerrelevante Einkünfte, da kein Gewinn bzw. Überschuss erzielt wird.

Anrechnung auf Leistungen nach dem SGB

78 Aufwandspauschalen nach § 1878 BGB werden bis zu 3.300 EUR jährlich nicht auf Bürgergeld, Sozialhilfe und Versorgungsleistungen angerechnet, § 11a Abs. 1 Nr. 4 SGB II, § 82 Abs. 1 Satz 2 Nr. 4 SGB XII, § 105 ff. SGB XIV.

2.4 Vergütung und Aufwendungsersatz des ehrenamtlichen Verfahrenspflegers

79 Vergütung und Aufwendungsersatz des Verfahrenspflegers werden in den §§ 277 und 318 FamFG geregelt.

2.4.1 Vergütung

80 Eine Vergütung wird dem ehrenamtlichen Verfahrenspfleger nicht gewährt. Eine Verweisung in § 277 Abs. 2 Satz 1 FamFG auf § 1876 Satz 2 BGB liegt nicht vor; auch andere Vorschriften gewähren keine Vergütung.

2.4.2 Aufwendungsersatz

81 Der ehrenamtliche Verfahrenspfleger kann seine Aufwendungen, insbesondere Fahrt-, Telefon- und Portokosten geltend machen, § 277 Abs. 1 FamFG i. V. m. § 1877 Abs. 1 BGB. Auch Haftpflichtversicherungsbeiträge sind ihm zu erstatten, § 1877 Abs. 2 Satz 1 BGB, soweit er nicht in eine bestehende Sammelhaftpflichtversicherung einbezogen ist (grundsätzlich gilt die sog. Ehrenamtsversicherung auch für Verfahrenspfleger).

82 Eine pauschalierte Aufwandspauschale gemäß § 1778 BGB scheidet mangels Verweisung für den ehrenamtlichen Pfleger aus; der ehrenamtliche Verfahrenspfleger hat seine Auslagen zu beziffern und nachzuweisen.

83 Vorschuss auf anstehende Aufwendungen kann nicht verlangt werden, § 277 Abs. 1 Satz 2 FamFG.

84 Die Ansprüche des Verfahrenspflegers auf Erstattung seiner Aufwendungen erlöschen, wenn sie nicht binnen 15 Monaten nach ihrer Entstehung gerichtlich geltend gemacht werden, § 277 Abs. 1 Satz 1 FamFG i. V. m. § 1877 Abs. 4 Satz 1 BGB.

85 Aufwendungsersatz wird immer aus der Staatskasse gezahlt, unabhängig davon, ob der Betreute vermögend oder mittellos ist, § 277 Abs. 4 Satz 1 FamFG.

86 Nach § 277 Abs. 4 Satz 2 FamFG findet auf das Erstattungsverfahren § 292 Abs. 1 und 5 FamFG entsprechende Anwendung.

3. Vergütung und Auslagenersatz des beruflichen Betreuers

3.1 Voraussetzung für einen Vergütungsanspruch

87 Dem beruflichen Betreuer wird nach § 7 Abs. 1 VBVG nur dann eine Vergütung gewährt, wenn er gemäß § 19 Abs. 2 BtOG i. V. m. § 24 BtOG registriert ist. Eine Feststellung im Betreuungsbeschluss, dass die Betreuung beruflich geführt wird (§ 286 Abs. 1 Nr. 4 FamFG), ist nicht vergütungsbegründend, wenn keine Registrierung vorliegt.

88 Ist ein beruflicher Betreuer nach § 19 Abs. 2 BtOG, der als Mitarbeiter eines anerkannten Betreuungsvereins rechtliche Betreuungen führt, als Vereinsbetreuer bestellt, kann der Betreuungsverein eine Vergütung verlangen. Der Vereinsbetreuer selbst kann keine Vergütung geltend machen, § 7 Abs. 2 VBVG.

89 Ist ein Betreuungsverein nach § 1818 Abs. 1 BGB als Betreuer bestellt, ist ihm eine Vergütung zu bewilligen, wenn der Mitarbeiter, dem die Führung der Betreuung gemäß § 1818 Abs. 2 Satz 1 BGB übertragen ist, als beruflicher Betreuer registriert ist. Eine Vergütung ist auch dann

zu bewilligen, wenn der Mitarbeiter spätestens sechs Monate nach Beginn seiner Tätigkeit für den Betreuungsverein registriert ist, § 12 Abs. 1 Satz 3 VBVG.

3.2 Registrierung als beruflicher Betreuer

Das Registrierungsverfahren erfolgt nach dem BtOG und der BtRegV. 90

3.2.1 Registrierungsvoraussetzungen

Die Voraussetzungen für die Registrierung als beruflicher Betreuer nach § 23 Abs. 1 BtOG sind: 91

- die persönliche Eignung und Zuverlässigkeit
- eine ausreichende Sachkunde für die Tätigkeit als beruflicher Betreuer
- eine Berufshaftpflichtversicherung zur Deckung der sich aus der Berufstätigkeit ergebenden Haftpflichtgefahren mit einer Mindestversicherungssumme von 250.000 EUR für jeden Versicherungsfall und von 1.000.000 EUR für alle Versicherungsfälle eines Versicherungsjahres

Die Zuverlässigkeit fehlt gemäß § 23 Abs. 2 BtOG in der Regel, wenn 92

- die Person hinsichtlich der Tätigkeit als beruflicher Betreuer einem Berufsverbot nach § 70 des StGB oder einem vorläufigen Berufsverbot nach § 132a der StPO unterliegt,
- die Person in den letzten drei Jahren vor Stellung des Registrierungsantrags wegen eines Verbrechens oder eines vorsätzlich begangenen, für die Führung einer Betreuung relevanten Vergehens rechtskräftig verurteilt worden ist,
- in den letzten drei Jahren vor der Antragstellung eine Registrierung nach § 27 BtOG widerrufen worden ist oder
- die Vermögensverhältnisse der Person ungeordnet sind, was in der Regel der Fall ist, wenn über das Vermögen der Person das Insolvenzverfahren eröffnet worden oder sie in das vom zentralen Vollstreckungsgericht zu führende Schuldnerverzeichnis (§ 882b ZPO) eingetragen ist.

Die erforderliche Sachkunde hat zu umfassen: 93

- Kenntnisse des Betreuungs- und Unterbringungsrechts, des dazugehörigen Verfahrensrechts sowie Kenntnisse auf den Gebieten der Personen- und Vermögenssorge
- Kenntnisse des sozialrechtlichen Unterstützungssystems
- Kenntnisse der Kommunikation mit Personen mit Erkrankungen und Behinderungen und von Methoden zur Unterstützung bei der Entscheidungsfindung

Der genaue Umfang der Sachkunde wird in § 3 BtRegV und der zugehörigen Anlage (elf 94
Module) genauer umschrieben. Sie kann nach § 4 BtRegV nachgewiesen werden durch:

- ein Zeugnis über den erfolgreichen Abschluss eines anerkannten Studien-, Aus- oder Weiterbildungsgangs
- ein Zeugnis über den erfolgreichen Abschluss eines anerkannten Sachkundelehrgangs
- anderweitige Nachweise

3.2.2 Registrierungsverfahren

Die Registrierung erfolgt auf Antrag, der bei der zuständigen Stammbehörde zu stellen ist, § 24 95
Abs. 1 Satz 1 BtOG. Stammbehörde ist die Betreuungsbehörde, in deren Zuständigkeitsbereich sich der Sitz des beruflichen Betreuers befindet oder – wenn ein solcher nicht vorhanden ist – dessen Wohnsitz, § 2 Abs. 4 BtOG.

Dem Antrag sind folgende Unterlagen beizufügen: 96

- ein Führungszeugnis nach § 30 Abs. 5 BZRG, das nicht älter als drei Monate sein soll
- eine Auskunft aus dem zentralen Schuldnerverzeichnis nach § 882b ZPO (www.vollstreckungsportal.de), die nicht älter als drei Monate sein soll
- eine Erklärung, ob ein Insolvenz-, Ermittlungs- oder Strafverfahren anhängig ist

- eine Erklärung, ob in den letzten drei Jahren vor Antragstellung eine Registrierung als Berufsbetreuer versagt, zurückgenommen oder widerrufen wurde
- geeignete Nachweise über den Erwerb der nach § 23 Abs. 1 Nr. 2 und Abs. 3 BtOG erforderlichen Sachkunde

97 Zudem hat der Antragsteller der Stammbehörde den beabsichtigten zeitlichen Gesamtumfang und die Organisationsstruktur seiner beruflichen Betreuertätigkeit mitzuteilen, § 24 Abs. 1 Satz 3 BtOG. Folgende Angaben sind nach § 11 BtRegV zu erbringen:

- Vorhandensein, Anzahl und Beschäftigungsumfang von Mitarbeitern
- Art und Umfang der Räumlichkeiten, in denen die Tätigkeit ausgeübt wird
- Art und Umfang der Erreichbarkeit

98 Zur Feststellung der persönlichen Eignung hat die Stammbehörde mit dem Antragsteller ein persönliches Gespräch zu führen, § 24 Abs. 2 BtOG, § 12 BtRegV.

99 Für jede Registrierung wird gemäß § 24 Abs. 5 BtOG eine Gebühr von 200 EUR erhoben; im Einzelfall kann aus Gründen der Billigkeit von der Erhebung der Gebühr abgesehen werden.

3.2.3 Umwandlung einer ehrenamtlichen in eine berufliche Betreuerstellung

100 Bis zum 31.12.2022 wurde die Stellung eines „Berufsbetreuers" dadurch erlangt, dass bei der Bestellung die berufliche Führung durch das Gericht festgestellt wurde, § 1908i Abs. 1 Satz 1 i. V. m. § 1836 Abs. 1 Satz 2 BGB (a. F.); nur durch diese Feststellung konnte der Berufsbetreuer eine Vergütung erlangen, § 1 Abs. 2 Satz 1 VBVG (a. F.). Diese Feststellung ist seit dem 1.1.2023 nicht mehr anspruchsbegründend für eine Vergütung, sie erfolgt nur noch deklaratorisch. Der Vergütungsanspruch entsteht nach § 7 VBVG, wenn der Betreuer gemäß § 19 Abs. 2 BtOG registriert ist.

101 Fraglich ist nun, ob diejenigen Betreuungen, die ein beruflicher Betreuer (noch) ehrenamtlich führt, da eine Feststellung im Bestellungsbeschluss unterblieben ist, automatisch einen Vergütungsanspruch auslösen, wenn er nun registriert ist. Das LG Lübeck hat mit Beschl. v. 7.7.2025 – 7 T 89/24 unter Bezugnahme auf BGH, Beschl. v. 2.10.2024 – XII ZB 216/24, entschieden, dass berufliche Betreuer im Sinne des § 19 Abs. 2 BtOG für Abrechnungszeiträume seit dem 1.1.2023 auch in den nach der früheren Rechtslage ehrenamtlich geführten Betreuungsverfahren die Voraussetzungen für einen Vergütungsanspruch erfüllen. Eine für das Betreuungsverfahren vor dem 1.1.2023 getroffene gerichtliche Anordnung, die Betreuung werde ehrenamtlich geführt, wirke in vergütungsrechtlicher Hinsicht nicht über den 31.12.2022 hinaus. Der berufliche Betreuer sollte sich auf diese Rechtsprechung berufen und einen Vergütungsantrag stellen.

102 Natürlich ist es möglich, dass ein beruflicher Betreuer bestimmte Fälle ehrenamtlich führen will, beispielsweise für Angehörige. Dies sollte sich bei einer Neubestellung aus dem Bestellungsbeschluss ergeben.

3.3 Vergütungsanspruch

103 Ist der berufliche Betreuer registriert, hat er einen Anspruch auf eine Vergütung, § 7 Abs. 1 VBVG.

104 Der Vergütungsanspruch richtet sich grundsätzlich gegen den Betreuten, § 7 Abs. 1 VBVG. Soweit dieser gemäß § 1880 BGB mittellos ist, kann die Vergütung gegen die Staatskasse geltend gemacht werden, § 15 Abs. 1 VBVG.

105 Im Verfahren über die Festsetzung der pauschalen Betreuervergütung nach § 7 VBVG ist nicht zu überprüfen, ob und in welchem Umfang der Betreuer tätig geworden ist. Die Ausübung einer konkreten Betreuungstätigkeit wird typisierend unterstellt (BGH, Beschl. v. 20.8.2014 – XII ZB 479/12).

3.4 Höhe der Vergütung

Die Berechnung der Vergütung erfolgt nach dem sog. Fallpauschalensystem. 106

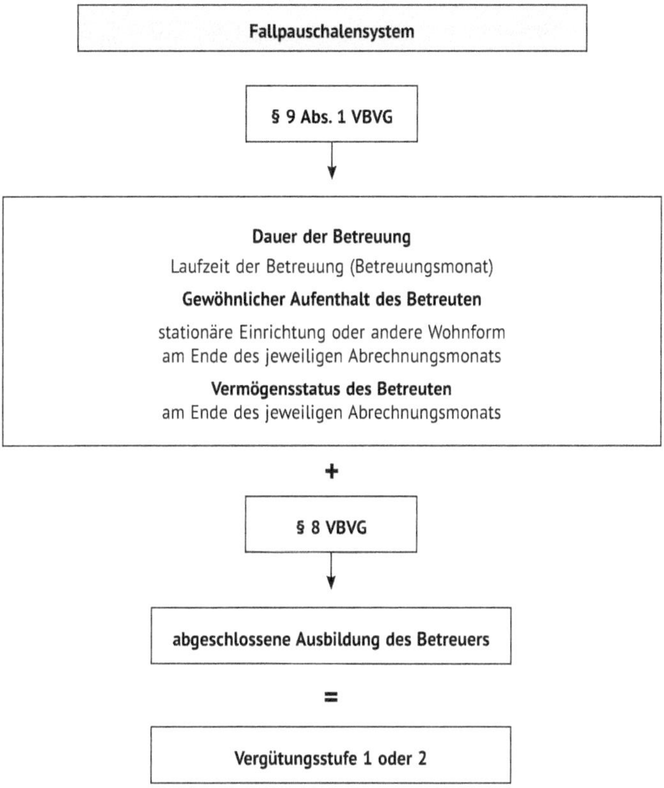

Beispiele:

a) A wird am 7.1.2026 wirksam als Betreuer für den Aufgabenkreis „Vermögensverwaltung" bestellt. Der Betreute lebt im Pflegeheim; er ist vermögend. A hat eine abgeschlossene Lehre als Schreiner und wurde am 26.6.2023 als beruflicher Betreuer durch die zuständige Stammbehörde registriert (§ 24 BtOG). A macht seine Vergütungsansprüche am 10.4.2026 geltend.

Durch die wirksame Registrierung als beruflicher Betreuer hat A einen Anspruch auf Vergütung, § 7 Abs. 1 VBVG i. V. m. § 19 Abs. 2 BtOG.

Die Bestellung ist am 7.1.2026 erfolgt, damit beginnt der erste Abrechnungsmonat am 8.1.2026 (§ 9 Abs. 2 Satz 2 VBVG i. V. m. § 187 Abs. 1 BGB) und endet am 7.2.2026 (§ 188 Abs. 2 Alt. 1 BGB). Die Vergütung wird nach Ablauf von drei Abrechnungsmonaten fällig und kann geltend gemacht werden (§ 14 Abs. 1 VBVG). Die Geltendmachung am 10.4.2026 erfolgt für den Zeitraum vom 8.1. bis zum 7.4.2026.

Der Vergütungsanspruch erfasst die ersten drei Monate der Betreuung (Betreuungsmonate) seit der Bestellung am 7.1.2026 (§ 9 Abs. 2 Satz 1 VBVG).

Der gewöhnliche Aufenthalt des Betreuten befindet sich jeweils am Ende des Abrechnungsmonats (§ 9 Abs. 4 Satz 2 VBVG) in einer stationären Einrichtung (§ 9 Abs. 3 Satz 1 Nr. 1 VBVG).

Der Vermögensstatus am Ende des jeweiligen Abrechnungsmonats ist nicht mittellos im Sinne von § 1880 BGB (§ 9 Abs. 4 Satz 1 VBVG).

Für die Fallpauschale ist § 8 Abs. 1, Abs. 2 Nr. 2 VBVG i. V. m. der Vergütungsstufe 1.1.1.1 heranzuziehen, da der Betreuer über keine abgeschlossene Hochschulausbildung oder vergleichbare Ausbildung verfügt.

Ergebnis: 3 × 233 EUR = 699 EUR

b) B wird am 7.1.2025 wirksam als Betreuer für den Aufgabenkreis „Vermögensverwaltung" bestellt. Der Betreute lebt im Pflegeheim; er ist vermögend. B hat eine abgeschlossene Lehre als Schreiner und ist registriert (§ 24 BtOG). B macht seine Vergütungsansprüche am 10.4.2026 für den Zeitraum vom 8.1.2026 bis zum 7.4.2026 geltend.

Die Bestellung ist am 7.1.2025 erfolgt, damit beginnt der erste Abrechnungsmonat am 8.1.2025 (§ 9 Abs. 2 Satz 2 VBVG i. V. m. § 187 Abs. 1 BGB). B macht einen Vergütungsanspruch für das Abrechnungsquartal vom 8.1. bis zum 7.4.2026 geltend, das sind die Abrechnungsmonate 13 bis 15.

Der gewöhnliche Aufenthalt des Betreuten befindet sich jeweils am Ende des Abrechnungsmonats (§ 9 Abs. 4 Satz 2 VBVG) in einer stationären Einrichtung (§ 9 Abs. 3 Satz 1 Nr. 1 VBVG).

Der Vermögensstatus am Ende des jeweiligen Abrechnungsmonats ist nicht mittellos im Sinne von § 1880 BGB (§ 9 Abs. 4 Satz 1 VBVG).

Für die Fallpauschale ist § 8 Abs. 1, Abs. 2 Nr. 2 VBVG i. V. m. der Vergütungsstufe 1.1.1.2 heranzuziehen, da der Betreuer über keine abgeschlossene Hochschulausbildung oder vergleichbare Ausbildung verfügt.

Ergebnis: 3 × 115 EUR = 345 EUR

3.5 Dauer der Betreuung

Dauer der Betreuung

Beginn des Abrechnungsmonats
Tag nach wirksamer Bestellung

Betreuerwechsel
Betreuungsmonat und Abrechnungsmonat können differieren

Zeitliche Unterbrechung
Neuanfang Betreuungsmonat – Fortführung

Ende der Betreuungstätigkeit
Tod des Betreuten
Aufhebung der Betreuung
Zeitablauf bei vorläufiger Betreuung
Entlassung des Betreuers

3.5.1 Beginn des Abrechnungsmonats

107 Die Abrechnungsmonate beginnen am Tag nach der (wirksamen) Bestellung des Betreuers (§ 9 Abs. 2 Satz 2 VBVG i. V. m. § 187 Abs. 1 BGB).

108 Die Bestellung ist wirksam erfolgt, wenn der gerichtliche Bestellungsbeschluss dem Betreuer bekannt gemacht wurde (in seinen Herrschaftsbereich gelangt ist), § 287 Abs. 1 FamFG. Dies ist unproblematisch, wenn der Beschluss nach den §§ 166 bis 195 ZPO zugestellt wird. Erfolgt die Bekanntgabe durch einfachen Brief, gilt an sich nach § 15 Abs. 2 Satz 2 FamFG der Zugang vier

Tage nach Aufgabe zur Post. Allerdings schließt diese Vermutung einen früheren Zugang nicht aus (BGH, Beschl. vom 12.9.2012 – XII ZB 27/12). Macht der Betreuer glaubhaft geltend, dass ihm der Beschluss bereits vor Ablauf der vier Tage zugegangen ist, gilt dieser Zeitpunkt.

Wird der Beschluss elektronisch zugestellt, ist fraglich, ob dies nach § 173 Abs. 2 Nr. 1 oder 109
Abs. 4 ZPO (anwendbar über § 15 Abs. 2 Satz 1 FamFG) erfolgt. Dies wird derzeit in der Literatur unterschiedlich gesehen.

Wendet man § 173 Abs. 4 ZPO an, gilt die Zustellung am vierten Tag nach der in der Regel 109a
sofort erstellten Eingangsbestätigung (und damit nach Absendung) als zugegangen. In diesem Fall kommt es nicht auf den Zeitpunkt der Zugangsmöglichkeit des Betreuers zu seinem Postfach oder einer tatsächlichen Kenntnisnahme an; auch bei sofortiger Kenntnisnahme beginnt eine nach dem Zustellungsdatum berechnete Frist daher nicht früher zu laufen (es handelt sich um eine Zugangsfiktion, nicht um eine Zugangsvermutung). Kann der Betreuer beweisen (Glaubhaftmachung genügt nicht), dass der Beschluss ihm früher zugegangen ist, wäre dieser Zeitpunkt wirksam.

Sieht man im beruflichen Betreuer eine Person, bei der von einer erhöhten Zuverlässigkeit 109b
ausgegangen werden kann (§ 173 Abs. 2 Nr. 1 Alt. 5 ZPO) – wovon in der Praxis immer häufiger ausgegangen wird, siehe auch LG Augsburg, Beschl. v. 9.1.2025 – 053 T 4110/24 – so ist das Dokument (der Beschluss) mit Eingang im eOB, dem elektronischen Bürger- und Organisationspostfach, zugestellt. Für den Nachweis des Zugangs ist § 173 Abs. 3 ZPO zu beachten. Stellt das Gericht keinen strukturierten Datensatz zu Verfügung, so ist dem Gericht das elektronische Empfangsbekenntnis als elektronischen Dokument (§ 130a ZPO) zu übermitteln. Ist dies nicht möglich oder vorgesehen, kann der Betreuer ein Empfangsbekenntnis (§ 174 ZPO) an das Gericht übersenden, in dem er das Datum des elektronischen Zugangs (Kenntnisnahme) aufnimmt. Damit sollte der Zugang nachgewiesen sein.

Hinweis:

Nach hier vertretener Ansicht ist der berufliche Betreuer eine Person, bei der von einer erhöhten Zuverlässigkeit im Sinne von § 173 Abs. 2 Nr. 1 ZPO ausgegangen werden kann. Das Empfangsbekenntnis (elektronisch oder in Papierform) muss den Zeitpunkt ausweisen, an dem der Betreuer vom Eingang Kenntnis erlangt hat.

Wird durch das Gericht die sofortige Wirksamkeit des Bestellungsbeschlusses angeordnet, tritt 110
in der Regel die Wirksamkeit ein, wenn der Bestellungsbeschluss und die Anordnung der sofortigen Wirksamkeit der Geschäftsstelle des Betreuungsgerichts zum Zweck der Bekanntgabe an den Betroffenen oder den Verfahrenspfleger durch den Richter übergeben werden, § 287 Abs. 2 Satz 1 und 2 Nr. 2 FamFG. Dieser Zeitpunkt wird auf dem Beschluss vermerkt, § 287 Abs. 2 Satz 3 FamFG.

Beispiel:

Der Richter erlässt den Bestellungsbeschluss am 20.2.2026 und ordnet gleichzeitig die sofortige Wirksamkeit an. Er übergibt den Bestellungsbeschluss mit der Anordnung der Geschäftsstelle zum Zweck der Bekanntgabe am 21.2.2026 um 10.12 Uhr. Mit dem Zeitpunkt der Übergabe ist der Betreuer wirksam bestellt (§ 287 Abs. 2 Satz 2 Nr. 2 FamFG). Damit beginnt der erste Abrechnungsmonat am 22.2.2026 (§ 9 Abs. 2 Satz 2 VBVG i. V. m. § 187 Abs. 1 BGB) und endet gemäß § 188 Abs. 2 Alt. 1 BGB am 21.3.2026.

Möglich ist auch, dass der Richter dem anwesenden Betreuer den Beschluss durch Verlesen der 111
Beschlussformel bekannt gibt (§ 41 Abs. 2 Satz 1 FamFG); auch dies bewirkt die Wirksamkeit der Betreuerbestellung. Eine bloße Absichtserklärung des Richters gegenüber einer anwesenden Person, sie als Betreuer zu bestellen, schafft aber noch keine wirksame Bestellung. Die telefonische Bekanntgabe der Bestellung an den Betreuer erfüllt auch nicht die Voraussetzungen des § 41 Abs. 2 Satz 1 FamFG, da keine Anwesenheit gegeben ist.

A

112 Vorsicht ist geboten, wenn die Wirksamkeit der Betreuerbestellung am Ende eines „kurzen" Monats eintritt.

Beispiel:

Wirksamkeit der Betreuerbestellung tritt ein am 28.2.2026. Damit beginnt der erste Abrechnungsmonat am 1.3.2026 (§ 187 Abs. 1 BGB) und endet am 28.3.2026 (§ 188 Abs. 2 Alt. 1 BGB); der zweite Abrechnungsmonat beginnt am 29.3.2026 und endet am 28.4.2026.

113 Ein weiteres Problem ergibt sich, wenn der nach § 188 Abs. 2 Alt. 1 BGB maßgebende Tag im Folgemonat fehlt. Obwohl keine Verweisung auf § 188 Abs. 3 BGB i. V. m. § 9 Abs. 2 Satz 2 VBVG erfolgt, kann dessen Regelung entsprechend angewendet werden.

Beispiel:

Wirksamkeit der Betreuerbestellung tritt ein am 30.1.2026. Damit beginnt der erste Abrechnungsmonat am 31.1.2026 und endet am 28.2.2026; der zweite Abrechnungsmonat beginnt am 1.3.2026 und endet am 30.3.2026. Der dritte Zeitraum geht vom 31.3. bis zum 30.4.2026; dann vom 1.5. bis zum 30.5.2026 und wieder vom 31.5. bis zum 30.6.2026.

114 Abrechnungsmonate können in Quartalen abgerechnet werden, da gemäß § 14 Abs. 1 VBVG immer nur nach drei Monaten Fälligkeit eintritt.

115 Betreuungsmonate beginnen mit der ersten wirksamen Bestellung eines Betreuers im Verfahren. Sie sind für die (Gesamt-)Dauer in den Vergütungsstufen maßgebend.

116 Für die Zeit vor seiner Bestellung kann ein beruflicher Betreuer auch für solche Tätigkeiten keine Vergütung verlangen, die seiner Bestellung denknotwendig vorgelagert sind, z. B. Beiwohnen der Anhörung des Betroffenen vor der Bestellung (BGH, Beschl. v. 15.1.2020 – XII ZB 627/17).

3.5.2 Änderung von vergütungsrelevanten Umständen

117 Ändern sich Umstände, die sich auf die Vergütung auswirken, vor Ablauf eines vollen Monats, ist die Fallpauschale zeitanteilig nach Tagen zu berechnen; § 9 Abs. 4 Satz 3 VBVG; § 187 Abs. 1, § 188 Abs. 1 und § 191 BGB gelten entsprechend. Durch die Verweisung auf § 187 Abs. 1 und § 188 Abs. 1 BGB fällt der Tag der Veränderung noch in die bisherige Frist, der neue Umstand gilt ab dem nächsten Tag.

118 Allerdings ist zu beachten, dass es für die Bestimmung des Vermögensstatus des Betreuten entscheidend ist, ob der Betreute am Ende des Abrechnungsmonats mittellos nach § 1880 BGB oder vermögend ist, § 9 Abs. 4 Satz 1 VBVG. Hinsichtlich der Bestimmung des gewöhnlichen Aufenthalts ist ebenfalls entscheidend, wo sich der gewöhnliche Aufenthalt am Ende des Abrechnungsmonats befindet, § 9 Abs. 4 Satz 2 VBVG. Diese Umstände nehmen Einfluss auf die Vergütung, jedoch scheidet eine Berechnung nach Tagen aus.

Beispiel:

Der unter die Vergütungsstufe 2 fallende berufliche Betreuer wurde am 20.3.2026 wirksam bestellt. Der vermögende Betreute lebt bis 30.4.2026 in seiner Wohnung und zieht am 1.5.2026 in ein Pflegeheim. Ab 10.5.2026 ist der Betreute mittellos und am 29.6.2026 verstirbt er.

Für die Zeit vom 21.3. bis zum 20.4.2026 erlangt der Betreuer eine Vergütung nach Stufe 2.1.2.1 in Höhe von 427 EUR. Für die Zeit vom 21.4. bis zum 20.5.2026 gilt Stufe 2.1.1.1, da er sich am Ende des zweiten Abrechnungsmonats in einer stationären Einrichtung befindet (§ 9 Abs. 4 Satz 2 VBVG); der Pauschalsatz beträgt 305 EUR. Für die Zeit vom 21.5. bis zum 20.6.2026 gilt Stufe 2.2.1.1, da er am Ende des dritten Abrechnungsmonats mittellos ist (§ 9 Abs. 4 Satz 1 VBVG); der Pauschalsatz beträgt 275 EUR.

Mit dem Tod am 29.6.2026 endet die Betreuung, § 1870 BGB. Der Zeitraum vom 21.6. bis zum 29.6.2023 ist nach Tagen zu berechnen, § 9 Abs. 4 Satz 3 VBVG. Für die neun Tage erlangt der Betreuer eine Vergütung von 9/30 aus 275 EUR, also 82,50 EUR. Der Todestag fällt noch in die Vergütung, § 188 Abs. 1 BGB; der Monat wird mit 30 Tagen berechnet, § 191 BGB.

Durch die Verweisung auf § 191 BGB wird klargestellt, dass der Abrechnungsmonat immer mit 30 Tagen zu rechnen ist, auch wenn der Kalendermonat 28, 29 oder 31 Tage hat. Das bedeutet aber, dass nur der Nenner mit 30 Tagen zu rechnen ist, während im Zähler die tatsächliche Anzahl der Kalendertage berücksichtigt wird (BGH, Beschl. v. 16.6.2021 – XII ZB 208/20). Das kann dazu führen, dass bei der Berechnung von zwei Abrechnungszeiträumen 31/30 entstehen können. 119

3.5.3 Betreuerwechsel

Die für die Vergütung eines beruflichen Betreuers nach § 9 Abs. 2 VBVG maßgebende Dauer der Betreuung richtet sich auch bei einem Betreuerwechsel nach dem Beginn der ersten angeordneten Betreuung (BGH, Beschl. v. 9.5.2012 – XII ZB 481/11). Das gilt auch für den Wechsel von einem ehrenamtlichen Betreuer zu einem beruflichen Betreuer (BGH, Beschl. v. 11.11.2015 – XII ZB 347/12). Die Erweiterung des Aufgabenkreises des neuen Betreuers führt nicht zu einer Ausnahme von dieser Berechnung. 120

Nach einem Betreuerwechsel beginnt der Abrechnungszeitraum des neuen Betreuers für die Betreuervergütung mit der Wirksamkeit seiner Bestellung; der Vergütungsanspruch des bisherigen Betreuers endet mit der Wirksamkeit des Entlassungsbeschlusses. Der ausscheidende Betreuer kann seinen Vergütungsanspruch sofort geltend machen, der Dreimonatszeitraum des § 14 Abs. 1 Satz 1 VBVG gilt nicht mehr (BGH, Beschl. v. 10.8.2022 – XII ZB 471/21). 121

Beispiel:

Der berufliche Betreuer A wird am 15.1.2026 bestellt. Am 6.12.2026 wird er mit Beschluss des Gerichts entlassen; die sofortige Wirksamkeit ist angeordnet und der Beschluss noch an diesem Tag der Geschäftsstelle des Gerichts zur Bekanntgabe zu übergeben. Ebenfalls mit Beschluss vom 6.12.2026 wird der neue berufliche Betreuer B bestellt, die Beschlussausfertigung wird ihm am 10.12.2026 zugestellt. Beide Betreuer können die Vergütungsstufe 2 geltend machen; der Betreute ist vermögend und lebt in seiner Mietwohnung.

A kann von 16.1.2026 bis 06.12.2026 abrechnen:

16.1.2026 bis 15.4.2026 (3 × 427 EUR)	*1.281,00 EUR*
16.4.2026 bis 15.7.2026 (3 × 427 EUR)	*1.281,00 EUR*
16.7.2026 bis 15.10.2026 (3 × 427 EUR)	*1.281,00 EUR*
16.10.2026 bis 15.11.2026 (1 × 427 EUR)	*427,00 EUR*
16.11.2026 bis 6.12.2026 (21 Tage) = 21/30 aus 427 EUR	*298,90 EUR*

B kann von 11.12.2026 bis 10.03.2027 abrechnen:

11.12.2026 bis 10.1.2027		*427,00 EUR*
11.1.2027 bis 15.1.2027 (5 Tage)	*= 5/30 aus 427 EUR*	*71,17 EUR*
16.1.2027 bis 10.2.2027 (26 Tage)	*= 26/30 aus 250 EUR*	*216,67 EUR*
11.2.2027 bis 10.3.2027		*250,00 EUR*

Hinweis: Ab dem 16.1.2027 befindet sich die Betreuung im 13. Monat.

Bei einem Betreuerwechsel während eines laufenden Abrechnungsmonats berechnet sich die Vergütung des ausscheidenden Betreuers zeitanteilig nach Tagen bis zur Beendigung der Betreuung. Maßgeblich für die Beendigung ist dabei nicht der Zeitpunkt der Rechtskraft, sondern der Zeitpunkt der Wirksamkeit der Entscheidung über den Betreuerwechsel (BGH, Beschl. v. 16.3.2022 – XII ZB 248/21). 122

Vorläufige und endgültige Betreuung bilden eine Einheit. Wurde im einstweiligen Anordnungsverfahren ein vorläufiger Betreuer bestellt und geht das Verfahren in eine endgültige Betreuung über, ist die Bestellung des vorläufigen Betreuers maßgebend (bei der Entstehung von zeitlichen Lücken siehe Rn. 125 ff.). 123

Bei einem Betreuerwechsel fallen der sog. Betreuungsmonat (Rhythmus ab Bestellung des ersten Betreuers) und der Abrechnungsmonat des neuen Betreuers auseinander. Dies erfordert 124 unter Umständen bis zum Erreichen des 13. Monats (ab der ersten Bestellung) eine taggenaue Abrechnung für die Übergangszeiträume. Anschließend treten keine Veränderungen mehr ein (siehe die Vergütungstabellen).

Hinweise:

- Der für die Vergütungshöhe maßgebliche Betreuungsmonat ergibt sich ab dem Tag nach der ersten Bestellung eines Betreuers.
- Der Abrechnungsmonat des neuen Betreuers beginnt am Tag nach seiner wirksamen Bestellung.

3.5.4 Zeitliche Unterbrechung

125 Fraglich ist, ob es sich vergütungsrechtlich bei zeitlichen Lücken in der Betreuung für den Betreuer um einen Neuanfang oder eine Fortführung handelt. Es gibt Fälle, in denen für einen Betroffenen eine Betreuung aufgehoben und kurze Zeit später wieder ein Betreuer bestellt wird. Hier ist im Einzelfall zu klären, ob es sich jeweils wieder um eine Erstbetreuung mit der Folge der erhöhten Anfangsvergütung handelt. Eine ausdrückliche gesetzliche Regelung wurde hierfür nicht getroffen. Nach dem BGH (Beschl. v. 6.5.2020 – XII ZB 534/19) ist grundsätzlich von einem vergütungsrechtlichen Neubeginn auszugehen.

126 In der Praxis kommen häufig Fälle vor, in denen eine vorläufige Betreuung durch Zeitablauf endet (§ 302 FamFG), die Bestellung eines endgültigen Betreuers aber erst nach einiger Zeit erfolgt.

127 Zunächst ist zu beachten, dass für den Zeitraum, der zwischen dem Ablauf einer vorläufigen Betreuung und der Betreuerbestellung in der Hauptsache liegt, kein Vergütungsanspruch in Betracht kommt, auch wenn der Betreuer in dieser Zeit tätig geworden ist (BGH, Beschl. v. 2.3.2016 – XII ZB 196/13).

128 Beginn des Vergütungszeitraums (Betreuungsmonat) ist die Wirksamkeit der Anordnung der vorläufigen Betreuung, auch in Bezug auf die endgültige Betreuung, jedoch nur, wenn sich das Hauptverfahren unmittelbar an die einstweilige Anordnung anschließt. Entsteht zwischen dem Ablauf der vorläufigen Betreuung (§ 302 BGB) und der endgültigen Bestellung eines Betreuers eine Lücke, wird vergütungsrechtlich in der Regel das endgültige Betreuungsverfahren als Neubeginn gewertet (BGH, Beschl. v. 6.5.2020 – XII ZB 534/19).

3.5.5 Erweiterung des Aufgabenkreises

129 Da das Pauschalierungssystem von den Aufgabenbereichen unabhängig ist, schafft auch eine Erweiterung der Aufgabenkreise keinen „Neubeginn". Es gilt der zum Zeitpunkt der Erweiterung erreichte Pauschalsatz fort (BGH, Beschl. v. 9.5.2012 – XII ZB 481/11).

3.5.6 Ende der Betreuung

130 Mit der Beendigung der Betreuung endet auch der Vergütungsanspruch des beruflichen Betreuers.

131 Die Betreuung endet entweder mit dem Tod des Betreuten oder durch gerichtliche Aufhebung, § 1870 BGB. Zur Wirksamkeit des Aufhebungsbeschlusses siehe Rn. 108 ff.

132 Erst die wirksame Aufhebung der Betreuung, das Ende der Betreuung durch den Tod des Betreuten oder der Fristablauf bei einer vorläufigen Betreuung stellt eine Veränderung der Umstände dar, die dazu führt, dass der Betreuer keine Vergütung mehr erhält. Dabei ist es im Rahmen des pauschalierten Vergütungssystems hinzunehmen, dass der Betreuer die pauschale Vergütung auch für den Zeitraum erhält, in dem die Betreuungsbedürftigkeit möglicherweise nicht mehr besteht, eine gerichtliche Entscheidung darüber aber noch nicht ergangen ist (BGH,

Beschl. v. 14.12.2011 – XII ZB 489/10). Der letzte laufende Monat ist gemäß § 9 Abs. 4 Satz 3 VBVG tageweise zu rechnen.

Die Betreuung und damit der Vergütungsanspruch enden mit dem Tod des Betreuten, auch wenn der Betreuer erst später davon Kenntnis erlangt. Ist er in Unkenntnis des Todes des Betroffenen zunächst weiter tätig geworden, hat er allenfalls in analoger Anwendung von § 11 Abs. 1 i. V. m. § 3 VBVG einen Anspruch auf eine Stundensatzvergütung und nicht auf eine Pauschalvergütung nach den §§ 8 und 9 VBVG (BGH, Beschl. v. 6.4.2016 – XII ZB 83/14). 133

Beispiel:

Der Betreuer wird am 3.9.2026 bestellt; der Betreute stirbt am 16.11.2026. Er lebte im Pflegeheim und war mittellos; der Betreuer fällt unter die Vergütungsstufe 2.

4.9. bis 3.10.2026	*(Stufe 2.2.1.1)*	*275,00 EUR*
4.10. bis 3.11.2026		*275,00 EUR*
4.11. bis 16.11.2026	*= 13/30 aus 275,00 EUR*	*119,17 EUR*

Für die Feststellung der Mittellosigkeit beim Tod des Betreuten kommt es auf das lebzeitige Schonvermögen an. Für die Frage, wer zahlen muss, ist die Rechtslage nach dem Tod maßgebend (§ 1881 Satz 2 BGB). 134

Beispiel:

Beim Tod des Betreuten verwaltet der Betreuer ein Kontovermögen von 3.000 EUR und eine Eigentumswohnung, die der Betreute bis zum Tod selbst bewohnt hat.

Für die Berechnung der Vergütung gilt der (verstorbene) Betreute als mittellos (Kontenvermögen unter 10.000 EUR; Eigentumswohnung bleibt unberücksichtigt, § 90 Abs. 2 Nr. 8 und 9 SGB XII). Da nach dem Tod die Freistellung der Eigentumswohnung entfällt, hat der Erbe die Vergütungsforderung zu erfüllen.

Problematisch kann der Fall sein, wenn der Betreute tot aufgefunden wird und der Pathologe z. B. angibt, der Tod sei zwischen dem 20.8. und dem 12.10.2026 eingetreten. Hier kann die Vergütung grundsätzlich nur bis zum früheren Zeitpunkt erlangt werden (streitig), solange nicht ein Verfahren zur Feststellung der Todeszeit nach §§ 39 ff. VerschG einen anderen Todeszeitpunkt festlegt. 135

Wird ein Betreuer (nur) mit einem bestimmten Aufgabenkreis bestellt, endet die für seinen pauschalen Vergütungsanspruch maßgebliche Zeitspanne nicht bereits mit der Anzeige des Betreuers, dass der Aufgabenkreis abgeschlossen ist, sondern gemäß § 1870 BGB erst mit der Aufhebung der Betreuung durch das Gericht. Der Rechtspfleger ist nicht befugt, im Vergütungsfestsetzungsverfahren festzustellen, dass die Aufhebung früher hätte erfolgen können (BGH, Beschl. v. 7.8.2013 – XII ZB 233/13). 136

Nach der Beendigung anfallende Tätigkeiten des Betreuers (z. B. Schlussabrechnung und Vermögensherausgabe) werden grundsätzlich nicht mehr gesondert vergütet, sondern sind mit der Pauschalvergütung abgegolten (unter anderem OLG Dresden, Beschl. v. 23.1.2006 – 3 W 1523/05; OLG München, Beschl. v. 9.8.2006 – 33 Wx 249/05). 137

Soweit der Betreuer nach dem Tod des Betroffenen (über die Abwicklung hinaus) Geschäfte besorgt, die nicht ohne Gefahr aufgeschoben werden können, bis der Erbe anderweitig Fürsorge treffen kann (§ 1874 Abs. 2 BGB), sind diese Tätigkeiten zu vergüten. Allerdings kann eine solche Notgeschäftsführung keine Pauschalvergütung gemäß §§ 8 und 9 VBVG auslösen. In Analogie zu § 11 VBVG können solche Aktivitäten (ähnlich wie Tätigkeiten eines Betreuers wegen rechtlicher Verhinderung, der ebenfalls nur einen sehr begrenzten Aufgabenkreis hat) aufgrund eines detaillierten Nachweises der Voraussetzungen nach konkretem Aufwand vergütet werden (vgl. OLG Dresden und OLG München jeweils a. a. O.). 138

Die Tätigkeiten nach § 1874 Abs. 1 und 2 BGB werden stundenweise abgerechnet, § 11 Abs. 1 139
Satz 1 VBVG (analog) i. V. m. § 3 Abs. 1 VBVG; sie betragen entweder 26,00 EUR, 33,00 EUR oder

44,00 EUR. Daneben können Auslagen geltend gemacht werden, § 11 Abs. 1 Satz 2 (analog) i. V. m. § 1877 Abs. 1 BGB.

3.5.7 Fälligkeit der (Pauschal-)Vergütung

140 Die Fallpauschalen des § 9 VBVG entstehen mit Erbringung der Leistung des Betreuers und zwar grundsätzlich jeweils am Ende eines Abrechnungsmonats.

141 Fällig wird der Anspruch auf die Fallpauschalen gemäß § 14 Abs. 1 Satz 1 VBVG nach Ablauf von drei Monaten. Früher kann er nicht geltend gemacht werden, außer es kommt vorher zur Beendigung des Betreueramts. Für den Anspruch auf Vergütung und Aufwendungsersatz nach §§ 11 und 12 Abs. 2 VBVG gilt dies nicht (§ 14 Abs. 1 Satz 2 VBVG).

142 Die Vergütungspauschale kann in jeweils Dreimonatsschritten (nach drei, sechs, neun oder zwölf Monaten) geltend gemacht werden; das Erlöschen gemäß § 15 Abs. 3 VBVG ist zu beachten.

143 Durch die vorgegebenen Abrechnungszeiträume nach § 14 Abs. 1 Satz 1 VBVG kommen Abschlagszahlungen nicht in Betracht; eine dem § 3 Abs. 4 VBVG entsprechende Vorschrift gibt es in der Betreuung nicht.

144 Formulare zur Beantragung der Festsetzung einer Vergütung durch das Betreuungsgericht finden sich unter den Arbeitshilfen für Betreuer im Fachportal „FOKUS Betreuungsrecht".

3.5.8 Vergütung für zukünftige Zeiträume

145 Der Betreuer kann, wenn eine Veränderung der für die Höhe der Vergütung maßgeblichen Kriterien des § 9 Abs. 1 Nr. 2 und 3 VBVG (Veränderung des gewöhnlichen Aufenthalts oder des Vermögensstatus) nicht zu erwarten ist, die Festsetzung der Vergütung auch für zukünftige Zeiträume nach § 292 Abs. 2 Satz 1 FamFG beantragen.

146 Ergeht der Dauervergütungsbeschluss, kann er in Dreimonatsabständen seine Vergütung dem Vermögen des Betreuten entnehmen oder aus der Staatskasse überwiesen bekommen.

147 Die Dauervergütungsfestsetzung ist für die Fälle vorgesehen, in denen sich prognostisch nichts ändern dürfte. Sollte in Ausnahmefällen eine Überzahlung erfolgen, kann dies über das Verfahren der Rückforderung oder Verrechnung ausgeglichen werden. Im Übrigen sind Änderungen der Kriterien des § 9 Abs. 1 VBVG unverzüglich dem Betreuungsgericht mitzuteilen (zum Festsetzungsverfahren siehe Rn. 414 ff.).

3.5.9 Erlöschen und Verzinsung

148 Das Erlöschen des Vergütungsanspruchs ist in § 15 Abs. 3 VBVG geregelt. Er erlischt, wenn er nicht binnen 15 Monaten nach seiner Entstehung beim Betreuungsgericht geltend gemacht wird. Die Geltendmachung des Anspruchs beim Betreuungsgericht gilt dabei auch als Geltendmachung gegenüber dem Betreuten, § 15 Abs. 3 Satz 2 VBVG i. V. m. § 1877 Abs. 2 Satz 2 BGB.

149 Der beim Betreuungsgericht gestellte Antrag auf Festsetzung einer Vergütung aus dem Vermögen des Betroffenen wahrt die Ausschlussfrist des § 15 Abs. 3 VBVG auch für einen späteren Antrag auf Festsetzung gegen die Staatskasse (unter anderem OLG Hamm, Beschl. v. 6.11.2006 – 15 W 328/06). Es gibt keine Vorschrift, in welcher Form Vergütungsansprüche angemeldet werden müssen, um die Frist zu wahren, jedoch genügt eine pauschale Anmeldung dem Grunde nach nicht als ordnungsgemäße Geltendmachung (BGH, Beschl. v. 24.10.2012 – IV ZB 13/12).

150 Die Ausschlussfrist des § 15 Abs. 3 VBVG zur Geltendmachung der Betreuervergütung beginnt für den Anspruch auf pauschale Vergütung (§ 9 VBVG) zu dem Zeitpunkt, in dem der Anspruch gemäß § 14 Abs. 1 VBVG erstmals geltend gemacht werden kann, somit am Ende des jeweiligen Betreuungsquartals (BGH, Beschl. v. 13.3.2013 – XII ZB 26/12).

Beispiel:

Die Vergütung für den Zeitraum vom 20.8. bis zum 19.11.2025 muss bis spätestens 19.2.2027 gegenüber dem Betreuungsgericht oder dem Betreuten geltend gemacht werden.

Eine Wiedereinsetzung in den vorigen Stand bei Fristversäumnis findet nicht statt; das Betreuungsgericht ist im Regelfall nicht gehalten, auf den Ablauf der Frist oder die damit verbundenen Rechtsfolgen hinzuweisen (BayObLG, Beschl. v. 4.2.2004 – 3Z BR 270/03). 151

Gemäß § 15 Abs. 3 Satz 2 VBVG i. V. m. § 1877 Abs. 5 BGB kann das Betreuungsgericht dem Betreuer eine von 15 Monaten abweichende Frist von mindestens zwei Monaten bestimmen. In der Fristbestimmung wird der Betreuer über die Folgen der Versäumung der Frist belehrt. Möglich ist auch eine Verlängerung der Ausschlussfrist. 152

Ob eine Verzinsung des Vergütungsanspruchs möglich ist, wird in der Rechtsprechung unterschiedlich gesehen. Positiv beurteilt den Verzinsungsanspruch das BayObLG (Beschl. v. 19.10.2001 – 3Z BR 216/01). Es führt aus, dass Zinsen grundsätzlich nur auf der Grundlage der Vorschriften der §§ 288 und 291 BGB verlangt werden können, was einen Verzug des Vergütungsschuldners (Betreuter bzw. Staatskasse) voraussetzt. Frühestens in dem mit Bekanntmachung wirksam werdenden (§ 40 Abs. 1 FamFG) Festsetzungsbeschluss des Betreuungsgerichts liegt eine hinreichend konkrete Aufforderung an den Vergütungsschuldner zur Zahlung. Aus § 291 BGB kann eine Verzinsungspflicht aber frühestens ab Rechtskraft des Festsetzungsbeschlusses hergeleitet werden; ein Anspruch ab Antragstellung scheidet aus. Dies bestätigen unter anderem das OLG Hamm (Beschl. v. 12.11.2002 – 15 W 150/02) und das OLG Rostock (Beschl. v. 1.3.2007 – 3 W 144/05). Gegen eine Verzinsung der Vergütung spricht sich unter anderem das OLG Celle (Beschl. v. 11.3.2002 – 10 W 1/02) aus. 153

3.6 Gewöhnlicher Aufenthalt des Betreuten

§ 9 Abs. 3 VBVG unterscheidet den Aufenthaltsort des Betreuten nach: 154

- stationären Einrichtungen
- anderen Wohnformen

Ist im Einzelfall zweifelhaft, welcher für das Vergütungsrecht maßgeblichen Wohnform der gewöhnliche Aufenthalt eines Betroffenen entspricht, ist eine teleologische Auslegung erforderlich (LG Münster, Beschl. v. 4.9.2023 – 5 T 374/23). 155

3.6.1 Stationäre Einrichtungen

Nach § 9 Abs. 3 Satz 2 VBVG sind stationäre Einrichtungen: 156

Einrichtungen, die dem Zweck dienen, Volljährige aufzunehmen, ihnen Wohnraum zu überlassen sowie mit der Wohnraumüberlassung verpflichtend Pflege- oder sonstige Unterstützungsleistungen mit umfassendem Versorgungscharakter zur Verfügung zu stellen oder vorzuhalten, und die in ihrem Bestand von Wechsel sowie Zahl der Bewohner unabhängig sind und entgeltlich betrieben werden.

In der BT-Drucks. 20/14259, S. 29, wird zunächst auf die Entscheidung des BGH (Beschl. v. 31.7.2024 – XII ZB 117/24) verwiesen, in der festgestellt wird, dass Einrichtungen, die den Begriff eines Heims im Sinne des früheren Heimgesetzes erfüllen, den Kriterien einer stationären Einrichtung im vergütungsrechtlichen Sinn voll entsprechen. 157

Der BGH stellt in der Entscheidung unter anderem auch fest, dass für die Auslegung, welche Wohnform vorliegt, entscheidend ist, ob die in der Einrichtung angebotenen Versorgungs- und Pflegeleistungen generell dazu geeignet sind, einem Betreuer die Organisation des Lebens des Betreuten im Wesentlichen abzunehmen. Maßgeblich nach Sinn und Zweck für das Unterscheidungskriterium der Wohnform in den vergütungsrechtlichen Regelungen ist unter anderem, dass ein Betreuer einen geringeren Aufwand hat, wenn er sich dank der in der Einrichtung zur Verfügung stehenden „Rund-um-die-Uhr-Versorgung" nicht (mehr) um die täglichen Verrichtungen des Betreuten – ob sozial oder pflegerisch – bemühen muss. 158

159 Stationäre Einrichtungen dienen unter anderem dem Zweck, mit der Wohnraumüberlassung verpflichtend Pflege- oder sonstige Unterstützungsleistungen mit umfassendem Versorgungscharakter zur Verfügung zu stellen oder vorzuhalten. Der Einrichtungsträger übernimmt eine umfassende, von der aktuellen Situation der betreuten Person unabhängige Versorgungsgarantie gegenüber den Bewohnern der Einrichtung. Dies setzt insbesondere voraus, dass die Einrichtung über eine geschulte Leitung und ausgebildetes Pflegepersonal verfügt, da nur dann davon auszugehen ist, dass der eigene Organisationsaufwand des Betreuers entsprechend geringer ausfällt. Es genügt grundsätzlich eine generelle Betrachtung der betreffenden Einrichtung. Diese ist eine stationäre Einrichtung im vergütungsrechtlichen Sinne, wenn die in ihr angebotenen Versorgungs- und Pflegeleistungen generell dazu geeignet sind, einem Betreuer die Organisation des Lebens des Betreuten im Wesentlichen abzunehmen. Dabei ist es nicht erforderlich, dass alle Bewohner – oder gerade die betreute Person – die bereitgestellten Leistungen auch tatsächlich in Anspruch nehmen.

160 Ob die in der Einrichtung angebotenen Leistungen den Begriff der „tatsächlichen Betreuung und Pflege" erfüllen, ist nach dem Sinn und Zweck der Vergütungsregelungen für berufsmäßige Betreuer zu beurteilen.

161 Einer stationären Einrichtung steht grundsätzlich nicht entgegen, dass sie keine medizinischen Leistungen (z. B. ärztlich verordnetes Wundmanagement, Krankengymnastik oder Physiotherapie) anbietet (anbieten kann). Maßgebend ist die Erbringung oder Vorhaltung tatsächlicher Betreuung und Pflege (LG Traunstein, Beschl. v. 22.12.2023 – 4 T 2133/23).

162 Die geschlossene Abteilung eines psychiatrischen Krankenhauses stellt eine stationäre Einrichtung im Sinne des § 9 Abs. 3 Satz 1 Nr. 1 VBVG dar. Zwar mag ein Krankenhaus nach dem allgemeinen Sprachgebrauch nicht in erster Linie dazu bestimmt sein, seinen Patienten „Wohnraum" zu überlassen. Gleichwohl wird den Patienten für die Dauer ihres Aufenthalts neben der eigentlichen Heilbehandlung und Pflege rein tatsächlich auch eine Unterkunft gewährt (BGH, Beschl. v. 14.8.2024 – XII ZB 440/23).

163 Eine Obdachloseneinrichtung kann als Heim im Sinne von § 9 Abs. 3 VBVG eingestuft werden, wenn neben der Unterkunft eine umfassende tatsächliche Betreuung vorgehalten wird (Vollverpflegung und Rundum-Versorgung); LG Bad Kreuznach, Beschl. v. 17.5.2017 – 1 T 23/1.

3.6.2 Ambulant betreute Wohnformen

164 Lebt der Betroffene in einer ambulant betreuten Einrichtung der Eingliederungshilfe (SGB IX), in der er verpflichtet ist, behandlungspflegerische Leistungen, die über einfache ärztlich verordnete behandlungspflegerische Maßnahmen hinausgehen, auf eigene Kosten durch externe Dienstleister zu decken, hat er seinen gewöhnlichen Aufenthalt auch dann nicht in einer stationären Einrichtung oder dieser gleichgestellten ambulant betreuten Wohnform, wenn der Schwerpunkt der angebotenen Leistungen nicht im Bereich der Behandlungspflege liegt (BGH, Beschl. v. 29.6.2022 – XII ZB 480/21).

164a Lebt der Betreute auf Grundlage eines Vertrages „für besondere Wohnformen in der Eingliederungshilfe" unter Verweis auf § 42a Abs. 2 Satz 1 Nr. 2 SGB XII in einer Wohnstätte und sucht werktäglich eine Arbeitsstelle auf, handelt es sich um eine stationäre Einrichtung, wenn nach dem Vertragsinhalt der Betreiber der Einrichtung Wohnraum stellt, für die Reinigung des Zimmers, die Bereitstellung und Reinigung der Bettwäsche, die Reinigung der Privatwäsche, die Bereitstellung von Handtüchern sowie die Bereitstellung geeigneter Mittel für die Körperhygiene sorgt und darüber hinaus die Einrichtung die Grundpflege und die Behandlungspflege gewährleistet. Dem steht nicht entgegen, dass der Bewohner täglich außer Haus beschäftigt ist und an seiner Arbeitsstelle verpflegt wird. Maßgeblich ist nur, ob und inwieweit die Betreuung des Betroffenen gewährleistet wird, wenn er sich in der Einrichtung aufhält (BGH, Beschl. v. 12.11.2025 – XII ZB 67/25).

165 Leben geistig behinderte Betreute in einer von der Lebenshilfe ambulant betreuten Wohngemeinschaft (mit flexiblen Hilfen), ist eine gleichgestellte Einrichtung anzunehmen, wenn die Betreuung der Bewohner durch die Mitarbeiter der Lebenshilfe erfolgt und zudem auch die

Organisation und Auswahl externer Anbieter von Betreuungsleistungen, z. B. externe Alltagsbegleiter, und eine freie Wählbarkeit externer Betreuungsleistungen nicht besteht. Dass neben den Hilfeleistungen des Trägers der Einrichtung zur Versorgung der ambulant betreuten Wohnform noch Leistungen anderer Anbieter, etwa Reinigungsarbeiten und eine Pflegeperson zur Alltagsbegleitung, in notwendiger Absprache mit der Einrichtung hinzugenommen werden, ändert die Organisationsstruktur nicht (LG Heilbronn, Beschl. v. 15.4.2020 – 1 T 36/20).

Lebt der Betroffene mit seinem Kind in einer gemeinsamen Wohnform für Mütter/Väter und 166
Kinder nach § 19 SGB VIII, in der im Wesentlichen nur pädagogische Unterstützungsleistungen angeboten werden, so hält sie sich grundsätzlich noch nicht in einer stationären Einrichtung oder einer gleichgestellten ambulant betreuten Wohnform auf (BGH, Beschl. v. 5.5.2021 – XII ZB 576/20). Es handelt sich nicht um eine gleichgestellte ambulant betreute Wohnform, wenn von dem Träger der Einrichtung tatsächliche Betreuung oder Pflege nicht in dem Maß zur Verfügung gestellt oder vorgehalten wird, dass dem Betreuer die Organisation des Lebens der Betreuten im Wesentlichen abgenommen wird (BGB, Beschl. v. 5.5.2021 – XII ZB 581/20).

3.6.3 Gewöhnlicher Aufenthalt

Den gewöhnlichen Aufenthalt gemäß § 9 Abs. 1 Nr. 2 VBVG hat jemand dort, wo er sich unter 167
Umständen aufhält, die erkennen lassen, dass er an diesem Ort oder in diesem Gebiet nicht nur vorübergehend verweilt. Es handelt sich um den Ort, an dem eine Person sozial integriert ist und ihren auf längere Zeit angelegten tatsächlichen Lebensmittelpunkt hat. Auf den Willen, den Aufenthaltsort zum Mittelpunkt oder Schwerpunkt der Lebensverhältnisse zu machen, kommt es nicht an. Entscheidend sind vielmehr die tatsächlichen Verhältnisse. Die für einen gewöhnlichen Aufenthalt erforderliche Dauer ist unter Berücksichtigung des jeweiligen Normzwecks nach den Umständen des Einzelfalles zu bestimmen. Dabei ist der Zweck der Vorschrift, nämlich die Gewährung einer geringeren Vergütung für einen geringeren Betreuungsaufwand bei einem Aufenthalt des Betreuten in einer Einrichtung, mit zu berücksichtigen.

In der Untersuchungshaft begründet der Betroffene regelmäßig keinen gewöhnlichen Aufent- 168
halt (BGH, Beschl. v. 26.3.2014 – XII ZB 256/13). Anders verhält es sich bei einer Strafhaft. Der Betroffene hat dort wegen der Dauer der Inhaftierung (zumindest bei einer längeren Strafe) seinen Lebensmittelpunkt und damit auch seinen gewöhnlichen Aufenthalt. Darauf, ob dies seinem Willen entspricht, kommt es ebenso wenig an wie auf den Umstand, dass er die bereits vor seiner Inhaftierung angemietete Wohnung nicht gekündigt und dort auch seine Hafturlaube verbracht hat. Entgegen einer verbreiteten Meinung in Literatur und Rechtsprechung ist es während der Verbüßung einer längeren Strafhaft nicht möglich, dass der Betreute neben seinem Lebensmittelpunkt in der Vollzugsanstalt einen anderen tatsächlichen Lebensmittelpunkt hat. Denn der Gefangene verbringt die weit überwiegende Zeit in der Vollzugsanstalt, empfängt dort seine Besucher und unterhält dort seine sozialen Kontakte. Deshalb ist es auch unerheblich, ob der Betreute nach Verbüßung einer längeren Strafhaft über eine konkrete Rückkehrmöglichkeit, beispielsweise in eine weiterhin angemietete Wohnung, verfügt. Denn die bloße Möglichkeit der späteren Rückkehr hat keine Auswirkung auf den aktuellen tatsächlichen Aufenthalt des Betreuten in der Justizvollzugsanstalt (BGH, Beschl. v. 14.12.2011 – XII ZB 521/10).

Im Einzelfall kann auch bei einer mehr als zwei Jahre dauernden Unterbringung in einer 169
psychiatrischen Einrichtung der gewöhnliche Aufenthalt nicht in der Einrichtung begründet sein. Die geschlossene Unterbringung, deren Fortdauer der Betreuer, ggf. nach ärztlicher Beratung, jederzeit beenden kann, geben dem Aufenthalt in einer psychiatrischen Einrichtung trotz ihrer Dauer das Gepräge eines vorübergehenden Aufenthalts ohne nachhaltige soziale Integration (LG Freiburg, Beschl. v. 18.5.2015 – 4 T 259/14).

Es ist nicht generell ausgeschlossen, dass ein zivilrechtlich untergebrachter Betroffener seinen 170
gewöhnlichen Aufenthalt in der geschlossenen Abteilung eines psychiatrischen Krankenhauses

hat. Voraussetzung hierfür ist jedoch, dass der Aufenthalt erkennbar auf längere Zeit und nicht lediglich auf einen vorübergehenden Verbleib zu Behandlungszwecken ohne nachhaltige soziale Integration angelegt ist, was nur in besonderen Ausnahmefällen angenommen werden kann (BGH, Beschl. v. 14.8.2024 – XII ZB 440/23).

171 Ein Krankenhausaufenthalt zur Akutbehandlung (hier Schädel-Hirn-Verletzung), der mehrere Monate dauert, begründet keinen gewöhnlichen Aufenthalt. Das gilt auch dann, wenn im Anschluss an die Krankenhausbehandlung eine Aufnahme in ein Pflegeheim erfolgen musste (LG Nürnberg-Fürth, Beschl. v. 3.1.2007 – 13 T 10026/06). Krankenhaus und Rehaklinik sind regelmäßig vorübergehend, dies trifft auch bei einer Kurzzeitpflege zu.

172 Die Aufnahme in ein Pflegeheim begründet einen gewöhnlichen Aufenthalt, wenn eine Rückkehr in ein selbstständiges Wohnen unwahrscheinlich ist und spätestens dann, wenn die Auflösung des Mietverhältnisses gerichtlich genehmigt und erfolgt ist. Der gewöhnliche Aufenthalt kann auch schon dann in einem Pflegeheim begründet werden, wenn über den Antrag auf Genehmigung der Wohnungskündigung noch nicht entschieden wurde. Entscheidend ist, ob die Heimunterbringung voraussichtlich dauerhaft sein wird und eine Entlassung in voraussehbarer Zeit nicht (mehr) zu erwarten ist (LG Hamburg, Beschl. v. 3.7.2023 – 322 T 41/23).

3.6.4 Wechsel des gewöhnlichen Aufenthalts

173 Bei einem Wechsel des gewöhnlichen Aufenthalts verändern sich die monatlichen Pauschalsätze der Vergütungsstufen 1 und 2. Unterschieden wird zwischen stationärer Einrichtung und anderer Wohnform. Hinsichtlich der Bestimmung des gewöhnlichen Aufenthalts ist entscheidend, wo dieser am Ende des Abrechnungsmonats liegt, § 9 Abs. 4 Satz 2 VBVG. Es werden weder Rumpfmonate gebildet, noch erfolgt eine Berechnung nach Tagen.

Beispiel:

B ist als beruflicher Betreuer wirksam am 3.2.2026 bestellt, er fällt in die Vergütungsstufe 2. Der Betreute ist nicht mittellos und lebt in einer Mietwohnung. Am 1.4.2026 wird er in einem Pflegeheim aufgenommen.

Vergütungsberechnung:

4.2. bis 3.3.2026	*2.1.2.1*	*427 EUR*
4.3. bis 3.4.2026	*2.1.1.1*	*305 EUR*

(am Ende des Abrechnungsmonats befindet sich der Betreute bereits in einer stationären Einrichtung, § 9 Abs. 4 Satz 2 VBVG)

4.4. bis 3.5.2026	*2.1.1.1*	*305 EUR*

3.7 Vermögensstatus

174 § 9 Abs. 4 VBVG stellt klar, dass hinsichtlich der Bestimmung des Vermögensstatus des Betreuten entscheidend ist, ob am Ende des Abrechnungsmonats Vermögen oder Mittellosigkeit vorliegt; eine zeitanteilige Berechnung nach Tagen findet nicht statt.

3.7.1 Auswirkungen des Vermögensstatus

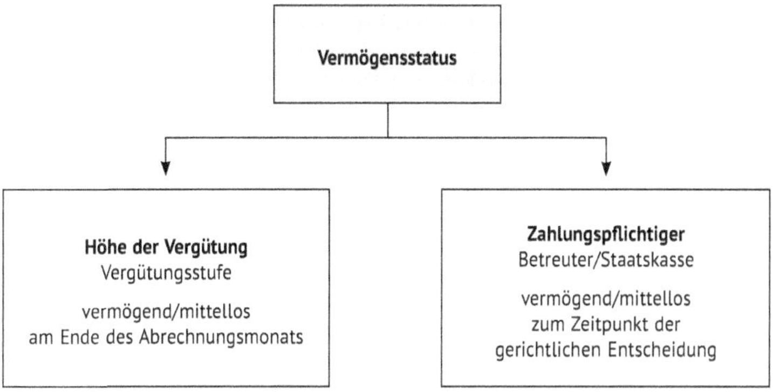

Die Unterscheidung des mittellosen vom vermögenden Betreuten ist zunächst für die 175
Bestimmung der monatlichen Pauschale nach den Vergütungsstufen (Anlage zu § 8 Abs. 1 VBVG) von Bedeutung. Darüber hinaus regelt der Vermögensstatus auch die Frage, ob die Festsetzung gegen das Betreutenvermögen oder die Staatskasse zu erfolgen hat.

Für die Feststellung des Zahlungspflichtigen (Betreuter oder Staatskasse) ist auf den Tag der 176
letzten Tatsachenentscheidung im Festsetzungsverfahren abzustellen. Für die Höhe der monatlichen Fallpauschale (Anlage zu § 8 Abs. 1 VBVG) kommt es darauf an, ob der Betreute am Ende des jeweiligen Abrechnungsmonats vermögend oder mittellos ist. Die Einstufung in die Fallpauschale ist für jeden Abrechnungsmonat einheitlich zu beurteilen, wobei es entscheidend auf die finanzielle Situation des Betreuten am Ende des Abrechnungsmonats ankommt (§ 9 Abs. 4 Satz 1 VBVG).

Beispiel:

Der Abrechnungszeitraum geht vom 10.6. bis zum 9.9. Der Vermögensstand am 10.6. beträgt 8.000 EUR. Am 1.8. erhält der Betreute eine Versicherungsleistung in Höhe von 4.000 EUR überwiesen. Am 1.10. musste eine Zahlung in Höhe von 3.000 EUR auf eine bestehende Forderung erbracht werden. Antrag auf Festsetzung der Vergütung erfolgt durch den Betreuer am 15.9., die gerichtliche Festsetzungsentscheidung ergeht am 5.10.

9.7.: Betreutenvermögen	*8.000 EUR*
9.8.: Betreutenvermögen	*12.000 EUR*
9.9.: Betreutenvermögen	*12.000 EUR*

Der Zeitraum vom 10.6. bis zum 9.7. ist mittellos zu vergüten (8.000 EUR). Die Abrechnungsmonate vom 10.7. bis zum 9.8. und vom 10.8. bis zum 9.9. sind als vermögend festzusetzen (12.000 EUR).

Die Festsetzung erfolgt gegen die Staatskasse, da zum Zeitpunkt der gerichtlichen Entscheidung durch die Zahlung der 3.000 EUR Mittellosigkeit (9.000 EUR) vorliegt.

Hinweis:

Verändern sich die Vermögensverhältnisse nach Antragstellung und vor der gerichtlichen Entscheidung, sollte dies der Betreuer unverzüglich dem Gericht mitteilen, um eine fehlerhafte Festsetzung zu verhindern.

Der Betreuer macht bei Mittellosigkeit des Betreuten seinen Anspruch insgesamt, also nicht nur 177
in dem Maße, in dem der Betreute zur Leistung nicht in der Lage ist, gegen die Staatskasse geltend, § 15 Abs. 1 VBVG. Soweit die Staatskasse den Betreuer befriedigt, gehen die Ansprüche

A

des Betreuers nach Maßgabe des § 1881 BGB auf sie über. Sie kann beim Betreuten im Rahmen seiner Leistungsfähigkeit oder nach seinem Tod bei dessen Erben Rückgriff nehmen, § 292a FamFG.

3.7.2 Bestimmung des Vermögensstatus

178 Der Betreute gilt als mittellos, wenn er die Vergütung, den Aufwendungsersatz oder die Aufwandspauschale aus seinem einzusetzenden Vermögen nicht, nur zum Teil oder nur in Raten aufbringen kann, § 1880 Abs. 1 BGB.

179 Der Betreute hat sein Vermögen nach Maßgabe des § 90 SGB XII einzusetzen, § 1880 Abs. 2 BGB. Zunächst wird sein gesamtes verwertbares Vermögen erfasst, § 90 Abs. 1 SGB XII. Allerdings dürfen die in § 90 Abs. 2 SGB XII aufgeführten Vermögensbestandteile nicht herangezogen werden, außerdem ist die in § 90 Abs. 3 SGB XII normierte besondere Härte zu beachten.

180 Von besonderer Bedeutung ist das sog. Schonvermögen nach § 90 Abs. 2 Nr. 9 SGB XII i. V. m. der zugehörigen DVO, das nunmehr 10.000 EUR umfasst. Der Betreute ist nicht in der Lage, aus seinem Vermögen eine Vergütung des Betreuers in einem Betrag zu erbringen, ohne dass sein Schonvermögen unterschritten wird. Dabei ist von dem festzusetzenden Betrag auszugehen (OLG Schleswig, Beschl. v. 27.1.2000 – 2 W 11/00). Zudem ist immer die höhere Fallpauschale eines Vermögenden zu berücksichtigen.

181 Bei der Bestimmung des Vermögensstatus eines Betreuten im Sinne von § 9 Abs. 4 Satz 1 VBVG ist grundsätzlich nicht zu berücksichtigen, ob den Vermögenswerten Schulden oder Verpflichtungen gegenüberstehen. Daher können auch in einem Vergütungsfestsetzungsverfahren die Voraussetzungen der Mittellosigkeit eines Betreuten nicht dadurch herbeigeführt werden, dass die festzusetzende oder die für einen vorangegangenen Abrechnungszeitraum aus der Staatskasse an den Betreuer bereits ausbezahlte Vergütung vorab als Verbindlichkeit vom Vermögen des Betreuten abgezogen wird (BGH, Beschl. v. 15.12.2021 – XII ZB 355/20).

Beispiel:

Abrechnungszeitraum vom 10.6. bis zum 9.9.; monatlicher Vergütungsbetrag des Betreuers: 257 EUR

9.7.: Betreutenvermögen	*10.500 EUR*
9.8.: Betreutenvermögen	*10.500 EUR*
9.9.: Betreutenvermögen	*10.500 EUR*

Alle drei Monate sind als vermögend abzurechnen, da der Betrag von jeweils 257 EUR entnommen werden kann, ohne dass der Schonbetrag von 10.000 EUR unterschritten wird. Es darf im zweiten Monat nicht der kumulierte Betrag in Höhe von 514 EUR oder im dritten Monat in Höhe von 771 EUR angesetzt werden. Die Festsetzung erfolgt aber gegen die Staatskasse, wenn zum Zeitpunkt der Entscheidung immer noch 10.500 EUR vorhanden sind, da nunmehr der gesamte Betrag von 771 EUR anzusetzen ist.

182 Bei der Prüfung des Vermögensstatus ist nur das verfügbare Aktivvermögen zu berücksichtigen und Verbindlichkeiten bleiben selbst dann außer Betracht, wenn sie bereits tituliert sind. Dies gilt unabhängig davon, ob die Verbindlichkeit des Betroffenen durch öffentlich-rechtlichen Leistungsbescheid oder durch einen zivilrechtlichen Titel festgelegt und damit durchsetzbar ist. Solange ein dem Betroffenen zustehender Gegenstand nicht aus seinem Vermögen abgeflossen ist, muss er dem Aktivvermögen zugerechnet werden, auch wenn insoweit möglicherweise Vollstreckungsmaßnahmen Dritter drohen könnten.

183 Das Vermögen des Betreuten darf nicht herangezogen werden, wenn § 90 Abs. 2 SGB XII greift. Nicht einzusetzen sind unter anderem ein angemessenes Hausgrundstück (§ 90 Abs. 2 Nr. 8 SGB XII), kleinere Barbeträge oder sonstige Geldwerte (§ 90 Abs. 2 Nr. 9 SGB XII). Die Höhe der kleineren Barbeträge und sonstigen Geldwerte wird in der DVO zu § 90 Abs. 2 Nr. 9 SGB XII näher bestimmt. Nach § 1 Satz 1 Nr. 1 der DVO gelten für alle volljährigen Personen, deren Einkommen und Vermögen bei der Gewährung von Sozialhilfe zu berücksichtigen ist bzw. die

zu einer sozialhilferechtlichen Einstandsgemeinschaft nach § 19 Abs. 3 bzw. § 27 Abs. 1 und 2, § 41 und § 43 Abs. 1 Satz 2 SGB XII gehören, 10.000 EUR (seit 1.1.2023) als kleinere Barbeträge oder sonstige Geldwerte. Nach § 1 Satz 1 Nr. 2 der DVO kommen weitere 500 EUR für jede Person dazu, die von einer nach Nummer 1 genannten Person überwiegend unterhalten wird.

Bei der Berechnung des einzusetzenden Vermögens ist grundsätzlich nur auf den einzelnen 184
Betroffenen abzustellen. Auch bei Vorliegen einer sozialrechtlichen Einsatzgemeinschaft ist für den hilfebedürftigen Ehegatten kein doppelter Schonbetrag anzusetzen (LG Kassel, Beschl. v. 12.6.2020 – 3 T 195/20).

Welches Vermögen der Betreute für die Vergütung seines Betreuers einzusetzen hat, bestimmt 185
sich gemäß § 1880 Abs. 2 BGB allein nach § 90 SGB XII und damit auch nach der DVO. In anderen gesetzlichen Vorschriften anderweitig festgesetzte Schongrenzen sind insoweit ohne Belang.

Bezieht ein Betreuter Eingliederungshilfe in einer Werkstatt für behinderte Menschen, hat er 186
sein Vermögen für die Vergütung seines Betreuers insoweit einzusetzen, als es den allgemeinen Schonbetrag nach § 90 Abs. 2 Nr. 9 SGB XII von nunmehr 10.000 EUR (nach Inkrafttreten des Bürgergeldgesetzes) übersteigt. Der erhöhte Vermögensfreibetrag nach § 60a SGB XII von bis zu 25.000 EUR findet dabei keine Anwendung (BGH, Beschl. v. 20.3.2019 – XII ZB 290/18).

Das vorhandene Vermögen des Betreuten muss verwertbar sein. An der „Verwertbarkeit" von 187
Vermögen des Betreuten für die Vergütung des Betreuers fehlt es, wenn ihr ein rechtliches oder tatsächliches Hindernis entgegensteht, wenn sie wirtschaftlich unvertretbar ist oder nicht in angemessener Zeit durchgeführt werden kann (BayObLG, Beschl. v. 27.7.2001 – 3Z BR 182/10).

Sind z. B. aufgrund einer angeordneten Testamentsvollstreckung und der damit verbundenen 188
Beschränkungen konkrete Zahlungen aus dem ererbten Vermögensstamm nicht möglich, fehlt es an der Verwertbarkeit des Vermögens aufgrund eines rechtlichen Hindernisses (OLG Köln, Beschl. v. 7.1.2009 – 16 Wx 233/08).

Wurde der Betreute in einem Testament als Vorerbe bedacht, kann das ererbte Vermögen 189
grundsätzlich für die Berechnung der Vergütung herangezogen werden, das gilt insbesondere für die Nutzungen (z. B. Zinsen, Mieteinnahmen), die in das Eigenvermögen des Vorerben fallen. Wurde in einem sog. Behindertentestament allerdings (Dauer-)Testamentsvollstreckung angeordnet, entfällt der Zugriff des Vorerben auf das geerbte Vermögen (und die Nutzungen), § 2211 Abs. 1 BGB; die Verwaltung steht dem Testamentsvollstrecker zu, § 2205 BGB. Soweit der Erblasser dem Testamentsvollstrecker aber aufgegeben hat, den dem Betreuten zugefallenen Nachlass so zu verwalten, dass er sein Leben wie bisher weiterführen kann, und ihn für das persönliche Wohl und die persönlichen Bedürfnisse zu verwenden (§ 2216 Abs. 2 BGB), kann fraglich sein, ob darunter nicht auch die Bezahlung der Betreuervergütung fällt, denn gerade die Betreuung ermöglicht dem Betreuten die Fortsetzung seiner bisherigen Lebensführung (BGH, Beschl. v. 27.3.2013 – XII ZB 679/11). Die Bestellung eines Betreuers hat eben gerade das Ziel, den Betroffenen in den Bereichen seines Lebens, die er nicht allein regeln kann, zu unterstützen, ihm Hilfe zu geben und ihm damit eine angemessene Lebensgrundlage zu ermöglichen (LG Düsseldorf, Beschl. v. 12.3.2018 – 25 T 99/18).

Ist der Betreute Mitglied einer Erbengemeinschaft, die zwar über erhebliches Nachlassver- 190
mögen verfügt, aber noch nicht auseinandergesetzt werden kann, und ist kein sonstiges Vermögen vorhanden, liegt Mittellosigkeit vor (OLG Oldenburg, Beschl. v. 19.5.2000 – 5 W 84/00).

Lässt sich der Vermögensstatus nach Ausschöpfung der zumutbaren Aufklärungsmöglichkeiten 191
nicht positiv beantworten, geht das Risiko der Unaufklärbarkeit der Vermögensverhältnisse zulasten der Staatskasse (LG Duisburg, Beschl. v. 17.5.1999 – 22 T 63/99). Kann nicht eindeutig festgestellt werden, ob der Aktivnachlass zur Zahlung der Vergütung des ehemaligen Betreuers ausreicht, hat zunächst die Staatskasse den Vergütungsanspruch zu erfüllen, da dem Betreuer nicht zugemutet werden kann, zu warten, bis geklärt ist, ob der Nachlass ausreicht (LG Kassel, Beschl. v. 26.11.2014 – 3 T 459/14).

A

192 Liegt (Grund-)Vermögen vor, nimmt aber dessen Verwertung noch einige Zeit in Anspruch, ist die Vergütung aus der Staatskasse zu zahlen und zwar mit den Sätzen eines Vermögenden. Die Staatskasse hat in Vorleistung zu treten. Es entspricht allgemeiner Meinung, dass der Staat für die (zeitnahe) Vergütung des von ihm eingesetzten berufsmäßigen Betreuers zu sorgen hat. Die Staatskasse kann sich dann im Wege des Regresses schadlos halten (LG Kassel, Beschl. v. 12.10.2012 – 3 T 349/12). Diese Entscheidung ist umstritten, soweit sie die Zahlung mit den Sätzen eines Vermögenden annimmt, da der Betreute zwar Vermögen hat, das aber nicht einsetzbar ist.

3.8 Höhe des Vergütungsanspruchs

3.8.1 Einordnung in Vergütungstabellen

193 Die dem beruflichen Betreuer zu bewilligende Vergütung bestimmt sich nach monatlichen Fallpauschalen, § 8 Abs. 1 VBVG i. V. m. den Vergütungsstufen 1 und 2 der Anlage zu § 8 Abs. 1 VBVG.

194 Die Fallpauschalen werden in zwei Tabellenstufen eingeteilt, § 8 Abs. 2 VBVG.

Die Vergütung des beruflichen Betreuers richtet sich nach

- *Stufe 2, wenn der Betreuer über eine abgeschlossene Ausbildung an einer Hochschule oder eine vergleichbare abgeschlossene Ausbildung verfügt;*
- *Stufe 1, im Übrigen.*

195 Es spielt keine Rolle, ob durch die Ausbildung oder das Studium besondere Fachkenntnisse, die für die Führung der Betreuung nutzbar sind, erworben wurden.

196 Unklarheit herrscht in der Praxis, wann eine einer Hochschulausbildung vergleichbare abgeschlossene Ausbildung nach § 8 Abs. 2 Nr. 1 2. Alt. VBVG vorliegt. Da im am 1.1.2023 in Kraft getretenen § 8 VBVG die bereits nach altem Recht maßgeblichen beruflichen und akademischen Qualifikationen übernommen worden sind, kann auf die von der Rechtsprechung entwickelten Kriterien zur Bewertung der Vergleichbarkeit zurückgegriffen werden (*Felix*. In: Toussaint, Kostenrecht, VBVG, § 8 Rn. 1). Einer Hochschulausbildung vergleichbar ist nach gefestigter höchstrichterlicher Rechtsprechung eine Ausbildung, die in ihrer Wertigkeit einer Hochschulausbildung entspricht und einen formalen Abschluss aufweist. Als gleichwertig ist eine Ausbildung mithin anzuerkennen, wenn sie staatlich reglementiert oder zumindest staatlich anerkannt ist und der durch sie vermittelte Wissensstand nach Art und Umfang dem eines Hochschulstudiums entspricht. Als Kriterien können insbesondere der mit der Ausbildung verbundene Zeitaufwand, der Umfang und Inhalt des Lehrstoffs und die Zulassungsvoraussetzungen herangezogen werden. Für die Annahme der Vergleichbarkeit einer Ausbildung mit einer Hochschul- oder Fachhochschulausbildung kann auch sprechen, wenn die durch die Abschlussprüfung erworbene Qualifikation Zugang zu beruflichen Tätigkeiten ermöglicht, deren Ausübung üblicherweise Hochschulabsolventen vorbehalten ist. Eine Hochschulausbildung liegt dann vor, wenn ein staatlich reglementiertes oder zumindest anerkanntes Studium an einer Universität oder Fachhochschule mit einem formalen Abschluss beendet worden ist (BGH, Beschl. v. 15.11.2023 – XII ZB 575/21). Folgende wertende Entscheidungen liegen vor: BGH, Beschl. v. 12.4.2017 – XII ZB 86/16 (Zertifizierter Betreuer – Curator de Jure an der TH Deggendorf); BGH, Beschl. v. 9.2.2022 – XII ZB 378/21 (Hochschulzertifikat Rechtliche Betreuung der BeckAkademie in Zusammenarbeit mit der Hochschule Neubrandenburg); BayObLG, Beschl. v. 6.10.2023 – 101 VA 153/23, Rn. 28 (bezugnehmend auf die oben genannten BGH-Entscheidungen). Die von einem Berufsbetreuer absolvierten Sachkundelehrgänge und sonstigen Fortbildungsmaßnahmen vermitteln keinen Wissensstand, der nach Art und Umfang dem eines Hochschulstudiums entspricht, und münden in keinen staatlich anerkannten Abschluss (BayObLG, Beschl. v. 6.6.2024 – 101 VA 36/24 und Beschl. v. 18.9.2024 – 102 VA 83/24; KG Berlin, Beschl. v. 17.9.2024 – 1 VA 16/24).

197 Die Vergütungstabellen ergeben sich aus der Anlage zu § 8 Abs. 1 VBVG. Um die richtige monatliche Pauschale zu ermitteln, ist zunächst die Einstufung in die Vergütungsstufen 1 oder

2 vorzunehmen. Dann ist die Dauer der Betreuung (seit der Erstbestellung), der gewöhnliche Aufenthaltsort und der Vermögensstatus zu beachten.

Beispiel:

Die Bestellung des beruflichen Betreuers ist am 10.1.2026 wirksam erfolgt, er hat eine abgeschlossene Lehre als Bürokaufmann. Der Betreute wohnt zu Hause und hat ein Kontenvermögen von über 60.000 EUR. Der Betreuer beantragt am 20.4.2026 eine Vergütungsfestsetzung.

Fällig ist der Zeitraum vom 11.1. bis 10.4.2026.

- *Der Betreuer fällt in die Stufe 2.*
- *Der zu vergütende Zeitraum umfasst die Betreuungsmonate 1 bis 3.*
- *Der gewöhnliche Aufenthalt ist in einer anderen Wohnform.*
- *Der Betreute ist nicht mittellos.*

Für den gesamten Zeitraum ergibt sich die Einstufung aus 1.1.2.1, somit ein Betrag pro Monat in Höhe von 325,00 EUR.

Betreuer-Inflationsausgleichs-Sonderzahlung

Gemäß § 1 BetrInASG kann ein beruflicher Betreuer (§ 19 Abs. 2 BtOG), vom Betreuten eine Inflationsausgleichssonderzahlung verlangen. Ist der Betreute mittellos im Sinne des § 1880 BGB, kann die Sonderzahlung aus der Staatskasse verlangt werden. Die Sonderzahlung beträgt 7,50 EUR je geführter Betreuung und je angefangenem Monat (§ 2 Abs. 1 BetrInASG) und wird gemeinsam mit der Vergütungspauschale nach §§ 8 und 9 VBVG geltend gemacht (§ 3 Abs. 1 BetrInASG). Die Sonderzahlung gilt nicht bei Betreuungen nach § 11 VBVG (§ 1 Abs. 5 BetrInASG). 198

Der Anspruch auf die Inflationsausgleichssonderzahlung besteht für jeden in den Zeitraum vom 1.1.2024 bis zum 31.12.2025 fallenden Monat, in dem die Betreuung an mindestens einem Tag geführt wird (§ 2 Abs. 2 BetrInASG). Die Sonderzahlung entfällt ab dem 1.1.2026. 199

Beispiel:

Erstreckt sich das Abrechnungsquartal auf den Zeitraum vom 20.11.2025 bis 19.2.2026, kann eine Sonderzahlung verlangt werden für die Zeiträume:

- *20.11.2025 bis 19.12.2025*
- *20.12.2025 bis 19.1.2026 (mindestens 1 Tag fällt noch in das Jahr 2025)*

Für den Zeitraum vom 20.01. bis 19.2.2026 gibt es keine Sonderzahlung mehr.

3.8.2 Festlegung der Vergütungsstufe im Einzelfall

Die jeweilige Einstufung in eine Vergütungstabelle nimmt der Rechtspfleger des Betreuungsgerichts bei jedem Vergütungsantrag vor, dabei ist er an die Vorgaben des § 8 Abs. 2 VBVG gebunden. Dies bedeutet, dass der Betreuer im Rahmen der Antragstellung die für die Einstufung erforderlichen Unterlagen (z. B. Nachweis des Studiums bzw. der vergleichbaren abgeschlossenen Ausbildung) vorzulegen hat, soweit sie dem Rechtspfleger nicht bereits bekannt sind. Dabei ist zu beachten, dass bei zweifelhaften Abschlüssen verschiedene Rechtspfleger zu unterschiedlichen Entscheidungen kommen können. Hier bleibt nur der Rechtsweg über die Beschwerde (zum Landgericht) und evtl. der Rechtsbeschwerde zum BGH. 200

Ein beruflicher Betreuer hat kein dahingehendes schutzwürdiges Vertrauen, dass ihm der bisher bewilligte erhöhte Vergütungssatz auch in Zukunft wieder zuerkannt wird. Für Betreuer, die zunächst nach einem höheren Pauschalsatz vergütet und später zurückgestuft wurden, besteht kein Vertrauensschutz (BGH, Beschl. v. 8.2.2012 – XII ZB 230/11). 201

Problematisch ist insbesondere auch, dass bei Überweisungen aus der Staatskasse nach § 292 Abs. 5 FamFG eine gerichtliche Festsetzung, die der Rechtskraft fähig ist, nicht erfolgt ist. Somit kann noch eine abweichende gerichtliche Entscheidung erfolgen. Die materielle Ausschlussfrist des § 15 Abs. 3 Satz 1 VBVG findet keine analoge Anwendung auf die Rückforderung 202 überzahlter Betreuervergütung durch die Staatskasse. Einer durch Rückforderung überzahlter Betreuervergütung kann allerdings der Vertrauensgrundsatz entgegenstehen, wenn eine Abwägung ergibt, dass dem Vertrauen des beruflichen Betreuers auf die Beständigkeit der eingetretenen Vermögenslage gegenüber dem öffentlichen Interesse an der Wiederherstellung einer dem Gesetz entsprechenden Vermögenslage der Vorrang einzuräumen ist (BGH, Beschl. v. 6.11.2013 – XII ZB 86/13).

3.8.3 Bindende Festlegung der Vergütungsstufe bundesweit

203 Das Gesetz sieht in § 8 Abs. 3 VBVG eine Justizverwaltungsentscheidung vor. Der Vorstand des am Sitz oder hilfsweise am Wohnsitz des beruflichen Betreuers zuständigen Amtsgerichts (AG-Direktor bzw. AG-Präsident) stellt auf Antrag des Betreuers nach dessen Registrierung fest, nach welcher Vergütungstabelle sich die von diesem zu beanspruchenden Vergütungen richten. In einigen Bundesländern wurde die Zuständigkeit auf den Präsidenten des Landgerichts übertragen; teilweise wurde für mehrere Amtsgerichte die Zuständigkeit eines Gerichts bestimmt.

204 Diese Entscheidung kann der berufliche Betreuer in jedem Vergütungsverfahren vorlegen, er muss dann seine Ausbildung nicht jedes Mal neu nachweisen. Dieses Verfahren ist nicht zwingend, sondern erfolgt nur auf Antrag des Betreuers. Es kann sich insbesondere anbieten, wenn eine einem Studium vergleichbare abgeschlossene Ausbildung vorliegt.

205 Bei dem Verwaltungsverfahren auf Feststellung der anzuwendenden Vergütungstabelle gemäß § 8 Abs. 3 Satz 1 VBVG handelt es sich um ein Antragsverfahren, jedoch findet der Rechtsgedanke des § 26 FamFG Anwendung.

206 Dieser Amtsermittlungsgrundsatz enthebt die Beteiligten in allen Antragsverfahren nicht der Verpflichtung, durch eingehende Tatsachendarstellung an der Aufklärung des Sachverhalts mitzuwirken (Beibringungsgrundsatz, Darlegungs- und Informationslast). Der Umfang der Mitwirkungs- und Verfahrensförderungspflicht richtet sich nach der jeweiligen Verfahrensart. Die Pflicht des Beteiligten erhöht sich im gleichen Maße, wie das Gericht auf deren Mitwirkung bei der Sachaufklärung angewiesen ist; das gilt insbesondere in solchen Fällen, in denen Vorgänge aus dem höchstpersönlichen Lebensbereich der Beteiligten Gegenstand der Ermittlungen sind. Die Mitwirkungspflicht endet dort, wo ein erheblicher Eingriff in das allgemeine Persönlichkeitsrecht vorliegt. Diese Rechtsgedanken finden auch auf das vorliegende Verwaltungsverfahren Anwendung (OLG Düsseldorf, Beschl. v. 22.1.2024 – 3 VA 15/23). Fordert z. B. § 8 Abs. 2 Nr. 3 VBVG den Nachweis über ein abgeschlossenes Studium an einer Universität oder Hochschule, so kann diesen ein Rechtsanwalt auch dadurch erbringen, dass er eine Bescheinigung der Rechtsanwaltskammer vorlegt, in der seine Zulassung bestätigt wird. Dies belegt ohne Zweifel, dass er ein Studium erfolgreich absolviert hat. Die Vorlage eines Zeugnisses der Universität ist in diesem Fall entbehrlich.

Hinweis:

§ 8 Abs. 3 VBVG ist eine Kann-Vorschrift. Der Betreuer ist nicht verpflichtet, die Festlegung herbeizuführen. Er kann selbstverständlich bei jedem Vergütungsantrag seine Einstufung durch den entscheidenden Rechtspfleger vornehmen lassen (siehe Rn. 200).

207 Die Feststellung der Vergütungsstufe wirkt auf den Zeitpunkt der Antragstellung zurück (§ 8 Abs. 3 Satz 4 VBVG); sie gilt somit ab Antragstellung. Sind Voraussetzungen für die Einstufung (z. B. ein Hochschulabschluss) bereits vor der Antragstellung gegeben, kann der Betreuer seine Vergütung vom zuständigen Betreuungsrechtspfleger prüfen und festsetzen lassen. Dieser ist nicht an eine spätere Einstufung nach § 8 Abs. 3 VBVG gebunden. Die Frage, welche Stufe zur Anwendung kommt, ist für diesen Zeitraum im jeweiligen Einzelfall vom Rechtspfleger inzident zu prüfen (OLG Oldenburg, Beschl. v. 5.7.2023 – 4 VA 2/23).

Gegen die Festsetzungsentscheidung nach § 8 Abs. 3 VBVG kann der Antragsteller eine gerichtliche Entscheidung nach § 23 Abs. 2 EGGVG beantragen (z. B. wenn nach seiner Ansicht eine unzutreffende Vergütungstabelle angewendet wurde). Der Antrag auf gerichtliche Entscheidung ist gemäß § 24 Abs. 1 EGGVG nur zulässig, wenn der Antragsteller geltend macht, durch die Maßnahme in seinen Rechten verletzt worden zu sein. Es entscheidet ein Zivilsenat des Oberlandesgerichts, in dessen Bezirk die Justizbehörde ihren Sitz hat, die den Feststellungsentscheidung erlassen hat (in Bayern entscheidet das BayObLG), § 25 EGGVG. Antragsteller für die Festsetzung nach § 8 Abs. 3 VBVG wie auch für den Antrag auf gerichtliche Entscheidung ist der berufliche Betreuer nach § 19 Abs. 2 BtOG. Handelt es sich um einen Vereinsbetreuer oder einen registrierten Mitarbeiter eines Betreuungsvereins im Fall des § 1818 Abs. 1 und 2 BGB, hat dieser den Antrag zu stellen oder die gerichtliche Entscheidung zu beantragen; der Verein ist hierzu nicht berechtigt (BayObLG, Beschl. v. 6.10.2023 – 101 VA 153/23). 208

Die Festlegung kann auf Antrag des beruflichen Betreuers geändert werden, wenn dieser eine Änderung der Voraussetzungen nachweist, § 8 Abs. 3 Satz 3 VBVG. Die Feststellung oder Änderung wirkt auf den Zeitpunkt der Antragstellung zurück. 209

Eine Datenübermittlung durch das nach § 8 Abs. 3 VBVG für die Vergütungseinstufung zuständige Amtsgericht an die Betreuungsbehörde wegen etwaigen Zweifeln an der Zuverlässigkeit des Betreuers erfolgt nicht nach Maßgabe des § 309a Abs. 2 FamFG, sondern auf Grundlage des § 26 Abs. 4 BtOG. Gerichte und Behörden dürfen der Stammbehörde personenbezogene Daten übermitteln, soweit deren Kenntnis für die Rücknahme oder den Widerruf der Registrierung erforderlich ist und hierdurch schutzwürdige Interessen der betroffenen Person nicht beeinträchtigt werden (OLG Hamburg, Beschl. v. 8.8.2023 – 2 VA 2/23). 210

3.8.4 Erhöhung der Pauschalvergütung

Eine Erhöhung der Pauschalsätze bei besonderen Schwierigkeiten der Betreuungsgeschäfte ist nicht vorgesehen. Nimmt aber eine solche Vermögensverwaltung ein Ausmaß an, dass ihre Wahrnehmung durch den Betreuer billigerweise nicht mehr erwartet werden darf, kann er Teile dieser Aufgabe gegen Vergütung auf Dritte (Rechtsanwälte, Steuerberater usw.) übertragen oder im Rahmen von § 1877 Abs. 3 BGB selbst vornehmen. Nach dieser Vorschrift, dessen Geltung nach § 10 Satz 2 VBVG unberührt bleibt, kann ein Betreuer Leistungen, die er für den Betreuten erbringt und die zu seinem Beruf, aber nicht zu seinen Aufgaben als Betreuer gehören und die deshalb von der pauschalen Betreuervergütung nicht umfasst sind, als Aufwendungen gesondert geltend machen. 211

3.9 Aufwendungsersatz

3.9.1 Allgemeine Aufwendungen

Die Fallpauschale nach § 9 VBVG gilt gemäß § 10 VBVG auch den Ersatz von Aufwendungen nach § 1877 Abs. 1 BGB mit ab, insbesondere Fahrtkosten, Portoauslagen, Fotokopien und Auslagen für Hilfskräfte. Ein gesonderter Ersatz dieser Aufwendungen scheidet für den beruflichen Betreuer aus. Lediglich für Ersatzansprüche von beruflichen Betreuern in den Fällen der §§ 11 und 12 Abs. 2 VBVG (Sterilisationsbetreuer und Ergänzungsbetreuer nach § 1817 Abs. 2 und 5 BGB) sieht das Gesetz ausdrücklich Ausnahmeregelungen vor, § 11 Abs. 1 Satz 2 bzw. § 12 Abs. 2 Satz 1 VBVG. 212

Auch Haftpflichtversicherungsprämien des beruflichen Betreuers werden durch die Fallpauschalen mit abgedeckt; eine gesonderte Erstattung ist nicht möglich, § 10 Satz 1 VBVG. 213

Anfallende Dolmetscherkosten werden ebenfalls mit der Pauschalierung abgegolten. Auch die Kosten für die Hinzuziehung eines Gebärdendolmetschers für die Kommunikation mit einem gehörlosen Betreuten werden erfasst. Der berufliche Betreuer kann daher die Beiordnung eines Gebärdendolmetschers zum Zweck einer späteren Kostenerstattung nicht verlangen (BGH, Beschl. v. 26.3.2014 – XII ZB 346/13). 214

215 Aufwendungen des Betreuers zum Zweck der Führung der Betreuung sind solche, die er aus seinem Vermögen erbringt (vorschießt) und die für ihn ein Vermögensopfer darstellen. Zu überlegen ist aber, ob z. B. Briefmarken oder Kosten von Kopien (die in einem Copyshop erstellt werden) aus dem Betreutenvermögen entnommen werden können, zumindest, wenn es um eine Korrespondenz mit Versicherungen oder Behörden geht. Dies scheidet sicherlich aus, wenn der Betreuer vom Betreuungsgericht in seiner Betreuereigenschaft um Berichte angegangen wird.

216 Fraglich ist, ob es sich bei gebührenpflichtigen Postnachsendeanträgen um Auslagen der Betreuung oder um Auslagen des Betreuers handelt. Man kann grundsätzlich zwei verschiedene Arten der Postnachsendung unterscheiden: solche für die eigene Betreuertätigkeit und solche im Rahmen der gesetzlichen Vertretung des Betreuten. Im ersten Fall leitet der Betreuer die Post, die sich an den Betreuten selbst richtet und an dessen Anschrift adressiert ist, zu sich weiter. Diese betreuerspezifische Aufwendung wird durch die Fallpauschale abgedeckt (OLG Köln, Beschl. v. 21.8.2006 – 16 Wx 164/06). Im zweiten Fall stellt der Betreuer einen Postnachsendeantrag zugunsten des Betreuten, weil dieser seine Anschrift gewechselt hat (z. B. Umzug in ein Heim). Dies ist eine Aufwendung im Rahmen der Vertretungstätigkeit, die der Betreute zu erbringen hat; sie fällt nicht unter die Auslagen des Betreuers für die Betreuungsführung im Sinne von § 1877 BGB. Erbringt der Betreuer die Leistung aus seinem Vermögen, kann er vom Betreuten nach § 670 BGB Ersatz verlangen, jedoch keine Festsetzung gegen die Staatskasse. Im Verhältnis zwischen Betreuer und Betreutem sind die Vorschriften des Auftragsrechts entsprechend anzuwenden (OLG Karlsruhe, Beschl. v. 8.8.2003 – 15 U 76/01).

217 Ein beruflicher Betreuer, der nach Anordnung des persönlichen Erscheinens durch das Gericht an einem Gerichtstermin teilnimmt, wird wie ein Zeuge entschädigt (§ 19 JVEG). Er hat jedoch keinen Anspruch auf Entschädigung für Verdienstausfall gemäß § 22 JVEG oder auf Entschädigung für Zeitversäumnis nach § 20 JVEG. Die Teilnahme am Gerichtstermin erfolgt im Rahmen seiner Fallpauschalen gemäß einer nach §§ 8 und 9 VBVG vergüteten Tätigkeit. Vergütungsfähig sind allerdings die Fahrtkosten gemäß § 5 JEVG.

3.9.2 Aufwendungen nach § 10 Satz 2 VBVG i. V. m. § 1877 Abs. 3 BGB

218 Die gesonderte Geltendmachung von Aufwendungen im Sinne des § 1877 Abs. 3 BGB bleibt dem beruflichen Betreuer erhalten, § 10 Satz 2 VBVG.

219 Nach dieser Vorschrift erlangt der Betreuer für seinen Zeitaufwand eine Erstattung, wenn er seine berufseinschlägige Arbeitskraft einsetzt. Erstattungsfähig sind solche gewerbe- und berufsspezifischen Dienste des Betreuers, für die ein anderer Betreuer, der nicht diese Qualifikationen besitzt, berechtigterweise einen entsprechend qualifizierten Dritten hinzugezogen hätte.

Beispiel:

Muss der Betreuer einen Anspruch des Betreuten gerichtlich geltend machen, wird er in der Regel einen Rechtsanwalt mandatieren. Ist der Betreuer selbst Anwalt, kann er seine berufsspezifische Qualifikation einsetzen und die Gebühren eines Rechtsanwalts nach dem RVG gemäß § 1877 Abs. 3 BGB geltend machen (§ 10 Satz 2 VBVG).

220 Der als Betreuer bestellte Rechtsanwalt kann eine Tätigkeit im Rahmen der Betreuung gemäß § 10 Satz 2 VBVG i. V. m. § 1877 Abs. 3 BGB nach anwaltlichem Gebührenrecht abrechnen, wenn und soweit sich die zu bewältigende Aufgabe als eine für den Beruf des Rechtsanwalts spezifische Tätigkeit darstellt. Hiervon ist auszugehen, wenn ein anderer Betreuer berechtigterweise die entgeltlichen Dienste eines Rechtsanwalts in Anspruch nehmen würde. Im Regelfall ist davon auszugehen, dass ein für den Aufgabenkreis der Vermögenssorge bestellter, nicht anwaltlicher Berufsbetreuer der höchsten Vergütungsstufe für die Vorbereitung eines Eigeninsolvenzantrags des Betreuten keiner anwaltlichen Unterstützung bedarf (BGH, Beschl. v. 30.11.2022 – XII ZB 311/22). Das LG Münster (Beschl. v. 5.2.2024 – 5 T 555/23) führt dazu weiter aus, dass ein Betreuer, der Rechtsanwalt ist, zwar seine Vergütung nach dem RVG

verlangen kann, wenn er eine Tätigkeit ausgeübt hat, für die ein Betreuer, der kein Rechtsanwalt ist, einen Rechtsanwalt beauftragt hätte. Jedoch kann jedem Betreuer in einfach gelagerten Fällen zugemutet werden, zunächst einmal selbst tätig zu werden, bevor ein Rechtsanwalt mit der Wahrnehmung der Interessen beauftragt wird. Dies kann z. B. in der Weise geschehen, dass er sich zunächst bei dem Vertragspartner oder einem anderen Anbieter aus der gleichen Branche nach der Sach- und Rechtslage erkundigt und Einzelheiten zu rechtlichen Fragen selbst recherchiert. Von entscheidender Bedeutung hierbei ist, dass die der Vergütung zugrunde liegende Tätigkeit so hohe rechtliche Schwierigkeiten aufweisen muss, dass der Betreuer ohne Beauftragung eines Rechtsanwalts nicht zu einer Lösung hätte kommen können.

3.10 Schmälerung der Pauschalvergütung

Das monatliche Einkommen des beruflichen Betreuers berechnet sich nach dem Pauschalsystem (siehe Anlage zu § 8 Abs. 1 VBVG). Dabei ist zu berücksichtigen, in welchem Betreuungsmonat (Monat 1 bis 12 bzw. ab dem 13. Monat) sich die Betreuung befindet. Auch muss beachtet werden, ob der Betreute mittellos oder vermögend ist und ob er in einer stationären Einrichtung oder anderen Wohnform seinen gewöhnlichen Aufenthalt hat. 221

Beispiel:

Der nach Stufe 2 (§ 8 Abs. 2 Nr. 1 VBVG) zu vergütende Betreuer führt 40 Betreuungen, von den sich 10 in den Monaten 1 bis 12 und 30 ab dem 13. Monat befinden. Außerdem umfassen alle Verfahren zu gleichen Teilen mittellos/vermögende Betreute, die sich gleichmäßig in stationären Einrichtungen bzw. in anderen Wohnformen aufhalten. Bei diesen Vorgaben ergibt sich ein monatliches Vergütungseinkommen von 8.765 EUR.

Wäre der Betreuer nach der Stufe 1 (§ 8 Abs. 2 Nr. 2 VBVG) zu vergüten, ergäbe sich ein Betrag von 6.650 EUR.

Von der Vergütung (Bruttobetrag) sind Aufwendungen abzurechnen. Im Folgenden werden Beispiele aufgeführt (nicht abschließend). 222

3.10.1 Auslagen der Betreuung

Da die Fallpauschalen auch Ansprüche auf den Ersatz anlässlich der Betreuung entstandenen Aufwendungen (siehe Ziff. 2.2) abgelten (§ 10 Satz 1 VBVG), erlangt der berufliche Betreuer keinen Ersatz z.B. für Fahrt- oder Dolmetscherkosten (siehe Ziff. 3.9.1). 222a

Der berufliche Ergänzungs- oder Sterilisationsbetreuer (§ 1817 Abs. 2 und 5 BGB) kann neben der Vergütung seine Auslagen geltend machen, § 11 Abs. 1 Satz 2 VBVG. Dies gilt auch für den Verfahrenspfleger (§ 277 Abs. 2 Satz 2 FamFG). 222b

3.10.2 Steuern

Die Vergütungszahlungen an den beruflichen Betreuer unterliegen der Einkommensteuer. 222c

Eine Umsatzsteuerpflicht besteht nicht (§ 4 Nr. 16 Buchst. k UStG; in der Fassung des AmtshilfeRLUmsG). Ebenfalls befreit ist die Tätigkeit als Verfahrenspfleger nach §§ 276 und 317 FamFG gemäß Art. 132 Abs. 1 Buchst. g MwStSystRL. 222d

Nicht unter die Umsatzsteuerbefreiung fallen Tätigkeiten, die der Betreuer im Rahmen seines Berufs oder aus seinem Gewerbe erbringt, § 1877 Abs. 3 BGB. 222e

Berufliche Betreuer erzielen keine Einkünfte aus einem Gewerbebetrieb, sondern Einkünfte aus einer sonstigen selbstständigen Arbeit (BFH, Urt. v. 15.6.2010 – VIII R 10/09). Somit besteht keine Gewerbesteuerpflicht. 222f

Soweit Steuererklärungen professionell erledigt werden sollen/müssen, wird die Beauftragung eines Steuerberaters erforderlich. 222g

A

3.10.3 Mitgliedschaften

222h Berufliche Betreuer sind häufig Mitglieder in Berufs- oder Fachverbänden, wie dem BdB (Berufsverband der Berufsbetreuer), dem BVfB (Bundesverband freier Berufsbetreuer) oder dem BGT (Betreuungsgerichtstag e. V.).

3.10.4 Versicherungen

223 Eine zwingende Versicherungspflicht ergibt sich aus § 23 Abs. 1 Nr. 3 BtOG. Der berufliche Betreuer hat eine Berufshaftpflichtversicherung zur Deckung der sich aus der Berufstätigkeit ergebenden Haftpflichtgefahren für Vermögensschäden mit einer Mindestversicherungssumme von 250.000 Euro für jeden Versicherungsfall und von 1 Million Euro für alle Versicherungsfälle eines Versicherungsjahres abzuschließen.

223a Daneben können Versicherungsbeiträge für alle denkbaren Risiken eine Rolle spielen. Insbesondere eine Krankenversicherung sowie eine Unfallversicherung dürften obligatorisch sein. Sinnvoll könnte eine Berufsunfähigkeitsversicherung sein; auch ist an die Altersvorsorge zu denken. Nicht zu vergessen ist die Kfz-Versicherung.

223b Für selbständige berufliche Betreuer besteht eine gesetzliche Pflichtversicherung bei der Berufsgenossenschaft für Gesundheitsdienst und Wohlfahrtspflege. Damit sind Betreuer gegen Arbeitsunfälle und Berufserkrankungen versichert, § 2 Abs. 1 Nr. 9 SGB VII (gesetzliche Unfallversicherung).

3.10.5 Softwareprogramme

223c Zur Vereinfachung der administrativen Tätigkeiten empfiehlt sich die Anschaffung von PC-Programmen (Betreuungssoftware), die eine schnellere Verarbeitung von Konten, Berichten und Rechnungslegungen ermöglichen. Da es eine Vielzahl von Programmen gibt, z. B. PCC (PersonalClientCare), PleSoft, Kujali, butler 21, kBetreuungsManager, BdB at work, Karedo oder BT-Professional, sollten Leistungs- und Preisvergleiche vorgenommen werden.

223d Zudem sollte an eBO (elektronisches Bürger- und Organisationspostfach, z. B. Governikus, FP/digital, u. a.) gedacht werden, ohne das kein (elektronischer) Austausch mit Gerichten und Behörden möglich sein wird.

3.10.6 Mitarbeiter

223e Ab einer größeren Anzahl von Betreuungen wird sich der berufliche Betreuer überlegen, ob er Mitarbeiter für untergeordnete Tätigkeiten beschäftigt. Diese Kosten schmälern jedoch das Vergütungseinkommen.

3.10.7 Büroräume

223f Die Miete für Büroräume, einschließlich Strom-, Heizungs- und sonstigen Nebenkosten, schlagen gerade in größeren Städten zu Buche. Es dürfte von Vorteil sein, wenn man sich zu Bürogemeinschaften zusammenschließt. Zu bedenken ist u. a. auch, dass Rundfunkbeiträge in einem externen Büro anfallen, aber auch bei beruflicher Nutzung des PKW.

223g Zur Ausstattung des Büros ist zudem ein PC-Rechner bzw. Notebook mit umfangreicher Software erforderlich, außerdem ein Drucker und unter Umständen ein Scanner.

3.10.8 Fortbildung

224 Als beruflicher Betreuer ist man gehalten, regelmäßig an berufsbezogenen Fortbildungsmaßnahmen teilzunehmen, § 29 BtOG. Daneben ist der Erwerb von Gesetzestexten und Fachbüchern erforderlich, um sachgerecht die Betreuungen zu führen.

3.11 Sonderfälle der Betreuung

3.11.1 Sterilisations- und Ergänzungsbetreuer

Sterilisations- und Ergänzungsbetreuer

§ 11 Abs. 1 Satz 1 VBVG
Sterilisationsbetreuer (§ 1817 Abs. 2 BGB) oder
Ergänzungsbetreuer (§ 1817 Abs. 5 BGB)

Vergütung
§ 11 Abs. 1 Satz 1 i. V. m. § 3 VBVG
Stundensätze 26,00 EUR, 33,00 EUR oder 44,00 EUR
Erhöhung bei besonderer Schwierigkeit möglich (§ 3 Abs. 3 VBVG)

+

Auslagenersatz
§ 11 Abs. 1 Satz 2 VBVG i. V. m. § 1877 Abs. 1 BGB

Nach § 1817 Abs. 2 BGB wird für die Entscheidung über die Einwilligung in eine Sterilisation 225 ein besonderer Betreuer bestellt. Besteht schon eine Betreuung für andere Aufgabenkreise, ist dieser zeitgleich neben dem unverändert weiter tätigen Hauptbetreuer nur für diese Entscheidung zuständig. Da der Sterilisationsbetreuer lediglich für die Vornahme eines bestimmten, punktuellen Geschäfts bestellt ist, passt für ihn die Gewährung einer Zeitpauschale nicht.

Wird neben dem „Hauptbetreuer" ein Ergänzungsbetreuer gemäß § 1817 Abs. 5 BGB bestellt, 226 z. B. bei einem Vertretungsausschluss nach §§ 1824 und 181 BGB, und sind Haupt- und Ergänzungsbetreuer berufliche Betreuer, entsteht die Ausnahmesituation, dass zur selben Zeit für denselben Betreuten zwei berufliche Betreuer bestellt sind. Der Ergänzungsbetreuer wird in diesem Fall nur für die Vornahme eines bestimmten, punktuellen Geschäfts bestellt.

Wird ein Betreuer neben einem Bevollmächtigten bestellt, weil dieser an einer Verrichtung 227 bestimmter Tätigkeiten rechtlich verhindert ist, ist die Vergütung des Betreuers in entsprechender Anwendung des § 11 Abs. 1 VBVG nach konkretem Zeitaufwand zu bemessen. Die Interessenlage des Betroffenen bzw. der Staatskasse ist dieselbe, unabhängig davon, ob die rechtliche Vertretung des Betroffenen von einem (anderen) Betreuer oder einem Bevollmächtigten wahrgenommen wird (BGH, Beschl. v. 8.7.2015 – XII ZB 494/15). § 11 Abs. 1 VBVG in analoger Anwendung kommt nicht in Betracht, wenn die Vollmacht von vornherein sachlich beschränkt und deshalb ein Betreuer zu bestellen ist (BGH, Beschl. v. 3.5.2017 – XII ZB 403/15).

Nach § 11 Abs. 1 Satz 1 VBVG erhält der Betreuer in den Fällen des § 1817 Abs. 2 BGB 228 (Sterilisationsbetreuung) und § 1817 Abs. 5 BGB (Ergänzungsbetreuer) eine Vergütung nach § 3 VBVG. Bei Mittellosigkeit richtet sich der Anspruch gegen die Staatskasse (§ 15 Abs. 1 VBVG).

Die dem Betreuer zu bewilligende Vergütung erfolgt nach Stundensätzen. 229

Der Stundensatz für die Zeit, die für die Führung der Betreuung aufgewandt wird und erforderlich ist, beträgt 26 EUR. Verfügt der Betreuer über besondere Kenntnisse, die für die Führung der Betreuung nutzbar sind, so erhöht sich der Stundensatz auf 33 EUR, wenn diese Kenntnisse durch eine abgeschlossene Lehre oder eine vergleichbare abgeschlossene Ausbildung erworben wurden, und auf 44 EUR, wenn diese Kenntnisse durch eine abgeschlossene Ausbildung an einer Hochschule oder durch eine vergleichbare abgeschlossene Ausbildung erworben wurden.

A

230 Fachkenntnisse sind nur solche Kenntnisse oder Fertigkeiten, die über das jedermann zu Gebote stehende Wissen hinausgehen, die regelmäßig nicht nur durch Lebenserfahrung erworben werden und die für die Führung von Betreuungen generell oder hinsichtlich bestimmter Aufgabenkreise hilfreich sind. Sie wirken allerdings nur dann vergütungssteigernd, wenn sie auch für die konkrete Betreuung nutzbar sind. Nutzbarkeit bedeutet dabei nicht, dass die Fachkenntnisse zur sachgerechten Führung der Betreuung erforderlich sind. Vielmehr reicht aus, dass sie geeignet sind, die Geschäftsführung des Betreuers im konkreten Fall zu erleichtern.

Hinweis:

Für die unter § 11 VBVG fallenden Betreuer (Ergänzungs- und Sterilisationsbetreuer), die als berufliche Betreuer registriert sind, erfolgt die Einstufung der Stundensätze danach, ob sie im Rahmen einer Ausbildung bzw. eines Studiums betreuungsrelevante Kenntnisse erlangt haben. Der registrierte berufliche Betreuer wird nach § 8 Abs. 2 VBVG eingestuft (Stufe 1 oder 2). Dabei spielt es keine Rolle, ob durch das Studium oder die vergleichbare Ausbildung betreuungsrelevante Kenntnisse erlangt wurden. Letztlich würde das dazu führen, dass etwa ein Bauingenieur, der als beruflicher Betreuer registriert ist, nach § 8 Abs. 2 VBVG in die Stufe 2 fällt, während er z. B. als Ergänzungsbetreuer in der niedrigsten Stufe gemäß § 11 Abs. 1 i. V. m. § 3 Abs. 1 VBVG eingestuft werden würde. Dies befriedigt nicht, denn die in § 3 Abs. 1 VBVG geforderten Kenntnisse sind über den Sachkundenachweis erbracht. Offenbar hat der Gesetzgeber diese Diskrepanz nicht erkannt. Es wird allen Ergänzungs- und Sterilisationsbetreuern geraten, ihre Vergütung nach der Stufe zu beantragen, in die sie als Betreuer eingestuft wurden. Bei einer abweichenden Entscheidung sollte ein Rechtsmittel in Erwägung gezogen werden.

231 Die aufgewandte Zeit ist plausibel und nachvollziehbar dem Betreuungsgericht darzulegen. Ob ein beruflicher Betreuer für bestimmte Tätigkeiten Aufwendungsersatz und Vergütung verlangen kann, hängt davon ab, ob diese Tätigkeiten erforderlich waren. Für pflichtwidriges Handeln kann mangels Erforderlichkeit keine Vergütung verlangt werden. Er hat effizient und kostengünstig vorzugehen (BayObLG, Beschl. v. 29.9.2004 – 3Z BR 163/04).

232 Es sind nur solche Aufwendungen erstattungsfähig, die der Betreuer „nach den Umständen für erforderlich halten durfte". Maßgebend ist nicht die objektive Erforderlichkeit rückwirkend betrachtet; entscheidend ist vielmehr die Lage, wie sie sich dem Betreuer, bei Beachtung der ihm obliegenden Sorgfalt, im Zeitpunkt der Vornahme der Aufwendung darstellen musste (OLG München, Beschl. v. 12.10.2017 – 33 WF 866/17).

233 Durch die Gesamtverweisung auf § 3 VBVG ist auch dessen Absatz 3 anwendbar. Soweit die besondere Schwierigkeit der Geschäfte dies ausnahmsweise rechtfertigt, kann ein höherer Stundensatz bewilligt werden – allerdings nur, wenn der Betreute nicht mittellos ist.

234 Die Vergütungsregelung des § 11 Abs. 1 Satz 1 VBVG kann über die dort genannten Sonderfälle des Ergänzungsbetreuers und des Sterilisationsbetreuers hinaus nicht analog auf Betreuer angewandt werden, die nur für eine (bestimmte) Angelegenheit bestellt worden sind (BGH, Beschl. v. 20.3.2013 – XII ZB 231/12).

235 Ein Ergänzungsbetreuer nach § 1817 Abs. 5 BGB kann auch dann keine Fallpauschale nach § 9 VBVG verlangen, wenn seine Tätigkeit auf einen längeren Zeitraum angelegt ist und sich nicht in einer konkreten, punktuellen Maßnahme erschöpft (BGH, Beschl. v. 4.6.2014 – XII ZB 625/13).

236 Zusätzlich kann der Sterilisations- und Ergänzungsbetreuer für seine Aufwendungen Vorschuss und Ersatz nach § 1877 Abs. 1 BGB verlangen, § 11 Abs. 1 Satz 2 VBVG. Dem Betreuer können Abschlagszahlungen gewährt werden, § 3 Abs. 4 VBVG.

Beispiel:

Betreuer B ist bei einem Rechtsgeschäft rechtlich ausgeschlossen (§ 1824 Abs. 1 Nr. 1 BGB); es liegt ein Rechtsgeschäft zwischen dem Betreuten und der Ehefrau des Betreuers B vor. Neben B wird der berufliche Betreuer E als Ergänzungsbetreuer (§ 1817 Abs. 5 BGB) bestellt. Dieser macht fünf Stunden Zeitaufwand mit einem Stundensatz von 60 EUR und Fahrtauslagen über 100 km geltend. Der Betreute ist nicht mittellos. Der erhöhte Stundensatz wird mit (nachgewiesenen) besonderen Schwierigkeiten begründet. E kann ein abgeschlossenes Jurastudium nachweisen.

Dem Ergänzungsbetreuer E steht zunächst als Vergütung ein Stundensatz von 44 EUR zu, § 11 Abs. 1 Satz 1 i. V. m. § 3 Abs. 1 Satz 2 Nr. 2 VBVG. Durch die nachgewiesenen besonderen Schwierigkeiten kann ihm ein höherer Stundensatz (60 EUR) bewilligt werden, § 11 Abs. 1 Satz 1 i. V. m. § 3 Abs. 3 Satz 1 VBVG (Betreuter ist nicht mittellos). Damit berechnet sich die Vergütung auf 5 × 60 EUR = 300 EUR.

Daneben kann E seine Fahrtkosten als Aufwendungsersatz geltend machen, § 11 Abs. 1 Satz 1 VBVG i. V. m. § 1877 Abs. 1 BGB. Diese berechnen sich nach § 1877 Abs. 1 Satz 2 BGB i. V. m. § 5 Abs. 2 Satz 1 Nr. 2 JVEG mit 0,42 EUR je Kilometer. Dies ergibt 100 km × 0,42 EUR = 42 EUR.

3.11.2 Verhinderungsbetreuer

Verhinderungsbetreuer

§ 11 Abs. 2 VBVG

Verhinderungsbetreuer (§ 1817 Abs. 4 BGB)

Pauschale gemäß § 8 i. V. m. § 9 VBVG
wird zwischen Haupt- und Verhinderungsbetreuer nach Tagen geteilt

§§ 187 Abs. 1, 188 Abs. 1 BGB (und auch § 191 BGB) gelten entsprechend

Beruht die Verhinderung des Betreuers auf tatsächlichen Gründen (z. B. Krankheit oder Urlaub), ist in diesem Fall zur gleichen Zeit immer nur entweder der Betreuer oder der Verhinderungsbetreuer gemäß § 1817 Abs. 4 BGB tätig. Insgesamt steigt der Betreuungsaufwand nicht. § 11 Abs. 2 VBVG sieht daher vor, in diesem Fall die nach der Pauschale gemäß § 8 i. V. m. § 9 VBVG bemessene Vergütung zwischen Haupt- und Verhinderungsbetreuer nach Tagen zu teilen; für die Berechnung gelten § 187 Abs. 1 und § 188 Abs. 1 BGB entsprechend. 237

In § 11 Abs. 2 VBVG wird nicht auf § 191 BGB verwiesen, somit wäre an sich der Monat nach den tatsächlichen Tagen zu berechnen (28, 29, 30 oder 31 Tage). Nach der hier vertretenen Ansicht ergibt sich: Der Gesetzgeber hat unreflektiert den aus dem früheren Recht überkommenen Satz „§ 187 Abs. 1 und § 188 Abs. 1 BGB gelten entsprechend" in § 11 Abs. 2 VBVG übernommen, während in § 9 Abs. 4 Satz 3 VBVG auf § 191 BGB verwiesen wird. Damit darf das Fehlen der Einbeziehung des § 191 BGB in § 11 Abs. 2 VBVG nicht den Schluss zulassen, dass die Monate nach der tatsächlichen Tagesanzahl zu berücksichtigen sind. Somit ist auch in der Anwendung des § 12 Abs. 2 VBVG jeder Monat mit 30 Tagen anzusetzen. 238

Beispiel:

Der berufliche Betreuer B wurde am 31.10.2025 bestellt. In der Zeit vom 3.4. bis zum 24.4.2026 ist er im Urlaub; in dieser Zeit nimmt der beruflich tätige Verhinderungsbetreuer E die Geschäfte der Betreuung wahr. Der Betreute wohnt zu Hause und hat ein Geldvermögen von ca. 200.000 EUR. Betreuer B kann eine Vergütung nach der Vergütungsstufe 2 beanspruchen; E fällt in die Stufe 1. Der erste Vergütungszeitraum gemäß § 14 Abs. 1 Satz 1 VBVG ist bereits abgerechnet.

A

Da die Erstbestellung eines Betreuers am 31.10.2025 war, beginnt der Abrechnungsmonat am 1.11.2025. Der erste (dreimonatige) Vergütungszeitraum geht vom 1.11.2025 bis zum 31.1.2026; der zweite Vergütungszeitraum dauert vom 1.2.2026 bis zum 30.4.2026.

Betreuer B:				
1.2. bis 28.2.2026	*427,00 EUR*	*(2.1.2.1)*	=	*427,00 EUR*
1.3. bis 31.3.2026	*427,00 EUR*	*(2.1.2.1)*	=	*427,00 EUR*
1.4. bis 3.4.2026	*3/30 aus 427,00 EUR*		=	*42,70 EUR*
25.4. bis 30.4.2026	*6/30 aus 427,00 EUR*		=	*85,40 EUR*
Verhinderungsbetreuer E:				
4.4. bis 24.4.2026	*21/30 aus 325,00 EUR*	*(1.1.2.1)*	=	*227,50 EUR*

Hinweis:

Zunächst wird die Fallpauschale des Abrechnungsmonats (in den die Verhinderung fällt) gemäß §§ 8 und 9 VBVG festgestellt, dann wird die Summe auf die Tage des Betreuers und die des Verhinderungsbetreuers aufgeteilt. Soweit die beiden Betreuer unterschiedlichen Fallstufen angehören, ist dies zu berücksichtigen.

3.11.3 Kontrollbetreuer

239 Beim Kontrollbetreuer nach § 1820 Abs. 3 BGB handelt es sich um einen Betreuer mit einem bestimmten Aufgabenkreis (§ 1815 Abs. 3 BGB). Für den beruflichen Betreuer besteht keine Ausnahme vom Pauschalsystem nach §§ 8 und 9 VBVG.

3.12 Vereinsbetreuer

3.12.1 Vergütung und Aufwendungsersatz

240 Ist ein Mitarbeiter eines anerkannten Betreuungsvereins (§ 14 BtOG) als Vereinsbetreuer (§ 1819 Abs. 3 Satz 1 BGB) bestellt, ist dem Verein Vergütung und Aufwendungsersatz zu bewilligen (§ 7 Abs. 2 Satz 1 VBVG). Voraussetzung ist allerdings, dass der Mitarbeiter nach § 24 BtOG registriert ist. Der Vereinsbetreuer selbst kann keine Vergütung und keinen Aufwendungsersatz erlangen (§ 7 Abs. 2 Satz 2 VBVG).

241 Der Vereinsbetreuer ist ein beruflicher Betreuer gemäß § 19 Abs. 2 BtOG, sodass der Verein die Fallpauschalen nach §§ 8 und 9 VBVG erhalten kann. Mit den Fallpauschalen wird der Aufwendungsersatz abgegolten (§ 10 Satz 1 VBVG). Die §§ 14 und 15 VBVG sind anzuwenden.

242 Wird das Arbeitsverhältnis zwischen dem Mitarbeiter und dem Verein aufgelöst, verzögert sich aber der Antrag des Vereins auf Entlassung des als Vereinsbetreuer bestellten Mitarbeiters (§ 1868 Abs. 6 BGB) und die Bestellung dieses ehemaligen Mitarbeiters als selbstständiger beruflicher Betreuer, steht diesem für zuvor erfolgte Tätigkeiten kein eigener Vergütungsanspruch zu (LG Koblenz, Beschl. v. 10.8.2005 – 2 T 511/05).

3.12.2 Sonderfälle

243 Soweit ein Vereinsbetreuer als Sterilisationsbetreuer nach § 1817 Abs. 2 BGB oder als Ergänzungsbetreuer gemäß § 1817 Abs. 5 BGB bestellt wird, ist § 11 VBVG zu beachten, § 7 Abs. 2 Satz 1 VBVG.

244 Für die Geltendmachung von Aufwendungsersatz ist § 1877 Abs. 1 BGB anwendbar, § 11 Abs. 1 Satz 2 VBVG. Allgemeine Verwaltungskosten werden nicht ersetzt, § 7 Abs. 1 Satz 2 VBVG, auch nicht Kosten für eine angemessene Haftpflichtversicherung nach § 1877 Abs. 2 BGB.

3.13 Verein als Betreuer

3.13.1 Vergütung und Aufwendungsersatz

245 Ist ein anerkannter Betreuungsverein gemäß § 1818 Abs. 1 BGB zum Betreuer bestellt, ist ihm gemäß § 12 Abs. 1 Satz 1 VBVG eine Vergütung nach §§ 8 und 9 VBVG zu bewilligen, wenn der

Mitarbeiter, dem die Führung der Betreuung gemäß § 1818 Abs. 2 Satz 1 BGB übertragen worden ist, als beruflicher Betreuer registriert ist (§ 19 Abs. 2 BtOG). Die Höhe der Vergütung richtet sich nach der Vergütungsstufe, die gemäß § 8 Abs. 2 VBVG für den Mitarbeiter anzuwenden ist, § 12 Abs. 1 Satz 2 VBVG. Eine Vergütung ist auch dann zu bewilligen, wenn der Mitarbeiter spätestens sechs Monate nach Beginn seiner Tätigkeit für den Betreuungsverein registriert ist, § 12 Abs. 1 Satz 3 VBVG.

Gemäß § 14 Abs. 2 Satz 1 1. Halbsatz 1 BtOG erfolgt die Anerkennung als Betreuungsverein für 246
das jeweilige Bundesland. Allerdings kann es zu Problemen führen, wenn (in Bundesländern mit mehreren Anerkennungsbehörden) die Anerkennung auf Landesteile (z. B. Regierungsbezirke) beschränkt wird, § 14 Abs. 2 Satz 1 2. Halbsatz BtOG. Verzieht in einem solchen Fall z. B. der Betreute über die Grenze eines anderen Landesteils, entfällt der Vergütungsanspruch des Vereins aus § 7 Abs. 2 VBVG i. V. m. § 19 Abs. 2 BtOG. Der Verein bzw. der Vereinsbetreuer sollte in jedem Fall prüfen, ob er für den Aufenthalt des Betreuten die Anerkennung besitzt.

Mit der Fallpauschale nach § 9 VBVG sind die anlässlich der Betreuung entstandenen 247
Aufwendungen des Vereins abgegolten, § 10 Satz 1 VBVG.

3.13.2 Sonderfälle

Als Sterilisationsbetreuer nach § 1817 Abs. 2 BGB kann ein Verein nicht bestellt werden, § 1818 248
Abs. 5 BGB.

Soweit ein Betreuungsverein als Ergänzungsbetreuer gemäß § 1817 Abs. 5 BGB bestellt wird, 249
ist § 11 VBVG zu beachten, § 12 Abs. 2 Satz 1 VBVG.

Für die Geltendmachung von Aufwendungsersatz ist § 1877 Abs. 1 BGB anwendbar, § 11 Abs. 1 250
Satz 2 VBVG. Allgemeine Verwaltungskosten werden nicht ersetzt, § 7 Abs. 1 Satz 2 VBVG. Aufwendungen im Sinne von § 1877 Abs. 3 BGB kann der Verein nicht geltend machen, § 12 Abs. 2 Satz 2 VBVG.

Wird der Betreuungsverein als Verhinderungsbetreuer nach § 1817 Abs. 4 Satz 2 BGB bestellt, 251
ist nach § 11 Abs. 2 VBVG vorzugehen; die Fallpauschale nach §§ 8 und 9 VBVG ist zwischen Haupt- und Verhinderungsbetreuer (Verein) nach Tagen zu teilen; für die Berechnung gelten § 187 Abs. 1 und § 188 Abs. 1 BGB (auch § 191 BGB) entsprechend.

Ansprüche können durch den Verein nur geltend gemacht werden, wenn der Mitarbeiter, dem 252
die Führung der Betreuung gemäß § 1818 Abs. 2 Satz 1 BGB übertragen worden ist, als beruflicher Betreuer registriert ist. Die Höhe der Vergütung richtet sich nach dem Stundensatz, der gemäß § 3 Abs. 1 VBVG für den Mitarbeiter anzuwenden ist, § 12 Abs. 1 Satz 2 VBVG.

3.14 Behördenbetreuer und Behörde als Betreuer

3.14.1 Vergütung

Ist ein Behördenbetreuer bestellt, kann der zuständigen Behörde eine Vergütung nach § 1876 253
Satz 2 BGB bewilligt werden, soweit der Umfang oder die Schwierigkeit der Betreuungsgeschäfte dies rechtfertigen, § 13 Abs. 1 Satz 1 VBVG. Die Vergütungsbewilligung ist nur möglich, soweit der Betreute nicht mittellos ist, § 1876 Satz 2 Nr. 2 BGB.

Der Behördenbetreuer selbst kann keine Vergütung und keinen Aufwendungsersatz erlangen, 254
§ 13 Abs. 2 VBVG. Die Leistungen sind an die Behörde zu erbringen, § 13 Abs. 1 Satz 1 VBVG.

3.14.2 Aufwendungsersatz

Nach § 13 Abs. 2 VBVG kann die Betreuungsbehörde Aufwendungsersatz nach § 1877 Abs. 1 255
BGB verlangen; allgemeine Verwaltungskosten werden nicht ersetzt, § 13 Abs. 1 Satz 3 VBVG. Voraussetzung für den Ersatz von Aufwendungen ist, dass der Betreute nicht mittellos im Sinne von § 1880 BGB ist, § 13 Abs. 1 Satz 2 VBVG.

A

256 Die Beschränkung in § 1877 Abs. 4 BGB, dass der Aufwendungsersatzanspruch erlischt, wenn er nicht binnen 15 Monaten nach seiner Entstehung gerichtlich geltend gemacht wird, ist nicht anzuwenden; § 13 Abs. 4 VBVG.

3.14.3 Behörde als Betreuer

257 Ist die Betreuungsbehörde als solche gemäß § 1818 Abs. 4 BGB als Betreuerin bestellt, kann keine Vergütung gewährt werden, § 13 Abs. 4 Satz 1 VBVG.

258 Die Behörde kann als Betreuerin für Aufwendungen nach § 1877 Abs. 1 BGB Ersatz nur insoweit verlangen, als der Betreute nicht mittellos im Sinne von § 1880 BGB ist, § 13 Abs. 1 Satz 2 VBVG. Allgemeine Verwaltungskosten werden nicht ersetzt; § 13 Abs. 1 Satz 3 VBVG.

3.15 Übergangsregelung zum 1.1.2026

259 Nach § 19 VBVG wird auf Vergütungs- und Aufwendungsersatzansprüche von Betreuern, Pflegern und Verfahrenspflegern sowie auf Ansprüche von Betreuern nach dem BetrInASG für Leistungen, die vor dem 1.1.2026 erbracht wurden, das VBVG bis zum Ende des angefangenen Abrechnungsmonats in seiner bis einschließlich 31.12.2025 geltenden Fassung („altes Recht") angewandt.

260 Die neuen Vergütungsregeln betreffen somit alle Abrechnungsmonate, die ab dem 1.1.2026 beginnen.

Beispiel:

Betreuer B wurde am 20.11.2023 wirksam bestellt. Er hat eine abgeschlossene Ausbildung als Krankenpfleger; er ist als beruflicher Betreuer registriert. Der Betreute ist vermögend und wohnt zu Hause. B beantragt am 27.2.2026 die Festsetzung seiner Vergütung für den Zeitraum 21.11.2025 bis 20.2.2026.

21.11.2025 bis 20.12.2025	*Tabelle B 5.2.2 (altes Recht)* *161,00 + 7,50 EUR BetrInASG*	*168,50 EUR*
21.12.2025 bis 20.1.2026	*Tabelle B 5.2.2 (§ 19 VBVG)* *161,00 + 7,50 EUR BetrInASG*	*168,50 EUR*
21.1.2026 bis 20.2.2026	*Stufe 1.1.2.2 (neues Recht)*	*192,00 EUR*

4. Mittellosigkeit

4.1 Vergütung aus der Staatskasse

261 Ist der Betreute mittellos im Sinne des § 1880 BGB, kann der berufliche Betreuer (§ 19 Abs. 2 BtOG) die zu bewilligende Vergütung und den Aufwendungsersatz aus der Staatskasse verlangen, § 15 Abs. 1 VBVG; dies gilt auch für den Verein als Betreuer im Sinne von § 12 VBVG. Der ehrenamtlich tätige Betreuer kann seinen Aufwendungsersatz (§ 1877 BGB) oder die Aufwandspauschale (§ 1878 BGB) aus der Staatskasse erlangen, § 1879 BGB.

4.2 Begriff der Mittellosigkeit

262 Das Vorliegen der Mittellosigkeit wird in § 1880 BGB definiert. Der Betreute gilt als mittellos, wenn er seine Ansprüche auf Vergütung, den Aufwendungsersatz oder die Aufwandspauschale aus seinem einzusetzenden Vermögen nicht in einem Betrag, somit gar nicht oder nur zum Teil in Raten aufbringen kann. Für die Vergütung des beruflichen Betreuers ist § 15 Abs. 1 VBVG einschlägig.

263 Der Betreute ist unter Beachtung des § 1880 BGB nicht in der Lage, aus seinem Vermögen eine Vergütung des Betreuers, einen Aufwendungsersatz oder eine Aufwandspauschale in einem Betrag zu erbringen, ohne dass sein Schonvermögen unterschritten wird. Dabei ist von dem festzusetzenden Betrag auszugehen (OLG Schleswig, Beschl. v. 27.1.2000 – 2 W 11/00).

4.3 Voraussetzungen der Mittellosigkeit

Bei der Frage, ob der Betroffene mittellos ist, ist hinsichtlich des einzusetzenden Vermögens 264
des Betroffenen nur das verfügbare Aktivvermögen zu berücksichtigen. Verbindlichkeiten bleiben außer Betracht, auch Einkommen spielt keine Rolle.

Auf die Herkunft des Vermögens kommt es für die Frage, ob dieses für die Betreuervergütung 265
anzuwenden ist, in aller Regel nicht an. Sammelt der Betreuer Gelder der Sozialhilfe an, sind auch diese Mittel für die Vergütung des Betreuers einzusetzen (LG Hamburg, Beschl. v. 15.11.2010 - 322 T 57/10).

Das vorhandene Vermögen des Betreuten muss verwertbar sein. An der „Verwertbarkeit" von 266
Vermögen des Betreuten für die Vergütung des Betreuers fehlt es, wenn ihr ein rechtliches oder tatsächliches Hindernis entgegensteht, wenn sie wirtschaftlich unvertretbar ist oder nicht in angemessener Zeit durchgeführt werden kann (BayObLG, Beschl. v. 27.7.2001 - 3Z BR 182/01).

Sind aufgrund einer angeordneten Testamentsvollstreckung und der damit verbundenen 267
Beschränkungen konkrete Zahlungen aus dem ererbten Vermögensstamm nicht möglich, fehlt es an der Verwertbarkeit des Vermögens aufgrund eines rechtlichen Hindernisses (OLG Köln, Beschl. v. 7.1.2009 - 16 Wx 233/08). Eine Mittellosigkeit ist jedoch zu verneinen, wenn dem Betreuten als Erben ein durchsetzbarer Anspruch aus § 2216 Abs. 2 Satz 1 BGB auf Freigabe einer zu entrichtenden Entschädigung aus dem Nachlass zusteht (BGH, Beschl. v. 27.3.2013 - XII ZB 679/11). Das könnte dann gegeben sein, wenn es die Hauptintention des Erblassers war, dass der Betroffene sein Leben wie bisher weiterführen können soll. Die Bestellung eines Betreuers hat eben gerade das Ziel, den Betroffenen in den Bereichen seines Lebens, die er nicht allein regeln kann, zu unterstützen, ihm Hilfe zu geben und ihm damit eine angemessene Lebensgrundlage zu ermöglichen (LG Düsseldorf, Beschl. v. 12.3.2018 - 25 T 99/18).

Ist der Betreute Mitglied einer Erbengemeinschaft, die zwar über erhebliches Nachlassver- 268
mögen verfügt, aber noch nicht auseinandergesetzt werden kann, und ist sonstiges Vermögen nicht vorhanden, liegt Mittellosigkeit vor (OLG Oldenburg, Beschl. v. 19.5.2000 - 5 T 84/00).

4.4 Zeitpunkt für die Feststellung der Mittellosigkeit

Die Frage, ob wegen Mittellosigkeit des Betroffenen die Betreuervergütung aus der Staatskasse 269
geschuldet wird, ist nach den zum Zeitpunkt der Entscheidung der letzten Tatsacheninstanz geltenden materiell-rechtlichen Bestimmungen und den dann gegebenen Vermögensverhältnissen zu beurteilen (OLG München, Beschl. v. 21.3.2007 - 33 Wx 13/07).

Dem Betreuer kann nicht aufgegeben werden, zur Sicherung seiner Vergütungsansprüche 270
Rücklagen zu bilden (LG Saarbrücken, Beschl. v. 13.5.2002 - 5 T 58/02). Zudem ist ein Betreuer nicht verpflichtet, Entscheidungen über die Abrechnungspraxis so zu treffen, dass die Staatskasse geschont wird (OLG Schleswig, Beschl. v. 22.3.2000 - 2 W 43/00).

Ein Zurückstellen der Befriedigung anderer Gläubiger, um den eigenen Vergütungsanspruch 271
gegen den Betreuten zu sichern, solange das Betreuungsgericht noch nicht über die Vergütungsansprüche entschieden hat, kann seitens der Staatskasse nicht gefordert werden (LG Saarbrücken, Beschl. v. 13.5.2002 - 5 T 58/02).

Der Betreuer muss nicht zur Schonung der Staatskasse die Zeiträume für die Abrechnung seiner 272
Vergütungsansprüche so wählen, dass vorhandenes Vermögen des Betreuten noch zur Verfügung steht. Ihm steht somit auch dann für den gesamten, vom Gesetz vorgesehenen Zeitraum von 15 Monaten ein Vergütungsanspruch zu, wenn eine alsbaldige Mittellosigkeit des Betreuten während dieses Zeitraums absehbar war (OLG Köln, Beschl. v. 24.6.2002 - 16 Wx 95/02). Muss allerdings der Betreuer erkennen, dass künftig eine Festsetzung gegen den Betroffenen wegen dessen allmählichen Vermögensverfalls nicht möglich sein wird, und stellt er gleichwohl schuldhaft den Vergütungsantrag im Rahmen des ihm Möglichen und Zumutbaren nicht so zeitig, dass er die Vergütung noch aus dem Vermögen des Betroffenen erhalten kann, so kann seine Vergütung nach den allgemeinen Grundsätzen von Treu und

Glauben auf die Vergütung gekürzt werden, die für die Betreuung eines mittellosen Betroffenen anzusetzen wäre (OLG München, Beschl. v. 26.3.2009 – 33 Wx 81/09).

273 Ist der Betreute verstorben, kommt es ebenfalls auf den Zeitpunkt der gerichtlichen Entscheidung an, allerdings unter Berücksichtigung der Vermögensverhältnisse zum Todeszeitpunkt (BayObLG, Beschl. v. 26.11.1997 – 3Z BR 149/97). Keinesfalls heranzuziehen sind die Vermögensverhältnisse der Erben (KG Berlin, Beschl. v. 15.11.1994 – 1 W 3454/94).

273a Für die Berechnung der Vergütung ist § 9 Abs. 4 Satz 1 VBVG i. V. m. § 1880 Abs. 2 BGB maßgebend, weil der letzte Abrechnungsmonat mit dem Tod endet. Es kommt somit auf den Vermögenbestand an, der für die Berechnung der Vergütung während der Betreuung maßgeblich ist (kein Abzug von Verbindlichkeiten), unter Berücksichtigung der Freibeträge nach § 90 Abs. 2 SGB XII. Für die Frage, wer die Vergütung zu leisten hat, ist § 15 Abs. 1 VBVG i. V. m. § 1881 Satz 2 BGB einschlägig. Es kommt auf den zur Zeit des Erbfalls vorhandenen Nachlass nach Abzug aller Nachlassverbindlichkeiten an; zudem sind die Freistellungen nach § 102 Abs. 3 SGB XII zu beachten. Siehe hierzu auch Rn. 441 und 327 bis 332.

Beispiele:

a) Zum Zeitpunkt des Todes des Betreuten ist ein Bankguthaben in Höhe von 20.000 EUR vorhanden, dem Verbindlichkeiten in Höhe von 11.000 EUR entgegenstehen. Der Vergütungsanspruch des Betreuers beträgt für den zurückliegenden Zeitraum 2 × 192,00 EUR und 1 × 76,80 EUR (12 Tage Rest). Mit dem Tod entstehen Nachlassverbindlichkeiten von insgesamt 16.500 EUR (einschließlich der 11.000 EUR).

Unter Berücksichtigung des Freibetrags von 10.000 EUR (§ 90 Abs. 2 SGB XII) können alle Beträge der Vergütung jeweils vollständig aus dem Vermögen erbracht werden, es liegt keine Mittellosigkeit vor.

Mit dem Tod verbleibt ein Nachlass von 3.500 EUR; zieht man den Freibetrag von 3.378 EUR ab (§ 102 Abs. 3 Nr. 1 SGB XII), steht für die Vergütung ein Betrag von 122 EUR zur Verfügung, der nicht ausreicht, um den Vergütungsanspruch des Betreuers in Höhe von 460,80 EUR (vollständig) zu erfüllen. Somit ist der Anspruch gegen die Staatskasse festzusetzen, wobei die Fallpauschalen als nicht mittellos („vermögend") zu berechnen sind.

b) Zum Zeitpunkt des Todes des Betreuten ist ein Bankguthaben in Höhe von 9.000 EUR vorhanden. Der Vergütungsanspruch des Betreuers beträgt für den zurückliegenden Zeitraum 2 × 98,00 EUR und 1 × 38,40 EUR (12 Tage Rest); es liegt Mittellosigkeit in jedem Abrechnungsmonat vor. Mit dem Tod entstehen Nachlassverbindlichkeiten von insgesamt 5.500 EUR.

Mit dem Tod verbleibt ein Nachlass von 4.500 EUR; zieht man den Freibetrag von 3.378 EUR ab (§ 102 Abs. 3 Nr. 1 SGB XII), steht für die Vergütung ein Betrag von 1.122 EUR zur Verfügung, der ausreicht, um den Vergütungsanspruch des Betreuers in Höhe von 234,40 EUR (vollständig) zu erfüllen. Somit ist der Anspruch gegen die Erben festzusetzen, wobei die Fallpauschalen aber als mittellos zu berechnen sind.

274 Bei Aufwendungsersatz- bzw. Aufwandsentschädigungsansprüchen des Betreuers kommt es für die Feststellung der Mittellosigkeit auf den Zeitpunkt der Entstehung an.

4.5 Verfahren zur Feststellung der Mittellosigkeit

275 Grundsätzlich hat das Betreuungsgericht die Mittellosigkeit von Amts wegen zu ermitteln, § 26 FamFG.

276 Lässt sich die Frage, ob der Betreute mittellos ist, nach Ausschöpfung der zumutbaren Aufklärungsmöglichkeiten nicht positiv beantworten, geht das Risiko der Unaufklärbarkeit der Vermögensverhältnisse zulasten der Staatskasse (LG Duisburg, Beschl. v. 17.5.1999 – 22 T 63/99). Kann nicht eindeutig festgestellt werden, ob der Aktivnachlass zur Zahlung der Vergütung des ehemaligen Betreuers ausreicht, hat zunächst die Staatskasse den Vergütungsanspruch zu erfüllen, da dem Betreuer nicht zugemutet werden kann zu warten, bis geklärt ist,

ob der Nachlass ausreicht (LG Kassel, Beschl. v. 26.11.2014 – 3 T 459/14; LG Frankfurt, Beschl. v. 26.3.1992 – 2/9 T 252/92; Bienwald, FamRZ 1993, 218).

In § 292 Abs. 3 FamFG sind dem Betreuer Mitwirkungspflichten auferlegt. Im Antrag sind die 277 persönlichen und wirtschaftlichen Verhältnisse des Betreuten darzustellen; das Gericht kann in entsprechender Anwendung des § 118 Abs. 2 Satz 1 und 2 ZPO verlangen, dass der Betreuer seine tatsächlichen Angaben glaubhaft macht, ebenso die Vorlage von Urkunden. Das Betreuungsgericht kann nach § 292 Abs. 3 FamFG ohne weitere Prüfung eine Festsetzung gegen die Staatskasse vornehmen (Mittellosigkeit annehmen), wenn nach seiner freien Überzeugung der Aufwand zur Ermittlung der persönlichen und wirtschaftlichen Verhältnisse des Betreuten außer Verhältnis zur Höhe des aus der Staatskasse zu begleichenden Anspruchs steht.

4.6 Einsatz des Vermögens

Nach § 1880 BGB hat der Betreute sein Vermögen nach Maßgabe des § 90 SGB XII einzusetzen. 278 Zum Vermögen nach § 90 Abs. 1 SGB XII gehört grundsätzlich das gesamte verwertbare Vermögen. Hierbei handelt es sich um Gegenstände und vermögenswerte Rechte, die einen wirtschaftlichen Wert darstellen (z. B. Immobilien, Geld, Wertpapiere, Kontenforderungen, Rechte, Kapitallebensversicherungsansprüche, Nutzungsrechte, Kostbarkeiten wie Schmuck, Gemälde, Sammlungen). Das Vermögen des Betreuten darf nicht herangezogen werden, wenn § 90 Abs. 2 SGB XII greift.

Bei der Prüfung der Mittellosigkeit ist hinsichtlich des einzusetzenden Vermögens des 279 Betroffenen nur das verfügbare Aktivvermögen zu berücksichtigen und Verbindlichkeiten bleiben selbst dann außer Betracht, wenn sie bereits tituliert sind (BayObLG, Beschl. v. 18.10.2003 – 3Z BR 100/03). Dies gilt unabhängig davon, ob die Verbindlichkeit des Betroffenen durch öffentlich-rechtlichen Leistungsbescheid oder durch einen zivilrechtlichen Titel festgelegt und damit durchsetzbar ist.

Das haftende Aktivvermögen wird nicht bereits durch das Bestehen und die Titulierung eines 280 Anspruchs geschmälert, sondern erst mit dessen Durchsetzung (OLG Stuttgart, Beschl. v. 29.6.2007 – 8 W 245/07). Solange ein dem Betreuten zustehender Gegenstand nicht aus seinem Vermögen abgeflossen ist, muss dieser dem Aktivvermögen zugerechnet werden, auch wenn insoweit möglicherweise Vollstreckungsmaßnahmen Dritter drohen könnten (LG Detmold, Beschl. v. 23.7.2008 – 3 T 126/08).

Die Frage, ob und welche Vermögensgegenstände zu berücksichtigen sind, beurteilt sich unter 281 anderem nach wirtschaftlichen Gesichtspunkten. Gegenstände, die nicht oder jedenfalls nicht in wirtschaftlich vertretbarer Weise und in angemessener Zeit verwertet werden können, bleiben außer Betracht (OLG Naumburg, Beschl. v. 10.7.2013 – 2 Wx 44/14; OLG Schleswig, Beschl. v. 24.3.2014 – 3 Wx 84/13).

Vermögen ist zeitnah nicht ermittelbar oder verwertbar

In der Rechtsprechung unterschiedlich behandelt wird die Frage, ob die Staatskasse den 282 Vergütungsanspruch des Betreuers zu erfüllen hat, wenn das Vermögen des Betreuten nicht zeitnah ermittelt oder verwertet werden kann. So hat das LG Kassel (Beschl. v. 26.11.2014 – 3 T 459/14) entschieden, dass sich der Vergütungsanspruch gegen die Erben des verstorbenen Betreuten richtet, wenn zeitnah nicht festgestellt werden kann, ob ausreichend Nachlass vorhanden ist, da dem ehemaligen Betreuer nicht zugemutet werden kann, zu warten, bis diese Frage geklärt ist. Das LG Koblenz (Beschl. v. 6.3.2002 – 2 T 65/02) ist der Ansicht, dass ein Betreuter auch dann mittellos sein kann, wenn er zwar Eigentümer eines grundsätzlich zu berücksichtigenden Grundstücks ist, dieses aber in absehbarer Zeit nicht verwertet werden kann. Nach hier vertretener Ansicht muss die Staatskasse nicht eintreten, solange der Betreuer eine Zugriffsmöglichkeit auf das vorhandene Vermögen hat, dabei genügt es, wenn er zumindest eine (dingliche) Sicherungsmöglichkeit hat.

Verwertung von Grundstücken und Eigentumswohnungen

283 Die Verwertbarkeit eines Miteigentumsanteils an einem Anwesen mit einem seit Jahrzehnten unbewohnten und verfallenen Haus ist höchst zweifelhaft, insbesondere auch deshalb, wenn sich der andere Miteigentümer Maßnahmen zu einer Veräußerung, Auseinandersetzung oder dergleichen entgegenstellt und mit einer zeitnahen Verwertung der Grundstücksanteile unter diesen Umständen nicht gerechnet werden kann (OLG Saarbrücken, Beschl. v. 13.5.2014 – 31 Wx 144/13).

284 Gehört zum Aktivvermögen eines Nachlasses ein Grundstück, das wegen wertübersteigender dinglicher Belastung nicht dazu geeignet ist, Einnahmen zu erzielen, steht es der Feststellung der Mittellosigkeit des Nachlasses nicht entgegen (OLG Naumburg, Beschl. v. 10.7.2013 – 2 Wx 44/13).

285 Mit Häusern bebaute Grundstücke sind zur Erfüllung des Vergütungsanspruchs einzusetzen, soweit sie kein Schonvermögen darstellen. Neben der Veräußerung kommt die Beleihung in Betracht. Dabei ist nicht darauf abzustellen, ob der Partei die Rückzahlung eines Kredits zumutbar ist (OLG Koblenz, Beschl. v. 23.4.2004 – 9 WF 367/04). Mehrfamilienhäuser fallen grundsätzlich nicht unter § 90 Abs. 2 Nr. 8 SGB XII.

286 Es stellt keine unzumutbare Härte dar, wenn der Betroffene das Grundstück zum jetzigen Zeitpunkt belasten oder verkaufen müsste. Er ist daher nicht als mittellos anzusehen (LG Braunschweig, Beschl. v. 24.11.2008 – 8 T 429/08).

287 Bei einem einzusetzenden Vermögen (Grundstück), dessen sofortiger Einsatz (zeitnah) nicht möglich ist, ist die Staatskasse nicht vorab zur Zahlung der Betreuervergütung verpflichtet. Die Möglichkeit der Vorfinanzierung gegen Eintragung einer dinglichen Sicherung am Grundstück (z. B. Zwangshypothek) zugunsten der Staatskasse, mit der Möglichkeit eines Regresses bei später eintretender Leistungsfähigkeit, ist gesetzlich nicht vorgesehen. Diese Vorgehensweise wäre zwar im Sozialrecht durch § 91 SGB XII gedeckt, jedoch verweist § 1880 BGB gerade nicht auf diese Vorschrift (LG Münster, Beschl. v. 31.7.2024 – 5 T 205/24; OLG Frankfurt, Beschl. v. 11.8.2008 – 20 W 211/08).

288 Ergibt sich die Zumutbarkeit einer Veräußerung einer Eigentumswohnung, muss der Betreuer grundsätzlich seinen Vergütungsanspruch durch zwangsweise Verwertung der Eigentumswohnung realisieren; es liegt keine Mittellosigkeit vor (OLG Schleswig, Beschl. v. 13.11.2003 – 2 W 185/03).

Hinweis:

Die Staatskasse muss grundsätzlich nicht eintreten, solange der Betreuer eine Zugriffsmöglichkeit auf das vorhandene Vermögen hat, dabei genügt es, wenn er zumindest eine (dingliche) Sicherungsmöglichkeit hat.

4.6.1 Angemessenes Hausgrundstück

289 Ein angemessenes Hausgrundstück, das vom Betreuten oder einer anderen in § 19 Abs. 1 bis 3 SGB XII genannten Person allein oder zusammen mit Angehörigen ganz oder teilweise bewohnt wird und nach seinem Tod bewohnt werden soll, darf nach § 90 Abs. 2 Nr. 8 SGB XII nicht eingesetzt werden. Es gelten Familienheime mit einer Wohnfläche von bis zu 130 Quadratmetern und Eigentumswohnungen mit bis zu 120 Quadratmetern für einen Haushalt mit vier Personen nicht als unangemessen groß. Für jede weitere Person im Haushalt sind zu den genannten Werten weitere 20 Quadratmeter zu addieren, vgl. § 39 Abs. 2 i. V. m. § 82 Abs. 2 und 3 Satz 1 II. WobauG. Bei einer geringeren Familiengröße sind je fehlender Person 20 Quadratmeter abzuziehen, wobei vor allem bei jüngeren Hilfesuchenden eine Untergrenze von 80 Quadratmetern gelten soll, solange mit einem möglichen „Zuwachs" durch einen neuen Partner oder einem Kind zu rechnen ist (BSG, Urt v. 7.11.2006 – B 7b AS 2/05 R).

4.6.2 Kleinere Barbeträge oder sonstige Geldwerte

Die Höhe der kleineren Barbeträge und sonstigen Geldwerte nach § 90 Abs. 2 Nr. 9 SGB XII wird in der DVO zu § 90 Abs. 2 Nr. 9 SGB XII näher bestimmt. 290

Nach § 1 Satz 1 Nr. 1 DVO gelten für alle volljährigen Personen, deren Einkommen und Vermögen bei der Gewährung von Sozialhilfe zu berücksichtigen ist bzw. die zu einer sozialhilferechtlichen Einstandsgemeinschaft nach § 19 Abs. 3 bzw. § 27 Abs. 1 und 2, § 41 und § 43 Abs. 1 Satz 2 SGB XII gehören, einheitlich 10.000 EUR als kleinere Barbeträge oder sonstige Geldwerte. 291

Nach § 1 Satz 1 Nr. 2 DVO kommen weitere 500 EUR für jede Person dazu, die von einer nach Nummer 1 genannten Person überwiegend unterhalten wird. 292

Diese Beträge können bei besonderer Notlage des Betreuten im Einzelfall angemessen erhöht werden, § 2 Abs. 1 DVO zu § 90 Abs. 2 Nr. 9 SGB XII. Bei der Beurteilung, ob eine Härte vorliegt, können auch persönliche, aus dem Krankheitsbild des Betroffenen folgende Umstände berücksichtigt werden (BayObLG, Beschl. v. 20.8.2003 – 3Z BR 143/03). Auch eine angemessene Herabsetzung unter den Voraussetzungen der §§ 103 oder 94 SGB XII ist möglich, § 2 Abs. 2 DVO zu § 90 Abs. 2 Nr. 9 SGB XII. 293

Welches Vermögen der Betreute für die Vergütung seines Betreuers einzusetzen hat, bestimmt sich gemäß § 1880 BGB allein nach § 90 SGB XII und damit auch nach der DVO. In anderen gesetzlichen Vorschriften festgesetzte Schongrenzen sind grundsätzlich ohne Belang. 294

Bezieht ein Betreuter Eingliederungshilfe in einer Werkstatt für behinderte Menschen, hat er sein Vermögen für die Vergütung seines Betreuers insoweit einzusetzen, als es den allgemeinen Schonbetrag nach § 90 Abs. 2 Nr. 9 SGB XII von 10.000 EUR übersteigt. Der erhöhte Vermögensfreibetrag nach § 60a SGB XII von bis zu 25.000 EUR findet dabei keine Anwendung (BGH, Beschl. v. 20.3.2019 – XII ZB 290/18). 295

Bei der Feststellung des einzusetzenden Vermögens des Betreuten ist vorhandenes Geldvermögen oberhalb der Schongrenze (10.000 EUR) auch dann heranzuziehen, wenn es aus einer Rente nach dem BVG i. V. m. OEG [seit 1.1.2025 geregelt im SGB XIV] angespart wurde – und zwar ohne Berücksichtigung vorhandener Verbindlichkeiten (BayObLG, Beschl. v. 24.2.2005 – 3Z BR 261/04). 296

4.6.3 Besondere Härte

Verfügt der Betreute über Vermögen, das über das in § 90 Abs. 2 SGB XII genannte hinausgeht, ist von Amts wegen zu prüfen, ob der Einsatz oder die Verwertung dieser Vermögensbestandteile für den Betreuten und seine unterhaltsberechtigten Angehörigen eine besondere Härte bedeuten würde, § 90 Abs. 3 SGB XII. Beim Betreuten kann eine Härte angenommen werden, soweit die Lebensführung oder die Aufrechterhaltung einer angemessenen Alterssicherung wesentlich erschwert würde, § 90 Abs. 3 Satz 2 SGB XII. 297

Bei der Prüfung, ob eine Härte vorliegt, kann ausnahmsweise auch die Herkunft des Vermögens mitberücksichtigt werden. Dies kann insbesondere für Vermögen gelten, das aufgrund einer durch fehlerhafte Bearbeitung der Sozialbehörde verursachte Nachzahlung von Grundsicherungsleistungen nach dem SGB XII erworben wurde und dem geistig und körperlich schwer behinderten Betreuten erst die Befriedigung von sozialhilferechtlich anerkannten Grundbedürfnissen ermöglichen soll (LG Aachen, Beschl. v. 9.2.2009 – 3 T 454/09). 298

Als besondere Härte gemäß § 90 Abs. 3 Satz 1 SGB XII wird der Einsatz von angespartem Blindengeld gesehen (SG Dortmund, Urt. v. 14.12.2016 – S 62 SO 133/16; BSG, Urt. v. 11.12.2007 – B 8/9b SO 20/06 R). Allerdings muss der Anteil der angesparten Summe am Gesamtvermögen feststellbar sein. In diesem Zusammenhang bietet sich an, das Blindengeld auf einem gesonderten Konto zu halten. 299

Ein Kapitalbetrag, den der Betreute aufgrund eines gerichtlichen Vergleichs als Abfindung für einen laufenden Unterhaltsanspruch erhalten hat und auf dessen ratenweisen Einsatz er zur 300

Deckung seines laufenden Unterhaltsbedarfs angewiesen ist, ist aufgrund der Härteregelung in § 90 Abs. 3 SGB XII nicht als Vermögen für die Deckung von Aufwendungsersatz und Vergütung des für ihn bestellten beruflichen Betreuers einzusetzen (OLG Hamm, Beschl. v. 9.6.2003 – 15 W 33/03).

301 Schmerzensgeldzahlungen unterliegen nicht dem in § 1880 BGB angeordneten Vermögenseinsatz für eine Betreuervergütung, da ein solcher Einsatz eine besondere Härte für den Betroffenen im Sinne von § 90 Abs. 3 Satz 1 SGB XII darstellen würde (Thüringer OLG, Beschl. v. 14.2.2005 – 9 W 658/04). Dies bestätigt das OLG Frankfurt (Beschl. v. 16.5.2008 – 20 W 128/08) und stellt zudem klar, dass gezahltes Schmerzensgeld auch einen Regress der Staatskasse nicht begründen kann.

302 Im Rahmen der Betreuervergütung sind bei der Prüfung der Mittellosigkeit Zinsen, die dem Betroffenen aus der Geldanlage eines ihm wegen eines Unfalls gezahlten Schmerzensgelds zufließen, nicht zu berücksichtigen. In Fortführung und Konkretisierung der Rechtsprechung hat das BSG diese Grundsätze auch auf den Bereich des SGB XII übertragen und dahingehend präzisiert, dass die Anrechnung eines aus einer Schmerzensgeldzahlung stammenden Vermögens einschließlich der hieraus herrührenden Zinszahlungen in der Regel eine besondere Härte im Sinne des § 90 Abs. 3 Satz 1 SGB XII bedeuten würde (OLG Frankfurt, Beschl. v. 2.7.2009 – 20 W 491/08).

303 Angesparte Beschädigtenrente nach dem OEG kann als Vermögen für einen sozialrechtlichen Bedarf nicht herangezogen werden, weil dies für den Hilfeempfänger eine Härte im Sinne von § 90 Abs. 3 SGB XII darstellen würde (BVerwG, Urt. v. 27.5.2010 – 5 C 7/09). Das über das Schonvermögen hinaus angesparte Geldvermögen aus einer dem Betreuten gewährten Opferentschädigungsrente ist auch für die Vergütung des Betreuers nicht heranzuziehen (LG Mühlhausen, Beschl. v. 13.11.2013 – 1 T 121/13). Der anderslautenden Entscheidung des BayObLG (Beschl. v. 24.2.2005 – 3Z BR 261/04) sollte nicht (mehr) gefolgt werden, da sie sich auf frühere Entscheidungen des BVerwG stützt, das die damalige Ansicht zwischenzeitlich aufgegeben hat.

304 Kapitalentschädigungsleistungen nach § 17 StrRehaG bleiben bei der Berechnung wegen besonderer Härte außer Betracht. Daneben stellt die Verwertung des Vermögens, das der Betroffene mit Zinszahlungen aus den Kapitalentschädigungsleistungen und den monatlichen Zuwendungen für Haftopfer nach § 17a StrRehaG angespart hat, für den Betroffenen eine Härte im Sinne von § 90 Abs. 3 SGB XII dar (BGH, Beschl. v. 26.11.2014 – XII ZB 542/13). Die besondere Zweckbestimmung der sozialen Ausgleichsleistungen nach §§ 16 ff. StrRehaG hat zur Folge, dass der Einsatz eines aus diesen Zahlungen angesparten Vermögens für die Betreuervergütung eine Härte im Sinne von § 90 Abs. 3 SGB XII für den Betreuten darstellen würde.

305 Der Einsatz eines aus bayerischem Landespflegegeld angesparten Vermögens für die Aufwandsentschädigung und Vergütung eines Betreuers stellt für den Betreuten eine Härte im Sinne von § 90 Abs. 3 Satz 1 SGB XII dar (BGH, Beschl. v. 15.9.2021 – XII ZB 307/21).

306 Der Einsatz eines aus Pflegegeld nach § 37 SGB XI angesparten Vermögens für die Vergütung des beruflichen Betreuers stellt für den Betreuten keine Härte gemäß § 90 Abs. 3 Satz 1 SGB XII dar (BGH, Beschl. v. 29.1.2020 – XII ZB 500/19).

4.6.4 Lebens- und Sterbegeldversicherung, Bestattungsvorsorge

307 Für die sonst vermögenslose betreute Person ist die Auflösung einer Kapitallebensversicherung zumutbar, sofern sie nicht glaubhaft macht, dass dieses Vermögen zum Aufbau einer angemessenen Altersversorgung (§ 90 Abs. 2 Nr. 2 SGB XII) zwingend erforderlich ist (LG Koblenz, Beschl. v. 21.9.2009 – 2 T 570/09).

308 Der Rückkaufswert einer Lebensversicherung des Betreuten ist als einzusetzendes Vermögen zu berücksichtigen. Es handelt sich hierbei um kein geschütztes Vermögen im Sinne des § 90 Abs. 2 Nr. 2 SGB XII. Von dieser Vorschrift werden nur Kapital und Erträge erfasst, die der zusätzlichen Altersvorsorge im Sinne des § 10a oder des Abschnitts XI EStG dienen und deren

Ansammlung staatlich gefördert wurde (insbesondere sog. Riester-Rente). Darüber hinaus kommt ein Schutz wegen besonderer Härte in entsprechender Anwendung des § 90 Abs. 3 SGB XII nur dann in Betracht, wenn bei der Verwertung unter Beleihung der Police die Aufrechterhaltung einer angemessenen Alterssicherung wesentlich erschwert wäre. Die Erforderlichkeit kann nur bejaht werden, wenn der Betroffene glaubhaft macht, dass die Alterssicherung dereinst unzureichend und das in die Versicherungen eingebrachte Vermögen daher zur Altersversorgung unverzichtbar sein wird (LG Koblenz, Beschl. v. 24.3.2009 – 2 T 58/09).

Die Verwertung einer Lebensversicherung, die zur Altersvorsorge naher Angehöriger (z. B. für 309
einen volljährigen Sohn mit Behinderung) dienen soll, kann allenfalls dann als Härte im Sinne von § 90 Abs. 3 SGB XII angesehen werden, wenn die vertragliche Gestaltung eine anderweitige Mittelverwendung weitestgehend ausschließt (SG Karlsruhe, Urt. v. 20.4.2018 – S 2 SO 3939/17).

Das Recht, über die eigene Bestattung zu bestimmen, ist Teil des grundgesetzlich geschützten 310
Persönlichkeitsrechts (Art. 2 Abs. 1 GG) und umfasst die Dispositionsfreiheit, bereits zu Lebzeiten für eine angemessene Bestattung Vorsorge zu treffen. Aufwendungen für eine Sterbegeldversicherung oder einen Bestattungsvorsorgevertrag, die vor Eintritt der Mittellosigkeit erbracht wurden, sind nicht dem Schonvermögen zuzurechnen, soweit Angemessenheit besteht. Solche Verträge sind auch nicht aufzulösen; ihre Verwertung stellt eine Härte dar, es sei denn, durch den Abschluss des Bestattungsvorsorgevertrags wurde das Vermögen in der Absicht gemindert, die Voraussetzungen für die Gewährung oder Erhöhung der Leistung herbeizuführen (BSG, Urt. v. 18.3.2008 – B 8/9b SO 9/06 R; OLG Frankfurt, Beschl. v. 15.2.2001 – 20 W 23/2009).

Zur Bestimmung der Angemessenheit einer Bestattungsvorsorge ist zunächst auf die Kosten 311
abzustellen, die die örtlich zuständige Behörde als erforderliche Kosten der Bestattung zu übernehmen hat (Grundbetrag), denn insofern wird den örtlichen Besonderheiten wie unterschiedlichen Friedhofskosten Rechnung getragen. Der sich hieraus ergebende Kostenbetrag, der einen einfachen Standard repräsentiert, ist unter Berücksichtigung etwaiger Gestaltungswünsche des Betroffenen bis zur Grenze der Angemessenheit zu erhöhen (Erhöhungsbetrag). So können die Kosten einer durchschnittlichen Bestattung als Richtschnur dienen.

Die Privilegierung als Bestattungsvorsorge ist aber nur dann gerechtfertigt, wenn sichergestellt 312
ist, dass der angesparte Vermögenswert tatsächlich für die Bestattungskosten oder die Grabpflege verwendet wird. Nur wenn der Betreute die für die Bestattung vorgesehenen Mittel aus seinem übrigen Vermögen ausgeschieden und mit einer entsprechenden Zweckbindung verbindlich festgelegt hat, stellt der Einsatz dieser Mittel für die Betreuervergütung für ihn eine unzumutbare Härte gemäß § 90 Abs. 3 Satz 1 SGB XII dar (OLG Frankfurt, Beschl. v. 15.2.2001 – 20 W 23/00). Das ist etwa der Fall, wenn der Betreute ein angespartes Guthaben an ein Bestattungsunternehmen abgetreten hat, bei angelegtem Guthaben auf einem mit Sperrvermerk versehenen Sparkonto (LG Stade, Beschl. v. 12.3.2003 – 9 T 13/02), einer Sterbegeldversicherung (OLG Zweibrücken, Beschl. v. 18.8.2005 – 3 W 79/05), einem sog. Bestattungsvorsorgevertrag (BSG, Urt. v. 18.3.2008 – B 8/9b SO 9/06 R; OLG München, Beschl. v. 4.4.2007 – 33 Wx 228/06) oder einem Grabpflegevertrag (BVerwG, Urt. v. 11.12.2003 – 5 C 84/02).

Die bloße Absicht des Betroffenen, ein angespartes Guthaben im Fall des Todes für die 313
Bestattungskosten zu verwenden, ohne einen entsprechenden Teil seines Vermögens mit einer entsprechenden Zweckbindung aus dem übrigen Vermögen auszugliedern, genügt nicht. Bei einer kapitalbildenden Lebensversicherung auf den Todesfall ist diese Voraussetzung in der Regel nicht erfüllt (BGH, Beschl. v. 30.4.2014 – XII ZB 632/13).

4.7 Anspruchsübergang auf die Staatskasse

4.7.1 Anspruch der Staatskasse gegen den Betreuten

Soweit die Staatskasse den Betreuer in Bezug auf Vergütung, Aufwendungsersatz oder 314
Aufwandspauschale befriedigt, gehen Ansprüche des Betreuers gegen den Betreuten auf sie über, § 1881 Satz 1 BGB, § 15 Abs. 2 VBVG. Die Staatskasse kann beim Betreuten gemäß § 292a

FamFG, soweit dieser leistungsfähig ist, oder bei dessen Erben (im Rahmen des vorhandenen Nachlasses, § 1881 Satz 2 BGB) Rückgriff nehmen.

315 Dieser Rückgriff kann aber nur erfolgreich sein, wenn

- der Betreute einsetzbares Vermögen im Sinne des § 1880 BGB hat, das zur vollständigen Befriedigung des Betreuers nicht ausreicht,
- der Betreute nachträglich zu Geld kommt, oder
- festgestellt wird, dass der Betreute zu Unrecht für mittellos gehalten wurde.

316 Gerichtliche Einziehungsbeschlüsse müssen die geltend gemachten Forderungen ausreichend bestimmt bezeichnen. Wird der Regress nicht auf sämtliche aus der Staatskasse geleisteten Vergütungszahlungen erstreckt (z. B. mangels ausreichenden Vermögens des Betreuten), sind die geltend gemachten, auf die Staatskasse übergegangenen Vergütungsforderungen im Einzelnen aufzuführen (LG Kassel, Beschl. v. 25.1.2018 – 3 T 27/18).

317 Das Betreuungsgericht muss nicht mit der Festsetzung des Rückforderungsanspruchs der Staatskasse warten, bis der Sozialhilfeträger einen rechtskräftigen Bescheid erlassen hat. Ein solcher Vorrang des Sozialhilfeträgers gegenüber dem Regressanspruch der Staatskasse ist dem Gesetz nicht zu entnehmen. Die beiden Ansprüche stehen vielmehr gleichrangig nebeneinander, sodass letztlich nur die schnellere Bearbeitungszeit entscheidet (BGH, Beschl. v. 30.4.2014 – XII ZB 704/13).

318 Zu befriedigen ist die Forderung, die als erste durchgesetzt wird. Das haftende Aktivvermögen wird nicht bereits durch das Bestehen und die Titulierung eines Anspruchs geschmälert, sondern erst mit dessen Durchsetzung (OLG Stuttgart, Beschl. v. 29.6.2007 – 8 W 245/07).

319 Hat allerdings der Sozialhilfeträger den Miterbenanteil des Betreuten (den dieser im Wege der Erbfolge erlangt hat) gepfändet und sich überweisen lassen, ist dieser Anteil aus dem Vermögen des Betreuten abgeflossen, sodass er für den Regress der Staatskasse nicht mehr zur Verfügung steht (LG Siegen, Beschl. v. 25.2.2014 – 4 T 13/14).

320 Ist der Betroffene zum Zeitpunkt der letzten tatrichterlichen Entscheidung wegen fehlender Verwertbarkeit eines Vermögenswerts mittellos, scheidet die Festsetzung einer Regresszahlung auch zum Zweck der dinglichen Absicherung des bei später eingetretener Leistungsfähigkeit des Betreuten festsetzbaren Rückgriffsanspruchs aus (OLG Frankfurt, Beschl. v. 3.12.2002 – 20 W 366/02 und v. 11.8.2008 – 20 W 211/08).

321 Wegen eines Miterbenanteils, dessen Höhe mangels Auseinandersetzung noch nicht ermittelt ist, kann ein Rückgriffsanspruch gegen den Betreuten noch nicht festgesetzt werden (OLG Schleswig, Beschl. v. 5.2.2003 – 2 W 172/02).

4.7.2 Verjährung

322 Die gemäß § 15 Abs. 2 VBVG i. V. m. § 1881 BGB auf die Staatskasse übergegangenen Vergütungs- bzw. Aufwendungsersatzansprüche des Betreuers verjähren innerhalb von drei Jahren, § 195 BGB.

323 Der Beginn der Verjährungsfrist setzt voraus, dass der Anspruch entstanden ist (§ 199 Abs. 1 Nr. 1 BGB). Der Rückforderungsanspruch entsteht gemäß § 1881 BGB in dem Moment, in dem die Staatskasse den Betreuer befriedigt und der Anspruch auf die Staatskasse übergeht. Aufgrund von § 199 Abs. 1 i. V. m. § 187 Abs. 1 BGB beginnt die Verjährungsfrist am 1.1. des Jahres, das dem Jahr des Anspruchsübergangs folgt, und endet gemäß § 188 Abs. 2 BGB nach drei Jahren am Jahresende um 24 Uhr. Eine Hemmung der Verjährungsfrist durch Einleitung des Regressverfahrens tritt nicht ein (Felix. In: Bienwald, Betreuungsrecht, 7. Auflage 2023, § 1881 BGB, Rn. 36).

Beispiel:

Die Staatskasse zahlt an den Betreuer Vergütungsleistungen für den Zeitraum vom 21.7.2022 bis zum 20.10.2022 und ab dem 21.1.2023 in Höhe der jeweils fälligen Ansprüche (3-Monats-

rhythmus). Nachdem der Betreute zu Vermögen gekommen ist, erlässt das Betreuungsgericht am 4.3.2026 eine Regressentscheidung über die gesamten Zahlungen aus der Staatskasse.

Die Verjährung des Rückforderungsanspruchs für das Jahr 2022 beginnt am 1.1.2023 und endet mit Ablauf des 31.12.2025. Die Verjährung der weiteren Rückforderungsansprüche beginnt am 1.1.2024 und ist am 4.3.2026 noch nicht eingetreten. Somit kann die Verjährung nur für den Anspruch aus 2022 geltend gemacht werden.

Die Staatskasse beachtet die Verjährung nicht von Amts wegen; sie macht grundsätzlich alle 324 erbrachten Leistungen an den Betreuer geltend. Verlangt sie einen verjährten Regressbetrag, hat der Betreute ein Leistungsverweigerungsrecht, § 214 Abs. 1 BGB, das der Betreuer zu beachten hat. Keinesfalls darf er noch leisten, da eine Rückforderung ausgeschlossen ist, § 214 Abs. 2 Satz 1 BGB. Leistet er dennoch, ist er dem Betreuten schadensersatzpflichtig, § 1826 BGB.

Der Betreuer muss im Namen des Betreuten die Einrede der Verjährung erheben, da diese nicht 325 von Amts wegen berücksichtigt wird. Deshalb hat er bei Regressbeschlüssen des Betreuungsgerichts immer zu prüfen, ob nicht evtl. bereits verjährte Ansprüche enthalten sind.

Ein bestellter Verfahrenspfleger kann für den Betreuten nicht die Einrede der Verjährung 326 erheben, da er nicht gesetzlicher Vertreter ist und es sich bei der Verjährungseinrede nicht um eine Verfahrenshandlung, sondern um eine Änderung der materiellen Rechtslage handelt (BGH, Beschl. v. 22.8.2012 – XII ZB 474/11).

4.7.3 Anspruch der Staatskasse gegen den Erben des Betreuten

Nach dem Tod des Betreuten gehen seine Verbindlichkeiten gegenüber der Staatskasse, soweit 327 sie noch nicht erloschen sind, als Nachlassverbindlichkeiten auf den Erben über, § 1967 BGB. Der Erbe haftet nur mit dem Wert des Nachlasses, der zum Zeitpunkt des Erbfalles vorhanden ist, § 15 Abs. 2 VBVG i. V. m. § 1881 Satz 2 Halbsatz 1 BGB; haftungsbegrenzende Maßnahmen muss der Erbe nicht ergreifen.

Zwar kann sich der Erbe nicht auf § 1880 BGB berufen (§ 1881 Satz 2 Halbsatz 2 i. V. m. § 1880 328 Abs. 2 BGB), sodass insbesondere die Vermögensfreistellungen des § 90 Abs. 2 SGB XII nicht greifen, aber durch die Verweisung auf § 102 Abs. 3 SGB XII verbleiben ihm dennoch Freibeträge, § 1881 Satz 2 Halbsatz 2 BGB.

- § 102 Abs. 3 Nr. 1 SGB XII:
  (dreifacher Grundbetrag nach § 85 Abs. 1 SGB XII) 3.378 EUR (ab 1.1.2025)
- § 102 Abs. 3 Nr. 2 SGB XII:
  15.340 EUR, wenn der Erbe der Ehegatte des Betreuten oder mit diesem verwandt ist und nicht nur vorübergehend bis zum Tode des Betreuten mit diesem in häuslicher Gemeinschaft gelebt und ihn gepflegt hat;
- § 102 Abs. 3 Nr. 3 SGB XII:
  unbezifferter Betrag, wenn die Inanspruchnahme des Erben nach der Besonderheit des Einzelfalls eine besondere Härte bedeutet; dies könnte der Fall sein, wenn der Erbe den Betreuten gemäß Nummer 2 gepflegt hat, aber nicht Verwandter ist.

Eine besondere Härte im Sinne des § 102 Abs. 3 Satz 3 SGB XII ist nur bei außergewöhnlich 329 gelagerten Sachverhalten anzunehmen, die es unter Berücksichtigung aller Umstände des Einzelfalles als unbillig erscheinen lassen, den Erben für den Kostenersatz in Anspruch zu nehmen. Sie muss besonders gewichtig sein, also objektiv besonders schwer wiegen, und sich in der Person des Erben realisieren (BGH, Beschl. v. 27.8.2014 – XII ZB 133/12).

Bestattungskosten sind nicht aus dem Freibetrag zu decken. Dieser ist dem Erben (uneinge- 330 schränkt) zu belassen (OLG Düsseldorf, Beschl. v. 16.5.2002 – 25 Wx 5/02; OLG Frankfurt, Beschl. v. 10.11.2003 – 20 W 269/03). Das bedeutet, dass die Beerdigungskosten zunächst aus dem Nachlass zu erbringen sind, dann wird der Freibetrag abgezogen und nur der verbleibende Rest steht für den Regress der Staatskasse zur Verfügung.

A

Beispiel:

Der Betreute ist verstorben und hinterlässt einen Nachlass von 8.200 EUR. Die Staatskasse hat einen Anspruch von 2.000 EUR aus § 1881 Satz 1 BGB gegen den Erben. Die Beerdigungskosten betragen 3.100 EUR.

Nachlass:	*8.200 EUR*
Beerdigungskosten:	*- 3.100 EUR*
Freibetrag (§ 1881 Satz 2 BGB i. V. m. § 102 Abs. 3 Nr. 1 SGB XII):	*- 3.378 EUR*
durchsetzbarer Regressanspruch der Staatskasse:	*1.722 EUR*

331 Der jeweilige Freibetrag wird beim Vorhandensein mehrerer Erben nur einmal zugebilligt; er wird entsprechend der Erbquoten aufgeteilt. Allerdings wird der Freibetrag nach § 102 Abs. 3 Nr. 1 SGB XII neben dem nach Nummer 2 gewährt, wenn mindestens ein Erbe dessen Voraussetzungen erfüllt. In diesem Fall werden die Freibeträge anteilig unter den Erben aufgeteilt, die unter Nummer 1 und 2 fallen.

332 Der Wert des Nachlasses nach § 1881 Satz 2 BGB ist durch Abzug der Nachlassverbindlichkeiten von dem Aktivvermögen zu ermitteln. Zu den zu berücksichtigenden Nachlassverbindlichkeiten gehören dabei vor allem diejenigen Verpflichtungen, die vom Erblasser herrühren oder die im Zeitpunkt des Erbfalles bereits dem Grunde nach angelegt waren und wegen ihrer Zwangsläufigkeit für den Erben Vorrang beanspruchen können. Demgegenüber mindern gleich- oder gar nachrangige Nachlassverbindlichkeiten den Nachlasswert nicht. Die aus einer Vermächtnisanordnung folgende Verpflichtung ist gegenüber dem staatlichen Regressanspruch nachrangig und daher ohne Einfluss auf den Nachlasswert (BGH, Beschl. v. 27.8.2014 – XII ZB 133/12).

333 Die Festsetzung des Rückgriffsanspruchs der Staatskasse gegen den Erben eines Betreuten scheidet nicht allein deshalb aus, weil dem Betreuten auch Sozialhilfe gewährt wurde und der Sozialhilfeträger den Erben auf Ersatz der Sozialhilfekosten in Anspruch nimmt. Der Kostenersatzanspruch des Sozialhilfeträgers nach § 102 SGB XII hat gegenüber dem Regressanspruch der Staatskasse allenfalls gleichen Rang (BayObLG, Beschl. v. 3.3.2005 – 3Z BR 192/04). Wurde Sozialhilfe als Darlehen gewährt, ist der entsprechende Rückzahlungsanspruch des Sozialhilfeträgers bei der Ermittlung des Nachlasswerts nach § 1881 Satz 2 BGB vorrangig als Nachlassverbindlichkeit zu berücksichtigen. Führt dies zu einer Überschuldung des Nachlasses, scheidet eine Regressforderung der Staatskasse aus (LG Saarbrücken, Beschl. v. 29.12.2008 – 3 T 385/07).

334 Der Anspruch der Staatskasse gegen den Erben erlischt drei Jahre nach dem Tod des Betreuten, § 1881 Satz 2 Halbsatz 2 BGB i. V. m. § 102 Abs. 4 SGB XII. Es kommt nicht auf den Ablauf des Jahres an, da § 102 Abs. 4 nicht auf § 103 Abs. 3 Satz 1 SGB XII verweist.

5. Vergütung und Aufwendungsersatz des Verfahrenspflegers

335 Der Verfahrenspfleger kann seine Ansprüche gemäß § 277 FamFG geltend machen. Dabei ist § 277 Abs. 1 FamFG auf den ehrenamtlichen Verfahrenspfleger anzuwenden, während § 277 Abs. 2 und 3 FamFG den beruflichen Verfahrenspfleger betreffen. Für den in Unterbringungs- und Freiheitsentziehungssachen bestellten Verfahrenspfleger verweist § 318 FamFG auf § 277 FamFG.

5.1 Ehrenamtlicher Verfahrenspfleger

336 Der Aufwendungsersatz wird in § 277 Abs. 1 FamFG geregelt. Auf § 1877 Abs. 1, 2 und 4 Satz 1 BGB wird verwiesen.

337 Der ehrenamtliche Verfahrenspfleger kann seine Aufwendungen, insbesondere Fahrt-, Telefon- und Portokosten, geltend machen, § 1877 Abs. 1 Satz 1 BGB (siehe Rn. 23 ff.).

338 Auch Aufwendungen gemäß § 1877 Abs. 2 BGB sind erstattungsfähig, § 277 Abs. 1 Satz 1 FamFG. Es handelt sich um angemessene Haftpflichtversicherungskosten, soweit sie Schäden

betreffen, die der Verfahrenspfleger dem Betreuten zufügt, oder solche, die dem Pfleger dadurch entstehen, dass er bei der Führung seines Amts einem Dritten gegenüber schadensersatzpflichtig wird. Die in den einzelnen Bundesländern bestehenden Regelungen, die ehrenamtliche Betreuer in eine bestehende Sammelhaftpflichtversicherung einbeziehen, sind regelmäßig auch auf Verfahrenspfleger anzuwenden; es empfiehlt sich jedoch eine Nachfrage beim jeweiligen Betreuungsgericht.

Eine pauschalierte Aufwandspauschale gemäß § 1878 BGB scheidet mangels Verweisung für 339
den ehrenamtlichen Pfleger aus; der ehrenamtliche Verfahrenspfleger hat seine Auslagen (immer) zu beziffern und nachzuweisen.

Vorschuss auf anstehende Aufwendungen kann nicht verlangt werden, § 277 Abs. 1 Satz 3 340
FamFG.

Nicht erfasst von § 277 Abs. 1 Satz 1 FamFG wird § 1877 Abs. 3 BGB. Somit erlangt der 341
Verfahrenspfleger grundsätzlich keine Erstattung, soweit er seine gewerbe- und berufsspezifischen Dienste einsetzt, für die ein anderer Pfleger, der nicht diese Qualifikationen besitzt, berechtigterweise einen entsprechend qualifizierten Dritten hinzugezogen hätte.

Eine Vergütung wird nicht gewährt, § 277 Abs. 1 Satz 1 FamFG. 342

5.2 Beruflich tätiger Verfahrenspfleger

Wird die Verfahrenspflegschaft ausnahmsweise berufsmäßig geführt, ist dies in der Bestellung 343
festzustellen, § 277 Abs. 2 Satz 1 FamFG.

Die Feststellung der Berufsmäßigkeit wird durch das Betreuungsgericht (Richter oder Rechts- 344
pfleger, je nach funktioneller Zuständigkeit) bei der Bestellung getroffen. Zwar ist die Bestellung an sich formlos möglich, jedoch wird in der Regel ein Beschluss erlassen, der die Feststellung der berufsmäßigen Führung enthält. Nur diese Feststellung verschafft dem Verfahrenspfleger einen Vergütungsanspruch. Vergütungsfähig sind nur Tätigkeiten, die zeitlich nach der Feststellung erbracht werden. Eine rückwirkende Nachholung der Feststellung kommt nur ausnahmsweise in Betracht, wenn sie bei der Bestellung erkennbar versehentlich unterblieben ist (OLG Naumburg, Beschl. v. 9.7.2008 – 4 WF 123/07; OLG Brandenburg, Beschl. v. 27.11.2008 – 10 WF 167/08).

Beruflich tätiger Verfahrenspfleger

Vergütung
§ 277 Abs. 2 Satz 1 FamFG
i. V. m. § 3 Abs. 1 VBVG
Stundenvergütung 26,00 EUR, 33,00 EUR oder 44,00 EUR
(Erhöhung nach § 3 Abs. 3 VBVG möglich)
Umsatzsteuer fällt nicht an,
Art. 132 Abs. 1 Buchst. g MwStSystRL

Auslagenersatz
§ 277 Abs. 2 Satz 2 FamFG i. V. m. § 4 Abs. 1 VBVG
Auslagen gemäß § 1877 Abs. 1 BGB
keine Haftpflichtversicherungsbeiträge

Die Feststellung der berufsmäßigen Führung wird das Gericht dann treffen, wenn dem 345
Verfahrenspfleger in einem solchen Umfang Verfahrenspflegschaften übertragen sind, dass er sie lediglich im Rahmen seiner Berufsausübung führen kann, oder zu erwarten ist, dass ihm in absehbarer Zeit Pflegschaften in diesem Umfang übertragen sein werden.

A

5.2.1 Aufwendungsersatz

346 Der berufliche Verfahrenspfleger macht gemäß § 277 Abs. 2 Satz 1 FamFG i. V. m. § 4 Abs. 1 VBVG seine Aufwendungen nach § 1877 Abs. 1 BGB geltend; Haftpflichtversicherungsbeiträge nach § 1877 Abs. 2 BGB werden ihm nicht erstattet.

5.2.2 Vergütung

347 Durch die Verweisung in § 277 Abs. 2 Satz 1 FamFG auf die §§ 3 bis 5 VBVG steht dem beruflichen Verfahrenspfleger eine Vergütung zu.

348 Die Vergütung berechnet sich nach der aufgewendeten und erforderlichen Zeit, § 3 Abs. 1 Satz 1 VBVG. Vergütet wird nur der für die Erfüllung der angeordneten Aufgaben notwendige Zeitaufwand; insoweit ist der geltend gemachte (Zeit-)Aufwand einer Plausibilitätsprüfung zu unterziehen. Die Vergütung dient auch der Abgeltung anteiliger allgemeiner (sachlicher und personaler) Bürokosten des Verfahrenspflegers.

349 Der allgemeine betriebliche Aufwand, den der berufsmäßige Verfahrenspfleger zur Schaffung der organisatorischen Grundlage seiner Berufsausübung zu betreiben hat, ist nicht gesondert vergütungsfähig; dies gilt insbesondere auch für den Zeitaufwand zur Erstellung einer prüffähigen Rechnung für seine vergütungsfähigen Tätigkeiten.

350 Das Studium der Literatur ist nicht erstattungsfähig; diese Tätigkeit dient nicht der Erfüllung der konkret gestellten Aufgabe als Verfahrenspfleger, sondern dem allgemeinen Eigeninteresse des Verfahrenspflegers.

351 Soweit der Verfahrenspfleger Büro- und Schreibarbeiten selbst erledigt hat, kann er diese nicht nach einem Stundensatz abrechnen, der ihm wegen seiner besonderen Qualifikation im Sinne von § 3 Abs. 1 Satz 2 VBVG bewilligt wurde. Vielmehr ist dieser Zeitaufwand nur nach einem (geringeren) Stundensatz für eine Bürokraft zu vergüten (OLG Oldenburg, Beschl. v. 7.6.2002 – 12 WF 43/02).

352 Gemäß § 3 Abs. 1 Satz 1 und 2 VBVG ergeben sich drei Vergütungsstufen:

Stundensatz	Kenntnisse des Verfahrenspflegers, die für die Führung der Pflegschaft nutzbar sind
26,00 EUR	allgemeine Eignung
33,00 EUR	besondere Kenntnisse wurden durch eine abgeschlossene Lehre oder eine vergleichbare abgeschlossene Ausbildung erworben
44,00 EUR	Kenntnisse wurden durch eine abgeschlossene Ausbildung an einer Hochschule oder durch eine vergleichbare abgeschlossene Ausbildung erworben

353 Erbringt der Verfahrenspfleger Tätigkeiten werktäglich zwischen 18 und 6 Uhr sowie an Samstagen oder an Sonn- oder Feiertagen, so erhöht sich der zu bewilligende Stundensatz um 25 %, wenn das Gericht feststellt, dass die Angelegenheit in dieser Zeit wahrzunehmen war, § 16 VBVG (sog. Bereitschaftsvergütung). Die Stundensätze betragen dann: 32,50 EUR, 41,25 EUR und 55,00 EUR.

354 Einen höheren, als den in § 3 Abs. 1 VBVG vorgesehenen Stundensatz kann das Betreuungsgericht ausnahmsweise bewilligen, wenn besondere Schwierigkeiten vorliegen und der Betreute vermögend ist, da § 277 Abs. 2 Satz 2 FamFG auch auf § 3 Abs. 3 VBVG verweist.

355 Für die Tätigkeit als Verfahrenspfleger gemäß §§ 276 und 317 FamFG gilt Umsatzsteuerbefreiung, Art. 132 Abs. 1 Buchst. g MwStSystRL. Siehe hierzu BFH (Urt. v. 25.11.2021 – V R 34/19).

356 Für solche Dienste, die zu seinem Gewerbe oder Beruf gehören, kann der berufliche Verfahrenspfleger anstelle der Vergütung als Aufwendung Ersatz in entsprechender Anwendung des § 1877 Abs. 3 BGB verlangen, § 277 Abs. 2 Satz 2 FamFG i. V. m. § 4 Abs. 2 VBVG. Soweit ein Rechtsanwalt alternativ seine Vergütung nach dem RVG beansprucht, tritt keine

Erhöhung des Vergütungssatzes nach § 16 VBVG ein, sondern es hat mit der Vergütung (Gebühren und Auslagen) nach dem RVG sein Bewenden.

Ein vor (wirksamer) Bestellung zum Verfahrenspfleger geleisteter Zeitaufwand ist selbst dann 357 nicht vergütungsfähig, wenn er auf Veranlassung des Gerichts getätigt wurde (OLG Brandenburg, Beschl. v. 10.12.2008 – 9 WF 190/08). Wirksam wird die Bestellung in der Regel mit (schriftlicher) Bekanntgabe der Entscheidung an den Verfahrenspfleger, § 40 Abs. 1 FamFG. Einem Anwesenden kann der Beschluss auch durch Verlesen der Beschlussformel bekannt gegeben werden, § 41 Abs. 2 FamFG. Wird der Beschluss elektronisch zugestellt, so gilt nach § 173 Abs. 4 ZPO (anwendbar über § 15 Abs. 2 Satz 1 FamFG) die Zustellung am vierten Tag nach der in der Regel sofort erstellten Eingangsbestätigung und damit nach Absendung als zugegangen. In diesem Fall kommt es nicht auf den Zeitpunkt der Zugangsmöglichkeit des Betreuers zu seinem Postfach oder einer tatsächlichen Kenntnisnahme an; auch bei sofortiger Kenntnisnahme beginnt eine nach dem Zustellungsdatum berechnete Frist daher nicht, früher zu laufen (es handelt sich um eine Zugangsfiktion, nicht um eine Zugangsvermutung). Dies gilt nicht im Fall von § 173 Abs. 2 und 3 ZPO.

Anstelle des Aufwendungsersatzes und der Vergütung nach § 277 Abs. 2 FamFG kann das 358 Betreuungsgericht dem Verfahrenspfleger einen festen Geldbetrag zubilligen, wenn die für die Führung der Pflegschaftsgeschäfte erforderliche Zeit vorhersehbar und ihre Ausschöpfung durch den Pfleger gewährleistet ist, § 277 Abs. 3 Satz 1 FamFG.

Fester Geldbetrag (Pauschale)

§ 277 Abs. 3 FamFG

Vergütungssätze nach § 3 Abs. 1 VBVG
(26,00 EUR, 33,00 EUR oder 44,00 EUR)

+

Aufwandspauschale 4 EUR pro Stunde

Die für die Führung der Pflegschaftsgeschäfte erforderliche Zeit ist vorhersehbar und ihre Ausschöpfung durch den Pfleger gewährleistet.

Bei der Bemessung des pauschalen Geldbetrags ist die voraussichtlich erforderliche Zeit mit 359 den in § 3 Abs. 1 VBVG bestimmten Stundensätzen zuzüglich einer Aufwandspauschale von 4 EUR je veranschlagter Stunde zu vergüten, § 277 Abs. 3 Satz 2 FamFG.

Stundensatz	Kenntnisse des Verfahrenspflegers, die für die Führung der Pflegschaft nutzbar sind
30,00 EUR	allgemeine Eignung
37,00 EUR	besondere Kenntnisse wurden durch eine abgeschlossene Lehre oder eine vergleichbare abgeschlossene Ausbildung erworben
48,00 EUR	Kenntnisse wurden durch eine abgeschlossene Ausbildung an einer Hochschule oder durch eine vergleichbare abgeschlossene Ausbildung erworben

Eines Nachweises der vom Verfahrenspfleger aufgewandten Zeit und der tatsächlichen 360 Aufwendungen bedarf es nicht; weitergehende Aufwendungsersatz- und Vergütungsansprüche des Verfahrenspflegers sind ausgeschlossen, § 277 Abs. 3 Satz 3 FamFG.

Da die Festsetzung von Amts wegen oder auf Antrag des Verfahrenspflegers erfolgen kann, 361 § 277 Abs. 4 Satz 2 i. V. m. § 292 Abs. 1 FamFG, ist eine Zustimmung bei einer Festsetzung von

Amts wegen nicht vorgesehen. Als zweckmäßig dürfte es sich in der Praxis allerdings bewähren, wenn Betreuungsgericht und Verfahrenspfleger Einigkeit über die Höhe der Pauschale erzielen. Fühlt sich der Pfleger benachteiligt, verbleibt ihm nur die Möglichkeit der Beschwerde nach § 58 FamFG.

362 Die rückwirkende Festsetzung einer Pauschalvergütung ist unzulässig. Nach dem Gesetzeswortlaut sowie nach Sinn und Zweck der Vorschrift kann eine solche Vergütungspauschale nur für zukünftige Tätigkeiten des Pflegers festgesetzt werden. Die Verfahrensweise, den Pfleger zunächst quasi als Test für die von ihm benötigte Zeit tätig werden zu lassen und dann rückwirkend eine Vergütungspauschale festzusetzen, findet im Gesetz keine Stütze.

363 Der erforderliche Zeitaufwand für die Geschäfte des Verfahrenspflegers muss vorhersehbar sein. Verlangt wird zur Nachprüfbarkeit der Prognoseentscheidung, dass erkennbar ist, von welcher voraussichtlich erforderlichen Zeit bei der Bemessung des Pauschalbetrags ausgegangen wurde.

364 Die Ausschöpfung der Pauschale muss durch den Pfleger gewährleistet sein. Das bedeutet, dass er die in der Pauschale vorgegebene Zeit auch tatsächlich für seine Tätigkeit verwendet, wobei geringfügige Abweichungen hingenommen werden können. Unklar ist allerdings, wie das Betreuungsgericht nachträglich feststellen kann, ob die Zeitvorgabe ausgeschöpft wurde, wenn der Betreuer nicht zu einem Nachweis verpflichtet ist.

365 Die Zubilligung eines festen Geldbetrags bezieht sich nur auf den jeweiligen Rechtszug. Damit werden Ansprüche auf Vergütung und Aufwendungsersatz, die sich aus der Tätigkeit des Verfahrenspflegers in einer nachfolgenden Instanz ergeben, nicht ausgeschlossen (BGH, Beschl. v. 24.2.2021 – XII ZB 485/20).

5.2.3 Mitarbeiter eines Betreuungsvereins als Verfahrenspfleger

366 Ein Mitarbeiter eines anerkannten Betreuungsvereins kann als beruflicher Verfahrenspfleger bestellt werden.

367 In diesem Fall kann der Verein für die durch seinen Mitarbeiter gemäß § 277 Abs. 2 Satz 2 FamFG erbrachten Aufwendungen in entsprechender Anwendung des § 5 Abs. 1 Satz 2 VBVG i. V. m. § 1877 Abs. 1 BGB Ersatz verlangen. § 1877 Abs. 3 BGB findet keine Anwendung, § 5 Abs. 1 Satz 2 Halbsatz 2 i. V. m. § 4 Abs. 2 VBVG. Allgemeine Verwaltungskosten werden nicht ersetzt, § 5 Abs. 1 Satz 3 VBVG.

368 Dem Verein kann eine Vergütung für die durch den Mitarbeiter erbrachten Leistungen gewährt werden, § 277 Abs. 2 Satz 1 FamFG i. V. m. der entsprechenden Anwendung des § 5 Abs. 1 Satz 1 VBVG. Die Berechnung erfolgt nach § 3 Abs. 1 bis 4 VBVG. Ebenfalls Anwendung findet die Erhöhung der Stundensätze um 25 % nach § 16 VBVG, wenn das Gericht feststellt, dass die Tätigkeiten des Verfahrenspflegers werktäglich zwischen 18 und 6 Uhr, an Samstagen oder an Sonn- und Feiertagen wahrzunehmen sind.

369 Der Verfahrenspfleger selbst kann keine Vergütung und keinen Aufwendungsersatz geltend machen, § 5 Abs. 2 VBVG.

5.2.4 Verein oder Behörde als Verfahrenspfleger

370 Als Verfahrenspfleger ist immer eine natürliche Person zu bestellen, § 276 Abs. 4 Satz 1 FamFG. Damit können weder ein Verein noch die Betreuungsbehörde als Verfahrenspfleger bestellt werden.

371 Die Bestellung eines Bediensteten der Betreuungsbehörde als Verfahrenspfleger ist nicht (mehr) vorgesehen, da ein Abhängigkeitsverhältnis zur Betreuungsbehörde besteht und dadurch die Bestellung nicht im Einklang mit der von dem Gericht sowie den weiteren Beteiligten und damit auch von der Betreuungsbehörde unabhängigen Stellung und Aufgabe des Verfahrenspflegers steht (BT-Drucks. 19/24445, S. 331).

5.2.5 Erlöschen der Ansprüche

Die Ansprüche des ehrenamtlichen Verfahrenspflegers auf Erstattung seiner Aufwendungen 372
erlöschen, wenn sie nicht binnen 15 Monaten nach ihrer Entstehung gerichtlich geltend gemacht werden, § 277 Abs. 1 Satz 1 FamFG i. V. m. § 1877 Abs. 4 Satz 1 BGB. Dies gilt auch für Ansprüche des beruflichen Verfahrenspflegers auf Vergütung und Aufwendungsersatz, § 277 Abs. 2 Satz 2 FamFG i. V. m. § 2 Abs. 2 Satz 1 VBVG.

Geltendmachung bedeutet, dass der Anspruch gegenüber dem Betreuungsgericht, verbunden 373
mit einer Erstattungsforderung, beziffert wird; Belege können dabei nachgereicht werden. Für die Entstehung des Anspruchs ist der Zeitpunkt maßgebend, an dem der Verfahrenspfleger die zu erstattende Tätigkeit vornimmt.

5.3 Verfahrensregelungen

Vergütung oder Aufwendungsersatz werden immer aus der Staatskasse gezahlt, unabhängig 374
davon, ob der Betreute vermögend oder mittellos ist, § 277 Abs. 4 Satz 1 FamFG.

Soweit die Staatskasse Zahlungen an den Verfahrenspfleger erbringt, handelt es sich um 375
Auslagen nach Nr. 31015 KV GNotKG, die vom Betreuten wieder erhoben werden können, soweit § 1880 BGB eine Inanspruchnahme zulässt (keine Mittellosigkeit).

Nach § 277 Abs. 4 Satz 2 FamFG findet auf das Erstattungsverfahren § 292 Abs. 1 und 5 FamFG 376
entsprechende Anwendung. Auslagenersatz, Stundenvergütung oder pauschalierter Geldbetrag werden auf Antrag gegen die Staatskasse festgesetzt, § 292 Abs. 1 Satz 1 FamFG; eine Festsetzung von Amts wegen ist ebenfalls möglich.

Ist eine Festsetzung nicht beantragt, sind gemäß § 292 Abs. 5 FamFG die Vorschriften über das 377
Verfahren bei der Entschädigung von Zeugen hinsichtlich ihrer baren Auslagen sinngemäß anzuwenden, somit das JVEG. Der Urkundsbeamte der Geschäftsstelle am Betreuungsgericht berechnet den Erstattungsbetrag und weist die Justizkasse an, die beantragten Zahlungen zu leisten.

Zur schlüssigen Geltendmachung seines Vergütungsanspruchs hat der Verfahrenspfleger eine 378
ordnungsgemäße, fälligkeitsbegründende Abrechnung zu erteilen, die den allgemeinen Anforderungen an die Prüffähigkeit in Rechnung gestellter Zeithonorare genügt. Hierbei hat er neben der Darlegung der konkreten Erforderlichkeit auch Ort, Datum und Dauer (Uhrzeit von Beginn und Ende) seiner abzurechnenden Tätigkeit anzugeben. Will der Verfahrenspfleger auch die Fahrtzeit zu Gesprächsterminen vergütet haben, hat er zudem anzugeben, weshalb er es für unabdingbar halten durfte, seinen Gesprächspartner aufzusuchen, statt diesen – aus Gründen der Zeit- und Kostenersparnis – zu sich zu bitten (OLG Brandenburg, Beschl. v. 28.1.2002 – 15 WF 235/01).

Die gerichtliche Festsetzung nach § 292 Abs. 1 FamFG unterliegt als Endentscheidung der 379
Beschwerde, § 58 FamFG. Wurde lediglich nach § 292 Abs. 5 FamFG eine Zahlung aus der Staatskasse (ohne Festsetzung) vorgenommen, scheidet eine Beschwerdemöglichkeit aus. In diesem Fall kann aber zur Klärung der Sachlage noch eine gerichtliche Festsetzung beantragt werden, die dann beschwerdefähig ist.

5.4 Rechtsanwalt als Verfahrenspfleger

Wird ein Rechtsanwalt als Verfahrenspfleger bestellt, wird seine Vergütung grundsätzlich nach 380
§ 277 Abs. 4 Satz 1 FamFG aus der Staatskasse gezahlt und berechnet sich nach § 277 Abs. 2 FamFG i. V. m. § 3 VBVG; die Pauschalierung nach § 277 Abs. 3 FamFG ist möglich.

§ 1 Abs. 2 Satz 2 RVG verdeutlicht an sich, dass auch ein Rechtsanwalt seine Tätigkeit als 381
Verfahrenspfleger nicht nach den Bestimmungen des RVG abrechnen kann. Das BVerfG (Beschl. v. 7.6.2000 – 1 BvL 1/99) führt in seiner Entscheidung aus, dass sich der Gesetzgeber vom Grundgedanken des § 1877 Abs. 3 BGB (bis 1.1.2023: § 1835 Abs. 3 BGB) nicht entfernen wollte, allerdings verdeutlicht § 1 Abs. 2 Satz 2 RVG, dass die Führung einer Verfahrenspflegschaft allein nicht als Erbringung anwaltlicher Dienste in diesem Sinn angesehen werden kann. Bejaht

wird die Anwendung des § 1877 Abs. 3 BGB (Abrechnung nach RVG) dann auf die Tätigkeit des Verfahrenspflegers, wenn ein anderer Verfahrenspfleger (juristischer Laie) für seine Aufgabenbewältigung vernünftigerweise einen Rechtsanwalt hinzugezogen hätte (BGH, Beschl. v. 16.12.2020 – XII ZB 410/20). Die Führung einer Verfahrenspflegschaft an sich kann aber noch nicht als Erbringung anwaltlicher Dienste angesehen werden. Das bedeutet, dass der Rechtsanwalt für eine bestimmte Verfahrenspflegschaft wegen seines Berufs – unter Angabe der konkreten Gründe – durch das Gericht bestellt werden muss.

382 Die in dem Beschluss über die Bestellung eines Verfahrenspflegers getroffene Anordnung, dass die Verfahrenspflegschaft berufsmäßig ausgeübt werde, hat nur zur Folge, dass der Verfahrenspfleger überhaupt eine Vergütung beanspruchen kann, § 277 Abs. 2 FamFG. Eine Aussage darüber, nach welchen Vorschriften sich die Vergütung bemisst, nach VBVG oder nach RVG, ist mit dem Zusatz „berufsmäßig" nicht verbunden. Nur wenn im Bestellungsbeschluss die Feststellung getroffen wurde, dass eine anwaltsspezifische Tätigkeit erforderlich ist, kann der als Verfahrenspfleger bestellte Rechtsanwalt seine Vergütung nach dem RVG berechnen.

383 Die Frage, unter welchen Umständen ein Verfahrenspfleger im Einzelfall die Voraussetzungen erfüllt, unter denen ihm eine Vergütung nach dem Rechtsanwaltsvergütungsgesetz zu bewilligen ist, obliegt einer wertenden Betrachtung des Tatrichters (BGH, Beschl. v. 24.9.2014 – XII ZB 444/13; Beschl. v. 8.1.2025 – XII ZB 477/22).

384 Ein zum Verfahrenspfleger bestellter Rechtsanwalt kann eine Vergütung nach RVG verlangen, wenn die zu erledigenden Dienste derart schwierig oder bedeutend sind, dass ein als Verfahrenspfleger tätiger Nichtjurist einen Rechtsanwalt hinzuziehen würde (vgl. z. B. BGH, Beschl. v. 27.6.2012 – XII ZB 685/11).

385 Die gerichtliche Feststellung, dass eine anwaltsspezifische Tätigkeit erforderlich ist, ist für die anschließende Vergütungsfestsetzung bindend. Auf die Frage, wie bzw. ob die Erforderlichkeit im Einzelnen durch das Gericht begründet ist, kommt es nicht an (BGH, Beschl. v. 17.11.2010 – XII ZB 244/10).

386 Ein Rechtsanwalt, der „als Rechtsanwalt" zum Verfahrenspfleger des Betroffenen bestellt wird, kann zwar Vergütungsansprüche nach dem RVG gegenüber der Staatskasse geltend machen (OLG Stuttgart, Beschl. v. 10.1.2003 – 8 W 537/01), aber im Falle der Mittellosigkeit des Betroffenen nur diejenigen eines im Verfahrenskostenhilfeverfahren beigeordneten Rechtsanwalts (OLG Köln, Beschl. v. 29.9.2003 – 16 Wx 165/03). Dem anwaltlichen Verfahrenspfleger eines mittellosen Betreuten sind im Rahmen der Abrechnung nach dem RVG die Wertgebühren nach § 49 RVG zugrunde zu legen (BGH, Beschl. v. 16.12.2020 – XII ZB 410/20).

387 Wird ein Rechtsanwalt als Verfahrenspfleger sowohl im Verfahren der vorläufigen Unterbringung als auch vor der endgültigen Unterbringungsmaßnahme tätig und kann er unter besonderen Voraussetzungen Aufwendungsersatz für berufliche Dienste im Rahmen des RVG verlangen, steht ihm für beide Verfahren jeweils eine Verfahrensgebühr zu (OLG München, Beschl. v. 14.12.2005 – 33 Wx 205/05).

388 Hat das Betreuungsgericht den anwaltlichen Verfahrenspfleger in einem Verfahren über die Genehmigung einer Unterbringung einerseits und einer freiheitsentziehenden Maßnahme andererseits bestellt, kann er beide Tätigkeiten abrechnen; es handelt sich insoweit nicht um dieselbe Angelegenheit nach § 15 Abs. 2 Satz 1 RVG (BGH, Beschl. v. 12.9.2012 – XII ZB 543/11).

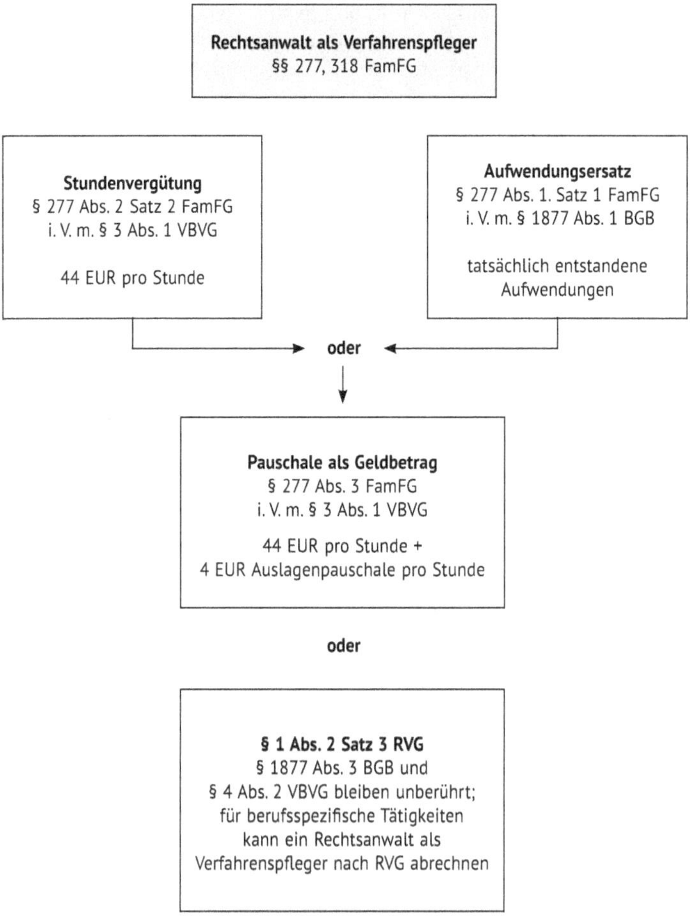

Im Einzelfall kann auch die bestellungsgemäße Tätigkeit eines als Verfahrenspfleger heran- 389
gezogenen Rechtsanwalts in einem Verfahren zur Erteilung einer betreuungsgerichtlichen Genehmigung anwaltsspezifisch sein, für die ein juristischer Laie in gleicher Lage vernünftigerweise einen Rechtsanwalt zuziehen würde (BGH, Beschl. v. 24.9.2014 – XII ZB 444/13; Beschl. v. 8.1. 2025 – XII ZB 477/22).

Der Anspruch des anwaltlichen Verfahrenspflegers auf Rechtsanwaltsvergütung als Aufwen- 390
dungsersatz für seine anwaltsspezifischen Dienste erlischt nach § 1877 Abs. 4 Satz 1 BGB, wenn er nicht binnen 15 Monaten nach seiner Entstehung geltend gemacht wird. Die Ausschlussfrist zur Geltendmachung dieses Aufwendungsersatzes beginnt mit der Fälligkeit der Rechtsanwaltsvergütung nach § 8 Abs. 1 RVG (BGH, Beschl. v. 1.2.2023 – XII ZB 104/22).

6. Vergütung und Auslagenersatz des Pflegers

Im Bereich der betreuungsgerichtlichen Zuweisungssachen nach § 340 Nr. 1 FamFG wird das 391
Betreuungsgericht Personen, die als Betreuer ehrenamtlich oder berufsmäßig tätig sind, auch als Pfleger bestellen, insbesondere als Abwesenheitspfleger (§ 1884 BGB), Pfleger für unbekannte Beteiligte (§ 1882 BGB) oder Pfleger für ein Sammelvermögen (§ 1883 BGB).

392 Daneben bestellt das Betreuungsgericht in bestimmten Verfahren einem Volljährigen einen Vertreter, § 340 Nr. 2 FamFG. Es handelt sich z. B. um Verfahren nach § 16 VwVfG, § 207 BauGB, § 119 FlurbG, § 15 SGB X oder § 81 AO.

Betreuungsgerichtliche Zuweisungssachen nach § 340 Nr. 1 FamFG

Abwesenheitspfleger (§ 1884 BGB)
Pfleger für unbekannte Beteiligte (§ 1882 BGB)
Pfleger für ein Sammelvermögen (§ 1883 BGB)

(Verfahrens-)Vertreter für einen Volljährigen, § 340 Nr. 2 FamFG
z. B.
§ 16 VwVfG, § 207 BauGB, § 119 FlurbG, § 15 SGB X, § 81 AO

6.1 Pfleger

393 Der ehrenamtliche Pfleger kann nach § 1888 Abs. 1 BGB wie ein Betreuer Aufwendungsersatz nach § 1877 BGB beanspruchen. Auch kann er die Aufwandspauschale nach § 1878 BGB in Anspruch nehmen. Eine Vergütung steht ihm grundsätzlich nicht zu, § 1876 Satz 1 BGB, mit der Ausnahme des § 1876 Satz 2 BGB.

394 Der ehrenamtlich tätige Pfleger ist in der Regel in die Sammelhaftpflichtversicherung integriert.

Ansprüche des beruflichen Pflegers

Vergütung	**Aufwendungsersatz**
§ 1888 Abs. 2 Satz 2 BGB	§ 1888 Abs. 2 Satz 1 BGB
Höhe bestimmt sich nach den für die Führung der Pflegschaftsgeschäfte nutzbaren Fachkenntnisse des Pflegers sowie nach Umfang und Schwierigkeit der Pflegschaftsgeschäfte	§ 4 Abs. 1 VBVG i. V. m. § 1877 Abs. 1 BGB
mindestens § 3 Abs. 1 VBVG	Dienste des Pflegers, die zu seinem Gewerbe oder seinem Beruf gehören
bei Mittellosigkeit immer § 3 Abs. 1 VBVG § 1888 Abs. 2 Satz 1 BGB	§ 4 Abs. 2 VBVG i. V. m. § 1877 Abs. 3 BGB

395 Wird bei der Bestellung des Pflegers die entgeltliche Führung festgestellt, hat er einen Vergütungsanspruch nach § 1888 Abs. 2 Satz 1 BGB i. V. m. den §§ 1 bis 6 VBVG. Die Höhe der Vergütung ergibt sich grundsätzlich aus § 3 VBVG. Allerdings bestimmt § 1888 Abs. 2 Satz 2 BGB, dass sich die Höhe nach den für die Führung der Pflegschaftsgeschäfte nutzbaren Fachkenntnissen des Pflegers sowie nach dem Umfang und der Schwierigkeit der Pflegschaftsgeschäfte bestimmt, soweit der Pflegling nicht mittellos ist. Das bedeutet, dass die in § 3 Abs. 1 VBVG genannten Beträge Mindestsätze darstellen, die nach oben erhöht werden können (Ermessensentscheidung). Richtet sich der Anspruch bei Mittellosigkeit gegen die Staatskasse, verbleibt es allerdings bei den in § 3 Abs. 1 VBVG genannten Beträgen.

Wird ein Mitarbeiter eines anerkannten Betreuungsvereins als „beruflicher Vereinspfleger" bestellt, kann der Verein in analoger Anwendung des § 5 Abs. 1 Satz 1 VBVG eine Vergütung erhalten. Dies gilt auch, wenn der Verein die Pflegschaft führt. Zusätzlich zu der Vergütung kann der Verein gemäß § 5 Abs. 1 Satz 3 VBVG Vorschuss oder Ersatz der Aufwendungen in entsprechender Anwendung von § 1877 Abs. 1 BGB erhalten. Allgemeine Verwaltungskosten werden nicht ersetzt, § 5 Abs. 1 Satz 4 VBVG. 396

Die Befreiung von der Umsatzsteuer nach § 4 Nr. 16 Buchst. k UStG gilt nicht für die im Rahmen einer betreuungsgerichtlichen Zuweisungssache (§ 340 FamFG) bestellten Pfleger; diese unterliegen der Umsatzsteuerpflicht. Dies gilt insbesondere auch für den Abwesenheitspfleger nach § 1884 BGB. 397

6.2 Sonstige Vertreter

Der Vertreter nach § 15 SGB X hat einen Anspruch auf Erstattung seiner Auslagen gegen die Behörde, die um seine Bestellung ersucht hat, § 15 Abs. 3 Satz 1 SGB X. Ähnlich verhält es sich in Verfahren nach § 81 AO; dort bestimmt Absatz 3, dass der Vertreter gegen den Rechtsträger der Finanzbehörde, die um seine Bestellung ersucht hat, Anspruch auf eine angemessene Vergütung und auf die Erstattung seiner Auslagen hat. § 16 Abs. 3 VwVfG und § 119 Abs. 3 FlurbG legen fest, dass der Vertreter gegen den Rechtsträger der Behörden, die um seine Bestellung ersucht haben, Anspruch auf eine angemessene Vergütung und auf die Erstattung seiner Auslagen hat. Die jeweiligen Behörden können von dem Vertretenen Ersatz ihrer Aufwendungen verlangen. Sie bestimmen die Vergütung und stellen die Auslagen und Aufwendungen fest. 398

Keine Bestimmungen zum Ersatz von Aufwendungen enthält § 207 BauGB, jedoch den Hinweis, dass für die Bestellung und für das Amt des Vertreters die Vorschriften des BGB für die Pflegschaft entsprechend gelten. 399

6.3 Festsetzungsverfahren

Die Vorschriften des Betreuungsrechts sind auf die Pflegschaften entsprechend anwendbar, § 1888 Abs. 1 BGB. Das Verfahren zur Festsetzung der Vergütung und des Aufwendungsersatzes erfolgt in entsprechender Anwendung des § 292 FamFG. 400

7. Verfahren zur Geltendmachung von Vergütung, Aufwendungsersatz, Aufwandspauschale und Regressforderungen der Staatskasse

7.1 Allgemeines

§ 292 FamFG regelt das Verfahren zur Entscheidung über Anträge auf Festsetzung einer Vergütung, von Aufwendungsersatz und Aufwandsentschädigung, § 292a FamFG regelt die Zahlungen von Regressansprüchen an die Staatskasse. Nicht geregelt werden in diesen Vorschriften die gegen Entscheidungen möglichen Rechtsbehelfe sowie die Vollstreckbarkeit; diese findet man im allgemeinen Teil des FamFG, nämlich in §§ 58 ff. und §§ 86 ff. FamFG. 401

7.2 Festsetzung von Ansprüchen des Betreuers

7.2.1 Antrag oder Festsetzung von Amts wegen

Eine Festsetzung durch das Gericht erfolgt in der Regel auf Antrag, den der Betreuer oder der Betreute stellen kann; allerdings kann das Betreuungsgericht auch nach eigenem Ermessen von Amts wegen eine Entscheidung treffen, § 292 Abs. 1 FamFG. 402

Eine Festsetzung von Amts wegen kann z. B. dann erfolgen, wenn der Betreuer keinen Antrag nach § 292 Abs. 1 FamFG stellt, sondern die sog. Zahlbarmachung gegen die Staatskasse 403 verlangt (§ 292 Abs. 5 FamFG), und das Gericht klarstellen will, warum zweifelhafte Forderungen nicht erstattungsfähig sind.

404 Im Verfahren über die Beschwerde gegen die Bewilligung einer Betreuervergütung aus der Staatskasse kann auch über einen erstmals von dem Betreuer gestellten Hilfsantrag auf Festsetzung einer Vergütung gegen den Betroffenen entschieden werden (OLG Hamm, Beschl. v. 12.2.2004 – 15 W 62/03).

7.2.2 Festsetzung von Aufwendungsersatz und Aufwandspauschale

405 Eine gerichtliche Festsetzung von Aufwendungsersatz (§ 1877 BGB) oder einer Aufwandspauschale (§ 1878 BGB) gemäß § 292 Abs. 1 Nr. 1 FamFG erfolgt, wenn sich die Erstattungsansprüche des Betreuers

- gegen die Staatskasse richten (Mittellosigkeit des Betreuten) oder
- zwar gegen den Betreuten selbst richten, der Betreuer aber insoweit nicht die Vermögenssorge hat, um den Erstattungsbetrag selbst dem Betreutenvermögen zu entnehmen.

406 Unter diesen Voraussetzungen kann auch ein Vorschuss gemäß § 1877 Abs. 1 Satz 1 BGB festgesetzt werden.

407 Soweit die Vermögenssorge zum Aufgabenkreis des Betreuers gehört, kann er seinen Aufwendungsersatz direkt dem Vermögen des Betreuten entnehmen. Eine Festsetzung ist in diesem Fall nicht nur unnötig, sondern auch unwirksam (BayObLG, Beschl. v. 26.11.1992 – 3Z BR 114/92). Erfasst werden dabei alle Aufwendungen des Betreuers, auch die berufsbezogenen gemäß § 1877 Abs. 3 BGB.

408 Macht der berufliche Betreuer eine Vergütung nach §§ 8 und 9 VBVG geltend, sind mit den Fallpauschalen die entstandenen Aufwendungen schon abgegolten, § 10 Satz 1 VBVG; eine gesonderte Geltendmachung und Festsetzung entfällt.

409 Gegenstand des betreuungsgerichtlichen Festsetzungsverfahrens gemäß § 292 Abs. 1 Nr. 1 FamFG kann der Ersatz von Aufwendungen auch dann sein, wenn sich der Aufwendungsersatzanspruch nach Beendigung der Betreuung durch den Tod des Betreuten gegen seine Erben richtet (OLG Hamm, Beschl. v. 20.1.2003 – 15 W 469/02).

410 Der Betreuer kann auch nach seiner Entlassung Aufwendungen gemäß § 292 Abs. 1 Nr. 1 FamFG gegen den Betreuten festsetzen lassen (LG Freiburg/Breisgau, Beschl. v. 12.3.2003 – 4 T 26/03).

7.2.3 Festsetzung einer Vergütung

411 Eine gerichtliche Festsetzung der Ansprüche des Betreuers gemäß § 292 Abs. 1 FamFG erfolgt, wenn der Betreuer folgende Leistungen erlangen will:

- Vergütung gemäß §§ 8 und 9 VBVG (Fallpauschale des beruflichen Betreuers)
- Vergütung gemäß § 11 i. V. m. § 3 VBVG (Sonderfälle der beruflichen Betreuung)
- Vergütung gemäß § 1876 Satz 2 BGB (Vergütung des ehrenamtlichen Betreuers)
- Vergütung des Verfahrenspflegers, § 277 Abs. 2 und Abs. 4 Satz 2 FamFG
- Fester Geldbetrag des Verfahrenspflegers, § 277 Abs. 3 und Abs. 4 Satz 2 FamFG
- Abschlagszahlung auf eine Vergütung, § 11 Abs. 1 Satz 2 Halbsatz 2 i. V. m. § 3 Abs. 4 VBVG

412 Richtet sich der Vergütungsanspruch beim vermögenden Betreuten gegen dessen Vermögen, bedarf es immer einer Festsetzung. Daran ändert beim beruflichen Betreuer auch die Tatsache nichts, dass sein Anspruch mit Erbringung seiner Tätigkeiten entsteht. Eine selbstständige Entnahme aus dem Betreutenvermögen durch den Betreuer scheidet aus, da erst die Entscheidung des Betreuungsgerichts die Rechtsgrundlage für eine Vergütung schafft.

413 Mit Zugang des Festsetzungsbeschlusses an den Betreuer kann der festgesetzte Betrag dem Vermögen des Betreuten (usw.) entnommen werden. Soweit (der nicht gemäß § 1859 BGB befreite) Betreuer Beträge aus nach § 1845 Abs. 1 BGB versperrten Anlagekonten entnehmen muss, bedarf es einer Genehmigung des Betreuungsgerichts, § 1849 Abs. 1 Satz 1 Nr. 1 BGB.

Diese sollte zusammen mit dem Antrag auf Festsetzung angeregt werden. Kann der Betreuer den Betrag dem Girokonto des Betreuten entnehmen, ist unabhängig vom Kontostand keine Genehmigung erforderlich, § 1849 Abs. 2 Satz 1 Nr. 1b BGB.

Hinweis:

Ist für den Betreuer bei der Antragstellung auf Festsetzung klar, dass eine genehmigungsbedürftige Entnahme von einem Konto erforderlich wird, sollte er zusätzlich einen Antrag auf gerichtliche Genehmigung beifügen.

7.2.4 Dauerfestsetzungsbeschluss

Das Betreuungsgericht kann die zu bewilligende Vergütung (§ 292 Abs. 1 Nr. 3 FamFG) auch für zukünftige Zeiträume durch Beschluss festsetzen, § 292 Abs. 2 Satz 1 FamFG. Dies kann auf Antrag des Betreuers oder des Betreuungsvereins, aber auch von Amts wegen erfolgen. 414

Die Dauerbewilligung erfolgt gemäß § 292 Abs. 2 Satz 1 FamFG grundsätzlich im Festsetzungsverfahren, auch wenn sich der Anspruch gegen die Staatskasse richtet. Fraglich ist, ob auch eine Dauerzahlung aus der Staatskasse nach § 292 Abs. 5 FamFG erfolgen kann. Es ist nicht eindeutig aus dem Gesetz zu entnehmen, ob sich § 292 Abs. 5 FamFG nur auf Absatz 1 oder auch auf Absatz 2 bezieht. Nach hier vertretener Ansicht ist eine Dauerzahlung nach § 292 Abs. 5 i. V. m. Abs. 2 FamFG möglich. Sie kann vor allem in den Fällen angestrebt werden, in denen die Verhältnisse in der Person des Betreuers als auch im Aufenthalt des Betreuten unproblematisch sind. Man wird jedoch künftige Rechtsprechung abwarten müssen. 415

Voraussetzung ist die Prognose, dass eine Änderung der für die Vergütung maßgeblichen Kriterien, nämlich des gewöhnlichen Aufenthaltsorts des Betreuten (§ 9 Abs. 1 Nr. 2 VBVG) und seines Vermögensstatus (§ 9 Abs. 1 Nr. 3 VBVG), nicht zu erwarten ist. Unerheblich sind die Veränderungen, die sich aus der Dauer der Betreuung (§ 9 Abs. 1 Nr. 1 VBVG) ergeben; diese können aus den Vergütungstabellen (Anlage zu § 8 Abs. 1 VBVG) entnommen werden und sind nicht überraschend. Ergibt sich bei der Prognose z. B. ein Vermögen des Betreuten an der Grenze des Schonbetrags (§ 1880 Satz 2 BGB), wird eine Dauerfestsetzung in der Regel abzulehnen sein (BT-Drucks. 19/24445, S. 398). 416

Unproblematisch erweist sich die Festsetzung ab dem 13. Vergütungsmonat, da in diesem Fall eine Veränderung aufgrund der Dauer der Betreuung nicht mehr eintritt. Soll die Dauerfestsetzung bereits für Vergütungsmonate eins bis zwölf erfolgen, sollte im Antrag auf die Änderung der Vergütungsstufe ab dem 13. Vergütungsmonat hingewiesen werden; hier empfiehlt sich unter Umständen eine Bezifferung der Ansprüche im Antrag. 417

Bei § 292 Abs. 2 FamFG handelt sich um eine Kann-Regelung, die dem Gericht die Möglichkeit eröffnet, die Vergütung auch für zukünftige Zeiträume festzusetzen. Dem Gericht soll ein Ermessensspielraum bleiben. Dem Betreuer steht daher grundsätzlich kein (durchsetzbarer) Anspruch auf Festsetzung seiner Vergütung nach diesem Vergütungsmodell zu. 418

Nach dem LG Frankenthal (Beschl. v. 20.12.2023 – 1 T 161/23) kann ein Antrag eines Betreuers auf eine nach § 292 Abs. 2 FamFG vorgesehene Dauervergütung durch das Gericht nicht mit der allgemeinen Begründung abgelehnt werden, dem Betreuer stehe auf diese Art der Festsetzung kein Anspruch zu. Das Gericht hat vielmehr ermessensfehlerfrei über den Antrag zu entscheiden. Allein die Formulierung „kann" negiert den Anspruch dem Grunde nach nicht, sondern sieht lediglich in der Rechtsfolge ein Ermessen des Gerichts und damit grundsätzlich einhergehend einen Anspruch des Betreuers auf – fehlerfreie – Ausübung dieses Ermessens vor. Voraussetzungen für eine Dauervergütung sind neben einem vorliegenden Antrag die positive Prognose, dass eine Änderung der für die Vergütung maßgeblichen Kriterien des § 9 Abs. 1 Nr. 2 und Nr. 3 VBVG, nämlich des gewöhnlichen Aufenthaltsorts des Betreuten und seines Vermögensstatut, nicht zu erwarten ist. Nach den Gesetzesmaterialien soll „dem Gericht gerade bei Unsicherheiten im Hinblick auf die Prognoseentscheidung, die Zuverlässigkeit des 419

A

Betreuers oder die Zweckmäßigkeit der Anwendung des Verfahrens im eigenen Arbeitsbereich ein Ermessensspielraum bleiben". Neben dem Arbeitsbereich des Gerichts sind demnach im Hinblick auf die Prognoseentscheidung die konkrete Situation des Betreuten und im Hinblick auf die Zuverlässigkeit der konkrete Betreuer in den Blick zu nehmen. Sofern mit den „Erfahrungen im eigenen Arbeitsbereich" auch Erfahrungen aus anderen Verfahren berücksichtigt werden können, so kann dies lediglich für allgemein die Verfahrensgestaltung betreffende Erwägungen gelten, ermöglicht es jedoch nicht, die mit der Unzuverlässigkeit anderer Betreuer in anderen Verfahren einhergehenden Schwierigkeiten über die „Erfahrung im eigenen Arbeitsbereich" bei Anträgen auch anderer Betreuer zu berücksichtigen.

420 Die Festsetzung der Vergütung erfolgt für die nach § 14 Abs. 1 Satz 1 VBVG maßgeblichen Dreimonatszeiträume, § 292 Abs. 2 Satz 3 FamFG. Sie ist in regelmäßigen, im Voraus festzulegenden Abständen, die zwei Jahre nicht überschreiten dürfen, durch das Betreuungsgericht zu überprüfen, , § 292 Abs. 2 Satz 2 FamFG. Treten Änderungen der Kriterien des § 9 Abs. 1 Nr. 2 und 3 VBVG nach Erlass des Dauerbeschlusses ein, so hat dies der Betreuer unverzüglich dem Betreuungsgericht mitzuteilen, § 292 Abs. 2 Satz 4 FamFG. In diesem Fall ist der bestehende Beschluss aufzuheben und ein neuer zu erlassen. Durch nachträglich eintretende Veränderungen kann es zu einer Überzahlung, aber auch zu einer Unterzahlung kommen (BT-Drucks. 19/24445, S. 399). Im Fall einer Überzahlung ist eine Aufrechnung (§ 387 BGB) mit künftigen Vergütungsansprüchen des Betreuers möglich (BT-Drucks. 19/24445, S. 399). Im Fall einer Unterzahlung kann eine Nachzahlung erfolgen; dann müsste ausnahmsweise eine Korrektur der Dauerbewilligung für die Vergangenheit durch das Betreuungsgericht vorgenommen werden.

421 Die Festsetzung kann gegen den Betreuten (das Betreutenvermögen) oder bei Mittellosigkeit gegen die Staatskasse erfolgen. Wird gegen den Betreuten festgesetzt, kann der Betreuer jeweils nach drei Monaten den Vergütungsbetrag einem Konto des Betreuten entnehmen. Handelt es sich um ein versperrtes Anlagekonto, sollte im Dauerbeschluss die erforderliche Genehmigung nach § 1849 Abs. 1 Satz 1 Nr. 1 BGB aufgenommen werden. Erfolgt die Festsetzung gegen die Staatskasse, wird jeweils nach drei Monaten eine Überweisung auf das Konto des Betreuers erfolgen.

422 Der Betreute ist anzuhören, wenn gegen ihn festgesetzt werden soll, § 292 Abs. 4 FamFG.

423 Ab dem 1.7.2028 wird aus der Kann-Vorschrift des § 292 Abs. 2 FamFG eine Soll-Vorschrift. Außerdem wird angefügt, dass von einer Festsetzung für zukünftige Zeiträume das Gericht nur absehen kann, wenn dies nach den Umständen des Einzelfalls angezeigt ist. Durch die neue Ausgestaltung als Soll-Bestimmung soll die Dauerfestsetzung der Betreuervergütung zukünftig als Regelfall ausgestaltet werden, von der nur noch in eng begrenzten Fällen abgewichen werden können soll. Das Gericht hat die Entscheidung zu begründen, wenn es von der Dauerfestsetzung abweicht.

7.2.5 Zahlbarmachung gegen die Staatskasse (Verwaltungsverfahren)

424 Soweit sich der Erstattungsanspruch des Betreuers gemäß § 1879 BGB oder § 15 Abs. 1 VBVG bei Mittellosigkeit des Betreuten gegen die Staatskasse richtet, kann anstelle einer gerichtlichen Festsetzung nach § 292 Abs. 1 FamFG eine sog. Zahlbarmachung gemäß § 292 Abs. 5 FamFG verlangt werden. Dies gilt auch für Ansprüche des Verfahrenspflegers nach § 277 Abs. 4 FamFG. Die Leistungen können im Verwaltungsweg (ohne gerichtliche Festsetzung) durch die Justizkasse ausgezahlt werden; hierbei sind die Vorschriften über das Verfahren bei der Entschädigung von Zeugen (JVEG) hinsichtlich ihrer baren Auslagen sinngemäß anzuwenden. Der Urkundsbeamte der Geschäftsstelle am Betreuungsgericht berechnet den Erstattungsbetrag und weist die Justizkasse an, die beantragten Zahlungen zu leisten. Dieses Verfahren kann gewählt werden, wenn der Anspruch des Betreuers unstreitig ist. Die Aufwandspauschale des § 1878 BGB bietet sich hierfür an, aber auch die Pauschalvergütung des beruflichen Betreuers kommt infrage.

Wird die Vergütung nach Zeitaufwand berechnet, wie dies nach § 11 Abs. 1 i. V. m. § 3 VBVG für den Sterilisations- und Ergänzungsbetreuer oder beim Verfahrenspfleger gemäß § 277 Abs. 2 und 3 FamFG der Fall ist, wird in der Regel eine Festsetzung nach § 292 Abs. 1 FamFG erfolgen. 425

Hinweis:

Aus der Formulierung des Antrags sollte sich ergeben, ob die Festsetzung nach § 292 Abs. 1 FamFG beantragt oder ob eine Zahlung im Verwaltungsweg nach § 292 Abs. 5 FamFG verlangt wird.

Probleme können für den beruflichen Betreuer entstehen, wenn zunächst die Vergütung im Verwaltungsverfahren durch die Justizkasse gezahlt wurde und sich herausstellt, dass zu viel gezahlt worden ist, weil die Voraussetzungen einer Fallpauschalenerhöhung (Vergütungsstufe 1 oder 2) nach § 8 Abs. 2 VBVG nicht vorgelegen haben. Während im Festsetzungsverfahren Rechtskraft eingetreten wäre, gilt dies nicht für das Verwaltungsverfahren, sodass eine Rückzahlung an die Justizkasse angeordnet werden kann. 426

Ist die Auszahlung der Betreuervergütung zunächst im vereinfachten Justizverwaltungsverfahren durch den Urkundsbeamten der Geschäftsstelle erfolgt, wird diese bloße Anweisung der Vergütung ohne förmlichen Beschluss wirkungslos, wenn in einem nachfolgenden förmlichen Festsetzungsverfahren nach § 292 Abs. 1 FamFG eine Entscheidung ergeht. Dabei ist die Durchführung des gerichtlichen Festsetzungsverfahrens an keine Frist gebunden. Eine vorangegangene Auszahlungsanweisung ist insoweit ohne Bedeutung. Auch wenn der Rechtspfleger den Vergütungsantrag im vorangegangenen vereinfachten Verwaltungsverfahren überprüft und für richtig befunden hat, ist er grundsätzlich nicht daran gehindert, die Vergütung im gerichtlichen Verfahren anderweitig festzusetzen (BGH, Beschl. v. 25.11.2015 – XII ZB 261/13). 427

Einer Rückforderung überzahlter Betreuervergütung kann jedoch der Vertrauensgrundsatz entgegenstehen, wenn eine Abwägung ergibt, dass dem Vertrauen des beruflichen Betreuers auf die Beständigkeit der eingetretenen Vermögenslage gegenüber dem öffentlichen Interesse an der Wiederherstellung einer dem Gesetz entsprechenden Vermögenslage der Vorrang einzuräumen ist (BGH, Beschl. v. 6.11.2013 – XII ZB 86/13). Dies gilt dann nicht, wenn die Nachforderung auf vorsätzlich oder grob fahrlässig falschen Angaben des Betreuers beruht oder der ursprüngliche Ansatz unter einem bestimmten Vorbehalt erfolgt ist (BGH, Beschl. v. 25.11.2015 – XII ZB 261/13). 428

7.3 Festsetzung des Regressanspruchs der Staatskasse

Werden Aufwendungsersatz, Aufwandspauschale oder Vergütung wegen Mittellosigkeit des Betreuten aus der Staatskasse gezahlt, geht der Anspruch des Betreuers auf die Staatskasse über, § 1881 Satz 1 BGB, § 15 Abs. 2 VBVG. Das Betreuungsgericht kann dann im Wege des Rückgriffs gegen den Betreuten vorgehen, wenn dieser zunächst nur teilweise leistungsfähig war, später zu Vermögen kommt oder ursprünglich zu Unrecht für vermögenslos gehalten wurde. Die Regressfestsetzung erfolgt immer von Amts wegen. 429

Gemäß § 292a FamFG legt das Betreuungsgericht Höhe und Zeitpunkt der Zahlungen fest, die der Betreute nach § 1881 Satz 1 und § 1880 Abs. 2 BGB an die Staatskasse zu leisten hat. Die geltend gemachten Forderungen müssen ausreichend bestimmt bezeichnet sein. 430

Die Anordnung der Zahlung kann zeitgleich mit der Festsetzung der Vergütung, des Aufwendungsersatzes oder der Aufwandspauschale oder auch gesondert erfolgen, § 292a Abs. 1 Satz 2 und 3 FamFG. Gesonderte Festsetzung wird in der Regel dann vorgenommen, wenn der Betreute nachträglich zu Vermögen gelangt. 431

Die Festsetzung von Regresszahlungen, die der Betreute wegen der aus der Staatskasse geleisteten Betreuungsvergütung erbringen soll, setzt die Feststellung von dessen Leistungsfähigkeit voraus (OLG Frankfurt, Beschl. v. 11.8.2008 – 20 W 211/08). Mithin ist zu ermitteln, welcher Vermögensteil unter den Voraussetzungen des § 1880 BGB in Anspruch genommen 432 werden kann. Steht nach freier Überzeugung des Gerichts der Aufwand einer solchen Ermittlung außer Verhältnis zur Höhe des aus der Staatskasse zu zahlenden Anspruchs oder zur Höhe der voraussichtlich vom Betreuten zu erbringenden Leistungen, kann das Gericht von einer Festsetzung der vom Betreuten zu leistenden Zahlungen absehen, § 292 Abs. 3 FamFG.

433 Nach dem Tod des Betreuten kann Rückgriff gegen den oder die Erben genommen werden, § 1881 Satz 2 BGB, § 15 Abs. 2 VBVG. Das Betreuungsgericht setzt Höhe und Zeitpunkt der an die Staatskasse zu erbringenden Zahlungen fest, § 292a Abs. 2 Satz 1 FamFG. Zur Prüfung der Regressansprüche hat der Erbe Auskunft über den Bestand des Nachlasses zu geben, § 292a Abs. 2 Satz 2 FamFG; das Gericht kann die Vorlage eines Verzeichnisses der zur Erbschaft gehörenden Gegenstände durch den Erben und eine eidesstattliche Versicherung dahingehend fordern, dass er nach bestem Wissen und Gewissen den Nachlassbestand vollständig angegeben habe, soweit er dazu imstande ist.

434 Vor einer Entscheidung über eine Regressfestsetzung ist der Betreute bzw. dessen Erbe anzuhören, § 292a Abs. 3 FamFG.

7.4 Inhalt des Festsetzungsantrags

435 Nach § 292 Abs. 6 FamFG werden die Landesregierungen ermächtigt, durch Rechtsverordnung für Anträge und Erklärungen auf Ersatz von Aufwendungen und Bewilligung von Vergütung Vordrucke einzuführen. Soweit Vordrucke eingeführt sind, müssen berufliche Betreuer und Betreuungsvereine diese verwenden und als elektronisches Dokument einreichen, wenn dieses für die automatische Bearbeitung durch das Gericht geeignet ist. Andernfalls liegt keine ordnungsgemäße Geltendmachung im Sinne des § 1875 Abs. 2 BGB vor. Das Bundesland Nordrhein-Westfalen fordert, dass ab 1.4.2026 Vergütungsanträge unter Verwendung eines vorgegebenen Vordrucks eingereicht werden müssen. Die entsprechende Betreuungsvergütungsformularverordnung (BeVeFoVO) findet man im Gesetz- und Verordnungsblatt (GV. NRW), Ausgabe 2025, Nr. 36 vom 22.8.2025, Seite 704. Ab 1.7.2026 sind die Anträge als elektronisches Dokument (§ 14 Abs. 2 FamFG) einzureichen. Das Justizministerium NRW hat auf Anfrage klargestellt, dass nur ein sicherer Übertragungsweg gemeint sei (eBo, MJP oder beA). Dies gilt nicht für Abrechnungszeiträume, die ganz oder teilweise vor dem 1.1.2026 liegen.

436 Gemäß der Mitteilungsverordnung hat die Justiz den Finanzbehörden an Berufsbetreuer im Sinne von § 292 FamFG geleistete Zahlungen mitzuteilen, auch dann, wenn sie der Zahlungsempfänger aufgrund einer hauptberuflichen Tätigkeit erhalten hat und sie auf das Geschäftskonto des Zahlungsempfängers überwiesen werden. Diese Mitteilungspflicht gilt erstmals für nach dem 31.12.2024 geleistete Zahlungen. Dabei sind bei natürlichen Personen unter anderem Familienname, Vorname, Geburtsdatum, Anschrift und Identifikationsnummer nach § 139b AO mitzuteilen.

Hinweis:

Vergütungsanträge von Berufsbetreuern sollten die Steuer-ID des Betreuers und sein Geburtsdatum enthalten, um Rückfragen zu vermeiden.

437 Verschiedene Formulare zur Festsetzung einer Vergütung und Freigabe von Auslagen durch das Betreuungsgericht befinden sich unter den „Arbeitshilfen für Betreuer" im Fachportal „FOKUS Betreuungsrecht".

7.4.1 Anspruchsgegner

438 Ob sich der Anspruch gegen den (vermögenden) Betreuten, seinen Erben oder (bei Mittellosigkeit) die Staatskasse richtet, muss sich aus dem Antrag ergeben. Soweit für den Betreuer nicht eindeutig erkennbar ist, ob Mittellosigkeit gegeben ist, sollte er vorsorglich seine Forderungen gegen die Staatskasse richten; beim Aufwendungsersatz und bei der Aufwandspauschale schon wegen der Fristwahrung nach § 1877 Abs. 4 und § 1878 Abs. 4 BGB.

Das Verfahren auf Festsetzung der Vergütung des Betreuers kann auf beide möglichen Vergütungsschuldner (Betreuter und Staatskasse) erstreckt werden, wenn die Mittellosigkeit des Betreuten zweifelhaft ist. Der rechtzeitige Antrag auf Festsetzung der Betreuervergütung gegen den Betreuten wahrt die Frist auch gegenüber der subsidiär berufenen Staatskasse, wenn sich im Lauf des Verfahrens die Mittellosigkeit des Betreuten herausstellt, § 1877 Abs. 4 Satz 3 BGB, § 15 Abs. 3 Satz 2 VBVG. In diesem Fall kann das Gericht einen stillschweigenden Hilfsantrag annehmen oder bei Ablehnung der Vergütung gegen den einen Vergütungsschuldner sogar von Amts wegen den Vergütungsanspruch gegen den anderen Vergütungsschuldner festsetzen (BGH, Beschl. v. 19.8.2015 – XII ZB 314/13). 439

Hinweis:

Der Betreuer könnte den Antrag wie folgt fassen: „Ich beantrage, meine Vergütung gegen das Vermögen des Betreuten festzusetzen, hilfsweise gegen die Staatskasse, wenn beim Betreuten Mittellosigkeit vorliegt oder bis zur gerichtlichen Entscheidung eintritt."

Wird der Vergütungsantrag des Betreuers gegen die Staatskasse abgewiesen und sein Anspruch gegen den Betroffenen bzw. dessen Erben festgesetzt, kann er trotz Eintritts der materiellen Rechtskraft dieses Beschlusses einen erneuten Festsetzungsantrag gegen die Staatskasse stellen, soweit feststeht, dass der Anspruch des Betreuers aus dem Vermögen des Betroffenen bzw. dem Nachlass nicht mehr befriedigt werden kann. Voraussetzung ist, dass der Betreuer keine genaue Kenntnis über das Vermögen hatte und sich herausstellt, dass er seinen Vergütungsanspruch gegen den Betreuten (bzw. dessen Erben) trotz umgehender Ausschöpfung von Zwangsvollstreckungsmöglichkeiten nicht durchsetzen kann (OLG Frankfurt, Beschl. v. 13.5.2009 – 20 W 477/08). 440

Ist der Betreute verstorben und bestehen noch Ansprüche des Betreuers, richten sich diese gegen den Erben, § 1967 BGB. Der Erbe haftet für ausstehende Forderungen des Betreuten gemäß entsprechender Anwendung des § 1881 Satz 2 BGB nur mit dem Wert des Nachlasses und nicht mit seinem eigenen (gesamten) Vermögen (OLG Düsseldorf, Beschl. v. 2.7.2002 – 25 Wx 31/02). Nach dem Tod des Betreuten kann der ehemalige Betreuer seine ausstehenden Forderungen gegen den Erben geltend machen und Festsetzung beantragen. Wendet der Erbe Mittellosigkeit des Nachlasses ein oder ergibt sich diese bereits aus den Unterlagen, richtet sich der Antrag gegen die Staatskasse. 441

Die Zulässigkeit einer Festsetzung offener Vergütungsforderungen des ehemaligen Betreuers gegen die Staatskasse oder den Erben nach dem Tod des Betreuten durch das Betreuungsgericht wird in der Rechtsprechung bejaht (z. B. OLG Zweibrücken, Beschl. v. 24.1.2002 – 3 W 5/02). 442

Ist unklar, ob der Nachlass zur Berichtigung der Vergütungsansprüche nach dem Tod des Betreuten ausreicht, hat zunächst die Staatskasse in Vorleistung zu treten, weil es allgemeiner Meinung entspricht, dass der Staat für die Vergütung des von ihm eingesetzten berufsmäßigen Betreuers zu sorgen hat. Dem Betreuer kann nicht zugemutet werden, zu warten, bis geklärt ist, ob und in welchem Umfang der Nachlass überhaupt ausreicht, die Vergütung zu bezahlen (LG Kassel, Beschl. v. 26.11.2014 – 3 T 459/14). 443

7.4.2 Bezeichnung des Anspruchs

Macht der berufliche Betreuer oder ein Betreuungsverein die pauschalierte Vergütung (Fallpauschale gemäß §§ 8 und 9 VBVG) geltend, muss er angeben, für welchen Zeitraum er Festsetzung begehrt (§ 14 Abs. 1 Satz 1 VBVG); außerdem sind folgende Angaben erforderlich: 444

- Dauer der Betreuung (§ 9 Abs. 1 Nr. 1 VBVG)
- Gewöhnlicher Aufenthalt des Betreuten (§ 9 Abs. 1 Nr. 2 VBVG)
- Vermögensstatus des Betreuten (§ 9 Abs. 1 Nr. 3 VBVG)

445 Zusätzlich muss der berufliche Betreuer bzw. der Betreuungsverein für den Mitarbeiter nachweisen:

- die Registrierung nach § 24 BtOG
- die für die Einstufung in die Vergütungsstufen nach § 8 Abs. 2 VBVG erforderlichen Unterlagen über die abgeschlossene Ausbildung an einer Hochschule oder eine vergleichbare Ausbildung; soweit eine Einstufung nach § 8 Abs. 3 VBVG vorgenommen wurde, genügt die Vorlage der Feststellungsentscheidung

446 Der Betreuer ist nicht zwingend verpflichtet, die von ihm begehrte Vergütung zu beziffern. Die zutreffende Vergütungshöhe ergibt sich bei der Pauschalvergütung nach §§ 8 und 9 VBVG unmittelbar aus dem Gesetz (BGH, Beschl. v. 19.8.2015 – XII ZB 314/13).

447 Bei Beantragung der Zeitvergütung (§ 11 Abs. 1 Satz 1 VBVG, § 277 Abs. 2 FamFG) hat der Betreuer bzw. Verfahrenspfleger den der Vergütungsforderung zugrunde liegenden Zeitaufwand in Bezug auf Notwendigkeit und Umfang eindeutig nachvollziehbar und in sich schlüssig darzulegen; der Zeitraum, der durch die Vergütung abgedeckt werden soll, ist anzugeben. Aufwendungen sind einzeln zu beschreiben und die sich daraus ergebenden Kosten darzustellen.

7.4.3 Verhältnisse des Betreuten

448 Im Antrag sind die persönlichen und wirtschaftlichen Verhältnisse des Betreuten darzustellen, § 292 Abs. 3 Satz 1 FamFG. Nur so ist es dem Gericht möglich, z. B. eine Mittellosigkeit des Betreuten zu erkennen. Das Gericht kann verlangen, dass der Antragsteller seine Angaben hierzu glaubhaft macht, es kann Erhebungen anstellen, insbesondere die Vorlegung von Urkunden anordnen und Auskünfte einholen, § 292 Abs. 3 Satz 2 FamFG i. V. m. § 118 Abs. 2 Satz 1 und 2 ZPO. Soweit der antragstellende Betreuer die Vermögenssorge innehat, dürften diese Angaben für ihn unproblematisch sein.

449 Obliegt dem antragstellenden Betreuer nicht die Vermögenssorge und kennt er auch die Vermögensverhältnisse nicht, sollte er darlegen, warum dies so ist. Wer einen Vergütungsantrag gegen die Staatskasse stellt, muss entweder zum Vermögen und Einkommen des Betreuten vortragen oder er muss darlegen, welche Bemühungen er unternommen hat, dazu etwas in Erfahrung zu bringen und woran dies gescheitert ist. Erst dann greift der Amtsermittlungsgrundsatz, es sei denn, das Gericht macht von der in § 292 Abs. 3 Satz 2 FamFG geregelten Möglichkeit Gebrauch, die Amtsermittlung zu unterlassen, da sich der Aufwand nicht lohnt. In diesem Fall wird gegen die Staatskasse festgesetzt, ohne dass die Mittellosigkeit feststeht. Dem Rechtspfleger ist hier ein Ermessen eingeräumt. Er muss nicht begründen, warum er ohne Kenntnis der Vermögensverhältnisse gegen die Staatskasse die Zahlung festlegt.

450 Wenn das Gericht zur Amtsermittlung schreitet, wird es den Betreuten dazu auffordern, die entsprechenden Angaben zu machen. Macht er sie nicht, weil er seine Vermögenslage krankheitsbedingt gar nicht überblickt, könnte der Aufgabenkreis auf die Vermögenssorge zu erweitern sein. Macht er sie nicht, obwohl er das könnte, ist die Vergütung gegen ihn festzusetzen. Fällt der Betreuer dann in der Zwangsvollstreckung aus, obwohl er sie zügig betrieben hat, kann er erneute Festsetzung gegen die Staatskasse betreiben, denn die Unfruchtbarkeitsbescheinigung des Gerichtsvollziehers erbringt ausreichenden Beweis dafür, dass der Betreute mittellos ist.

7.5 Anhörungspflichten

7.5.1 Anhörung des Betreuten

451 Nach § 292 Abs. 4 FamFG muss der Betreute gehört werden, bevor eine von ihm zu leistende Zahlung festgesetzt wird. Dabei handelt es sich um:

- Vergütungsansprüche des Betreuers
- Aufwendungsersatz und Aufwandspauschale, soweit dem Betreuer die Vermögenssorge nicht zusteht
- Regresszahlungen des Betreuten an die Staatskasse

Der Anspruch muss sich gegen das Vermögen des Betreuten richten; seine Anhörung ist nicht 452 erforderlich, wenn die Staatskasse zur Zahlung verpflichtet ist.

Zur Vergütung eines beruflichen Verfahrenspflegers ist der Betreute an sich nicht zu hören, da 453 sich der Anspruch (zunächst) gegen die Staatskasse richtet, § 277 Abs. 4 Satz 1 FamFG. Da jedoch die festgesetzte Vergütung gemäß Nr. 31015 KV GNotKG beim vermögenden Betreuten eingehoben wird, könnte sich eine Anhörung bereits im Festsetzungsverfahren anbieten.

Eine mündliche Anhörung wird im Gesetz nicht gefordert. Soweit eine schriftliche Anhörung 454 erfolgt, ist der Zustand des Betreuten zu beachten.

Die Anhörung des Betreuten kann unterbleiben (§ 34 Abs. 2 FamFG), wenn eine Verständigung mit 455 ihm offensichtlich nicht möglich ist oder bei ihm erhebliche gesundheitliche Nachteile zu besorgen sind (z. B. Verarmungsangst im Zusammenhang mit einer Depression). Die Angst des Betreuers, das Vertrauensverhältnis zwischen ihm und dem Betreuten könne leiden, wenn dieser von der Vergütungsforderung erfährt, reicht grundsätzlich nicht aus, um von der Anhörung abzusehen.

Wird von der Anhörung abgesehen, ist dem Betreuten grundsätzlich ein Verfahrenspfleger zu 456 bestellen, § 276 Abs. 1 Satz 1 FamFG (z. B. OLG Frankfurt, Beschl. v. 18.3.1997 – 20 W 342/96). Es bleibt offen, ob hiervon abgesehen werden kann, wenn ein Interesse des Betroffenen hieran offensichtlich nicht besteht (BayObLG, Beschl. v. 2.4.2004 – 3Z BR 43/04). Die Entscheidung über das Absehen von der Anhörung bedarf der Begründung (OLG Karlsruhe, Beschl. v. 4.11.2002 – 11 Wx 52/02).

7.5.2 Anhörung des Erben

Will die Staatskasse nach dem Tod des Betreuten dessen Erben gemäß § 1881 Satz 2 BGB und 457 § 292a Abs. 2 FamFG in Anspruch nehmen, sind diese zu hören, § 292a Abs. 3 FamFG.

Auch bei der Festsetzung der Vergütung, des Aufwendungsersatzes oder einer Aufwands- 458 pauschale gegen den Erben nach dem Tod des Betreuten ist § 292 Abs. 4 FamFG entsprechend anzuwenden (Thüringer OLG, Beschl. v. 19.10.2000 – 6 W 512/00).

Sollten die Erben nicht bekannt sein, die Erbschaft noch nicht angenommen haben oder ist 459 ungewiss, ob die Erben angenommen haben, kann auf Antrag des ehemaligen Betreuers durch das Nachlassgericht zum Zweck der gerichtlichen Geltendmachung (Festsetzung) seines Anspruchs gegen den Nachlass ein Nachlasspfleger gemäß § 1961 i. V. m. § 1960 Abs. 1 BGB bestellt werden. Diesem kann das Betreuungsgericht nunmehr rechtliches Gehör gewähren und anschließend die Vergütung festsetzen. Für den Nachlasspfleger besteht darüber hinaus die Möglichkeit, dem ehemaligen Betreuer den festgesetzten Betrag aus dem Nachlass zu zahlen; eine Pflicht hierzu besteht für ihn aber nicht.

Auch die Staatskasse kann die ihr gemäß § 1881 BGB aus dem Nachlass zu erstattenden 460 Regressansprüche gegen die unbekannten Erben des Betreuten im Verfahren nach §§ 292a Abs. 2 FamFG festsetzen lassen, wenn ein Nachlasspfleger nach § 1961 BGB bestellt wurde (z. B. OLG Stuttgart, Beschl. v. 29.6.2007 – 8 W 245/07).

7.5.3 Anhörung des Vertreters der Staatskasse

Richten sich die Ansprüche des Betreuers gegen die Staatskasse, ist deren Vertreter, der 461 zuständige Bezirksrevisor, als Beteiligter zu hören, § 274 Abs. 4 Nr. 2 i. V. m. § 34 Abs. 1 Nr. 1 FamFG, schon im Hinblick auf dessen Beschwerdeberechtigung nach § 304 FamFG.

7.6 Entscheidung

7.6.1 Festsetzungsbeschluss

Die Entscheidung ergeht als Beschluss, da der Verfahrensgegenstand erledigt wird (sog. 462 Endentscheidung), § 38 Abs. 1 Satz 1 FamFG. Dem Antrag des Betreuers kann vollumfänglich stattgegeben oder er kann ganz oder teilweise zurückgewiesen werden. Der Inhalt des Beschlusses ergibt sich aus § 38 Abs. 2 FamFG.

A

7.6.2 Gegenansprüche des Betreuten

463 Im Vergütungsfestsetzungsverfahren nach § 292 FamFG können Gegenansprüche, die darauf gestützt werden, der Betreuer habe sein Amt mangelhaft geführt, nicht berücksichtigt werden. Gegenansprüche wegen mangelhafter Amtsführung haben nicht im Vergütungsrecht ihren Grund, sodass sie im Festsetzungsverfahren nicht beachtet werden können. Solche Einwendungen können nur mit der Vollstreckungsgegenklage nach § 95 Abs. 1 Nr. 1 FamFG i. V. m. § 767 ZPO oder in einem Verfahren vor dem Prozessgericht geltend gemacht werden. Einer Vollstreckungsgegenklage steht § 767 Abs. 2 ZPO nicht entgegen, obwohl die Gründe, auf denen die Einwendungen beruhen, bereits vor Erlass des Festsetzungsbeschlusses vorlagen, denn die Einwendungen konnten im Vergütungsfestsetzungsverfahren nicht geltend gemacht werden (BGH, Beschl. v. 11.4.2012 – XII ZB 459/10).

7.6.3 Bekanntmachung

Festsetzung richtet sich gegen den Betreuten

464 Die Bekanntmachung erfolgt an den Betreuer und den Betreuten, § 41 Abs. 1 Satz 1 FamFG; der Betreute ist im gesamten Betreuungsverfahren verfahrensfähig, § 275 FamFG. Der Beschluss wird auch an den Verfahrenspfleger bekannt gegeben (er ist Beteiligter nach § 274 Abs. 2 FamFG). Die Bekanntgabe an den Verfahrenspfleger macht die Bekanntgabe an den Betreuten selbst nicht überflüssig, denn er ist kein Verdrängender, sondern nur ein zusätzlicher Garant dafür, dass die Interessen des Betreuten wahrgenommen werden.

465 § 63 Abs. 3 FamFG fordert die schriftliche Bekanntmachung des Beschlusses an die Beteiligten (§ 41 Abs. 1 FamFG), um die Beschwerdefrist in Lauf zu setzen. Nach § 15 Abs. 2 FamFG kann die Bekanntgabe durch Zustellung nach §§ 166 bis 195 ZPO oder dadurch bewirkt werden, dass das Schriftstück unter der Anschrift des Adressaten zur Post gegeben wird. Soll die Bekanntgabe im Inland bewirkt werden, gilt das Schriftstück vier Tage nach Aufgabe bei der Post als bekannt gegeben, wenn nicht der Beteiligte glaubhaft macht, dass ihm das Schriftstück nicht oder erst zu einem späteren Zeitpunkt zugegangen ist. Wird der Beschluss elektronisch zugestellt, so gilt nach § 173 Abs. 4 ZPO (anwendbar über § 15 Abs. 2 Satz 1 FamFG) die Zustellung am vierten Tag nach der in der Regel sofort erstellten Eingangsbestätigung und damit nach Absendung als zugegangen. In diesem Fall kommt es nicht auf den Zeitpunkt der Zugangsmöglichkeit des Betreuers zu seinem Postfach oder eine tatsächliche Kenntnisnahme an; auch bei sofortiger Kenntnisnahme beginnt eine nach dem Zustellungsdatum berechnete Frist daher nicht, früher zu laufen (es handelt sich um eine Zugangsfiktion, nicht um eine Zugangsvermutung). Dies gilt nicht in den Fällen des § 173 Abs. 2 und 3 ZPO.

Festsetzung richtet sich gegen die Staatskasse

466 Die Bekanntmachung erfolgt an den Vertreter der Staatskasse (Bezirksrevisor) und an den Betreuer, § 41 Abs. 1 Satz 1 FamFG. Der Vertreter der Staatskasse ist (unabhängig von einer Beteiligtenstellung) beschwerdeberechtigt, § 304 Abs. 1 Satz 1 FamFG. Die Bekanntmachung an ihn erfolgt durch formlose Mitteilung, § 304 Abs. 2 i. V. m. § 15 Abs. 3 FamFG.

7.6.4 Wirksamkeit

467 Wirksamkeit der Entscheidung tritt nach § 40 Abs. 1 FamFG mit Zugang an den Betreuer ein. Zwar unterliegt der Beschluss der formellen Rechtskraft, § 45 FamFG, jedoch ist diese keine Wirksamkeitsvoraussetzung und muss grundsätzlich nicht bescheinigt werden, § 46 FamFG.

Hinweis:

Bei einer Vergütungsentscheidung muss nicht der Eintritt der Rechtskraft abgewartet werden, es genügt für die Wirksamkeit die Bekanntmachung des Beschlusses an den Betreuer. Ab diesem Zeitpunkt kann von der Entscheidung Gebrauch gemacht werden.

7.7 Beschwerde

Die nach §§ 292 und 292a FamFG erfolgten gerichtlichen Festsetzungsentscheidungen unterliegen der Beschwerde, §§ 58 ff. FamFG. 468

Hat der Urkundsbeamte im Verwaltungsverfahren nach § 292 Abs. 5 FamFG die Auszahlung der beantragten Vergütung angeordnet (Zahlbarmachung), ist zu beachten, dass nur das Verfahren nach JVEG im vereinfachten Verfahren erfolgt, jedoch nicht die Beschwerde nach diesem Gesetz statthaft ist (BayObLG, Beschl. v. 20.5.1999 – 3Z BR 103/99). Da im Rahmen der Zahlbarmachung über den Anspruch noch nicht rechtskräftig entschieden wurde, bleibt dem Betreuer aber immer die Möglichkeit der Antragstellung auf Festsetzung nach § 292 Abs. 1 FamFG; gegen den dann ergangenen Beschluss des Rechtspflegers kann er Beschwerde einlegen (§§ 58 ff. FamFG). 469

Die Beschwerde ist nur zulässig, wenn der Wert des Beschwerdegegenstands 1.000 EUR übersteigt, § 61 Abs. 1 FamFG. Falls dieser Wert nicht überschritten wird, kann das Betreuungsgericht sie zulassen, § 61 Abs. 2 FamFG. Die Zulassung erfolgt durch den Rechtspfleger; lässt dieser die Beschwerde nicht zu, kann gegen den Festsetzungsbeschluss mit Erinnerung binnen einer Frist von zwei Wochen vorgegangen werden, § 11 Abs. 2 Satz 1 RPflG. Der Rechtspfleger kann der Erinnerung abhelfen und die Beschwerde nunmehr zulassen. Hilft er der Erinnerung nicht ab, entscheidet der Richter des Betreuungsgerichts in der Sache; auch er kann die Beschwerde noch zulassen (BGH, Beschl. v. 17.5.2017 – XII ZB 621/15). 470

Die Beschwerde ist binnen einer Frist von einem Monat einzulegen, § 63 Abs. 1 FamFG. Nach § 63 Abs. 3 Satz 1 FamFG beginnt die Frist jeweils mit der schriftlichen Bekanntgabe des Beschlusses an die Beteiligten. Richtet sich die Festsetzung gegen die Staatskasse, beträgt die Beschwerdefrist des Bezirksrevisors abweichend von § 63 Abs. 1 FamFG drei Monate, § 304 Abs. 2 FamFG. 471

Die Beschwerde steht nach § 59 Abs. 1 FamFG demjenigen zu, der durch den Beschluss in seinen Rechten beeinträchtigt ist. Beschwerde einlegen kann: 472

- Betreuter, wenn eine Festsetzung gegen sein Vermögen erfolgt
- Erbe des Betreuten, wenn eine Festsetzung von Ansprüchen des Betreuers oder Regressansprüchen der Staatskasse gegen ihn erfolgen
- Betreuer, wenn seinem Antrag nicht (vollständig) entsprochen wird

Darüber hinaus sind beschwerdeberechtigt: 473

- Verfahrenspfleger, wenn die Festsetzung gegen das Betreutenvermögen erfolgt (§ 303 Abs. 3 FamFG)
- Vertreter der Staatskasse (Bezirksrevisor), wenn die Festsetzung gegen die Staatskasse erfolgt (§ 304 Abs. 1 Satz 1 FamFG)

Im Verfahren auf Festsetzung einer Betreuervergütung gegen die Staatskasse sind weder der Betreute noch ein Verfahrenspfleger beschwerdeberechtigt (BayObLG, Beschl. v. 25.7.2003 – 3Z BR 106/03). 474

7.8 Festsetzungsbeschluss als Vollstreckungstitel

Nach § 86 Abs. 1 Nr. 1 FamFG kann aus einem gegen den Betreuten ergangenen Festsetzungsbeschluss nach § 292 Abs. 1 FamFG gemäß den Vorschriften der ZPO vollstreckt werden, § 95 Abs. 1 Nr. 1 FamFG; an die Stelle eines Urteils tritt der Beschluss, § 95 Abs. 2 FamFG. 475

Der Festsetzungsbeschluss wird mit Bekanntmachung an den Betreuer wirksam, § 41 Abs. 1 Satz 1 FamFG, und ist ab diesem Zeitpunkt vollstreckbar, § 86 Abs. 2 FamFG. Er bedarf nicht eines Rechtskraftvermerks, § 46 FamFG. 476

Der Festsetzungsbeschluss ist Vollstreckungstitel, § 86 Abs. 1 Nr. 1 FamFG. Um die Zwangsvollstreckung betreiben zu können, bedarf der Betreuer einer vollstreckbaren Ausfertigung des Festsetzungsbeschlusses, die mit einer Vollstreckungsklausel versehen ist und die Zustellung an den Betreuten (oder Erben) ausweist, § 86 Abs. 3 FamFG, da die Vollstreckung 477 nicht durch das Betreuungsgericht erfolgt, sondern durch das Vollstreckungsgericht oder den Gerichtsvollzieher. Die erforderliche Klausel erteilt der Urkundsbeamte der Geschäftsstelle des Betreuungsgerichts.

478 Der Festsetzungsbeschluss gegen den Erben des verstorbenen Betreuten fällt ebenfalls unter § 86 Abs. 1 Nr. 1 FamFG und stellt einen Vollstreckungstitel dar.

479 Der Beschluss, durch den die Vergütung gegen den Erben festgesetzt ist, ist allerdings ein Vollstreckungstitel nur gegen den Nachlass, nicht gegen das Vermögen, das der Erbe außer dem Nachlass hat. Eine Festsetzung, die eine Vollstreckung in das sonstige Vermögen des Erben ermöglichen würde, ist nicht zulässig. Aus § 1881 Satz 2 BGB, wonach der „Erbe nur mit dem Wert des im Zeitpunkt des Erbfalls vorhandenen Nachlasses" der Staatskasse haftet, folgt, dass der Erbe für die Vergütung nicht mit seinem sonstigen Vermögen haftet, also ein Titel nicht gegen den Erben persönlich möglich ist. Auch die Staatskasse, die vorrangig haftet, falls der Nachlass nicht ausreicht, kann beim Erben keinen Rückgriff nehmen, der aus dem sonstigen Vermögen des Erben zu zahlen wäre (OLG Celle, Beschl. v. 30.6.2016 – 6 W 81/16).

7.9 Zurückbehaltungsrecht des Betreuers

480 Endet das Betreueramt, kommt es nicht selten vor, dass der ehemalige Betreuer noch Ansprüche aus Vergütung oder Aufwendungsersatz gegen den Betreuten oder dessen Erben geltend machen kann. Um zu vermeiden, dass insbesondere der Erbe nach Aushändigung aller Vermögensbestandteile diese anderweitig verwendet und dem Betreuer Vermögenslosigkeit entgegenhält, kann dieser einen Teil des Betreutenvermögens zurückhalten, damit seine Ansprüche durchgesetzt werden können (OLG Zweibrücken, Beschl. v. 12.11.2009 – 4 U 135/08). Der Wert der zurückbehaltenen Vermögensteile darf nicht außer Verhältnis zur Höhe der Forderung des Betreuers stehen. Das Zurückbehaltungsrecht ergibt sich aus § 273 BGB.

A

Reinhold Spanl

Gerichtliche Kosten

A

1. Grundsätzliches

1 Nach § 80 FamFG sind Kosten des Verfahrens die Gerichtskosten (Gebühren und Auslagen) sowie die zur Durchführung des Verfahrens notwendigen Aufwendungen der Beteiligten.

2 Kosten (Gebühren und Auslagen) in Betreuungs-, Pflegschafts- und Unterbringungssachen werden nach dem GNotKG erhoben. Dies gilt auch für Verfahren über eine Beschwerde.

3 Das GNotKG ist eingeteilt in einen Vorschriftenteil (§§ 1 bis 136), in dem unter anderem Bestimmungen zum Wert und zur Fälligkeit enthalten sind. Außerdem gibt es zwei Anlagen.

4 In der Anlage 1 (zu § 3 Abs. 2 GNotKG), dem sog. Kostenverzeichnis (KV), wird beschrieben, welche Gerichtsgebühren und Auslagen für welche gerichtlichen Tätigkeiten anfallen. Für Betreuungen und Pflegschaften ist Teil I Hauptabschnitt 1 mit den Nummern 11100 bis 11400 anzuwenden, soweit es um Gebühren geht; Teil III Hauptabschnitt 1 befasst sich in den Nummern 31000 bis 31015 mit den Auslagen.

5 Anlage 2 (zu § 34 Abs. 3 GNotKG) enthält die Gebührentabellen A und B. Welche Tabelle anzuwenden ist, ergibt sich aus dem KV.

5a Nach dem KostBRÄG 2025 werden ab dem 1.6.2025 insbesondere Freibeträge bei der Gebührenberechnung in Betreuungssachen und Sachverständigenkosten verändert.

2. Unterscheidung zwischen Gebühren und Auslagen

6 Betreuungsverfahren verursachen einen nicht unerheblichen finanziellen Aufwand. Für die Inanspruchnahme des Gerichts werden Gebühren verlangt, zudem fallen z. B. Auslagen für Sachverständigengutachten, ärztliche Atteste, Verfahrenspfleger, Reisekosten und Zeugen an.

7 Da das GNotKG unmittelbar die Erhebung der Gebühren und Auslagen regelt, ist eine Kostenentscheidung des Betreuungsgerichts grundsätzlich nicht erforderlich. Es ergibt sich direkt aus dem GNotKG, wer die Gerichtskosten zu tragen hat und wann diese fällig werden.

8 Das Betreuungsgericht kann allerdings die Kosten des Verfahrens nach billigem Ermessen einem oder mehreren Beteiligten ganz oder z. T. auferlegen; es kann auch anordnen, dass von der Erhebung der Kosten abzusehen ist, § 81 Abs. 1 FamFG.

9 Einem Dritten können Kosten des Verfahrens nur auferlegt werden, soweit die Tätigkeit des Gerichts durch ihn veranlasst wurde und ihn ein grobes Verschulden trifft, § 81 Abs. 4 FamFG.

10 In Betreuungssachen kann das Gericht die Auslagen des Betroffenen, soweit sie zur zweckentsprechenden Rechtsverfolgung notwendig waren, ganz oder teilweise der Staatskasse auferlegen, wenn eine Betreuungsmaßnahme nach den §§ 1814 bis 1881 BGB abgelehnt, als ungerechtfertigt aufgehoben oder eingeschränkt oder aber das Verfahren ohne Entscheidung über eine solche Maßnahme beendet wird, § 307 FamFG.

11 In Unterbringungssachen kann das Gericht die Auslagen des Betroffenen, soweit sie zur zweckentsprechenden Rechtsverfolgung notwendig waren, ganz oder teilweise der Staatskasse auferlegen, wenn eine Unterbringungsmaßnahme nach § 312 Nr. 1 und 2 FamFG abgelehnt, als ungerechtfertigt aufgehoben oder eingeschränkt oder aber das Verfahren ohne Entscheidung über eine Maßnahme beendet wird, § 337 Abs. 1 FamFG.

12 Wird ein Antrag auf eine Unterbringungsmaßnahme nach den Landesgesetzen über die Unterbringung psychisch Kranker nach § 312 Nr. 3 FamFG abgelehnt oder zurückgenommen und hat das Verfahren ergeben, dass für die zuständige Verwaltungsbehörde kein begründeter Anlass vorgelegen hat, den Unterbringungsantrag zu stellen, hat das Gericht die Auslagen des Betroffenen der Körperschaft aufzuerlegen, der die Verwaltungsbehörde angehört, § 337 Abs. 2 FamFG.

A

3. Kostenschuldner und Fälligkeit

In Betreuungssachen ist grundsätzlich der Betreute in den Nrn. 11101 bis 11105 KV GNotKG genannten Verfahren Kostenschuldner, § 23 Nr. 1 GNotKG. Dies gilt jedoch nicht für Kosten, die das Gericht einem anderen auferlegt hat, § 27 Nr. 1 GNotKG. 13

Anträge Dritter oder des Betreuers sind in der Regel nur Anregungen zum Amtsverfahren, sodass § 22 Abs. 1 GNotKG keine Anwendung findet. 14

Kosten werden auch im Beschwerdeverfahren erhoben, § 1 Abs. 4 GNotKG. Richtet sich eine Beschwerde gegen eine Entscheidung des Betreuungsgerichts und ist sie von dem Betreuten oder dem Pflegling oder im Interesse dieser Personen eingelegt, schuldet gemäß § 25 Abs. 2 GNotKG die Kosten nur derjenige, dem sie das Gericht auferlegt hat. Entsprechendes gilt für ein sich anschließendes Rechtsbeschwerdeverfahren und für das Verfahren über die Rüge wegen Verletzung des Anspruchs auf rechtliches Gehör. § 23 GNotKG gilt nicht im Rechtsmittelverfahren (Kostenschuldner ist somit nicht automatisch der Betreute). 15

Gemäß § 8 GNotKG werden in Betreuungssachen und betreuungsgerichtlichen Zuweisungssachen die Jahresgebühren Nr. 11101, 11102 und 11104 KV GNotKG erstmals bei Anordnung und später jeweils zu Beginn eines Kalenderjahres fällig. Die Auslagen werden sofort nach ihrer Entstehung fällig. 16

Alle anderen gerichtlichen Gebühren und Auslagen, die nicht Jahresgebühren sind, werden gemäß § 9 GNotKG fällig, wenn 17

- eine unbedingte Entscheidung über die Kosten ergangen ist,
- das Verfahren oder der Rechtszug durch Vergleich oder Zurücknahme beendet ist,
- das Verfahren sechs Monate ruht oder sechs Monate nicht betrieben worden ist,
- das Verfahren sechs Monate unterbrochen oder sechs Monate ausgesetzt war oder
- das Verfahren durch anderweitige Erledigung beendet ist.

Die Dokumentenpauschale sowie die Auslagen für die Versendung von Akten werden sofort nach ihrer Entstehung fällig. 18

4. Gebühren

Gebühren werden nur erhoben, soweit dies im GNotKG und dessen KV bestimmt wird; dort nicht genannte Tätigkeiten sind gebührenfrei. 19

4.1 Gebühr für eine (Dauer-)Betreuung

In Betreuungssachen werden von dem Betroffenen Gebühren nur nach Maßgabe des § 1880 Abs. 2 BGB erhoben; maßgeblich ist der Zeitpunkt der Fälligkeit (KV GNotKG Vorbemerkung 1.1 Abs. 1). Das bedeutet, dass der Betreute sein Vermögen nach Maßgabe des § 90 SGB XII einzusetzen hat. Insoweit greift unter anderem auch das sog. Schonvermögen in Höhe von 10.000 EUR (§ 1 der DVO zu § 90 Abs. 2 Nr. 9 SGB XII) und nicht mehr wie bisher der Betrag von 25.000 EUR. 20

Für eine Betreuung, die nicht auf einzelne Rechtshandlungen beschränkt ist, wird die sog. Jahresgebühr erhoben, Nr. 11101 KV GNotKG. Erfasst werden von dieser Gebühr regelmäßig alle Betreuungen, die nicht nur für eine bestimmte Rechtshandlung (z. B. Durchführung eines bestimmten Rechtsgeschäfts) angeordnet sind. 20a

Nach Nr. 11101 Abs. 1 Satz 1 Halbsatz 1 KV GNotKG wird für die Berechnung der Gebühr das Vermögen des von der Maßnahme Betroffenen nur berücksichtigt, soweit es nach Abzug der Verbindlichkeiten (sog. Reinvermögen) mehr als 10.000 EUR (früher 25.000 EUR) beträgt. 21

In Nr. 11101 Abs. 1 Satz 1 Halbsatz 2 KV GNotKG wird bestimmt, dass der in § 90 Abs. 2 Nr. 8 SGB XII genannte Vermögenswert (Hausgrundstück oder Eigentumswohnung, soweit angemessen) nicht mitgerechnet wird. 22

23 Das wichtigste objektivierbare Kriterium für die Angemessenheit stellt die Größe der Wohnfläche dar. Nach weit überwiegender Auffassung sind für die Unterbringung eines Vier-Personen-Haushalts 130 m² angemessen. Bei einer geringeren Personenzahl ist eine Reduzierung um jeweils 20 m² pro Person vorzunehmen. Damit kann der Bruchteil, der den Wert einer angemessenen Wohnfläche übersteigt, als für die Gebühr zu berücksichtigendes Vermögen herangezogen werden (OLG Frankfurt, Beschl. v. 29.10.2020 – 20 W 44/20).

Beispiel:

Ein Hausgrundstück mit einem Verkehrswert von 400.000 EUR wird vom Betreuten und dessen Familie bewohnt (Ehefrau und ein Sohn). Die Wohnfläche beträgt 140 m², angemessen sind 110 m² (130 – 20 m²). Damit können 30/140 des Grundstückswerts (85.714 EUR) als Vermögen berücksichtigt werden.

24 Die Bestimmungen des GNotKG stellen allein darauf ab, dass der Betreute Inhaber des Vermögens ist. Auf die Verfügbarkeit des Vermögens bzw. eine insoweit bestehende Einschränkung durch eine nicht befreite Vorerbschaft und/oder eine vom Erblasser bezüglich des ererbten Vermögens angeordnete Testamentsvollstreckung kommt es nach dem eindeutigen Wortlaut der Bestimmungen gerade nicht an. Ist der Betreute nur Vorerbe eines ererbten Vermögens, ist bei der kostenrechtlichen Ermittlung des Reinvermögens des Betreuten der Wert des Anwartschaftsrechts des Nacherben abzuziehen, weil auf das Vermögen nach Abzug der Verbindlichkeiten abzustellen ist. Soll in einem solchen Fall der Vermögensstamm umfassend für den Nacherben erhalten bleiben, ist das Anwartschaftsrecht mit einem hoch anzusetzenden Bruchteil zu bewerten (LG Augsburg, Beschl. v. 6.4.2017 – 51 T 258/17; zur Bewertung des Anwartschaftsrechts siehe unter anderem Bestelmeyer, Rpfleger 2018, 173). Dass der Gesetzgeber den von ihm im GNotKG verwendeten Begriff des Vermögens auch nicht sozialhilferechtlich aufweichen wollte, wird dadurch verdeutlicht, dass als einzige Ausnahme bei der Bestimmung des Vermögens die Berücksichtigung eines Hausgrundstücks im Sinne des SGB XII angeführt ist und ein allgemeiner Verweis auf die sozialhilferechtlichen Vorschriften gerade unterbleibt (OLG Hamm, Beschl. v. 28.8.2015 – 15 Wx 203/15).

25 Ist dem Betreuten durch ein sog. Behindertentestament eine Erbschaft als nicht befreiter Vorerbe bei gleichzeitig angeordneter Dauertestamentsvollstreckung zugefallen, ist der Nachlass bei der Ermittlung des Reinvermögens als Grundlage der gerichtlichen Jahresgebühr nicht werterhöhend zu berücksichtigen, weil nicht der Nachlass, sondern nur die Rechte des Erben gegenüber dem Testamentsvollstrecker Gegenstand der Betreuung sind (OLG Köln, Beschl. v. 19.9.2019 – 2 Wx 264/19; OLG München, Beschl. v. 18.1.2019 – 34 Wx 165/18); eine andere Ansicht, die die werterhöhende Einbeziehung bejaht, wird unter anderem vertreten durch das OLG Stuttgart (Beschl. v. 2.4.2020 – 8 W 434/19) und das OLG Celle (Beschl. v. 28.12.2016 – 2 W 255/16).

26 Zur Werterhöhung sind zwei weitere Entscheidungen ergangen. Während das OLG Zweibrücken (Beschl. v. 23.11.2020 – 3 W 58/20) eine Werterhöhung verneint, geht das OLG Karlsruhe in seiner Entscheidung (Beschl. v. 23.2.2021 – 14 W 69/20) von einer Werterhöhung aus. Es ist der Ansicht, dass es für die Erhebung der Jahresgebühr nicht darauf ankommt, ob der Betreuer über die Vermögenswerte verfügen kann. Auch der Wert eines Nachlasses, bezüglich dessen Dauertestamentsvollstreckung angeordnet ist, wirke sich werterhöhend aus. Das Gericht kommt zum Ergebnis, dass sich die Ausübung der dem Erben gegenüber dem Testamentsvollstrecker zustehenden Rechte durchaus auf dessen Vermögen bezieht; es muss nämlich durch den Betreuer sichergestellt werden, dass bei Verfügungen, die der Testamentsvollstrecker bei der Umsetzung des Erblasserwillens über das geerbte Vermögen trifft, die Interessen des Erben angemessen berücksichtigt werden. Dem OLG Karlsruhe hat sich das OLG Rostock (Beschl. v. 6.5.2021 – 7 W 33/21) angeschlossen mit der Begründung, dass sich dann, wenn dem Betreuer auch die Vermögenssorge vollumfassend übertragen ist, die (gerichtliche) Betreuungstätigkeit auf das gesamte Nachlassvermögen der Gesamthand bezieht. Der Betreuer hat die Tätigkeiten des Testamentsvollstreckers zu überwachen und darauf zu achten, dass die Regeln ordnungsgemäßer Verwaltung beachtet werden. Zudem hat er darauf hinzuwirken, dass dem Betreuten

die ihm nach dem Testament zustehenden Zuwendungen zufließen. Diese Ansprüche hätte er notfalls auch gerichtlich durchsetzen müssen. Die Wahrnehmung dieser Aufgaben ist dauerhaft unmittelbarer Bestandteil der dem Betreuer zugewiesenen Aufgabe, die vermögensrechtlichen Belange des Betreuten zu wahren und nicht bloßer Annex zu einem Aufgabenkreis zu sein, der grundsätzlich keinen Vermögensbezug hat. Das Gericht hat diese Tätigkeiten des Betreuers zu überwachen. Das Haftungsrisiko des Gerichts ist erheblich und auch der Überwachungsaufwand minimiert sich nicht.

Ist ein Teil des Vermögens Gegenstand der Betreuung, ist höchstens dieser Teil des Vermögens 27 zu berücksichtigen, Nr. 11101 Abs. 1 Satz 2 KV GNotKG. Wurde beim Aufgabenkreis „Vermögenssorge" die Verwaltung von Bankkonten ausgenommen, für die eine wirksam erteilte Vollmacht vorliegt, ist die Jahresgebühr ohne Berücksichtigung der Bankguthaben zu berechnen (OLG Hamm, Beschl. v. 30.9.2014 – 15 W 252/14).

Für jedes angefangene Kalenderjahr wird eine Gebühr von 11,50 EUR pro angefangene 28 5.000 EUR erhoben, um die das reine Vermögen 10.000 EUR übersteigt; die Gebühr beträgt mindestens 230 EUR (Nr. 11101 KV GNotKG). Dauert die Betreuung nicht länger als drei Monate, beträgt die Gebühr 100 EUR (Nr. 11101 Abs. 3 KV GNotKG), unabhängig vom Vermögen. Dauert die Betreuung nicht länger als drei Monate, beträgt die Gebühr 100 EUR (Nr. 11101 Abs. 3 KV GNotKG), unabhängig vom Vermögen.

Beispiele:

Die Betreuung umfasst den Aufgabenkreis „Vermögenssorge". Das Vermögen des Betreuten beträgt nach Abzug aller Verbindlichkeiten:

a. 9.900 EUR

Zieht man gemäß Vorbemerkung 1.1 Abs. 1 zur Anlage 1 zu § 3 Abs. 2 GNotKG die dort genannten 10.000 EUR ab, entsteht keine Jahresgebühr.

b. 35.000 EUR

Zieht man die 10.000 EUR ab, sind für die Jahresgebühr 25.000 EUR zu berücksichtigen. Da je 5.000 EUR ein Betrag von 11,50 EUR anzusetzen ist, würde sich nach Nr. 11101 Abs. 1 Satz 1 Halbsatz 1 KV GNotKG eine Gebühr von 57,50 EUR ergeben. Allerdings ist eine Mindestgebühr pro Jahr von 230 EUR anzusetzen.

c. 2.000.000 EUR (Enthalten ist ein vom Betreuten und Angehörigen bewohntes Hausgrundstück im Wert von 400.000 EUR im Sinne von § 90 Abs. 2 Nr. 8 SGB XII.)

Zunächst wird vom Gesamtwert der Wert des angemessenen Hausgrundstücks abgezogen (Nr. 11101 Abs. 1 Satz 1 Halbsatz 2 KV GNotKG), sodass 1.600.000 EUR verbleiben. Davon ist der Freibetrag von 10.000 EUR abzuziehen, sodass noch 1.590.000 EUR für die Jahresgebühr herangezogen werden können. Je 5.000 EUR sind 11,50 EUR zu berechnen, das ergibt eine Gebühr von 3.657 EUR.

Ist vom Aufgabenkreis nicht unmittelbar das Vermögen erfasst (z. B. nur Gesundheitsfürsorge 29 und/oder Aufenthaltsbestimmung), wird die Gebühr ebenfalls aus dem sich nach Abzug der Verbindlichkeiten, des Schonvermögens (§ 90 Abs. 2 Nr. 8 SGB XII) und des Freibetrags von 10.000 EUR ergebenden Reinvermögens berechnet, Nr. 11102 Abs. 1 KV GNotKG, allerdings höchstens 300 EUR pro angefangenem Kalenderjahr. Dauert die Betreuung nicht länger als drei Monate, beträgt die Gebühr 100 EUR (Nr. 11102 Abs. 2 KV GNotKG), unabhängig vom Vermögen.

Beispiel:

Es besteht der Aufgabenkreis „Aufenthaltsbestimmung und Gesundheitssorge".

Das reine Vermögen des Betreuten beträgt 70.000 EUR. Für die Jahresgebühr ist ein Wert von 60.000 EUR (70.000 – 10.000 EUR) zugrunde zu legen. Dies ergäbe rechnerisch eine Gebühr in Höhe von 138 EUR, aber nach 11102 KV GNotKG wäre eine Mindestgebühr von 300 EUR anzusetzen, jedoch höchstens eine Gebühr nach 11101 KV GNotkG, somit die dortige Mindestgebühr in Höhe von 230 EUR.

Würde das Vermögen 500.000 EUR betragen, ergäbe sich grundsätzlich eine Jahresgebühr aus einem Wert von 490.000 EUR (500.000 – 10.000 EUR) in Höhe von 1.127 EUR; jetzt allerdings begrenzt auf 300 EUR.

30 Gemäß Nr. 11101 Abs. 2 KV GNotKG wird für das bei der ersten Bestellung eines Betreuers laufende und das folgende Kalenderjahr nur eine Jahresgebühr erhoben. Dies gilt auch bei Nr. 11102 KV GNotKG, siehe Abs. 2.

31 Der Gegenstandswert bestimmt sich nach dem Vermögen zum Zeitpunkt der Fälligkeit der Gebühr. Im Lauf des Jahres eintretende Vermögensveränderungen nach oben und unten bleiben dabei unberücksichtigt; sie sind erst für die nächste Jahresgebühr von Bedeutung. Dies gilt sowohl, wenn im Lauf des Jahres die Kostentragungspflicht wegen Unterschreitung der Freigrenze wegfällt, als auch umgekehrt, wenn in einem bisher kostenbefreiten Verfahren z. B. aufgrund einer Erbschaft die Freigrenze überschritten wird und deshalb künftig Kosten zu erheben sind. Anders verhält es sich, wenn der Betreuer z. B. erst nach Jahren von einem bisher unbekannten Vermögen Kenntnis erlangt. Wegen eines unrichtigen Ansatzes dürfen Gerichtskosten nur nachgefordert werden, wenn der berichtigte Ansatz dem Zahlungspflichtigen nach Absendung der Jahresrechnung mitgeteilt worden ist, § 20 Abs. 1 Satz 1 GNotKG.

32 Ansprüche auf Zahlung von Gerichtskosten verjähren in vier Jahren. Bei Dauerbetreuungen oder Dauerpflegschaften beginnt die Verjährung hinsichtlich der Jahresgebühren am Tag vor deren Fälligkeit, hinsichtlich der Auslagen mit deren Fälligkeit, § 6 Abs. 1 GNotKG. Auf die Verjährung sind die Vorschriften des BGB anzuwenden; die Verjährung wird nicht von Amts wegen berücksichtigt, § 6 Abs. 3 GNotKG.

Beispiel:

Der Betreuer wird erstmals am 6.9.2025 mit dem Aufgabenkreis „Gesundheits- und Vermögenssorge" bestellt. Der Betreute wohnt in seiner angemessenen Eigentumswohnung, die einen Verkehrswert von 200.000 EUR hat. Die Wohnung ist mit einer Grundschuld zugunsten einer Bank in Höhe von 100.000 EUR belastet; diese sichert eine Restdarlehenssumme von 20.000 EUR, die erst in sechs Monaten zur Zahlung fällig ist. Außerdem bestehen Konten mit einer Einlage von insgesamt 92.000 EUR.

Der Wert der Eigentumswohnung bleibt außer Ansatz, Nr. 11101 Abs. 1 Satz 1 Halbsatz 2 KV GNotKG i. V. m. § 90 Abs. 2 Nr. 8 SGB XII. Das gesamte sonstige Aktivvermögen beträgt 92.000 EUR, zudem kann die Darlehensschuld in Höhe von 20.000 EUR abgerechnet werden.

Für die erste Jahresgebühr wird von einem Vermögen von 72.000 EUR ausgegangen; die Gebühr beträgt:

72.000 EUR – 10.000 EUR = 62.000 EUR
62.000 EUR : 5.000 EUR = 12,4 = 10 × 11,50 EUR = 138 EUR
Allerdings ist eine Mindestgebühr pro Jahr von 300 EUR anzusetzen.

Die erste Jahresgebühr in Höhe von 300 EUR ist am 6.9.2025 fällig und deckt den Zeitraum bis 31.12.2026 ab, § 8 GNotKG. Die nächste Jahresgebühr wird am 1.1.2027 fällig und berechnet sich aus dem dann vorhandenen Reinvermögen des Betreuten.

4.2 Gebühr für eine (Dauer-)Pflegschaft

33 Im Rahmen einer betreuungsgerichtlichen Zuweisungssache (§ 340 FamFG) kann ein Angehöriger oder Berufsbetreuer durch das Betreuungsgericht als Pfleger bestellt werden. Hierbei wird es sich insbesondere um Abwesenheitspflegschaften für Volljährige handeln, deren Aufenthalt unbekannt ist oder die an der Rückkehr und Besorgung ihrer Angelegenheiten gehindert werden, § 1884 BGB. Für diese sog. Dauerpflegschaft fällt ebenfalls eine Jahresgebühr an, Nr. 11104 KV GNotKG. Ist ein Teil des Vermögens Gegenstand der Pflegschaft, ist höchstens dieser Teil des Vermögens zu berücksichtigen. Für das bei der ersten Bestellung

eines Pflegers laufende und das folgende Kalenderjahr wird nur eine Jahresgebühr erhoben. Erstreckt sich die Pflegschaft auf mehrere Betroffene, wird die Gebühr für jeden Betroffenen gesondert erhoben.

Die Jahresgebühr beträgt 11,50 EUR je angefangene 5.000 EUR des reinen Vermögens, 34
mindestens 230 EUR. Dauert die Pflegschaft nicht länger als drei Monate, beträgt die Gebühr 100 EUR (Nr. 11104 Abs. 4 KV GNotKG), unabhängig vom Vermögen.

4.3 Gebühr für auf einzelne Rechtshandlungen beschränkte Betreuung

Es handelt sich um den Fall, dass ein Betreuer nur für die Durchführung eines bestimmten 35
Rechtsgeschäfts bestellt wird.

Beispiel:

Der Volljährige hat rechtzeitig eine wirksame schriftliche Vorsorgevollmacht errichtet; die Unterschrift wurde jedoch nicht öffentlich beglaubigt, weder durch einen Notar noch vor einer Urkundsperson der Betreuungsbehörde. Zum Vermögen des Volljährigen gehört ein Grundstück, das veräußert werden soll. Allerdings erweist sich die Vollmacht insoweit als unbrauchbar, da sie zwar umfassend erteilt ist, die erforderliche Form des § 29 GBO zur Herbeiführung der Grundbucheintragung aber fehlt.

In diesem Fall kann ein Betreuer mit dem Aufgabenkreis „Veräußerung des Grundstücks XY" bestellt werden. Weitere Aufgaben sind nicht erforderlich.

Bei einer Betreuung für einzelne Rechtshandlungen wird eine 0,5-Gebühr nach dem Wert des 36
Gegenstands erhoben, auf den sich die Rechtshandlung bezieht, Nr. 11103 KV GNotKG. Diese Gebühr deckt die gesamte Tätigkeit des Betreuungsgerichts ab, somit auch eine evtl. erforderliche Genehmigung des Rechtsgeschäfts. Die Gebühr wird in der Regel durch eine Kostenentscheidung oder mit Aufhebung der Betreuung fällig, § 9 Abs. 1 Nr. 1 oder 5 GNotKG.

Begrenzt wird die Gebühr durch die Verweisung auf Nr. 11101 KV GNotKG. Eine Gebühr wird 37
nur erhoben, wenn das Reinvermögen des Betreuten 10.000 EUR übersteigt. Wäre die errechnete Jahresgebühr niedriger als die 0,5-Gebühr nach Nr. 11103 KV GNotKG, wird sie herangezogen.

Die Gebühr nach Nr. 11103 KV GNotKG wird nie neben einer Gebühr nach Nr. 11101 38
oder 11102 KV GNotKG erhoben. Soweit für den Fürsorgebedürftigen eine Dauerbetreuung bereits bei der Anordnung der entsprechenden Einzelfallmaßnahmen besteht oder gleichzeitig notwendig ist, fällt keine gesonderte Gebühr an.

Zum oben genannten Beispiel:

Hat das Grundstück einen Verkehrswert von 400.000 EUR, ergibt sich eine 0,5-Gebühr nach § 34 GNotKG i. V. m. Anlage 2 Tabelle A in Höhe von 1.754 EUR. Die Berechnung nach Nr. 11101 KV GNotKG ergibt dagegen nur einen Betrag von 897 EUR (400.000 EUR – 10.000 EUR = 390.000 EUR : 5.000 EUR × 11,50 EUR). Somit ist lediglich eine Gebühr von 897 EUR angefallen.

4.4 Einstweilige Anordnungen

Das einstweilige Anordnungsverfahren stellt ein selbstständiges (von einem Hauptverfahren 39
unabhängiges) Verfahren dar, § 51 Abs. 3 Satz 1 FamFG. Für die Kosten des Verfahrens gelten die allgemeinen Vorschriften, § 51 Abs. 4 FamFG, somit auch das GNotKG.

Für das Verfahren der einstweiligen Anordnung wird eine 0,3-Gebühr erhoben, Nr. 16110 KV 40
GNotKG. Gemäß Vorbemerkung 1.6 zum KV GNotKG werden im Verfahren über den Erlass einer einstweiligen Anordnung und über deren Aufhebung oder Änderung die Gebühren nur einmal erhoben.

Im Verfahren über den Erlass einer einstweiligen Anordnung und über deren Aufhebung oder 41
Änderung werden allerdings keine Gebühren erhoben, soweit das Verfahren in den Rahmen

einer bestehenden Betreuung oder Pflegschaft fällt. Eine Gebühr entsteht ferner nicht für die Bestellung eines vorläufigen Betreuers, wenn in der Hauptsache ein Betreuer bestellt wird, Vorbemerkung 1.6 und Nr. 16110 KV GNotKG).

Beispiel:

Bestellt das Betreuungsgericht gemäß §§ 300 oder 301 FamFG durch einstweilige Anordnung einen vorläufigen Betreuer mit dem Aufgabenkreis „Vermögenssorge" und geht dieses Verfahren in eine endgültige Betreuung über, fällt nur eine Jahresgebühr nach Nr. 11101 KV GNotKG an; fällig wird sie bereits mit Bestellung des vorläufigen Betreuers.

42 Endet eine vorläufige Betreuerbestellung, ohne dass ein Betreuer in der Hauptsache (endgültiger Betreuer) bestellt wird, fallen Gebühren wie in einem Hauptsacheverfahren an. Dies ist im GNotKG etwas verwirrend gelöst. Nach der Vorbemerkung 1 Absatz 1 vor dem Hauptabschnitt 1 bestimmen sich im Verfahren der einstweiligen Anordnung die Gebühren nach dem Hauptabschnitt 6 (Verfahren über den Erlass einer einstweiligen Anordnung). Dort wird aber in der Vorbemerkung 1.6.1 festgelegt, dass in Betreuungssachen von dem Betroffenen Gebühren nur unter den in der Vorbemerkung 1.1 Absatz 1 genannten Voraussetzungen erhoben werden. In Nr. 16110 Abs. 2 KV GNotKG findet man dann die Anordnung, dass die Gebühr ferner nicht entsteht, wenn das Verfahren mit der Bestellung eines vorläufigen Betreuers endet. In diesem Fall entsteht eine Gebühr nach Hauptabschnitt 1 Abschnitt 1 wie bei der Bestellung eines endgültigen Betreuers, was auch mit der Vorbemerkung 1.1.1 übereinstimmt.

Beispiel:

Das Betreuungsgericht bestellt gemäß §§ 300 oder 301 FamFG durch einstweilige Anordnung einen vorläufigen Betreuer mit den Aufgabenkreisen „Aufenthaltsbestimmung" und „Gesundheitssorge"; die Bestellung endet gemäß § 302 Satz 1 FamFG nach sechs Monaten, ohne dass ein endgültiger Betreuer bestellt wird. Es fällt eine Jahresgebühr nach Nr. 11102 KV GNotKG an, die mit der Bestellung des vorläufigen Betreuers fällig geworden ist.

4.5 Unterbringungssachen

43 Die gerichtliche Genehmigung der Unterbringung eines Betroffenen durch den Betreuer oder Bevollmächtigten (§ 1831 Abs. 2 und 5 BGB), die Genehmigung einer freiheitsentziehenden Maßnahme (§ 1831 Abs. 4 und 5 BGB) sowie die Anordnung einer freiheitsentziehenden Unterbringung nach Landesrecht (öffentlich-rechtliche Unterbringung) sind grundsätzlich kostenfrei. Der Betroffene schuldet allerdings Auslagen nach Nr. 31015 KV GNotKG (Verfahrenspflegerkosten), aber nur, wenn sie nicht einem anderen auferlegt worden sind, § 26 Abs. 3 GNotKG.

4.6 Verfahrenspflegschaft

44 In einem Verfahren, für das sich die Kosten nach dem GNotKG bestimmen, sind die Bestellung eines Verfahrenspflegers und deren Aufhebung Teil des Verfahrens, für das der Pfleger bestellt worden ist.

45 Bestellung und Aufhebung sind gebührenfrei (Vorbemerkung 1 Abs. 3 KV GNotKG). Die Befreiung gilt aber nur für die Gerichtsgebühren und nicht für Auslagen, die für den Verfahrenspfleger angefallen sind (Nr. 31015 KV GNotKG). Diese werden beim Betreuten erhoben, wenn er ausreichendes Vermögen im Sinne von § 1880 BGB hat (nicht mittellos ist).

4.7 Sonstige Entscheidungen des Betreuungsgerichts

46 Eine 0,5-Gebühr wird für (End-)Entscheidungen des Betreuungsgerichts erhoben, die sich nicht auf Betreute oder Pfleglinge beziehen, Nr. 11100 KV GNotKG. In Ermangelung genügender tatsächlicher Anhaltspunkte für eine Schätzung ist der Wert regelmäßig auf 5.000 EUR

anzunehmen; er kann nach Lage des Falls niedriger oder höher, jedoch nicht über 1.000.000 EUR angenommen werden, § 36 GNotKG.

Die Gebühr fällt gemäß Nr. 11100 KV GNotKG nicht für Verfahren an, die in den Rahmen einer 47 bestehenden Betreuung oder Pflegschaft fallen, für die die Gebühr nach Nr. 11103 oder 11105 KV GNotKG entsteht oder die mit der Bestellung eines Betreuers oder der Anordnung einer Pflegschaft enden.

Es handelt sich hierbei insbesondere um die Genehmigung der Einwilligung eines Bevoll- 48 mächtigten in eine Untersuchung des Gesundheitszustandes, in eine Heilbehandlung oder einen ärztlichen Eingriff (§ 1829 Abs. 1 und 5 BGB), der Nichteinwilligung in eine ärztliche Maßnahme (§ 1829 Abs. 2 und 5 BGB) oder in eine Zwangsbehandlung (§ 1832 Abs. 2 i. V. m. Abs. 4 und 5 BGB).

5. Auslagen

Auslagen sind Teil der gerichtlichen Kosten. Die in einem Betreuungsverfahren anfallenden 49 Auslagen ergeben sich aus Nr. 31000 bis 31015 KV GNotKG. Die häufigsten Auslagen sind die Kosten einer Zustellung, Gutachterkosten, Fahrt- und Reisekosten und die an den Verfahrenspfleger gezahlten Beträge (§§ 277, 318 FamFG).

5.1 Vermögensgrenze

Gemäß der Vorbemerkung 3.1 Abs. 2 KV GNotKG werden in Betreuungssachen von dem 50 Betroffenen Auslagen nur unter den in Vorbemerkung 1.1 Abs. 1 KV GNotKG genannten Voraussetzungen erhoben. Das Vermögen des von der Maßnahme Betroffenen wird nur berücksichtigt, soweit es nach Abzug der Verbindlichkeiten (sog. Reinvermögen) mehr als 10.000 EUR beträgt; der in § 90 Abs. 2 Nr. 8 SGB XII genannte Vermögenswert (Hausgrundstück oder Eigentumswohnung, soweit angemessen) wird nicht mitgerechnet.

Dies gilt auch für an Verfahrenspfleger gezahlte Beträge (Auslagen siehe Nr. 31015 KV 51 GNotKG). Sie werden erhoben, wenn die Vermögensgrenzen im Sinne von § 1880 BGB überschritten sind (keine Mittellosigkeit vorliegt). Hier ist der Freibetrag der DVO zu § 90 Abs. 2 Nr. 9 SGB XII zu beachten (10.000 EUR).

5.2 Nichterhebung von Auslagen

Gemäß Vorbemerkung 3.1 KV GNotKG werden Auslagen, die durch eine für begründet 52 befundene Beschwerde entstanden sind, nicht erhoben, soweit das Beschwerdeverfahren gebührenfrei ist; dies gilt jedoch nicht, soweit das Beschwerdegericht die Kosten dem Gegner des Beschwerdeführers auferlegt hat.

5.3 Verfahrenspflegschaft

Nach § 277 Abs. 4 und § 318 FamFG werden Aufwendungsersatz und Vergütung des 53 Verfahrenspflegers stets aus der Staatskasse gezahlt. Dies gilt unabhängig davon, ob der Betreute mittellos oder vermögend ist. Die Staatskasse erhebt diese Auslagen nach Nr. 31015 KV GNotKG beim Betreuten (durch Kostenrechnung), soweit die Vermögensgrenzen im Sinne von § 1880 BGB überschritten sind.

5.4 Unterbringungssachen

Gemäß § 26 Abs. 3 GNotKG schuldet der Betroffene in Unterbringungssachen nur Auslagen 54 nach Nr. 31015 KV GNotKG (Verfahrenspflegerkosten) und nur, wenn die Gerichtskosten nicht einem anderen auferlegt worden sind und soweit die Vermögensgrenzen im Sinne von § 1880 BGB überschritten sind.

5.5 Kosten eines Sachverständigen

55 Die Kosten eines vom Gericht im Betreuungsverfahren beauftragten Sachverständigen zur Erstattung eines ärztlichen Gutachtens sind Auslagen im Sinne von Nr. 31005 KV GNotKG und werden dem Betreuten in Rechnung gestellt, soweit die Voraussetzungen nach Vorbemerkung 1.1 KV GNotKG vorliegen (Reinvermögen über 10.000 EUR).

56 Die Vergütung des Sachverständigen für die Erstellung eines Gutachtens in Betreuungssachen richtet sich in der Regel nach § 9 Abs. 1 Satz 1 (Honorargruppe M2 Nr. 6) JVEG und beträgt pro Stunde 98 EUR. Ein Sachverständiger, der auftragsgemäß ein ärztliches Zeugnis nach § 281 FamFG (siehe auch § 300 Abs. 1 Satz 1 Nr. 2 FamFG) erstellt, hat in der Regel ebenfalls einen Vergütungsanspruch nach § 9 JVEG (LG Darmstadt, Beschl. v. 21.9.2016 – 5 T 634/15). In Unterbringungsverfahren und in Verfahren nach § 1829 BGB (ärztliche Maßnahmen) und § 1830 BGB (Sterilisation) wird in der Regel die Honorargruppe M3 Nr. 10 bzw. 13 vergütet (pro Stunde 131 EUR).

5.6 Vorführungskosten

57 Führt die Betreuungsbehörde den Betroffenen in einem Betreuungsverfahren mit gerichtlicher Anordnung gemäß § 278 Abs. 5 FamFG beim Gericht bzw. nach § 283 Abs. 1 FamFG beim Sachverständigen vor, handelt es sich um eine originär eigene Aufgabe der Betreuungsbehörde im Sinne von § 11 Abs. 1 Satz 1 BtOG (bis 31.12.2022: § 8 Abs. 1 Satz 1 BtBG), sodass sie die hierdurch verursachten Kosten selbst zu tragen hat. Angesichts der spezialgesetzlich geregelten Aufgabenzuweisung in § 283 FamFG kann insbesondere nicht von einem Tätigwerden der Betreuungsbehörde im Wege der Amtshilfe ausgegangen werden (BGH, Beschl. v. 25.11.2015 – XII ZB 105/13). Die Rechtsprechung des OLG Köln (Beschl. v. 26.7.2004 – 16 Wx 119/04) und weiterer Gerichte, die entschieden haben, dass die Kosten zunächst der Betreuungsbehörde aus der Staatskasse zu erstatten sind und nach Nr. 31013 KV GNotKG vom Betreuten eingehoben werden können, dürfte damit überholt sein.

5.7 Kosten der Wohnungsöffnung

58 Muss im Rahmen einer Unterstützung des Betreuers bei einer Unterbringung nach § 326 FamFG oder bei einer Zuführung zum Betreuungsgericht oder zu einem Sachverständigen nach § 278 Abs. 5 und § 283 Abs. 1 FamFG die Wohnung durch die Betreuungsbehörde geöffnet werden, ist fraglich, wer die Kosten (meist Kosten eines Schlüsseldienstes) zu tragen hat.

59 Die Betreuungsbehörde ist laut Gesetz zur Wohnungsöffnung ermächtigt und berufen. Da es sich um eine originäre Aufgabe der Behörde handelt, hat sie auch die Kosten zu tragen. Im Fall der Zuführung zum Gericht oder Sachverständigen ist nicht das Gericht zur Kostentragung verpflichtet (BGH, Beschl. v. 25.11.2015 – XII ZB 105/13), sondern die Betreuungsbehörde. Dies ist auch im Fall des § 326 FamFG nach hier vertretener Ansicht so zu betrachten.

60 Damit scheidet eine Kostenerstattung des Gerichts in den Fällen des § 278 Abs. 7 und des § 283 Abs. 3 FamFG aus. Im Fall des § 326 Abs. 3 FamFG ist eine Erstattung der Kosten aus dem Vermögen des Betreuten nicht gegeben, dafür fehlt eine gesetzliche Grundlage (keine Gebührentatbestände in den Ausführungsgesetzen der Länder enthalten).

61 Der Betreuer ordnet zwar die Unterbringung an, ist aber nicht zur Wohnungsöffnung berechtigt. Er sollte somit auch nicht einen Schlüsseldienst beauftragen, da er sonst aus Vertragsrecht dessen Kosten zu tragen hätte. Falls die Betreuungsbehörde eine Kostenerstattung aus dem Vermögen des Betreuten anstrebt, ist dem entgegenzutreten.

6. Rechtsmittelkosten

62 Im Beschwerde- und Rechtsbeschwerdeverfahren fallen grundsätzlich Gebühren nach Nr. 11200 bis 11400 KV GNotKG an.

Das Gericht soll die Kosten eines ohne Erfolg eingelegten Rechtsmittels dem Beteiligten auferlegen, der es eingelegt hat, § 84 FamFG. Dies gilt nicht, wenn ein Verfahrenspfleger das Rechtsmittel eingelegt hat, § 276 Abs. 7 und § 317 Abs. 7 FamFG. 63

Richtet sich eine Beschwerde gegen eine Entscheidung des Betreuungsgerichts und ist sie von dem Betreuten oder dem Pflegling oder im Interesse dieser Personen eingelegt, schuldet die Kosten nur derjenige, dem das Gericht die Kosten auferlegt hat. Entsprechendes gilt für ein sich anschließendes Rechtsbeschwerdeverfahren und für das Verfahren über die Rüge wegen Verletzung des Anspruchs auf rechtliches Gehör, § 25 Abs. 2 GNotKG. § 23 Nr. 1 GNotKG gilt nicht im Rechtsmittelverfahren, § 25 Abs. 3 GNotKG. 64

Eine Beschwerde ist allerdings nur dann „im Interesse" des Betreuten oder Pfleglings eingelegt, wenn sie dem wahren, objektiven Interesse unter einer Berücksichtigung der gesamten Einzelumstände entspricht. 65

Will der Betreuer gegen eine gerichtliche Entscheidung Rechtsmittel einlegen, sollte er stets überlegen, ob er dies im eigenen Namen oder im Interesse des Betreuten tut (§ 303 Abs. 4 und § 335 Abs. 3 FamFG). 66

7. Kostenerhebung

Die Kosten des Betreuungsverfahrens werden bei dem Betreuungsgericht angesetzt, bei dem das Verfahren anhängig ist, § 18 Abs. 1 GNotKG. Die Justizkasse zieht die Kosten mittels Kostenrechnung ein. 67

Wegen eines unrichtigen Ansatzes dürfen Gerichtskosten nur nachgefordert werden, wenn der berichtigte Ansatz dem Zahlungspflichtigen vor Ablauf des nächsten Kalenderjahres nach Absendung der den Rechtszug abschließenden Kostenrechnung (Schlusskostenrechnung) – bei Verfahren, in denen Jahresgebühren erhoben werden, nach Absendung der Jahresrechnung – mitgeteilt worden ist. Dies gilt nicht, wenn die Nachforderung auf vorsätzlich oder grob fahrlässig falschen Angaben des Kostenschuldners beruht oder wenn der ursprüngliche Kostenansatz unter einem bestimmten Vorbehalt erfolgt ist, § 20 Abs. 1 GNotKG. 68

Ansprüche auf Zahlung von Gerichtskosten verjähren in vier Jahren. Bei Dauerbetreuungen oder Dauerpflegschaften beginnt die Verjährung hinsichtlich der Jahresgebühren am Tag vor deren Fälligkeit, hinsichtlich der Auslagen mit deren Fälligkeit, § 6 Abs. 1 GNotKG. Auf die Verjährung sind die Vorschriften des BGB anzuwenden; die Verjährung wird nicht von Amts wegen berücksichtigt, § 6 Abs. 3 GNotKG; sie ist im Wege der Einrede durch den Kostenpflichtigen geltend zu machen, § 214 Abs. 1 BGB. 69

Johannes Friedrich

Übersicht zum Rechtsgebiet des Sozialrechts – mit praktischem Handwerkszeug

B

1. Die Systematik des deutschen Sozialrechts – Licht ins Dunkel bringen

1 Die Bundesrepublik Deutschland ist ein demokratischer und sozialer Bundesstaat. Was unsere Verfassung so schön und einfach beschreibt, bedarf der näheren Ausgestaltung durch den Gesetzgeber.

Systemverständnis:

Juristen sprechen insofern von einer reinen Staatszielbestimmung. Das Sozialstaatsprinzip ist nach der Systematik unserer Verfassung der natürliche Gegenspieler der Marktwirtschaft. Letztere wird nicht ausdrücklich im Grundgesetz genannt, ihre Kernelemente sind aber verfassungsrechtlich geschützt (vgl. den Schutz des Eigentums durch Art. 14 GG). Das Zusammenspiel beider Prinzipien ergibt das Konstrukt der sozialen Marktwirtschaft.

2 Das Sozialstaatsprinzip ist damit primär ein Gestaltungsauftrag an den Gesetzgeber, unmittelbare einzelne Ansprüche lassen sich daraus nicht ableiten.

1.1 Das System – das Haus der sozialen Sicherung

3 Auf Basis dieses Auftrags wurde das Haus der sozialen Sicherheit in seiner heutigen Gestalt erbaut.

4 Die tragenden Säulen dieses Hauses sind die **beitragspflichtigen** Versicherungsbereiche: die Arbeitslosen-, Kranken-, Unfall-, Renten- und Pflegeversicherung. Leistungen hieraus sind abhängig von zuvor gezahlten Beiträgen der Versicherten.

5 Nicht jeder allerdings ist in der Lage, diese Beiträge aufzubringen. Um hier niemanden durch das soziale Netz fallen zu lassen, existiert als Basis des Hauses das **beitragsunabhängige** System der Grundsicherung (u. a. Bürgergeld) und der Sozialhilfe.

1.2 Das SGB I – soziale Rechte und Programmsätze

6 Wie bei jedem Haus muss vor Baubeginn ein Plan bestehen. Die Aufgabe dieser Werksplanung übernimmt das SGB I.

B

Systemverständnis:

Auch aus den sozialen Rechten des SGB I lassen sich keine individuellen Ansprüche ableiten (vgl. § 2 Abs. 1 Satz 2 SGB I). Allerdings schreibt § 2 Abs. 2 SGB I zumindest vor, dass die aufgeführten sozialen Rechte bei der Auslegung der Vorschriften der Sozialgesetzbücher (SGB) und bei der Ausübung von Ermessen zu beachten sind.

Das SGB I enthält folgende soziale Rechte als Programmsätze: 7

Norm im SGB I	Programmsatz
§ 3	Bildungs- und Arbeitsförderung
§ 4	Sozialversicherung
§ 5	Soziale Entschädigung
§ 6	Minderung des Familienaufwands
§ 7	Zuschuss für angemessene Wohnung
§ 8	Kinder- und Jugendhilfe
§ 9	Sozialhilfe
§ 10	Teilhabe behinderter Menschen

Die Verwirklichung dieser Programmsätze findet über die einzelnen Bücher der SGB (derzeit: 8
SGB I bis XII) bzw. über die besonderen Teile des SGB (vgl. § 68 SGB I; z. B. das BAföG) statt.

Tipp:

Dieser Werksplan kann dazu führen, dass sich die Leistungsansprüche zu den einzelnen Programmsätzen aus ganz unterschiedlichen Gesetzen ergeben können. Das vorliegende Handbuch orientiert sich daher weniger an der Darstellung der einzelnen Gesetze, sondern geht von konkreten Bedarfssituationen aus und soll insofern als Wegweiser durch das Sozialrecht fungieren.

Das SGB I enthält darüber hinaus aber auch ganz pragmatische Hilfsmittel, die im Rahmen der 9
Betreuungspraxis zum Einsatz kommen können.

1.3 Das SGB IV – ein Klammergesetz

Was ist ein Klammergesetz? Wollen Juristen etwas nicht immer wieder definieren, entwickeln 10
sie allgemeine Begrifflichkeiten, die für viele verschiedene Bereiche gelten – diese Regeln werden „vor die Klammer gezogen".

Deshalb gelten die Vorschriften des SGB IV auch für die gesetzliche Kranken-, die Unfall- und 11
die Rentenversicherung einschließlich der Alterssicherung der Landwirte sowie für die soziale Pflegeversicherung (letztlich also für die Versicherungszweige des Sozialrechts) und mit gewissen Ausnahmen auch für die Arbeitsförderung (vgl. § 1 Abs. 1 SGB IV). Definiert werden z. B. die Begriffe der Beschäftigung und der selbstständigen Tätigkeit, das Arbeitsentgelt und sonstiges Einkommen, Leistungen und Beiträge sowie Meldepflichten, ebenso rechtliche und organisatorische Regelungen zu den Trägern der Sozialversicherung.

Beispiel:

Die Versicherungspflicht in der gesetzlichen Krankenversicherung greift gemäß § 5 Abs. 1 Nr. 1 SGB V für beschäftigte Arbeitnehmer – wer „Beschäftigter" ist, regelt § 7 SGB IV.

Das Sozialbudget der Bundesrepublik Deutschland betrug 2019 ca. 1.345 Milliarden EUR; die 12
Billionengrenze wurde bereits 2019 überschritten. Finanziert wird dies etwa zu ⅓ aus

Arbeitgeberbeiträgen, zu ⅓ aus Arbeitnehmerbeiträgen und zu ⅓ aus staatlichen Zuschüssen (Quelle: BMAS, Sozialbudget 2024). Soloselbstständige beteiligen sich hieran also grundsätzlich nicht (abgesehen vom Steueraufkommen und teilweise im Bereich der Rentenversicherung). § 7 SGB IV ist damit eine zentrale Zuweisungsnorm, mit deren Hilfe entschieden wird, wer als Arbeitnehmer bzw. Beschäftigter über seine Beiträge zur Finanzierung des Sozialbudgets herangezogen wird.

Hinweis:

Die Abgrenzung zwischen echter Selbstständigkeit und einer abhängigen Beschäftigung erfolgt mit Wirkung für alle Versicherungszweige über die berühmt-berüchtigte Vorschrift des § 7 SGB IV, die in der Vergangenheit vielfach geändert wurde, um sie fassbarer zu machen. Der Gesetzgeber hatte zwischenzeitlich kapituliert und die Ausgestaltung der Definition faktisch völlig der Rechtsprechung überlassen. Die Kriterien des BSG führen in der Praxis dazu, dass fast immer eine abhängige Beschäftigung (und damit eine Beitragspflicht) anzunehmen ist. Das BSG begründet dies im Kern mit dem Schutz des Sozialversicherungssystems. Aktuell gibt es wieder Bestrebungen des Gesetzgebers, dem Begriff der Selbstständigkeit fassbarere Konturen zu geben.

1.4 Das SGB X – nicht nur langweiliges Verfahrensrecht

13 Das SGB X regelt neben dem Schutz der Sozialdaten und der Zusammenarbeit der Sozialleistungsträger untereinander vor allem auch das Verwaltungsverfahrensrecht.

14 Klingt langweilig? Mag sein, es ist aber von immenser praktischer Bedeutung. Zumindest gewisse Grundkenntnisse sind für eine haftungsfreie gesetzliche Betreuung im Bereich des Sozialrechts unumgänglich.

Tipp:

Dieses Handbuch nimmt sich im Kapitel „Rechtsdurchsetzung" (siehe B 15, Rn. 2 ff.) des Themas an: Neben dem Grundwissen werden auch viele praktische Tipps geliefert.

1.5 Vorrang- und Nachrangleistungen – über Grundsätze und Ausnahmen

15 Die tatsächliche (gesetzgeberische) Umsetzung der Programmsätze aus dem SGB I führte zu einer Vielzahl sozialrechtlicher Normen. Diese ergänzen sich teilweise, manchmal stehen sie auch einfach nebeneinander. Dieser Befund führt notwendigerweise zu einem Abgrenzungserfordernis. Meistens gibt es dafür gesetzliche Vorschriften, oftmals muss aber auch die Rechtsprechung eingreifen und klarstellen.

Hinweis:

Es liegt auf der Hand, dass die Leistungen der Grundsicherung und der Sozialhilfe erst nachrangig zu den Versicherungsleistungen eingreifen. Gleichwohl gibt es nicht immer eine saubere Trennkante, ein Entweder-oder.

16 So sieht § 2 Abs. 3 Satz 1 SGB II zwar klar vor, dass Leistungen zur Sicherung des Lebensunterhalts nur erbracht werden, soweit die Hilfebedürftigkeit nicht anderweitig beseitigt werden kann. Auch § 2 Abs. 1 SGB XII betont, dass keine Sozialhilfe erhält, wer sich durch Einsatz seiner Arbeitskraft, seines Einkommens und seines Vermögens selbst helfen kann oder wer die erforderliche Leistung von anderen, insbesondere von Angehörigen oder von Sozialleistungsträgern, erhält. Reicht aber beispielsweise bei einem erwerbsgeminderten Menschen die Rente wegen Erwerbsminderung zur Sicherung des Lebensunterhalts nicht aus, erhält er

– daneben – aufstockend Hilfe über das SGB XII. Oder: Kommt ein Arbeitsloser allein mit dem Arbeitslosengeld nicht über die Runden, kann er versuchen, zusätzlich Wohngeld (und evtl. Kinderzuschlag) zu erhalten. Ist dies nicht möglich, kann aufstockend Bürgergeld nach dem SGB II beantragt werden.

Auch im Bereich des Teilhabe- und Eingliederungsrechts gibt es häufig Abgrenzungsschwierig- 17
keiten (siehe B 2, Rn. 128 ff. und 147 ff.).

1.6 Das duale System – gesetzlich versus privat

Das deutsche Sozialsystem kennt einen Dualismus aus gesetzlicher Absicherung und privater 18
Vorsorge. Dabei können sich beide Systeme entweder gegenseitig ausschließen oder ergänzen. Auch dies ist Ausdruck des Prinzips der sozialen Marktwirtschaft: „So viel Staat wie nötig, so viel privat wie möglich."

Beispiel:

Im Bereich der gesetzlichen Krankenversicherung besteht eine Pflichtversicherung für Beschäftigte, sofern nicht die Jahresarbeitsentgeltgrenze überschritten wird (siehe B 5, Rn. 2). Gesetzlich Versicherte können aber private Zusatzversicherungen ergänzend abschließen. Beamte beispielsweise können sich gesetzlich überhaupt nicht versichern: Sie müssen sich privat absichern.

Weitere Beispiele: 19

Gesetzliche Absicherung	Private Absicherung
Gesetzliche Erwerbsminderungsrenten	Private Berufsunfähigkeitsversicherungen
Gesetzliche Altersrente	Private Rentenverträge
Gesetzliche Pflegeversicherung	Private Pflege(-zusatz-)versicherung
Gesetzliche Krankenversicherung	Private Kranken(-zusatz-)versicherung

Zu beachten ist, dass sich die gesetzliche Absicherung – wie der Name bereits sagt – über das 20
Gesetz ergibt. Die private Vorsorge dagegen basiert im Regelfall auf einer vertraglichen Vereinbarung. Diese kann ein Plus an Schutz bieten, durchaus aber auch weniger – entscheidend sind die konkret vereinbarten Bedingungen.

Systemverständnis:

Zuständig bei Streitigkeiten aus privaten Vorsorgeverträgen sind im Regelfall auch nicht die Sozialgerichte, sondern die Zivilgerichte (Ausnahme: Streitigkeiten aus der privaten Pflegeversicherung nach§ 51 Abs. 1 Nr. 2 SGG).

2. Wichtige Rechtsbegriffe – ein bisschen Handwerkszeug muss sein

2.1 Die Leistungsarten des § 11 SGB I

Grundsätzlich geht der Gesetzgeber von drei Leistungsarten aus: Dienst-, Sach- und Geld- 21
leistungen (Überbegriff: Sozialleistungen). Die persönliche und erzieherische Hilfe gehört zu den Dienstleistungen. Eine Vorrang-Nachrang-Regelung ergibt sich aus dieser Aufzählung übrigens nicht; sie muss im einzelnen Leistungsgesetz definiert werden (vgl. Öndül. In: Schlegel/Voelzke, jurisPK-SGB I, 3. Aufl., § 11 SGB I, Stand: 16.12.2019, Rn. 12).

Tipp:

Das ist nicht trivial. In sozialgerichtlichen Verfahren ist genau herauszuarbeiten, über welche Leistungsart die Behörde eine Entscheidung getroffen hat. Vor dem Sozialgericht kann dann nur wegen dieses Streitgegenstands geklagt werden – und nicht ohne Weiteres

B

auch wegen anderer Streitgegenstände, die in dem Zusammenhang vielleicht auch interessant wären.

Beispiel:

Entscheidet eine Berufsgenossenschaft nach einem Arbeitsunfall nur über Verletztengeld, kann vor Gericht nicht auch eine Verletztenrente eingeklagt werden – hierzu muss erst eine Behördenentscheidung herbeigeführt werden.

2.2 Rechtsanspruch und Ermessen – Müssen oder Können?

22 Oft unbeachtet bleibt die Frage, ob eine Rechtsnorm einen Rechtsanspruch gewährt oder der Behörde Ermessen eröffnet. Dabei ist die Frage von großer Bedeutung: Es macht einen Unterschied, ob die Behörde muss oder (nur) kann.

23 Dabei ist die Grundregel des Gesetzgebers in § 38 SGB I klar: Auf Sozialleistungen besteht immer ein Rechtsanspruch – es sei denn, die Norm eröffnet der Behörde ein Ermessen.

Tipp:

Es ist meist recht leicht zu erkennen, ob eine Norm Ermessen einräumt. Das Signalwort des Gesetzgebers für Ermessen ist das Wörtchen „kann" (vgl. z. B. die Eingliederungsleistungen nach § 16 Abs. 1 Satz 2 SGB II oder Leistungen aus dem Vermittlungsbudget nach § 44 Abs. 1 SGB III). Auch Worte wie „darf" oder „ist befugt zu" deuten Ermessen an.

Ein weiteres Signalwort für Ermessen lautet „soll". Wie das Wörtchen bereits nahelegt, hat die Behörde dabei ein sog. intendiertes Ermessen: Im Normalfall muss sie dann die Leistung erbringen – nur bei atypischen Sachlagen kann sie die Leistung verweigern. So können (= einfaches Ermessen) nach § 22 Abs. 6 SGB II Umzugskosten übernommen werden; sie sollen (= intendiertes Ermessen) im Normalfall übernommen werden, wenn der Umzug durch das Jobcenter veranlasst wurde oder aus anderen Gründen notwendig ist.

24 Ermessen kann es auf zwei Ebenen geben:

- Zum einen kann das Ob der Entscheidung betroffen sein (sog. Entschließungsermessen): Hier entscheidet die Behörde bereits dem Grunde nach, ob eine Leistung erbracht wird.
- Zum anderen kann das Wie der Entscheidung im Ermessen stehen (sog. Auswahlermessen): Hier kann die Behörde z. B. bei der Leistungshöhe oder ihrem konkreten Handeln ihren Spielraum ausüben.

Systemverständnis:

Die Befugnis der Ermessensausübung gehört zu den Kernkompetenzen einer Behörde. Im Regelfall ist nicht einmal ein Gericht befugt, seine eigene Ermessensentscheidung an die Stelle der behördlichen zu setzen. In Fällen rechtswidriger Ermessensentscheidungen kann das Gericht daher nur den Bescheid aufheben und die Behörde zu einer erneuten Entscheidung verpflichten (diesmal mit korrekter Ermessensausübung; sog. Verbescheidungsurteil).

Es gibt nur eine Ausnahme, bei der das Gericht einen Leistungsanspruch zuerkennen kann, nämlich dann, wenn das Ermessen der Behörde „auf null reduziert" war (wenn es im konkreten Fall also keine anderen vertretbaren Entscheidungsoptionen gab).

25 Ermessen bedeutet dabei nicht, dass die Behörde völlig frei oder gar willkürlich entscheiden kann. Nach § 39 Abs. 1 Satz 2 SGB I muss sie das Ermessen vielmehr entsprechend dem Zweck

der Vorschrift ausüben und sich an die gesetzlichen Grenzen des Ermessens halten – es besteht ein Anspruch auf ermessensfehlerfreie Entscheidung.

Folgende Ermessensfehler sind denkbar: 26

- Ermessensunterschreitung: Hier kommt es entweder zu einem kompletten Ausfall der Ermessensentscheidung oder es werden nicht alle relevanten Aspekte eingestellt.
- Ermessensüberschreitung: Hier wird eine Rechtsfolge angenommen, die das Gesetz nicht vorsieht.
- Ermessensfehlgebrauch: Hier werden sachfremde Erwägungen angestellt oder es erfolgt eine offensichtliche Fehlgewichtung an sich sachgerechter Erwägungen.

Einzustellen in eine Ermessensentscheidung sind alle relevanten Aspekte des Einzelfalls. Auch 27 haushälterische Erwägungen können relevant sein (Grundsatz der Sparsamkeit und Wirtschaftlichkeit), dürfen aber nicht nur floskelhaft eine Entscheidung begründen.

Tipps:

Ein Großteil der behördlichen Ermessensentscheidungen hält einer gerichtlichen Überprüfung nicht stand. Das liegt daran, dass gerade im Bereich der Massenverwaltung kaum einmal alle Einzelfallaspekte zusammengetragen werden. Oft wählen Behörden dann textbausteinartige Formulierungen aus, was aber keine rechtmäßige Ermessensbetätigung darstellt.

Umgekehrt kann eine Behörde auch nur solche Aspekte einbeziehen, die ihr bekannt sind. Der Behörde sollten bereits vor ihrer Entscheidung alle relevanten Umstände aktiv mitgeteilt werden (persönliche, gesundheitliche, finanzielle Aspekte etc.)!

Wie oben gezeigt bringt die Feststellung eines Ermessensfehlers bei Leistungsbegehren leider recht wenig: Denn zum einen können die Behörden noch im Gerichtsverfahren die schriftliche Begründung der Ermessensausübung nachholen (vgl. § 41 Abs. 2 SGB X), zum anderen kann das Gericht meist nicht in der Sache entscheiden, sondern kann die Behörde nur zur erneuten Entscheidung verpflichten (siehe oben).

Aber: Geht es um die umgekehrte Situation, in der die Behörde z. B. Rücknahme- und Erstattungsentscheidungen trifft, kann die Bescheidaufhebung vor Gericht beim Nachweis von Ermessensfehlern durchaus interessant sein (siehe B 15, Rn. 26).

2.3 Anträge, Bevollmächtigte und mehr – die sozialrechtliche Handlungsfähigkeit sowie die Freuden der Meistbegünstigung

Nach § 16 Abs. 1 Satz 1 SGB I sind Anträge auf Sozialleistungen beim zuständigen 28 Leistungsträger zu stellen.

Tipp:

Die Zeit wird eng, die Behörde hat den Sitz in einer anderen Stadt und das Fax ist kaputt? Keine Panik, § 16 SGB I hilft: Anträge werden nämlich auch von allen anderen Leistungsträgern und von allen Gemeinden entgegengenommen. Solche Anträge bei einem unzuständigen Leistungsträger oder bei einer für die Sozialleistung nicht zuständigen Gemeinde gelten bei unverzüglicher Weiterleitung an den zuständigen Leistungsträger als zu dem Zeitpunkt gestellt, in dem sie bei einer der in Satz 1 genannten Stellen eingegangen sind.

Im Bereich des Teilhaberechts des SGB IX gibt es aufgrund des komplexen Zusammenspiels der 29 Rehabilitationsträger zudem eine weitere Sonderregelung zur Beschleunigung der Zuständigkeitsklärung: § 14 SGB IX (Details hierzu siehe B 2, Rn. 139).

B

30 Ob eine Sozialleistung überhaupt eines Antrags bedarf, ergibt sich aus dem jeweiligen Leistungsgesetz bzw. der konkreten Anspruchsgrundlage.

Systemverständnis:

Gewisse Sozialleistungen sind nicht von einem Antrag abhängig, sondern schlicht von der Kenntniserlangung durch die Behörde. So sind etwa die meisten Leistungen der gesetzlichen Unfallversicherung nach dem SGB VII von Amts wegen zu prüfen und zu erbringen. Auch die Hilfe zum Lebensunterhalt nach dem SGB XII ist grundsätzlich (nur) kenntnisabhängig.

31 Ist ein Antrag erforderlich, muss aus dem Antrag hervorgehen, was der Leistungsberechtigte will. Überspannte Anforderungen werden im Sozialrecht aber nicht gestellt: Zum einen müssen Leistungsträger bei Unklarheiten selbst darauf hinwirken, dass eine Konkretisierung oder Ergänzung erfolgt (vgl. § 16 Abs. 3 SGB I), zum anderen gibt es den sog. Meistbegünstigungsgrundsatz.

Systemverständnis:

Das Sozialrecht ist geprägt von dem Umstand, dass manche Menschen große Schwierigkeiten haben, das zum Ausdruck zu bringen, was sie benötigen. Nach ständiger Rechtsprechung des BSG sind Anträge in der Regel so auszulegen, dass das Begehren des Antragstellers möglichst weitgehend zum Tragen kommt; als beantragt sind dementsprechend alle Leistungen anzusehen, die nach Lage des Falls ernsthaft in Betracht kommen (vgl. für das SGB II etwa BSG, Urt. v. 2.7.2009 – B 14 AS 75/08 R; Urt. v. 6.5.2010 – B 14 AS 3/09 R).

32 Ob Formvorschriften bestehen oder auch formlose, ggf. sogar mündliche Anträge ausreichen, ergibt sich ebenfalls aus der gesetzlichen Anspruchsgrundlage. § 60 Abs. 2 SGB I ordnet jedenfalls ergänzend an, dass Vordrucke (= Formulare) benutzt werden sollen, wenn diese für die Übermittlung bestimmter Tatsachen vorgesehen sind.

33 Grundsätzlich muss gerade bei der Nutzung von Kommunikationsmitteln sehr genau hingesehen werden, ob damit die erwünschten Rechtswirkungen bei Anträgen eintreten. Die nachfolgende Übersicht kann daher nur ungefähre Anhaltspunkte liefern:

Kommunikationsmittel	Hinweise
Telefon	• zulässig bei formlosen Antragsmöglichkeiten aber: problematisch bzgl. Zugangsnachweis (keine Lösung: Telefonat heimlich auf laut stellen und einen Zeugen mithören lassen oder heimliche Telefonmitschnitte – hier besteht unter Umständen eine Strafbarkeit nach §§ 201, 206 StGB und dem folgend evtl. ein prozessuales Beweisverwertungsverbot)
Telefax	• zulässig bei formlosen Anträgen • unzulässig bei echtem Schriftformerfordernis • kein voller Zugangsnachweis über Sendeprotokoll, aber immerhin Indiz für Übersendung „irgendeines" Schriftstücks
Postweg	• zulässig bei allen Anträgen • kein Zugangsnachweis durch bloßen Nachweis des Einwurfs in den Briefkasten; Zugangsnachweis erst bei Einwurf- oder Übergabeeinschreiben (wobei der konkrete Inhalt des Schreibens dadurch nicht nachgewiesen ist)

B

Kommunikationsmittel	Hinweise
Persönliche Vorsprache	• zulässig bei allen Anträgen ohne weitergehende Formerfordernisse • bei Formerfordernissen kann ggf. ein Antrag „zur Niederschrift" gewählt werden, das heißt die Behörde nimmt vor Ort den Antrag auf und dokumentiert dies schriftlich; der Antragsteller unterschreibt das Dokument am besten
E-Mails u. Ä.	• zulässig, sofern die Behörde hierfür den Zugang eröffnet hat (vgl. § 36a Abs. 1 SGB I) und die entsprechenden technischen Voraussetzungen erfüllt werden • auch eine gesetzliche Schriftform kann unter den Voraussetzungen des § 36a Abs. 2 SGB I durch die elektronische Form gewahrt werden (Achtung: Mindestens qualifizierte elektronische Signatur erforderlich!)
Messenger-Dienste	• in der Regel unzulässig, da Voraussetzungen des § 36a SGB I meist nicht gewahrt sein dürften

Voraussetzung einer wirksamen Antragstellung ist auch die Handlungsfähigkeit des Betroffenen. Neben den zivilrechtlichen Grundsätzen (vgl. Teil A) gibt es im Sozialrecht nach § 36 SGB I eine Erweiterung der Handlungsfähigkeit: Wer das 15. Lebensjahr vollendet hat, kann Anträge auf Sozialleistungen stellen und verfolgen sowie Sozialleistungen entgegennehmen. Der Leistungsträger soll den gesetzlichen Vertreter über die Antragstellung und die erbrachten Sozialleistungen unterrichten. 34

Systemverständnis:

Die sozialrechtliche Handlungsfähigkeit ersetzt keineswegs die Kompetenzen des gesetzlichen Vertreters, sie tritt daneben. Daher kann die Handlungsfähigkeit durch den gesetzlichen Vertreter gemäß § 36 Abs. 2 SGB I mittels schriftlicher Erklärung gegenüber dem Leistungsträger auch wieder eingeschränkt werden. Die Rücknahme von Anträgen, der Verzicht auf Sozialleistungen und die Entgegennahme von Darlehen bedürfen ohnehin stets der Zustimmung des gesetzlichen Vertreters.

Auch ein Betreuer kann für die Betreuungsperson Anträge stellen, soweit dies in seinem übertragenen Aufgabenkreis liegt. 35

Systemverständnis:

Bekanntermaßen ist die Anordnung einer gesetzlichen Betreuung nicht gleichbedeutend mit einem Verlust der Geschäftsfähigkeit. Sie ist lediglich begrenzt durch einen etwaigen Einwilligungsvorbehalt. § 36 SGB I gilt auch hier.

Dementsprechend sieht § 11 Abs. 1 SGB X als Voraussetzung für die Vornahme von Verfahrenshandlungen in Verwaltungsverfahren auch nur die volle oder partielle Geschäftsfähigkeit vor. Besteht ein einschlägiger Einwilligungsvorbehalt nach § 1903 BGB, so ist ein geschäftsfähiger Betreuter nach § 11 Abs. 2 SGB X nur insoweit zur (alleinigen) Vornahme von Verfahrenshandlungen fähig, als er nach den Vorschriften des BGB ohne Einwilligung des Betreuers handeln kann oder durch Vorschriften des öffentlichen Rechts als handlungsfähig anerkannt ist.

Abgesehen davon kann jeder Beteiligte sich im Verwaltungsverfahren durch einen Bevollmächtigten vertreten lassen. Die Behörde kann aber die Vorlage der schriftlichen Vollmacht verlangen (§ 13 Abs. 1 Satz 3 SGB X). 36

37 Praktische Folge der Bevollmächtigung ist ein Wechsel der Kommunikationswege, da die Behörde sich nicht mehr an den Betroffenen, sondern an den Bevollmächtigten wenden muss (§ 13 Abs. 2 SGB X). Sie kann sich ausnahmsweise an den Beteiligten selbst wenden, soweit er zur Mitwirkung verpflichtet ist; dann aber muss der Bevollmächtigte verständigt werden.

Systemverständnis:

Kommt es zu Verhandlungen und Besprechungen in der Behörde, kann anstelle eines Bevollmächtigten auch ein Beistand beigezogen werden. Das vom Beistand Vorgetragene gilt als vom Beteiligten vorgebracht, soweit dieser nicht unverzüglich widerspricht (§ 13 Abs. 3 SGB X). Die Rechtsposition des Beistands ist also nicht so umfangreich ausgestaltet wie die des Bevollmächtigten.

38 Nicht immer sind Bevollmächtigte und Beistände geeignet. Nach § 13 Abs. 6 SGB X können sie daher zurückgewiesen werden, wenn sie hierzu ungeeignet sind; vom mündlichen Vortrag können sie nur zurückgewiesen werden, wenn sie zum sachgemäßen Vortrag nicht fähig sind. Nicht zurückgewiesen werden können Personen, die nach § 73 Abs. 2 Satz 1 und 2 Nr. 3 bis 9 SGG zur Vertretung im sozialgerichtlichen Verfahren befugt sind; das sind unter anderem Rechtsanwälte und Hochschullehrer, Renten- und Steuerberater. Eine Zurückweisungsbefugnis nach § 13 Abs. 5 SGB X besteht außerdem, wenn Bevollmächtigte oder Beistände entgegen § 3 RDG Rechtsdienstleistungen erbringen. Nach § 13 Abs. 7 SGB X muss die Zurückweisung auch dem Beteiligten schriftlich mitgeteilt werden. Verfahrenshandlungen des zurückgewiesenen Bevollmächtigten oder Beistands, die dieser nach der Zurückweisung vornimmt, sind unwirksam.

2.4 Verjährung – auch im Sozialrecht!

39 Ansprüche auf Sozialleistungen (siehe Rn. 22) verjähren in vier Jahren nach Ablauf des Kalenderjahres, in dem sie entstanden sind (§ 45 Abs. 1 SGB I).

Systemverständnis:

Sonderlich bedeutsam ist die Verjährung von Sozialleistungen nicht, da diese ohnehin meist zeitnah in Anspruch genommen werden. Ob § 45 SGB I analog für Ansprüche gilt, die keine Sozialleistungen sind, hängt vom Einzelfall ab. So unterliegt der Anspruch auf Erstattung von Kosten im sozialrechtlichen Widerspruchsverfahren der vierjährigen Verjährung (BSG, Urt. v. 12.12.2019 – B 14 AS 45/18 R). Der Kostenübernahmeanspruch für ein Gutachten nach § 109 SGG (siehe B 15, Rn. 93) verjährt dagegen nicht (er kann aber verwirken, wobei dies über den bloßen Zeitablauf hinaus noch weitere Umstände voraussetzt; vgl. LSG Sachsen-Anhalt, Beschl. v. 4.7.2018 – L 7 SB 17/18 B).

40 Geregelt wird nur die Dauer der Verjährung. Für die Hemmung, die Ablaufhemmung, den Neubeginn und die Wirkung der Verjährung gelten nach Absatz 2 dagegen die Vorschriften des BGB sinngemäß, wobei gemäß Absatz 3 die Hemmung auch durch die Erhebung des Widerspruchs eintritt.

Tipp:

Sollte sich ein Sozialleistungsträger tatsächlich einmal auf Verjährung berufen, ist zu prüfen, ob er dies rechtmäßig macht: Denn für die Erhebung dieser Einrede muss er Ermessen ausüben und begründen (BSG, Urt. v. 5.5.1993 – 9/9a RV 12/92); auf die zahlreichen Fehlerquellen bei der behördlichen Ermessensausübung wurde bereits unter Rn. 23 ff. hingewiesen.

2.5 Verzicht – auf immer und ewig?

§ 46 SGB I sieht vor, dass ein Berechtigter von Ansprüchen auf Sozialleistungen durch schriftliche Erklärung (= eigenhändige Unterschrift, § 126 Abs. 1 BGB) gegenüber dem Leistungsträger verzichten kann. 41

Tipp:

Dies kann praktische Bedeutung bekommen, wenn z. B. für einen Leistungsbezieher nach dem SGB II absehbar wird, dass er demnächst eine größere Geldsumme erhalten wird. Im laufenden Leistungsbezug wird diese nämlich als Einkommen ge- und (ohne Anwendung des Vermögensfreibetrags) verwertet. Wird dagegen rechtzeitig ein Verzicht auf Bürgergeld erklärt, handelt es sich bei dem Zufluss um Vermögen – dieses kann dann bis zum Vermögensfreibetrag verbraucht werden, um anschließend einen neuerlichen Leistungsantrag zu stellen. Zumindest Teile des zufließenden Vermögens können dadurch „gerettet" werden!

Hat ein Betreuter zu seinem Nachteil auf Sozialleistungen einen Verzicht erklärt, kann dieser nach § 46 Abs. 1 SGB I jederzeit mit Wirkung für die Zukunft widerrufen werden. 42

Tipps:

Leistungen für die Vergangenheit können dagegen allenfalls beansprucht werden, wenn der damalige Verzicht mangels hinreichender Geschäftsfähigkeit (§ 104 ff. BGB) unwirksam war.

Wird vor dem Sozialgericht ein Vergleich abgeschlossen, der nur zu einem Teilerfolg führt, ist darin in der Regel ein Teilverzicht auf die weiteren Leistungen zu sehen.

Unwirksam ist ein Verzicht nach § 46 Abs. 2 SGB I allerdings dann, wenn durch ihn andere Personen oder Leistungsträger belastet oder Rechtsvorschriften umgangen werden. 43

Systemverständnis:

Verzichtet ein SGB-II-Bezieher z. B. auf Bürgergeld, kann er nicht ab diesem Zeitpunkt Leistungen nach dem SGB XII beziehen (z. B. um sich unliebsamen Vermittlungsversuchen des Jobcenters zu entziehen).

Zu unterscheiden von einem Verzicht ist der Umstand des bloßen Unterlassens einer Antragstellung. Allerdings haben Sozialleistungsträger häufig selbst das Recht, die entsprechenden Anträge zu stellen (vgl. z. B. § 5 Abs. 3 SGB II oder § 95 SGB XII). Oder sie können eine unterlassene Mitwirkung des Bedürftigen nach § 60 ff. SGB I „sanktionieren" (siehe Rn. 59 ff.). 44

Systemverständnis:

Die gegenteilige Situation, bei der der Sozialleistungsträger z. B. auf Erstattungsansprüche verzichtet, wird als Erlass oder Niederschlagung bezeichnet. Hierauf wird in B 15, Rn. 42 ff. eingegangen.

2.6 Verzinsung – auch in Niedrigzinsphasen

Nach § 44 SGB I sind Ansprüche auf Geldleistungen mit 4 % zu verzinsen. 45

Tipp:

Auch hier wiederum sind nur Ansprüche auf Sozialleistungen in Geld gemeint (siehe Rn. 22). Ansprüche nach dem AsylbLG fallen somit z. B. nicht darunter; allerdings kann selbst in solchen Fällen ein Anspruch auf Prozesszinsen analog § 291 BGB bestehen (5 Prozentpunkte über dem jeweiligen Basiszins; vgl. BSG, Urt. v. 25.10.2018 – B 7 AY 2/18 R, Rn. 22). Entsprechend § 289 BGB sind keine Zinseszinsen zu zahlen.

46 Die Verzinsung beginnt nach § 44 Abs. 2 SGB I frühestens nach Ablauf von sechs Kalendermonaten nach Eingang des vollständigen Leistungsantrags beim zuständigen Leistungsträger und endet nach Absatz 1 mit Ablauf des Kalendermonats vor der Zahlung.

Systemverständnis:

Anders als im Zivilrecht beim Verzug setzt die Verzinsung nach § 44 SGB I kein Verschulden der Behörde voraus.

Der Sechs-Monats-Zeitraum für den Beginn der Verzinsung ist nicht zufällig gewählt: Er korrespondiert mit der Sechs-Monats-Frist der Untätigkeitsklage (§ 88 Abs. 1 SGG; siehe B 15, Rn. 66 ff.).

47 In der behördlichen und gerichtlichen Praxis spielt die Frage der Verzinsung so gut wie keine Rolle. Das mag einerseits mit dem relativ geringen Zinsumfang zu tun haben, andererseits vielleicht auch mit der Unkenntnis der Möglichkeit.

Tipp:

Zu beachten ist, dass bei Ablehnung von Sozialleistungen nicht ohne Weiteres auch immer Zinsen nach § 44 SGB I vor dem Sozialgericht eingeklagt werden können. Denn zuvor muss die Behörde darüber eine Entscheidung in Form eines Verwaltungsakts getroffen haben. Das kann entweder im Rahmen der Hauptentscheidung (über die Leistung) erfolgen oder separat. Ob mit der Bewilligung einer Geldleistung, die zu einem Zinsanspruch schweigt, eine konkludente Ablehnung einer Verzinsung verbunden ist, hängt von den Umständen des Einzelfalls ab (BSG, Urt. v. 3.7.2020 – B 8 SO 5/19 R, Rn. 16). Sollen daher vor Gericht Zinsen eingeklagt werden, sollte dies bereits vorher explizit bei der Behörde beantragt worden sein!

3. Anspruchserleichterungen – interessante Handlungsmittel aus den Sozialgesetzbüchern

48 Die Sozialgesetzbücher sehen zahlreiche Erleichterungen für Anspruchsberechtigte vor. Einige wichtige davon (und ihre Korrelate) sollen in der Folge kurz dargestellt werden.

3.1 Aufklärungs-, Beratungs- und Auskunftspflichten – fragen kostet nichts

49 § 13 SGB I verpflichtet die Leistungsträger, im Rahmen ihrer Zuständigkeit die Bevölkerung über die Rechte und Pflichten nach diesem Gesetzbuch aufzuklären.

Systemverständnis:

Schon der Begriff „Bevölkerung" zeigt, dass es sich hier um eine allgemeine Aufklärung und Information handelt (z. B. durch Merkblätter); Ansprüche eines Einzelnen lassen sich daraus nicht ableiten.

50 Konkreter wird § 14 SGB I: Danach hat jeder Anspruch auf Beratung über seine Rechte und Pflichten nach diesem Gesetzbuch. Zuständig für die Beratung sind die jeweiligen Leistungs-

träger. Zu § 14 SGB I können besondere Beratungspflichten hinzutreten; einige wichtige Beispiele:

Norm	Beratungsanspruch
§ 109a SGB VI	Beratung durch Rentenversicherungsträger über die aufstockende Grundsicherung nach dem SGB XII
§ 8 SGB XII	Beratung bei Inanspruchnahme der Sozialhilfe
§ 68 Abs. 1 SGB XII	Beratung zur Überwindung besonderer sozialer Schwierigkeiten
§ 21 Satz 1 SGB VIII	Beratung bei notwendiger Unterbringung
§ 22 Abs. 1 Nr. 6 SGB IX	Unterstützende Beratung von Leistungsberechtigten
§§ 7, 7a SGB XI	Pflegeberatung
§ 30 SGB XIV	Fallmanagement im Sozialen Entschädigungsrecht

Tipp:

Wer der Behörde nicht vertraut, wird nach unabhängigem Rat suchen. Diese Möglichkeit kann sich im Rahmen der sog. Beratungshilfe ergeben (§ 1 Abs. 1 Nr. 2 BerHG). Zu beachten ist aber, dass der Antrag abgelehnt werden kann, wenn zunächst die kostenfreie Beratung nach § 14 SGB I in Anspruch genommen werden kann (von BVerfG, Beschl. v. 4.4.2016 – 1 BvR 2607/15, für verfassungsgemäß erachtet). Anders kann es sein, wenn der Betreffende sich im Widerspruchsverfahren befindet: Dann kann es unzumutbar sein, den Rat derselben Behörde in Anspruch zu nehmen, deren Entscheidung angegriffen wird (BVerfG, Beschl. v. 11.5.2009 – 1 BvR 1517/08). Zur Beratungshilfe siehe B 15, Rn. 51 ff.

Ein genereller Anspruch auf eine schriftliche Bestätigung des Beratungsinhalts besteht 51 allerdings nicht (Öndül, in: Schlegel/Voelzke, jurisPK-SGB I, 3. Aufl., § 14 SGB I, Stand: 16.12.2019, Rn. 49).

Tipp:

Das erschwert naturgemäß die Durchsetzung von Amtshaftungsansprüchen (Art. 34 GG, § 839 BGB) wegen Fehlberatung. Ähnliches gilt für den sozialrechtlichen Herstellungsanspruch (siehe zu beidem B 15, Rn. 27 ff.).

Sollte im Rahmen eines Beratungsgesprächs dagegen bereits eine Zusicherung zum Erlass eines bestimmten Verwaltungsakts gegeben werden, sollte versucht werden, eine schriftliche Bestätigung zu erhalten – denn nur dann besteht nach § 34 SGB X eine wirksame Zusicherung.

Eine Mittelposition zwischen der allgemeinen Aufklärung und der spezifischen Beratung stellt 52 die Auskunftsverpflichtung nach § 15 SGB I dar. Danach sind die nach Landesrecht zuständigen Stellen (in der Regel die Gemeinden, kreisfreien Städte und Landkreise), die Träger der gesetzlichen Krankenversicherung und der sozialen Pflegeversicherung verpflichtet, über alle sozialen Angelegenheiten nach diesem Gesetzbuch Auskünfte zu erteilen. Die Auskunftspflicht erstreckt sich auf die Benennung der für die Sozialleistungen zuständigen Leistungsträger sowie auf alle Sach- und Rechtsfragen, die für die Auskunftssuchenden von Bedeutung sein können und zu deren Beantwortung die Auskunftsstelle imstande ist.

Systemverständnis:

Die Auskunft nach § 15 SGB I ist am ehesten als erster Schritt zur Klärung komplexer Bedarfslagen zu verstehen; die zuständigen Stellen führen dabei eine Art „Kompassberatung" durch. Die eigentliche Detailberatung übernimmt nach § 14 SGB I dann der tatsächlich zuständige Leistungsträger.

3.2 Vorschussleistungen

53 Besteht ein Anspruch auf Geldleistungen dem Grunde nach und ist zur Feststellung seiner Höhe voraussichtlich eine längere Zeit erforderlich, kann der zuständige Leistungsträger nach § 42 SGB I Vorschüsse zahlen, deren Höhe er nach pflichtgemäßem Ermessen bestimmt.

Tipp:

Das Wörtchen „kann" zeigt: Es handelt sich dabei um eine Ermessensentscheidung. Nach § 42 Abs. 1 Satz 2 SGB I besteht jedoch die Pflicht zur Vorschusszahlung, wenn der Berechtigte dies beantragt.

Weigert sich die Behörde trotz Vorliegen der Voraussetzungen, kann über einen Antrag auf einstweiligen Rechtsschutz beim Sozialgericht nachgedacht werden (siehe B 15, Rn. 69 ff.).

54 Zu beachten ist, dass Vorschüsse einerseits auf die spätere Leistung angerechnet werden, andererseits zurückzuzahlen sind, wenn sie die Leistung übersteigen (§ 42 Abs. 2 SGB I).

3.3 Vorläufige Leistungen

55 Besteht ein Anspruch auf Sozialleistungen und ist zwischen mehreren Leistungsträgern streitig, wer zur Leistung verpflichtet ist, kann der unter ihnen zuerst angegangene Leistungsträger nach § 43 Abs. 1 SGB I vorläufig Leistungen erbringen, deren Umfang er nach pflichtgemäßem Ermessen bestimmt. Auch hier gilt: Er muss vorläufige Leistungen erbringen, wenn der Berechtigte das beantragt.

Systemverständnis:

Gut zu erkennen ist bereits an der Gesetzesformulierung, dass das Recht auf eine vorläufige Leistung einen Kompetenzstreit zwischen Leistungsträgern voraussetzt. Diese Art der vorläufigen Leistung ist daher nicht zu verwechseln mit der vorläufigen Leistungserbringung nach spezifischen Einzelgesetzen (z. B. vorläufiges Arbeitslosengeld nach § 328 SGB III oder vorläufiges Bürgergeld nach § 41a SGB II).

3.4 Amtsermittlungsprinzip und Mitwirkung – keine Sozialleistungen auf Zuruf

56 Nach dem sog. Untersuchungsgrundsatz müssen die Behörden den Sachverhalt von Amts wegen ermitteln (§ 20 Abs. 1 Satz 1 SGB X) und haben dafür grundsätzlich alle denkbaren Beweismittel zur Verfügung: Neben der Einholung von Auskünften können z. B. auch die Beteiligten gehört, Sachverständige eingesetzt und Zeugen vernommen werden (vgl. zu den Beweismitteln § 21 SGB X).

57 Wenn nach vollständiger Ausschöpfung der Ermittlungsmöglichkeiten immer noch kein hinreichender Nachweis erbracht ist, kommt es zur Anwendung des Grundsatzes der objektiven Beweislast, das heißt, es „verliert" derjenige, den die objektive Beweislast trifft. In der Regel ist das derjenige, für den eine bestimmte Tatsache positiv wäre.

Beispiel:

Bei der Geltendmachung von Ansprüchen trägt die objektive Beweislast der Antragsteller. Umgekehrt trägt die Behörde die objektive Beweislast bei Ausschlusstatbeständen oder auch im Bereich von Rücknahme- und Erstattungsbescheiden.

Mit der Amtsermittlungsverpflichtung der Behörden korrespondieren Mitwirkungspflichten der Leistungsberechtigten: 58

B

Kurzübersicht zu den wichtigsten Mitwirkungspflichten	
§ 60 SGB I	• Mitteilungspflichten der Beteiligten (Angabe leistungserheblicher Tatsachen, Mitteilung erheblicher Änderungen der Verhältnisse, Zustimmung zur Auskunftserhebung bei Dritten, Angabe und Vorlage von Beweismitteln) • Nutzung von amtlichen Vordrucken
§ 61 SGB I	persönliches Erscheinen (Vorsprache im Amt auf Verlangen der Behörde)
§ 62 SGB I	Teilnahme an notwendigen ärztlichen und psychologischen Untersuchungen
§ 62 SGB I	Teilnahme an Heilbehandlungsmaßnahmen (bei Sozialleistungsbezug wegen Krankheit oder Behinderung)
§ 64 SGB I	Teilnahme an Maßnahmen zur Teilhabe am Arbeitsleben (bei Beantragung oder Bezug von Sozialleistungen wegen Minderung der Erwerbsfähigkeit, anerkannten Schädigungsfolgen oder Arbeitslosigkeit)

Systemverständnis:

Die einzelnen Sozialgesetze formen diese grundsätzlichen Mitwirkungspflichten zum Teil genauer aus oder ergänzen sie. Ist andernorts allerdings nichts Spezielles geregelt, kann die Behörde immer auf §§ 60 ff. SGB I zurückgreifen.

Und obgleich die §§ 60 ff. SGB I eigentlich nur bei Sozialleistungen gelten, kann in gewissen Fällen sogar eine entsprechende Anwendung in Betracht kommen (so z. B. BSG, Urt. v. 16.12.2014 – B 9 SB 3/13 R, für das Feststellungsverfahren im SGB IX).

Bereits die Reichweite dieser behördlichen Kompetenzen verursacht intuitiv ein Bauchgrummeln. Deshalb bestehen die genannten Mitwirkungspflichten auch nicht schrankenlos: Vielmehr gibt es nach § 65 SGB I auch sog. Grenzen der Mitwirkung. Diese Schranken zu kennen, ist wesentliches Handwerkszeug für jeden Betreuer. Schließlich kann die Verletzung von Mitwirkungspflichten erhebliche leistungsrechtliche Konsequenzen haben. 59

Nach § 65 Abs. 1 SGB I bestehen die Mitwirkungspflichten nach §§ 60 bis 64 SGB I etwa nicht, soweit ihre Erfüllung nicht in einem angemessenen Verhältnis zu der in Anspruch genommenen Sozialleistung oder ihrer Erstattung steht oder ihre Erfüllung dem Betroffenen aus einem wichtigen Grund nicht zugemutet werden kann. Auch wenn sich der Leistungsträger durch einen geringeren Aufwand als der Antragsteller oder Leistungsberechtigte die erforderlichen Kenntnisse selbst aneignen kann, besteht keine Mitwirkungsobliegenheit. 60

Behandlungen und Untersuchungen können nach § 65 Abs. 2 SGB I abgelehnt werden, wenn 61

1. im Einzelfall ein Schaden für Leben oder Gesundheit nicht mit hoher Wahrscheinlichkeit ausgeschlossen werden kann oder
2. sie mit erheblichen Schmerzen verbunden sind oder
3. sie einen erheblichen Eingriff in die körperliche Unversehrtheit bedeuten.

Schließlich besteht nach § 65 Abs. 3 SGB I ein Verweigerungsrecht bezüglich Angaben, die dem Antragsteller, dem Leistungsberechtigten oder ihnen nahestehenden Personen (§ 383 Abs. 1 Nr. 1 bis 3 ZPO) die Gefahr zuziehen würde, wegen einer Straftat oder einer Ordnungswidrigkeit verfolgt zu werden. 62

Systemverständnis:

Alle hier genannten Mitwirkungsgrenzen basieren auf dem verfassungsrechtlichen Verhältnismäßigkeitsgrundsatz. Danach muss jeder staatliche Eingriff (zur Zielerreichung) geeig-

B

net, erforderlich und angemessen sein. Dabei ist die geforderte Mitwirkungshandlung ins Verhältnis zum Umfang der Sozialleistung (bzw. Erstattungsforderung) zu setzen.

Die Beweislast für das Überschreiten der Grenze der Mitwirkung trägt der Leistungsberechtigte.

63 Die Folgen fehlender Mitwirkung regelt § 66 SGB I: Kommt derjenige, der eine Sozialleistung beantragt oder erhält, seinen Mitwirkungspflichten nach §§ 60 bis 62, 65 SGB I (oder nach speziellen Einzelgesetzen) nicht nach und wird hierdurch die Aufklärung des Sachverhalts erheblich erschwert, kann der Leistungsträger ohne weitere Ermittlungen die Leistung bis zur Nachholung der Mitwirkung ganz oder teilweise versagen oder entziehen, soweit die Voraussetzungen der Leistung nicht nachgewiesen sind. Dies gilt entsprechend, wenn der Antragsteller oder Leistungsberechtigte in anderer Weise absichtlich die Aufklärung des Sachverhalts erheblich erschwert.

Systemverständnis:

Zu den Begrifflichkeiten: *Versagt* werden Leistungen, die noch gar nicht bewilligt wurden; *entzogen* werden Leistungen, die bereits laufen.

Zu anderweitigen Sanktionen: Die einzelnen Sozialgesetze können anstelle oder neben der Leistungsversagung oder -entziehung weitere Sanktionsmöglichkeiten vorsehen. So enthält z. B. das SGB II in §§ 31 ff. ein eigenständiges Sanktionssystem. Gleichwohl ist § 66 SGB I auch im SGB II anwendbar (vgl. LSG Bayern, Beschl. v. 12.6.2019 – L 16 AS 374/19 B ER).

64 Entsprechendes gilt nach § 66 Abs. 2 SGB I, wenn derjenige, der eine Sozialleistung wegen Pflegebedürftigkeit, Arbeitsunfähigkeit, Gefährdung oder Minderung der Erwerbsfähigkeit, anerkannten Schädigungsfolgen oder Arbeitslosigkeit beantragt oder erhält, seinen Mitwirkungspflichten nach §§ 62 bis 65 SGB I nicht nachkommt, sofern unter Würdigung aller Umstände mit Wahrscheinlichkeit anzunehmen ist, dass deshalb die Fähigkeit zur selbstständigen Lebensführung, die Arbeits-, Erwerbs- oder Vermittlungsfähigkeit beeinträchtigt oder nicht verbessert wird.

65 Nutzt eine Behörde das Mittel der Leistungsversagung oder -entziehung, kann die Rechtmäßigkeit der Maßnahme mit folgender Checkliste geprüft werden:

- War die verlangte Mitwirkung von einem Kompetenztatbestand der Behörde gedeckt (also von den §§ 60 bis 64 SGB I bzw. spezialgesetzlichen Ermächtigungen)?
- Wurde durch die unterbliebene Mitwirkung die Aufklärung des Sachverhalts tatsächlich erheblich erschwert (vgl. § 66 Abs. 1 SGB I)?
- Bzw. bestand bei unterlassenen Maßnahmen nach §§ 62 bis 65 SGB I tatsächlich die Wahrscheinlichkeit, dass deshalb die Fähigkeit zur selbstständigen Lebensführung, die Arbeits-, Erwerbs- oder Vermittlungsfähigkeit beeinträchtigt oder nicht verbessert wurde (vgl. § 66 Abs. 2 SGB I)?
- Benötigte die Behörde die konkrete Mitwirkung überhaupt – oder hätte auch eine anderweitige Möglichkeit der Kenntniserlangung bestanden (Anfrage bei Dritten, bei der Behörde bereits vorhandene Informationen etc.)?
- Bestanden Grenzen der Mitwirkung – und hat die Behörde diese rechtswidrig überschritten (vgl. § 65 SGB I)?
- Hat die Behörde den Leistungsberechtigten zuvor ausreichend und unter Fristsetzung auf die Folgen einer Mitwirkungsverletzung hingewiesen (vgl. § 66 Abs. 3 SGB I)?
- Hat die Behörde ihr Ermessen korrekt ausgeübt – oder liegen Ermessensfehler vor (siehe Rn. 26 f.)?
- Ist eine Nachholung der Mitwirkung möglich oder gar erfolgt (§ 67 SGB I)?

Tipp 1:

Häufig ist im Fall der Leistungsentziehung oder -versagung „Feuer unter dem Dach". Schließlich erhält der Betroffene keine Leistungen mehr. In solchen Fällen ist immer auch die Option des einstweiligen Rechtsschutzes zu prüfen (mehr dazu siehe B 15, Rn. 69 ff.).

Tipp 2:

Liegt bereits eine **bestandskräftige** Versagungs-/Entziehungsentscheidung vor? Hier kann § 67 SGB I helfen: Wird die Mitwirkung nämlich nachgeholt und liegen die Leistungsvoraussetzungen vor, kann der Leistungsträger Sozialleistungen, die er nach § 66 SGB I versagt oder entzogen hat, nachträglich ganz oder teilweise erbringen.

Doch auch wenn gegen den Bescheid Widerspruch eingelegt wurde, kann eine Nachholung der Mitwirkung eine gute Idee sein, weil die Behörde die Versagung dann ggf. nach § 48 SGB X aufheben muss (vgl. BSG, Urt. v. 22.2.1995 – 4 RA 44/94, Rn. 20).

Und da es sich bei § 67 SGB I um eine Ermessensentscheidung der Behörde handelt, sollten der Behörde von sich aus alle relevanten Umstände des Einzelfalls mitgeteilt werden!

3.5 Die Akteneinsicht

Die Behörde hat den Beteiligten nach § 25 Abs. 1 SGB X Einsicht in die Verwaltungsakten zu gestatten, soweit deren Kenntnis zur Geltendmachung oder Verteidigung ihrer rechtlichen Interessen erforderlich ist. Es handelt sich also um einen Rechtsanspruch. 66

Sind darin Angaben über gesundheitliche Verhältnisse eines Beteiligten enthalten, kann die Behörde stattdessen dem Betroffenen den Inhalt der Akten durch einen Arzt vermitteln lassen; dies soll die bevorzugte Variante sein, wenn zu befürchten ist, dass die Akteneinsicht dem Beteiligten einen unverhältnismäßigen (insbesondere gesundheitlichen) Nachteil zufügen würde. 67

Tipp:

Gerade bei psychisch angeschlagenen Menschen kann dies sehr sinnvoll sein. Gleichwohl machen die Behörden hiervon selten Gebrauch. Im Rahmen der Betreuung sollte daher selbst darauf geachtet werden, ob einem Betreuten beim Lesen von Gutachten ohne entsprechende Begleitung eine weitere Beeinträchtigung droht! Ggf. ist die Behörde zu informieren oder proaktiv die therapeutische Begleitung beizuziehen.

Die Behörde ist zur Gestattung der Akteneinsicht nicht verpflichtet, soweit die Vorgänge wegen der berechtigten Interessen der Beteiligten oder dritter Personen geheim gehalten werden müssen (§ 25 Abs. 3 SGB X). 68

Konkret erfolgt die Akteneinsicht entweder bei der Behörde, die die Akten führt, oder im Einzelfall auch bei einer anderen Behörde. 69

Tipp:

Ist die aktenführende Behörde weit entfernt, kann die Akteneinsicht in der Wohnsitzkommune beantragt werden (es besteht darauf zwar kein Rechtsanspruch; die Behörde hat bei der Entscheidung hierüber aber Ermessen auszuüben).

Im Rahmen der Akteneinsicht können nach § 25 Abs. 5 SGB X Kopien selbst angefertigt oder Ablichtungen durch die Behörde erbeten werden. Die Behörde kann hierfür Gebühren in angemessenem Umfang verlangen. 70

Tipp:

Nicht erst infolge der Corona-Pandemie werden Behörden und Gerichte mehr und mehr auf „elektronische Akten" umgestellt. Soweit die Akteneinsicht in eine solche elektronische Akte zu gestatten ist, kann die Behörde dies von entsprechenden EDV-Vorrichtungen beim Empfänger abhängig machen. Alternativ kann nach § 25 Abs. 5 SGB X die Akteneinsicht herkömmlich durch Ausdruck von Unterlagen oder Wiedergabe auf einem Bildschirm (sog. Akteneinsichtsstationen) gewährt werden.

4. Die Zuständigkeit als Tod des Anspruchs

71 Eine Behörde wird – ebenso wie ein Gericht – nur tätig, wenn sie zuständig ist. Deswegen sind nach § 16 Abs. 1 Satz 1 SGB I Anträge grundsätzlich beim zuständigen Leistungsträger zu stellen. Der Begriff der Zuständigkeit zerfällt dabei in drei Teile:

Art der Zuständigkeit	Bedeutung
Sachlich	Ist der Antragsgegenstand fachlich überhaupt der Behörde zuzuordnen?
Örtlich	Ist die regional konkret angegangene Behörde zuständig oder ein anderer Behördenbezirk?
Instanziell	Ist die Ausgangsbehörde oder z. B. die übergeordnete Widerspruchsbehörde zuständig?

72 Die Antworten auf diese Fragen ergeben sich aus den einzelnen behördlichen Verfahrensordnungen und aus den zuständigen Leistungsgesetzen.

73 Grundsätzlich geben alle Kommunen Auskünfte zur Zuständigkeit anderer Behörden in ihrem Einzugsgebiet. Wem das zu umständlich ist, der muss wohl oder übel auf Onlinerecherchen ausweichen, deren Treffsicherheit unterschiedlich hoch zu bewerten ist. Oftmals bieten auch die Bundesländer für ihre Behörden Onlinewegweiser und Recherchesysteme an.

Tipp:

Wer die „falsche" Behörde erwischt oder sich unsicher ist, kann in den meisten Fällen aufatmen: Denn Anträge auf Sozialleistungen werden nach § 16 Abs. 1 Satz 2 SGB I auch von allen Gemeinden entgegengenommen. Zudem sind Anträge bei unzuständigen Leistungsträgern unverzüglich an den zuständigen Träger weiterzuleiten (vgl. § 16 Abs. 2 SGB I und Rn. 28).

73a **Achtung:** Dies gilt nicht für die persönliche Arbeitslosmeldung bei der Agentur für Arbeit. Denn nach der Rechtsprechung handelt es sich dabei nicht nur um eine bloße Formalie, sondern um eine materielle Anspruchsvoraussetzung (anders als bei der Arbeitsuchendmeldung und dem eigentlichen ALG-Antrag). Eine „Arbeitslosmeldung" beim Jobcenter oder bei der Kommune ist demzufolge nicht ausreichend für einen Anspruch auf Arbeitslosengeld. Die Arbeitslosmeldung ist zwar auch elektronisch möglich, dann muss aber zwingend das vorgegebene behördliche Onlineverfahren eingehalten werden.

5. Der Sozialdatenschutz

74 Der Schutz der Sozialdaten ist in den §§ 67 ff. SGB X geregelt und ursprünglich Ausfluss des Rechts auf informationelle Selbstbestimmung (Art. 2 Abs. 1, Art. 1 Abs. 1 GG): Gerade weil der Bezug mancher Sozialleistungen stigmatisierend wirken kann bzw. weil für bestimmte Sozial-

versicherungszweige Pflichtmitgliedschaften bestehen, muss besonders auf den Schutz der Daten geachtet werden.

Daneben gibt es die europäische Datenschutz-Grundverordnung (kurz: EU-DSGVO). 75

B

Systemverständnis:
Beide Regelungen stehen nebeneinander und sind unmittelbar anwendbares Recht; es gibt also kein Rangverhältnis.

§ 35 SGB I regelt zudem das Sozialgeheimnis. Danach besteht ein Anspruch darauf, dass die 76 Sozialdaten im Sinne des § 67 Abs. 2 SGB X von den Leistungsträgern nicht unbefugt verarbeitet werden. Die Wahrung des Sozialgeheimnisses umfasst die Verpflichtung, auch innerhalb des Leistungsträgers sicherzustellen, dass die Sozialdaten nur Befugten zugänglich sind oder nur an diese weitergegeben werden.

6. Die Übernahme einer Betreuung – eine Checkliste zum Sozialrecht

Bei Übernahme einer Betreuung sollte eine erste Bestandsaufnahme in sozialrechtlicher 77 Hinsicht erfolgen. Dies kann einerseits dazu dienen, die benötigten Bedarfe aufzudecken, andererseits auch vor Haftungsrisiken schützen.

Checkpunkt	Fragen bzw. Erläuterungen
Ermittlung von Kenntnisträgern	Alles selbst zu ermitteln, ist nicht nur mühselig, sondern oft auch erfolglos. Zudem verlieren betreute Menschen zum Teil selbst den Überblick über ihre Situation. Daher sollte – im Einvernehmen mit dem Betreuten – die Unterstützung Dritter in Anspruch genommen werden: • Wer weiß Bescheid über die persönlichen und wirtschaftlichen Verhältnisse der betreuten Person? • Gab oder gibt es anwaltliche oder sonstige Vertretung?
Ermittlung der (unterdeckten) Bedarfe	Zentrale Aufgabe der gesetzlichen Betreuung: • Wo „zwickt" es aus Sicht des betreuten Menschen? • Beziehen Sie ggf. auch die Meinung nahestehender Menschen ein: Was halten diese für erforderlich?
Aufstellung zur Einkommens- und Vermögenssituation	Viele Sozialleistungen sind abhängig vom Einkommen und Vermögen. Bei unvollständigen Angaben drohen Erstattungsansprüche, im schlimmsten Fall auch Strafverfahren (Leistungsbetrug). Ein Überblick über die wirtschaftlichen Verhältnisse ist daher essenziell: • Welche laufenden Einnahmen existieren? (Kontoauszüge checken!) • Aus welchen Bereichen stammen diese Einnahmen (aus Beschäftigungsverhältnissen, Sozialleistungen etc.)? • Welche Vermögenswerte bestehen (Kontostand, Sparguthaben etc.)?
Übermittlung einer Zahlungsunfähigkeit bzw. Überschuldung	• Gibt es bereits ein laufendes Verbraucherinsolvenzverfahren? (Kontaktaufnahme mit Treuhänder!) • Oder ist die Einleitung eines solchen sinnvoll?

Checkpunkt	Fragen bzw. Erläuterungen
Ermittlung der abgeschlossenen Versicherungen und sonstigen laufenden Verträge	Bedarfe können manchmal deswegen nicht gedeckt werden, weil in anderen Bereich zu hohe Ausgaben bestehen. Umgekehrt gibt es ab und an auch Verträge oder Versicherungen, durch die Bedarfe sogar abgedeckt werden können (z. B. vergessene private Unfall- oder Berufsunfähigkeitsversicherungen). • Welche Versicherungen bestehen? Sind diese notwendig? Können sie gekündigt – oder im Gegenteil – in Anspruch genommen werden? • Gibt es Verträge zu laufenden Leistungen? Sind diese erforderlich?
Zusammenstellung offener Rechtsstreitigkeiten	Nicht selten verlieren betreute Menschen den Überblick über laufende Streitfälle. • Welche offenen Widerspruchsverfahren bestehen? • Gibt es Streitigkeiten vor dem Sozialgericht? • Bei vielen offenen Verfahren: Erscheint der Versuch einer Gesamtklärung sinnvoll (z. B. durch Anregung eines Güterichterverfahrens)?

Tipp:

Die Punkte in der obigen Tabelle stellen nur Anregungen dar und sind natürlich nicht abschließend. Gleichzeitig ist auch klar, dass es – gerade bei Übernahme mehrerer Betreuungen – nicht immer möglich ist, sich in jede Untiefe einzuarbeiten. Schwerpunktsetzung ist auch hier gefragt!

Johannes Friedrich, Antje Beckhove

Wichtige sozialrechtliche Systemzuweisungen – Basiswissen und Abgrenzungen

B

1. Übersicht und Zusammenspiel

1 Mit Blick auf die anschließend folgenden Einzelbedarfe sollen an dieser Stelle einige Punkte „vor die Klammer" gezogen werden. Im Vordergrund stehen dabei die beiden Zuweisungen in die Grundsicherungssysteme des SGB II und des SGB XII. Zudem soll aber auch ein Überblick zum SGB IX gegeben werden, das an unterschiedlicher Stelle Relevanz hat.

Systemverständnis:

Zugegeben stellt dies rechtsdogmatisch keine besonders saubere Einordnung dar. Sie folgt mit Blick auf die im Weiteren dargestellten Einzelbedarfe schlicht den praktischen Bedürfnissen.

2 Grundsätzlich lassen sich für das Sozialrecht folgende allgemeine Kriterien herausfiltern, die den einzelnen Systemzuweisungen zugrunde liegen (können):

Erwerbsfähigkeit/-minderung („Arbeitsfähigkeit")	**Alter (Rentenalter)**
(Wirtschaftliche) Hilfebedürftigkeit	**Gesundheit (Behinderung)**

3 Nicht immer sind die Begriffe dabei völlig einheitlich zu verstehen, in Abhängigkeit von der konkreten gesetzlichen Grundlage können nuancierte Unterschiede bestehen.

4 Zunächst werden die beiden großen Systemzuweisungen in die Grundsicherungssysteme des SGB II und des SGB XII dargestellt, zudem die zugehörigen Grundregeln (wie etwa Einkommensanrechnung und Vermögensberücksichtigung). Anschließend wird der durch das Bundesteilhabegesetz (BTHG) neu geregelte Bereich des SGB IX besprochen.

2. Die Grundsicherung für Arbeitsuchende – das SGB II

5 Das SGB II findet seinen Ursprung im Bericht der Kommission 2002 (sog. Hartz-Kommission) und trat abschließend durch das Vierte Gesetz für moderne Dienstleistungen am Arbeitsmarkt zum 1.1.2005 in Kraft. Es führte die frühere Arbeitslosenhilfe und die Sozialhilfe für erwerbsfähige Hilfebedürftige zu einer Grundsicherung für Arbeitsuchende auf dem Leistungsniveau der bisherigen Sozialhilfe zusammen. Deshalb wurde das Arbeitslosengeld II abgekürzt auch „ALG II" oder umgangssprachlich „Hartz IV" genannt. Zum 1.1.2023 wurde das Arbeitslosengeld II vom sog. „Bürgergeld" abgelöst. Am 1.7.2026 trat anstelle des Bürgergeldes die Grundsicherung für Arbeitsuchende in Kraft. Träger sind die Kommunen.

6 Nach dem Urteil des BVerfG vom 9.2.2010 zu den Regelleistungen (1 BvL 1/09, 1 BvL 3/09, 1 BvL 4/09) hat der Gesetzgeber formuliert:

§ 1 Abs. 1 SGB II

Die Grundsicherung für Arbeitsuchende soll es den Leistungsberechtigten ermöglichen, ein Leben zu führen, das der Würde des Menschen entspricht.

7 Damit ist ausdrücklich normiert, dass die Gewährung eines menschenwürdigen Existenzminimums verfassungsrechtlich in der Menschenwürde (Art. 1 GG) und dem Sozialstaatsprinzip (Art. 20 GG) begründet ist.

8 Dennoch ist zu beachten, dass diese in § 1 SGB II genannten Ziele und Aufgaben der Grundsicherung für Arbeitsuchende nicht selbst Anspruchsgrundlagen, sondern insoweit nur Programmsätze (vgl. BT-Drucks. 15/1516, S. 50: „programmatische Kernaussagen") sind, die im Rahmen der Normauslegung und eines etwa auszuübenden Ermessens als verbindliche Handlungsrichtlinien Berücksichtigung finden müssen (BSG, Urt. v. 13.7.2010 – B 8 SO 14/09 R).

Jedoch gewährt das SGB II keinen bedingungslosen Leistungsanspruch. Das erste Kapitel des 9
SGB II trägt die Überschrift „Fördern und Fordern". Das bedeutet, dass der Leistungsempfänger aktiv dabei unterstützt werden soll, vom passiven Objekt staatlicher Hilfe zum aktiven Subjekt und Gesellschaftsmitglied zu werden, woraus sich das Gebot ergibt, den Lebensunterhalt durch eigene Erwerbstätigkeit zu sichern (BSG, Urt. v. 6.9.2007 – B 14/7b AS 28/06 R).

Insofern sieht § 2 Abs. 1 Satz 1 SGB II vor, dass erwerbsfähige Leistungsberechtigte alle 10
Möglichkeiten zur Beendigung oder Verringerung ihrer Hilfebedürftigkeit ausschöpfen müssen. Außerdem haben sie in eigener Verantwortung alle Möglichkeiten zu nutzen, ihren Lebensunterhalt aus eigenen Mitteln und Kräften zu bestreiten (§ 2 Abs. 2 Satz 1 SGB II). Die Hilfeberechtigten sollen also eigene Anstrengungen unternehmen, ihre Hilfebedürftigkeit zu beenden (Fordern). Gleichzeitig soll der Leistungsträger den Berechtigten bei der Aufnahme einer Erwerbstätigkeit unterstützen (Fördern).

Mit Einführung des Bürgergeldes zum 1.1.2023 wurde der sog. „Vermittlungsvorrang", das 10a
heißt die bevorzugte Vermittlung in Erwerbstätigkeit, aufgehoben. Im Vordergrund sollten stattdessen die Weiterbildung und der Erwerb eines Berufsabschlusses stehen. Ziel sollte es sein, zum einen dem Fachkräftemangel entgegenzuwirken und zum anderen Arbeitslose ohne Berufsabschluss langfristig in das Erwerbsleben einzugliedern. Zum 1.7.2026 trat mit der Einführung der neuen Grundsicherung und der Abschaffung des Bürgergeldes eine erneute, lang umstrittene Reform des SGB II in Kraft. Der Gesetzgeber hat nun in dem neuen § 3a SGB II den Vermittlungsvorrang gesetzlich verankert, um zu verdeutlichen, dass Integration in Erwerbsarbeit der vorrangige Auftrag der neuen Grundsicherung sein soll. Dies soll durch Änderungen beim Kooperationsplan sowie durch die Verschärfung der Minderungen bei Meldeversäumnissen und dem Ablehnen von Arbeitsangeboten erreicht werden (vgl. Kapitel B 3, Rn. 31 ff.).

Systemverständnis:

Ziel des SGB II soll es nach dem Gedanken des Gesetzgebers somit sein, den Leistungsberechtigten dabei zu unterstützen, sich wieder in den allgemeinen Arbeitsmarkt einzugliedern.

2.1 Abgrenzung zum SGB III und zum SGB XII

Das Dritte Sozialgesetzbuch – Arbeitsförderung (SGB III) hat zum Ziel, dem Entstehen der 11
Arbeitslosigkeit entgegenzuwirken, die Dauer der Arbeitslosigkeit zu verkürzen und den Ausgleich von Angebot und Nachfrage auf dem Ausbildungs- und Arbeitsmarkt zu unterstützen (§ 1 Abs. 1 SGB III). Träger der Arbeitsförderung ist die Bundesagentur für Arbeit (§ 367 SGB III). Die Leistungen, die nach dem SGB III gewährt werden, teilen sich auf in Leistungen der Arbeitsförderung und die Gewährung von Entgeltersatzleistungen wie im Wesentlichen das Arbeitslosengeld (siehe B 11, Rn. 109 ff.). Die Höhe des Arbeitslosengeldes richtet sich in Abgrenzung zum Grundsicherungsgeld nicht nach einem abstrakt bemessenen Bedarf (Regelsatz plus Kosten der Unterkunft), sondern individuell nach dem Familienstatus, der Lohnsteuerklasse und dem zuvor bezogenen Arbeitsentgelt des Arbeitslosen (§ 149 SGB III).

Somit stellt das Arbeitslosengeld eine Lohnersatzleistung und keine Grundsicherungsleistung 12
(Sicherung des Existenzminimums) dar. Diese beiden Leistungen schließen sich aber nicht grundsätzlich aus: Während des Bezugs von Arbeitslosengeld kann der Leistungsempfänger ergänzend, „aufstockend", Grundsicherungsgeld beziehen, sofern das Arbeitslosengeld nicht ausreicht, um den grundsicherungsrechtlichen Bedarf im Sinne des § 9 SGB II zu decken. Auf die Absicherung eines menschenwürdigen Existenzminimums zielt das SGB III – anders als das SGB II und das SGB XII – nicht ab. Dementsprechend sind die Leistungen des SGB III beitragsfinanziert (§§ 340 ff. SGB III: Träger sind die Arbeitgeber); die Leistungen zur Grundsicherung nach dem SGB II oder SGB XII sind hingegen steuerfinanzierte Fürsorgeleistungen.

B

13 Das Zwölfte Sozialgesetzbuch – Sozialhilfe (SGB XII) hat wie auch das SGB II zur Aufgabe, „den Leistungsberechtigten die Führung eines Lebens zu ermöglichen, das der Würde der Menschen entspricht" (§ 1 Satz 1 SGB XII). Demzufolge entspricht die Leistungshöhe der Sozialhilfe im Wesentlichen der Grundsicherung nach dem SGB II. Träger der Sozialhilfe sind die kreisfreien Städte und die Landkreise (§ 3 SGB XII).

14 In Abgrenzung zum Zweiten Sozialgesetzbuch – Grundsicherung für erwerbsfähige Arbeitsuchende (SGB II) erfasst das SGB XII Personen, die die Altersgrenze der Regelaltersrente erreicht haben oder volljährig und dauerhaft voll erwerbsgemindert sind (Grundsicherung im Alter und bei Erwerbsminderung), sowie alle anderen Personen, die ihren notwendigen Lebensunterhalt nicht allein bestreiten können und vom Bezug anderer Sozialleistungen ausgeschlossen sind (Hilfe zum Lebensunterhalt). Konsequenterweise schließen sich Leistungsansprüche auf Grundsicherung nach dem SGB II und SGB XII aus (§ 5 Abs. 2 SGB II, § 21 Satz 1 SGB XII).

Systemverständnis:

Vereinfacht gesagt erhalten Grundsicherung nach dem SGB II Hilfebedürftige, die arbeiten können und noch nicht die Rentenaltersgrenze überschritten haben. Nach dem SGB XII haben Menschen Anspruch auf Grundsicherung, die entweder Altersrente oder Erwerbsminderungsrente beziehen und denen diese Rente nicht ausreicht, um ihr Existenzminimum zu sichern.

2.2 Die Leistungen des SGB II zur Sicherung des Lebensunterhalts im Überblick

15 § 19 SGB II stellt als zentrale Einweisungsnorm dar, welche Leistungen zur Grundsicherung Leistungsberechtigte bei Erfüllung der einzelnen Anspruchsvoraussetzungen erhalten können. Grundsicherungsgeld erhalten demnach erwerbsfähige Leistungsberechtigte und nichterwerbsfähige Leistungsberechtigte, wenn sie mit erwerbsfähigen Leistungsberechtigten in einer Bedarfsgemeinschaft leben, soweit sie keinen Anspruch auf Grundsicherungsleistungen nach dem SGB XII haben.

16 Das Bürgergeld umfasst:

Leistungsumfang nach dem SGB II	Norm im SGB II
Regelbedarf zur Sicherung des Lebensunterhalts	§§ 20, 23 SGB II
Laufende Mehrbedarfe	§ 21 SGB II
Leistungen für Unterkunft und Heizung	§ 22 SGB II
Einmalige Sonderbedarfe	§ 24 Abs. 3 SGB II
Leistungen für Bildung und Teilhabe	§ 38 SGB II
Zuschuss zu Beiträgen für Kranken- und Pflegeversicherung	§ 26 SGB II

2.3 Antragserfordernisse

17 Leistungen nach dem SGB II werden gemäß § 37 SGB II grundsätzlich nur auf Antrag gewährt.

18 Der Antrag ist eine einseitige öffentlich-rechtliche Willenserklärung. Die Behörde hat diese Erklärung auszulegen, das heißt, sie hat zu erforschen, was der Antragsteller wirklich begehrt.

Hinweis:

An dieser Stelle kommt der sog. Meistbegünstigungsgrundsatz ins Spiel. Dieser besagt, dass bei Prüfung eines Antrags ohne ausdrückliche Beschränkung auf eine bestimmte Leistung davon auszugehen ist, dass der Antragsteller die Sozialleistung begehrt, die nach Lage des Falls für ihn oder die Personen, für die er Leistungen (mit-)beantragt, in Betracht kommen (BSG, Urt. v. 22.3.2010 – B 4 AS 62/09 R). Auch obliegen den Leistungsträgern umfassende

Auskunfts- und Beratungspflichten bei der Antragstellung. Nach § 16 Abs. 3 SGB I haben die Leistungsträger die Pflicht, darauf hinzuwirken, dass klare und sachdienliche Anträge gestellt und unvollständige Angaben ergänzt werden (siehe B 1, Rn. 29 ff.). Dennoch ersetzt der Meistbegünstigungsgrundsatz die Antragstellung nicht!

B

Antragsberechtigt ist, wer das 15. Lebensjahr vollendet hat (§ 36 Abs. 1 Satz 2 SGB I) und zur 19
Vornahme von Verfahrenshandlungen fähig ist (§ 11 Abs. 1 Nr. 1 und 2 SGB X). Der Leistungsberechtigte kann sich bei der Antragstellung auch vertreten lassen (§§ 3, 15 SGB X); eine höchstpersönliche Antragstellung ist insofern nicht erforderlich.

Anträge auf Sozialleistungen sind beim zuständigen Sozialleistungsträger zu stellen (§ 16 20
Abs. 1 SGB I). Der Berechtigte darf mit seinem Begehren nach Sozialleistungen aber nicht an Zuständigkeitsfragen innerhalb des gegliederten und für ihn häufig unübersehbaren Sozialleistungssystems scheitern (Gesetzesbegründung zu § 16 SGB I, BT-Drucks. 7/868, S. 25). Für die Grundsicherung nach dem SGB II sind die örtlich zuständigen Jobcenter zuständig, das heißt dort, wo die leistungsberechtigte Person ihren gewöhnlichen Aufenthalt hat (§ 36 Abs. 1 Satz 2 SGB II). Sollte jedoch der Antrag beim sachlich oder örtlich unzuständigen Sozialleistungsträger gestellt worden sein, greift § 16 Abs. 2 SGB I: Anträge auf Sozialleistungen werden auch von allen anderen Leistungsträgern, Gemeinden oder den amtlichen Vertretungen der Bundesrepublik Deutschland im Ausland entgegengenommen. Diese haben den Antrag dann unverzüglich an den zuständigen Leistungsträger weiterzuleiten; er gilt als zu dem Zeitpunkt gestellt, an dem er bei dieser (unzuständigen) Stelle eingegangen ist (siehe B 1, Rn. 29).

Grundsätzlich können Leistungen nach dem SGB II nicht für die Vergangenheit gewährt werden 21
(§ 37 Abs. 2 Satz 1 SGB II). Das SGB II ist dafür da, einen aktuellen Grundbedarf zu gewährleisten. Allerdings wirkt der Antrag auf Leistungen zur Sicherung des Lebensunterhalts auf den Ersten des Monats der Antragstellung zurück (§ 37 Abs. 2 Satz 2 SGB II). Ein am 31.8.2022 gestellter Antrag kann also einen Leistungsanspruch ab dem 1.8.2022 begründen.

Systemverständnis:

Das Datum der Antragstellung ist vor allem für die Einkommensanrechnung, den Zeitpunkt der Überprüfung der Hilfebedürftigkeit und die Abgrenzung von Einkommen und Vermögen (siehe Rn. 53 ff. und 75 ff.) von grundlegender Bedeutung.

Ein Antrag gilt für die Dauer eines Bewilligungsabschnitts, in der Regel für zwölf Monate. Bei 22
vorläufiger Entscheidung über den Leistungsanspruch oder für den Fall, dass die Aufwendungen für die Unterkunft und Heizung unangemessen sind, wird der Bewilligungszeitraum in der Regel auf sechs Monate verkürzt (§ 41 Abs. 3 SGB II). Dann muss ein neuer Antrag, ein sog. Weiterbewilligungsantrag gestellt werden. Der Leistungsträger muss den Leistungsempfänger rechtzeitig vor Ablauf des Bewilligungsabschnitts darauf hinweisen.

Vom Antrag auf Leistungen zum Lebensunterhalt sind nicht automatisch alle dem Berechtigten 23
denkbar zustehenden Leistungen des SGB II umfasst. Manche Leistungen müssen gesondert beantragt werden. Das bedeutet, dass der Leistungsberechtigte zum Ausdruck bringen muss, dass er zusätzlich zu den laufenden Leistungen zur Sicherung des Lebensunterhalts diese besonderen Leistungen begehrt.

Vom Antrag erfasst sind:	Gesondert beantragt werden müssen:
Grundsicherungsgeld	Eingliederungsleistungen nach §§ 16 ff. SGB II
Leistungen für Bildung und Teilhabe	Darlehen nach § 24 Abs. 1 SGB II; Sonderbedarfe nach § 24 Abs. 3 SGB II
Mehrbedarfe	Mietschuldenübernahme (§ 22 Abs. 8 SGB II)

Vom Antrag erfasst sind:	Gesondert beantragt werden müssen:
Bedarfe für Unterkunft und Heizung	Lernförderung (§ 28 Abs. 5 SGB II)
Leistungen für Schulausflüge und Klassenfahrten nach § 28 Abs. 2 SGB II	ergänzende Sachleistungen oder geldwerte Leistungen bei Minderung des Regelbedarfs um mehr als 30 % (§ 31a Abs. 3 Satz 1 SGB II)
gemeinsame Mittagsverpflegung in Schule und Kita (§ 28 Abs. 6 SGB II)	
Kosten für die Schülerbeförderung (§ 28 Abs. 4 SGB II)	
Leistungen für Sport- und Musikunterricht etc. (§ 28 Abs. 7 SGB II)	

24 Außerdem wirkt die Antragstellung für alle im Antrag aufgeführten Personen der Bedarfsgemeinschaft. § 38 SGB II enthält die dementsprechenden Vermutungsregelungen für Vertretungsbefugnisse innerhalb einer Bedarfsgemeinschaft (zum Begriff siehe Rn. 85 ff.). § 38 Abs. 1 Satz 1 SGB II sieht vor, dass der erwerbsfähige Leistungsberechtigte innerhalb einer Bedarfsgemeinschaft bevollmächtigt ist, für die anderen Mitglieder der Bedarfsgemeinschaft Anträge zu stellen und Leistungen entgegenzunehmen. Besteht die Bedarfsgemeinschaft aus mehreren erwerbsfähigen Leistungsberechtigten, wird vermutet, dass derjenige bevollmächtigt ist, der die Leistungen beantragt (§ 38 Abs. 1 Satz 2 SGB II). Er ist dann der sog. Vertreter der Bedarfsgemeinschaft.

25 Der Antrag auf Grundsicherungsgeld kann grundsätzlich formlos, auch per Fax, mündlich oder sogar auch telefonisch erfolgen. Er muss auch nicht persönlich oder unter Vorlage des (umfangreichen) Antragsformulars gestellt werden. Auch gilt der Antrag als gestellt, wenn das Formular nicht oder nicht vollständig ausgefüllt wurde oder die erforderlichen Unterlagen oder Nachweise fehlen (BSG, Urt. v. 9.8.1990 – 11 RAr 141/88). Zu den allgemeinen Grundsätzen der Antragstellung siehe B 1, Rn. 29 ff.

Systemverständnis:

Dennoch obliegen dem Antragsteller sog. Mitwirkungspflichten, die in §§ 56 ff. SGB II und §§ 60 ff. SGB I näher geregelt sind. Demnach kann der Leistungsträger die Leistungen versagen, wenn der Antragsteller seinen Mitwirkungspflichten nicht nachkommt und dadurch die Aufklärung des Sachverhalts erheblich erschwert (siehe B 1, Rn. 57 ff.).

Hinweis:

In der Praxis ist es üblich, dass bei einer ersten persönlichen Vorsprache vorab geklärt wird, ob ein Anspruch auf die begehrten Leistungen bestehen könnte und dem Antragsteller wird das Antragsformular ausgehändigt. Hier ist darauf zu achten, dass darauf das Datum der persönlichen Vorsprache vermerkt wird. Das gilt dann als Zeitpunkt der Antragstellung. Auch wenn dann zwischen der (mündlichen) Antragstellung und der Rückgabe des Antragsformulars eine längere Zeit liegt, ist der Anspruch nicht verwirkt (vgl. BSG, Urt. v. 28.10.2009 – B 14 AS 56/08 R).

2.4 Grundsätzliche Anspruchsvoraussetzungen und Leistungsausschlüsse

26 Die Leistungsvoraussetzungen für die Begründung eines Anspruchs auf Grundsicherung nach dem SGB II finden sich in den §§ 7, 7b, 8 und 9 des SGB II:

- Einhaltung der Altersgrenze
- gewöhnlicher Aufenthalt in der Bundesrepublik Deutschland

- Erwerbsfähigkeit
- Hilfebedürftigkeit
- Erreichbarkeit

Außerdem sind bestimmte Personengruppen von Leistungen nach dem SGB II ausgeschlossen. 27

Zum 1.7.2023 wurde mit der in dem neuen § 7b SGB II geregelten „Erreichbarkeit" eine fünfte 27a Anspruchsvoraussetzung für den Bezug von Grundsicherungsgeld eingeführt (siehe dazu Kapitel 2.4.5).

2.4.1 Altersgrenze

Nach § 7 Abs. 1 Satz 1 Nr. 1 SGB II erhalten diejenigen Personen Leistungen, die das 28 15. Lebensjahr vollendet und die Altersgrenze für die Regelaltersgrenze der gesetzlichen Rentenversicherung noch nicht erreicht haben. Vor der Vollendung des 15. Lebensjahres können hilfebedürftige Personen in der Regel als Mitglieder einer Bedarfsgemeinschaft (zum Begriff siehe Rn. 85 ff.) Grundsicherungsgeld nach dem SGB II erhalten. Ist die Altersgrenze für die Regelaltersgrenze erreicht (geregelt in §§ 35 Abs. 1 Satz 2, 235 Abs. 2 SGB VI), besteht kein Anspruch auf Leistungen nach dem SGB II, unabhängig vom tatsächlichen Bestehen eines Rentenanspruchs. In diesem Fall kommt ggf. die Grundsicherung im Alter nach dem SGB XII in Betracht (siehe B 13, Rn. 14 ff.).

2.4.2 Gewöhnlicher Aufenthalt

Leistungen nach dem SGB II kann nur erhalten, wer seinen gewöhnlichen Aufenthalt im 29 Bundesgebiet hat. Nach § 30 Abs. 3 Satz 2 SGB II hat jemand seinen gewöhnlichen Aufenthaltsort dort, wo er sich unter Umständen aufhält, die erkennen lassen, dass er an diesem Ort oder in diesem Gebiet nicht nur vorübergehend verweilt.

Systemverständnis:

§ 7 SGB II bezweckt insofern, die Gewährung von Leistungen ins Ausland und an Personen auszuschließen, die einen Wohnsitz im Inland nur formal zur Erlangung von Sozialleistungen begründen, diesen jedoch weder nutzen noch beibehalten wollen.

Dabei kommt es nach der Rechtsprechung des BSG nicht auf die Rechtmäßigkeit des 30 Aufenthalts an. Für das Kriterium des Wohnsitzes aus sozialrechtlicher Sicht kommt es – abweichend vom zivilrechtlichen oder melderechtlichen Begriff des Wohnsitzes – allein auf die tatsächlichen Gegebenheiten an (BSG, Urt. v. 30.1.2013 – B 4 AS 54/12 R). Auch Personen ohne festen Wohnsitz können einen gewöhnlichen Aufenthalt begründen, wenn sie den Umständen und ihrem Willen nach am Ort ihres tatsächlichen Aufenthalts (z. B. in Obdachlosenunterkünften, Notunterkünften, Wohnwagen, behelfsmäßigen Unterschlüpfen oder auch auf der Straße) nicht nur vorübergehend verweilen (vgl. LSG Baden-Württemberg, Urt. v. 25.2.2016 – L 7 SO 3588/14). Wie diese Fälle künftig von der Rechtsprechung beurteilt werden, nachdem ab 1.7.2023 die Erreichbarkeit eine Anspruchsvoraussetzung für das Bürgergeld wird, bleibt abzuwarten. Der gewöhnliche Aufenthalt im Sinne des § 7 SGB II kann auch bei einem längeren Auslandsaufenthalt erhalten bleiben. Es kommt auch hier darauf an, ob Umstände fortbestehen, die darauf schließen lassen, dass die Wohnung beibehalten und benutzt werden soll (BSG, Urt. v. 17.12.1981 – 10 RKg 12/81).

2.4.3 Erwerbsfähigkeit

Die Erwerbsfähigkeit, definiert in § 8 SGB II, gilt als einer der Schlüsselbegriffe des SGB II 31 (Rixen, info also 2006, S. 153). Denn wie eingangs dargelegt bildet sie die Abgrenzung zum SGB XII. § 8 Abs. 1 SGB II definiert die Erwerbsfähigkeit aus gesundheitlicher Sicht, § 8 Abs. 2 SGB II verlangt für Ausländer außerdem eine Arbeitserlaubnis bzw. deren Möglichkeit.

B

32 Im Gesetz heißt es wie folgt:

§ 8 Abs. 1 SGB II

Erwerbsfähig ist, wer nicht wegen Krankheit oder Behinderung auf absehbare Zeit außerstande ist, unter den üblichen Bedingungen des allgemeinen Arbeitsmarktes mindestens 3 Stunden täglich erwerbstätig zu sein.

33 Zu den Begrifflichkeiten:

- Behinderung ist eine Beeinträchtigung physischer, geistiger oder psychischer Natur, die mit hoher Wahrscheinlichkeit länger als sechs Monate andauert und ein Hindernis für die Teilhabe des Betreffenden am Berufsleben bildet (§ 2 Abs. 1 Satz 1 SGB IX).
- Krankheit ist unabhängig von der Behandlungsbedürftigkeit ein regelwidriger, körperlicher, geistiger oder seelischer Zustand.

34 Krankheit oder Behinderung müssen dabei die wesentliche Ursache für die Erwerbsminderung sein.

35 „Auf nicht absehbare Zeit" wird in der Rentenversicherung als ein Zeitraum von mindestens sechs Monaten verstanden (§ 101 Abs. 1 SGB VI).

36 Übliche Bedingungen des allgemeinen Arbeitsmarktes sind – abstrakt betrachtet – solche, die bei einer beachtlichen Zahl von Arbeitsverhältnissen vorhanden sind (BSG, Urt. v. 5.11.1980 – 4 RJ 71/79). Es kommt demnach gerade nicht auf die konkrete, individuelle Situation des Betroffenen an, z. B. ob er schon einmal eine derartige Tätigkeit ausgeübt hat, ob sie für ihn einen sozialen Abstieg bedeuten würde oder ob er überhaupt eine Chance auf die Erlangung eines solchen Arbeitsplatzes hat.

37 Damit übernimmt das SGB II den Begriff der Erwerbsminderung nach dem Rentenrecht (siehe B 11, Rn. 126 ff.). Diese gesetzliche Formulierung wird jedoch für missglückt und schwer verständlich gehalten. Allgemein verständlich hätte § 8 Abs. 1 SGB II wie folgt formuliert werden können: „Erwerbsfähig ist, wer gesundheitlich in der Lage ist, unter den üblichen Bedingungen des allgemeinen Arbeitsmarktes noch mindestens drei Stunden täglich erwerbstätig zu sein" (Rixen, info also 2006, S. 153, 155).

Systemverständnis:

Für die Erwerbsfähigkeit im Sinne des § 8 Abs. 1 SGB II muss der Betreffende imstande sein, mindestens drei Stunden täglich erwerbstätig zu sein. Die im Rentenrecht geltende sog. „Arbeitsmarktrente" ist jedoch nicht auf das SGB II übertragbar. Nach diesem Konstrukt der geltenden Rentenrechtsprechung erhält auch derjenige eine Rente wegen voller Erwerbsminderung, der mehr als drei Stunden, aber weniger als sechs Stunden täglich erwerbstätig sein kann (sog. teilweise Erwerbsminderung), jedoch nicht über einen Teilzeitarbeitsplatz verfügt, da diese Rechtsprechung davon ausgeht, dass der sog. Teilzeitarbeitsmarkt verschlossen ist (siehe B 11, Rn. 126 ff.). Die Bezieher einer solchen Arbeitsmarktrente gehören dennoch zum anspruchsberechtigten – da nach dem SGB II erwerbsfähigen – Personenkreis des SGB II.

38 Da die Erwerbsfähigkeit entscheidend für die Frage ist, ob eine Person Leistungen zur Grundsicherung nach dem SGB II oder Sozialhilfe nach dem SGB XII beantragen kann, ist es wichtig, dass die Entscheidung hierüber einheitlich ergeht. Ansonsten könnten unterschiedliche Leistungsträger zu unterschiedlichen Ergebnissen bei der Beurteilung der Erwerbsfähigkeit des Betroffenen kommen. Schlimmstenfalls würde sich keine Behörde für den Bedürftigen zuständig fühlen. Um dies zu vermeiden, regelt § 44a SGB II das Verfahren zur Feststellung der Erwerbsfähigkeit.

39 Grundsätzlich gilt: Die Behörde hat immer von Erwerbsfähigkeit auszugehen. Erst, wenn hieran berechtigte Zweifel bestehen, hat sie ein ärztliches Gutachten einzuholen. Dies z. B. dann, wenn

- vor Antragstellung schon ein Krankengeldanspruch erschöpft wurde,
- dauernde Arbeitsunfähigkeit besteht,
- Erwerbsminderungsrente beantragt wurde,
- Arbeit aus gesundheitlichen Gründen beendet oder nicht angetreten wurde,
- eine schwere Behinderung vorliegt oder
- Leistungen zur Pflegebedürftigkeit beantragt oder anerkannt wurden

(vgl. Fachliche Weisungen der Bundesagentur für Arbeit zu § 44a SGB II).

Zuständig für die Feststellung ist die Bundesagentur für Arbeit, sie ermittelt den medizinischen 40 Sachverhalt von Amts wegen (§ 44a Abs. 1 Satz 1 SGB II). Gegen die Entscheidung der Bundesagentur können die anderen möglicherweise betroffenen Leistungsträger widersprechen (der kommunale Träger; der Träger, der bei voller Erwerbsminderung zuständig wäre; die Krankenkasse, die bei Erwerbsfähigkeit Leistungen zu erbringen hätte, § 44a Abs. 1 Satz 2 SGB II). Hierüber entscheidet die Bundesagentur dann erneut, muss jedoch zuvor eine Stellungnahme des zuständigen Rentenversicherungsträgers einholen; an diese Stellungnahme ist sie gebunden.

Hinweis:

Für den Leistungsberechtigten ist an dieser Stelle bedeutsam, dass er während dieses behördeninternen Widerspruchsverfahrens als erwerbsfähig gilt. Ihm stehen nahtlos ab Beantragung bis zur endgültigen Entscheidung der Bundesagentur Leistungen nach dem SGB II zu (§ 44a Abs. 1 Satz 7 SGB II).

Systemverständnis:

Während des Verfahrens hat der Leistungsberechtigte mitzuwirken. So muss er sich nach § 62 SGB I notwendigen ärztlichen und psychologischen Untersuchungen unterziehen (siehe B 1, Rn. 58 ff.).

§ 8 Abs. 2 SGB II verlangt für Ausländer (sofern sie nicht schon nach § 7 Abs. 1 SGB II von 41 Leistungen nach dem SGB II ausgeschlossen sind, dazu unten) zusätzlich zu den allgemeinen Voraussetzungen für das Bestehen eines Leistungsanspruchs noch eine „rechtliche Erwerbsfähigkeit". Demnach können Ausländer nur erwerbstätig sein, wenn ihnen die Aufnahme einer Beschäftigung erlaubt ist oder erlaubt werden könnte. Die rechtliche Möglichkeit, eine Beschäftigung vorbehaltlich einer Zustimmung nach § 9 AufenthG aufzunehmen, ist ausreichend.

2.4.4 Hilfebedürftigkeit

Als vierte Voraussetzung für das Bestehen eines Leistungsanspruchs muss Hilfebedürftigkeit 42 bestehen. Hilfebedürftig ist nach § 9 Abs. 1 SGB II, wer

- seinen Lebensunterhalt nicht oder nicht ausreichend
- aus dem zu berücksichtigenden Einkommen oder Vermögen sichern kann und
- die erforderliche Hilfe nicht von anderen, insbesondere von Angehörigen oder von Trägern anderer Sozialleistungen, erhält.

Hier wird der sog. Nachranggrundsatz konkretisiert, der besagt, dass nur derjenige Leistungen 43 nach dem SGB II erhalten soll, soweit er die Hilfebedürftigkeit nicht anderweitig beseitigen kann (§ 3 SGB II). Außerdem wird hier der Grundsatz des Forderns (§ 2 SGB II) konkretisiert, nach dem der erwerbsfähige Hilfsbedürftige vor der staatlichen Inanspruchnahme alle zumutbaren Möglichkeiten zur Beendigung oder Verringerung der Hilfebedürftigkeit zu nutzen hat. Schließlich findet sich in dieser Vorschrift der in § 5 SGB II normierte Grundsatz des Nachrangs der Leistungen nach dem SGB II gegenüber anderen Sozialleistungen (insbesondere die der

Kranken- und Rentenversicherung, aber auch gegenüber einem Anspruch auf Arbeitslosengeld nach dem SGB III) mit Ausnahme der Leistungen nach dem SGB XII wieder.

44 Damit ist die Hilfebedürftigkeit nach einer zweistufigen Berechnung zu ermitteln:

- Schritt 1: Ermittlung des individuellen Bedarfs („seinen Lebensunterhalt")

  Dieser setzt sich aus dem Regelbedarf (§ 20 SGB II), ggf. einem Mehrbedarf (§ 21 SGB II), ggf. einem Sonderbedarf (§ 24 SGB II), den Kosten der Unterkunft und Heizung (§ 22 SGB II) und ggf. Bedarfen für Bildung und Teilhabe (§ 28 SGB II) zusammen (siehe B 3).
- Schritt 2: Ermittlung des vorhandenen eigenen Einkommens oder Vermögens oder Hilfe anderer

  Zur Deckung des Lebensunterhalts ist eigenes Einkommen und Vermögen nach Maßgabe der §§ 11 bis 12 SGB II sowie dasjenige des Partners und der Mitglieder der Bedarfsgemeinschaft einzusetzen (siehe dazu Rn. 53 ff. und 75 ff.).
- Saldierung

  Übersteigt das verwertbare Einkommen oder Vermögen den Bedarf, liegt keine Hilfebedürftigkeit vor.

2.4.5 Erreichbarkeit

45 Um Grundsicherungsgeld zu erhalten, müssen erwerbsfähige Leistungsberechtigte nach § 7b SGB II erreichbar sein. Die Erreichbarkeit hat zwei Komponenten:

- der Aufenthalt im näheren Bereich des zuständigen Jobcenters und
- die Möglichkeit, an jedem Werktag Mitteilungen und Aufforderungen des Jobcenters zur Kenntnis nehmen zu können

46 Im näheren Bereich des zuständigen Jobcenters hält sich auf, wem es möglich ist, eine Dienststelle des zuständigen Jobcenters, einen potenziellen Arbeitgeber oder den Ort einer Maßnahme im örtlichen Zuständigkeitsbereich des Jobcenters in einer für den Vermittlungsprozess angemessenen Zeitspanne ohne unzumutbaren Aufwand aufzusuchen. Ein Aufenthalt im grenznahen Ausland ist dabei unschädlich (§ 7b Abs. 1 Satz 3 und 4 SGB II).

47 Die Möglichkeit der Kenntnisnahme erfordert, dass den Leistungsberechtigten werktäglich die Briefe des Jobcenters erreichen. Hierfür muss er Sorge dafür tragen, dass der Briefkasten auch mit seinem Namen beschriftet ist und täglich geleert wird.

47a Eine Ausnahme für das Erfordernis der Erreichbarkeit gilt, wenn

- das Jobcenter dem Aufenthalt außerhalb des näheren Bereichs zugestimmt hat und
- hierfür ein wichtiger Grund (aufgezählt in § 7b Abs. 2 Satz 2 SGB II, z. B. Teilnahme an einer medizinischen Rehabilitation) vorliegt.

47b Eine Zustimmung für Abwesenheiten außerhalb des näheren Bereichs ist hiervon abweichend aufgrund der Ausübung einer Erwerbstätigkeit (§ 7b Abs. 2 Satz 3 SGB II) nicht erforderlich.

47c Ohne einen wichtigen Grund können erwerbsfähige Leistungsberechtigte mit Zustimmung des Jobcenters außerdem für insgesamt längstens drei Wochen im Jahr nicht erreichbar sein, sofern die Eingliederung in Arbeit nicht wesentlich beeinträchtigt ist.

Hinweis:
Der Aufenthalt außerhalb des näheren Bereichs muss somit – außer aufgrund der Ausübung einer Erwerbstätigkeit – immer zuvor mit dem Leistungsträger abgestimmt werden! Wer ungenehmigt ortsabwesend ist und dabei weiter Leistungen bezieht, muss mit einer Rückforderung der Leistungen rechnen.

47d Eine erhebliche Verschärfung der Leistungsminderungen aufgrund von Meldeversäumnissen ist seit dem 1.7.2026 in dem neu eingeführten § 7b Abs. 4 SGB II geregelt worden. Bei drei aufeinanderfolgenden Meldeversäumnissen gilt demnach die sog. „gesetzliche Vermutung der

Nichterreichbarkeit", die den Anspruch auf Grundsicherungsgeld komplett entfallen lässt, sofern der Leistungsberechtigte keinen nachgewiesenen wichtigen Grund für das Meldeversäumnis darlegen kann. Der Anspruch kann erst dann wiederhergestellt werden, wenn die leistungsberechtigte Person sich wieder persönlich beim Jobcenter meldet. Dies ist im Zusammenhang mit den Regelungen zur Kürzung der Grundsicherungsleistungen (§§ 31 ff. SGB II, vgl. Kapitel B 3, Rn. 31 ff.) zu sehen, die ebenfalls zum 1.7.2026 neu geregelt worden sind.

2.4.6 Leistungsausschlüsse

Ferner ist nur anspruchsberechtigt, wer nicht gesetzlich von den Leistungen nach dem SGB II ausgeschlossen ist. Ausdrücklich normiert § 7 SGB II folgende Leistungsausschlüsse: 48

Ausgeschlossener Personenkreis	Geregelt in ...
Ausländer	§ 7 Abs. 1 Satz 2 bis 7 SGB II
Personen, die in einer stationären Einrichtung untergebracht sind oder sich in einer Freiheitsentziehungsmaßnahme befinden	§ 7 Abs. 4 SGB II
Bezieher von Altersrente oder ähnlichen Leistungen öffentlich-rechtlicher Art	§ 7 Abs. 4 SGB II
Personen, denen Leistungen zum Lebensunterhalt nach § 93 SGB XIV zuerkannt worden sind	§ 7 Abs. 4a SGB II
Auszubildende	§ 7 Abs. 5 SGB II

Für Ausländer ist zu unterscheiden: 49

- In den ersten drei Monaten ihres Aufenthalts in Deutschland erhalten Ausländer, die weder in Deutschland Arbeitnehmer oder Selbstständige noch aufgrund § 2 Abs. 3 FreizügG/EU freizügigkeitsberechtigt sind, und ihre Familienangehörigen keine Leistungen nach dem SGB II (§ 7 Abs. 1 Satz 2 Nr. 1 SGB II).
- Nach Ablauf der ersten drei Monate des Aufenthalts in Deutschland kommt es darauf an, ob ein Aufenthaltsrecht besteht und welchen Aufenthaltszweck die Person verfolgt. Besteht kein Aufenthaltsrecht oder ist das Aufenthaltsrecht allein mit dem Zweck der Arbeitsuche begründet, bleibt der Leistungsbezug gemäß § 7 Abs. 1 Satz 2 Nr. 2a und b SGB II ausgeschlossen. Ferner besteht ein Leistungsausschluss nach § 7 Abs. 1 Satz 2 Nr. 2c SGB II für Ausländer, die ihr Aufenthaltsrecht allein oder neben einem Aufenthaltsrecht nach Abs. 2 Satz 2 Nr. 2b aus Art. 10 der Verordnung (EU) Nr. 492/2011 des Europäischen Parlaments und des Rates ableiten (§ 7 Abs. 1 Satz 2 Nr. 2c SGB II). Rückausnahmen zu diesen Leistungsausschlüssen gelten für Ausländer mit einem Aufenthaltstitel nach Kapitel 2 Abschnitt 5 des AufenthG (Aufenthaltsrecht aus völkerrechtlichen, politischen oder humanitären Gründen) oder für diejenigen, die sich seit mindestens fünf Jahren ohne wesentliche Unterbrechung in Deutschland aufhalten und bei denen nicht der Verlust des Freizügigkeitsrechts festgestellt wurde. Weiter sind von den Leistungen nach dem SGB II diejenigen Personen ausgeschlossen, die nach § 1 AsylbLG leistungsberechtigt sind.

Systemverständnis:

Für Ausländer ohne Aufenthaltstitel kommen nach § 23 Abs. 2 Satz 3 SGB XII zeitlich bis zur Ausreise beschränkte sog. Überbrückungsleistungen (Hilfe zum Lebensunterhalt, Hilfe bei Krankheit, Hilfe bei Schwangerschaft und Mutterschaft und ggf. eine darlehensweise Gewährung der Reisekosten) in Betracht.

Unter den Begriff der stationären Einrichtung im Sinne des § 7 Abs. 4 SGB II fallen neben Krankenhäusern z. B. auch Altenpflegeheime, Werkstätten für behinderte Menschen und 50

Altenpflegeheime (vgl. die Fachlichen Weisungen der Bundesagentur für Arbeit zu § 7). Ausgenommen von diesem Leistungsausschluss ist jedoch, wer voraussichtlich für weniger als sechs Monate in einem Krankenhaus im Sinne des § 107 SGB V untergebracht ist oder wer unter den üblichen Bedingungen des allgemeinen Arbeitsmarktes mindestens 15 Stunden wöchentlich erwerbstätig ist.

Systemverständnis:

Während der Unterbringung in einer stationären Einrichtung besteht zwar ein Leistungsausschluss nach dem SGB II. Da aber während dieser Zeit auch keine Erwerbsfähigkeit im Sinne des § 8 SGB II gegeben ist, besteht ein Anspruch auf Sozialhilfe nach dem SGB XII.

51 Auszubildende, deren Ausbildung im Rahmen des BAföG dem Grunde nach förderungsfähig ist oder die eine grundsätzlich nach dem SGB III förderungsfähige Ausbildung absolvieren und in einem Wohnheim oder Internat mit voller Verpflegung untergebracht sind, haben über die Leistungen des § 27 SGB II (Mehrbedarfe oder Leistungen zur Sicherung des Lebensunterhalts in Form eines Darlehens) hinaus keinen Anspruch auf Leistungen zur Sicherung des Lebensunterhalts nach dem SGB II. Rückausnahmen bestehen hier für Schüler von weiterbildenden Schulen im Sinne des § 2 Abs. 1 Satz 1 BAföG, die bei ihren Eltern wohnen und deshalb keinen Anspruch auf BAföG haben. Ihnen stehen dann Leistungen nach dem SGB II zu. Weitere Rückausnahmen kommen für Schüler an Berufsfachschulen und Fachschulen sowie an Abendschulen (§ 7 Abs. 6 SGB II) in Betracht.

52 Allgemein zu Bedarfen für Auszubildende vgl. Kapitel B 10.

2.5 Die Berücksichtigung von Einkommen

53 Eine der grundlegenden Zielsetzungen des SGB II ist der Nachranggrundsatz: Vor der Inanspruchnahme staatlicher Hilfe müssen alle zumutbaren Möglichkeiten der Selbsthilfe in Anspruch genommen werden. Das Bestehen eines Leistungsanspruchs und dessen Höhe ergibt sich im SGB II aus der Gegenüberstellung von Bedarf auf der einen Seite und zu berücksichtigendem Einkommen und Vermögen auf der anderen Seite.

2.5.1 Einkommensbegriff, Abgrenzung zum Vermögen, modifizierte Zuflusstheorie

54 Nach § 11 Abs. 1 Satz 1 SGB II sind als Einkommen Einnahmen in Geld mit Ausnahme der in § 11a SGB II bzw. § 1 Abs. 1 Bürgergeld-V genannten Einnahmen zu berücksichtigen, die in dem Zeitraum, für den Bürgergeld beantragt oder bezogen wird, dem Leistungsempfänger oder den Angehörigen der Bedarfsgemeinschaft zufließen, soweit diese als bereite Mittel zur Verfügung stehen (sog. Zuflussprinzip).

55 Zum Einkommen zählen Einnahmen aus selbstständiger und nicht selbstständiger Tätigkeit, aber auch sonstige Einnahmen wie Elterngeld, Kindergeld, Entgeltersatzleistungen wie Arbeitslosengeld oder Krankengeld, Renten, auch Steuererstattungen und Erstattungen aus dem Mietverhältnis.

56 Einnahmen in Geld sind Bargeld (auch ausländisches), Schecks, Kontoguthaben etc., das heißt alles, was als Bargeld realisiert und zum Lebensunterhalt eingesetzt werden kann. Unerheblich ist es hierbei, von wem und woher dieses Geld stammt und ob überhaupt ein Anspruch auf dieses Geld bestand. Ferner werden auch Einnahmen in Geldeswert, die im Rahmen einer Erwerbstätigkeit, des Bundesfreiwilligendienstes oder eines Jugendfreiwilligendienstes zufließen, als Einkommen definiert (§ 11 Abs. 1 Satz 2 SGB II). So stellt z. B. ein arbeitsvertraglich vereinbarter Anspruch auf Verpflegung eine als Einkommen zu berücksichtigende Einnahme in Geldeswert dar (BSG, Urt. v. 5.8.2021 – B 4 AS 83/20 R).

57 Schließlich lässt sich der Begriff des Einkommens nicht ohne die Abgrenzung zum Begriff des Vermögens verstehen. Eine Definition des Vermögens findet sich im SGB II ausdrücklich nicht. Diese Unterscheidung ist jedoch von erheblicher praktischer Bedeutung, denn die Regelungen

betreffend den Schutz und die Absetzbarkeit von bestimmten Werten sind hinsichtlich von Einkommen oder Vermögen unterschiedlich.

Deshalb hat die Rechtsprechung die sog. „modifizierte Zuflusstheorie" geschaffen. Demnach ist Einkommen grundsätzlich alles, was in der Bedarfszeit zufließt, Vermögen alles, was bei Eintritt der Hilfebedürftigkeit bereits vorhanden ist (BVerwG, Urt. v. 22.4.2004 – 5 C 68/03). 58

Hinweis:

Einfacher ausgedrückt: Ist das Geld nach dem ersten Antrag auf Grundsicherungsgeld zugeflossen, handelt es sich um Einkommen; alles, was hingegen vor Antragstellung schon da war, ist Vermögen.

Wegen der Rückwirkung des Antrags auf den Ersten des Monats der Antragstellung (§ 37 Abs. 2 SGB II, siehe Rn. 17) werden aber auch Einnahmen, die im Rückwirkungszeitraum zugeflossen sind, zu Einkommen erklärt (BSG, Urt. v. 14.2.2013 – B 14 AS 51/12 R). Nach der modifizierten Zuflusstheorie kommt es außerdem auf den tatsächlichen Zufluss der Einnahme an (ständige Rechtsprechung seit BSG, Urt. v. 30.7.2008 – B 14 AS 26/07 R). Das soll die Verwaltungspraxis und die schnelle Überprüfung der Anspruchsvoraussetzungen erleichtern. 59

Hinweis:

Der häufigste Fall in der Praxis sind die oft recht zufälligen Lohn- und Gehaltszahlungen. Hier kommt es nicht auf die vertraglich vereinbarte Fälligkeit an, sondern darauf, wann das Geld tatsächlich auf dem Konto eingeht! Ist bei Antragstellung noch nicht absehbar, ob und in welcher Höhe Einkommen zufließen wird (z. B. wenn eine Arbeitsaufnahme bevorsteht, aber der Arbeitsvertrag noch nicht abgeschlossen ist), sollte bei der Antragstellung hierauf hingewiesen und eine vorläufige Bewilligung nach § 41a Abs. 1 Satz 2 SGB II beantragt werden. Dies kann für den Leistungsempfänger aufgrund einer Gesamtsaldierung günstiger sein, als die volle Leistung zu empfangen und dann nachträglich bei erfolgtem Lohnzufluss die Leistungen zurückerstatten zu müssen.

Ist dem Leistungsberechtigten bereits bekannt, dass ihm eine einmalige Geldeinnahme zufließen wird, kann es für ihn günstiger sein, vor einer Antragstellung den Zufluss dieser Einnahme abzuwarten. Dieses Geld zählt dann bei einer nachfolgenden Antragstellung nicht zum Einkommen, sondern ist Vermögen und fällt dann unter die „günstigeren" Anrechnungsmodalitäten des § 12 SGB II.

Da die strikte Betrachtung des tatsächlichen Zuflusses in manchen Fällen zu unbefriedigenden Ergebnissen führen würde, wird sie bei bestimmten Fallgruppen an eine wertende Betrachtung angepasst, also modifiziert. Es wird in diesen Fallgruppen abweichend von dem tatsächlichen Zufluss auf einen sog. normativen Zufluss abgestellt. 60

Im Gesetz findet sich z. B. in § 22 Abs. 3 SGB II ein Fall normativen Zuflusses. Demnach sind die Leistungen beim Zufluss oder bei der Gutschrift eines Guthabens aus einer Betriebs- oder Heizkostenabrechnung erst nach dem Monat der Auszahlung oder der Gutschrift zu mindern. 61

Nach der in der Rechtsprechung herausgearbeiteten Wertung des normativen Zuflusses fließen Einnahmen in Geld auch dann zu, wenn sich die wirtschaftliche Situation durch eine Schuldtilgung verbessert („wertmäßiger Zuwachs"). Eine Abtretung zur Schuldtilgung ist z. B. Einkommen, auch wenn die Einnahme infolge der Abtretung direkt an einen Dritten geht. Der Zufluss liegt darin, dass die Abtretung die wirtschaftliche Situation des Leistungsberechtigten verbessert (vgl. LSG Baden-Württemberg, Urt. v. 22.7.2016 – L 3 AS 2898/15). 62

Für die Einkommensanrechnung im SGB II gilt außerdem der ungeschriebene Grundsatz, dass nur das zu berücksichtigen ist, was tatsächlich zur Verfügung steht, also jederzeit realisierbar 63 ist und zur Existenzsicherung eingesetzt werden kann: nur sog. bereite Mittel können angerechnet werden (BSG, Urt. v. 30.7.2008 – B 14 AS 26/07 R).

64 Besonderheiten bestehen im SGB II bei der Kindergeldzurechnung. Nach § 11 Abs. 1 Satz 5 SGB II ist das Kindergeld für zur Bedarfsgemeinschaft gehörende Kinder dem jeweiligen Kind zuzurechnen, obwohl die Eltern und nicht die Kinder die Berechtigten des Kindergeldes sind. Es gilt also als Einkommen des Kindes und soll unter dem Aspekt der Bedürftigkeit vollumfänglich vorrangig zur Bedarfsdeckung des Kindes eingesetzt werden. Für den Fall, dass das Kind weiteres Einkommen erzielt, z. B. in Form von Unterhaltsleistungen, kann es dazu kommen, dass dieses Gesamteinkommen des Kindes seinen Bedarf (Regelbedarf des Kindes, evtl. Mehrbedarfe und die anteiligen Kosten der Unterkunft und Heizung) übersteigt. Dieses sog. bedarfsüberdeckende Kindergeld wird dann dem kindergeldberechtigten Elternteil als Einkommen angerechnet (BSG, Urt. v. 21.3.2019 – B 14 AS 42/17 R). Weitere Besonderheiten ergeben sich, wenn z. B. nach Scheidung bzw. Trennung der Kindergeldberechtigte nicht mehr im Haushalt mit den Kindern lebt und das Kindergeld nicht an die Kinder weitergibt. In diesem Fall wird das Kindergeld nicht dem Kind als Einkommen zugerechnet, sondern dem Kindergeldberechtigten – es sei denn, er leitet es nachweisbar an das Kind weiter. Die Rechtsprechung verlangt hier eine Weiterleitung innerhalb eines Monats nach Erhalt des Kindergeldes (BSG, Urt. v. 11.12.2007 – B 8/9b SO 23/06 R).

65 Bei volljährigen, im Haushalt der Eltern lebenden Kindern, die wegen fehlender Hilfebedürftigkeit nicht zur Bedarfsgemeinschaft ihrer bedürftigen, kindergeldberechtigten Eltern gehören, ist das Kindergeld dann bei den Eltern als Einkommen anzurechnen. Dies kann nur dadurch vermieden werden, dass eine Abzweigung nach § 74 EStG vorgenommen wird. Damit wird das Kind selbst zum Anspruchsinhaber des Kindergeldes gemacht (BSG, Urt. v. 19.3.2008 – B 11b AS 13/06).

2.5.2 Ausnahmen zur Einkommensberücksichtigung: § 11a SGB II und § 1 Grundsicherungsgeld-Verordnung

66 Was nicht als Einkommen berücksichtigt wird, ergibt sich aus diesen gesetzlichen Regelungen:

§ 11a SGB II	§ 1 Grundsicherungsgeld-Verordnung
Leistungen nach dem SGB II selbst	Einnahmen, wenn sie innerhalb eines Kalendermonats 10 EUR nicht übersteigen
Renten oder Beihilfen nach dem BEG	Nicht steuerpflichtige Einnahmen einer Pflegeperson für Leistungen der Grundpflege und hauswirtschaftlichen Versorgung
Schmerzensgeld	Auslandsverwendungszuschlag und Leistungszuschlag von Soldaten
Zweckbestimmte Einnahmen nach öffentlich-rechtlichen Vorschriften, die nicht der Grundsicherung dienen	Überbrückungsbeihilfe für ehemalige Beschäftigte nach NATO-Truppenstatut
Mutterschaftsgeld	Kindergeld für die Kinder des Hilfebedürftigen, soweit es nachweislich an das nicht im Haushalt des Hilfebedürftigen lebende Kind weitergeleitet wird
Einmalige Einnahmen aus Erbschaften, Vermächtnissen und Pflichtteilszuwendungen	Einnahmen von Bürgergeldempfängern aus Erwerbstätigkeit, sofern sie das 15. Lebensjahr noch nicht vollendet haben und der Betrag 100 EUR monatlich nicht übersteigt
Einnahmen aus einkommensteuerbefreiten nebenberuflichen Tätigkeiten nach § 3 Nr. 12, 26 und 26a EStG bis zu 3.000 EUR im Jahr	Verpflegung, sofern sie nicht aus dem Einkommen bereitgestellt wird

§ 11a SGB II	§ 1 Grundsicherungsgeld-Verordnung
Erwerbseinkommen von Schülern aus Erwerbstätigkeiten in den Schulferien	Geldgeschenke an Minderjährige anlässlich von Firmung, Kommunion, Konfirmation oder vergleichbarer religiöser Feste sowie anlässlich der Jugendweihe, soweit sie den in § 12 Abs. 2 Satz 1 Nr. 1a SGB II genannten Betrag nicht überschreiten
Seit 1.1.2025: Ausgleich für gesundheitliche Schädigungsfolgen nach dem SEG sowie Ausgleichszahlungen an Hinterbliebene nach dem SEG	Bis 30.6.2023: Einnahmen aus Ferienjobs von Schülern allgemein- oder berufsbildender Schulen, die das 25. Lebensjahr noch nicht vollendet haben bis zu einem Betrag von 2.400 EUR kalenderjährlich
	Seit 1.1.2024: Witwen- oder Witwerrente, soweit diese bis zum Ende des dritten Kalendermonats nach Ablauf des Monats, in dem der Ehegatte verstorben ist, die anschließende Witwen- oder Witwerrente überschreitet

2.5.3 Die Modalitäten der Einkommensanrechnung

Bei der Frage, in welcher Höhe Einkommen angerechnet wird, ist zu unterscheiden, um welche Einkommensart es sich handelt. 67

Die Berechnung des Einkommens aus abhängiger Beschäftigung (= Arbeitsverhältnisse) ist in § 2 Grundsicherungsgeld-Verordnung geregelt. Auszugehen ist vom Bruttoentgelt. In einem weiteren Schritt werden nun die in § 11b SGB II genannten Beträge abgezogen. Diese sind: 68

- auf das Einkommen zu entrichtende Steuern
- Pflichtbeiträge zur Sozialversicherung
- gesetzlich vorgeschriebene oder sonstige angemessene Beiträge zu Versicherungen
- Vorsorgebeiträge für den Krankheits- oder Pflegefall oder die Alterssicherung und geförderte Altersvorsorgebeiträge (Riester-Renten-Beiträge), soweit sie den Mindesteigenbeitrag nicht überschreiten
- notwendige Ausgaben zur Einkommenserzielung („Werbungskosten"), sofern sie konkret nachgewiesen werden, z. B. Fahrtkosten (0,20 EUR pro Entfernungskilometer, § 6 Grundsicherungsgeld-Verordnung), Kosten für Arbeitsmittel und Arbeitskleidung oder Kinderbetreuungskosten
- der Erwerbstätigenfreibetrag (§ 11b Abs. 2 und 3 SGB II)

Gesetzlich vorgeschriebene Versicherungen sind z. B. die Kfz-Haftpflicht-Versicherung. Bei diesen Pflichtversicherungen werden die vollen Versicherungsbeiträge berücksichtigt. Bei den freiwilligen Versicherungen wird zunächst geprüft, ob diese angemessen sind, das heißt, ob eine solche Versicherung üblicherweise von Beziehern von Einkommen knapp oberhalb der Grundsicherungsgrenze abgeschlossen wird oder ob die individuellen Lebensverhältnisse dies begründen. In der Regel wird das z. B. bei angemessenen Beiträgen zur Haftpflichtversicherung oder einer Hausratversicherung bejaht. Nicht anerkannt wird z. B. eine Rechtsschutzversicherung, weil den Hilfebedürftigen die Möglichkeit der Inanspruchnahme von Prozesskostenhilfe offensteht (BSG, Urt. v. 29.9.2009 – B 8 SO 13/08 R). Berücksichtigt wird bei Angemessenheit der freiwilligen Versicherung unabhängig von der tatsächlichen Beitragshöhe eine monatliche Versicherungspauschale in Höhe von 30 EUR. 69

Wichtig in der Praxis sind auch die sog. Erwerbstätigenfreibeträge nach § 11b Abs. 2 und 3 SGB II. 70

Systemverständnis:

Jeder Bezieher von Grundsicherungsgeld kann 100 EUR monatlich ungekürzt hinzuverdienen. Das bedeutet jedoch nicht, dass dieses Einkommen nicht angegeben werden muss! Grundsätzlich sind alle Einnahmen gegenüber dem Jobcenter anzuzeigen.

71 Wie Einkommen aus selbstständiger Tätigkeit zu berücksichtigen ist, regelt § 3 Grundsicherungsgeld-Verordnung. Hier ist in einer ersten Stufe von den Betriebseinnahmen, die im Bewilligungszeitraum zufließen, auszugehen. Von den Betriebseinnahmen sind dann die Betriebsausgaben abzusetzen. Dies sind nach § 3 Abs. 2 Satz 1 Grundsicherungsgeld-Verordnung die im Bewilligungszeitraum tatsächlich geleisteten notwendigen Ausgaben ohne Rücksicht auf steuerrechtliche Vorschriften wie Firmenfahrzeuge, Personalkosten, Mietkosten für Gewerberäume, Telefonkosten, Werbekosten, Steuerschulden. § 3 Abs. 3 Grundsicherungsgeld-Verordnung setzt hierfür jedoch einen Rahmen: Tatsächliche Ausgaben sollen nicht abgesetzt werden, soweit diese ganz oder teilweise vermeidbar sind oder offensichtlich nicht den Lebensumständen während des Bezugs der Leistungen zur Grundsicherung für Arbeitsuchende entsprechen.

Hinweis:

Die Berechnung nach dem SGB II weicht also ganz entscheidend von dem ab, was ein Unternehmer dem Finanzamt gegenüber ggf. geltend machen kann.

72 Nach Abzug der Betriebsausgaben von den Betriebseinnahmen ergibt sich der Gewinn, der die Berechnungsgrundlage für weitere Abzüge bildet. Von dem Gewinn sind dann die in § 11b SGB II genannten Beträge abzusetzen (siehe oben).

73 Weiter kommt wie bei dem Einkommen aus nicht selbstständiger Tätigkeit schließlich der Erwerbstätigenfreibetrag nach § 11b Abs. 3 SGB II zur Anwendung. Dieser bemisst sich in diesem Fall nach dem Bruttogewinn (Betriebseinnahmen abzüglich Betriebsausgaben).

Hinweis:

Für Selbstständige, die aufstockend Leistungen nach dem SGB II beziehen, ist es dringend erforderlich, dass sie das sog. EKS-Formular ausfüllen und vorlegen. Damit gibt der Selbstständige seine voraussichtlichen Betriebseinnahmen und -ausgaben und damit seinen voraussichtlichen Gewinn für die nächsten sechs Monate an. Diese Angaben legt der Leistungsträger seinen Berechnungen zur Leistungshöhe zugrunde; in der Regel erfolgt dann eine vorläufige Entscheidung nach § 41a SGB II. Kommt der Leistungsberechtigte oder eine mit ihm in einer Bedarfsgemeinschaft lebende Person dem trotz Aufforderung, Fristsetzung und Belehrung über die Rechtsfolgen nicht nach, kommt § 41a Abs. 3 Satz 4 SGB II zur Anwendung. Es wird festgestellt, dass ein Anspruch nicht bestand (sog. Null-Feststellung). Bereits gezahlte Leistungen müssen erstattet werden (§ 41a Abs. 6 SGB II).

74 Für sonstige Einkommen wie Sozialleistungen, Einnahmen aus Vermietung und Verpachtung, Kapitalvermögen sowie Einnahmen aus Wehrersatz und Freiwilligendienstverhältnissen sieht § 4 Grundsicherungsgeld-Verordnung die entsprechende Anwendung der oben dargelegten Berechnungsvorschriften vor.

Systemverständnis:

In einer sog. Bedarfsgemeinschaft (siehe Rn. 85 ff.) werden Einkommen und Vermögen aller Mitglieder der Bedarfsgemeinschaft bei der individuellen Prüfung der Hilfebedürftigkeit berücksichtigt.

2.6 Die Berücksichtigung von Vermögen

Wie oben bereits erläutert unterscheidet der Zeitpunkt des Zuflusses und der Antragstellung im Sinne des SGB II den Begriff des Einkommens von dem des Vermögens. 75

§ 12 Abs. 1 SGB II formuliert die Definition von Vermögen schlicht so: 76

Als Vermögen sind alle verwertbaren Vermögensgegenstände zu berücksichtigen.

Das sind außer Geld z. B. auch Sachen (Möbel, Kleidung, Hausrat, Schmuck, Kraftfahrzeuge), Immobilien, Forderungen und Sparbücher. 77

Verwertbar ist Vermögen nach ständiger Rechtsprechung (seit BSG, Urt. v. 6.12.2007 – B 14/7b AS 46/06 R), wenn 78

- es verbraucht, übertragen oder belastet werden kann,
- es auf zumutbare Weise in angemessener Zeit verwertet werden kann,
- die Verwertung keine besondere Härte bedeuten würde und
- es kein Schonvermögen darstellt.

Bei der Frage der Verwertbarkeit sind zunächst die tatsächlichen Begebenheiten zu berücksichtigen. So ist z. B. Vermögen dann nicht verwertbar, wenn hierfür in absehbarer Zeit kein Käufer zu finden sein wird. Verwertbarkeit ist damit gegeben, wenn feststeht oder zumindest möglich ist, dass der Vermögenswert im aktuellen Bewilligungsabschnitt zu Geld gemacht werden kann (sog. Versilbern; ständige Rechtsprechung des BSG, Urt. v. 24.5.2017 – B 14 AS 16/16 R). Rechtlich ist ein Vermögensgegenstand nicht verwertbar, wenn dessen Inhaber in der Verfügung über den Gegenstand beschränkt ist und er die Aufhebung der Beschränkung nicht erreichen kann (BSG, Urt. v. 27.1.2009 – B 14 AS 42/07 R). 79

§ 12 Abs. 3 Satz 1 Nr. 6 Alt. 1 SGB II enthält weitere Einschränkungen. Als Vermögen sind demnach Sachen und Rechte nicht zu berücksichtigen, soweit ihre Verwertung offensichtlich unwirtschaftlich ist oder ihre Verwertung für den Betroffenen eine besondere Härte bedeuten würde. Von einer offensichtlichen Unwirtschaftlichkeit der Verwertung ist auszugehen, wenn der auf dem Markt erzielbare Wert in einem deutlichen Missverhältnis zum „wirklichen Wert" oder Substanzwert steht. 80

Bei einem Hausgrundstück kommt eine solche Unwirtschaftlichkeit z. B. in Betracht, wenn bei einer Veräußerung nach Abzug der verkaufsbedingten Aufwendungen vom erzielten Verkaufspreis wesentlich weniger als der zum Erwerb und zur Herstellung der Immobilie aufgewendete Gesamtbetrag erzielt werden könnte; gewisse Verluste – insbesondere unter dem Aspekt veränderter Marktpreise – können jedoch als zumutbar angesehen werden (BSG, Urt. v. 18.9.2014 – B 14 AS 58/13 R). 81

Erforderlich für die Annahme einer besonderen Härte sind außergewöhnliche Umstände des Einzelfalls, die dem Betroffenen ein eindeutig größeres Opfer abverlangen, als eine einfache Härte und erst recht als die mit der Vermögensverwertung stets verbundenen Einschnitte (BSG, Urt. v. 18.9.2014 – B 14 AS 58/13 R). Als besondere Härte im Sinne des § 12 Abs. 3 Satz 1 Nr. 6 Alt. 2 SGB II sind besondere persönliche Umstände denkbar wie schwerwiegende familiäre Konfliktsituationen (BSG, Urt. v. 6.5.2010 – B 14 AS 2/09 R; zur Verwertung einer Immobilie während des laufenden Trennungsjahres vgl. LSG Niedersachsen-Bremen, Urteil v. 31.5.2017 – L 13 AS 105/16) oder die Unzumutbarkeit des Auszugs wegen Krankheit oder Behinderung (LSG Baden-Württemberg, Urt. v. 29.1.2015 – L 7 AS 1406/12). 82

Nach § 12 Abs. 1 Satz 2 SGB II ist sog. Schonvermögen nicht als Vermögen zu berücksichtigen. Das sind im Wesentlichen die Gegenstände, die bei einem SGB-II-Hilfebedürftigen als angemessen angesehen werden, wie angemessener Hausrat, ein angemessenes Kfz (in der Regel gilt hier ein Wert von 7.500 EUR) oder ein selbst genutztes Hausgrundstück mit einer Wohnfläche von 140 Quadratmetern oder eine Eigentumswohnung von bis zu 130 Quadratmetern Wohnfläche. Bewohnen mehr als vier Personen die Immobilie, erhöht sich die maßgebende Wohnfläche um jeweils 20 Quadratmeter für jede weitere Person. 83

B

84 Schließlich sind die Vermögensfreibeträge nach § 12 Abs. 2 SGB II zu berücksichtigen. Seit 1.7.2026 gilt hier eine altersabhängige Staffelung (bis zur Vollendung des 30. Lebensjahres 5.000 EUR, ab dem 31. Lebensjahr 10.000 EUR, ab dem 41. Lebensjahr 12.500 EUR, ab dem 51. Lebensjahr 20.000 EUR).

84a § 12 Abs. 2 Satz 2 SGB II sieht außerdem eine Übertragbarkeit von nicht ausgeschöpften Freibeträgen innerhalb einer Bedarfsgemeinschaft vor. Übersteigt also das Vermögen einer Person der Bedarfsgemeinschaft den Freibetrag, sind nicht ausgeschöpfte Freibeträge der anderen Personen in der Bedarfsgemeinschaft auf diese Person zu übertragen.

Hinweis:

Soweit dem Leistungsberechtigten der sofortige Verbrauch oder die sofortige Verwertung von zu berücksichtigendem Vermögen nicht möglich ist oder eine besondere Härte bedeuten würde, sind nach § 24 Abs. 5 Satz 1 SGB II Leistungen als Darlehen zu erbringen (diese können nach § 24 Abs. 5 Satz 2 SGB II aber davon abhängig gemacht werden, ob der Anspruch auf Rückzahlung dinglich oder in anderer Weise gesichert wird).

2.7 Von Bedarfsgemeinschaften, Wohngemeinschaften und Haushaltsgemeinschaften

85 Die Bedarfsgemeinschaft ist einer der zentralen Begriffe des SGB II und gleichzeitig ein bisweilen schwer greifbares Konstrukt. Sinn und Zweck ist es, Personen, die in einer besonderen Form verbunden sind, demselben Leistungsträger zuzuordnen und einem gemeinsamen Verwaltungsverfahren zu unterwerfen. In der Folge wird das Einkommen und Vermögen aller Mitglieder der Bedarfsgemeinschaft bei der Überprüfung der Hilfebedürftigkeit herangezogen. Außerdem obliegt allen Mitgliedern einer Bedarfsgemeinschaft die Einhaltung der allgemeinen Pflichten des SGB II (Arbeitseinsatz, Abschluss von Eingliederungsvereinbarungen).

86 Voraussetzung für die Bildung einer Bedarfsgemeinschaft ist, dass eine erwerbsfähige Person mit einer weiteren erwerbsfähigen oder nicht erwerbsfähigen Person in einer bestimmten Form zusammenlebt.

87 Mitglieder einer Bedarfsgemeinschaft sind somit nach § 7 Abs. 3 SGB II:

1. der erwerbsfähige Leistungsberechtigte (der sog. Hauptleistungsberechtigte, der auch die Bedarfsgemeinschaft nach außen vertritt, § 38 SGB II)
2. die im Haushalt lebenden Eltern oder der im Haushalt lebende Elternteil eines unverheirateten erwerbsfähigen Kindes, das das 25. Lebensjahr noch nicht vollendet hat, und dessen im Haushalt lebender Partner
3. der Partner des erwerbsfähigen Leistungsberechtigten:
   a) die nicht dauernd getrennt lebende Ehegattin oder der nicht dauernd getrennt lebende Ehegatte
   b) die nicht dauernd getrennt lebende Lebenspartnerin oder der nicht dauernd getrennt lebende Lebenspartner
   c) eine Person, die mit dem erwerbsfähigen Leistungsberechtigten in einem gemeinsamen Haushalt so zusammenlebt, dass nach verständiger Würdigung der wechselseitige Wille anzunehmen ist, Verantwortung füreinander zu tragen und füreinander einzustehen (sog. Einstandsgemeinschaft)
4. die dem Haushalt angehörenden unverheirateten Kinder des erwerbsfähigen Leistungsberechtigten oder seines Partners, wenn sie das 25. Lebensjahr noch nicht vollendet haben, soweit sie die Leistungen zur Sicherung des Lebensunterhalts nicht aus eigenem Einkommen oder Vermögen beschaffen können

B

Systemverständnis:

Mit der Bedarfsgemeinschaft werden auch Personen erfasst und erhalten einen Anspruch auf Grundsicherungsgeld nach dem SGB II, die nicht erwerbsfähig sind und deshalb eigentlich dem Anwendungsbereich des SGB XII unterfielen, so z. B. die Eltern des erwerbsfähigen Kindes (Ziffer 2), die minderjährigen Kinder, soweit sie selbst hilfebedürftig sind (Ziffer 4) und der Ehegatte oder Partner des Leistungsberechtigten (Ziffer 3a und b).

In der Praxis bereitet die sog. Einstandsgemeinschaft nicht verheirateter Partner (Ziffer 3c) die meisten Schwierigkeiten. Voraussetzungen für eine solche Einstandsgemeinschaft sind: 88

- das Bestehen einer Partnerschaft
- das Zusammenleben in einem Haushalt
- der wechselseitige Wille, Verantwortung füreinander zu tragen und füreinander einzustehen

Eine Partnerschaft liegt nach der Rechtsprechung vor, wenn eine gewisse Ausschließlichkeit der Beziehung gegeben ist, die keine vergleichbare Lebensgemeinschaft neben sich zulässt (BVerfG, Urt. v. 17.11.1992 – 1 BvL 8/87). Es muss zwischen dem Leistungsberechtigten und dem Partner die Möglichkeit gegeben sein, dass sie heiraten oder eine Lebenspartnerschaft nach dem LPartG eingehen können (BSG, Urt. v. 23.8.2012 – B 4 AS 34/12 R). 89

Das Zusammenleben in einem gemeinsamen Haushalt erfordert das Bestehen einer Wohn- und Wirtschaftsgemeinschaft: das Zusammenleben **und** das Wirtschaften aus einem Topf. Unter Zusammenleben in einer Wohnung ist mehr als nur ein bloßes Zusammenwohnen, z. B. bei einer Wohngemeinschaft, zu verstehen. Die Anforderungen an das gemeinsame Wirtschaften gehen dabei über die gemeinsame Nutzung von Bad, Küche und ggf. Gemeinschaftsräumen hinaus. Hier reicht es nicht aus, wenn der Einkauf von Grundnahrungsmitteln, Reinigungs- und Sanitärartikeln aus einer Gemeinschaftskasse getätigt wird. Entscheidend ist, ob der Haushalt von beiden Partnern geführt wird, wobei die Beteiligung an der Haushaltsführung von der jeweiligen wirtschaftlichen und körperlichen Leistungsfähigkeit der Partner abhängig ist. Die Haushaltsführung an sich und das Bestreiten der Kosten des Haushalts muss gemeinschaftlich durch beide Partner erfolgen, was allerdings nicht bedeutet, dass der finanzielle Anteil der Beteiligung am Haushalt oder der Wert der Haushaltsführung selbst gleichwertig sein muss. Ausreichend ist eine Absprache zwischen den Partnern, wie sie die Haushaltsführung zum Wohl des partnerschaftlichen Zusammenlebens untereinander aufteilen (vgl. grundlegend BSG, Urt. v. 23.8.2012 – B 4 AS 34/12 R). 90

Bei der Frage, ob ein sog. Einstands- und Verantwortungswille besteht, soll die Vermutungsregel helfen, die sich in § 7 Abs. 3a SGB II findet. Ein Einstands- und Verantwortungswille wird vermutet, wenn die Partner 91

- länger als ein Jahr zusammenleben,
- mit einem gemeinsamen Kind zusammenleben,
- Kinder oder Angehörige im Haushalt versorgen oder
- befugt sind, über Einkommen oder Vermögen des anderen zu verfügen.

Wichtig ist, dass es sich hierbei um eine nicht abschließende Aufzählung von Indizien handelt, die auf den inneren Einstandswillen der Partner schließen lassen. Jobcenter und Sozialgerichte überprüfen diese Frage im Rahmen einer umfassenden Sachverhaltsaufklärung und entscheiden dann im Rahmen einer sog. Gesamtwürdigung aller Indizien. Dabei berücksichtigen sie auch weitere Kriterien, zum Beispiel: 92

- die Dauer und Intensität der Bekanntschaft
- den Grund für ihr Zusammenleben
- das Vorliegen gemeinschaftlicher vertraglicher Verpflichtungen, z. B. gegenüber dem Vermieter
- gemeinsam abgeschlossene Versicherungen
- ggf. vorliegende wechselseitige Kontovollmachten

- ein gemeinsames Konto
- gemeinsame Unternehmungen, Freizeit und Urlaube
- die gemeinsame Nutzung eines Kfz
- die nach außen gelebte Intensität der Partnerschaft

93 Diese Vermutung ist widerlegbar. Hier reicht aber die bloße Verneinung einer Einstands- und Verantwortungsgemeinschaft nicht aus. Der Leistungsberechtigte muss vielmehr schlüssig darlegen und nachweisen, dass entweder bereits die Voraussetzungen des jeweiligen Vermutungstatbestands nicht vorliegen oder dass andere Umstände Zweifel an der Richtigkeit der Vermutung begründen (LSG Bayern, Beschl. v. 27.7.2016 – L 7 AS 414/16 B ER). Da der Leistungsberechtigte damit die Beweislast für das Nichtbestehen der Einstandsgemeinschaft trägt, hat er im Rahmen seiner Mitwirkungspflichten nach §§ 60 ff. SGB I zu der Aufklärung des Sachverhalts beizutragen. Schwierig wird es dann, wenn das Jobcenter von einer solchen Einstandsgemeinschaft ausgeht und von dem vermeintlichen Partner Auskunft zum Einkommen oder Vermögen verlangt. Hier hat zunächst die Behörde darzulegen und nachzuweisen, dass tatsächlich eine Bedarfsgemeinschaft besteht. Auf keinen Fall darf die Behörde dem Leistungsberechtigten die Leistungen versagen, wenn der vermeintliche Partner hierbei nicht mitwirkt (LSG Bayern, Beschl. v. 19.8.2009 – L 7 AS 541/09 B ER). Problematisch sind außerdem (unangekündigte) Hausbesuche von Mitarbeitern des Jobcenters zur Überprüfung des Vorliegens einer Partnerschaft. Ein solcher Hausbesuch muss nicht geduldet werden – eine Weigerung des Leistungsberechtigten, den Hausbesuch zu dulden, wird aber bei der Nichterweislichkeit von Tatsachen im Rahmen der Beweislastentscheidung Berücksichtigung finden (SG München, Beschl. v. 20.12.2019 – S 46 AS 2557/19 ER).

94 Abzugrenzen von einer Bedarfsgemeinschaft ist die Haushaltsgemeinschaft und die Wohngemeinschaft.

- Eine Haushaltsgemeinschaft liegt nach dem SGB II vor, wenn eine erwerbsfähige leistungsberechtigte Person mit einer weiteren erwerbsfähigen oder nicht erwerbsfähigen leistungsberechtigten Person in einem Haushalt zusammenlebt und eine Wohn- und Wirtschaftsgemeinschaft nach der oben dargestellten Definition („Wirtschaften aus einem Topf") besteht. Existiert diese Haushaltsgemeinschaft außerdem zwischen Verwandten oder Verschwägerten im Sinne des BGB (Großeltern und Enkelkindern, Onkeln oder Tanten und Nichten oder Neffen, Pflegekindern und Pflegeeltern, Geschwistern, sofern sie ohne Eltern zusammenleben), wird nach § 9 Abs. 5 SGB II widerlegbar vermutet, dass diese dem Leistungsberechtigten Zuwendungen zum Lebensunterhalt erbringen, soweit es nach ihrem Einkommen oder Vermögen erwartet werden kann.
- Eine Wohngemeinschaft hingegen liegt vor, wenn mehrere Personen zusammenleben, ohne dass sie gemeinschaftlich wirtschaften. Das Bestehen einer Wohngemeinschaft hat im SGB II keine Rechtsfolgen. Lediglich bei der Berechnung der Bedarfsgemeinschaft zustehenden Kosten der Unterkunft kann das Bestehen einer Haushalts- oder Wohngemeinschaft zu berücksichtigen sein, da diese nach dem sog. Kopfteilprinzip ermittelt werden (siehe B 4, Rn. 8).

3. Die Sozialhilfe – das SGB XII

3.1 Nachranggrundsatz und Überblick über die Leistungen

95 § 2 SGB XII formuliert für die Sozialhilfe den sog. Nachranggrundsatz: Demnach erhält Sozialhilfe nicht, wer sich vor allem durch Einsatz seiner Arbeitskraft, seines Einkommens und seines Vermögens selbst helfen kann oder wer die erforderliche Leistung von anderen, insbesondere von Angehörigen oder von Trägern anderer Sozialleistungen, erhält.

96 Anders ausgedrückt erhält derjenige Sozialhilfe, der seinen Lebensunterhalt nicht aus eigener Kraft, z. B. durch Erwerbstätigkeit oder durch Einsatz von Vermögen, durch Unterstützung seiner Familie oder durch andere Grundsicherungsleistungen, z. B. nach dem SGB II, bestreiten

kann. Deshalb kann die Sozialhilfe auch als letztes Auffangnetz der sozialen Sicherung bezeichnet werden.

Die Sozialhilfe umfasst folgende Leistungen (vgl. § 8 SGB XII), die in diesem Handbuch bei den jeweiligen Bedarfslagen angesprochen werden: 97

Leistungen	Rechtsnormen
Hilfe zum Lebensunterhalt	§§ 27 bis 40 SGB XII (vgl. Kapitel B 3)
Grundsicherung im Alter und bei Erwerbsminderung	§§ 41 bis 46b SGB XII (vgl. Kapitel B 13, Rn. 14 ff.)
Hilfen zur Gesundheit	§§ 47 bis 52 SGB XII (vgl. Kapitel B 5, Rn. 1 ff. und B 9, Rn. 1 f. und 34)
Hilfe zur Pflege	§§ 61 bis 66a SGB XII (vgl. Kapitel B 6, Rn. 132 ff.)
Hilfe zur Überwindung besonderer sozialer Schwierigkeiten	§§ 67 bis 69 SGB XII
Hilfe in anderen Lebenslagen	§§ 70 bis 74 SGB XII (vgl. Kapitel B 8, Rn. 8; B 5, Rn. 67; B 13, Rn. 22)
sowie die jeweils gebotene Beratung und Unterstützung	

3.2 Grundsätzliche Anspruchsvoraussetzungen

Für die Gewährung der Sozialhilfe gelten folgende allgemeine Voraussetzungen: 98

- gewöhnlicher Aufenthalt im Inland (§ 24 SGB XII)
- Bedürftigkeit (§ 19 SGB XII)

Zusätzlich sind für die Grundsicherung im Alter und bei Erwerbsminderung (siehe B 13, Rn. 14 ff.) erforderlich: 99

- Erreichung der Altersgrenze oder dauerhafte volle Erwerbsminderung
- Antrag

Deutsche, die ihren gewöhnlichen Aufenthalt (zum Begriff des gewöhnlichen Aufenthalts siehe Rn. 26) im Ausland haben, erhalten keine Leistungen. Ausnahmen gelten bei außergewöhnlichen und nachgewiesenen Notlagen wie der Pflege und Erziehung eines Kindes, das aus rechtlichen Gründen im Ausland bleiben muss, eine längerfristige stationäre Betreuung im Ausland, schwere Pflegebedürftigkeit oder hoheitliche Gewalt (§ 24 SGB XII). 100

Hilfe zum Lebensunterhalt oder Grundsicherung im Alter und bei Erwerbsminderung erhält derjenige, der bedürftig ist. Das ist jemand, der seinen notwendigen Lebensunterhalt nicht oder nicht ausreichend aus eigenen Kräften und Mitteln, insbesondere aus seinem Einkommen oder Vermögen bestreiten kann (§ 19 Abs. 1 und 2 SGB XII). Hilfen zur Gesundheit, Hilfe zur Pflege, Hilfe zur Überwindung besonderer sozialer Schwierigkeiten und Hilfen in anderen Lebenslagen werden geleistet, soweit den Leistungsberechtigten, ihrem Ehe- oder Lebenspartner oder bei unverheirateten minderjährigen Leistungsberechtigten ihren Eltern die Aufbringung der Mittel aus dem Einkommen oder Vermögen nicht zuzumuten ist (§ 19 Abs. 3 SGB XII). 101

Wie § 11 SGB II definiert § 82 SGB XII für die Sozialhilfe Einkommen als „alle Einkünfte in Geld oder Geldeswert". Auch im SGB XII kommt nach der Rechtsprechung die sog. modifizierte Zuflusstheorie zur Anwendung (zum Einkommensbegriff siehe Rn. 54 ff.). Näheres regelt außerdem die DVO zu § 82 SGB XII. 102

Ausgenommen von der Einkommensanrechnung sind nach § 82 Abs. 1 SGB XII folgende Einkünfte: 103

- Leistungen nach dem SGB XII selbst
- Aufwandspauschalen nach § 1878 des BGB für rechtliche Betreuung kalenderjährlich bis zu dem in § 3 Nr. 26 Satz 1 EStG genannten Betrag

B

- Mutterschaftsgeld
- Einnahmen von Schülern aus Erwerbstätigkeiten während der Schulferien
- bis zu 520 EUR monatlich bei Leistungsberechtigten, die eine förderungsfähige Ausbildung durchlaufen oder während der Schulzeit erwerbstätig sind
- Aufwandsentschädigungen oder Einnahmen aus nebenberuflichen Tätigkeiten, die nach § 3 Nr. 12, 26 oder 26a EStG bis zu 3.000 EUR jährlich steuerfrei sind
- Erbschaften
- Einkünfte aus Rückerstattungen, die auf Vorauszahlungen beruhen, die Leistungsberechtigte aus dem Regelsatz erbracht haben

104 Vom Einkommen weiter abzusetzen sind nach §§ 82 Abs. 2 bis 6, 83a SGB XII:

- Steuern, die auf das Einkommen zu entrichten sind
- Pflichtbeiträge zur Sozialversicherung oder zu privaten Versicherungen, soweit die Beiträge nach Grund und Höhe angemessen sind (siehe Rn. 67 ff.)
- geförderte Altersvorsorgebeiträge bis zur Höhe des Mindesteigenbeitrags
- die mit der Erzielung des Einkommens verbundenen notwendigen Ausgaben (Werbungskosten; siehe dazu die DVO zu § 82 SGB XII)
- Freibeträge bei Erwerbstätigkeit und bei Einkommen aus einer zusätzlichen Altersvorsorge für Personen, die Hilfe zur Pflege, der Blindenhilfe oder Leistungen der Eingliederungshilfe nach dem SGB IX erhalten und bei langjährigen Rentenzeiten
- bis zu 250 EUR monatlich bei Bezügen oder Einnahmen, die als Taschengeld nach dem Bundesfreiwilligendienst- oder Jugendfreiwilligendienstgesetz gezahlt werden

105 Bei den Leistungen nach den Kapiteln 5 bis 9 des SGB XII (der Hilfe zur Gesundheit, der Hilfe zur Pflege, der Hilfe zur Überwindung besonderer sozialer Schwierigkeiten und der Hilfe in anderen Lebenslagen) ist eine besondere Einkommensgrenze zu beachten (§§ 85 ff. SGB XII). Bei diesen Hilfen ist der nachfragenden Person und ihrem nicht getrennt lebenden Ehegatten oder Lebenspartner die Aufbringung der Mittel nicht zuzumuten, wenn während der Dauer des Bedarfs ihr monatliches Einkommen zusammen eine Einkommensgrenze nicht übersteigt. Liegt das zu berücksichtigende Einkommen über dieser Einkommensgrenze, ist die Aufbringung der Mittel in angemessenem Umfang zuzumuten. Bei der Frage der Zumutbarkeit des Einsatzes der eigenen Mittel ist insbesondere zu berücksichtigen (§ 87 SGB XII):

- die Art des Bedarfs
- die Art oder Schwere der Behinderung oder der Pflegebedürftigkeit
- die Dauer und Höhe der erforderlichen Aufwendungen
- besondere Belastungen der nachfragenden Person und ihrer unterhaltsberechtigten Angehörigen

106 Unter den Voraussetzungen des § 88 SGB XII kann die Aufbringung der Mittel auch bei Einkommen unterhalb der Einkommensgrenze verlangt werden, wenn z. B. die betroffene Person längere Zeit Leistungen in einer stationären Einrichtung bedarf und dadurch der Sozialhilfebedarf überwiegend anderweitig gedeckt wird.

107 Nach § 90 Abs. 1 SGB XII ist das gesamte verwertbare Vermögen einzusetzen (zum Begriff des Vermögens und der Verwertbarkeit siehe Rn. 75 ff.).

108 Ausgenommen von der Verwertung ist sog. Schonvermögen, das in § 90 Abs. 2 SGB XII aufgezählt wird.

Beispiele für von der Verwertung ausgenommenes Vermögen nach § 90 Abs. 2 SGB XII:

- *Altersvorsorgevermögen, das der zusätzlichen Altersvorsorge dient und staatlich gefördert wird (sog. Riester-Renten) sowie die Erträge hieraus*
- *angemessener Hausrat, orientiert an den bisherigen Lebensverhältnissen*
- *Gegenstände, die zur Aufnahme oder Fortsetzung der Berufsausbildung oder der Erwerbstätigkeit unentbehrlich sind*

- *Gegenstände, die für geistige, insbesondere wissenschaftliche oder künstlerische Arbeit benötigt werden und keine Luxusgegenstände sind*
- *Familien- und Erbstücke, deren Veräußerung für die nachfragende Person oder ihre Familie eine besondere Härte bedeuten würde*
- *eine selbst bewohnte Immobilie in angemessener Größe*
- *kleinere Barbeträge: nach der DVO zu § 90 SGB XII jeweils 10.000 EUR für die leistungsberechtigte Person, ihren Ehe- oder Lebenspartner sowie jede alleinstehende minderjährige Person; 500 EUR für jede Person, für die die leistungsberechtigte Person oder deren Partner überwiegend den Unterhalt zahlt*
- *ein angemessenes Kraftfahrzeug (bis Verkehrswert von 7.500 EUR)*

Hinweis:

Für den Fall, dass gleichwohl Vermögen für den Sozialhilfebedarf einzusetzen ist, jedoch der sofortige Verbrauch oder die sofortige Verwertung des Vermögens entweder nicht möglich wäre oder eine Härte bedeuten würde, soll die Sozialhilfe als Darlehen geleistet werden (§ 91 SGB XII).

Zwar wird das Einkommen unterhaltspflichtiger Kinder nicht direkt angerechnet, jedoch wird 109
vor der Bewilligung von Sozialhilfe geprüft, ob Unterhaltsansprüche gegenüber Eltern oder Kindern bestehen. Unter Umständen kann der Träger der Sozialhilfe diese dann in Regress nehmen (Anspruchsübergang). Seit dem 1.1.2020 sind bestehende Unterhaltsansprüche jedoch erst dann zu berücksichtigen, wenn die unterhaltspflichtige Person ein Bruttojahreseinkommen von über 100.000 EUR hat (§§ 93, 94 SGB XII; Begrenzung des Unterhaltsregresses).

Systemverständnis:

Es besteht eine gesetzliche Vermutung, dass das Einkommen einer unterhaltspflichtigen Person darunter liegt; allerdings kann der zuständige Träger vom Leistungsberechtigten, nicht aber gleich von den Kindern (!), Angaben verlangen, die Rückschlüsse auf die Einkommensverhältnisse der Unterhaltspflichtigen zulassen. Erst dann und beim Vorliegen hinreichender Anhaltspunkte können nach § 117 SGB XII von den Kindern entsprechende Angaben verlangt werden.

3.3 Antragserfordernisse und Kenntnisgrundsatz

Anders als Leistungen nach dem SGB II, die grundsätzlich nur auf Antrag gewährt werden, gilt 110
bei der Sozialhilfe der Grundsatz, dass diese grundsätzlich nicht beantragt werden muss. Sie setzt nach § 18 SGB XII vielmehr dann ein, wenn dem Träger der Sozialhilfe oder den von ihm beauftragten Stellen bekannt wird, dass die Voraussetzungen für die Leistungen vorliegen (sog. Kenntnisgrundsatz).

Eine wichtige Ausnahme von diesem Grundsatz besteht für die Gewährung der Grundsicherung 111
im Alter und bei Erwerbsminderung (siehe B 13, Rn. 14 ff.).

Weiter müssen ebenfalls beantragt werden: 112

- Mehrbedarfe (§§ 30, 42b SGB XII; siehe B 3, Rn. 19)
- Einmalige Bedarfe (§ 31 SGB XII; siehe B 3, Rn. 27 ff.)
- Beiträge zur Kranken- und Pflegeversicherung (§ 32 SGB XII; siehe B 5 und B 6)
- Vorsorgeaufwand (§ 33 SGB XII; siehe B 13)
- Leistungen für den Schulbesuch (§§ 34 ff. SGB XII; siehe B 10)
- Ergänzende Darlehen (§§ 36 bis 38 SGB XII; siehe B 3, Rn. 8 und B 4, Rn. 30)

Der Antrag ist beim zuständigen Sozialhilfeträger zu stellen. Auch hier gilt § 16 Abs. 2 SGB I. 113

114 Leistungen zur Deckung von Bedarfen werden in der Regel für einen Bewilligungszeitraum von zwölf Monaten gewährt, bei vorläufiger Bewilligung soll der Bewilligungszeitraum auf höchstens sechs Monate verkürzt werden.

115 Für die Beantragung der Sozialhilfe gilt wie bei der Beantragung von SGB II der Meistbegünstigungsgrundsatz; ebenfalls kann der Antrag auf Sozialhilfe formlos gestellt werden, jedoch sind auch hier die Hinweise zum Nachweis des Zugangs der Antragstellung zu beachten (siehe B 1, Rn. 29 ff.).

Hinweis:

Anders als bei den Leistungen zur Grundsicherung nach dem SGB II ist kein Folgeantrag für die Sozialhilfe für die Zeit nach Ablauf des Bewilligungszeitraums zu stellen. Um Gewissheit zu haben, wie es mit den Leistungen nach Ablauf des Bewilligungszeitraums weitergeht, ist es jedoch empfehlenswert, rechtzeitig einen Folgeantrag zu stellen.

3.4 Von Haushaltsgemeinschaften und Einsatzgemeinschaften

116 Wie im SGB II wird auch im SGB XII vermutet, dass Personen, die in irgendeiner Form miteinander verbunden sind, finanziell füreinander aufkommen. In der Folge wäre nach dem Nachranggrundsatz keine staatliche Leistung zur Existenzsicherung zu erbringen.

117 In der Sozialhilfe wird in diesem Punkt zwischen der Hilfe zum Lebensunterhalt und der Grundsicherung bei Erwerbsminderung und im Alter unterschieden. Außerdem sind die Rahmenbedingungen teilweise enger als bei der Bedarfsgemeinschaft nach dem SGB II.

118 Geht es um die Frage, ob einer Person Hilfe zum Lebensunterhalt nach den §§ 27 bis 40 SGB XII zusteht, sieht das Gesetz in § 39 SGB XII eine doppelte Vermutung vor:

- Es wird vermutet, dass bereits bei Bestehen einer Haushaltsgemeinschaft gemeinsam gewirtschaftet wird (zum Begriff des gemeinsamen Wirtschaftens siehe ausführlich Rn. 90 ff. zum SGB II).
- Außerdem wird vermutet, dass die nachfragende Person von den anderen Personen der Haushaltsgemeinschaft Leistungen zum Lebensunterhalt erhält.

119 Im Vergleich zur Bedarfsgemeinschaft nach dem SGB II vermutet also das Gesetz bereits bei Personen, die lediglich zusammenwohnen (z. B. in einer Wohngemeinschaft), ohne Partner oder Verwandte zu sein, dass sie füreinander aufkommen. In der Konsequenz werden Hilfen zum Lebensunterhalt nur dann erbracht, wenn der Antragsteller diese Vermutungen zweifelsfrei widerlegt.

Hinweis:

Ausnahmen von der gesetzlichen Vermutung gelten dann, wenn die nachfragende Person schwanger ist oder ihr leibliches Kind bis zur Vollendung des 6. Lebensjahres betreut und mit ihren Eltern oder einem Elternteil zusammenlebt, oder für Personen, die behindert oder pflegebedürftig sind und von den Mitbewohnern betreut werden (§ 39 Abs. 1 Satz 3 SGB XII).

120 Für die Grundsicherung nach §§ 41 ff. SGB XII (siehe B 13, Rn. 15) hingegen gelten ähnliche Regelungen wie bei der Bedarfsgemeinschaft des SGB II. Nach § 43 SGB XII werden beim Bestehen einer sog. Einsatzgemeinschaft das Einkommen und Vermögen des nicht getrennt lebenden Ehegatten oder Lebenspartners sowie des Partners einer eheähnlichen oder lebenspartnerschaftlichen Gemeinschaft angerechnet, soweit sie dessen notwendigen Lebensunterhalt nach § 27a SGB XII übersteigen.

4. Menschen mit Behinderungen – das SGB IX

Das Rechtssystem für Menschen mit Behinderung ist seit jeher einem steten Wandel 121
unterworfen. Die jüngsten Änderungen sind dabei dem Bundesteilhabegesetz (BTHG) geschuldet, mit dem das SGB IX in vier Stufen (von 2017 bis 2021) modernisiert wurde.

SGB IX	Kurze Inhaltsbeschreibung
Teil 1	Verfahrens- und Teilhaberecht (Zusammenarbeit der Träger untereinander sowie Zuständigkeitsregelungen)
Teil 2	Recht der Eingliederungshilfe (früher im SGB XII geregelt)
Teil 3	Früheres Schwerbehindertenrecht (inklusive des Feststellungsverfahrens)

4.1 Der Behinderungsbegriff des SGB IX

§ 2 Abs. 1 SGB IX definiert eingangs, was „Menschen mit Behinderungen" sind: 122

Gesetzliche Definition des Behinderungsbegriffs		
„Menschen mit Behinderungen sind Menschen, die körperliche, seelische, geistige oder Sinnesbeeinträchtigungen haben, die sie in Wechselwirkung mit einstellungs- und umweltbedingten Barrieren an der gleichberechtigten Teilhabe an der Gesellschaft mit hoher Wahrscheinlichkeit länger als sechs Monate hindern können. Eine Beeinträchtigung liegt vor, wenn der Körper- und Gesundheitszustand von dem für das Lebensalter typischen Zustand abweicht."		
↓	↓	↓
Körperliche, geistige, seelische Beeinträchtigung	für das Lebensalter atypisch	länger als sechs Monate
+		
dadurch: Beeinträchtigung der Teilhabe in der Gesellschaft		

Aus diesen Vorgaben leiten sich einige wichtige Erkenntnisse ab: 123

So begründet eine Krankheitsdiagnose noch keine Behinderung; maßgeblich sind vielmehr die 124
Auswirkungen der Krankheit, die sog. Teilhabebeeinträchtigungen. Beispielsweise führt eine gut eingestellte HIV-Infektion ohne klinische Symptome nur zu einem (wenig hilfreichen) Grad der Behinderung (GdB) von 10; erst beim Auftreten von Leistungsbeeinträchtigungen sind höhere GdB denkbar.

Tipp:

Es nutzt daher wenig, die behandelnden Ärzte zu bitten, eine Liste von Diagnosen aufzustellen. Besser ist es, wenn die Behandler auch die dadurch bedingten Teilhabebeeinträchtigungen darstellen (z. B. Symptome bei psychischen Erkrankungen, Mobilitätsauswirkungen bei orthopädischen Leiden; Unterstützungsbedarf durch Dritte).

Weiter muss die Beeinträchtigung für das Lebensalter atypisch sein. Babys sind z. B. sehr 125
hilfebedürftig, trotzdem deswegen nicht „behindert"; es handelt sich um den für das Lebensalter typischen Zustand. Schließlich darf es sich nicht um nur vorübergehende Gesundheitsstörungen handeln; die Teilhabebeeinträchtigung muss prognostisch länger als sechs Monate bestehen.

B

Systemverständnis:

Das häufig gehörte Argument „Ich stehe kurz vor einer Operation ..." zieht im SGB IX meist nicht: Zum einen sollte nach einer Operation eine Besserung eintreten, zum anderen muss der Zustand betrachtet werden, der sechs Monate nach der Operation verbleibt.

Keine Regel ohne Ausnahme: Handelt es sich z. B. um eine Operation aufgrund einer Tumorerkrankung, gilt dies nicht. Ein GdB wird hier sogleich festgestellt und während einer gewissen Zeit unabhängig vom tatsächlichen Heilungsverlauf unverändert belassen. Es handelt sich hierbei um die sog. Heilungsbewährung (siehe Rn. 199 ff.).

126 Der Schweregrad einer Behinderung wird nach § 152 Abs. 1 SGB IX in Zehnerstufen angegeben und als Grad der Behinderung (GdB) bezeichnet. Dabei ist Folgendes zu beachten:

Höhe des Gesamt-GdB	Folgen
0–10	Ablehnungsbescheid (= keine Feststellung einer Behinderung)
20	Anerkennungsbescheid (= Mindest-GdB für eine Feststellung)
30	Mindest-GdB für Gleichstellung mit Schwerbehinderten
50	Mindest-GdB für Schwerbehinderteneigenschaft

Systemverständnis:

Nach § 2 Abs. 1 Satz 3 SGB IX sind Menschen von Behinderung bedroht, wenn eine Beeinträchtigung im Sinne einer Behinderung „zu erwarten" ist. Unabhängig von der umstrittenen Frage, welcher Wahrscheinlichkeitsmaßstab im Rahmen der Prognose gilt, führt eine drohende Behinderung nie zur Feststellung eines GdB. Zur „drohenden Behinderung" siehe Rn. 155.

127 Die Einzelheiten und Verfahrensregeln zum Feststellungsverfahren werden unter Rn. 179 ff. besprochen. Mit der Feststellung einer Behinderung ist per se keine Leistung im Sinne einer Rente oder Ähnlichem verbunden. Vielmehr geht es im dritten Teil des SGB IX um den Ausgleich von Nachteilen. Demgegenüber enthalten der erste und vor allem der zweite Teil des SGB IX tatsächlich auch Anspruchsgrundlagen.

4.2 Teil 1 des SGB IX – Grundzüge des Teilhaberechts

4.2.1 Übersicht zum Regelungsinhalt und Antragskompass

128 Der erste Teil des SGB IX ist ein Sammelbecken wichtiger gesetzlicher Regelungen, unter anderem zum Behinderungsbegriff (siehe oben), zu Zuständigkeiten und zum Verfahren des sog. Teilhaberechts.

129 Nach § 4 Abs. 1 SGB IX umfassen die Leistungen zur Teilhabe die notwendigen Sozialleistungen, um Behinderungen

> *(...) abzuwenden, zu beseitigen, zu mindern, ihre Verschlimmerung zu verhüten oder ihre Folgen zu mildern, Einschränkungen der Erwerbsfähigkeit oder Pflegebedürftigkeit zu vermeiden, zu überwinden, zu mindern oder eine Verschlimmerung zu verhüten sowie den vorzeitigen Bezug anderer Sozialleistungen zu vermeiden oder laufende Sozialleistungen zu mindern, die Teilhabe am Arbeitsleben entsprechend den Neigungen und Fähigkeiten dauerhaft zu sichern oder die persönliche Entwicklung ganzheitlich zu fördern und die Teilhabe am Leben in der Gesellschaft sowie eine möglichst selbständige und selbstbestimmte Lebensführung zu ermöglichen oder zu erleichtern.*

130 Das ist ein dickes Programm. Da ein Träger allein das nicht schaffen kann, sieht das Gesetz verschiedene Rehabilitationsträger vor (§ 6 SGB IX):

B

- Gesetzliche Krankenkassen
- Bundesagentur für Arbeit
- Träger der gesetzlichen Unfallversicherung
- Träger der gesetzlichen Rentenversicherung
- Träger der Sozialen Entschädigung
- Träger der öffentlichen Jugendhilfe
- Träger der Eingliederungshilfe

Schon diese Auflistung ließe bezüglich der Kompetenzen ein Wirrwarr befürchten. Der Gesetzgeber sorgt daher in den §§ 14 bis 24 SGB IX für eine (weitgehende) Koordinierung der Leistungen. 131

Apropos Leistungen: § 5 SGB IX sieht fünf Leistungsgruppen vor. 132

Leistungsgruppe	**Normen im SGB IX**
Leistungen zur medizinischen Rehabilitation	§§ 42 ff.
Leistungen zur Teilhabe am Arbeitsleben	§§ 49 ff.
Leistungen zur Unterhaltssicherung sowie andere ergänzende Leistungen	§§ 64 ff.
Leistungen zur Teilhabe an Bildung	§ 75
Leistungen zur sozialen Teilhabe	§§ 76 ff.

Aus den Grundnormen der §§ 5 und 6 SGB IX ergibt sich ein grober Kompass für Antragstellungen; hierfür kann zu einer ersten Einordnung nachfolgende Matrix herangezogen werden: 133

	Medizinische Reha	**Teilhabe am Arbeitsleben**	**Unterhaltssicherung und Ergänzungen**	**Teilhabe an Bildung**	**Soziale Teilhabe**
Gesetzliche Krankenkassen	ja § 6 Abs. 1 Nr. 1 SGB IX	nein	ja § 6 Abs. 1 Nr. 1 SGB IX	nein	nein
Bundesagentur für Arbeit	nein	ja § 6 Abs. 1 Nr. 2 SGB IX (Aber beachte den Nachrang gemäß Abs. 3!)	ja § 6 Abs. 1 Nr. 2 SGB IX	nein	nein
Unfallversicherung	ja § 6 Abs. 1 Nr. 3 SGB IX	ja § 6 Abs. 1 Nr. 3 SGB IX	ja § 6 Abs. 1 Nr. 3 SGB IX	nein (außer für Versicherte nach § 2 Abs. 1 Nr. 8 SGB VII)	ja § 6 Abs. 1 Nr. 3 SGB IX
Rentenversicherung	ja § 6 Abs. 1 Nr. 4 SGB IX	ja § 6 Abs. 1 Nr. 4 SGB IX	ja § 6 Abs. 1 Nr. 4 SGB IX	nein	nein
Alterssicherung Landwirte	ja § 6 Abs. 1 Nr. 4 SGB IX	nein	ja § 6 Abs. 1 Nr. 4 SGB IX	nein	nein
Träger der Sozialen Entschädigung	ja § 6 Abs. 1 Nr. 5 SGB IX	ja § 6 Abs. 1 Nr. 5 SGB IX	ja § 6 Abs. 1 Nr. 5 SGB IX	ja § 6 Abs. 1 Nr. 5 SGB IX	ja § 6 Abs. 1 Nr. 5 SGB IX
Öffentliche Jugendhilfe	ja § 6 Abs. 1 Nr. 6 SGB IX	ja § 6 Abs. 1 Nr. 6 SGB IX	nein	ja § 6 Abs. 1 Nr. 6 SGB IX	ja § 6 Abs. 1 Nr. 6 SGB IX

B

	Medizinische Reha	Teilhabe am Arbeitsleben	Unterhaltssicherung und Ergänzungen	Teilhabe an Bildung	Soziale Teilhabe
Eingliederungshilfe	ja § 6 Abs. 1 Nr. 7 SGB IX	ja § 6 Abs. 1 Nr. 7 SGB IX	nein	ja § 6 Abs. 1 Nr. 7 SGB IX	ja § 6 Abs. 1 Nr. 7 SGB IX

134 ***Bedienungsanleitung für diesen Kompass:***

Bei der Suche nach dem zuständigen Träger ist in der Matrix zunächst von der begehrten Teilhabeleistung auszugehen (obere Zeile). Die folgenden Zeilen zeigen dann an, welche Rehabilitationsträger für diese Leistungen überhaupt in Betracht kommen. Dies engt den Kreis der Kandidaten bereits stark ein. Eine weitere Annäherung kann an dieser Stelle nicht mehr abstrakt erfolgen, sondern hängt vom konkreten Einzelfall ab. Allerdings erleichtert die Regelung des § 14 SGB IX eine möglichst rasche Zuständigkeitsklärung (siehe nachfolgend Rn. 138).

Hinweis:
Eine pragmatische (aber ebenso grobe) Art, sich dem zuständigen Träger anzunähern, ist auch die Folgende:

Zunächst ist zu prüfen, ob einer Behinderung ggf. eine bestimmte Ursache zugrunde liegt, z. B. ein Arbeitsunfall oder eine Berufskrankheit (dann ist die Unfallversicherung der richtige Ansprechpartner), ein Rententatbestand (dann ist die Rentenversicherung anzugehen) oder ein Tatbestand aus dem Bereich der Sozialen Entschädigung (dann sind die Träger der Sozialen Entschädigung zuständig).

Ist das nicht der Fall oder sind die benötigten Leistungen gemäß der Matrix oben nicht in deren Leistungsportfolio enthalten, lassen sich folgende weitere Hilfsüberlegungen zum Auffinden des zuständigen Trägers anstellen: Für die medizinische Reha wird im Regelfall die Krankenversicherung zuständig sein (ausnahmsweise die Eingliederungshilfe). Für die Teilhabe am Arbeitsleben wird meist die Agentur für Arbeit einstehen müssen (seltener die Eingliederungshilfe). Auch unterhaltssichernde und ergänzende Leistungen werden vorrangig entweder von der Krankenkasse (bei Arbeitsunfähigkeit) oder von der Agentur für Arbeit (insbesondere bei Arbeitslosigkeit) erbracht. Für die Teilhabe an Bildung und die soziale Teilhabe verbleibt in diesen Fallgruppen der Träger der Eingliederungshilfe.

4.2.2 Die Vorbehaltsregelung des § 7 SGB IX sowie der Grundsatz „Reha vor Rente" des § 9 Abs. 2 SGB IX

135 Der Katalog des Teilhaberechts klingt nach einem verlockenden Anspruchsangebot – doch so einfach ist es leider nicht: Denn nach der Vorbehaltsregelung des § 7 Abs. 1 SGB IX gelten die Vorschriften aus Teil 1, „soweit sich aus den für den jeweiligen Rehabilitationsträger geltenden Leistungsgesetzen nichts Abweichendes" ergibt.

Hinweis:

Juristisch umstritten ist die Frage, ob eine Abweichung nur dann vorliegt, wenn der Wortlaut des speziellen Leistungsgesetzes anders ist, oder auch dann, wenn Sinn und Zweck sowie die Systemstruktur abweichen.

136 Die Zuständigkeit und die Voraussetzungen (= die Anspruchsgrundlagen) für die Leistungen zur Teilhabe richten sich nach den für den jeweiligen Rehabilitationsträger geltenden Leistungsgesetzen.

Systemverständnis:

Im Klartext bedeutet das in den meisten Fällen, dass sich die eigentlichen Ansprüche gerade nicht aus Teil 1 des SGB IX ergeben, sondern eben aus den speziellen Einzelgesetzen der Leistungsgruppen. Insbesondere können dadurch auch Grenzen gesetzt werden, die nicht durch die „Hintertür" des SGB IX ausgeweitet werden. So hat z. B. das BSG bereits entschieden, dass durch § 31 SGB IX keine Ausweitung der Leistungspflicht der GKV bei der Hilfsmittelversorgung beabsichtigt war (BSG, Urt. v. 16.7.2014 – B 3 KR 1/14 R, Rn. 37).

Dieses Problem muss immer bedacht werden, wenn in diesem Handbuch im Rahmen der einzelnen Bedarfe auf Vorschriften aus Teil 1 des SGB IX Bezug genommen wird. Nur das Eingliederungsrecht aus Teil 2 stellt ein unmittelbar geltendes Leistungsgesetz dar (vgl. ausdrücklich § 7 Abs. 1 Satz 3 SGB IX).

Dem Teilhaberecht ist noch eine weitere Maxime immanent, nämlich der Grundsatz „Reha vor 137
Rente" (vgl. auch § 9 Abs. 2 SGB IX). Das bedeutet, dass im Regelfall vor einem Rentenbezug zunächst Teilhabeleistungen zu erbringen sind, sofern diese zumutbar und erfolgversprechend sind.

Systemverständnis:

Auch dieser Grundsatz ist oftmals in den speziellen Einzelgesetzen der Rehabilitationsträger explizit enthalten, vgl. etwa § 9 Abs. 1 Satz 3 SGB VI, § 26 Abs. 3 SGB VII, § 29 BVG. Ein ähnlicher Gedanke liegt auch § 51 SGB V bezüglich des Krankengeldbezugs zugrunde. Ziel ist es schließlich nicht, den betroffenen Menschen schnellstmöglich den Bezug von Renten zu ermöglichen, sondern diese im Gegenteil wieder arbeitsfähig zu machen.

4.2.3 Leistungsgrundsätze und die Zuständigkeitsregelung des § 14 SGB IX

Bei der Entscheidung über die Leistungen und bei der Ausführung der Leistungen zur Teilhabe 138
wird den berechtigten Wünschen der Leistungsberechtigten nach § 8 SGB IX entsprochen. Dieses Wunsch- und Wahlrecht klingt ebenfalls vielversprechend, unterliegt aber den bereits angesprochenen Einschränkungen.

Tipp:

Gibt es nach speziellen Gesetzen keine Auswahl zwischen Leistungen, entsteht sie auch durch § 8 SGB IX nicht. Existiert eine solche Auswahl, hat der Rehabilitationsträger diesbezüglich ein Ermessen – im Rahmen der Ermessenserwägungen ist der Wunsch der Menschen mit Behinderung einzustellen (was nicht gleichdeutend damit ist, dass diesem Wunsch immer entsprochen werden muss).

In diesem Rechtsbereich ist vieles im Fluss und zudem stark abhängig vom konkret betroffenen Leistungsgebiet; hier muss im Einzelfall die aktuelle Rechtsprechung recherchiert werden.

Eine sehr wichtige Norm zur Vermeidung des „Zuständigkeits-Ping-Pong" ist § 14 SGB IX. Die 139
Vorschrift wurde bereits oft überarbeitet, gleich geblieben ist ihr Ziel: die Vermeidung langer Wartezeiten zwischen Beantragung und Leistungserbringung. Die Beschleunigung soll einerseits dadurch erreicht werden, dass der „erstangegangene" Rehabilitationsträger binnen zwei Wochen feststellen muss, ob er zuständig ist. Hält er sich für zuständig, muss er innerhalb von drei Wochen (im Fall der Erforderlichkeit eines Gutachtens: innerhalb von zwei Wochen nach Vorliegen des Gutachtens) eine Entscheidung treffen und ggf. die Leistung erbringen (vgl. Absatz 2).

140 Hält der erstangegangene Träger sich aber insgesamt für unzuständig, muss er den Antrag unverzüglich an den zuständigen Rehabilitationsträger weiterleiten (Absatz 1), den dann wiederum die Pflichten aus Absatz 2 ab Eingang des weitergeleiteten Antrags bei ihm treffen. Da hierbei Irrtümer denkbar sind, kann der „zweitangegangene" Träger den Antrag erneut weiterleiten – allerdings nur im Einvernehmen mit dem nach seiner Auffassung zuständigen Rehabilitationsträger (Absatz 3).

Systemverständnis:

Praktisch für den Antragsteller ist, dass er sich keine Gedanken mehr machen muss, wer ggf. noch für seine Leistungen zuständig sein könnte. Diese Prüfung muss der erstangegangene Träger für ihn übernehmen. Der Antrag bei diesem wirkt auch als Antrag bei allen anderen Trägern.

§ 14 SGB IX gilt aber nur für Teilhabeleistungen. Auf die Norm kann daher nicht Bezug genommen werden, wenn z. B. ein Antrag auf existenzsichernde Leistungen bei der falschen Behörde gestellt wurde (etwa beim Jobcenter statt beim Sozialamt).

Tipp:

Eine zweite Weiterleitung nach Absatz 3 stellt eine Ermessensentscheidung des zweitangegangenen Trägers dar – und zwar selbst dann, wenn der weitere Träger sein Einvernehmen erklärt hat.

141 Es gibt auch Fälle, bei denen für einen Komplex tatsächlich mehrere Rehabilitationsträger zuständig sind (also nicht nur wegen eines Zuständigkeitskonflikts). Dafür wird § 14 SGB IX durch die Regelung des § 15 SGB IX flankiert, der zwei Fallkonstellationen unterscheidet:

1. Umfasst das Leistungsspektrum des erstangegangenen Trägers eine bestimmte Rehabilitationsleistung überhaupt nicht, ist der Antrag nach Absatz 1 zu „splitten" und der Teilantrag unverzüglich an den zuständigen Träger (sog. Splitting-Adressat) weiterzuleiten.
2. Umfasst das Leistungsspektrum des erstangegangenen Trägers dagegen die Rehabilitationsleistung dem Grunde nach, besteht nach § 15 Abs. 2 SGB IX nur noch die Möglichkeit, einen anderen Träger unterstützend zur Bedarfsfeststellung heranzuziehen.

Systemverständnis:

Bei einem Splitting nach Absatz 1 bleibt der erstangegangene Träger in der Koordinationsverantwortung. Er erlässt bezüglich des abgesplitteten Teils aber nicht selbst den Bescheid.

Anders bei Absatz 2: Hier erlässt der erstangegangene Träger den Bescheid bezüglich aller relevanten Leistungen.

4.2.4 Das Teilhabeplanverfahren

142 Nun ist es denkbar, dass der Bedarf eines Menschen mit Behinderung mehrere Leistungsträger und mehrere Leistungsgruppen betrifft. Auch in solchen Fällen verfolgt das neue SGB IX das Ziel, dem Betroffenen eine nahtlose Leistungserbringung zu ermöglichen. Zu diesem Zweck wird § 14 SGB IX von § 19 SGB IX flankiert, wonach der leistende Rehabilitationsträger dafür verantwortlich ist, dass er und die anderen beteiligten Rehabilitationsträger im Benehmen miteinander und in Abstimmung mit dem Leistungsberechtigten die voraussichtlich individuell erforderlichen Leistungen hinsichtlich Ziel, Art und Umfang feststellen und schriftlich oder elektronisch so zusammenstellen, dass sie nahtlos ineinandergreifen – das ist der sog. Teilhabeplan.

Tipp:

Unter gewissen Voraussetzungen kann diesbezüglich eine sog. Teilhabeplankonferenz stattfinden (vgl. § 20 SGB IX). Nach Absatz 3 können daran neben Bevollmächtigten und Beiständen auch sonstige Vertrauenspersonen der Leistungsberechtigten teilnehmen – damit also auch gesetzliche Betreuer (und zwar auf Wunsch des Betreuten theoretisch auch außerhalb des festgelegten Aufgabenkreises – als Vertrauensperson!).

Ohnedies erfolgt nach § 22 Abs. 4 SGB IX mit Zustimmung der Leistungsberechtigten durch den Rehabilitationsträger eine Information der Betreuungsbehörde, wenn im Einzelfall Anhaltspunkte für einen Betreuungsbedarf nach § 1814 Abs. 1 BGB bestehen. Mit Zustimmung des Leistungsberechtigten kann die Betreuungsbehörde auf ihren Vorschlag hin sogar direkt am Teilhabeplanverfahren teilnehmen (§ 1814 Abs. 4 Satz 3 BGB).

Der Teilhabeplan wird nach Absatz 3 entsprechend dem Verlauf der Rehabilitation angepasst. 143
Die Leistungsberechtigten können vom leistenden Rehabilitationsträger Einsicht in den Teilhabeplan oder die Erteilung von Kopien verlangen.

Nach § 28 SGB IX kann der zuständige Rehabilitationsträger Leistungen zur Teilhabe auch 144
gemeinsam mit anderen Leistungsträgern, durch andere Leistungsträger oder unter Inanspruchnahme von geeigneten (auch freien und gemeinnützigen oder privaten) Rehabilitationsdiensten ausführen. Der zuständige Rehabilitationsträger bleibt aber für die Ausführung der Leistungen verantwortlich.

4.2.5 Das Persönliche Budget nach § 29 SGB IX

Das SGB IX sieht in § 29 aber noch eine weitere Ausführungsform vor: das Persönliche Budget. 145
Hierdurch sollen Eigenverantwortung und ein selbstbestimmtes Leben gestärkt werden. Das Persönliche Budget wird von den beteiligten Leistungsträgern trägerübergreifend als Komplexleistung erbracht. Es kann auch nicht trägerübergreifend von einem einzelnen Leistungsträger erbracht werden.

Systemverständnis:

Persönliches Budget bedeutet also, dass der Leistungsberechtigte anstelle von Dienst- oder Sachleistungen Geld für Rehabilitation und Teilhabe erhält, das er selbstständig verwaltet. Denkbar sind sowohl einmalige als auch monatliche Budgetleistungen, ebenso Gutscheine.

Tipp:

Budgetfähig sind auch die Leistungen der Kranken- und der Pflegekassen, Leistungen der Träger der Unfallversicherung bei Pflegebedürftigkeit sowie Hilfen zur Pflege der Sozialhilfe, die sich auf alltägliche und regelmäßig wiederkehrende Bedarfe beziehen und als Geldleistungen oder durch Gutscheine erbracht werden können (vgl. § 29 Abs. 1 Satz 5 SGB IX).

An die Entscheidung sind die Leistungsberechtigten für die Dauer von sechs Monaten 146
gebunden. Persönliche Budgets werden nach § 29 Abs. 2 SGB IX in der Regel als Geldleistung ausgeführt, bei laufenden Leistungen monatlich. In begründeten Fällen sind Gutscheine auszugeben. Das Bedarfsermittlungsverfahren für laufende Leistungen wird in der Regel im Abstand von zwei Jahren wiederholt. In begründeten Fällen kann davon abgewichen werden. Zur Umsetzung des Budgets schließen die Beteiligten eine sog. Zielvereinbarung ab (vgl. § 29 Abs. 4 SGB IX).

Systemverständnis:

Persönliche Budgets enden mit Zeitablauf, weshalb eine ordentliche Kündigung meist nicht möglich ist. Bei Vorliegen eines wichtigen Grundes kann aber eine außerordentliche Kündigung infrage kommen. Ein wichtiger Grund kann für die Leistungsberechtigten insbesondere die relevante Änderung der Lebenssituation sein, für den Leistungsträger ein erheblicher Verstoß des Leistungsberechtigten gegen die Vereinbarung.

147 Persönliche Budgets werden auf der Grundlage der getroffenen Feststellungen so bemessen, dass der individuell festgestellte Bedarf gedeckt wird und die erforderliche Beratung und Unterstützung erfolgen kann. Dabei soll die Höhe des Persönlichen Budgets die Kosten aller bisher individuell festgestellten Leistungen nicht überschreiten, die ohne das persönliche Budget zu erbringen sind (§ 29 Abs. 2 SGB IX).

4.3 Teil 2 des SGB IX – das Eingliederungsrecht

4.3.1 Übersicht und Systemverständnis

148 Das Eingliederungsrecht aus Teil 2 (§§ 90 ff. SGB IX) ist unmittelbar anwendbares Recht. Es kann auch nicht mehr mit dem SGB XII (früher: §§ 53 bis 60 SGB XII) kollidieren, da das Eingliederungsrecht durch das BTHG ausgegliedert wurde.

Systemverständnis:

Das bisherige System unterteilte die Eingliederungshilfe in drei Bereiche: ambulante, teilstationäre und stationäre Leistungen – wobei die beiden letztgenannten auch die Existenzsicherung (Lebensunterhalt) abdeckten (sog. umfassende Komplexleistungen).

Die Trennung der fachlichen Eingliederungshilfe von den existenzsichernden Leistungen der Sozialhilfe nach neuem Recht führt nun dazu, dass Anspruchsberechtigte die Hilfe zum Lebensunterhalt direkt von anderen Trägern erhalten. § 93 Abs. 1 und 2 SGB IX stellt daher klar, dass die existenzsichernden Leistungen nach dem SGB II und dem SGB XII „unberührt" bleiben (das heißt danebenstehen), ebenso die Hilfe zum Lebensunterhalt und die Grundsicherung im Alter und bei Erwerbsminderung nach dem SGB XII. Auch die Hilfe zur Überwindung besonderer sozialer Schwierigkeiten nach dem Achten Kapitel des SGB XII, die Altenhilfe nach § 71 SGB XII und die Blindenhilfe nach § 72 SGB XII bleiben unberührt.

Die Hilfen zur Gesundheit nach dem SGB XII gehen den Leistungen der Eingliederungshilfe wiederum vor, wenn sie zur Beseitigung einer Beeinträchtigung mit drohender erheblicher Teilhabeeinschränkung nach § 99 SGB IX geeignet sind.

Achtung: Bei Kindern und Jugendlichen wird das System der Trennung für (teil-)stationäre Leistungen an manchen Stellen durchbrochen. Vgl. dazu und zu Rückausnahmen z. B. § 134 SGB IX.

149 Die Trennung hat eine weitere Folge: Während es für existenzsichernde Leistungen nach dem SGB XII reicht, wenn der Sozialhilfeträger Kenntnis vom Bedarf hat, müssen Leistungen der Eingliederungshilfe explizit beantragt werden (§ 108 SGB IX).

Tipp:

Für die Eingliederungshilfe örtlich zuständig ist nach § 98 Abs. 1 SGB IX der Träger der Eingliederungshilfe, in dessen Bereich die leistungsberechtigte Person ihren gewöhnlichen Aufenthalt (vgl. hierzu § 30 Abs. 3 SGB I) zum Zeitpunkt der ersten Antragstellung hat oder in den zwei Monaten vor den Leistungen einer Betreuung über Tag und Nacht zuletzt gehabt hatte. § 98 SGB IX enthält auch Regeln für Fälle, in denen der gewöhnliche Aufenthalt nicht so leicht zu ermitteln ist.

B

Wer konkret Träger der Eingliederungshilfe ist, entscheiden die Bundesländer (§ 94 SGB IX).

4.3.2 Aufgaben und Nachranggrundsatz

Das Eingliederungsrecht hat nach § 90 SGB IX die Aufgabe, den Berechtigten eine möglichst individuelle Lebensführung zu ermöglichen und die gleichberechtigte Teilhabe am Leben in der Gesellschaft zu fördern; Selbstbestimmung und Eigenverantwortung sind dabei die maßgeblichen Grundgedanken. Auch hier gibt es wieder besondere Aufgaben, die – abgesehen von der Unterhaltssicherung – bereits aus dem Teilhaberecht (SGB IX Teil 1) bekannt sind: 150

Leistungsgruppen	Normen im SGB IX
Leistungen zur medizinischen Rehabilitation	§§ 109, 110
Leistungen zur Teilhabe am Arbeitsleben	§ 111
Leistungen zur Teilhabe an Bildung	§ 112
Leistungen zur sozialen Teilhabe	§§ 113 ff.
Keine Leistungen zur Unterhaltssicherung (Trennung!)	./.

Systemverständnis:

Liegen die jeweiligen Voraussetzungen vor, stellen die Regelungen des Eingliederungsrechts des SGB IX aber unmittelbare Anspruchsgrundlagen dar, sofern nichts anderes geregelt ist.

Leistungen der Eingliederungshilfe sind höchstpersönliche Ansprüche und daher nicht vererbbar, selbst wenn sie zu Lebzeiten des Berechtigten nicht rechtzeitig geleistet wurden (vgl. BSG, Urt. v. 27.2.2025 – B 8 SO 9/23 R).

Allerdings gilt nach § 91 SGB IX – wie allgemein auch im Bereich der Sozialhilfe – der sog. Nachranggrundsatz: Eingliederungshilfe erhält nämlich nur, wer die erforderliche Leistung nicht von anderen oder von Trägern anderer Sozialleistungen erhält. Diese anderen Träger dürfen ihre Leistungen nicht deshalb versagen, weil das Eingliederungsrecht des SGB IX entsprechende Leistungen vorsieht. 151

Hinweis:

Das Verhältnis zwischen Leistungen der Pflegeversicherung und der Eingliederungshilfe bestimmt sich nach § 13 Abs. 3 SGB XI, siehe Rn. 138 ff.

4.3.3 Grundvoraussetzungen

Die Eingangsvoraussetzungen zum Erhalt der Leistungen der Eingliederungshilfe definiert § 99 SGB IX. Ein Blick ins Gesetz zeigt allerdings, dass der Wortlaut dieser Norm keine große Hilfe darstellt: Sie verweist nämlich auf § 53 Abs. 1 und 2 SGB XII und §§ 1 bis 3 EinglHV in der am 31.12.2019 geltenden Fassung. 152

Systemverständnis:

Das BTHG veränderte viele Rechtsgebiete nicht in einem Zug, sondern stufenweise. Vor diesem Hintergrund ist auch die seltsam anmutende Verweisung auf Regelungen, die gar nicht mehr in Kraft sind, zu verstehen. Das neue Eingliederungsrecht nimmt damit seit dem 1.1.2020 Bezug auf die Regelungen der Zeit davor. Eine eigenständige Definition im SGB IX war als Reformstufe 4 für das Jahr 2023 vorgesehen. Eine begleitende wissenschaftliche Untersuchung zeigte jedoch, dass die Neufassung großen Schwierigkeiten begegnete, weshalb nur der Wortlaut des § 99 SGB IX etwas angepasst wurde. Nunmehr soll eine Änderung auf Verordnungsebene erfolgen. Wir berichten zu gegebener Zeit.

153 Damit bleibt es vorerst bei den bisherigen Eingangsvoraussetzungen der Eingliederungshilfe im vormaligen § 53 Abs. 1 SGB XII, der folgendermaßen differenziert(e):

- Satz 1: Personen, die durch eine Behinderung wesentlich in ihrer Fähigkeit, an der Gesellschaft teilzuhaben, eingeschränkt oder von einer solchen wesentlichen Behinderung bedroht sind
- Satz 2: Personen mit einer anderen körperlichen, geistigen oder seelischen Behinderung

Systemverständnis 1:

Während Menschen mit einer wesentlichen Behinderung und Menschen, die von einer wesentlichen Behinderung bedroht sind, einen gebundenen Rechtsanspruch auf Leistungen der Eingliederungshilfe haben, erhalten Menschen mit anderen (drohenden) Behinderungen solche Leistungen lediglich nach Ermessen.

Systemverständnis 2:

Auch Ausländer, die ihren tatsächlichen Aufenthalt in Deutschland haben, können (Ermessen!) Eingliederungshilfe erhalten. Einen Rechtsanspruch darauf haben diese, wenn sie im Besitz einer Niederlassungserlaubnis oder eines befristeten Aufenthaltstitels sind und sich voraussichtlich dauerhaft im Bundesgebiet aufhalten. Leistungsberechtigte nach dem AsylbLG haben dagegen (überhaupt) keinen Anspruch auf Eingliederungshilfe. Das gilt ebenso für Ausländer, die mit dem wesentlichen Ziel eingereist sind, Eingliederungshilfe zu erhalten (hierdurch soll Leistungsmissbrauch vermieden werden). Vgl. hierzu insgesamt § 100 SGB IX.

Systemverständnis 3:

Umgekehrt haben Deutsche im Ausland zur Vermeidung eines „Sozialleistungsexports" ebenfalls keinen Anspruch auf Eingliederungshilfe. Nach Ermessen kann diesen Menschen im Einzelfall aber Hilfe gewährt werden, wenn dies wegen einer außergewöhnlichen Notlage unabweisbar ist und zugleich nachgewiesen wird, dass eine Rückkehr in das Inland aus bestimmten Gründen nicht möglich ist (vgl. hierzu insgesamt und zu weiteren Details § 101 SGB IX).

154 Zurück zur „wesentlichen" Behinderung: Was ist das – und wann „droht" eine solche?

155 Zunächst sei darauf hingewiesen, dass die Wesentlichkeit nicht per se vom Grad der Behinderung abhängt: Nach der Rechtsprechung des BSG ist es daher nicht entscheidend, wie stark die geistigen Kräfte beeinträchtigt sind und in welchem Umfang ein Funktionsdefizit vorliegt, sondern wie sich die Beeinträchtigung auf die Teilhabemöglichkeit auswirkt (BSG, Urt. v. 22.3.2012 – B 8 SO 30/10 R, Rn. 19).

Tipp:

In §§ 1 bis 3 EinglHV versuchte der Gesetzgeber eine Annäherung an den Begriff der Wesentlichkeit, in dem er definierte, in welchen Fällen wesentliche körperliche, geistige und seelische Teilhabebeeinträchtigungen vorliegen. Rechtlich umstritten ist im Einzelfall, ob die Aufzählungen der EinglHV abschließend sind und ob sie immer eine Wesentlichkeit indizieren.

Von einer Behinderung bedroht sind nach § 53 Abs. 2 SGB XII Personen, bei denen der Eintritt 156
der Behinderung nach fachlicher Erkenntnis mit hoher Wahrscheinlichkeit zu erwarten ist.

Tipp:

Nach einer Faustformel des (nach früherem Recht zuständigen) BVerwG droht eine Behinderung, wenn eine solche nach allgemeiner ärztlicher oder sonstiger fachlicher Erkenntnis zu erwarten ist, was eine Prognosewahrscheinlichkeit von mehr als 50 % erfordert (vgl. BVerwG, Urt. v. 26.11.1998 – 5 C 38/97, Rn. 16).

Als Zwischenresümee lässt sich festhalten, dass nicht jeder Mensch mit Behinderung Ansprüche 157
auf Eingliederungshilfe hat. Umgekehrt stehen einem Menschen, der grundsätzlich die Eingangsvoraussetzungen der Eingliederungshilfe erfüllt, diese Leistungen nicht unbegrenzt zu, sondern nur solange nach der Besonderheit des Einzelfalls (insbesondere nach Art oder Schwere der Behinderung) die Aussicht besteht, dass die Aufgabe der Eingliederungshilfe erfüllt werden kann (§ 53 Abs. 1 Satz 1 SGB XII).

4.3.4 Bedarfsermittlung und Leistungsgrundsätze

Solange die Eingangsvoraussetzungen vorliegen, können bei Erfüllung der weiteren Voraus- 158
setzungen die Einzelleistungen der Eingliederungshilfe in Anspruch genommen werden. Auf diese Leistungen wird im Rahmen des Handbuchs bei den entsprechenden Bedarfen im Einzelnen eingegangen. Zunächst müssen dafür aber die Bedarfe ermittelt werden. Dabei müssen sog. Instrumente verwendet werden, das heißt systematische Arbeitsprozesse und standardisierte Arbeitsmittel (§ 13 Abs. 1 SGB IX).

Systemverständnis:

Das SGB IX selbst schreibt keine konkreten Instrumente für die Ermittlung der eigentlichen Bedarfe vor. Hintergrund ist, dass hierfür die Bundesländer zuständig sind. Jedenfalls aber muss sich diese Ermittlung zur besseren Vergleichbarkeit an der Internationalen Klassifikation der Funktionsfähigkeit, Behinderung und Gesundheit (ICF) der Weltgesundheitsorganisation (WHO) orientieren (vgl. § 118 SGB IX).

Hinweis:

Die Bedarfsermittlung erfolgt im sog. Gesamtplanverfahren, zu dem ggf. auch eine sog. Gesamtplankonferenz durchgeführt werden kann (siehe Rn. 161 ff.).

§ 104 Abs. 2 SGB IX sieht dabei erneut ein Wunsch- und Wahlrecht vor, sofern ein 159
Rechtsanspruch auf mehrere alternative Leistungen besteht: Wünschen der Leistungsberechtigten, die sich auf die Gestaltung der Leistung richten, ist zu entsprechen, soweit sie angemessen sind. Die Wünsche der Leistungsberechtigten gelten nicht als angemessen, wenn und soweit die Höhe der Kosten der gewünschten Leistung die Höhe der Kosten für eine vergleichbare Leistung von Leistungserbringern unverhältnismäßig übersteigt und wenn der

Bedarf nach der Besonderheit des Einzelfalls durch die vergleichbare Leistung gedeckt werden kann.

160 ***Checkliste zum Wahlrecht (§ 104 Abs. 2 und 3 SGB IX)***

<table>
<tr><td colspan="4">Frage: Sind die Wunschleistung und eine vergleichbare Alternativleistung bedarfsdeckend?</td></tr>
<tr><td rowspan="3">Antwort: NEIN
= vergleichbare Leistung kommt nicht in Betracht</td><td colspan="3">Antwort: JA
Durchführung einer Zumutbarkeitsprüfung:

Ist die vergleichbare Leistung für den Berechtigten zumutbar?</td></tr>
<tr><td rowspan="2">Antwort: NEIN
Ein Kostenvergleich darf nicht mehr angestellt werden.</td><td colspan="2">Antwort: JA
Durchführung eines Kostenvergleichs: Ist die gewünschte Leistung unverhältnismäßig teuer?</td></tr>
<tr><td>Antwort: JA
kein Anspruch auf die gewünschte Leistung</td><td>Antwort: NEIN
Anspruch auf die gewünschte Leistung</td></tr>
</table>

161 Bei der Entscheidung nach § 104 Abs. 2 SGB IX muss der Träger zunächst die Zumutbarkeit einer von den Wünschen abweichenden Leistung prüfen.

Tipp:

Nach § 104 Abs. 3 SGB IX sind die persönlichen, familiären und örtlichen Umstände einschließlich der gewünschten Wohnform angemessen zu berücksichtigen. Kommt danach ein Wohnen außerhalb von besonderen Wohnformen in Betracht, ist dieser Wohnform der Vorzug zu geben, wenn das von der leistungsberechtigten Person gewünscht wird. Soweit die leistungsberechtigte Person das wünscht, sind in diesem Fall die im Zusammenhang mit dem Wohnen stehenden Assistenzleistungen im Bereich der Gestaltung sozialer Beziehungen und der persönlichen Lebensplanung nicht gemeinsam zu erbringen. Bei Unzumutbarkeit einer abweichenden Leistungsgestaltung ist kein Kostenvergleich vorzunehmen.

4.3.5 Gesamtplanverfahren und -konferenzen

162 Ziel des Gesamtplanverfahrens ist die Einbindung der betroffenen Menschen: Es soll nicht nur *über* sie entschieden werden, sondern *mit* ihnen.

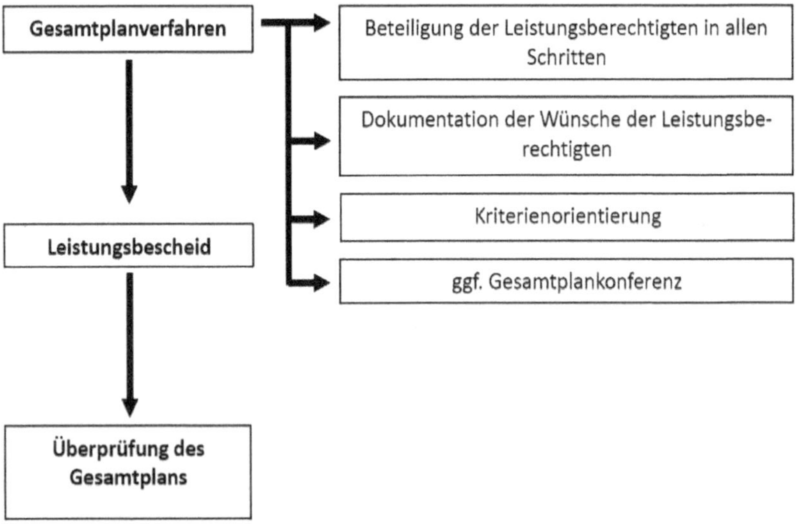

Nach § 117 SGB IX werden die individuellen Bedarfe im Gesamtplanverfahren ermittelt, wobei der Betroffene in allen Schritten zu beteiligen ist und seine Wünsche dokumentiert werden müssen. Das Verfahren muss transparent, trägerübergreifend, interdisziplinär, konsensorientiert, individuell, lebensweltbezogen, sozialraum- und zielorientiert gestaltet werden (Kriterienorientierung). Nach § 121 Abs. 5 SGB IX ist dem Leistungsberechtigten der Gesamtplan zur Verfügung zu stellen. 163

Tipp:

Nach § 117 Abs. 2 SGB IX wird auf Verlangen eine Vertrauensperson des Leistungsberechtigten beteiligt. Das kann der gesetzliche Betreuer sein (theoretisch auch außerhalb seines Pflichtenkreises).

Die Bedarfe sind jeweils individuell zu ermitteln. So hat das BSG entschieden, dass es grundsätzlich denkbar sei, dass über das Eingliederungshilferecht die Kosten der Urlaubsreise einer Begleitperson übernommen werden müssen (BSG, Urt. v. 19.5.2022 – B 8 SO 13/20 R): Leistungen zur Teilhabe am Leben in der Gemeinschaft erfassten auch Leistungen, denen als Teilhabeziel das Bedürfnis nach Freizeit und Freizeitgestaltung zugrunde liege. Zum denkbaren Eingliederungshilfebedarf gehörten allerdings nur die im Einzelfall notwendigen behinderungsbedingten Mehrkosten; das allgemeine Bedürfnis nach selbstbestimmter Freizeitgestaltung bestehe bei behinderten wie nicht behinderten Menschen in gleicher Weise und löse für sich genommen regelmäßig noch keinen behinderungsbedingten Bedarf aus. Bezüglich der Kosten einer Begleitperson im Urlaub müsse geprüft werden, ob die konkrete Leistung notwendig im Sinne des § 4 Abs. 1 SGB IX sei. Nach dieser Vorschrift sei im Einzelfall jede geeignete Eingliederungsmaßnahme darauf zu untersuchen, ob sie unentbehrlich zum Erreichen der Leistungsziele ist. Maßstab für berechtigte, das heißt angemessene Wünsche bzw. unverhältnismäßige Mehrkosten seien die Bedürfnisse eines nicht behinderten, nicht sozialhilfebedürftigen Erwachsenen. Dies beurteile sich in erster Linie nach dem Sinn und Zweck der Eingliederungshilfe, eine vorhandene Behinderung oder deren Folgen zu beseitigen oder zu mildern und die behinderten Menschen in die Gesellschaft einzugliedern. Hierbei gelte ein individueller und personenzentrierter Maßstab, der einer pauschalierenden Betrachtung regelmäßig entgegenstehe. 163a

Mit Zustimmung des Leistungsberechtigten kann dazu eine Gesamtplankonferenz durchgeführt werden, an der auch alle beteiligten Leistungserbringer teilnehmen. 164

Systemverständnis:

Ein Rechtsanspruch auf Durchführung der Konferenz besteht nicht (Ausnahme nach § 119 Abs. 4 SGB IX: bei Leistungen zur Elternassistenz bzw. begleiteten Elternschaft).

Abgeschlossen wird das Verfahren mit dem Erlass des Leistungsbescheids; der Gesamtplan ist dafür Grundlage, aber nicht Bestandteil des Verwaltungsakts (§ 120 Abs. 2 SGB IX). 165

Weil Eingliederungsleistungen auch Teilhabeleistungen nach Teil 1 des SGB IX sein können, kann es sein, dass beide Verfahren durchzuführen sind. 166

Systemverständnis:

Ist der Träger der Eingliederungshilfe zugleich verantwortlich für die Teilhabeleistungen nach § 15 SGB IX, soll er die Gesamtplankonferenz mit der Teilhabeplankonferenz nach § 20 SGB IX verbinden. Ist der Träger der Eingliederungshilfe nicht Leistungsverantwortlicher, soll er dem Leistungsberechtigten und den Rehabilitationsträgern anbieten, mit deren Einvernehmen das Verfahren anstelle des leistenden Rehabilitationsträgers durchzuführen. Vgl. hierzu insgesamt § 119 Abs. 3 SGB IX.

4.3.6 Beitragspflicht und Beitragsfreiheit

167 Nach §§ 92, 135 ff. SGB IX ist als Gegenleistung für die Eingliederungshilfe ein sog. Beitrag aufzubringen, das heißt, in gewissen Grenzen sind Einkommen und Vermögen einzusetzen. Der Beitrag wird dabei einfach von der zu erbringenden Leistung abgezogen (§ 137 Abs. 3 SGB IX). Durch die Neuerungen infolge des BTHG kam es hierbei zu maßgeblichen Verbesserungen – sowohl aufseiten der Leistungsberechtigten als auch deren Angehöriger und Partner.

168 ***Checkliste zum Beitrag***

<table>
<tr><td colspan="3">Frage: Handelt es sich überhaupt um beitragspflichtige Eingliederungsleistungen?</td></tr>
<tr><td rowspan="2">Antwort: NEIN
= kein Einkommens- oder Vermögenseinsatz</td><td colspan="2">Antwort: JA
Prüfung eines Einkommens- und Vermögenseinsatzes</td></tr>
<tr><td>Beitrag des Leistungs-berechtigten selbst?</td><td>Beitragspflicht Dritter?
(z. B. der Eltern des Leistungs-berechtigten)</td></tr>
</table>

169 Demzufolge ist festzustellen, dass ein Beitrag nicht mehr für alle Eingliederungsleistungen erhoben wird. Beitragsfreie Leistungen werden privilegierte Leistungen genannt; sie sind abschließend in § 138 Abs. 1 SGB IX aufgelistet:

Übersicht zu privilegierten Leistungen		
Art der Privilegierung	**Norm: § 138 SGB IX**	**Privilegierte Leistung**
(Vollständige) Beitragsbefreiung	Abs. 1 Nr. 1	Heilpädagogische Leistungen nach § 113 Abs. 2 Nr. 3 SGB IX
	Abs. 1 Nr. 2	Leistungen zur medizinischen Rehabilitation nach § 109 SGB IX
	Abs. 1 Nr. 3	Leistungen zur Teilhabe am Arbeitsleben nach § 111 Abs. 1 SGB IX
	Abs. 1 Nr. 4	Leistungen zur Teilhabe an Bildung nach § 112 Abs. 1 Nr. 1 SGB IX
	Abs. 1 Nr. 5	Leistungen zur schulischen oder hochschulischen Ausbildung oder Weiterbildung für einen Beruf nach § 112 Abs. 1 Nr. 2 SGB IX, soweit diese Leistungen in besonderen Ausbildungsstätten über Tag und Nacht für Menschen mit Behinderungen erbracht werden
	Abs. 1 Nr. 6	Leistungen zum Erwerb und Erhalt praktischer Kenntnisse und Fähigkeiten nach § 113 Abs. 2 Nr. 5 SGB IX, soweit diese der Vorbereitung auf die Teilhabe am Arbeitsleben nach § 111 Abs. 1 SGB IX dienen
	Abs. 1 Nr. 7	Leistungen nach § 113 Abs. 1 SGB IX, die noch nicht eingeschulten leistungsberechtigten Personen die für sie erreichbare Teilnahme am Leben in der Gemeinschaft ermöglichen sollen
	Abs. 1 Nr. 8	Bei gleichzeitiger Gewährung von Leistungen nach dem SGB II oder dem SGB XII oder nach § 27a BVG

B

Übersicht zu privilegierten Leistungen		
Art der Privilegierung	**Norm: § 138 SGB IX**	**Privilegierte Leistung**
Beitragsbegrenzung	Abs. 2	Wenn ein Beitrag nach § 137 SGB IX aufzubringen ist, ist für weitere Leistungen im gleichen Zeitraum oder weitere Leistungen an minderjährige Kinder im gleichen Haushalt kein weiterer Beitrag aufzubringen.
	Abs. 3	Bei einmaligen Leistungen zur Beschaffung von Bedarfsgegenständen, deren Gebrauch für mindestens ein Jahr bestimmt ist, ist höchstens das Vierfache des monatlichen Beitrags einmalig aufzubringen.

Sind Leistungen nicht dergestalt privilegiert, ist zu ermitteln, ob ein Beitrag zu erbringen ist, ob also Einkommen und/oder Vermögen einzusetzen sind. 170

Systemverständnis:

Während § 135 SGB IX den Begriff des Einkommens eigenständig (wenn auch unter Bezugnahmen) definiert, enthält § 139 SGB IX für das Vermögen keine gesetzliche Definition. Daher ist hier auf den Begriffsinhalt aus dem Sozialhilferecht zurückzugreifen (siehe Rn. 107 ff., 75 ff.).

Einkommen ist nach § 135 Abs. 1 SGB IX die Summe der Einkünfte nach § 2 Abs. 2 EStG sowie bei Renteneinkünften die Bruttorente. Dabei ist als Besonderheit zu beachten, dass es zunächst nicht um die laufenden Einkünfte geht, sondern um diejenigen des Vorvorjahres. 171

Tipp:

Liegt dagegen eine erhebliche Abweichung zu den Einkünften des Vorvorjahres vor, sind nach § 135 Abs. 2 SGB IX die voraussichtlichen Jahreseinkünfte des laufenden Jahres zugrunde zu legen. Achtung: Das kann sich für den Berechtigten sowohl günstig (bei Einkommensminderung z. B. infolge eingetretener Arbeitslosigkeit) als auch ungünstig (bei Einkommenserhöhung) auswirken!

Weitgehend ungeklärt ist noch, wann eine „erhebliche" Abweichung vorliegt. Zumindest ein zweistelliger Prozentbereich dürfte hier aber zu fordern sein.

Zu berücksichtigen ist mittlerweile nur noch das Einkommen des Leistungsberechtigten selbst und nicht mehr wie früher auch des Partners. Nur bei minderjährigen Personen ist nach § 136 Abs. 1 SGB IX auch das Einkommen der im Haushalt lebenden Eltern heranzuziehen. 172

Die Beitragsermittlung richtet sich sodann nach den weiteren Vorgaben des § 136 Abs. 2 bis 5 SGB IX. Es handelt sich hierbei um eine Betragsgrenze, bei der das Alles-oder-Nichts-Prinzip zur Anwendung kommt. Hierbei legt das Gesetz für die geltenden Bemessungsgrenzen als Einordnungskriterium das „überwiegende" Einkommen zugrunde, das heißt das Haupteinkommen. 173

Systemverständnis:

Das bedeutet nicht, dass für den Bemessungsbetrag nur das Haupteinkommen zugrunde gelegt wird: Eingerechnet wird das vollständige Einkommen im Sinne des § 135 SGB IX. Die Art des Haupteinkommens ist also nur für die Festlegung der Prozentsätze der Freigrenzen

B

relevant (§ 136 Abs. 2 SGB IX): Bei sozialversicherungspflichtiger oder selbstständiger Hauptbeschäftigung sind das 85 % der jährlichen Bezugsgröße, bei nicht sozialversicherungspflichtiger Hauptbeschäftigung 75 % und bei einer Rente als Haupteinkunft 60 %. Bei anderen Haupteinkünften gilt die 75-%-Größe.

174 Diese Beträge können sich auch noch zusätzlich erhöhen: Die Absätze 3 und 4 regeln dabei den Fall des Zusammenlebens mit Ehegatten oder Lebenspartnern, den Partnern einer eheähnlichen oder lebenspartnerschaftsähnlichen Gemeinschaft sowie für jedes unterhaltsberechtigte Kind im Haushalt, Absatz 5 den Fall eines minderjährigen Leistungsberechtigten, der noch im Haushalt der Eltern lebt.

Kurzübersicht zu wichtigen Rechtsbegriffen des § 136 SGB IX	
Sozialversicherungspflichtige oder selbstständige Tätigkeit	• Beschäftigungen oberhalb der Grenzen geringfügiger oder kurzfristiger Beschäftigungen (Minijobs) • jede Form der Selbstständigkeit
Nicht sozialversicherungspflichtige Tätigkeit	• Minijobs • Beamte, Soldaten etc.
Bezugsgröße (Stand)	§ 18 Abs. 1 SGB IV – Durchschnittsentgelt der gesetzlichen Rentenversicherung im vorvergangenen Kalenderjahr: • Bezugsgröße West: 42.420 EUR (2024), 44.940 EUR (2025) • Bezugsgröße Ost: 41.580 EUR (2024), 44.940 EUR (2025)

175 Sollte tatsächlich einzusetzendes Einkommen verbleiben, regelt § 137 SGB IX die Beitragshöhe: Der jeweilige Beitragsverpflichtete hat nach Absatz 2 aus seinem Einkommen einen monatlichen Beitrag in Höhe von 2 % des den Betrag nach § 136 Abs. 2 bis 5 SGB IX übersteigenden Betrags aufzubringen.

Tipp:

Müssten andere Personen als der Leistungsberechtigte den Beitrag aufbringen, kann es passieren, dass diese sich weigern. In diesem Fall kann die erforderliche Leistung von der Behörde nach § 136 Abs. 4 SGB IX zunächst ohne den Abzug erbracht werden, wenn die Durchführung der Maßnahme ansonsten gefährdet wäre. Die verpflichteten Personen haben aber diese Aufwendungen dem Träger der Eingliederungshilfe im Umfang des Beitrags zu ersetzen.

176 Unter Umständen kann auch Vermögen als Beitrag herangezogen werden. Auch hier wiederum ist das Vermögen des Partners nicht zu berücksichtigen, das Vermögen der Eltern nur bei minderjährigen Leistungsbeziehern, die noch im Haushalt leben (§ 140 Abs. 1 SGB IX).

177 Der Vermögenseinsatz erfolgt so, dass die Leistungen der Eingliederungshilfe zunächst aus dem Vermögen oberhalb der jeweiligen Freigrenzen zu bestreiten sind. Die Freigrenzen ergeben sich aus § 139 SGB IX. 2024 gilt ein sog. Basis-Vermögensfreibetrag in Höhe von 63.630 EUR (= 150 % der jährlichen Bezugsgröße nach § 18 Abs. 1 SGB VI, siehe oben).

Tipp:

Es gibt Fälle, in denen zwar Vermögen vorhanden ist, dieses aber nicht gleich „versilbert" werden kann (man denke etwa an Immobilien). § 140 Abs. 2 SGB IX schafft hier Abhilfe:

Soweit der sofortige Verbrauch oder die sofortige Verwertung des Vermögens nicht möglich ist oder eine Härte bedeuten würde, soll die beantragte Leistung als Darlehen gewährt werden. Die Behörde kann aber eine dingliche oder anderweitige Sicherung verlangen (z. B. eine Grundschuld).

4.3.7 Praxistipps zu Beratungsangeboten

Bereits nach den allgemeinen Regeln der §§ 13 bis 15 SGB I ist der Träger der Eingliederungshilfe zur Beratung verpflichtet. Darüber hinaus gibt es öffentliche Beratungsstellen. 178

Seit dem Jahr 2018 existiert ein weiteres Angebot: Die sog. ergänzende unabhängige Teilhabeberatung (EUTB). Nach § 32 SGB IX handelt es sich dabei um ein niedrigschwelliges Beratungsangebot, das übrigens auch schon im Vorfeld der Beantragung konkreter Leistungen zur Verfügung steht. Näheres gibt es unter www.teilhabeberatung.de. 179

4.4 Das Feststellungsverfahren nach dem SGB IX

Eingangs wurde bereits der Begriff der Behinderung (§ 2 SGB IX) beschrieben (siehe Rn. 122 ff.). In der Folge werden nun wichtige Aspekte des sog. Feststellungsverfahrens näher erläutert. 180

4.4.1 Antragsverfahren

Das SGB IX regelt in seinem dritten Teil das Feststellungsverfahren, also den Weg zur Feststellung eines GdB. Zentrale Vorschrift des Antragsverfahrens ist § 152 SGB IX. 181

Grundlegend wichtig ist, dass für eine Feststellung ein Antrag bei der zuständigen Behörde erforderlich ist (§ 152 Abs. 1 Satz 1 SGB IX). Die Behörden bieten hierzu mittlerweile auch Onlineverfahren an. Eine Feststellung eines etwaigen GdB erfolgt ab diesem Zeitpunkt. 182

Tipp:

Zuweilen kann es wichtig sein, dass der GdB oder ein Merkzeichen für den Zeitraum vor Antragstellung festgestellt werden (rückwirkende Feststellung). Nach § 152 Abs. 1 Satz 2 SGB IX ist das möglich, wenn dafür ein besonderes Interesse glaubhaft gemacht wird. Das kann z. B. der Fall sein, wenn eine solche Feststellung für die Steuererklärung oder für einen Antrag auf eine vorgezogene abschlagsfreie Altersrente für Schwerbehinderte notwendig ist.

4.4.2 Grundsätze der GdB-Ermittlung

Wichtige Grundregeln zur Festlegung des GdB ergeben sich aus den sog. versorgungsmedizinischen Grundsätzen (kurz: VMG; lang: „Anlage zu § 2 der Versorgungsmedizin-Verordnung"). Neben den allgemeinen Grundregeln in Teil A enthalten diese in Teil B auch die sog. Tabellenwerte, also Einschätzungsvorgaben zu bestimmten Erkrankungen. 183

Systemverständnis:

Die VMG haben die früheren Anhaltspunkte für die ärztliche Gutachtertätigkeit im sozialen Entschädigungsrecht (kurz: AHP) zwar abgelöst, allerdings gelten die AHP weiterhin als antizipierte Sachverständigengutachten, soweit die VMG keine abweichende Regelung enthalten (vgl. BSG, Urt. v. 18.9.2003 – B 9 SB 3/02 R und v. 24.4.2008 – B 9/9a SB 10/06). Die VMG sind wie die AHP ein auf besonderer medizinischer Fachkunde beruhendes Regelwerk.

184 Wie einleitend dargestellt sind nicht so sehr die Erkrankungen an sich der wesentliche Faktor, sondern die dadurch ausgelösten Teilhabebeeinträchtigungen, das heißt die allgemeinen Auswirkungen der Funktionsbeeinträchtigungen (§ 5 Abs. 1 Satz 1 SGB XIV).

Tipp:

In einem Antragsverfahren lohnt es sich also, nicht nur die Diagnosen aufzulisten, sondern der Behörde detailliert aufzuzeigen, welche Beeinträchtigungen daraus folgen – das kann sowohl der behandelnde Arzt als auch der Antragsteller selbst tun.

Systemverständnis:

Die Feststellungen nach dem SGB IX beziehen sich auf die allgemeine Teilhabe in der Gesellschaft – nicht auf das Berufsleben (vgl. Teil A Ziffer 2 Buchst. a und b VMG). Hierfür sind ggf. das SGB VI und das SGB VII zuständig.

185 Liegen mehrere Erkrankungen vor, wird der Gesamt-GdB nach den Auswirkungen der Beeinträchtigungen in ihrer Gesamtheit unter Berücksichtigung ihrer wechselseitigen Beziehungen festgestellt (§ 152 Abs. 2 SGB IX).

186 Um eine gewisse Struktur zu erhalten, gibt Teil A Ziffer 2 Buchst. e VMG zunächst einmal vor, dass die Erkrankungen nachfolgenden Funktionssystemen zugeordnet werden (linke Spalte):

Funktions- bzw. Organsysteme (vgl. Teil A Ziffer 2 Buchst. e VMG)	Zugehörige VMG-Tabellenwerte mit Fundstelle (grobe Zuordnung = Überschneidungen möglich)
Kopf (Gehirn) und Psyche	Kopf und Gesicht (Teil B Ziffer 2)
	Nervensystem und Psyche (Teil B Ziffer 3)
Augen	Sehorgan (Teil B Ziffer 4)
Ohren	Hör- und Gleichgewichtsorgan (Teil B Ziffer 5)
Atmung	Nase (Teil B Ziffer 6)
	Mundhöhle, Rachenraum, obere Atemwege (Teil B Ziffer 7)
	Brustkorb, tiefere Atemwege, Lungen (Teil B Ziffer 8)
Herz-Kreislauf-System	Herz und Kreislauf (Teil B Ziffer 9)
Verdauung	Verdauungsorgane (Teil B Ziffer 10)
Harnorgane	Harnorgane (Teil B Ziffer 12)
Geschlechtsapparat	Männliche Geschlechtsorgane (Teil B Ziffer 13)
	Weibliche Geschlechtsorgane (Teil B Ziffer 14)
Innere Sekretion und Stoffwechsel	Innere Sekretion und Stoffwechsel (Teil B Ziffer 15)
Blut und Immunsystem	Blut, blutbildende Organe, Immunsystem (Teil B Ziffer 16)
Haut	Haut (Teil B Ziffer 17)
Arme	Haltungs- und Bewegungsorgane (Teil B Ziffer 18)
Beine	Haltungs- und Bewegungsorgane (Teil B Ziffer 18)
Rumpf	Haltungs- und Bewegungsorgane (Teil B Ziffer 18)
Sonderfälle (verschiedenen Funktionssystemen zuzuordnen)	Rheumatische Krankheiten (Teil B Ziffer 18)
	Brüche (Hernien; Teil B Ziffer 11)

B

Hinweis:

Dieser Anhang zu den VMG wird regelmäßig überarbeitet und an den aktuellen Stand der Medizin angepasst. Mit Einführung des SGB XIV wurden zum 1.1.2024 auch die VMG geändert. Inhaltlich handelte es sich überwiegend um sprachliche Anpassungen und Schärfungen.

Nach der Zuordnung der Erkrankungen zu den einzelnen Funktionssystemen wird jeweils ein Einzel-GdB festgesetzt. Unter Berücksichtigung aller sozialmedizinischen Erfahrungen sind dazu Vergleiche mit Gesundheitsschäden anzustellen, zu denen in der Tabelle des Teils B des VMG feste GdB-Tabellenwerte angegeben sind (vgl. Teil A Ziffer 3 Buchst. b VMG; Wegweiser vgl. Tabelle oben rechte Spalte). Für nicht aufgeführte Erkrankungen sind Analogien zu bilden. 187

Tipps:

Die in der GdB-Tabelle niedergelegten Sätze berücksichtigen bereits die üblichen seelischen Begleiterscheinungen. Ein höherer GdB ist daher nur gerechtfertigt, wenn die psychischen Beeinträchtigungen erheblich höher sind, was insbesondere bei einer speziellen ärztlichen oder therapeutischen Behandlung der Fall sein kann (vgl. VMG Teil A Ziffer 2 Buchst. i).

Gleiches gilt für Schmerzen, selbst wenn es sich um besonders schmerzhafte Zustände handelt. Auch hier ist eine GdB-Erhöhung nur gerechtfertigt, wenn eine über das übliche Maß hinausgehende Schmerzhaftigkeit nachgewiesen ist, die eine ärztliche Behandlung erfordert (vgl. Teil A Ziffer 2 Buchstabe j VMG).

Für die abschließende Festlegung des Gesamt-GdB gelten folgende Regeln: 188

Regel (ggf. mit Beispielen oder Erläuterungen)	**Teil A Ziffer 3 VMG**
Ausgangspunkt: Funktionsbeeinträchtigung mit dem höchsten Einzel-GdB Prüfung: Wird im Hinblick auf alle weiteren Funktionsbeeinträchtigungen das Ausmaß der Behinderung größer? Konkret: Müssen wegen der weiteren Funktionsbeeinträchtigungen dem höchsten Einzel-GdB 10 oder 20 oder mehr Punkte hinzugefügt werden, um der Gesamtbehinderung insgesamt gerecht zu werden?	Buchst. c
Unzulässig: Addition der Einzel-GdB (oder andere Rechenmethoden)	Buchst. a
Gesamtschau: Prüfung der wechselseitigen Beziehungen • Funktionsstörungen voneinander unabhängig? • Funktionsstörungen mit gegenseitiger Verstärkung? • Funktionsstörungen mit Überschneidungen? Beispiel: Blindheit und Taubheit sind bereits für sich gesehen erhebliche Beeinträchtigungen – in Kombination verstärken sie sich aber noch zusätzlich und rechtfertigen einen höheren Gesamt-GdB.	Buchst. d (aa–dd)
Regel bei „leichterer" Behinderung: • keine Erhöhung des Gesamt-GdB durch leichte Gesundheitsstörungen mit einem GdB von 10 (auch dann nicht, wenn mehrere derartige leichte Gesundheitsstörungen nebeneinander bestehen) • vielfach auch keine Erhöhung durch leichte Funktionsbeeinträchtigungen mit einem GdB von 20	Buchst. d (ee)

4.4.3 Merkzeichen

189 Doch nicht nur der GdB ist festzusetzen. Denn auch weitere gesundheitliche Merkmale als Voraussetzung für die Inanspruchnahme von Nachteilsausgleichen (Hilfen für behinderte Menschen zum Ausgleich behinderungsbedingter Nachteile oder Mehraufwendungen, § 209 Abs. 1 SGB IX) sind nach § 152 Abs. 4 SGB IX von den zuständigen Behörden festzustellen, die sog. Merkzeichen. Nach dem SGB IX und ergänzenden Gesetzen existieren folgende Merkzeichen:

Merkzeichen	Beschreibung
G	erhebliche Beeinträchtigung der Bewegungsfähigkeit im Straßenverkehr
B	Begleitung in öffentlichen Verkehrsmitteln
aG	außergewöhnliche Gehbehinderung
H	Hilflosigkeit
Bl	Blindheit
Gl	Gehörlosigkeit
TBl	Taubblindheit
RF	Rundfunkgebührenermäßigung

Systemverständnis:

Da die Merkzeichen in ganz bestimmten Situationen Nachteile ausgleichen sollen, werden diese Ausgleiche im Handbuch im Rahmen der jeweiligen Einzelbedarfe näher dargestellt (vgl. insbesondere die Kapitel B 5 und B 8). Nachfolgend sollen aber die Grundvoraussetzungen der jeweiligen Merkzeichen kurz aufgezeigt werden.

- ***Merkzeichen G***

190 In seiner Bewegungsfähigkeit im Straßenverkehr erheblich beeinträchtigt ist nach § 229 Abs. 1 SGB IX, wer infolge einer Einschränkung des Gehvermögens (auch durch innere Leiden oder infolge von Anfällen oder von Störungen der Orientierungsfähigkeit) nicht ohne erhebliche Schwierigkeiten oder nicht ohne Gefahren für sich oder andere Wegstrecken im Ortsverkehr zurückzulegen vermag, die üblicherweise noch zu Fuß zurückgelegt werden.

Tipp:

Umfassende Hinweise und zusammenfassende Ausführungen zur erheblichen Beeinträchtigung der Bewegungsfähigkeit finden sich in Teil D Ziffer 1 VMG.

- ***Merkzeichen B***

191 Das Merkzeichen erhält nach § 229 Abs. 2 SGB IX, wer bei der Benutzung von öffentlichen Verkehrsmitteln infolge einer Behinderung regelmäßig auf Hilfe angewiesen ist. Die Feststellung bedeutet nicht, dass die schwerbehinderte Person, wenn sie nicht in Begleitung ist, eine Gefahr für sich oder für andere darstellt. Aufgrund eines etwas versteckten Zusammenspiels der Absätze 1 und 6 des § 228 SGB IX muss als zusätzliche Voraussetzung eines der drei Merkzeichen G, Gl oder H vorliegen.

Tipp:

Zusammenfassende Ausführungen zum Erfordernis einer Begleitperson finden sich in Teil D Ziffer 2 VMG.

- ***Merkzeichen aG***

Schwerbehinderte Menschen mit außergewöhnlicher Gehbehinderung sind nach § 229 Abs. 3 SGB IX Personen mit einer erheblichen mobilitätsbezogenen Teilhabebeeinträchtigung, die einem GdB von mindestens 80 entspricht. Eine erhebliche mobilitätsbezogene Teilhabebeeinträchtigung liegt vor, wenn sich die schwerbehinderten Menschen wegen der Schwere ihrer Beeinträchtigung dauernd nur mit fremder Hilfe oder mit großer Anstrengung außerhalb ihres Kraftfahrzeugs bewegen können. Hierzu zählen insbesondere schwerbehinderte Menschen, die aufgrund der Beeinträchtigung der Gehfähigkeit und Fortbewegung – dauerhaft auch für sehr kurze Entfernungen – aus medizinischer Notwendigkeit auf die Verwendung eines Rollstuhls angewiesen sind. Dabei können verschiedenste Gesundheitsstörungen (insbesondere Störungen bewegungsbezogener, neuromuskulärer oder mentaler Funktionen, Störungen des kardiovaskulären oder Atmungssystems) die Gehfähigkeit erheblich beeinträchtigen. 192

Für das Merkzeichen aG ist es erforderlich, dass sich der schwerbehinderte Mensch wegen der Schwere des Leidens praktisch von den ersten Schritten außerhalb seines Kraftfahrzeugs andauernd nur mit fremder Hilfe oder nur mit großer Anstrengung bewegen kann, wobei dabei ein strenger Maßstab anzulegen ist (ständige Rechtsprechung, vgl. z. B. LSG Bayern, Urt. v. 18.8.2013 – L 15 SB 183/09; Urt. v. 19.11.2014 – L 15 SB 63/14, Rn. 50). Mit zwei wichtigen Urteilen vom 19.3.2023 (B 9 SB 1/22 R und B 9 SB 8/21 R) hat das BSG für die Prüfung einer mobilitätsbezogenen Teilhabebeeinträchtigung in räumlicher Hinsicht ausschließlich die Gehfähigkeit im öffentlichen Verkehrsraum für maßgeblich erklärt. Die Gehfähigkeit ausschließlich in einer vertrauten Umgebung (zu Hause, in der Schule etc.) steht der Zuerkennung des Merkzeichens aG damit nicht mehr entgegen. Das Merkzeichen aG kommt somit in Betracht, wenn jemand nicht mehr in der Lage ist, ohne Selbstverletzungsgefahr in einem Umfeld mit Bordsteinkanten, abfallenden oder ansteigenden Wegen und Bodenunebenheiten zu gehen, und sich die Gehfähigkeit auch nicht durch Hilfsmittel wie Unterarmgehstützen oder einen Rollator verbessern lässt. 192a

Systemverständnis:

Es ist ein weit verbreitetes Missverständnis anzunehmen, jeder schwerbehinderte Mensch mit einem GdB von 50 dürfe auf einem Behindertenparkplatz parken. Tatsächlich ist hierfür zusätzlich das Merkzeichen aG vonnöten.

Tipp:

Die Benutzung eines Rollstuhls ist keine Grundvoraussetzung für das Merkzeichen aG; es muss aber letztlich eine vergleichbare Beeinträchtigung bestehen, was nicht der Fall ist, solange die selbstständige Mobilität im öffentlichen Verkehrsraum noch mithilfe eines Rollators oder mit Unterarmgehstützen gewährleistet ist.

Teil D Ziffer 3 VMG in der alten Fassung enthielt noch Hinweise zur alten Rechtslage vor Inkrafttreten des § 229 Abs. 3 SGB IX.

- ***Merkzeichen H***

Die Voraussetzungen der Hilflosigkeit werden nach § 3 Abs. 1 SchwbAwV über das Steuerrecht festgelegt: Insbesondere § 33b Abs. 1 EStG verlangt hierfür einen Hilfebedarf bei den gewöhnlichen und regelmäßig wiederkehrenden Verrichtungen des täglichen Lebens. Teil A Ziffer 4 VMG konkretisiert dies insofern, als die Betroffenen für eine Reihe von häufig und regelmäßig wiederkehrenden Verrichtungen zur Sicherung ihrer persönlichen Existenz im Ablauf eines jeden Tages fremder Hilfe dauernd bedürfen müssen. Als Faustformel für die Feststellung von Hilflosigkeit wurde auf Basis des früheren Pflegerechts ein täglicher Zeitaufwand an Hilfeleistungen von mindestens zwei Stunden bei mindestens drei Verrichtungen des täglichen Lebens herangezogen, wobei aber nicht allein auf den zeitlichen 193

Betreuungsaufwand abzustellen war; vielmehr kam auch weiteren Umständen der Hilfeleistung, insbesondere deren wirtschaftlichem Wert, Bedeutung zu (BSG, Urt. v. 24.11.2005 – B 9a SB 1/05 R, Rn. 17; BSG, Beschl. v. 27.12.2018 – B 9 SB 5/18 BH, Rn. 5). Hilflosigkeit liegt im oben genannten Sinne gemäß Teil A Ziffer 4 Buchstabe c der VMG jedenfalls auch dann vor, wenn ein psychisch oder geistig behinderter Mensch zwar bei zahlreichen Verrichtungen des täglichen Lebens der Hilfe nicht unmittelbar bedarf, er diese Verrichtungen aber infolge einer Antriebsschwäche ohne ständige Überwachung nicht vornähme; die ständige Bereitschaft ist z. B. anzunehmen, wenn Hilfe häufig und plötzlich wegen akuter Lebensgefahr notwendig ist.

Tipp:

Zusammenfassende Ausführungen zur Hilflosigkeit finden sich in Teil A Ziffer 4 VMG. Da – insbesondere sehr kleine – Kinder von Natur aus ein Stück weit „hilflos" sind, bereitet die Feststellung des Merkzeichens bei ihnen größere Schwierigkeiten; deshalb gibt es für Kinder und Jugendliche in Teil A Ziffer 5 VMG weitere Hinweise.

- ***Merkzeichen Bl***

194 Das Merkzeichen setzt entweder das vollständige Fehlen des Augenlichts voraus oder (über § 3 Abs. 1 Nr. 3 SchwbAwV nach § 72 Abs. 5 SGB XII) den Umstand, dass die beidäugige Gesamtsehschärfe nicht mehr als $^1/_{50}$ beträgt oder dem Schweregrad dieser Sehschärfe gleichzuachtende, nicht nur vorübergehende Störungen des Sehvermögens vorliegen.

Tipps:

Allein die Feststellung der gesundheitlichen Voraussetzungen berechtigt nicht zum Bezug von Blindengeld. Hierzu ist ein eigener Antrag erforderlich (siehe B 5, Rn. 67)!

Zusammenfassende Ausführungen zu Blindheit und hochgradiger Sehbehinderung finden sich in Teil A Ziffer 6 VMG.

- ***Merkzeichen Gl***

195 Gehörlos sind einerseits Menschen mit beidseitiger Taubheit. Nach Teil D Ziffer 4 VMG erhalten das Merkzeichen aber auch Hörbehinderte mit einer an Taubheit grenzenden Schwerhörigkeit beiderseits, wenn daneben schwere Sprachstörungen vorliegen.

Tipp:

Auch Teil D Ziffer 4 VMG enthält noch einige wenige erläuternde Hinweise.

- ***Merkzeichen TBl***

196 Nach § 3 Abs. 1 Nr. 8 SchwbAwV liegt das Merkzeichen vor, wenn der schwerbehinderte Mensch wegen einer Störung der Hörfunktion mindestens einen GdB von 70 und wegen einer Störung des Sehvermögens einen GdB von 100 hat.

Tipp:

Auch hier gilt, dass allein die Feststellung der gesundheitlichen Voraussetzungen nicht zur Beziehung von Blindengeld berechtigt (eigener Antrag mit eigenen Voraussetzungen!).

- ***Merkzeichen RF***

197 Folgende Voraussetzungen dieses Merkzeichens ergeben sich aus § 4 Abs. 2 RBStV (Landesrecht):

- blinde oder nicht nur vorübergehend wesentlich sehbehinderte Menschen mit einem GdB von wenigstens 60 allein wegen der Sehbehinderung
- hörgeschädigte Menschen, die gehörlos sind oder denen eine ausreichende Verständigung über das Gehör auch mit Hörhilfen nicht möglich ist
- Menschen mit Behinderung, deren GdB nicht nur vorübergehend wenigstens 80 beträgt und die wegen ihres Leidens an öffentlichen Veranstaltungen ständig nicht teilnehmen können

4.4.4 Der Schwerbehindertenausweis

Auf Antrag des Menschen mit Behinderung stellen die zuständigen Behörden einen Schwerbe- 198
hindertenausweis über die Eigenschaft als schwerbehinderter Mensch, den GdB sowie über die Merkzeichen aus.

Systemverständnis:

Anspruch auf einen solchen Ausweis haben nur schwerbehinderte Menschen, das heißt, es muss ein GdB von 50 bestehen.

Die Gültigkeitsdauer des Ausweises soll befristet werden (§ 152 Abs. 5 SGB IX). Die Befristung 199
soll längstens fünf Jahre betragen. Nach § 2 Abs. 2 SchwbAwV kann bei Fällen, bei denen eine Neufeststellung wegen einer wesentlichen Änderung in den gesundheitlichen Verhältnissen nicht zu erwarten ist, der Ausweis unbefristet ausgestellt werden.

Systemverständnis:

Die Befristung des Ausweises bedeutet nicht, dass der GdB selbst nur befristet wäre (so tritt ja auch bei Erlöschen des Personalausweises nicht der Verlust der Staatsangehörigkeit ein).

Tipp:

Der Ausweis wird nach § 152 Abs. 5 SGB IX eingezogen, sobald der gesetzliche Schutz schwerbehinderter Menschen erloschen ist (insbesondere bei Neufeststellungsverfahren nach einer Besserung) und die Schutzfrist aus § 199 Abs. 1 SGB IX abgelaufen ist. Der Ausweis wird aber erst berichtigt, sobald eine Neufeststellung unanfechtbar geworden ist, das heißt, Widerspruch und Klageverfahren können die Einziehung des Ausweises hinauszögern.

4.4.5 Heilungsbewährung und Befristungen

Die sog. Heilungsbewährung stellt eine Besonderheit des SGB IX dar. Bei manchen 200
Erkrankungen – etwa Tumorerkrankungen oder Organtransplantationen – besteht nach Abschluss der Erstbehandlung (OP, Bestrahlung) oftmals bereits wieder medizinische Gesundheit. Gleichwohl ist die Sorge vor der Wiederkehr der Erkrankung stets präsent und auch medizinisch nicht unbegründet. Deshalb bleibt in solchen Fällen der GdB fiktiv für den Zeitraum der Heilungsbewährung einfach bestehen, das heißt, vor einer Nachprüfung durch die Behörde muss diese den Eintritt der Heilungsbewährung abwarten.

Tipps:

Auch hier hilft erneut ein Blick in die VMG: Nach Teil B Ziffer 1 Buchst. c werden dort nicht nur die Erkrankungen dargestellt, für die eine Heilungsbewährung abzuwarten ist, sondern auch die Zeiten und Kriterien der Heilungsbewährung für die häufigsten Gesundheitsstörungen.

Die Grundregel bei bösartigen Tumorerkrankungen lautet: Bei einer Geschwulstbeseitigung im Frühstadium beträgt der GdB während der Heilungsbewährung 50, nach Geschwulstbeseitigung in höheren Stadien 80. Die Einzelheiten regeln die VMG zu den jeweiligen Erkrankungen.

201 Der Zeitraum des Abwartens einer Heilungsbewährung beträgt in der Regel fünf Jahre; kürzere Zeiträume werden in der VMG-Tabelle vermerkt (vgl. z. B. bei Hirntumoren VMG, Teil B Ziffer 3.3 oder bei psychotischen Erkrankungen Ziffer 3.6). Maßgeblicher Bezugspunkt für den Beginn der Heilungsbewährung ist der Zeitpunkt, an dem das Geschwulst durch Operation oder andere Primärtherapie als beseitigt angesehen werden kann; eine zusätzliche adjuvante Therapie hat keinen Einfluss auf den Beginn der Heilungsbewährung.

Systemverständnis:

Der GdB während der Phase der Heilungsbewährung bezieht dabei den typischerweise verbleibenden Organschaden ein; außergewöhnliche Folgen oder Begleiterscheinungen der Behandlung können den GdB aber ausnahmsweise auch erhöhen (Teil B Ziffer 1 VMG).

Tipp:

Nach Eintritt der Heilungsbewährung und überwundener Krankheit wird der GdB herabgesetzt. Daher sollten bereits im Anhörungsverfahren Aspekte vorgebracht werden, die diese Herabsetzung wenigstens zum Teil „kompensieren" können. So mag zwar Heilungsbewährung bezüglich der Erkrankung eingetreten sein, oftmals treten an deren Stelle aufgrund der Begleitumstände aber andere Störungen (z. B. Depression, chronisches Fatigue-Syndrom oder Ähnliches).

202 Bereits im Hinblick auf den Schwerbehindertenausweis wurde unter Rn. 198 darauf hingewiesen, dass zwar die Ausweise, aber nicht die Bescheide nach dem SGB IX befristet sind. Das bedeutet, dass auch nach Ablauf der Heilungsbewährung der vorherige GdB nicht automatisch verloren geht, sondern die Behörde diesen erst durch einen weiteren Bescheid entziehen muss (siehe Rn. 203 ff.).

4.4.6 Nachprüfungen und Verschlimmerungsanträge

203 Nachdem Bescheide nach dem SGB IX im Regelfall zeitlich unbefristet sind, müssen Behörde und betroffener Mensch bei Änderungen im Gesundheitszustand gleichwohl reagieren können. Das geschieht im Rahmen sog. Nachprüfungsverfahren.

204 Diese können entweder von der Behörde von Amts wegen eingeleitet oder vom Betroffenen durch einen Verschlimmerungsantrag veranlasst werden.

Systemverständnis:

Eine wesentliche Änderung liegt nur vor, wenn der veränderte Gesundheitszustand mehr als sechs Monate angehalten hat oder voraussichtlich anhalten wird und die Änderung des Gesamt-GdB wenigstens 10 beträgt (Teil A Ziffer 7 Buchst. a VMG).

Auch mit Ablauf der Heilungsbewährung ist selbst bei gleichbleibenden Symptomen eine Neubewertung des GdB zulässig, weil der Ablauf der Heilungsbewährung eine wesentliche Änderung der Verhältnisse darstellt (Teil A Ziffer 7 Buchst. b VMG).

Beabsichtigt die Behörde eine Herabsetzung des GdB, muss sie den Betroffenen zuvor nach § 24 SGB X anhören. Widerspruch und Klage haben aufschiebende Wirkung gegen die Herabsetzung, das heißt, während der Dauer dieser Verfahren bleibt z. B. die vormals anerkannte Schwerbehinderteneigenschaft bestehen. Daher ist es unbedingt ratsam, gegen eine Herabsetzung vorzugehen. Auch nach bestands- bzw. rechtskräftigem Abschluss dieser Verfahren erlöschen die Vorteile der Schwerbehinderteneigenschaft nach § 199 Abs. 1 SGB IX erst am Ende des dritten Kalendermonats nach Eintritt der Unanfechtbarkeit des Herabsetzungsbescheids. 205

4.4.7 Checkliste zur Prüfung von Bescheiden nach dem SGB IX

Bei der Überprüfung der Rechtmäßigkeit von Bescheiden nach dem SGB IX sollten zumindest 206
die folgenden Punkte immer geprüft werden:

- Erfassung aller (relevanten) Gesundheitsstörungen?
- Korrekte Zuordnung zu den Funktionssystemen (Rn. 185)?
- Korrekte Anwendung der Tabellenwerte der VMG (Rn. 185)?
- Zutreffende Gesamt-GdB-Bildung (Rn. 187)?
- Zutreffende Feststellungen von Merkzeichen (Rn. 188)?

4.4.8 Exkurs: Die Gleichstellung mit Schwerbehinderten

Nach § 2 Abs. 3 SGB IX besteht die Möglichkeit einer Gleichstellung mit schwerbehinderten 207
Menschen.

Systemverständnis:

Dargestellt wird dies in der Folge als Exkurs, da es sich hierbei nicht um das Feststellungsverfahren nach dem SGB IX handelt. Zuständig für die Gleichstellung ist daher mit der Bundesagentur für Arbeit auch eine gänzlich andere Behörde mit einem eigenen Feststellungsverfahren.

Tipp:

Gleichwohl erhalten Gleichgestellte einen sehr ähnlichen und weitreichenden Schutz wie Schwerbehinderte, insbesondere im Wesentlichen denselben Kündigungsschutz (siehe B 11, Rn. 12 ff.) und die Vorteile „bevorzugter" Einstellung, nicht aber Zusatzurlaub oder Vorteile bei der unentgeltlichen Beförderung (vgl. § 151 Abs. 3 SGB IX).

Grundvoraussetzung der Gleichstellung ist ein GdB von 30 oder 40. Hinzukommen muss aber 208
auch, dass die betroffenen Menschen infolge ihrer Behinderung ohne die Gleichstellung keinen geeigneten Arbeitsplatz erlangen oder behalten können.

Bereits die Formulierung des Gesetzes zeigt: Die Gleichstellung nach § 2 Abs. 2 SGB IX ist – im 209
Gegensatz zu den Nachteilsausgleichen bei Schwerbehinderung – kein Automatismus. Vielmehr muss die Behinderung die wesentliche Ursache der Arbeitsplatzgefährdung oder der Schwierigkeit bei der Erlangung eines geeigneten Arbeitsplatzes auf dem allgemeinen Arbeitsmarkt sein (vgl. etwa BSG, Urt. v. 6.8.2014 – B 11 AL 16/13 R). Stets erforderlich ist daher eine Einzelfallbetrachtung, die wiederum konkret und nicht abstrakt erfolgen muss.

Systemverständnis:

Beispielhaft zeigt dies das BSG in einem Urteil vom 1.3.2011 (B 7 AL 6/10 R) auf, wenn es darauf hinweist, dass selbst bei einem an sich unkündbaren Beamten ein Gleichstellungsanspruch nicht ohne Weiteres abzulehnen ist: Vielmehr muss geprüft werden, ob diesem

B

trotz Unkündbarkeit gleichwohl eine Arbeitsplatzgefährdung droht (z. B. bei behinderungsbedingt drohender Versetzung in den Ruhestand oder auf einen nicht gleichwertigen Arbeitsplatz). Auch kann eine Gleichstellung dann gerechtfertigt sein, wenn der Unkündbare selbst eine Vermittlung auf einen anderen Arbeitsplatz wünscht und dort behinderungsbedingte Einstellungshürden hätte.

Tipp 1:

Allgemein kann eine Gefährdung des Arbeitsplatzes auch schon vorliegen, bevor eine Kündigung konkret droht oder gar ausgesprochen wird (vgl. BSG, Urt. v. 6.8.2014 – B 11 AL 16/13 R).

Tipp 2:

Details zu Entscheidungsvorgaben der Agentur für Arbeit bei Gleichstellungen finden sich frei zugänglich im Internet (Fachliche Weisungen der Bundesagentur für Arbeit zu § 2 SGB IX).

210 Die Agentur für Arbeit hat vor ihrer Entscheidung den Sachverhalt vollständig aufzuklären. Dazu gehört neben der Befragung der betrieblichen Arbeitnehmervertretung und der Schwerbehindertenvertretung auch die Einholung einer Stellungnahme des Arbeitgebers.

Tipp:

Dies ist grundlegend anders als bei der Stellung eines SGB-IX-Antrags. Bevor die Bundesagentur für Arbeit an den Arbeitgeber herantritt, muss sie aber das Einverständnis des Antragstellers einholen. Verweigert es dieser, ist seitens der Bundesagentur zu prüfen, ob die Voraussetzungen der Versagung wegen mangelnder Mitwirkung (§ 66 SGB I) vorliegen. Um dem vorzubeugen, muss in geeigneten Fällen der Bundesagentur gegenüber genau begründet werden, warum ausnahmsweise von einer Einbeziehung des Arbeitsgebers (oder der oben genannten Vertretungen) abzusehen ist.

5. Übersicht über die Bedarfe

Hilfen zum Lebensunterhalt B 3	**Wohnen und Unterkunft** B 4	**Gesundheit und Behinderung** B 5
Pflege B 6	**Besondere Schädigungstatbestände** B 7	**Alltag und soziale Teilhabe** B 8
Familien mit Kindern B 9	**Schule und (Aus-)Bildung** B 10	**Arbeit und Beruf** B 11
Steuerliche Aspekte B 12	**Hilfen im Alter** B 13	**Rund um den Todesfall** B 14

B

Antje Beckhove

Hilfen zum Lebensunterhalt

B

1. Die Regelleistungen nach dem SGB II: Das Grundsicherungsgeld

1 Leistungen zur Sicherung des Lebensunterhalts nach dem SGB II sind das Grundsicherungsgeld, das erwerbsfähige Leistungsberechtigte und nicht erwerbsfähige Leistungsberechtigte, die mit erwerbsfähigen Leistungsberechtigten in einer Bedarfsgemeinschaft leben, sofern sie keinen Anspruch nach den §§ 41 ff. SGB XII haben (§ 19 Abs. 1 SGB II), erhalten.

2 Beide Personengruppen erhalten die gleichen Leistungen, nämlich den Regelbedarf, Mehrbedarfe und den Bedarf für Unterkunft und Heizung (§ 19 Abs. 1 Satz 3 SGB II).

3 § 20 SGB II regelt Inhalt und Höhe der monatlichen Regelbedarfe. Es handelt sich hierbei um ein festgelegtes, pauschaliertes Schema zur Bedarfsdeckung. Geregelt ist zunächst, welche einzelnen Bedarfe vom Regelbedarf erfasst sind. Dazu zählen insbesondere Ernährung, Kleidung, Körperpflege, Hausrat, Haushaltsenergie ohne die auf Heizung und Erzeugung von Warmwasser entfallenden Anteile und die persönlichen Bedürfnisse des täglichen Lebens, zu denen auch die Teilnahme am soziokulturellen Leben gehören soll.

4 Weiter enthält die Vorschrift das Prinzip der Pauschalierung: Ein fester Regelbedarf bestimmt, mit welchen Beträgen der Leistungsberechtigte seinen monatlichen Lebensunterhalt decken soll. In seinen Urteilen vom 9.2.2010 (1 BvL 1/09) und 23.7.2014 (1 BvL 10/12) hat das BVerfG das Verfahren zur Ermittlung des pauschalierten Regelbedarfs überprüft und für verfassungskonform erachtet. Der Regelbedarf soll das sog. soziokulturelle Existenzminimum, die wesentlichen Bedürfnisse des alltäglichen Lebens, sichern (BT-Drucks. 15/1516, S. 56). Das Prinzip der Pauschalierung kann selbstverständlich nur durchschnittliche Bedarfe zugrunde legen, die nach einem Statistikmodell auf der Grundlage von Einkommens- und Verbraucherstichproben (EVS) abstrakt ermittelt werden. Individuell höhere Bedarfe können ggf. im Einzelfall berücksichtigt werden, wenn die Voraussetzungen eines Mehrbedarfs oder Sonderbedarfs gegeben sind (siehe dazu Rn. 8).

5 Die Höhe des Regelsatzes richtet sich nach dem Alter des jeweiligen Leistungsberechtigten und nach der Zusammensetzung der Bedarfsgemeinschaft. Die Regelsätze sind nach § 8 RBEG in sechs Regelbedarfsstufen (RBS) unterteilt und unterscheiden nach Personengruppen.

Personengruppe	Regelsatz seit 1.1.2024*
RBS 1: Alleinstehende und alleinerziehende Erwachsene	563 EUR
RBS 2: Volljährige Partner einer Bedarfs- bzw. Einstandsgemeinschaft	jeweils 506 EUR
RBS 3: Erwachsene Personen in stationären Einrichtungen (betreute Wohnung oder Wohneinrichtung)	451 EUR
RBS 4: Leistungsberechtigte Jugendliche ab Vollendung des 14. Lebensjahres bis Vollendung des 18. Lebensjahres	471 EUR
RBS 5: Leistungsberechtigte Kinder ab Vollendung des 6. Lebensjahres bis zur Vollendung des 14. Lebensjahres	390 EUR
RBS 6: Leistungsberechtigte Kinder bis zur Vollendung des 6. Lebensjahres	357 EUR

* Die dargestellten Regelsätze gelten auch 2026 weiter fort.

2. Die Regelleistungen nach dem SGB XII

6 § 27a SGB XII zählt entsprechend § 20 SGB II die einzelnen Bedarfe auf, die der für die Gewährleistung des Existenzminimums notwendige Lebensunterhalt umfasst.

7 Aus diesem notwendigen Lebensunterhalt ergibt sich der monatliche Regelbedarf. Die Höhe des Regelbedarfs entspricht dem des SGB II (siehe Rn. 5). Anders als im SGB II kann im Einzelfall nach § 27a Abs. 4 SGB XII vom Regelsatz abgewichen werden, wenn ein durch die Regelbedarfe abgedeckter Bedarf nicht nur einmalig, sondern für eine Dauer von voraussichtlich mehr als

einem Monat unausweichlich in mehr als geringem Umfang oberhalb durchschnittlicher Bedarfe liegt, wie sie sich aus nach der Ermittlung der Regelbedarfe zugrunde liegenden durchschnittlichen Verbrauchsausgaben ergeben, und die dadurch bedingten Mehrausgaben begründbar nicht anderweitig ausgeglichen werden können. So hat beispielsweise das Sächsische Landessozialgericht entschieden, dass nach dem Wegfall der Pflegestufe „0" der Bedarf an körperbezogenen Pflegemaßnahmen in Erweiterung des Regelsatzes nach § 27a Abs. 4 Satz 1 Nr. 2 SGB XII zu decken ist, um das menschenwürdige Existenzminimum des Betroffenen zu gewährleisten (Sächsisches Landessozialgericht, Urt. v. 21.1.2020 – L 8 SO 63/19).

3. Mehrbedarfe und Sonderbedarfe: Leben außerhalb des Regelfalls

Zum besseren Systemverständnis soll zunächst eine Gegenüberstellung der Hauptanwendungsfälle von Mehr- und Sonderbedarfen nach dem SGB II und SGB XII erfolgen: 8

Mehrbedarfe (geregelt in § 21 SGB II, § 30 SGB XII)	**Sonderbedarfe (geregelt in § 24 SGB II, §§ 31, 37 SGB XII)**	
sollen laufende Bedarfe außerhalb des Regelbedarfs abdecken	sollen einmalige Bedarfe abdecken	
Antragstellung nicht erforderlich	Antragstellung erforderlich	
erfassen besondere Bedarfslagen, die abschließend in § 21 SGB II und § 30 SGB XII aufgeführt sind, außerdem ggf. in Härtefällen nach § 21 Abs. 6 SGB II	Der Bedarf wird eigentlich vom Regelbedarf erfasst, kann aber einmalig nicht gedeckt werden (§ 24 Abs. 1 SGB II, § 37 SGB XII).	Der Bedarf liegt außerhalb des Regelbedarfs, erfasst werden abschließend aufgeführte Bedarfslagen (§ 24 Abs. 3 SGB II, § 31 SGB XII).
Gewährung eines Zuschusses	Gewährung eines Darlehens	Gewährung eines Zuschusses

3.1 Mehrbedarfe nach dem SGB II

Mehrbedarfe sollen laufende, also wiederkehrende Bedarfe, die nicht vom Regelbedarf abgedeckt sind, auffangen. § 21 SGB II sieht hierfür einen abschließenden Katalog von Mehrbedarfslagen sowie eine Härtefallregelung vor. 9

Die besonderen Mehrbedarfslagen sind: 10

- Mehrbedarf bei Schwangerschaft nach der 12. Schwangerschaftswoche bis zum Tag der Entbindung, § 21 Abs. 2 SGB II (siehe B 9, Rn. 6)
- Mehrbedarf für Alleinerziehende minderjähriger Kinder je nach Alter und Anzahl der Kinder, § 21 Abs. 3 SGB II (siehe B 9, Rn. 7)
- Mehrbedarf für Menschen mit Behinderungen in Ausbildung, § 21 Abs. 4 SGB II (siehe B 5, Rn. 86)
- Mehrbedarf für kostenaufwändige Ernährung, § 21 Abs. 5 SGB II (siehe B 5, Rn. 88 f.)
- Mehrbedarf für Schulbücher und Arbeitshefte, § 21 Abs. 6a SGB II, sofern in dem jeweiligen Bundesland keine Lernmittelfreiheit gilt wie in Bayern (siehe B 10, Rn. 4)
- Mehrbedarf bei dezentraler Warmwassererzeugung, § 21 Abs. 7 SGB II (siehe B 4, Rn. 5)

In seinem Urteil vom 9.2.2010 (1 BvL 1/09) zum Regelbedarf hat das BVerfG ausgeführt, dass über den monatlichen festen Regelsatz hinaus ein zusätzlicher Leistungsanspruch für darüber hinausgehende unabweisbare, laufende, nicht nur einmalige, besondere Bedarfe verfassungsrechtlich zwingend geboten sei. Dies wurde mit der Härtefallregelung des § 21 Abs. 6 SGB II durch den Gesetzgeber umgesetzt. 11

12 Besondere Bedarfe, so das BVerfG, werden nicht vom Regelbedarf abgedeckt, weil dieser allein den Durchschnittsbedarf in üblichen Bedarfssituationen widerspiegelt. Einen darüber hinausgehenden besonderen Bedarf aufgrund atypischer Bedarfslagen deckt der Regelbedarf gerade nicht ab. Diese atypischen, vom Regelbedarf abweichenden Bedarfe sollen durch die Härtefallregelung des § 21 Abs. 6 SGB II aufgefangen werden.

Beispiel:

Der regelmäßige Bedarf an Kinderkleidung aufgrund von üblichem Wachstum ist kein Mehrbedarf, weil er nicht „besonders" ist; anders jedoch bei einem im besonderen Einzelfall vorliegenden atypischen Wachstum (BSG, Urt. v. 23.3.2010 – B 14 AS 81/08 R).

13 Ein laufender Bedarf ist vom einmaligen Sonderbedarf abzugrenzen (dieser kann ggf. durch ein Darlehen nach § 24 Abs. 1 Satz 1 SGB II aufgefangen werden, siehe unten). Der Bedarf muss jedoch nicht unbedingt regelmäßig auftreten, er muss voraussichtlich zumindest im nächsten Bewilligungsabschnitt wieder entstehen (vgl. S. Knickrehm/Hahn. In: Eicher/Luik, SGB II, 4. Aufl., § 21 SGB II, Rn. 69).

Beispiel:

Kosten für die Beschaffung von Pässen werden in der Regel nicht übernommen, weil zum einen im Regelsatz ein Ansparbetrag für Ausweisdokumente in Höhe von 0,25 EUR monatlich vorgesehen ist und diese Kosten außerdem nur gelegentlich, in der Regel alle zehn Jahre, anfallen (BSG, Urt. v. 12.9.2018 – B 4 AS 33/17 R).

14 Unabweisbar ist ein Mehrbedarf dann, wenn er erheblich ist und nicht auf andere Art und Weise gedeckt werden kann.

15 Vom Leistungsberechtigten wird erwartet, dass er einen höheren Bedarf zunächst durch geringere Ausgaben in einem anderen Lebensbereich ausgleicht und insbesondere den im Regelsatz vorgesehenen Ansparbetrag vorrangig einsetzt (BVerfG, Urt. v. 9.2.2010 – 1 BvL 1/09). Die Sozialgerichte sind sich jedoch bewusst, dass trotz der Eigenverantwortlichkeit der Mittelverwendung, die das Gesetz grundsätzlich von dem Leistungsbezieher erwartet, der Spielraum für Ansparmöglichkeiten nicht sehr groß ist. Eine Bagatellgrenze, wie sie früher einmal angenommen wurde (10 % des maßgebenden Regelsatzes), gibt es seit der Entscheidung des BSG v. 4.6.2014 (B 14 AS 30/13) nicht mehr. Die Gerichte orientieren sich in der Regel daher am jeweiligen Kostenansatz im Regelbedarf der jeweiligen Abteilungen (§ 5 REBG, siehe oben). Überschreitet der geltend gemachte Bedarf den vorgesehenen monatlichen Kostenansatz, ist er unabweisbar.

Beispiel:

Geltend gemacht werden häufig Fahrtkosten für Besuche bei Ärzten, die in der Regel nicht von den Krankenkassen übernommen werden. Für die begehrten Fahrtkosten wird zunächst der monatliche Bedarf ermittelt, wobei pauschal 0,20 EUR pro Kilometer angesetzt werden. Dann wird dieser Betrag mit dem Bedarf verglichen, der in der Abteilung 7 (Verkehr) des § 5 RBEG (Regelbedarfsrelevante Verbrauchsausgaben der Einpersonenhaushalte) vorgesehen ist. Dieser betrug für das Jahr 2021 39,01 EUR. Liegt der geltend gemachte monatliche Betrag darunter, ist der Bedarf nicht unabweisbar (vgl. z. B. LSG Hessen, Urt. v. 10.7.2019 – L 6 AS 565/17).

16 In der Praxis ist die Gewährung eines Mehrbedarfs nach § 21 Abs. 6 SGB II außerdem denkbar bei Kosten zur Wahrnehmung des Umgangsrechts bei getrennt lebenden Eltern, bei gesundheitsspezifischen Bedarfen, z. B. nicht erstattungsfähigen Medikamenten (siehe B 5), oder bei Schulmaterial (siehe B 10, Rn. 27 ff.).

17 Vor der Bewilligung eines Härtefalls nach § 21 Abs. 6 SGB II wird außerdem geprüft, ob nicht ein anderer Sozialleistungsträger (z. B. die Krankenkasse) oder sonstige Personen für den Mehrbedarf aufkommen (Nachranggrundsatz des SGB II).

18 Schließlich muss der Bedarf unaufschiebbar sein, er muss also erforderlich sein, um im konkreten Einzelfall das menschenwürdige, soziokulturelle Existenzminimum sicherzustellen.

Systemverständnis:

In der Rechtsfolge bedeutet das, dass nur die erforderlichen und angemessenen Kosten bewilligt werden.

3.2 Mehrbedarfe nach dem SGB XII

Auch das SGB XII sieht in § 30 einen abschließenden Katalog an Mehrbedarfslagen vor. Diese 19
kommen folgenden Personen zugute:

- Personen, die die Altersgrenze des § 42 Abs. 2 SGB XII erreicht haben oder voll erwerbsgemindert sind und schwerbehindert nach dem SGB IX sind oder bei denen das Merkzeichen „G" nach dem SGB IX festgestellt worden ist (siehe B 13 und B 2, Rn. 121 ff.)
- werdenden Müttern nach der 12. Schwangerschaftswoche bis zum Ende des Monats, in den die Entbindung fällt (siehe B 9, Rn. 6)
- Alleinerziehenden mit einem oder mehreren minderjährigen Kindern (siehe B 9, Rn. 7)
- Menschen mit Behinderungen ab dem 15. Lebensjahr (siehe B 2, Rn. 121 ff.)
- Leistungsberechtigten mit ernährungsbedingtem Mehrbedarf (siehe B 5, Rn. 87 ff.)
- Personen mit Mehrbedarf für Warmwasserzubereitung bei dezentraler Warmwassererzeugung (siehe B 4, Rn. 5)
- Menschen mit Mehrbedarf für Schulbücher und Arbeitshefte (siehe B 10, Rn. 1 ff.)
- Menschen mit Mehrbedarf bei einmaligem, unabweisbarem, besonderem Bedarf im Einzelfall, der auf keine andere Weise gedeckt werden kann und wenn ein Darlehen nach § 37 Abs. 1 SGB XII ausnahmsweise nicht zumutbar oder wegen der Art des Bedarfs nicht möglich ist (§ 30 Abs. 10 SGB XII)

3.3 Sonderbedarfe nach dem SGB II

§ 24 SGB II sieht eine zusätzliche Erbringung von Leistungen bei einmaligen, besonderen 20
Bedarfslagen vor und unterscheidet zwischen Bedarfen,

- die grundsätzlich vom Regelbedarf umfasst sind (§ 24 Abs. 1 SGB II) und solchen,
- die nicht vom Regelbedarf umfasst sind, aber für die der Gesetzgeber aufgrund der besonderen Lebenssituation einen Sonderbedarf angenommen hat (§ 24 Abs. 3 SGB II).

Nach § 24 Abs. 1 SGB II gewährt der Leistungsträger bei entsprechendem Nachweis ein 21
Darlehen, wenn im Einzelfall ein vom Regelbedarf umfasster und nach den Umständen unabweisbarer Bedarf nicht gedeckt werden kann. Berücksichtigt werden somit alle Bedarfe, die vom Regelbedarf umfasst werden (siehe Rn. 1), aber einmalig nicht gedeckt werden können. Weiter muss der Bedarf unabweisbar sein (siehe oben) und weder durch Vermögen noch auf andere Weise gedeckt werden können. Denkbar ist das z. B. zur Ersatzbeschaffung oder für notwendige Reparaturen von Haushaltsgeräten oder Wohnungseinrichtung (LSG NRW, Beschl. v. 4.12.2013 – L 19 AS 2069/13 B), für Passgebühren (BSG, Urt. v. 12.9.2018 – B 4 AS 33/17 R) und bei Energieschulden (siehe B 4, Rn. 58). Nicht zum Regelbedarf gehören und somit vom Gesetzgeber nicht als existenznotwendig angesehen werden z. B. Kosten für die Anschaffung oder Reparatur eines Kfz (LSG NRW, Beschl. v. 8.3.2012 – L 19 AS 1998/11 B). Eine Darlehensgewährung käme hierfür also nicht infrage.

Zu beachten ist, dass der Leistungsträger entweder eine Geldleistung in Form eines zinslosen 22
Darlehens, aber auch Sachleistungen erbringen kann, das heißt, der Leistungsberechtigte kann ggf. auf Gebrauchtwarenlager oder Kleiderkammern verwiesen werden.

Die Tilgung des Darlehens erfolgt durch eine monatliche Aufrechnung in Höhe von 10 % des 23
maßgeblichen Regelbedarfs ab dem auf die Auszahlung folgenden Monat (§ 42a Abs. 2 SGB II). Nach Beendigung des Leistungsbezugs ist der noch nicht getilgte Darlehensbetrag sofort fällig (§ 42a Abs. 4 SGB II).

24 § 24 Abs. 3 SGB II regelt abschließend, in welchen Lebenssituationen Sonderbedarfe erbracht werden. Es sind atypische, einmalige Bedarfslagen außerhalb der Bedarfe, die vom Regelbedarf erfasst werden. Diese sind:

- Erstausstattungen für die Wohnung einschließlich Haushaltsgeräten (siehe B 4, Rn. 36 ff.)
- Erstausstattungen für Bekleidung und Erstausstattungen bei Schwangerschaft und Geburt (siehe B 9, Rn. 6)
- Anschaffung und Reparatur von orthopädischen Schuhen, Reparaturen von therapeutischen Geräten und Ausrüstungen sowie die Miete von therapeutischen Geräten (siehe B 5, Rn. 92 f.)

25 Abweichend zu den Sonderbedarfen nach § 24 Abs. 1 SGB II besteht hier ein Anspruch auf einen Zuschuss, der ebenfalls in Form von Geld- oder Sachleistungen erbracht werden kann. Er muss nicht zurückgezahlt werden. Außerdem können diese Leistungen auch Personen bewilligt werden, die keine Leistungen zur Sicherung des Lebensunterhalts erhalten, aber die Aufwendungen für die einmaligen Bedarfe nicht aus eigenen Mitteln und Kräften voll decken können (§ 24 Abs. 3 Satz 2 SGB II). Der Leistungsträger kann nach § 24 Abs. 3 Satz 6 SGB II eine Pauschalierung vornehmen. Diese muss auf nachvollziehbaren Erfahrungswerten beruhen und darf den Leistungsanspruch auf eine einfache, aber vollständige Erstausstattung nicht verkürzen. Die Pauschalen müssen so bemessen sein, dass es den Leistungsberechtigten möglich ist, mit dem Pauschalbetrag den Bedarf auf Erstausstattung im preislich unteren Segment in vollem Umfang zu decken (BSG, Urt. v. 20.9.2009 – B 14 AS 45/08 R). Diese Frage ist gerichtlich voll überprüfbar.

26 § 28 SGB II sieht außerdem einen Sonderbedarf für Bildung und Teilhabe am sozialen und kulturellen Leben in der Gemeinschaft bei Kindern und Jugendlichen und jungen Erwachsenen vor (siehe B 10, Rn. 1 ff.).

3.4 Sonderbedarfe nach dem SGB XII

27 Im SGB XII sehen die §§ 31 und 37 entsprechend dem § 24 Abs. 1 und 3 SGB II für einmalige Bedarfe gesonderte Leistungen vor.

28 Weiter sind angemessene Beiträge für eine Kranken- und Pflegeversicherung als Bedarf anzuerkennen, soweit Leistungsberechtigte diese nicht aus eigenem Einkommen tragen können (§ 32 SGB XII; siehe B 5 und B 6).

29 Außerdem können die erforderlichen Aufwendungen für eine angemessene Alterssicherung und Sterbegeld als Bedarf berücksichtigt werden (§ 33 SGB XII; siehe B 13).

30 Bedarfe für Bildung und Teilhabe von Schülern werden nach den Voraussetzungen der §§ 34 ff. SGB XII gesondert erbracht (siehe B 10).

4. Kürzung von Leistungen nach dem SGB II

31 Neben §§ 60 ff. SGB I (siehe B 1, Rn. 57 ff.) beinhalten §§ 31 ff. SGB II ein eigenes System, nach dem Pflichtverletzungen des Leistungsbeziehers zu Leistungskürzungen führen können. In seiner Entscheidung vom 5.11.2019 (1 BvL 7/16) legte das Bundesverfassungsgericht (BVerfG) dar, dass im Hinblick auf die grundgesetzlich verankerte Gewährleistung eines menschenwürdigen Existenzminimums die Sanktionierung der Grundsicherungsleistungen dann nicht verfassungsgemäß ist, wenn die Minderung der Leistungen bei wiederholten Pflichtverletzungen innerhalb eines Jahres 30 % des maßgebenden Regelsatzes übersteigt oder zu einem vollständigen Wegfall der Leistungen führt. Außerdem seien, so das BVerfG, die Sanktionen mit dem GG dann nicht vereinbar, wenn für alle Leistungsminderungen eine starre Dauer von drei Monaten vorgegeben wird. Mit den ab 1.1.2023 geltenden Regelungen zum Bürgergeld hatte der Gesetzgeber diese Vorgaben des BVerfG umgesetzt. Zum 1.7.2026 hat der Gesetzgeber mit Einführung der neuen Grundsicherung die Sanktionsregelungen nun wieder deutlich verschärft. Bereits die erste Pflichtverletzung führt zu sofortiger Kürzung des Regelbedarfs um 30 % für

drei Monate. Bei mehrfachen Meldeversäumnissen kann sogar der komplette Anspruch entfallen.

Pflichtverletzungen	Norm
Fehlender Nachweis von Eigenbemühungen	§ 31 Abs. 1 Satz 1 Nr. 1 SGB II
Weigerung, eine zumutbare Arbeit, Ausbildung oder ein gefördertes Arbeitsverhältnis aufzunehmen oder fortzuführen oder deren Anbahnung durch ihr Verhalten verhindern	§ 31 Abs. 1 Satz 1 Nr. 2 SGB II
Verhinderung einer Anbahnung eines Arbeitsverhältnisses durch eigenes Verhalten	§ 31 Abs. 1 Satz 1 Nr. 2 SGB II
Nichtaufnahme oder Abbruch einer Maßnahme zur Eingliederung in Arbeit, eines Integrationskurses oder einer Maßnahme berufsbezogener Deutschsprachenförderung	§ 31 Abs. 1 Satz 1 Nr. 3 SGB II
Unwirtschaftliches Verhalten	§ 31 Abs. 2 SGB II
Meldeversäumnisse	§ 32 SGB II

Mit dem Bürgergeld-Gesetz wurde der sog. Kooperationsplan zum 1.7.2023 eingeführt; er 32 ersetzte die sog. Eingliederungsvereinbarung. Der Kooperationsplan soll einen „roten Faden" für den Eingliederungsweg bieten und enthält ein persönliches Angebot der Beratung, Unterstützung und Vermittlung (§ 15 Abs. 2 Satz 1 SGB II). Er soll unter anderem festlegen, welche Leistungen zur Eingliederung in Ausbildung oder Arbeit in Betracht kommen und welche für die Überwindung von Hilfebedürftigkeit erforderlichen Eigenbemühungen der Leistungsberechtigte mindestens unternehmen und nachweisen soll (§ 15 Abs. 2 Satz 2 SGB II).

Das erste Gespräch zur Erstellung des Kooperationsplans muss persönlich vor Ort im Jobcenter 33 stattfinden. Der Kooperationsplan ist so lange rechtlich unverbindlich, wie der Leistungsempfänger sich kooperativ verhält. Derjenige aber, der den Schritten aus dem Kooperationsplan nicht nachkommt, kann hierzu verbindlich durch Verwaltungsakt aufgefordert werden. Das Nichtbefolgen dieser Aufforderung stellt eine sanktionsbewehrte Pflichtverletzung nach § 31 Abs. 1 Satz 1 Nr. 1 SGB II dar.

Unter den Tatbestand des § 31 Abs. 1 Satz 1 Nr. 2 SGB II fallen Handlungen, aus denen 34 unmissverständlich hervorgeht, dass die Aufnahme der Beschäftigung nicht gewollt ist. Fahrlässiges Handeln ist hingegen kein Verhalten, das eine Leistungsminderung zur Folge haben kann (vgl. LSG Baden-Württemberg, Urt. v. 7.7.2016 – L 7 AS 4034/13). Leistungsmindernd kann sich z. B. die Weigerung, einen Vorstellungstermin zu vereinbaren oder sich auf einen Vermittlungsvorschlag des Jobcenters hin zu bewerben, auswirken. Der Arbeitsuchende weigert sich auch dann, eine zumutbare Arbeit aufzunehmen, wenn er sich in derart unangemessener Form bewirbt, dass diese Bewerbung einer Nichtbewerbung gleichzusetzen ist (vgl. BSG, Urt. v. 5.9.2006 – B 7a AL 14/05 R). Die Gleichsetzung eines Bewerbungsschreibens mit einer Nichtbewerbung ist dann gerechtfertigt, wenn ein Bewerbungsschreiben allein schon wegen seine objektiven Inhalts bzw. seiner Form von Arbeitgebern gemeinhin von vornherein als unbeachtlich oder offensichtlich unernst gemeint behandelt wird, z. B. wenn der Inhalt oder die Form des Bewerbungsschreibens so abschreckend oder widersprüchlich ist, dass der Bewerber schon allein wegen des Schreibens aus der Auswahl für den Arbeitgeber ausscheidet (BSG, Urt. v. 9.12.2003 – B 7 AL 106/02 R). Weiter wird der Tatbestand dadurch erfüllt, dass der Leistungsberechtigte ein bestehendes Arbeitsverhältnis selbst kündigt, einen Aufhebungsvertrag schließt oder die Tätigkeit schlichtweg aufgibt.

Hinweis:

Voraussetzung für eine Leistungsminderung aufgrund der Weigerung, eine zumutbare Arbeit anzunehmen, oder durch die Verhinderung der Anbahnung eines Arbeitsverhältnisses durch eigenes Verhalten ist die genaue Bezeichnung, was von dem Leistungsberechtigten verlangt wird. So muss ein Vermittlungsvorschlag Angaben zur Art der Tätigkeit, zum Ort, Inhalt und Umfang der Tätigkeit sowie zum Arbeitgeber enthalten, nicht jedoch zur Höhe des Lohns (LSG Sachsen, Beschl. v. 16.8.2018 – L 3 AS 508/18 B ER).

35 Selbstverständlich muss die Arbeit oder Maßnahme nach den allgemeinen Grundsätzen zumutbar sein. Einer erwerbsfähigen Person ist grundsätzlich jede Arbeit zumutbar. Die leistungsberechtigte Person muss hierzu jedoch körperlich, seelisch und geistig in der Lage sein, die Arbeit darf keine Gefährdung für die körperlichen Fähigkeiten für die bisherige Tätigkeit darstellen, die Erziehung des Kindes nicht gefährden und nicht mit der Pflege eines Angehörigen unvereinbar sein (§ 10 SGB II).

36 Grundsätzlich gilt, dass eine Leistungsminderung dann nicht eintritt, wenn der Leistungsberechtigte für sein Verhalten einen wichtigen Grund hatte und diesen darlegen und nachweisen kann. Dies können alle Umstände des Einzelfalls sein, die unter Berücksichtigung der berechtigten Interessen des Leistungsberechtigten in Abwägung mit etwa entgegenstehenden Interessen der Allgemeinheit das Verhalten des Leistungsberechtigten rechtfertigen (BSG, Urt. v. 9.11.2020 – B 4 AS 21/10 R). Aus der Rechtsprechung sind folgende Beispiele zu nennen:

- unaufschiebbare und unvorhergesehene Verpflichtungen
- Glaubens- und Gewissensgründe
- gesundheitliche Gründe
- familiäre Pflichten
- eine anderweitige Beschäftigung

37 Außerdem muss der Leistungsberechtigte über die Rechtsfolgen des Pflichtverstoßes konkret, eindeutig, verständlich, verbindlich und rechtlich zutreffend schriftlich belehrt worden sein oder Kenntnis hierüber haben (BSG, Urt. v. 18.2.2010 – B 14 AS 53/08 R).

38 Ferner stellt auch unwirtschaftliches Verhalten eine Pflichtverletzung dar (§ 31 Abs. 2 SGB II). An diesen Minderungstatbestand sind hohe Anforderungen geknüpft. Es muss eine absichtliche, also zielgerichtete Herbeiführung der Hilfebedürftigkeit vorliegen oder der Leistungsberechtigte muss unwirtschaftlich mit den ihm bereitgestellten Mitteln umgehen. Darunter ist ein Verhalten zu verstehen, das vom Durchschnitt wesentlich abweicht und bei dem der Leistungsberechtigte jede wirtschaftlich vernünftige Betrachtungsweise vermissen lässt (BT-Drucks. 15/1516, S. 61).

Systemverständnis:

Wer vorsätzlich oder grob fahrlässig die Voraussetzungen für die Gewährung von Grundsicherungsleistungen an sich oder an Personen, die mit in einer Bedarfsgemeinschaft leben, ohne wichtigen Grund herbeigeführt hat, ist nach § 34 Abs. 1 SGB II zum Ersatz der deswegen erbrachten Geld- und Sachleistungen verpflichtet. Als „Herbeiführung" gilt auch, wenn die Hilfebedürftigkeit erhöht, aufrechterhalten oder nicht verringert wurde. Dieser Ersatzanspruch bei sozialwidrigem Verhalten ist etwas anderes als eine Leistungsminderung.

39 Meldeversäumnisse (vgl. § 32 SGB II) stellen in der Praxis den häufigsten Sanktionsgrund dar. Auf einen einmalig verpassten Termin folgt noch keine Leistungsminderung. Ab dem zweiten Meldeversäumnis mindert sich das Grundsicherungsgeld um 30 % des maßgebenden Regelsatzes. Ein Meldeversäumnis ist dann gegeben, wenn der Leistungsberechtigte in Kenntnis der Aufforderung zu einem Meldetermin oder einem ärztlichen oder psychologischen Untersuchungstermin nicht erscheint, der Termin rechtmäßig angeordnet war, er ordnungsgemäß über die Rechtsfolgen belehrt worden ist oder diese kennt und für sein Fernbleiben keinen wichtigen Grund nachweist. Die Meldeaufforderung muss einem zulässigen Zweck dienen und

diesen Meldezweck in der Aufforderung auch konkret bezeichnen. Eine Meldeaufforderung kann z. B. zum Zweck der Berufsberatung, Vermittlung in Ausbildung oder Arbeit, Vorbereitung aktiver Arbeitsförderungsleistungen oder auch zur Überprüfung der Anspruchsvoraussetzungen erfolgen (§ 309 Abs. 2 SGB III). Den Zugang der Meldeaufforderung hat der Leistungsträger zu beweisen. Der Leistungsberechtigte muss den Meldetermin schuldhaft versäumt haben (vgl. BSG, Urt. v. 9.11.2010 – B 4 AS 27/10 R), das ist jedoch hier bereits bei einfacher Fahrlässigkeit gegeben, wenn z. B. der Meldetermin schlicht vergessen oder verwechselt wurde (LSG Bayern, Urt. v. 23.2.2017 – L 7 AS 435/15). Erforderlich ist weiter eine wie oben beschriebene Rechtsfolgenbelehrung. Auch hier kann durch den Nachweis eines wichtigen Grundes die Sanktion abgewendet werden. In der Praxis relevant sind Fälle plötzlicher, unaufschiebbarer Arzttermine oder krankheitsbedingte Verhinderungen.

Hinweis:

Hier ist zu beachten, dass nachgewiesene Arbeitsunfähigkeit (AU) nicht zwingend bedeutet, dass eine krankheitsbedingte Verhinderung vorliegt, um einen Meldetermin wahrzunehmen. Hat der Betroffene in der Vergangenheit bereits krankheitsbedingt Meldetermine versäumt, erlegt das Jobcenter ihm üblicherweise auf, zukünftig eine ärztliche Bescheinigung vorzulegen, die die Unfähigkeit zur Wahrnehmung eines Meldetermins bescheinigt (Terminunfähigkeitsbescheinigung). Eine einfache AU-Bescheinigung reicht dann nicht mehr aus. Dies wird von den Leistungsträgern und Gerichten oftmals streng gehandhabt, denn wer in der Lage ist, zum Arzt zu gehen, wird in der Regel auch in der Lage sein, einen Termin beim Jobcenter wahrzunehmen.

Eine erhebliche Verschärfung der Sanktionierung von wiederholten Meldeversäumnissen hat 39a
der Gesetzgeber zum 1.7.2026 durch die in § 7b Abs. 4 SGB II verankerte gesetzliche Vermutung der Nichterreichbarkeit geschaffen (zur Erreichbarkeit siehe Kapitel B 2, Rn. 45 ff.). Erwerbsfähige Leistungsberechtigte, die dreimal nacheinander unentschuldigt nicht zu Terminen im Jobcenter erscheinen, gelten als nicht erreichbar und verlieren ihren Anspruch auf Grundsicherungsgeld komplett, das heißt, nicht nur der Regelsatz, sondern auch die Kosten der Unterkunft werden nicht mehr bezahlt.

Die Rechtsfolgen bei Pflichtverletzungen nach § 31 SGB II sind in §§ 31a und 31b SGB II 40
geregelt. Ab der ersten Pflichtverletzung wird der Regelbedarf um 30 % für drei Monate gemindert. Kosten für Unterkunft und Heizung werden von der Minderung nicht erfasst.

Ab dem Zeitpunkt einer nachträglichen Pflichterfüllung oder bei der ernsthaften und 41
glaubhaften Erklärung, künftig die Pflichten zu erfüllen, ist die Leistungsminderung nachträglich aufzuheben.

Außerdem erfolgt eine Leistungsminderung nicht, wenn sie im Einzelfall eine außergewöhn- 42
liche Härte bedeuten würde (§ 31a Abs. 3 SGB II).

Bereits seit dem 28.3.2024 kann der Leistungsanspruch bei beharrlicher Arbeitsverweigerung in 42a
Höhe des gesamten Regelsatzes entfallen. Der Gesetzgeber hat mit § 31a Abs. 7 SGB II eine neue „Arbeitsverweiger-Regelung" eingeführt, die abweichend von § 31a Abs. 4 Satz 1 SGB II (Minderung um höchstens 30 % des Regelsatzes) ein Entfallen des Leistungsanspruchs in Höhe des kompletten Regelsatzes unter folgenden Voraussetzungen vorsieht:

- Der erwerbsfähige Leistungsberechtigte nimmt eine zumutbare Arbeit nicht auf.
- Die Möglichkeit der Arbeitsaufnahme muss tatsächlich und unmittelbar möglich sein und willentlich verweigert werden.

Zum 1.7.2026 ist die sog. „Vorpflichtverletzung" als Voraussetzung einer solchen Sanktionie- 42b
rung entfallen. Es ist für den Regelbedarfsentzug nicht mehr erforderlich, dass schon zuvor gegen eine Pflicht zur Arbeitsaufnahme verstoßen oder ein Arbeitsverhältnis grundlos gekündigt wurde. Bereits das erste Ablehnen eines konkreten und zumutbaren Arbeitsangebots

kann somit zum Entfallen des Leistungsanspruchs in Höhe des Regelbedarfs führen. Die Kosten der Unterkunft und Heizung werden in diesen Fällen direkt an den Vermieter gezahlt.

42c Die Minderung beträgt mindestens einen Monat, sie wird danach gemäß § 31b Abs. 3 SGB II aufgehoben, wenn die Möglichkeit der Arbeitsaufnahme nicht mehr besteht, spätestens nach Ablauf von zwei Monaten.

5. Kürzung von Leistungen nach dem SGB XII

43 Im Sozialhilferecht gab es bis 31.12.2022 Möglichkeiten des Leistungsträgers, die Leistungen einzuschränken.

44 Diesen Vorschriften kam jedoch nur eine geringe praktische Bedeutung zu. Deshalb sind Kürzungen in der Sozialhilfe seit dem 1.1.2023 nicht mehr vorgesehen.

6. Übernahme von Schulden

45 Grundsätzlich werden Schulden weder vom Jobcenter noch vom Sozialamt übernommen. Auch werden bestehende Schulden bei der Überprüfung, ob Hilfebedürftigkeit vorliegt (siehe oben), grundsätzlich nicht berücksichtigt. Bei der Frage, ob einsetzbares Einkommen oder Vermögen vorliegt, bleiben etwaige Schulden außen vor. Eine sog. Saldierung von Aktiva und Passiva findet nicht statt.

46 Weiter gilt der Grundsatz, dass die Sicherung des Lebensunterhalts durch eigene Mittel der Schuldentilgung vorgeht (BSG, Urt. v. 30.9.2008 – B 4 AS 27/07 R).

47 Ausnahmen sind jedoch vorgesehen, wenn die Schuldenübernahme zwingend erforderlich ist, um Wohnungslosigkeit abzuwenden. Dann können bestehende Mietschulden oder Energiekostenrückstände unter engen Voraussetzungen in Form eines Darlehens vom Leistungsträger übernommen werden (siehe B 4, Rn. 55 ff.).

48 Zum Versicherungsschutz in der gesetzlichen Krankenkasse bei Bestehen von Beitragsschulden siehe B 5.

49 Die Tilgung privater Schulden aus staatlichen Grundsicherungsleistungen ist kaum zu bewerkstelligen. Außerdem stellt Überschuldung ein Vermittlungshemmnis dar (vgl. Krahmer NDV 2006, S. 380 ff.). Um Hilfestellung bei der Durchbrechung dieses Teufelskreises zu bieten, sehen § 16a SGB II und § 11 Abs. 5 Satz 3 SGB XII als Beratungsleistungen unter anderem auch eine Schuldnerberatung vor. Diese werden in der Regel nicht durch die Leistungsträger selbst, sondern als Sachleistung durch Beratungsstellen freier Träger erbracht.

50 Auch für Bezieher staatlicher Fürsorgeleistungen nach dem SGB II und SGB XII ist die Beantragung einer Privatinsolvenz mit Restschuldbefreiung möglich (siehe B 15).

51 Des Weiteren besteht für einkommensschwache Bürger die Möglichkeit der Inanspruchnahme von Beratungshilfe nach dem BerHG, durch die die Kosten für eine Rechtsberatung in allen rechtlichen Angelegenheiten und/oder Vertretung durch einen Rechtsanwalt ganz oder teilweise übernommen werden. Über die Gewährung von Beratungshilfe entscheidet das zuständige Amtsgericht (siehe B 15).

52 Hilfe zur Prozessführung vor Gericht kann im Rahmen der Prozesskostenhilfe nach §§ 114 ff. ZPO beantragt werden (siehe B 15).

7. Unterhaltssichernde Leistungen nach dem SGB IX während medizinischer Rehabilitation und Leistungen zur Teilhabe am Arbeitsleben

53 § 64 Abs. 1 Nr. 1 SGB IX sieht ergänzend zu Leistungen zur medizinischen Rehabilitation und zur Teilhabe am Arbeitsleben unterhaltssichernde Leistungen vor. Ein Anspruch auf diese

Leistungen besteht nach § 65 SGB IX gegenüber dem jeweiligen Leistungsträger, der die medizinische Rehabilitation oder die Leistung zur Teilhabe am Arbeitsleben gewährt.

Unterhaltssichernde Leistungen während medizinischer Rehabilitation und Leistungen zur Teilhabe am Arbeitsleben können je nachdem, welcher Leistungsträger zuständig ist, verschiedene Bezeichnungen haben. Hier ein Überblick: 54

Art der Leistung	**Bezeichnung**	**Zuständiger Leistungsträger**
Medizinische Rehabilitation	Krankengeld	Gesetzliche Krankenkassen
	Verletztengeld	Träger der Unfallversicherung
	Übergangsgeld	Träger der Rentenversicherung
	Versorgungskrankengeld	Träger der Sozialen Entschädigung
Leistungen zur Teilhabe am Arbeitsleben	Übergangsgeld	• Träger der Unfallversicherung, Träger der Rentenversicherung • Bundesagentur für Arbeit • Träger der Kriegsopferversorgung

Zu den Grundzügen des Teilhabe- und Rehabilitationsrechts sowie zur Ermittlung des zuständigen Trägers siehe die allgemeinen Ausführungen unter Kapitel B 2, Rn. 128 ff. 55

Antje Beckhove

Wohnen und Unterkunft

B

B

1. Einleitung

1 Die zivilrechtlichen Grundlagen zum Wohnraum des Betreuten samt Heimaufenthalt werden in diesem Handbuch in Kapitel A 8 besprochen. Wichtige sozialrechtliche Aspekte ergänzen das nachfolgend.

2 In seinem Urteil vom 9.2.2010 (1 BvL 1/09, 3/09 und 4/09) formuliert das BVerfG, dass sich der unmittelbar verfassungsrechtliche Leistungsanspruch auf Gewährleistung eines menschenwürdigen Existenzminimums nur auf diejenigen Mittel erstrecke, die zur Aufrechterhaltung eines menschenwürdigen Daseins unbedingt erforderlich seien. Unterkunft und Heizung gehören nach dieser Entscheidung zum physischen Existenzminimum.

2. Hilfen für Wohnkosten nach dem SGB II und SGB XII

2.1 Umfang der übernahmefähigen Kosten

3 Bedarfe für die Unterkunft und das Heizen werden gemäß § 22 SGB II und § 35 SGB XII in Höhe der tatsächlichen Aufwendungen anerkannt, soweit diese angemessen sind. Die Ermittlung der übernahmefähigen Kosten folgt damit einem einheitlichen Konzept:

Ermittlung der übernahmefähigen Kosten	
Schritt 1	Ermittlung der tatsächlichen Aufwendungen
Schritt 2	Ermittlung der Angemessenheit der Aufwendungen: • abstrakte Angemessenheit • konkrete Angemessenheit

4 In einem ersten Schritt ermittelt der Leistungsträger demnach die tatsächlichen Aufwendungen. Das sind solche, die der Leistungsberechtigte aufgrund einer rechtlichen Verpflichtung gegenüber Dritten aufzubringen hat und die tatsächlich gezahlt werden (BSG, Urt. v. 19.10.2010 – B 14 AS 2/10). Bei Mietverhältnissen unter Verwandten überprüft der Leistungsträger genau, ob ein wirksamer Mietvertrag besteht und ob tatsächlich Mietzahlungen getätigt werden (wenngleich im SGB II kein kompletter Fremdvergleich wie im Steuerrecht angestellt wird, vgl. BSG, Urt. v. 7.5.2009 – B 14 AS 31/07 R). Auch ist die tatsächliche Nutzung einer Unterkunft Voraussetzung für die Gewährung der Leistungen. Bei berechtigten Zweifeln hat der Leistungsberechtigte das ggf. zu beweisen (LSG Bayern, Beschl. v. 19.4.2011 – L 7 AS 264/11 B ER).

5 Die tatsächlichen Aufwendungen einer Mietwohnung umfassen:

Aufwendungen für Wohnen	Anmerkung
Kaltmiete	Miete ohne Nebenkosten
Betriebskosten	• alle mietvertraglich vereinbarten **Betriebskosten** („kalte" Nebenkosten) • alle Kosten, die rechtlich zulässig auf den Mieter abgewälzt werden können (z. B. Kosten für Wasser und Abwasser, Kosten für Hausreinigung, Grundsteuer, Müllabfuhr, Gartenpflege) • Bruttokaltmiete = Kaltmietzins + Betriebskosten
Heizkosten	• Übernahme in tatsächlicher Höhe, soweit angemessen • monatliche Heizkostenvorauszahlungen plus Nachzahlungen • Gebot des wirtschaftlichen Heizens

Aufwendungen für Wohnen	Anmerkung
Warmwasser	• bei zentraler Warmwasserversorgung: Übernahme als Teil der Betriebskosten • bei dezentraler Warmwasserversorgung (Durchlauferhitzer, Boiler oder Ähnliches): Mehrbedarf nach § 21 Abs. 7 SGB II bzw. § 30 Abs. 7 SGB XII: gewährt wird ein pauschaler Mehrbedarf je nach Regelbedarfsstufe zwischen 0,8 und 2,3 % des jeweiligen Regelsatzes

Bei Selbstbeschaffung von Brennmaterial wie Kohle, Holz oder Öl, die in der Regel nicht 6
monatlich, sondern unregelmäßig erfolgt, übernimmt der Leistungsträger die Kosten für die jeweilige einmalige Beschaffung im jeweiligen Bewilligungszeitraum (BSG, Urt. v. 29.11.2012 – B 4 AS 36/12 R). Nicht einfach gestaltet sich oftmals, wenn mit Strom geheizt wird (Stromkosten müssen grundsätzlich aus dem Regelbedarf bestritten werden). Kosten für den Heizstrom zählen jedoch zu den übernahmefähigen Heizkosten. Diese sind oftmals schwer zu ermitteln, denn selten existiert hierfür ein eigener Zähler. Hier ist eine Schätzung der Heizstromkosten durch den Leistungsträger erlaubt, soweit die Grundlagen der Schätzung ersichtlich und nachvollziehbar sind. Wenn eine Wohnung mit Strom geheizt wird, ist vorrangig eine realitätsnahe Aufteilung in Heizstrom und Haushaltsstrom vorzunehmen. Ist keine zuverlässige und nachvollziehbare Schätzung möglich, kann auch auf den Anteil abgestellt werden, der im Regelbedarf (§ 5 RBEG) für Haushaltsstrom angesetzt wird (vgl. LSG Bayern, Beschl. v. 7.10.2013 – L 7 AS 644/13 B ER).

Ab 1.1.2023 können eine Heizkostennachforderung oder Kosten für selbst beschafftes 6a
Heizmaterial einen Anspruch auf Grundsicherungsgeld begründen. Das Grundsicherungsgeld kann also auch nur für den Monat beantragt werden, in dem die Heizkostenrechnung fällig wird. Eine Sonderregel gilt nach § 37 Abs. 2 Satz 3 SGB II für die Beantragung des Grundsicherungsgeldes in einem solchen Fall. Dieser kann noch spätestens bis zum Ablauf des dritten Monats nach der Fälligkeit der Heizkostennachzahlung gestellt werden. Diese Regelung ist bis zum 31.12.2023 befristet. Bei der Überprüfung, ob ein Anspruch auf Grundsicherungsgeld wegen der Heizkostenrechnung besteht, prüft der Leistungsträger die Voraussetzungen nach den üblichen Voraussetzungen der §§ 7, 7b, 8 und 9 SGB II (vgl. auch B 2, Rn. 26 ff.). Besonderheiten gelten jedoch für die Vermögensfreibeträge. Bei einer ausschließlichen einmaligen Inanspruchnahme von Leistungen wegen einer hohen Heizkostennachzahlung gilt die Karenzzeit des § 12 Abs. 3 SGB II (vgl. Rn. 13a) nicht. Anzuwenden ist in diesem Fall allein der Freibetrag von 15.000 EUR pro Person in einer Bedarfsgemeinschaft (§ 12 Abs. 6 SGB II).

Bei selbst genutztem Eigenheim oder selbst genutzter Eigentumswohnung (sofern diese nicht 7
bereits einen Vermögenswert darstellt, der die Hilfebedürftigkeit beseitigt) ist ebenfalls eine Übernahme von Kosten im Sinne von § 22 Abs. 1 SGB II und § 35 SGB XII möglich:

Aufwendungen für das Haus	Anmerkung
Lasten und Betriebskosten	• alle mit dem Eigentum verbundenen Lasten, die tatsächlich und untrennbar mit der Nutzung des Eigenheims anfallen (vgl. BSG, Urt. v. 24.2.2011 – B 14 AS 61/10 R) • alle notwendigen Ausgaben, die nach § 7 VO zu § 82 SGB XII bei der Berechnung der Einkünfte aus Vermietung und Verpachtung abgesetzt werden können und die die Bewohnbarkeit der Unterkunft herstellen oder aufrechterhalten (z. B. Grundsteuer und sonstige öffentliche Abgaben, Versicherungsbeiträge)

Aufwendungen für das Haus	Anmerkung
Erhaltungsaufwendungen	ja, falls unabweisbare (= besonders dringliche) Aufwendungen für die Instandhaltung und Reparatur des Eigenheims – und soweit diese unter Berücksichtigung der im laufenden sowie den darauffolgenden elf Kalendermonaten anfallenden Aufwendungen insgesamt angemessen sind (§ 22 Abs. 2 SGB II; vgl. BSG, Urt. v. 3.3.2009 – B 4 AS 38/08 R)
Modernisierungsmaßnahmen	nein, da wertsteigernde Erneuerungsmaßnahmen
Kredittilgung	im Normalfall nein (vgl. BSG, Urt. v. 7.7.2011 – B 14 AS 79/10 R: keine Vermögensbildung durch Grundsicherungsleistungen) Ausnahme: falls notwendig zur Erhaltung von Wohneigentum, dessen Finanzierung im Zeitpunkt des Bezugs von Grundsicherungsleistungen bereits weitgehend abgeschlossen ist (BSG, Urt. v. 22.8.2012 – B 14 AS 1/12 R)
Kreditzinsen	ja, soweit angemessen
Heizkosten	wie bei Miete
Warmwasser	wie bei Miete

8 Da die Höhe des Leistungsanspruchs und so auch die jeweiligen, dem Einzelnen zustehenden Kosten der Unterkunft individuell zu ermitteln sind, gilt bei der Nutzung von Wohnraum durch mehrere Personen das sog. Kopfteilprinzip. Die tatsächlichen Wohnkosten werden demnach nach der Anzahl der Personen aufgeteilt, die die Unterkunft nutzen – und zwar unabhängig vom Alter der Personen, vom Vorliegen einer Bedarfs-, Haushalts- oder Wohngemeinschaft und von der Nutzungsintensität (vgl. dazu BSG, Urt. v. 14.2.2018 – B 14 AS 17/17 R).

9 In einem zweiten Schritt ist die Angemessenheit der Kosten der Unterkunft zu ermitteln, das heißt, ob die angemietete Wohnung ihrer Größe und ihrem Mietpreis (Kaltmiete plus Nebenkosten) nach angemessen ist. Maßstab für die Angemessenheit sind grundsätzlich Unterkünfte, die in Ausstattung, Lage und Bausubstanz einfachen grundlegenden Bedürfnissen genügen und keinen gehobenen Wohnungsstandard aufweisen (ständige Rechtsprechung des BSG, vgl. Urt. v. 15.4.2008 – B 14/7b AS 34/06 R). Eine einheitliche, bundesweite Regelung zur Angemessenheit gibt es nicht. Die Städte und Kommunen legen hierzu Mietspiegel oder örtliche Richtlinien fest. Liegen solche nicht vor, werden manchenorts auch die Tabellenwerte des WoGG herangezogen.

10 Die örtlichen Richtlinien über die Angemessenheit der Bruttokaltmiete haben nach der Rechtsprechung des BSG nach einem sog. schlüssigen Konzept zu erfolgen (vgl. z. B. BSG, Urt. v. 30.1.2019 – B 14 AS 24/18 R mit weiteren Nachweisen). Die Anforderungen des BSG sind aber derartig hoch, dass viele Konzepte der Jobcenter und Sozialbehörden daran scheitern.

Hinweis:

Gibt es in einem Gerichtsverfahren auch sonst keine Möglichkeit mehr, die abstrakte Angemessenheit zu ermitteln (Erkenntnisausfall), ist nach der Rechtsprechung des BSG von den Tabellenwerten zu § 12 WoGG auszugehen (und zwar vom jeweiligen Höchstbetrag, also der rechten Spalte); ferner ist ein sog. Sicherheitszuschlag zum jeweiligen Tabellenwert vorzunehmen (BSG, Urt. v. 17.12.2009 – B 4 AS 50/09 R): Dieser beträgt in der Regel 10 %.

Die Angemessenheit der Wohnungsgröße richtet sich unabhängig vom Alter nach der Anzahl der Mitglieder der Bedarfs- bzw. Einstandsgemeinschaft (Anlehnung an die Richtwerte für den sozialen Wohnungsbau): 11

Personenzahl	Angemessene Wohnungsgröße
1 Person	45–50 qm
2 Personen	60 qm
für jede weitere Person	je weitere 15 qm

Entscheidender für die Frage, ob der Leistungsträger die tatsächlichen Mietkosten übernimmt, 12 ist weniger die Größe der Wohnung als die Angemessenheit der Miethöhe (sog. Produkttheorie, vgl. etwa BSG, Urt. v. 12.12.2013 – B 4 AS 87/12 R m. w. N.). Das heißt: Der zuständige Leistungsträger wird die Übernahme der Wohnkosten nicht ablehnen, wenn die zulässige Wohnungsgröße um wenige Quadratmeter überschritten wird, solange sich die Mietkosten im vorgegebenen Rahmen bewegen.

Hinweis:

Das BSG verlangt abschließend auch eine sog. konkrete Angemessenheitsprüfung, das heißt die Klärung der Frage, ob es im örtlichen Vergleichsraum in ausreichendem Maße tatsächlich Wohnungen zu diesem abstrakt angemessenen Quadratmeterpreis gibt (dazu und zu Vermutungswirkungen vgl. BSG, Urt. v. 13.4.2011 – B 14 AS 106/10 R).

Bei der Prüfung der Angemessenheit der Heizkosten orientieren sich Jobcenter und Sozialämter 13 oft an regionalen Vergleichswerten, z. B. einem kommunalen Heizspiegel oder hilfsweise am bundesweiten Heizspiegel (online: www.heizspiegel.de). Sollten die tatsächlichen Heizkosten über den Werten des geltenden Heizspiegels liegen, können im Einzelfall auch diese höheren Kosten übernommen werden. Die Gründe hierfür hat der Leistungsberechtigte aber dann darzulegen (z. B. Krankheit oder Behinderung, Kleinstkinder oder pflegebedürftige Menschen in der Bedarfsgemeinschaft, baulicher Zustand der Wohnung, Lage und Größe der Wohnung und Wärmeisolierung; vgl. etwa BSG, Urt. v. 20.9.2009 – B 14 AS 41/08 R und Urt. v. 22.9.2009 – B 4 AS 70/08 R). Zu Nachzahlungen siehe Rn. 20 ff.

Hinweis:

Die regionalen Unterschiede zur Frage der Angemessenheit der Miethöhe sind teilweise sehr groß. Deshalb ist es unabdingbar, insbesondere vor der Anmietung einer neuen Wohnung, sich beim zuständigen Jobcenter über die Höhe der örtlich angemessenen Wohnkosten zu informieren und eine Zusicherung zur Berücksichtigung der Aufwendungen nach § 22 Abs. 4 SGB II einzuholen. Gleiches gilt im Bereich des SGB XII für Sozialbehörden.

2.2 Umgang mit Kostensenkungsaufforderungen

Seit dem 1.1.2023 gilt für die Kosten der Unterkunft eine Karenzzeit von zwölf Monaten ab 13a Beginn des Monats, für den erstmals Leistungen nach dem SGB II bezogen werden (§ 22 Abs. 1 Satz 2 SGB II, § 35 Abs. 1 Satz 2 SGB XII). Die tatsächlichen Kosten für die Wohnung oder das Eigenheim werden also in diesem Zeitraum übernommen, auch wenn sie über der Angemessenheitsgrenze liegen. Sie dürfen jedoch das Eineinhalbfache der abstrakten örtlichen Angemessenheitsgrenze nicht überschreiten. Die Karenzzeit verlängert sich um volle Monate ohne Leistungsbezug, wenn der Leistungsbezug in der Karenzzeit für mindestens einen Monat unterbrochen wird. Eine neue Karenzzeit beginnt, wenn zuvor mindestens drei Jahre keine Leistungen nach dem SGB II oder SGB XII bezogen worden sind.

B

Hinweis:

Diese Karenzzeit gilt jedoch nicht für die Heizkosten. Diese werden grundsätzlich nur in angemessenem Umfang gewährt, um auf einen sparsamen Umgang mit Energie hinzuwirken.

14 Nach Ablauf der Karenzzeit werden die tatsächlichen Kosten für eine Übergangszeit, in der Regel für sechs Monate, übernommen, soweit es dem Leistungsberechtigen z. B. durch einen Wohnungswechsel, durch Untervermietung oder auf andere Weise nicht möglich oder zuzumuten ist, die Aufwendungen zu senken (§ 22 Abs. 1 Satz 7 SGB II, § 35 Abs. 3 Satz 2 SGB XII). Außerdem darf ein Wohnungswechsel nicht unwirtschaftlich sein (§ 22 Abs. 1 Satz 10 SGB II). Das bedeutet, dass die tatsächlichen Kosten der Unterkunft, auch wenn sie unangemessen sind, für weitere sechs Monate übernommen werden.

15 Mit einer sog. Kostensenkungsaufforderung teilt das Jobcenter bzw. das Sozialamt dem Leistungsberechtigten nach Ablauf der Karenzzeit und der Übergangszeit von sechs Monaten mit, dass die tatsächlichen Unterkunftskosten zu hoch und zu senken sind. Weiter muss ein Hinweis auf die angemessenen Unterkunftskosten enthalten sein und die Nennung einer Frist, nach deren Ablauf die tatsächlichen (unangemessenen) Kosten auf die angemessenen Kosten abgesenkt werden. Verstirbt ein Mitglied der Bedarfs- oder Haushaltsgemeinschaft und waren die Aufwendungen für die Unterkunft und Heizung davor angemessen, ist die Kostensenkung für die weiterhin bewohnte (und durch den Tod unangemessen gewordene) Unterkunft für die Dauer von mindestens zwölf Monaten nach dem Sterbemonat nicht zumutbar.

16 Die Kostensenkung durch einen Umzug in eine kostengünstigere Unterkunft, durch Untervermietung einzelner Zimmer der Wohnung oder durch andere Maßnahmen wie Verhandlungen mit dem Vermieter über den Mietpreis muss möglich und zumutbar sein. Nachfolgend einige Beispiele aus der Rechtsprechung (vgl. grundlegend BSG, Urt. v. 19.2.2009 – B 4 AS 30/08 R):

- Untervermietung: nicht als von vorneherein unzumutbar, nur weil Küche, Bad und Toilette gemeinsam benutzt werden müssen (LSG Hessen, Beschl. v. 5.10.2006 – L 7 AS 126/06 ER)
- Schüler: möglichst kein Zwang zu einem Schulwechsel, jedoch Inkaufnahme weiterer Anfahrtswege mit öffentlichen Verkehrsmitteln hinnehmbar
- Alleinerziehende: evtl. Berücksichtigung einer schutzwürdigen Bindung an eine bestimmte Infrastruktur zur Betreuung der Kinder (BSG, Urt. v. 11.12.2012 – B 4 AS 44/12 R)
- soziales Umfeld: grundsätzlich geschützt, jedoch nicht der Verbleib in einer konkreten Wohnung; auch Alter und eine lange Wohndauer keine Gründe gegen einen Umzug; Umzug innerhalb des örtlichen Vergleichsraums zumutbar; Anfahrtswege zur Aufrechterhaltung der sozialen Kontakte im gleichen Umfang zumutbar wie bei erwerbstätigen Pendlern (BSG, Urt. v. 13.4.2011 – B 14 AS 106/10 R)
- Pflege eines nahen Angehörigen: evtl. Grund für Unzumutbarkeit des Umzugs zur Aufrechterhaltung der erforderlichen Infrastruktur
- gesundheitliche Gründe: evtl. Grund für Unzumutbarkeit wegen Umzugsbelastung oder Umstellung auf ein neues Umfeld; denkbar: körperliche oder psychische Gesundheitsstörungen, akute schwere Erkrankungen oder Behinderungen (LSG Berlin-Brandenburg, Urt. v. 29.1.2020 – L 18 AS 1726/19); hier werden zumindest ärztliche Atteste und ggf. eine amtsärztliche Untersuchung erforderlich sein

Systemverständnis:

Eine Kostensenkungsaufforderung ist kein Verwaltungsakt. Deshalb kann sie auch nicht angefochten werden. Erst wenn die Absenkung tatsächlich erfolgt, kann dagegen im Wege des Widerspruchs bzw. einer Klage vorgegangen werden. Gleichwohl setzt sie eine Frist in Gang, nach deren Ablauf das Jobcenter die zu gewährenden Unterkunftskosten auf die angemessene Höhe absenkt. Das BSG hat deshalb entschieden, dass eine Klage auf Feststellung, dass keine Kostensenkungsobliegenheit besteht, als Ultima Ratio dann zulässig sein kann, wenn der Dialog über das Kostensenkungserfordernis beendet ist, der Leistungsträger an der Kostensenkungsaufforderung festhält, ein berechtigtes Interesse in der Gestalt einer Unzumutbarkeit oder Unmöglichkeit der Kostensenkung vom Leistungsberechtigten dargebracht und der Streit zwischen den Beteiligten im Ganzen bereinigt wird (BSG, Urt. v. 15.6.2016 – B 4 AS 36/15).

Hinweis:

Deshalb ist es für den Leistungsberechtigten wichtig, dass er sich gleich nach Erhalt einer solchen Kostensenkungsaufforderung intensiv unter Zuhilfenahme aller möglichen Hilfen und Hilfsmittel um eine kostenangemessene Unterkunft bemüht und diese Bemühungen dokumentiert. Kann er darlegen, dass ihm trotz aller Bemühungen nicht gelungen ist, eine kostenangemessene Unterkunft anzumieten, kommt eine Verlängerung dieser „Schonfrist" in Betracht (LSG Baden-Württemberg, Beschl. v. 5.3.2014 – L 12 AS 5254/13 ER-B).

2.3 Der unzuverlässige Mieter – Direktzahlung an den Vermieter

Zur Gewährleistung der zweckentsprechenden Verwendung der Leistungen für Unterkunft und Heizung sehen § 22 Abs. 7 SGB II und § 35a Abs. 3 SGB XII verschiedene Möglichkeiten vor, dass diese Leistungen direkt an den Vermieter ausgezahlt werden. 17

Hinweis:

Stellt der Leistungsberechtigte einen entsprechenden Antrag, ist der Leistungsträger zur Direktzahlung an den Vermieter oder andere Empfangsberechtigte verpflichtet. Dies kann aus Sicht des Betreuers durchaus geboten sein, um den Betreuten vor drohender Wohnungslosigkeit zu schützen, sofern dieser dazu neigt, das Geld anderweitig auszugeben.

Stellt der Leistungsberechtigte keinen solchen Antrag, kommt ohne oder gegen seinen erklärten Willen eine Direktüberweisung in Betracht, wenn die zweckentsprechende Verwendung der Leistungen für Unterkunft und Heizung nicht sichergestellt ist. Das Gesetz sieht vier Fallgruppen dafür vor: 18

- Bestehen von Mietrückständen, die zu einer außerordentlichen Kündigung des Mietverhältnisses berechtigen
- Bestehen von Energiekostenrückständen, die zu einer Unterbrechung der Energieversorgung berechtigen
- konkrete Anhaltspunkte für ein krankheits- oder suchtbedingtes Unvermögen, die Mittel zweckentsprechend zu verwenden
- konkrete Anhaltspunkte für zweckwidrige Mittelverwendung einer im Schuldnerverzeichnis eingetragenen Person

Über die Direktzahlung wird der Leistungsberechtigte lediglich schriftlich informiert. Seine vorherige Anhörung ist nicht erforderlich. 19

Tipp:

In Fällen, in denen nur aufstockende Leistungen empfangen werden, kann es vorkommen, dass nur ein Teil der Miete als Kosten der Unterkunft übernommen und direkt an den Vermieter überwiesen wird. Dann ist darauf zu achten, dass die fehlende Differenz entweder

B

vom Leistungsberechtigten an den Vermieter überwiesen wird – oder dass mit dem Jobcenter bzw. Sozialamt vereinbart wird, dass eine volle Direktzahlung an den Vermieter unter Anrechnung auf den Regelbedarf erfolgt.

2.4 Heiz- und Betriebskostennachzahlungen und -guthaben

20 Da die Nebenkostenabrechnung durch den Vermieter in der Regel einmal jährlich erstellt wird, stellt sich die Frage, wie mit Nachzahlungsforderungen aus einer Nebenkostenabrechnung umzugehen ist. Diese sind grundsätzlich vom Leistungsträger zu übernehmen, wenn zum Zeitpunkt der Fälligkeit der Forderung eine Leistungsberechtigung nach den allgemeinen Regeln von §§ 7 ff. SGB II bzw. §§ 17 ff. SGB XII besteht und die Wohnung noch bewohnt wird. Es kommt insoweit nicht darauf an, ob eine Leistungsberechtigung schon vorher, also während des gesamten Abrechnungszeitraums, bestanden hat (LSG NRW, Urt. v. 15.11.2018 – L 6 AS 764/16).

21 Rückzahlungen und Guthaben, die dem Bedarf für Unterkunft und Heizung zuzuordnen sind, mindern die Aufwendungen für Unterkunft und Heizung nach dem Monat der Rückzahlung oder der Gutschrift; Rückzahlungen, die sich auf die Kosten für Haushaltsenergie oder nicht anerkannte Aufwendungen für Unterkunft und Heizung beziehen, bleiben außer Betracht (§ 22 Abs. 3 SGB II, § 82 Abs. 1 Satz 2 SGB XII).

2.5 Besonderheiten bei unter 25-jährigen Leistungsberechtigten

22 Nach dem Willen des Gesetzgebers sollen unter 25-jährige Leistungsberechtigte nach dem SGB II grundsätzlich in der elterlichen Wohnung verbleiben. Ihr Auszug aus dem Elternhaus soll daher nicht aus öffentlichen Mitteln finanziert und – außer in Sonderfällen – nur anerkannt werden, wenn sie finanziell auf eigenen Füßen stehen (BT-Drucks. 16/688, S. 14). Personen, die das 25. Lebensjahr noch nicht vollendet haben und umziehen, werden deshalb Bedarfe für Unterkunft und Heizung nur anerkannt, wenn der kommunale Träger das vor Abschluss des Vertrags über die Unterkunft zugesichert hat (§ 22 Abs. 5 Satz 1 SGB II). Eine solche Zusicherung muss der unter 25-jährige Leistungsberechtigte beim zuständigen Jobcenter beantragen. Ein Anspruch auf Erteilung der Zusicherung besteht nach § 22 Abs. 5 Satz 2 SGB II, wenn

- der Betroffene aus schwerwiegenden sozialen Gründen nicht auf die Wohnung der Eltern oder eines Elternteils verwiesen werden kann,
- der Bezug der Unterkunft zur Eingliederung in den Arbeitsmarkt erforderlich ist oder
- ein sonstiger, ähnlich schwerwiegender Grund vorliegt.

23 Schwerwiegende soziale Gründe liegen z. B. bei dauerhaft gestörten Eltern-Kind-Beziehungen vor, die ein weiteres Zusammenleben in einer gemeinsamen Wohnung ausschließen (vgl. etwa BSG, Urt. v. 2.6.2004 – B 7 AL 38/03 R; SG Duisburg, Urt. v. 10.2.2011 – S 5 AS 252/09), aber auch eine bevorstehende eigene Eheschließung oder Schwangerschaft (LSG NRW, Urt. v. 22.9.2016 – L 7 AS 162/15).

24 Die Einholung einer vorherigen Zusicherung kann in Ausnahmefällen entbehrlich sein, wenn sie unzumutbar ist (§ 22 Abs. 5 Satz 3 SGB II), was in zeitlichen oder sozialen Notsituationen der Fall sein kann.

2.6 Rund um den Umzug

25 Ein Umzug zieht grundsätzlich hohen Aufwand und viele Kosten nach sich. Die folgenden Fragestellungen sind im Zusammenhang eines Umzugs für Leistungsberechtigte zu beachten:

- Unter welchen Voraussetzungen darf umgezogen werden?
- Übernimmt der Leistungsträger die Mietkosten für die neue Wohnung?
- Welche Kosten werden für die Wohnungsbeschaffung übernommen?

- In welcher Höhe werden Umzugskosten übernommen?
- Was ist mit ggf. anfallenden Doppelmieten?
- Wer übernimmt die Kosten für Renovierungen und Schönheitsreparaturen in der alten und/oder neuen Wohnung?
- In welchem Rahmen wird eine Erstausstattung für die neue Wohnung übernommen?

Wegen der enormen Kosten hat der Leistungsträger in der Regel kein Interesse daran, dass der Leistungsberechtigte freiwillig umzieht. Der Leistungsberechtigte seinerseits soll vor einem unbedachten Umzug gewarnt werden; Streitigkeiten über die Angemessenheit der Unterkunftskosten soll vorgebeugt werden (BSG, Urt. v. 30.8.2010 – B 4 AS 10/10 R; Urt. v. 1.6.2010 – B 4 AS 60/09 R). 26

Hinweis:

Deshalb ist grundsätzlich vor Abschluss eines neuen Mietvertrags die Zusicherung des Jobcenters bzw. Sozialamts zur Übernahme der Mietkosten der neuen Wohnung einzuholen.

Ist der Umzug erforderlich und die Miete der neuen Wohnung angemessen, muss der kommunale Träger dem Umzug zustimmen und die Mietkosten der neuen Wohnung übernehmen (§ 22 Abs. 4 Satz 3 SGB II, § 35a Abs. 2 SGB XII). Bei einem nicht erforderlichen Umzug aus einer angemessenen in eine teurere, unangemessene Wohnung übernimmt der Leistungsträger die Mietkosten nur bis zur Angemessenheitsgrenze (§ 22 Abs. 1 Satz 6 SGB II, § 35a Abs. 2 Satz 2 SGB XII). Eine vorherige Kostensenkungsaufforderung ist dann nicht erforderlich. 27

Erforderlich ist ein Umzug immer dann, wenn für ihn ein plausibler, nachvollziehbarer und verständiger Grund vorliegt, von dem sich auch ein Nichthilfeempfänger leiten lassen würde (BSG, Urt. v. 23.8.2021 – B 4 AS 32/12 R). Beispiele aus der Rechtsprechung: 28

- Veranlassung des Umzugs durch den kommunalen Träger (BSG, Urt. v. 6.8.2014 – B 4 AS 37/13 R)
- beengte Wohnverhältnisse einer Familie (LSG Baden-Württemberg, Urt. v. 10.1.2007 – L 13 AS 6057/06 ER-B)
- dringende persönliche Gründe, z. B. Umzug zur Ausübung des Sorgerechts (SG Berlin, Urt. v. 28.6.2007 – S 106 AS 4730/07)
- Mängel der Wohnung (Schimmelbefall, mangelhafte Beheizmöglichkeit), falls Einwirkung auf den Vermieter mit dem Ziel der Mängelbeseitigung nicht mehr möglich und erfolgversprechend (SG Berlin v. 4.11.2005 – S 37 AS 10013/05 ER)
- Verlust des Nutzungsrechts an der bisherigen Wohnung, z. B. nach Kündigung durch den Vermieter oder Räumung, nicht jedoch bei Eigenkündigung (SG Dortmund, Urt. v. 20.10.2008 – S 31 AS 282/07)

Wohnungsbeschaffungskosten und Umzugskosten werden ebenfalls nach vorheriger Zusicherung des Leistungsträgers übernommen, soweit der Umzug erforderlich ist (§ 22 Abs. 6 SGB II, § 35 Abs. 2 Satz 5 und 6 SGB XII). 29

Hinweis:

Vor der vertraglichen Begründung von Verpflichtungen gegenüber Umzugshelfern, Maklern etc. sollte unbedingt die vorherige Zusicherung des Leistungsträgers eingeholt werden.

Wohnungsbeschaffungskosten sind Kosten, die mit dem Finden und Anmieten einer Wohnung verbunden sind (BSG, Urt. v. 16.12.2008 – B 4 AS 49/07 R). Das können unvermeidbare Maklergebühren (BSG, Urt. v. 18.2.2010 – B 4 AS 28/09 R), unvermeidbare doppelte Mietzahlungen (BSG, Urt. v. 30.10.2019 – B 14 AS 2/19 R) und Kosten der Wohnungssuche (LSG Bayern, Urt. v. 25.4.2017 – L 11 AS 873/15) sein. Mietkautionen oder Genossenschaftsanteile sollen 30 darlehensweise übernommen werden (vgl. § 22 Abs. 6 SGB II, § 35 Abs. 2 SGB XII); dieses Darlehen ist durch monatliche Aufrechnung in Höhe von 10 % der Regelleistung ab dem Monat der Auszahlung an die Behörde zurückzuzahlen.

31 Im Rahmen seiner Obliegenheit, die Hilfebedürftigkeit zu verringern, ist der Leistungsberechtigte regelmäßig gehalten, seinen Umzug selbst zu organisieren und durchzuführen. Nach ständiger Rechtsprechung des BSG (vgl. Urt. v. 18.2.2010 – B 4 AS 28/09 R und v. 6.5.2010 – B 14 AS 7/09 R) gehören bei der Eigendurchführung eines Umzugs zu den notwendigen Umzugskosten z. B. Aufwendungen für einen erforderlichen Mietwagen inklusive Benzin und Versicherungskosten, Kosten für Verpackungsmaterial und Umzugskartons, Kosten für Sperrmüllentsorgung und übliche Kosten für die Versorgung mithelfender Familienangehöriger und Bekannter.

32 Wenn der Umzug nachweisbar wegen Alters, Behinderung oder Krankheit nicht selbst durchgeführt werden kann, kann auch die Übernahme der Aufwendungen für einen Umzug durch eine Umzugsfirma in Betracht kommen (BSG, Urt. v. 15.11.2012 – B 8 SO 25/11 R).

Systemverständnis:

Beim Vorliegen der tatbestandlichen Voraussetzungen steht die Übernahme von Umzugskosten allerdings im Ermessen des Antragsgegners. Bei Veranlassung des Umzugs durch den kommunalen Träger, wenn er aus anderen Gründen notwendig ist und wenn ohne die Zusicherung der Kostenübernahme eine Unterkunft in einem angemessenen Zeitraum nicht gefunden werden kann, soll die Zusicherung erteilt werden (§ 22 Abs. 6 Satz 2 SGB II, § 35 Abs. 2 Satz 6 SGB XII). Das bedeutet, dass die Zusicherung – und damit die Übernahme der Umzugskosten – nur in atypischen Einzelfällen verweigert werden darf (intendiertes Ermessen, siehe B 1, Rn. 24).

33 Renovierungskosten können während des laufenden Mietverhältnisses oder im Rahmen eines Umzugs für eine Einzugs- oder Auszugsrenovierung anfallen. Renovierungskosten zählen zu den Bedarfen für Unterkunft und Heizung gemäß § 22 Abs. 1 SGB II bzw. § 35 SGB XII (siehe oben) und nicht etwa zu den Umzugskosten. Sind sie angemessen und mietrechtlich geschuldet, werden sie als Zuschuss und nicht etwa als Darlehen übernommen.

34 Schönheitsreparaturen werden als Teil der Kosten der Unterkunft übernommen, wenn sie angemessen und mietvertraglich geschuldet sind sowie in rechtmäßiger Weise auf den Mieter übertragen wurden.

35 Angemessene Kosten für Einzugs- und Auszugsrenovierung werden ebenfalls als Kosten der Unterkunft übernommen, wenn sie mietvertraglich geschuldet werden und der Umzug notwendig ist. Es besteht eine Verpflichtung zur Kostenminimierung durch zumutbare Eigenleistung. Die Kosten einer Einzugsrenovierung sind dann angemessene Kosten der Unterkunft, wenn die Einzugsrenovierung ortsüblich und erforderlich zur Herstellung des Wohnstandards im unteren Wohnsegment ist (BSG, Urt. v. 16.12.2008 – B 4 AS 49/07 R).

36 Wie bereits dargestellt regeln § 24 Abs. 3 SGB II und § 31 SGB XII abschließend, in welchen Lebenssituationen Sonderbedarfe erbracht werden. Es sind atypische, einmalige Bedarfslagen außerhalb der Bedarfe, die vom Regelbedarf erfasst werden (neuer Bedarf aufgrund außergewöhnlicher Umstände, so der Gesetzgeber in BT-Drucks. 15/1514, S. 60). Der Anspruch auf eine zuschussweise Bewilligung einer Erstausstattung für eine Wohnung bei einem erneuten Bedarf setzt „von außen" einwirkende außergewöhnliche Umstände bzw. ein besonderes Ereignis voraus (BSG, Urt. v. 6.8.2014 – B 4 AS 57/13 R), etwa den Verlust der Einrichtung durch Wohnungsbrand oder bei Erstanmietung nach Haft (vgl. BT-Drucks. 15/1514, S. 60), eine Erstausstattung nach Trennung und Begründung eines neuen Haushalts (LSG NRW, Urt. v. 29.10.2007 – L 20 AS 12/07) oder eine längerfristige Wohnungsaufgabe wegen Alkoholerkrankung oder Obdachlosigkeit (vgl. BSG, Urt. v. 19.8.2010 – B 14 AS 36/09).

Systemverständnis:

Kein Fall der Erstausstattung ist die Ersatzbeschaffung! Eine Erstausstattung kommt nur dann in Betracht, wenn der Bedarf nicht schon durch andere, bereits vorhandene Einrichtungsgegenstände gedeckt ist (vgl. LSG Hamburg, Urt. v. 12.1.2012 – L 4 AS 59/09). Bei einer Ersatzbeschaffung muss die Anschaffung entweder aus dem Regelbedarf bestritten werden oder ggf. kann bei unabweisbarem Bedarf (vgl. B 3, Rn. 21 und 27) ein Darlehen gewährt werden.

Der Begriff der Erstausstattung einschließlich Haushaltsgeräten umfasst alle Einrichtungs- 37
gegenstände, die für eine geordnete Haushaltsführung notwendig sind (z. B. Bett und Bettzeug, Kleiderschrank, Couch, Gardinen und Zubehör, Geschirr, Lampen). Dabei ist der Vergleichsmaßstab die Bevölkerung im unteren Segment des Einkommensniveaus mit Verweisungsmöglichkeit auf Sozialkaufhäuser und Gebrauchtwarenmarkt. Nach der Rechtsprechung des BSG umfasst der Anspruch auf Erstausstattung die Befriedigung grundlegender Bedürfnisse wie Schlafen, Essen und Aufenthalt, nicht aber bestimmte Freizeitbeschäftigungen oder Unterhaltungs- und Informationsbedürfnisse (vgl. BSG, Urt. v. 24.2.2011 – B 14 AS 75/10 R), sodass Computer oder Fernsehgeräte sowie Tiefkühltruhen nicht darunterfallen (vgl. zur Differenzierung z. B. LSG NRW, Urt. v. 19.3.2015 – L 7 AS 2346/13).

Die Höhe oder Form der Leistungsgewährung steht im Ermessen des Leistungsträgers. Er kann 38
demnach entscheiden, ob er nach Feststellung des Bedarfs eine (pauschale) Geld- oder Sachleistung (z. B. Ausgabe von Gutscheinen) gewährt, vgl. hierzu auch § 24 Abs. 3 Satz 5 und 6 SGB II, § 31 Abs. 3 SGB XII. In der Regel erbringt der Leistungsträger Geldleistungen in Form von Pauschalen. Die Höhe der Pauschalen muss auf der Grundlage von Bezugsquellen, Preislisten etc. nachvollziehbar sein und unterliegt der vollen gerichtlichen Kontrolle (BSG, Urt. v. 13.4.2011 – B 14 AS 53/10 R).

Die Erstausstattung muss beim Jobcenter gesondert beantragt werden (§ 37 Abs. 1 Satz 2 39
SGB II). Gleiches gilt beim Bezug von Grundsicherung im Alter bzw. bei Erwerbsminderung nach § 44 Abs. 1 Satz 2 SGB XII. Im Übrigen genügt die Kenntnis des Sozialhilfeträgers; zwar gilt auch hier der Meistbegünstigungsgrundsatz, gleichwohl muss gegenüber dem Sozialhilfeträger der konkrete Mehrbedarf zum Ausdruck gebracht werden.

3. Leistungen nach dem Wohngeldgesetz

Wohngeld ist eine Leistung nach dem WoGG, die das Leben in einer angemessenen Wohnung 40
sowie ein familiengerechtes Wohnen sichern soll. Wohngeld wird als Mietzuschuss für eine zur Miete bewohnte Wohnung oder als Lastenzuschuss für ein selbst bewohntes Eigenheim gewährt (§ 1 WoGG).

Systemverständnis:

Im Gegensatz zum SGB II ist das WoGG nicht zur Deckung des Lebensunterhalts konzipiert, sondern es soll Menschen helfen, die zwar über genügend Einkommen für den eigenen Lebensunterhalt verfügen (sog. Mindesteinkommen), aber nicht ausreichend Einkommen erwirtschaften, um auch die Wohnkosten zu decken.

Anspruchsberechtigt sind nach § 3 WoGG Mieter einer Wohnung und Eigentümer einer selbst 41
genutzten Immobilie. Auch Ausländer, die sich legitimiert in Deutschland aufhalten, sind anspruchsberechtigt. Das greift vor allem für EU-Ausländer, zu deren Lasten ein Leistungsausschluss nach dem § 7 Abs. 1 Satz 2 SGB II besteht. Wohngeldberechtigt ist auch derjenige, der nach §§ 7 und 8 WoGG vom Wohngeld ausgeschlossen ist (siehe unten), jedoch mit einem nach § 6 WoGG zu berücksichtigenden Haushaltsmitglied, z. B. seinem Kind, das nicht vom

Wohngeld ausgeschlossen ist, in einem Haushalt zusammenlebt (§ 3 Abs. 4 WoGG). Ein Anspruch auf Wohngeld kann hingegen für Bezieher von Arbeitslosengeld und Kurzarbeitergeld bestehen, wenn dies zu gering ist, um die Wohnkosten zu decken.

42 Der Bezug von Grundsicherungsleistungen und dem WoGG schließen sich grundsätzlich aus (§ 7 Abs. 1 Satz 1 WoGG). Ausgeschlossen sind demnach Bezieher von:

- Grundsicherungsgeld nach dem SGB II
- Grundsicherung im Alter und bei Erwerbsminderung nach dem SGB XII
- Hilfen zum Lebensunterhalt nach dem SGB XII
- Zuschüssen nach § 27 Abs. 3 SGB II (Berufsausbildungsbeihilfe und Ausbildungsgeld)
- Verletztengeld nach dem SGB VII
- ergänzender Hilfe zum Lebensunterhalt oder anderen Hilfen in einer stationären Einrichtung, die den Lebensunterhalt nach dem Bundesversorgungsversorgungsgesetz oder anderen Gesetzen umfassen
- Leistungen in besonderen Fällen und Grundleistungen nach dem Asylbewerberleistungsgesetz
- Leistungen nach dem SGB VIII in Haushalten, zu denen ausschließlich Personen gehören, die diese Leistungen empfangen

43 Außerdem sind Mitglieder einer Bedarfsgemeinschaft oder Haushaltsgemeinschaft ausgeschlossen, die mit dem Empfänger einer solchen Leistung in einem Haushalt leben.

44 Wohngeld wird nur auf Antrag gewährt, der bei der zuständigen Wohngeldstelle der Gemeinde, der Stadt oder des Kreises schriftlich gestellt werden muss (§ 22 WoGG). Das Wohngeld wird dann ab dem Monat der Beantragung gezahlt (§ 25 WoGG). Hierfür müssen grundsätzlich alle notwendigen Nachweise und Unterlagen (vor allem Nachweis über die Miethöhe, das Einkommen sowie die Zahl der Haushaltsmitglieder) und der Antragsvordruck eingereicht werden. Zur Fristwahrung kann jedoch zunächst ein formloser Antrag bei der zuständigen Behörde gestellt werden. Wird der behördliche Antragsvordruck mit den erforderlichen Angaben und Belegen im Anschluss an den formlosen Antrag innerhalb eines Monats nachgereicht, gilt das Datum der formlosen Beantragung als Beginn des Bewilligungszeitraums. Dieser beträgt in der Regel zwölf Monate.

Hinweis:

Es ist also empfehlenswert, vorab einen formlosen Antrag zu stellen. Auch sehr ratsam ist die Vereinbarung eines Termins zur persönlichen Abgabe des Wohngeldantrags. Im Rahmen eines solchen persönlichen Termins können vorab Fragen zur Anspruchsberechtigung und das Fehlen von Unterlagen geklärt werden. Wer sichergehen will, sollte sich den Inhalt eines solchen Gesprächs schriftlich bestätigen lassen.

45 In manchen Fällen kann das Wohngeld auch rückwirkend geleistet werden. § 25 Abs. 3 WoGG sieht hierfür folgende Konstellationen vor:

- Die zu berücksichtigende Miete oder Belastung erhöht sich um mehr als 15 %.
- Eine andere Sozialleistung wird abgelehnt oder aufgehoben und muss vollständig zurückgezahlt werden. Dann kann das Wohngeld rückwirkend ab dem Ersten des Monats, in dem die andere Sozialleistung beantragt worden war, beantragt und gewährt werden. Wichtig ist, dass nach Ablehnung der anderen Sozialleistung der Wohngeldantrag noch vor Ablauf des Monats der Bestandskraft der Ablehnung oder Aufhebung gestellt wird!

46 Die Höhe des Wohngeldes richtet sich nach:

- Anzahl der Haushaltsmitglieder (§ 5 WoGG)
- Höhe der monatlichen Miete oder Belastung (§§ 9 ff. WoGG)
- Gesamteinkommen des Haushalts (§§ 13 ff. WoGG)

Anhand dieser drei Faktoren wird das Wohngeld nach der gesetzlichen Formel des § 19 WoGG berechnet. 47

Weiter wird die Höhe durch einen Höchstbetrag begrenzt, der in § 12 WoGG tabellarisch aufgeführt wird. 48

Auch die Einkommensgrenze, ab der überhaupt ein Anspruch auf Wohngeld besteht, richtet sich nach der Anzahl der Personen im Haushalt und der sog. Mietstufe. 49

Mit der Reform des Wohngeldgesetzes, die am 1.1.2023 in Kraft getreten ist, sollen mehr Menschen als bisher bei den Wohnkosten entlastet werden. Mit dem neuen „Wohngeld Plus" sollen durch die Anhebung der Einkommensgrenzen 1.400.000 Haushalte mehr als bisher wohngeldberechtigt werden. Außerdem steigt die Höhe des Wohngeldes von durchschnittlich etwa 180 EUR auf rund 370 EUR pro Monat. 49a

Insbesondere sieht das Wohngeldgesetz erstmals eine dauerhafte Heizkostenkomponente vor, die die Wohngeldberechtigten bei den steigenden Energiekosten entlasten soll. Diese beträgt 2,00 EUR pro Quadratmeter und wird bei der Wohngeldberechnung zugeschlagen. 49b

Weiter wird ab 1.1.2023 eine Klimakomponente gewährt, die sich pauschal in einem Zuschlag von 40 Cent je Quadratmeter auswirkt. 49c

4. Weitere staatliche Förderungen zum Thema „Wohnen"

Eine weitere Art der öffentlichen Förderung stellen Wohnberechtigungsscheine dar, also Berechtigungen zum Bezug einer Sozialmietwohnung; das bescheinigt die zuständige Stelle (Landratsämter, Kreisfreie Städte, Große Kreisstädte). Der Bezug einer Sozialmietwohnung setzt unter anderem voraus, dass das Gesamteinkommen der Haushaltsangehörigen eine bestimmte Summe nicht überschreitet. Das bestimmen die Wohnraumförderungsregelungen der einzelnen Länder. Mit diesem Berechtigungsnachweis kann man sich bei Vermietern von Sozialmietwohnungen (Wohnbaugesellschaften oder -genossenschaften oder private Vermieter) um eine Sozialmietwohnung bewerben. 50

Bei der Suche nach angemessenem Wohnraum unterstützen auch Jobcenter oder Sozialamt, bei drohender Obdachlosigkeit der Arbeiter-Samariter-Bund, die Caritas oder die Ambulante Beratungsstelle der Wohnungslosenhilfe sowie auch weitere nicht staatliche karitative Organisationen. 51

5. Wohnungshilfen für Menschen mit Behinderung

Wohnungshilfen gehören zu den Leistungen zur Sozialen Teilhabe (§ 76 SGB IX). Ziel der Wohnungshilfen ist es, dass der Mensch mit Behinderung möglichst selbstbestimmt und eigenverantwortlich leben kann. 52

Nach § 77 SGB IX sind das Leistungen für die Beschaffung, den Umbau, die Ausstattung und die Erhaltung von Wohnraum, der den besonderen Bedürfnissen von Menschen mit Behinderungen entspricht. 53

Es können verschiedene Leistungsträger zuständig sein (siehe dazu B 2, Rn. 137 ff.). 54

Systemverständnis:

Da das Teilhaberecht im Regelfall keine eigenen Ansprüche gewährt, muss immer auf Anspruchsgrundlagen aus dem Rechtsgebiet des zuständigen Rehabilitationsträgers geachtet werden. Ein echter (aber nachrangiger) Leistungsanspruch ergibt sich darüber hinaus aus § 113 Abs. 2 Nr. 1 SGB IX bei Anwendbarkeit des Eingliederungshilferechts.

B

6. Die Übernahme von Schulden im Zusammenhang mit dem Mietverhältnis zur Vermeidung von Wohnungslosigkeit

55 Wie bereits unter B 3, Rn. 45 ff. dargestellt, werden Schulden grundsätzlich nicht vom Leistungsträger übernommen. Ausnahmen kommen nach § 22 Abs. 8 SGB II bzw. § 36 SGB XII in Betracht, wenn dies zwingend erforderlich ist, um eine drohende Wohnungslosigkeit abzuwenden. Anwendbar sind diese Regelungen auf Mietschulden, Energiekostenrückstände oder bei Rückständen von Tilgungszinsen für ein selbst bewohntes Eigenheim.

Systemverständnis:
Hierbei muss zwischen der Übernahme von Schulden (Rückständen) und der Übernahme laufender Tilgungen differenziert werden. Zur ausnahmsweisen Übernahme von Tilgungszinsen für ein selbst bewohntes Eigenheim als Kosten der Unterkunft siehe oben die Tabelle unter Rn. 7.

56 Wohnungslosigkeit droht nicht erst, wenn die zwangsweise Räumung der Wohnung unmittelbar bevorsteht, auch muss vor der Inanspruchnahme einer darlehensweisen Übernahme der Mietschulden durch den Leistungsträger keinesfalls eine Vermieterkündigung abgewartet werden. Vielmehr ist es ausreichend, wenn eine sog. Kündigungslage im Sinne des § 543 Abs. 2 BGB (Verzug mit zwei Monatsmieten) besteht und der Vermieter nicht zu erkennen gibt, dass er von seinem Kündigungsrecht vorerst keinen Gebrauch macht (LSG NRW, Beschl. v. 6.12.2017 – L 7 AS 2132/17 B ER und v. 26.11.2015 – L 2 AS 1199/15 B ER).

57 Eine Mietschuldenübernahme kommt außerdem nur dann in Betracht, wenn das zur dauerhaften Sicherung der Unterkunft geeignet und gerechtfertigt ist. Ist die Wohnung bereits geräumt oder kann die Räumung auch bei Mietschuldenübernahme nicht abgewendet werden, z. B. wenn der Vermieter nicht bereit ist, eine Räumungsklage zurückzunehmen, wird der Leistungsträger die Schulden nicht übernehmen (LSG Sachsen-Anhalt, Beschl. v. 16.9.2010 – L 5 AS 288/10 B ER).

58 Auch die Übernahme von Energiekostenrückständen („Stromschulden") ist nach § 22 Abs. 8 SGB II und § 36 Abs. 1 SGB XII denkbar. Denn auch die faktische Unbewohnbarkeit einer Wohnung infolge drohender Sperrung der Energiezufuhr steht dem Verlust der Unterkunft gleich, da auch eine funktionierende Stromversorgung zu den Grundbedürfnissen des Lebens und Wohnens zählt (LSG Hessen, Beschl. v. 28.10.2009 – L 7 AS 326/09 B ER). In diesem Rahmen wird neben der Geeignetheit der Schuldenübernahme vorausgesetzt, dass der Leistungsempfänger zumutbare Selbsthilfemöglichkeiten, insbesondere den Versuch, eine Ratenzahlungsvereinbarung mit dem Energieanbieter zu vereinbaren, ausgeschöpft hat (LSG NRW, Beschl. v. 16.4.2012 – L 19 AS 556/12 B ER).

Hinweis:
In Fällen drohender Wohnungslosigkeit drängt oft die Zeit. Daher muss stets geprüft werden, ob flankierend zu einem Antrag beim Jobcenter bzw. Sozialamt beim Sozialgericht ein Antrag auf einstweiligen Rechtsschutz gestellt wird (vgl. B 15, Rn. 69). Dabei muss dem Gericht das Eilbedürfnis glaubhaft gemacht werden, ebenso erfolglose Selbsthilfeversuche des Antragstellers (z. B. Versuch der Vereinbarung einer Stundung oder Ratenzahlung).

59 Die Entscheidung über die Schuldenübernahme steht im Ermessen des Leistungsträgers. In diesem Rahmen wird er berücksichtigen, wie hoch die Schulden sind, warum diese aufgelaufen sind, ob Selbsthilfemöglichkeiten ausgeschöpft wurden und auch wer ggf. von einer Energiesperre betroffen wäre (z. B. mit im Haushalt wohnende Kleinkinder oder Menschen, die wegen ihrer Krankheit besonders auf die Stromversorgung angewiesen sind). Es handelt sich aber um

ein intendiertes Ermessen („soll"), wenn die Übernahme gerechtfertigt und notwendig ist und sonst Wohnungslosigkeit einzutreten droht.

Nach dem SGB II soll die Schuldenübernahme darlehensweise erfolgen (§ 22 Abs. 8 Satz 4 60
SGB II), nach dem SGB XII besteht ein Entscheidungsermessen zwischen einer Beihilfe oder einem Darlehen (§ 36 Abs. 1 Satz 3 SGB XII).

Hinweis:
Im schlimmsten Fall ist auch hier wieder die Möglichkeit zu prüfen, ob eine Privatinsolvenz ein geeignetes Mittel für eine Restschuldbefreiung sein kann (vgl. B 15, Rn. 45 ff.).

B

Johannes Friedrich, Kristin Bauer

Gesundheit und Behinderung

1. Bedarfslage im Krankheitsfall

1.1 Der Schutz der gesetzlichen Krankenversicherung nach dem SGB V

1 Den Schutz der gesetzlichen Krankenversicherung genießen Versicherungspflichtige (§ 5 SGB V), freiwillig Versicherte (§ 9 SGB V) und Versicherte, die die Voraussetzungen der Familienversicherung nach § 10 SGB V erfüllen. Die größte Versichertengruppe bilden die Beschäftigten nach § 5 Nr. 1 SGB V und § 7 SGB IV.

Systemverständnis:

Grundsätzlich muss jeder, der in der Bundesrepublik Deutschland wohnt, gesetzlich versichert sein oder sich selbst privat gegen Krankheit absichern. Von den gesetzlichen Krankenkassen werden rund 75 Millionen Versicherte versorgt. Das entspricht rund 90 % der Bevölkerung (Quelle: www.gkv-spitzenverband.de/krankenversicherung/kv_grundprinzipien/alle_gesetzlichen_krankenkassen/alle_gesetzlichen_krankenkassen.jsp).

2 **Achtung:** Versicherungsfrei sind Beschäftigte, deren regelmäßiges Jahresarbeitsentgelt die Jahresarbeitsentgeltgrenze übersteigt (vgl. § 6 Abs. 1 Nr. 1 SGB V). Diese Arbeiter oder Angestellten müssen sich entweder privat krankenversichern oder können aber den gesetzlichen Krankenkassen als freiwillige Versicherte beitreten. Die Bundesregierung legt nach § 6 Abs. 6 SGB V diese Grenze durch Rechtsverordnung fest:

	Jahresarbeitsentgeltgrenze (Stand: 2026)
Monatlich	6.450,00 EUR
Jährlich	77.400,00 EUR

3 Entgegen dem Wortlaut des § 6 Abs. 1 Nr. 1 SGB V soll nach zum Teil vertretener Ansicht die Versicherungspflicht nicht mit Ablauf des Kalenderjahres enden, in dem rückblickend die Jahresarbeitsentgeltgrenze überschritten wird. Entscheidend soll vielmehr der zuletzt vereinbarte Monatsbetrag sein: Ist dieser höher als ein Zwölftel der Jahresarbeitsentgeltgrenze, soll die Versicherungspflicht entfallen (die Einzelheiten hierzu sind aber stark umstritten; vgl. zum Stand: Felix. In: Schlegel/Voelzke, jurisPK-SGB V, 5. Aufl., § 6, Stand: 15.1.2026, Rn. 18f).

3a Für eine geringfügige Beschäftigung nach §§ 8 und 8a SGB IV besteht ebenfalls Versicherungsfreiheit (§ 7 SGB V). Die Geringfügigkeitsgrenze ist dynamisch und liegt derzeit bei 603 EUR monatlich.

4 Weitere Pflichtversicherte kraft Gesetzes sind unter anderem:

- Personen, die Arbeitslosengeld nach dem SGB III beziehen
- Personen, die Bürgergeld beziehen
- Personen, die in Einrichtungen der Jugendhilfe für eine Erwerbstätigkeit befähigt werden sollen
- Teilnehmer an Leistungen zur Teilhabe am Arbeitsleben
- Menschen mit Behinderungen, die in anerkannten Werkstätten für behinderte Menschen oder in Blindenwerkstätten tätig sind
- Studierende und Auszubildende
- Rentner
- unter bestimmten Voraussetzungen: Personen ohne Absicherung im Krankheitsfall

Systemverständnis:

Die Pflichtversicherung entsteht ohne Rücksicht auf den Willen des Pflichtversicherten. Daher bedarf es keiner rechtswirksamen Willenserklärung, um in den Genuss des

Versicherungsschutzes zu kommen! Entscheidend für die Mitgliedschaft ist allein, ob und ab wann die gesetzlichen Voraussetzungen des § 5 SGB V (etwa die Rentenantragsstellung oder der Bezug von Arbeitslosengeld) tatsächlich erfüllt sind (vgl. hierzu § 186 SGB V; BSG, Urt. v. 4.7.1991 – 12 RK 52/90).

Nach § 10 SGB V sind der Ehegatte, der Lebenspartner und die Kinder von Mitgliedern sowie die Kinder von familienversicherten Kindern beitragsfrei im Rahmen der Familienversicherung versichert, wenn diese Familienangehörigen 5

- ihren Wohnsitz oder gewöhnlichen Aufenthalt im Inland haben,
- nicht versicherungspflichtig oder freiwillig versichert sind,
- nicht versicherungsfrei oder nicht von der Versicherungspflicht befreit sind,
- nicht hauptberuflich selbstständig erwerbstätig sind,
- kein Gesamteinkommen haben, das regelmäßig im Monat ein Siebtel der monatlichen Bezugsgröße nach § 18 SGB IV überschreitet, und
- geringfügig beschäftigt sind und deren regelmäßiges Gesamteinkommen die Geringfügigkeitsgrenze nicht übersteigt.

Der Gesetzgeber hat mit Wirkung vom 1.1.2026 hinsichtlich der Familienversicherung bei Ehegatten und Lebenspartnern Änderungen vorgenommen. So sind gemäß § 10 Abs. 1 Satz 7 SGB V Ehegatten und Lebenspartner abweichend von Satz 1 für die Dauer der Schutzfristen nach § 3 des Mutterschutzgesetzes und für die Dauer der Elternzeit nicht versichert, wenn sie zuletzt vor diesen Zeiträumen nicht gesetzlich krankenversichert waren. Gemäß § 10 Abs. 1 Satz 8 SGB V sind Ehegatten und Lebenspartner abweichend von Satz 1 nicht versichert, wenn sie 5a

1. eine Rente wegen Alters als Teilrente in Anspruch nehmen,
2. die in Satz 1 Nummer 5 genannte Voraussetzung nicht erfüllen würden, wenn sie die Rente stattdessen in voller Höhe in Anspruch nehmen würden, und
3. zuletzt vor Inanspruchnahme der Teilrente nicht gesetzlich krankenversichert waren.

Kinder können jedoch nur bis zur Vollendung des 18. Lebensjahres – wenn sie nicht erwerbstätig sind bis zum 23. Lebensjahr und während einer Berufs- und Schulausbildung bis zum 25. Lebensjahr – in die Familienversicherung aufgenommen werden. 6

Tipp:

Ohne Altersgrenze können Kinder mitversichert sein, wenn sie als Menschen mit Behinderungen im Sinne von § 2 Abs. 1 Satz 1 SGB IX außerstande sind, sich selbst zu unterhalten, und die Behinderung bereits zu einem Zeitpunkt vorlag, in dem eine Familienversicherung bestanden hat (vgl. § 10 Abs. 2 Nr. 4 SGB V). Vor einem Beitritt zur freiwilligen (kostenpflichtigen) Versicherung prüfen!

Wer aus der Pflicht- oder Familienversicherung ausgeschieden ist und eine bestimmte Vorversicherungszeit erfüllt, kann sich nach § 9 SGB V freiwillig weiterversichern. Ebenfalls können sich unter anderem Schwerbehinderte nach der Feststellung der Behinderung freiwillig versichern, wenn sie, ein Elternteil, ihr Ehegatte oder Lebenspartner in den letzten fünf Jahren vor dem Beitritt mindestens drei Jahre versichert waren, es sei denn, sie konnten wegen ihrer Behinderung diese Voraussetzung nicht erfüllen. In ihrer Satzung kann die Krankenkasse diese Versicherungsberechtigung durch eine Altersgrenze einschränken. 7

Die freiwillige Mitgliedschaft beginnt für Versicherte, die aus der Pflicht- oder Familienversicherung ausgeschieden sind, unmittelbar im Anschluss an die vorherige Versicherung. Es handelt sich um eine sog. obligatorische Anschlussversicherung. 8

B

Hinweis:

Nach § 188 Abs. 4 SGB V wird die freiwillige Versicherung automatisch fortgeführt. Der Versicherte kann – unter bestimmten Voraussetzungen – dieser Fortführung widersprechen und seinen Austritt erklären.

9 Für die anderweitig freiwillig Versicherten beginnt die Mitgliedschaft mit dem Tag des Beitritts (§ 188 Abs. 1 SGB V).

Hinweis:

Der Beitritt muss in den meisten Fällen nach § 9 Abs. 2 SGB V innerhalb einer Anschlussfrist von drei Monaten gegenüber der Krankenkasse erklärt werden. Danach ist kein freiwilliger Betritt mehr möglich!

10 Die freiwillige Versicherung endet mit dem Tod des Mitglieds, mit Beginn einer Pflichtmitgliedschaft oder mit Ablauf des nächsten Zahltages, wenn für zwei Monate die fälligen Beiträge trotz eines Hinweises auf die Folgen nicht entrichtet wurden. Die freiwillige Versicherung kann nach §§ 191, 175 Abs. 4 SGB V auch durch das freiwillige Mitglied gekündigt werden, um entweder unter Aufrechterhaltung der freiwilligen Versicherung die Krankenkasse zu wechseln oder aber insgesamt das System der gesetzlichen Krankenversicherung zu verlassen. Für die Kündigung bedarf es einer empfangsbedürftigen Willenserklärung.

Tipp:

Vor einer Kündigung sollte sich der Versicherte unbedingt von der Krankenkasse umfassend beraten lassen, damit keine späteren Nachteile drohen! Das Beratungsergebnis sollte schriftlich festgehalten werden.

1.2 Sonderfälle des Versicherungsschutzes

11 Sofern ein Sozialhilfeempfänger bereits vor Beginn des Sozialhilfebezugs gesetzlich krankenversichert war und die Pflichtversicherung kraft Gesetzes endet, hat er die Möglichkeit, sich freiwillig weiter zu versichern. Dann übernimmt nach § 32 Abs. 2 SGB XII der Sozialhilfeträger die Beiträge zur freiwilligen Versicherung.

Systemverständnis:

Der Bezug von Sozialhilfe nach dem SGB XII löst – anders als der Bezug von Arbeitslosengeld und Bürgergeld – keine gesetzliche Versicherungspflicht nach § 5 SGB V aus.

12 Ist der Sozialhilfeempfänger weder privat noch freiwillig gesetzlich versichert, erhält er eine sog. Quasiversicherung nach § 264 Abs. 2 SGB V. Er wird nicht Mitglied einer Krankenkasse, jedoch über diese entsprechend mit dem gesetzlichen Leistungskatalog versorgt. Der Träger der Sozialhilfe zahlt dann keine Beiträge, sondern erstattet der Krankenkasse vierteljährlich die tatsächlich angefallenen Behandlungskosten (vgl. § 264 Abs. 7 SGB V).

13 Diese Auftragsleistungen erhalten ebenfalls die in der Regel nicht versicherten Empfänger von laufenden Leistungen nach § 2AsylbLG.

14 Nach § 264 Abs. 4 SGB V müssen die gemäß § 61 SGB V vorgesehenen Zuzahlungen bis zur Erreichung der Belastungsgrenze ebenfalls gezahlt werden.

B

Tipp:

Der Sozialhilfeempfänger bzw. Asylbewerber kann selbst entscheiden, über welche Krankenkasse die Versorgung erfolgen soll. Wird das Wahlrecht nach spätestens zwei Wochen nicht ausgeübt, muss sich der Versicherungspflichtige bei der Krankenkasse anmelden, bei der zuletzt eine Versicherung bestand. Bestand keine Versicherung, wählt der für die Hilfe zuständige Träger der Leistung eine Krankenkasse aus (siehe hierzu § 264 Abs. 3 SGB V).

Trotz der allgemeinen Krankenversicherungspflicht gibt es Personengruppen, die keinen oder noch keinen Versicherungsschutz besitzen: Das ist etwa der Fall bei Menschen, die nicht Mitglied in einer Krankenversicherung sind und keine Sozialhilfe beziehen sowie bei Menschen, die ohne Aufenthaltsrecht in Deutschland leben. Für diese Personengruppe wird, sofern Bedürftigkeit im Sinne des SGB XII besteht, nach § 48 SGB XII durch den Sozialhilfeträger Hilfe zur Krankheit gewährt, um so die notwendige medizinische Versorgung sicherzustellen. Die nicht versicherten Hilfebedürftigen sind damit den Mitgliedern in der gesetzlichen Krankenversicherung im Wesentlichen gleichgestellt (vgl. § 52 SGB V). 15

1.3 Beiträge als Gegenleistung der Versicherten

Der Leistungspflicht der Krankenkassen steht die Pflicht des Versicherten zur Zahlung der Beiträge gegenüber. 16

Systemverständnis:

Die gesetzlichen Krankenkassen finanzieren ihre Ausgaben durch die Beiträge ihrer Mitglieder sowie durch steuerfinanzierte Zuschüsse des Bundes. Diese Mittel werden vom sog. Gesundheitsfond, angesiedelt beim Bundesamt für Soziale Sicherung, verwaltet. Die Ausgaben des Gesundheitsfonds für Leistungen und Verwaltungskosten beliefen sich nach vorläufiger Berechnung im Jahr 2024 auf 326,9 Mrd. EUR.
(Quelle: https://www.bundesgesundheitsministerium.de/presse/pressemitteilungen/vorlaeufige-finanzergebnisse-der-gkv-fuer-das-jahr-2024-pm-07-03-2025).

Der nach § 241 SGB V festgeschriebene allgemeine Beitragssatz in Höhe von 14,6 % der beitragspflichtigen Einnahmen gilt grundsätzlich für alle Mitglieder der Krankenkassen. 17

Nur für Mitglieder, die keinen Anspruch auf Krankengeld haben, gilt nach § 243 SGB V ein ermäßigter Satz von 14 %. Keinen Anspruch auf Krankengeld haben z. B. Bezieher von Bürgergeld, Familienversicherte oder aber Studierende oder Auszubildende (vgl. § 44 Abs. 2 SGB V). Nach §§ 244, 245 und 246 SGB V sieht das Gesetz ermäßigte Beitragssätze für Wehrdienst- und Zivildienstleistende, Studierende und Praktikanten sowie Bezieher von Bürgergeld vor. 18

Bei Beschäftigten bzw. Rentnern trägt der Arbeitgeber bzw. der Rentenversicherungsträger die Beiträge jeweils zur Hälfte (§§ 249, 249a SGB V). Bei geringfügiger Beschäftigung muss nur der Arbeitgeber einen Beitrag zur gesetzlichen Krankenversicherung in Höhe von 13 % des Arbeitsentgelts entrichten. Bei einem geringfügen Beschäftigungsverhältnis in einem Privathaushalt beträgt der Beitrag des Arbeitgebers 5 % des Arbeitsentgelts (§ 249b SGB V). Zu Beiträgen bei Bezug von Pflegeunterstützungsgeld vgl. § 249c SGB V. 19

Beitragspflichtige Einnahmen sind bei Pflichtversicherten nach § 229 Abs. 1 SGB V: 20

- das Arbeitsentgelt aus einer versicherungspflichtigen Beschäftigung
- der Zahlbetrag der Rente der gesetzlichen Rentenversicherung
- der Zahlbetrag der der Rente vergleichbaren Einnahmen (Versorgungsbezüge)

- das Arbeitseinkommen, soweit es neben einer Rente der gesetzlichen Rentenversicherung oder Versorgungsbezügen erzielt wird

21 Freiwillige Mitglieder zahlen entsprechend ihrer wirtschaftlichen Leistungsfähigkeit Beiträge grundsätzlich aus allen Einnahmen, die dem Versicherten zur Bestreitung seines Lebensunterhalts zur Verfügung stehen (BSG, Urt. v. 15.10.2014 – B 12 KR 10/12 R). Nur in Ausnahmefällen können daher nach der Rechtsprechung des BSG einzelne Einnahmen einer Verbeitragung entzogen werden (vgl. m. w. N.: Padé. In: Schlegel/Voelzke, jurisPK-SGB V, 5. Aufl., § 240, Stand: 3.2.2026, Rn. 30). Die Einzelheiten der Beitragsbemessung wird durch den Spitzenverband Bund der Krankenkassen einheitlich geregelt (vgl. § 240 SGB V). Mitglieder im Rahmen der Familienversicherung müssen keine Beiträge zahlen.

22 Die Beiträge für gesetzlich Versicherte, die Arbeitslosengeld oder Bürgergeld beziehen, werden vom Bund getragen. Für Sozialhilfeempfänger können die Beiträge zur gesetzlichen oder privaten Krankenversicherung vom zuständigen Sozialamt übernommen werden (vgl. § 32 SGB XII).

Tipp:

Für eine Absicherung im Krankheitsfall ist daher immer auch an einen Antrag auf existenzsichernde Leistungen zu denken!

Aber auch für gesetzlich oder privat Versicherte, die weder Bürgergeld noch Sozialhilfe beziehen, werden die Beiträge durch den Träger der Grundsicherung bzw. den Sozialhilfeträger übernommen, sofern dadurch Hilfsbedürftigkeit vermieden werden kann (vgl. § 26 Abs. 3 SGB V, § 32 SGB XII).

23 Als weiteres Mittel der Finanzierung können gemäß § 242 SGB V Krankenkassen in ihren Satzungen bestimmen, einen einkommensabhängigen Zusatzbeitrag zu erheben. Dieser Beitrag ist kassenindividuell.

Tipp:

Auf der Internetseite des Spitzenverbandes Bund der Krankenkassen können die aktuellen Zusatzbeiträge verglichen werden: www.gkv-spitzenverband.de.

24 **Wichtig:** Besteht ein Beitragsrückstand in Höhe von zwei Monatsbeiträgen und hat die Krankenkasse entsprechend gemahnt, tritt nach Erlass eines feststellenden Verwaltungsakts durch die Krankenkasse Ruhen ein. Die Leistungspflicht der Krankenkasse beschränkt sich dann auf Leistungen zu den Untersuchungen zur Früherkennung von Krankheiten sowie Leistungen, die zur Behandlung akuter Erkrankungen und Schmerzzustände oder bei Schwangerschaft und Mutterschaft erforderlich sind (§ 16 Abs. 3a Satz 2 SGB V).

25 Das Ruhen kann beendet werden, indem

- alle rückständigen Beitragsanteile gezahlt werden oder
- eine wirksame Ratenzahlungsvereinbarung abgeschlossen wird und die vereinbarten Raten entrichtet werden.

26 Das Ruhen tritt nicht ein oder endet, wenn Versicherte hilfebedürftig im Sinne des SGB II oder SGB XII sind oder werden (§ 16 Abs. 3a Satz 5 SGB V).

Hinweis:

Dem Beitragsrückstand kann man sich nicht durch einen Wechsel der gesetzlichen Krankenkasse entziehen, die Schulden bleiben auch bei einer neuen Krankenkasse bestehen und sind leistungsmindernd zu berücksichtigen (BSG, Urt. v. 8.9.2015 – B 1 KR 16/15 R).

1.4 Überblick über die Leistungen der gesetzlichen Krankenkassen

Die Krankenkasse erbringt die gesetzlichen Leistungen nach dem sog. Sachleistungsprinzip (vgl. § 2 Abs. 2 Satz 2 SGB V). Die medizinisch notwendigen Sach- und Dienstleistungen werden für die Krankenkasse durch Dritte wie Ärzte, Apotheker oder Krankenhäuser erbracht. Deshalb können durch den Versicherten selbst beschaffte Leistungen nur unter bestimmten und eng begrenzten Voraussetzungen erstattet werden (vgl. § 13 Abs. 2 und 3 SGB V). 27

Systemverständnis:

Gänzlich anders funktioniert das im Bereich der privaten Krankenversicherungen: Dort schließt der Patient mit dem Behandler einen Behandlungsvertrag ab und muss dann bei seiner privaten Krankenversicherung Erstattung beantragen, die vom Umfang seines Versicherungsschutzes abhängt.

Nach dem gesetzlichen Leistungskatalog des SGB V haben Versicherte Anspruch auf: 28

Norm im SGB V	Leistungskatalog
§§ 27, 28	Ambulante Krankenbehandlung durch ärztliche und zahnärztliche Behandlung
§§ 31 bis 33	Versorgung mit Arznei-, Heil- und Hilfsmitteln
§ 27 Abs. 1 Nr. 1	Psychotherapie
§ 37a	Soziotherapie
§§ 37, 38	Häusliche Krankenpflege und Haushaltshilfe
§ 27 Abs. 1 Nr. 5	Krankenhausbehandlung
§ 27a	Leistungen der künstlichen Befruchtung
§ 40	Medizinische Rehabilitation (siehe Rn. 54 ff.)
§ 39b	Hospizversorgung und ambulante Palliativversorgung
§ 60	Fahrtkosten
§ 44	Krankengeld (siehe B 11, Rn. 62 ff.) und Betriebshilfe für Landwirte
§ 44b	Krankengeld für eine bei stationärer Behandlung mitaufgenommene Begleitperson aus dem engsten persönlichen Umfeld
§ 45	Krankengeld bei Erkrankung des Kindes
§§ 20 ff., 25 ff.	Medizinische Vorsorgeleistungen wie Prävention, Schutzimpfungen und Früherkennungen
§§ 24c ff.	Ärztliche Betreuung bei Schwangerschaft und Hebammenhilfe, stationäre Entbindung und Mutterschaftsgeld
§§ 24a, 24b	Hilfe zur Familienplanung, Leistungen bei durch Krankheit erforderlicher Sterilisation und bei nicht rechtswidrigem Schwangerschaftsabbruch

Die Anspruchsvoraussetzungen hängen neben dem Bestehen einer Mitgliedschaft von der jeweils begehrten Leistung ab, sind also in den oben angeführten Vorschriften zu finden. 29

Systemverständnis:

Die Leistungspflicht der Krankenkasse ist nachrangig, wenn die Behandlungsbedürftigkeit der Versicherten infolge eines Arbeitsunfalls oder einer Berufskrankheit eingetreten ist (vgl. § 11 Abs. 5 SGB V), siehe auch B 11, Rn. 72 ff.

30 Mit dem zentralen Begriff der Krankheit wird der Versicherungsfall definiert: Nach der Rechtsprechung des BSG ist eine Krankheit, die die Leistungspflicht der gesetzlichen Krankenkasse auslöst, ein regelwidriger Körper- oder Geisteszustand, der Behandlungsbedürftigkeit und/oder Arbeitsunfähigkeit zur Folge hat.

31 Wegen des sog. Sachleistungsprinzips können die Leistungen in der Regel ohne vorherige Zustimmung (Antrag) der Krankenkasse bei den Leistungserbringern in Anspruch genommen werden.

32 Nur bestimmte Leistungen (z. B. stationäre Rehabilitationsmaßnahmen, Versorgung mit Cannabis oder ein langfristiger Heilmittelbedarf) stehen unter einem Genehmigungsvorbehalt und müssen vor Inanspruchnahme beantragt und von der Krankenkasse genehmigt werden.

33 Im Leistungssystem der gesetzlichen Krankenversicherung kommt dem Arzt dabei eine zentrale Rolle zu: Durch seine Entscheidung konkretisiert er den jeweiligen Anspruch des Versicherten. Die Krankenkassen haben jedoch das Recht und auch die Pflicht, im Zweifelsfall nach § 275 SGB V die ärztliche Entscheidung durch den unabhängigen Medizinischen Dienst (MD) überprüfen zu lassen.

Tipp:

Weicht die Einschätzung des MD von der des behandelnden Arztes und des Versicherten ab, hilft oft nur die Einlegung eines Widerspruchs und letztlich der Gang zu den Sozialgerichten. Die Sozialgerichte sind im Rahmen der sog. Amtsermittlung verpflichtet, die Einschätzung des MD durch ein gerichtliches Sachverständigengutachten zu überprüfen. Dieses Gutachten ist für die Versicherten kostenlos.

34 Insbesondere im Bereich der Arznei- und Hilfsmittelversorgung kann es dazu kommen, dass der Versicherte dringend einer Versorgung bedarf, die die Krankenkasse verweigert – so etwa im Bereich des sog. „Off-Label-Use", wo ein Arzneimittel gegen eine Krankheit eingesetzt wird, für die das begehrte Arzneimittel nicht zugelassen ist.

Hinweis:

Da die Durchführung eines Gerichtsverfahrens dann zu lange Zeit in Anspruch nehmen würde, sollte ein Antrag im einstweiligen Rechtsschutz vor dem Sozialgericht erwogen werden (siehe B 15, Rn. 69 ff.). Im Rahmen einer summarischen Prüfung entscheidet das Gericht vorläufig über die Verpflichtung der Krankenkasse zur begehrten Leistung. Dabei ist jedoch zu berücksichtigen, dass das Risiko der Kosten beim Versicherten verbleibt. Sollte das Gericht in der Hauptsache nach abschließender Prüfung einen Anspruch entgegen der Entscheidung im einstweiligen Rechtsschutz verneinen, sind die Kosten für die Behandlung bzw. Heil- oder Hilfsmittel allein vom Versicherten bzw. dessen Erben zu tragen!

35 Bei Inanspruchnahme von Leistungen müssen sich volljährige Versicherte in Form von Zuzahlungen an den anfallenden Kosten beteiligen (§ 61 SGB V). Sie fallen zusätzlich zu den Beitragszahlungen an. Die Zuzahlungspflicht besteht z. B. bei Krankenhausbehandlung, stationären Vorsorge- und Rehabilitationsleistungen, Heil- und Hilfsmitteln, Fahrtkosten, Arznei- und Verbandmitteln, Zahnersatz, Haushaltshilfe und häuslicher Krankenpflege. Als Faustregel können für die Zuzahlung 10 % der Kosten bzw. bei stationären Maßnahmen 10 EUR pro Tag veranschlagt werden. Die exakte Höhe der Zuzahlung ist jedoch von der konkret beanspruchten Leistung abhängig.

36 Zuzahlungen sind nur bis zur individuellen Belastungsgrenze zu zahlen (vgl. § 62 SGB V). Diese beträgt im Regelfall 2 % der Bruttoeinnahmen zum Lebensunterhalt abzüglich von Freibeträgen für Kinder oder Ehe- oder Lebenspartner. Nach § 62 Abs. 2 Satz 5 bzw. 6 SGB V ist für

Versicherte, die Leistungen nach dem SGB XII bzw. SGB II beziehen, ein fiktives Einkommen in Höhe des Regelsatzes bzw. der Regelleistung zugrunde zu legen.

Hinweis:

Für chronisch Kranke, die wegen derselben schwerwiegenden Krankheit in Dauerbehandlung sind, beträgt die Belastungsgrenze 1 % der Bruttoeinnahmen.

Mit Ausnahme von Fahrtkosten nach § 60 SGB V dürfen von Kindern und Jugendlichen keine Zuzahlungen für beanspruchte Leistungen verlangt werden. 37

Tipp:

Die Befreiung von der Zuzahlung tritt nicht automatisch bei Überschreiten der Belastungsgrenze ein, sondern muss bei der Krankenkasse beantragt werden. Daher müssen alle geleisteten Zahlungen quittiert und die Belege vom Versicherten sorgfältig gesammelt und aufbewahrt werden!

Über die Befreiung von weiteren Zuzahlungen stellt die Krankenkassen dann nach § 62 Abs. 3 SGB V eine Bescheinigung für den Versicherten aus. 38

2. Medizinische Rehabilitation

2.1 System der medizinischen Rehabilitation

Innerhalb der Leistungen zur medizinischen Rehabilitation bestimmt § 42 SGB IX bereichsübergreifend Ziele und Umfang der medizinischen Rehabilitation für alle in Betracht kommenden Rehabilitationsträger, ohne selbst Leistungsgesetz zu sein (vgl. Nellissen. In: Schlegel/Voelzke, jurisPK-SGB IX, 5. Aufl., Stand: 19.2.2026, Rn. 15; B 2, Rn. 128 ff.). 39

Die medizinische Rehabilitation verfolgt – vereinfach ausgedrückt – das Ziel, die aus gesundheitlichen Gründen eingeschränkten Betätigungsmöglichkeiten und die damit einhergehende funktionelle Leistungsfähigkeit des Betroffenen möglichst weitgehend wiederherzustellen (vgl. Luthe. In: Luthe, Rehabilitationsrecht, Teil 1, Kapitel A, Rn. 4). Sie ist insoweit von der Krankenbehandlung, die auf Heilung oder Verhinderung einer Verschlimmerung der Krankheit gerichtet ist, abzugrenzen (vgl. LSG Berlin-Brandenburg, Urt. v. 23.7.2009 – L 1 KR 451/08). Diese soll erst zum Einsatz kommen, wenn die Möglichkeiten der Prävention nach § 3 SGB IX erschöpft sind. 40

Ein ärztlicher Behandlungsplan umfasst die verschiedenen Leistungen, die auf den Rehabilitanden speziell zugeschnitten werden. Leistungen können daher nach § 42 Abs. 2 SGB IX insbesondere sein: 41

- ärztliche Behandlung
- Früherkennung und Frühförderung von Kindern mit Behinderung oder von Behinderung bedrohter Kinder
- Arznei- und Verbandmittel
- Einsatz von Heil- und Hilfsmitteln
- Psychotherapie
- Belastungserprobung und Arbeitstherapie

Die Rehabilitationsleistungen können sowohl ambulant, das heißt wohnortnah mit täglicher Heimkehr, als auch stationär, das heißt mit Unterbringung und Verpflegung in einer Einrichtung, erbracht werden. 42

B

Tipp:

Einen Überblick über die verschiedenen Möglichkeiten verschafft die Bundesarbeitsgemeinschaft für Rehabilitation unter www.bar-frankfurt.de.

43 Im Bereich des Krankenversicherungsrechts darf die stationäre Rehabilitation nur in Anspruch genommen werden, wenn eine ambulante Maßnahme aus medizinischen Gründen nicht ausreicht, um das Ziel, die Wiederherstellung, zu erreichen (vgl. § 40 Abs. 1 SGB V).

44 Die konkreten Voraussetzungen regelt das jeweilige Leistungsgesetz des Rehabilitationsträgers. Für einen Anspruch auf medizinische Rehabilitation bedarf es jedoch stets eines sog. Rehabilitationsbedarfs (vgl. § 13 SGB IX).

45 Grundsätzlich müssen seit der letzten Rehabilitation mehr als vier Jahre vergangen sein, bevor ein erneuter Anspruch auf eine medizinische Rehabilitation besteht. Es kommt dabei nicht darauf an, welcher Träger die erste Maßnahme gewährt hat. Nur aus dringenden medizinischen Gründen kann vor Ablauf dieser Frist eine erneute Rehabilitation begehrt werden (vgl. § 15 Abs. 3 SGB VI, § 40 Abs. 3 SGB V).

46 Die Entscheidung über den Antrag (das „Ob" der Leistungserbringung) steht nicht im Ermessen der Rehabilitationsträger. Liegen die gesetzlichen Voraussetzungen vor, muss die medizinische Rehabilitation gewährt werden. Freilich kann über das Vorliegen der medizinischen Voraussetzungen ausführlich gestritten werden.

47 Die Dauer einer stationären Rehabilitation bestimmt sich nach den medizinischen Erfordernissen des Einzelfalls (§ 40 Abs. 3 SGB V).

48 Die Leistungen der Rehabilitationsmaßnahme umfassen auch sog. Nebenleistungen (vgl. §§ 64, 65 SGB IX). Neben den unterhaltssichernden Leistungen wie Krankengeld und Übergangsgeld werden ergänzende Leistungen wie Beitragszahlungen, Rehabilitationssport, Funktionstraining, Übernahme von Reisekosten sowie Kosten für eine Haushaltshilfe und Kinderbetreuungskosten übernommen.

49 Im Ermessen der Rehabilitationsträger steht jedoch das „Wie" der Rehabilitationsleistung: Entsprechend den medizinischen Erfordernissen legt der Träger Art, Beginn und Dauer fest und wählt die geeignete Rehabilitationseinrichtung (vgl. § 13 SGB VI und § 40 Abs. 3 SGB V). Dabei ist jedoch das in § 8 SGB IX gesetzlich geschützte Wunsch- und Wahlrecht des Versicherten ebenso zu beachten (siehe B 2, Rn. 137) wie die Grundsätze der Wirtschaftlich- und Sparsamkeit.

Tipp:

Erste Anlaufstelle sind die behandelnden Ärzte. Diese stellen fest, ob eine Rehabilitation medizinisch notwendig ist und wählen oft auch bereits den zuständigen Leistungsträger für den Versicherten aus.

50 Die Rehabilitationsmaßnahme im Bereich der gesetzlichen Kranken- und Rentenversicherung muss beim zuständigen Rehabilitationsträger nach § 19 SGB IV beantragt werden. Die gesetzliche Unfallversicherung wird von Amts wegen tätig.

51 Die Zuständigkeit des Trägers bestimmt sich nach den jeweiligen Leistungsgesetzen (vgl. § 7 Abs. 1 Satz 2 SGB IX; siehe B 2, Rn. 128 ff.):

- Steht die Auswirkung einer Krankheit oder einer Behinderung auf die Erwerbsfähigkeit des Betroffenen im Zentrum der Rehabilitationsmaßnahme, werden die Leistungen von der Rentenversicherung erbracht (vgl. § 9 SGB VI).
- Soll eine medizinische Rehabilitation eine Behinderung oder Pflegebedürftigkeit abwenden, beseitigen, mindern, ausgleichen, ihre Verschlimmerung verhüten oder ihre Folgen mildern, ist die Krankenkasse der zuständige Rehabilitationsträger (vgl. § 11 Abs. 2 SGB V). Jedoch ist

nach § 40 Abs. 4 SGB V die Krankenkasse nur zuständig, wenn die Rehabilitationsleistungen nicht vom Rentenversicherungsträger erbracht werden können.

- Sind eine Berufskrankheit oder ein Arbeitsunfall ursächlich für den Rehabilitationsbedarf, ist die Unfallversicherung der zuständige Leistungsträger (vgl. § 27 Abs. 1 Nr. 7 SGB VII).
- Als weitere Rehabilitationsträger kommen die Sozialhilfeträger, die Träger der Jugendhilfe und die Träger der Sozialen Entschädigung in Betracht (vgl. § 6 Abs. 1 SGB IX).

Tipp:

Die Rehabilitationsträger stellen auf ihren Homepages entsprechende Antragsformulare zum Downloaden mit Hinweisen zu den erforderlichen Unterlagen zur Verfügung. Siehe etwa bei der Deutschen Rentenversicherung: www.deutsche-rentenversicherung.de/DRV/DE/Online-Dienste/Formularsuche/formularsuche_node.html

Der Gesetzgeber hat die Problematik der Zuordnung der richtigen Zuständigkeit erkannt und 52 zugunsten der Versicherten entschieden: Nach § 14 Abs. 1 SGB IX muss ein Versicherungsträger, der sich für unzuständig hält, den Antrag auf Rehabilitation an den seiner Meinung nach zuständigen Versicherungsträger weiterleiten. Wird die Frist versäumt, hat der zuerst angegangene Versicherungsträger über den Rehabilitationsantrag nach allen in Betracht kommenden Grundlagen zu entscheiden. Die Weiterleitung des Antrags ist nur einmal möglich, der zweitangegangene Leistungsträger wird nach außen zuständig (vgl. § 14 Abs. 3 SGB IX). Dem leistenden Versicherungsträger steht dann aber grundsätzlich ein Anspruch auf Erstattung gegenüber dem tatsächlich zuständigen Versicherungsträger zu. Siehe dazu auch B 2, Rn. 138.

2.2 Medizinische Rehabilitation nach dem SGB VI

Nach dem Rentenversicherungsrecht muss der Antragsteller neben den persönlichen Voraus- 53 setzungen die versicherungsrechtlichen Voraussetzungen erfüllen, damit ein Anspruch auf medizinische Rehabilitation nach § 15 SGB VI und § 42 SGB IX besteht. Die versicherungsrechtlichen Voraussetzungen nach § 9 Abs. 2 SGB VI und § 11 SGB VI liegen vor, wenn der Versicherte bei Antragstellung

- die Wartezeit von 15 Jahren erfüllt hat oder
- eine Rente wegen verminderter Erwerbsfähigkeit bezieht.

Die versicherungsrechtlichen Voraussetzungen sind nach § 11 Abs. 2 SGB VI auch erfüllt, wenn 54 der Versicherte

- in den letzten zwei Jahren vor der Antragstellung für mindestens sechs Kalendermonate Pflichtbeiträge für eine versicherte Beschäftigung oder Tätigkeit hat,
- innerhalb von zwei Jahren nach Beendigung einer Ausbildung eine versicherte Beschäftigung oder selbstständige Tätigkeit aufgenommen und bis zum Antrag ausgeübt hat bzw. bis dahin arbeitsunfähig oder arbeitslos war oder
- bereits vermindert erwerbsfähig ist oder dies in absehbarer Zeit zu erwarten ist und er die allgemeine Wartezeit erfüllt hat.

Die persönlichen Voraussetzungen regelt § 10 Abs. 1 SGB VI: Sie sind bei Versicherten erfüllt, 55 deren Erwerbsfähigkeit wegen Krankheit oder körperlicher, geistiger oder seelischer Behinderung erheblich gefährdet oder gemindert ist. Dabei wird Folgendes unterschieden:

- Bei erheblicher Gefährdung der Erwerbsfähigkeit muss eine Minderung der Erwerbsfähigkeit durch Leistungen zur medizinischen Rehabilitation voraussichtlich abgewendet werden können.
- Bei bereits eingetretener Minderung der Erwerbsfähigkeit muss durch Leistungen zur medizinischen Rehabilitation diese wesentlich gebessert oder wiederhergestellt oder hierdurch deren wesentliche Verschlechterung abgewendet werden können.

B

56 Der Sozialmedizinische Dienst des Rentenversicherungsträgers (SMD) prüft für den Rentenversicherungsträger, ob die Rehabilitation medizinisch notwendig ist.

57 Wird eine medizinische Rehabilitation gewährt, besteht zur wirtschaftlichen Absicherung des Rehabilitanden nach Erschöpfung der Entgeltfortzahlung durch den Arbeitgeber ein Anspruch auf Übergangsgeld (§ 20 SGB VI, §§ 64, 65 Abs. 1 SGB IX), vorausgesetzt, es wurden unmittelbar vor der Bewilligung der Rehabilitation (oder einer vorausgegangenen Arbeitsunfähigkeit) Arbeitseinkünfte erzielt oder Arbeitslosengeld bzw. Bürgergeld bezogen und Rentenversicherungsbeiträge gezahlt. Die Höhe des Übergangsgeldes bestimmt sich nach § 21 Abs. 1 SGB VI i. V. m. § 66 SGB IX.

58 Bei einer ambulanten Rehabilitationsmaßnahme fällt keine Zuzahlung an. Für eine stationäre Reha sind von volljährigen Rehabilitanden pro Kalendertag maximal 10 EUR zuzuzahlen. Bei einer Anschlussrehabilitation unmittelbar nach einer Krankenhausbehandlung muss für maximal 14 Tage zugezahlt werden (vgl. § 32 Abs. 1 Satz 2 SGB VI). Die Zuzahlung muss höchstens für 42 Tage geleistet werden (§ 3 Zuzahlungsrichtlinie).

Hinweis:
Eine Befreiung von der Zuzahlung kommt nach der nach § 32 Abs. 4 SGB VI erlassenen Richtlinie in Betracht, die weitere Einzelheiten regelt (abrufbar unter: www.rvrecht.deutsche-rentenversicherung.de).

2.3 Medizinische Rehabilitation nach dem SGB V

59 Die gesetzlichen Krankenkassen sind nach § 40 Abs. 4 SGB V nachrangig gegenüber den anderen Sozialversicherungsträgern leistungspflichtig. Dieser Nachranggrundsatz gilt – mit Ausnahme der Leistungen nach §§ 14, 15a, 17 und 31 SGB VI – auch gegenüber Leistungen der Rentenversicherung. Das bedeutet, dass in der Praxis die Krankenkassen in der Regel für bereits aus dem Erwerbsleben ausgeschiedene Versicherte originär zuständig sind.

60 Versicherungsrechtliche Voraussetzung für eine medizinische Rehabilitation durch die Krankenkasse ist, dass der Antragsteller versichertes Mitglied der Krankenkasse ist.

61 Die Maßnahme muss unter Vorlage einer ärztlichen Verordnung beantragt werden.

Tipp:
Oft erfolgt die Antragstellung zur medizinischen Rehabilitation als Anschlussrehabilitation direkt im Krankenhaus mit Zustimmung des Versicherten durch den Sozialdienst. Oder aber im Anschluss an eine Pflegebegutachtung wird durch den MD eine Rehabilitationsempfehlung ausgesprochen, die von der Pflegekasse der jeweiligen Krankenkasse mitgeteilt wird. Ein Antrag oder eine ärztliche Verordnung sind dann nicht notwendig. Zum dargestellten praktischen Ablauf siehe unter: www.gkv-spitzenverband.de/service/versicherten_service/medizinische_rehabilitation/reha_infos_1.jsp

62 Die begehrte Rehabilitationsmaßnahme muss medizinisch erforderlich sein, um eine Behinderung oder Pflegebedürftigkeit abzuwenden, zu beseitigen, zu mindern, auszugleichen, ihre Verschlimmerung zu verhüten oder ihre Folgen zu mildern (vgl. § 11 Abs. 2 SGB V, § 27 Abs. 1 Nr. 6 SGB V).

63 Nicht das Vorliegen einer Krankheit ist damit Voraussetzung für den Leistungsanspruch, sondern die Behinderung nach § 2 Abs. 1 Satz 1 SGB IX (siehe B 2, Rn. 122) bzw. Pflegebedürftigkeit im Sinne von § 14 Abs. 1 SGB XI (siehe B 6, Rn. 11). Die medizinische Voraussetzung lässt die Krankenkasse durch den MD beurteilen.

64 Zur Absicherung der wirtschaftlichen Grundlagen während der Rehabilitation gewährt die Krankenkasse unter den Voraussetzungen des § 44 SGB V Krankengeld (siehe B 11, Rn. 62).

Bei der Inanspruchnahme einer stationären Rehabilitationsmaßnahme sind von volljährigen Rehabilitanden Zuzahlungen zu leisten. Diese betragen in der ambulanten Reha pro Behandlungstag und in der stationären Reha pro Kalendertag jeweils 10 EUR. Bei einer Anschlussrehabilitation unmittelbar nach einer Krankenhausbehandlung muss für maximal 28 Tage zugezahlt werden. Die innerhalb eines Kalenderjahres für andere Rehabilitationsmaßnahmen an den Rentenversicherungsträger bereits geleistete Zuzahlungen sind anzurechnen (vgl. § 40 Abs. 5 und 6, § 61 SGB V). 65

Tipp:

Bei geringem Einkommen ist an einen Antrag auf Befreiung von der Zuzahlung zu denken (siehe Rn. 36 ff.).

3. Bedarfslagen bei Behinderungen, besonderen Gesundheitsstörungen oder besonderen gesundheitlichen Bedarfen

3.1 Blindheit

Als Hilfen bei Blindheit sind an erster Stelle die landesrechtlichen Blindengelder zu nennen. Da 66
es sich um keine bundeseinheitliche Leistung handelt, können die Voraussetzungen von Land zu Land unterschiedlich sein. So gibt es in manchen Bundesländern auch das sog. kleine Blindengeld für hochgradig sehbehinderte Menschen, die noch nicht vollständig erblindet sind. Dementsprechend variiert auch die Höhe der jeweiligen Landesblindengelder.

Hinweise:

Eine der Blindheit entsprechende, gleich schwere Störung des Sehvermögens kann unter Umständen auch bei zerebralen Schäden ohne spezifische Sehstörung vorliegen, wenn es insgesamt an der Möglichkeit zur Sinneswahrnehmung „Sehen" fehlt (vgl. BSG, Urt. v. 14.6.2018 – B 9 BL 1/17 R im Anschluss an BSG, Urt. v. 11.8.2015 – B 9 BL 1/14 R). Die Details dazu sind juristisch allerdings stark umstritten.

Systemverständnis:

Grundsätzlich werden die Landesblindengelder einkommens- und vermögensunabhängig ausgezahlt. Gleichwohl gibt es z. T. Anrechnungsregeln beim Zusammentreffen insbesondere mit Pflegeleistungen, sodass das Blindengeld dann nur noch gekürzt ausbezahlt wird.

Wichtig: Blindengelder werden nicht automatisch mit Vergabe des Merkzeichens Bl gewährt; 67
hierzu muss immer ein gesonderter Antrag gestellt werden. Die Zuständigkeit richtet sich nach dem jeweiligen Landesrecht.

Hinzukommen die Nachteilsausgleiche, die mit dem Merkzeichen Bl verbunden sind (zu den 68
Voraussetzungen siehe B 2, Rn. 193). Die wichtigsten Nachteilsausgleiche können folgender Tabelle entnommen werden:

Norm	Nachteilsausgleich durch Merkzeichen Bl
§§ 228 ff. SGB IX	Unentgeltliche Beförderung im öffentlichen Nahverkehr (Wertmarke kostenlos)
VV zu § 46 StVO	Parkerleichterungen durch den blauen Parkausweis

Norm	Nachteilsausgleich durch Merkzeichen Bl
Nr. 6 aus Anhang 3 zur 35. BImschV	Befreiung von Fahrverboten in Umweltzonen
§ 60 Abs. 1 SGB V	Fahrtkostenerstattung zu ambulanten Behandlungen
§ 4 Rundfunkbeitrags-staatsvertrag	• Befreiung für taubblinde Menschen oder Empfänger von Blindenhilfe nach § 72 SGB XII oder § 27d BVG • Ermäßigung für blinde oder nicht nur vorübergehend wesentlich sehbehinderte Menschen mit einem GdB von wenigstens 60 allein wegen der Sehbehinderung
Tarifwerk	Gutschriften im Telekom-Sozialtarif bei GdB 90 und Merkzeichen Bl
Steuerrecht	vgl. Kapitel B 12

69 Nicht zuletzt existiert im Bereich des SGB XII noch die Blindenhilfe nach § 72 SGB XII, die in Form eines pauschalen Ausgleichs für blindheitsbedingte Mehraufwendungen erfolgt. Die Blindenhilfe ist als Teil der Sozialhilfe einkommens- und vermögensabhängig (beachte allerdings die Sonderregelung des § 87 Abs. 1 Satz 3 SGB XII), zudem nachrangig im Verhältnis zu gleichartigen Leistungen aus anderen Anspruchsgrundlagen (vgl. § 72 Abs. 1 Satz 1 SGB XII); insbesondere die Landesblindengelder werden hier voll angerechnet, Leistungen der Pflegeversicherung teilweise, sodass die Blindenhilfe selbst dadurch entfallen kann oder nur noch ergänzend („aufstockend") zu erbringen ist.

Alter	Höhe der monatlichen Blindenhilfe (Stand: 1.7.2023)
Blinde Menschen ab 18 Jahren	841,77 EUR
Minderjährige blinde Menschen	421,61 EUR
unter Umständen Verringerung bei Aufenthalt in stationärer Einrichtung	vgl. § 72 Abs. 3 SGB XII

Tipp:

Nicht nur (vollständig) blinde Menschen erhalten Blindenhilfe. Nach § 72 Abs. 5 SGB XII haben auch Personen einen Anspruch, deren beidäugige Gesamtsehschärfe nicht mehr als ein Fünfzigstel beträgt oder bei denen dem Schweregrad dieser Sehschärfe gleich zu achtende, nicht nur vorübergehende Störungen des Sehvermögens vorliegen. Dabei muss nicht zwingend das Organ „Auge" selbst geschädigt sein, die Störung kann unter gewissen Umständen z. B. auch durch zerebrale Schäden verursacht sein (die Details dazu sind juristisch aber stark umstritten).

70 Die Blindenhilfe setzt mit Kenntnis des Sozialhilfeträgers ein (§ 18 SGB XII); eines gesonderten Antrags bedarf es dann nicht, obgleich ein solcher natürlich aus Nachweisgründen empfehlenswert ist. Im Sozialen Entschädigungsrecht steht Blindenhilfe nunmehr nach § 82 SGB XIV zu, wobei es hier keine Unterscheidung nach dem Lebensalter gibt (bei Blindheit als Schädigungsfolge wird der volle Betrag der Blindenhilfe geleistet, bei hochgradiger Sehbehinderung der hälftige, bei Taubblindheit der doppelte); die Leistungen nach § 82 SGB XIV sind gegenüber landesrechtlichen Leistungen für blindheitsbedingte Mehraufwendungen vorrangig (vgl. Abs. 4).

3.2 Taubheit

71 Im Gegensatz zum Blindengeld gibt es nur in manchen Bundesländern auch ein Gehörlosengeld (unter anderem in Bayern, Brandenburg, Berlin, Hessen, NRW, Sachsen, Sachsen-Anhalt,

Thüringen, Schleswig-Holstein). Die jeweilige Höhe dieser Hilfen und deren Voraussetzungen variieren. Grundsätzlich werden Gehörlosenhilfen aber einkommens- und vermögensunabhängig gewährt. Der Antrag ist an die jeweils zuständige Landesbehörde zu richten.

Die nachfolgende Tabelle zeigt einen Überblick über die wichtigsten Nachteilsausgleiche durch das Merkzeichen Gl (zu den Voraussetzungen siehe B 2, Rn. 194): 72

Norm	Nachteilsausgleich durch Merkzeichen Gl
§§ 228 ff. SGB IX	Unentgeltliche Beförderung im öffentlichen Nahverkehr gegen Erwerb einer Wertmarke (aber nur alternativ zur Kfz-Steuerermäßigung, siehe B 12)
§ 4 RBStV	• Befreiung für taubblinde Menschen • Ermäßigung für hörgeschädigte Menschen, die gehörlos sind oder denen eine ausreichende Verständigung über das Gehör auch mit Hörhilfen nicht möglich ist oder mit Merkzeichen RF
Tarifwerk	Gutschriften im Telekom-Sozialtarif bei GdB 90 und Merkzeichen Bl
Steuerrecht	vgl. Kapitel B 12

3.3 Taubblindheit

Nur in manchen Bundesländern existieren zusätzliche Hilfen in Form von Taubblindengeldern oder Zusatzleistungen bei Taubblindheit. Der Antrag ist an die jeweils zuständige Landesbehörde zu richten. Sofern Taubblindheit als Schädigungsfolge im Sozialen Entschädigungsrecht anerkannt ist, ist nach § 82 SGB XIV die doppelte Blindenhilfe zu leisten (siehe Rn. 70). 73

Im Übrigen ergeben sich die Nachteilsausgleiche aus dem Merkzeichen TBl (zu den Voraussetzungen des Merkzeichens siehe B 2, Rn. 195): 74

Norm	Nachteilsausgleich durch Merkzeichen TBl
§ 4 RBStV	Befreiung für taubblinde Menschen
Steuerrecht	vgl. Kapitel B 12

3.4 Gehbehinderungen

Gehbehinderte Menschen können Nachteilsausgleiche vorwiegend über die Merkzeichen G, B und aG erlangen (zu deren Voraussetzungen siehe B 2, Rn. 189 ff.). 75

Übersicht zu den wichtigsten Nachteilsausgleichen des Merkzeichens G: 76

Norm	Nachteilsausgleich durch Merkzeichen G
§§ 228 ff. SGB IX	Kostenlose Beförderung im öffentlichen Nahverkehr gegen Erwerb einer Wertmarke (aber nur alternativ zur Kfz-Steuerermäßigung, siehe B 12)
§ 30 Abs. 1 SGB XII	Mehrbedarf bei Sozialhilfebezug in Höhe von 17 % der maßgebenden Regelbedarfsstufe, soweit nicht im Einzelfall ein abweichender Bedarf besteht
§ 23 Nr. 4 SGB II	Für nicht erwerbsfähige Bürgergeldbezieher in einer Bedarfsgemeinschaft: ebenfalls Mehrbedarf in Höhe von 17 % der maßgebenden Regelbedarfsstufe bei GdB 50 plus Merkzeichen G (Das gilt nicht, wenn bereits ein Anspruch auf einen Mehrbedarf wegen Behinderung nach § 21 Abs. 4 SGB II oder nach § 23 Nr. 2 oder 3 SGB II besteht.)
Steuerrecht	vgl. Kapitel B 12

77 Übersicht zu den wichtigsten Nachteilsausgleichen des Merkzeichens B:

Norm	Nachteilsausgleich durch Merkzeichen B
§ 228 Abs. 6 Nr. 1 SGB IX	Unentgeltliche Beförderung auch der Begleitperson im öffentlichen Nah- und Fernverkehr
§ 228 Abs. 6 Nr. 2 SGB IX	Unentgeltliche Beförderung von Führ- und Assistenzhunden im öffentlichen Personennah- und -fernverkehr
§ 46 StVO i. V. m. VV hierzu	Oranger Parkausweis (aber nur bei Erfüllung der weiteren Voraussetzungen der zugehörigen Verwaltungsvorschrift)
Steuerrecht	vgl. Kapitel B 12

78 Übersicht zu den wichtigsten Nachteilsausgleichen des Merkzeichens aG:

Norm	Nachteilsausgleich durch Merkzeichen aG
§§ 228 ff. SGB IX	Unentgeltliche Beförderung im öffentlichen Nahverkehr gegen Erwerb einer Wertmarke
§ 60 Abs. 1 SGB V	Fahrtkostenübernahme zu ambulanten Behandlungen
Kommunale Vorschriften	ggf. Angebote kostenloser kommunaler Fahrdienste (auf freiwilliger Basis)
§ 46 StVO i. V. m. VV hierzu	Blauer Parkausweis
Nr. 6 aus Anhang 3 zur 35. BImschV	Befreiung von Fahrverboten in Umweltzonen
Steuerrecht	vgl. Kapitel B 12

79 Nicht immer, aber oft führen auch die Voraussetzungen des Merkzeichens H zu Gehbehinderungen. Daher noch eine Übersicht zu den wichtigsten Nachteilsausgleichen des Merkzeichens H:

Norm	Nachteilsausgleich durch Merkzeichen H
§§ 228 ff. SGB IX	Unentgeltliche Beförderung im öffentlichen Nahverkehr (Wertmarke kostenlos)
Nr. 6 aus Anhang 3 zur 35. BImschV	Befreiung von Fahrverboten in Umweltzonen
§ 60 Abs. 1 SGB V	Fahrtkostenübernahme zu ambulanten Behandlungen
Steuerrecht	vgl. Kapitel B 12

3.5 Personenkreis „RF"

80 Menschen mit dem Merkzeichen RF (zu den Voraussetzungen siehe B 2, Rn. 196) erhalten als Nachteilsausgleich eine Ermäßigung der Rundfunkgebühr auf ein Drittel (vgl. § 4 Abs. 2 RBStV).

81 Ein Antrag kann auch online beim Beitragsservice von ARD und ZDF gestellt werden (www.rundfunkbeitrag.de/buergerinnen_und_buerger/formulare/befreiung_oder_ermaessigung_beantragen/index_ger.html).

3.6 Mehrbedarfe für Menschen mit Behinderung

82 Leistungsbezieher nach dem SGB XII erhalten bei Nachweis des Merkzeichens G nach § 30 Abs. 1 SGB XII einen Mehrbedarf von 17 % der maßgebenden Regelbedarfsstufe, wenn sie entweder im Regelrentenalter sind oder zu einer Erwerbsminderungsrente aufstockend Sozialhilfe erhalten. Anstelle eines gesonderten Antrags gilt der Kenntnisgrundsatz aus § 18 SGB XII.

Tipp:

Sofern im Einzelfall nachweislich ein höherer Mehrbedarf besteht, kann dieser ebenfalls geltend gemacht werden.

Wer Grundsicherung bei Erwerbsminderung bezieht und Hilfen zur Schulbildung oder Hilfen zur schulischen oder hochschulischen Ausbildung nach § 112 SGB IX erhält, kann nach § 42b Abs. 3 SGB XII einen Mehrbedarf von 35 % der maßgebenden Regelbedarfsstufe erhalten. Wegen § 44 Abs. 1 Satz 1 SGB XII sind Hilfen bei Erwerbsminderung gesondert zu beantragen. 83

Tipp:

In besonderen Einzelfällen ist der Mehrbedarf gemäß § 44 Abs. 1 Satz 2 SGB XII auch während einer angemessenen Einarbeitungszeit von bis zu drei Monaten anzuerkennen.

Auch Leistungsbezieher nach dem SGB II können nach § 21 Abs. 4 Satz 1 SGB II bei Vorliegen einer Behinderung einen Mehrbedarf geltend machen, allerdings nur unter der zusätzlichen Voraussetzung, dass sie erwerbsfähig sind und Leistungen zur Teilhabe am Arbeitsleben nach § 49 SGB IX (mit Ausnahme der Leistungen nach § 49 Abs. 3 Nr. 2 und 5 SGB IX) sowie sonstige Hilfen zur Erlangung eines geeigneten Platzes im Arbeitsleben oder Eingliederungshilfen nach § 112 SGB IX erhalten. Der Mehrbedarf beträgt 35 % des maßgebenden Regelbedarfs. Der Antrag ist vom allgemeinen Leistungsantrag mit umfasst. 84

Tipp:

Nach § 44 Abs. 1 Satz 2 SGB XII kann der Mehrbedarf auch noch nach Beendigung der genannten Maßnahmen während einer angemessenen Übergangszeit, vor allem einer Einarbeitungszeit, gewährt werden.

3.7 Mehrbedarf Ernährung

§ 21 Abs. 5 SGB II gewährt Leistungsbeziehern, die aus medizinischen Gründen einer kostenaufwändigen Ernährung bedürfen, einen entsprechenden Mehrbedarf in angemessener Höhe; eines gesonderten Antrags bedarf es nicht (umfasst vom allgemeinen Leistungsantrag). Eine solche Möglichkeit sieht auch das Sozialhilferecht in § 30 Abs. 5 SGB XII vor (hier genügt die Kenntnis des Sozialhilfeträgers nach § 18 SGB XII). Ein solcher Anspruch auf einen Mehrbedarf wegen kostenaufwändiger Ernährung besteht nach der Rechtsprechung aber nur bei einem objektiven Erfordernis einer besonderen Kostform aus physiologischen Gründen. Er kommt jedoch nicht infrage bei einem bestimmten Ernährungsverhalten oder einem Umgang mit Lebensmitteln, dem keine spezifische, physiologisch bestimmte Kostform zugrunde liegt, sondern z. B. eine psychische Störung; zudem wäre bei Vorliegen einer psychischen Erkrankung eine Krankenbehandlung eine vorrangige und zumutbare Alternative, sodass es an der Unabweisbarkeit fehlt (BSG, Urt. v. 20.1.2016 – B 14 AS 8/15 R). 85

Tipp:

Die Kostenträger orientieren sich bei ihrer Entscheidung hierzu meist an den Vorgaben des Deutschen Vereins für öffentliche und private Fürsorge e. V. Diese stellen zwar weder verbindliche Normen noch antizipierte Sachverständigengutachten dar, bieten aber eine Orientierungshilfe, auch zur Bemessung des Mehrbedarfs für bestimmte Erkrankungen. Gleichwohl müssen die Leistungsträger im Einzelfall immer konkret ermitteln. Es ist zu empfehlen, einem entsprechenden Antrag gleich ärztliche Atteste zum Mehrbedarf und zu dessen Gründen beizufügen.

86 Nach § 42b Abs. 2 SGB XII besteht unter gewissen Voraussetzungen ein Anspruch auf einen Mehrbedarf für die gemeinschaftliche Mittagsverpflegung in den dort genannten Einrichtungen. Da die Vorschrift aus dem Bereich der Grundsicherung im Alter und bei Erwerbsunfähigkeit stammt, gilt der Kenntnisgrundsatz des § 18 SGB XII nicht, sondern es bedarf eines gesonderten Antrags (§ 44 Abs. 1 Satz 1 SGB XII).

3.8 Sachleistungen bei Alkohol- und Drogensucht

87 Solange sich Leistungsberechtigte nach dem SGB II als ungeeignet erweisen, die erhaltenen Mittel auch wirklich zur Deckung des Lebensunterhalts einzusetzen, besteht nach § 24 Abs. 2 SGB II die Möglichkeit für das Jobcenter, das Bürgergeld bis zur Höhe des Regelbedarfs für den Lebensunterhalt in voller Höhe oder anteilig in Form von Sachleistungen zu erbringen. Hieran ist insbesondere bei Drogen- oder Alkoholabhängigkeit zu denken, aber auch bei sonstigen Fällen unwirtschaftlichen Verhaltens.

Tipp:

Die Praxis zeigt, dass die Jobcenter selbst nur sehr zögerlich von diesem Mittel Gebrauch machen. Es kann daher vonseiten des gesetzlichen Betreuers unter Umständen angezeigt sein, zum Schutz des Betreuten eine entsprechende Anregung vorzubringen.

88 Auch im Bereich der Kosten für Unterkunft und Heizung kann nach § 22 Abs. 7 SGB II eine Direktzahlung des Jobcenters an den Vermieter bzw. den Energielieferanten veranlasst werden. Im Bereich der Sozialhilfe regelt § 35 Abs. 1 SGB XII Entsprechendes. Siehe dazu ausführlich B 4, Rn. 17 ff.

3.9 Erstausstattung mit Bekleidung

89 Im Rahmen der beiden Grundsicherungssysteme besteht die Möglichkeit eines Anspruchs auf Erstausstattung mit Bekleidung: § 24 Abs. 3 Satz 1 Nr. 2 SGB II bzw. § 31 Abs. 1 Nr. 2 SGB XII. Die Leistungen für solche Bedarfe können als Sachleistung oder als (ggf. auch pauschale) Geldleistung erbracht werden. Im Bereich des SGB II bedarf es dafür eines gesonderten Antrags an das Jobcenter (§ 37 Abs. 1 Satz 2 SGB II), im Bereich der Sozialhilfe gilt der Kenntnisgrundsatz des § 18 Abs. 1 SGB XII (im Fall der Grundsicherung im Alter und bei Erwerbsminderung ist nach § 44 Abs. 1 Satz 2 SGB XII aber ein gesonderter Antrag nötig).

Systemverständnis:

Die Betonung liegt auf dem Wortteil *Erst*-Ausstattung: Bei den meisten Leistungsberechtigten handelt es sich aber nicht um Erstausstattung, sondern um Ersatzausstattung, die den Zuschuss nicht auslöst, da hier erwartet wird, dass für solche Anschaffungen Ansparungen erfolgen. Eine echte Erstausstattung liegt daher meist nur in atypischen Fällen vor (z. B. bei extremen Gewichtsveränderungen aus gesundheitlichen Gründen oder bei der Vernichtung des gesamten Hab und Guts nach einem Wohnungsbrand).

Tipp:

Sofern es sich nicht um Erstausstattung handelt, kann ggf. ein Antrag auf eine zumindest darlehensweise Kostenübernahme nach § 24 Abs. 1 SGB II gestellt werden.

3.10 Anschaffung und Reparatur orthopädischer Schuhe, Reparaturen und Miete therapeutischer Geräte

§ 24 Abs. 3 Satz 1 Nr. 3 SGB II und § 31 Abs. 1 Nr. 3 SGB XII gewähren Zuschüsse für die Anschaffung und Reparatur von orthopädischen Schuhen, für Reparaturen von therapeutischen Geräten und Ausrüstungen sowie für die Miete von therapeutischen Geräten. 90

Systemverständnis:
Ansprüche sind aufgrund des Nachrangprinzips der Grundsicherungssysteme nur denkbar, wenn die betreffenden Aufwendungen nicht von anderen Leistungsträgern erbracht werden können. Hierbei ist vor allem an die Kranken- und Pflegekassen zu denken, aber auch andere Träger kommen in Betracht.

Im Bereich des SGB II bedarf es eines gesonderten Antrags an das Jobcenter (§ 37 Abs. 1 Satz 2 SGB II), im Bereich der Sozialhilfe gilt der Kenntnisgrundsatz des § 18 Abs. 1 SGB XII (im Fall der Grundsicherung im Alter und bei Erwerbsminderung ist nach § 44 Abs. 1 Satz 2 SGB XII aber ein gesonderter Antrag nötig). 91

3.11 Leistungen zur Förderung der Verständigung

Das Teilhaberecht enthält in § 82 SGB IX auch Leistungen für Menschen mit Hör- und Sprachbehinderungen (nicht: Sehbehinderungen; dazu nachfolgend Rn. 96) zur Förderung der Verständigung mit der Umwelt, wozu auch Hilfen durch Gebärdensprachdolmetscher und andere geeignete Kommunikationshilfen gehören. Nachdem das Teilhaberecht keine eigenen Ansprüche gewährt, wird diese Regelung durch andere Leistungsgesetze konkretisiert. Zu nennen sind etwa die sog. „Türöffner-Normen" des § 66 Abs. 1 SGB XIV (Soziales Entschädigungsrecht), § 39 Abs. 1 Nr. 2 SGB VII (Gesetzliche Unfallversicherung), der §§ 9, 16 EinglHV (Eingliederungsrecht) sowie des § 35a Abs. 3 SGB VIII (Jugendhilfe). 92

Speziell im Hinblick auf die Kommunikation mit Behörden ist neben den Erleichterungen im Verwaltungsverfahren nach § 19 SGB X insbesondere an die Möglichkeiten durch §§ 6, 9, 11 BGG (sowie aus den Landesgleichstellungsgesetzen) zu denken (siehe Rn. 98 ff.). 93

3.12 (Technische) Hilfsmittel

Für andere Behinderungen als Hör- und Sprachstörungen sieht § 84 SGB IX eine Hilfsmittelversorgung vor, soweit diese erforderlich ist, um eine durch die Behinderung bestehende Einschränkung einer gleichberechtigten Teilhabe am Leben in der Gemeinschaft auszugleichen. Hierzu gehören insbesondere barrierefreie Computer. 94

Auch hier gilt nichts anderes als bei § 82 SGB IX: Eigene Ansprüche erwachsen daraus nicht, hierfür sind die jeweiligen Einzelgesetze der Leistungsträger maßgebend. Zudem besteht ein grundsätzliches Nachrangprinzip bezüglich anderer Leistungsmöglichkeiten. 95

3.13 Gleichstellung von Menschen mit Behinderungen – Einzelmaßnahmen nach dem BGG

Das 2002 in Kraft getretene Gesetz zur Gleichstellung von Menschen mit Behinderungen (BGG) wurde zwischenzeitlich mehrfach geändert. So wurden etwa der Begriff der Behinderung und das Benachteiligungsverbot an die UN-Behindertenrechtskonvention (UN-BRK) angepasst. 96

Grundlegend wichtig für das Verständnis ist, dass sich das BGG im Wesentlichen nur an die Träger öffentlicher Gewalt im Bereich der Bundesbehörden richtet. Demgegenüber gibt es auf der Ebene der Landesbehörden eigene Landesgleichstellungsgesetze. 97

B

Hinweis:

Die Gleichstellungsgesetze der Bundesländer sind nicht zwingend gleichlautend. Vielmehr gibt es dort abweichende Vorschriften, sodass ein Blick in die jeweiligen Normen unabdingbar ist, zumal die meisten Menschen deutlich öfter mit Landes- als mit Bundesbehörden in Kontakt sind.

Systemverständnis:

Auch das AGG will Benachteiligungen wegen Behinderung vermeiden und sanktionieren. Allerdings richtet sich dieses Gesetz generell nicht an Träger öffentlicher Gewalt, sondern an die Privatwirtschaft. Gleichwohl wäre es verfehlt, anzunehmen, das BGG stelle das Gegenstück zum AGG auf Staatsebene dar; vielmehr verfolgen beide Gesetze völlig unterschiedliche Ansätze. Lediglich das Benachteiligungsverbot in § 7 Abs. 1 BGG geht in dieselbe Richtung wie das entsprechende Verbot aus § 7 AGG.

98 Der Kerngedanke des BGG ist – neben dem allgemeinen Benachteiligungsverbot aus § 7 BGG – der Abbau von Barrieren und Hemmnissen für Menschen mit Behinderungen:

Norm des BGG	Maßnahme zum Abbau von Barrieren
§ 8	Herstellung von Barrierefreiheit in den Bereichen Bau und Verkehr
§ 9	Recht auf Verwendung von Gebärdensprache und anderen Kommunikationshilfen
§ 10	(Barrierefreie) Gestaltung von Bescheiden und Vordrucken
§ 11	Verständlichkeit und leichte Sprache
§§ 12 ff.	Barrierefreie Informationstechnik
§§ 12e ff.	Regelungen für die Hilfe durch Assistenzhunde

99 Bei Durchsicht dieser Normen fällt zunächst gleich ins Auge, dass nicht jede Vorschrift auch unbedingt einklagbare Ansprüche bereithält.

100 Manche der Vorschriften enthalten allerdings durchaus (gebundene) Ansprüche, so etwa § 9 Abs. 1 BGG im Hinblick auf das Recht, mit Trägern öffentlicher Gewalt im Verwaltungsverfahren in deutscher Gebärdensprache, mit lautsprachbegleitenden Gebärden oder mithilfe anderer geeigneter Kommunikationshilfen zu kommunizieren; die Kosten hierfür sind von der Behörde zu tragen. Konkretisiert wird dieses Recht durch die nach Absatz 2 ergangene Kommunikationshilfen-VO des Bundes. Im Hinblick auf die Umsetzung barrierefreier Informationstechnik nach §§ 12 ff. BGG ist zudem die sog. Barrierefreie-Informationstechnik-Verordnung (BITV) zu beachten.

101 Andere Vorschriften enthalten dagegen nur Sollbestimmungen, etwa § 8 Abs. 1 BGG zur barrierefreien Gestaltung von Neu-, Um- und Erweiterungsbauten oder § 11 BGG zur Abfassung von Bescheiden und Schreiben in einfacher und verständlicher Sprache.

102 Dass der Weg zu echter Barrierefreiheit ein langer ist, weiß auch der Gesetzgeber. Das BGG enthält daher einige weitere Maßnahmen, um das gesetzliche Ziel zu erreichen. So wurde nach § 13 BGG eine Bundesfachstelle für Barrierefreiheit eingerichtet, deren Hauptaufgabe im Wesentlichen die Beratung ist. Weiter werden auf Basis des § 17 BGG Beauftragte für die Belange von Menschen mit Behinderungen bestellt (zu den Aufgaben vgl. § 18 BGG); hier ist nach § 16 BGG zudem die Schlichtungsstelle zur außergerichtlichen Streitbeilegung angesiedelt.

Hinweise:

Flankierend wurde in §§ 14 ff. BGG auch eine Verbands-Rechtsschutzmöglichkeit installiert. So können zugelassene Verbände bei bestimmten Verstößen gegen das BGG in verwaltungs- oder sozialrechtlichen Verfahren im Einverständnis mit dem Betroffenen Rechtsschutz beantragen (§ 14 BGG). Nach § 15 BGG besteht in den dort bezeichneten Fällen die Möglichkeit einer Feststellungsklage seitens zugelassener Verbände (Verbandsklagerecht).

Systemverständnis:

Allerdings besteht diese Befugnis nicht schrankenlos; vielmehr ist eine Klage nur zulässig, wenn der Verband durch die Maßnahme oder das Unterlassen in seinem satzungsgemäßen Aufgabenbereich berührt wird und zuvor ein Schlichtungsstellenverfahren gescheitert ist (§ 15 Abs. 2 BGG). Soweit ein Mensch mit Behinderung selbst seine Rechte durch eine Gestaltungs- oder Leistungsklage verfolgen kann oder hätte verfolgen können, kann eine Verbandsklage nur erhoben werden, wenn der Verband geltend macht, dass es sich bei der Maßnahme oder dem Unterlassen um einen Fall von allgemeiner Bedeutung handelt (insbesondere bei einer Vielzahl gleich gelagerter Fälle).

Evelyn Stadler

Pflege

B

1. Pflegeleistungen nach dem SGB XI

1 Die Soziale Pflegeversicherung wurde 1995 (Inkrafttreten am 1.1.1995) als neuer und eigenständiger Sozialversicherungszweig eingeführt. Bis dahin war das Risiko der Pflegebedürftigkeit als allgemeines Lebensrisiko nur unzureichend von den anderen Sozialversicherungszweigen abgedeckt und größtenteils dem Auffangsystem der Sozialhilfe zugewiesen.

2 Jedoch kann auch durch die Einführung der sozialen Pflegeversicherung eine Vollabsicherung des Pflegerisikos nicht garantiert werden. Vor allem bei stationärer Pflege und den damit verbundenen hohen Kosten stellen die Leistungen der Pflegeversicherung lediglich eine Zuzahlung dar. Umgangssprachlich wird die Soziale Pflegeversicherung daher auch als „Teilkaskoversicherung" bezeichnet. Durch die hohen finanziellen Belastungen, vor allem im Bereich der stationären Pflege, kommt es in Fällen, in denen ein geringes Einkommen und Vermögen des Pflegebedürftigen besteht, häufig trotz Leistungen der Pflegeversicherung zur Sozialhilfebedürftigkeit.

Hintergrundwissen:

Aufgrund des demografischen Wandels dürfte die Absicherung des Pflegebedürftigkeitsrisikos weiter an Bedeutung gewinnen. Nach aktuellen Zahlen leben in Deutschland rund 5,7 Millionen Pflegebedürftige – Tendenz weiter steigend. Der Großteil der Pflegebedürftigen in Deutschland wird zu Hause versorgt. Meist erfolgt die Pflege durch pflegende Angehörige. Häufig unterstützt sie dabei ein ambulanter Pflegedienst. Bewohner in Pflegeheimen machen rund ein Fünftel der pflegebedürftigen Menschen in Deutschland aus (Quelle: Statistisches Bundesamt).

Systemverständnis:

Die Leistungen der Pflegeversicherung bilden den Kern des SGB XI, hier ist aber stets mit in den Blick zu nehmen, wer überhaupt leistungsberechtigt ist:

§§ 14 ff. SGB XI legen im ersten Schritt anhand der Frage der Pflegebedürftigkeit den leistungsberechtigten Personenkreis fest.

§§ 28 ff. SGB XI beschäftigen sich in einem zweiten Schritt mit den einzelnen Leistungen der Pflegeversicherung, die für den leistungsberechtigten Personenkreis zur Verfügung stehen.

2a Am 1.7.2023 ist das Pflegeunterstützungs- und -entlastungsgesetz (PUEG) in Kraft getreten, das darauf abzielt, die Leistungen der sozialen Pflegeversicherung zu verbessern. Dieses Gesetz hat unter anderem zu höheren Leistungsbeträgen und seit 1.7.2025 zum gemeinsamen Jahresbetrag für Verhinderungs- und Kurzzeitpflege geführt.

2b Hinzu kommt das Gesetz zur Befugniserweiterung und Entbürokratisierung (BEEP) in der Pflege, das zum 1.1.2026 in Kraft getreten ist. Es stärkt insbesondere die Rolle von Pflegefachpersonen, vereinfacht Beratungs- und Abrechnungsverfahren und enthält einzelne leistungsrechtliche Anpassungen.

1.1 Versichertenkreis

3 § 1 Abs. 2 Satz 1 SGB XI beschreibt den in §§ 20 ff. SGB XI detailliert geregelten Versichertenkreis, das heißt all diejenigen Personen, die in der sozialen Pflegeversicherung versichert sind.

4 Gegen das Risiko der Pflegebedürftigkeit sind zunächst alle Mitglieder der gesetzlichen Krankenversicherung versichert, somit:

Norm	Versichertenkreis
§ 22 SGB XI	Pflichtmitglieder und freiwillige Mitglieder der gesetzlichen Krankenversicherung
§ 25 SGB XI	Familienversicherte, das heißt Angehörige (Ehegatte, Kinder, Lebenspartner) der Mitglieder
§ 23 SGB XI	privat Versicherte (ebenfalls verpflichtet, eine private Pflegeversicherung abzuschließen)
§ 21 SGB XI	Gruppen von Sozialleistungsbeziehern, die über keinen Krankenversicherungsschutz im engeren Sinne verfügen
§ 20 Abs. 1 Nr. 12 SGB XI	Auffangversicherungspflicht für all diejenigen, die ansonsten überhaupt keine Ansprüche im Krankheitsfall haben

Somit ist die gesamte Bevölkerung gegen das Risiko der Pflegebedürftigkeit abgesichert. 5

Diese Risikoabsicherung wird unter anderem durch die Erhebung von Beiträgen finanziert. Die 6
Beiträge werden nach einem bestimmten Beitragssatz erhoben, § 54 Abs. 2 SGB XI. Dieser wiederum ist in § 55 SGB XI näher definiert.

Welche Einnahmen überhaupt beitragspflichtig sind, richtet sich nach § 57 SGB XI. 7

Wer – ggf. zu welchen Anteilen – zur Beitragstragung verpflichtet ist, richtet sich nach §§ 58 8
und 59 SGB XI. Bei jenen Versicherten, die nach § 20 Abs. 1 Satz 2 Nr. 1 und 12 SGB XI versicherungspflichtig beschäftigt und in der gesetzlichen Krankenversicherung pflichtversichert sind, tragen diese und ihre Arbeitgeber die Beiträge jeweils zur Hälfte, § 58 Abs. 1 Satz 1 SGB XI. § 59 SGB XI regelt dagegen umfassend die Beitragstragung für die sonstigen Mitglieder, also jene, die nicht bereits über § 58 SGB XI erfasst sind:

	Mitgliedsart	Beitragstragung durch:
§ 59 Abs. 1 Satz 1 SGB XI	die nach § 20 Abs. 1 Satz 2 Nr. 2 bis 12 SGB XI versicherten Mitglieder, die in der gesetzlichen Krankenversicherung pflichtversichert sind (§ 5 SGB V)	... den Versicherten allein, z. B.: • Beiträge aus Versorgungsbezügen, aus Arbeitseinkommen, aus fingierten beitragspflichtigen Einnahmen der Studenten, Beiträge für Versicherungspflichtige nach § 5 Abs. 1 Nr. 13 SGB V (vgl. § 250 SGB V) • Beiträge aus Renten der gesetzlichen Rentenversicherung
		... einen Dritten allein, z. B.: • Rehabilitationsträger: Beiträge, die aufgrund einer Teilnahme an Leistungen zur Teilhabe am Arbeitsleben sowie an Berufsfindung oder Arbeitserprobung oder des Bezugs von Übergangsgeld, Verletztengeld oder Versorgungskrankengeld zu zahlen sind • Einrichtungsträger: Beiträge für nach § 5 Abs. 1 Nr. 5 SGB V versicherungspflichtige Jugendliche sowie für nach § 5 Abs. 1 Nr. 7 oder 8 SGB V versicherungspflichtige Menschen mit Behinderungen (wenn das tatsächliche Arbeitsentgelt den nach § 235 Abs. 3 SGB V maßgeblichen Mindestbetrag nicht übersteigt) • Künstlersozialkasse: Beiträge für nach dem KSVG versicherungspflichtige Mitglieder • Bund: Beiträge für Wehrdienst- und Zivildienstleistende (im Fall des § 193 Abs. 2 und 3 SGB V) • Bund: Beiträge für nach § 5 Abs. 1 Nr. 2a SGB V versicherungspflichtige Bezieher von Bürgergeld • Bundesagentur für Arbeit: Beiträge für Bezieher von Arbeitslosen- und Unterhaltsgeld nach dem SGB III

B

	Mitgliedsart	Beitragstragung durch:
		• geistliche Genossenschaft/religiöse Gemeinschaft: Beiträge für Personen, die als nicht satzungsmäßige Mitglieder geistlicher Genossenschaften oder ähnlicher religiöser Gemeinschaften für den Dienst in einer solchen Genossenschaft oder ähnlichen religiösen Gemeinschaft außerschulisch ausgebildet werden • Einrichtungsträger: Beiträge für Auszubildende, die in einer außerbetrieblichen Einrichtung im Rahmen eines Berufsausbildungsvertrags nach dem BBiG ausgebildet werden • landwirtschaftliche Unternehmer: Beiträge nach § 42 Abs. 1 KVLG 1989 für die nach dem KVLG 1989 versicherungspflichtigen mitarbeitenden Familienangehörigen • Leistungsträger: Beiträge nach §§ 40 Abs. 1, 42 Abs. 1 oder 46 KVLG 1989 während des Bezugs von Übergangsgeld, Verletztengeld oder Versorgungskrankengeld
§ 59 Abs. 1 Satz 2 SGB XI	• Rentenbezieher nach dem Gesetz der Alterssicherung für Landwirte, die nach § 20 Abs. 1 Satz 2 Nr. 3 ALG versichert sind • Versicherungspflichtige nach § 14 Abs. 4 Satz 1 FELEG i. V. m. § 20 Abs. 1 Satz 2 Nr. 3 SGB XI, die Produktionsaufgaberenten oder ein Ausgleichsgeld beziehen	... den Versicherten allein
§ 59 Abs. 2 SGB XI	Krankengeldbezieher	Grundsatz: Tragung je zur Hälfte von Krankenkassen und Leistungsbezieher Ausnahme: Tragung durch Krankenkassen allein, wenn: Krankengeld in Höhe der Leistungen der Bundesagentur für Arbeit erbracht wird (vgl. § 47b SGB V) oder das zugrunde liegende monatliche Arbeitsentgelt die Geringfügigkeitsgrenze nicht übersteigt
	Organspender (Beiträge aus Krankengeld oder aus Ersatzleistungen für den Ausfall von Arbeitseinkünften)	Krankenkasse des Organempfängers bzw. sonstigen Kostenträger der Transplantation
	Blutspender (Beiträge aus Krankengeld oder aus Ersatzleistungen für den Ausfall von Arbeitseinkünften)	Krankenkasse des Blutspendeempfängers oder sonstigen Kostenträger der Maßnahme
§ 59 Abs. 3 SGB XI	Leistungsempfänger, die nach § 21 Nr. 1 bis 5 SGB XI versichert sind	Leistungsträger

	Mitgliedsart	Beitragstragung durch:
§ 59 Abs. 4 SGB XI	• versicherungspflichtige Soldaten auf Zeit, § 21 Nr. 6 SGB XI • versicherte Mitglieder von Solidargemeinschaften, § 21a Abs. 1 Satz 1 SGB XI • freiwillig versicherte Mitglieder der gesetzlichen Krankenversicherung, § 20 Abs. 3 SGB XI • Fälle des Fortbestands der Mitgliedschaft gemäß § 49 Abs. 2 SGB XI und der freiwilligen Mitgliedschaft durch Weiterversicherung nach § 26a SGB XI oder durch Beitritt nach § 26b SGB XI	Grundsatz: Tragung durch Mitglieder allein Ausnahme: § 59 Abs. 4 Satz 2 Nr. 1 und 2 SGB XI

Der Beitragszuschlag für Kinderlose nach § 55 Abs. 3 SGB XI ist aber unabhängig von den in §§ 58, 59 SGB XI aufgestellten Regelungen zur Beitragstragung von den Versicherten allein zu tragen, vgl. §§ 58 Abs. 1 Satz 3, 59 Abs. 5 SBG XI. 9

In den verschiedenen Sozialgesetzbüchern sind teils weitere Regelungen zur Beitragstragung enthalten, so etwa für Fälle, in denen der Versicherte seinen Beitrag bzw. Beitragsanteil nicht leisten kann und dieser dann unter bestimmten Voraussetzungen durch den entsprechenden Grundsicherungsträger übernommen wird (vgl. hierzu § 26 SGB II oder § 32 SGB XII). 10

Aktuell beträgt der allgemeine Beitragssatz zur sozialen Pflegeversicherung 3,6 % der beitragspflichtigen Einnahmen. Kinderlose Versicherte ab Vollendung des 23. Lebensjahres zahlen zusätzlich einen Beitragszuschlag von 0,6 Prozentpunkten, insgesamt also 4,2 %. Für Versicherte mit mehreren Kindern unter 25 Jahren gelten gestaffelte Beitragsabschläge. Arbeitgeber und Arbeitnehmer tragen den allgemeinen Beitrag grundsätzlich hälftig; der Kinderlosenzuschlag wird allein vom Arbeitnehmer getragen. 10a

1.2 Begriff der Pflegebedürftigkeit

Pflegebedürftig sind Personen, die gesundheitlich bedingte Beeinträchtigungen der Selbstständigkeit oder der Fähigkeiten aufweisen und deshalb der Hilfe durch andere bedürfen. Es muss sich um Personen handeln, die körperliche, kognitive oder psychische Beeinträchtigungen oder gesundheitlich bedingte Belastungen oder Anforderungen nicht selbstständig kompensieren oder bewältigen können (vgl. § 14 Abs. 1 SGB XI). 11

Ist Pflegebedürftigkeit im Einzelfall gegeben, gehört der Versicherte zum leistungsberechtigten Personenkreis (§§ 14 ff. SGB XI), das heißt, es können dem Grunde nach Leistungen der Pflegeversicherung (§§ 28 ff. SGB XI) in Anspruch genommen werden. 12

Seit Einführung der sozialen Pflegeversicherung hat sich der Pflegebedürftigkeitsbegriff verändert. So knüpfte der Pflegebedürftigkeitsbegriff früher an physische Krankheitsbilder an und orientierte sich hinsichtlich des Ausmaßes der Pflegebedürftigkeit am Verrichtungsaufwand, den sogenannten „Pflegeminuten“. Hier erfolgte eine weitgehende Ausblendung psychischer Leiden, sodass z. B. Erkrankungen mit kognitiven Einschränkungen wie die Altersdemenz und deren Folgen nicht berücksichtigt wurden. 13

14 Seit Einführung des neuen Pflegebedürftigkeitsbegriffs am 1.1.2017 orientiert sich dieser am Ausmaß der Einschränkungen in Bezug auf die Selbstständigkeit und die Alltagsfähigkeiten.

Systemverständnis:

Der Pflegebedürftigkeitsbegriff erschließt sich wie folgt: § 14 SGB XI bestimmt, in welchen „Modulen", also welchen Lebensbereichen, Beeinträchtigungen der Selbstständigkeit von Bedeutung sind. § 15 SGB XI regelt das Ausmaß, also die Frage, wie stark die Fähigkeiten des Betroffenen im Einzelfall eingeschränkt sind und was daraus folgt.

15 Maßgeblich für das Vorliegen von Pflegebedürftigkeit bei Erwachsenen sind gesundheitliche Beeinträchtigungen der Selbstständigkeit oder der Alltagsfähigkeiten. Welche Beeinträchtigungen der Selbstständigkeit oder der Alltagsfähigkeiten mitentscheidend sein können, ist in den sog. Begutachtungsrichtlinien festgelegt. Mit dem Ziel, eine einheitliche Rechtsanwendung zu fördern, die pflegefachlichen Inhalte des Begutachtungsinstruments nach § 15 SGB XI und das Verfahren zur Feststellung der Pflegebedürftigkeit nach § 18 SGB XI zu konkretisieren, hat der Gesetzgeber den Medizinischen Dienst Bund über § 17 Abs. 1 Satz 1 SGB XI ermächtigt, Begutachtungsrichtlinien (online abrufbar) auszuarbeiten.

16 Zur Beurteilung des Vorliegens bzw. des Ausmaßes der Pflegebedürftigkeit ist die Selbstständigkeit in verschiedenen Lebensbereichen zu beurteilen:

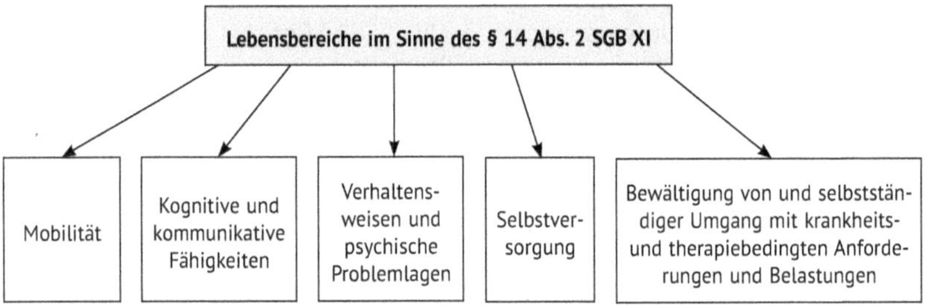

17 Näheres zu den Modulen und deren Inhalten folgt unter Rn. 40.

18 Die Einteilung in jene genannten Lebensbereiche, die sowohl die physischen als auch etwaige psychische/neurologische Einschränkungen mit in den Blick nehmen, ermöglicht es daher – anders als bei den früheren Pflegestufen – ein möglichst umfassendes Bild der noch vorhandenen Fähigkeiten bzw. des noch vorhandenen Grads der Selbstständigkeit zu zeichnen.

19 Dabei ist es für die Beurteilung der Selbstständigkeit irrelevant, welches Ausmaß an personeller Unterstützung die pflegebedürftige Person tatsächlich erhält.

20 Die nach den vorgegebenen Kriterien festgestellte Pflegebedürftigkeit muss auf Dauer, also voraussichtlich für mindestens sechs Monate, und mit mindestens der in § 15 SGB XI festgelegten Schwere vorgelegen haben. Bei der Beurteilung, ob eine dauerhafte Pflegebedürftigkeit vorliegt, ist vom Zeitpunkt des Eintritts der Hilfebedürftigkeit auszugehen, der Zeitpunkt der Antragstellung ist hierbei nicht relevant. Das Datum der Antragstellung hat dabei lediglich Bedeutung für die Festlegung des möglichen Leistungsbeginns.

Tipp:

Auch vor Ablauf von sechs Monaten kann eine Entscheidung getroffen werden, wenn vorhersehbar ist, dass der Zustand der Pflegebedürftigkeit mindestens sechs Monate andauern wird. Eine Pflegebedürftigkeit auf Dauer ist auch gegeben, wenn der personelle

Unterstützungsbedarf nur deshalb nicht sechs Monate andauert, weil die verbleibende Lebensspanne voraussichtlich weniger als sechs Monate beträgt.

Das Ausmaß der konkreten Pflegebedürftigkeit wird sodann in Pflegegraden bemessen (siehe Rn. 37). 21

1.3 Antrags- und Feststellungsverfahren

Das Ausmaß der Pflegebedürftigkeit kann in fünf Pflegegraden zum Ausdruck gebracht werden. 22 Ob überhaupt ein Pflegegrad vorliegt bzw. welcher das Ausmaß der individuellen Pflegebedürftigkeit korrekt wiedergibt, ist im Rahmen eines Antrags- und Feststellungsverfahrens durch die zuständige Pflegekasse zu klären. Dabei wird die Pflegekasse jedoch nicht von sich aus tätig, sondern nur auf Antrag.

1.3.1 Antragsverfahren

Die Leistungen der sozialen Pflegeversicherung können nur auf Antrag gewährt werden. Der 23 Antrag selbst ist nicht formgebunden, das heißt, selbst eine telefonische oder per E-Mail erfolgte Antragstellung reicht aus. Hilfestellung können Pflegestützpunkte oder Pflegeberater bieten.

Tipp:

Pflegestützpunkte (vgl. § 7c SGB XI) der Kranken- und Pflegekassen bieten Hilfesuchenden Beratung und Unterstützung bei der Antragstellung und allgemeinen Fragen. Im Pflegestützpunkt soll auf Wunsch das gesamte Leistungsspektrum für Pflegebedürftige koordiniert werden. Das Zentrum für Qualität in der Pflege stellt eine Datenbank zur Verfügung, die online abrufbar ist und die nächsten Pflegestützpunkte listet.

Eine individuelle Beratung und Hilfestellung kann auch über die Pflegeberatung nach § 7a SGB XI erreicht werden.

Der Antrag ist vom Versicherten oder seinem Vertreter (z. B. gesetzlichen Betreuer) zu stellen. 24

Bei Antragstellung besteht keine Verpflichtung, Befundberichte oder sonstige Dokumente zur 25 Untermauerung der Pflegebedürftigkeit vorzulegen. Die Pflegekasse ist im Rahmen des Verfahrens ohnehin verpflichtet, den Sachverhalt umfassend zu ermitteln (§ 20 SGB X).

In vielen Fällen wird es sich aber anbieten, im Rahmen des von der Pflegekasse nach 26 Antragstellung zugesandten Antragsformulars bzw. im Rahmen eigener Schilderungen kurz darzulegen, aus welchen Gründen sich die Pflegebedürftigkeit und deren Ausmaß ergeben soll.

Wenn schon ein Pflegegrad besteht, jedoch Anhaltspunkte dafür vorliegen, dass dieser 27 womöglich die Situation des Pflegebedürftigen nicht mehr korrekt wiedergibt, ist es Zeit, einen Antrag auf Höherstufung bei der zuständigen Pflegekasse zu stellen. Auch hierfür gelten die dargestellten Grundsätze: Ein solcher Antrag ist jederzeit formlos möglich. Es ist sicherlich hilfreich, die Hintergründe für die Antragstellung nachvollziehbar darzulegen und ggf. bereits Befundberichte oder plausibilisierende Unterlagen mit vorzulegen.

Tipp:

Sobald der Eindruck entsteht, dass der Versicherte pflegebedürftig im Sinne des SGB XI sein könnte, empfiehlt es sich, den Antrag frühzeitig zu stellen. Denn: Sämtliche Leistungen werden frühestens ab Antragstellung gewährt. Dies gilt auch dann, wenn die weiteren Anspruchsvoraussetzungen bereits vor der Antragstellung bestanden haben (vgl. § 33 Abs. 1 Satz 3 SGB XI).

28 Für die Beantragung eines Pflegegrads ist stets zu beachten: Der Versicherte, der Leistungen der Pflegeversicherung erhalten will, muss mindestens zwei Jahre innerhalb der vergangenen zehn Jahre in die soziale Pflegeversicherung eingezahlt haben (Vorversicherungszeit). Bei pflegebedürftigen Kindern gilt die Bedingung als erfüllt, wenn mindestens ein Elternteil entsprechend eingezahlt hat (vgl. § 33 Abs. 2 SGB XI).

29 Die Pflegekasse entscheidet durch Bescheid, sobald der Sachverhalt entsprechend ermittelt wurde und medizinisch (Gutachten durch den Medizinischen Dienst – MD) gewürdigt wurde. Dabei ist die Pflegekasse nicht an die Einschätzung des MD gebunden.

1.3.2 Begutachtung und Begutachtungsrichtlinien

30 Zur Feststellung des Vorliegens und des Ausmaßes der Pflegebedürftigkeit und damit zur Klärung der Frage der Leistungsberechtigung bedienen sich die Pflegekassen der Hilfe des MD oder unabhängiger Gutachter.

31 Dieser führt für die Pflegekasse eine Begutachtung durch. Der Versicherte ist grundsätzlich in seinem Wohnbereich zu untersuchen (§ 18a Abs. 2 Satz 1 SGB XI). Ausnahmsweise kann dies nach § 18a Abs. 2 Satz 5 SGB XI unterbleiben, wenn

- aufgrund einer eindeutigen Aktenlage das Ergebnis der medizinischen Untersuchung bereits feststeht oder
- die Voraussetzungen der Pflegebedürftigkeit erfüllt sind,
- bei einer Krisensituation von nationaler Tragweite oder – bezogen auf den Aufenthaltsort des Versicherten – von regionaler Tragweite der Antrag auf Pflegeleistungen während der Krisensituation gestellt wird oder ein Untersuchungstermin, der bereits vereinbart war, in den Zeitraum einer Krisensituation fällt.

32 Die Begutachtung wird nach den durch das SGB XI in Zusammenschau mit den Richtlinien des GKV-Spitzenverbandes zur Feststellung der Pflegebedürftigkeit (sog. Begutachtungsrichtlinien, siehe oben) durchgeführt.

1.3.3 Pflegegrade – Abgrenzung zu den früheren Pflegestufen

33 Zum 1.1.2017 wurden die alten (bisher drei) Pflegestufen auf das neue System der (fünf) Pflegegrade umgestellt.

Systemverständnis:
Diese Änderungen basieren auf den sog. Pflegestärkungsgesetzen, die bereits 2015 in Teilen in Kraft getreten sind (Erstes Pflegestärkungsgesetz (PSG I)) und seit 2017 vollständig anzuwenden sind (Zweites Pflegestärkungsgesetz (PSG II)). Im Dezember 2016 wurde das Dritte Pflegestärkungsgesetz (PSG III) verkündet, das zum 1.1.2017 in Kraft getreten ist.

34 Hierdurch ist im Gegensatz zu früher nicht mehr entscheidend, welcher zeitliche Aufwand mit der täglichen Pflege einhergeht, sondern welcher Grad der Selbstständigkeit (noch) vorliegt.

35 Die Selbstständigkeit der einzelnen pflegebedürftigen Person und deren Fähigkeiten werden hierdurch stärker in den Blick genommen. Menschen mit psychischen oder neurologischen Erkrankungen (Demenz o. Ä.) können nun besser erfasst werden.

Systemverständnis:
Entscheidend ist also der tatsächlich vorhandene Grad der Selbstständigkeit. Entgegen der Auffassung vieler Pflegebedürftiger bzw. deren Angehöriger ist dabei nicht relevant, wie viele Erkrankungen bzw. Diagnosen vorliegen. Entscheidend ist allein, wie sehr die Selbstständigkeit beeinträchtigt ist. Das im Lauf des Antragsverfahrens weitere Benennen

von Erkrankungen kann nur relevant sein, wenn hierdurch nachgewiesen wird, dass der Grad der Selbstständigkeit durch diese Erkrankungen noch stärker beeinträchtigt wird als zunächst gedacht.

Bis zur Einführung des neuen Pflegebedürftigkeitsbegriffs wurde das Ausmaß der Pflegebe- 36
dürftigkeit in drei Stufen, die sog. Pflegestufen, unterteilt. Statt drei Pflegestufen gibt es seit der Novellierung nun fünf Pflegegrade, mit denen der Pflegebedarf individueller ermittelt werden kann.

Diese sind: 37

- **Pflegegrad 1:** geringe Beeinträchtigung der Selbstständigkeit (ehemals Pflegestufe 0)
- **Pflegegrad 2:** erhebliche Beeinträchtigung der Selbstständigkeit (ehemals Pflegestufe 1 (ohne eingeschränkte Alltagskompetenz) bzw. Pflegestufe 0 (mit eingeschränkter Alltagskompetenz))
- **Pflegegrad 3:** schwere Beeinträchtigung der Selbstständigkeit (ehemals Pflegestufe 2 (ohne eingeschränkte Alltagskompetenz) bzw. Pflegestufe 1 (mit eingeschränkter Alltagskompetenz))
- **Pflegegrad 4:** schwerste Beeinträchtigung der Selbstständigkeit (ehemals Pflegestufe 3 (ohne eingeschränkte Alltagskompetenz) bzw. Pflegestufe 2 (mit eingeschränkter Alltagskompetenz))
- **Pflegegrad 5:** schwerste Beeinträchtigung der Selbstständigkeit mit besonderen Anforderungen an die pflegerische Versorgung (ehemals Pflegestufe 3 mit Härtefallregelung)

Diese Pflegegrade lösen die Pflegestufen vollständig ab und werden nach einem neuen 38
Begutachtungsverfahren zugeteilt. Je höher der Pflegegrad, desto umfangreicher können die zu gewährenden Leistungen sein.

Ausschlaggebend für die Einstufung in einen Pflegegrad sind insgesamt sechs festgelegte 39
Kriterien (sog. Module), die während der Begutachtung (durch den MD) überprüft werden. Für jedes dieser Module werden Punkte vergeben. Je geringer die Selbstständigkeit, desto höher die zu vergebende Punktzahl.

Diese Module sind (§ 14 Abs. 2 SGB XI): 40

Mobilität	Positionswechsel im Bett, Halten einer stabilen Sitzposition, Umsetzen, Fortbewegen innerhalb des Wohnbereichs, Treppensteigen
Kognitive und kommunikative Fähigkeiten	Erkennen von Personen aus dem näheren Umfeld, örtliche Orientierung, zeitliche Orientierung, Erinnern an wesentliche Ereignisse oder Beobachtungen, Steuern von mehrschrittigen Alltagshandlungen, Treffen von Entscheidungen im Alltagsleben, Verstehen von Sachverhalten und Informationen, Erkennen von Risiken und Gefahren, Mitteilen von elementaren Bedürfnissen, Verstehen von Aufforderungen, Beteiligen an einem Gespräch
Verhaltensweisen und psychische Problemlagen	motorisch geprägte Verhaltensauffälligkeiten, nächtliche Unruhe, selbstschädigendes und autoaggressives Verhalten, Beschädigung von Gegenständen, physisch aggressives Verhalten gegenüber anderen Personen, verbale Aggression, andere pflegerelevante vokale Auffälligkeiten, Abwehr pflegerischer und anderer unterstützender Maßnahmen, Wahnvorstellungen, Ängste, Antriebslosigkeit bei depressiver Stimmungslage, sozial inadäquate Verhaltensweisen, sonstige pflegerelevante inadäquate Handlungen

B

Selbstversorgung	Waschen des vorderen Oberkörpers, Körperpflege im Bereich des Kopfs, Waschen des Intimbereichs, Duschen und Baden einschließlich Waschen der Haare, An- und Auskleiden des Oberkörpers, An- und Auskleiden des Unterkörpers, mundgerechtes Zubereiten der Nahrung und Eingießen von Getränken, Essen, Trinken, Benutzen einer Toilette oder eines Toilettenstuhls, Bewältigen der Folgen einer Harninkontinenz und Umgang mit Dauerkatheter und Urostoma, Bewältigung der Folgen einer Stuhlinkontinenz und Umgang mit Stoma, Ernährung parenteral oder über Sonde, Bestehen gravierender Probleme bei der Nahrungsaufnahme bei Kindern bis zu 18 Monaten, die einen außergewöhnlich pflegeintensiven Hilfebedarf auslösen
Bewältigung von und selbstständiger Umgang mit krankheits- oder therapiebedingten Anforderungen und Belastungen in Bezug auf:	• Medikation, Injektionen, Versorgung intravenöser Zugänge, Absaugen und Sauerstoffgabe, Einreibungen sowie Kälte- und Wärmeanwendungen, Messung und Deutung von Körperzuständen, körpernahe Hilfsmittel • Verbandswechsel und Wundversorgung, Versorgung mit Stoma, regelmäßige Einmalkatheterisierung und Nutzung von Abführmethoden, Therapiemaßnahmen in häuslicher Umgebung • Zeit- und technikintensive Maßnahmen in häuslicher Umgebung, Arztbesuche, Besuch anderer medizinischer oder therapeutischer Einrichtungen, zeitlich ausgedehnte Besuche medizinischer oder therapeutischer Einrichtungen, Besuch von Einrichtungen zur Frühförderung bei Kindern • Einhalten einer Diät oder anderer Krankheits- oder therapiebedingter Verhaltensvorschriften
Gestaltung des Alltagslebens und sozialer Kontakte	Gestaltung des Tagesablaufs und Anpassung an Veränderungen, Ruhen und Schlafen, Sichbeschäftigen, Vornehmen von in die Zukunft gerichteten Planungen, Interaktion mit Personen im direkten Kontakt, Kontaktpflege zu Personen außerhalb des direkten Umfeldes

41 Insgesamt können bis zu 100 Punkte vergeben werden. Ab 12,5 Punkten ist der Pflegegrad 1 erreicht, der höchste Pflegegrad 5 wird bei 90 Punkten oder mehr vergeben.

42 Zu beachten ist, dass jene Pflegebedürftigen, die bereits vor der Anpassung des Pflegebedürftigkeitsbegriffs eine Pflegestufe hatten, einen Bestandsschutz genießen und zum 1.1.2017 automatisch in den entsprechenden Pflegegrad überführt wurden.

1.3.4 Verfahrensbeschleunigung

43 Nach der Antragstellung (siehe Rn. 23 ff.) erfolgt zunächst eine Begutachtung durch den MD (oder beauftragten Gutachter) zur Feststellung, ob Leistungen nach einem Pflegegrad zu gewähren sind. Die vor der Entscheidung über den Antrag erforderliche Begutachtung erfolgt grundsätzlich persönlich beim Versicherten (im häuslichen Umfeld), ausnahmsweise nach Aktenlage (siehe Rn. 30 ff.).

44 Über den Antrag hat die Pflegekasse spätestens 25 Arbeitstage nach Antragseingang zu entscheiden (§ 18c Abs. 1 SGB XI). Erteilt die Pflegekasse den schriftlichen Bescheid über den Antrag nicht innerhalb von 25 Arbeitstagen nach Eingang des Antrags, hat die Pflegekasse nach Fristablauf für jede begonnene Woche der Fristüberschreitung unverzüglich 70 EUR an den Antragsteller zu zahlen. Dies gilt nicht, wenn die Pflegekasse die Verzögerung nicht zu vertreten hat.

B

Tipp:

Trotz dieser Klarstellung seitens des Gesetzgebers und des damit verbundenen Zeitdrucks für die Pflegekassen empfiehlt es sich, stets die Pflegekasse von gesundheitlichen Veränderungen unverzüglich in Kenntnis zu setzen, damit dies bei der Entscheidung berücksichtigt werden kann.

Befindet sich der Antragsteller in häuslicher Umgebung, ohne palliativ versorgt zu werden, und wurde die Inanspruchnahme von Pflegezeit nach dem PflegeZG gegenüber dem Arbeitgeber der pflegenden Person angekündigt oder mit dem Arbeitgeber der pflegenden Person eine Familienpflegezeit nach § 2 Abs. 1 FPfZG vereinbart, so ist 45

- eine Begutachtung des Antragstellers spätestens innerhalb von zehn Arbeitstagen nach Eingang des Antrags bei der zuständigen Pflegekasse durchzuführen und
- der Antragsteller vom MD oder von dem von der Pflegekasse beauftragten Gutachter unverzüglich schriftlich darüber zu informieren, welche Empfehlung dieser an die Pflegekasse weiterleitet.

Zu beachten ist, dass ein Pflegegrad, der über diese beschleunigte Verfahrensweise gewährt 46 wurde, in der Regel im Rahmen einer dann folgenden Überprüfung angepasst bzw. wieder aberkannt werden kann.

Tipp:

Der Verfahrensgang kann aber ggf. auch durch das eigene Verhalten und eine gute Vorbereitung beschleunigt werden. Hierbei empfiehlt sich z. B. das Führen eines Pflegetagebuchs oder die Beschaffung relevanter Unterlagen (Medikamentenplan, Krankenhausberichte, Befundberichte). Unabhängig hiervon ist es generell ratsam, stets zeitnah und inhaltlich umfassend auf die nach Antragstellung erfolgenden Anfragen seitens der Pflegekasse zu reagieren.

1.4 Übersicht zu den Leistungen der sozialen Pflegeversicherung

Unter Pflegeleistungen werden alle Leistungen verstanden, auf die Pflegeversicherte nach 47 Überprüfung des tatsächlichen Unterstützungsbedarfs und bei Anerkennung eines Pflegegrads (bis 31.12.2016: Pflegestufe) Anspruch haben. Die Pflegeversicherung als eine Art „Teilkaskoversicherung" trägt grundlegende Pflege- und Betreuungsleistungen von Angehörigen, Betreuungskräften und professionellen Pflegekräften.

Mithilfe der im SGB XI vorgesehenen Geld- und Sachleistungen der sozialen Pflegever- 48 sicherung, die zweckgebunden für die Pflege einzusetzen sind, soll die Selbstständigkeit der Betroffenen gefördert oder im besten Fall sogar wiederhergestellt werden.

Mögliche Leistungen (seit 1.1.2025)					
	Pflegegrad 1	**Pflegegrad 2**	**Pflegegrad 3**	**Pflegegrad 4**	**Pflegegrad 5**
Pflegegeld (monatlich)	–	347 EUR	599 EUR	800 EUR	990 EUR
Pflegesachleistungen (monatlich)	–	bis 796 EUR	bis 1.497 EUR	bis 1.859 EUR	bis 2.299 EUR
Tages- und Nachtpflege (monatlich)	–	721 EUR	1.357 EUR	1.685 EUR	2.085 EUR

B

Mögliche Leistungen (seit 1.1.2025)					
	Pflegegrad 1	Pflegegrad 2	Pflegegrad 3	Pflegegrad 4	Pflegegrad 5
Gemeinsamer Jahresbetrag für Verhinderungspflege und Kurzzeitpflege (jährlich)	–	bis 3.539 EUR	bis 3.539 EUR	bis 3.539 EUR	bis 3.539 EUR
Vollstationäre Pflege (monatlich)	131 EUR	805 EUR	1.319 EUR	1.855 EUR	2.096 EUR
Entlastungsbetrag (monatlich)	131 EUR	131 EUR	131 EUR	131 EUR	131 EUR
Pflegehilfsmittel zum Verbrauch (monatlich)	bis 42 EUR	bis 42 EUR	bis 42 EUR	bis 42 EUR	bis 42 EUR
Wohnumfeldverbessernde Maßnahmen (je Maßnahme)	bis 4.180 EUR	bis 4.180 EUR	bis 4.180 EUR	bis 4.180 EUR	bis 4.180 EUR
Wohngruppenzuschlag (monatlich)	224 EUR	224 EUR	224 EUR	224 EUR	224 EUR
Digitale Pflegeanwendungen	bis 40 EUR + bis 30 EUR ergänzende Unterstützungsleistung	bis 40 EUR + 30 EUR	bis 40 EUR + 30 EUR	bis 40 EUR + 30 EUR	bis 40 EUR + 30 EUR

1.4.1 Pflegegeld

49 Versicherte können Pflegegeld erhalten, wenn diese mindestens in den Pflegegrad 2 eingestuft werden, § 37 Abs. 1 Satz 1 SGB XI.

50 Pflegebedürftige erhalten ab Pflegegrad 2 monatliches Pflegegeld, wenn sie in ihrem häuslichen Umfeld gepflegt werden. Heimbewohner erhalten kein Pflegegeld, da sie dort von professionellen Pflegekräften betreut werden.

51 Pflegebedürftige der Pflegegrade 2 bis 5, die Pflegegeld beziehen, müssen zur Sicherung der Qualität der häuslichen Pflege halbjährlich einen Beratungseinsatz nach § 37 Abs. 3 SGB XI abrufen. Pflegebedürftige der Pflegegrade 4 und 5 können weiterhin vierteljährlich eine Beratung in Anspruch nehmen; verpflichtend ist aber nur noch der halbjährliche Abruf. Pflegebedürftige des Pflegegrads 1 sowie Pflegebedürftige, die ausschließlich Pflegesachleistungen beziehen, können halbjährlich freiwillig eine Beratung abrufen.

1.4.2 Pflegesachleistung

52 Anstelle des Pflegegeldes können Versicherte der Pflegegrade 2 bis 5 auch Pflegesachleistungen beanspruchen.

53 Pflegesachleistungen nach § 36 SGB XI sind Leistungen zugelassener ambulanter Pflegeeinrichtungen oder geeigneter Pflegekräfte im häuslichen Bereich. Sie umfassen körperbezogene Pflegemaßnahmen, pflegerische Betreuungsmaßnahmen und Hilfen bei der Haushaltsführung. Tages- und Nachtpflege ist dagegen keine Pflegesachleistung nach § 36 SGB XI, sondern eine eigenständige teilstationäre Leistung nach § 41 SGB XI.

Als Ziel der häuslichen Pflege definiert § 36 Abs. 2 Satz 1 SGB XI ausdrücklich, Beeinträchtigungen der Selbstständigkeit oder der Fähigkeiten des Pflegebedürftigen so weit wie möglich durch pflegerische Maßnahmen zu beseitigen oder zu mindern und eine Verschlimmerung der Pflegebedürftigkeit zu verhindern. Diese Zielrichtung passt zu dem im SGB XI stärker betonten Gedanken, eine Verschlimmerung der Pflegebedürftigkeit möglichst zu vermeiden und vorhandene Selbstständigkeit zu stabilisieren. 54

B

Konkret heißt das, dass Pflegebedürftige Hilfen in ihrem Alltag erhalten, etwa bei Körperpflege, pflegerischer Betreuung oder hauswirtschaftlicher Versorgung. Dafür qualifizierte Pflegekräfte müssen mittelbar oder unmittelbar in einem Vertragsverhältnis zur Pflegekasse bzw. Pflegeversicherung stehen und rechnen direkt mit dieser ab, vgl. § 36 Abs. 4 Satz 2 und 3 SGB XI. 55

Infrage kommen hierbei Pflegekräfte, 56

- die bei einer ambulanten Pflegeeinrichtung beschäftigt sind,
- mit denen die Pflegekasse/Pflegeversicherung einen Vertrag nach § 77 Abs. 1 SGB XI abgeschlossen hat,
- die direkt bei der Pflegekasse angestellt sind.

1.4.3 Tages- und Nachtpflege

Nach § 41 Abs. 1 SGB XI haben Pflegebedürftige der Pflegegrade 2 bis 5 Anspruch auf teilstationäre Pflege in Einrichtungen der Tages- oder Nachtpflege, wenn häusliche Pflege nicht in ausreichendem Umfang sichergestellt werden kann oder dies zur Ergänzung oder Stärkung der häuslichen Pflege erforderlich ist. Die teilstationäre Pflege umfasst auch die notwendige Beförderung des Pflegebedürftigen von der Wohnung zur Einrichtung der Tages- oder der Nachtpflege und zurück. 57

Die Tages- und Nachtpflege bietet sich daher insbesondere in folgenden Fällen an (vgl. Luik. In: Schlegel/Voelzke, jurisPK-SGB XI, 3. Aufl., § 41 SGB XI (Stand: 1.10.2021), Rn. 70): 58

- kurzfristige Verschlimmerung der Pflegebedürftigkeit
- Ermöglichung einer (Teil-)Erwerbstätigkeit für die Pflegeperson
- beabsichtigte teilweise Entlastung der Pflegeperson
- ständige Beaufsichtigung des Pflegebedürftigen nur für einige Stunden am Tag oder in der Nacht

Bei der Tagespflege werden Pflegebedürftige somit tagsüber betreut und verbringen die Nacht zu Hause. Bei der Nachtpflege findet eine nächtliche Betreuung des Pflegebedürftigen in einer Einrichtung statt. 59

1.4.4 Kurzzeitpflege

Leistungen der Kurzzeitpflege verfolgen das Ziel, kurzzeitige pflegerische Engpässe aufzufangen: Kurzzeitpflege kommt insbesondere in Betracht, wenn die häusliche Pflege vorübergehend nicht möglich oder nicht ausreichend ist, etwa nach einem Krankenhausaufenthalt, bei einer Krisensituation in der häuslichen Pflege oder wenn für eine begrenzte Zeit eine vollstationäre Versorgung erforderlich wird. 60

Die Kurzzeitpflege erfolgt in vollstationären Einrichtungen mit Kurzzeitpflegeplätzen. Sie ist von der Verhinderungspflege zu unterscheiden: Kurzzeitpflege bedeutet eine regelmäßig vorübergehende stationäre Versorgung des Pflegebedürftigen; Verhinderungspflege ersetzt dagegen eine verhinderte Pflegeperson. 61

Pflegebedürftige der Pflegegrade 2 bis 5 haben Anspruch auf Kurzzeitpflege nach § 42 SGB XI. Der Anspruch ist auf bis zu acht Wochen je Kalenderjahr begrenzt. Die Pflegekasse übernimmt die pflegebedingten Aufwendungen einschließlich der Aufwendungen für Betreuung sowie die Aufwendungen für Leistungen der medizinischen Behandlungspflege höchstens bis zur Höhe des gemeinsamen Jahresbetrags nach § 42a SGB XI. 62

63 Typischerweise ist eine Kurzzeitpflege für Pflegebedürftige ab Pflegegrad 2 nötig oder sinnvoll:

- zur Aufrechterhaltung der häuslichen Pflege, wenn häusliche Pflege oder teilstationäre Pflege vorübergehend nicht möglich oder ausreichend ist
- um für den Pflegebedürftigen den Übergang aus der stationären Behandlung in die häusliche Pflege zu erleichtern bzw. zu ermöglichen
- um im Einzelfall fachlich kompetente Pflege zu wirtschaftlich vertretbaren Bedingungen zu gewährleisten
- um durch Information und Austausch eine Zusammenarbeit aller Beteiligten zu ermöglichen
- um eine Vertrauensbasis zwischen Pflegebedürftigen und Leistungserbringern zu schaffen
- um auf aktivierende Pflege ausgerichtet zu sein
- um flexibel auf die Notwendigkeiten des Einzelfalls zu reagieren
- um die Erhaltung oder Wiedergewinnung einer möglichst selbstständigen Lebensführung unter Berücksichtigung der individuellen Lebenssituation und der Biografie des Pflegebedürftigen zu fördern
- um die pflegenden Angehörigen zu unterstützen und zu entlasten

64 Seit 1.7.2025 werden Kurzzeitpflege und Verhinderungspflege nicht mehr über zwei getrennte Leistungsbeträge mit komplizierten Übertragungsregelungen finanziert. Stattdessen steht für beide Leistungen zusammen ein gemeinsamer Jahresbetrag zur Verfügung. Dieser beträgt zum Rechtsstand 1.7.2026 bis zu 3.539 EUR je Kalenderjahr. Der Betrag kann flexibel für Kurzzeitpflege, Verhinderungspflege oder beide Leistungen eingesetzt werden. Die Kurzzeitpflege bleibt aber eine eigene Leistungsart nach § 42 SGB XI.

Systemverständnis:

Kurzzeitpflege und Verhinderungspflege sind weiterhin verschiedene Leistungen: Kurzzeitpflege bedeutet: Der Pflegebedürftige wird vorübergehend vollstationär versorgt. Verhinderungspflege bedeutet: Die bisherige Pflegeperson ist verhindert und wird durch eine Ersatzpflege ersetzt.

Neu ist nur die Finanzierung: Beide Leistungen werden seit 1.7.2025 aus einem gemeinsamen Jahresbetrag nach § 42a SGB XI bezahlt.

65 Während der Kurzzeitpflege wird ein zuvor bezogenes Pflegegeld oder anteiliges Pflegegeld grundsätzlich für bis zu acht Wochen je Kalenderjahr zur Hälfte weitergezahlt. Unterkunft, Verpflegung und Investitionskosten werden durch die Pflegeversicherung grundsätzlich nicht vollständig übernommen; hierfür kann aber insbesondere der Entlastungsbetrag nach § 45b SGB XI eingesetzt werden, soweit dessen Voraussetzungen erfüllt sind.

65a Auch die hälftige Pflegegeldfortzahlung wurde im Zusammenhang mit dem gemeinsamen Jahresbetrag auf bis zu acht Wochen angeglichen.

66 Seit 1.1.2016 besteht unter bestimmten Voraussetzungen auch ohne Pflegegrad ein Anspruch auf Kurzzeitpflege, wenn durch Krankheit, Unfall oder nach einem Krankenhausaufenthalt vorübergehend Pflege erforderlich wird. Diese Leistung beruht nicht auf dem SGB XI, sondern auf dem Recht der gesetzlichen Krankenversicherung nach dem SGB V. Sie dient der Überbrückung akuter Versorgungslücken und ist von der Kurzzeitpflege bei anerkannter Pflegebedürftigkeit nach dem SGB XI zu unterscheiden.

Tipp:

Bei Kurzzeitpflege ist stets zu prüfen, aus welchem Leistungssystem der Anspruch folgt:

- bei anerkanntem Pflegegrad 2 bis 5: regelmäßig Kurzzeitpflege nach § 42 SGB XI
- ohne Pflegegrad, aber mit vorübergehendem Versorgungsbedarf nach Krankheit, Unfall oder Krankenhausbehandlung: ggf. Kurzzeitpflege nach dem SGB V

Diese Unterscheidung ist wichtig, weil unterschiedliche Leistungsträger zuständig sein können: Pflegekasse bei SGB XI, Krankenkasse bei SGB V.

1.4.5 Verhinderungspflege (Ersatzpflege)

Ist eine Pflegeperson wegen Erholungsurlaubs, Krankheit oder aus anderen Gründen an der Pflege gehindert, kann der Pflegebedürftige Verhinderungspflege nach § 39 SGB XI in Anspruch nehmen. Voraussetzung ist, dass mindestens Pflegegrad 2 vorliegt und die pflegebedürftige Person in häuslicher Umgebung gepflegt wird. 67

Verhinderungspflege kann stundenweise, tageweise oder für längere Zeiträume erbracht werden. Als Ersatzpflege kommen insbesondere Angehörige, Nachbarn, Freunde, ehrenamtlich Pflegende, Einzelpflegekräfte oder ambulante Pflegedienste in Betracht. Verhinderungspflege kann auch außerhalb der eigenen Wohnung erbracht werden, wenn dadurch die Ersatzpflege sichergestellt wird. 68

Systemverständnis:

Nahe Verwandte sind alle Angehörigen der pflegebedürftigen Person bis zum zweiten Grad, also z. B. Eltern, Kinder, Geschwister und Enkelkinder. Entfernte Verwandte sind alle weiteren Angehörigen der pflegebedürftigen Person ab dem dritten Grad.

Für Verhinderungspflege und Kurzzeitpflege steht zusammen ein gemeinsamer Jahresbetrag nach § 42a SGB XI zur Verfügung. Dieser beträgt bis zu 3.539 EUR je Kalenderjahr. Die pflegebedürftige Person kann den Betrag flexibel für Verhinderungspflege, Kurzzeitpflege oder beide Leistungen einsetzen. 69

Wird die Verhinderungspflege durch Personen erbracht, die mit der pflegebedürftigen Person bis zum zweiten Grad verwandt oder verschwägert sind oder mit ihr in häuslicher Gemeinschaft leben, gelten besondere Begrenzungen. In diesen Fällen ist die Erstattung der Pflegeaufwendungen grundsätzlich auf das Zweifache des monatlichen Pflegegeldes des jeweiligen Pflegegrads begrenzt. Zusätzlich können nachgewiesene notwendige Aufwendungen, etwa Fahrtkosten oder Verdienstausfall, berücksichtigt werden, insgesamt aber nur im Rahmen des gemeinsamen Jahresbetrags. 69a

Bei Verhinderungspflege durch nahe Angehörige oder Haushaltsmitglieder gelten folgende Grundbeträge: 69b

Pflegegrad	Grundbetrag bei nahen Angehörigen / Haushaltsmitgliedern
2	694 EUR
3	1.198 EUR
4	1.600 EUR
5	1.980 EUR

Bei Ersatzpflege durch sonstige Personen oder professionelle Leistungserbringer können die nachgewiesenen Kosten grundsätzlich bis zur Höhe des gemeinsamen Jahresbetrags von 3.539 EUR erstattet werden.

Während der Verhinderungspflege wird ein zuvor bezogenes Pflegegeld oder anteiliges Pflegegeld grundsätzlich für bis zu acht Wochen je Kalenderjahr zur Hälfte weitergezahlt. 69c

Seit 1.1.2026 ist außerdem eine Frist für die Kostenerstattung bei Verhinderungspflege besonders zu beachten. Die Erstattung muss unter Nachweis der entstandenen Kosten spätestens bis zum Ablauf des Kalenderjahres beantragt werden, das auf das Jahr der 69d

Durchführung der Ersatzpflege folgt. Wird Verhinderungspflege also im Jahr 2026 durchgeführt, muss der Erstattungsantrag spätestens bis zum 31.12.2027 bei der Pflegekasse eingehen.

Systemverständnis:
Zusammenfassend gilt:

- Verhinderungspflege bis zu acht Wochen
- Kurzzeitpflege bis zu acht Wochen
- hälftige Pflegegeldfortzahlung jeweils bis zu acht Wochen
- gemeinsamer Jahresbetrag von bis zu 3.539 EUR für beide Leistungen zusammen

Für die Praxis bedeutet das: Zuerst wird geprüft, welche Leistung der Sache nach vorliegt – Kurzzeitpflege oder Verhinderungspflege. Erst danach wird geprüft, wie viel noch vom gemeinsamen Jahresbetrag verfügbar ist.

1.4.6 (Voll-)Stationäre Pflege

70 Pflegebedürftige der Pflegegrade 2 bis 5 haben Anspruch auf Pflege in vollstationären Einrichtungen.

71 In einer Pflegeeinrichtung werden meist folgende Leistungen angeboten, die Pflegebedürftige in Anspruch nehmen können:

- Langzeitpflege (dauerhafte Pflege)
- Kurzzeitpflege
- Verhinderungspflege
- Tages- und Nachtpflege

72 Unterstützung bei der Finanzierung des Aufenthalts in einer Pflegeeinrichtung erhalten Pflegebedürftige mit anerkanntem Pflegegrad. Die Leistungen gestalten sich bei vollstationärer Pflege wie folgt:

Pflegegrad	Leistungen der Pflegekasse pro Monat
1	131 EUR (als Entlastungsbetrag, der für die Erstattung von Betreuungs- und Entlastungsleistungen genutzt werden kann)
2	805 EUR
3	1.319 EUR
4	1.855 EUR
5	2.096 EUR

72a Für Unterkunft, Verpflegung und Investitionskosten sowie einen Eigenanteil für pflegebedingte Kosten müssen Pflegebedürftige selbst aufkommen. Für einen Teil dieses Eigenanteils erhalten Pflegebedürftige je nach Länge des Aufenthalts im Pflegeheim einen gestaffelten Zuschlag von der Pflegekasse. Der Leistungszuschlag bezieht sich nur auf den pflegebedingten Eigenanteil einschließlich Ausbildungsumlagen, nicht auf Unterkunft, Verpflegung und Investitionskosten.

Aufenthaltsdauer im Heim	Leistungszuschlag seit 1.1.2024
bis einschließlich 12 Monate	15 %
mehr als 12 Monate	30 %
mehr als 24 Monate	50 %
mehr als 36 Monate	75 %

1.4.7 Betreuungs- und Entlastungsleistungen

Nach § 45b SGB XI haben Pflegebedürftige in häuslicher Pflege Anspruch auf einen Entlastungsbetrag. Der Betrag ist zweckgebunden einzusetzen für qualitätsgesicherte Leistungen zur Entlastung pflegender Angehöriger und vergleichbar Nahestehender in ihrer Eigenschaft als Pflegende sowie zur Förderung der Selbstständigkeit und Selbstbestimmtheit der Pflegebedürftigen bei der Gestaltung ihres Alltags. 73

Beim Entlastungsbetrag handelt es sich um einen einheitlichen Zuschuss der Pflegeversicherung in Höhe von bis zu 131 EUR im Monat. Ziel der zusätzlichen Entlastungsleistung ist es, pflegende Angehörige im Pflegealltag zu unterstützen und die Selbstständigkeit der Pflegebedürftigen zu fördern. Der Betrag wird nur gewährt, wenn tatsächlich Leistungen in Anspruch genommen wurden. 74

Der Entlastungsbetrag dient dabei nach § 45b SGB XI der Erstattung von Aufwendungen, die den Versicherten entstehen im Zusammenhang mit der Inanspruchnahme von: 75

- Leistungen der Tages- oder Nachtpflege
- Leistungen der Kurzzeitpflege
- Leistungen der ambulanten Pflegedienste im Sinne des § 36 SGB XI, in den Pflegegraden 2 bis 5 jedoch nicht von Leistungen im Bereich der Selbstversorgung
- Leistungen der nach Landesrecht anerkannten Angebote zur Unterstützung im Alltag im Sinne des § 45a SGB XI

Der Anspruch auf den Entlastungsbetrag besteht dabei ab dem Vorliegen der in § 45b SGB XI normierten Voraussetzungen, ohne dass es dabei einer Antragstellung bedarf. 76

Wenn der Entlastungsbetrag in Höhe von 131 EUR bereits für Unterstützungsangebote ausgeschöpft ist, aber weitere Leistungen aus den Bereichen Betreuung, Begleitung oder Hauswirtschaft in Anspruch genommen werden sollen, besteht unter gewissen Voraussetzungen ein Umwandlungsanspruch, § 45a Abs. 4 SGB XI. 77

Pflegebedürftige der Pflegegrade 2 bis 5 erhalten nach § 45a Abs. 4 SGB XI einen Umwandlungsanspruch, weil der Kostenerstattungsanspruch durch eine teilweise Umwandlung des in § 36 SGB XI für ambulante Pflegesachleistungen vorgesehenen Leistungsbetrags erfolgt. Er ist der Höhe nach begrenzt auf maximal 40 % des jeweiligen Höchstleistungsbetrags nach § 36 SGB XI. 78

Vorrangig sind die Vergütungen für ambulante Pflegesachleistungen abzurechnen (§ 45a Abs. 4 Satz 4 SGB XI). Werden Kombinationsleistungen im Sinne des § 38 SGB XI, also eine nur teilweise Inanspruchnahme der zustehenden Pflegesachleistungen nach § 36 Abs. 3 SGB XI unter Bezug von anteiligem Pflegegeld im Übrigen, bezogen, gelten die Leistungen für Angebote zur Unterstützung im Alltag als Inanspruchnahme von Pflegesachleistungen. 79

Der Umwandlungsanspruch nach § 45a Abs. 4 SGB XI ist dabei zu unterscheiden von der Inanspruchnahme des Entlastungsbetrags nach § 45b SGB XI. Beide Leistungen werden unabhängig voneinander gewährt (§ 45a Abs. 4 Satz 8 SGB XI). 80

Systemverständnis:
Zusammenfassend bestehen für den Umwandlungsanspruch folgende kumulativ zu erfüllenden Voraussetzungen:

- Es besteht mindestens Pflegegrad 2.
- Der Umwandlungsanspruch darf maximal 40 % des Pflegesachleistungsanspruchs betragen.
- Der Leistungserbringer ist nach dem jeweiligen Landesrecht anerkannt.
- Der Pflegebedürftige hat für die Leistungsbeträge (die Beträge, die umgewandelt werden sollen) keine ambulanten Pflegesachleistungen bezogen.
- Es liegen Belege für Betreuungs- und Entlastungsleistungen vor.

B

Der Umwandlungsanspruch kann sowohl bei Bezug von Pflegesachleistung als auch im Rahmen der Kombinationsleistung (Pflegesachleistung und Pflegegeld) eingesetzt werden.

1.4.8 Kombinationsleistung

81 § 38 SGB XI regelt die Kombination aus Pflegegeld und Pflegesachleistung und knüpft daher an das Vorliegen der Voraussetzungen nach den §§ 36 (Pflegesachleistung), 37 (Pflegegeld für selbst beschaffte Pflegehilfen) SGB XI an.

82 Nimmt der Pflegebedürftige die ihm nach § 36 Abs. 3 SGB XI zustehende Sachleistung nur teilweise in Anspruch, erhält er nach § 38 SGB XI neben der Sachleistung ein anteiliges Pflegegeld. Das Pflegegeld wird dabei um den Prozentsatz vermindert, in dem der Pflegebedürftige Sachleistungen in Anspruch genommen hat.

83 An die Entscheidung, in welchem Verhältnis er Geld- und Sachleistung in Anspruch nehmen will, ist der Pflegebedürftige für die Dauer von sechs Monaten gebunden.

84 Anteiliges Pflegegeld wird während einer Kurzzeitpflege nach § 42 SGB XI und während einer Verhinderungspflege nach § 39 SGB XI grundsätzlich jeweils für bis zu acht Wochen je Kalenderjahr in Höhe der Hälfte der vor Beginn der Kurzzeit- oder Verhinderungspflege geleisteten Höhe fortgewährt.

85 Pflegebedürftige in vollstationären Einrichtungen der Hilfe für Menschen mit Behinderungen (§ 43a SGB XI) haben Anspruch auf ungekürztes Pflegegeld anteilig für die Tage, an denen sie sich in häuslicher Pflege befinden, § 38 SGB XI.

1.4.9 Pflegehilfsmittel

86 Nach § 40 Abs. 1 SGB XI haben Pflegebedürftige Anspruch auf die Versorgung mit Pflegehilfsmitteln, die zur Erleichterung der Pflege oder zur Linderung der Beschwerden des Pflegebedürftigen beitragen oder ihm eine selbstständigere Lebensführung ermöglichen (z. B. Gehhilfen, Rollatoren oder Rollstühle), soweit die Hilfsmittel nicht wegen Krankheit oder Behinderung von der Krankenversicherung oder anderen zuständigen Leistungsträgern zu leisten sind.

87 Soweit sich Versicherte für eine Ausstattung des Pflegehilfsmittels entscheiden, die über das Maß des Notwendigen hinausgeht, haben sie die Mehrkosten und die dadurch bedingten Folgekosten jedoch selbst zu tragen.

88 Zum Überblick, welches Hilfsmittel als Pflegehilfsmittel im Sinne des § 40 Abs. 1 SGB XI erfasst sein kann, ist das Pflegehilfsmittelverzeichnis (vgl. § 78 SGB XI) heranzuziehen. Dieses enthält Produkte, die die Pflege erleichtern, Beschwerden lindern bzw. eine selbstständigere Lebensführung ermöglichen. Zu beachten ist jedoch, dass es für den Anspruch nach § 40 Abs. 1 SGB XI nicht erforderlich ist, dass das begehrte Hilfsmittel im Hilfsmittelverzeichnis erfasst ist. Das Pflegehilfsmittelverzeichnis soll dabei lediglich als Orientierung und Auslegungshilfe dienen.

89 Das Pflegehilfsmittelverzeichnis ist auf der Internetseite des GKV-Spitzenverbandes in seiner jeweils aktuellen Fassung abrufbar. Erfasst sind dort Produktgruppen zur Erleichterung der Pflege, zur Körperpflege/Hygiene, Pflegehilfsmittel zur selbständigen Lebensführung/Mobilität und zur Linderung von Beschwerden.

Beispiel:

Der Hausnotruf ist ein Pflegehilfsmittel und im Pflegehilfsmittelverzeichnis unter der Rubrik „Pflegehilfsmittel" zur selbstständigen Lebensführung gelistet. Für einen Hausnotruf bezuschusst die Pflegekasse ab Pflegegrad 1 die Nutzungsgebühren dann unter bestimmten Voraussetzungen mit 25,50 EUR pro Monat.

90 Pflegehilfsmittel zum Verbrauch (z. B. Desinfektionsmittel und Handschuhe) nehmen demgegenüber jedoch eine Sonderstellung ein. Hier dürfen nach § 40 Abs. 2 SGB XI die

Aufwendungen der Pflegekassen für zum Verbrauch bestimmte Pflegehilfsmittel monatlich den Betrag von 42 EUR nicht übersteigen. Die Leistung kann auch in Form einer Kostenerstattung erbracht werden.

1.4.10 Zuschüsse zur Wohnraumanpassung

Die Pflegekassen können nach § 40 Abs. 4 SGB XI subsidiär finanzielle Zuschüsse für Maßnahmen zur Verbesserung des individuellen Wohnumfeldes des Pflegebedürftigen gewähren, z. B. für technische Hilfen im Haushalt, wenn dadurch im Einzelfall die häusliche Pflege ermöglicht, erheblich erleichtert oder eine möglichst selbstständige Lebensführung des Pflegebedürftigen wiederhergestellt wird. 91

Die Zuschüsse dürfen einen Betrag in Höhe von 4.180 EUR je Maßnahme nicht übersteigen. 92

Bei Umbaumaßnahmen in Wohnungen, in denen mehrere Pflegebedürftige wohnen, kann der Zuschuss für dieselbe Maßnahme zur Verbesserung des gemeinsamen Wohnumfeldes für jeden Anspruchsberechtigten maximal 4.180 EUR betragen. Der Gesamtbetrag je Maßnahme ist auf insgesamt 16.720 EUR begrenzt und wird gleichmäßig auf die Anspruchsberechtigten aufgeteilt (§ 40 Abs. 4 Satz 4 SGB XI). 93

Beim Begriff der Maßnahme zur Verbesserung des Wohnumfeldes handelt es sich um einen unbestimmten Rechtsbegriff, der der Überprüfung durch die Gerichte unterliegt. Das BSG unterscheidet – orientiert am jeweiligen Maßnahmezweck und an der Dauerhaftigkeit des Wohnungseinbaus – zwischen drei Gruppen von Maßnahmen zur Wohnumfeldverbesserung (BSG, Urt. v. 12.6.2008 – B 3 P 6/07 R, Rn. 11 ff.): 94

1. Maßnahmen, die eine Anpassung der konkreten Wohnumgebung an die Bedürfnisse des Menschen mit Behinderung bezwecken und deshalb in einer anderen Wohnumgebung nicht notwendig ebenso benötigt werden (z. B. Treppenlifter, Aufzüge)
2. Maßnahmen, die in § 40 Abs. 4 SGB XI als „technische Hilfen im Haushalt" genannt sind; hierzu gehören z. B. Haltegriffe, mit dem Rollstuhl unterfahrbare Einrichtungsgegenstände bzw. auch konkrete Umbauten von Küchen- und Badmöbeln.
3. Hilfen, die der Wohn- oder Gebäudesubstanz befestigungsbedingt auf Dauer hinzugefügt werden und bei einem Umzug nicht ohne Weiteres mitgenommen werden können (z. B. Klingelanlage, fest verbauter Lift)

1.4.11 Wohngruppenzuschlag

Unter den Voraussetzungen des § 45f SGB XI können Pflegebedürftige, die in einer ambulanten, betreuten Wohngruppe leben, einen pauschalen Wohngruppenzuschlag erhalten. Dieser beträgt 224 EUR monatlich. 95

Daneben sieht § 45g SGB XI eine Anschubfinanzierung zur Gründung ambulant betreuter Wohngruppen vor. Pflegebedürftige, die Anspruch auf den Wohngruppenzuschlag haben, können hierfür einmalig einen Zuschuss erhalten; der Gesamtbetrag je Wohngruppe ist begrenzt. 96

Seit 1.1.2026 bestehen außerdem Leistungen für gemeinschaftliche Wohnformen mit Verträgen zur pflegerischen Versorgung nach § 45h SGB XI. Der pauschale Zuschuss beträgt 450 EUR monatlich. Diese Leistung ist von der ambulant betreuten Wohngruppe nach § 45f SGB XI zu unterscheiden. 96a

1.4.12 Pflegekurse

Nach § 45 SGB XI haben die Pflegekassen für Angehörige und sonstige an einer ehrenamtlichen Pflegetätigkeit interessierte Personen unentgeltlich Schulungskurse durchzuführen, um soziales Engagement im Bereich der Pflege zu fördern und zu stärken, Pflege und Betreuung zu erleichtern und zu verbessern sowie pflegebedingte körperliche und seelische Belastungen zu mindern und ihrer Entstehung vorzubeugen. Die Kurse sollen dabei Fertigkeiten für eine 97

B

eigenständige Durchführung der Pflege vermitteln. Eine Schulung ist dabei auch in der häuslichen Umgebung des Pflegebedürftigen möglich.

Tipp:

Wird die Pflege durch Privatpersonen durchgeführt bzw. ist dies beabsichtigt, empfiehlt sich die Teilnahme an Pflegekursen.

1.4.13 Digitale Pflegeanwendungen

97a Pflegebedürftige haben nach § 40a SGB XI Anspruch auf Versorgung mit digitalen Anwendungen, die von ihnen selbst oder in der Interaktion mit Angehörigen, sonstigen ehrenamtlich Pflegenden oder zugelassenen ambulanten Pflegeeinrichtungen genutzt werden, um Beeinträchtigungen zu mindern oder einer Verschlimmerung der Pflegebedürftigkeit entgegenzuwirken.

97b Digitale Pflegeanwendungen sind derzeit nur im ambulanten Bereich erstattungsfähig. Es besteht nach § 40b SGB XI ein Anspruch auf Erstattung von Aufwendungen für digitale Pflegeanwendungen bis zu 40 EUR monatlich. Zusätzlich können ergänzende Unterstützungsleistungen durch ambulante Pflegeeinrichtungen bis zu 30 EUR monatlich übernommen werden, wenn sie für die Nutzung der digitalen Pflegeanwendung erforderlich sind. Voraussetzung ist, dass die digitale Pflegeanwendung zugelassen und im entsprechenden Verzeichnis gelistet ist.

1.4.14 Überblick über mögliche Einzelleistungen je nach Pflegegrad

98 Zusammenfassend haben Pflegebedürftige je nach Höhe ihres Pflegegrads grundsätzlich Anspruch auf folgende Leistungen (welche zusätzlichen Voraussetzungen hierbei zu beachten sind und in welcher Höhe der Anspruch besteht, wurde unter den jeweiligen Punkten unter Rn. 47 ff. dargestellt):

Einzelleistungen je nach Pflegegrad					
	Pflegegrad 1	**Pflegegrad 2**	**Pflegegrad 3**	**Pflegegrad 4**	**Pflegegrad 5**
Entlastungsbetrag (§ 45b SGB XI)	ja	ja	ja	ja	ja
Pflegegeld (§ 37 SGB XI)	nein	ja	ja	ja	ja
Pflegesachleistungen (§ 36 SGB XI)	nein	ja	ja	ja	ja
Leistungen der Tages- und Nachtpflege (§ 41 SGB XI)	nein	ja	ja	ja	ja
Verhinderungspflege (§ 39 SGB XI)	nein	ja	ja	ja	ja
Kombinationsleistung (§ 38 SGB XI)	nein	ja	ja	ja	ja
Kurzzeitpflege (§ 42 SGB XI)	nein	ja	ja	ja	ja
Zuschüsse zur Wohnraumanpassung (bis zu 4.180 EUR) (§ 40 Abs. 4 SGB XI)	ja	ja	ja	ja	ja

	Einzelleistungen je nach Pflegegrad				
	Pflegegrad 1	Pflegegrad 2	Pflegegrad 3	Pflegegrad 4	Pflegegrad 5
Pflegehilfsmittel zum Verbrauch (bis zu 42 EUR pro Monat) (§ 40 Abs. 2 SGB XI)	ja	ja	ja	ja	ja
Sonstige Pflegehilfsmittel (z. B. Hausnotruf) (§ 40 Abs. 1 SGB XI)	ja	ja	ja	ja	ja
Wohngruppenzuschlag (§ 45f SGB XI)	ja	ja	ja	ja	ja
Digitale Pflegeanwendungen (§§ 40a, 40b SGB XI)	ja	ja	ja	ja	ja
Leistungen in gemeinschaftlichen Wohnformen (§ 45h SGB XI)	ja	ja	ja	ja	ja

1.5 Persönliches Budget

Für die Pflegebedürftigen werden nach § 35a SGB XI auf Antrag die Leistungen nach den §§ 36, 37 Abs. 1, 38, 40 Abs. 2, 41 SGB XI durch ein persönliches Budget nach § 29 SGB IX erbracht. Hierdurch wird für Pflegebedürftige die Möglichkeit geschaffen, bestimmte Leistungen der Pflegeversicherung in einer besonderen Form, nämlich in der Form des Persönlichen Budgets, in Anspruch zu nehmen. 99

Dem Grunde nach bezweckt das Persönliche Budget im Sinne des § 29 SGB IX die Stärkung der Eigenverantwortung des Pflegebedürftigen, indem er über das Persönliche Budget frei verfügen darf (siehe B 2, Rn. 244). 100

Systemverständnis:

§ 35a SGB XI schränkt das für die Pflegebedürftigen aber insofern ein, als dass nur bestimmte Leistungen des SGB XI überhaupt budgetfähig sind.

Zudem stellt der § 35a SGB XI das Verhältnis zwischen Leistungen im Rahmen des Persönlichen Budgets und den sonstigen Leistungen des SGB XI klar.

Werden Leistungen in Form eines Persönlichen Budgets erbracht, erhalten Pflegeversicherte anstelle der eigentlichen Leistungen nach §§ 36 ff. SGB XI (soweit diese budgetfähig sind) ein Persönliches Budget. Dieses können sie dann eigenständig und bedarfsgerecht für die Organisation und Durchführung ihrer Pflege einsetzen. Das eigentlich im Rahmen des SGB XI bestehende Dreiecksverhältnis zwischen Leistungsträger (Pflegekasse), Leistungserbringer (Pflegekraft o. Ä.) und Leistungsberechtigtem (Pflegebedürftigem) wird somit teilweise aufgelöst. 101

Budgetfähig sind dem Grunde nach – was die Leistungen des SGB XI anbelangt – die abschließend in § 35a SGB XI genannten Leistungen: 102

Norm im SGB XI	Budgetfähige Leistungen
§ 36	Pflegesachleistungen
§ 37 Abs. 1	Pflegegeld

Norm im SGB XI	Budgetfähige Leistungen
§ 38	Kombinationsleistung (Kombination von Geld- und Sachleistung)
§ 40 Abs. 2	Pflegehilfsmittel zum Verbrauch
§ 41	Tages- und Nachtpflege

103 Bei der Prüfung, ob dem Pflegeversicherten ein Persönliches Budget gewährt werden kann wird im ersten Schritt darauf abgestellt, ob die konkret begehrte Leistung überhaupt budgetfähig ist.

104 In einem zweiten Schritt muss dann jedoch geprüft werden, ob überhaupt die Voraussetzungen der begehrten Leistung erfüllt sind, ob der Antragsteller also überhaupt pflegebedürftig ist, er die weiteren Voraussetzungen nach § 33 SGB XI erfüllt und ob weiter die Voraussetzungen der begehrten Leistung erfüllt sind, also ob ihm z. B. überhaupt ein Pflegegeldanspruch im Sinne des § 37 Abs. 1 SGB XI zusteht.

Hinweis:

Zu beachten ist, dass es sich bei der Entscheidung über ein Persönliches Budget um eine gebundene Entscheidung handelt. Bei der Entscheidung über den Antrag steht der Pflegekasse also kein Ermessen zu. Sind die Voraussetzungen erfüllt, ist die Leistung zu gewähren.

105 Der Höhe nach ist das Persönliche Budget so zu bemessen, dass es den individuell festgestellten Bedarf des Leistungsberechtigten deckt und die erforderliche Beratung und Unterstützung sicherstellt (vgl. § 29 Abs. 2 Satz 6 SGB IX). Dabei soll die Gesamthöhe der Leistungen die Kosten aller bisher individuell festgestellten, ohne das Persönliche Budget zu erbringenden Leistungen nicht überschreiten (vgl. § 29 Abs. 2 Satz 7 SGB IX).

106 Nach § 35a Satz 3 SGB XI bleiben andere als die in Satz 1 genannten Leistungsansprüche ebenso wie die sonstigen Vorschriften des SGB XI unberührt. Diese Regelung macht deutlich, dass andere Leistungsansprüche, die nicht im Rahmen des Persönlichen Budgets „erbracht" werden, unverändert bestehen bleiben.

1.6 Flankierende Gesetze

1.6.1 Pflegezeitgesetz (PflegeZG)

107 Das PflegeZG flankiert die im SGB XI vorgesehenen Leistungen. Seit seinem Inkrafttreten wird damit das Ziel verfolgt, Beschäftigten die Möglichkeit zu eröffnen, pflegebedürftige Angehörige im häuslichen Umfeld zu pflegen und damit die Vereinbarkeit von Beruf und familiärer Pflege zu verbessern (vgl. § 1 PflegeZG).

108 Nach dem PflegeZG haben Berufstätige zwei Möglichkeiten, wie sie Beruf und Pflege besser vereinbaren können:

- *Variante 1*

109 Nach § 2 Abs. 1 PflegeZG hat jeder Beschäftigte bei einem familiären Pflegefall Anspruch auf Freistellung von der Arbeitspflicht für maximal zehn Arbeitstage. Der Anspruch besteht aber nur, wenn es sich um eine akut aufgetretene Pflegesituation eines nahen Angehörigen (im Sinne des § 7 Abs. 3 PflegeZG) handelt.

110 Daneben muss die Freistellung nach § 2 Abs. 1 PflegeZG erforderlich sein, um eine bedarfsgerechte Pflege zu organisieren oder eine pflegerische Versorgung sicherzustellen. Der Beschäftigte muss die kurzzeitige Arbeitsverhinderung und deren voraussichtliche Dauer dem Arbeitgeber unverzüglich mitteilen (§ 2 Abs. 2 Satz 1 PflegeZG). Die Freistellung bedarf nicht der Zustimmung des Arbeitgebers. Ob der Arbeitgeber zur Fortzahlung der Vergütung verpflichtet ist, ergibt sich aus § 2 Abs. 3 PflegeZG. Auf Verlangen des Arbeitgebers ist die Pflegebedürftigkeit des nahen Angehörigen und die Erforderlichkeit der Maßnahme nach-

zuweisen. Dieser Nachweis kann nicht nur durch eine ärztliche Bescheinigung, sondern auch durch eine Bescheinigung einer Pflegefachperson geführt werden.

Auch wenn kein Arbeitsentgelt fortgezahlt wird, bleibt die Versicherungspflicht während dieses 111
Zeitraums erhalten – jedoch ohne Beitragszahlung. Während dieser Auszeit können Beschäftigte als Lohnersatz Pflegeunterstützungsgeld (vgl. § 44a Abs. 3 Satz 1 SGB XI). Es beträgt grundsätzlich bis zu 90 % des ausgefallenen Nettoarbeitsentgelts und wird für bis zu zehn Arbeitstage je Kalenderjahr gewährt. Die Leistung ist bei der Pflegekasse oder dem privaten Pflegeversicherungsunternehmen der pflegebedürftigen Person zu beantragen; sie fließt nicht automatisch.

- *Variante 2*

Nach § 3 Abs. 1 PflegeZG haben Beschäftigte zudem bei einem familiären Pflegefall einen 112
Anspruch auf unbezahlte vollständige oder teilweise Freistellung für maximal sechs Monate (§ 4 PflegeZG).

Dieser Anspruch besteht jedoch nur in Unternehmen mit regelmäßig mehr als 15 Beschäftigten, 113
§ 3 Abs. 1 PflegeZG.

Die Freistellung nach § 3 Abs. 1 PflegeZG erfolgt in der Regel ohne Fortzahlung der Vergütung. 114
Bei einer vollständigen Befreiung von der Arbeitsleistung ohne Entgeltzahlung endet die Versicherungspflicht in allen Zweigen der Sozialversicherung. Es muss dann, wenn keine Familienversicherung besteht, eine freiwillige Versicherung abgeschlossen werden. Auf Antrag erstattet die Pflegeversicherung den Beitrag in der Kranken- und Pflegeversicherung bis zur Höhe des Mindestbeitrags.

Beschäftigte, die Pflegezeit oder Familienpflegezeit in Anspruch nehmen, können ein zinsloses 115
Darlehen beim Bundesamt für Familie und zivilgesellschaftliche Aufgaben (BAFzA) beantragen.

1.6.2 Familienpflegezeitgesetz (FPfZG)

Das FPfZG ist am 1.1.2012 in Kraft getreten. Es soll Beschäftigten die Vereinbarkeit von Beruf 116
und familiärer Pflege erleichtern. Beschäftigte in Unternehmen mit regelmäßig mehr als 25 Beschäftigten können ihre Arbeitszeit zur häuslichen Pflege eines nahen Angehörigen für bis zu 24 Monate auf mindestens 15 Wochenstunden reduzieren (§ 2 FPfZG). Zur Abfederung des Einkommensausfalls kann ein zinsloses Darlehen beim Bundesamt für Familie und zivilgesellschaftliche Aufgaben beantragt werden.

Tipp:

Pflegezeit und Familienpflegezeit können miteinander kombiniert werden. Zu beachten ist aber, dass Pflegezeit und Familienpflegezeit addiert werden und gemeinsam 24 Monate je pflegebedürftigem nahen Angehörigen nicht überschreiten dürfen, § 2 Abs. 2 FPfZG.

Ein Anspruch auf Lohnfortzahlung besteht während der Familienpflegezeit nicht. Spätestens 117
acht Wochen vor Beginn muss die geplante Teilzeitarbeit aufgrund häuslicher Pflege eines nahen Angehörigen beim Arbeitgeber gemeldet werden, § 2a Abs. 1 FPfZG. Statt der Lohnfortzahlung besteht ein Anspruch auf ein zinsloses Darlehen des Bundes, § 3 Abs. 1 FPfZG. Zudem haben pflegende Berufstätige während der Pflege- oder Familienpflegezeiten vollen Kündigungsschutz, § 2 Abs. 3 FPfZG i. V. m. § 5 PflegeZG. Während der Familienpflegezeit zahlt die Pflegekasse der pflegebedürftigen Person Zuschüsse und Beiträge für die Sozialversicherungen der Pflegeperson.

2. Pflegeleistungen aus weiteren Gesetzen

Besteht ein Pflegebedarf, kann dieser dem Grunde nach nicht nur mithilfe der Leistungen des 118
SGB XI gedeckt werden, sondern es sind auch in den weiteren SGBs teils Pflegeleistungen

B

vorgesehen. Im Folgenden soll ein kurzer Überblick gegeben werden, welche Leistungen in Betracht kommen und welches Rangverhältnis zu den Leistungen der Pflegeversicherung besteht. Nähere Informationen zu den Einzelleistungen finden sich im jeweiligen Kapitel.

2.1 Pflegeleistungen nach dem SGB XIV

119 Für Anspruchsberechtigte nach dem SGB XIV umfasst die Soziale Entschädigung nach § 3 Nr. 4 SGB XIV auch Leistungen bei Pflegebedürftigkeit. § 71 SGB XIV bildet hier die Anspruchsgrundlage.

120 Bei der Novellierung der Sozialen Entschädigung im Rahmen des SGB XIV, das nun das frühere BVG und seine „Nebengesetze" unter einem Dach vereint, kam es zu einem Wegfall der Pflegezulage (§ 35 BVG) und der Hilfe zur Pflege (§ 26 BVG).

121 Dabei regelt das SGB XIV nunmehr ein eigenständiges Pflegesystem, das zwar deutliche Parallelen zum SGB XI aufweist, jedoch auch einige Besonderheiten mit sich bringt. Insgesamt ist festzustellen, dass der Leistungsumfang im Bereich der Leistungen bei Pflegebedürftigkeit weiter reicht als im SGB XI.

122 Auch die je nach Fallkonstellation gespaltene Zuständigkeit der Pflegekassen und der Träger der Sozialen Entschädigung für die Verbescheidung und Leistungserbringung, welche durch § 77 SGB XIV vorgegeben wird, ist eine Besonderheit (Näheres siehe B 7, Rn. 28 ff.).

123-128 (bleibt frei)

2.2 Pflegeleistungen nach § 44 SGB VII

129 Erhält ein Versicherter Pflegeleistungen aus der gesetzlichen Unfallversicherung nach dem SGB VII, ruht der Leistungsanspruch aus der sozialen Pflegeversicherung in Höhe dieser Leistung. Bei den Pflegeleistungen aus der gesetzlichen Unfallversicherung handelt es sich z. B. um die Hauspflege, Anstaltspflege oder das Pflegegeld nach § 44 SGB VII.

130-131 Sollte der Leistungsanspruch der sozialen Pflegeversicherung höher sein als eine der Pflegeleistungen eines anderen Sozialleistungsträgers, leistet die Pflegeversicherung maximal einen Leistungsbetrag in Höhe des Differenzbetrags (vgl. § 34 Abs. 1 Nr. 2 SGB XI).

3. Hilfe zur Pflege nach §§ 61 ff. SGB XII

132 Wie bereits dargestellt handelt es sich bei der sozialen Pflegeversicherung um eine Art Teilkaskoversicherung. Deren Leistungen decken in der Regel nur einen Teil der anfallenden Kosten ab. Die restlichen Kosten müssen vom Versicherten selbst getragen werden. In Fällen, in denen die Kosten mangels vorhandener Eigenmittel nicht selbst getragen werden können, übernimmt unter bestimmten Voraussetzungen ein Sozialhilfeträger die anfallenden restlichen Pflegekosten in Form der Hilfe zur Pflege, §§ 61 ff. SGB XI.

133 Für die begehrten Leistungen der Hilfe zur Pflege ist das Vorliegen folgender Voraussetzungen erforderlich:

- Pflegebedürftigkeit nach § 61a SGB XII
- Leistungen anderer Versicherungen decken die Kosten für die Pflege nicht oder nicht vollständig ab.
- Die Pflegebedürftigen und deren Ehegatten verfügen über kein oder kein ausreichendes Einkommen oder Vermögen, um die Mittel für die Pflege aufzubringen. Antragsteller müssen deshalb ihr Einkommen und Vermögen gegenüber dem Sozialhilfeträger offenlegen, § 61 SGB XII i. V. m. §§ 82 ff. SGB XII.
- Für die meisten Leistungen der Hilfe zur Pflege ist Pflegegrad 2, 3, 4 oder 5 erforderlich. Pflegebedürftige mit Pflegegrad 1 sind aber nicht vollständig ausgeschlossen; sie können nach § 63 Abs. 2 SGB XII nur die dort abschließend genannten eingeschränkten Leistungen erhalten, etwa Pflegehilfsmittel, Maßnahmen zur Verbesserung des Wohnumfeldes, digitale Pflegeanwendungen und den Entlastungsbetrag.

In § 63 SGB XII sind sodann die Leistungen der Hilfe zur Pflege definiert. Zu beachten ist, dass § 64 SGB XII den Vorrang der häuslichen Pflege vorgibt, um die im Rahmen der Sozialhilfe anfallenden Kosten so niedrig wie möglich zu halten. 134

Die für den Anspruch auf Leistungen der Hilfe zur Pflege relevante Einkommensgrenze ist in § 85 SGB XII definiert. Zur Berücksichtigung von Einkommen allgemein und speziell im Hinblick auf den beschränkten Rückgriff auf das Vermögen unterhaltspflichtiger Angehöriger vgl. B 2, Rn. 100 ff. § 66a SGB XII sieht zudem eine zusätzliche Freigrenze für bestimmte Vermögen vor. 135

Grundsätzlich haben Pflegebedürftige dann einen Anspruch auf Leistungen der Hilfe zur Pflege, wenn sie keine sonstigen gleichartigen staatlichen Unterstützungsleistungen erhalten, § 63b Abs. 1 SGB XII. Jedoch ersetzen andere Sozialleistungen den Anspruch auf Leistungen der Hilfe zur Pflege nicht immer, sie können z. B. auch anteilig angerechnet werden, vgl. § 63b Abs. 2 SGB XII. 136

Für die Hilfe zur Pflege greift der Kenntnisgrundsatz des § 18 SGB XII. Dem Träger der Sozialhilfe kann diese Kenntnis durch einen Antrag vermittelt werden (mittlerweile auch online); im Übrigen gilt der Meistbegünstigungsgrundsatz (siehe B 1, Rn. 32). 137

Tipp:

Pflegeberater und Pflegestützpunkte können in der Regel auch bezüglich der Hilfe zur Pflege beraten.

4. Verhältnis der Leistungen der Pflegeversicherung zum Eingliederungsrecht des SGB IX

Die Eingliederungshilfe hat eine andere Aufgabe als die Pflegeversicherung und die Hilfe zur Pflege; sie will Menschen mit Behinderungen und solchen, die von Behinderung bedroht sind, eine wirksame und gleichberechtigte Teilhabe am Leben in der Gemeinschaft ermöglichen, erleichtern oder zusichern. Die einzelnen Leistungen der Eingliederungshilfe sollen dazu beitragen, Nachteile abzubauen. 138

Die Leistungen der Eingliederungshilfe sowie die Leistungen der Pflegeversicherung sind grundsätzlich verschieden und stehen gleichrangig zueinander. Die Regelungen zum Verhältnis der Leistungen der Pflegeversicherung und der Leistungen der Eingliederungshilfe finden sich in §§ 13 Abs. 3, 91 Abs. 3 SGB IX. Leistungen der Eingliederungshilfe werden folglich neben Leistungen der sozialen Pflegeversicherung und der Hilfe zur Pflege erbracht, wenn neben dem Pflegebedarf Teilhabeeinschränkungen bestehen. Die Leistungen stehen gleichrangig nebeneinander. 139

Es ergeben sich verschiedene Bereiche, in denen die Leistungen des SGB IX und des SGB XI aufeinandertreffen können. Hierzu wurde § 103 SGB IX als Zuständigkeitsvorschrift geschaffen. Sie regelt das Verhältnis zwischen dem Träger der Eingliederungshilfe, dem Träger der Sozialhilfe und dem Träger der Pflegeversicherung. Durch den Verweis auf § 71 Abs. 4 SGB XI ist für die Frage der Zuständigkeit stets zu unterscheiden, ob der Versicherte in Einrichtungen oder Räumlichkeiten im Sinne des § 71 Abs. 4 SGB XI lebt oder nicht. Danach ergeben sich folgende schematische Unterscheidungen: 140

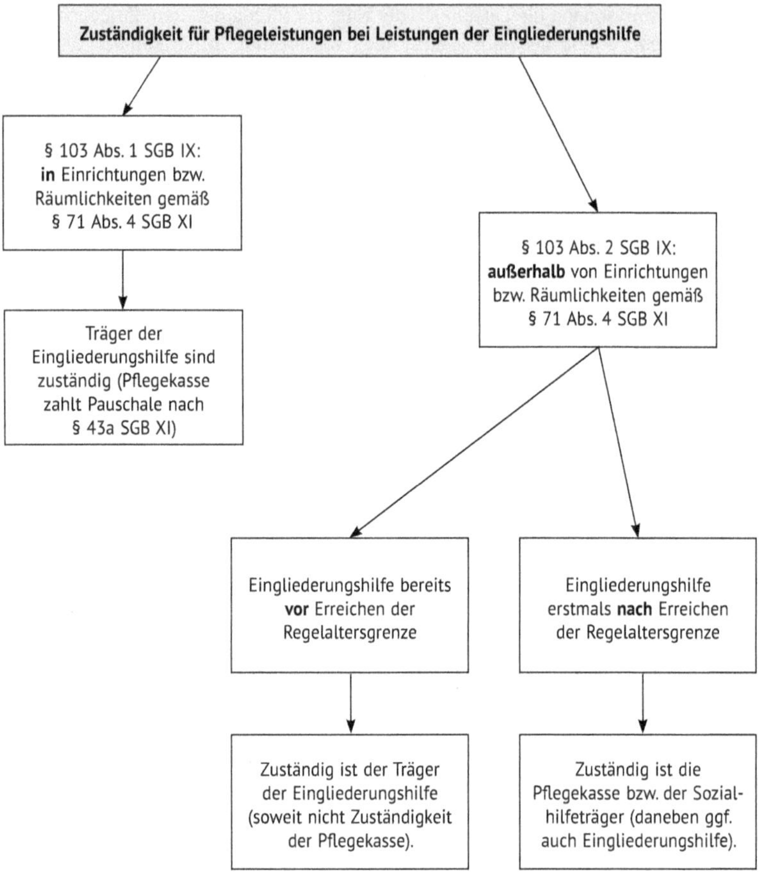
Zuständigkeit für Pflegeleistungen bei Leistungen der Eingliederungshilfe
§ 103 Abs. 1 SGB IX: **in** Einrichtungen bzw. Räumlichkeiten gemäß § 71 Abs. 4 SGB XI
Träger der Eingliederungshilfe sind zuständig (Pflegekasse zahlt Pauschale nach § 43a SGB XI)
§ 103 Abs. 2 SGB IX: **außerhalb** von Einrichtungen bzw. Räumlichkeiten gemäß § 71 Abs. 4 SGB XI
Eingliederungshilfe bereits **vor** Erreichen der Regelaltersgrenze
Eingliederungshilfe erstmals **nach** Erreichen der Regelaltersgrenze
Zuständig ist der Träger der Eingliederungshilfe (soweit nicht Zuständigkeit der Pflegekasse).
Zuständig ist die Pflegekasse bzw. der Sozialhilfeträger (daneben ggf. auch Eingliederungshilfe).

Johannes Friedrich

Besondere Schädigungstatbestände

1. Das Soziale Entschädigungsrecht – das SGB XIV und weitere Gesetze

1 Das im Jahr 1950 in Kraft getretene Bundesversorgungsgesetz (BVG) regelte ursprünglich die Versorgung von Opfern des Zweiten Weltkrieges. Neben dem geschützten Personenkreis (der sog. Tatbestandsseite) enthielt das BVG zahlreiche Leistungen und Ansprüche für Beschädigte (die sog. Rechtsfolgenseite). Weil dieses System sehr gut funktionierte, bezogen sich im Laufe der folgenden Jahrzehnte immer mehr Gesetze auf die Rechtsfolgen des BVG, z. B. das Opferentschädigungsgesetz (OEG), das Impfschadensrecht (laut IfSG) oder das Soldatenversorgungsgesetz (SVG); man sprach insoweit von den sog. Nebengesetzen.

2 Nachdem die Zahl der eigentlichen Kriegsopfer immer geringer wurde, die Wichtigkeit der Nebengesetze zunahm und weil viele Regelungen des BVG modernisierungsbedürftig wurden, brachte der Gesetzgeber in einem über zehnjährigen Findungsprozess eine Neufassung des Rechts der Sozialen Entschädigung in Gestalt des SGB XIV auf den Weg. Das SGB XIV löste am 1.1.2024 das BVG ab.

Systemverständnis:

Das bedeutet nicht, dass das BVG und seine Nebengesetze komplett in den „Ruhestand" versetzt werden. Denn zum einen finden sich nicht alle Tatbestände der Sozialen Entschädigung nunmehr im SGB XIV, zum anderen gilt das SGB XIV – grob gesagt – auch erst für Fälle ab 2024 (zu den Überleitungsvorschriften siehe unten bei den einzelnen Grundtatbeständen).

System(un)verständnis:

Dem fortgeschrittenen Mathematiker wird aufgefallen sein, dass bislang nur die SGB I bis XII existierten. Mit Inkrafttreten des SGB XIV stellt sich die Frage, warum es kein SGB XIII gibt. Die Antwort gab der zuständige Minister: Es solle auf die Empfindungen derer Rücksicht genommen werden, die bei der Unglückszahl 13 ein ungutes Gefühl hätten.

Ein herausragendes Beispiel fortgeschrittener „political correctness" – und gleichzeitig ein echter Schildbürgerstreich: Denn es lässt – um die Worte von Christian Braun (Richter am LSG Bayern) zu zitieren – „den Betrachter ratlos zurück, dass der Gesetzgeber ausgerechnet bei der zentralen Norm des neuen Sozialgesetzbuchs – dem Grundtatbestand der Opferentschädigung – exakt dem betroffenen Personenkreis diese anscheinend angstbesetzte Zahl 13 doch wieder zumutet" (Braun: Schlegel/Voelzke, jurisPK-SGB XIV, 2. Aufl., § 13 SGB XIV, unter – wie es der Zufall so will – Rn. 13).

3 Grundsätzlich gilt für das SGB XIV aber nichts anderes als bereits unter dem Rechtsregime des BVG: Leistungsansprüche gibt es im Regelfall nicht schon dann, wenn eine Person in den Schutzbereich des Gesetzes fällt (also z. B. Kriegsopfer oder Opfer einer Gewalttat ist), sondern nur, wenn es infolgedessen auch zu einer gesundheitlichen Beeinträchtigung kommt (sog. entschädigungsrechtlicher Dreisatz):

Schädigender Tatbestand	+	Gesundheitliche Folgen	→	Leistungen nach dem SGB XIV

Systemverständnis:

Etwas komplizierter als in diesem verkürzten Dreisatz ist es ehrlich gesagt doch: Denn üblicherweise wird zunächst geprüft, ob ein schädigender Tatbestand eine Primärschädigung (Gesundheitserststörung) verursacht hat; erst dann wird weiter geprüft, ob diese Primärschädigung mit Wahrscheinlichkeit auch eine länger anhaltende gesundheitliche Schädigungsfolge (Sekundärschädigung) verursacht hat.

Das SGB XIV selbst enthält vier Grundtatbestände, die als schädigende Tatbestände infrage 4
kommen (zu weiteren Grundtatbeständen außerhalb des SGB XIV siehe Rn. 97 ff.):

Normen des SGB XIV	Denkbare schädigende Ereignisse (Grundtatbestände)
§§ 13 bis 20	bestimmte Gewalttaten (= das vormalige OEG)
§§ 21 und 22	bestimmte Kriegsauswirkungen beider Weltkriege (= das bisherige BVG)
§ 23	bestimmte Ereignisse im Zusammenhang mit der Ableistung des Zivildienstes (= das vorherige ZDG)
§ 24	bestimmte Schutzimpfungen und andere Maßnahmen spezifischer Prophylaxe (= bisher Teil des IfSG)

Liegt einer dieser vier Grundtatbestände vor, prüfen die Behörden, ob dadurch gesundheitliche 5
Schädigungen entstanden sind. Bei diesen gesundheitlichen Folgen unterscheidet § 5 Abs. 1 SGB XIV für die Bemessung des Grades der Schädigungsfolgen (GdS) zwischen vorübergehenden Gesundheitsstörungen (die z. B. nach kurzer Zeit wieder ausgeheilt sind) und länger dauernden Schädigungsfolgen (die länger als sechs Monate bestehen – oder gar ein Leben lang). Das Ausmaß, also der GdS, beurteilt sich nach denselben Grundsätzen wie bei der Beurteilung des GdB (siehe B 2, Rn. 122 ff. und 182 ff.).

Systemverständnis:

Während beim GdB jedoch alle Funktionsbeeinträchtigungen eines Menschen berücksichtigt werden (egal, welche Ursache diese aufweisen = funktionale Betrachtung), fließen in die GdS-Beurteilung ausschließlich Gesundheitsstörungen ein, die durch den Schädigungstatbestand hervorgerufen oder verschlimmert wurden (= kausale Betrachtung).

Zur Beurteilung, ob eine gesundheitliche Störung die Folge eines schädigenden Tatbestands 6
ist, werden in der Praxis sog. Zusammenhangsgutachten eingeholt. Dabei wird die Kausalität zwischen Schädigung und Gesundheitsstörung geprüft und im Bejahensfall eine Beurteilung des Ausmaßes der Schädigungsfolgen vorgenommen. Zu den insoweit wichtigen Grundlagen siehe B 15, Rn. 87 ff.

Abweichend von den „klassischen" sozialrechtlichen Zusammenhangsprüfungen gibt es im 7
Recht der Sozialen Entschädigung aber noch eine Besonderheit: die sog. Kann-Versorgung. Wenn die zur Anerkennung einer Gesundheitsstörung als Schädigungsfolge erforderliche Wahrscheinlichkeit nur deshalb nicht gegeben ist, weil über die Ursache der Gesundheitsstörung in der medizinischen Wissenschaft Ungewissheit besteht, kann mit Zustimmung des Bundesministeriums für Arbeit und Soziales bzw. der jeweils obersten Landesbehörde die Gesundheitsstörung als Schädigungsfolge anerkannt werden.

Systemverständnis:

Der (einzige) Unterschied zwischen Regelversorgung und Kann-Versorgung besteht darin, dass der Beweismaßstab der Zusammenhangsbeurteilung zwischen Primärschädigung und sekundärer Schädigungsfolge von der sonst geforderten Wahrscheinlichkeit auf die „gute Möglichkeit" abgesenkt wird. Dafür genügt aber nicht jede ärztliche Mindermeinung; erforderlich sind in der Regel fundierte wissenschaftliche Arbeitshypothesen (am besten Studien).

Tipp:

Einen „Minicrashkurs" in Sachen Kann-Versorgung gibt es kostenlos zum Nachlesen in Teil C Ziffer 4 VMG.

1.1 Übersicht über die Leistungen des SGB XIV

8 § 3 SGB XIV zeigt den grundsätzlichen Leistungsumfang in Überblicksform auf:

SGB XIV	Leistungsumfang
§§ 29 bis 40	Schnelle Hilfen (Traumaambulanzen, Fallmanagement) nach Kapitel 4
§§ 41 bis 61	Krankenbehandlung nach Kapitel 5
§§ 62 bis 70	Leistungen zur Teilhabe nach Kapitel 6
§§ 71 bis 81	Leistungen bei Pflegebedürftigkeit nach Kapitel 7
§ 82	Leistungen bei hochgradiger Sehbehinderung, Blindheit und Taubheit nach Kapitel 8
§§ 83 bis 88	Entschädigungszahlungen nach Kapitel 9
§§ 89 bis 91	Berufsschadensausgleich nach Kapitel 10
§§ 92 bis 98	Besondere Leistungen im Einzelfall nach Kapitel 11
§ 99	Leistungen bei Überführung und Bestattung nach Kapitel 12
§ 100	Ausgleich in Härtefällen nach Kapitel 13
§ 101	Leistungen bei Wohnsitz oder gewöhnlichem Aufenthalt im Ausland nach Kapitel 14
§§ 142 ff.	Leistungen nach den Vorschriften zu Besitzständen nach Kapitel 23

9 Bereits diese Übersicht zeigt, dass einige Leistungsarten aus dem früheren Recht gestrichen wurden. So gibt es z. B. keine Ausgleichsrenten mehr und auch die Möglichkeit der Höherbewertung des GdS aufgrund besonderer beruflicher Betroffenheit wurde ersatzlos gestrichen. Insgesamt allerdings ist die Leistungshöhe nach dem SGB XIV im Durchschnitt in den meisten Fällen erheblich besser als unter Geltung des BVG.

1.2 Unterscheidung nach verschiedenen Berechtigten

10 Das SGB XIV unterscheidet zwischen verschiedenen Berechtigten; dies ist kein bloßer Formalismus, sondern hat ganz praktische Auswirkungen auf die Frage, wer bestimmte Leistungen in Anspruch nehmen kann.

Berechtigte	Beschreibung	SGB XIV
Geschädigte	Personen, die durch ein schädigendes Ereignis **unmittelbar** eine gesundheitliche Schädigung erlitten haben	§ 2 Abs. 2

Berechtigte	Beschreibung	SGB XIV
Angehörige	Ehegatten sowie Kinder und Eltern von Geschädigten (Als Kinder gelten auch in den Haushalt Geschädigter aufgenommene Stiefkinder sowie Pflegekinder im Sinne des § 2 Abs. 1 Satz 1 Nr. 2 BKGG.)	§ 2 Abs. 3
Hinterbliebene	Witwen, Witwer und Waisen, Eltern sowie Betreuungsunterhaltsberechtigte einer an den Schädigungsfolgen verstorbenen Person (Als Waisen gelten auch in den Haushalt der verstorbenen Person aufgenommene Stiefkinder sowie Pflegekinder im Sinne des § 2 Abs. 1 Satz 1 Nr. 2 BKGG.)	§ 2 Abs. 4
Nahestehende	Geschwister sowie Personen, die mit Geschädigten eine Lebensgemeinschaft führen, die der Ehe ähnlich ist	§ 2 Abs. 5
Hinweis: Nicht alle diese Gruppen haben dieselben Rechte und Ansprüche, weswegen eine genaue Zuordnung auch praktisch besonders wichtig ist.		

Systemverständnis:

§ 7 SGB XIV stellt inländische und ausländische Berechtigte gleich, wenn die Schädigung in Deutschland stattgefunden hat.

Falls sich die Schädigung im Ausland ereignete, gelten allerdings die Einschränkungen des § 102 SGB XIV.

Für Inlandsgeschädigte, die im Ausland wohnen oder später dorthin ziehen, hält § 102 SGB XIV Sonderregelungen bereit, die einen (beschränkten) „Leistungsexport" ins Ausland ausnahmsweise ermöglichen.

1.3 Schnelle Hilfen: Traumaambulanzen und Fallmanagement

Eines der Kernstücke des neuen SGB XIV bilden die Leistungen aus Kapitel 4: die Schnellen Hilfen. Auch wenn einzelne Bundesländer hier bereits vor Jahren eigene Leistungsprogramme aufstellten, fehlte es doch größtenteils an einer bundeseinheitlichen (verpflichtenden) Regelung. Diese Vorläufermodelle zeigten aber: Das System ist wichtig und bewährt sich in der Praxis. 11

Sinn der Schnellen Hilfen ist es, gerade bei aktuellen Traumatisierungen möglichst rasche Unterstützung herbeizuführen, die auf der gesundheitlichen Ebene über Traumaambulanzen erfolgt, auf der organisatorischen über das sog. Fallmanagement (vgl. § 29 Abs. 1 SGB XIV). Diese Hilfen werden in der Regel im sog. Erleichterten Verfahren nach § 115 SGB XIV erbracht, was im Kern eine nur summarische Prüfung und eine unbürokratische Kostenübernahme bedeutet. 12

Beim Fallmanagement werden die Berechtigten aktivierend und koordinierend durch das Antragsverfahren und Leistungsverfahren begleitet (§ 30 Abs. 1 SGB XIV). Das ist mehr als die §§ 13 ff. SGB I im Rahmen der Aufklärung, Beratung und Auskunft gewähren (siehe dazu B 1, Rn. 49 ff.). 13

Die §§ 31 ff. SGB XIV regeln die Leistungen der Inanspruchnahme von zugelassenen Traumaambulanzen. Inhaltlich ist damit eine rasche „psychotherapeutische Intervention" verbunden, um den Eintritt oder die Chronifizierung einer psychischen Gesundheitsstörung zu verhindern. Das Gesetz unterscheidet in psychotherapeutische Frühintervention (§ 32 SGB XIV: die erste Sitzung findet innerhalb des ersten Jahres nach der Schädigung statt) und Intervention in anderen Fällen (§ 33 SGB XIV). 14

Der Leistungsumfang ist in § 34 SGB XIV geregelt und unterscheidet zwischen erwachsenen Berechtigten einerseits und Kindern und Jugendlichen andererseits. Danach haben (erwachse- 15

B

ne) Geschädigte sowie Angehörige, Hinterbliebene und Nahestehende Anspruch auf insgesamt bis zu 15 Sitzungen in der Traumaambulanz. Bei Kindern und Jugendlichen beträgt der Höchstanspruch 18 Sitzungen. Nach Absatz 3 ist eine Ausweitung um bis zu zehn weitere Stunden möglich. Bei darüber hinausgehendem Bedarf soll § 35 SGB XIV eine möglichst nahtlose Weiterbehandlung mit „regulären" Therapieangeboten ermöglichen. Zum Leistungsumfang gehört auch eine Fahrtkostenerstattung (vgl. § 36 SGB XIV).

Tipp:

Eine Übersicht zu den deutschen Traumaambulanzen mit Filterfunktion bietet das Forschungsprojekt HilfT an: https://projekt-hilft.de/liste/slug/sgb-xiv-leistungen-soziale-entschaedigung

1.4 Die Krankenbehandlung der Sozialen Entschädigung

16 Die Krankenbehandlung der Sozialen Entschädigung wurde stark an das Recht der Gesetzlichen Krankenversicherung (GKV) angepasst, was teilweise auch zu einem verkürzten Leistungsumfang im Vergleich zum BVG führte (weggefallen sind etwa Regelungen wie Versehrtenleibesübungen oder Badekuren). In bestimmten Bereichen gehen die Ansprüche nach der Sozialen Entschädigung aber über das Recht der GKV hinaus (insbesondere im psychotherapeutischen Bereich oder beim Zahnersatz).

17 Grundvoraussetzung für einen Anspruch auf Krankenbehandlung ist aber stets das Vorliegen einer behandlungsbedürftigen Gesundheitsstörung, die als Schädigungsfolge anerkannt ist, § 41 Abs. 1 SGB XIV (für andere Gesundheitsstörungen greift die gesetzliche oder private Krankenversicherung). Das bedeutet nicht, dass hierfür ein GdS vorliegen muss, das heißt, es ist nicht erforderlich, dass die Gesundheitsstörung länger als sechs Monate besteht; auch vorübergehende Gesundheitsstörungen sind als Schädigungsfolgen krankenbehandlungsbegründend. Nur für Geschädigte mit einem GdS von mindestens 50 gibt es dagegen auch Heilbehandlung für Nichtschädigungsfolgen (§ 42 Abs. 2 SGB XIV).

18 Weiter differenziert das Gesetz in § 42 SGB XIV die Berechtigungsgrade aus: Während Geschädigte (§ 2 Abs. 2 SGB XIV) die Leistungen der Krankenbehandlung nach dem SGB XIV erhalten (wobei hier immer die Grundsätze des Rechts der GKV aus dem SGB V gelten), bekommen Angehörige (Absatz 3) und Hinterbliebene (Absatz 4) nur unter extrem strengen Bedingungen Krankenbehandlung über das SGB XIV (insbesondere dürfen sie selbst über keine anderweitige Absicherung im Krankheitsfall verfügen, was in der Praxis kaum vorkommt). Zu den Einzelheiten siehe § 42 Abs. 3 und 4 SGB XIV.

19 Eine Übersicht zu den Leistungen im Einzelnen:

SGB XIV	Leistungen der Krankenbehandlung
§ 42	Verweis auf das Recht der GKV (SGB V)
§ 43	Ergänzende Leistungen der Krankenbehandlung (über das SGB V hinaus)
§ 46	Hilfsmittel und Pauschbeträge für außergewöhnlichen Verschleiß von Kleidung und Wäsche
§ 47	Krankengeld
§ 48	Beihilfe bei erheblicher Beeinträchtigung der Erwerbsgrundlage
§ 49	Zuschüsse bei Zahnersatz
§§ 50 f.	Spezielle Kostenerstattungsregelungen (bei selbst beschaffter Krankenbehandlung oder bei Behandlung im Ausland)
§ 52	Beitragsübernahme
§ 53	Reisekostenerstattung

Dabei handelt es sich – wie bei der GKV – um ein Sachleistungsprinzip; anders als in der GKV erhalten Geschädigte Sachleistungen aber ohne Beteiligung an den Kosten (keine Eigenbeteiligungen oder Zuzahlungen; § 44 Abs. 2 SGB XIV), stets aber nur im medizinisch notwendigen Umfang; eine Kostenbeteiligung ist aber weiterhin in dem Ausnahmefall möglich, dass es um eine Krankenbehandlung für Nichtschädigungsfolgen nach § 42 Abs. 2 SGB XIV geht. Sachleistungsprinzip bedeutet, dass keine direkte Abrechnung zwischen den Geschädigten und z. B. den Ärzten oder Krankenhäusern erfolgt, sondern dass die entstandenen Kosten zwischen den Behandlern und dem Träger der Sozialen Entschädigung abgewickelt werden (zu den – wenigen – Ausnahmen, bei denen Kosten selbst beschaffter Krankenbehandlung ausnahmsweise übernommen werden, siehe § 50 SGB XIV). 20

Zu beachten ist, dass die Krankenbehandlung nicht komplett über die Trägerbehörden der Sozialen Entschädigung abgewickelt wird, sondern – je nach Leistung – eine unterschiedliche „Erstzuständigkeit" besteht: 21

§ 57 SGB XIV	Leistungen im SGB XIV	Zuständigkeit
Abs. 2	• Krankenbehandlung nach § 42 • Krankengeld nach § 47 • Reisekosten nach § 53	die eigene GKV bei Mitgliedern einer Krankenkasse und Familienversicherten
Abs. 3, 4	• Krankenbehandlung nach § 42 • Krankengeld nach § 47 • Reisekosten nach § 53	die wählbare GKV bei nicht Versicherten
Abs. 5	Hilfsmittelversorgung nach § 46 Abs. 1 Nr. 1 (sowie damit in Zusammenhang stehende Reisekosten)	Unfallkassen der Länder
Abs. 6	alle weiteren Leistungen	Träger der Sozialen Entschädigung

Das bedeutet: Über einzelne Leistungen erlassen die nach § 57 Abs. 2 bis 5 SGB XIV zuständigen Behörden den Ausgangsbescheid; im Fall eines Widerspruchs entscheidet dann aber einheitlich die Widerspruchsbehörde des Trägers der Sozialen Entschädigung (vgl. § 58 SGB XIV). 22

Zurück zu den Leistungen im Einzelnen: Wie eingangs dargestellt gilt grundsätzlich das Leistungsspektrum der GKV nach dem SGB V. Aufgrund der besonderen Situation der Geschädigten geht das SGB XIV aber teilweise darüber hinaus. Die Befreiung von Kostenbeteiligungen nach § 44 Abs. 2 SGB XIV wurde bereits genannt. § 43 SGB XIV erweitert den Katalog des SGB V für Geschädigte aber noch einmal erheblich um die sog. ergänzenden Leistungen. Diese werden nicht automatisch erbracht, sondern nach § 43 Abs. 1 Satz 1 SGB XIV nur dann, wenn dies unter Berücksichtigung der Art und Schwere des Einzelfalls und der besonderen Bedarfe der oder des Geschädigten notwendig ist. Beispielhaft sei hingewiesen auf die Möglichkeiten, besondere psychotherapeutische Leistungen in Anspruch zu nehmen; dies kann sowohl den Umfang der Therapiestunden und die Behandlungsfrequenz betreffen, als auch Behandlungsverfahren, die nach dem SGB V nicht anerkannt sind, oder Behandler, die nicht an der vertragsärztlichen Versorgung teilnehmen (vgl. § 43 Abs. 2 Nr. 1 SGB XIV). Hinsichtlich der weiteren Einzelheiten sei auf die oben in der Übersicht zitierten Vorschriften verwiesen. 23

1.5 Leistungen zur Teilhabe

Die §§ 62 ff. SGB XIV regeln die Leistungen zur Teilhabe und erscheinen im Gesetz damit noch vor den Entschädigungszahlungen und dem Berufsschadensausgleich. Dies entspricht dem Grundgedanken „Reha vor Rente", nach dem zunächst vorrangig versucht werden muss, durch Leistungen der medizinischen Rehabilitation und durch Leistungen der Teilhabe am Arbeitsleben berufliche Einschränkungen zu verhindern und abzumildern, ehe Berufsschadensausgleich gezahlt wird (vgl. §§ 27, 89 Abs. 1 Nr. 2 SGB XIV). Für die Entschädigungszahlungen nach 24 den §§ 83 ff. SGB XIV gilt dieser Vorrang zwar nicht, allerdings soll natürlich auch hier durch die oben genannten Maßnahmen versucht werden, Chronifizierungen zu verhindern und Schädigungsfolgen möglichst zu heilen, um so den Grad der Schädigungsfolgen (und damit die Höhe der Entschädigungszahlungen) zu mindern.

§ 62 Satz 1 SGB XIV	Umfang der Leistungen zur Teilhabe	Siehe auch hier im Handbuch unter ...
Nr. 1	Leistungen zur Teilhabe am Arbeitsleben (§ 63 SGB XIV) sowie unterhaltssichernde und andere ergänzende Leistungen (§ 64 SGB XIV)	B 11, Rn. 27 ff., B 3, Rn. 53
Nr. 2	Leistungen zur Teilhabe an Bildung (§ 65 SGB XIV)	B 10, Rn. 14
Nr. 3	Leistungen zur Sozialen Teilhabe (§ 66 SGB XIV)	B 8, Rn. 1 ff.
Nr. 4	Leistungen zur medizinischen Rehabilitation (Erbringung über die Leistungen der Krankenbehandlung nach §§ 41 ff. SGB XIV)	B 7, Rn. 17

25 Das Regelungskonzept des Teilhaberechts der Sozialen Entschädigung besteht damit vorwiegend aus Querverweisen auf das SGB IX (siehe grundlegend dazu B 2, Rn. 128 ff.), ergänzt um einzelne Sonderregelungen.

26 Dieses neue Teilhaberecht des SGB XIV ist im Vergleich zum bisherigen Teilhaberecht des BVG eine echte Verbesserung: Die Leistungen werden (mit Ausnahme der Unterhaltsbeihilfe nach § 64 Abs. 3 SGB XIV) einkommensunabhängig erbracht und sind nicht mehr von einem gleichzeitigen Anspruch auf Entschädigungszahlungen oder Krankenbehandlung abhängig. Anders formuliert ist die Grundvoraussetzung für Teilhabeleistungen lediglich, dass Geschädigte einen schädigungsbedingten Teilhabebedarf haben (Hinterbliebene erhalten nur Leistungen zur Teilhabe am Arbeitsleben nach § 63 Abs. 3 SGB XIV).

27 Weitere Voraussetzung ist ein Antrag nach § 10 Abs. 1 SGB XIV, wobei nach Absatz 3 die Leistungen zur Teilhabe am Arbeitsleben, zur Teilhabe an Bildung und zur Sozialen Teilhabe auch von Amts wegen erbracht werden können (Ermessen).

1.6 Leistungen bei Pflegebedürftigkeit

28 Die bislang nach altem Recht (§ 9 Abs. 1 Nr. 3, § 35 BVG) geltende Pflegezulage wurde abgeschafft und im SGB XIV durch ein eigenständiges Pflegesystem ersetzt, das nah am SGB XI ist und sogar darüber hinausgeht. So gibt es nunmehr den eigenständigen Begriff der Hilflosigkeit nicht mehr; stattdessen wird in § 72 SGB XIV für den Begriff der Pflegebedürftigkeit und für die Einordnung in Pflegegrade auf das SGB XI verwiesen (wobei auch eine Pflegebedürftigkeit relevant sein kann, die prognostisch weniger als sechs Monate besteht).

29 Liegt eine Entscheidung der Pflegekasse über den Pflegegrad vor, so ist sie für die zuständige Verwaltungsbehörde bindend (§ 72 Abs. 1 Satz 1 SGB XIV). Liegt keine Entscheidung vor, so wirkt die zuständige Verwaltungsbehörde auf eine unverzügliche Entscheidung der Pflegekasse hin (Satz 2). Kommt ein Anspruch nach dem SGB XI dagegen gar nicht erst in Betracht, ermittelt die zuständige Verwaltungsbehörde nach Absatz 3 den Pflegegrad in eigener Verantwortung und kann sich dabei sachverständiger Dritter (also im Regelfall des MD) bedienen.

30 Grundvoraussetzung für Leistungen ist nach § 71 Abs. 1 SGB XIV, dass die Pflegebedürftigkeit schädigungsbedingt ist. Der Leistungsumfang ist im Bereich des SGB XIV dabei deutlich besser, wie § 74 SGB XIV zeigt: Denn neben den eigentlichen Leistungen nach Kapitel 4 SGB XI (siehe auch B 6, Rn. 47 ff.) stehen nach Nr. 2 und 3 zusätzlich auch die ergänzenden Leistungen bei Pflegebedürftigkeit nach § 75 SGB XIV und die Leistungen bei Pflegebedürftigkeit im Arbeitgebermodell nach § 76 SGB XIV zur Verfügung.

31 Auch hier ist eine Besonderheit bei der Abwicklung zu beachten (§ 77 SGB XIV): Rechtlich verantwortlicher Leistungserbringer für diese Leistungen ist zwar insgesamt der zuständige

Träger der Sozialen Entschädigung (§ 77 Abs. 1 SGB XIV). Für Geschädigte, die Mitglied einer Pflegekasse oder nach § 25 SGB XI familienversichert sind, erbringt nach Absatz 2 ihre Pflegekasse für die zuständige Verwaltungsbehörde die Leistungen bei Pflegebedürftigkeit nach § 74 Nr. 1 und § 75 Abs. 1 Satz 2 Nr. 3 SGB XIV. Für Geschädigte, die dagegen weder nach dem SGB XI versichert sind, noch nach beamtenrechtlichen Vorschriften einen Anspruch auf Leistungen bei Pflegebedürftigkeit haben, erbringt nach Absatz 3 die Pflegekasse, die der Krankenkasse ihrer Wahl gemäß § 57 Abs. 3 SGB XIV entspricht, für die zuständige Verwaltungsbehörde die Leistungen nach § 74 Nr. 1 und § 75 Abs. 1 Satz 2 Nr. 3 SGB XIV. Dementsprechend werden nur die übrigen Leistungen nach §§ 75, 76 SGB XIV vom zuständigen Träger der Sozialen Entschädigung selbst erbracht. Das bedeutet weiter: Sofern nicht der Träger der Sozialen Entschädigung zuständig ist, entscheidet zunächst die oben genannte andere Behörde über die Leistungen und erlässt dazu einen Bescheid. Erst im Widerspruchsverfahren erfolgt dann nach § 78 SGB XIV wieder eine einheitliche Entscheidung der Widerspruchsstelle des Trägers der Sozialen Entschädigung, gegen die dann ggf. Klage beim Sozialgericht erhoben werden kann.

1.7 Leistungen hochgradiger Sehbehinderung, Blindheit und Taubheit

Das SGB XII sieht für blinde Menschen die sog. Blindenhilfe vor (siehe B 5, Rn. 69). Dieses 32
Instrument greift das SGB XIV für bestimmte Geschädigtengruppen auf und gewährt nach § 82 SGB XIV Leistungen im folgenden Umfang:

Anerkannte Schädigungsfolge	Leistungsbeträge nach § 82 SGB XIV
Hochgradige Sehbehinderung (Teil A Nr. 6 Buchst. d VMG)	Halbe Blindenhilfe (bezogen auf den Betrag nach § 72 Abs. 2 SGB XII)
Blindheit (Teil A Nr. 6 Buchst. a bis c VMG)	Einfache Blindenhilfe
Taubblindheit (§ 3 Abs. 1 Nr. 8 Schwerbehindertenausweisverordnung)	Doppelte Blindenhilfe

Im Gegensatz zum SGB XII sind diese Leistungen nicht vom Einkommen oder Vermögen 33
abhängig.

1.8 Entschädigungszahlungen

Im Vergleich zur Rechtslage unter Geltung des BVG nahm der Gesetzgeber im Bereich der 34
neuen Entschädigungszahlungen maßgebliche Korrekturen vor. Insbesondere wurden die Leistungsarten radikal vereinfacht. So wurde etwa aus der bisherigen Grundrente eine monatliche Entschädigungszahlung, die frühere Ausgleichsrente entfällt ersatzlos. War die Ausgleichsrente noch einkommensabhängig, ist dies bei den Entschädigungszahlungen nicht mehr der Fall, zudem besteht komplette Anrechnungsfreiheit etwa bei Grundsicherungsleistungen. Wie bisher hängt die Höhe der Leistungen für Geschädigte vom Grad der Schädigungsfolgen ab (§ 83 SGB XIV):

GdS-Höhe	Höhe der monatlichen Entschädigung (Geschädigte; Stand 1.7.2026)
0	0 EUR
10	0 EUR
20	0 EUR
30	452 EUR
40	452 EUR

GdS-Höhe	Höhe der monatlichen Entschädigung (Geschädigte; Stand 1.7.2026)
50	905 EUR
60	905 EUR
70	1.357 EUR
80	1.357 EUR
90	1.810 EUR
100	2.261 EUR (zzgl. 20 % bei schwersten Schädigungsfolgen)

35 Die Entschädigungszahlungen sind grundsätzlich unbefristet, solange der entsprechende GdS besteht, das heißt bis zu einer etwaigen Nachprüfung, die zu einer Herabsetzung führt.

36 § 84 SGB XIV eröffnet zudem eine Möglichkeit der Kapitalisierung (Abfindung). Voraussetzung ist lediglich eine Berechtigung zum Erhalt der Entschädigungszahlung nach § 83 SGB XIV und ein Antrag auf Kapitalisierung innerhalb eines Jahres nach Bewilligung der Entschädigung. Dabei ist die gesetzliche Risikoverteilung zu beachten: Der Geschädigte erhält zwar nach § 84 Abs. 2 Satz 1 SGB XIV das 60-Fache der monatlichen Entschädigungsleistung (Satz 2: unter Anrechnung etwa schon erhaltener monatlicher Entschädigungszahlungen). Allerdings sind nach Absatz 3 damit auch alle Ansprüche auf monatliche Entschädigungsleistungen für die Dauer von fünf Jahren abgegolten (selbst im Fall einer Verschlimmerung der Schädigungsfolgen in diesem Zeitfenster). Umgekehrt muss die Behörde für den Fall einer denkbaren Besserung der Schädigungsfolgen auch rechtzeitig eine Nachprüfung in die Wege leiten und ggf. verbescheiden, da ansonsten die Geschädigten durch einen schnellen zweiten Antrag auf Kapitalisierung für weitere fünf Jahre Leistungen erhalten können. Letztlich müssen also die Betroffenen sehr genau abwägen, ob sich eine Kapitalisierung lohnt.

Tipp:

Zu Chancen und Risiken haben die Behörden ausreichend zu beraten (§ 14 SGB I), ggf. auch im Rahmen des neuen Fallmanagements (§ 30 SGB XIV). Beratungsfehler können ggf. einen sozialrechtlichen Herstellungsanspruch auslösen (siehe B 15, Rn. 30 f.).

37 Entschädigungszahlungen können neben Geschädigten auch Hinterbliebene erhalten (§§ 85 ff. SGB XIV):

Hinterbliebene	Höhe der monatlichen Entschädigung (Hinterbliebene; Stand 1.7.2026)
Witwen/Witwer (§ 85 Abs. 1 SGB XIV)	1.193 EUR (zzgl. 54 EUR für jedes minderjährige Kind im Haushalt mit Berechtigung auf Waisenentschädigung)
Partner einer eheähnlichen Gemeinschaft (§ 85 Abs. 2 SGB XIV)	1.193 EUR
„Halbwaisen" (§ 87 Abs. 1 SGB XIV)	441 EUR
„Vollwaisen" (§ 87 Abs. 2 SGB XIV)	690 EUR

Hinterbliebene	Höhe der monatlichen Entschädigung (Hinterbliebene; Stand 1.7.2026)
Hinterbliebene Eltern (ggf. auch Stiefeltern, Pflegeeltern, Großeltern) (§ 88 SGB XIV)	je 170 bzw. 282 EUR (bei zwei noch lebenden bzw. nur einem noch lebenden Elternteil)

Die tabellarisch dargestellten Werte gelten nicht einschränkungslos, sondern nur bei Erfüllung der weiteren Voraussetzungen (vgl. hierzu die jeweils angegebenen Rechtsvorschriften). In jedem Fall muss der Tod des Geschädigten schädigungsbedingt erfolgt sein (die Neuregelung in Teil C Nr. 10 VMG stellt zur Todschädigungsfolge eingehendere Leitlinien auf). Zudem ist nach § 10 Abs. 1 SGB XIV ein expliziter Antrag erforderlich. 38

§ 86 SGB XIV stellt auch Hinterbliebenen eine Abfindungsmöglichkeit in Form einer Kapitalisierung zur Verfügung; die Höhe beträgt 137.337 EUR (Absatz 2 Satz 1; unter Anrechnung etwaiger bereits ausbezahlter monatlicher Entschädigungsleistungen, Absatz 2 Satz 2). Dabei ist zu beachten, dass diese entsprechend dem Wortlaut nur für Witwer und Witwen gilt, nicht auch für Partner eheähnlicher Gemeinschaften. Außerdem erlöschen Ansprüche auf weitere Entschädigungen mit der Kapitalisierung gemäß Absatz 3 vollständig (sie leben also – anders als bei Geschädigten – nicht nach dem rechnerischen, der Abfindung zugrundeliegenden Zehn-Jahres-Zeitraum wieder auf). Auch hier ist der Antrag innerhalb eines Jahres nach Bewilligung der Entschädigungszahlung zu stellen (§ 86 Abs. 1 Satz 2 SGB XIV). 39

Tipp:

Gerade Hinterbliebene, die Pläne einer Wiederheirat hegen, sollten die Inanspruchnahme einer Abfindung ernstlich ins Auge fassen, weil ihr Anspruch auf Entschädigungsleistungen im Fall der Wiederheirat erlischt.

1.9 Berufsschadensausgleich

Einen zusätzlichen Berufsschadensausgleich (in der Fachsprache kurz: BSA) erhalten rentenberechtigte Beschädigte, deren Einkommen aus gegenwärtiger oder früherer Tätigkeit durch die Schädigungsfolgen gemindert ist (§ 89 SGB XIV). 40

Tipp:

Was hier so einfach klingt, ist in der Praxis eine höchst komplexe Angelegenheit. Zahlreiche Reformbestrebungen erbrachten in der Vergangenheit keine Erleichterung der Rechtslage, sondern allenfalls weitere Probleme. Auch die Neuformulierung durch das SGB XIV ist kein „großer Wurf". Wer sich von den einzelnen Absätzen des § 89 SGB XIV nicht abschrecken hat lassen und sich noch tiefer einlesen möchte, findet weitere Grundsätze zur Bemessung in der SGBXIV-Berufsschadensausgleichsverordnung (SGBXIVBSchAV).

Systemverständnis:

Auch für den BSA gilt der Grundsatz „Reha vor Rente" (§ 27 SGB XIV)!

1.10 Besondere Leistungen im Einzelfall

Weitere Ansprüche nach dem SGB XIV werden in diesem Handbuch im Rahmen der jeweiligen Bedarfslagen dargestellt. Dies gilt auch für die Besonderen Leistungen des 11. Kapitels des SGB XIV, die das frühere Fürsorgerecht des BVG (sog. KOF) ersetzen. 41

B

42 Als gemeinsame Grundvoraussetzung nennt § 92 Abs. 1 SGB XIV, dass diese Leistungen im Einzelfall erbracht werden (gebundener Anspruch, kein Ermessen!), soweit und solange Geschädigte nicht oder nicht ausreichend in der Lage sind, den jeweiligen Bedarf aus ihrem Einkommen und Vermögen zu decken, und dieses Unvermögen durch die Schädigungsfolgen entstanden ist (sog. wirtschaftliche Kausalität). Absatz 3 enthält dahingehend eine Vermutungsregelung, dass ein Zusammenhang zwischen den Schädigungsfolgen und dem Unvermögen, den jeweils anzuerkennenden Bedarf aus dem eigenen Einkommen und Vermögen zu decken, vermutet wird, sofern nicht das Gegenteil offenkundig oder nachgewiesen ist. Der Zusammenhang ist stets anzunehmen bei minderjährigen Geschädigten sowie Geschädigten, die Entschädigungszahlungen bei einem GdS von 100 und einen Berufsschadensausgleich nach Kapitel 10 oder die Leistungen bei Pflegebedürftigkeit nach Kapitel 7 des SGB XIV erhalten.

43 Auch Hinterbliebene können unter Umständen nach § 92 Abs. 6 SGB XIV einen Leistungsanspruch (aber nur auf Leistungen nach Abs. 4 Nr. 1 und 2) haben; Angehörige und Nahestehende haben nach dem Wortlaut des Gesetzes dagegen keinen Anspruch auf Besondere Leistungen.

44 Die Absätze 2 und 6 enthalten jeweils eine klare Bezugnahme auf das 16. Kapitel, in dem die Grundregeln zum Einsatz von Einkommen und Vermögen beschrieben werden (siehe Rn. 50); die Leistungen sind damit einkommens- und vermögensabhängig. (Wichtig: Dies gilt nach § 105 Abs. 3 SGB XIV nicht bei ausschließlich schädigungsbedingten Bedarfen.)

44a Eine Übersicht zu den Besonderen Leistungen (vgl. auch § 92 Abs. 4 SGB XIV):

SGB XIV	Besondere Leistungen
§ 93	Leistungen zum Lebensunterhalt
§ 94	Leistungen zur Ausbildungsförderung
§ 95	Leistungen zur Weiterführung des Haushalts
§ 96	Leistungen in sonstigen Lebenslagen

45 Gut zu erkennen ist bereits an dieser Übersicht, dass die Besonderen Leistungen eine Mischung aus dem Teilhaberecht des SGB IX und dem Sozialhilferecht des SGB XII darstellen – allerdings nur für Berechtigte nach dem SGB XIV.

46 Erbracht werden die Besonderen Leistungen entweder als Zuschuss oder nach § 92 Abs. 5 SGB XIV auch als Darlehen, wenn dies unter Berücksichtigung der Ziele der Sozialen Entschädigung nach den Umständen des Einzelfalls zur Deckung des festgestellten Bedarfs geboten erscheint und die Voraussetzungen für eine Beihilfe nicht oder nicht in voller Höhe vorliegen.

47 Art, Ausmaß und Dauer der Besonderen Leistungen im Einzelfall richten sich gemäß § 98 SGB XIV nach der Besonderheit des Einzelfalls sowie der Art des Bedarfs. Nach § 97 SGB XIV besteht bei der Entscheidung über die Besonderen Leistungen im Einzelfall und bei der Ausführung dieser Leistungen ein Wunsch- und Wahlrecht.

1.11 Leistungen für Überführung und Bestattung

48 Während das Sterbegeld nach dem früheren § 37 BVG in dieser Form künftig entfällt, regelt § 99 SGB XIV die Leistungen für Überführung (Absatz 1) und Bestattungen (Absatz 2) neu. Anspruchsberechtigt ist stets die Person, die die Überführung oder Bestattung veranlasst hat. Während für die Überführung die tatsächlich entstandenen Kosten an den Ort der Bestattung übernommen werden, soweit sie erforderlich und angemessen sind, sind die Bestattungskosten gedeckelt auf ein Siebtel der im Zeitpunkt des Todes geltenden jährlichen Bezugsgröße nach § 18 Abs. 1 SGB IV (Stand 2026: 47.460 EUR).

49 Voraussetzung ist aber jeweils, dass Geschädigte an den Schädigungsfolgen versterben (Todschädigungsfolge). Nach Absatz 3 gilt der Tod stets als Schädigungsfolge, wenn Geschädigte an einer Gesundheitsstörung sterben, die als Schädigungsfolge anerkannt ist.

B

Ansonsten ist der Kausalzusammenhang im Einzelfall nach der Theorie der wesentlichen Bedingung zu prüfen.

1.12 Einsatz von Einkommen und Vermögen

Grundsätzlich erfolgt für Leistungen der Sozialen Entschädigung keine Anrechnung von 50
Einkommen und Vermögen. Eine Ausnahme von diesem Grundsatz bestimmt § 105 Abs. 1 SGB XIV, der für die Besonderen Leistungen im Einzelfall nach Kapitel 11 mit Ausnahme der Leistung zur Förderung einer Ausbildung nach § 94 SGB XIV eine Berücksichtigung anordnet. Nach Auffassung des Gesetzgebers gilt die Pflicht zum Einkommens- und Vermögenseinsatz auch für unterhaltssichernde Leistungen nach § 64 Abs. 3 SGB XIV.

Besteht der Bedarf dagegen ausschließlich schädigungsbedingt, gibt es nach § 105 Abs. 3 51
SGB XIV keinen Einkommens- oder Vermögenseinsatz.

Tipp:

Für alle anderen Fälle enthält Absatz 4 noch ein „Hintertürchen": Leistungen der Sozialen Entschädigung dürfen nicht vom Einsatz von Einkommen oder dem Einsatz oder der Verwertung von Vermögen abhängig gemacht werden, soweit dies im Einzelfall bei Berücksichtigung der besonderen Lage der Betroffenen oder für ihre unterhaltsberechtigten Angehörigen unbillig wäre.

Die Regelungssystematik: Für den Begriff und den Einsatz von Einkommen und Vermögen 52
sowie die Verpflichtungen anderer gelten das 11. Kapitel des SGB XII sowie die hierzu erlassenen Verordnungen entsprechend, soweit in den Vorschriften der §§ 106 bis 109 SGB XIV nichts Abweichendes geregelt ist (§ 105 Abs. 2 SGB XIV).

1.13 Verfahrensvorschriften des SGB XIV

Grundsätzlich gilt natürlich auch für die Durchführung des SGB XIV das Regelwerk des SGB X. 53
Abweichend davon hält das SGB XIV aber einige Besonderheiten parat:

SGB XIV	Übersicht zu Verfahrensbesonderheiten
§ 115	Erleichtertes Verfahren (nur für Schnelle Hilfen)
§ 116	Weiteres Verfahren (Regelverfahren für alle anderen Leistungen)
§ 119 Abs. 1	Vorzeitige Leistungen (nur bezüglich Krankenbehandlung sowie Leistungen zur Teilhabe und Besondere Leistungen im Einzelfall)
§ 119 Abs. 2	Vorläufige Entscheidungen

Ziel des Erleichterten Verfahrens ist es, die Hilfen so schnell und so unbürokratisch wie möglich 54
zu den Betroffenen zu bringen. Dabei genügt es nach § 115 Abs. 2 SGB XIV zunächst, wenn eine summarische Prüfung ergibt, dass die antragstellende Person nach dem Recht der Sozialen Entschädigung anspruchsberechtigt sein kann. Der im Antrag dargelegte Sachverhalt ist als wahr zu unterstellen, wenn nicht dessen Unrichtigkeit offensichtlich ist.

Erst zeitlich nach der Entscheidung im Erleichterten Verfahren wird gemäß § 116 Abs. 1 55
SGB XIV im weiteren Verfahren geprüft, ob (weitere) Ansprüche auf Leistungen der Sozialen Entschädigung bestehen, es sei denn, die antragstellende Person hat den Antrag ausdrücklich auf Schnelle Hilfen beschränkt. Ergibt die weitere Prüfung, dass keine Leistungsansprüche der Sozialen Entschädigung bestehen, wird der Antrag abgelehnt (Absatz 2); zugleich wird der Verwaltungsakt, der zuvor im Erleichterten Verfahren ergangen ist, mit Wirkung für die Zukunft widerrufen (dies schließt Kostenerstattungsansprüche für vergangene Leistungen der Schnellen Hilfen aus). Ergibt die weitere Prüfung, dass Leistungsansprüche der Sozialen Entschädigung bestehen, erging im Erleichterten Verfahren aber ein nicht begünstigender Verwaltungs-

akt, wird der im Erleichterten Verfahren ergangene Verwaltungsakt widerrufen und über den Antrag neu entschieden (Absatz 3).

56 Besonders wirkungsvoll für die Betroffenen kann die Möglichkeit der vorläufigen Leistungen (§ 119 Abs. 2 SGB XIV; Ermessensvorschrift) sein, wenn nach dem aktuellen Stand der Ermittlungen über den Anspruch oder dessen Umfang noch nicht endgültig entschieden werden kann, wenn allerdings dennoch schon die Voraussetzungen für die Bewilligung einzelner Leistungen mit Wahrscheinlichkeit gegeben sind und ein berechtigtes Interesse besteht. Nach Abschluss der Ermittlungen ist unverzüglich die endgültige Entscheidung zu treffen, die den vorläufigen Bescheid ersetzt.

57 Hinsichtlich der Anforderungen an den Nachweis der Grundtatbestände gilt im Bereich des SGB XIV nichts anderes als sonst im Bereich des Sozialrechts: Grundsätzlich trägt die objektive Beweislast für eine Tatsache derjenige, dem diese günstig ist, das heißt bezüglich anspruchsbegründender Tatsachen die Antragsteller. Allerdings enthält das SGB XIV auch einige Beweiserleichterungen; diese gelten für alle Grundtatbestände, sollen aber nachfolgend im Rahmen der Opferentschädigung näher dargestellt werden (siehe Rn. 71 ff.).

58 Im Hinblick auf die Nachweisanforderungen im versorgungsmedizinischen Bereich siehe B 15, Rn. 96 ff.

2. Grundtatbestand 1: „Opfer bestimmter Gewalttaten"

59 Über die §§ 13 ff. SGB XIV werden Opfer von Gewalttaten entschädigt; allerdings nicht die Opfer aller Straftaten, sondern nur bestimmter in Gestalt tätlicher Angriffe und gleichgestellter Tatbestände.

60 Es gilt der bereits bekannte entschädigungsrechtliche Dreisatz:

Tätlicher Angriff + **Gesundheitliche Folgen** → **Leistungen nach dem SGB XIV**

2.1 Der Schutzbereich der §§ 13 ff. SGB XIV

61 Wie einleitend gezeigt müssen für Versorgungsleistungen grundlegende Voraussetzungen erfüllt sein: Ein schädigender Tatbestand (hier: der tätliche Angriff) muss gesundheitliche Folgen nach sich ziehen. Der Schädigungstatbestand ist in §§ 13, 14 SGB XIV definiert:

Normen	Schädigendes Ereignis
§ 13 Abs. 1 Nr. 1	Vorsätzlicher, rechtswidriger, unmittelbar gegen eine Person gerichteter tätlicher Angriff (körperliche Gewalttat) oder bei dessen rechtmäßiger Abwehr
§ 13 Abs. 1 Nr. 2	Sonstiges vorsätzliches, rechtswidriges, unmittelbar gegen die freie Willensentscheidung einer Person gerichtetes schwerwiegendes Verhalten (psychische Gewalttat)
§ 13 Abs. 2	Regelbeispiele für „schwerwiegendes Verhalten" nach Absatz 1 Nr. 2
Gleichstellungstatbestände	
§ 14 Abs. 1 Nr. 1	Vorsätzliche Beibringung von Gift
§ 14 Abs. 1 Nr. 2	Fehlgehen der Gewalttat, sodass sie eine andere Person trifft als die Person, gegen die sie gerichtet war

Normen	Schädigendes Ereignis
§ 14 Abs. 1 Nr. 3	Angriff in der irrtümlichen Annahme des Vorliegens eines Rechtfertigungsgrunds
§ 14 Abs. 1 Nr. 4	Wenigstens fahrlässige Herbeiführung einer Gefahr für Leib und Leben eines anderen durch ein mit gemeingefährlichen Mitteln begangenes Verbrechen
§ 14 Abs. 1 Nr. 5	Erhebliche Vernachlässigung von Kindern
§ 14 Abs. 1 Nr. 6	Herstellung, Verbreitung und öffentliche Zugänglichmachung von Kinderpornografie nach § 184b Abs. 1 Satz 1 Nr. 1, 3 und 4 StGB
§ 14 Abs. 2 Satz 1	Schädigung durch Miterleben einer Tat oder Auffinden des Opfers (Schockschaden 1)
§ 14 Abs. 2 Satz 2	Schädigung durch Überbringung einer Nachricht vom Tode oder der schwerwiegenden Verletzung des Opfers (Schockschaden 2)

Kernelement ist und bleibt der bisher schon bekannte Grundbegriff des tätlichen Angriffs, den 62 das BSG im Jahr 2014 (Urt. v. 16.12.2014 – B 9 V 1/13 R, Rn. 19 ff.) einschränkend definiert hat: Bereits zuvor hatte das BSG dafür eine in feindseliger Willensrichtung unmittelbar auf den Körper eines Anderen zielende gewaltsame Einwirkung gefordert, das heißt eine körperliche Gewaltanwendung gegen eine Person, bei der der Täter körperlich (physisch) auf einen anderen einwirkt. Ein aggressives Verhalten des Täters verlangte das BSG jedoch nicht zwingend. Kein tätlicher Angriff lag aber vor, wenn sich Einwirkungen – ohne Einsatz körperlicher Mittel – allein als intellektuell oder psychisch vermittelte Beeinträchtigung darstellen. 2014 erfolgte jedoch eine klare Absage an die bisherige Rechtsprechung, nach der eine objektive Gefährdung des Lebens oder der körperlichen Unversehrtheit einer anderen Person auch ohne physische Einwirkung bereits aufgrund der objektiven Gefährlichkeit der Situation (z. B. Drohung mit geladener Schusswaffe) für die Annahme eines rechtswidrigen tätlichen Angriffs ausreichte. Das BSG überantwortete die Entscheidung über einen weitergehenden Schutzbereich explizit dem Gesetzgeber.

Der hat mit dem SGB XIV nunmehr „geliefert" und den neuen Grundtatbestand der psychischen 63 Gewalttat eingeführt. Das Verhalten muss gegen die freie Willensentscheidung orientiert und es muss (wie bisher) vorsätzlich und rechtswidrig sowie unmittelbar gegen eine Person gerichtet sein. Der Kerngedanke des „Nein heißt Nein" kann als Richtschnur auch der Auslegung des § 13 Abs. 1 Nr. 2 SGB XIV zugrunde gelegt werden. Das Verhalten muss zwar „unmittelbar" gegen eine Person gerichtet sein, was aber auch dann der Fall ist, wenn sich z. B. die Androhung von Gewalt nicht nur gegen das Opfer, sondern auch gegen im Heimatland verbliebene Angehörige richtet (siehe BT-Drucks. 19/13824, S. 176). Weiter wird wohl auch für psychische Gewalt ein „Verhalten" des Täters erforderlich sein, sodass ein bloßes Unterlassen den Grundtatbestand nicht erfüllen kann. Schließlich muss das Verhalten noch „schwerwiegend" sein; es handelt sich hier um einen unbestimmten Rechtsbegriff, für den der Gesetzgeber in Absatz 2 zumindest einige wichtige Regelbeispiele nennt (der Katalog ist aber nicht abschließend).

Andere schädigende Verhaltensweisen fallen allerdings weiterhin weder unter den Begriff der 64 Tätlichkeit noch unter den der psychischen Gewalt. Auch hierauf hat der Gesetzgeber reagiert und in § 14 SGB XIV sog. Gleichstellungen aufgenommen (siehe Übersicht in Rn. 61). Besonderer Erwähnung bedarf dabei die erhebliche Vernachlässigung von Kindern (§ 14 Abs. 1 Nr. 5 SGB XIV). Nach dem Verständnis des Gesetzgebers ist aber nur dauerhaftes, ausgeprägtes Fehlverhalten und erhebliches und eindeutig falsches Erziehungsverhalten erfasst – und auch nur bei entsprechender Erheblichkeit (vgl. BT-Drucks. 19/13824, S. 176, 177).

§ 14 Abs. 2 SGB XIV regelt nunmehr die sog. Schockschadensfälle. Der früheren Recht- 65 sprechung weitgehend folgend unterscheidet der Gesetzgeber des SGB XIV zwei Gruppen: zum einen Personen, die infolge des Miterlebens der Tat oder des Auffindens des Opfers eine gesundheitliche Schädigung erlitten haben; zum anderen Menschen, die durch die Überbringung der Nachricht vom Tode oder der schwerwiegenden Verletzung des Opfers eine gesundheitliche Schädigung erlitten haben, wenn zwischen diesen Personen und dem Opfer im Sinne der §§ 13 oder 14 Abs. 1 SGB XIV eine enge emotionale Beziehung besteht. Eine solche Beziehung besteht nach Satz 3 in der Regel mit Angehörigen und Nahestehenden; die Formulierung lässt aber auch Raum für andere Nähe- und Zuneigungsverhältnisse.

66 Interessant in diesem Zusammenhang ist auch § 18 SGB XIV, wonach der Anwendungsbereich der Sozialen Entschädigung – im Gegensatz zum OEG – auch dann eröffnet ist, wenn eine Gewalttat nach § 13 SGB XIV durch den Gebrauch eines Kraftfahrzeugs (oder Anhängers) verübt wird.

Systemverständnis:

Das SGB XIV enthält deutlich weiter gefasste Grundtatbestände als noch das OEG. Aus diesem Grund gibt es in § 138 SGB XIV eine Übergangsvorschrift. Grob gesagt: „Altfälle" mit Gewalttaten bis 2023, für die bis 2023 ein Antrag gestellt wurde oder sogar ein bestandskräftiger Bescheid vorliegt, werden gemäß § 142 Abs. 1 und 2 SGB XIV grundsätzlich nach altem Recht behandelt (sie erhalten ggf. Besitzstandswahrung oder können das Wahlrecht ausüben). „Altfälle" mit Gewalttaten bis 2023, für die erst ab 2024 ein Antrag gestellt wird, werden nur dann nach dem neuen Recht behandelt, wenn auch nach altem Recht ein Anspruch dem Grunde nach bestand. Für Mehrfachtaten, die sich über den 31.12.2023 hinausziehen, gilt die Sonderregelung des § 138 Abs. 1 Satz 2 SGB XIV.

Tipp:

Menschen, die bereits eine Anerkennung nach dem OEG haben, haben nach § 152 SGB XIV ein Wahlrecht: Sie können entweder im bisherigen Besitzstand bleiben (der grob gesagt die bisherige monatliche Leistungssumme mit einem 25%igen Aufschlag versieht) oder ins Leistungssystem des SGB XIV wechseln (aber nur innerhalb von zwölf Monaten nach Eintritt der Bestandskraft der Entscheidung über Leistungen nach diesem Kapitel des SGB XIV).

2.2 Der rechtswidrige Angriff

67 Rechtswidrig ist der Angriff, wenn Rechtfertigungsgründe im strafrechtlichen Sinne fehlen (vgl. LSG Bayern, Urt. v. 18.5.2015 – L 15 VG 17/09 ZVW). Maßgeblich hierfür ist das zum Tatzeitpunkt geltende Recht (BSG, Urt. v. 7.4.2011 – B 9 VG 2/10 R).

Tipp:

Häufig wird unter Verweis auf das früher bestehende „elterliche Züchtigungsrecht" die Rechtswidrigkeit von Übergriffen der Eltern auf Kinder verneint. Doch ganz so einfach können die Behörden sich das nicht machen, denn auch das elterliche Züchtigungsrecht deckte nicht alle Übergriffe. Insbesondere ist Grundvoraussetzung einer Rechtfertigung zumindest ein Erziehungswille (in Abgrenzung zu anlasslosen Grobheiten oder rein trunkenheitsbedingten Ausrastern); zudem bestand für demütigende und die Menschenwürde verletzende Tätlichkeiten oder brutale Züchtigungen auch früher keine Legitimation.

2.3 Der vorsätzliche Angriff

68 Der tätliche Angriff setzt darüber hinaus den natürlichen Vorsatz des Täters bezogen auf die Angriffshandlung voraus (vgl. hierzu etwa BSG, Urt. v. 3.2.1999 – B 9 VG 7/97).

Systemverständnis:

Daher muss der Vorsatz nur auf den Angriff als solchen gerichtet sein, nicht auch auf die konkreten Verletzungsfolgen. Auch wenn es infolge eines Angriffs also zu unbeabsichtigten Folgen kommt, schützt das SGB 14: Der Täter will sein Opfer nur ohrfeigen, dabei stürzt das Opfer – allerdings vom Täter unbeabsichtigt – so unglücklich, dass es querschnittsgelähmt ist.

2.4 Ausschluss- und Versagungsgründe

Neu strukturiert hat der Gesetzgeber das Recht der Leistungsausschlüsse und Leistungs- 69
versagungen. Gab es bisher in § 2 OEG nur die Möglichkeit der Versagung, sieht das Gesetz nunmehr in § 16 SGB XIV (bzw. § 19 SGB XIV für Angehörige, Hinterbliebene, Nahestehende) echte Ausschlussgründe und in § 17 SGB XIV (bzw. § 20 SGB XIV für Angehörige, Hinterbliebene, Nahestehende) Versagungsgründe vor.

Systemverständnis:

Während die Ausschlusstatbestände des § 16 SGB XIV sowie die Versagung nach § 17 Abs. 1 SGB XIV obligatorisch sind, hat die Behörde beim Versagungstatbestand des § 17 Abs. 1 SGB XIV Ermessen auszuüben.

Nach § 16 SGB XIV besteht ein Ausschlussgrund für Personen, die das schädigende Ereignis in 70
vorwerfbarer Weise verursacht haben. So hat z. B. ein Geschädigter trotz erlittener Schussverletzungen keinen Anspruch auf Leistungen, wenn er zuvor an einer Schlägerei beteiligt gewesen ist, in deren Verlauf der Schütze eine Pistole gezogen und Schüsse abgeben hat (LSG Sachsen-Anhalt, Urt. v. 8.5.2025 – L 4 VE 4/24). In der Praxis wichtiger ist aber der Versagungsgrund nach § 17 Abs. 2 SGB XIV: Leistungen können versagt werden, wenn der Geschädigte es unterlassen hat, das ihm Mögliche zur Aufklärung des Sachverhalts und zur Verfolgung des Täters beizutragen. Behörden der Versorgungsverwaltung greifen allerdings oft vorschnell zum „Schwert" der Versagung, wenn keine Strafanzeige erstattet oder der Opferentschädigungsantrag erst Jahre nach der Tat gestellt wurde.

Tipp:

Auch das ist nicht ganz so einfach: Eine Versagung kommt nur dann in Betracht, wenn neben der objektiven Komponente der Unterlassung auch eine subjektive Komponente (Unterlassung trotz Möglichkeit und Zumutbarkeit der Strafanzeige oder des Opferentschädigungsantrags) vorliegt; ob dies der Fall ist, muss die Behörde im Rahmen der Amtsermittlung zunächst einmal ausforschen (durch konkrete Nachfrage beim Antragsteller). Vgl. hierzu ausführlich SG Regensburg, Urt. v. 18.9.2018 – S 13 VG 23/17.

2.5 Nachweisgrundsätze

Wie im Strafrecht gilt auch im SGB XIV der Grundsatz des Vollbeweises. Dieser liegt dann vor, 71
wenn eine Tatsache unter Berücksichtigung aller relevanten Umstände und Beweismittel mit an Sicherheit grenzender Wahrscheinlichkeit oder zumindest ohne vernünftigen Zweifel feststeht (BSG, Urt. v. 15.12.1999 – B 9 VS 2/98 R m. w. N.).

Lässt sich der Sachverhalt nicht aufklären, geht dies nach dem Grundsatz der objektiven 72
Beweislast zulasten des Antragstellers.

Tipp:

Entgegen der landläufigen Meinung sind ärztliche Diagnosen oder therapeutische Berichte kein geeigneter Nachweis der Gewalttat, sondern nur dafür, dass der Arzt oder Therapeut von einer Gewalttat ausgeht. Ein Rückschluss auf eine zugrunde liegende Tat ist nicht möglich, sondern zirkelschlüssig (vgl. LSG Bayern, Urt. v. 5.2.2013 – L 15 VG 22/09, Urt. v. 30.4.2015 – L 15 VG 24/09 und Urt. v. 26.1.2016 – L 15 VG 30/09).

73 Ein Nachweis ist – bei Fehlen anderweitiger Beweismittel – nicht möglich, wenn das mutmaßliche Opfer selbst keine hinreichenden Angaben machen kann (vgl. z. B. LSG Baden-Württemberg, Urt. v. 21.4.2015 – L 6 VG 2096/13; LSG Bayern, Urt. v. 11.7.2018 – L 20 VG 30/17).

Systemverständnis:

Bei den Angaben des Opfers handelt es sich um eine Mitwirkungsobliegenheit; die objektive Beweislast liegt beim Antragsteller.

74 Oft genug stehen keine weiteren Beweismittel mehr zur Verfügung als die Angaben des Opfers selbst (der Täter ist verstorben, unbekannt oder er leugnet, Augenzeugen gibt es keine). Anders als im Strafrecht besteht in Fällen des sog. Beweisnotstandes eine Beweiserleichterung zugunsten der Opfer: die Glaubhaftmachung nach § 117 SGB XIV.

Systemverständnis:

Glaubhaftmachung ist weniger als der Vollbeweis. Ausreichend ist, dass die Angaben des Opfers mit überwiegender Wahrscheinlichkeit zutreffen (§ 23 Abs. 1 Satz 2 SGB X). Nach der Rechtsprechung des BSG bedeutet Glaubhaftmachung das Dartun der guten Möglichkeit, dass der Vorgang sich so zugetragen hat, wobei durchaus gewisse Zweifel bestehen bleiben können (Beschl. v. 8.8.2001 – B 9 23/01 B; Urt. v. 31.5.1979 – 9 RVg 3/89; Beschl. v. 28.7.1999 – B 9 VG 6/99).

75 Voraussetzung ist allerdings ein Beweisnotstand, also das situative Fehlen von Beweismitteln, die dem Opfer einen Nachweis ermöglichen könnten. Dies ist klassischerweise bei Sexualdelikten der Fall, bei denen außer Täter und Opfer regelmäßig niemand sonst anwesend ist.

Tipp:

Das BSG hat das Vorliegen eines Beweisnotstandes im Bereich des OEG sehr weit gefasst (vgl. Urt. v. 17.4.2013 – B 9 V 1/12 R sowie B 9 V 3/12 R): So ist davon etwa auch dann auszugehen, wenn der Täter zwar ermittelbar ist, er aber die Tat abstreitet (Aussage-gegen-Aussage-Situation); oder auch, wenn vorhandene Tatzeugen von einem Zeugnisverweigerungsrecht Gebrauch machen. Nach der Auffassung des Gesetzgebers kann dies auch dann der Fall sein, wenn die Ladung des mutmaßlichen Täters für die geschädigte Person nicht zumutbar ist, etwa in Missbrauchsfällen (siehe BT-Drucks. 19/13824, S. 220).

76 Außerdem darf das Opfer den Beweisnotstand nicht selbst verschuldet haben.

Tipp:

Vielfach wird die Anwendung der Beweiserleichterung von den Behörden mit dem Argument verneint, der Antragsteller habe nicht rechtzeitig Strafantrag bzw. SGB-XIV-

Antrag gestellt. Obgleich dies in diesen Fällen tatsächlich zu prüfen ist, sei noch einmal auf die Entscheidung des SG Regensburg verwiesen (Urt. v. 18.9.2018 – S 13 VG 23/17), nach der auch für die Frage des verschuldeten Beweisnotstandes zu prüfen ist, ob eine rechtzeitige Strafanzeige oder ein früherer Opferentschädigungsantrag möglich und subjektiv zumutbar war.

In besonders schwierigen Fällen können Behörden und Gerichte unter Umständen auch sog. Glaubhaftigkeitsgutachten in Auftrag geben. Dabei wird aussagepsychologisch geprüft, ob die Angaben mit hinreichender Wahrscheinlichkeit erlebnisbasiert sind. 77

Systemverständnis:

Es gibt nach deutschem Recht keine Möglichkeit, den Wahrheitsgehalt einer Aussage positiv festzustellen (Lügendetektortests oder Ähnliches sind daher unzulässig). Aussagepsychologische Gutachten arbeiten nach dem gegenteiligen Prinzip: Hier werden alle denkbaren Varianten der Unwahrheit geprüft – können diese auf Basis der verfügbaren Daten verworfen werden, bleibt die Wahrannahme als einzige Variante bestehen.

2.6 Häufige Fragen und Tipps

Für Ansprüche nach dem SGB XIV ist es unerheblich, ob der Täter bekannt ist, gefasst wurde oder (zivilrechtlich) zahlungsfähig ist. Auch der Tod des mutmaßlichen Täters hindert Anträge nach dem SGB XIV nicht. 78

Tipp:

In solchen Fällen sollte der Behörde allerdings klargemacht werden, warum ein SGB-XIV-Antrag erst nach dem Tod des mutmaßlichen Täters gestellt wurde, um einerseits ggf. doch die Vorteile des Beweisnotstandes in Anspruch nehmen zu können und andererseits keine Versagung nach § 17 Abs. 2 SGB XIV zu riskieren. Hierbei sollte alles in die Waagschale gelegt werden, was den späten Schritt des Opfers verständlich erscheinen lässt (z. B. das damalige Alter, die gesundheitliche Lage, mangelnde Unterstützung im zeitlichen Nahbereich zur Tat).

Voraussetzung für Leistungen nach dem SGB XIV ist ein Antrag; zuständig sind die Träger der Sozialen Entschädigung (landesrechtliche Bestimmungen). 79

Ansprüche können auch geltend gemacht werden, wenn die Taten bereits Jahre oder Jahrzehnte zurückliegen. 80

Systemverständnis:

Eine Art „Verjährung" gibt es insofern nicht. Zu beachten ist lediglich, dass Ansprüche nach dem SGB XIV in solchen Fällen erst ab dem Monat der Antragstellung (und nicht rückwirkend ab dem Tatzeitpunkt) erbracht werden, § 11 Abs. 1 SGB XIV.

Unabhängig von diesen rechtlichen Fragen sind Verfahren nach dem SGB XIV aber auch menschlich besonders herausfordernd und stellen daher an alle Beteiligten höchste Anforderungen. Für die Betreuungspraxis bedeutet das, die Betroffenen möglichst umfassend über das Verfahren aufzuklären, keine überhöhten Erwartungen zu wecken und stets zu prüfen, ob überhaupt genügend seelische Ressourcen vorhanden sind, um ein solches Verfahren „durchzustehen". 81

B

Tipp:

Vor der Einleitung von SGB-XIV-Verfahren sollte stets Rücksprache mit den behandelnden Ärzten und Therapeuten gehalten werden. Es empfiehlt sich eine medizinisch-psychologische Begleitung während der gesamten Verfahrensdauer. Eine Unterstützung im Gesetzes- und Behörden-„Dschungel" sollen künftig auch die Fallmanager sein (siehe Rn. 11).

82 In Einzelfällen kann es daher durchaus gerechtfertigt sein, von einem Antrag nach dem SGB XIV abzusehen, obgleich gewisse Erfolgsaussichten bestehen. Der Schutz der Gesundheit der Betroffenen sollte immer Vorrang haben.

Tipp:

Geprüft werden sollte immer auch, ob es – neben dem SGB XIV – noch andere Möglichkeiten für Entschädigungsleistungen gibt, die weniger strenge Nachweisvoraussetzungen haben. So haben etwa die Kirchen spezielle Fonds für die Entschädigung bei sexuellen Übergriffen eingerichtet. Auch staatliche Institutionen verwalten für bestimmte Geschädigte ähnliche Fonds. Die Nachweisvoraussetzungen sind dabei meist deutlich geringer als nach dem SGB XIV.

82a Weitere Hilfe bietet zudem das sog. Gewaltschutzgesetz (GewSchG). Nach dessen § 1 Abs. 1 besteht im Falle der widerrechtlichen Verletzung des Körpers, der Gesundheit, der Freiheit oder der sexuellen Selbstbestimmung ein Anspruch auf Anordnung erforderlicher Maßnahmen zur Abwendung künftiger Beeinträchtigungen. Die Familiengerichte können insbesondere anordnen, dass der Täter es unterlässt, die Wohnung der verletzten Person zu betreten, sich in einem bestimmten Umkreis der Wohnung der verletzten Person aufzuhalten, zu bestimmende andere Orte aufzusuchen, an denen sich die verletzte Person regelmäßig aufhält, Verbindung zur verletzten Person, auch unter Verwendung von Fernkommunikationsmitteln, aufzunehmen sowie Zusammentreffen mit der verletzten Person herbeizuführen, soweit dies nicht zur Wahrnehmung berechtigter Interessen erforderlich ist.

82b Ergänzend wurde im Jahr 2025 das Gewalthilfegesetz (GewHG) verabschiedet. Dieses schafft – rechtsverbindlich allerdings erst ab 1.1.2032 – einen Rechtsanspruch auf Schutz und Beratung für von Gewalt betroffene Frauen und ihre Kinder.

3. Grundtatbestand 2: Kriegsauswirkungen beider Weltkriege

83 § 21 SGB XIV eröffnet den Schutzbereich der Sozialen Entschädigung für Personen, die im Inland durch Auswirkungen kriegerischer Vorgänge im Zusammenhang mit einem der beiden Weltkriege, die einen kriegseigentümlichen Gefahrenbereich hinterlassen haben, eine gesundheitliche Schädigung erlitten haben.

Systemverständnis:

Gemeint sind damit nicht die bisherigen BVG-Leistungsbezieher, sondern diejenigen, die erst nach dem Inkrafttreten des SGB XIV seit dem 1.1.2024 einen solchen Schaden erleiden (z. B. ein Kind, das jetzt durch eine im Boden gefundene Weltkriegsgranate eine Hand verliert). Für Fälle, die sich zwar vor diesem Zeitpunkt ereigneten, die Anträge aber erst ab 2024 gestellt werden: Siehe § 139 SGB XIV als Übergangsregelung.

Alte „Bestandsfälle" erhalten die dynamisierte Besitzstandswahrung (§§ 142 ff. SGB XIV) oder können ins neue Recht wechseln, siehe § 152 SGB XIV.

Angehörige, Hinterbliebene und Nahestehende erhalten Leistungen nach § 6 SGB XIV. § 22 SGB XIV regelt Tatbestände der Leistungsversagung, -entziehung oder -minderung. 84

4. Grundtatbestand 3: Schädigungen im Zusammenhang mit der Ableistung des Zivildienstes

Wie vormals § 47 ZDG regelt nunmehr § 23 SGB XIV die Ansprüche Zivildienstgeschädigter: 85
Entschädigt wird, wer im Zusammenhang mit der Ableistung des Zivildienstes eine gesundheitliche Schädigung durch eine Tätigkeit, einen Unfall, einen Angriff auf seine Person oder in sonstiger Weise (§ 23 Abs. 1 SGB XIV), einen Wegeunfall (Absatz 2) oder eine Schädigung infolge von Behandlungen oder Leistungsbezug für Zivildienstschädigungen (Absatz 3) erleidet.

Systemverständnis:

Derzeit ist die Vorschrift des § 23 SGB XIV ohne praktische Bedeutung, da im Zuge der Aussetzung der allgemeinen Wehrpflicht auch der Zivildienst ausgesetzt wurde. Die Betonung liegt jedoch auf „ausgesetzt"; eine Abschaffung war damit nicht verbunden, sodass bei einer Reaktivierung der allgemeinen Wehrpflicht und damit auch des Zivildienstes bereits eine Entschädigungsnorm zur Verfügung stünde. An die Stelle des früheren Zivildienstes ist mittlerweile der Bundesfreiwilligendienst getreten. Die sog. Bufdis (kurz für Bundesfreiwilligendienstler) erhalten keine Entschädigung nach dem ZDG – allerdings besteht hier in der Regel Schutz über eine Pflichtversicherung in der gesetzlichen Unfallversicherung; Gleiches gilt bei Absolvierung eines Freiwilligen Sozialen Jahres (FSJ).

5. Grundtatbestand 4: Das Impfschadensrecht des SGB XIV

Das Impfen ist mit Sicherheit eines der meist diskutierten gesellschaftlichen Themen überhaupt. 86
Und fast auf keinem anderen Gebiet finden sich so viele „Expertenmeinungen", was es – auch dem wohlmeinenden Laien – schwer macht, sich seriös z. B. durch Internetrecherchen zu informieren. In diesem Abschnitt geht es um eine spezielle Thematik aus dem Bereich der Impfungen: die Entschädigung nach § 24 SGB XIV im Fall von Impfschäden.

Systemverständnis:

„Anspruchsgegner" ist nicht der Impfarzt oder der Hersteller des Vakzins. Solche zivilrechtlichen Ansprüche können ggf. neben der Versorgung nach dem IfSG geltend gemacht werden; sie setzen meist aber den Nachweis von Verschulden oder eine Fehlerhaftigkeit des Serums voraus. Das liegt in den meisten Impfschadensfällen aber nicht vor; vielmehr realisieren sich hier – bei völlig ordnungsgemäßer Impfung und korrekt hergestelltem Impfstoff – seltene Nebenwirkungen.

Die Impfentschädigung ist daher gegen den Staat gerichtet; erforderlich ist ein Antrag an den 87
Träger der Sozialen Entschädigung des jeweiligen Bundeslandes.

Systemverständnis:

Der Antrag kann direkt durch den Betroffenen selbst gestellt werden (nicht der Impfarzt z. B. stellt den Antrag). Dieser Antrag auf Impfentschädigung hat auch nichts zu tun mit der ärztlichen Meldung etwaiger beobachteter Nebenwirkungen. Nach § 6 Abs. 1 Satz 1 Nr. 3 IfSG müssen Ärzte unerwünschte Arzneimittelwirkungen über das Gesundheitsamt an das Paul-Ehrlich-Institut (PEI) melden; die Betroffenen können auch selbst eine solche Meldung vornehmen (z. B. www.nebenwirkungen.bund.de).

Hinweis:

In Anbetracht des medialen und gesellschaftlichen „Wirbels" lohnt ein Blick auf die ungeschminkte Realität: In Deutschland wurden vor der Coronapandemie jedes Jahr knapp 200 Anträge wegen Impfschäden nach dem IfSG gestellt (Quelle: Zahlen der Versorgungsverwaltungen der Bundesländer von 2009–2019). Ein Vergleich mit der Anzahl durchgeführter Impfungen zeigt, dass im Jahr 2019 allein im Bereich der gesetzlichen Krankenkassen 41 Millionen (!) Impfstoffdosen abgegeben wurden. Selbst wer hier eine gewisse Dunkelziffer unterstellen mag, kommt nicht in einen relevanten Fallbereich (zumal bedacht werden muss, dass sich von diesen Anträgen im Schnitt nur circa 15 bis 25 % als berechtigt herausstellen). Höher sind die Antragszahlen nach Coronaschutzimpfungen: Nach einem Bericht der Tagesschau (Tagesschau.de vom 21.4.2025) wurden in Deutschland über 14.000 Anträge auf Impfschadensanerkennung gestellt – bei 192 Millionen verabreichter Impfdosen. Anerkannt wurden davon bislang gut 600 Fälle, was einer Quote von etwa 5 % entspricht, wobei noch einige Widerspruchs- und Gerichtsverfahren offen sind. Auffällig ist, dass die Antragsquote gemessen an den Impfdosen von Bundesland zu Bundesland teils massiv abwich (was schwerlich mit den Impfstoffen selbst in Zusammenhang gebracht werden kann).

88 Das soll nicht verharmlosen: Es ist möglich, dass Impfungen ungewollte Nebenwirkungen zeitigen. Genau deshalb gibt es den Schutz nach dem § 24 SGB XIV. Impfungen sind nicht nur für den Schutz des einzelnen Menschen wichtig. Bei ausreichender Zahl geimpfter Personen in einer Gesellschaft ist es auch möglich, bestimmte Krankheiten völlig zu eliminieren oder stark zurückzudrängen (die viel zitierte Herdenimmunität). Wer sich impfen lässt, schützt damit immer auch die Gesellschaft – deshalb muss die Gesellschaft auch diejenigen schützen, bei denen sich ein Impfrisiko verwirklicht.

89 Im Bereich des Impfschadensrechts gilt der bereits bekannte entschädigungsrechtliche Dreisatz:

Geschützter Impfvorgang	+	Gesundheitliche Folgen	→	Leistungen nach SGB XIV

90 Zunächst muss es sich um eine Schutzimpfung oder eine andere Maßnahme der spezifischen Prophylaxe handeln, die – grob gesprochen – von einer zuständigen Landesbehörde öffentlich empfohlen oder aufgrund einer Rechtsordnung angeordnet oder sonst gesetzlich vorgeschrieben wurde (bezüglich des vollständigen Schutzbereichs vgl. § 24 SGB XIV).

91 In der Regel werden diejenigen Impfungen, die die STIKO (Ständige Impfkommission; ein unabhängiges Expertengremium, dessen Tätigkeit über das Robert Koch-Institut koordiniert wird) im Rahmen ihrer sog. epidemiologischen Bulletins empfiehlt, von den einzelnen Bundesländern öffentlich empfohlen. Damit genießen diese Impfungen den Schutz des Impfschadensrechts.

92 Die Prüfung der gesundheitlichen Folgen nimmt die Rechtsprechung dreigliedrig vor: Es muss ein Kausalzusammenhang zwischen der Impfung und der sog. Primärschädigung sowie weiter zwischen der Primärschädigung und dem eigentlichen Folgeschaden bestehen (vgl. BSG, Urt. v. 7.4.2011 – B 9 VJ 1/10 R).

Systemverständnis:

Impfungen sind darauf ausgerichtet, eine körperliche Reaktion zu erzeugen. Es handelt sich dabei nicht schon um einen „Schaden", sondern um einen gewünschten Effekt. Zur

B

Annahme einer Primärschädigung ist nach § 24 SGB XIV erforderlich, dass die Erstreaktion über das übliche Ausmaß einer Reaktion auf eine Schutzimpfung hinausgeht (hier wird zum Teil von einer Impfkomplikation gesprochen). Ausgehend davon wird dann geprüft, ob diese Primärschädigung eine weitere Gesundheitsstörung (den eigentlichen Impfschaden) hervorgerufen hat.

Unübliche Impfreaktionen lassen sich nicht pauschal beschreiben, sondern sind abhängig von 93
der Art der Impfung. Rötungen, Schmerzen an der Einstichstelle sowie leichtere Kopfschmerzen sind bei vielen Impfungen üblich – und daher gerade keine Primärschädigung im rechtlichen Sinn.

Tipp:

Jegliche Symptome, die sich bei einer Impfung einstellen, sollten gleichwohl ärztlich dokumentiert werden (z. B. durch einen Vermerk in der Patientenkartei). Ohne eine solche Dokumentation gelingt oftmals der spätere Nachweis einer Primärschädigung nicht. Nach Ansicht vieler Gerichte kann eine ärztliche Dokumentation auch nicht durch Zeugeneinvernahmen von Laien ersetzt werden (z. B. der Eltern eines geimpften Kindes bezüglich neurologischer Symptome; LSG Baden-Württemberg, Urt. v. 21.4.2015 – L 6 VJ 1460/13).

Der Ursachenzusammenhang wird ausschließlich auf Basis des aktuellen wissenschaftlichen 94
Erkenntnisstands (vgl. BSG, Urt. v. 7.4.2011 – B 9 VJ 1/10 R) unter Zuhilfenahme sachverständiger Gutachter beurteilt.

Systemverständnis:

Die Anführung einer Erkrankung unter den „Nebenwirkungen" in den Medizinprodukteinformationen eines Impfstoffs (Beipackzettel) führt nicht dazu, dass dadurch automatisch ein Kausalzusammenhang nachgewiesen ist (LSG NRW, Urt. v. 15.6.2012 – L 13 VJ 59/11). Denn in Beipackzetteln werden alle jemals im Zusammenhang mit einer Impfung beobachteten gesundheitlichen Phänomene aufgenommen – ohne dass damit eine Aussage zur Ursächlichkeit verbunden ist.

Oftmals lehnen Behörden Impfschadensanträge mit dem pauschalen Argument ab, dass es zu bestimmten Erkrankungen „kein Risikosignal" des Paul-Ehrlich-Instituts gebe. Das greift aber zu kurz und verkennt die Systematik des Impfmonitorings. Im Einzelfall kann bei fundierter medizinischer Begründung durchaus auch ohne Bestehen eines Risikosignals ein Impfschaden anzuerkennen sein.

Schwierig ist eine Kausalbeurteilung bei Erkrankungen, deren Entstehung wissenschaftlich 95
noch nicht hinreichend geklärt werden konnte (z. B. Multiple Sklerose).

Tipp:

Für solche Fälle kommt die sog. Kann-Versorgung in Betracht (§ 4 Abs. 6 SGB XIV). Es handelt sich dabei aber nicht um eine Ermessensleistung der Behörde, sondern um eine Beweiserleichterung, bei der für den letzten Schritt der Kausalitätsprüfung – der Ursächlichkeit zwischen der Primärschädigung und der weiteren Gesundheitsfolge – statt der überwiegenden Wahrscheinlichkeit die bloße „gute Möglichkeit" reicht. Für diese gute Möglichkeit genügt aber nicht schon jede ärztliche Einzelmeinung; vielmehr muss es sich um eine fundierte wissenschaftliche Arbeitshypothese handeln, die sich nur noch nicht zur herrschenden medizinischen Lehrmeinung verfestigt hat (vgl. dazu Teil C Ziffer 4 VMG).

96 Hinsichtlich des Übergangsrechts ist zu beachten, dass das Impfschadensrecht des SGB XIV für Impfungen ab dem 1.1.2024 greift oder – nach § 141 SGB XIV – auch für vorher durchgeführte Impfungen, wenn die Voraussetzungen nach § 60 IfSG erfüllt waren.

Systemverständnis:

Alte „Bestandsfälle" erhalten die dynamisierte Besitzstandswahrung (§§ 142 ff. SGB XIV) oder können ins neue Recht wechseln, vgl. § 152 SGB XIV.

6. Überblick zu weiteren Entschädigungstatbeständen außerhalb des SGB XIV

97 Es gibt weitere Gesetze, die auf die Rechtsfolgen im Leistungsbereich des SGB XIV verweisen (vgl. etwa § 21 StrRehaG, § 3 VwRehaG, § 4 HHG):

98 Das Häftlingshilfegesetz (HHG) entschädigt bestimmte Personen, die nach dem Zweiten Weltkrieg aus politischen Gründen in der sowjetischen Besatzungszone und weiteren Gebieten in Gewahrsam genommen wurden.

99 Nach dem Strafrechtlichen Rehabilitierungsgesetz (StrRehaG) werden demgegenüber Menschen entschädigt, denen strafrechtliches Unrecht in der sowjetischen Besatzungszone bzw. in der späteren DDR angetan wurde.

100 Bei rechtsstaatswidrigen Verwaltungsmaßnahmen dagegen wird Versorgung nach dem Verwaltungsrechtlichen Rehabilitierungsgesetz (VwRehaG) gewährt.

Tipp:

Nach beiden Gesetzen – sowohl nach dem StrRehaG als auch nach dem VwRehaG – muss die Rechtsstaatswidrigkeit zuvor von zuständigen Gerichten bzw. Behörden festgestellt worden sein: Das wird als Rehabilitierungsentscheidung bezeichnet.

101 Die Zuständigkeit für Anträge nach dem ZDG, dem HHG, dem StrRehaG und dem VwRehaG liegt bei den Trägern der Sozialen Entschädigung der Bundesländer.

102 Von wachsender Bedeutung ist auch der Bereich der Soldatenentschädigung, der allerdings komplett außerhalb des SBG XIV abgewickelt wird. Bis 31.12.2024 war das Soldatenversorgungsgesetz (SVG) noch die rechtliche Grundlage der Soldatenversorgung. Am 1.1.2025 wurde dieses durch das neue Soldatenentschädigungsgesetz (SEG) abgelöst. Geschützt werden hierdurch Soldaten, die durch eine Wehrdienstverrichtung, durch einen während der Ausübung des Wehrdienstes erlittenen Unfall, durch die dem Wehrdienst eigentümlichen Verhältnisse oder durch gesundheitsschädigende Verhältnisse während der Auslandsverwendung eine gesundheitliche Schädigung erleiden (vgl. § 3 SEG), was mittlerweile auch aufgrund der Auslandseinsätze der Bundeswehr immer häufiger vorkommt. Künftig besteht im (teilweisen) Gegensatz zur Rechtslage nach dem SVG gemäß § 8 SEG ein grundsätzliches Antragserfordernis; dafür ist im Gegenzug nach Beendigung des Wehrdienstverhältnisses kein neuerliches Verwaltungsverfahren mehr erforderlich, die Entscheidung der Anerkennung einer Gesundheitsstörung als Wehrdienstbeschädigung gilt damit über das Dienstzeitende hinaus. Wie auch im Bereich des SGB XIV wurde durch das SEG das Leistungsspektrum angepasst und durch größtenteils deutlich höhere Leistungen ersetzt, insbesondere im Bereich der monatlichen Entschädigungszahlungen (vgl. den sog. Ausgleich nach § 11 SEG). Neu ist auch, dass nach der Beendigung des Wehrdienstverhältnisses die Unfallversicherung Bund und Bahn im Auftrag der Bundeswehrverwaltung die medizinische und orthopädische Versorgung auf dem Niveau der gesetzlichen Unfallversicherung des SGB VII erbringt (Gleiches gilt für die Leistungen bei schädigungsbedingter Pflege sowie die Teilhabe am Arbeitsleben); während des Wehrdienst-

verhältnisses steht die unentgeltliche truppenärztliche Versorgung zur Verfügung (§ 14 SEG). Auch das SEG sieht Leistungen zur Teilhabe am Arbeitsleben (§§ 28 ff. SEG), zur sozialen Teilhabe und besondere Leistungen im Einzelfall (§§ 33 ff. SEG) vor, ebenso einen Erwerbsschadensausgleich (§§ 37 ff. SEG) sowie Leistungen für Hinterbliebene (§§ 42 ff. SEG) und für Überführung, Bestattung sowie Sterbegeld (§§ 47 bis 49 SEG).

Hinweis:

Aufgrund der Auslandseinsätze der Bundeswehr steigen die Fallzahlen im Bereich des SVG deutlich. Gerade für Schädigungen bei diesen besonderen Verwendungen gibt es zahlreiche Sonderregelungen (vgl. § 4 SEG). Aber auch das Einsatzweiterverwendungsgesetz schützt zurückkehrende Einsatzgeschädigte durch Schutzzeiten, berufliche Qualifizierungsmaßnahmen und Weiterverwendung im Bundeswehrdienst.

Systemverständnis:

Gleichwohl gewährt das SEG Leistungen natürlich nicht nur bei Auslandseinsätzen, sondern auch bei Schädigungstatbeständen im Inland oder bei unterstützenden Tätigkeiten außerhalb von Kriegsgebieten.

Johannes Friedrich

Alltag und soziale Teilhabe

B

1. Bedeutung der sozialen Teilhabe

1 Menschen mit Behinderung leiden besonders an den damit verbundenen Beschränkungen im Bereich der sozialen Teilhabe, also im ganz normalen Alltagsleben. § 76 SGB IX sieht daher Leistungen zur Ermöglichung oder Erleichterung der gleichberechtigten Teilhabe in der Gemeinschaft vor, wozu auch eine möglichst selbstbestimmte und eigenverantwortliche Lebensführung im eigenen Wohnraum sowie im Sozialraum gehört.

Systemverständnis:

Da hier vielfältige Überschneidungen mit anderen Teilhabebereichen denkbar sind, regelt die Vorschrift auch gleich einen Nachrang gegenüber anderen Teilhabeleistungen der Kapitel 9 bis 12 des SGB IX.

2 § 76 Abs. 2 SGB IX steckt dabei den Leistungsrahmen grob ab. Insbesondere geht es um:

- Leistungen für Wohnraum
- Assistenzleistungen
- heilpädagogische Leistungen
- Leistungen zur Betreuung in einer Pflegefamilie
- Leistungen zum Erwerb und Erhalt praktischer Kenntnisse und Fähigkeiten
- Leistungen zur Förderung der Verständigung
- Leistungen zur Mobilität und um Hilfsmittel

3 Im Bereich der Eingliederungshilfe wird dieser Rahmen auch durch § 113 SGB IX bestätigt.

Systemverständnis:

Wie bereits in B 2, Rn. 134 ff. und 149 f. beschrieben stellen die Normen der Eingliederungshilfe in der Regel unmittelbare Anspruchsgrundlagen dar, während das Teilhaberecht im Allgemeinen durch die Rechtsvorschriften der jeweiligen Leistungssysteme umgesetzt wird.

4 In der Folge sollen einige wichtige Bereiche der sozialen Teilhabe angesprochen werden. Dabei kann es sich aufgrund der Komplexität der Materie nur um eine schlaglichtartige Betrachtung handeln.

2. Assistenzleistungen, Assistenzhunde

5 Zur selbstbestimmten und eigenständigen Bewältigung des Alltags einschließlich der Tagesstrukturierung werden nach § 78 SGB IX Leistungen für Assistenz erbracht: Sie umfassen nach Absatz 1 insbesondere Leistungen für die allgemeinen Erledigungen des Alltags wie die Haushaltsführung, die Gestaltung sozialer Beziehungen, die persönliche Lebensplanung, die Teilhabe am gemeinschaftlichen und kulturellen Leben, die Freizeitgestaltung einschließlich sportlicher Aktivitäten sowie die Sicherstellung der Wirksamkeit der ärztlichen und ärztlich verordneten Leistungen. Sie beinhalten die Verständigung mit der Umwelt in diesen Bereichen.

Systemverständnis:

Da die Norm im allgemeinen Teilhaberecht angesiedelt ist, stellt sie keine eigenständige Anspruchsgrundlage dar, sondern wird durch die jeweiligen Leistungsgesetze der Teilhabeträger ausgeformt (vgl. § 7 SGB IX).

Ein direkter Anspruch auf Assistenzleistungen kann sich unter Umständen aber aus dem Eingliederungshilferecht nach § 113 Abs. 2 Nr. 2 SGB IX ergeben. Diese stehen dann nur noch unter dem Vorbehalt der Nachrangregelung aus § 91 SGB IX. 6

Als besondere Form der Assistenz können seit 1.11.2022 auch Leistungen für die Begleitung und Befähigung von Leistungsberechtigten des Eingliederungsrechts bei stationären Krankenhausbehandlungen durch vertraute Bezugspersonen zur Sicherstellung der Durchführung der Behandlung bezeichnet werden (vgl. § 113 Abs. 6 und 7 SGB IX). Zum alternativen Anspruch auf Krankengeld für solche Begleitpersonen siehe Kapitel B 11, Rn. 62a. 6a

Während Blindenführhunde als medizinische Hilfsmittel anerkannt sind (etwa im Rahmen des § 33 SGB V und des Hilfsmittelverzeichnisses nach § 139 SGB V, vgl. dazu auch die Bekanntmachung des GKV-Spitzenverbandes zur Produktgruppe 07 der Blindenhilfsmittel), gilt das nicht generell auch für andere Assistenzhunde (z. B. Epilepsiehunde, Diabetesanzeigehunde, Behindertenbegleithunde). 7

Hinweis:
Die §§ 12e bis 12l BGG (siehe B 5, Rn. 100) enthalten zwar Regelungen zu Assistenzhunden, allerdings keinen staatlichen Finanzierungsanspruch. Sofern keine Möglichkeit einer staatlichen Finanzierung besteht (die Ausbildungskosten für Assistenzhunde können schnell Bereiche von 30.000 EUR erreichen), lohnt es sich, Ausschau nach privaten Stiftungen und Vereinen zu halten, die diese Kosten ggf. übernehmen.

3. Haushaltshilfen

Oftmals führen gesundheitliche Beeinträchtigungen dazu, dass die Betroffenen nicht mehr oder nur eingeschränkt in der Lage sind, ihren Haushalt zu versorgen. Verschiedene Gesetze sehen daher zum Teil Haushaltshilfen vor, insbesondere: 8

Norm	Rechtsgebiet, kurze Beschreibung
§ 74 SGB IX	Teilhaberecht; Haushalts- oder Betriebshilfe und Kinderbetreuungskosten
§ 24h SGB V	Krankenversicherungsrecht; Haushaltshilfe bei Schwangerschaft und Entbindung
§ 38 SGB V	Krankenversicherungsrecht; Haushaltshilfe bei Krankenhausbehandlung oder Ähnliches
§ 42 SGB VII	Gesetzliche Unfallversicherung; Haushaltshilfe und Kinderbetreuungskosten
§ 54 SGB VII	Gesetzliche Unfallversicherung; Betriebs- und Haushaltshilfe
§ 36 SGB XI	Gesetzliche Pflegeversicherung; Haushaltshilfe als häusliche Pflegehilfe
§ 95 SGB XIV	Besondere Leistungen im Einzelfall im Sozialen Entschädigungsrecht: Leistungen zur Weiterführung des Haushalts
§ 48 SGB XII	Sozialhilfe; Haushaltshilfe unter Verweis auf § 38 SGB V

4. Kfz-Hilfen und Leistungen zur Mobilität

4.1 Leistungen zur Beförderung und für ein Kfz

Im Bereich der Mobilität sind Leistungen zur Beförderung einerseits und Leistungen im Zusammenhang mit einem (eigenen) Kfz andererseits zu unterscheiden. Anspruchsgrundlagen hierzu finden sich in den unterschiedlichsten Gesetzen. 9

10 Von Interesse im Bereich der Kfz-Hilfe sind folgende Bedarfe:

- Kosten der Beschaffung eines Kfz (Kauf etc.)
- Kosten für den Umbau eines Kfz (behinderungsgerechte Zusatzausstattung)
- Kosten für die Erlangung der Fahrerlaubnis (Führerschein)
- Instandhaltungskosten
- Betriebskosten

11 Im Teilhaberecht des SGB IX kommen Leistungen für ein Kfz an zwei Stellen ins Spiel: Im Rahmen der Leistungen zur Teilhabe am Arbeitsleben kann über § 49 Abs. 3 Nr. 1 und 7, Abs. 8 Satz 1 Nr. 1 SGB IX eine Förderung ebenso stattfinden wie im Bereich der sozialen Teilhabe nach dem Programmsatz des § 83 SGB IX.

Systemverständnis:

Gerade die Anschaffung oder der behindertengerechte Umbau eines Kfz kann erhebliche Kosten auslösen. Gleichwohl folgt – wie stets im Teilhaberecht – aus den §§ 49 und 83 SGB IX kein eigenständiger Anspruch. Ein solcher ermittelt sich nach dem Recht des jeweils zuständigen Rehabilitationsträgers (vgl. dazu die Tabelle unten).

12 Die Kraftfahrzeughilfe im engeren Sinne ist für bestimmte Rechtsgebiete in der Verordnung über die Kraftfahrzeughilfe zur beruflichen Rehabilitation geregelt (kurz: KfzHV). Sie umfasst nach § 2 KfzHV aber nur drei Leistungsgruppen: die Beschaffung eines KfZ, die behinderungsbedingte Zusatzausstattung und die Erlangung einer Fahrerlaubnis. Die Leistungen werden als Zuschüsse und nach Maßgabe des § 9 KfzHV als Darlehen erbracht. Weitere Leistungen wie für Instandhaltung und Betriebskosten können nur erbracht werden, wenn ein Leistungsgesetz das vorsieht.

Systemverständnis:

Auch die KfzHV ist keine eigenständige Anspruchsgrundlage. Nach § 1 KfzHV gilt sie für die Träger der gesetzlichen Unfallversicherung, der gesetzlichen Rentenversicherung, der Sozialen Entschädigung oder die Bundesagentur für Arbeit sowie die Träger der begleitenden Hilfe im Arbeits- und Berufsleben – soweit deren Leistungsrecht auf die KfzHV zugreift.

13 Damit ist der Blick darauf zu richten, welche Rechtsgebiete tatsächlich Ansprüche eröffnen (und dafür ggf. auf die §§ 49, 83 SGB IX und die KfzHV verweisen). Dies klärt auch gleichzeitig die Frage des zuständigen Trägers, bei dem ein entsprechender Antrag gestellt werden muss. Da es in diesem Bereich eine Vielzahl von Hilfen mit unterschiedlichsten Voraussetzungen (und Trägern) gibt, soll nachfolgend ein kleiner Überblick versucht werden:

Rechtsgrundlage	Rechtsgebiet/kurze Beschreibung
Rehabilitationsrecht	
§ 39 Abs. 1 Nr. 1, § 40 SGB VII	Unfallversicherungsträger im Rahmen der beruflichen Reha Kraftfahrzeughilfe (Beschaffung, Zusatzausstattung, Fahrerlaubnis) zur Teilhabe am Arbeitsleben oder am Leben in der Gemeinschaft nach der KfzHV
§ 43 Abs. 1 Nr. 1 SGB XIV i. V. m. § 49 Abs. 8 Nr. 1 SGB IX	Träger der Sozialen Entschädigung im Rahmen der Teilhabe am Arbeitsleben nach der KfzHV

B

Rechtsgrundlage	Rechtsgebiet/kurze Beschreibung
§§ 10, 16 SGB VI i. V. m. § 49 Abs. 8 Nr. 1 SGB IX	Rentenversicherungsträger im Rahmen der Teilhabe am Arbeitsleben Kraftfahrzeughilfe (Beschaffung, Zusatzausstattung, Fahrerlaubnis) nach der KfzHV
§§ 112 ff. SGB III	Agentur für Arbeit im Rahmen der Teilhabe am Arbeitsleben
§ 20 SchwbAV	Integrationsamt im Rahmen der Teilhabe am Arbeitsleben (insbesondere für Selbstständige und Beamte) Leistungen zum Erreichen des Arbeitsplatzes für schwerbehinderte Menschen nach der KfzHV
§ 113 Abs. 2 Nr. 7 und Abs. 3 i. V. m. §§ 114 und 83 SGB IX	Träger der Eingliederungshilfe Leistungen zur Mobilität (Beschaffung, Zusatzausstattung, Fahrerlaubnis, Instandhaltung, Betriebskosten)
Sonstige Rechtsquellen	
§ 44 SGB III	**Agentur für Arbeit** (ebenso die Jobcenter über § 16 SGB II) im Rahmen der freien Förderung aus dem Vermittlungsbudget bei Anbahnung oder Aufnahme eines Beschäftigungsverhältnisses
SGB XII	**Träger der Sozialhilfe** Theoretisch können auch Ansprüche im Rahmen des SGB XII bestehen (z. B. nach § 73 SGB XII); jedoch berufen sich die Sozialämter hierbei häufig auf anderweitige (preisgünstigere) Möglichkeiten der Bedarfsdeckung (z. B. durch Fahrdienste o. Ä.).

Viele, aber nicht alle der oben genannten Rechtsquellen verweisen auf die KfzHV. Aufgrund deren Wichtigkeit soll ein kurzer Abriss zu den wesentlichen Vorgaben erfolgen: 14

Die Antragstellung richtet sich grundsätzlich nach dem Recht des jeweils zuständigen Trägers. § 10 KfzHV sieht aber vor, dass Leistungen vor dem Abschluss eines Kaufvertrags über das Kfz und die behinderungsbedingte Zusatzausstattung sowie vor Beginn einer nach § 8 KfzHV zu fördernden Leistung beantragt werden sollen. Leistungen zur technischen Überprüfung und Wiederherstellung der technischen Funktionsfähigkeit einer behinderungsbedingten Zusatzausstattung sind spätestens innerhalb eines Monats nach Rechnungsstellung zu beantragen. 15

Hinweis:

Es gilt also der Grundsatz „Erst beantragen, dann handeln!". Dies hat auch einen weiteren praktischen Grund: Auf diese Weise können die zuständigen Träger die Betroffenen vor kostenauslösenden Maßnahmen zielgerichtet beraten.

	Vorgaben der KfzHV
Persönliche Voraussetzungen	§ 3 Abs. 1: Der Mensch mit Behinderung ist infolge seiner Behinderung nicht nur vorübergehend auf die Benutzung eines Kfz angewiesen, um seinen Arbeits- oder Ausbildungsort oder den Ort einer sonstigen Leistung der beruflichen Bildung zu erreichen, und er kann ein Kfz führen oder es ist gewährleistet, dass ein Dritter das Kfz für ihn führt. § 3 Abs. 3: Die Teilhabe am Arbeitsleben kann infolge der Behinderung nur auf diese Weise dauerhaft gesichert werden; die Übernahme der Kosten durch den Arbeitgeber darf nicht üblich oder nicht zumutbar sein.

B

	Vorgaben der KfzHV
Beschaffung eines Kfz	§ 4: Anforderungen an das Kfz
	§ 5 Abs. 1: Bemessungsbetrag maximal 22.000 EUR § 5 Abs. 2: Ausnahmen wegen der Art oder Schwere der Behinderung
	§ 6 Abs. 1 bis 3: Berechnung der (einkommensabhängigen) Zuschusshöhe § 6 Abs. 4: Erneute Förderung im Regelfall nicht vor Ablauf von fünf Jahren
Zusatzausstattung	§ 7: Einkommensunabhängige Übernahme in voller Höhe Beispiel: Kosten eines behinderungsgerechten Umbaus (Automatikschaltung, spezielle Sitze) oder einer Zusatzausstattung (z. B. Rollstuhlrampe), aber auch deren Überprüfung und Reparatur
Fahrerlaubnis	§ 8 Abs. 1: Einkommensabhängiger Zuschuss zu den Kosten der Erlangung der Fahrerlaubnis § 8 Abs. 2: Volle Kostenübernahme für behinderungsbedingte Untersuchungen, Ergänzungsprüfungen und Eintragungen in vorhandene Führerscheine
Härtefallleistungen	§ 9 Abs. 1: Möglichkeit der weitergehenden Förderung in Härtefällen § 9 Abs. 2: Darlehensweise Erbringung möglich; Obergrenze: Bemessungsbetrag

16 Zu beachten ist, dass sich Hilfen im Rahmen der KfzHV nach deren § 2 auf drei Leistungsbereiche beschränken:

1. die Beschaffung eines Kfz
2. die behinderungsbedingte Zusatzausstattung
3. die Erlangung einer Fahrerlaubnis

17 Darüber hinausgehende Bedarfe (z. B. für Instandhaltung und Betriebskosten) sind nur auf Basis anderer Rechtsvorschriften zu erlangen (etwa der Eingliederungshilfe).

Hinweis:

Unabhängig von diesen rechtlichen Möglichkeiten bieten manche Kfz-Hersteller für Menschen mit Behinderung Rabattprogramme oder andere Ermäßigungen an. Dies basiert aber auf Freiwilligkeit und kann nicht eingefordert werden. Die Rahmenbedingungen und Voraussetzungen dieser Programme bestimmen die Hersteller folglich selbst. Im Bedarfsfall sollte im Autohaus gezielt nachgefragt werden.

4.2 Parken auf Behindertenparkplätzen

18 Ein Parken auf amtlich ausgewiesenen Behindertenparkplätzen ist ausschließlich mit einem Schwerbehindertenausweis mit dem Merkzeichen aG oder Bl erlaubt. Es dürfen also nicht alle schwerbehinderten Menschen dort parken, sondern nur die, bei denen eine außergewöhnliche Gehbehinderung vorliegt (zu den Voraussetzungen siehe B 2, Rn. 191 und 193). Der sog. blaue Parkausweis hat Gültigkeit in der gesamten Europäischen Union.

Tipp:

Vor Einführung der gesetzlichen Neufassung des Merkzeichens aG gab es in einigen Bundesländern zusätzliche landesrechtliche Parkerleichterungen, die mittlerweile aber fast durchgängig abgeschafft wurden. Allerdings sehen manche Kommunen noch lokale Ausnahmemöglichkeiten vor – Nachfragen hierzu lohnen sich! Das gilt übrigens auch in Fällen, in denen nur eine vorübergehende außergewöhnliche Gehbehinderung vorliegt, ebenso für Ohnhänder oder kleinwüchsige Menschen.

Die oftmals geübte Praxis, dass Familienmitglieder oder Bekannte den Parkausweis nutzen, ist rechtswidrig: Eine Nutzung setzt nämlich voraus, dass der schwerbehinderte Mensch selbst fährt oder zumindest als Beifahrer an der Fahrt teilnimmt. 19

Neben dem blauen Parkausweis gibt es noch den orangen Parkausweis, der zwar nicht zum Parken auf Behindertenparkplätzen ermächtigt, allerdings verschiedene Parkerleichterungen gewährt (vgl. auch § 46 StVO samt Verwaltungsvorschriften dazu). Den orangen Parkausweis können z. B. Menschen mit künstlichem Darmausgang und künstlicher Harnableitung oder mit den Krankheitsbildern Morbus Crohn oder Colitis ulcerosa beantragen (zu den konkreten Voraussetzungen ist jeweils bei der örtlich zuständigen Straßenverkehrsbehörde nachzufragen). 20

4.3 Nachteilsausgleiche im öffentlichen Nahverkehr

Bestimmte Merkzeichen führen zu Nachteilsausgleichen im öffentlichen Nahverkehr. 21

Ein Nachteilsausgleich ist die unentgeltliche Beförderung. Diese setzt neben dem grün-orangen Schwerbehindertenausweis das Mitführen eines Beiblatts mit der sog. Wertmarke voraus. Diese Wertmarke (Kosten: 104 EUR für ein Jahr, Stand: 1.1.2025) erhalten Menschen mit den Merkzeichen H und Bl kostenlos. Menschen mit den Merkzeichen G, aG oder Gl müssen die Wertmarke dagegen bezahlen. Zu den Voraussetzungen dieser Merkzeichen siehe B 2, Rn. 190 ff. 22

Tipp:

Auf Antrag erhalten aber auch diese Menschen die Wertmarke kostenlos, wenn sie Leistungen zur Sicherung des Lebensunterhalts nach dem SGB II (Bürgergeld) oder für den Lebensunterhalt nach dem SGB XII bzw. Leistungen nach dem SGB VIII oder den §§ 27a und 27d BVG erhalten (vgl. § 228 Abs. 4 SGB IX).

Bei unentgeltlicher Beförderung dürfen zudem Handgepäck, Rollstühle und orthopädische Hilfsmittel sowie Führhunde kostenlos mitbefördert werden. 23

Unabhängig davon bietet die Deutsche Bahn auch für andere schwerbehinderte Menschen unter gewissen Voraussetzungen weitere Vergünstigungen an, z. B. Ermäßigungen beim Kauf der Bahncard oder im Bereich der Reservierungen (die jeweils aktuellen Vorgaben dazu können auf der Homepage der Deutschen Bahn recherchiert werden). 24

Während Rettungsfahrten (in Notfällen) und Krankentransporte von der gesetzlichen Krankenkasse übernommen werden (größtenteils sogar ohne vorherige Genehmigung), gilt das für Krankenfahrten nicht uneingeschränkt und oft nur nach ärztlicher Verordnung. Auch hierbei können Merkzeichen eine Hilfe darstellen, insbesondere wenn es um Krankenfahrten zu ambulanten Behandlungen geht. Eine vorherige Abklärung mit der jeweiligen Krankenkasse empfiehlt sich aber in jedem Fall. 25

Manche Kommunen bieten auf freiwilliger Basis auch öffentliche Fahrdienste an (Voraussetzung ist meist das Merkzeichen aG). 26

4.4 Erleichterungen für Begleitpersonen, Begleitung durch Hunde

Auch Begleitpersonen können im öffentlichen Nah- und Fernverkehr kostenlos (mit dem Menschen mit Behinderung) befördert werden, wenn das Merkzeichen B im Ausweis eingetragen wurde (siehe hierzu die Voraussetzungen in B 2, Rn. 190). 27

B

Tipp:

Sofern der Mensch mit Behinderung das öffentliche Verkehrsmittel beruflich oder auf dem Weg von oder zur Arbeit benutzt, genießt auch die Begleitperson im Fall eines Unfalls den Schutz der gesetzlichen Unfallversicherung nach dem SGB VII.

28 Auch Führ- und Assistenzhunde können kostenlos befördert werden (§ 228 Abs. 6 Nr. 2 SGB IX). Für sonstige Hunde als „beste Freunde des Menschen" gilt das nicht (hier kann es unter Umständen kommunale Steuererleichterungen geben, siehe B 12, Rn. 7).

4.5 Steuerliche Hilfen rund um die Mobilität

29 Auch im Kfz-Steuerrecht finden sich einige Nachteilsausgleiche für Menschen mit Behinderungen. Hierzu wird auf die Ausführungen in B 12, Rn. 6 verwiesen.

5. Leistungen zum Erwerb und Erhalt praktischer Kenntnisse und Fähigkeiten

30 Das Teilhaberecht sieht in § 81 SGB IX die Erbringung von Leistungen zum Erwerb und Erhalt praktischer Kenntnisse und Fähigkeiten vor. Den Leistungsberechtigten soll dadurch die Teilhabe am Leben in der Gemeinschaft ermöglicht werden. Die Leistungen sind insbesondere darauf gerichtet, die Leistungsberechtigten in Fördergruppen und Schulungen oder ähnlichen Maßnahmen zur Vornahme lebenspraktischer Handlungen einschließlich hauswirtschaftlicher Tätigkeiten zu befähigen, sie auf die Teilhabe am Arbeitsleben vorzubereiten, ihre Sprache und Kommunikation zu verbessern und ihnen die Möglichkeit zu geben, sich ohne fremde Hilfe sicher im Verkehr zu bewegen. Die Leistungen umfassen auch die blindentechnische Grundausbildung.

Systemverständnis:

Einklagbare Ansprüche enthält das Teilhaberecht des SGB IX nicht (siehe B 2), anders das Eingliederungsrecht nach § 113 Abs. 2 Nr. 5 und Abs. 3 SGB IX, das aber seinerseits wieder nachrangig ist. Es gibt zudem viele (Teilhabe-)Bereiche, zu denen die Leistungsförderung des § 81 SGB IX Überschneidungen aufweist. In diesem Fall ist der Schwerpunkt der Fördermaßnahme für die Auswahl der Rechtsgrundlage maßgeblich.

6. Rundfunkgebühren

31 Eine Ermäßigung der Rundfunkgebühren ermöglicht insbesondere das Merkzeichen RF, eine komplette Befreiung gibt es bei den Merkzeichen Bl, Gl und TBl sowie dem Anspruch auf Blindenhilfe.

32 Weitere Befreiungstatbestände bewirken unter anderem die Grundsicherungsansprüche nach dem SGB II oder dem SGB XII, landesrechtliche Pflegegeldansprüche oder Leistungsansprüche nach dem AsylbLG.

Tipp:

Onlineformulare zur Beantragung der Ermäßigung oder Befreiung finden sich unter: www.rundfunkbeitrag.de/buergerinnen_und_buerger/formulare

7. Telefongebühren

Die Deutsche Telekom bietet einen sog. Sozialtarif an, bei dem die geführten Telefonate günstiger abgerechnet werden bzw. Gutschriften ausgestellt werden. Ob auch andere Telefonanbieter ähnliche Ermäßigungen im Programm haben, kann durch Vorabanfrage geklärt werden. 33

Systemverständnis:

Einen einklagbaren Anspruch auf einen Sozialtarif gibt es nicht. Die Gewährung erfolgt auf freiwilliger Basis, sodass die Unternehmen die Bedingungen hierfür im Wesentlichen selbst festlegen und auch wieder verändern können.

8. Vereinsgebühren und Eintrittspreise

Viele Vereine gewähren Menschen mit Behinderung ermäßigte Mitgliedsbeiträge. 34

Abhängig von Alter und/oder Behinderung gewähren auch Theater, Kinos und Museen 35
entsprechende Ermäßigungen oder Freieintritte.

Systemverständnis:

Eine gesetzliche Verpflichtung gibt es hierzu in der Regel nicht. Derartige Entscheidungen erfolgen seitens der Veranstalter auf freiwilliger Basis.

9. Zusätzliche Teilhabepauschalen für Kinder und Jugendliche nach dem SGB XII

Nach § 34 Abs. 1 und 7 SGB XII sind Bedarfe von Kindern und Jugendlichen für die Teilhabe am 36
sozialen und kulturellen Leben in der Gemeinschaft neben den maßgebenden Regelbedarfsstufen gesondert zu berücksichtigen.

Absatz 7 sieht für die Teilhabe am sozialen und kulturellen Leben in der Gemeinschaft eine 37
monatliche Pauschale von 15 EUR für Leistungsberechtigte bis zur Vollendung des 18. Lebensjahres vor; allerdings nicht einfach „blanko", sondern nur, wenn ihnen auch tatsächliche Aufwendungen im Zusammenhang mit der Teilnahme an Aktivitäten in den Bereichen Sport, Spiel, Kultur und Geselligkeit, Unterricht in künstlerischen Fächern (z. B. Musikunterricht) und vergleichbare angeleitete Aktivitäten der kulturellen Bildung und Freizeiten entstehen.

Neben der Pauschale können auch weitere (konkrete) tatsächliche Aufwendungen im 38
Zusammenhang mit den genannten Aktivitäten berücksichtigt werden, wenn es den Leistungsberechtigten im Einzelfall nicht zugemutet werden kann, diese aus der Pauschale und dem Regelbedarf zu bestreiten.

Hinweis:

Das BVerfG hatte mit Beschluss vom 7.7.2020 die Vorschrift des § 34 Abs. 7 SGB XII für verfassungswidrig erklärt (Durchgriffsverbot des Bundes in Gestalt der Neuübertragung zusätzlicher Aufgaben an die Kommunen). Die Norm war daher nur noch übergangsweise bis 31.12.2021 anwendbar.

Mittlerweile hat der Gesetzgeber hierauf reagiert und durch Einführung des § 34c SGB XII diese bundesgesetzlichen Teilhabeaufgaben den Kommunen nicht mehr als örtliche Träger der Sozialhilfe zugewiesen. Vielmehr legen die Bundesländer nunmehr fest, wer für die Ausführung der zuständige Träger ist.

10. Nachteilsausgleiche nach dem BGG

39 Ebenfalls dem Ausgleich behinderungsbedingter Nachteile im (Behörden-)Alltag dienen die Maßnahmen, die dem BGG sowie den entsprechenden Landesgesetzen zu entnehmen sind. Nähere Ausführungen hierzu finden sich in B 5, Rn. 98 ff.

Johannes Friedrich

Familie mit Kindern

B

B

1. Hilfen zur Familienplanung, Verhütungsmittel

1 Nach § 24a SGB V können gesetzlich Krankenversicherte neben einem Anspruch auf ärztliche Beratung über Fragen der Empfängnisregelung samt Untersuchung und Verordnung empfängnisregelnder Mittel nach Absatz 2 auch einen Anspruch auf Kostenübernahme der Mittel selbst haben (allerdings nur bis zum vollendeten 22. Lebensjahr und unter den genannten Voraussetzungen), die sog. Hilfen zur Familienplanung.

2 Grundsätzlich sind nach dem SGB II und dem SGB XII die Kosten für Verhütungsmittel aus den jeweiligen Regelbedarfen zu bestreiten; es gibt also keine extra Leistungen hierfür.

Tipps:

Im Rahmen der Hilfen für Gesundheit sieht das Sozialhilferecht allerdings in § 49 SGB XII Hilfen zur Familienplanung vor, das heißt die ärztliche Beratung, die erforderliche Untersuchung und die Verordnung der empfängnisregelnden Mittel. Die Kosten für empfängnisverhütende Mittel (das heißt die Pille und ähnliche Verhütungsmittel) werden übernommen, wenn diese ärztlich verordnet worden sind. Zu den Voraussetzungen der Hilfen für Gesundheit vgl. § 19 Abs. 3 SGB XII. Allerdings besteht dieser Anspruch nicht, wenn es über den allgemeinen Wunsch nach Empfängnisverhütung hinaus nicht auch um den Ausgleich behinderungsbedingter Nachteile geht (vgl. dazu BSG, Urt. v. 15.11.2012 – B 8 SO 6/11 R, Rn. 24).

Im Bereich des SGB II kann im Einzelfall (allerdings mit überschaubaren Erfolgsaussichten) versucht werden, einen Anspruch auf darlehensweise Kostenübernahme nach § 24 Abs. 1 SGB II zu erlangen. Ein Zuschuss im Sinne eines Mehrbedarfs nach § 21 Abs. 6 SGB II dürfte demgegenüber meist schwer realisierbar sein.

2. Hilfen und Erstausstattung bei Schwangerschaft und Geburt

3 Hilfen sowie Ansprüche bei Schwangerschaft und Geburt von Mutterschaftsgeldern über Hebammenhilfe bis hin zu Haushaltshilfen finden sich zunächst im Recht der gesetzlichen Krankenversicherung (§§ 24c bis 24i SGB V) und im Mutterschutzrecht (§§ 18 ff. MuSchG). Nachfolgend eine kurze Übersicht zu wesentlichen Leistungen:

Norm	Leistungen und Hilfen
§ 24c Nr. 1, § 24d SGB V	Ärztliche Betreuung und Hebammenhilfe
§ 24c Nr. 2, § 24e SGB V	Versorgung mit Arznei-, Verband-, Heil- und Hilfsmitteln
§ 24c Nr. 3, § 24f SGB V	Entbindung
§ 24c Nr. 4, § 24g SGB V	Häusliche Pflege
§ 24c Nr. 5, § 24h SGB V	Haushaltshilfe
§ 24c Nr. 6, § 24i SGB V	Mutterschaftsgeld
§§ 18, 21 MuSchG	Mutterschutzlohn (bei Beschäftigungsverboten) **Achtung:** ggf. Ausschluss nach § 22 MuSchG während der Elternzeit
§§ 19, 20, 21 MuSchG	Mutterschaftsgeld (während der Schutzfristen) und Zuschuss dazu **Achtung:** ggf. Ausschluss nach § 22 MuSchG während der Elternzeit

Norm	Leistungen und Hilfen
§ 23 MuSchG	Entgelt bei Freistellung für Untersuchungen und zum Stillen
§ 24 MuSchG	Fortbestehen des Erholungsurlaubs bei Beschäftigungsverboten

SGB-II-Leistungsbezieher haben nach § 24 Abs. 3 Satz 1 Nr. 2 SGB II einen Anspruch auf einen 4
Zuschuss für die Erstausstattung bei Schwangerschaft und Geburt (notwendige Schwangerschaftskleidung sowie komplette Babyerstausstattung). Hierfür ist ein gesonderter Antrag beim Jobcenter erforderlich (vgl. § 37 Abs. 1 Satz 2 SGB II).

Tipp:

Weiter können die Augen offengehalten werden, ob es nicht seitens privater oder bundes-/landesrechtlicher Stiftungen Leistungen bei Schwangerschaft und Geburt gibt. Diese können zwar unter Umständen den existenzsicherungsrechtlichen Bedarf decken, allerdings nicht unbedingt immer (vgl. zum Ausnahmefall der Leistungen der Mutter-Kind-Stiftung: LSG Schleswig-Holstein, Urt. v. 13.6.2013 – L 13 AS 52/11).

Im Sozialhilferecht regelt § 31 Abs. 1 Nr. 2 SGB XII einen Anspruch auf Erstausstattung. Hierfür 5
gilt der Kenntnisgrundsatz (§ 18 Abs. 1 SGB XII).

Tipps:

Im Rahmen der Hilfen für Gesundheit kann es nach §§ 50, 19 Abs. 3 SGB XII weitere Hilfen abseits der Erstausstattung geben. Dabei ist – entsprechend dem Nachrangprinzip der Sozialhilfe – zuvor zu prüfen, ob es nicht Leistungen anderer Leistungsträger gibt (z. B. nach den §§ 24c bis 24i SGB V, §§ 18 ff. MuSchG und Ähnlichen).

3. Mehrbedarfe bei Schwangerschaft und für Alleinerziehende

Bereits während der Schwangerschaft bestehen unter Umständen höhere Leistungsansprüche 6
für werdende Mütter in Gestalt von Mehrbedarfen: Nach § 21 Abs. 2 SGB II beträgt der Mehrbedarf nach der 12. Schwangerschaftswoche bis zum Ende des Monats, in den die Entbindung fällt, 17 % des nach § 20 SGB II maßgebenden Regelbedarfs. Das Sozialhilferecht enthält eine entsprechende Vorschrift in § 30 Abs. 2 SGB XII.

Nach der Geburt kann es bei alleinerziehenden Müttern einen weiteren Mehrbedarf geben: 7
Nach § 21 Abs. 2 SGB II erfolgt ein Aufschlag in Höhe von 36 % des maßgebenden Regelbedarfs (bei einem Kind unter sieben Jahren oder mit zwei oder drei Kindern unter 16 Jahren) oder in Höhe von 12 % des Regelbedarfs für jedes Kind, wenn sich dadurch ein höherer Prozentsatz ergibt, höchstens jedoch in Höhe von 60 % des maßgebenden Regelbedarfs. § 30 Abs. 3 SGB XII normiert diese Prozentsätze auch für die Sozialhilfe unter Bezugnahme auf die Regelbedarfsstufe 1.

Systemverständnis:

Im Gegensatz zum SGB II enthalten die Vorschriften des SGB XII die Möglichkeit, dass über diese pauschalierten Mehrbedarfssummen bei Schwangerschaft und Alleinerziehung hinaus höhere Mehrbedarfe geleistet werden, wenn im Einzelfall ein abweichender Bedarf besteht. Allerdings müsste es sich dabei schon um besondere Fallgestaltungen handeln, die deutlich vom Normalfall abweichen.

8 Alle diese Mehrbedarfe nach dem SGB II bzw. SGB XII müssen nicht gesondert beantragt werden, sondern sind vom Hauptantrag mit umfasst (SGB II) bzw. es gilt der Kenntnisgrundsatz (§ 18 Abs. 1 SGB XII).

4. Elterngeld und Elternzeit

9 Ansprüche auf Elterngeld sowie Elternzeit regelt das BEEG.

10 Elternzeit muss schriftlich vom Arbeitgeber verlangt (beantragt) werden (§ 16 BEEG).

11 Für das Elterngeld besteht eine Antragspflicht bei der von den Bundesländern jeweils festgelegten Behörde (§ 7 Abs. 1 Satz 1 BEEG). Zu beachten ist, dass die Einkommensgrenze (zu versteuerndes Einkommen, ab dem kein Anspruch mehr besteht) nunmehr für Personen mit gemeinsamem Elterngeldanspruch auf 175.000 EUR abgesenkt wurde.

Tipp:
Hinzu kommen in einzelnen Bundesländern landesrechtliche Leistungen, die aber immer wieder angepasst oder abgeschafft werden. So gibt es noch in Sachsen ein Landeserziehungsgeld, wohingegen Thüringen ein solches abgeschafft hat. Auch das bayerische Familiengeld wurde zwischenzeitlich eingestellt; es verbleibt das bayerische Krippengeld. Individuelle Recherche lohnt sich also!

5. Kindergeld und Kinderzuschlag

12 Kindergeld und Kinderzuschlag sind zwar im selben Gesetz geregelt, dem BKGG, allerdings handelt es sich um zwei grundverschiedene Leistungen:

13 Das Kindergeld ist keine Sozialleistung, sondern eine steuerliche Ausgleichszahlung. Der Anspruch entsteht zwar automatisch, wird aber trotzdem nicht von Amts wegen ausbezahlt, sondern nur auf Antrag (vgl. § 5 Abs. 2 BKGG; dort auch zur Sechs-Monats-Rückwirkung).

14 Bis 31.12.2022 waren die Kindergeldbeträge noch nach der Anzahl der Kinder gestaffelt. Dies wurde mit Geltung ab 1.1.2023 aufgegeben. Das Kindergeld für jedes Kind beträgt aktuell 259 EUR monatlich (Stand: 5/2026).

Systemverständnis:
Obgleich es für den Bezug des Kindergeldes keine Einkommensobergrenze gibt, prüft das Finanzamt bei der Steuererklärung, was für die Eltern günstiger ist: das Kindergeld samt Familienbonus oder der jährliche Kinderfreibetrag nach § 32 Abs. 6 EStG.

15 Demgegenüber ist der Kinderzuschlag (kurz: KiZ) nach § 6a BKGG eine Sozialleistung. Diese setzt voraus, dass dem Grunde nach ein Anspruch auf Kindergeld besteht.

Systemverständnis:
Sinn des Kinderzuschlags ist es, Familien möglichst aus dem Leistungsbezug nach dem SGB II herauszuhalten. Vereinfacht gesagt haben daher solche Familien Anspruch auf den Kinderzuschlag, bei denen die Eltern mit ihrem Einkommen zwar ihren eigenen Bedarf, jedoch nicht mehr den ihrer Kinder decken können. Der Zuschlag soll also vermeiden, dass Eltern nur aufgrund ihrer Kinder Bürgergeld beziehen müssen.

16 Im Gegensatz zum Kindergeld ist für den Kinderzuschlag daher ein Mindesteinkommen vorgesehen. Eine obere Einkommensgrenze ist seit dem 1.1.2020 entfallen.

	Kinderzuschlag seit 1.1.2024	Kinderzuschlag seit 1.1.2025
für jedes Kind	max. 292 EUR	max. 255 EUR
Mindesteinkommen bei zwei Elternteilen	mind. 900 EUR	mind. 900 EUR
Mindesteinkommen bei Alleinerziehenden	mind. 600 EUR	mind. 600 EUR

Der Kinderzuschlag muss bei der jeweils zuständigen Familienkasse beantragt werden. Das ist 17
mittlerweile auch online möglich.

Seit dem 1.7.2022 gibt es auch einen sog. Kindersofortzuschlag für Kinder, Jugendliche und 17a
junge Erwachsene, die von Armut betroffen sind. Der monatliche Sofortzuschlag beträgt aktuell 25 EUR (Stand: 5/2026). Die gesetzlichen Voraussetzungen finden sich insbesondere in § 72 SGB II, § 145 SGB XII, § 6a Abs. 2 BundeskindergeldG sowie § 16 AsylBLG.

Tipps:

Neben dem Kinderzuschlag kann zusätzlich auch Wohngeld bezogen werden, sofern die Anspruchsvoraussetzungen weiter bestehen, vgl. § 6a Abs. 1a Nr. 1 BKGG.

Bei der Ermittlung des Einkommens ist dieses zunächst entsprechend § 11b SGB II um Absetzbeträge zu bereinigen, vgl. § 6a Abs. 1 Nr. 2 BKGG.

6. Ehegatten- und Kinderzuschlag für Schwerbeschädigte

Schwerbeschädigte nach dem sozialen Entschädigungsrecht (siehe B 7) erhielten nach den 18
§§ 33a, 33b BVG unter gewissen Voraussetzungen einen Zuschlag zur BVG-Grundrente für den Ehe- oder Lebenspartner sowie für jedes Kind. Schwerbeschädigt ist, wer einen GdS von 50 oder mehr aufweist. Kinderzuschlag wurde aber unter anderem nicht bezahlt, soweit für das Kind – wie meist – ein Anspruch auf Kindergeld oder der Kinderfreibetrag nach dem EStG zustand.

Art des Zuschlags	Zuschlag seit 1.7.2022
Ehegatten-/Lebenspartnerzuschlag	96 EUR
Kinderzuschlag	in Höhe des gesetzlichen Kindergeldes

Anträge waren an die nach Landesrecht zuständigen Behörden der Versorgungsverwaltung zu 19
richten, wobei grundsätzlich kein gesonderter Antrag erforderlich ist; vielmehr waren die Ansprüche bereits vom Grundantrag umfasst.

Das SGB XIV kennt demgegenüber den Ehegatten- oder Kinderzuschlag nicht mehr. Vielmehr 19a
geht dieser in der neu strukturierten Entschädigungszahlung nach § 83 SGB XIV auf. Das bedeutet, dass der Ehegatten- oder Kinderzuschlag nur dann heute noch ausbezahlt wird, wenn es sich um einen „Altfall" handelt und die Betroffenen sich für die Besitzstandswahrung nach § 144 SGB XIV entschieden haben (vgl. zum Wahlrecht Kapitel B 7, Rn. 66).

7. Unterhaltsvorschuss

Der Unterhaltsvorschuss nach dem UVG ist eine staatliche Ersatzleistung zur Unterstützung von 20
Kindern Alleinerziehender: Zahlt der andere Elternteil nicht, nur teilweise oder nur unregelmäßig den geschuldeten Barunterhalt, geht der Staat hierfür im Umfang nach § 2 UVG in „Vorleistung".

Systemverständnis:

Sinn des Unterhaltsvorschusses ist es, Kindern von Alleinerziehenden eine sichere und beständige Einkommensbasis zu gewährleisten, wenn der andere Elternteil nur unzuverlässig Unterhalt zahlt. Der Staat macht das nicht vorbehaltlos: Vielmehr gehen im Umfang der UVG-Leistungen die ursprünglichen Unterhaltsansprüche auf den Staat über, der diese dann gegenüber dem eigentlich Unterhaltspflichtigen „eintreibt" (vgl. §§ 7, 7a UVG).

21 Auch wenn der Begriff des „Unterhaltsvorschusses" es nicht nahelegt, können auch Halbwaisen einen Anspruch nach dem UVG haben, wenn ein Elternteil verstorben ist und nicht gleichzeitig ausreichend hohe Waisenrente bezogen wird (vgl. § 1 Abs. 1 Nr. 3 UVG).

22 Grundsätzlich erhalten nur Kinder bis zur Vollendung des 12. Lebensjahres Unterhaltsvorschussleistungen. Ab dem 12. und bis zur Vollendung des 18. Lebensjahres gibt es Leistungen nur nach den Vorgaben des § 1 Abs. 1a UVG.

Tipp:

Mitwirkung ist wichtig! Nach § 1 Abs. 3 UVG besteht unter anderem ein Anspruchsausschluss, wenn sich der alleinerziehende Elternteil weigert, die erforderlichen Auskünfte zu erteilen oder bei der Feststellung der Vaterschaft oder des Aufenthalts des anderen Elternteils mitzuwirken.

23 Die Höhe des Unterhaltsvorschusses orientiert sich am Mindestunterhalt nach § 1612a BGB (vgl. § 2 Abs. 1 UVG).

24 Der Unterhaltsvorschuss bei Sozialleistungen des Kindes wird in der Regel als vorrangige Sozialleistung angerechnet.

25 Erforderlich ist ein schriftlicher Antrag (vgl. auch § 4 UVG zur beschränkten Rückwirkung solcher Anträge). Zuständig ist in der Regel das Jugendamt des Wohnorts.

8. Kinder- und Jugendhilfe nach dem SGB VIII

26 Das Kinder- und Jugendhilferecht des SGB VIII sieht breit gefächerte Möglichkeiten zum Schutz dieser Personengruppen vor. Zuständig sind die jeweiligen Jugendämter.

27 Nachfolgende Übersicht soll zumindest einen kurzen Einblick in das Leistungsspektrum des SGB VIII gewähren:

Rechtsgrundlagen	Art der Leistungen
§§ 11 ff. SGB VIII	Jugendarbeit, Jugendsozialarbeit, erzieherischer Kinder- und Jugendschutz
§§ 16 ff. SGB VIII	Förderung der Erziehung in der Familie
§§ 22 ff. SGB VIII	Förderung von Kindern in Tageseinrichtungen und in der Kindertagespflege
§§ 27 ff. SGB VIII	Hilfe zur Erziehung, Eingliederungshilfe für seelisch behinderte Kinder und Jugendliche
§ 41 SGB VIII	Hilfe für junge Volljährige

Systemverständnis:

Selbstverständlich sind im SGB VIII weitere Maßnahmen enthalten, die die Betroffenen meist nicht als „staatliche Leistung" auffassen, sondern als erheblichen Eingriff, etwa die

B

vorläufigen Maßnahmen zum Schutz von Kindern und Jugendlichen in §§ 42 ff. SGB VIII (unter anderem die Inobhutnahme).

Zudem sind in §§ 50 ff. SGB VIII Unterstützungstätigkeiten der Jugendämter für Gerichte geregelt (vgl. etwa die Mitwirkung in bestimmten familiengerichtlichen Verfahren oder in manchen Strafverfahren nach dem Jugendgerichtsgesetz).

9. Heilpädagogische Leistungen

Nach § 79 Abs. 1 SGB IX werden an noch nicht eingeschulte Kinder heilpädagogische 28
Leistungen erbracht, wenn nach fachlicher Erkenntnis zu erwarten ist, dass hierdurch eine drohende Behinderung abgewendet oder der fortschreitende Verlauf einer Behinderung verlangsamt wird oder die Folgen einer Behinderung beseitigt oder gemildert werden können.

Tipp:

Schwerstbehinderte und schwerstmehrfachbehinderte Kinder, die noch nicht eingeschult sind, erhalten diese Leistungen immer – also ohne die oben genannte Erfolgsprognose (§ 79 Abs. 1 Satz 2 SGB IX).

Heilpädagogische Leistungen umfassen dabei alle Maßnahmen, die zur Entwicklung des Kindes 29
und zur Entfaltung seiner Persönlichkeit beitragen (einschließlich der nichtärztlichen therapeutischen, psychologischen, sonderpädagogischen, psychosozialen Leistungen und der Beratung der Erziehungsberechtigten).

Systemverständnis:

Grundvoraussetzung ist die Eröffnung des Anwendungsbereichs des Teilhaberechts des SGB IX (siehe B 2, Rn. 134 ff.). Gleichwohl sind keine eigenen Leistungsansprüche damit verbunden, vgl. § 7 SGB IX.

Im Detail stellen sich hier zum Teil höchst diffizile Abgrenzungsfragen zwischen den 30
Leistungsgesetzen, die hier nur angerissen werden können:

- Abgrenzung zu Leistungen der Eingliederungshilfe (sowohl im SGB IX als auch im Bereich der Kinder- und Jugendhilfe nach § 35a SGB VIII)
- Abgrenzung zu ärztlichen Leistungen
- Abgrenzung zu schulvorbereitenden Leistungen

Aus § 79 Abs. 2 SGB IX wird deutlich, dass Leistungen zur Früherkennung und Frühförderung 31
nach § 46 SGB IX Vorrang haben.

Mit den in § 79 Abs. 3 SGB IX genannten Leistungen erfolgt eine Erbringung als Komplex- 32
leistung.

10. Leistungen zur Betreuung in einer Pflegefamilie

Nach § 80 Satz 1 SGB IX werden Leistungen zur Betreuung in einer Pflegefamilie erbracht, um 33
Leistungsberechtigten die Betreuung in einer anderen Familie als der Herkunftsfamilie durch eine geeignete Pflegeperson zu ermöglichen.

Systemverständnis:

Auch mit dieser Regelung sind keine eigenen Leistungsansprüche verbunden, vgl. § 7 SGB IX (siehe B 2, Rn. 134 ff.).

11. Hilfen bei Sterilisation

34 Im Rahmen der Hilfen zur Gesundheit sieht § 51 SGB XII vor, dass bei einer durch Krankheit erforderlichen Sterilisation die ärztliche Untersuchung, Beratung und Begutachtung, die ärztliche Behandlung, die Versorgung mit Arznei-, Verband- und Heilmitteln sowie die Krankenhauspflege geleistet werden.

Systemverständnis:

Ausgeschlossen sind diese Hilfen wie immer dann, wenn anderweitige Ansprüche realisiert werden können, so etwa im Bereich der Kinder- und Jugendhilfe (§ 40 SGB VIII: Krankenhilfe) oder allgemein im Krankenversicherungsrecht (vgl. z. B. § 24b SGB V).

12. Erziehungsrente

35 Seit dem 1.1.2023 hat der Gesetzgeber in § 47 SGB VI die Möglichkeit des Bezugs einer Erziehungsrente in besonderen Fällen eingeführt. Sie stellt einen Ersatz für Unterhaltsansprüche im Fall des Todes eines geschiedenen Ehegatten dar. Versicherte erhalten diese Rente aber nur bis zum Erreichen der Regelaltersgrenze und nur dann, wenn ihre Ehe nach dem 30.6.1977 geschieden und ihr geschiedener Ehegatte gestorben ist, sie ein eigenes Kind oder ein Kind des geschiedenen Ehegatten erziehen (§ 46 Abs. 2 SGB VI), sie nicht wieder geheiratet und bis zum Tod des geschiedenen Ehegatten die allgemeine Wartezeit erfüllt haben. Dabei erfolgt nach § 97 Abs. 4 SGB VI aber evtl. eine Einkommensanrechnung.

Johannes Friedrich

Schule und Bildung

B

1. Leistungen für Bildung und Teilhabe nach dem SGB II

1 Nach § 28 Abs. 1 SGB II werden bei Kindern, Jugendlichen und jungen Erwachsenen neben dem Regelbedarf auch Leistungen für Bildung und Teilhabe am sozialen und kulturellen Leben gesondert berücksichtigt, jedoch nur für Personen, die das 25. Lebensjahr noch nicht vollendet haben, eine allgemein- oder berufsbildende Schule besuchen und keine Ausbildungsvergütung erhalten (Schüler).

2 Folgende Formen von Leistungen sieht das Gesetz vor:

Rechtsgrundlage: § 28 SGB II	Leistungen für Bildung und Teilhabe
Abs. 2	Aufwendungen für Schulausflüge und Klassenfahrten
Abs. 3	Ausstattung mit persönlichem Schulbedarf
Abs. 4	Kosten der Schülerbeförderung
Abs. 5	Ergänzende Lernförderung
Abs. 6	Kosten der gemeinschaftlichen Mittagsverpflegung
Abs. 7	Allgemeine Teilhabepauschale von 15 EUR/Monat; zudem ggf. weitere Aufwandserstattung (hier aber Ermessensvorschrift)

2a Die Pauschale aus Absatz 7 kann nach Satz 2 durch weitere tatsächliche Aufwendungen ergänzt werden, wenn sie im Zusammenhang mit der Teilnahme an Aktivitäten nach Satz 1 Nummer 1 bis 3 entstehen und es den Leistungsberechtigten im Einzelfall nicht zugemutet werden kann, diese aus den Leistungen nach Satz 1 und aus dem Regelbedarf zu bestreiten. So hat das Landessozialgericht Berlin-Brandenburg mit Urteil vom 21.3.2024 (L 3 AS 1305/20) entschieden, dass die für eine mehrtägige Trainingsfahrt im Rahmen des Breitensports entstehenden Übernachtungs- und Verpflegungskosten neben den monatlichen Vereinsbeiträgen weitere nach § 28 Abs. 7 Satz 2 SGB II (in der bis zum 31.7.2019 geltenden Fassung) berücksichtigungsfähige tatsächliche Aufwendungen darstellen können.

3 Die konkrete Art der Leistungserbringung (Geldleistungen, Sach- und Dienstleistungen oder Direktzahlungen an Anbieter) ist in § 29 SGB II geregelt. Anspruchsinhaber sind die Schüler selbst, nicht deren Eltern.

4 Ergänzend zu den Bedarfen aus § 28 SGB II regelt § 21 Abs. 6a SGB II mittlerweile einen speziellen Mehrbedarf für Schüler bezüglich Schulbüchern und Arbeitsheften. Voraussetzung ist, dass die Anschaffung oder Ausleihe aufgrund der jeweiligen schulrechtlichen Bestimmungen oder schulischen Vorgaben erforderlich ist.

5 Umstritten ist, ob das SGB II Anspruchsgrundlagen für die Anschaffung digitaler Endgeräte wie Laptops oder Tablets bereithält. Zum Teil wird dabei ein Mehrbedarf nach § 21 Abs. 6 SGB II angenommen, sofern die weiteren Voraussetzungen vorliegen (vgl. LSG NRW, Beschl. v. 22.5.2020 – L 7 AS 719/20 B ER). Andere gehen unter Annahme eines nur einmaligen Bedarfs allenfalls von der Möglichkeit eines Darlehens nach § 24 Abs. 1 Satz 1 SGB II aus (vgl. die Ausführungen des LSG Niedersachsen-Bremen, Urt. v. 6.10.2020 – L 7 AS 66/19; eine Revision hiergegen zum BSG wurde zurückgenommen, vgl. B 4 AS 84/20 R).

Systemverständnis:

Grundsicherungsrecht ist bedarfsgesteuert. Können die Bedarfe aber anderweitig gedeckt werden (sei es durch Dritte oder durch andere Behörden), besteht grundsätzlich kein Anspruch nach dem SGB II.

Sofern Grundsicherungsansprüche nicht in pauschalierter Form bestehen, sondern sich im Einzelfall an einem konkreten Bedarf orientieren (z. B. der Anschaffung eines Laptops für eine Schülerin zum Fernunterricht während der Coronapandemie), kann sich – bei langen

Gerichtsverfahren – der Bedarf auch durch Zeitablauf erledigen (z. B. dann, wenn zum Zeitpunkt des Urteils die Coronapandemie bereits vorbei ist), vgl. Hessisches Landessozialgericht, Beschl. v. 13.1.2026 – L 6 AS 488/25, Rn. 22.

Zwar ist für die Leistungen nach § 21 Abs. 6a und § 28 SGB II ein Antrag nötig (§ 37 Abs. 1 Satz 1 SGB II); allerdings ist davon auszugehen, dass dieser Antrag vom allgemeinen Bewilligungs- bzw. Weiterbewilligungsantrag umfasst ist. Für Leistungen nach § 28 Abs. 5 SGB II ist dagegen ein gesonderter Antrag erforderlich (§ 37 Abs. 1 Satz 2 SGB II), der aber auch formlos gestellt werden kann. 6

Hinweis:

Bei Auslegung einer Äußerung gilt der Meistbegünstigungsgrundsatz (siehe B 1, Rn. 32). Erlangt ein Jobcenter in einem Gespräch Kenntnis von einer Bedarfslage, entsteht eine Beratungspflicht nach § 16 Abs. 1 SGB I im Hinblick auf die Antragstellung. Eine Verletzung dieser Pflicht kann einen sozialrechtlichen Herstellungsanspruch auslösen, der eine verspätete Antragstellung ggf. „heilen" kann (siehe B 15, Rn. 30).

Aufgrund des Antragserfordernisses kann bei Selbstbeschaffung von Leistungen keine nachträgliche Kostenerstattung erfolgen. Das ist nur möglich, wenn rechtzeitig vorher ein Antrag gestellt, dieser aber vom Jobcenter zu Unrecht abgelehnt wurde. 7

2. Leistungen für Bildung und Teilhabe nach dem SGB XII

Nach § 34 Abs. 1 SGB XII werden Bedarfe von Schülern, die eine allgemein- oder berufsbildende Schule besuchen, neben den maßgebenden Regelbedarfsstufen gesondert berücksichtigt. Es ist aber nicht erforderlich für den Leistungsanspruch, dass auch ein Anspruch auf eine Regelleistung besteht; vielmehr können Leistungen nach § 34a SGB XII bei Bestehen entsprechender Hilfebedürftigkeit auch isoliert erbracht werden (vgl. die klare Aussage dazu in § 34a Abs. 1 Satz 2 SGB XII). 8

Hinweis:

Das ist wichtig in Fällen, in denen zwar gerade genug Einkommen vorhanden ist, um keinen Sozialleistungsbezug auszulösen, aber nicht mehr ausreichend Einkommen, um daneben noch die Bedarfe für Bildung und Teilhabe stemmen zu können.

Folgende Formen von Leistungen sieht das Gesetz vor: 9

Rechtsgrundlage: § 34 SGB XII	Leistungen für Bildung und Teilhabe
Abs. 2	Aufwendungen für Schulausflüge und Klassenfahrten
Abs. 3 und 3a	Ausstattung mit persönlichem Schulbedarf
Abs. 4	Kosten der Schülerbeförderung
Abs. 5	Ergänzende Lernförderung
Abs. 6	Kosten der gemeinschaftlichen Mittagsverpflegung

Hinweis:

Das BVerfG hatte mit Beschluss vom 7.7.2020 die Vorschrift des § 34 Abs. 2 Satz 1 Nr. 1 und Satz 2 sowie die Absätze 4 bis 7 des SGB XII für verfassungswidrig erklärt (Durchgriffsverbot

B

des Bundes in Gestalt der Neuübertragung zusätzlicher Aufgaben an die Kommunen). Die Normen waren daher nur noch übergangsweise bis 31.12.2021 anwendbar.

Mittlerweile hat der Gesetzgeber hierauf reagiert und durch Einführung des § 34c SGB XII diese bundesgesetzlichen Teilhabeaufgaben den Kommunen nicht mehr als örtliche Träger der Sozialhilfe zugewiesen. Vielmehr legen die Bundesländer nunmehr fest, wer für die Ausführung der zuständige Träger ist.

10 In Ergänzung zu den Bedarfen aus § 34 SGB XII regelt § 30 Abs. 9 SGB XII einen speziellen Mehrbedarf für Schüler zur Anschaffung oder Ausleihe von Schulbüchern oder gleichstehenden Arbeitsheften. Voraussetzung ist, dass die Anschaffung oder Ausleihe aufgrund der jeweiligen schulrechtlichen Bestimmungen oder schulischen Vorgaben erforderlich ist.

11 Die konkrete Art der Leistungserbringung (Geldleistungen, Sach- und Dienstleistungen oder Direktzahlungen an Anbieter) ist in § 34a Abs. 2 bis 7 SGB XII geregelt. Anspruchsinhaber sind die Schüler selbst, nicht deren Eltern.

12 Für diese Leistung nach Absätzen 2 und 4 bis 7 ist ein Antrag beim zuständigen Sozialhilfeträger nötig (§ 34a Abs. 1 Satz 1 Halbsatz 1 SGB XII); für die Bedarfe nach § 34 Abs. 5 SGB XII ist darüber hinaus ein gesonderter Antrag erforderlich. Im Umkehrschluss bedeutet das, dass nur für Bedarfe nach Absatz 2 kein Antrag erforderlich ist, sondern die Kenntnis des Sozialhilfeträgers ausreicht. Im Fall der Grundsicherung im Alter und bei Erwerbsminderung ist nach § 44 Abs. 1 Satz 2 SGB XII aber ein gesonderter Antrag hinsichtlich einer Lernförderung nötig.

Systemverständnis:

§ 34a SGB XII stellt also eine Abweichung vom Kenntnisgrundsatz des § 18 SGB XII dar (siehe B 2, Rn. 110 ff.). Grundsätzlich ist nach § 34 Abs. 1 SGB XII zwar auch ein mündlicher Antrag ausreichend; im Streitfall dürfte ein entsprechender Nachweis aber schwierig sein.

Hinweis:

Auch hier gilt bei auslegungsfähigen Äußerungen der Meistbegünstigungsgrundsatz (siehe B 1, Rn. 32). Erlangt ein Sozialhilfeträger in einem Gespräch Kenntnis von einem Bedarf nach § 34 SGB XII, entsteht eine Beratungspflicht nach § 11 SGB XII im Hinblick auf die Antragstellung. Eine Verletzung dieser Pflicht kann einen sozialrechtlichen Herstellungsanspruch auslösen, der eine verspätete Antragstellung ggf. zu „überwinden" hilft (siehe B 15, Rn. 30).

13 Soweit ein Antragserfordernis besteht, kann bei Selbstbeschaffung von Leistungen keine nachträgliche Kostenerstattung erfolgen. Das ist nur möglich, wenn rechtzeitig vorher ein Antrag gestellt, vom Sozialamt aber zu Unrecht abgelehnt wurde.

Hinweis:

Allerdings sieht das Sozialhilferecht in § 34b SGB XII auch in weiteren Fallkonstellationen („berechtigte Selbsthilfe") eine fiktive Antragsvorverlagerung bei Vorleistung durch Zahlung an den Anbieter vor. Eine verspätete Antragstellung kann so bei Vorliegen der Voraussetzungen auf diese Weise „geheilt" werden.

B

3. Weitere Leistungen für Bildung und Teilhabe nach anderen Gesetzen

Das Teilhaberecht des SGB IX sieht ebenfalls Leistungen für Bildung und Teilhabe vor. Dabei werden nach § 75 SGB IX unterstützende Leistungen erbracht, die erforderlich sind, damit Menschen mit Behinderungen Bildungsangebote gleichberechtigt wahrnehmen können, insbesondere Hilfen zur Schulbildung, Hilfen zur schulischen Berufsausbildung, Hilfen zur Hochschulbildung und Hilfen zur schulischen und hochschulischen beruflichen Weiterbildung. 14

Systemverständnis:

Eine eigenständige Anspruchsgrundlage ist § 75 SGB IX bekanntermaßen nicht. Erst bei Anwendbarkeit des Eingliederungsrechts bestehen die in § 112 SGB IX beschriebenen Ansprüche, sofern nicht wiederum andere Leistungen vorrangig in Anspruch zu nehmen sind.

So können etwa Leistungen der Kinder- und Jugendhilfe nach §§ 10 ff. SGB VIII sowohl Vorrang vor Grundsicherungs- als auch vor Eingliederungsleistungen haben. 15

Denkbar sind auch Ansprüche nach § 6b BKKG, deren Umfang an § 28 SGB II angelehnt ist (siehe Rn. 2). 16

4. Leistungen für Auszubildende und Studenten

Eine eigene Form der Bildungsteilhabe wird durch die Leistungen des Bundesausbildungsförderungsgesetzes (kurz: BAföG) gewährt. Neben einer dem Grund nach förderfähigen Ausbildung (§§ 2 ff. BAföG) müssen für Ansprüche auch bestimmte persönliche Voraussetzungen erfüllt sein (Staatsangehörigkeit, Eignung, Alter; vgl. §§ 8 ff. BAföG). Zudem werden Leistungen nicht unbegrenzt erbracht, sondern nur im Rahmen der Förderungs(-höchst-)dauer. 17

Systemverständnis:

Die Leistungen nach dem BAföG werden teilweise als Zuschüsse erbracht, zum Teil aber auch als rückzahlungspflichtige Darlehen. Neben der Möglichkeit der einkommensabhängigen Rückzahlung (vgl. § 18a BAföG) besteht auch die Option eines Teilerlasses (vgl. § 18b BAföG).

Anträge auf BAföG sind beim jeweils zuständigen Amt für Ausbildungsförderung schriftlich zu stellen (§ 46 BAföG), es besteht Formblattzwang. Bei Hochschulen sind das meist angegliederte Behörden beim Studentenwerk. 18

Tipp:

Unter www.bafoeg-digital.de besteht auch die Möglichkeit, den Antrag online zu stellen.

Neben einer dem Grund nach förderfähigen Ausbildung nach dem BAföG sind Leistungen nach dem SGB II grundsätzlich ausgeschlossen (§ 7 Abs. 5 Satz 1 SGB II; siehe B 2, Rn. 51). Schließlich sollen über das SGB II weder Studium noch Berufsausbildung gefördert werden, zumal diese Schüler und Studenten für eine Vermittlung in den Arbeitsmarkt faktisch auch nicht oder nur zeitweise zur Verfügung stehen. 19

B

Tipp:

Allerdings sieht § 7 Abs. 6 SGB II mittlerweile diverse Ausnahmen vor, bei deren Vorliegen ein Leistungsbezug doch wieder möglich sein kann. Im Wesentlichen geht es hierbei um bestimmte Spezialkonstellationen, bei denen aus gewissen Gründen kein BAföG-Anspruch besteht (z. B. beim Besuch von Abendschulen oder allgemeinbildenden Schulen und Berufsfachschulen sowie von Fach- und Fachoberschulklassen, deren Besuch eine abgeschlossene Berufsausbildung nicht voraussetzt).

20 Gleichwohl zeigt bereits das Lesen der Vorschrift, wie kompliziert die Abgrenzung zwischen den einzelnen Leistungsträgern der Grundsicherung einerseits und der Ausbildungsförderung andererseits sein kann. Abhilfe können hier Vorschüsse nach § 42 SGB I und vorläufige Leistungen nach § 43 SGB I schaffen, wobei deren Voraussetzungen oft nicht erfüllt sind. § 27 Abs. 3 Satz 3 SGB II sieht für den ersten Monat der Ausbildung zudem die Möglichkeit der Gewährung eines Überbrückungsdarlehens durch das Jobcenter vor, bis die endgültigen Zuständigkeiten geklärt sind.

21 § 27 Abs. 1 Satz 2 SGB II normiert ausdrücklich, dass die Leistungen für Auszubildende nicht als Bürgergeld gelten.

Systemverständnis:

Dieser Satz mutet sonderbar an, hat aber handfeste Folgen: Dadurch können weder eine Pflichtversicherung in der gesetzlichen Kranken- und Pflegeversicherung noch Rentenanrechnungszeiten entstehen.

22 Selbst beim Eingreifen des Leistungsausschlusses können übrigens Ansprüche nach § 27 SGB II beantragt werden (vgl. § 27 Abs. 5 Satz 1 SGB II; sog. Leistungen für Auszubildende). Anträge sind nach allgemeinen Regeln beim örtlichen Jobcenter zu stellen. Hierzu folgende Übersicht:

Rechtsgrundlage: § 27 SGB II	**Art der Leistungen für Auszubildende**
Abs. 2	Mehrbedarfe nach § 21 Abs. 2, 3, 5 und 6 SGB II **Achtung:** vorrangiger Einsatz von Einkommen und Vermögen
Abs. 2	Leistungen nach § 24 Abs. 3 Nr. 2 SGB II **Achtung:** vorrangiger Einsatz von Einkommen und Vermögen
Abs. 3	Darlehen für Regelbedarfe, den Mehrbedarf nach § 21 Abs. 7 SGB II, Bedarfe für Unterkunft und Heizung, Bedarfe für Bildung und Teilhabe und notwendige Beiträge zur Kranken- und Pflegeversicherung **Voraussetzung:** der Leistungsausschluss muss eine besondere Härte sein; außerdem Nachrang gegenüber Leistungen nach Abs. 2 (siehe oben)

Tipp:

Ein „kostenloses Tutorium" zu diesem komplexen Thema findet sich auf der Webseite der Agentur für Arbeit („Fachliche Weisungen zu § 27 SGB II").

Johannes Friedrich, Astrid Vincenc, Kristin Bauer

Arbeit und Beruf

B

1. Einleitung

1 Das Arbeits- und Sozialrecht enthält diverse Schutzvorschriften rund um Arbeitsverhältnisse. Dabei zeigt sich das abgestufte System des „sozialen Auffangnetzes": Während das Arbeits- und Arbeitsschutzrecht sowie das Arbeitsförderungs- und Teilhaberecht versuchen, möglichst viele Menschen in Arbeit (und gesund) zu halten, gibt es im Fall von Beeinträchtigungen der Arbeitsfähigkeit je nach Ausmaß weitere Maßnahmen zum sozialen Schutz der Arbeitnehmer (beginnend mit der Lohnfortzahlung und den Krankengeldern über den Schutz des Unfallversicherungsrechts bis hin zu den Hilfen bei Erwerbsminderung und Erwerbsunfähigkeit). Reißen all diese Stricke, bleiben als letzte „Auffangböden" die Grundsicherungssysteme des SGB II und des SGB XII.

2. Arbeitsrechtlicher Schutz von Menschen mit Behinderung

2.1 Bewerbungsverfahren und Einstellung

2 Bereits im Bewerbungsverfahren sieht das deutsche Arbeitsrecht diverse Schutzmöglichkeiten für Menschen mit Behinderung vor.

3 Zentrales Gesetz ist dabei das AGG, mit dem (unter anderem) Benachteiligungen wegen einer Behinderung verhindert und beseitigt werden sollen.

Systemverständnis:

Das AGG gilt dabei beileibe nicht nur im Bewerbungsverfahren. Vielmehr gewährt es auch im laufenden Arbeitsverhältnis Schutz (zudem sogar außerhalb des Arbeitsrechts).

4 Dabei stellt nicht jede Ungleichbehandlung immer gleich eine Verletzung des AGG dar. Vielmehr kann eine unterschiedliche Behandlung wegen der beruflichen Anforderungen, der Religion oder Weltanschauung sowie des Alters in gewissen Fällen auch gerechtfertigt sein (vgl. §§ 8 bis 10 AGG). Darüber hinaus kann bei sog. Positivmaßnahmen eine Ungleichbehandlung gesetzlich sogar gewünscht sein (vgl. § 5 AGG).

Hinweis:

Das erklärt, warum in manchen Stellenanzeigen der Passus zu lesen ist: „Schwerbehinderte Bewerber werden bei im Übrigen gleicher Eignung bevorzugt berücksichtigt." Durch eine solche Positivmaßnahme sollen bestehende Ungleichgewichte in der Belegschaft ausgeglichen werden.

5 Grundsätzlich besteht für private Arbeitgeber keine Pflicht, Bewerber mit Behinderung zu einem Vorstellungsgespräch einzuladen. Anders dagegen für öffentliche Arbeitgeber: Sie müssen eine Einladung aussprechen, außer wenn die fachliche Eignung offensichtlich fehlt (§ 165 SGB IX).

Hinweis:

Arbeitgebern wird bei Bewerbungsverfahren oft empfohlen, Bewerbern, die sie nicht einladen wollen, ohne ausführliche Gründe abzusagen. Dieser Rat ist aber gefährlich, wenn es sich um eine Bewerbung eines Menschen mit Behinderung handelt: Denn dann kann eine unbegründete Absage ein Diskriminierungsindiz nach dem AGG darstellen.

Im Bewerbungsgespräch darf der Arbeitgeber (nur) dann nach dem Bestehen einer Behinderung (ebenso nach dem Bestehen einer Krankheit) fragen, wenn diese Behinderung (oder Krankheit) jobrelevant ist. 6

Systemverständnis:

Unzulässig wäre es aber, wenn der Arbeitgeber diese Frage stellt, um Menschen mit Behinderungen von vornherein „auszusieben". In diesem Fall kann ein abgelehnter Bewerber nach § 15 AGG unter Umständen Schadensersatz und Schmerzensgeld bekommen. Ein Anspruch auf Einstellung besteht aber trotz Diskriminierung nicht (so explizit § 15 Abs. 6 AGG).

Für Arbeitgeber besteht keine generelle Pflicht zur Einstellung schwerbehinderter Menschen. 7
Zwar sieht § 156 Abs. 1 SGB IX vor, dass private und öffentliche Arbeitgeber mit mindestens 20 Arbeitsplätzen wenigstens 5 % der Arbeitsplätze mit schwerbehinderten Menschen zu besetzen haben. Allerdings kann ein Bewerber darüber keine Einstellung erzwingen.

Systemverständnis:

Folge einer Verletzung dieser Einstellungspflichten ist lediglich die Bezahlung einer sog. Ausgleichsabgabe (vgl. § 160 SGB IX).

2.2 Weitere Nachteilsausgleiche im Arbeitsleben

Schwerbehinderten Menschen kommen im Berufsleben einige Nachteilsausgleiche zu: 8

Norm	Nachteilsausgleich im Berufsleben
§ 207 SGB IX	Freistellung von Mehrarbeit (Überstunden) (nur auf Verlangen des Mitarbeiters)
§ 208 SGB IX	Zusatzurlaub von fünf Tagen pro Urlaubsjahr (dieser gilt nicht für gleichgestellte Menschen nach § 1 Abs. 3 SGB IX)
§ 164 Abs. 4 SGB IX	Weitere Arbeitgeberpflichten (etwa die bevorzugte Berücksichtigung bei innerbetrieblichen Bildungsmaßnahmen, die behinderungsgerechte Einrichtung der Arbeitsstätten oder die Ausstattung des Arbeitsplatzes mit den erforderlichen technischen Hilfen)

2.3 BEM – das betriebliche Eingliederungsmanagement

Sind (behinderte oder nicht behinderte) Beschäftigte innerhalb eines Jahres (nicht: innerhalb 9
eines Kalenderjahres) länger als sechs Wochen ununterbrochen oder wiederholt arbeitsunfähig, hat der Arbeitgeber nach § 167 Abs. 2 Satz 1 SGB IX ein betriebliches Eingliederungsmanagement (kurz: BEM) durchzuführen (ggf. unter Einbindung der zuständigen Interessenvertretung, bei schwerbehinderten Menschen außerdem der Schwerbehindertenvertretung).

Systemverständnis:

Inhalt und Umfang dieses BEM sind gesetzlich nicht exakt definiert; letztlich sollen Möglichkeiten besprochen werden, wie die Arbeitsunfähigkeit möglichst überwunden werden und mit welchen Leistungen oder Hilfen erneuter Arbeitsunfähigkeit vorgebeugt und der Arbeitsplatz erhalten werden kann.

Kündigt der Arbeitgeber dem Arbeitnehmer wegen einer Erkrankung personenbedingt, ohne zuvor ein BEM durchgeführt zu haben, drohen ihm Beweislastnachteile bei einer Kündigungsschutzklage, da Arbeitsgerichte davon ausgehen, dass mildere Mittel als eine Kündigung vorrangig gewesen wären, wenn der Arbeitgeber hierzu nicht substanziiert Gegenteiliges vorträgt.

10 Meist beginnt ein BEM mit einem Einladungsschreiben des Arbeitgebers, in dem auf die Ziele des BEM sowie auf die Art und den Umfang der hierfür erhobenen und verwendeten Daten hingewiesen wird (vgl. § 167 Abs. 2 Satz 4 SGB IX). In einem Erstgespräch und ggf. weiteren Gesprächen wird ein gemeinsamer Fahrplan samt Maßnahmen erarbeitet; am Ende soll eine gemeinsame Abschlusserklärung stehen, in der die beabsichtigten Maßnahmen beschrieben werden.

Hinweis:
Der Arbeitnehmer ist nicht zur Teilnahme am BEM verpflichtet, da dies nur mit seiner Zustimmung erfolgt. Weigert er sich jedoch und erhält er daraufhin eine krankheitsbedingte Kündigung, hat er in einer nachfolgenden Kündigungsschutzklage die Nachteile zu tragen.

11 Seit dem Jahr 2021 besteht die Möglichkeit, zu einem BEM-Gespräch eine Person des Vertrauens beizuziehen (§ 167 Abs. 2 Satz 2 SGB IX).

Hinweise:
Das kann neben Vertrauenspersonen aus dem persönlichen Umfeld auch ein gesetzlicher Betreuer oder Anwalt sein.

Bei Erforderlichkeit wird nach § 167 Abs. 2 Satz 3 SGB IX auch ein Werks- oder Betriebsarzt beigezogen. Mit Einverständnis des Arbeitnehmers werden auch der Betriebsrat und die Schwerbehindertenvertretung beteiligt. Kommen Leistungen zur Teilhabe oder begleitende Hilfen im Arbeitsleben in Betracht, werden vom Arbeitgeber die Rehabilitationsträger oder bei schwerbehinderten Beschäftigten das Integrationsamt hinzugezogen (§ 167 Abs. 2 Satz 5 SGB IX).

2.4 Besonderer Kündigungsschutz für Menschen mit Behinderungen

12 Das deutsche Arbeitsrecht gewährt nicht jedem Arbeitnehmer automatisch Kündigungsschutz; lediglich die Kündigungsfristen müssen immer beachtet werden (vgl. § 622 BGB). Allgemeinen Kündigungsschutz gibt es nur dann, wenn das Arbeitsverhältnis länger als sechs Monate bestanden hat (§ 1 Abs. 1 KSchG) und der Arbeitnehmer in einem Betrieb beschäftigt ist, der mehr als zehn Arbeitnehmer hat (gerechnet wird ohne Auszubildende; zu den Einzelheiten vgl. § 23 Abs. 1 KSchG).

Systemverständnis:
Allgemeiner Kündigungsschutz bedeutet nicht, dass jemandem nicht gekündigt werden kann. Rechtsfolge des Kündigungsschutzes ist nur, dass der Arbeitgeber eine soziale Rechtfertigung in Gestalt eines Kündigungsgrundes braucht. Nach § 1 Abs. 2 KSchG kommen hier nur verhaltens-, personen- und betriebsbedingte Gründe in Betracht, die der Arbeitgeber in einem Kündigungsschutzprozess darzulegen hat.

13 Neben diesem allgemeinen Kündigungsschutz gibt es noch den sog. besonderen Kündigungsschutz, der grundsätzlich unabhängig von der Betriebsgröße ist. Besondere Bedeutung kommt

hierbei dem Kündigungsschutz für Schwerbehinderte nach §§ 168 ff. SGB IX zu. Kernvorgabe ist, dass vor Ausspruch einer Kündigung das Integrationsamt zugestimmt haben muss (§ 168 SGB IX). Wichtig zu wissen ist, dass dieser besondere Kündigungsschutz auch für gleichgestellte Arbeitnehmer gilt (siehe B 2, Rn. 208 ff.).

Systemverständnis:
Der Arbeitgeber muss die Zustimmung also vor jeder Kündigung (auch bei einer außerordentlichen) beantragen und grundsätzlich erst einmal die Entscheidung abwarten (vgl. hierzu §§ 170, 171 SGB IX). Kündigt er ohne Zustimmung des Integrationsamts, ist die Kündigung allein deswegen unwirksam.

Vorsicht: Der Schutz greift nur bei Kündigungen, er findet beim Abschluss von Aufhebungsverträgen keine Anwendung (vgl. LAG Rheinland-Pfalz, Urt. v. 7.3.2019 – 5 Sa 301/18, Rn. 78).

Gibt es im Betrieb einen Betriebsrat und/oder eine Schwerbehindertenvertretung, sind diese vor Ausspruch der Kündigung anzuhören (eine Zustimmung ist aber nicht erforderlich); ohne ordnungsgemäße Anhörung ist die Kündigung unwirksam (§§ 102, 103 BetrVG, § 178 SGB IX).

Auf eine Besonderheit ist noch hinzuweisen: Der Kündigungsschutz für schwerbehinderte 14
Menschen und Gleichgestellte kann auch dann greifen, wenn dieser im Zeitpunkt der Kündigung noch nicht festgestellt ist. Voraussetzung ist nach der Rechtsprechung aber, dass der entsprechende Antrag auf Feststellung einer Schwerbehinderung oder Gleichstellung spätestens drei Wochen vor der Kündigung gestellt wurde (vgl. BAG, Urt. v. 1.3.2007 – 2 AZR 217/06).

Zudem greift der Kündigungsschutz nach ständiger Rechtsprechung des BAG auch dann, wenn 14a
der Arbeitgeber von der Schwerbehinderung oder Gleichstellung zum Zeitpunkt der Kündigung gar nichts weiß; allerdings muss sich der gekündigte Mitarbeiter dann im Rahmen einer angemessenen Frist darauf berufen (BAG, Urt. v. 22.9.2016 – 2 AZR 700/15: innerhalb von drei Wochen nach Zugang der Kündigung).

Hinweise:
Hat der Arbeitgeber vor Ausspruch einer Kündigung die nach § 168 SGB IX erforderliche vorherige Zustimmung des Integrationsamts (trotz Kenntnis vom Kündigungsschutz) nicht eingeholt, kann dieser Umstand die Vermutung im Sinne des § 22 AGG begründen, dass die Benachteiligung, die der schwerbehinderte Mensch durch die Kündigung erfahren hat, wegen der Schwerbehinderung erfolgte (BAG, Urt. v. 2.6.2022 – 8 AZR 191/21). Dies kann – neben der Unwirksamkeit der Kündigung – zu einem Schadensersatz- und Schmerzensgeldanspruch des Mitarbeiters führen (§ 15 AGG).

Es gibt weitere gesetzliche Tatbestände für besonderen Kündigungsschutz. Einige wichtige Beispiele: § 17 MuSchG (für Frauen während der Schwangerschaft und innerhalb gewisser Schutzfristen), § 18 BEEG (für Beschäftigte in der Elternzeit), § 5 PflegeZG (für Beschäftigte in der Pflegezeit), § 22 Abs. 2 Nr. 1 BBiG (für Auszubildende nach Ablauf der Probezeit), § 15 KSchG (für Mitglieder betrieblicher Interessenvertretungen) etc.

3. Eingliederung in den Arbeitsmarkt und Leistungen zur Teilhabe am Arbeitsleben

3.1 Förderleistungen nach dem SGB III

Durch die Arbeitsförderung nach dem SGB III soll dem Entstehen von Arbeitslosigkeit entgegen- 15
gewirkt, die Dauer der Arbeitslosigkeit verkürzt und der Ausgleich von Angebot und Nachfrage

auf dem Ausbildungs- und Arbeitsmarkt unterstützt werden. Die Verbesserung der individuellen Beschäftigungsfähigkeit soll die Langzeitarbeitslosigkeit vermeiden (vgl. § 1 SGB III).

16 Nach dem Dritten Kapitel des SGB III stehen den Versicherten dafür unterschiedliche Maßnahmen der aktiven Arbeitsförderung zu Verfügung, die von den örtlichen Agenturen für Arbeit erbracht werden:

Norm im SGB III	Maßnahmen zur aktiven Arbeitsförderung
§§ 29 ff.	Berufsberatung, Ausbildungs- und Arbeitsvermittlung durch die Agentur für Arbeit und private Arbeitsvermittler
§§ 44 ff.	Aktivierung und berufliche Eingliederung (insbesondere Leistungen aus dem Vermittlungsbudget, z. B. Übernahme von Bewerbungskosten, Fahrtkosten zu Bewerbungsgesprächen, Umzugskosten)
§§ 48 ff.	Berufswahl und Berufsausbildung (unter anderem mit Berufsorientierung, Berufsvorbereitung, Berufsausbildungsbeihilfe zur existenziellen Absicherung, Berufsausbildung)
§§ 81 ff.	Berufliche Weiterbildung (unter anderem durch Übernahme der Weitbildungskosten wie Lehrgangs-, Fahrt- und Kinderbetreuungskosten in Form des sog. Bildungsgutscheins, flankiert von Arbeitslosengeld bei beruflicher Weiterbildung)
§§ 88 ff.	Förderung der Aufnahme einer Erwerbstätigkeit (unter anderem mit Eingliederungszuschuss für den Arbeitgeber, Gründungszuschuss für die Aufnahme einer selbstständigen Tätigkeit, siehe hierzu Rn. 46)
§§ 95 ff.	Verbleib in Beschäftigung (unter anderem durch Gewährung von Kurzarbeitergeld, siehe hierzu Rn. 103, sowie Transferleistungen infolge von Betriebsänderungen)
§§ 112 ff.	Teilhabe von Menschen mit Behinderungen am Arbeitsleben (siehe dazu Rn. 28)

17 Die meisten Leistungen der aktiven Arbeitsförderung sind Ermessensleistungen (vgl. § 3 Abs. 3 SGB III). Hinsichtlich dieser Leistungen besteht kein Anspruch auf Gewährung, sondern auf ordnungsgemäße Ausübung des Ermessens über den Antrag auf diese Leistung (siehe B 1, Rn. 23 ff.). Von besonderer Bedeutung bei der Ermessensausübung sind neben der individuellen Fähigkeit der zu fördernden Person auch der Grundsatz der Wirtschaftlichkeit und Sparsamkeit sowie der Vorrang der Vermittlung und der aktiven Arbeitsförderung (§§ 4, 5, 7 SGB III).

18 Ein (gebundener) Rechtsanspruch besteht jedoch auf die in § 3 Abs. 3 SGB III aufgeführten Leistungen wie den Vermittlungsgutschein, die Berufsausbildungshilfe, die Übernahme der Weiterbildungskosten für den Erwerb eines nachträglichen Hauptschulabschlusses, das Kurzarbeitergeld, das Arbeitslosengeld bei beruflicher Weiterbildung und die besonderen Leistungen zur Teilhabe am Arbeitsleben. Die Leistungen müssen gewährt werden, wenn die jeweiligen gesetzlichen Anspruchsvoraussetzungen erfüllt werden.

19 **Wichtig:** Nach §§ 323, 324 SGB III müssen die Leistungen der Arbeitsförderung (mit Ausnahme des Kurzarbeitergeldes) vor Eintritt des leistungsbegründenden Ereignisses – etwa der Beginn der begehrten Weiterbildungsmaßnahme oder die Aufnahme der selbstständigen Tätigkeit – beantragt werden. Anderenfalls werden die anfallenden Kosten nicht erstattet!

Hinweis:

In Ausnahmefällen kann die Agentur für Arbeit eine verspätete Antragstellung akzeptieren, um beim Betroffenen eine unbillige Härte zu vermeiden (§ 324 Abs. 1 Satz 2 SGB III). Das

Vorliegen einer unbilligen Härte ist gesetzlich nicht definiert. Der Verlust des Anspruchs muss im Hinblick auf die besonderen Umstände des Einzelfalls unbillig erscheinen. Eine unbillige Härte liegt insbesondere dann vor, wenn der Antragsteller ohne Verschulden gehindert war, seinen Antrag zu stellen (Bindig in: Hauck/Noftz, SGB, 12/19, § 324, Rn. 15).

3.2 Förderleistungen nach dem SGB II

Nach der Zielsetzung des SGB II soll nicht nur die Existenz der Betroffenen mit dem Bürgergeld abgesichert werden, sondern diese auch durch Leistungen zur Eingliederung in Arbeit oder Ausbildung (vgl. § 1 Abs. 3 Nr. 2 SGB II) dabei unterstützt werden, eine Erwerbstätigkeit aufzunehmen oder aber diese zu behalten. Ziel ist es, die Betroffenen damit unabhängig von den staatlichen Leistungen zu machen. Diese Leistungen werden – mit Ausnahme der Leistung nach § 16a SGB II – von den örtlichen Jobcentern erbracht. Nach § 14 Abs. 3 SGB II soll jedem Leistungsberechtigten hierfür ein persönlicher Ansprechpartner, ein sog. Fallmanager, zur Seite gestellt werden. Aufgabe des Fallmanagers ist die individuelle Beratung und Begleitung des Leistungsempfängers. 20

Leistungen der Eingliederung können grundsätzlich Leistungen nach dem SGB III und spezielle Leistungen nach dem SGB II (§§ 16a bis 16k SGB II) sein. 21

§ 16 Abs. 1 SGB II regelt, welche allgemeinen Leistungen der Eingliederung nach dem SGB III hilfebedürftigen Erwerbsfähigen gewährt werden können. Im Wesentlichen stehen die gleichen Eingliederungsleistungen zur Verfügung. Jedoch sind etwa Maßnahmen zur Berufsvorbereitung, Berufsausbildungshilfe und Leistungen zum Verbleib in Beschäftigung nicht vorgesehen. Statt des Gründungszuschusses sieht das SGB II die Gewährung von Einstiegsgeld vor. Auch kommt ein unmittelbarer Anspruch nach den Vorschriften des SGB III in Betracht, sofern § 22 Abs. 4 SGB III nicht entgegensteht. 22

Der Grundsatz des Förderns und Forderns wird durch den sog. Kooperationsplan konkretisiert, der mit jedem Leistungsberechtigten erarbeitet werden soll. In ihm soll bestimmt werden, welche Leistungen zur Eingliederung in Betracht kommen und welche Eigenbemühungen der Leistungsempfänger unternimmt und nachweist (vgl. § 15 SGB II). Falls keine Vereinbarung zustande kommt, können die Regelungen durch einen Eingliederungsverwaltungsakt festgesetzt werden. 23

Folgende Förderangebote sind speziell für Leistungsberechtigte nach dem SGB II gesetzlich vorgesehen: 24

Norm im SGB II	Maßnahmen zur aktiven Arbeitsförderung
§ 16a	Kommunale Eingliederungsleistungen (Leistungen der kommunalen Träger in Form von Hilfe zur Betreuung unter anderem von minderjährigen Kindern oder Kindern mit Behinderung, Schuldnerberatung, psychosoziale Beratung und Suchtberatung)
§ 16b	Einstiegsgeld (Zuschuss zur Aufnahme einer sozialversicherungspflichtigen Beschäftigung oder einer selbstständigen Erwerbstätigkeit, siehe Rn. 53)
§ 16c	Leistungen zur Eingliederung von Selbstständigen (siehe Rn. 57)
§ 16d	Arbeitsgelegenheiten (sog. Ein-Euro-Jobs)
§ 16e	Eingliederung von Langzeitarbeitslosen (Zuschuss zum Arbeitsentgelt bei Beschäftigung von erwerbsfähigen Leistungsberechtigten)

B

Norm im SGB II	Maßnahmen zur aktiven Arbeitsförderung
§ 16f	Freie Förderung (Möglichkeit zur flexiblen Leistungserbringung)
§ 16g	Nachgehende Betreuung (Weiterförderung einer bereits begonnenen Eingliederungsmaßnahme trotz des Wegfalls der Hilfebedürftigkeit)
§ 16h	Förderung schwer zu erreichender junger Menschen (sozialpädagogische Betreuung und Unterstützung)
§ 16i	Teilhabe am Arbeitsmarkt (Zuschuss für den Arbeitgeber für die Beschäftigung von erwerbsfähigen Leistungsberechtigten)
§ 16j	Bürgergeldbonus in Höhe von monatlich 75 EUR für die Teilnahmen der beruflichen Weiterbildung, berufsvorbereitende Bildungsmaßnahmen und Maßnahmen in der Vorphase der assistierten Ausbildung und Maßnahmen zur Förderung schwer zu erreichender junger Menschen
§ 16k	Ganzheitliche Betreuung

25 In der Regel steht die Erbringung der meisten Eingliederungsleistungen im Ermessen des Jobcenters, das dabei nach den Leistungsgrundsätzen des § 3 SGB II die individuellen Gegebenheiten des Leistungsberechtigten, aber auch das sog. Wirtschaftlichkeitsgebot (§ 14 SGB II) zu beachten hat. Ein Rechtsanspruch auf eine konkret begehrte Maßnahme besteht in der Regel nicht (siehe B 1, Rn. 23 ff.).

Tipp:
Auf ein Ermessen kann sich das Jobcenter in der Regel nicht mehr berufen, wenn es sich bereits im Kooperationsplan auf bestimmte Maßnahmen festgelegt und damit gebunden hat!

26 **Wichtig:** Die Eingliederungsleistungen müssen gesondert beim örtlich zuständigen Jobcenter beantragt werden (§ 37 Abs. 1 Satz 1 SGB II) und sind nicht automatisch vom Antrag auf Leistungen zur Sicherung des Lebensunterhalts umfasst!

3.3 Leistungen zur Teilhabe am Arbeitsleben für Menschen mit Behinderungen

27 §§ 49 ff. SGB IX regeln die Teilhabe von Menschen mit Behinderung am Arbeitsleben, ebenso von Menschen, die von Behinderung bedroht sind (siehe B 2, Rn. 122 ff.). Frauen mit Behinderung werden dabei die gleichen Chancen zugesichert, insbesondere durch in der beruflichen Zielsetzung geeignete, wohnortnahe und auch in Teilzeit nutzbare Angebote (vgl. § 49 Abs. 2 SGB IX).

Teilhabeleistungen an Arbeitnehmer nach § 49 Abs. 3 SGB IX
• Hilfen zur Erhaltung oder Erlangung eines Arbeitsplatzes einschließlich Leistungen zur Aktivierung und beruflichen Eingliederung • Berufsvorbereitung einschließlich einer wegen der Behinderung erforderlichen Grundausbildung • individuelle betriebliche Qualifizierung im Rahmen unterstützter Beschäftigung • berufliche Anpassung und Weiterbildung (inkl. Schulabschluss) • berufliche Ausbildung, auch soweit die Leistungen in einem zeitlich nicht überwiegenden Abschnitt schulisch durchgeführt werden • Förderung der Aufnahme einer selbstständigen Tätigkeit durch die Rehabilitationsträger • sonstige Hilfen zur Förderung der Teilhabe am Arbeitsleben, um eine angemessene und geeignete Beschäftigung oder eine selbstständige Tätigkeit zu ermöglichen und zu erhalten • weitere flankierende Leistungen nach den Absätzen 6 bis 8

Teilhabeleistungen an Arbeitgeber nach § 50 SGB IX
• Ausbildungszuschüsse zur betrieblichen Ausführung von Bildungsleistungen • Eingliederungszuschüsse • Zuschüsse für Arbeitshilfen im Betrieb • Kostenerstattung für eine befristete Probebeschäftigung

Das Leistungsspektrum ist also umfangreich und beinhaltet neben Qualifizierungsmaßnahmen unter anderem auch die Kostenübernahme für eine Arbeitsassistenz, den behindertengerechten Umbau eines vorhandenen Pkw (siehe B 8, Rn. 9 ff.) oder erforderliche Hilfsmittel und technische Arbeitsmittel. Ebenso sind Nebenleistungen wie etwa Wohnungsbeschaffungs- oder Wohnungserhaltungskosten, Kosten notwendiger auswärtiger Unterbringung oder Ausgleich eines Verdienstausfalls vorgesehen. Die Entscheidung über die Rehabilitationsleistungen steht zumeist im Ermessen des zuständigen Trägers. Ein Rechtsanspruch auf eine konkret begehrte Maßnahme besteht daher grundsätzlich nicht (siehe B 1, Rn. 23 ff.) Die Eignung, Neigung, bisherige Tätigkeit des Rehabilitanden und die konkrete Situation des Arbeitsmarktes sind aber bei der Leistungsauswahl zu berücksichtigen. Ggf. wird hierfür auch eine Abklärung der beruflichen Eignung oder eine Arbeitserprobung durchgeführt (vgl. § 49 Abs. 4 SGB IX). 28

Um die Koordinierung der unterschiedlichen Leistungen sicherzustellen, sieht § 19 SGB IX ein sog. Teilhabeplanverfahren vor (siehe B 2, Rn. 141). Der Teilhabeplan muss erstellt werden, wenn unterschiedliche Rehabilitationsträger in Betracht kommen oder der Rehabilitand die Erstellung eines solchen Plans wünscht (§ 19 Abs. 1 und Abs. 2 Satz 3 SGB IX). Der Teilhabeplan selbst ist kein Verwaltungsakt, bereitet jedoch die Entscheidung über die Teilhabeleistung vor (vgl. Luik. In: Schlegel/Voelzke, jurisPK-SGB IX, 3. Auflage, Stand: 17.6.2020, § 49, Rn. 280). 29

Nach § 19 Satz 1 SGB IV werden – sofern sich aus den Vorschriften für die einzelnen Versicherungszweige nichts Abweichendes ergibt – die Teilhabeleistungen in der gesetzlichen Kranken- und Rentenversicherung in der Regel nur auf Antrag erbracht. Der Antrag ist hierbei nicht an eine bestimmte Form gebunden (vgl. § 323 Abs. 1 Satz 1 SGB III, § 11 Abs. 1 SGB VI). Soweit sich aus den Vorschriften des SGB VII nichts Abweichendes ergibt, wird der Träger der gesetzlichen Unfallversicherung hingegen von Amts wegen tätig. Zur Verfahrensbeschleunigung und gegen das Zuständigkeitsdickicht hilft § 14 SGB IX (siehe B 2, Rn. 139). 30

Hinweis:

Grundsätzlich muss der Antrag auf die begehrte Rehabilitationsmaßnahme vor deren Beginn gestellt werden, andernfalls werden die Kosten nicht erstattet.

Die Leistungen für Arbeitnehmer werden durch Berufsbildungswerke, Berufsförderungswerke und vergleichbare Einrichtungen der beruflichen Rehabilitation ausgeführt, wenn Art oder Schwere der Behinderung der Leistungsberechtigten oder die Sicherung des Erfolgs die besonderen Hilfen dieser Einrichtungen erforderlich machen (§ 51 SGB IX). 31

Teilhabeleistungen werden nicht dauerhaft erbracht, sondern unterliegen einer zeitlichen Begrenzung. § 53 Abs. 1 SGB IX beschränkt das auf die Zeit, die vorgeschrieben oder allgemein üblich ist, um das angestrebte Teilhabeziel zu erreichen. Eine Förderung kann darüber hinaus nur erfolgen, wenn besondere Umstände das rechtfertigen. Geht es um Leistungen zur beruflichen Weiterbildung, sollen diese nach § 53 Abs. 2 SGB IX bei ganztägigem Unterricht in der Regel nicht länger als zwei Jahre dauern (zu Ausnahmen und weiteren Details vgl. die Vorschrift). Nach § 64 SGB IX werden die Leistungen zur Teilhabe durch weitere Leistungen zur Absicherung und Hilfe flankiert. Zu nennen sind hierbei insbesondere auch die unterhaltssichernden Leistungen aus § 65 Abs. 2 und 3 SGB IX in Form des Übergangsgeldes. 32

B

Systemverständnis:

Das Teilhaberecht des SGB IX gewährt bekanntermaßen keine unmittelbaren Ansprüche. Die Anspruchsgrundlagen samt Voraussetzungen folgen aus dem Recht des jeweiligen Leistungserbringers. Im Anwendungsbereich des Eingliederungsrechts verweist § 111 SGB IX auf diverse Vorschriften der Teilhabe am Arbeitsleben, sofern keine vorrangigen Leistungserbringer zur Verfügung stehen. Vorrangig verpflichtet können etwa die Agentur für Arbeit nach §§ 112 ff. SGB III sein, im Umfang des § 16 SGB VI der jeweilige Träger der Rentenversicherung, nach Maßgabe des § 35 SGB VII der Unfallversicherungsträger oder auch die Träger der Sozialen Entschädigung im Rahmen der §§ 62 ff. SGB XIV. Hierzu insgesamt und zur Zuständigkeitsermittlung siehe B 2, Rn. 133.

33 In den Bereich der Teilhabeförderung fallen auch die Werkstätten für behinderte Menschen (WfbM). Leistungen werden dort erbracht, um die Leistungs- oder Erwerbsfähigkeit der Menschen mit Behinderungen zu erhalten, zu entwickeln, zu verbessern oder wiederherzustellen sowie die Persönlichkeit dieser Menschen weiterzuentwickeln und ihre Beschäftigung zu ermöglichen oder zu sichern.

Systemverständnis:

Anspruch auf Leistungen in den Werkstätten haben aber nur Menschen mit Behinderungen, die wegen Art oder Schwere der Behinderung nicht, noch nicht oder noch nicht wieder auf dem allgemeinen Arbeitsmarkt beschäftigt werden können (§ 219 Abs. 1 Satz 1 SGB IX).

34 Der Aufgabenbereich der Werkstätten kann wie folgt umrissen werden:

Leistungen im ...	Norm im SGB IX	Beschreibung
Eingangsverfahren	§ 57 Abs. 1 Nr. 1, Abs. 2	• Feststellung, ob die Werkstatt die geeignete Einrichtung für die Teilhabe des Menschen mit Behinderung ist • Feststellung, welche Bereiche der Werkstatt und welche Leistungen in Betracht kommen • Erstellung eines Eingliederungsplans
Berufsbildungsbereich	§ 57 Abs. 1 Nr. 2, Abs. 3	erforderliche Leistungen zur Stärkung der Leistungs- oder Erwerbsfähigkeit des Menschen mit Behinderung Voraussetzung: Prognose, dass der Mensch mit Behinderung nach Teilnahme an diesen Leistungen in der Lage ist, wenigstens ein Mindestmaß wirtschaftlich verwertbarer Arbeitsleistung zu erbringen
Arbeitsbereich	§ 58	• eignungs- und neigungsentsprechende Beschäftigung des Menschen mit Behinderung • arbeitsbegleitende Maßnahmen zur Erhaltung und Verbesserung der Leistungsfähigkeit und zur Weiterentwicklung der Persönlichkeit • Förderung des Übergangs auf den allgemeinen Arbeitsmarkt

35 Weitere wichtige Regelungen zu Werkstätten für behinderte Menschen (und auch für Blindenwerkstätten) finden sich in §§ 219 ff. SGB IX.

B

Hinweise:

Liegen die Voraussetzungen der §§ 57 oder 58 SGB IX vor, können Menschen mit Behinderung die Leistungen auch bei einem anderen zugelassenen Leistungsanbieter in Anspruch nehmen (§ 60 SGB IX).

Zur Vermeidung einer Tätigkeit in einer Werkstatt für behinderte Menschen besteht zudem nach § 55 SGB IX die Möglichkeit der Inanspruchnahme unterstützter Beschäftigung in einem Beschäftigungsverhältnis am allgemeinen Arbeitsmarkt. Die Unterstützung erfolgt in der Regel durch Integrationsfachdienste und umfasst üblicherweise die „Anschubunterstützung" (z. B. Vorbereitung, Erprobung und Einarbeitung); sie kann aber im Einzelfall auch für längere Zeit erbracht werden (vgl. § 55 Abs. 2 SGB IX).

3.4 Exkurs: Das Integrationsamt und Integrationsfachdienste

Wichtiges Bindeglied bei der Teilhabe schwerbehinderter Menschen am Arbeitsmarkt ist das sog. Integrations- bzw. Inklusionsamt. 36

Hinweis:

Bei Arbeitgebern ist das Integrationsamt manchmal eher „gefürchtet", hat es doch unter anderem die Aufgaben der vorherigen Zustimmung bei Kündigungen schwerbehinderter Menschen (siehe Rn. 13) sowie das Erheben des Ausgleichsabgabe (siehe Rn. 7). Allerdings hat dieses Amt noch viel mehr zu bieten, was gerade auch Arbeitgebern sehr zugutekommen kann.

Das Integrationsamt leistet nach § 185 Abs. 1 Satz 1 Nr. 3 SGB IX insbesondere auch die begleitenden Hilfen zum Arbeitsleben, von denen Arbeitnehmer und Arbeitgeber gleichsam profitieren können. Hierzu ein kleiner (nicht abschließender) Leistungsüberblick: 37

§ 185 SGB IX	Begleitende Hilfen des Integrationsamts
Hilfen für Arbeitnehmer (auch Geldleistungen)	
Abs. 3 Nr. 1 Buchst. a	Technische Arbeitshilfen
Abs. 3 Nr. 1 Buchst. b	Hilfen zum Erreichen des Arbeitsplatzes
Abs. 3 Nr. 1 Buchst. c	Hilfen zur Gründung und Erhaltung einer selbstständigen beruflichen Existenz
Abs. 3 Nr. 1 Buchst. d	Hilfen zur Beschaffung, Ausstattung und Erhaltung einer behindertengerechten Wohnung
Abs. 3 Nr. 1 Buchst. e	Hilfen zur Teilnahme an Maßnahmen zur Erhaltung und Erweiterung beruflicher Kenntnisse und Fertigkeiten
Abs. 3 Nr. 1 Buchst. f	Hilfen in besonderen Lebenslagen
Abs. 4	Übernahme der Kosten einer Berufsbegleitung nach § 55 Abs. 3 SGB IX
Abs. 5	Anspruch auf Übernahme der Kosten einer notwendigen Arbeitsassistenz
Hilfen für Arbeitgeber (auch Geldleistungen)	
Abs. 3 Nr. 2 Buchst. a	Hilfen zur behindertengerechten Einrichtung von Arbeits- und Ausbildungsplätzen für schwerbehinderte Menschen
Abs. 3 Nr. 2 Buchst. b	Zuschüsse zu Gebühren, insbesondere Prüfungsgebühren, bei der Berufsausbildung besonders betroffener schwerbehinderter Jugendlicher und junger Erwachsener

§ 185 SGB IX	Begleitende Hilfen des Integrationsamts
Abs. 3 Nr. 2 Buchst. c	Prämien und Zuschüsse zu den Kosten der Berufsausbildung behinderter Jugendlicher und junger Erwachsener, die für die Zeit der Berufsausbildung schwerbehinderten Menschen nach § 151 Abs. 4 SGB IX gleichgestellt worden sind
Abs. 3 Nr. 2 Buchst. d	Prämien zur Einführung eines BEM
Abs. 3 Nr. 2 Buchst. e	Hilfen für außergewöhnliche Belastungen, die mit der Beschäftigung bestimmter schwerbehinderter Menschen verbunden sind, vor allem wenn ohne diese Leistungen das Beschäftigungsverhältnis gefährdet würde
Allgemeine Sach- und Dienstleistungen sowie Geldleistungen	
Abs. 2 Satz 4	Psychosoziale Betreuung schwerbehinderter Arbeitnehmer
Abs. 2 Satz 5	Beteiligung von Integrationsfachdiensten bei der Durchführung begleitender Hilfen
Abs. 2 Satz 6	Einflussnahme zur Verhinderung und Beseitigung von Schwierigkeiten im Arbeitsleben (unter anderem durch Schulungs- und Bildungsmaßnahmen)
Abs. 3 Nr. 3	Geldleistungen an Träger von Integrationsfachdiensten einschließlich psychosozialer Dienste sowie an Träger von Inklusionsbetrieben
Abs. 3 Nr. 4	Geldleistungen zur Durchführung von Aufklärungs-, Schulungs- und Bildungsmaßnahmen
Abs. 3 Nr. 5	(nachrangige) Geldleistungen zur beruflichen Orientierung
Abs. 3 Nr. 6	Geldleistungen zur Deckung eines Teils der Aufwendungen für ein Budget für Arbeit oder eines Teils der Aufwendungen für ein Budget für Ausbildung

38 Insbesondere der Umfang der denkbaren Leistungen für Arbeitnehmer mit Schwerbehinderung macht deutlich, dass viele andere Rehabilitationsträger gerne Aufgaben unter Verweis auf das Integrationsamt ablehnen würden. Dem schiebt allerdings § 185 Abs. 6 SGB IX einen Riegel dergestalt vor, dass die meisten Leistungen anderer Träger unberührt und vorrangig bleiben. Auch eine bloße Aufstockung von Leistungen des Integrationsamts ist untersagt.

39 Neben den Integrationsämtern dienen auch die sog. Integrationsfachdienste der Teilhabeförderung am Arbeitsleben. Das sind Dienste Dritter, die bei der Durchführung der Maßnahmen zur Teilhabe schwerbehinderter Menschen am Arbeitsleben beteiligt werden.

Systemverständnis:

Bei den Integrationsfachdiensten handelt es sich nicht um Behörden. Vielmehr werden diese von den Integrationsämtern (oder auch der Agentur für Arbeit sowie anderen Rehabilitationsträgern) beauftragt zur – grob vereinfacht gesagt – Durchführung der Einzelfallarbeit vor Ort. Rechtlich verantwortlich bleibt der Auftraggeber (vgl. § 194 Abs. 1 Satz 2 SGB IX).

40 § 193 SGB IX umschreibt den Aufgabenkreis der Fachdienste, wozu neben Informations- und Beratungsleistungen auch ganz lebensnahe Tätigkeiten wie die Vorbereitung schwerbehinderter Menschen auf einen konkreten Arbeitsplatz, eine etwaige Krisenintervention oder die Erstellung individueller Fähigkeitsprofile gehören.

Hinweis:
Nicht jeder schwerbehinderte Mensch kann diese Dienste wahrnehmen. § 192 Abs. 2 SGB IX grenzt den Adressatenkreis ein auf:

- schwerbehinderte Menschen mit einem besonderen Bedarf an arbeitsbegleitender Betreuung
- schwerbehinderte Menschen, die nach einer Vorbereitung durch eine Werkstatt für behinderte Menschen in den allgemeinen Arbeitsmarkt integriert werden sollen und dabei auf aufwendige, personalintensive, individuelle arbeitsbegleitende Hilfen angewiesen sind
- schwerbehinderte Schulabgänger, die für die Aufnahme einer Beschäftigung auf dem allgemeinen Arbeitsmarkt auf die Unterstützung eines Integrationsfachdienstes angewiesen sind

4. Hilfen zur Existenzgründung

Ein weiteres Werkzeug der Förderung von Arbeit ist die Hilfe zur Aufnahme einer selbstständigen Tätigkeit. Das Gesetz sieht zur Förderung der Gründer im Wesentlichen eine Absicherung des Lebensunterhalts für die Zeit während und nach der Existenzgründung vor. 41

Bereits in der Gründungsphase können Arbeitslose, die überlegen, sich selbstständig zu machen, durch Maßnahmen zur Aktivierung und beruflichen Eingliederung wie etwa Gründungsseminare gefördert werden (vgl. § 45 Abs. 1 Satz 1 Nr. 4 SGB III). 42

4.1 Förderung nach dem SGB III

Nach § 93 SGB III können arbeitslose Arbeitnehmer von der Agentur für Arbeit einen Gründungszuschuss erhalten, wenn 43

- bis zur Aufnahme der selbstständigen Tätigkeit noch Anspruch auf Arbeitslosengeld besteht, dessen Dauer noch mindestens 150 Tage beträgt,
- die Tragfähigkeit der Selbstständigkeit durch eine fachkundige Stelle (z. B. Handelskammer oder Steuerberatung) nachgewiesen ist und
- die für die Ausübung der selbstständigen Tätigkeit erforderlichen Kenntnisse und Fähigkeiten dargelegt werden.

Gründer sind jedoch von der Förderung ausgeschlossen, solange die Ruhenstatbestände der §§ 156 bis 159 SGB III wegen Anspruchs auf eine andere Sozialleistung, bei Arbeits- und Urlaubsabgeltung und bei Entlassungsentschädigung oder Eintritt einer Sperrzeit vorliegen (§ 93 Abs. 3 SGB III). Auch dürfen die Gründer das für die Regelaltersgrenze erforderliche Lebensalter noch nicht erreicht haben (vgl. § 93 Abs. 4 SGB III). 44

Der Gründungszuschuss wird nach § 94 SGB III in zwei Phasen gewährt: 45

- Für die ersten sechs Monate wird ein Betrag in Höhe des zuletzt bewilligten Arbeitslosengeldes zuzüglich monatlich 300 EUR geleistet.
- Für weitere neun Monate kann ein Zuschuss in Höhe von monatlich 300 EUR geleistet werden, wenn die geförderte Person ihre Geschäftstätigkeit anhand geeigneter Unterlagen darlegt. Bestehen begründete Zweifel an der Geschäftstätigkeit, kann die Agentur für Arbeit verlangen, dass ihr erneut eine Stellungnahme einer fachkundigen Stelle vorgelegt wird.

Die Entscheidung nach § 93 SGB III steht im Ermessen der Agentur für Arbeit, das heißt, auf die Gewährung eines Gründungszuschusses besteht kein Rechtsanspruch (siehe B 1, Rn. 23 ff.). Im Rahmen des Ermessens durfte die Agentur für Arbeit den sog. Vermittlungsvorrang berücksichtigen. Solange es für den Arbeitslosen passende Stellenangebote gab, ging die Vermittlung in eine sozialversicherungspflichtige Beschäftigung vor – der Gründungszuschuss wurde nicht 46 gewährt (vgl. LSG Bayern, Urt. v. 22.3.2018 – L 9 AL 135/14). Mit Einführung von § 4 Abs. 2 Satz 3 SGB III durch das Bürgergeldgesetz vom 16.12.2022 wurde zum 01.01.2023 der Vermittlungsvorrang bei der Gewährung des Gründungszuschusses aufgegeben.

47 **Wichtig:** Der Gründungszuschuss muss vor Aufnahme der selbstständigen Tätigkeit beantragt werden (§ 324 SGB III)! Verspätete Anträge können von der Arbeitsagentur für Arbeit nur zur Vermeidung unbilliger Härte zugelassen werden (siehe Rn. 18).

4.2 Förderung nach dem SGB II

48 Für Erwerbsfähige, die Leistungen zur Sicherung des Lebensunterhalts nach dem SGB II beziehen, kann das Jobcenter zum Eintritt in die Selbstständigkeit

- Einstiegsgeld nach § 16b SGB II und/oder
- Zuschüsse und Darlehen nach § 16c SGB II

gewähren.

49 Das Einstiegsgeld ist ein Zuschuss für die Aufnahme einer selbstständigen Erwerbstätigkeit, durch deren Einkünfte der Bedarf des Leistungsberechtigten dauerhaft gedeckt wird (vgl. LSG Bayern, Beschl. v. 30.7.2014 – L 11 AS 491/14 B ER).

50 Weitere Voraussetzung ist, dass die Gewährung zum Einstieg in den allgemeinen Arbeitsmarkt erforderlich ist. Die Eingliederungsleistung kann also nur gewährt werden, wenn zu erwarten ist, dass die selbstständige Tätigkeit wirtschaftlich tragfähig ist (sog. Erfolgsprognose – vgl. Leopold/Harks. In: Schlegel/Voelzke, jurisPK-SGB II, 5. Auflage, Stand: 16.8.2021, § 16, Rn. 69). Das Jobcenter wird hierfür eine Stellungnahme einer fachkundigen Stelle verlangen (§ 16c Abs. 3 Satz 2 SGB II). Zur Feststellung einer positiven Erfolgsprognose gehört auch die persönliche Eignung des Antragstellers.

51 Das Einstiegsgeld kann maximal für die Dauer von 24 Monaten gewährt werden (§ 16b Abs. 2 Satz 1 SGB II).

52 Die Höhe des Zuschusses wird nach der sog. Einstiegsgeld-Verordnung einzelfallbezogen bemessen. Im Rahmen des Ermessens sollen dabei die vorherige Dauer der Arbeitslosigkeit sowie die Größe der Bedarfsgemeinschaft berücksichtigt werden (§ 16b Abs. 2 Satz 2 SGB II).

53 Nach § 16c Abs. 1 SGB II können erwerbsfähigen Leistungsberechtigten, die eine selbstständige, hauptberufliche Tätigkeit aufnehmen oder bereits ausüben und die oben genannten Voraussetzungen erfüllen, Darlehen und Zuschüsse für die Neuanschaffung von Sachgütern gewährt werden. Diese Sachmittel müssen für die Ausübung der Selbstständigkeit notwendig und angemessen sein. Die Zuschüsse dürfen einen Betrag von 5.000 EUR nicht übersteigen (§ 16c Abs. 1 Satz 1 SGB II). Darlehen sind in ihrer Höhe nicht gesetzlich beschränkt.

54 Auch für diese Eingliederungsleistungen gilt, dass kein Rechtsanspruch auf die begehrte Förderung besteht. Die Behörde entscheidet über das Ob und Wie nach pflichtgemäßem Ermessen (siehe B 1, Rn. 23 ff.).

5. Arbeitsunfähigkeit

5.1 Lohnfortzahlung im Krankheitsfall

55 Mit Eintritt einer krankheitsbedingten Arbeitsunfähigkeit endet gleichwohl nicht die Verpflichtung des Arbeitgebers, Lohn zu zahlen: Vielmehr tritt dann die sog. Lohnfortzahlung in Kraft. Es gilt das sog. Lohnausfallprinzip, sodass der Erkrankte das erhält, was er auch ohne Erkrankung bekommen hätte (zu den Einzelheiten vgl. § 4 EfzG).

56 § 3 EfzG verlangt neben der bloßen Krankheit an sich, dass diese zur Arbeitsunfähigkeit führt.

Systemverständnis:

Nicht jede Krankheit macht arbeitsunfähig. So können viele Berufe trotz einer „tropfenden Nase" durchaus weiter ausgeübt werden. Die Rechtsprechung verlangt daher neben der Krankheit auch das objektive Unvermögen zur Erbringung der Arbeitsleistung: Also keine Chance auf Lohnfortzahlung bei bloßem „Männerschnupfen" ...

Weiter darf die Krankheit nicht vom Arbeitnehmer verschuldet worden sein. Schuldhaft im 57
Sinne des EfzG handelt, wer in erheblichem Maß gegen die von einem verständigen Menschen im eigenen Interesse zu erwartende Verhaltensweise verstößt, wobei ein objektiver Maßstab anzulegen ist; erforderlich ist demnach ein grober Verstoß gegen das Eigeninteresse und damit ein besonders leichtfertiges oder gar vorsätzliches Verhalten (vgl. BAG, Urt. v. 18.3.2015 – 10 AZR 99/14).

Lohnfortzahlung wird frühestens nach Ablauf der vierwöchigen Wartezeit nach Beginn des 58
Arbeitsverhältnisses geleistet (§ 3 Abs. 3 EfzG), dann aber für die Dauer von sechs Wochen. Dabei steht dieser Sechs-Wochen-Zeitraum für jede neue Krankheit erneut zur Verfügung, sofern es sich jeweils um eine andere Erkrankung handelt.

Hinweis:

Allerdings gilt das nicht, wenn zu einer ersten Krankheit (z. B. einer Grippe) eine weitere hinzutritt (z. B. Bandscheibenprobleme), ohne dass dazwischen Arbeitsfähigkeit bestanden hat. Dann gilt für beide Erkrankungen nur einmal der Zeitraum von sechs Wochen; man spricht hier von der sog. Einheit des Verhinderungsfalls.

Das BAG hat seine Rechtsprechung hierzu mit Urteil vom 11.12.2019 (5 AZR 505/18) noch einmal deutlich verschärft: Sofern keine zeitliche Überlappung der Krankheiten vorliegt, sondern sich einfach die zweite Krankheit an die erste unmittelbar anschließt, sieht das BAG nunmehr auch dann einen einheitlichen Verhinderungsfall, wenn die bescheinigten Arbeitsverhinderungen zeitlich entweder unmittelbar aufeinanderfolgen oder zwischen ihnen lediglich ein für den erkrankten Arbeitnehmer arbeitsfreier Tag oder ein arbeitsfreies Wochenende liegen.

Handelt es sich dagegen um dieselbe Krankheit, werden die dazugehörigen Arbeitsunfähig- 59
keitszeiten addiert: Nach insgesamt sechs Wochen muss der Arbeitgeber keine Entgeltfortzahlung mehr leisten.

Hinweis:

Gerade bei chronisch erkrankten Menschen kann der Sechs-Wochen-Zeitraum schnell erschöpft sein, sodass nur noch das (geringere) Krankengeld zur Verfügung steht (siehe Rn. 62). § 3 Abs. 2 EfzG sieht daher ein erneutes Entstehen eines sechswöchigen Lohnfortzahlungszeitraums vor, wenn ein Arbeitnehmer vor der erneuten Arbeitsunfähigkeit mindestens sechs Monate nicht infolge derselben Krankheit arbeitsunfähig war oder wenn zwischen dem Beginn der ersten und dem Beginn der zweiten Arbeitsunfähigkeit eine Frist von zwölf Monaten liegt.

Der Arbeitgeber kann bezüglich der Lohnfortzahlung ein Leistungsverweigerungsrecht geltend 60
machen, wenn der erkrankte Arbeitnehmer seinen Anzeige- und Nachweispflichten aus § 5 EfzG nicht nachkommt. Unter Anzeigepflicht versteht der Gesetzgeber die Mitteilung an den Arbeitgeber über die Arbeitsunfähigkeit und deren voraussichtliche Dauer (der Arbeitnehmer muss also z. B. vor Dienstbeginn anrufen und Bescheid geben). Nachweispflicht bedeutet, dass bei einer Arbeitsunfähigkeit, die länger als drei Kalendertage dauert, eine ärztliche Bescheini-

gung über das Bestehen der Arbeitsunfähigkeit sowie deren voraussichtliche Dauer spätestens an dem darauffolgenden Arbeitstag vorgelegt werden muss (die sog. Arbeitsunfähigkeits- oder auch AU-Bescheinigung).

Hinweise:

Im Rahmen seiner Anzeigepflicht muss der Arbeitnehmer keine Diagnose nennen; er muss lediglich abstrakt eine krankheitsbedingte Arbeitsunfähigkeit mitteilen.

Beim Auftreten einer Erkrankung am Freitag muss spätestens am Montag (= 4. Kalendertag der Krankheit) die AU-Bescheinigung vorgelegt werden. Allerdings darf ein Arbeitgeber diese jederzeit auch schon am ersten Tag der Erkrankung verlangen.

61 Die Lohnfortzahlung muss der Arbeitgeber bei Vorliegen der Voraussetzungen automatisch leisten; es bedarf grundsätzlich also keines eigenen Antrags.

5.2 Krankengeld

62 Beim Bestehen eines Versicherungsverhältnisses in der gesetzlichen Krankenversicherung sieht § 44 SGB V einen Anspruch auf Krankengeld vor, wenn die Krankheit zur Arbeitsunfähigkeit führt oder auf Kosten der Krankenkasse eine stationäre Behandlung in einem Krankenhaus, einer Vorsorge- oder Rehabilitationseinrichtung erfolgt (sog. Versicherungsfall).

Hinweise:

Zum reibungslosen Bezug von Krankengeld ist darauf zu achten, dass nach Möglichkeit unverzüglich Arbeitsunfähigkeitsbescheinigungen ausgestellt werden; bei Folgebescheinigungen sollte dringend auf Lückenlosigkeit geachtet werden, wobei der Gesetzgeber seit 11.5.2019 Lückenlosigkeit auch dann fingiert, wenn die weitere Arbeitsunfähigkeit wegen derselben Krankheit zwar nicht am nächsten Werktag, aber spätestens innerhalb eines Monats nach dem zuletzt bescheinigten Ende der Arbeitsunfähigkeit ärztlich festgestellt wird (§ 46 Satz 3 SGB V).

62a Es gibt weitere Tatbestände für den Bezug von Krankengeld:

- § 44a SGB V: Krankengeld bei Spende von Organen, Geweben oder Blut zur Separation von Blutstammzellen oder anderen Blutbestandteilen
- § 44b SGB V (seit 1.11.2022): Krankengeldanspruch auch für gesetzlich versicherte nahe Angehörige oder engste Bezugspersonen als Begleitperson während eines stationären Aufenthalts; zu beachten sind hier die engen Voraussetzungen des § 44b SGB V in Verbindung mit den zugehörigen Richtlinien des Gemeinsamen Bundesausschusses zum Personenkreis, der Begleitung benötigt
- § 45 SGB V: Krankengeld bei Erkrankung des Kindes
- § 24b Abs. 2 Satz 2 SGB V: Krankengeld bei Folgen eines nicht rechtswidrigen Schwangerschaftsabbruchs oder einer durch Krankheit erforderlichen Sterilisation

63 Die Höhe des Krankengeldes beträgt grundsätzlich 70 % des regelmäßigen Arbeitsentgelts und Arbeitseinkommens, soweit es der Beitragsberechnung unterliegt (Regelentgelt), jedoch höchstens 90 % des Nettoarbeitsentgelts, vgl. § 47 SGB V.

64 Der Anspruch auf Krankengeld ruht, solange der Arbeitgeber Lohnfortzahlung leistet (vgl. § 49 Abs. 1 Nr. 1 SGB V). Es gibt diverse weitere Ruhenstatbestände, etwa den Bezug von Versorgungskrankengeld, Übergangsgeld, Kurzarbeitergeld, Mutterschaftsgeld oder Arbeits-

losengeld (vgl. hierzu § 49 SGB V insgesamt). Zum Ausschluss und zur Kürzung des Krankengeldes vgl. § 50 SGB V.

Ansonsten wird das Krankengeld grundsätzlich ohne zeitliche Begrenzung erbracht. Keine Regel ohne Ausnahme: Für den Fall der Arbeitsunfähigkeit wegen derselben Krankheit gilt eine Höchstdauer von längstens 78 Wochen innerhalb von je drei Jahren (sog. Blockfrist), gerechnet vom Tag des Beginns der Arbeitsunfähigkeit an; tritt während der Arbeitsunfähigkeit eine weitere Krankheit auf, wird die Leistungsdauer nicht verlängert (§ 48 Abs. 1 SGB V). 65

Systemverständnis:

Bei Ausschöpfung der Höchstdauer des Krankengeldes und fortbestehender Arbeitsunfähigkeit kommt es zur sog. Aussteuerung des Versicherten: Damit endet nicht nur der Bezug des Krankengeldes, sondern die Mitgliedschaft als Pflichtversicherter. Gibt der Betreffende keine Austrittserklärung ab, wird er nach § 188 Abs. 4 SGB V im Rahmen der freiwilligen Versicherung automatisch weiter versichert. Da das einen hohen finanziellen Aufwand bedeuten kann, ist in solchen Fällen zu prüfen, ob nicht rechtzeitig ein Antrag auf Erwerbsminderungsrente gestellt werden soll.

Zur Möglichkeit des ALG-Bezugs von der Aussteuerung bis zur positiven Feststellung einer EM im Rahmen der Nahtlosigkeitsregelung vgl. Rn. 112.

Für Krankengeld sieht § 44 SGB V keine Antragspflicht vor, sondern den Nachweis der Arbeitsunfähigkeit durch AU-Bescheinigungen. Gleichwohl stellen die meisten Kassen mittlerweile auch Onlineantragsverfahren zur Verfügung, was insbesondere dann Sinn macht, wenn das Ende der Lohnfortzahlung naht und keine Genesung absehbar ist. 66

Hinweis:

Seit dem 1.1.2023 besteht im Bereich der gesetzlich Krankenversicherten eine Verpflichtung zur Abwicklung im Rahmen der elektronischen Arbeitsunfähigkeitsbescheinigung (kurz: eAU; § 109 SGB IV: Verpflichtung der Krankenkassen zur elektronischen Abrufbereitstellung; § 295 Abs. 1 SGB V: Verpflichtung der Ärzte zur elektronischen Datenübermittlung; § 5 Abs. 1a EFZG: Übernahme in das Arbeitsrecht). Im Bereich privat Krankenversicherter gilt diese Pflicht aktuell noch nicht, sodass hier weiterhin eine Krankmeldung in Papierform erfolgen muss. Seit dem 1.1.2024 ist nunmehr auch die Agentur für Arbeit im Rechtskreis des SGB III an die elektronische AU-Bescheinigung angebunden. Bei Jobcentern ist dagegen vorerst weiterhin die Vorlage von AU-Bescheinigungen erforderlich.

5.3 Krankengeld des Sozialen Entschädigungsrechts

Im Bereich des SER (siehe B 7) besteht im Fall der Arbeitsunfähigkeit ein Anspruch auf das sog. 67
Krankengeld (früheres Versorgungskrankengeld). § 47 Abs. 1 SGB XIV enthält die Grundvoraussetzung, dass die Arbeitsunfähigkeit auf der anerkannten Schädigungsfolge beruhen muss. Zu diesem Grundsatz gibt es aber auch Ausnahmen; so hat man auch während einer stationären Behandlungsmaßnahme oder einer Badekur Anspruch auf Versorgungskrankengeld (zu den Einzelheiten vgl. § 47 SBG XIV).

Die Höhe des Krankengeldes beträgt 80 % des erzielten regelmäßigen Entgelts (Regelentgelt) 68
und darf das entgangene regelmäßige Nettoarbeitsentgelt nicht übersteigen (vgl. § 47 Abs. 4 SGB XIV).

Für den Bezug von Krankengeld ist beim zuständigen Träger (in der Regel die nach § 57 Abs. 2, 69
3 SGB XIV zuständige Krankenkasse) ein Antrag zu stellen.

5.4 Verletztengeld und Verletztenrente nach dem SGB VII

70 Im Fall eines Arbeitsunfalls besteht die Möglichkeit, dass von der zuständigen Berufsgenossenschaft Verletztengeld nach §§ 54 ff. SGB VII bezahlt wird, unter anderem in Zeiten unfallbedingter Arbeitsunfähigkeit (siehe Rn. 88).

71 Besteht kein Anspruch auf Verletztengeld (mehr), kommt zudem die Gewährung einer Verletztenrente nach §§ 56 ff. SGB VII in Betracht, wenn die Erwerbsfähigkeit infolge eines Versicherungsfalls über die 26. Woche nach dem Versicherungsfall hinaus um wenigstens 20 % gemindert ist (siehe Rn. 89).

Systemverständnis:

Auch wenn die Verletztenrente hier unter der Überschrift „Arbeitsunfähigkeit" angeführt wird, setzt sie eine solche nicht voraus. Gemeint ist damit, dass es Fälle gibt, in denen bei bestehender Arbeitsunfähigkeit entweder kein Anspruch auf Verletztengeld besteht oder dieser endet (z. B. mit Ablauf der 78. Woche, gerechnet vom Tag des Beginns der Arbeitsunfähigkeit an).

Weitere Details zu diesen Ansprüchen nach dem SGB VII siehe Rn. 85 ff.

6. Der Schutz der gesetzlichen Unfallversicherung – von Arbeitsunfällen und Berufskrankheiten

6.1 Historie und Grundsätze

72 Die gesetzliche Unfallversicherung (GUV), in Kraft getreten am 1.10.1885 zur sozialen Absicherung der Industriearbeiter, wurde als letzter Versicherungszweig am 1.1.1997 als SGB VII in das Sozialgesetzbuch eingegliedert. Sie basiert unter anderem auf folgenden Grundsätzen:

Grundsätze der GUV
• Ablösung der Unternehmerhaftung durch verschuldensunabhängige, öffentlich-rechtliche Versicherungsansprüche • Finanzierung durch den Unternehmer • Orientierung der Versicherungsleistungen nach dem Schadensersatzprinzip, unabhängig von der formalen Begründung eines Versicherungsverhältnisses • Gliederung der Berufsgenossenschaften nach Branchen mit vergleichbaren Unfallrisiken

73 Im Gegensatz zu den anderen Zweigen der Sozialversicherung ist die GUV weniger stark verändert worden. Sie hat ihre Grundstruktur über die Jahre erhalten. Zu einer grundlegenden Reform des Leistungsrechts hat sich der Gesetzgeber bisher nicht entschieden.

Hinweis:

Bezüglich der gesetzlichen Neuregelungen und Änderungen sind die Erweiterung des § 8 SGB VII um Regelungen zum sog. Homeoffice (Betriebsrätemodernisierungsgesetz vom 14.6.2021), die Weiterentwicklung des Berufskrankheitenrechts sowie die Veränderungen der Regelungen zur Neufestsetzung des Jahresarbeitsverdienstes (7. SGB-IV-Änderungsgesetz vom 12.6.2020) hervorzuheben.

§ 1 SGB VII fasst als Eingangsvorschrift die Aufgaben der GUV zusammen: 74

Aufgaben der GUV	
Prävention	• Verhütung von Arbeitsunfällen und Berufskrankheiten sowie arbeitsbedingten Gesundheitsgefahren mit allen geeigneten Mitteln
Rehabilitation und Entschädigung	• Wiederherstellung der Gesundheit und Leistungsfähigkeit der Versicherten nach Eintritt von Arbeitsunfällen und Berufskrankheiten mit allen geeigneten Mitteln • Entschädigung der Versicherten und Hinterbliebenen durch Geldleistungen

Mit dieser Vorschrift weist der Gesetzgeber den Unfallversicherungsträgern also die Aufgaben Prävention, Rehabilitation und Entschädigung zu. 75

Der versicherte Personenkreis ist in §§ 2, 3 und 6 SGB VII geregelt. 76

Systemverständnis:

Der Versicherungsschutz tritt kraft Gesetzes ein. Er umfasst neben allen abhängig Beschäftigten, Schülern und Studierenden weitere großen Gruppen aus sozialstaatlichen Gründen (unter anderem ehrenamtlich Tätige, Nothelfer). Selbstständige oder Unternehmer sind in der Regel entweder kraft Satzung oder freiwillig versichert.

6.2 Arbeitsunfälle und Berufskrankheiten

Die Verfahrenseinleitung erfolgt entweder durch eine Unfallanzeige des Arbeitgebers, einen Bericht des behandelnden Durchgangsarztes an die Berufsgenossenschaft bzw. eine ärztliche Verdachtsanzeige, dass eine Berufskrankheit vorliegen könnte, eine formlose Meldung durch den Versicherten bzw. von Amts wegen durch die Berufsgenossenschaft bei Kenntnis eines Versicherungsfalls. 77

Hinweis:

Die ärztliche Behandlung sollte nach einem Arbeitsunfall schnellstmöglich bei einem sog. Durchgangsarzt erfolgen. Dort sind der Unfallhergang und ihre Beschwerden exakt und ausführlich zu beschreiben. Diese erste Schilderung ist der Ausgangspunkt für die weitere Bearbeitung und im Nachhinein nur schwer korrigierbar. Eine Liste der örtlichen Durchgangsärzte sowie die Formulare für die Meldung eines Arbeitsunfalls finden sich unter: www.dguv.de

Für einen Arbeitsunfall ist es nach § 8 Abs. 1 SGB VII in der Regel erforderlich, dass 78

- die Verrichtung des Versicherten zur Zeit des Unfalls der versicherten Tätigkeit zuzurechnen ist (innerer bzw. sachlicher Zusammenhang),
- diese Verrichtung zu dem zeitlich begrenzten, von außen auf den Körper einwirkenden Ereignis – dem Unfallereignis – geführt hat (Unfallkausalität) und
- das Unfallereignis einen Gesundheitserstschaden oder den Tod des Versicherten verursacht hat (haftungsbegründende Kausalität; vgl. etwa LSG Bayern, Urt. v. 21.5.2019 – L 3 U 332/16).

Systemverständnis:

Das Entstehen von länger andauernden Unfallfolgen aufgrund des Gesundheitserstschadens (haftungsausfüllende Kausalität) ist keine Voraussetzung für die Anerkennung eines

Arbeitsunfalls, sondern nur für die Gewährung einer Verletztenrente (BSG, Urt. v. 17.2.2009 – B 2 U 26/07 R).

79 Zu den versicherten Tätigkeiten zählen gemäß § 8 Abs. 2 Nr. 1 SGB VII auch sog. Wegeunfälle. Gemeint sind Unfälle, die sich auf den mit der versicherten Tätigkeit zusammenhängenden unmittelbaren Wegen nach und von dem Ort der Tätigkeit ereignen. Umwege sind (nur in Ausnahmefällen) versichert, z. B. um Kinder während der Arbeit unterzubringen (Schule, Kindergarten, § 8 Abs. 2 Nr. 2 Buchst. a SGB VII) oder bei Fahrgemeinschaften (§ 8 Abs. 2 Nr. 2 Buchst. b SGB VII).

Systemverständnis:

Die Versicherung der Wege zur und von der Arbeitsstätte nach Hause sind trotz fehlender Beeinflussungsmöglichkeit des Arbeitgebers und oft hoher Kosten versichert. Die Rechtsprechung zu versicherten Wegen bei „Umwegen, Abwegen, Unterbrechungen" ist unübersichtlich und wird immer weiterentwickelt.

Hinweis:

Zum 18.6.2021 wurde der Versicherungsschutz bezüglich Tätigkeiten im „Homeoffice" ergänzt. Gemäß § 8 Abs. 1 Satz 3 SGB VII besteht Versicherungsschutz in gleichem Umfang wie bei Ausübung der Tätigkeit auf der Unternehmensstätte, wenn die versicherte Tätigkeit im Haushalt der Versicherten oder an einem anderen Ort ausgeübt wird.

80 Nach § 9 Abs. 1 Satz 1 SGB VII sind Berufskrankheiten (BK) nur diejenigen Krankheiten, die durch die Bundesregierung durch Rechtsverordnung mit Zustimmung des Bundesrats als solche bezeichnet sind (sog. Listen-BK) und die der Versicherte infolge einer den Versicherungsschutz nach den §§ 2, 3 oder 6 SGB VII begründenden Tätigkeit erleidet. Die Verrichtung einer grundsätzlich versicherten Tätigkeit (sachlicher Zusammenhang) muss zu Einwirkungen von Belastungen, Schadstoffen oder Ähnlichem auf den Körper geführt haben (Einwirkungskausalität) und diese Einwirkungen müssen eine Krankheit verursacht haben (haftungsbegründende Kausalität). Ursache dafür können verschiedene gesundheitsschädliche Einwirkungen sein. Insbesondere kommen bestimmte Chemikalien, physikalische Einwirkungen wie Druck, Vibrationen oder das Tragen schwerer Lasten und Arbeiten unter Lärm oder Staub in Betracht. Es müssen also immer die sog. arbeitstechnischen und zusätzlich die medizinischen Voraussetzungen erfüllt sein.

81 Die BK-Liste enthält ausschließlich Krankheiten, die nach den Erkenntnissen der medizinischen Wissenschaft durch besondere Einwirkungen verursacht sind und denen bestimmte Personengruppen durch ihre Arbeit in erheblich höherem Grade als die übrige Bevölkerung ausgesetzt sind. Das sind derzeit 85 Positionen.

82 Darüber hinaus besteht gemäß § 9 Abs. 2 SGB VII die Möglichkeit, in Einzelfällen eine Erkrankung „wie eine Berufskrankheit" (sog. Wie-BK) anzuerkennen. Dazu müssen allerdings neue Erkenntnisse der medizinischen Wissenschaft vorliegen, die belegen, dass für eine bestimmte Personengruppe arbeitsbedingt ein deutlich erhöhtes Risiko besteht, an einer bestimmten Gesundheitsstörung zu erkranken. Der bloße Zusammenhang einer Erkrankung mit einer beruflichen Tätigkeit reicht also allein nicht aus, um die Krankheit als Berufskrankheit anerkennen zu können.

Hinweis:

Die Unterlagen über die Erhebung der Arbeitsvorgeschichte bilden die Grundlage für alle weiteren Ermittlungen, insbesondere auch für die medizinische Beurteilung des Ursachenzusammenhangs. Die von der Berufsgenossenschaft übersandten Fragebögen zu den Belastungen der Tätigkeiten sind deshalb so genau und detailliert wie möglich auszufüllen.

Weitere Einzelheiten regelt die Berufskrankheiten-Verordnung. 83

Systemverständnis:

Die auch in der Bevölkerung weit verbreiteten „Volkskrankheiten" im Bereich Muskeln und Skelett oder auch Herz-Kreislauf-Erkrankungen sind nur unter ganz besonderen Voraussetzungen Berufskrankheiten.

Erkrankungen auf psychiatrischem Fachgebiet wurden bisher nicht in die Liste der Berufskrankheiten aufgenommen, da bei wiederkehrenden belastenden Situationen am Arbeitsplatz eine übermäßige spezifische Belastung bestimmter Berufsgruppen bisher nicht nachgewiesen werden konnte. Das BSG hat in seinem Urteil vom 22.6.2023 (B 2 U 11/20 R) jedoch erstmalig eine posttraumatische Belastungsstörung als eine sog. Wie-Berufskrankheit gemäß § 9 Abs. 2 SGB VII bei einem Rettungssanitäter anerkannt.

Zur Abgrenzung des Arbeitsunfalls von der Berufskrankheit: 84

Ein Arbeitsunfall ist ein Schaden durch äußere Einwirkung, der während einer versicherten Tätigkeit plötzlich entsteht. Die Entstehung ist zeitlich auf maximal eine Arbeitsschicht begrenzt. Eine Berufskrankheit setzt Einwirkungen über einen längeren Zeitraum voraus.

Beispiel:

Lärmschwerhörigkeit kann infolge einer langen Lärmbelastung am Arbeitsplatz zur Berufskrankheit Nr. 2301 führen oder als Ergebnis eines plötzlichen, extrem lauten Geräuschs (Knalltrauma = Arbeitsunfall) entstehen.

6.3 Überblick über die wichtigsten Entschädigungsleistungen

Aufgrund deren Wichtigkeit darf ein kurzer Überblick zu den wichtigsten Entschädigungs- 85
leistungen nicht fehlen:

Der Umfang der Heilbehandlung gemäß §§ 27 ff. SGB VII umfasst insbesondere: 86

- die Erstversorgung (z. B. Rettungsdienstleistungen)
- die ärztliche Behandlung
- die zahnärztliche Behandlung einschließlich der Versorgung mit Zahnersatz
- die Versorgung mit Arznei-, Verband-, Heil- und Hilfsmitteln
- die häusliche Krankenpflege
- Behandlungen in Krankenhäusern oder Rehabilitationseinrichtungen
- Leistungen zur medizinischen Rehabilitation
- die Wiederherstellung oder Ersatzbeschaffung eines beschädigten oder verlorengegangenen Hilfsmittels (z. B. Brille)

Die Behandlung hat nach den Regeln der ärztlichen und zahnärztlichen Kunst zu erfolgen und 87
muss erforderlich und zweckmäßig sein, wobei sie alle geeigneten Mittel umfasst.

Hinweis:

Die freie Arztwahl ist eingeschränkt. Es gilt das sog. Durchgangsarztverfahren. An diesem sind ausschließlich fachlich geeignete Ärzte mit entsprechender Ausstattung der Praxis oder Klinik beteiligt.

Systemverständnis:

Der Unfallversicherungsträger übernimmt die Heilbehandlungen anstelle der Krankenkasse. Das hat den Vorteil, dass keine Eigenbeteiligung anfällt und auch Reisekosten erstattet werden.

88 Verletztengeld gemäß §§ 45 ff. SGB VII ist das „Krankengeld der Berufsgenossenschaft". Es beginnt mit dem Tag der Feststellung der Arbeitsunfähigkeit, sofern nicht ein Anspruch auf Entgeltfortzahlung besteht. Es wird meistens von den Krankenkassen im Auftrag der Unfallversicherungsträger ausbezahlt, solange unfallbedingte Arbeitsunfähigkeit durch den behandelnden Arzt festgestellt worden ist. Das Verletztengeld beträgt 80 % des regelmäßigen Bruttoverdienstes, jedoch nicht mehr als das regelmäßige Nettoentgelt. Von dem Verletztengeld muss der Empfänger den halben Beitrag zur Renten- und Arbeitslosenversicherung zahlen, die andere Hälfte übernimmt der Unfallversicherungsträger. Die Beiträge zur gesetzlichen Kranken- und Pflegeversicherung zahlt der Unfallversicherungsträger komplett. Das Verletztengeld endet mit dem letzten Tag der Arbeitsunfähigkeit oder mit dem Beginn der Zahlung von Übergangsgeld, spätestens jedoch in der Regel nach 78 Wochen.

Hinweis:

Der Verletztengeldanspruch lebt bei Wiedererkrankung an den Folgen des Arbeitsunfalls auf. Für die Höhe des Verletztengeldes sind dann die Einkommensverhältnisse zum Zeitpunkt der Wiedererkrankung ausschlaggebend.

89 Eine Verletztenrente nach §§ 56 ff. SGB VII erhält derjenige, dessen Erwerbsfähigkeit um mindestens 20 % über die 26. Woche nach Eintritt des Versicherungsfalls (Arbeitsunfall oder Berufskrankheit) gemindert ist. Erreichen die Vomhundertsätze mehrerer Versicherungsfälle zusammen die Zahl 20 (2x MdE (Minderung der Erwerbsfähigkeit) 10), besteht für jeden Versicherungsfall Anspruch auf Rente (sog. Stützrente). Die Höhe der Rente richtet sich nach der MdE und dem in den vollen zwölf Monaten vor dem Versicherungsfall bezogenen Verdienst (Jahresarbeitsverdienst). Bei vollständigem Verlust der Erwerbsfähigkeit (MdE 100) wird eine Vollrente bezahlt, die zwei Drittel des Jahresarbeitsverdienstes beträgt. Teilrenten sind je nach MdE entsprechend geringer. Die Renten werden jährlich angepasst.

Systemverständnis:

Die Verletztenrente beginnt grundsätzlich erst, wenn der Anspruch auf Verletztengeld endet. Ein gleichzeitiger Bezug ist nur für den Fall der Wiedererkrankung möglich.

90 Das SGB VII sieht auch Leistungen bei Pflegebedürftigkeit vor. Gemäß § 44 SGB VII haben Versicherte, falls sie infolge des Unfalls so hilflos sind, dass sie für die gewöhnlichen und regelmäßig wiederkehrenden Verrichtungen im Ablauf des täglichen Lebens in erheblichem Umfang der Hilfe bedürfen, einen Anspruch auf Pflegegeld oder auf eine Pflegekraft bzw. auf Heimpflege. Vorrangig ist Pflegegeld zu zahlen. Dessen Höhe richtet sich nach der Art und Schwere des Gesundheitsschadens und dem Umfang der erforderlichen Hilfe. Mindest- und Höchstbeträge werden jährlich für Neufeststellungen beziffert. Als laufende Geldleistung wird

das Pflegegeld entsprechend der Rentenanpassung erhöht. Auf Antrag des Versicherten kann statt des Pflegegeldes Haus- oder Heimpflege gewährt werden. Bei der Hauspflege erstattet der Unfallversicherungsträger in der Regel die Kosten, die durch die erforderliche Inanspruchnahme von mobilen Pflegediensten entstehen. Wird Heimpflege in einem Pflegeheim oder Ähnlichem geleistet, trägt der Unfallversicherungsträger die gesamten Unterbringungskosten. In diesem Fall ist eine Kürzung der Versichertenrente bis maximal zur Hälfte möglich.

Weiter gibt es nach dem SGB VII Leistungen an Hinterbliebene. Gemäß §§ 63 ff. SGB VII haben 91 Hinterbliebene einen Anspruch auf Sterbegeld, Erstattung der Kosten der Überführung an den Ort der Bestattung, Rente oder Beihilfe.

Das Sterbegeld beträgt gemäß § 64 SGB VII ein Siebtel der zum Zeitpunkt des Todes geltenden 92 Bezugsgröße (2026: 6.780 EUR). Zu den Bestattungskosten siehe B 14, Rn. 21 f.

Die Witwen-/Witwerrente wird gemäß § 65 SGB VII grundsätzlich für zwei Jahre bezahlt und 93 beträgt 30 % des Jahresarbeitsverdienstes des Verstorbenen. Ein Anspruch auf 40 % auf Dauer besteht, wenn Hinterbliebene das 47. Lebensjahr vollendet haben oder erwerbsgemindert im Sinne des SGB VI sind oder ein waisenrentenberechtigendes Kind erziehen. Die Ansprüche bestehen bis zu einer erneuten Eheschließung. Um den Übergang zu erleichtern, wird im Sterbemonat und in den drei folgenden Monaten eine erhöhte Rente in Höhe von 2/3 des Jahresarbeitsverdienstes bezahlt. Auf die Renten wird das über einem bestimmten Freibetrag liegende Einkommen teilweise angerechnet. Eingetragene Lebenspartner sind gleichgestellt.

Die Waisenrente beträgt gemäß § 67 SGB VII für eine Halbwaise 20 % und für eine Vollwaise 94 30 % des Jahresarbeitsverdienstes des Verstorbenen. Sie wird grundsätzlich bis zur Vollendung des 18. Lebensjahres gezahlt. Eine Zahlung bis zur Vollendung des 27. Lebensjahres erfolgt bei laufender Schul- oder Berufsausbildung, einem freiwilligen Dienst oder bei fehlender Möglichkeit, sich wegen körperlicher, geistiger oder seelischer Behinderung selbst zu unterhalten.

Eine einmalige Beihilfe wird an Hinterbliebene gemäß § 72 SGB VII in Höhe von 40 % des 95 Jahresarbeitsverdienstes bezahlt, wenn kein Anspruch auf Hinterbliebenenrente besteht, weil der Tod des Versicherten nicht Folge eines Versicherungsfalls war und die verstorbene versicherte Person zur Zeit ihres Todes Anspruch auf eine oder mehrere Renten nach einer MdE von mindestens 50 hatte. Anstelle der einmaligen Beihilfe besteht unter bestimmten Voraussetzungen auch ein Anspruch auf eine laufende Beihilfe bis zur Höhe einer Hinterbliebenenrente, wenn die verstorbene versicherte Person länger als zehn Jahre eine Versichertenrente nach einer MdE von 80 % oder mehr bezogen hat und nicht an den Folgen des Versicherungsfalls verstorben ist.

Systemverständnis:

Die Leistungen der Unfallversicherungsträger haben Vorrang vor den Leistungen der anderen Sozialversicherungsträger.

6.4 Überblick über wichtige Rechtsbegriffe

Weitere wichtige Rechtsbegriffe aus dem Gebiet des SGB VII sollen in nachfolgender Tabelle in 96 Form eines Glossars kurz angerissen werden:

Begriff	Rechtsnorm	Bedeutung
Vorläufige Entschädigung	§ 62 SGB VII	Während der ersten drei Jahre nach dem Versicherungsfall soll der Unfallversicherungsträger die Rente als vorläufige Entschädigung festsetzen, wenn der Umfang der MdE noch nicht abschließend festgestellt werden kann.

Begriff	Rechtsnorm	Bedeutung
Gesamtvergütung	§ 75 SGB VII	Rentenansprüche im Rahmen einer vorläufigen Entschädigung kann die Berufsgenossenschaft nach Abschluss der Heilbehandlung bzw. Beendigung der Arbeitsunfähigkeit unter Berücksichtigung der besonderen Verhältnisse des Einzelfalls in Form einer Gesamtvergütung abfinden. Die Höhe der Gesamtvergütung richtet sich nach dem voraussichtlichen Rentenaufwand, beinhaltet also eine Schätzung der MdE für die Zukunft.
(Sonstige) Abfindungen	§§ 76 ff. SGB VII	Auf Antrag kann die Berufsgenossenschaft einem Versicherten, der Rente auf unbestimmte Zeit bezieht, an deren Stelle einen Kapitalbetrag als Abfindung zahlen. Die Höhe der Abfindung richtet sich nach dem Grad der MdE. Der Kapitalwert berücksichtigt das Alter des Versicherten und die seit dem Eintritt des Versicherungsfalls vergangene Zeit.
Stützrente	§ 56 Abs. 2 SGB VII	Beläuft sich die MdE aus einem Versicherungsfall auf 10 oder 15 %, so ist trotzdem eine Rente zu zahlen, wenn aus einem anderen Versicherungsfall ebenfalls eine MdE in Höhe von mindestens 10 % resultiert.
Jahresarbeitsverdienst	§ 82 SGB VII	Der Jahresarbeitsverdienst ist der Gesamtbetrag der Arbeitsentgelte (aus abhängiger Beschäftigung und Arbeitseinkommen (aus selbstständiger Tätigkeit)) des Versicherten in den zwölf Kalendermonaten vor dem Monat, in dem der Versicherungsfall eingetreten ist.
Präventionsdienst	in Zusammenhang mit § 9 SGB VII	Der Präventionsdienst der Berufsgenossenschaften ermittelt alle mit dem Arbeitsplatz und der dadurch verursachten Gefährdung zusammenhängenden Umstände, unter anderem bei Feststellung der arbeitstechnischen Voraussetzungen einer Berufskrankheit. Er muss herausfinden, ob vom Arbeitsplatz, der evtl. auch schon länger nicht mehr existiert, eine krankheitsspezifische Gefährdung ausgegangen ist.
Minderung der Erwerbsfähigkeit (MdE)	§ 56 Abs. 2 SGB VII	Die MdE richtet sich danach, wie sehr das körperliche und geistige Leistungsvermögen eines Versicherten gemindert und damit seine Arbeitsmöglichkeiten eingeschränkt sind. Die MdE wird in Prozent angegeben und mit Unterstützung eines Arztes (beratungsärztliche Stellungnahme oder Sachverständigengutachten) festgestellt. Der bisher ausgeübte Beruf spielt keine Rolle. Abgestellt wird auf den allgemeinen Arbeitsmarkt.

6.5 Tipps zum Verfahren

Die Unfallversicherungsträger werden im Regelfall von Amts wegen tätig, sobald sie Kenntnis von einem Arbeitsunfall oder einer etwaigen Berufskrankheit haben. Ein Antrag ist daher nicht erforderlich. 97

Nach Abschluss des Heilverfahrens bzw. nach Ende der unfallbedingten Arbeitsunfähigkeit sollte ein rechtsmittelfähiger Bescheid erfolgen, der unter anderem die Unfallfolgen feststellt und den jeweiligen Leistungszeitraum, ggf. ist dies zu beantragen. 98

Für die Entscheidung über Leistungen, insbesondere ob ein Anspruch auf Verletztenrente besteht, holt der Unfallversicherungsträger in der Regel medizinische Sachverständigengutachten ein. Vor Erteilung eines Gutachtensauftrags müssen den Versicherten mehrere Gutachter zur Auswahl benannt werden. Auf diese Vorauswahl sind die Versicherten jedoch nicht beschränkt. Es besteht die Möglichkeit, einen geeigneten Gutachter vorzuschlagen. Weitere allgemeine Hinweise zu Gutachten siehe B 15, Rn. 88 und 95 ff. 99

7. Das Kurzarbeitergeld nach dem SGB III

Das Kurzarbeitergeld hat sich zu einem der wichtigsten Instrumente zur Bekämpfung wirtschaftlicher Krisen in der Bundesrepublik Deutschland entwickelt. Der Grundgedanke lautet: Bevor Unternehmen in großem Stil Massenkündigungen aussprechen (die zur Zahlung von Arbeitslosengeld führen), übernimmt die Bundesagentur für Arbeit selbst einen Teil anfallender Lohnkosten, wenn die Unternehmen im Gegenzug die Arbeitsplätze erhalten und ihre Mitarbeiter „nur" in Kurzarbeit schicken. 100

Systemverständnis:

Ganz neu ist der Gedanke des Kurzarbeitergeldes aber nicht: Einen ersten Vorläufer gab es bereits in der Zeit der großen Kali-Krise 1910. Im Jahr 1957 erfolgte dann eine gesetzliche Einführung unter dem heutigen Begriff.

Grundsätzlich lassen sich folgende Arten des Kurzarbeitergeldes unterscheiden: 101

Norm im SGB III	Formen des Kurzarbeitergeldes
§§ 95 ff.	**Regelkurzarbeitergeld** (bei einem erheblichen, vorübergehenden und nicht vermeidbaren Arbeitsausfall aus wirtschaftlichen Gründen oder wegen eines unabwendbaren Ereignisses)
§ 100	**Streitkurzarbeitergeld** (bei Arbeitskämpfen für Mitarbeiter, die nicht am Streik beteiligt sind)
§ 101	**Saisonkurzarbeitergeld** (bei saison-/wetterbedingtem Arbeitsausfall, insbesondere in der Baubranche)
§ 102	**Wintergelder** (Zuschusswintergeld, Mehraufwandswintergeld, Erstattung von Sozialversicherungsbeiträgen der Arbeitgeber) (Hinweis: kein Kurzarbeitergeld im eigentlichen Sinne, sondern Ergänzungs- oder Alternativleistungen)
§ 103	**Heimarbeiterkurzarbeitergeld** (für die Sonderarbeitsform der sog. Heimarbeit)
§ 111	**Transferkurzarbeitergeld** (bei dauerhaftem Personalabbau in einer Restrukturierungsphase)

102 Die Darstellung der Einzelheiten würde den Rahmen dieses Handbuchs sprengen. Zudem ist zu bedenken, dass die Bundesregierung als Reaktion auf Krisen die Regeln oft auch zeitweise verändert (so etwa zur Höhe oder Anspruchsdauer). Gleichwohl darf ein kurzer Überblick zu den Regelvoraussetzungen nicht fehlen:

103 Nach § 95 Satz 1 SGB III haben Arbeitnehmer Anspruch auf Kurzarbeitergeld, wenn

1. ein erheblicher Arbeitsausfall mit Entgeltausfall vorliegt,
2. die betrieblichen Voraussetzungen erfüllt sind (vgl. § 97 SGB III),
3. die persönlichen Voraussetzungen erfüllt sind (vgl. § 98 SGB III) und
4. der Arbeitsausfall der Agentur für Arbeit angezeigt worden ist (§ 99 SGB III).

Hinweis:

Eine gewisse (aber gewollte) gesetzliche Lücke entsteht dadurch, dass Kurzarbeitergeld nur für Arbeitnehmer in einem versicherungspflichtigen Beschäftigungsverhältnis gewährt wird. Das schließt den Leistungsbezug für Selbstständige oder auch für viele Minijobber aus, für deren Absicherung dann nur das SGB II zur Verfügung steht.

104 Ein Arbeitsausfall ist nach § 96 Abs. 1 SGB III erheblich, wenn er auf wirtschaftlichen Gründen oder einem unabwendbaren Ereignis beruht, er vorübergehend und nicht vermeidbar ist und wenn im jeweiligen Kalendermonat mindestens 10 % (ab April 2022: mindestens ein Drittel) der in dem Betrieb Beschäftigten von einem Entgeltausfall von jeweils mehr als 10 % ihres monatlichen Bruttoentgelts betroffen sind (Auszubildende sind dabei nicht mitzuzählen). Grundsätzlich müssen vorab auch Überstunden abgebaut und bestehender Urlaub aufgebraucht werden, wobei es dazu Ausnahmefälle gibt (vgl. § 96 Abs. 4 SGB III).

105 Grundsätzlich beträgt die Höhe des Kurzarbeitergeldes für Beschäftigte, die beim Arbeitslosengeld die Voraussetzungen für den erhöhten Leistungssatz erfüllen würden (= mindestens ein Kind haben), 67 %, für die übrigen Beschäftigten 60 % der Nettoentgeltdifferenz im Anspruchszeitraum (§ 105 SGB III).

106 Die Höchstdauer des Kurzarbeitergeldes beläuft sich auf zwölf Monate (§ 104 Abs. 1 SGB III). Ein neuer Kurzarbeitergeldzeitraum von zwölf Monaten kann allerdings begründet werden, wenn seit dem letzten Kalendermonat eines vorangegangenen Kurzarbeitergeldbezugs drei Monate kein Kurzarbeitergeld bezogen wurde.

Hinweis:

Wie dargestellt führen gesellschaftliche Ausnahmezustände zu Ausweitungen der Regeln des Kurzarbeitergeldes. Es lohnt sich daher stets, im Bedarfsfall die aktuell geltenden Vorgaben zu recherchieren. So waren z. B. während der Coronapandemie eine verlängerte Bezugsdauer von 24 Monaten sowie eine Erhöhung des Kurzarbeitergeldes unter bestimmten Voraussetzungen möglich.

107 Letztlich handelt es sich beim Kurzarbeitergeld nicht um Ansprüche, die der Arbeitnehmer einseitig herbeiführen kann. Denn nach § 99 SGB III ist stets eine Anzeige der Kurzarbeit durch den Arbeitgeber (oder den Betriebsrat) und dessen Antrag Voraussetzung, das heißt, der Betrieb muss für die grundlegenden Anwendungsvoraussetzungen sorgen. Schließlich erhält auch nicht der Arbeitnehmer selbst das Geld direkt von der Agentur für Arbeit: Vielmehr zahlt der Arbeitgeber weiterhin und erhält hierfür eine Erstattung durch die Agentur für Arbeit – oder er leitet die Leistung als Treuhänder an den Arbeitnehmer weiter.

Systemverständnis:

Das Kurzarbeitergeld ist ein besonderes Konstrukt: Obwohl der Arbeitnehmer selbst Anspruchsinhaber ist, wird er dadurch nicht automatisch zum Beteiligten des Bewilligungsverfahrens. Bei rechtswidriger Leistungserbringung ergeht der Aufhebungsbescheid daher an den Arbeitgeber – der Arbeitnehmer aber muss die tatsächliche Rückzahlung leisten (§ 50 SGB X).

Das Kurzarbeitergeld stellt zwar kein lohnsteuerpflichtiges Entgelt dar, unterliegt aber dem Progressionsvorbehalt, sodass es in der Steuererklärung (bzw. im Lohnkonto) anzugeben ist. 108

8. Das Arbeitslosengeld nach dem SGB III

Arbeitnehmer erhalten nach § 136 Abs. 1 SGB III Arbeitslosengeld (ALG) bei Arbeitslosigkeit oder bei beruflicher Weiterbildung (vgl. dazu § 144 SGB III). 109

Voraussetzungen des sog. ALG bei Arbeitslosigkeit sind nach § 137 Abs. 1 SGB III neben der Arbeitslosigkeit (vgl. § 138 SGB III) die Arbeitslosmeldung (§ 141 SGB III) und das Erfüllen der Anwartschaftszeit (§§ 142, 143 SGB III). 110

Arbeitslos ist, wer als Arbeitnehmer nicht in einem Beschäftigungsverhältnis steht (Beschäftigungslosigkeit), sich bemüht, die eigene Beschäftigungslosigkeit zu beenden (Eigenbemühungen) und den Vermittlungsbemühungen der Agentur für Arbeit zur Verfügung steht (Verfügbarkeit), vgl. § 138 Abs. 1 SGB III. 111

Den Vermittlungsbemühungen der Agentur für Arbeit steht nach § 138 Abs. 5 SGB III zur Verfügung, wer eine versicherungspflichtige, mindestens 15 Stunden wöchentlich umfassende zumutbare Beschäftigung unter den üblichen Bedingungen des Arbeitsmarktes ausüben kann und darf, bereit ist, jede solche Beschäftigung anzunehmen und auszuüben, Vorschlägen der Agentur für Arbeit zur beruflichen Eingliederung zeit- und ortsnah Folge leisten kann und bereit ist, an Maßnahmen zur beruflichen Eingliederung in das Erwerbsleben teilzunehmen (sog. Verfügbarkeit). 112

Hinweis:

Die Erreichbarkeit des Leistungsbeziehers für Bemühungen der Agentur für Arbeit ist zentrale Anspruchsvoraussetzung. Sonderfälle der Verfügbarkeit regelt § 139 SGB III. Allgemein geht es jedoch darum, dass ein Arbeitsloser sicherstellen muss, dass ihn das Arbeitsamt persönlich (!) an jedem Werktag an seinem Wohnsitz unter der von ihm benannten Anschrift (Wohnung) durch Briefpost erreichen kann. Details hierzu sowie zu Ausnahmen von der Erreichbarkeit sind in der sog. Erreichbarkeits-Anordnung (kurz: EAO) niedergelegt.

Systemverständnis:

Oftmals ist – gerade in Fällen der ALG-Antragstellung nach Aussteuerung aus dem Krankengeldbezug – die gesundheitliche Leistungsfähigkeit umstritten. Damit die Bundesagentur für Arbeit während der (teils mehrmonatigen) Prüfung durch den Rentenversicherungsträger Leistungen erbringen muss, sieht § 145 Abs. 1 Satz 1 SGB III eine sog. Nahtlosigkeitsregelung vor. Im Kern wird damit die Leistungsfähigkeit fingiert, wenn eine verminderte Erwerbsfähigkeit im Sinne des SGB VI durch den Rentenversicherungsträger (noch) nicht festgestellt worden ist; so sollen Beurteilungskonflikte zwischen der Bundesagentur für Arbeit und der Rentenversicherung nicht zulasten der Betroffenen gehen. Es handelt sich um eine besondere Form des ALG, durch dessen Gewährung die reguläre

Anspruchsdauer gemindert wird. Die Vorschrift führt in der Praxis zu zahlreichen rechtlichen Folgeproblemen (zur Vertiefung: Nahtlosigkeitsregelung und Anspruch auf Arbeitslosengeld, Voelzke/Guttenberger, jM 2019, S. 148–155).

113 Diese Voraussetzungen sind aber nicht nur bei der Anspruchsbegründung zu beachten, sondern auch im laufenden ALG-Bezug: Denn versicherungswidriges Verhalten kann nach § 159 SGB III zu einem Ruhen des Anspruchs bei Verhängung einer Sperrzeit führen (zur Dauer der Sperrzeiten vgl. die Norm).

Hinweis:
Gerade die Vermittlungsbemühungen der Agentur für Arbeit sind oftmals Streitpunkt gerichtlicher Verfahren. Hierbei geht es auch um die Frage, ob ein Vorschlag der Agentur für den Arbeitslosen zumutbar war. Was eine zumutbare Beschäftigung ist, regelt § 140 SGB III. So schreibt Absatz 5 vor, dass eine Beschäftigung nicht schon deshalb unzumutbar ist, weil sie befristet ist oder vorübergehend eine getrennte Haushaltsführung erfordert oder nicht zum Kreis der Beschäftigungen gehört, für die der Betroffene ausgebildet ist oder die bisher ausgeübt wurde.

Tipp:
Eine Sperrzeitverkürzung von zwölf auf sechs Wochen ist nach § 159 Abs. 3 Nr. 2 Buchst. b SGB III unter Umständen möglich, wenn ansonsten eine besondere Härte vorliegen würde. Diese Härten müssen konkret vorgetragen werden.

114 Neben den genannten Voraussetzungen besteht ein ALG-Anspruch aber nur bei Erfüllung der Anwartschaftszeit von zwölf Monaten innerhalb der sog. Rahmenfrist von 30 Monaten (vgl. hierzu § 143 SGB III): Für diese Dauer muss der Leistungsberechtigte in einem Versicherungspflichtverhältnis gestanden haben. Zu Ausnahmen und Details vgl. die genannten Vorschriften.

115 Anspruchsvoraussetzung ist weiter die persönliche Arbeitslosmeldung nach § 141 SGB III. Diese ist seit 1.1.2022 elektronisch über das Fachportal der Bundesagentur möglich.

Systemverständnis:
Von der Arbeitslosmeldung ist die sog. Arbeitsuchendmeldung zu unterscheiden. Sie dient im Kern der Vermeidung, dass jemand überhaupt arbeitslos wird, und ist damit regelmäßig zeitlich der Arbeitslosmeldung vorgelagert, kann aber auch mit ihr zusammenfallen.

Arbeitsuchend melden müssen sich nach § 38 Abs. 1 SGB III unter Angabe der persönlichen Daten und des Beendigungszeitpunkts des Ausbildungs- oder Arbeitsverhältnisses Personen, deren Ausbildungs- oder Arbeitsverhältnis endet, und zwar spätestens drei Monate vor dessen Beendigung. Liegen zwischen der Kenntnis des Beendigungszeitpunkts und der Beendigung des Ausbildungs- oder Arbeitsverhältnisses weniger als drei Monate, haben sie sich innerhalb von drei Tagen nach Kenntnis des Beendigungszeitpunkts zu melden. Dies betrifft etwa Fälle, in denen ein befristeter Vertrag seinem Ende zugeht; ebenso greift die Verpflichtung bei der Kündigung von Arbeitsverhältnissen schon während der Laufzeit der Kündigungsfrist. Eine Verletzung dieser Pflicht führt nach § 159 Abs. 1 Satz 2 Nr. 9 und Abs. 6 SGB III zu einer einwöchigen Sperrzeit.

Hinweis:

Im Gegensatz zur früheren Rechtslage ist seit dem 1.1.2022 keine persönliche Arbeitsuchendmeldung mehr vorgeschrieben (also auch telefonisch, postalisch oder online möglich). Nach dem neuen § 38 Abs. 1a SGB III soll die Agentur für Arbeit unverzüglich ein erstes Beratungs- und Vermittlungsgespräch führen, das persönlich oder bei Einvernehmen zwischen Agentur für Arbeit und der arbeitsuchenden Person auch per Videotelefonie erfolgen kann. Ein Nichterscheinen zu diesem Gespräch fällt nicht unter den Sperrzeittatbestand des § 159 Abs. 1 Satz 2 Nr. 9 und Abs. 6 SGB III (eine Sperrzeit ist aber möglich, wenn die Agentur den Termin als Meldetermin im Sinne der §§ 38 Abs. 1 Satz 5, 309 SGB III ausgestaltet).

Die Höhe des ALG-Anspruchs ist zunächst abhängig von den Lebensumständen: Nach § 149 116
Abs. 1 SGB III erhalten Personen mit mindestens einem Kind einen erhöhten Leistungssatz von 67 % des pauschalierten Nettoentgelts (Leistungsentgelt); ansonsten beträgt der allgemeine Leistungssatz 60 %.

Die Bezugsdauer des ALG dagegen hängt vom Alter und von der Dauer vorheriger 117
versicherungspflichtiger Beschäftigungen ab. Die grundsätzliche Anspruchsdauer ergibt sich dabei aus § 147 SGB III, wonach Bezugszeiten zwischen sechs Monaten und zwei Jahren denkbar sind. Diese Bezugsdauer kann sich nach § 148 SGB III aber auch mindern, etwa infolge verhängter Sperrzeiten.

Hinweis:

Obgleich die gesetzlichen Vorschriften des SGB III im Wesentlichen verständlich formuliert sind, besteht im Detail häufig Klärungsbedarf. Die Bundesagentur für Arbeit hat dabei zu vielen Vorschriften sog. Fachliche Weisungen entwickelt, deren Studium sich im Einzelfall durchaus lohnt. Wichtig zu wissen: Es handelt sich dabei lediglich um eine interne Verwaltungsanweisung, nicht um eine rechtlich verbindliche Norm.

Für den Bezug von ALG ist ein Antrag bei der zuständigen Agentur für Arbeit erforderlich. Es 118
besteht auch die Möglichkeit eines Onlineantrags. Grundsätzlich gilt die Arbeitslosmeldung als Tag der Antragstellung (vgl. § 323 Abs. 1 Satz 2 SGB III), wobei für die Leistungsbewilligung zusätzliche Angaben erforderlich sind; es empfiehlt sich daher, den Antrag spätestens zwei bis drei Wochen vor dem Eintritt der Arbeitslosigkeit einzureichen.

Der Bezug von ALG ist lohnsteuerfrei, unterliegt aber dem Progressionsvorbehalt, sodass er in 119
der Steuererklärung anzuführen ist.

9. Das Insolvenzgeld nach dem SGB III

Unternehmensinsolvenzen bringen auch die Mitarbeiter in finanzielle Schwierigkeiten. Oft wird 120
– aus alter Verbundenheit oder in der Hoffnung auf bessere Zeiten – weitergearbeitet, obgleich bereits länger kein Lohn mehr bezahlt wurde.

Hinweis:

Grundsätzlich besteht für einen Arbeitnehmer nach § 273 Abs. 1 oder § 320 Abs. 1 BGB ein Leistungsverweigerungsrecht (Zurückbehaltungsrecht), auf das er sich aber explizit unter Angabe der Gründe berufen muss. Dieses Recht besteht nur, wenn es sich nicht um eine bloß geringfügige Verzögerung oder einen geringen Betrag handelt. Meist wird das Recht dann gegeben sein, wenn der Arbeitgeber mit mindestens zwei Löhnen im Rückstand ist.

121 Bei Zahlungsausfällen im Zusammenhang mit einem Insolvenzereignis gibt es aber nach § 165 SGB III die Möglichkeit des Bezugs von Insolvenzgeld. Das erhalten Arbeitnehmer für offene Lohnforderungen aus den vorausgegangenen drei Monaten des Arbeitsverhältnisses vor dem Insolvenzereignis (also der Eröffnung des Insolvenzverfahrens, der Abweisung des Antrags auf Eröffnung des Insolvenzverfahrens mangels Masse oder der vollständigen Beendigung der Betriebstätigkeit im Inland).

Hinweis:

Anders als beim Kurzarbeitergeld (siehe Rn. 100) setzt § 165 SGB III lediglich das Bestehen eines Arbeitsverhältnisses voraus. Das heißt, dass hier auch Minijobber einen Anspruch haben können.

122 Die Höhe des Insolvenzgeldes entspricht dabei grundsätzlich dem Nettoarbeitsentgelt (§ 167 SGB III).

Hinweis:

Machen wir uns nichts vor: Die Auszahlung des Insolvenzgeldes kann dauern. Arbeitnehmer können daher als Überbrückungshilfe eine Vorschussleistung nach § 168 SGB III beantragen.

123 Insolvenzgeld muss bei der örtlich zuständigen Agentur für Arbeit beantragt werden. Es besteht die Möglichkeit eines Onlineantrags. Nach § 324 Abs. 3 Satz 1 SGB III muss der Antrag aber innerhalb einer Ausschlussfrist von zwei Monaten nach dem Insolvenzereignis gestellt werden; Ausnahmen sind nur bei triftigen Hinderungsgründen möglich, wozu es nicht gehört, wenn sich Arbeitnehmer nicht mit der erforderlichen Sorgfalt um die Durchsetzung ihrer Ansprüche bemüht haben.

124 Der Bezug von Insolvenzgeld ist – wie beim Kurzarbeitergeld – steuerfrei; allerdings fließt es ebenfalls in die Berechnung des Progressionsvorbehalts ein und ist daher in der Steuererklärung anzugeben.

125 Zu beachten ist ferner, dass nach § 169 SGB III Ansprüche des Arbeitnehmers gegen seinen Arbeitgeber auf die Agentur für Arbeit übergehen, soweit hierfür Insolvenzgeld geleistet wurde.

Hinweis:

Es handelt sich hierbei um einen gesetzlichen Forderungsübergang, der automatisch eintritt. Soweit für offene Forderungen aus dem Arbeitsverhältnis aber kein Insolvenzgeld geleistet wurde, können diese vom Arbeitnehmer im Insolvenzverfahren als Insolvenzforderungen angemeldet werden.

10. Renten bei Erwerbsminderung nach dem SGB VI

126 Das Erwerbsminderungsrecht des SGB VI setzt (unter anderem) auf den Ausgleich finanzieller Nachteile infolge der vollen oder teilweisen Erwerbsminderung. Zu unterscheiden sind Renten wegen teilweiser Erwerbsminderung und wegen voller Erwerbsminderung (§ 43 SGB VI). Nach dem Versichertenbericht der Deutschen Rentenversicherung waren 2021 95 % der Erwerbsminderungsrentner voll erwerbsgemindert.

127 Die allgemeinen Grundsätze zum Begriff der Erwerbsminderung wurden bereits in B 2, Rn. 34 ff. dargestellt. Kernprüfung ist die verbleibende Fähigkeit, auf dem allgemeinen Arbeitsmarkt noch tätig sein zu können.

Systemverständnis:

Der engere Begriff der Berufsunfähigkeitsrente ist mittlerweile fast vollständig dem privaten Versicherungsrecht vorbehalten (private Berufsunfähigkeitsversicherungen). Bei der Berufsunfähigkeit geht es darum, ob der Betroffene in seinem konkreten Beruf (nicht auf dem allgemeinen Arbeitsmarkt) noch tätig sein kann.

Hinweis:

Allerdings gab es früher auch im gesetzlichen Rentenrecht eine Berufsunfähigkeitsrente, die mittlerweile abgeschafft wurde. Im Sinne einer Bestandsschutzregelung sieht § 240 SGB VI jedoch vor, dass vor dem 2.1.1961 geborene Versicherte weiterhin die Möglichkeit einer Rente wegen teilweiser Erwerbsminderung bei Berufsunfähigkeit haben, wenn sie ihren bisherigen Beruf oder eine zumutbare Verweisungstätigkeit nur noch weniger als sechs Stunden täglich ausüben können.

Voraussetzungen der Renten wegen Erwerbsminderung sind neben der Erwerbsminderung an 128
sich die Erbringung von Pflichtbeiträgen sowie die Erfüllung der allgemeinen Wartezeit. Der Anspruch besteht nur bis zum Erreichen der Regelaltersgrenze.

Eine volle Erwerbsminderung besteht nach dem Gesetz bei Menschen, die wegen Krankheit 129
oder Behinderung auf nicht absehbare Zeit außerstande sind, unter den üblichen Bedingungen des allgemeinen Arbeitsmarktes mindestens drei Stunden täglich erwerbstätig zu sein (§ 43 Abs. 2 Satz 2 SGB VI; zu Ausnahmen vgl. Satz 3). Teilweise Erwerbsminderung besteht, wenn diese Fähigkeit nur für unter sechs Stunden täglich besteht (§ 43 Abs. 1 Satz 3 SGB VI).

Hinweis:

Obgleich die Frage der Erwerbsfähigkeit an den üblichen Bedingungen des allgemeinen Arbeitsmarktes gemessen wird, fordert das BSG eine konkrete Betrachtungsweise, die auch die Lage auf dem Arbeitsmarkt einschließt: Das Gesetz ordnet zwar in § 43 Abs. 3 SGB VI an, dass keine Erwerbsminderung besteht, wenn jemand unter den üblichen Bedingungen des allgemeinen Arbeitsmarktes mindestens sechs Stunden täglich erwerbstätig sein kann, und dass dabei die jeweilige Arbeitsmarktlage nicht zu berücksichtigen ist. Im Umkehrschluss bedeutet das aber, dass die Arbeitsmarktlage für Menschen, die nur noch weniger als sechs Stunden täglich arbeiten können, durchaus heranzuziehen ist.

Folglich können solche Menschen – trotz nur teilweiser Erwerbsminderung – eine volle Erwerbsminderungsrente (kurz: EM-Rente) beziehen, wenn es auf dem allgemeinen Arbeitsmarkt für sie keine geeigneten Teilzeitarbeitsplätze gibt. Haben die Betroffenen nicht bereits eine Teilzeitstelle inne, wird in der Praxis regelmäßig von einem verschlossenen Teilzeitarbeitsmarkt ausgegangen (sog. Arbeitsmarktrente). Das erklärt auch die eingangs beschriebene hohe Zahl der „vollen" Erwerbsminderungsrentner.

Weiter muss vor einem Rentenbezug die allgemeine Wartezeit von fünf Jahren erfüllt sein (§ 50 130
Abs. 1 Satz 1 Nr. 2 SGB VI).

Hinweis:

§ 53 SGB VI sieht in bestimmten Fallkonstellationen Möglichkeiten vor, eine Rente auch vor Erfüllung der allgemeinen Wartezeit zu erhalten.

131 Schließlich wird als besondere versicherungsrechtliche Voraussetzung die Erbringung von Pflichtbeiträgen gefordert, das heißt, es müssen mindestens drei Jahre mit Pflichtbeitragszeiten in den letzten fünf Jahren vor Eintritt der Erwerbsminderung absolviert worden sein.

Hinweis:

Nach § 43 Abs. 4 SGB VI tritt in den dort genannten Fällen eine Verlängerung des Betrachtungszeitraums von fünf Jahren ein.

Weiter ist eine Pflichtbeitragszeit von drei Jahren nicht erforderlich, wenn die Erwerbsminderung aufgrund eines Tatbestands eingetreten ist, durch den die allgemeine Wartezeit vorzeitig erfüllt ist. Gemeint sind Fälle nach § 53 SGB VI (unter anderem bei Minderung der Erwerbsfähigkeit durch einen Arbeitsunfall oder eine Berufskrankheit).

132 Voraussetzung für eine EM-Rente ist eine Antragstellung beim zuständigen Rentenversicherungsträger. Grundsätzlich beginnen Rentenzahlungen mit Vorliegen der Voraussetzungen ab dem Antragsmonat. Eine Rückwirkung ist möglich, wenn die Rente bis zum Ende des 3. Kalendermonats nach Ablauf des Monats beantragt wird, in dem die Anspruchsvoraussetzungen erfüllt sind (§ 99 Abs. 1 SGB VI). Abweichend hiervon gelten für befristete EM-Renten die Sonderregeln des § 101 Abs. 1 und 1a SGB VI, wonach diese nicht vor Beginn des 7. Kalendermonats nach dem Eintritt der Erwerbsminderung geleistet werden (zu Ausnahmen siehe dort).

Systemverständnis:

Diese „Karenzzeit" von sechs Monaten dient einem Risikoausgleich zwischen der Rentenversicherung einerseits und anderen Versicherungsträgern andererseits: Insbesondere bestehen in diesem Zeitraum in der Regel Ansprüche aus der Krankenversicherung oder der Arbeitslosenversicherung.

Von der Möglichkeit des ALG-Bezugs bis hin zur positiven Feststellung einer EM im Rahmen der Nahtlosigkeitsregelung vgl. Rn. 112.

133 EM-Renten wegen teilweiser Erwerbsminderung werden nach § 102 Abs. 2 SGB VI auf Zeit geleistet, also befristet. Die Befristung erfolgt für längstens drei Jahre nach Rentenbeginn. Sie kann (ggf. mehrfach) verlängert werden, dabei erneut für längstens drei Jahre. Ausnahmsweise werden (arbeitsmarktunabhängige) Renten unbefristet geleistet, wenn unwahrscheinlich ist, dass die Erwerbsminderung behoben werden kann; das Gesetz vermutet das nach einer Gesamtdauer der Befristung von neun Jahren. Arbeitsmarktabhängige Renten werden dagegen immer nur auf Zeit gewährt. Nach § 102 Abs. 2a SGB VI ist zudem eine Befristung auf das Ende einer Rehabilitationsleistung möglich (der Zeitpunkt wird dabei nicht konkret datumsmäßig benannt).

134 Die Berechnung der Höhe von EM-Renten unterliegt mehreren Faktoren. Gleichwohl erreichen diese oftmals – selbst nach langjährigen Beschäftigungszeiten – keine Beträge, die den Betroffenen zur Deckung des Lebensunterhalts reichen würden. Einer der Hauptgründe ist der Rentenartfaktor: Dieser beträgt für eine Rente wegen teilweiser Erwerbsminderung gemäß § 67 SGB VI nur 0,5 (im Vergleich zu 1,0 bei einer Regelaltersrente, das heißt, die Rente ist nur halb so hoch). Aber selbst bei einer Rente wegen voller Erwerbsminderung (mit dem vollen Rentenartfaktor von 1,0) reicht das Geld am Monatsende häufig nicht: EM-Renten über 1.000 EUR im Monat sind selbst bei voller EM-Rente eher die Ausnahme als die Regel (vgl. Versichertenbericht 2021 der Deutschen Rentenversicherung, S. 25). Auch der seit 1.7.2024 in Kraft getretene EM-Rentenzuschlag verbessert diese Situation nur minimal.

Systemverständnis:

§ 96a SGB VI setzt zudem einem Hinzuverdienst Grenzen, wobei die Hinzuverdienstmöglichkeiten deutlich verbessert wurden. So steigt z. B. ab 1.1.2024 die Hinzuverdienstgrenze für eine volle EM-Rente von bislang 6.300 EUR auf 18.558,75 EUR, ab 1.1.2025 auf 19.661 EUR. Bei der teilweisen EM-Rente findet ebenfalls eine verbesserte individuelle Berechnung statt (vgl. § 96a Abs. 1c Nr. 1 SGB VI), die Mindesthinzuverdienstgrenze wird ab 1.1.2025 auf rund 39.322 EUR brutto erhöht.

Die Aufnahme einer Tätigkeit ist dem Rentenversicherungsträger stets mitzuteilen.

An dieser Stelle tritt ergänzend erneut das Grundsicherungsrecht in Erscheinung. Bei Renten 135
wegen teilweiser Erwerbsminderung bestehen ggf. aufstockende Ansprüche nach dem SGB II (die Rente wird dabei als Einkommen berücksichtigt); Gleiches gilt für Arbeitsmarktvollrenten (siehe B 2, Rn. 37). Bei voller Erwerbsminderung kann nach dem SGB XII aufgestockt werden; es greift dann ggf. die Hilfe bei Erwerbsminderung (vgl. dazu § 41 Abs. 3 SGB XII und B 13, Rn. 15).

Systemverständnis:

Für die Prüfung der vollen Erwerbsminderung im Sinne des § 41 Abs. 3 SGB XII ersucht der zuständige Sozialhilfeträger den zuständigen Rententräger und ist nach § 45 Abs. 1 Satz 2 SGB XII grundsätzlich an dieses Ergebnis gebunden. Das ist dann nicht erforderlich, wenn eine der Fallgruppen aus Satz 3 vorliegt, insbesondere wenn der Rentenversicherungsträger bereits früher entsprechende Feststellungen getroffen hat oder bei Personen in einer Werkstatt für behinderte Menschen, die das Eingangsverfahren oder den Berufsbildungsbereich durchlaufen haben oder im Arbeitsbereich beschäftigt sind.

Für die Grundsicherung bei teilweiser Erwerbsminderung nach dem SGB II und bei voller 136
Erwerbsminderung nach dem SGB XII muss ein Antrag beim Jobcenter bzw. beim zuständigen Sozialhilfeträger gestellt werden (vgl. § 37 Abs. 1 Satz 1 SGB II und § 44 Abs. 1 Satz 1 SGB XII).

Systemverständnis:

Die Aufstockung der EM-Renten tritt also nicht automatisch ein. Zudem gilt im Bereich des SGB XII auch nicht der Kenntnisgrundsatz des § 18 SGB XII.

Immerhin enthält § 109a Abs. 1 SGB VI aber bei bestehender Rentenberechtigung eine Informations- und Beratungspflicht des Trägers der Rentenversicherung mit Blick auf etwaige Grundsicherungsleistungen. Es besteht nach § 109a Abs. 1 Satz 4 SGB VI sogar die Möglichkeit, den Antrag auf Grundsicherung beim Rententräger zu stellen, der diesen dann weiterleitet.

Der Bewilligungszeitraum beträgt in der Regel zwölf Monate, bei einer nur vorläufigen 137
Bewilligung nach § 44a SGB XII sechs Monate (§ 44 Abs. 3 Satz 1 SGB XII).

Malbine Friedrich

Steuerliche Aspekte

B

1. Steuerliche Erleichterungen für Menschen mit Behinderungen

1 Auch das Einkommenssteuerrecht sieht an unterschiedlicher Stelle Erleichterungen für Menschen mit Behinderungen vor. Das hängt teilweise von der Höhe des GdB und/oder von Merkzeichen ab. Zu differenzieren ist dabei zwischen außergewöhnlichen Belastungen und Werbekosten.

2 Bei außergewöhnlichen Belastungen unterscheidet das EStG zwischen allgemeinen (§ 33 EStG) und besonderen (vgl. die §§ 33a bis 33b EStG). Bei den allgemeinen außergewöhnlichen Belastungen erfolgt vorweg noch ein Abzug der sog. zumutbaren Belastung.

3 Der steuerliche Behinderten-Pauschbetrag wegen der Aufwendungen für die Hilfe bei den gewöhnlichen und regelmäßig wiederkehrenden Verrichtungen des täglichen Lebens, für die Pflege sowie für einen erhöhten Wäschebedarf kann damit in jedem Fall in Anspruch genommen werden (vgl. § 33b EStG):

GdB oder Merkzeichen	Pauschbetrag
20	384 EUR
30	620 EUR
40	860 EUR
50	1.140 EUR
60	1.440 EUR
70	1.780 EUR
80	2.120 EUR
90	2.460 EUR
100	2.840 EUR
Merkzeichen H, Bl oder TBl	7.400 EUR

Hinweis:

Bis einschließlich Veranlagungszeitraum 2020 galten noch andere Regelungen mit niedrigeren Pauschbeträgen und teilweise weiteren Voraussetzungen (z. B. war bei einem GdB unter 50 eine Bescheinigung über die dauernde Einbuße der körperlichen Beweglichkeit erforderlich).

4 Pauschbeträge können ohne Einzelnachweise konkreter Kosten oder Ausgaben in Anspruch genommen werden (also auch, wenn Kosten gar nicht anfielen). Sie gelten für das ganze Jahr, auch wenn der GdB erst im Laufe eines Jahres festgestellt wird. Bei Änderungen des GdB ist der jeweils höchste GdB des Veranlagungsjahres maßgeblich.

5 Anstelle von Pauschbeträgen können auch konkrete außergewöhnliche Belastungen geltend gemacht werden (§ 33 EStG). Diese müssen im Gegensatz zu Pauschbeträgen einzeln belegbar sein, sind dann aber dem Grund nach höhenmäßig nicht beschränkt, sobald die Grenze der zumutbaren Belastung überschritten wird.

Systemverständnis:

Die sog. Behinderten-Pauschbeträge können nicht zusätzlich zu außergewöhnlichen Belastungen nach § 33 EStG geltend gemacht werden, sondern nur alternativ (vgl. § 33b Abs. 1 Satz 1 EStG). Es muss also berechnet werden, was für den Einzelnen die jeweils günstigere Alternative ist: Pauschale oder außergewöhnliche Belastung?

Allerdings deckt der Behinderten-Pauschbetrag nur Aufwendungen für die Hilfe bei den gewöhnlichen und regelmäßig wiederkehrenden Verrichtungen des täglichen Lebens, für die Pflege sowie für einen erhöhten Wäschebedarf ab. Nur insofern „sperrt" er die Geltendmachung weiterer außergewöhnlicher Belastungen aus diesem Bereich, sodass z. B. die Fahrtkostenpauschale (siehe Tabelle unten) neben dem Behinderten-Pauschbetrag angesetzt werden kann.

Tipp:

Auch Eltern von Menschen mit Behinderungen können unter Umständen von steuerlichen Erleichterungen profitieren. So kann für erwachsene Kinder mit Behinderung, wenn diese vor dem 25. Lebensjahr eingetreten ist, alternativ zum Kindergeld wahlweise auch ein Kinderfreibetrag nach § 32 Abs. 4 Satz 1 Nr. 3 und Abs. 6 EStG in Anspruch genommen werden. Unter gewissen Voraussetzungen können nach § 10 Abs. 1 Satz 1 Nr. 5 EStG Kosten einer notwendigen Betreuung für Kinder mit Behinderung als Sonderausgaben abgesetzt werden. Weiter ist eine Übertragung des Behindertenpauschbetrags auf die Eltern nach § 33b Abs. 5 EStG möglich, wenn das Kind den Betrag nicht selbst steuerlich in Anspruch nimmt.

Nach § 33b Abs. 4 EStG erhalten auch Menschen, denen laufende Hinterbliebenenbezüge 5a
bewilligt worden sind, auf Antrag einen Pauschalbetrag von 370 EUR (Hinterbliebenen-Pauschbetrag), wenn die Hinterbliebenenbezüge unter anderem nach dem SGB XIV, dem Soldatenentschädigungsgesetz oder dem Unfallversicherungsrecht geleistet werden.

Auch im Bereich der Mobilität sieht das Steuerrecht diverse Nachteilsausgleiche vor: 6

Norm	Steuerlicher Nachteilsausgleich/Anknüpfungspunkt
Fahrtkosten	
§ 33 Abs. 2a EStG	Behinderungsbedingte Fahrtkostenpauschale in Höhe von 900 EUR **ab GdB 80** oder **ab GdB 70 plus Merkzeichen G** als außergewöhnliche Belastung
§ 33 Abs. 2a EStG	Behinderungsbedingte Fahrtkostenpauschale in Höhe von 4.500 EUR bei **Merkzeichen Bl oder TBl oder aG oder H** als außergewöhnliche Belastung (900-EUR-Pauschale dann nicht zusätzlich absetzbar)
§ 9 Abs. 2 Satz 3 EStG	Absetzbarkeit der tatsächlichen Kosten für die Wege zwischen Wohnung und erster Tätigkeitsstätte und für Familienheimfahrten als Werbungskosten bei **GdB 50 plus Merkzeichen G oder ab GdB 70** (aber nur als Alternative zu den allgemeinen Entfernungspauschalen)
Kfz-Steuer	
§ 3a Abs. 2 KraftStG	Kfz-Steuerermäßigung um 50 % bei Zulassung auf Person mit Merkzeichen G oder Gl (Nachweis durch orangen Schwerbehindertenausweis) (aber nur alternativ zur kostenlosen Beförderung im Nahverkehr)
§ 3a Abs. 1 KraftStG	Kfz-Steuerbefreiung bei Zulassung auf Person mit **Merkzeichen Bl oder aG oder H**

Systemverständnis:

Die Fahrtkostenpauschalen stellen allgemeine außergewöhnliche Belastungen nach § 33 EStG dar, sodass sie nur ins Gewicht fallen, wenn die Zumutbarkeitsgrenze überschritten ist. Selbst bei Nachweis höherer behinderungsbedingter Fahrtkosten können diese bei

Inanspruchnahme der Pauschale nicht zusätzlich berücksichtigt werden, § 33 Abs. 2a Satz 6 EStG.

7 Neben diesen eher allgemeinen Steuererleichterungen gibt es weitere spezielle Fallkonstellationen. So sehen kommunale Vorschriften häufig die Möglichkeit der Befreiung von der Hundesteuer vor, insbesondere bei Vorliegen der Merkzeichen Bl, Gl, TBl oder H.

8 Nach § 4 Nr. 19 Buchst. a UstG sind blinde Unternehmer, die nicht mehr als zwei Arbeitnehmer beschäftigen, von der Umsatzsteuer befreit (beachte aber die im Gesetz aufgeführten Rückausnahmen).

2. Steuerliche Erleichterungen für pflegende Menschen

9 Auch bei Pflegebedürftigkeit bestehen steuerliche Erleichterungen. Im Unterschied zu den Nachteilsausgleichen oben unter Ziffer 1 geht es hier jedoch um steuerliche Vorteile für die Pflegepersonen.

10 Zunächst besteht nach § 33b Abs. 6 EStG die Möglichkeit, einen Pflege-Pauschbetrag geltend zu machen. Voraussetzung ist die Pflege eines Menschen in dessen oder in der eigenen Wohnung sowie der Umstand, dass der Betreffende hierfür im Kalenderjahr keine Vergütung erhält (vgl. § 33b Abs. 6 Satz 1 EStG).

Tipp:

Nach § 33b Abs. 6 Satz 2 EStG zählt als Einnahme unabhängig von der Verwendung aber nicht das von den Eltern eines Kindes mit Behinderung empfangene Pflegegeld, sodass zusätzlich der Pauschbetrag beansprucht werden kann.

11 Übersicht zu den Pauschbeträgen:

Pflegegrad/Merkzeichen	Pauschbetrag (seit 1.1.2022)
2	600 EUR
3	1.100 EUR
4 oder 5	1.800 EUR
Merkzeichen H und Pflegebedarf	1.800 EUR

12 Wie auch beim Menschen mit Behinderung selbst kann der Pflegende anstelle der Pauschbeträge konkrete außergewöhnliche Belastungen geltend machen (§ 33 EStG), die dann wieder detailliert belegt werden müssen.

Johannes Friedrich

Hilfen im Alter

B

1. Die gesetzliche Rente nach dem SGB VI

1 Anders als die Renten wegen Erwerbsminderung (siehe B 11, Rn. 126 ff.) sind Altersrenten nach dem SGB VI im Kern von drei Voraussetzungen abhängig:

- der Versicherungszugehörigkeit
- dem maßgebenden Renteneintrittsalter
- der Mindestversicherungszeit (Wartezeit)

2 Übersicht über die (gängigsten) Arten der Altersrente:

Norm im SGB VI	Art der Rente
§§ 35, 235	Regelaltersrente
§§ 36, 236	Altersrente für langjährig Versicherte
§§ 38, 236b	Altersrente für besonders langjährig Versicherte
§§ 37, 236a	Altersrente für schwerbehinderte Menschen
§§ 40, 238	Altersrente für langjährig unter Tage beschäftigte Bergleute
SGB VI	Es existieren weitere Rentenarten aus früheren Jahrzehnten, für die es noch Bestandsschutzregelungen gibt. Auf eine detaillierte Auflistung wird hier verzichtet, vgl. aber z. B. §§ 237 ff. SGB VI.

3 Das Studium dieser gesetzlichen Vorschriften weckt den Eindruck einer einfachen Handhabbarkeit. Doch der Teufel steckt im Detail – und in den zahlreichen Übergangsvorschriften des Rentenrechts.

4 Allgemeine Grundvoraussetzung ist zunächst die Zugehörigkeit zum Kreis der Rentenberechtigten. Das ist über eine Versicherung kraft Gesetzes oder eine freiwillige Rentenversicherung möglich. Gesetzliche Versicherung sind Beschäftigte im Sinne des § 1 SGB VI, aber auch bestimmte Selbstständige (vgl. § 2 SGB VI). Ein „sonstiges Versicherungsverhältnis" kann außerdem unter den in § 3 SGB VI genannten Voraussetzungen begründet werden (z. B. Menschen mit anrechenbaren Kindererziehungszeiten, Wehr- und Zivildienstleistende etc.). Demgegenüber regelt § 5 SGB VI, wer versicherungsfrei ist (z. B. Beamte und Richter, Berufssoldaten); § 6 SGB VI normiert, wer sich trotz grundsätzlicher Versicherungspflicht von dieser auf Antrag befreien lassen kann. Eine freiwillige Versicherung kann ab dem 16. Lebensjahr entsprechend § 7 SGB VI begründet werden.

Hinweis:

Auch freiberufliche Lehrer und Dozenten können sozialversicherungspflichtig sein, wie das Bundessozialgericht im sog. Herrenberg-Urteil zu Lehrkräften einer Musikschule festgestellt hat (BSG, Urt. v. 28.6.2022 – B 12 R 3/20 R). Das Urteil sorgte für „Schockwellen" im Bereich der Erwachsenenbildung, bedeutete es doch, dass solche Lehrkräfte nunmehr als „Scheinselbstständige" zu betrachten sein könnten – mit dem Risiko horrender Nachzahlungen von Sozialversicherungsbeiträgen. Der Gesetzgeber reagierte und erließ zum Schutz des Bildungsträger die Vorschrift des § 127 SGB IV, wonach – grob zusammengefasst – die Vertragsparteien durch vertragliche Vereinbarung regeln können, dass ihr Auftragsverhältnis eine selbstständige Tätigkeit sei. Diese Regelung galt zunächst bis 31.12.2027 und soll nunmehr bis 31.12.2028 verlängert werden, bis der Gesetzgeber das „Problem" im Kern gelöst haben will. Tatsächlich wurde mit diesem Gesetz die Verantwortung aber nur umverteilt: Denn sobald freiberufliche Lehrer eine Vereinbarung nach § 127 SGB IV unterschrieben haben, können sie nach § 127 Abs. 2 Satz 1 SGB IV dennoch rentenversicherungspflichtig sein, und zwar als selbstständig tätige Lehrer und Erzieher (§ 2 Satz 1 Nr. 1 SGB VI). Gleichwohl besteht auch für selbstständige Lehrer dann keine Versicherungspflicht, wenn sie nach § 5 SGB VI versicherungsfrei sind. Dies ist etwa dann der Fall, wenn ihr steuerlicher Gewinn im Monatsdurchschnitt die Beträge der

B

Geringfügigkeitsgrenze aus § 8 SGB IV nicht übersteigt oder wenn die Beschäftigung innerhalb eines Kalenderjahres auf längstens drei Monate oder 70 Arbeitstage nach ihrer Eigenart begrenzt zu sein pflegt oder im Voraus vertraglich begrenzt ist.

Weiter muss vor einem Rentenbezug die sog. Wartezeit erfüllt sein. Je nach Rentenart sind die Anforderungen daran unterschiedlich: 5

Wartezeit	Art der Rente
5 Jahre (§ 50 Abs. 1 Satz 1 Nr. 1 SGB VI)	Regelaltersrente § 50 Abs. 1 Satz 2 Nr. 1 SGB VI: Gilt auch als erfüllt, wenn der Versicherte bis zum Erreichen der Regelaltersgrenze eine Rente wegen verminderter Erwerbsfähigkeit oder eine Erziehungsrente bezogen hat.
25 Jahre (§ 50 Abs. 3 Nr. 1 SGB VI)	Altersrente für langjährig unter Tage beschäftigte Bergleute und für die Rente für Bergleute vom 50. Lebensjahr an
35 Jahre (§ 50 Abs. 4 Nr. 2 SGB VI)	Altersrente für schwerbehinderte Menschen
35 Jahre (§ 50 Abs. 4 Nr. 1 SGB VI)	Altersrente für langjährig Versicherte
45 Jahre (§ 50 Abs. 5 SGB VI)	Altersrente für besonders langjährig Versicherte

Auf diese Wartezeiten werden die sog. Beitragszeiten (§ 55 SGB VI) und Ersatzzeiten angerechnet, ebenso Zeiten aus einem Versorgungsausgleich, Kindererziehungszeiten und freiwillige Beitragszeiten (sog. Anrechnungszeiten). 6

Hinweis:

Über die Anforderung einer Rentenauskunft beim zuständigen Rentenversicherungsträger kann geprüft werden, ob die jeweilige Wartezeit bereits erfüllt ist.

Sollten dabei Lücken ersichtlich werden, empfiehlt sich eine Klärung der Versicherungszeiten, das heißt, durch Vorlage von Unterlagen sollten etwaige weitere Versicherungszeiten nachgewiesen werden (z. B. nicht erfasste Ausbildungszeiten, Arbeitslosenzeiten).

Auch das einfach klingende Kriterium des Alters ist im Rentenrecht mit Denkarbeit verbunden. 7
So schreibt § 35 Satz 2 SGB VI zwar lapidar die Regelaltersgrenze bei 67 Jahren fest. Da diese Grenze aber erst im Lauf der letzten Jahre zur demografischen Absicherung des Rentensystems angehoben wurde, gibt es dazu gewisse Bestandsschutzregeln, das heißt, das Regelrentenalter ist in Abhängigkeit vom Geburtsdatum ggf. auch niedriger. Vor 1947 Geborene behalten das Eintrittsalter von 65 Jahren; ab den Folgejahrgängen erfolgt dann jedoch nach § 235 Abs. 2 SGB VI eine schrittweise Erhöhung des Renteneintrittsalters:

Versicherte Geburtsjahr	Anhebung um Monate	auf Alter	
		Jahre	Monat(e)
1947	1	65	1
1948	2	65	2
1949	3	65	3
1950	4	65	4
1951	5	65	5

B

Versicherte Geburtsjahr	Anhebung um Monate	auf Alter	
		Jahre	Monat(e)
1952	6	65	6
1953	7	65	7
1954	8	65	8
1955	9	65	9
1956	10	65	10
1957	11	65	11
1958	12	66	0
1959	14	66	2
1960	16	66	4
1961	18	66	6
1962	20	66	8
1963	22	66	10

8 Entsprechende Regelungen gibt es für die Altersgrenzen anderer Rentenarten (vgl. §§ 236 ff. SGB VI).

9 Ggf. müssen zum Bezug besonderer Rentenarten spezielle Voraussetzungen erfüllt sein. Ein besonders wichtiges Beispiel stellt insofern die vorgezogene (abschlagsfreie) Rente für schwerbehinderte Menschen dar. Neben der Erfüllung der Wartezeit von 35 Jahren und dem Erreichen des jeweiligen Renteneintrittsalters (vgl. erneut die Staffelung nach Geburtsjahrgängen in § 236a SGB VI) muss bei Beginn der Altersrente eine Anerkennung als schwerbehinderter Mensch nach § 2 Abs. 2 SGB IX bestehen.

Hinweise:

Es handelt sich hierbei neben dem Kündigungsschutz um einen der wichtigsten Beweggründe für Anträge nach dem SGB IX, da zwar vorzeitige Altersrenten auch ohne Schwerbehinderung bezogen werden können, aber nur gegen erhebliche Abschläge von der Rentenhöhe.

Maßgeblich ist also, dass bei Rentenbeginn ein GdB von 50 besteht (eine bloße Gleichstellung mit Schwerbehinderten nach § 2 Abs. 3 SGB IX reicht also nicht). Die zeitlich später wirksame Herabsetzung des GdB schadet nicht mehr.

Optimalerweise sollte das Feststellungsverfahren nach dem SGB IX zum Zeitpunkt der Rentenbeantragung jedenfalls bereits angestoßen worden sein (denn maßgeblich ist nicht das Datum des Bescheids nach dem SGB IX, sondern der Zeitpunkt, ab dem darin die Schwerbehinderung festgestellt wird). Wurde das versehentlich versäumt, kann das gewünschte Ziel bei einem noch offenen Rentenantrag ggf. auch noch anders erreicht werden: Denn nach § 152 Abs. 1 Satz 2 SGB IX darf bei einem besonderen Interesse eine Feststellung auch in die Vergangenheit erfolgen (hier also rückwirkend zum Zeitpunkt des Rentenbeginns einer Rente für schwerbehinderte Menschen). Näheres gibt es in B 2, Rn. 181.

10 Die Höhe der Rente bemisst sich im Kern nach vier Faktoren:

- den Entgeltpunkten
- dem Zugangsfaktor
- dem aktuellen Rentenwert
- dem Rentenartfaktor

Bei den Entgeltpunkten findet eine jährliche Betrachtung des erzielten Verdienstes statt; entspricht er dem Durchschnittsverdienst dieses Jahres, beträgt der Entgeltpunkt genau 1,0. Der Zugangsfaktor berücksichtigt Zu- und Abschläge von der Rente, etwa bei früherem oder späterem Rentenbeginn. Der aktuelle Rentenwert wird für die Bundesrepublik Deutschland festgelegt (derzeit noch unterschiedlich nach Ost- und Westdeutschland). 11

Der Rentenbezug beginnt nicht automatisch, sondern muss beim zuständigen Rentenversicherungsträger beantragt werden. Mittlerweile besteht auch die Möglichkeit eines Onlineantrags. Dem Rentenantrag sollten gleich zu Beginn die erforderlichen Unterlagen beigefügt werden (insbesondere die Rentenversicherungsnummer, der Personalausweis, Nachweise zur Kranken- und Pflegeversicherung, die Steueridentifikationsnummer und – nicht zu vergessen – die Bankverbindung). 12

Hinweise:

Um einen möglichst nahtlosen Rentenbezug sicherzustellen, empfiehlt es sich, die Rente mindestens drei Monate vor Eintritt des maßgeblichen Rentenbeginns zu beantragen.

Grundsätzlich wird eine Rente erst ab dem Antragsmonat geleistet. Nur ausnahmsweise fingiert § 99 Abs. 1 Satz 1 SGB VI eine Drei-Monats-Rückwirkung, wenn die Rente bis zum Ende des dritten Kalendermonats nach Ablauf des Monats beantragt wird, in dem die Anspruchsvoraussetzungen erfüllt sind.

Reicht die Rente nicht zum Leben, kann daneben aufstockend Grundsicherung im Alter bezogen werden (siehe Rn. 14 ff.). 13

Hinweis:

Hierzu enthält § 109a Abs. 1 SGB VI bei bestehender Rentenberechtigung eine Informations- und Beratungspflicht des Trägers der Rentenversicherung mit Blick auf etwaige Grundsicherungsleistungen. Es besteht nach § 109a Abs. 1 Satz 4 SGB VI sogar die Möglichkeit, den Antrag auf Grundsicherung beim Rententräger zu stellen, der diesen dann weiterleitet.

Damit es nach Möglichkeit gar nicht so weit kommt, wurden ab dem 1.1.2023 die Hinzuverdienstgrenzen auch für (vorzeitige) Altersrenten gestrichen (frühere Absätze 2 ff. von § 34 SGB VI (a. F.)), sodass künftig „rentenunschädlich" beliebig viel dazuverdient werden kann; die Neuregelung gilt für alle unabhängig vom Zeitpunkt des Rentenbeginns (bezüglich EM-Renten vgl. B 11, Rn. 134). 13a

Hinweis:

Zu beachten kann aber sein, dass hierdurch ggf. eine (höhere) Steuerpflicht entsteht.

Eine weitere Stärkung für Rentenbezieher ist die Grundrente. Diese ist eigentlich keine eigene Rentenart, sondern ein Zuschlag für langjährige Pflichtbeitragszeiten, der seit 1.7.2023 gewährt wird. Ein Antrag ist dafür nicht erforderlich, Prüfung und Auszahlung erfolgen automatisch. Grundvoraussetzung sind mindestens 33 Beitragsjahre mit unterdurchschnittlichem Verdienst; zudem wird Einkommen während des Rentenbezugs oberhalb bestimmter Freibetragsgrenzen angerechnet (vgl. zum Ganzen: §§ 76g, 97a, 151c, 307e SGB VI). 13b

Hinweis:

Flankiert wird die Grundrente durch Freibeträge bei der Grundsicherung (§ 82a SGB XII) und beim Wohngeld (§ 17a WoGG). Der Freibetrag setzt sich zusammen aus einem Betrag von 100 EUR aus der monatlichen Bruttorente und zuzüglich weiteren 30 % der restlichen

Bruttorente. Allerdings gibt es hierfür auch eine Höchstgrenze und zwar in Höhe von 50 % der Regelbedarfsstufe 1 (das heißt seit 1.1.2024: 281,50 EUR).

2. Grundsicherung im Alter (und bei Erwerbsminderung)

14 Oft reichen die erwirtschafteten Rentenanwartschaften gleichwohl nicht aus, um die Existenz im Alter zu sichern. Ebenso wie für Erwerbsfähige (dort: SGB II) gibt es auch im Alter eine Grundsicherung, geregelt in §§ 41 ff. SGB XII.

Systemverständnis:

Für viele ältere Menschen ist es eine sehr demütigende Erfahrung, im Alter auf Sozialhilfe angewiesen zu sein. Es gab und gibt daher verschiedene politische Ansätze zur Lösung des Problems – etwa die Ideen der Lebensleistungsrente oder der Grundrente im Alter. Ein tragfähiges und umgesetztes Gesamtkonzept liegt aber – abgesehen vom Grundrentenzuschlag (siehe Rn. 13b) – bis dato nicht vor.

15 Grundsicherung im Alter erhält nach § 41 SGB XII, wer sein individuelles Regelrentenalter erreicht hat (siehe Rn. 7), seinen gewöhnlichen Aufenthalt in Deutschland hat und seinen Lebensunterhalt nicht aus seinem Einkommen und Vermögen bestreiten kann.

Tipp:

Auch vor Eintritt des Regelrentenalters kann ein Anspruch auf Grundsicherung bestehen: Leistungsberechtigt sind nämlich nach § 41 Abs. 3 SGB XII auch Personen über 18 Jahren, die unabhängig von der jeweiligen Arbeitsmarktlage voll erwerbsgemindert sind und bei denen unwahrscheinlich ist, dass die volle Erwerbsminderung behoben werden kann.

§ 41 Abs. 3a SGB XII sieht dies auch für bestimmte Erwachsene in Werkstätten für behinderte Menschen sowie für volljährige Auszubildende mit einem Budget für Ausbildung (§ 61a SGB IX) vor.

16 Die Leistungen der Grundsicherung im Alter sind an die Leistungen der Hilfe zum Lebensunterhalt angelehnt. Hier gibt es eine kurze Übersicht über die wichtigsten Leistungsgruppen:

Leistungen der Grundsicherung im Alter (und bei Erwerbsminderung)	Hinweise auf gesetzliche Vorschriften des SGB XII
Regelsätze	... nach den Regelbedarfsstufen der Anlage zu § 28; § 27a Abs. 3 und 4 ist anzuwenden; § 29 Abs. 1 Satz 1 letzter Halbsatz und Abs. 2 bis 5 sind nicht anzuwenden
Zusätzliche Bedarfe	... nach dem zweiten Abschnitt des dritten Kapitels; sowie Mehrbedarfe nach § 42b
Bedarfe für Bildung und Teilhabe	... nach dem dritten Abschnitt des dritten Kapitels; ausgenommen die Bedarfe nach § 34 Abs. 7
Bedarfe für Unterkunft und Heizung	§ 42 Nr. 4 und § 42a

17 Wie immer hat die Grundsicherung Nachrangcharakter. Insbesondere sind zunächst eigenes Einkommen und Vermögen zu berücksichtigen; hierzu verweist § 43 Abs. 1 Satz 1 SGB XII auf einzelne Vorschriften aus dem Recht der Hilfe zum Lebensunterhalt.

Allerdings sind nach § 43 Abs. 1 Satz 2 SGB XII auch das Einkommen und Vermögen des nicht getrennt lebenden Ehegatten oder Lebenspartners sowie des Partners einer eheähnlichen oder lebenspartnerschaftsähnlichen Gemeinschaft zu berücksichtigen, soweit sie dessen notwendigen Lebensunterhalt übersteigen. 18

Systemverständnis:

Das Einkommen unterhaltsverpflichteter Kinder wird nicht angerechnet. Allerdings kann es unter Umständen zu einem Regress des Trägers der Sozialhilfe kommen. Seit 1.1.2020 ist das aber grundsätzlich ausgeschlossen und nur noch in Fällen möglich, in denen das jährliche Gesamteinkommen mehr als 100.000 EUR beträgt (Jahreseinkommensgrenze). Näheres zur Vermutungsregelung siehe B 2, Rn. 109 zum Übergang etwaiger Unterhaltsansprüche nach §§ 93, 94 SGB XII auf den Sozialhilfeträger.

Die Grundsicherung im Alter wird nur auf Antrag beim zuständigen Grundsicherungsträger erbracht (§ 44 Abs. 1 Satz 1 SGB XII). Bedarfe nach § 42 Nr. 2 i. V. m. §§ 31, 33 SGB XII sowie Bedarfe nach § 42 Nr. 3 i. V. m. § 34 Abs. 5 und Bedarfe nach § 42 Nr. 5 SGB XII (vgl. obige Tabelle zur Leistungsübersicht) müssen darüber hinaus gesondert beantragt werden. 19

Systemverständnis:

Anders als bei den meisten Ansprüchen der Hilfe zum Lebensunterhalt gilt hier also nicht der Kenntnisgrundsatz des § 18 SGB XII.

Tipp:

In Grenzfällen, in denen unklar ist, ob eine Äußerung des Betroffenen gegenüber dem Sozialhilfeträger ein „Antrag" ist, kann ggf. eine Berufung auf den Meistbegünstigungsgrundsatz helfen (siehe B 1, Rn. 32).

Wie im Grundsicherungsrecht des SGB II wirkt eine Antragstellung immerhin auf den Monatsersten zurück (§ 44 Abs. 2 Satz 1 SGB XII). Eine weitergehende Rückwirkung ist jedoch ausgeschlossen (außer für manche Bedarfe für Bildung und Teilhabe, siehe § 44 Abs. 2 Satz 2, Abs. 4 Satz 2 SGB XII). 20

Der Bewilligungszeitraum beträgt in der Regel zwölf Monate, bei einer nur vorläufigen Bewilligung nach § 44a SGB XII sechs Monate (§ 44 Abs. 3 Satz 1 SGB XII). 21

3. Altenhilfe nach § 71 SGB XII

Im Gegensatz zur Grundsicherung im Alter handelt es sich bei der Altenhilfe um eine Sonderform der Hilfe in anderen Lebenslagen. Hintergedanke der Regelung ist, dass die Bedürfnisse älterer Menschen im SGB XII eher stiefmütterlich behandelt werden (abgesehen von der Hilfe zur Pflege und dem Mehrbedarf nach § 30 Abs. 1 SGB XII bei Vorliegen des Merkzeichens G). 22

Tipp:

Allerdings greift es zu kurz, die Altenhilfe nur unter dem Blickwinkel schlechtergestellter Älterer zu betrachten. Denn nach § 71 Abs. 4 SGB XII soll Altenhilfe ohne Berücksichtigung von Einkommen oder Vermögen geleistet werden, soweit es um Beratung und Unterstützung geht. Erst bei der Gewährung von Sachleistungen kommt es wieder zur Berücksichtigung der finanziellen Situation.

23 Nach dem Willen des Gesetzgebers soll die Altenhilfe dazu beitragen, Schwierigkeiten, die durch das Alter entstehen, zu verhüten, zu überwinden oder zu mildern und alten Menschen die Möglichkeit zu erhalten, selbstbestimmt am Leben in der Gemeinschaft teilzunehmen und ihre Fähigkeit zur Selbsthilfe zu stärken. Dafür kommen insbesondere folgende Leistungen in Betracht:

§ 71 Abs. 2 SGB XII	**Denkbare Leistungen der Altenhilfe**
Nr. 1	Leistungen zu einer Betätigung und zum gesellschaftlichen Engagement
Nr. 2	Leistungen bei der Beschaffung und zur Erhaltung einer Wohnung, die den Bedürfnissen des alten Menschen entspricht
Nr. 3	Beratung und Unterstützung im Vor- und Umfeld von Pflege, insbesondere in allen Fragen des Angebots an Wohnformen bei Unterstützungs-, Betreuungs- oder Pflegebedarf sowie an Diensten, die Betreuung oder Pflege leisten
Nr. 4	Beratung und Unterstützung in allen Fragen der Inanspruchnahme altersgerechter Dienste
Nr. 5	Leistungen zum Besuch von Veranstaltungen oder Einrichtungen, die der Geselligkeit, der Unterhaltung, der Bildung oder den kulturellen Bedürfnissen alter Menschen dienen
Nr. 6	Leistungen, die alten Menschen die Verbindung mit nahestehenden Personen ermöglichen
Hinweis	Da es sich um keinen abschließenden Leistungskatalog handelt, kommen grundsätzlich auch weitere, ähnlich gelagerte Hilfen in Betracht.

24 Auf diese Leistungen habe ältere Menschen zwar keinen gebundenen Anspruch, allerdings besteht ein sog. intendiertes Ermessen: Die Leistungen sind zu erbringen, wenn die Voraussetzungen vorliegen und kein atypischer Fall gegeben ist, der einer Gewährung entgegensteht.

25 Apropos Voraussetzungen: Wann ist ein Mensch eigentlich „alt" im Sinne des Gesetzes? Jedenfalls bei Erreichen der individuellen Regelaltersgrenze aus § 41 Abs. 2 SGB XII wird diese Frage eindeutig zu beantworten sein. Das schließt aber nicht aus, dass auch „jüngere Ältere" Ansprüche nach § 71 SGB XII geltend machen können. Jedenfalls können in solchen Fällen ggf. über § 71 Abs. 3 SGB XII Leistungen der Altenhilfe begehrt werden, wenn sie der Vorbereitung auf das Alter dienen.

26 Ungeschriebenes weiteres Tatbestandsmerkmal ist nach der Rechtsprechung aber neben dem Bestehen von Bedarfen das Vorliegen „altersbedingter Schwierigkeiten" (vgl. BSG, Urt. v. 24.2.2016 – B 8 SO 11/14 R, Rn. 13).

Systemverständnis:

Die im Gesetz dargelegten Leistungsbeispiele zeigen bereits, dass dadurch vielfach auch andere Leistungsbereiche wie die Grundsicherung im Alter, die Pflege oder das Eingliederungsrecht berührt werden. § 71 Abs. 5 SGB XII schreibt daher ausdrücklich vor, dass die Altenhilfe mit diesen Leistungen „zu verzahnen" ist.

27 Altenhilfe im weitesten Sinne ist auch die Hilfe zur Pflege nach den §§ 61 ff. SGB XII, jedenfalls soweit vorwiegend ältere Menschen davon betroffen sind. Näheres siehe B 6, Rn. 132 ff.

Johannes Friedrich

Rund um den Todesfall

B

1. Grundsätzliche Unterscheidung: Der Betreute als Erblasser oder als Erbe

1 Ganz grundlegend muss zunächst unterschieden werden, ob der Betreute selbst stirbt (er also Erblasser wird) oder ob er als Erbe infrage kommt.

2 Erbt ein Betreuter im Rahmen der gesetzlichen oder gewillkürten Erbfolge, kann das große Auswirkungen auf sozialrechtliche Ansprüche haben (siehe Rn. 4).

3 Verstirbt dagegen der Betreute selbst, endet die gesetzliche Betreuung grundsätzlich automatisch; es kann allenfalls eine Notgeschäftsführungsbefugnis bestehen (vgl. hierzu Kapitel A).

2. Der Betreute als Erbe

4 Wird der Betreute Erbe, kann diese Position vielfältige sozialrechtliche Auswirkungen haben. Das gilt insbesondere dann, wenn Sozialleistungen vom Einkommen und Vermögen abhängig sind.

Systemverständnis:

So können Zuflüsse aus einer Erbschaft im Rahmen des SGB II und SGB XII den Leistungsanspruch mindern oder ausschließen (siehe B 2, Rn. 61 und 98 ff.).

Tipp:

Die betroffenen Behörden sollten daher unverzüglich auf den Eintritt eines Erbfalls hingewiesen werden. Zudem ist Mitteilung zu machen, wenn konkrete Erbschaftsbeträge ausgezahlt werden. Ein Unterlassen dieser Obliegenheit kann zu einem (versuchten oder vollendeten) Sozialleistungsbetrug führen und erhebliche Erstattungsforderungen auslösen.

3. Der Betreute als Erblasser – die Auswirkungen des Todes auf laufende Sozialleistungen

5 Obgleich die Betreuung mit Eintritt des Todes grundsätzlich endet, soll hier ein grober informatorischer Überblick zu den Auswirkungen des Todes des Beziehers auf seine Sozialleistungen gegeben werden.

Tipp:

Auch hier gilt: Der Tod des Leistungsempfängers sollte den Behörden unverzüglich mitgeteilt werden. So können Erstattungsansprüche gegen die Rechtsnachfolger am besten vermieden werden.

3.1 Arbeitslosengeld, Krankengeld

6 Sowohl Arbeitslosengeld als auch Krankengeld enden mit dem Tod des Berechtigten. Hier drohen also Erstattungsverlangen, wenn das Ableben nicht rechtzeitig mitgeteilt wird.

3.2 Wohngeld und Lastenzuschuss

7 Das WoGG kennt den Mietzuschuss (für Mieter) und den Lastenzuschuss (für Eigenheimeigentümer). Beide bestehen noch bis zum Ablauf des Sterbemonats.

Systemverständnis:

Mit dem Tod eines Haushaltsmitglieds ändert sich grundsätzlich auch die Zahl der zu berücksichtigenden Haushaltsmitglieder und damit die Höhe des Anspruchs. § 6 Abs. 2 WoGG sieht daher vor, dass der Tod eines Familienmitglieds für die Dauer von zwölf Monaten nach dem Sterbemonat ohne Einfluss auf die bisher maßgebende Anzahl der zu berücksichtigenden Haushaltsmitglieder ist (zu den Rückausnahmen hiervon vgl. die Norm).

3.3 BAföG-Leistungen

Mit Ablauf des Sterbemonats besteht kein Anspruch auf Leistungen nach dem BAföG. 8

Tipp:

Seit 16.8.2019 erlischt nach dem neu eingeführten § 18 Abs. 11 BAföG mit dem Tod der Darlehensnehmer die verbliebene Darlehensschuld einschließlich etwaiger Kosten und Zinsen. Die Erben müssen also das Darlehen nicht zurückzahlen (nach der früheren Gesetzesfassung galt das nur für noch nicht fällige Darlehensschulden).

3.4 Pflegeversicherungsleistungen

Zwar kann der Pflegegeldanspruch tageweise zu kürzen sein, wenn seine Voraussetzungen 9
nicht für den vollen Kalendermonat vorliegen. Im Fall des Todes gilt nach § 37 Abs. 2 Satz 3 SGB XI aber eindeutig, dass das Pflegegeld für den vollen Sterbemonat zu leisten ist.

Tipp:

Oftmals verschlechtert sich in den Monaten vor dem Tod der Gesundheitszustand der Betroffenen. Wurde hier eine Höherstufung beantragt, kann ggf. sogar noch eine Nachzahlung des höheren Pflegegeldes erfolgen. Bei Ausbleiben eines Bescheids ist hier bei der Pflegekasse nachzufragen.

Im Hinblick auf die Sachleistungen der Pflege gilt der Grundsatz, dass ein Pflegedienst nur das 10
abrechnen darf, was auch tatsächlich geleistet wurde, das heißt auch nur bis zum Eintritt des Todes.

Heimentgelte bei Unterbringung in Pflegeheimen sind nach § 87a Abs. 1 Satz 2 SGB XI seitens 11
der Pflegeversicherung nur bis zum Tag des Todes zu leisten.

Tipp:

Manchmal wird jedoch versucht, die darüber hinausgehenden Entgelte von den Erben des Verstorbenen unter Bezugnahme auf den Heimvertrag zu erlangen. Hier sollte genau geprüft werden, ob die entsprechenden Klauseln im Heimvertrag wirksam sind (vgl. zur Unwirksamkeit BVerwG, Urt. v. 2.6.2010 – 8 C 24/09). Der BGH sieht in § 87a Abs. 1 Satz 2 SGB XI sogar eine gegenüber den heimvertraglichen Bestimmungen des WBVG vorrangige Sonderregelung zugunsten von Heimbewohnern, die gleichzeitig Leistungsbezieher der Pflegeversicherung sind (BGH, Urt. v. 4.10.2018 – III ZR 292/17).

3.5 Rentenversicherungsleistungen

Nach § 105 Abs. 5 SGB VI werden Renten bis zum Ende des Sterbemonats bezahlt. 12

Tipp:

Sonderregelungen gelten für Witwen-/Witwerrenten im sog. Sterbevierteljahr: Hierbei findet bis zum Ende des dritten Kalendermonats nach Ablauf des Monats, in dem der Ehegatte verstorben ist, keine Einkommensanrechnung statt (§ 97 Abs. 1 Satz 2 und § 67 Nr. 5 SGB VI); faktisch wird damit die Rente des Verstorbenen nicht nur für den Sterbemonat voll weiterbezahlt, sondern auch für das folgende Vierteljahr. Für Waisenrenten gilt das allerdings nicht.

3.6 Grundsicherungsleistungen

13 Leistungen der Grundsicherung nach dem SGB II und dem SGB XII enden mit dem Tag des Todes; ggf. findet eine anteilige Berechnung statt, die in der Regel zu Erstattungsansprüchen bei Überzahlungen führt.

Tipp:

Die Behörden haben hier meist die Möglichkeit, von der Geltendmachung solcher Erstattungsansprüche abzusehen. Geschieht das gleichwohl, sollte versucht werden, einen Antrag auf Niederschlagung zu stellen (siehe B 15, Rn. 42 ff.).

14 Mit dem Tod des Verstorbenen geht das Vermögen nach § 1922 BGB auf die Erben über. Die Träger der Grundsicherung hatten daher früher zum Teil die Möglichkeit, geleistete Zahlungen gegen den Erben geltend zu machen (sog. Erbenhaftung).

15 Aktuell besteht folgende Rechtslage:

- Für Leistungen nach dem SGB II sah der frühere § 35 SGB II einen solchen Rückgriff ausdrücklich vor. Die Vorschrift trat allerdings am 31.7.2016 außer Kraft, sodass seitdem keine Erbenhaftung mehr besteht.
- Nach der gesetzlichen Regelung des § 102 Abs. 5 SGB XII besteht auch für Leistungen der Grundsicherung im Alter und bei Erwerbsminderung keine Erbenhaftung.
- Leistungen der Eingliederungshilfe befinden sich nun im SGB IX und sind bereits deswegen nicht von § 102 SGB XII erfasst.
- Nach wie vor allerdings besteht für sonstige Grundsicherungsleistungen nach den näheren Vorgaben des § 102 SGB XII eine Erbenhaftung für Kosten der Sozialhilfe, die innerhalb eines Zeitraums von zehn Jahren vor dem Erbfall ausbezahlt wurden (wobei § 102 Abs. 2 SGB XII klarstellt, dass es sich hierbei um Nachlassverbindlichkeiten handelt – der Erbe haftet also beschränkt auf die Nachlasshöhe und nicht mit seinem kompletten Vermögen).

Systemverständnis:

Die Vermögensfreibeträge sollen nur die Betroffenen schützen, nicht aber deren Erben. Das rechtfertigt den Rückgriff des Staats auf das Erbe in Form der Erbenhaftung, soweit das nach oben genannten Regeln möglich ist.

4. Beerdigungskosten, „Sozialbestattung"

4.1 Bestattungskosten nach dem SGB XII

16 Im Rahmen des Neunten Kapitels des SGB XII werden Hilfen in „anderen Lebenslagen" geregelt. In diesem Zusammenhang sieht § 74 SGB XII vor, dass die erforderlichen Kosten einer Bestattung übernommen werden, soweit den hierzu Verpflichteten (z. B. den Angehörigen) nicht zugemutet werden kann, die Kosten zu tragen.

Die Vorschrift gewährt den Anspruch nur demjenigen, der zur Übernahme der Beerdigungskosten verpflichtet ist. Diese Verpflichtung kann sich z. B. aus einem Vertrag ergeben, außerdem aus dem Erbrecht, dem Unterhaltsrecht oder aus landesrechtlichen Bestattungsvorschriften. Umstritten ist, ob ein Vertrag mit dem Verstorbenen eine solche Pflicht darstellen kann (der bloße Vertrag mit dem Bestattungsunternehmen reicht dagegen sicher nicht aus). Auch das bloße Bestehen einer sittlichen Verpflichtung (manchmal als „Totenfürsorge" bezeichnet) genügt nicht. 17

Tipp:

Ein Verpflichteter sollte sich vor Abschluss des Vertrags mit dem Bestattungsunternehmen an den Sozialhilfeträger wenden und um eine Zusicherung (§ 34 SGB X) hinsichtlich der Kostenübernahme bitten. Das ist auch deshalb wichtig, weil der Anspruch nach § 74 SGB XII nicht schon bei jeder Kenntnis des Sozialhilfeträgers entsteht, sondern nur auf expliziten Antrag hin.

Zudem muss es dem Verpflichteten unzumutbar sein, die Kosten zu tragen. Wirtschaftliche Gesichtspunkte können hierbei eine Rolle spielen, aber auch andere Umstände können relevant werden (z. B. schwere Verfehlungen des Verstorbenen gegenüber dem Verpflichteten). 18

Systemverständnis:

Wie allgemein im Recht der Sozialhilfe werden auch hier nur die erforderlichen Kosten der unmittelbaren Bestattung auf einfachem, aber würdigem Niveau übernommen, nicht aber übliche Begleitkosten (z. B. für Todesanzeigen oder Beerdigungsessen).

Tipp:

Die Bestattung eines verstorbenen Betreuten gehört grundsätzlich nicht zu den Pflichten eines Betreuers. Der Betreuer wird auch selbst nicht durch seine bloße Bestellung zum „Verpflichteten" im Sinne des § 74 SGB XII (es sei denn, er ist das bereits unabhängig von der Übernahme der Betreuung (z. B. als naher Angehöriger) oder landesrechtliche Bestattungsgesetze sehen eine solche Verpflichtung vor). Vorsicht ist daher walten zu lassen, wenn mit einem Bestattungsunternehmen ein Vertrag abgeschlossen wird: Der Betreuer kann auf diesen Kosten „sitzen bleiben".

4.2 Leistungen zur Überführung und Bestattung nach dem SGB XIV

Verstirbt ein versorgungsrechtlich Berechtigter, sieht das Gesetz in § 99 SGB XIV die Übernahme von Überführungs- und Bestattungskosten sowie die Auszahlung von Bestattungsgeld vor. 19

Systemverständnis:

Während das BVG für die Anspruchshöhe noch danach unterschied, ob der Beschädigte an den Schädigungsfolgen oder an anderen Gesundheitsstörungen verstorben ist, bestehen Ansprüche nach § 99 SGB XIV nur dann, wenn Geschädigte an den Schädigungsfolgen verstorben sind. Zudem wurde das vormalige BVG-Bestattungsgeld ersatzlos gestrichen.

Für weitere Einzelheiten zu § 99 SGB XIV siehe B 7, Rn. 48. 20

B

4.3 Leistungen nach dem SGB VII

21 Im Bereich des Rechts der gesetzlichen Unfallversicherung gibt es ebenfalls Leistungen im Zusammenhang mit dem Tod des Betroffenen (vgl. § 63 SGB VII).

22 Speziell in Bezug auf Kosten der Beerdigung werden vom Unfallversicherungsträger die Kosten der Überführung an den Ort der Bestattung erstattet, wenn der Tod nicht am Ort der ständigen Familienwohnung des Versicherten eingetreten ist und der Versicherte sich dort aus beruflichen Gründen aufgehalten hat. Nach § 63 Abs. 1 Satz 2 SGB VII gilt das aber nur dann, wenn der Tod des Versicherten infolge eines Versicherungsfalls eingetreten ist. Ausgezahlt wird an denjenigen Berechtigten, der die Bestattungs- und Überführungskosten trägt. Existiert kein Anspruchsberechtigter nach § 64 Abs. 1 SGB VII, werden die Bestattungskosten bis zur Höhe des Sterbegeldes (siehe Rn. 30) an denjenigen gezahlt, der diese Kosten trägt.

23 Weitere Einzelheiten siehe B 11, Rn. 85 f.

5. Hinterbliebenenversorgung

5.1 Hinterbliebenenversorgung nach dem SGB XIV

24 Das früher in § 37 BVG vorgesehene Sterbegeld existiert im Anwendungsbereich des SGB XIV nicht mehr.

25 Das neue Recht der §§ 85 ff. SGB XIV sieht im Fall des schädigungsbedingten Todes von Geschädigten eine Hinterbliebenenversorgung vor, die aber teilweise von weiteren Voraussetzungen abhängig ist. Dazu und zur Möglichkeit der Kapitalisierung (Abfindung) dieser Entschädigungsleistungen siehe B 7, Rn. 37.

5.2 Sterbegeld, Hinterbliebenenrenten und -beihilfen nach dem SGB VII

26 § 64 Abs. 1 SGB VII gewährt einen Anspruch auf Sterbegeld. Die §§ 65, 66 SGB VII sehen eine Witwen-/Witwerrente vor, solange diese nicht wieder heiraten (zu weiteren zeitlichen Begrenzungen und zur Anrechnung von Einkommen vgl. die Norm). Die §§ 67, 68 SGB VII regeln eine Waisenrente, § 69 SGB VII enthält einen nachrangigen Anspruch auf Rente für andere Angehörige.

Systemverständnis:
Nach § 63 Abs. 1 Satz 2 SGB VII greifen diese Ansprüche nur dann, wenn der Tod des Versicherten infolge eines Versicherungsfalls eingetreten ist. Sofern dies nicht der Fall ist, bleibt noch die Möglichkeit der Witwen-/Witwer- und Waisenbeihilfe nach § 71 SGB VII.

27 Für weitere Details vgl. auch die Leistungsübersicht in B 11, Rn. 85 f.

5.3 Hinterbliebenenversorgung nach dem SGB VI

28 Auch das Recht der gesetzlichen Rentenversicherung beinhaltet Vorschriften zur Hinterbliebenenversorgung.

29 So gewährt § 46 SGB VI den Anspruch auf die kleine oder große Witwen-/Witwerrente, sofern keine Wiederheirat stattfindet. Die kleine Witwen-/Witwerrente ist zeitlich auf 24 Monate begrenzt und auch in der Höhe niedriger. Die große Rente wird daher nur unter den in der Norm genannten Voraussetzungen gezahlt (Erziehung eines minderjährigen Kindes oder Vollendung des 47. Lebensjahres oder Erwerbsminderung). Beide Renten setzen voraus, dass der verstorbene Versicherte die allgemeine Wartezeit von fünf Jahren erfüllt hatte. Zudem kann für geschiedene Ehegatten nach § 47 SGB VI ein Anspruch auf Erziehungsrente bestehen. Unter den Voraussetzungen des § 48 SGB VI bestehen für Kinder Ansprüche auf Halb- oder Vollwaisenrenten.

Tipp:

Gerade im Fall des Todes eines Menschen, der noch keine Rente bezogen hat, sollten die Angehörigen eine sog. Kontenklärung durchführen lassen, um die korrekte Erfassung der rentenrechtlichen Zeiten prüfen zu können: Die Höhe einer etwaigen Hinterbliebenenrente hängt damit unmittelbar zusammen! Besteht kein Rentenanspruch, kann nach § 210 SGB VI ggf. eine Beitragserstattung beantragt werden.

Eine besondere Form der Hinterbliebenenversorgung stellt die Erziehungsrente nach § 47 SGB VI dar (siehe B 9, Rn. 35). 30

6. Auswirkungen des Todes auf Sozialgerichtsverfahren

Grundsätzlich werden sozialgerichtliche Verfahren im Fall des Todes eines Beteiligten kraft Gesetzes bis zur Aufnahme durch den Rechtsnachfolger unterbrochen (§ 202 SGG i. V. m. § 239 Abs. 1 ZPO). 31

Bestand dagegen eine Vertretung durch einen Prozessbevollmächtigten, tritt keine Unterbrechung des Verfahrens ein; das Gericht hat jedoch auf Antrag des Bevollmächtigten oder des Gegners die Aussetzung des Verfahrens anzuordnen (§ 202 SGG i. V. m.§ 246 Abs. 1 ZPO). 32

7. Erbschaft und Sonderrechtsnachfolge, Vererbung von Sozialleistungen

Abweichend vom Erbrecht des Zivilrechts, das in § 1922 BGB eine Gesamtrechtsnachfolge der Erben in das Vermögen des Erblassers als Ganzes vorsieht, enthält das Sozialrecht für Sozialleistungen Sonderregeln: 33

Zunächst erlöschen nach § 59 Satz 1 SGB I mit dem Tod des Berechtigten alle Ansprüche auf Dienst- und Sachleistungen. 34

Systemverständnis:

Das ist leicht nachvollziehbar, schließlich wäre es nicht zu rechtfertigen, dass Hinterbliebene z. B. das Recht des Verstorbenen auf Absolvierung einer noch nicht angetretenen Badekur oder eines Anspruchs auf eine Prothese „erben".

Interessant wird es allerdings bei Geldleistungen. Hier regelt § 59 Satz 2 SGB I, dass Ansprüche auf Geldleistungen nur erlöschen, wenn sie im Zeitpunkt des Todes des Berechtigten weder festgestellt sind noch ein Verwaltungsverfahren über sie anhängig ist. Für alle anderen Geldleistungen ordnet das Gesetz in § 56 SGB I dagegen eine Sonderrechtsnachfolge an. Abweichend von § 1922 BGB erbt nicht der Erbe; vielmehr stehen die Ansprüche auf laufende Geldleistungen den in § 56 SGB I angeführten Personen zu. 35

Systemverständnis:

Das bedeutet nicht, dass diese Personen in der Folge nunmehr über Jahre hinweg die bisherigen Sozialleistungen weiterbeziehen können. § 56 SGB I beschränkt die Sonderrechtsnachfolge auf die „fälligen" laufenden Geldleistungen bis zum Zeitpunkt des Todesfalls.

Tipp:

Erfolgte gleichwohl noch eine Auszahlung einer fälligen Geldleistung auf das Konto des Verstorbenen, haben die Erben hierüber faktisch den Zugriff. Sie müssen entsprechende Gelder daher ggf. an die Sonderrechtsnachfolger nach § 56 SGB I auskehren.

36 Kein Vorteil ohne Nachteil: Soweit Ansprüche auf den Sonderrechtsnachfolger übergegangen sind, haftet er für die bestehenden Verbindlichkeiten des Verstorbenen (offene Erstattungsforderungen etc.) gegenüber dem Leistungsträger (nicht also – wie sonst üblich – der Erbe haftet!), § 56 Abs. 2 SGB I.

Tipp:

Aus diesem Grund besteht – analog zur Ausschlagung im Erbrecht – die Möglichkeit des Sonderrechtsnachfolgers, innerhalb von sechs Wochen nach Kenntnis durch schriftliche Erklärung gegenüber dem Leistungsträger auf die Rechtsnachfolge zu verzichten, vgl. § 56 Abs. 1 SGB I.

Johannes Friedrich

Rechtsdurchsetzung

1. Einleitung

1 Theoretische Kenntnisse von Ansprüchen helfen in der Praxis wenig, wenn das Handwerkszeug zur Durchsetzung fehlt. Daher sollen in diesem Kapitel die wichtigsten Mittel und Methoden zur erfolgreichen Rechtsdurchsetzung kurz dargestellt werden.

2. Abwehr belastender Verwaltungsmaßnahmen

2 Bei der Abwehr belastender Verwaltungsmaßnahmen richtet sich der Blick schnell auf Themen wie „Erstattungs- und Rückforderungsbescheide". Aber auch die Ablehnung beantragter Leistungen stellt eine belastende Verwaltungsmaßnahme dar. Im Regelfall handeln Behörden dabei durch die Rechtsform des sog. Verwaltungsakts.

Systemverständnis:

Nach § 31 Satz 1 SGB X ist das jede Verfügung, Entscheidung oder hoheitliche Maßnahme, die eine Behörde zur Regelung eines Einzelfalls auf dem Gebiet des öffentlichen Rechts trifft und die auf unmittelbare Rechtswirkung nach außen gerichtet ist.

3 Die Spielregeln dafür ergeben sich größtenteils aus dem Sozialverwaltungsverfahren des SGB X, allerdings finden sich auch in anderen Gesetzen wertvolle Handlungsmittel, die zur Abwehr belastenden Verwaltungshandelns eingesetzt werden können.

2.1 Überblick zum SGB X

4 Das SGB X regelt also das Verwaltungsverfahren im Sozialrecht. Neben Verfahrensgrundsätzen enthält es auch Regeln über das Zustandekommen und die Bestandskraft von Verwaltungsakten sowie eine Systemvorgabe zum Rechtsbehelfsverfahren.

Systemverständnis:

Obgleich der Begriff des „Sozialrechts" das nahelegen könnte, landen beileibe nicht alle Rechtsstreitigkeiten daraus vor den Sozialgerichten. Vielmehr ist für bestimmte Bereiche auch die Verwaltungsgerichtsbarkeit zuständig. Die sachliche Zuständigkeit (der Rechtsweg) der Sozialgerichte ist in § 51 SGG geregelt, die der Verwaltungsgerichte in § 40 VwGO.

Für das Rechtsbehelfsverfahren regelt § 62 SGB X daher nur ganz allgemein, dass hierfür entweder die Vorgaben des SGG oder der VwGO gelten – je nachdem, welche Gerichtsbarkeit für die spätere Entscheidung zuständig ist.

Tipp:

Es ist nicht nötig, sich zu einem Spezialisten für Gerichtswegzuständigkeiten fortzubilden: Denn belastende behördliche Bescheide müssen stets eine Rechtsbehelfsbelehrung enthalten, aus der sich ergibt, welche Rechtsbehelfe bei welcher Behörde einzulegen sind – bzw. bei welchem Gericht Klage erhoben werden kann.

5 Obgleich es im Detail durchaus Unterschiede zwischen den Verfahrensregeln der VwGO und des SGG geben kann, verfolgen beide Gerichtsgesetze im Wesentlichen dieselben Ansätze. Nachfolgend wird lediglich auf die Regelungen des SGG Bezug genommen.

2.2 Das Widerspruchsverfahren

6 Das SGG bezeichnet das Widerspruchsverfahren in §§ 77 ff. SGG als sog. Vorverfahren. Der Grund dafür ist banal: Es ist – für bestimmte Klagearten – eine Zulässigkeitsvoraussetzung für das Gerichtsverfahren.

Systemverständnis:

Das Vorverfahren hat neben dem Umstand der behördlichen Selbstkontrolle auch den Sinn, die Gerichtsbarkeit vor einer „Klageschwemme" zu bewahren, die eintreten würde, wenn gegen jede behördliche Ausgangsentscheidung direkt Klage zulässig wäre.

Nach § 78 SGG ist ein Vorverfahren vor Erhebung einer Anfechtungs- und Verpflichtungsklage 7
durchzuführen. Das Vorverfahren beginnt mit der Erhebung eines Widerspruchs (§ 83 SGG). Frist- und Formvorschriften dafür regelt § 84 SGG: Der Widerspruch ist binnen eines Monats nach Bekanntgabe des Verwaltungsakts schriftlich, in elektronischer Form nach § 36a Abs. 2 SGB I oder zur Niederschrift bei der Stelle einzureichen, die den Verwaltungsakt erlassen hat. Die Frist beträgt bei Bekanntgabe im Ausland drei Monate.

Tipps:

Im Sozialrecht ist eine Unterschrift unter dem Widerspruch nicht zwingend. Allerdings muss sich aus dem Schriftstück klar ergeben, dass der Betroffene willentlich hinter dem Widerspruch steht.

Ausreichend ist auch ein Fax (der Nachreichung des Originals bedarf es nicht). Eine bloße E-Mail genügt für die Wahrung der Form aber nicht, da § 36a Abs. 2 SGB I nicht gewahrt wird. Die Behörde muss den Betroffenen allerdings unverzüglich auf einen etwaigen Formverstoß hinweisen. Tut sie das nicht, kann dieser ggf. einen Antrag auf Wiedereinsetzung in den vorigen Stand stellen (§§ 84 Abs. 2 Satz 3, 67 SGG).

Nach § 13 SGB X kann sich ein Beteiligter im Verwaltungsverfahren durch einen Bevollmächtigten vertreten lassen. Einschränkungen zur Person des Bevollmächtigten gibt es – abgesehen von den Zurückweisungsmöglichkeiten der Absätze 5 bis 7 – grundsätzlich nicht, sodass der Bevollmächtigte auch ein Betreuer sein kann (und das auch ist, sofern ihm dieser Aufgabenkreis übertragen wurde).

Wird der Widerspruch von der Behörde für begründet erachtet, muss ein Abhilfebescheid 8
ergehen. Ansonsten entscheidet die Widerspruchsbehörde in Gestalt eines Widerspruchsbescheids (§ 85 SGG), gegen den dann Klage erhoben werden kann.

Systemverständnis:

Nicht selten ereignet sich auch Folgendes: Nach Abgabe an die Widerspruchsstelle erlässt die Ausgangsbehörde einen weiteren Bescheid, mit dem der angefochtene Bescheid geändert oder gar ersetzt wird. In diesem Fall schreibt § 86 SGG vor, dass nicht erneut Widerspruch erhoben werden muss; vielmehr wird der neue Bescheid Gegenstand des anhängigen Widerspruchsverfahrens.

Eine wichtige Wirkung des Widerspruchs regelt § 86a Abs. 1 SGB X: Danach haben Widerspruch 9
und Anfechtungsklage gegen einen Verwaltungsakt aufschiebende Wirkung. Das bedeutet, dass die Behörde aus dem angefochtenen Bescheid zunächst nicht vollstrecken kann, diesen also nicht umsetzen darf. Allerdings gibt es zahlreiche Durchbrechungen dieses Grundsatzes; § 86a Abs. 2 SGG zählt einige davon auf (insbesondere kann die Behörde selbst die sofortige Vollziehung anordnen), zum Teil ordnen aber auch andere Gesetze das Entfallen dieser aufschiebenden Wirkung an (vgl. z. B. § 39 Nr. 1 SGB II, nach dem keine aufschiebende Wirkung bei Verwaltungsakten besteht, mit denen Leistungen der Grundsicherung aufgehoben, zurückgenommen oder entzogen werden oder mit denen infolge von Sanktionen Minderungen verfügt werden).

B

Tipp:

Für diese Fälle sieht das SGG aber eine weitere Rechtsschutzmöglichkeit vor: Denn nach § 86b Abs. 1 SGG kann im Wege des einstweiligen Rechtsschutzes die Anordnung oder Wiederherstellung der aufschiebenden Wirkung beantragt werden (siehe Rn. 70 f.).

2.3 Vorgehen bei bestandskräftigen Entscheidungen

10 Wird der gegen einen Verwaltungsakt gegebene Rechtsbehelf nicht oder erfolglos eingelegt, ist der Verwaltungsakt für die Beteiligten in der Sache bindend (§ 77 SGG), das heißt bestandskräftig.

11 Das LSG Bayern beschreibt das treffend (vgl. etwa Urt. v. 18.3.2013 – L 15 VK 11/11; Urt. v. 8.4.2014 – L 15 VK 2/11): Die Bestandskraft (Unanfechtbarkeit) ist ein wesentliches Prinzip der Rechtsordnung. Mit der Bestandskraft wird Rechtssicherheit geschaffen, weil die Beteiligten wissen, woran sie sind, nämlich dass die Regelung des Verwaltungsakts sie bindet. Und es wird Rechtsfrieden garantiert, weil weiterer Streit über den Verwaltungsakt ausgeschlossen ist.

12 Das SGB X sieht allerdings in einer Reihe von Vorschriften Möglichkeiten vor, auch bestandskräftige Entscheidungen wieder aufzugreifen und zu ändern, wenn auch nur unter ganz bestimmten Umständen (Durchbrechung der Bestandskraft). Das kann sowohl zugunsten als auch zulasten des Betroffenen erfolgen. Das Gesetz unterscheidet bezüglich der Rechtsfolgen zudem teilweise danach, ob der bestandskräftige Verwaltungsakt rechtmäßig oder unrechtmäßig war. Eine kleine Übersicht hierzu:

Norm im SGB X	Regelungsgegenstand
§ 44	**Rücknahme** eines rechtswidrigen nicht begünstigenden Verwaltungsakts
§ 45	**Rücknahme** eines rechtswidrigen begünstigenden Verwaltungsakts
§ 46	**Widerruf** eines rechtmäßigen nicht begünstigenden Verwaltungsakts
§ 47	**Widerruf** eines rechtmäßigen begünstigenden Verwaltungsakts
§ 48	**Aufhebung** eines Verwaltungsakts mit Dauerwirkung bei Änderung der Verhältnisse

13 Bereits aus dieser Übersicht lässt sich zu den Begrifflichkeiten entnehmen, dass bei rechtswidrigen Verwaltungsakten von „Rücknahme" gesprochen wird, bei rechtmäßigen von „Widerruf". Ändern sich im Lauf der Zeit dagegen einfach die Verhältnisse (erzielt z. B. ein SGB-II-Leistungsbezieher während des Bewilligungszeitraums plötzlich Einkommen), spricht das Gesetz von „Aufhebung", es ergeht ein Änderungsbescheid.

14 Um entscheiden zu können, welche Rechtsnorm überhaupt einschlägig ist, muss mit der Frage begonnen werden, ob der betreffende Verwaltungsakt anfänglich rechtmäßig oder bereits von vornherein rechtswidrig war. Maßgeblich ist nach ständiger Rechtsprechung des BSG die objektive Sachlage im Zeitpunkt der Bekanntgabe des Verwaltungsakts (vgl. etwa BSG, Urt. v. 8.12.2020 – B 4 AS 46/20 R, Rn. 15). „Objektive Sachlage" bedeutet dabei, dass es irrelevant ist, wovon die Behörde zu diesem Zeitpunkt ausging; relevant sind ausschließlich die tatsächlichen Verhältnisse.

Verwaltungsakt anfänglich rechtmäßig	Verwaltungsakt bereits anfänglich rechtswidrig
Rücknahme eines rechtswidrigen nicht begünstigenden Verwaltungsakts (§ 44 SGB X)	Widerruf eines rechtmäßigen nicht begünstigenden Verwaltungsakts (§ 46 SGB X)
Rücknahme eines rechtswidrigen begünstigenden Verwaltungsakts (§ 45 SGB X)	Widerruf eines rechtmäßigen begünstigenden Verwaltungsakts (§ 47 SGB X)
Aufhebung eines Verwaltungsakts mit Dauerwirkung bei Änderung der Verhältnisse (§ 48 SGB X)	

Systemverständnis:

Wichtig zu wissen ist, dass die Grundsätze der §§ 44 ff. SGB X teilweise durch bestimmte Leistungsgesetze abgeändert werden. So macht § 330 SGB III aus den oben angeführten Ermessensentscheidungen für bestimmte Fallgestaltungen gebundene Entscheidungen; auch § 40 SGB II nimmt für die Grundsicherung für Arbeitsuchende entsprechende Eingriffe vor.

Aufgrund dieser Problematik soll in der Folge nur ganz kurz auf einige wichtige Punkte der einzelnen Aufhebungstatbestände eingegangen werden, die für die Rechtsdurchsetzung relevant sind. 15

Eines der wichtigsten Mittel, bestandskräftige rechtswidrige Verwaltungsakte, die den Betroffenen belasten (z. B. Ablehnungsbescheide, zu geringe Leistungen, Erstattungsverlangen), aus der Welt zu bringen, ist der sog. Überprüfungsantrag nach § 44 SGB X. Im Rahmen der dort vorgegebenen Rückwirkungsfrist von vier Jahren können im Erfolgsfall zu Unrecht nicht erbrachte Sozialleistungen noch erbracht werden. Rechtswidrige bestandskräftige Erstattungsbescheide können sogar ohne diese zeitliche Schranke noch angegriffen werden – und zwar auch dann, wenn auf das Erstattungsverlangen hin bereits bezahlt wurde (vgl. zusammenfassend und m. w. N. BSG, Urt. v. 13.2.2014 – B 4 AS 19/13). 16

Hinweis:

Das SGB II verkürzt die Vier-Jahres-Frist des § 44 SGB X auf nur ein Jahr – hier ist also Eile beim Vorgehen gegen bestandskräftige Bescheide geboten!

Berechnet wird die Rückschlagfrist nach § 44 Abs. 4 Satz 3 SGB X bei Überprüfungsanträgen vom Beginn des Jahres an, in dem Antrag gestellt wurde. Wird also z. B. im Mai 2022 ein Überprüfungsantrag gestellt, können im SGB II noch Sozialleistungen aus dem Jahr 2021 gefordert werden, jedoch keine länger zurückliegenden.

Die verschiedenen Senate des BSG definierten in ihrer Rechtsprechung auch die Voraussetzungen an den Inhalt von Überprüfungsanträgen und knüpften unterschiedliche behördliche Nachermittlungspflichten daran. Zu beachten ist aber, dass sich diese Vorgaben von Rechtsgebiet zu Rechtsgebiet teils deutlich unterscheiden. Unstreitig muss nach dem Gesetzeswortlaut jedenfalls im Zeitpunkt der behördlichen Entscheidung entweder das Recht unrichtig angewandt worden oder die Behörde von einem unrichtigen Sachverhalt ausgegangen sein. 17

Tipp:

Um auch die Maßstäbe der „strengeren" BSG-Senate zu wahren, empfiehlt sich bei Stellung eines Überprüfungsantrags immer folgender Mindestvortrag: Zunächst ist der Behörde mitzuteilen, welche konkreten bestandskräftigen Bescheide noch einmal überprüft werden sollen (ggf. auch die betroffenen Zeiträume). Weiter sollte klargestellt werden, warum konkret von einer falschen Rechtsanwendung ausgegangen wird bzw. warum genau der von der Behörde damals angenommene Sachverhalt falsch war. Bei der zweiten Alternative sollen die neuen Tatsachen und Beweismittel daher konkret benannt werden, um weitergehende behördliche Ermittlungen auszulösen.

Die spiegelbildliche Situation zu § 44 SGB X stellt die Rücknahme nach § 45 SGB X dar: Hier will nicht der Bürger von der Behörde etwas, sondern die Behörde will dem Bürger eine bereits zuteilgewordene Rechtsposition wieder entziehen, weil der Bescheid bereits von Anfang an rechtswidrig war. Weil hier der Vertrauensschutz mit dem öffentlichen Interesse an einer Rücknahme kollidiert, ist das nur unter ganz bestimmten Voraussetzungen möglich, wobei eine Rücknahme mit Wirkung für die Zukunft etwas leichter durchzusetzen ist als mit Wirkung für 18 die Vergangenheit. Die wichtigsten Einschränkungen und damit Angriffspunkte gegen solche behördlichen Entscheidungen sollen hier kurz angerissen werden:

19 Maßgebliches Element vor einer Korrektur der behördlichen Entscheidung ist die sog. Interessensabwägung (§ 45 Abs. 2 SGB X): Hat der Betroffene auf den Bestand des Verwaltungsakts vertraut, darf dieser nicht zurückgenommen werden, wenn sein Vertrauen unter Abwägung mit dem öffentlichen Interesse schutzwürdig ist.

Tipps:

Dieser Vertrauensschutz wiegt natürlich schwerer, wenn es um die Rückforderung von Leistungen aus der Vergangenheit geht.

Die Behörde muss sich in dem Bescheid erkennbar mit der Interessenabwägung auseinandersetzen und alle relevanten Punkte des Einzelfalls berücksichtigen. Tut sie das nicht oder nur „pro forma", ist die Entscheidung rechtswidrig und damit angreifbar.

Zu beachten ist aber auch die Vorschrift des § 45 Abs. 2 Satz 3 SGB X, wonach der Vertrauensschutz in bestimmten Fallkonstellationen nicht besteht (insbesondere bei vorsätzlich oder grob fahrlässig falschen Angaben des Betroffenen).

20 Ist die Behörde nach Prüfung des Vertrauensschutzes zur Aufhebung berechtigt, muss sie das bei Rücknahmen für die Vergangenheit innerhalb eines Jahres nach Kenntnis der rücknahmerelevanten Tatsachen tun (§ 45 Abs. 4 Satz 2 SGB X).

21 Zudem gibt es weitere Zeitfristen, die nach § 45 Abs. 3 SGB X zu beachten sind, insbesondere die Zwei- bzw. Zehn-Jahres-Frist nach Bekanntgabe der ursprünglichen Entscheidung.

22 Schließlich muss die Behörde grundsätzlich noch eine allgemeine Ermessensentscheidung über die Rücknahme treffen (vgl. § 45 Abs. 1 SGB X: „darf").

Hinweise:

Wie auch bei der Vertrauensabwägung oben müssen die Ermessenserwägungen grundsätzlich vollständig sein und aus dem Bescheid hervorgehen.

Im SGB II (§ 40 Abs. 2 Nr. 3) und im SGB III (§ 330 Abs. 2) dagegen muss die Behörde als Ausnahme hierzu (ohne Ermessen) einen Bescheid zurücknehmen, wenn die Kriterien des § 45 Abs. 2 Satz 3 SGB X vorliegen.

23 Dritte und äußerst praxisrelevante Aufhebungsnorm ist § 48 SGB X: Hier ist der bestandskräftige Bescheid bei seinem Erlass rechtmäßig – das ändert sich aber durch eine Änderung der Verhältnisse im weiteren Verlauf. Bereits aus dieser Beschreibung wird deutlich: Es muss sich um Bescheide mit Dauerwirkung handeln, also z. B. um Bewilligungsbescheide im SGB II oder SGB XII, die über einen längeren Zeitraum laufen.

24 Die Grundregel lautet dabei, dass eine Änderung (Aufhebung) mit Wirkung für die Zukunft vorzunehmen ist (§ 48 Abs. 1 Satz 1 SGB X).

Beispiel:

Ein SGB-II-Leistungsbezieher teilt mit, eine geringfügige Beschäftigung gefunden zu haben und im nächsten Monat daraus Einkommen zu erzielen; der laufende Bewilligungsbescheid ist dann – mit Wirkung für die Zukunft – aufzuheben und ab dem nächsten Monat unter Berücksichtigung des neuen Einkommens zu ändern.

25 Oftmals erfährt eine Behörde von der Änderung der Verhältnisse aber erst im Nachhinein. Für solche Fälle sieht § 48 Abs. 1 Satz 2 SGB X vor, dass die Aufhebung mit Wirkung vom Zeitpunkt der Änderung an (also mit Wirkung für die Vergangenheit) erfolgen soll, soweit die unter Nummern 1 bis 4 genannten Fallgruppen vorliegen.

Systemverständnis:

Das Wort „soll" deutet an, dass es sich um ein sog. intendiertes Aufhebungsermessen handelt, dass die Behörde bei Vorliegen der Fallgruppen also grundsätzlich aufheben muss, es sei denn, es liegt ein atypischer Fall vor.

Die wichtigsten Fallgruppen für eine Änderung in der Vergangenheit sind, dass die Änderung zugunsten des Betroffenen erfolgt (§ 48 Abs. 1 Satz 2 Nr. 1 SGB X), dass er Mitteilungspflichten vorsätzlich oder grob fahrlässig nicht nachgekommen ist (Nr. 2), oder schlicht, dass anspruchsminderndes Einkommen oder Vermögen erzielt wurde (Nr. 3); auch die Kenntnis oder grob fahrlässige Nichtkenntnis vom Entfallen des Leistungsanspruchs löst den Aufhebungstatbestand aus (Nr. 4).

Und auch hier gibt es wieder Ausnahmen in einzelnen Leistungsgesetzen. So handelt es sich im SGB III (§ 330 Abs. 3) und im SGB II (§ 40 Abs. 2 Nr. 3) bei Vorliegen der Fallgruppen nicht um intendierte Ermessensaufhebungen, sondern um gebundene Entscheidungen.

2.4 Vorgehen gegen behördliche Erstattungsbescheide

Soweit ein Verwaltungsakt aufgehoben worden ist, sind bereits erbrachte Leistungen vom Betroffenen zu erstatten (§ 50 Abs. 1 Satz 1 SGB X): Die Behörde erlässt einen Erstattungsbescheid. Dieser soll mit der Aufhebungsentscheidung verbunden werden (§ 50 Abs. 3 Satz 2 SGB X), zwei separate Bescheide sind aber ebenso möglich. 26

Tipp:

Was nach dem Vollzug der behördlichen Aufhebungsentscheidung klingt, hat tatsächlich eigenen Regelungscharakter: Die Erstattungsentscheidung ist ein Verwaltungsakt und kann selbstständig angefochten werden (vgl. auch § 50 Abs. 3 Satz 1 SGB X).

Klassische Aufhebungsgründe sind etwa die schlichte Fehlberechnung von Erstattungsleistungen oder ein Erstattungsbescheid, der aufgrund eines Versehens ohne Aufhebungsbescheid erlassen wird. Oder – ein nicht seltener Fehler – ein Erstattungsbescheid, der den Bestimmtheitsgrundsatz verletzt (verwirrende, nicht nachvollziehbare Darstellungen, unklare Zahlungsverfügungen). Im SGB II etwa können Erstattungsbescheide fehlerhaft sein, wenn die Erstattungssummen nicht von den jeweiligen einzelnen Mitgliedern einer Bedarfsgemeinschaft (BG) individualisiert verlangt werden, sondern pauschal und ohne nähere Hinweise vom „BG-Vorstand".

2.5 Die Amtshaftung und der sozialrechtliche Herstellungsanspruch

Der zivilrechtliche Amtshaftungsanspruch richtet sich nach § 839 Abs. 1 Satz 1 BGB: Verletzt ein Beamter vorsätzlich oder fahrlässig die ihm obliegende Amtspflicht, hat er dem Betroffenen den daraus entstehenden Schaden zu ersetzen. 27

Das klingt zunächst nach einer Klage direkt gegen den Beamten. Doch § 839 Abs. 1 Satz 2 BGB ordnet an, dass bei fahrlässiger Pflichtverletzung eine Inanspruchnahme nur möglich ist, wenn der Verletzte sich nicht anderweitig schadlos halten kann. An dieser Stelle kommt Art. 34 Satz 1 GG ins Spiel: Danach trifft die Verantwortlichkeit nämlich grundsätzlich den Staat oder die Körperschaft, in deren Dienst der Beamte steht. 28

Systemverständnis:

Richter sind zwar keine Beamte, weil sie nicht weisungsabhängig sind. Allerdings käme nach § 839 BGB grundsätzlich auch bei „falschen" Urteilen eine Staatshaftung infrage. Zum

Schutz der richterlichen Unabhängigkeit ist in Absatz 2 allerdings das sog. Richterprivileg festgeschrieben: Eine Staatshaftung besteht danach nur, wenn die Pflichtverletzung in einer Straftat besteht (insbesondere Rechtsbeugung).

29 Das Problem mit der Staatshaftung ist nur Folgendes: Klagen sind nach dem GG der Zivilgerichtsbarkeit und nach § 71 Abs. 2 Nr. 2 GVG speziell den Landgerichten zugewiesen. Das führt dazu, dass auch bei Geltendmachung sozialrechtlicher Staatshaftungsansprüche nicht das Sozialgericht zuständig ist – und dass ein Zivilverfahren Kosten auslöst (Gerichtskosten und aufgrund des Anwaltszwangs auch Anwaltskosten).

Hinweis:

Häufig enthalten Klagen zu den Sozialgerichten auch Anträge auf Verurteilung einer Behörde „auf Schadensersatz wegen Amtshaftung". Hier droht Ungemach dergestalt, dass das Sozialgericht ggf. diesen Antrag abtrennt und ihn nach Anhörung der Beteiligten an das örtlich zuständige Landgericht verweist – mit den oben dargestellten Kostenrisiken. Sinnvoller ist es daher oft, sich im Rahmen eines sozialrechtlichen Klageverfahrens stattdessen auf den sozialrechtlichen Herstellungsanspruch zu stützen.

30 Der sozialrechtliche Herstellungsanspruch ist nicht im Gesetz geregelt; es handelt sich um sog. Richterrecht. Ziel ist es, fehlerhaftes Verwaltungshandeln gewissermaßen „zu reparieren", wobei die Fehlerhaftigkeit häufig in einer unzureichenden oder falschen Beratung oder Auskunftserteilung liegt.

31 Im Kern setzt dieses richterrechtliche Rechtsinstitut nach der Rechtsprechung des BSG eine behördliche Pflichtverletzung voraus, das heißt einen dem zuständigen Sozialleistungsträger zuzurechnenden Fehler, der beim Berechtigten kausal einen sozialrechtlichen Nachteil bewirkt hat und den der Träger durch Vornahme einer zulässigen Amtshandlung in der Weise beseitigen kann, dass der Zustand wiederhergestellt wird, der bestünde, wenn die Pflichtverletzung unterblieben wäre (vgl. kürzlich wieder BSG, Urt. v. 23.6.2020 – B 2 U 5/19 R, Rn. 20 m. w. N.; BSG, Urt. v. 23.10.2014 – B 11 AL 7/14 R, Rn. 34).

Systemverständnis:

Der sozialrechtliche Herstellungsanspruch ist gegenüber dem Staatshaftungsanspruch ersichtlich eingeschränkt: Schließlich ist eine Wiederherstellung des erwünschten Zustands nicht immer möglich. Aber eine Geltendmachung ist im Rahmen sozialgerichtlicher Klagen meist nicht mit Gerichtskosten verbunden.

Zudem schließen sich der Anspruch auf Staatshaftung und der sozialrechtliche Herstellungsanspruch nicht zwingend gegenseitig aus, sodass auch bei einem sozialrechtlichen Scheitern zivilrechtlich auf Staatshaftung geklagt werden kann, sofern die dreijährige Verjährung aus § 195 BGB noch nicht eingetreten ist.

2.6 Der sozialrechtliche Pfändungsschutz sowie Verpfändung und Abtretung von Sozialleistungen

32 § 54 SGB I enthält Schutzvorschriften vor der Pfändung von Sozialleistungen.

Systemverständnis:

Die Pfändung ist ein einseitiger Akt eines Gläubigers im Zug der Vollstreckung von Forderungen (§§ 829 ff. ZPO, aber auch nach öffentlich-rechtlichen Vorschriften wie der

AO). Im Gegensatz dazu erfolgen Verpfändung oder Abtretung (Übertragung) zumindest im Einvernehmen mit dem Schuldner.

§ 54 SGB I ist damit ein zusätzliches, spezialgesetzliches „Schwert" zur Abwehr zivilprozessualer Pfändungen. Die Besonderheit der Vorschrift besteht darin, dass sie nicht in der Reihenfolge ihrer Absätze zu lesen ist. Ein sinnvolleres Prüfungsschema stellt sich vielmehr wie folgt dar: 33

§ 54 SGB I	**Umfang des Pfändungsschutzes**
Abs. 1	Unpfändbarkeit von Dienst- und Sachleistungen
Abs. 3	Unpfändbarkeit bestimmter Ansprüche (bis zu einer bestimmten Höhe), insbesondere: • Elterngeld • Mutterschaftsgeld • Wohngeld • Mehraufwandsentschädigungen für Körper- oder Gesundheitsschäden Hinweis: Diese Unpfändbarkeit besteht nur in dem Umfang, der in Absatz 3 beschrieben ist!
Abs. 5	Eingeschränkte Pfändbarkeit von Geldleistungen eines Leistungsberechtigten für seine Kinder
Abs. 4	Bei sonstigen (laufenden) Geldleistungen: nur entsprechend dem Pfändungsschutz der ZPO (Pfändungsgrenzen etc.)
Abs. 2	Bei sonstigen (einmaligen) Geldleistungen: Pfändung nur im Rahmen der Billigkeit

Neben dieser allgemeinen Vorschrift gibt es im Sozialrecht weitere spezielle Vorschriften, die einen Pfändungsschutz beinhalten, insbesondere: 34

Schutznorm	**Betroffene Sozialleistung**
§ 42 Abs. 4 Satz 1 SGB II	Unpfändbarkeit des Anspruchs auf Leistungen zur Sicherung des Lebensunterhalts nach dem SGB II
§ 17 Abs. 1 Satz 2 SGB XII	Unpfändbarkeit von Sozialhilfeansprüchen
§ 9 SGB XIV	Ausschluss der Pfändbarkeit von Entschädigungszahlungen im Bereich der Sozialen Entschädigung nach dem SGB XIV

Hinweis:

Diese sozialrechtlichen Einwendungen gegen eine Pfändung sind bei zivilrechtlicher Vollstreckung im Rahmen der Rechtsschutzmöglichkeiten geltend zu machen (also z. B. Vollstreckungsgegenklagen, Erinnerungen, sofortige Beschwerden).

Während sich § 54 SGB I um den Pfändungsschutz kümmert, regelt § 53 SGB I die Übertragung (Abtretung) und Verpfändung von Sozialleistungen an Dritte. Obgleich es sich hierbei eigentlich um einen einvernehmlichen Akt handelt, gibt es dafür einschränkende Schutzvorschriften: 35

§ 53 SGB I	**Umfang der Abtretbarkeit bzw. Verpfändbarkeit**
Abs. 1	Ausschluss der Übertragung von Ansprüchen auf Sach- und Dienstleistungen
Abs. 2	(Unbeschränkte) Übertragbarkeit von Geldleistungen in den Fällen aus Nummern 1 und 2

B

§ 53 SGB I	Umfang der Abtretbarkeit bzw. Verpfändbarkeit
Abs. 3	Eingeschränkte Übertragbarkeit von laufenden Geldleistungen zur Sicherung des Lebensunterhalts in anderen Fällen: nur im Umfang von Beträgen oberhalb des Pfändungsschutzes von Arbeitseinkommen (ZPO!)

Hinweis:

Juristisch umstritten ist die Frage, ob trotz grundsätzlich bestehender Übertragungsmöglichkeit die zivilprozessuale Schutzvorschrift des § 850f Abs. 1 Nr. 1 ZPO zur Anwendung kommt. Nach einer alten Entscheidung des BSG ist die Norm jedenfalls analog anzuwenden mit der Folge, dass selbst bei Beachtung der ZPO-Pfändungsgrenzen eine unwirksame Übertragung vorliegt, sofern der Schuldner nachweist, dass auch bei Anwendung der Pfändungsfreigrenzen der notwendige Lebensunterhalt im Sinne des SGB II oder SGB XII für sich und für unterhaltsverpflichtete Personen nicht gedeckt ist (vgl. BSG, Urt. v. 23.5.1995 – 13 RJ 43/93, Rn. 83). Relevant ist das, weil die Pfändungsfreigrenzen der ZPO nicht gleichbedeutend mit dem Existenzminimum des SGB II und SGB XII sind, insbesondere wenn Mehrbedarfe bestehen.

36 Die Absätze 4 bis 6 des § 53 SGB I klären unter anderem das Verhältnis zwischen Leistungsträger und neuem Gläubiger. Eine Durchsicht dieser Vorschriften zeigt: Auch für den neuen Gläubiger kann die Übertragung ein „trojanisches Pferd" sein, da der Leistungsträger nach Absatz 5 z. B. weiterhin aufrechnen oder verrechnen kann und der neue Gläubiger nach Absatz 6 bei Überzahlungen als Gesamtschuldner haftet.

2.7 Vorgehen gegen Aufrechnung und Verrechnung

37 Grundsätzlich können Leistungsträger gegen Ansprüche von Leistungsberechtigten auf (einmalige oder laufende) Geldleistungen aufrechnen und verrechnen, sofern ihnen entsprechende Gegenforderungen (z. B. Erstattungsansprüche) zustehen. Für die Aufrechnung verwendet der Leistungsträger dabei eine eigene Gegenforderung, für die Verrechnung eine fremde (die eines anderen Leistungsträgers mit dessen Ermächtigung).

38 Die Aufrechnung ist dabei nach § 51 Abs. 1 SGB I in dem Umfang zulässig, in dem die Ansprüche des Leistungsberechtigten auf seine Geldleistungen nach § 54 Abs. 2 und 4 SGB I pfändbar sind (siehe Rn. 32 ff.). Speziell für Aufrechnungen mit Erstattungsforderungen bezüglich zu Unrecht erbrachter Sozialleistungen und mit Beitragsansprüchen kann der zuständige Leistungsträger gegen Ansprüche auf laufende Geldleistungen nur bis zu deren Hälfte aufrechnen – und das auch nur, wenn der Leistungsberechtigte nicht nachweist, dass er dadurch hilfebedürftig im Sinne der Grundsicherungssysteme des SGB II und SGB XII wird.

Systemverständnis:

Obgleich das SGB I nicht explizit darauf Bezug nimmt, ist das Aufrechnungsrecht des Zivilrechts (§§ 387 ff. BGB) anwendbar. Allerdings ist dieses sehr weitreichend, weshalb die §§ 50, 51 SGB I faktisch eine Beschränkung dieser allgemeinen Aufrechnungsmöglichkeiten darstellen.

39 § 52 SGB I gestattet dem für eine Geldleistung zuständigen Leistungsträger mit Ermächtigung eines anderen Leistungsträgers in Bezug auf dessen Ansprüche gegen den Berechtigten eine Verrechnung; das gilt allerdings ebenfalls nur, soweit nach § 51 SGB I die Aufrechnung zulässig ist.

40 Juristisch höchst umstritten ist sowohl für die Aufrechnung als auch für die Verrechnung, ob diese (wie im Zivilrecht) durch eine einseitige Willenserklärung des Leistungsträgers erfolgen

kann oder ob hierfür ein Verwaltungsakt erforderlich ist. Da das sogar innerhalb der einzelnen BSG-Senate umstritten ist, hat der Große Senat des BSG mit Beschluss vom 31.8.2011 (GS 2/10) entschieden, dass ein Leistungsträger eine einseitige Verrechnung zumindest als Verwaltungsakt regeln kann – was die meisten dahingehend verstehen, dass die Behörde zwar kann, aber nicht unbedingt muss. Für die Aufrechnung fehlt eine solche Entscheidung des Großen Senats.

Hinweis:

Dieser Streit ist für die Rechtsschutzmöglichkeiten von geringer Bedeutung. Sofern eine Aufrechnung oder Verrechnung durch Verwaltungsakt erfolgt (meist gut zu erkennen an einer entsprechenden Rechtsbehelfsbelehrung oder der Bezeichnung als „Aufrechnungsbescheid" o. Ä.), sind dagegen Widerspruch und Anfechtungsklage einzulegen. Im Fall einer bloßen einseitigen Willenserklärung kann direkt Leistungsklage zum Sozialgericht erhoben werden.

Viel wichtiger ist, was inhaltlich einer solchen Entscheidung entgegengesetzt werden kann: Hierbei ist zunächst zu prüfen, ob zuvor eine erforderliche Anhörung nach § 24 SGB X erfolgte. Weiter ist zu klären, ob die Gegenforderung ausreichend bestimmt bezeichnet wurde (Art, Höhe, Herkunft bzw. Rechtsgrund, etwaige Bezugszeiten, Feststellungen zur Bestandskraft der Gegenforderung etc.; vgl. BSG, Urt. v. 24.7.2003 – B 4 RA 60/02 R). Schließlich wird von der herrschenden Meinung auch eine Ermessensentscheidung verlangt (siehe B 1, Rn. 23 ff.). Im Fall der Verrechnung muss zudem eine wirksame Ermächtigung des anderen Leistungsträgers vorliegen. Mängel in diesen Bereichen können einer Aufrechnung oder Verrechnung entgegengesetzt werden.

Nicht unerwähnt soll bleiben, dass die einzelnen Leistungsgesetze teilweise abweichende 41
Sondervorschriften zu den §§ 51, 52 SGB I enthalten (etwa im Grundsicherungsrecht die §§ 42a, 43 SGB II sowie § 26 Abs. 2 und 4 SGB XII oder § 333 SGB III im Arbeitsförderungsrecht).

2.8 Stundung, Niederschlagung und Erlass

Eine weitere Möglichkeit der Forderungsabwehr besteht darin, eine Stundung, eine Nieder- 42
schlagung oder einen Erlass zu beantragen. Stundung bedeutet, dass trotz einer bestandskräftig festgestellten Forderung eine ratenweise oder spätere Zahlung erfolgen kann. Bei der Niederschlagung bleibt die Forderung grundsätzlich rechtlich bestehen, es wird aber von ihrer Vollstreckung abgesehen. Beim Erlass findet dagegen tatsächlich ein behördlicher Verzicht auf die Forderung statt.

Hinweis:

Stundungen – z. B. von Erstattungsforderungen – sind in aller Regel relativ leicht zu erhalten. Oft genügt ein Anruf bei der Einzugsstelle, um etwa eine spätere Zahlung oder ratenweise Zahlungen vereinbaren zu können. Selbst mit recht geringen Raten geben sich manche Leistungsträger dabei zufrieden.

Welche gesetzlichen Vorschriften Anwendung finden, hängt vom jeweiligen Leistungsträger ab. 43
So regelt das § 76 Abs. 2 SGB IV für den Bereich der Sozialversicherungszweige, wobei es auch hier natürlich wieder spezialgesetzliche Vorrangnormen geben kann. § 44 SGB II sieht einen Erlass von Forderungen vor, deren Einziehung im Einzelfall unbillig wäre. § 59 BHO regelt Stundung, Niederschlagung und Erlass bei Bundesbehörden (und diesen nachgeordneten Behörden). Im Sozialhilferecht gelten die jeweils einschlägigen Vorschriften der jeweiligen Leistungsträger.

Vorschriften zu Stundung, Niederschlagung und Erlass sind regelmäßig Ermessensnormen. Oft 44
wird dieses Ermessen durch interne Verwaltungsvorschriften der jeweiligen Behörden geleitet.

Hinweis:

Stunden, niederschlagen oder erlassen wird eine Behörde kaum von sich aus. Es empfiehlt sich daher in jedem Fall ein gesonderter Antrag bei der Behörde unter Darlegung der Gründe (z. B. unbillige Härte etc.), über den grundsätzlich mit Verwaltungsakt entschieden werden muss, sodass dadurch der weitere Rechtsweg offensteht.

2.9 Die Möglichkeiten des Insolvenzrechts

45 Last, not least ist zur Forderungsabwehr auch an ein Insolvenzverfahren zu denken. Denn „natürliche Personen" werden nach Maßgabe der §§ 287 bis 303a InsO von den im Insolvenzverfahren nicht erfüllten Verbindlichkeiten gegenüber den Insolvenzgläubigern befreit. Darunter können auch behördliche Forderungen wie Erstattungsverlangen o. Ä. fallen.

46 Hierzu ist beim zuständigen Amtsgericht – nach einem außergerichtlichen Schuldenbereinigungsversuch – Antrag auf Eröffnung eines Insolvenzverfahrens zu stellen (sog. Verbraucherinsolvenzverfahren nach §§ 304 ff. InsO). Mit diesem Antrag kann gemäß § 287 Abs. 1 Satz 1 InsO auch gleich der Antrag auf Restschuldbefreiung gestellt werden.

Hinweis:

Im betreuungsrechtlichen Teil A 12, Rn. 48 ff., werden Verbraucherinsolvenz und Restschuldbefreiung detailliert dargestellt.

47 Wird das Insolvenzverfahren eröffnet, bestellt das Insolvenzgericht einen sog. Treuhänder, also eine Art Insolvenzverwalter zur Überwachung eines ordnungsgemäßen Verfahrens. Voraussetzung der Restschuldbefreiung ist dann vor allem das Absolvieren der sog. Wohlverhaltensperiode (siehe auch A 12, Rn. 95 ff.), in der den Schuldner verschiedene Obliegenheiten treffen:

§ 295 Satz 1 InsO	Obliegenheiten während der Wohlverhaltensperiode
Nr. 1	Ausübung einer angemessenen Erwerbstätigkeit oder Bemühen darum
Nr. 2	Hälftige Herausgabe von Vermögen aus Erbschaften oder Schenkungen an den Treuhänder Volle Herausgabe von Gewinnen aus Lotterien o. Ä.
Nr. 3	Erfüllung der dort genannten Mitteilungspflichten
Nr. 4	Zahlungen nur an den Treuhänder (keine Gläubigerbevorzugung)
Nr. 5	Keine Begründung (neuer) unangemessener Verbindlichkeiten

48 Bei Verstößen hiergegen kann das Insolvenzgericht die Restschuldbefreiung nach § 296 InsO versagen. Eine Versagung der Restschuldbefreiung kann auch bei Vorliegen der Tatbestände aus § 290 InsO erfolgen.

Hinweise:

Von besonderer Relevanz kann insofern § 290 Abs. 1 Nr. 2 InsO sein, wenn der Schuldner in den letzten drei Jahren vor dem Antrag auf Eröffnung des Insolvenzverfahrens oder nach diesem Antrag vorsätzlich oder grob fahrlässig schriftlich unrichtige oder unvollständige Angaben über seine wirtschaftlichen Verhältnisse gemacht hat, um Leistungen aus öffentlichen Mitteln zu beziehen. Hier ist unter anderem auch an Sozialleistungsbetrug zu denken.

Eine Versagung nach §§ 290, 296 InsO findet aber nur auf Antrag eines Insolvenzgläubigers statt. Allerdings kann es nach den Vorgaben des § 297a InsO auch bei nachträglich bekannt gewordenen Versagungsgründen noch dazu kommen; weiter sieht § 303 InsO die Möglichkeit des Widerrufs der Restschuldbefreiung vor.

Seit der Reform des Insolvenzrechts erfolgt die Restschuldbefreiung bei Anträgen ab dem 1.10.2020 bereits nach drei Jahren (§ 287 Abs. 2 Satz 1 InsO). 49

Hinweis:

Davor galt eine sechsjährige Wohlverhaltensphase. Aufgrund der Gesetzesänderung reduziert sich diese jedoch monatsweise für Anträge, die zwischen dem 17.12.2019 und dem 31.9.2020 gestellt wurden.

Auch wiederholte Verbraucherinsolvenzverfahren mit neuerlicher Restschuldbefreiung sind möglich, allerdings verlängert sich unter anderem die Wohlverhaltensperiode auf fünf Jahre (vgl. § 287 Abs. 2 Satz 2 InsO) und es gilt eine elfjährige Sperrfrist (§ 287a Abs. 2 InsO). 50

Hinweis:

Weitere Beratung zum Thema „Verbraucherinsolvenz" bieten insbesondere Schuldnerberatungsstellen an.

2.10 Die Beratungshilfe

Oftmals besteht nicht unerheblicher Beratungsbedarf im Zusammenhang mit behördlichen Auseinandersetzungen. Hierbei besteht die Möglichkeit der sog. Beratungshilfe nach dem Beratungshilfegesetz (BerHG). 51

§ 2 BerHG gewährt dabei Beratung und – soweit erforderlich – Vertretung durch einen Anwalt. Eine Vertretung ist erforderlich, wenn Rechtsuchende nach der Beratung angesichts des Umfangs, der Schwierigkeit oder der Bedeutung der Rechtsangelegenheit ihre Rechte nicht selbst wahrnehmen können. 52

Nach § 1 BerHG besteht ein Anspruch aber – ähnlich wie bei der Prozesskostenhilfe – nur, wenn Rechtsuchende die erforderlichen Mittel nach ihren persönlichen und wirtschaftlichen Verhältnissen nicht aufbringen können (finanzielle Voraussetzung), keine anderen Möglichkeiten für eine Hilfe zur Verfügung stehen, deren Inanspruchnahme den Rechtsuchenden zuzumuten ist (Subsidiarität) und die Inanspruchnahme der Beratungshilfe nicht mutwillig erscheint (Erfolgsaussichten). 53

Hinweis:

Da nach dem SGB I oftmals Beratungsleistungen durch die Behörden selbst möglich sind, wird der Gewährung von Beratungshilfe oft der Einwand der Subsidiarität entgegengebracht. Speziell zu diesem Thema siehe die Ausführungen in B 1, Rn. 50 ff.

Der Antrag auf Beratungshilfe ist an das Amtsgericht zu richten, in dessen Bezirk der Betroffene seinen allgemeinen Gerichtsstand hat (§ 4 Abs. 1 Satz 1 BerHG). 54

3. Das Gerichtsverfahren im Bereich der Sozialgerichtsbarkeit

3.1 Übersicht

Wie bereits in Rn. 4 angedeutet, muss nicht jede sozialrechtliche Streitigkeit vor den Sozialgerichten landen. Vielmehr wird der Sozialgerichtsbarkeit in § 51 SGG abschließend ein Katalog von Rechtsstreitigkeiten zugewiesen (sog. Rechtswegzuweisung). 55

Systemverständnis:

Außerhalb des Katalogs des § 51 SGG sind andere Zweige der Gerichtsbarkeit zuständig (z. B. die Verwaltungsgerichtsbarkeit, Zivilgerichtsbarkeit oder Finanzgerichtsbarkeit). Bei einer Klage zum sachlich unzuständigen Gericht erfolgt nach Anhörung der Beteiligten eine bindende Verweisung an das Gericht des zuständigen Gerichtswegs (vgl. § 17a Abs. 2 GVG).

Tipp:

Den richtigen Rechtsweg auszuwählen ist meist nicht schwer, da die Bescheide der Behörden im Rahmen der Rechtsbehelfsbelehrung auf das zuständige Gericht hinweisen.

56 Der Instanzenzug der Sozialgerichtsbarkeit besteht aus drei Gerichten:

SG → **LSG** → **BSG**

57 Die Eingangsinstanz ist im Regelfall das Sozialgericht (SG). Gegen Urteile und Beschlüsse des Sozialgerichts ist unter gewissen Voraussetzungen die Berufung bzw. Beschwerde beim Landessozialgericht (LSG) möglich. Dessen Entscheidungen wiederum können im Rahmen der Revision bzw. Rechtsbeschwerde ggf. vom Bundessozialgericht (BSG) überprüft werden. Während die SG und LSG sog. Tatsacheninstanzen sind (hier werden also Tatsachen durch Beweiserhebung festgestellt), ist das BSG im Normalfall eine reine Rechtsinstanz (das heißt, hier wird lediglich die rechtliche Einschätzung der Vorinstanzen überprüft; bei weiterem Sachermittlungsbedarf verweist das BSG den Rechtsstreit zurück in die Instanzen).

Systemverständnis:

Das ist nur eine sehr grobe Darstellung. So gibt es Ausnahmefälle, in denen das BSG gleichzeitig erste und letzte Instanz ist. Auch ist es möglich, dass ein Sozialgericht die sog. Sprungrevision zulässt, sodass das BSG bereits in zweiter und letzter Instanz abschließend entscheidet.

Zudem kann nicht gegen jeden Beschluss oder gegen jedes Urteil eines Sozialgerichts Beschwerde oder Berufung beim LSG eingelegt werden. Das ist von weiteren Voraussetzungen abhängig, etwa dem Erreichen der Berufungssumme in Höhe von 750,01 EUR o. Ä. (vgl. §§ 143 ff. SGG bzw. § 172 SGG).

Tipp:

Jeder Beschluss und jedes Urteil eines Sozialgerichts müssen eine sog. Rechtsmittelbelehrung enthalten. Aus dieser geht hervor, ob und unter welchen Voraussetzungen eine Überprüfung in der nächsten Instanz möglich ist. Zudem wird aufgezeigt, welches höhere Gericht zuständig ist.

58 Vor den Sozial- und den Landessozialgerichten herrscht nach § 73 Abs. 1 SGG kein Anwaltszwang; jeder kann sich selbst vertreten. Erst vor dem BSG besteht eine Vertretungspflicht durch einen Rechtsanwalt oder einen zugelassenen Prozessvertreter (§ 73 Abs. 4 SGG).

59 In allen drei Instanzen der Sozialgerichtsbarkeit wirken ehrenamtliche Richter mit, die dieselben Rechte und Pflichten wie Berufsrichter haben, insbesondere ein volles Stimmrecht.

Systemverständnis:
Eine Kammer am Sozialgericht besteht aus einem Berufs- und zwei ehrenamtlichen Richtern. Im Extremfall kann das bedeuten, dass die beiden Ehrenamtlichen den Berufsrichter in der Urteilsberatung überstimmen.

Ein Senat am LSG besteht aus drei Berufs- und zwei ehrenamtlichen Richtern. Einer der drei Berufsrichter ist Senatsvorsitzender. Als sog. Berichterstatter wird bezeichnet, wer im Rahmen des Senats den Fall für die anderen Richter eingehend vorbereitet.

Dasselbe gilt für die Senate des BSG. Insofern nehmen die Sozial- und die Arbeitsgerichtsbarkeiten eine Sonderstellung ein: Nur dort wirken auch in der letzten Instanz ehrenamtliche Richter mit – obgleich es sich um eine reine Rechtsinstanz handelt.

Verhandlungen mit ehrenamtlichen Richtern werden als mündliche Verhandlungen bezeichnet. 59a
Häufig machen Sozialgerichte aber auch von sog. Erörterungsterminen Gebrauch, bei denen – ohne Ehrenamtliche – der Sachverhalt erörtert wird. Erörterungstermine sind grundsätzlich nicht öffentlich; der Richter kann in diesem Termin allerdings auch kein Urteil fällen, sondern lediglich auf eine vergleichsweise Einigung hinwirken oder zu einem Urteil im Schriftwege anhören.

Hinweis:
Nach § 110a SGG kann das Gericht den Beteiligten mittlerweile die Teilnahme an einer mündlichen Verhandlung oder an einem Erörterungstermin in Form einer Videokonferenz gestatten. Allerdings ist das Gericht an einen solchen Antrag nicht gebunden; es entscheidet im Rahmen seiner Ermessensausübung (ein Beschluss hierzu ist nicht anfechtbar).

Bei der Entscheidung des Gerichts wird zwischen Urteil und Beschluss unterschieden. Urteile 59b
können nur unter Mitwirkung der ehrenamtlichen Richter in mündlicher Verhandlung ergehen (oder mit Zustimmung der Beteiligten nach § 124 Abs. 2 SGG unter Mitwirkung der Ehrenamtlichen ohne mündliche Verhandlung). Lediglich im Fall eines sog. Gerichtsbescheids entscheidet der Einzelrichter allein ohne Ehrenamtliche in schriftlicher Form („im Schriftwege", § 105 SGG; hierfür ist nur die Anhörung der Beteiligten erforderlich, nicht deren Zustimmung, wobei die Sache keine besonderen Schwierigkeiten tatsächlicher oder rechtlicher Art aufweisen darf und der Sachverhalt geklärt sein muss). Beschlüsse können verfahrensleitende Themen betreffen (z. B. die Ablehnung eines Beistands) oder in bestimmten Verfahren in der Sache ergehen (etwa im einstweiligen Rechtsschutz). Auch über Anträge auf Prozesskostenhilfe wird per Beschluss entschieden.

3.2 Das „normale" Klageverfahren

Im Rahmen eines sozialgerichtlichen Klageverfahrens (in Abgrenzung zum einstweiligen 60
Rechtsschutz auch oft als Hauptsacheverfahren bezeichnet) sind folgende wichtige Klagearten zulässig:

Klageart	Kurze Beschreibung und Normen
Anfechtungsklage	Anfechtung von Verwaltungsakten Ziel: Aufhebung und Abänderung des Verwaltungsakts § 54 Abs. 1 SGG
Leistungsklage	Umsetzung eines bestehenden Rechtsanspruchs Ziel: Verurteilung zu einer Leistung § 54 Abs. 4 und 5 SGG

Klageart	Kurze Beschreibung und Normen
Verpflichtungsklage	Erreichen von Verwaltungshandeln in Gestalt eines Verwaltungsakts Ziel: Verurteilung zum Erlass eines Verwaltungsakts § 54 Abs. 1 SGG
Feststellungsklage	Ziel: Feststellung bestimmter Verhältnisse vgl. insbesondere § 55 SGG
Untätigkeitsklage	siehe unten § 88 SGG

61 Die Klagen können und müssen teilweise auch miteinander kombiniert werden. So spricht man z. B. von einer kombinierten Anfechtungs- und Verpflichtungsklage, wenn zunächst ein Ablehnungsbescheid aus dem Weg geräumt werden muss (Anfechtung) und gleichzeitig der Erlass eines positiven Bewilligungsbescheids (Verpflichtung) angestrebt wird.

62 Wichtig zu wissen ist, dass Anfechtungs- und Verpflichtungsklagen innerhalb der Klagefrist von einem Monat nach Bekanntgabe des Verwaltungsakts bzw. Widerspruchsbescheids zu erheben sind (vgl. § 87 SGG).

Tipps:

Wird ein Bescheid z. B. am 16.8.2022 bekannt gegeben (z. B. zugestellt), endet die Klagefrist am 16.9.2022.

Fällt das Fristende auf einen Samstag, Sonntag oder gesetzlichen Feiertag, verschiebt es sich auf den nächsten folgenden Werktag (§ 64 Abs. 3 SGG).

Sollte die Rechtsbehelfsbelehrung unrichtig oder unvollständig gewesen sein, verlängert sich die Klagefrist auf ein Jahr (§ 64 Abs. 2 SGG).

Bei unverschuldetem Fristversäumnis kann ggf. auch eine Wiedereinsetzung in den vorigen Stand beantragt werden (§ 67 SGG).

63 Die inhaltlichen Anforderungen an eine Klageschrift sind ebenfalls gering: § 92 Abs. 1 Satz 1 SGG schreibt lediglich vor, dass die Klage den Kläger, den Beklagten und den Gegenstand des Klagebegehrens bezeichnen muss.

64 Die weiteren Vorgaben aus dem Gesetz sind dagegen nur Soll-Vorschriften: Die Klage soll einen bestimmten Antrag enthalten und vom Kläger oder einer zu seiner Vertretung befugten Person mit Orts- und Zeitangabe unterzeichnet sein. Die zur Begründung dienenden Tatsachen und Beweismittel sollen angegeben, die angefochtene Verfügung und der Widerspruchsbescheid in Abschrift beigefügt werden.

Systemverständnis:

Diese minimalen Anforderungen korrespondieren mit dem Gedanken des Schutzes von Menschen, die ungeübt im Umgang mit Behörden und Gerichten sind. Selbst bei Mängeln in der Klageschrift muss das Gericht zunächst nach § 92 Abs. 2 SGG auf eine Beseitigung hinwirken, ehe es eine Klage als unzulässig abweisen darf.

65 Das bedeutet auch, dass eine Klage zum Sozialgericht nicht ausführlich begründet werden muss. Auch ohne eine Begründung muss ein Gericht grundsätzlich eine Entscheidung treffen – und dafür zuvor alle erforderlichen Tatsachen und Beweismittel selbst im Wege der Amtsermittlung heranziehen (§ 103 SGG).

3.3 Die Untätigkeitsklage gegen die Behörde – ein zahnloser Tiger?

Eine weitere besondere Klageart ist die sog. Untätigkeitsklage. Sie ist – neben dem einstweiligen Rechtsschutz – ein Mittel der Wahl, um untätige Behörden zur Entscheidung zu zwingen. 66

Dabei ist zu unterscheiden, ob die Behörde bereits den Ausgangsbescheid nicht erlässt oder sich im Widerspruchsverfahren zu lange Zeit lässt: Im Ausgangsverfahren kann nach einer Sperrfrist von sechs Monaten eine zulässige Untätigkeitsklage erhoben werden, im Widerspruchsverfahren nach drei Monaten (vgl. § 88 Abs. 1 Satz 1 bzw. Abs. 2 SGG). 67

Systemverständnis:

Nach Ablauf dieser Fristen ist eine Untätigkeitsklage zulässig. Damit sie aber auch begründet ist, darf die Behörde für ihr Zögern keinen zureichenden Grund haben.

Kann die Behörde einen zureichenden Grund vorbringen (z. B. besonders komplizierte oder aufwändige Ermittlungen), wird das Gericht die Untätigkeitsklage bis zu einer gesetzten Frist (die verlängerbar ist) aussetzen. Ohne einen solchen Grund wird es die Behörde dagegen unter Beachtung der Rechtsauffassung des Gerichts zur Entscheidung verpflichten. 68

Hinweise:

Die Behörde wird damit im Regelfall aber nicht zu einer inhaltlich bestimmten Entscheidung verpflichtet, was den Effekt einer Untätigkeitsklage deutlich mindert. Außerdem sind dem Gericht vor der Entscheidung die Verwaltungsakten vorzulegen, was die Sache weiter verzögert.

Als oftmals bessere Alternativen sind daher zu prüfen: Antrag auf einstweiligen Rechtsschutz (siehe Rn. 69 ff.), Verlangen einer Vorschusszahlung nach § 42 SGB I (siehe B 1, Rn. 54) oder im Extremfall auch dienstaufsichtsrechtliche Verfahren.

3.4 Einstweiliger Rechtsschutz – wenn Feuer auf dem Dach ist

Wenn das normale Hauptsacheverfahren prognostisch zu lange dauert und mit der Untätigkeitsklage das eigentliche Ziel (z. B. eine schnelle Leistung) nicht zu erreichen ist, bleibt oftmals nur eine Möglichkeit: der einstweilige Rechtsschutz. 69

Dabei sieht das Gesetz in § 86b SGG zwei verschiedene Arten einstweiligen Rechtsschutzes vor: 70

- die Anordnung oder Wiederherstellung der aufschiebenden Wirkung (Absatz 1)
- die einstweilige Anordnung (Absatz 2)

Die erste Variante der Anordnung oder Wiederherstellung der aufschiebenden Wirkung betrifft Fälle, in denen ein Widerspruch oder eine Klage ausnahmsweise keine aufschiebende Wirkung haben (siehe Rn. 9). Dadurch kann die Behörde sofort den Inhalt eines Verwaltungsakts vollstrecken. Um sich hiergegen effektiv (das heißt schnell) wehren zu können, stellt das Gesetz in § 86b Abs. 1 SGG eine Möglichkeit zur Verfügung, die im Kern auf einer Interessenabwägung beruht: Das Gericht muss entscheiden, ob die Belange der öffentlichen Hand oder die des betroffenen Antragstellers schwerwiegender sind. 71

Systemverständnis:

Ein Beispiel für diese erste Variante ist der Fall, dass bei einem SGB-II-Leistungsbezieher während des laufenden Bezugs eine Pflichtverletzung festgestellt und eine Sanktion in Form einer Minderung des Bürgergeldes verhängt wird. § 39 Nr. 1 SGB II sieht vor, dass solche Verwaltungsakte keine aufschiebende Wirkung haben. Geht also der Leistungsberechtigte hiergegen mit einem Widerspruch vor, nützt ihm das zunächst nichts: Die

Leistungen werden trotzdem eingestellt. Mit dem Mittel des einstweiligen Rechtsschutzes hat er hier die Möglichkeit, die Anordnung der aufschiebenden Wirkung herbeizuführen, sodass er vorläufig (bis zur Entscheidung in der Hauptsache) das Bürgergeld weiterhin erhält.

Hinweise:

Ergibt eine summarische Prüfung der Erfolgsaussichten des Hauptsacheverfahrens, dass die Klage unzulässig oder unbegründet sein wird, wird im Regelfall auch die aufschiebende Wirkung nicht angeordnet.

Ist umgekehrt bereits im einstweiligen Rechtsschutz absehbar, dass der erlassene Verwaltungsakt mit hoher Wahrscheinlichkeit rechtswidrig ist, erfolgt eine Anordnung. In vielen Fällen ist das aber ohne Durchführung eines Hauptsacheverfahrens nicht so klar einschätzbar; gerade hier kommt der oben genannten Interessenabwägung eine große Bedeutung zu. Zudem sind in diese Abwägung nach der Rechtsprechung des BVerfG auch grundrechtsrelevante Aspekte im Sinne einer umfassenden Folgenabwägung mit einzubeziehen (vgl. dazu grundlegend BVerfG, Beschl. v. 12.5.2005 – 1 BvR 569/05).

72 Die zweite Variante der einstweiligen Anordnung kommt in der Praxis hauptsächlich in der Gestalt der sog. Regelungsanordnung vor: Dabei spricht das Gericht nach § 86b Abs. 2 Satz 2 SGG eine vorläufige Verpflichtung aus, wenn eine solche Regelung zur Abwendung wesentlicher Nachteile nötig erscheint. Voraussetzung ist, dass ein Anordnungsanspruch und ein Anordnungsgrund glaubhaft gemacht werden. Als Anordnungsanspruch wird der materiellrechtliche Anspruch bezeichnet (z. B. der Leistungsanspruch nach dem SGB II). Der Anordnungsgrund beschreibt dagegen das sog. Eilbedürfnis, das heißt die Frage, ob tatsächlich eine schnelle vorläufige Entscheidung zur Vermeidung wesentlicher Nachteile erforderlich ist oder ob der Antragsteller auch auf den Ausgang des Hauptsacheverfahrens verwiesen werden kann.

Systemverständnis:

Ein Beispiel für diese zweite Variante ist der Fall, dass ein Jobcenter trotz eines Bürgergeldantrags keine Entscheidung trifft (oder eine ablehnende und damit keine Leistungen bewilligt).

Hinweis:

Auch hier ist im Stadium des Eilrechtsschutzes oftmals noch unklar, ob ein Anordnungsanspruch besteht. Führt eine summarische Prüfung der Erfolgsaussichten zu keinem klaren Ergebnis, muss das Gericht unter Heranziehung des Anordnungsgrundes ebenfalls eine Interessenabwägung treffen; auch hier kann es zu der oben bereits angesprochenen Folgenabwägung nach der Rechtsprechung des BVerfG kommen.

73 Anzumerken ist, dass es auch Verfahren gibt, in denen in einem Fall beide Eilrechtsschutzvarianten zusammentreffen.

Hinweis:

Es ist nicht erforderlich, sich vor Erhebung eines Eilantrags den Kopf zu zerbrechen, welche der genannten Varianten vorliegt, denn das Gericht muss im Rahmen seiner Prozessführungspflicht ohnehin ggf. rechtliche Hinweise geben und die Anträge entsprechend auslegen. Wichtig ist vielmehr, dem Gericht den Sachverhalt ordentlich darzulegen und vor allem klarzumachen, warum der Ausgang eines Hauptsacheverfahrens nicht abgewartet werden kann – warum es also besonders eilt.

In letzter Zeit häufen sich bei den Sozialgerichten Eilanträge, die ohne anwaltliche Einbindung offensichtlich mithilfe Künstlicher Intelligenz (KI) erstellt wurden. Das ist grundsätzlich nicht unzulässig und in manchen Fällen sogar einigermaßen gelungen. Allerdings übersehen die Antragsteller dabei häufig, dass das Verfahren nicht nur eingeleitet, sondern auch „geführt" werden muss. Und hierbei erweist sich die KI offenbar als deutlich weniger hilfreich als Anwälte. Zudem haben diese Schriftsätze oftmals Schwächen bei der Darstellung (und vor allem: Glaubhaftmachung!) eines konkreten Eilbedürfnisses (siehe dazu nachfolgende Rn. 74).

Eilrechtsschutz ist gekennzeichnet durch das Erfordernis der Schnelligkeit. Oftmals kommt es 74
daher nicht zu einer Beweisaufnahme wie Zeugeneinvernahmen etc. Umso wichtiger ist bei beiden Varianten, dass der Antragsteller dem Gericht glaubhaft macht, warum er sich im Recht wähnt und warum es eilt.

Hinweise:

Glaubhaftmachung kann z. B. durch Vorlage von Unterlagen gelingen. Häufig kommt auch das Mittel der eidesstattlichen Versicherung zum Einsatz.

An einem Anordnungsgrund fehlt es dagegen, wenn nur Leistungen für die Vergangenheit geltend gemacht werden. Auch wenn ein Antragsteller sich selbst helfen kann, ist keine gerichtliche Hilfe nötig (z. B. bei einem direkten Eilrechtsschutzantrag an das Gericht, ohne zuvor bei der Behörde einen Antrag gestellt zu haben).

3.5 Das Güterichterverfahren – ein alternativer Ansatz zur Streitbeilegung

Zunehmend an Bedeutung gewinnen Verfahren zur gütlichen Beilegung von Rechtsstreitig- 75
keiten. Auch das sozialgerichtliche Verfahren sieht nach § 202 SGG i. V. m. § 278 Abs. 5 ZPO die Möglichkeit eines sog. Güterichterverfahrens vor.

Dabei wird der Rechtsstreit nicht von der eigentlich zuständigen Kammer verhandelt, sondern 76
an eigens hierfür bestimmte Güterichter verwiesen (diese dürfen den Rechtsstreit selbst aber nicht entscheiden). Dabei sind verschiedene Methoden der Konfliktbeilegung denkbar.

Hinweis:

Am häufigsten kommt dabei das Verfahren der Mediation zur Anwendung (zu Details vgl. das MediationsG). Dabei tritt der Güterichter lediglich als Vermittler zwischen den Beteiligten auf; er nimmt gewissermaßen die Rolle des Moderators ein, ohne selbst eine rechtliche Einschätzung abzugeben. Die Lösung des Falls wird im Grunde den Beteiligten selbst überantwortet – was in erstaunlich vielen Fällen auch gelingt. Kern der Methode ist es, sich von den eigentlichen Klagepositionen zu lösen und offen auf den Tisch zu legen, welche Motive und Interessen hinter einem Standpunkt stehen. Geschieht das, kann in einer hohen Zahl von Fällen oftmals unter Einbeziehung „streitgegenstandsferner" Themen eine Einigung erzielt werden, die den Rechtsstreit insgesamt beendet.

Gelingt eine Lösung im Güterichterverfahren, kann bereits dort der Rechtsstreit beendet 77
werden: Der Güterichter protokolliert dann gleich selbst den Inhalt eines Vergleichs. Scheitert das Güterichterverfahren, wird das normale Klageverfahren einfach fortgesetzt.

B

78 Vor einer Zuweisung an den Güterichter werden die Beteiligten angehört. Allerdings steht es der Verweisung nicht entgegen, dass eine der Parteien einer solchen Verweisung nicht zugestimmt hat (LSG Bayern, Beschl. v. 5.9.2016 – L 2 P 30/16 B, Rn. 19).

79 Wichtig für den Erfolg solcher Verfahren ist, dass die Rahmenbedingungen stimmen: Insbesondere muss das Verfahren für eine Mediation geeignet sein (dies ist oft dann nicht der Fall, wenn es um rein sozialmedizinische Fragen geht, zu denen ein ärztliches Gutachten eingeholt werden muss).

3.6 Kosten sozialgerichtlicher Verfahren

3.6.1 Grundsätzliche Gerichtskostenfreiheit

80 Grundsätzlich sind Verfahren vor den Gerichten der Sozialgerichtsbarkeit für Versicherte, Leistungsempfänger und Menschen mit Behinderungen kostenfrei, soweit sie in dieser jeweiligen Eigenschaft als Kläger oder Beklagte beteiligt sind (§ 183 Satz 1 SGG).

Systemverständnis:

Für Kläger und Beklagte, die nicht zu dem Personenkreis des § 183 SGG gehören, fallen dagegen Gebühren an (§ 184 SGG). Das bedeutet z. B., dass eine beklagte Behörde eine Pauschgebühr für jede gegen sie erhobene Klage entrichten muss.

81 Da aber auch die sog. außergerichtlichen Kosten anfallen können (insbesondere Anwaltskosten), entscheidet das Gericht im Urteil oder sonst durch Beschluss, ob und in welchem Umfang die Beteiligten diese Kosten einander zu erstatten haben (§ 193 Abs. 1 SGG; Kostenbeschluss). Hierbei werden vom Gericht der Ausgang des Verfahrens (Erfolgsprinzip) sowie sonstige kostenrechtlich erhebliche Umstände des Verfahrens (z. B. das Veranlassungsprinzip) in die Entscheidung mit einbezogen.

Hinweis:
Auch in grundsätzlich gerichtskostenfreien Verfahren kann es in Ausnahmefällen zu einer Kostenauferlegung kommen (sog. Verschuldens- oder Mutwillenskosten). § 192 Abs. 1 SGG sieht nämlich vor, dass einem Beteiligten Kosten auferlegt werden können, die dadurch verursacht wurden, dass

1. durch das Verschulden des Beteiligten die Vertagung einer mündlichen Verhandlung oder die Anberaumung eines neuen Termins zur mündlichen Verhandlung nötig geworden ist oder
2. der Beteiligte den Rechtsstreit fortführt, obwohl ihm vom Vorsitzenden die Missbräuchlichkeit der Rechtsverfolgung dargelegt worden ist.

3.6.2 Gerichtskostenpflichtige Verfahren

82 Gehören weder der Beklagte noch der Kläger dem Personenkreis des § 183 SGG an, werden nach § 197a SGG Kosten nach dem Gerichtskostengesetz erhoben.

3.6.3 Die Prozesskostenhilfe

83 § 73a SGG regelt die Anwendbarkeit des Großteils der Vorschriften der ZPO zur Prozesskostenhilfe (PKH).

84 Die Voraussetzungen nach erfolgter Antragstellung sind überschaubar (vgl. § 114 Abs. 1 Satz 1 ZPO): Der Beteiligte kann nach seinen persönlichen und wirtschaftlichen Verhältnissen die Kosten der Prozessführung nicht, nur zum Teil oder nur in Raten aufbringen und die

beabsichtigte Rechtsverfolgung oder Rechtsverteidigung muss hinreichende Aussicht auf Erfolg bieten und nicht mutwillig erscheinen.

B

Tipps:

Im Internet finden sich zahlreiche kostenfreie Onlinerechner zur Ermittlung des Anspruchs auf PKH. Insbesondere Einkommen und Vermögen werden hier berücksichtigt, aber auch laufende Ausgaben.

Die Erfolgsaussichten können auf diese Weise natürlich nicht eingeschätzt werden. Allerdings sind die Gerichte der Sozialgerichtsbarkeit meist nicht besonders streng in dieser Beurteilung, sodass oftmals schon geringe Erfolgsaussichten oder die Komplexität der Sache für einen positiven PKH-Beschluss genügen.

Die PKH unterliegt nach § 202 SGG i. V. m. § 120a ZPO einer Nachprüfung, das heißt, in einem 85 Zeitraum von bis zu vier Jahren nach Verfahrensbeendigung kann eine Prüfung erfolgen, ob sich die persönlichen oder wirtschaftlichen Verhältnisse geändert haben und daher z. B. eine Rückzahlung der gewährten PKH erfolgen muss.

Hinweis:

Nach § 120a Abs. 2 ZPO muss ein Verfahrensbeteiligter von sich aus jede wesentliche Änderung in den persönlichen oder wirtschaftlichen Verhältnissen anzeigen. Im Fall einer Einkommensverbesserung ist diese z. B. schon dann wesentlich, wenn die Differenz zu dem bisher zugrunde gelegten Bruttoeinkommen nicht nur einmalig 100 EUR übersteigt.

Achtung: Unterbleibt eine solche Mitteilung vorsätzlich oder grob nachlässig, kann die PKH insgesamt aufgehoben und zurückverlangt werden (§ 124 Abs. 1 Nr. 2 ZPO) – und zwar sogar dann, wenn eine Nachberechnung keine Modalitätenänderung bei der PKH ergibt.

3.7 Der Einfluss des Insolvenzrechts auf die gerichtliche Rechtsdurchsetzung

Nach § 202 SGG i. V. m. § 240 ZPO wird im Fall der Eröffnung des Insolvenzverfahrens das 86 Verfahren kraft Gesetzes unterbrochen, bis es nach den für das Insolvenzverfahren geltenden Vorschriften aufgenommen oder das Insolvenzverfahren beendet wird (das gilt auch, wenn die Verwaltungs- und Verfügungsbefugnis über das Vermögen des Schuldners auf einen vorläufigen Insolvenzverwalter übergeht). Allerdings gilt das nur, wenn der Gegenstand des Verfahrens die Insolvenzmasse betrifft. Das ist bei sozialgerichtlichen Verfahren oft genug nicht der Fall, da es häufig um existenzsichernde Leistungen unterhalb der Pfändungsgrenzen oder um höchstpersönliche Ansprüche geht, die die Masse überhaupt nicht betreffen.

Tipp:

Gleichwohl empfiehlt es sich aus Betreuersicht, den Insolvenzverwalter oder Treuhänder unverzüglich über laufende oder bevorstehende Gerichtsverfahren zu informieren. Auch das Gericht sollte sogleich über ein Insolvenzverfahren in Kenntnis gesetzt werden, damit es sich ggf. mit dem Insolvenzverwalter zur Frage der Masserelevanz des Streitgegenstands ins Benehmen setzen kann.

4. Gutachten und Untersuchungen

Gutachten sind in Verwaltungs- und Gerichtsverfahren von oft maßgeblicher Bedeutung für den 87 Ausgang eines Antragsverfahrens oder Rechtsstreits. In folgendem Abschnitt sollen daher einige Grundzüge dargestellt werden, die für die tägliche Arbeit unumgänglich sind.

B

Systemverständnis:

Aufgrund der Vielgestaltigkeit des Sozialrechts kann es in einigen Rechtsgebieten Abweichungen geben. Eine umfassende Darstellung würde den Umfang dieses Handbuchs aber sprengen.

4.1 Gutachten im Verwaltungsverfahren

88 Während vor einigen Jahrzehnten die Verwaltungsbehörden noch eine Vielzahl eigener Ärzte für Begutachtungsfragen beschäftigten, fand im Zug der zunehmenden Verwaltungsverschlankung eine Auslagerung dieser Tätigkeiten auf externe Gutachter statt. Die Auswahl, Beauftragung und Benennung eines Sachverständigen obliegt dabei in der Regel der Behörde.

Systemverständnis:

In manchen Rechtsgebieten steht diesem Benennungsrecht der Behörde immerhin ein Auswahlrecht des Antragstellers gegenüber. So soll der Unfallversicherungsträger dem Versicherten mehrere Gutachter zur Auswahl benennen (§ 200 Abs. 2 Halbsatz 1 SGB VII).

4.2 Gutachten im sozialgerichtlichen Verfahren

89 § 106 Abs. 3 Nr. 5 SGG eröffnet auch den Sozialgerichten die Möglichkeit, von Amts wegen eine Begutachtung durch Sachverständige anzuordnen. Die Kosten hierfür trägt der Staat, nicht der klagende Bürger.

90 Ein Sachverständiger ist mehr als ein bloßer sachverständiger Zeuge. Während ein Zeuge wahrgenommene Tatsachen nur wiedergibt, erhebt und bewertet ein Sachverständiger Tatsachen im Hinblick auf konkrete Beweisfragen (vgl. Gaidzik. In: Widder/Gaidzik, Neurowissenschaftliche Begutachtung, 3. Auflage 2018, S. 50). Die Gerichte sind dabei frei in der Auswahl der Person des Sachverständigen – lediglich die Eignung für den vorgesehenen Einsatzbereich ist erforderlich.

Hinweis:

Nach der Rechtsprechung des BSG besteht grundsätzlich keine verfahrensrechtliche Verpflichtung zur Einholung eines Gutachtens von einem Facharzt (vgl. § 404 Abs. 1 ZPO i. V. m. § 118 SGG). Die Rechtsprechung hat dieses Ermessen lediglich dann ausnahmsweise eingeschränkt, wenn es sich um besonders schwierige Fragen handelt oder aber den vorhandenen Gutachten grobe Mängel anhaften (vgl. BSG, Urt. v. 2.6.1970 – 10 RV 105/68; BSG, Beschl. v. 12.5.2016 – B 9 SB 101/15 B).

91 Mit der Annahme des Auftrags ist der Sachverständige verpflichtet, nicht nur die Verantwortung für den Inhalt des Gutachtens zu tragen, sondern dieses auch im Wesentlichen persönlich zu erstellen; § 407a Abs. 3 Satz 1 ZPO untersagt die Übertragung des gerichtlichen Auftrags an andere Personen. Zulässig ist es aber, Hilfsdienste von untergeordneter Bedeutung zu delegieren, wobei die mitwirkenden Personen dann namhaft zu machen sind und der Umfang ihrer Tätigkeit anzugeben ist (§ 407a Abs. 3 Satz 2 ZPO). Auf diese Art und Weise können selbst die Anamnese, Teile der Befunderhebung und die Untersuchung übertragen werden; die gutachterliche Einschätzung darf so vorbereitet werden, doch die abschließende Beurteilung ist dem beauftragten Sachverständigen vorbehalten (vgl. zum Ganzen Gaidzik. In: Widder/Gaidzik, Neurowissenschaftliche Begutachtung, 3. Auflage 2018, S. 55 f.). Gerade in stark standardisierten Verfahren wie dem Pflegerecht gehen auch Sachverständige mehr und mehr zum Einsatz von Künstlicher Intelligenz über. Das ist nicht unzulässig, solange die eigentliche

Entscheidungsfindung die Sachverständigen treffen (und nicht die KI). Zudem dürfen dabei nur solche KI-Systeme eingesetzt werden, die datenschutzkonform sind.

Dem Benennungsrecht des Gerichts kann der klagende Bürger kein „Vetorecht" entgegen- 92
setzen. Weigert er sich, an einer zumutbaren Untersuchungsbegutachtung teilzunehmen, kann das nach dem Grundsatz der objektiven Beweislast in einem Rechtsstreit zu seinem Nachteil gereichen.

Hinweis:

Ein Sachverständiger kann allerdings als Richtergehilfe gemäß § 118 Abs. 1 Satz 1 SGG i. V. m. § 406 Abs. 1 Satz 1 ZPO und § 60 SGG durch einen sog. Befangenheitsantrag abgelehnt werden. Dazu müssen Tatsachen die Befürchtung rechtfertigen können, dass der Sachverständige sein Gutachten nicht unvoreingenommen erstatten wird bzw. erstattet hat (BVerwG NVwZ 99, 184). Hierfür gelten nach § 406 Abs. 1 ZPO dieselben Grundsätze wie bei einer Richterablehnung; es muss also die objektive Besorgnis der Befangenheit stehen. Rein subjektive oder gar unvernünftige Vorstellungen und Gedankengänge reichen aber nicht aus, die Besorgnis der Befangenheit zu begründen (vgl. Keller. In: Meyer-Ladewig/Keller/Leitherer, SGG, § 60, Rn. 7 m. w. N. zur Befangenheit von Richtern).

Gründe für eine Befangenheit können z. B. sein, dass der Sachverständige auch schon im Verwaltungsverfahren mit der Sache befasst war, er aufgrund eines Beratungsverhältnisses zu eng mit einer Behörde verbunden ist oder über die zu begutachtende Person abfällige Bemerkungen äußert.

Dabei muss darauf geachtet werden, dass der Ablehnungsantrag nicht verspätet gestellt wird: Nach § 406 Abs. 2 ZPO muss das spätestens binnen zwei Wochen nach Bekanntwerden der Ernennung des Sachverständigen geschehen; zu einem späteren Zeitpunkt (insbesondere nach Erhalt des Gutachtens) ist die Ablehnung nur unverzüglich nach Kenntniserlangung eines Ablehnungsgrundes zulässig (Rückschluss aus § 406 Abs. 2 Satz 2 ZPO).

Eine Besonderheit des sozialgerichtlichen Verfahrens stellt das Benennungsrecht eines 93
bestimmten Arztes nach § 109 SGG dar („Gutachter des Vertrauens"). Allerdings kann das Gericht die Beauftragung eines vom Kläger benannten Arztes davon abhängig machen, dass dieser einen Kostenvorschuss bezahlt. Es ist möglich, zu beantragen, dass das Gericht die Kosten des Gutachters durch die Staatskasse übernimmt; dabei ist zu prüfen, ob das eingeholte Gutachten die Sachaufklärung objektiv wesentlich gefördert und somit im Entscheidungsfall Bedeutung für die gerichtliche Entscheidung gewonnen hat (vgl. LSG Baden-Württemberg, Beschl. v. 8.5.2013 – L 6 U 1457/13 B).

Hinweise:

Den Antrag nach § 109 SGG zu stellen bedeutet lediglich, dem Gericht den gewünschten Sachverständigen zu nennen. Die Beauftragung übernimmt erneut das Gericht. Holt dagegen ein Kläger selbst – auf eigene Faust – ein Gutachten ein, ist das kein Sachverständigengutachten im Sinne des § 109 SGG, sondern ein Privatgutachten (das vom Gericht nur allgemein im Wege der Amtsermittlung zu würdigen ist). Keinesfalls kann bei solcher Vorgehensweise ein Antrag auf Kostenübernahme durch die Staatskasse gestellt werden.

Und noch etwas ist zu beachten: Das Gesetz spricht ausdrücklich von der Benennung eines „Arztes", weswegen die benannte Person im Besitz einer ärztlichen Approbation im Sinne des § 3 BÄO sein muss; Angehörige anderer Berufsgruppen (Psychologen, Pflegefachkräfte, Tierärzte etc.) können nicht benannt werden (vgl. zum Ganzen: BSG, Beschl. v. 17.3.2010 – B 3 P 33/09 B, Rn. 12).

Auch bei einem Antrag nach § 109 SGG ist darauf zu achten, diesen rechtzeitig zu stellen: Nach § 109 Abs. 2 SGG kann das Gericht nämlich einen Antrag ablehnen, wenn durch die Zulassung die Erledigung des Rechtsstreits verzögert werden würde und der Antrag in der Absicht der Verfahrensverschleppung oder aus grober Nachlässigkeit nicht früher gestellt wurde.

Nicht zuletzt muss unbedingt darauf geachtet werden, dass der benannte Arzt mit den relevanten Begutachtungsgrundlagen vertraut ist und das Gutachten in angemessener Zeit erstellen kann.

94 Liegen mehrere Gutachten vor, die sich inhaltlich widersprechen, hat das Gericht im Rahmen seiner Befugnisse entweder weitere Sachaufklärung zu betreiben oder sich für ein Gutachtensergebnis zu entscheiden.

Systemverständnis:

Es gibt keinen Anspruch auf Einholung eines „Obergutachtens", da das der Prozessordnung fremd ist (BSG, Urt. v. 17.11.2003 – B 3 P 23/03 B). Bei widersprechenden Gutachten ist das Gericht nur gehalten, sich mit dem Gutachten, dem es nicht folgt, auseinanderzusetzen (BSG, Urt. v. 23.5.2006 – B 13 RJ 272/05 B). Hält das Gericht eines von mehreren Gutachten für überzeugender, darf es sich diesem anschließen, ohne ein weiteres Gutachten einzuholen (BSG, Beschl. v. 4.7.2017 – B 5 R 112/17 B).

4.3 Bindung von Verwaltung und Gerichten an die Ergebnisse von Gutachten?

95 Weder Verwaltung noch Gerichte sind an die Ergebnisse der eingeholten Gutachten gebunden. Vielmehr sind die Gutachten auf Plausibilität und Nachvollziehbarkeit zu prüfen. Bei erkennbaren Fehlern oder Fehlschlüssen können Verwaltung und Gerichte die Ausführungen unbeachtet lassen und eine eigene Entscheidung treffen.

Systemverständnis:

Das ist unmittelbare Folge des Umstands, dass Sachverständige lediglich Hilfspersonen der Verwaltung bzw. des Sozialgerichts sind. Allerdings müssen insbesondere Gerichte darauf achten, in dieser Freiheit nicht zu weit zu gehen: So darf ein Gericht zwar die Höhe des GdB abweichend von der Gutachtermeinung festlegen (vgl. z. B. BSG, Urt. v. 30.9.2009 – B 9 SB 4/08 R; BSG, Beschl. v. 21.3.2016 – B 9 SB 81/15 B), es darf aber grundsätzlich nicht selbst eine medizinische Diagnose stellen.

4.4 Wichtige Grundbegriffe in Begutachtungsverfahren

96 Entsprechend der Rechtsgebiete des Sozialrechts existieren vielgestaltige Gutachtenskonstellationen bei Verwaltung und Gerichten. So werden Gutachten zur Frage des Vorliegens einer Behinderung nach dem SGB IX, zur Frage des Umfangs der Pflegebedürftigkeit nach dem SGB XI oder zur Zusammenhangsfrage im Bereich der gesetzlichen Unfallversicherung erstellt.

97 Von besonderer Bedeutung sind dabei die sog. Zusammenhangsgutachten. Im Gegensatz zu reinen Zustandsgutachten oder Gutachten zur Beschwerdevalidierung soll dort die Frage der Ursächlichkeit eines bestimmten Ereignisses für eine vorliegende Gesundheitsstörung geklärt werden. Der Kausalzusammenhang wird im Sozialrecht in der Regel dreigliedrig geprüft:

Ereignis → **Primärschädigung** → **Folgeschaden**

Die drei „Brückenpfeiler" (Ereignis – Primärschädigung – Folgeschaden/Sekundärschädigung) müssen dabei im Vollbeweis feststehen. Für die Verbindungsglieder zwischen den Pfeilern (die Kausalketten) genügt dagegen im Regelfall die sog. Wahrscheinlichkeit. 98

Vollbeweis bedeutet in diesem Zusammenhang, dass eine Tatsache mit an Sicherheit grenzender Wahrscheinlichkeit nachgewiesen sein muss (vgl. BSG, Urt. v. 15.12.1999 – B 9 VS 2/98 R), das heißt, dass die Wahrscheinlichkeit an Sicherheit grenzt (vgl. BSG, Urt. v. 5.5.1993 – 9/9a RV 1/92). Die bloße Wahrscheinlichkeit und erst recht nur die Möglichkeit reichen nicht aus (LSG Bayern, Urt. v. 7.5.2014 – L 15 VK 10/13). 99

Wahrscheinlichkeit heißt, dass mehr für als gegen einen Zusammenhang spricht (vgl. z. B. BSG, Urt. v. 27.8.1998 – B 9 VJ 2/97 R m. w. N.; BSG, Urt. v. 7.4.2011 – B 9 VJ 1/10 R m. w. N.). Dabei gilt die sog. Theorie der wesentlichen Bedingung (vgl. dazu z. B. BSG, Urt. v. 7.4.2011 – B 9 VJ 1/10 R m. w. N.; BSG, Urt. v. 16.12.2014 – B 9 V 6/13 R), wonach eine Ursache dann rechtlich wesentlich ist, wenn sie wegen ihrer besonderen Beziehung zum Erfolg bei dessen Eintritt wesentlich mitgewirkt hat. 100

Hinweis:

Der medizinische Laie verwechselt die Wesentlichkeit oft mit dem zeitlichen Zusammenhang. Aber nur, weil eine Gesundheitsstörung im zeitlich nahen Zusammenhang mit einem bestimmten Ereignis auftritt, bedeutet das nicht, dass das Ereignis ursächlich dafür war. Vielmehr muss ein Sachverständiger abklären, ob es z. B. Vorerkrankungen oder Schadensanlagen gab, die die eigentlich wesentliche Ursache darstellten.

Bei der Beurteilung des Kausalzusammenhangs müssen alle relevanten Informationen gewürdigt werden. Dazu gehören neben Schadensanlagen oder Vorerkrankungen auch sog. Nachschäden (vgl. nachfolgendes Glossar). Schwierig wird es, wenn mehrere Ereignisse oder Faktoren vorliegen, die zu einer Gesundheitsstörung führen können; sozialrechtlich wird das meist dahingehend aufgelöst, dass dasjenige Ereignis als rechtlich wesentlich angesehen wird, dem gegenüber der Gesamtheit der anderen Ursachen eine überragende oder mindestens gleichwertige Bedeutung zukommt. 101

Medizinische Fragen, insbesondere zur Kausalität von Gesundheitsstörungen, müssen stets auf der Grundlage des neuesten medizinisch-wissenschaftlichen Erkenntnisstands beurteilt werden (BSG, Urt. v. 7.4.2011 – B 9 VJ 1/10 R). 102

Nachfolgendes Glossar soll einen kurzen Überblick zu häufig verwendeten Begrifflichkeiten rund um Begutachtungen geben: 103

Begriff	Bedeutung
Anknüpfungstatsachen	Zusammenfassung des Sachverhalts, von dem ein Sachverständiger im Rahmen seiner Begutachtung auszugehen hat Beispiele: Beschreibung des tätlichen Angriffs im Rahmen einer OEG-Begutachtung; Darstellung des Unfallablaufs bei einem Gutachten nach dem SGB VII
Befangenheitsantrag	Ablehnungsantrag gegen den Sachverständigen (siehe Rn. 92)
Beweisfragen	Fragestellung der Behörde oder des Gerichts an den ausgewählten Sachverständigen
Brückensymptome	Kein Gesetzesbegriff; gemeint sind Indizien, die im Rahmen der Beweiswürdigung die Möglichkeit zur Bejahung (oder Verneinung) des Kausalzusammenhangs ermöglichen; insbesondere wichtig, wenn zwischen einem Ereignis und einer späteren Gesundheitsstörung ein sehr langer Zeitraum liegt. Brückensymptome müssen im Vollbeweis vorliegen (siehe unten).

Begriff	Bedeutung
Diagnosen	Ärztliche Feststellung des Vorliegens einer bestimmten Erkrankung; Sachverständige erstellen in der Regel eigene Diagnosen, ohne an die Diagnosen der behandelnden Ärzte gebunden zu sein. Diagnosen müssen im Vollbeweis vorliegen (siehe unten).
Ergänzungsgutachten	vgl. Zusatzgutachten
Funktionsbeeinträchtigungen	Folgen bzw. Auswirkungen einer Gesundheitsstörung in verschiedenen Bereichen des menschlichen Lebens Beispiel: Im SGB IX sind Funktionsbeeinträchtigungen im allgemeinen Leben relevant, im SGB VII dagegen im Hinblick auf die Erwerbsfähigkeit.
Gefälligkeitsgutachten	Kein Rechtsbegriff im engeren Sinne; Begrifflichkeit wird von der Gegenseite benutzt, um Gutachtensinhalt zu diskreditieren; abzugrenzen von einem Gutachten nach § 109 SGG (siehe Rn. 93).
Gelegenheitsursache	In Abgrenzung zu einer rechtlich wesentlichen Ursache Liegt vor, wenn auch jedes andere alltäglich vorkommende Ereignis etwa zur selben Zeit die Erkrankung ausgelöst hätte (ausführlich: BSG, Urt. v. 12.4.2005 – B 2 U 27/04 R, Rn. 11). Übertragenes Beispiel: Der letzte Tropfen, der ein bereits bis zum Rand gefülltes Fass zum Überlaufen bringt; ursächlich im Rechtssinn für den dabei entstehenden Wasserschaden ist nicht dieser letzte Tropfen – ursächlich sind die unzähligen vorherigen Wassertropfen, die das Fass bereits bis an den Rand gefüllt hatten.
Gutachter des Vertrauens	Der nach § 109 SGG benannte Arzt (siehe Rn. 93)
Kann-Versorgung	Besonderheit des sozialen Entschädigungsrechts; bedeutet entgegen dem Wortlaut keine Ermessensentscheidung; nur anwendbar bei Erkrankungen, deren Entstehung medizinisch immer noch unklar ist; Folge ist, dass im Rahmen einer Zusammenhangsbegutachtung an die Stelle des Beweismaßstabs der „Wahrscheinlichkeit" derjenige der „guten Möglichkeit" tritt. Vgl. auch die Ausführungen in den versorgungsmedizinischen Grundsätzen (Teil D, Ziffer 4 VMG).
Kausalität	Ursachenzusammenhang (siehe Rn. 97) Für den Kausalzusammenhang genügt in der Regel die Wahrscheinlichkeit.
Obergutachten	Kein Rechtsbegriff; der Rechtsordnung fremd (siehe Rn. 94).
Primärschädigung, primäre Gesundheitsstörung	Auch: Gesundheitserstschaden; erste körperliche Auswirkung eines bestimmten Ereignisses. Beispiel aus dem OEG: Ein Täter schießt auf das Bein seines Opfers; Gesundheitserstschaden ist die Hautverletzung beim Eindringen der Kugel; Folgeschäden (Sekundärschäden) sind die weiteren gesundheitlichen Probleme, die die Kugel hinterlässt (z. B. der sich entwickelnde Wundbrand, der zur Amputation des getroffenen Beins führt).
Privatgutachten	Vom Kläger selbst in Auftrag gegebenes Gutachten; im Rahmen der Beweiswürdigung zu berücksichtigen, aber kein gerichtliches Gutachten im Rechtssinn (siehe Rn. 93).

Begriff	Bedeutung
Schadensanlage	Von einer Schadensanlage spricht man in Abgrenzung zur Vorerkrankung, wenn die eigentliche Gesundheitsstörung noch nicht klinisch manifest zutage getreten ist, sondern gewissermaßen nur im Körper „geschlummert" hat. Bricht die Krankheit nach einem äußeren Ereignis dann aus, muss geprüft werden, ob dieses Ereignis die wesentliche Ursache dafür ist oder nur eine Gelegenheitsursache (siehe oben).
Sekundärschädigung, sekundäre Gesundheitsschädigung	Auch: Gesundheitsfolgeschaden; Folge einer gesundheitlichen Primärschädigung (siehe oben) Zweiter Teil der Kausalkette in Fachgebieten wie Unfallversicherungsrecht, Soziales Entschädigungsrecht etc. Beispiel: siehe oben zur Primärschädigung
Ursachenzusammenhang, Ursächlichkeit	siehe Kausalität (siehe Rn. 97)
Verschiebung der Wesensgrundlage	Sonderfall der „Änderung der gesundheitlichen Verhältnisse" (§ 48 SGB X) Insbesondere bei psychischen Störungen relevant Liegt vor, wenn sich die schädigungsbedingte Störung, die dem Erscheinungsbild zunächst zugrunde lag, gebessert oder ganz zurückgebildet hat, das Leidensbild jedoch aufgrund neuer Ursachen bestehen geblieben ist (vgl. Teil A, Ziffer 7, Buchst. c VMG).
Vollbeweis	Beweismaßstab (siehe Rn. 99)
Vorerkrankung, Vorschaden	In Abgrenzung zur bloßen Schadensanlage zeigt sich eine Vorerkrankung bereits als klinisch manifestes Ereignis in der Vergangenheit (es fand z. B. bereits eine Behandlung statt). Tritt später ein äußeres Ereignis hinzu, kann nur noch geprüft werden, ob sich die Vorerkrankung dadurch wesentlich und abgrenzbar verschlimmert hat.
Wahrscheinlichkeit	Beweismaßstab (siehe Rn. 100)
Zusammenhangsgutachten	Gutachten, in dem der ursächliche Zusammenhang zwischen einem bestimmten Ereignis und einer bestimmten Erkrankung festgestellt werden soll Beispiel: Begutachtungsfrage im IfSG, ob eine bestimmte Impfung eine bestimmte Erkrankung ausgelöst hat
Zusatzgutachten	Im engeren Sinn: Gutachten, das ein Sachverständiger in Ergänzung seines Hauptgutachtens für erforderlich hält (z. B. testpsychologische Zusatzgutachten) Im weiteren Sinn: Weiteres Gutachten auf (anderem) ärztlichen Fachgebiet, das ein Gutachter neben seinem Fachgebiet für erforderlich hält (z. B. neben einem unfallchirurgischen Gutachten ein weiteres auf neurologischem Fachgebiet) Siehe auch unten Rn. 106.

Hinweis:

Dieses Glossar darf nur als allgemeine Darstellung zu den verwendeten Begrifflichkeiten verstanden werden. Es ist durchaus möglich, dass von Rechtsgebiet zu Rechtsgebiet leicht unterschiedliche Auslegungen und Verständnisformen existieren.

B

4.5 FAQs zu Begutachtungsverfahren

104 Ob Begleitpersonen zur Begutachtung mitgenommen werden können, hängt von den Umständen und der Art des Gutachtens ab. Keine Bedenken bestehen im Regelfall gegen eine bloße Begleitung auf der An- und Abreise sowie im Wartebereich. Während die Rechtsprechung früher eher zurückhaltend bei der Zulassung von Begleitpersonen in der Untersuchungssituation war (vgl. LSG Baden-Württemberg, Urt. v. 26.6.2014 – L 6 VU 2236/13 ZVW), sieht das BSG dies in Nuancen anders: Danach steht es den Beteiligten im Grundsatz frei, eine Vertrauensperson zu einer gutachterlichen Untersuchung mitzunehmen. Das Recht auf Anwesenheit einer Vertrauensperson bei einer Begutachtung besteht aber auch nach dem BSG nicht unbeschränkt. Eine solche Person ist von der Begutachtung auszuschließen, wenn ihre Anwesenheit eine geordnete und effektive Beweiserhebung erschwert oder verhindert. Die Entscheidung über die Anwesenheit einer Vertrauensperson während der Begutachtung durch den Sachverständigen obliegt im Streitfall allein dem Gericht (BSG, Urt. v. 27.10.2022 – B 9 SB 1/20 R, Rn. 22). Nach der Leitlinie für die sozialmedizinische Begutachtung (Stand 8/2012 mit Update 2018, zugänglich unter: www.deutsche-rentenversicherung.de), die im Hinblick auf die allgemeinen Grundsätze der sozialmedizinischen Begutachtung von Menschen mit psychischen Störungen nicht nur für die gesetzliche Rentenversicherung, sondern auch in anderen Bereichen des Sozialleistungsrechts von wesentlicher Bedeutung ist, kann der Ablauf der Begutachtung durch die Anwesenheit einer Begleitperson beeinflusst werden (vgl. hierzu und zum Folgenden Ziff. 5.4.3 der Leitlinie). Befürchtungen und Sorgen bezüglich des Ablaufs und der Ergebnisse ärztlicher Begutachtungen ist in anderer Weise zu begegnen, etwa durch genaue Information über Sinn und Inhalt des Gutachtens im Vorfeld der eigentlichen Begutachtung; zudem kann angeboten werden, vor Beginn und/oder nach Abschluss der eigentlichen Begutachtung ein gemeinsames Gespräch mit Proband und Begleitperson zu führen. Die Anwesenheit einer Begleitperson kann sogar dem Zweck der Begutachtung zuwiderlaufen, denn Erleben und Verhalten sowie Art und Inhalt der Mitteilungen des Probanden werden durch die Begleitperson modifiziert. Infolge der spezifischen sozialen Einbindung ist mit selektiven Äußerungen des Probanden zu rechnen, sei es aus Scham, aus Angst oder aus Rücksicht auf die Gefühle der Begleitperson (vgl. zum Ganzen LSG Baden-Württemberg, Urt. v. 26.6.2014 – L 6 VU 2236/13 ZVW). Eine Anwesenheit von Freunden oder Familienmitgliedern zu Übersetzungszwecken ist jedenfalls abzulehnen; hierfür sind geeignete Dolmetscher beizuziehen (Ziff. 5.4.3 der Leitlinien für die sozialmedizinische Begutachtung bei psychischen und Verhaltensstörungen).

105 Äußert sich ein Sachverständiger besonders kritisch oder hinterfragt er die Angaben des Probanden, legt das im Regelfall nicht die Besorgnis der Befangenheit nahe (siehe Rn. 92). Es ist im Gegenteil sogar eine der Kernaufgaben eines Sachverständigen, die Schilderungen nicht unbesehen zu übernehmen, sondern einer Plausibilitätskontrolle zu unterziehen (vgl. Widder. In: Widder/Gaidzik, Neurowissenschaftliche Begutachtung, 3. Auflage 2018, S. 103, 121 ff.).

106 Um die subjektiven Eigenangaben des Probanden zu überprüfen, können testpsychologische Zusatzgutachten angefertigt werden. Diese dürfen aber nicht überbewertet und zum alleinigen Kriterium der Beurteilung gemacht werden (BSG, Beschl. v. 9.4.2003 – B 5 RJ 80/02 B, Rn. 8).

107 Gutachten werden in der Regel schriftlich geliefert. Zwar besteht nach § 118 Abs. 1 Satz 1 SGG i. V. m. § 411 Abs. 3 ZPO die Möglichkeit für das Gericht, die mündliche Befragung eines Sachverständigen anzuordnen. Auch die Beteiligten können einen solchen Antrag stellen, allerdings muss das Gericht dem nur dann nachkommen, wenn der Antrag rechtzeitig gestellt wird, das Thema der Befragung hinreichend umrissen wird und das Gericht den Sachverständigen nicht zunächst schriftlich befragt (vgl. Keller. In: Mayer-Ladewig, SGG, § 118, Rn. 12d).

4.6 Checkliste zur Plausibilitätskontrolle von Gutachten

108 Aufgrund der Vielgestaltigkeit gibt es keine einfache Weise, Gutachten auf ihre Richtigkeit hin zu prüfen; das hängt ganz maßgeblich von der Art des Gutachtens und dem Fachgebiet ab.

Gleichwohl können für die Durchsicht eines Gutachtens einige wesentliche Punkte allgemeingültig dargestellt werden.

Checkliste zur Plausibilitätsprüfung sozialrechtlicher Gutachten: 109

- Liegen Anhaltspunkte für einen Ablehnungsgrund gegen den Sachverständigen vor?
- Wurden die Anknüpfungstatsachen beachtet?
- Wurden die Beweisfragen umfassend und nachvollziehbar beantwortet?
- Wurden die vorliegenden Gesundheitsstörungen oder Funktionsbeeinträchtigungen vollständig erfasst?
- Passen die Antworten auf die Beweisfragen und die vorherigen Feststellungen im Gutachten zusammen oder gibt es Widersprüche?
- Im Fall der Delegation von Teilen der Untersuchung: Wurden die Grundsätze der Delegation beachtet und ggf. die eingeschalteten Gehilfen und der Übertragungsumfang benannt?
- Bei (erkennbarem) Einsatz von KI im Gutachten: Wurden die Sozialdaten sicher geschützt und wurde die sachliche Beurteilung vom Sachverständigen (und nicht von der KI) getroffen?

Download der Arbeitshilfen – Hinweis und Aktivierungscode

Um Zugriff auf den Online-Dienst zu erlangen, müssen Sie sich in Ihrem Kundenkonto auf ***www.WALHALLA.de*** anmelden. Sollten Sie noch kein Kundenkonto besitzen, müssen Sie sich einmalig registrieren.

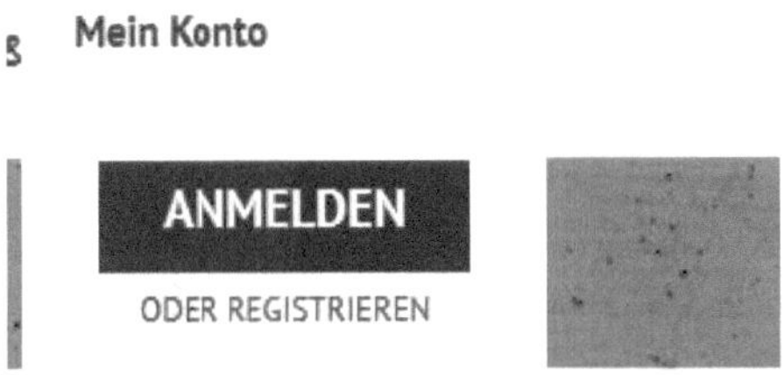

In Ihrem ***Kundenkonto*** finden Sie den Menüpunkt ***Aktivierungscodes***.

Geben Sie nun folgenden Code ein und klicken Sie auf ***Jetzt aktivieren***.

VYO-EMM-SFZ

Anschließend wird Ihnen die Eingabe des Codes bestätigt.

Die Arbeitshilfen stehen Ihnen nun in Ihrer ***Online-Bibliothek*** ab ***Einlösung für 24 Monate*** zur Verfügung; zur Anmeldung nutzen Sie Ihre E-Mail-Adresse und Ihr Passwort. Der Aktivierungscode verliert zum 31.12.2028 die Gültigkeit.

Wir weisen darauf hin, dass Sie diese Arbeitshilfen nur für Ihren persönlichen Gebrauch nutzen dürfen. Eine entgeltliche oder unentgeltliche Weitergabe oder Leihe an Dritte ist nicht erlaubt. Auch das Einspeisen der Arbeitshilfen in ein Netzwerk (z. B. Organisationsserver, Intranet) ist nicht erlaubt. Beides bedarf einer eigenen Nutzungslizenz.

Sollten Sie an einer Serverlösung interessiert sein oder möchten Sie als Betreuungsstelle die Arbeitshilfen als Schulungsmaterial oder zur Unterstützung Ehrenamtlicher weitergeben, wenden Sie sich bitte an den WALHALLA-Kundenservice; wir bieten hierfür attraktive Lösungen an:

E-Mail: kundenservice@walhalla.de, Tel. 0941/5684-0

Folgende Arbeitshilfen stehen zur Verfügung:

Allgemeine Formblätter

Allgemeines

- Wiedervorlage
- Gesprächsnotiz
- Faxmitteilung
- Kurzmitteilung
- Merkblatt für rechtliche Betreuerinnen und Betreuer
- Merkblatt für Versicherungen

Beginn der Betreuung, Berichte

Anregung der Betreuung, Betreuerbestellung

- Anregung zur Bestellung eines Betreuers/einer Betreuerin
- Eigenantrag zur Bestellung eines Betreuers/einer Betreuerin
- Mitteilung der Betreuerbestellung

Aufgaben zu Beginn der Betreuung

- Checkliste: Aufgaben zu Beginn der Betreuung
- Persönliche Daten der betreuten Person
- Terminvereinbarung für ein Anfangsgespräch

Berichte

- Anfangsbericht
- Jahresbericht

Vermögensverwaltung

Schreiben an Gläubiger

- Aufforderung zur Anmeldung von Ansprüchen
- Schreiben wegen laufender Verbindlichkeiten
- Mitteilung über die Unwirksamkeit des Vertragsschlusses (bei Einwilligungsvorbehalt/ Geschäftsunfähigkeit)

Schreiben an Banken, Kreditinstitute

- Anfrage an Banken zur Abklärung der Vermögensverhältnisse wegen Betreuung
- Bitte um Saldenbestätigung
- Bestätigung zum Nachweis einer Sperrvereinbarung über Konten
- Bestätigung zum Nachweis einer Sperrvereinbarung für Wertpapiere
- Selbstverwaltungserklärung Bargeldauszahlungen
- Selbstverwaltungserklärung Kontoverwaltung

Schreiben an Versicherungen

- Anfrage an (Sach-)Versicherung zur Abklärung des Versicherungsverhältnisses
- Anfrage an Lebensversicherung zur Abklärung des Versicherungsverhältnisses
- Schreiben an Krankenkasse wegen Rentenversicherungsverlauf
- Schreiben an Krankenkasse wegen Leistungen aus der Pflegeversicherung

Übersichten

- Aufstellung der Ausgaben, Einnahmen, Vergünstigungen
- Aufstellung der Verbindlichkeiten

Vermögensverzeichnis und Rechnungslegung

- Vermögensverzeichnis
- Rechnungslegung über die Verwaltung des Vermögens

Betreuungsgerichtliche Genehmigungen und Befreiungen

- Anzeige zur Eröffnung eines Kontos bzw. Depots
- Anzeige einer abweichenden Vermögensverwaltung
- Anregung einer betreuungsgerichtlichen Genehmigung zu einer Kontenverfügung
- Anregung einer betreuungsgerichtlichen Genehmigung zu einem Rechtsgeschäft
- Antrag auf Befreiung nach § 1860 Abs. 1 BGB
- Antrag auf Befreiung nach § 1860 Abs. 2 BGB
- Antrag auf Befreiung nach § 1860 Abs. 3 BGB

Gesundheitsfürsorge

Arzt

- Mitteilung der Betreuung – Schreiben an den Arzt/die Ärztin
- Entbindung von der ärztlichen Schweigepflicht (geschäftsfähige/r Betreute/r)
- Entbindung von der ärztlichen Schweigepflicht (durch Betreuer/in)
- Antrag auf Genehmigung ärztlicher Maßnahmen bzw. eines Behandlungsabbruchs
- Ärztliches Zeugnis

Klinik

- Gesprächsnotiz zum Klinikaufenthalt
- Mitteilung der Betreuung – Schreiben an die Klinik

Patientenverfügung

- Checkliste zur Patientenverfügung
- Checkliste Behandlungswünsche und mutmaßlicher Wille

Unterbringung/ärztliche Zwangsmaßnahme

Unterbringung

- Checkliste für freiheitsentziehende Maßnahmen
- Checkliste für eine mit Freiheitsentziehung verbundene Unterbringung
- Antrag auf Genehmigung einer freiheitsentziehenden Maßnahme
- Antrag auf Genehmigung einer Unterbringung

Ärztliche Zwangsmaßnahme

- Checkliste ärztliche Zwangsmaßnahme
- Antrag auf Genehmigung einer ärztlichen Zwangsmaßnahme

Wohnung, Umzug

Checklisten

- Checkliste Ummeldung, Adressenmitteilung bei Umzug
- Checkliste bei Wohnungsauflösung bzw. Wohnungsaufgabe

Betreuungsgerichtliche Genehmigungen

- Antrag auf Genehmigung zur Kündigung einer Wohnung bzw. Aufhebung eines Mietvertrags
- Antrag auf Genehmigung zur Kündigung/Auflösung eines Mietvertrags bei Umzug in ein (Pflege-)Heim

Schreiben

- Mitteilung der bevorstehenden Wohnungsaufgabe an den/die Vermieter/in
- Kündigung des Mietverhältnisses
- Auflösungsvereinbarung über ein Mietverhältnis
- Übernahme der Mietkosten bei Kündigung des Mietverhältnisses (Schreiben an Sozialleistungsträger)
- Übernahme der Mietkosten bei Beendigung des Mietverhältnisses durch Auflösungsvertrag (Schreiben an Sozialleistungsträger)
- Mitteilung der neuen Adresse
- Mitteilung an Betreuungsgericht über Kündigung des Mietverhältnisses durch den/die Vermieter/in

Sozialleistungen, Befreiungen

Diverse Leistungen

- Antrag auf Übernahme der ungedeckten Heimkosten (Hilfe zur Pflege)
- Antrag auf Blindengeld
- Antrag auf Grundsicherung im Alter/bei dauerhafter Erwerbsminderung
- Antrag auf Feststellung der Schwerbehinderung
- Antrag auf Befreiung von Medikamenten(zu)zahlung

Pflegeversicherung

- Antrag auf Leistungen der Pflegeversicherung

Erweiterung, Veränderung des Aufgabenkreises

- Schreiben wegen Erweiterung des Aufgabenkreises/Einwilligungsvorbehalts
- Schreiben wegen Aufhebung eines Aufgabenkreises/der Betreuung/des Einwilligungsvorbehalts

Vergütung, Aufwendungsersatz

Ehrenamtliche Betreuer

- Antrag auf Bewilligung einer Vergütung
- Antrag auf Festsetzung eines Aufwendungsersatzes
- Antrag auf Festsetzung einer Aufwandsentschädigung

Ende der Betreuung

Schlussbericht, -abrechnung

- Schlussbericht
- Verzicht auf Schlussabrechnung/Erteilung einer Entlastung
- Quittung in Bezug auf die Übergabe des verwalteten Vermögens und aller Unterlagen
- Schlussrechnung über die Verwaltung des Vermögens

Erben, Nachlasspflegschaft

- Schreiben an einen Erben nach dem Tod der ehemals betreuten Person
- Schreiben an Nachlasspfleger/in bzw. Testamentsvollstrecker/in nach dem Tod der ehemals betreuten Person
- Anregung einer Nachlasspflegschaft nach dem Tod der ehemals betreuten Person
- Antrag auf Bestellung eines Nachlasspflegers/einer Nachlasspflegerin zum Zwecke der gerichtlichen Geltendmachung der Vergütungsansprüche nach dem Tod der ehemals betreuten Person

Stichwortverzeichnis

Die Angaben verweisen auf die Randnummer in der jeweiligen Leitziffer.

L

M